Suma
teológica
II
Tomás de Aquino

Tomás de Aquino

Suma
teológica

Volume II
I Parte – Questões 44-119

**O DEUS CRIADOR
O ANJO
A OBRA DOS SEIS DIAS
O HOMEM
A ORIGEM DO HOMEM
O GOVERNO DIVINO**

Edições Loyola

© Introdução e notas:
Thomas d'Aquin – Somme théologique,
Les Éditions du Cerf, Paris, 1984
ISBN 2-204-02-229-2

Texto latino de *Editio Leonina*, reproduzido na Edição Marietti (ed. Cl. Suermondt, OP), Marietti, Turim, Roma, 1948ss.

Dados Internacionais de Catalogação na Publicação (CIP)
(Câmara Brasileira do Livro, SP, Brasil)

Tomás de Aquino, Santo, 1225?-1274
    Suma teológica : volume II : I parte : questões 44-119 : o Deus criador : o anjo : a obra dos seis dias : o homem : a origem do homem : o governo divino / Tomás de Aquino ; tradução Carlos Josaphat Pinto de Oliveira. -- 6. ed. -- São Paulo : Edições Loyola, 2021.

    Título original: Thomas d'Aquin : somme théologique
    ISBN 978-85-15-02433-9

    1. Igreja Católica - Doutrinas - Obras anteriores a 1800 2. Sacramento - Igreja Católica 3. Tomás de Aquino, Santo, 1225?-1274. Suma de teologia I. Título.

21-56283   CDD-230.2

Índices para catálogo sistemático:
1. Tomás de Aquino : Suma de teologia   230.2
Maria Alice Ferreira - Bibliotecária - CRB-8/7964

Edições Loyola Jesuítas
Rua 1822, 341 – Ipiranga
04216-000 São Paulo, SP
T 55 11 3385 8500/8501 • 2063 4275
editorial@loyola.com.br
vendas@loyola.com.br
www.loyola.com.br

Todos os direitos reservados. Nenhuma parte desta obra pode ser reproduzida ou transmitida por qualquer forma e/ou quaisquer meios (eletrônico ou mecânico, incluindo fotocópia e gravação) ou arquivada em qualquer sistema ou banco de dados sem permissão escrita da Editora.

ISBN 978-85-15-02433-9
6ª edição: 2021
© EDIÇÕES LOYOLA, São Paulo, Brasil, 2002

PLANO GERAL DA OBRA

Volume I	**I Parte – Questões 1-43** Teologia como ciência O Deus único Os três que são o Deus único
Volume II	**I Parte – Questões 44-119** O Deus criador O anjo A obra dos seis dias O homem A origem do homem O governo divino
Volume III	**I Seção da II Parte – Questões 1-48** A bem-aventurança Os atos humanos As paixões da alma
Volume IV	**I Seção da II Parte – Questões 49-114** Os hábitos e as virtudes Os dons do Espírito Santo Os vícios e os pecados A pedagogia divina pela lei A lei antiga e a lei nova A graça
Volume V	**II Seção da II Parte – Questões 1-56** A fé – A esperança – A caridade A prudência
Volume VI	**II Seção da II Parte – Questões 57-122** A justiça A religião As virtudes sociais
Volume VII	**II Seção da II Parte – Questões 123-189** A fortaleza A temperança Os carismas a serviço da Revelação A vida humana
Volume VIII	**III Parte – Questões 1-59** O mistério da encarnação
Volume IX	**III Parte – Questões 60-90** Os sacramentos da fé O batismo A confirmação A eucaristia A penitência

COLABORADORES DA EDIÇÃO BRASILEIRA

Direção:
Pe. Gabriel C. Galache, SJ
Pe. Danilo Mondoni, SJ

Coordenação geral:
Carlos-Josaphat Pinto de Oliveira, OP

Colaboraram nas traduções:

Aldo Vannucchi
Bernardino Schreiber
Bruno Palma
Carlos-Josaphat Pinto de Oliveira
Carlos Palacio
Celso Pedro da Silva
Domingos Zamagna
Eduardo Quirino
Francisco Taborda
Gilberto Gorgulho
Henrique C. de Lima Vaz
Irineu Guimarães
João B. Libanio

José de Ávila
José de Souza Mendes
Luiz Paulo Rouanet
Marcio Couto
Marcos Marcionilo
Maurílio J. Camello
Maurilo Donato Sampaio
Odilon Moura
Orlando Soares Moreira
Oscar Lustosa
Romeu Dale
Yvone Maria de Campos Teixeira da Silva
Waldemar Valle Martins

Diagramação:
So Wai Tam

Editor:
Joaquim Pereira

SIGLAS E ABREVIATURAS

Chamadas de notas, no rodapé

Formuladas em letras, referem-se às notas da tradução e das introduções.
Formuladas em algarismos, referem-se ao texto latino.

Referências bíblicas

Aparecem no texto com as siglas da Tradução Ecumênica da Bíblia — TEB.
As referências dadas por Sto. Tomás ou por seus editores foram adaptadas às bíblias traduzidas do hebraico e do grego que todos temos em mãos, hoje. A numeração dos salmos é, portanto, a do hebraico.
Após uma referência bíblica, a sigla Vg (Vulgata) não concerne à referência, mas assinala que Sto. Tomás funda-se em uma tradução cujo sentido não se encontra exatamente em nossas bíblias traduzidas do hebraico ou do grego.

Referência à *Suma teológica*

Seu título não é chamado. Suas partes são designadas por algarismos romanos.
— I, q. 1, a. 2, obj. 1 lê-se: *Suma teológica*, primeira parte, questão 1, artigo 2, objeção 1.
— I-II, q. 3, a. 1, s.c. lê-se: *Suma teológica*, primeira seção da segunda parte, questão 3, artigo 1, argumento em sentido contrário.
— II-II, q. 5, a. 2, rep, lê-se: *Suma teológica*, segunda seção da segunda parte, questão 5, artigo 2, resposta (ou "corpo do artigo").
— III, q. 10, a. 4, sol. 3 lê-se: *Suma teológica*, terceira parte, questão 10, artigo 4, solução (da objeção) 3.

Principais obras de Sto. Tomás

Com. = comentários sobre...
— IV Sent. d. 2, q. 3 lê-se: *Livro das sentenças*, de Pedro Lombardo, quarto livro, distinção 2, questão 3.
— III CG, 12 lê-se: *Suma contra os gentios*, terceiro livro, capítulo 12.

Referências aos Padres da Igreja

— PL 12, 480 significa: MIGNE, *Patrologia latina*, tomo 12, coluna 480.
— PG 80, 311 significa: MIGNE, *Patrologia grega*, tomo 80, coluna 311.
Com frequência, deu-se a referência a edições contendo uma tradução francesa dos textos citados por Sto. Tomás:
— SC 90, 13 significa: Coleção *Sources Chrétiennes*, n. 90, p. 13.
— BA 10, 201 significa: *Bibliothèque Augustinienne*, tomo 10, p. 201.
— BL 7, 55 significa: *Correspondance de S. Jérôme*, por J. Labourt, aux éditions des Belles-Lettres, tomo 7, p. 55.

Referências ao magistério da Igreja

— DS 2044 significa: DENZINGER-SCHÖNMETZER, *Enchiridion Symbolorum*... n. 2044 (em latim)
— DUMEIGE 267 significa: GERVAIS DUMEIGE, *La Foi Catholique*... n. 267 (em francês).

AUTORES E OBRAS CITADOS NA SUMA TEOLÓGICA

I Parte – Questões 44-119

AGOSTINHO (354-431) – Agostinho é universalmente conhecido. Africano de nascimento e inicialmente seduzido pelo maniqueísmo, contou, em suas *Confissões*, sua longa caminhada interior até a conversão e seu batismo por Sto. Ambrósio, em 387.

Descobriu, atuando em sua vida, o amor gratuito de Deus, e essa experiência da graça iluminou toda a sua obra. Ordenado sacerdote, quase sem o querer, em 391, e bispo de Hipona, em 395, permaneceu sempre atraído pela experiência interior da união a Deus.

Sua obra é imensa. Excetuando Orígenes, nenhum autor cristão procurou a verdade em tantos campos: teologia, exegese, música etc. Combateu todas as heresias de seu tempo: maniqueísmo, donatismo, pelagianismo, procurando definir a doutrina cristã com força e precisão. Sua luta contra o pelagianismo levou-o demasiadamente longe no caminho da restrição à liberdade humana. Sua concepção do homem, marcada por um pessimismo latente, é transfigurada por seu amor a Cristo, o Verbo encarnado e salvador, e por sua ardente procura de Deus, fonte da vida bem-aventurada.

Agostinho não elaborou um sistema. Mas encontrou em Platão o que convinha a seu pensamento: "Nenhuma doutrina está mais próxima da nossa" (*Cidade de Deus* VIII, 5). Todavia, repensa essa doutrina como cristão. É em Deus que as Ideias subsistem, não existem em si.

Nada faz parar seu desejo de conhecer, e pesquisa longamente o mistério da Trindade (*Tratado sobre a Trindade*). Os acontecimentos trágicos de seu tempo ditam-lhe uma grandiosa visão da história, síntese da história universal e divina, em que as duas Cidades se enfrentam (*A Cidade de Deus*).

Agostinho exerce essa atividade espantosa concomitantemente ao exercício de um cargo pastoral extenuante. Dá-se inteiramente a seu povo de Hipona. Quer comunicar-lhe a chama que devora seu coração.

De todas as partes, é consultado. É a autoridade de numerosos concílios regionais, até a morte, momento em que os vândalos sitiam sua cidade de Hipona.

Agostinho lançou inúmeras ideias fecundas e novas. A Igreja do Ocidente o escolheu por guia, julgando-o infalível. Admirou nele o doutor do amor, da unidade da Igreja na caridade de Cristo, o doutor da graça. Essa riqueza de pensamento possibilitou a quase todas as heresias do Ocidente referir-se a uma ou outra de sua obras.

Depois de Aristóteles — e quase tanto quanto ele —, Agostinho é, de longe, o autor mais citado por Sto. Tomás que, também, atribui a ele muitas obras de outros autores.

ALBERTO MAGNO (c. 1193-1280) – Frade dominicano, teólogo e filósofo, natural de Laiungen na Suábia. Profundamente influenciado pelo pensamento de Aristóteles, foi mestre de Sto. Tomás de Aquino. Além da filosofia e da teologia, dedicou-se ao estudo positivo da natureza. Foi declarado santo e doutor da Igreja em 1931.

ALBUMASSAR, Abu Mas'har (787-886) – Famoso astrólogo árabe. Apesar das críticas do Ocidente cristão, seus escritos difundiram as ideias a respeito dos astros e suas influências durante a Idade Média. Segundo ele, o mundo foi criado quando os sete planetas estiveram em conjunção no primeiro decanato de Áries e terminará quando novamente em conjunção no último decanato de Peixes. Suas obras principais são uma *Grande Introdução à Ciência da Astrologia* e o *Livro das Conjunções*.

ALEXANDRE I († 120) – Quinto bispo de Roma, conforme a lista de Sto. Ireneu. Sto. Tomás, confiando na autoridade de Graciano, atribui-lhe decretos sobre a eucaristia que lhe são, seguramente, posteriores.

ALEXANDRE DE AFRODÍSIA – Filósofo grego peripatético, na passagem do século II para o III. É um dos mais célebres comentaristas de Aristóteles, seu "intérprete", e dirigiu o Liceu de 198 a 211. Retomou uma tradição de exegese aristotélica, e sua influência foi imensa.

ALEXANDRE DE HALES († 1245) – Teólogo franciscano, inglês de nascimento e professor na universidade de Paris. Sua obra mais conhecida é uma *Summa theologica* ou *Summa universae theologiae*. Serve-se da filosofia aristotélica no estudo da teologia.

ALGAZEL ou Al Ghazali (1053-1111) – Crente fervoroso, peregrino de Jerusalém e da Arábia, criticou os filósofos em nome de sua fé, em seu livro *Destruição dos filósofos*, e insistiu na onipotência de Deus, na criação no tempo, nos

limites do saber, nos graus da ciência intuitiva. Antes de refutar as doutrinas de Alfarabi e, sobretudo, de Avicena, expunha-as claramente e as sintetizava. Apenas esta parte de sua obra era conhecida no século XIII e fez com que fosse tido por discípulo de Avicena.

→ ALFARABI, filósofo árabe do século X. Divulgou entre os árabes as doutrinas de Aristóteles. Mestre de Avicena.

AMBRÓSIO – Nascido provavelmente em 339, morreu em 397. Filho de um prefeito do pretório das Gálias, Ambrósio seguiu a carreira dos filhos das grandes famílias. Era prefeito consular de Ligúria e de Emília, em 374, quando morreu Auxêncio, o bispo ariano de Milão. Eleito bispo da cidade, então capital do Império no Ocidente, em oito dias foi batizado e ordenado sacerdote.

Consciente de sua falta de preparo, Ambrósio iniciou-se na leitura das Escrituras, leu cuidadosamente os autores do Oriente cristão, principalmente Orígenes.

Conselheiro dos imperadores, administrador e homem de ação, soube utilizar as circunstâncias, às vezes difíceis, para assegurar a vitória da Igreja sobre o arianismo e os velhos cultos pagãos. Mas era, antes de tudo, um pastor, vigoroso defensor dos fracos e dos pobres. Seus sermões atraíam as massas: "A suavidade de seu discurso encantava", afirmou Sto. Agostinho, seduzido.

Ambrósio pregou muito o Antigo Testamento, comentou longamente o Evangelho de S. Lucas. Tinha o senso da Escritura: não era um exegeta, mas abordava a palavra de Deus com a inteligência de seu coração, como espiritual, tomado de amor por Cristo. Escreveu numerosos tratados ascéticos e sua correspondência foi abundante.

AMBROSIASTER – Nome dado, desde o Renascimento, a um autor anônimo do século IV. Escreveu um comentário das Epístolas de S. Paulo que chegou a nós, erradamente, entre os escritos de Sto. Ambrósio.

ANAXÁGORAS (± 500-428 a.C.) – Filósofo grego para quem o universo é composto de uma infinidade de elementos ou sementes, cada um sendo estável, homogêneo, infinitamente pequeno; seus movimentos e agrupamentos em coisas dependem de um princípio motor primeiro, o espírito ou *Nous*.

ANSELMO (1033-1109) – Monge em Bec, aos 27 anos é aluno de Lanfranco. Torna-se abade de Bec em 1078 e, em 1093, sucede a Lanfranco como bispo de Canterbury. Não tarda a entrar em conflito com o rei da Inglaterra a respeito dos direitos e das prerrogativas da Igreja. Precisa deixar a Inglaterra e vai morar em Roma; esse exílio dura praticamente até 1106.

Sua obra é considerável e seu poderoso pensamento domina a segunda metade do século XI. Sua grande originalidade é o método: "a fé que procura a inteligência". Aplica a razão, com todos os seus recursos, ao estudo da revelação. Já está em germe o método escolástico e a influência da obra de Anselmo sobre Sto. Tomás é importante. Anselmo quer dar ao dogma seu estatuto racional, não por preocupação apologética, mas com objetivo contemplativo. Crer para compreender e compreender para amar (*Proslogion*, cap. 1).

Suas principais obras teológicas são o *Monologion*, o *Proslogion* e o *Por que Deus fez-se homem*. Nesta última obra, particularmente, elaborou uma interpretação do mistério da redenção que influenciou toda a teologia ocidental (até as novas abordagens contemporâneas, mais fundamentadas na Escritura).

→ LANFRANCO, (1005-1089), prelado inglês, mestre na abadia de Bec, depois conselheiro de Guilherme Conquistador, arcebispo de Canterbury e primaz da Inglaterra. Reformador da Igreja inglesa, substituiu os bispos anglo-saxões por bispos normandos.

APULEIO (125-180) – Escritor latino, da província da África. Espírito curioso, é discípulo de Platão, apaixonado por filosofia, ciência e mesmo magia. Sto. Tomás conheceu dele o opúsculo *De Deo Socratis*.

ARISTÓTELES (384-322 a.C.) – Nascido em Estagira, chega em 367 a Atenas, onde se torna aluno de Isócrates e, depois, de Platão, durante cerca de vinte anos, até a morte deste em 347.

Preceptor de Alexandre durante dois anos, volta a Atenas em 335 e funda a escola do Liceu. Durante treze anos, forma numerosos discípulos. Graças ao apoio de Alexandre, reúne uma biblioteca e uma documentação consideráveis. É nessa época que compõe a maior parte de suas obras. Sua inteligência vastíssima possibilita-lhe trabalhar em todas as áreas: filosofia, anatomia, história, política.

Suas obras — cerca de mil, diz a tradição, das quais 162 chegaram até nós —, repartem-se em três grupos que constituem, segundo Aristóteles, o sistema das ciências:

Ciências poéticas, que estudam as obras da inteligência enquanto a inteligência "faz" algo com materiais preexistentes: poética, retórica e lógica.

Ciências práticas, que estudam as diversas formas da atividade humana, segundo três principais direções: ética, política, econômica.

Ciências teóricas, as mais altas: ciências matemáticas, ciências físicas, ciência primeira (a metafísica), incidindo no ser eterno e imutável, concreto e individual, substância e causa verdadeira, Deus.

Aquele que Sto. Tomás chama de "o Filósofo" estabeleceu as regras da arte da demonstração e do silogismo.

Separa-se completamente do sistema platônico; seu senso do concreto, do real, obriga-o a afirmar que as Ideias não existem fora dos indivíduos.

Segundo ele, tudo na natureza é composto de matéria e de forma. Toda matéria exige uma forma, e uma matéria não pode existir sem ser determinada por uma forma. A matéria e a forma estão entre si na relação da potência e do ato.

A mais alta atividade é o pensamento. Portanto, Deus é essencialmente inteligência e pensamento. É "pensamento de pensamento", ato puro, totalidade de ser e de existir.

ÁRIO (± 256-336) – Sacerdote de Alexandria, orador brilhante, começou, por volta de 318, a levantar numerosas discussões por seus sermões em que desenvolvia uma teologia pessoal que pretendia ser a fé da Igreja.

Com objetivo apostólico, quis adaptar a fé da Igreja ao helenismo ambiente. Partia da convicção neoplatônica de que a divindade é "incriada" e "não gerada". Há, portanto, na Trindade, três substâncias absolutamente heterogêneas e distintas: o Pai, Deus, sem começo; o Logos, que teve começo. É o primogênito das criaturas. Deus o criou antes do tempo e a fim de servir-lhe de instrumento para a criação. Difere essencialmente do Pai e ocupa um lugar intermediário entre Deus e o mundo. Quanto ao Espírito Santo, é a primeira das criaturas do Logos, é ainda menos divino que o Logos.

No momento da Encarnação, o Logos fez-se carne, cumprindo em Cristo a função de princípio vital.

Ário foi condenado pelo Sínodo de Alexandria em 321, e pelo Concílio de Niceia, em 325.

AVERRÓIS (Ibn Roschd) (1126-1198) – Nascido em Córdoba e morto em Marraquesh. Grande admirador de Aristóteles, decidiu consagrar a vida ao comentário de suas obras. Tanto o fez que foi chamado, na Idade Média, de "**O Comentador**".

Reprova a Avicena ter deformado o pensamento de Aristóteles. Mas ele próprio mistura suas concepções com as do mestre. Segundo ele, as inteligências não emanam umas das outras, como acreditava Avicena: foram criadas desde toda a eternidade por Deus, Ato puro, Motor primeiro.

Desde toda a eternidade, a matéria existe ao lado de Deus. É uma potência universal que contém em germe as formas substanciais que o Primeiro Motor dela extrai. Os medievais compreenderam, frequentemente, sua psicologia (provavelmente sem razão), da seguinte maneira: o intelecto material (ou intelecto possível), assim como o intelecto agente, é numericamente único e idêntico para todos os homens dentro da humanidade. Sua união com cada indivíduo é acidental, embora tudo morra com a morte do homem, exceto a Inteligência, comum à humanidade inteira.

As teorias de Averróis mereceram-lhe a condenação das autoridades muçulmanas. Mas foi reabilitado antes de morrer. O averroísmo foi condenado pelo bispo de Paris, em 1270 e em 1277.

AVICEBRÃO (Solomon Ibn Gabirol) (1020-1060) – Sua obra principal escrita em árabe e traduzida para o latim com o título de *Fons Vitae* teve na Idade Média uma grande difusão. Reuniu elementos de Aristóteles e dos Neoplatônicos numa síntese que S. Tomás refuta, particularmente a distinção de matéria e forma aplicada ao que é material e não-material.

AVICENA (980-1037) – Filósofo e médico árabe da escola de Bagdá, muito envolvido na política de seu tempo. Foi para os escolásticos um dos grandes iniciadores ao pensamento de Aristóteles; mas introduziu no aristotelismo temas

neoplatônicos, o que suscitou, mais tarde, viva reação de Averróis.

Definiu a metafísica como ciência do ser, reconheceu os limites da inteligência humana, incapaz de conhecer a essência das coisas em si mesmas e capaz, apenas, de concluí-la a partir das qualidades que lhe são inseparáveis.

Seu *Cânon da Medicina* permaneceu a base dos estudos de medicina no Oriente como no Ocidente, até o século XVIII.

BASÍLIO (319-379) – Nascido em Cesareia da Capadócia, Basílio fez sólidos estudos em Constantinopla e em Atenas, onde estabeleceu amizade com Gregório de Nazianzo*. Concluídos os estudos, retirou-se, em 357, a uma propriedade às margens do Íris, a fim de levar uma vida monástica. Essa vida tranquila não durou. Em 362, Eusébio, bispo de Cesareia de Capadócia, ordenou-o sacerdote e Basílio lhe sucedeu no bispado.

Trava combates incessantes. O imperador Valente esforça-se por impor o arianismo no Oriente e exila os bispos ortodoxos. Vai mesmo a Cesareia com a certeza de fazer Basílio ceder. Mas este resiste respeitosa e resolutamente. Sua coragem faz o imperador desistir sem tomar medida alguma contra ele. Basílio passa a ser o líder da resistência antiariana.

Ao lado desse combate pela "fé católica", Basílio desenvolve uma obra social eficaz. É homem de governo, constrói hospital e hospícios. É severo com os ricos, atencioso com os fracos e os pobres. A paz da Igreja volta, enfim, em 378, com a morte de Valente, mas Basílio aproveita pouco: morre de esgotamento em 1º de janeiro de 379. Logo depois de sua morte, todas as suas ideias triunfam. Recebe logo o título de "Magno".

Sua obra importante é comandada por sua atividade prática. Suas *Regras*, compostas antes de sua ordenação sacerdotal, ainda estão na base do monaquismo no Oriente. Suas homilias fazem conhecer sua obra de pastor: sobre o *Hexameron*, sobre os *Salmos* etc. Enfim, sua luta contra os arianos lhe forneceu a ocasião para duas obras importantes: o *Tratado contra Eunômio* é o *Tratado do Espírito Santo*.

BEDA o Venerável (673-735) – Entregue muito jovem ao bispo Bento Biscop, abade do mosteiro de Wearmouth, na Inglaterra, Beda acompanha os monges que vão fundar o novo mosteiro de Jarrow, em 682. Fica aí até a morte. É o tipo de monge estudioso, erudito. Seu prazer, diz ele, é "aprender, ensinar e escrever". Durante toda a sua vida, pesquisa manuscritos para transmitir o saber das gerações passadas. Conhece os autores da antiguidade quase tão bem como os da cristandade. Interessa-se por astronomia, matemática, retórica, gramática, música.

Sua obra é vasta e lhe valeu a admiração de seus contemporâneos e da Idade Média. Apoia-se na tradição dos Padres para comentar quase toda a Escritura, transmite todo o saber científico e literário da antiguidade, procurando fazer-lhe a síntese.

BERNARDO de Claraval (1091-1153) – Ingressa em Cister com 21 anos, em 1112, acompanhado de trinta jovens nobres, seus amigos. Quer fugir do mundo, encontrar Deus na solidão. Mas três anos depois, em 1115, seu abade o encarrega de ir fundar um novo mosteiro em Claraval. Bernardo fica dividido entre seu desejo de contemplação e seu zelo em fazer seus irmãos avançarem no caminho de Deus. Seus dons excepcionais não demoram em torná-lo conhecido.

Esse místico, que falou tão bem de Deus, dá um novo impulso a sua Ordem; foi pregador da Segunda Cruzada, conselheiro do papa Eugênio III, campeão da ortodoxia em todas as controvérsias de seu tempo. Sua forte personalidade domina toda a primeira metade do século XII. Representa, diante da escolástica nascente, o último clarão da teologia monástica. Sua contribuição resoluta na condenação de Abelardo mostra sua desconfiança diante de um uso muito amplo da razão para explicar o que é do domínio da fé.

Sua vasta correspondência revela suas preocupações, seu desejo de viver sozinho com Deus. Seus sermões dirigidos a seus monges não envelheceram, particularmente seus Sermões sobre o *Cântico dos Cânticos*. Escreveu, também, muitos "tratados", sendo o mais importante o *Tratado da Consideração* (isto, é da Busca da Verdade) dirigido ao papa Eugênio III.

BOAVENTURA – Teólogo franciscano, natural de Bagnoregio, na Toscana (1221-1274). Tornou-se Superior Geral dos franciscanos, cardeal-bispo de Albano e legado pontifício no concílio de Lyon. Escreveu numerosas obras de teologia e filosofia, inspiradas pela doutrina de Agostinho.

Uniu a razão com a mística. Conhecido como Doutor Seráfico.

BOÉCIO (480-524) – Herdeiro da cultura antiga, filósofo, Boécio veio a ser mestre do palácio do rei godo Teodorico, em 520. Mas, injustamente acusado de cumplicidade com Bizâncio e de alta traição, foi condenado, sem mesmo poder defender-se, à prisão e à morte.
Boécio está na junção de duas civilizações. Num mundo em que a cultura se perde, pode fazer sólidos estudos no Oriente, sobretudo em Atenas, e quer transmitir aos romanos a sabedoria antiga, mostrar o acordo fundamental entre Platão e Aristóteles. Além disso, Boécio é um cristão familiarizado com o pensamento de Sto. Agostinho e com o dos filósofos gregos. Tenta uma síntese que a Idade Média estudou com admiração.
Sua obra é importante. Tratados de teologia como *Sobre a Trindade*; tradução e comentário de diversos tratados de Aristóteles, tratado sobre a música, a matemática etc.; a mais célebre de suas obras, a *Consolação da filosofia*, escrita na prisão, foi lida e recopiada ao longo da Idade Média.

BONIFÁCIO I, papa, (418-422) – Declarado bispo legítimo pelo imperador contra Eulálio, foi firme adversário do pelagianismo e defensor da autoridade papal. É dele o axioma "Roma locuta, causa finita". Encerrou doutrinariamente as questões arianas mantendo, com o apoio do imperador, a condenação de seu antecessor, Zósimo. Sto Agostinho dedicou-lhe um tratado contra os pelagianos.

CAUSIS (*De*) – Tratado árabe (não necessariamente muçulmano) que adapta ao monoteísmo, resumindo-os, os *Elementos de Teologia* do filósofo neoplatônico Proclo (412-485). Foi traduzido para o latim em meados do século XII, com o título de *Livro da Bondade Pura*, mas foi conhecido, principalmente, como *Livro das Causas* e atribuído quer a Aristóteles, quer a autores árabes ou judeus. A tradução, em 1268, dos próprios *Elementos*, por Guilherme de Moerbecke, possibilitou aos latinos conhecer a verdadeira origem do *Livro das Causas*.

CÍCERO, Túlio (106-43 a.C.) – O maior dos oradores romanos. Faz estudos para advocacia no ano 80. Eleito questor na Sicília, defende os sicilianos contra o antigo governador Verres e, pelo fato, torna-se célebre. Cônsul em 63, frustra a conjuração de Catilina. Tem a ambição de desempenhar grande papel político, mas é exilado e reabilitado. Nesse período de perturbações e guerra civil, morre assassinado por ordem de Antônio.
Para Cícero, a atividade intelectual está a serviço da política. Mas foi seu talento oratório que lhe valeu renome durável. Elaborou uma teoria da eloquência: "provar, agradar, comover", que formou gerações de retóricos.
Formado no contato com os filósofos gregos, Cícero procurou, em seus tratados filosóficos, conciliar as diversas escolas (estoicos, epicuristas, acadêmicos) para chegar a uma moral prática (*Dos Deveres, Tusculanas*). Foi iniciador ao criar uma prosa filosófica.

CLEMENTE de Roma – Quarto bispo de Roma de acordo com a lista de Sto. Ireneu. Papa de 97 a 101, aproximadamente, escreveu uma Carta à Igreja de Corinto onde alguns membros se tinham sublevado contra os presbíteros. Essa Carta era tão venerada na antiguidade cristã que fazia parte, às vezes, do Cânon das Escrituras. Não é esta carta que Sto. Tomás cita, mas apócrifas.

COMENTADOR – Na maioria das vezes, designa AVERRÓIS. Para a Ética, trata-se de Eustrates e outros comentadores gregos.

CRISÓSTOMO, João (aproximadamente 347-407) – João, a quem a posteridade deu o título de "Crisóstomo" ou "Boca de Ouro", nasceu em Antioquia onde fez excelentes estudos profanos e exegéticos. A seguir, retirou-se às montanhas vizinhas e viveu entre os monges, depois, solitário. Doente, devido a excesso de austeridades, volta a Antioquia e põe-se a serviço da Igreja. Durante doze anos, atrai a cidade pelos sermões cheios de eloquência, comenta as Escrituras, defende os direitos dos pobres, lembra a grande tradição da Igreja de que está impregnado.
Sua fama é tão grande que, com a morte de Nectário, patriarca de Constantinopla, é praticamente "sequestrado" (397) para suceder-lhe. Na capital, João enfrenta o luxo desenfreado, intrigas e rivalidades. Empreende reformas, denuncia severamente os abusos e as injustiças sociais, em nome de Cristo. Mas incomoda. Sua liberdade de palavra e sua intransigência unem em oposição a ele bispos ciumentos e

a imperadora Eudóxia. É o exílio, de curta duração, uma primeira vez, e definitiva, uma segunda vez. Em consequência de nova ordem de exílio mandando-o sempre mais longe, João morre de esgotamento.

De sua obra considerável (tratados sobre diversos temas, mas sobretudo homilias sobre a Escritura: Antigo Testamento, Evangelho e, particularmente, Epístolas de seu querido S. Paulo), os latinos não conheceram senão uma pequena parte (alguns tratados e homilias, *Comentários sobre Mateus, João e Hebreus*).

DAMASCENO, João (± 675-749) – Nascido em Damasco, daí o sobrenome, João faz-se monge de S. Sabas, perto de Jerusalém. É, antes de tudo, um teólogo. Seu nome está ligado à reação contra os iconoclastas. Ocupou-se, também, de exegese, de ascese, de moral.

Sua mais importante obra é a *Fonte do conhecimento*, suma do pensamento oriental, em que quer "unificar as vozes múltiplas" dos séculos anteriores. A obra divide-se em três partes: 1) os capítulos filosóficos, espécie de introdução filosófica à exposição do dogma, 2) um catálogo das heresias, 3) a exposição da fé ortodoxa.

Esta última parte, a mais conhecida, foi dividida por João em cem capítulos. Mas seu tradutor latino, em 1150, apresentou-a em quatro partes. Essa tradução foi uma das fontes de Pedro Lombardo*. João estabelece sua síntese teológica a partir do Padres gregos; ignora os Padres latinos. Essa Exposição da fé ortodoxa influenciou, com certeza, os teólogos do período escolástico.

Quanto ao livro citado igualmente por Sto. Tomás: *Sobre os que adormeceram na fé*, não é, provavelmente, de João Damasceno.

DEMÓCRITO (470-370 a.C.) – Filósofo grego, gênio enciclopédico: "refletiu sobre tudo" (Platão). Sua obra era abundante em todas as áreas (artística, filosófica etc.), mas desapareceu quase por inteiro. Demócrito é o grande representante do "atomismo". O cosmo é formado por um número infinito de corpos eternos e indivisíveis: os átomos que se movem no vácuo. Ao reunir-se, formaram o mundo e os corpos; sua separação gera a destruição. A causa desses movimentos é puramente mecânica e chama-se Necessidade.

DIONÍSIO Areopagita – Pseudônimo de um autor do Oriente do final do século V e início de século VI. Suas obras *A hierarquia celeste*, a *hierarquia eclesiástica*, os *Nomes divinos* (comentados por Sto. Tomás), a *Teologia mística* exerceram uma influência considerável no Oriente e no Ocidente, sem contar que, até o século XVI, acreditava-se que esse autor fosse realmente o Areopagita, discípulo de S. Paulo, o que deu a seus escritos imensa autoridade.

O Pseudo-Dionísio é um místico. Afirma que para conhecer Deus temos duas vias: a positiva, pela causalidade, que atribui a Deus, ao máximo, todas as perfeições; e a negativa, que é não-conhecimento, ignorância diante desse excesso de plenitude, pois Deus, o Transcendente, está além do cognoscível.

Além das processões internas que constituem as Pessoas da Trindade, há as processões externas: a criação. Deus, em sua condescendência, penetra nos seres de sua bondade e os atrai para uni-los a si.

A síntese dionisiana, centrada na transcendência divina e na participação dos seres a Deus, fascinou verdadeiramente o pensamento medieval.

DIÓSCORO – Patriarca de Alexandria (morto em 454). A fim de defender a ortodoxia de seu antecessor S. Cirilo, toma partido a favor de Êutiques, acusando de nestorianismo Flaviano, patriarca de Constantinopla, e o papa Leão. Em 449, no Concílio de Éfeso que preside (chamado de "latrocínio" por S. Leão), Dióscoro recusa-se a escutar os legados do papa, reabilita Êutiques, depõe Flávio de Constantinopla. Mas o Concílio de Calcedônia, em 451, define a doutrina cristológica segundo o *Tomus ad Flavianum* de S. Leão, depõe Dióscoro e o exila.

ECCLESIASTICIS DOGMATIBUS (De) – Tratado de Genádio de Marselha, espécie de profissão de fé, de manual da doutrina católica. Talvez seja a conclusão dos *Oito Livros contra as Heresias* que Genádio diz ter escrito.

EMPÉDOCLES – Legislador, poeta e filósofo grego de Agrigento (Sicília) por volta de 450 a.C. Em suas duas obras principais: *Da natureza do universo* e *Purificação*, afirma que a água, o ar, o fogo e a terra são os quatro elementos cuja combinação cria tudo. Dois princípios operam sobre esses dois elementos:

o Amor que os une, o Ódio que os separa. O mundo que conhecemos resulta do conflito dessas duas forças.

ESTRABÃO Walafrido (808-849) – Walafrido o Vesgo (*Strabus* ou *Strabo*), monge em Reichenau, vai seguir as lições de Rabano Mauro em Fulda. Em 829, torna-se preceptor de Carlos, filho de Luís o Piedoso. Nomeado abade de Reichenau, é implicado nas querelas dos filhos de Luís o Piedoso e exilado; mas pôde voltar a seu mosteiro.

Walafrido é um homem erudito, mas sua obra não é muito original. Consta principalmente de resumos dos comentários bíblicos de seu mestre, Rabano Mauro; comentou os livros da Escritura quando Rabano não o tinha feito.

Para Tomás de Aquino, como para seus contemporâneos, Walafrido é o autor da *Glosa ordinária*, comentário marginal da Escritura por textos dos Padres da Igreja. Os estudos atuais provaram que essa *Glosa* é nitidamente posterior a Walafrido Estrabão. É do século XII e, muito provavelmente, seu inspirador é Anselmo de Laon.

EUSTÓQUIA († 419) – Filha de Sta. Paula*, amiga de S. Jerônimo, acompanhou a mãe para viver em Belém. Aí se consagrou como monja. Discípula favorita de S. Jerônimo, aprendeu grego e hebraico e auxiliou-o no seu trabalho bíblico. A ela e a sua mãe dedicou S. Jerônimo muitas cartas, entre elas o famoso tratado sobre a virgindade (Carta XXII).

FAUSTO – Bispo maniqueísta de Milevi (África). Em 382, vai a Cartago e, inquirido por Agostinho, deve admitir sua ignorância. A partir desse momento, Agostinho afasta-se, pouco a pouco, do maniqueísmo.

Em 400, Fausto publica um requisitório contra a Bíblia. Agostinho, então bispo de Hipona, responde-lhe pelo seu tratado *Contra Fausto*, em que segue passo a passo o argumento de Fausto para refutá-lo.

FILÓSOFO (O) – Assim é que Sto. Tomás se refere, com maior frequência, a Aristóteles.

FULGÊNCIO de Ruspe (467-532) – Monge e abade, veio a ser bispo de Ruspe (África). Foi exilado duas vezes na Sardenha, pelos vândalos arianos. Suas obras são numerosas; algumas são dirigidas contra os arianos: tratado *Sobre a Trindade* e o célebre tratado *A Pedro, sobre a fé*, resumo da teologia cristã. Suas outras obras são dirigidas contra os semipelagianos e, sobretudo, Fausto de Riez. A doutrina que ele desenvolve sobre a predestinação é um eco da doutrina de Sto. Agostinho.

GENÁDIO – Sacerdote de Marselha no final do século V. É sobretudo conhecido pelo seu *De Viris Illustribus*, continuação do livro do mesmo nome de S. Jerônimo. Escreveu, também, o *De ecclesiasticis dogmatibus*.

GLOSA – Compilação do século XII cujo plano foi concebido por Anselmo de Laon (1050-1117). A obra foi realizada, em parte, por Anselmo, em parte por pessoas que o cercavam. Os versículos da Bíblia são acompanhados, na margem, de excertos de comentários patrísticos.

→ GLOSA LOMBARDI, ver Pedro Lombardo*.

GRACIANO – filho de Valentiniano II e imperador do Ocidente de 375 a 383, quando é assassinado vítima de uma conjuração no seio do exército. A seu pedido, Sto. Ambrósio, de quem foi amigo durante toda a vida, compõe o tratado *De fide* e lhe dedicará os três livros *De Spiritu Sancto*. Seu apoio ao cristianismo se traduziu em disposições concretas: convoca concílios que condenam o arianismo e o priscilianismo, remove o altar da Vitória da sala do Senado, promulga leis antipagãs e proscreve as heresias.

GREGÓRIO I Magno – Nascido por volta de 540, papa de 590 a 604. Oriundo de uma grande família romana foi, por volta de 570, prefeito de Roma, o mais alto cargo da cidade. Logo depois, renuncia ao mundo para tornar-se monge. É enviado a Constantinopla como apocrisário (núncio) de 579 a 585. Em 590, após sete meses de resistência, torna-se bispo de Roma num momento particularmente infeliz: invasão lombarda, peste. Grande administrador, reorganiza o patrimônio da Igreja e a assistência aos pobres, procura defender a Itália, luta contra a simonia e a imoralidade do clero, envia missionários à Inglaterra, afirma os direitos da primazia romana.

Esse homem de ação é, também, um pastor. Escreve e prega. Sua correspondência é abundante. *As Morais sobre Jó* e as *Homilias sobre Ezequiel*, conferências para um círculo monástico, são uma exposição da teologia moral penetrada por um grande desejo de

Deus; suas *Homilias sobre o Evangelho*, seus *Diálogos* dirigem-se, principalmente, ao povo de Deus, e sua *Pastoral* destina-se a quem tem responsabilidade na Igreja. São Gregório foi lido, copiado, meditado durante toda a Idade Média, que encontrou nele seu mestre espiritual.

GREGÓRIO de Nazianzo (± 329-389) – Homem de grande cultura, amigo de S. Basílio, Gregório é mais um contemplativo que um homem de ação. Ajuda, primeiramente, seu pai, bispo de Nazianzo, e é consagrado bispo de Sásima, por Basílio, em 372. Mas logo retira-se na solidão. Depois da morte do imperador ariano Valente (378), a comunidade ortodoxa de Constantinopla chama-o em seu socorro. Gregório chega em 379 e enche a capital de sua ardente eloquência. O imperador Teodoro o entroniza patriarca e participa, com esse cargo, do Concílio de Constantinopla (381). Porém, diante da oposição dos bispos egípcios e as rivalidades que sente a seu redor, demite-se. Refugia-se na solidão, na Capadócia.

Entre suas obras, as mais célebres são seus Discursos e, muito particularmente, os *Discursos teológicos sobre a Trindade*, pronunciados em Constantinopla. Mereceram-lhe o título de teólogo.

GUILHERME, abade († 1142) – Fundou vários mosteiros na Itália Meridional. Correspondeu com S. Bernardo de Claraval.

GUILHERME DE ALVÉRNIA, ou de Paris (1180-1249) – Bispo. Filósofo e teólogo. Entre suas muitas obras, salienta-se *Magisterium Dioinale ac Sapientiale* uma verdadeira enciclopédia filosófico-teológica. Conheceu Aristóteles pelos comentários de Avicena. Defendendo os métodos racionais no estudo da fé, foi um dos precursores dos futuros "Escolásticos".

GUILHERME DE AUXERRE († 1231) – Teólogo. Ensinou em Paris. Fez parte de uma comissão, que examinou os escritos de Aristóteles sobre as ciências naturais, proibidos desde 1210. Sua obra principal *Summa Aurea*, no uso dos argumentos aristotélicos, é devedora de Pedro Lombardo e de Sto. Anselmo.

HERMES TRISMEGISTO – Hermes "três vezes grande". Nome dado a um personagem divino, oriundo da assimilação do deus grego Hermes com o deus egípcio Thot, pai da Sabedoria. Os gregos fizeram dele um antiquíssimo rei do Egito e lhe atribuíram, no século I a.C., numerosos livros secretos, apresentados como a revelação de um deus, a mensagem de um "mestre" a iniciados. Essas obras tratam, principalmente, de medicina e de magia. Entre os séculos I e II d.C., acrescenta-se Asclépio e Poimandres. Os latinos medievais só conheceram Asclépio.

→ ASCLÉPIO, nome grego de Esculápio, deus da medicina.

HILÁRIO – Nasce por volta de 315. Após sólidos estudos, Hilário, ainda pagão e retor, descobre Cristo, recebe o batismo e, finalmente, torna-se bispo de Poitiers (aproximadamente 350). Escreve, então, seu *Comentário sobre Mateus*. Encontra-se envolvido nas controvérsias arianas que começam a invadir o Ocidente. Em 356, no Sínodo de Béziers, defende quase sozinho a causa de Niceia e de Sto. Atanásio*. A corte imperial reage e o envia ao exílio. Hilário encontra-se no Oriente. Utiliza o ócio forçado para se iniciar na teologia grega e na obra de Orígenes*. Trabalha no seu *Tratado sobre a Trindade*, uma obra-prima da literatura antiariana. Continua se correspondendo com seus colegas do episcopado gaulês e, para responder às suas questões doutrinais, manda-lhes seu livro *Sobre os sínodos*.

Volta ao Ocidente, em 360, e consegue reagrupar o episcopado gaulês em torno da ortodoxia de Niceia. Publica, então, seu *Comentário sobre os Salmos* e o livro *Dos Mistérios*. Aquele que foi chamado de "Atanásio do Ocidente" morre em 367.

HILDEBERTO DE LAVADIN, Cenomanensis (1056-1133) – Bispo de Mans e Arcebispo de Tours. Poeta e canonista. Defensor ardente da liberdade da Igreja. É conhecido principalmente por suas obras literárias escritas em elegante latim. Forma com Ivo de Chartres e Sto. Anselmo o grupo dos bispos cultos da época.

HONORATO DE ARLES, (c. 350-429) – Bispo. Pertencente a uma família consular, converteu-se ao cristianismo. Em Lérins, perto de Cannes, fundou um mosteiro com alguns companheiros. Sto. Agostinho dedicou-lhe o tratado *De utilitate credendi*.

HUGO de São Vítor (morto em 1141) – Nada se sabe de suas origens. Por volta de 1127, está

na abadia de São Vítor, em Paris e torna-se, em 1133, mestre da escola pública da abadia. Dá-lhe grande impulso. É um dos espíritos mais eruditos da Idade Média, um homem cheio de curiosidade intelectual e do zelo de tudo aprender.

Sua obra é imensa, desde a gramática (pois todas as artes são servas da divina Sabedoria) até a teologia. Suas obras mais conhecidas são: *A Escritura e os escritores sacros*, os *Sacramentos da fé cristã*, sem contar numerosos comentários da Escritura.

A *Suma das sentenças* a que se refere Sto. Tomás não é, propriamente falando, de Hugo de São Vítor, mas recebeu sua influência.

ISAAC ben Salomon Israeli (entre 840 e 940) – Filósofo e lógico judeu, originário do Egito, praticou a medicina na corte dos califas do Cairo. Sto. Tomás lhe atribui erradamente a famosa definição da verdade (*adaequatio rei et intellectus*) que, na realidade, é de Avicena*.

ISIDORO (± 570-636) – Sucessor de seu irmão Leandro como bispo de Sevilha, de 599 a 636, Isidoro é o mais célebre escritor do século VII. É um dos elos que unem a Antiguidade à Idade Média.

Menos profundamente perturbada pelas invasões que a Gália e a Itália, a Espanha conservou parte da herança da cultura antiga. Isidoro escreveu tratados exegéticos, teológicos e litúrgicos. Sua obra mais célebre é o *Livro das Origens ou das Etimologias*, verdadeira suma do saber humano de seu tempo, em todas as áreas. Seus conhecimentos enciclopédicos valeram-lhe uma admiração toda particular na Idade Média.

JERÔNIMO (± 347-420) – Temperamento impetuoso, Jerônimo passou a juventude viajando para instruir-se junto aos melhores mestres, antes de fazer um estágio no deserto, onde procura dominar seu rude temperamento. "Trilíngue" (sabe o grego e o hebraico), volta a Roma onde, devido à sua ciência, o papa Dâmaso* o escolhe para secretário. Depois da morte de Dâmaso, Jerônimo deve deixar a cidade em que conta com muitos amigos e, também, com numerosos inimigos. Acaba instalando-se em Belém com um grupo de "fiéis". Funda dois mosteiros, um masculino e outro feminino, e leva uma vida de trabalho assíduo e de oração. Empreende a grande obra de sua vida: a tradução da Bíblia, do hebraico para o latim. Sempre muito ativo e atento, impressionável e excessivo, imiscui-se em todas as controvérsias e sua pena ágil escreve alternadamente comentários sobre as Escrituras, cartas e panfletos.

LOMBARDO – Ver PEDRO.

MAIMÔNIDES (Rabino Moisés) (1135-1204) – Nascido em Córdoba, célebre rabino judeu, filósofo e médico, viveu no Marrocos, na Palestina e no Egito. Em uma de suas numerosas obras e, principalmente, no seu *Guia dos indecisos*, que teve difusão considerável, tenta um primeiro acordo entre a filosofia de Aristóteles* e a revelação mosaica. Como o filósofo muçulmano Avicena* e muitos filósofos judeus da Espanha, prova a existência de Deus pelo primeiro Motor eterno do mundo (quer seja este mundo eterno, quer seja criado no tempo), pela existência de seres contingentes, supondo um Ser necessário pela causalidade que exige uma Causa primeira.

Nega que, fora da revelação, se possa afirmar algo da essência divina. A razão só pode conhecer o que Deus não é. Sto. Tomás corrigiu o que essa posição tem de excessivo por sua doutrina dos *Nomes divinos*, tirada dos escritos do Pseudo-Dionísio.

MANIQUEUS – Seguidores do maniqueísmo, religião fundada por *Mani*, sacerdote de Ecbátana na Pérsia, em 250 d.C. É uma síntese de doutrinas iranianas e babilônicas com elementos budistas e cristãos. Afirma a oposição entre o Bem, a luz, a alma e o Mal, as trevas, o corpo. Assim como o universo, o homem é uma mistura do bem e do mal, a saber, da alma e do corpo. Por isso é necessário libertar as almas da prisão do corpo. Sto. Agostinho o condenou frequentemente em seus escritos.

MAXIMINO, Ariano, (séc. III-IV) – Bispo latino, discípulo e sucessor de Úlfilas. Manteve polêmica com Sto. Ambrósio em Milão e com Sto. Agostinho na África. Este escreveu um tratado contra Maximino, bispo herético dos arianos.

MOISÉS (Rabino) – Ver MAIMÔNIDES.

NEMÉSIO DE EMESA (séc. V) – Bispo, sucedeu a Eusébio de Cesareia. Entre suas muitas obras, cerca de 400, uma *Sobre a natureza do homem*, de tendência neoplatônica, teve grande divulgação na Idade Média.

ORÍGENES (± 185-253) – É iniciado nas Escrituras pelo pai (que acabou morrendo mártir). Clemente de Alexandria* forma-o, a seguir, nos conhecimentos humanos e cristãos. Demonstra inteligência tão brilhante que o bispo de Alexandria confia-lhe a direção da escola catequética, mesmo tendo apenas 18 anos. Dá imenso brilho à escola, tanto pelo valor de seus ensinamentos como pelo exemplo de sua vida austera. Completa sua formação filosófica pelas lições de Amônio Saccas, a leitura de Platão e de Aristóteles; estuda o hebraico para ler o texto do Antigo Testamento no original. Crente ardoroso e apaixonado, "tinha recebido o dom de pesquisar e de descobrir" (Gregório Taumaturgo, seu aluno). Procura a verdade em todas as fontes mas, antes de tudo, na Escritura. Em consequência de atrito com seu bispo, parte, em 231, para Cesareia de Palestina, onde funda uma escola que passou a ser tão próspera quanto a primeira. De todos os lugares, consultam-no sobre questões difíceis, pois não há, ainda, nem concílios nem definição de fé. É a partir da Escritura que os problemas se colocam e que se procura resolvê-los. Durante a perseguição de Décio, Orígenes é longamente torturado e morre pouco depois, em consequência das torturas.

Orígenes deixou obra imensa: 2.000 títulos. Seu pensamento ousado e novo exerceu profunda influência sobre os séculos seguintes. Foi o primeiro a fazer exegese científica sobre todos os livros da Escritura; comentários profundos, escólios sobre as passagens difíceis, homilias calorosas para os fiéis. Compôs escritos ascéticos, apologéticos (*Contra Celso*) e, sobretudo, o tratado *Dos Princípios*, a primeira *Suma Teológica* da antiguidade cristã. Numa grande síntese, Orígenes parte da natureza íntima de Deus para terminar na consumação do universo.

Quase todas as obras de Orígenes desapareceram nas controvérsias levantadas por seu pensamento audacioso, muitas vezes deformado por seus discípulos. Esse homem que tanto amou a Igreja e que testemunhou fidelidade à sua fé, foi condenado por seus erros sobre a preexistência das almas, a existência de vários mundos sucessivos, a salvação final universal (incluindo os demônios). Mas seus erros não podem fazer esquecer todas as descobertas e os aprofundamentos que enriqueceram o pensamento cristão.

→ AMÔNIO SACCAS, mestre grego em Alexandria. Cristão de nascimento, passou ao paganismo.

ORÓSIO – Originário de Tarragona, com cerca de 30 anos foi ao encontro de Sto. Agostinho, a quem enviara em 414 um memorial sobre o erro dos priscilianistas e dos origenistas, ao qual o bispo respondeu. Desempenhou várias missões junto a S. Jerônimo contra os pelagianos a pedido de Sto. Agostinho. Gozou de grande fama durante a Idade Média, sendo então considerado, por sua obra *Histórias,* o historiador cristão por excelência.

PAULA (347-404) – Nobre romana, ficou viúva aos 33 anos com cinco filhos: Blesila, Paulina, Eustóquia, Rufina e Toxócio (nome de seu marido). Sta. Marcela e S. Jerônimo confortaram-na em sua viuvez. Em 385, estabelece-se em Belém com sua jovem filha Eustóquia. Cooperou na construção de um mosteiro para mulheres e outro para homens, assim como uma hospedaria para peregrinos. S. Jerônimo apresenta-a como uma mulher culta, com senso prático e diplomático, dada à mortificação e às obras de caridade. A Paula e à sua filha são endereçadas diversas cartas de S. Jerônimo.

PEDRO COMESTOR († 1178) – Teólogo. Professor em Paris, aí escreveu sua obra maior *Historia Scholastica*, em 20 volumes. Começa com a criação do mundo e termina com os Atos dos Apóstolos. Todos os livros da Bíblia são apresentados e parafraseados. A obra teve grande sucesso entre os estudantes. O apelido "Comestor" foi-lhe dado em vida pela grande estima em que seu ensino era tido. Várias vezes o comenta em seus sermões. Significa, aplicado a ele, o *que se alimenta* de livros.

PEDRO LOMBARDO (± 1100-1160) – De origem lombarda, chega a Paris em 1136 para completar seus estudos. A partir de 1142, é mestre afamado na escola de Notre-Dame. Acompanha de perto todas as correntes de ideias de seu tempo, faz parte do corpo de jurados que, no concílio de Reims, condena Gilberto de la Porrée*. Em 1159, é escolhido para bispo de Paris. Morre no ano seguinte.

Todas as suas obras são fruto de seu ensino: *Glosa-Comentário das Salmos*, espécie de compilação patrística que deve servir de complemento à brevidade da obra de Anselmo de Laon, *Glosa sobre as Epístolas de S.*

Paulo, ainda mais famosa que a anterior. Mas uma obra, em especial, valeu a Pedro o título de "**Mestre das Sentenças**", os quatro *Livros das Sentenças*: 1) Deus trino e uno; 2) Deus criador, graça e pecado; 3) Verbo encarnado e Cristo redentor, virtudes e decálogo; 4) Sacramentos e fins derradeiros. Esse plano marca um progresso real sobre os compêndios teológicos desse tempo.

Na efervescência do século XII, quando os mestres enveredam, às vezes, por teorias arriscadas, Pedro Lombardo é um moderado. Não quer contentar-se com uma atitude meramente defensiva, multiplicando as condenações; sente a necessidade de pesquisar seus contemporâneos e quer mantê-los na ortodoxia. Fiel à tradição dos Padres e com uma clara preocupação pedagógica, une uns aos outros, formando como que um mosaico de sábios. Toma, também, de seus contemporâneos, mas não quer elaborar teorias pessoais. Não é um filósofo e não tem, provavelmente, a envergadura de seus grandes predecessores. Sua obra, contudo, apesar de algumas oposições tenazes, é logo apreciada. No Concílio de Latrão, em 1215, os *Livros das Sentenças*, atacados por Joaquim de Fiore, recebem um solene elogio por sua ortodoxia. A partir desse momento, passam a ser o manual para o ensino da teologia. São comentados, adaptados. É só a partir do século XVII que a *Suma* de Sto. Tomás os substitui.

PITÁGORAS – filósofo e matemático grego. Fundou comunidades ascéticas que se dedicavam a estudos de filosofia e política. Não deixou nenhum escrito. Euclides* ordenou os teoremas estabelecidos pelo conjunto da escola pitagórica.

PLATÃO (aproximadamente 428-347 a.C.) – Ateniense, por volta de 20 anos, liga-se a Sócrates*; priva de sua intimidade por oito anos. Depois da morte de seu mestre, viaja para se instruir e volta a Atenas, onde funda uma escola de filosofia nos jardins de Academos. Aí, durante quarenta anos, ajuda seus discípulos a descobrir a verdade que trazem em si mesmos, e da qual devem tomar consciência.

Podemos conhecer o pensamento de Platão graças a seus escritos. Inicialmente fiel ao método socrático, reelabora, pouco a pouco, a doutrina das Ideias e a dialética. A dialética é o meio que possibilita à alma elevar-se, por degraus, das aparências múltiplas e mutantes até as Ideias (essências), modelos imutáveis, das quais o mundo sensível é imagem. Assim, a alma passa do devir ao ser, da opinião à ciência, pois é "irmã das Ideias", tem parentesco com elas. Conheceu-as numa existência anterior; mas essas Ideias permanecem latentes, adormecidas no seio do pensamento, até o choque ocasional transmitido ao espírito pelo corpo (a sensação) que desperta sua potência. Portanto, todo conhecimento é reminiscência, conversão graças à qual a alma reorienta seu olhar para as realidades verdadeiras. O conhecimento discursivo é importante, mas a forma superior do saber é uma visão, uma intuição intelectual das Essências. As Ideias relacionam-se entre si. Seu princípio é a Ideia do Bem, Deus, "medida de todas as coisas", princípio de toda existência, causa universal e causa de cada ser. Deus é Providência e dará, numa outra vida, recompensa ou castigo à alma que é imortal.

Platão quer pôr a alma em busca da verdade. Para isso não basta raciocinar corretamente, é preciso a pureza de uma vida reta. Não se alcança a verdade seguindo ilusões vãs.

Embora durante a Idade Média os latinos só conhecessem o *Timeu*, Platão exerceu uma verdadeira atração sobre o pensamento cristão tanto no Oriente como no Ocidente. Os cristãos dos primeiros séculos viram nele "o maior teólogo de todos os gregos", aquele que convida a ver com o olho da alma a luz imutável e eterna, a procurar a verdade além do mundo dos corpos, a descobrir as perfeições invisíveis de Deus mediante as coisas criadas que são Ideias de Deus projetadas no ser, a reconhecer que Deus é o Bem supremo.

→ ESPEUSIPO, cunhado de Platão.

PORFÍRIO (± 233-305) – De origem pagã, vai a Atenas para concluir sua formação filosófica. Chega a Roma por volta de 263, descobre Plotino e convive com esse filósofo, asceta e místico. É seu colaborador até 268 quando, esgotado pela ascese da escola plotiniana, vai tratar-se na Sicília. Plotino morre pouco depois, e Porfírio incumbe-se de perpetuar sua memória.

Porfírio é um erudito, inimigo das superstições populares, adversário resoluto do cristianismo que invade o Império. Escreveu muito, mas suas obras perderam-se quase todas. Eis as

mais conhecidas: *Plotino, Vida de Pitágoras, Refutação do cristianismo*, de que sobra quase nada, *Carta ao sacerdote egípcio Anebão* e, sobretudo, a introdução deste comentário: o *Isagoge*, pequeno manual escolar sem pretensão, mas claro e preciso. Traduzido por Boécio, esse opúsculo exerceu grande influência sobre os pensadores da Idade Média.

PREPOSITINO de Cremona (séc. XII-XIII) – Chanceler da Universidade de Paris entre 1206 e 1210. Autor de uma *Summa Theologiae*.

PROCLO (418-485) – Filósofo grego neoplatônico. Sua obra principal é a *Teologia Platônica*, em que procura conciliar Platão e Aristóteles, demonstrando não serem as duas filosofias incompatíveis com uma teologia.

PTOLOMEU (± 90-168) – Célebre astrônomo, matemático e geógrafo grego de Alexandria. Sua obra mais conhecida é *A Composição Matemática* (ou *Almagesto*), descrição do mundo geocêntrico (sistema de Ptolomeu). Escreveu, também, obras de astronomia e de ótica.

RABANO MAURO (Hrabanus Maurus) (± 780-856) – Monge beneditino de Fulda (Alemanha), Rabano Mauro vai seguir em Tours os curso de Alcuíno*. De volta, nomeado diretor de escola e abade de Fulda, torna-se, enfim, bispo de Mainz. Recebeu o título de "preceptor da Germânia". Espírito enciclopédico, como seu mestre Alcuíno, comentou quase todo o Antigo e o Novo Testamentos. Escreveu, também, um livro sobre *A instituição dos clérigos* e um *De universo*, espécie de Suma em que reúne todo o saber de seu tempo.

SÊNECA (4 a.C.-65 d.C.) – Nascido em Córdoba, chega a Roma e inicia-se na filosofia estoica. Advogado e questor, é exilado durante oito anos. Agripina o chama de volta para confiar-lhe, e a Burro, a educação de Nero. Quando Nero se torna imperador, Sêneca procura contê-lo em suas paixões. Nero o implica na conjuração de Pisão e lhe envia a ordem de matar-se.

A obra de Sêneca é variada: tragédias, tratados de filosofia dos quais alguns são muito conhecidos: *A clemência, Os benefícios, A constância do sábio, A Tranquilidade da alma, Cartas a Lucílio*. Sua filosofia é exclusivamente moral. Propõe o domínio de si. Os Padres da Igreja acharam que o pensamento dele estava de acordo com a moral cristã.

SÓCRATES – Filósofo grego (c. 470-399 a.C.), filho do escultor Sofronisco. A sua filosofia chegou até nós pelos Diálogos de Platão e de Xenofonte. Combateu com aspereza a sofistica e a falsa retórica. Ao contrário dos filósofos naturalistas anteriores, propôs como objeto próprio da filosofia o homem. Refletindo sobre o procedimento humano e as regras que a ele presidem, funda a moral.

→ SOFRONISCO, pai de Sócrates.

SPIRITU ET ANIMA (DE) – Obra geralmente atribuída pelos medievais a Sto. Agostinho, mas que Sto. Tomás reconheceu logo como sendo de um contemporâneo (Alcher de Claraval?) É uma compilação de extratos de diversos autores, desde Sto. Agostinho a Hugo de São Vítor, S. Bernardo e Isaac da Estrela.

TEMÍSTIO (± 317-388) – Filósofo e rétor grego. É chamado a Constantinopla como professor de filosofia e eloquência. É apreciado pela corte. Constâncio II o nomeia senador, Teodósio o promove a prefeito de Constantinopla e lhe confia a educação de seu filho Arcádio.

Temístio escreveu *Paráfrases sobre Aristóteles* e uma quarentena de discursos de circunstância. Sto. Tomás conheceu sua *Paráfrase sobre o Tratado da Alma*.

TRISMEGISTO – Ver HERMES TRISMEGISTO.

TÚLIO – Sobrenome de Cícero* pelo qual é geralmente designado na Idade Média.

VALENTINO (século II, morto em 161) – Nascido no Egito, vai a Roma, onde o papa Higino o excomunga. É um dos maiores representantes da "gnose", heresia dos primeiros séculos da Igreja. Seus escritos desapareceram; podemos ter alguma ideia deles pela refutação de Ireneu* e Hipólito.

A doutrina gnóstica é muito complexa. Na medida em que podemos reconstituí-la, afirma um Deus superior, um mundo intermediário de eons que formam o Pleroma, e um mundo inferior: o da matéria. Cristo é um "éon", espírito emanado da Inteligência eterna, que desce para resgatar o homem; une-se ao Jesus do mundo inferior. Sto Agostinho escreveu contra os Valentinianos o tratado *De Correptione et gratia*.

VARRÃO (116-27 a.C.) – Após ter sido lugar-tenente de Pompeu durante a guerra civil, reconcilia-se com César que o encarrega de reorganizar as bibliotecas públicas de Roma. Compôs 74 obras das quais só restam dois tratados: *A Economia Rural* e *Sobre a Língua Latina*, assim como fragmentos de suas *Sátiras Menipeias* e suas *Antiguidades*.

VICENTE DE LERINS († antes de 450) – Monge e presbítero do mosteiro de Lerins. Adversário da doutrina da graça de Sto. Agostinho, considerava-a novidade que devia ser rejeitada. Escreveu várias obras sobre o princípio da tradição e contra o nestorianismo. De Sto. Agostinho temos uma carta *Ad Vicentium*.

VIRGÍLIO (± 70-19 a.C.) – Célebre poeta latino. De origem modesta, renuncia à eloquência e à filosofia para dedicar-se à poesia. Sustentado por Asínio Pólio e, depois, por Otávio e Mecenas, publica, em 39, *As Bucólicas,* em 29, *As Geórgicas*. Quando morreu, trabalhava na *Eneida*, vasta epopeia nacional.

Sto. Tomás só o cita a partir de Sto. Agostinho.

VITAE Patrum = As Vidas dos Padres – Uma vasta literatura desenvolveu-se nos desertos do Egito. Recolheram-se as "Palavras" dos Padres ou apoftegmas. Escreveram-se relatos de suas vidas. O primeiro foi a *Vida de Antão* por Atanásio*.

Sto. Tomás conheceu uma vasta compilação feita no século VI, contendo, principalmente, *A história dos monges do Egito*, traduzida por Rufino de Aquileia, *A História lausíaca* de Paládio, traduzida, esta também, para o latim, assim como as *Sentenças dos Padres*, traduzidas pelos diáconos (futuros papas), Pelágio e João.

VOLUSIANO – Procônsul em Cartago. Membro de um círculo cultural neoplatônico. Não era cristão, mas grande amigo de Sto. Agostinho, que lhe escreveu diversas cartas.

STO. AGOSTINHO
—— *Confessionum Libri tredecim*: ML 32,659-868 (*Confess.*).
—— *Contra Adversarium Legis et Prophetarum Libri duo*: ML 42,603-666; (*Contra Adv. Legis et Proph.*).
—— *Contra Epistolam Manichaei quam vocant Fundamenti Liber unus*: ML 42,173-206 (*Contra Epist. Manich*).
—— *Contra Faustum Manichaeum Libri triginta tres*: ML 42,207-518 (*Contra Faust.*).
—— *Contra Iudaeos, Paganos et Arianos Sermo de Symbolo*: ML 42,1117-1130 (*Serm. contra Iudaeos*).
—— *Contra Maximinum Haereticum Arianorum Episcopum Libri duo*: ML 42,743-814 (*Contra Maximin. Haeret.*).
—— *De Civitate Dei contra Paganos Libri duo et viginti*: ML 41,13-804 (*De Civ. Dei*).
—— *De Correptione et Gratia ad Valentinum et cum illo Monachos Adrumentinos Liber unus*: ML 44,915-946 (*De Corrept. et Grat.*).
—— *De Cura pro Mortuis gerenda and Paulinum Liber unus*: ML 40,591-610 (*De Cura pro Mort.*).
—— *De diversis Quaestionibus LXXXIII Liber unus*: ML 40,11-100 (*Octog. trium Quaest.*).
—— *De Divinatione Daemonum Liber unus*: ML 40,581-592 (*De Divinat. Daemon.*).
—— *De Doctrina Christiana Libri quatuor*: ML 34,15-122 (*De Doctr. Christ.*).
—— *De Genesi ad Litteram Libri duodecim*: ML 34,245-486 (*De Genesi ad Litt.*).
—— *De Genesi contra Manichaeos Libri duo*: ML 34,173-220 (*De Genesi contra Manich.*).
—— *De Libero Arbitrio Libri tres*: ML 32,1221-1310 (*De Lib. Arb.*).
—— *De Natura Boni contra Manichaeos Liber unus*: ML 42,551-572 (*De Nat. Boni*).
—— *De Peccatorum meritis et Remissione et de Baptismo Parvulorum ad Marcellinum Libri tres*: ML 44,109-200 (*De Pecc. Remiss. et Bapt. Parv.*).
—— *De Quantitate Animae Liber unus*: ML 32,1035-1080 (*De Quant. An.*).
—— *De Sermone Domini in Monte secundum Matthaeum Libri duo*: ML 34,1229-1308 (*De Serm. Dom.*).
—— *De Trinitate Libri quindecim*: ML 42,819-1098 (*De Trin.*).
—— *De Utilitate Credendi ad Honoratum Liber unus*: ML 42,65-92 (*De Util. Cred.*).
—— *De Vera Religione Liber unus*: ML 34,121-172 (*De Vera Relig.*).
—— *Dialogus Quaestionum sexaginta quinque sub titulo Orosii percontantis et Augustini respondentis*: ML 40,733-752 (*Dial. Quaest. sexag. quinq.*).
—— *Enarrationes in Psalmos*, Ps. I-LXXIX: ML 36,68-1028; Ps. LXXX-CL: ML 37,1033-1968 (*Enarr. in Psalm.*).
—— *Enchiridion ad Laurentium, sive De Fide, Spe et Caritate Liber unus*: ML 40,23-290 (*Enchir.*).
—— Epistola XCIII *Ad Vincentium*: ML 33,321-347 (Epist. XCIII *Ad Vincent.*).
—— Epistola CXVIII *Ad Dioscorum*: ML 33,431-449 (Epist. CXVIII *Ad Diosc.*).
—— *In Ioannis Evangelium Tractatus centum viginti et quattuor*: ML 35,1379-1976 (*In Ioann.*).
—— *Retractationum Libri duo*: ML 32,583-656 (*Retract.*).
—— *Sermones ad Populum*, serm. I-CCCXL: ML 38,23-1484; serm. CCCXLI-CCCXCVI: ML 39,1493-1718 (*Serm. ad Popul.*).
—— *Soliloquiorum Libri duo*: ML 32,869-904 (*Solil.*).
—— *Viginti unius Sententiarum sive Quaestionum Liber unus*: ML 40,725-732 (*Viginti unius Sent.*).

PSEUDO-AGOSTINHO (ALQUERO CLARAVALENSE)
—— *De Spiritu et Anima*: ML 40,779-832 (*De Spir. et An.*).

PSEUDO-AGOSTINHO (AMBROSIASTER)
—— *Quaestiones Veteris et Novi Testamenti*: ML 35,2215-2422 (*Quaest. Vet. et Nov. Test.*).

PSEUDO-AGOSTINHO (S. FULGÊNCIO)
—— *De Fide ad Petrum, sive De Regula Verae Fidei Liber unus*: ML 40,753-780 (*De Fide*).

PSEUDO-AGOSTINHO (GENÁDIO)
—— *De Ecclesiasticis Dogmatibus Liber unus*: ML 42,1213-1222 (*De Ecclesiast. Dogm.*).

STO. ALBERTO MAGNO
—— *Commentarii in Setentiarum libros quatuor* (*In Sent.*: BO 25-30).
—— *Opera Omnia*, 38 v. A. Borgnet (Paris, Vivés 1890-1899) (Citado: BO).
—— *Summa Theologiae* (*Summa Theol.*: BO 31-33).
—— *Summa de creaturis* (*Summa de Creat.*: BO 34,307-761 y 35).

ALEXANDRE
—— *Epistola Alexandri de Ariana Haeresi et de Arii Depositione* (Epist. *De Ariana Haeresi*: Mansi 2,641-660).

ALEXANDRE DE HALES
—— *Summa Theologica*, 3 v. (Quaracchi 1924-1930) (*Summa Theol.*: QR).

ALGAZEL
—— ALGAZEL's *Metaphysics. A Mediaeval Translation edited by J.-T. Muckle* (Toronto 1933) (*Metaph.*: MK).

STO. AMBRÓSIO
—— *Obras de S. Ambrósio. Edición bilingüe* (Madrid, BAC).
—— *De Fide ad Gratianum Augustum Libri quinque*: ML 16,549-726 (*De Fide*).
—— *De Spiritu Sancto Libri tres ad Gratianum Augustum*: ML 16,731-850 (*De Spir. Sancto*).
—— *Expositio Evangelii secundum Lucam Libris decem comprehensa*: ML 15,1607-1944 (*In Luc.*).
—— *Hexaëmeron Libri sex*: ML 14,133-288 (*In Hexaëm.*).

STO. ANSELMO
—— *Cur Deus Homo*: ML 158,359-432 (*Cur Deus Homo*).
—— *Obras completas de S. Anselmo. Edición bilingüe*, 2 v. (Madrid, BAC).
—— *Dialogus De Casu Diaboli*: ML 158,325-360 (*De Casu Diab.*).
—— *Liber De Conceptu Virginali et Originali Peccato*: ML 158,431-464 (*De Conceptu Virginali*).

APULEIO
—— *Pétrone, Apulée, Aulo-Gelle* (Paris, Firmin-Didot, 1842).
—— *De Deo Socratis Liber*, p. 135-147 (*Lib. De Deo Socratis*: DIDOT).

ARISTÓTELES
—— *Analyticorum Posteriorum* (Bk 71a1-100b17) (*Poster.*).
—— *Aristoteles Graece*, 2 v., ex recensione I. Bekkeri (Academia Regia Borussica, Berolini, 1831) (Bk).
—— *Aristoteles Opera Omnia Graece et Latine cum Indice*, 5 v., ex edidit Firmin-Didot (Parisiis 1848-1878) (DIDOT. Cuando se cita esta edición se da sólo el libro, capítulo y número si los hubiere).
—— *Ars Rhetorica* (Bk 1354a1-1420b4) (*Rhet.*).
—— *Categoriae sive Praedicamenta* (Bk 1a1-15b33) (*Categor.*).
—— *De Anima* (Bk 402a1-435b25) (*De An.*).
—— *De Animalium Motione* (Bk 698a1-704b3) (*De Anim. Mot.*).
—— *De Caelo* (Bk 268a1-313b23) (*De Caelo*).
—— *De Divinatione per Somnium* (Bk 462b12-464b18) (*De Divinat.*).
—— *De Generatione Animalium* (Bk 715a1-789b20) (*De Gen. Anim.*).
—— *De Generatione et Corruptione* (Bk 314a1-338b19) (*De Gener.*).
—— *De Interpretatione sive Perihermeneias* (Bk 16a1-24b9) (*Periherm.*).
—— *De Longitudine et Brevitate Vitae* (Bk 464b19-467b9) (*De Long. et Brev. Vitae*).
—— *De Partibus Animalium* (Bk 639a1-697b30) (*De Part. Anim.*).
—— *De Sommo et Vigilia* (Bk 453b8-458a33) (*De Sommo*).
—— *Ethica ad Eudemum* (Bk 1214a1-1249b25) (*Eth. Eudem.*).
—— *Ethica Nicomachea* (Bk 1094a1-1181b23) (*Ethic.*).
—— *Historiae Animalium* (Bk 486a5-638b37) (*Hist. Anim.*).
—— *Metaphysica* (Bk 980a21-1093b29) (*Metaphys.*).
—— *Meteorologicorum* (Bk 338a20-390b22) (*Meteor.*).
—— *Physica Auscultatio* (Bk 184a10-267b26) (*Phys.*).
—— *Topicorum* (Bk 100a18-164b19) (*Top.*).

AVERRÓIS, (Commentator)
—— *Commentaria in Opera Aristotelis*, 12 v. (Venetiis 1562-1576). *In Prior. Resol.*, *In Phys.*, *In De Caelo*, *In De Gener.*, *In De An.*, *In Metaph.*, *De Subst. Orbis*, *Destruct.*, *De An. Beatitud.*, *Colliget*, *Epist. De Intellectu*.

AVICEBRÃO
—— *Avencebrolis (Ibn Gebirol) Fons Vitae. Ex arabigo in latinum translatus ab Iohanne Hispano et Dominico Gundissalino*, edidit C. BAEUMKER (Müster i.W. 1892-1895) (*Fons Vitae*: BK).

AVICENA
—— *Opera in lucem redacta ac nuper quantum ars niti potuit per canonicos emendata*, translata per Dominicum Gundissalinum (Venetiis 1508). *De An.*, *Metaph.*, *Suffic.*, *De Anim.*, *De Nat. Anim.*

S. BASÍLIO MAGNO
—— *Homilia duodecima in Principio Proverbiorum*: MG 31,385-424 (Hom. XII *In Princ. Prov.*).
—— *Homilia in Hexaëmeron*: MG 29,3-208; SC 26 bis (*In Hexaëm.*).

S. BEDA
—— *Hexaëmeron, sibe Libri quatuor in Principium Genesis usque ad Nativitatem Isaac et Electionem Ismaëlis*: ML 91,9-190 (*Hexaëm.*).
—— *In Lucae Evangelium Expositio*: ML 92,301-634 (*In Luc.*).
—— *In Matthaei Evangelium Expositio*: ML 92,9-302 (*In Matth.*).
—— *In Pentateuchum Commentarii*: ML 91,189-394 (*In Pentat.*).

S. BERNARDO
—— *Obras completas de San Bernardo*. Ed. bilingüe, 9 v. (Madrid, BAC).
—— *De Gratia et Libero Arbitrio Tractatus ad Guilelmum Abbatem Sancti Theodorici*: ML 182,1001-1030 (*De Grat. et Lib. Arb.*).

S. BOAVENTURA
—— *Opera Omnia*, 10 v. (Quaracchi 1882-1902) (QR).

BOÉCIO
—— *Commentaria in Porphyrium a se translatum*: ML 64,71-158 (*In Porphyrium*).
—— *De Arithmetica Libri duo*: ML 63,1079-1168 (*De Arithm.*).
—— *De Consolatione Philosophiae Libri quinque*: ML 63,579-862 (*De Consol.*).
—— *Quomodo Substantiae, in eo quod sint, ipsae sunt, cum non sint Substantialia Bona. Liber ad Ioannem Diaconum Ecclesiae Romanae*: ML 64,1311-1314 (*De Hebdom.*).
—— *Quomodo Trinitas unus Deus ac non tres Dii*: ML 64,1247-1256 (*De Trin.*).

CÍCERO
—— *Oeuvres Complètes de Cicéron*, 5 v. (Paris, Firmin-Didot, 1881). (Colection des Auteurs Latins avec la traduction en français, publiée sous la direction de M. Nisard).
—— *De Tusculanis Quaestionibus*: DD 3,621-670; 4,1-74 (*Tuscul.*).
—— *De Natura Deorum*: DD 4,79-169 (*De Nat. Deor.*).

PSEUDO-CLEMENTE ROMANO
—— *De Actibus, Peregrinationibus et Praedicationibus Sancti Apostolorumque Principis Petri Epitome, qua eiusdem Clementis vita continetur, ad Iacobum, Hierosolymorum Episcopum*: MG 2,469-604 (*De Gestis S. Petri*).

CONCÍLIO NICENO-CONSTANTINOPOLITANO, *Symbolum* (*Symb. Nicaeno Cpolit.*: Mansi 3,565-566; Denz. 150).

DIONISIO AREOPAGITA
—— *De Caelesti Hierarchia*: MG 3,119-370 (*De Cael. Hier.*).
—— *De Divinis Nominibus*: MG 3,585-996 (*De Div. Nom.*).
—— *De Ecclesiastica Hierarchia*, MG 3-501 CD (*De Eccles. Hier.*)

—— *De Mystica Theologia ad Timotheum*: MG 3,997-1064 (*De Myst. Theol.*).
—— *Epistola VII Polycarpo Antistiti*: MG 3,1077-1082 (Epist. VII *Ad Polyc.*).

GENÁDIO
—— *De Ecclesiasticis Dogmatibus Liber unus*: ML 58,979-1000 (*De Ecclesiast. Dogm.*).

GLOSA
—— *Glossa Ordinaria cum expositione Lire Litterali et Morali, necnon Additionibus et Relicis*, 6 vols. (Basileae, I. P. de Langedorff et I. F. de Hammelburg, 1506-1508) (*Glossa ordin. — Glossa interl.*).

S. GREGÓRIO MAGNO
—— *Homiliarum in Ezechielem Prophetam Libri duo*: ML 76,786-1072; CC 142 (*In Ezech.*).
—— *Libri Dialogorum*, ML 77,149-430 (*Dial.*).
—— *Moralium Libri*, 1. I-XVI: ML 75,509-1162; 1. XVII-XXXV: ML 76,9-782 (*Moral.*).
—— *Obras de S. Gregório Magno* (Madrid, BAC).
—— *Quadraginta Homiliarum in Evangelia Libri duo*: ML 76,1075-1312; BAC (*In Evang.*).

S. GREGÓRIO NAZIANZENO
—— *Oratio trigesima octava In Theophania sive Natalicia Salvatoris*: MG 36,311-334 (Orat. XXXVIII *In Theph.*).

S. GREGÓRIO DE NISSA
—— *De Hominis Opificio*: MG 44,123-256 (*De Hom. Opif.*).

PSEUDO-GREGÓRIO DE NISSA (Nemésio de Emesa)
—— *De Natura Hominis*: MG 40,503-818 (*De Nat. Hom.*).

GUILHERME DE AUXERRE
—— *Summa Aurea*. Ms.: Paris, Biblioteca Nacional, lat. 15.746, 330 f. (*Summa Aurea*).

GUILHERME DE ALVÉRNIA (de Paris)
—— *Opera Omnia* tomis duobus contenta, Aureliae, ex typographia F. Hotot et Parisiis apud I. Dupuis 1674 (*De Trin.-De An.*).

STO. HILÁRIO
—— *De Trinitate*: ML 10,25-472 (*De Trin.*).
—— *Liber de Synodis, seu de Fide Orientalium*: ML 10,479-546 (*De Synod.*).

HILDEBERTO (¿Simón de Aurea Capra?)
—— *Versus de Excidio Troiae*: ML 171,1447-1453 (*De Excid. Troiae*).

HOMERO
—— *L'Odyssée*, texte établi et traduit par V. Bérard, 3 v. (Paris [6]1962) (*Odyss.*).

HUGO DE SÃO VÍTOR
—— *De Sacramentis Christianae Fidei*: ML 176,173-618 (*De Sacram.*).

STO. ISIDORO
—— *De Ordine Creaturarum Liber*: ML 83,913-954 (*De Ord. Creat.*).
—— *Etymologiarum Libri viginti*: ML 82,73-728; BAC v. 433-434 (*Etymol.*).
—— *Santos Padres Españoles* II (Madrid, BAC).
—— *Sententiarum Libri tres*: ML 83,537-738 (*Sent.*).

S. JERÔNIMO
—— *Cartas de S. Jerónimo*, Ed. bilingüe, 2 v. (Madrid, BAC).
—— *Commentarius in Ecclesiasten ad Paulam et Eustochium*: ML 23,1061-1174 (*In Eccle.*).
—— *Epistola LIII Ad Paulinum De Studio Scripturarum*: ML 22,54-549 (Epist. LIII *Ad Paulinum*).
—— *Liber unus Commentariorum in Danielem Prophetam*: ML 25,513-610 (*In Dan.*).
—— *Liber unus Commentariorum in Epistolam ad Titum*: ML 26-589-636 (*In Tit.*).

—— *Libri quator Commentariorum in Evangelium Matthaei*: ML 26,15-228; SC 242-259 (*In Matth*.).
—— *Libri tres Commentariorum in Epistolam Ephesios*: ML 26,467-590 (*In Ephes*.).

S. João Crisóstomo
—— *Homiliae in Genesim*: hom. I-XLI: MG 57,21-386; hom. XLII-XLVII: MG 54,385-580 (*In Genesim*).
—— *Homiliae in Matthaeum*, hom. I-XLIV: MG 57,13-474; hom. XLV-XC: 58,471-794; BAC 1-2 (*In Matth*.).
—— *Obras de S. Juan Crisóstomo. Ed. bilingüe*, 3 v (Madrid, BAC).

S. João Damasceno
—— *Expositio accurata Fidei Orthodoxae*: MG 94,789-1228 (*De Fide Orth*.).

Maimônides ou Rabi Moisés
—— *Doctor Perplexorum*. Ed. preparada por David Gonzalo Maeso (Madrid, Editora Nacional, 1984) (*Doct. Perplex*.).

Nemésio de Emesa (Pseudo-Gregório de Nissa)

Orígenes
—— *Commentaria in Epistolam ad Romanos*: MG 14,837-1292 (*In Rom*.).
—— *Commentaria in Evangelium Ioannis*: MG 14,21-830; SC 120-157-222-290 (*In Ioann*.).
—— *Commentaria in Evangelium secundum Matthaeum*: MG 13,829-1600 (*In Matth*.).
—— *Homiliae in Numeros*: MG 12,585-806; SC 29 (*In Num*.).
—— *Peri Archon Libri quatuor* Interprete Rufino Aquileiensi Presbytero: MG 11,115-414; SC 252-253-268-269-312 (*Peri Archon*).

Pedro Comestor
—— *Historia Scholastica*: ML 198,1053-1722 (*Hist. Scholast*.).

Pedro Lombardo
—— *Collectanea in omnes Divi Pauli Epistolas: Rom., I Cor.*: ML 191,1297-1696; aliae: ML 192,9-520 (*Glossa Lombardi*).
—— *Libri IV Sententiarum*, 2 v., editi studio et cura PP. Collegii S. Bonaventurae (Quaracchi 1916) (*Sent*.).

Platão
—— *Platonis Dialogo translatus et in eundem Commentarius a* Chalcidio edidit Mullach (Parisiis 1862) (Fragmenta Philosophorum graecorum, editore Firmin-Didot, v. 2, p. 147-258) (*Timaeus*, Chalcidio interprete: DD).
—— *Platonis Opera*, ex recensione R.B. Hirschigii graece et latine, 2 vols. (Parisiis, A. Firmin-Didot, 1856) (*Phaedo-Thaeet.-Sophist.-Philebus Alcib. I.-Parmen-Phaedr.-Res Publica-Leges*).

Prepositino
—— *Summa*, Ms. Troyes, Biblioteca Pública 237 (*Summa*).

Proclo
—— *Institutio Theologica*, edidit F. Dubner: *Plotini Enneades* (Parisiis, Firmin-Didot, 1855) p. LI-CXVII (*Instit. Theol*.: DD).

Ptolomeu
—— *Opera quae exstant omnia*, cura et studio J. L. Heiberg et aliorum (Lipsiae, B.C. Teubneri, 1898-1907), v. I: *Syntaxis Mathematica*, edidit J. L. Heiberg (*Syntaxis Mathematica* (Almagestum): HB).

Rabano Mauro
—— *Commentariorum in Exodum Libri quatuor*: ML 108,9-246 (*In Exod*.).

Temístio
—— *In Libros Aristotelis De Anima Paraphrasis*, edidit R. Heinze (Berolini 1899) (*In De An*.: CG).

Varrão
—— *De Lingua Latina ad Ciceronem*, en Macrobe-Varron-Pomponius Mela, *Oeuvres Complètes* (Paris, Firmin-Didot, 1875) (*De Lingua Lat*.: DD).

O DEUS CRIADOR

Introdução e notas por Jean-Michel Maldamé

INTRODUÇÃO

O tratado da criação ocupa um lugar central na reflexão teológica. Não há, com efeito, nenhuma abordagem de Deus que não se baseie na natureza e na história. Santo Tomás notou em várias ocasiões que o erro no conhecimento da natureza leva ao erro em matéria teológica. Tampouco existe progresso na compreensão do mistério da salvação que não explicite em que sentido Jesus de Nazaré é o *Logos*, o Verbo criador, "por intermédio do qual tudo foi feito". O Espírito Santo não pode ser compreendido se não é discernido como aquele que habita toda a história e a sabedoria que "contém todas as coisas" (Sb 1,7; 7,27). Todo pensamento religioso e toda reflexão filosófica não podem desconhecer a importância da pesquisa sobre o universo em sua relação com aquele que o funda e que é princípio sem princípio, o Pai todo-poderoso, "criador do céu e da terra". O catecismo de outrora dizia-nos que a noção de criação era comum a todo o pensamento humano, filosófico ou religioso. Não é verdade. Se a noção de criação é, em princípio, acessível à razão humana e presente no horizonte de toda religiosidade, ela não o foi de fato. O pensamento pagão, mesmo dos grandes filósofos fundadores do pensamento ocidental, não conheceu a noção de criação no sentido estrito. As grandes religiões anteriores a Cristo perverteram-se na idolatria (Rm 2,18-29).

O tratado da criação manifesta a riqueza da afirmação de que Deus é o Único, "Aquele que é plenitude de ser" (Ex 3,14). Ligada à Revelação, a teologia da criação é uma teologia da salvação. A exegese científica o confirma, quando mostra que o verbo "criar", cujo emprego é reservado ao Deus vivo, aparece em plena luz nos escritos proféticos, no Dêutero-Isaías, em particular. O começo do mundo é descrito na forma de relato de origem, no interior de uma teologia da aliança, na perspectiva da libertação universal. Tal teologia amadureceu graças à reflexão dos sábios sobre o mundo e à experiência humana, no interior da fidelidade ao Deus da eleição e do apelo à conversão.

A teologia cristã da criação não é nada mais que outra explicação do conceito bíblico. Todos os recursos da metafísica e da dialética utilizados pelos Padres da Igreja manifestaram a originalidade e a profundidade dessa visão do mundo e de Deus. As questões que Sto. Tomás consagra à criação permanecem na mesma perspectiva.

Fiel à revelação bíblica, Sto. Tomás insiste sobre a bondade radical da obra de Deus. A comunicação do ser é generosidade e bondade; a distinção entre os seres é ato de justiça e de verdade. Contra os exageros dos agostinianos, Sto. Tomás não negligencia jamais a bondade das obras de Deus, a retidão fundamental da natureza humana e seu dinamismo espiritual. O escândalo do mal surge em plena luz. O cristianismo o considera à luz da Paixão; a cruz é o sinal do amor vencedor.

A criação é a primeira comunicação que Deus faz de si mesmo, e ordena-se à comunicação suprema que Deus faz de si mesmo. Tal é o dinamismo cristão das considerações de Sto. Tomás sobre o ato criador de Deus. As características do amor de Deus estão presentes nesse ato fundador. A imediatidade e a gratuidade têm por corolários a liberdade e a caridade, que serão realizadas pelos justos na glória da ressurreição universal.

As questões da *Suma teológica* não constituem portanto, em sentido estrito, um tratado da criação. São mais particulares. No interior da exposição orgânica do mistério cristão, especificam de maneira racional as grandes linhas da comunicação que Deus faz de si mesmo ao dar o ser a tudo o que é. Fundam as condições dessa comunicação, as quais permitem que o homem volte a Deus, "não como servo, mas como amigo" (Jo 15,15).

As respostas de Sto. Tomás dão um fundamento racional aos princípios essenciais da salvação no Evangelho, desenvolvendo a riqueza do amor de Deus, "pois tudo é dele, por ele, e para ele" (Rm 11,36).

Aquele que buscasse nas breves questões de Sto. Tomás um tratado completo ficaria decepcionado. Santo Tomás fala aqui de Deus enquanto criador.

A resposta a todas as questões referidas ao tratado da criação encontram-se no final da exposição da fé: no rosto do Cristo glorioso, pois "tudo é criado por ele e para ele" (Cl 1,16), "pois aprouve a Deus fazer habitar nele toda a plenitude" (Cl 1,20).

QUAESTIO XLIV
DE PROCESSIONE CREATURARUM A DEO, ET DE OMNIUM ENTIUM PRIMA CAUSA
in quatuor articulos divisa

Post considerationem divinarum Personarum, considerandum restat de processione creaturarum a Deo. Erit autem haec consideratio tripartita: ut primo consideretur de productione creaturarum; secundo, de earum distinctione, tertio, de conservatione et gubernatione.

Circa primum tria sunt consideranda: primo quidem, quae sit prima causa entium; secundo, de modo procedendi creaturarum a prima causa; tertio vero, de principio durationis rerum.

Circa primum quaeruntur quatuor.

Primo: utrum Deus sit causa efficiens omnium entium.

Secundo: utrum materia prima sit creata a Deo, vel sit principium ex aequo coordinatum ei.

Tertio: utrum Deus sit causa exemplaris rerum, vel sint alia exemplaria praeter ipsum.

Quarto: utrum ipse sit causa finalis rerum.

Articulus 1
Utrum sit necessarium omne ens esse creatum a Deo

AD PRIMUM SIC PROCEDITUR. Videtur quod non sit necessarium omne ens esse creatum a Deo.

1. Nihil enim prohibet inveniri rem sine eo quod non est de ratione rei, sicut hominem sine

QUESTÃO 44
A PROCESSÃO DAS CRIATURAS A PARTIR DE DEUS E A CAUSA PRIMEIRA DE TODOS OS ENTES
em quatro artigos

Após a consideração das Pessoas divinas, resta considerar a processão[a] das criaturas a partir de Deus. Esta consideração terá três partes: a primeira, sobre a produção das criaturas[b]; a segunda, sobre a distinção entre elas; a terceira, sobre sua conservação e governo delas.

Sobre a primeira parte, são três as considerações: 1. Qual é a causa primeira dos entes? 2. Como as criaturas procedem da causa primeira? 3. Qual é o princípio da duração das coisas?.

A respeito da primeira são quatro as perguntas:

1. Deus é a causa eficiente de todos os entes?[c]
2. A matéria primeira é criada por Deus ou é um princípio ligado a ele em condições de igualdade?
3. Deus é a causa exemplar das coisas, ou há outras causas exemplares além dele?
4. Deus é a causa final das coisas?

Artigo 1
É necessário que todo ente seja criado por Deus?

QUANTO AO PRIMEIRO ARTIGO, ASSIM SE PROCEDE: parece que **não** é necessário que todo ente seja criado por Deus.

1. Com efeito, nada impede que se encontre uma coisa sem aquilo que não é de sua razão.

---

1 PARALL.: Infra, q. 65, a. 1; II *Sent.*, dist. 1, q. 1, a. 2; dist. 37, q. 1, a. 2; *Cont. Gent.* II, c. 15; *De Pot.*, q. 3, a. 5; *Compend. Theol.*, c. 68; Opusc. XV, *de Angelis*, c. 9; *De Div. Nom.*, c. 5, lect. 1.

a. O verbo "proceder" caracteriza o movimento da *Suma teológica* como um todo. A criação e a salvação são o prolongamento do amor infinito de Deus. Para ser recebida com inteligência, a Revelação cristã exige um estudo da potência livre e absoluta de Deus, que funda a economia da salvação nas ordens da natureza e da graça ordenadas em direção à nova Jerusalém, onde "Deus será tudo em todos". A consideração da bondade de Deus permite explicar a unidade do plano de Deus na diversidade de suas realizações.

b. A q. 44 abre o estudo das "realidades que procedem de Deus" (ver prólogo à q. 2). Essa nova parte não se distancia da perspectiva estritamente teológica da *Suma*. Ela estuda as criaturas à luz de Deus, em sua relação a Deus e naquilo que elas manifestam.

c. A formação científica recebida desde a escola primária confere à palavra "causa" um sentido bem mais restrito que o da mesma palavra empregada por Sto. Tomás. Para os modernos, a causa é aquilo cuja ação modifica uma realidade no tempo e no espaço, ou transforma um movimento ou um aspecto da realidade. Para Sto. Tomás, a "causa", num sentido forte, é a razão de ser. Os diversos modos de causalidade não convêm todos a Deus. Não poderia ser "causa" intrínseca dos seres; isto seria contrário à sua santidade. Por isso, Sto. Tomás só analisa aqui a causalidade extrínseca. O plano do artigo decorre daí. Sto. Tomás examina os dois tipos de causalidade: causalidade eficiente (a. 1 e 2) e causalidade final (a. 4). Ele introduz uma análise sobre a causalidade exemplar (a. 3); esse tipo de causalidade se reveste de particular importância, pois permite explicar a semelhança entre a criatura e o Criador.

albedine. Sed habitudo causati ad causam non videtur esse de ratione entium: quia sine hac possunt aliqua entia intelligi. Ergo sine hac possunt esse. Ergo nihil prohibet esse aliqua entia non creata a Deo.

2. Praeterea, ad hoc aliquid indiget causa efficiente, ut sit. Ergo quod non potest non esse, non indiget causa efficiente. Sed nullum necessarium potest non esse: quia quod necesse est esse, non potest non esse. Cum igitur multa sint necessaria in rebus, videtur quod non omnia entia sint a Deo.

3. Praeterea, quorumcumque est aliqua causa, in his potest fieri demonstratio per causam illam. Sed in mathematicis non fit demonstratio per causam agentem, ut per Philosophum patet, in III *Metaphys.*[1]. Non igitur omnia entia sunt a Deo sicut a causa agente.

Sed contra est quod dicitur Rm 11,36: *Ex ipso, et per ipsum, et in ipso sunt omnia*.

Respondeo dicendum quod necesse est dicere omne quod quocumque modo est, a Deo esse. Si enim aliquid invenitur in aliquo per participationem, necesse est quod causetur in ipso ab eo cui essentialiter convenit; sicut ferrum fit ignitum ab igne. Ostensum est autem supra[2], cum de divina simplicitate ageretur, quod Deus est ipsum esse per se subsistens. Et iterum ostensum est[3] quod esse subsistens non potest esse nisi unum: sicut si albedo esset subsistens, non posset esse nisi una, cum albedines multiplicentur secundum recipientia. Relinquitur ergo quod omnia alia a Deo non sint suum esse, sed participant esse. Necesse est igitur omnia quae diversificantur secundum diversam participationem essendi, ut sint perfectius vel minus perfecte, causari ab uno primo ente, quod perfectissime est. — Unde et Plato dixit[4] quod necesse est ante omnem multitudinem ponere unitatem. Et Aristoteles dicit, in II *Metaphys.*[5],

Por exemplo, um homem sem a brancura. Ora, a relação do efeito à causa não parece pertencer à razão dos entes, porque sem essa relação podem ser compreendidos alguns entes. Podem, portanto, existir sem ela. Logo, nada impede que existam alguns entes não criados por Deus[d].

2. Além disso, é para existir que algo tem necessidade de uma causa eficiente. Portanto, o que não pode não existir não precisa de uma causa eficiente. Ora, nenhum ser necessário pode não existir, porque o que é necessário ser não pode não ser. Logo, como há entre as coisas muitas necessárias, parece que nem todos os entes são feitos por Deus.

3. Ademais, qualquer coisa que tenha uma causa pode demonstrar-se por ela. Ora, na matemática as demonstrações não se fazem pela causa eficiente, como fica claro pelo Filósofo. Logo, nem todos os entes são feitos por Deus como causa eficiente.

Em sentido contrário, está dito na Carta aos Romanos: "Tudo é dele, por ele e nele".

Respondo. É preciso afirmar que tudo que de qualquer modo exista é feito por Deus. Se algo se encontra em outro por participação, é necessário que seja causado nele por aquele ao qual convém essencialmente. Por exemplo, o ferro se torna incandescente pelo fogo. Ora, já se demonstrou anteriormente, quando se tratou da simplicidade divina, que Deus é o próprio ser subsistente por si. Demonstrou-se, também, que o ser subsistente não pode ser senão único. Por exemplo, se a brancura fosse subsistente não poderia ser senão única, porque a brancura se multiplica segundo os que a recebem. Resulta, portanto, que tudo o que é distinto de Deus não é seu ser, mas participa do ser. É necessário, por isso, que todas as coisas que se diversificam conforme participam diversamente do ser, sendo mais ou menos perfeitas, sejam causadas por um ente primeiro, absolutamente perfeito[e]. — Por isso disse Platão

---

1. C. 2: 996, a, 21 — b, 1.
2. Q. 3, a. 4.
3. Q. 7, a. 1, ad 3; a. 2.
4. *Parmenidis*, c. 26: 164 C — 165 E.
5. C. 1: 993, b, 19-31.

---

d. Essa objeção é bastante atual. A ciência moderna se desenvolve sem considerar a ação de Deus. A cosmologia e a biologia, em particular, não poderiam apelar à ação de Deus para explicar o mundo e a vida segundo sua luz própria. Seria fazer ciência de má qualidade propor uma explicação por meio da ação de Deus. Tal coisa não é mais verdade no plano filosófico, que não pode sofismar a questão da origem e do fundamento.

e. Sto. Tomás enfatiza nessa frase que a processão das criaturas não é de modo algum uma emanação. Segundo a teologia pagã neoplatônica, os seres deste mundo são a expansão do próprio ser de Deus. O Deus da Revelação é simples, ato puro; a

quod id quod est maxime ens et maxime verum, est causa omnis entis et omnis veri: sicut id quod maxime calidum est, est causa omnis caliditatis.

AD PRIMUM ergo dicendum quod, licet habitudo ad causam non intret definitionem entis quod est causatum, tamen sequitur ad ea qua sunt de eius ratione: quia ex hoc quod aliquid per participationem est ens sequitur quod sit causatum ab alio. Unde huiusmodi ens non potest esse, quin sit causatum; sicut nec homo, quin sit risibile. Sed quia esse causatum non est de ratione entis simpliciter, propter hoc invenitur aliquod ens non causatum.

AD SECUNDUM dicendum quod ex hac ratione quidam moti fuerunt ad ponendum quod id quod est necessarium non habeat causam, ut dicitur in VIII *Physic.*[6]. Sed hoc manifeste falsum apparet in scientiis demonstrativis, in quibus principia necessaria sunt causae conclusionum necessariarum. Et ideo dicit Aristoteles, in V *Metaphys.*[7], quod sunt quaedam necessaria quae habent causam suae necessitatis. Non ergo propter hoc solum requiritur causa agens, quia effectus potest non esse: sed quia effectus non esset, si causa non esset. Haec enim conditionalis est vera, sive antecedens et consequens sint possibilia, sive impossibilia.

AD TERTIUM dicendum quod mathematica accipiuntur ut abstracta secundum rationem, cum tamen non sint abstracta secundum esse. Unicuique autem competit habere causam agentem, secundum quod habet esse. Licet igitur ea quae sunt mathematica habeant causam agentem, non tamen secundum habitudinem quam habent ad causam agentem, cadunt sub consideratione mathematici. Et ideo in scientiis mathematicis non demonstratur aliquid per causam agentem.

que antes de qualquer multiplicidade é preciso afirmar a unidade. E Aristóteles diz, no livro II da *Metafísica*, que aquilo que é ente ao máximo e verdadeiro ao máximo é a causa de todo ente e de toda verdade, assim como o que é quente ao máximo é causa de todo calor.

QUANTO AO 1º, portanto, deve-se dizer que se bem que a relação à causa não entre na definição de um ente causado, é contudo uma consequência daquilo que é de sua razão, porque pelo fato de que algo é um ente, por participação, segue-se que seja causado por outro. Tal ente, portanto, não pode existir sem que seja causado, como não pode existir um homem sem a capacidade de rir. Entretanto, porque ser causado não pertence à razão do ente absoluto, por isso se encontra algum ente que não é causado[f].

QUANTO AO 2º, deve-se dizer que por esse argumento alguns foram levados a que o que é necessário não tem causa, como se diz no livro VIII da *Física*. Mas isso se mostra manifestamente falso nas ciências demonstrativas, nas quais princípios necessários são causas de conclusões necessárias. Por isso Aristóteles afirma, no livro V da *Metafísica*, que há coisas necessárias que têm causa de sua necessidade[g]. Se se requer uma causa eficiente, não é só porque o efeito poderia não existir, mas porque o efeito não existiria se não houvesse causa. Esta proposição condicional é verdadeira, quer seu antecedente e seu consequente sejam possíveis, quer impossíveis.

QUANTO AO 3º, deve-se afirmar que a matemática é considerada abstrata segundo a razão, embora não seja abstrata segundo o existir. Ora, a cada um cabe ter causa eficiente conforme tem o existir. Embora o que pertence à matemática tenha causa eficiente, não é considerado pelos matemáticos segundo a relação que tem com essa causa eficiente. Por isso, na ciência matemática, nada se demonstra pela causa eficiente.

---

6. C. 1: 252, a, 32 — b, 6.
7. C. 5: 1015, b, 6-11.

perfeição de seu ser o individualiza e separa dos outros seres. A argumentação metafísica possibilita a Sto. Tomás explicar por que toda a tradição cristã recusou-se a aderir ao panteísmo.

 f. Ser causado não é uma propriedade constitutiva do ser; é uma propriedade do ser enquanto participado, e portanto de todo ser diferente de Deus. Sto. Tomás se refere aqui ao percurso explicitado na demonstração da existência de Deus e de sua perfeita simplicidade. Ele se situa, com razão, no plano da análise do ser enquanto ser.

 g. Indo ao encontro daqueles que afirmam que o único ser necessário é Deus, Sto. Tomás reconhece que, se existem seres contingentes, porque materiais, existem formas puras e necessárias que não possuem em si mesmas potência para não ser. Tais seres têm contudo necessidade de uma causa eficiente para ser, pois seu ser é composto de essência e de existência.

Articulus 2
Utrum materia prima sit creata a Deo

AD SECUNDUM SIC PROCEDITUR. Videtur quod materia prima non sit creata a Deo.
1. Omne enim quod fit, componitur ex subiecto et ex aliquo alio, ut dicitur in I *Physic*.[1]. Sed materiae primae non est aliquod subiectum. Ergo materia prima non potest esse facta a Deo.
2. PRAETEREA actio et passio dividuntur contra se invicem. Sed sicut primum principium activum est Deus, ita primum principium passivum est materia. Ergo Deus et materia prima sunt duo principia contra se invicem divisa, quorum neutrum est ab alio.
3. PRAETEREA, omne agens agit sibi simile: et sic, cum omne agens agat inquantum est actu, sequitur quod omne factum aliquo modo sit in actu. Sed materia prima est tantum in potentia, inquantum huiusmodi. Ergo contra rationem materiae primae est, quod sit facta.

SED CONTRA est quod dicit Augustinus, XII *Confess*.[2]: *Duo fecisti, Domine, unum prope te*, scilicet angelum, *aliud prope nihil*, scilicet materiam primam.

RESPONDEO dicendum quod antiqui philosophi paulatim, et quasi pedetentim, intraverunt in cognitionem veritatis. A principio enim, quasi grossiores existentes, non existimabant esse entia nisi corpora sensibilia. Quorum qui ponebant in eis motum, non considerabant motum nisi secundum aliqua accidentia, ut puta secundum raritatem et densitatem, congregationem et segregationem. Et supponentes ipsam substantiam corporum increatam, assignabant aliquas causas huiusmodi accidentalium transmutationum, ut puta amicitiam, litem, intellectum, aut aliquid huiusmodi.
Ulterius vero procedentes, distinxerunt per intellectum inter formam substantialem et materiam, quam ponebant increatam; et perceperunt

Artigo 2
A matéria primeira é criada por Deus?[h]

QUANTO AO SEGUNDO, ASSIM SE PROCEDE: parece que a matéria primeira **não** é criada por Deus.
1. Com efeito, tudo o que é feito é composto de um sujeito e de outra coisa, diz o livro I da *Física*. Ora, a matéria primeira não tem sujeito algum. Logo, não pode ter sido feita por Deus.
2. ALÉM DISSO, ação e paixão se opõem entre si. Ora, como o primeiro princípio ativo é Deus, o primeiro princípio passivo é a matéria. Logo, Deus e a matéria primeira são dois princípios opostos entre si, e nenhum deles é feito pelo outro.

3. ADEMAIS, todo agente produz um efeito que se lhe assemelha. Assim, como todo agente só age enquanto está em ato, segue-se que tudo o que é feito deve estar de algum modo em ato. Ora, a matéria primeira, enquanto tal, só está em potência. Logo, ter sido feita é contrário à razão de matéria primeira.

EM SENTIDO CONTRÁRIO, Agostinho diz: "Fizestes duas coisas, Senhor; uma está próxima de vós", é o anjo; "outra está próxima do nada", é a matéria primeira.

RESPONDO. Os filósofos antigos[i] penetraram pouco a pouco e quase passo a passo no conhecimento da verdade. No começo, sendo ainda rudes, só julgavam que eram entes os corpos perceptíveis pelos sentidos. Aqueles que reconheciam neles o movimento não o consideravam senão segundo alguns acidentes como a leveza e a densidade, a atração e a repulsão. Como supunham que a substância dos corpos era incriada, atribuíam diversas causas a essas transformações acidentais, como por exemplo a amizade, a discórdia, o intelecto etc.

Avançando um pouco mais, estabeleceram, pelo intelecto, a distinção entre a forma substancial e a matéria, que afirmavam incriada, e perceberam

---

2 PARALL.: *Cont. Gent.* II, 16; *De Pot.*, q. 3, a. 5; *Compend. Theol.*, c. 69; VIII *Physic.*, lect. 2.
1. C. 7: 190, a, 31 — b, 17.
2. C. 7: ML 32, 828-829.

h. Este artigo prolonga o artigo precedente. Depois de ter mostrado que Deus é o criador de todos os seres, mostra que ele é o criador do todo ser. Estabelece com rigor a noção cristã de criação *ex nihilo* (a partir do nada), desfazendo as armadilhas da linguagem que não pode evitar fazer do nada uma quase-substância. Afirmar que criar é "fazê-lo a partir do nada" induz ao erro se não se percebe que nada designa a ausência radical de ser.

i. A resposta deste artigo apresenta uma história argumentada da filosofia grega. Por intermédio dela, os Padres da Igreja explicitaram e esclareceram a noção de criação *ex nihilo*. Se os filósofos pagãos não conheceram a noção de criação, Sto. Tomás discerne em suas reflexões elementos que, pelo exame do ser enquanto tal, permitem apreender rigorosamente a noção revelada de criação.

transmutationem fieri in corporibus secundum formas essentiales. Quarum transmutationum quasdam causas universaliores ponebant, ut obliquum circulum, secundum Aristotelem[3], vel ideas, secundum Platonem[4].

Sed considerandum est quod materia per formam contrahitur ad determinatam speciem; sicut substantia alicuius speciei per accidens ei adveniens contrahitur ad determinatum modum essendi, ut *homo* contrahitur per *album*. Utrique igitur consideraverunt ens particulari quadam consideratione, vel inquantum est *hoc ens*, vel inquantum est *tale ens*. Et sic rebus causas agentes particulares assignaverunt.

Et ulterius aliqui erexerunt se ad considerandum ens inquantum est ens: et consideraverunt causam rerum, non solum secundum quod sunt *haec* vel *talia*, sed secundum quod sunt *entia*. Hoc igitur quod est causa rerum inquantum sunt entia, oportet esse causam rerum, non solum secundum quod sunt *talia* per formas accidentales, nec secundum quod sunt *haec* per formas substantiales, sed etiam secundum omne illud quod pertinet ad esse illorum quocumque modo. Et sic oportet ponere etiam materiam primam creatam ab universali causa entium.

AD PRIMUM ergo dicendum quod Philosophus in I *Physic*. loquitur de fieri particulari, quod est de forma in formam, sive accidentalem sive substantialem: nunc autem loquimur de rebus secundum emanationem earum ab universali principio essendi. A qua quidem emanatione nec materia excluditur, licet a primo modo factionis excludatur.

AD SECUNDUM dicendum quod passio est effectus actionis. Unde et rationabile est quod primum principium passivum sit effectus primi principii activi: nam omne imperfectum causatur a perfecto. Oportet enim primum principium esse perfectissimum, ut dicit Aristoteles, in XII *Metaphys*.[5]

AD TERTIUM dicendum quod ratio illa non ostendit quod materia non sit creata, sed quod non sit creata sine forma. Licet enim omne creatum sit in actu, non tamen est actus purus. Unde

que as modificações dos corpos se fazem pelas formas essenciais. Atribuíram a elas causas mais universais, como o círculo oblíquo, conforme Aristóteles, ou as ideias, conforme Platão.

Mas é preciso considerar que a forma reduz a matéria a determinada espécie, do mesmo modo que a substância específica é reduzida pelo acidente que se lhe junta a determinado modo de ser. Por exemplo, o *homem* é reduzido pelo *branco*. Tanto os primeiros filósofos como os seguintes consideraram o ente sob um ângulo particular, seja enquanto é *este ente*, seja enquanto é *tal ente*. Dessa forma atribuíram às coisas causas eficientes particulares.

Outros foram mais longe e se elevaram até a consideração do ente enquanto ente e consideraram a causa das coisas não somente enquanto são *este* ente ou *tal* ente, mas enquanto são *entes*. Portanto, pelo fato de que são a causa das coisas enquanto são entes, é preciso que sejam causa das coisas, não somente enquanto *tais* pelas formas acidentais, nem enquanto são *estes* entes pelas formas substanciais, mas enquanto tudo aquilo que pertence de algum modo ao ser deles. Dessa maneira é preciso afirmar que mesmo a matéria primeira é criada pela causa universal dos entes.

QUANTO AO 1º, portanto, deve-se dizer que, no texto citado, o Filósofo fala do modo particular de se fazer que é de uma forma a outra, acidental ou substancial. Mas nós falamos agora das coisas conforme emanam do princípio universal do ser. Ora, mesmo a matéria não é excluída dessa emanação, embora o seja do primeiro modo de se fazer.

QUANTO AO 2º, deve-se dizer que a paixão é efeito da ação. Por isso é razoável que o primeiro princípio passivo seja efeito do primeiro princípio ativo, pois todo imperfeito tem o perfeito como causa. É preciso, pois, que o primeiro princípio, como diz Aristóteles, no livro XII da *Metafísica*, seja perfeitíssimo[j].

QUANTO AO 3º, deve-se dizer que aquele argumento não prova que a matéria não seja criada, mas sim que ela não é criada sem a forma. Embora tudo o que é criado esteja em ato, não é ato

---

3. *De Generat. et Corrupt*., l. II, c. 10: 336 a. 31-34.
4. *Timaei*, c. 18: 48 E — 51 B.
5. C. 7: 1072, b, 30-1073, a, 5.

---

j. A ação humana criada é transformação ou transmutação: modifica uma forma. Toda transformação requer a ação do agente exterior (causa eficiente) e, em outro ser, a possibilidade de suportar semelhante transformação (causa material). A causalidade divina não entra nessas categorias.

oportet quod etiam illud quod se habet ex parte potentiae, sit creatum, si totum quod ad esse ipsius pertinet, creatum est.

Articulus 3
Utrum causa exemplaris sit aliquid praeter Deum

Ad tertium sic proceditur. Videtur quod causa exemplaris sit aliquid praeter Deum.
1. Exemplatum enim habet similitudinem exemplaris. Sed creaturae longe sunt a divina similitudine. Non ergo Deus est causa exemplaris earum.
2. Praeterea, omne quod est per participationem, reducitur ad aliquid per se existens, ut ignitum ad ignem, sicut iam[1] dictum est. Sed quaecumque sunt in sensibilibus rebus, sunt solum per participationem alicuius speciei: quod ex hoc patet, quod in nullo sensibilium invenitur solum id quod ad rationem speciei pertinet, sed adiunguntur principiis speciei principia individuantia. Oportet ergo ponere ipsas species per se existentes, ut *per se hominem*, et *per se equum*, et huiusmodi. Et haec dicuntur exemplaria. Sunt igitur exemplaria res quaedam extra Deum.

3. Praeterea, scientiae et definitiones sunt de ipsis speciebus, non secundum quod sunt in particularibus: quia particularium non est scientia nec definitio. Ergo sunt quaedam entia, quae sunt entia vel species non in singularibus. Et haec dicuntur exemplaria. Ergo idem quod prius.
4. Praeterea, hoc idem videtur per Dionysium, qui dicit, 5 cap. *de Div. Nom.*[2], quod *ipsum secundum se esse, prius est eo quod est per se vitam esse, et eo quod est per se sapientiam esse.*
Sed contra est quod exemplar est idem quod idea. Sed ideae, secundum quod Augustinus libro *Octoginta trium Quaest.*[3] dicit, sunt *formae principales, quae divina intelligentia continentur.* Ergo exemplaria rerum non sunt extra Deum.

puro. Assim é preciso que também aquilo que diz respeito à potência seja criado, se tudo o que pertence a seu ser é criado.

Artigo 3
É a causa exemplar algo além de Deus?[k]

Quanto ao terceiro, assim se procede: parece que a causa exemplar é algo além de Deus.
1. Com efeito, a reprodução tem a semelhança do exemplar. Ora, as criaturas estão longe da semelhança divina. Logo, Deus não é a causa exemplar delas.
2. Além disso, tudo o que existe por participação se reduz a algo que existe por si mesmo. Por exemplo, o que é quente ao fogo, como já foi dito. Ora, tudo o que há nas coisas sensíveis só o é pela participação de alguma espécie. Isto se prova pelo fato de não se encontrar nos seres sensíveis só o que pertence à razão de sua espécie, mas princípios individualizantes que se ajuntam aos princípios específicos. É preciso, portanto, admitir especificidades subsistentes por si mesmas, como *o homem por si, o cavalo por si* etc. É a estes que se dá o nome de exemplares. Logo, há algumas coisas exemplares fora de Deus.

3. Ademais, as ciências e as definições tratam do que é específico e não do que é particular, porque do particular não há ciência ou definição. Há, portanto, alguns entes, que são entes ou espécies não singulares. A estes se dá o nome de exemplares. Logo, o mesmo que antes.
4. Ademais, Dionísio diz a mesma coisa: "O ser por si mesmo é anterior àquilo que é vida em si ou àquilo que é sabedoria em si".

Em sentido contrário, o exemplar é o mesmo que ideia. Ora, as ideias, segundo Agostinho, são formas-princípio contidas na inteligência divina. Logo, os exemplares das coisas não estão fora de Deus.

---

3 Parall.: Supra, q. 15; I *Sent.*, dist. 36, q. 2; *Cont. Gent.* I, 54; *De Verit.*, q. 3, a. 1, 2; *De Div. Nom.*, c. 5, lect. 3; I *Metaphys.*, lect. 15.

1. Art. 1.
2. MG 3, 820 A.
3. Q. 46: ML 40,30.

k. Toda causalidade divina só poderia ser extrínseca. A causa exemplar é aquilo por cuja imagem um agente intelectual realiza seu efeito. Sto. Tomás utiliza aqui o que ele afirmou a propósito da Sabedoria de Deus (I, q. 15): ele prepara as elaborações que lhe serão úteis para considerar cada criatura segundo sua semelhança com Deus.

RESPONDEO dicendum quod Deus est prima causa exemplaris omnium rerum. Ad cuius evidentiam, considerandum est quod ad productionem alicuius rei ideo necessarium est exemplar, ut effectus determinatam formam consequatur: artifex enim producit determinatam formam in materia, propter exemplar ad quod inspicit, sive illud sit exemplar ad quod extra intuetur, sive sit exemplar interius mente conceptum. Manifestum est autem quod ea quae naturaliter fiunt, determinatas formas consequuntur. Haec autem formarum determinatio oportet quod reducatur, sicut in primum principium, in divinam sapientiam, quae ordinem universi excogitavit, qui in rerum distinctione consistit. Et ideo oportet dicere quod in divina sapientia sunt rationes omnium rerum: quas supra[4] diximus *ideas*, id est formas exemplares in mente divina existentes. Quae quidem licet multiplicentur secundum respectum ad res, tamen non sunt realiter aliud a divina essentia, prout eius similitudo a diversis participari potest diversimode. Sic igitur ipse Deus est primum exemplar omnium. — Possunt etiam in rebus creatis quaedam aliorum exemplaria dici, secundum quod quaedam sunt ad similitudinem aliorum, vel secundum eandem speciem, vel secundum analogiam alicuius imitationis.

AD PRIMUM ergo dicendum quod, licet creaturae non pertingant ad hoc quod sint similes Deo secundum suam naturam, similitudine speciei, ut homo genitus homini generanti; attingunt tamen ad eius similitudinem secundum repraesentationem rationis intellectae a Deo, ut domus quae est in materia, domui quae est in mente artificis.

AD SECUNDUM dicendum quod de ratione hominis est quod sit in materia: et sic non potest inveniri homo sine materia. Licet igitur hic homo sit per participationem speciei, non tamen potest reduci ad aliquid existens per se in eadem specie; sed ad speciem superexcedentem, sicut sunt substantiae separatae. Et eadem ratio est de aliis sensibilibus.

AD TERTIUM dicendum quod, licet quaelibet scientia et definitio sit solum entium, non tamen oportet quod res eundem modum habeant in es-

RESPONDO. Deus é a causa exemplar primeira de todas as coisas[1]. Para se ter clareza nisso é preciso considerar que um exemplar é necessário à produção de uma coisa para que o efeito assuma determinada forma. De fato, o artífice produz determinada forma na matéria por causa do exemplar que tem diante de si, seja ele um exemplar que se vê exteriormente, seja ele um exemplar concebido interiormente pela mente. Ora, é manifesto que as coisas produzidas pela natureza seguem uma forma determinada. Essa determinação das formas deve ser atribuída, como a seu primeiro princípio, à sabedoria divina, que pensou a ordem do universo consistente na disposição diferenciada das coisas. Portanto, é preciso dizer que na sabedoria divina estão as razões de todas as coisas, que acima chamamos de *ideias*, isto é, formas exemplares existentes na mente divina. Embora sejam múltiplas conforme se referem às coisas, não se distinguem da essência divina, uma vez que a semelhança com Deus pode ser participada por diversas coisas de modos variados. Assim, Deus é o primeiro exemplar de tudo. — Pode-se dizer que, entre as coisas criadas, algumas são exemplares de outras, na medida em que a elas se assemelham, quer segundo a espécie, quer segundo uma analogia que produz certa imitação.

QUANTO AO 1º, portanto, deve-se dizer que embora as criaturas não alcancem naturalmente que são semelhantes a Deus por uma semelhança específica, como um homem gerado se assemelha a seu genitor, contudo alcançam que são semelhantes a ele, por uma representação mental que Deus concebe delas, como uma casa já construída se assemelha à casa que está na mente do artífice.

QUANTO AO 2º, deve-se dizer que pertence à razão de homem existir na matéria, e assim não se pode encontrar homem algum sem matéria. Portanto, embora esse homem exista por participação da espécie, não se pode reduzi-lo a alguma coisa que existiria por si na mesma espécie, mas sim a uma espécie superior, como o são as substâncias separadas. Vale o mesmo argumento para todas as outras realidades sensíveis.

QUANTO AO 3º, deve-se dizer que embora a ciência e a definição se refiram só aos entes, não é necessário que as coisas tenham na realidade o

---

4. Q. 15, a. 1.

1. A criação não é uma produção voluntarista e necessária, é uma obra de sabedoria. O criador é como um artista de gênio, criando na alegria de sua própria perfeição. A noção de causalidade exemplar possibilita a Sto. Tomás explicar o que a Bíblia diz da Sabedoria criadora que brinca construindo a beleza do mundo.

sendo, quem intellectus habet in intelligendo. Nos enim, per virtutem intellectus agentis, abstrahimus species universales a particularibus conditionibus: non tamen oportet quod universalia praeter particularia subsistant, ut particularium exemplaria.

AD QUARTUM dicendum quod, sicut dicit Dionysius, 11 cap. *de Div. Nom.*[5], *per se vitam* et *per se sapientiam* quandoque nominat ipsum Deum, quandoque virtutes ipsis rebus datas: non autem quasdam subsistentes res, sicut antiqui posuerunt.

mesmo modo de existir que o intelecto tem em seu ato de conhecimento. Pois nós, pela força do intelecto agente, abstraímos as espécies universais das condições particulares. Nem por isso é preciso que os universais subsistam sem os particulares, como exemplares destes.

QUANTO AO 4º, deve-se dizer que como diz Dionísio, *vida em si* e *sabedoria em si* ora nomeiam o próprio Deus, ora as virtudes dadas às coisas, não coisas subsistentes, como afirmavam os antigos.

ARTICULUS 4
Utrum Deus sit causa finalis omnium

AD QUARTUM SIC PROCEDITUR. Videtur quod Deus non sit causa finalis omnium.

1. Agere enim propter finem videtur esse alicuius indigentis fine. Sed Deus nullo est indigens. Ergo non competit sibi agere propter finem.

2. PRAETEREA, finis generationis et forma generati et agens non incidunt in idem numero, ut dicitur in II *Physic.*[1]: quia finis generationis est forma generati. Sed Deus est primum agens omnium. Non ergo est causa finalis omnium.

3. PRAETEREA, finem omnia appetunt. Sed Deum non omnia appetunt: quia neque omnia ipsum cognoscunt. Deus ergo non est omnium finis.

4. PRAETEREA, finalis causa est prima causarum. Si igitur Deus sit causa agens et causa finalis, sequitur quod in eo sit prius et posterius. Quod est impossibile.

SED CONTRA est quod dicitur Pr 16,4: *Universa propter semetipsum operatus est Dominus*.

RESPONDEO dicendum quod omne agens agit propter finem: alioquin ex actione agentis non magis sequeretur hoc quam illud, nisi a casu. Est autem idem finis agentis et patientis, inquantum huiusmodi sed aliter et aliter: unum enim et idem est quod agens intendit imprimere, et quod patiens intendit recipere. Sunt autem quaedam quae simul agunt et patiuntur, quae sunt agentia imperfecta: et

ARTIGO 4
Deus é a causa final de tudo?[m]

QUANTO AO QUARTO, ASSIM SE PROCEDE: parece que Deus **não** é a causa final de tudo.

1. Na verdade, agir em vista de um fim é próprio de alguém que precisa desse fim. Ora, Deus não precisa de nada. Logo, não lhe compete agir em vista de um fim.

2. ALÉM DISSO, segundo o livro II da *Física*, a finalidade da geração e a forma do que é gerado e o agente não se identificam em número, porque o fim da geração é a forma do que é gerado. Ora, Deus é o primeiro agente de todas as coisas. Logo, não é a causa final de tudo.

3. ADEMAIS, todas as coisas tendem para o fim. Ora, nem tudo tende para Deus, pois muitos nem sequer o conhecem. Logo, Deus não é o fim de tudo.

4. ADEMAIS, a causa final é a primeira das causas. Se Deus é causa eficiente e causa final, segue-se que há nele antes e depois. E isso é impossível.

EM SENTIDO CONTRÁRIO, está escrito no livro dos Provérbios: "O Senhor tudo fez para si mesmo".

RESPONDO. Todo agente age por causa de um fim. De outra forma, da ação do agente não resultaria antes isso do que aquilo, senão por acaso. O agente e o paciente, enquanto tais, têm o mesmo fim, mas cada um diferentemente, pois uma única e mesma coisa o agente quer comunicar e o paciente receber. Há algumas coisas que são agente e paciente ao mesmo tempo; sendo agentes imperfeitos, lhes é

---

5. MG 3, 953 B.

PARALL.: Infra, q. 65, a. 2; q. 103, a. 2; II *Sent.*, dist. 1, q. 2, a. 1, 2; *Cont. Gent.* III, 17, 18; *Compend. Theol.*, c. 100, 101.

1. C. 7: 198, a, 24-27.

m. A ideia de que o Criador é o fim do universo escapa infelizmente a muitos, que só concebem a criação segundo o modo da eficiência. A doutrina cristã privilegia esse aspecto que habita toda a Revelação e caracteriza a economia da salvação. Sto. Tomás fundamenta a certeza de que Deus é "o Alfa e o Ômega" (Ap 1,8).

his convenit quod etiam in agendo intendant aliquid acquirere. Sed primo agenti, qui est agens tantum, non convenit agere propter acquisitionem alicuius finis; sed intendit solum communicare suam perfectionem, quae est eius bonitas. Et unaquaeque creatura intendit consequi suam perfectionem, quae est similitudo perfectionis et bonitatis divinae. Sic ergo divina bonitas est finis rerum omnium.

AD PRIMUM ergo dicendum quod agere propter indigentiam non est nisi agentis imperfecti, quod natum est agere et pati. Sed hoc Deo non competit. Et ideo ipse solus est maxime liberalis: quia non agit propter suam utilitatem, sed solum propter suam bonitatem.

AD SECUNDUM dicendum quod forma generati non est finis generationis nisi inquantum est similitudo formae generantis, quod suam similitudinem communicare intendit. Alioquin forma generati esset nobilior generante, cum finis sit nobilior his quae sunt ad finem.

AD TERTIUM dicendum quod omnia appetunt Deum ut finem, appetendo quodcumque bonum, sive appetitu intelligibili, sive sensibili, sive naturali, qui est sine cognitione: quia nihil habet rationem boni et appetibilis, nisi secundum quod participat Dei similitudinem.

AD QUARTUM dicendum quod, cum Deus sit causa efficiens, exemplaris et finalis omnium rerum, et materia prima sit ab ipso, sequitur quod primum principium omnium rerum sit unum tantum secundum rem. Nihil tamen prohibet in eo considerari multa secundum rationem, quorum quaedam prius cadunt in intellectu nostro quam alia.

conveniente que procurem adquirir alguma coisa mesmo no agir. Mas para o agente primeiro, que é somente agente, não convém agir para adquirir um fim. Sua intenção é simplesmente comunicar sua perfeição, que é sua bondade. E cada criatura visa obter sua perfeição que é a semelhança da perfeição e da bondade divinas. Assim, a bondade divina é o fim de todas as coisas[n].

QUANTO AO 1º, portanto, deve-se dizer que agir por indigência é próprio do agente imperfeito para o qual é natural agir e ser passivo. Mas isso não convém a Deus. É por isso que só ele é, ao máximo, generoso, pois não age para ter alguma vantagem para si, mas só por causa de sua bondade.

QUANTO AO 2º, deve-se dizer que a forma do gerado não é a finalidade da geração a não ser enquanto essa forma é a semelhança da forma geradora que visa transmiti-la. De outro modo, a forma do gerado seria mais nobre que a do gerador, uma vez que o fim é mais nobre que os meios.

QUANTO AO 3º, deve-se dizer que todas as coisas tendem para Deus como a um fim quando tendem para não importa qual bem, seja por um apetite inteligível, seja por um apetite sensível, ou por um apetite natural despido de conhecimento. Nada pode ser bom ou apetecível senão pela participação da semelhança com Deus.

QUANTO AO 4º, deve-se dizer que como Deus é a causa eficiente, exemplar e final de tudo, e como a matéria primeira provém dele, segue-se que o princípio primeiro de tudo é na verdade único. Mas nada impede que se considerem nele muitas coisas, das quais algumas são conhecidas por nós mais do que outras[o].

---

n. Deus é criador no sentido em que ele é o termo final de toda criatura; realiza em si mesmo a plenitude da perfeição. A tendência de todo ser rumo à sua própria perfeição identifica-se à tendência para Deus. Esse princípio é particularmente importante para compreender a ação humana e a articulação dinâmica das diferentes ordens da natureza e da graça.

o. A articulação de três tipos de causalidade (eficiente, exemplar e final) fornece o âmbito contextual que possibilita a Sto. Tomás conciliar a análise metafísica do ser com a visão bíblica e patrística da salvação na história. Tal maneira de proceder preside ao estudo de cada criatura (a criatura espiritual, a criatura material e o homem), considerada tanto em sua natureza quanto na economia da salvação. A argumentação metafísica está a serviço da Revelação. O dado revelado não é deduzido, mas se torna plenamente inteligível à luz de Deus.

QUAESTIO XLV
DE MODO EMANATIONIS RERUM A PRIMO PRINCIPIO
in octo articulos divisa

Deinde quaeritur de modo emanationis rerum a primo principio, qui dicitur creatio. De qua quaeruntur octo.

QUESTÃO 45
O MODO COMO AS COISAS EMANAM DO PRIMEIRO PRINCÍPIO
em oito artigos

Em seguida, pergunta-se sobre o modo da emanação das coisas do primeiro princípio, o que se chama criação. Sobre isso, são oito as perguntas:

Primo: quid sit creatio.
Secundo: utrum Deus possit aliquid creare.
Tertio: utrum creatio sit aliquod ens in rerum natura.
Quarto: cui competit creari.
Quinto: utrum solius Dei sit creare.
Sexto: utrum commune sit toti Trinitati, aut proprium alicuius Personae.
Septimo: utrum vestigium aliquod Trinitatis sit in rebus creatis.
Octavo: utrum opus creationis admisceatur in operibus naturae et voluntatis.

1. Que é a criação?
2. Deus pode criar alguma coisa?
3. A criação é um ente na natureza das coisas?
4. A quem corresponde o ser criado?
5. Só Deus pode criar?
6. Criar é comum a toda a Trindade ou próprio de uma Pessoa?
7. Há algum vestígio da Trindade nos seres criados?
8. A obra da criação se mescla com as obras da natureza e da vontade?

Articulus 1
Utrum creare sit ex nihilo aliquid facere

Ad primum sic proceditur. Videtur quod creare non sit ex nihilo aliquid facere.
1. Dicit enim Augustinus, *Contra Adversarium Legis et Prophetarum*[1]: *Facere est quod omnino non erat, creare vero est ex eo quod iam erat educendo aliquid constituere*.
2. Praeterea, nobilitas actionis et motus ex terminis consideratur. Nobilior igitur est actio quae ex bono in bonum est, et ex ente in ens, quam quae est ex nihilo in aliquid. Sed creatio videtur esse nobilissima actio, et prima inter omnes actiones. Ergo non est ex nihilo in aliquid, sed magis ex ente in ens.
3. Praeterea, haec praepositio *ex* importat habitudinem alicuius causae, et maxime materialis; sicut cum dicimus quod statua fit ex aere. Sed *nihil* non potest esse materia entis, nec aliquo modo causa eius. Ergo creare non est ex nihilo aliquid facere.
Sed contra est quod super illud Gn 1,1: *In principio creavit Deus caelum* etc., dicit Glossa[2] quod *creare* est *aliquid ex nihilo facere*.

Respondeo dicendum quod, sicut supra[3] dictum est, non solum oportet considerare emanationem alicuius entis particularis ab aliquo particulari agente, sed etiam emanationem totius entis a causa universali, quae est Deus: et hanc quidem emanationem designamus nomine *creationis*. Quod autem procedit secundum emanationem particularem, non prasupponitur emanationi: sicut,

Artigo 1
Criar é fazer alguma coisa do nada?

Quanto ao primeiro artigo, assim se procede: parece que criar **não** é fazer alguma coisa do nada.
1. Com efeito, diz Agostinho: "Fazer é estabelecer o que de todo não existia; criar, porém, é estabelecer alguma coisa, retirando-a daquilo que já existia".
2. Além disso, considera-se o valor da ação e do movimento por seu termo. É mais nobre a ação que vai de um bem para outro bem, de um ente para outro ente, do que aquela que vai do nada para alguma coisa. Ora, parece que a criação é a mais nobre e a primeira de todas as ações. Logo, não procede do nada a algo, mas do ente ao ente.
3. Ademais, a preposição *de* implica uma relação de causalidade, e sobretudo de causalidade material. Por exemplo, quando dizemos que uma estátua é feita de bronze. Ora, o *nada* não pode ser a matéria do ente nem, de alguma forma, ser causa dele. Logo, criar não é fazer alguma coisa do nada.
Em sentido contrário, diz a *Glosa* sobre o primeiro versículo do Gênesis: "No começo Deus criou o Céu e a terra", que criar é fazer alguma coisa do nada.

Respondo. Como foi dito acima, não só se deve considerar a emanação de um ente particular a partir de um agente particular, mas também a emanação de todos os entes a partir da causa universal, que é Deus. É a esta emanação que designamos com o nome de *criação*. Ora, o que procede pelo modo de emanação particular não se pressupõe a essa emanação. Por exemplo, se um homem é

1 Parall.: II *Sent.*, dist. 1, q. 1, a. 2.

1. L. I, c. 23: ML 42, 633.
2. Vide Magistrum, II *Sent.*, dist. 1.
3. Q. 44, a. 2.

si generatur homo, non fuit prius homo, sed homo fit ex non homine, et album ex non albo. Unde, si consideretur emanatio totius entis universalis a primo principio, impossibile est quod aliquod ens praesupponatur huic emanationi. Idem autem est *nihil* quod nullum ens. Sicut igitur generatio hominis est ex non ente quod est non homo, ita creatio, quae est emanatio totius esse, est ex non ente quod est nihil.

AD PRIMUM ergo dicendum quod Augustinus aequivoce utitur nomine creationis, secundum quod *creari* dicuntur ea quae in melius reformantur, ut cum dicitur aliquis *creari in episcopum*. Sic autem non loquimur hic de creatione, sed sicut dictum est[4].

AD SECUNDUM dicendum quod mutationes accipiunt speciem et dignitatem non a termino *a quo*, sed a termino *ad quem*. Tanto ergo perfectior et prior est aliqua mutatio, quanto terminus ad quem illius mutationis est nobilior et prior; licet terminus a quo, qui opponitur termino ad quem, sit imperfectior. Sicut generatio simpliciter est nobilior et prior quam alteratio, propter hoc quod forma substantialis est nobilior quam forma accidentalis: tamen privatio substantialis formae, quae est terminus a quo in generatione, est imperfectior quam contrarium, quod est terminus a quo in alteratione. Et similiter creatio est perfectior et prior quam generatio et alteratio, quia terminus ad quem est tota substantia rei. Id autem quod intelligitur ut terminus a quo, est simpliciter non ens.

AD TERTIUM dicendum quod, cum dicitur aliquid ex nihilo fieri, haec praepositio *ex* non designat causam materialem, sed ordinem tantum; sicut cum dicitur, *ex mane fit meridies*, idest, *post mane fit meridies*. Sed intelligendum est quod haec praepositio *ex* potest includere negationem importatam in hoc quod dico *nihil*, vel includi ab ea. Si primo modo, tunc ordo remanet affirmatus, et ostenditur ordo eius, quod est ad non esse praecedens. Si vero negatio includat praepositionem, tunc ordo negatur, et est sensus, *fit ex nihilo*, idest *non fit ex*

gerado, não havia um homem anteriormente; faz-se o homem do que não é homem e o branco do que não é branco. Assim, se se considera a emanação de todo ente universal a partir do primeiro princípio, é impossível que algum ente seja pressuposto a esta emanação. Ora, *nada* significa nenhum ente. Portanto, como a geração do homem é a partir de um não-ente que é o não-homem, assim também a criação, que é a emanação de todo ser, é a partir do não-ente que é o nada[a].

QUANTO AO 1º, portanto, deve-se dizer que Agostinho utiliza a palavra criação equivocadamente, na medida em que *ser criado* se diz daquilo que se transforma em algo melhor. Por exemplo, quando se diz que alguém foi *criado bispo*. Não é, porém, desse modo que falamos aqui de criação, mas como foi dito acima.

QUANTO AO 2º, deve-se dizer que as mudanças não recebem espécie e dignidade do termo *de partida* mas do termo *de chegada*. Uma mudança, então, é tanto mais perfeita e primordial quanto mais nobre e primordial é o termo de chegada, embora o termo de partida, que se opõe ao de chegada, seja mais imperfeito. Por exemplo, a geração é de modo absoluto mais nobre e primordial que a alteração, porque a forma substancial é mais nobre que a forma acidental, contudo a privação da forma substancial, que é o termo de partida na geração, é mais imperfeita que seu contrário, que é o termo de partida na alteração. Do mesmo modo, a criação é mais perfeita e primordial que a geração e a alteração, porque o termo de chegada é toda a substância da coisa. Ora, o que se entende como termo de partida é simplesmente o não-ente.

QUANTO AO 3º, deve-se dizer que quando se diz que alguma coisa é feita do nada, a preposição *de* não designa a causa material mas só uma ordem, assim como quando se diz *da manhã se faz o meio-dia*, significa que *após a manhã se faz o meio-dia*. É preciso contudo compreender que esta preposição *de* pode incluir a negação implicada ao se dizer *nada* ou estar incluída nela. Se se compreende do primeiro modo, então a ordem é afirmada e se indica a ordem daquilo que é precedente ao não-ser. Se, porém, a negação inclui

---

4. In corp.

a. Uma coisa pode começar a ser sob a ação de outra de três diferentes maneiras: por emanação, quando recebe uma parte do próprio ser que a fez existir; por geração, quando recebe o existir em uma natureza idêntica à de seus pais; por transformação, quando um novo ser começa a existir a partir de uma maneira preexistente. A ação criadora não entra em nenhuma dessas categorias. Enquanto toda causalidade criada requer um sujeito sobre o qual se exercer, a ação de Deus não pressupõe sujeito algum. É uma origem radical, um início absoluto.

aliquo; sicut si dicatur, *iste loquitur de nihilo*, quia non loquitur de aliquo. Et utroque modo verificatur, cum dicitur ex nihilo aliquid fieri. Sed primo modo, haec praepositio *ex* importat ordinem, ut dictum est: secundo modo, importat habitudinem causae materialis, quae negatur.

a preposição, então a ordem é negada e o sentido é: *faz-se do nada* significa *não se faz de alguma coisa*; como quando se diz: "este fala do nada" porque não fala de alguma coisa. Dizer que alguma coisa se faz do nada pode ter os dois sentidos. No primeiro caso, a preposição *de* implica uma ordem, como já foi dito. No segundo, implica a relação a uma causa material que é negada.

Articulus 2
Utrum Deus possit aliquid creare

Ad secundum sic proceditur. Videtur quod Deus non possit aliquid creare.

1. Quia secundum Philosophum, I *Physic.*[1], antiqui philosophi acceperunt ut communem conceptionem animi, *ex nihilo nihil fieri*. Sed potentia Dei non se extendit ad contraria primorum principiorum; utpote quod Deus faciat quod totum non sit maius sua parte, vel quod affirmatio et negatio sint simul vera. Ergo Deus non potest aliquid ex nihilo facere, vel creare.

2. Praeterea, si creare est aliquid ex nihilo facere, ergo creari est aliquid fieri. Sed omne fieri est mutari. Ergo creatio est mutatio. Sed omnis mutatio est ex subiecto aliquo, ut patet per definitionem motus: nam motus est *actus existentis in potentia*[2]. Ergo est impossibile aliquid a Deo ex nihilo fieri.

3. Praeterea, quod factum est, necesse est aliquando fieri. Sed non potest dici quod illud quod creatur, simul fiat et factum sit: quia in permanentibus, quod fit, non est, quod autem factum est, iam est; simul ergo aliquid esset et non esset. Ergo, si aliquid fit, fieri eius praecedit factum esse. Sed hoc non potest esse, nisi praeexistat subiectum in quo sustenetur ipsum fieri. Ergo impossibile est aliquid fieri ex nihilo.

4. Praeterea, infinitam distantiam non est pertransire. Sed infinita distantia est inter ens et nihil. Ergo non contingit ex nihilo aliquid fieri.

Sed contra est quod dicitur Gn 1,1: *In principio creavit Deus caelum et terram*.

Artigo 2
Deus pode criar alguma coisa?

Quanto ao segundo, assim se procede: parece que Deus **não** pode criar coisa alguma.

1. Porque, conforme o Filósofo, no livro I da *Física*, os antigos filósofos admitiram como comum o axioma: *do nada, nada se faz*. Ora, o poder de Deus não se estende àquilo que é contrário aos primeiros princípios. Por exemplo, que Deus faça que o todo não seja maior que a parte, ou que a afirmação e a negação sejam verdadeiras ao mesmo tempo. Logo, Deus não pode fazer alguma coisa do nada, ou seja, criar.

2. Além disso, se criar é fazer alguma coisa do nada, ser criado é vir a ser alguma coisa. Ora, todo vir-a-ser é mudar. Portanto, a criação é uma mudança. E toda mudança é a partir de um sujeito, como fica claro pela definição de movimento: *o ato do que existe em potência*. Logo, é impossível que alguma coisa seja feita do nada por Deus.

3. Ademais, o que foi feito, necessariamente foi feito num determinado momento. Ora, não se pode dizer que aquilo que é criado tenha sido feito e esteja sendo feito ao mesmo tempo, pois nas coisas permanentes o que está sendo feito não existe e o que está feito já existe. Portanto, simultaneamente a mesma coisa existiria e não existiria. Logo, se alguma coisa se faz, o vir-a-ser dela precede o ter sido feita. Mas isso não pode ser, a não ser que preexista o sujeito que sustenta o vir-a-ser. Logo, é impossível que alguma coisa seja feita do nada.

4. Ademais, não dá para percorrer uma distância infinita. Ora, há uma distância infinita entre o ente e o nada. Logo, não acontece que alguma coisa seja feita do nada.

Em sentido contrário, diz o livro do Gênesis: "No começo Deus criou o céu e a terra".

---

2   Parall.: II *Sent.*, dist. 1, q. 1, a. 2; *Cont. Gent.* II, 16; *De Pot.*, q. 3, a. 1; *Compend. Theol.*, c. 69; Opusc. XXXVII, *de Quatuor Opposit.*, c. 4; VIII *Physic.*, lect. 2.

1. C. 4: 187, a, 26-29.
2. *Phys.*, l. III, c. 1: 201, a, 10.

RESPONDEO dicendum quod non solum non est impossibile a Deo aliquid creari, sed necesse est ponere a Deo omnia creata esse, ut ex praemissis habetur. Quicumque enim facit aliquid ex aliquo, illud ex quo facit praesupponitur actioni eius, et non producitur per ipsam actionem: sicut artifex operatur ex rebus naturalibus, ut ex ligno et aere, quae per artis actionem non causantur sed causantur per actionem naturae. Sed et ipsa natura causat res naturales quantum ad formam, sed praesupponit materiam. Si ergo Deus non ageret nisi ex aliquo praesupposito, sequeretur quod illud praesuppositum non esset causatum ab ipso. Ostensum est autem supra[3] quod nihil potest esse in entibus quod non sit a Deo, qui est causa universalis totius esse. Unde necesse est dicere quod Deus ex nihilo res in esse producit.

AD PRIMUM ergo dicendum quod antiqui philosophi, sicut supra[4] dictum est, non consideraverunt nisi emanationem effectuum particularium a causis particularibus, quas necesse est praesupponere aliquid in sua actione: et secundum hoc erat eorum communis opinio, ex nihilo nihil fieri. Sed tamen hoc locum non habet in prima emanatione ab universali rerum principio.

AD SECUNDUM dicendum quod creatio non est mutatio nisi secundum modum intelligendi tantum. Nam de ratione mutationis est, quod aliquid idem se habeat aliter nunc et prius: nam quandoque est idem ens actu, aliter se habens nunc et prius, sicut in motibus secundum quantitatem et qualitatem et ubi; quandoque vero est idem ens in potentia tantum, sicut in mutatione secundum substantiam, cuius subiectum est materia. Sed in creatione, per quam producitur tota substantia rerum, non potest accipi aliquid idem aliter se habens nunc et prius, nisi secundum intellectum tantum; sicut si intelligatur aliqua res prius non fuisse totaliter, et postea esse. Sed cum actio et passio conveniant in substantia motus, et differant solum secundum habitudines diversas, ut dicitur in III *Physic*.[5], oportet quod, subtracto motu, non remaneant nisi diversae habitudines in creante et creato. — Sed quia modus significandi sequitur modum intelli-

RESPONDO. Não só não é impossível que Deus crie alguma coisa, mas é necessário afirmar que tudo foi criado por Deus, como se depreende do que precede. Aquele que faz alguma coisa a partir de outra, essa coisa a partir da qual se faz é pressuposta à sua ação e não é produzida por essa ação. Por exemplo, o artesão opera a partir de coisas naturais, como a madeira e o bronze, que não são produzidos por sua ação, mas pela natureza. A própria natureza produz as coisas naturais quanto à forma, mas pressupõe também a matéria. Se Deus, portanto, não pudesse agir a não ser partindo de algum pressuposto, este não seria causado por ele. Mas já foi demonstrado acima que nada pode existir nos entes que não seja a partir de Deus, que é a causa universal de todo ser. Portanto, é necessário dizer que Deus produz as coisas em seu ser a partir do nada.

QUANTO AO 1º, portanto, deve-se dizer que os antigos filósofos, como acima foi dito, consideravam só os efeitos particulares a partir de causas particulares, às quais é preciso sempre pressupor algo em suas ações. Donde o axioma que do nada nada se faz. Mas isso não se aplica à emanação primeira a partir do princípio universal das coisas[b].

QUANTO AO 2º, deve-se dizer que a criação não é uma mudança, a não ser segundo nosso modo de conhecer. Pois pertence à razão de mudança que uma mesma coisa se encontre de modo diferente agora e antes. Em alguns casos, é o mesmo ente em ato que se encontra de modo diferente agora e antes, por exemplo nas modificações na qualidade, na quantidade e no lugar. Em outros casos, é só o mesmo ente em potência; por exemplo, nas mudanças na substância cujo sujeito é a matéria. Mas na criação, que produz toda a substância das coisas, não se pode conceber, senão pelo intelecto, que algo idêntico se encontre de modo diferente agora e antes. Por exemplo, que uma coisa antes não existia absolutamente e que de-pois passou a existir. Mas como ação e paixão coincidem na substância do movimento e diferem apenas por relações diversas, como se diz no livro III da *Física*, é necessário que, negado o movimento,

---

3. Q. 44, a. 1, 2.
4. Ibid., a. 2.
5. C. 3: 202, b, 5-8.

---

b. Sto. Tomás reconhece a validade dos princípios explicativos do real em sua própria ordem. As leis da natureza não poderiam ser da mesma ordem que a ação de Deus. Deus não é um elemento do mundo concorrendo com os elementos do mundo. A ação de Deus não é uma força de mesma natureza que as forças do mundo.

gendi, ut dictum est⁶, creatio significatur per modum mutationis: et propter hoc dicitur quod creare est ex nihilo aliquid facere. Quamvis *facere* et *fieri* magis in hoc conveniant quam *mutare* et *mutari*: quia facere et fieri important habitudinem causae ad effectum et effectus ad causam, sed mutationem ex consequenti.

AD TERTIUM dicendum quod in his quae fiunt sine motu, simul est fieri et factum esse: sive talis factio sit terminus motus, sicut illuminatio (nam simul aliquid illuminatur et illuminatum est); sive non sit terminus motus, sicut simul formatur verbum in corde et formatum est. Et in his, quod fit, est: sed cum dicitur fieri, significatur ab alio esse, et prius non fuisse. Unde, cum creatio sit sine motu, simul aliquid creatur et creatum est.

AD QUARTUM dicendum quod obiectio illa procedit ex falsa imaginatione, ac si sit aliquod infinitum medium inter nihilum et ens: quod patet esse falsum. Procedit autem falsa haec imaginatio ex eo quod creatio significatur ut quaedam mutatio inter duos terminos existens.

permaneçam apenas relações diversas no que cria e no criado. — Como, porém, a maneira de expressar segue a maneira de entender, como foi dito, a criação é expressa à maneira de uma mudança. Por isso é que se diz que criar é fazer alguma coisa do nada. Entretanto *fazer* e *ser feito* cabem melhor nisso do que *mudar* e *ser mudado*, porque fazer e ser feito implicam uma relação de causa ao efeito e de efeito à causa, a mudança, porém, como consequência.

QUANTO AO 3º, deve-se dizer que nas coisas que se fazem sem movimento, é simultâneo o fazer-se e o ser feito, quer este fazer seja o termo de um movimento (é ao mesmo tempo que uma coisa se faz iluminar e se torna algo iluminado), quer não o seja, como, por exemplo, é ao mesmo tempo que o verbo mental se faz e se torna algo formado. Nestes casos, o que se faz é. Mas quando se diz fazer-se, se quer dizer ser por um outro e antes não ter sido. Portanto, como a criação é sem movimento, ao mesmo tempo uma coisa se cria e se torna algo criadoᶜ.

QUANTO AO 4º, deve-se dizer que a objeção levantada procede de uma falsa imaginação, como se houvesse um intermediário infinito entre o nada e o ente. Isto é evidentemente falso. Esta falsa imaginação vem de que a criação é expressa como uma mudança entre dois extremos.

ARTICULUS 3
Utrum creatio sit aliquid in creatura

AD TERTIUM SIC PROCEDITUR. Videtur quod creatio non sit aliquid in creatura.
1. Sicut enim creatio passive accepta attribuitur creaturae, ita creatio active accepta attribuitur Creatori. Sed creatio active accepta non est aliquid in Creatore: quia sic sequeretur quod in Deo esset aliquid temporale. Ergo creatio passive accepta non est aliquid in creatura.

2. PRAETEREA, nihil est medium inter Creatorem et creaturam. Sed creatio significatur ut medium inter utrumque: non enim est Creator, cum non sit aeterna; neque creatura, quia oporteret eadem ra-

ARTIGO 3
A criação é alguma coisa nas criaturas?

QUANTO AO TERCEIRO, ASSIM SE PROCEDE: parece que a criação **não** é alguma coisa nas criaturas.
1. Com efeito, da mesma forma que a criação, concebida passivamente, é atribuída à criatura, assim a criação, concebida ativamente, é atribuída ao Criador. Ora, ela não é alguma coisa no Criador, pois, desse modo, haveria em Deus algo temporal. Logo, a criação, concebida passivamente, não é alguma coisa na criatura.

2. ALÉM DISSO, não há meio-termo entre o Criador e a criatura. Ora, exprime-se a criação como um meio-termo entre um e outro: não é o Criador, pois não é eterna, nem é a criatura, porque seria

---

6. Q. 13, a. 1.

3 PARALL.: I *Sent.*, dist. 40, q. 1, a. 1, ad 1; II, dist. 1, q. 1, a. 2, ad 4, 5; *Cont. Gent.* II, 18; *De Pot.*, q. 3, a. 3.

---

c. Sto. Tomás insiste no fato de que as distinções utilizadas para compreender a criação são de ordem conceitual. Nossa maneira de pensar não pode abstrair totalmente do tempo e do espaço; ela nos faz multiplicar as expressões que, entendidas literalmente, poderiam levar a crer que existe sucessão temporal. Ora, a ação de Deus não se encontra submetida ao tempo. Não há para ela separação entre a realização e a realidade.

tione aliam ponere creationem qua ipsa crearetur, et sic in infinitum. Creatio ergo non est aliquid.

3. Praeterea, si creatio est aliquid praeter substantiam creatam, oportet quod sit accidens eius. Omne autem accidens est in subiecto. Ergo res creata esset subiectum creationis. Et sic idem esset subiectum creationis et terminus. Quod est impossibile: quia subiectum prius est accidente, et conservat accidens; terminus autem posterius est actione et passione cuius est terminus, et eo existente cessat actio et passio. Igitur ipsa creatio non est aliqua res.

Sed contra, maius est fieri aliquid secundum totam substantiam, quam secundum formam substantialem vel accidentalem. Sed generatio simpliciter vel secundum quid, qua fit aliquid secundum formam substantialem vel accidentalem, est aliquid in generato. Ergo multo magis creatio, qua fit aliquid secundum totam substantiam, est aliquid in creato.

Respondeo dicendum quod creatio ponit aliquid in creato secundum relationem tantum. Quia quod creatur, non fit per motum vel per mutationem. Quod enim fit per motum vel mutationem, fit ex aliquo praeexistenti: quod quidem contingit in productionibus particularibus aliquorum entium; non autem potest hoc contingere in productione totius esse a causa universali omnium entium, quae est Deus. Unde Deus, creando, producit res sine motu. Subtracto autem motu ab actione et passione, nihil remanet nisi relatio, ut dictum est[1]. Unde relinquitur quod creatio in creatura non sit nisi relatio quaedam ad Creatorem, ut ad principium sui esse; sicut in passione quae est cum motu, importatur relatio ad principium motus.

Ad primum ergo dicendum quod creatio active significata significat actionem divinam, quae est eius essentia cum relatione ad creaturam. Sed relatio in Deo ad creaturam non est realis, sed secundum rationem tantum. Relatio vero creaturae ad Deum est relatio realis, ut supra[2] dictum est, cum de divinis Nominibus agueretur.

Ad secundum dicendum quod, quia creatio significatur ut mutatio, sicut dictum est[3]; mutatio autem media quodammodo est inter movens et motum: ideo etiam creatio significatur ut media

preciso, pela mesma razão, afirmar outra criação pela qual ela fosse criada, e assim até o infinito. Logo, a criação não é alguma coisa.

3. Ademais, se a criação é alguma coisa além da substância criada, é preciso que seja um acidente dela. Ora, todo acidente se encontra num sujeito. Logo, a coisa criada seria o sujeito da criação. Dessa forma seriam a mesma coisa o sujeito da criação e seu termo. Isso é impossível porque o sujeito é anterior ao acidente e o conserva no ser; enquanto o termo é posterior à ação e à paixão da qual é o término, e estas terminam desde que ele existe. Logo, a criação não é alguma coisa.

Em sentido contrário, ser feito segundo toda a sua substância é mais do que segundo a forma substancial ou acidental. Ora, a geração, em seu sentido essencial ou acidental, pela qual algo é feito segundo uma forma substancial ou acidental, é alguma coisa no que é gerado. Portanto, com muito mais razão, a criação, pela qual algo é feito segundo toda a sua substância, é alguma coisa na criatura.

Respondo. A criação afirma alguma coisa na criatura somente sob o aspecto de relação, porque o que é criado não é feito por movimento ou por mudança. O que é por movimento ou por mudança se faz a partir de algo preexistente. É o que acontece na produção particular de certos entes. Mas isso não pode acontecer na produção de todo ser pela causa universal de tudo, que é Deus. Portanto, Deus, ao criar, produz as coisas sem movimento. Retirado o movimento de uma ação e paixão, só resta a relação, como já se disse. Daí resulta que a criação não é na criatura senão uma relação ao Criador, como ao princípio de seu ser; como na paixão que se dá com movimento está implícita uma relação ao princípio do movimento.

Quanto ao 1º, portanto, deve-se dizer que a criação em sentido ativo significa a ação divina, que é sua essência, com relação à criatura. Mas em Deus a relação à criatura não é real, mas somente de razão. Enquanto a relação da criatura a Deus é uma relação real, como acima foi dito, ao tratar dos Nomes divinos.

Quanto ao 2º, deve-se dizer que como a criação é expressa como mudança, conforme foi dito, e a mudança é de alguma forma intermediária entre o motor e a coisa movida, por isso, a criação é

---

1. A. praec. ad 2.
2. Q. 13, a. 7.
3. A. praec. ad 2.

inter Creatorem et creaturam. Tamen creatio passive accepta est in creatura, et est creatura. Neque tamen oportet quod alia creatione creetur: quia relationes, cum hoc ipsum quod sunt, ad aliquid dicantur, non referuntur per aliquas alias relationes, sed per seipsas; sicut etiam supra[4] dictum est, cum de aequalitate Personarum ageretur.

AD TERTIUM dicendum quod creationis, secundum quod significatur ut mutatio, creatura est terminus: sed secundum quod vere est relatio, creatura est eius subiectum, et prius ea in esse, sicut subiectum accidente. Sed habet quandam rationem prioritatis ex parte obiecti ad quod dicitur, quod est principium creaturae. Neque tamen oportet quod, quandiu creatura sit, dicatur creari: quia creatio importat habitudinem creaturae ad creatorem cum quadam novitate seu incoeptione.

expressa como intermediária entre o Criador e a criatura. Contudo, a criação, tomada em sentido passivo, está na criatura e é criatura. Nem por isso é preciso que seja criada por outra criação; pois as relações, pelo fato mesmo de consistirem numa referência a outra coisa, referem-se por si mesmas, e não por alguma outra relação, como aliás já foi dito ao tratar da igualdade das Pessoas divinas.

QUANTO AO 3º, deve-se dizer que o termo da criação, enquanto expressa como mudança, é a criatura. Mas enquanto é verdadeiramente uma relação, tem como sujeito a criatura que a precede no ser, como o sujeito precede o acidente. Tem contudo uma razão de prioridade em razão do objeto ao qual se refere e que é o princípio da criatura. Entretanto, não se deve dizer que, enquanto a criatura existe, ela está sendo criada, pois a criação implica a relação da criatura ao Criador com a ideia de novidade e de começo.

ARTICULUS 4
Utrum creari sit proprium compositorum et subsistentium

AD QUARTUM SIC PROCEDITUR. Videtur quod creari non sit proprium compositorum et subsistentium.
1. Dicitur enim in libro *de Causis*[1]. *Prima rerum creatarum est esse.* Sed esse rei creatae non est subsistens. Ergo creatio proprie non est subsistentis et compositi.
2. PRAETEREA, quod creatur est ex nihilo. Composita autem non sunt ex nihilo, sed ex suis componentibus. Ergo compositis non convenit creari.
3. PRAETEREA, illud proprie producitur per primam emanationem, quod supponitur in secunda: sicut res naturalis per generationem naturalem, quae supponitur in operatione artis. Sed illud quod supponitur in generatione naturali, est materia. Ergo materia est quae proprie creatur, et non compositum.

ARTIGO 4
Ser criado é próprio[d] do que é composto e subsistente?[e]

QUANTO AO QUARTO, ASSIM SE PROCEDE: parece que ser criado **não** é próprio do que é composto e subsistente.
1. De fato, no livro *das Causas* se diz: "A primeira coisa criada é o ser". Ora, o ser da coisa criada não é subsistente. Logo, a criação propriamente não é do que é subsistente e composto.
2. ALÉM DISSO, o que é criado provém do nada. Ora, o que é composto não provém do nada, mas de seus componentes. Logo, não convém aos compostos serem criados.
3. ADEMAIS, é produzido propriamente por uma primeira emanação aquilo que se pressupõe na segunda. Por exemplo, uma coisa natural, produzida por geração natural, é pressuposta para uma obra de arte. Ora, o que é pressuposto para a geração natural é a matéria. Logo, é a matéria que propriamente é criada e não o composto.

---

4. Q. 42, a. 1, ad 4.

4 PARALL.: *De Pot.*, q. 3, a. 1, ad 12; a. 3, ad 2, a. 8, ad 3; *De Verit.*, q. 27, a. 3, ad 9; *Quodlib.* IX, q. 5, a. 1; Opusc. XXXVII, *de Quatuor Opposit.*, c. 4.

1. Prop. IV.

d. Este artigo especifica qual é o sujeito da criação passiva.
e. A dificuldade que o presente artigo busca resolver provém do fato de que, na produção da qual temos experiência, há lugar para distinguir efetivamente o termo formal (tal forma) e o termo total (o existente). Na ação criadora não existe distinção entre o termo formal e o termo total; seu termo é o existente enquanto tal, o todo do ser.

SED CONTRA est quod dicitur Gn 1,1: *In principio creavit Deus caelum et terram*. Caelum autem et terra sunt res compositae subsistentes. Ergo horum proprie est creatio.

RESPONDEO dicendum quod creari est quoddam fieri, ut dictum est[2]. Fieri autem ordinatur ad esse rei. Unde illis proprie convenit fieri et creari, quibus convenit esse. Quod quidem convenit proprie subsistentibus: sive sint simplicia, sicut substantiae separatae; sive sint composita, sicut substantiae materiales. Illi enim proprie convenit esse, quod habet esse; et hoc est subsistens in suo esse. Formae autem et accidentia, et alia huiusmodi, non dicuntur entia quasi ipsa sint, sed quia eis aliquid est; ut albedo ea ratione dicitur ens, quia ea subiectum est album. Unde, secundum Philosophum[3], accidens magis proprie dicitur *entis* quam *ens*. Sicut igitur accidentia et formae, et huiusmodi, quae non subsistunt, magis sunt coexistentia quam entia; ita magis debent dici concreata quam creata. Proprie vero creata sunt subsistentia.

AD PRIMUM ergo dicendum quod, cum dicitur, *prima rerum creatarum est esse*, ly *esse* non importat subiectum creatum; sed importat propriam rationem obiecti creationis. Nam ex eo dicitur aliquid creatum, quod est ens, non ex eo quod est hoc ens: cum creatio sit emanatio totius esse ab ente universali, ut dictum est[4]. Et est similis modus loquendi, sicut si diceretur quod *primum visibile est color*, quamvis illud quod proprie videtur, sit *coloratum*.

AD SECUNDUM dicendum quod creatio non dicit constitutionem rei compositae ex principiis praeexistentibus: sed compositum sic dicitur creari, quod simul cum omnibus suis principiis in esse producitur.

AD TERTIUM dicendum quod ratio illa non probat quod sola materia creetur; sed quod materia non sit nisi ex creatione. Nam creatio est productio totius esse, et non solum materiae.

EM SENTIDO CONTRÁRIO, está dito no Gênesis: "No começo, Deus criou o céu e a terra". Ora, o céu e a terra são realidades compostas e subsistentes. Portanto, é deles que se diz propriamente criação.

RESPONDO. Ser criado é, de algum modo, ser feito, como foi dito. Ora, ser feito ordena-se ao ser da coisa. Portanto, propriamente convém ser feitas e ser criadas as coisas às quais convém ser. E isso convém, propriamente, aos subsistentes, quer sejam simples, como as substâncias separadas, quer sejam compostos, como as substâncias materiais. De fato, o existir convém propriamente ao que possui o ser e que subsiste em seu ser. Enquanto as formas, os acidentes e outros não se dizem entes, como se o fossem, mas porque outra coisa é para eles. Assim, a brancura se diz ente porque por ela um sujeito é branco. Por isso, conforme o Filósofo, o acidente se diz mais propriamente *do ente* do que *ente*. Portanto, como os acidentes, as formas etc. que não subsistem, antes são coexistentes do que entes, assim, deve-se dizer que antes são concriados do que criados. O que é propriamente criado, com efeito, são os que subsistem.

QUANTO AO 1º, portanto, deve-se dizer que quando se diz que *a primeira das coisas criadas é o ser*, o *ser* não implica o sujeito criado, mas a razão própria do objeto da criação. Pois por isso se diz que algo criado é um ente, e não pelo fato de que é um tal ente, visto que a criação é a emanação de todo o ser a partir do ser universal, como foi dito. Seria o mesmo que dizer que *o primeiro objeto da visão é a cor*, embora propriamente o que é visto seja o *objeto colorido*.

QUANTO AO 2º, deve-se dizer que a criação não designa a constituição da coisa composta a partir de princípios preexistentes, mas diz-se que o composto é criado porque é produzido no ser com todos os seus princípios.

QUANTO AO 3º, deve-se dizer que o argumento não prova que só a matéria seja criada, mas que a matéria não existe a não ser pela criação. Pois a criação é a produção de todo o ser e não somente da matéria.

---

2. Art. 2, ad 2.
3. *Metaphys.*, l. VII, c. 1: 1028, a, 15-20.
4. Art. 1.

Articulus 5
Utrum solius Dei sit creare

AD QUINTUM SIC PROCEDITUR. Videtur quod non solius Dei sit creare.

1. Quia secundum Philosophum[1], *perfectum est quod potest sibi simile facere*. Sed creaturae immateriales sunt perfectiores creaturis materialibus, quae faciunt sibi simile: ignis enim generat ignem, et homo generat hominem. Ergo substantia immaterialis potest facere substantiam sibi similem. Sed substantia immaterialis non potest fieri nisi per creationem: cum non habeat materiam ex qua fiat. Ergo aliqua creatura potest creare.

2. PRAETEREA, quanto maior est resistentia ex parte facti, tanto maior virtus requiritur in faciente. Sed plus resistit contrarium quam nihil. Ergo maioris virtutis est aliquid facere ex contrario, quod tamen creatura facit; quam aliquid facere ex nihilo. Multo magis igitur creatura hoc facere potest.

3. PRAETEREA, virtus facientis consideratur secundum mensuram eius quod fit. Sed ens creatum est finitum, ut supra[2] probatum est, cum de Dei infinitate ageretur. Ergo ad producendum per creationem aliquid creatum, non requiritur nisi virtus finita. Sed habere virtutem finitam non est contra rationem creaturae. Ergo non est impossibile creaturam creare.

SED CONTRA est quod Augustinus dicit, in III *de Trin.*[3], quod neque boni neque mali angeli possunt esse creatores alicuius rei. Multo minus igitur aliae creaturae.

RESPONDEO dicendum quod satis apparet in primo aspectu, secundum praemissa[4], quod creare non potest esse propria actio nisi solius Dei. Oportet enim universaliores effectus in universaliores et priores causas reducere. Inter omnes autem effectus, universalissimum est ipsum esse. Unde oportet quod sit proprius effectus primae et universalissimae causae, quae est Deus. Unde etiam dicitur libro *de Causis*[5], quod neque intelligentia vel anima nobilis dat esse, nisi inquantum

Artigo 5
Criar é próprio só de Deus?

QUANTO AO QUINTO, ASSIM SE PROCEDE: parece que criar **não** é próprio só de Deus.

1. Porque, segundo o Filósofo, é *perfeito* o que pode fazer o que lhe é semelhante. Ora, as criaturas imateriais são mais perfeitas que as criaturas materiais, que fazem o que lhes é semelhante, pois o fogo gera o fogo e o homem gera o homem. Portanto, a substância imaterial pode fazer uma substância semelhante a si. Mas uma substância imaterial não pode ser feita senão por criação, porque não tem matéria da qual seja feita. Logo, alguma criatura pode criar.

2. ALÉM DISSO, quanto maior a resistência da parte do que é feito, tanto mais se requer força do que o faz. Ora, o contrário resiste mais que o nada. Logo, tem maior força o que faz algo a partir de seu contrário — o que aliás a criatura faz — do que o que faz alguma coisa do nada. Portanto, com maior razão a criatura pode fazer isso.

3. ADEMAIS, a força do que faz se mede pelo que é feito. Ora, o ente criado é finito, como se provou quando se tratou da infinitude de Deus. Portanto, para produzir algo criado por criação não se requer senão uma força finita. Mas ter força finita não é contrário à razão de criatura. Logo, não é impossível que uma criatura crie.

EM SENTIDO CONTRÁRIO, está aquilo que Agostinho diz: "Nem os bons nem os maus anjos podem ser criadores de qualquer coisa". Portanto, muito menos ainda as outras criaturas.

RESPONDO. À primeira vista, pelo que já foi dito, fica bem claro que criar não pode ser ação própria senão somente de Deus. Deve-se, com efeito, referir os efeitos mais universais às causas mais universais e mais primordiais. Ora, entre todos os efeitos, o mais universal é o próprio ser. É necessário, por conseguinte, que seja o efeito próprio da causa primeira e universalíssima, que é Deus. É por isso que se diz também no livro *das Causas* que nem uma inteligência nem uma

---

5 PARALL.: Infra, q. 65, a. 3; q. 90, a. 3; II *Sent.*, dist. 1, q. 1, a. 3; IV, dist. 5, q. 1, a. 3, q.la 3; *Cont. Gent.*, II, 20, 21; *De Verit.*, q. 5, a. 9; *De Pot.*, q. 3, a. 4; *Quodlib.* III, q. 3, a. 1; *Compend. Theol.*, c. 70; Opusc. XV, *de Angelis*, c. 10; XXXVII, *de Quatuor Opposit.*, c. 4.

1. *Meteorol.*, l. IV, c. 3: 380, a, 11-15. — *De Anima*, l. II, c. 4: 415, a, 26 — b, 1.
2. Q. 7, a. 2 sqq.
3. C. 8: ML 42, 875-876.
4. A. 1; q. 44, a. 1, 2.
5. Prop. III § *Et non efficit*.

operatur operatione divina. Producere autem esse absolute, non inquantum est hoc vel tale, pertinet ad rationem creationis. Unde manifestum est quod creatio est propria actio ipsius Dei.

Contingit autem quod aliquid participet actionem propriam alicuius alterius, non virtute propria, sed instrumentaliter, inquantum agit in virtute alterius; sicut aer per virtutem ignis habet calefacere et ignire. Et secundum hoc, aliqui opinati sunt quod, licet creatio sit propria actio universalis causae, tamen aliqua inferiorum causarum, inquantum agit in virtute primae causae, potest creare. Et sic posuit Avicenna[6] quod prima substantia separata, creata a Deo, creat aliam post se, et substantiam orbis, et animam eius; et quod substantia orbis creat materiam inferiorum corporum. Et secundum hunc etiam modum Magister dicit, in 5 dist. IV *Sent.*, quod Deus potest creaturae communicare potentiam creandi, ut creet per ministerium, non propria auctoritate.

Sed hoc esse non potest. Quia causa secunda instrumentalis non participat actionem causae superioris, nisi inquantum per aliquid sibi proprium dispositive operatur ad effectum principalis agentis. Si igitur nihil ibi ageret secundum illud quod est sibi proprium, frustra adhiberetur ad agendum: nec oporteret esse determinata instrumenta determinatarum actionum. Sic enim videmus quod securis, scindendo lignum, quod habet ex proprietate suae formae, producit scamni formam, quae est effectus proprius principalis agentis. Illud autem quod est proprius effectus Dei creantis, est illud quod praesupponitur omnibus aliis, scilicet esse absolute. Unde non potest aliquid operari dispositive et instrumentaliter ad hunc effectum, cum creatio non sit ex aliquo praesupposito, quod possit disponi per actionem instrumentalis agentis. — Sic igitur impossibile est quod alicui creaturae conveniat creare, neque virtute propria, neque instrumentaliter sive per ministerium.

Et hoc praecipue inconveniens est dici de aliquo corpore, quod creet: cum nullum corpus agat nisi tangendo vel movendo; et sic requirit in sua actione aliquid praeexistens, quod possit tangi et moveri; quod est contra rationem creationis.

alma nobre dão o ser, exceto enquanto operam por operação divina. Produzir o ser em si, e não enquanto é este ou é tal, pertence à razão de criação. Dessa forma se evidencia que a criação é uma ação própria de Deus.

Acontece, porém, que algo participe da ação própria de outro, não por sua força, mas como instrumento, enquanto age pela força de outro. Por exemplo, o ar, pela força do fogo, tem o poder de aquecer e de queimar. Assim, alguns opinaram que, embora a criação seja ação própria da causa universal, alguma das causas inferiores, agindo pela força da causa primeira, poderia criar. Dessa forma, Avicena afirmou que a primeira substância separada, criada por Deus, cria outra depois de si, tanto a substância do orbe como sua alma; e que a substância do orbe cria a matéria dos corpos inferiores. Igualmente o Mestre das Sentenças diz que Deus pode comunicar à criatura o poder de criar, de tal forma que ela crie por delegação e não por autoridade própria.

Mas isso é impossível, porque uma causa segunda instrumental não participa da ação da causa superior senão quando, por algo que lhe é próprio, age como disposição para produzir o efeito do agente principal. Se, portanto, nesse caso nada fizesse do que lhe é próprio, seria inútil utilizá-la para agir. Não haveria, pois, necessidade de existir determinados instrumentos para produzir determinadas ações. Assim, vemos que um machado, cortando a madeira — o que ele pode fazer por sua forma —, produz a forma de um banco, que é o efeito próprio do agente principal. Ora, o efeito próprio de Deus que cria, a saber o ser em si, é o que é pressuposto a todos os outros efeitos. Assim, nenhum outro pode operar dispositiva e instrumentalmente em vista desse efeito, uma vez que a criação não se faz a partir de algo pressuposto que poderia dispor-se pela ação de um agente instrumental. — Portanto, é impossível que a alguma criatura convenha criar, nem por força própria, nem instrumentalmente ou por delegação.

E é particularmente inconveniente dizer de um corpo que cria, uma vez que nenhum corpo age a não ser por contato e movimento. E assim sua ação requer alguma coisa preexistente a si, que possa ser tocada ou movimentada, o que é contrário à razão de criação[f].

---

6. *Metaph.*, tract. IX, c. 4.

f. O princípio explicativo é que criar, isto é, produzir o ser de maneira absoluta, apenas Deus pode fazê-lo, uma vez que ele é o próprio Ser. Sto. Tomás lembra que o efeito próprio da criação é conferir o ser enquanto tal. Ele não afirma que o ser

AD PRIMUM ergo dicendum quod aliquod perfectum participans aliquam naturam, facit sibi simile non quidem producendo absolute illam naturam, sed applicando eam ad aliquid. Non enim hic homo potest esse causa naturae humanae absolute, quia sic esset causa sui ipsius; sed est causa quod natura humana sit in hoc homine generato. Et sic praesupponit in sua actione determinatam materiam, per quam est hic homo. Sed sicut hic homo participat humanam naturam, ita quodcumque ens creatum participat, ut ita dixerim, naturam essendi: quia solus Deus est suum esse, ut supra[7] dictum est. Nullum igitur ens creatum potest producere aliquod ens absolute, nisi inquantum esse causat *in hoc*: et sic oportet quod praeintelligatur id per quod aliquid est *hoc*, actioni qua facit sibi simile. In substantia autem immateriali non potest praeintelligi aliquid per quod sit *haec*: quia est haec per suam formam, per quam habet esse, cum sint formae subsistentes. Igitur substantia immaterialis non potest producere aliam substantiam immaterialem sibi similem, quantum ad esse eius; sed quantum ad perfectionem aliquam superadditam; sicut si dicamus quod superior angelus illuminat inferiorem, ut Dionysius dicit[8]. Secundum quem modum etiam in caelestibus est paternitas, ut ex verbis Apostoli patet, Eph 3,15: *Ex quo omnis paternitas in caelo et in terra nominatur.* Et ex hoc etiam evidenter apparet quod nullum ens creatum potest causare aliquid, nisi praesupposito aliquo. Quod repugnat rationi creationis.

AD SECUNDUM dicendum quod ex contrario fit aliquid per accidens, ut dicitur in I *Physic*.[9]: per se autem fit aliquid ex subiecto, quod est in potentia. Contrarium igitur resistit agenti, inquantum impedit potentiam ab actu in quem intendit reducere agens: sicut ignis intendit reducere materiam aquae in actum sibi similem, sed impeditur per formam et dispositiones contrarias, quibus quasi ligatur potentia ne reducatur in actum. Et quanto magis

QUANTO AO 1º, portanto, deve-se dizer que algo perfeito que participa de uma natureza faz o que lhe é semelhante, não produzindo essa natureza de forma absoluta, mas comunicando-a a alguma coisa. Pois o homem que aí está não pode ser a causa da natureza humana considerada de modo absoluto, porque seria causa de si mesmo; mas ele é causa de que a natureza humana exista neste homem que ele gerou. Assim sua ação pressupõe a matéria determinada pela qual ele é este homem. Da mesma forma que este homem participa da natureza humana, assim todo ente criado participa, se posso dizer, da natureza do ser; pois só Deus é seu ser, como já foi dito. Portanto, nenhum ente criado pode produzir um ente de modo absoluto, a não ser enquanto é causa do ser em um *ente particular*. Assim, é necessário que se entenda que aquilo pelo qual algo é *este ente* é anterior à ação pela qual faz algo semelhante a si. Numa substância imaterial, contudo, não se pode entender que aquilo pelo qual *esta substância* é seja anterior, porque é esta substância por sua forma pela qual tem o ser, uma vez que são formas subsistentes. Portanto, uma substância imaterial não pode produzir outra substância imaterial semelhante a si, quanto a seu ser; mas sim quanto a uma perfeição acrescentada. Por exemplo, se dissesse, com Dionísio, que o anjo superior ilumina o anjo inferior. É neste sentido que há paternidade até no céu, conforme a palavra do Apóstolo: (Deus) "do qual toda paternidade, no céu e na terra, é nomeada". Disso resulta evidente que nenhum ente criado pode causar alguma coisa sem pressupor algo, o que a razão de criação exclui.

QUANTO AO 2º, deve-se dizer que é por acidente que algo é feito a partir do contrário, como se diz no livro I da *Física*. Por si, algo se faz a partir do sujeito que se encontra em potência. O contrário resiste ao agente na medida em que impede a potência de passar ao ato ao qual tende o agente. Por exemplo, o fogo tende a passar a matéria da água a um ato igual ao seu, mas é impedido pela forma e pelas disposições contrárias, que prendem

---

7. Q. 7, a. 1, ad 3; a. 2.
8. *Caelestis Hier*., c. 8: MG 3, 240 CD.
9. C. 7: 190, b, 23-29.

é unicamente o efeito de Deus, o que seria equivalente a negar toda a eficiência criada. Toda causa diferente de Deus dá o ser em virtude da causa primeira. O efeito de Deus é primeiro, universal e radical; as outras causas existem e agem em função dele; atingem seres particulares, somente Deus é todo-poderoso. Tudo depende dele. A palavra "dependência" precisa ser bem compreendida. Biológica, psicológica, material e politicamente toda dependência é sinal de uma imperfeição. Porém, no plano metafísico, a dependência da criatura em relação ao Criador não é mais o sinal de uma imperfeição que deva ser superada, é o fundamento da perfeição própria à criatura, e o apelo a cumprir o seu ser em sua plenitude.

fuerit potentia ligata, tanto requiritur maior virtus in agente ad reducendam materiam in actum. Unde multo maior potentia requiritur in agente, si nulla potentia praeexistat. Sic ergo patet quod multo maioris virtutis est facere aliquid ex nihilo, quam ex contrario.

AD TERTIUM dicendum quod virtus facientis non solum consideratur ex substantia facti, sed etiam ex modo faciendi: maior enim calor non solum magis, sed etiam citius calefacit. Quamvis igitur creare aliquem effectum finitum non demonstret potentiam infinitam, tamen creare ipsum ex nihilo demonstrat potentiam infinitam. Quod ex praedictis[10] patet. Si enim tanto maior virtus requiritur in agente, quanto potentia est magis remota ab actu, oportet quod virtus agentis ex nulla praesupposita potentia, quale agens est creans, sit infinita: quia nulla proportio est nullius potentiae ad aliquam potentiam, quam praesupponit virtus agentis naturalis, sicut et non entis ad ens. Et quia nulla creatura habet simpliciter potentiam infinitam, sicut neque esse infinitum, ut supra[11] probatum est, relinquitur quod nulla creatura possit creare.

de algum modo a potência para que ela não passe a ato. E quanto mais a potência é presa, tanto mais deve o agente ter a força para levar a matéria ao ato. Daí que é preciso uma potência maior no agente se não preexiste potência alguma. É evidente, portanto, que fazer alguma coisa do nada supõe um poder muito maior do que a partir do contrário.

QUANTO AO 3º, deve-se dizer que a força do que faz é considerada não só pela substância do que é feito, mas também pela maneira de fazê-lo. De fato, maior calor não só aquece mais, mas também mais rapidamente. Portanto, ainda que criar um efeito finito não manifeste potência infinita, criar esse efeito do nada manifesta potência infinita. Isto decorre da solução precedente. Se de fato é preciso que a força do agente seja tanto maior quanto mais afastada do ato está a potência, é necessário que seja infinita a força do agente que opera sem nenhuma potência preexistente, como é o agente criador. Pois não há proporção alguma entre o que não tem potência alguma e o que tem alguma potência, que é pressuposta pela força de um agente natural, como também do não-ente para o ente. E porque nenhuma criatura tem a potência absolutamente infinita, não tendo o ser infinito, como foi provado anteriormente, resulta que nenhuma criatura possa criar.

ARTICULUS 6
Utrum creare sit proprium alicuius Personae

AD SEXTUM SIC PROCEDITUR. Videtur quod creare sit proprium alicuius Personae.
1. Quod enim est prius, est causa eius quod est post; et perfectum imperfecti. Sed processio divinae Personae est prior quam processio creaturae: et magis perfecta, quia divina Persona procedit in perfecta similitudine sui principii, creatura vero in imperfecta. Ergo processiones divinarum

ARTIGO 6
Criar é próprio de uma das Pessoas?[g]

QUANTO AO SEXTO, ASSIM SE PROCEDE: parece que criar é próprio de uma das Pessoas.
1. Com efeito, o que é anterior é causa do que é posterior, e o perfeito é causa do imperfeito. Ora, a processão da Pessoa divina é anterior à processão da criatura e é mais perfeita, porque a Pessoa divina procede de modo a se assemelhar perfeitamente a seu princípio, enquanto a criatura se assemelha

---

10. In resp. ad 2.
11. Q. 7, a. 2.

6 PARALL.: II *Sent.*, prol.; *De Pot.*, q. 9, a. 5, ad 20.

---

g. Sto. Tomás consagra dois artigos a questões trinitárias. Nos artigos precedentes, lançou mão de uma análise essencialmente metafísica em termos de causalidade. A afirmação de que Deus é criador é uma verdade que, como tal, está ao alcance da inteligência natural. A noção revelada de criação ultrapassa em larga medida a noção filosófica de criação. A criação, para um cristão, é o começo dos *mirabilia Dei* ("maravilhas de Deus"); é também o prolongamento, a extensão, ou ainda a repercussão temporal, dos processos eternos que constituem o próprio ser de Deus. A criação encontra suas raízes nessas processões eternas. Se a reflexão metafísica nos permite remontar a Deus, o Ser absoluto, potência, sabedoria e bondade criadora, a reflexão evangélica permite-nos remontar a Deus Pai, Filho, Espírito Santo. A fecundidade criadora tem sua origem na fecundidade das três Pessoas divinas.

Personarum sunt causa processionis rerum. Et sic creare est proprium Personae.

2. Praeterea, Personae divinae non distinguuntur ab invicem nisi per suas processiones et relationes. Quidquid igitur differenter attribuitur divinis Personis, hoc convenit eis secundum processiones et relationes Personarum. Sed causalitas creaturarum diversimode attribuitur divinis Personis: nam in Symbolo Fidei[1] Patri attribuitur quod sit *Creator omnium visibilium et invisibilium*; Filio autem attribuitur quod *per eum omnia facta sunt*; sed Spiritui Sancto, quod sit *Dominus et vivificator*. Causalitas ergo creaturarum convenit Personis secundum processiones et relationes.

3. Praeterea, si dicatur quod causalitas creaturae attenditur secundum aliquod attributum essentiale quod appropriatur alicui Personae, hoc non videtur sufficiens. Quia quilibet effectus divinus causatur a quolibet attributo essentiali, scilicet potentia, bonitate et sapientia: et sic non magis pertinet ad unum quam ad aliud. Non deberet ergo aliquis determinatus modus causalitatis attribui uni Personae magis quam alii, nisi distinguerentur in creando secundum relationes et processiones.

Sed contra est quod dicit Dionysius, 2 cap. *de Div. Nom.*[2], quod communia totius divinitatis sunt *omnia causalia*.

Respondeo dicendum quod creare est proprie causare sive producere esse rerum. Cum autem omne agens agat sibi simile, principium actionis considerari potest ex actionis effectu: ignis enim est qui generat ignem. Et ideo creare convenit Deo secundum suum esse: quod est eius essentia, quae est communis tribus Personis. Unde creare non est proprium alicui Personae, sed commune toti Trinitati.

Sed tamen divinae Personae secundum rationem suae processionis habent causalitatem respectu creationis rerum. Ut enim supra[3] ostensum est, cum de Dei scientia et voluntate ageretur, Deus est causa rerum per suum intellectum et voluntatem, sicut artifex rerum artificiatarum. Artifex autem per verbum in intellectu conceptum, et per amo-

imperfeitamente. Logo, as processões das Pessoas divinas são a causa da processão das criaturas. Desse modo, criar é próprio da Pessoa.

2. Além disso, as Pessoas divinas não se distinguem entre si senão por suas processões e suas relações. Portanto, tudo o que é atribuído de modo diferente às Pessoas divinas lhes convém conforme suas processões e suas relações. Ora, a causalidade das criaturas é atribuída diversamente às Pessoas divinas. No Símbolo de Niceia atribui-se ao Pai ser o *Criador do universo visível e invisível*; ao Filho se atribui *que tudo foi feito por ele*; e ao Espírito Santo que é *o Senhor e que dá a vida*. Logo, a causalidade das criaturas convém às Pessoas conforme suas processões e relações.

3. Ademais, se se disser que a causalidade das criaturas é considerada conforme algum atributo essencial atribuído como próprio a uma das Pessoas, isso não parece suficiente. Pois todo efeito divino é causado por qualquer atributo essencial, a saber, o poder, a bondade e a sabedoria, e assim não convém mais a um que a outro. Portanto, não se deveria atribuir um modo determinado de causalidade a uma única Pessoa mais que a outra, a menos que se distinguissem ao criar segundo relações e processões.

Em sentido contrário, Dionísio afirma que tudo o que diz *causalidade* é comum a toda a divindade[h].

Respondo. Criar é propriamente causar ou produzir o ser das coisas. Uma vez que todo agente faz algo semelhante a si, o princípio da ação pode ser considerado por seu efeito: é fogo o que gera fogo. Por isso, criar convém a Deus segundo seu ser, que é sua essência, comum às três Pessoas. Portanto, criar não é próprio de uma Pessoa, mas comum a toda a Trindade.

Entretanto, as Pessoas divinas, em relação à criação das coisas, têm uma causalidade segundo a razão de sua processão. Como foi demonstrado anteriormente quando se tratou da ciência e da vontade de Deus, Ele é causa das coisas por seu intelecto e vontade, como um artífice o é das coisas por ele feitas. Ora, o artífice trabalha movido

---

1. Nicareno.
2. MG 3, 637 B.
3. Q. 14, a. 8; q. 19, a. 4.

h. Que a criação seja a obra comum de toda a Trindade é uma verdade de fé. Está na Escritura. Para afastar toda ambiguidade, o Magistério da Igreja repetiu-o várias vezes. Em particular, o IV Concílio ecumênico de Latrão (1215) ensina que "a Igreja admite um único Deus verdadeiro. São três pessoas consubstanciais, co-iguais, co-todo-poderosas, coeternas e que são um princípio único de todas as coisas". Pensar de modo diferente seria destruir a fé monoteísta.

rem suae voluntatis ad aliquid relatum, operatur. Unde et Deus Pater operatus est creaturam per suum Verbum, quod est Filius; et per suum Amorem, qui est Spiritus Sanctus. Et secundum hoc processiones Personarum sunt rationes productionis creaturarum, inquantum includunt essentialia attributa, quae sunt scientia et voluntas.

AD PRIMUM ergo dicendum quod processiones divinarum Personarum sunt causa creationis sicut dictum est[4].

AD SECUNDUM dicendum quod, sicut natura divina, licet sit communis tribus Personis, ordine tamen quodam eis convenit, inquantum Filius accipit naturam divinam a Patre, et Spiritus Sanctus ab utroque; ita etiam et virtus creandi, licet sit communis tribus Personis, ordine tamen quodam eis convenit; nam Filius habet eam a Patre, et Spiritus Sanctus ab utroque. Unde Creatorem esse attribuitur Patri, ut ei qui non habet virtutem creandi ab alio. De Filio autem dicitur *per quem omnia facta sunt*, inquantum habet eandem virtutem, sed ab alio: nam haec praepositio *per* solet denotare causam mediam, sive principium de principio. Sed Spiritui Sancto, qui habet eandem virtutem ab utroque, attribuitur quod dominando gubernet, et vivificet quae sunt creata a Patre per Filium. — Potest etiam huius attributionis communis ratio accipi ex appropriatione essentialium attributorum. Nam, sicut supra[5] dictum est, Patri appropriatur potentia, quae maxime manifestatur in creatione: et ideo attribuitur Patri Creatorem esse. Filio autem appropriatur sapientia, per quam agens per intellectum operatur: et ideo dicitur de Filio, *per quem omnia facta sunt*. Spiritui Sancto autem appropriatur bonitas, ad quam pertinet gubernatio deducens res in debitos fines et vivificatio: nam vita in interiori quodam motu consistit, primum autem movens est finis et bonitas.

pela palavra concebida em seu intelecto e pelo amor de sua vontade em relação a algo. Igualmente, Deus produz a criatura por sua Palavra, que é seu Filho, e por seu Amor, que é o Espírito Santo. De acordo com isso, as processões das Pessoas são as razões da produção das criaturas, enquanto incluem os atributos essenciais que são a ciência e a vontade[i].

QUANTO AO 1º, portanto, deve-se dizer que as processões das Pessoas divinas são a causa da criação, como já foi dito.

QUANTO AO 2º, deve-se dizer que a natureza divina, embora seja comum às três Pessoas, lhes convém numa certa ordem, na medida em que o Filho recebe do Pai a natureza divina e o Espírito Santo a recebe dos dois. Assim também o poder de criar, embora seja comum às três Pessoas, lhes convém numa certa ordem, pois o Filho a recebe do Pai, e o Espírito Santo a recebe do Pai e do Filho. Dessa forma ser Criador atribui-se ao Pai, como àquele que não recebe de outro o poder criador. Do Filho diz-se que *tudo foi feito por ele*, na medida em que ele tem o mesmo poder, mas recebido de outro, pois a preposição *por* designa ordinariamente uma causa intermediária ou um princípio derivado de outro princípio. Mas, ao Espírito Santo, que tem esse mesmo poder pelos outros dois, atribui-se-lhe o poder de governar e de vivificar tudo que o Pai criou pelo Filho. — Pode-se ainda encontrar uma razão comum dessa atribuição pelo modo como os atributos essenciais são atribuídos como próprios. Como foi dito anteriormente, atribui-se como própria ao Pai a potência, que se manifesta sobretudo na criação. Por isso se atribui a ele ser o Criador. Ao Filho se atribui como própria a sabedoria, pela qual o agente inteligente opera. Por isso se diz do Filho: *por quem tudo foi feito*. Enfim, ao Espírito Santo atribui-se como própria a bondade, à qual pertence governar, conduzindo as coisas para seus devidos fins, e dar a vida. Esta consiste em uma espécie de movimento interior, cujo primeiro motor é o fim e o bem[j].

---

4. In corp.
5. Q. 39, a. 8.

i. O artigo se serve do fato de que criar, isto é, dar o ser, convém a Deus enquanto ele é; isto é comum às três Pessoas. O princípio de teologia trinitária elaborado por Sto. Tomás será retomado depois pelo Concílio de Florença, no Decreto para os jacobitas (1442): "Em Deus tudo é único, lá onde não intervém a oposição de relação". O Pai, o Filho e o Espírito Santo não se contrapõem entre si, mas se unem no mesmo poder criador, pois criam o mundo. Pode-se dizer que o Pai, o Filho e o Espírito Santo são um só Criador (*unus Creator*), tendo em vista que são um só Deus; porém, como são três Pessoas distintas são três a criar (*tres creantes*).

j. A natureza divina comum às três Pessoas lhes convém segundo certa ordem. Suas respectivas posições repercutem sobre a relação que mantêm com a criação. Sto. Tomás explica desse modo o uso bíblico, patrístico e litúrgico de expressões tais

AD TERTIUM dicendum quod, licet quilibet effectus Dei procedat ex quolibet attributorum, tamen reducitur unusquisque effectus ad illud attributum, cum quo habet convenientiam secundum propriam rationem: sicut ordinatio rerum ad sapientiam, et iustificatio impii ad misericordiam et bonitatem se superabundanter diffundentem. Creatio vero, quae est productio ipsius substantiae rei, reducitur ad potentiam.

QUANTO AO 3º, deve-se dizer que embora o efeito que vem de Deus proceda de qualquer um dos atributos, cada efeito se liga ao atributo com o qual tem afinidade de acordo com sua razão própria. Por exemplo, atribui-se a ordem das coisas à sabedoria, a justificação do ímpio à misericórdia e à bondade que se derrama superabundantemente. Quanto à criação, que é a produção da substância mesma das coisas, ela se liga à potência.

ARTICULUS 7
Utrum in creaturis sit necesse inveniri vestigium Trinitatis

ARTIGO 7
É necessário encontrar algum vestígio da Trindade nas criaturas?[k]

AD SEPTIMUM SIC PROCEDITUR. Videtur quod in creaturis non sit necesse inveniri vestigium Trinitatis.
1. Per sua enim vestigia unumquodque investigari potest. Sed Trinitas Personarum non potest investigari ex creaturis, ut supra[1] habitum est. Ergo vestigia Trinitatis non sunt in creatura.

2. PRAETEREA, quidquid in creatura est, creatum est. Si igitur vestigium Trinitatis invenitur in creatura secundum aliquas proprietates suas et omne creatum habet vestigium Trinitatis, oportet in unaquaque illarum inveniri etiam vestigium Trinitatis: et sic in infinitum.

3. PRAETEREA, effectus non repraesentat nisi suam causam. Sed causalitas creaturarum pertinet ad naturam communem: non autem ad relationes, quibus Personae distinguuntur et numerantur. Ergo in creatura non invenitur vestigium Trinitatis, sed solum unitatis essentiae.

SED CONTRA est quod Augustinus dicit, VI *de Trin.*[2], quod *Trinitatis vestigium in creatura apparet.*

RESPONDEO dicendum quod omnis effectus aliqualiter repraesentat suam causam, sed diversimode. Nam aliquis effectus repraesentat solam causalitatem causae, non autem formam eius, sicut fumus repraesentat ignem: et talis repraesentatio dicitur esse repraesentatio *vestigii*; vestigium enim demonstrat motum alicuius transeuntis, sed

QUANTO AO SÉTIMO, ASSIM SE PROCEDE: parece que **não** é necessário encontrar nas criaturas algum vestígio da Trindade.
1. Com efeito, é por seus vestígios que cada um pode ser investigado. Ora, não se pode investigar a Trindade das Pessoas a partir das criaturas, como já foi estabelecido acima. Logo, não há vestígio da Trindade na criatura.

2. ALÉM DISSO, tudo o que há na criatura é criado. Se, pois, se encontra um vestígio da Trindade em uma criatura por algumas de suas propriedades, e se tudo o que é criado tem um vestígio da Trindade, será preciso que em cada uma dessas propriedades se encontre um vestígio da Trindade, e assim até o infinito.

3. ADEMAIS, o efeito não representa senão sua causa. Ora, a causalidade das criaturas pertence à natureza comum e não às relações pelas quais as Pessoas se distinguem e são enumeradas. Logo, não se encontra na criatura vestígio da Trindade, mas somente da unidade da essência.

EM SENTIDO CONTRÁRIO, diz Agostinho que "um vestígio da Trindade aparece na criatura".

RESPONDO. Todo efeito representa de alguma maneira sua causa, mas diversamente. Pois, um efeito representa somente a causalidade da causa, não sua forma. Por exemplo, a fumaça representa o fogo, e tal representação é chamada representação de *vestígio*, pois o vestígio mostra o movimento de alguém que passou, mas não

---

7   PARALL.: Infra, q. 93, a. 6; I *Sent.*, dist. 3, q. 2, a. 2; *Cont. Gent.* IV, 26; *De Pot.*, q. 9, a. 9.
   1. Q. 32, a. 1.
   2. C. 10: ML 42, 932.

como "Paternidade criadora", "Palavra criadora" e "Espírito Santo criador, Amor e Dom". A doutrina das apropriações se aplica aqui rigorosamente com felicidade. Permite usar de maneira livre e generosa uma linguagem rica, sem incorrer nos erros do politeísmo.
   k. A obra de Deus traz a marca da Trindade. Neste artigo, Sto. Tomás legitima diversas análises patrísticas; fornece critérios que permitem ver com sobriedade e delicadeza a marca de Deus em sua obra.

non qualis sit. Aliquis autem effectus repraesentat causam quantum ad similitudinem formae eius, sicut ignis generatus ignem generantem, et statua Mercurii Mercurium: et haec est repraesentatio *imaginis*.

Processiones autem divinarum Personarum attenduntur secundum actus intellectus et voluntatis, sicut supra[3] dictum est: nam Filius procedit ut Verbum intellectus, Spiritus Sanctus ut Amor voluntatis. In creaturis igitur rationalibus, in quibus est intellectus et voluntas, invenitur repraesentatio Trinitatis per modum imaginis, inquantum invenitur in eis verbum conceptum et amor procedens.

Sed in creaturis omnibus invenitur repraesentatio Trinitatis per modum vestigii, inquantum in qualibet creatura inveniuntur aliqua quae necesse est reducere in divinas Personas sicut in causam. Quaelibet enim creatura subsistit in suo esse, et habet formam per quam determinatur ad speciem, et habet ordinem ad aliquid aliud. Secundum igitur quod est quaedam substantia creata, repraesentat causam et principium: et sic demonstrat Personam Patris, qui est principium non de principio. Secundum autem quod habet quandam formam et speciem, repraesentat Verbum; secundum quod forma artificiati est ex conceptione artificis. Secundum autem quod habet ordinem, repraesentat Spiritum Sanctum, inquantum est Amor: quia ordo effectus ad aliquid alterum est ex voluntate creantis.

Et ideo dicit Augustinus, in VI lib. *de Trin*.[4], quod vestigium Trinitatis invenitur in unaquaque creatura, secundum quod *unum aliquid est*, et secundum quod *aliqua specie formatur*, et secundum quod *quendam ordinem tenet*. — Et ad haec etiam reducuntur illa tria, *numerus, pondus* et *mensura*, quae ponuntur Sap 11,21: nam *mensura* refertur ad substantiam rei limitatam suis principiis, *numerus* ad speciem, *pondus* ad ordinem. — Et ad haec etiam reducuntur alia tria quae ponit Augustinus[5], *modus, species* et *ordo*. — Et ea quae ponit in libro *Octoginta trium Quaest*.[6], *quod constat, quod discernitur, quod congruit*: constat enim aliquid per suam substantiam, discernitur per formam, congruit per ordinem. — Et in idem de facili reduci possunt quaecumque sic dicuntur.

qual seja. Há efeitos, contudo, que representam a causa enquanto é semelhante à sua forma. Por exemplo, o fogo gerado representa o fogo gerador, e a estátua de Mercúrio o representa. Essa é a representação de *imagem*.

As processões das Pessoas divinas, contudo, são consideradas segundo os atos do intelecto e da vontade, como acima foi dito. O Filho procede como Palavra do intelecto e o Espírito Santo como Amor da vontade. Portanto, nas criaturas dotadas de razão, que têm intelecto e vontade, encontra-se uma representação da Trindade, à maneira de imagem, na medida em que se encontra nelas uma palavra que é concebida e um amor que procede.

Mas em todas as criaturas encontra-se uma representação da Trindade à maneira de vestígio, na medida em que se encontra nelas alguma coisa que se deve necessariamente referir às Pessoas divinas como à sua causa. De fato, toda criatura subsiste em seu ser, possui uma forma que determina sua espécie e está ordenada a algo distinto. Enquanto substância criada, ela representa sua causa e seu princípio, e assim mostra a pessoa do Pai, que é um princípio que não tem princípio. Enquanto ela tem certa forma e espécie, representa o Verbo, pois a forma da obra de arte provém da concepção do artífice. Enquanto ordenada a outros, representa o Espírito Santo enquanto Amor, pois a ordenação de um efeito a algo distinto provém da vontade do Criador.

Por isso Agostinho diz que se encontra algum vestígio da Trindade em cada criatura, na medida em que ela *é algo uno, tem a forma de uma espécie* e *certa ordem*. — É também a isso que se reduz a tríade, *número, peso* e *medida*, da qual fala o livro da Sabedoria, pois a *medida* se refere à substância de uma coisa limitada por seus princípios, o *número* à espécie, o *peso* à ordem. — A isso também se reduz outra tríade proposta por Agostinho: o *modo, a espécie* e a *ordem*. — E ainda esta outra: *O que é constituído, o que é distinguido e o que é condizente*. De fato, uma coisa é constituída por sua substância, é distinguida por sua forma e é condizente por sua ordem. — Tudo aquilo que se diz nesse sentido pode facilmente se reduzir a isso[1].

---

3. Q. 27.
4. Loco cit.
5. *De Nat. Boni*, c. 3: ML 42, 553.
6. Q. 18: ML 40, 15.

1. Se existem em todas as criaturas "vestígios" trinitários, não são mais do que traços, o homem é a imagem da Trindade porque há nele uma processão intelectual do Verbo e uma processão voluntária do Amor. Tenhamos o cuidado de observar:

AD PRIMUM ergo dicendum quod repraesentatio vestigii attenditur secundum appropriata: per quem modum ex creaturis in Trinitatem divinarum Personarum veniri potest, ut dictum est[7].

AD SECUNDUM dicendum quod creatura est res proprie subsistens, in qua est praedicta tria invenire. Neque oportet quod in quolibet eorum quae ei insunt, haec tria inveniantur: sed secundum ea vestigium rei subsistenti attribuitur.

AD TERTIUM dicendum quod etiam processiones Personarum sunt causa et ratio creationis aliquo modo, ut dictum est[8].

QUANTO AO 1º, portanto, deve-se dizer que a representação de vestígio é considerada segundo os atributos atribuídos como próprios. Por esse meio, pode-se, a partir das criaturas, elevar-se à Trindade das Pessoas divinas, como foi dito.

QUANTO AO 2º, deve-se dizer que a criatura é uma coisa subsistente, na qual se encontra a tríade sobredita. Não é necessário encontrá-la em cada uma das propriedades que nela estão, mas, conforme essa tríade, o vestígio é atribuído à coisa subsistente.

QUANTO AO 3º, deve-se dizer que as processões das Pessoas são também, de certa forma, causa e razão da criação, como foi dito.

ARTICULUS 8
Utrum creatio admisceatur in operibus naturae et artis

AD OCTAVUM SIC PROCEDITUR. Videtur quod creatio admisceatur in operibus naturae et artis.
1. In qualibet enim operatione naturae et artis producitur aliqua forma. Sed non producitur ex aliquo, cum non habeat materiam partem sui. Ergo producitur ex nihilo. Et sic in qualibet operatione naturae et artis est creatio.

2. PRAETEREA, effectus non est potior sua causa. Sed in rebus naturalibus non invenitur aliquid agens nisi forma accidentalis, quae est forma activa vel passiva. Non ergo per operationem naturae producitur forma substantialis. Relinquitur igitur quod sit per creationem.

3. PRAETEREA, natura facit sibi simile. Sed quaedam inveniuntur generata in natura non ab aliquo sibi simili, sicut patet in animalibus generatis per putrefactionem. Ergo eorum forma non est a natura, sed a creatione. Et eadem ratio est de aliis.

4. PRAETEREA, quod non creatur, non est creatura. Si igitur in his quae sunt a natura non adiungatur creatio, sequitur quod ea quae sunt a natura, non sunt creaturae. Quod est haereticum.

ARTIGO 8
A criação se mescla às obras da natureza e da arte?

QUANTO AO OITAVO, ASSIM SE PROCEDE: parece que a criação **se mescla** às obras da natureza e da arte.
1. Na verdade, em toda operação da natureza e da arte há produção de uma forma. Ora, ela não é produzida a partir de algo, porque não tem a matéria como parte de si. Portanto, é produzida do nada. Assim, em toda obra da natureza e da arte há criação.

2. ALÉM DISSO, o efeito não é mais potente que sua causa. Ora, na natureza não se encontra um agente que não seja a forma acidental, ativa ou passiva. Portanto, nenhuma forma substancial é produzida por obra da natureza. Resta que o seja por criação.

3. ADEMAIS, a natureza faz o que é semelhante a ela. Ora, na natureza encontram-se algumas coisas que não são geradas por outras semelhantes a elas, como se vê nos animais gerados por putrefação. Logo, a forma deles não provém da natureza mas da criação. E a mesma razão vale para os outros.

4. ADEMAIS, o que não é criado não é criatura. Logo, se a criação não está ligada às coisas que provêm da natureza, segue-se que o que provém da natureza não é criatura, o que é herético.

---

7. In corp.
8. Art. praec.

8 PARALL.: II *Sent.*, dist. 1, q. 1, a. 3, ad 5; a. 4, ad 4; *De Pot.*, q. 3, a. 8; VII *Metaphys.*, lect. 7.

é quando a Trindade é conhecida pela Revelação que vemos no mundo a marca de sua obra. Ninguém poderia apenas com o auxílio da razão concluir das coisas criadas a Deus Trindade. A razão conhece apenas os atributos essenciais que, em Deus, identificam-se com seu Ser.

SED CONTRA est quod Augustinus, *Super Gen. ad litt.*[1], distinguit opus propagationis, quod est opus naturae, ab opere creationis.

RESPONDEO dicendum quod haec dubitatio inducitur propter formas. Quas quidam[2] posuerunt non incipere per actionem naturae, sed prius in materia extitisse, ponentes latitationem formarum. — Et hoc accidit eis ex ignorantia materiae, quia nesciebant distinguere inter potentiam et actum: quia enim formae praeexistunt in materia in potentia, posuerunt eas simpliciter praeexistere.

Alii vero[3] posuerunt formas dari vel causari ab agente separato, per modum creationis. Et secundum hoc cuilibet operationi naturae adiungitur creatio. — Sed hoc accidit eis ex ignorantia formae. Non enim considerabant quod forma naturalis corporis non est subsistens, sed *quo* aliquid est: et ideo, cum fieri et creari non conveniat proprie nisi rei subsistenti, sicut supra[4] dictum est, formarum non est fieri neque creari, sed *concreata* esse.

Quod autem proprie fit ab agente naturali, est compositum, quod fit ex materia. Unde in operibus naturae non admiscetur creatio: sed praesupponitur ad operationem naturae.

AD PRIMUM ergo dicendum quod formae incipiunt esse in actu, compositis factis, non quod ipsae fiant per se, sed per accidens tantum.

AD SECUNDUM dicendum quod qualitates activae in natura agunt in virtute formarum substantialium. Et ideo agens naturale non solum producit sibi simile secundum qualitatem, sed secundum speciem.

AD TERTIUM dicendum quod ad generationem animalium imperfectorum sufficit agens universale, quod est virtus caelestis, cui assimilantur non secundum speciem, sed secundum analogiam quandam: neque oportet dicere quod eorum formae creantur ab agente separato. Ad generationem vero animalium perfectorum non sufficit agens universale: sed requiritur agens proprium, quod est generans univocum.

AD QUARTUM dicendum quod operatio naturae non est nisi ex praesuppositione principiorum creatorum: et sic ea quae per naturam fiunt, creaturae dicuntur.

EM SENTIDO CONTRÁRIO, Agostinho distingue a obra da propagação, que é obra da natureza, da obra da criação.

RESPONDO. Essa dúvida é provocada por causa das formas. Alguns afirmaram que elas não tinham por princípio a ação da natureza, mas que existiam antes na matéria, em estado latente. — Mas isso foi devido ao desconhecimento da matéria, porque não sabiam distinguir entre a potência e o ato. Como as formas preexistem em potência na matéria, afirmaram que elas preexistiam como tais.

Outros afirmaram que as formas são dadas ou causadas por um agente separado, à maneira de criação. E desse modo a criação se uniria a toda operação da natureza. — Mas a isso foram levados por desconhecimento da forma. Pois não consideraram que a forma natural de um corpo não é subsistente, mas aquilo *pelo qual* alguma coisa é. Por isso, como ser feito e ser criado não convêm, propriamente falando, senão a uma coisa subsistente, como foi dito acima, as formas não são feitas nem criadas, mas *concriadas*.

O que é feito, propriamente, por um agente natural é o ser composto, feito a partir da matéria. Portanto, nas obras da natureza, a criação não se mescla, mas é anterior à operação da natureza.

QUANTO AO 1º, portanto, deve-se dizer que as formas começam a existir em ato uma vez feitos os compostos, não que elas sejam feitas por si, mas por acidente.

QUANTO AO 2º, deve-se dizer que, na natureza, as qualidades ativas agem em virtude das formas substanciais. Por isso o agente natural produz o que lhe é semelhante não só segundo a qualidade, mas também segundo a espécie.

QUANTO AO 3º, deve-se dizer que para a geração dos animais imperfeitos basta um agente universal, que é a força dos corpos celestes aos quais aqueles são assemelhados não segundo a espécie mas segundo certa analogia. Não é necessário que suas formas sejam criadas por um agente separado. Entretanto, para a geração dos animais perfeitos, não basta um agente universal. É preciso um agente próprio, a saber, um gerador unívoco.

QUANTO AO 4º, deve-se dizer que a obra da natureza pressupõe sempre princípios criados, e assim o que é feito pela natureza chama-se criatura.

---

1. L. V, c. 11: ML 34, 330 sq.; c. 20: ML 34, 335 sq.
2. *Sicut de Anaxagora narrat Philosophus in I Phys.* [text. 32 sq.]. *De Pot.*, q. 3, a. 8 c.
3. Ut PLATO, *Phaedonis*, c. 49: 100 B – 101 E; *Timaei*, c. 18: 50 BE; — et AVICENNA, *Metaph.*, tract. IX, c. 5.
4. A. 4.

QUAESTIO XLVI
DE PRINCIPIO DURATIONIS RERUM CREATARUM
in tres articulos divisa

Consequenter considerandum est de principio durationis rerum creatarum.
Et circa hoc quaeruntur tria.
Primo: utrum creaturae semper fuerint.
Secundo: utrum eas incoepisse sit articulus fidei.
Tertio: quomodo Deus dicatur in principio caelum et terram creasse.

Articulus 1
Utrum universitas creaturarum semper fuerit

Ad primum sic proceditur. Videtur quod universitas creaturarum, quae *mundi* nomine nuncupatur, non incoeperit, sed fuerit ab aeterno.

1. Omne enim quod incoepit esse, antequam fuerit, possibile fuit ipsum esse: alioquin impossibile fuisse ipsum fieri. Si ergo mundus incoepit esse, antequam inciperet, possibile fuit ipsum esse. Sed quod possibile est esse, est materia, quae est in potentia ad esse, quod est per formam, et ad non esse, quod est per privationem. Si ergo mundus incoepit ese, ante mundum fuit materia. Sed non potest esse materia sine forma: materia autem mundi cum forma, est mundus. Fuit ergo mundus antequam esse inciperet: quod est impossibile.
2. Praeterea, nihil quod habet virtutem ut sit semper, quandoque est et quandoque non est: quia ad quantum se extendit virtus alicuius rei, tandiu est. Sed omne incorruptibile habet virtutem ut sit semper: non enim virtutem habet ad determinatum durationis tempus. Nullum ergo incorruptibile quandoque est et quandoque non est. Sed omne quod incipit esse, quandoque est et quandoque non

QUESTÃO 46
O PRINCÍPIO DE DURAÇÃO DAS CRIATURAS[a]
em três artigos

Em seguida, deve-se considerar o princípio de duração das criaturas.
Sobre isso são três as perguntas:
1. As criaturas existiram sempre?
2. Que elas tenham começado, é um artigo de fé?
3. Em que sentido se diz: No princípio criou Deus o céu e a terra?

Artigo 1
O universo criado existiu[b] sempre?

Quanto ao primeiro artigo, assim se procede: parece que o universo criado, que se chama *mundo*, **não** começou, mas que existiu desde toda a eternidade.

1. Com efeito, tudo o que começou a ser, antes que fosse, era possível ser; caso contrário, seria impossível que fosse feito. Portanto, se o mundo começou a ser, antes que começasse, era possível ser. Ora, o que é possível ser é a matéria, que está em potência para ser pela forma, e para o não-ser, pela privação. Assim, se o mundo começou, a matéria existiu antes do mundo. Mas a matéria não pode ser sem a forma, e o mundo é a matéria do mundo com sua forma. Logo, o mundo existiu antes de começar a ser, o que é impossível.
2. Além disso, nada que tenha o poder de sempre ser ora é e ora não é, porque o poder de uma coisa se estende a tanto quanto essa coisa é. Mas o que é incorruptível tem o poder de sempre ser, pois não tem o poder para determinado tempo de duração. Portanto, nenhuma coisa incorruptível ora é e ora não é. Mas tudo o que começa a ser ora é e ora não é. Portanto, nenhuma coisa incor-

---

1 Parall.: II *Sent.*, dist. 1, q. 1. a. 5; *Cont. Gent.* II, 31 sqq.; *De Pot.*, q. 3, a. 17; *Quodlib.* III, q. 14, a. 2; *Compend. Theol.*, c. 98; VIII *Physic.*, lect. 2; I *de Cael. et Mund.*, lect. 6, 29; XII *Metaphys.*, lect. 5.

a. O problema da criação no tempo era objeto de vivas controvérsias durante a Idade Média. Por um lado, Sto. Tomás se contrapõe à corrente aristotélica de acordo com a interpretação de Averróis e, por outro, à posição agostiniana tradicional. Contra os primeiros, ele mantém a possibilidade de uma criação no tempo; contra os segundos, a de uma criação sem início temporal. Trata-se de uma tomada de posição filosófica fundada sobre o respeito pela natureza. Se essa questão é aqui desenvolvida é porque a Revelação e a obra da Redenção se inscrevem no desenrolar de uma história: a história sagrada, a história da salvação. É importante mostrar seu enraizamento, respeitando a novidade da Revelação.

b. Este artigo situa o debate no plano da filosofia da natureza. Convida a utilizar uma ideia rigorosa do tempo: medida do que advém. Só existe tempo porque há uma realidade, a qual existe e muda. A argumentação aqui desenvolvida explicita a filosofia do tempo expressa a propósito da eternidade de Deus. Aplica-a aos problemas postos pela coexistência entre o finito e o infinito.

est. Nullum ergo incorruptibile incipit esse. Sed multa sunt in mundo incorruptibilia, ut corpora caelestia et omnes substantiae intellectuales. Ergo mundus non incoepit esse.

3. Praeterea, nullum ingenitum incoepit esse. Sed Philosophus probat in I *Physic*.[1], quod materia est ingenita; et in I *de Caelo et Mundo*[2], quod caelum est ingenitum. Non ergo universitas rerum incoepit esse.

4. Praeterea, vacuum est ubi non est corpus, sed possibile est esse. Sed si mundus incoepit esse, ubi nunc est corpus mundi, prius non fuit aliquod corpus: et tamen poterat ibi esse, alioquin nunc ibi non esset. Ergo ante mundum fuit vacuum: quod est impossibile.

5. Praeterea, nihil de novo incipit moveri, nisi per hoc quod movens vel mobile aliter se habet nunc quam prius. Sed quod aliter se habet nunc quam prius, movetur. Ergo ante omnem motum de novo incipientem, fuit aliquis motus. Motus ergo semper fuit. Ergo et mobile: quia motus non est nisi in mobili.

6. Praeterea, omne movens aut est naturale, aut est voluntarium. Sed neutrum incipit movere, nisi aliquo motu praeexistente. Natura enim semper eodem modo operatur. Unde, nisi praecedat aliqua immutatio vel in natura moventis vel in mobili, non incipiet a movente naturali esse motus, qui non fuit prius. Voluntas autem absque sui immutatione retardat facere quod proponit: sed hoc non est nisi per aliquam immutationem quam imaginatur, ad minus ex parte ipsius temporis. Sicut qui vult facere domum cras, et non hodie, expectat aliquid futurum cras, quod hodie non est; et ad minus expectat quod dies hodiernus transeat, et crastinus adveniat; quod sine mutatione non est, quia tempus est numerus motus. Relinquitur ergo quod ante omnem motum de novo incipientem, fuit alius motus. Et sic idem quod prius.

7. Praeterea, quidquid est semper in principio et semper in fine, nec incipere nec desinere potest: quia quod incipit, non est in suo fine; quod autem desinit, non est in suo principio. Sed tempus semper est in suo principio et fine: quia nihil est

ruptível começa a ser. Ora, há no mundo muitas coisas incorruptíveis, como os corpos celestes e todas as substâncias intelectuais. Logo, o mundo não começou a ser.

3. Ademais, o que não é gerado não começou a ser. Ora, o Filósofo prova no livro I da *Física* que a matéria não é gerada, e no livro I do *Céu e do Mundo* que o céu também é não gerado. Logo, o conjunto das criaturas não começou a ser.

4. Ademais, há o vácuo onde não há corpo, mas é possível que haja. Ora, se o mundo começou a ser, onde agora está o corpo do mundo, não havia antes nenhum corpo; entretanto, poderia aí haver, do contrário, agora aí não haveria. Logo, antes do mundo, havia o vácuo, o que é impossível.

5. Ademais, nada começa a mover-se novamente a não ser pelo fato de que o que move ou o que é movido se encontram agora de modo diferente que antes. Ora, o que se tem agora de modo diferente do que era antes se move. Logo, antes de qualquer movimento que começa novamente, houve movimento. Portanto, o movimento sempre existiu. E consequentemente também o que é movido, porque o movimento só existe no que é movido.

6. Ademais, tudo o que move ou é natural ou voluntário. Ora nem um, nem outro começa a mover sem um movimento preexistente. De fato, a natureza opera sempre do mesmo modo. Por isso, se não houver anteriormente uma mudança seja na natureza do que move, seja na do que é movido, não começará, tendo como causa o que move naturalmente, a existir o movimento, que antes não existiu. A vontade, por sua vez, se não houver mudança nela, retardará o que se propõe fazer. Mas isso só acontece por alguma mudança que se imagina, ao menos em relação ao tempo. Por exemplo, aquele que quer construir uma casa amanhã e não hoje espera que algo haverá amanhã que hoje não há. Pelo menos ele espera que passe o dia de hoje e chegue o amanhã, o que não acontece sem mudança, porque o tempo é a medida do movimento. Resulta, portanto, que antes de qualquer novo movimento que comece, houve outro movimento. E assim se chega ao mesmo que antes.

7. Ademais, tudo o que está sempre no começo e no fim não pode nem começar nem acabar, porque o que começa não está no fim e o que acaba não está no começo. Ora, o tempo está sempre no seu começo e fim, porque nada é próprio do

---

1. C. 9: 192, a, 25-34.
2. C. 3: 270, a, 12-14.

temporis nisi *nunc*, quod est finis praeteriti, et principium futuri. Ergo tempus nec incipere nec desinere potest. Et per consequens nec motus, cuius numerus tempus est.

8. PRAETEREA, Deus aut est prior mundo natura tantum, aut duratione. Si natura tantum, ergo, cum Deus sit ab aeterno, et mundus est ab aeterno. Si autem est prior duratione; prius autem et posterius in duratione constituunt tempus: ergo ante mundum fuit tempus; quod est impossibile.

9. PRAETEREA, posita causa sufficienti, ponitur effectus: causa enim ad quam non sequitur effectus, est causa imperfecta, indigens alio ad hoc quod effectus sequatur. Sed Deus est sufficiens causa mundi: et finalis, ratione suae bonitatis; et exemplaris, ratione suae sapientiae; et effectiva, ratione suae potentiae; ut ex superioribus[3] patet. Cum ergo Deus sit ab aeterno, et mundus fuit ab aeterno.

10. PRAETEREA, cuius actio est aeterna, et effectus aeternus. Sed actio Dei est eius substantia, quae est aeterna. Ergo et mundus est aeternus.

SED CONTRA est quod dicitur Io 17,5: *Clarifica me, Pater, apud temetipsum, claritate quam habui priusquam mundus* fieret; et Pr 8,22: *Dominus possedit me in initio viarum suarum, antequam quidquam faceret a principio.*

RESPONDEO dicendum nihil praeter Deum ab aeterno fuisse. Et hoc quidem ponere non est impossibile. Ostensum est enim supra[4] quod voluntas Dei est causa rerum. Sic ergo aliqua necesse est esse, sicut necesse est Deum velle illa: cum necessitas effectus ex necessitate causae dependeat, ut dicitur in V *Metaphys*.[5] Ostensum est autem supra[6] quod, absolute loquendo, non est necesse Deum velle aliquid nisi seipsum. Non est ergo necessarium Deum velle quod mundus fuerit semper. Sed eatenus mundus est, quatenus Deus vult illum esse: cum esse mundi ex voluntate Dei dependeat sicut ex sua causa. Non est igitur

tempo a não ser o *instante presente* que é o fim do instante passado e começo do futuro. Logo, o tempo não pode nem começar nem acabar. E consequentemente nem o movimento, cuja medida é o tempo.

8. ADEMAIS, Deus é anterior ao mundo ou só pela natureza ou pela duração. Se é só pela natureza, como Deus é eterno, o mundo também é eterno. Se contudo é anterior pela duração, como o antes e o depois na duração constituem o tempo, o tempo existiu antes do mundo, o que é impossível.

9. ADEMAIS, afirmada uma causa suficiente, afirma-se o efeito, porque a causa que não é seguida pelo efeito é uma causa imperfeita que tem necessidade de outro para que o efeito se produza. Ora, Deus é a causa suficiente do mundo: causa final, em razão de sua bondade; causa exemplar, em razão de sua sabedoria; causa eficiente, em razão de seu poder, como se demonstrou anteriormente. Logo, como Deus é eterno, o mundo existe desde sempre.

10. ADEMAIS, sendo a ação de algo eterna, seu efeito também o é. Ora, a ação de Deus é sua substância, que é eterna. Logo, o mundo também é eterno[c].

EM SENTIDO CONTRÁRIO, está dito no Evangelho de João: "Pai, glorificai-me junto a Vós com a glória que eu tinha antes que o mundo existisse". E lê-se no livro dos Provérbios: "O Senhor me possuiu no início de seus caminhos, antes que fizesse alguma coisa desde o princípio".

RESPONDO. Nada, além de Deus, existiu eternamente. E não é impossível afirmá-lo. Mostrou-se anteriormente que a vontade de Deus é a causa das coisas. Assim, portanto, é necessário que algo exista na medida em que é necessário que Deus o queira, porque a necessidade do efeito depende da necessidade da causa, como se diz no livro V da *Metafísica*. Ora, já foi mostrado que, falando absolutamente, não é necessário que Deus queira algo a não ser a si. Não é necessário, portanto, que Deus queira que o mundo tenha existido sempre. Ora, o mundo não existe senão na medida em que Deus o quer, porque o ser do mundo depende

---

3. Q. 44, a. 1, 3, 4.
4. Q. 19, a. 4.
5. C. 5: 1015, a, 20-35.
6. Q. 19, a. 3.

c. O número e a variedade das objeções provêm do fato de que Sto. Tomás aborda uma questão crucial nos debates universitários de sua época. Alguns membros da Universidade de Paris chegaram a condenar algumas das proposições dele, suspeitas de heresia aos olhos dos censores.

necessarium mundum semper esse. Unde nec demonstrative probari potest.

Nec rationes quas ad hoc Aristoteles inducit[7], sunt demonstrativae simpliciter, sed secundum quid: scilicet ad contradicendum rationibus antiquorum, ponentium mundum incipere secundum quosdam modos in veritate impossibiles. Et hoc apparet ex tribus. Primo quidem, quia tam in VIII *Physic.*[8] quam in I *de Caelo*[9], praemittit quasdam opiniones, ut Anaxagorae et Empedoclis et Platonis, contra quos rationes contradictorias inducit. — Secundo, quia, ubicumque de hac materia loquitur, inducit testimonia antiquorum: quod non est demonstratoris, sed probabiliter persuadentis. — Tertio, quia expresse dicit in I lib. *Topic.*[10], quod quaedam sunt problemata dialectica, de quibus rationes non habemus, ut *utrum mundus sit aeternus*.

AD PRIMUM ergo dicendum quod, antequam mundus esset, possibile fuit mundum esse, non quidem secundum potentiam passivam, quae est materia; sed secundum potentiam activam Dei. Et etiam secundum quod dicitur aliquid absolute possibile, non secundum aliquam potentiam, sed ex sola habitudine terminorum, qui sibi non repugnant; secundum quod possibile opponitur *impossibili*, ut patet per Philosophum, in V *Metaphys.*[11].

AD SECUNDUM dicendum quod illud quod habet virtutem ut sit semper, ex quo habet illam virtutem, non quandoque est et quandoque non est: sed antequam haberet illam virtutem, non fuit. Unde haec ratio, quae ponitur ab Aristotele in I *de Caelo*[12], non concludit simpliciter quod incorruptibilia non incoeperunt esse: sed quod non incoeperunt esse per modum naturalem, quo generabilia et corruptibilia incipiunt esse.

AD TERTIUM dicendum quod Aristoteles, in I *Physic.*, probat materiam esse ingenitam, per hoc quod non habet subiectum de quo sit. In I autem

da vontade de Deus como de sua causa. Não é necessário, pois, que o mundo exista sempre. Daí que nem se pode provar de maneira demonstrativa.

Os argumentos aduzidos por Aristóteles não são absolutamente demonstrativos, mas apenas em parte, a saber, para refutar os argumentos dos antigos que afirmavam que o mundo começou por modos verdadeiramente impossíveis. Isto se manifesta de três maneiras. Primeiro, porque tanto no livro VIII da *Física*, como no livro I do *Céu* ele apresenta as opiniões por exemplo de Anaxágoras, de Empédocles e de Platão, contra quem aduz razões contrárias. — Em seguida, porque cada vez que trata desse assunto aduz o testemunho dos antigos, o que não é próprio de quem demonstra, mas de quem persuade com probabilidades. — Enfim, porque ele diz expressamente no livro I dos *Tópicos* que há questões dialéticas a respeito das quais não temos argumentos, como *se o mundo é eterno*[d].

QUANTO AO 1º, portanto, deve-se dizer que antes de o mundo ser, era possível que o mundo fosse, não por potência passiva, que é a matéria, mas por potência ativa, que é Deus. Ou ainda na medida em que algo se diz absolutamente possível, não por uma potência, mas pela simples relação de termos que não são contraditórios. É neste sentido que possível se opõe a impossível, como mostra o Filósofo, no livro V da *Metafísica*.

QUANTO AO 2º, deve-se dizer que o que tem o poder de ser sempre, pelo fato de ter esse poder, não pode ora ser, ora não ser; mas, antes de ter esse poder, não existia. É por isso que o argumento usado por Aristóteles no livro I do *Céu* não conclui absolutamente que as coisas incorruptíveis não começaram a ser, mas sim que não começaram a ser do modo natural pelo qual começam a ser os seres gerados e corruptíveis.

QUANTO AO 3º, deve-se dizer que Aristóteles prova no livro I da *Física* que a matéria não é gerada, porque ela não tem um sujeito do qual

---

7. *Phys.*, l. VIII, c. 1: 251, a, 8 — 252, a, 4. – *De Caelo et Mundo*, l. I, c. 12: 281-283.
8. C. 1: 250, b, 21 – 251, a, 5.
9. C. 10: 279, b, 14-16; – ibid.: 280, a, 11-23.
10. C. 11: 104, b, 12-16.
11. C. 12: 1019, b, 22-33.
12. C. 12: 281, b, 18 — 282, a, 4.

---

d. Sto. Tomás mostra que não há nenhuma necessidade de que o mundo seja eterno. O mundo não sendo por si, não há contradição em pensar um primeiro instante. Não há contradição do lado de Deus, pois a criação é um ato livre. A essas razões objetava-se a Sto. Tomás que a ação do Deus eterno era eterna, portanto, seu efeito devia ser eterno.
Ele responde que o ato criador é um ato livre. O que é é o que Deus quer, segundo sua medida e riqueza de ser. Do Agir eterno não procede necessariamente um efeito eterno, mas o efeito que Deus quer: temporal, se o quiser, eterno, se assim o quiser. Pode-se mostrar da mesma maneira que não há contradição na concepção de uma criação desde toda a eternidade; a criação, não sendo uma mutação, não exige um começo temporal. É o que estabelecerá o artigo seguinte.

de Caelo et Mundo[13], probat caelum ingenitum, quia non habet contrarium ex quo generetur. Unde patet quod per utrumque non concluditur nisi quod materia et caelum non incoeperunt per generationem, ut quidam ponebant, praecipue de caelo. Nos autem dicimus quod materia et coelum producta sunt in esse per creationem, ut ex dictis[14] patet.

AD QUARTUM dicendum quod ad rationem vacui non sufficit *in quo nihil est:* sed requiritur quod sit spatium capax corporis, in quo non sit corpus, ut patet per Aristotelem, in IV *Physic.*[15]. Nos autem dicimus non fuisse locum aut spatium ante mundum.

AD QUINTUM dicendum quod primus motor semper eodem modo se habuit: primum autem mobile non semper eodem modo se habuit, quia incoepit esse, cum prius non fuisset. Sed hoc non fuit per mutationem, sed per creationem, quae non est mutatio, ut supra[16] dictum est. Unde patet quod haec ratio, quam ponit Aristoteles in VIII *Physic.*[17], procedit contra eos qui ponebant mobilia aeterna, sed motum non aeternum; ut patet ex opinionibus Anaxagorae et Empedoclis[18]. Nos autem ponimus, ex quo mobilia incoeperunt, semper fuisse motum.

AD SEXTUM dicendum quod primus agens est agens voluntarium. Et quamvis habuit voluntatem aeternam producendi aliquem effectum, non tamen produxit aeternum effectum. Nec est necesse quod praesupponatur aliqua mutatio, nec etiam propter imaginationem temporis. Aliter enim est intelligendum de agente particulari, quod praesupponit aliquid, et causat alterum; et aliter de agente universali, quod producit totum. Sicut agens particulare producit formam, et praesupponit materiam: unde oportet quod formam inducat secundum proportionem ad debitam materiam. Unde rationabiliter in ipso consideratur quod inducit formam in talem materiam et non in aliam, ex differentia materiae ad materiam. Sed hoc non rationabiliter consideratur in Deo, qui simul producit formam

exista. No livro I do *Céu* e do *Mundo*, prova que o céu não é gerado, porque não tem contrário do qual seja gerado. Esses dois argumentos concluem somente que a matéria e o céu não começaram por geração, como alguns afirmavam, principalmente com relação ao céu. Mas nós dizemos que a matéria e o céu foram produzidos em seu ser pela criação, como está claro pelo que precede.

QUANTO AO 4º, deve-se dizer que não basta, para a razão de vácuo, dizer que *nada há nele*. Requer-se que haja um espaço capaz de conter um corpo e que não o contenha, como esclarece Aristóteles no livro IV da *Física*. Nós, contudo, dizemos que não havia nem lugar nem espaço antes do mundo[e].

QUANTO AO 5º, deve-se dizer que o motor primeiro sempre se encontrou do mesmo modo. Não, porém, o primeiro movido, porque começou a ser, uma vez que antes não era. Ora, isso não aconteceu por uma mudança, mas por criação, que não é uma mudança como já foi dito antes. É evidente que este argumento apresentado por Aristóteles, no livro VIII da *Física*, vale contra aqueles que afirmavam haver movidos eternos, sem admitir um movimento eterno. Encontra-se esta opinião em Anaxágoras e Empédocles. Nós afirmamos, porém, que desde que os movidos começaram, o movimento sempre existiu.

QUANTO AO 6º, deve-se dizer que o agente primeiro é um agente voluntário. Embora tivesse a vontade eterna de produzir um efeito, nem por isso produziu um efeito eterno. Não é necessário pressupor uma mudança, nem mesmo para nossa representação do tempo. De fato, é preciso entender de um modo o agente particular, que pressupõe uma coisa e causa outra, e de outro modo o agente universal, que produz tudo. Assim, o agente particular produz a forma e pressupõe a matéria; daí que é preciso proporcionar a forma de acordo com a matéria devida. É, portanto, razoável considerar que ele aplica a forma a tal matéria e não a uma outra, pela diferença entre uma matéria e outra. Mas não é razoável considerar isso em Deus, que produz ao mesmo tempo a forma e a matéria; mas

---

13. C. 3: 270, a, 14-22.
14. Q. 45, a. 2.
15. C. 1: 208, b, 25-29. — c. 7: 213, b, 30-214, a, 9.
16. Q. 45, a. 2, ad 2.
17. C. 1: 251, a, 16-28.
18. Ibid.: 250, b, 21 — 251, a, 5.

e. Sto. Tomás lembra aqui a filosofia do espaço: o espaço não é um receptáculo onde viriam se acomodar os corpos. É a extensão dos corpos em suas diversas partes. O espaço é criado com o mundo material.

et materiam: sed consideratur rationabiliter in eo, quod ipse producit materiam congruam formae et fini. — Agens autem particulare praesupponit tempus, sicut et materiam. Unde rationabiliter consideratur in eo, quod agit in tempore posteriori et non in priori, secundum imaginationem successionis temporis post tempus. Sed in agente universali, quod producit rem et tempus, non est considerare quod agat nunc et non prius, secundum imaginationem temporis post tempus, quasi tempus praesupponatur eius actioni: sed considerandum est in eo, quod dedit effectui suo tempus quantum voluit, et secundum quod conveniens fuit ad suam potentiam demonstrandam. Manifestius enim mundus ducit in cognitionem divinae potentiae creantis, si mundus non semper fuit, quam si semper fuisset: omne enim quod non semper fuit, manifestum est habere causam; sed non ita manifestum est de eo quod semper fuit.

AD SEPTIMUM dicendum quod, sicut dicitur in IV *Physic*.[19], prius et posterius est in tempore, secundum quod prius et posterius est in motu. Unde principium et finis accipienda sunt in tempore, sicut et in motu. Supposita autem aeternitate motus, necesse est quod quodlibet momentum in motu acceptum sit principium et terminus motus: quod non oportet, si motus incipiat. Et eadem ratio est de *nunc* temporis. Et sic patet quod ratio illa instantis *nunc*, quod semper sit principium et finis temporis, praesupponit aeternitatem temporis et motus. Unde Aristoteles hanc rationem inducit, in VIII *Physic*.[20], contra eos qui ponebant aeternitatem temporis, sed negabant aeternitatem motus.

AD OCTAVUM dicendum quod Deus est prior mundo duratione. Sed ly *prius* non designat prioritatem temporis, sed aeternitatis. — Vel dicendum quod designat aeternitatem temporis imaginati, et non realiter existentis. Sicut, cum dicitur, *supra caelum nihil est*, ly *supra* designat locum imaginatum tantum, secundum quod possibile est imaginari dimensionibus caelestis corporis dimensiones alias superaddi.

AD NONUM dicendum quod, sicut effectus sequitur a causa agente naturaliter secundum modum suae formae, ita sequitur ab agente per voluntatem

é razoável considerar que ele produz uma matéria condizente com a forma e o fim. — O agente particular pressupõe o tempo, como pressupõe a matéria. Dessa forma, é razoável considerar que ele age em um tempo posterior e não em um tempo anterior, conforme a representação da sucessão de um tempo depois de outro. Mas quando se trata do agente universal, que produz as coisas e o tempo, não dá para considerar que aja agora e não antes, conforme a representação de um tempo depois de outro, como se o tempo fosse pressuposto à sua ação. Deve-se considerar que ele deu a seu efeito tanto tempo quanto quis e como lhe pareceu conveniente para manifestar seu poder. De fato, o mundo, se não existiu sempre, nos leva ao conhecimento do poder divino do Criador mais claramente do que se fosse eterno. Pois é claro que o que não existiu sempre tem uma causa, enquanto isso não é tão claro para o que sempre existiu.

QUANTO AO 7º, deve-se dizer que, segundo Aristóteles, no livro IV da *Física*, o antes e o depois estão no tempo conforme estão no movimento. Assim deve-se entender o começo e o fim no tempo, da mesma forma que no movimento. Supondo que o movimento é eterno, é necessário que cada momento do movimento seja entendido como o começo e o fim dele. Isto porém não é necessário se o movimento teve começo. A mesma razão vale para *o instante presente* do tempo. Fica assim patente que a razão do *instante presente*, considerada como o começo e o fim do tempo, pressupõe a eternidade do tempo e do movimento. Daí que Aristóteles, no livro VIII da *Física*, aduz esse argumento contra aqueles que afirmavam a eternidade do tempo, negando porém a eternidade do movimento.

QUANTO AO 8º, deve-se dizer que Deus é anterior ao mundo em duração. Mas *anterior* não designa uma prioridade de tempo, mas da eternidade. — Ou então se pode dizer que designa a eternidade de um tempo imaginário, que não existe realmente. Da mesma forma quando se diz que *acima do céu não há nada, acima* designa somente um lugar imaginário no sentido de que é possível imaginar que se ajuntem às dimensões do corpo celeste outras dimensões.

QUANTO AO 9º, deve-se dizer que assim como o efeito segue a causa que age naturalmente de acordo com sua forma, assim também segue o

---

19. C. 11: 219, a, 22-25.
20. C. 1: 251, b, 19-28.

secundum formam ab eo praeconceptam et definitam, ut ex superioribus[21] patet. Licet igitur Deus ab aeterno fuerit sufficiens causa mundi, non tamen oportet quod ponatur mundus ab eo productus, nisi secundum quod est in praedefinitione suae voluntatis; ut scilicet habeat esse post non esse, ut manifestius declaret suum Auctorem.

AD DECIMUM dicendum quod, posita actione, sequitur effectus secundum exigentiam formae quae est principium actionis. In agentibus autem per voluntatem, quod conceptum est et praedefinitum, accipitur ut forma quae est principium actionis. Ex actione igitur Dei aeterna non sequitur effectus aeternus: sed qualem Deus voluit, ut scilicet haberet esse post non esse.

que age pela vontade de acordo com a forma que concebeu e definiu anteriormente, como está claro pelo acima dito. Portanto, embora desde toda a eternidade Deus seja a causa suficiente do mundo, não é necessário que se afirme que o mundo foi por ele produzido, a não ser o que está na predefinição de sua vontade, a saber, que o mundo tenha o ser após o não-ser para tornar mais manifesto seu Autor.

QUANTO AO 10º, deve-se dizer que uma vez efetuada a ação, segue-se o efeito conforme a exigência da forma que é o princípio da ação. Ora, nos que agem pela vontade, o que foi concebido e definido anteriormente entende-se como a forma que é o princípio da ação. Portanto, da ação eterna de Deus não decorre um efeito eterno, mas um efeito tal como Deus o quis, a saber, que tenha o ser após o não-ser[f].

ARTICULUS 2
Utrum mundum incoepisse sit articulus fidei

AD SECUNDUM SIC PROCEDITUR. Videtur quod mundum incoepisse non sit articulus fidei, sed conclusio demonstrabilis.

1. Omne enim factum habet principium suae durationis. Sed demonstrative probari potest quod Deus sit causa effectiva mundi: et hoc etiam probabiliores philosophi posuerunt. Ergo demonstrative probari potest quod mundus incoeperit.

2. PRAETEREA, si necesse est dicere quod mundus factus est a Deo, aut ergo ex nihilo, aut ex aliquo. Sed non ex aliquo: quia sic materia mundi praecessisset mundum; contra quod procedunt rationes Aristotelis ponentis caelum ingenitum. Ergo oportet dicere quod mundus sit factus ex nihilo. Et sic habet esse post non esse. Ergo oportet quod esse incoeperit.

3. PRAETEREA, omne quod operatur per intellectum, a quodam principio operatur, ut patet in omnibus artificibus. Sed Deus est agens per intel-

ARTIGO 2
Que o mundo tenha começado[g], é artigo de fé?

QUANTO AO SEGUNDO, ASSIM SE PROCEDE: que o mundo tenha começado parece que **não** é artigo de fé, mas conclusão demonstrável.

1. Com efeito, tudo o que foi feito tem um começo de sua duração. Ora, pode-se demonstrar que Deus é a causa eficiente do mundo, o que filósofos de autoridade admitiram. Logo, pode-se demonstrar que o mundo começou.

2. ALÉM DISSO, se é necessário que se diga que o mundo foi feito por Deus, ou foi do nada ou de alguma coisa. Ora, não foi de alguma coisa porque então a matéria do mundo teria precedido o mundo. Contra isso valem os argumentos de Aristóteles afirmando um céu não gerado. Portanto, é necessário dizer que o mundo foi feito do nada. E por isso tem o ser após o não-ser. Logo, é necessário que tenha começado a existir.

3. ADEMAIS, todo o que age pelo intelecto opera a partir de um princípio, como se vê em todas as obras de arte. Ora, Deus age pelo intelecto. Logo,

---

21. Q. 19, a. 4; q. 41, a. 2.

2 PARALL.: II *Sent.*, dist. 1, q. 1, a. 5; *Cont. Gent.* II, 38; *De Pot.*, q. 3, a. 14; *Quodlib.* XII, q. 6, a. 1; Opusc. XXVII, *de Aetern. Mundi.*

f. Sto. Tomás insiste mais uma vez sobre o fato de que a criação é um ato de liberdade. Não existe em Deus necessidade alguma de criar. A liberdade de Deus para a criação é a de sua simplicidade. Diferentemente da liberdade humana, que depende, em primeiro lugar, do possível, antes de ser posta em ato, a liberdade de Deus não exige nele nenhuma modificação.

g. Este artigo completa a reflexão precedente. Acrescenta que a fé não poderia ser submetida a uma teoria filosófica. A reflexão está a serviço da Revelação, que possibilita melhor compreendê-la.

lectum. Ergo a quodam principio operatur. Mundus igitur, qui est eius effectus, non fuit semper.

4. PRAETEREA, manifeste apparet artes aliquas, et habitationes regionum, ex determinatis temporibus incoepisse. Sed hoc non esset, si mundus semper fuisset. Mundum igitur non semper fuisse manifestum est.

5. PRAETEREA, certum est nihil Deo aequari posse. Sed si mundus semper fuisset, aequipararetur Deo in duratione. Ergo certum est non semper mundum fuisse.

6. PRAETEREA, si mundus semper fuit, infiniti dies praecesserunt diem istum. Sed infinita non est pertransire. Ergo nunquam fuisset perventum ad hunc diem: quod est manifeste falsum.

7. PRAETEREA, si mundus fuit aeternus, et generatio fuit ab aeterno. Ergo unus homo genitus est ab alio in infinitum. Sed pater est causa efficiens filii, ut dicitur in II *Physic*.[1] Ergo in causis efficientibus est procedere in infinitum: quod improbatur in II *Metaphys*.[2]

8. PRAETEREA, si mundus et generatio semper fuit, infiniti homines praecesserunt. Sed anima hominis est immortalis. Ergo infinitae animae humanae nunc essent actu: quod est impossibile. Ergo ex necessitate sciri potest quod mundus incoeperit; et non sola fide tenetur.

SED CONTRA, fidei articuli demonstrative probari non possunt: quia fides de *non apparentibus* est, ut dicitur Hb 11,1. Sed Deum esse Creatorem mundi, sic quod mundus incoeperit esse, est articulus fidei: dicimus enim[3]: *Credo in unum Deum* etc. — Et iterum, Gregorius dicit, in Homil. I *in Ezech*.[4], quod Moyses prophetizavit de praeterito, dicens; *In principio creavit Deus caelum et terram*; in quo novitas mundi traditur. Ergo novitas mundi habetur tantum per revelationem. Et ideo non potest probari demonstrative.

RESPONDEO dicendum quod mundum non semper fuisse, sola fide tenetur, et demonstrative probari non potest: sicut et supra[5] de mysterio Trinitatis dictum est. Et huius ratio est, quia novitas mundi non potest demonstrationem recipere ex

ele opera a partir de um princípio. Portanto, o mundo, que é seu efeito, não existiu sempre.

4. ADEMAIS, é claro que certas artes e o povoamento de regiões começaram em determinado tempo. Ora, assim não seria, se o mundo tivesse existido sempre. Logo, é claro que o mundo não existiu sempre.

5. ADEMAIS, é certo que nada se pode igualar a Deus. Ora, se o mundo tivesse existido sempre, seria igual a Deus na duração. Logo, é certo que o mundo não existiu sempre.

6. ADEMAIS, se o mundo sempre existiu, um número infinito de dias precederam o dia de hoje. Ora, não se pode percorrer o infinito. Logo, nunca se teria chegado ao dia presente, o que é evidentemente falso.

7. ADEMAIS, se o mundo existiu eternamente, a geração também existiu eternamente. Portanto, um homem foi gerado por outro ao infinito. Ora, o pai é a causa eficiente do filho, conforme o livro IX da *Física*. Logo, nas causas eficientes pode-se chegar ao infinito, argumento rejeitado no livro II da *Metafísica*.

8. ADEMAIS, se o mundo e a geração sempre existiram, homens em número infinito nos precederam. Ora, a alma humana é imortal. Portanto, uma infinidade de almas humanas existiriam agora em ato, o que é impossível. Logo, pode-se saber por demonstração que o mundo começou e isso não se sustenta apenas pela fé.

EM SENTIDO CONTRÁRIO, os artigos de fé não podem ser demonstrados, porque, conforme a Carta aos Hebreus, a fé é "sobre o que não se vê". Ora, é artigo de fé que Deus é o Criador do mundo e que este começou a existir, porque dizemos: "Creio em um só Deus etc.". — Além disso, Gregório diz que Moisés profetizou a respeito do passado quando disse: "No começo Deus criou o céu e a terra", palavras que ensinam a novidade do mundo. Portanto, só se tem a novidade do mundo pela revelação e por isso não pode ser demonstrada.

RESPONDO. Só pela fé se sustenta que o mundo não existiu sempre, e nem é possível demonstrar, como já se disse a respeito do mistério da Trindade. A razão é que a novidade do mundo não se pode demonstrar por intermédio do mesmo

---

1. C. 3: 194, b, 29-32.
2. C. 2: 994, a, 11-19.
3. In Symbolo Nic.
4. Nn. 1, 2: ML 76, 786 B — 787 C.
5. Q. 32, a. 1.

parte ipsius mundi. Demonstrationis enim principium est *quod quid est*. Unumquodque autem, secundum rationem suae speciei, abstrahit ab hic et nunc: propter quod dicitur[6] quod *universalia sunt ubique et semper*. Unde demonstrari non potest quod homo, aut caelum, aut lapis non semper fuit. — Similiter etiam neque ex parte causae agentis, quae agit per voluntatem. Voluntas enim Dei ratione investigari non potest, nisi circa ea quae absolute necesse est Deum velle: talia autem non sunt quae circa creaturas vult, ut dictum est[7].

Potest autem voluntas divina homini manifestari per revelationem, cui fides innititur. Unde mundum incoepisse est credibile, non autem demonstrabile vel scibile. — Et hoc utile est ut consideretur, ne forte aliquis, quod fidei est demonstrare praesumens, rationes non necessarias inducat, quae praebeant materiam irridendi infidelibus, existimantibus nos propter huiusmodi rationes credere quae fidei sunt.

AD PRIMUM ergo dicendum quod, sicut dicit Augustinus, XI *de Civ. Dei*[8], philosophorum ponentium aeternitatem mundi, duplex fuit opinio. Quidam enim posuerunt quod substantia mundi non sit a Deo. Et horum est intollerabilis error; et ideo ex necessitate refellitur. Quidam autem sic posuerunt mundum aeternum, quod tamen mundum a Deo factum dixerunt. *Non enim mundum temporis volunt habere, sed suae creationis initium, ut quodam modo vix intelligibili semper sit factus.* — Id autem quomodo intelligant, invenerunt, ut idem dicit in X *de Civ. Dei*[9]. *Sicut enim, inquiunt, si pes ex aeternitate semper fuisset in pulvere, semper subesset vestigium, quod a calcante factum nemo dubitaret; sic et mundus semper fuit, semper existente qui fecit.* — Et ad hoc intelligendum, considerandum est quod causa efficiens quae agit per motum, de necessitate praecedit tempore suum effectum: quia effectus non est nisi in termino actionis, agens autem omne oportet esse principium actionis. Sed si actio sit instantanea, et non successiva, non est necessarium faciens esse prius facto duratione; sicut patet in illuminatione. Unde dicunt quod non sequitur ex necessitate, si Deus est causa activa mundi, quod sit prior mundo

mundo, porque o princípio da demonstração é *aquilo que é*. Ora, segundo a razão de sua espécie, cada coisa abstrai do espaço e do tempo. Por este motivo se diz que *os universais estão em todos os lugares e tempos*. Daí que não se pode demonstrar que o homem, o céu ou a pedra não existiram sempre. — Também não se pode demonstrar a partir da causa agente que age pela vontade. De fato, a razão não pode conhecer da vontade de Deus senão o que é absolutamente necessário que Deus queira. Mas tais coisas não são o que ele quer a respeito das criaturas, como já foi dito.

A vontade divina, entretanto, pode se manifestar ao homem pela revelação, na qual se funda a fé. Portanto, que o mundo tenha começado é objeto de fé e não de demonstração ou de ciência. — Esta consideração é útil para evitar que, pretendendo alguém demonstrar um artigo de fé, aduza argumentos não rigorosos, que deem aos que não creem matéria de escárnio, fazendo-os supor que nós cremos o que é de fé por tais argumentos.

QUANTO AO 1º, portanto, deve-se dizer que, como diz Agostinho, encontram-se nos filósofos que afirmam a eternidade do mundo duas opiniões. Uns afirmavam que a substância do mundo não provém de Deus. É um erro insustentável que se refuta pelo argumento de necessidade. Outros afirmavam a eternidade do mundo, mas de um mundo feito por Deus. "De fato, eles não querem aceitar um mundo temporal, mas o início de sua criação, como se ele tivesse sido feito desde sempre de uma maneira apenas inteligível." — Eis como eles entendem isso, diz ainda Agostinho: "Se o pé de alguém, por exemplo, tivesse estado desde toda a eternidade sempre no pó, teria deixado tal pegada que ninguém duvidaria que ele teria sido a causa. Do mesmo modo o mundo existiu sempre porque quem o fez existe sempre". — Para entender isso, é preciso considerar que a causa eficiente que age por movimento precede necessariamente seu efeito no tempo, porque o efeito não existe senão no termo da ação, e o agente é necessariamente o princípio da ação. Mas se a ação é instantânea e não sucessiva, não é necessário que o agente seja anterior a seu efeito na duração, como é evidente na iluminação. Daí dizem que, se Deus é a causa

---

6. ARISTOT., *Analyt. Poster.*, l. I, c. 31: 87.
7. Q. 19, a. 3.
8. C. 4: ML 41, 319.
9. C. 31: ML 41, 311.

duratione: quia creatio, qua mundum produxit, non est mutatio successiva, ut supra[10] dictum est.

AD SECUNDUM dicendum quod illi qui ponerent mundum aeternum, dicerent mundum factum a Deo ex nihilo, non quod factus sit post nihilum, secundum quod nos intelligimus per nomen creationis; sed quia non est factus de aliquo. Et sic etiam non recusant aliqui eorum creationis nomen, ut patet ex Avicenna in sua *Metaphysica*[11].

AD TERTIUM dicendum quod illa est ratio Anaxagorae, quae ponitur in III *Physic*.[12]. Sed non de necessitate concludit, nisi de intellectu qui deliberando investigat quid agendum sit, quod est simile motui. Talis autem est intellectus humanus, sed non divinus, ut supra[13] patet.

AD QUARTUM dicendum quod ponentes aeternitatem mundi, ponunt aliquam regionem infinities esse mutatam de inhabitabili in habitabilem, et e converso. Et similiter ponunt quod artes, propter diversas corruptiones et accidentia, infinities fuerunt inventae, et iterum corruptae. Unde Aristoteles dicit, in libro *Meteor*.[14], quod ridiculum est ex huiusmodi particularibus mutationibus opinionem accipere de novitate mundi totius.

AD QUINTUM dicendum quod, etsi mundus semper fuisset, non tamen parificaretur Deo in aeternitate, ut dicit Boetius, in fine *de Consolat*.[15]: quia esse divinum est esse totum simul, absque successione; non autem sic est de mundo.

AD SEXTUM dicendum quod transitus semper intelligitur a termino in terminum. Quaecumque autem praeterita dies signetur, ab illa usque ad istam sunt finiti dies, qui pertransiri poterunt. Obiectio autem procedit ac si, positis extremis, sint media infinita.

AD SEPTIMUM dicendum quod in causis efficientibus impossibile est procedere in infinitum *per se*; ut puta si causae quae per se requiruntur ad aliquem effectum, multiplicarentur in infinitum; sicut si lapis moveretur a baculo, et baculus a

ativa do mundo, não se deduz necessariamente que seja anterior ao mundo quanto à duração, pois a criação, pela qual produz o mundo, não é uma mutação sucessiva, como acima se disse.

QUANTO AO 2º, deve-se dizer que aqueles que afirmassem um mundo eterno diriam que o mundo foi feito por Deus do nada, não que tenha sido feito após o nada, conforme nosso modo de conceber a criação, mas porque não foi feito de alguma coisa. Desse modo, alguns entre eles não rejeitam a palavra criação, como fica claro em Avicena, em sua *Metafísica*.

QUANTO AO 3º, deve-se dizer que aquele é o argumento de Anaxágoras e está afirmado no livro III da *Física*. Mas não conclui necessariamente, a não ser para o intelecto que, deliberando, procura o que deve fazer, o que se assemelha a um movimento. Tal é o intelecto humano, mas não o divino, como se demonstrou acima.

QUANTO AO 4º, deve-se dizer que os que afirmam a eternidade do mundo afirmam que alguma região mudou infinitas vezes de inabitável em habitável e vice-versa. Igualmente afirmam que as artes, em virtude de decadências e de acidentes diversos, foram inventadas e perdidas um número infinito de vezes. Isso leva Aristóteles a dizer no livro dos *Meteorológicos* que é ridículo, a partir dessas mudanças particulares, ter uma opinião a respeito da novidade do mundo inteiro.

QUANTO AO 5º, deve-se dizer que ainda que o mundo tivesse existido sempre, não seria igual a Deus em eternidade, segundo Boécio, porque o ser divino é inteiramente simultâneo, sem sucessão. Com o mundo não é assim.

QUANTO AO 6º, deve-se dizer que uma passagem se entende do ponto de partida para o ponto de chegada. Ora, qualquer que seja o dia passado que se tome, desse dia até hoje há um número finito de dias que puderam passar. A objeção, contudo, procederia se entre os dois extremos houvesse meios infinitos.

QUANTO AO 7º, deve-se dizer que *por si* é impossível chegar ao infinito, se se trata de causas eficientes: como se as causas que por si são necessárias para certo efeito fossem multiplicadas ao infinito. Por exemplo, se a pedra fosse movida

---

10. Q. 45, a. 2, ad 3.
11. Tract. IX, c. 4.
12. C. 4: 203, a, 16 — b, 4.
13. Q. 14, a. 7.
14. L. I, c. 14: 352, a, 17-28.
15. L. V, prosa 6: ML 63, 859 A.

manu, et hoc in infinitum. Sed *per accidens* in infinitum procedere in causis agentibus non reputatur impossibile; ut puta si omnes causae quae in infinitum multiplicantur, non teneant ordinem nisi unius causae, sed earum multiplicatio sit per accidens; sicut artifex agit multis martellis per accidens, quia unus post unum frangitur. Accidit ergo huic martello, quod agat post actionem alterius martelli. Et similiter accidit huic homini, inquantum generat, quod sit generatus ab alio: generat enim inquantum homo, et non inquantum est filius alterius hominis; omnes enim homines generantes habent gradum unum in causis efficientibus, scilicet gradum particularis generantis. Unde non est impossibile quod homo generetur ab homine in infinitum. Esset autem impossibile, si generatio huius hominis dependeret ab hoc homine, et a corpore elementari, et a sole, et sic in infinitum.

AD OCTAVUM dicendum quod hanc rationem ponentes aeternitatem mundi multipliciter effugiunt. Quidam enim non reputant impossibile esse infinitas animas actu; ut patet in *Metaphysica* Algazelis[16], dicentis hoc esse infinitum per accidens. Sed hoc improbatum est superius[17]. Quidam vero dicunt animam corrumpi cum corpore. Quidam vero quod ex omnibus animabus remanet una tantum. Alii vero, ut Augustinus dicit[18], posuerunt propter hoc circuitum animarum; ut scilicet animae separatae a corporibus, post determinata temporum curricula, iterum redirent ad corpora. De quibus omnibus in sequentibus[19] est agendum. — Considerandum tamen quod haec ratio particularis est. Unde posset dicere aliquis quod mundus fuit aeternus, vel saltem aliqua creatura, ut angelus: non autem homo. Nos autem intendimus universaliter, an aliqua creatura fuerit ab aeterno.

pela alavanca, esta pela mão, e assim ao infinito. Mas, *por acidente*, não se julga impossível chegar ao infinito, se se trata de agentes acidentais: como se todas as causas que se multiplicam ao infinito ocupassem o lugar de uma causa única e sua multiplicação fosse acidental. Por exemplo, um artesão se serve acidentalmente de vários martelos porque eles se quebram um após outro. É portanto acidental para tal martelo entrar em ação após outro martelo. Do mesmo modo, é acidental a este homem, enquanto gera, ter sido gerado por outro. De fato ele gera enquanto homem e não enquanto é filho de outro homem. Todos os homens que geram têm a mesma posição nas causas eficientes, a saber, a de gerador particular. Daí não ser impossível que um homem seja gerado por outro, ao infinito. Isso porém seria impossível se a geração deste homem dependesse de outro homem e também de um corpo elementar, e do sol, e assim ao infinito.

QUANTO AO 8º, deve-se dizer que aqueles que afirmam a eternidade do mundo recusam este argumento de diversas maneiras. Alguns não julgam ser impossível que exista em ato uma infinidade de almas, como demonstra a *Metafísica* de Algazel, dizendo que se trata de um infinito por acidente. Mas isso já foi rejeitado acima. Outros dizem que a alma se corrompe com o corpo. Outros ainda que de todas as almas não permanece senão uma. Mas outros ainda, conforme Agostinho, afirmaram, por essa causa, uma espécie de circunvolução das almas, a saber, que as almas separadas do corpo voltariam a outros corpos após certo espaço de tempo. Trataremos disso logo em seguida. — É preciso contudo considerar que este argumento é particular. Poderia alguém, a partir dele, afirmar a eternidade do mundo, ou mesmo de uma criatura como o anjo, mas não do homem. Ora, nós tratamos de modo geral: alguma criatura existiu desde toda a eternidade?

---

16. L. I, tract. I, c. 11.
17. Q. 7, a. 4.
18. *Serm. ad Populum* 241 (al. *De Temp.* 143), c. 4: ML 38, 1135; *De Civ. Dei*, l. XII, c. 13: ML 41, 361.
19. Q. 75, a. 6; q. 76, a. 2; q. 118, a. 6.

Articulus 3
Utrum creatio rerum fuerit in principio temporis

AD TERTIUM SIC PROCEDITUR. Videtur quod creatio rerum non fuit in principio temporis.

1. Quod enim non est in tempore, non est in aliquo temporis. Sed creatio rerum non fuit in tem-pore: per creationem enim rerum substantia in esse producta est; tempus autem non mensurat substantiam rerum, et praecipue incorporalium. Ergo creatio non fuit in principio temporis.

2. PRAETEREA, Philosophus probat[1] quod omne quod fit, fiebat: et sic omne fieri habet prius et posterius. In principio autem temporis, cum sit indivisibile, non est prius et posterius. Ergo, cum creari sit quoddam fieri, videtur quod res non sint creatae in principio temporis.

3. PRAETEREA, ipsum etiam tempus creatum est. Sed non potest creari in principio temporis: cum tempus sit divisibile, principium autem temporis indivisibile. Non ergo creatio rerum fuit in principio temporis.

SED CONTRA est quod Gn 1,1 dicitur: *In principio creavit Deus caelum et terram*.

RESPONDEO dicendum quod illud verbum Gn 1, *In principio creavit Deus caelum et terram*, tripliciter exponitur, ad excludendum tres errores. Quidam enim posuerunt mundum semper fuisse, et tempus non habere principium. Et ad hoc excludendum, exponitur: In principio, scilicet temporis[2]. — Quidam vero[3] posuerunt duo esse creationis principia, unum bonorum, aliud malorum. Et ad hoc excludendum, exponitur: *in principio*, idest *in Filio*[4]. Sicut enim principium effectivum appropriatur Patri, propter potentiam, ita principium exemplare appropriatur Filio, prop-

Artigo 3
A criação das coisas teve lugar no princípio do tempo?[h]

QUANTO AO TERCEIRO, ASSIM SE PROCEDE: parece que a criação das coisas **não** teve lugar no princípio do tempo.

1. Com efeito, o que não existe no tempo não existe num determinado momento de tempo. Ora, a criação das coisas não teve lugar no tempo, porque, pela criação, a substância das coisas foi levada ao ser. O tempo não mede a substância das coisas, especialmente das coisas incorpóreas. Logo, a criação não teve lugar no princípio do tempo.

2. ALÉM DISSO, o Filósofo prova que tudo o que se faz se fazia. Assim todo fazer-se tem um antes e um depois. Ora, no princípio do tempo, como ele é indivisível, não há antes nem depois. Portanto, como ser criado é um certo fazer-se, parece que as coisas não foram criadas no princípio do tempo.

3. ADEMAIS, o próprio tempo foi criado. Ora, o tempo não pode ter sido criado no princípio do tempo, porque o tempo é divisível, enquanto o princípio do tempo é indivisível. Logo, a criação das coisas não teve lugar no princípio do tempo.

EM SENTIDO CONTRÁRIO, o Gênesis diz: "No princípio criou Deus o céu e a terra".

RESPONDO. Estas palavras do Gênesis: "No princípio criou Deus o céu e a terra" têm uma tríplice explicação para excluir três erros. Alguns afirmaram que o mundo sempre existiu e que o tempo não tem princípio. Para excluir esse erro, explica-se: no princípio, isto é, do tempo. — Outros, ainda, afirmaram dois princípios da criação, um para o bem e outro para o mal. Para excluir esse erro, explica-se: *no Princípio*, isto é, *no Filho*. Do mesmo modo que o princípio eficiente se atribui como princípio ao Pai, por causa de seu poder, assim também se atribui como próprio ao Filho

---

3 PARALL.: II *Sent.*, dist. 1, q. 1, a. 6.

1. *Phys.*, l. VI, c. 6: 237, b, 3-22.
2. Cfr. BASILIUM, *Hexaem.*, hom. 1: MG 29, 8 C; ct AMBROSIUM, *Hexaem.*, l. I, c. 3, 4: ML 14, 126-128.
3. Scil. Manichaei.
4. Cfr. AMBROSIUM, *Hexaem.*, l. I, c. 4: ML 14, 129 D — 130 A; HIERONYMUM, *Quaest. hebr. in Genesim* I, 1: ML 23, 938 C; AUGUSTINUM, *Confess.*, l. XII, c. 20, 28: ML 32, 836 sq., 842.

h. Este artigo especifica a concepção de Sto. Tomás sobre o tempo. Antes da criação, não existe tempo. Afirmar que Deus cria no tempo não significa que ele efetua um ato que se inscreve em uma duração preexistente e que viria a ela interromper um período de repouso. O tempo não preexiste à criação, é-lhe submetido. Afirmar que Deus cria no tempo é afirmar que o mundo possui um limite na duração. A criação não é um fato histórico que se inscreve no interior da sucessão dos instantes. Deus cria o mundo não no tempo, mas com o tempo. Deus cria o tempo. Há portanto um primeiro instante. Esse instante foi criado com o mundo como seu ponto de partida.

ter sapientiam: ut sicut dicitur Ps 103,24, *omnia in sapientia fecisti,* ita intelligatur Deum omnia fecisse in principio, idest in Filio; secundum illud Apostoli Cl 1,16: *In ipso,* scilicet Filio, *condita sunt universa.* — Alii vero dixerunt corporalia esse creata a Deo mediantibus creaturis spiritualibus[5]. Et ad hoc excludendum, exponitur: *In principio creavit Deus caelum et terram,* idest ante omnia[6]. Quatuor enim ponuntur simul creata, scilicet caelum empyreum, materia corporalis (quae nomine *terrae* intelligitur), tempus, et natura angelica.

AD PRIMUM ergo dicendum quod non dicuntur in principio temporis res esse creatae, quasi principium temporis sit creationis mensura: sed quia simul cum tempore caelum et terra creata sunt.

AD SECUNDUM dicendum quod verbum illud Philosophi intelligitur de fieri quod est per motum vel quod est terminus motus. Quia cum in quolibet motu sit accipere prius et posterius, ante quodcumque signum in motu signato, dum scilicet aliquid est in moveri et fieri, est accipere prius, et etiam aliquid post ipsum: quia quod est in principio motus, vel in termino, non est in moveri. Creatio autem neque est motus neque terminus motus, ut supra[7] dictum est. Unde sic aliquid creatur, quod non prius creabatur.

AD TERTIUM dicendum quod nihil fit nisi secundum quod est. Nihil autem est temporis nisi *nunc*. Unde non potest fieri nisi secundum aliquod *nunc*: non quia in ipso primo *nunc* sit tempus, sed quia ab eo incipit tempus.

o princípio exemplar, por causa da sabedoria. De sorte que, como está dito no Salmo 103: "Fizestes todas as coisas com sabedoria", assim se compreende que Deus fez tudo no princípio, isto é, no Filho, conforme o Apóstolo: "É *nele*, isto é, no Filho, que *foram feitas todas as coisas*". — Outros, finalmente, disseram que Deus criou os seres corporais por intermédio das criaturas espirituais. Para excluir esse erro, explica-se: "No princípio, Deus criou o céu e a terra", isto é, antes de todas as coisas. Afirma-se, de fato, que quatro coisas foram criadas simultaneamente: o céu empíreo, a matéria corporal (designada pela palavra *terra*), o tempo e a natureza angélica[i].

QUANTO AO 1º, portanto, deve-se dizer que não se diz que as coisas foram criadas no princípio do tempo, como se o princípio do tempo fosse a medida da criação, mas porque o céu e a terra foram criados simultaneamente com o tempo.

QUANTO AO 2º, deve-se dizer que esta palavra do Filósofo se entende do fazer-se que é por movimento ou que é o termo do movimento. Porque como todo movimento compreende um antes e um depois, qualquer que seja o ponto em dado movimento, isto é, enquanto alguma coisa está se movendo ou se fazendo, compreende um antes e também algo posterior a si, porque o que está no princípio ou no termo do movimento não está mais em movimento. Ora, a criação não é nem um movimento nem o termo de um movimento, como foi dito acima. Assim, o que é criado o é de tal sorte que antes não era criado[j].

QUANTO AO 3º, deve-se dizer que nada se faz senão na medida em que é. Ora, nada é propriamente tempo senão o *instante presente*. Por isso nada se pode fazer senão em algum *instante presente*: não que nesse *instante presente* houvesse o tempo, mas porque por ele começa o tempo.

---

5. Vide PLATONEM in *Timaeo*, c. 13: 41 B – 42 E; AVICENNAM, *Metaph.*, tract. IX, c. 4.
6. Cfr. AUGUSTINUM, *De Civit. Dei*, l. XI, c. 6: ML 41, 322.
7. Q. 45, a. 2, ad 3; a. 3.

i. A noção cristã de criação diz mais do que a noção filosófica. A criação é o primeiro momento da história da salvação. Ordena-se ao acabamento do universo em Cristo. É nesse sentido uma primeira aliança destinada a ser definitivamente retomada e terminada na nova e eterna aliança, aquela que Deus vem selar com seu sangue para conduzir todas as coisas à sua perfeição.

j. Não se compreende a criação em termos de mudança. Tal observação permite evitar tomar ao pé da letra os relatos que apresentam a criação como uma história. A criação responde à questão da origem e não do início, no sentido em que o físico fala de um estado inicial. Um tempo sempre preexiste à ação criada, pois ela incide sobre um sujeito que já existe; esta não é a causa do tempo, apenas possui um efeito temporal.

Devido ao fato de nossa linguagem ser marcada pelo tempo, o primeiro instante do mundo não poderia ser rigorosamente descrito. Devemos empregar uma simbólica que seja verdadeira por sua capacidade de afirmar o além do tempo e do espaço.

QUAESTIO XLVII
DE DISTINCTIONE
RERUM IN COMMUNI

in tres articulos divisa

Post productionem creaturarum in esse, considerandum est de distinctione earum. Erit autem haec consideratio tripartita. Nam primo considerabimus de distinctione rerum in communi; secundo, de distinctione boni et mali; tertio, de distinctione spiritualis et corporalis creaturae.

Circa primum quaeruntur tria.
Primo: de ipsa rerum multitudine seu distinctione.
Secundo: de earum inaequalitate.
Tertio: de unitate mundi.

ARTICULUS 1
Utrum rerum multitudo et distinctio sit a Deo

AD PRIMUM SIC PROCEDITUR. Videtur quod rerum multitudo et distinctio non sit a Deo.

1. Unum enim semper natum est unum facere. Sed Deus est maxime unus, ut ex praemissis[1] patet. Ergo non producit nisi unum effectum.

2. PRAETEREA, exemplatum assimilatur suo exemplari. Sed Deus est causa exemplaris sui effectus, ut supra[2] dictum est. Ergo, cum Deus sit unus, effectus eius est unus tantum, et non distinctus.

3. PRAETEREA, ea quae sunt ad finem, proportionantur fini. Sed finis creaturae est unus, scilicet divina bonitas, ut supra[3] ostensum est. Ergo effectus Dei non est nisi unus.

SED CONTRA est quod dicitur Gn 1,4-7, quod Deus *distinxit lucem a tenebris,* et *divisit aquas ab aquis.* Ergo distinctio et multitudo rerum est a Deo.

RESPONDEO dicendum quod causam distinctionis rerum multipliciter aliqui assignaverunt. Quidam enim attribuerunt eam materiae, vel soli, vel simul

QUESTÃO 47
A DIFERENÇA ENTRE
AS COISAS EM GERAL[a]

em três artigos

Após a produção das criaturas, é preciso considerar a distinção entre elas. Esta consideração será tríplice. Consideraremos: 1º a distinção das coisas em geral; 2º a distinção do bem e do mal; 3º a distinção entre criatura espiritual e corporal.

A respeito do primeiro são três as questões:
1. A multiplicidade das coisas ou a distinção entre elas.
2. A desigualdade entre elas.
3. A unidade do mundo.

ARTIGO 1
A multiplicidade das coisas e a distinção entre elas provêm de Deus?

QUANTO AO PRIMEIRO ARTIGO, ASSIM SE PROCEDE: parece que a multiplicidade das coisas e a distinção entre elas **não** provêm de Deus.

1. Com efeito, o que é uno é naturalmente apto a produzir o uno. Ora, Deus é soberanamente uno, como está claro pelo já dito. Logo, não produz senão um único efeito.

2. ALÉM DISSO, a cópia assemelha-se ao modelo. Ora, Deus é a causa exemplar de seu efeito, como foi dito acima. Logo, como Deus é uno, seu efeito também é uno, e não distinto.

3. ADEMAIS, o que é se ordena ao fim, é proporcionado a esse fim. Ora, o fim da criatura é um, a saber, a bondade divina, como já se demonstrou. Logo, o efeito de Deus não é senão um.

EM SENTIDO CONTRÁRIO, diz o Gênesis: "Deus distinguiu as trevas da luz e dividiu as águas das águas". Portanto, a distinção e a multiplicidade das coisas vêm de Deus.

RESPONDO. A causa da distinção das coisas foi apontada de muitas maneiras: Alguns a atribuíram à matéria, ou isolada, ou ainda associada

---

[1] PARALL.: *Cont. Gent.* II, 39 usque 45 inclus.; 1. III, 97; *De Pot.*, q. 3, a. 1, ad 9; a. 16; *Compend. Theol.*, c. 71, 72, 102; XII *Metaphys.*, lect. 2; *De Causis*, lect. 24.

1. Q. 11, a. 4.
2. Q. 44, a. 3.
3. Ibid., a. 4.

---

a. Para Sto. Tomás, o mundo criado é verdadeiramente um universo, um todo ordenado e unificado. Resultantes de um princípio único, ordenadas a um mesmo fim, as criaturas trazem a marca de tal unidade, cada uma em sua individualidade, mas também todas juntas. Não se trata de uma unidade física, pois existe uma pluralidade real de seres; não é uma dispersão cacofônica, pois o mundo é harmonioso. Trata-se de uma unidade de ordem.

cum agente. Soli quidem materiae, sicut Democritus, et omnes antiqui naturales, ponentes solam causam materialem: secundum quos distinctio rerum provenit a casu, secundum motum materiae[4].
— Materiae vero et agenti simul distinctionem et multitudinem rerum attribuit Anaxagoras, qui posuit intellectum distinguentem res, extrahendo quod erat permixtum in materia[5].

Sed hoc non potest stare propter duo. Primo quidem, quia supra[6] ostensum est quod etiam ipsa materia a Deo creata est. Unde oportet et distinctionem, si qua est ex parte materiae, in altiorem causam reducere. — Secundo, quia materia est propter formam, et non e converso. Distinctio autem rerum est per formas proprias. Non ergo distinctio est in rebus propter materiam: sed potius e converso in materia creata est difformitas, ut esset diversis formis accommodata.

Quidam vero attribuerunt distinctionem rerum secundis agentibus. Sicut Avicenna, qui dixit[7] quod Deus, intelligendo se, produxit intelligentiam primam: in qua, quia non est suum esse, ex necessitate incidit compositio potentiae et actus, ut infra[8] patebit. Sic igitur prima intelligentia, inquantum intelligit causam primam, produxit secundam intelligentiam; inquantum autem intelligit se secundum quod est in potentia, produxit corpus caeli, quod movet; inquantum vero intelligit se secundum illud quod habet de actu, produxit animam caeli.
Sed hoc non potest stare propter duo. Primo quidem, quia supra[9] ostensum est quod creare solius Dei est. Unde ea quae non possunt causari nisi per creationem, a solo Deo producuntur: et haec sunt omnia quae non subiacent generationi et corruptioni. — Secundo, quia secundum hanc positionem, non proveniret ex intentione primi agentis universitas rerum, sed ex concursu multarum causarum agentium. Tale autem dicimus provenire a casu. Sic igitur complementum universi, quod in diversitate rerum consistit, esset a casu: quod est impossibile.

ao agente. À matéria isolada, como Demócrito e todos os antigos filósofos da natureza, que afirmavam somente a causa material. De acordo com eles, a diferença entre as coisas materiais proveria do acaso, conforme o movimento da matéria. — Anaxágoras atribuía a distinção entre as coisas e sua multiplicidade à matéria e ao agente ao mesmo tempo. Afirmava um intelecto que distinguia as coisas excluindo o que estava misturado na matéria.

Mas isso não pode se sustentar por duas razões. Em primeiro lugar, porque acima foi demonstrado que também a matéria foi criada por Deus. Portanto, se alguma distinção entre as coisas vem da matéria, ela deve ser conferida a uma causa mais alta. — Em segundo, porque a matéria está ordenada para a forma e não o contrário. Como a distinção entre as coisas vem de suas formas próprias, a distinção entre elas não vem da matéria, mas antes, pelo contrário, a matéria foi criada informe para adaptar-se a formas diversas.

Outros atribuíram a distinção entre as coisas aos agentes segundos. Dessa forma Avicena diz que Deus, "conhecendo-se a si mesmo, produziu a primeira inteligência: nela, porque não é o próprio ser, encontra-se necessariamente a composição da potência e do ato, como se verá adiante. Assim, esta primeira inteligência, enquanto conhece a causa primeira, produziu a segunda inteligência; enquanto ela se conhece a si mesma como potência produz o corpo do céu, que ela move; enquanto conhece a si mesma conforme o que tem de ato produz a alma do céu.
Mas isso não pode se sustentar por dois motivos. Em primeiro lugar, porque acima foi demonstrado que criar é próprio só de Deus. Por isso, o que não pode ser causado senão por via de criação é produzido apenas por Deus. É o caso de tudo o que não está submetido à geração e à corrupção. — Em segundo, porque de acordo com esta afirmação, a universalidade das coisas não proviria da intenção do agente primeiro, mas da convergência de muitas causas agentes, e é a isso que chamamos provir do acaso. Desse modo a perfeição do universo, que consiste na diversidade das coisas, seria o fruto do acaso, o que é impossível.

---

4. Vide ARIST., *Phys.*, l. I, c. 4: 187; l. III, c. 4: 203; l. VIII, c. 9: 265.
5. Vide ibid.
6. Q. 44, a. 2.
7. *Metaph.*, tr. IX, c. 4.
8. Q. 50, a. 2, ad 3.
9. Q. 45, a. 5.

Unde dicendum est quod distinctio rerum et multitudo est ex intentione primi agentis, quod est Deus. Produxit enim res in esse propter suam bonitatem communicandam creaturis, et per eas repraesentandam. Et quia per unam creaturam sufficienter repraesentari non potest, produxit multas creaturas et diversas, ut quod deest uni ad repraesentandam divinam bonitatem, suppleatur ex alia: nam bonitas quae in Deo est simpliciter et uniformiter, in creaturis est multipliciter et divisim. Unde perfectius participat divinam bonitatem, et repraesentat eam, totum universum, quam alia quaecumque creatura. — Et quia ex divina sapientia est causa distinctionis rerum, ideo Moyses dicit res esse distinctas verbo Dei, quod est conceptio sapientiae. Et hoc est quod dicitur Gn 1,3-4: *Dixit Deus, Fiat lux. Et divisit lucem a tenebris.*

AD PRIMUM ergo dicendum quod agens per naturam agit per formam per quam est, quae unius tantum est una: et ideo non agit nisi unum. Agens autem voluntarium, quale est Deus, ut supra[10] ostensum est, agit per formam intellectam. Cum igitur Deum multa intelligere non repugnet unitati et simplicitati ipsius, ut supra[11] ostensum est, relinquitur quod, licet sit unus, possit multa facere.

AD SECUNDUM dicendum quod ratio illa teneret de exemplato quod perfecte repraesentat exemplar, quod non multiplicatur nisi materialiter. Unde imago increata, quae est perfecta, est una tantum. Sed nulla creatura repraesentat perfecte exemplar primum, quod est divina essentia. Et ideo potest per multa repraesentari. — Et tamen, secundum quod ideae dicuntur exemplaria, pluralitati rerum correspondet in mente divina pluralitas idearum.

Donde se pode afirmar que a distinção entre as coisas, assim como sua multiplicidade, provém da intenção do agente primeiro, que é Deus. Com efeito, Deus produziu as coisas no ser para comunicar sua bondade às criaturas, bondade que elas devem representar. Como uma única criatura não seria capaz de representá-la suficientemente, Ele produziu criaturas múltiplas e diversas, a fim de que o que falta a uma para representar a bondade divina seja suprido por outra. Assim, a bondade que está em Deus de modo absoluto e uniforme está nas criaturas de forma múltipla e distinta. Consequentemente, o universo inteiro participa da bondade divina e a representa mais perfeitamente que uma criatura, qualquer que seja ela. — E porque a causa da distinção entre as criaturas provém da sabedoria divina, Moisés disse que as coisas são distintas pelo Verbo de Deus, expressão da sabedoria. É o que está dito no Gênesis: "Deus disse: Que se faça a luz. E Ele separou a luz das trevas"[b].

QUANTO AO 1º, portanto, deve-se dizer que o agente natural age pela forma pela qual é: ela é única em cada um, por isso não pode produzir senão um único efeito. Mas um agente voluntário, como Deus, como acima foi demonstrado, age pela forma concebida em seu intelecto. Uma vez que não é contrário à unidade e simplicidade de Deus entender coisas múltiplas, como também já foi demonstrado, segue-se que, mesmo sendo único, possa fazer coisas múltiplas.

QUANTO AO 2º, deve-se dizer que o argumento valeria de uma cópia que representasse perfeitamente o modelo; ela não se multiplicaria, a não ser materialmente. Por isso a imagem incriada, que é perfeita, é única. Mas nenhuma criatura representa perfeitamente o modelo primeiro, que é a essência divina, a qual, por esse motivo, pode ser representada por múltiplas coisas[c]. — Entretanto, na medida em que as ideias são ditas exemplares, sua pluralidade corresponde, na mente divina, à pluralidade das coisas.

---

10. Q. 19, a. 4.
11. Q. 15, a. 2.

b. A distinção dos seres não provém do acaso e do puro jogo de forças em ação no universo. A diversidade é expressamente desejada por Deus. Sto. Tomás explica tal fato observando que todo agente introduz sua semelhança em sua obra, na medida em que esta é suscetível de recebê-la. Fá-lo tanto melhor quanto mais perfeito for. Como cada criatura não pode realizar por si mesma uma semelhança perfeita com Deus, as coisas criadas devem ser diversas para que a semelhança de Deus se realize o mais perfeitamente possível. Cada coisa é boa por si mesma, mas a harmonia e a riqueza do universo trazem algo a mais.

c. O tema da exemplaridade possibilita a Sto. Tomás desenvolver na sequência um estudo de cada um dos tipos de criatura, à luz da infinita perfeição do ser divino. A hierarquia dos seres deve-se à sua maior ou menor proximidade da perfeita espiritualidade de Deus.

AD TERTIUM dicendum quod in speculativis medium demonstrationis, quod perfecte demonstrat conclusionem, est unum tantum: sed media probabilia sunt multa. Et similiter in operativis, quando id quod est ad finem adaequat, ut ita dixerim, finem, non requiritur quod sit nisi unum tantum. Sed creatura non sic se habet ad finem qui est Deus. Unde oportuit creaturas multiplicari.

QUANTO AO 3º, deve-se dizer que nas ciências especulativas o termo médio da demonstração, que demonstra perfeitamente a conclusão, é somente um. Mas os termos médios prováveis são numerosos. Assim também nas ciências operativas, quando o que se ordena a um fim é adequado, por assim dizer, a esse fim, não se exige que haja mais de um. Mas não é assim que a criatura se refere ao fim que é Deus. Por isso foi necessário que as criaturas fossem múltiplas.

ARTICULUS 2
Utrum inaequalitas rerum sit a Deo

AD SECUNDUM SIC PROCEDITUR. Videtur quod inaequalitas rerum non sit a Deo.
1. Optimi enim est optima adducere. Sed inter optima unum non est maius altero. Ergo Dei, qui est optimus, est omnia aequalia facere.

2. PRAETEREA, aequalitas est effectus unitatis, ut dicitur in V *Metaphys.*[1]. Sed Deus est unus. Ergo fecit omnia aequalia.

3. PRAETEREA, iustitiae est inaequalia inaequalibus dare. Sed Deus est iustus in omnibus operibus suis. Cum ergo operationi eius, qua esse rebus communicat, non praesupponatur aliqua inaequalitas rerum, videtur quod fecerit omnia aequalia.

SED CONTRA est quod dicitur Eccli 33,7-8: *Quare dies diem superat, et iterum lux lucem, et annus annum, sol solem? A Domini scientia separata sunt.*

RESPONDEO dicendum quod Origenes, volens excludere positionem ponentium distinctionem in rebus ex contrarietate principiorum boni et mali, posuit[2] a Deo a principio omnia creata esse aequalia. Dicit enim quod Deus primo creavit creaturas rationales tantum, et omnes aequales: in quibus primo exorta est inaequalitas ex libero arbitrio, quibusdam conversis in Deum secundum magis et minus, quibusdam etiam secundum magis et minus a Deo aversis. Illae igitur rationales creaturae quae ad Deum per liberum arbitrium conversae sunt, promotae sunt ad diversos ordines angelorum, pro

ARTIGO 2
A desigualdade das coisas[d] vem de Deus?

QUANTO AO SEGUNDO, ASSIM SE PROCEDE: parece que a desigualdade das coisas **não** provém de Deus.
1. Com efeito, é próprio do que é ótimo produzir coisas ótimas. Ora, entre as coisas ótimas, uma não é superior à outra. Logo, é próprio de Deus, que é ótimo, fazer todas as coisas iguais.

2. ALÉM DISSO, a igualdade é um efeito da unidade, como se diz no livro V da *Metafísica*. Ora, Deus é uno. Logo, fez todas as coisas iguais.

3. ADEMAIS, é próprio da justiça dar a desiguais coisas desiguais. Ora, Deus é justo em todas as suas obras. Logo, uma vez que a ação pela qual ele comunica o ser às coisas não pressupõe desigualdade entre elas, parece que as fez todas iguais.

EM SENTIDO CONTRÁRIO, está dito no Eclesiástico: "Porque um dia precede o outro dia, uma luz a outra luz, um ano o outro ano, e o sol o outro sol, separou-os a sabedoria de Deus".

RESPONDO. Orígenes, querendo refutar a posição daqueles que afirmam a distinção entre as coisas pelo antagonismo dos princípios do bem e do mal, estabeleceu que no começo Deus criou todas as coisas iguais. Disse, com efeito, que Deus criou primeiramente apenas as criaturas racionais, e todas iguais. A desigualdade sobreveio a elas, primeiramente pelo livre-arbítrio, algumas voltando-se mais ou menos para Deus, outras se afastando mais ou menos dele. As criaturas racionais que pelo livre-arbítrio se voltaram para Deus foram elevadas às diversas ordens angélicas,

---

2 PARALL.: Infra, q. 65, a. 2; *Cont. Gent.* II, 44, 45; III, 97; *De Pot.*, q. 3, a. 16; *Qq. de Anima*, a. 7; *Compend. Theol.*, c. 73; 102; *De Div. Nom.*, c. 4, lect. 16.

1. C. 15: 1021, a, 9-14.
2. *Peri Archon*, l. I, 6-8: MG 11, 165 A — 182 A; l. II, c. 1-2: MG 11, 181-187; c. 9: MG 11, 225-233.

d. A distinção entre os seres tem como implicação certa desigualdade entre si. Isto nada tem de pejorativo; pelo contrário, as diversas partes do universo contribuem para maior perfeição. Cada ser é parte de um todo e, mediante ele, ordenado a Deus, perfeição total.

diversitate meritorum. Illae autem quae aversae sunt a Deo, sunt corporibus alligatae diversis, secundum diversitatem peccati: et hanc causam dicit esse creationis et diversitatis corporum.

Sed secundum hoc, universitas corporalium creaturarum non esset propter bonitatem Dei communicandam creaturis, sed ad puniendum peccatum. Quod est contra illud quod dicitur Gn 1,31: *Vidit Deus cuncta quae fecerat, et erant valde bona*. Et ut Augustinus dicit, XI *de Civ. Dei*[3]: *Quid stultius dici potest, quam istum solem, ut in uno mundo unus esset, non decori pulchritudinis, vel saluti rerum corporalium consuluisse artificem Deum; sed hoc potius evenisse, quia una anima sic peccaverat? Ac per hoc, si centum animae peccassent, centum soles haberet hic mundus.*

Et ideo dicendum est quod, sicut sapientia Dei est causa distinctionis rerum, ita et inaequalitatis. Quod sic patet. Duplex enim distinctio invenitur in rebus: una formalis, in his quae differunt specie; alia vero materialis, in his quae differunt numero tantum. Cum autem materia sit propter formam, distinctio materialis est propter formalem. Unde videmus quod in rebus incorruptibilibus non est nisi unum individuum unius speciei, quia species sufficienter conservatur in uno: in generabilibus autem et corruptibilibus, sunt multa individua unius speciei, ad conservationem speciei. Ex quo patet quod principalior est distinctio formalis quam materialis. Distinctio autem formalis semper requirit inaequalitatem: quia, ut dicitur in VIII *Metaphys.*[4], formae rerum sunt sicut numeri, in quibus species variantur per additionem vel substractionem unitatis. Unde in rebus naturalibus gradatim species ordinatae esse videntur: sicut mixta perfectiora sunt elementis, et plantae corporibus mineralibus, et animalia plantis, et homines aliis animalibus; et in singulis horum una species perfectior aliis invenitur. Sicut ergo divina sapientia causa est distinctionis rerum propter perfectionem universi, ita et inaequalitatis. Non enim esset perfectum universum, si tantum unus gradus bonitatis inveniretur in rebus.

segundo a diversidade dos méritos. Aquelas que se afastaram de Deus foram aprisionadas em corpos diversos, segundo a diversidade das faltas. Essa é a causa, segundo ele, da criação dos corpos e da diversidade deles.

Ora, segundo isso, o universo das criaturas corporais não existiria para Deus comunicar sua bondade às criaturas, mas para punir o pecado. Ora isso contradiz as palavras do Gênesis: "Deus viu todas as coisas que havia feito, e elas eram muito boas". E, como diz Agostinho: "Que há de mais insensato do que dizer que o artífice divino pensou este sol, único, em um único universo, não como ornato de beleza ou conservação das coisas corporais, mas que isso aconteceu porque uma alma pecou? De tal forma que, se cem pessoas tivessem pecado, haveria cem sóis".

É preciso dizer que como a sabedoria de Deus é a causa da distinção entre as coisas, é também a causa da desigualdade. E isso assim se esclarece. Encontra-se nas coisas uma dupla distinção: uma formal, naquelas que são especificamente diferentes; outra material, naquelas que diferem apenas numericamente. Ora, sendo a matéria ordenada para a forma, a distinção material é ordenada para a distinção formal. Por isso vemos que nas coisas incorruptíveis não há senão um indivíduo de uma única espécie, porque a espécie se encerra suficientemente em um para a conservação desta. Nas coisas que são geradas e corruptíveis, há muitos indivíduos de uma única espécie, para a conservação desta. Por isso, se vê que a distinção formal tem mais importância que a material. Ora, a distinção formal exige sempre a desigualdade, pois, como se diz no livro VIII da *Metafísica*, as formas das coisas são como os números, nos quais as espécies variam por adição ou subtração da unidade. Por isso, nas coisas naturais, as espécies parecem estar organizadas por graus. Por exemplo: os corpos mistos são mais perfeitos que os simples, as plantas mais que os minerais, os animais mais que as plantas, os homens mais que os outros animais. E em cada um desses graus encontra-se uma espécie mais perfeita que as outras. Portanto, como a sabedoria divina é causa da distinção entre as coisas, para a perfeição do universo, assim também é da desigualdade. Pois o universo não seria perfeito se se encontrasse nas coisas apenas um grau de bondade.

---

3. C. 23: ML 41, 337.
4. C. 3: 1043, b, 36 – 1044, a, 2.

AD PRIMUM ergo dicendum quod optimi agentis est producere totum effectum suum optimum: non tamen quod quamlibet partem totius faciat optimam simpliciter, sed optimam secundum proportionem ad totum: tolleretur enim bonitas animalis, si quaelibet pars eius oculi haberet dignitatem. Sic igitur et Deus totum universum constituit optimum, secundum modum creaturae: non autem singulas creaturas, sed unam alia meliorem. Et ideo de singulis creaturis dicitur Gn 1,4: *Vidit Deus lucem quod esset bona*, et similiter de singulis: sed de omnibus simul dicitur [31]: *Vidit Deus cuncta quae fecerat, et erant valde bona*.

AD SECUNDUM dicendum quod primum quod procedit ab unitate, est aequalitas: et deinde procedit multiplicitas. Et ideo a Patre, cui, secundum Augustinum[5], appropriatur unitas, processit Filius, cui appropriatur aequalitas; et deinde creatura, cui competit inaequalitas. Sed tamen etiam a creaturis participatur quaedam aequalitas, scilicet proportionis.

AD TERTIUM dicendum quod ratio illa est quae movit Originem: sed non habet locum nisi in retributione praemiorum, quorum inaequalitas debetur inaequalibus meritis. Sed in constitutione rerum non est inaequalitas partium per quamcumque inaequalitatem praecedentem vel meritorum vel etiam dispositionis materiae sed propter perfectionem totius. Ut patet etiam in operibus artis: non enim propter hoc differt tectum a fundamento, quia habet diversam materiam; sed ut sit domus perfecta ex diversis partibus, quaerit artifex diversam materiam, et faceret eam si posset.

QUANTO AO 1º, portanto, deve-se dizer que é próprio do melhor agente produzir seu efeito o melhor possível, mas não que cada parte seja a melhor absolutamente: ela é a melhor em sua proporção ao todo. A bondade do animal seria destruída se qualquer parte de seu corpo tivesse a dignidade do olho. Assim, Deus fez ótimo o universo inteiro, segundo a criatura; mas não cada criatura em particular, e sim, uma melhor que outra. Por isso diz o Gênesis das criaturas em particular: "Deus viu que a luz era boa", e assim de cada uma; mas de todas tomadas em conjunto se diz: "Deus viu todas as coisas que tinha feito, e eram muito boas".

QUANTO AO 2º, deve-se dizer que a primeira coisa que procede da unidade é a igualdade; em seguida, a multiplicidade. Por isso do Pai, a quem se atribui como própria, segundo Agostinho, a unidade, procede o Filho, a quem é atribuída como própria a igualdade, e enfim a criatura, à qual cabe a desigualdade. Em todo o caso, as criaturas participam de alguma igualdade, a saber, da igualdade de proporção.

QUANTO AO 3º, deve-se dizer que foi este argumento que impressionou Orígenes; mas não tem lugar senão na retribuição dos prêmios, cuja desigualdade é devida aos méritos desiguais. Mas na constituição das coisas a desigualdade das partes não é devida a uma desigualdade anterior ou dos méritos, ou da disposição da matéria, mas em razão da perfeição do todo. Isso fica claro nas obras de arte. Não é porque é de matéria diferente que o teto difere dos fundamentos, mas para que a casa seja perfeita em suas partes, o artífice providencia materiais diversos e até os faria se pudesse.

ARTICULUS 3
Utrum sit unus mundus tantum

AD TERTIUM SIC PROCEDITUR. Videtur quod non sit unus mundus tantum, sed plures.
1. Quia, ut Augustinus dicit, in libro *Octoginta trium Quaest*.[1], inconveniens est dicere quod Deus sine ratione res creavit. Sed ea ratione qua creavit

ARTIGO 3
Há um único mundo?[e]

QUANTO AO TERCEIRO, ASSIM SE PROCEDE: parece que **não** há um único mundo, mas vários.
1. Com efeito, como diz Agostinho, não convém dizer que Deus criou as coisas sem razão. Ora, pela razão pela qual criou um, podia criar

---

5. *De Doctrina Christ.*, l. I, c. 5: ML 34, 21.

3 PARALL.: *De Pot.*, q. 3, a. 16, ad 1; XII *Metaphys.*, lect. 10; I *de Cael. et Mund.*, lect. 16 sqq.
   1. Q. 46: ML 40, 30.

e. Este artigo permite estabelecer em que sentido se deve entender a unidade do mundo. Todos os seres buscam assemelhar-se o mais possível a Deus. A unidade do mundo é uma unidade dinâmica de seres que tendem a seu fim: realizar sua perfeição e assemelhar-se a Deus. Esse princípio explica a divisão dos seres no universo. As criaturas espirituais desempenham um papel essencial: é por seu intermédio que o universo retorna a Deus livremente. Elas são capazes de conhecer e de amar Deus e, por graça, de vê-lo diretamente. O universo material não sofre violência alguma se serve a esse movimento.

unum, potuit creare multos: cum eius potentia non sit limitata ad unius mundi creationem, sed est infinita, ut supra[2] ostensum est. Ergo Deus plures mundos produxit.

2. Praeterea, natura facit quod melius est, et multo magis Deus. Sed melius esset esse plures mundos quam unum: quia plura bona paucioribus meliora sunt. Ergo plures mundi facti sunt a Deo.

3. Praeterea, omne quod habet formam in materia, potest multiplicari secundum numerum, manente eadem specie: quia multiplicatio secundum numerum est ex materia. Sed mundus habet formam in materia: sicut enim cum dico *homo*, significo formam, cum autem dico *hic homo*, significo formam in materia; ita, cum dicitur *mundus*, significatur forma, cum autem dicitur *hic mundus*, significatur forma in materia. Ergo nihil prohibet esse plures mundos.

Sed contra est quod dicitur Io 1,10: *Mundus per ipsum factus est*; ubi singulariter *mundum* nominavit, quasi uno solo mundo existente.

Respondeo dicendum quod ipse ordo in rebus sic a Deo creatis existens, unitatem mundi manifestat. Mundus enim iste unus dicitur unitate ordinis, secundum quod quaedam ad alia ordinantur. Quaecumque autem sunt a Deo, ordinem habent ad invicem et ad ipsum Deum, ut supra[3] ostensum est. Unde necesse est quod omnia ad unum mundum pertineant. — Et ideo illi potuerunt ponere plures mundos, qui causam mundi non posuerunt aliquam sapientiam ordinantem, sed casum; ut Democritus, qui dixit ex concursu atomorum factum esse hunc mundum, et alios infinitos[4].

Ad primum ergo dicendum quod haec ratio est quare mundus est unus, quia debent omnia esse ordinata uno ordine, et ad unum. Propter quod Aristoteles, in XII *Metaphys.*[5], ex unitate ordinis in rebus existentis concludit unitatem Dei gubernantis. Et Plato ex unitate exemplaris probat[6] unitatem mundi, quasi exemplati.

muitos, uma vez que seu poder não é limitado à criação de um único mundo, mas é infinito, como acima foi demonstrado. Logo, Deus produziu muitos mundos.

2. Além disso, a natureza faz o que é melhor; muito mais, Deus. Ora, melhor seria que houvesse muitos mundos do que um só, porque muitas coisas boas são melhores que poucas. Logo, muitos mundos foram feitos por Deus.

3. Ademais, tudo o que tem a forma na matéria pode ser multiplicado numericamente, permanecendo a mesma espécie, porque a multiplicação numérica provém da matéria. Ora, o mundo tem a forma na matéria. Por exemplo, quando digo *o homem*, significo a forma, e quando digo *este homem*, significo uma forma na matéria; assim quando se diz *o mundo*, uma forma é significada, e quando se diz *este mundo*, é significada uma forma na matéria. Logo, nada impede que existam muitos mundos.

Em sentido contrário, está dito no Evangelho de João: "O mundo foi feito por ele". Nomeia o *mundo* no singular na suposição de haver apenas um só.

Respondo. A ordem que existe nas coisas, tal como Deus as fez, manifesta a unidade do mundo. Este mundo se diz uno pela unidade de ordem na medida em que algumas coisas são ordenadas para outras. Ora, todas as coisas que vêm de Deus são ordenadas umas para as outras e para Deus, como já foi demonstrado. É portanto necessário que todas as coisas pertençam a um mundo só. — Por isso, puderam admitir uma pluralidade de mundos aqueles que não afirmaram como causa do mundo uma sabedoria ordenadora, mas o destino. Assim Demócrito dizia que este mundo foi feito pelo encontro dos átomos; e uma infinidade de outros.

Quanto ao 1º, portanto, deve-se dizer que este é o argumento pelo qual o mundo é uno: porque todas as coisas devem ser ordenadas a um fim único, conforme uma ordem única. Por isso, Aristóteles, no livro XII da *Metafísica*, deduz a unidade do governo divino da unidade da ordem existente nas coisas. E Platão prova a unidade do mundo pela unidade do modelo do qual ele é cópia.

---

2. Q. 25, a. 2.
3. Q. 11, a. 3; q. 21, a. 1, ad 3.
4. Vide Arist., *Phys.*, l. III, c. 4: 203. — l. VIII, c. 1: 250.
5. C. 10: 1076, a. 3-4.
6. *Timaei*, c. 6: 31 AB.

AD SECUNDUM dicendum quod nullum agens intendit pluralitatem materialem ut finem: quia materialis multitudo non habet certum terminum, sed de se tendit in infinitum; infinitum autem repugnat rationi finis. Cum autem dicitur plures mundos esse meliores quam unum, hoc dicitur secundum multitudinem materialem. Tale autem melius non est de intentione Dei agentis: quia eadem ratione dici posset quod, si fecisset duos, melius esset quod essent tres; et sic in infinitum.

AD TERTIUM dicendum quod mundus constat ex sua tota materia. Non enim est possibile esse aliam terram quam istam: quia omnis terra ferretur naturaliter ad hoc medium, ubicumque esset. Et eadem ratio est de aliis corporibus quae sunt partes mundi.

QUANTO AO 2º, deve-se dizer que nenhum agente se propõe como fim uma pluralidade material, pois a pluralidade material não tem um termo definido e por si tende ao infinito, e o infinito exclui a ideia de fim. Ora, quando se diz que vários mundos seriam melhores que um só, diz-se isso enquanto uma pluralidade material. Ora, esse melhor não é pretendido pelo Criador, porque pela mesma razão se poderia dizer que, tendo feito dois mundos, teria sido melhor que fossem três, e assim ao infinito.

QUANTO AO 3º, deve-se dizer que o mundo é constituído por toda a sua matéria. De fato, não é possível que haja outra terra senão esta, pois as outras terras, onde quer que estejam, seriam atraídas naturalmente ao centro. O mesmo argumento vale para os outros corpos que são partes do mundo.

QUAESTIO XLVIII
DE DISTINCTIONE RERUM IN SPECIALI
in sex articulos divisa

Deinde considerandum est de distinctione rerum in speciali. Et primo, de distinctione boni et mali; deinde de distinctione spiritualis et corporalis creaturae. Circa primum, quaerendum est de malo; et de causa mali.

Circa malum quaeruntur sex.
Primo: utrum malum sit natura aliqua.
Secundo: utrum malum inveniatur in rebus.
Tertio: utrum bonum sit subiectum mali.
Quarto: utrum malum totaliter corrumpat bonum.
Quinto: de divisione mali per poenam et culpam.
Sexto: quid habeat plus de ratione mali, utrum poena vel culpa.

QUESTÃO 48
A DISTINÇÃO DAS COISAS EM PARTICULAR[a]
em seis artigos

É preciso, em seguida, considerar a distinção entre as coisas em particular. Em primeiro lugar, a distinção entre o bem e o mal[b]. Em seguida, a distinção entre a criatura espiritual e a criatura corporal. A respeito do primeiro deve-se interrogar sobre o mal e sobre a causa do mal.

A respeito do mal são seis as perguntas:
1. O mal é uma natureza?
2. O mal se encontra nas coisas?
3. O bem é o sujeito do mal?
4. O mal destrói totalmente o bem?
5. O mal se divide em pena e em culpa?
6. O que tem maior razão de mal, a pena ou a culpa?

---

a. A presente questão se propõe definir o que é o mal, utilizando para tal uma análise do ser. Sto. Tomás permanece na perspectiva escolhida desde o início da *Suma* para explicar a Revelação.
b. Sto. Tomás aborda uma primeira distinção: a do bem e do mal. Não trata do problema e do mistério do mal, mas se limita ao exame da distinção entre o bem e o mal na obra de Deus. Esse exame é geral; permite explicitar princípios concernentes, em primeiro lugar, ao mal no universo e, depois, ao mal moral e sobretudo à encarnação redentora, pois o que Jesus viveu, principalmente em sua paixão e morte, destrói o mal. Por motivo de concisão e clareza, não é inútil examinar, antes do estudo de cada ordem de criaturas, como se concilia a existência do mal na obra de Deus com a universalidade de sua ação e de sua presença.

Articulus 1
Utrum malum sit natura quaedam

AD PRIMUM SIC PROCEDITUR. Videtur quod malum sit natura quaedam.
1. Quia omne genus est natura quaedam. Sed malum est quoddam genus: dicitur enim in *Praedicamentis*[1], quod *bonum et malum non sunt in genere, sed sunt genera aliorum*. Ergo malum est natura quaedam.
2. PRAETEREA, omnis differentia constitutiva alicuius speciei est natura quaedam. Malum autem est differentia constitutiva in moralibus: differt enim specie malus habitus a bono, ut liberalitas ab illiberalitate. Ergo malum significat naturam quandam.
3. PRAETEREA, utrumque contrariorum est natura quaedam. Sed malum et bonum non opponuntur ut privatio et habitus, sed ut contraria: ut probat Philosophus, in *Praedicamentis*[2], per hoc quod inter bonum et malum est aliquid medium, et a malo potest fieri reditus ad bonum. Ergo malum significat naturam quandam.
4. PRAETEREA, quod non est, non agit. Sed malum agit: quia corrumpit bonum. Ergo malum est quoddam ens, et natura quaedam.
5. PRAETEREA, ad perfectionem universitatis rerum non pertinet nisi quod est ens et natura quaedam. Sed malum pertinet ad perfectionem universitatis rerum: dicit enim Augustinus, in *Enchirid.*[3], quod *ex omnibus consistit universitatis admirabilis pulchritudo, in qua etiam illud quod malum dicitur, bene ordinatum, et suo loco positum, eminentius commendat bona*. Ergo malum est natura quaedam.

SED CONTRA est quod Dionysius dicit, 4 cap. *de Div. Nom.*[4]: *Malum non est existens neque bonum*.

RESPONDEO dicendum quod unum oppositorum cognoscitur per alterum, sicut per lucem tenebra. Unde et quid sit malum, oportet ex ratione boni

Artigo 1
O mal é uma natureza?[c]

QUANTO AO PRIMEIRO ARTIGO, ASSIM SE PROCEDE: parece que o mal é uma natureza.
1. Porque todo gênero é uma natureza. Ora, o mal é um gênero, pois se diz no livro das *Categorias* que "o bem e o mal não estão em um gênero, mas são gêneros de outras coisas". Logo, o mal é uma natureza.
2. ALÉM DISSO, toda diferença constitutiva de uma espécie é uma natureza. Ora, na moral o mal é uma diferença constitutiva, pois um mau hábito difere especificamente de um bom, como a liberalidade difere da falta de liberalidade. Logo, o mal significa uma natureza.
3. ADEMAIS, cada um dos contrários é uma natureza. Ora, o bem e o mal se opõem como contrários e não como privação e hábito, como diz o Filósofo, no livro das *Categorias*, pelo fato de que entre o bem e o mal há um meio e que se pode retornar do mal ao bem[d]. Logo, o mal significa uma natureza.
4. ADEMAIS, o que não existe não age. Ora, o mal age, pois corrompe o bem. Logo, o mal é um ente e uma certa natureza.
5. ADEMAIS, apenas o que é um ente e uma natureza são partes da perfeição do universo. Ora, o mal é parte da perfeição do universo, conforme diz Agostinho: "A beleza admirável do universo é constituída por todas as coisas. Nesta beleza, o que se chama mal, quando bem orientado e situado em seu lugar, recomenda do modo mais eminente o que é bom". Logo, o mal é uma natureza.

EM SENTIDO CONTRÁRIO, Dionísio afirma: "O mal nem existe, nem é um bem".

RESPONDO. Um dos opostos é conhecido pelo outro, como a treva pela luz. Por isso, para conhecer o que é o mal, é preciso saber a razão do bem.

---

1 PARALL.: II *Sent.*, dist. 34, a. 2; *Cont. Gent.* III, 7 sqq.; *De Malo*, q. 1, a. 1; *Compend. Theol.*, c. 115; *De Div. Nom.*, c. 4, lect. 14.

1. C. 11: 14, a, 23-25.
2. C. 10: 13, a, 18-36; c. 11: 13, b, 36.
3. C. 10, 11: ML 40, 236.
4. MG 3, 717 C.

---

c. A tradição cristã teve de se posicionar contra o dualismo que fazia do mal um ser subsistente. Sto. Tomás reforça aqui a tradição patrística, para a qual o mal não é um ser nem uma natureza. O mal é negatividade; não é uma realidade determinada.

d. O mal é definido como o que se opõe ao bem. Essa definição comum é aqui analisada com rigor. Lembremos que, em lógica, existem quatro modos de oposição: 1. a oposição de contradição, na qual um dos termos abole o outro; 2. a oposição de privação, que abole uma qualidade genérica possuída por um dos termos e deixa subsistir o sujeito comum; 3. a oposição de contrariedade entre duas qualidades do mesmo gênero; 4. a oposição de relação, que não supõe nenhuma falta, mas certa relação. As diferentes objeções visam às diversas oposições. Sto. Tomás mostra que o mal é a privação do bem.

accipere. Diximus autem supra[5] quod bonum est omne id quod est appetibile: et sic, cum omnis natura appetat suum esse et suam perfectionem, necesse est dicere quod esse et perfectio cuiuscumque naturae rationem habeat bonitatis. Unde non potest esse quod malum significet quoddam esse, aut quandam formam seu naturam. Relinquitur ergo quod nomine mali significetur quaedam absentia boni. Et pro tanto dicitur quod malum *neque est existens nec bonum:* quia cum ens, inquantum huiusmodi, sit bonum, eadem est remotio utrorumque.

AD PRIMUM ergo dicendum quod Aristoteles ibi loquitur secundum opinionem Pythagoricorum, qui malum existimabant esse naturam quandam, et ideo ponebant bonum et malum genera. Consuevit enim Aristoteles, et praecipue in libris logicalibus, ponere exempla quae probabilia erant suo tempore, secundum opinionem aliquorum philosophorum. — Vel dicendum, sicut dicit Philosophus in X *Metaphys*.[6], quod *prima contrarietas est habitus et privatio:* quia scilicet in omnibus contrariis salvatur, cum semper unum contrariorum sit imperfectum respectu alterius, ut nigrum respectu albi, et amarum respectu dulcis. Et pro tanto bonum et malum dicuntur genera, non simpliciter, sed contrarium: quia sicut omnis forma habet rationem boni, ita omnis privatio, inquantum huiusmodi, habet rationem mali.

AD SECUNDUM dicendum quod bonum et malum non sunt differentiae constitutivae nisi in moralibus, quae recipiunt speciem ex fine, qui est obiectum voluntatis, a qua moralia dependent. Et quia bonum habet rationem finis, ideo bonum et malum sunt differentiae specificae in moralibus; bonum per se, sed malum inquantum est remotio debiti finis. Nec tamen remotio debiti finis constituit speciem in moralibus, nisi secundum quod adiungitur fini indebito: sicut neque in naturalibus invenitur privatio formae substantialis, nisi adiuncta alteri formae. Sic igitur malum quod est differentia constitutiva in moralibus, est quoddam bonum adiunctum privationi alterius boni: sicut finis intemperati est, non quidem carere bono

Ora, dissemos acima que o bem é tudo o que é desejável. Assim, como toda a natureza deseja seu ser e sua perfeição, é preciso dizer que o ser e a perfeição de toda a natureza têm razão de bondade. É portanto impossível que o mal signifique certo ser ou certa natureza ou forma. Resta, portanto, que o termo mal designe certa ausência de bem. Eis por que se diz do mal que "nem existe, nem é um bem"; porque sendo o ente como tal um bem, não se nega um sem o outro[e].

QUANTO AO 1º, portanto, deve-se dizer que Aristóteles fala aí segundo a opinião dos pitagóricos, os quais julgavam o mal uma natureza e, em consequência, entendiam o mal e o bem como gêneros. Aristóteles, principalmente em seus livros de lógica, tem o costume de usar exemplos que eram mais prováveis em seu tempo, na opinião de alguns filósofos. — Ou se pode dizer que, como explica o mesmo Filósofo, *a primeira contrariedade é a da posse e da privação*, porque ela se encontra em todos os contrários, visto que um dos contrários é sempre imperfeito em relação ao outro, como o preto em relação ao branco, e o amargo em relação ao doce. Neste aspecto, o bem e o mal são considerados gêneros, não de modo absoluto, mas como contrários, porque, como toda forma tem a razão de bem, assim também toda privação, como tal, tem a razão de mal.

QUANTO AO 2º, deve-se dizer que o bem e o mal não são diferenças constitutivas senão na moral, a qual recebe sua especificação do fim, que é objeto da vontade, da qual depende a moral. E como o bem tem razão de fim, por isso o bem e o mal são, em moral, diferenças específicas: o bem por si mesmo, mas o mal, na medida em que impede o devido fim. Contudo, este impedimento do devido fim não constitui uma espécie na moral, a não ser que esteja unido a um fim indevido. Por exemplo, nas ciências da natureza não se encontra a privação de uma forma substancial senão unida a outra forma. Assim, o mal, que é uma diferença constitutiva na moral, é um certo bem unido à privação de outro bem. Por exemplo, o fim do que

---

5. Q. 5, a. 1.
6. C. 4: 1055, a, 33-35.

e. Sto. Tomás lembra que o bem é o que tem razão de fim. Afirma o ser como valor. O mal se opõe ao valor, não pode servir de fim. A explicação mostra por que o mal é sempre sentido com dor, e fere mais a afetividade que a razão. O mal é objeto de repulsa e de ódio. A expressão "amar o mal pelo mal", utilizada para designar a violência gratuita, é falsa; o que se ama é o bem de se sentir capaz de destruir.

rationis, sed delectabile sensus absque ordine rationis. Unde malum, inquantum malum, non est differentia constitutiva; sed ratione boni adiuncti.

Et per hoc etiam patet responsio AD TERTIUM. Nam ibi Philosophus loquitur de bono et malo, secundum quod inveniuntur in moralibus. Sic enim inter bonum et malum invenitur medium: prout bonum dicitur quod est ordinatum; malum autem, quod non solum est deordinatum, sed etiam nocivum alteri. Unde dicit Philosophus in IV *Ethic.*[7], quod prodigus vanus quidem est, sed non malus. — Ab hoc etiam malo quod est secundum morem, contingit fieri reditum ad bonum; non autem ex quocumque malo. Non enim ex caecitate fit reditus ad visionem, cum tamen caecitas sit malum quoddam.

AD QUARTUM dicendum quod aliquid agere dicitur tripliciter. Uno modo, formaliter, eo modo loquendi quo dicitur albedo facere album. Et sic malum, etiam ratione ipsius privationis, dicitur corrumpere bonum: quia est ipsa corruptio vel privatio boni. Alio modo dicitur aliquid agere effective: sicut pictor dicitur facere album parietem. Tertio modo, per modum causae finalis: sicut finis dicitur efficere, movendo efficientem. His autem duobus modis malum non agit aliquid per se, idest secundum quod est privatio quaedam, sed secundum quod ei bonum adiungitur: nam omnis actio est ab aliqua forma, et omne quod desideratur ut finis, est perfectio aliqua. Et ideo, ut Dionysius dicit, 4 cap. *de Div. Nom.*[8], malum non agit neque desideratur nisi virtute boni adiuncti; per se autem est *infinitum*, et *praeter voluntatem et intentionem*.

AD QUINTUM dicendum quod, sicut supra[9] dictum est, partes universi habent ordinem ad invicem, secundum quod una agit in alteram, et est finis alterius et exemplar. Haec autem, ut dictum est[10], non possunt convenire malo, nisi ratione boni adiuncti. Unde malum neque ad perfectionem universi pertinet, neque sub ordine universi

é intemperante não é perder o bem da razão, mas um bem sensível fora da ordem da razão. Por isso, o mal não é uma diferença constitutiva, enquanto mal, mas em razão do bem ao qual está unido[f].

QUANTO AO 3º, pelo que foi dito fica clara a resposta. Pois o Filósofo, no texto citado, fala do bem e do mal como se encontram na moral. Desse modo há um meio entre o bem e o mal, no sentido que se chama bem o que é conforme à ordem, e mal, não somente o que é desordenado, mas o que é prejudicial a outro. Daí dizer o Filósofo, no livro IV da *Ética*: "O pródigo é sem dúvida vão, mas não é mau". — Do mal moral é possível retornar ao bem, mas não de qualquer mal. Pois não há retorno da cegueira, que é uma espécie de mal, para a visão.

QUANTO AO 4º, deve-se dizer que de três maneiras se diz fazer alguma coisa. Em primeiro lugar, conforme a causa formal, como se diz que a brancura faz o branco. Neste sentido, diz-se que o mal, por força mesmo da privação, corrompe o bem, porque é a corrupção e a privação mesma do bem. Em segundo lugar, diz-se que uma coisa age segundo a causa eficiente, como se diz que um pintor faz a parede branca. Em terceiro lugar, no sentido da causa final, como quando se diz que o fim faz, movendo aquele que faz. Ora, por estes dois modos, o mal não age propriamente, isto é, enquanto é uma certa privação. Quando age é porque lhe está unido o bem, porque toda ação tem como princípio uma forma, e tudo o que se deseja como fim é a perfeição. Portanto, como Dionísio diz: "O mal não age e não é desejado senão em razão do bem que lhe está unido; por si mesmo, *não é um fim* e *está fora de qualquer vontade ou intenção*"[g].

QUANTO AO 5º, deve-se dizer que, como foi dito acima, as partes do universo estão ordenadas entre si, de tal forma que uma age sobre a outra, e é fim e modelo da outra. Ora, como foi dito, isso não pode convir ao mal, a não ser em razão do bem que lhe está unido. Portanto, o mal não pertence à perfeição do universo, e não está incluído na

---

7. C. 3: 1121, a, 21-27.
8. MG 3, 717 C; S. Th. lect. 16; MG 3, 732 C.
9. Q. 2, a. 3; q. 19, a. 5, ad 2; q. 21, a. 1, ad 3; q. 44, a. 3.
10. In resp. ad 4.

---

f. No plano moral, o bem e o mal parecem dois aspectos de uma qualificação. Em um sentido, é verdade, pois o ato qualificado de mau não é bom. Ele é tal ato, mas não o é conforme ao que devia ser.

g. Fala-se comumente da ação do mal. Para compreender em que sentido o mal age, Sto. Tomás distingue as diferentes formas de ação. Isto lhe possibilita mostrar que o mal não age por si mesmo, mas pelo bem que traz consigo e que está unido a ele.

concluditur, nisi per accidens, idest ratione boni adiuncti.

Articulus 2
Utrum malum inveniatur in rebus

Ad secundum sic proceditur. Videtur quod malum non inveniatur in rebus.

1. Quidquid enim invenitur in rebus, vel est ens aliquod, vel privatio entis alicuius, quod est non ens. Sed Dionysius dicit, 4 cap. *de Div. Nom.*[1], quod malum distat ab existente, et adhuc plus distat a non existente. Ergo malum nullo modo invenitur in rebus.

2. Praeterea, ens et res convertuntur. Si ergo malum est ens in rebus, sequitur quod malum sit res quaedam. Quod est contra praedicta[2].

3. Praeterea, *albius est quod est nigro impermixtius*, ut dicitur in III libro *Topic.*[3] Aristotelis. Ergo et melius est quod est malo impermixtius. Sed Deus facit semper quod melius est, multo magis quam natura. Ergo in rebus a Deo conditis nihil malum invenitur.

Sed contra est quod secundum hoc removerentur omnes prohibitiones et poenae, quae non sunt nisi malorum.

Respondeo dicendum quod, sicut supra[4] dictum est, perfectio universi requirit inaequalitatem esse in rebus, ut omnes bonitatis gradus impleantur. Est autem unus gradus bonitatis, ut aliquid ita bonum sit, quod nunquam deficere possit. Alius autem gradus bonitatis est, ut sic aliquid bonum sit, quod a bono deficere possit. Qui etiam gradus in ipso esse inveniuntur: quaedam enim sunt, quae suum esse amittere non possunt, ut incorporalia; quaedam vero sunt, quae amittere possunt, ut corporalia. Sicut igitur perfectio universitatis rerum requirit ut non solum sint entia incorruptibilia, sed etiam corruptibilia; ita perfectio universi requirit ut sint quaedam quae a bonitate deficere possint; ad quod sequitur ea interdum deficere. In hoc autem consistit ratio mali, ut scilicet aliquid deficiat a bono. Unde manifestum est quod in rebus malum

ordem universal, a não ser acidentalmente, em razão do bem que lhe está unido.

Artigo 2
O mal se encontra nas coisas?[h]

Quanto ao segundo, assim se procede: parece que o mal **não** se encontra nas coisas.

1. Com efeito, tudo o que se encontra nas coisas ou é ente ou é privação de algum ente, que é o não-ente. Ora, Dionísio diz que o mal está longe do que existe, e mais ainda do que não existe. Logo, o mal não se encontra nas coisas de modo algum.

2. Além disso, ente e coisa são convertíveis. Portanto, se o mal é um ente nas coisas, segue-se que o mal é também uma coisa, contrariamente ao que foi dito.

3. Ademais, como se diz no livro III dos *Tópicos*, "é mais branco o que é mais sem mistura de preto". Portanto, é melhor o que é mais sem mistura de mal. Ora, Deus, muito mais do que a natureza, faz sempre o que é melhor. Logo, nas coisas que Deus fez não se encontra mal algum.

Em sentido contrário, ocorreria, de acordo com isso, negarem-se todas as interdições e castigos que são próprios só dos maus.

Respondo. Como acima foi dito, a perfeição do universo requer que haja desigualdade entre as coisas, a fim de que se completem todos os graus de bondade. Ora, há um primeiro grau de bondade em que uma coisa é de tal forma boa que não pode deixar de ser. Há um outro em que uma coisa de tal modo é boa, que pode deixar de ser. E esses graus se encontram também no mesmo ser, pois há certas coisas que não podem perder o próprio ser, como as realidades incorpóreas; outras podem perdê-lo, como as realidades corpóreas. Portanto, assim como a perfeição do universo requer que não haja só realidades incorruptíveis, mas também realidades corruptíveis, assim também a perfeição do universo requer que haja certas coisas que possam deixar de ser boas. A isso se segue que às vezes elas deixam de ser boas. Portanto, é

---

2 Parall.: Supra, q. 22, a. 2, ad 2; I *Sent.*, dist. 46, a. 3; II, dist. 34, a. 1; *Cont. Gent.* III, 71; *De Pot.*, q. 3, a. 6, ad 4; *Compend. Theol.*, c. 142; *De Div. Nom.*, c. 4, lect. 16.

1. MG 3, 716 D.
2. Art. praec.
3. C. 5: 119, a, 27-28.
4. Q. 47, a. 2.

h. O artigo precedente fornecia uma definição genérica do mal. O presente artigo especifica que o mal é uma privação.

invenitur, sicut et corruptio: nam et ipsa corruptio malum quoddam est.

AD PRIMUM ergo dicendum quod malum distat et ab ente simpliciter, et non ente simpliciter: quia neque est sicut habitus, neque sicut pura negatio, sed sicut privatio.

AD SECUNDUM dicendum quod, sicut dicitur in V *Metaphys.*[5], ens dupliciter dicitur. Uno modo, secundum quod significat entitatem rei, prout dividitur per decem praedicamenta: et sic convertitur cum re. Et hoc modo, nulla privatio est ens: unde nec malum. Alio modo dicitur ens, quod significat veritatem propositionis, quae in compositione consistit, cuius nota est hoc verbum *est*: et hoc est ens quo respondetur ad quaestionem *an est*. Et sic caecitatem dicimus esse in oculo, vel quamcumque aliam privationem. Et hoc modo etiam malum dicitur ens. — Propter huius autem distinctionis ignorantiam, aliqui, considerantes quod aliquae res dicuntur malae, vel quod malum dicitur esse in rebus, crediderunt quod malum esset res quaedam.

AD TERTIUM dicendum quod Deus et natura, et quodcumque agens, facit quod melius est in toto; sed non quod melius est in unaquaque parte, nisi per ordinem ad totum, ut supra[6] dictum est. Ipsum autem totum quod est universitas creaturarum, melius et perfectius est, si in eo sint quaedam quae a bono deficere possunt, quae interdum deficiunt, Deo hoc non impediente. Tum quia providentiae non est naturam destruere, sed salvare, ut Dionysius dicit, 4 cap. *de Div. Nom.*[7]: ipsa autem natura rerum hoc habet, ut quae deficere possunt, quandoque deficiant. Tum quia, ut dicit Augustinus in *Enchirid.*[8], Deus est adeo potens, quod etiam potest bene facere de malis. Unde

evidente que o mal se encontra nas coisas como também a corrupção, porque a própria corrupção é uma espécie de mal[i].

QUANTO AO 1º, portanto, deve-se dizer que o mal dista não só do ente de modo absoluto, como também do não-ente, porque não existe nem como *habitus*, nem como pura negação, mas como privação[j].

QUANTO AO 2º, deve-se dizer que como se diz no livro V da *Metafísica*, ente é entendido de dois modos. Primeiro, para significar a entidade de uma coisa. Neste sentido se divide segundo os dez predicamentos, e é assim convertível com coisa. Desse modo, nenhuma privação é ente; portanto, nem o mal. Segundo, para significar a verdade de uma proposição que consiste na composição cuja característica é dada pelo verbo *é* e este é o ente pelo qual se responde à pergunta: *Isto existe?* Neste sentido dizemos que a cegueira existe no olho, e o mesmo dizemos de qualquer outra privação. Assim se diz também que o mal é um ente. — Por ter ignorado essa distinção, alguns, considerando que algumas coisas se dizem más ou que se dizia que havia o mal nas coisas, acreditaram que o mal era uma coisa[k].

QUANTO AO 3º, deve-se dizer que Deus, a natureza e qualquer agente fazem o que é melhor considerando o todo, mas não o que é melhor considerando cada parte, a não ser ordenada ao todo, como foi dito acima. Ora, o todo, que é a universalidade das coisas, é melhor e mais perfeito se houver nele algumas coisas que possam deixar de ser boas, e que às vezes de fato deixam de ser, sem que Deus as impeça. Isso porque é próprio da Providência não destruir a natureza, mas salvá-la, como diz Dionísio: a natureza das coisas implica que aquelas que podem falhar algumas vezes falhem. Ou então porque, como diz Agostinho: Deus é tão poderoso que pode fazer o bem do mal. De

---

5. C. 7: 1017, a, 22-35.
6. Q. 47, a. 2, ad 1.
7. MG 3, 733 B.
8. C. 11: ML 40, 236.

---

i. Santo Tomás corrige a doutrina neoplatônica segundo a qual a matéria é o princípio do mal. O que torna o mal possível é certa defectibilidade. O estudo da criatura puramente espiritual mostra que falhar não é a mesma coisa que perecer.

j. Afirmar que o mal é um não-ser não significa que se reduza ao mesmo, como o fazem certas filosofias religiosas, a uma aparência que seria preciso aprender a ignorar. O mal é real, uma vez que é a privação de um bem requerido para que o sujeito tenha sua plenitude. Realmente tal bem é privado de uma de suas partes constitutivas. O mal existe como carência, ferida ou mutilação do ser.

k. A argumentação se baseia no exame de graus de ser e de bondade. Se o ser e o bem constituem uma mesma realidade, constituem-na diversamente. O bem como tal implica que o existente seja perfeito; o ser como tal não implica essa plenitude. Tal diferença entre o ser e o bem, quanto à sua realização, permite que se compreenda em que sentido o mal pode afetar um ser sem aniquilá-lo completamente.

multa bona tollerentur, si Deus nullum malum permitteret esse. Non enim generaretur ignis, nisi corrumperetur aer; neque conservaretur vita leonis, nisi occideretur asinus; neque etiam laudaretur iustitia vindicans, et patientia sufferens, si non esset iniquitas.

Articulus 3
Utrum malum sit in bono sicut in subiecto

AD TERTIUM SIC PROCEDITUR. Videtur quod malum non sit in bono sicut in subiecto.

1. Omnia enim bona sunt existentia. Sed Dionysius dicit, 4 cap. *de Div. Nom.*[1], quod malum *non est existens, neque in existentibus*. Ergo malum non est in bono sicut in subiecto.
2. PRAETEREA, malum non est ens, bonum vero est ens. Sed non ens non requirit ens, in quo sit sicut in subiecto. Ergo nec malum requirit bonum, in quo sit sicut in subiecto.
3. PRAETEREA, unum contrariorum non est subiectum alterius. Sed bonum et malum sunt contraria. Ergo malum non est in bono sicut in subiecto.
4. PRAETEREA, id in quo est albedo sicut in subiecto, dicitur esse album. Ergo et id in quo est malum sicut in subiecto, est malum. Si ergo malum sit in bono sicut in subiecto, sequitur quod bonum sit malum: contra id quod dicitur Is 5,20: *Vae, qui dicitis malum bonum, et bonum malum.*

SED CONTRA est quod Augustinus dicit, in *Enchirid.*[2], quod malum non est nisi in bono.

RESPONDEO dicendum quod, sicut dictum est[3], malum importat remotionem boni. Non autem quaelibet remotio boni malum dicitur. Potest enim accipi remotio boni et privative, et negative. Remotio igitur boni negative accepta, mali rationem non habet: alioquin sequeretur quod ea quae nullo modo sunt, mala essent; et iterum quod quaelibet res esset mala, ex hoc quod non habet bonum alterius rei, utpote quod homo esset malus, quia non habet velocitatem capreae, vel fortitudinem leonis. Sed remotio boni privative accepta, ma-

Artigo 3
O mal está no bem como em seu sujeito?

QUANTO AO TERCEIRO, ASSIM SE PROCEDE: parece que o mal **não** está no bem como em seu sujeito.

1. Com efeito, todos os bens são coisas existentes. Ora, Dionísio diz que o mal não é uma coisa existente e não está nas coisas existentes. Logo, o mal não está no bem como em seu sujeito.
2. ALÉM DISSO, o mal não é um ente, o bem é um ente. Ora, o não-ente não requer um ente em que esteja como em seu sujeito. Logo, o mal também não requer o bem no qual esteja como em seu sujeito.
3. ADEMAIS, um dos contrários não é o sujeito do outro. Ora, o bem e o mal são contrários. Logo, o mal não está no bem como em seu sujeito.
4. ADEMAIS, aquilo em que a brancura está como em seu sujeito diz-se que é branco. Portanto, aquilo em que o mal está, como em seu sujeito, é mau. Portanto, se o mal está no bem como em seu sujeito, segue-se que o bem será mau. Isso contradiz as palavras de Isaías: "Ai de vós que chamais o bem de mal e o mal de bem".

EM SENTIDO CONTRÁRIO, Agostinho diz: "O mal não existe senão no bem".

RESPONDO. Como foi dito, o mal implica a ausência do bem. Mas não é qualquer ausência do bem que se diz mal. A ausência do bem pode ser tomada ou como privação ou como negação. A ausência do bem tomada como negação não tem razão de mal, pois, caso contrário, seriam más as coisas que não existem de nenhuma maneira, e toda coisa seria má pelo fato de não ter o bem de uma outra. Por exemplo, o homem seria mau por não ter a agilidade da cabra ou a força do leão. A ausência do bem tomada como privação

---

3 PARALL.: Supra, q. 17, a. 4, ad 2; II *Sent.*, dist. 34, q. 1, a. 4; *Cont. Gent.* III, 11; *De Malo*, q. 1, a. 2; *Compend. Theol.*, c. 118.

1. MG 3, 733 A.
2. C. 14: ML 40, 238.
3. Art. 1.

lum dicitur: sicut privatio visus caecitas dicitur. Subiectum autem privationis et formae est unum et idem, scilicet ens in potentia: sive sit ens in potentia simpliciter, sicut materia prima, quae est subiectum formae substantialis et privationis oppositae; sive sit ens in potentia secundum quid et in actu simpliciter, ut corpus diaphanum, quod est subiectum tenebrarum et lucis. Manifestum est autem quod forma per quam aliquid est actu, perfectio quaedam est, et bonum quoddam: et sic omne ens in actu, bonum quoddam est. Et similiter omne ens in potentia, inquantum huiusmodi, bonum quoddam est, secundum quod habet ordinem ad bonum: sicut enim est ens in potentia, ita et bonum in potentia. Relinquitur ergo quod subiectum mali sit bonum.

AD PRIMUM ergo dicendum quod Dionysius intelligit malum non esse in existentibus sicut partem, aut sicut proprietatem naturalem alicuius existentis.

AD SECUNDUM dicendum quod non ens negative acceptum non requirit subiectum. Sed privatio est negatio in subiecto, ut dicitur in IV *Metaphys*.[4]: et tale non ens est malum.

AD TERTIUM dicendum quod malum non est sicut in subiecto in bono quod ei opponitur, sed in quodam alio bono: subiectum enim caecitatis non est visus, sed animal. — Videtur tamen, ut Augustinus dicit[5], hic fallere dialecticorum regula, quae dicit *contraria simul esse non posse*. Hoc tamen intelligendum est secundum communem acceptionem boni et mali: non autem secundum quod specialiter accipitur hoc bonum et hoc malum. Album autem et nigrum, dulce et amarum, et huiusmodi contraria, non accipiuntur nisi specialiter: quia sunt in quibusdam generibus determinatis. Sed bonum circuit omnia genera: unde unum bonum potest simul esse cum privatione alterius boni.

AD QUARTUM dicendum quod Propheta imprecatur *vae* illis qui dicunt id quod est bonum, secundum quod est bonum, esse malum. Hoc autem non sequitur ex praemissis, ut per praedicta[6] patet.

é chamada mal. Por exemplo, a privação da vista é chamada cegueira. Ora, é um único e mesmo o sujeito da privação e da forma, a saber, o ente em potência, quer se trate do ente em potência absolutamente, como a matéria primeira, sujeito da forma substancial e da privação oposta, quer de um ente em potência sob determinado aspecto, e em ato absolutamente, como um corpo translúcido que é o sujeito das trevas e da luz. Ora, é evidente que a forma pela qual uma coisa está em ato é certa perfeição, certo bem; desse modo, todo ente em ato é um bem. Assim também, todo ente em potência é, como tal, um bem, na medida em que está ordenado ao bem. Do mesmo modo que é um ente em potência, é um bem em potência. Resulta, portanto, que o sujeito do mal é o bem.

QUANTO AO 1º, portanto, deve-se dizer que Dionísio entende que o mal não está nas coisas existentes como parte ou propriedade natural de determinado existente.

QUANTO AO 2º, deve-se dizer que o não-ente, tomado como negação, não requer um sujeito. Ora, a privação é uma negação num sujeito, como se diz no livro IV da *Metafísica*. O mal é este não-ente.

QUANTO AO 3º, deve-se dizer que o mal não está no bem que lhe é oposto, como em seu sujeito, mas em algum outro bem. Assim o sujeito da cegueira não é a vista, mas o ser vivo. — Parece, contudo, como diz Agostinho, que aqui não se aplica a regra da dialética segundo a qual *os contrários não podem existir ao mesmo tempo*. Mas esta regra deve ser entendida segundo a acepção comum do bem e do mal, e não segundo uma acepção especial deste bem e deste mal. O branco e o negro, o doce e o amargo e outros contrários não são tomados senão especialmente, porque pertencem a gêneros determinados. Mas o bem abraça a todos os gêneros. É por isso que um bem pode existir ao mesmo tempo com a privação de outro bem[1].

QUANTO AO 4º, deve-se dizer que a imprecação do profeta se dirige àqueles que dizem ser mau o que é bom, na medida em que é bom. Mas isso não se deduz das premissas, como é claro pelo que foi dito antes.

---

4. C. 2: 1004, a. 9-16.
5. Loco supra cit.
6. In corp.

1. A realidade do mal não põe em xeque a regra lógica segundo a qual os contrários não podem estar juntos. O bem transcende os gêneros; tal bem pode existir não com a privação de si mesmo, mas com a privação de outro bem.

Articulus 4
Utrum malum corrumpat totum bonum

AD QUARTUM SIC PROCEDITUR. Videtur quod malum corrumpat totum bonum.
1. Unum enim contrariorum totaliter corrumpitur per alterum. Sed bonum et malum sunt contraria. Ergo malum potest corrumpere totum bonum.
2. PRAETEREA, Augustinus dicit, in *Enchirid.*, quod malum nocet inquantum *adimit bonum*[1]. Sed bonum est sibi simile et uniforme. Ergo totaliter tollitur per malum.
3. PRAETEREA, malum, quandiu est, nocet et aufert bonum. Sed illud a quo semper aliquid aufertur, quandoque consumitur, nisi sit infinitum; quod non potest dici de aliquo bono creato. Ergo malum consumit totaliter bonum.

SED CONTRA est quod Augustinus dicit, in *Enchirid.*[2], quod malum non potest totaliter consumere bonum.

RESPONDEO dicendum quod malum non potest totaliter consumere bonum. Ad cuius evidentiam, considerandum est quod est triplex bonum. Quoddam, quod per malum totaliter tollitur: et hoc est bonum oppositum malo; sicut lumen totaliter per tenebras tollitur, et visus per caecitatem. Quoddam vero bonum est, quod nec totaliter tollitur per malum, nec diminuitur: scilicet bonum quod est subiectum mali; non enim per tenebras aliquid de substantia aeris diminuitur. Quoddam vero bonum est, quod diminuitur quidem per malum, sed non totaliter tollitur: et hoc bonum est habilitas subiecti ad actum.

Diminutio autem huius boni non est accipienda per subtractionem, sicut est diminutio in quantitatibus: sed per remissionem, sicut est diminutio in qualitatibus et formis. Remissio autem huius habilitatis est accipienda e contrario intensioni ipsius. Intenditur enim huiusmodi habilitas per dispositiones quibus materia praeparatur ad actum; quae quanto magis multiplicantur in subiecto, tanto habilius est ad recipiendum perfectionem et formam. Et e contrario remittitur per dispositiones contrarias; quae quanto magis multiplicatae sunt in materia, et magis intensae, tanto magis remittitur potentia ad actum.

Artigo 4
O mal destrói totalmente o bem?

QUANTO AO QUARTO, ASSIM SE PROCEDE: parece que o mal **destrói** totalmente o bem.
1. Com efeito, um dos contrários é totalmente destruído pelo outro. Ora, o bem e o mal são contrários. Logo, o mal pode destruir todo o bem.
2. ALÉM DISSO, Agostinho diz: o mal é nocivo enquanto *suprime o bem*. Ora, o bem é sempre semelhante a si e uniforme. Logo, é totalmente supresso pelo mal.
3. ADEMAIS, o mal, enquanto existe, é nocivo e tira alguma coisa do bem. Ora, aquilo do qual se tira sempre alguma coisa um dia se consumirá, a menos que seja infinito, o que não é o caso de algum bem criado. Logo, o mal consome totalmente o bem.

EM SENTIDO CONTRÁRIO, Agostinho diz que o mal não pode consumir totalmente o bem.

RESPONDO. O mal não pode consumir completamente o bem. Para evidenciá-lo, deve-se considerar que há um tríplice bem. Um é totalmente supresso pelo mal. Trata-se do bem oposto ao mal. Por exemplo, a luz é totalmente supressa pelas trevas, e a vista pela cegueira. Outro bem, pelo contrário, não é nem totalmente supresso pelo mal, nem sequer diminuído. Por exemplo, o bem que é sujeito do mal. Assim, nada da substância do ar é diminuída pelas trevas. Enfim, há outro bem que é diminuído pelo mal, mas não completamente supresso. Este bem é a aptidão do sujeito a agir.

Ora, essa diminuição do bem não se deve tomar, como subtração, como é a diminuição nas quantidades, mas como redução, como é a diminuição nas qualidades e formas. A redução da aptidão deve ser tomada no sentido inverso de seu desenvolvimento. Essa aptidão se desenvolve pelas disposições que preparam a matéria para o ato, as quais quanto mais se multiplicam no sujeito, tanto mais o tornam apto para receber a perfeição e a forma. Em sentido inverso, a aptidão se reduz pelas disposições contrárias, as quais quanto mais se multiplicam na matéria, e mais intensas, tanto mais se reduz a potência para o ato.

---

4 PARALL.: I-II, q. 85, a. 2; II *Sent.*, dist. 34, a. 5; *Cont. Gent.* III, 12; *De Malo*, q. 12, a. 12.
1. C. 12: ML 40, 237. – Cfr. *De Moribus Eccles. Cathol. et de Moribus Manichaeor.*, l. II, c. 3: ML 32, 1347.
2. Loco cit.

Si igitur contrariae dispositiones in infinitum multiplicari et intendi non possunt, sed usque ad certum terminum, neque habilitas praedicta in infinitum diminuitur vel remittitur. Sicut patet in qualitatibus activis et passivis elementorum: frigiditas enim et humiditas, per quae diminuitur sive remittitur habilitas materiae ad formam ignis, non possunt multiplicari in infinitum. — Si vero dispositiones contrariae in infinitum multiplicari possunt, et habilitas praedicta in infinitum diminuitur vel remittitur. Non tamen totaliter tollitur: quia semper manet in sua radice, quae est substantia subiecti. Sicut si in infinitum interponantur corpora opaca inter solem et aerem, in infinitum diminuetur habilitas aeris ad lumen: nunquam tamen totaliter tollitur, manente aere, qui secundum naturam suam est diaphanus. Similiter in infinitum potest fieri additio in peccatis, per quae semper magis ac magis minuitur habilitas animae ad gratiam: quae quidem peccata sunt quasi obstacula interposita inter nos et Deum, secundum illud Is 59,2: Peccata nostra *diviserunt* inter nos et *Deum*. Neque tamen tollitur totaliter ab anima praedicta habilitas: quia consequitur naturam ipsius.

AD PRIMUM ergo dicendum quod bonum quod opponitur malo, totaliter tollitur: sed alia bona non totaliter tolluntur, ut dictum est[3].

AD SECUNDUM dicendum quod habilitas praedicta est media inter subiectum et actum. Unde ex ea parte qua attingit actum, diminuitur per malum: sed ex ea parte qua tenet se cum subiecto, remanet. Ergo, licet bonum in se sit simile, tamen, propter comparationem eius ad diversa, non totaliter tollitur sed in parte.

AD TERTIUM dicendum quod quidam, imaginantes diminutionem boni praedicti ad similitudinem diminutionis quantitatis, dixerunt quod, sicut continuum dividitur in infinitum, facta divisione secundum eandem proportionem (ut puta quod accipiatur medium medii, vel tertium tertii), sic in proposito accidit. — Sed haec ratio hic locum non habet. Quia in divisione in qua semper ser-

Portanto, se as disposições contrárias não podem se multiplicar ou se desenvolver indefinidamente, mas até certo ponto, a aptidão afirmada acima não será diminuída ou reduzida ao infinito. Por exemplo, isso é claro nas qualidades ativas e passivas dos elementos: o frio e a umidade, que diminuem ou reduzem a aptidão da matéria para se inflamar, não podem se multiplicar indefinidamente. — Se, pelo contrário, as disposições contrárias podem se multiplicar indefinidamente, a aptidão em questão pode ela mesma também ser diminuída ou reduzida indefinidamente. Mas nunca é totalmente supressa, porque sempre permanece em sua raiz, que é a substância do sujeito. Da mesma forma, se se interpusessem indefinidamente corpos opacos entre o sol e o ar, este diminuiria indefinidamente sua aptidão de receber a luz, mas permanecendo o ar, não se suprimiria totalmente, porque é translúcido por natureza. Igualmente, poder-se-iam somar pecados indefinidamente, e assim diminuir cada vez mais a aptidão da alma à graça, pois os pecados são como obstáculos interpostos entre nós e Deus, conforme a palavra de Isaías: "Nossos pecados nos separaram de Deus". Contudo, eles não suprimem totalmente essa aptidão da alma, porque ela pertence à natureza da alma[m].

QUANTO AO 1º, portanto, deve-se dizer que o bem oposto ao mal é totalmente supresso. Mas os outros bens não são supressos totalmente, como foi dito.

QUANTO AO 2º, deve-se dizer que a aptidão em questão é intermediária entre o sujeito e o ato. Por isso, pela parte que está relacionada ao ato, a aptidão diminui com o mal. Mas pela parte que está relacionada com o sujeito, permanece. Portanto, embora o bem, em si mesmo, seja semelhante a si, em razão de sua relação com coisas diversas, não é supresso totalmente, mas só em parte.

QUANTO AO 3º, deve-se dizer que alguns, imaginando a diminuição do bem supramencionada à semelhança da diminuição quantitativa, disseram que, como o contínuo, se divide ao infinito, se se faz a divisão segundo as mesmas proporções (por exemplo, a metade da metade, um terço de um terço), o mesmo acontece no assunto proposto. — Mas esse argumento não tem lugar aqui. Pois

---

3. In corp.

m. A definição do mal como privação permite que se faça jus ao caráter real do mal, sem diminuir sua importância. Enfatizando que a capacidade do bem não está destruída radicalmente pelo pecado, Sto. Tomás faz jus à experiência cristã da conversão, e explica o fato de a Revelação de Deus ter podido realizar-se por meio de alianças sucessivas, apesar da proliferação do mal.

vatur eadem proportio, semper subtrahitur minus et minus: minus enim est medium medii quam medium totius. Sed secundum peccatum non de necessitate minus diminuit de habilitate praedicta, quam praecedens: sed forte aut aequaliter, aut magis. — Dicendum est ergo quod, licet ista habilitas sit quoddam finitum, diminuitur tamen in infinitum, non per se, sed per accidens, secundum quod contrariae dispositiones etiam in infinitum augentur, ut dictum est[4].

Articulus 5
Utrum malum sufficienter dividatur per poenam et culpam

AD QUINTUM SIC PROCEDITUR. Videtur quod malum insufficienter dividatur per poenam et culpam.

1. Omnis enim defectus malum quoddam esse videtur. Sed in omnibus creaturis est quidam defectus, quod se in esse conservare non possunt, qui tamen nec poena nec culpa est. Non ergo sufficienter malum dividitur per poenam et culpam.

2. PRAETEREA, in rebus irrationalibus non invenitur culpa nec poena. Invenitur tamen in eis corruptio et defectus, quae ad rationem mali pertinent. Ergo non omne malum est poena vel culpa.

3. PRAETEREA, tentatio quoddam malum est. Nec tamen est culpa: quia *tentatio cui non consentitur, non est peccatum, sed materia exercendae virtutis*, ut dicitur in Glossa[1] 2Cor 12,7. Nec etiam poena: quia tentatio praecedit culpam, poena autem subsequitur. Insufficienter ergo malum dividitur per poenam et culpam.

SED CONTRA, videtur quod divisio sit superflua. Ut enim Augustinus dicit, in *Enchirid.*[2], malum dicitur *quia nocet*. Quod autem nocet, poenale est. Omne ergo malum sub poena continetur.

RESPONDEO dicendum quod malum, sicut supra[3] dictum est, est privatio boni, quod in perfectione et actu consistit principaliter et per se. Actus autem est duplex: primus, et secundus. Actus quidem

Artigo 5
Divide-se o mal suficientemente em pena e culpa?[n]

QUANTO AO QUINTO, ASSIM SE PROCEDE: parece que o mal **não** se divide suficientemente em pena e em culpa.

1. Com efeito, todo defeito parece ser um mal. Ora, em toda criatura se encontra este defeito: não poder conservar-se no ser, o que não é pena nem culpa. Logo, o mal não se divide suficientemente em pena e culpa.

2. ALÉM DISSO, nos irracionais não se encontra culpa nem pena. Porém, encontram-se neles corrupção e deficiência, que pertencem à razão do mal. Logo, nem todo mal é pena ou culpa.

3. ADEMAIS, deve-se dizer que a tentação é um certo mal. Entretanto não é culpa, pois "a tentação à qual não se consente, diz a *Glosa* sobre o texto da segunda Carta aos Coríntios, não é pecado, mas matéria para exercer a virtude". Também não é pena, porque a tentação precede a culpa, enquanto a pena a segue. Portanto, a divisão do mal em pena e culpa é insuficiente.

EM SENTIDO CONTRÁRIO, parece que essa divisão é supérflua. Pois diz Agostinho que chama-se mal *porque prejudica*. Ora, o que prejudica tem o caráter de pena. Logo, todo o mal está contido na pena.

RESPONDO. Como acima foi dito, o mal é a privação do bem, que consiste principalmente e por si mesmo em perfeição e em ato. Ora, o ato é tomado em dois sentidos: como ato primeiro ou

---

4. In corp.

5 PARALL.: II *Sent.*, dist. 35, a. 1; *De Malo*, q. 1, a. 4.

1. Ordinaria.
2. C. 12: ML 40, 237. – Cfr. *De Moribus Eccles. Cathol. et de Moribus Manichaeor.*, l. II, c. 3: ML 32, 1346-1347.
3. Art. 3.

---

n. A definição do mal é analógica, como a noção de bem à qual ela se contrapõe. O mal se realiza de maneira essencialmente diversificada nos diferentes planos do ser. A divisão do mal estudada nos artigos 5 e 6 comporta graus; possui uma ordem e também um máximo que será a privação do bem absoluto.

como ato segundo. O ato primeiro é a forma e a integridade da coisa. O ato segundo é a operação. Em consequência, acontece que o mal é tomado em dois sentidos. Primeiro, pela supressão da forma ou de alguma parte necessária para a integridade da coisa. Por exemplo, a cegueira ou a perda de um membro é um mal. Segundo, pela supressão da operação devida, ou porque ela de modo algum existe, ou porque não tem o devido modo e ordem.

Porém, porque o bem, como tal, é objeto da vontade, o mal, privação do bem, encontra-se, segundo uma razão especial, nas criaturas racionais, dotadas de vontade. Dessa forma, o mal que é por supressão da forma ou da integridade tem razão de pena, principalmente na suposição de que todas as coisas estão submetidas à providência e à justiça divinas, como acima se mostrou. Pois é da razão da pena ser contrária à vontade. Quanto ao mal que consiste na supressão da operação devida, no que é voluntário, tem razão de culpa. Atribui-se a alguém a culpa quando lhe falta a ação perfeita da qual se tem o domínio pela vontade. Portanto, todo mal, no que é domínio do voluntário, é pena ou culpa[o].

QUANTO AO 1º, portanto, deve-se dizer que porque o mal é a privação do bem e não uma simples negação como acima foi dito, nem toda deficiência do bem é mal, mas a deficiência do bem que se deve ter por natureza. A deficiência de visão não é mal para a pedra, mas o é para o animal, pois é contra a razão da pedra possuir a vista. Assim também é contrário à razão de criatura conservar-se no ser por si mesma, porque o mesmo dá o ser e o conserva. Essa deficiência não é, portanto, mal para a criatura[p].

QUANTO AO 2º, deve-se dizer que a pena e a culpa não dividem o mal de modo absoluto, mas o mal no que é voluntário.

QUANTO AO 3º, deve-se dizer que a tentação, enquanto implica uma provocação para o mal, é sempre mal de culpa naquele que tenta. Mas no que é tentado, ela não é propriamente mal, a não ser quando ele de algum modo muda de

---

primus est forma et integritas rei: actus autem secundus est operatio. Contingit ergo malum esse dupliciter. Uno modo, per subtractionem formae, aut alicuius partis, quae requiritur ad integritatem rei; sicut caecitas malum est, et carere membro. Alio modo, per subtractionem debitae operationis; vel quia omnino non est; vel quia debitum modum et ordinem non habet.

Quia vero bonum simpliciter est obiectum voluntatis, malum, quod est privatio boni, secundum specialem rationem invenitur in creaturis rationalibus habentibus voluntatem. Malum igitur quod est per subtractionem formae vel integritatis rei, habet rationem poenae; et praecipue supposito quod omnia divinae providentiae et iustitiae subdantur, ut supra[4] ostensum est: de ratione enim poenae est, quod sit contraria voluntati. Malum autem quod consistit in subtractione debitae operationis in rebus voluntariis, habet rationem culpae. Hoc enim imputatur alicui in culpam, cum deficit a perfecta actione, cuius dominus est secundum voluntatem. Sic igitur omne malum in rebus voluntariis consideratum vel est poena vel culpa.

AD PRIMUM ergo dicendum quod, quia malum privatio est boni, et non negatio pura, ut dictum est supra[5], non omnis defectus boni est malum, sed defectus boni quod natum est et debet haberi. Defectus enim visionis non est malum in lapide, sed in animali: quia contra rationem lapidis est, quod visum habeat. Similiter etiam contra rationem creaturae est, quod in esse conservetur a seipsa: quia idem dat esse et conservat. Unde iste defectus non est malum creaturae.

AD SECUNDUM dicendum quod poena et culpa non dividunt malum simpliciter; sed malum in rebus voluntariis.

AD TERTIUM dicendum quod tentatio, prout importat provocationem ad malum, semper malum culpae est in tentante. Sed in eo qui tentatur, non est proprie, nisi secundum quod aliqualiter immutatur: sic enim actio agentis est in patiente.

---

4. Q. 22, a. 2.
5. Art. 3.

o. Para fundamentar a divisão do mal entre pena e culpa, Sto. Tomás apresenta uma argumentação ontológica. Esta deve ser considerada atentamente para que o vocabulário moral não impeça que se veja a verdadeira distinção entre a integridade do ser e o exercício falho de uma potência de agir.

p. Sto. Tomás exclui aqui a noção de "mal metafísico". O mal não é a finitude ou o fato de ser criado. É a privação de um bem requerido do sujeito afetado. A fragilidade de um ser é um bem; ela concorre para sua beleza. Isto vale sobretudo para a criatura espiritual.

Secundum autem quod tentatus immutatur ad malum a tentante, incidit in culpam.

AD QUARTUM dicendum quod de ratione poenae est, quod noceat agenti in seipso. Sed de ratione culpae est, quod noceat agenti in sua actione. Et sic utrumque sub malo continetur, secundum quod habet rationem nocumenti.

posição, pois a ação do agente está no paciente. Ora, quando o tentador muda para o mal o que é tentado, este cai em culpa.

QUANTO AO 4º, deve-se dizer que é da razão da pena ser nociva ao agente em si mesmo. Mas é da razão da culpa ser nociva ao agente em sua ação. Desse modo, a pena e a culpa estão incluídas no mal, na medida em que ele é nocivo.

ARTICULUS 6
Utrum habeat plus de ratione mali poena quam culpa

AD SEXTUM SIC PROCEDITUR. Videtur quod habeat plus de ratione mali poena quam culpa.
1. Culpa enim se habet ad poenam, ut meritum ad praemium. Sed praemium habet plus de ratione boni quam meritum, cum sit finis eius. Ergo poena plus habet de ratione mali quam culpa.

2. PRAETEREA, illud est maius malum, quod opponitur maiori bono. Sed poena, sicut dictum est[1], opponitur bono agentis: culpa autem bono actionis. Cum ergo melius sit agens quam actio, videtur quod peius sit poena quam culpa.
3. PRAETEREA, ipsa privatio finis poena quaedam est, quae dicitur carentia visionis divinae. Malum autem culpae est per privationem ordinis ad finem. Ergo poena est maius malum quam culpa.

SED CONTRA, sapiens artifex inducit minus malum ad vitandum maius; sicut medicus praecidit membrum, ne corrumpatur corpus. Sed Dei sapientia infert poenam ad vitandam culpam. Ergo culpa est maius malum quam poena.

RESPONDEO dicendum quod culpa habet plus de ratione mali quam poena: et non solum quam poena sensibilis, quae consistit in privatione corporalium bonorum, cuiusmodi poenas plures intelligunt; sed etiam universaliter accipiendo poenam, secundum quod privatio gratiae vel gloriae poenae quaedam sunt. Cuius est duplex ratio. Prima quidem est, quia ex malo culpae fit aliquis malus, non autem ex malo poenae; secundum illud

ARTIGO 6
Tem mais razão de mal a pena ou a culpa?[q]

QUANTO AO SEXTO, ASSIM SE PROCEDE: parece que a pena **tem** mais razão de mal do que a culpa.
1. Com efeito, a culpa está para a pena como o mérito para a recompensa. Ora, a recompensa tem mais razão de bem que o mérito, já que ela é seu fim. Logo, a pena tem mais razão de mal que a culpa.

2. ALÉM DISSO, o maior mal é aquele que é oposto ao maior bem. Ora, a pena, como foi dito, é oposta ao bem do agente e a culpa, ao bem da ação. Logo, como o agente é melhor que a ação, parece que a pena seja pior que a culpa.
3. ADEMAIS, a mesma privação do fim é uma pena, que se chama ausência da visão divina. Ora, o mal da culpa é a privação da orientação para o fim. Logo, a pena é um mal maior que a culpa.

EM SENTIDO CONTRÁRIO, um artífice sábio induz um mal menor para evitar um maior. O médico, por exemplo, corta um membro para que não se corrompa o corpo. Ora, a sabedoria de Deus inflige a pena para evitar a culpa. Portanto, a culpa é um mal maior que a pena.

RESPONDO. A culpa tem mais razão de mal do que a pena. Não somente mais que a pena sensível, que consiste na privação dos bens corporais; é assim que muitos compreendem a pena. Mas também mais que a pena considerada em toda a sua extensão, enquanto a privação da graça e da glória são certa pena. Isto se prova de duas maneiras. Primeiro, o mal da culpa é um mal que torna o homem mau, mas não o mal da pena. "O

---

6 PARALL.: II-II, q. 19, a. 1; II *Sent.*, dist. 37, q. 3, a. 2; *De Malo*, q. 1, a. 5.
    1. Art. praec.

q. O presente artigo põe a questão da felicidade, e portanto do sofrimento. Muitos confundem o sofrimento e o mal. O sofrimento é a reação do organismo vivo que é afetado pelo mal e o conhece. O sofrimento caracteriza certa perfeição do ser vivo que conhece o que o afeta; é o sinal de certa qualidade física ou espiritual; vivida com amor é o instrumento de um bem melhor. Se todos os homens sabem o que é sofrimento físico, grande número deles não sofre do mal moral do qual são testemunhas ou mesmo os autores. É o sinal de uma imperfeição, pois a vocação da criatura espiritual é conhecer o bem.

Dionysii, 4 cap. *de Div. Nom.*[2]: *Puniri non est malum, sed fieri poena dignum*. Et hoc ideo est quia, cum bonum simpliciter consistat in actu, et non in potentia, ultimus autem actus est operatio, vel usus quarumcumque rerum habitarum; bonum hominis simpliciter consideratur in bona operatione, vel bono usu rerum habitarum. Utimur autem rebus omnibus per voluntatem. Unde ex bona voluntate, qua homo bene utitur rebus habitis, dicitur homo bonus; et ex mala, malus. Potest enim qui habet malam voluntatem, etiam bono quod habet, male uti; sicut si grammaticus voluntarie incongrue loquatur. Quia ergo culpa consistit in deordinato actu voluntatis, poena vero in privatione alicuius eorum quibus utitur voluntas; perfectius habet rationem mali culpa quam poena.

Secunda ratio sumi potest ex hoc, quod Deus est auctor mali poenae, non autem mali culpae. Cuius ratio est, quia malum poenae privat bonum creaturae: sive accipiatur bonum creaturae aliquid creatum, sicut caecitas privat visum; sive sit bonum increatum, sicut per carentiam visionis divinae tollitur creaturae bonum increatum. Malum vero culpae opponitur proprie ipsi bono increato: contrariatur enim impletioni divinae voluntatis, et divino amori quo bonum divinum in seipso amatur: et non solum secundum quod participatur a creatura. Sic igitur patet quod culpa habet plus de ratione mali quam poena.

AD PRIMUM ergo dicendum quod, licet culpa terminetur ad poenam, sicut meritum ad praemium, tamen culpa non intenditur propter poenam, sicut meritum propter praemium: sed potius e converso poena inducitur ut vitetur culpa. Et sic culpa est peius quam poena.

AD SECUNDUM dicendum quod ordo actionis, qui tollitur per culpam, est perfectius bonum agentis, cum sit perfectio secunda, quam bonum quod tollitur per poenam, quod est perfectio prima.

AD TERTIUM dicendum quod non est comparatio culpae ad poenam sicut finis et ordinis ad finem: quia utrumque potest privari aliquo modo et per culpam, et per poenam. Sed per poenam quidem, secundum quod ipse homo removetur a fine, et

mal não é ser punido", diz Dionísio, "mas merecer a pena". Realmente, como de um lado o bem consiste propriamente no ato e não na potência e, de outra parte, o ato último consiste na operação ou no uso das coisas que se possui, o bem do homem consiste propriamente na ação boa ou no bom uso das coisas que possui. Ora, usamos todas as coisas por nossa vontade. É em razão da boa vontade, graças à qual usa bem as coisas que possui, que um homem é declarado bom, enquanto sua vontade má o torna mau. Pois aquele que tem vontade má pode usar mal mesmo o bem que tem. Por exemplo, se um gramático voluntariamente falasse mal. Portanto, como a culpa consiste num ato desordenado da vontade, e a pena na privação de um dos bens que a vontade utiliza, a culpa tem mais perfeitamente razão do mal do que a pena.

Segundo, Deus é o autor do mal da pena e não do mal da culpa. O motivo é que o mal da pena priva a criatura de um bem, quer se trate de um bem criado, como, por exemplo, a cegueira priva da visão, quer se trate de um bem incriado, como, por exemplo, pela ausência da visão beatífica priva-se a criatura de um bem incriado. O mal da culpa, pelo contrário, se opõe propriamente ao bem incriado, pois contraria o cumprimento da vontade divina e o amor divino, pelo qual o bem divino é amado em si mesmo e não somente enquanto participado pela criatura. Por aí fica claro que a culpa tem mais razão de mal que a pena[r].

QUANTO AO 1º, portanto, deve-se dizer que ainda que o término da culpa seja a pena, e do mérito, a recompensa, não se pretende a culpa em vista da pena, como o mérito em vista da recompensa. É melhor dizer que a pena é infligida para evitar a culpa. Assim, a culpa é pior que a pena.

QUANTO AO 2º, deve-se dizer que a ordem da ação, anulada pela culpa, é um bem do agente mais perfeito por ser uma perfeição segunda, do que o bem anulado pela pena que é uma perfeição primeira.

QUANTO AO 3º, deve-se afirmar que a culpa não se compara à pena como o fim e a ordenação ao fim. De fato, de um e de outro, o fim e a ordenação, pode-se ser privado de certo modo tanto pela culpa como pela pena. Mas, pela pena, na

---

2. MG 3, 724 B.

r. A hierarquia que Sto. Tomás estabelece entre o mal de culpa e o mal de pena concorda com sua visão do universo, cuja perfeição se mede pela maior ou menor semelhança com Deus. O mal que destrói o bem espiritual é maior que o mal que dele decorre. O mal de pena pode ser desejado se propiciar um bem melhor, ao passo que a culpa não pode de modo algum ser justificada.

ab ordine ad finem: per culpam vero, secundum quod ista privatio pertinet ad actionem, quae non ordinatur ad finem debitum.

medida em que o homem é desviado do fim e da ordenação ao fim. Pela culpa, na medida em que a privação pertence à ação humana que não é ordenada para o devido fim.

QUAESTIO XLIX
DE CAUSA MALI
in tres articulos divisa

Consequenter quaeritur de causa mali. Et circa hoc quaeruntur tria.
Primo: utrum bonum possit esse causa mali.
Secundo: utrum summum bonum, quod est Deus, sit causa mali.
Tertio: utrum sit aliquod summum malum, quod sit prima causa omnium malorum.

QUESTÃO 49
A CAUSA DO MAL
em três artigos

Em seguida, pergunta-se sobre a causa do mal. E sobre isso são três as perguntas:
1. O bem pode ser causa do mal?
2. O bem supremo, que é Deus, é causa do mal?
3. Há um mal supremo, que seja causa primeira de todos os males?

ARTICULUS 1
Utrum bonum possit esse causa mali

AD PRIMUM SIC PROCEDITUR. Videtur quod bonum non possit esse causa mali.

1. Dicitur enim Mt 7,18: *Non potest arbor bona malos fructus facere.*

2. PRAETEREA, unum contrariorum non potest esse causa alterius. Malum autem est contrarium bono. Ergo bonum non potest esse causa mali.

3. PRAETEREA, effectus deficiens non procedit nisi a causa deficiente. Sed malum, si causam habeat, est effectus deficiens. Ergo habet causam deficientem. Sed omne deficiens malum est. Ergo causa mali non est nisi malum.

4. PRAETEREA, Dionysius dicit, 4 cap. *de Div. Nom.*[1], quod malum non habet causam. Ergo bonum non est causa mali.

SED CONTRA est quod Augustinus dicit, *Contra Iulianum*[2]: *Non fuit omnino unde oriri posset malum, nisi ex bono.*

RESPONDEO dicendum quod necesse est dicere quod omne malum aliqualiter causam habeat. Malum enim est defectus boni quod natum est et debet haberi. Quod autem aliquid deficiat a sua

ARTIGO 1
O bem pode ser a causa do mal?

QUANTO AO PRIMEIRO ARTIGO, ASSIM SE PROCEDE: parece que o bem **não** pode ser causa do mal.

1. Com efeito, está dito no Evangelho de Mateus: "Uma árvore boa não pode produzir frutos maus".

2. ALÉM DISSO, um dos contrários não pode ser causa do outro. Ora, o mal é o contrário do bem. Logo, o bem não pode ser causa do mal.

3. ADEMAIS, um efeito defeituoso não procede senão de causa defeituosa. Ora, o mal, se tem uma causa, é um efeito defeituoso. Portanto, tem uma causa defeituosa. Mas tudo o que é defeituoso é mau. Logo, a causa do mal não pode ser senão o mal.

4. ADEMAIS, Dionísio diz que o mal não tem causa. Portanto, o bem não pode ser causa do mal.

EM SENTIDO CONTRÁRIO, está o que Agostinho diz: "Não houve absolutamente nada de onde pudesse nascer o mal, se não do bem".

RESPONDO. É necessário dizer que o mal, de algum modo, tem causa. O mal é a falta do bem que naturalmente se deve ter. Ora, que alguma coisa seja privada de sua disposição devida por

---

1 PARALL.: I-II, q. 75, a. 1; II *Sent.*, dist. 1, q. 1, a. 1, ad 2; dist. 34, a. 3; *Cont. Gent.* II, 41; III, 10, 13; *De Pot.*, q. 3, a. 6, ad 1 sqq.; *De Malo*, q. 1, a. 3; *De Div. Nom.*, c. 4, lect. 22.

1. MG 3, 732 C.
2. L. I, c. 9: ML 44, 670.

naturali et debita dispositione, non potest provenire nisi ex aliqua causa trahente rem extra suam dispositionem: non enim grave movetur sursum nisi ab aliquo impellente, nec agens deficit in sua actione nisi propter aliquod impedimentum. Esse autem causam non potest convenire nisi bono: quia nihil potest esse causa nisi inquantum est ens, omne autem ens, inquantum huiusmodi, bonum est. Et si consideremus speciales rationes causarum, agens et forma et finis perfectionem quandam important, quae pertinet ad rationem boni: sed et materia, inquantum est potentia ad bonum, habet rationem boni.

Et quidem quod bonum sit causa mali per modum causae materialis, iam ex praemissis patet: ostensum est enim[3] quod bonum est subiectum mali. Causam autem formalem malum non habet: sed est magis privatio formae. Et similiter nec causam finalem: sed magis est privatio ordinis ad finem debitum; non solum enim finis habet rationem boni, sed etiam utile, quod ordinatur ad finem. Causam autem per modum agentis habet malum: non autem per se, sed per accidens.

Ad cuius evidentiam, sciendum est quod aliter causatur malum in actione, et aliter in effectu. In actione quidem causatur malum propter defectum alicuius principiorum actionis, vel principalis agentis, vel instrumentalis: sicut defectus in motu animalis potest contingere vel propter debilitatem virtutis motivae, ut in pueris; vel propter solam ineptitudinem instrumenti, ut in claudis. — Malum autem in re aliqua, non tamen in proprio effectu agentis, causatur quandoque ex virtute agentis; quandoque autem ex defectu ipsius, vel materiae. Ex virtute quidem vel perfectione agentis, quando ad formam intentam ab agente sequitur ex necessitate alterius formae privatio; sicut ad formam ignis sequitur privatio formae aeris vel aquae. Sicut ergo, quanto ignis fuerit perfectior in virtute, tanto perfectius imprimit formam suam, ita etiam tanto perfectus corrumpit contrarium: unde malum et corruptio aeris et aquae, est ex perfectione ignis. Sed hoc est per accidens: quia ignis non intendit privare formam aquae, sed inducere formam propriam; sed hoc faciendo, causat et illud per accidens. — Sed si sit defectus in effectu proprio ignis, puta quod deficiat a calefaciendo, hoc est vel propter defectum actionis, qui redundat in defectum alicuius principii, ut dictum est;

natureza, isso não pode provir a não ser de uma causa que separe de sua disposição. Assim, um corpo pesado não se eleva sem que algo o impulsione; e um agente não deixa de fazer sua ação senão em razão de um obstáculo. Ora, ser causa só pode convir a um bem, pois nada pode ser causa senão na medida em que é um ente, e todo ente, enquanto tal, é bom. Além disso, se consideramos as razões específicas das causas, o agente, a forma e o fim implicam certa perfeição que pertence à razão de bem. Mesmo a matéria, enquanto é potência para o bem, tem razão de bem.

O que precede prova que o bem é causa do mal como causa material, pois já se demonstrou que o bem é o sujeito do mal. Quanto à causa formal, o mal não tem causa, pois é, antes de mais nada, privação da forma. E igualmente não tem causa final; pois o mal, longe de ter um fim, é mais uma privação da ordenação para o fim devido; não é somente o fim que tem razão de bem, mas também o útil, que está ordenado para o fim. O mal, pois, tem como que uma causa eficiente, não por si, mas acidentalmente.

Para provar isso, é preciso saber que o mal é causado de um modo na ação e de outro no efeito. Na ação, o mal é causado pela deficiência de um dos princípios da ação, ou do agente principal, ou do agente instrumental. Por exemplo, a deficiência de movimento do animal pode acontecer ou pela fraqueza da faculdade motora, como nas crianças, ou pela inaptidão do instrumento, como nos coxos. — O mal é causado em uma coisa, não contudo no efeito próprio do agente, às vezes pelo poder do agente, e às vezes por deficiência do agente ou da matéria. O mal é produzido pelo poder ou pela perfeição do agente, quando à forma buscada pelo agente segue-se necessariamente a privação de outra forma. Por exemplo, quanto mais perfeita for a potência do fogo, tanto mais perfeitamente imprimirá sua forma, assim também tanto mais perfeitamente destruirá seus contrários. Daí que o mal e a destruição do ar e da água provenham da perfeição do fogo. Mas isso é produzido por acidente; pois o fogo não tende a eliminar a forma da água, mas a induzir sua própria forma; entretanto, fazendo isso, causa aquilo acidentalmente. — Porém, se houver deficiência no efeito próprio do fogo, por exemplo, que ele não consiga aquecer, isso provém ou de uma deficiência da ação, que

---

3. Q. 48, a. 3.

vel ex indispositione materiae quae non recipit actionem ignis agentis. Sed et hoc ipsum quod est esse deficiens, accidit bono, cui per se competit agere. Unde verum est quod malum secundum nullum modum habet causam nisi per accidens. Sic autem bonum est causa mali.

AD PRIMUM ergo dicendum quod, sicut Augustinus dicit, *Contra Iulian.*[4]: *arborem malam appellat Dominus voluntatem malam, et arborem bonam, voluntatem bonam.* Ex voluntate autem bona non producitur actus moralis malus: cum ex ipsa voluntate bona iudicetur actus moralis bonus. Sed tamen ipse motus malae voluntatis causatur a creatura rationali, quae bona est. Et sic est causa mali.

AD SECUNDUM dicendum quod bonum non causat illud malum quod est sibi contrarium, sed quoddam aliud: sicut bonitas ignis causat malum aquae; et homo bonus secundum suam naturam, causat malum actum secundum morem. Et hoc ipsum per accidens est, ut dictum est[5]. — Invenitur autem quod etiam unum contrariorum causat aliud per accidens: sicut frigidum exterius ambiens calefacit, inquantum calor retrahitur ad interiora.

AD TERTIUM dicendum quod malum habet causam deficientem aliter in rebus voluntariis, et naturalibus. Agens enim naturale producit effectum suum talem quale ipsum est, nisi impediatur ab aliquo extrinseco: et hoc ipsum est quidam defectus eius. Unde nunquam sequitur malum in effectu, nisi praeexistat aliquod aliud malum in agente vel materia, sicut dictum est[6]. Sed in rebus voluntariis, defectus actionis a voluntate actu deficiente procedit, inquantum non subiicit se actu suae regulae. Qui tamen defectus non est culpa: sed sequitur culpa ex hoc quod cum tali defectu operatur.

AD QUARTUM dicendum quod malum non habet causam per se, sed per accidens tantum, ut dictum est[7].

recai na deficiência do princípio da ação, como se disse. Ou então provém da má disposição da matéria que não recebe a ação do fogo. Ora, o fato mesmo de ser deficiente é acidental ao bem, ao qual por si compete o agir. Isso prova que o mal não tem causa senão por acidente. E é dessa forma que o bem é causa do mal[a].

QUANTO AO 1º, portanto, deve-se dizer que como diz Agostinho: "O Senhor chama árvore má a vontade má e árvore boa a vontade boa". Ora, a vontade boa não produz ato moral mau, porque o ato moral é julgado bom em razão da mesma vontade boa. Contudo, o movimento da vontade má é causado por uma criatura racional que é boa. E é dessa forma que é causa do mal.

QUANTO AO 2º, deve-se dizer que o bem não produz o mal que lhe é contrário, mas um outro. Por exemplo, a bondade do fogo causa o mal à água, e um homem bom por natureza causa um ato moralmente mau. E isso é por acidente, como foi dito. — Acontece que, do mesmo modo, por acidente, um contrário seja a causa de seu contrário. Por exemplo, o frio exterior esquenta o ambiente, na medida em que o calor se concentra no interior.

QUANTO AO 3º, deve-se dizer que a causa deficiente do mal é uma nos agentes voluntários e outra nos naturais. O agente natural produz seu efeito tal qual ele é, a menos que seja impedido por algo exterior, o que nele é uma deficiência. Consequentemente, não há jamais o mal no efeito sem que preexista outro mal no agente ou na matéria, como foi dito. Mas nos agentes voluntários, a deficiência da ação procede da vontade deficiente em ato, na medida em que não se submete à sua regra. Esta deficiência não é uma culpa; segue-se à culpa pelo fato de que o sujeito opera com tal culpa[b].

QUANTO AO 4º, deve-se dizer que o mal não tem causa por si, mas somente por acidente, como foi dito.

---

4. L. I, c. 9: ML 44, 672.
5. In corp. — Cfr. q. 19, a. 9.
6. In corp.
7. In corp.

---

a. A análise geral deste artigo se aplica à ação humana. A seu respeito, ressalta uma dificuldade particular, pois se o mal se deve a uma deficiência, parece que esta desculpa ou diminui o mal moral. Essa avaliação é precipitada. Existem quatro princípios ativos na ação humana: 1. o objeto conhecido; 2. a faculdade de conhecimento; 3. a vontade; 4. a força motriz que executa os comandos da vontade segundo as luzes da razão. O mal moral reside na deficiência da vontade; não é a ausência da faculdade de querer, mas a recusa seja de se submeter à luz da razão, que conhece o bem, seja de aplicar a razão ao exame do bem como tal. Essa ausência de exame da razão em uma escolha atual é uma falta na integridade da ação humana, logo, uma privação, um mal. O mal moral entra no domínio da responsabilidade humana.

b. Deve-se bem distinguir entre o mal da ação física e o mal da ação humana. Da deficiência do agente físico resulta o mal de sua ação; esse mal é a contrapartida do bem. A deficiência da ação voluntária não tem contrapartida; não poderia justitificar-se, sua malícia é indesculpável.

Articulus 2
Utrum summum bonum, quod est Deus, sit causa mali

AD SECUNDUM SIC PROCEDITUR. Videtur quod summum bonum, quod est Deus, sit causa mali.

1. Dicitur enim Is 45,6-7: *Ego Dominus, et non est alter Deus, formans lucem et creans tenebras, faciens pacem et creans malum.* Et Am 3,6: *Si erit malum in civitate, quod Dominus non fecerit.*

2. PRAETEREA, effectus causae secundae reducitur in causam primam. Bonum autem est causa mali, ut dictum est[1]. Cum igitur omnis boni causa sit Deus, ut supra[2] ostensum est, sequitur quod etiam omne malum sit a Deo.

3. PRAETEREA, sicut dicitur in II *Physic.*[3], idem est causa salutis navis, et periculi. Sed Deus est causa salutis omnium rerum. Ergo est ipse causa omnis perditionis et mali.

SED CONTRA est quod dicit Augustinus, in libro *Octoginta trium Quaest.*[4], quod Deus *non est auctor mali, quia non est causa tendendi ad non esse.*

RESPONDEO dicendum quod, sicut ex dictis[5] patet, malum quod in defectu actionis consistit, semper causatur ex defectu agentis. In Deo autem nullus defectus est, sed summa perfectio, ut supra[6] ostensum est. Unde malum quod in defectu actionis consistit, vel quod ex defectu agentis causatur, non reducitur in Deum sicut in causam.

Sed malum quod in corruptione rerum aliquarum consistit, reducitur in Deum sicut in causam. Et hoc patet tam in naturalibus quam in voluntariis. Dictum est enim[7] quod aliquod agens, inquantum sua virtute producit aliquam formam ad quam sequitur corruptio et defectus, causat

Artigo 2
O supremo bem, que é Deus, é causa do mal?[c]

QUANTO AO SEGUNDO, ASSIM SE PROCEDE: parece que o supremo bem, que é Deus, é causa do mal.

1. Com efeito, está dito em Isaías: "Eu sou o Senhor, e não há outro Deus, que forma a luz e cria as trevas, que faz a paz e cria o mal". E em Amós: "Haveria algum mal na cidade que o Senhor não tivesse feito?"

2. ALÉM DISSO, o efeito da causa segunda se reduz à causa primeira. Ora, o bem é a causa do mal, como foi dito. Portanto, como Deus é a causa de todo o bem, como acima se mostrou, segue-se que todo mal é também de Deus.

3. ADEMAIS, como está dito no livro II da *Física*, a causa da salvação do navio e do naufrágio é a mesma. Ora, Deus é a causa da salvação de todas as coisas. Logo, ele mesmo é causa de toda a perdição e de todo o mal.

EM SENTIDO CONTRÁRIO, está o que diz Agostinho: "Deus não é o autor do mal porque não é causa da tendência para o não-ser".

RESPONDO. De acordo com o que foi dito, o mal que consiste na deficiência da ação tem sempre por causa a deficiência do agente. Ora, em Deus não há nenhuma deficiência, mas suma perfeição, como acima foi demonstrado. Portanto, o mal que consiste na deficiência da ação ou que é causado pela deficiência do agente não se reporta a Deus como à sua causa.

Mas o mal que consiste na corrupção de certas coisas se reporta a Deus como à sua causa. Isso se pode ver claramente tanto nas coisas naturais como nas voluntárias. Dissemos que um agente que, por seu poder, produz certa forma da qual resulta corrupção e falha, causa, por seu poder,

---

2 PARALL.: Supra, q. 48, a. 6; II *Sent.*, dist. 32, q. 2, a. 1; dist. 34, a. 3; dist. 37, q. 3, a. 1; *Cont. Gent.* II, 41; III, 71; *De Malo*, q. 1, a. 5; *Compend. Theol.*, c. 141; in *Ioan.*, c. 9, lect. 1; *ad Rom.*, c. 1, lect. 7.

1. Art. praec.
2. Q. 2, a. 3; q. 6, a. 1, 4.
3. C. 3: 195, a, 11-14.
4. Q. 21: ML 40, 16.
5. Art. praec.
6. Q. 4, a. 1.
7. Art. praec.

c. Este artigo aborda a delicada questão da responsabilidade de Deus no andamento do mundo. A presença do mal no mundo é uma das razões principais do ateísmo, quer se tenha de Deus uma imagem terrorista, quer se afaste Deus do mundo como um princípio distante. A afirmação da presença de Deus obriga a discernir em que sentido o mal não escapa à sua responsabilidade de criador. A definição do mal como privação possibilita a Sto. Tomás mostrar tanto a realidade do mal quanto a bondade de Deus todo-poderoso.

sua virtute illam corruptionem et defectum. Manifestum est autem quod forma quam principaliter Deus intendit in rebus creatis, est bonum ordinis universi. Ordo autem universi requirit, ut supra[8] dictum est, quod quaedam sint quae deficere possint, et interdum deficiant. Et sic Deus, in rebus causando bonum ordinis universi, ex consequenti, et quasi per accidens, causat corruptiones rerum; secundum illud quod dicitur 1Reg 2,6: *Dominus mortificat et vivificat*. Sed quod dicitur Sap 1,13, quod *Deus mortem non fecit*, intelligitur *quasi per se intentam*. — Ad ordinem autem universi pertinet etiam ordo iustitiae, qui requirit ut peccatoribus poena inferatur. Et secundum hoc, Deus est auctor mali quod est poena: non autem mali quod est culpa, ratione supra[9] dicta.

AD PRIMUM ergo dicendum quod auctoritates illae loquuntur de malo poenae, non autem de malo culpae.

AD SECUNDUM dicendum quod effectus causae secundae deficientis reducitur in causam primam non deficientem, quantum ad id quod habet entitatis et perfectionis: non autem quantum ad id quod habet de defectu. Sicut quidquid est motus in claudicatione, causatur a virtute motiva; sed quod est obliquitatis in ea, non est ex virtute motiva, sed ex curvitate cruris. Et similiter quidquid est entitatis et actionis in actione mala, reducitur in Deum sicut in causam: sed quod est ibi defectus, non causatur a Deo, sed ex causa secunda deficiente.

AD TERTIUM dicendum quod submersio navis attribuitur nautae ut causae, ex eo quod non agit quod requiritur ad salutem navis. Sed Deus non deficit ab agendo quod est necessarium ad salutem. Unde non est simile.

essa corrupção e essa deficiência. Ora, é evidente que a forma que Deus pretende principalmente nas coisas criadas é o bem da ordem do universo. Esta ordem do universo requer, como acima foi dito, que certas coisas possam falhar e que falhem às vezes. Desse modo, Deus, causando o bem da ordem universal, causa também por consequência, e, por assim dizer, por acidente, a corrupção das coisas, conforme o que diz o primeiro livro *dos Reis*: "O Senhor faz morrer e faz viver". Mas, o que diz o livro da Sabedoria: "Deus não fez a morte", isso se entende da morte *que seria procurada por si mesma*. — À ordem do universo pertence igualmente a ordem da justiça, segundo a qual um castigo deve ser infligido aos pecadores. De acordo com isso, Deus é o autor do mal que é a pena, mas não do mal que é a culpa, pela razão acima dita.

QUANTO AO 1º, portanto, deve-se dizer que estes textos se referem ao mal da pena e não ao mal da culpa.

QUANTO AO 2º, deve-se dizer que o efeito da causa segunda deficiente se reduz à causa primeira não deficiente pelo que tem de entidade e de perfeição, não pelo que tem de deficiência. Por exemplo, tudo o que há de movimento na perna que manca é causado por sua potência motriz; mas o que há de disforme nesse movimento não é causado por essa potência motriz mas pela deformidade da perna. Assim também, tudo o que há de entidade e de ação em uma ação má se remete a Deus como à sua causa; mas o que há de deficiência não é causado por Deus, mas pela causa segunda deficiente.

QUANTO AO 3º, deve-se dizer que o naufrágio do navio é atribuído ao piloto como causa, porque não fez o que era necessário à salvação do navio. Mas Deus não deixa de fazer o que é necessário para a salvação. Nenhuma semelhança, portanto, entre os dois casos.

ARTICULUS 3
Utrum sit unum summum malum, quod sit causa omnis mali

AD TERTIUM SIC PROCEDITUR. Videtur quod sit unum summum malum, quod sit causa omnis mali.

ARTIGO 3
Há um supremo mal que seja a causa primeira de todos os males?[d]

QUANTO AO TERCEIRO, ASSIM SE PROCEDE: parece que **há** um mal supremo que é a causa de todo mal.

---

8. Q. 22, a. 2, ad 2; q. 48, a. 2
9. In principio corp. Cfr. etiam q. 48, a. 6.

3   PARALL.: II *Sent.*, dist. 1, q. 1, a. 1, ad 1; dist. 34, a. 1, ad 4; *Cont. Gent.* II, 41; III, 15; *De Pot.*, q. 3, a. 6; *Compend. Theol.*, c. 117; Opusc. XV, *de Angelis*, c. 16; *De Div. Nom.*, c. 4, lect. 22.

d. O artigo polemiza contra o dualismo; não existe "Deus do mal". A definição do mal como não-ser mostra a debilidade dos raciocínios subentendidos nas teologias dualistas. Sua força provém, sem dúvida, do fato de que é mais fácil nomear um

1. Contrariorum enim effectuum contrariae sunt causae. Sed in rebus invenitur contrarietas, secundum illud Eccli 33,15: *Contra malum bonum est, et contra vitam mors; sic et contra virum iustum peccator.* Ergo sunt contraria principia, unum boni et aliud mali.

2. PRAETEREA, si unum contrariorum est in rerum natura, et reliquum, ut dicitur in II *de Caelo et Mundo*[1]. Sed summum bonum est in rerum natura, quod est causa omnis boni, ut supra[2] ostensum est. Ergo est et summum malum ei oppositum, causa omnis mali.

3. PRAETEREA, sicut in rebus invenitur bonum et melius, ita malum et peius. Sed bonum et melius dicuntur per respectum ad optimum. Ergo malum et peius dicuntur per respectum ad aliquod summum malum.

4. PRAETEREA, omne quod est per participationem, reducitur ad illud quod est per essentiam. Sed res quae sunt malae apud nos, non sunt malae per essentiam, sed per participationem. Ergo est invenire aliquod summum malum per essentiam, quod est causa omnis mali.

5. PRAETEREA, omne quod est per accidens, reducitur ad illud quod est per se. Sed bonum est causa mali per accidens. Ergo oportet ponere aliquod summum malum, quod sit causa malorum per se. — Neque potest dici quod malum non habeat causam per se, sed per accidens tantum: quia sequeretur quod malum non esset ut in pluribus, sed ut in paucioribus.

6. PRAETEREA, malum effectus reducitur ad malum causae: quia effectus deficiens est a causa deficiente, sicut supra[3] dictum est. Sed hoc non est procedere in infinitum. Ergo oportet ponere unum primum malum, quod sit causa omnis mali.

SED CONTRA est quod summum bonum est causa omnis entis, ut supra[4] ostensum est. Ergo non potest esse aliquod principium ei oppositum, quod sit causa malorum.

1. Com efeito, os efeitos contrários têm causas contrárias. Ora, há contrariedade nas coisas, segundo o Eclesiástico: "Contra o mal, há o bem; contra a morte, há a vida; assim também contra o homem piedoso, há o pecador". Logo, há princípios contrários, um do bem e outro do mal.

2. ALÉM DISSO, se um dos contrários está na natureza das coisas, o outro também, segundo se diz no livro II *do Céu e do Mundo*. Ora, o bem supremo está na natureza das coisas e é ele que é a causa de todo o bem, como já se mostrou. Logo, há também um mal supremo oposto a ele que é a causa de todo o mal.

3. ADEMAIS, assim como se encontra nas coisas o bom e o melhor, assim também se encontra o mau e o pior. Ora, o bom e o melhor são chamados assim por comparação com o ótimo. Logo, o mau e o pior igualmente são chamados assim por referência a um mal supremo.

4. ADEMAIS, tudo o que existe por participação se reporta ao que existe por essência. Ora, as coisas que são más para nós não são más por essência, mas por participação. Logo, deve-se encontrar em alguma parte um mal supremo por essência, que seja causa de todo o mal.

5. ADEMAIS, tudo o que existe por acidente se reporta ao que existe por si. Ora, o bem é causa do mal por acidente. Logo, é necessário afirmar um mal supremo que seja por si causa dos males. — E não se pode dizer que o mal não tem causa por si, mas só por acidente, porque seguir-se-ia que o mal não seria o mais frequente, mas o mais raro.

6. ADEMAIS, o mal do efeito se reduz ao mal da causa, pois um efeito deficiente vem de uma causa deficiente, já foi dito. Ora, não se pode ir ao infinito. Logo, é preciso afirmar um mal primeiro que seja a causa de todo o mal.

EM SENTIDO CONTRÁRIO, mostrou-se acima que o bem supremo é a causa de todo ente. Não pode, portanto, existir um princípio oposto a ele que seja a causa dos males.

---

1. C. 3: 286, a, 23-25.
2. Q. 2, a. 3; q. 6, a. 2, 4.
3. A. 1, 2.
4. Q. 2, a. 3; q. 6, a. 4.

responsável supremo do mal; isto evita assumir responsabilidades para combater o mal e enfrentar questões dolorosas. O monoteísmo cristão afirma que Deus é o Único, infinitamente bom e todo-poderoso; ele fez o mundo livremente e por amor; deu à criatura espiritual a liberdade e a responsabilidade de seus atos, e logo a possibilidade de fazer o mal; na obra de Deus, o bem triunfa do mal. Essa perspectiva se enraíza na fé na ressureição de Jesus Cristo.

RESPONDEO dicendum quod ex praedictis patet non esse unum primum principium malorum, sicut est unum primum principium bonorum.

Primo quidem, quia primum principium bonorum est per essentiam bonum, ut supra[5] ostensum est. Nihil autem potest esse per suam essentiam malum: ostensum est enim[6] quod omne ens, inquantum est ens, bonum est; et quod malum non est nisi in bono ut in subiecto.

Secundo, quia primum bonorum principium est summum et perfectum bonum, quod praehabet in se omnem bonitatem, ut supra[7] ostensum est. Summum autem malum esse non potest: quia, sicut ostensum est[8], etsi malum semper diminuat bonum, nunquam tamen illud potest totaliter consumere; et sic, semper remanente bono, non potest esse aliquid integre et perfecte malum. Propter quod Philosophus dicit, in IV *Ethic.*[9], quod *si malum integrum sit, seipsum destruet*: quia destructo omni bono (quod requiritur ad integritatem mali), subtrahitur etiam ipsum malum, cuius subiectum est bonum.

Tertio, quia ratio mali repugnat rationi primi principii. Tum quia omne malum causatur ex bono, ut supra[10] ostensum est. Tum quia malum non potest esse causa nisi per accidens: et sic non potest esse prima causa, quia causa per accidens est posterior ea quae est per se, ut patet in II *Physic.*[11].

Qui autem posuerunt duo prima principia, unum bonum et alterum malum, ex eadem radice in hunc errorem inciderunt, ex qua et aliae extraneae positiones antiquorum ortum habuerunt: quia scilicet non consideraverunt causam universalem totius entis, sed particulares tantum causas particularium effectuum. Propter hoc enim, si aliquid invenerunt esse nocivum alicui rei per virtutem suae naturae, aestimaverunt naturam illius rei esse malum: puta si quis dicat naturam ignis esse malam, quia combussit domum alicuius pauperis. — Iudicium autem de bonitate alicuius rei non est accipiendum secundum ordinem ad aliquid particulare; sed secundum seipsum, et

RESPONDO. É evidente, conforme o que precede, que não há um primeiro princípio dos males, como há um primeiro princípio dos bens, porque:

1º. O princípio primeiro dos bens é o bem por essência, como já foi mostrado. Ora, nada pode ser mal por essência, uma vez que, já o mostramos também, todo ente, enquanto ente, é bom, e o mal não existe a não ser no bem como em seu sujeito.

2º. O princípio primeiro dos bens é o bem supremo e perfeito, em quem preexiste toda bondade, como já foi demonstrado. Ora, não pode haver um mal supremo, porque, como foi demonstrado: mesmo que o mal sempre diminua o bem, jamais o poderia destruir totalmente. Como sempre permanece o bem, não pode haver algo integral e perfeitamente mau. Por isso, o Filósofo diz no livro IV da *Ética*: "Se o mal fosse completo, ele se destruiria a si mesmo", pois suprimindo todo o bem (o que se requer para que o mal seja completo) suprimir-se-ia também o próprio mal, que tem o bem por sujeito.

3º. A razão do mal exclui a razão do primeiro princípio. Em primeiro lugar porque todo o mal é causado pelo bem, como já se mostrou. E também porque o mal não pode ser causa senão por acidente. Dessa forma, não pode ser causa primeira, porque a causa por acidente é posterior à que é por si, como está claro no livro II da *Física*.

Aqueles que afirmaram dois primeiros princípios, um bom e outro mau, caíram nesse erro pelo mesmo fundamento que levou filósofos antigos a outras afirmações igualmente estranhas. Não consideraram a causa universal de todo ente, mas só as causas particulares de efeitos particulares. Por isso, ao encontrarem algo que era nocivo a alguma coisa em virtude de sua natureza, julgaram que essa natureza era má. Por exemplo, se alguém dissesse que o fogo é mau por natureza porque queimou a casa de um pobre. — Mas não se pode julgar a bondade de uma coisa pela relação que tem com algo particular, mas por si mesma e pela relação a todo o universo no qual cada coisa tem

---

5. Q. 6, a. 3, 4.
6. Q. 5, a. 3; q. 48, a. 3.
7. Q. 6, a. 2.
8. Q. 48, a. 4.
9. C. 11: 1126, a, 12-13.
10. A. 1.
11. C. 6: 198, a, 5-13.

secundum ordinem ad totum universum, in quo quaelibet res suum locum ordinatissime tenet, ut ex dictis[12] patet.

Similiter etiam, quia invenerunt duorum particularium effectuum contrariorum duas causas particulares contrarias, nesciverunt reducere causas particulares contrarias in causam universalem communem. Et ideo usque ad prima principia contrarietatem in causis esse iudicaverunt. — Sed cum omnia contraria conveniant in uno communi, necesse est in eis, supra causas contrarias proprias, inveniri unam causam communem: sicut supra qualitates contrarias elementorum invenitur virtus corporis caelestis. Et similiter supra omnia quae quocumque modo sunt, invenitur unum primum principium essendi, ut supra[13] ostensum est.

AD PRIMUM ergo dicendum quod contraria conveniunt in genere uno, et etiam conveniunt in ratione essendi. Et ideo, licet habeant causas particulares contrarias, tamen oportet devenire ad unam primam causam communem.

AD SECUNDUM dicendum quod privatio et habitus nata sunt fieri circa idem. Subiectum autem privationis est ens in potentia, ut dictum est[14]. Unde, cum malum sit privatio boni, ut ex dictis[15] patet, illi bono opponitur cui adiungitur potentia: non autem summo bono, quod est actus purus.

AD TERTIUM dicendum quod unumquodque intenditur secundum propriam rationem. Sicut autem forma est perfectio quaedam, ita privatio est quaedam remotio. Unde omnis forma et perfectio et bonum per accessum ad terminum perfectum intenditur: privatio autem et malum per recessum a termino. Unde non dicitur malum et peius per accessum ad summum malum, sicut dicitur bonum et melius per accessum ad summum bonum.

AD QUARTUM dicendum quod nullum ens dicitur malum per participationem, sed per privationem participationis. Unde non oportet fieri reductionem ad aliquid quod sit per essentiam malum.

AD QUINTUM dicendum quod malum non potest habere causam nisi per accidens, ut supra[16] ostensum est. Unde impossibile est fieri reductionem ad aliquid quod sit per se causa mali. — Quod

seu lugar em uma ordem admirável, como está claro pelo que foi dito.

Da mesma forma, ao encontrarem dois efeitos contrários particulares de duas causas particulares igualmente contrárias, não souberam reportar as causas particulares a uma causa universal comum. E por isso julgaram haver contrariedade nas próprias causas dos primeiros princípios. — Mas como todos os contrários se encontram em algo comum, é necessário que se encontre neles, acima das causas contrárias próprias, uma causa única comum. Por exemplo, acima das qualidades contrárias dos elementos encontra-se a força do corpo celeste. Assim também, acima de tudo o que de algum modo é, encontra-se um único primeiro princípio do ser, como foi acima demonstrado.

QUANTO AO 1º, portanto, deve-se dizer que os contrários se encontram em um mesmo gênero e igualmente na razão de ser. Por isso, embora tenham causas particulares contrárias, é preciso chegar a uma causa primeira comum.

QUANTO AO 2º, deve-se dizer que a privação e o *habitus* se realizam naturalmente em um mesmo sujeito. O sujeito da privação é o ente em potência, como foi dito. Assim, como o mal é privação do bem, como acabamos de ver, o mal não pode se opor senão ao bem no qual se acrescenta a potência; e não ao bem supremo que é ato puro.

QUANTO AO 3º, deve-se dizer que cada um deve ser considerado segundo sua própria razão. Como a forma é certa perfeição, assim também a privação é certa ausência. Em consequência, toda forma, toda perfeição, todo bem se consideram segundo se aproximam de um termo perfeito, e a privação e o mal conforme se afastam do termo. Não se diz mau ou pior pela proximidade do mal supremo, como se diz bom ou melhor pela proximidade do bem supremo.

QUANTO AO 4º, deve-se dizer que não se diz de nenhum ente que é mau por participação, mas por privação de participação. Não se deve reportar o mal a alguma coisa que seria o mal por essência.

QUANTO AO 5º, deve-se dizer que o mal não pode ter causa senão por acidente, como já se mostrou. É impossível, portanto, reportar-se a alguma coisa que seria a causa do mal por si. — Quanto a

---

12. Q. 47, a. 2, ad 1.
13. Q. 2, a. 3.
14. Q. 48, a. 3.
15. Ibid.
16. Art. 1.

autem dicitur, quod malum est ut in pluribus, simpliciter falsum est. Nam generabilia et corruptibilia, in quibus solum contingit esse malum naturae, sunt modica pars totius universi. Et iterum in unaquaque specie defectus naturae accidit ut in paucioribus. In solis autem hominibus malum videtur esse ut in pluribus: quia bonum hominis secundum sensum non est hominis inquantum homo, idest secundum rationem; plures autem sequuntur sensum quam rationem.

AD SEXTUM dicendum quod in causis mali non est procedere in infinitum: sed est reducere omnia mala in aliquam causam bonam, ex qua sequitur malum per accidens.

dizer que o mal é mais frequente, isso é falso, falando absolutamente. Porque os seres gerados e corruptíveis, nos quais só acontece haver o mal de natureza, são uma pequena parte do universo. Além disso, em cada espécie, as deficiências da natureza acontecem em poucos. É somente entre os homens que o mal parece ser mais frequente, pois o bem do homem, segundo os sentidos, não é o bem do homem enquanto homem, a saber, conforme a razão. Muitos, na verdade, seguem os sentidos mais que a razão.

QUANTO AO 6º, deve-se dizer que, nas causas do mal, não se deve ir ao infinito; mas reportar todos os males a uma causa boa, da qual o mal decorre por acidente.

O ANJO

Introdução e notas por Jean-Hervé Nicolas

INTRODUÇÃO

Ao abordar a parte do tratado da criação consagrado aos seres invisíveis que o teólogo chama de "anjos", a fim de enfatizar o papel de enviados de Deus que eles desempenham na história da salvação — os filósofos árabes e os medievais os chamavam de "formas puras" ou "criaturas espirituais", para marcar o lugar que lhes atribuíam no universo criado —, o leitor moderno de Sto. Tomás arrisca-se a experimentar um vivo sentimento de estranheza e de irrealidade. Como se, deixando o domínio do ser no qual se manteve até agora com penetração e força capazes de impressionar mesmo aqueles que o seguiram até aqui com reticências ou não o seguiram absolutamente, Sto. Tomás se embrenhasse subitamente no reino do imaginário. Um imaginário abstrato, sem nada a oferecer à imaginação e sem apresentar à compreensão senão jogos decepcionantes.

Que haja nos numerosos textos relacionados aos anjos — e até na *Bíblia* — uma parte considerável de crenças populares, de lendas, de projeções imaginativas, é inegável. Não se encontrará traço disso, todavia, no ensinamento autêntico da Igreja, que se contenta em afirmar a existência de criaturas invisíveis, pessoais, inteligentes e livres, algumas das quais se tornaram más ao pecar e se esforçam para contrapor-se ao desígnio de amor de Deus conduzindo o homem ao pecado — como é narrado, em forma imagética, no relato da queda do primeiro casal humano (Gn 3) —, enquanto outras, pelo contrário, estão a serviço da redenção. Essas criaturas são puramente espirituais e não pertencem, portanto, ao universo material, no qual agem, de uma maneira que não é especificada. Tal ensinamento funda-se indubitavelmente na Escritura, cujo testemunho formal, além das representações imaginativas e de certos relatos lendários, não poderia ser recusado no que concerne à existência dessas criaturas superiores ao homem, e invisíveis. Não seria possível ignorar, em particular, que a história da salvação nos é apresentada, desde o texto inicial do Gênesis acima citado, e sobretudo nos evangelhos, como uma luta do Salvador contra Satã, o Adversário, da qual participam, ao lado de Cristo e a seu serviço, os anjos justos e santos. A Igreja acredita na existência dos anjos e na misteriosa separação que o pecado de alguns introduziu entre eles.

A angelologia de Sto. Tomás respeita a sobriedade do ensino da Igreja. É uma longa, minuciosa e rigorosa reflexão, a partir da afirmação da natureza incorpórea desses seres espirituais, sobre o que eles são, sobre os modos de seu conhecimento e de seu querer. Em seguida, três questões estudam, em virtude das condições particulares que lhes confere sua natureza toda espiritual, o que nos informa a Escritura sobre a vocação que têm para a beatitude sobrenatural, e do pecado pelo qual alguns se esquivaram a esse destino. Posteriormente, na terceira seção consagrada ao governo divino, nesta primeira parte da *Suma teológica*, será tratada a maneira pela qual se pode conceber a ação que os anjos, os bons e os maus, exercem a serviço de Cristo, ou em antagonismo com ele, a favor do homem ou contra ele, no desenrolar concreto da história da salvação.

É claro que tal reflexão seria sem objeto e destituída de qualquer interesse se tivéssemos de renunciar a reconhecer a existência do mundo dos espíritos. O homem moderno é tão fortemente inclinado para esse sentido que vários teólogos, legitimamente preocupados em apresentar a mensagem evangélica de uma maneira aceitável em nossa época, parecem dispostos a rejeitar a angelologia como parte superada da teologia. Nessa perspectiva, essa parte da *Suma teológica* só poderia ter interesse arqueológico, e ainda por cima bem pequeno.

O mínimo que se pode dizer é que para ir de encontro a uma interpretação da Escritura tão antiga e tão resolutamente acolhida na Igreja até a época moderna seriam necessárias razões absolutamente imperativas. Porém, quais são essas razões? Filosoficamente, há fortes resistências contra a ideia de uma existência puramente espiritual e inverificável, ao passo que o ser que se dá à nossa experiência, o ser mesmo do homem, é indissociável da matéria. Teologicamente, afasta-se uma revelação que parece em nada contribuir para a compreensão que o homem tem de si mesmo e da salvação que Deus lhe propõe, da qual ele é convidado a participar livremente: o que nos importa que existam anjos e o que eles são, o que fazem, se não podemos atribuir-lhes um sentido em relação à nossa própria existência? Se a existência ou a não-existência dos anjos não diz

respeito ao homem, "ao que ele é em si mesmo, sua origem, seu presente e seu futuro", como admitir que eles tenham lugar tanto na doutrina revelada quanto na teologia... e, em consequência, no real, uma vez que eles só podem ser conhecidos por revelação?

É certo que a Palavra de Deus não poderia alcançar o homem e por ele ser acolhida se não respondesse a seu interesse mais profundo. É a palavra da salvação, é Deus que se oferece ao homem revelando-se a ele; é seu Deus, para quem ele é feito, o polo último de seu agir, o lugar definitivo de seu repouso... não de um repouso inerte, feito da simples interrupção do trabalho, mas do repouso vivo, no qual se realiza a atividade chegada ao termo de sua tensão, sempre a jorrar. O que não significa que para ouvir e receber a Palavra de Deus fosse preciso primeiro consultar o coração e examinar se interessa ou não à nossa existência. O interesse que ele tem para conosco, não o conhecemos sem a palavra, e é ela que o desperta. Esse interesse é primeiramente global, incidindo sobre o dom de si mesmo que Deus nos propõe por meio de sua palavra. É somente pouco a pouco e mediante profunda reflexão sobre o conteúdo da palavra que aquele que crê descobre o que lhe traz tal ou tal verdade particular, a qual, em um primeiro momento, pode ser percebida como exterior, indiferente à sua existência. No entanto, ele não espera para recebê-la ter levado a seu termo essa reflexão, a qual, bem pelo contrário, é inspirada e dirigida pela certeza de que o que Deus lhe revelou é importante para ele, para sua salvação. Acreditar é tomar por verdadeiras, com base na Palavra de Deus, verdades situadas além de toda verificação experimental; verdades que possuem um sentido para o homem, mas que não se espera, para aceitá-las, descobrir seu sentido.

Quanto à objeção filosófica da indissociabilidade entre o ser e a matéria, ela envolve todo o problema metafísico do ser. O que é a matéria senão primeiramente um limite que restringe as infinitas virtualidades compreendidas no conceito de ser? Que seja necessário reconhecer e afirmar que todas essas virtualidades juntas são antes de mais nada — ou seja, antes de toda concepção do ser e na fonte mesmo dessa concepção — realizadas em um Ser infinito, perfeito e necessário, isto foi estabelecido desde o início da *Suma teológica*. Que outro *ente* seja todo criado e, portanto, limitado, contingente, isto foi estabelecido acima, na primeira seção deste tratado sobre a criação.

Porém, a *matéria* aparece à reflexão metafísica como trazendo ao *ente* no qual ela se encontra uma segunda limitação. Não é limitada somente em relação à infinidade virtual do ser, em sua essência, mediante a qual, sendo o que é, não é o que o outro é; é limitada em relação àquilo mesmo que é, sua essência só se realizando nele de maneira restrita, em função de que outros, que são aquilo mesmo que ele é, o são de maneira diferente. Assim, nenhum indivíduo humano é tudo o que a perfeição do *ser-homem* compreende de virtualidades.

O conceito de ser não contém manifestamente limite algum. Caso contrário, dele estariam excluídos todos os entes cuja essência não estivesse compreendida nesses limites, o que é contraditório. É preciso reconhecer que se uma essência é limitada não é devido ao ser que nela se realiza, mas em razão do não-ser que é a condição da realização limitada do ser nela. Com mais forte razão, esse limite redobrado pelo qual a matéria não poderia provir do ser nem por ele se explicar; ela é a condição da realização de certos entes — aqueles cuja essência é tal que somente pode se realizar em um *ente* material, e imperfeitamente —; é contrariando o ser que ela o limita e restringe.

Disto resulta que se repugna ao espírito moderno reconhecer a existência de entes puramente imateriais, é em virtude de um preconceito antimetafísico, o qual consiste em tomar por uma propriedade do ser o que não é mais do que a condição de suas realizações inferiores. É verdade que a razão humana só atinge o ser nessas realizações, mas o que ela atinge desse modo é o ser mesmo, que as ultrapassa infinitamente, e não se liga de modo algum a elas.

Poder-se-ia induzir a partir daí, e independentemente da revelação, a existência de entes imateriais, inteligentes — já que é a matéria que constitui obstáculo à inteligibilidade e à intelectualidade dos entes, como será lembrado na sequência do tratado —, livres e portanto pessoais? Tal percurso seria inconsiderado. A criação é um ato que se deve à pura liberalidade divina, e é impossível afirmar *a priori* se Deus criou ou não tal categoria de entes.

O que se pode dizer, em vez disso, sabendo pela revelação que o universo criado compreende entes imateriais — os anjos —, é que, devido a isso, ele é incomparavelmente mais rico e mais capaz de responder à intenção criadora.

Se, com efeito, é por meio de sua intelectualidade que o homem é a imagem de Deus, e que todo

o universo material liga-se a ele como ao ente superior no qual culmina, é o homem que é a riqueza e a beleza do universo, pois todos os outros entes extraem sua riqueza e beleza de sua subordinação, virtual pelo menos, a ele, pelo serviço que, por natureza e por vocação, são feitos para lhe prestar. No entanto, como deixar de ver a que ponto a intelectualidade do homem — e seu amor que o integra — e sua liberdade que dela decorre são limitadas em sua própria ordem? Se a propriedade fundamental do ser inteligente é a consciência de si, é preciso reconhecer a imperfeição estrutural da inteligência do homem, que só consegue com dificuldade e por longos desvios alcançar uma consciência de si, e tão obscura, tão parcial! Quanto à liberdade, privilégio e glória da pessoa, sabemos bastante bem que condicionamentos pesam sobre ela, devido a essa obscuridade da consciência, em primeiro lugar, e devido a todas as resistências psicológicas, fisiológicas e externas às quais se choca o nosso poder de decisão. O homem se manifesta a si mesmo como intelectual e livre de maneira muito imperfeita. Ele é espiritual, e daí provém sua intelectualidade, por meio da qual transcende todo o mundo dos corpos; porém, também é corporal, e daí se originam os limites que restringem essa intelectualidade, que a diminuem, que a impedem de desenvolver suas virtualidades.

Já os anjos são espíritos puros. Entes puramente espirituais, libertos de qualquer corporeidade, cuja intelectualidade, em virtude desse fato, não encontra nenhum obstáculo a seu exercício. Neles se realiza plenamente essa grandeza que faz a glória do homem — que o homem só conhece diretamente conhecendo a si mesmo —, mas que no homem está ao mesmo tempo oculta, obscurecida e restrita por servidões que nascem de sua corporeidade, em virtude das quais ele permanece enraizado no mundo dos corpos.

Isto evidencia os benefícios que o homem pode retirar do conhecimento do mundo angélico, ao qual a revelação o introduziu. Antes de mais nada, é convidado a desprender a intelectualidade, que ele encontra em si mesmo, e sua liberdade das restrições e pequenezes que sua corporeidade lhe impõe, para considerá-las em suas dimensões verdadeiras e segundo toda a sua virtude. Isto permite que ele se conheça melhor como espírito, conquistando uma consciência mais clara e mais segura da transcendência de seu ser e de seu destino em comparação a todos os outros seres corporais. Assim, poderá compreender-se melhor como "imagem de Deus"; melhor compreender também que se a intelectualidade e a liberdade que dela deriva o situam no universo material em situação de superioridade e de dominação sobre todos os outros corpos que o compõem, o princípio dessa superioridade é a espiritualidade. Por seu intermédio ele também pertence ao mundo dos espíritos, colocado em seu grau mais inferior, sem dúvida, mas dele possuindo todas as prerrogativas, sobretudo esta, que consiste na vocação à plena realização da imagem que é a divinização. Os Padres da Igreja diziam que os homens eram chamados por Deus a tomar o lugar abandonado pelos anjos pecadores. Representação bastante arbitrária, mas da qual se pode reter a intuição primordial: a comunidade de destino entre o anjo e o homem, que permite que este conheça melhor a vida à qual é chamado, e que é sobretudo espiritual.

Além disso, e em consequência desse primeiro e essencial benefício, a angelologia situa em seu verdadeiro lugar o mundo material. Durante muito tempo, a teologia, cedendo à miragem de um espiritualismo unilateral, negligenciou esse estudo, como se, para fazer jus ao primado do espiritual na existência humana, fosse preciso ignorar ou mesmo desprezar o material. Hoje apreende-se melhor sua importância e seu autêntico valor: o homem é parte do universo e, por seu pensamento, por seu amor, por sua ação, é chamado a fazer dele um mundo humano, seu mundo. Mas é justamente pelo exercício dessas faculdades espirituais que ele pode conferir ao mundo material seu verdadeiro valor, aquele que ele tem na intenção criadora, humanizando-o. Ele o humaniza por aquilo que em si o ultrapassa, e pelo fato de ultrapassá-lo. Porém, como conceber tal superação se o mundo material constituísse todo o universo criado?

Reconhecer a existência de um mundo composto de seres não-materiais, dos quais o homem faz parte também, obriga a relativizar a importância deste mundo diante do universo criado do qual ele é uma parte, a parte inferior e subordinada. Parte não desprezível, sem dúvida, pois o homem só existe e vive nele, e é nessa existência terrestre que se desenrola a história da salvação que leva à realização de seu destino. Parte inferior, no entanto, uma vez que essa realização se situa no mundo dos espíritos, ao qual seu corpo mesmo terá acesso pela ressurreição.

QUAESTIO L
DE SUBSTANTIA ANGELORUM ABSOLUTE
in quinque articulos divisa

Post haec considerandum est de distinctione corporalis et spiritualis creaturae. Et primo, de creatura pure spirituali, quae in Scriptura sacra angelus nominatur; secundo, de creatura pure corporali; tertio, de creatura composita ex corporali et spirituali, quae est homo.

Circa vero angelos, considerandum est primo de his quae pertinent ad eorum substantiam; secundo, de his quae pertinent ad eorum intellectum; tertio, de his quae pertinent ad eorum voluntatem; quarto, de his quae pertinent ad eorum creationem. De substantia autem eorum considerandum est et absolute, et per comparationem ad corporalia.

Circa substantiam vero eorum absolute, quinque quaeruntur.

Primo: utrum sit aliqua creatura omnino spiritualis, et penitus incorporea.
Secundo: supposito quod angelus sit talis, quaeritur utrum angelus sit compositus ex materia et forma.
Tertio: quaeritur de multitudine eorum.
Quarto: de differentia ipsorum ab invicem.
Quinto: de immortalitate, seu incorruptibilitate ipsorum.

Articulus 1
Utrum angelus sit omnino incorporeus

Ad primum sic proceditur. Videtur quod angelus non sit omnino incorporeus.

1. Illud enim quod est incorporeum solum quoad nos, et non quoad Deum, non est incorporeum simpliciter. Sed Damascenus dicit, in libro II[1], quod angelus *incorporeus et immaterialis dicitur quantum ad nos, sed comparatus ad Deum, corporeus et materialis invenitur*. Non ergo est incorporeus simpliciter.

2. Praeterea, nihil movetur nisi corpus, ut probatur in VI *Physic*.[2]. Sed Damascenus dicit ibidem quod angelus est *substantia intellectualis semper mobilis*. Angelus ergo est substantia corporea.

QUESTÃO 50
A NATUREZA DOS ANJOS DE MODO ABSOLUTO
em cinco artigos

Em seguida, deve-se considerar a distinção entre a criatura corporal e a espiritual. Primeiro, a criatura puramente espiritual que a Sagrada Escritura chama anjo. Depois, a criatura puramente corporal. Finalmente, a criatura composta de corpo e espírito, que é o homem.

A respeito dos anjos, deve-se considerar: 1. o que pertence à sua natureza; 2. a seu intelecto; 3. à sua vontade; 4. à sua criação. A respeito da natureza dos anjos, deve-se considerar tanto de modo absoluto, como por comparação com as criaturas corporais.

Sobre a natureza dos anjos de modo absoluto, são cinco as perguntas:

1. Existe uma criatura totalmente espiritual e inteiramente incorpórea?
2. Supondo que o anjo seja assim, ele é composto de matéria e forma?
3. Quantos são os anjos?
4. Distinguem-se os anjos entre si?
5. São imortais e incorruptíveis?

Artigo 1
O anjo é totalmente incorpóreo?

Quanto ao primeiro artigo, assim se procede: parece que o anjo **não** é totalmente incorpóreo.

1. Com efeito, o que é incorpóreo somente em relação a nós e não em relação a Deus não é incorpóreo de modo absoluto. Ora, segundo Damasceno, o anjo "se diz incorpóreo e imaterial em relação a nós; mas comparado com Deus, ele é corpóreo e material". Logo, o anjo não é incorpóreo de modo absoluto.

2. Além disso, nada se move a não ser o corpo, prova-o o livro VI da *Física*. Ora, conforme Damasceno, o anjo é uma substância intelectual sempre em movimento. Logo, o anjo é uma substância corpórea.

---

1 Parall.: *Cont. Gent.* II, 46, 49; Opusc. XV, *de Angelis*, c. 18.

1. *De Fide Orth.*, l. II, c. 3: MG 94, 868 A.
2. C. 4: 234, b, 10-20.

3. Praeterea, Ambrosius dicit, in libro *de Spiritu Sancto*[3]: *Omnis creatura certis suae naturae circumscripta est limitibus*. Circumscribi autem proprium est corporum. Ergo omnis creatura est corporea. Angeli autem sunt Dei creaturae, ut patet in Ps 148,2: *Laudate Dominum, omnes angeli eius*, et postea subditur 5: *Quoniam ipse dixit, et facta sunt, ipse mandavit, et creata sunt*. Ergo angeli sunt corporei.

Sed contra est quod dicitur in Ps 103,4: *Qui facit angelos suos spiritus*.

Respondeo dicendum quod necesse est ponere aliquas creaturas incorporeas. Id enim quod praecipue in rebus creatis Deus intendit, est bonum quod consistit in assimilatione ad Deum. Perfecta autem assimilatio effectus ad causam attenditur, quando effectus imitatur causam secundum illud per quod causa producit effectum; sicut calidum facit calidum. Deus autem creaturam producit per intellectum et voluntatem, ut supra[4] ostensum est. Unde ad perfectionem universi requiritur quod sint aliquae creaturae intellectuales. Intelligere autem non potest esse actus corporis, nec alicuius virtutis corporeae: quia omne corpus determinatur ad hic et nunc. Unde necesse est ponere, ad hoc quod universum sit perfectum, quod sit aliqua incorporea creatura.

Antiqui autem, ignorantes vim intelligendi, et non distinguentes inter sensum et intellectum, nihil esse existimaverunt in mundo, nisi quod sensu et imaginatione apprehendi potest. Et quia sub imaginatione non cadit nisi corpus, existimaverunt quod nullum ens esset nisi corpus; ut Philosophus dicit in IV *Physic*.[5]. Et ex his processit Sadducaeorum error, dicentium non esse spiritum Act 23,8. — Sed hoc ipsum quod intellectus est altior sensu, rationabiliter ostendit esse aliquas res incorporeas, a solo intellectu comprehensibiles.

Ad primum ergo dicendum quod substantiae incorporeae medium sunt inter Deum et creaturas corporeas. Medium autem comparatum ad unum

3. Ademais, Ambrósio diz que "toda criatura está circunscrita por limites fixos de sua natureza". Ora, ser circunscrito é próprio dos corpos. Portanto, toda criatura é corpórea, inclusive os anjos, que são criaturas de Deus, conforme as palavras do Salmo 148: "Louvai ao Senhor, vós, todos os seus anjos... porque Ele falou e eles foram feitos; Ele ordenou e eles foram criados". Logo, os anjos são corpóreos.

Em sentido contrário, o Salmo 103 diz: "Aquele que faz espíritos os seus anjos".

Respondo. É necessário admitir algumas criaturas incorpóreas. De fato, a finalidade principal de Deus na criação é o bem, que consiste em assemelhar-se a Deus. Ora, um efeito se considera perfeitamente assemelhado à causa quando a imita naquilo pelo que a causa é seu princípio. Por exemplo, o quente produz o quente. Deus produz a criatura por seu intelecto e sua vontade, como acima foi demonstrado. A perfeição do universo exige, portanto, que haja criaturas intelectuais. Mas o conhecer não pode ser o ato de um corpo nem de uma faculdade corpórea, uma vez que todo corpo está limitado no tempo e no espaço, portanto, é necessário admitir que a perfeição do universo requer a existência de alguma criatura incorpórea.

Os antigos, que ignoravam a força do intelecto e não o distinguiam dos sentidos, julgavam que nada existia no mundo a não ser o que pode ser apreendido pelos sentidos e pela imaginação. Como a imaginação não atinge senão o corpóreo, pensavam, no dizer do Filósofo no livro IV da *Física*, que nada existia a não ser o corpo. O erro dos saduceus, que negavam a existência do espírito, provinha dos mesmos princípios. — Mas a superioridade do intelecto sobre os sentidos demonstra racionalmente a existência de algumas coisas incorpóreas que só o intelecto pode compreender[a].

Quanto ao 1º, portanto, deve-se dizer que as naturezas incorpóreas estão entre Deus e as criaturas corpóreas. Ora, em relação a um dos extremos,

---

3. Lib. I, c. 7: ML 16, 723 D.
4. Q. 14, a. 8; q. 19, a. 4.
5. C. 6: 213, a, 22 — b, 3; — c. 7: 213, b, 31 — 214, a, 4.

a. Esse "racionalmente" relativiza o "é necessário admitir" do início. A superioridade do *intelecto* sobre o conhecimento sensível se manifesta no homem. Eis em que ela consiste: naquilo mesmo que a faculdade sensível atinge, o ente corporal, nosso intelecto atinge o próprio ser, abstração feita da corporeidade. Isto permite supor não que o intelecto humano teria por objeto o puro incorpóreo, mas que a essa perfeição criada, que é a inteligência, correspondem, no universo criado, entes puramente incorpóreos, ou seja, totalmente sem contato com os sentidos. Esse raciocínio completa aquele que precede, no corpo do artigo, e que, tomado à parte, levaria somente a justificar o lugar que o intelecto humano ocupa no universo.

extremum, videtur alterum extremum; sicut tepidum comparatum calido, videtur frigidum. Et hac ratione dicitur quod angeli, Deo comparati, sunt materiales et corporei: non quod in eis sit aliquid de natura corporea.

AD SECUNDUM dicendum quod motus ibi accipitur prout intelligere et velle motus quidam dicuntur. Dicitur ergo angelus *substantia semper mobilis*, quia semper est actu intelligens, non quandoque actu et quandoque potentia, sicut nos. Unde patet quod ratio procedit ex aequivoco.

AD TERTIUM dicendum quod circumscribi terminis localibus est proprium corporum: sed circumscribi terminis essentialibus est commune cuilibet creaturae, tam corporali quam spirituali. Unde dicit Ambrosius, in libro *de Spir. Sanct.*[6], quod licet quaedam locis corporalibus non contineantur, circumscriptione tamen substantiae non carent.

o termo médio parece outro extremo. Por exemplo, o morno, comparado com o quente, parece frio. É por esta razão que se diz que, comparados a Deus, os anjos são materiais e corpóreos; e não porque tenham em si algo de natureza corpórea.

QUANTO AO 2º, deve-se dizer que, no texto, movimento é tomado no sentido em que entender e querer se dizem também movimento. Diz-se, portanto, que o anjo é uma *natureza sempre em movimento* porque está sempre em ato de intelecção, e não, como nós, ora em ato e ora em potência. O argumento procede, portanto, de um equívoco.

QUANTO AO 3º, deve-se dizer que ser circunscrito por limites locais é próprio dos corpos, mas ser circunscrito por limites essenciais é comum a todas as criaturas, tanto corpóreas como espirituais. É o que faz Ambrósio dizer que algumas coisas, embora não contidas em lugares corpóreos, não deixam de estar circunscritas pela natureza[b].

ARTICULUS 2
Utrum angelus sit compositus ex materia et forma

AD SECUNDUM SIC PROCEDITUR. Videtur quod angelus sit compositus ex materia et forma.

1. Omne enim quod continetur sub aliquo genere, est compositum ex genere et differentia, quae, adveniens generi, constituit speciem. Sed genus sumitur ex materia, differentia vero ex forma, ut patet in VIII *Metaphys.*[1]. Ergo omne quod est in genere, est compositum ex materia et forma. Sed angelus est in genere substantiae. Ergo est compositus ex materia et forma.

2. PRAETEREA, in quocumque inveniuntur proprietates materiae, ibi invenitur materia. Proprie-

ARTIGO 2
O anjo é composto de matéria e forma?[c]

QUANTO AO SEGUNDO, ASSIM SE PROCEDE: parece que o anjo é composto de matéria e forma.

1. Com efeito, tudo o que está contido em um gênero é composto por gênero e diferença, que, unindo-se ao gênero, constitui a espécie. Ora, o gênero é tomado da matéria e a diferença da forma, conforme o livro VIII da *Metafísica*. Portanto, tudo o que está contido em um gênero é composto de matéria e forma. Mas o anjo está contido no gênero substância. Logo, é composto de matéria e forma.

2. ALÉM DISSO, onde se encontram as propriedades da matéria, aí se encontra a matéria. Estas

---

6. Loco cit. in arg.

PARALL.: I *Sent.*, dist. 8, q. 5, a. 2; II, dist. 3, q. 1, a. 1; *Cont. Gent.* II, 50, 51; *De Spirit. Creat.*, a. 1; *Quodlib.* III, q. 8; IX, q. 4, a. 1; *Compend. Theol.*, c. 74; Opusc. XV, *de Angelis*, c. 5 sqq.; c. 18; *De Ent. et Ess.*, c. 5.

1. C. 2: 1043, a, 2-12.

b. Toda essência é "determinada". As essências que nosso intelecto pode atingir o são de tal maneira que, sendo o que são, não são o que o outro é, o que significa que cada uma é ontologicamente *limitada*. Daí a introdução, na própria palavra que exprime sua positividade ontológica, da palavra *terminus*, "limite". Porém, trata-se de uma limitação da perfeição universal de ser, não de uma limitação espacial, que provém da matéria e só pode dizer respeito a seres corpóreos.

c. Questão crucial. Em nossa experiência, a matéria surge como o princípio da limitação, da multiplicação e da distinção entre os entes. Afirmar que o anjo é totalmente imaterial não é lhe conceder a infinitude e igualá-lo a Deus? É notório o fato de que os Padres da Igreja tenham hesitado, em função disso, a reconhecer a perfeita imaterialidade dos "seres espirituais", da alma humana em particular. No entanto, se o espírito é de certo modo material, seria ele outra coisa que um corpo mais sutil do que aqueles da experiência comum, até o ponto de escapar à percepção sensível, mas unicamente devido à imperfeição de nossas faculdades perceptivas? O que foi estabelecido no artigo precedente se reduziria a uma diferença de grau, mas toda criatura, finalmente, seria corpórea, e a intelecção permaneceria inexplicada, ininteligível. Neste artigo difícil, no qual estão subjacentes tanto a teoria aristotélica do hilemorfismo quanto a metafísica do ato e da potência, Sto. Tomás se empenha em conciliar a total imaterialidade do anjo com sua finitude ontológica.

tates autem materiae sunt recipere et substare; unde dicit Boetius, in libro *de Trin.*², quod *forma simplex subiectum esse non potest*. Haec autem inveniuntur in angelo. Ergo angelus est compositus ex materia et forma.

3. Praeterea, forma est actus. Quod ergo est forma tantum, est actus purus. Sed angelus non est actus purus: hoc enim solius Dei est. Ergo non est forma tantum, sed habet formam in materia.

4. Praeterea, forma proprie limitatur et finitur per materiam. Forma ergo quae non est in materia, est forma infinita. Sed forma angeli non est infinita: quia omnis creatura finita est. Ergo forma angeli est in materia.

Sed contra est quod Dionysius dicit, 4 cap. *de Div. Nom.*³, quod primae creaturae *sicut incorporales et immateriales intelliguntur*.

Respondeo dicendum quod quidam ponunt angelos esse compositos ex materia et forma. Et hanc opinionem astruere nititur Avicebron in libro *Fontis Vitae*. Supponit enim quod quaecumque distinguuntur secundum intellectum, sint etiam in rebus distincta. In substantia autem incorporea intellectus apprehendit aliquid per quod distinguitur a substantia corporea, et aliquid per quod cum ea convenit. Unde ex hoc vult concludere quod illud per quod differt substantia incorporea a corporea, sit ei quasi forma: et illud quod subiicitur huic formae distinguenti quasi commune, sit materia eius. Et propter hoc ponit quod eadem est materia universalis spiritualium et corporalium: ut intelligatur quod forma incorporae substantiae sic sit impressa in materia spiritualium, sicut forma quantitatis est impressa in materia corporalium.

Sed primo aspectu apparet esse impossibile unam esse materiam spiritualium et corporalium. Non enim est possibile quod forma spiritualis et corporalis recipiatur in una parte materiae: quia sic una et eadem res numero esset corporalis et spiritualis. Unde relinquitur quod alia pars materiae sit quae recipit formam corporalem, et alia quae recipit formam spiritualem. Materiam autem dividi in partes non contingit nisi secundum quod intelligitur sub quantitate: qua remota, remanet substantia indivisibilis, ut dicitur in I *Physic.*⁴. Sic igitur relinquitur quod materia spiritualium sit subiecta quantitati: quod est impossibile. Impos-

propriedades são receber e sustentar. Por isso Boécio afirma: "Uma forma simples não pode ser sujeito". Ora, o anjo possui as propriedades da matéria. Logo, é composto de matéria e forma.

3. Ademais, a forma é ato. Portanto, o que é apenas forma é ato puro. Ora, o anjo não é ato puro, pois isto só pertence a Deus. Logo, o anjo não é somente forma; ele tem uma forma na matéria.

4. Ademais, a forma é limitada e determinada propriamente pela matéria. Portanto, uma forma que não esteja na matéria é infinita. Ora, a forma do anjo não é infinita, uma vez que toda criatura é finita. Logo, a forma do anjo está em uma matéria.

Em sentido contrário, Dionísio diz que as primeiras criaturas se *compreendem como incorpóreas e imateriais*.

Respondo. Alguns afirmam que os anjos são compostos de matéria e forma. Avicebrão se esforçou para provar essa opinião em seu livro *A Fonte da Vida*. Ele supõe que tudo o que o intelecto distingue é igualmente distinto na realidade. Ora, na natureza incorpórea o intelecto apreende separadamente algo pelo que se distingue da corpórea e algo pelo que com ela se identifica. Pretende então concluir: o que distingue a natureza incorpórea da corpórea é para ela como uma forma, e que o sujeito dessa forma distintiva, como realidade comum, é sua matéria. Por essa razão afirma que é a mesma, a matéria universal das realidades espirituais e das corporais. Isso quer dizer que a forma da natureza incorpórea se imprime na matéria das realidades espirituais como a forma da quantidade se imprime na matéria das realidades corporais.

Vê-se imediatamente que não é possível haver uma só e mesma matéria para as realidades espirituais e corporais. De fato, uma forma espiritual e uma forma corpórea não podem ser recebidas na mesma parte da matéria, porque uma só e mesma coisa seria ao mesmo tempo corporal e espiritual. Resulta, por isso, que uma é a parte da matéria que recebe a forma corporal e outra a que recebe a forma espiritual. Que a matéria seja dividida em partes não acontece, a não ser que se entenda nela a quantidade; se esta é descartada, a natureza permanece indivisível, como diz o livro I da *Física*. Nessa hipótese, portanto, a matéria das

---

2. Lib. I, c. 2: ML 64, 1250 D.
3. ML 3, 693 C.
4. C. 2: 185, b, 16-19.

sibile est ergo quod una sit materia corporalium et spiritualium.

Sed adhuc ulterius impossibile est quod substantia intellectualis habeat qualemcumque materiam. Operatio enim cuiuslibet rei est secundum modum substantiae eius. Intelligere autem est operatio penitus immaterialis. Quod ex eius obiecto apparet, a quo actus quilibet recipit speciem et rationem: sic enim unumquodque intelligitur, inquantum a materia abstrahitur; quia formae in materia sunt individuales formae, quas intellectus non apprehendit secundum quod huiusmodi. Unde relinquitur quod omnis substantia intellectualis est omnino immaterialis.

Non est autem necessarium quod ea quae distinguuntur secundum intellectum, sint distincta in rebus: quia intellectus non apprehendit res secundum modum rerum, sed secundum modum suum. Unde res materiales, quae sunt infra intellectum nostrum, simpliciori modo sunt in intellectu nostro, quam sint in seipsis. Substantiae autem angelicae sunt supra intellectum nostrum. Unde intellectus noster non potest attingere ad apprehendendum eas secundum quod sunt in seipsis; sed per modum suum, secundum quod apprehendit res compositas. Et sic etiam apprehendit Deum, ut supra[5] dictum est.

AD PRIMUM ergo dicendum quod differentia est quae constituit speciem. Unumquodque autem constituitur in specie, secundum quod determinatur ad aliquem specialem gradum in entibus: quia species rerum sunt sicut numeri, qui differunt per additionem et subtractionem unitatis, ut dicitur in VIII *Metaphys.*[6]. In rebus autem materialibus aliud est quod determinat ad specialem gradum, scilicet forma, et aliud quod determinatur, scilicet materia: unde ab alio sumitur genus, et ab alio differentia. Sed in rebus immaterialibus non est aliud determinans et determinatum: sed unaquaeque earum secundum seipsam tenet determinatum gradum in entibus. Et ideo genus et differentia in eis non accipitur secundum aliud et aliud, sed secundum unum et idem. Quod tamen differt secundum considerationem nostram: inquantum enim intellectus noster considerat illam rem ut indeterminate, accipitur in eis ratio generis; in-

realidades espirituais estaria sujeita à quantidade, o que é impossível. É impossível, portanto, haver uma única matéria para as realidades corporais e para as espirituais.

Além disso, é impossível que a natureza intelectual tenha alguma matéria. A operação de qualquer coisa, com efeito, é conforme sua natureza. Ora, conhecer é uma operação totalmente imaterial. O que fica claro por seu objeto, do qual todo ato recebe a espécie e a razão. Assim, cada coisa é conhecida na medida em que é abstraída da matéria, porque as formas que estão na matéria são individuais e o intelecto não as apreende enquanto tais. Daí resulta que toda natureza intelectual é totalmente imaterial.

Por outra parte, não é necessário que o que o intelecto distingue seja também distinto nas coisas, porque o intelecto não apreende as coisas segundo o modo próprio delas, mas segundo seu próprio modo. Por isso as coisas materiais, que são inferiores a nosso intelecto, estão em nosso intelecto de modo mais simples do que em si mesmas. Mas as naturezas angélicas são superiores a nosso intelecto. Por isso, nosso intelecto não pode apreendê-las como elas são, mas a seu modo, a saber, do modo como apreende as coisas compostas. E é dessa forma também que apreende Deus, como acima foi dito.

QUANTO AO 1º, portanto, deve-se dizer que é a diferença que constitui a espécie. Ora, uma coisa está constituída em uma espécie na medida em que está determinada a um grau entre os entes. Porque as espécies das coisas são como os números que diferem conforme se adiciona ou subtrai uma unidade, como diz o livro VIII da *Metafísica*. Nas coisas materiais, um é o que determina o grau especial, a saber, a forma, e outro o que é determinado, a saber, a matéria. Por isso, o gênero é estabelecido por um e a diferença por outro. Nas coisas imateriais, entretanto, o determinante não é distinto do determinado. Mas cada realidade espiritual ocupa determinado grau entre os entes. Por isso, nelas gênero e diferença não se tomam segundo um e outro, mas segundo um só. Essa diferença, entretanto, provém de nossa consideração. De fato, quando nosso intelecto considera uma coisa de modo indeterminado[d], toma-se nela a razão de

---

5. Q. 3, a. 3, ad 1.
6. C. 3: 1043, b, 36 — 1044, a, 2.

d. "De modo indeterminado", ou seja, no que ela tem de comum com outras coisas. "De modo determinado": no que ela tem de próprio e de distinto em relação a essas outras coisas.

quantum vero considerat ut determinate, accipitur ratio differentiae.

AD SECUNDUM dicendum quod ratio illa ponitur in libro *Fontis Vitae*. Et esset necessaria, si idem esset modus quo recipit intellectus, et quo recipit materia. Sed hoc patet esse falsum. Materia enim recipit formam, ut secundum ipsam constituatur in esse alicuius speciei, vel aeris, vel ignis, vel cuiuscumque alterius. Sic autem intellectus non recipit formam: alioquin verificaretur opinio Empedoclis[7], qui posuit quod *terram terra cognoscimus, et ignem igne*. Sed forma intelligibilis est in intellectu secundum ipsam rationem formae: sic enim cognoscitur ab intellectu. Unde talis receptio non est receptio materiae, sed est receptio substantiae immaterialis.

AD TERTIUM dicendum quod, licet in angelo non sit compositio formae et materiae, est tamen in eo actus et potentia. Quod quidem manifestum potest esse ex consideratione rerum materialium, in quibus invenitur duplex compositio. Prima quidem formae et materiae, ex quibus constituitur natura aliqua. Natura autem sic composita non est suum esse, sed esse est actus eius. Unde ipsa natura comparatur ad suum esse sicut potentia ad actum. Subtracta ergo materia, et posito quod ipsa forma subsistat non in materia, adhuc remanet comparatio formae ad ipsum esse ut potentiae ad actum. Et talis compositio intelligenda est in angelis. Et hoc est quod a quibusdam dicitur, quod angelus est compositus ex *quo est* et *quod est*, vel ex *esse* et *quod est*, ut Boetius dicit[8]: nam *quod est* ipsa forma subsistens; ipsum autem esse est *quo* substantia est, sicut cursus est quo currens currit. Sed in Deo non est aliud esse et quod est, ut supra[9] ostensum est. Unde solus Deus est actus purus.

AD QUARTUM dicendum quod omnis creatura est finita simpliciter, inquantum esse eius non est absolutum subsistens, sed limitatur ad naturam aliquam cui advenit. Sed nihil prohibet aliquam creaturam esse secundum quid infinitam. Creaturae autem materiales habent infinitatem ex parte materiae, sed finitatem ex parte formae, quae limitatur per materiam in qua recipitur. Substantiae autem immateriales creatae sunt finitae secundum suum esse, sed infinitae secundum quod eorum formae non sunt receptae in alio. Sicut si diceremus albedi-

gênero; mas quando a considera de modo determinado, toma-se a razão de diferença.

QUANTO AO 2º, deve-se dizer que o argumento citado é afirmado no livro *Fonte da Vida*. Valeria se o intelecto tivesse o mesmo modo de recepção que a matéria. Mas é claro que isso é falso. A matéria recebe a forma para ser constituída por ela no ser de tal espécie, ou do ar, ou do fogo etc. O intelecto, por sua vez, não recebe a forma dessa maneira. Caso contrário, se verificaria a opinião de Empédocles, que afirmou que conhecemos a terra pela terra e o fogo pelo fogo. A forma inteligível, no entanto, está no intelecto segundo a razão mesma da forma; é desse modo que é conhecida pelo intelecto. Este modo de recepção não é, portanto, o da matéria; é o da natureza imaterial.

QUANTO AO 3º, deve-se dizer que se não há, no anjo, composição de matéria e forma, há nele ato e potência. Ora, isso pode ficar claro pela consideração das coisas materiais, nas quais se encontram duas composições. A primeira é a da forma e da matéria, que constituem uma natureza. A natureza composta desse modo não é seu ser; o ser é seu ato. Por conseguinte, tal natureza está para seu ser como a potência para o ato. Portanto, negada a matéria, e afirmado que a forma subsiste não numa matéria, ainda permanece a comparação da forma com o mesmo ser, como da potência com o ato. Esta é a composição que se deve admitir para os anjos. E isso é o que alguns dizem, tomando os termos de Boécio, que o anjo é composto por *aquilo pelo qual é* e por *aquilo que é*, ou então pelo *ser* e pelo *que é*. O que é é a forma subsistente; e o ser é *aquilo pelo que* a substância existe. Por exemplo, o correr é aquilo pelo que o corredor corre. Em Deus, como já foi demonstrado, o ser e o que ele é não são distintos. Só ele, portanto, é ato puro.

QUANTO AO 4º, deve-se dizer que toda criatura é absolutamente finita, porque seu ser não é absolutamente subsistente. Ele é limitado à natureza à qual está ligado. Nada porém impede que uma criatura seja infinita em certo sentido. Assim, as criaturas materiais são infinitas por parte da matéria e finitas por parte da forma, limitada pela matéria que a recebe. Pelo contrário, as substâncias imateriais criadas são finitas quanto a seu existir, mas infinitas enquanto suas formas não são recebidas em outro. Por exemplo, se a brancura

---

7. Vide ARISTOT., *de Anima*, l. I, c. 2: 404, b, 11-15.
8. *De Hebdomad*. (al. *An omne quod est sit bonum*): ML 64, 1311 B.
9. Q. 3, a. 4.

nem separatam existentem esse infinitam quantum ad rationem albedinis, quia non contrahitur ad aliquod subiectum; esse tamen eius esset finitum, quia determinatur ad aliquam naturam specialem. Et propter hoc dicitur in libro *de Causis*[10], quod intelligentia est *finita superius*, inquantum scilicet recipit esse a suo superiori: sed est *infinita inferius*, inquantum non recipitur in aliqua materia.

existisse separadamente, diríamos que é infinita quanto à razão de brancura, uma vez que não está reduzida em nenhum sujeito. Seu ser, entretanto, seria finito, porque determinado por uma natureza especial. Por isso está escrito no *Livro das Causas* que a inteligência[e] é *finita superiormente*, porque recebe o ser de seu superior, e *infinita inferiormente*, porque não é recebida em uma matéria[f].

Articulus 3
Utrum angeli sint in aliquo magno numero

Ad tertium sic proceditur. Videtur quod angeli non sint in aliquo magno numero.

1. Numerus enim species quantitatis est, et sequitur divisionem continui. Hoc autem non potest esse in angelis, cum sint incorporei, ut supra[1] ostensum est. Ergo angeli non possunt esse in aliquo magno numero.

2. Praeterea, quanto aliquid est magis propinquum uni, tanto minus est multiplicatum, ut in numeris apparet. Natura autem angelica inter alias naturas creatas est Deo propinquior. Cum ergo Deus sit maxime unus, videtur quod in natura angelica inveniatur minimum de multitudine.

3. Praeterea, proprius effectus separatarum substantiarum videtur esse motus corporum caelestium. Sed motus corporum caelestium sunt secundum aliquem determinatum numerum paucum, qui a nobis comprehendi potest. Ergo angeli non sunt in maiori multitudine, quam motus corporum caelestium.

4. Praeterea, Dionysius dicit, 4 cap. *de Div. Nom.*[2], quod *propter radios divinae bonitatis*

Artigo 3
Os anjos são em grande número?

Quanto ao terceiro, assim se procede: parece que os anjos **não** são em grande número.

1. Na verdade, o número é uma espécie de quantidade e uma consequência da divisão do contínuo. Ora, isso não pode haver nos anjos, que são incorpóreos, como acima foi demonstrado. Logo, os anjos não podem ser em grande número.

2. Além disso, quanto mais alguma coisa é próxima da unidade, tanto menos é múltipla, como se vê com os números. Ora, a natureza angélica é, de todas as naturezas criadas, a mais próxima de Deus. Parece, portanto, que, sendo Deus ao máximo uno, é na natureza angélica que se encontra a menor multiplicação.

3. Ademais, o efeito próprio das substâncias separadas parece ser o movimento dos corpos celestes. Ora, os movimentos dos corpos celestes são segundo um pequeno número determinado, que podemos abarcar. Logo, os anjos não podem ser em número maior que os movimentos dos corpos celestes.

4. Ademais, Dionísio diz que "são os raios da bondade divina que fazem subsistir todas as natu-

---

10. Prop. 16.

3   Parall.: Infra, q. 112, a. 4, ad 2; II *Sent.*, dist. 3, q. 1, a. 3; *Cont. Gent.* II, 92; *De Pot.*, q. 6, a. 6; Opusc. XV, *de Angelis*, c. 2.

1. A. 1.
2. MG 3, 693 B.

---

e. "Inteligência" é tomada aqui no sentido técnico da filosofia da Idade Média, na qual essa palavra designa a "forma pura". A palavra "anjo", lembremo-lo, é teológica.

f. A argumentação aqui é tão sincopada que é difícil segui-la. O que é comparado, na verdade, é a "forma material", ou seja, a forma que só pode subsistir unindo-se a uma matéria para compor com ela um ente corporal, e a "forma pura", isto é, aquela que subsiste por si mesma, sem se unir a uma matéria. A primeira é infinita "do lado da matéria", no sentido de que ela pode se realizar indefinidamente em uma multiplicidade de seres corporais que se distinguem entre si em função da matéria, mas é a mesma forma que se realiza assim, de maneira cada vez limitada pela matéria. Desse modo, a *Pietà* de Michelangelo pode ser realizada em uma série indefinida de exemplares, sem deixar de ser una, *determinada* e *finita*. A forma material é desprovida dessa infinidade material, quantitativa, pois ela só pode ser realizada inteira e uma só vez; e é uma grande superioridade, pois a multiplicidade de realizações de uma mesma forma leva a que ela jamais possa ser realizada plena e perfeitamente, de modo que, paradoxalmente, a isenção dessa infinidade material confere à própria forma certa infinidade, uma vez que ela é inteiramente realizável, sem limites. Contudo, em si mesma, a forma se limita ao que ela é, por meio do que se distingue das outras formas. A brancura pura, se fosse realizável, seria brancura perfeita, sem limites, mas seria apenas brancura.

subsistunt intelligibiles et intellectuales omnes substantiae. Sed radius non multiplicatur nisi secundum diversitatem recipientium. Non autem potest dici quod materia sit receptiva intelligibilis radii: cum substantiae intellectuales sint immateriales, ut supra[3] ostensum est. Ergo videtur quod multiplicatio substantiarum intellectualium non possit esse nisi secundum exigentiam primorum corporum, scilicet caelestium, ut ad ea quodammodo processus praedictorum radiorum terminetur. Et sic idem quod prius.

SED CONTRA est quod dicitur Dn 7,10: *Millia millium ministrabant ei, et decies millies centena millia assistebant ei.*

RESPONDEO dicendum quod circa numerum substantiarum separatarum, diversis viis processerunt. Plato enim posuit[4] substantias separatas esse species rerum sensibilium: utpote si poneremus ipsam naturam humanam esse separatam. Et secundum hoc oportebat dicere quod substantiae separatae sint secundum numerum specierum sensibilium. — Sed hanc positionem improbat Aristoteles[5], ex eo quod materia est de ratione speciei horum sensibilium. Unde substantiae separatae non possunt esse species exemplares horum sensibilium, sed habent quasdam naturas altiores naturis rerum sensibilium.

Posuit tamen Aristoteles[6] quod illae naturae perfectiores habent ordinem ad sensibilia ista, secundum rationem moventis et finis. Et ideo secundum numerum primorum motuum, conatus est adinvenire numerum substantiarum separatum.

Sed quia hoc videtur repugnare documentis sacrae Scripturae, Rabbii Moyses, Iudaeus, volens utrumque concordare, posuit[7] quod angeli, secundum quod dicuntur substantiae immateriales, multiplicantur secundum numerum motuum vel corporum caelestium, secundum Aristotelem. Sed posuit quod angeli in Scriptura dicuntur etiam homines divina annuntiantes; et iterum virtutes rerum naturalium, quae Dei omnipotentiam manifestant. — Sed hoc est alienum a consuetudine Scripturae, quod virtutes rerum irrationabilium angeli nominentur.

Unde dicendum est quod etiam angeli secundum quod sunt immateriales substantiae,

rezas inteligíveis e intelectuais". Ora, o raio não se multiplica senão na medida da diversidade dos sujeitos que o recebem. Mas não se pode dizer que a matéria seja receptiva do raio inteligível, pois as naturezas intelectuais são imateriais, como se mostrou acima. A multiplicidade delas, portanto, parece que só pode ser segundo a exigência dos primeiros corpos, a saber, dos corpos celestes, de modo que neles a propagação de tais raios deve, de algum modo, terminar. E assim se conclui o mesmo que antes.

EM SENTIDO CONTRÁRIO, diz o livro de Daniel: "Milhares de milhares o serviam, e uma miríade de miríades se mantinha em pé diante dele".

RESPONDO. A respeito do número das substâncias separadas, procedeu-se por diversos caminhos. Para Platão, as substâncias separadas são as espécies das coisas sensíveis, como se, por exemplo, afirmássemos que a natureza humana existe separada. De acordo com essa opinião, devia-se dizer que há tantas substâncias separadas quantas espécies sensíveis. — Aristóteles refuta essa afirmação porque a matéria pertence à razão específica das coisas sensíveis. Daí que as substâncias separadas não podem ser os exemplares das coisas sensíveis; pelo contrário, elas têm uma natureza mais elevada.

Contudo, Aristóteles admitiu que essas naturezas mais perfeitas estão em relação com as coisas sensíveis, na medida em que são os motores e a causa final. Isto o levou a fixar para as substâncias separadas um número igual àquele dos primeiros movimentos.

Como isso parecia contrário aos testemunhos da Sagrada Escritura, o judeu Rabbi Moisés querendo conciliar Aristóteles e a Escritura, afirmou que, se por anjo se entendem as substâncias imateriais, eles se multiplicam pelo número dos movimentos ou dos corpos celestes, conforme Aristóteles. Mas afirmou que os anjos na Sagrada Escritura são chamados homens que anunciam coisas divinas e também as forças das coisas naturais que manifestam a onipotência de Deus. — Não é contudo costume das Escrituras chamar de anjos as forças das coisas irracionais.

Deve-se dizer, portanto, que os anjos, enquanto são substâncias imateriais, constituem uma multi-

---

3. A. 2.
4. *Phaedonis*, c. 48, 49: 100-101; *Parmenid.*, c. 6: 132-133.
5. *Metaph.*, l. I, c. 9: 990, a, 34 — b, 8.
6. L. XII, c. 8: 1073, a, 28 – b, 17; — et ibid.: 1074, a, 14-38.
7. *Doctor Perplexorum*, part. II, c. 4, 6.

in quadam multitudine maxima sunt, omnem materialem multitudinem excedentes. Et hoc est quod dicit Dionysius, 14 cap. *Caelest. Hierarch.*[8]: *Multi sunt beati exercitus supernarum mentium, infirmam et constrictam excedentes nostrorum materialium numerorum commensurationem.* Et huius ratio est quia, cum perfectio universi sit illud quod praecipue Deus intendit in creatione rerum, quanto aliqua sunt magis perfecta tanto in maiori excessu sunt creata a Deo. Sicut autem in corporibus attenditur excessus secundum magnitudinem, ita in rebus incorporeis potest attendi excessus secundum multitudinem. Videmus autem quod corpora incorruptibilia, quae sunt perfectiora inter corpora, excedunt quasi incomparabiliter secundum magnitudinem corpora corruptibilia: nam tota sphaera activorum et passivorum est aliquid modicum respectu corporum caelestium. Unde rationabile est quod substantiae immateriales excedant secundum multitudinem substantias materiales, quasi incomparabiliter.

AD PRIMUM ergo dicendum quod in angelis non est numerus qui est quantitas discreta, causatus ex divisione continui: sed causatus ex distinctione formarum, prout multitudo est de transcendentibus, ut supra[9] dictum est.

AD SECUNDUM dicendum quod ex hoc quod natura angelica est Deo propinqua, oportet quod habeat minimum de multitudine in sui compositione: non autem ita quod in paucis salvetur.

AD TERTIUM dicendum quod ratio illa est Aristotelis in XII *Metaphys.*[10]. Et ex necessitate concluderet, si substantiae separatae essent propter substantias corporales: sic enim frustra essent immateriales substantiae, nisi ex eis aliquis motus in rebus corporalibus appareret. Non est autem hoc verum, quod substantiae immateriales sint propter corporales: quia finis nobilior est his quae sunt ad finem. Unde etiam Aristoteles dicit ibidem quod haec ratio non est necessaria, sed probabilis. Coactus autem fuit hac ratione uti, quia ad cognoscendum intelligibilia non possumus pervenire nisi per sensibilia.

AD QUARTUM dicendum quod ratio illa procedit secundum opinionem eorum qui causam distinc-

dão imensa, e superam toda multidão material. É o que diz Dionísio: "Os exércitos bem-aventurados dos espíritos celestes são numerosos, superando a medida pequena e restrita de nossos números materiais". E a razão disto é que tendo Deus a perfeição do universo como finalidade principal na criação, quanto mais perfeitas são algumas coisas, em tanta maior abundância Deus as criou. Pois da mesma forma que nos corpos se considera o excesso pela grandeza, nos seres incorpóreos é pela quantidade. Ora, os corpos incorruptíveis, que são os mais perfeitos entre os corpos, superam em grandeza, quase sem comparação, os corpos corruptíveis; pois toda a esfera dos corpos ativos e passivos é pouca coisa diante dos corpos celestes. É razoável, portanto, que as substâncias imateriais superem em quantidade as substâncias materiais, como se fossem incomparáveis.

QUANTO AO 1º, portanto, deve-se dizer que nos anjos não há o número, que é uma quantidade discreta, causado pela divisão do contínuo, mas causado pela distinção das formas, na medida em que a quantidade é um transcendental, como foi dito acima.

QUANTO AO 2º, deve-se dizer que pelo fato de a natureza angélica ser próxima a Deus, é preciso que tenha o mínimo de quantidade em sua composição, mas de tal modo que não se realize apenas em poucos.

QUANTO AO 3º, deve-se dizer que esse argumento é de Aristóteles no livro XII da *Metafísica*. Sua conclusão seria necessária se as substâncias separadas existissem por causa das substâncias corporais, pois nessa hipótese as substâncias imateriais seriam inúteis, a menos que por elas surgisse um movimento qualquer nas coisas materiais. Ora, é falso que as substâncias imateriais existam por causa das corporais, uma vez que o fim é mais nobre do que aquilo que é para ele. O próprio Aristóteles diz que esse argumento não é necessário, mas provável. Contudo, foi forçado a mantê-lo porque não podemos chegar ao conhecimento do que é inteligível a não ser pelo que é sensível.

QUANTO AO 4º, deve-se dizer que esse argumento procede para aqueles que afirmavam que

---

8. MG 3, 321 A.
9. Q. 30, q. 3.
10. Loc. cit. in corp.

tionis rerum ponebant esse materiam. Hoc autem improbatum est[11]. Unde multiplicatio angelorum neque secundum materiam, neque secundum corpora est accipienda: sed secundum divinam sapientiam, diversos ordines immaterialium substantiarum excogitantem.

Articulus 4
Utrum angeli differant specie

AD QUARTUM SIC PROCEDITUR. Videtur quod angeli non differant specie.

1. Cum enim differentia sit nobilior genere, quaecumque conveniunt secundum id quod est nobilissimum in eis, conveniunt in ultima differentia constitutiva; et ita sunt eadem secundum speciem. Sed omnes angeli conveniunt in eo quod est nobilissimum in eis, scilicet in intellectualitate. Ergo omnes angeli sunt unius speciei.

2. PRAETEREA, *magis* et *minus* non diversificant speciem. Sed angeli non videntur differre ad invicem nisi secundum magis et minus; prout scilicet unus alio est simplicior, et perspicacioris intellectus. Ergo angeli non differunt specie.

3. PRAETEREA, anima et angelus ex opposito dividuntur. Sed omnes animae sunt unius speciei. Ergo et angeli.

4. PRAETEREA, quanto aliquid est perfectus in natura, tanto magis debet multiplicari. Hoc autem non esset, si in una specie esset unum tantum individuum. Ergo multi angeli sunt unius speciei.

SED CONTRA est quod in his quae sunt unius speciei, non est invenire prius et posterius, ut dicitur in III *Metaphys.*[1]. Sed in angelis, etiam unius ordinis, sunt primi et medii et ultimi, ut

a matéria é causa da distinção das coisas. Mas isso já foi refutado. A causa da multiplicidade dos anjos não se deve tomar, portanto, nem pela matéria nem pelo corpo, mas pela sabedoria divina, que estabeleceu diversas ordens das substâncias imateriais[g].

Artigo 4
Os anjos diferem pela espécie?

QUANTO AO QUARTO, ASSIM SE PROCEDE: parece que os anjos **não** diferem pela espécie.

1. Na verdade, sendo a diferença mais nobre que o gênero, as coisas que coincidem no que há de mais nobre coincidem na última diferença constitutiva, e assim são da mesma espécie. Ora, todos os anjos coincidem no que há de mais nobre neles, a saber, em sua constituição intelectual. Logo, todos os anjos são de uma só espécie.

2. ALÉM DISSO, *mais* e *menos* não diversificam a espécie. Ora, os anjos não parecem diversificar-se entre si senão segundo o mais e o menos, na medida em que um é mais simples e intelectualmente mais perspicaz que outro. Logo, os anjos não diferem pela espécie.

3. ADEMAIS, a alma e o anjo se distinguem como termos opostos. Ora, todas as almas são da mesma espécie. Logo, também os anjos.

4. ADEMAIS, quanto mais uma coisa é perfeita em sua natureza, tanto mais deve ser multiplicada. Ora, isso não se realizaria se em cada espécie houvesse um só indivíduo. Há, portanto, muitos anjos de uma só espécie.

EM SENTIDO CONTRÁRIO, entre as coisas que são de uma só espécie, não há, como se diz no livro III da *Metafísica*, nem anterior nem posterior. Ora, Dionísio diz que uma mesma ordem dos anjos com-

---

11. Q. 47, a. 1.

PARALL.: II *Sent.*, dist. 3, q. 1, a. 4; dist. 32, q. 2, a. 3; IV, dist. 12, q. 1, a. 1, q.la 3, ad 3; *Cont. Gent.* II, 93; *De Spirit. Creat.*, a. 8; Q. *de Anima*, a. 3; *De Ent. et Ess.*, c. 5.

1. C. 3: 999, a, 6-16.

g. O interesse do presente artigo é confrontar as duas fontes da angelologia cristã: sua fonte filosófica, que para Sto. Tomás, só pode ser Aristóteles, já que ele afastou deliberadamente o mundo platônico das Ideias, e sua fonte bíblica. Aristóteles só podia conhecer as "formas puras" ou "inteligências" a partir de sua ação no mundo material, que consistia, segundo ele, em mover as esferas celestes, e isto o conduzia a reduzi-las a um número ínfimo. A *Bíblia* nos fala delas como constituindo multidões inumeráveis. Maimônides tentou conciliar essas duas fontes, reduzindo o conteúdo da fonte bíblica à nossa linguagem, atribuindo o nome de anjos a simples homens, mensageiros de Deus. Sto. Tomás prefere pensar que a *Bíblia* nos diz muito mais sobre os "espíritos puros" do que poderia fazer a filosofia sem a revelação. Como teólogo, ele fornece no artigo uma razão profunda da multidão incomensurável de anjos, que ele obtém da *Bíblia*. Isto não o leva a rejeitar completamente — como o faríamos hoje — as funções que Aristóteles lhe assinalava a respeito dos "movimentos do céu", mas ele se recusa a pensar que essas criaturas superiores não tivessem outra razão de ser senão assegurar o movimento do cosmos, que lhe é de tal modo inferior: não puderam ser criadas para ele, para seu serviço, mesmo que Deus se sirva delas também para exercer seu governo sobre o mundo material.

dicit Dionysius, 10 cap.² *Ang. Hier.* Ergo angeli non sunt eiusdem speciei.

Respondeo dicendum quod quidam dixerunt omnes substantias spirituales esse unius speciei, etiam animas. Alii vero quod omnes angeli sunt unius speciei, sed non animae. Quidam vero quod omnes angeli unius hierarchiae, aut etiam unius ordinis.

Sed hoc est impossibile. Ea enim quae conveniunt specie et differunt numero, conveniunt in forma, et distinguuntur materialiter. Si ergo angeli non sunt compositi ex materia et forma, ut dictum est supra³, sequitur quod impossibile sit esse duos angelos unius speciei. Sicut etiam impossibile esset dicere quod essent plures albedines separatae, aut plures humanitates; cum albedines non sint plures nisi secundum quod sunt in pluribus substantiis.

Si tamen angeli haberent materiam, nec sic possent esse plures angeli unius speciei. Sic enim oporteret quod principium distinctionis unius ab alio esset materia, non quidem secundum divisionem quantitatis, cum sint incorporei, sed secundum diversitatem potentiarum. Quae quidem diversitas materiae causat diversitatem non solum speciei, sed generis.

Ad primum ergo dicendum quod differentia est nobilior genere, sicut determinatum indeterminato et proprium communi; non autem sicut alia et alia natura. Alioquin oporteret quod omnia animalia irrationalia essent unius speciei; vel quod esset in eis aliqua alia perfectior forma quam anima sensibilis. Differunt ergo specie animalia irrationalia secundum diversos gradus determinatos naturae sensitivae. Et similiter omnes angeli differunt specie secundum diversos gradus naturae intellectivae.

Ad secundum dicendum quod *magis* et *minus*, secundum quod causantur ex intensione et remissione unius formae, non diversificant speciem. Sed secundum quod causantur ex formis diversorum graduum, sic diversificant speciem: sicut si dicamus quod ignis est perfectior aere. Et hoc modo angeli diversificantur secundum magis et minus.

Ad tertium dicendum quod bonum speciei praeponderat bono individui. Unde multo melius

preende os primeiros, os intermediários e os últimos. Logo, os anjos não são todos da mesma espécie.

Respondo. Para alguns, todas as naturezas espirituais, inclusive as almas, são da mesma espécie. Para outros, os anjos são da mesma espécie, mas não as almas. Para outros, enfim, só os anjos de uma só hierarquia ou de uma só ordem são da mesma espécie.

Mas isso é impossível. As coisas que coincidem na espécie e diferem numericamente coincidem na forma, mas materialmente se distinguem. Ora, se os anjos, como foi dito, não são compostos de matéria e forma, segue-se que é impossível haver dois anjos de uma só espécie. Como seria também impossível dizer que a brancura e a humanidade, separadas da matéria, seriam muitas, visto que elas só são múltiplas porque estão em muitas substâncias.

E mesmo que os anjos tivessem matéria, nem assim poderia haver muitos anjos de uma só espécie. Pois neste caso era preciso que o princípio da distinção entre um e outro fosse a matéria, não segundo a divisão da quantidade, uma vez que são incorpóreos, mas segundo a diversidade de potências. Essa diversidade de matéria causa não somente a diversidade de espécie, mas também de gênero.

Quanto ao 1º, portanto, deve-se dizer que a diferença é mais nobre que o gênero, como o determinado é mais nobre que o indeterminado, ou o próprio mais que o comum, e não como uma natureza e outra natureza. Caso contrário, ou os animais irracionais seriam todos da mesma espécie ou haveria neles outra forma mais perfeita que a alma sensível. Logo, os animais irracionais diferem especificamente segundo os diversos graus determinados da natureza sensitiva. Igualmente, todos os anjos diferem especificamente segundo diversos graus da natureza intelectual.

Quanto ao 2º, deve-se dizer que *mais* e *menos* não diversificam a espécie enquanto causados pela intensificação ou o enfraquecimento de uma só forma, mas sim enquanto causados pelas formas de graus desiguais. Por exemplo, dizemos que o fogo é mais perfeito que o ar. É desta maneira que os anjos se diversificam segundo o mais e o menos[h].

Quanto ao 3º, deve-se dizer que o bem da espécie é superior ao bem do indivíduo. A multi-

---

2. MG 3, 273 C. Cfr. c. 4: MG 3, 181 A.
3. A. 2.

h. Uma forma específica (como a humanidade) conserva a mesma e única perfeição ontológica em todos os indivíduos nos quais ela se realiza, mesmo que seja mais ou menos perfeitamente realizada em cada um deles. Um homem é mais perfeito que outro segundo tal ou tal característica da humanidade: a inteligência, a criatividade, o caráter etc., mas cada um é perfeitamente homem. Ela se multiplica (cada um em sua humanidade individual), mas apenas materialmente.

est quod multiplicentur species in angelis, quam quod multiplicentur individua in una specie.

AD QUARTUM dicendum quod multiplicatio secundum numerum, cum in infinitum protendi possit, non intenditur ab agente, sed sola multiplicatio secundum speciem, ut supra[4] dictum est. Unde perfectio naturae angelicae requirit multiplicationem specierum, non autem multiplicationem individuorum in una specie.

ARTICULUS 5
Utrum angeli sint incorruptibiles

AD QUINTUM SIC PROCEDITUR. Videtur quod angeli non sint incorruptibiles.

1. Dicit enim Damascenus[1] de angelo, quod est *substantia intellectualis, gratia et non natura immortalitatem suscipiens.*
2. PRAETEREA, Plato dicit, in *Timaeo*[2]: *O dii deorum, quorum opifex idem paterque ego, opera siquidem vos mea, dissolubilia natura, me tamen ita volente indissolubilia.* Hos autem deos non aliud quam angelos intelligere potest. Ergo angeli natura sua sunt corruptibiles.
3. PRAETEREA, secundum Gregorium[3], *omnia in nihilum deciderent, nisi ea manus Omnipotentis conservaret.* Sed quod in nihilum redigi potest, est corruptibile. Ergo, cum angeli sint a Deo facti, videtur quod sint corruptibiles secundum suam naturam.

SED CONTRA est quod Dionysius dicit, 4 cap. *de Div. Nom.*[4], quod intellectuales substantiae *vitam habent indeficientem, ab universa corruptione, morte et materia et generatione mundae existentes.*

RESPONDEO dicendum quod necesse est dicere angelos secundum suam natura esse incorruptibiles. Cuius ratio est, quia nihil corrumpitur nisi per hoc, quod forma eius a materia separatur: unde, cum angelus sit ipsa forma subsistens, ut ex dictis[5] patet, impossibile est quod eius substantia sit

plicação das espécies é, portanto, entre os anjos, bem melhor que a multiplicação dos indivíduos em uma só espécie.

QUANTO AO 4º, deve-se dizer que a multiplicação numérica que pode se estender até o infinito não é pretendida pelo agente, mas apenas a multiplicação específica. A perfeição da natureza angélica exige, portanto, a multiplicação das espécies, mas não a multiplicação dos indivíduos em uma só espécie.

ARTIGO 5
Os anjos são incorruptíveis?

QUANTO AO QUINTO, ASSIM SE PROCEDE: parece que os anjos **não** são incorruptíveis.

1. Com efeito, segundo Damasceno, "o anjo é uma substância intelectual que recebe a imortalidade por graça e não por natureza".
2. ALÉM DISSO, Platão diz: "Ó deuses dos deuses, dos quais sou o autor e o pai, vós sois minhas obras, vós sois corruptíveis por natureza, mas eu vos quero incorruptíveis". Ora, pode-se entender que esses deuses não são distintos dos anjos. Logo, os anjos são corruptíveis por natureza.
3. ADEMAIS, conforme Gregório: "Todos os seres voltariam ao nada se a mão do Todo-Poderoso não os conservasse". Ora, o que pode ser reduzido a nada é corruptível. Logo, parece que os anjos são corruptíveis por natureza, pois foram criados por Deus.

EM SENTIDO CONTRÁRIO, Dionísio afirma: "As substâncias intelectuais têm uma vida indefectível, pois são isentas de toda corrupção, da morte, da matéria e da geração".

RESPONDO. É necessário afirmar que os anjos são incorruptíveis por natureza. E a razão é que uma coisa se corrompe unicamente porque sua forma é separada da matéria[i]. Sendo o anjo uma forma subsistente, como foi demonstrado, sua natureza não pode ser corruptível. Pois uma

---

4. Q. 47, a. 3, ad 2.

5 PARALL.: Supra, q. 9, a. 2; II *Sent.*, dist. 7, q. 1, a. 1; *Cont. Gent.* II, 55; *De Pot.*, q. 5, a. 3; *Compend. Theol.*, c. 74.

1. *De Fide Orth.*, l. II, c. 3: MG 94, 865 B, 867 B.
2. C. 13: 41 AB.
3. *Moral.*, l. XVI, c. 37 (al. 18): ML 75, 1143 C.
4. MG 3, 693 C.
5. A. 2.

O mais ou menos nos anjos dirá respeito à forma constitutiva, sua natureza, segundo a qual eles participam integralmente no princípio de toda perfeição entitativa, o próprio ser.

i. "Incorruptíveis", "corrompida": tais palavras não são tomadas aqui em seu sentido moral (que é metafórico), mas em seu sentido metafísico: trata-se da dissolução de um *ente*, que deixa de existir porque os elementos que o compõem se separam.

corruptibilis. Quod enim convenit alicui secundum se, nunquam ab eo separari potest: ab eo autem cui convenit per aliud, potest separari, separato eo secundum quod ei conveniebat. Rotunditas enim a circulo separari non potest, quia convenit ei secundum seipsum: sed aeneus circulus potest amittere rotunditatem per hoc, quod circularis figura separatur ab aere. Esse autem secundum se competit formae: unumquodque enim est ens actu secundum quod habet formam. Materia vero est ens actu per formam. Compositum igitur ex materia et forma desinit esse actu per hoc, quod forma separatur a materia. Sed si ipsa forma subsistat in suo esse, sicut est in angelis, ut dictum est[6], non potest amittere esse. Ipsa igitur immaterialitas angeli est ratio quare angelus est incorruptibilis secundum suam naturam.

Et huius incorruptibilitatis signum accipi potest ex eius intellectuali operatione: quia enim unumquodque operatur secundum quod est actu, operatio rei indicat modum esse ipsius. Species autem et ratio operationis ex obiecto comprehenditur. Obiectum autem intelligibile, cum sit supra tempus, est sempiternum. Unde omnis substantia intellectualis est incorruptibilis secundum suam naturam.

AD PRIMUM ergo dicendum quod Damascenus accipit immortalitatem perfectam, quae includit omnimodam immutabilitatem: quia *omnis mutatio est quaedam mors*, ut Augustinus dicit[7]. Perfectam autem immutabilitatem angeli non nisi per gratiam assequuntur, ut infra patebit[8].

AD SECUNDUM dicendum quod Plato per deos intelligit corpora caelestia, quae existimabat esse

coisa que convém a algo por si mesma não pode jamais ser separada dele. Ela pode ser separada daquilo ao qual convém por outro, se se separar este outro em razão do qual a coisa lhe convém. A redondeza não pode se separar do círculo, pois esta lhe convém por si mesma. Mas um círculo de bronze pode perder a redondeza pelo fato de a figura circular se separar do bronze. Ora, o ser, em si, convém à forma, pois uma coisa é ente em ato enquanto tem uma forma. A matéria, por sua vez, é ente em ato pela forma. O composto de matéria e forma, portanto, cessa de ser em ato pelo fato de a forma se separar da matéria. Mas se a forma subsiste em seu ser, como é o caso dos anjos, como foi dito, não pode perder o ser. Portanto, é em razão de sua imaterialidade que o anjo é incorruptível por natureza[j].

E pode-se tomar como sinal dessa incorruptibilidade a operação intelectual dele, pois cada um opera enquanto está em ato, e a operação manifesta o modo de seu ser. Ora, a espécie e a razão da operação se compreendem pelo objeto. O objeto inteligível, uma vez que está acima do tempo, é sempiterno. Consequentemente, toda natureza intelectual é incorruptível por natureza[k].

QUANTO AO 1º, portanto, deve-se dizer que Damasceno toma a imortalidade perfeita que inclui a imutabilidade completa, pois segundo a palavra de Agostinho: "Toda mudança é uma morte". Ora, os anjos não adquirem a completa imutabilidade senão por graça, como a seguir ficará claro.

QUANTO AO 2º, deve-se dizer que, por deuses, Platão entende os corpos celestes, os quais acre-

---

6. Cit. a. 2.
7. *Contra Maximinum*, l. II (al. III), c. 12: ML 42, 768.
8. Q. 62, a. 2, 8.

---

j. Em virtude do princípio de não-contradição, um sujeito não pode perder o que faz parte de sua definição: um círculo é redondo por definição. Um objeto, porém, que é de bronze em forma de círculo pode assumir sua forma circular, pois não é por definição que o bronze é circular. É devido à sua forma que uma realidade qualquer subsiste, é um *ente*. Já o ente material é um composto de matéria e de forma. Sua forma não é um *ente*, ela não subsiste, ela possibilita ao composto que subsista e, portanto, possa perder a subsistência se não houver mais composto para fazer subsistir, ou seja, o composto se dissolve; do mesmo modo que o bronze perde sua rotundidade se perder sua circularidade. Tal não poderia ocorrer com o anjo, pois ele é uma forma pura, subsistente em si mesma. Não pode perder sua subsistência mais do que o círculo não poderia deixar de ser redondo. Isto significa que é essencial à forma pura existir? A terceira resposta coloca as coisas em seus lugares certos: a existência de tudo o que não é Deus provém de Deus e de um ato livre dele, e Deus dá ao ente a subsistência ao mesmo tempo que a existência: uma forma não existente não subsiste, é apenas um projeto de pensamento, uma ideia. Porém, a partir do momento em que Deus a faz existir, ela subsiste por si mesma, é por si mesma um *ente* e não pode portanto perder a existência, assim como não pode deixar de ser ela mesma, ainda que Deus, como a criou livremente, possa retirar-lhe o ser. Por outros motivos, extraídos da "fidelidade" de Deus, isto deve ser rejeitado, mas, de qualquer modo, não seria por "corrupção", por "dissolução" de sua forma constitutiva que o anjo, nesse caso, deixaria de existir.

k. O inteligível como tal é intemporal, subtraído à sucessão. O mesmo ocorre, por conseguinte, com a operação intelectual e a faculdade que a produz, o intelecto. Segue-se disso que ela é eterna? Não, pois toda existência intemporal não é eterna. No entanto, toda existência intemporal subtrai-se enquanto tal à flutuação, e não poderia portanto deixar de ser.

ex elementis composita, et ideo secundum suam naturam dissolubilia: sed voluntate divina semper conservantur in esse.

AD TERTIUM dicendum quod, sicut supra[9] dictum est, quoddam necessarium est quod habet causam suae necessitatis. Unde non repugnat necessario nec incorruptibili, quod esse eius dependeat ab alio sicut a causa. Per hoc ergo quod dicitur quod omnia deciderent in nihilum nisi continerentur a Deo, et etiam angeli, non datur intelligi quod in angelis sit aliquod corruptionis principium: sed quod esse angeli dependeat a Deo sicut a causa. Non autem dicitur aliquid esse corruptibile, per hoc quod Deus possit illud in non esse redigere, subtrahendo suam conservationem: sed per hoc quod in seipso aliquod principium corruptionis habet, vel contrarietatem vel saltem potentiam materiae.

ditava serem compostos de elementos, e por isso corruptíveis por natureza. Mas sempre conservados no ser pela vontade divina.

QUANTO AO 3º, deve-se dizer que, como se disse acima, é necessário o que tem causa de sua necessidade. Por isso, não repugna ao que é necessário nem ao que é incorruptível que tenham o ser dependente de outro como de sua causa. Portanto, quando se diz que todas as coisas, mesmo os anjos, retornariam ao nada se Deus não as sustentasse no ser, não se quer dizer que haja um princípio de corrupção nos anjos, mas que o ser deles depende de Deus como de sua causa. Não se diz que uma coisa é corruptível porque Deus pode reduzi-la ao não-ser, retirando-lhe sua ação de conservação, mas porque tem em si um princípio de corrupção ou uma contrariedade ou ao menos a potência da matéria.

9. Q. 44, a. 1, ad 2.

QUAESTIO LI
DE COMPARATIONE ANGELORUM AD CORPORA
in tres articulos divisa

Deinde quaeritur de angelis per comparationem ad corporalia. Et primo, de comparatione angelorum ad corpora; secundo, de comparatione angelorum ad loca corporalia; tertio, de comparatione angelorum ad motum localem.

Circa primum quaeruntur tria.
Primo: utrum angeli habeant corpora naturaliter sibi unita.
Secundo: utrum assumant corpora.
Tertio: utrum in corporibus assumptis exerceant opera vitae.

QUESTÃO 51
A COMPARAÇÃO DOS ANJOS COM OS CORPOS
em três artigos

Em seguida, pergunta-se sobre os anjos em comparação com os corpos. Primeiro, com os corpos; depois, com os lugares; finalmente, com o movimento local.

A respeito do primeiro são três as perguntas:
1. Os anjos têm um corpo unido a eles naturalmente?
2. Os anjos assumem os corpos?
3. Os anjos exercem funções vitais nos corpos que assumem?

ARTICULUS 1
Utrum angeli habeant corpora naturaliter sibi unita

AD PRIMUM SIC PROCEDITUR. Videtur quod angeli habeant corpora naturaliter sibi unita.

1. Dicit enim Origenes, in libro *Peri Archon*[1]: *Solius Dei, idest Patris et Filii et Spiritus Sanc-*

ARTIGO 1
Os anjos têm corpos unidos a eles naturalmente?

QUANTO AO PRIMEIRO ARTIGO, ASSIM SE PROCEDE: parece que os anjos **têm** corpos unidos a eles naturalmente.

1. Com efeito, Orígenes diz: "É próprio só da natureza de Deus (quer dizer, do Pai, do Filho e

1 PARALL.: II *Sent.*, dist. 8, a. 1; *Cont. Gent.* II, 91; *De Pot.*, q. 6, a. 6; *De Malo*, q. 16, a. 1; *De Spirit. Creat.*, a. 5; Opusc. XV, *de Angelis*, c. 18.

1. L. I, c. 6: MG 11, 170 C.

ti, naturae illud proprium est, ut sine materiali substantia et absque ulla corporea adiectionis societate, intelligatur existere. — Bernardus etiam dicit, in VI Homilia *super Cant.*[2]: *Demus Deo soli, sicut immortalitatem sic incorporeitatem, cuius natura sola neque propter se neque propter alium, solatio indiget instrumenti corporei. Liquet*[3] *autem omnem spiritum creatum corporeo indigere solatio.* — Augustinus etiam dicit, *Super Gen. ad Litt.*[4]: *Daemones aerea dicuntur animalia, quia corporum aereorum natura vigent.* Eadem autem est natura daemonis et angeli. Ergo angeli habent corpora naturaliter sibi unita.

2. PRAETEREA, Gregorius, in Homilia Epiphaniae[5], nominat angelum *rationale animal*. Omne autem animal componitur ex corpore et anima. Ergo angeli habent corpora naturaliter sibi unita.

3. PRAETEREA, perfectior est vita in angelis quam in animabus. Sed anima non solum vivit, sed etiam vivificat corpus. Ergo angeli vivificant corpora naturaliter sibi unita.

SED CONTRA est quod dicit Dionysius, 4 cap. *de Div. Nom.*[6], quod angeli *sicut incorporales intelliguntur*.

RESPONDEO dicendum quod angeli non habent corpora sibi naturaliter unita. Quod enim accidit alicui naturae, non invenitur universaliter in natura illa: sicut habere alas, quia non est de ratione animalis, non convenit omni animali. Cum autem intelligere non sit actus corporis nec alicuius virtutis corporeae, ut infra[7] patebit, habere corpus unitum non est de ratione substantiae intellectualis inquantum huiusmodi, sed accidit alicui substantiae intellectuali propter aliquid aliud; sicut humanae animae competit uniri corpori, quia est imperfecta et in potentia existens in genere intellectualium substantiarum, non habens in sui natura plenitudinem scientiae, sed acquirens eam per sensus corporeos a sensibilibus rebus, ut infra[8] dicetur. In quocumque autem genere invenitur aliquid imperfectum, oportet praeexistere aliquid perfectum in genere illo. Sunt igitur aliquae substantiae perfectae intellectuales in natura intellectuali, non indigentes acquirere

do Espírito Santo) existir sem substância material e fora de qualquer união corporal". — Também Bernardo afirma: "Concedamos tanto a imortalidade como a incorporeidade só a Deus, cuja natureza é a única que nem por si, nem por outro, necessita da ajuda de um instrumento corpóreo. Pois é claro que todo espírito criado necessita da ajuda corpórea". — Igualmente Agostinho: "Os demônios são chamados animais aéreos porque possuem a natureza dos corpos aéreos". Ora, os anjos e os demônios têm a mesma natureza. Logo, os anjos têm corpos que lhes são unidos naturalmente.

2. ALÉM DISSO, Gregório chama o anjo de *animal racional*. Ora, todo animal é composto de corpo e alma. Logo, os anjos têm corpos que lhes são unidos naturalmente.

3. ADEMAIS, a vida é mais perfeita nos anjos do que nas almas. Ora, não somente a alma vive, mas também vivifica o corpo. Logo, os anjos vivificam corpos que lhes são unidos naturalmente.

EM SENTIDO CONTRÁRIO, Dionísio diz que os anjos *são entendidos como incorpóreos*.

RESPONDO. Os anjos não têm corpos que lhes sejam naturalmente unidos. De fato, o que é acidental a uma natureza não se encontra nela universalmente. Por exemplo, ter asas, não pertence à razão de animal e, consequentemente, não convém a todos os animais. Ora, como conhecer não é ato de um corpo nem de uma faculdade corpórea, como abaixo se verá, ter um corpo unido não pertence à razão de uma substância intelectual enquanto tal, mas é acidental à substância intelectual, por alguma outra coisa. Por exemplo, cabe à alma humana ser unida a um corpo porque, imperfeita e em potência no gênero das substâncias intelectuais, não tem, por natureza, a plenitude da ciência, mas a adquire pelos sentidos corpóreos a partir das coisas sensíveis. Ora, se em algum gênero se encontra algo imperfeito, é necessário que nesse gênero preexista algo perfeito. Portanto, na natureza intelectual, há algumas substâncias intelectuais perfeitas que não têm necessidade de

---

2. ML 183, 803 C.
3. Homil. 5: ML 183, 800 D.
4. L. III, c. 10: ML 34, 284.
5. Homil. 10 in *Evang.*: ML 76, 1110 C.
6. MG 3, 693 C.
7. Q. 75, a. 2.
8. Q. 84, a. 6; q. 89, a. 1.

scientiam a sensibilibus rebus. Non igitur omnes substantiae intellectuales sunt unitae corporibus; sed aliquae sunt a corporibus separatae. Et has dicimus angelos.

AD PRIMUM ergo dicendum quod, sicut supra[9] dictum est, quorundam opinio fuit quod omne ens esset corpus. Et ex hac existimatione derivatum videtur, quod aliqui existimaverunt nullas substantias incorporeas esse nisi corporibus unitas; adeo quod quidam etiam posuerunt Deum esse animam mundi, ut Augustinus narrat in VII *de Civ. Dei*[10]. Sed quia hoc fidei catholicae repugnat, quae ponit Deum super omnia exaltatum, secundum illud Ps 8,2, *Elevata est magnificentia tua super caelos*, Origenes, hoc de Deo dicere recusans, de aliis secutus est aliorum opinionem; sicut et in multis aliis deceptus fuit, sequens antiquorum philosophorum opiniones. — Verbum autem Bernardi potest exponi, quod spiritus creati indigeant corporali instrumento, non naturaliter unito, sed ad aliquid assumpto, ut infra[11] dicetur. — Augustinus autem loquitur non asserendo, sed opinione Platonicorum utens, qui ponebant esse quaedam animalia aerea, quae *daemones* nominabant.

AD SECUNDUM dicendum quod Gregorius nominat angelum *rationale animal* metaphorice, propter similitudinem rationis.

AD TERTIUM dicendum quod vivificare effective simpliciter perfectionis est. Unde et Deo convenit secundum illud 1Reg 2,6: *Dominus mortificat et vivificat*. Sed vivificare formaliter est substantiae quae est pars alicuius naturae, et non habentis in se integram naturam speciei. Unde substantia intellectualis quae non est unita corpori, est perfectior quam ea quae est corpori unita.

ARTICULUS 2
Utrum angeli assumant corpora

AD SECUNDUM SIC PROCEDITUR. Videtur quod angeli non assumant corpora.

9. Q. 50, a. 1.
10. C. 6: ML 41, 199. — Cfr. I, q. 3, a. 8 c.
11. A. sq.

PARALL.: II *Sent*., dist. 8, a. 2; *De Pot*., q. 6, a. 7.

adquirir a ciência a partir das coisas sensíveis. Portanto, nem todas as substâncias intelectuais estão unidas a um corpo. Algumas existem separadas dos corpos, e a estas chamamos anjos.

QUANTO AO 1º, portanto, deve-se dizer que, como acima foi dito, alguns afirmaram que todo ente seria corpo. E esse juízo parece tê-los levado a julgar que nenhuma substância incorpórea existe senão unida a um corpo. A ponto de outros afirmarem que Deus é a alma do mundo, como o refere Agostinho. Mas isso contradiz a fé católica, segundo a qual Deus está elevado acima de todas as coisas, conforme a palavra do Salmo 8: "Tua majestade está elevada acima dos céus". Orígenes recusou-se a falar assim de Deus: mas seguiu a opinião de outros a respeito de outras coisas, deixando-se enganar, em muitos outros pontos, seguindo a opinião dos antigos filósofos. — Pode-se explicar a palavra de Bernardo no sentido de que os espíritos criados têm necessidade de um instrumento corporal, não unido naturalmente, mas assumido para realizar certas funções, como abaixo se verá. — Quanto a Agostinho, ele não exprime sua própria convicção, mas relata a opinião dos platônicos, que afirmavam haver alguns animais aéreos aos quais chamavam de *demônios*.

QUANTO AO 2º, deve-se dizer que Gregório chama o anjo de *animal racional* por metáfora, pela semelhança da razão.

QUANTO AO 3º, deve-se dizer que vivificar, em sentido eficiente, é absolutamente próprio da perfeição. Portanto convém a Deus, conforme o primeiro livro dos *Reis*: "É o Senhor que dá a morte ou a vida". Mas dar a vida, em sentido formal, é próprio da substância que faz parte de uma natureza e que não tem, em si, a totalidade da natureza da espécie. Portanto, substância intelectual que não está unida a um corpo é mais perfeita que aquela que é unida ao corpo.

ARTIGO 2
Os anjos assumem os corpos?[a]

QUANTO AO SEGUNDO, ASSIM SE PROCEDE: parece que os anjos **não** assumem os corpos.

a. Sto. Tomás esforça-se aqui em explicar as aparições de anjos relatadas pela *Bíblia*. Como todos os autores de sua época, ele pensava dever interpretar em sentido literal.

1. In opere enim angeli nihil est superfluum; sicut neque in opere naturae. Sed superfluum esset quod angeli corpora assumerent: angelus enim non indiget corpore, cum eius virtus omnem virtutem corporis excedat. Ergo angelus non assumit corpus.

2. Praeterea, omnis assumptio ad aliquam unionem terminatur: quia *assumere* dicitur quasi *ad se sumere*. Sed corpus non unitur angelo ut formae, sicut dictum est[1]. Ex eo autem quod unitur sibi ut motori, non dicitur assumi: alioquin sequeretur quod omnia corpora mota ab angelis, essent ab eis assumpta. Ergo angeli non assumunt corpora.

3. Praeterea, angeli non assumunt corpora de terra vel aqua, quia non subito disparerent; neque iterum de igne, quia comburerent ea quae contingerent; neque iterum ex aere, quia aer infigurabilis est et incolorabilis. Ergo angeli corpora non assumunt.

Sed contra est quod Augustinus dicit, XVI *de Civ. Dei*[2], quod angeli in assumptis corporibus Abrahae apparuerunt.

Respondeo dicendum quod quidam[3] dixerunt angelos nunquam corpora assumere, sed omnia quae in Scripturis divinis leguntur de apparitionibus angelorum, contigisse in visione prophetiae, hoc est secundum imaginationem. — Sed hoc repugnat intentioni Scripturae. Illud enim quod imaginaria visione videtur, est in sola imaginatione videntis: unde non videtur indifferenter ab omnibus. Scriptura autem divina sic introducit interdum angelos apparentes, ut communiter ab omnibus viderentur; sicut angeli apparentes Abrahae, visi sunt ab eo et tota familia eius, et a Loth, et a civibus Sodomorum. Similiter angelus qui apparuit Tobiae, ab omnibus videbatur. Ex quo manifestum fit huiusmodi contigisse secundum corpoream visionem, qua videtur id quod positum est extra videntem, unde ab omnibus videri potest. Tali autem visione non videtur nisi corpus. Cum igitur angeli neque corpora sint, neque habeant corpora naturaliter sibi unita, ut ex dictis[4] patet, relinquitur quod interdum corpora assumant.

Ad primum ergo dicendum quod angeli non indigent corpore assumpto propter seipsos, sed propter nos; ut familiariter cum hominibus con-

1. Com efeito, nada é supérfluo nas operações dos anjos, assim como nas operações da natureza. Ora, assumir o corpo seria supérfluo para os anjos, porque o anjo não tem necessidade do corpo, uma vez que seu poder supera todo o poder corporal. Logo, o anjo não assume os corpos.

2. Além disso, assumir acaba sempre em alguma união, porque *assumir* é como que *tomar para si*. Ora, já se disse, um corpo não se une a um anjo como à sua forma. Pelo fato de estar unido ao anjo como a seu motor, não se diz que esteja assumido; caso contrário, todos os corpos movidos pelos anjos seriam assumidos por eles. Portanto, os anjos não assumem os corpos.

3. Ademais, os anjos não assumem os corpos de terra ou de água, porque não desapareceriam de repente. Nem corpos de fogo, porque queimariam o que tocassem. Nem mesmo corpos de ar, porque o ar não tem figura nem cor. Portanto, os anjos não assumem os corpos.

Em sentido contrário, Agostinho diz que "os anjos apareceram a Abraão em corpos que eles tinham assumido".

Respondo. Alguns disseram que os anjos não assumem jamais os corpos e que todas as aparições mencionadas na Sagrada Escritura teriam a forma de visões proféticas, a saber, visões da imaginação. — Esta opinião vai contra o pensamento da Escritura. Pois o objeto da visão de imaginação não existe senão na imaginação do que vê; por isso é visto por todos de maneira diferente. Ora, repetidas vezes, a Escritura de tal modo apresenta os anjos que aparecem como se fossem vistos por todos. Por exemplo, os anjos que apareceram a Abraão foram vistos por ele, por toda a sua família, por Lot e pelos habitantes de Sodoma. Assim também, o anjo que apareceu a Tobias foi visto por todos. Tudo isso mostra que essas manifestações aconteceram em visões corporais, nas quais se vê aquilo que é exterior ao que vê e por isso pode ser visto por todos. Em tal visão não se vê senão o corpo. Portanto, uma vez que os anjos não são corpos e não têm corpos que lhes sejam naturalmente unidos, resta que assumam às vezes os corpos.

Quanto ao 1º, portanto, deve-se dizer que não é por si que os anjos têm necessidade de assumir os corpos, mas por nós. É para mostrar, no convívio

---

1. A. praec.
2. C. 29: ML 41, 508.
3. *Sicut Rabbi Moyse*, (*Doct. Perplex.*, p. II, c. 42). *De Pot.*, q. 6, a. 7 c.
4. A. praec.; q. 50, a. 1.

versando, demonstrent intelligibilem societatem quam homines expectant cum eis habendam in futura vita. — Hoc etiam quod angeli corpora assumpserunt in Veteri Testamento, fuit quoddam figurale indicium quod Verbum Dei assumpturum esset corpus humanum: omnes enim apparitiones Veteris Testamenti ad illam apparitionem ordinatae fuerunt, qua Filius Dei apparuit in carne.

AD SECUNDUM dicendum quod corpus assumptum unitur angelo, non quidem ut formae, neque solum ut motori; sed sicut motori repraesentato per corpus mobile assumptum. Sicut enim in sacra Scriptura proprietates rerum intelligibilium sub similitudinibus rerum sensibilium describuntur, ita corpora sensibilia divina virtute sic formantur ab angelis, ut congruant ad repraesentandum angeli intelligibiles proprietates. Et hoc est angelum assumere corpus.

AD TERTIUM dicendum quod, licet aer, in sua raritate manens, non retineat figuram neque colorem; quando tamen condensatur, et figurari et colorari potest, sicut patet in nubibus. Et sic angeli assumunt corpora ex aere, condensando ipsum virtute divina, quantum necesse est ad corporis assumendi formationem.

familiar com os homens, o que será a comunidade espiritual que os homens esperam ter com eles na vida futura. — No Antigo Testamento, foi para anunciar figuradamente que o Verbo de Deus haveria de assumir um corpo humano, pois todas as aparições do Antigo Testamento estavam orientadas para a aparição do Filho de Deus na carne.

QUANTO AO 2º, deve-se dizer que o corpo assumido se une ao anjo não como à sua forma nem mesmo só como a seu motor, mas como a um motor representado pelo corpo móvel assumido. A Sagrada Escritura descreve as propriedades das coisas inteligíveis por meio de semelhanças com as coisas sensíveis. Assim também os anjos, pelo poder divino, tomam a forma de corpos sensíveis para que possam representar as propriedades inteligíveis dos anjos. É isso que significa que os anjos assumem os corpos.

QUANTO AO 3º, deve-se dizer que embora o ar, em sua rarefação, não contenha figura nem cor, quando condensado pode configurar-se e colorir-se, como se vê nas nuvens. É portanto a partir do ar que os anjos assumem os corpos, condensando-o pelo poder divino, na quantidade necessária para formar um corpo.

ARTICULUS 3

Utrum angeli in corporibus assumptis opera vitae exerceant

AD TERTIUM SIC PROCEDITUR. Videtur quod angeli in corporibus assumptis opera vitae exerceant.

1. Angelos enim veritatis non decet aliqua fictio. Esset autem fictio, si corpus ab eis assumptum, quod vivum videtur et opera vitae habens, non haberet huiusmodi. Ergo angeli in assumpto corpore opera vitae exercent.
2. PRAETEREA, in operibus angeli non sunt aliqua frustra. Frustra autem in corpore assumpto per angelum formarentur oculi et nares et alia sensuum instrumenta, nisi per ea angelus sentiret. Ergo angelus sentit per corpus assumptum. Quod est propriissimum opus vitae.
3. PRAETEREA, moveri motu processivo est unum de operibus vitae, ut patet in II *de Anima*[1]. Manifeste autem angeli apparent in assumptis corporibus moveri. Dicitur enim Gn 18,16, quod

ARTIGO 3

Os anjos exercem as operações vitais nos corpos que assumem?

QUANTO AO TERCEIRO, ASSIM SE PROCEDE: parece que os anjos **exercem** as operações vitais nos corpos que assumem.

1. Com efeito, aos anjos não convém nenhuma simulação da verdade. Ora, seria simulação se o corpo assumido por eles, aparentando estar vivo e ter as operações vitais, não as tivesse. Logo, os anjos exercem operações vitais no corpo que assumem.
2. ALÉM DISSO, nada há de inútil nas ações dos anjos. Ora, seriam inúteis, no corpo assumido pelo anjo, os olhos, o nariz e os outros elementos dos sentidos, se o anjo não pudesse sentir por meio deles. Logo, o anjo sente por meio do corpo assumido. E isso é uma operação muito propriamente vital.
3. ADEMAIS, caminhar é uma das operações vitais, como está claro no livro II da *Alma*. Ora, aparece claramente que os anjos se movem em corpos assumidos. Está escrito no livro do Gênesis que "Abraão

3 PARALL.: II *Sent*., dist. 8, a. 4; *De Pot*., q. 6, a. 8.

1. C. 2: 413, b, 9-13.

Abraham simul gradiebatur, deducens angelos qui ei apparuerant. Et angelus Tobiae quaerenti, *Nosti viam quae ducit in civitatem Medorum?* respondit: *Novi, et omnia itinera eius frequenter ambulavi*, Tb 5,7-8. Ergo angeli in corporibus assumptis frequenter exercent opera vitae.

4. PRAETEREA, locutio est opus viventis: fit enim per vocem, quae est sonus ab ore animalis prolatus ut dicitur in II *de Anima*[2]. Manifestum est autem ex multis locis Scripturae, angelos in assumptis corporibus locutos fuisse. Ergo in corporibus assumptis exercent opera vitae.

5. PRAETEREA, comedere est proprium opus animalis: unde Dominus post resurrectionem, in argumentum resumptae vitae, cum discipulis manducavit, ut habetur Lucae ultimo 41 sqq. Sed angeli in assumptis corporibus apparentes comederunt, et Abraham eis cibos obtulit, quos tamen prius adoraverat, ut habetur Gn 18,2sqq. Ergo angeli in assumptis corporibus exercent opera vitae.

6. PRAETEREA, generare hominem est actus vitae. Sed hoc competit angelis in assumptis corporibus dicitur enim Gn 6,4: *Postquam ingressi sunt filii Dei ad filias hominum, illaeque genuerunt, isti sunt potentes a saeculo viri famosi.* Ergo angeli exercent opera vitae in corporibus assumptis.

SED CONTRA, corpora assumpta ab angelis non vivunt, ut supra[3] dictum est. Ergo nec opera vitae per ea exerceri possunt.

RESPONDEO dicendum quod quaedam opera viventium habent aliquid commune cum aliis operibus: ut locutio, quae est opus viventis, convenit cum aliis sonis inanimatorum, inquantum est sonus; et progressio cum aliis motibus, inquantum est motus. Quantum ergo ad id quod est commune utrisque operibus, possunt opera vitae fieri ab angelis per corpora assumpta. Non autem quantum ad id quod est proprium viventium: quia secundum Philosophum, in libro *de Somn. et Vig.*[4], *cuius est potentia, eius est actio*; unde nihil potest habere opus vitae, quod non habet vitam, quae est potentiale principium talis actionis.

AD PRIMUM ergo dicendum quod, sicut non est contra veritatem quod in Scriptura intelligibilia sub figuris sensibilibus describuntur, quia hoc

andava acompanhando os anjos que lhe tinham aparecido". E, à pergunta de Tobias: "Conheces o caminho que conduz à cidade dos medos?", o anjo Rafael respondeu: "Conheço-o e já o percorri muitas vezes". Portanto, os anjos exercem muitas vezes nos corpos assumidos as operações vitais.

4. ADEMAIS, falar é uma operação do que vive, pois se realiza pela voz que é um som proferido pela boca do animal, como se diz no livro II da *Alma*. Ora, em muitos lugares da Escritura está claro que os anjos falaram nos corpos assumidos. Logo, exercem operações vitais nos corpos assumidos.

5. ADEMAIS, comer é uma operação própria do animal. Por isso, como está no Evangelho de Lucas, o Senhor, depois da Ressurreição, comeu com os discípulos para provar que tinha retornado à vida. Ora, os anjos que apareceram em corpos comeram, e Abraão ofereceu comida àqueles que antes tinha adorado, como consta no livro do *Gênesis*. Logo, os anjos exercem operações vitais nos corpos que assumiram.

6. ADEMAIS, gerar um homem é uma operação vital. Ora, isso convém aos anjos nos corpos assumidos, pois está escrito no livro do Gênesis: "Depois que os filhos de Deus se uniram às filhas dos homens, elas geraram, e seus filhos foram homens poderosos e famosos no mundo". Logo, os anjos exercem operações vitais nos corpos assumidos.

EM SENTIDO CONTRÁRIO, já se disse acima que os corpos assumidos pelos anjos não vivem. Logo, nem podem exercer operações vitais.

RESPONDO. Algumas operações vitais têm algo de comum com outras operações. Como falar, que é operação do que vive, na medida em que é um som, se assemelha aos sons dos seres inanimados. Também o caminhar, na medida em que é um movimento, com os outros movimentos. Portanto, quanto àquilo que é comum a ambas as operações, os anjos podem realizar as operações vitais em corpos assumidos. Não, porém, quanto àquilo que é próprio dos que vivem, porque, conforme o Filósofo, no livro do *Sono e da Vigília*, "quem tem a potência tem a ação". Daí que não pode ter uma operação vital o que não tem a vida, que é o princípio potencial de tal ação.

QUANTO AO 1º, portanto, deve-se dizer que não é contra a verdade quando a Escritura descreve os inteligíveis com figuras sensíveis, uma vez

---

2. C. 8: 420, b, 5-9, 13-16.
3. A. 1, ad 3.
4. C. 1: 454, a, 8.

non dicitur ad adstruendum quod intelligibilia sint sensibilia, sed per figuras sensibilium proprietates intelligibilium secundum similitudinem quandam dantur intelligi; ita non repugnat veritati sanctorum angelorum quod corpora ab eis assumpta videntur homines viventes, licet non sint. Non enim assumuntur nisi ut per proprietates hominis et operum hominis, spirituales proprietates angelorum et eorum spiritualia opera designentur. Quod non ita congrue fieret, si veros homines assumerent: quia proprietates eorum ducerent in ipsos homines, non in angelos.

AD SECUNDUM dicendum quod sentire est totaliter opus vitae: unde nullo modo est dicendum quod angeli per organa assumptorum corporum sentiant. Nec tamen superflue sunt formata. Non enim ad hoc sunt formata, ut per ea sentiatur: sed ad hoc ut per huiusmodi organa virtutes spirituales angelorum designentur; sicut per oculum designatur virtus cognitiva angeli, et per alia membra aliae eius virtutes, ut Dionysius docet, ult. cap. *Cael. Hier.*[5].

AD TERTIUM dicendum quod motus qui est a motore coniuncto, est proprium opus vitae. Sic autem non moventur corpora assumpta ab eis: quia angeli non sunt eorum formae. Moventur tamen angeli per accidens, motis huiusmodi corporibus, cum sint in eis sicut motores in mobilibus, et ita sunt hic quod non alibi: quod de Deo dici non potest. Unde licet Deus non moveatur, motis his in quibus est, quia ubique est; angeli tamen moventur per accidens ad motum corporum assumptorum. Non autem ad motum corporum caelestium, etiamsi sint in eis sicut motores in mobilibus: quia corpora caelestia non recedunt de loco secundum totum; nec determinatur spiritui moventi orbem locus secundum aliquam determinatam partem substantiae orbis, quae nunc est in oriente, nunc in occidente; sed secundum determinatum situm, quia semper est in oriente virtus movens, ut dicitur in VIII *Physic.*[6].

AD QUARTUM dicendum quod angeli proprie non loquuntur per corpora assumpta: sed est aliquid simile locutioni, inquantum formant sonos in aere similes vocibus humanis.

que isso não se diz para ensinar que os inteligíveis são sensíveis, mas para dar a entender, mediante figuras sensíveis, por uma comparação, as propriedades dos inteligíveis. Assim também não contradiz a verdade dos santos anjos o fato de que os corpos assumidos por eles pareçam homens vivos, embora não o sejam. Eles não os assumem senão para que se manifestem as propriedades dos anjos e suas obras espirituais por meio das propriedades do homem e de suas obras. O que não se faria adequadamente se assumissem homens verdadeiros, pois as propriedades deles conduziriam aos próprios homens e não aos anjos.

QUANTO AO 2º, deve-se dizer que sentir é uma operação totalmente vital. Por isso, não se pode dizer que os anjos sintam pelos órgãos dos corpos que assumem. Contudo, esses corpos não se formaram superfluamente, pois não são formados para buscar as sensações, mas para manifestar por esses órgãos as capacidades espirituais dos anjos. Por exemplo, o olho designa a capacidade cognoscitiva do anjo, e os outros membros, suas outras capacidades, conforme diz Dionísio.

QUANTO AO 3º, deve-se dizer que o movimento que procede de um princípio motor unido é propriamente uma operação vital. Ora, os anjos não sendo a forma dos corpos que assumem, não os movem desse modo. Entretanto, acidentalmente os anjos se movem, pelos movimentos de tais corpos, pois se encontram neles como motores no que é movido. E assim estão em um lugar e não em outro. Isso não se pode dizer de Deus. Por isso, embora Deus não se mova, movem-se os corpos em que ele está, porque está em todas as partes. Os anjos, porém, se movem acidentalmente com o movimento dos corpos que assumem. Não se movem, porém, com o movimento dos corpos celestes, mesmo que estejam neles como o motor no que é movido, porque os corpos celestes, realmente, não se afastam inteiramente do lugar, nem o espírito que move o orbe está limitado a um lugar, segundo uma parte determinada da substância do orbe, que ora está no oriente, ora no ocidente; mas segundo determinada posição, porque a força motora está sempre no oriente, como se diz no livro VIII da *Física*.

QUANTO AO 4º, deve-se dizer que os anjos não falam, propriamente, pelos corpos assumidos, mas trata-se de algo semelhante à fala, enquanto produzem no ar sons semelhantes às vozes humanas.

---

5. MG 3, 332.
6. C. 10: 267, b, 6-9.

AD QUINTUM dicendum quod nec etiam comedere, proprie loquendo, angelis convenit: quia comestio importat sumptionem cibi convertibilis in substantiam comedentis. Et quamvis in corpus Christi post resurrectionem cibus non converteretur, sed resolveretur in praeiacentem materiam, tamen Christus habebat corpus talis naturae in quod posset cibus converti: unde fuit vera comestio. Sed cibus assumptus ab angelis neque convertebatur in corpus assumptum, neque corpus illud talis erat naturae in quod posset alimentum converti: unde non fuit vera comestio, sed figurativa spiritualis comestionis. Et hoc est quod angelus dixit, Tb 12,18-19: *Cum essem vobiscum, videbar quidem manducare et bibere, sed ego potu invisibili et cibo utor*. Abraham autem obtulit eis cibos, existimans eos homines esse; in quibus tamen Deum venerabatur, *sicut solet Deus esse in prophetis*, ut Augustinus dicit, XVI *de Civ. Dei*[7].

AD SEXTUM dicendum quod, sicut Augustinus dicit, XV *de Civ. Dei*[8], *multi se expertos, vel ab expertis audisse confirmant, Silvanos et Faunos, quos vulgus incubos vocat, improbos saepe extitisse mulieribus et earum expetisse atque peregisse concubitum. Unde hoc negare impudentiae videtur. Sed angeli Dei sancti nullo modo sic labi ante diluvium potuerunt. Unde per filios Dei intelliguntur filii Seth, qui boni erant: filias autem hominum nominat Scriptura eas quae natae erant de stirpe Cain. Neque mirandum est quod de eis gigantes nasci potuerunt: neque enim omnes gigantes fuerunt, sed multo plures ante diluvium quam post.* — Si tamen ex coitu daemonum aliqui interdum nascuntur, hoc non est per semen ab eis decisum, aut a corporibus assumptis, sed per semen alicuius hominis ad hoc acceptum, utpote quod idem daemon qui est succubus ad virum, fiat incubus ad mulierem; sicut et aliarum rerum semina assumunt ad aliquarum rerum generationem, ut Augustinus dicit, III *de Trin.*[9]; ut sic ille qui nascitur non sit filius daemonis, sed illius hominis cuius est semen acceptum.

QUANTO AO 5º, deve-se dizer que nem mesmo o comer, propriamente falando, convém aos anjos, porque comer implica tomar um alimento que se pode transformar na própria substância. Embora, após a ressurreição de Cristo, os alimentos não se transformassem em seu corpo, mas se desfizessem na matéria preexistente, Cristo tinha um corpo de tal natureza que os alimentos podiam converter-se nele, e, por isso, houve verdadeiro ato de comer. Mas os alimentos tomados pelos anjos nem se convertiam no corpo assumido, nem esse corpo era de tal natureza que os alimentos pudessem nele se converter, por isso não houve verdadeiro ato de comer, mas representação da refeição espiritual. É o que o anjo Rafael diz a Tobias: "Quando estava contigo, parecia comer e beber; mas eu me nutro de um alimento e de uma bebida invisíveis". Abraão ofereceu alimento aos anjos, julgando-os homens; contudo era a Deus que ele venerava neles, "pois Deus costuma estar nos profetas", como diz Agostinho.

QUANTO AO 6º, deve-se dizer o que Agostinho afirma: "Muitos asseguram ter experiência, ou ter ouvido dizer por aqueles que a tiveram, que os silvanos e os faunos (vulgarmente chamados íncubos) muitas vezes se apresentaram a mulheres e que as solicitaram e tiveram relação sexual com elas. Negá-lo parece imprudência. Mas os santos anjos de Deus não poderiam cair dessa forma antes do dilúvio. Donde se conclui que por filhos de Deus se entende os filhos de Set, que eram bons. E a Escritura nomeia filhas dos homens aquelas que eram da estirpe de Caim. Nem se deve admirar que dessa união tenham nascido gigantes. Aliás nem todos eram gigantes, e antes do dilúvio os gigantes eram em maior número que depois". — Entretanto, se às vezes alguns nascem de relação com os demônios, não é por um sêmen produzido por eles, ou pelos corpos assumidos, mas pelo sêmen que para isso recolheram de outro homem, visto que o mesmo demônio que se faz súcubo para o homem torna-se íncubo para a mulher. Mais ou menos como utilizam as sementes de outras coisas para gerar algumas coisas, como diz Agostinho. Dessa forma, o que nasce não é filho do demônio mas do homem cujo sêmen foi recolhido[b].

---

7. C. 29: ML 41, 509.
8. C. 23: ML 41, 468 sq., 471.
9. C. 8, 9: ML 42, 875-878.

---

b. Semelhantes pormenores nos chocam. Mais uma vez, é preciso ter presente que, para um autor da Idade Média, tratava-se de fatos reconhecidos e que é preciso explicar. Sto. Tomás se empenha nisso de uma maneira que nos parece ingênua, mas sem

QUAESTIO LII
DE COMPARATIONE ANGELORUM AD LOCA

in tres articulos divisa

Deinde quaeritur de loco angeli. Et circa hoc quaeruntur tria.
Primo: utrum angelus sit in loco.
Secundo: utrum possit esse in pluribus locis simul.
Tertio: utrum plures angeli possint esse in eodem loco.

ARTICULUS 1
Utrum angelus sit in loco

AD PRIMUM SIC PROCEDITUR. Videtur quod angelus non sit in loco.

1. Dicit enim Boetius, in libro *de Hebd.*[1]: *Communis animi conceptio apud sapientes est, incorporalia in loco non esse.* Et Aristoteles, in IV *Physic.*[2], dicit quod *non omne quod est, est in loco, sed mobile corpus.* Sed angelus non est corpus, ut supra[3] ostensum est. Ergo angelus non est in loco.

2. PRAETEREA, locus est quantitas positionem habens. Omne ergo quod est in loco, habet aliquem situm. Sed habere situm non potest convenire angelo: cum substantia sua sit immunis a quantitate, cuius propria differentia est positionem habere. Ergo angelus non est in loco.

3. PRAETEREA, esse in loco est mensurari loco et contineri a loco, ut patet per Philosophum in IV *Physic.*[4]. Sed angelus non potest mensurari neque contineri a loco: quia continens est formalius contento, sicut aer aqua, ut dicitur in IV *Physic.*[5]. Ergo angelus non est in loco.

SED CONTRA est quod in collecta[6] dicitur: *Angeli tui sancti, habitantes in ea, nos in pace custodiant.*

QUESTÃO 52
A COMPARAÇÃO DOS ANJOS COM O LUGAR

em três artigos

Em seguida, se pergunta sobre o lugar dos anjos. E sobre isso são três as perguntas:
1. O anjo está em um lugar?
2. Pode o anjo estar em diversos lugares ao mesmo tempo?
3. Muitos anjos podem estar no mesmo lugar?

ARTIGO 1
O anjo está em um lugar?

QUANTO AO PRIMEIRO ARTIGO, ASSIM SE PROCEDE: parece que o anjo **não** está em um lugar.

1. Com efeito, Boécio diz: "A opinião comum entre os sábios é que o que é incorpóreo não está em algum lugar". E Aristóteles, no livro IV da *Física*: "Nem tudo o que existe está em um lugar, mas somente o corpo móvel". Ora, o anjo não é um corpo, como se demonstrou. Logo, não está em um lugar.

2. ALÉM DISSO, o lugar é uma quantidade situada. Portanto, tudo o que está em um lugar tem uma situação. Ora, estar situado não convém ao anjo, uma vez que sua natureza está livre da quantidade cuja diferença própria é estar situada. Logo, o anjo não está em um lugar.

3. ADEMAIS, estar em um lugar significa ser medido e contido por um lugar, como prova o Filósofo no livro IV da *Física*. Ora, o anjo não pode ser medido nem contido por um lugar, visto que o continente deve ter uma forma mais perfeita o contido, como o ar em relação à água, segundo diz o livro IV da *Física*. Logo, o anjo não está um um lugar.

EM SENTIDO CONTRÁRIO, está o que se diz na oração de Completas: "Que teus santos anjos que habitam nesta casa nos guardem em paz".

---

1 PARALL.: I *Sent.*, dist. 37, q. 3, a. 1; II, dist. 6, q. 1, a. 3; *De Pot.*, q. 3, a. 19, ad 2; *Quodlib.* I, q. 3, a. 1; Opusc.: XV, *de Angelis*, c. 18.

1. ML 64, 1311 B.
2. C. 5: 212, b, 27-29.
3. Q. 50, a. 1.
4. C. 12: 221, a, 26-30.
5. C. 5: 212, b, 33 — 213, a, 11.
6. Completorii, secundum ritum Ord. Praed.

---

nada subtrair-lhe do que é para ele essencial: a pura espiritualidade do anjo e sua transcendência em relação ao cosmos. Aliás, essas observações possuem caráter puramente circunstancial de resposta a objeções correntes na época e não desempenham nenhum papel em sua angelologia.

RESPONDEO dicendum quod angelo convenit esse in loco: aequivoce tamen dicitur angelus esse in loco, et corpus. Corpus enim est in loco per hoc, quod applicatur loco secundum contactum dimensivae quantitatis. Quae quidem in angelis non est; sed est in eis quantitas virtualis. Per applicationem igitur virtutis angelicae ad aliquem locum qualitercumque, dicitur angelus esse in loco corporeo.

Et secundum hoc patet quod non oportet dicere quod angelus commensuretur loco; vel quod habeat situm in continuo. Haec enim conveniunt corpori locato, prout est quantum quantitate dimensiva. — Similiter etiam non oportet propter hoc, quod contineatur a loco. Nam substantia incorporea sua virtute contingens rem corpoream, continet ipsam, et non continetur ab ea: anima enim est in corpore ut continens, et non ut contenta. Et similiter angelus dicitur esse in loco corporeo, non ut contentum, sed ut continens aliquo modo.

Et per hoc patet RESPONSIO AD OBIECTA.

RESPONDO. Convém ao anjo estar em um lugar. Entretanto, estar em um lugar se diz de modo equívoco para o anjo e para um corpo. O corpo está em um lugar porque se aplica ao lugar pelo contato da quantidade dimensível. Mas esta quantidade não existe nos anjos. Eles só tem a quantidade virtual. É, portanto, pela aplicação do poder angélico a um lugar, de certa maneira, que se diz que o anjo está em um lugar corpóreo.

De acordo com isso fica claro que não se deve dizer que o anjo é medido por um lugar ou que tenha um lugar no espaço. Isso convém ao corpo situado em um lugar enquanto é extenso pela quantidade dimensível. — Igualmente não se deve dizer, pelo fato de que o anjo é contido pelo lugar. De fato, uma substância incorpórea que, por seu poder, está em contato com um corpo, o contém e não é contida por ele. Assim, a alma está no corpo como continente e não como contida por ele. Assim também o anjo está num lugar corpóreo não como contido, mas como contendo-o de algum modo.

Pelo exposto fica clara a RESPOSTA ÀS OBJEÇÕES.

ARTICULUS 2
Utrum angelus possit esse in pluribus locis simul

AD SECUNDUM SIC PROCEDITUR. Videtur quod angelus possit esse in pluribus locis simul.

1. Angelus enim non est minoris virtutis quam anima. Sed anima est simul in pluribus locis: quia est *tota in qualibet parte corporis*, ut Augustinus dicit[1]. Ergo angelus potest esse in pluribus locis simul.
2. PRAETEREA, angelus est in corpore assumpto; et cum assumat corpus continuum, videtur quod sit in qualibet eius parte. Sed secundum partes eius considerantur diversa loca. Ergo angelus est simul in pluribus locis.
3. PRAETEREA, Damascenus dicit[2] quod *ubi angelus operatur, ibi est*. Sed aliquando operatur simul in pluribus locis, ut patet de angelo subvertente Sodomam, Gn 19,25. Ergo angelus potest esse in pluribus locis simul.

SED CONTRA est quod Damascenus dicit[3], quod angeli, *dum sunt in caelo, non sunt in terra*.

ARTIGO 2
O anjo pode estar em muitos lugares ao mesmo tempo?

QUANTO AO SEGUNDO, ASSIM SE PROCEDE: parece que o anjo **pode** estar em muitos lugares ao mesmo tempo.

1. Com efeito, o poder do anjo não é inferior ao da alma. Ora, a alma está em vários lugares ao mesmo tempo, pois ela está "inteira em cada parte do corpo", como diz Agostinho. Logo, o anjo pode estar em muitas partes ao mesmo tempo.
2. ALÉM DISSO, o anjo está no corpo que assume, e, se assume um corpo contínuo, parece que está em cada uma das partes dele. Ora, em razão de suas partes, são diversos os lugares. Logo, o anjo está em muitos lugares ao mesmo tempo.
3. ADEMAIS, conforme Damasceno, "o anjo está onde ele age". Ora, algumas vezes ele age em muitos lugares ao mesmo tempo, como se vê pelo anjo que destruiu Sodoma. Logo, o anjo pode estar em muitos lugares ao mesmo tempo.

EM SENTIDO CONTRÁRIO, Damasceno diz: "Quando os anjos estão no céu, não estão na terra".

---

2 PARALL.: Supra, q. 8, a. 2, ad 2; infra, q. 112, a. 1; I *Sent.*, dist. 37, q. 3, a. 2; IV, dist. 10, q. 1, a. 3, q.la 2; Q. *de Anima*, a. 10, ad 18.

1. *De Trinit.*, l. VI, c. 6: ML 42, 929.
2. *De Fide Orth.*, l. I, c. 13 (al. 17): MG 94, 853 A.
3. Ibid., l. II, c. 3: MG 94, 896 A.

RESPONDEO dicendum quod angelus est virtutis et essentiae finitae. Divina autem virtus et essentia infinita est, et est universalis causa omnium: et ideo sua virtute omnia contingit, et non solum in pluribus locis est, sed ubique. Virtus autem angeli, quia finita est, non se extendit ad omnia, sed ad aliquid unum determinatum. Oportet enim quidquid comparatur ad unam virtutem, ut unum aliquid comparari ad ipsam. Sicut igitur universum ens comparatur ut unum aliquid ad universalem Dei virtutem, ita et aliquod particulare ens comparatur ut aliquid unum ad angeli virtutem. Unde cum angelus sit in loco per applicationem virtutis suae ad locum, sequitur quod non sit ubique, nec in pluribus locis, sed in uno loco tantum.

Circa hoc tamen aliqui decepti sunt. Quidam enim, imaginationem transcendere non valentes, cogitaverunt indivisibilitatem angeli ad modum indivisibilitatis puncti: et inde crediderunt quod angelus non posset esse nisi in loco punctali. — Sed manifeste decepti sunt. Nam punctum est indivisibile habens situm: sed angelus est indivisibile extra genus quantitatis et situs existens. Unde non est necesse quod determinetur ei unus locus indivisibilis secundum situm; sed vel divisibilis vel indivisibilis, vel maior vel minor, secundum quod voluntarie applicat suam virtutem ad corpus maius vel minus. Et sic totum corpus cui per suam virtutem applicatur, correspondet ei ut unus locus.

Nec tamen oportet quod si aliquis angelus movet caelum, quod sit ubique. Primo quidem, quia non applicatur virtus eius nisi ad id quod primo ab ipso movetur: una autem pars caeli est in qua primo est motus, scilicet pars orientis: unde etiam Philosophus, in VIII *Physic*.[4], virtutem motoris caelorum attribuit parti orientis. — Secundo, quia non ponitur a philosophis quod una substantia separata moveat omnes orbes immediate. Unde non oportet quod sit ubique.

Sic igitur patet quod diversimode esse in loco convenit corpori, et angelo, et Deo. Nam corpus est in loco circumscriptive: quia comensuratur loco. Angelus autem non circumscriptive, cum non commensuretur loco, sed definitive: quia ita est in uno loco, quod non in alio. Deus autem

RESPONDO. O poder e a essência do anjo são finitos enquanto o poder e a essência de Deus são infinitos e a causa universal de todas as coisas. Por isso, o poder divino está em contato com todas as criaturas e não somente em muitos lugares, mas em todos. O poder do anjo, pelo contrário, como é finito, não se estende a tudo, mas a uma única coisa determinada. É preciso, pois, que o que se refere a um único poder refira-se a ele como algo único. Por exemplo, o conjunto de todas as coisas se refere ao poder universal de Deus como algo único; também um ente particular se refere como algo único ao poder do anjo. Portanto, como o anjo está num lugar pela aplicação de seu poder, segue-se que ele não está em todas as partes nem em vários lugares, mas em um só.

Contudo, alguns se enganaram a respeito disso. Não conseguindo elevar-se acima da imaginação, alguns conceberam a indivisibilidade do anjo como a de um ponto e a partir daí acreditaram que o anjo não poderia estar localmente senão em um ponto. — Mas é claro que se enganaram. Pois o ponto é um indivisível que tem um lugar, enquanto o anjo é um indivisível existente fora do gênero de quantidade e de situação. Não é necessário, portanto, determinar-lhe um lugar indivisível quanto à situação, mas um lugar divisível ou indivisível, grande ou pequeno, conforme, por sua vontade, aplica seu poder a um corpo maior ou menor. Assim, todo o corpo ao qual se aplica pelo seu poder corresponde a um só lugar.

Entretanto, não é necessário que se há um anjo que move a esfera celeste, ele deva estar em todo o lugar. Em primeiro lugar, porque seu poder não se aplica senão àquilo que primeiramente é movido por ele. Ora, há uma parte do céu que primeiramente se move, isto é, o oriente. Por isso, também o Filósofo, no livro VIII da *Física*, atribuiu o poder motor dos corpos celestes ao oriente. — Em seguida, porque os filósofos jamais disseram que as órbitas eram movidas imediatamente por uma só substância separada. Não é portanto necessário que esteja em todas as partes.

Assim, pois, fica claro que estar em um lugar se diz de diferentes maneiras do corpo, do anjo e de Deus. O corpo está circunscrito por seu lugar, uma vez que é limitado por ele. O anjo está no lugar, não de forma circunscrita, pois não é limitado por ele, mas de maneira definida, porque de tal modo

---

4. C. 10: 267, b, 6-9.

neque circumscriptive neque definitive: quia est ubique.

Et per hoc patet de facili RESPONSIO AD OBIECTA: quia totum illud cui immediate applicatur virtus angeli, reputatur ut unus locus eius, licet sit continuum.

Articulus 3
Utrum plures angeli possint simul esse in eodem loco

AD TERTIUM SIC PROCEDITUR. Videtur quod plures angeli possint simul esse in eodem loco.

1. Plura enim corpora non possunt esse simul in eodem loco, quia replent locum. Sed angeli non replent locum: quia solum corpus replet locum, ut non sit vacuum, ut patet per Philosophum, in IV *Physic.*[1]. Ergo plures angeli possunt esse in uno loco.

2. PRAETEREA, plus differt angelus et corpus quam duo angeli. Sed angelus et corpus sunt simul in eodem loco: quia nullus locus est qui non sit plenus sensibili corpore, ut probatur in IV *Physic.*[2]. Ergo multo magis duo angeli possunt esse in eodem loco.

3. PRAETEREA, anima est in qualibet parte corporis, secundum Augustinum[3]. Sed daemones, licet non illabantur mentibus, illabuntur tamen interdum corporibus: et sic anima et daemon sunt simul in eodem loco. Ergo, eadem ratione, quaecumque aliae spirituales substantiae.

SED CONTRA, duae animae non sunt in eodem corpore. Ergo, pari ratione, neque duo angeli in eodem loco.

RESPONDEO dicendum quod duo angeli non sunt simul in eodem loco. Et ratio huius est, quia impossibile est quod duae causae completae sint immediatae unius et eiusdem rei. Quod patet in omni genere causarum: una enim est forma proxima unius rei, et unum est proximum movens, licet possint esse plures motores remoti. — Nec habet instantiam de pluribus trahentibus navem: quia nullus eorum est perfectus motor, cum virtus

está em um lugar que não está em outro. Já Deus não é circunscrito por um lugar nem limitado, pois está em todos os lugares.

Pelo exposto é fácil RESPONDER ÀS OBJEÇÕES, porque todo lugar ao qual se aplica imediatamente o poder do anjo é considerado único, embora seja contínuo.

Artigo 3
Muitos anjos podem estar simultaneamente no mesmo lugar?

QUANTO AO TERCEIRO, ASSIM SE PROCEDE: parece que muitos anjos **podem** estar simultaneamente no mesmo lugar.

1. Com efeito, muitos corpos não podem estar simultaneamente no mesmo lugar porque enchem o lugar. Ora, os anjos não enchem um lugar porque só o corpo enche um lugar de modo que não haja o vazio, como demonstra o Filósofo no livro IV da *Física*. Logo, muitos anjos podem estar em um único lugar.

2. ALÉM DISSO, há maior diferença entre um anjo e um corpo do que entre dois anjos. Ora, um anjo e um corpo estão simultaneamente em um mesmo lugar. Como se prova no livro IV da *Física*, não há nenhum lugar que não seja ocupado por um corpo sensível. Logo, com muito mais razão, dois anjos podem estar no mesmo lugar.

3. ADEMAIS, Agostinho diz que a alma está em cada parte do corpo. Ora, o demônio, se não pode penetrar nos espíritos, penetra às vezes no corpo. Desse modo, o demônio e a alma estão simultaneamente no mesmo lugar. Logo, pela mesma razão qualquer outra substância espiritual.

EM SENTIDO CONTRÁRIO, não há duas almas em um mesmo corpo. Portanto, pela mesma razão nem dois anjos no mesmo lugar.

RESPONDO. Dois anjos não estão simultaneamente em um mesmo lugar. A razão é que duas causas completas não podem causar imediatamente uma só e mesma coisa. Vê-se isso em todos os gêneros de causas: por exemplo, uma só é a causa imediata de uma coisa, um só é o motor imediato, embora possa haver vários motores remotos. — E nem se pode objetar com o barco puxado por muitos, porque nenhum deles é um motor completo, uma

---

3   PARALL.: I *Sent.*, dist. 37, q. 3, a. 3; *De Pot.*, q. 3, a. 7, ad 11; a. 19, ad 1; *Quodlib.* I, q. 3, a. 1, ad 2.

1. C. 6: 213, a, 22 – b, 3; — C. 7: 213, b, 31 — 214, a, 4.
2. C. 7: 214, a, 4-9.
3. Locis cit. in art. praec., arg. 1.

uniuscuiusque sit insufficiens ad movendum; sed omnes simul sunt in loco unius motoris, inquantum omnes virtutes eorum aggregantur ad unum motum faciendum. — Unde cum angelus dicatur esse in loco per hoc quod virtus eius immediate contingit locum per modum continentis perfecti, ut dictum est[4], non potest esse nisi unus angelus in uno loco.

AD PRIMUM ergo dicendum quod plures angelos esse in uno loco non impeditur propter impletionem loci, sed propter aliam causam, ut dictum est[5].

AD SECUNDUM dicendum quod angelus et corpus non eodem modo sunt in loco: unde ratio non sequitur.

AD TERTIUM dicendum quod nec etiam daemon et anima comparantur ad corpus secundum eandem habitudinem causae; cum anima sit forma, non autem daemon. Unde ratio non sequitur.

vez que a força de cada um é insuficiente para mover o barco. Mas todos juntos formam como um só motor, na medida em que suas forças se unem para produzir um só movimento. — Ora, como um anjo está em um lugar porque seu poder o toca imediatamente de modo a contê-lo perfeitamente, como foi dito, não pode haver senão um anjo em um único lugar.

QUANTO AO 1º, portanto, deve-se dizer que não é o preenchimento do lugar que impede que muitos anjos estejam num único lugar, mas outra causa, como foi dito.

QUANTO AO 2º, deve-se dizer que o anjo e o corpo não estão em um lugar do mesmo modo. Portanto, não vale o argumento.

QUANTO AO 3º, deve-se dizer que o demônio e a alma não têm a mesma relação de causalidade com respeito ao corpo. A alma é a forma e o demônio não. Portanto não vale o argumento.

---

4. Art. 1.
5. In corp.

QUAESTIO LIII
DE MOTU LOCALI ANGELORUM
in tres articulos divisa

Consequenter considerandum est de motu locali angelorum.
Et circa hoc quaeruntur tria.
Primo: utrum angelus possit moveri localiter.
Secundo: utrum moveatur de loco ad locum, pertranseundo medium.
Tertio: utrum motus angeli sit in tempore vel in instanti.

ARTICULUS 1
Utrum angelus possit moveri localiter

AD PRIMUM SIC PROCEDITUR. Videtur quod angelus non possit moveri localiter.

1. Ut enim probat Philosophus in VI *Physic.*[1], *nullum impartibile movetur*: quia dum aliquid est in termino a quo, non movetur; nec etiam dum est in termino ad quem, sed tunc mutatum est: unde relinquitur quod omne quod movetur, dum movetur, partim est in termino a quo, et partim

QUESTÃO 53
O MOVIMENTO LOCAL DOS ANJOS
em três artigos

Em seguida, é preciso considerar o movimento local dos anjos.
E a respeito disso são três as perguntas:
1. O anjo pode mover-se localmente?
2. O anjo vai de um lugar a outro atravessando o espaço intermediário?
3. O movimento do anjo é temporal ou instantâneo?

ARTIGO 1
O anjo pode mover-se localmente?

QUANTO AO PRIMEIRO ARTIGO, ASSIM SE PROCEDE: parece que o anjo **não** pode mover-se localmente.

1. Com efeito, como o Filósofo prova, no livro VI da *Física*: "Nada indivisível se move". Porque uma coisa não se move nem quando está no ponto de partida nem quando chegou ao fim, pois então, já se fez a mudança. Resulta daí que tudo o que se move está, enquanto dura o movimento, em

---

1 PARALL.: I *Sent.*, dist. 37, q. 4, a. 1; Opusc. XV, *de Angelis*, c. 18.
  1. C. 4: 234, b, 10-20; c. 10: 240, b, 10-20.

in termino ad quem. Sed angelus est impartibilis. Ergo angelus non potest moveri localiter.

2. PRAETEREA, motus est *actus imperfecti*, ut dicitur in III *Physic*.[2]. Sed angelus beatus non est imperfectus. Ergo angelus beatus non movetur localiter.

3. PRAETEREA, motus non est nisi propter indigentiam. Sed sanctorum angelorum nulla est indigentia. Ergo sancti angeli localiter non moventur.

SED CONTRA, eiusdem rationis est angelum beatum moveri, et animam beatam moveri. Sed necesse est dicere animam beatam localiter moveri: cum sit articulus fidei quod Christus secundum animam, descendit ad inferos. Ergo angelus beatus movetur localiter.

RESPONDEO dicendum quod angelus beatus potest moveri localiter. Sed sicut esse in loco aequivoce convenit corpori et angelo, ita etiam et moveri secundum locum. Corpus enim est in loco, inquantum continetur sub loco, et commensuratur loco. Unde oportet quod etiam motus corporis secundum locum, commensuretur loco, et sit secundum exigentiam eius. Et inde est quod secundum continuitatem magnitudinis est continuitas motus; et secundum prius et posterius in magnitudine, est prius et posterius in motu locali corporis, ut dicitur in IV *Physic*.[3]. — Sed angelus non est in loco ut commensuratus et contentus, sed magis ut continens. Unde motus angeli in loco, non oportet quod commensuretur loco, nec quod sit secundum exigentiam eius, ut habeat continuitatem ex loco; sed est motus non continuus. Quia enim angelus non est in loco nisi secundum contactum virtutis, ut dictum est[4], necesse est quod motus angeli in loco nihil aliud sit quam diversi contactus diversorum locorum successive et non simul: quia angelus non potest simul esse in pluribus locis, ut supra[5] dictum est. Huiusmodi autem contactus non est necessarium esse continuos.

Potest tamen in huiusmodi contactibus continuitas quaedam inveniri. Quia, ut dictum est[6], nihil prohibet angelo assignare locum divisibilem, per contactum suae virtutis; sicut corpori assignatur locus divisibilis, per contactum suae magnitudinis. Unde sicut corpus successive, et non simul, dimittit locum in quo prius erat, et ex hoc causatur

parte no ponto de partida e em parte no ponto de chegada. Ora, o anjo não é divisível em partes. Logo, não pode mover-se localmente.

2. ALÉM DISSO, de acordo com o livro III da *Física*, o movimento é o *ato do que é imperfeito*. Ora o anjo bem-aventurado não é imperfeito. Logo, não se move localmente.

3. ADEMAIS, a necessidade é a causa de todo movimento. Ora, os santos anjos não têm nenhuma necessidade. Logo, não se movem localmente.

EM SENTIDO CONTRÁRIO, o anjo bem-aventurado se move pela mesma razão que a alma bem-aventurada. Ora, deve-se admitir que a alma bem-aventurada se move localmente, pois é um artigo de fé que a alma de Cristo desceu aos infernos. Logo, o anjo bem-aventurado se move localmente.

RESPONDO. O anjo bem-aventurado pode se mover localmente. Mas assim como se diz que o anjo e o corpo estão em um lugar de modo equívoco, isso mesmo se diz do movimento local. O corpo está em um lugar porque é contido e medido pelo lugar. Logo, o movimento local do corpo deve ser medido pelo lugar e conforme as exigências dele. Consequentemente, "conforme a continuidade da grandeza é a continuidade do movimento e conforme o antes e o depois na grandeza é o antes e o depois no movimento local", como se diz no livro IV da *Física*. — O anjo, pelo contrário, não é medido e contido pelo lugar, mas o contém. Logo, não é necessário que o movimento local do anjo seja medido pelo lugar, nem que seja conforme às exigências dele, para que tenha continuidade local. Mas é um movimento não contínuo. Como o anjo não está em um lugar senão por um contato virtual, como se disse, seu movimento local não pode ser senão uma sucessão de contatos diversos com os diferentes lugares, pois ele não pode estar em muitos lugares ao mesmo tempo, como acima se disse. Esses contatos não são necessariamente contínuos.

Pode-se encontrar, em tais contatos, certa continuidade, pois, já foi dito, nada impede atribuir ao anjo um lugar divisível, por contato virtual, da mesma forma como se atribui um lugar divisível ao corpo, pelo contato de sua grandeza. Por isso a continuidade do movimento local corporal resulta de que o corpo deixa sucessivamente e não de

---

2. C. 2: 201, b, 27 – 202, a, 3. — Cfr. *de Anima*, l. III, c. 7: 431, a, 4-7.
3. C. 11: 219, a. 10-21.
4. Q. 52, a. 1.
5. Ibid, a. 2.
6. Ibid.

continuitas in motu locali eius; ita etiam angelus potest dimittere successive locum divisibilem in quo prius erat, et sic motus eius erit continuus. Et potest etiam totum locum simul dimittere, et toti alteri loco simul se applicare: et sic motus eius non erit continuus.

AD PRIMUM ergo dicendum quod illa ratio dupliciter deficit in proposito. Primo quidem, quia demonstratio Aristotelis procedit de indivisibili secundum quantitatem, cui respondet locus de necessitate indivisibilis. Quod non potest dici de angelo.

Secundo, quia demonstratio Aristotelis procedit de motu continuo. Si enim motus non esset continuus, posset dici quod aliquid movetur dum est in termino a quo, et dum est in termino ad quem: quia ipsa successio diversorum *ubi* circa eandem rem, motus diceretur; unde in quolibet illorum *ubi* res esset, illa posset dici moveri. Sed continuitas motus hoc impedit: quia nullum continuum est in termino suo, ut patet, quia linea non est in puncto. Et ideo oportet quod illud quod movetur, non sit totaliter in altero terminorum, dum movetur; sed partim in uno, et partim in altero. Secundum ergo quod motus angeli non est continuus, demonstratio Aristotelis non procedit in proposito. — Sed secundum quod motus angeli ponitur continuus, sic concedi potest quod angelus, dum movetur, partim est in termino a quo, et partim in termino ad quem (ut tamen partialitas non referatur ad substantiam angeli, sed ad locum): quia in principio sui motus continui, angelus est in toto loco divisibili a quo incipit moveri; sed dum est in ipso moveri, est in parte primi loci quem deserit, et in parte secundi loci quem occupat. — Et hoc quidem quod possit occupare partes duorum locorum, competit angelo ex hoc quod potest occupare locum divisibilem per applicationem suae virtutis, sicut corpus per applicationem magnitudinis. Unde sequitur de corpore mobili secundum locum, quod sit divisibile secundum magnitudinem: de angelo autem, quod virtus eius possit applicari alicui divisibili.

AD SECUNDUM dicendum quod motus existentis in potentia, est actus imperfecti. Sed motus qui est secundum applicationem virtutis, est existentis in actu: quia virtus rei est secundum quod actu est.

uma só vez o lugar no qual estava antes. Assim também o anjo pode deixar sucessivamente o lugar divisível no qual estava antes. Dessa forma seu movimento será contínuo. Mas ele pode deixar de uma só vez e inteiramente o lugar e aplicar-se de uma só vez e inteiramente a outro lugar. Dessa forma seu movimento não será contínuo.

QUANTO AO 1º, portanto, deve-se dizer que esse argumento não vale por duas razões.

Em primeiro lugar, a demonstração de Aristóteles procede do que é indivisível quantitativamente, ao qual corresponde um lugar necessariamente indivisível. Isso não se pode afirmar dos anjos.

Em segundo lugar, porque a demonstração de Aristóteles procede do movimento contínuo. Se o movimento não fosse contínuo, poder-se-ia dizer que uma coisa se move quando ainda está em seu ponto de partida, uma vez que a mesma sucessão dos diferentes *onde* de uma mesma coisa seria chamada movimento. Por isso, em qualquer lugar *onde* uma coisa estivesse, poder-se-ia dizer que essa coisa está em movimento. Mas a continuidade do movimento se opõe a isso, porque o contínuo não está em seu termo como a linha não está no ponto. Por isso é preciso que o que se move, enquanto se move, não se encontre totalmente em um de seus termos, mas parte em um e parte em outro. Portanto, na medida em que o movimento do anjo não é contínuo, a demonstração de Aristóteles não vale. — Mas na medida em que se afirma que o movimento angélico é contínuo, pode-se também conceder que o anjo está, enquanto se move, parte no ponto de partida, parte no ponto de chegada, contanto que partes não se refiram à substância do anjo mas ao lugar. Assim, o anjo, no princípio de seu movimento contínuo, está no lugar divisível de onde começa a se mover; mas enquanto está em movimento, está em uma das partes do primeiro lugar que abandona, e em uma das partes do lugar seguinte que vai ocupar. — Que possa ocupar as partes de dois lugares é possível para o anjo, uma vez que pode ocupar um lugar divisível pela aplicação de seu poder, como o corpo pela aplicação de sua grandeza. Daí resulta que o corpo que se move localmente é divisível segundo a grandeza, ao passo que o anjo pode aplicar seu poder sobre uma coisa divisível.

QUANTO AO 2º, deve-se dizer que o movimento do que existe em potência é a ação do que é imperfeito. Mas o movimento que resulta da aplicação de um poder é próprio do que existe em ato, uma vez que o poder de uma coisa existe na medida em que se está em ato.

AD TERTIUM dicendum quod motus existentis in potentia, est propter indigentiam suam: sed motus existentis in actu, non est propter indigentiam suam, sed propter indigentiam alterius. Et hoc modo angelus, propter indigentiam nostram, localiter movetur, secundum illud Hb 1,14: *Omnes sunt administratorii spiritus, in ministerium missi propter eos qui haereditatem capiunt salutis.*

QUANTO AO 3º, deve-se dizer que a necessidade é a causa do movimento do que existe em potência. O movimento do que existe em ato, pelo contrário, não acontece por causa de sua necessidade, mas de outro. É, portanto, por causa de nossas necessidades que o anjo se move localmente, conforme a Carta aos Hebreus: "Todos são espíritos encarregados de um ministério, enviados a serviço daqueles que devem herdar a salvação".

ARTICULUS 2
Utrum angelus transeat per medium

AD SECUNDUM SIC PROCEDITUR. Videtur quod angelus non transeat per medium.

1. Omne enim quod pertransit medium, prius pertransit locum sibi aequalem, quam maiorem. Locus autem aequalis angeli, qui est indivisibilis, est locus punctalis. Si ergo angelus in suo motu pertransit medium, oportet quod numeret puncta infinita suo motu: quod est impossibile.

2. PRAETEREA, angelus est simplicioris substantiae quam anima nostra. Sed anima nostra sua cogitatione potest transire de uno extremo in aliud, non pertranseundo medium: possum enim cogitare Galliam et postea Syriam, nihil cogitando de Italia, quae est in medio. Ergo multo magis angelus potest de uno extremo transire ad aliud, non per medium.

SED CONTRA, si angelus movetur de uno loco ad alium, quando est in termino ad quem, non movetur, sed mutatus est. Sed ante omne mutatum esse praecedit mutari: ergo alicubi existens movebatur. Sed non movebatur dum erat in termino a quo. Movebatur ergo dum erat in medio. Et ita oportet quod pertranseat medium.

RESPONDEO dicendum quod, sicut supra[1] dictum est, motus localis angeli potest esse continuus, et non continuus. Si ergo sit continuus, non potest angelus moveri de uno extremo in alterum, quin transeat per medium: quia, ut dicitur in V *Physic.*[2], *medium est in quod prius venit quod continue mutatur, quam in quod mutatur ultimum*; ordo enim prioris et posterioris in motu continuo, est secundum ordinem prioris et posterioris in magnitudine, ut dicitur in IV *Physic.*[3].

ARTIGO 2
O anjo atravessa o espaço intermediário?

QUANTO AO SEGUNDO, ASSIM SE PROCEDE: parece que o anjo **não** atravessa o espaço intermediário.

1. Com efeito, tudo o que atravessa um espaço intermediário, antes de atravessar um espaço maior, atravessa um lugar que lhe é igual. Ora, sendo o anjo indivisível, o lugar que lhe é igual é um ponto. Logo, se o anjo atravessa um espaço intermediário em seu movimento, é preciso que percorra um número infinito de pontos, o que é impossível.

2. ALÉM DISSO, o anjo é uma natureza mais simples que nossa alma. Ora, nossa alma pode, pelo pensamento, passar de um extremo a outro sem atravessar algum espaço intermediário. Posso pensar na França e em seguida na Síria, sem pensar na Itália, que está entre as duas. Logo, o anjo pode, com muito mais razão, passar de um lugar a outro sem atravessar o espaço intermediário.

EM SENTIDO CONTRÁRIO, quando o anjo se move de um lugar a outro, ao chegar ao termo, não está mais em movimento, mas já se fez a mudança. Ora, antes de toda mudança feita, precede o mudar-se; portanto, estando ele em algum lugar, movia-se. Mas não se movia quando estava no ponto de partida. Segue-se que se movia quando estava no meio. Assim, é necessário que atravesse o espaço intermediário.

RESPONDO. Acima foi dito que o movimento local do anjo pode ser contínuo ou descontínuo. Se é contínuo, o anjo não pode mover-se de um extremo a outro sem atravessar o espaço intermediário. "O espaço intermediário é aonde chega quem se move com movimento contínuo antes de finalmente se mudar", como se diz no livro V da *Física*. A ordem do que é anterior e posterior no movimento contínuo depende do que é anterior e posterior na quantidade, como se diz no livro IV da *Física*.

---

2 PARALL.: I *Sent.*, dist. 37, q. 4, a. 2; *Quodlib.* I, q. 3, a. 2.

1. Art. praec.
2. C. 3: 226, b, 23-27. — Cfr. l. VI, c. 9: 239, b, 9-14.
3. C. 11: 219, a, 10-21. Cfr. a. praec. c.

Si autem motus angeli non sit continuus, possibile est quod pertranseat de aliquo extremo in aliud, non pertransito medio. Quod sic patet. Inter quaelibet enim duo extrema loca sunt infinita loca media; sive accipiantur loca divisibilia, sive indivisibilia. Et de indivisibilibus quidem manifestum est: quia inter quaelibet duo puncta sunt infinita puncta media, cum nulla duo puncta consequantur se invicem sine medio, ut in VI *Physic*.[4] probatur. — De locis autem divisibilibus necesse est etiam hoc dicere. Et hoc demonstratur ex motu continuo alicuius corporis. Corpus enim non movetur de loco ad locum nisi in tempore. In toto autem tempore mensurante motum corporis, non est accipere duo *nunc*, in quibus corpus quod movetur non sit in alio et alio loco: quia si in uno et eodem loco esset in duobus *nunc*, sequeretur quod ibi quiesceret; cum nihil aliud sit quiescere quam in loco eodem esse nunc et prius. Cum igitur inter primum *nunc* et ultimum temporis mensurantis motum, sint infinita *nunc*, oportet quod inter primum locum, a quo incipit moveri, et ultimum locum, ad quem terminatur motus, sint infinita loca. — Et hoc sic etiam sensibiliter apparet. Sit enim unum corpus unius palmi, et sit via per quam transit, duorum palmorum: manifestum est quod locus primus, a quo incipit motus, est unius palmi; et locus, ad quem terminatur motus, est alterius palmi. Manifestum est autem quod, quando incipit moveri, paulatim deserit primum palmum, et subintrat secundum. Secundum ergo quod dividitur magnitudo palmi, secundum hoc multiplicantur loca media: quia quodlibet punctum signatum in magnitudine primi palmi, est principium unius loci; et punctum signatum in magnitudine alterius palmi, est terminus eiusdem. Unde cum magnitudo sit divisibilis in infinitum, et puncta sint etiam infinita in potentia in qualibet magnitudine; sequitur quod inter quaelibet duo loca sint infinita loca media.

Mobile autem infinitatem mediorum locorum non consumit nisi per continuitatem motus: quia sicut loca media sunt infinita in potentia, ita et in motu continuo est accipere infinita quaedam in potentia. Si ergo motus non sit continuus, omnes partes motus erunt numeratae in actu. Si ergo mobile quodcumque moveatur motu non continuo,

Se o movimento do anjo não é contínuo, lhe é possível passar de um extremo a outro sem atravessar o espaço intermediário. De fato, entre dois lugares quaisquer, existem infinitos lugares intermediários, quer se trate de lugares divisíveis, quer de indivisíveis. Para os lugares indivisíveis isso é evidente, pois entre dois pontos quaisquer há sempre uma infinidade de pontos intermediários, visto que dois pontos não podem se suceder sem que um intermediário os separe, como se prova no livro VI da *Física*. — É necessário afirmar o mesmo para os lugares divisíveis. E isso se demonstra pelo movimento corporal contínuo. Um corpo não se move de um lugar a outro a não ser no tempo. Ora, não se encontra em todo o tempo que mede o movimento de um corpo dois *instantes* nos quais esse corpo em movimento não esteja em um e outro lugar. Se estivesse em um só e mesmo lugar em dois *instantes* resultaria que aí repousaria; já que o repouso consiste em estar no mesmo lugar agora e antes. Como há entre o primeiro e o último *instante* do tempo que mede o movimento infinitos *instantes*, é preciso que haja infinitos lugares entre o primeiro, ponto de partida do movimento, e o último, que é seu termo. — Um exemplo pode tornar o assunto mais claro aos sentidos. Seja um corpo de um palmo de comprimento e uma distância de dois palmos. É claro que o lugar onde começa o movimento é o primeiro palmo e o lugar onde termina é o segundo palmo. Quando o corpo começa a se movimentar, abandona pouco a pouco o primeiro palmo e penetra no segundo. Portanto, na medida em que se divide a grandeza de um palmo, nesta medida se multiplicam os lugares intermediários, pois cada ponto determinado na grandeza do primeiro palmo é o princípio de um lugar; e o ponto determinado na grandeza do segundo palmo é o termo do mesmo movimento. Portanto, como a grandeza é divisível ao infinito, e em toda a grandeza há, em potência, um número infinito de pontos, segue-se que dois lugares, quaisquer que sejam, são separados sempre por uma infinidade de lugares intermediários.

O que se move não percorre essa infinidade de lugares intermediários senão pela continuidade do movimento, porque como os lugares intermediários são infinitos em potência, assim também se deve aceitar uma infinidade potencial no movimento contínuo. Consequentemente, em um movimento descontínuo, todas as partes que

---

4. C. 1: 231, a, 21 — b, 10.

sequitur quod vel non transeat omnia media, vel quod actu numeret media infinita: quod est impossibile. Sic igitur secundum quod motus angeli non est continuus, non pertransit omnia media.

Hoc autem, scilicet moveri de extremo in extremum et non per medium, potest convenire angelo sed non corpori. Quia corpus mensuratur et continetur sub loco: unde oportet quod sequatur leges loci in suo motu. Sed substantia angeli non est subdita loco ut contenta, sed est superior eo ut continens: unde in potestate eius est applicare se loco prout vult, vel per medium vel sine medio.

AD PRIMUM ergo dicendum quod locus angeli non accipitur ei aequalis secundum magnitudinem, sed secundum contactum virtutis: et sic locus angeli potest esse divisibilis, et non semper punctalis. Sed tamen loca media etiam divisibilia, sunt infinita, ut dictum est[5]: sed consumuntur per continuitatem motus, ut patet ex praedictis[6].

AD SECUNDUM dicendum quod angelus dum movetur localiter, applicatur eius essentia diversis locis: animae autem essentia non applicatur rebus quas cogitat, sed potius res cogitatae sunt in ipsa. Et ideo non est simile.

AD TERTIUM dicendum quod in motu continuo mutatum esse non est pars moveri, sed terminus unde oportet quod moveri sit ante mutatum esse. Et ideo oportet quod talis motus sit per medium. Sed in motu non continuo mutatum esse est pars, sicut unitas est pars numeri: unde successio diversorum locorum, etiam sine medio, constituit talem motum.

o compõem estão em número determinado em ato. Portanto, se um móvel qualquer se move com movimento descontínuo, ou não atravessa todos os intermediários ou os intermediários são em número infinito. O que é impossível. Logo, o anjo não atravessa todos os lugares intermediários se seu movimento é descontínuo.

Esta propriedade de se mover de um extremo a outro sem passar pelos lugares intermediários pode convir aos anjos, não aos corpos. Sendo o corpo medido e contido pelo lugar, deve seguir as leis próprias do lugar em seu movimento. Mas a natureza do anjo não está submetida ao lugar como se fosse contida por ele. Pelo contrário, lhe é superior e o contém. Logo, pode o anjo aplicar-se a um lugar como quiser, passando ou não pelo espaço intermediário.

QUANTO AO 1º, portanto, deve-se dizer que não se toma o lugar do anjo como lhe sendo igual, pela grandeza, mas pelo contato virtual. Dessa forma o lugar do anjo pode ser divisível sem que seja sempre um ponto. Contudo, os lugares intermediários, mesmo os divisíveis, são infinitos, como foi dito, mas podem ser atravessados pela continuidade do movimento, como está claro pelo que foi dito.

QUANTO AO 2º, deve-se dizer que quando o anjo se move localmente, sua essência é aplicada aos diversos lugares. Por sua vez a essência da alma não se aplica às coisas que ela pensa. Antes, são as coisas pensadas que estão nela. Portanto, não há semelhança entre eles.

QUANTO AO 3º, deve-se dizer que, no movimento contínuo, o ter-se mudado não é parte, mas termo do movimento. Assim o movimento precede o ter-se mudado e necessariamente percorre os lugares intermediários. Por sua vez, no movimento descontínuo o ter-se mudado é parte, como a unidade é parte do número, de tal forma que o movimento descontínuo é constituído pela sucessão de lugares diversos, mesmo sem os intermediários.

ARTICULUS 3
Utrum motus angeli sit in instanti

AD TERTIUM SIC PROCEDITUR. Videtur quod motus angeli sit in instanti.
1. Quanto enim virtus motoris fuerit fortior, et mobile minus resistens motori, tanto motus

ARTIGO 3
O movimento do anjo é instantâneo?

QUANTO AO TERCEIRO, ASSIM SE PROCEDE: parece que o movimento do anjo é instantâneo.
1. Com efeito, um movimento é tanto mais rápido quanto mais forte é o poder do motor e

---

5. In corp.
6. Ibid.

3 PARALL.: I *Sent.*, dist. 37, q. 4, a. 3; *Quodlib.* IX, q. 4, a. 4; XI, q. 4.

est velocior. Sed virtus angeli moventis seipsum, improportionabiliter excedit virtutem moventem aliquod corpus. Proportio autem velocitatum est secundum minorationem temporis. Omne autem tempus omni tempori proportionabile est. Si igitur aliquod corpus movetur in tempore, angelus movetur in instanti.

2. Praeterea, motus angeli simplicior est quam aliqua mutatio corporalis. Sed aliqua mutatio corporalis est in instanti, ut illuminatio: tum quia non illuminatur aliquid successive, sicut calefit successive; tum quia radius non prius pertingit ad propinquum quam ad remotum. Ergo multo magis motus angeli est in instanti.

3. Praeterea, si angelus movetur in tempore de loco ad locum, manifestum est quod in ultimo instanti illius temporis est in termino ad quem: in toto autem tempore praecedenti, aut est in loco immediate praecedenti, qui accipitur ut terminus a quo; aut partim in uno et partim in alio. Si autem partim in uno et partim in alio, sequitur quod sit partibilis: quod est impossibile. Ergo in toto tempore praecedenti est in termino a quo. Ergo quiescit ibi: cum quiescere sit in eodem esse nunc et prius, ut dictum est[1]. Et sic sequitur quod non moveatur nisi in ultimo instanti temporis.

Sed contra, in omni mutatione est prius et posterius. Sed prius et posterius motus numeratur secundum tempus. Ergo omnis motus est in tempore, etiam motus angeli; cum in eo sit prius et posterius.

Respondeo dicendum quod quidam dixerunt motum localem angeli esse in instanti. Dicebant enim quod, cum angelus movetur de uno loco ad alium, in toto tempore praecedenti angelus est in termino a quo, in ultimo autem instanti illius temporis est in termino ad quem. Nec oportet esse aliquod medium inter duos terminos; sicut non est aliquod medium inter tempus et terminum temporis. Inter duo autem *nunc* temporis, est tempus medium: unde dicunt quod non est dare ultimum *nunc* in quo fuit in termino a quo. Sicut in illuminatione, et in generatione substantiali ignis, non est dare ultimum instans in quo aer fuit tenebrosus, vel in quo materia fuit sub privatione formae ignis: sed est dare ultimum tempus, ita quod in ultimo illius temporis est vel lumen in aere, vel forma

quanto menor a resistência do que é movido. Mas o poder do anjo que se move supera sem comparação o poder que move um corpo. Ora, a rapidez do movimento é inversamente proporcional ao tempo. E todo tempo é proporcional a outro. Portanto, se o corpo se move no tempo, o anjo se move instantaneamente.

2. Além disso, o movimento do anjo é mais simples que qualquer mudança corporal. Ora, há uma mudança corporal que é instantânea: a iluminação. Seja porque um corpo não é iluminado sucessivamente, como acontece com o aquecimento; seja porque o raio de luz não atinge primeiro o que está próximo e depois o que está longe. Logo, o movimento do anjo, com muito mais razão, é instantâneo.

3. Ademais, se o anjo se move de um lugar para outro no tempo, é claro que ele está no termo de chegada, no último instante desse tempo. Mas durante o tempo precedente, ou ele está no lugar imediatamente anterior, isto é, no tempo de partida, ou está parte no termo de partida e parte no termo de chegada. Se parte em um e parte em outro, segue-se que o anjo seria divisível em partes, o que é impossível. Portanto, ele está durante todo o tempo que precede no termo de partida, e aí está em repouso, pois ficar em repouso é estar no mesmo lugar, como foi dito. O anjo, portanto, não se move senão no último instante.

Em sentido contrário, em toda mudança há antes e depois. Ora, o antes e depois do movimento é medido pelo tempo. Todo movimento se encontra, portanto, no tempo, até mesmo o movimento do anjo, uma vez que nele existe.

Respondo. Alguns disseram que o movimento local do anjo é instantâneo. Diziam que quando o anjo se move de um lugar para outro, ele está no termo de chegada apenas no último instante do tempo, enquanto durante todo o tempo precedente está no termo de partida. Não há necessidade de intermediário entre dois termos, da mesma forma que não há intermediário entre o tempo e o término do tempo. Entre dois *instantes* do tempo, contudo, há um tempo intermédio. Por isso dizem que não é possível indicar um último *instante* em que o anjo estaria no termo de partida. Da mesma forma como na iluminação e na geração substancial do fogo não é possível indicar um instante último no qual o ar estaria ainda escuro ou a matéria ainda privada da forma do fogo, mas

---

1. Art. praec.

ignis in materia. Et sic illuminatio et generatio substantialis dicuntur motus instantanei.

Sed hoc non habet locum in proposito. Quod sic ostenditur. De ratione enim quietis est quod quiescens non aliter se habeat nunc et prius: et ideo in quolibet *nunc* temporis mensurantis quietem, quiescens est in eodem et in primo, et in medio, et in ultimo. Sed de ratione motus est quod id quod movetur, aliter se habeat nunc et prius: et ideo in quolibet *nunc* temporis mensurantis motum, mobile se habet in alia et alia dispositione: unde oportet quod in ultimo *nunc* habeat formam quam prius non habebat. Et sic patet quod quiescere in toto tempore in aliquo, puta in albedine, est esse in illo in quolibet instanti illius temporis: unde non est possibile ut aliquid in toto tempore praecedenti quiescat in uno termino et postea in ultimo instanti illius temporis sit in alio termino. Sed hoc est possibile in motu: quia moveri in toto aliquo tempore, non est esse in eadem dispositione in quolibet instanti illius temporis. Igitur omnes huiusmodi mutationes instantaneae sunt termini motus continui: sicut generatio est terminus alterationis materiae, et illuminatio terminus motus localis corporis illuminantis. — Motus autem localis angeli non est terminus alicuius alterius motus continui, sed est per seipsum, a nullo alio motu dependens. Unde impossibile est dicere quod in toto tempore sit in aliquo loco, et in ultimo *nunc* sit in alio loco. Sed oportet assignare *nunc* in quo ultimo fuit in loco praecedenti. Ubi autem sunt multa *nunc* sibi succedentia, ibi de necessitate est tempus: cum tempus nihil aliud sit quam numeratio prioris et posterioris in motu. Unde relinquitur quod motus angeli sit in tempore. In continuo quidem tempore, si sit motus eius continuus; in non continuo autem, si motus sit non continuus (utroque enim modo contingit esse motum angeli, ut dictum est[2]: continuitas enim temporis est ex continuitate motus, ut dicitur in IV *Physic*.[3].

pode-se indicar um tempo último de tal forma que no termo final desse tempo ou a luz está no ar, ou a forma do fogo na matéria. É nesse sentido que a iluminação e a geração substancial são ditos movimentos instantâneos.

Mas isso está fora de propósito, como se pode demonstrar. É da razão do repouso que o que está em repouso se encontre no mesmo estado agora como antes, e por isso em qualquer *instante* do tempo que mede o movimento, o que está em repouso se encontra igual seja no início, no meio ou no fim. Mas é da razão do movimento que o que se move não se encontre no mesmo estado agora como antes, e por isso em qualquer *instante* do tempo que mede o movimento, o que se move se encontra numa disposição distinta. O que se move deve, portanto, no último *instante* do tempo, ter uma forma que antes não tinha. Assim, é evidente que repousar durante todo o tempo em determinado estado, na brancura, por exemplo, equivale a permanecer nesse estado em cada um dos instantes que compõem esse tempo. É impossível, portanto, que alguma coisa que repousa durante todo um tempo em um termo se encontre, no fim desse tempo, em outro termo. Mas isso é possível no movimento, porque mover-se durante todo um tempo não é estar na mesma disposição em cada um dos instantes daquele tempo. Por isso todas essas mudanças instantâneas são os termos de um movimento contínuo; por exemplo, a geração é o termo da modificação da matéria, e a iluminação é o termo do movimento local do corpo que ilumina. — Ora, o movimento local do anjo não é o termo de um movimento contínuo. Ele existe por si mesmo e não depende de nenhum outro movimento. Não se pode dizer que o anjo está em um lugar durante todo um tempo e que se encontra em outro lugar no último *instante* desse tempo. Mas é preciso determinar o *instante* no qual por último esteve no lugar precedente. Ora, onde muitos *instantes* se sucedem, há necessariamente o tempo, uma vez que o tempo nada mais é do que o número do movimento segundo o antes e o depois. Conclui-se, portanto, que o movimento do anjo é no tempo; no tempo contínuo, se seu movimento é contínuo; no tempo descontínuo, se seu movimento é descontínuo; pois o anjo pode se mover dos dois modos, como já foi dito. A continuidade do tempo depende da continuidade do movimento, como diz o livro IV da *Física*.

---

2. A. 1.
3. C. 11: 219, a, 10-21.

Sed istud tempus, sive sit tempus continuum sive non, non est idem cum tempore quod mensurat motum caeli, et quo mensurantur omnia corporalia, quae habent mutabilitatem ex motu caeli. Motus enim angeli non dependet ex motu caeli.

AD PRIMUM ergo dicendum quod, si tempus motus angeli non sit continuum, sed successio quaedam ipsorum *nunc*, non habebit proportionem ad tempus quod mensurat motum corporalium, quod est continuum: cum non sit eiusdem rationis. Si vero sit continuum, est quidem proportionabile, non quidem propter proportionem moventis et mobilis sed propter proportionem magnitudinum in quibus est motus. — Et praeterea, velocitas motus angeli non est secundum quantitatem suae virtutis; sed secundum determinationem suae voluntatis.

AD SECUNDUM dicendum quod illuminatio est terminus motus; et est alteratio, non motus localis ut intelligatur lumen moveri prius ad propinquum, quam ad remotum. Motus autem angeli est localis: et non est terminus motus. Unde non est simile.

AD TERTIUM dicendum quod obiectio illa procedit de tempore continuo. Tempus autem motus angeli potest esse non continuum. Et sic angelus in uno instanti potest esse in uno loco, et in alio instanti in alio loco, nullo tempore intermedio existente. — Si autem tempus motus angeli sit continuum, angelus in toto tempore praecedenti ultimum *nunc*, variatur per infinita loca, ut prius[4] expositum est. Est tamen partim in uno locorum continuorum et partim in alio, non quod substantia illius sit partibilis; sed quia virtus sua applicatur ad partem primi loci et ad partem secundi, ut etiam supra[5] dictum est.

Mas sendo o movimento do anjo independente do movimento do céu, esse tempo, contínuo ou não, não é idêntico ao tempo que mede o movimento do céu e o de todas as coisas corporais cujo movimento depende do movimento do céu.

QUANTO AO 1º, portanto, deve-se dizer que se o tempo do movimento do anjo não for contínuo, mas a sucessão dos *instantes*, não haverá proporção com o tempo que mede o movimento dos corpos que é contínuo, uma vez que não têm a mesma razão. Se for contínuo, haverá certa proporção, não por causa da proporção entre o motor e o móvel, mas por causa da proporção das grandezas em que se realiza o movimento. — Além disso, a rapidez do movimento do anjo não depende da grandeza de seu poder, mas da determinação de sua vontade.

QUANTO AO 2º, deve-se dizer que a iluminação é o termo de um movimento, e é uma alteração e não um movimento local, entendido como se a luz se movesse primeiro para as coisas próximas e depois para as longínquas. Ora, o movimento do anjo é local e não o termo de um movimento. Não há portanto semelhança entre os dois casos.

QUANTO AO 3º, deve-se dizer que a objeção é procedente quanto ao tempo contínuo. Ora, o tempo do movimento angélico pode não ser contínuo. Dessa forma pode o anjo num instante estar em um lugar e noutro instante em outro lugar, sem que se interponha nenhum tempo intermediário. — Porém se o tempo do movimento do anjo é contínuo, este, durante todo o tempo que precede o último instante, passa por uma infinidade de lugares, como já foi exposto. Entretanto, ele está em parte em um dos lugares contínuos e em parte em outro, não porque sua substância é divisível, mas porque seu poder se exerce parcialmente no primeiro lugar e parcialmente no segundo, como também já foi dito[a].

---

4. Art. praec.
5. Art. 1.

a. Essas finas e pacientes análises das noções de lugar, de movimento local e de sucessão apresentam grande valor para a filosofia da natureza, mas não é o que nos interessa diretamente aqui. No que concerne à angelologia, observe-se que Sto. Tomás permanece preso à visão aristotélica, segundo a qual o movimento das esferas celestes se faz movido por "Inteligências", ou "Formas puras", as quais, para ele, são exatamente os anjos da Bíblia. Porém, repitamos, ele se diferencia radicalmente de Aristóteles no fato de que essa função cósmica dos anjos é para ele apenas um aspecto, e o menos importante, de sua atividade. Não está aí sua finalidade, que é bem superior.

QUAESTIO LIV
DE COGNITIONE ANGELORUM
in quinque articulos divisa

Consideratis his quae ad substantiam angeli pertinent, procedendum est ad cognitionem ipsius. Haec autem consideratio erit quadripartita: nam primo considerandum est de his quae pertinent ad virtutem cognoscitivam angeli; secundo, de his quae pertinent ad medium cognoscendi ipsius; tertio, de his quae ab eo cognoscuntur; quarto, de modo cognitionis ipsorum.

Circa primum quaeruntur quinque.
Primo: utrum intelligere angeli sit sua substantia.
Secundo: utrum eius esse sit suum intelligere.
Tertio: utrum eius substantia sit sua virtus intellectiva.
Quarto: utrum in angelis sit intellectus agens et possibilis.
Quinto: utrum in eis sit aliqua alia potentia cognoscitiva quam intellectus.

ARTICULUS 1
Utrum intelligere angeli sit eius substantia

AD PRIMUM SIC PROCEDITUR. Videtur quod intelligere angeli sit eius substantia.

1. Angelus enim est sublimior et simplicior quam intellectus agens animae. Sed substantia intellectus agentis est sua actio; ut patet in III *de Anima*[1] per Aristotelem, et eius Commentatorem[2]. Ergo, multo fortius, substantia angeli est sua actio, quae est intelligere.

2. PRAETEREA, Philosophus dicit, in XII *Metaphys.*[3], quod *actio intellectus est vita*. Sed cum *vivere* sit *esse viventibus,* ut dicitur in II *de Anima*[4] videtur quod vita sit essentia. Ergo actio intellectus est essentia intelligentis angeli.

3. PRAETEREA, si extrema sunt unum, medium non differt ab eis: quia extremum magis distat ab extremo, quam medium. Sed in angelo idem est intellectus et intellectum, ad minus inquantum intelligit essentiam suam. Ergo intelligere, quod cadit medium inter intellectum et rem intellectam, est idem cum substantia angeli intelligentis.

QUESTÃO 54
O CONHECIMENTO DOS ANJOS
em cinco artigos

Após a consideração do que se refere à substância do anjo, deve-se passar ao que se refere ao conhecimento. Esta consideração tem quatro partes: 1. sobre a capacidade cognoscitiva; 2. sobre o meio pelo qual conhece; 3. sobre o que é conhecido; e 4. sobre o modo de conhecer.

A respeito da primeira são cinco as perguntas:
1. É a intelecção do anjo sua substância?
2. Seu existir é seu conhecer?
3. É a substância do anjo sua potência intelectiva?
4. Há no anjo intelecto agente e intelecto possível?
5. Há no anjo alguma outra potência cognoscitiva além do intelecto?

ARTIGO 1
É a intelecção do anjo sua substância?

QUANTO AO PRIMEIRO ARTIGO, ASSIM SE PROCEDE: parece que a intelecção do anjo é sua substância.

1. Com efeito, o anjo é muito superior e mais simples que o intelecto agente da alma. Ora, a "substância do intelecto agente é sua ação", como evidenciam o livro III da *Alma* e seu comentador. Logo, com maior razão, a substância do anjo é sua ação, que é a intelecção.

2. ALÉM DISSO, diz o Filósofo, no livro XII da *Metafísica*, que "a ação do intelecto é vida". Ora, como "viver é para os viventes existir" conforme diz o livro II da *Alma*, segue-se que a vida é a essência. Logo, a intelecção é a essência do anjo, que conhece.

3. ADEMAIS, se os extremos são uma única coisa, o intermediário não se diferencia deles, porque um extremo mais se distancia do outro que o intermediário. Ora, no anjo a intelecção e o inteligido se identificam, ao menos enquanto conhece sua essência. Logo, a intelecção que está entre o intelecto e seu objeto identifica-se com a substância do anjo, que conhece.

---

1 PARALL.: Opusc. XV, *de Angelis,* c. 13.

1. C. 5: 430, a, 17-19.
2. Comm. 19.
3. C. 7: 1072, b, 26-30.
4. C. 4: 415, b, 12-14.

SED CONTRA, plus differt actio rei a substantia eius, quam ipsum esse eius. Sed nullius creati suum esse est sua substantia: hoc enim solius Dei proprium est, ut ex superioribus[5] patet. Ergo neque angeli, neque alterius creaturae, sua actio est eius substantia.

RESPONDEO dicendum quod impossibile est quod actio angeli, vel cuiuscumque alterius creaturae, sit eius substantia. Actio enim est proprie actualitas virtutis; sicut esse est actualitas substantiae vel essentiae. Impossibile est autem quod aliquid quod non est purus actus, sed aliquid habet de potentia admixtum, sit sua actualitas: quia actualitas potentialitati repugnat. Solus autem Deus est actus purus. Unde in solo Deo sua substantia est suum esse et suum agere.

Praeterea, si intelligere angeli esset sua substantia, oporteret quod intelligere angeli esset subsistens. Intelligere autem subsistens non potest esse nisi unum; sicut nec aliquod abstractum subsistens. Unde unius angeli substantia non distingueretur neque a substantia Dei, quae est ipsum intelligere subsistens; neque a substantia alterius angeli.

Si etiam angelus ipse esset suum intelligere, non possent esse gradus in intelligendo perfectius et minus perfecte: cum hoc contingat propter diversam participationem ipsius intelligere.

AD PRIMUM ergo dicendum quod, cum dicitur quod intellectus agens est sua actio, est praedicatio non per essentiam, sed per concomitantiam: quia cum sit in actu eius substantia, statim quantum est in se, concomitatur ipsam actio. Quod non est de intellectu possibili, qui non habet actiones nisi postquam fuerit factus in actu.

AD SECUNDUM dicendum quod *vita* non hoc modo se habet ad *vivere*, sicut essentia ad esse;

EM SENTIDO CONTRÁRIO, a ação de uma coisa mais se diferencia de sua substância que seu próprio existir. Mas o existir de nenhuma coisa criada é sua substância. Isso é próprio só de Deus, como está claro pelo que acima foi dito. Logo, nem a ação dos anjos, nem de qualquer outra criatura é sua substância.

RESPONDO. É impossível que a ação do anjo, ou a de qualquer outra criatura, seja sua substância, porque a ação é propriamente a atualidade da potência, como o existir é a atualidade da substância ou da essência. É, pois, impossível que algo que não é o ato puro, mas que tem alguma mescla de potência, seja sua atualidade, até porque atualidade opõe-se a potencialidade. Ora, só Deus é ato puro. Consequentemente, só em Deus sua substância é seu existir e sua ação[a].

Ademais, se a intelecção do anjo fosse sua substância, necessariamente sua intelecção seria subsistente. Uma intelecção subsistente não pode ser senão única, como nenhum abstrato subsistente. Donde a substância de um anjo não se distinguiria nem da substância de Deus, que é sua própria intelecção subsistente, nem da substância de outro anjo[b].

Além disso, se o anjo fosse sua intelecção, não poderia haver graus de intelecção mais perfeitos e menos perfeitos, visto que tal acontece porque há diversidade de participação no ato da intelecção.

QUANTO AO 1º, portanto, deve-se dizer que quando se diz que o intelecto agente é sua ação, a predicação não é essencial mas concomitante, porque estando em ato sua substância, imediatamente, enquanto está em si mesma, acompanha sua ação[c]. Mas isso não pertence ao intelecto possível, porque ele só tem as ações após ter sido posto em ato.

QUANTO AO 2º, deve-se dizer que a *vida* não está para o *viver* como a essência para a existência;

---

5. Q. 3, a. 4; q. 7, a. 1, ad 3; a. 2; q. 44, a. 1.

a. Em todo *ente* composto de ato e de potência, o ato em virtude do qual ele é atual, sua "atualidade", distingue-se, evidentemente, daquilo em virtude do qual ele é potencial, sua potência. Distingue-se também, portanto, do *composto* do qual a potência é parte integrante.

b. A "forma abstrata" é a forma separada de seu sujeito. Ela pode sê-lo por meio de um ato do espírito, e permanece então asbtrata, não pertencendo enquanto tal ao universo real, mas apenas ao universo intramental. Se a supomos "subsistente", imaginamos que pertence ao mundo extramental, sem ser inerente a um sujeito dela distinto. A partir daí, a unidade que ela possui como forma, no espírito — unidade abstrata —, torna-se unidade real e concreta, não podendo multiplicar-se de acordo com a multiplicidade de sujeitos: a brancura que se supõe subsistente por si mesma, sem o suporte de um sujeito distinto, só poderia ser uma. É o que ocorre com a *intelecção*, que se supõe idêntica à substância, e portanto subsistente por si mesma.

c. Ver-se-á, no campo da antropologia, que a ação do intelecto agente se exerce em estreita conjunção com a ação das faculdades cognitivas sensíveis, e com a própria percepção. Disso resulta que a ação do intelecto agente pode ser interrompida em virtude da falha das faculdades sensíveis: quer elas cessem de funcionar, como no coma, quer se desliguem da percepção, como no sono.

sed sicut *cursus* ad *currere*, quorum unum significat actum in abstracto, aliud in concreto. Unde non sequitur, si vivere sit esse, quod vita sit essentia. — Quamvis etiam quandoque *vita* pro essentia ponatur; secundum quod Augustinus dicit, in libro *de Trin.*[6], quod *memoria et intelligentia et voluntas sunt una essentia, una vita.* Sed sic non accipitur a Philosopho cum dicit quod *actio intellectus est vita.*

AD TERTIUM dicendum quod actio quae transit in aliquid extrinsecum, est realiter media inter agens et subiectum recipiens actionem. Sed actio quae manet in agente, non est realiter medium inter agens et obiectum, sed secundum modum significandi tantum: realiter vero consequitur unionem obiecti cum agente. Ex hoc enim quod intellectum fit unum cum intelligente, consequitur intelligere, quasi quidam effectus differens ab utroque.

ARTICULUS 2
Utrum intelligere angeli sit eius esse

AD SECUNDUM SIC PROCEDITUR. Videtur quod intelligere angeli sit eius esse.

1. *Vivere* enim *viventibus est esse*, ut dicitur in II *de Anima*[1]. Sed intelligere est quoddam vivere, ut in eodem[2] dicitur. Ergo intelligere angeli est eius esse.

2. PRAETEREA, sicut se habet causa ad causam, ita effectus ad effectum. Sed forma per quam angelus est, est eadem cum forma per quam intelligit ad minus seipsum. Ergo eius intelligere est idem cum suo esse.

SED CONTRA, intelligere angeli est motus eius; ut patet per Dionysium, 4 cap. *de Div. Nom.*[3]. Sed esse non est motus. Ergo esse angeli non est intelligere eius.

RESPONDEO dicendum quod actio angeli non est eius esse, neque actio alicuius creaturae.

mas como a *corrida* está para o *correr*, designando um o ato abstratamente, outro, concretamente. Daí não se conclui que se o viver é existir, a vida é a essência. — Embora, por vezes, tome-se *vida* por essência, segundo se lê em Agostinho: "A memória, a inteligência e a vontade são uma essência, uma vida". Mas o Filósofo não pensa assim, quando escreve que "a ação do intelecto é vida".

QUANTO AO 3º, deve-se dizer que a ação que passa para algo extrínseco é realmente intermediária entre o agente e o sujeito que recebe a ação. Contudo, a ação que permanece no agente não é realmente a intermediária entre o agente e o objeto, mas somente segundo o modo de significar: na realidade vem após a união do objeto com o agente. Porque há unidade do intelecto com o seu objeto, segue-se a intelecção, como um efeito diferente de ambos[d].

ARTIGO 2
A intelecção do anjo é seu existir?

QUANTO AO SEGUNDO, ASSIM SE PROCEDE: parece que a intelecção do anjo é seu existir.

1. Com efeito, o livro II da *Alma* diz: "Viver é para os viventes existir". Ora, no mesmo texto, afirma-se que "a intelecção é certo viver". Logo, a intelecção do anjo é seu existir.

2. ALÉM DISSO, uma causa está para outra causa como um efeito para outro efeito. Ora, a forma pela qual o anjo é é igual à forma pela qual tem intelecção pelo menos de si mesmo. Logo, sua intelecção identifica-se com seu existir.

EM SENTIDO CONTRÁRIO, a intelecção do anjo é seu movimento, como afirma Dionísio. Ora, o existir não é movimento. Logo, o existir do anjo não é sua intelecção.

RESPONDO. A ação do anjo não é seu existir, nem a ação de criatura alguma. Diz o livro IX

---

6. L. X, c. 11: ML 42, 983-984.

1. C. 4: 412, b, 12-14.
2. C. 2: 413, a.
3. MG 3, 704 D – 705 A.

d. De acordo com a profunda e admirável explicação do conhecimento elaborada por Sto. Tomás, na linha de Aristóteles, a intelecção não consiste em um "fazer" (o "fazer" é evidentemente intermediário entre o agente e o que ele faz), mas em um "ser": o cognoscente *é* (intencionalmente) o conhecido pela virtude de seu ato de intelecção, como o existente é o que é em virtude do ato de existência. Assim, o ato de intelecção não é intermediário entre o cognoscente e o conhecido, mas consecutivo a sua união, que ele atualiza e termina. Se é *seu efeito*, não é na ordem da causalidade eficiente — ele brota de forças vivas da inteligência —, mas na ordem da causalidade formal, como nessa mesma ordem o ato de existência — efetivamente produzida por Deus e pelas causas segundas — é o efeito da essência concretizado nesse ente que existe.

Duplex enim est actionis genus, ut dicitur IX *Metaphys*.[4]. Una scilicet actio est quae transit in aliquid exterius, inferens ei passionem, sicut urere et secare. Alia vero actio est quae non transit in rem exteriorem, sed manet in ipso agente, sicut sentire, intelligere et velle: per huiusmodi enim actionem non immutatur aliquid extrinsecum, sed totum in ipso agente agitur. De prima ergo actione manifestum est quod non potest esse ipsum esse agentis: nam esse agentis significatur intra ipsum, actio autem talis est effluxus in actum ab agente. Secunda autem actio de sui ratione habet infinitatem, vel simpliciter, vel secundum quid. Simpliciter quidem, sicut intelligere, cuius obiectum est verum, et velle, cuius obiectum est bonum, quorum utrumque convertitur cum ente; et ita intelligere et velle, quantum est de se, habent se ad omnia; et utrumque recipit speciem ab obiecto. Secundum quid autem infinitum est sentire, quod se habet ad omnia sensibilia, sicut visus ad omnia visibilia. Esse autem cuiuslibet creaturae est determinatum ad unum secundum genus et speciem: esse autem solius Dei est simpliciter infinitum, in se omnia comprehendens, ut dicit Dionysius, 5 cap. *de Div. Nom*.[5]. Unde solum esse divinum est suum intelligere et suum velle.

AD PRIMUM ergo dicendum quod *vivere* quandoque sumitur pro ipso esse viventis: quandoque vero pro operatione vitae, idest per quam demonstratur aliquid esse vivens. Et hoc modo Philosophus dicit quod intelligere est vivere quoddam: ibi enim distinguit diversos gradus viventium secundum diversa opera vitae.

AD SECUNDUM dicendum quod ipsa essentia angeli est ratio totius sui esse: non autem est ratio totius sui intelligere, quia non omnia intelligere potest per suam essentiam. Et ideo secundum propriam rationem, inquantum est talis essentia, comparatur ad ipsum esse angeli. Sed ad eius intelligere comparatur secundum rationem universalioris obiecti, scilicet veri vel entis. Et sic patet quod, licet sit eadem forma, non tamen secundum eandem rationem est principium essendi et intelligendi. Et propter hoc non sequitur quod in angelo sit idem esse et intelligere.

da *Metafísica* que há dois gêneros de ação. Um é a ação que passa a algo exterior, causando-lhe uma passividade, como queimar e cortar; outro, é a ação que não passa a algo exterior, mas permanece no agente, como o sentir, o entender e o querer. Por essas ações não se muda algo exterior, mas tudo se efetua no próprio agente. Quanto à primeira ação, é evidente que não pode ser o ser do agente, pois o ser do agente manifesta-se dentro dele, e essa ação é um ato que flui do agente. A segunda ação, por sua própria razão, tem certa infinidade[e], ou de modo absoluto ou de certo modo. De modo absoluto, como a intelecção, cujo objeto é a verdade, e como o querer, cujo objeto é o bem, ambos são convertíveis com o ente. Assim, a intelecção e o querer, em si mesmos, referem-se a todas as coisas, e ambos recebem a espécie do objeto[f]. De certo modo, o sentir é infinito, pois se refere a todas as coisas sensíveis, como a visão se refere a todas as coisas visíveis. Todavia, o ser da criatura está determinado para um só objeto genérico ou específico. Só o ser de Deus é absolutamente infinito, abrangendo em si todas as coisas, como diz Dionísio. Logo, só o ser divino é sua intelecção e seu querer.

QUANTO AO 1º, portanto, deve-se dizer que *viver* significa, às vezes, o próprio ser do vivente, às vezes a operação da vida, isto é, aquela pela qual se mostra que alguma coisa tem vida. Desse modo, diz o Filósofo que a intelecção é um certo viver. Distingue, pois, os diversos graus dos viventes segundo as diversas operações da vida.

QUANTO AO 2º, deve-se dizer que a essência do anjo é a razão de todo o seu existir. Porém não é a razão de toda a sua intelecção, porque não pode tê-la de todas as coisas por sua essência. Por isso, segundo a própria razão, enquanto é tal essência, refere-se ao próprio existir do anjo. Mas se refere à sua intelecção segundo a razão mais universal do objeto, isto é, do verdadeiro e do ente. Fica pois evidenciado que, embora seja a mesma forma, não é pela mesma razão, o princípio do existir e da intelecção. Por isso não se pode concluir que no anjo sejam o mesmo o existir e a intelecção[g].

---

4. C. 8: 1050, a, 23 — b, 2.
5. MG 3, 817 C.

e. "Certa infinidade": não infinidade em ato, mas abertura para o infinito.
f. São portanto infinitos como ele.
g. Entre a essência do anjo e seu existir há uma perfeita coincidência: o que existe é a essência em toda a sua extensão e em seus limites ontológicos. Aquilo pelo qual o anjo existe, seu ato de existir, é inteiramente contido nesses limites e os preenche.

Articulus 3
Utrum potentia intellectiva angeli sit eius essentia

AD TERTIUM SIC PROCEDITUR. Videtur quod virtus vel potentia intellectiva in angelo non sit aliud quam sua essentia.

1. *Mens* enim et *intellectus* nominant potentiam intellectivam. Sed Dionysius in pluribus locis suorum librorum[1], nominat ipsos angelos *intellectus* et *mentes*. Ergo angelus est sua potentia intellectiva.

2. PRAETEREA, si potentia intellectiva in angelo est aliquid praeter eius essentiam, oportet quod sit accidens: hoc enim dicimus esse accidens alicuius, quod est praeter eius essentiam. Sed *forma simplex subiectum esse non potest*, ut Boetius dicit, in libro *de Trin.*[2]. Ergo angelus non esset forma simplex: quod est contra praemissa[3].

3. PRAETEREA, Augustinus dicit, XII *Confess.*[4], quod Deus fecit angelicam naturam *prope se*, materiam autem primam *prope nihil*: ex quo videtur quod angelus sit simplicior quam materia prima, utpote Deo propinquior. Sed materia prima est sua potentia. Ergo multo magis angelus est sua potentia intellectiva.

SED CONTRA est quod Dionysius dicit, 11 cap. *Angel. Hier.*[5], quod angeli *dividuntur in substantiam, virtutem et operationem*. Ergo aliud est in eis substantia, et aliud virtus, et aliud operatio.

RESPONDEO dicendum quod nec in angelo nec in aliqua creatura, virtus vel potentia operativa est idem quod sua essentia. Quod sic patet. Cum enim potentia dicatur ad actum, oportet quod secundum diversitatem actuum sit diversitas potentiarum: propter quod dicitur quod proprius actus respondet propriae potentiae. In omni autem creato essentia differt a suo esse, et comparatur ad ipsum sicut potentia ad actum, ut ex supra[6] dictis patet. Actus autem ad quem comparatur potentia operativa, est operatio. In angelo autem non est idem intelligere

Artigo 3
A potência intelectiva do anjo é sua essência?

QUANTO AO TERCEIRO, ASSIM SE PROCEDE: parece que a faculdade ou potência intelectiva no anjo é sua essência.

1. Com efeito, *mente* e *intelecto* são chamados potências intelectivas. Ora, Dionísio, em muitos lugares de seus livros, denomina *intelecto* e *mente* os próprios anjos. Logo, o anjo é sua potência intelectiva.

2. ALÉM DISSO, se a potência intelectiva no anjo não é sua essência, é necessário que seja acidente de alguma coisa; dizemos ser acidente de alguma coisa aquilo que não é a essência. Ora, como diz Boécio, "a forma simples não pode ser sujeito". Logo, o anjo não seria forma simples. Mas isto vai contra as premissas.

3. ADEMAIS, diz Agostinho que Deus fez a natureza angélica *próxima de si*, mas a matéria primeira *próxima do nada*. Disto se conclui que o anjo é mais simples que a matéria primeira, porque mais próximo de Deus. Ora, a matéria primeira é sua potência. Logo, com mais razão o anjo será sua potência intelectiva.

EM SENTIDO CONTRÁRIO, diz Dionísio que "os anjos se dividem em substância, potência e operação". Logo, neles uma coisa é a substância, outra a potência e outra a operação.

RESPONDO. Nem no anjo, nem em qualquer outra criatura, a faculdade, ou potência operativa, identifica-se com sua essência. Isso assim se prova: como a potência é para o ato, convém que, segundo a diversificação dos atos, se diversifiquem também as potências, razão por que se diz que um ato próprio corresponde à sua própria potência. Em todo ente criado a essência diferencia-se do existir, e se refere a ele como a potência ao ato, o que é evidente pelo que até aqui se disse. Ora, o ato ao qual se refere a potência operativa é a

---

3 PARALL.: Infra, q. 77, a. 1; q. 79, a. 1.

1. *Cael. Hier.*, c. 2, 6, 12; *De Div. Nom.*, c. 1, 4, 7: MG 3, 137 B, 200 C, 293 A; 588 D, 693 C, 865 B.
2. L. I, c. 2: ML 64, 1250 D.
3. Q. 50, a. 2.
4. C. 7: ML 32, 828 sq.
5. MG 3, 284 D.
6. A. 1; q. 44, a. 1.

Em vez disso, o que atinge a intelecção do anjo quando ele conhece a si mesmo é o ser mesmo, em sua extensão infinita, sem dúvida reduzido a essa realização particular que é sua essência, mas superando-a por todos os lados. Em ambos os casos, a essência é atualizada, mas sob dois aspectos distintos: no primeiro caso, sob o aspecto segundo o qual ela é tal essência determinada; no segundo caso, sob aspecto segundo o qual nela se oferece o ser, que compreende todas as determinações.

et esse: nec aliqua alia operatio aut in ipso aut in quocumque alio creato, est idem quod eius esse. Unde essentia angeli non est eius potentia intellectiva: nec alicuius creati essentia est eius operativa potentia.

AD PRIMUM ergo dicendum quod angelus dicitur *intellectus* et *mens*, quia tota eius cognitio est intellectualis. Cognitio autem animae partim est intellectualis, et partim sensitiva.

AD SECUNDUM dicendum quod forma simplex quae est actus purus, nullius accidentis potest esse subiectum: quia subiectum comparatur ad accidens ut potentia ad actum. Et huiusmodi est solus Deus. Et de tali forma loquitur ibi Boetius. — Forma autem simplex quae non est suum esse, sed comparatur ad ipsum ut potentia ad actum, potest esse subiectum accidentis, et praecipue eius quod consequitur speciem: huiusmodi enim accidens pertinet ad formam (— accidens vero quod est individui, non consequens totam speciem, consequitur materiam, quae est individuationis principium). Et talis forma simplex est angelus.

AD TERTIUM dicendum quod potentia materiae est ad ipsum esse substantiale: et non potentia operativa, sed ad esse accidentale. Unde non est simile.

ARTICULUS 4
Utrum in angelo sit intellectus agens et possibilis

AD QUARTUM SIC PROCEDITUR. Videtur quod in angelo sit intellectus agens et possibilis.
1. Dicit enim Philosophus, in III *de Anima*[1], quod *sicut in omni natura est aliquid quo est omnia fieri et aliquid quo est omnia facere, ita etiam in anima*. Sed angelus est natura quaedam. Ergo in eo est intellectus agens et possibilis.

2. PRAETEREA, recipere est proprium intellectus possibilis, illuminare autem est proprium intellec-

operação. No anjo, porém, não se identificam a intelecção e o existir; nem qualquer outra operação nele ou em qualquer outra criatura. Logo, a essência do anjo não é sua potência intelectiva, nem a essência de qualquer outra criatura é sua potência operativa.

QUANTO AO 1º, portanto, deve-se dizer que o anjo é *intelecto* e *mente* porque todo o seu conhecimento é intelectivo. Mas o conhecimento da alma é, em parte, intelectivo, em parte, sensitivo.

QUANTO AO 2º, deve-se dizer que a forma simples que é ato puro não pode ser sujeito de acidente algum, porque o sujeito está para o acidente como a potência para o ato. Mas ato puro é só Deus. É dessa forma que trata Boécio. — A forma simples que não é seu existir, mas está para ele como a potência para o ato, pode ser sujeito de acidente e, principalmente, daquele que resulta da espécie. Esse acidente pertence à forma (— mas o acidente que é do indivíduo não resultante de toda espécie resulta da matéria, que é o princípio da individuação). Essa forma simples é o anjo[h].

QUANTO AO 3º, deve-se dizer que a potência da matéria está para o próprio ser substancial; não porém a potência operativa, que está para o ser acidental. Por isso, não há paridade.

ARTIGO 4
Há no anjo intelecto agente e intelecto possível?

QUANTO AO QUARTO, ASSIM SE PROCEDE: parece que no anjo **há** intelecto agente e possível.
1. Com efeito, diz o Filósofo no livro III da *Alma*: "Como em todas as naturezas há alguma coisa pela qual ela pode se tornar tudo e alguma coisa pela qual ela pode tudo fazer, assim também na alma". Ora, o anjo é uma natureza. Logo, nele há intelecto agente e possível.

2. ALÉM DISSO, receber é próprio do intelecto possível; iluminar é próprio do intelecto agente,

---

4 PARALL.: *Cont. Gent.* II, 96.
1. C. 5: 430, a, 10-17.

h. Encontráramos acima (Q. 50, a. 2, o. 2) uma objeção semelhante, mas invertida: o anjo deve ser composto de matéria e de forma, afirmava-se, uma vez que é sujeito receptor de formas, e que é em função de sua materialidade que um ente pode "receber" em si uma forma. Aqui, afirma-se: o anjo não pode ser sujeito receptor de uma forma — sua faculdade intelectual —, pois foi estabelecido que é uma "forma simples". Na primeira vez, a dificuldade foi contornada reduzindo-a à recepção no cognoscente da forma do conhecido: tal receptividade não é da ordem da matéria, mas da forma enquanto tal. Aqui se vai ao fundo: na verdade, não é necessariamente a *materialidade* que torna um ente capaz de receber nele uma forma diferente de sua forma constitutiva, mas a *potencialidade*. Vimos acima (Q. 50, a. 2, r. 3) que, se a forma constitutiva do anjo não é "material" — no sentido de que ela subsiste em si mesma, não na matéria —, permanece ela *potencial*, distinta de sua existência e por ela atuada.

tus agentis, ut patet in III *de Anima*². Sed angelus recipit illuminationem a superiori, et illuminat inferiorem. Ergo in eo est intellectus agens et possibilis.

SED CONTRA est quod in nobis intellectus agens et possibilis est per comparationem ad phantasmata; quae quidem comparantur ad intellectum possibilem ut colores ad visum, ad intellectum autem agentem ut colores ad lumen, ut patet ex III *de Anima*³. Sed hoc non est in angelo. Ergo in angelo non est intellectus agens et possibilis.

RESPONDEO dicendum quod necessitas ponendi intellectum possibilem in nobis, fuit propter hoc, quod nos invenimur quandoque intelligentes in potentia et non in actu: unde oportet esse quandam virtutem, quae sit in potentia ad intelligibilia ante ipsum intelligere, sed reducitur in actum eorum cum fit sciens, et ulterius cum fit considerans. Et haec virtus vocatur intellectus possibilis. — Necessitas autem ponendi intellectum agentem fuit, quia naturae rerum materialium, quas nos intelligimus, non subsistunt extra animam immateriales et intelligibiles in actu, sed sunt solum intelligibiles in potentia, extra animam existentes: et ideo oportuit esse aliquam virtutem, quae faceret illas naturas intelligibiles actu. Et haec virtus dicitur intellectus agens in nobis.

Utraque autem necessitas deest in angelis. Quia neque sunt quandoque intelligentes in potentia tantum, respectu eorum quae naturaliter intelligunt: neque intelligibilia eorum sunt intelligibilia in potentia, sed in actu; intelligunt enim primo et principaliter res immateriales, ut infra patebit⁴. Et ideo non potest in eis esse intellectus agens et possibilis, nisi aequivoce.

como está claro no livro III da *Alma*. Ora, o anjo é iluminado por um que lhe é superior e ilumina o inferior. Logo, há no anjo intelecto agente e intelecto possível.

EM SENTIDO CONTRÁRIO, em nós, o intelecto agente e o intelecto possível referem-se às representações imaginárias, as quais estão para o intelecto possível como as cores para a visão, e para o intelecto agente como as cores para a luz, como se diz no livro III da *Alma*. Mas isso não ocorre no anjo. Logo, não há nele intelecto agente e intelecto possível.

RESPONDO. Foi necessário afirmar o intelecto possível em nós porque às vezes nos encontramos conhecendo em potência, não em ato: é necessário, pois, que haja em nós uma faculdade que esteja em potência para os inteligíveis, antes da intelecção, mas que se reduza a ato quando os conhece e, depois, quando os considera. Esta faculdade é o intelecto possível. — Foi necessário, ademais, afirmar o intelecto agente porque a natureza das coisas materiais que conhecemos não subsistem foram da alma como imateriais e inteligíveis em ato, mas são apenas inteligíveis em potência, existentes fora da alma. Por isso foi necessário haver alguma faculdade que tornasse aquelas naturezas inteligíveis em ato. Tal faculdade é, em nós, o intelecto agente.

Ora, ambas essas necessidades não existem nos anjos: porque nem estão por vezes conhecendo só em potência, em relação aos objetos que conhecem de modo natural, nem as coisas inteligíveis deles são inteligíveis em potência, mas em ato: sua intelecção refere-se primeiro e principalmente às coisas imateriais, como se verá. Logo, não pode haver nos anjos intelecto agente e intelecto possívelⁱ, a não ser de maneira equívoca.

---

2. C. 4: 429, a, 13-18; c. 5: 430, a, 10-17.
3. C. 5: 430, a, 10-17; c. 7: 431, a, 14-17.
4. Q. 84, a. 7; q. 85, a. 1.

i. Tal análise da intelecção humana, tão resumida neste artigo que permanece obscura, funda-se essencialmente na experiência incontestável da dependência da atividade intelectual humana em relação ao conhecimento sensível: da imaginação, interior, e da percepção, externa. Mas também sobre a certeza intelectual — obtida por raciocínio, mas também, e em primeiro lugar, por uma intuição imediata que o raciocínio confirma — de sua independência essencial: a intelecção e a sensação, o inteligível e o sensível são de outra ordem, e é precisamente pela análise da universalidade da representação inteligível e do fenômeno de abstração que o torna manifesto. O que pode surpreender aqui é que os dois intelectos são apresentados de maneira aparentemente paralela, sem outro vínculo entre si que o genético, como o intelecto ativo tivesse por única função preparar os objetos do intelecto passivo. Mas se este está em potência em relação a seu objeto, o que o faz passar ao ato? Veremos, em antropologia, que é o intelecto agente, ou ativo, pois é sob sua ação contínua que a representação inteligível se torna inteligível e penetra no intelecto passivo para atualizá-lo. De modo que a intelecção, operação produzida pelo intelecto passivo, depende essencialmente da ação do intelecto ativo: é ele que torna ativo o intelecto que chamamos de passivo, porque, por si mesmo, é apenas passivo. As próprias razões que nos garantem que a inteligência humana se decompõe em duas faculdades, uma ativa, outra passiva, levam-nos a afastar essa multiplicação no que se refere ao anjo. Sua inteligência está por si própria naturalmente em ato de produzir a intelecção. Isso será melhor explicado a seguir.

AD PRIMUM ergo dicendum quod Philosophus intelligit ista duo esse in omni natura in qua contingit esse generari vel fieri, ut ipsa verba demonstrant. In angelo autem non generatur scientia, sed naturaliter adest. Unde non oportet ponere in eis agens et possibile.

AD SECUNDUM dicendum quod intellectus agentis est illuminare non quidem alium intelligentem, sed intelligibilia in potentia, inquantum per abstractionem facit ea intelligibilia actu. Ad intellectum autem possibilem pertinet esse in potentia respectu naturalium cognoscibilium, et quandoque fieri actu. Unde quod angelus illuminat angelum, non pertinet ad rationem intellectus agentis. Neque ad rationem intellectus possibilis pertinet, quod illuminatur de supernaturalibus mysteriis, ad quae cognoscenda quandoque est in potentia. — Si quis autem velit haec vocare intellectum agentem et possibilem, aequivoce dicet: nec de nominibus est curandum.

QUANTO AO 1º, portanto, deve-se dizer que o Filósofo entende que há essas duas coisas em toda natureza em que acontecem a geração e a transformação, como o próprio texto esclarece. No anjo, a ciência não é gerada, mas está presente naturalmente. Logo, não há necessidade de se afirmar nele o intelecto agente e o intelecto possível.

QUANTO AO 2º, deve-se dizer que ao intelecto agente pertence iluminar não a um outro que conhece, mas os inteligíveis em potência, enquanto, mediante a abstração, os torna inteligíveis em ato. Pertence, porém, ao intelecto possível estar em potência para os cognoscíveis naturais, e às vezes em ato. Por isso, que um anjo ilumine a outro não pertence à razão do intelecto agente. Ademais, não pertence à razão do intelecto possível receber iluminação dos mistérios sobrenaturais, para cujo conhecimento às vezes está em potência. — Se alguém, todavia, deseja chamar a isso intelecto agente e intelecto possível, expressa-se de maneira equivocada. Mas não é com questões de palavras que se deve ocupar.

ARTICULUS 5
Utrum in angelis sit sola intellectiva cognitio

Ad quintum sic proceditur. Videtur quod in angelis non sit sola intellectiva cognitio.

1. Dicit enim Augustinus, VIII *de Civ. Dei*[1], quod in angelis est *vita quae intelligit et sentit*. Ergo in eis est potentia sensitiva.

2. PRAETEREA, Isidorus dicit[2] quod angeli multa noverunt per experientiam. Experientia autem fit ex multis memoriis, ut dicitur in I *Metaphys*.[3]. Ergo in eis est etiam memorativa potentia.

3. PRAETEREA, Dionysius dicit, 4 cap. *de Div. Nom.*[4], quod in daemonibus est *phantasia proterva*. Phantasia autem ad vim imaginativam pertinet. Ergo in daemonibus est vis imaginativa. Et eadem ratione in angelis: quia sunt eiusdem naturae.

SED CONTRA est quod Gregorius dicit, in Homilia de Ascensione[5], quod *homo sentit cum pecoribus, et intelligit cum angelis*.

ARTIGO 5
Há nos anjos somente conhecimento intelectivo?

QUANTO AO QUINTO, ASSIM SE PROCEDE: parece que nos anjos **não** há somente conhecimento intelectivo.

1. Com efeito, diz Agostinho: "Nos anjos há vida que conhece e sente". Logo, há neles potência sensitiva.

2. ALÉM DISSO, diz Isidoro que os anjos conheceram muitas coisas pela experiência. Ora, a experiência vem da memória de muitas coisas, como se diz no livro I da *Metafísica*. Logo, há neles potência memorativa.

3. ADEMAIS, Dionísio diz que há nos demônios *fantasia maléfica*. Ora, a fantasia pertence à imaginação. Logo, nos demônios há imaginação. Como os anjos são da mesma natureza dos demônios, há neles imaginação.

EM SENTIDO CONTRÁRIO, diz Gregório: "O homem sente como os animais e tem inteligência como os anjos".

---

5 PARALL.: *Cont. Gent*. III, 108; *De Malo*, q. 16, a. 1, ad 14.

1. C. 6: ML 41, 231.
2. *Sententiarum* (al. *de Summo Bono*), c. 10, al. 12: ML 83, 556 C.
3. C. 1: 980, b, 28 — a, 2.
4. MG 3, 725 B.
5. Homil. 29 in *Evang*.: ML 76, 1214 B.

RESPONDEO dicendum quod in anima nostra sunt quaedam vires, quarum operationes per organa corporea exercentur: et huiusmodi vires sunt actus quarundam partium corporis, sicut est visus in oculo, et auditus in aure. Quaedam vero vires animae nostrae sunt, quarum operationes per organa corporea non exercentur, ut intellectus et voluntas: et huiusmodi non sunt actus aliquarum partium corporis. — Angeli autem non habent corpora sibi naturaliter unita, ut ex supra[6] dictis patet. Unde de viribus animae non possunt eis competere nisi intellectus et voluntas.

Et hoc etiam Commentator dicit, XII *Metaphys.*[7], quod substantiae separatae dividuntur in intellectum et voluntatem. — Et hoc convenit ordini universi, ut suprema creatura intellectualis sit totaliter intellectiva; et non secundum partem, ut anima nostra. — Et propter hoc etiam angeli vocantur Intellectus et Mentes, ut supra[8], dictum est.

Ad ea vero quae IN CONTRARIUM OBIICIUNTUR, potest dupliciter responderi. Uno modo, quod auctoritates illae loquuntur secundum opinionem illorum qui posuerunt angelos et daemones habere corpora naturaliter sibi unita. Qua opinione frequenter Augustinus in libris suis utitur, licet eam asserere non intendat: unde dicit, XXI *de Civ. Dei*[9], quod *super hac inquisitione non est multum laborandum.*

Alio modo potest dici, quod auctoritates illae, et consimiles, sunt intelligendae per quandam similitudinem. Quia cum sensus certam apprehensionem habeat de proprio sensibili, est in usu loquentium ut etiam secundum certam apprehensionem intellectus aliquid *senti*re dicamur. Unde etiam *sententia* nominatur. — *Experientia* vero angelis attribui potest per similitudinem cognitorum, etsi non per similitudinem virtutis cognoscitivae. Est enim in nobis experientia, dum singularia per sensum cognoscimus; angeli autem singularia cognoscunt, ut infra[10] patebit, sed non per sensum. Sed tamen *memoria* in angelis potest poni, secundum quod ab Augustino[11] ponitur in mente; licet non possit eis competere secundum quod ponitur pars animae sensitivae. — Similiter dicendum quod *phantasia proterva* attribuitur

RESPONDO. Há em nossa alma algumas faculdades cujas operações são exercidas por órgãos corpóreos, e são elas atividades de partes do corpo, como é a visão no olho, a audição no ouvido. Há, porém, algumas faculdades em nossa alma cujas operações não são exercidas por órgãos corpóreos, como o intelecto e a vontade: essas operações não são atos de uma parte do corpo. — Os anjos, porém, não possuem corpos naturalmente a eles unidos, como já ficou claro. Por conseguinte, quanto às faculdades da alma, só lhes são próprias o intelecto e a vontade.

Diz o mesmo o Comentador, quando afirma que as substâncias separadas se dividem em intelecto e vontade. — Isso convém à ordem do universo, de modo que a suprema criatura inteligente seja totalmente inteligente, não segundo alguma parte, como acontece em nossa alma. — Por esse motivo, também os anjos são chamados de Inteligências e Mentes, como dito acima.

QUANTO ÀS OBJEÇÕES CONTRÁRIAS pode-se responder de duas maneiras. Primeiramente, que as argumentações citadas seguem as opiniões daqueles que afirmavam terem os anjos e os demônios corpos a si unidos naturalmente. Agostinho cita-as frequentemente em seus livros, embora não as aceite. Por isso escreve: "Quanto a essas questões, não se deve dar muita atenção".

De outra maneira, que as citações e outras que delas se aproximam devem ser entendidas por alguma semelhança. Isso porque, como o sentido apreende com certeza o objeto sensível que lhe é próprio, assim é costume empregar também a palavra *sentir* para designar a certeza da apreensão intelectual, daí que se chame também *sentença*. — Pode-se, ademais, atribuir *experiência* aos anjos em razão da semelhança dos objetos conhecidos, e não das faculdades cognoscitivas. Há, com efeito, em nós experiência enquanto conhecemos pelos sentidos as coisas singulares; os anjos as conhecem, mas não pelos sentidos, como se verá. Todavia pode-se afirmar *memória* nos anjos, com Agostinho, que a situa na mente, embora não lhes possa convir enquanto parte da alma sensitiva. — O mesmo se pode dizer a respeito da *perversa fantasia* atribuída aos

---

6. Q. 51, a. 1.
7. Comm. 36.
8. A. 3, ad 1.
9. Loc. cit.
10. Q. 57, a. 2.
11. *De Trin.*, l. X, c. 11: ML 42, 983.

daemonibus, ex eo quod habent falsam practicam existimationem de vero bono: deceptio autem in nobis proprie fit secundum phantasiam, per quam interdum similitudinibus rerum inhaeremus sicut rebus ipsis, ut patet in dormientibus et amentibus.

demônios, porque possuem eles uma falsa apreciação prática do bem verdadeiro. Entre nós o engano acontece precisamente pela fantasia, mediante a qual muitas vezes aderimos às semelhanças das coisas como se fosse a elas mesmas. Isso acontece aos que dormem ou aos destituídos de razão.

QUAESTIO LV
DE MEDIO COGNITIONIS ANGELICAE

in tres articulos divisa

Consequenter quaeritur de medio cognitionis angelicae.

Et circa hoc quaeruntur tria.

Primo: utrum angeli cognoscant omnia per suam substantiam, vel per aliquas species.

Secundo: si per species, utrum per species connaturales, vel per species a rebus acceptas.

Tertio: utrum angeli superiores cognoscant per species magis universales, quam inferiores.

QUESTÃO 55
O MEIO DO CONHECIMENTO ANGÉLICO

em três artigos

Em seguida, pergunta-se sobre o meio do conhecimento angélico.

Sobre isso são três as perguntas:

1. Conhecem os anjos todas as coisas pela substância delas ou por algumas espécies?[a]
2. Se por espécies, essas são conaturais ou recebidas das coisas?
3. Os anjos superiores conhecem por espécies mais universais que os inferiores?

Articulus 1
Utrum angeli cognoscant omnia per suam substantiam

Ad primum sic proceditur. Videtur quod angeli cognoscant omnia per suam substantiam.

1. Dicit enim Dionysius, 7 cap. *de Div. Nom.*[1], quod angeli *sciunt ea quae sunt in terra, secundum propriam naturam mentis*. Sed natura angeli est eius essentia. Ergo angelus per suam essentiam res cognoscit.

2. Praeterea, secundum Philosophum, in XII *Metaphys.*[2], et in III *de Anima*[3], *in his quae sunt sine materia, idem est intellectus et quod intelligitur*. Id autem quod intelligitur est idem intelligenti

Artigo 1
Os anjos conhecem todas as coisas por sua substância?

Quanto ao primeiro artigo, assim se procede: parece que os anjos **conhecem** todas as coisas por sua substância.

1. Com efeito, diz Dionísio: "Os anjos conhecem o que está na terra segundo a natureza de sua mente". Ora, a natureza do anjo é sua essência. Logo, os anjos conhecem as coisas por sua essência.

2. Além disso, diz o Filósofo nos livros XII da *Metafísica* e III da *Alma*: "No que é imaterial, identificam-se o intelecto e aquilo que é conhecido". Ora, aquilo que se conhece identifica-se

---

1   Parall.: Infra, q. 84, a. 2; q. 87, a. 1; I-II, q. 1, a. 6; q. 51, a. 1, ad 2; II *Sent.*, dist. 3, part. 2, q. 2, a. 1; III, dist. 14, a. 1, q.la 2; *Cont. Gent.* II, 98; *De Verit.*, q. 8, a. 8.

1. MG 3, 869 C.
2. C. 9: 1074, b, 38 — 1075, a, 5.
3. C. 4: 430, a, 2-5.

    a. A palavra s*pecies*, que tanto sentido pode adquirir na filosofia escolástica, tem um sentido técnico no domínio do conhecimento: designa a forma, sensível ou inteligível, do conhecido, isto é, do que é conhecido, do que, no universo extramental, é alcançado pelo ato de conhecer considerado, mas isso enquanto presente ao cognoscente. O ato de conhecimento, pelo qual é estabelecida a identificação intencional entre o cognoscente e o conhecido, pressupõe essa presença, pois para ser segundo uma forma, mesmo intencionalmente, é preciso que essa forma lá esteja. No intelecto do anjo, ela lá está por si mesma ou por intermédio de uma "representação inteligível", tal é o problema do *medium* (= do meio intencional de conhecer) levantado nesta questão.

ratione eius quo intelligitur. Ergo in his quae sunt sine materia, sicut sunt angeli, id quo intelligitur est ipsa substantia intelligentis.

3. PRAETEREA, omne quod est in altero, est in eo per modum eius in quo est. Sed angelus habet naturam intellectualem. Ergo quidquid est in ipso, est in eo per modum intelligibilem. Sed omnia sunt in eo: quia inferiora in entibus sunt in superioribus essentialiter, superiora vero sunt in inferioribus participative; et ideo dicit Dionysius, 4 cap. *de Div. Nom.*[4], quod Deus *tota in totis congreg*at, idest omnia in omnibus. Ergo angelus omnia in sua substantia cognoscit.

SED CONTRA est quod Dionysius dicit, in eodem capite[5], quod angeli *illuminantur rationibus rerum*. Ergo cognoscunt per rationes rerum, et non per propriam substantiam.

RESPONDEO dicendum quod illud quo intellectus intelligit, comparatur ad intellectum intelligentem ut forma eius: quia forma est quo agens agit. Oportet autem, ad hoc quod potentia perfecte compleatur per formam, quod omnia contineantur sub forma, ad quae potentia se extendit. Et inde est quod in rebus corruptibilibus forma non perfecte complet potentiam materiae: quia potentia materiae ad plura se extendit quam sit continentia formae huius vel illius. — Potentia autem intellectiva angeli se extendit ad intelligendum omnia: quia obiectum intellectus est ens vel verum commune. Ipsa autem essentia angeli non comprehendit in se omnia: cum sit essentia determinata ad genus et ad speciem. Hoc autem proprium est essentiae divinae, quae infinita est, ut in se simpliciter omnia comprehendat perfecte. Et ideo solus Deus cognoscit omnia per suam essentiam. Angelus autem per suam essentiam non potest omnia cognoscere; sed oportet intellectum eius aliquibus speciebus perfici ad res cognoscendas.

com quem conhece em razão daquilo mediante o qual se conhece. Logo, no que é imaterial, como os anjos, aquilo mediante o qual se conhece é a própria substância de quem conhece.

3. ADEMAIS, o que está em outro, nele está segundo o modo desse outro. Ora, os anjos possuem natureza intelectual. Logo, o que neles está, ali está de modo inteligível. Ora, todas as coisas estão no anjo, porque, nos entes, o que é inferior está essencialmente no superior, mas os superiores estão nos inferiores por participação. Por isso, diz Dionísio, que "Deus reúne todas as coisas em todas", isto é, tudo em todas as coisas. Portanto, o anjo conhece todas as coisas em sua substância.

EM SENTIDO CONTRÁRIO, no texto supracitado, Dionísio afirma que "os anjos são iluminados pelas razões das coisas". Logo, conhecem pelas razões das coisas, não por sua própria substância.

RESPONDO. Aquilo mediante o qual o intelecto conhece está para o intelecto de quem conhece como sua forma, pois pela forma age o agente. Convém, então, para que a potência seja perfeitamente completada pela forma, que todas as coisas, às quais se estende a potência, estejam contidas sob a forma. Por isso, nas coisas corruptíveis a forma não completa perfeitamente a potência da matéria, visto que a potência da matéria se estende para muito mais coisas que as contidas nesta ou naquela forma. — Ora, a potência intelectiva do anjo se estende para o conhecimento de todas as coisas, porque o objeto do intelecto é o ente ou a verdade universal. Porém, a essência do anjo não abrange em si todas as coisas, porque é determinada por gênero e espécie. Isso é próprio da essência divina, infinita, pois compreende em si perfeita e absolutamente todas as coisas. Por isso, só Deus conhece todas as coisas por sua essência. O anjo, porém, não pode conhecer por sua essência todas as coisas. É necessário que seu intelecto seja plenamente terminado por algumas espécies[b], para conhecer as coisas.

---

4. MG 3, 701 C.
5. MG 3, 693 C.

b. Este artigo revela o paradoxo da inteligência criada, nas perspectivas de uma noética decididamente realista, segundo a qual a intelecção é uma identificação ativa, produzida por seu próprio ato, do intelecto ao que é conhecido. Isso porque o intelecto — ou, antes, o ente inteligente — é um ente determinado, limitado, diferente em relação aos outros entes, os quais lhe são, em virtude disso, exteriores, já que a alteridade é a exterioridade metafísica. Ao conhecê-los, ele os interioriza, identificando-se a eles. Como o objeto da inteligência é o ser, que por si não possui limites, ele é capaz, por meio de sua operação intelectiva, de interiorizar desse modo todos os entes. Ora, é dele, sendo limitado e exterior, que procede o ato de intelecção: aí reside o paradoxo! No que concerne à inteligência humana, o paradoxo é superado pela introdução manifesta, no intelecto passivo, das realidades exteriores mediante a percepção e a imaginação. Introdução que, por um lado, se constata e, por outro, explica-se pelo jogo do intelecto agente. O anjo, porém, criatura perfeitamente imaterial, não pode de modo algum ser submetido à ação das realidades a ele exteriores; deve, por isso, tirar de si mesmo toda a sua intelecção, enquanto criatura; todavia, ele é

AD PRIMUM ergo dicendum quod, cum dicitur angelum secundum suam naturam res cognoscere, *ly secundu*m non determinat medium cognitionis, quod est similitudo cogniti; sed virtutem cognoscitivam, quae convenit angelo secundum suam naturam.

AD SECUNDUM dicendum quod, sicut sensus in actu est sensibile in actu, ut dicitur in III *de Anima*[6], non ita quod ipsa vis sensitiva sit ipsa similitudo sensibilis quae est in sensu, sed quia ex utroque fit unum sicut ex actu et potentia; ita et intellectus in actu dicitur esse intellectum in actu, non quod substantia intellectus sit ipsa similitudo per quam intelligit, sed quia illa similitudo est forma eius. Idem est autem quod dicitur, *in his quae sunt sine materia, idem est intellectus et quod intelligitur*, ac si diceretur quod *intellectus in actu est intellectum in actu*: ex hoc enim aliquid est intellectum in actu quod est immateriale.

AD TERTIUM dicendum quod ea quae sunt infra angelum, et ea quae sunt supra ipsum, sunt quodammodo in substantia eius, non quidem perfecte, neque secundum propriam rationem, cum angeli essentia, finita existens, secundum propriam rationem ab aliis distinguatur; sed secundum quandam rationem communem. In essentia autem Dei sunt omnia perfecte et secundum propriam rationem, sicut in prima et universali virtute operativa, a qua procedit quidquid est in quacumque re vel proprium vel commune. Et ideo Deus per essentiam suam habet propriam cognitionem de rebus omnibus: non autem angelus, sed solam communem.

QUANTO AO 1º, portanto, deve-se dizer que quando se diz que o anjo segundo sua natureza conhece a coisa, o termo *segundo* não determina o meio de conhecimento, que é a semelhança do objeto conhecido, mas a faculdade cognoscitiva, que cabe ao anjo segundo sua natureza.

QUANTO AO 2º, deve-se dizer que como o sentido em ato é o sensível em ato, como se diz no livro III da *Alma*, não porque a faculdade sensitiva seja a própria semelhança sensível que está no sentido, mas porque de ambos se faz uma só coisa como do ato e potência. Assim também o intelecto em ato se diz o conhecido em ato, não porque a substância do intelecto seja a própria semelhança pela qual conhece, mas porque a semelhança é sua forma. Desse modo dizer que *no que é imaterial, identificam-se o intelecto e aquilo que é conhecido*, é o mesmo que dizer *o intelecto em ato é o que é conhecido em ato*: pois é por ser imaterial que uma coisa é conhecida em ato.

QUANTO AO 3º, deve-se dizer que as coisas que são inferiores aos anjos e as superiores estão, de certo modo, em sua substância, não perfeitamente, nem segundo a própria razão, pois, como a essência angélica é limitada, distingue-se por ela mesma das outras coisas, mas segundo alguma razão comum. Na essência divina estão perfeitamente todas as coisas e segundo sua própria razão, como na primeira e universal potência operativa, da qual procede tudo o que está em qualquer coisa, seja próprio ou comum. Por isso Deus, por sua essência, tem o conhecimento próprio de todas as coisas, não, porém, o anjo, que tem somente um conhecimento geral.

ARTICULUS 2

Utrum angeli intelligant per species a rebus acceptas

AD SECUNDUM SIC PROCEDITUR. Videtur quod angeli intelligant per species a rebus acceptas.

ARTIGO 2

Os anjos conhecem mediante as espécies recebidas das coisas?

QUANTO AO SEGUNDO, ASSIM SE PROCEDE: parece que os anjos **conhecem** mediante espécies recebidas das coisas.

---

6. C. 8: 431, b, 20-28.

2 PARALL.: II *Sent*., dist. 3, part. 2, q. 2, a. 1, ad 2; *Cont. Gent*. II, 96; *De Verit*., q. 8, a. 9.

"determinado" em sua essência particular, permanece exterior a tudo o que não é ele; dir-se-á que só pode conhecer a si mesmo, ao passo que o intelecto é por si mesmo ordenado ao conhecimento de tudo o que é? A solução proposta é que sua essência, pela qual é naturalmente presente a si mesmo, é "completada" enquanto forma inteligível, "terminada", "perfeita" (no sentido do particípio do verbo "perfazer", utilizado por Sto. Tomás no texto: *perfici*), por meio de formas inteligíveis que possibilitam tornar intencionalmente presente a seu intelecto tudo o que é. No entanto, é preciso ficar claro que não se trata de representações inteligíveis separadas que o anjo, encerrado no interior de si mesmo, contemplaria como contemplamos o mundo exterior. É a partir de sua própria essência, mas tornada pelas *species* representativa de todas as realidades a ele exteriores, que o anjo conhece tudo. É isso o que significa aqui o termo *perfici*, "ser plenamente terminado". Tal terminação é conatural ao anjo. O que significa que ele a recebe de Deus criador, mas pelo próprio ato que o constitui em sua natureza, que ficaria truncada sem esse complemento, conforme explicado no artigo seguinte.

1. Omne enim quod intelligitur, per aliquam sui similitudinem in intelligente intelligitur. Similitudo autem alicuius in altero existens, aut est ibi per modum exemplaris, ita quod illa similitudo sit causa rei: aut est ibi per modum imaginis, ita quod sit causata a re. Oportet igitur quod omnis scientia intelligentis vel sit causa rei intellectae, vel causata a re. Sed scientia angeli non est causa rerum existentium in natura, sed sola divina scientia. Ergo oportet quod species per quas intelligit intellectus angelicus, sint a rebus acceptae.

2. PRAETEREA, lumen angelicum est fortius quam lumen intellectus agentis in anima. Sed lumen intellectus agentis abstrahit species intelligibiles a phantasmatibus. Ergo lumen intellectus angelici potest abstrahere species etiam ab ipsis rebus sensibilibus. Et ita nihil prohibet dicere quod angelus intelligat per species a rebus acceptas.

3. PRAETEREA, species quae sunt in intellectu, indifferenter se habent ad praesens et distans, nisi quatenus a rebus sensibilibus accipiuntur. Si ergo angelus non intelligit per species a rebus acceptas, eius cognitio indifferenter se haberet ad propinqua et distantia: et ita frustra secundum locum moveretur.

SED CONTRA est quod Dionysius dicit, 7 cap. *de Div. Nom.*[1], quod angeli *non congregant divinam cognitionem a rebus divisibilibus, aut a sensibilibus.*

RESPONDEO dicendum quod species per quas angeli intelligunt, non sunt a rebus acceptae, sed eis connaturales. Sic enim oportet intelligere distinctionem et ordinem spiritualium substantiarum, sicut est distinctio et ordo corporalium. Suprema autem corpora habent potentiam in sui natura totaliter perfectam per formam: in corporibus autem inferioribus potentia materiae non totaliter perficitur per formam, sed accipit nunc unam, nunc aliam formam, ab aliquo agente. — Similiter et inferiores substantiae intellectivae, scilicet animae humanae, habent potentiam intellectivam non completam naturaliter; sed completur in eis successive, per hoc quod accipiunt species intelligibiles a rebus. Potentia vero intellectiva in substantiis spiritualibus superioribus, idest in angelis, naturaliter completa est per species intelligibiles, inquantum habent species intelligibiles connaturales ad omnia intelligenda quae naturaliter cognoscere possunt.

1. Com efeito, tudo o que é conhecido pelo intelecto o é por alguma semelhança de si em quem conhece. A semelhança de alguma coisa existindo em outra aí está ou como exemplar, de modo que seja causa da coisa, ou como imagem, sendo assim causada por ela. É necessário, pois, que todo conhecimento intelectivo seja ou causa da coisa conhecida, ou seja por ela causado. Ora, a ciência angélica não é a causa das coisas que existem na natureza, pois o é somente a ciência divina. Logo, é necessário que as espécies pelas quais os anjos conhecem sejam recebidas das coisas.

2. ALÉM DISSO, a luz do intelecto angélico é mais forte que a do intelecto agente na alma. Ora, a luz do intelecto agente abstrai das representações imaginárias as espécies inteligíveis. Logo, a luz do intelecto angélico pode abstrair as espécies também das coisas sensíveis. Por isso, nada impede que se diga que o anjo conhece pelas espécies recebidas das coisas.

3. ADEMAIS, as espécies que estão no intelecto se referem indiferentemente ao que é presente ou distante, a não ser as que são recebidas das coisas sensíveis. Se, portanto, o anjo não conhece mediante as espécies recebidas das coisas, seu conhecimento será indiferente ao que é próximo ou distante, e assim inutilmente se movimentaria segundo o lugar.

EM SENTIDO CONTRÁRIO, diz Dionísio: "Os anjos não recebem o conhecimento divino nem das coisas divisíveis, nem das sensíveis".

RESPONDO. As espécies pelas quais os anjos conhecem não são recebidas das coisas, mas lhes são conaturais. É necessário, pois, conhecer a distinção e a ordem das substâncias espirituais assim como a distinção e a ordem das corporais. Os corpos superiores têm a potência em sua natureza totalmente terminada pela forma. Nos corpos inferiores, porém, a potência da matéria não é totalmente terminada pela forma, mas recebe agora uma forma, depois outra, vindas de algum agente. — Algo semelhante acontece com as substâncias intelectivas inferiores, as almas humanas, pois têm elas a potência intelectiva naturalmente não completa: mas completa-se nelas sucessivamente, pelo fato de receberem das coisas as espécies inteligíveis. A potência intelectiva, porém, nas naturezas espirituais superiores, a saber, nos anjos, está naturalmente completa pelas espécies inteligíveis, na medida em que têm as espécies conaturais a todo inteligível que possam naturalmente conhecer.

---

1. MG 3, 868 B.

Et hoc etiam ex ipso modo essendi huiusmodi substantiarum apparet. Substantiae enim spirituales inferiores, scilicet animae, habent esse affine corpori, inquantum sunt corporum formae: et ideo ex ipso modo essendi competit eius ut a corporibus, et per corpora suam perfectionem intelligibilem consequantur: alioquin frustra corporibus unirentur. Substantiae vero superiores, idest angeli, sunt a corporibus totaliter absolutae, immaterialiter et in esse intelligibili subsistentes: et ideo suam perfectionem intelligibilem consequuntur per intelligibilem effluxum, quo a Deo species rerum cognitarum acceperunt simul cum intellectuali natura. — Unde Augustinus dicit, II *super Gen. ad litt.*[2], quod *cetera, quae infra angelos sunt, ita creantur, ut prius fiant in cognitione rationalis creaturae, ac deinde in genere suo.*

AD PRIMUM ergo dicendum quod in mente angeli sunt similitudines creaturarum, non quidem ab ipsis creaturis acceptae, sed a Deo, qui est creaturarum causa, et in quo primo similitudines rerum existunt. Unde Augustinus dicit, in eodem libro[3], quod *sicut ratio qua creatura conditur, prius est in Verbo Dei quam ipsa creatura quae conditur, sic et eiusdem rationis cognitio prius fit in creatura intellectuali, ac deinde est ipsa conditio creaturae.*

AD SECUNDUM dicendum quod de extremo ad extremum non pervenitur nisi per medium. Esse autem formae in imaginatione, quod est quidem sine materia, non tamen sine materialibus conditionibus, medium est inter esse formae quae est in materia, et esse formae quae est in intellectu per abstractionem a materia et a conditionibus materialibus. Unde quantumcumque sit potens intellectus angelicus, non posset formas materiales reducere ad esse intelligibile, nisi prius reduceret eas ad esse formarum imaginatarum. Quod est impossibile: cum careat imaginatione, ut dictum est[4]. — Dato etiam quod posset abstrahere species intelligibiles a rebus materialibus, non tamen abstraheret: quia non indigeret eis, cum habeat species intelligibiles connaturales.

E isso também se depreende do próprio modo de ser dessas substâncias. As substâncias espirituais inferiores, a saber, as almas, possuem o ser ligado ao corpo, enquanto são as formas dos corpos. Por isso, a elas compete, pelo próprio modo de ser, receberem sua perfeição inteligível dos corpos e pelos corpos, do contrário seria inútil se unirem a eles. As substâncias superiores, os anjos, são totalmente separadas dos corpos, imateriais, e subsistentes no ser inteligível. Por isso, recebem sua perfeição inteligível de um influxo inteligível pelo qual receberam de Deus as espécies das coisas cognoscíveis, juntamente com a natureza intelectual. — Daí afirmar Agostinho: "Quanto às outras coisas inferiores aos anjos, são criadas de modo que primeiro estejam no conhecimento da criatura racional, e depois em sua realidade genérica"[c].

QUANTO AO 1º, portanto, deve-se dizer que na mente angélica há semelhanças das criaturas não recebidas das criaturas, mas de Deus, causa das criaturas, e no qual existem primeiramente as semelhanças das coisas. Por isso diz Agostinho: "Como a razão segundo a qual a criatura é criada primeiramente está no Verbo de Deus, antes que a criatura seja criada, assim também, pelo mesmo motivo, o conhecimento dessa razão primeiro acontece na criatura intelectual, e depois a criação da criatura".

QUANTO AO 2º, deve-se dizer que só se vai de um extremo a outro pelo intermediário. O ser da forma na imaginação, que é imaterial, mas não sem as condições materiais, é o meio entre o ser da forma que está na matéria e o ser da forma que está no intelecto pela abstração da matéria e das condições materiais. Por isso, por potente que seja o intelecto angélico, não poderia reduzir as formas materiais ao ser inteligível sem que primeiro as reduzisse ao ser das formas imaginárias. Mas isso é impossível, pois carecem os anjos de imaginação, como foi dito. — Ainda que as espécies inteligíveis pudessem ser abstraídas das coisas materiais, isso não aconteceria, porque não necessitariam delas, uma vez que têm espécies inteligíveis conaturalmente.

---

2. C. 8: ML 34, 269.
3. Loc. cit.
4. Q. 54, a. 5.

---

c. O ser, por si, é inteligível, objeto de intelecção. O que torna um ente opaco à inteligência, ininteligível, é a matéria que está nele. O intelecto, pelo próprio ato de intelecção, torna-o simultaneamente inteligível em ato, intelectualmente conhecido, e o identifica a si, identificando-se a ele intencionalmente.

AD TERTIUM dicendum quod cognitio angeli indifferenter se habet ad distans et propinquum secundum locum. Non tamen propter hoc motus eius localis est frustra: non enim movetur localiter ad cognitionem accipiendam, sed ad operandum aliquid in loco.

ARTICULUS 3
Utrum superiores angeli intelligant per species magis universales quam inferiores

AD TERTIUM SIC PROCEDITUR. Videtur quod superiores angeli non intelligant per species magis universales quam inferiores.
1. Universale enim esse videtur quod a particularibus abstrahitur. Sed angeli non intelligunt per species a rebus abstractas. Ergo non potest dici quod species intellectus angelici sint magis vel minus universales.
2. PRAETEREA, quod cognoscitur in speciali, perfectius cognoscitur quam quod cognoscitur in universali: quia cognoscere aliquid in universali est quodammodo medium inter potentiam et actum. Si ergo angeli superiores cognoscunt per formas magis universales quam inferiores, sequitur quod angeli superiores habeant scientiam magis imperfectam quam inferiores. Quod est inconveniens.
3. PRAETEREA, idem non potest esse propria ratio multorum. Sed si angelus superior cognoscat per unam formam universalem diversa, quae inferior angelus cognoscit per plures formas speciales, sequitur quod angelus superior utitur una forma universali ad cognoscendum diversa. Ergo non poterit habere propriam cognitionem de utroque. Quod videtur inconveniens.
SED CONTRA est quod dicit Dionysius, 12 cap. Angel. Hier.[1], quod superiores angeli participant scientiam magis in universali quam inferiores. — Et in libro de Causis[2] dicitur quod angeli superiores habent formas magis universales.
RESPONDEO dicendum quod ex hoc sunt in rebus aliqua superiora, quod sunt uni primo, quod est Deus, propinquiora et similiora. In Deo autem tota plenitudo intellectualis cognitionis continetur in uno scilicet in essentia divina, per quam Deus omnia cognoscit. Quae quidem intelligibilis plenitudo

QUANTO AO 3º, deve-se dizer que quanto ao local, o conhecimento angélico se refere indiferentemente ao que está próximo e ao que está distante. Não obstante, não lhe é inútil o movimento local, porque não se move para receber conhecimento, mas para realizar uma ação em algum lugar.

ARTIGO 3
Conhecem os anjos superiores por espécies mais universais que os inferiores?

QUANTO AO TERCEIRO, ASSIM SE PROCEDE: parece que os anjos superiores **não** conhecem por espécies mais universais que os inferiores.
1. Com efeito, o universal parece ser o que é abstraído dos particulares. Ora, os anjos não conhecem pelas espécies abstraídas das coisas. Logo, não se pode dizer que as espécies do intelecto angélico sejam mais ou menos universais.
2. ALÉM DISSO, o que se conhece de modo especial é mais perfeitamente conhecido que o que se conhece de modo universal, porque conhecer algo universalmente é como que um meio entre potência e ato. Se os anjos superiores conhecem por forma mais universal que os inferiores, conclui-se que têm uma ciência mais imperfeita que a dos inferiores, o que é inconveniente.

3. ADEMAIS, uma só coisa não pode ser a razão própria de muitas. Ora, se o anjo superior conhece coisas diversas por uma forma universal, coisas que o anjo inferior conhece por várias formas especiais, segue-se que o anjo superior usa de uma única forma universal para conhecer coisas diversas. Logo, não poderá ter conhecimento próprio de cada uma. E isso parece ser inconveniente.
EM SENTIDO CONTRÁRIO, afirma Dionísio que os anjos superiores participam da ciência mais universal que os inferiores. — No livro *De Causis* se diz que os anjos superiores possuem formas mais universais.
RESPONDO. Se há coisas que são superiores às outras, é porque estão elas mais próximas e são mais semelhantes ao único ser primeiro, Deus. Em Deus, toda plenitude do conhecimento intelectual está contida numa só realidade, a essência divina, pela qual Deus conhece todas as coisas. Mas

---

3 PARALL.: Infra, q. 89, a. 1; II *Sent.*, dist. 3, part. 2, q. 2, a. 2; *Cont. Gent.* II, 98; *De Verit.*, q. 8, a. 10; Q. *de Anima*, a. 7, ad 5; a. 18; *De Causis*, lect. 10.

1. MG 3, 292 D — 293 A.
2. Prop. 10, § *Omnis intelligentia*. Cfr. PROCLUM, *Elem. theol.* 177; PLOTINUM, *Enn.* V, v, 1; IX, 5.

in intellectibus creatis inferiori modo et minus simpliciter invenitur. Unde oportet quod ea quae Deus cognoscit per unum, inferiores intellectus cognoscant per multa: et tanto amplius per plura, quanto amplius intellectus inferior fuerit.

Sic igitur quanto angelus fuerit superior, tanto per pauciores species universitatem intelligibilium apprehendere poterit. Et ideo oportet quod eius formae sint universaliores, quasi ad plura se extendentes unaquaeque earum. — Et de hoc exemplum aliqualiter in nobis perspici potest. Sunt enim quidam, qui veritatem intelligibilem capere non possunt, nisi eis particulatim per singula explicetur: et hoc quidem ex debilitate intellectus eorum contingit. Alii vero, qui sunt fortioris intellectus, ex paucis multa capere possunt.

AD PRIMUM ergo dicendum quod accidit universali ut a singularibus abstrahatur, inquantum intellectus illud cognoscens a rebus cognitionem accipit. Si vero sit aliquis intellectus a rebus cognitionem non accipiens, universale ab eo cognitum non erit abstractum a rebus, sed quodammodo ante res praeexistens: vel secundum ordinem causae, sicut universales rerum rationes sunt in Verbo Dei; vel saltem ordine naturae, sicut universales rerum rationes sunt in intellectu angelico.

AD SECUNDUM dicendum quod cognoscere aliquid in universali, dicitur dupliciter. Uno modo, ex parte rei cognitae, ut scilicet cognoscatur solum universalis natura rei. Et sic cognoscere aliquid in universali est imperfectius: imperfecte enim cognosceret hominem, qui cognosceret de eo solum quod est animal. Alio modo, ex parte medii cognoscendi. Et sic perfectius est cognoscere aliquid in universali: perfectior enim est intellectus qui per unum universale medium potest singula propria cognoscere, quam qui non potest.

AD TERTIUM dicendum quod idem non potest esse plurium propria ratio adaequata. Sed si sit excellens, potest idem accipi ut propria ratio et

essa plenitude inteligível nos intelectos criados encontra-se de modo inferior e menos absoluto. Daí ser necessário que as coisas conhecidas por Deus em uma só realidade, os intelectos inferiores as conheçam mediante muitos conhecimentos, e tanto mais por muitos quanto mais inferior o intelecto.

Assim, quanto mais superior for o anjo, tanto por menos espécies poderá apreender a universalidade das coisas inteligíveis. Por isso é necessário que suas formas sejam mais universais, estendendo-se cada uma delas a muitos objetos. — Um exemplo disso pode ser encontrado em nós. Há alguns que só podem apreender a verdade inteligível recebendo explicações particulares, o que acontece devido à debilidade de seus intelectos. Outros há que são de intelectos mais penetrantes, e com pouco[d] apreendem muitas coisas.

QUANTO AO 1º, portanto, deve-se dizer que o universal pode ser abstraído das coisas singulares, quando o intelecto que o conhece recebe o conhecimento vindo das coisas. Se, porém, há algum intelecto que tenha o conhecimento não-vindo das coisas, esse universal conhecido por ele não é abstraído das coisas, mas preexiste, de certo modo, a elas: ou segundo a ordem da causalidade, assim as razões das coisas universais estão no Verbo de Deus, ou, ao menos, segundo a ordem da natureza, assim as razões das coisas universais estão no intelecto angélico.

QUANTO AO 2º, deve-se dizer que conhecer algo de modo universal diz-se de duas maneiras. Primeiro, da parte da coisa conhecida, enquanto só se conhece a natureza universal da coisa. Assim, conhecer algo de modo universal é menos perfeito, pois um homem seria imperfeitamente conhecido se só o fosse enquanto animal. Segundo, da parte do meio de conhecer. Então conhecer algo de modo universal é mais perfeito: é mais perfeito o intelecto que por um só meio universal pode conhecer cada coisa em particular do que aquele que não o pode.

QUANTO AO 3º, deve-se dizer que uma mesma coisa não pode ser a razão própria e adequada de muitas. Mas, se for excelente, pode-se tomar

---

d. Em Deus, o ser e o inteligível coincidem perfeitamente: a infinita substância divina é simultaneamente o Ser subsistente e o Inteligível puro, subsistência absoluta e perfeita transparência. Na criatura, mesmo na criatura espiritual, viu-se que era preciso distinguir a essência enquanto subsistente em sua particularidade e sua alteridade, e a mesma essência enquanto forma inteligível, mediante a qual ela pode conhecer-se a si mesma e conhecer também todas as coisas, sob condição porém de ser completada enquanto forma inteligível, a fim de se tornar representativa das outras coisas. É-se assim conduzido a distinguir a ação divina criadora, que constitui o anjo e todas as outras coisas que existem em seu ser existencial, e o influxo inteligível mediante o qual a forma constitutiva do anjo é completada pelas *espécies* inatas, a fim de se tornar princípio da intelecção daquilo que, por natureza, lhe é exterior. É a ação iluminadora. Ela não passa, no anjo, pela causalidade dos seres corporais, pois ele não tem corpo sobre o qual tais seres poderiam exercer uma ação qualquer. É imediata.

similitudo diversorum. Sicut in homine est universalis prudentia quantum ad omnes actus virtutum; et potest accipi ut propria ratio et similitudo particularis prudentiae quae est in leone ad actus magnanimitatis, et eius quae est in vulpe ad actus cautelae, et sic de aliis. Similiter essentia divina accipitur, propter sui excellentiam, ut propria ratio singulorum: quia est in ea unde sibi singula similentur secundum proprias rationes. Et eodem modo dicendum est de ratione universali quae est in mente angeli, quod per eam, propter eius excellentiam, multa cognosci possunt propria cognitione.

como razão própria e como semelhança de outras diversas. Por exemplo, no homem, há a prudência universal com respeito a todos os atos das virtudes, e pode tomar-se como razão própria e semelhança da prudência particular que se encontra no leão, para seus atos de grandeza, e na raposa, para seus atos de astúcia etc. De modo semelhante, toma-se a essência divina, por causa de sua excelência, como a razão própria de todas as coisas singulares, porque nela se encontra tudo pelo qual as coisas singulares se lhe assemelham segundo suas razões próprias. E o mesmo se deve dizer da razão universal que está na mente angélica, porque por ela, devido a sua excelência, podem muitas coisas ser conhecidas por conhecimento próprio.

QUAESTIO LVI
DE COGNITIONE ANGELORUM EX PARTE RERUM IMMATERIALUM
in tres articulos divisa

Deinde quaeritur de cognitione angelorum ex parte rerum quas cognoscunt. Et primo, de cognitione rerum immaterialium; secundo, de cognitione rerum materialium.

Circa primum quaeruntur tria.
Primo: utrum angelus cognoscat seipsum.
Secundo: utrum unus cognoscat alium.
Tertio: utrum angelus per sua naturalia cognoscat Deum.

QUESTÃO 56
O CONHECIMENTO DOS ANJOS QUANTO ÀS COISAS IMATERIAIS
em três artigos

Em seguida, se pergunta sobre o conhecimento dos anjos com respeito às coisas que conhecem. Em primeiro lugar, quanto às coisas imateriais, em seguida, quanto às coisas materiais.

A respeito do primeiro são três as perguntas:
1. O anjo conhece a si mesmo?
2. O anjo conhece outro anjo?
3. O anjo conhece por suas faculdades naturais a Deus?

Articulus 1
Utrum angelus cognoscat seipsum

AD PRIMUM SIC PROCEDITUR. Videtur quod angelus seipsum non cognoscat.
1. Dicit enim Dionysius, 6 cap. *Angel. Hier.*[1], quod Angeli *ignorant proprias virtutes*. Cognita autem substantia, cognoscitur virtus. Ergo angelus non cognoscit suam essentiam.
2. PRAETEREA, angelus est quaedam substantia singularis: alioquin non ageret, cum actus sint singularium subsistentium. Sed nullum singulare est intelligibile. Ergo non potest intelligi. Et ita, cum intellectus angelo non adsit nisi intellectiva cognitio, non poterit aliquis angelus cognoscere seipsum.

Artigo 1
O anjo conhece a si mesmo?

QUANTO AO PRIMEIRO ARTIGO, ASSIM SE PROCEDE: parece que o anjo **não** conhece a si mesmo.
1. Com efeito, diz Dionísio: "Os anjos desconhecem suas próprias potências". Ora, conhecida a substância, conhece-se sua potência. Logo, os anjos não conhecem sua essência.
2. ALÉM DISSO, o anjo é uma substância singular: se assim não fosse, não agiria, pois os atos resultam de seres subsistentes singulares. Ora, nenhuma coisa singular é inteligível. Portanto, não pode ser conhecida. Consequentemente, como no anjo há somente conhecimento intelectivo, não poderia um anjo singular conhecer a si mesmo.

---

1 PARALL.: *Cont. Gent.* II, 98; *De Verit.*, q. 8, a. 6; III *de Anima*, lect. 9; *De Causis*, lect. 13.
1. MG 3, 200 C.

3. PRAETEREA, intellectus movetur ab intelligibili: quia intelligere est *quoddam pati*, ut dicitur in III *de Anima*[2]. Sed nihil movetur aut patitur a seipso; ut in rebus corporalibus apparet. Ergo angelus non potest intelligere seipsum.

SED CONTRA est quod Augustinus dicit, II *super Gen. ad litt.*[3], quod angelus *in ipsa sua conformatione, hoc est illustratione veritatis, cognovit seipsum*.

RESPONDEO dicendum quod, sicut ex supra[4] dictis patet, obiectum aliter se habet in actione quae manet in agente, et in actione quae transit in aliquid exterius. Nam in actione quae transit in aliquid exterius, obiectum sivè materia in quam transit actus, est separata ab agente: sicut calefactum a calefaciente, et aedificatum ab aedificante. Sed in actione quae manet in agente, oportet ad hoc quod procedat actio, quod obiectum uniatur agenti: sicut oportet quod sensibile uniatur sensui, ad hoc quod sentiat actu. Et ita se habet obiectum unitum potentiae ad huiusmodi actionem, sicut forma quae est principium actionis in aliis agentibus: sicut enim calor est principium formale calefactionis in igne, ita species rei visae est principium formale visionis in oculo.

Sed considerandum est quod huiusmodi species obiecti quandoque est in potentia tantum in cognoscitiva virtute: et tunc est cognoscens in potentia tantum; et ad hoc quod actu cognoscat, requiritur quod potentia cognoscitiva reducatur in actum speciei. Si autem semper eam actu habeat, nihilominus per eam cognoscere potest absque aliqua mutatione vel receptione praecedenti. Ex quo patet quod moveri ab obiecto non est de ratione cognoscentis inquantum est cognoscens, sed inquantum est potentia cognoscens.

Nihil autem differt, ad hoc quod forma sit principium actionis, quod ipsa forma sit alii inhaerens, et quod sit per se subsistens: non enim minus calor calefaceret si esset per se subsistens, quam calefacit inhaerens.

Sic igitur et si aliquid in genere intelligibilium se habeat ut forma intelligibilis subsistens, intelligit seipsum. Angelus autem, cum sit immaterialis, est quaedam forma subsistens, et per hoc intelligibilis actu. Unde sequitur quod per suam formam, quae est sua substantia, seipsum intelligat.

3. ADEMAIS, o intelecto é movido pelo inteligível, porque o conhecer é *certa passividade*, como se diz no livro III da *Alma*. Ora, nada se move a si mesmo nem é passivo de si mesmo, como se verifica nos corpos. Logo, o anjo não pode se conhecer.

EM SENTIDO CONTRÁRIO, diz Agostinho: "O anjo, por sua própria conformação, a saber, pela iluminação da verdade, conhece a si mesmo".

RESPONDO. Como acima foi dito, o objeto se encontra diferentemente na ação que permanece no agente e na ação que passa ao exterior. Nesta, o objeto ou a matéria para a qual passa o ato está separado do agente; por exemplo, a coisa aquecida do aquecedor, e o edifício do que constrói. É necessário, porém, para que a ação que permanece no agente seja procedente, que o objeto se una ao agente; por exemplo, é necessário que o objeto sensível se una ao sentido para que haja sensação em ato. Assim, o objeto unido à potência está para essa ação como a forma, princípio da ação, está para os outros agentes; assim como o calor é o princípio formal da calefação, no fogo, também a espécie da coisa vista é o princípio formal da visão, no olho.

Deve-se, todavia, considerar que essa espécie do objeto está, às vezes, apenas em potência na faculdade cognoscitiva. O cognoscente, então, encontra-se somente em potência. Para que conheça em ato, é necessário que a potência cognoscitiva seja reduzida ao ato da espécie. Se, porém, sempre a tem em ato, por ela poderá conhecer sem mudança alguma ou recepção prévia. Vê-se, pois, que ser movido pelo objeto não é da razão do cognoscente enquanto cognoscente, mas enquanto é potência cognoscitiva.

Para que a forma seja princípio de ação, não há diferença se a forma é inerente a outro ou se é por si mesma subsistente: assim, o calor não aqueceria menos se fosse em si subsistente ou inerente.

Por conseguinte, se algo no gênero dos inteligíveis é forma inteligível subsistente, conhece a si mesmo. Sendo o anjo um ser imaterial, é uma forma subsistente, por isso inteligível em ato. Conclui-se, pois, que o anjo por sua forma, que é sua substância[a], conhece a si mesmo.

---

2. C. 4: 429, a, 13-18.
3. C. 8: ML 34, 269.
4. Q. 14, a. 2; q. 54, a. 2.

a. Quando o intelecto está unido ao inteligível em ato, surge a intelecção. Tal união não é dada em nossa experiência: por um lado, porque o que conhecemos (a essência das coisas materiais) não é inteligível em ato, por outro, porque ela nos é exterior.

AD PRIMUM ergo dicendum quod littera illa est antiquae translationis, quae corrigitur per novam, in qua dicitur: *praeterea et ipsos*, scilicet angelos, *cognovisse proprias virtutes*; loco cuius habebatur in alia translatione: *et adhuc et eos ignorare proprias virtutes*. — Quamvis etiam littera antiquae translationis salvari possit quantum ad hoc, quod angeli non perfecte cognoscunt suam virtutem, secundum quod procedit ab ordine divinae sapientiae, quae est angelis incomprehensibilis.

AD SECUNDUM dicendum quod singularium quae sunt in rebus corporalibus, non est intellectus, apud nos, non ratione singularitatis, sed ratione materiae, quae est in eis individuationis principium. Unde si aliqua singularia sunt sine materia subsistentia, sicut sunt angeli, illa nihil prohibet intelligibilia esse actu.

AD TERTIUM dicendum quod moveri et pati convenit intellectui secundum quod est in potentia. Unde non habet locum in intellectu angelico; maxime quantum ad hoc quod intelligit seipsum. — Actio etiam intellectus non est eiusdem rationis cum actione quae in corporalibus invenitur, in aliam materiam transeunte.

QUANTO AO 1º, deve-se dizer que o texto é de uma antiga versão, corrigida por outra mais nova, na qual se diz: "Ademais, eles", os anjos, "conheciam suas potências". — Em seu lugar, a antiga versão dizia: "Além disso, eles ignoram as próprias potências". — Pode-se, no entanto, salvar a antiga versão, quanto a isso: que os anjos não conhecem perfeitamente suas potências, enquanto elas procedem da ordenação da sabedoria divina, que é incompreensível aos anjos.

QUANTO AO 2º, deve-se dizer que não há intelecção das coisas corporais singulares em nós, não por causa da singularidade, mas por causa da matéria, que nelas é o princípio da individuação. Eis por que se algo singular subsistente é imaterial, como os anjos, isso em nada impede que seja inteligível em ato.

QUANTO AO 3º, deve-se dizer que ser movido e ser passivo convém ao intelecto enquanto está em potência. Por isso, não tem lugar no intelecto angélico, principalmente quanto ao conhecer a si mesmo. — Também a ação do intelecto não é da mesma razão que a ação dos corpos que passa a outra matéria.

ARTICULUS 2
Utrum unus angelus alium cognoscat

AD SECUNDUM SIC PROCEDITUR. Videtur quod unus angelus alium non cognoscat.
1. Dicit enim Philosophus, in III *de Anima*[1], quod si intellectus humanus haberet in se aliquam naturam de numero naturarum rerum sensibilium, illa natura interius existens prohiberet apparere extranea: sicut etiam si pupilla esset colorata aliquo colore, non posset videre omnem colorem. Sed sicut se habet intellectus humanus ad cognoscendas res corporeas, ita se habet intellectus angelicus ad cognoscendas res immateriales. Cum igitur intellectus angelicus habeat in se aliquam naturam determinatam de numero illarum naturarum, videtur quod alias cognoscere non possit.

ARTIGO 2
Um anjo conhece outro anjo?

QUANTO AO SEGUNDO, ASSIM SE PROCEDE: parece que um anjo **não** conhece outro anjo.
1. Com efeito, diz o Filósofo, no livro III da *Alma*, que, se o intelecto humano tivesse em si alguma natureza das que existem nas coisas sensíveis, essa natureza, existindo no interior, impediria o aparecimento de coisas distintas. Por exemplo, se a pupila fosse colorida por uma cor não poderia ver todas as cores. Ora, como o intelecto humano está para o conhecimento das coisas corpóreas, assim está o intelecto angélico para o conhecimento das coisas imateriais. Logo, como o intelecto angélico tem em si determinada natureza do número das que existem nas coisas imateriais, parece que não pode conhecer as outras.

---

2 PARALL.: *Cont. Gent.* II, 98; *De Verit.*, q. 8, a. 7.

1. C. 4: 429, a, 18-24.

Por essa razão, o surgimento do ato de intelecção requer uma preparação, um longo processo em que, liberta para isso da matéria, a forma da coisa conhecida penetra em nosso intelecto e atualiza o intelecto segundo essa forma pelo próprio ato de intelecção. Para o anjo, sua forma ontológica, a natureza nele presente por identificação real, é perfeitamente inteligível por si mesma. A intelecção de si mesmo brota de seu intelecto, portanto desde o primeiro instante de sua existência, e continuamente. Nele se realiza o que Descartes, por uma intuição genial, mas que despreza as condições singulares da intelecção humana, atribuía ao pensamento em si mesmo, e portanto também ao pensamento humano: a atualidade permanente.

2. PRAETEREA, in libro *de Causis*² dicitur quod *omnis intelligentia scit quod est supra se, inquantum est causata ab eo; et quod est sub se, inquantum est causa eius*. Sed unus angelus non est causa alterius. Ergo unus angelus non cognoscit alium.

3. PRAETEREA, unus angelus non potest cognoscere alium per essentiam ipsius angeli cognoscentis: cum omnis cognitio sit secundum rationem similitudinis; essentia autem angeli cognoscentis non est similis essentiae angeli cogniti nisi in genere, ut ex supra³ dictis patet; unde sequeretur quod unus angelus non haberet de alio cognitionem propriam, sed generalem tantum. — Similiter etiam non potest dici quod unus angelus cognoscat alium per essentiam angeli cogniti: quia illud quo intellectus intelligit, est intrinsecum intellectui; sola autem Trinitas illabitur menti. — Similiter etiam dici non potest quod unus cognoscat alium per speciem: quia illa species non differret ab angelo intellecto, cum utrumque sit immateriale. — Nullo igitur modo videtur quod unus angelus possit intelligere alium.

4. PRAETEREA, si unus angelus intelligit alium, aut hoc esset per speciem innatam: et sic sequeretur quod, si Deus nunc de novo crearet aliquem angelum, quod non posset cognosci ab his qui nunc sunt. Aut per speciem acquisitam a rebus: et sic sequeretur quod angeli superiores non possent cognoscere inferiores, a quibus nihil accipiunt. Nullo igitur modo videtur quod unus angelus alium cognoscat.

SED CONTRA est quod dicitur in libro *de Causis*⁴, quod *omnis intelligentia scit res quae non corrumpuntur*.

RESPONDEO dicendum quod, sicut Augustinus dicit, II *super Gen. ad litt.*⁵, ea quae in Verbo Dei ab aeterno praeextiterunt, dupliciter ab eo effluxerunt: uno modo, in intellectum angelicum; alio modo, ut subsisterent in propriis naturis. In intellectum autem angelicum processerunt per hoc, quod Deus menti angelicae impressit rerum similitudines, quas in esse naturali produxit. In Verbo autem Dei ab aeterno extiterunt non solum rationes rerum corporalium, sed etiam rationes omnium spiritualium creaturarum. Sic igitur unicuique spiritualium creaturarum a Verbo Dei impressae sunt omnes rationes rerum omnium, tam corporalium quam spiritualium. Ita tamen quod

2. ALÉM DISSO, no livro *De Causis* se diz que "toda inteligência conhece o que lhe é superior enquanto é causada por ele, e o que lhe é inferior, enquanto o causa". Ora, um anjo não é causa de outro. Logo, não o pode conhecer.

3. ADEMAIS, um anjo não pode conhecer o outro em sua essência, porque todo conhecimento implica a razão de semelhança. Ora, a essência do anjo que conhece não é semelhante à essência do que é conhecido, a não ser genericamente, como se viu acima. Logo, um anjo não teria conhecimento próprio do outro, mas somente conhecimento geral. — Também não se pode dizer que um anjo conheça um outro pela essência do conhecido, porque o meio da intelecção é intrínseco ao intelecto: somente a Trindade penetra no interior das mentes. — Assim também não se pode dizer que um anjo conheça o outro por espécie, porque tal espécie não se diferenciaria do anjo conhecido, uma vez que um e outro são imateriais. — Por conseguinte, parece que de nenhum modo poderia um anjo conhecer outro.

4. ADEMAIS, se um anjo conhece outro, isso seria ou por uma espécie inata, e assim se Deus, agora, criasse outro anjo, este não poderia ser conhecido pelos existentes. Ou por uma espécie adquirida das coisas, seguindo-se, então, que o anjo superior não poderia conhecer o inferior, do qual nada recebeu. Logo, parece que de nenhum modo um anjo conhece o outro.

EM SENTIDO CONTRÁRIO, lê-se no livro *De Causis*: "Toda inteligência conhece as coisas incorruptíveis".

RESPONDO. Diz Agostinho que as coisas que preexistiram no Verbo de Deus desde a eternidade dele saíram de dois modos: primeiro, para o intelecto angélico; e segundo, para subsistirem em suas próprias naturezas. Para o intelecto angélico, porque Deus imprimiu na mente angélica a semelhança das coisas que produziu em seu ser natural. Desde a eternidade existiram no Verbo de Deus não só as razões das coisas corporais, como também as de todas as criaturas espirituais. Assim, em cada criatura espiritual foram impressas pelo Verbo de Deus todas as razões de todas as coisas tanto corporais como espirituais. De tal maneira, entretanto, que em cada anjo foi impressa sua

---

2. Prop. 8, § *Omnis*. Cfr. PROCLUM, *Elem. theol.* 173; PLOTINUM, *Enn.* V, 1, 4.
3. Q. 50, a. 4; q. 55, a. 1, ad 3.
4. Prop. 11, § *Omnis*. Cfr. PROCLUM, *Elem. theol.* 172, 174.
5. C. 8: ML 34, 269 sq.

unicuique angelo impressa est ratio suae speciei secundum esse naturale et intelligibile simul, ita scilicet quod in natura suae speciei subsisteret, et per eam se intelligeret: aliarum vero naturarum, tam spiritualium quam corporalium, rationes sunt ei impressae secundum esse intelligibile tantum, ut videlicet per huiusmodi species impressas, tam creaturas corporales quam spirituales cognosceret.

AD PRIMUM ergo dicendum quod naturae spirituales angelorum ab invicem distinguuntur ordine quodam, sicut supra[6] dictum est. Et sic natura unius angeli non prohibet intellectum ipsius a cognoscendis aliis naturis angelorum, cum tam superiores quam inferiores habeant affinitatem cum natura eius, differentia existente tantum secundum diversos gradus perfectionis.

AD SECUNDUM dicendum quod ratio causae et causati non facit ad hoc quod unus angelus alium cognoscat, nisi ratione similitudinis, inquantum causa et causatum sunt similia. Et ideo, si inter angelos ponatur similitudo absque causalitate, remanebit in uno cognitio alterius.

AD TERTIUM dicendum quod unus angelus cognoscit alium per speciem eius in intellectu suo existentem, quae differt ab angelo cuius similitudo est, non secundum esse materiale et immateriale, sed secundum esse naturale et intentionale. Nam ipse angelus est forma subsistens in esse naturali: non autem species eius quae est in intellectu alterius angeli, sed habet ibi esse intelligibile tantum. Sicut etiam et forma coloris in pariete habet esse naturale, in medio autem deferente habet esse intentionale tantum.

AD QUARTUM dicendum quod Deus unamquamque creaturam fecit proportionatam universo quod facere disposuit. Et ideo, si Deus instituisset facere plures angelos vel plures naturas rerum, plures species intelligibiles mentibus angelicis impressisset. Sicut si aedificator voluisset facere maiorem domum, fecisset maius fundamentum. Unde eiusdem rationis est quod Deus adderet aliquam creaturam universo, et aliquam speciem intelligibilem angelo.

razão específica ao mesmo tempo natural e inteligível; de modo que ele subsistisse em sua natureza e por ela conhecesse a si. As razões das outras naturezas, espirituais e corporais, foram neles impressas somente quanto ao ser inteligível, para que mediante tais espécies impressas conhecessem as criaturas tanto corporais quanto as espirituais.

QUANTO AO 1º, portanto, deve-se dizer que as naturezas espirituais dos anjos distinguem-se por determinada ordem, como vimos acima. Assim, a natureza de um anjo não impede que seu intelecto conheça as outras naturezas dos anjos, pois tanto as superiores como as inferiores têm afinidade com sua natureza, havendo só diferença segundo os diversos graus de perfeição.

QUANTO AO 2º, deve-se dizer que a razão da causa e do efeito não faz que um anjo conheça outro a não ser por motivo de semelhança, pois a causa e o efeito são semelhantes. Por isso, admitindo-se nos anjos semelhanças sem causalidade, permanecerá em um o conhecimento do outro.

QUANTO AO 3º, deve-se dizer que um anjo conhece o outro pela espécie deste existente em seu próprio intelecto; esta se diferencia do anjo de quem é semelhança, não segundo o ser material ou imaterial, mas segundo o ser natural e intencional. O próprio anjo é forma subsistente no ser natural. Mas não o é a imagem dele que está no intelecto de outro anjo, e que tem aí apenas ser inteligível. Assim também a forma da cor na parede tem ser natural, mas no intermediário que a transmite tem somente ser intencional.

QUANTO AO 4º, deve-se dizer que Deus fez cada criatura proporcionada ao universo que dispôs criar. Por isso, se Deus determinasse fazer muitos anjos e muitas naturezas das coisas, imprimiria muitas espécies inteligíveis nas mentes dos anjos. Como o construtor que quisesse fazer uma casa maior colocaria fundamentos maiores. Por isso, pelo mesmo motivo, se Deus acrescentasse alguma criatura ao universo, também acrescentaria ao anjo alguma espécie inteligível.

---

6. Q. 50, a. 4, ad 1, 2. — Cfr. q. 10, a. 6; q. 47, a. 2.

ARTICULUS 3
Utrum angeli per sua naturalia Deum cognoscere possint

AD TERTIUM SIC PROCEDITUR. Videtur quod angeli per sua naturalia Deum cognoscere non possint.

1. Dicit enim Dionysius, 1 cap. *de Div. Nom.*[1], quod Deus *est super omnes caelestes mentes incomprehensibili virtute collocatus*. Et postea subdit quod, *quia est supra omnem substantiam, ab omni cognitione est segregatus*.
2. PRAETEREA, Deus in infinitum distat ab intellectu angeli. Sed in infinitum distantia non possunt attingi. Ergo videtur quod angelus per sua naturalia non possit Deum cognoscere.
3. PRAETEREA, 1Cor 13,12 dicitur: *Videmus nunc per speculum in aenigmate, tunc autem facie ad faciem*. Ex quo videtur quod sit duplex Dei cognitio: una, qua videtur per sui essentiam, secundum quam dicitur videri facie ad faciem; alia, secundum quod videtur in speculo creaturarum. Sed primam Dei cognitionem angelus habere non potuit per sua naturalia, ut supra[2] ostensum est. Visio autem specularis angelis non convenit: quia non accipiunt divinam cognitionem e rebus sensibilibus, ut dicit Dionysius, 7 cap. *de Div. Nom.*[3]. Ergo angeli per sua naturalia Deum cognoscere non possunt.

SED CONTRA, Angeli sunt potentiores in cognoscendo quam homines. Sed homines per sua naturalia Deum cognoscere possunt; secundum illud Rm 1,19: *Quod notum est Dei, manifestum est in illis*. Ergo multo magis angeli.

RESPONDEO dicendum quod angeli aliquam cognitionem de Deo habere possunt per sua naturalia. Ad cuius evidentiam, considerandum est quod aliquid tripliciter cognoscitur. Uno modo,

ARTIGO 3
Podem os anjos por suas faculdades naturais[b] conhecer Deus?

QUANTO AO 3º, ASSIM SE PROCEDE: parece que os anjos **não** podem conhecer Deus por suas faculdades naturais.

1. Com efeito, diz Dionísio: "Deus está colocado por um poder incompreensível sobre todas as mentes celestes". E acrescenta: "Porque está acima de toda substância, está afastado de todo conhecimento".
2. ALÉM DISSO, Deus está infinitamente distante do intelecto angélico. Ora, a distância infinita é inatingível. Logo, parece que o anjo, por suas faculdades naturais, não pode conhecer a Deus.
3. ADEMAIS, a primeira Carta aos Coríntios diz: "Vemos agora por espelho e de maneira confusa, mas então o veremos face a face". Parece, pois, que há dois conhecimentos de Deus: um, segundo o qual Deus é visto por sua essência, pois se diz que é visto face a face; outro segundo o qual é visto no espelho das criaturas. Ora, o primeiro conhecimento, o anjo não pôde ter por suas faculdades naturais, como acima se demonstrou. Não cabe ao anjo ter por suas faculdades naturais uma visão especular, porque não recebe ele o conhecimento divino pelas coisas sensíveis, como afirma Dionísio. Logo, por suas faculdades naturais o anjo não pode conhecer a Deus.

EM SENTIDO CONTRÁRIO, quanto ao conhecimento, os anjos são mais poderosos que os homens. Mas os homens, por suas faculdades naturais, podem conhecer a Deus, segundo o que está na Carta aos Romanos: "O que Deus conhece foi-lhes manifestado". Portanto, muito mais os anjos.

RESPONDO. Por suas faculdades naturais, os anjos podem ter algum conhecimento de Deus. Para demonstrá-lo, deve-se considerar que se pode conhecer algo de três modos. Primeiro, pela presença

---

3 PARALL.: II *Sent.*, dist. 23, q. 2, a. 1; *Cont. Gent.* III, 41, 49; *De Verit.*, q. 8, a. 3.

1. MG 3, 593 A.
2. Q. 12, a. 4.
3. MG 3, 868 B.

b. Por que essa especificação: "Por meio de suas faculdades naturais"? Adiante (q. 60) ser-nos-á lembrado que existem dois níveis de conhecimento de Deus aos quais se pode alçar a criatura intelectual. O primeiro é natural: no sentido de que se trata de um conhecimento do qual a criatura é capaz pelo mero jogo das faculdades que fazem parte de sua natureza constitutiva, ou seja, pela mediação de seu objeto conatural. O segundo é "sobrenatural", no sentido de que só pode ser alcançado pela criatura por uma elevação de suas faculdades, que só pode ser um dom da graça. Somos advertidos de que, nessa primeira fase da pesquisa, nos perguntamos o que o anjo, por si mesmo — isto é, por meio de suas faculdades naturais, evidentemente puro dom de Deus, mas dom que o constitui em sua existência, que o faz ser, e ser o que ele é —, é capaz de conhecer e de amar. A partir da q. 62 tratar-se-á dos dons da graça que foram concedidos ao anjo e de seu destino.

per praesentiam suae essentiae in cognoscente, sicut si lux videatur in oculo: et sic dictum est[4] quod angelus intelligit seipsum. Alio modo, per praesentiam suae similitudinis in potentia cognoscitiva: sicut lapis videtur ab oculo per hoc quod similitudo eius resultat in oculo. Tertio modo, per hoc quod similitudo rei cognitae non accipitur immediate ab ipsa re cognita, sed a re alia, in qua resultat: sicut cum videmus hominem in speculo.

Primae igitur cognitioni assimilatur divina cognitio, qua per essentiam suam videtur. Et haec cognitio Dei non potest adesse creaturae alicui per sua naturalia, ut supra[5] dictum est. — Tertiae autem cognitioni assimilatur cognitio qua nos cognoscimus Deum in via, per similitudinem eius in creaturis resultantem; secundum illud Rm 1,20: *Invisibilia Dei per ea quae facta sunt, intellecta, conspiciuntur*. Unde et dicimur Deum videre in speculo. — Cognitio autem qua angelus per sua naturalia cognoscit Deum, media est inter has duas; et similatur illi cognitioni qua videtur res per speciem ab ea acceptam. Quia enim imago Dei est in ipsa natura angeli impressa, per suam essentiam, angelus Deum cognoscit, inquantum est similitudo Dei. Non tamen ipsam essentiam Dei videt: quia nulla similitudo creata est sufficiens ad repraesentandam divinam essentiam. Unde magis ista cognitio tenet se cum speculari: quia et ipsa natura angelica est quoddam speculum divinam similitudinem repraesentans.

AD PRIMUM ergo dicendum quod Dionysius loquitur de cognitione comprehensionis, ut expresse eius verba ostendunt. Et sic a nullo intellectu creato cognoscitur.

AD SECUNDUM dicendum quod propter hoc quod intellectus et essentia angeli in infinitum distant a Deo, sequitur quod non possit ipsum comprehendere, nec per suam naturam eius essentiam videre.

de sua essência no que conhece, por exemplo, se a luz se visse no olho. É assim que o anjo se conhece, como foi dito. Segundo, pela presença de sua semelhança na potência cognoscitiva; por exemplo, a pedra é vista pelo olho pelo fato de que sua semelhança está nele. Terceiro, quando a semelhança da coisa conhecida não é recebida imediatamente desta coisa conhecida, mas de outra coisa na qual está: por exemplo, quando vemos o homem no espelho.

Pois bem, ao primeiro modo corresponde o conhecimento divino pelo qual Deus é visto em sua essência. Este modo não pertence a criatura alguma por suas faculdades naturais, como foi dito. — Ao terceiro modo corresponde o conhecimento pelo qual conhecemos Deus aqui na terra. Resulta da semelhança de Deus nas criaturas, segundo a Carta aos Romanos: "As coisas invisíveis de Deus se conhecem, quando se conhecem as que foram criadas". Por isso, dizemos que Deus é visto num espelho. — Todavia, o conhecimento pelo qual o anjo conhece a Deus por suas faculdades naturais está no meio entre os dois conhecimentos, e corresponde ao conhecimento pelo qual se conhece uma coisa, mediante a espécie recebida dela mesma. Porque está impressa na natureza angélica a imagem de Deus por sua essência, o anjo conhece Deus, enquanto é semelhança de Deus. Por isso não vê a própria essência divina, porque nenhuma semelhança criada é capaz de representar essa essência. Daí esse conhecimento se aproximar do conhecimento por meio do espelho, porque a própria natureza angélica é um espelho que reproduz a imagem de Deus[c].

QUANTO AO 1º, portanto, deve-se dizer que Dionísio refere-se ao conhecimento compreensivo, e suas palavras o dizem. Desse modo Deus não é conhecido por intelecto algum criado.

QUANTO AO 2º, deve-se dizer que pelo fato de o intelecto e a essência do anjo distanciarem-se de Deus infinitamente, depreende-se que o anjo não o pode compreender nem ver sua essência, em razão

---

4. A. 1.
5. Q. 12, a. 4.

c. Finalmente, portanto, o conhecimento que o anjo pode ter de Deus pela virtude natural de seu intelecto é indireto, como o do homem. É pela mediação de seu objeto conatural — sua própria essência — que ele pode conhecer a Deus, de quem essa essência é a semelhança (como o homem conhece a Deus pela mediação do universo sensível, que também se assemelha a Deus). A diferença, que Sto. Tomás enfatiza com vigor neste artigo, é que a passagem da semelhança ao exemplar transcendente é instantânea para o anjo, infalível; não há, no anjo, como há no homem, passagem de um primeiro conhecido a um conhecido posterior. É verdadeiramente a percepção do representado na imagem que fornece o espelho, mesmo que haja uma distância infinita entre ambos, conforme será dito adiante (q. 58, a. 3). O conhecimento do anjo não é discursivo. Para o homem, a passagem só pode se efetuar progressivamente, pelo raciocínio, e, por isso, pode ser falha. O homem pode realmente ser ateu, o anjo não.

Non tamen sequitur propter hoc, quod nullam eius cognitionem habere possit: quia sicut Deus in infinitum distat ab angelo, ita cognitio quam Deus habet de seipso, in infinitum distat a cognitione quam angelus habet de eo.

AD TERTIUM dicendum quod cognitio quam naturaliter angelus habet de Deo, est media inter utramque cognitionem: et tamen magis se tenet cum una, ut supra[6] dictum est.

---

6. In corp.

de sua natureza. Mas daí não se conclui que não possa ter algum conhecimento de Deus: porque assim como Deus se distancia infinitamente dos anjos, também o conhecimento que Deus tem de si distancia-se infinitamente do conhecimento que os anjos têm de Deus.

QUANTO AO 3º, deve-se dizer que o conhecimento que naturalmente o anjo tem de Deus está no meio entre os dois conhecimentos; no entanto, mais se aproxima de um, como acima foi dito.

QUAESTIO LVII
DE ANGELORUM COGNITIONE RESPECTU RERUM MATERIALIUM

in quinque articulos divisa

Deinde quaeritur de his materialibus quae ab angelis cognoscuntur.
Et circa hoc quaeruntur quinque.
Primo: utrum angeli cognoscant naturas rerum materialium.
Secundo: utrum cognoscant singularia.
Tertio: utrum cognoscant futura.
Quarto: utrum cognoscant cogitationes cordium.
Quinto: utrum cognoscant omnia mysteria gratiae.

ARTICULUS 1
Utrum angeli cognoscant res materiales

AD PRIMUM SIC PROCEDITUR. Videtur quod angeli non cognoscant res materiales.

1. Intellectum enim est perfectio intelligentis. Res autem materiales non possunt esse perfectiones angelorum: cum sint infra ipsos. Ergo angeli non cognoscunt res materiales.

2. PRAETEREA, visio intellectualis est eorum quae sunt in anima per sui essentiam, ut dicitur *in Glossa*[1], 2Cor 12,2. Sed res materiales non possunt esse in anima hominis, vel in mente angeli, per suas essentias. Ergo non possunt intellectuali visione cognosci: sed solum imaginaria, qua apprehenduntur similitudines corporum; et sensibili, quae est de ipsis corporibus. In angelis autem

QUESTÃO 57
O CONHECIMENTO QUE OS ANJOS TÊM DAS COISAS MATERIAIS

em cinco artigos

Em seguida, se pergunta sobre o conhecimento dos anjos com respeito às coisas materiais.
E sobre isso, são cinco as perguntas:
1. Os anjos conhecem a natureza das coisas materiais?
2. Conhecem as coisas singulares?
3. Conhecem o futuro?
4. Conhecem os pensamentos dos corações?
5. Conhecem todos os mistérios da graça?

ARTIGO 1
Os anjos conhecem as coisas materiais?

QUANTO AO PRIMEIRO ARTIGO, ASSIM SE PROCEDE: parece que os anjos **não** conhecem as coisas materiais.

1. Com efeito, a coisa conhecida é a perfeição de quem conhece. Ora, as coisas materiais não podem ser perfeições dos anjos, visto que são inferiores a eles. Logo, os anjos não conhecem as coisas materiais.

2. ALÉM DISSO, a visão intelectual se refere às coisas que estão na alma por sua essência, como diz a Glosa sobre a segunda Carta aos Coríntios. Ora, as coisas materiais não podem estar na alma do homem, nem na mente angélica, por suas essências. Assim, não poderão ser conhecidas por visão intelectual, mas somente por visão imaginária, pela qual são apreendidas as semelhanças dos corpos,

---

1 PARALL.: *Cont. Gent.* II, 99; *De Verit.*, q. 8, a. 8; q. 10, a. 4.
1. Glossa Ord. ex Aug.: ML 114, 568 A.

non est visio imaginaria et sensibilis, sed solum intellectualis. Ergo angeli materialia cognoscere non possunt.

3. Pʀᴀᴇᴛᴇʀᴇᴀ, res materiales non sunt intelligibiles in actu, sed sunt cognoscibiles apprehensione sensus et imaginationis; quae non est in angelis. Ergo angeli materialia non cognoscunt.

Sᴇᴅ ᴄᴏɴᴛʀᴀ, quidquid potest inferior virtus, potest virtus superior. Sed intellectus hominis, qui est ordine naturae infra intellectum angeli, potest cognoscere res materiales. Ergo multo fortius intellectus angeli.

Rᴇsᴘᴏɴᴅᴇᴏ dicendum quod talis est ordo in rebus, quod superiora in entibus sunt perfectiora inferioribus: et quod in inferioribus continetur deficienter et partialiter et multipliciter, in superioribus continetur eminenter et per quandam totalitatem et simplicitatem. Et ideo in Deo, sicut in summo rerum vertice, omnia supersubstantialiter praeexistunt secundum ipsum suum simplex esse, ut Dionysius dicit, in libro *de Div. Nom.*². — Angeli autem inter ceteras creaturas sunt Deo propinquiores et similiores: unde et plura participant ex bonitate divina, et perfectius, ut Dionysius dicit, 4 cap. *Cael. Hier.*³. Sic igitur omnia materialia in ipsis angelis praeexistunt, simplicius quidem et immaterialius quam in ipsis rebus; multiplicius autem et imperfectius quam in Deo.

Omne autem quod est in aliquo, est in eo per modum eius in quo est. Angeli autem secundum suam naturam sunt intellectuales. Et ideo, sicut Deus per suam essentiam materialia cognoscit, ita angeli ea cognoscunt per hoc quod sunt in eis per suas intelligibiles species.

e por visão sensível, que é a que se refere aos corpos. Ora, não há nos anjos visão imaginária ou sensível, mas somente intelectual. Logo, os anjos não podem conhecer as coisas materiais.

3. Aᴅᴇᴍᴀɪs, as coisas materiais não são inteligíveis em ato, mas podem ser conhecidas pelos sentidos e pela imaginação, que não existem nos anjos. Logo, os anjos não podem conhecer as coisas materiais.

Eᴍ sᴇɴᴛɪᴅᴏ ᴄᴏɴᴛʀᴀ́ʀɪᴏ, o que pode uma potência inferior pode uma superior. Ora, o intelecto do homem, que pela ordem natural é inferior ao intelecto dos anjos, pode conhecer as coisas materiais. Logo, por mais forte motivo o pode o intelecto dos anjos.

Rᴇsᴘᴏɴᴅᴏ. A ordem das coisas estabelece que os entes superiores são mais perfeitos que os inferiores, e o que está nos inferiores com deficiência, parcialmente e multiplicado, nos superiores está eminentemente e de maneira total e absoluta. Por isso em Deus, supremo vértice de todas as coisas, todas elas preexistem de modo supersubstancial, segundo o ser absoluto de Deus, como diz Dionísio. — Os anjos, entre as criaturas, são as mais próximas e semelhantes a Deus. Por isso, mais e mais perfeitamente participam da bondade divina, como diz Dionísio. Assim, portanto, todas as coisas materiais preexistem nos anjos, de maneira mais simples e imaterial que nelas mesmas, porém mais multiplicadas e imperfeitas que em Deus.

O que está numa coisa, nela está segundo o modo desta coisa. Ora, os anjos são naturalmente dotados de intelecto. Assim, como Deus conhece por sua essência as coisas materiais, também os anjos as conhecem, pelo fato de que neles estão por suas espécies inteligíveis[a].

---

2. C. 1: MG 3, 596 D — 597 A; — c. 5: MG 3, 824 AC, 825 AB.
3. MG 3, 177 D.

    a. O princípio segundo o qual tudo o que é parcialmente contido e multiplicado nos entes inferiores se encontra nos superiores unificado e simplificado exprime a metafísica do ser no que ela tem de essencial, e tira da evidência primordial do ser sua própria evidência. A perfeição de ser é absolutamente universal, logo, ao mesmo tempo una e múltipla. Pode ser encontrada em todos os entes, mas reduzida e contraída pelos limites próprios de cada um, os quais são nele a parte do não-ser, de potencialidade. É com tais limites que ele é próprio a cada um e o torna outro, externo aos outros. Contudo, o que existe com outros limites, menos cerrados, nos seres superiores, é essa mesma e única perfeição, de modo que o ser inferior, de acordo com todos os seus valores ontológicos positivos, está no ser superior. Na Essência divina, o Ser absoluto e sem limites, ele está segundo aquilo mesmo que tem de próprio, pois isso é ainda uma perfeição ontológica, e desse modo se assemelha a Deus de maneira deficiente. É a ideia divina, da qual se tratou acima, na questão 15, mediante a qual ele está presente a Deus como inteligível, ao mesmo tempo em que se distingue dele segundo sua existência. Na essência do anjo, que é a perfeição de ser, mas limitada, e assim encerrada em sua alteridade, foi explicado acima (q. 55, a. 1) que a essência dos outros entes não se encontra segundo o que ela tem de próprio, segundo sua alteridade. Todavia, ela aí se encontra por intermédio das "espécies" inteligíveis inatas, que completam a essência do anjo na medida em que é inteligível.

AD PRIMUM ergo dicendum quod intellectum est perfectio intelligentis secundum speciem intelligibilem quam habet in intellectu. Et sic species intelligibiles quae sunt in intellectu angeli, sunt perfectiones et actus intellectus angelici.

AD SECUNDUM dicendum quod sensus non apprehendit essentias rerum, sed exteriora accidentia tantum. Similiter neque imaginatio: sed apprehendit solas similitudines corporum. Intellectus autem solus apprehendit essentias rerum. Unde in III *de Anima*[4] dicitur quod obiectum intellectus *est quod quid est*, circa quod non errat, sicut neque sensus circa proprium sensibile. Sic ergo essentiae rerum materialium sunt in intellectu hominis vel angeli, ut intellectum est in intelligente, et non secundum esse suum reale. Quaedam vero sunt quae sunt in intellectu vel in anima secundum utrumque esse. Et utrorumque est visio intellectualis.

AD TERTIUM dicendum quod, si angelus acciperet cognitionem rerum materialium ab ipsis rebus materialibus, oporteret quod faceret eas intelligibiles actu, abstrahendo eas. Non autem accipit cognitionem earum a rebus materialibus: sed per species actu intelligibiles rerum sibi connaturales, rerum materialium notitiam habet; sicut intellectus noster secundum species quas intelligibiles facit abstrahendo.

ARTICULUS 2
Utrum angelus cognoscat singularia

AD SECUNDUM SIC PROCEDITUR. Videtur quod angelus singularia non cognoscat.
1. Dicit enim Philosophus, in I *Physic.*[1], quod *sensus est singularium, ratio vero* (vel intellectus) *universalium*. In angelis autem non est vis cognoscitiva nisi intellectiva, ut ex superioribus[2] patet. Ergo singularia non cognoscunt.

QUANTO AO 1º, portanto, deve-se dizer que a coisa conhecida é perfeição de quem conhece pela espécie inteligível que está em seu intelecto. Assim, as espécies inteligíveis que estão no intelecto dos anjos são perfeições e atos do intelecto angélico.

QUANTO AO 2º, deve-se dizer que os sentidos não apreendem as essências das coisas, mas só seus acidentes exteriores. Do mesmo modo a imaginação, que somente apreende as semelhanças dos corpos. Porém, o intelecto apreende as essências das coisas. Daí se dizer, no livro III da *Alma*, que o objeto do intelecto é *aquilo que é*, acerca do qual não erra, como o sentido quanto ao objeto próprio sensível. Eis por que as essências das coisas materiais estão no intelecto, ou do homem ou do anjo, como a coisa conhecida está no intelecto de quem conhece, mas não segundo seu ser real. Algumas coisas, além disso, estão no intelecto ou na alma segundo um e outro ser[b]. De ambos se tem uma visão intelectiva.

QUANTO AO 3º, deve-se dizer que se os anjos recebessem o conhecimento das coisas materiais vindo delas mesmas, deveriam torná-las inteligíveis em ato, abstraindo-as. Contudo, não o recebem vindo das próprias coisas materiais, mas pelas espécies inteligíveis, em ato, das coisas que lhes são conaturais, e assim conhecem as coisas materiais. Nosso intelecto as conhece pelas espécies que torna inteligíveis pela abstração.

ARTIGO 2
Os anjos conhecem as coisas singulares?

QUANTO AO SEGUNDO, ASSIM SE PROCEDE: parece que os anjos **não** conhecem as coisas singulares.
1. Com efeito, diz o Filósofo: "Os sentidos referem-se às coisas singulares, mas a razão (ou o intelecto) às universais". Ora, nos anjos como faculdade cognoscitiva há apenas a intelectiva, como já foi tratado. Logo, não conhecem as coisas singulares.

---

4. C. 6: 430, b, 26-31.

2 PARALL.: Infra, q. 89, a. 4; II *Sent.*, dist 3, part. 2, q. 2, a. 3; *Cont. Gent.* II, 100; *De Verit.*, q. 8, a. 11; q. 10, a. 5; *Q. de Anima*, a. 20; *Quodlib.* VII, q. 1, a. 3; Opusc. XV, *de Angelis*, c. 13, 15.

1. C. 5: 188, b, 36 – 189, a, 10. Cfr. II *de Anima*, c. 5: 417, b, 19-29.
2. Q. 54, a. 5.

b. São as realidades que constituem no todo ou em parte o ente espiritual. Sendo imateriais, elas são inteligíveis por si mesmas, conforme se disse a respeito do conhecimento que tem o anjo de sua própria essência (Q. 56, a. 1).

2. Praeterea, omnis cognitio est per assimilationem aliquam cognoscentis ad cognitum. Sed non videtur quod possit esse aliqua assimilatio angeli ad singulare inquantum est singulare: cum angelus sit immaterialis, ut supra[3] dictum est, singularitatis vero principium sit materia. Ergo angelus non potest cognoscere singularia.

3. Praeterea, si angelus scit singularia, aut per species singulares, aut per species universales. Non per singulares: quia sic oporteret quod haberet species infinitas. Neque per universales: quia universale non est sufficiens principium cognoscendi singulare inquantum est singulare, cum in universali singularia non cognoscantur nisi in potentia. Ergo angelus non cognoscit singularia.

Sed contra, nullus potest custodire quod non cognoscit. Sed angeli custodiunt homines singulares, secundum illud Ps 90,11: *Angelis suis mandavit de te* etc. Ergo angeli cognoscunt singularia.

Respondeo dicendum quod quidam totaliter subtraxerunt angelis singularium cognitionem. — Sed hoc primo quidem derogat catholicae fidei, quae ponit haec inferiora administrari per angelos, secundum illud Hb 1,14: *Omnes sunt administratorii spiritus*. Si autem singularium notitiam non haberent, nullam providentiam habere possent de his quae in hoc mundo aguntur; cum actus singularium sint. Et hoc est contra illud quod dicitur Eccle 5,5: *Ne dicas coram angelo: Non est providentia*. — Secundo, etiam derogat philosophiae documentis, secundum quae ponuntur angeli motores caelestium orbium, et quod eos moveant secundum intellectum et voluntatem.

Et ideo alii dixerunt quod angelus habet quidem cognitionem singularium, sed in causis universalibus, ad quas reducuntur particulares omnes effectus: sicut si astrologus iudicet de aliqua eclipsi futura, per dispositiones caelestium motuum. — Sed haec positio praedicta inconvenientia non evadit: quia sic cognoscere singulare in causis universalibus, non est cognoscere ipsum ut est singulare, hoc est ut est hic et nunc. Astrologus enim cognoscens eclipsim futuram per computationem caelestium motuum, scit eam in universali; et non prout est hic et nunc, nisi per sensum accipiat. Administratio autem et providentia et motus sunt singularium, prout sunt hic et nunc.

2. Além disso, todo conhecimento se dá por certa assimilação de quem conhece com o que é conhecido. Ora, não se vê como possa existir alguma assimilação do anjo com o singular enquanto singular, pois os anjos são imateriais, como acima foi dito, e o princípio da singularidade é a matéria. Logo, o anjo não pode conhecer as coisas singulares.

3. Ademais, se o anjo conhece as coisas singulares, conhece-as ou pelas espécies singulares ou pelas universais. Não pelas espécies singulares, pois nesse caso deveria ter espécies infinitas. Nem pelas universais, pois o universal não é princípio suficiente de conhecimento do singular enquanto singular, uma vez que no universal o que é singular só é conhecido em potência. Logo, o anjo não conhece as coisas singulares.

Em sentido contrário, ninguém pode ser guardião do que desconhece. Mas os anjos guardam os homens singulares, segundo o Salmo 90: "Enviar-te-ei seus anjos etc.". Logo, os anjos conhecem as coisas singulares.

Respondo. Alguns autores negaram totalmente aos anjos o conhecimento das coisas singulares. — Primeiro, essa posição vai contra a fé católica, que afirma serem essas coisas inferiores administradas pelos anjos, segundo a Carta aos Hebreus: "Todos são espíritos administradores". Ora, se não tivessem conhecimento dos singulares, nenhuma providência deles haveria neste mundo, pois os atos são dos singulares. Essa afirmação contradiz também o livro do Eclesiastes, onde se lê: "Não digas diante do anjo: não há providência". — Segundo, vai também contra os testemunhos dos filósofos, pois estes afirmam que os anjos movem as esferas celestes pelo intelecto e pela vontade.

Outros afirmaram que os anjos conhecem as coisas singulares, mas em causas universais, às quais se reduzem todos os efeitos particulares. Por exemplo, o astrólogo conhece o eclipse futuro pela disposição dos movimentos celestes. — Mas essa posição não deixa de ter inconveniências, porque conhecer assim o singular nas causas universais não é conhecer o singular enquanto singular, a saber, como ele é aqui e agora. O astrólogo, conhecendo o eclipse futuro pelos cálculos dos movimentos celestes, o conhece como universal, e não como ele acontece aqui e agora, a não ser quando o percebe pelos sentidos, pois a direção, a providência e o movimento se referem às coisas singulares como elas são aqui e agora.

---

[3]. Q. 50, a. 2.

Et ideo aliter dicendum est quod, sicut homo cognoscit diversis viribus cognitivis omnia rerum genera, intellectu quidem universalia et immaterialia, sensu autem singularia et corporalia; ita angelus per unam intellectivam virtutem utraque cognoscit. Hoc enim rerum ordo habet, quod quanto aliquid est superius, tanto habeat virtutem magis unitam et ad plura se extendentem: sicut in ipso homine patet quod sensus communis, qui est superior quam sensus proprius, licet sit unica potentia, omnia cognoscit quae quinque sensibus exterioribus cognoscuntur, et quaedam alia quae nullus sensus exterior cognoscit, scilicet differentiam albi et dulcis. Et simile etiam est in aliis considerare. Unde cum angelus naturae ordine sit supra hominem, inconveniens est dicere quod homo quacumque sua potentia cognoscat aliquid, quod angelus per unam vim suam cognoscitivam, scilicet intellectum, non cognoscat. Unde Aristoteles pro inconvenienti habet ut litem, quam nos scimus, Deus ignoret; ut patet in I *de Anima*[4], et in III *Metaphys.*[5].

Modus autem quo intellectus angeli singularia cognoscit, ex hoc considerari potest quod, sicut a Deo effluunt res ut subsistant in propriis naturis, ita etiam ut sint in cognitione angelica. Manifestum est autem quod a Deo effluit in rebus non solum illud quod ad naturam universalem pertinet, sed etiam ea quae sunt individuationis principia: est enim causa totius substantiae rei, et quantum ad materiam et quantum ad formam. Et secundum quod causat, sic et cognoscit: quia scientia eius est causa rei, ut supra[6] ostensum est. Sicut igitur Deus per essentiam suam, per quam omnia causat, est similitudo omnium, et per eam omnia cognoscit non solum quantum ad naturas universales, sed etiam quantum ad singularitatem; ita angeli per species a Deo inditas, res cognoscunt non solum quantum ad naturam universalem, sed etiam secundum earum singularitatem, inquantum sunt quaedam repraesentationes multiplicatae illius unicae et simplicis essentiae.

Deve-se, pois, afirmar outra sentença. Se o homem conhece todos os gêneros das coisas mediante diversas faculdades cognoscitivas, pois pelo intelecto conhece os universais e imateriais, pelos sentidos as coisas corporais e singulares, o anjo, no entanto, por uma só faculdade intelectiva conhece uma e outra coisa. Essa ordem das coisas estabelece que quanto mais algo é superior, tanto mais terá a faculdade unificada e mais se estenderá a muitas coisas. Assim é no homem, quanto ao senso comum, que é superior aos sentidos próprios: embora seja uma única faculdade, conhece tudo aquilo que os cinco sentidos externos conhecem, e ainda outras coisas que nenhum sentido externo conhece, por exemplo, a diferença entre o doce e o branco, e o mesmo se observa em outras faculdades. Por isso, sendo a natureza angélica, pela ordem das coisas, superior à humana, não será conveniente afirmar que o homem por qualquer faculdade sua conhece algo que o anjo por uma só faculdade cognoscitiva, por seu intelecto, não conhece. Daí Aristóteles considerar inaceitável que Deus ignore uma discórdia que nós conhecemos, como está claro no livro I da *Alma* e no III da *Metafísica*.

O modo pelo qual o intelecto angélico conhece os singulares pode ser explicado assim: as coisas emanam de Deus para subsistir em suas naturezas, de tal modo que os anjos também as conheçam. É evidente que de Deus emana para as coisas não só o que pertence à natureza universal, mas também o que é princípio de individuação, pois Deus é causa de toda substância das coisas, quanto à matéria e quanto à forma. E como causa, assim também conhece, porque seu conhecimento é causa das coisas, como acima foi demonstrado. Assim como Deus, por sua essência, pela qual causa todas as coisas, é a semelhança de todas as coisas, e por ela conhece não só quanto às naturezas universais, mas também quanto à sua singularidade, assim, os anjos, mediante as espécies infundidas por Deus, conhecem as coisas não só quanto a suas naturezas universais, mas também quanto a sua singularidade, já que suas espécies são como representações multiplicadas da única e absoluta essência divina[c].

---

4. C. 5: 410, b, 4-7.
5. C. 4: 1000, b, 3-11.
6. Q. 14, a. 8.

---

c. Sto. Tomás acrescenta aqui uma noção que, na verdade, decorre do que foi dito acima. Como no anjo as espécies inteligíveis são inatas — ou seja, provenientes de Deus —, só representam as criaturas pela mediação de seu Exemplar transcendente, a Essência divina. A própria essência do anjo é um espelho onde contempla (de longe) o Exemplar divino em sua transcen-

QUANTO AO 1º, portanto, deve-se dizer que o Filósofo refere-se a nosso intelecto, que só conhece as coisas por abstração; pela abstração das condições materiais, o que é abstraído faz-se universal. Mas esse modo de conhecer não convém aos anjos, como acima foi dito, e por isso o argumento não é o mesmo.

QUANTO AO 2º, deve-se dizer que por sua natureza o anjo não se assemelha às coisas naturais como se assemelha alguma coisa a outra por conveniência genérica ou específica, ou acidental, mas como o superior assemelha-se ao inferior, como o sol ao fogo. Por esse modo em Deus há semelhança de todas as coisas, quanto à forma e quanto à matéria, pois que nele preexiste em sua causa tudo o que há nas coisas. Pelo mesmo motivo, as espécies do intelecto angélico, que são como que semelhanças derivadas da essência divina, são semelhanças das coisas não só quanto à forma, mas também quanto à matéria[d].

QUANTO AO 3º, deve-se dizer que os anjos conhecem os singulares pelas formas universais, que na verdade são semelhanças das coisas, tanto quanto aos princípios universais, como quanto aos princípios de individuação. Como podem por uma só espécie conhecer muitas coisas, já foi dito acima.

ARTIGO 3
Os anjos conhecem o futuro?

QUANTO AO TERCEIRO, ASSIM SE PROCEDE: parece que os anjos **conhecem** o futuro.

1. Com efeito, os anjos são mais poderosos que os homens no conhecer. Ora, alguns homens conhecem muitas coisas futuras. Logo, muito mais os anjos.

AD PRIMUM ergo dicendum quod Philosophus loquitur de intellectu nostro, qui non intelligit res nisi abstrahendo; et per ipsam abstractionem a materialibus conditionibus, id quod abstrahitur, fit universale. Hoc autem modus intelligendi non convenit angelis, ut supra[7] dictum est: et ideo non est eadem ratio.

AD SECUNDUM dicendum quod secundum suam naturam angeli non assimilantur rebus materialibus sicut assimilatur aliquid alicui secundum convenientiam in genere vel in specie, aut in accidente; sed sicut superius habet similitudinem cum inferiori, ut sol cum igne. Et per hunc etiam modum in Deo est similitudo omnium, et quantum ad formam et quantum ad materiam, inquantum in ipso praeexistit ut in causa quidquid in rebus invenitur. Et eadem ratione species intellectus angeli, quae sunt quaedam derivatae similitudines a divina essentia, sunt similitudines rerum non solum quantum ad formam, sed etiam quantum ad materiam.

AD TERTIUM dicendum quod angeli cognoscunt singularia per formas universales, quae tamen sunt similitudines rerum et quantum ad principia universalia, et quantum ad individuationis principia. Quomodo autem per eandem speciem possint multa cognosci, iam supra[8] dictum est.

ARTICULUS 3
Utrum angeli cognoscant futura

AD TERTIUM SIC PROCEDITUR. Videtur quod angeli cognoscant futura.

1. Angeli enim potentiores sunt in cognoscendo quam homines. Sed homines aliqui cognoscunt multa futura. Ergo multo fortius angeli.

---

7. Q. 55, a. 2; a. 3, ad 1.
8. Q. 55, a. 3, ad 3.

3 PARALL.: Infra, q. 86, a. 4; II-II, q. 95, a. 1; I *Sent.*, dist. 38, a. 5; II, dist. 3, q. 2, a. 3, ad 4; dist. 7, q. 2, a. 2; *Cont. Gent.* III, 154; *De Verit.*, q. 8, a. 12; *De Malo*, q. 16, a. 7; *De Spirit. Creat.*, a. 5, ad 7; Q. *de Anima*, a. 20, ad 4; *Quodlib.* VII, q. 3, a. 1, ad 1; *Compend. Theol.*, c. 134; in *Isaiam*, c. 3.

dência. As espécies inatas concedem a essa essência o poder de representar Deus enquanto princípio das criaturas na particularidade de cada uma delas. Princípio eficiente, mas também princípio formal (exemplar), uma vez que em cada criatura se realiza uma semelhança longínqua e parcial da transcendente Perfeição divina.

d. Não haveria contradição em afirmar que a própria matéria dos seres materiais está presente à inteligência angélica e à inteligência divina? A matéria considerada à parte é puro limite de ser, não-ser, e não tem, a esse título, lugar *algum* na inteligência (motivo pelo qual a inteligência humana só pode atingir a essência da coisa material fazendo abstração da matéria). Porém, o que é desse modo limitado e determinado é a forma, e é desse modo limitado e determinado que pode estar presente à inteligência do anjo. Não à do homem, pois este só pôde fazê-la entrar em seu intelecto separando-a da matéria que lhe confere a singularidade.

2. Praeterea, praesens et futurum sunt differentiae temporis. Sed intellectus angeli est supra tempus: *parificatur* enim *intelligentia aeternitati*, idest aevo, ut dicitur in libro *de Causis*[1]. Ergo quantum ad intellectum angeli, non differunt praeteritum et futurum; sed indifferenter cognoscit utrumque.

3. Praeterea, angelus non cognoscit per species acceptas a rebus, sed per species innatas universales. Sed species universales aequaliter se habent ad praesens, praeteritum et futurum. Ergo videtur quod angeli indifferenter cognoscant praeterita et praesentia et futura.

4. Praeterea, sicut aliquid dicitur distans secundum tempus, ita secundum locum. Sed angeli cognoscunt distantia secundum locum. Ergo etiam cognoscunt distantia secundum tempus futurum.

Sed contra, id quod est proprium signum divinitatis, non convenit angelis. Sed cognoscere futura est proprium signum divinitatis; secundum illud Is 41,23: *Annuntiate quae ventura sunt in futurum, et sciemus quod dii estis vos*. Ergo angeli non cognoscunt futura.

Respondeo dicendum quod futurum dupliciter potest cognosci. Uno modo, in causa sua. Et sic futura quae ex necessitate ex causis suis proveniunt, per certam scientiam cognoscuntur, ut solem oriri cras. Quae vero ex suis causis proveniunt ut in pluribus, cognoscuntur non per certitudinem, sed per coniecturam; sicut medicus praecognoscit sanitatem infirmi. Et iste modus cognoscendi futura adest angelis; et tanto magis quam nobis, quanto magis rerum causas et universalius et perfectius cognoscunt: sicut medici qui acutius vident causas, melius de futuro statu aegritudinis prognosticantur. — Quae vero proveniunt ex causis suis ut in paucioribus, penitus sunt ignota, sicut causalia et fortuita.

Alio modo cognoscuntur futura in seipsis. Et sic solius Dei est futura cognoscere, non solum quae ex necessitate proveniunt, vel ut in pluribus, sed etiam causalia et fortuita: quia Deus videt omnia in sua aeternitate, quae, cum sit simplex, toti tempori adest, et ipsum concludit. Et ideo unus Dei intuitus fertur in omnia quae aguntur per totum tempus sicut in praesentia, et videt omnia ut in seipsis sunt; sicut supra[2] dictum est cum de Dei scientia ageretur. — Angelicus autem intellectus, et quilibet intellectus creatus, deficit ab aeternitate

2. Além disso, o presente e o futuro são diferenças do tempo. Ora, o intelecto angélico está acima do tempo, pois, como diz o livro *De Causis*, "a inteligência iguala-se à eternidade", isto é, ao evo. Logo, quanto ao intelecto angélico, o passado não difere do futuro, mas indiferentemente conhece ambos.

3. Ademais, o anjo não conhece pelas espécies recebidas das coisas, mas pelas espécies inatas universais. Ora, as espécies universais estão do mesmo modo para o presente, para o passado e para o futuro. Logo, parece que os anjos indiferentemente conhecem o passado, presente e o futuro.

4. Ademais, assim como uma coisa se distancia da outra pelo tempo, também se distancia pelo lugar. Ora, os anjos conhecem as distâncias locais. Logo, conhecem também as distâncias segundo o tempo futuro.

Em sentido contrário, o que é característica própria da divindade não convém ao anjo. Ora, conhecer o futuro é característica própria da divindade, segundo Isaías: "Anunciai o que acontecerá no futuro e saberemos que sois deuses". Logo, os anjos não conhecem o futuro.

Respondo. O futuro pode ser conhecido de dois modos. Primeiro, em sua causa. Assim, o futuro que necessariamente resulta de suas causas é com certeza conhecido; por exemplo, que o sol amanhã nascerá. Mas o que resulta da causa, só na maioria das vezes, não se conhece com certeza, mas por conjeturas; por exemplo, o médico prevê a cura do doente. Esse modo de conhecer o futuro cabe aos anjos, mais que a nós, na medida em que mais perfeita e universalmente conhecem as causas das coisas, como o médico que, conhecendo mais precisamente as causas, melhor prevê o futuro estado da doença. — Mas o que resulta de sua causa, em menor número de casos, é ignorado totalmente; por exemplo, as coisas casuais e fortuitas.

Segundo, o futuro é conhecido em si mesmo. Conhecer o futuro dessa maneira é próprio somente de Deus, não só as coisas que resultam necessariamente, ou na maioria das vezes, mas também as casuais e fortuitas, porque Deus, na eternidade, vê todas as coisas, pois, sendo absoluto, está presente em todo o tempo e o abrange. Por isso, uma só visão de Deus atinge tudo o que se faz através de todos os tempos como presente e vê todas as coisas como são em si mesmas, como foi dito acima quando se tratou da ciência

---

1. Prop. 2, § *Et intelligentia*. Cfr. Proclum, *Elem. theol.* 169; Plotinum, *Enn.* III, vii, 5.
2. Q. 14, a. 13.

divina. Unde non potest ab aliquo intellectu creato cognosci futurum, ut est in suo esse.

AD PRIMUM ergo dicendum quod homines non cognoscunt futura nisi in causis suis, vel Deo revelante. Et sic angeli multo subtilius futura cognoscunt.

AD SECUNDUM dicendum quod, licet intellectus angeli sit supra tempus quo mensurantur corporales motus, est tamen in intellectu angeli tempus secundum successionem intelligibilium conceptionum; secundum quod dicit Augustinus, VIII super Gen. ad litt.³, quod *Deus movet spiritualem creaturam per tempus*. Et ita, cum sit successio in intellectu angeli, non omnia quae aguntur per totum tempus, sunt ei praesentia.

AD TERTIUM dicendum quod, licet species quae sunt in intellectu angeli, quantum est de se, aequaliter se habeant ad praesentia, praeterita et futura; tamen praesentia, praeterita et futura non aequaliter se habent ad rationes. Quia ea quae praesentia sunt, habent naturam per quam assimilantur speciebus quae sunt in mente angeli: et sic per eas cognosci possunt. Sed quae futura sunt, nondum habent naturam per quam illis assimilentur: unde per eas cognosci non possunt.

AD QUARTUM dicendum quod distantia secundum locum sunt iam in rerum natura, et participant aliquam speciem, cuius similitudo est in angelo: quod non est verum de futuris, ut dictum est⁴. Et ideo non est simile.

de Deus. — O intelecto dos anjos e qualquer outro intelecto criado não participam da eternidade divina. Portanto, o futuro tal como é em seu ser[e] não pode ser conhecido por qualquer intelecto criado.

QUANTO AO 1º, portanto, deve-se dizer que os homens não conhecem o futuro senão em suas causas, ou por revelação de Deus. E, desse modo, os anjos conhecem o futuro mais sutilmente que os homens.

QUANTO AO 2º, deve-se dizer que embora o intelecto dos anjos esteja acima do tempo que mede o movimento dos corpos, há nele tempo segundo a sucessão dos conceitos inteligíveis, conforme afirma Agostinho: "Deus move a criatura espiritual no tempo". Como, no entanto, há sucessão no intelecto dos anjos, nem tudo o que acontece na sucessão do tempo está presente a ele.

QUANTO AO 3º, embora as espécies que estão no intelecto dos anjos, em si mesmas, se refiram igualmente ao presente, passado e futuro, as coisas presentes, passadas e futuras não se referem igualmente às espécies. As que são presentes têm uma natureza pela qual se assemelham às espécies que estão na mente do anjo, e, assim, por elas podem ser conhecidas; mas as futuras não possuem ainda uma natureza que as assemelhe às angélicas, e, por isso, por elas os anjos não podem conhecer.

QUANTO AO 4º, deve-se dizer que as distâncias locais estão na natureza das coisas e participam de alguma espécie cuja semelhança está no anjo, o que não acontece com as coisas futuras, como foi dito acima. Logo, não há paridade.

ARTICULUS 4
Utrum angeli cognoscant cogitationes cordium

AD QUARTUM SIC PROCEDITUR. Videtur quod angeli cognoscant cogitationes cordium.

ARTIGO 4
Os anjos conhecem os pensamentos dos corações?

QUANTO AO QUARTO, ASSIM SE PROCEDE: parece que os anjos **conhecem** os pensamentos dos corações.

---

3. C. 22: ML 34, 389. Cfr. ibid., c. 20: ML 34, 388.
4. In resp. ad 3.

4 PARALL.: *De Verit.*, q. 8, a. 13; *De Malo*, q. 16, a. 8; Opusc. X, a. 38; Opusc. XI, a. 36; 1*Cor.*, c. 2, lect. 2.

e. Como conceber uma dependência em relação ao tempo do conhecimento do anjo, que está acima do tempo? Contudo, pretender, com a segunda objeção, que o anjo poderia conhecer uma coisa que não existe, que jamais existirá tampouco, é absurdo. Na verdade, o ente é o que existe e no qual existe uma natureza determinada: para conhecê-lo não basta conhecer tal natureza, tão perfeitamente quanto se quiser, será preciso conhecer que ela existe nesse ente. A existência de um ente material é medida pelo tempo. Porém, como pode o anjo conhecer isso, que essa natureza da qual ele tem nele a representação inteligível existe nesse ponto do espaço, nesse momento do tempo? A resposta a essa questão não é explicitada aqui, mas está implicada no que foi afirmado anteriormente, que as "espécies" estão infundidas no intelecto do anjo pelo próprio ato de Deus que faz existir no mundo real a coisa de que a espécie é a representação. É esse ato criador que confere à "espécie inteligível" seu valor representativo do existente enquanto tal, não a modificando em si mesma, mas fazendo existir o termo da relação que ela mantém com o representado, conforme é explicado na resposta à terceira objeção.

1. Dicit enim Gregorius, in *Moralibus*[1], super illud Iob 28,17, *Non aequabitur ei aurum vel vitrum*, quod *tunc*, scilicet in beatitudine resurgentium, *unus erit perspicabilis alteri sicut ipse sibi, et cum uniuscuiusque intellectus attenditur, simul conscientia penetratur*. Sed resurgentes erunt similes angelis, sicut habetur Mt 22,30. Ergo unus angelus potest videre id quod est in conscientia alterius.

2. PRAETEREA, sicut se habent figurae ad corpora, ita se habent species intelligibiles ad intellectum. Sed viso corpore, videtur eius figura. Ergo visa substantia intellectuali, videtur species intelligibilis quae est in ipsa. Ergo, cum angelus videat alium angelum, et etiam animam, videtur quod possit videre cogitationem utriusque.

3. PRAETEREA, ea quae sunt in intellectu nostro, sunt similiora angelo quam ea quae sunt in phantasia: cum haec sint intellecta in actu, illa vero in potentia tantum. Sed ea quae sunt in phantasia, possunt cognosci ab angelo sicut corporalia: cum phantasia sit virtus corporis. Ergo videtur quod angelus possit cognoscere cogitationes intellectus.

SED CONTRA, quod est proprium Dei, non convenit angelis. Sed cognoscere cogitationes cordium est proprium Dei: secundum illud Ier 17,9-10: *Pravum est cor hominis est inscrutabile, quis cognoscet illud? Ego, Dominus, scrutans corda*. Ergo angeli non cognoscunt secreta cordium.

RESPONDEO dicendum quod cogitatio cordis dupliciter potest cognosci. Uno modo, in suo effectu. Et sic non solum ab angelo, sed etiam ab homine cognosci potest; et tanto subtilius, quanto effectus huiusmodi fuerit magis occultus. Cognoscitur enim cogitatio interdum non solum per actum exteriorem, sed etiam per immutationem vultus: et etiam medici aliquas affectiones animi per pulsum cognoscere possunt. Et multo magis angeli, vel etiam daemones, quanto subtilius huiusmodi immutationes occultas corporales perpendunt. Unde Augustinus dicit, in libro *de Divinatione Daemonum*[2], quod *aliquando hominum dispositiones, non solum voce prolatas, verum etiam cogitatione conceptas, cum signa quaedam in corpore exprimuntur ex animo, tota facilitate*

1. Com efeito, comentando o livro de Jó: "Não se lhe igualará o ouro, nem o vidro", Gregório diz que então, isto é, na bem-aventurança da ressurreição, "cada um será tão visível para o outro como para si mesmo, e como se trata do intelecto de cada um, simultaneamente se penetra a consciência". Ora, os que ressurgem serão semelhantes aos anjos, como se lê no Evangelho de Mateus. Logo, um anjo poderá ver o que está na consciência do outro.

2. ALÉM DISSO, como as figuras estão para os corpos, assim estão as espécies inteligíveis para o intelecto. Ora, quando se vê o corpo, vê-se sua figura. Portanto, vista a substância intelectual, é vista a espécie inteligível que nela está. Logo, como um anjo vê o outro, e também a alma, parece que pode conhecer os pensamentos da alma e os dos anjos.

3. ADEMAIS, as coisas que estão em nosso intelecto são mais semelhantes aos anjos do que as que estão na fantasia, pois estas são apreendidas em ato, aquelas só em potência. Ora, aquelas coisas que estão na fantasia podem ser conhecidas pelo anjo como corporais, pois a fantasia é faculdade do corpo. Logo, o anjo pode conhecer os pensamentos do intelecto.

EM SENTIDO CONTRÁRIO, o que é próprio de Deus não convém aos anjos. Ora, conhecer os pensamentos do coração é próprio de Deus, como diz Jeremias: "Perverso e impenetrável é o coração do homem, quem o conhecerá? Eu, o Senhor, que penetro os corações". Logo, os anjos não conhecem os segredos dos corações.

RESPONDO. O pensamento do coração pode ser conhecido de dois modos. Primeiro, em seu efeito, e assim pode ser conhecido não só pelo anjo, mas também pelo homem, e tanto mais sutilmente quanto mais oculto for tal efeito. Por vezes esse pensamento é conhecido não apenas por um ato exterior, mas também pela mudança da fisionomia, assim como os médicos conhecem algumas afecções internas mediante o pulso. Com mais razão os anjos, ou mesmo os demônios, percebem de maneira mais sutil estas mudanças corporais ocultas. Por isso disse Agostinho: "Às vezes descobrem os demônios as disposições dos homens com toda facilidade, e não só as que se manifestam por palavras, mas também as concebidas internamente, se no corpo se manifesta qualquer sinal

---

1. L. XVIII, c. 48 (al. 27, vet. 31): ML 76, 84 B.
2. C. 5: ML 40, 586.

perdiscunt: quamvis in libro *Retract*[3]. hoc dicat non esse asserendum quomodo fiat.

Alio modo possunt cognosci cogitationes, prout sunt in intellectu; et affectiones, prout sunt in voluntate. Et sic solus Deus cogitationes cordium et affectiones voluntatum cognoscere potest. Cuius ratio est, quia voluntas rationalis creaturae soli Deo subiacet; et ipse solus in eam operari potest, qui est principale eius obiectum, ut ultimus finis; et hoc magis infra[4] patebit. Et ideo ea quae in voluntate sunt, vel quae ex voluntate sola dependent, soli Deo sunt nota. Manifestum est autem quod ex sola voluntate dependet quod aliquis actu aliqua consideret: quia cum aliquis habet habitum scientiae, vel species intelligibiles in eo existentes, utitur eis cum vult. Et ideo dicit Apostolus, 1Cor 2,11, quod *quae sunt hominis, nemo novit nisi spiritus hominis, qui in ipso est*.

AD PRIMUM ergo dicendum quod modo cogitatio unius hominis non cognoscitur ab alio, propter duplex impedimentum: scilicet propter grossitiem corporis, et propter voluntatem claudentem sua secreta. Primum autem obstaculum tolletur in resurrectione, nec est in angelis. Sed secundum impedimentum manebit post resurrectionem, et est modo in angelis. Et tamen qualitatem mentis, quantum ad quantitatem gratiae et gloriae, repraesentabit claritas corporis. Et sic unus mentem alterius videre poterit.

AD SECUNDUM dicendum quod, etsi unus angelus, species intelligibiles alterius videat, per hoc quod modus intelligibilium specierum, secundum maiorem et minorem universalitatem, proportionatur nobilitati substantiarum; non tamen sequitur quod unus cognoscat quomodo alius illis intelligibilibus speciebus utitur actualiter considerando.

AD TERTIUM dicendum quod appetitus brutalis non est dominus sui actus, sed sequitur impressionem alterius causae corporalis vel spiritualis. Quia igitur angeli cognoscunt res corporales et dispositiones earum, possunt per haec cognoscere quod est in appetitu et in apprehensione phantastica brutorum animalium; et etiam hominum, secundum quod in eis quandoque appetitus sensitivus procedit in actum, sequens aliquam impressionem corporalem, sicut in brutis semper est. Non tamen oportet quod angeli cognoscant motum appetitus sensitivi et apprehensionem phantasticam hominis, secundum quod moventur a voluntate et

delas". Embora no livro das *Retratações* diga que não se pode afirmar como isso se faz.

Segundo, tais cogitações podem ser conhecidas conforme estão no intelecto, e as afecções conforme estão na vontade. Desse modo, só Deus pode conhecer os pensamentos do coração e as afecções da vontade. A razão disso é que a vontade da criatura racional só se submete a Deus, e somente ele nela pode atuar, pois Deus é seu objeto principal, sendo seu fim último, como se verá adiante. Por isso o que está na vontade, ou que dela depende, só de Deus é conhecido. É manifesto, ademais, que depende unicamente da vontade que alguém pense em ato alguma coisa, porque quando alguém tem o hábito da ciência ou as espécies inteligíveis, ele as usa como quer. Daí dizer o Apóstolo: "O que está no homem ninguém conhece, senão o espírito do homem, que nele está".

QUANTO AO 1º, portanto, deve-se dizer que presentemente o pensamento de um homem não é conhecido de outro homem devido a dois impedimentos: opacidade do corpo e a vontade que esconde seus segredos. O primeiro será supresso na ressurreição, e não existe para os anjos. O segundo permanecerá após a ressurreição e presentemente existe para os anjos. No entanto, a qualidade da mente quanto à quantidade da graça e da glória será manifestada pela claridade do corpo. E desse modo um poderá conhecer a mente do outro.

QUANTO AO 2º, deve-se dizer que, embora um anjo conheça as espécies inteligíveis do outro, devido a que o modo das espécies inteligíveis na sua maior ou menor universalidade seja proporcional à nobreza das substâncias, não se deve concluir que um conheça como o outro usa dessas espécies inteligíveis ao pensar.

QUANTO AO 3º, deve-se dizer que o instinto animal não é senhor de seu ato, mas segue o impulso de alguma causa corporal ou espiritual. Porque os anjos conhecem as coisas corporais e suas disposições, podem por elas conhecer o que está no instinto e no conhecimento da fantasia dos animais brutos e também dos homens, enquanto neles às vezes o apetite sensitivo atualiza-se seguindo algum impulso corporal, o que sempre acontece nos animais. Não é necessário, porém, que os anjos conheçam o movimento do apetite sensitivo dos homens e as apreensões de sua fantasia, enquanto são movidos pela vontade e pela razão, porque

---

3. L. II, c. 30: ML 32, 643.
4. Q. 105, a. 4; q. 106, a. 2; I-II, q. 9, a. 6.

ratione: quia etiam inferior pars animae participat aliqualiter rationem, sicut obediens imperanti, ut dicitur in I *Ethic*.[5]. — Nec tamen sequitur quod, si angelus cognoscit quod est in appetitu sensitivo vel phantasia hominis, quod cognoscat id quod est in cogitatione vel voluntate: quia intellectus vel voluntas non subiacet appetitui sensitivo et phantasiae, sed potest eis diversimode uti.

também a parte inferior da alma participa de alguma maneira do ato da razão, como se obedecesse a quem comanda, como se diz no livro I da *Ética*. — Contudo, conhecendo o anjo o movimento do apetite sensitivo e as apreensões da fantasia do homem, não se segue que também conheça o que está no pensamento e na vontade: o intelecto e a vontade não estão subordinados aos sentidos e à fantasia, mas podem usá-los diversamente.

Articulus 5
Utrum angeli cognoscant mysteria gratiae

AD QUINTUM SIC PROCEDITUR. Videtur quod angeli mysteria gratiae cognoscant.

1. Quia inter omnia mysteria excellentius est mysterium incarnationis Christi. Sed hoc angeli cognoverunt a principio: dicit enim Augustinus, V *super Gen. ad litt*.[1], quod *sic fuit hoc mysterium absconditum a saeculis in Deo, ut tamen innotesceret principibus et potestatibus in caelestibus*. Et dicit Apostolus, 1Ti 3,16, quod *apparuit angelis illud magnum sacramentum pietatis*. Ergo angeli mysteria gratiae cognoscunt.

2. PRAETEREA, rationes omnium mysteriorum gratiae in divina sapientia continentur. Sed angeli vident ipsam Dei sapientiam, quae est eius essentia. Ergo angeli mysteria gratiae cognoscunt.

3. PRAETEREA, prophetae per angelos instruuntur, ut patet per Dionysium, 4 cap. *Angel. Hier*.[2]. Sed prophetae mysteria gratiae cognoverunt: dicitur enim Am 3,7: *Non faciet Dominus verbum, nisi revelaverit secretum ad servos suos, prophetas*. Ergo angeli mysteria gratiae cognoscunt.

SED CONTRA est quod nullus discit illud quod cognoscit. Sed angeli, etiam supremi, quaerunt de divinis mysteriis gratiae, et ea discunt: dicitur enim 7 cap. *Cael. Hier*.[3], quod sacra Scriptura *inducit quasdam caelestes essentias ad ipsum Iesum quaestiones facientes, et addiscentes scientiam divinae eius operationis pro nobis, et Iesum eas sine medio docentem*; ut patet Is 63,1, ubi quaerentibus angelis, *Qui est iste qui venit de Edom?* respondit Iesus, *Ego, qui loquor iustitiam*. Ergo angeli non cognoscunt mysteria gratiae.

Artigo 5
Os anjos conhecem os mistérios da graça?

QUANTO AO QUINTO, ASSIM SE PROCEDE: parece que os anjos **conhecem** os mistérios da graça.

1. Com efeito, entre todos os mistérios, o mais excelente é o da Encarnação de Cristo. Ora, os anjos o conheceram desde o princípio, segundo Agostinho: "Este mistério esteve desde a eternidade oculto em Deus, mas não deixou de ser conhecido no céu pelos principados e potestades". Daí dizer o Apóstolo: "Aquele grande mistério de piedade foi revelado aos anjos". Logo, os anjos conhecem os mistérios da graça.

2. ALÉM DISSO, as razões de todos os mistérios da graça estão contidas na sabedoria divina. Ora, os anjos contemplam a sabedoria divina, que é sua essência. Logo, conhecem os mistérios da graça.

3. ADEMAIS, segundo Dionísio, os profetas foram instruídos pelos anjos. Ora, os profetas conheceram os mistérios da graça, conforme diz Amós: "Deus só fala para revelar algum segredo a seus profetas". Logo, os anjos conhecem os mistérios da graça.

EM SENTIDO CONTRÁRIO, ninguém aprende o que já conhece. Mas os anjos, mesmo os superiores, procuram conhecer os mistérios da graça e os aprendem. Diz Dionísio: "A Escritura introduz certas naturezas celestes que traziam questões a Jesus e aprendiam de Jesus, sem intermediário, a ciência de sua obra divina em nosso favor. Isto é conforme Isaías, ao dizer que, quando os anjos perguntam: 'Quem é este que vem de Edom?', Jesus responde: 'Eu, que falo coisas justas'". Portanto, os anjos não conhecem os mistérios da graça.

---

5. C. 13: 1102, b, 28 – a, 3.

5 PARALL.: IV *Sent*., dist. 10, a. 4, q.la 4; *Ephes*., c. 3, lect. 3.

1. C. 19: ML 34, 335.
2. MG 3, 180 AB.
3. MG 3, 209 AB.

RESPONDEO dicendum quod in angelis est cognitio duplex. Una quidem naturalis, secundum quam cognoscunt res tum per essentiam suam, tum etiam per species innatas. Et hac cognitione mysteria gratiae angeli cognoscere non possunt. Haec enim mysteria ex pura Dei voluntate dependent: si autem unus angelus non potest cognoscere cogitationes alterius ex voluntate eius dependentes, multo minus potest cognoscere ea quae ex sola Dei voluntate dependent. — Et sic argumentatur Apostolus, 1Cor 2,11: *Quae sunt hominis, nemo novit nisi spiritus hominis, qui in ipso est. Ita et quae sunt Dei, nemo novit nisi Spiritus Dei.*

Est autem alia angelorum cognitio, quae eos beatos facit, qua vident Verbum et res in Verbo. Et hac quidem visione cognoscunt mysteria gratiae, non quidem omnia, nec aequaliter omnes, sed secundum quod Deus voluerit eis revelare; secundum illud Apostoli, 1Cor 2,10: *Nobis autem revelavit Deus per Spiritum suum*. Ita tamen quod superiores angeli, perspicacius divinam sapientiam contemplantes, plura mysteria et altiora in ipsa Dei visione cognoscunt, quae inferioribus manifestant, eos illuminando. Et horum etiam mysteriorum quaedam a principio suae creationis cognoverunt; quaedam vero postmodum, secundum quod eorum officiis congruit, edocentur.

AD PRIMUM ergo dicendum quod de mysterio incarnationis Christi dupliciter contingit loqui. Uno modo, in generali: et sic omnibus revelatum est a principio suae beatitudinis. Cuius ratio est, quia hoc est quoddam generale principium, ad quod omnia eorum officia ordinantur: *omnes enim sunt administratorii spiritus*, ut dicitur Hb 1,14, *in ministerium missi propter eos qui haereditatem capiunt salutis*; quod quidem fit per incarnationis mysterium. Unde oportuit de hoc mysterio omnes a principio communiter edoceri. — Alio modo possumus loqui de mysterio incarnationis quantum ad speciales conditiones. Et sic non omnes angeli a principio de omnibus sunt edocti: immo quidam, etiam superiores angeli, postmodum didicerunt, ut patet per auctoritatem Dionysii inductam.

RESPONDO. São dois os conhecimentos nos anjos. Um natural, segundo o qual conhecem as coisas em suas essências ou pelas espécies inatas. Por esse conhecimento os anjos não podem conhecer os mistérios da graça. Tais mistérios dependem da pura vontade de Deus. Se um anjo não pode conhecer os pensamentos de outro, que dependem da vontade deste, muito menos poderá conhecer aquilo que depende unicamente da vontade de Deus. — Desse modo argumenta o Apóstolo: "O que é do homem ninguém conhece senão o espírito do homem, que nele está. Assim também o que é de Deus ninguém conhece, a não ser o Espírito de Deus".

Há outro conhecimento dos anjos, que os faz bem-aventurados, pelo qual veem o Verbo e as coisas no Verbo. Mediante essa visão conhecem os mistérios da graça, porém não todos, nem igualmente todos, mas segundo Deus quis revelar-lhes, conforme as palavras do Apóstolo: "Deus no-los revelou por seu Espírito". Assim, os anjos superiores, que contemplam com mais lucidez a sabedoria divina, nesta contemplação de Deus, conhecem muitos e mais elevados mistérios, que revelam aos inferiores, iluminando-os. Alguns desses mistérios, conheceram-nos desde o princípio de sua criação, sobre outros foram instruídos depois, conforme era conveniente para suas missões[f].

QUANTO AO 1º, portanto, deve-se dizer que de duas maneiras pode-se tratar do mistério da Encarnação de Cristo. Primeiro em geral: e assim foi revelado a todos os anjos no início de sua bem-aventurança, porque este mistério é um princípio geral para o qual todos os seus ofícios são ordenados, segundo se lê na Carta aos Hebreus: "Todos são espíritos servidores enviados a serviço dos que recebem a herança da salvação?". Ora, essa salvação se realiza pelo mistério da Encarnação. Eis por que foi necessário que todos fossem instruídos a seu respeito, desde o início. — Segundo, podemos tratar desse mistério quanto às suas condições especiais. Desse modo, nem todos os anjos foram desde o princípio instruídos, até porque alguns, mesmo sendo anjos superiores, aprenderam posteriormente, como se infere do texto de Dionísio acima citado.

---

f. Aqui já se fala do conhecimento sobrenatural dos anjos, assunto que será expressamente tratado a partir da q. 62, pois importa assinalar os limites do conhecimento do anjo. É o que se faz neste artigo. O primeiro limite é o da natureza: por si mesmo, unicamente pela energia de suas faculdades, o anjo não pode conhecer os mistérios da graça, ou seja, o mistério da vida divina — a vida trinitária — e de sua comunicação às criaturas espirituais em e por Cristo. O segundo limite é, no próprio interior do conhecimento sobrenatural, aquele que nasce da desproporção entre o intelecto do anjo e sua operação cognitiva, por um lado, que são finitos, e, por outro, o objeto conhecido, que é infinito: o próprio Deus em seu mistério. Ele é infinitamente extensível, sem poder jamais ser suprimido, e, portanto, não é o mesmo para cada anjo. Depende da graça feita a cada um, o que é puro dom, medido pela soberana liberdade divina. Adiante, na Q. 62, a. 7, será abordada a conjunção, na vida concreta do anjo, desses dois conhecimentos.

AD SECUNDUM dicendum quod, licet angeli beati divinam sapientiam contemplentur, non tamen eam comprehendunt. Et ideo non oportet quod cognoscant quidquid in ea latet.

AD TERTIUM dicendum quod quidquid prophetae cognoverunt de mysteriis gratiae per revelationem divinam, multo excellentius est angelis revelatum. Et licet prophetis ea quae Deus facturus erat circa salutem humani generis, in generali revelaverit; quaedam tamen specialia Apostoli circa hoc cognoverunt, quae prophetae non cognoverant; secundum illud Eph 3,4-5: *Potestis, legentes, intelligere prudentiam meam in mysterio Christi, quod aliis generationibus non est agnitum, sicut nunc revelatum est sanctis Apostolis eius.* Inter ipsos etiam prophetas, posteriores cognoverunt quod priores non cognoverant; secundum illud Ps 118,100: *Super senes intellexi. Et Gregorius dicit*[4] *quod per successiones temporum, crevit divinae cognitionis augmentum.*

QUANTO AO 2º, deve-se dizer que embora os anjos bem-aventurados contemplem a sabedoria divina, não obstante não a abarcam. Por isso, não é necessário que conheçam tudo o que nela está oculto.

QUANTO AO 3º, deve-se dizer que tudo o que os profetas conheceram a respeito dos mistérios da graça, por revelação divina, mais perfeitamente foi revelado aos anjos. Embora o que Deus faria no futuro a respeito da salvação do gênero humano fosse revelado aos profetas de modo geral, conheceram os apóstolos alguns mistérios especiais, quanto à Encarnação, desconhecidos que foram dos profetas, segundo a Carta aos Efésios: "Podeis, lendo, conhecer agora o meu conhecimento dos mistérios de Cristo, que foram desconhecidos de outras gerações como agora foi revelado a seus santos apóstolos". Entre os profetas houve aqueles que, depois, conheceram o que os anteriores desconheceram, como se diz no Salmo 118: "Conheci mais que os antigos". Daí também dizer Gregório: "Na sucessão dos tempos cresce o conhecimento de Deus".

---

4. Homil. 16 in *Ezechiel*.: ML 76, 980.

QUAESTIO LVIII
DE MODO COGNITIONIS ANGELICAE

in septem articulos divisa

Post haec considerandum est de modo angelicae cognitionis.
Et circa hoc quaeruntur septem.
Primo: utrum intellectus angeli quandoque sit in potentia, quandoque in actu.
Secundo: utrum angelus possit simul intelligere multa.
Tertio: utrum intelligat discurrendo.
Quarto: utrum intelligat componendo et dividendo.
Quinto: utrum in intellectu angeli possit esse falsitas.
Sexto: utrum cognitio angeli possit dici matutina et vespertina.
Septimo: utrum sit eadem cognitio matutina et vespertina, vel diversae.

QUESTÃO 58
O MODO DO CONHECIMENTO ANGÉLICO

em sete artigos

Em seguida, deve-se considerar o modo do conhecimento angélico.
Sobre isso são sete as perguntas:
1. O intelecto dos anjos está às vezes em potência, às vezes em ato?
2. Pode o anjo conhecer simultaneamente muitas coisas?
3. Conhece por discurso?
4. Conhece por composição e divisão?
5. Haverá falsidade no intelecto dos anjos?
6. Pode-se dizer que há no anjo conhecimento matutino e vespertino?
7. É um só o conhecimento matutino e o vespertino do anjo?

Articulus 1
Utrum intellectus angeli quandoque sit in potentia, quandoque in actu

AD PRIMUM SIC PROCEDITUR. Videtur quod intellectus angeli quandoque sit in potentia.

1. *Motus* enim *est actus existentis in potentia*, ut dicitur III *Physic*.[1]. Sed mentes angelicae intelligendo moventur, ut dicit Dionysius, 4 cap. de *Div. Nom*.[2]. Ergo mentes angelicae quandoque sunt in potentia.

2. PRAETEREA, cum desiderium sit rei non habitae, possibilis tamen haberi, quicumque desiderat aliquid intelligere, est in potentia ad illud. Sed 1Pe 1,12 dicitur: *In quem desiderant angeli prospicere*. Ergo intellectus angeli quandoque est in potentia.

3. PRAETEREA, in libro de *Causis*[3] dicitur quod intelligentia intelligit *secundum modum suae substantiae*. Sed substantia angeli habet aliquid de potentia permixtum. Ergo quandoque intelligit in potentia.

SED CONTRA est quod Augustinus dicit, II *super Gen. ad litt*.[4], quod angeli, *ex quo creati sunt, ipsa Verbi aeternitate, sancta et pia contemplatione perfruuntur*. Sed intellectus contemplans non est in potentia, sed in actu. Ergo intellectus angeli non est in potentia.

RESPONDEO dicendum quod, sicut Philosophus dicit, in III *de Anima*[5] et in VIII *Physic*.[6], intellectus dupliciter est in potentia: uno modo, *sicut ante addiscere vel invenire*, idest antequam habeat habitum scientiae; alio modo dicitur esse in potentia, sicut *cum iam habet habitum scientiae, sed non considerat*. Primo igitur modo, intellectus angeli nunquam est in potentia respectu eorum ad quae eius cognitio naturalis se extendere potest. Sicut enim corpora superiora, scilicet caelestia, non habent potentiam ad esse, quae non sit completa per actum; ita caelestes intellectus, scilicet angeli, non habent aliquam intelligibilem potentiam, quae non sit totaliter completa per species intelligibiles connaturales eis. — Sed quantum ad ea quae eis divinitus revelantur, nihil prohibet

Artigo 1
O intelecto dos anjos está às vezes em potência, às vezes em ato?

QUANTO AO PRIMEIRO ARTIGO, ASSIM SE PROCEDE: parece que o intelecto dos anjos às vezes **está** em potência.

1. Com efeito, "movimento é ato do que existe em potência", como se diz no livro III da *Física*. Ora, diz Dionísio que "as mentes angélicas, ao conhecer, se movem". Logo, as mentes angélicas, às vezes, estão em potência.

2. ALÉM DISSO, o desejo é de uma coisa não possuída, mas possível de ser possuída; por isso, quem deseja conhecer algo está em potência para isso. Ora, se diz na primeira Carta de Pedro: "A quem desejam os anjos ver". Logo, o intelecto dos anjos está, às vezes, em potência.

3. ADEMAIS, diz-se no livro *De Causis*: "O entendimento conhece segundo o modo de sua substância". Ora, a substância dos anjos tem algo de potência misturado. Logo, às vezes conhece em potência.

EM SENTIDO CONTRÁRIO, diz Agostinho: "Os anjos, desde sua criação, na própria eternidade do Verbo, gozam de uma santa e piedosa contemplação". Mas o intelecto, enquanto contempla, não está em potência, mas em ato. Logo, o intelecto dos anjos não está em potência.

RESPONDO. Ensina o Filósofo, no livro III da *Alma* e no VIII da *Física*, que o intelecto está em potência de dois modos. Primeiro, "antes de aprender ou de encontrar", isto é, antes de possuir o hábito da ciência. Segundo, quando "já tendo o hábito da ciência, não considera". Pelo primeiro modo, o intelecto dos anjos nunca está em potência com respeito àquelas coisas às quais seu conhecimento natural pode se estender. Assim é que os corpos superiores, isto é, os celestes, não têm potência para ser que não seja completada pelo ato. Assim, os intelectos celestes, isto é, os anjos, não possuem potência intelectiva que não seja totalmente completada pelas espécies inteligíveis que lhes são conaturais. — Não obstante, quanto àquilo que Deus lhes revela, nada impede

---

1 PARALL.: I-II, q. 50, a. 6; *Cont. Gent.* II, 97, 98, 101; *De Malo*, q. 16, a. 5, 6.

1. C. 1: 201, a, 9-15.
2. MG 3, 704 D — 705 A.
3. Prop. 8, § *Et intelligentia*.
4. C. 8: ML 34, 270.
5. C. 4: 429, b, 5-10.
6. C. 4: 255, a, 33 — b, 5.

que seus intelectos estejam em potência, porque assim também os corpos celestes estão em potência, às vezes, para ser iluminados pelo sol[a].

Segundo, o intelecto dos anjos pode estar em potência para aquilo que conhece pelo conhecimento natural, pois nem tudo o que conhece naturalmente sempre considera em ato. — Mas para o conhecimento do Verbo, e das coisas que vê no Verbo, nunca está em potência desse modo: porque sempre contempla em ato o Verbo e as coisas que nele vê. A bem-aventurança dos anjos consiste nesta visão; a bem-aventurança não consiste em hábito, mas em ato, como diz o Filósofo no livro I da *Ética*.[7]

QUANTO AO 1º, portanto, deve-se dizer que não se toma o movimento aí considerado como *ato do imperfeito*, isto é, do que existe em potência, mas enquanto é *ato do perfeito*, isto é, do que existe em ato. Assim é que o conhecer e o sentir são chamados de movimento, como se diz no livro III da *Alma*.

QUANTO AO 2º, deve-se dizer que o desejo dos anjos não exclui a coisa desejada, mas o fastio dela. — Ou se diz que desejam a visão de Deus, com respeito a novas revelações que recebem de Deus conforme a conveniência de seus serviços.

QUANTO AO 3º, deve-se dizer que na substância dos anjos não há potência alguma desprovida de ato. Assim também, o intelecto dos anjos não está de tal modo em potência que seja sem ato.

ARTIGO 2
O anjo pode conhecer simultaneamente muitas coisas?

QUANTO AO SEGUNDO, ASSIM SE PROCEDE: parece que o anjo **não** pode conhecer simultaneamente muitas coisas.

---

intellectus eorum esse in potentia: quia sic etiam corpora caelestia sunt in potentia quandoque ut illuminentur a sole.

Secundo vero modo, intellectus angeli potest esse in potentia ad ea quae cognoscit naturali cognitione: non enim omnia quae naturali cognitione cognoscit, semper actu considerat. — Sed ad cognitionem Verbi, et eorum quae in Verbo videt, nunquam hoc modo est in potentia: quia semper actu intuetur Verbum, et ea quae in Verbo videt. In hac enim visione eorum beatitudo consistit: beatitudo autem non consistit in habitu, sed in actu, ut dicit Philosophus, in I *Ethic*.[7]

AD PRIMUM ergo dicendum quod motus ibi non sumitur secundum quod est *actus imperfecti*, idest existentis in potentia; sed secundum quod est *actus perfecti*, idest existentis in actu. Sic enim intelligere et sentire dicuntur motus, ut dicitur in III *de Anima*.[8]

AD SECUNDUM dicendum quod desiderium illud angelorum non excludit rem desideratam, sed eius fastidium. — Vel dicuntur desiderare Dei visionem, quantum ad novas revelationes, quas pro opportunitate negotiorum a Deo recipiunt.

AD TERTIUM dicendum quod in substantia angeli non est aliqua potentia denudata ab actu. Et similiter nec intellectus angeli sic est in potentia, quod sit absque actu.

ARTICULUS 2
Utrum angelus simul possit multa intelligere

AD SECUNDUM SIC PROCEDITUR. Videtur quod angelus non possit simul multa intelligere.

---

7. C. 9: 1098, b, 29 — 1099, a, 7. Cfr. I-II, q. 3, a. 2 c.
8. C. 7: 431, a, 4-7.

PARALL.: II *Sent.*, dist. 3, part. 2, q. 2, a. 4; *Cont. Gent.* II, 101; *De Verit.*, q. 8, a. 14.

a. "Ser em potência", no sentido próprio, é uma falha do ser; é carecer desse ser, o ato, em relação ao qual se está ao mesmo tempo em disponibilidade e em expectativa. Assim, o homem, antes de ter aprendido, está em estado de potência em relação à ciência — às ciências e às artes —, que ele tem a capacidade de adquirir, mas que ainda não possui. E não poderá, aliás, possuir todas as ciências e artes, por mais dotado que seja, devido precisamente à aplicação e ao tempo que requer a aquisição de uma só ciência, de uma só arte, sobretudo em um grau eminente. Pelo contrário, aquele que aprendeu uma ciência, uma arte, pode ou não aplicar atualmente seu espírito aos objetos dessa ciência, dessa arte, segundo sua vontade. Ele não está propriamente falando *em potência* em relação a esses atos de conhecimento, eles estão antes *em sua potência*. O mesmo ocorre com o anjo, desde o primeiro instante, em referência a tudo o que ele é naturalmente capaz de conhecer, à exceção de sua própria substância, em relação à qual seu intelecto está continuamente em ato (cf. supra q. 56, a. 1). O que não impede que ele possa, senão adquirir, ao menos receber, por revelação, novos conhecimentos sobrenaturais.

1. Dicit enim Philosophus, II *Topic.*[1], quod contingit multa scire, sed unum tantum intelligere.

2. PRAETEREA, nihil intelligitur nisi secundum quod intellectus formatur per speciem intelligibilem, sicut corpus formatur per figuram. Sed unum corpus non potest formari diversis figuris. Ergo unus intellectus non potest simul intelligere diversa intelligibilia.

3. PRAETEREA, intelligere est motus quidam. Nullus autem motus terminantur ad diversos terminos. Ergo non contingit simul multa intelligere.

SED CONTRA est quod dicit Augustinus, IV sup. Gen. ad litt.[2]: *Potentia spiritualis mentis angelicae cuncta quae voluerit, facillime simul comprehendit.*

RESPONDEO dicendum quod, sicut ad unitatem motus requiritur unitas termini, ita ad unitatem operationis requiritur unitas obiecti. Contingit autem aliqua accipi ut plura, et ut unum; sicut partes alicuius continui. Si enim unaquaeque per se accipiatur, plures sunt: unde et non una operatione, nec simul accipiuntur per sensum et intellectum. Alio modo accipiuntur secundum quod sunt unum in toto: et sic simul et una operatione cognoscuntur tam per sensum quam per intellectum, dum totum continuum consideratur, ut dicitur in III *de Anima*[3]. Et sic etiam intellectus noster simul intelligit subiectum et praedicatum, prout sunt partes unius propositionis; et duo comparata, secundum quod conveniunt in una comparatione. Ex quo patet quod multa, secundum quod sunt distincta, non possunt simul intelligi; sed secundum quod uniuntur in uno intelligibili, sic simul intelliguntur.

Unumquodque autem est intelligibile in actu, secundum quod eius similitudo est in intellectu. Quaecumque igitur per unam speciem intelligibilem cognosci possunt, cognoscuntur ut unum intelligibile; et ideo simul cognoscuntur. Quae vero per diversas species intelligibiles cognoscuntur, ut diversa intelligibilia capiuntur.

Angeli igitur ea cognitione qua cognoscunt res per Verbum, omnia cognoscunt una intelligibili specie, quae est essentia divina. Et ideo quantum ad talem cognitionem, omnia simul cognoscunt:

1. Com efeito, diz o Filósofo, no livro II dos *Tópicos*: "Podem-se saber muitas coisas, mas uma só conhecer?"

2. ALÉM DISSO, o intelecto só conhece quando informado pela espécie inteligível, assim como o corpo toma forma pela figura. Ora, um corpo não pode ser informado por muitas figuras. Logo, um único intelecto não pode, ao mesmo tempo, conhecer diversos inteligíveis.

3. ADEMAIS, conhecer é um certo movimento. Ora, nenhum movimento termina em diversos termos. Logo, o intelecto não pode ao mesmo tempo conhecer muitas coisas.

EM SENTIDO CONTRÁRIO, diz Agostinho: "A potência espiritual da mente angélica facilmente compreende todas as coisas que quer simultaneamente".

RESPONDO. Como para a unidade do movimento se requer um só termo, também para a unidade da operação se requer um só objeto. Acontece que algumas coisas, como as partes de um contínuo, são tomadas como múltiplas e como uma só. Se cada uma é tomada em si mesma, são muitas; consequentemente nem o sentido nem o intelecto as podem tomar por uma só operação e simultaneamente. Mas se são tomadas como uma unidade no todo, como quando se considera o todo contínuo, como se diz no livro III da *Alma*, então as partes poderão ser conhecidas pelo sentido e pelo intelecto simultaneamente e por uma só operação. Assim nosso intelecto conhece simultaneamente o sujeito e o predicado como partes de uma proposição, e os dois comparados entre si, como convém a uma comparação. Disso claramente se conclui que, coisas múltiplas, enquanto distintas, não podem ser conhecidas simultaneamente, mas enquanto unidas em um só inteligível são simultaneamente conhecidas.

Cada coisa é inteligível em ato, na medida em que sua semelhança está no intelecto. As coisas que podem ser conhecidas por uma só espécie inteligível são conhecidas como um só inteligível, e assim simultaneamente são conhecidas. Contudo, as que são conhecidas por muitas espécies inteligíveis são tomadas como diversos inteligíveis.

Os anjos, pelo conhecimento das coisas que têm no Verbo, conhecem-nas por uma só espécie inteligível, a própria essência divina. Por isso, nesse conhecimento, conhecem-nas todas simultaneamente.

---

1. C. 10: 114, b, 34-35.
2. C. 32: ML 34, 316.
3. C. 6: 430, b, 6-14. — *Tunc pars videtur in toto per speciem totius*; I, q. 14, a. 5 c.

sicut et in patria *non erunt volubiles nostrae cogitationes, ab aliis in alia euntes atque redeuntes, sed omnem scientiam nostram simul uno conspectu videbimus*, ut Augustinus dicit in XV *de Trin.*[4]. — Ea vero cognitione qua cognoscunt res per species innatas, omnia illa simul possunt intelligere, quae una specie cognoscuntur; non autem illa quae diversis.

AD PRIMUM ergo dicendum quod intelligere multa ut unum, est quodammodo unum intelligere.

AD SECUNDUM dicendum quod intellectus formatur per intelligibilem speciem quam apud se habet. Et ideo sic potest una specie intelligibili multa simul intelligibilia intueri, sicut unum corpus per unam figuram potest simul multis corporibus assimilari.

AD TERTIUM dicendum sicut ad primum.

Diz Agostinho: "Na eternidade nossos pensamentos não serão volúveis, indo e vindo de uma coisa a outra, mas veremos toda a nossa ciência simultaneamente e num só olhar. — Mas pelo conhecimento pelo qual os anjos conhecem as coisas por espécies inatas podem entender simultaneamente tudo aquilo que por uma só espécie conhecem, não aquilo que requer espécies diversas.

QUANTO AO 1º, portanto, deve-se dizer que conhecer muitas coisas como uma só é, de certo modo, conhecer uma só.

QUANTO AO 2º, deve-se dizer que o intelecto é informado pela espécie inteligível que tem em si. Pode, portanto, por uma só espécie inteligível, intuir simultaneamente muitos inteligíveis, assim como um corpo pode assemelhar-se a muitos, por uma só figura.

QUANTO AO 3º, deve-se dizer como foi dito quanto ao 1º.

ARTICULUS 3
Utrum angelus cognoscat discurrendo

AD TERTIUM SIC PROCEDITUR. Videtur quod angelus cognoscat discurrendo.

1. Discursus enim intellectus attenditur secundum hoc, quod unum per aliud cognoscitur. Sed angeli cognoscunt unum per aliud: cognoscunt enim creaturas per Verbum. Ergo intellectus angeli cognoscit discurrendo.

2. PRAETEREA, quidquid potest virtus inferior, potest et virtus superior. Sed intellectus humanus potest syllogizare, et in effectibus causas cognoscere, secundum quae discursus attenditur. Ergo intellectus angeli, qui superior est ordine naturae, multo magis hoc potest.

3. PRAETEREA, Isidorus dicit[1] quod daemones per experientiam multa cognoscunt. Sed experimentalis cognitio est discursiva: *ex multis* enim *memoriis fit unum experimentum, et ex multis experimentis fit unum universale*, ut dicitur in fine *Poster.*[2], et in principio *Metaphys.*[3]. Ergo cognitio angelorum est discursiva.

SED CONTRA est quod Dionysius dicit, 7 cap. *de Div. Nom.*[4], quod angeli *non congregant divinam*

ARTIGO 3
O anjo conhece por discurso?

QUANTO AO TERCEIRO, ASSIM SE PROCEDE: parece que o anjo **conhece** por discurso.

1. Com efeito, o discurso do intelecto consiste em que uma coisa é conhecida por outra. Ora, os anjos conhecem uma coisa por outra, pois conhecem as criaturas pelo Verbo. Logo, o intelecto dos anjos conhece por discurso.

2. ALÉM DISSO, o que pode uma faculdade inferior, pode a superior. Ora, o intelecto humano pode fazer silogismo e conhecer as causas em seus efeitos e nisso consiste o discurso. Logo, o intelecto dos anjos, que é naturalmente superior, com maior razão, também o pode.

3. ADEMAIS, diz Isidoro: "Os demônios conhecem muitas coisas por experiência". Ora, o conhecimento experimental é discursivo, como diz o Filósofo no final dos *Analíticos Posteriores* e no início da *Metafísica*: "De muitas memórias nasce uma experiência, e de muitas experiências nasce um universal". Logo, o conhecimento dos anjos é discursivo.

EM SENTIDO CONTRÁRIO, diz Dionísio: "Os anjos não formam o conhecimento divino a partir de

---

4. C. 16: ML 42, 1079.

3   PARALL.: Infra, q. 79, a. 8; q. 85, a. 5; *De Verit.*, q. 8, q. 15; q. 15, a. 1.

1. *Sentent.* (al. *de Summo Bono*), l. I, c. 10 (al. 12): ML 83, 556 C.
2. L. II, c. 15: 100, a.
3. C. 1: 981, a.
4. MG 3, 868 B.

cognitionem a sermonibus diffusis, neque ab aliquo communi ad ista specialia simul aguntur.

RESPONDEO dicendum quod, sicut saepius[5] dictum est, angeli illum gradum tenent in substantiis spiritualibus, quem corpora caelestia in substantiis corporeis: nam et *caelestes mentes* a Dionysio[6] dicuntur. Est autem haec differentia inter caelestia et terrena corpora, quod corpora terrena per mutationem et motum adipiscuntur suam ultimam perfectionem: corpora vero caelestia statim, ex ipsa sua natura, suam ultimam perfectionem habent. Sic igitur et inferiores intellectus, scilicet hominum, per quendam motum et discursum intellectualis operationis perfectionem in cognitione veritatis adipiscuntur; dum scilicet ex uno cognito in aliud cognitum procedunt. Si autem statim in ipsa cognitione principii noti, inspicerent quasi notas omnes conclusiones consequentes, in eis discursus locum non haberet. Et hoc est in angelis: quia statim in illis quae primo naturaliter cognoscunt, inspiciunt omnia quaecumque in eis cognosci possunt.

Et ideo dicuntur *intellectuales*: quia etiam apud nos, ea quae statim naturaliter apprehenduntur, *intelligi* dicuntur; unde *intellectus* dicitur habitus primorum principiorum. Animae vero humanae, quae veritatis notitiam per quendam discursum acquirunt, *rationales* vocantur. — Quod quidem contingit ex debilitate intellectualis luminis in eis. Si enim haberent plenitudinem intellectualis luminis, sicut angeli, statim in primo aspectu principiorum totam virtutem eorum comprehenderent, intuendo quidquid ex eis syllogizari posset.

AD PRIMUM ergo dicendum quod *discursus* quendam motum nominat. Omnis autem motus est de uno priori in aliud posterius. Unde discursiva cognitio attenditur secundum quod ex aliquo prius noto devenitur in cognitionem alterius posterius noti, quod prius erat ignotum. Si autem in uno inspecto simul aliud inspiciatur, sicut in speculo inspicitur simul imago rei et res; non est propter

raciocínios diversos, nem partem de algo comum para chegar a um conhecimento singular".

RESPONDO. Como já se disse muitas vezes, os anjos ocupam entre as substâncias espirituais o mesmo grau que os corpos celestes ocupam entre as substâncias corpóreas, por isso são chamados por Dionísio *mentes celestes*. São diferentes os corpos celestes dos terrestres, porque estes, por mudanças e movimentos, alcançam sua última perfeição, enquanto aqueles a têm imediatamente, por sua própria natureza. Assim, os intelectos inferiores, que são os dos homens, por movimentos e discursos da operação intelectual, alcançam a perfeição do conhecimento da verdade, procedendo de um para o outro conhecimento. Se, porém, logo no mesmo conhecimento do princípio vissem como conhecidas todas as conclusões dele decorrentes, neles não haveria lugar para discurso. O mesmo ocorre com os anjos, porque imediatamente no que por primeiro naturalmente conhecem, veem tudo o que nisto podem conhecer.

Por isso, são chamados *intelectuais*, porque também entre nós as coisas que apreendemos de forma natural e instantânea se dizem que *são entendidas*; por isso o *intelecto* é definido como *habitus* dos primeiros princípios. Mas as almas humanas, que recebem o conhecimento da verdade por algum discurso, se chamam *racionais*. — Isso acontece devido à debilidade de sua luz intelectual. Se possuíssem a plenitude da luz intelectual, como os anjos, imediatamente na primeira percepção dos princípios abarcariam também toda sua potência, inferindo tudo o que deles se pudesse deduzir[b].

QUANTO AO 1º, portanto, deve-se dizer que o *discurso* indica certo movimento, e movimento vai de algo anterior para o posterior. Por isso, o conhecimento discursivo consiste em que de algo anteriormente conhecido se chegue ao conhecimento de outra coisa que era antes desconhecida. Se visto um, simultaneamente se vê o outro, como no espelho, se vê simultaneamente a imagem da

---

5. Vide art. 1; q. 50, a. 3; q. 55, a. 2.
6. *De Div. Nom.*, c. 1: MG 3, 592 C. — *Cael. Hier.*, c. 2: MG 3, 137 C.

b. O anjo julga, evidentemente: o juízo é o ato completo da inteligência, *inteligere* é avaliar aquilo que é alcançado pela intelecção. O que é próprio ao homem, devido à debilidade de sua "luz intelectual", não é julgar, é que seu julgamento seja uma segunda operação, a qual pressupõe uma primeira, a elaboração dos conceitos que irão servir ao julgar: operação que se denomina, tecnicamente, *simplex intelligentia*, "simples apreensão". Já o anjo julga com base no que conhece, de imediato e perfeitamente, o que torna inútil, para ele, tanto uma operação intelectual prévia como uma operação subsequente, destinada no homem a completar o primeiro juízo por meio de juízos ulteriores, o raciocínio. As famosas "três operações" da lógica se condensam para ele em uma só, a intelecção.

hoc cognitio discursiva. Et hoc modo cognoscunt angeli res in Verbo.

AD SECUNDUM dicendum quod angeli syllogizare possunt, tanquam syllogismum cognoscentes; et in causis effectus vident, et in effectibus causas: non tamen ita quod cognitionem veritatis ignotae acquirant syllogizando ex causis in causata, et ex causatis in causas.

AD TERTIUM dicendum quod experientia in angelis et daemonibus dicitur secundum quandam similitudinem, prout scilicet cognoscunt sensibilia praesentia; tamen absque omni discursu.

ARTICULUS 4
Utrum angeli intelligant componendo et dividendo

AD QUARTUM SIC PROCEDITUR. Videtur quod angeli intelligant componendo et dividendo.

1. Ubi enim est multitudo intellectuum, ibi est compositio intellectuum, ut dicitur in III *de Anima*[1]. Sed in intellectu angeli est multitudo intellectuum: cum per diversas species diversa intelligat, et non omnia simul. Ergo in intellectu angeli est compositio et divisio.

2. PRAETEREA, plus distat negatio ab affirmatione, quam quaecumque duae naturae oppositae: quia prima distinctio est per affirmationem et negationem. Sed aliquas naturas distantes angelus non cognoscit per unum, sed per diversas species, ut ex dictis[2] patet. Ergo oportet quod affirmationem et negationem cognoscat per diversa. Et ita videtur quod angelus intelligat componendo et dividendo.

3. PRAETEREA, locutio est signum intellectus. Sed angeli hominibus loquentes, proferunt affirmativas et negativas enuntiationes, quae sunt signa compositionis et divisionis in intellectu; ut ex multis locis sacrae Scripturae apparet. Ergo videtur quod angelus intelligat componendo et dividendo.

SED CONTRA est quod Dionysius dicit, 7 cap. *de Div. Nom.*[3], quod *virtus intellectualis angelorum resplendet conspicaci divinorum intellectuum sim-*

coisa e a coisa, tal conhecimento não é discursivo. Assim, conhecem os anjos as coisas no Verbo.

QUANTO AO 2º, deve-se dizer que os anjos podem argumentar por silogismo, enquanto conhecedores do argumento por silogismo, pois vêm os efeitos nas causas e as causas nos efeitos; mas não adquirem o conhecimento de verdades desconhecidas argumentando das causas para os efeitos e destes para as causas.

QUANTO AO 3º, deve-se dizer que a experiência dos anjos e demônios é considerada segundo certa semelhança, enquanto conhecem as coisas sensíveis presentes, mas sem discurso algum.

ARTIGO 4
Os anjos conhecem por composição e divisão?

QUANTO AO QUARTO, ASSIM SE PROCEDE: parece que os anjos **conhecem** por composição e divisão.

1. Com efeito, diz-se no livro III da *Alma*: "Onde há multidão de coisas conhecidas, aí há composição". Ora, no intelecto dos anjos há uma sucessão de coisas conhecidas, uma vez que o anjo conhece coisas diversas por espécies diversas, porém não todas simultaneamente. Logo, há nele composição e divisão.

2. ALÉM DISSO, mais dista a negação da afirmação do que quaisquer duas naturezas opostas, porque a primeira distinção se faz por afirmação e negação. Ora, algumas naturezas distanciadas entre si, os anjos não as conhecem por um só conhecimento, mas mediante muitas espécies, como foi dito. Logo, convém que a afirmação e a negação sejam conhecidas por espécies diversas. Por isso, parece que o anjo conhece por composição e divisão.

3. ADEMAIS, a linguagem é sinal do inteligido. Ora, os anjos, quando falam aos homens, proferem afirmações e negações, sinais da composição e da divisão que há em seu intelecto. Isso aparece em muitos textos da Sagrada Escritura. Logo, parece que o anjo conhece por composição e divisão.

EM SENTIDO CONTRÁRIO, diz Dionísio: "A faculdade intelectual dos anjos resplandece com a luminosa simplicidade das ideias divinas". Ora,

---

4 PARALL.: Infra, q. 85, a. 5; *De Malo*, q. 16, a. 6, ad 19.

1. C. 6: 430, a, 26 — b, 6.
2. A. 2.
3. MG 3, 868 B.

plicitate. Sed simplex intelligentia est sine compositione et divisione, ut dicitur in III *de Anima*[4]. Ergo angelus intelligit sine compositione et divisione.

RESPONDEO dicendum quod, sicut in intellectu ratiocinante comparatur conclusio ad principium, ita in intellectu componente et dividente comparatur praedicatum ad subiectum. Si enim intellectus statim in ipso principio videret conclusionis veritatem nunquam intelligeret discurrendo vel ratiocinando. Similiter si intellectus statim in apprehensione quidditatis subiecti, haberet notitiam de omnibus quae possunt attribui subiecto vel removeri ab eo, nunquam intelligeret componendo et dividendo, sed solum intelligendo *quod quid est*.

Sic igitur patet quod ex eodem provenit quod intellectus noster intelligit discurrendo, et componendo et dividendo: ex hoc scilicet, quod non statim in prima apprehensione alicuius primi apprehensi, potest inspicere quidquid in eo virtute continetur. Quod contingit ex debilitate luminis intellectualis in nobis, sicut dictum est[5]. Unde cum in angelo sit lumen intellectuale perfectum, cum sit speculum purum et clarissimum, ut dicit Dionysius, 4 cap. *de Div. Nom.*[6]; relinquitur quod angelus, sicut non intelligit ratiocinando, ita non intelligit componendo et dividendo.

Nihilominus tamen compositionem et divisionem enuntiationum intelligit, sicut et ratiocinationem syllogismorum: intelligit enim composita simpliciter, et mobilia immobiliter, et materialia immaterialiter.

AD PRIMUM ergo dicendum quod non qualiscumque multitudo intellectuum compositionem causat, sed multitudo illorum intellectuum quorum unum attribuitur alteri, vel removetur ab altero. Angelus autem, intelligendo quidditatem alicuius rei, simul intelligit quidquid ei attribui potest vel removeri ab ea. Unde intelligendo *quod quid est*, intelligit quidquid nos intelligere possumus et componendo et dividendo, per unum suum simplicem intellectum.

AD SECUNDUM dicendum quod diversae quidditates rerum minus differunt, quantum ad rationem existendi, quam affirmatio et negatio. Tamen quantum ad rationem cognoscendi, affirmatio et negatio magis conveniunt: quia statim per hoc quod cognoscitur veritas affirmationis, cognoscitur falsitas negationis oppositae.

---

a simples apreensão não tem composição nem divisão, como se afirma no livro III da *Alma*. Logo, o anjo conhece sem composição ou divisão.

RESPONDO. Como no intelecto que raciocina a conclusão está para o princípio, também no intelecto, que compõe e divide, o predicado está para o sujeito. Se, pois, logo e no próprio princípio o intelecto visse a verdade da conclusão, jamais conheceria discorrendo ou raciocinando. Igualmente, se o intelecto, logo na apreensão da essência do sujeito, tivesse notícia de todas as coisas que podem ser atribuídas ao sujeito ou dele removidas, jamais conheceria compondo ou dividindo, mas apenas conhecendo a essência.

A partir disso fica evidente que provém da mesma causa que o nosso intelecto conhece discorrendo, por composição ou divisão, a saber, do fato de que não pode ver imediatamente na primeira apreensão de um primeiro objeto tudo o que nele virtualmente está contido. Isso acontece em razão da debilidade de nossa luz intelectual, como já foi dito. Mas como no anjo a luz intelectual é perfeita, por ser ele um espelho puro e claríssimo, como diz Dionísio, resulta que o anjo, assim como não conhece raciocinando, assim também não conhece compondo e dividindo.

Todavia, conhece a composição e a divisão das enunciações, assim como o raciocínio que há nos silogismos. Conhece, pois, as coisas compostas de maneira simples, as mutáveis de maneira imutável e as materiais, imaterialmente.

QUANTO AO 1º, portanto, deve-se dizer que não é toda a multidão de coisas conhecidas que causa a composição, mas aquela na qual um é atribuído ao outro, ou negado do outro. O anjo, pois, conhecendo a essência de uma coisa, simultaneamente conhece o que lhe pode ser atribuído ou negado. Por isso, conhecendo a essência, conhece tudo o que podemos conhecer, compondo e dividindo, por uma só simples intelecção.

QUANTO AO 2º, deve-se dizer que, no que concerne à razão de existir, as diversas essências das coisas diferenciam-se menos que a afirmação e a negação. Todavia, no que concerne à razão de conhecer, a afirmação e a negação são mais próximas, porque tão logo se conhece a verdade da afirmação se conhece que sua negação é falsa.

---

4. Loco supra cit.
5. A. praec.
6. MG 3, 724 B.

AD TERTIUM dicendum quod hoc quod angeli loquuntur enuntiationes affirmativas et negativas, manifestat quod angeli cognoscunt compositionem et divisionem: non autem quod cognoscant componendo et dividendo, sed simpliciter cognoscendo *quod quid est.*

ARTICULUS 5
Utrum in intellectu angeli possit esse falsitas

AD QUINTUM SIC PROCEDITUR. Videtur quod in intellectu angeli possit esse falsitas.
1. Protervitas enim ad falsitatem pertinet. Sed in daemonibus est *phantasia proterva*, ut dicit Dionysius, 4 cap. *de Div. Nom.*[1]. Ergo videtur quod in angelorum intellectu possit esse falsitas.
2. PRAETEREA, nescientia est causa falsae aestimationis. Sed in angelis potest esse nescientia, ut Dionysius dicit, 6 cap. *Eccles. Hier.*[2]. Ergo videtur quod in eis possit esse falsitas.
3. PRAETEREA, omne quod cadit a veritate sapientiae, et habet rationem depravatam, habet falsitatem vel errorem in suo intellectu. Sed hoc Dionysius dicit de daemonibus, 7 cap. *de Div. Nom.*[3]. Ergo videtur quod in intellectu angelorum possit esse falsitas.

SED CONTRA, Philosophus dicit, III *de Anima*[4], quod *intellectus semper verus est*. Augustinus etiam dicit, in libro *Octoginta trium Quaest.*[5], quod *nihil intelligitur nisi verum*. Sed angeli non cognoscunt aliquid nisi *intelligendo*. Ergo in angeli cognitione non potest esse deceptio et falsitas.

RESPONDEO dicendum quod huius quaestionis veritas aliquatenus ex praemissa dependet. Dictum est[6] enim quod angelus non intelligit componendo et dividendo, sed intelligendo *quod quid est.* Intellectus autem circa *quod quid est* semper verus est, sicut et sensus circa proprium obiectum, ut dicitur in III *de Anima*[7]. Sed per accidens in nobis accidit deceptio et falsitas intelligendo *quod quid est*, scilicet secundum rationem alicuius compositionis: vel cum definitionem unius rei accipimus ut definitionem alterius; vel cum partes

ARTIGO 5
Poderá haver falsidade no intelecto dos anjos?

QUANTO AO QUINTO, ASSIM SE PROCEDE: parece que **pode** haver falsidade no intelecto dos anjos.
1. Com efeito, a perversidade é parte da falsidade. Ora, diz Dionísio: "Nos demônios a fantasia é perversa". Logo, parece que no intelecto dos anjos pode haver falsidade.
2. ALÉM DISSO, a ignorância é causa da falsa apreciação. Ora, nos anjos pode haver ignorância, como também afirma Dionísio. Logo, parece que neles pode haver falsidade.
3. ADEMAIS, todos os que se desviam da verdade da sabedoria e têm a razão depravada têm falsidade ou erro no intelecto. Ora, Dionísio atribui isso aos demônios. Logo, parece que no intelecto dos anjos pode haver falsidade.

EM SENTIDO CONTRÁRIO, diz o Filósofo no livro III da *Alma*: "O intelecto é sempre verdadeiro". Diz também Agostinho: "Não se conhece senão o verdadeiro". Ora, os anjos não conhecem senão por intelecção. Não poderá, pois, haver engano ou falsidade no conhecimento dos anjos.

RESPONDO. A verdade desta questão depende de certo modo da anterior. Foi dito que o anjo não conhece compondo ou dividindo, mas conhecendo a essência. O intelecto com respeito à essência é sempre verdadeiro, como o sentido com respeito a seu objeto próprio, como se diz no livro III da *Alma*. Mas podem acontecer, acidentalmente, engano e falsidade em nosso conhecimento da essência, e isso em razão de alguma composição: seja quando tomamos a definição de uma coisa pela de outra, seja quando as partes da definição

---

5 PARALL.: *Cont. Gent.* III, 108; *De Malo*, q. 16, a. 6.
 1. MG 3, 725 B.
 2. MG 3, 537 B.
 3. MG 3, 868 B.
 4. C. 6: 430, a, 26-27; b, 26-31; — c. 10: 433, a, 26-31.
 5. Q. 32, 54: ML 40, 22, 38.
 6. A. praec.
 7. C. 6: 430, b, 26-31.

definitionis sibi non cohaerent, sicut si accipiatur pro definitione alicuius rei, *animal quadrupes volatile* (nullum enim animal tale est); et hoc quidem accidit in compositis, quorum definitio ex diversis sumitur, quorum unum est materiale ad aliud. Sed intelligendo quidditates simplices, ut dicitur in IX *Metaphys.*[8], non est falsitas: quia vel totaliter non attinguntur, et nihil intelligimus de eis; vel cognoscuntur ut sunt.

Sic igitur per se non potest esse falsitas aut error aut deceptio in intellectu alicuius angeli; sed per accidens contingit. Alio tamen modo quam in nobis. Nam nos componendo et dividendo quandoque ad intellectum quidditatis pervenimus, sicut cum dividendo vel demonstrando definitionem investigamus. Quod quidem in angelis non contingit; sed per *quod quid est* rei cognoscunt omnes enuntiationes ad illam rem pertinentes. — Manifestum est autem quod quidditas rei potest esse principium cognoscendi respectu eorum quae naturaliter conveniunt rei vel ab ea removentur: non autem eorum quae a supernaturali Dei ordinatione dependent. Angeli igitur boni, habentes rectam voluntatem, per cognitionem quidditatis rei non iudicant de his quae naturaliter ad rem pertinent, nisi salva ordinatione divina. Unde in eis non potest esse falsitas aut error. Daemones vero, per voluntatem perversam subducentes intellectum a divina sapientia, absolute interdum de rebus iudicant secundum naturalem conditionem. Et in his quae naturaliter ad rem pertinent, non decipiuntur. Sed decipi possunt quantum ad ea quae supernaturalia sunt: sicut si considerans hominem mortuum, iudicet eum non resurrecturum; et si videns hominem Christum, iudicet eum non esse Deum.

não se ajustam, como tomar como definição de alguma coisa, *um animal quadrúpede que voa*, pois não existe tal animal. Acontece isso nos compostos cuja definição consta de coisas diversas, uma das quais está como matéria para a outra. Na intelecção das coisas simples, contudo, como se diz no livro IX da *Metafísica*, não há falsidade, porque ou não as atingimos totalmente e delas nada conhecemos, ou por que são conhecidas como são[c].

Assim também não pode haver falsidade ou erro no intelecto dos anjos, mas isso pode acontecer acidentalmente. Todavia, de modo diferente do nosso, pois nós, compondo e dividindo, às vezes atingimos a essência de uma coisa, como quando dividindo ou demonstrando buscamos uma definição. Tal, porém, não acontece nos anjos, porque pela *essência* da coisa eles conhecem todos os enunciados referentes àquela coisa. — É claro, pois, que a essência da coisa pode ser princípio do conhecimento com respeito àquilo que naturalmente lhe convém ou lhe é negado. Isso não acontece, porém, com as coisas que dependem da ordenação sobrenatural de Deus. Por isso, os anjos bons, tendo a vontade reta, não julgam pelo conhecimento da essência de uma coisa a respeito daquilo que naturalmente convém à coisa, a não ser por uma ordenação de Deus. Logo, neles não pode haver falsidade ou erro. Mas os demônios, subtraindo, pela vontade pervertida, da sabedoria divina seu intelecto, julgam, por vezes, as coisas de maneira absoluta segundo a natural condição delas. Nesse caso, não se enganam. Mas podem se enganar quanto ao que nelas há de sobrenatural, como quando, vendo um morto, pensam que não ressuscitará, ou quando pensam ao verem o homem Cristo, que não é Deus[d].

---

8. C. 10: 1051, b, 23-28.

c. Nem Sto. Tomás nem qualquer escolástico sério jamais pensaram ou afirmaram que, de saída, a inteligência humana conhece a fundo e de maneira infalível a essência do que ela examina: a lógica aristotélica, ao contrário, concede um lugar privilegiado à *venatio definitionis*, a busca da definição. Mais bem instruídos que os antigos sobre a complexidade do real, os modernos não se arriscam a dar uma definição verdadeira dos entes que constituem o mundo real (diferentemente dos objetos, como os objetos da matemática, construídos mentalmente), a qual exprimiria a essência, e eles têm razão, a não ser no que concerne ao homem, contudo. O que a filosofia escolástica tem em mente, por assim dizer, é que a inteligência atinge imediatamente, ainda que de maneira inicialmente demasiado indeterminada, em um ente considerado, sua essência, o "o que ele é", e todos os esforços da ciência tendem a apreender tal objeto o mais proximamente possível, mesmo que só se consiga com isso uma definição cada vez mais precisa. Há aí uma construção mental feita unicamente a partir de elementos tirados do real. Tal construção tende a representar o que é o ente considerado: fazer entrar aí um elemento que, na verdade, não lhe pertence é fazer um uso errôneo de uma noção que, em si mesma, não é nem verdadeira nem falsa. Assim, a noção de "corpo simples" não é verdadeira nem falsa, mas fazê-la entrar na definição de fogo gera um erro.

d. O erro provém sempre de uma precipitação do julgamento. Supõe portanto que, entre a apreensão simples daquilo que julga e o próprio julgamento, se situa uma operação do espírito que tende, a partir dessa apreensão e por meio de uma espécie de construção mental, a representar o real em sua complexidade. Para o anjo que julga, como se viu, imediatamente, em sua primeira apreensão do real, não cabe semelhante construção, e nenhum erro é possível. A não ser, contudo, lá onde, conhecendo

Et per hoc patet RESPONSIO ad ea quae utrinque obiiciuntur. Nam protervitas daemonum est secundum quod non subduntur divinae sapientiae. — Nescientia autem est in angelis, non respectu naturalium cognoscibilium, sed supernaturalium. — Patet etiam quod intellectus *eius quod quid est* semper est verus, nisi per accidens, secundum quod indebite ordinatur ad aliquam compositionem vel divisionem.

Pelo exposto fica clara a resposta às objeções de uma e outra parte. A perversidade dos demônios vem de não se submeterem à sabedoria divina. — A ignorância, porém, nos anjos não é referente aos conhecimentos naturais, mas aos sobrenaturais. — Fica assim também claro que o intelecto, quanto ao conhecimento das essências, é sempre verdadeiro, a não ser que acidentalmente se ordene indevidamente a alguma composição ou divisão.

Articulus 6
Utrum in angelus sit cognitio matutina et vespertina

AD SEXTUM SIC PROCEDITUR. Videtur quod in angelis non sit vespertina neque matutina cognitio.

1. *Vespere* enim et *mane* admixtionem tenebrarum habent. Sed in cognitione angeli non est aliqua tenebrositas; cum non sit ibi error vel falsitas. Ergo cognitio angeli non debet dici matutina vel vespertina.

2. PRAETEREA, inter vespere et mane cadit nox; et inter mane et vespere cadit meridies. Si igitur in angelis cadit cognitio matutina et vespertina, pari ratione videtur quod in eis debeat esse *meridiana* et *nocturna* cognitio.

3. PRAETEREA, cognitio distinguitur secundum differentiam cognitorum: unde in III *de Anima*[1] dicit Philosophus quod *scientiae secantur quemadmodum et res*. Triplex autem est esse rerum: scilicet in Verbo, in propria natura, et in intelligentia angelica, ut Augustinus dicit, II *super Gen. ad litt.*[2]. Ergo, si ponatur cognitio matutina in angelis et vespertina, propter esse rerum in

Artigo 6
Há no anjo conhecimento matutino e vespertino?

QUANTO AO SEXTO, ASSIM SE PROCEDE: parece que nos anjos **não** há conhecimento matutino nem vespertino.

1. Com efeito, há trevas misturadas na *tarde* e na *manhã*. Ora, no conhecimento dos anjos não há trevas, pois nele não há falsidade ou erro. Logo, o conhecimento dos anjos não deve ser dito matutino ou vespertino.

2. ALÉM DISSO, entre a tarde e a manhã, acontece a noite como entre a manhã e a tarde acontece o meio-dia. Se, pois, no conhecimento dos anjos acontece a tarde ou a manhã, pela mesma razão parece que neles haverá conhecimento *meridiano* e *noturno*.

3. ADEMAIS, o conhecimento se distingue pela diferença das coisas conhecidas. Daí o que diz o Filósofo, no livro III da *Alma*: "Dividem-se as ciências como as coisas". Ora, as coisas existem de três maneiras: no Verbo, em sua própria natureza e na inteligência angélica, segundo Agostinho. Logo, admitindo-se conhecimento vespertino e matutino nos anjos, devido ao ser das coisas no

---

6   PARALL.: Infra, q. 62, a. 1, ad 3; q. 64, a. 1, ad 3; II *Sent.*, dist. 12, a. 3; *De Verit.*, q. 8, a. 16; *De Pot.*, q. 4, a. 2, resp. ad obiect.; *Ephes.*, c. 3, lect. 3.

1. C. 8: 431, b, 20-28.
2. C. 8: ML 34, 269.

---

um sujeito, ele não atinge nele tudo o que lhe diz respeito. É o caso, principalmente, dos dons sobrenaturais que podem afetar uma pessoa, e que o anjo, por mais perfeitamente que a conheça, só pode conhecer por revelação. É o único caso que Sto. Tomás tem em vista o fim, e ele estabelece a diferença entre o anjo bom e o mau. A diferença não diz respeito diretamente à inteligência, mas à vontade. Ignorando igualmente o mistério, um deixa o julgamento de certo modo *aberto* a uma possível modificação, caso a Providência divina intervenha ou decida intervir no destino dessa pessoa de uma maneira naturalmente incognoscível. Já o outro fecha-se em um julgamento o qual, caso venha a ocorrer semelhante intervenção, ela o falsifica — ou antes, que já é falso pelo fato de ser fechado. É notável que Sto. Tomás não examine aqui os dois outros casos nos quais descobriu a ignorância no anjo, que poderiam, ao que parece, dar lugar a erros, segundo o mesmo processo: ignorância do futuro, ignorância dos pensamentos dos corações. Trata-se, porém, de ignorâncias naturais. Sem dúvida, Sto. Tomás não considera possível que, nesse domínio, a má vontade do anjo possa falsear seu julgamento. A má vontade que desequilibra sua maravilhosa natureza só pode ser a recusa do que a ultrapassa, a vontade divinizadora de Deus, a sabedoria que torna insensata toda sabedoria criada. Acrescentemos que a ignorância das verdades sobrenaturais não pode de fato encontrar-se nos anjos bons, uma vez que receberam o dom maravilhoso da visão de Deus.

Verbo et in propria natura; debet etiam in eis poni tertia cognitio, propter esse rerum in intelligentia angelica.

SED CONTRA est quod Augustinus, IV *super Gen. ad litt.*[3], et XI *de Civ. Dei*[4], distinguit cognitionem angelorum per matutinam et vespertinam.

RESPONDEO dicendum quod hoc quod dicitur de cognitione matutina et vespertina in angelis, introductum est ab Augustino, qui sex dies in quibus Deus legitur fecisse cuncta, Gn 1, intelligi vult[5] non hos usitatos dies qui solis circuitu peraguntur, cum sol quarto die factus legatur; sed unum diem, scilicet cognitionem angelicam sex rerum generibus praesentatam. Sicut autem in die consueto mane est principium diei, vespere autem terminus, ita cognitio ipsius primordialis esse rerum, dicitur cognitio matutina: et haec est secundum quod res sunt in Verbo. Cognitio autem ipsius esse rei creatae secundum quod in propria natura consistit, dicitur cognitio vespertina: nam esse rerum fluit a Verbo sicut a quodam primordiali principio, et hic effluxus terminatur ad esse rerum quod in propria natura habent.

AD PRIMUM ergo dicendum quod vespere et mane non accipiuntur in cognitione angelica secundum similitudinem ad admixtionem tenebrarum; sed secundum similitudinem principii et termini. Vel dicendum quod nihil prohibet, ut dicit Augustinus IV *super Gen. ad litt.*[6], aliquid in comparatione ad unum dici lux, et in comparatione ad aliud dici tenebra. Sicut vita fidelium et iustorum, in comparatione ad impios, dicitur lux, secundum illud Eph 5,8: Fuistis *aliquando tenebrae, nunc autem lux in Domino*; quae tamen vita fidelium, in comparatione ad vitam gloriae, tenebrosa dicitur, secundum illud 2Pe 1,19: Habetis *propheticum sermonem, cui bene facitis attendentes quasi lucernae lucenti in caliginoso loco*. Sic igitur cognitio angeli qua cognoscit res in propria natura, dies est per comparationem ad ignorantiam vel errorem: sed obscura est per comparationem ad visionem Verbi.

AD SECUNDUM dicendum quod matutina et Vespertina cognitio ad *diem* pertinet, idest ad angelos illuminatos, qui sunt distincti a *tenebris*, idest a malis angelis. Angeli autem boni, cognoscentes creaturam, non in ea figuntur, quod esset tene-

Verbo e na natureza, deve-se também admitir neles o terceiro conhecimento, devido ao ser das coisas na inteligência angélica.

EM SENTIDO CONTRÁRIO, Agostinho distingue o conhecimento dos anjos em matutino e vespertino.

RESPONDO. Agostinho foi quem introduziu nos anjos conhecimento matutino e vespertino. Para ele, os seis dias durante os quais, segundo o livro do Gênesis, Deus fez todas as coisas não são os dias ordinários determinados pelo movimento circular do sol, uma vez que se lê que o sol foi criado no quarto dia; mas um só dia, a saber, o conhecimento dos anjos representado por seis gêneros de coisas. Como, no dia habitual, a manhã é seu princípio e a tarde é seu termo, assim também o conhecimento do ser primeiro das coisas chama-se conhecimento matutino. E este é o conhecimento das coisas conforme estão em Deus. O conhecimento do ser criado, enquanto existe na própria natureza, chama-se conhecimento vespertino: o ser das coisas decorre do Verbo como de um princípio primordial. E termina no ser que as coisas têm em sua própria natureza.

QUANTO AO 1º, portanto, deve-se dizer que tarde e manhã não se tomam no conhecimento angélico por semelhança com a mistura de trevas, mas com o princípio e o termo. Ora, como diz Agostinho, nada impede que algo, em comparação com uma coisa, seja dito luz e, em comparação com outra, trevas. Assim é que na Carta aos Efésios, a vida dos fiéis e dos justos comparada com a dos ímpios, chama-se *luz*: "Fostes antes trevas, agora sois luz no Senhor". Esta mesma vida dos fiéis, comparada com a vida na glória, chama-se trevas, na segunda Carta de Pedro: "Tendes uma palavra profética à qual fazeis bem em entender como a uma luz iluminando um local tenebroso". Assim, portanto, o conhecimento pelo qual o anjo conhece as coisas em sua natureza é dia em comparação com a ignorância ou com o erro; mas é obscuro em comparação com a visão do Verbo.

QUANTO AO 2º, deve-se dizer que o conhecimento vespertino e o matutino pertencem ao *dia*, isto é, aos anjos iluminados, mas são distintos das *trevas*, isto é, dos maus anjos. Os anjos bons, ao conhecerem a criatura, não se prendem a ela,

---

3. C. 22: ML 34, 311-312.
4. C. 7: ML 41, 322-323.
5. *De Gen. ad litt.*, l. IV, c. 22, 26: ML 34, 311-312, 314.
6. C. 23: ML 34, 312-313.

brescere et noctem fieri; sed hoc ipsum referunt ad laudem Dei, in quo sicut in principio omnia cognoscunt. Et ideo post vesperam non ponitur nox, sed mane: ita quod mane sit finis praecedentis die et principium sequentis, inquantum angeli cognitionem praecedentis operis ad laudem Dei referunt. — *Meridies* autem sub nomine diei comprehenditur, quasi medium inter duo extrema. Vel potest meridies referri ad cognitionem ipsius Dei, qui non habet principium nec finem.

AD TERTIUM dicendum quod etiam ipsi angeli creaturae sunt. Unde esse rerum in intelligentia angelica comprehenditur sub vespertina cognitione, sicut et esse rerum in propria natura.

ARTICULUS 7
Utrum una sit cognitio matutina et vespertina

AD SEPTIMUM SIC PROCEDITUR. Videtur quod una sit cognitio vespertina et matutina.

1. Dicitur enim Gn 1,5: *Factum est vespere et mane dies unus.* Sed per *diem* intelligitur cognitio angelica, ut Augustinus dicit[1]. Ergo una et eadem est cognitio in angelis matutina et vespertina.

2. PRAETEREA, impossibile est unam potentiam simul duas operationes habere. Sed angeli semper sunt in actu cognitionis matutinae: quia semper vident Deum et res in Deo, secundum illud Mt 18,10: *Angeli eorum semper vident faciem Patris mei* etc. Ergo, si cognitio vespertina esset alia a matutina, nullo modo angelus posset esse in actu cognitionis vespertinae.

3. PRAETEREA, Apostolus dicit, 1Cor 13,10: *Cum venerit quod perfectum est, evacuabitur quod ex parte est.* Sed si cognitio vespertina sit alia a matutina comparatur ad ipsam sicut imperfectum ad perfectum. Ergo non poterit simul vespertina cognitio esse cum matutina.

IN CONTRARIUM est quod dicit Augustinus, IV super Gen. ad litt.[2], quod *multum interest inter cognitionem rei cuiuscumque in Verbo Dei, et cognitionem eius in natura eius, ut illud merito pertineat ad diem, hoc ad vesperam.*

pois seria escurecerem-se e tornarem-se noite, mas dirigem o conhecimento ao louvor de Deus, no qual, como em seu princípio, conhecem todas as coisas. Portanto, depois da tarde não há noite, mas manhã, enquanto a manhã é o termo do dia anterior e princípio do seguinte, razão por que os anjos dirigem para o louvor de Deus o conhecimento do dia anterior. — O *meio-dia* está compreendido no dia, como a metade entre dois extremos. Pode também ser dirigido ao conhecimento de Deus, que é sem princípio e sem fim.

QUANTO AO 3º, deve-se dizer que os anjos são também criaturas, e, assim, o ser das coisas está no intelecto angélico como conhecimento vespertino, como o ser que elas têm em suas naturezas.

ARTIGO 7
É um só o conhecimento matutino e o vespertino?

QUANTO AO SÉTIMO, ASSIM SE PROCEDE: parece que **é** um só o conhecimento matutino e o vespertino.

1. Com efeito, diz o livro do Gênesis: "Houve uma tarde e uma manhã, primeiro dia". Ora, para Agostinho, *dia* significa o conhecimento angélico. Logo, um só é o conhecimento angélico, matutino e vespertino.

2. ALÉM DISSO, é impossível uma potência ter duas ações simultâneas. Ora, os anjos sempre estão em conhecimento matutino atual, porque sempre veem Deus e as coisas em Deus, como se lê no Evangelho de Mateus: "Seus anjos sempre contemplam a face de seu Pai". Logo, se o conhecimento vespertino fosse distinto do matutino, jamais poderiam estar os anjos em conhecimento vespertino atual.

3. ADEMAIS, diz o Apóstolo na primeira Carta aos Coríntios: "Possuído o que é perfeito, desaparece o que é imperfeito". Ora, se o conhecimento vespertino fosse distinto do matutino, seria comparado com este como o imperfeito para o perfeito. Logo, não poderia o conhecimento vespertino ser simultâneo com o matutino.

EM SENTIDO CONTRÁRIO, diz Agostinho: "Muita diferença há entre conhecimento da coisa no Verbo e conhecê-la em sua própria natureza, razão por que um pertence ao dia, o outro, à tarde".

---

7 PARALL.: *De Verit.*, q. 8, a. 16; *De Pot.*, q. 4, a. 2, ad 10, 19, 22.

1. *De Gen. ad litt.*, l. IV, c. 22, 26: ML 34, 312, 314; *De Civ. Dei*, l. XI, c. 7: ML 41, 322.
2. C. 23: ML 34, 312.

RESPONDEO dicendum quod, sicut dictum est³, cognitio vespertina dicitur, qua angeli cognoscunt res in propria natura. Quod non potest ita intelligi quasi ex propria rerum natura cognitionem accipiant, ut haec praepositio *in* indicet habitudinem principii: quia non accipiunt angeli cognitionem a rebus, ut supra⁴ habitum est. Relinquitur igitur quod hoc quod dicitur *in propria natura*, accipiatur secundum rationem cogniti, secundum quod subest cognitioni; ut scilicet cognitio vespertina in angelis dicatur secundum quod cognoscunt esse rerum quod habent res in propria natura.

Quod quidem per duplex medium cognoscunt: scilicet per species innatas, et per rationes rerum in Verbo existentes. Non enim, videndo Verbum, cognoscunt solum illud esse rerum quod habent in Verbo; sed illud esse quod habent in propria natura; sicut Deus per hoc quod videt se, cognoscit esse rerum quod habent in propria natura. — Si ergo dicatur cognitio vespertina secundum quod cognoscunt esse rerum quod habent in propria natura, videndo Verbum; sic una et eadem secundum essentiam est cognitio vespertina et matutina, differens solum secundum cognita. — Si vero cognitio vespertina dicatur secundum quod angeli cognoscunt esse rerum quod habent in propria natura, per formas innatas; sic alia est cognitio vespertina et matutina. Et ita videtur intelligere Augustinus⁵, cum unam ponat imperfectam respectu alterius.

AD PRIMUM ergo dicendum quod, sicut numerus sex dierum, secundum intellectum Augustini, accipitur secundum sex genera rerum quae cognoscuntur ab angelis; ita unitas diei accipitur

RESPONDO. Como foi dito, o conhecimento chama-se vespertino porque os anjos conhecem as coisas em sua própria natureza. Mas isso não pode ser entendido como se recebessem o conhecimento da própria natureza das coisas, como se essa preposição *em* significasse relação de princípio; porque os anjos não recebem das coisas o conhecimento, como acima se estabeleceu. Portanto, a expressão *em sua própria natureza* é tomada segundo a razão do objeto conhecido, enquanto o objeto cai sob conhecimento, de modo que o conhecimento vespertino significa o conhecimento pelo qual os anjos conhecem o ser que as coisas têm em sua própria natureza.

E isso conhecem por dois meios: pelas espécies inatas e pelas razões das coisas existentes no Verbo. Contemplando o Verbo, conhecem não somente o ser das coisas que estão no Verbo, mas também o ser que elas têm em sua natureza, assim como Deus, pelo fato de ver-se a si mesmo, conhece o ser que as coisas têm em sua própria naturezaᵉ. — Se conhecimento vespertino significa o conhecimento pelo qual os anjos conhecem, na visão do Verbo, o ser que elas têm em sua própria natureza, então conhecimento vespertino e matutino são idênticos essencialmente, diferenciando-se apenas quanto aos objetos conhecidos. — Se, porém, o conhecimento vespertino significa o conhecimento pelo qual os anjos conhecem, por espécies inatas, o ser que as coisas têm em sua própria natureza, então são distintos o conhecimento vespertino e o conhecimento matutino. É assim que parece entender Agostinho, ao afirmar que um é imperfeito em relação ao outro.

QUANTO AO 1º, portanto, deve-se dizer que como o número de seis dias, segundo Agostinho, toma-se conforme os seis gêneros das coisas conhecidas pelos anjos, também a unidade do dia se toma con-

---

3. A. praec.
4. Q. 55, a. 2.
5. *De Gen. ad litt.*, l. IV, cc. 22, 23, 29 sqq.: ML 34, 312, 312-313, 315-317; *De Civit. Dei*, l. XI, cc. 7, 29: ML 41, 322, 343.

e. Trata-se ainda aqui do conhecimento sobrenatural, da visão bem-aventurada. Seguindo Sto. Agostinho, Sto. Tomás pensa que o conhecimento de todas as criaturas no Verbo, que é seu princípio supremo de inteligibilidade, não impede que o anjo conheça também, pelas espécies inatas nele presentes, essas mesmas coisas em si mesmas. Isso porque o conhecimento sobrenatural não suprime, mas assume, respeitando-lhe a especificidade, o conhecimento natural. Mais tarde, Mestre Eckart, que conhecia admiravelmente Sto. Tomás, mas que era impulsionado por uma inspiração mais platônica e plotiniana, tenderá a fazer do conhecimento das criaturas em si mesmas mero ponto de partida daquele que se pode ter vendo o Verbo ou, na terra, na união mística do Verbo. Pois, segundo ele, a existência transcendente e eterna das criaturas no Verbo é mais real que sua existência contingente em sua própria natureza. Em tal concepção, a partir do momento em que o conhecimento matutino é dado aos anjos de uma só vez, o conhecimento vespertino perde todo o interesse. Sto. Tomás parece aqui mais realista que seu discípulo: por precária que seja, a existência que os entes exercem em sua própria natureza é a sua existência, de modo que conhecê-los nessa existência, mesmo que seja um conhecimento menos perfeito, é ter deles um conhecimento acabado.

secundum unitatem rei cognitae, quae tamen diversis cognitionibus cognosci potest.

AD SECUNDUM dicendum quod duae operationes possunt simul esse unius potentiae, quarum una ad aliam refertur; ut patet cum voluntas simul vult et finem et ea quae sunt ad finem, et intellectus simul intelligit principia et conclusiones per principia, quando iam scientiam acquisivit. Cognitio autem vespertina in angelis refertur ad matutinam, ut Augustinus dicit[6]. Unde nihil prohibet utramque simul esse in angelis.

AD TERTIUM dicendum quod, veniente perfecto, evacuatur imperfectum quod ei opponitur: sicut fides, quae est eorum quae non videntur, evacuatur visione veniente. Sed imperfectio vespertinae cognitionis non opponitur perfectioni matutinae. Quod enim cognoscatur aliquid in seipso, non est oppositum ei quod cognoscatur in sua causa. Nec iterum quod aliquid cognoscatur per duo media, quorum unum est perfectius et aliud imperfectius, aliquid repugnans habet: sicut ad eandem conclusionem habere possumus et medium demonstrativum et dialecticum. Et similiter eadem res potest sciri ab angelo per Verbum increatum, et per speciem innatam.

forme a unidade da coisa conhecida, que, todavia, pode ser conhecida por conhecimentos diversos.

QUANTO AO 2º, deve-se dizer que duas operações podem simultaneamente ser de uma só potência, quando uma se refere à outra. Assim é que a vontade quer o fim e o que é para ele, e o intelecto ao mesmo tempo conhece os princípios e por estes as conclusões, quando adquiriu a ciência. Ora, como disse Agostinho, nos anjos o conhecimento vespertino refere-se ao matutino. Logo, nada impede que os anjos possuam esses dois conhecimentos.

QUANTO AO 3º, deve-se dizer que a presença do perfeito faz desaparecer o imperfeito que a ele se opõe, como a fé, que tem por objeto aquilo que não se vê, desaparece na presença da visão. Contudo, a imperfeição do conhecimento vespertino não se opõe à perfeição do conhecimento matutino. Conhecer uma coisa em si mesma não se opõe a conhecê-la em sua causa. Nem mesmo repugna que uma coisa seja conhecida por dois meios, um dos quais é mais perfeito e outro mais imperfeito. Por exemplo, podemos ter a mesma conclusão seja por um meio demonstrativo seja por um dialético. Semelhantemente, a mesma coisa pode ser conhecida pelo anjo seja pelo Verbo incriado, seja pela espécie inata[f].

---

6. *De Gen. ad litt.*, l. IV, cc. 22, 24, 30: ML 34, 312, 315, 316; *De Civit. Dei*, l. XI, c. 7: ML 41, 322.

f. Distinção importante. Aquilo que o anjo vê no Verbo é a própria criatura tal como ela é em si mesma, realizando uma "ideia divina" que não passa de uma determinação particular dessa ideia única, simples e infinita que é o Verbo. A diferença entre os dois tipos de conhecimento não reside portanto no que é conhecido, mas na maneira de conhecer.

QUAESTIO LIX
DE VOLUNTATE ANGELORUM
in quatuor articulos divisa

Consequenter considerandum est de his quae pertinent ad voluntatem angelorum. Et primo considerabimus de ipsa voluntate; secundo, de motu eius, qui est amor sive dilectio.

Circa primum quaeruntur quatuor.

Primo: utrum in angelis sit voluntas.

Secundo: utrum voluntas angeli sit ipsa natura eorum, vel etiam ipse intellectus eorum.

Tertio: utrum in angelis sit liberum arbitrium.

Quarto: utrum in eis sit irascibilis et concupiscibilis.

QUESTÃO 59
A VONTADE DOS ANJOS
em quatro artigos

Em seguida, deve-se considerar o que se refere à vontade dos anjos. Em primeiro lugar, a vontade propriamente dita. Depois, seu movimento, que é o amor ou dileção.

A respeito do primeiro, são quatro as perguntas:

1. Os anjos têm vontade?
2. A vontade dos anjos é sua própria natureza ou também seu intelecto?
3. Existe nos anjos livre-arbítrio?
4. Existe nos anjos o irascível e o concupiscível?

Articulus 1
Utrum in angelis sit voluntas

AD PRIMUM SIC PROCEDITUR. Videtur quod in angelis non sit voluntas.

1. Quia, ut dicit Philosophus, in III *de Anima*[1], *voluntas in ratione est*. Sed in angelis non est ratio, sed aliquid superius ratione. Ergo in angelis non est voluntas, sed aliquid superius voluntate.

2. PRAETEREA, voluntas sub appetitu continetur, ut patet per Philosophum, in III *de Anima*[2]. Sed appetitus est imperfecti: est enim eius quod nondum habetur. Cum igitur in angelis, maxime in beatis, non sit aliqua imperfectio, videtur quod non sit in eis voluntas.

3. PRAETEREA, Philosophus dicit, in III *de Anima*[3], quod voluntas est movens motum: movetur enim ab appetibili intellecto. Sed angeli sunt immobiles; cum sint incorporei. Ergo in angelis non est voluntas.

SED CONTRA est quod Augustinus dicit, X lib. *de Trin.*[4], quod imago Trinitatis invenitur in mente secundum memoriam, intelligentiam et voluntatem. Imago autem Dei invenitur non solum in mente humana, sed etiam in mente angelica; cum etiam mens angelica sit capax Dei. Ergo in angelis est voluntas.

RESPONDEO dicendum quod necesse est ponere in angelis voluntatem. Ad cuius evidentiam, considerandum est quod, cum omnia procedant ex voluntate divina, omnia suo modo per appetitum inclinantur in bonum, sed diversimode. Quaedam enim inclinatur in bonum, per solam naturalem habitudinem, absque cognitione, sicut plantae et corpora inanimata. Et talis inclinatio ad bonum vocatur *appetitus naturalis*. — Quaedam vero ad bonum inclinantur cum aliqua cognitione; non quidem sic quod cognoscant ipsam rationem boni, sed cognoscunt aliquod bonum particulare; sicut sensus, qui cognoscit dulce et album et aliquid huiusmodi. Inclinatio autem hanc cognitionem sequens, dicitur *appetitus sensitivus*. — Quaedam vero inclinatur ad bonum cum cognitione qua cognoscunt ipsam boni rationem; quod est proprium intellectus. Et haec perfectissime inclinantur in bonum; non quidem quasi ab alio solummodo directa

Artigo 1
Os anjos têm vontade?

QUANTO AO PRIMEIRO ARTIGO, ASSIM SE PROCEDE: parece que os anjos **não** têm vontade.

1. Com efeito, como diz o Filósofo, no livro III da *Alma*, "a vontade está na razão". Ora, os anjos não têm razão, mas algo superior à razão. Logo, nos anjos não há vontade, mas algo superior a ela.

2. ALÉM DISSO, segundo o Filósofo, no livro III da *Alma*, "a vontade está contida no apetite". Ora, o apetite é próprio do imperfeito, porque se refere àquilo que ainda não se tem. Como nos anjos, sobretudo nos bem-aventurados, não há imperfeição, parece que eles não têm vontade.

3. ADEMAIS, diz também o Filósofo, no livro III da *Alma*, que a vontade é um motor movido, pois se move pelo objeto apetecível conhecido. Ora, os anjos, por serem incorpóreos, são imóveis. Logo, eles não têm vontade.

EM SENTIDO CONTRÁRIO, diz Agostinho que a imagem da Trindade está na mente pela memória, pelo intelecto e pela vontade. Ora, a imagem de Deus está não apenas na mente humana, mas também na mente angélica, porque também esta última é capaz de conhecer a Deus. Logo, os anjos têm vontade.

RESPONDO. É necessário afirmar a vontade nos anjos. Para esclarecer essa afirmação, é preciso considerar que, uma vez que todas as coisas procedem da vontade divina, cada uma a seu modo se inclina para o bem, mas diversamente. Umas se inclinam para o bem só por relação natural, sem conhecimento, como as plantas e os entes sem vida. Essa inclinação chama-se *apetite natural*. — Outras se inclinam para o bem com algum conhecimento, não conhecendo, porém, a própria razão do bem, mas algum bem particular, como o sentido que conhece o doce e o branco etc. A inclinação que segue este conhecimento chama-se *apetite sensitivo*. — Há também as que se inclinam para o bem com um conhecimento pelo qual conhecem a razão mesma do bem; o que é próprio do intelecto. Essas inclinam-se para o bem de modo perfeito, não, porém, como se fossem somente dirigidas para o bem por outro, como as

---

1 PARALL.: *Cont. Gent.* II, 47; *De Verit.*, q. 23, a. 1.

1. C. 9: 432, b, 3-7.
2. C. 9: 432, b, 3-7; c. 10: 433, a, 23.
3. C. 10: 433, b, 13-21.
4. C. 12: ML 42, 984.

in bonum, sicut ea quae cognitione carent; neque in bonum particulariter tantum, sicut ea in quibus est sola sensitiva cognitio; sed quasi inclinata in ipsum universale bonum. Et haec inclinatio dicitur *voluntas*. — Unde cum angeli per intellectum cognoscant ipsam universalem rationem boni, manifestum est quod in eis sit voluntas.

AD PRIMUM ergo dicendum quod aliter ratio transcendit sensum, et aliter intellectus rationem. Ratio enim transcendit sensum, secundum diversitatem cognitorum: nam sensus est particularium, ratio vero universalium. Et ideo oportet quod sit alius appetitus tendens in bonum universale, qui debetur rationi; et alius tendens in bonum particulare, qui debetur sensui. — Sed intellectus et ratio differunt quantum ad modum cognoscendi: quia scilicet intellectus cognoscit simplici intuitu, ratio vero discurrendo de uno in aliud. Sed tamen ratio per discursum pervenit ad cognoscendum illud, quod intellectus sine discursu cognoscit, scilicet universale. Idem est ergo obiectum quod appetitivae proponitur et ex parte rationis, et ex parte intellectus. Unde in angelis, qui sunt intellectuales tantum, non est appetitus superior voluntate.

AD SECUNDUM dicendum quod, licet nomen appetitivae partis sit sumptum ab appetendo ea quae non habentur, tamen appetitiva pars non solum ad haec se extendit, sed etiam ad multa alia. Sicut et nomen *lapidis* sumptum est a *laesione pedis*, cum tamen lapidi non hoc solum conveniat. Similiter irascibilis potentia denominatur ab ira; cum tamen in ea sint plures aliae passiones, ut spes et audacia et huiusmodi.

AD TERTIUM dicendum quod voluntas dicitur movens motum, secundum quod velle est motus quidam, et intelligere; cuiusmodi motum nihil

que não possuem conhecimento; nem como se fossem dirigidas somente para o bem particular, como as que apenas tem o conhecimento sensível; mas enquanto se inclinam para o próprio bem universal. Esta inclinação se chama *vontade*. — Como os anjos, pelo intelecto, conhecem a razão universal do bem, é claro que eles têm vontade[a].

QUANTO AO 1º, portanto, deve-se dizer que de um modo a razão é superior ao sentido e de outro o intelecto é superior à razão. A razão transcende o sentido segundo a diversidade dos objetos conhecidos, pois o objeto dos sentidos é particular, o da razão, universal. Por isso, é preciso que sejam distintos o apetite que se inclina para o bem universal, próprio da razão, e o que tende para o bem particular, próprio do sentido. — Mas o intelecto e a razão diferenciam-se pelo modo de conhecer, porque o conhecimento do intelecto é intuitivo, o da razão se processa mediante discurso. Todavia, a razão, mediante o discurso, chega ao conhecimento daquilo que o intelecto conhece sem discurso, o universal. Assim, é o mesmo objeto que é proposto ao apetite seja pela razão seja pelo intelecto. Portanto, os anjos, que são apenas intelecto, não têm apetite superior à vontade.

QUANTO AO 2º, deve-se dizer que, embora o nome da parte apetitiva seja tomado de apetecer o que ainda não se possui, a parte apetitiva não se estende somente a isso, mas também a muitas outras coisas. Por exemplo, o nome *pedra* não significa somente aquilo que fere o pé[b]. Semelhantemente, potência irascível deriva de ira, mas nela há muitas outras paixões, como a esperança, a audácia etc.

QUANTO AO 3º, deve-se dizer que a vontade é dita motor movido, porque o querer é um movimento, como também o conhecer. Nada impede

---

a. O conhecimento sensível é um conhecimento diverso do conhecimento racional, tendo outro objeto, mesmo quando a mesma coisa é conhecida. Pelo primeiro, ela é conhecida na qualidade mesmo de sensível; pelo segundo, por intermédio do sensível é atingido aquilo pelo qual ela transcende o sensível, o ser, a essência. A esses dois conhecimentos, irredutíveis um ao outro, correspondem portanto duas faculdades distintas e, uma vez que a faculdade apetitiva é consecutiva à faculdade cognitiva, nela enraizada e dela inseparável (isto foi expressamente estabelecido acima, q. 19, a. 1), é necessário que cada uma delas dê origem a uma faculdade apetitiva distinta. O mesmo não ocorre com o conhecimento racional do homem em relação ao conhecimento intelectual, isto é, "intuitivo" (a palavra *intellectus*, em Sto. Tomás, pode designar seja a faculdade cognitiva espiritual — analogicamente comum a todas as criaturas espirituais, transcendentalmente realizada, como em sua primeira analogia, em Deus —, seja esse ato característico da inteligência que é a apreensão do inteligível, a intuição, e que se encontra no próprio homem, pois o raciocínio é um movimento que exige um ponto de partida — a apreensão intuitiva dos primeiros princípios — e um ponto de chegada, a contemplação do inteligível). A razão não é portanto uma faculdade diversa do intelecto, é o intelecto que, em seu nível ínfimo de realização, tem necessidade, para existir e operar, de um corpo, e do conhecimento sensível do qual este é a fonte. Do mesmo modo, a faculdade apetitiva que dela resulta é uma faculdade analogicamente idêntica em todos os seres intelectuais, a vontade.

b. Exemplo clássico, e que nos faz sorrir. A ideia por ele ilustrada permanece incontestável: uma coisa é a etimologia de uma palavra, que dá a saber o que ela significava na origem, outra o que ela passou a significar.

prohibet in angelis esse, quia talis motus est *actus perfecti*, ut dicitur in III *de Anima*⁵.

Articulus 2
Utrum in angelis voluntas differat ab intellectu et natura

AD SECUNDUM SIC PROCEDITUR. Videtur quod in angelis non differat voluntas ab intellectu et natura.

1. Angelus enim est simplicior quam corpus naturale. Sed corpus naturale per suam formam inclinatur in suum finem, qui est eius bonum. Ergo multo magis angelus. Forma autem angeli est vel natura ipsa in qua subsistit, vel species quae est in intellectu eius. Ergo angelus inclinatur in bonum per naturam suam, et per speciem intelligibilem. Haec autem inclinatio ad bonum pertinet ad voluntatem. Voluntas igitur angeli non est aliud quam eius natura vel intellectus.

2. PRAETEREA, obiectum intellectus est verum, voluntatis autem bonum. Bonum autem et verum non differunt realiter, sed secundum rationem tantum. Ergo voluntas et intellectus non differunt realiter.

3. PRAETEREA, distinctio communis et proprii non diversificat potentias: eadem enim potentia visiva est coloris et albedinis. Sed bonum et verum videntur se habere sicut commune et proprium: nam verum est quoddam bonum, scilicet intellectus. Ergo voluntas, cuius obiectum est bonum, non differt ab intellectu, cuius obiectum est verum.

SED CONTRA, voluntas in angelis est bonorum tantum. Intellectus autem est bonorum et malorum: cognoscunt enim utrumque. Ergo voluntas in angelis est aliud quam eius intellectus.

RESPONDEO dicendum quod voluntas in angelis est quaedam virtus vel potentia, quae nec est ipsa eorum natura, nec eorum intellectus. Et quod non sit eorum natura, apparet ex hoc, quod natura vel essentia alicuius rei intra ipsam rem comprehenditur: quidquid ergo se extendit ad id quod est extra rem, non est rei essentia. Unde videmus in corporibus naturalibus, quod inclinatio quae est ad esse rei, non est per aliquid superadditum

que tal movimento exista no anjo, visto que tal movimento é *ato do perfeito*, como se diz no livro III da *Alma*.

Artigo 2
Diferencia-se nos anjos a vontade do intelecto e da natureza?

QUANTO AO SEGUNDO, ASSIM SE PROCEDE: parece que nos anjos **não** se diferencia a vontade do intelecto e da natureza.

1. Com efeito, o anjo é mais simples que o corpo natural, que por sua forma se inclina a seu fim, que é seu bem. Logo, muito mais o anjo. Ora, forma, no anjo, significa ou a natureza na qual subsiste ou a espécie que está no intelecto dele. Logo, o anjo se inclina ao bem ou por sua própria natureza, ou pela espécie inteligível. Ora, a vontade é que se inclina para o bem. Logo, a vontade dos anjos não é distinta de sua natureza e de seu intelecto.

2. ALÉM DISSO, o objeto do intelecto é o verdadeiro, o da vontade, o bem. Ora, o bem e o verdadeiro não se distinguem realmente, mas só pela razão. Logo, não se distinguem realmente o intelecto e a vontade.

3. ADEMAIS, a distinção entre o comum e o próprio não diferencia as potências, pois a mesma potência visual tem como objeto a cor e o branco. Ora, o bem e o verdadeiro parece que estão entre si como o comum e o próprio, pois o verdadeiro é certo bem, a saber, do intelecto. Logo, a vontade cujo objeto é o bem não se diferencia do intelecto cujo objeto é o verdadeiro.

EM SENTIDO CONTRÁRIO, a vontade nos anjos tem por objeto só o bem. O intelecto, porém, tem por objeto o bem e o mal, porque os anjos conhecem a um e outro. Logo, a vontade nos anjos é distinta de seu intelecto.

RESPONDO. A vontade nos anjos é certa faculdade ou potência; não é nem sua natureza, nem seu intelecto. Que não seja sua natureza fica claro, porque a natureza, ou essência de uma coisa lhe é intrínseca. Pois tudo aquilo que se estende ao que é exterior à coisa não é sua essência. Daí verificar-se nos corpos naturais que a inclinação que têm para o ser não é por algo acrescido à essência, mas pela matéria que tende ao ser antes de possuí-lo

---

5. C. 7: 431, a, 4-7.

PARALL.: I *Sent.*, dist. 42, q. 1, a. 2, ad 3; *De Verit.*, q. 22, a. 10.

essentiae; sed per materiam, quae appetit esse antequam illud habeat, et per formam, quae tenet rem in esse postquam fuerit. Sed inclinatio ad aliquid extrinsecum, est per aliquid essentiae superadditum: sicut inclinatio ad locum est per gravitatem vel levitatem, inclinatio autem ad faciendum sibi simile est per qualitates activas. — Voluntas autem habet inclinationem in bonum naturaliter. Unde ibi solum est idem essentia et voluntas, ubi totaliter bonum continetur in essentia volentis; scilicet in Deo, qui nihil vult extra se nisi ratione suae bonitatis. Quod de nulla creatura potest dici; cum bonum infinitum sit extra essentiam cuiuslibet creati. Unde nec voluntas angeli, nec alterius creaturae, potest esse idem quod eius essentia.

Similiter nec potest esse idem quod intellectus angeli vel hominis. Nam cognitio fit per hoc quod cognitum est in cognoscente: unde ea ratione se extendit eius intellectus in id quod est extra se, secundum quod illud quod extra ipsum est per essentiam, natum est aliquo modo in eo esse. Voluntas vero se extendit in id quod extra se est, secundum quod quadam inclinatione quodammodo tendit in rem exteriorem. Alterius autem virtutis est, quod aliquid habeat in se quod est extra se, et quod ipsum tendat in rem exteriorem. Et ideo oportet quod in qualibet creatura sit aliud intellectus et voluntas. — Non autem in Deo, qui habet et ens universale et bonum universale in seipso. Unde tam voluntas quam intellectus est eius essentia.

AD PRIMUM ergo dicendum quod corpus naturale per formam substantialem inclinatur in esse suum: sed in exterius inclinatur per aliquid additum, ut dictum est.

e pela forma que os mantém no ser, uma vez que foram constituídos. Porém, a inclinação para o que é exterior realiza-se por algo acrescido à essência, como a inclinação para o lugar é feita pelo peso ou pela leveza; e a inclinação para fazer algo semelhante a si vem das qualidades ativas. — Ora, por sua própria natureza, a vontade inclina-se para o bem. Daí ela só se identificar com a essência quando a totalidade do bem for contida na essência do sujeito que quer, como acontece em Deus, que nada quer fora de si, senão em razão de sua bondade. Mas isso não se pode dizer de criatura alguma, porque o bem infinito está fora da essência da criatura. Logo, nem a vontade dos anjos nem a de outra criatura podem identificar-se com a própria essência[c].

Semelhantemente, a vontade não pode se identificar seja com o intelecto dos homens, seja com o dos anjos. Pois o conhecimento acontece por estar o conhecido no cognoscente, e por esse motivo o intelecto se estende ao que está fora de si na medida em que aquilo que lhe é exterior, por essência, se encontre apto de alguma maneira a existir nele. A vontade, porém, se estende ao que está fora dela, uma vez que certa inclinação a faz tender de alguma maneira para a realidade exterior. Que algo tenha em si mesmo o que está fora dele e que se incline para a coisa exterior é próprio de faculdades distintas. E, assim, é necessário que em qualquer criatura sejam distintos o intelecto e a vontade — Mas não em Deus, que possui em si mesmo o ser universal e o bem universal. Por isso, tanto o intelecto como a vontade identificam-se com sua essência[d].

QUANTO AO 1º, portanto, deve-se dizer que o corpo natural inclina-se para seu ser pela forma substancial; mas se inclina para as coisas exteriores por algo acrescentado, como foi dito.

---

c. É bem delicado descobrir o princípio ao qual Sto. Tomás recorre a partir dos exemplos que propõe e que constituem para nós mais um embaraço que uma ajuda. Esse princípio é que o dinamismo de um ente está pré-contido em seu estado estático, ou seja, em sua forma constitutiva. Ora, o dinamismo de um ente espiritual possui um alcance ilimitado, já que seu objeto é o próprio bem, que é universal, por si ilimitado. Para que semelhante dinamismo possa dele brotar, sua forma constitu-tiva, que é uma essência determinada, logo limitada, deve portanto ser completada mediante uma atualização particular, a faculdade. Não que esta seja a fonte desse dinamismo: é a forma assim atualizada e terminada pela faculdade apetitiva, a vontade, que é essa fonte. Porém, tem ela necessidade desse acabamento. Somente em Deus, cuja essência é infinita, como o bem mesmo que nela se realiza, a forma, ou natureza, é por si mesma, sem nenhuma nova atualização, o princípio do dinamismo. Dinamismo transcendente, sem movimento, já que não busca nada de exterior à forma, e contudo ápice vertiginoso de todo movimento.

d. A inteligência atrai a si o ser, e portanto todos os entes, o universo, a fim de fazê-los existir nela, para ser não apenas segundo o que é o próprio inteligente, mas segundo o que são todos os entes que ele conhece. A vontade, pelo contrário, vai aos entes para possuir com eles o bem que está neles. São dois movimentos opostos, que procedem um e outro da forma constitutiva do ente, mas atualizados de duas maneiras distintas e, portanto, por duas determinações diversas, o intelecto e a vontade, que não podem identificar-se. Exceto em Deus, pois esses dois movimentos se fundem no infinito nesse dinamismo transcendente ao qual nos referíamos. Nesse ápice, contudo, em Deus, toda a realidade da intelecção, toda aquela do apetite existem, mas em UM.

AD SECUNDUM dicendum quod potentiae non diversificantur secundum materialem distinctionem obiectorum, sed secundum formalem distinctionem, quae attenditur secundum rationem obiecti. Et ideo diversitas secundum rationem boni et veri, sufficit ad diversitatem intellectus et voluntatis.

AD TERTIUM dicendum quod, quia bonum et verum convertuntur secundum rem, inde est quod et bonum ab intellectu intelligitur sub ratione veri, et verum a voluntate appetitur sub ratione boni. Sed tamen diversitas rationum ad diversificandum potentias sufficit, ut dictum est[1].

QUANTO AO 2º, deve-se dizer que as potências não se diversificam segundo a distinção material dos objetos, mas segundo a distinção formal, que se fundamenta na razão do objeto. Por isso, a distinção segundo a razão do bem e do verdadeiro é suficiente para estabelecer a distinção entre o intelecto e a vontade.

QUANTO AO 3º, deve-se dizer que o bem e o verdadeiro são convertíveis realmente, por isso o bem é conhecido pelo intelecto sob a razão de verdadeiro, e o verdadeiro é desejado pela vontade sob a razão de bem. Todavia, esta diversidade de razões é suficiente para estabelecer a distinção das potências, como foi dito.

ARTICULUS 3
Utrum in angelis sit liberum arbitrium

AD TERTIUM SIC PROCEDITUR. Videtur quod in angelis non sit liberum arbitrium.
1. Actus enim liberi arbitrii est *eligere*. Sed electio non potest esse in angelis: cum electio sit *appetitus praeconsiliati*, consilium autem est *inquisitio quaedam* ut dicitur in III *Ethic.*[1]; angeli autem non cognoscunt inquirendo, quia hoc pertinet ad discursum rationis. Ergo videtur quod in angelis non sit liberum arbitrium.
2. PRAETEREA, liberum arbitrium se habet ad utrumlibet. Sed ex parte intellectus non est aliquid se habens ad utrumlibet in angelis: quia intellectus eorum non fallitur in naturalibus intelligibilibus, ut dictum est[2]. Ergo nec ex parte appetitus liberum arbitrium in eis esse potest.
3. PRAETEREA, ea quae sunt naturalia in angelis, conveniunt eis secundum magis et minus: quia in superioribus angelis natura intellectualis est perfectior quam in inferioribus. Liberum autem arbitrium non recipit magis et minus. Ergo in angelis non est liberum arbitrium.
SED CONTRA, libertas arbitrii ad dignitatem hominis pertinet. Sed angeli digniores sunt hominibus. Ergo libertas arbitrii, cum sint in hominibus, multo magis est in angelis.

RESPONDEO dicendum quod quaedam sunt quae non agunt ex aliquo arbitrio, sed quasi ab aliis

ARTIGO 3
Os anjos têm livre-arbítrio?

QUANTO AO TERCEIRO, ASSIM SE PROCEDE: parece que os anjos **não** têm livre-arbítrio.
1. Com efeito, o ato do livre-arbítrio é a *escolha*. Ora, não pode haver escolha nos anjos, porque ela supõe um *apetite deliberativo* e a deliberação é uma *inquisição*, como se diz no livro III da *Ética*. E os anjos não conhecem mediante inquirição, porque esta é ato do discurso racional. Logo, os anjos não têm livre-arbítrio.
2. ALÉM DISSO, o livre-arbítrio se refere a um e outro lado. Ora, o intelecto dos anjos não tem essa possibilidade, porque ele não erra nos inteligíveis que lhe são naturais, como foi dito. Logo, nem por parte do apetite, os anjos podem ter livre-arbítrio.

3. ADEMAIS, o que é natural nos anjos lhes convém segundo mais ou menos, porque a natureza intelectual dos anjos superiores é mais perfeita que a dos anjos inferiores. Ora, o livre-arbítrio não aceita mais ou menos. Logo, os anjos não têm livre-arbítrio.

EM SENTIDO CONTRÁRIO, a liberdade de arbítrio pertence à dignidade humana. Ora, os anjos são mais dignos que os homens. Por isso, uma vez que os homens têm liberdade de arbítrio, com maior razão a terão os anjos.

RESPONDO. Há alguns que não agem escolhendo, mas como que movidos e atuados por outros. Por

---

1. In resp. ad 2.

3 PARALL.: II *Sent.*, dist. 25, q. 1, a. 1; *Cont. Gent.* II, 48; *De Verit.*, q. 23, a. 1; q. 24, a. 3; *De Malo*, q. 16, a. 5; *Compend. Theol.*, c. 76.

1. C. 4: 1112, a, 13-17; c. 5: 1112, b, 20-24.
2. Q. 58, a. 5.

acta et mota, sicut sagitta a sagittante movetur ad finem. Quaedam vero agunt quodam arbitrio, sed non libero, sicut animalia irrationalia: ovis enim fugit lupum ex quodam iudicio, quo existimat eum sibi noxium; sed hoc iudicium non est sibi liberum, sed a natura inditum. Sed solum id quod habet intellectum, potest agere iudicio libero, inquantum cognoscit universalem rationem boni, ex qua potest iudicare hoc vel illud esse bonum. Unde ubicumque est intellectus, est liberum arbitrium. Et sic patet liberum arbitrium esse in angelis etiam excellentius quam in hominibus, sicut et intellectum.

AD PRIMUM ergo dicendum quod Philosophus loquitur de electione secundum quod est hominis. Sicut autem aestimatio hominis in speculativis differt ab aestimatione angeli in hoc, quod una est absque inquisitione, alia vero per inquisitionem; ita et in operativis. Unde in angelis est electio; non tamen cum inquisitiva deliberatione consilii, sed per subitam acceptionem veritatis.

AD SECUNDUM dicendum quod, sicut dictum est[3], cognitio fit per hoc quod cognita sunt in cognoscente. Ad imperfectionem autem alicuius rei pertinet, si non sit in ea id quod natum est in ea esse. Unde angelus non esset perfectus in sua natura, si intellectus eius non esset determinatus ad omnem veritatem quam naturaliter cognoscere potest. — Sed actus appetitivae virtutis est per hoc quod affectus inclinatur ad rem exteriorem. Non autem dependet perfectio rei ex omni re ad quam inclinatur, sed solum ex superiori. Et ideo non pertinet ad imperfectionem angeli, si non habet voluntatem determinatam respectu eorum, quae infra ipsum sunt. Pertineret autem ad imperfectionem eius, si indeterminate se haberet ad illud quod supra ipsum est.

AD TERTIUM dicendum quod liberum arbitrium nobiliori modo est in superioribus angelis, quam in inferioribus, sicut et iudicium intellectus. Tamen verum est quod ipsa libertas, secundum quod in ea consideratur quaedam remotio coactionis, non suscipit magis et minus: quia privationes et negationes non remittuntur nec intenduntur per se, sed solum per suam causam, vel secundum aliquam affirmationem adiunctam.

exemplo, a seta é movida ao alvo pelo sagitário. Há outros que agem escolhendo, mas não livremente, como os animais irracionais: a ovelha foge do lobo por certo juízo que lhe mostra o lobo como nocivo. Tal juízo, porém, não é livre, mas recebido da natureza. Somente o que possui intelecto poderá agir com livre juízo, enquanto conhece a razão universal do bem, podendo com ela julgar boa esta ou aquela coisa. Logo, onde há intelecto há livre-arbítrio. E assim fica claro que os anjos têm livre-arbítrio, como também o intelecto, de maneira mais excelente que os homens.

QUANTO AO 1º, portanto, deve-se dizer que o Filósofo fala da escolha própria dos homens. Visto que, na ordem especulativa, o juízo do homem difere do dos anjos, sendo este sem inquirição, aquele com inquirição, o mesmo se dá na ordem prática. Portanto os anjos escolhem não por deliberação proveniente de um juízo inquisitivo, mas por espontânea aceitação da verdade.

QUANTO AO 2º, deve-se dizer que, como já foi dito, o conhecimento se dá quando o conhecido está em quem o conhece. É imperfeita a coisa que não tem o que por natureza deve ter. Por isso, o anjo não seria perfeito em sua natureza se seu intelecto não fosse determinado a conhecer toda a verdade que naturalmente pode conhecer. — Mas o ato da faculdade apetitiva perfaz-se na tendência para um objeto exterior. Ora, a perfeição de uma coisa não depende de todas as realidades para as quais se inclina, mas somente das realidades superiores. Logo, não pertence à imperfeição do anjo não ter a vontade determinada para o que lhe é inferior. Pertenceria à imperfeição, no entanto, se a tivesse para o que lhe é superior[e] de maneira indeterminada.

QUANTO AO 3º, deve-se dizer que o livre-arbítrio está de modo mais excelente nos anjos superiores que nos inferiores, assim como o juízo do intelecto. Todavia, é verdade que à liberdade, segundo nela se considera o afastamento de coação, não cabe mais e menos, porque a privação e a negação não diminuem nem aumentam por si mesmas, mas somente por sua causa, ou por alguma afirmação adjunta.

---

3. Art. praec.; q. 12, a. 4.

e. A menor verdade é uma riqueza para a inteligência, e ignorá-la é uma carência. Pelo contrário, deve valer a pena que se saia de si mesmo para se enriquecer com o bem. O que é a perfeição para um ente não é necessariamente uma perfeição para um outro, um bem para ele. Daí a necessidade de julgá-lo, e esse poder misterioso da vontade de dominar a atração que ele exerce sobre ela. No entanto, existe ainda esse poder em relação ao Bem absoluto, incontestável, que é o Bem divino? Este será o problema tão difícil do pecado do anjo.

Articulus 4
Utrum in angelis sit irascibilis et concupiscibilis

AD QUARTUM SIC PROCEDITUR. Videtur quod in angelis sit irascibilis et concupiscibilis.
1. Dicit enim Dionysius, 4 cap. *de Div. Nom.*[1], quod in daemonibus est *furor irrationabilis* et *concupiscentia amens*. Sed daemones eiusdem naturae sunt cum angelis: quia peccatum non mutavit in eis naturam. Ergo in angelis est irascibilis et concupiscibilis.
2. PRAETEREA, amor et gaudium in concupiscibili sunt; ira vero, spes et timor in irascibili. Sed haec attribuuntur angelis bonis et malis in Scripturis. Ergo in angelis est irascibilis et concupiscibilis.

3. PRAETEREA, virtutes quaedam dicuntur esse in irascibili et concupiscibili; sicut caritas et temperantia videntur esse in concupiscibili, spes autem et fortitudo in irascibili. Sed virtutes hae sunt in angelis. Ergo in angelis est concupiscibilis et irascibilis.

SED CONTRA est quod Philosophus dicit, in III *de Anima*[2], quod irascibilis et concupiscibilis sunt in parte sensitiva; quae non est in angelis. Ergo in eis non est irascibilis et concupiscibilis.

RESPONDEO dicendum quod intellectivus appetitus non dividitur per irascibilem et concupiscibilem, sed solum appetitus sensitivus. Cuius ratio est quia cum potentiae non distinguantur secundum distinctionem materialem obiectorum, sed solum secundum rationem formalem obiecti; si alicui potentiae respondeat aliquod obiectum secundum rationem communem, non erit distinctio potentiarum secundum diversitatem propriorum quae sub illo communi continentur. Sicut si proprium obiectum potentiae visivae est color secundum rationem coloris, non distinguuntur plures potentiae visivae secundum differentiam albi et nigri: sed si proprium obiectum alicuius potentiae esset album inquantum album, distingueretur potentia visiva albi a potentia visiva nigri.

Manifestum est autem ex dictis[3] quod obiectum appetitus intellectivi, qui voluntas dicitur, est bonum secundum communem boni rationem: nec potest esse aliquis appetitus nisi boni. Unde

Artigo 4
Têm os anjos o irascível e o concupiscível?

QUANTO AO QUARTO, ASSIM SE PROCEDE: parece que os anjos **têm** o irascível e o concupiscível.
1. Com efeito, diz Dionísio que os demônios têm o "ímpeto irracional" e a "concupiscência dos loucos". Ora, os demônios têm a mesma natureza dos anjos, porque o pecado não lhes mudou a natureza. Logo, os anjos têm o irascível e o concupiscível.
2. ALÉM DISSO, o amor e a alegria estão no concupiscível; a ira, a esperança e o temor, no irascível. Ora, a Escritura atribui essas paixões aos anjos bons e maus. Logo, os anjos têm o irascível e o concupiscível.
3. ADEMAIS, de algumas virtudes se diz que estão no concupiscível e no irascível. Por exemplo, a caridade e a temperança estão no concupiscível; a esperança e a fortaleza, no irascível. Ora, tais virtudes existem nos anjos. Logo, eles têm o concupiscível e o irascível.

EM SENTIDO CONTRÁRIO, diz o Filósofo, no livro III da *Alma*, que o concupiscível e o irascível pertencem à parte sensitiva, que os anjos não têm. Logo, neles não há o irascível e o concupiscível.

RESPONDO. O apetite intelectivo não se divide em concupiscível e irascível, apenas o apetite sensitivo. Assim é porque, como as potências não se distinguem segundo a distinção material dos objetos, mas só segundo sua razão formal, se a alguma potência corresponde um objeto segundo a razão comum, entre elas não haverá distinção segundo a diversidade de objetos próprios contidos na razão comum. Por exemplo, se o objeto próprio da potência de ver é a cor enquanto cor, não haverá, por isso, muitas potências de ver diferenciadas pela cor negra ou branca. Todavia, se o objeto próprio de alguma potência fosse o branco enquanto branco, distinguir-se-ia a potência de branco e a potência de negro.

Pelo que foi dito anteriormente, ficou claro que o objeto do apetite intelectivo, que se chama vontade, é o bem segundo a razão comum de bem, e que não haverá apetite algum que não seja do

---

4 PARALL.: Infra, q. 82, a. 5; II *Sent.*, dist. 7, q. 2, a. 1, ad 1; *De Malo*, q. 16, a. 1, ad 3.

1. MG 3, 725 B.
2. C. 9: 432, b, 3-7.
3. A. 1.

in parte intellectiva appetitus non dividitur secundum distinctionem aliquorum particularium bonorum; sicut dividitur appetitus sensitivus, qui non respicit bonum secundum communem rationem, sed quoddam particulare bonum. — Unde, cum in angelis non sit nisi appetitus intellectivus, eorum appetitus non distinguitur per irascibilem et concupiscibilem, sed remanet indivisus; et vocatur voluntas.

AD PRIMUM ergo dicendum quod furor et concupiscentia metaphorice dicuntur esse in daemonibus, sicut et ira quandoque Deo attribuitur, propter similitudinem effectus.

AD SECUNDUM dicendum quod amor et gaudium, secundum quod sunt passiones, sunt in concupiscibili: sed secundum quod nominant simplicem voluntatis actum, sic sunt in intellectiva parte; prout amare est velle bonum alicui, et gaudere est quiescere voluntatem in aliquo bono habito. Et universaliter nihil horum dicitur de angelis secundum passionem, ut Augustinus dicit, IX *de Civ. Dei*[4].

AD TERTIUM dicendum quod caritas, secundum quod est virtus, non est in concupiscibili, sed in voluntate. Nam obiectum concupiscibilis est bonum delectabile secundum sensum: huiusmodi autem non est bonum divinum, quod est obiectum caritatis. — Et eadem ratione dicendum est quod spes non est in irascibili: quia obiectum irascibilis est quoddam arduum quod est sensibile, circa quod non est spes quae est virtus, sed circa arduum divinum. — Temperantia autem, secundum quod est virtus humana, est circa concupiscentias delectabilium sensibilium, quae pertinent ad vim concupiscibilem. Et similiter fortitudo est circa audacias et timores quae sunt in irascibili. Et ideo temperantia, secundum quod est virtus humana, est in concupiscibili, et fortitudo in irascibili. Sed hoc modo non sunt in angelis. Non enim in eis sunt passiones concupiscentiarum, vel timoris et audaciae, quas oporteat per temperantiam et fortitudinem regulare. Sed temperantia in eis dicitur, secundum quod moderate suam voluntatem exhibent secundum regulam divinae voluntatis. Et fortitudo in eis dicitur, secundum quod voluntatem divinam firmiter exequuntur. Quod totum fit per voluntatem, et non per irascibilem et concupiscibilem.

bem. Daí na parte intelectiva os apetites não se distinguirem segundo os bens particulares, como acontece na parte sensitiva, que não visa ao bem segundo sua razão comum, mas certo bem particular. — Por isso, como nos anjos só há apetite intelectivo, este não se distingue em concupiscível e irascível, mas permanece indivisível, e se chama vontade.

QUANTO AO 1º, portanto, deve-se dizer que se atribuem aos demônios fúria e concupiscência metaforicamente, como, às vezes, a ira é atribuída a Deus, por causa da semelhança dos efeitos.

QUANTO AO 2º, deve-se dizer que amor e prazer, enquanto paixões, estão no concupiscível, mas enquanto por eles se designa o simples ato da vontade, estão na parte intelectiva; assim, amar é querer o bem a alguém e comprazer-se é o repouso da vontade no bem que se possui. Como diz Agostinho: em geral, nenhum deles se diz dos anjos como paixões.

QUANTO AO 3º, deve-se dizer que a caridade, enquanto virtude, não está no concupiscível, porém na vontade. Pois o objeto do concupiscível é o bem deleitável sensível, não o bem divino, objeto da caridade. — Pelo mesmo motivo se deve dizer que a esperança não está no irascível, porque o objeto do irascível é o que é árduo para o sentido; a esperança, que é uma virtude, tem como objeto, não o árduo que é sensível, mas o árduo divino. — A temperança, enquanto virtude humana, refere-se ao desejo das coisas sensíveis deleitáveis que pertencem ao apetite concupiscível. Assim também a fortaleza refere-se às audácias e aos temores do irascível. Por isso, a temperança, virtude humana, está no concupiscível, e a fortaleza, no irascível. Desse modo, porém, não existem nos anjos. Neles não há paixões concupiscíveis, nem temor, nem audácia, que devem ser regulados pela temperança e pela fortaleza. Diz-se que nos anjos há temperança enquanto moderadamente manifestam a própria vontade regulada pela vontade divina. Diz-se, outrossim, que neles há fortaleza enquanto cumprem firmemente a vontade divina. Todos esses atos são da vontade, não do concupiscível nem do irascível.

---

4. C. 5: ML 41, 261.

QUAESTIO LX
DE AMORE SEU DILECTIONE ANGELORUM
in quinque articulos divisa

Deinde considerandum est de actu voluntatis, qui est amor sive dilectio: nam omnis actus appetitivae virtutis ex amore seu dilectione derivatur. Et circa hoc quaeruntur quinque.
Primo: utrum in angelis sit dilectio naturalis.
Secundo: utrum in eis sit dilectio electiva.
Tertio: utrum angelus diligat seipsum dilectione naturali an electiva.
Quarto: utrum unus angelus diligat alium dilectione naturali sicut seipsum.
Quinto: utrum angelus naturali dilectione diligat Deum plus quam seipsum.

ARTICULUS 1
Utrum in angelo sit amor seu dilectio naturalis

AD PRIMUM SIC PROCEDITUR. Videtur quod in angelis non sit amor vel dilectio naturalis.

1. Amor enim naturalis dividitur contra intellectualem; ut patet per Dionysium, 4 cap. *de Div. Nom.*[1]. Sed amor angeli est intellectualis. Ergo non est naturalis.
2. PRAETEREA, ea quae amant amore naturali, magis aguntur quam agant: nihil enim habet dominium suae naturae. Sed angeli non aguntur, sed agunt; cum sint liberi arbitrii, ut ostensum est[2]. Ergo in angelis non est amor seu dilectio naturalis.
3. PRAETEREA, omnis dilectio aut est recta, aut non recta. Dilectio autem recta pertinet ad caritatem: dilectio autem non recta pertinet ad iniquitatem. Neutrum autem horum pertinet ad naturam: quia caritas est supra naturam, iniquitas autem est contra naturam. Ergo nulla dilectio naturalis est in angelis.

QUESTÃO 60
O AMOR OU DILEÇÃO DOS ANJOS
em cinco artigos

É preciso considerar, em seguida, o ato de vontade, que é o amor ou dileção, pois todo ato da potência apetitiva provém do amor ou dileção. Sobre isso são cinco as perguntas:
1. Têm os anjos o amor natural?
2. Têm os anjos o amor eletivo?
3. Os anjos se amam com amor natural ou eletivo?
4. Ama um anjo a outro como a si mesmo, com amor natural?
5. O anjo ama a Deus com amor natural, mais do que a si mesmo?

ARTIGO 1
Tem o anjo o amor natural?[a]

QUANTO AO PRIMEIRO ARTIGO, ASSIM SE PROCEDE: parece que os anjos **não** têm o amor ou dileção natural.

1. Com efeito, diz Dionísio que o amor natural se opõe ao amor intelectual. Ora, o amor do anjo é intelectual. Logo, não é natural.

2. ALÉM DISSO, os que amam com amor natural são mais passivos que ativos, pois nenhum tem o domínio de sua natureza. Ora, os anjos não são passivos, mas ativos, já que têm livre-arbítrio, como foi demonstrado. Logo, eles não têm amor ou dileção natural.

3. ADEMAIS, o amor é reto ou não-reto. O amor reto diz respeito à caridade, o não-reto à iniquidade. Ora, nenhum desses dois amores é natural, porque a caridade é sobrenatural, e a iniquidade é contra a natureza. Logo, os anjos não têm amor natural.

---

1 PARALL.: III *Sent.*, dist. 27, q. 1, a. 2.

1. MG 3, 713 AB.
2. Q. 59, a. 3.

a. Em toda esta questão, o termo "natural" traz dificuldades devido à própria riqueza de seu sentido, e de uma passagem sutil de um aspecto a outro do que ele significa. É "natural" o que se refere à natureza, seja como um elemento constituinte, seja como uma propriedade, seja como operação. A que se contrapõe? Simultaneamente, e nisto reside a ambiguidade, ao "sobrenatural" — ou seja, ao fato de que um ente tenha ou possa ter, por um dom gratuito de Deus, o que vai exaltar e ampliar o que ele é e o que ele é capaz de operar em virtude de sua natureza — e ao "livre", ou seja, à operação que, mesmo brotando de sua natureza, é controlada e dirigida por sua vontade, não portanto determinada e necessária. Em nosso artigo, o segundo sentido prevalece. Como o ato característico da vontade é o amor, trata-se de saber se há no anjo um amor determinado, não--livre, incoercível. Contudo, ficou estabelecido que, nele, o amor procede da vontade, que é livre. É o paradoxo da vontade que é natureza mais profundamente ainda que liberdade, com o que esta tem de próprio, o domínio sobre seu ato.

SED CONTRA est quod dilectio sequitur cognitionem: nihil enim amatur nisi cognitum, ut Augustinus dicit, X *de Trin*.³. Sed in angelis est cognitio naturalis. Ergo est dilectio naturalis.

RESPONDEO dicendum quod necesse est in angelis ponere dilectionem naturalem. Ad cuius evidentiam, considerandum est quod semper prius salvatur in posteriori. Natura autem prior est quam intellectus: quia natura cuiuscumque rei est essentia eius. Unde id quod est naturae, oportet salvari etiam in habentibus intellectum. Est autem hoc commune omni naturae, ut habeat aliquam inclinationem, quae est appetitus naturalis vel amor. Quae tamen inclinatio diversimode invenitur in diversis naturis, in unaquaque secundum modum eius. Unde in natura intellectuali invenitur inclinatio naturalis secundum voluntatem; in natura autem sensitiva, secundum appetitum sensitivum: in natura vero carente cognitione, secundum solum ordinem naturae in aliquid. Unde cum angelus sit natura intellectualis, oportet quod in voluntate eius sit naturalis dilectio.

AD PRIMUM ergo dicendum quod intellectualis amor dividitur contra naturalem qui est solum naturalis, inquantum est naturae quae non addit supra rationem naturae perfectionem sensus aut intellectus.

AD SECUNDUM dicendum quod omnia quae sunt in toto mundo, aguntur ab aliquo, praeter primum agens, quod ita agit quod nullo modo ab alio agitur: in quo est idem natura et voluntas. Et ideo non est inconveniens si angelus agatur, inquantum inclinatio naturalis est sibi indita ab Auctore suae naturae. Non tamen sic agitur quod non agat; cum habeat liberam voluntatem.

AD TERTIUM dicendum quod, sicut cognitio naturalis semper est vera, ita dilectio naturalis

EM SENTIDO CONTRÁRIO, diz Agostinho que o amor segue o conhecimento, porque nada é amado se não é conhecido. Mas os anjos têm conhecimento natural. Logo, têm amor natural.

RESPONDO. É necessário admitir nos anjos amor natural. Para evidenciar essa afirmação, deve-se considerar que o que é primeiro sempre deve existir no que é posterior. Ora, a natureza é anterior ao intelecto, porque a natureza de uma coisa é sua essência. Logo, o que é próprio da natureza deve existir nos que têm intelecto. Ora, é comum em toda natureza haver alguma inclinação, que é seu apetite natural ou amor. Essa inclinação encontra-se de diversos modos nas diversas naturezas, em cada uma segundo seu modo. Consequentemente, na natureza intelectual se encontra inclinação natural segundo a vontade; na natureza sensitiva, segundo o apetite sensitivo; na natureza desprovida de conhecimento, somente segundo a inclinação natural para alguma coisa. Portanto, sendo o anjo de natureza intelectual, necessariamente sua vontade tem amor natural[b].

QUANTO AO 1º, portanto, deve-se dizer que o amor intelectual se opõe ao amor natural, que é somente natural, a saber, de uma natureza que não acrescenta à razão de natureza a perfeição do sentido ou do intelecto.

QUANTO AO 2º, deve-se dizer que tudo o que existe no mundo inteiro está sob a ação de outro, exceto o primeiro agente que age de tal modo que, de maneira alguma, está sob a ação de outro, e nele identificam-se a natureza e a vontade. Por isso, não é inconveniente que o anjo esteja sob a ação, uma vez que sua inclinação natural lhe foi infundida pelo Criador de sua natureza. Não está, porém, sob ação, de tal modo que não aja, visto ter a vontade livre.

QUANTO AO 3º, deve-se dizer que como o conhecimento natural sempre é verdadeiro, também o

---

3. L. VIII, c. 4; l. X, c. 1, 2: ML 42, 951, 971-975.

b. S*emper prius salvatur in posteriori*: este é um desses adágios escolásticos intraduzíveis, e todavia portador de um sentido metafísico de importância primordial. Em um ente, várias perfeições metafísicas são realizadas segundo certa ordem, desde a mais comum — o ser — até a mais determinada, que é ser ainda, uma vez que sem isto não seria nada, mas é mais particular que o próprio ser, podendo não se encontrar em outro ente. É uma riqueza maior, mas que pressupõe a riqueza comum do ser e não o suprime. Desse modo, o ser vivo é um ente, mas no qual o ser atingiu um nível superior, aquele que consiste em existir com certa autonomia, o ente o constituindo, ao menos parcialmente, por seu próprio movimento. Do mesmo modo, a intelectualidade é um grau superior do ser. O significado desse adágio é que o grau superior é dotado de todas as propriedades no grau geral, que ele eleva a seu nível. Na questão colocada, o grau geral é expresso pelo termo *essência*, ou *natureza*: todo ente possui uma essência determinada, uma natureza. O ente intelectual também. Toda natureza é dotada de uma inclinação ao bem que se denomina "apetite natural". Isto se acha portanto no plano do ente intelectual, mas segundo as condições que lhe são próprias: esse "apetite natural" será nele um ato da faculdade apetitiva espiritual, a vontade, e recebe o nome particular de "dileção".

N.B. O termo "apetite" foi tomado, na questão precedente, no sentido de "faculdade apetitiva"; aqui significa "ato dessa faculdade".

semper est recta: cum amor naturalis nihil aliud sit quam inclinatio naturae indita ab Auctore naturae. Dicere ergo quod inclinatio naturalis non sit recta, est derogare Auctori naturae. — Alia tamen est rectitudo naturalis dilectionis, et alia est rectitudo caritatis et virtutis: quia una rectitudo est perfectiva alterius. Sicut etiam alia est veritas naturalis cognitionis; et alia est veritas cognitionis infusae vel acquisitae.

amor natural sempre é reto, uma vez que o amor natural nada mais é do que a inclinação da natureza infundida pelo autor da natureza. Dizer que a inclinação natural não é reta é diminuir o Autor da natureza. — Uma, porém, é a retidão do amor natural, outra a da caridade e das virtudes, porque uma retidão aperfeiçoa a outra[c]. Como também uma é a verdade do conhecimento natural e outra a verdade do conhecimento infuso ou adquirido.

Articulus 2
Utrum in angelis sit dilectio electiva

Ad secundum sic proceditur. Videtur quod in angelis non sit dilectio electiva.

1. Dilectio enim electiva videtur esse amor rationalis: cum electio sequatur consilium, quod in inquisitione consistit, ut dicitur in III *Ethic*.[1] Sed rationalis amor dividitur contra intellectualem (qui est proprius angelorum); ut dicitur 4 cap. *de Div. Nom*.[2] Ergo in angelis non est dilectio electiva.

2. Praeterea, in angelis non est nisi cognitio naturalis, praeter cognitionem infusam: quia non discurrunt de principiis ad acquirendum conclusiones. Et sic ad omnia quae naturaliter cognoscere possunt, sic se habent sicut intellectus noster ad prima principia quae naturaliter cognoscere potest. Sed dilectio sequitur cognitionem, ut dictum est[3]. Ergo in angelis, praeter dilectionem gratuitam, non est nisi dilectio naturalis. Non ergo electiva.

Sed contra, naturalibus neque meremur neque demeremur. Sed angeli sua dilectione aliqua merentur, vel demerentur. Ergo in eis est aliqua dilectio electiva.

Respondeo dicendum quod in angelis est quaedam dilectio naturalis, et quaedam electiva. Et naturalis dilectio in eis est principium electivae: quia semper id quod pertinet ad prius, habet rationem principii; unde, cum natura sit primum quod est in unoquoque, oportet quod id quod ad naturam pertinet, sit principium in quolibet.

Et hoc apparet in homine et quantum ad intellectum, et quantum ad voluntatem. Intellectus enim cognoscit principia naturaliter: et ex hac cognitione causatur in homine scientia conclusionum, quae non cognoscuntur naturaliter ab homine, sed

Artigo 2
Têm os anjos amor eletivo?

Quanto ao segundo, assim se procede: parece que os anjos **não** têm amor eletivo.

1. Com efeito, o amor eletivo parece ser o amor racional, pois a eleição segue a deliberação, que consiste na inquirição, como se diz no livro III da *Ética*. Ora, o amor racional opõe-se ao intelectual, que é próprio dos anjos, segundo Dionísio. Logo, os anjos não têm amor eletivo.

2. Além disso, os anjos só têm o conhecimento natural, além do conhecimento infuso, porque eles não discorrem indo do princípio à conclusão. Por isso, estão para tudo o que podem naturalmente conhecer, como nosso intelecto está para os primeiros princípios que naturalmente pode conhecer. Ora, como foi dito, o amor segue o conhecimento. Logo, os anjos, afora o amor gratuito, só têm o amor natural. Portanto, não o amor eletivo.

Em sentido contrário, na ordem natural não merecemos nem desmerecemos. Ora, os anjos, em razão de seu amor, merecem ou desmerecem. Logo, os anjos têm um amor eletivo.

Respondo. Os anjos têm um amor natural e um amor eletivo. Neles, o amor natural é princípio do amor eletivo, porque sempre o que é primeiro tem razão de princípio: uma vez que a natureza é o primeiro que está em cada coisa, é necessário que o que a ela pertence seja também princípio em qualquer coisa.

Isso é evidente no homem quanto ao intelecto e à vontade. O intelecto conhece naturalmente os princípios, e esse conhecimento causa a ciência das conclusões, que não são conhecidas naturalmente pelos homens, mas pela pesquisa ou pelo

---

2 Parall.: I-II, q. 10, a. 1; *De Verit.*, q. 22, a. 5.

1. C. 4: 1112, a, 13-17; c. 5: 1112, b, 20-24.
2. MG 3, 713 AB.
3. A. praec., in arg. *Sed contra*.

---

c. Isto será explicado adiante, no artigo 5.

per inventionem vel doctrinam. — Similiter in voluntate finis hoc modo se habet, sicut principium in intellectu, ut dicitur in II *Physic*.[4]. Unde voluntas naturaliter tendit in suum finem ultimum: omnis enim homo naturaliter vult beatitudinem. Et ex hac naturali voluntate causantur omnes aliae voluntates: cum quidquid homo vult, velit propter finem. Dilectio igitur boni quod homo naturaliter vult sicut finem, est dilectio naturalis: dilectio autem ab hac derivata, quae est boni quod diligitur propter finem, est dilectio electiva.

Hoc tamen differenter se habet ex parte intellectus, et voluntatis. Quia, sicut supra[5] dictum est, cognitio intellectus fit secundum quod res cognitae sunt in cognoscente. Est autem ex imperfectione intellectualis naturae in homine, quod non statim eius intellectus naturaliter habet omnia intelligibilia, sed quaedam, a quibus in alia quodammodo movetur. — Sed actus appetitivae virtutis est, e converso, secundum ordinem appetentis ad res. Quarum quaedam sunt secundum se bona, et ideo secundum se appetibilia: quaedam vero habent rationem bonitatis ex ordine ad aliud, et sunt appetibilia propter aliud. Unde non est ex imperfectione appetentis, quod aliquid appetat naturaliter ut finem, et aliquid per electionem, ut ordinatur in finem. — Quia igitur natura intellectualis in angelis perfecta est, invenitur in eis sola cognitio naturalis, non autem ratiocinativa: sed invenitur in eis dilectio et naturalis et electiva.

Haec autem dicta sunt, praetermissis his quae supra naturam sunt: horum enim natura non est principium sufficiens. De his autem infra[6] dicetur.

AD PRIMUM ergo dicendum quod non omnis dilectio electiva est amor rationalis, secundum quod rationalis amor dividitur contra intellectualem. Dicitur enim sic amor rationalis, qui sequitur cognitionem ratiocinativam: non omnis autem electio consequitur discursum rationis, ut supra[7] dictum

ensino. — Igualmente, com respeito à vontade, o fim está para ela como o princípio está para o intelecto, segundo se diz no livro II da *Física*. Por isso, a vontade tende naturalmente a seu fim último: todo homem naturalmente quer a bem-aventurança, e dessa vontade natural derivam todas as vontades, pois tudo o que o homem quer, o quer pelo fim. O amor do bem que naturalmente o homem quer como fim é o amor natural. Porém, o amor dele derivado, o amor eletivo, se refere ao bem que é amado por causa do fim[d].

Mas isso acontece diferentemente quanto ao intelecto e quanto à vontade. Ora, como dito acima, o conhecimento do intelecto faz-se segundo o que é conhecido está em quem conhece. É uma imperfeição da natureza intelectual do homem não conhecer imediatamente todos os inteligíveis, mas apenas alguns, a partir dos quais procede para outros. — Mas o ato da faculdade apetitiva, ao contrário, faz-se segundo o que apetece se ordena às coisas. Entre estas, algumas são boas e apetecíveis por si mesmas, algumas são boas relativamente a outras, e apetecíveis por causa dessas outras. Por isso, não é por causa da imperfeição daquele que apetece que se deseja naturalmente alguma coisa como fim, e outra, por eleição, como ordenada para o fim. — Como, no entanto, a natureza intelectual dos anjos é perfeita, encontra-se neles só o conhecimento natural, não o racional. Todavia, neles se encontra o amor natural e o eletivo[e].

O que aqui está dito prescinde da ordem sobrenatural, para a qual a natureza não é princípio suficiente. Esse assunto será tratado adiante[f].

QUANTO AO 1º, portanto, deve-se dizer que nem todo amor eletivo é amor racional, enquanto o racional opõe-se ao intelectual. O amor racional é assim chamado porque segue um raciocínio, mas nem toda eleição segue o discurso da razão, como acima foi dito, quando se tratou do livre-

---

4. C. 9: 200, a, 15-34.
5. Q. 59, a. 2.
6. Q. 62.
7. Q. 59, a. 3, ad 1.

d. A fim de compreender esse raciocínio, é preciso acrescentar o seguinte, que está implícito: para atingir um mesmo fim, vários meios são possíveis; o amor determinado e incoercível do fim não basta portanto para determinar o amor deste ou daquele bem que se apresenta concretamente como um meio de alcançar ou (e) como um antegosto, e um início de sua posse.

e. O raciocínio é o seguinte: que uma inteligência seja obrigada a progredir de um inteligível a outro, isto provém de sua imperfeição, pois o inteligível está no intelecto, de modo que é a marca de uma intelectualidade imperfeita não ter em si desde o princípio todos os inteligíveis aos quais está ligada. Isto não se encontra no anjo, portanto, cuja natureza é perfeitamente intelectual. Inversamente, se um bem não possui força suficiente para provocar de maneira incoercível a vontade a amar e a tender em sua direção, é sinal de que sua bondade é imperfeita. Assim, só pode ser amado por escolha, e tal amor eletivo não denota no ente que ama imperfeição alguma.

f. É o outro sentido de "natural", segundo o qual ele se contrapõe a "gratuito", ou "sobrenatural".

est, cum de libero arbitrio ageretur; sed solum electio hominis. Unde ratio non sequitur.
AD SECUNDUM patet responsio ex dictis[8].

ARTICULUS 3
Utrum angelus diligat seipsum dilectione naturali et electiva

AD TERTIUM SIC PROCEDITUR. Videtur quod angelus non diligat seipsum dilectione naturali et electiva.
1. Dilectio enim naturalis est ipsius finis, sicut dictum est[1]; dilectio autem electiva, eorum quae sunt ad finem. Sed idem non potest esse finis et ad finem, respectu eiusdem. Ergo non potest esse eiusdem dilectio naturalis et electiva.
2. PRAETEREA, amor est *virtus unitiva et concretiva*, ut Dionysius dicit, 4 cap. *de Div. Nom.*[2]. Sed unitio et concretio est diversorum in unum reductorum. Ergo non potest angelus diligere seipsum.
3. PRAETEREA, dilectio est quidam motus. Sed omnis motus in alterum tendit. Ergo videtur quod angelus non possit amare seipsum dilectione naturali, nec electiva.
SED CONTRA est quod Philosophus dicit, IX *Ethic.*[3], quod *amicabilia quae sunt ad alterum, veniunt ex amicabilibus quae sunt ad seipsum.*
RESPONDEO dicendum quod, cum amor sit boni, bonum autem sit et in substantia et in accidente, ut patet I *Ethic.*[4], dupliciter aliquid amatur: uno modo, ut bonum subsistens; alio modo, ut bonum accidentale sive inhaerens. Illud quidem amatur ut bonum subsistens, quod sic amatur ut ei aliquis velit bonum. Ut bonum vero accidentale seu inhaerens amatur id quod desideratur alteri: sicut amatur scientia, non ut ipsa sit bona, sed ut habeatur. Et hunc modum amoris quidam nominaverunt *concupiscentiam*: primum vero *amicitiam*.

arbítrio, mas somente a eleição do homem. Logo, o argumento não é procedente.
QUANTO AO 2º, consta a resposta pelo que está dito.

ARTIGO 3
O anjo ama a si mesmo com amor natural e eletivo?

QUANTO AO TERCEIRO, ASSIM SE PROCEDE: parece que o anjo **não** ama a si mesmo com amor natural e eletivo.
1. Com efeito, o amor natural se refere ao fim, como foi dito; o amor eletivo, aos meios. Ora, a mesma coisa não pode ser fim e meio sob o mesmo aspecto. Logo, o amor do anjo não pode ser natural e eletivo.
2. ALÉM DISSO, como diz Dionísio, o amor é uma "virtude que junta e unifica". Ora, junção e união supõem diversidade naquilo que é unificado. Logo, o anjo não pode amar a si mesmo.
3. ADEMAIS, o amor é um movimento. Ora, todo movimento tende a um outro. Logo, parece que o anjo não pode amar a si mesmo nem com amor natural, nem com amor eletivo[g].
EM SENTIDO CONTRÁRIO, diz o Filósofo no livro IX da *Ética*: "O amor aos outros vem do amor a si mesmo".
RESPONDO. Como o amor tem por objeto o bem, e o bem existe na substância e no acidente, como se diz no livro I da *Ética*, uma coisa é amada de duas maneiras: como bem subsistente ou como bem acidental. O que é amado como bem subsistente é amado desejando-se-lhe o bem. Como bem acidental, ou inerente, é amado o que se deseja ao outro. Assim, é amada a ciência, não para que seja boa, mas para ser possuída. Este modo de amor alguns chamaram de *concupiscência*, o primeiro, de *amizade*[h].

---

8. In corp.

3   PARALL.: I-II, q. 26, a. 4; q. 29, a. 4; *De Div. Nom.*, c. 4, lect. 9.

1. Art. praec.
2. MG 3, 709 CD, 713 AB.
3. C. 4: 1166, a, 1-2.
4. C. 4: 1096, a, 17-23.

g. A primeira objeção pretende estabelecer que, se o anjo ama a si mesmo, esse amor só pode ser natural ou eletivo. As duas outras pretendem estabelecer que todo amor de si mesmo é impossível para o anjo (e logo para todo ente dotado de vontade). Aparentemente, há uma derivação de um objetivo a outro. No artigo, Sto. Tomás mostrará que o anjo ama a si mesmo ao mesmo tempo natural e eletivamente, mas sob dois aspectos diferentes.

h. Note-se, neste ponto, a reserva de Sto. Tomás sobre tal denominação. Para que haja amizade verdadeira, com efeito, é preciso que aquele ao qual se quer bem seja diferente de si mesmo.

Manifestum est autem quod in rebus cognitione carentibus, unumquodque naturaliter appetit consequi id quod est sibi bonum; sicut ignis locum sursum. Unde et angelus et homo naturaliter appetunt suum bonum et suam perfectionem. Et hoc est amare seipsum. Unde naturaliter tam angelus quam homo diligit seipsum, inquantum aliquod bonum naturali appetitu sibi desiderat. Inquantum vero sibi desiderat aliquod bonum per electionem, intantum amat seipsum dilectione electiva.

AD PRIMUM ergo dicendum quod angelus aut homo non diligit se dilectione naturali et electiva secundum idem; sed secundum diversa, ut dictum est[5].

AD SECUNDUM dicendum quod, sicut plus est esse unum quam uniri, ita amor magis est unus ad seipsum, quam ad diversa quae ei uniuntur. Sed ideo Dionysius usus fuit nomine *unitionis* et *concretionis*, ut ostenderet derivationem amoris a se in alia, sicut ab *uno* derivatur *unitio*.

AD TERTIUM dicendum quod, sicut amor est actio manens in agente, ita est motus manens in amante, non autem tendens in aliquid aliud ex necessitate; sed potest reflecti super amantem, ut amet seipsum, sicut et cognitio reflectitur in cognoscentem, ut cognoscat seipsum.

É evidente que nas coisas sem conhecimento cada uma deseja naturalmente conseguir o que é bom para si. Por exemplo, o fogo tende para o lugar alto. Por isso, também o anjo e o homem naturalmente desejam seu bem e sua perfeição. Isso é amar a si mesmo. Eis por que o anjo e o homem naturalmente amam a si mesmos enquanto desejam com apetite natural para si mesmos um bem. Porém, ao desejarem algum bem mediante eleição, amam-se com amor eletivo.

QUANTO AO 1º, portanto, deve-se dizer que o anjo como o homem não se amam com amor natural e eletivo com respeito a um mesmo bem, mas com respeito a bens diversos, como foi dito.

QUANTO AO 2º, deve-se dizer que assim como é mais ser uno do que ser unido, também há mais unidade no amor a si mesmo do que no amor a diversas coisas que lhe são unidas. Dionísio, usando os termos *união* e *junção*, deu a entender que o amor vai de si mesmo para os outros, como também a *união* deriva de *unidade*.

QUANTO AO 3º, deve-se dizer que como o amor é ação que permanece no que ama, também há um movimento que permanece no que ama, não tendendo por necessidade a alguma outra coisa. Pode, todavia, refletir-se sobre o amante para que ame a si mesmo, como o conhecimento se reflete sobre quem conhece para que se conheça.

ARTICULUS 4
Utrum unus angelus naturali dilectione diligat alium sicut seipsum

AD QUARTUM SIC PROCEDITUR. Videtur quod unus angelus non diligat naturali dilectione alium sicut seipsum.

1. Dilectio enim sequitur cognitionem. Sed unus angelus non cognoscit alium sicut seipsum: quia seipsum cognoscit per suam essentiam, alium vero per eius similitudinem, ut supra[1] dictum est. Ergo videtur quod unus angelus non diligat alium sicut seipsum.

2. PRAETEREA, causa est potior causato, et principium eo quod ex principio derivatur. Sed dilectio quae est ad alium, derivatur ab ea quae est ad seipsum; sicut dicit Philosophus, IX *Ethic.*[2]. Ergo angelus non diligit alium sicut seipsum, sed seipsum magis.

ARTIGO 4
Ama um anjo a outro como a si mesmo com amor natural?

QUANTO AO QUARTO, ASSIM SE PROCEDE: parece que um anjo **não** ama a outro como a si mesmo, com amor natural.

1. Com efeito, o amor segue o conhecimento. Ora, um anjo não conhece o outro como conhece a si mesmo, porque se conhece por sua essência, e o outro, por uma semelhança dele, como acima foi dito. Logo, parece que um anjo não ama a outro como ama a si mesmo.

2. ALÉM DISSO, a causa é superior ao efeito, e o princípio ao que dele é derivado. Ora, amor pelo outro deriva do que se tem por si mesmo, como diz o Filósofo no livro IX da *Ética*. Logo, o anjo não ama a outro anjo como ama a si mesmo, mais ama a si mesmo.

---

5. In corp.

PARALL.: *De Div. Nom.*, c. 4, lect. 9.

1. Q. 56, a. 1, 2.
2. C. 4: 1166, a, 1-2.

3. Praeterea, dilectio naturalis est alicuius tanquam finis; et non potest removeri. Sed unus angelus non est finis alterius; et iterum haec dilectio potest removeri, ut patet in daemonibus, qui non diligunt bonos angelos. Ergo unus angelus non diligit alium naturali dilectione sicut seipsum.

Sed contra est, quia illud quod invenitur in omnibus, etiam ratione carentibus, videtur esse naturale. Sed sicut dicitur Eccli 13,19, *omne animal diligit sibi simile*. Ergo angelus diligit naturaliter alium sicut seipsum.

Respondeo dicendum quod, sicut dictum est[3], angelus et homo naturaliter seipsum diligit. Illud autem quod est unum cum aliquo, est ipsummet: unde unumquodque diligit id quod est unum sibi. Et si quidem sit unum sibi unione naturali, diligit illud dilectione naturali: si vero sit unum secum unione non naturali, diligit ipsum dilectione non naturali. Sicut homo diligit civem suum dilectione politicae virtutis; consanguineum autem suum dilectione naturali, inquantum est unum cum eo in principio generationis naturalis.

Manifestum est autem quod id quod est unum cum aliquo, genere vel specie, est unum per naturam. Et ideo dilectione naturali quaelibet res diligit id quod est secum unum secundum speciem, inquantum diligit speciem suam. Et hoc etiam apparet in his quae cognitione carent: nam ignis naturalem inclinationem habet ut communicet alteri suam formam, quod est bonum eius; sicut naturaliter inclinatur ad hoc quod quaerat bonum suum, ut esse sursum.

Sic ergo dicendum est quod unus angelus diligit alium naturali dilectione, inquantum convenit cum eo in natura. Sed inquantum convenit cum eo in aliquibus aliis, vel etiam inquantum differt ab eo secundum quaedam alia, non diligit eum naturali dilectione.

Ad primum ergo dicendum quod hoc quod dico *sicut seipsum*, potest uno modo determinare cognitionem seu dilectionem ex parte cogniti et dilecti. Et sic cognoscit alium sicut seipsum: quia cognoscit alium esse, sicut cognoscit seipsum esse. — Alio modo potest determinare cognitionem et dilectionem ex parte diligentis et cognoscentis. Et sic non cognoscit alium sicut seipsum: quia se cognoscit per suam essentiam, alium autem non per eius essentiam. Et similiter non diligit alium sicut seipsum: quia seipsum diligit per suam voluntatem, alium autem non diligit per eius voluntatem.

3. Ademais, o amor natural tem como fim alguma coisa e não pode desaparecer. Ora, um anjo não é o fim de outro e, além disso, este amor pode desaparecer, como acontece nos demônios, que não amam os anjos bons. Logo, um anjo não ama a outro com amor natural, como a si mesmo.

Em sentido contrário, o que existe em todos, mesmo nos sem conhecimento, parece ser natural. Ora, segundo diz o livro do Eclesiástico: "Todo animal ama o que lhe é semelhante". Logo, o anjo naturalmente ama a outro anjo, como a si mesmo.

Respondo. Como foi dito, naturalmente o anjo e o homem amam-se a si mesmos. O que é uma só coisa com outra coisa é ela mesma. Por isso cada um ama o que é uma só coisa consigo. Se é um consigo por uma união natural, ama-o com amor natural. Mas se é um consigo por uma união não natural, ama-o com amor não natural. Ama-se um concidadão, com amor nascido da virtude política, um consanguíneo, porém, com amor natural, enquanto é uma só coisa com ele no princípio da geração natural.

É claro que o que é uma só coisa com algo, em gênero ou em espécie, constitui com ela uma unidade natural. Por isso, com amor natural cada coisa ama o que é, especificamente, uma só coisa com ela, enquanto ama sua espécie. Isso evidencia-se também nos que carecem de conhecimento, como o fogo que tem inclinação natural para comunicar a outro sua forma, que é seu bem, assim como se inclina naturalmente a buscar seu bem, que é elevar-se.

Por isso, deve-se dizer que um anjo ama outro anjo com amor natural enquanto coincide com ele na mesma natureza. Mas enquanto coincide com ele em outras coisas, ou enquanto se diferencia do outro por outras coisas, não ama com amor natural.

Quanto ao 1º, portanto, deve-se dizer que a expressão *como a si mesmo* pode determinar, primeiro, o conhecimento ou o amor da parte do que é conhecido e amado. E assim conhece a outro como a si mesmo, porque conhece que o outro existe como ele mesmo se conhece existente. — Segundo, pode determinar o conhecimento e o amor da parte do que ama e do que conhece. E assim não conhece o outro como a si mesmo, porque se conhece a si mesmo por sua essência, o outro, porém, não pela essência dele. Semelhantemente não ama o outro como a si mesmo, porque se ama por sua vontade, mas não ama o outro pela vontade dele.

---

3. A. praec.

AD SECUNDUM dicendum quod ly *sicut* non designat aequalitatem, sed similitudinem. Cum enim dilectio naturalis super unitatem naturalem fundetur, illud quod est minus unum cum eo, naturaliter minus diligit. Unde naturaliter plus diligit quod est unum numero, quam quod est unum specie vel genere. Sed naturale est quod similem dilectionem habeat ad alium sicut ad seipsum, quantum ad hoc, quod sicut seipsum diligit inquantum vult sibi bonum, ita alium diligat inquantum vult eius bonum.

AD TERTIUM dicendum quod dilectio naturalis dicitur esse ipsius finis, non tanquam cui aliquis velit bonum; sed tanquam bonum quod quis vult sibi, et per consequens alii, inquantum est unum sibi. Nec ista dilectio naturalis removeri potest etiam ab angelis malis, quin dilectionem naturalem habeant ad alios angelos, inquantum cum eis communicant in natura. Sed odiunt eos, inquantum diversificantur secundum iustitiam et iniustitiam.

ARTICULUS 5
Utrum angelus naturali dilectione diligat Deum plus quam seipsum

AD QUINTUM SIC PROCEDITUR. Videtur quod angelus naturali dilectione non diligat Deum plus quam seipsum.
1. Quia, ut dictum est[1], dilectio naturalis fundatur super unione naturali. Sed natura divina maxime distat a natura angeli. Ergo naturali dilectione angelus minus diligit Deum quam se, vel etiam alium angelum.
2. PRAETEREA, *propter quod unumquodque, et illud magis*[2]. Sed naturali dilectione quilibet diligit alium propter se: unumquodque enim diligit aliquid inquantum est bonum sibi. Ergo

QUANTO AO 2º, deve-se dizer que a conjunção *como* não designa igualdade, mas semelhança. Como o amor natural fundamenta-se na unidade da natureza, ao que está menos unido com ele também menos ama. Por isso, naturalmente mais ama o que é uma só coisa com ele, em número, do que o que é uma só coisa em gênero ou espécie. Mas é natural que tenha para com o outro um amor semelhante ao de si mesmo quanto a isso, a saber, assim como ama a si mesmo enquanto quer um bem para si, assim ama o outro enquanto lhe quer um bem.

QUANTO AO 3º, deve-se dizer que o amor natural é considerado fim de si mesmo, não como aquilo ao qual se queira um bem, mas como um bem que alguém quer para si, e consequentemente para o outro, enquanto uma só coisa consigo. Esse amor natural não pode desaparecer também nos demônios, pelo contrário, possuem amor natural para os outros anjos, enquanto têm em comum a mesma natureza. Mas os odeiam enquanto se diferenciam pela justiça e pela injustiça[i].

ARTIGO 5
O anjo ama a Deus com amor natural mais do que a si mesmo?

QUANTO AO QUINTO, ASSIM SE PROCEDE: parece que o anjo **não** ama a Deus com amor natural mais do que a si mesmo.
1. Com efeito, como foi dito, o amor natural fundamenta-se na união natural. Ora, a natureza divina está infinitamente distante da natureza dos anjos. Logo, o anjo ama menos a Deus com amor natural que a si ou a outro anjo.
2. ALÉM DISSO, diz-se que *o que é próprio do efeito enquanto tal, com maior razão é próprio da causa*. Ora, qualquer um ama, com amor natural, o outro em razão de si mesmo, pois qualquer um

---

5 PARALL.: I-II, q. 109, a. 3; II-II, q. 26, a. 3; II *Sent.*, dist. 3, part. 2, q. 3; III, dist. 29, a. 3; *Quodlib.* I, q. 4, a. 3; *De Div. Nom.*, c. 4, lect. 9, 10.

1. A. praec.
2. *Poster.*, l. I, c. 2: 72.

i. Desse modo são especificados o sentido da questão exposta e o da resposta proposta no corpo do artigo. Não se trata de afirmar que o anjo ama outro anjo da mesma maneira que ama a si mesmo, o que é evidentemente falso. Tampouco se trata de perguntar se ele ama o outro tanto quanto ama a si mesmo: esse ponto não é examinado. O que se afirma é que o amor do outro está envolvido no amor de si mesmo, pois a razão que se tem para amar a si mesmo — a saber, o bem presente em si mesmo — faz com que se ame o outro que também partilha esse bem, e na medida em que ele o partilha. Daí a observação de que fecha o artigo e suaviza bastante a resposta: o outro não é idêntico a si mesmo, possui "partes" de bondade mediante as quais ele é semelhante ou diferente, e essa pode ser a razão seja de um amor eletivo, seja do ódio. Assim ocorre com o homem no que se refere ao amor natural fundado sobre sua consanguinidade, que propicia fortes inimizades e também amizades eletivas. Do mesmo modo, nos anjos, o amor natural fundado sobre a comunidade de natureza não impede o ódio dos anjos pecadores contra aqueles que permaneceram fiéis, conforme fica claro na r. 3.

dilectione naturali angelus non diligit Deum plus quam seipsum.

3. Praeterea, natura reflectitur in seipsam: videmus enim quod omne agens naturaliter agit ad conservationem sui. Non autem reflecteretur in seipsam natura, si tenderet in aliud plus quam in seipsam. Non ergo naturali dilectione diligit angelus Deum plus quam se.

4. Praeterea, hoc videtur esse proprium caritatis, ut aliquis Deum plus quam seipsum diligat. Sed dilectio caritatis non est naturalis in angelis, sed *diffunditur in cordibus eorum per Spiritum Sanctum, qui datus est eis*, ut dicit Augustinus, XII *de Civ. Dei*[3]. Ergo non diligunt Deum angeli dilectione naturali plus quam seipsos.

5. Praeterea, dilectio naturalis semper manet, manente natura. Sed diligere Deum plus quam seipsum non manet in peccante angelo vel homine: quia, ut Augustinus dicit, XIV *de Civ. Dei*[4], *fecerunt civitates duas amores duo, terrenam scilicet amor sui usque ad Dei contemptum, caelestem vero amor Dei usque ad contemptum sui*. Ergo diligere Deum supra seipsum non est naturale.

Sed contra, omnia moralia legis praecepta sunt de lege naturae. Sed praeceptum de diligendo Deum supra seipsum, est praeceptum morale legis. Ergo est de lege naturae. Ergo dilectione naturali angelus diligit Deum supra seipsum.

Respondeo dicendum quod quidam dixerunt quod angelus naturali dilectione diligit Deum plus quam se, amore concupiscentiae: quia scilicet plus appetit sibi bonum divinum quam bonum suum. Et quodammodo amore amicitiae, inquantum scilicet Deo vult naturaliter angelus maius bonum quam sibi: vult enim naturaliter Deum esse Deum, se autem vult habere naturam propriam. Sed simpliciter loquendo, naturali dilectione plus diligit se quam Deum: quia intensius et principalius naturaliter diligit se quam Deum.

Sed falsitas huius opinionis manifeste apparet, si quis in rebus naturalibus consideret ad quid res naturaliter moveatur: inclinatio enim naturalis in his quae sunt sine ratione, demonstrat inclinationem naturalem in voluntate intellectualis naturae. Unumquodque autem in rebus naturalibus, quod secundum naturam hoc ipsum quod est, alterius

ama alguma coisa enquanto é um bem para si. Logo, com amor natural o anjo não ama a Deus mais que a si mesmo.

3. Ademais, a natureza volta-se sobre si mesma, pois vemos que todo agente naturalmente age para se conservar. Ora, a natureza não voltaria sobre si, se tendesse mais para outra coisa do que para si mesma. Logo, com amor natural o anjo não ama a Deus mais que a si.

4. Ademais, parece ser próprio da caridade que alguém ame mais a Deus que a si. Ora, o amor de caridade não é natural ao anjo, pois, como diz Agostinho, "é infundido no coração do anjo pelo Espírito Santo que lhe é dado". Logo, com amor natural o anjo não ama a Deus mais que a si.

5. Ademais, o amor natural sempre permanece, enquanto permanece a natureza. Ora, amar mais a Deus que a si não permanece no anjo pecador ou no homem pecador, porque, segundo Agostinho, "dois amores fizeram duas cidades, uma terrena, vinda do amor de si até o desprezo de Deus; outra celeste, vinda do amor de Deus até o desprezo de si". Logo, amar a Deus mais que a si não é natural.

Em sentido contrário, todos os preceitos morais são parte da lei natural. Ora, o preceito de amar a Deus mais que a si é preceito da lei moral. Logo, faz parte da lei natural. Por isso, o anjo, com amor natural, ama a Deus mais que a si mesmo.

Respondo. Alguns afirmaram que o anjo, com amor natural, ama a Deus mais que a si pelo amor de concupiscência, porque por esse amor tende mais para o bem divino que para seu bem. E, de algum modo, por amor de amizade, enquanto quer naturalmente um bem maior para Deus do que para si: naturalmente quer que Deus seja Deus, enquanto para si mesmo quer ter a própria natureza. Todavia, propriamente falando, com amor natural mais ama a si do que a Deus, porque por esse amor mais intensa e principalmente ama a si do que a Deus.

Contudo, a falsidade dessa opinião torna-se evidente, se se considera nas coisas naturais o termo para o qual são elas naturalmente movidas. Ora, a inclinação natural das coisas que carecem de conhecimento manifesta a inclinação natural da vontade da natureza intelectual. Nas coisas naturais cada uma que, por natureza, depende de

---

3. C. 9: ML 41, 357.
4. C. 28: ML 41, 436.

est, principalius et magis inclinatur in id cuius est, quam in seipsum. Et haec inclinatio naturalis demonstratur ex his quae naturaliter aguntur: quia *unumquodque, sicut agitur naturaliter, sic aptum natum est agi*, ut dicitur in II *Physic*.[5]. Videmus enim quod naturaliter pars se exponit, ad conservationem totius: sicut manus exponitur ictui, absque deliberatione, ad conservationem totius corporis. Et quia ratio imitatur naturam, huiusmodi inclinationem invenimus in virtutibus politicis: est enim virtuosi civis, ut se exponat mortis periculo pro totius reipublicae conservatione; et si homo esset naturalis pars huius civitatis, haec inclinatio esset ei naturalis.

Quia igitur bonum universale est ipse Deus, et sub hoc bono continetur etiam angelus et homo et omnis creatura, quia omnis creatura naturaliter, secundum id quod est, Dei est; sequitur quod naturali dilectione etiam angelus et homo plus et principalius diligat Deum quam seipsum. — Alioquin, si naturaliter plus seipsum diligeret quam Deum, sequeretur quod naturalis dilectio esset perversa; et quod non perficeretur per caritatem, sed destrueretur.

AD PRIMUM ergo dicendum quod ratio illa procedit in his quae ex aequo dividuntur, quorum unum non est alteri ratio existendi et bonitatis: in talibus enim unumquodque diligit naturaliter magis seipsum quam alterum, inquantum est magis sibi ipsi unum quam alteri. Sed in illis quorum unum est tota ratio existendi et bonitatis alii, magis diligitur naturaliter tale alterum quam ipsum; sicut dictum est[6] quod unaquaequae pars diligit naturaliter totum plus quam se. Et quodlibet singulare naturaliter diligit plus bonum suae speciei, quam bonum suum singulare. Deus autem non solum est bonum unius speciei, sed est ipsum universale bonum simpliciter. Unde unumquodque suo modo naturaliter diligit Deum plus quam seipsum.

AD SECUNDUM dicendum quod, cum dicitur quod Deus diligitur ab angelo inquantum est ei bonus, si ly *inquantum* dicat finem, sic falsum

uma outra se inclina mais e principalmente para essa outra da qual depende que para si mesma. Essa inclinação natural mostra-se nas coisas que operam naturalmente, porque, como se diz no livro II da *Física*, "cada coisa opera naturalmente segundo está destinada a operar". Vemos que a parte naturalmente se expõe para defender o todo. Por exemplo, a mão, sem deliberação, se expõe ao golpe para defender todo o corpo. Como a razão imita a natureza, tal inclinação se encontra nas virtudes políticas, pois é próprio do cidadão virtuoso expor-se ao perigo de morte para defesa de todo o Estado. E se o homem fosse parte natural dessa sociedade, essa inclinação lhe seria natural.

Portanto, uma vez que o bem universal é Deus, e esse bem abrange o anjo, o homem e todas as criaturas, porque toda criatura pelo que é naturalmente depende de Deus, conclui-se que o anjo e o homem amem com amor natural mais e principalmente a Deus do que a si mesmos[j]. — Porém, se naturalmente mais amasse a si que a Deus, resultaria que o amor natural seria perverso e que a caridade não o aperfeiçoaria, mas o destruiria.

QUANTO AO 1º, portanto, deve-se dizer que o argumento procede nas coisas que se distinguem igualmente, das quais uma não é a razão de a outra existir e de ser boa. Nelas, uma ama naturalmente mais a si, do que a outra, porque mais unificada está consigo mesma do que com a outra. Contudo, nas coisas em que uma é toda a razão de existir e de ser boa da outra, ela mais ama naturalmente a outra que a si mesma, como também foi dito que uma parte ama naturalmente o todo mais que a si mesma. Ademais, cada coisa singular ama naturalmente mais o bem da espécie do que seu bem singular. Mas Deus não é só o bem de uma espécie, mas o bem absoluto universal de todas as coisas. Por isso, cada coisa a seu modo naturalmente ama a Deus mais que a si mesma.

QUANTO AO 2º, deve-se dizer que quando se diz que Deus é amado pelo anjo enquanto é o bem do anjo, se o termo *enquanto* designa o fim, então é

---

5. C. 8: 199, a, 8-15.
6. In corp.

j. O primado do bem da espécie sobre o do indivíduo poderia introduzir a ideia de que o amor de si mesmo não é primeiro: mas é um ponto de partida, após o qual é preciso passar a uma situação radicalmente diferente. O bem da espécie, efetivamente, é uma abstração, de modo que seu primado não comporta uma dependência real, na ordem do bem, do indivíduo em relação a um ente superior, mas somente uma hierarquia em suas razões de amar. Enquanto o bem universal é concretamente realizado em Deus, de tal modo que seu primado se traduz pelo fato de que o amor de si se subordina ao amor de Deus. Tratar-se-ia de um amor explícito? Não evidentemente nos seres incapazes de conhecer a Deus, de conhecer-se como dependentes de Deus. No anjo, Sto. Tomás se refere manifestamente aqui a um amor explícito.

est: non enim diligit naturaliter Deum propter bonum suum, sed propter ipsum Deum. Si vero dicat rationem amoris ex parte amantis, sic verum est: non enim esset in natura alicuius quod amaret Deum, nisi ex eo quod unumquodque dependet a bono quod est Deus.

AD TERTIUM dicendum quod natura reflectitur in seipsam non solum quantum ad id quod est ei singulare, sed multo magis quantum ad commune: inclinatur enim unumquodque ad conservandum non solum suum individuum, sed etiam suam speciem. Et multo magis habet naturalem inclinationem unumquodque in id quod est bonum universale simpliciter.

AD QUARTUM dicendum quod Deus, secundum quod est universale bonum, a quo dependet omne bonum naturale, diligitur naturali dilectione ab unoquoque. Inquantum vero est bonum beatificans naturaliter omnes supernaturali beatitudine, sic diligitur dilectione caritatis.

AD QUINTUM dicendum quod, cum in Deo sit unum et idem eius substantia et bonum commune, omnes qui vident ipsam Dei essentiam, eodem motu dilectionis moventur in ipsam Dei essentiam prout est ab aliis distincta, et secundum quod est quoddam bonum commune. Et quia inquantum est bonum commune, naturaliter amatur ab omnibus; quicumque videt eum per essentiam, impossibile est quin diligat ipsum. Sed illi qui non vident essentiam eius, cognoscunt eum per aliquos particulares effectus, qui interdum eorum voluntati contrariantur. Et sic hoc modo dicuntur odio habere Deum: cum tamen, inquantum est bonum commune omnium, unumquodque naturaliter diligat plus Deum quam seipsum.

falso, pois o anjo não ama naturalmente a Deus em razão de seu bem próprio, mas em razão de Deus. Porém, se o termo designa a razão do amor da parte do amante, então é verdadeiro, pois não estaria na natureza de alguém amar a Deus, se cada um não dependesse desse bem que é Deus.

QUANTO AO 3º, deve-se dizer que a natureza volta-se sobre si mesma não somente com respeito àquilo que lhe é singular, mas muito mais com respeito àquilo que lhe é comum. Cada um não se inclina apenas para sua conservação individual, mas também para sua conservação específica. Com maior razão cada um possui inclinação natural para o que é o bem simplesmente universal.

QUANTO AO 4º, deve-se dizer que Deus, como bem universal do qual depende todo bem natural, é amado com amor natural por todos. Mas, como bem que beatifica a todos pela bem-aventurança sobrenatural, então é amado com amor de caridade[k].

QUANTO AO 5º, deve-se dizer que em Deus são uma e mesma coisa sua substância e o bem comum. Assim, todos os que veem a essência divina, mediante um só ato de amor, inclinam-se para ela, enquanto distinta das outras coisas e enquanto é bem comum. E porque enquanto é bem comum naturalmente é amado por todos, pois é impossível para quem o vê em sua essência não o amar. Mas os que não veem sua essência conhecem-no por alguns efeitos particulares, que às vezes lhes contrariam as vontades. Por isso se diz que se tem ódio a Deus; mas enquanto Deus é o bem comum de todas as coisas, cada uma delas naturalmente mais o ama que a si mesma.

---

[k]. Deus é infinitamente simples em si mesmo, e devido a isso nele se identificam o Bem universal realizado, do qual depende a bondade de todos os entes criados, e o Bem beatificante que ele é para alguns. Porém, podendo ser conhecido apenas imperfeitamente pela criatura, ele também é conhecido em diferentes níveis. No nível inferior, contando unicamente com os recursos da natureza, ele é conhecido como a realização transcendente do bem universal, e amado como tal. No nível superior, pela graça ainda não consumada na visão, ele é conhecido e amado como aquele que comunica sua vida, sua beatitude, e amado, então, por um amor novo, singular, que assume o amor natural sem confundir-se com ele: a caridade. No anjo pecador, a extinção da caridade não suprime o amor natural.

QUAESTIO LXI

DE PRODUCTIONE ANGELORUM IN ESSE NATURAE

in quatuor articulos divisa

Post ea quae praemissa sunt de natura angelorum, et cognitione et voluntate eorum, restat

QUESTÃO 61

A PRODUÇÃO DOS ANJOS EM SEU SER NATURAL

em quatro artigos

Depois que se tratou da natureza, do conhecimento e da vontade dos anjos, resta considerar

considerandum de eorum creatione, sive universaliter de eorum exordio. Et haec consideratio est tripartita. Nam primo considerabimus quomodo producti sunt in esse naturae; secundo, quomodo perfecti sunt in gratia vel gloria; tertio, quomodo aliqui ex eis facti sunt mali.

Circa primum quaeruntur quatuor.

Primo: utrum angelus habeat causam sui esse.
Secundo: utrum angelus sit ab aeterno.
Tertio: utrum angelus sit creatus ante corporalem creaturam.
Quarto: utrum angeli fuerint creati in caelo empyreo.

a criação ou, de maneira mais geral, o começo dos anjos. E isso em três partes: 1. como foram produzidos em seu ser natural; 2. como foram aperfeiçoados pela graça ou pela glória; 3. como alguns deles se tornaram maus.

A respeito do primeiro são quatro as perguntas:
1. Têm os anjos uma causa de seu existir?
2. Existem os anjos desde toda eternidade?
3. Foram criados os anjos antes das criaturas corporais?
4. Foram criados os anjos no céu empíreo?

Articulus 1
Utrum angeli habeant causam sui esse

Ad primum sic proceditur. Videtur quod angeli non habeant causam sui esse.

1. De his enim quae sunt a Deo creata, agitur Gn 1. Sed nulla mentio fit ibi de angelis. Ergo angeli non sunt creati a Deo.

2. Praeterea, Philosophus dicit, in VIII *Metaphys.*[1], quod si aliqua substantia sit forma sine materia, *statim per seipsam est ens et unum, et non habet causam quae faciat eam ens et unum.* Sed angeli sunt formae immateriales, ut supra[2] ostensum est. Ergo non habent causam sui esse.

3. Praeterea, omne quod fit ab aliquo agente, per hoc quod fit, accipit formam ab eo. Sed angeli, cum sint formae, non accipiunt formam ab aliquo agente. Ergo angeli non habent causam agentem.

Sed contra est quod dicitur in Ps 148,2: *Laudate eum, omnes angeli eius.* Et postea subdit: *Quoniam ipse dixit, et facta sunt.*

Respondeo dicendum quod necesse est dicere et angelos, et omne id quod praeter Deum est, a Deo factum esse. Solus enim Deus est suum esse: in omnibus autem aliis differt essentia rei et esse eius, ut ex superioribus[3] patet. Et ex hoc manifestum est quod solus Deus est ens per suam essentiam: omnia vero alia sunt entia per participationem. Omne autem quod est per participationem, causatur ab eo quod est per essentiam: sicut

Artigo 1
Têm os anjos uma causa de seu existir?

Quanto ao primeiro artigo, assim se procede: parece que os anjos **não** têm causa de seu existir.

1. Com efeito, no livro do Gênesis, se trata de todas as coisas criadas por Deus. Ora, não há ali referência alguma aos anjos. Logo, os anjos não foram criados por Deus.

2. Além disso, diz o Filósofo: se alguma substância é forma sem matéria, "será então por si mesma ente e uno, não havendo, pois, uma causa que a faça ente e uno". Ora, os anjos são formas sem matéria, como acima se demonstrou. Logo, os anjos não têm causa de seu existir.

3. Ademais, tudo o que é feito por um agente, pelo fato de ser feito recebe dele a forma. Ora, os anjos, sendo formas, não a recebem de um agente. Logo, não têm causa eficiente.

Em sentido contrário, diz o Salmo 148: "Louvai-o todos os seus anjos", e, depois, acrescenta: "Porque ele disse, e assim foram feitas".

Respondo. É necessário afirmar que os anjos e tudo que não é Deus são criados por Deus. Pois somente Deus é seu existir, e em todas as outras coisas distinguem-se a essência e o existir, como ficou evidenciado. Por isso, é claro que somente Deus é ente por sua essência: todas as outras coisas são entes por participação. Tudo aquilo que é por participação é causado pelo que é por essência. Por exemplo, tudo o que é queimado

---

1 Parall.: Supra, q. 44, a. 1; Opusc. XV, *de Angelis*, c. 9, 17.

1. C. 6: 1045, a, 36 — b, 7.
2. Q. 50, a. 2.
3. Q. 3, a. 4; q. 7, a. 1, ad 3; a. 2; q. 44, a. 1.

omne ignitum causatur ab igne. Unde necesse est angelos a Deo creatos esse.

AD PRIMUM ergo dicendum quod Augustinus dicit, in XI *de Civ. Dei*[4], quod angeli non sunt praetermissi in illa prima rerum creatione, sed significantur nomine *caeli*, aut etiam *lucis*. — Ideo autem vel praetermissi sunt, vel nominibus rerum corporalium significati, quia Moyses rudi populo loquebatur, qui nondum capere poterat incorpoream naturam; et si eis fuisset expressum aliquas res esse super omnem naturam corpoream, fuisset eis occasio idololatriae, ad quam proni erant, et a qua Moyses eos praecipue revocare intendebat.

AD SECUNDUM dicendum quod substantiae quae sunt formae subsistentes, non habent causam aliquam formalem sui esse et suae unitatis, nec causam agentem per transmutationem materiae de potentia in actum: sed habent causam producentem totam substantiam.

Et per hoc patet solutio AD TERTIUM.

ARTICULUS 2
Utrum angelus sit productus a Deo ab aeterno

AD SECUNDUM SIC PROCEDITUR. Videtur quod angelus sit productus a Deo ab aeterno.

1. Deus enim est causa angeli per suum esse: non enim agit per aliquid additum suae essentiae. Sed esse eius est aeternum. Ergo ab aeterno angelos produxit.

2. PRAETEREA, omne quod quandoque est et quandoque non est, subiacet tempori. Sed angelus est *supra tempus*, ut dicitur in libro *de Causis*[1]. Ergo angelus non quandoque est, et quandoque non est, sed semper.

3. PRAETEREA, Augustinus probat[2] incorruptibilitatem animae per hoc, quod per intellectum est capax veritatis. Sed sicut veritas est incorruptibilis, ita est aeterna. Ergo natura intellectualis et

é causado pelo fogo. Logo, é necessário que os anjos tenham sido criados por Deus.

QUANTO AO 1º, portanto, deve-se dizer que Agostinho afirma que os anjos não foram excluídos da primeira criação das coisas, mas nela estão significados pelos termos *céus* ou *luz*. — Porque foram excluídos ou designados com nomes corporais é que Moisés falava para um povo rude, que não podia ainda entender uma natureza incorpórea. E se lhes fosse falado que havia algumas coisas acima de toda natureza corpórea, ser-lhes-ia também ocasião de idolatria, para a qual estava o povo inclinado, e da qual Moisés pretendia sobretudo afastá-lo.

QUANTO AO 2º, deve-se dizer que as substâncias que são formas subsistentes não têm causa alguma formal de seu ser e de sua unidade, nem causa eficiente que opera pela mudança da matéria da potência para ato: mas têm causa produtora de toda a sua substância[a].

QUANTO AO 3º, pelo exposto fica clara a solução.

ARTIGO 2
Foi o anjo criado por Deus desde toda a eternidade?

QUANTO AO SEGUNDO, ASSIM SE PROCEDE: parece que o anjo **foi criado** por Deus desde a eternidade.

1. Com efeito, Deus é a causa do anjo por seu ser, porque não opera mediante algum acréscimo à sua essência. Ora, seu ser é eterno. Logo, desde a eternidade criou o anjo.

2. ALÉM DISSO, todas as coisas que às vezes são e às vezes não são estão submetidas ao tempo. Ora, o anjo está *acima do tempo*, como diz o livro *De Causis*. Logo, não acontece com o anjo que às vezes é e às vezes não é, mas sempre é.

3. ADEMAIS, Agostinho prova que a alma é incorruptível, porque pelo intelecto é capaz de conhecer a verdade. Ora, como a verdade é incorruptível, é também eterna. Logo, a natureza

---

4. C. 9, 33: ML 41, 323, 346-347.

1. Prop. 2, § *Et intelligentia*.
2. *Soliloq.*, l. II, c. 19: ML 32, 901.

a. Toda produção no universo dado a nossa experiência é material e se exerce sobre um ente material a fim de fazê-lo passar a uma forma superior. Os modernos que, por essa razão, negam a existência de entes perfeitamente imateriais unem-se curiosamente aos agostinistas da Idade Média, para os quais um ente imaterial não poderia ser causado, seria Deus; segundo eles, mais exatamente, a total imaterialidade seria uma prerrogativa divina. A resposta de Sto. Tomás é que o ato criador não consiste em fazer passar um ente material da potência a um ato superior, mas em fazer existir o que não existia. Um ser puramente imaterial, se não é o próprio Ser subsistente, existe somente por meio de um ser recebido, portanto por criação.

animae et angeli, non solum est incorruptibilis, sed etiam aeterna.

SED CONTRA est quod dicitur Pr 8,22, ex persona Sapientiae genitae: *Dominus possedit me ab initio viarum suarum, antequam quidquam faceret a principio.* Sed angeli sunt facti a Deo, ut ostensum est[3]. Ergo angeli aliquando non fuerunt.

RESPONDEO dicendum quod solus Deus, Pater et Filius et Spiritus Sanctus, est ab aeterno. Hoc enim fides catholica indubitanter tenet; et omne contrarium est sicut haereticum refutandum. Sic enim Deus creaturas produxit, quod eas *ex nihilo* fecit, idest *postquam nihil fuerat.*

AD PRIMUM ergo dicendum quod esse Dei est ipsum eius velle. Per hoc ergo quod Deus produxit angelos et alias creaturas per suum esse, non excluditur quin eas produxerit per suam voluntatem. Voluntas autem Dei non de necessitate se habet ad productionem creaturarum, ut supra[4] dictum est. Et ideo produxit et quae voluit, et quando voluit.

AD SECUNDUM dicendum quod angelus est supra tempus quod est numerus motus caeli: quia est supra omnem motum corporalis naturae. Non tamen est supra tempus quod est numerus successionis esse eius post non esse: et etiam quod est numerus successionis quae est in operationibus eius. Unde Augustinus dicit, VIII *super Gen. ad litt.*[5], quod *Deus movet creaturam spiritualem per tempus.*

AD TERTIUM dicendum quod angeli et animae intellectivae, ex hoc ipso quod habent naturam per quam sunt capaces veritatis, sunt incorruptibiles. Sed hanc naturam non habuerunt ab aeterno; sed data fuit eis a Deo quando ipse voluit. Unde non sequitur quod angeli sint ab aeterno.

intelectiva da alma e do anjo não somente é incorruptível, mas eterna.

EM SENTIDO CONTRÁRIO, a sabedoria gerada diz no livro dos Provérbios: "O Senhor me possuiu desde o começo de suas vias; antes que começasse a criar qualquer coisa no princípio". Ora, os anjos foram criados por Deus, como ficou demonstrado. Logo, houve tempo em que os anjos não existiram.

RESPONDO. Só Deus, Pai, Filho e Espírito Santo, é eterno. Isso é indubitavelmente tido pela fé católica. E tudo o que a contradiz deve ser rejeitado como herético. Assim, Deus produziu as criaturas fazendo-as *do nada*, isto é, *antes delas nada existia.*

QUANTO AO 1º, portanto, deve-se dizer que o ser de Deus é seu próprio querer. Portanto, pelo fato de que Deus criou os anjos e as outras criaturas por seu ser, não se exclui tê-las criado por sua vontade. Como foi dito acima, a vontade de Deus não cria as coisas por necessidade. Por isso, criou as que quis e quando quis.

QUANTO AO 2º, deve-se dizer que o anjo está acima do tempo que mede o movimento do céu, pois está acima de todo movimento da criatura corporal. Mas não está acima do movimento do tempo que é a medida da sucessão de seu ser após não ser, nem acima do tempo que mede a sucessão de suas operações. Por isso, diz Agostinho: "Deus move a criatura espiritual no tempo[b]".

QUANTO AO 3º, deve-se dizer que os anjos e as almas intelectivas, porque têm natureza capaz de conhecer a verdade, são incorruptíveis. Mas não tiveram essa natureza desde toda a eternidade. Ela lhes foi dada por Deus quando quis. Portanto, não se segue que os anjos existam desde toda a eternidade.

ARTICULUS 3

Utrum angeli sint creati ante mundum corporeum

AD TERTIUM SIC PROCEDITUR. Videtur quod angeli fuerint creati ante mundum corporeum.

ARTIGO 3

Foram os anjos criados antes do mundo corpóreo?

QUANTO AO TERCEIRO, ASSIM SE PROCEDE: parece que os anjos **foram criados** antes do mundo corpóreo.

---

3. A. praec.
4. Q. 19, a. 3; q. 46, a. 1.
5. C. 20, 22: ML 34, 388, 389.

3 PARALL.: II *Sent.*, dist. 2, q. 1, a. 3; *De Pot.*, q. 3, a. 18; Opusc. XV, *de Angelis*, c. 17; Opusc. XXIII, *in Decretal.* I.

b. Mistério do tempo, mistério de sua relação com a eternidade. A primeira resposta de Sto. Tomás à objeção, óbvia, é que a existência e a ação do anjo não são medidas por nosso tempo, tampouco pertencem à eternidade: há um "tempo" próprio aos anjos, conforme se explicou acima (q. 10, a. 4). Ele é constituído pela sucessão das operações do anjo. Mas onde encontrar

1. Dicit enim Hieronymus, *super Epistolam ad Titum*[1]: *Sex millia nondum nostri temporis complentur annorum; et quanta tempora, quantasque saeculorum origines fuisse arbitrandum est, in quibus Angeli, Throni, Dominationes, ceterique ordines Deo servierunt?* — Damascenus etiam dicit, in II libro[2]: *Quidam dicunt quod ante omnem creationem geniti sunt angeli, ut Theologus dicit Gregorius*[3]: *"Primum quidem excogitavit angelicas virtutes et caelestes, et excogitatio opus eius fuit"*.

2. PRAETEREA, angelica natura est media inter naturam divinam et naturam corpoream. Sed natura divina est ab aeterno, natura autem corporea ex tempore. Ergo natura angelica facta est ante creationem temporis, et post aeternitatem.

3. PRAETEREA, plus distat natura angelica a natura corporali, quam una natura corporalis ab alia. Sed una natura corporalis fuit facta ante aliam: unde et sex dies productionis rerum in principio *Genesis* [c. 1] describuntur. Ergo multo magis natura angelica facta est ante omnem naturam corporalem.

SED CONTRA est quod dicitur Gn 1,1: *In principio creavit Deus caelum et terram*. Non autem hoc esset verum, si aliquid creasset antea. Ergo angeli non sunt ante naturam corpoream creati.

RESPONDEO dicendum quod circa hoc invenitur duplex sanctorum Doctorum sententia: illa tamen probabilior videtur, quod angeli simul cum creatura corporea sunt creati. Angeli enim sunt quaedam pars universi: non enim constituunt per se unum universum, sed tam ipsi quam creatura corporea in constitutionem unius universi conveniunt. Quod apparet ex ordine unius creaturae ad aliam: ordo enim rerum ad invicem est bonum universi. Nulla autem pars perfecta est a suo toto separata. Non est igitur probabile ut Deus, cuius *perfecta sunt opera*, ut dicitur Dt 32,4, creaturam angelicam seorsum ante alias creaturas creaverit. — Quamvis contrarium non sit reputandum erroneum; praecipue propter sententiam Gregorii Nazianzeni[4],

1. Com efeito, diz Jerônimo: "Os seis mil anos de nossa história ainda não se completaram, e quanto tempo, quantos séculos podem ser cogitados nos quais os anjos, as hierarquias, os tronos, as dominações e as demais hierarquias serviram a Deus?" — Diz também Damasceno: "Afirmam alguns que antes de toda criação foram os anjos criados; como afirmou Gregório: 'Primeiramente, Deus pensou nas virtudes angélicas e celestes, e seu pensamento foi sua obra'".

2. ALÉM DISSO, a natureza angélica está entre a natureza divina e a corpórea. Ora, aquela é eterna, essa temporal. Logo, a natureza angélica foi criada entre a eternidade e o tempo, depois da eternidade.

3. ADEMAIS, a natureza angélica está mais distante da corporal que uma natureza corporal da outra. Ora, uma natureza corporal foi feita antes de outra; por isso, no livro do Gênesis são descritos os seis dias da criação das coisas no início. Logo, com maior razão foi a natureza angélica criada antes de toda natureza corporal.

EM SENTIDO CONTRÁRIO, diz o livro do Gênesis: "No princípio Deus criou o céu e a terra", o que não seria verdadeiro se alguma coisa tivesse sido criada anteriormente. Logo, os anjos não foram criados anteriormente à natureza corpórea.

RESPONDO. Acerca desse tema encontra-se uma dupla sentença entre os Santos Doutores. Contudo, parece ser sentença mais provável a que afirma que foram os anjos criados simultaneamente com a criatura corpórea. Os anjos são uma parte do universo, e por si mesmos não constituem um só universo, pois tanto eles como a criatura corpórea se reúnem na composição de um só universo. Isso fica claro pela ordenação de uma criatura a outra: a ordenação das coisas entre si é o bem do universo, até porque nenhuma parte é perfeita separada do todo. Por isso, não é provável que Deus, cujas "obras são perfeitas" como diz o livro do Deuteronômio, tivesse criado os anjos separadamente, antes das demais coisas criadas. — Embora a

---

1. C. 1, 2: ML 26, 560 A.
2. *De Fide Orth.*, l. II, c. 3; MG 94, 873 A.
3. Orat. 38 (*in Theophania*), n. 9: MG 36, 320 D.
4. Loco cit. in arg. 1.

essa sucessão em sua existência? Onde encontrar um "antes em que o anjo exista"? Não em Deus, cuja ação é eterna. Não no próprio anjo, que não poderia preceder de maneira alguma, nem mesmo potencial, o dom da existência. Tal anterioridade é propriamente inconcebível, mas pode ser afirmada como uma maneira de exprimir a contingência radical do anjo no ser, e a liberdade total do ato criador. Na verdade, não faz muito sentido afirmar que o anjo começou, pois seria então igualmente verdadeiro dizer que não houve começo, sob condição porém de salientar que isso não permite de modo algum afirmar que ele é eterno. O universo material começou no sentido de que há um instante primeiro na origem de nosso tempo.

cuius tanta est in doctrina Christiana auctoritas, ut nullus unquam eius dictis calumniam inferre praesumpserit, sicut nec Athanasii documentis, ut Hieronymus[5] dicit.

AD PRIMUM ergo dicendum quod Hieronymus loquitur secundum sententiam Doctorum graecorum, qui omnes hoc concorditer sentiunt, quod angeli sunt ante mundum corporeum creati.
AD SECUNDUM dicendum quod Deus non est aliqua pars universi, sed est supra totum universum, praehabens in se eminentiori modo totam universi perfectionem[6]. Angelus autem est pars universi. Unde non est eadem ratio.
AD TERTIUM dicendum quod creaturae corporeae omnes sunt unum in materia: sed angeli non conveniunt in materia cum creatura corporea. Unde, creata materia corporalis creaturae, omnia quodammodo sunt creata: non autem, creatis angelis, esset ipsum universum creatum.

Si vero contrarium teneatur, quod dicitur Gn 1, *In principio creavit Deus caelum et terram* exponendum est, *in principio*, idest *in Filio*, vel *in principio temporis*: non autem *in principio*, idest *ante quod nihil*, nisi dicatur, *ante quod nihil in genere corporalium creaturarum*.

sentença contrária não possa ser tida como errônea[c], sobretudo devido à sentença de Gregório Nazianzeno, cuja autoridade na doutrina cristã é tão grande, que, como disse Jerônimo, ninguém jamais presumiu levantar calúnias a seus escritos, como também aos documentos de Atanásio.

QUANTO AO 1º, portanto, deve-se dizer que Jerônimo fala, conforme a sentença dos doutores gregos, que todos concordam em que os anjos foram criados antes do mundo corpóreo.
QUANTO AO 2º, deve-se dizer que Deus não é uma parte do universo, mas está acima de todo o universo, contendo de modo eminente em si toda a perfeição do universo. Ora, os anjos são parte do universo. Logo, o argumento não é o mesmo.
QUANTO AO 3º, deve-se dizer que todas as criaturas corpóreas são unificadas pela matéria. Ora, os anjos não têm em comum a matéria com as criaturas corpóreas. Logo, criada a matéria das cria-turas corporais, todas as coisas, de certo modo, foram criadas. Mas, criados os anjos, nem por isso todo o universo foi criado.

Mas, se a sentença contrária for aceita, o texto do Gênesis "No princípio Deus fez o céu e a terra" deve ser assim explicado: *no princípio*, isto é, *no Filho*, ou também: no *princípio do tempo*; entretanto, a expressão *no princípio* não poderá significar *antes que nada existisse*, salvo se significar *antes que nada existisse no gênero das criaturas corporais*.

ARTICULUS 4
Utrum angeli sint creati in caelo empyreo

AD QUARTUM SIC PROCEDITUR. Videtur quod angeli non sint creati in caelo empyreo.
1. Angeli enim sunt substantiae incorporeae. Sed substantia incorporea non dependet a corpore secundum suum esse, et per consequens neque secundum suum fieri. Ergo angeli non sunt creati in loco corporeo.
2. PRAETEREA, Augustinus dicit, III *super Gen. ad litt.*[1], quod angeli fuerunt creati in superiori parte aeris. Non ergo in caelo empyreo.
3. Praeterea, caelum empyreum dicitur esse caelum supremum. Si igitur angeli creati fuissent

ARTIGO 4
Foram os anjos criados no céu empíreo?

QUANTO AO QUARTO, ASSIM SE PROCEDE: parece que os anjos **não** foram criados no céu empíreo.
1. Com efeito, os anjos são substâncias incorpóreas. Ora, a substância incorpórea não depende do corpo quanto ao ser, e consequentemente nem quanto à sua criação. Logo, não foram criados em lugar corpóreo.
2. ALÉM DISSO, diz Agostinho: "Os anjos foram criados na parte superior da atmosfera. Portanto, não no céu empíreo.
3. ADEMAIS, diz-se que o céu empíreo é o supremo céu. Se os anjos tivessem sido nele criados,

---

5. Vide RUFINUM († 411), *Prol. in Orat. S. Greg. Nazianz.*: MG 35, 306.
6. Cfr. I, q. 4, a. 2 c; q. 103, a. 2 c.

PARALL.: Infra, q. 102, a. 2, ad 1; II *Sent.*, dist. 6, a. 3; Opusc. XV, *de Angelis*, c. 17.

1. C. 10: ML 34, 285.

c. Ou seja, incompatível com a fé.

in caelo empyreo, non convenisset eis in superius caelum ascendere. Quod est contra id quod ex persona angeli peccantis dicitur Is 14,13: *Ascendam in caelum.*

SED CONTRA est quod Strabus dicit[2], super illud, *In principio creavit Deus caelum et terram* Gn 1,1: *Caelum non visibile firmamentum hic appellat, sed empyreum, idest igneum vel intellectuale, quod non ab ardore, sed a splendore dicitur, quod statim factum, angelis est repletum.*

RESPONDEO dicendum quod, sicut dictum est[3], ex creaturis corporalibus et spiritualibus unum universum constituitur. Unde sic creatae sunt spirituales creaturae, quod ad creaturam corporalem aliquem ordinem habent, et toti creaturae corporali praesident. Unde conveniens fuit quod angeli in supremo corpore crearentur, tanquam toti naturae corporeae praesidentes; sive id dicatur caelum empyreum, sive qualitercumque nominetur. Unde Isidorus[4] dicit quod supremum caelum est caelum angelorum, super illud Dt 10,14: *Domini Dei tui est caelum, et caelum caeli.*

AD PRIMUM ergo dicendum quod angeli non sunt creati in loco corporeo, quasi dependentes a corpore secundum suum esse vel secundum suum fieri: potuisset enim Deus angelos ante totam creaturam corporalem creasse, ut multi sancti Doctores tenent. Sed facti sunt in loco corporeo, ad ostendendum ordinem eorum ad naturam corpoream, et quod sua virtute corpora contingunt.

AD SECUNDUM dicendum quod Augustinus forte per supremam partem aeris intelligit supremam partem caeli, cum quo aer quandam convenientiam habet propter suam subtilitatem et diaphaneitatem. — Vel loquitur non de omnibus angelis, sed de illis qui peccaverunt, qui secundum quosdam fuerunt de inferioribus ordinibus. Nihil autem prohibet dicere quod superiores angeli, habentes virtutem elevatam et universalem supra omnia corpora, sint in supremo creaturae corporeae creati; alii vero, habentes virtutes magis particulares, sint creati in inferioribus corporibus.

AD TERTIUM dicendum quod loquitur ibi non de caelo aliquo corporeo, sed de caelo sanctae Trinitatis, in quod angelus peccans ascendere

não lhes caberia subir a um céu mais alto. Mas isso é contrário ao que diz o livro de Isaías com respeito à pessoa do anjo pecador: "Subirei para o céu".

EM SENTIDO CONTRÁRIO, comentando o texto do livro do Gênesis: "No princípio Deus criou o céu e a terra", escreve Estrabão: "Este versículo não se refere ao firmamento visível, mas ao empíreo, isto é, ao ígneo ou intelectual. É assim chamado não por seu ardor, mas por seu resplendor, o qual logo que foi feito viu-se repleto de anjos".

RESPONDO. Foi acima dito que um só universo foi constituído de criaturas corporais e espirituais. E as criaturas espirituais foram criadas de tal modo que têm certa ordenação às criaturas corporais e presidem a todas elas. Daí ter sido conveniente que os anjos fossem criados como presidindo a todas as criaturas corpóreas no supremo local corpóreo, quer seja ele chamado céu empíreo quer receba outro nome qualquer. Por isso, Isidoro diz que o supremo céu é o céu dos anjos, comentando o versículo do Deuteronômio: "Do Senhor teu Deus é o céu, o céu do céu".

QUANTO AO 1º, portanto, deve-se dizer que os anjos não foram criados em lugar corpóreo, como se dependessem de corpo no ser ou em sua criação. Poderia Deus ter criado os anjos antes de toda criatura corporal, como afirmaram muitos Santos Doutores. Mas foram criados em lugar corpóreo para mostrar sua ordenação à natureza corpórea e mostrar que por seu poder têm contato com os corpos.

QUANTO AO 2º, deve-se dizer que Agostinho entende que a suprema parte da atmosfera é a suprema parte do céu, com o qual a atmosfera tem alguma semelhança em razão de sua sutileza e transparência. — Ou fala assim não se referindo a todos os anjos, mas só àqueles que pecaram, os quais, na opinião de alguns, foram de ordens inferiores. Todavia, nada impede afirmar que os anjos superiores, tendo poder elevado e universal sobre todos os corpos, fossem criados no supremo grau da criatura corpórea, e que os anjos inferiores, possuindo poderes mais limitados, fossem criados nos corpos inferiores.

QUANTO AO 3º, deve-se dizer que fala-se aí, não de algum céu corpóreo, mas do céu da Santíssima Trindade, ao qual o anjo pecador quis subir,

---

2. In *Glossa Ord.*: ML 113, 68 C.
3. Art. praec.
4. Vide *Gloss. Ord.*: ML 113, 462 C.

voluit, dum voluit aliquo modo Deo aequiparari, ut infra⁵ patebit.

---

5. Q. 63, a. 3.

QUAESTIO LXII
DE PERFECTIONE ANGELORUM IN ESSE GRATIAE ET GLORIAE
in novem articulos divisa

Consequenter investigandum est quomodo angeli facti sunt in esse gratiae vel gloriae.
Et circa hoc quaeruntur novem.
Primo: utrum angeli fuerint in sua creatione beati.
Secundo: utrum indiguerint gratia ad hoc quod ad Deum converterentur.
Tertio: utrum fuerint creati in gratia.
Quarto: utrum suam beatitudinem meruerint.
Quinto: utrum statim post meritum beatitudinem adepti fuerint.
Sexto: utrum gratiam et gloriam secundum capacitatem suorum naturalium receperint.
Septimo: utrum post consecutionem gloriae remanserit in eis dilectio et cognitio naturalis.
Octavo: utrum postmodum potuerint peccare.
Nono: utrum post adeptionem gloriae potuerint proficere.

ARTICULUS 1
Utrum angeli fuerint in sua creatione beati

AD PRIMUM SIC PROCEDITUR. Videtur quod angeli fuerint creati beati.

1. Dicitur enim in libro *de Ecclesiasticis Dogmatibus*[1], quod *angeli qui in illa in qua creati sunt beatitudine perseverant, non natura possident bonum quod habent.* Sunt ergo angeli creati in beatitudine.
2. PRAETEREA, natura angelica est nobilior quam creatura corporalis. Sed creatura corporalis statim in principio suae creationis fuit creata formata et perfecta; nec informitas praecessit in ea formationem tempore, sed natura tantum, ut Augustinus dicit, I *super Gen. ad litt.*[2]. Ergo nec

ao querer equiparar-se de algum modo a Deus, como se verá.

QUESTÃO 62
A PERFEIÇÃO DOS ANJOS NO ESTADO DE GRAÇA E DE GLÓRIA
em nove artigos

Em seguida deve-se investigar como os anjos foram criados no estado de graça e de glória.
Sobre isso são nove as perguntas:
1. Foram os anjos bem-aventurados em sua criação?
2. Necessitavam da graça para se converterem a Deus?
3. Foram criados na graça?
4. Mereceram sua bem-aventurança?
5. Logo após o mérito, alcançaram a bem-aventurança?
6. Receberam a graça e a glória segundo a capacidade de seus dotes naturais?
7. Uma vez conseguida a glória, o amor e o conhecimento natural permaneceram neles?
8. Depois, podiam pecar?
9. Uma vez admitidos na glória, podiam progredir?

ARTIGO 1
Foram os anjos bem-aventurados em sua criação?

QUANTO AO PRIMEIRO ARTIGO, ASSIM SE PROCEDE: parece que os anjos **foram** bem-aventurados em sua criação.

1. Com efeito, diz-se no livro *De Ecclesiasticis Dogmatibus*: "Os anjos, que foram criados bem-aventurados e perseveram, não têm por natureza o bem que possuem". Logo, os anjos foram criados na bem-aventurança.
2. ALÉM DISSO, a natureza angélica é mais nobre que a corporal. Mas a criatura corporal logo no princípio de sua criação foi criada formada e perfeita, e nela a ausência de forma não precedeu sua formação quanto ao tempo, mas apenas quanto à natureza, segundo Agostinho. Portanto, Deus não

---

1 PARALL.: II *Sent.*, dist. 4, a. 1.

1. C. 29, al. 59: ML 42, 1218 (= ML 58, 995; 83, 1240).
2. C. 15: ML 34, 257.

naturam angelicam creavit Deus informem et imperfectam. Sed eius formatio et perfectio est per beatitudinem, secundum quod fruitur Deo. Ergo fuit creata beata.

3. PRAETEREA, secundum Augustinum, *super Gen. ad litt.*[3], ea quae leguntur facta in operibus sex dierum, simul facta fuerunt: et sic oportet quod statim a principio creationis rerum fuerint omnes illi sex dies. Sed in illis sex diebus, secundum eius expositionem[4], *mane* fuit cognitio angelica secundum quam cognoverunt Verbum et res in Verbo. Ergo statim a principio creationis cognoverunt Verbum et res in Verbo. Sed angeli beati sunt per hoc quod Verbum vident. Ergo statim a principio suae creationis angeli fuerunt beati.

SED CONTRA, de ratione beatitudinis est stabilitas sive confirmatio in bono. Sed angeli non statim ut creati sunt, fuerunt confirmati in bono: quod casus quorundam ostendit. Non ergo angeli in sua creatione fuerunt beati.

RESPONDEO dicendum quod nomine beatitudinis intelligitur ultima perfectio rationalis seu intellectualis naturae: et inde est quod naturaliter desideratur, quia unumquodque naturaliter desiderat suam ultimam perfectionem. Ultima autem perfectio rationalis seu intellectualis naturae est duplex. Una quidem, quam potest assequi virtute suae naturae: et haec quodammodo beatitudo vel felicitas dicitur. Unde et Aristoteles[5] perfectissimam hominis contemplationem, qua optimum intelligibile, quod est Deus, contemplari potest in hac vita, dicit esse ultimam hominis felicitatem. Sed super hanc felicitatem est alia felicitas, quam in futuro expectamus, qua *videbimus Deum sicut est* 1Io 3,2. Quod quidem est supra cuiuslibet intellectus creati naturam, ut supra[6] ostensum est.

Sic igitur dicendum est quod, quantum ad primam beatitudinem, quam angelus assequi virtute suae naturae potuit, fuit creatus beatus. Quia

criou a natureza angélica informe e imperfeita. Ora, a natureza angélica é formada e perfeita pela bem-aventurança que a faz fruir de Deus. Logo, foi criada bem-aventurada.

3. ADEMAIS, diz Agostinho que as coisas que se leem terem sido feitas nas obras dos seis dias foram criadas simultaneamente. Assim, é necessário que, desde o princípio da criação das coisas, existissem todos os seis dias. Mas ele também ensina que, "naqueles seis dias, *manhã* significa o conhecimento que os anjos tiveram do Verbo e das coisas no Verbo. Portanto, imediatamente no princípio da criação conheceram o Verbo e as coisas no Verbo. Ora, os anjos são bem-aventurados porque contemplam o Verbo. Logo, foram bem-aventurados desde o princípio de sua criação.

EM SENTIDO CONTRÁRIO, a razão da bem-aventurança implica estabilidade e perseverança no bem. Ora, os anjos não foram confirmados no bem, logo após sua criação, como demonstra a queda de alguns deles. Logo, os anjos não foram criados bem-aventurados.

RESPONDO. Pelo termo bem-aventurança se entende a última perfeição da natureza racional ou intelectual. Por isso, a bem-aventurança é desejada naturalmente, porque cada coisa naturalmente deseja sua última perfeição. É dupla a última perfeição da natureza racional ou intelectual. Uma pode ser conseguida por virtude natural, e se chama de alguma maneira[a] beatitude ou felicidade. Daí dizer Aristóteles que a felicidade última do homem é a contemplação perfeitíssima em conhecer nesta vida o que de mais excelente se pode conhecer, Deus. Mas acima dessa felicidade há outra felicidade, que esperamos no futuro, pela qual "veremos a Deus como ele é". Essa contemplação está acima de todo intelecto criado, como já se demonstrou.

Por isso deve-se afirmar que, quanto à primeira bem-aventurança, que o anjo pode alcançar em virtude de sua natureza, ele foi criado bem-

---

3. L. IV, c. 34; l. V, c. 5: ML 34, 319, 325-327.
4. L. IV, c. 22: ML 34, 311-312.
5. *Ethic.*, l. X, c. 7: 1177, a, 12-17; c. 8: 1178, b, 7-32.
6. Q. 12, a. 4.

a. "De alguma maneira": isso corrige sub-repticiamente o paradoxo de uma "dupla perfeição última". É claro que uma perfeição que deixa lugar a uma perfeição ulterior não é pura e simplesmente última. Se é assim considerada, é que a seguinte depende de um dom gratuito de Deus, de modo que seria a perfeição última se esse dom não tivesse sido outorgado. Note-se que o exemplo da beatitude terrestre do homem, tal como Aristóteles podia concebê-la, não vale para os anjos, cujo destino não poderia comportar, como o do homem, uma fase preparatória e transitória como a fase terrestre do destino humano. No entanto, Sto. Tomás certamente não tem a intenção de tratar aqui do problema da distinção entre o natural e o sobrenatural tal como se coloca para o homem.

perfectionem huiusmodi angelus non acquirit per aliquem motum discursivum, sicut homo: sed statim ei adest propter suae naturae dignitatem, ut supra[7] dictum est. — Sed ultimam beatitudinem, quae facultatem naturae excedit, angeli non statim in principio suae creationis habuerunt: quia haec beatitudo non est aliquid naturae, sed naturae finis; et ideo non statim eam a principio debuerunt habere.

AD PRIMUM ergo dicendum quod beatitudo ibi accipitur pro illa perfectione naturali quam angelus habuit in statu innocentiae.

AD SECUNDUM dicendum quod creatura corporalis statim in principio suae creationis habere non potuit perfectionem ad quam per suam operationem perducitur: unde, secundum Augustinum[8], germinatio plantarum ex terra non statim fuit in primis operibus, in quibus virtus sola germinativa plantarum data est terrae. Et similiter creatura angelica in principio suae creationis habuit perfectionem suae naturae; non autem perfectionem ad quam per suam operationem pervenire debebat.

AD TERTIUM dicendum quod angelus duplicem habet Verbi cognitionem, unam naturalem, et aliam gloriae: naturalem quidem, qua cognoscit Verbum per eius similitudinem in sua natura relucentem; cognitionem vero gloriae, qua cognoscit Verbum per suam essentiam. Et utraque cognoscit angelus res in Verbo: sed naturali quidem cognitione imperfecte, cognitione vero gloriae perfecte. Prima ergo cognitio rerum in Verbo affuit angelo a principio suae creationis: secunda vero non, sed quando facti sunt beati per conversionem ad bonum. Et haec proprie dicitur cognitio matutina.

aventurado. Essa perfeição o anjo não a adquire por algum movimento discursivo, como o homem, mas a possui imediatamente, por causa da dignidade de sua natureza, como também foi dito acima. — Contudo, a última bem-aventurança que excede a faculdade da natureza, os anjos não a possuíram desde o início de sua criação, porque não é ela algo natural, mas o fim da natureza. E, por isso, não deverão possuí-las logo desde o início.

QUANTO AO 1º, portanto, deve-se dizer que aí se toma bem-aventurança como a perfeição natural que o anjo possui no estado de inocência.

QUANTO AO 2º, deve-se dizer que a criatura corporal logo no início de sua criação não pode ter a perfeição para a qual é levada por sua operação. Por isso, Agostinho afirmou que a germinação das plantas, vinda da terra, não aconteceu logo nas primeiras obras, nas quais apenas a capacidade germinativa das plantas foi dada à terra. De modo semelhante[b], a criatura angélica no princípio da criação recebeu sua natureza perfeita, não, porém, a perfeição que devia alcançar por sua própria operação.

QUANTO AO 3º, deve-se dizer que o anjo tem duplo conhecimento do Verbo: um, natural; outro, quando glorificado. O natural, pelo qual conhece o Verbo mediante a semelhança dele refletida em sua natureza. O conhecimento da glória, pelo qual conhece o Verbo em sua essência. Pelos dois conhecimentos, o anjo conhece as coisas no Verbo, mas pelo conhecimento natural, de modo imperfeito; pelo conhecimento da glória, de modo perfeito. O anjo tinha o primeiro conhecimento das coisas no Verbo desde o início de sua criação; o segundo não, mas quando foi beatificado ao se converter para o bem. Este é, em sentido próprio, o conhecimento matutino.

ARTICULUS 2
Utrum angelus indiguerit gratia ad hoc quod converteretur in Deum

AD SECUNDUM SIC PROCEDITUR. Videtur quod angelus non indiguerit gratia ad hoc quod converteretur in Deum.

ARTIGO 2
Necessitou o anjo da graça para converter-se para Deus?

QUANTO AO SEGUNDO, ASSIM SE PROCEDE: parece que o anjo **não** necessitou da graça para converter-se para Deus.

---

7. Q. 58, a. 3.
8. *De Gen. ad litt.*, l. V, cc. 4, 5, 23; l. VIII, c. 3: ML 34, 323-325, 325-326, 337-338, 374-375.

PARALL.: II *Sent.*, dist. 5, q. 2, a. 1.

---

b. "De modo semelhante", ou seja, "analogicamente": semelhança que propicia uma diferença essencial. A "perfeição de sua natureza", que o anjo recebeu desde o primeiro instante, é a de sua operação natural plenamente atualizada, e não, como ocorre com as naturezas corporais, virtualmente contida no germe, de que ela só sai aos poucos mediante um lento desenvolvimento, conforme se diz no corpo do artigo.

1. Ad ea enim quae naturaliter possumus, gratia non indigemus. Sed naturaliter angelus convertitur in Deum: quia naturaliter Deum diligit, ut ex supra[1] dictis patet. Ergo angelus non indiguit gratia ad hoc quod converteretur in Deum.

2. PRAETEREA, ad ea tantum videmur indigere auxilio, quae sunt difficilia. Sed converti ad Deum non erat difficile angelo; cum nihil esset in eo quod huic conversioni repugnaret. Ergo angelus non indiguit auxilio gratiae ad hoc quod converteretur in Deum.

3. PRAETEREA, converti ad Deum est se ad gratiam praeparare: unde Zach 1,3 dicitur: *Convertimini ad me, et ego convertar ad vos*. Sed nos non indigemus gratia ad hoc quod nos ad gratiam praeparemus: quia sic esset abire in infinitum. Ergo non indiguit gratia angelus ad hoc quod converteretur in Deum.

SED CONTRA, per conversionem ad Deum angelus pervenit ad beatitudinem. Si igitur non indiguisset gratia ad hoc quod converteretur in Deum, sequeretur quod non indigeret gratia ad habendam vitam aeternam. Quod est contra illud Apostoli, Rm 6,23: *Gratia Dei vita aeterna*.

RESPONDEO dicendum quod angeli indiguerunt gratia ad hoc quod converterentur in Deum, prout est obiectum beatitudinis. Sicut enim superius[2] dictum est, naturalis motus voluntatis est principium omnium eorum quae volumus. Naturalis autem inclinatio voluntatis est ad id quod est conveniens secundum naturam. Et ideo, si aliquid sit supra naturam, voluntas in id ferri non potest, nisi ab aliquo alio supernaturali principio adiuta. Sicut patet quod ignis habet naturalem inclinationem ad calefaciendum, et ad generandum ignem, sed generare carnem est supra naturalem virtutem ignis: unde ignis ad hoc nullam inclinationem habet, nisi secundum quod movetur ut instrumentum ab anima nutritiva.

Ostensum est autem supra[3], cum de Dei cognitione ageretur, quod videre Deum per essentiam, in quo ultima beatitudo rationalis creaturae consistit, est supra naturam cuiuslibet intellectus creati. Unde nulla creatura rationalis potest habere motum voluntatis ordinatum ad illam beatitudinem, nisi mota a supernaturali agente. Et hoc dicimus auxilium gratiae. Et ideo dicendum est quod

1. Com efeito, não necessitamos da graça para aquilo que naturalmente podemos. Ora, o anjo naturalmente se converte para Deus, pois ele naturalmente ama a Deus, como está claro pelo acima dito. Logo, não necessitou da graça para converter-se para Deus.

2. ALÉM DISSO, parece que necessitamos de auxílio apenas para o que é difícil. Ora, para o anjo não era difícil converter-se para Deus, porque nele nada havia que dificultasse essa conversão. Logo, não necessitou ele do auxílio da graça para converter-se para Deus.

3. ADEMAIS, preparar-se para a graça é converter-se para Deus. Por isso se diz no livro de Zacarias: "Convertei-vos para mim, e eu me voltarei para vós". Ora, não necessitamos da graça para nos preparar para a graça, porque assim seria proceder ao infinito. Logo, o anjo não necessitou da graça para converter-se para Deus.

EM SENTIDO CONTRÁRIO, o anjo alcança a bem-aventurança convertendo-se para Deus. Se não necessitasse da graça para se converter para Deus, não necessitaria também da graça para ter a vida eterna, o que é contrário à palavra do apóstolo na Carta aos Romanos: "A graça de Deus é a vida eterna".

RESPONDO. Os anjos necessitaram da graça para se converterem para Deus, enquanto ele é objeto da bem-aventurança. Como foi dito acima, o movimento natural da vontade é o princípio de tudo aquilo que queremos. Ora, a inclinação natural da vontade é para aquilo que lhe é naturalmente conveniente. Por isso, se alguma coisa está acima da natureza, a vontade não poderia inclinar-se para ela, senão auxiliada por outro princípio sobrenatural. Por exemplo, é claro que o fogo tem inclinação natural para aquecer e produzir fogo, mas produzir carne estaria acima da capacidade do fogo. Portanto, o fogo não tem inclinação alguma para isso, a não ser que seja movido como instrumento da alma nutritiva.

Foi acima demonstrado, quando se tratou do conhecimento de Deus, que a última bem-aventurança da criatura racional consiste em ver a Deus em sua essência, o que está acima da natureza de qualquer intelecto criado. Logo, nenhuma criatura racional pode ter sua vontade inclinada para aquela bem-aventurança, a não ser movida por um agente sobrenatural. A isso chamamos auxílio

---

1. Q. 60, a. 5.
2. Q. 60, a. 2.
3. Q. 12, a. 4.

angelus in illam beatitudinem voluntate converti non potuit, nisi per auxilium gratiae.

AD PRIMUM ergo dicendum quod angelus naturaliter diligit Deum, inquantum est principium naturalis esse. Hic autem loquimur de conversione ad Deum, inquantum est beatificans per suae essentiae visionem.

AD SECUNDUM dicendum quod *difficile* est quod transcendit potentiam. Sed hoc contingit esse dupliciter. Uno modo, quia transcendit potentiam secundum suum naturalem ordinem. Et tunc, si ad hoc possit pervenire aliquo auxilio, dicitur *difficile*; si autem nullo modo, dicitur *impossibile*, sicut impossibile est hominem volare. — Alio modo transcendit aliquid potentiam, non secundum ordinem naturalem potentiae, sed propter aliquod impedimentum potentiae adiunctum. Sicut ascendere non est contra naturalem ordinem potentiae animae motivae, quia anima, quantum est de se, nata est movere in quamlibet partem: sed impeditur ab hoc propter corporis gravitatem; unde difficile est homini ascendere. — Converti autem ad beatitudinem ultimam, homini quidem est difficile et quia est supra naturam, et quia habet impedimentum ex corruptione corporis et infectione peccati. Sed angelo est difficile propter hoc solum quod est supernaturale.

AD TERTIUM dicendum quod quilibet motus voluntatis in Deum, potest dici conversio in ipsum. Et ideo triplex est conversio in Deum. Una quidem per dilectionem perfectam, quae est creaturae iam Deo fruentis. Et ad hanc conversionem requiritur gratia consummata. — Alia conversio est, quae est meritum beatitudinis. Et ad hanc requiritur habitualis gratia, quae est merendi principium. — Tertia conversio est, per quam aliquis praeparat se ad gratiam habendam. Et ad hanc non exigitur aliqua habitualis gratia, sed operatio Dei ad se animam convertentis, secundum illud Lm ult., [21]: *Converte nos, Domine, ad te, et convertemur*. Unde patet quod non est procedere in infinitum.

da graça. Portanto, deve-se dizer que o anjo não pode se converter para aquela bem-aventurança, a não ser auxiliado pela graça.

QUANTO AO 1º, portanto, deve-se dizer que o anjo naturalmente ama Deus, enquanto Deus é o princípio do ser natural. Falamos aqui da conversão para Deus, enquanto dá a bem-aventurança pela visão de sua essência.

QUANTO AO 2º, deve-se dizer que é *difícil* o que *supera* uma potência, mas isso acontece de duas maneiras. Primeiro, quando supera alguma potência em sua ordem natural. Nesse caso, se se pode alcançar o fim com alguma ajuda, temos o *difícil*. Se, porém, não se pode alcançar de modo algum, temos o *impossível*. Por exemplo, é impossível ao homem voar. — Segundo, quando se supera a potência, não segundo sua ordem natural, mas devido a algum impedimento que lhe vem de fora. Por exemplo, subir não é contra a ordem da potência da alma motora, porque a alma, quanto é de si, está destinada a se movimentar para qualquer parte; no entanto, é impedida por causa do peso do corpo. Por isso, é difícil para o homem subir. — Mas converter-se para a última bem-aventurança é difícil ao homem, não só porque supera a natureza, mas também porque encontra um obstáculo na corrupção do corpo[c] e na contaminação do pecado. Porém, ao anjo só é difícil porque é sobrenatural.

QUANTO AO 3º, deve-se dizer que todo movimento da vontade para Deus pode ser chamado de conversão para ele, o que acontece de três maneiras. Uma, pelo amor perfeito, que é a da criatura que já frui de Deus. Essa conversão exige a graça consumada. — Outra, pelo mérito da bem-aventurança, e para essa é exigida a graça habitual, princípio do mérito. — A terceira é a conversão pela qual alguém se prepara para a recepção da graça. Para essa não é exigida alguma graça habitual, mas a operação divina que converte para Deus a alma, segundo se lê nas Lamentações de Jeremias: "Senhor, convertei-nos para vós, e seremos convertidos'. Portanto, fica claro que não se trata de proceder ao infinito.

---

c. O termo "corrupção", aplicado ao corpo, não possui aqui nenhum sentido moral. Trata-se do peso natural ao corpo, que torna difícil a aplicação do espírito a seus objetos e a seus objetivos. A "contaminação do pecado", em contrapartida, é a tara moral herdada do pecado original, personalizada em cada um por seus próprios pecados, e que se denomina tecnicamente em teologia "concupiscência". Ela sim é um obstáculo no interior do espírito.

ARTICULUS 3
Utrum angeli sint creati in gratia

AD TERTIUM SIC PROCEDITUR. Videtur quod angeli non sint creati in gratia.
1. Dicit enim Augustinus, II *super Gen. ad litt.*[1], quod angelica natura primo erat informiter creata, et *caelum* dicta: postmodum vero formata est, et *lux* appellata. Sed haec formatio est per gratiam. Ergo non sunt creati in gratia.

2. PRAETEREA, gratia inclinat creaturam rationalem in Deum. Si igitur angelus in gratia creatus fuisset nullus angelus fuisset a Deo aversus.
3. PRAETEREA, gratia medium est inter naturam et gloriam. Sed angeli non fuerunt beati in sua creatione. Ergo videtur quod nec etiam creati sint in gratia: sed primo in natura tantum; postea autem adepti sunt gratiam; et ultimo facti sunt beati.

SED CONTRA est quod Augustinus dicit, XII *de Civ. Dei*[2]: *Bonam voluntatem quis fecit in angelis, nisi ille qui eos cum sua voluntate, idest cum amore casto quo illi adhaerent, creavit, simul in eis condens naturam et largiens gratiam?*
RESPONDEO dicendum quod, quamvis super hoc sint diversae opiniones, quibusdam dicentibus quod creati sunt angeli in naturalibus tantum, aliis vero quod sunt creati in gratia; hoc tamen probabilius videtur tenendum, et magis dictis Sanctorum consonum est, quod fuerunt creati in gratia gratum faciente. Sic enim videmus quod omnia quae processu temporis per opus divinae providentiae, creatura sub Deo operante, sunt producta, in prima rerum conditione producta sunt secundum quasdam seminales rationes, ut Augustinus dicit, *super Gen. ad litt.*[3]; sicut arbores et animalia et alia huiusmodi. Manifestum est autem quod gratia gratum faciens hoc modo comparatur ad beatitudinem, sicut ratio seminalis in natura ad effectum naturalem: unde 1Io 3,9, gratia *semen Dei* nominatur. Sicut igitur, secundum opinionem Augustini, ponitur quod statim in prima creatione corporalis creaturae inditae sunt ei seminales rationes omnium naturalium effectuum, ita statim a principio sunt angeli creati in gratia.

ARTIGO 3
Foram os anjos criados em estado de graça?

QUANTO AO TERCEIRO, ASSIM SE PROCEDE: parece que os anjos **não** foram criados em estado de graça.
1. Com efeito, diz Agostinho: "Em sua primeira criação ainda informe, a natureza angélica foi chamada de *céu*; uma vez recebida a forma, chamou-se *luz*". Ora, essa formação se fez pela graça. Logo, os anjos não foram criados em estado de graça.

2. ALÉM DISSO, a graça inclina a criatura racional para Deus. Ora, se o anjo tivesse sido criado em estado de graça, nenhum deles se afastaria de Deus.
3. ADEMAIS, a graça está entre a natureza e a glória. Ora, os anjos não foram beatificados em sua criação. Logo, parece que não foram criados em estado de graça, mas primeiramente só na natureza, sendo-lhes a graça concedida depois, e finalmente foram beatificados.

EM SENTIDO CONTRÁRIO, diz Agostinho: "Quem deu a boa vontade aos anjos, senão aquele que os criou com sua vontade, ou seja, com este amor casto pelo qual a ele aderem, dando-lhes ao mesmo tempo a natureza e conferindo-lhes a graça?"
RESPONDO. Sobre isso há diversas opiniões: uns dizem que os anjos foram criados apenas com seus dotes naturais; outros, em estado de graça. A segunda opinião é mais provável e mais concorde com a tradição dos Padres, isto é, que foram criados no estado de graça santificante. Sabemos que todas as coisas que, no decurso do tempo, foram criadas por obra da providência divina, a criatura operando sob a ação de Deus, o foram na sua primeira condição por algumas razões seminais, das quais nos fala Agostinho, como as árvores, os animais e coisas semelhantes. É evidente que a graça santificante está para a bem-aventurança como as razões seminais na natureza, para o efeito natural. Por isso, na primeira Carta de João, se diz que a graça é chamada *semente* de Deus. Portanto, assim como, segundo a opinião de Agostinho se afirma que às criaturas corporais no instante da primeira criação foram infundidas as razões seminais de todos os efeitos naturais, assim, também os anjos foram criados em graça desde o primeiro instante.

---

3 PARALL.: II *Sent.*, dist. 4, a. 3.
  1. C. 8: ML 34, 269. Cfr. l. I, cc. 3, 4, 9; l. III, c. 20: ML 34, 248-249, 249, 251-253, 292.
  2. C. 9: ML 41, 357.
  3. L. VIII, c. 3: ML 34, 374-345.

AD PRIMUM ergo dicendum quod informitas illa angeli potest intelligi vel per comparationem ad formationem gloriae: et sic praecessit tempore informitas formationem. Vel per comparationem ad formationem gratiae: et sic non praecessit ordine temporis, sed ordine naturae; sicut etiam de formatione corporali Augustinus ponit[4].

AD SECUNDUM dicendum quod omnis forma inclinat suum subiectum secundum modum naturae eius. Modus autem naturalis intellectualis naturae est, ut libere feratur in ea quae vult. Et ideo inclinatio gratiae non imponit necessitatem, sed habens gratiam potest ea non uti, et peccare.

AD TERTIUM dicendum quod, quamvis gratia sit medium inter naturam et gloriam ordine naturae tamen ordine temporis in natura creata non debuit simul esse gloria cum natura: quia est finis operationis ipsius naturae per gratiam adiutae. Gratia autem non se habet ut finis operationis, quia non est ex operibus; sed ut principium bene operandi. Et ideo statim cum natura gratiam dare conveniens fuit.

QUANTO AO 1º, portanto, deve-se dizer que a ausência de forma do anjo pode ser entendida ou por comparação com a formação da glória, e assim a ausência da forma precedeu à formação temporalmente[d], ou por comparação com a formação da graça, e assim não precedeu na ordem do tempo, mas na ordem da natureza[e], como também propõe Agostinho a respeito da formação corporal.

QUANTO AO 2º, deve-se dizer que toda forma inclina seu sujeito segundo o modo de sua natureza. O modo natural da natureza intelectual é inclinar-se livremente para o que quer. Portanto, a inclinação da graça não impõe necessidade. Até porque aquele que tem a graça pode não usá-la, e assim cair em pecado.

QUANTO AO 3º, deve-se dizer que embora, na ordem da natureza, a graça esteja entre a natureza e a glória, contudo, na ordem do tempo, na natureza criada, não deviam ser simultâneas a glória e a natureza, porque a glória é o fim da operação da natureza auxiliada pela graça. A graça, porém, não se tem como fim da operação, porque não é consequência das obras, mas como princípio do bem operar. Por isso, foi conveniente ser logo concedida a graça com a natureza.

ARTICULUS 4
Utrum angelus beatus suam beatitudinem meruerit

AD QUARTUM SIC PROCEDITUR. Videtur quod angelus beatus suam beatitudinem non meruerit.

1. Meritum enim est ex difficultate actus meritorii. Sed nullam difficultatem angelus habuit ad bene operandum. Ergo bona operatio non fuit ei meritoria.
2. PRAETEREA, naturalibus non meremur. Sed naturale fuit angelo quod converteretur ad Deum. Ergo per hoc non meruit beatitudinem.
3. PRAETEREA, si angelus beatus beatitudinem suam meruit, aut ergo antequam eam haberet, aut post. Sed non ante: quia, ut multis videtur, ante

ARTIGO 4
O anjo bem-aventurado mereceu sua bem-aventurança?

QUANTO AO QUARTO, ASSIM SE PROCEDE: parece que o anjo bem-aventurado **não** mereceu sua bem-aventurança.

1. Com efeito, o mérito resulta da dificuldade do ato meritório, Ora, o anjo não teve dificuldade alguma para bem operar. Logo, sua boa obra não lhe foi meritória.
2. ALÉM DISSO, não merecemos pelas ações naturais. Ora, foi natural ao anjo converter-se para Deus. Logo, por isso não mereceu a bem-aventurança.
3. ADEMAIS, o anjo bem-aventurado mereceu sua bem-aventurança ou antes de tê-la ou depois. Não, porém, antes, porque, como muitos

---

4. *De Gen. ad litt.*, l. I, c. 15; l. V, c. 5: ML 34, 257, 326.

4   PARALL.: II *Sent.*, dist. 5, q. 2, a. 2; *Quodlib.* IX, q. 4, a. 3.

d. "Temporalmente": segundo o tempo dos anjos, que consiste na sucessão descontínua das operações, não segundo nosso tempo, que consiste na sucessão contínua do movimento que anima o universo corporal, e que não afeta o anjo nem em seu ser nem em suas operações.

e. "Primeira na ordem da natureza": isto é, nesse instante da criação no qual o anjo existe simultaneamente em sua natureza e em sua graça, a graça pressupõe a natureza e não o contrário.

non habuit gratiam, sine qua nullum est meritum. Nec etiam post: quia sic etiam modo mereretur: quod videtur esse falsum, quia sic minor angelus merendo ad superioris angeli gradum posset pertingere, et non essent stabiles distinctiones graduum gratiae quod est inconveniens. Non ergo angelus beatus suam beatitudinem meruit.

SED CONTRA, Ap 21,17, dicitur quod *mensura angeli*, in illa caelesti Ierusalem, est *mensura hominis*. Sed homo ad beatitudinem pertingere non potest nisi per meritum. Ergo neque angelus.

RESPONDEO dicendum quod soli Deo beatitudo perfecta est naturalis, quia idem est sibi esse et beatum esse. Cuiuslibet autem creaturae esse beatum non est natura, sed ultimus finis. Quaelibet autem res ad ultimum finem per suam operationem pertingit. Quae quidem operatio in finem ducens, vel est factiva finis, quando finis non excedit virtutem eius quod operatur propter finem, sicut medicatio est factiva sanitatis: vel est meritoria finis, quando finis excedit virtutem operantis propter finem, unde expectatur finis ex dono alterius. Beatitudo autem ultima excedit et naturam angelicam et humanam, ut ex dictis[1] patet. Unde relinquitur quod tam homo quam angelus suam beatitudinem meruerit.

Et si quidem angelus in gratia creatus fuit, sine qua nullum est meritum, absque difficultate dicere possumus quod suam beatitudinem meruerit. — Et similiter si quis diceret quod qualitercumque gratiam habuerit antequam gloriam.

Si vero gratiam non habuit antequam esset beatus, sic oportet dicere quod beatitudinem absque merito habuit, sicut nos gratiam. Quod tamen est contra rationem beatitudinis, quae habet rationem *finis*, et est *praemium virtutis*, ut etiam Philosophus dicit, in I *Ethic*.[2]. — Vel oportet dicere quod angeli merentur beatitudinem per ea quae iam beati operantur in divinis ministeriis, ut alii dixerunt. Quod tamen est contra rationem meriti: nam meritum habet rationem viae ad finem, ei autem qui iam est in termino, non convenit moveri ad terminum; et sic nullus meretur quod iam habet. — Vel oportet dicere quod unus et idem actus conversionis in Deum, inquantum est ex libero arbitrio, est meritorius; et inquantum pertingit ad finem, est fruitio beata. Sed nec hoc etiam videtur

opinaram, antes não teve a graça, sem a qual não há mérito. Nem depois, porque, se assim fosse, continuaria merecendo, o que parece ser falso: nesse caso, por seu merecimento, um anjo inferior poderia alcançar o grau de um superior, e não haveria firme distinção dos estados de graça, o que não é conveniente. Logo, o anjo bem-aventurado não mereceu sua bem-aventurança.

EM SENTIDO CONTRÁRIO, diz-se no livro do Apocalipse: "A *medida do anjo*, na Jerusalém celeste, é a *medida do homem*". Ora, o homem não pode alcançar a bem-aventurança senão por mérito. Logo, nem o anjo.

RESPONDO. A bem-aventurança perfeita é natural só a Deus, porque nele identificam-se a bem-aventurança e o existir. Ser bem-aventurada não é natural a criatura alguma, mas o fim último. Ora, qualquer coisa alcança o fim último por sua operação. Tal operação ou é produtora do fim, quando o fim não ultrapassa o poder daquilo que opera por causa do fim; por exemplo, o remédio é produtor de saúde; ou é meritória do fim, quando o fim ultrapassa o poder do que opera por causa do fim, e, por isso, é esperado por auxílio alheio. Ora, a bem-aventurança final excede tanto a natureza angélica como a humana, segundo o que foi dito acima. Logo, tanto o anjo como o homem mereceram sua bem-aventurança.

Assim, se o anjo foi criado em estado de graça, sem a qual não se merece, não será difícil afirmar que mereceu sua bem-aventurança. — Igualmente, se se admite que o anjo possuiu, de algum outro modo, a graça antes da glória.

Se, porém, não teve a graça antes de ser bem-aventurado, deve-se dizer que sem mérito teve a bem-aventurança, como nós temos a graça. Mas isso é contrário à razão da bem-aventurança, que tem a razão de *fim*, e é o "prêmio da virtude", como diz o Filósofo no livro I da *Ética*. — Ou deve-se dizer que os anjos mereceram a bem-aventurança pelas ações, que, já bem-aventurados, realizaram no serviço divino, como afirmaram outros. Mas isso é contrário à razão do mérito, pois este tem a razão de via para o fim, e assim não convém a quem está no termo ser movido para ele. Pois, ninguém merece o que já tem. — Ou então, deve-se dizer que um só e mesmo ato de conversão para Deus é meritório enquanto provém do livre-arbítrio; e é fruição da bem-aventurança

---

1. A. 1; q. 12, a. 4.
2. C. 10: 1099, b, 14-18.

esse conveniens: quia liberum arbitrium non est sufficiens causa meriti; unde actus non potest esse meritorius secundum quod est ex libero arbitrio, nisi inquantum est gratia informatus; non autem simul potest informari gratia imperfecta, quae est principium merendi, et gratia perfecta, quae est principium fruendi. Unde non videtur esse possibile quod simul fruatur, et suam fruitionem mereatur.

Et ideo melius dicendum est quod gratiam habuit angelus antequam esset beatus, per quam beatitudinem meruit.

AD PRIMUM ergo dicendum quod difficultas bene operandi non est in angelis ex aliqua contrarietate, vel impedimento naturalis virtutis; sed ex hoc quod opus aliquod bonum est supra virtutem naturae.

AD SECUNDUM dicendum quod conversione naturali angelus non meruit beatitudinem, sed conversione caritatis, quae est per gratiam.

AD TERTIUM patet responsio ex dictis³.

enquanto alcança o fim. Mas também tal sentença é inconveniente, porque o livre-arbítrio não é causa suficiente para merecer. Por isso, o ato não pode ser meritório enquanto vem do livre-arbítrio, mas enquanto é informado pela graça. Todavia, não pode simultaneamente ser informado pela graça imperfeita, que é princípio de mérito, e pela graça perfeita, que é princípio da fruição^f. Portanto, não parece ser possível simultaneamente fruir do fim e merecê-lo.

Por isso deve-se dizer que o anjo recebeu a graça antes de ter sido beatificado, e por ela mereceu a bem-aventurança.

QUANTO AO 1º, portanto, deve-se dizer que a dificuldade para o anjo operar bem não resulta de alguma contrariedade ou impedimento em sua natureza, ou em sua operação, mas porque o ato bom estava acima de sua capacidade natural.

QUANTO AO 2º, deve-se dizer que a conversão natural do anjo para Deus não lhe mereceu a bem-aventurança, mas a conversão pela caridade, que procede da graça.

QUANTO AO 3º, fica clara a resposta pelo que foi dito.

ARTICULUS 5
Utrum angelus statim post unum actum meriti beatitudinem habuerit

AD QUINTUM SIC PROCEDITUR. Videtur quod angelus non statim post unum actum meritorium beatitudinem habuerit.
1. Difficilius enim est homini bene operari quam angelo. Sed homo non praemiatur statim post unum actum. Ergo neque angelus.

2. PRAETEREA, angelus statim in principio suae creationis, et in instanti, actum aliquem habere potuit: cum etiam corpora naturalia in ipso instanti suae creationis moveri incipiant, et si motus corporis in instanti esse posset, sicut opera intellectus et voluntatis, in primo instanti suae generationis motum haberent. Si ergo angelus per unum motum suae voluntatis beatitudinem meruit, in primo instanti suae creationis meruit beatitudinem. Si ergo

ARTIGO 5
O anjo, após um só ato meritório, teve de imediato a bem-aventurança?

QUANTO AO QUINTO, ASSIM SE PROCEDE: parece que o anjo **não** teve de imediato a bem-aventurança após um só ato meritório.
1. Com efeito, é mais difícil para o homem operar bem do que para o anjo. Ora, o homem não é premiado de imediato após um só ato. Logo, nem o anjo.

2. Além disso, o anjo, desde o princípio e no instante mesmo de sua criação pôde fazer um ato, como também os corpos naturais no instante em que são criados, começam a se mover. Se o movimento corporal pudesse ser instantâneo como as operações do intelecto e da vontade, então possuiriam o movimento desde o primeiro instante de sua geração. Ora, se o anjo por um só movimento da vontade mereceu a bem-aventurança, mereceu a bem-aven-

---
3. In corp.

f. "Graça perfeita, graça imperfeita": é a mesma graça, evidentemente, mas, como se diz que é dada de início como um germe, trata-se de dois estados, dos quais um é a perfeição, o desabrochar do outro.

eorum beatitudo non retardatur, statim in primo instanti fuerunt beati.

3. PRAETEREA, inter multum distantia oportet esse multa media. Sed status beatitudinis angelorum multum distat a statu naturae eorum: medium autem inter utrumque est meritum. Oportuit igitur quod per multa media angelus ad beatitudinem perveniret.

SED CONTRA, anima hominis et angelus similiter ad beatitudinem ordinantur: unde Sanctis promittitur aequalitas angelorum Lc 20,36. Sed anima a corpore separata, si habeat meritum beatitudinis, statim beatitudinem consequitur, nisi aliud sit impedimentum. Ergo pari ratione et angelus. Sed statim in primo actu caritatis habuit meritum beatitudinis. Ergo, cum in eo non esset aliquod impedimentum, statim ad beatitudinem pervenit per solum unum actum meritorium.

RESPONDEO dicendum quod angelus post primum actum caritatis quo beatitudinem meruit, statim beatus fuit. Cuius ratio est, quia gratia perficit naturam secundum modum naturae: sicut et omnis perfectio recipitur in perfectibili secundum modum eius. Est autem hoc proprium naturae angelicae, quod naturalem perfectionem non per discursum acquirat, sed statim per naturam habeat, sicut supra[1] ostensum est. Sicut autem ex sua natura angelus habet ordinem ad perfectionem naturalem, ita ex merito habet ordinem ad gloriam. Et ita statim post meritum in angelo fuit beatitudo consecuta. — Meritum autem beatitudinis, non solum in angelo, sed etiam in homine esse potest per unicum actum: quia quolibet actu caritate informato homo beatitudinem meretur. Unde relinquitur quod statim post unum actum caritate informatum, angelus beatus fuit.

AD PRIMUM ergo dicendum quod homo secundum suam naturam non statim natus est ultimam perfectionem adipisci, sicut angelus. Et ideo homini longior via data est ad merendum beatitudinem, quam angelo.

AD SECUNDUM dicendum quod angelus est supra tempus rerum corporalium: unde instantia diversa in his quae ad angelos pertinent, non accipiuntur

turança no primeiro instante de sua criação. Logo, se não foi retardada a bem-aventurança, foram de imediato, no primeiro instante, beatificados.

3. ADEMAIS, entre coisas muito distantes é necessário que haja muitos intermediários. Mas o estado de bem-aventurança dos anjos é muito distante de seu estado de natureza, e o intermediário entre ambos é o mérito. Por isso, foi necessário que o anjo alcançasse a bem-aventurança por muitos intermediários.

EM SENTIDO CONTRÁRIO, a alma humana e o anjo ordenam-se igualmente para a bem-aventurança. Por isso, foi prometido aos santos a igualdade com os anjos, como está no Evangelho de Lucas. Mas a alma separada do corpo, se tem o mérito da bem-aventurança, imediatamente consegue-a, a não ser que haja algum impedimento. Tal acontece também para o anjo. Mas ele, de imediato, no primeiro ato de caridade, teve o mérito da bem-aventurança. Portanto, não havendo nele impedimento algum, de imediato alcançou a bem-aventurança por um só ato meritório.

RESPONDO. O anjo, após o primeiro ato de caridade pelo qual mereceu a bem-aventurança, de imediato foi beatificado. E a razão disso é que a graça aperfeiçoa a natureza segundo o modo da natureza, como também toda perfeição é recebida no que é perfectível segundo o modo dele. Ora, é próprio da natureza angélica não adquirir a perfeição mediante sucessão, mas de imediato, como foi dito acima. Como o anjo por sua própria natureza tem ordenação para a perfeição natural, assim também pelo mérito se ordena para a glória. Por isso, de imediato após ter merecido, o anjo conseguiu a bem-aventurança. — O mérito da bem-aventurança, não só no anjo, mas também no homem, pode resultar de um só ato, porque por qualquer ato informado pela caridade o homem merece a bem-aventurança. Resulta, pois, que de imediato após um só ato informado pela caridade, o anjo foi beatificado.

QUANTO AO 1º, portanto, deve-se dizer que o homem por sua natureza não foi feito para atingir, de imediato, sua última perfeição, como acontece ao anjo. Por isso, deve percorrer um caminho mais longo que o do anjo para merecer a bem-aventurança.

QUANTO AO 2º, deve-se dizer que o anjo está acima do tempo das coisas corporais, por isso, os diversos instantes nas coisas que se referem aos

---

1. Q. 58, a. 3.

nisi secundum successionem in ipsorum actibus. Non autem potuit simul in eis esse actus meritorius beatitudinis, et actus beatitudinis, qui est fruitio; cum unus sit gratiae imperfectae, et alius gratiae consummatae. Unde relinquitur quod oportet diversa instantia accipi, in quorum uno meruerit beatitudinem, et in alio fuerit beatus.

AD TERTIUM dicendum quod de natura angeli est, quod statim suam perfectionem consequatur ad quam ordinatur. Et ideo non requiritur nisi unus actus meritorius; qui ea ratione medium dici potest, quia secundum ipsum angelus ad beatitudinem ordinatur.

anjos indicam somente a sucessão de suas diversas operações. Não puderam, pois, ser simultâneos nele o ato meritório da bem-aventurança e o ato da bem-aventurança, que é a própria fruição, uma vez que um vem da graça imperfeita, o outro, da graça consumada. Logo, devem-se distinguir os diversos instantes, em um dos quais mereceu a bem-aventurança, e no outro, foi beatificado.

QUANTO AO 3º, deve-se dizer que é próprio da natureza angélica conseguir, de imediato, a perfeição para a qual está ordenada. Por isso, não se requer senão ato meritório, que por essa razão pode-se chamar ato intermediário, porque mediante ele o anjo se ordena para a bem-aventurança.

ARTICULUS 6

Utrum angeli sint consecuti gratiam et gloriam secundum quantitatem suorum naturalium

AD SEXTUM SIC PROCEDITUR. Videtur quod angeli non sint consecuti gratiam et gloriam secundum quantitatem suorum naturalium.
1. Gratia enim ex mera Dei voluntate datur. Ergo et quantitas gratiae dependet ex voluntate Dei, et non ex quantitate naturalium.

2. PRAETEREA, magis propinquum videtur ad gratiam actus humanus quam natura: quia actus humanus praeparatorius est ad gratiam. Sed gratia non est *ex operibus*, ut dicitur Rm 11,6. Multo igitur minus quantitas gratiae in angelis est secundum quantitatem naturalium.

3. PRAETEREA, homo et angelus pariter ordinantur ad beatitudinem vel gratiam. Sed homini non datur plus de gratia secundum gradum naturalium. Ergo nec angelo.

SED CONTRA est quod Magister dicit, 3 dist. II *Sent*., quod *angeli qui natura magis subtiles, et sapientia amplius perspicaces creati sunt, hi etiam maioribus gratiae muneribus praediti sunt*.

RESPONDEO dicendum quod rationabile est quod secundum gradum naturalium angelis data sint dona gratiarum et perfectio beatitudinis. Cuius quidem ratio ex duobus accipi potest. Primo quidem ex parte ipsius Dei, qui per ordinem suae sapientiae diversos gradus in angelica natura constituit. Sicut autem natura angelica facta est a

ARTIGO 6

Conseguiram os anjos a graça e a glória segundo a quantidade de seus dotes naturais?

QUANTO AO SEXTO, ASSIM SE PROCEDE: parece que os anjos **não** conseguiram a graça e a glória segundo a proporção de seus dotes naturais.
1. Com efeito, a graça é dada por mera vontade de Deus. Logo, sua quantidade depende da vontade de Deus, não da quantidade dos dotes naturais.

2. ALÉM DISSO, parece que o ato humano está mais próximo da graça que a natureza, pois o ato humano é preparação para a graça. Ora, "a graça não vem das obras", como diz a Carta aos Romanos. Logo, muito menos a quantidade de graça dos anjos depende da quantidade de seus dotes.

3. ADEMAIS, o homem e o anjo ordenam-se igualmente para a bem-aventurança e para a graça. Ora, a graça não é dada ao homem proporcionalmente aos dotes naturais. Logo, nem aos anjos.

EM SENTIDO CONTRÁRIO, disse o Mestre das Sentenças: "Os anjos que foram criados mais sutis, quanto à natureza, e mais perspicazes, quanto à sabedoria, foram também dotados de maiores dons da graça".

RESPONDO. É compreensível que os anjos recebessem os dons da graça e a perfeição da bem-aventurança segundo o grau de seus dotes naturais. E a razão disso pode-se tomar de duas coisas. Primeiro, da parte de Deus, que pela ordenação de sua sabedoria constituiu a natureza angélica em diversos graus. Como a natureza

6 PARALL.: I *Sent*., dist. 17, q. 1, a. 3, ad 4; II, dist. 3, part. 1, expos. litt.; IV, dist. 4, q. 2, a. 3, q.la 3, ad 1; in *Matth*., c. 25.

Deo ad gratiam et beatitudinem consequendam, ita etiam gradus naturae angelicae ad diversos gradus gratiae et gloriae ordinari videntur: ut puta, si aedificator lapides polit ad construendam domum, ex hoc ipso quod aliquos pulchrius et decentius aptat, videtur eos ad honoratiorem partem domus ordinare. Sic igitur videtur quod Deus angelos quos altioris naturae fecit, ad maiora gratiarum dona et ampliorem beatitudinem ordinaverit.

Secundo apparet idem ex parte ipsius angeli. Non enim angelus est compositus ex diversis naturis, ut inclinatio unius naturae impetum alterius impediat aut retardet; sicut in homine accidit, in quo motus intellectivae partis aut retardatur aut impeditur ex inclinatione partis sensitivae. Quando autem non est aliquid quod retardet aut impediat, natura secundum totam suam virtutem movetur. Et ideo rationabile est quod angeli qui meliorem naturam habuerunt, etiam fortius et efficacius ad Deum sint conversi. Hoc autem etiam in hominibus contingit, quod secundum intensionem conversionis in Deum datur maior gratia et gloria. Unde videtur quod angeli qui habuerunt meliora naturalia, habuerunt plus de gratia et gloria.

Ad primum ergo dicendum quod, sicut gratia est ex mera Dei voluntate, ita etiam et natura angeli. Et sicut naturam Dei voluntas ordinavit ad gratiam, ita et gradus naturae ad gradus gratiae.

Ad secundum dicendum quod actus rationalis creaturae sunt ab ipsa; sed natura est immediate a Deo. Unde magis videtur quod gratia detur secundum gradum naturae, quam ex operibus.

Ad tertium dicendum quod diversitas naturalium aliter est in angelis, qui differunt specie; et aliter in hominibus, qui differunt solo numero.

angélica foi constituída por Deus para conseguir a graça e a bem-aventurança, assim também os graus da natureza angélica parece que se ordenam aos diversos graus da graça e da glória. Por exemplo: o construtor, quando prepara as pedras para construir uma casa, pelo fato mesmo de preparar algumas mais belas e mais bem talhadas, parece que as ordena para a parte mais nobre da casa. Portanto, parece igualmente que Deus ordenou os anjos criados com natureza superior para maiores dons da graça e mais perfeita bem-aventurança.

Segundo, da parte do anjo, que não tem composição em sua natureza, de maneira que a inclinação de uma natureza impeça ou retarde a tendência da outra. Isso acontece no homem, pois o movimento da parte intelectiva pode ser retardado ou impedido pela inclinação da parte sensitiva. Quando, pois, nada existe que retarde ou impeça o movimento da natureza, essa pode agir com toda a sua capacidade. Por isso é compreensível que, por possuir natureza superior, também sejam mais fortes e eficazmente convertidos para Deus. Também nos homens isso acontece, pois, segundo a intensidade da conversão para Deus, é a eles dado maior grau de graça ou de glória. Por isso, parece que os anjos que tiveram melhores dotes naturais, receberam maiores graças e mais perfeita glória[g].

Quanto ao 1º, portanto, deve-se dizer que como a graça é dada por mera vontade de Deus, também a natureza angélica. E, como a vontade de Deus ordenou a natureza para a graça, também ordenou os graus da natureza para os graus da graça.

Quanto ao 2º, deve-se dizer que os atos da criatura racional dela procedem, mas a natureza procede imediatamente de Deus. Portanto, parece que a graça é dada mais segundo os graus da natureza, que segundo os graus das obras[h].

Quanto ao 3º, deve-se dizer que a diversidade de dotes naturais é uma nos anjos que se distinguem segundo a espécie e outra nos homens que

---

g. Não existem duas naturezas no homem, mas sua natureza é complexa, composta de duas partes: uma intelectual, ou espiritual, a outra sensível. Cada uma, s*e existisse à parte* — e ela existe à parte, de fato, em outros entes, a parte intelectual no anjo, a parte sensível no animal —, constituiria uma natureza. No plano do dinamismo, ou da operação, esta união não é perfeita de imediato, a segunda tendo certa autonomia em relação à outra, que é principal, mas nem sempre soberana. Disso resulta que a parte sensível constitui muitas vezes um obstáculo ao movimento da parte espiritual, à qual, contudo, ela é feita para servir. Daí surgem no homem grandes diferenças entre as pessoas, que não provêm da qualidade de sua "natureza espiritual", mas do vigor de sua operação vista sob o ângulo de sua relação com o fim último, ou seja, como meritória. O anjo, que se dá ou se recusa como um todo, volta-se para Deus tanto mais intensamente quanto sua natureza é mais elevada, ao passo que o homem que se volta para Deus mais intensamente não é necessariamente aquele cujas qualidades naturais são as mais ricas. Mas, para ele assim como para o anjo, é segundo a intensidade de seu movimento em direção a Deus que se julga seu mérito.

h. Esse raciocínio utiliza o princípio segundo o qual a graça é puro dom de Deus. Que ela dependa de um dom de Deus anterior a ela, mas feito com vistas a ela — a natureza — nada tem de surpreendente, ao passo que fazê-la depender de uma obra realizada pela criatura seria destruí-la.

Differentia enim secundum speciem est propter finem: sed differentia secundum numerum est propter materiam. — In homine etiam est aliquid quod potest impedire vel retardare motum intellectivae naturae: non autem in angelis. — Unde non est eadem ratio de utroque.

Articulus 7
Utrum in angelis beatis remaneat cognitio et dilectio naturalis

AD SEPTIMUM SIC PROCEDITUR. Videtur quod in angelis beatis non remaneat cognitio et dilectio naturalis.
1. Quia, ut dicitur 1Cor 13,10, *cum venerit quod perfectum est, evacuabitur quod ex parte est*. Sed dilectio et cognitio naturalis est imperfecta respectu cognitionis et dilectionis beatae. Ergo adveniente beatitudine, naturalis cognitio et dilectio cessat.

2. PRAETEREA, ubi unum sufficit, aliud superflue existit. Sed sufficit in angelis beatis cognitio et dilectio gratiae. Superfluum ergo esset quod remaneret in eis cognitio et dilectio naturalis.

3. PRAETEREA, eadem potentia non habet simul duos actus; sicut nec una linea terminatur ex eadem parte ad duo puncta. Sed angeli beati sunt semper in actu cognitionis et dilectionis beatae: felicitas enim non est secundum habitum, sed secundum actum, ut dicitur in I *Ethic*.[1] Ergo nunquam in angelis potest esse cognitio et dilectio naturalis.

SED CONTRA, quandiu manet natura aliqua, manet operatio eius. Sed beatitudo non tollit naturam; cum sit perfectio eius. Ergo non tollit naturalem cognitionem et dilectionem.

RESPONDEO dicendum quod in angelis beatis remanet cognitio et dilectio naturalis. Sicut enim se habet principia operationum ad invicem, ita se habent et operationes ipsae. Manifestum est autem quod natura ad beatitudinem comparatur sicut primum ad secundum: quia beatitudo naturae additur. Semper autem oportet salvari primum

se distinguem apenas segundo o número. A diferença específica é feita pelo fim, mas a diferença numérica, pela matéria[i]. — Ora, no homem há o que possa impedir ou retardar o movimento da natureza intelectiva, no anjo não. — Por isso, o argumento não se aplica a ambos.

Artigo 7
Permanecem nos anjos bem-aventurados o conhecimento e o amor naturais?

QUANTO AO SÉTIMO, ASSIM SE PROCEDE: parece que nos anjos bem-aventurados **não** permanecem o conhecimento e o amor naturais.
1. Porque, como se diz na primeira Carta aos Coríntios: "Quando chegar o que é perfeito, desaparecerá o imperfeito". Ora, o conhecimento e o amor naturais são imperfeitos em relação ao conhecimento e ao amor na bem-aventurança. Logo, chegada a bem-aventurança, cessam o conhecimento e o amor naturais.

2. ALÉM DISSO, onde uma coisa é suficiente, não há necessidade de outra. Ora, são suficientes aos anjos bem-aventurados o conhecimento e o amor da graça. Logo, seria supérfluo que permanecessem nos anjos o conhecimento e o amor naturais.

3. ADEMAIS, a mesma potência não tem simultaneamente dois atos, como uma linha não termina, pela mesma parte em dois pontos. Ora, os anjos bem-aventurados estão sempre em ato de conhecimento e de bem-aventurada dileção. Pois, como se diz no livro I da *Ética*, a felicidade não consiste em algum hábito, mas em atos. Logo, os anjos nunca podem ter conhecimento e amor naturais.

EM SENTIDO CONTRÁRIO, enquanto permanece uma natureza, permanece seu ato. Ora, a bem-aventurança não elimina a natureza, pois é sua perfeição. Logo, não elimina o conhecimento e o amor naturais.

RESPONDO. Nos anjos bem-aventurados permanecem o conhecimento e o amor naturais. Pois, assim como os princípios das operações estão entre si, assim também estão as operações. É evidente que a natureza está para a beatitude como um primeiro para seu segundo, porque é ela acrescentada à natureza. No entanto, sempre

---

7

1. C. 8: 1098, b.

i. O que, em um efeito, provém da matéria, não entra, pelo menos diretamente, na intenção da causa. Pode-se compreender, portanto, que Deus tenha querido a hierarquia das perfeições naturais dos anjos tendo em vista a hierarquia dos graus da glória e da beatitude, em função das quais ele as criou, mas o mesmo não ocorre com a hierarquia das qualidades naturais que distinguem os homens entre si.

in secundo. Unde oportet quod natura salvetur in beatitudine. Et similiter oportet quod in actu beatitudinis salvetur actus naturae.

AD PRIMUM ergo dicendum quod perfectio adveniens tollit imperfectionem sibi oppositam. Imperfectio autem naturae non opponitur perfectioni beatitudinis, sed substernitur ei: sicut imperfectio potentiae substernitur perfectioni formae, et non tollitur potentia per formam, sed tollitur privatio, quae opponitur formae. — Et similiter etiam imperfectio cognitionis naturalis non opponitur perfectioni cognitionis gloriae: nihil enim prohibet simul aliquid cognoscere per diversa media, sicut simul potest aliquid cognosci per medium probabile, et demonstrativum. Et similiter potest angelus simul Deum cognoscere per essentiam Dei, quod pertinet ad cognitionem gloriae; et per essentiam propriam, quod pertinet ad cognitionem naturae.

AD SECUNDUM dicendum quod ea quae sunt beatitudinis, per se sufficiunt. Sed ad hoc quod sint, praeexigunt ea quae sunt naturae: quia nulla beatitudo est per se subsistens, nisi beatitudo increata.

AD TERTIUM dicendum quod duae operationes non possunt esse simul unius potentiae, nisi una ad aliam ordinetur. Cognitio autem et dilectio naturalis ordinantur ad cognitionem et dilectionem gloriae. Unde nihil prohibet in angelo simul esse et cognitionem et dilectionem naturalem, et cognitionem et dilectionem gloriae.

se deve salvar o primeiro no segundo. Portanto, é necessário que a natureza seja salva na bem-aventurança. E igualmente é necessário que no ato da bem-aventurança seja salvo o ato da natureza.

QUANTO AO 1º, portanto, deve-se dizer que a perfeição que se adquire elimina a imperfeição oposta. Ora, a imperfeição da natureza não se opõe à perfeição da bem-aventurança, mas é por ela suposta, assim como a imperfeição da potência é suposta pela perfeição da forma, de sorte que a potência não é eliminada pela forma, mas sim a privação que se opõe à forma[j]. — Também a imperfeição do conhecimento natural não se opõe à perfeição do conhecimento da glória, porque nada impede que uma coisa seja simultaneamente conhecida por meios diversos, assim como é possível conhecer-se algo simultaneamente por meio provável e demonstrativo. Do mesmo modo, o anjo pode simultaneamente conhecer a Deus em sua essência e esse é o conhecimento da glória e em sua essência própria, e esse é o conhecimento natural.

QUANTO AO 2º, deve-se dizer que é suficiente por si mesmo o que pertence à bem-aventurança. Ora, para que possa existir, pressupõe o que é natural, porque somente a bem-aventurança não-criada é por si mesma subsistente.

QUANTO AO 3º, deve-se dizer que duas operações não podem estar simultaneamente na mesma potência, a não ser que uma se ordene para a outra. Ora, o conhecimento e o amor naturais ordenam-se para o conhecimento e o amor da glória. Portanto, nada impede que no anjo sejam simultâneos, tanto o conhecimento e o amor natural, como o conhecimento e o amor da glória.

ARTICULUS 8
Utrum angelus beatus peccare possit

AD OCTAVUM SIC PROCEDITUR. Videtur quod angelus beatus peccare possit.

1. Beatitudo enim non tollit naturam, ut dictum est[1]. Sed de ratione naturae creatae est quod possit deficere. Ergo angelus beatus potest peccare.

ARTIGO 8
Pode pecar o anjo bem-aventurado?

QUANTO AO OITAVO, ASSIM SE PROCEDE: parece que o anjo bem-aventurado **pode** pecar.

1. Com efeito, como foi dito, a bem-aventurança não elimina a natureza. Ora, é da razão da natureza criada a possibilidade de falhar. Logo, o anjo bem-aventurado pode pecar.

---

8 PARALL.: II *Sent.*, dist. 7, q. 1, a. 1; *De Verit.*, q. 24, a. 8.
  1. A. praec.

   j. Alusão à teoria aristotélica do movimento. Este é passagem da potência ao ato, ou seja, o que é potência em relação a uma forma torna-se, ao término do movimento, ato dessa forma. No ponto de partida há a privação dessa forma; no ponto de chegada, a atualização da potência pela forma. Contudo, o que estava em potência com a privação permanece quando a atualização acabou com a privação anterior. Assim, a natureza, enriquecida pela graça, está em potência em relação à glória, constituída pela visão beatífica e pelo amor que dela brota. Contudo, ao término do movimento pelo qual Deus a conduziu à graça e à glória, permanece ela potência atualizada.

2. Praeterea, potestates rationales sunt ad opposita, ut Philosophus dicit[2]. Sed voluntas angeli beati non desinit esse rationalis. Ergo se habet ad bonum et malum.

3. Praeterea, ad libertatem arbitrii pertinet quod homo possit eligere bonum et malum. Sed libertas arbitrii non minuitur in angelis beatis. Ergo possunt peccare.

Sed contra est quod Augustinus dicit, XI *super Gen. ad litt.*[3], quod illa natura quae peccare non potest *in sanctis angelis est*. Ergo sancti angeli peccare non possunt.

Respondeo dicendum quod angeli beati peccare non possunt. Cuius ratio est, quia eorum beatitudo in hoc consistit, quod per essentiam Deum vident. Essentia autem Dei est ipsa essentia bonitatis. Unde hoc modo se habet angelus videns Deum ad ipsum Deum, sicut se habet quicumque non videns Deum ad communem rationem boni. Impossibile est autem quod aliquis quidquam velit vel operetur, nisi attendens ad bonum; vel quod velit divertere a bono, inquantum huiusmodi. Angelus igitur beatus non potest velle vel agere, nisi attendens ad Deum. Sic autem volens vel agens non potest peccare. Unde angelus beatus nullo modo peccare potest.

Ad primum ergo dicendum quod bonum creatum, in se consideratum, deficere potest. Sed ex coniunctione perfecta ad bonum increatum, qualis est coniunctio beatitudinis, adipiscitur quod peccare non possit, ratione iam[4] dicta.

Ad secundum dicendum quod virtutes rationales se habent ad opposita in illis ad quae non ordinantur naturaliter: sed quantum ad illa ad quae naturaliter ordinantur, non se habent ad opposita. Intellectus enim non potest non assentire principiis naturaliter notis: et similiter voluntas non potest non adhaerere bono inquantum est bonum, quia in bonum naturaliter ordinatur sicut in suum obiectum. Voluntas igitur angeli se habet ad opposita, quantum ad multa facienda vel non facienda. Sed quantum ad ipsum Deum, quem videt esse ipsam essentiam bonitatis, non se

2. Além disso, como diz o Filósofo, as faculdades racionais podem ter objetos opostos. Ora, a vontade do anjo não deixa de ser racional. Logo, se refere ao bem e ao mal.

3. Ademais, é da liberdade de arbítrio poder o homem escolher o bem e o mal. Ora, a liberdade de arbítrio não está diminuída nos anjos bem-aventurados. Logo, podem pecar.

Em sentido contrário, diz Agostinho que a natureza que não pode pecar se encontra nos santos anjos. Logo, os santos anjos não podem pecar.

Respondo. Os anjos bem-aventurados não podem pecar. E a razão disso está em que a bem-aventurança deles consiste em ver a Deus em sua essência. Ora, a essência de Deus é a própria essência da bondade. Desse modo, o anjo que vê a Deus está para o próprio Deus como estão os que não o veem para a comum razão do bem. É impossível, ademais, que alguém queira ou faça algo sem se referir ao bem, ou que queira afastar-se do bem enquanto bem. Por isso, o anjo bem-aventurado não pode querer ou agir a não ser referindo-se a Deus. Assim, pois, querendo ou agindo, não pode pecar. Por isso, de nenhum modo o anjo bem-aventurado pode pecar.

Quanto ao 1º, portanto, deve-se dizer que o bem criado, considerado em si, pode falhar. Mas pela união perfeita com o bem incriado, como a que se dá na bem-aventurança, compreende-se que não pode pecar, pela razão já dita.

Quanto ao 2º, deve-se dizer que as faculdades racionais se referem a coisas opostas, a saber, àquelas às quais não se ordenam naturalmente. Quanto às coisas às quais naturalmente se ordena, porém, não se referem às opostas[k]. Assim, o intelecto não pode deixar de assentir aos princípios conhecidos naturalmente, como também a vontade não pode deixar de aderir ao bem enquanto tal, porque é naturalmente ordenada ao bem como a seu objeto[l]. Por isso, a vontade do anjo se refere aos opostos, quanto a fazer ou não fazer isso ou aquilo. Quanto ao próprio Deus, que os anjos veem ser a própria

---

2. *Metaph.*, l. VIII, c. 2: 1046, b, 4-7; c. 5: 1048, a, 8-10.
3. C. 7: ML 34, 433.
4. In corp.

---

k. "Natural" contrapõe-se aqui a "livre". O ordenamento radical da natureza ao fim — e aos objetos imediatamente articulados ao fim — é anterior à liberdade, que consiste no poder de dirigir essa orientação, sobre a qual ela não tem domínio, a este ou àquele objeto mais particular. Surge daí uma multiplicidade de objetos possíveis, opostos entre si no plano da liberdade, ao passo que a orientação fundamental da natureza só pode incidir sobre um objeto — o fim —, ou sobre objetos dela indissociáveis, subordinados a ela e portanto não opostos entre si.

l. O que ela pode é colocar seu bem nisto ou naquilo.

habent ad opposita; sed secundum ipsum ad omnia diriguntur, quodcumque oppositorum eligant. Quod sine peccato est.

AD TERTIUM dicendum quod liberum arbitrium sic se habet ad eligendum ea quae sunt ad finem, sicut se habet intellectus ad conclusiones. Manifestum est autem quod ad virtutem intellectus pertinet, ut in diversas conclusiones procedere possit secundum principia data: sed quod in aliquam conclusionem procedat praetermittendo ordinem principiorum, hoc est ex defectu ipsius. Unde quod liberum arbitrium diversa eligere possit servato ordine finis, hoc pertinet ad perfectionem libertatis eius: sed quod eligat aliquid divertendo ab ordine finis, quod est peccare, hoc pertinet ad defectum libertatis. Unde maior libertas arbitrii est in angelis, qui peccare non possunt, quam in nobis, qui peccare possumus.

ARTICULUS 9
Utrum angeli beati in beatitudine possint proficere

AD NONUM SIC PROCEDITUR. Videtur quod angeli beati in beatitudinem proficere possint.

1. Caritas enim est principium merendi. Sed in angelis est perfecta caritas. Ergo angeli beati possunt mereri. Crescente autem merito, et praemium beatitudinis crescit. Ergo angeli beati in beatitudine proficere possunt.

2. PRAETEREA, Augustinus dicit, in libro *de Doctr. Christ.*[1], quod *Deus utitur nobis ad nostram utilitatem, et ad suam bonitatem*. Et similiter angelis, quibus utitur in ministeriis spiritualibus; cum sint *administratorii spiritus, in ministerium missi propter eos qui haereditatem capiunt salutis*, ut dicitur

essência da bondade, não se referem a coisas opostas, mas é em conformidade com Deus que os anjos se referem a todas as coisas, sejam quais forem os opostos que escolhem. E isso exclui o pecado.

QUANTO AO 3º, deve-se dizer que o livre-arbítrio está para a escolha das coisas que são para o fim, como o intelecto para as conclusões. É evidente que pertence à faculdade intelectiva poder proceder a diversas conclusões, segundo os princípios estabelecidos. Mas, se procede a alguma conclusão preterindo a ordenação dos princípios, isso acontece por defeito da faculdade intelectiva. Por isso, que o livre-arbítrio possa escolher coisas diversas, guardada a ordenação para o fim, isso pertence à perfeição de sua liberdade. Porém, que escolha algo afastando-se da ordenação para o fim, o que é pecar, isso pertence ao defeito da liberdade. É maior, portanto, a liberdade de arbítrio nos anjos, que não podem pecar, do que em nós, que podemos[m].

ARTIGO 9
Podem progredir em bem-aventurança os anjos bem-aventurados?

QUANTO AO NONO, ASSIM SE PROCEDE: parece que os anjos bem-aventurados **podem** progredir em bem-aventurança.

1. Com efeito, a caridade é o princípio do mérito. Ora, os anjos têm a caridade perfeita. Logo, os anjos bem-aventurados podem merecer. Crescendo o mérito, cresce o prêmio da bem-aventurança. Logo, os anjos podem progredir em bem-aventurança.

2. ALÉM DISSO, Agostinho diz: "Deus nos usa para nossa utilidade e para sua bondade". Usa também os anjos para o ministério espiritual, pois, como se lê na Carta aos Hebreus: "Sendo servidores do espírito, estão enviados em serviço àqueles que são herdeiros da salvação". Ora, não

9 PARALL.: II *Sent.*, dist. 11, part. 2, a. 1.
   1. L. I, c. 32: ML 34, 32.

m. O paralelismo aqui instituído por Sto. Tomás entre a falha da inteligência — que consiste em se enganar — e a falha da vontade — que consiste em pecar — é nele inabitual, e um pouco desconcertante. Seria preciso compreender que a inteligência seria "livre" como a vontade, e poderia arbitrariamente tirar de um mesmo princípio conclusões opostas? Tal interpretação se choca de frente com seu ensinamento mais comum, e não poderia ser mantida. A "perfeição da liberdade", que é própria à vontade, sem subtrair-se à orientação da vontade para o fim último — ou para um fim mais particular previamente escolhido —, é poder escolher este ou aquele bem particular de preferência a outros — ainda rejeitados como menos bons —, também compatíveis com o fim. A inteligência, pelo contrário, não é livre em relação a uma verdade, por particular, ínfima que seja, pois nenhuma não-verdade é compatível com a ligação fundamental da inteligência com o verdadeiro. "O que existe de deficiente na liberdade" é a possibilidade, nela, de rejeitar — orientando-se para um objeto escolhido como bom — o ordenamento fundamental da vontade em relação ao Bem, único objeto no qual o Bem se realiza, Aquele que é a bondade por essência, Deus. Assim, ela consegue desviar a orientação fundamental da natureza. Não se trata de uma exaltação de sua força, mas de uma falha, pois, sustentada por essa orientação, ela fere a si mesma perturbando-lhe a direção.

Hb 1,14. Non autem hoc esset ad eorum utilitatem, si per hoc non mererentur, nec in beatitudine proficerent. Relinquitur ergo quod angeli beati et mereri, et in beatitudine proficere possunt.

3. Praeterea, ad imperfectionem pertinet quod ille qui non est in summo, non possit proficere. Sed angeli non sunt in summo. Si ergo ad maius proficere non possunt, videtur quod in eis sit imperfectio et defectus. Quod est inconveniens.

Sed contra est quod mereri et proficere pertinent ad statum viae. Sed angeli non sunt viatores, sed comprehensores. Ergo angeli beati non possunt mereri, nec in beatitudine proficere.

Respondeo dicendum quod in unoquoque motu motoris intentio fertur in aliquid determinatum, ad quod mobile perducere intendit: intentio enim est de fine cui repugnat infinitum. Manifestum est autem quod, cum creatura rationalis per suam virtutem consequi non possit suam beatitudinem, quae in visione Dei consistit, ut ex superioribus[2] patet: indiget ut ad beatitudinem a Deo moveatur. Oportet igitur quod sit aliquid determinatum, ad quod quaelibet creatura rationalis dirigatur sicut in ultimum finem.

Et hoc quidem determinatum non potest esse, in divina visione, quantum ad ipsum quod videtur: quia summa veritas ab omnibus beatis secundum diversos gradus conspicitur. — Sed quantum ad modum visionis, praefigitur diversimode terminus ex intentione dirigentis in finem. Non enim possibile est quod, sicut rationalis creatura producitur ad videndum summam essentiam, ita producatur ad summum modum visionis, qui est comprehensio: hic enim modus soli Deo competere potest, ut ex supra[3] dictis patet. Sed cum infinita efficacia requiratur ad Deum comprehendendum, creaturae vero efficacia in videndo non possit esse nisi finita; ab infinito autem finitum quodlibet infinitis gradibus distet; infinitis modis contingit creaturam rationalem intelligere Deum vel clarius vel minus clare. Et sicut beatitudo consistit in ipsa visione, ita gradus beatitudinis in certo modo visionis.

lhes seriam úteis esses serviços se por eles não merecessem nem progredissem em bem-aventurança. Assim sendo, os anjos bem-aventurados merecem e podem progredir em bem-aventurança.

3. Ademais, pertence à imperfeição que aqueles que não estão no supremo lugar não possam progredir. Ora, os anjos não estão no lugar supremo. Logo, se não podem progredir mais, há neles imperfeição e defeitos, mas isso é inconveniente.

Em sentido contrário, só merece e progride quem está no estado de via[n]. Os anjos não estão nesse estado, pois já chegaram ao termo. Logo, não podem merecer nem progridem em bem-aventurança.

Respondo. Em cada movimento a intenção do que move dirige-se a algo determinado, ao qual visa levar o que é movido. Ora, essa intenção diz respeito ao fim, ao qual repugna o processo ao infinito. É evidente que, como a criatura racional por suas forças não pode conseguir a bem-aventurança, que consiste na visão de Deus, como se viu acima, necessita ela ser movida por Deus para a bem-aventurança. É preciso, pois, que haja algo determinado para o qual qualquer criatura seja dirigida como para o último fim.

Ora, esse algo determinado não pode ser, na visão divina, o objeto que é visto, porque a suma Verdade é vista por todos os bem-aventurados segundo graus diversos. — No entanto, quanto ao modo de visão, o termo é diversamente determinado segundo a intenção daquele que dirige para o fim. Não é possível, portanto, que a criatura racional, feita para contemplar a suprema essência, também seja feita para ter o supremo modo de visão, que é compreensivo. Ora, esse modo só pode convir a Deus, como se induz do que se disse acima. Porém, como é necessária uma capacidade infinita para se ter a visão compreensiva de Deus, sendo que a capacidade da criatura só pode ser limitada em sua visão, e como entre qualquer finito e o infinito há uma infinidade de graus, há pois infinitos modos segundo os quais a criatura racional pode conhecer a Deus mais ou menos claramente. Assim, como a bem-aventurança consiste na própria visão, assim seus graus consistem em determinado modo de visão.

---

2. A. 1; q. 12, a. 4.
3. Q. 12, a. 7; q. 14, a. 3.

n. Os termos técnicos *status viae*, *viator* não possuem equivalente exato; as palavras que os traduzem não receberam, nas línguas modernas, o sentido técnico que possuíam na escolástica as palavras latinas correspondentes. O *estado de via* é a situação na qual se encontra uma criatura racional — anjo ou homem — durante essa fase de seu destino na qual ela se liga à beatitude sobrenatural, sem ainda possuí-la. Denomina-se "viajor" aquele que nela se encontra.

Sic igitur unaquaeque creatura rationalis a Deo perducitur ad finem beatitudinis, ut etiam ad determinatum gradum beatitudinis perducatur ex praedestinatione Dei. Unde consecuto illo gradu, ad altiorem transire non potest.

AD PRIMUM ergo dicendum quod mereri est eius quod movetur ad finem. Movetur autem ad finem creatura rationalis, non solum patiendo, sed etiam operando. Et si quidem finis ille subsit virtuti rationalis creaturae, operatio illa dicetur acquisitiva illius finis, sicut homo meditando acquirit scientiam: si vero finis non sit in potestate eius, sed ab alio expectetur, operatio, erit meritoria finis. Et autem quod est in ultimo termino, non convenit moveri, sed mutatum esse. Unde caritatis imperfectae, quae est viae, est mereri: caritatis autem perfectae non est mereri, sed potius praemio frui. Sicut et in habitibus acquisitis, operatio praecedens habitum est acquisitiva habitus: quae vero est ex habitu iam acquisito, est operatio iam perfecta cum delectatione. Et similiter actus caritatis perfectae non habet rationem meriti, sed magis est de perfectione praemii.

AD SECUNDUM dicendum quod aliquid dicitur utile dupliciter. Uno modo, sicut quod est in via ad finem: et sic utile est meritum beatitudinis. Alio modo, sicut pars est utilis ad totum, ut paries ad domum. Et hoc modo ministeria angelorum sunt utilia angelis beatis, inquantum sunt quaedam pars beatitudinis ipsorum: diffundere enim perfectionem habitam in alia, hoc est de ratione perfecti inquantum est perfectum.

AD TERTIUM dicendum quod, licet angelus beatus non sit in summo gradu beatitudinis simpliciter, est tamen in ultimo quantum ad seipsum, secundum praedestinationem divinam.

Potest tamen augeri angelorum gaudium de salute eorum qui per ipsorum ministerium salvantur; secundum illud Lc 15,10: *Gaudium est angelis Dei super uno peccatore poenitentiam agente*. Sed hoc gaudium ad praemium accidentale pertinet: quod quidem augeri potest usque ad diem iudicii. Unde quidam dicunt quod, quantum ad praemium acci-

Portanto, toda criatura racional é conduzida por Deus para o fim da bem-aventurança, como também é conduzida pela predestinação de Deus para determinado grau de bem-aventurança. Por isso, atingido determinado grau de bem-aventurança, dele não pode passar para um grau mais alto.

QUANTO AO 1º, portanto, deve-se dizer que aquele que se move para o fim merece. A criatura racional se move para o fim não somente de maneira passiva, mas também ativa. E, se o fim está ao alcance da capacidade da criatura racional, a operação será dita aquisitiva do fim. Por exemplo, o homem meditando adquire a ciência. Porém, se o fim não está a seu alcance, mas é alcançado com o auxílio de outro, a operação será meritória do fim. Ao que está no último termo não lhe corresponde mover-se, mas ter-se movido. Por isso, é próprio da caridade imperfeita nesta vida merecer, mas não é próprio da caridade perfeita merecer, porém fruir do prêmio°. Como nos hábitos adquiridos, a operação que precede um hábito é aquisitiva dele; a operação que vem do hábito já adquirido é operação perfeita efetuada com prazer. Assim também, o ato da caridade perfeita não tem razão de mérito, mas antes pertence à perfeição do prêmio.

QUANTO AO 2º, deve-se dizer que algo pode ser útil duplamente. Primeiro, como o meio para o fim; e assim é útil o mérito da bem-aventurança. Segundo, como a parte é útil para o todo, assim como a parede para a casa. Desse modo, os serviços dos anjos são úteis para os anjos bem-aventurados, enquanto são alguma parte de sua bem-aventurança, pois difundir a perfeição que se tem é próprio da natureza do perfeito enquanto perfeito.

QUANTO AO 3º, deve-se dizer que embora o anjo bem-aventurado não esteja absolutamente no sumo grau da bem-aventurança, quanto a si mesmo está no último, segundo a predestinação divina.

Todavia, pode ser aumentado o gáudio dos anjos por causa da salvação daqueles que se salvaram por seu ministério, segundo se lê no Evangelho de Lucas: "Há alegria para os anjos de Deus por causa de um só pecador que faz penitência". Mas essa alegria pertence ao prêmio acidental, que poderá aumentar até o dia do juízo.

---

o. "Caridade perfeita, caridade imperfeita": a caridade permanece sempre idêntica a si mesma, são suas condições de exercício que mudam. "Nesta vida", Deus está ao mesmo tempo presente, pela mediação do amor, e mantido à distância, pelas representações conceituais que são o meio do conhecimento, mesmo de Deus revelado. Na medida em que ele está "a distância", a caridade tende a ele, ou seja, para a posse — posse de Deus, posse por Deus —, e nisto ela é imperfeita, uma vez que seu efeito próprio é a união. Pela visão é assegurada a perfeita e real presença, a união total e indefectível: a caridade é então perfeita, isto é, está em situação de desenvolver toda sua virtude, que é unitiva.

dentale, etiam mereri possunt. — Sed melius est ut dicatur quod nullo modo aliquis beatus mereri potest, nisi sit simul viator et comprehensor, ut Christus, qui solus fuit viator et comprehensor. Praedictum enim gaudium magis acquirunt ex virtute beatitudinis, quam illud mereantur.

Por isso, alguns opinaram que, no tocante ao prêmio acidental, os anjos podem também merecer. — Será, porém, melhor afirmar que de nenhum modo pode um bem-aventurado merecer, se não estiver simultaneamente nesta vida e na visão de Deus como Cristo, o único que foi terreno e eterno. Pois, a alegria de que se falou, os anjos a adquirem principalmente em virtude da bem-aventurança e não tanto pelo mérito.

QUAESTIO LXIII
DE ANGELORUM MALITIA QUOAD CULPAM
in novem articulos divisa

Deinde considerandum est quomodo angeli facti sunt mali. Et primo, quantum ad malum culpae; secundo, quantum ad malum poenae.

Circa primum quaeruntur novem.

Primo: utrum malum culpae in angelo esse possit.
Secundo: cuiusmodi peccata in eis esse possunt.
Tertio: quid appetendo angelus peccavit.
Quarto: supposito quod aliqui peccato propriae voluntatis facti sunt mali, utrum aliqui naturaliter sint mali.
Quinto: supposito quod non, utrum aliquis eorum in primo instanti suae creationis potuerit esse malus per actum propriae voluntatis.
Sexto: supposito quod non, utrum aliqua mora fuerit inter creationem et lapsum.
Septimo: utrum supremus inter cadentes, fuerit simpliciter inter omnes angelos summus.
Octavo: utrum peccatum primi angeli fuerit aliis aliqua causa peccandi.
Nono: utrum tot ceciderint, quot remanserunt.

QUESTÃO 63
O MAL DOS ANJOS QUANTO À CULPA
em nove artigos

É preciso considerar, agora, a maneira como os anjos se tornaram maus. Primeiro, quanto ao mal da culpa e depois quanto ao mal da pena.

A respeito do primeiro são nove as perguntas:

1. Pode haver o mal da culpa no anjo?
2. Que pecados pode neles haver?
3. Qual desejo levou o anjo a pecar?
4. Pressuposto que alguns anjos se tornaram maus voluntariamente, há outros que são maus por natureza?
5. Pressuposto que não, há algum que, desde o primeiro instante da criação, pôde ser mau por ato de sua própria vontade?
6. Pressuposto que não, houve algum lapso de tempo entre a criação e a queda?
7. O maior entre os que caíram foi o primeiro absolutamente entre todos?
8. O pecado do primeiro anjo foi para os outros causa de pecar?
9. Há tantos anjos caídos quanto os que permanecem fiéis?

Articulus 1
Utrum malum culpae possit esse in angelis

Ad primum sic proceditur. Videtur quod malum culpae in angelis esse non possit.

1. Quia malum non potest esse nisi in his quae sunt in potentia, ut dicitur in IX *Metaphys.*[1]: subiectum enim privationis est ens in potentia.

Artigo 1
Nos anjos pode haver o mal da culpa?

Quanto ao primeiro artigo, assim se procede: parece que nos anjos **não** pode haver o mal da culpa.

1. Porque só pode haver mal naqueles que estão em potência, como se diz no livro IX da *Metafísica*: o sujeito da privação é um ente em

---

1 Parall.: II *Sent.*, dist. 5, q. 1, a. 1; dist. 23, q. 1, a. 1; *Cont. Gent.* III, 108, 109, 110; *De Verit.*, q. 24, a. 7; *De Malo*, q. 16, a. 2; Opusc. XV, *de Angelis*, c. 19; in *Iob*, c. 4, lect. 3.

1. C. 9: 1051, a, 15-21.

Sed angeli, cum sint formae subsistentes, non habent esse in potentia. Ergo in eis non potest esse malum.

2. Praeterea, angeli sunt digniores quam corpora caelestia. Sed in corporibus caelestibus non potest esse malum, ut philosophi dicunt[2]. Ergo neque in angelis.

3. Praeterea, id quod est naturale, semper inest. Sed naturale est angelis quod moveantur motu dilectionis in Deum. Ergo hoc ab eis removeri non potest. Sed diligendo Deum non peccant. Ergo angeli peccare non possunt.

4. Praeterea, appetitus non est nisi boni, vel apparentis boni. Sed in angelis non potest esse apparens bonum, quod non sit verum bonum: quia in eis vel omnino error esse non potest, vel saltem non potest praecedere culpam. Ergo angeli non possunt appetere nisi id quod est vere bonum. Sed nullus, appetendo id quod est vere bonum, peccat. Ergo angelus appetendo non peccat.

Sed contra est quod dicitur Io 4,18: *In angelis suis reperit pravitatem.*

Respondeo dicendum quod tam angelus quam quaecumque creatura rationalis, si in sua sola natura consideretur, potest peccare: et cuicumque creaturae hoc convenit ut peccare non possit, hoc habet ex dono gratiae, non ex conditione naturae. Cuius ratio est, quia peccare nihil est aliud quam declinare a rectitudine actus quam debet habere; sive accipiatur peccatum in naturalibus, sive in artificialibus, sive in moralibus. Solum autem illum actum a rectitudine declinare non contingit, cuius regula est ipsa virtus agentis. Si enim manus artificis esset ipsa regula incisionis, nunquam posset artifex nisi recte lignum incidere: sed si rectitudo incisionis sit ab alia regula, contingit incisionem esse rectam et non rectam. Divina autem voluntas sola est regula sui actus: quia non ad superiorem finem ordinatur. Omnis autem voluntas cuiuslibet creaturae rectitudinem in suo actu non habet, nisi secundum quod regulatur a voluntate divina, ad

potência. Ora, os anjos, por serem formas subsistentes, não estão em potência. Logo, neles não pode haver mal.

2. Além disso, os anjos são mais dignos que os corpos celestes. Ora, nos corpos celestes, como dizem os filósofos, não pode haver mal. Logo, nem nos anjos.

3. Ademais, o que é natural permanece sempre. Ora, os anjos se movem naturalmente para Deus por amor. Logo, disso não podem ser privados. Ademais, amando a Deus não pecam. Logo, os anjos não podem pecar.

4. Ademais, o apetite sempre se ordena para o bem ou para aquilo que tem a aparência de bem. Ora, para os anjos é impossível que haja um bem aparente que não seja um bem verdadeiro, uma vez que neles não pode haver erro, ou pelo menos não pode preceder a culpa. Logo, os anjos não podem tender senão para o que é verdadeiro bem. Ora, ninguém que tenda para o que é verdadeiro bem peca. Logo, os anjos não pecam pelo apetite.

Em sentido contrário, diz-se no livro de Jó: "Em seus anjos encontrou maldade".

Respondo. Os anjos e as criaturas racionais, considerados na própria natureza, podem pecar. Se a alguma criatura é dado o não poder pecar, é devido ao dom da graça, não à condição da natureza. E a razão disso é que pecar nada mais é do que desviar-se o ato da retidão que deve ter, seja na ordem natural, artificial, ou moral. Assim, o único ato que não se desvia da retidão é aquele cuja regra é a virtude do agente. Por isso, se a mão do artífice fosse a regra de um corte, jamais poderia ele cortar a madeira a não ser retamente. Porém, se a retidão do corte segue outra regra, acontece que este corte será bem ou mal feito[a]. Somente a vontade divina é a regra de seu próprio ato, porque não se ordena a um fim superior[b]. Porém, a vontade de qualquer criatura não tem a retidão em seu ato, a não ser que seja regulada pela vontade divina, à qual pertence o fim último. Assim, qualquer vontade inferior deve ser regulada pela

---

2. Vide Aristot., loco cit.; Avicennam, *Metaph.*, tract. IX, c. 6.

a. Se bastasse que o agente exercesse seu poder de agir para que a ação fosse correta, esta só poderia ser correta. Contudo, se, para ser correta, ela deve estar de acordo com uma regra exterior ao agente, este pode agir sem se submeter à regra; nesse caso, a ação existe, mas é desviada. Sto. Tomás fornece o exemplo simples de uma ação de tipo artesanal, para situar o desvio moral no contexto universal das condições de retidão — logo, de bondade — da ação em geral. No entanto, é claro que, no domínio moral, a retidão ou o desvio da ação se reveste de um caráter específico: devido à liberdade, o agente voluntário é responsável pela orientação, reta ou desviada, de sua ação; é ele mesmo que se torna direito ou desviado, bom ou mau por meio de sua ação na medida em que ela é livre.

b. "A vontade divina é a regra de seu próprio ato." Não que ela seja ou possa ser arbitrária, logo tirânica, mas porque, identificada à Bondade infinita realizada na natureza divina, ela só pode querer o Bem.

quam pertinet ultimus finis: sicut quaelibet voluntas inferioris debet regulari secundum voluntatem superioris, ut voluntas militis secundum voluntatem ducis exercitus. Sic igitur in sola voluntate divina peccatum esse non potest: in qualibet autem voluntate creaturae potest esse peccatum, secundum conditionem suae naturae.

AD PRIMUM ergo dicendum quod in angelis non est potentia ad esse naturale. Est tamen in eis potentia secundum intellectivam partem, ad hoc quod convertantur in hoc vel in illud. Et quantum ad hoc, potest in eis esse malum.

AD SECUNDUM dicendum quod corpora caelestia non habent operationem nisi naturalem. Et ideo sicut in natura eorum non potest esse corruptionis malum, ita nec in actione naturali eorum potest esse malum inordinationis. Sed supra actionem naturalem in angelis est actio liberi arbitrii, secundum quam contingit in eis esse malum.

AD TERTIUM dicendum quod naturale est angelo quod convertatur motu dilectionis in Deum, secundum quod est principium naturalis esse. Sed quod convertatur in ipsum secundum quod est obiectum beatitudinis supernaturalis, hoc est ex amore gratuito, a quo averti potuit peccando.

AD QUARTUM dicendum quod peccatum in actu liberi arbitrii contingit esse dupliciter. Uno modo, ex hoc quod aliquod malum eligitur: sicut homo peccat eligendo adulterium, quod secundum se est malum. Et tale peccatum semper procedit ex aliqua ignorantia vel errore: alioquin id quod est malum, non eligeretur ut bonum. Errat quidem adulter in particulari, eligens hanc delectationem inordinati actus quasi aliquod bonum ad nunc agendum, propter inclinationem passionis aut habitus; etiam si in universali non erret, sed veram de hoc sententiam teneat. Hoc autem modo in angelo peccatum esse non potuit: quia nec in angelis sunt passiones, quibus ratio aut intellectus ligetur, ut ex supra[3] dictis patet; nec iterum primum peccatum habitus praecedere potuit ad peccatum inclinans. — Alio modo contingit peccare per liberum arbitrium, eligendo aliquid quod secundum se est bonum, sed non cum ordine debitae mensurae aut regulae; ita quod defectus inducens peccatum sit solum ex parte electionis, quae non habet debitum ordinem, non ex parte rei electae; sicut si aliquis eligeret orare, non attendens ad ordinem

vontade do superior, como a vontade do soldado pela do comandante do exército. Assim, somente na vontade divina não pode haver pecado; mas em qualquer vontade das criaturas o pecado pode existir, segundo a condição de suas naturezas.

QUANTO AO 1º, portanto, deve-se dizer que nos anjos não há potência com respeito ao ser natural. Não obstante, neles há potência na parte intelectiva, que pode se mover para isto ou para aquilo. Nesse caso, neles pode haver o mal.

QUANTO AO 2º, deve-se dizer que a operação dos corpos celestes é sempre natural. Por isso, como em sua natureza não pode haver o mal da corrupção, também em suas ações naturais não poderá haver o mal da desordem. Nos anjos, porém, além da ação natural, há a ação do livre-arbítrio, e por esta acontece haver neles o mal.

QUANTO AO 3º, deve-se dizer que é natural ao anjo mover-se para Deus por amor, por ser Deus o princípio de seu ser natural. Mas, mover-se ele para Deus enquanto Deus é objeto da bem-aventurança sobrenatural, isso se deve ao amor gratuito, do qual o anjo pôde se afastar pecando.

QUANTO AO 4º, deve-se dizer que no ato do livre-arbítrio ocorre haver o pecado de duas maneiras. 1º, pelo fato de escolher alguma coisa má; assim, o homem peca ao escolher o adultério, que em si mesmo é um mal. Esse pecado sempre procede de ignorância ou de erro, porque, se assim não fosse, não se escolheria o mal como sendo um bem. O adúltero erra, em particular, ao escolher o prazer do ato desordenado como se fosse um bem naquele momento para sua ação, devido a uma paixão ou algum *habitus*, embora, não erre em geral, e tenha a esse respeito uma opinião reta. Mas no anjo não pode haver pecado desse modo, porque nele não há paixões que impeçam a ação do intelecto ou da razão, como acima foi dito, nem tampouco ao primeiro pecado pôde preceder um hábito que levasse ao pecado. — 2º, acontece pecar pelo livre-arbítrio, quando se escolhe algo bom em si, mas não ordenado à devida medida ou regra. Desse modo, o defeito que leva ao pecado é somente da parte da eleição desordenada e não da parte do que foi escolhido. Por exemplo, quando alguém escolhe rezar sem seguir[c]

---

3. Q. 59, a. 4.

c. É preciso considerar com precaução os exemplos fornecidos por Sto. Tomás. Poder-se-ia crer, aqui, que o pecado do anjo se reduz a uma falta de rubrica! Trata-se, simplesmente, de ilustrar essa ideia, sem a qual seria ininteligível que o anjo tenha

ad Ecclesia institutum. Et huiusmodi peccatum non praeexigit ignorantiam, sed absentiam solum considerationis eorum quae considerari debent. Et hoc modo angelus peccavit, convertendo se per liberum arbitrium ad proprium bonum, absque ordine ad regulam divinae voluntatis.

Articulus 2
Utrum in angelis possit esse tantum peccatum superbiae et invidiae

AD SECUNDUM SIC PROCEDITUR. Videtur quod in angelis non possit esse solum peccatum superbiae et invidiae.
1. In quemcumque enim cadit delectatio alicuius peccati, potest cadere peccatum illud. Sed daemones delectantur etiam in obscenitatibus carnalium peccatorum, ut Augustinus dicit, II de Civ. Dei[1]. Ergo in daemonibus etiam peccata carnalia possunt esse.
2. PRAETEREA, sicut superbia et invidia sunt peccata spiritualia, ita acedia et avaritia et ira. Sed spiritui conveniunt peccata spiritualia, sicut et carni peccata carnalia. Ergo non solum superbia et invidia in angelis esse possunt, sed etiam acedia et avaritia.
3. PRAETEREA, secundum Gregorium, in *Moralibus*[2], ex superbia nascuntur plura vitia, et similiter ex invidia. Posita autem causa, ponitur effectus. Si ergo superbia et invidia in angelis esse possunt, pari ratione et alia vitia in eis esse possunt.
SED CONTRA est quod Augustinus dicit, XIV libro de Civ. Dei[3], quod *diabolus non est fornicator aut ebriosus, neque aliquid huiusmodi: est tamen superbus et invidus.*
RESPONDEO dicendum quod peccatum aliquod in aliquo esse potest dupliciter: uno modo, secundum reatum; alio modo, secundum affectum. Secundum reatum quidem omnia peccata in daemonibus esse contingit: quia dum homines ad omnia peccata inducunt, omnium peccatorum reatum incurrunt. — Secundum affectum vero illa solum peccata in

Artigo 2
Há nos anjos só pecado de soberba e de inveja?

QUANTO AO SEGUNDO, ASSIM SE PROCEDE: parece que nos anjos **não** há só pecado de soberba e inveja.
1. Com efeito, a quem cabe o prazer de um pecado pode caber também o pecado. Ora, os demônios também se deleitam com as obscenidades dos pecados carnais, como diz Agostinho. Logo, poderão os demônios ter também os pecados da carne.
2. ALÉM DISSO, sendo a soberba e a inveja pecados do espírito, também o são a preguiça, a avareza e a ira. Ora, são próprios do espírito os pecados espirituais, como da carne, os carnais. Logo, não há nos anjos somente soberba e inveja, mas também preguiça e avareza.
3. ADEMAIS, segundo Gregório, da soberba vêm muitos vícios, como também da inveja. Ora, posta a causa, segue-se o efeito. Logo, se é possível haver nos anjos soberba e inveja, por uma razão semelhante, eles podem ter outros vícios.
EM SENTIDO CONTRÁRIO, diz Agostinho: "No diabo não existem fornicação nem embriaguez, nem pecados semelhantes. Mas nele há soberba e inveja".
RESPONDO. O pecado pode estar em alguém de duas maneiras: por culpabilidade e por afeição. Por culpabilidade, acontece que os demônios têm todos os pecados, porque ao induzir os homens a todos os pecados, incorrem na culpa de todos os pecados. — Mas, por afeição, só poderá haver nos anjos maus os pecados aos quais a natureza

---

2 PARALL.: II *Sent.*, dist. 5, q. 1, a. 3; dist. 22, q. 1, a. 1;dist. 43, a. 6; *Cont. Gent.* III, 109; *De Malo*, q. 16, a. 2, ad 4.
 1. Cc. 4, 26: ML 41, 50, 74-75.
 2. L. XXXI, c. 45, al. 17, in vet. 31: ML 76, 620 D — 621 D.
 3. C. 3: ML 41, 406.

podido pecar: que se possa escolher de maneira desordenada — mediante uma escolha que a partir daí é desviada e culpada — uma coisa boa em si mesma. O anjo, que é perfeitamente lúcido e, pelo menos antes de seu pecado, inteiramente reto, não poderia de modo algum tomar por um bem o que, na verdade, era um mal. Ele pôde contudo escolher mal o que em si é bom, pela razão exposta no artigo: a retidão de sua escolha não dependia, unicamente, de sua própria ligação natural ao bem, mas também da conformidade dessa escolha a uma regra que lhe é exterior, e que ele pôde portanto negligenciar, ou seja, a vontade de Deus.

malis angelis esse possunt, ad quae contingit affici spiritualem naturam. Spiritualem autem naturam affici non contingit ad bona quae sunt propria corpori, sed ad ea quae in rebus spiritualibus inveniri possunt: nihil enim afficitur nisi ad id quod suae naturae potest esse quodam modo conveniens. In spiritualibus autem bonis non potest esse peccatum dum aliquis ad ea afficitur, nisi per hoc quod in tali affectu superioris regula non servatur. Et hoc est peccatum superbiae, non subdi superiori in eo quo debet. Unde peccatum primum angeli non potest esse aliud quam superbia.

Sed consequenter potuit in eis esse etiam invidia. Eiusdem enim rationis est quod affectus tendat in aliquid appetendum, et quod renitatur opposito. Invidus autem ex hoc de bono alterius dolet, inquantum bonum alterius aestimat sui boni impedimentum. Non autem bonum alterius poterat aestimari impedimentum boni affectati per angelum malum, nisi inquantum affectavit excellentiam singularem, quae quidem singularitas per alterius excellentiam cessat. Et ideo post peccatum superbiae consecutum est in angelo peccante malum invidiae, secundum quod de bono hominis doluit; et etiam de excellentia divina, secundum quod eo Deus contra voluntatem ipsius diaboli utitur in gloriam divinam.

AD PRIMUM ergo dicendum quod daemones non delectantur in obscenitatibus carnalium peccatorum; quasi ipsi afficiantur ad delectationes carnales: sed hoc totum ex invidia procedit, quod in peccatis hominum quibuscumque delectantur, inquantum sunt impedimenta humani boni.

AD SECUNDUM dicendum quod avaritia, secundum quod est speciale peccatum, est immoderatus appetitus rerum temporalium quae veniunt in usum vitae humanae, quaecumque pecunia aestimari possunt: et ad ista non afficiuntur daemones, sicut nec ad delectationes carnales. Unde avaritia proprie sumpta in eis esse non potest. Sed si avaritia dicatur omnis immoderata cupiditas habendi quodcumque bonum creatum, sic avaritia continetur in superbia quae est in daemonibus.
— Ira vero cum quadam passione est, sicut et concupiscentia. Unde ipsa in daemonibus esse non potest nisi metaphorice. — Acedia vero est quaedam tristitia, qua homo redditur tardus ad spirituales actus propter corporalem laborem; qui daemonibus non competit. — Et sic patet quod sola superbia et invidia sunt pure spiritualia peccata, quae daemonibus competere possunt: ita

espiritual se afeiçoa. Acontece, porém, que a natureza espiritual não se afeiçoa aos bens próprios do corpo, mas só aos que podem ser encontrados nos espíritos, até porque nada se afeiçoa a não ser àquilo que de algum modo pode convir à sua natureza. Ora, nos bens espirituais só pode haver pecado em quem a eles se afeiçoa, se em tal afeição não se tem em conta a regra do superior. Nisso está o pecado de soberba: não se submeter ao superior naquilo que lhe é devido. Por isso, o primeiro pecado do anjo só pode ser de soberba.

Consequentemente, pôde também neles haver a inveja. Pelo mesmo motivo, a afeição tende para o que lhe apetece, e rejeita o oposto. Por isso, o invejoso se entristece com o bem do outro, enquanto pensa que esse bem é um obstáculo para o próprio. Mas, o bem do outro não pode ser considerado obstáculo ao bem ao qual se afeiçoou o anjo mau, a não ser que ele se afeiçoe a uma grandeza singular que desaparece diante da grandeza de outro. Por isso, depois do pecado de soberba seguiu-se no anjo pecador o mal da inveja, pelo qual se entristece diante do bem do homem, e também diante da grandeza de Deus, enquanto Deus usa desse bem contra a vontade má do diabo para sua própria glória.

QUANTO AO 1º, portanto, deve-se dizer que os demônios não se deleitam com as obscenidades carnais dos pecadores, como se eles fossem afetados pelos deleites carnais. Mas, que se deleitem com os pecados dos homens procede totalmente da inveja, uma vez que esses pecados são um obstáculo para o bem do homem.

QUANTO AO 2º, deve-se dizer que a avareza, enquanto um pecado especial, é o imoderado apetite das coisas temporais que utiliza o viver humano, e que podem ter valor monetário. Também os demônios não têm tais afeições, como não têm as carnais. Por isso, propriamente não há neles a avareza. Mas, se por avareza se entende a imoderada cupidez para os bens criados, então pertence à soberba, e, assim, há nos demônios.
— A ira e a concupiscência existem juntamente com alguma paixão. Logo, não há nos demônios, a não ser metaforicamente. — A preguiça é certa tristeza pela qual o homem torna-se lento para agir espiritualmente por causa dos trabalhos do corpo, e não cabe aos demônios. — Por isso, é evidente que somente a soberba e a inveja são tidas como pecados espirituais e podem caber aos demônios, desde que a inveja não seja considerada

tamen quod invidia non sumatur pro passione, sed pro voluntate renitente bono alterius.

Ad tertium dicendum quod sub invidia et superbia, prout in daemonibus ponuntur, comprehenduntur omnia peccata quae ab illis derivantur.

Articulus 3
Utrum diabolus appetierit esse ut Deus

Ad tertium sic proceditur. Videtur quod diabolus non appetierit esse ut Deus.

1. Illud enim quod non cadit in apprehensione, non cadit in appetitu: cum bonum apprehensum moveat appetitum vel sensibilem, vel rationalem, vel intellectualem (in solo enim huiusmodi appetitu contingit esse peccatum). Sed creaturam aliquam esse aequalem Deo, non cadit in apprehensione: implicat enim contradictionem, quia necesse est finitum esse infinitum, si aequatur infinito. Ergo angelus non potuit appetere esse ut Deus.

2. Praeterea, illud quod est finis naturae, absque peccato appeti potest. Sed assimilari Deo est finis in quem tendit naturaliter quaelibet creatura. Si ergo angelus appetiit esse ut Deus, non per aequalitatem, sed per similitudinem, videtur quod in hoc non peccaverit.

3. Praeterea, angelus in maiori plenitudine sapientiae conditus est quam homo. Sed nullus homo, nisi omnino amens, eligit esse aequalis angelo, nedum Deo: quia electio non est nisi possibilium, de quibus est consilium. Ergo multo minus peccavit angelus appetendo esse ut Deus.

Sed contra est quod dicitur Is 14,13-14, ex persona diaboli: *Ascendam in caelum, et ero similis Altissimo.* — Et Augustinus dicit in libro *de Quaestionibus Vet. Test.*[1], quod elatione inflatus, *voluit dici Deus.*

Respondeo dicendum quod angelus, absque omni dubio, peccavit appetendo esse ut Deus. Sed hoc potest intelligi dupliciter: uno modo, per aequiparantiam; alio modo, per similitudinem. Primo quidem modo, non potuit appetere esse ut Deus: quia scivit hoc esse impossibile, naturali cognitione; nec primum actum peccandi in ipso praecessit vel habitus vel passio ligans cognoscitivam ipsius virtutem, ut in particulari deficiens eligeret impossibile, sicut in nobis interdum accidit. — Et tamen, dato quod esset possibile, hoc esset contra

Artigo 3
O diabo desejou ser como Deus?

Quanto ao terceiro, assim se procede: parece que o diabo **não** desejou ser como Deus.

1. Na verdade, o que não é objeto do conhecimento não é do apetite, porque o bem conhecido move os apetites sensitivo, racional e intelectivo, porém só neste último há pecado. Ora, que uma criatura seja igual a Deus, isso não é objeto de conhecimento, pois implica contradição, porque o finito necessariamente seria infinito, se fosse igual ao infinito. Logo, o anjo não pôde desejar ser como Deus.

2. Além disso, o que é o fim da natureza pode-se desejar sem pecado. Ora, assemelhar-se a Deus é o fim ao qual tendem naturalmente todas as criaturas. Logo, se o anjo desejou ser como Deus, não por igualdade, mas por semelhança, parece que nisto não pecou.

3. Ademais, o anjo foi criado mais sábio que o homem. Ora, nenhum homem, a não ser totalmente sem entendimento, escolhe ser igual ao anjo ou a Deus, porque uma escolha tem por objeto coisas possíveis, que são o objeto da deliberação. Logo, o anjo, por maior razão, não pecou desejando ser como Deus.

Em sentido contrário, diz-se em Isaías, a respeito do diabo: "Subirei para o alto e serei semelhante ao Altíssimo". — Diz também Agostinho: cheio de soberba, "quis ser considerado Deus".

Respondo. Indubitavelmente pecou o anjo desejando ser igual a Deus. Isso pode ser entendido de duas maneiras: primeiro, por igualdade; segundo, por semelhança. Por igualdade, não foi possível o demônio desejar ser Deus, porque sabia por conhecimento natural ser isso impossível; nem a seu primeiro pecado precedeu o hábito ou a paixão impedindo seu intelecto de, errando num caso particular, escolher o impossível, como, às vezes, nos acontece. — Todavia, dado que fosse possível, isso seria contra o desejo natural. Há em

---

3 Parall.: II-II, q. 163, a. 2; II *Sent.*, dist. 5, q. 1, a. 2; dist. 22, q. 1, a. 2; *Cont. Gent.* III, 109; *De Malo*, q. 16, a. 3.

1. *De Quaest. Vet. et N. Test.*, q. 113: ML 35, 2340.

todas as coisas o desejo natural da conservação do próprio ser, o qual não seria conservado se a natureza de uma coisa fosse mudada em outra. Por isso, nenhuma coisa que se encontra no grau natural inferior pode desejar ter a natureza de um grau superior. Por exemplo, o asno não deseja ser cavalo, até porque, se lhe fosse mudada a natureza para um grau superior, não seria mais ele mesmo. Ademais, a imaginação se engana neste particular, porque por desejar o homem elevar-se a um grau superior quanto a algo acidental, que pode crescer sem corrupção do sujeito, julga, então, que poderia desejar um grau mais alto da natureza, ao qual não poderia chegar senão deixando de ser o que é. É evidente que Deus está acima do anjo, não por algo acidental, mas por sua própria natureza, assim como um anjo é superior ao outro. Por isso, é impossível a um anjo inferior desejar ser igual a um superior, quanto mais ser igual a Deus.

Desejar ser como Deus por semelhança acontece de duas maneiras. Primeiro, quanto àquilo em que naturalmente alguém pode se assemelhar a Deus. Nesse caso, não se peca pelo desejo de assemelhar-se a Deus, porque se pretende alcançar essa semelhança segundo a devida ordem, isto é, tê-la de Deus. No entanto, haveria pecado se também se quisesse ser semelhante a Deus por direito, como por virtude própria, e não pela virtude de Deus. — De outro modo, pode-se desejar ser semelhante a Deus quanto àquilo em que naturalmente alguém não pode se assemelhar a Deus, como se alguém desejasse criar o céu e a terra, pois só Deus pode criar; nesse caso, tal desejo é pecado. Assim é que o diabo desejou ser como Deus. E não porque desejou se assemelhar a Deus, enquanto Deus não está submetido absolutamente a nada, porque então desejaria também não ser, porque nenhuma criatura poderá existir senão participando do ser submetido a Deus. Mas, desejou ser semelhante a Deus, porque desejou como fim último de sua bem-aventurança aquilo a que poderia chegar pelas próprias forças, desviando seu desejo da bem-aventurança sobrenatural, que é dada pela graça de Deus. Ou, se desejou como fim último, aquela semelhança com Deus que é dom da graça, quis possuí-la pela virtude de sua natureza, não por disposição do auxílio divino. Essa doutrina é concorde com a de Anselmo, quando afirma que o demônio desejou aquilo que teria alcançado se tivesse perseverado. Esses

---

2. *De Casu Diaboli*, c. 6: ML 158, 334 C.

Quia vero quod est per se, est principium et causa eius quod est per aliud, ex hoc etiam consecutum est quod appetiit aliquem principatum super alia habere. In quo etiam perverse voluit Deo assimilari.
Et per hoc patet RESPONSIO AD OMNIA OBIECTA.

ARTICULUS 4
Utrum aliqui daemones sint naturaliter mali

AD QUARTUM SIC PROCEDITUR. Videtur quod aliqui daemones sint naturaliter mali.
1. Dicit enim Porphyrius[1], ut Augustinus introducit X *de Civ. Dei*[2], quod *est quoddam genus daemonum natura fallax, simulans deos et animas defunctorum*. Sed esse fallacem est esse malum. Ergo aliqui daemones sunt naturaliter mali.
2. PRAETEREA, sicut angeli sunt creati a Deo, ita et homines. Sed aliqui homines sunt naturaliter mali, de quibus dicitur Sap 12,10: *Erat eorum malitia naturalis*. Ergo et angeli aliqui possunt esse naturaliter mali.

3. PRAETEREA, aliqua animalia irrationalia habent quasdam naturales malitias, sicut vulpes naturaliter est subdola, et lupus naturaliter est rapax: et tamen sunt creaturae Dei. Ergo et daemones, licet sint creaturae Dei, possunt esse naturaliter mali.

SED CONTRA est quod Dionysius dicit, 4 cap. *de Div. Nom.*[3], quod *daemones non sunt natura mali*.
RESPONDEO dicendum quod omne quod est, inquantum est et naturam habet aliquam, in bonum aliquod naturaliter tendit, utpote ex principio bono existens: quia semper effectus convertitur in suum

dois desejos redundam num só: porque por ambos se desejou a bem-aventurança final pela própria virtude, o que é próprio de Deus.
Como o que é por si é princípio e causa do que existe por outro, daí resultou que desejou possuir certo domínio sobre os outros. E nisso também perversamente quis assemelhar-se a Deus.
Pelo exposto fica clara a RESPOSTA A TODAS AS OBJEÇÕES.

ARTIGO 4
Alguns demônios são naturalmente maus?

QUANTO AO QUARTO, ASSIM SE PROCEDE: parece que alguns demônios **são** naturalmente maus.
1. Com efeito, Porfírio, em citação de Agostinho, diz: "Há um gênero de demônios naturalmente mentirosos, simulando serem Deus e almas dos defuntos". Ora, ser mentiroso é ser mau. Logo, alguns demônios são naturalmente maus.
2. ALÉM DISSO, assim como os anjos foram criados por Deus, os homens também o foram. Ora, há homens maus por natureza, dos quais se diz no livro da Sabedoria: "Sua malícia lhes era natural". Logo, também alguns anjos podem ser naturalmente maus.

3. ADEMAIS, alguns animais irracionais têm certa maldade natural, como a raposa, naturalmente astuta, e o lobo, naturalmente rapace, e, não obstante, são criaturas de Deus. Logo, também os demônios, embora sejam criaturas de Deus, podem ser maus por natureza.

EM SENTIDO CONTRÁRIO, diz Dionísio que os "demônios não são maus por natureza".
RESPONDO. Tudo o que é, enquanto é e tem uma natureza, tende naturalmente a um bem, uma vez que procede para existir de um princípio bom, porque o efeito sempre se volta a seu princípio[d].

---

4 PARALL.: *Cont. Gent.* III, 107; *De Malo*, q. 16, a. 2; Opusc. XV, *de Angelis*, c. 10; in Ioan., c. 8, lect. 6; *De Div. Nom.*, c. 4, lect. 19.

1. *Epist. ad Aneb.*
2. C. 11: ML 41, 289.
3. MG 3, 724 C.

---

d. Mais um adágio escolástico que parece à primeira vista arbitrário, mas que é preciso entender bem. No princípio de toda ação existe o bem, pois um agente qualquer causa em virtude do que ele é e para comunicá-lo a um outro. Pelo que ele é, ele é bom, uma vez que o bem é uma propriedade do ser, e a comunicação uma propriedade do bem, que é "difusivo de si mesmo". Por si, portanto, o efeito participa da bondade da causa, e acha-se envolvido em seu dinamismo, ordenada por ela própria ao bem ao qual, por sua vez, está ela naturalmente, ou por escolha, ordenada. Isto, porém, atua de maneira muito imperfeita e de maneira demasiado difusa para ser verificável no campo de nossa experiência. Primeiramente, porque nesse campo todo efeito se deve a um número muito grande de causas, conhecidas ou desconhecidas. Depois, porque nele todo efeito é material, e a matéria divide aquilo que o bem tende a unir. A criança se inclina naturalmente ao bem de seus pais, efetuando desse modo um "retorno a seu princípio", mas seu bem próprio, à medida que se desenvolve, o separa deles, de modo que o "retorno ao

principium. Contingit autem alicui bono particulari aliquod malum esse adiunctum, sicut igni coniungitur hoc malum quod est esse consumptivum aliorum: sed bono universali nullum malum potest esse adiunctum. Si ergo aliquid sit cuius natura ordinetur in aliquod bonum particulare, potest naturaliter tendere in aliquod malum, non inquantum malum, sed per accidens, inquantum est coniunctum cuidam bono. Si vero aliquid sit cuius natura ordinetur in aliquod bonum secundum communem boni rationem, hoc secundum suam naturam non potest tendere in aliquod malum. Manifestum est autem quod quaelibet natura intellectualis habet ordinem in bonum universale, quod potest apprehendere, et quod est obiectum voluntatis. Unde cum daemones sint substantiae intellectuales, nullo modo possunt habere inclinationem naturalem in aliquod quodcumque malum. Et ideo non possunt esse naturaliter mali.

AD PRIMUM ergo dicendum quod Augustinus ibidem reprehendit Porphyrium de hoc quod dixit quod daemones erant naturaliter fallaces, dicens eos non esse naturaliter fallaces, sed propria voluntate. — Porphyrius autem hac ratione posuit daemones esse natura fallaces, quia ponebat daemones esse animalia habentia naturam sensitivam. Natura autem sensitiva ordinatur ad aliquod bonum particulare, cui potest esse coniunctum malum. Et secundum hoc, aliquam inclinationem naturalem habere possunt ad malum; per accidens tamen, inquantum malum est coniunctum bono.

AD SECUNDUM dicendum quod malitia aliquorum hominum potest dici naturalis, vel propter consuetudinem, quae est altera natura; vel propter naturalem inclinationem ex parte naturae sensitivae, ad aliquam inordinatam passionem, sicut quidam dicuntur naturaliter iracundi vel concupiscentes; non autem ex parte naturae intellectualis.

AD TERTIUM dicendum quod animalia bruta secundum naturam sensitivam habent naturalem inclinationem ad quaedam particularia bona, quibus coniuncta sunt aliqua mala; sicut vulpes ad quaerendum victum sagaciter, cui adiungitur

No entanto, ocorre de um bem particular estar unido a um mal, como ao fogo está unido o mal de consumir os outros; mas o bem universal nunca está unido a algum mal. Se a natureza de uma coisa ordena-se a um bem particular, pode ela naturalmente tender a algum mal, mas não enquanto mal e sim acidentalmente, por estar o mal unido a certo bem. Mas se é uma coisa cuja natureza se ordena ao bem segundo a razão comum de bem, não pode naturalmente se ordenar a algo mau. É evidente que toda natureza intelectual se ordena ao bem universal, que por ela pode ser conhecido, e que é o objeto da vontade. Por isso, sendo os demônios naturezas intelectuais, jamais terão inclinação natural a mal algum. Logo, não podem ser maus por natureza.

QUANTO AO 1º, portanto, deve-se dizer que Agostinho neste texto refuta Porfírio por ter dito serem os demônios naturalmente mentirosos, afirmando que eles não são mentirosos por natureza, mas por própria vontade. — Afirmou Porfírio que os demônios são naturalmente mentirosos, porque admitia que fossem animais de natureza sensitiva. Ora, a natureza sensitiva se ordena a um bem particular, que pode estar unido a algum mal. Assim sendo, podem ter inclinação natural ao mal, porém acidentalmente, enquanto o mal está unido ao bem.

QUANTO AO 2º, deve-se dizer que a maldade de alguns homens pode ser tida como natural, ou por causa do costume, que é como uma segunda natureza, ou por causa da inclinação natural da natureza sensitiva a alguma paixão desordenada. Por exemplo, diz-se que alguns são naturalmente iracundos e concupiscentes; mas não por inclinação da natureza intelectual.

QUANTO AO 3º, deve-se dizer que os animais, por terem natureza sensitiva, inclinam-se naturalmente a alguns bens particulares, aos quais juntam-se alguns males. Por exemplo, a raposa que, com sagacidade, procura o alimento, unin-

---

princípio" só pode se efetuar em um alto nível de espiritualidade, quando a generosidade de um amor não-possessivo, de um amor que é doação de si, triunfa da separação. Jamais o efetuará completamente, aliás, pois os pais não são o único princípio da criança, que, como pessoa, depende imediatamente de Deus e, em sua formação, assim como em sua existência, muito deve a numerosas pessoas além de seus pais. Como é normal, esse princípio, metafísico, só se realiza em sua pureza para esta causa que é Deus, e para seu efeito, a criatura. Deus cria por pura bondade, e todo o universo, cada um de seus elementos, em especial cada criatura pessoal, retorna a seu princípio, no sentido de que é radicalmente ordenado a Deus. É impossível, portanto, que, pelo que recebeu do ato criador, sua natureza, a criatura seja ordenada ao mal, a não ser por acidente. E essa restrição não vale para as criaturas intelectuais que são ordenadas ao bem universal.

dolositas. Unde esse dolosum non est malum vulpi, cum sit ei naturale; sicut nec esse furiosum est malum cani, sicut Dionysius dicit, 4 cap. *de Div. Nom.*[4].

Articulus 5
Utrum diabolus fuerit malus in primo instanti suae creationis per culpam propriae voluntatis

AD QUINTUM SIC PROCEDITUR. Videtur quod diabolus in primo instanti suae creationis fuerit malus per culpam propriae voluntatis.

1. Dicitur enim Io 8,44 de diabolo: *Ille homicida erat ab initio*.
2. PRAETEREA, secundum Augustinum, I *Super Gen. ad litt.*[1], informitas creaturae non praecessit formationem tempore, sed origine tantum. Per *caelum* autem quod legitur Gn 1,1 primo creatum, ut ipse dicit in II libro[2], intelligitur natura angelica informis; per hoc autem quod dicitur Gn 1,3 quod Deus dixit, *Fiat lux, et facta est lux*, intelligitur formatio eius per conversionem ad Verbum; simul ergo natura angeli creata est, et facta est lux. Sed simul dum facta est lux, distincta est a *tenebris* ibid. v. 4, per quas intelliguntur angeli peccantes. Ergo in primo instanti suae creationis quidam angeli fuerunt beati, et quidam peccaverunt.

3. PRAETEREA, peccatum opponitur merito. Sed in primo instanti suae creationis aliqua natura intellectualis potest mereri; sicut anima Christi, vel etiam ipsi boni angeli. Ergo et daemones in primo instanti suae creationis potuerunt peccare.

4. PRAETEREA, natura angelica virtuosior est quam natura corporea. Sed res corporalis statim in primo instanti suae creationis incipit habere suam operationem; sicut ignis in primo instanti quo generatus est, incipit moveri sursum. Ergo et angelus in primo instanti suae creationis potuit operari. Aut ergo habuit operationem rectam, aut non rectam. Si rectam, cum gratiam habuerint, per eam meruerunt beatitudinem. In angelis autem statim ad meritum sequitur praemium, ut supra[3] dictum est. Ergo fuissent statim beati, et ita nun-

do a isso a astúcia. Eis por que ser astuta não é um mal para a raposa, por lhe ser natural, como também não é um mal para o cão ser furioso, como diz Dionísio.

Artigo 5
Tornou-se mau, o diabo, no instante de sua criação, por culpa de sua vontade?

QUANTO AO QUINTO, ASSIM SE PROCEDE: parece que o diabo, no primeiro instante de sua criação, **tornou-se** mau por culpa de sua vontade.

1. Com efeito, diz o Evangelho de João a respeito do diabo: "Ele foi homicida desde o início".
2. ALÉM DISSO, segundo Agostinho, o estado informe da criatura não precedeu sua formação no tempo, mas somente em sua origem. Pelo termo *céu*, que está no livro do Gênesis, como primeiro criado, entende-se a natureza angélica informe; e pelo que se diz no mesmo livro do Gênesis: "Deus disse: *Faça-se a luz e a luz foi feita*", entende-se a formação da natureza angélica por sua conversão para o Verbo. Daí que simultaneamente a natureza angélica foi criada e a luz foi feita. Mas também simultaneamente com a criação da luz houve a separação das *trevas*, pelas quais se entendem os anjos pecadores. Logo, no primeiro instante de sua criação houve anjos bem-aventurados, e alguns pecaram.

3. ADEMAIS, o pecado se opõe ao mérito. Ora, no primeiro instante de sua criação, uma natureza intelectual pode merecer. Por exemplo, a alma de Cristo e os próprios anjos bons. Logo, os demônios no primeiro instante de sua criação puderam pecar.

4. ADEMAIS, a natureza angélica tem mais capacidades que a corpórea. Ora, as coisas corporais começam a operar no primeiro instante de sua criação. Por exemplo, o fogo, no primeiro instante em que é gerado, começa a subir. Logo, o anjo no primeiro instante de sua criação pôde operar. Então, sua ação teria sido reta ou não-reta. Se reta, porque tinham a graça, por ela mereceram a bem-aventurança. Como acima foi dito, no anjo, ao mérito segue imediatamente o prêmio. Logo, os anjos seriam imediatamente beatificados, e

---

4. MG 3, 728 B.

PARALL.: Parte III, q. 34, a. 3, ad 1; II *Sent.*, dist. 3, part. 2, q. 1; III, dist. 18, art. 3, ad 4; *De Verit.*, q. 29, a. 8, ad 2; *De Malo*, q. 16, a. 4; in *Ioan.*, c. 18, lect. 6.

1. C. 15: ML 34, 257. — Cfr. l. V, c. 5: ML 34, 326.
2. Vide l. I, cc. 3, 4, 9; l. II, c. 8; l. III, c. 20: ML 34, 248-249, 249, 251-253, 269, 292.
3. Q. 62, a. 5.

quam peccassent: quod est falsum. Relinquitur ergo quod in primo instanti, non recte operando, peccaverunt.

SED CONTRA est quod dicitur Gn 1,31: *Vidit Deus cuncta quae fecerat, et erant valde bona.* Inter ea autem erant etiam daemones. Ergo et daemones aliquando fuerunt boni.

RESPONDEO dicendum quod quidam posuerunt quod statim daemones in primo instanti suae creationis mali fuerunt, non quidem per naturam, sed per peccatum propriae voluntatis: quia *ex quo est factus diabolus, iustitiam recusavit. Cui sententiae,* ut Augustinus dicit, XI *de Civ. Dei, quisquis acquiescit, non cum illis haereticis sapit, idest Manichaeis, qui dicunt quod diabolus habet naturam mali.* — Sed quia haec opinio auctoritati Scripturae contradicit (dicitur enim, sub figura principis Babylonis, de diabolo, Is 14,12: *Quomodo cecidisti, Lucifer, qui mane oriebaris?* et Ez 28,13, *In deliciis paradisi Dei fuisti* dicitur ad diabolum sub persona regis Tyri), ideo a magistris haec opinio tanquam erronea rationabiliter reprobata est.

Unde aliqui dixerunt quod angeli in primo instanti suae creationis peccare potuerunt, sed non peccaverunt. — Sed haec opinio etiam a quibusdam improbatur ea ratione quia, cum duae operationes se consequuntur, impossibile videtur quod in eodem nunc utraque operatio terminetur. Manifestum est autem quod peccatum angeli fuit operatio creatione posterior. Terminus autem creationis est ipsum esse angeli; terminus vero operationis peccati est quod sunt mali. Impossibile ergo videtur quod in primo instanti quo angelus esse coepit, fuerit malus.

Sed haec ratio non videtur sufficiens. Habet enim solum locum in motibus temporalibus, qui successive aguntur; sicut si motus localis sequitur ad alterationem, non potest in eodem instanti terminari alteratio et localis motus. Sed si sunt mutationes instantaneae, simul et in eodem instanti potest esse terminus primae et secundae mutationis; sicut in eodem instanti in quo illuminatur luna a sole, illuminatur aer a luna. Manifestum est autem quod creatio est instantanea; et similiter motus liberi arbitrii in angelis; non enim indigent collatione et discursu rationis, ut ex supra[4] dictis patet. Unde nihil prohibet simul et in eodem instanti esse terminum creationis, et terminum liberi arbitrii.

jamais pecariam, o que é falso. Resta concluir que, por não operarem retamente no primeiro instante, pecaram.

EM SENTIDO CONTRÁRIO, lê-se no livro do Gênesis: "Viu Deus todas as coisas que fizera, e eram muito boas". Ora, entre elas estavam os demônios. Logo, os demônios alguma vez foram bons.

RESPONDO. Alguns afirmaram que os demônios, no primeiro instante de sua criação, tornaram-se maus, não pela natureza, mas por pecado voluntário, porque "desde que o demônio foi criado, recusou a justiça". Escreve Agostinho: "Os que aceitam essa sentença não se identificam com os heréticos maniqueus, que dizem ter o diabo natureza má". — Contudo, como essa opinião contradiz a autoridade das Escrituras, foi reprovada, com razão, pelos Mestres, como sentença errônea. Com efeito, está escrito no livro de Isaías, a respeito do diabo, sob a figura do príncipe de Babilônia: "Como caíste, Lúcifer, que nascias brilhante pela manhã?" e no livro de Ezequiel, sob a figura do rei de Tiro: "Estiveste entre as delícias do paraíso de Deus".

Outros opinaram que os anjos puderam pecar no primeiro instante de sua criação, mas não pecaram. — Também essa sentença é reprovada por alguns, porque, quando duas operações são consecutivas, é impossível que no mesmo instante ambas terminem. Ora, é evidente que o pecado do anjo foi posterior à sua criação. O termo da criação é o próprio ser do anjo; mas o termo da operação pecaminosa é ser o anjo mau. Logo, parece impossível que o anjo, no primeiro instante em que começou a existir, fosse mau.

Mas esse argumento não parece suficiente. Pois só se aplica aos movimentos temporários, os quais se realizam sucessivamente. Por isso, se a uma alteração segue-se um movimento local, não pode no mesmo instante terminar a alteração e esse movimento. Se são mudanças instantâneas, porém, no mesmo instante podem ambas terminar. Por exemplo, no mesmo instante em que o sol ilumina a lua, é por ela iluminada a atmosfera. É também evidente que a criação é instantânea, assim como o movimento do livre-arbítrio no anjo, pois não precisam eles de comparação nem de raciocínio, segundo foi dito. Por isso, nada impede que simultaneamente e no mesmo instante terminem a criação e o ato do livre-arbítrio.

---

4. Q. 58, a. 3.

Et ideo aliter dicendum est, quod impossibile fuit angelum in primo instanti peccasse per inordinatum actum liberi arbitrii. Quamvis enim res aliqua in primo instanti quo esse incipit, simul incipere possit operari; tamen illa operatio quae simul incipit cum esse rei, est ei ab agente a quo habet esse; sicut moveri sursum inest igni a generante. Unde si aliqua res habeat esse ab agente deficiente, quod possit esse causa defectivae actionis, poterit in primo instanti in quo incipit esse, habere defectivam operationem; sicut si tibia quae nascitur clauda ex debilitate seminis, statim incipiat claudicare. Agens autem quod angelos in esse produxit, scilicet Deus, non potest esse causa peccati. Unde non potest dici quod diabolus in primo instanti suae creationis fuerit malus.

AD PRIMUM ergo dicendum quod, sicut Augustinus dicit, XI *de Civ. Dei*[5], cum dicitur 1Io 3,8 "quod diabolus ab initio peccat" *non ab initio ex quo creatus est, peccare putandus est, sed ab initio peccati*; scilicet quia nunquam a peccato suo recessit.

AD SECUNDUM dicendum quod illa distinctio lucis et tenebrarum, secundum quod per tenebras peccata daemonum intelliguntur, accipienda est secundum Dei praescientiam. Unde Augustinus dicit, XI *de Civ. Dei*[6], quod *solus lucem ac tenebras discernere potuit, qui potuit etiam, priusquam caderent, praescire casuros*.

AD TERTIUM dicendum quod quidquid est in merito, est a Deo: et ideo in primo instanti suae creationis angelus mereri potuit. Sed non est similis ratio de peccato, ut dictum est[7].

AD QUARTUM dicendum quod Deus non discrevit inter angelos ante aversionem quorundam et conversionem aliorum, ut Augustinus dicit, XI *de Civ. Dei*[8]: et ideo omnes, in gratia creati, in primo instanti meruerunt. Sed quidam eorum statim impedimentum praestiterunt suae beatitu-

Portanto, deve-se dizer de outra maneira, a saber, foi impossível ao anjo pecar pelo desordenado ato de seu livre-arbítrio, em seu primeiro instante. Embora uma coisa, no primeiro instante em que começa a ser, possa simultaneamente começar a operar, contudo tal operação simultânea com o existir da coisa procede necessariamente do agente que lhe deu o existir. Por exemplo, o fogo move-se para cima pela ação de quem o acendeu. Portanto, se uma coisa tem seu próprio ser de um agente defeituoso, que pode ser causa de uma ação defeituosa, poderá em seu primeiro instante de existência ter uma ação defeituosa. Por exemplo, a perna que é claudicante de nascença, por deficiência do sêmen, imediatamente começa a mancar. Mas o agente que dá existência aos anjos é Deus, que não pode ser causa de pecado. Portanto, não se pode dizer que o diabo foi mau no primeiro instante de sua criação.

QUANTO AO 1º, portanto, deve-se dizer que Agostinho, explicando o texto da primeira Carta de João, "o diabo peca desde o início", diz que se deve julgar que o diabo pecou não no início de sua criação, mas desde o início do pecado, isto é, porque nunca se separou de seu pecado.

QUANTO AO 2º, deve-se dizer que a separação da luz e das trevas, significando as trevas o pecado dos demônios, deve ser tomada segundo a presciência divina, como também diz Agostinho: "Só poderia separar a luz das trevas quem pudesse prever, antes que caíssem, quais haveriam de cair".

QUANTO AO 3º, deve-se dizer que tudo o que há no mérito vem de Deus. Logo, em seu primeiro instante da criação, o anjo pôde merecer. Mas o argumento não vale para o pecado[e], como já foi dito.

QUANTO AO 4º, deve-se dizer que, segundo Agostinho, Deus não estabeleceu distinção entre os anjos antes do pecado de alguns, nem da conversão de outros, por isso, todos foram criados em estado de graça e tiveram mérito no primeiro instante. Mas, logo, alguns apresentaram impedi-

---

5. C. 15: ML 41, 330.
6. C. 19: ML 41, 333.
7. In corp.
8. C. 11: ML 41, 327.

e. Vê-se que, para Sto. Tomás, afirmar, como ele afirma no corpo do artigo, que a primeira operação do anjo lhe vem de Deus não significa de modo algum que não provenha do próprio anjo e de sua liberdade. Um ato não-livre não poderia ser meritório. Isso significa que Deus é por ele responsável em primeiro lugar, como é responsável pela existência e pela natureza do anjo. Este é criado como agente, mas agente segundo sua própria natureza, ou seja, livremente. Não se poderia admitir nem mesmo conceber que tivesse sido criado pecador.

dinis praecedens meritum mortificantes. Et ideo beatitudine quam meruerunt, sunt privati.

Articulus 6
Utrum aliqua mora fuerit inter creationem et lapsum angeli

Ad sextum sic proceditur. Videtur quod aliqua mora fuerit inter creationem et lapsum angeli.

1. Dicitur enim Ez 28,14-15: *Ambulasti perfectus in viis tuis a die conceptionis tuae, donec inventa est iniquitas in te*. Sed ambulatio, cum sit motus continuus, requirit aliquam moram. Ergo aliqua mora fuit inter creationem diaboli et eius lapsum.
2. Praeterea, Origenes dicit[1] quod *serpens antiquus non statim supra pectus et ventrem suum ambulavit*; per quod intelligitur eius peccatum. Ergo diabolus non statim post primum instans suae creationis peccavit.
3. Praeterea, posse peccare commune est homini et angelo. Fuit autem aliqua mora inter formationem hominis et eius peccatum. Ergo, pari ratione, fuit aliqua mora inter formationem diaboli et eius peccatum.
4. Praeterea, aliud instans fuit in quo diabolus peccavit, ab instanti in quo creatus fuit. Sed inter quaelibet duo instantia cadit tempus medium. Ergo aliqua mora fuit inter creationem eius et lapsum.

Sed contra est quod dicitur Io 8,44 de diabolo, quod *in veritate non stetit*. Et sicut Augustinus dicit, XI *de Civ. Dei*[2], oportet ut hoc sic accipiamus, quod in veritate fuerit, sed non permanserit.

Respondeo dicendum quod circa hoc est duplex opinio. Sed probabilior, et Sanctorum dictis magis consona est, quod statim post primum instans suae creationis diabolus peccaverit. Et hoc necesse est dicere, si ponatur quod in primo instanti suae

mento à própria bem-aventurança, anulando assim o primeiro mérito. Por isso, foram privados da bem-aventurança que haviam merecido[f].

Artigo 6
Houve um espaço de tempo entre a criação e a queda do anjo?

Quanto ao sexto, assim se procede: parece que **houve** um espaço de tempo entre a criação e a queda do anjo.

1. Com efeito, diz o livro de Ezequiel: "Andaste perfeito em teus caminhos desde o dia em que foste concebido até o dia em que foi encontrada em ti a iniquidade". Ora, o andar, movimento contínuo, exige um espaço de tempo. Logo, houve tempo entre a criação do diabo e sua queda.
2. Além disso, Orígenes diz: "A antiga serpente não andou imediatamente sobre seu peito e sobre seu ventre", e por isto se entende seu pecado. Logo, no primeiro instante de sua criação, o diabo não pecou.
3. Ademais, poder pecar é comum ao homem e ao anjo. Ora, houve um espaço de tempo entre a criação do homem e seu pecado. Logo, pela mesma razão houve algum espaço de tempo entre a criação do demônio e seu pecado.
4. Ademais, um foi o instante em que o diabo pecou e outro em que foi criado. Ora, entre dois instantes quaisquer ocorre um tempo intermediário. Logo, houve um espaço de tempo entre sua criação e a queda.

Em sentido contrário, está o que se diz no Evangelho de João a respeito do diabo: "Não permaneceu na verdade". É necessário que entendamos esse texto assim: "O diabo esteve na verdade, mas nela não permaneceu".

Respondo. Há duas opiniões a respeito disso. A mais provável e a mais próxima das sentenças dos Santos Doutores é que o diabo pecou logo depois do primeiro instante de sua criação. É necessário afirmar isso, se se admite que no primeiro instante

---

6
1. Homil. 1 in *Ezechielem*: MG 13, 671 B.
2. C. 15: ML 41, 330.

---

f. O amor de Deus mais do que tudo, mais do que si mesmo, estava implicado no primeiro ato, que era amor de si, e o tornava meritório. O amor explícito de Deus é um segundo ato que decorria do primeiro, mas que ainda era livre, requerendo uma escolha, já que se tratava de amar a Deus oferecendo-se para fazer partilhar sua vida íntima, quando ele não era visto ainda em seu mistério, mas aceito na fé, e apresentando-se portanto de tal maneira que não se impunha à consciência do anjo como o Bem supremo e incontestável. Os anjos bons são aqueles que fizeram essa escolha, na comunidade da primeira, não por um novo ato de liberdade; os anjos maus são aqueles que o recusaram, repudiando assim a primeira escolha, anulando-lhe o mérito e "tornando-se trevas".

creationis in actum liberi arbitrii proruperit, et cum gratia fuerit creatus, ut supra[3] diximus. Cum enim angeli per unum actum meritorium ad beatitudinem perveniant, ut supra[4] dictum est; si diabolus in primo instanti, in gratia creatus, meruit, statim post primum instans beatitudinem accepisset, nisi statim impedimentum praestitisset peccando.

Si vero ponatur quod angelus in gratia creatus non fuerit; vel quod in primo instanti actum liberi arbitrii non potuerit habere; nihil prohibet aliquam moram fuisse inter creationem et lapsum.

AD PRIMUM ergo dicendum quod per motus corporales, qui per tempus mensurantur, quandoque in sacra Scriptura intelliguntur metaphorice motus spirituales instantanei. Et sic per *ambulationem* intelligitur motus liberi arbitrii tendentis in bonum.

AD SECUNDUM dicendum quod Origenes dicit quod *serpens antiquus non a principio, nec statim supra pectus ambulavit*, propter primum instans, in quo malus non fuit.

AD TERTIUM dicendum quod angelus habet liberum arbitrium inflexibile post electionem: et ideo nisi statim post primum instans, in quo naturalem motum habuit ad bonum, impedimentum beatitudini praestitisset, fuisset firmatus in bono. Sed non est simile de homine. Et ideo ratio non sequitur.

AD QUARTUM dicendum quod inter quaelibet duo instantia esse tempus medium, habet veritatem inquantum tempus est continuum, ut probatur in VI *Physic*.[5] Sed in angelis, qui non sunt subiecti caelesti motui, qui primo per tempus continuum mensuratur, tempus accipitur pro ipsa successione operationum intellectus, vel etiam affectus. Sic igitur instans primum in angelis intelligitur respondere operationi mentis angelicae, qua se in seipsam convertit per vespertinam cognitionem: quia in primo die commemoratur Gn 1 vespere, sed non mane. Et haec quidem operatio in omnibus bona fuit. Sed ab hac operatione quidam per matutinam cognitionem ad laudem Verbi sunt conversi: quidam vero, in seipsis remanentes, facti sunt nox, *per superbiam intumescentes*, ut Augustinus dicit, IV *super Gen. ad litt*.[6]. Et sic

de sua criação ele agiu com livre-arbítrio, e que foi criado em estado de graça, como vimos acima. Um anjo por um só ato meritório chegou à bem-aventurança, como foi acima dito; se o diabo, criado em graça, teve mérito no primeiro instante, imediatamente, após esse instante, alcançaria a bem-aventurança, a não ser que também imediatamente oferecesse um obstáculo pecando.

Mas se for afirmado que o anjo não foi criado em estado de graça, e que também, no primeiro instante, não pôde agir com livre-arbítrio, nada impede que se afirme haver um espaço de tempo entre a criação e a queda.

QUANTO AO 1º, portanto, deve-se dizer que por movimentos corporais medidos pelo tempo a Escritura entende, às vezes, metaforicamente os movimentos espirituais instantâneos. Assim por *andar* se entende o movimento do livre-arbítrio que tende para o bem.

QUANTO AO 2º, deve-se dizer que Orígenes afirma que a *serpente antiga não andou desde o princípio, nem logo, sobre seu peito*, por causa do primeiro instante, em que não foi má.

QUANTO AO 3º, deve-se dizer que depois da escolha, o livre-arbítrio do anjo não muda mais. Por isso, se imediatamente depois do primeiro instante, no qual teve um movimento natural para o bem, o demônio não tivesse posto impedimento à bem-aventurança, teria sido confirmado no bem. Mas nisso não se compara ao homem. Logo, o argumento não é válido.

QUANTO AO 4º, deve-se dizer que entre quaisquer dois instantes há um tempo intermediário, e essa afirmação é verdadeira se o tempo é contínuo, como se diz no livro VI da *Física*. Nos anjos, porém, que não são submetidos ao movimento dos céus, medido, em primeiro lugar, pelo tempo contínuo, neles o tempo é tomado pela própria sucessão das operações intelectivas ou afetivas. Assim, o primeiro instante, no anjo, corresponde à operação da mente angélica, pela qual ela se converte em si mesma pelo conhecimento vespertino, porque, no primeiro dia do Gênesis se faz referência a uma tarde e não a uma manhã. Essa operação foi boa em todos. Por ela, alguns anjos, pelo conhecimento matutino, foram atraídos para o louvor do Verbo. Outros, porém, permanecendo em si mesmos, tornaram-se noite, inchados de

---

3. A. praec.; q. 62, a. 3.
4. Q. 62, a. 5.
5. C. 1: 231, a, 29 — b, 10.
6. C. 24: ML 34, 313.

prima operatio fuit omnibus communis; sed in secunda sunt discreti. Et ideo in primo instanti omnes fuerunt boni; sed in secundo fuerunt boni a malis distincti.

Articulus 7
Utrum angelus supremus inter peccantes fuerit supremus inter omnes

AD SEPTIMUM SIC PROCEDITUR. Videtur quod ille angelus qui fuit supremus inter peccantes, non fuerit supremus inter omnes.

1. Dicitur enim de eo Ez 28,14: *Tu Cherub extentus et protegens, posui te in monte sancto Dei*. Sed ordo Cherubim est sub ordine Seraphim, ut Dionysius dicit, 7 cap. *Ang. Hier.*[1]. Ergo angelus qui fuit supremus inter peccantes, non fuit supremus inter omnes.

2. PRAETEREA, Deus fecit naturam intellectualem propter beatitudinem consequendam. Si igitur angelus qui fuit supremus inter omnes, peccavit, sequitur quod ordinatio divina fuerit frustrata in nobilissima creatura. Quod est inconveniens.

3. PRAETEREA, quanto aliquid magis inclinatur in aliquid, tanto minus potest ab illo deficere. Sed angelus quanto est superior, tanto magis inclinatur in Deum. Ergo minus potest a Deo peccando deficere. Et sic videtur quod angelus qui peccavit, non fuerit supremus inter omnes, sed de inferioribus.

SED CONTRA est quod dicit Gregorius, in Homilia *de Centum Ovibus*[2], quod *primus angelus qui peccavit, dum cunctis agminibus angelorum praelatus, eorum claritatem transcenderet, ex eorum comparatione clarior fuit*.

RESPONDEO dicendum quod in peccato est duo considerare: scilicet pronitatem ad peccandum; et motivum ad peccandum. Si ergo consideremus in angelis pronitatem ad peccandum, minus

Artigo 7
O anjo maior entre os que pecaram era o maior entre todos os anjos?

QUANTO AO SÉTIMO, ASSIM SE PROCEDE: parece que o anjo maior entre os que pecaram **não** foi o maior entre todos.

1. Com efeito, diz o livro de Ezequiel: "Tu, Querubim, coloquei-te no monte santo de Deus, com asas abertas e protetoras". Ora, como diz Dionísio, a ordem dos Querubins é inferior à dos Serafins. Logo, o anjo maior entre os pecadores não foi o maior entre todos.

2. ADEMAIS, Deus criou a natureza intelectual para que ela alcançasse a bem-aventurança. Ora, se o maior dos anjos pecou, segue-se que a ordenação divina foi frustrada na mais elevada das criaturas. Mas isso não é conveniente.

3. ADEMAIS, quanto mais uma coisa tende para outra, tanto menos dela pode se afastar. Ora, o anjo, quanto mais elevado, tanto mais tende para Deus. Logo, menos pode afastar-se de Deus pelo pecado. Por isso, parece que o anjo que pecou não foi o maior entre todos, mas o maior entre os anjos inferiores.

EM SENTIDO CONTRÁRIO, diz Gregório: "O primeiro anjo que pecou, superior a todas as ordens dos anjos, ultrapassava-os na luminosidade, e comparado com eles era ainda mais esplêndido".

RESPONDO. Duas coisas devem ser consideradas no pecado: a disposição e o motivo para pecar. Considerando-se a disposição para o pecado nos anjos, parece que os anjos superiores pecaram me-

---

7   PARALL.: II *Sent.*, dist. 6, a. 1; *Cont. Gent.* III, 109; Opusc. XV, *de Angelis*, c. 19.
    1. MG 3, 205.
    2. Homil. 34 in *Evang.*: ML 76, 1250 C.

g. O argumento da Escritura, clássico na época, lembrado no corpo do artigo precedente, não é conclusivo, evidentemente. De fato, Sto. Tomás funda sua tomada de posição com base em um raciocínio teológico, a partir da certeza, por sua vez fundada na Escritura, de que Deus, criador de todos os entes, não é de modo algum a causa do pecado. Não foi portanto pela virtude todo-poderosa do ato criador, e de certo modo sob sua pressão, que o anjo pecou. Isso implica que, no primeiro instante de sua existência, o anjo só pôde ser inteiramente puro, isento de todo pecado. Puro, não da pureza negativa da criança, que ainda não escolheu nem o bem nem o mal, mas da pureza brilhante que a pessoa tira da escolha que fez em toda a luz e todo o impulso de seu ser espiritual, do Bem, de Deus. Foi somente em um segundo instante que alguns mudaram de rumo e rejeitaram a Deus mediante uma segunda escolha, enquanto os outros ratificaram a primeira. Isso não é mais que uma "especulação", mas poderosa e penetrante, que só poderia ser verificada em seu plano próprio, pela justeza da análise e pelo rigor do raciocínio.

videtur quod peccaverint superiores angeli, quam inferiores. Et propter hoc Damascenus dicit[3] quod maior eorum qui peccaverunt, fuit *terrestri ordini praelatus*. — Et videtur haec opinio consonare positioni Platonicorum, quam Augustinus recitat in lib. *de Civ. Dei* VIII et X[4]. Dicebant enim quod omnes dii erant boni, sed daemonum quidam boni, quidam mali; *deos* nominantes substantias intellectuales quae sunt a globo lunari superius, *daemones* vero substantias intellectuales quae sunt a globo lunari inferius, superiores hominibus ordine naturae. — Nec est abiicienda haec opinio tanquam a fide aliena: quia tota creatura corporalis administratur a Deo per angelos, ut Augustinus dicit, III *de Trin.*[5]; unde nihil prohibet dicere inferiores angelos divinitus distributos esse ad administrandum inferiora corpora, superiores vero ad administrandum corpora superiora, supremos vero ad assistendum Deo. Et secundum hoc Damascenus dicit[6] quod illi qui ceciderunt, fuerunt de inferioribus: in quorum etiam ordine aliqui boni angeli permanserunt.

Si vero consideretur motivum ad peccandum, maius invenitur in superioribus quam in inferioribus. Fuit enim daemonum peccatum superbia, ut supra[7] dictum est; cuius motivum est excellentia, quae fuit maior in superioribus. Et ideo Gregorius dicit[8] quod ille qui peccavit, fuit superior inter omnes.

Et hoc videtur probabilius. Quia peccatum angeli non processit ex aliqua pronitate, sed ex solo libero arbitrio: unde magis videtur consideranda esse ratio quae sumitur a motivo ad peccandum. — Non est tamen inde alii opinioni praeiudicandum: quia etiam in principe inferiorum angelorum potuit esse aliquod motivum ad peccandum.

AD PRIMUM ergo dicendum quod *Cherubim* interpretatur *plenitudo scientiae; Seraphim* autem interpretatur *ardentes* sive *incedentes*. Et sic patet quod Cherubim denominatur a scientia, quae potest esse cum mortali peccato; Seraphim vero denominatur ab ardore caritatis, quae cum peccato mortali esse non potest. Et ideo primus angelus peccans non est denominatus Seraphim, sed Cherubim.

nos que os inferiores. Por isso, disse Damasceno que o maior deles que pecou "foi o que dirigia a ordem terrestre". — Essa opinião parece estar concorde com a dos platônicos, tal qual relatada por Agostinho. Afirmavam eles que todos os deuses eram bons, mas que, dos demônios, alguns eram bons, outros maus. Denominavam também *deuses* as substâncias intelectuais superiores ao globo lunar; *demônios*, as inferiores a esse globo, mas superiores por natureza aos homens. — Todavia, não se deve rejeitar essa opinião como contrária à fé, porque, segundo Agostinho, o mundo das criaturas corporais é governado por Deus, servindo-se dos anjos. Por isso, nada impede que, por determinação divina, os anjos inferiores fossem destinados a dirigir os corpos inferiores; os anjos superiores, os corpos superiores; e os anjos supremos assistissem a Deus. Por isso, é que, no mesmo texto, Damasceno diz que os que caíram eram de ordem inferior, e que também alguns anjos bons dessa ordem perseveraram.

Considerando-se o motivo para pecar, este motivo é maior nos anjos superiores que nos inferiores. Como foi dito acima, o pecado dos demônios foi a soberba, cujo motivo é a grandeza. Ora, essa grandeza era maior nos anjos superiores. Daí dizer Gregório que o anjo que pecou foi o maior entre todos.

Essa sentença parece ser a mais provável, porque o pecado do anjo não veio de uma disposição para o pecado, mas somente do livre-arbítrio. Por isso, parece que se deve ter mais em conta a razão que se toma do motivo para pecar. — Todavia, por isso não fica prejudicada a opinião dos outros, visto que também no príncipe dos anjos inferiores pôde haver motivo para o pecado.

QUANTO AO 1º, portanto, deve-se dizer que *Querubim* significa *plenitude da ciência; Serafim, ardoroso* ou *inflamado*. Assim, Querubim recebe o nome da ciência, que pode coexistir com o pecado mortal; Serafim, do ardor da caridade, que não pode coexistir com o pecado mortal. Por isso, o primeiro anjo que pecou não recebeu o nome de Serafim, mas de Querubim.

---

3. *De Fide Orth.*, l. II, c. 4: MG 94, 873 C — 876 A.
4. L. VIII, cc. 13, 14; l. X, c. 11: ML 41, 237-238, 238, 288-289.
5. C. 4: ML 42, 873.
6. Loc. sup. cit.
7. A. 2.
8. Loco cit. in arg. *Sed contra*.

AD SECUNDUM dicendum quod divina intentio non frustratur nec in his qui peccant, nec in his qui salvantur: utrorumque enim eventum Deus praecognoscit, et ex utroque habet gloriam, dum hos ex sua bonitate salvat, illos ex sua iustitia punit. Ipsa vero creatura intellectualis, dum peccat, a fine debito deficit. Nec hoc est inconveniens in quacumque creatura sublimi: sic enim creatura intellectualis instituta est a Deo, ut in eius arbitrio positum sit agere propter finem.

AD TERTIUM dicendum quod quantacumque inclinatio ad bonum fuerit in supremo angelo, tamen ei necessitatem non inducebat. Unde potuit per liberum arbitrium eam non sequi.

QUANTO AO 2º, deve-se dizer que a intenção divina não é frustrada nem nos que pecam, nem nos que se salvam. Deus previu ambos os acontecimentos, e por isso em ambos é glorificado, até porque a uns Deus salva por bondade, a outros, por justiça[h], pune. A criatura intelectual, ao pecar, afasta-se de seu devido fim, mas isso não é impossível a qualquer criatura sublime. Assim, pois, a criatura intelectual foi feita por Deus para que por seu livre-arbítrio agisse para atingir seu fim.

QUANTO AO 3º, deve-se dizer que embora fosse grande a inclinação do anjo maior para o bem, isso não lhe impunha uma necessidade. Por isso, pôde pelo livre-arbítrio não segui-la.

ARTICULUS 8
Utrum peccatum primi angeli fuerit aliis causa peccandi

AD OCTAVUM SIC PROCEDITUR. Videtur quod peccatum primi angeli peccantis non fuit aliis causa peccandi.

1. Causa enim prior est causato. Sed omnes simul peccaverunt, ut Damascenus dicit[1]. Ergo peccatum unius non fuit aliis causa peccandi.

2. PRAETEREA, primum peccatum angeli non potest esse nisi superbia, ut supra[2] dictum est. Sed superbia excellentiam quaerit. Magis autem excellentiae repugnat quod aliquis inferiori subdatur, quam superiori: et sic non videtur quod daemones peccaverint per hoc quod voluerunt subesse alicui superiorum angelorum, potius quam Deo. Sic autem peccatum unius angeli fuisset aliis causa peccandi, si eos ad hoc induxisset ut sibi subiicerentur. Non ergo videtur quod peccatum primi angeli fuerit causa peccandi aliis.

3. PRAETEREA, maius peccatum est velle subesse alteri contra Deum, quam contra Deum alteri velle praeesse: quia minus habet de motivo ad peccandum. Si ergo peccatum primi angeli fuit

ARTIGO 8
O pecado do primeiro anjo foi causa de pecar para os outros?

QUANTO AO OITAVO, ASSIM SE PROCEDE: parece que o pecado do primeiro anjo que pecou **não** foi para os outros causa de pecar.

1. Com efeito, a causa antecede o efeito. Ora, como diz Damasceno, todos os anjos pecaram ao mesmo tempo. Logo, o pecado de um não foi para os outros causa de pecar.

2. ALÉM DISSO, o primeiro pecado do anjo só poderia ter sido de soberba, como foi dito, e a soberba visa à grandeza. Repugna mais à grandeza que alguém se submeta a um inferior que ao superior. Por isso, não parece que os demônios tenham pecado por ter querido submeter-se a alguns dos anjos superiores mais do que a Deus. Nesse caso, o pecado de um seria para os outros causa de pecar, se um anjo tivesse induzido os outros a que se submetessem a si. Logo, não parece que o pecado do primeiro anjo fosse para os outros causa de pecar.

3. ADEMAIS, maior é o pecado de querer submeter-se a outro contra Deus do que querer dominar o outro contra Deus, porque o motivo do pecado é menor. Se, por esse motivo, o pecado do

---

8 PARALL.: II *Sent.*, dist. 6, a. 2.
1. *De Fide Orth.*, l. II, c. 4: MG 94, 876 B.
2. A. 2.

h. Essa afirmação tranquila nos perturba. A intenção divina é portanto tão desprendida, aos olhos de Sto. Tomás, que lhe é indiferente alcançar seu fim ou ser impedida de alcançá-lo, Deus vencendo em ambos os casos? Essa seria uma conclusão apressada e falsa a partir de uma asserção que responde, no caso, a uma dificuldade particular e que deve ser ressituada no vasto conjunto das relações da graça divina e da liberdade criada. De qualquer lado que se olhem as coisas, é preciso reconhecer que a liberdade criada é real, e portanto que a criatura livre, por perfeita que seja, pode opor-se a Deus, sem que Deus deixe com isso de ser o criador, o todo-poderoso, ao qual nenhuma eficiência criada pode realmente resistir, mas que a criatura livre pode colocar em questão mediante sua deficiência querida.

aliis causa peccandi in hoc, quod eos ut sibi subiicerentur induxit, gravius peccassent inferiores angeli quam supremus: quod est contra hoc quod super illud Ps 103,26, *Draco iste quem formasti,* dicit Glossa[3]: *Qui ceteris in esse erat excellentior, factus est in malitia maior.* Non ergo peccatum primi angeli fuit aliis causa peccandi.

SED CONTRA est quod dicitur Ap 12,4, quod draco traxit secum *tertiam partem stellarum.*

RESPONDEO dicendum quod peccatum primi angeli fuit aliis causa peccandi, non quidem cogens, sed quadam quasi exhortatione inducens. Cuius signum ex hoc apparet, quod omnes daemones illi supremo subduntur; ut manifeste apparet per illud quod dicit Dominus, Mt 25,41: Ite, *maledicti, in ignem aeternum, qui paratus est diabolo et angelis eius.* Habet enim hoc ordo divinae iustitiae, ut cuius suggestioni aliquis consentit in culpa, eius potestati subdatur in poena; secundum illud 2Pe 2,19: *A quo quis superatus est,* huic servus addictus est[4].

AD PRIMUM ergo dicendum quod, licet simul daemones peccaverint, tamen peccatum unius potuit esse aliis causa peccandi. Angelus enim non indiget ad eligendum vel exhortandum vel etiam consentiendum, temporis mora; sicut homo, qui deliberatione indiget ad eligendum et ad consentiendum, et locutione vocali ad exhortandum, quorum utrumque tempore agitur. Manifestum est autem quod etiam homo simul dum aliquid iam corde concepit, in eodem instanti incipit loqui. Et in ultimo instanti locutionis, in quo aliquis sensum loquentis capit, potest assentire ei quod dicitur: ut patet maxime in primis conceptionibus, *quas quisque probat auditas.* Sublato ergo tempore locutionis et deliberationis quod in nobis requiritur, in eodem instanti in quo primus angelus suam affectionem intelligibili locutione expressit, possibile fuit aliis in eam consentire.

AD SECUNDUM dicendum quod superbus, ceteris paribus, magis vult subesse superiori quam inferiori. Sed si aliquam excellentiam consequatur sub inferiori, quam sub superiori consequi non possit, magis eligit inferiori subesse quam superiori. Sic igitur non fuit contra superbiam daemonum

primeiro anjo foi causa do pecar para os outros, induzindo-os a se submeterem a si, o pecado dos inferiores foi maior que o do primeiro, como se lê no Salmo 103: "O dragão que formastes", e continua a Glosa: "O que era o mais excelente no ser fez-se o maior de todos na malícia". Logo, o pecado do primeiro anjo não foi para os outros causa de pecar.

EM SENTIDO CONTRÁRIO, diz o livro do Apocalipse: "O dragão levou consigo a terceira parte das estrelas".

RESPONDO. O pecado do primeiro anjo foi causa de pecar para os outros, não por coagi-los, mas por induzi-los, por uma como que exortação. É sinal claro disso, que todos os demônios se submeteram ao príncipe dos demônios, o que o Senhor disse por estas palavras do Evangelho de Mateus: "Ide, malditos, para o fogo eterno que foi preparado para o diabo e para seus anjos". Assim é a ordem da justiça divina, que quem, na culpa, seguiu a sugestão de outro, tenha como pena submeter-se ao poder desse outro. Confirma-o Pedro em sua segunda Carta: "Quem foi vencido por outro dele seja feito servo".

QUANTO AO 1º, portanto, deve-se dizer que embora tenham os demônios pecado ao mesmo tempo, contudo, o pecado de um podia ser para os outros causa de pecar. Ora, o anjo não necessita de espaço de tempo para escolher, exortar ou consentir, como o homem, que necessita da deliberação para escolher e consentir, e da palavra oral para exortar, e tudo isso se realiza no tempo. É evidente também que o homem, quando interiormente concebe um pensamento, imediatamente põe-se a falar. E no último instante de sua fala, quando alguém capta o sentido do pensamento, pode consentir ao que foi dito, o que se observa em especial nos primeiros princípios, que se admitem logo que ouvidos. Supresso o tempo em nós exigido para falar ou deliberar, no mesmo instante em que o primeiro anjo manifestou sua afeição mediante uma expressão inteligível foi possível aos outros dar sua adesão.

QUANTO AO 2º, deve-se dizer que o soberbo, em igualdade de circunstâncias, mais quer se submeter ao superior que ao inferior. Se alguma grandeza consegue submetendo-se ao inferior, o que não poderia conseguir submetendo-se ao superior, então prefere submeter-se ao inferior. Assim, pois,

---

3. ML 113, 1017 D.
4. Q. 62, a. 6.

quod subesse inferiori voluerunt, in eius principatum consentientes; ad hoc eum principem et ducem habere volentes, ut virtute naturali suam ultimam beatitudinem consequerentur; praesertim quia supremo angelo naturae ordine etiam tunc subiecti erant.

AD TERTIUM dicendum quod, sicut supra dictum est, angelus non habet aliquid retardans, sed secundum suam totam virtutem movetur in illud ad quod movetur, sive in bonum sive in malum. Quia igitur supremus angelus maiorem habuit naturalem virtutem quam inferiores, intensiori motu in peccatum prolapsus est. Et ideo factus est etiam in malitia maior.

não se opunha à soberba dos demônios quererem se submeter a um inferior, aceitando seu domínio. Queriam tê-lo como príncipe e chefe, tendo em vista alcançarem, por suas próprias forças, a última bem-aventurança. Até porque pela ordem natural estavam já sujeitos ao anjo maior.

QUANTO AO 3º, deve-se dizer que como foi dito acima, no anjo nada há que o impeça de agir, mas com todas suas forças move-se para seu objeto, seja para o bem, seja para o mal. Por conseguinte, porque o anjo maior tinha maior poder natural que os anjos inferiores, com mais intenso movimento caiu no pecado. Por isso, também foi maior sua malícia.

ARTICULUS 9
Utrum tot peccaverunt quot permanserunt

AD NONUM SIC PROCEDITUR. Videtur quod plures peccaverunt de angelis, quam permanserunt.

1. Quia, ut dicit Philosophus¹, *malum est ut in pluribus, bonum ut in paucioribus*.
2. PRAETEREA, iustitia et peccatum eadem ratione inveniuntur in angelis et hominibus. Sed in hominibus plures inveniuntur mali quam boni; secundum illud Eccle 1,15: *Stultorum infinitus est numerus*. Ergo pari ratione in angelis.
3. PRAETEREA, angeli distinguuntur secundum personas, et secundum ordines. Si igitur plures personae angelicae remanserunt, videtur etiam quod non de omnibus ordinibus aliqui peccaverunt.

SED CONTRA est quod dicitur 4Reg 6,16: *Plures nobiscum sunt quam cum illis*; quod exponitur de bonis angelis qui sunt nobiscum in auxilium, et de malis qui nobis adversantur.

RESPONDEO dicendum quod plures angeli permanserunt quam peccaverunt. Quia peccatum est contra naturalem inclinationem: ea vero quae contra naturam fiunt, ut in paucioribus accidunt; natura enim consequitur suum effectum vel semper, vel ut in pluribus.

AD PRIMUM ergo dicendum quod Philosophus loquitur quantum ad homines, in quibus malum contingit ex hoc quod sequuntur bona sensibilia, quae sunt pluribus nota, deserto bono rationis, quod paucioribus notum est. In angelis autem non est nisi natura intellectualis. Unde non est similis ratio.

ARTIGO 9
Foram tantos os que pecaram quanto os que permaneceram?

QUANTO AO NONO, ASSIM SE PROCEDE: parece que **foram mais** os que pecaram do que os que permaneceram.

1. Porque, como diz o Filósofo: "O mal está em muitos, o bem em poucos".
2. ALÉM DISSO, a justiça e o pecado encontram-se igualmente nos anjos e nos homens. Ora, entre os homens há mais homens maus do que bons, segundo o livro do Eclesiástico: "O número dos insensatos é infinito". Logo, igualmente entre os anjos.
3. ADEMAIS, distinguem-se os anjos segundo as pessoas e segundo as ordens. Se mais pessoas angélicas permaneceram, parece que não pecaram anjos de todas as ordens.

EM SENTIDO CONTRÁRIO, diz o livro dos Reis: "Há mais conosco do que com eles", texto que se refere aos bons anjos que vêm em nosso auxílio e aos maus que nos tentam.

RESPONDO. Mais anjos permaneceram do que pecaram, porque o pecado é contrário à inclinação da natureza; e as coisas feitas contra a natureza acontecem em poucos, porque a natureza alcança sempre ou quase sempre seu efeito.

QUANTO AO 1º, portanto, deve-se dizer que o Filósofo refere-se aos homens, nos quais acontece o mal, porque eles seguem os bens sensíveis, conhecidos de muitos, e abandonam os bens da razão, de poucos conhecidos. Mas nos anjos só existe a natureza intelectual. Por isso, o motivo não é o mesmo.

---

9 PARALL.: I *Sent.*, dist. 39, q. 2, a. 2, ad 4; II, dist. 1, part. 1, a. 1, ad 3.
1. *Topic.*, l. II, c. 6: 112, b, 10-12.

Et per hoc patet responsio AD SECUNDUM.

AD TERTIUM dicendum quod secundum illos qui dicunt quod diabolus maior fuit de inferiori ordine angelorum, qui praesunt terrestribus, manifestum est quod non de quolibet ordine ceciderunt, sed de infimo tantum. — Secundum vero illos qui ponunt maiorem diabolum de supremo fuisse ordine, probabile est quod de quolibet ordine aliqui ceciderunt; sicut et in quemlibet ordinem homines assumuntur in supplementum ruinae angelicae. In quo etiam magis comprobatur libertas liberi arbitrii, quae secundum quemlibet gradum creaturae in malum flecti potest. — In sacra Scriptura tamen nomina quorundam ordinum, ut *Seraphim* et *Thronorum*, daemonibus non attribuuntur; quia haec nomina sumuntur ab ardore caritatis et ab inhabitatione Dei, quae non possunt esse cum peccato mortali. Attribuuntur autem eis nomina *Cherubim, Potestatum* et *Principatuum*, quia haec nomina sumuntur a scientia et potentia, quae bonis malisque possunt esse communia.

QUANTO AO 2º, pelo exposto fica clara a resposta.

QUANTO AO 3º, deve-se dizer que para aqueles que afirmam que o diabo maior era de uma ordem inferior, que preside sobre as coisas terrestres, é evidente que não caíram anjos de outras ordens, mas somente da ínfima. — Para aqueles, pelo contrário, que afirmam que o diabo maior era da ordem suprema, é provável que de outras ordens alguns anjos caíram, e assim para suprir a perda dos anjos foram assumidos homens em todas as ordens[i]. Nisto ainda mais se comprova a liberdade do livre-arbítrio, que pode desviar-se para o mal qualquer que seja o grau de criatura. — Todavia, na Sagrada Escritura, os nomes de algumas ordens, como a dos Serafins e a dos Tronos, não são atribuídos aos demônios, porque esses nomes significam respectivamente o ardor da caridade e a inabitação de Deus, que não podem estar com o pecado mortal. Atribuem-se-lhes, porém, os nomes dos *Querubins, Potestades e Principados*, porque esses nomes são derivados de ciência e poder, que podem ser comuns aos anjos bons e aos maus[j].

---

i. Alusão a uma ideia bastante difundida na tradição patrística, segundo a qual os homens são chamados a assumir, no Reino, o lugar deixado vago pelos anjos pecadores. Sto. Tomás parece aceitar essa ideia sem discuti-la, sem dúvida por reverência, mesmo sendo ela inconciliável com sua concepção metafísica, segundo a qual o homem tem, no universo, um lugar que lhe é próprio, na intersecção do mundo corporal com o mundo dos espíritos. No universo, e portanto no Reino, já que, de fato, o universo foi criado para o Reino.

j. Não é necessário acrescentar que as questões levantadas nos três últimos artigos dessa questão não comportam resposta alguma, nem exegética, nem tradicional, nem teológica. Sto. Tomás as coloca e esforça-se por resolvê-las, não sem precauções, pois eram correntes nas escolas.

QUAESTIO LXIV
DE POENA DAEMONUM
in quatuor articulos divisa
Consequenter quaeritur de poena daemonum.

Et circa hoc quaeruntur quatuor.
Primo: de obtenebratione intellectus.
Secundo: de obstinatione voluntatis.
Tertio: de dolore ipsorum.
Quarto: de loco poenali ipsorum.

QUESTÃO 64
A PENA DOS DEMÔNIOS
em quatro artigos
Finalmente, pergunta-se sobre a pena dos demônios.

E a respeito disso são quatro as questões:
1. Sobre a obcecação do intelecto.
2. Sobre a obstinação da vontade.
3. Sobre a dor dos demônios.
4. Sobre o lugar da pena.

Articulus 1
Utrum intellectus daemonis sit obtenebratus per privationem cognitionis omnis veritatis

AD PRIMUM SIC PROCEDITUR. Videtur quod intellectus daemonis sit obtenebratus per privationem cognitionis omnis veritatis.
1. Si enim aliquam veritatem cognoscerent, maxime cognoscerent seipsos, quod est cognoscere substantias separatas. Hoc autem eorum miseriae non convenit: cum ad magnam beatitudinem pertinere videatur, intantum quod quidam ultimam beatitudinem hominis posuerunt in cognoscendo substantias separatas. Ergo daemones privantur omni cognitione veritatis.

2. PRAETEREA, id quod est manifestissimum in natura, videtur esse maxime manifestum angelis, sive bonis sive malis. Quod enim non sit nobis maxime manifestum, contingit ex debilitate intellectus nostri a phantasmatibus accipientis: sicut ex debilitate oculi noctuae contingit quod non possit videre lumen solis. Sed daemones non possunt cognoscere Deum, qui est secundum se manifestissimus, cum sit in summo veritatis: eo quod non habent mundum cor, quo solo videtur Deus. Ergo nec alia cognoscere possunt.

3. PRAETEREA, cognitio rerum angelis conveniens est duplex, secundum Augustinum[1]: scilicet matutina, et vespertina. Sed cognitio matutina non competit daemonibus, quia non vident res in Verbo: nec etiam cognitio vespertina, quia cognitio vespertina refert res cognitas ad laudem Creatoris; (unde post *vespere* fit *mane*, ut dicitur Gn 1. Ergo daemones non possunt cognitionem de rebus habere.

4. PRAETEREA, angeli in sua conditione cognoverunt mysterium regni Dei, ut Augustinus dicit, V *super Gen. ad litt.*[2]. Sed daemones hac cognitione privati sunt: quia *si cognovissent, nequaquam Dominum gloriae crucifixissent*, ut dicitur 1Cor 2,8. Ergo, pari ratione, omni alia cognitione veritatis sunt privati.

5. PRAETEREA, quamcumque veritatem aliquis scit, aut cognoscit eam naturaliter, sicut nos cognoscimus prima principia; aut accipiendo ab alio,

Artigo 1
Está o intelecto do demônio obscurecido pela privação do conhecimento de toda a verdade?

QUANTO AO PRIMEIRO ARTIGO, ASSIM SE PROCEDE: parece que o intelecto do demônio **está** obscurecido pela privação do conhecimento de toda verdade.
1. Com efeito, se os demônios conhecessem alguma verdade, sobretudo conheceriam a si mesmos, e assim as substâncias separadas. Ora, isso não convém à sua degradação, porque parece ser próprio da grande bem-aventurança, a ponto de alguns afirmarem que a última bem-aventurança do homem consiste no conhecimento das substâncias separadas. Logo, os demônios estão privados de todo conhecimento da verdade.

2. ALÉM DISSO, o que é evidentíssimo na natureza, deve sê-lo igualmente aos anjos, quer aos bons, quer aos maus. Que a nós não seja também evidentíssimo, isso se deve à fraqueza de nosso intelecto, que recebe das representações imaginárias seu conhecimento, como acontece com a fraqueza do olho da coruja, que não pode ver a luz do sol. Ora, os demônios não podem conhecer a Deus, que é em si mesmo evidentíssimo, por ser a máxima verdade, porque eles não têm puro o coração, com o qual unicamente se vê a Deus. Logo, não podem conhecer as outras coisas.

3. ADEMAIS, são dois os conhecimentos das coisas que convêm aos anjos, segundo Agostinho: "O conhecimento matutino e o conhecimento vespertino". Mas o conhecimento matutino não cabe aos demônios, porque não veem as coisas no Verbo; nem o conhecimento vespertino, porque este refere as coisas conhecidas ao louvor do Criador. Daí se ler no livro do Gênesis que "depois da tarde fez-se manhã". Logo, os demônios não podem ter conhecimento das coisas.

4. ADEMAIS, como disse Agostinho, os anjos, ao serem criados, conheceram os mistérios do reino de Deus. Ora, os demônios foram privados desse conhecimento, porque, se o tivessem, "jamais crucificariam o Rei da Glória", como diz a primeira Carta aos Coríntios. Logo, pela mesma razão, foram privados de todo conhecimento da verdade.

5. ADEMAIS, qualquer verdade conhecida, ou a conhecemos naturalmente, como conhecemos os primeiros princípios; ou a conhecemos receben-

---

1 PARALL.: II *Sent.*, dist. 7, q. 2, a. 1.

1. *De Gen. ad litt.*, l. IV, c. 22: ML 34, 311-312; *de Civ. Dei*, l. XI, c. 7: ML 41, 322.
2. C. 19: ML 34, 334-335.

sicut quae scimus addiscendo; aut per experientiam longi temporis, sicut quae scimus inveniendo. Sed daemones non possunt cognoscere veritatem per suam naturam: quia ab eis divisi sunt boni angeli sicut lux a tenebris, ut Augustinus dicit[3]; omnis autem manifestatio fit per lumen, ut dicitur Eph 5,13. Similiter etiam neque per revelationem, neque addiscendo a bonis angelis: quia *non est conventio lucis ad tenebras*, ut dicitur 2Cor 6,14. Neque etiam per experientiam longi temporis: quia experientia a sensu oritur. Ergo nulla in eis est cognitio veritatis.

SED CONTRA est quod Dionysius dicit, 4 cap. *de Div. Nom.*[4], quod *data daemonibus angelica dona nequaquam mutata esse dicimus, sed sunt integra et splendidissima*. Inter ista autem naturalia dona est cognitio veritatis. Ergo in eis est aliqua veritatis cognitio.

RESPONDEO dicendum quod duplex est cognitio veritatis: una quidem quae habetur per gratiam; alia vero quae habetur per naturam. Et ista quae habetur per gratiam, est duplex: una quae est speculativa tantum, sicut cum alicui aliqua secreta divinorum revelantur; alia vero quae est affectiva, producens amorem Dei; et haec proprie pertinet ad donum Sapientiae.

Harum autem trium cognitionum prima in daemonibus nec est ablata, nec diminuta. Consequitur enim ipsam naturam angeli, qui secundum suam naturam est quidam intellectus vel mens: propter simplicitatem autem suae substantiae, a natura eius aliquid subtrahi non potest, ut sic per subtractionem naturalium puniatur, sicut homo punitur per subtractionem manus aut pedis aut alicuius huiusmodi. Et ideo dicit Dionysius[5] quod dona naturalia in eis integra manent. Unde naturalis cognitio in eis non est diminuta. — Secunda autem cognitio, quae est per gratiam, in speculatione consistens, non est in eis totaliter ablata, sed diminuta: quia de huiusmodi secretis divinis tantum revelatur in quantum oportet, vel mediantibus angelis, vel *per aliqua temporalia divinae virtutis effecta*, ut dicit Augustinus, IX *de Civ. Dei*[6]; non autem sicut ipsis sanctis angelis, quibus plura et clarius revelantur

do-a de outro, como sabemos o que nos foi ensinado; ou por experiência diuturna, como sabemos o que nós mesmos descobrimos. Mas, como diz Agostinho, os demônios não podem conhecer a verdade por sua natureza, porque os anjos bons foram separados dos maus, como a luz das trevas. Ora, todo conhecimento da verdade é feito pela luz como se diz na Carta aos Efésios. Igualmente os demônios não podem conhecer a verdade, por revelação nem aprendendo dos anjos bons, como se diz na segunda Carta aos Coríntios: "Não há concórdia da luz com as trevas". Tampouco por experiência diuturna, porque a experiência nasce dos sentidos. Logo, os demônios não conhecem verdade alguma.

EM SENTIDO CONTRÁRIO, diz Dionísio: "Os dons angélicos naturais dados aos demônios não foram mudados, mas continuam íntegros e em grande esplendor". Ora, o conhecimento da verdade está entre esses dons naturais. Logo, os demônios têm algum conhecimento da verdade.

RESPONDO. Duplo é o conhecimento da verdade: um, que se tem pela graça; outro, pela natureza. Os que se tem pela graça são dois: um, especulativo, como quando se revelam a alguém os segredos divinos; outro, afetivo, que leva ao amor de Deus. Pertence este propriamente ao dom de Sabedoria.

Destes três modos de conhecimento, o primeiro não foi tirado dos demônios, nem diminuído, porque pertence à natureza angélica que em si mesma consta de inteligência ou espírito. Por causa da simplicidade de sua substância não se pode subtrair coisa alguma do que lhes é natural, significando isso uma penalidade, como o homem é castigado cortando-se-lhe as mãos, os pés etc. Por isso, disse Dionísio que os dons naturais permaneceram íntegros nos demônios. Por isso, o conhecimento natural não lhes foi diminuído. — O segundo conhecimento, que se tem pela graça, o especulativo, não foi totalmente tirado dos demônios, mas diminuído, porque desses segredos divinos lhes são revelados tanto quanto convém, ou por meio de anjos, ou "por alguns efeitos temporais do poder divino", como disse Agostinho. — Do terceiro conhecimento, os

---

3. *De Civ. Dei*, l. XI, cc. 19, 33: ML 41, 333, 346-347.
4. MG 3, 725 C.
5. Loco sup. cit.
6. C. 21: ML 41, 274.

in ipso Verbo. — A tertia vero cognitione sunt totaliter privati, sicut et a caritate.

AD PRIMUM ergo dicendum quod felicitas consistit in applicatione ad id quod superius est. Substantiae autem separatae sunt ordine naturae supra nos: unde aliqualis ratio felicitatis esse potest homini si cognoscat substantias separatas; licet perfecta eius felicitas sit in cognoscendo primam substantiam, scilicet Deum. Sed substantiae separatae cognoscere substantiam separatam est connaturale, sicut et nobis cognoscere naturas sensibiles. Unde sicut in hoc non est felicitas hominis, quod cognoscat naturas sensibiles; ita non est felicitas angeli in hoc, quod cognoscat substantias separatas.

AD SECUNDUM dicendum quod illud quod est manifestissimum in natura, est nobis occultum propter hoc quod excedit proportionem intellectus nostri; et non solum propter hoc quod intellectus noster accipit a phantasmatibus. Excedit autem divina substantia non solum proportionem intellectus humani, sed etiam intellectus angelici. Unde nec ipse angelus secundum suam naturam, potest cognoscere Dei substantiam. — Potest tamen altiorem cognitionem de Deo habere per suam naturam quam homo, propter perfectionem sui intellectus. Et talis cognitio Dei remanet etiam in daemonibus. Licet enim non habeant puritatem quae est per gratiam, habent tamen puritatem naturae, quae sufficit ad cognitionem Dei quae eis competit ex natura.

AD TERTIUM dicendum quod creatura tenebra est, comparata excellentiae divini luminis: et ideo cognitio creaturae in propria natura, *vespertina* dicitur. Vespere enim est tenebris adiunctum, habet tamen aliquid de luce: cum autem totaliter deficit lux, est nox. Sic igitur et cognitio rerum in propria natura, quando refertur ad laudem Creatoris, ut in bonis angelis, habet aliquid de luce divina, et potest dici vespertina: si autem non referatur in Deum, sicut in daemonibus, non dicitur vespertina, sed *nocturna*. Unde et in Gn 1,5 legitur quod tenebras quas Deus a luce separavit, *vocavit noctem*.

demônios foram totalmente privados, como também da caridade.

QUANTO AO 1º, portanto, deve-se dizer que a felicidade consiste na busca do que é superior. Pela ordem da natureza, as substâncias separadas são superiores a nós. Por isso, o homem pode ter alguma razão de felicidade conhecendo as substâncias separadas, embora sua perfeita felicidade consista no conhecimento da primeira substância, ou seja, Deus. Mas é conatural às substâncias separadas conhecer a si mesmas, como nós conhecemos as naturezas sensíveis. Portanto, como a felicidade do homem não está em conhecer as naturezas sensíveis, também a felicidade dos anjos não consiste em conhecer as substâncias separadas[a].

QUANTO AO 2º, deve-se dizer que o que é evidentíssimo na natureza nos é oculto porque excede a capacidade de nosso intelecto, e não somente porque nosso intelecto conhece pelas representações imaginárias. A substância divina excede não só a capacidade de nosso intelecto, como também a do angélico. Por isso, não podem os anjos naturalmente conhecer a substância divina. — Poderão, no entanto, ter um conhecimento natural de Deus mais elevado que o homem, por terem perfeito o intelecto. Esse conhecimento de Deus também permanece nos demônios. Embora não tenham a clareza que vem da graça, têm a clareza do conhecimento natural, que será suficiente para o conhecimento natural de Deus.

QUANTO AO 3º, deve-se dizer que comparada com a excelência da luz divina, as criaturas são trevas. Por isso, o conhecimento da criatura em sua própria natureza é chamado *vespertino*. Embora haja trevas na tarde, há ainda alguma luminosidade, pois a total ausência de luz chama-se noite. Portanto, o conhecimento das coisas em sua própria natureza, quando se refere ao louvor do Criador, como nos anjos bons, possui algo da luz divina, e pode ser chamado de vespertino. Porém, se não se refere a Deus, como nos demônios, não se chama vespertino, mas *noturno*. Donde estar no livro do *Gênesis* que Deus *chamou noite* as trevas que separou da luz.

---

a. Não se pode deixar de notar a contradição, ao menos aparente, entre o que é afirmado agora e o que antes se afirmou (q. 62, a. 1) sobre uma primeira beatitude "que o anjo pode atingir mediante suas forças naturais", e que, de acordo com o que é dito neste artigo, é inadmissível para o anjo. A conciliação entre as duas posições aparece em filigrana em ambos os textos, quando os comparamos. A beatitude é a realização última do ser espiritual, de modo que a "primeira beatitude" deixa de ser uma, concretamente, a partir do momento em que o anjo é chamado, por graça, a uma realização ulterior e transcendente. Ser privado, por sua falta, dessa perfeição acabada faz que aquilo que lhe resta, e que o teria preenchido se ele não houvesse recebido bem mais, deixe de ser sua beatitude. Como diríamos de alguém: "Tinha tudo para ser feliz." Tudo, exceto aquilo que pode fazer do que ele possui uma felicidade.

AD QUARTUM dicendum quod mysterium regni Dei, quod est impletum per Christum, omnes quidem angeli a principio aliquo modo cognoverunt; maxime ex quo beatificati sunt visione Verbi, quam daemones nunquam habuerunt. Non tamen omnes angeli cognoverunt perfecte, neque aequaliter. Unde daemones multo minus, Christo existente in mundo, perfecte mysterium Incarnationis cognoverunt. *Non enim innotuit eis*, ut Augustinus dicit[7], *sicut angelis sanctis, qui Verbi participata aeternitate perfruuntur, sed sicut eis terrendis innotescendum fuit per quaedam temporalia effecta*. Si autem perfecte et per certitudinem cognovissent ipsum esse Filium Dei, et effetum passionis eius, nunquam Dominum gloriae crucifigi procurassent.

AD QUINTUM dicendum quod daemones tribus modis cognoscunt veritatem aliquam. Uno modo, subtilitate suae naturae: quia licet sint obtenebrati per privationem luminis gratiae, sunt tamen lucidi lumine intellectualis naturae. — Secundo, per revelationem a sanctis angelis; cum quibus non conveniunt quidem per conformitatem voluntatis; conveniunt autem similitudine intellectualis naturae, secundum quam possunt accipere quod ab aliis manifestatur. — Tertio modo cognoscunt per experientiam longi temporis; non quasi a sensu accipientes; sed dum in rebus singularibus completur similitudo eius speciei intelligibilis quam sibi naturaliter habent inditam, aliqua cognoscunt praesentia, quae non praecognoverunt futura, ut supra[8] de cognitione angelorum dictum est.

QUANTO AO 4º, deve-se dizer que todos os anjos, desde o princípio, conheceram, de algum modo, os mistérios do reino de Deus, vividos por Cristo, principalmente desde que foram beatificados na visão do Verbo, visão que os demônios jamais tiveram. Entretanto, nem todos os anjos tiveram conhecimento perfeito desses mistérios, nem de igual modo. Por isso, muito menos os demônios, estando Cristo no mundo, conheceram perfeitamente o mistério da Encarnação. Como diz Agostinho: "Não lhes foi dado conhecer, como aos santos anjos, que gozam da participação do Verbo na eternidade, mas como que para aterrá-los foi-lhes dado conhecer alguns efeitos temporais". Se, por acaso, conhecessem certa e perfeitamente que Jesus era o Filho de Deus e os efeitos de sua paixão, jamais tentariam crucificar o Senhor da Glória.

QUANTO AO 5º, deve-se dizer que os demônios conhecem alguma verdade de três modos. Primeiro, pela sutileza de sua natureza, porque, embora obscurecidos pela privação da luz da graça, continuaram lúcidos pela luz da natureza intelectual. — Segundo, pela revelação recebida dos santos anjos, com os quais não concordam nas ações voluntárias, mas, no entanto, têm em comum com eles a natureza intelectual, e por isso podem receber o que outros comunicam. — Terceiro, conhecem pela experiência de longo tempo, não porque a adquirem pelos sentidos, mas enquanto nas coisas singulares se realiza a semelhança da espécie inteligível infusa que naturalmente possuem. Conhecem desse modo como presentes coisas que não previram como futuras[b], como acima foi dito.

ARTICULUS 2
Utrum voluntas daemonum sit obstinata in malo

AD SECUNDUM SIC PROCEDITUR. Videtur quod voluntas daemonum non sit obstinata in malo.

ARTIGO 2
A vontade do demônio está obstinada no mal?

QUANTO AO SEGUNDO, ASSIM SE PROCEDE: parece que a vontade dos demônios **não** está obstinada no mal.

---

7. *De Civ. Dei*, l. IX, c. 21: ML 41, 274.
8. Q. 57, a. 3, ad 3.

PARALL.: II *Sent.*, dist. 7, q. 1, a. 2; *De Verit.*, q. 24, a. 10; *De Malo*, q. 16, a. 5.

---

b. Texto bem difícil devido a sua extrema concisão. Remete-nos ao problema do conhecimento, pelo anjo, do singular (q. 57, a. 2) e do futuro (q. 57, a. 3), mas fazendo a aplicação particular do que é dito nesse ponto aos acontecimentos da história da salvação, com o anjo mesmo só pode conhecer por revelação. Os anjos caídos receberam essa revelação antes de sua queda, e Sto. Tomás parece pensar que conservaram algo dela, pelo menos no que concerne aos acontecimentos que se produzem no tempo, portadores do mistério da salvação. A partir daí, à medida que se desenrola no tempo a história da salvação, os demônios conhecem tais eventos como conhecem os acontecimentos da história humana em geral, e percebem neles, de maneira imperfeita e conjetural (r. 4), o sentido sobrenatural. Sto. Tomás preocupa-se manifestamente em explicar a atitude intrigada, hesitante, semiclarividente dos demônios em relação a Jesus nos relatos evangélicos.

1. Libertas enim arbitrii ad naturam intellectualis naturae pertinet, quae manet in daemonibus, ut dictum est[1]. Sed libertas arbitrii per se et prius ordinatur ad bonum quam ad malum. Ergo voluntas daemonis non est ita obstinata in malo, quin possit redire ad bonum.

2. PRAETEREA, maior est misericordia Dei, quae est infinita, quam daemonis malitia, quae est finita. A malitia autem culpae ad bonitatem iustitiae nullus redit nisi per Dei misericordiam. Ergo etiam daemones a statu malitiae possunt redire ad statum iustitiae.

3. PRAETEREA, si daemones habent voluntatem obstinatam in malo, maxime haberent eam obstinatam in peccato quo peccaverunt. Sed illud peccatum in eis nunc non manet, scilicet superbia: quia nec motivum manet, scilicet excellentia. Ergo daemon non est obstinatus in malitia.

4. PRAETEREA, Gregorius dicit[2] quod homo per alium reparari potuit, quia per alium cecidit. Sed daemones inferiores per primum ceciderunt, ut supra[3] dictum est. Ergo eorum casus per alium reparari potest. Ergo non sunt in malitia obstinati.

5. PRAETEREA, quicumque est in malitia obstinatus, nunquam aliquod bonum opus operatur. Sed daemon aliqua bona opera facit: confitetur enim veritatem, dicens Christo: *Scio quia sis Sanctus Dei*, Mc 1,24; *daemones* etiam *credunt et contremiscunt*, ut dicitur Iac 2,19; Dionysius etiam dicit, 4 cap. *de Div. Nom.*[4], quod *bonum et optimum concupiscunt, esse, vivere et intelligere*. Ergo non sunt obstinati in malitia.

SED CONTRA est quod dicitur in Ps 73,23: *Superbia eorum qui te oderunt, ascendit semper*; quod de daemonibus exponitur. Ergo semper obstinati in malitia perseverant.

RESPONDEO dicendum quod Origenis positio fuit[5] quod omnis voluntas creaturae, propter libertatem arbitrii, potest flecti et in bonum et in malum, excepta anima Christi propter unionem Verbi. — Sed haec positio tollit veritatem beatitudinis a sanctis angelis et hominibus: quia stabilitas sempiterna est de ratione verae beatitudinis; unde et *vita aeterna* nominatur. Repugnat etiam auctoritati Scripturae sacrae, quae daemones et homines

1. Com efeito, a liberdade de arbítrio é própria da natureza do que é intelectual, e permanece nos demônios, como foi dito. Ora, a liberdade de arbítrio se ordena por si e primeiramente para o bem, não para o mal. Logo, nos demônios ela não está tão obstinada no mal, que não possa voltar ao bem.

2. ALÉM DISSO, a misericórdia de Deus, por ser infinita, é maior que a maldade do demônio, que é finita. Ora, ninguém pode voltar da maldade da culpa para a bondade da justificação, a não ser pela misericórdia de Deus. Logo, também os demônios poderão voltar do estado de maldade para o de justificação.

3. ADEMAIS, se os demônios têm a vontade obstinada no mal, a têm principalmente obstinada no pecado que cometeram. Ora, esse pecado não mais permanece neles, a saber, a soberba, uma vez que nem mesmo permanece o motivo, isto é, a grandeza. Logo, o demônio não está obstinado na maldade.

4. ADEMAIS, disse Gregório que um homem pode ser redimido por outro, porque por ele caiu. Ora, os demônios inferiores caíram por primeiro, como acima foi dito. Por isso, sua queda pode ser reparada por outro. Logo, não estão obstinados na maldade.

5. ADEMAIS, quem está obstinado na maldade jamais praticará um ato bom. Ora, o demônio fez algumas obras boas, quando confessou a verdade, ao dizer que Cristo era Santo; e Tiago escreve que "os demônios creem e se amedrontam". Confirma-o Dionísio: "Eles desejam o que é bom e o melhor, isto é, ser, viver e conhecer". Logo, não estão obstinados no pecado.

EM SENTIDO CONTRÁRIO, diz o Salmo 73: "A soberba dos que te odiaram volta sempre". Aqui, se fala dos demônios. Logo, eles perseveram sempre no mal.

RESPONDO. Orígenes afirmou que a vontade de toda criatura, devido ao livre-arbítrio, pode inclinar-se ou para o bem, ou para o mal, excetuada a alma de Cristo, por causa da união no Verbo. — Mas essa posição nega a verdade da bem-aventurança em relação aos anjos e homens santos, porque a imutabilidade para sempre pertence à razão da verdadeira bem-aventurança. Por esse motivo, a bem-aventurança é chamada *vida*

---

1. Art. 1.
2. *Moral.*, l. IV, c. 3, al. 10, in vet. 9: ML 75, 642 B.
3. Q. 63, a. 8.
4. MG 3, 725 C.
5. *Peri Archon*, l. I, c. 6: MG 11, 169 AC.

malos *in supplicium aeternum* mittendos, bonos autem *in vitam aeternam* transferendos pronuntiat, Mt 25,46. — Unde haec positio est tanquam erronea reputanda; et tenendum est firmiter, secundum fidem catholicam, quod et voluntas bonorum angelorum confirmata est in bono, et voluntas daemonum obstinata est in malo.

Causam autem huius obstinationis oportet accipere, non ex gravitate culpae, sed ex conditione naturae status. *Hoc* enim *est hominibus mors, quod angelis casus*, ut Damascenus dicit[6]. Manifestum est autem quod omnia mortalia peccata hominum, sive sint magna sive sint parva, ante mortem sunt remissibilia; post mortem vero, irremissibilia, et perpetuo manentia.

Ad inquirendum ergo causam huiusmodi obstinationis, considerandum est quod vis appetitiva in omnibus proportionatur apprehensivae a qua movetur, sicut mobile motori. Appetitus enim sensitivus est boni particularis, voluntas vero universalis, ut supra[7] dictum est; sicut etiam sensus apprehensivus est singularium, intellectus vero universalium. — Differt autem apprehensio angeli ab apprehensione hominis in hoc, quod angelus apprehendit immobiliter per intellectum, sicut et nos immobiliter apprehendimus prima principia, quorum est *intellectus*: homo vero per rationem apprehendit mobiliter, discurrendo de uno ad aliud, habens viam procedendi ad utrumque oppositorum. Unde et voluntas hominis adhaeret alicui mobiliter, quasi potens etiam ab eo discedere et contrario adhaerere: voluntas autem angeli adhaeret fixe et immobiliter. Et ideo, si consideretur ante adhaesionem, potest libere adhaerere et huic et opposito (in his scilicet quae non naturaliter vult): sed postquam iam adhaesit, immobiliter adhaeret. Et ideo consuevit dici quod liberum arbitrium hominis flexibile est ad oppositum *et ante electionem, et post*; liberum autem arbitrium angeli est flexibile ad utrumque oppositum *ante electionem, sed non post*. — Sic igitur et boni angeli, semper adhaerentes iustitiae, sunt in illa confirmati: mali vero, peccantes, sunt in peccato obstinati. — De obstinatione vero hominum damnatorum infra[8] dicetur.

eterna. Essa tese é contrária também ao testemunho da Escritura Sagrada, quando nos afirma no Evangelho de Mateus que "os demônios e os homens maus são levados para o suplício eterno, os bons, para a vida eterna". — Por isso, a afirmação de Orígenes deve-se julgar falsa. Deve-se crer firmemente, segundo a fé católica, que a vontade dos anjos bons foi confirmada no bem, e a vontade dos demônios, obstinada no mal.

É preciso buscar a causa dessa obstinação, não na gravidade da culpa, mas na condição do estado natural. Diz Damasceno que "a morte é para os homens o que a queda foi para os anjos". É evidente que, para os homens, todos os pecados mortais, sejam eles grandes ou pequenos, são perdoáveis antes da morte, mas, depois da morte, tornam-se imperdoáveis e para sempre.

Portanto, para buscar a causa de tal obstinação, deve-se considerar que as potências apetitivas estão em relação às cognoscitivas que as movem, como o que é movido ao motor. O apetite sensitivo tem por objeto bens particulares, e a vontade, bens universais, como acima foi dito, como também os sentidos conhecem coisas singulares, e o intelecto, as universais. — Todavia, nisto diferencia-se o conhecimento dos anjos e o dos homens, em que os anjos conhecem pelo intelecto de uma maneira imutável, como também nós conhecemos de maneira imutável os primeiros princípios, que são objeto próprio do *intelecto*. O homem, porém, conhece pela razão de maneira mutável, discorrendo de um para o outro, com a possibilidade de chegar a uma ou outra das conclusões opostas. Por isso, também a vontade humana adere a seu objeto de uma maneira mutável, podendo mesmo afastar-se de um objeto para aderir ao contrário. A vontade do anjo, porém, adere a seu objeto fixa e imovelmente. Por isso, considerando-se o anjo antes da adesão, poderá livremente aderir a um objeto e a seu oposto (mas nas coisas que, por natureza, não quer). Contudo, depois de ter aderido, permanecerá imóvel. Por isso, costumou-se dizer que o livre-arbítrio do homem é flexível diante de coisas opostas, *antes ou depois da escolha*; mas que o livre-arbítrio do anjo é flexível diante de coisas opostas, *antes da escolha, não depois*. — Eis por que os anjos bons que sempre aderiram à justiça estão nela confirmados; os anjos maus, após o

---

6. *De Fide Orth.*, l. II, c. 4: MG 94, 877 C.
7. Q. 59, a. 1.
8. *Supplementum* tertiae partis, q. 98, a. 1, 2.

AD PRIMUM ergo dicendum quod boni et mali angeli habent liberum arbitrium, sed secundum modum et conditionem suae naturae, ut dictum est[9].

AD SECUNDUM dicendum quod misericordia Dei liberat a peccato poenitentes. Illi vero qui poenitentiae capaces non sunt, immobiliter malo adhaerentes per divinam misericordiam non liberantur.

AD TERTIUM dicendum quod adhuc manet in diabolo peccatum quo primo peccavit, quantum ad appetitum; licet non quantum ad hoc quod credat se posse obtinere. Sicut si aliquis credat se posse facere homicidium, et velit facere, et postea adimatur ei potestas; nihilominus voluntas homicidii in eo manere potest, ut velit fecisse, vel velit facere si posset.

AD QUARTUM dicendum quod non est tota causa quare peccatum hominis sit remissibile, quia alio suggerente peccavit. Et ideo ratio non sequitur.

AD QUINTUM dicendum quod actus daemonis est duplex. Quidam scilicet ex voluntate deliberata procedens: et hic proprie potest dici actus eius. Et talis actus daemonis semper est malus: quia etsi aliquando aliquod bonum faciat, non tamen bene facit; sicut dum veritatem dicit ut decipiat, et dum non voluntarie credit et confitetur, sed rerum evidentia coactus. — Alius autem actus daemonis est naturalis qui bonus esse potest, et attestatur bonitati naturae. Et tamen etiam tali bono actu abutuntur ad malum.

QUANTO AO 1º, portanto, deve-se dizer que os anjos bons e os anjos maus possuem o livre-arbítrio, mas segundo o modo e a condição da própria natureza, com foi explicado.

QUANTO AO 2º, deve-se dizer que a misericórdia de Deus liberta do pecado os penitentes. Mas aos incapazes de fazer penitência, que aderem ao mal de maneira imutável, a misericórdia divina não os liberta.

QUANTO AO 3º, deve-se dizer que permanece ainda no diabo o primeiro pecado, quanto ao apetite, mas não quanto ao que pensa poder alcançar. Como se alguém acreditasse poder cometer um homicídio, e quisesse matar, mas depois lhe fosse tirado aquele poder. Não obstante, a vontade do homicida em querer fazê-lo pode permanecer, como desejou fazer e o faria se pudesse.

QUANTO AO 4º, deve-se dizer que alguém tenha pecado por sugestão de outro, não é toda causa pela qual o pecado do homem é remissível. Por isso, o argumento não é válido.

QUANTO AO 5º, deve-se dizer que dois são os atos do demônio. Alguns provêm da vontade deliberada, e podem ser ditos propriamente atos deles. Esses atos são sempre maus nos demônios, porque, mesmo que façam alguns atos bons, não os fazem bem. Por exemplo, quando diz a verdade é para enganar, e quando crê e confessa, não o faz voluntariamente, mas coagido pela evidência das coisas. — Outros atos dos demônios lhes são naturais, e podem ser bons e por eles manifestam a bondade da natureza. Não obstante, também abusam desses atos bons, levando-os para o mal.

ARTICULUS 3
Utrum dolor sit in daemonibus

AD TERTIUM SIC PROCEDITUR. Videtur quod dolor non sit in daemonibus.
1. Cum enim dolor et gaudium opponantur, non possunt esse simul in eodem. Sed in daemonibus est gaudium: dicit enim Augustinus, *contra Manichaeos*[1]: *Diabolus potestatem habet in eos qui Dei praecepta contemnunt, et de hac tam infelici potestate laetatur*. Ergo in daemonibus non est dolor.

ARTIGO 3
Há dor nos demônios?

QUANTO AO TERCEIRO, ASSIM SE PROCEDE: parece que **não** há dor nos demônios.
1. Com efeito, como a dor e a alegria são contrárias, não podem estar simultaneamente no mesmo sujeito. Ora, Agostinho diz: "O diabo tem poder sobre aqueles que desprezam os preceitos de Deus e se alegram com esse poder infeliz". Logo, não há dor nos demônios.

---

9. In corp.

1. *De Gen. contra Man.*, l. II, c. 17: ML 34, 209.

2. Praeterea, dolor est causa timoris: de his enim timemus dum futura sunt, de quibus dolemus dum praesentia sunt. Sed in daemonibus non est timor; secundum illud Io 41,24: *Factus est ut nullum timeret.* Ergo in daemonibus non est dolor.

3. Praeterea, dolere de malo est bonum. Sed daemones non possunt bene facere. Ergo non possunt dolere, ad minus de malo culpae; quod pertinet ad vermem conscientiae.

Sed contra est quod peccatum daemonis est gravius quam peccatum hominis. Sed homo punitur dolore pro delectatione peccati; secundum illud Ap 18,7: *Quantum glorificavit se et in deliciis fuit, tantum date ei tormentum et luctum.* Ergo multo magis diabolus, qui maximo se glorificavit, punitur doloris luctu.

Respondeo dicendum quod timor, dolor, gaudium, et huiusmodi, secundum quod sunt passiones, in daemonibus esse non possunt: sic enim sunt propriae appetitus sensitivi, qui est virtus in organo corporali. Sed secundum quod nominant simplices actus voluntatis, sic possunt esse in daemonibus. — Et necesse est dicere quod in eis sit dolor. Quia dolor, secundum quod significat simplicem actum voluntatis, nihil est aliud quam renisus voluntatis ad id quod est vel non est. Patet autem quod daemones multa vellent non esse quae sunt, et esse quae non sunt: vellent enim, cum sint invidi, damnari eos qui salvantur. Unde oportet dicere quod in eis sit dolor: et praecipue quia de ratione poenae est, quod voluntati repugnet. Privantur etiam beatitudine quam naturaliter appetunt; et in multis eorum iniqua voluntas cohibetur.

Ad primum ergo dicendum quod gaudium et dolor de eodem sunt opposita, non autem de diversis. Unde nihil prohibet unum simul dolere de uno, et gaudere de alio; et maxime secundum quod dolor et gaudium important simplices voluntatis actus; quia non solum in diversis, sed etiam in una et eadem re potest esse aliquid quod volumus, et aliquid quod nolumus.

Ad secundum dicendum quod sicut in daemonibus est dolor de praesenti, ita et timor de futuro. Quod autem dicitur, *Factus est ut nullum timeret,* intelligitur de timore Dei cohibente a peccato. Alibi, Iac 2,19, namque scriptum est quod *daemones credunt et contremiscunt.*

2. Além disso, a dor é causa do temor: tememos as coisas enquanto são futuras e elas mesmas nos causam dor quando se fazem presentes. Ora, os demônios não têm temor, segundo o livro de Jó: "Agem sem temor". Logo, os demônios não têm dor.

3. Ademais, doer-se do mal é bom. Ora, os demônios não podem agir bem. Logo, não podem doer-se, ao menos do mal da culpa, que diz respeito ao verme da consciência.

Em sentido contrário, o pecado do demônio é mais grave que o do homem. Ora, o homem é punido com a dor pelo prazer do pecado, segundo o livro do Apocalipse: "Tanto lhe foi dado de tormento e luto, quanto se vangloriou e viveu em delícias". Logo, com muito mais razão o diabo, que grandemente se vangloriou, é punido com os lamentos da dor.

Respondo. Enquanto paixões, o temor, a alegria, a dor e atos semelhantes não podem existir nos demônios, pois são próprios do apetite sensitivo, que é uma faculdade que supõe um órgão corporal. Mas enquanto significam simples atos da vontade, poderão existir nos demônios. — Também se lhes deve atribuir dor, porque a dor, ao significar um simples ato da vontade, não é senão a rejeição da vontade a algo existente ou não existente. Sabe-se que os demônios quereriam que muitas coisas que existem não existissem, e que existissem muitas coisas que não existem, pois, invejosos, quereriam a condenação dos que foram salvos. Daí se dever dizer que eles têm dor, até porque é da razão da pena ser contrária à vontade. Ademais, os demônios estão privados da felicidade natural que podem desejar, e em muitos deles, encontra-se inibida sua vontade pecadora.

Quanto ao 1º, portanto, deve-se dizer que a alegria e a dor se opõem em relação ao mesmo objeto, não a objetos diferentes. Por isso, nada impede que um só simultaneamente sofra por causa de um e alegre-se por causa de outro, sobretudo quando a dor e a alegria implicam um simples ato de vontade. Porque, não só em coisas diferentes, como também em uma só, pode estar algo que queremos e algo que não queremos.

Quanto ao 2º, deve-se dizer que como nos demônios há dor por causa de algo presente, também há temor de algo futuro. A expressão: "Foi feito para que nada temesse" se refere ao temor de Deus que reprime o pecado. Em outro lugar, na Carta de Tiago, está escrito que "os demônios creem e se amedrontam".

AD TERTIUM dicendum quod dolere de malo culpae propter se, attestatur voluntatis bonitati, cui malum culpae opponitur. Dolere autem de malo poenae, vel de malo culpae propter poenam, attestatur bonitati naturae, cui malum poenae opponitur. Unde Augustinus dicit, XIX *de Civ. Dei*[2], quod *dolor amissi boni in supplicio, testis est naturae bonae*, Daemon ergo, cum perversae sit voluntatis et obstinatae, de malo culpae non dolet.

Quanto ao 3º, deve-se dizer que doer-se pela culpa por causa de si é manifestação da bondade da vontade, à qual se opõe a culpa. Contudo, doer-se pela pena, ou pela culpa por causa da pena, é manifestação da bondade da natureza à qual se opõe a pena. Por isso, diz Agostinho que "a dor causada no suplício, por causa do bem que foi perdido, manifesta uma natureza boa". Por isso, os demônios, porque têm a vontade pervertida e obstinada, não se doem pela culpa.

Articulus 4
Utrum aer iste sit locus poenalis daemonum

AD QUARTUM SIC PROCEDITUR. Videtur quod aer iste non sit locus poenalis daemonum.

1. Daemon enim est natura spiritualis. Natura autem spiritualis non afficitur loco. Ergo nullus locus est daemonibus poenalis.
2. PRAETEREA, peccatum hominis non est gravius quam peccatum daemonis. Sed locus poenalis hominis est infernus. Ergo multo magis daemonis. Ergo non aer caliginosus.
3. PRAETEREA, daemones puniuntur poena ignis. Sed in aere caliginoso non est ignis. Ergo aer caliginosus non est locus poenae daemonum.

SED CONTRA est quod Augustinus dicit, III *super Gen. ad litt.*[1], quod *aer caliginosus* est *quasi carcer daemonibus usque ad tempus iudicii*.

RESPONDEO dicendum quod angeli, secundum suam naturam, medii sunt inter Deum et homines. Habet autem hoc divinae providentiae ratio, quod inferiorum bonum per superiora procuret. Bonum autem hominis dupliciter procuratur per divinam providentiam. Uno modo directe, dum scilicet aliquis inducitur ad bonum et retrahitur a malo: et hoc decenter fit per angelos bonos. Alio modo indirecte, dum scilicet aliquis exercetur, impugnatus, per impugnationem contrarii. Et hanc procurationem boni humani conveniens fuit per malos angelos fieri, ne totaliter post peccatum ab utilitate naturalis ordinis exciderent. — Sic ergo daemonibus duplex locus poenalis debetur. Unus quidem ratione suae culpae: et hic est infernus.

Artigo 4
Nossa atmosfera é o lugar da pena dos demônios?

Quanto ao quarto, assim se procede: parece que nossa atmosfera **não** é o lugar de pena dos demônios.

1. Com efeito, o demônio é de natureza espiritual. Ora, a natureza espiritual não ocupa lugar. Logo, nenhum lugar é penal para os demônios.
2. Além disso, o pecado humano não é mais grave que o pecado angélico. Ora, o lugar da pena dos homens é o inferno. Logo, muito mais para os demônios. Portanto, não a atmosfera tenebrosa.
3. Ademais, os demônios são punidos pela pena do fogo. Ora, na atmosfera tenebrosa não há fogo. Logo, esta atmosfera não é o lugar da pena dos demônios.

Em sentido contrário, diz Agostinho: "A atmosfera tenebrosa é como uma prisão para os demônios até o dia do juízo".

RESPONDO. Por sua natureza, os anjos estão entre Deus e os homens. Está no plano da Providência divina que o bem dos inferiores seja cuidado pelos superiores. A Providência divina cuida dos bens dos homens de duas maneiras. Primeiro, diretamente, enquanto alguém é induzido para o bem e retraído do mal, e isso é convenientemente feito pelos anjos bons. Segundo, indiretamente, quando alguém que é combatido reage combatendo o adversário. Foi conveniente que esse cuidado pelo bem dos homens fosse feito pelos anjos maus, para que eles, após pecar, não se eximissem totalmente do serviço ao bem da ordem natural. — Assim, há dois lugares para a pena dos demônios: um, por causa da culpa, que é o inferno; outro, por causa

---

2. C. 13: ML 41, 641.

PARALL.: II *Sent.*, dist. 6, q. 1, a. 3; IV, dist. 45, q. 1, a. 3.

1. C. 10: ML 34, 285.

Alius autem ratione exercitationis humanae: et sic debetur eis caliginosus aer.

Procuratio autem salutis humanae protenditur usque ad diem iudicii: unde et usque tunc durat ministerium angelorum et exercitatio daemonum. Unde et usque tunc et boni angeli ad nos huc mittuntur, et daemones in hoc aere caliginoso sunt ad nostrum exercitium: licet eorum aliqui etiam nunc in inferno sint, ad torquendum eos quos ad malum induxerunt; sicut et aliquis boni angeli sunt cum animabus sanctis in caelo. — Sed post diem iudicii omnes mali, tam homines quam angeli, in inferno erunt; boni vero in caelo.

AD PRIMUM ergo dicendum quod locus non est poenalis angelo aut animae, quasi afficiens alterando naturam; sed quasi afficiens voluntatem contristando, dum angelus vel anima apprehendit se esse in loco non convenienti suae voluntati.

AD SECUNDUM dicendum quod anima secundum ordinem naturae non praefertur alteri animae, sicut daemones ordine naturae praeferuntur hominibus. Unde non est similis ratio.

AD TERTIUM dicendum quod aliqui dixerunt usque ad diem iudicii differri poenam sensibilem tam daemonum quam animarum: et similiter beatitudinem Sanctorum differri usque ad diem iudicii; quod est erroneum, et repugnans Apostoli sententiae, qui dicit, 2Cor 5,1: *Si terrestris domus nostra huius habitationis dissolvatur, domum habemus in caelo.* — Alii vero, licet hoc non concedant de animabus, concedunt tamen de daemonibus. — Sed melius est dicendum quod idem iudicium sit de malis animabus et malis angelis; sicut idem iudicium est de bonis animabus et bonis angelis.

Unde dicendum est quod, sicut locus caelestis pertinet ad gloriam angelorum, tamen gloria eorum non minuitur cum ad nos veniunt, quia considerant illum locum esse suum (eo modo quo dicimus honorem episcopi non minui dum actu non sedet in cathedra); similiter dicendum est quod daemones licet non actu alligentur gehennali igni, dum sunt in aere isto caliginoso, tamen ex hoc ipso quod sciunt illam alligationem sibi deberi, eorum poena non diminuitur. Unde dicitur in quadam glossa Iac 3,6, quod *portant secum ignem gehennae quocumque vadant*[2]. — Nec est contra hoc, quod *rogaverunt Dominum ut non mitteret*

de suas ações sobre os homens, e assim lhes é devida a atmosfera tenebrosa.

O cuidado pela salvação dos homens estende-se até o dia do juízo, e até ele perdurarão o serviço dos anjos e as ações dos demônios. Por isso, até aqueles dias os anjos bons nos serão enviados, e os demônios estarão na atmosfera caliginosa para nossa prova. Alguns deles, entretanto, estão agora no inferno, atormentando os que induziram ao mal, como também alguns anjos bons estão com as almas santas no céu. — Todavia, após o dia do juízo, todos os maus, quer anjos, quer homens, estarão no inferno; os bons, no céu.

QUANTO AO 1º, portanto, deve-se dizer que o lugar não é de pena para o anjo ou para a alma como se os afetasse modificando-lhes a natureza, mas como se lhes afetasse a vontade, contristando-a. Tanto o anjo como a alma percebem que estão num lugar que não corresponde à própria vontade.

QUANTO AO 2º, deve-se dizer que uma alma, pela ordem da natureza, não é superior a outra, como os demônios pela ordem da natureza são superiores aos homens. Logo, o argumento não é o mesmo.

QUANTO AO 3º, deve-se dizer que alguns afirmaram que a pena sensível dos demônios e das almas será protelada até o dia do juízo, como também a bem-aventurança dos santos. Essa opinião é, porém, falsa, e contradiz a afirmação do Apóstolo, que diz na segunda Carta aos Coríntios: "Se nossa habitação terrestre for destruída, teremos uma habitação no céu". — Outros há que não concordam ser isso aplicado às almas, todavia concordam ser aplicado aos demônios. — Não obstante, será melhor afirmar que igualmente serão julgados os anjos maus e os homens maus, como também haverá um só juízo para as almas boas e para os anjos bons.

Pode-se, pois, dizer que o lugar no céu é o da glória dos anjos, mas que, quando eles vêm a nós, essa glória não é diminuída, porque consideram ser deles o lugar (como dizemos que a honra do bispo não diminui quando não está sentado na cátedra). Assim também se deve dizer que os demônios, embora não estejam atualmente presos ao fogo do inferno, quando estão na atmosfera caliginosa, não têm a pena diminuída porque sabem que aquela prisão lhes é devida. Daí se ler em uma das Glosas sobre a Carta de Tiago: "Levam consigo o fogo do inferno para onde quer que vão". — Nem contradiz essa afirmação o que se lê no Evangelho

---

2. Ex Beda: ML 93, 27 C.

eos in abyssum, ut dicitur Lc 8,31: quia hoc petierunt reputantes sibi poenam, si excluderentur a loco in quo possunt hominibus nocere. Unde Mc 5,10 dicitur quod *deprecabantur eum ne expelleret eos extra regionem*.

de Lucas: "Pediram ao Senhor que não os enviasse para o abismo", porque isso pediram ao pensarem que lhes seria de pena se fossem retirados do lugar em que podem fazer mal aos homens. Por isso se lê no Evangelho de Marcos: "Suplicaram-lhe que não os tirasse daquela região^c".

---

c. É surpreendente que Sto. Tomás, depois de, no artigo precedente, situar o sofrimento por que passam os demônios unicamente no domínio espiritual, acredite dever falar aqui, no que lhes concerne, da dor dos sentidos — mas se, precisamente, eles não possuem sentidos, a não ser espirituais! — e do tormento do fogo. Ele se sentia aqui forçado, por certos textos da Escritura, e junto com todos os seus contemporâneos e a maioria de seus predecessores, a interpretá-las literalmente. Do mesmo modo, suas considerações nesse artigo sobre a localização dos demônios não se coadunam com o que foi afirmado acima, de modo geral (q. 52), a respeito das relações do anjo com o lugar. Manifestamente, ele tentou explicar certas afirmações correntes, que considerava mais sérias do que realmente são.

A OBRA DOS SEIS DIAS

Introdução e notas por André-Marie Dubarle

INTRODUÇÃO

Neste tratado da *Suma teológica*, que, segundo a tradição patrística, intitulamos "Obra dos seis dias" (*Hexâmeron*), aborda-se *a criatura corporal*. Segue-se ao "Tratado do anjo" (criatura espiritual), e será seguido pelo "Tratado do homem" (criatura indissociavelmente material e espiritual).

Neste tratado, Sto. Tomás pode parecer hesitante ao leitor moderno. Concede bastante espaço à exposição das opiniões, e com muita frequência deixa de concluir. Os Padres da Igreja e os pensadores das épocas seguintes comentaram abundantemente o *Hexâmeron*, ou relato da criação em seis dias do Gênesis. Nele buscavam a expressão de sua fé em um Deus criador de todas as coisas, cuja obra seria boa e constituiria uma primeira etapa no desígnio providencial da salvação final. Eles trabalharam o melhor que puderam para conciliar a descrição do texto bíblico com as ideias cosmológicas emitidas pelos físicos e filósofos gregos. Nesses numerosos ensaios as opiniões estavam longe de ser sempre unânimes.

Sto. Tomás expõe de maneira bastante extensa as divergências de interpretação, sem dúvida porque não tem um pensamento pessoal muito seguro sobre esses temas que concernem mais às ciências da natureza que à teologia. De igual modo, ele se dá conta, lucidamente, da possibilidade de múltiplas teorias físicas. Destinadas a explicar as aparências, ou seja, os dados da experiência, podem fazê-lo de diversas maneiras. Uma hipótese ou teoria que satisfaz a esses dados não exclui automaticamente que uma teoria diferente possa fazê-lo (I, q. 32, a. 1, r. 2). Há nisso uma advertência que hoje continua válida para nós. Nossas teorias modernas, melhores que aquelas de que se dispunha na época medieval, não são forçosamente definitivas.

Por alto, Sto. Tomás pensa que não existe oposição total entre a imagem do mundo contida no primeiro capítulo do Gênesis e as concepções cosmológicas mais elaboradas dos pensadores gregos, adotadas com uma quantidade maior ou menor de correções pelos Padres da Igreja, Sto. Agostinho ou Sto. Basílio, entre outros. Empenha-se então em detalhar e justificar o texto bíblico. Com muita frequência, ao enunciado de diferentes dificuldades sucede simplesmente o argumento da autoridade da Escritura.

Apoiado em Sto. Agostinho, Sto. Tomás ensina que o teólogo deve manter o princípio de que a Escritura é verdadeira. Ela não pode propor afirmações físicas falsas. A refutação, pela razão, desta ou daquela teoria física que se havia pensado ter lido no texto bíblico mostra que essa interpretação era falsa (I, q. 68, a. 1, solução; q. 68, a. 3, solução). Aí está em jogo uma regra de interpretação que se pode tornar bastante exigente. Ela obriga o exegeta ou teólogo a levar em conta dados da ciência profana, a não se fiar exclusivamente em uma primeira compreensão, aparentemente óbvia, do texto inspirado. Não se trata de submeter a Escritura a uma autoridade superior, mas de reconhecer seu verdadeiro caráter.

Sto. Tomás repete mais de uma vez que, na exposição cosmogônica do Gênesis, Moisés condescendeu com a mentalidade pouco cultivada de seu povo (q. 66, a. 1, r. 1 e 2; q. 66, a. 7; q. 67, a. 4; q. 68, a. 3; q. 70, a. 1, r. 3; q. 74, a. 1, r. 2). Ele pode, portanto, ter deixado de mencionar fatos não imediatamente aparentes e cuja descoberta exigiria longas pesquisas. A linguagem de Moisés é com frequência metafórica ou aproximativa, calcada sobre a aparência sensível, e não comporta rigor científico. Não se deve por conseguinte tomar cada palavra ao pé da letra, nem exigir à descrição do universo contida no *hexâmeron* uma enumeração completa de todas as criaturas.

Tais princípios, enunciados no tratado dos seis dias, conservam seu valor. Em nossos dias, seríamos tentados a lamentar que a aplicação tenha sido demasiado restrita e que Sto. Tomás tenha incorrido com excessiva frequência no equívoco conhecido pelo nome de "concordismo": o esforço para fazer concordar de maneira detalhada a cosmogonia do Gênesis com as teorias científicas. Em seu caso, tratava-se de especulações dos pensadores gregos, adotadas e adaptadas pelos Padres da Igreja. Os malogros, repetidos ao longo do século XIX e no início do século XX, dos esforços desenvolvidos para harmonizar a descrição bíblica às descobertas recentes sobre a evolução do universo ou da vida nos ensinaram a inutilidade dessas tentativas, e incitam-nos a seguir um outro caminho, sugerido pelos princípios gerais descobertos acima, os quais é preciso utilizar de maneira mais extensa.

Para semelhante tarefa dispomos hoje de razões que Sto. Tomás não podia suspeitar. As descobertas modernas não apenas nos fizeram progredir no conhecimento do universo: elas nos restituíram as obras literárias das antigas civilizações, os poemas mitológicos nos quais egípcios, babilônicos e outros exprimiam a concepção que possuíam do mundo, do nascimento dos deuses e dos homens, da constituição do céu e da terra. Assim, a adaptação de Moisés às noções elementares de um povo ainda rude, constatada por Sto. Tomás, torna-se para nós, hoje, um dado bem mais concreto. Acrescentaríamos apenas que essa adaptação permanecia ingênua e inconsciente: Moisés (ou o autor mais tardio do Gênesis) não possuía uma ciência superior, da qual teria mostrado apenas uma parte, proporcional à capacidade de seus ouvintes ou leitores. Ele pensava e falava de acordo com aquilo que, em seu meio, sabia-se ou imaginava-se a respeito do universo visível.

Os estudos bíblicos recentes convidam igualmente a dar uma extensão imprevista a outro princípio de Sto. Tomás, já mencionado: a Escritura é verdadeira, por conseguinte é preciso corrigir uma primeira interpretação, aparentemente óbvia, de um texto, se uma razão sólida nos mostra que o sentido assim obtido é errôneo. Os exegetas observaram, portanto, que o relato dos seis dias da criação, no Gênesis, não é a única passagem cosmogônica da Bíblia. Podem ser citados ainda: Sl 104; Jó 38–39; Pr 8,22-31; Sr 16,26–17,10; 24,1-7. No próprio Gênesis, o relato da criação do homem e do paraíso terrestre enumera as obras divinas em uma ordem diferente do *Hexâmeron*: uma terra árida, irrigada por uma torrente que emerge da terra; não uma terra que emerge da água que a recobre; a formação do indivíduo masculino, depois da vegetação e dos animais, e enfim da mulher, e não a criação simultânea do homem macho e fêmea (Gn 2,4-25, comparado a Gn 1).

O resultado da comparação é que essas descrições, incompatíveis entre si, não podem ser todas materialmente verdadeiras, caso se trate da ordem de aparição dos seres e das propriedades a eles reconhecidas. Não são objeto direto de um ensino didático, a considerar como provenientes de Deus, mas um suporte prático de uma doutrina religiosa, que elas apenas ilustram. Não se deve atribuir-lhes um valor teórico absoluto. Isso não impede, porém, de admirar, no *Hexâmeron*, um quadro cosmogônico, certamente elementar, mas que apresenta uma descrição bastante completa dos dados mais imediatos da experiência, e uma hierarquia de valor entre os diferentes seres. Há aí um primeiro esclarecimento bastante precioso para uma mentalidade ainda pouco apurada.

Um primeiro esforço de reconhecimento e de classificação das coisas oferecidas à nossa apreensão resulta em uma enumeração hábil dos grandes níveis de existência: terra e céu, mar e continente, plantas (árvores, cereais, vegetação rasteira) e animais (peixes, pássaros, animais terrestres, domésticos ou não), homem. Toda essa descrição liga-se intimamente a uma valorização dos atributos divinos: potência, que só tem de dizer para executar; sabedoria, que procede com ordem; bondade, que atribui a cada categoria de animais os meios de subsistir e de se perpetuar. Todas as condições da Providência que governará o mundo já se manifestam na criação inicial. Finalmente, a obra de Deus, coroada pela criação do homem, é boa, muito boa. O homem, criado à imagem de Deus, tem no ritmo de seis dias um modelo para sua própria atividade, com alternância de trabalho e repouso. Ele não deve cultuar os astros, que não são deuses, mas simples servos, estabelecidos para o serviço do homem.

Outras cosmogonias são encontradas na Bíblia, e evidenciam outras concepções, não rigorosamente contraditórias, mas nitidamente diferentes. Nos Salmos e em outros lugares encontra-se a descrição de uma espécie de luta entre o Criador e as forças desencadeadas do oceano. Deus finalmente impõe sua lei a essa potência que parece indomável aos homens (Sl 89,10-11; 104,6-9; Jó 26,12; 38,8-11; Pr 8,29; Sr 24,23). Isto ilumina ao mesmo tempo o caráter todo-poderoso de Deus e a existência de forças naturais que possuem consistência própria; Sto. Tomás as denomina causas segundas (I, q. 22, a. 3, r. 2).

No livro de Jó, Deus se dirige a seu servo impaciente, que exigia uma resposta clara e imediata para as razões de seu sofrimento. Mostra-lhe tudo o que há de desconcertante no mundo físico ou na vida animal. As estações, os fatos meteorológicos não fazem da Terra uma estufa temperada, na qual seriam mantidas as condições mais favoráveis ao crescimento das plantas comestíveis. Os animais selvagens levam uma existência arriscada, perpetuamente ameaçada, imprevisível, e não a existência monótona de um animal doméstico, na qual se alternam regularmente o trabalho e a pastagem.

Um texto desse gênero serve de prelúdio ao que será dito por Paulo a respeito dos gemidos da

criatura, esperando, como o homem, uma redenção que deve libertá-la da sujeição ao que é vão (Rm 8,19-23). Existe aí uma visão que contrabalança as considerações demasiado otimistas sobre a ordem do universo sugeridas pelo *Hexâmeron*. Não apenas as imagens concretas do universo são diferentes, mas também as concepções religiosas que elas devem ilustrar. Quando comentou esse texto de Jó (por volta de 1261-1264, portanto antes da redação da *Suma teológica*), Sto. Tomás viu nisso sobretudo a lição divina que deve conduzir Jó a reconhecer sua ignorância da ordem providencial, e a abster-se de afirmações que pareçam temerárias e presunçosas. Os modernos são, em geral, mais sensíveis às anomalias, às tensões, aos sofrimentos para os quais Deus chama a atenção de seu servo. Nem tudo é pura harmonia no espetáculo que o mundo material nos apresenta, e em especial o desenvolvimento da vida. Uma concepção teológica da criação não deve temer dizê-lo. O universo não chegou ainda a seu acabamento; ele partilha a condição laboriosa e sofredora na qual se encontra o homem para pôr à prova a sua liberdade.

Já que Sto. Tomás, nesse tratado da *Suma*, segue de muito perto o texto escriturístico do Gênesis, não era despropositado assinalar brevemente o que provinha de outras passagens da Bíblia. Tal coisa não é, aliás, totalmente estranha a seu pensamento. Contrariamente a certos doutores de sua época, ele considera que os animais ferozes e carnívoros, ou as plantas prejudiciais ao homem, já existiam antes da maldição que se seguiu ao pecado, que havia portanto uma discórdia natural entre certos animais (I, q. 69, a. 2; q. 96, a. 1, r. 2; II-II, q. 164, a. 2, r. 1).

Não seria muito fecundo deter-se, hoje, em todos os detalhes das questões cosmológicas abordadas nesse tratado dos seis dias. Seria preciso lembrar as concepções antigas ou medievais nele discutidas, e que só apresentam um interesse histórico para os especialistas. Bastaria levantar alguns grandes princípios que continuam a merecer nossa adesão e exigem mesmo uma aplicação mais extensa para que se tenha informações mais precisas.

Por fim, pode ser útil indicar pontos doutrinais aflorados nesse tratado, mas que salientam de maneira mais radical a fé cristã em um Deus único, criador de todas as coisas. Sto. Tomás, seguindo nisso seus antecessores entre os Padres da Igreja, afastou-se dos sistemas do pensamento grego antigo.

Ele não admite uma emanação dos seres uns a partir dos outros mediante uma série escalonada (I, q. 65, a. 3). Os anjos não são intermediários na criação da natureza material, contrariamente a uma doutrina neoplatônica que admitia uma degradação progressiva do divino até a matéria. Cada grau procederia imediata e totalmente do precedente. Para Sto. Tomás, toda ação produtiva realizada por uma causa segunda supõe um objeto preexistente, sobre o qual ela age. Somente Deus, por meio de sua potência infinita, pode produzir sem ter necessidade de qualquer coisa preexistente (q. 65, a. 3, r. 3; q. 90, a. 3).

Para Sto. Tomás, o mundo teve um começo: a duração não é infinita. Existe uma história cósmica e não um estado estacionário a longo prazo, no qual os mesmos ciclos se renovariam indefinidamente. Aqui contraria ele o pensamento de Aristóteles, para quem o movimento mais perfeito é o circular, quer se trate de órbitas espaciais dos astros, quer das durações temporais. Sto. Tomás não desenvolve essa análise das dimensões históricas da criação, como faria um moderno. Abstratamente, admite mesmo que a criação não requer essencialmente um início; ela supõe uma total dependência do ser em relação ao Criador, que seria possível mesmo em um mundo eterno (I, q. 46, a. 2). Apenas a fé nos assegura que a criação teve um começo. A exposição detalhada da obra dos seis dias parece indicar que Sto. Tomás tem em vista uma evolução (bem modesta, a nossos olhos) do universo material, desde seu primeiro instante até o estado atual que observamos. Mas, finalmente, ele não se decide entre a opinião da maioria dos comentadores, para quem esses dias eram reais, e a de Sto. Agostinho, para quem designavam apenas a sucessão das luzes dadas por Deus aos anjos sobre suas obras (I, q. 74, a. 2). Sobre a história do mundo em sua totalidade, afirma-se que, no sétimo dia, houve o término da natureza; na Encarnação de Cristo, a realização da graça; no final do mundo, ocorrerá a realização da glória (I, q. 73, a. 1, r. 1).

Sto. Tomás admite, de maneira imprecisa, que as mudanças dos seres materiais dependem dos anjos que os movem em direção a suas formas materiais, e que as ideias presentes na inteligência dos anjos são razões seminais das formas corporais (I, q. 65, a. 3, r. 1). É um resquício bem apagado de uma especulação aristotélica: as esferas reconhecidas pela astronomia seriam animadas por inteligências, espécies de deuses

secundários. O movimento local impresso pelas esferas astrais acarretaria, no mundo sublunar, as alternativas da geração e da corrupção. A fé cristã reconhecia a existência de mensageiros enviados por Deus, que podiam agir neste mundo. O tratado dos seis dias propõe uma acomodação, retendo alguma coisa da linguagem da filosofia grega. O movimento contínuo dos corpos celestes é causado por uma inteligência, que não é sua alma, apenas seu motor (I, q. 70, a. 3).

Pode-se desejar, hoje, que novas tentativas apresentem uma síntese entre a visão cosmogônica da ciência moderna e os dados da fé cristã. A sedução tão viva dos escritos de Teilhard de Chardin deveu-se a seu esforço nesse sentido. Contudo, talvez um sucesso total nesse domínio seja irrealizável. Suporia tal extensão de conhecimentos positivos que é preciso sem dúvida esperar apenas ensaios que estejam sempre recomeçando. O exemplo de Sto. Tomás poderá ser útil pela preocupação de ter em alta conta as sólidas aquisições do saber humano, e pela busca de um acordo entre essa fonte natural de conhecimento e a verdade ensinada pela Escritura.

Bibliografia

CONGAR, Y., "Le thème de Dieu-Créateur et les explications de l'hexaéméron dans la tradition chrétienne", em *L'homme devant Dieu*, obra em homenagem a Henri de Lubac, t. I, 1963, pp. 189-222.

DUBARLE, D., "La théologie du cosmos", em *Initiation Théologique*, grupo de teólogos, t. II, 1952, pp. 301-339 (Le système du monde selon Aristote et S., Thomas; Les questions théologiques fondamentales résultant de la conception moderne de l'univers).

DUHEM, P., *Le système du monde*, t. I-VIII, 1913 ss. Em particular: "La physique d'Aristote", t. I, cap. 4; "La cosmologie des Pères de l'Église", t. II, cap. 1; "Albert le Grand", t. V, cap. 11.

LITT, Th., *Les corps célestes dans l'univers de saint Thomas d'Aquin*, 1963.

QUAESTIO LXV
DE OPERE CREATIONIS CREATURAE CORPORALIS
in quatuor articulos divisa

Post considerationem spiritualis creaturae, considerandum est de creatura corporali. In cuius productione tria opera Scriptura commemorat: scilicet opus creationis, cum dicitur Gn 1,1. *In principio creavit Deus caelum et terram* etc.; opus distinctionis, cum dicitur Ibid. v. 4, 7: *Divisit lucem a tenebris*, et *aquas quae sunt supra firmamentum, ab aquis quae sunt sub firmamento*; et opus ornatus, cum dicitur Ibid v. 14: *Fiant luminaria in firmamento* etc. Primo ergo considerandum est de opere creationis; secundo, de opere distinctionis; tertio, de opere ornatus.

Circa primum quaeruntur quatuor.
Primo: utrum creatura corporalis sit a Deo.
Secundo: utrum sit facta propter bonitatem Dei.
Tertio: utrum sit facta a Deo mediantibus angelis.
Quarto: utrum formae corporum sint ab angelis, an immediate a Deo.

Articulus 1
Utrum creatura corporalis sit a Deo

AD PRIMUM SIC PROCEDITUR. Videtur quod creatura corporalis non sit a Deo.

1. Dicitur enim Eccle 3,14: *Didici quod omnia quae fecit Deus, perseverant in aeternum*. Sed corpora visibilia non perseverant in aeternum: dicitur enim 2Cor 4,18: *Quae videntur temporalia sunt; quae autem non videntur, aeterna*. Ergo Deus non fecit corpora visibilia.

2. PRAETEREA, Gn 1,31 dicitur: *Vidit Deus cuncta quae fecerat, et erant valde bona*. Sed creaturae corporales sunt malae: experimur enim eas in multis noxias, ut patet in multis serpentibus, in aestu solis, et huiusmodi; ideo autem aliquid dicitur malum, quia nocet. Creaturae igitur corporales non sunt a Deo.

3. PRAETEREA, id quod est a Deo, non retrahit a Deo, sed ducit in ipsum. Sed creaturae corporales retrahunt a Deo: unde Apostolus dicit, 2Cor 4,18: *Non contemplantibus nobis quae videntur*. Ergo creaturae corporales non sunt a Deo.

QUESTÃO 65
A OBRA DA CRIAÇÃO DA CRIATURA CORPORAL
em quatro artigos

Após considerar a criatura espiritual, deve-se considerar a criatura corporal em cuja produção a Escritura recorda três obras, a saber: a obra da criação, quando diz no livro do Gênesis: "No princípio criou Deus o céu e a terra"; a obra da distinção: "Dividiu a luz das trevas e as águas que estavam acima do firmamento das que estavam abaixo"; e a obra da ornamentação: "Façam-se astros luminosos no firmamento etc. Primeiramente se considerará a obra da criação; em seguida, a obra da distinção; e finalmente, a obra da ornamentação.

A respeito da primeira são quatro as perguntas:
1. A criatura corporal foi criada por Deus?
2. Foi criada por causa da bondade de Deus?
3. Foi criada mediante os anjos?
4. As formas dos corpos procedem dos anjos ou imediatamente de Deus?

Artigo 1
A criatura corporal foi criada por Deus?

QUANTO AO PRIMEIRO ARTIGO, ASSIM SE PROCEDE: parece que a criatura corporal **não** foi criada por Deus.

1. Com efeito, lê-se no livro do Eclesiastes: "Aprendi que tudo o que Deus fez persevera para sempre". Ora, os corpos visíveis não perseveram para sempre, segundo se diz na segunda Carta aos Coríntios: "O que se vê é temporal, e o que não se vê é eterno". Logo, Deus não criou os corpos visíveis.

2. ALÉM DISSO, diz o livro do Gênesis: "Deus viu as coisas que criou e que eram muito boas". Ora, as criaturas corporais são más, pois vemos muitas delas nocivas, como as serpentes, o calor do sol etc. Por isso, uma coisa é dita má porque é nociva. Logo, as criaturas corporais não foram criadas por Deus.

3. ADEMAIS, o que vem de Deus, dele não se afasta, mas leva a ele. Ora, as criaturas corporais afastam de Deus, razão por que escreveu o Apóstolo na segunda Carta aos Coríntios: "Não considerar as coisas que vemos". Logo, as criaturas corporais não foram criadas por Deus.

---

1 PARALL.: *De Pot.*, q. 3, a. 6; *In Symb. Apost.*, a. 1.

SED CONTRA est quod dicitur in Ps 145,6: *Qui fecit caelum et terram, mare, et omnia quae in eis sunt.*

RESPONDEO dicendum quod quorundam haereticorum positio est, quod visibilia ista non sunt creata a bono Deo, sed a malo principio. Et ad argumentum sui erroris assumunt quod Apostolus dicit 2Cor 4,4: *deus huius saeculi excaecavit mentes infidelium.* — Haec autem positio est omnino impossibilis. Si enim diversa in aliquo uniantur, necesse est huius unionis causam esse aliquam: non enim diversa secundum se uniuntur. Et inde est quod, quandocumque in diversis invenitur aliquid unum, oportet quod illa diversa illud unum ab aliqua una causa recipiant; sicut diversa corpora calida habent calorem ab igne. Hoc autem quod est *esse*, communiter invenitur in omnibus rebus, quantumcumque diversis. Necesse est ergo esse unum essendi principium, a quo esse habeant quaecumque sunt quocumque modo, sive sint invisibilia et spiritualia, sive sint visibilia et corporalia. — Dicitur autem diabolus esse *deus huius saeculi*, non creatione, sed quia saeculariter viventes ei serviunt; eo modo loquendi quo Apostolus loquitur, Philp 3,19: *Quorum deus venter est.*

AD PRIMUM ergo dicendum quod omnes creaturae Dei secundum aliquid in aeternum perseverant, ad minus secundum materiam: quia creaturae nunquam in nihilum redigentur, etiam si sint corruptibiles. Sed quanto creaturae magis appropinquant ad Deum, qui est omnino immobilis, tanto magis sunt immobiles. Nam creaturae corruptibiles in perpetuum manent secundum materiam, sed mutantur secundum formam substantialem. Creaturae vero incorruptibiles permanent quidem secundum substantiam, sed sunt mutabiles secundum alia: puta secundum locum, ut corpora caelestia; vel secundum affectiones, ut creaturae spirituales. — Quod autem Apostolus dicit, *quae videntur, temporalia sunt*, etsi verum sit etiam quantum ad ipsas res in se consideratas, secundum quod omnis creatura visibilis subiacet tempori, vel secundum suum esse vel secundum suum motum; tamen Apostolus intendit loqui de visibilibus secundum quod sunt hominis praemia. Nam praemia hominis quae sunt in istis rebus visibilibus, temporaliter transeunt: quae autem sunt in rebus invisibilibus, permanent in aeternum. Unde et supra [1. cit. v. 17] praemiserat: *aeternum gloriae pondus operatur in nobis.*

AD SECUNDUM dicendum quod creatura corporalis, secundum suam naturam, est bona: sed

EM SENTIDO CONTRÁRIO, diz o Salmo 145: "Aquele que fez o céu e a terra, o mar e tudo o que neles existe".

RESPONDO. Afirmaram alguns heréticos que as coisas visíveis não foram criadas por um Deus bom, mas por um princípio mau. E como argumento de seu erro, citam o Apóstolo na segunda Carta aos Coríntios: "O deus deste século cegou as mentes dos infiéis". — Essa afirmação é de todo impossível. Se coisas diversas se unem em uma, é necessário haver uma causa dessa união, pois as coisas diversas por si mesmas não se unem. Por isso, sempre que há união dessas coisas diversas, é necessário que a união venha de uma causa. Por exemplo, muitos corpos quentes recebem o calor do fogo. Ora, o *ser* é comum a todas as coisas, embora diversas. Daí ser necessário que haja um único princípio do ser, em virtude do qual tudo o que existe de qualquer modo recebe o ser, quer sejam as coisas invisíveis e espirituais, quer sejam as visíveis e corporais. — Ademais, se diz que o diabo é o *deus deste século*, não porque o tenha criado, mas porque os que vivem mundanamente o servem, segundo o modo de falar que também é do Apóstolo, na Carta aos Filipenses: "Deles, deus é o ventre".

QUANTO AO 1º, portanto, deve-se dizer que todas as criaturas de Deus, de certo modo, perseveram para sempre, ao menos quanto à matéria, porque jamais serão reduzidas ao nada, embora corruptíveis. Mas quanto mais as criaturas se aproximam de Deus, que é totalmente imutável, tanto mais são imutáveis. Ora, as criaturas corruptíveis permanecem para sempre segundo a matéria, mas se modificam segundo a forma substancial. As criaturas incorruptíveis permanecem segundo a substância, porém mudam segundo outros aspectos, como, por exemplo, os corpos celestes segundo o lugar, as criaturas espirituais segundo as afeições. — Afirma o Apóstolo: "As coisas visíveis são temporais". Embora isso seja verdade, consideradas as coisas em si mesmas, na medida em que toda criatura visível está submetida ao tempo, ou segundo o seu ser, ou segundo o seu movimento; não obstante, o Apóstolo pretende falar das coisas visíveis, enquanto são prêmios para os homens. Pois os prêmios que estão nessas coisas visíveis desaparecem no tempo, mas os que estão nas coisas invisíveis permanecem para sempre. Por isso, o Apóstolo havia dito: "Uma atração de glória eterna atua em nós".

QUANTO AO 2º, deve-se dizer que a criatura corporal, segundo a natureza, é boa, mas não se

non est bonum universale, sed est quoddam bonum particulare et contractum: secundum quam particularitatem et contractionem sequitur in ea contrarietas, per quam unum contrariatur alteri, licet utrumque in se sit bonum. — Quidam autem, aestimantes res non ex earum natura, sed ex suo proprio commodo, quaecumque sibi nociva sunt, simpliciter mala arbitrantur non considerantes quod id quod est uni nocivum quantum ad aliquid, vel alteri vel eidem quantum ad aliquid est proficuum. Quod nequaquam esset, si secundum se corpora essent mala et noxia.

AD TERTIUM dicendum quod creaturae, quantum est de se, non retrahunt a Deo, sed in ipsum ducunt: quia *invisibilia Dei per ea quae facta sunt, intellecta, conspiciuntur*, dicitur Rm 1,20. Sed quod avertant a Deo, hoc est ex culpa eorum qui insipienter eius utuntur. Unde dicitur Sap 14,11, quod *creaturae factae sunt in muscipulam pedibus insipientium*. — Et hoc ipsum quod sic a Deo abducunt, attestatur quod sunt a Deo. Non enim abducunt insipientes a Deo, nisi alliciendo secundum aliquid boni in eis existens, quod habent a Deo.

trata do bem universal, mas de um bem particular e limitado. E dessa particularidade e limitação resulta nas criaturas a contrariedade, pela qual um bem se opõe a outro, embora sejam um e outro em si bons. — Alguns, porém, considerando as coisas não por sua natureza, mas pelo que lhes proporcionam, julgam de modo absoluto más aquelas que lhes são nocivas, sem considerar que o que é nocivo em algo para um pode ser útil para outro, ou para eles mesmos, sob outro aspecto. Mas isso não aconteceria se em si mesmos os corpos fossem maus e nocivos.

QUANTO AO 3º, deve-se dizer que as criaturas, por si mesmas, não afastam de Deus, mas levam a ele, porque, como se diz na Carta aos Romanos: "As coisas invisíveis de Deus conhecidas por aquelas que foram criadas, tornaram-se visíveis". Afastar de Deus procede da culpa daqueles que as usam sem critério. Daí estar escrito no livro da *Sabedoria*: "As criaturas tornaram-se um perigo para os pés dos insensatos". — E, pelo fato de afastar de Deus, comprova-se que vieram de Deus. Se, pois, afastam os insensatos de Deus, é porque os atraem por algo bom nelas existente, o que têm de Deus.

ARTICULUS 2
Utrum creatura corporalis sit facta propter Dei bonitatem

AD SECUNDUM SIC PROCEDITUR. Videtur quod creatura corporalis non sit facta propter Dei bonitatem.
1. Dicitur enim Sap 1,14: *Creavit Deus ut essent omnia*. Ergo omnia sunt creata propter suum proprium esse, et non propter Dei bonitatem.

2. PRAETEREA, bonum habet rationem finis. Ergo id quod est magis bonum in rebus, est finis minus boni. Creatura autem spiritualis comparatur ad corporalem, sicut maius bonum ad minus bonum. Ergo creatura corporalis est propter spiritualem, et non propter Dei bonitatem.

3. PRAETEREA, iustitia non dat inaequalia nisi inaequalibus. Sed Deus est iustus. Ergo ante omnem inaequalitatem a Deo creatam, est inaequalitas a Deo non creata. Sed inaequalitas a Deo non creata; non potest esse nisi quae est ex libero arbitrio. Ergo omnis inaequalitas sequitur ex diversis motibus liberi arbitrii. Creaturae autem

ARTIGO 2
A criatura corporal foi criada por causa da bondade de Deus?

QUANTO AO SEGUNDO, ASSIM SE PROCEDE: parece que a criatura corporal **não** foi criada por causa da bondade de Deus.
1. Com efeito, diz o livro da *Sabedoria*: "Deus criou todas as coisas para existirem". Logo, foram criadas em razão de seu próprio ser, não por causa da bondade de Deus.

2. ALÉM DISSO, o bem tem razão de fim. Logo, tudo o que é melhor é fim do que é menos bom. Ora, as criaturas espirituais estão para as corporais como um bem maior para um bem menor. Logo, as criaturas corporais existem por causa das espirituais, não por causa da bondade divina.

3. ADEMAIS, a justiça só é desigual para os desiguais. Mas Deus é justo. Portanto, antes de todas as coisas desiguais criadas por Deus, está a desigualdade não criada por Deus. Mas a desigualdade não criada por Deus só poderá ser a que provém do livre-arbítrio. Logo, toda desigualdade procede dos movimentos diversos

2 PARALL.: Q. 47, a. 2.

corporales sunt inaequales spiritualibus. Ergo creaturae corporales sunt factae propter aliquos motus liberi arbitrii, et non propter Dei bonitatem.

SED CONTRA est quod dicitur Pr 16,4: *Universa propter semetipsum operatus est Dominus.*

RESPONDEO dicendum quod Origenes posuit[1] quod creatura corporalis non est facta ex prima Dei intentione, sed ad poenam creaturae spiritualis peccantis. Posuit enim[2] quod Deus a principio creaturas spirituales solas fecit, et omnes aequales. Quarum, cum essent liberi arbitrii, quaedam conversae sunt in Deum, et secundum quantitatem conversionis sortitae sunt maiorem vel minorem gradum, in sua simplicitate remanentes. Quaedam vero, aversae a Deo, alligatae sunt corporibus diversis, secundum modum aversionis a Deo.

Quae quidem positio erronea est. Primo quidem, quia contrariatur Scripturae, quae, enarrata Gn 1 productione cuiuslibet speciei creaturae corporalis subiungit: *Vidit Deus quia hoc esset bonum*; quasi diceret quod unumquodque ideo factum est, quia bonum est ipsum esse. Secundum autem opinionem Origenis, creatura corporalis facta est, non quia bonum est eam esse, sed ut malum alterius puniretur. — Secundo, quia sequeretur quod mundi corporalis dispositio quae nunc est, esset a casu. Si enim ideo corpus solis tale factum est, ut congrueret alicui peccato spiritualis creaturae puniendo; si plures creaturae spirituales similiter peccassent sicut illa propter cuius peccatum puniendum ponit solem creatum, sequeretur quod essent plures soles in mundo. Et idem esset de aliis. Haec autem sunt omnino inconvenientia.

Unde hac positione remota tanquam erronea, considerandum est quod ex omnibus creaturis constituitur totum universum sicut totum ex partibus. Si autem alicuius totius et partium eius velimus finem assignare, inveniemus primo quidem, quod singulae partes sunt propter suos actus; sicut oculus ad videndum. Secundo vero, quod pars ignobilior est propter nobiliorem; sicut sensus propter intellectum, et pulmo propter cor. Tertio vero, omnes partes sunt propter perfectionem totius, sicut et materia propter formam: partes enim sunt quasi materia totius. Ulterius

do livre-arbítrio. Ora, as criaturas corporais não são iguais às espirituais. Logo, foram criadas por causa dos movimentos do livre-arbítrio, e não por causa da bondade de Deus.

EM SENTIDO CONTRÁRIO, lê-se no livro dos Provérbios: "Deus fez todas as coisas por causa de si mesmo".

RESPONDO. Afirmou Orígenes que a criatura corporal não foi criada segundo a intenção primeira de Deus, mas como pena do pecado da criatura espiritual. Afirmou também que inicialmente foram criadas somente as criaturas espirituais, e todas iguais. Delas, por terem livre-arbítrio, umas converteram-se para Deus, e segundo a grandeza da conversão alcançaram um grau maior ou menor, permanecendo em sua simplicidade. Outras, porém, afastaram-se de Deus, e foram ligadas a diversos corpos, segundo o modo desse afastamento.

Contudo, essa sentença é falsa. Primeiro, porque vai contra a Escritura, que, depois de narrar a criação das espécies de criaturas corporais, acrescenta: "Deus viu que era bom", como se dissesse que cada coisa foi feita, porque é bom o próprio ser. Ademais, pelo pensamento de Orígenes, a criatura corporal foi feita, não porque era bom que ela fosse, mas para punir o mal de outra criatura. — Segundo, porque resultaria que a atual disposição do mundo corporal foi estabelecida por acaso. Contudo, se o sol foi feito tal para que conviesse à punição do pecado de uma criatura espiritual, se muitas criaturas espirituais igualmente pecassem como aquela para a punição de cujo pecado o sol teria sido criado, concluir-se-ia que haveria muitos sóis no mundo[a]. E o mesmo aconteceria com outras criaturas, o que é totalmente inconveniente.

Afastada essa sentença por falsa, deve-se considerar que de todas as criaturas está composto o universo, como um todo de suas partes. Ora, se quisermos indicar o fim de um todo e de suas partes, em primeiro lugar encontraremos que cada uma delas existe para seus atos; por exemplo, os olhos para ver. Em segundo lugar, o que é menos nobre existe para o que é mais nobre; por exemplo, os sentidos para o intelecto e os pulmões para o coração. Em terceiro lugar, que todas as partes são para a perfeição do todo; por exemplo, a matéria é para a forma. Finalmente, que todo homem existe

---

1. *Peri Archon*, l. III, c. 5: MG 11, 329 sq.
2. Ibid., l. I, cc. 6, 8; l. II, cc. 1, 9; l. III, c. 5: MG 11, 166 sqq., 176 sqq., 181 sqq., 225 sqq., 329 sqq.

a. Sto. Tomás depende aqui da astronomia de sua época, para a qual as estrelas não eram sóis distantes.

autem, totus homo est propter aliquem finem extrinsecum, puta ut fruatur Deo. — Sic igitur et in partibus universi, unaquaeque creatura est propter suum proprium actum et perfectionem. Secundo autem, creaturae ignobiliores sunt propter nobiliores sicut creaturae quae sunt infra hominem, sunt propter hominem. Ulterius autem, singulae creaturae sunt propter perfectionem totius universi. Ulterius autem, totum universum, cum singulis suis partibus, ordinatur in Deum sicut in finem, inquantum in eis per quandam imitationem divina bonitas repraesentatur ad gloriam Dei: quamvis creaturae rationales speciali quodam modo supra hoc habeant finem Deum, quem attingere possunt sua operatione, cognoscendo et amando. Et sic patet quod divina bonitas est finis omnium corporalium.

AD PRIMUM ergo dicendum quod in hoc ipso quod creatura aliqua habet esse, repraesentat divinum esse et bonitatem eius. Et ideo per hoc quod Deus creavit omnia ut essent, non excluditur quin creaverit omnia propter suam bonitatem.

AD SECUNDUM dicendum quod finis proximus non excludit finem ultimum. Unde per hoc quod creatura corporalis facta est quodammodo propter spiritualem, non removetur quin sit facta propter Dei bonitatem.

AD TERTIUM dicendum quod aequalitas iustitiae locum habet in retribuendo: iustum enim est quod aequalibus aequalia retribuantur. Non autem habet locum in prima rerum institutione. Sicut enim artifex eiusdem generis lapides in diversis partibus aedificii ponit absque iniustitia, non propter aliquam diversitatem in lapidibus praecedentem, sed attendens ad perfectionem totius aedificii, quae non esset nisi lapides diversimode in aedificio collocarentur: sic et Deus a principio, ut esset perfectio in universo, diversas et inaequales creaturas instituit, secundum suam sapientiam, absque iniustitia, nulla tamen praesupposita meritorum diversitate.

para um fim extrínseco; por exemplo, para fruir de Deus. — Assim também acontece nas partes do universo, no qual cada criatura existe para seu ato e para sua própria perfeição. Além disso, as criaturas menos nobres existem para as mais nobres; por exemplo, as criaturas inferiores ao homem existem para ele. E também elas existem para a perfeição de todo o universo. Mais ainda: todo o universo e cada uma dessas suas partes ordenam-se para Deus, como para o fim, enquanto nelas a bondade divina por uma certa semelhança é representada para a glória de Deus. Todavia, as criaturas racionais, além disso, e de maneira especial, têm seu fim em Deus, que poderão atingir por seus atos de conhecimento e amor. Conclui-se, pois, claramente que a bondade divina é o fim de todas as criaturas corporais.

QUANTO AO 1º, portanto, deve-se dizer que pelo fato de a criatura ser, representa ela o ser e a bondade de Deus. Por isso, por ter Deus criado todas as coisas para que existissem, não se exclui que tenha criado todas por causa da bondade divina.

QUANTO AO 2º, deve-se dizer que um fim próximo não exclui um fim último. Por isso, porque a criatura corporal foi feita de certo modo para a espiritual, não se nega que tenha sido feita por causa da bondade de Deus.

QUANTO AO 3º, deve-se dizer que a equidade da justiça tem lugar na retribuição: é justo retribuir de modo igual ao que é igual. Mas isso não teve lugar na primeira instituição das coisas. Pois como o pedreiro coloca pedras do mesmo gênero em diversas partes da construção sem injustiça; não por causa de uma diferença precedente entre as pedras, mas atendendo à perfeição de todo o edifício, que não existiria se as pedras não fossem nele colocadas de maneira variada; assim também Deus, no princípio, para que houvesse perfeição no universo, criou diversas e desiguais criaturas, segundo sua sabedoria, sem injustiça, não pressupondo diferença alguma em seus méritos.

ARTICULUS 3

Utrum creatura corporalis sit producta a Deo mediantibus angelis

AD TERTIUM SIC PROCEDITUR. Videtur quod creatura corporalis sit producta a Deo mediantibus angelis.

ARTIGO 3

Criou Deus a criatura corporal mediante os anjos?

QUANTO AO TERCEIRO, ASSIM SE PROCEDE: parece que a criatura corporal foi **criada** por Deus mediante os anjos.

3 PARALL.: Supra, q. 45, a. 5; II *Sent.*, dist. 1, q. 1, a. 3, 4; IV, dist. 5, q. 1, a. 3, q.la 3, ad 3; *De Pot.*, q. 3, a. 4, ad 9, 12; Opusc. XV, *de Angelis*, c. 10.

1. Sicut enim res gubernantur per divinam sapientiam, ita omnia sunt per Dei sapientiam facta; secundum illud Ps 103,24: *Omnia in sapientia fecisti*. Sed *ordinare est sapientis*, ut dicitur in principio *Metaphys*.[1]. Unde in gubernatione rerum, inferiora per superiora reguntur quodam ordine, ut Augustinus dicit, III *de Trin*.[2]. Ergo et in rerum productione talis ordo fuit, quod creatura corporalis, tanquam inferior, per spiritualem, tanquam superiorem, est producta.

2. PRAETEREA, diversitas effectuum demonstrat diversitatem causarum: quia idem semper facit idem. Si ergo omnes creaturae, tam spirituales quam corporales, sunt immediate a Deo productae, nulla esset inter creaturas diversitas, nec una magis distaret a Deo quam alia. Quod patet esse falsum: cum *propter longe distare a Deo* dicat Philosophus[3] quaedam corruptibilia esse.

3. PRAETEREA, ad producendum effectum finitum, non requiritur virtus infinita. Sed omne corpus finitum est. Ergo per finitam virtutem spiritualis creaturae produci potuit; et productum fuit, quia in talibus non differt esse et posse; praesertim quia nulla dignitas competens alicui secundum suam naturam, ei denegatur, nisi forte ob culpam.

SED CONTRA est quod dicitur Gn 1,1: *In principio creavit Deus caelum et terram*, per quae creatura corporalis intelligitur. Ergo creatura corporalis est immediate a Deo producta.

RESPONDEO dicendum quod quidam[4] posuerunt gradatim res a Deo processisse: ita scilicet quod ab eo immediate processit prima creatura, et illa produxit aliam; et sic inde usque ad creaturam corpoream. — Sed haec positio est impossibilis. Quia prima corporalis creaturae productio est per creationem per quam etiam ipsa materia producitur: imperfectum enim est prius quam perfectum in fieri. Impossibile est autem aliquid creari nisi a solo Deo.

Ad cuius evidentiam, considerandum est quod quanto aliqua causa est superior, tanto ad plura se extendit in causando. Semper autem id quod substernitur in rebus, invenitur communius quam id quod informat et restringit ipsum: sicut esse quam vivere, et vivere quam intelligere, et materia quam forma. Quanto ergo aliquid est magis substratum,

1. Com efeito, como as coisas são governadas pela sabedoria divina, também foram criadas por ela, segundo o Salmo 103: "Fizestes todas as coisas em sabedoria". Ora, como se diz no princípio do livro da *Metafísica*, "é próprio do sábio ordenar". Por isso, no governo das coisas, as inferiores são regidas com ordem pelas superiores, como diz Agostinho. Logo, na criação das coisas houve essa ordem segundo a qual a criatura corporal, como inferior, foi criada pela espiritual como superior.

2. ALÉM DISSO, efeitos diversos manifestam causas diversas, porque o mesmo sempre faz o mesmo. Se, pois, todas as criaturas, quer espirituais, quer corporais, foram criadas imediatamente por Deus, entre elas não haveria diversidade, e uma não estaria mais distante de Deus que a outra. Isso porém é falso, porque, como diz o Filósofo: "Por estarem muito distantes de Deus, algumas coisas são corruptíveis".

3. ADEMAIS, para se produzir um efeito finito não é necessário poder infinito. Ora, todo corpo é finito. Logo, pôde ser criado pelo poder finito da criatura espiritual. E assim foi produzido porque em tais criaturas não se diferenciam ser e poder. E principalmente porque nenhuma dignidade devida a alguma coisa segundo sua natureza lhe é negada, a não ser, talvez, por uma culpa.

EM SENTIDO CONTRÁRIO, diz o livro do *Gênesis*: "No princípio Deus criou o céu e a terra". Por eles se compreende a criatura corporal. Logo, a criatura corporal foi imediatamente criada por Deus.

RESPONDO. Alguns afirmavam que as coisas vieram de Deus sucessivamente, isto é, dele procedeu imediatamente a primeira criatura, e esta produziu a outra, chegando-se, por fim, à criatura corpórea. — Mas essa sentença é inadmissível porque a primeira criatura corporal foi criada juntamente com a matéria: com efeito, o imperfeito precede o perfeito em sua produção. É impossível, pois, uma coisa ser criada a não ser unicamente por Deus.

Esclarecendo melhor, deve-se considerar que, quanto mais uma causa é superior, tanto mais se estende a muitos em sua causalidade. O que é fundamental nas coisas sempre é mais comum do que o que as informa e restringe; por exemplo, o ser em relação ao viver, o viver em relação ao conhecer, e a matéria em relação à forma. Assim,

---

1. L. I, c. 2: 982, a. 10.
2. C. 4: ML 42, 873.
3. *De Gener. et Corrup.*, l. II, c. 10: 336.
4. AVICENNA, *Metaph*., tract. IX, c. 4.

tanto a superiori causa directe procedit. Id ergo quod est primo substratum in omnibus, proprie pertinet ad causalitatem supremae causae. Nulla igitur secunda causa potest aliquid producere, non praesupposito in re producta aliquo quod causatur a superiori causa. — Creatio autem est productio alicuius rei secundum suam totam substantiam, nullo praesupposito quod sit vel increatum vel ab aliquo creatum. Unde relinquitur quod nihil potest aliquid creare nisi solus Deus, qui est prima causa. Et ideo ut Moyses ostenderet corpora omnia immediate a Deo creata, dixit: *In principio creavit Deus caelum et terram.*

AD PRIMUM ergo dicendum quod in productione rerum est aliquis ordo, non quidem ut una creatura creetur ab alia (hoc enim impossibile est); sed ita quod ex divina sapientia diversi gradus in creaturis, constituuntur.

AD SECUNDUM dicendum quod ipse Deus unus, absque suae simplicitatis detrimento, diversorum cognoscitivus est, ut supra[5] ostensum est. Et ideo etiam est, secundum diversa cognita, diversorum productorum causa per suam sapientiam: sicut et artifex, apprehendendo diversas formas, producit diversa artificiata.

AD TERTIUM dicendum quod quantitas virtutis agentis non solum mensuratur secundum rem factam, sed etiam secundum modum faciendi: quia unum et idem aliter fit et a maiori, et a minori virtute. Producere autem aliquid finitum hoc modo ut nihil praesupponatur, est virtutis infinitae. Unde nulli creaturae competere potest.

quanto mais uma coisa é fundamental, tanto mais diretamente procede da causa superior. Ora, aquilo que é em todas as coisas o primeiro fundamento procede propriamente da causa suprema. Por isso, nenhuma causa segunda pode produzir algo, sem que se pressuponha na coisa produzida algo que fosse causado pela causa superior. — A criação, ademais, é a produção de uma coisa em toda sua substância, não pressupondo algo que seja incriado ou criado por outro. Conclui-se, pois, que nada pode criar alguma coisa a não ser somente Deus, a primeira causa. Por isso, para mostrar que todas as coisas foram imediatamente criadas por Deus, disse Moisés: "No princípio Deus criou o céu e a terra".

QUANTO AO 1º, portanto, deve-se dizer que na criação das coisas houve certa ordem; não que uma criatura fosse criada por outra, o que é impossível, mas foram estabelecidos pela sabedoria divina diversos graus nas criaturas.

QUANTO AO 2º, deve-se dizer que unicamente Deus, sem detrimento de sua simplicidade, conhece coisas diversas, como foi acima demonstrado. Por isso, também por sua sabedoria, segundo esses conhecimentos, é causa de diversas coisas, como o artífice produz artefatos diversos apreendendo formas diversas.

QUANTO AO 3º, deve-se dizer que a quantidade de poder do agente não somente é medida pela coisa feita, mas também pelo modo de fazer, porque um e mesmo efeito pode ser produzido de um modo por um poder maior e, de outro, por um menor. Produzir uma coisa finita sem pressupor coisa alguma é próprio somente do poder infinito, e não pode ser atribuído à criatura.

ARTICULUS 4
Utrum formae corporum sint ab angelis

AD QUARTUM SIC PROCEDITUR. Videtur quod formae corporum sint ab angelis.
1. Dicit enim Boetius, in libro *de Trin.*[1], quod *a formis quae sunt sine materia, veniunt formae quae sunt in materia*. Formae autem quae sunt sine materia, sunt substantiae spirituales: formae autem quae sunt in materia, sunt formae corporum. Ergo formae corporum sunt a spiritualibus substantiis.

ARTIGO 4
Procedem dos anjos as formas dos corpos?

QUANTO AO QUARTO, ASSIM SE PROCEDE: parece que as formas dos corpos **procedem** dos anjos.
1. Com efeito, diz Boécio: "Das formas sem matéria provêm as que estão na matéria". Ora, as formas imateriais são substâncias espirituais; as formas que estão na matéria são as formas dos corpos. Logo, as formas dos corpos procedem das substâncias espirituais.

---

5. Q. 15, a. 2.

4   PARALL.: Infra, q. 91, a. 2; q. 110, a. 2; II *Sent.*, dist. 1, q. 1, a. 4, ad 4; dist. 7, q. 3, a. 1; *Cont. Gent.* II, 43; III, 24, 69, 103; *De Malo*, q. 16, a. 9; Opusc. XXXIV, *de Occult. Op. Nat.*

1. C. 2: ML 64, 1250 D.

2. Praeterea, omne quod est per participationem, reducitur ad id quod est per essentiam. Sed spirituales substantiae per suam essentiam sunt formae: creaturae autem corporales participant formas. Ergo formae corporalium rerum sunt a spiritualibus substantiis derivatae.

3. Praeterea, spirituales substantiae magis habent virtutem causandi quam corpora caelestia. Sed corpora caelestia causant formas in istis inferioribus: unde dicuntur esse generationis et corruptionis causa. Ergo multo magis a spiritualibus substantiis formae quae sunt in materia, derivantur.

Sed contra est quod Augustinus dicit, III *de Trin.*[2], quod *non est putandum angelis ad nutum servire hanc corporalem materiam, sed potius Deo*. Illi autem ad nutum dicitur servire corporalis materia, a quo speciem recipit. Non ergo formae corporales sunt ab angelis, sed a Deo.

Respondeo dicendum quod opinio fuit quorundam quod omnes formae corporales deriventur a substantiis spiritualibus quas angelos dicimus. Et hoc quidem dupliciter aliqui posuerunt. Plato enim posuit[3] formas quae sunt in materia corporali, derivari et formari a formis sine materia subsistentibus, per modum participationis cuiusdam. Ponebat enim hominem quendam immaterialiter subsistentem, et similiter equum, et sic de aliis, ex quibus constituuntur haec singularia sensibilia, secundum quod in materia corporali remanet quaedam impressio ab illis formis separatis, per modum assimilationis cuiusdam, quam *participationem* vocabat. Et secundum ordinem formarum ponebant Platonici ordinem substantiarum separatarum: puta quod una substantia separata est quae est equus, quae est causa omnium equorum; supra quam est quaedam vita separata, quam dicebant per se vitam et causam omnis vitae; et ulterius quandam quam nominabant ipsum esse, et causam omnis esse.

Avicenna vero[4] et quidam alii non posuerunt formas rerum corporalium in materia per se subsistere, sed solum in intellectu. A formis ergo in intellectu creaturarum spiritualium existentibus (quas quidem ipsi *Intelligentias*, nos autem angelos dicimus), dicebant procedere omnes formas quae sunt in materia corporali, sicut a formis quae sunt in mente artificis, procedunt formae artificiatorum. — Et in idem videtur redire quod quidam moderni haeretici ponunt, dicentes quidem Deum

2. Além disso, tudo o que é por participação reduz-se ao que é por essência. Ora, as substâncias espirituais, pela essência, são formas, e as criaturas corporais participam das formas. Logo, as formas das substâncias das coisas corporais são derivadas das substâncias espirituais.

3. Ademais, as substâncias espirituais têm maior poder de causar que os corpos celestes. Ora, os corpos celestes causam as formas dos corpos inferiores, razão por que se diz serem eles a causa da geração e da corrupção. Logo, muito mais derivam das substâncias espirituais as formas que estão na matéria.

Em sentido contrário, diz Agostinho: "Não se deve pensar que os corpos servem à vontade dos anjos, mas sim à de Deus". Mas a matéria corporal serve à vontade daquele do qual recebe sua especificação. Logo, as formas corporais não procedem dos anjos, mas de Deus.

Respondo. Opinaram alguns que todas as formas corporais derivam das substâncias espirituais que chamamos anjos. E isso alguns afirmaram de duas maneiras. Platão ensinava que as formas que estão na matéria corporal eram derivadas e formadas das formas subsistentes imateriais, ao modo de certa participação. Afirmava ele que havia um homem imaterial e subsistente, como também um cavalo e outros seres, dos quais são constituídas as coisas sensíveis e singulares, de modo que permanece na matéria corporal alguma impressão das formas separadas, por uma semelhança a que chamava *participação*. Assim, os platônicos afirmavam, de acordo com a ordem das formas, uma ordem das substâncias separadas. Por exemplo, existe uma substância separada que é a do cavalo, ela seria a causa de todos os cavalos. Acima dessa forma havia uma vida separada, que diziam ser a vida em si e causa de toda vida, e por fim, uma forma que chamavam de ser, que é a causa de todo ser.

Avicena e outros, porém, não afirmaram as formas das coisas corporais como subsistentes na matéria, mas somente no intelecto. Diziam que das formas existentes no intelecto das criaturas espirituais (que alguns chamavam de *inteligências*, nós, de anjos) procediam todas as formas que existem na matéria corporal, assim como da forma que está na mente do artífice procedem as formas dos artefatos. — A isso mesmo parece voltar o que alguns hereges modernos afirmam,

---

2. C. 8: ML 42, 875.
3. *Phaedonis*, c. 49: 100 B — 101 E; et in *Timaeo*, c. 18: 50 BE.
4. *Metaph.*, tract. IX, c. 5.

creatorem omnium, sed materiam corporalem a diabolo formatam et per varias species distinctam.

Omnes autem hae opiniones ex una radice processisse videntur. Quaerebant enim causam formarum, ac si ipsae formae fierent secundum seipsas. Sed sicut probat Aristoteles in VII *Metaphys.*[5], id quod proprie fit, est compositum: formae autem corruptibilium rerum habent ut aliquando sint, aliquando non sint, absque hoc quod ipsae generentur aut corrumpantur, sed compositis generatis aut corruptis: quia etiam formae non habent esse, sed composita habent esse per eas: sic enim alicui competit fieri, sicut et esse. Et ideo, cum simile fiat a suo simili, non est quaerenda causa formarum corporalium aliqua forma immaterialis; sed aliquod compositum, secundum quod hic ignis generatur ab hoc igne. Sic igitur formae corporales causantur, non quasi influxae ab aliqua immateriali forma, sed quasi materia reducta de potentia in actum ab aliquo agente composito.

Sed quia agens compositum, quod est corpus, movetur a substantia spirituali creata, ut Augustinus dicit III *de Trin.*[6]; sequitur ulterius quod etiam formae corporales a substantiis spiritualibus deriventur, non tanquam influentibus formas, sed tanquam moventibus ad formas. Ulterius autem reducuntur in Deum, sicut in primam causam, etiam species angelici intellectus, quae sunt quaedam seminales rationes corporalium formarum.

In prima autem corporalis creaturae productione non consideratur aliqua transmutatio de potentia in actum. Et ideo formae corporales quas in prima productione corpora habuerunt, sunt immediate a Deo productae, cui soli ad nutum obedit materia, tanquam propriae causae. Unde ad hoc significandum, Moyses singulis operibus praemittit, *Dixit Deus Fiat hoc vel illud*; in quo significatur formatio rerum per Verbum Dei facta, a quo, secundum Augustinum[7], est *omnis forma et compago et concordia partium*.

AD PRIMUM ergo dicendum quod Boetius intelligit per formas quae sunt sine materia, rationes rerum quae sunt in mente divina: sicut etiam Apostolus dicit, Hb 11,3: *Fide credimus aptata*

dizendo ser Deus criador de todas as coisas, mas que a matéria dos corpos foi formada pelo diabo e distribuída por ele em várias espécies.

Parece que todas essas opiniões procedem de uma raiz comum. Buscavam eles a causa das formas como se fossem feitas enquanto tais. Não obstante, conforme prova o Filósofo, no livro VII da *Metafísica*, é o composto o que propriamente é feito. E as formas das coisas corruptíveis às vezes existem, outras vezes não existem, não porque se gerem ou se corrompam, mas pela geração ou corrupção dos compostos. Isso porque não são as formas que têm o existir, mas os compostos por elas. Assim, pois, a alguma coisa corresponde ser feita, como lhe corresponde existir. Consequentemente, como o semelhante produz o semelhante, não se deve procurar, como causa das formas corporais, alguma forma imaterial, mas algum composto; como, por exemplo, este fogo é gerado por este fogo. Assim as formas corporais são causadas, não como se decorressem de alguma forma imaterial, mas como se a matéria fosse reduzida da potência ao ato por algum agente composto.

Todavia, porque o agente composto, que é o corpo, é movido por substância espiritual criada, como diz Agostinho, conclui-se que também as formas corporais derivam das substâncias espirituais, não como se delas decorressem as formas, mas como se movessem para as formas. Finalmente, também as espécies existentes no intelecto dos anjos, que são como razões seminais das formas corporais, se reduzem a Deus, como à primeira causa.

Contudo, na primeira criação da criatura corporal não se considera passagem alguma de potência ao ato. Por isso, as formas corporais que os corpos receberam na primeira criação foram imediatamente produzidas por Deus, a cuja vontade a matéria unicamente obedece, como à sua própria causa. Daí que, para significar isso, Moisés, a cada obra de Deus, faz preceder a expressão "Disse Deus: faça-se" isto ou aquilo, com o que exprime que a formação das coisas foi feita pelo Verbo de Deus, do qual, segundo Agostinho, "procede toda forma, união e harmonia das partes".

QUANTO AO 1º, portanto, deve-se dizer que Boécio entende por formas sem matéria as razões das coisas que estão na mente divina, como também diz o Apóstolo, na Carta aos Hebreus: "Cremos

---

5. C. 8: 1033, a, 24 — b, 8; c. 9: 1034, b, 7-16.
6. C. 4: ML 42, 873.
7. In *Ioan.*, tract. 1, n. 13: ML 35, 1386.

esse saecula verbo Dei, ut ex invisibilibus visibilia fierent. — Si tamen per formas quae sunt sine materia, intelligit angelos, dicendum est quod ab eis veniunt formae quae sunt in materia, non per influxum, sed per motum.

AD SECUNDUM dicendum quod formae participatae in materia reducuntur, non ad formas aliquas per se subsistentes rationis eiusdem, ut Platonici posuerunt; sed ad formas intelligibiles vel intellectus angelici, a quibus per motum procedunt; vel ulterius ad rationes intellectus divini, a quibus etiam formarum semina sunt rebus creatis indita, ut per motum in actum educi possint.

AD TERTIUM dicendum quod corpora caelestia causant formas in istis inferioribus, non influendo, sed movendo.

pela fé que os mundos foram dispostos pelo verbo de Deus de modo que as coisas visíveis procedessem das invisíveis". — Entendendo-se por anjos as formas que estão sem a matéria, deve-se dizer que deles procedem as formas que estão na matéria, não por influxo, mas por movimento.

QUANTO AO 2º, deve-se dizer que as formas participadas na matéria se reduzem, não a algumas formas da mesma espécie, por si subsistentes da mesma razão, como opinaram os platônicos, mas às formas inteligíveis ou do intelecto angélico, das quais procedem por movimento; ou, indo além, se reduzem às razões do intelecto divino, a partir das quais também as formas seminais são impressas nas coisas criadas, de modo que possam ser levadas a ato, pelo movimento.

QUANTO AO 3º, deve-se dizer que os corpos celestes causam as formas nos seres inferiores não por influxo, mas por movimento.

QUAESTIO LXVI
DE ORDINE CREATIONIS AD DISTINCTIONEM
in quatuor articulos divisa

Deinde considerandum est de opere distinctionis. Et primo considerandum est de ordine creationis ad distinctionem; secundo, de ipsa distinctio-ne secundum se.
Circa primum quaeruntur quatuor.
Primo: utrum informitas materiae creatae praecesserit tempore distinctionem ipsius.
Secundo: utrum sit una materia omnium corporalium.
Tertio: utrum caelum empyreum sit concreatum materiae informi.
Quarto: utrum tempus sit eidem concreatum.

QUESTÃO 66
A ORDEM DA CRIAÇÃO QUANTO À DISTINÇÃO
em quatro artigos

Em seguida, deve-se considerar a obra da distinção. Primeiro, a ordem da criação quanto à distinção. Segundo, a distinção em si mesma.

A respeito do primeiro, são quatro as perguntas:
1. O estado informe da matéria criada precede no tempo à sua distinção?
2. É uma só a matéria de todos os corpos?
3. O céu empíreo foi concriado com a matéria informe?
4. E o tempo também foi concriado com a matéria informe?

ARTICULUS 1
Utrum informitas materiae tempore praecesserit formationem ipsius

AD PRIMUM SIC PROCEDITUR. Videtur quod informitas materiae tempore praecesserit formationem ipsius.

ARTIGO 1
O estado informe da matéria precedeu no tempo à sua formação?[a]

QUANTO AO PRIMEIRO ARTIGO, ASSIM SE PROCEDE: parece que o estado informe da matéria **precedeu** no tempo à sua formação.

---

1 PARALL.: Infra, q. 69, a. 1; q. 74, a. 2; II *Sent.*, dist. 12, a. 4; *De Pot.*, q. 4, a. 1.

a. Deve-se prestar atenção ao sentido particular das palavras "formar" e "formação" neste artigo e em vários outros que se seguem. Facilmente, nessas questões relativas à criação, o leitor compreenderia essas palavras no sentido de "criar" e "criação".

1. Dicitur enim Gn 1,2: *Terra erat inanis et vacua*, sive *invisibilis et incomposita*, secundum aliam, litteram[1]; per quod designatur informitas materiae, ut Augustinus dicit[2]. Ergo materia fuit aliquando informis, antequam formaretur.

2. PRAETEREA, natura in sua operatione Dei operationem imitatur; sicut causa secunda imitatur causam primam. Sed in operatione naturae informitas tempore praecedit formationem. Ergo et in operatione Dei.

3. PRAETEREA, materia potior est accidente: quia materia est pars substantiae. Sed Deus potest facere quod accidens sit sine subiecto; ut patet in Sacramento Altaris. Ergo potuit facere quod materia esset sine forma.

SED CONTRA, imperfectio effectus attestatur imperfectioni agentis. Sed Deus est agens perfectissimum: unde de eo dicitur, Dt 32,4: *Dei perfecta sunt opera*. Ergo opus ab eo creatum nunquam fuit informe.

Praeterea, creaturae corporalis formatio facta fuit per opus distinctionis. Distinctioni autem opponitur confusio, sicut et formationi informitas. Si ergo informitas praecessit tempore formationem materiae, sequitur a principio fuisse confusionem corporalis creaturae, quam antiqui vocaverunt *Chaos*.

RESPONDEO dicendum quod circa hoc sunt diversae opiniones Sanctorum. Augustinus enim vult[3] quod informitas materiae corporalis non praecesserit tempore formationem ipsius, sed solum origine vel ordine naturae. Alii vero, ut Basilius[4], Ambrosius[5] et Chrysostomus[6], volunt quod informitas materiae tempore praecesserit formationem. Et quamvis hae opiniones videantur esse contrariae, tamen parum ab invicem differunt: aliter enim accipit informitatem materiae Augustinus quam alii.

Augustinus enim accipit informitatem materiae pro carentia omnis formae. Et sic impossibile est dicere quod informitas materiae tempore praeces-

1. Com efeito, diz o livro do Gênesis: "A terra estava sem vida e vazia", ou segundo outra leitura: "Invisível e desordenada", o que, segundo Agostinho, designa o estado informe da matéria. Logo, a matéria foi em algum tempo informe, antes de formada.

2. ALÉM DISSO, a operação da natureza imita a operação de Deus, como a causa segunda imita a causa primeira. Ora, na operação da natureza o estado informe precede no tempo a formação. Logo, o mesmo acontece nas operações de Deus.

3. ADEMAIS, por ser parte da substância, a matéria é superior ao acidente. Ora, Deus pode fazer que um acidente esteja sem sujeito, como no Sacramento do Altar. Logo, pôde também fazer que a matéria fosse sem a forma.

EM SENTIDO CONTRÁRIO, a imperfeição do efeito manifesta a imperfeição do agente. Deus, porém, é agente perfeitíssimo, como se lê no livro do Deuteronômio: "As obras de Deus são perfeitas". Logo, uma coisa criada por Deus jamais foi informe.

ALÉM DISSO, a formação da criatura corporal foi realizada por obra da distinção. À distinção se opõe a confusão, como à formação se opõe o estado informe. Se, portanto, o estado informe precedeu no tempo a formação da matéria, segue-se que no início teria havido uma confusão da criatura corporal, que os antigos chamaram Caos.

RESPONDO. Quanto a essa questão, as opiniões dos Santos Padres são diversas. Agostinho afirmou que o estado informe da matéria dos corpos não lhes precedeu no tempo a formação, mas só houve precedência de origem ou de ordem natural. Outros, como Basílio, Ambrósio e Crisóstomo, afirmaram que o estado informe da matéria precedeu na ordem do tempo sua formação. Embora essas opiniões pareçam contrárias, de fato pouco diferem entre si, pois Agostinho entende o estado informe da matéria de modo diferente dos outros.

Agostinho entende o estado informe da matéria como ausência de toda forma, e por isso torna-se impossível afirmar que ela precedeu no tempo sua

---

1. Septuag. Interpr.
2. *Confess.*, l. XII, c. 12: ML 32, 831; *De Gen. ad litt.*, l. II, c. 11: ML 34, 272.
3. *Confess.*, l. XII, c. 29: ML 32, 842-843; *De Gen. ad litt.*, l. I, c. 15: ML 34, 257.
4. Homil. 2 in *Hexaem.*: MG 29, 29 sqq.
5. In *Hexaem.*, l. I, cc. 7, 8: ML 14, 135 sqq.
6. Homil. 2, in *Gen.*: MG 53, 31 A.

Conforme se vê claramente aqui, elas designam, em contraposição a um estado inicial bastante imperfeito, a ação divina trazendo o ser já criado a um estado mais perfeito, mais "evoluído", diríamos hoje. Teria sido difícil, na tradução, recorrer a outra palavra ou empregar uma perífrase.

serit vel formationem ipsius, vel distinctionem. Et de formatione quidem manifestum est. Si enim materia informis praecessit duratione, haec erat iam in actu: hoc enim duratio importat, creationis enim terminus est ens actu. Ipsum autem quod est actus, est forma. Dicere igitur materiam praecedere sine forma, est dicere ens actu sine actu: quod implicat contradictionem. — Nec etiam potest dici quod habuit aliquam formam communem et postmodum supervenerunt ei formae diversae, quibus sit distincta. Quia hoc esset idem cum opinione antiquorum Naturalium[7], qui posuerunt materiam primam esse aliquod corpus in actu, puta ignem, aerem aut aquam, aut aliquod medium. Ex quo sequebatur quod fieri non esset nisi alterari. Quia cum illa forma praecedens daret esse in actu in genere substantiae, et faceret esse hoc aliquid; sequebatur quod superveniens forma non faceret simpliciter ens actu, sed ens actu *hoc*, quod est proprium formae accidentalis; et sic sequentes formae essent accidentia, secundum quae non attenditur generatio, sed alteratio. Unde oportet dicere quod materia prima neque fuit creata omnino sine forma, neque sub forma una communi, sed sub formis distinctis. — Et ita, si informitas materiae referatur ad conditionem primae materiae, quae secundum se non habet aliquam formam, informitas materiae non praecessit formationem seu distinctionem ipsius tempore, ut Augustinus dicit, sed origine seu natura tantum, eo modo quo potentia est prior actu, et pars toto.

Alii vero Sancti accipiunt informitatem, non secundum quod excludit omnem formam, sed secundum quod excludit istam formositatem et decorem qui nunc apparet in corporea creatura. Et secundum hoc dicunt quod informitas materiae corporalis duratione praecessit formationem eiusdem. Et sic secundum hoc, quantum ad aliquid cum eis Augustinus concordat, et quantum ad aliquid discordat, ut infra[8] patebit.

Et quantum ex littera Gn 1,2 accipi potest, triplex formositas deerat, propter quod dicebatur creatura corporalis informis. Deerat enim a toto corpore diaphano, quod dicitur caelum, pulchritudo lucis: unde dicitur quod *tenebrae erant super faciem abyssi*. Deerat autem terrae duplex pulchritudo. Una, quam habet ex hoc quod est aquis discooperta: et quantum ad hoc dicitur quod *terra erat inanis*, sive *invisibilis*, quia corporali aspectui

formação ou sua distinção. Quanto à formação é claro. Pois se a matéria informe precedeu no tempo, já estaria em ato. Ora, estar em ato implica duração, pois o termo da criação é o ente em ato, e o que é ato é a forma. Por conseguinte, dizer que a matéria precedeu sem a forma é dizer que um ente está em ato sem ato, o que é contraditório. — Também não se pode dizer que teve uma forma comum e, depois, sobrevieram formas diferentes, pelas quais se tornou distinta. Essa opinião seria igual à dos antigos naturalistas, que afirmavam que a matéria primeira era um corpo em ato, isto é, fogo, ar e água, ou alguma coisa intermediária. Daí resultaria que fazer não seria senão alterar, porque como a forma anterior já constituiria o ser em ato no gênero de substância, fazendo que fosse tal ser, a forma recebida depois, consequentemente, não faria simplesmente um ente em ato, mas *este* ente em ato, o que é próprio das formas acidentais. Logo, as formas subsequentes seriam acidentes, o que não implicaria geração, mas alteração. Logo, deve-se dizer que a matéria primeira nem foi criada sem forma, nem com uma forma comum, mas com formas distintas. — E assim, se o estado informe da matéria refere-se ao primeiro estado da matéria, no qual não há forma, esse estado informe da matéria não precedeu no tempo a formação ou distinção da matéria, segundo a opinião de Agostinho, mas, houve somente precedência de natureza ou de origem, assim como a potência é anterior ao ato e a parte, ao todo.

Os outros Santos Padres concebem o estado informe não enquanto exclui toda forma, mas enquanto exclui a beleza e a harmonia que agora aparece na criatura corpórea. Assim sendo, afirmam que o estado informe da matéria corporal precedeu no tempo sua formação. Sob esse aspecto, concordam com Agostinho em algum ponto, mas dele discordam em outros, como se verá.

E quanto ao que se pode entender do texto do Gênesis, faltava uma tríplice beleza, e por isso a criatura corporal era chamada de informe. Faltava a todo corpo diáfano, chamado céu, a beleza da luz. Por isso, se diz que *as trevas estavam sobre a superfície do abismo*. Também faltava à terra uma dupla beleza. Uma, porque não estava coberta de águas, por isso se diz que a *terra era sem vida*, ou então, por estar totalmente coberta de água, e isso

---

7. Cfr. Aristot., *Phys.*, l. I, c. 4: 187, a, 12-17; c. 8: 191, a, 23-34.
8. Q. 69, a. 1; q. 74, a. 2.

patere non poterat, propter aquas undique eam cooperientes. Alia vero, quam habet ex hoc quod est ornata herbis et plantis: et ideo dicitur quod erat *vacua*, vel *incomposita*, idest non ornata, secundum aliam litteram. Et sic, cum praemisisset duas naturas creatas, scilicet caelum et terram, informitatem caeli expressit per hoc quod dixit, *tenebrae erant super faciem abyssi*, secundum quod sub *caelo* etiam aer includitur: informitatem vero terrae, per hoc quod dixit, *terra erat inanis et vacua*.

AD PRIMUM ergo dicendum quod *terra* aliter accipitur in loco isto ab Augustino, et ab aliis Sanctis. Augustinus enim vult[9] quod nomine terrae et aquae significetur in hoc loco ipsa materia prima. Non enim poterat Moyses rudi populo primam materiam exprimere, nisi sub similitudine rerum eis notarum. Unde et sub multiplici similitudine eam exprimit, non vocans eam tantum aquam vel tantum terram, ne videatur secundum rei veritatem materia prima esse vel terra vel aqua. Habet tamen similitudinem cum terra, inquantum subsidet formis; et cum aqua, inquantum est apta formari diversis formis. Secundum hoc ergo, dicitur terra *inanis et vacua* vel *invisibilis et incomposita*, quia materia per formam cognoscitur (unde in se considerata dicitur invisibilis vel inanis), et eius potentia per formam repletur (unde et Plato[10] materiam dicit esse *locum*). — Alii vero Sancti per terram intelligunt ipsum elementum: quae qualiter, secundum eos, erat informis, dictum est[11].

AD SECUNDUM dicendum quod natura producit effectum in actu de ente in potentia: et ideo oportet ut in eius operatione potentia tempore praecedat actum, et informitas formationem. Sed Deus producit ens actu ex nihilo: et ideo statim potest producere rem perfectam, secundum magnitudinem suae virtutis.

AD TERTIUM dicendum quod accidens, cum sit forma, est actus quidam: materia autem secundum id quod est, est ens in potentia. Unde magis repugnat esse in actu materiae sine forma, quam accidenti sine subiecto.

AD PRIMUM vero quod obiicitur in contrarium, dicendum est quod si, secundum alios Sanctos,

impedia aparecer seu aspecto corporal, era *invisível*. A outra, proveniente do ornamento de ervas e plantas, razão por que era *vazia* e *desordenada*, ou seja, não ornamentada, segundo outra redação. Ademais, como lhe antecedessem duas naturezas criadas, isto é, o céu e a terra, o estado informe do céu está na expressão *as trevas estavam sobre a superfície do abismo*, enquanto céu inclui também a atmosfera. Mas o estado informe da terra está significado pela expressão *a terra era sem vida e vazia*.

QUANTO AO 1º, portanto, deve-se dizer que o termo *terra*, nesse texto, é compreendido de modo diferente por Agostinho e pelos outros Padres. Agostinho quer que os nomes terra e água signifiquem, nesse texto, a matéria primeira. Moisés não poderia expressar para um povo rude[b] a matéria primeira, a não ser por semelhança de coisas que conheciam. Por isso, a expressa com muitas semelhanças, não a chamando só de terra e água, para que não parecesse que na verdade a matéria primeira fosse ou terra ou água. Contudo, a matéria primeira tem semelhança com a terra, enquanto subjacente às formas, e com a água, enquanto pode ser informada por formas diversas. Por isso, a terra é chamada *sem vida e vazia*, ou *invisível e desordenada*, porque a matéria é conhecida pela forma (razão por que considerada em si mesma é invisível e sem vida), e sua potência torna-se completa pela forma (por isso, também Platão chamou a matéria de *lugar*). — Os outros Padres entendem por terra o elemento terra, o qual desse modo, segundo eles, era informe, já foi dito.

QUANTO AO 2º, deve-se dizer que a natureza produz o ente em ato a partir do ente em potência, e por isso convém que em sua operação a potência preceda, no tempo, ao ato, e o estado informe à formação. Mas Deus produz o ente em ato do nada. Daí que num instante pode produzir a coisa perfeita devido à grandeza de seu poder.

QUANTO AO 3º, deve-se dizer que o acidente, por ser forma, é um certo ato; mas a matéria em si mesma é ente em potência. Por isso, repugna mais estar em ato a matéria sem forma do que o acidente sem seu sujeito.

QUANTO AO 1º, que se objeta em contrário, deve-se dizer que se, segundo outros Padres, o

---

9. Locis cit. in arg.; *De Gen. contra Man.*, l. I, c. 7: ML 34, 178-179.
10. In *Timaeo*, c. 18, 19: 51-53. — Cfr. ARISTOT., *Phys.*, l. IV, c. 2: 209, b, 6-17.
11. In corp.

---

b. Sto. Tomás retornará com frequência a esse princípio, que lhe fornece uma regra importante de sua interpretação (ver a introdução geral do tratado).

informitas tempore praecessit formationem materiae, non fuit hoc ex impotentia Dei; sed ex eius sapientia, ut ordo servaretur in rerum conditione, dum ex imperfecto ad perfectum adducerentur.

AD SECUNDUM dicendum quod quidam antiquorum Naturalium posuerunt confusionem excludentem omnem distinctionem; praeter hoc quod Anaxagoras posuit solum intellectum distinctum et immixtum[12]. Sed ante opus distinctionis Scriptura sacra ponit Gn 1,1-2 multiplicem distinctionem. Primo quidem, caeli et terrae (in quo ostenditur distinctio etiam secundum materiam, ut infra[13] patebit): et hoc cum dicit: *In principio Deus creavit caelum et terram.* — Secundo, distinctionem elementorum quantum ad formas suas, per hoc quod nominat terram et aquam. Aerem autem et ignem non nominat, quia non est ita manifestum rudibus, quibus Moyses loquebatur, huiusmodi esse corpora, sicut manifestum est de terra et aqua. Quamvis Plato[14] aerem intellexerit significari per hoc quod dicitur *spiritus Domini* (quia etiam aer *spiritus* dicitur): ignem vero intellexerit significari per *caelum* (quod igneae naturae esse dixit), ut Augustinus refert in VIII libro *de Civ. Dei*[15]. Sed Rabbi Moyses, in aliis cum Platone concordans, dicit[16] ignem significari per *tenebras*: quia, ut dicit, in propria sphaera ignis non lucet. Sed magis videtur esse conveniens quod prius dictum est: quia *spiritus Domini* in Scriptura non nisi pro Spiritu Sancto consuevit poni. Qui aquis superferri dicitur, non corporaliter, sed sicut voluntas artificis superfertur materiae quam vult formare. — Tertia distinctio significatur secundum situm. Quia terra erat sub aquis, quibus invisibilis reddebatur: aer vero, qui est subiectum tenebrarum, significatur fuisse super aquas, per hoc quod dicitur, *tenebrae erant super faciem abyssi.* — Quid autem distinguendum remaneret, ex sequentibus[17] apparebit.

estado informe precedeu no tempo a formação da matéria, isso não foi por impotência de Deus, mas por sua sabedoria: para salvaguardar a ordem na criação das coisas, segundo a qual, do imperfeito se passa ao perfeito.

QUANTO AO 2º, deve-se dizer que alguns dos antigos naturalistas afirmaram a confusão excluindo toda distinção, com exceção de Anaxágoras, que afirmou que somente o intelecto era distinto e inconfuso. Mas, antes da obra da distinção, a Sagrada Escritura afirmou, no livro do Gênesis, muitas distinções. Primeiro, entre o céu e a terra (na qual se manifesta também a distinção segundo a matéria[c], como em seguida se dirá), quando diz: "No princípio Deus criou o céu e a terra". — Segundo, entre os elementos, quanto às formas de cada um, ao chamar de céu e terra. Não se nomeia, contudo, a atmosfera e o fogo, porque não é tão claro para os homens rudes aos quais Moisés se dirigia que esses sejam corpos, como é claro para a terra e a água. Todavia Platão, segundo refere Agostinho, entendeu que a atmosfera era significada pela expressão: *O espírito do Senhor* (pois a atmosfera também se diz *espírito*) e que fogo era significado por *céu* (que pensava ter a natureza do fogo). Mas Rabi Moisés, que concordava com Platão em outras coisas, afirmou que fogo era significado pelas *trevas*, porque dizia que o fogo não iluminava em sua própria esfera. Mas o que se disse antes parece ser o mais conveniente: porque, na Escritura, Espírito do Senhor costuma significar somente o Espírito Santo, o qual, como está escrito, plaina sobre as águas não corporalmente, mas como a vontade do artífice sobre a matéria à qual quer dar forma. — A terceira distinção é segundo a situação local. Porque a terra estava sob as águas, por elas se tornava invisível; a atmosfera, pelo contrário, que é o sujeito das trevas, diz-se que estava sobre as águas, *as trevas estavam sobre a superfície do abismo.* — O que restava para se distinguir, se verá pelo que segue.

---

12. Cfr. ARISTOT., *Phys.*, l. I, c. 4: 187, a, 20-27; l. VIII, c. 1: 250, b, 21 — 251, a, 5.
13. A. 3; q. 68, a. 1, ad 1.
14. In *Timaeo*, c. 7: 31-33.
15. C. 11: ML 41, 236.
16. *Doct. Perplex.*, part. 11, c. 30.
17. Q. 69.

---

c. Alusão à teoria dos corpos celestes incorruptíveis, que a cosmologia moderna não conservou. A matéria desses corpos não seria idêntica à dos corpos terrestres, sujeitos à geração e à corrupção.

Articulus 2
Utrum una sit materia informis omnium corporalium

AD SECUNDUM SIC PROCEDITUR. Videtur quod una sit materia informis omnium corporalium.

1. Dicit enim Augustinus, XII *Confess*.[1]: *Duo reperio quae fecisti, unum quod erat formatum, alterum quod erat informe*; et hoc dicit esse *terram invisibilem et incompositam*, per quam dicit significari materiam rerum corporalium. Ergo una est materia omnium corporalium.

2. PRAETEREA, Philosophus dicit, in V *Metaphys*.[2], quod illa quae sunt unum in genere, sunt unum in materia. Sed omnia corporalia conveniunt in genere corporis. Ergo omnium corporalium est una materia.

3. PRAETEREA, diversus actus fit in diversa potentia, et unus in una. Sed omnium corporum est una forma, scilicet corporeitas. Ergo omnium corporalium est materia una.

4. PRAETEREA, materia in se considerata, est solum in potentia. Sed distinctio est per formas. Ergo materia in se considerata, est una tantum omnium corporalium.

SED CONTRA, quaecumque conveniunt in materia, sunt transmutabilia ad invicem, et agunt et patiuntur ab invicem, ut dicitur in I *de Gen*.[3]. Sed corpora caelestia et inferiora non sic se habent ad invicem. Ergo eorum materia non est una.

RESPONDEO dicendum quod circa hoc fuerunt diversae opiniones philosophorum. Plato enim, et omnes philosophi ante Aristotelem, posuerunt omnia corpora esse de natura quatuor elementorum. Unde cum quatuor elementa communicent in una materia, ut mutua generatio et corruptio in eis ostendit; per consequens sequebatur quod omnium corporum sit materia una. Quod autem quaedam corpora sint incorruptibilia, Plato adscribebat[4] non conditioni materiae, sed voluntati artificis, scilicet Dei, quem introducit corporibus caelestibus dicentem: *Natura vestra estis dissolubilia, voluntate autem mea indissolubilia, quia voluntas mea maior est nexu vestro*.

Artigo 2
É uma só a matéria informe de todos os corpos?

QUANTO AO SEGUNDO, ASSIM SE PROCEDE: parece que há uma só matéria informe para todos os corpos.

1. Com efeito, diz Agostinho: "Verifico que fizeste duas coisas: uma formada, outra informe". A segunda, diz-se que é *a terra invisível e desordenada*, e por ela é significada a matéria dos corpos. Logo, é uma só a matéria de todos os corpos.

2. ALÉM DISSO, diz o Filósofo, no livro V da *Metafísica*: "O que é de um só gênero é também de uma só matéria". Ora, todas as coisas corporais estão sob o gênero de corpo. Logo, é uma só a matéria para todos os corpos.

3. ADEMAIS, atos diversos supõem potências diversas, assim um só ato supõe uma só potência. Ora, uma só é a forma de todos os corpos: a corporeidade. Logo, é uma só a matéria de todos os corpos.

4. ADEMAIS, a matéria, considerada em si mesma, está só em potência. Ora, a distinção se faz pela forma. Logo, a matéria, considerada em si mesma, é uma só para todos os corpos.

EM SENTIDO CONTRÁRIO, as coisas que têm em comum a matéria se transformam uma na outra, e são elas ativas e passivas entre si, como se diz no livro *Da Geração e da Corrupção*. Mas os corpos celestes e os inferiores não se referem assim entre si. Logo, não é uma só a matéria deles.

RESPONDO. Os filósofos opinaram diversamente sobre esse assunto. Platão e todos os pré-aristotélicos afirmaram que todos os corpos tinham a natureza dos quatro elementos. Por isso, como os quatro elementos têm em comum uma só matéria, como manifesta sua mútua geração e corrupção, consequentemente concluíam que é uma só a matéria de todos os corpos. Platão atribuía o fato de alguns corpos serem incorruptíveis não à condição da matéria, mas à vontade do artífice, isto é, a Deus, a quem faz dizer aos corpos celestes: "Por natureza vós sois dissolúveis, mas por minha vontade é que sois indivisíveis, porque minha vontade é maior que vossa união".

---

2   PARALL.: II *Sent*., dist. 12, a. 1; *Cont. Gent*. II, 16; Opusc. XV, *de Angelis*, c. 8; *De Caelo et Mundo*, l. 1, lect. 6.

1. C. 12: ML 32, 831.
2. C. 6: 1016, a, 25-32.
3. C. 6: 322, b, 6-29; c. 7: 323, b, 29 — 324, a, 1; *Suppl. Comm*.
4. In *Timaeo*, c. 13: 41 AB.

Hanc autem positionem Aristoteles reprobat[5], per motus naturales corporum. Cum enim corpus caeleste habeat naturalem motum diversum a naturali motu elementorum, sequitur quod eius natura sit alia a natura quatuor elementorum. Et sicut motus circularis, qui est proprius corporis caelestis, caret contrarietate, motus autem elementorum sunt invicem contrarii, ut qui est sursum ei qui est deorsum, ita corpus caeleste est absque contrarietate, corpora vero elementaria sunt cum contrarietate. Et quia corruptio et generatio sunt ex contrariis, sequitur quod secundum suam naturam corpus caeleste sit incorruptibile, elementa vero sunt corruptibilia.

Sed non obstante hac differentia corruptibilitatis et incorruptibilitatis naturalis, Avicebron posuit unam materiam omnium corporum, attendens ad unitatem formae corporalis. — Sed si forma corporeitatis esset una forma per se, cui supervenirent aliae formae, quibus corpora distinguuntur, haberet necessitatem quod dicitur. Quia illa forma immutabiliter materiae inhaereret, et quantum ad illam esset omne corpus incorruptibile: sed corruptio accideret per remotionem sequentium formarum: quae non esset corruptio simpliciter, sed secundum quid, quia privationi substerneretur aliquod ens actu. Sicut etiam accidebat antiquis Naturalibus, qui ponebant subiectum corporum aliquod ens actu, puta ignem aut aerem aut aliquid huiusmodi.

Suposito autem quod nulla forma quae sit in corpore corruptibili remaneat ut substrata generationi et corruptioni, sequitur de necessitate quod non sit eadem materia corporum corruptibilium et incorruptibilium. Materia enim, secundum id quod est, est in potentia ad formam. Oportet ergo quod materia, secundum se considerata, sit in potentia ad formam omnium illorum quorum est materia communis. Per unam autem formam non fit in actu nisi quantum ad illam formam. Remanet ergo in potentia quantum ad omnes alias formas. — Nec hoc excluditur, si una illarum formarum sit perfectior et continens in se virtute alias. Quia potentia, quantum est de se, indifferenter se habet ad perfectum et imperfectum: unde sicut quando est sub forma imperfecta, est in potentia ad formam perfectam, ita e converso. — Sic ergo materia, secundum quod est sub forma incorruptibilis corporis, erit adhuc in potentia ad formam

Tal sentença foi reprovada por Aristóteles, recorrendo ao movimento natural dos corpos. Pois como o corpo celeste tem o movimento natural distinto do movimento natural dos elementos, conclui-se que a natureza daquele é diferente da natureza dos quatro elementos. Ademais, como o movimento circular próprio dos corpos celestes não implica contrariedade, e o movimento dos elementos são contrários entre si, opondo-se o que sobe ao que desce, segue-se que os corpos celestes são sem contrariedade, os corpos elementares, porém, com contrariedade. E, também, como a corrupção e a geração são de contrários, segue-se que por sua natureza os corpos celestes são incorruptíveis, os elementos, porém, corruptíveis.

Não obstante essa diferença de corruptibilidade e incorruptibilidade naturais, Avicebrão afirmou uma só matéria de todos os corpos, atendendo à unidade da forma corporal. — Contudo, se a forma de corporeidade fosse por si mesma uma só forma, à qual sobreviessem outras formas pelas quais os corpos se distinguissem, o que se disse seria necessário. Porque aquela forma imutavelmente se uniria à matéria, e, por ela, todo corpo seria incorruptível. A corrupção, no entanto, aconteceria pela remoção das formas que viessem depois, e isso não seria uma corrupção absoluta mas relativa, porque então sob a privação haveria um ente em ato. Isso também afirmavam os antigos naturalistas: que o sujeito de um corpo era um ente em ato, por exemplo, o fogo ou ar ou algo parecido.

Admitindo-se, porém, que nenhuma forma dos corpos corruptíveis permanece sob a geração ou a corrupção, necessariamente conclui-se que não é a mesma a matéria dos corpos corruptíveis e incorruptíveis. A matéria em si mesma está em potência para a forma. É preciso, pois, que ela, em si mesma, esteja em potência para a forma de todos os corpos dos quais é matéria comum. E por uma forma converte-se em ato somente quanto a essa forma, permanecendo em potência quanto to a todas outras formas. — E isso não se exclui, se uma daquelas formas é mais perfeita e possui em si, por sua virtude, as outras. Porque a potência em si mesma é indiferente ao que é perfeito ou imperfeito. Por isso, quando é potência de uma forma imperfeita, está em potência para as formas perfeitas, e vice-versa. — Consequentemente, a matéria, enquanto está sob uma forma de corpo incorruptível, estará ainda em potência para a

---

5. *De Caelo*, l. I, c. 2: 269, a. 18 — b, 17; c. 3: 270, a, 12-22.

corruptibilis corporis. Et cum non habeat eam in actu, erit simul sub forma et privatione: quia carentia formae in eo quod est in potentia ad formam, est privatio. Haec autem dispositio est corruptibilis corporis. Impossibile ergo est quod corporis corruptibilis et incorruptibilis per naturam, sit una materia.

Nec tamen dicendum est, ut Averroes fingit[6], quod ipsum corpus caeleste sit materia caeli, ens in potentia ad *ubi* et non ad *esse*; et forma eius est substantia separata quae unitur ei ut motor. Quia impossibile est ponere aliquod ens actu, quin vel ipsum totum sit actus et forma, vel habeat actum seu formam. Remota ergo per intellectum substantia separata quae ponitur motor, si corpus caeleste non est habens formam, quod est componi ex forma et subiecto formae, sequitur quod sit totum forma et actus. Omne autem tale est intellectum in actu; quod de corpore caelesti dici non potest, cum sit sensibile.

Relinquitur ergo quod materia corporis caelestis, secundum se considerata, non est in potentia nisi ad formam quam habet. Nec refert ad propositum quaecumque sit illa, sive anima, sive aliquid aliud. Unde illa forma sic perficit illam materiam, quod nullo modo in ea remanet potentia ad *esse*, sed ad *ubi* tantum, ut Aristoteles dicit[7]. Et sic non est eadem materia corporis caelestis et elementorum, nisi secundum analogiam, secundum quod conveniunt in ratione potentiae.

AD PRIMUM ergo dicendum quod Augustinus sequitur in hoc opinionem Platonis, non ponentis quintam essentiam. — Vel dicendum quod materia informis est una unitate ordinis, sicut omnia corpora sunt unum in ordine creaturae corporeae.

AD SECUNDUM dicendum quod si genus consideretur physice, corruptibilia et incorruptibilia non sunt in eodem genere, propter diversum modum potentiae in eis, ut dicitur X *Metaphys*.[8]. Secundum autem logicam considerationem, est unum genus omnium corporum, propter unam rationem corporeitatis.

AD TERTIUM dicendum quod forma corporeitatis non est una in omnibus corporibus: cum non sit alia a formis quibus corpora distinguuntur, ut dictum est[9].

forma de um corpo corruptível. Não a tendo em ato, estará simultaneamente sob a forma e sob a privação de forma, porque a falta de uma forma naquilo que está em potência para a forma é privação. Essa disposição é própria dos corpos corruptíveis. Logo, é impossível que seja uma só a matéria dos corpos por natureza corruptíveis e incorruptíveis.

Também não se pode afirmar, como Averróis imaginou, que o corpo celeste é a matéria do céu, ente em potência para o *lugar* e não para o *existir*, e que sua forma é a substância separada que a ele se une como em seu motor. Porque é impossível afirmar um ente em ato sem que ele todo ou seja ato e forma, ou tenha ato e forma. Portanto, excluída pelo intelecto a substância separada, afirmada como motor, se o corpo celeste não tem forma, isto é, não é composto de forma e de seu sujeito, conclui-se que todo ele seja forma e ato. Mas tudo que é tal é entendido em ato, o que não se pode dizer do corpo celeste, por ser sensível.

Conclui-se, pois, que a matéria do corpo celeste, em si considerada, está em potência apenas para sua própria forma, seja ela qual for, alma ou qualquer outra coisa. Por isso, a forma completa a matéria, de tal modo que na matéria não permanece potência alguma para o *existir*, mas somente para o *lugar*, como disse Aristóteles. Logo, não é a mesma matéria a do corpo celeste e a dos elementos, a não ser por analogia, enquanto coincidem na razão de potência.

QUANTO AO 1º, portanto, deve-se dizer que Agostinho segue a opinião de Platão, negando a quintessência. — Pode-se também dizer que a matéria informe é uma por unidade de ordem, como todos os corpos são um na ordem da criatura corpórea.

QUANTO AO 2º, deve-se dizer que se o gênero for considerado fisicamente, o corruptível e o incorruptível não serão do mesmo gênero, devido aos diversos estados da potência estarem neles, como se diz no livro X da *Metafísica*. Pela razão lógica, há um só gênero de todos os corpos, devido a haver uma só razão de corporeidade.

QUANTO AO 3º, deve-se dizer que a forma da corporeidade não é uma só em todos os corpos, por não diferir das formas que distinguem os corpos, como foi dito.

---

6. *De Subst. Orbis*, c. 2.
7. *Met.*, l. XII, c. 2: 1069, b, 26-32.
8. C. 10: 1058, b, 26 — 1059, a, 10.
9. In corp.

AD QUARTUM dicendum quod, cum potentia dicatur ad actum, ens in potentia est diversum ex hoc ipso quod ordinatur ad diversum actum; sicut visus ad colorem, et auditus ad sonum. Unde ex hoc ipso materia caelestis corporis est alia a materia elementi, quia non est in potentia ad formam elementi.

QUANTO AO 4º, deve-se dizer que sendo a potência para o ato, há diversidade nos entes em potência porque se referem a atos diversos; por exemplo, a vista para a cor, o ouvido para o som. Daí ser a matéria do corpo celeste distinta da do elemento, porque não está em potência para a forma do elemento.

ARTICULUS 3
Utrum caelum empyreum sit concreatum materiae informi

AD TERTIUM SIC PROCEDITUR. Videtur quod caelum empyreum non sit concreatum materiae informi.

1. Caelum enim empyreum, si est aliquid, oportet quod sit corpus sensibile. Omne autem corpus sensibile est mobile. Caelum autem empyreum non est mobile: quia motus eius deprehenderetur per motum alicuius corporis apparentis; quod minime apparet. Non ergo caelum empyreum est aliquid materiae informi concreatum.

2. PRAETEREA, Augustinus dicit, in III *de Trin.*[1], quod *inferiora corpora per superiora quodam ordine reguntur.* Si ergo caelum empyreum est quoddam supremum corpus, oportet quod habeat aliquam influentiam in haec inferiora corpora. Sed hoc non videtur: praesertim si ponatur immobile, cum nullum corpus moveat nisi motum. Non est ergo caelum empyreum materiae informi concreatum.

3. SI dicatur quod caelum empyreum est locus contemplationis, non ordinatum ad naturales effectus, contra: Augustinus dicit, in IV *de Trin.*[2], quod *nos, secundum quod mente aliquid aeternum capimus, non in hoc mundo sumus*: ex quo patet quod contemplatio mentem supra corporalia elevat. Non ergo contemplationi locus corporeus deputatur.

4. PRAETEREA, inter corpora caelestia invenitur aliquod corpus partim diaphanum et partim lucidum, scilicet *caelum sidereum.* Invenitur etiam aliquod caelum totum diaphanum, quod aliqui nominant *caelum aqueum* vel *crystallinum.* Si ergo est aliud superius caelum, oportet quod sit totum lucidum. Sed hoc esse non potest: quia sic continue aer illuminaretur, nec unquam nox esset. Non ergo caelum empyreum materiae informi est concreatum.

ARTIGO 3
O céu empíreo foi concriado com a matéria informe?

QUANTO AO TERCEIRO, ASSIM SE PROCEDE: parece que o céu empíreo **não** foi concriado com a matéria informe.

1. Com efeito, se o céu empíreo existe, deve ser um corpo sensível. Ora, todo corpo sensível pode ser movido. Mas o céu empíreo não é movido, porque seu movimento seria conhecido pelo movimento de algum corpo visível, o que não acontece. Logo, o céu empíreo não foi concriado com a matéria informe.

2. ALÉM DISSO, diz Agostinho: "Os corpos inferiores são dirigidos ordenadamente pelos superiores". Se o céu empíreo é algum corpo supremo, deverá ter alguma influência nos corpos inferiores. Ora, isso não se observa, sobretudo se se afirma imóvel, porque nenhum corpo move a não ser que seja movido. Logo, o céu empíreo não foi concriado com a matéria informe.

3. ADEMAIS, se for afirmado que o céu empíreo é o lugar da contemplação, não ordenado a efeitos naturais, isso contradiz Agostinho: "Não estamos neste mundo quando apreendemos algo de eterno". Por onde fica claro que a contemplação eleva o espírito acima dos corpos. Logo, um lugar corpóreo não é próprio para a contemplação.

4. ADEMAIS, nos corpos celestes há um que é em parte diáfano, em parte luminoso, a saber, o *céu sidéreo.* Há também um céu totalmente diáfano, que alguns chamam de *céu aquoso* ou *cristalino.* Ora, se existe ainda um céu superior, deverá ser totalmente luminoso. Mas isso é impossível, porque a atmosfera estaria então continuamente iluminada e não haveria noite. Logo, não foi o céu empíreo concriado com a matéria informe.

3 PARALL.: II *Sent.*, dist. 2, q. 2, per totam.
 1. C. 4: ML 42, 873.
 2. C. 20: ML 42, 907 sq.

SED CONTRA est quod Strabus dicit[3], quod cum dicitur, "In principio creavit Deus caelum et terram", *caelum dicit non visibile firmamentum, sed empyreum, idest igneum.*

RESPONDEO dicendum quod caelum empyreum non invenitur positum nisi per auctoritates Strabi et Bedae, et iterum per auctoritatem Basilii. In cuius positione quantum ad aliquid conveniunt, scilicet quantum ad hoc quod sit locus Beatorum. Dicit enim Strabus[4], et etiam Beda[5], quod *statim factum angelis est repletum.* Basilius etiam dicit, in II *Hexaem.*[6]: *Sicut damnati in tenebras ultimas abiguntur ita remuneratio pro dignis operibus restauratur in ea luce quae est extra mundum, ubi Beati quietis domicilium sortientur.* — Differunt tamen quantum ad rationem ponendi. Nam Strabus et Beda ponunt caelum empyreum ea ratione, quia firmamentum, per quod caelum sidereum intelligunt, non in principio sed secunda die factum. Basilius vero ea ratione ponit, ne videatur simpliciter Deus opus suum a tenebris inchoasse; quod Manichaei calumniantur, Deum Veteris Testamenti deum tenebrarum nominantes.

Hae autem rationes non sunt multum cogentes. Nam quaestio de firmamento quod legitur factum in secunda die, aliter solvitur, ab Augustino et ab aliis Sanctis. — Quaestio autem de tenebris solvitur, secundum Augustinum[7], per hoc quod informitas (quae per tenebras significatur) non praecessit duratione formationem, sed origine. Secundum alios vero, cum tenebrae non sint creatura aliqua, sed privatio lucis, divinam sapientiam attestatur, ut ea quae produxit ex nihilo, primo in statu imperfectionis institueret, et postmodum ea perduceret ad perfectum.

Potest autem convenientior ratio sumi ex ipsa conditione gloriae. Expectatur enim in futura remuneratione duplex gloria, scilicet spiritualis, et corporalis, non solum in corporibus humanis glorificandis, sed etiam in toto mundo innovando. Inchoata est autem spiritualis gloria ab ipso mundi principio in beatitudine angelorum, quorum aequalitas Sanctis promittitur Lc 20,36. Unde conveniens fuit ut etiam a principio corporalis gloria inchoaretur in aliquo corpore, quod etiam

EM SENTIDO CONTRÁRIO, são palavras de Estrabão: quando se lê "No princípio Deus criou o céu e a terra", "céu não significa o firmamento visível, mas o empíreo, a saber, o céu ígneo".

RESPONDO. O céu empíreo não se encontra afirmado senão pela autoridade de Estrabão, de Beda e também de Basílio, enquanto concordam ser aquele céu o lugar dos bem-aventurados. Afirmava Estrabão, e também Beda: "Imediatamente, após ter sido criado, encheu-se o céu de anjos". E Basílio disse que, "assim como os condenados são jogados nas trevas últimas, também a recompensa das boas obras será restabelecida na luz que está fora do mundo, onde os bem-aventurados encontrarão sua morada de paz". — Diferem, no entanto, ao declarar as razões de suas sentenças. Estrabão e Beda afirmam o céu empíreo, por esta razão: porque o firmamento, que entendem por céu sidério, foi feito não no primeiro dia, mas no segundo. Entretanto, Basílio afirma por esta razão: para que não parecesse em absoluto que Deus começara sua obra pelas trevas, uma vez que os maniqueus falsamente dizem que o Deus do Antigo Testamento era o deus das trevas.

Mas essas razões não são muito convincentes. Pois a questão sobre o firmamento do qual se lê ter sido feito no segundo dia é resolvida de outra maneira por Agostinho e pelos outros Padres. — A questão das trevas resolve-se, também, segundo Agostinho, dizendo-se que o estado informe (significado pelas trevas) não precedeu a formação no tempo, mas na origem. Segundo outros, contudo, como as trevas não são criaturas, mas privação da luz, comprovam que aquilo que a sabedoria divina produziu do nada instituiu primeiramente em estado de imperfeição, levando-o depois ao estado de perfeição.

Pode-se tomar uma razão mais conveniente tendo em conta a própria condição da glória. Era, com efeito, esperada na futura remuneração uma dupla glória: espiritual e corporal, não somente para os corpos humanos que serão glorificados, como também para todo o mundo ser renovado. Foi iniciada a glória espiritual na beatificação dos anjos desde o princípio do mundo, e glória igual foi prometida para os santos, conforme o Evangelho de Lucas. Por isso, também convinha que a

---

3. In *Glossa Ord.* super *Gen.* 1: ML 113, 69 C.
4. Loco cit.
5. *Hexaem.*, l. I: ML 91, 14 A.
6. MG 29, 41 A.
7. *Contra Advers. Leg. et Prophet.*, l. I, cc. 8, 9: ML 42, 609 sq., 610.

a principio fuerit absque servitute corruptionis et mutabilitatis, et totaliter lucidum; sicut tota creatura corporalis expectatur post resurrectionem futura. Et ideo illud caelum dicitur empyreum, idest *igneum*, non ab ardore, sed a splendore.

Sciendum est autem quod Augustinus, X *de Civ. Dei*[8], dicit quod Porphyrius *discernebat a daemonibus angelos, ut aerea loca esse daemonum, aetherea vero vel empyrea diceret angelorum.* — Sed Porphyrius, tanquam Platonicus, caelum istud sidereum igneum esse existimabat: et ideo *empyreum* nominabat; vel *aethereum*, secundum quod nomen *aetheris* sumitur ab inflammatione, et non secundum quod sumitur a velocitate motus, ut Aristoteles dicit[9]. Quod pro tanto dictum sit, ne aliquis opinetur Augustinum caelum empyreum posuisse sicut nunc ponitur a modernis.

AD PRIMUM ergo dicendum quod corpora sensibilia sunt mobilia secundum ipsum statum mundi: quia per motum creaturae corporalis procuratur elementorum multiplicatio. Sed in ultima consummatione gloriae cessabit corporum motus. Et talem oportuit esse a principio dispositionem caeli empyrei.

AD SECUNDUM dicendum quod satis probabile est quod caelum empyreum, secundum quosdam, cum sit ordinatum ad statum gloriae, non habet influentiam in inferiora corpora, quae sunt sub alio ordine, utpote ordinata ad naturalem rerum decursum. — Probabilius tamen videtur dicendum quod, sicut supremi angeli, qui assistunt, habent influentiam super medios et ultimos, qui mittuntur, quamvis ipsi non mittantur, secundum Dionysium[10]; ita caelum empyreum habet influentiam super corpora quae moventur, licet ipsum non moveatur. Et propter hoc potest dici quod influit in primum caelum quod movetur, non aliquid transiens et adveniens per motum, sed aliquid fixum et stabile; puta virtutem continendi et causandi, vel aliquid huiusmodi ad dignitatem pertinens.

AD TERTIUM dicendum quod locus corporeus deputatur contemplationi, non propter necessitatem, sed propter congruitatem, ut exterior claritas interiori conveniat. Unde Basilius dicit[11] quod *ministrator*

glorificação, desde o início, começasse em algum corpo, o qual, também desde o início, fosse livre de corrupção e de mudanças, totalmente luminoso, como toda criatura corporal espera alcançar depois da futura ressurreição. Por isso, o céu foi chamado de empíreo, isto é, *ígneo*, não devido ao ardor, mas ao *esplendor*.

Todavia, deve-se saber que Agostinho disse que Porfírio "distinguia os anjos dos demônios, considerando que os lugares da atmosfera eram dos demônios, e que os lugares etéreos ou empíreos eram dos anjos". — Porfírio, como platônico, pensava o céu sidéreo como ígneo, e, por isso, o chamava *empíreo* ou *etéreo*, tomando o nome *éter* de inflamável, e não da velocidade do movimento, como pensava Aristóteles. Eis por que nos estendemos, para que não se pense que Agostinho afirmava por céu empíreo o que afirmam os modernos.

QUANTO AO 1º, portanto, deve-se dizer que os corpos sensíveis são móveis segundo o estado do mundo, porque do movimento da criatura corporal vem a multiplicação dos elementos. Contudo, no último estádio da glória cessarão os movimentos dos corpos. E foi conveniente que fosse tal, desde o princípio, a disposição do céu empíreo.

QUANTO AO 2º, deve-se dizer que é muito provável, segundo a opinião de muitos, que o céu empíreo, que é ordenado para o estado de glória, não tenha influência nos corpos inferiores que estão em outra ordem, por ser esta ordenada para o curso natural das coisas. — É mais provável, porém, que os anjos supremos, que assistem ao trono de Deus, influam sobre os anjos da ordem intermediária e última que são os enviados, embora eles mesmos não enviem outros anjos, como diz Dionísio. É assim que o céu empíreo influi nos corpos que se movem, embora ele mesmo não se mova. Por isso, pode-se dizer que o que influi no primeiro céu que é movido não é algo que pelo movimento seja transitório e adventício, mas algo fixo e estável, por exemplo, o poder de conservar e causar ou algo parecido que tenha dignidade.

QUANTO AO 3º, deve-se dizer que o lugar da contemplação é corpóreo, não por necessidade, mas por conveniência, como a claridade exterior convém à interior. Por isso disse Basílio: "Os espíritos que

---

8. C. 9: ML 41, 287.
9. *De Caelo*, l. I, c. 3: 270, b, 16-25; — *Meteor.*, l. I, c. 3: 339, b, 16-30.
10. *Cael. Hier.*, c. 13: MG 3, 300 B.
11. Homil. 2 in *Hexaem.*: MG 29, 40 C — 41 A.

spiritus non poterat degere in tenebris; sed in luce et laetitia decentem sibi habitum possidebat.

AD QUARTUM dicendum quod, sicut Basilius dicit in II *Hexaem.*[12], *constat factum esse caelum rotunditate conclusum, habens corpus spissum et adeo validum, ut possit ea quae extrinsecus habentur, ab interioribus separare. Ob hoc necessario post se regionem relictam carentem luce constituit, utpote fulgore qui superradiabat excluso.* — Sed quia corpus firmamenti, etsi sit solidum, est tamen diaphanum, quod lumen non impedit (ut patet per hoc, quod lumen stellarum videmus non obstantibus mediis caelis); potest aliter dici quod habet lucem caelum empyreum non condensatam, ut radios emittat, sicut corpus solis, sed magis subtilem. Vel habet claritatem gloriae, quae non est conformis cum claritate naturali.

servem não podem habitar nas trevas, mas na luz e na alegria deviam ter sua decente morada".

QUANTO AO 4º, deve-se dizer com Basílio: "Sabemos que o céu foi feito redondo e fechado, de natureza densa e tão resistente, que fora capaz de separar as coisas que estão fora dele das que estão em seu interior. Por isso, foi constituída, necessariamente, atrás dele, uma região isolada, sem luz, uma vez excluída da luminosidade que era irradiada". — Mas porque o corpo do firmamento, embora sendo sólido, é diáfano, não impedindo a luz (pois vemos a luz das estrelas, não obstante os céus intermediários); por essa razão, pode-se dizer que o céu empíreo tem luz não condensada, capaz de emitir raios luminosos como o sol, mas mais sutil. Ou, então, dizer que tem a claridade da glória, diferente da claridade natural.

ARTICULUS 4
Utrum tempus sit concreatum materiae informi

AD QUARTUM SIC PROCEDITUR. Videtur quod tempus non sit concreatum materiae informi.

1. Dicit enim Augustinus, XII *Confess.*[1], ad Deum loquens: *Duo reperio quae fecisti carentia temporibus*, scilicet materiam primam corporalem, et naturam angelicam. Non ergo tempus est concreatum materiae informi.

2. PRAETEREA, tempus dividitur per diem et noctem. Sed a principio nec nox nec dies erat, sed postmodum, cum *divisit Deus lucem a tenebris*. Ergo a principio non erat tempus.

3. PRAETEREA, tempus est numerus motus firmamenti: quod legitur factum secundo die. Ergo non a principio erat tempus.

4. PRAETEREA, motus est prior tempore. Magis igitur deberet numerari inter primo creata motus, quam tempus.

5. PRAETEREA, sicut tempus est mensura extrinseca, ita et locus. Non ergo magis debet computari inter primo creata tempus, quam locus.

SED CONTRA est quod Augustinus dicit, *super Gen. ad litt.*[2], quod spiritualis et corporalis creatura est creata *in principio temporis*.

ARTIGO 4
O tempo foi concriado com a matéria informe?

QUANTO AO QUARTO, ASSIM SE PROCEDE: parece que o tempo **não** foi concriado com a matéria informe.

1. Com efeito, diz Agostinho, dirigindo-se a Deus: "Encontro duas coisas que fizestes privadas de tempo, a matéria primeira corporal e a natureza angélica". Logo, o tempo não foi concriado com a matéria informe.

2. ALÉM DISSO, o tempo se divide em dia e noite. Ora, no início não havia nem dia nem noite, mas somente depois, quando Deus "dividiu a luz das trevas". Logo, no princípio não havia o tempo.

3. ADEMAIS, o tempo é o número do movimento do firmamento, o qual, como se lê, foi feito no segundo dia. Logo, no princípio não havia o tempo.

4. ADEMAIS, o movimento precede o tempo. Por isso, o movimento deveria ser enumerado entre as coisas primeiramente criadas, antes do tempo.

5. ADEMAIS, o tempo é uma medida extrínseca, assim também o lugar. Portanto, entre as coisas primeiramente criadas, não se deve contar o tempo antes do lugar.

EM SENTIDO CONTRÁRIO, diz Agostinho: "A criatura espiritual e a corporal foram criadas *no princípio do tempo*".

---

12. MG 29, 41 AB.

PARALL.: II *Sent.*, dist. 12, a. 5.

1. C. 12: ML 32, 831.
2. Vide l. I, c. 1: ML 34, 247.

RESPONDEO dicendum quod communiter dicitur quatuor esse primo creata: scilicet naturam angelicam, caelum empyreum, materiam corporalem informem, et tempus. Sed attendendum est quod hoc dictum non procedit secundum Augustini opinionem. Augustinus enim ponit[3] duo primo creata, scilicet naturam angelicam et materiam corporalem, nulla mentione facta de caelo empyreo. Haec autem duo, scilicet natura angelica et materia informis, praecedunt formationem non duratione, sed natura. Et sicut natura praecedunt formationem, ita etiam et motum et tempus. Unde tempus non potest eis connumerari.

Procedit autem praedicta connumeratio secundum opinionem aliorum Sanctorum, ponentium quod informitas materiae duratione praecessit formationem: et tunc pro illa duratione necesse est ponere tempus aliquod; aliter enim mensura durationis accipi non posset.

AD PRIMUM ergo dicendum quod Augustinus hoc dicit ea ratione qua natura angelica et materia informis praecedunt origine, seu natura, tempus.

AD SECUNDUM dicendum quod sicut, secundum alios Sanctos, materia erat quodammodo informis, et postea fuit formata; ita tempus quodammodo fuit informe, et postmodum formatum, et distinctum per diem et noctem.

AD TERTIUM dicendum quod, si motus firmamenti non statim a principio incoepit, tunc tempus quod praecessit, non erat numerus motus firmamenti, sed cuiuscumque primi motus. Accidit enim tempori quod sit numerus motus firmamenti, inquantum hic motus est primus motuum: si autem esset alius motus primus, illius motus esset tempus mensura, quia omnia mensurantur primo sui generis. Oportet autem dicere statim a principio fuisse aliquem motum, ad minus secundum successionem conceptionum et affectionum in mente angelica. Motum autem non est intelligere sine tempore: cum nihil aliud sit tempus quam *numerus prioris et posterioris in motu*.

AD QUARTUM dicendum quod inter primo creata computantur ea quae habent generalem habitudinem ad res. Et ideo computari debuit tempus, quod habet rationem communis mensurae: non autem motus, qui comparatur solum ad subiectum mobile.

RESPONDO. É comum dizer que quatro coisas foram criadas em primeiro lugar: a natureza angélica, o céu empíreo, a matéria corporal informe e o tempo. Não obstante, conforme a opinião de Agostinho, isso não pode ser aceito, pois afirma ele que somente duas coisas foram criadas em primeiro lugar, a saber, a natureza angélica e a matéria corporal, sem mencionar o céu empíreo. Essas duas coisas precedem a formação não pela duração, mas pela natureza. Como pela natureza precedem a formação, precedem também o movimento e o tempo. Logo, o tempo não pode ser enumerado com aquelas coisas.

Essa enumeração acima citada é procedente segundo a opinião de outros Padres, que afirmam que o estado informe precedeu a formação pela duração. Para tal duração é necessário admitir-se algum tempo, caso contrário, a medida da duração seria impossível.

QUANTO AO 1º, portanto, deve-se dizer que Agostinho assim se expressa porque a natureza angélica e a matéria informe precedem o tempo pela origem ou pela natureza.

QUANTO AO 2º, deve-se dizer que assim como, segundo outros Santos Padres, a matéria era de certo modo informe e depois recebeu a forma, também o tempo de certo modo foi informe, e, depois, formado e dividido em dia e noite.

QUANTO AO 3º, deve-se dizer que se o movimento do firmamento não começou imediatamente desde o princípio, então, o tempo precedente não era o número desse movimento, mas de algum outro movimento primeiro. Acontece que o tempo é o número do movimento do firmamento, enquanto esse movimento é o primeiro dos movimentos. Se houvesse antes outro movimento primeiro, aquele movimento teria como sua medida o tempo, porque todas as coisas se medem pelo primeiro de seu gênero. É necessário, pois, afirmar que no princípio houve imediatamente algum movimento, ao menos segundo a sucessão dos conceitos e afeições na mente angélica. Não se pode compreender movimento sem o tempo, porque o tempo é *o número do antes e do depois no movimento*.

QUANTO AO 4º, deve-se dizer que entre as coisas primeiramente criadas contam-se aquelas que têm uma relação geral com as coisas. Por isso, levou-se em conta o tempo, que tem a razão de medida comum, não porém o movimento que só tem relação com o sujeito que é movido.

---

3. Loco cit. in arg. 1.

AD QUINTUM dicendum quod locus intelligitur in caelo empyreo omnia continente. Et quia locus est de permanentibus, concreatus est totus simul. Tempus autem, quod non est permanens, concreatum est in suo principio: sicut etiam modo nihil est accipere in actu de tempore nisi *nunc*.

QUANTO AO 5º, deve-se dizer que se entende o lugar no céu empíreo que contém tudo. Ademais, o lugar, por ser do número das coisas permanentes, foi criado todo simultaneamente. Mas o tempo, que não é permanente, foi concriado com as coisas em seu princípio. Assim, ainda agora, nada a respeito do tempo pode ser considerado em ato, senão o *instante presente*.

QUAESTIO LXVII
DE OPERE DISTINCTIONIS SECUNDUM SE
in quatuor articulos divisa

Consequenter considerandum est de opere distinctionis secundum se. Et primo, de opere primae diei; secundo, de opere secundae dici; tertio, de opere tertiae.

Circa primum quaeruntur quatuor.
Primo: utrum lux proprie in spiritualibus dici possit.
Secundo: utrum lux corporalis sit corpus.
Tertio: utrum sit qualitas.
Quarto: utrum conveniens fuit prima die fieri lucem.

QUESTÃO 67
A OBRA DA DISTINÇÃO EM SI MESMA
em quatro artigos

Em seguida, deve-se considerar a obra da distinção em si mesma. Primeiro, a obra do primeiro dia; segundo, a obra do segundo dia; terceiro, a obra do terceiro dia.

A respeito do primeiro são quatro as perguntas:
1. Atribui-se a luz, em sentido próprio, às coisas espirituais?
2. A luz corporal é um corpo?
3. É uma qualidade?
4. Foi conveniente ter sido a luz criada no primeiro dia?

ARTICULUS 1
Utrum lux proprie in spiritualibus dicatur

AD PRIMUM SIC PROCEDITUR. Videtur quod lux proprie in spiritualibus dicatur.

1. Dicit enim Augustinus, IV *super Gen. ad litt.*[1], quod in spiritualibus *melior et certior lux est*: et quod *Christus non sic dicitur lux quo modo lapis, sed illud proprie, hoc figurative*.

2. PRAETEREA, Dionysius, 4 cap. *de Div. Nom.*[2], ponit *Lumen* inter nomina intelligibilia Dei. Nomina autem intelligibilia proprie dicuntur in spiritualibus. Ergo lux proprie dicitur in spiritualibus.

3. PRAETEREA, Apostolus dicit, Eph 5,13: *Omne quod manifestatur, lumen est*. Sed manifestatio

ARTIGO 1
Atribui-se a luz, em sentido próprio, às coisas espirituais?

QUANTO AO PRIMEIRO ARTIGO, ASSIM SE PROCEDE: parece que a luz **se atribui**, em sentido próprio, às coisas espirituais.

1. Com efeito, diz Agostinho: "Entre as coisas espirituais, a luz é a melhor e a mais certa"; e acrescenta: "Não se diz que Cristo é luz como se diz que é pedra, mas luz em sentido próprio e pedra em sentido figurado".

2. ALÉM DISSO, Dionísio diz ser "a luz um dos nomes inteligíveis de Deus". Ora, os nomes inteligíveis atribuem-se em sentido próprio às coisas espirituais. Logo, atribui-se luz, em sentido próprio, às coisas espirituais.

3. ADEMAIS, diz o Apóstolo na Carta aos Efésios: "Tudo o que se manifesta é luz". Ora,

1 PARALL.: II *Sent.*, dist. 13, a. 2; in *Ioan.*, c. 1, lect. 3.
1. C. 28: ML 34, 315.
2. MG 3, 700 D.

magis proprie est in spiritualibus quam in corporalibus. Ergo et lux.

SED CONTRA est quod Ambrosius, in libro *de Fide*[3], ponit *splendorem* inter ea quae de Deo metaphorice dicuntur.

RESPONDEO dicendum quod de aliquo nomine dupliciter convenit loqui: uno modo, secundum primam eius impositionem; alio modo, secundum usum nominis. Sicut patet in nomine *visionis*, quod primo impositum est ad significandum actum sensus visus; sed propter dignitatem et certitudinem huius sensus, extensum est hoc nomen, secundum usum loquentium, ad omnem cognitionem aliorum sensuum (dicimus enim, *Vide quomodo sapit*, vel *quomodo redolet*, vel *quomodo est calidum*); et ulterius etiam ad cognitionem intellectus, secundum illud Mt 5,8: *Beati mundo corde, quoniam ipsi Deum videbunt*.

Et similiter dicendum est de nomine *lucis*. Nam primo quidem est institutum ad significandum id quod facit manifestationem in sensu visus: postmodum autem extensum est ad significandum omne illud quod facit manifestationem secundum quamcumque cognitionem. — Si ergo accipiatur nomen luminis secundum suam primam impositionem, metaphorice in spiritualibus dicitur, ut Ambrosius dicit[4]. Si autem accipiatur secundum quod est in usu loquentium ad omnem manifestationem extensum, sic proprie in spiritualibus dicitur.

Et per hoc patet RESPONSIO AD OBIECTA.

ARTICULUS 2
Utrum lux sit corpus

AD SECUNDUM SIC PROCEDITUR. Videtur quod lux sit corpus.

1. Dicit enim Augustinus, in libro *de Lib. Arbit.*[1], quod *lux in corporibus primum tenet locum*. Ergo lux est corpus.

2. PRAETEREA, Philosophus dicit[2] quod lumen est species ignis. Sed ignis est corpus. Ergo lumen est corpus.

3. PRAETEREA, ferri, intersecari, et reflecti est proprie corporum: haec autem omnia attribuuntur lumini vel radio. Coniunguntur etiam diversi radii et separantur, ut Dionysius dicit, 2 cap. *de Div.*

manifestar-se é mais próprio das coisas espirituais que das corporais. Logo, também a luz.

EM SENTIDO CONTRÁRIO, Ambrósio relaciona o *esplendor* entre as coisas que se dizem de Deus metaforicamente.

RESPONDO. A respeito de um nome, convém que se fale de duas maneiras: segundo sua primeira origem e segundo seu uso. Assim o nome *visão* primeiramente foi dado para significar o ato do sentido da visão. Porém, por causa da veracidade e dignidade desse sentido, o nome foi estendido, pelo uso, a todo conhecimento dos outros sentidos, quando, por exemplo, se diz: *vê como é saboroso, vê como é perfumado, vê como é tépido*. Depois foi estendido ao conhecimento intelectivo, como se lê no Evangelho de Mateus: "Bem-aventurados os puros de coração, porque verão a Deus".

Assim também acontece com o nome *luz*: primeiramente foi instituído para significar aquilo que faz claros os objetos ao sentido da visão, depois, por extensão, para significar tudo aquilo que faz claros os objetos de qualquer conhecimento. — Assim, tomando-se luz na primeira significação, atribui-se metaforicamente às coisas espirituais, como ensinou Ambrósio. Ao tomar-se a luz, porém, na acepção usual, estendendo-a a todo esclarecimento, desse modo é atribuída propriamente às coisas espirituais.

Ficam assim RESPONDIDAS AS OBJEÇÕES.

ARTIGO 2
A luz é corpo?

QUANTO AO SEGUNDO, ASSIM SE PROCEDE: parece que a luz é corpo.

1. Com efeito, diz Agostinho: "A luz, entre os corpos, tem o primeiro lugar". Logo, a luz é corpo.

2. ALÉM DISSO, diz o Filósofo: "A luz é uma espécie de fogo". Ora, o fogo é corpo. Logo, a luz é corpo.

3. ADEMAIS, ser levado, seccionado e refletido é próprio dos corpos. Ora, essas coisas são atribuídas à luz ou a seus raios. Os raios luminosos unem-se e separam-se, como diz Dionísio, o que

---

3. L. II, Prolog.: ML 16, 560 C.
4. Loco cit. supra.

PARALL.: II *Sent.*, dist. 13, a. 3; II *de Anima*, lect. 14.

1. L. III, c. 5: ML 32, 1279.
2. *Topic.*, l. V, c. 5: 134, b, 28-30.

Nom.[3]: quod etiam videtur non nisi corporibus convenire posse. Ergo lumen est corpus.

SED CONTRA, duo corpora non possunt simul esse in eodem loco. Sed lumen est simul cum aere. Ergo lumen non est corpus.

RESPONDEO dicendum quod impossibile est lumen esse corpus. Quod quidem apparet tripliciter. Primo quidem, ex parte loci. Nam locus cuiuslibet corporis est alius a loco alterius corporis: nec est possibile, secundum naturam, duo corpora esse simul in eodem loco, qualiacumque corpora sint; quia contiguum requirit distinctionem in situ.

Secundo, apparet idem ex ratione motus. Si enim lumen esset corpus, illuminatio esset motus localis corporis. Nullus autem motus localis corporis potest esse in instanti: quia omne quod movetur localiter, necesse est quod prius perveniat ad medium magnitudinis quam ad extremum. Illuminatio autem fit in instanti. — Nec potest dici quod fiat in tempore imperceptibili. Quia in parvo spatio posset tempus latere: in magno autem spatio, puta ab oriente in occidentem, tempus latere non posset: statim enim cum sol est in puncto orientis, illuminatur totum hemisphaerium usque ad punctum oppositum. — Est etiam aliud considerandum ex parte motus. Quia omne corpus habet motum naturalem determinatum: motus autem illuminationis est ad omnem partem, nec magis secundum circulum quam secundum rectitudinem. Unde manifestum est quod illuminatio non est motus localis alicuius corporis.

Tertio, apparet idem ex parte generationis et corruptionis. Si enim lumen esset corpus, quando aer obtenebrescit per absentiam luminaris, sequeretur quod corpus luminis corrumperetur, et quod materia eius acciperet aliam formam. Quod non apparet, nisi aliquis dicat etiam tenebras esse corpus. — Nec etiam apparet ex qua materia tantum corpus, quod replet medium hemisphaerium, quotidie generetur. — Ridiculum est etiam dicere quod ad solam absentiam luminaris, tantum corpus corrumpatur. — Si quis etiam dicat quod non corrumpitur, sed simul cum sole accedit et circumfertur: quid dici poterit de hoc, quod ad interpositionem alicuius corporis circa candelam, tota domus obscuratur? Nec videtur quod lumen congregetur circa candelam: quia non apparet ibi maior claritas post quam ante. — Quia ergo

também parece poder convir só aos corpos. Logo, a luz é corpo.

EM SENTIDO CONTRÁRIO, dois corpos não podem simultaneamente estar no mesmo lugar. Ora, a luz está simultaneamente com o ar. Logo, a luz não é corpo.

RESPONDO. É impossível a luz ser corpo, o que se evidencia de três maneiras. Primeiro, a partir do lugar. Pois o lugar de um corpo é distinto do lugar de outro corpo, nem será possível na natureza estarem os dois no mesmo lugar, sejam quais forem, porque o que é contíguo exige lugares distintos.

Segundo, o mesmo se evidencia a partir do movimento. Se a luz fosse corpo, a iluminação seria movimento local do corpo. Também, nenhum movimento local de corpo pode ser instantâneo, porque tudo o que se move localmente primeiro deve atingir o meio da extensão e depois seu termo. Mas a iluminação faz-se num instante. — Nem se pode dizer que seu tempo é imperceptível, porque em um pequeno espaço, o tempo pode ser imperceptível, mas em um grande espaço, como o que se estende do oriente para o ocidente, ele não poderá ser imperceptível, pois logo que o sol está em determinado lugar do oriente, todo o hemisfério é por ele iluminado, até o lugar oposto. — Há, ainda, outra consideração a partir do movimento. Visto que todo corpo tem seu movimento natural determinado, o movimento da iluminação dirige-se para toda parte, e não tanto de maneira circular quanto de maneira retilínea. Logo, é claro que a iluminação não é movimento local de um corpo.

Terceiro, o mesmo se vê a partir da geração e da corrupção. Pois se a luz fosse corpo, quando o ar fica obscurecido pela falta de luz, o corpo luminoso se corromperia e sua matéria receberia outra forma. Isso não se vê a não ser que alguém afirme que também as trevas são corpo. — Ademais, não se vê de que matéria seria gerado diariamente um corpo tão grande, capaz de encher meio hemisfério. — Será também ridículo afirmar que, só pela ausência da luz, tal corpo se corromperia. — Se contudo alguém disser que não se corrompe, mas que simultaneamente com o sol aparece e se difunde, como então explicar que se se interpõe um corpo ao redor da vela toda a casa fica às escuras? Nem se vê porque a luz se concentra ao redor da vela, uma vez que não se vê que aí haja mais claridade depois do que

---

3. MG 3, 641 AB.

omnia haec non solum rationi, sed sensui etiam repugnant, dicendum est quod impossibile est lumen esse corpus.

AD PRIMUM ergo dicendum quod Augustinus accipit lucem pro corpore lucido in actu, scilicet pro igne, quod inter quatuor elementa nobilissimum est.

AD SECUNDUM dicendum quod Aristoteles *lumen* nominat ignem in propria materia: sicut ignis in materia aerea dicitur *flamma*, et in materia terrea dicitur *carbo*. — Non tamen est multum curandum de eis exemplis quae Aristoteles inducit in libris logicalibus: quia inducit ea ut probabilia secundum opinionem aliorum.

AD TERTIUM dicendum quod omnia illa attribuuntur lumini metaphorice: sicut etiam possent attribui calori. Quia enim motus localis est naturaliter primus motuum, ut probatur in VIII *Physic*.[4], utimur nominibus pertinentibus ad motum localem, in alteratione et in omnibus motibus: sicut etiam nomen *distantiae* derivatum est a loco ad omnia contraria, ut dicitur in X *Metaphys*.[5]

antes. — Portanto, porque tudo isso repugna não só à razão mas também ao sentido, deve-se dizer que é impossível que a luz seja corpo.

QUANTO AO 1º, portanto, deve-se dizer que Agostinho toma a luz por um corpo iluminado em ato, por exemplo, o fogo, o mais nobre dos quatro elementos.

QUANTO AO 2º, deve-se dizer que Aristóteles chama *luz* o fogo em sua matéria própria: como o fogo na matéria aérea se diz *chama*, e na terrena, *carvão*. — Não se deve dar muita atenção aos exemplos aristotélicos contidos no livro de lógica, porque os apresenta como prováveis na opinião de outros.

QUANTO AO 3º, deve-se dizer que tudo isso se atribui à luz em sentido metafórico, como também se poderia atribuir ao calor. Porque o movimento local é naturalmente o primeiro dos movimentos, como se diz no livro VIII da *Física*, usamos os nomes próprios do movimento local na alteração e em todos os movimentos, como também o nome *distância*, que é próprio de lugar, se estende a seus contrários, segundo consta no livro X da *Metafísica*.

ARTICULUS 3
Utrum lux sit qualitas

AD TERTIUM SIC PROCEDITUR. Videtur quod lux non sit qualitas.

1. Omnis enim qualitas permanet in subiecto etiam postquam agens discesserit; sicut calor in aqua postquam removetur ab igne. Sed lumen non remanet in aere recedente luminari. Ergo lumen non est qualitas.

2. PRAETEREA, omnis qualitas sensibilis habet contrarium; sicut calido contrariatur frigidum, et albo nigrum. Sed lumini nihil est contrarium: tenebra enim est privatio luminis. Ergo lumen non est qualitas sensibilis.

3. PRAETEREA, causa est potior effectu. Sed lux caelestium corporum causat formas substantiales in istis inferioribus. Dat enim esse spirituale coloribus: quia facit eos visibiles actu. Ergo lux non est aliqua qualitas sensibilis, sed magis substantialis forma, aut spiritualis.

SED CONTRA est quod Damascenus dicit, in libro I[1], quod lux est quaedam qualitas.

ARTIGO 3
A luz é qualidade?

QUANTO AO TERCEIRO, ASSIM SE PROCEDE: parece que a luz **não** é qualidade.

1. Com efeito, toda qualidade permanece no sujeito, mesmo quando o agente se afastou. Por exemplo, o calor continua na água após ser removida do fogo. Ora, a luz não permanece no ar, retirando-se a fonte de luz. Logo, a luz não é qualidade.

2. ALÉM DISSO, toda qualidade sensível tem seu contrário; por exemplo, o calor é o oposto do frio, o branco, do preto. Ora, a luz não tem contrário, pois a treva é privação de luz. Logo, a luz não é qualidade sensível.

3. ADEMAIS, a causa é mais forte que o efeito. Ora, a luz dos corpos celestes causa as formas substanciais nos corpos inferiores. Dá, por exemplo, o ser espiritual às cores, porque as torna visíveis em ato. Logo, a luz não é qualidade sensível, pelo contrário, é forma substancial ou espiritual.

EM SENTIDO CONTRÁRIO, diz Damasceno que a luz é uma qualidade.

---

4. C. 7: 260, a, 26 — b, 15.
5. C. 4: 1055, a. 4-10.

3 PARALL.: II *Sent*., dist. 13, a. 3; II *de Anima*, lect. 14.
1. *De Fide Orth*., l. I, c. 8, al. 9: MG 94, 820 B — 821 A.

RESPONDEO dicendum quod quidam dixerunt quod lumen in aere non habet esse naturale, sicut color in pariete; sed esse intentionale, sicut similitudo coloris in aere. — Sed hoc non potest esse, propter duo. Primo quidem, quia lumen denominat aerem: fit enim aer luminosus in actu. Color vero non denominat ipsum: non enim dicitur aer coloratus. — Secundo, quia lumen habet effectum in natura: quia per radios solis calefiunt corpora. Intentiones autem non causant transmutationes naturales.

Alii vero dixerunt quod lux est forma substantialis solis. — Sed hoc etiam apparet impossibile, propter duo. Primo quidem, quia nulla forma substantialis est per se sensibilis: quia *quod quid est* est obiectum intellectus, ut dicitur in III *de Anima*[2]. Lux autem est secundum se visibilis. — Secundo, quia impossibile est ut id quod est forma substantialis in uno, sit forma accidentalis in alio: quia formae substantiali per se convenit constituere in specie; unde semper et in omnibus adest ei. Lux autem non est forma substantialis aeris: alioquin, ea recedente, corrumperetur. Unde non potest esse forma substantialis solis.

Dicendum est ergo quod, sicut calor est qualitas activa consequens formam substantialem ignis, ita lux est qualitas activa consequens formam substantialem solis, vel cuiuscumque alterius corporis a se lucentis, si aliquod aliud tale est. Cuius signum est, quod radii diversarum stellarum habent diversos effectus, secundum diversas naturas corporum.

AD PRIMUM ergo dicendum quod, cum qualitas consequatur formam substantialem, diversimode se habet subiectum ad receptionem qualitatis, sicut se habet ad receptionem formae. Cum enim materia perfecte recipit formam, firmiter stabilitur etiam qualitas consequens formam; sicut si aqua convertatur in ignem. Cum vero forma substantialis recipiatur imperfecte, secundum inchoationem quandam, qualitas consequens manet quidem aliquandiu, sed non semper; sicut patet in aqua calefacta, quae redit ad suam naturam. Sed illuminatio non fit per aliquam transmutationem materiae ad susceptionem formae substantialis, ut fiat quasi inchoatio aliqua formae. Et ideo lumen non remanet nisi ad praesentiam agentis.

RESPONDO. Alguns disseram que a luz no ar não tem o ser natural, como a cor na parede, mas o ser intencional, como a imagem da cor no ar. — Isso, contudo, não pode ser por dois motivos. Primeiro, porque a luz qualifica o ar, fazendo-o luminoso em ato. Mas a cor não qualifica o ar, pois não se diz que o ar é colorido. — Segundo, porque a luz tem efeitos na natureza, visto que pelos raios do sol os corpos são aquecidos. Ora, o que é intencional não causa mudanças na natureza.

Outros afirmaram que a luz é a forma substancial do sol. — Também por dois motivos isso é impossível. Primeiro, porque nenhuma forma substancial é sensível em si mesma, visto que a essência [*quod quid est*] é objeto do intelecto, como se diz no livro III da *Alma*. Ora, a luz é em si mesma visível. — Segundo, porque é impossível que aquilo que é forma substancial em um seja forma acidental em outro, porque à forma substancial cabe por si constituir em uma espécie e, por isso, sempre e em todas as coisas está presente. Mas a luz não é forma substancial do ar, pois se o fosse, retirando-se ela, o ar se corromperia. Por isso, não pode ser forma substancial do sol.

Deve-se, pois, dizer que, assim como o calor é qualidade ativa resultante da forma substancial do fogo, também a luz é qualidade ativa, resultante da forma substancial do sol, ou de qualquer outro corpo com luz própria, se houver algum outro. É sinal disso, que os raios das diferentes estrelas têm efeitos diversos, segundo as diferentes naturezas dos corpos.

QUANTO AO 1º, portanto, deve-se dizer que como a qualidade corresponde à forma substancial, de diversas maneiras se comporta o sujeito à recepção da qualidade assim como à recepção da forma. Quando a matéria recebe perfeitamente a forma, também de modo firme fica nela estabelecida a qualidade correspondente à forma; por exemplo, se a água se convertesse em fogo. Mas quando a forma substancial é recebida de modo imperfeito, de modo incoativo, a qualidade dela resultante permanece por algum tempo, não, porém, sempre, como se vê na água aquecida, que volta a seu estado natural. Mas a iluminação não se processa por mudança da matéria para receber a forma substancial, como se houvesse um começo de forma, e, assim, a luz só permanece com a presença do agente.

---

2. C. 6: 430, b, 26-31.

AD SECUNDUM dicendum quod accidit luci quod non habeat contrarium, inquantum est qualitas naturalis primi corporis alterantis, quod est a contrarietate elongatum.

AD TERTIUM dicendum quod, sicut calor agit ad formam ignis quasi instrumentaliter in virtute formae substantialis, ita lumen agit quasi instrumentaliter in virtute corporum caelestium ad producendas formas substantiales: et ad hoc quod faciat colores visibiles actu, inquantum est qualitas primi corporis sensibilis.

QUANTO AO 2º, deve-se dizer que acontece à luz não ter contrário, enquanto é qualidade natural do primeiro corpo princípio de alteração, o qual está longe da contrariedade.

QUANTO AO 3º, deve-se dizer que como o calor, em virtude de sua forma substancial, age quase instrumentalmente, para produzir a forma do fogo, também a luz atua, quase instrumentalmente, em virtude dos corpos celestes, para produzir as formas substanciais; e também para tornar as cores visíveis em ato, enquanto qualidade do primeiro corpo sensível.

ARTICULUS 4
Utrum convenienter lucis productio in prima die ponatur

AD QUARTUM SIC PROCEDITUR. Videtur quod inconvenienter lucis productio in prima die ponatur.

1. Est enim lux qualitas quaedam, ut dictum est[1]. Qualitas autem, cum sit accidens, non habet rationem primi, sed magis rationem postremi. Non ergo prima die debet poni productio lucis.

2. PRAETEREA, per lucem distinguitur nox a die. Hoc autem fit per solem, qui ponitur factus die quarta. Ergo non debuit poni productio lucis prima die.

3. PRAETEREA, nox et dies fit per circularem motum corporis lucidi. Sed circularis motus est proprius firmamenti, quod legitur factum die secunda. Ergo non debuit poni in prima die productio lucis distinguentis noctem et diem.

4. Si dicatur quod intelligitur de luce spirituali, contra: Lux quae legitur facta prima die, facit distinctionem a tenebris. Sed non erant in principio spirituales tenebrae: quia etiam daemones fuerunt a principio boni, ut supra[2] dictum est. Non ergo prima die debuit poni productio lucis.

SED CONTRA, id sine quo non potest esse dies, oportuit fieri in prima die. Sed sine luce non potest esses dies. Ergo oportuit lucem fieri prima die.

RESPONDEO dicendum quod de productione lucis est duplex opinio. Augustino enim videtur quod non fuerit conveniens Moysen praetermisisse

ARTIGO 4
Foi conveniente afirmar a produção da luz no primeiro dia?

QUANTO AO QUARTO, ASSIM SE PROCEDE: parece que **não** foi conveniente afirmar a produção da luz no primeiro dia.

1. Com efeito, como foi dito, a luz é qualidade. Ora, sendo a qualidade um acidente, não tem razão de primeiro, mas antes de último. Logo, não se deve afirmar a criação da luz no primeiro dia.

2. ALÉM DISSO, a luz distingue a noite do dia. Ora, essa distinção vem do sol, que se afirma como criado no quarto dia. Logo, não se devia afirmar a criação da luz no primeiro dia.

3. ADEMAIS, faz-se noite e dia pelo movimento circular do corpo luminoso. Ora, o movimento circular é próprio do firmamento, que se lê como feito no segundo dia. Logo, não se devia afirmar no primeiro dia a criação da luz, que distingue o dia da noite.

4. SE se diz que se entende como luz espiritual, eis a objeção: a luz que, segundo se lê, foi feita no primeiro dia distingue-se das trevas. Ora, no princípio não havia trevas espirituais, porque, como acima foi dito, os demônios no princípio eram bons. Logo, não se devia afirmar a criação da luz no primeiro dia.

EM SENTIDO CONTRÁRIO, aquilo sem o qual não pode haver dia deveria ter sido feito no primeiro dia. Ora, sem a luz não pode haver dia. Logo, foi conveniente que a luz fosse feita no primeiro dia.

RESPONDO. Há duas opiniões a respeito da criação da luz. A Agostinho parece que Moisés omitiu, inconvenientemente, a produção da cria-

---

4 PARALL.: Infra, q. 69, a. 1; II *Sent.*, dist. 13, a. 4.

1. A. praec.
2. Q. 63, a. 5.

spiritualis creaturae productionem. Et ideo dicit[3] quod, cum dicitur, *In principio creavit Deus caelum et terram*, per *caelum* intelligitur spiritualis natura adhuc informis, per *terram* autem intelligitur materia informis corporalis creaturae. Et quia natura spiritualis dignior est quam corporalis, fuit prius formanda. Formatio igitur spiritualis naturae significatur in productione lucis, ut intelligatur de luce spirituali: formatio enim naturae spiritualis est per hoc quod illuminatur ut adhaereat Verbo Dei.

Aliis autem videtur quod sit praetermissa a Moyse productio spiritualis creaturae. Sed huius rationem diversimode assignant. Basilius enim dicit[4] quod Moyses principium narrationis suae fecit a principio quod ad tempus pertinet sensibilium rerum; sed spiritualis natura, idest angelica, praetermittitur, quia fuit ante creata. — Chrysostomus autem assignat[5] aliam rationem. Quia Moyses loquebatur rudi populo, qui nihil nisi corporalia poterat capere; quem etiam ab idolatria revocare volebat. Assumpsissent autem idolatriae occasionem, si propositae fuissent eis aliquae substantiae supra omnes corporeas creaturas: eas enim reputassent deos, cum etiam proni essent ad hoc quod solem et lunam et stellas colerent tanquam deos; quod eis inhibetur Dt 4,19.

Praemissa autem fuerat Gn 1,2 circa creaturam corporalem multiplex informitas: una quidem in hoc quod dicebatur, *terra erat inanis et vacua*; alia vero in hoc quod dicebatur, *tenebrae erant super faciem abyssi*. Necessarium autem fuit ut informitas tenebrarum primo removeretur per lucis productionem, propter duo. Primo quidem, quia lux, ut dictum est[6], est qualitas primi corporis: unde secundum eam primo fuit mundus formandus. — Secundo, propter communitatem lucis: communicant enim in ea inferiora corpora cum superioribus. Sicut autem in cognitione proceditur a communioribus, ita etiam in operatione: nam prius generatur vivum quam animal, et animal quam homo, ut dicitur in libro *de Gener. Animal.*[7]. Sic ergo oportuit ordinem divinae sapientiae manifestari, ut primo inter opera distinctionis produceretur lux, tanquam primi corporis forma, et tanquam communior. — Basilius autem ponit[8]

tura espiritual. Por isso diz que quando se lê: "No princípio Deus criou o céu e a terra", por *céu* se entende a natureza espiritual ainda informe, e por *terra* a matéria informe da criatura corporal. E porque a natureza espiritual é mais nobre que a corporal, deve ter sido formada primeiro. Portanto, a formação da natureza espiritual é significada na criação da luz, para que se entenda que se trata da luz espiritual. A formação, pois, da natureza espiritual está em ser iluminada para aderir ao Verbo de Deus.

Para outros, Moisés omitiu a criação da criatura espiritual, mas aduzem razões diversas para explicá-lo. Basílio, por exemplo, diz que Moisés iniciou a narração partindo do início temporal das coisas sensíveis, e omitiu a natureza espiritual, isto é, a angélica, porque esta fora criada antes. — Crisóstomo, porém, aduz outra razão: porque Moisés se dirigia a um povo rude que só podia entender as coisas corporais, ao qual queria afastar da idolatria. Haveria ocasião para a idolatria se lhe fossem apresentadas substâncias acima de todas criaturas corpóreas, pois as consideraria deus, até porque era inclinado a ter as estrelas, o sol e a lua como deuses, o que era proibido pelo Deuteronômio.

No texto do Gênesis, já fora afirmado, a respeito da criatura corporal, um múltiplo estado informe. Por exemplo, quando se diz: *a terra era sem vida e vazia*; ou as *trevas estavam sobre a superfície do abismo*. Foi necessário que o estado informe das trevas fosse primeiro afastado pela criação da luz, por dois motivos. Primeiro, porque, como se disse, ela é qualidade do primeiro corpo, e, assim, por ela, primeiramente, o mundo foi formado. — Segundo, por causa da universalidade da luz, pois por ela se comunicam os corpos inferiores com os superiores. Ora, assim como no conhecimento se procede do mais geral, assim também na operação. O vivo é gerado antes do animal, e o animal, antes do homem, como se diz no livro *De Generatione Animalium*. Por isso foi conveniente que a ordem da sabedoria divina assim se manifestasse, de modo que, entre as obras de distinção, primeiro fosse a luz produzida, como forma do primeiro

---

3. Vide *De Gen. ad litt.*, l. I, cc. 1, 3, 4, 9: ML 34, 247, 248-249, 249, 252-253.
4. Homil. 1 in *Hexaemeron*: MG 29, 13 C.
5. Homil. 2 in *Gen.*: MG 53, 29.
6. A. praec.
7. L. II, c. 3: 736.
8. Homil. 2 in *Hexaem.*: MG 29, 44 C — 45 A.

tertiam rationem: quia per lucem omnia alia manifestantur. — Potest et quarta ratio addi, quae in obiiciendo[9] est tacta: quia dies non potest esse sine luce; unde oportuit in prima die fieri lucem.

AD PRIMUM ergo dicendum quod, secundum opinionem quae ponit informitatem materiae duratione praecedere formationem, oportet dicere quod materia a principio fuerit creata sub formis substantialibus; postmodum vero fuerit formata secundum aliquas conditiones accidentales, inter quas primum locum obtinet lux.

AD SECUNDUM dicendum quod quidam dicunt lucem illam fuisse quandam nubem lucidam, quae postmodum, facto sole, in materiam praeiacentem rediit. Sed istud non est conveniens. Quia Scriptura in principio *Genesis* commemorat institutionem naturae, quae postmodum perseverat: unde non debet dici quod aliquid tunc factum fuerit, quod postmodum esse desierit. — Et ideo alii dicunt quod illa nubes lucida adhuc remanet, et est coniuncta soli, ut ab eo discerni non possit. Sed secundum hoc, illa nubes superflua remaneret: nihil autem est vanum in operibus Dei. — Et ideo alii dicunt quod ex illa nube formatum est corpus solis. Sed hoc etiam dici non potest, si ponatur corpus solis non esse de natura quatuor elementorum, sed esse incorruptibile per naturam: quia secundum hoc, materia eius non potest esse sub alia forma.

Et ideo est dicendum, ut Dionysius dicit 4 cap. *de Div. Nom.*[10], quod illa lux fuit lux solis, sed adhuc informis, quantum ad hoc, quod iam erat substantia solis, et habebat virtutem illuminativam in communi; sed postmodum data est ei specialis et determinata virtus ad particulares effectus. Et secundum hoc, in productione huius lucis distincta est lux a tenebris, quantum ad tria. Primo quidem, quantum ad causam: secundum quod in substantia solis erat causa luminis, in opacitate autem terrae causa tenebrarum. Secundo, quantum ad locum: quia in uno hemisphaerio erat lumen, in alio tenebrae. Tertio, quantum ad tempus: quia in eodem hemisphaerio secundum unam partem temporis erat lumen, secundum aliam tenebrae. Et hoc est quod dicitur: *lucem vocavit Diem, et tenebras Noctem.*

corpo e a mais universal. — Traz Basílio ainda uma terceira razão. Porque pela luz todas as coisas se tornam claras. — Mas ainda se pode acrescentar uma quarta razão, já insinuada na objeção: porque o dia não pode ser sem luz, foi conveniente que no primeiro dia a luz fosse feita.

QUANTO AO 1º, portanto, deve-se dizer que quanto à opinião que afirma que o estado informe da matéria precedeu, no tempo, sua formação, deve-se responder que no princípio a matéria foi criada sob formas substanciais, e depois formada segundo condições acidentais, entre elas a luz tem o primeiro lugar.

QUANTO AO 2º, deve-se dizer que alguns dizem que aquela luz foi uma nuvem iluminada que, depois, criado o sol, voltou a ser a matéria anterior. Mas isso não é conveniente, porque a Escritura, no princípio do Gênesis, cita a instituição da natureza, que depois permanece, e por isso não se deve dizer que o que então fora feito depois desapareceu. — Por isso, outros dizem que aquela nuvem luminosa ainda permaneceu e se juntou ao sol, de tal modo que não pode se separar dele. Mas, se assim fosse, aquela nuvem seria supérflua, mas nada é inútil nas obras de Deus. — Outros ainda disseram que daquela nuvem foi formado o corpo do sol. Mas também isso não se pode dizer, se for aceito que ele não é da natureza dos quatro elementos, mas é por natureza incorruptível, porque sua matéria não pode estar com outra forma[a].

Deve-se, finalmente, afirmar, como diz Dionísio, que a luz citada era a luz do sol, mas ainda informe, e, desse modo, já era substância do sol e possuía o poder de iluminar as coisas em comum; porém, depois, lhe foi dada uma especial e determinada capacidade para efeitos particulares. Assim, na criação dessa luz, separou-se ela das trevas, relativamente a três coisas. Primeiro, quanto à causalidade, pois a causa da luz se encontrava na substância do sol, e a causa das trevas na obscuridade da terra. Segundo, quanto ao lugar, porque em um hemisfério havia luz, no outro, trevas. Terceiro, quanto ao tempo, porque no mesmo hemisfério em uma parte do tempo havia luz, na outra, trevas. E é isso o que se diz: *chamou a luz dia, e as trevas, noite.*

---

9. In arg. *Sed contra.*
10. MG 3, 700 A.

a. Ver a nota precedente, sobre a Q. 66, a. 1, r. 2.

AD TERTIUM dicendum quod Basilius dicit[11] lucem et tenebras tunc fuisse per emissionem et contractionem luminis, et non per motum. — Sed contra hoc obiicit Augustinus[12] quod nulla ratio esset huius vicissitudinis emittendi et retrahendi luminis; cum homines et animalia non essent, quorum usibus hoc deserviret. — Et praeterea hoc non habet natura corporis lucidi, ut retrahat lumen in sui praesentia, sed miraculose potest hoc fieri: in prima autem institutione naturae non quaeritur miraculum, sed quid natura rerum habeat, ut Augustinus dicit[13].

Et ideo dicendum est quod duplex est motus in caelo. Unus communis toti caelo, qui facit diem et noctem: et iste videtur institutus primo die. Alius autem est, qui diversificatur per diversa corpora; secundum quos motus fit diversitas dierum ad invicem, et mensium et annorum. Et ideo in prima die fit mentio de sola distinctione noctis et diei, quae fit per motum communem. In quarta autem die fit mentio de diversitate dierum et temporum et annorum, cum dicitur, *ut sint in tempora et dies et annos*; quae quidem diversitas fit per motus proprios.

AD QUARTUM dicendum quod, secundum Augustinum[14], informitas non praecedit formationem duratione. Unde oportet dicere quod per lucis productionem intelligatur formatio spiritualis creaturae non quae est per gloriam perfecta, cum qua creata non fuit; sed quae est per gratiam perfecta, cum qua creata fuit, ut dictum est[15]. Per hanc ergo lucem facta est divisio a tenebris, idest ab informitate alterius creaturae non formatae. Vel, si tota creatura simul formata fuit, facta est distinctio a tenebris spiritualibus, non quae tunc essent (quia diabolus non fuit creatus malus); sed quas Deus futuras praevidit.

QUANTO AO 3º, deve-se dizer que Basílio disse que então houve luz e trevas por emissão e contração da luz, mas não por movimento. — Mas Agostinho objeta, em contrário, que nenhuma razão havia para que nessa circunstância fosse emitida e contraída a luz, já que não existiam os homens e os animais a cujos usos isso serviria. — Ademais, não é da natureza do corpo luminoso retrair a luz quando está iluminando, o que só pode ser feito por milagre. Mas no início da criação da natureza não se busca o milagre, porém o que tem a natureza das coisas, como disse Agostinho.

Por isso, deve-se dizer que há dois movimentos no céu: um, comum a todo o céu, fazendo o dia e a noite, e que parece ter sido feito no primeiro dia. O outro, diversificado pelos corpos, cujos movimentos constituem os dias, os meses e os anos. Assim é que no primeiro dia só é mencionada a distinção de noite e dia, que vem do movimento comum. No quarto dia, é feita menção da diversidade dos dias, dos tempos e dos anos, quando se diz: "Para que haja tempos, dias e anos". Essa diversidade provém de movimentos próprios.

QUANTO AO 4º, assim se deve dizer que segundo Agostinho, o estado informe não precedeu no tempo a formação. Por isso, é conveniente dizer que pela criação da luz se entende a formação da criatura espiritual, não aquela que é perfeita pela glorificação, pois esta não foi criada com a luz, mas aquela que é perfeita pela graça com a qual foi criada, como foi dito. Por essa luz foi feita a separação das trevas, isto é, do estado informe da outra criatura não formada. Mas se todas as criaturas foram formadas simultaneamente, a distinção foi feita das trevas espirituais, não que essas já existissem, porque o diabo não foi criado mau, mas as que Deus previu como futuras.

---

11. Homil. 2 in *Hexaem*.: MG 29, 48 BC.
12. *De Gen. ad litt.*, l. I, c. 16: ML 34, 258.
13. Ibid., l. II, c. 1: ML 34, 263.
14. *Confess.*, l. XII, c. 29: ML 32, 843; *De Gen. ad litt.*, l. I, c. 15: ML 34, 257.
15. Q. 62, a. 3.

QUAESTIO LXVIII
DE OPERE SECUNDAE DIEI
in quatuor articulos divisa

Deinde considerandum est de opere secundae diei.

Et circa hoc quaeruntur quatuor.

QUESTÃO 68
A OBRA DO SEGUNDO DIA
em quatro artigos

Deve-se considerar, agora, a obra do segundo dia.

A respeito disso são quatro as perguntas:

Primo: utrum firmamentum sit factum secunda die.
Secundo: utrum aliquae aquae sint supra firmamentum.
Tertio: utrum firmamentum dividat aquas ab aquis.
Quarto: utrum sit unum caelum tantum, vel plures.

1. O firmamento foi feito no segundo dia?
2. Havia águas acima do firmamento?
3. O firmamento dividiu as águas das águas?
4. Há um único céu, ou são muitos?

Articulus 1
Utrum firmamentum sit factum secunda die

AD PRIMUM SIC PROCEDITUR. Videtur quod firmamentum non sit factum secunda die.

1. Dicitur enim Gn 1,8: *Vocavit Deus firmamentum Caelum.* Sed caelum factum est ante omnem diem, ut patet cum dicitur: *In principio creavit Deus caelum et terram.* Ergo firmamentum non est factum secunda die.
2. PRAETEREA, opera sex dierum ordinantur secundum ordinem divinae sapientiae. Non conveniret autem divinae sapientiae, ut posterius faceret quod est naturaliter prius. Firmamentum autem est naturaliter prius aqua et terra: de quibus tamen fit mentio ante formationem lucis, quae fuit prima die. Non ergo firmamentum factum est secunda die.
3. PRAETEREA, omne quod est factum per sex dies, formatum est ex materia prius creata ante omnem diem. Sed firmamentum non potuit formari ex materia praeexistente: quia sic esset generabile et corruptibile. Ergo firmamentum non est factum secunda die.

SED CONTRA est quod dicitur Gn 1,6: *Dixit Deus, Fiat firmamentum.* Et postea sequitur [8]: *Et factum est vespere et mane dies secundus.*

RESPONDEO dicendum quod, sicut Augustinus docet[1], in huiusmodi quaestionibus duo sunt observanda. Primo quidem, ut veritas Scripturae inconcusse teneatur. Secundo, cum Scriptura divina multipliciter exponi possit, quod nulli expositioni

Artigo 1
O firmamento foi feito no segundo dia?

QUANTO AO PRIMEIRO ARTIGO, ASSIM SE PROCEDE: parece que o firmamento **não** foi feito no segundo dia.

1. Com efeito, diz o livro do Gênesis: "Deus chamou céu ao firmamento". Ora, o céu foi feito antes de todos os dias, segundo está escrito: "No princípio Deus criou o céu e a terra". Logo, o firmamento não foi feito no segundo dia.
2. ALÉM DISSO, as obras dos seis dias foram ordenadas segundo a ordem da sabedoria divina. Ora, não convinha à sabedoria divina fazer depois o que naturalmente é anterior. O firmamento é naturalmente anterior à água e à terra, das quais há menção antes da formação da luz, acontecida no primeiro dia. Logo, o firmamento não foi feito no segundo dia.
3. ADEMAIS, tudo que foi feito nos seis dias era formado de matéria criada antes de todos os dias. Ora, o firmamento não podia ser formado de matéria preexistente, porque, então, seria suscetível de geração e de corrupção. Logo, o firmamento não foi feito no segundo dia.

EM SENTIDO CONTRÁRIO, está no livro do Gênesis: "Disse Deus: faça-se o firmamento"; e depois continua: "E foi feito o segundo dia com tarde e manhã".

RESPONDO. Conforme ensina Agostinho, nestas questões devem-se observar duas coisas. Primeiro, que a verdade da Escritura se mantenha inconteste. Segundo, como a Escritura Divina pode ser interpretada de várias maneiras[a], ninguém deve aderir a

---

1 PARALL.: *De Pot.*, q. 4, a. 1, ad 15.

1. *De Gen. ad litt.*, l. I, cc. 18, 19, 21: ML 34, 260, 260-261, 262.

a. O sentido da frase é um pouco obscuro devido a sua formulação elíptica. Foi necessário recorrer a certa paráfrase na tradução. Sto. Agostinho, citado no artigo, exprimiu-se mais claramente no mesmo comentário (*De Generi ad litteram*, I, XXXI, 41; PL 34, 262): "Mostremos que tudo o que (os filósofos pagãos) poderão demonstrar mediante provas verdadeiras a respeito da natureza das coisas não é contrário a nossas Escrituras. Todavia, tudo o que eles extraírem de seus livros para contrapô-lo às mesmas Escrituras, ou seja, à fé católica, mostremos, se possível, ou acreditemos sem hesitar que é absolutamente falso". Tal passagem foi citada por Leão XIII em sua encíclica *Providentissimus* (1893), a respeito dos estudos bíblicos. Sto. Tomás aplicou adiante a regra do método que ele formula aqui. Depois de relatar uma concepção cosmológica de certos filósofos

aliquis ita praecise inhaereat quod, si certa ratione constiterit hoc esse falsum, quod aliquis sensum Scripturae esse asserere praesumat: ne Scriptura ex hoc ab infidelibus derideatur, et ne eis via credendi praecludatur.

Sciendum est ergo quod hoc quod legitur firmamentum secunda die factum, dupliciter intelligi potest. Uno modo, de firmamento in quo sunt sidera. Et secundum hoc, oportet nos diversimode exponere secundum diversas opiniones hominum de firmamento. Quidam enim dixerunt firmamentum illud esse ex elementis compositum. Et haec fuit opinio Empedoclis; qui tamen dixit ideo illud corpus indissolubile esse, quia in eius compositione lis non erat sed amicitia tantum. — Alii vero dixerunt firmamentum esse de natura quatuor elementorum, non quasi ex elementis compositum, sed quasi elementum simplex. Et haec opinio fuit Platonis, qui posuit[2] corpus caeleste esse elementum ignis. — Alii vero dixerunt caelum non esse de natura quatuor elementorum, sed esse quintum corpus, praeter quatuor elementa. Et haec est opinio Aristotelis[3].

Secundum igitur primam opinionem, absolute posset concedi quod firmamentum factum fuerit secunda die, etiam secundum suam substantiam. Nam ad opus creationis pertinet producere ipsam elementorum substantiam: ad opus autem distinctionis et ornatus pertinet formare aliqua ex praeexistentibus elementis. — Secundum vero opinionem Platonis, non est conveniens quod firmamentum credatur secundum suam substantiam esse factum secunda die. Nam facere firmamentum, secundum hoc, est producere elementum ignis. Productio autem elementorum pertinet ad opus creationis, secundum eos qui ponunt informitatem materiae tempore praecedere formationem: quia formae elementorum sunt quae primo adveniunt materiae. — Multo autem minus secundum opinionem Aristotelis[4] poni potest quod firmamentum secundum suam substantiam sit secunda die productum, secundum quod per istos dies successio temporis designatur. Quia caelum, cum sit secundum suam naturam incorruptibile, habet materiam quae non potest subesse alteri formae: unde impossibile est quod firmamentum sit factum

uma das interpretações, se constatasse por razões certas que é falso o que alguém presume afirmar ser o sentido da Escritura; para que a Escritura, por esse motivo, não seja ridicularizada pelos infiéis e lhes seja fechado o caminho da fé.

Portanto, é preciso saber que a afirmação de que o firmamento foi feito no segundo dia pode ser entendida de duas maneiras. A primeira, designando por firmamento aquele em que estão os astros. Nesse sentido, convém expor aqui as diversas opiniões dos sábios a respeito do firmamento. Alguns disseram que ele é composto dos elementos, opinião de Empédocles, que afirmava ser aquele corpo indissolúvel, porque nele não havia luta, mas somente amizade. — Outros, pelo contrário, disseram que o firmamento era da natureza dos quatro elementos, não como composto de elementos, mas como um elemento simples. Foi essa a opinião de Platão, que afirmou ser o corpo celeste o elemento fogo. — Outros disseram que o céu não era da natureza dos quatro elementos, pois era um quinto corpo diferente daqueles quatro elementos, opinião proposta por Aristóteles.

Quanto à primeira opinião, pode-se absolutamente aceitar que o firmamento foi feito no segundo dia, e segundo sua substância. Pois à obra da criação pertence produzir a substância dos elementos; à obra de separação e da ornamentação pertence formar alguma coisa de elementos preexistentes. — Quanto à opinião de Platão, não é correto crer que o firmamento tenha sido feito no segundo dia quanto à sua substância, porque, nesta concepção, fazer o firmamento é produzir o elemento fogo. A produção dos elementos pertence à obra da criação, segundo aqueles que afirmam que o estado informe da matéria precede no tempo à formação, porque as formas dos elementos são o que primeiro advém à matéria. — Quanto à opinião de Aristóteles, muito menos se pode afirmar a criação do firmamento no segundo dia quanto à sua substância, porque por dias é nela designada a sucessão do tempo. Com efeito, como o céu é por natureza incorruptível, tem uma matéria que não pode ser sujeita a outra forma. Por isso, é impossível que o firmamento tenha sido feito de matéria preexistente no tempo. — Logo,

---

2. In *Timaeo*, c. 12: 40 A.
3. *De Caelo et Mundo*, l. I, c. 2: 269, a, 2 — b, 17.
4. Loc. cit. c. 3: 270, a, 12-22.

---

antigos, e uma explicação bíblica do "firmamento" nela inspirada, prossegue ele: "Mas uma vez que ficou provado que essa posição é errada, por razões verdadeiras, não se deve dizer que é o sentido da Escritura" (q. 68, a. 3).

ex materia prius tempore existente. — Unde productio substantiae firmamenti ad opus creationis pertinet. Sed aliqua formatio eius, secundum has duas opiniones, pertinet ad opus secundae diei: sicut etiam Dionysius dicit, 4 cap. *de Div. Nom.*[5], quod lumen solis fuit informe in primo triduo, et postea fuit in quarta die formatum. — Si autem per istos dies non designetur temporis successio, sed solum ordo naturae, ut Augustinus vult[6]; nihil prohibebit dicere, secundum quamcumque harum opinionum formationem secundum substantiam firmamenti ad secundam diem pertinere.

Potest autem et alio modo intelligi, ut per firmamentum quod legitur secunda die factum, non intelligatur firmamentum illud in quo fixae sunt stellae, sed illa pars aeris in qua condensantur nubes. Et dicitur *firmamentum* propter spissitudinem aeris in parte illa: nam quod est spissum et solidum, dicitur esse *corpus firmum, ad differentiam corporis mathematici*, ut dicit Basilius[7]. — Et secundum hanc expositionem, nihil repugnans sequitur cuicumque opinioni. Unde Augustinus, II *super Gen. ad litt.*[8], hanc expositionem commendans, dicit: *Hanc considerationem laude dignissimam iudico; quod enim dixit, neque est contra fidem, et in promptu, posito documento, credi potest.*

AD PRIMUM ergo dicendum quod, secundum Chrysostomum[9], primo Moyses summarie dixit quid Deus fecit, praemittens, *In principio creavit Deus caelum et terram*: postea per partes explicavit. Sicut si quis dicat, *Hic artifex fecit domum istam*, et postea subdat: *primo fecit fundamenta, et postea erexit parietes, tertio superposuit tectum.* Et sic non oportet nos aliud caelum intelligere, cum dicitur, *In principio creavit Deus caelum et terram*; et cum dicitur quod secunda die factum est firmamentum.

Potest etiam dici aliud esse caelum quod legitur in principio creatum, et quod legitur secunda die factum. Et hoc diversimode. Nam secundum Augustinum[10], caelum quod legitur primo die factum, est natura spiritualis informis: caelum autem quod legitur secunda die factum, est caelum corporeum. — Secundum vero Bedam[11] et

a produção da substância do firmamento pertence à obra da criação. Mas, segundo essas duas opiniões, alguma formação do firmamento pode ser colocada no segundo dia, como também afirmou Dionísio. Segundo ele, a luz do sol estava informe nos três primeiros dias, sendo formada no quarto. — Se, porém, por dias não se entende a sucessão de tempo, mas somente a ordem da natureza, como quer Agostinho, nada impede dizer que, seguindo quaisquer daquelas opiniões, o firmamento, quanto à sua substância, foi feito no segundo dia.

Pode-se entender também de outra maneira: pelo firmamento, que se lê ter sido feito no segundo dia, não se entenda aquele nos quais estão fixadas as estrelas, mas a parte da atmosfera na qual as nuvens se condensam. Chama-se, então, *firmamento* devido à espessura do ar naquela parte, pois, o que é denso e sólido é chamado "corpo firme para se diferenciar do corpo matemático", segundo Basílio. — Segundo essa interpretação, nada resulta que repugne a qualquer opinião. Daí ter dito Agostinho, recomendando esta interpretação: "Julgo esta consideração digníssima de todo louvor, porque o que ela afirma não é contrário à fé, e pode ser acreditada apenas lido o texto".

QUANTO AO 1º, portanto, deve-se dizer que segundo Crisóstomo, Moisés primeiro disse brevemente o que Deus fez, precedendo a frase "No princípio Deus criou o céu e a terra". Depois, explicou-o por partes. É como se alguém dissesse: "Este artífice construiu esta casa". E, em seguida, acrescentasse: "Primeiro fez os alicerces, depois levantou as paredes, e finalmente pôs o telhado". Por isso, não se deve entender um outro céu, quando se diz: "No princípio Deus criou o céu e a terra", e quando se diz que no segundo dia foi feito o firmamento.

Pode-se também dizer que um é o céu que se lê criado no princípio, e outro o que foi feito no segundo dia. E isso de diversos modos. Pois, segundo Agostinho, o céu que se lê ter sido feito no primeiro dia é a natureza espiritual e informe; mas o céu que se lê ter sido feito no segundo dia é o céu corpóreo. — Segundo Beda e Estrabão,

---

5. MG 3, 700 A.
6. *De Gen. ad litt.*, l. IV, c. 34; l. V, c. 5: ML 34, 319, 325-326.
7. Homil. 3 in *Hexaem.*: MG 29, 76 B.
8. C. 4: ML 34, 266.
9. Homil. 3 in *Gen.*: MG 53, 35.
10. *De Gen. ad litt.*, l. I, cc. 1, 3, 4, 9: ML 34, 247, 248-249, 249, 252-253.
11. *Hexaem.*, l. I: ML 91, 13 D — 14 A, 18 BC.

Strabum[12], caelum quod legitur primo die factum, est caelum empyreum: firmamentum vero quod legitur secunda die factum, est caelum sidereum. — Secundum vero Damascenum[13], caelum quod legitur prima die factum, est quoddam caelum sphaericum sine stellis, de quo philosophi loquuntur, dicentes ipsum esse nonam sphaeram et mobile primum, quod movetur motu diurno: per firmamentum vero factum secunda die, intelligitur caelum sidereum.

Secundum autem aliam expositionem, quam Augustinus tangit, caelum prima die factum, est etiam ipsum caelum sidereum: per firmamentum vero secunda die factum, intelligitur spatium aeris in quo nubes condensantur, quod etiam *caelum* aequivoce dicitur. Et ideo, ad aequivocationem designandam, signanter dicitur: *Vocavit Deus firmamentum Caelum*; sicut et supra dixerat, *Vocavit lucem Diem* (quia *dies* etiam pro spatio vigintiquatuor horarum ponitur). Et idem est in aliis observandum, ut Rabbi Moyses dicit[14].

AD SECUNDUM et TERTIUM patet solutio ex supra dictis[15].

ARTICULUS 2
Utrum aquae sint supra firmamentum

AD SECUNDUM SIC PROCEDITUR. Videtur quod aquae non sunt supra firmamentum.

1. Aqua enim est naturaliter gravis. Locus autem proprius gravis non est esse sursum, sed solum deorsum. Ergo aquae non sunt supra firmamentum.

2. PRAETEREA, naturaliter aqua est fluida. Sed quod est fluidum, non potest consistere super corpus rotundum, ut experimento patet. Ergo, cum firmamentum sit corpus rotundum, aqua non potest esse supra firmamentum.

3. PRAETEREA, aqua, cum sit elementum, ordinatur ad generationem corporis mixti; sicut imperfectum ordinatur ad perfectum. Sed supra firmamentum non est locus mixtionis, sed supra terram. Ergo frustra aqua esset supra firmamentum. Nihil autem in operibus Dei est frustra. Ergo aquae non sunt supra firmamentum.

o céu que se lê ter sido feito no primeiro dia é o céu empíreo; o firmamento que se lê ter sido feito no segundo dia é o céu sidéreo. — Para Damasceno, o céu que se lê ter sido feito no primeiro dia é o céu esférico sem estrelas, do qual falam os filósofos, ao dizerem ser ele a nona esfera e o primeiro móvel, movido pelo movimento do dia; por firmamento feito no segundo dia entende-se o céu sidéreo.

Segundo ainda outra interpretação, citada por Agostinho, o céu feito no primeiro dia é o próprio céu sidéreo, mas pelo firmamento, feito no segundo dia, entende-se o espaço da atmosfera no qual as nuvens se condensam, o qual se chama *céu* por equívoco. Por isso, para significar o equívoco, diz-se claramente: "Deus chamou o firmamento céu", como também antes dissera: "Chamou a luz dia", porque também se diz *dia* o espaço de vinte e quatro horas. O mesmo se pode observar nos outros textos, segundo o Rabi Moisés.

QUANTO AO 1º E AO 2º, ficam claras as respostas pelo acima exposto.

ARTIGO 2
Estavam as águas acima do firmamento?

QUANTO AO SEGUNDO, ASSIM SE PROCEDE: parece que as águas **não** estavam acima do firmamento.

1. Com efeito, a água é naturalmente pesada. Ora, o lugar próprio das coisas pesadas não é em cima, mas embaixo. Logo, as águas não estavam acima do firmamento.

2. A água é normalmente fluida. Ora, o que é fluido não pode permanecer sobre um corpo redondo, como a experiência o comprova. Logo, sendo o firmamento um corpo redondo, a água não podia estar sobre ele.

3. ADEMAIS, sendo a água um elemento, ordena-se à geração do corpo misto, como o imperfeito se ordena ao perfeito. Mas o lugar de mistura não é acima do firmamento, porém sobre a terra. Logo, em vão a água estaria acima do firmamento. Ora, nada nas obras de Deus é vão. Portanto, as águas não estavam acima do firmamento.

---

12. Glossa ord. in *Gen.*, c. 1: ML 113, 69 C.
13. *De Fide Orth.*, l. II, c. 6: MG 94, 880 B.
14. *Doct. Perplex.*, parte II, c. 30.
15. In corp.

PARALL.: II *Sent.*, dist. 14, a. 1; *De Pot.*, q. 4, a. 1, ad 5; *Quodlib.* IV, q. 2, a. 2.

SED CONTRA est quod dicitur Gn 1,7, quod *divisit aquas quae erant supra firmamentum, ab his quae erant sub firmamento*.

RESPONDEO dicendum quod, sicut dicit Augustinus, II *super Gen. ad litt.*[1], *maior est Scripturae huius auctoritas quam omnis humani ingenii capacitas. Unde quomodo et quales aquae ibi sint, eas tamen ibi esse, minime dubitamus*. Quales autem sint illae aquae, non eodem modo ab omnibus assignatur. Origenes enim dicit[2] quod aquae illae quae super caelos sunt, sunt spirituales substantiae: unde in Ps 148,4-5 dicitur: *Aquae quae super caelos sunt, laudent nomen Domini*; et Dn 3,60: *Benedicite, aquae omnes quae super caelos sunt, Domino*. — Sed ad hoc respondet Basilius, in III *Hexaem*.[3], quod hoc non dicitur eo quod aquae sint rationales creaturae; sed quia *consideratio earum, prudenter a sensum habentibus contemplata, glorificationem perficit Creatoris*. Unde ibidem [verss. sqq.] dicitur idem de igne et grandine et huiusmodi, de quibus constat quod non sunt rationales creaturae.

Dicendum est ergo quod sunt aquae corporales. Sed quales aquae sint, oportet diversimode definire, secundum diversam de firmamento sententiam. Si enim per firmamentum intelligitur caelum sidereum quod ponitur esse de natura quatuor elementorum, pari ratione et aquae quae super caelos sunt, eiusdem naturae poterunt credi cum elementaribus aquis.

Si autem per firmamentum intelligatur caelum sidereum quod non sit de natura quatuor elementorum, tunc et aquae illae quae sunt supra firmamentum, non erunt de natura elementarium aquarum: sed sicut, secundum Strabum[4], dicitur caelum empyreum, idest igneum, propter solum splendorem; ita dicetur aliud caelum aqueum propter solam diaphaneitatem, quod est supra caelum sidereum. — Posito etiam quod firmamentum sit alterius naturae praeter quatuor elementa, adhuc potest dici quod aquas dividit, si per aquam non elementum aquae, sed materiam informem corporum intelligamus, ut Augustinus dicit, *super Gen. contra Manich*.[5]: quia secundum hoc, quidquid est inter corpora, dividit aquas ab aquis.

EM SENTIDO CONTRÁRIO, diz-se no livro do Gênesis: "Dividiu as águas que estavam acima do firmamento das que estavam sob o firmamento".

RESPONDO. Segundo Agostinho: "A autoridade da Sagrada Escritura é maior do que toda capacidade do talento humano. Por isso, de modo algum duvidamos que as águas aí estavam, como sejam, e quaisquer que elas sejam". Quais sejam elas, não é do mesmo modo que todos as explicam. Orígenes disse que as águas que estavam acima dos céus são substâncias espirituais, razão por que se diz no Salmo 148: "Águas que estão acima dos céus, louvem o Senhor", e o livro de *Daniel*: "Bendizei o Senhor, águas acima dos céus". — A isso, porém, Basílio responde que não se diz isso porque as águas sejam criaturas racionais, mas porque "a consideração delas, contemplada sabiamente pelos que têm sentido, completa a glória do Criador". Ademais, nos versículos seguintes, diz-se o mesmo a respeito do fogo e do granizo, e de coisas semelhantes, que claramente não são criaturas racionais.

Deve-se, pois, dizer que são águas corporais. Mas quais sejam essas águas, convém defini-las de modos diversos, segundo as diversas interpretações que se dão para firmamento. Ora, se por firmamento se entende o céu sidéreo, que se afirma ser da natureza dos quatro elementos, por razão semelhante também as águas que estão sobre os céus pode-se julgar que sejam da mesma natureza que as águas elementares.

Contudo, se por firmamento se entende o céu sidéreo, que não é da mesma natureza dos quatro elementos, então aquelas águas que estão sobre o firmamento não serão da natureza das águas elementares. Mas assim como, segundo Estrabão, é chamado céu empíreo, isto é, ígneo, por causa de seu esplendor; assim também se chamará o outro céu, que está acima do céu sidéreo, de aquoso por causa de sua transparência. — Admitindo-se que o firmamento seja de natureza diferente da dos quatro elementos, ainda se pode afirmar que ele divide as águas, entendendo-se por águas não o elemento água, mas a matéria informe dos corpos, segundo a opinião de Agostinho, porque, conforme essa acepção, tudo o que está entre os corpos divide as águas das águas.

---

1. C. 5: ML 34, 267.
2. Homil. 1 in *Gen.*: MG 12, 147 BC.
3. MG 29, 76 AB.
4. In Glossa Ord. super *Gen.* 1,1: ML 113, 69 C.
5. L. I, c. 7: ML 34, 179.

Si autem per firmamentum intelligatur pars aeris in qua nubes condensatur, sic aquae quae supra firmamentum sunt, sunt aquae quae, vaporabiliter resolutae, supra aliquam partem aeris elevantur, ex quibus pluviae generantur. — Dicere enim quod aquae vaporabiliter resolutae eleventur supra caelum sidereum, ut quidam dixerunt, quorum opinionem Augustinus tangit in II *super Gen. ad litt.*[6], est omnino impossibile. Tum propter soliditatem caeli. Tum propter regionem ignis mediam, quae huiusmodi vapores consumeret. Tum quia locus quo feruntur levia et rara, est infra concavum orbis lunae. Tum etiam quia sensibiliter apparet vapores non elevari usque ad cacumina quorundam montium. — Quod etiam dicunt de rarefactione corporis in infinitum, propter hoc quod corpus est in infinitum divisibile, vanum est. Non enim corpus naturale in infinitum dividitur aut rarefit, sed usque ad certum terminum.

AD PRIMUM ergo dicendum quod quibusdam videtur ratio illa solvenda per hoc, quod aquae, quamvis sint naturaliter graves, virtute tamen divina super caelos continentur. — Sed hanc solutionem Augustinus excludit, II lib. *super Gen. ad litt.*[7], dicens quod *nunc quemadmodum Deus instituit naturas rerum convenit quaerere; non quid in eis ad miraculum suae potentiae velit operari.*

Unde aliter dicendum est quod, secundum duas ultimas opiniones de aquis et firmamento, patet solutio ex praemissis[8]. — Secundum autem primam opinionem, oportet ponere alium ordinem in elementis quam Aristoteles ponat[9]; ut quaedam aquae spissae sint circa terram, quaedam vero tenues circa caelum; ut sic se habeant illae ad caelum, sicut istae ad terram. — Vel quod per aquam intelligatur materia corporum, ut dictum est[10].

AD SECUNDUM etiam patet solutio ex praemissis[11], secundum duas ultimas opiniones. — Secundum vero primam, respondet Basilius[12] dupliciter. Uno modo, quia non est necessarium ut omne quod in concavo apparet rotundum, sit etiam supra rotundum secundum convexum. Secundo, quia aquae quae sunt supra caelos, non sunt

Se, porém, por firmamento se entende a parte da atmosfera na qual as nuvens se condensam, então as águas que estão acima do firmamento são águas que, vaporizadas, se elevam acima de alguma parte da atmosfera, de onde são geradas as chuvas. — Dizer, entretanto, que os vapores das águas se elevam acima do céu sidéreo, conforme alguns disseram, cujas opiniões Agostinho cita, é totalmente impossível. Primeiro, pela solidez do céu; segundo, devido ao espaço ígneo intermediário que consumiria tais vapores; terceiro, por causa do lugar a que se elevam as coisas leves e de pouca densidade, o qual está abaixo da parte côncava da lua; finalmente, porque é visível que os vapores não se elevam até o ápice de alguns montes. — Quanto ao que dizem a respeito da rarefação do corpo até o infinito, porque os corpos são infinitamente divisíveis, é coisa sem sentido. Com efeito, o corpo natural não se divide ou se rarefaz infinitamente, mas somente até certo limite.

QUANTO AO 1º, portanto, deve-se dizer que alguns pensavam resolver o argumento dizendo que, embora as águas fossem naturalmente pesadas, estariam contidas sobre os céus, por virtude divina. — Agostinho refuta essa solução, nestes termos: "Deve-se aqui procurar saber como Deus instituiu a natureza das coisas, mas não o que ele quis nelas operar para manifestar seu poder".

Por isso, deve-se dizer de outra maneira, a saber: tendo em conta as duas últimas opiniões sobre as águas e o firmamento, fica solucionada a questão pelo que foi dito. — Quanto à primeira, deve-se afirmar outra ordem nos elementos do que a que Aristóteles afirma: assim, há águas densas ao redor da terra e águas tênues ao redor do céu, de tal modo que umas se referem ao céu e outras à terra. — Ou, conforme foi dito, que a água seja compreendida como matéria dos corpos.

QUANTO AO 2º, deve-se dizer que a resposta está clara pelo que foi dito sobre as duas últimas opiniões. — De duas maneiras Basílio responde à primeira opinião. Primeiro, não é necessário que tudo o que no côncavo aparece redondo esteja também como convexo acima do redondo. Segundo, porque as águas que estão acima dos

---

6. C. 4: ML 34, 266.
7. C. 1: ML 34, 263.
8. In corp.
9. *De Caelo et Mundo*, l. II, c. 4: 287, a, 30 — b, 4.
10. In corp.
11. Ibid.
12. Hom. 3 in *Hexaem.*: MG 29, 60-61.

fluidae; sed quasi glaciali soliditate circa caelum firmatae. Unde et a quibusdam dicuntur caelum *crystallinum*.

AD TERTIUM dicendum quod, secundum tertiam opinionem, aquae sunt supra firmamentum vaporabiliter elevatae propter utilitatem pluviarum. — Secundum vero secundam opinionem, aquae sunt supra firmamentum, idest caelum totum diaphanum absque stellis. Quod quidam ponunt primum mobile, quod revolvit totum caelum motu diurno, ut operetur per motum diurnum continuitatem generationis: sicut caelum in quo sunt sidera, per motum qui est secundum Zodiacum, operatur diversitatem generationis et corruptionis, per accessum et recessum, et per diversas virtutes stellarum. — Secundum vero primam opinionem, aquae sunt ibi, ut Basilius dicit[13], ad contemperandum calorem caelestium corporum. Cuius signum acceperunt aliqui, ut Augustinus dicit[14], quod stella Saturni, propter vicinitatem aquarum superiorum, est frigidissima.

céus não são fluidas, mas consolidadas em torno do céu com uma solidez quase glacial. Por isso, alguns o chamam de céu *cristalino*.

QUANTO AO 3º, deve-se dizer que de acordo com a terceira opinião, as águas estavam acima do firmamento, elevadas em vapor, para formar as chuvas. — De acordo com a segunda opinião, as águas estão acima do firmamento, isto é, do céu todo transparente e sem estrelas. A este chamavam de primeiro móvel, que faz girar o céu pelo movimento diurno, a fim de que seja realizada por esse movimento a continuidade da geração, assim como o céu em que se encontram os astros realiza, pelo movimento zodiacal, a diversidade de geração e de corrupção, mediante a aproximação e o afastamento e pelos diversos poderes das estrelas. — De acordo com a primeira opinião apresentada por Basílio, as águas aí estão para atenuar o calor dos corpos celestes. Alguns tomaram como sinal disso, segundo Agostinho, o fato de que a estrela Saturno, por estar perto das águas superiores, é frigidíssima.

ARTICULUS 3
Utrum firmamentum dividat aquas ab aquis

AD TERTIUM SIC PROCEDITUR. Videtur quod firmamentum non dividat aquas ab aquis.

1. Unius enim corporis secundum speciem, est unus locus naturalis. Sed *omnis aqua omni aquae est eadem specie*, ut dicit Philosophus[1]. Non ergo aquae ab aquis sunt distinguendae secundum locum.

2. Si dicatur quod aquae illae quae sunt supra firmamentum, sunt alterius speciei ab aquis quae sunt sub firmamento, contra: Ea quae sunt secundum speciem diversa, non indigent aliquo alio distinguente. Si ergo aquae superiores et inferiores specie differunt, firmamentum eas ab invicem non distinguit.

3. PRAETEREA, illud videtur aquas ab aquis distinguere, quod ex utraque parte ab aquis contingitur; sicut si aliquis paries fabricetur in medio fluminis. Manifestum est autem quod aquae inferiores non pertingunt usque ad firmamentum. Ergo non dividit firmamentum aquas ab aquis.

ARTIGO 3
O firmamento divide as águas das águas?

QUANTO AO TERCEIRO, ASSIM SE PROCEDE: parece que o firmamento **não** divide as águas das águas.

1. Com efeito, a cada corpo, segundo sua espécie, corresponde um lugar natural. Ora, "toda água tem a mesma espécie de outra água", segundo o Filósofo. Logo, não se devem distinguir as águas entre si pelo lugar.

2. SE se diz que as águas que estão acima do firmamento são de outra espécie que as que estão abaixo do firmamento, diz-se em contrário: as coisas que são diversas pela espécie não precisam de algo mais que as distinga. Portanto, se as águas superiores e inferiores se distinguem pela espécie, o firmamento não as distingue entre si.

3. ADEMAIS, parece distinguir as águas das águas, o que dos dois lados está em contato com elas, como se uma parede fosse construída no meio do rio. Ora, é evidente que as águas inferiores não atingem o firmamento. Logo, ele não divide as águas entre si.

---

13. Ibid.: MG 29, 69.
14. *De Gen. ad litt.*, l. II, c. 5: ML 34, 266-267.

1. *Topic.*, l. I, c. 7: 103, a, 19-20.

SED CONTRA est quod dicitur Gn 1,6: *Fiat firmamentum in medio aquarum, et dividat aquas ab aquis.*

RESPONDEO dicendum quod aliquis, considerando superficie tenus litteram *Genesis*, posset talem imaginationem concipere, secundum quorundam antiquorum philosophorum positionem. Posuerunt enim quidam aquam esse quoddam infinitum corpus, et omnium aliorum corporum principium. Quam quidem immensitatem aquarum accipere posset in nomine *abyssi*, cum dicitur quod *tenebrae erant super faciem abyssi*. Ponebant etiam quod istud caelum sensibile quod videmus, non continet infra se omnia corporalia; sed est infinitum aquarum corpus supra caelum. Et ita posset aliquis dicere quod firmamentum caeli dividit aquas exteriores ab aquis interioribus, idest ab omnibus corporibus quae infra caelum continentur, quorum principium aquam ponebant.

Sed quia ista positio per veras rationes falsa deprehenditur, non est dicendum hunc esse intellectum Scripturae. Sed considerandum est quod Moyses rudi populo loquebatur, quorum imbecillitati condescendens, illa solum eis proposuit, quae manifeste sensui apparent. Omnes autem, quantumcumque rudes, terram et aquam esse corpora sensu deprehendunt. Aer autem non percipitur ab omnibus esse corpus: intantum quod etiam quidam philosophi aerem dixerunt nihil esse, plenum aere vacuum nominantes. Et ideo Moyses de aqua et terra mentionem facit expressam: aerem autem non expresse nominat, ne rudibus quoddam ignotum proponeret. Ut tamen capacibus veritatem exprimeret, dat locum intelligendi aerem, significans ipsum quasi aquae annexum, cum dicit quod *tenebrae erant super faciem abyssi*; per quod datur intelligi super faciem aquae esse aliquod corpus diaphanum, quod est subiectum lucis et tenebrarum.

Sic igitur sive per firmamentum intelligamus caelum in quo sunt sidera, sive spatium aeris nubilosum, convenienter dicitur quod firmamentum dividit aquas ab aquis, secundum quod per aquam materia informis significatur; vel secundum quod omnia corpora diaphana sub nomine aquarum intelliguntur. Nam caelum sidereum distinguit corpora inferiora diaphana a superioribus. Aer vero nubilosus distinguit superiorem aeris partem, in qua generantur pluviae et huiusmodi impressiones, ab inferiori parte aeris, quae aquae connectitur, et sub nomine aquarum intelligitur.

EM SENTIDO CONTRÁRIO, lê-se no livro do Gênesis: "Faça-se o firmamento no meio das águas e divida as águas das águas".

RESPONDO. Só quem superficialmente considerou a letra do Gênesis poderia imaginar o que afirmaram a respeito disso alguns dos antigos filósofos. Com efeito, alguns afirmaram que a água era um corpo infinito e princípio de todos os outros corpos. E essa imensidão das águas poderia ser significada pelo nome *abismos*, uma vez que se diz que "as trevas estavam sobre a superfície do abismo". Afirmavam ainda que este céu que vemos pelos sentidos não contém sob si todos os corpos, mas que há um corpo infinito de águas acima dos céus. E assim se poderia dizer que o firmamento do céu divide as águas exteriores das interiores, isto é, de todos os corpos contidos abaixo do céu cujo princípio seria a água.

Como porém se depreende, por verdadeiras razões, que essa opinião é falsa, não se pode dizer que este é o sentido da Escritura. Deve-se considerar que Moisés se dirigia a um povo rude; condescendendo com sua ignorância, propôs a ele só o que claramente percebem os sentidos. Ora, qualquer homem por mais rude, percebe que a água e a terra são corpos conhecidos pelos sentidos. Mas nem todos percebem que o ar é corpo, até porque alguns filósofos disseram que o ar nada era, chamando de vácuo o que está cheio de ar. Por isso, Moisés faz menção expressa da água e da terra, mas não fala expressamente do ar, para não propor aos rudes algo desconhecido. Não obstante, para expressar a verdade aos capazes, dando-lhes a ocasião de compreender o que seja o ar, diz ser o ar como um anexo à água ao afirmar que "as trevas estavam sobre a superfície do abismo". Desse modo, pode-se entender que sobre a superfície da água havia um corpo transparente, que é o sujeito da luz e das trevas.

Portanto, quer entendamos por firmamento o céu das estrelas, ou o espaço da atmosfera com nuvens, pode-se corretamente dizer que o firmamento divide as águas das águas, conforme se signifique por água a matéria informe, ou conforme se entenda sob o nome de águas todos os corpos transparentes. Pois o céu sidéreo distingue os corpos transparentes inferiores dos superiores. Mas a atmosfera das nuvens distingue a parte superior da atmosfera, onde se formam as chuvas e outras coisas, da parte inferior da atmosfera que está em contato com as águas, e que se entende sob o nome de águas.

AD PRIMUM ergo dicendum quod, sit per firmamentum intelligatur caelum sidereum, aquae superiores non sunt eiusdem speciei cum inferioribus. — Si autem per firmamentum intelligatur nubilosus aer, tunc utraeque aquae sunt eiusdem speciei: Et deputantur tunc duo loca aquis non eadem ratione; sed locus superior est locus generationis aquarum, locus autem inferior est locus quietis earum.

AD SECUNDUM dicendum quod, si accipiantur aquae diversae secundum speciem, firmamentum dicitur dividere aquas ab aquis, non sicut causa faciens divisionem; sed sicut terminus utrarumque aquarum.

AD TERTIUM dicendum quod Moyses, propter invisibilitatem aeris et similium corporum, omnia huiusmodi corpora sub aquae nomine comprehendit. Et sic manifestum est quod ex utraque parte firmamenti, qualitercumque accepti, sunt aquae.

ARTICULUS 4
Utrum sit unum caelum tantum

AD QUARTUM SIC PROCEDITUR. Videtur quod sit unum caelum tantum.

1. Caelum enim contra terram dividitur, cum dicitur: *In principio creavit Deus caelum et terram.* Sed terra est una tantum. Ergo et caelum est unum tantum.

2. PRAETEREA, omne quod constat ex tota sua materia est unum tantum. Sed caelum est huiusmodi, ut probat Philosophus in I *de Caelo*[1]. Ergo caelum est unum tantum.

3. PRAETEREA, quidquid dicitur de pluribus univoce, dicitur de eis secundum unam rationem communem. Sed si sunt plures caeli, *caelum* dicitur univoce de pluribus: quia si aequivoce, non proprie dicerentur plures caeli. Oportet ergo, si dicuntur plures caeli, quod sit aliqua ratio communis, secundum quam caeli dicantur. Hanc autem non est assignare. Non est ergo dicendum quod sint plures caeli.

SED CONTRA est quod dicitur in Ps 148,4: *Laudate eum, caeli caelorum.*

RESPONDEO dicendum quod circa hoc videtur esse quaedam diversitas inter Basilium et Chrysostomum. Dicit enim Chrysostomus[2] non esse

ARTIGO 4
Há um único céu?

QUANTO AO QUARTO, ASSIM SE PROCEDE: parece que **há** um único céu.

1. Com efeito, o céu se opõe à terra, quando se diz "No princípio Deus criou o céu e a terra". Ora, a terra é uma só. Logo, o céu é somente um.

2. ALÉM DISSO, tudo o que é constituído de toda sua matéria é uma só coisa. Ora, assim é o céu, como prova o Filósofo no livro I *do Céu*. Logo, o céu é somente um.

3. ADEMAIS, tudo o que se diz de modo unívoco de muitos, diz-se deles segundo uma só razão comum. Ora, se os céus são muitos, o termo *céu* se diz de modo unívoco de muitos, porque se fosse de modo equívoco, não se diriam muitos céus. Logo, se se dizem muitos céus, é preciso que haja alguma razão comum, segundo a qual se dizem céus. Mas essa razão comum não se pode assinalar. Portanto, não se deve dizer que há muitos céus.

EM SENTIDO CONTRÁRIO, está o que o diz o Salmo 148: "Louvai-o, céus dos céus".

RESPONDO. A respeito dessa questão parece haver alguma divergência entre Basílio e Crisóstomo. Para Crisóstomo, só há um céu, e quando

---

4 PARALL.: II *Sent.*, dist. 14, a. 4; in *Ioan.*, c. 6, lect. 4; in 2 *Cor.*, c. 12, lect. 1.

1. C. 9: 279, a, 6-11.
2. Homil. 4 in *Gen.*: MG 53, 42.

nisi unum caelum; et quod pluraliter dicitur, *caeli caelorum*, hoc est propter proprietatem linguae Hebraeae, in qua consuetum est ut caelum solum pluraliter significetur; sicut sunt etiam multa nomina in Latino quae singulari carent. Basilius autem[3], et Damascenus[4] sequens eum, dicunt plures esse caelos. — Sed haec diversitas magis est in voce quam in re. Nam Chrysostomus unum caelum nominat totum corpus quod est supra terram et aquam: nam etiam aves, quae volant in aere, dicuntur propter hoc *volucres caeli*. Sed quia in isto corpore sunt multae distinctiones, propter hoc Basilius posuit plures caelos.

Ad distinctionem ergo caelorum sciendam, considerandum est quod *caelum* tripliciter dicitur in Scripturis. Quandoque enim dicitur proprie et naturaliter. Et sic dicitur caelum corpus aliquod sublime, et luminosum actu vel potentia, et incorruptibile per naturam. Et secundum hoc, ponuntur tres caeli. Primum totaliter lucidum, quod vocant *empyreum*. Secundum totaliter diaphanum, quod vocant *caelum aqueum* vel *crystallinum*. Tertium partim diaphanum et partim lucidum actu, quod vocant *caelum sidereum*: et dividitur in octo sphaeras, scilicet in sphaeram stellarum fixarum, et septem sphaeras planetarum; quae possunt dici octo caeli.

Secundo dicitur *caelum* per participationem alicuius proprietatis caelestis corporis, scilicet sublimitatis et luminositatis actu vel potentia. Et sic totum illud spatium quod est ab aquis usque ad orbem lunae, Damascenus[5] ponit unum caelum, nominans illud *aereum*. Et sic, secundum eum, sunt tres caeli: aereum, sidereum, et aliud superius, de quo intelligit quod Apostolus legitur 2Cor 12,2 raptus *usque ad tertium caelum*. — Sed quia istud spatium continet duo elementa, scilicet ignis et aeris, et in utroque eorum vocatur superior et inferior regio; ideo istud caelum Rabanus[6] distinguit in quatuor, supremam regionem ignis nominans *caelum igneum*; inferiorem vero regionem, *caelum olympium*, ab altitudine cuiusdam montis qui vocatur Olympus; supremam vero regionem aeris vocavit *caelum aethereum*, propter inflammationem; inferiorem vero regionem, *caelum aereum*. Et sic, cum isti quatuor caeli tribus superioribus connumerantur, fiunt in universo, secundum Rabanum, septem caeli corporei.

se diz *céus dos céus*, se diz devido à peculiaridade da língua hebraica, que usa expressar o céu somente no plural. Aliás, no latim há também muitos nomes que carecem de singular. Mas Basílio e Damasceno, que o segue, afirmam que existem muitos céus. — Mas essa divergência é mais verbal do que real. Pois Crisóstomo diz ser um céu todo o corpo que está acima da terra e das águas: também as aves que voam na atmosfera por isso são chamadas de *pássaros do céu*. Como naquele corpo do céu há muitas distinções, Basílio afirmou que são muitos céus.

Para explicar essa distinção dos céus, deve-se considerar que, nas Escrituras, o termo *céu* tem três significados. Às vezes, céu é usado em sentido próprio e segundo sua natureza. Então, significa um corpo sublime, luminoso, em potência ou em ato, incorruptível em sua natureza. Nesse sentido, afirmam-se três céus. O primeiro totalmente luminoso, o *céu empíreo*. O segundo totalmente transparente, o *céu aquoso* ou *cristalino*. O terceiro é em parte transparente e, em parte iluminado: o *céu sidéreo*. Este se divide em oito esferas, a saber: a esfera das estrelas fixas, as sete esferas dos planetas e, ao todo, se pode dizer que há oito céus.

Em segundo lugar, se diz *céu*, por participação de alguma propriedade do corpo celeste, a saber da sublimidade e da luminosidade em ato ou em potência. É assim que Damasceno afirma haver um só céu, chamando-o *céu aéreo*, e que abrange todo o espaço que vai das águas até a esfera da lua. Segundo ele, pois, há três céus: o aéreo, o sidéreo e o céu superior ao qual o Apóstolo se refere quando se lê: "Raptado ao terceiro céu". — Mas, como esse espaço contém dois elementos, o fogo e o ar, e em cada um há região superior e inferior, Rábano distinguiu nele quatro céus: a suprema região de fogo, chamada *céu ígneo*; a região inferior, o *céu olímpico*, devido à altura do monte Olimpo; à suprema região da atmosfera chamou *céu etéreo*, por causa de suas labaredas; à região inferior, *céu aéreo*. Somando-se os quatro céus aos três superiores, haverá um total, segundo Rábano, de sete céus corpóreos.

---

3. Homil. 3 in *Hexaem*.: MG 29, 56 C, 60 A.
4. *De Fide Orth*., l. II, c. 6: MG 94, 884 BC.
5. Loc. cit.
6. Cfr. B<small>EDAM</small>, in *Pentateuch., Gen.*, c. 1: ML 91, 192 B.

Tertio dicitur *caelum* metaphorice. Et sic quandoque ipsa sancta Trinitas dicitur caelum, propter eius spiritualem sublimitatem et lucem. De quo caelo exponitur diabolum dixisse Is 14,13: *Ascendam in caelum*, idest ad aequalitatem Dei. — Quandoque etiam spiritualia bona in quibus est Sanctorum remuneratio, propter eorum eminentiam, caeli nominantur; ubi dicitur Mt 5,12; Lc 6,23: *Merces vestra multa est in caelis*, ut Augustinus exponit[7]. — Quandoque vero tria genera supernaturalium visionum, scilicet corporalis, imaginariae et intellectualis tres caeli nominantur. De quibus Augustinus exponit[8] quod Paulus est raptus usque ad tertium caelum.

AD PRIMUM ergo dicendum quod terra se habet ad caelum, ut centrum ad circumferentiam. Circa unum autem centrum possunt esse multae circumferentiae. Unde una terra existente, multi caeli ponuntur.

AD SECUNDUM dicendum quod ratio illa procedit de caelo, secundum quod importat universitatem creaturarum corporalium. Sic enim est unum caelum tantum.

AD TERTIUM dicendum quod in omnibus caelis invenitur communiter sublimitas et aliqua luminositas, ut ex dictis[9] patet.

Em terceiro lugar, o termo *céu* é tomado metaforicamente. Nesse sentido, também a Santíssima Trindade é dita céu, por sua espiritual sublimidade e luminosidade. É desse céu que falou o demônio: "Subirei ao céu", isto é, terei igualdade com Deus. — Outras vezes, como comenta Agostinho, céu designa os bens espirituais nos quais consiste a recompensa dos Santos, em razão de sua excelência, segundo se lê no Evangelho de Mateus: "Vossa grande recompensa está nos céus". — Por fim, às vezes, chamam de três céus três gêneros de visões sobrenaturais, a saber, a corporal, a imaginária e a intelectiva. Agostinho comenta essas visões ao explicar como Paulo foi raptado ao terceiro céu.

QUANTO AO 1º, portanto, deve-se dizer que a terra está para o céu assim como o centro para a circunferência. Ora, em torno de um centro pode haver muitas circunferências. Logo, existindo uma só terra, afirmam-se muitos céus.

QUANTO AO 2º, deve-se dizer que o argumento procede se céu implica todas as criaturas corporais. Assim, há somente um único céu.

QUANTO AO 3º, deve-se dizer que em todos os céus se encontra comumente a sublimidade e alguma luminosidade, como fica claro pelo que foi dito.

---

7. *De Serm. Dom. in Monte*, l. I, c. 5: ML 34, 1236-1237.
8. *De Gen. ad litt.*, l. XII, cc. 28, 34: ML 34, 478, 482-483.
9. In corp.

QUAESTIO LXIX
DE OPERE TERTIAE DIEI
in duos articulos divisa

Deinde considerandum est de opere tertiae diei.
Et circa hoc quaeruntur duo.
Primo: de congregatione aquarum.
Secundo: de productione plantarum.

ARTICULUS 1
Utrum aquarum congregatio convenienter dicatur facta tertia die

AD PRIMUM SIC PROCEDITUR. Videtur quod aquarum congregatio non convenienter dicatur facta tertia die.

QUESTÃO 69
A OBRA DO TERCEIRO DIA
em dois artigos

Deve-se considerar, em seguida, a obra do terceiro dia:
A respeito disso são duas as perguntas:
1. Sobre a reunião das águas.
2. Sobre a produção das plantas.

ARTIGO 1
É correto dizer que a reunião das águas foi feita no terceiro dia?

QUANTO AO PRIMEIRO ARTIGO, ASSIM SE PROCEDE: parece que **não** é correto dizer que a reunião das águas foi feita no terceiro dia.

---

1 PARALL.: II *Sent.*, dist. 14, a. 5; *De Pot.*, q. 4, a. 1, ad 17 sqq.

1. Ea enim quae facta sunt prima et secunda die, verbo *factionis* exprimuntur: dicitur enim, *Dixit Deus Fiat lux*, et, *Fiat firmamentum*. Sed tertia dies condividitur duabus primis. Ergo opus tertiae diei debuit exprimi verbo *factionis*, et non solum verbo *congregationis*.

2. PRAETEREA, terra prius undique erat aquis cooperta: propter hoc enim *invisibilis* dicebatur. Non erat ergo aliquis locus super terram, in quo aquae congregari possent.

3. PRAETEREA, quae non sunt continuata ad invicem, non habent unum locum. Sed non omnes aquae habent ad invicem continuitatem. Ergo non sunt omnes aquae congregatae in unum locum.

4. PRAETEREA, congregatio ad motum localem pertinet. Sed aquae naturaliter videntur fluentes, et ad mare currentes. Non ergo fuit necessarium ad hoc divinum praeceptum adhiberi.

5. PRAETEREA, *terra* etiam in principio suae creationis nominatur, cum dicitur, *In principio creavit Deus caelum et terram*. Inconvenienter ergo dicitur tertia die nomen *terrae* impositum.

SED IN CONTRARIUM sufficit auctoritas Scripturae Gn 1,9 sqq.

RESPONDEO dicendum quod hic oportet aliter dicere secundum expositionem Augustini, et aliorum Sanctorum. Augustinus enim in omnibus his operibus non ponit durationis ordinem, sed solum originis et naturae. Dicit enim[1] primo creatam naturam spiritualem informem, et naturam corporalem absque omni forma (quam dicit[2] primo significari nomine terrae et aquae), non quia haec informitas formationem praecesserit tempore, sed origine tantum. Neque una formatio, secundum eum, praecessit aliam duratione; sed solum naturae ordine. Secundum quem ordinem necesse fuit ut primo poneretur formatio supremae naturae, scilicet spiritualis, per hoc quod legitur prima die lux facta. — Sicut autem spiritualis natura praeeminet corporali, ita superiora corpora praeeminent inferioribus. Unde secundo loco tangitur formatio superiorum corporum, cum dicitur, *Fiat firmamentum*; per quod intelligitur impressio formae caelestis in materiam informem, non prius existentem tempore, sed origine tantum. — Tertio vero loco ponitur impressio formarum elementarium in materiam informem, non tempore, sed origine praecedentem. Unde per hoc quod

1. Com efeito, as coisas feitas no primeiro e no segundo dia exprimem-se pelo verbo *fazer*, pois se lê: "Disse Deus, faça-se a luz"; e "faça-se o firmamento". Ora, o terceiro dia está enumerado como os dois primeiros. Logo, a obra do terceiro devia ser expressa pelo verbo *fazer*, e não pelo verbo *reunir*.

2. ALÉM DISSO, primeiramente toda a terra estava coberta por água e por isso se dizia *invisível*. Logo, não havia um lugar acima da terra onde as águas pudessem se reunir.

3. ADEMAIS, coisas que não são contínuas entre si não ocupam um só lugar. Ora, nem todas as águas são contínuas entre si. Logo, não foram todas as águas reunidas num só lugar.

4. ADEMAIS, reunir importa movimento local. Ora, parece que as águas são por natureza fluentes, indo para o mar. Logo, para tal não houve necessidade de uma ordem divina.

5. ADEMAIS, no princípio a *terra* também foi nomeada, quando se diz: "No princípio Deus criou o céu e a terra". Portanto, não é correto dizer que o nome *terra* foi dado no terceiro dia.

EM SENTIDO CONTRÁRIO, é suficiente a autoridade da Escritura no livro do Gênesis.

RESPONDO. Nesse assunto, é preciso dizer de modo diferente conforme a sentença de Agostinho e dos outros Santos Padres. Em todas as suas obras, Agostinho não afirma a ordem de duração, mas apenas a ordem de origem e de natureza. Diz ele que primeiro foi criada a natureza espiritual informe e a natureza corporal desprovida de qualquer forma (designada pelos nomes de terra e água), não porque esse estado informe tivesse precedência de tempo, mas somente de origem. Aliás, segundo ele, nenhuma formação precede uma outra no tempo, há somente precedência de natureza. Segundo essa ordem, foi necessário que primeiro se afirmasse a formação da natureza suprema, a espiritual, por isso se lê que a luz foi feita no primeiro dia. — Como a natureza espiritual está acima da corporal, também os corpos superiores precedem os inferiores. Por isso, em segundo lugar, se alude à formação dos corpos superiores, quando se diz: "Faça-se o firmamento", e com isso se entende a impressão da forma celeste na matéria informe, não antes existente no tempo, mas tendo precedência de origem. — Em terceiro lugar, afirma-se a impressão das formas

---

1. *De Gen. ad litt.*, l. I, cc. 1, 3, 4, 9; l. V, c. 5: ML 34, 247, 248-249, 249, 252-253, 326.
2. Op. cit. l. I, c. 15; *De Gen. contra Man.*, l. I, c. 7: ML 34, 257, 179.

dicitur, *Congregentur aquae, et appareat arida*, intelligitur quod materiae corporali iimpressa est forma substantialis aquae, per quam competit sibi talis motus; et forma substantialis terrae, per quam competit sibi sic videri.

Sed secundum alios Sanctos, in his operibus etiam ordo durationis attenditur: ponunt enim quod, informitas materiae tempore praecessit formationem, et una formatio aliam. Sed informitas materiae, secundum eos, non intelligitur carentia omnis formae, quia iam erat caelum et aqua et terra (quae tria nominantur tanquam manifeste sensu perceptibilia): sed intelligitur informitas materiae carentia debitae distinctionis, et consummatae cuiusdam pulchritudinis. — Et secundum haec tria nomina, possuit Scriptura tres informitates. Ad caelum enim, quod est superius, pertinet informitas *tenebrarum*: quia ex eo est origo luminis. Informitas vero aquae, quae est media, significatur nomine *abyssi*: quia hoc nomen significat quandam immensitatem inordinatam aquarum, ut Augustinus dicit, *Contra Faustum*[3]. Informitas vero terrae tangitur in hoc quod dicitur, quod terra erat *invisibilis* vel *inanis*, per hoc quod erat aquis cooperta.

Sic igitur formatio supremi corporis facta est prima die. Et quia tempus sequitur motum caeli, tempus autem est numerus motus supremi corporis; per huiusmodi formationem facta est distinctio temporis, noctis scilicet et diei. — Secundo vero die formatum est medium corpus, scilicet aqua, per firmamentum accipiens quandam distinctionem et ordinem (ita quod sub nomine *aquae* etiam alia comprehenduntur, ut supra[4] dictum est). — Tertio vero die formatum est ultimum corpus, scilicet terra, per hoc quod discooperta est aquis; et facta est distinctio in infimo, quae dicitur terrae et maris. Unde satis congrue, sicut informitatem terrae expresserat dicens quod terra erat *invisibilis* vel *inanis*, ita eius formationem exprimit per hoc quod dicit, *et appareat arida*.

AD PRIMUM ergo dicendum quod, secundum Augustinum[5], ideo in opere tertiae diei non utitur Scriptura verbo *factionis*, sicut in praecedentibus operibus, ut ostendatur quod superiores formae, scilicet spirituales angelorum, et caelestium cor-

dos elementos na matéria informe, não por precedência de tempo, mas de origem. De onde pela expressão: "Reúnam-se as águas, e apareça a terra árida", entende-se que na matéria corporal foi impressa a forma substancial da água, pela qual lhe cabe esse movimento, e a forma substancial da terra, pela qual lhe cabe ser vista assim.

Segundo outros Santos Padres, porém, nessas obras também deve ser considerada a ordem do tempo, pois afirmam que o estado informe da matéria precedeu no tempo a formação, e uma formação, a seguinte. Mas o estado informe da matéria, segundo eles, não significa falta de toda forma, porque já existiam céu, terra e água (esses três são nomeados porque claramente perceptíveis aos sentidos), porém significa o estado informe da matéria carente da devida distinção e da completa beleza de cada uma. — E segundo esses três nomes, a Escritura afirmou três estados informes. Ao céu, que está em lugar superior, pertence o estado informe das *trevas*, porque nele está a origem da luz. O estado água, que ocupa lugar intermediário, é significado pelo nome de *abismo*, porque esse nome quer dizer uma quantidade desordenada, conforme diz Agostinho. Alude-se ao estado informe da terra quando se diz que a terra era *invisível* e *sem vida*, porque estava coberta pelas águas.

Assim, a formação do corpo supremo foi feita no primeiro dia. Como o tempo segue o movimento do céu e ele é o número do movimento do corpo supremo, por essa formação fez-se a distinção do tempo em noite e dia. — No segundo dia, foi formado o corpo intermediário, a água, que recebeu no firmamento distinção e ordem, de modo que pelo nome *águas* estão compreendidas outras coisas, como acima foi dito. — No terceiro dia, foi formado o último dos corpos, a terra, ao ser descoberta das águas. Fez-se, então, distinção na parte ínfima, isto é, da terra e do mar. Por isso, assim como, com bastante congruência, o estado informe da terra foi expresso com os termos *invisível* e *sem vida*, também sua formação foi expressa com a locução: *e apareça a terra árida*.

QUANTO AO 1º, portanto, deve-se dizer com Agostinho: na obra do terceiro dia, a Escritura não usa o verbo *fazer*, como nas anteriores, para mostrar que as formas superiores, ou seja, as espirituais dos anjos e dos corpos celestes, são

---

3. L. XXII, c. 11: ML 42, 405.
4. Q. 68, a. 3.
5. *De Gen. ad litt.*, l. II, c. 11: ML 34, 272-273.

porum, sunt perfectae in esse et stabiles; formae vero inferiorum corporum sunt imperfectae et mobiles. Et ideo per congregationem aquarum et apparentiam aridae, impressio talium formarum designatur: *aqua enim est labiliter fluxa, terra stabiliter fixa*, ut ipse dicit in II *super Gen. ad litt.*[6]. — Secundum vero alios, dicendum est quod opus tertiae diei est perfectum secundum solum motum localem. Et ideo non oportuit quod Scriptura uteretur verbo *factionis*.

AD SECUNDUM patet solutio secundum Augustinum[7]: quia non oportet dicere quod terra primo esset cooperta aquis, et postmodum sint aquae congregatae; sed quod in tali congregatione fuerunt productae.

Secundum vero alios, tripliciter respondetur, ut Augustinus dicit, I *super Gen. ad litt.*[8]. Uno modo, ut aquae in maiorem altitudinem sint elevatae in loco ubi sunt congregatae. Nam mare esse altius terra experimento compertum est in Mari Rubro, ut Basilius dicit[9]. — Secundo, ut dicatur quod *rarior aqua, velut nebula, terras tegebat, quae congregatione densata est*. — Tertio modo, ut dicatur quod *terra potuit aliquas partes praebere concavas, quibus confluentes aquae reciperentur*. — Inter quas prima videtur probabilior.

AD TERTIUM dicendum quod omnes aquae unum terminum habent, scilicet mare, in quod confluunt vel manifestis vel occultis meatibus. Et propter hoc dicuntur aquae congregari in unum locum. — Vel dicit unum locum, non simpliciter, sed per comparationem ad locum terrae siccae; ut sit sensus: *Congregentur aquae in unum locum*, idest, *seorsum a terra sicca*. Nam ad designandam pluralitatem locorum aquae, subdit quod *congregationes aquarum appellavit maria*.

AD QUARTUM dicendum quod iussio Dei naturalem motum corporibus praebet. Unde dicitur Ps 148,8 quod suis naturalibus motibus *faciunt verbum eius*. — Vel potest dici quod naturale esset quod aqua undique esset circa terram, sicut aer undique est circa aquam et terram; sed propter necessitatem finis, ut scilicet animalia et plantae essent super terram, oportuit quod aliqua

perfeitas no ser e estáveis. As formas dos corpos inferiores, porém, são imperfeitas e mutáveis. Por isso, pela reunião das águas e pelo surgimento da terra árida é designada a impressão de tais formas, segundo Agostinho: "A água é instável e fluente, a terra, estavelmente fixa". — Segundo outros, a obra do terceiro dia foi perfeita somente segundo o movimento local. Por isso, não seria conveniente que a Escritura usasse o verbo *fazer*.

QUANTO AO 2º, deve-se dizer que é clara a resposta de Agostinho, porque não se deve dizer que a terra foi primeiro coberta pelas águas, e que depois foram as águas reunidas, mas que foram criadas já reunidas.

Três respostas foram formuladas por outros, conforme Agostinho. A primeira afirma que as águas foram elevadas para maior altura, onde se reuniram. Ora, que o mar é mais alto que a terra ficou claro experimentalmente no Mar Vermelho, segundo Basílio[a]. — A segunda afirma que "as águas eram mais rarefeitas, como neblinas, quando cobriam a terra, e ficaram mais densas quando se reuniram". — Afirma a terceira sentença: "A terra pôde apresentar algumas partes côncavas que recebessem as águas que afluíam reunidas". — Das três sentenças, a primeira parece ser a mais provável.

QUANTO AO 3º, deve-se dizer que todas as águas têm um único termo, o mar, para o qual seus cursos confluem, clara ou ocultamente, razão por que se diz que se reúnem em um lugar. — Ou se diz em um só lugar, não de modo absoluto, mas em comparação com a terra seca, sendo o sentido da frase *que as águas se reúnam em um só lugar*, isto é, *fora da terra seca*. Pois, para designar os muitos lugares das águas, acrescenta: *chamou mar a reunião das águas*.

QUANTO AO 4º, deve-se dizer que a ordem de Deus dá aos corpos o movimento natural. Por isso, se diz no Salmo 148 que por seus movimentos naturais *realizam a palavra divina*. — Ou também se pode dizer que é natural que a água esteja em toda parte ao redor da terra, como o ar está em toda parte ao redor da terra e das águas. Contudo, por necessidade de fim, isto é, para que os animais

---

6. Ibid.
7. *De Gen. contra Man.*, l. I, c. 12; *De Gen. ad litt.*, l. II, c. 11: ML 34, 181, 272-273.
8. C. 12: ML 34, 255-256.
9. Homil. 4 in *Hexaem.*: MG 29, 84 BC.

a. Alusão a um projeto, feito na Antiguidade, de ligar o Mar Vermelho ao Mediterrâneo por via aquática. O projeto foi abandonado pela razão alegada, verdadeira ou falsa.

pars terrae esset discooperta aquis. Quod quidem aliqui philosophi attribuunt actioni solis, per elevationem vaporum desiccantis terram. Sed sacra Scriptura attribuit hoc potestati divinae, non solum in *Genesi*, sed etiam in Io 38,10, ubi ex persona Domini dicitur: *Circumdedi mare terminis meis*; et Ier v. 22: *Me ergo non timebitis, ait Dominus, qui posui arenam terminum mari?*

AD QUINTUM dicendum quod, secundum Augustinum[10], per terram de qua primo fiebat mentio, intelligitur materia prima: nunc autem intelligitur ipsum elementum terrae. — Vel potest dici, secundum Basilium[11], quod primo nominabatur terra secundum naturam suam: nunc autem nominatur ex sua principali proprietate, quae est siccitas. Unde dicitur quod *vocavit aridam, Terram*. — Vel potest dici, secundum Rabbi Moysen[12], quod ubicumque dicitur *vocavit*, significatur aequivocatio nominis. Unde prius dictum est quod *vocavit lucem, Diem*: propter hoc quod etiam *dies* vocatur spatium vigintiquatuor horarum, secundum quod ibidem dicitur, *Factum est vespere et mane dies unus*. Similiter dicitur quod *firmamentum*, idest aerem, *vocavit Caelum*: quia etiam *caelum* dicitur quod est primo creatum. Similiter etiam dicitur hic quod *aridam* idest illam partem quae est discooperta aquis, *vocavit Terram*, prout distinguitur contra mare: quamvis communi nomine *terra* vocetur, sive sit aquis cooperta, sive discooperta. — Intelligitur autem ubique per hoc quod dicitur *vocavit*, idest, *dedit naturam vel proprietatem ut possit sic vocari*.

e plantas estivessem sobre a terra, foi conveniente que houvesse uma parte da terra não coberta de água. Alguns filósofos atribuem esse fato à ação do sol, que resseca a terra com a evaporação. Todavia, a Sagrada Escritura atribui isso ao poder divino, não só no livro do Gênesis, como também no livro de Jó: "Dei limites ao mar", e em Jeremias: "Não temes a mim, que coloquei a areia como termo do mar?"

QUANTO AO 5º, deve-se dizer que, segundo Agostinho, a terra mencionada em primeiro lugar era a matéria primeira, mas agora entende-se o elemento terra. — Também se pode dizer com Basílio: primeiro nomeou-se a terra em sua natureza, agora se nomeia por sua propriedade principal, que é estar seca. Por isso se diz que chamou *árida* a *terra*. — Ou pode-se dizer com o Rabi Moisés: onde quer que se diz *chamou* significa-se uma equivocação. Daí que primeiro foi dito *chamou a luz dia*, porque *dia* é também o espaço de vinte e quatro horas, conforme aí mesmo está dito: *Houve tarde e houve manhã, um primeiro dia*. Igualmente diz-se que ao *firmamento*, isto é, à atmosfera, *chamou céu*, porque também o *céu* foi criado em primeiro lugar. Igualmente diz-se que *árida*, isto é, a parte da terra não coberta de água, chamou terra, enquanto se distingue do mar, embora se chame com o nome comum *terra*, seja a que está coberta de águas, seja a descoberta. — Onde quer que se diz *chamou* entende-se assim: *deu a natureza ou a propriedade para poder ser chamado assim*.

ARTICULUS 2

Utrum plantarum productio convenienter tertia die facta legatur

AD SECUNDUM SIC PROCEDITUR. Videtur quod plantarum productio inconvenienter tertia die facta legatur.
1. Plantae enim habent vitam sicut et animalia. Sed productio animalium non ponitur inter opera distinctionis, sed pertinet ad opus ornatus. Ergo nec productio plantarum commemorari debuit in tertia die, quae pertinet ad opus distinctionis.

ARTIGO 2

É correto ler que a produção das plantas aconteceu no terceiro dia?

Quanto ao segundo, assim se procede: parece que não é correto ler que a produção das plantas foi feita no terceiro dia.
1. Com efeito, as plantas têm vida como os animais. Ora, a criação dos animais não está citada entre as obras da distinção, mas pertence à obra de ornamentação. Logo, a produção das plantas não deve ser lembrada no terceiro dia, que pertence à obra de distinção.

---

10. *De Gen. contra Man.*, l. I, cc. 7, 12: ML 34, 179, 182.
11. Homil. 4 in *Hexaem.*: MG 29, 89 AB.
12. *Doct. Perplex.*, part. II, c. 30.

PARALL.: Infra, q. 102, a. 1, ad 5; II *Sent.*, dist. 14, a. 4, ad 6 sqq.

2. PRAETEREA, illud quod pertinet ad maledictionem terrae, non debuit commemorari cum formatione terrae. Sed productio quarundam plantarum pertinet ad maledictionem terrae; secundum, illud Gn 3,17-18: *Maledicta terra in opere tuo, spinas et tribulos germinabit tibi*. Ergo productio plantarum universaliter non debuit commemorari in tertia die, quae pertinet ad formationem terrae.

3. PRAETEREA, sicut plantae adhaerent terrae, ita etiam lapides et metalla; et tamen non fit mentio de eis in terrae formatione. Ergo nec plantae fieri debuerunt tertia die.

SED CONTRA est quod dicitur Gn 1,12: *Protulit terra herbam virentem*; et postea sequitur v. 13: *Factum est vespere et mane dies tertius*.

RESPONDEO dicendum quod, sicut supra[1] dictum est, in tertia die informitas terrae removetur. Duplex autem informitas circa terram describebatur: una, quod erat *invisibilis* vel *inanis*, quia erat aquis cooperta; alia, quod erat *incomposita* sive *vacua*, idest non habens debitum decorem, qui acquiritur terrae ex plantis eam quodammodo vestientibus. Et ideo utraque informitas in hac tertia die removetur: prima quidem, per hoc quod aquae congregatae sunt in unum locum, et apparuit arida; secunda vero, per hoc quod protulit terra herbam virentem.

Sed tamen circa productionem plantarum, aliter opinatur Augustinus ab aliis. Alii enim expositores dicunt quod plantae productae sunt actu in suis speciebus in hac tertia die, secundum quod superficies litterae sonat. Augustinus autem, V *sup. Gen. ad litt.*[2], dicit quod *causaliter tunc dictum est produxisse terram herbam et lignum, idest producendi accepisse virtutem*. Et hoc quidem confirmat auctoritate Scripturae. Dicitur enim Gn 2,4-5: *Istae sunt generationes caeli et terrae, quando creata sunt, in die quo Deus fecit caelum et terram, et omne virgultum agri, antequam oriretur in terra, omnemque herbam regionis, priusquam germinaret*. Ante ergo quam orirentur super terram, factae sunt causaliter in terra. — Confirmat autem hoc etiam ratione. Quia in illis primis diebus condidit Deus creaturam originaliter vel causaliter, a quo opere postmodum requievit: qui tamen postmodum, secundum administrationem rerum conditarum per opus propagationis, *usque modo operatur* Io 5,17. Producere autem plantas ex terra, ad opus propagationis pertinet. Non ergo in tertia die productae sunt plantae in actu, sed causaliter tantum.

2. Além disso, as maldições da terra não devem ser lembradas. Ora, a produção de certas plantas pertence à maldição da terra, segundo se lê no livro do Gênesis: "Que a terra seja amaldiçoada no teu trabalho; espinhos e cardos ela germinará para ti". Logo, a produção de todas as plantas não deve ser lembrada no terceiro dia, que é o da formação da terra.

3. Ademais, como as plantas aderem à terra, também as pedras e os metais. Ora, deles não há menção na formação da terra. Logo, nem as plantas deverão ter sido feitas no terceiro dia.

Em sentido contrário, diz o livro do Gênesis: "A terra produziu a erva verde", e em seguida: "Houve tarde e houve manhã, terceiro dia".

Respondo. Como foi dito, no terceiro dia desapareceu o estado informe da terra. A respeito da terra, o texto descrevia dois estados informes: o primeiro, que era a terra *invisível* e *sem vida* por estar coberta pelas águas; o segundo, que era a terra *desordenada* e *vazia*, isto é, sem o devido decoro recebido das plantas que de algum modo a revestem. Neste terceiro dia, portanto, esses dois estados informes desapareceram: o primeiro, porque as águas reuniram-se num lugar e apareceu a terra árida; o segundo, porque a terra fez germinar as ervas verdes.

Entretanto, Agostinho, a respeito da produção das plantas, difere da opinião dos outros. Estes outros intérpretes disseram que as plantas foram criadas, cada uma em sua espécie, neste terceiro dia, segundo o sentido literal do termo. Agostinho dizia que "de modo causal é que foi dito que a terra produziu ervas e plantas, isto é, que ela recebeu o poder de as produzir". A autoridade das Escrituras confirma essa opinião. O livro do Gênesis diz: "Este é o nascimento do céu e da terra quando de sua criação. No dia em que o Senhor Deus fez o céu e a terra, antes que nascesse sobre a terra algum arbusto do campo e antes que germinasse alguma erva do campo". Portanto, antes que fossem geradas sobre a terra, foram feitas na terra em suas causas. — O argumento da razão confirma o da Escritura. Naqueles primeiros dias, Deus criou as coisas em sua origem ou em sua causa, depois descansou desse trabalho. Entretanto, depois disso, segundo o Evangelho de João, "até agora ele opera" administrando as coisas criadas pela obra da propagação. Produzir as plantas tirando-as da terra é da obra da propagação. Por isso, as plantas não foram criadas em si mesmas no terceiro dia, mas somente em suas causas.

---

1. A. praec.
2. C. 4. Cfr. l. VIII, c. 3: ML 34, 325, 374-375.

Quamvis, secundum alios, dici possit quod prima institutio specierum ad opera sex dierum pertinet: sed quod ex speciebus primo institutis generatio similium in specie procedat, hoc iam pertinet ad rerum administrationem. Et hoc est quod Scriptura dicit, *antequam oriretur super terram*, vel *antequam germinaret*; idest, antequam ex similibus similia producerentur, sicut nunc naturaliter fieri videmus secundum viam seminationis. Unde signanter Scriptura dicit: *Germinet terra herbam virentem et facientem semen*: quia scilicet sunt productae perfectae species plantarum, ex quibus semina aliarum orirentur. Nec refert ubicumque habeant vim seminativam: utrum scilicet in radice, vel in stipite, vel in fructu.

AD PRIMUM ergo dicendum quod vita in plantis est occulta, quia carent motu locali et sensu, quibus animatum ab inanimato maxime distinguitur. Et ideo, quia immobiliter terrae inhaerent, earum productio ponitur quasi quaedam terrae formatio.

AD SECUNDUM dicendum quod etiam ante illam maledictionem, spinae et tribuli producti erant vel virtute vel actu. Sed non erant producti homini in poenam; ut scilicet terra quam propter cibum coleret, infructuosa quaedam et noxia germinaret. Unde dictum est: *germinabit tibi*.

AD TERTIUM dicendum quod Moyses ea tantum proposuit quae in manifesto apparent, sicut iam[3] dictum est. Corpora autem mineralia habent generationem occultam in visceribus terrae. Et iterum, non habent manifestam distinctionem a terra, sed quaedam terrae species videntur. Et ideo de eis mentionem non fecit.

Embora, segundo alguns, se possa dizer que a primeira instituição das espécies pertença à obra dos seis dias, mas, que destas primeiras espécies fossem geradas plantas semelhantes, isso já pertence à administração das coisas. É o que diz a Escritura: "Antes de nascerem sobre a terra, ou antes de germinarem", isto é, antes que semelhantes produzissem semelhantes, como agora vemos naturalmente acontecer por meio das sementes. Por isso, expressamente diz a Escritura: "Germine a terra as ervas verdes, produzindo suas sementes", porque foram produzidas perfeitas as espécies das plantas das quais nascem as sementes das outras plantas. Não vem ao caso em que parte das plantas a semente é gerada: se na raiz, no caule ou no fruto.

Quanto ao 1º, portanto, deve-se dizer que a vida nas plantas é oculta, porque elas não têm movimento local ou sentidos, pelos quais os seres animados se distinguem dos inanimados. Portanto, porque as plantas aderem de modo imóvel à terra, sua criação é afirmada como uma formação da terra[b].

Quanto ao 2º, deve-se dizer que também antes daquela maldição foram criados espinhos e cardos em potência ou em ato, mas não haviam sido criados como castigo do homem, para que a terra, donde o homem tira seu alimento, não desse fruto e lhe fosse nociva. Por isso, está escrito: *Germinará para ti*.

Quanto ao 3º, deve-se dizer que Moisés propôs somente coisas que claramente se veem, como já foi dito. Ora, os minerais originam-se do interior oculto da terra. Ademais, não se distinguem claramente da terra, até porque parecem uma espécie de terra. Por isso, não foram mencionados.

---

3. Q. 68, a. 3.

b. Ver nota 1 da q. 66, artigo 1.

QUAESTIO LXX
DE OPERE ORNATUS, QUANTUM AD QUARTAM DIEM
in tres articulos divisa

Consequenter considerandum est de opere ornatus. Et primo, de singulis diebus secundum

QUESTÃO 70
A OBRA DE ORNAMENTAÇÃO[a] DO QUARTO DIA
em três artigos

Em seguida, deve-se considerar a obra de ornamentação. Primeiramente, de cada um dos

---

a. A noção de ornamento durante a criação provém da tradução grega dos Setenta. "E foram terminados o céu e a terra e todo o seu ornamento" (Gn 2,1): *cosmos*, que pode significar ordem universo, enfeite, inspirou a versão latina da Vulgata, *ornatus*. As traduções modernas, seguindo o hebraico, trazem: "e todo o seu exército", o que é exato. Duas palavras hebraicas bem próximas significam uma "exército", outra, "ornamento".

se; secundo, de omnibus sex diebus in communi. Circa primum ergo, considerandum est primo de opere quartae diei; secundo, de opere quintae; tertio, de opere sextae; quarto, de iis quae pertinent ad septimum diem.
Circa primum quaeruntur tria.
Primo: de productione luminarium.
Secundo: de fine productionis eorum.
Tertio: utrum sint animata.

dias em particular. Depois, de todos os seis dias conjuntamente. Com respeito ao primeiro, deve-se considerar: 1. a obra do quarto dia, 2. a obra do quinto, 3. a obra do sexto e 4. do que se refere ao sétimo dia.
A respeito do primeiro são três as perguntas:
1. Sobre a produção dos astros luminosos.
2. Sobre a finalidade da produção deles.
3. São os astros luminosos animados?

Articulus 1
Utrum luminaria debuerint produci quarta die

Ad primum sic proceditur. Videtur quod luminaria non debuerint produci quarta die.

1. Luminaria enim sunt corpora incorruptibilia naturaliter. Ergo eorum materia non potest esse absque formis eorum. Sed eorum materia producta est in opere creationis, ante omnem diem. Ergo et eorum formae. Non ergo sunt facta quarta die.

2. Praeterea, luminaria sunt quasi vasa luminis. Sed lux est facta prima die. Ergo luminaria fieri debuerunt prima die, et non quarta.

3. Praeterea, sicut plantae fixae sunt in terra, ita luminaria fixa sunt in firmamento: unde Scriptura dicit quod *posuit ea in firmamento*. Sed productio plantarum simul describitur cum formatione terrae, cui inhaerent. Ergo est productio luminarium simul debuit poni, secunda die, cum productione firmamenti.

4. Praeterea, sol et luna et alia luminaria sunt causae plantarum. Sed naturali ordine causa praecedit effectum. Ergo luminaria non debuerunt fieri quarta die, sed tertia vel ante.

5. Praeterea, multae stellae, secundum astrologos, sunt luna maiores. Non ergo tantum sol et luna debuerunt poni *duo magna luminaria*.

Sed in contrarium sufficit auctoritas Scripturae, Gn 1,14 sqq.
Respondeo dicendum quod in recapitulatione divinorum operum, Scriptura sic dicit Ibid. 2,1:

Artigo 1
Deveriam os astros luminosos ser produzidos no quarto dia?

Quanto ao primeiro artigo, assim se procede: parece que os astros luminosos **não** deveriam ser produzidos no quarto dia.

1. Com efeito, os astros luminosos são corpos por natureza incorruptíveis. Logo, sua matéria não pode existir sem suas formas. Ora, essa matéria foi produzida na obra da criação antes de todos os dias, e assim também sua forma. Logo, não foram feitos no quarto dia.

2. Além disso, os astros luminosos são como vasos de luz. Ora, a luz foi feita no primeiro dia. Logo, os astros luminosos deveriam ter sido feitos no primeiro dia, e não no quarto.

3. Ademais, como as plantas estão fixadas na terra, os astros luminosos o estão no firmamento. Por isso diz a Escritura: "Colocou-os no firmamento". Ora, a produção das plantas é descrita com a formação da terra, na qual estão fixas. Logo, também a produção dos astros luminosos deveria ser afirmada juntamente com a produção do firmamento, no segundo dia.

4. Ademais, o sol, a lua e os outros astros luminosos são as causas das plantas. Ora, pela ordem natural, a causa precede o efeito. Logo, os astros luminosos não poderiam ter sido feitos no quarto dia, mas no terceiro ou antes.

5. Ademais, segundo os astrólogos[b], muitas estrelas são maiores que a lua. Logo, não apenas o sol e a lua deveriam ser afirmados como dois grandes astros luminosos.

Em sentido contrário, é suficiente a autoridade da Escritura no livro do Gênesis.
Respondo. Na recapitulação das obras divinas, diz a Escritura: "Portanto estavam acabados o

---

1 Parall.: II *Sent.*, dist. 15, q. 1, a. 1.

b. Diversamente do que ocorre em nossa linguagem moderna, astrólogo e astrônomo não são distinguidos.

Igitur perfecti sunt caeli et terra, et omnis ornatus eorum. In quibus verbis triplex opus intelligi potest: scilicet opus *creationis*, per quod caelum et terra producta leguntur, sed informia. Et opus *distinctionis*, per quod caelum et terra sunt perfecta: sive per formas substantiales attributas materiae omnino informi, ut Augustinus vult[1]; sive quantum ad convenientem decorem et ordinem, ut alii Sancti dicunt. Et his duobus operibus additur *ornatus*. Et differt ornatus a perfectione. Nam perfectio caeli et terrae ad ea pertinere videtur quae caelo et terrae sunt intrinseca: ornatus vero ad ea quae sunt a caelo et terra distincta. Sicut homo perficitur per proprias partes et formas, ornatur autem per vestimenta, vel aliquid huiusmodi. Distinctio autem aliquorum maxime manifestatur per motum localem, quo ab invicem separantur. Et ideo ad opus ornatus pertinet productio illarum rerum quae habent motum in caelo et in terra.

Sicut autem supra[2] dictum est, de tribus fit mentio in creatione, scilicet de caelo et aqua et terra. Et haec tria etiam formantur per opus distinctionis tribus diebus: primo die, caelum; secundo die distinguuntur aquae; tertio die fit distinctio in terra, maris et aridae. Et similiter in opere ornatus, primo die, qui est quartus, producuntur luminaria, quae moventur in caelo, ad ornatum ipsius. Secundo die, qui est quintus, aves et pisces, ad ornatum medii elementi: quia habent motum in aere et aqua, quae pro uno accipiuntur. Tertio die, qui est sextus, producuntur animalia quae habent motum in terra, ad ornatum ipsius.

Sed sciendum est quod in productione luminarium non discordat Augustinus ab aliis Sanctis. Dicit enim[3] luminaria esse facta in actu, non in virtute tantum: non enim habet firmamentum virtutem productivam luminarium, sicut habet terra virtutem productivam plantarum. Unde Scriptura non dicit, *Producat firmamentum luminaria*; sicut dicit, *Germinet terra herbam virentem*.

AD PRIMUM ergo dicendum quod, secundum Augustinum[4], nulla difficultas ex hoc oritur. Non enim ponit successionem temporis in istis ope-

céu e a terra com todos os seus ornatos". Nestas palavras podem-se entender três obras, a saber, a *obra da criação*, em que foram produzidos o sol e a lua, mas ainda informes. A *obra de distinção*, pela qual o sol e a lua foram acabados: seja por formas substanciais atribuídas a uma matéria inteiramente informe, como quer Agostinho; seja quanto à adequada beleza e ordem, segundo outros Santos Padres. A essas duas obras acrescenta-se a *ornamentação*. Assim difere a ornamentação da perfeição, pois a perfeição do céu e da terra parece se referir àquilo que é intrínseco ao céu e à terra, enquanto a ornamentação àquilo que é distinto do céu e da terra. Por exemplo, o homem é perfeito por suas partes e suas formas, mas ornamentado pelas vestes e coisas semelhantes. A distinção de dois corpos manifesta-se, principalmente, no movimento local pelo qual um se separa do outro. Portanto, à obra de ornamentação pertence a produção das coisas que se movem no céu e na terra.

Como foi dito acima, são três as coisas citadas na criação, isto é, o céu, a água e a terra. Essas três coisas também foram formadas pela obra de distinção nos três dias: no primeiro dia o céu, no segundo a distinção das águas, no terceiro dia, na terra, a distinção entre o mar e a terra árida. Ordem semelhante aconteceu na obra de ornamentação. No primeiro dia, que é o quarto, foram produzidos os astros luminosos para ornamento do céu, e que nele se movem. No segundo dia, que é o quinto, as aves e os peixes, como ornamento intermediário, porque têm movimento no céu e na água, mas são tomados como uma só coisa. No terceiro dia, que é o sexto dia, foram produzidos os animais que se movem na terra e lhe servem de ornamento.

Deve-se, todavia, saber que, quanto à produção dos astros luminosos, a opinião de Agostinho não dista da opinião dos outros Santos Padres. Assim, afirma ele que os astros luminosos foram feitos em ato, não só em potência, pois o firmamento não tem o poder de produzir um astro luminoso, como a terra o tem para germinar as plantas. Por isso a Escritura não diz: "Que o firmamento produza os astros luminosos", como diz: "Que a terra germine a erva verde".

QUANTO AO 1º, portanto, deve-se dizer que, segundo Agostinho, nenhuma dificuldade nasce disso. Não afirmou ele sucessão de tempo nessas

---

1. *De Gen. ad litt.*, l. II, c. 11: ML 34, 272-273.
2. Q. 69, a. 1.
3. *De Gen. ad litt.*, l. V, c. 5: ML 34, 326.
4. Op. cit. l. IV, c. 34; l. V, c. 5: ML 34, 319-320, 326.

ribus: et ideo non oportet dicere quod materia luminarium fuerit sub alia forma. — Secundum etiam eos qui ponunt caelestia corpora ex natura quatuor elementorum, nulla difficultas accidit: quia potest dici quod sunt formata ex praeiacenti materia, sicut animalia et plantae. — Sed secundum eos qui ponunt corpora caelestia esse alterius naturae ab elementis et incorruptibilia per naturam, oportet dicere quod substantia luminarium a principio fuit creata; sed prius erat informis, et nunc formatur; non quidem forma substantiali, sed per collationem determinatae virtutis. Ideo tamen non fit mentio a principio de eis, sed solum quarta die, ut Chrysostomus dicit[5], ut per hoc removeat populum ab idololatria ostendens luminaria non esse deos, ex quo nec a principio fuerunt.

AD SECUNDUM dicendum quod, secundum Augustinum[6], nulla sequitur difficultas: quia lux de qua prima die facta est mentio, fuit lux spiritualis; nunc autem fit lux corporalis. — Si autem lux primo die facta intelligitur lux corporalis, oportet dicere quod lux primo die fuit producta secundum communem lucis naturam: quarto autem die attributa est luminaribus determinata virtus ad determinatos effectus; secundum quod videmus alios effectus habere radium solis, et alios radium lunae, et sic de aliis. Et propter hanc determinationem virtutis, dicit Dionysius, 4 cap. *de Div. Nom.*[7], quod lumen solis, quod primo erat informe, quarto die formatum est.

AD TERTIUM dicendum quod, secundum Ptolomaeum[8], luminaria non sunt fixa in sphaeris, sed habent motum seorsum a motu sphaerarum. Unde Chrysostomus dicit[9] quod non ideo dicitur quod posuit ea in firmamento, quia ibi sint fixa; *sed quia iusserit ut ibi essent*; sicut posuit hominem in paradiso, ut ibi esset. — Sed secundum opinionem Aristotelis[10], stellae fixae sunt in orbibus, et non moventur nisi motu orbium, secundum rei veritatem. Tamen motus luminarium sensu percipitur: non autem motus sphaerarum. Moyses autem, rudi populo condescendens, secutus est quae sensibiliter apparent, ut dictum est[11].

obras, e por isso não é preciso dizer que a matéria dos astros luminosos estava sob outra forma. — Segundo os que afirmam que os corpos celestes são da natureza dos quatro elementos, também não há dificuldade, porque pode-se dizer que foram formados de matéria preexistente, como os animais e as plantas. — Quanto à opinião daqueles que afirmam que os corpos celestes não têm a natureza dos quatro elementos, e que são incorruptíveis por natureza, é preciso dizer que a substância dos astros luminosos foi criada no princípio, mas que antes era informe, e agora é formada, não pela forma substancial, mas pela recepção de determinado poder. Eis por que não se lhes faz menção no princípio, mas só no quarto dia, como diz Crisóstomo. Desse modo, afastava o povo da idolatria mostrando que os astros luminosos não eram deuses, uma vez que no princípio não existiam.

QUANTO AO 2º, deve-se dizer que para Agostinho não há dificuldade, porque a luz mencionada no primeiro dia era espiritual, agora é feita a luz corporal. — Se se entende a luz do primeiro dia como luz corporal, é preciso dizer que foi produzida com a natureza comum da luz. No quarto dia foram atribuídos aos astros luminosos determinados poderes para produzirem determinados efeitos, como verificamos que os raios do sol têm outros efeitos e outros os raios da lua e assim outros corpos luminosos. Dionísio diz que por causa dessa determinação do poder, a luz do sol, primeiro informe, no quarto dia foi formada.

QUANTO AO 3º, deve-se dizer que segundo Ptolomeu, os astros luminosos não estão fixos nas esferas, mas têm movimento independente do movimento das esferas. Por isso, Crisóstomo disse que não foi por esse motivo que Deus os colocou no firmamento, para que aí estivessem fixos, mas porque *ordenou que aí estivessem*, como também colocou o homem no paraíso, para que nele estivesse. — Mas segundo Aristóteles, as estrelas estão fixas em suas órbitas e não se movem a não ser pelo movimento das órbitas, o que diz corresponder à realidade. Todavia, o movimento dos astros luminosos é percebido pelos sentidos, não os movimentos das esferas. Moisés, porém,

---

5. Homil. 6 in *Gen.*: MG 53, 58-59.
6. *De Gen. ad litt.*, l. I, c. 9: MG 34, 252-253.
7. MG 3, 700 A.
8. Saec. II post. Chr. n. — Vide *Almagesti*, l. III, c. 3.
9. Loco supra cit.
10. *De Caelo et Mundo*, l. II, c. 8: 289, b, 1.
11. Q. 68, a. 3.

Si autem sit aliud firmamentum quod factum est secunda die, ab eo in quo posita sunt sidera, secundum distinctionem naturae, licet sensus non discernat, quem Moyses sequitur, ut dictum est; cessat obiectio. Nam firmamentum factum est secunda die, quantum ad inferiorem partem. In firmamento autem posita sunt sidera quarta die, quantum ad superiorem partem; ut totum pro uno accipiatur, secundum quod sensui apparet.

AD QUARTUM dicendum quod, sicut dicit Basilius[12], praemittitur productio plantarum luminaribus, ad excludendam idololatriam. Qui enim credunt luminaria esse deos, dicunt quod primordialem originem habent plantae a luminaribus. Quamvis, ut Chrysostomus dicit[13], sicut agricola cooperatur ad productionem plantarum, ita etiam et luminaria per suos motus.

AD QUINTUM dicendum, sicut Chrysostomus[14] dicit, dicuntur *duo luminaria magna* non tam quantitate, quam efficacia et virtute. Quia etsi aliae stellae sint maiores quantitate quam luna, tamen effectus lunae magis sentitur in istis inferioribus. — Et etiam secundum sensum maior apparet.

ARTICULUS 2
Utrum convenienter causa productionis luminarium describatur

AD SECUNDUM SIC PROCEDITUR. Videtur quod inconvenienter causa productionis luminarium describatur.

1. Dicitur enim Ier 10,2: *A signis caeli nolite metuere, quae gentes timent*. Non ergo luminaria *in signa* facta sunt.

2. PRAETEREA, signum contra causam dividitur. Sed luminaria sunt causa eorum quae hic aguntur. Ergo non sunt signa.

3. PRAETEREA, disctinctio temporum et dierum incoepit a primo die. Non ergo facta sunt luminaria *in tempora et dies et annos*, idest in horum distinctionem.

4. PRAETEREA, nihil fit propter vilius se: quia *finis est melior iis quae sunt ad finem*[1]. Sed lu-

---

condescendo com a ignorância do povo, escolheu o que aparece aos sentidos, como se disse acima.

Se outro é o firmamento criado no segundo dia, distinto por natureza daquele em que os astros foram postos, ainda que os sentidos não distingam o que Moisés escolheu, então a objeção desaparece. De fato, no segundo dia, o firmamento foi feito quanto à sua parte inferior. Nele, no quarto dia foram os astros postos na parte superior, tomando-se o todo pela parte, conforme aparece aos sentidos.

QUANTO AO 4º, deve-se dizer que, como diz Basílio, a criação das plantas precede a dos astros luminosos para evitar a idolatria. Pois os que creem serem deuses os astros luminosos dizem que as plantas recebem deles sua origem primeira. Ainda que, diz Crisóstomo, assim como o agricultor coopera na produção das plantas, assim cooperam os astros luminosos com seus movimentos.

QUANTO AO 5º, deve-se dizer que, como diz Crisóstomo, dois astros luminosos se dizem grandes não tanto pela grandeza, quanto pela eficácia e poder. Até porque, embora outras estrelas sejam maiores em grandeza que a lua, contudo, o efeito da lua é mais percebido nessas partes inferiores. — E também aos sentidos parece maior

ARTIGO 2
A causa da produção dos astros luminosos está convenientemente descrita?

QUANTO AO SEGUNDO, ASSIM SE PROCEDE: parece que a causa da produção dos astros luminosos **não** está convenientemente descrita.

1. Com efeito, disse Jeremias: "Não temais os sinais do céu, temidos pelos povos". Logo, os astros luminosos não foram feitos como sinais.

2. ALÉM DISSO, o sinal se opõe à causa. Ora, os astros luminosos são a causa daquilo que se passa aqui. Logo, não são sinais.

3. ADEMAIS, a distinção dos tempos e dos dias começou no primeiro dia. Logo, não foram feitos os astros luminosos *tendo em vista as estações, os dias e os anos*, isto é, para distingui-los.

4. ADEMAIS, nenhuma coisa é feita tendo em vista algo pior, porque *o fim é melhor que as coi-*

---

12. Homil. 5 in *Hexaem*.: MG 29, 96 B.
13. Loco supra cit.
14. Vide BASILIUM, Homil. 6 in *Hexaem*.: MG 29, 137 C sqq.

1. ARISTOT., *Topic*., l. III, c. 1: 116, b, 22-23.

minaria sunt meliora quam terra. Non ergo facta sunt *ut illuminent terram*.

5. Praeterea, luna non praeest nocti quando est prima. Probabile autem est quod luna facta fuerit prima: sic enim homines incipiunt computare. Ergo luna non est facta *ut praesit nocti*.

In contrarium sufficit auctoritas Scripturae Gn 1,14 sqq.

Respondeo dicendum quod, sicut dictum est supra[2], creatura aliqua corporalis potest dici esse facta vel propter actum proprium, vel propter aliam creaturam, vel propter totum universum, vel propter gloriam Dei. Sed Moyses, ut populum ab idololatria revocaret, illam solam causam tetigit, secundum quod sunt facta ad utilitatem hominum. Unde dicitur Dt 4,19: *Ne forte, elevatis oculis ad caelum, videas solem et lunam et omnia astra caeli, et errore deceptus adores ea et colas, quae creavit Dominus Deus in ministerium cunctis gentibus*.

Hoc autem ministerium explicat in principio Genesis per tria. Primo enim provenit utilitas hominibus ex luminaribus quantum ad visum, qui est directivus in operibus, et maxime utilis ad cognoscendas res. Et quantum ad hoc, dicit: *ut luceant in firmamento, et illuminent terram*. — Secundo, quantum ad vicissitudines temporum, quibus et fastidium tollitur et valetudo conservatur, et necessaria victui oriuntur quae non essent, si semper esset aut aestas aut hiems. Et quantum ad hoc, dicit: *ut sint in tempora et dies et annos*. — Tertio, quantum ad opportunitatem negotiorum et operum, inquantum ex luminaribus caeli accipitur significatio pluviosi temporis vel sereni quae sunt apta diversis negotiis. Et quantum ad hoc dicit: *ut sint in signa*.

Ad primum ergo dicendum quod luminaria sunt in signa corporalium transmutationum: non autem eorum quae dependent ex libero arbitrio.

Ad secundum dicendum quod per causam sensibilem quandoque ducimur in cognitionem effectus occulti, sicut et e converso. Unde nihil prohibet causam sensibilem esse signum. Ideo tamen potius dicit *signa* quam *causas*, ut occasionem idololatriae tolleret.

sas que são para o fim. Ora, os astros luminosos são melhores que a terra. Logo, não foram feitos para *iluminá-la*.

5. Ademais, a lua nova não preside a noite. Ora, é provável que a lua tenha sido feita em sua fase de nova. É a partir dela que os homens começam a contar. Logo, a lua não foi *feita para presidir a noite*.

Em sentido contrário, é suficiente a autoridade da Escritura no livro do Gênesis.

Respondo. Como foi dito acima, uma criatura corporal pode ter sido feita ou por causa de seu próprio ato, ou por causa de outra criatura, ou por causa do universo inteiro, ou da glória de Deus. Mas Moisés, para afastar o povo da idolatria, referiu-se somente à causa pela qual as coisas foram feitas tendo em vista a utilidade dos homens. Por isso, lê-se no livro do Deuteronômio: "Não seja que, elevando os olhos ao céu, ao contemplares o sol, a lua e os outros astros, enganado pelo erro, adores e prestes culto a estas coisas criadas pelo Senhor Deus para servirem a todos os povos".

O livro do Gênesis, no princípio, explica tal serviço como tendo três finalidades. Primeiro, os astros luminosos são úteis aos homens quanto à visão: ela dirige os homens em suas obras e principalmente porque lhe é útil para conhecer as coisas. Por isso, se diz: *Para que luzam no firmamento e iluminem a terra*. — Segundo, quanto às variações do tempo, com o que desaparece o tédio, se conserva a saúde e se dá origem aos alimentos necessários, o que não aconteceria se sempre fosse verão ou inverno. Daí estar escrito: *"Tendo em vista as estações, os dias e os anos"*. — Terceiro, quanto à oportunidade dos negócios e trabalhos: pois pelos astros celestes luminosos se percebe o tempo das chuvas ou o tempo bom, adequado aos diversos negócios. Por isso está escrito: *"Que sejam em sinal"*.

Quanto ao 1º, portanto, deve-se dizer que os astros luminosos servem de sinais para as mudanças dos corpos, mas não para as que dependem do livre-arbítrio.

Quanto ao 2º, deve-se dizer que pela causa sensível algumas vezes somos levados a conhecer efeitos ocultos, e vice-versa. Por isso nada impede que uma causa sensível seja sinal. Por isso, o texto prefere *sinais* a *causas*, para afastar a ocasião de idolatria.

---

2. Q. 65, a. 2.

AD TERTIUM dicendum quod in prima die facta est communis distinctio temporis per diem et noctem, secundum motum diurnum, qui est communis totius caeli; qui potest intelligi incoepisse primo die. Sed speciales distinctiones dierum et temporum, secundum quod dies est calidior die, et tempus tempore, et annus anno, fiunt secundum speciales motus stellarum; qui possunt intelligi quarto die incoepisse.

AD QUARTUM dicendum quod in illuminatione terrae intelligitur utilitas hominis, qui secundum animam praefertur corporibus luminarium. — Nihil tamen prohibet dici quod dignior creatura facta est propter inferiorem, non secundum quod in se consideratur, sed secundum quod ordinatur ad integritatem universi.

AD QUINTUM dicendum quod luna, quando est perfecta, oritur vespere et occidit mane, et sic praeest nocti. Et satis probabile est quod luna fuerit facta plena; sicut et herbae factae sunt in sua perfectione, *facientes semen*, et similiter animalia et homo. Licet enim naturali processu ab imperfecto ad perfectum deveniatur, simpliciter tamen perfectum prius est imperfecto. — Augustinus tamen hoc non asserit, quia dicit[3] non esse inconveniens quod Deus imperfecta fecerit, quae postmodum ipse perfecit.

QUANTO AO 3º, deve-se dizer que no primeiro dia foi feita distinção comum do tempo em dia e noite, segundo o movimento diurno, que é comum a todo céu. Pode-se entender isso como começado no primeiro dia. Mas as distinções especiais dos dias e dos tempos, enquanto um dia é mais quente que o outro, um tempo que o outro tempo, um ano que o outro ano, são feitas segundo os movimentos especiais das estrelas. Pode-se entender isso como começado.

QUANTO AO 4º, deve-se dizer que na iluminação da terra está entendida a utilidade do homem, que por sua alma é superior aos corpos dos astros luminosos. — Mas nada impede que uma criatura mais digna tenha sido feita tendo em vista algo inferior, não considerada em si mesmo, mas enquanto está ordenada para a totalidade do universo.

QUANTO AO 5º, deve-se dizer que a lua cheia nasce na tarde e morre na manhã, e, assim, preside à noite. É muito provável que tenha sido feita em lua cheia, como também as ervas foram feitas em sua perfeição *dando sementes*, e os animais e os homens. Embora o processo natural seja do imperfeito para o perfeito, o perfeito é anterior ao imperfeito de modo absoluto. — Não obstante, Agostinho não afirmou isso, porque disse não ser conveniente que Deus tenha feito as coisas imperfeitas, para depois fazê-las perfeitas.

ARTICULUS 3
Utrum luminaria caeli sint animata

AD TERTIUM SIC PROCEDITUR. Videtur quod luminaria caeli sint animata.

1. Superius enim corpus nobilioribus ornamentis ornari debet. Sed ea quae pertinent ad ornatum inferiorum corporum, sunt animata; scilicet pisces, aves et terrestria animalia. Ergo et luminaria, quae pertinent ad ornatum caeli.

2. PRAETEREA, nobilioris corporis nobilior est forma. Sed sol et luna et alia luminaria sunt nobiliora quam corpora plantarum et animalium. Ergo habent nobiliorem formam. Nobilissima autem forma est anima, quae est principium vitae: quia, ut Augustinus dicit in libro *de Vera Relig.*[1], *quaelibet substantia vivens naturae ordine prae-*

ARTIGO 3
São animados os astros luminosos do céu?

QUANTO AO TERCEIRO, ASSIM SE PROCEDE: parece que os astros luminosos do céu **são** animados.

1. Com efeito, o corpo superior deve ter ornamentos mais nobres. Ora, o que faz parte dos ornamentos dos corpos inferiores é animado, como os peixes, as aves e os animais terrestres. Logo, também os astros luminosos que fazem parte do ornamento do céu.

2. ALÉM DISSO, a forma de um corpo mais nobre é mais nobre. Ora, o sol e a lua e outros astros luminosos são mais nobres que os corpos das plantas e dos animais. Logo, têm uma forma mais nobre. Ora, a forma mais nobre é a alma, por ser princípio de vida, como diz Agostinho: "Na ordem natural, a substância viva prevalece à

---

3. *De Gen. ad litt.*, l. II, c. 15: ML 34, 276.

3 PARALL.: II *Sent.*, dist. 14, q. 1, a. 3; *Cont. Gent.* II, 70; *De Verit.*, q. 5, a. 9, ad 14; *De Pot.*, q. 6, a. 6; *De Spir. Creat.*, a. 6; *Q. de Anima*, a. 8, ad 3 sqq.; *Quodlib.* XII, q. 6, a. 2; II *de Cael. et Mund.*, lect. 3, 13.

1. C. 29: ML 34, 145.

efertur substantiae non viventi. Ergo luminaria caeli sunt animata.

3. PRAETEREA, causa nobilior est effectu. Sed sol et luna et alia luminaria sunt causa vitae: ut patet maxime in animalibus ex putrefactione generatis, quae virtute solis et stellarum vitam consequuntur. Ergo multo magis corpora caelestia vivunt et sunt animata.

4. PRAETEREA, motus caeli et caelestium corporum sunt naturales, ut patet in I *de Caelo*[2]. Motus autem naturalis est a principio intrinseco. Cum igitur principium motus caelestium corporum sit aliqua substantia apprehensiva, quae movetur sicut desiderans a desiderato, ut dicitur in XII *Metaphys*.[3]; videtur quod principium apprehendens sit principium intrinsecum corporibus caelestibus. Ergo sunt animata.

5. PRAETEREA, primum mobile est caelum. In genere autem mobilium, primum est movens seipsum, ut probatur in VIII *Physic*.[4]: quia *quod est per se, prius est eo quod est per aliud*. Sola autem animata movent seipsa, ut in eodem libro[5] ostenditur. Ergo corpora caelestia sunt animata.

SED CONTRA est quod Damascenus dicit in libro II[6]: *Nullus animatos caelos vel luminaria aestimet; inanimati enim sunt et insensibiles*.

RESPONDEO dicendum quod circa istam quaestionem apud philosophos fuit diversa opinio. Anaxagoras enim, ut Augustinus refert lib. XVIII *de Civ. Dei*[7], *factus est reus apud Athenienses, quia dixit solem esse lapidem ardentem, negans utique ipsum esse deum*, vel aliquid animatum. Platonici vero posuerunt corpora caelestia animata[8]. — Similiter etiam apud Doctores fidei, fuit circa hoc diversa opinio. Origenes enim[9] posuit corpora caelestia animata. Hieronymus[10] etiam idem sentire videtur, exponens illud Eccle 1,6: *Lustrans universa, per circuitum pergit spiritus*. Basilius vero[11] et Damascenus[12] asserunt corpora caelestia non esse animata. Augustinus vero sub dubio dereliquit,

substância sem vida". Logo, os astros luminosos do céu são animados.

3. ADEMAIS, a causa é mais nobre que o efeito. Ora, o sol, a lua e os outros corpos luminosos são causa da vida, o que se observa, principalmente, nos animais gerados da putrefação, que do poder do sol e das estrelas recebem a vida. Logo, com muito maior razão, os corpos celestes são vivos e animados.

4. ADEMAIS, os movimentos do céu e dos corpos celestes são naturais, segundo se diz no livro I *do Céu*. Ora, o movimento natural vem de um princípio intrínseco. Como o princípio do movimento dos corpos celestes é uma substância apreensiva que se move como a coisa desejada move a quem a deseja, como se diz no livro XII da *Metafísica*, parece que esse princípio cognitivo é princípio intrínseco dos corpos celestes. Logo, são animados.

5. ADEMAIS, o céu é o primeiro móvel. No gênero dos seres móveis, o primeiro é aquele que move a si mesmo, como se prova no livro VIII da *Física*: "O que é por si mesmo é superior ao que é por outro". Ora, no mesmo livro está dito que só os seres animados movem-se a si mesmos. Logo, os corpos celestes são animados.

EM SENTIDO CONTRÁRIO, diz Damasceno: "Ninguém pense que os céus e os astros luminosos são animados, pois são inanimados e insensíveis".

RESPONDO. A respeito dessa questão houve diversas opiniões entre os filósofos. Anaxágoras, como refere Agostinho, "foi condenado pelos atenienses porque afirmou que o sol era uma pedra chamejante, negando ser ele deus" ou algo animado. Os platônicos afirmaram que os corpos celestes são animados. — Também entre os Santos Padres houve divergências sobre essa questão. Orígenes afirmou que eram animados. Jerônimo também parece sentir o mesmo, ao expor o texto do livro do Eclesiastes: *"Percorrendo o universo, o vento vai em círculos"*. Basílio e Damasceno negaram que os corpos celestes fossem animados. Agostinho, porém, deixou a questão suspensa,

---

2. C. 2: 268, b, 26 — 269, a, 2; 269, a, 2-9, a.
3. C. 7: 1072, a, 26-30.
4. C. 5: 257, a, 25-33.
5. C. 4: 254, b, 7-24.
6. *De Fide Orth*., l. II, c. 6: MG 94, 885 A.
7. C. 41: ML 41, 601.
8. Vide *Timaeum*, c. 12, 14: 40 B, 41 D; *Leges*, X, cc. 8-10: 898-900.
9. *Peri Archon*., l. I, c. 7: MG 11, 172 C — 173 B.
10. *In Eccl*., 1, 6: ML 23, 1016 C — 1017 A.
11. Homil. 3 in *Hexaem*.: MG 29, 76 B.
12. Loco supra cit.

in neutram partem declinans, ut patet in II *supra Gen. ad litt.*[13]; et in *Enchirid.*[14], ubi etiam dicit quod, si sunt animata caelestia corpora, pertinent ad societatem angelorum eorum animae.

In hac autem opinionum diversitate, ut veritas aliquatenus innotescat, considerandum est quod unio animae et corporis non est propter corpus, sed propter animam: non enim forma est propter materiam, sed e converso. Natura autem et virtus animae deprehenditur ex eius operatione, quae etiam quodammodo est finis eius. Invenitur autem corpus necessarium ad aliquam operationem animae, quae mediante corpore exercetur; sicut patet in operibus animae sensitivae et nutritivae. Unde necesse est tales animas unitas esse corporibus propter suas operationes. Est autem aliqua operatio animae, quae non excercetur corpore mediante, sed tamen ex corpore aliquod adminiculum tali operationi exhibetur; sicut per corpus exhibentur animae humanae phantasmata, quibus indiget ad intelligendum. Unde etiam talem animam necesse est corpori uniri propter suam operationem, licet contingat ipsam separari.

Manifestum est autem quod anima caelestis corporis non potest habere operationes nutritivae animae, quae sunt nutrire, augere et generare: huiusmodi enim operationes non competunt corpori incorruptibili per naturam. Similiter etiam nec operationes animae sensitivae corpori caelesti conveniunt: quia omnes sensus fundantur super tactum, qui est apprehensivus qualitatum elementarium. Omnia etiam organa potentiarum sensitivarum requirunt determinatam proportionem secundum commixtionem aliquam elementorum, a quorum natura corpora caelestia ponuntur remota.

Relinquitur ergo quod de operationibus animae nulla potest competere animae caelesti nisi duae, intelligere et movere: nam appetere consequitur sensum et intellectum, et cum utroque ordinatur. Intellectualis autem operatio, cum non exerceatur per corpus, non indiget corpore nisi inquantum ei per sensus ministrantur phantasmata. Operationes autem sensitivae animae corporibus caelestibus non conveniunt, ut dictum est. Sic igitur propter operationem intellectualem, anima caelesti corpori non uniretur.

Relinquitur ergo quod propter solam motionem. Ad hoc autem quod moveat, non oportet quod uniatur ei ut forma; sed per contactum virtutis,

como se vê em suas obras, nas quais diz que, se os corpos celestes são animados, suas almas fazem parte da sociedade dos anjos.

Nessa diversidade de opiniões, para que a verdade de algum modo apareça, deve-se considerar que a união da alma com o corpo não é por causa do corpo, mas da alma: pois a forma não é para a matéria, mas ao contrário. A natureza e o poder da alma depreendem-se de sua operação, que, de algum modo é também seu fim. O corpo é necessário para alguma operação da alma, que mediante ele é feita, como se observa nas operações sensitivas e nutritivas da alma. Por isso, é necessário que tais almas estejam unidas aos corpos, por causa de suas operações. Há, com efeito, uma operação da alma que não se realiza mediante o corpo; ainda que o corpo seja de auxílio para tal operação. Assim é que pelo corpo são apresentadas à alma humana as representações imaginárias, necessárias para se conhecer. Portanto, também é necessário unir-se a alma ao corpo por causa de suas operações, embora aconteça que ela se separe dele.

Ora, é evidente que a alma do corpo celeste não pode ter operações da alma nutritiva, a saber, alimentar-se, crescer e gerar; operações que não cabem aos corpos incorruptíveis por natureza. Também as operações da alma sensitiva não convêm aos corpos celestes, porque todos os sentidos fundam-se no ato de tocar, que apreende as qualidades elementares. Além disso, todos os órgãos das potências sensitivas requerem determinada proporção na mistura dos elementos, cuja natureza não é a dos corpos celestes.

Resta, pois, que das operações da alma só duas podem convir à alma celeste: conhecer e mover, já que o apetite segue o sentido e o intelecto, e se ordena a estes dois. A operação do intelecto, porque não é exercida pelo corpo, só precisa dele enquanto o corpo lhe proporciona as representações imaginárias. Mas as operações sensitivas da alma, como se disse, não convêm aos corpos celestes. Assim, não é por causa da operação do intelecto que a alma se uniria a um corpo celeste.

Resta, pois, que é por causa do movimento. Para que mova, todavia, não é necessário que se una ao corpo como forma, mas pelo contato de influxo,

---

13. C. 18: ML 34, 279-280.
14. C. 58: ML 40, 259-260.

sicut motor unitur mobili. Unde Aristoteles, libro VIII *Physic*., postquam ostendit[15] quod primum movens seipsum componitur ex duabus partibus, quarum una est movens et alia mota; assignans quomodo hae duae partes uniantur, dicit quod per contactum vel duorum ad invicem, si utrumque sit corpus, vel unius ad alterum et non e converso, si unum sit corpus et aliud non corpus. — Platonici etiam animas corporibus uniri non ponebant nisi per contactum virtutis, sicut motor mobili[16]. Et sic per hoc quod Plato ponit corpora caelestia animata, nihil aliud datur intelligi, quam quod substantiae spirituales uniuntur corporibus caelestibus ut motores mobilibus.

Quod autem corpora caelestia moveantur ab aliqua substantia apprehendente, et non solum a natura, sicut gravia et levia, patet ex hoc, quod natura non movet nisi ad unum, quo habito quiescit: quod in motu corporum caelestium non apparet. Unde relinquitur quod moventur ab aliqua substantia apprehendente. — Augustinus etiam dicit, III *de Trin*.[17], *corpora omnia administrari a Deo per spiritum vitae*.

Sic igitur patet quod corpora caelestia non sunt animata eo modo quo plantae et animalia, sed aequivoce. Unde inter ponentes ea esse animata, et ponentes ea inanimata, parva vel nulla differentia invenitur in re, sed in voce tantum.

AD PRIMUM ergo dicendum quod ad ornatum pertinent aliqua secundum proprium motum. Et quantum ad hoc, luminaria caeli conveniunt cum aliis quae ad ornatum pertinent: quia moventur a substantia vivente.

AD SECUNDUM dicendum quod nihil prohibet aliquid esse nobilius simpliciter, quod tamen non est nobilius quantum ad aliquid. Forma ergo caelestis corporis, etsi non sit simpliciter nobilior anima animalis, est tamen nobilior quantum ad rationem formae: perficit enim totaliter suam materiam, ut non sit in potentia ad aliam formam; quod anima non facit. — Quantum etiam ad motum, moventur corpora caelestia a nobilioribus motoribus.

AD TERTIUM dicendum quod corpus caeleste, cum sit movens motum, habet rationem instrumen-

como o motor se une ao que é movido. Assim é que Aristóteles, nos livros VIII da *Física*, depois de demonstrar que o primeiro que move a si mesmo se compõe de duas partes, das quais uma move e a outra é movida, ao dizer como as duas partes se unem, afirma que se unem por contato, seja mútuo, se ambas são corpos, seja de uma com a outra (mas não reciprocamente), se uma é corpo e a outra não. — Os platônicos também diziam que as almas se unem aos corpos só por contato de potência, como o motor ao móvel. Assim, quando Platão afirma que os corpos celestes são animados, isso significa que as substâncias espirituais se unem aos corpos celestes como os motores aos que são movidos.

Que os corpos celestes sejam movidos por uma substância apreensiva, e não somente pela natureza, como o são os corpos pesados e leves, fica claro pelo fato de que a natureza não move a não ser para uma finalidade: uma vez alcançada, cessa o movimento. Mas isso não se observa nos corpos celestes. Conclui-se, pois, que são eles movidos por uma substância apreensiva. — Confirma-o Agostinho: "Todos os corpos são dirigidos por Deus, mediante um espírito de vida".

Portanto, fica claro que os corpos celestes não são animados como as plantas e os animais, a não ser de modo equívoco. Por isso, entre os que afirmam que os corpos celestes são animados e os que afirmam que são inanimados, a diferença é pequena ou nenhuma na realidade, mas só de palavras.

QUANTO AO 1º, portanto, deve-se dizer que algumas coisas pertencem, por seu próprio movimento, à ornamentação. Quanto a isso, os corpos luminosos do céu têm algo em comum com outras coisas ornamentais, porque são movidos por substância viva.

QUANTO AO 2º, deve-se dizer que nada impede que algo seja mais nobre de modo absoluto, não o sendo sob algum aspecto. A forma do corpo celeste, embora não seja absolutamente mais nobre que a dos animais, é mais nobre enquanto forma, pois aperfeiçoa totalmente sua matéria, de modo que esta não esteja em potência para outra forma, o que a alma não faz. — Quanto ao movimento, também os corpos celestes são movidos por motores mais nobres.

QUANTO AO 3º, deve-se dizer que o corpo celeste, por ser movente movido, tem a razão

---

15. C. 5: 257, b, 3-13.
16. Vide *Timaeum*, c. 15: 43-44; *Leges*, l. X, c. 8, 9: 898-899.
17. C. 4: ML 42, 873.

ti, quod agit in virtute principalis agentis. Et ideo ex virtute sui motoris, qui est substantia vivens, potest causare vitam.

AD QUARTUM dicendum quod motus corporis caelestis est naturalis, non propter principium activum, sed propter principium passivum: quia scilicet habet in sua natura aptitudinem ut tali motu ab intellectu moveatur.

AD QUINTUM dicendum quod caelum dicitur movere seipsum, inquantum componitur ex motore et mobili, non sicut ex forma et materia, sed secundum contactum virtutis, ut dictum est[18]. — Et hoc etiam modo potest dici quod eius motor est principium intrinsecum: ut sic etiam motus caeli possit dici naturalis ex parte principii activi; sicut motus voluntarius dicitur esse naturalis animali inquantum est animal, ut dicitur in VIII *Physic.*[19]

18. In corp.
19. C. 4: 254, b, 14-24.

de instrumento que age em virtude do agente principal. Por isso, pelo poder de seu motor, que é substância viva, pode causar vida.

QUANTO AO 4º, deve-se dizer que o movimento do corpo celeste é natural, não por causa de um princípio ativo, mas devido ao princípio passivo, porque tem em sua natureza a aptidão de ser movido pelo intelecto por tal movimento.

QUANTO AO 5º, deve-se dizer que o céu move a si mesmo, enquanto é composto de motor e móvel, não como de matéria e forma, mas por contato de influxo, como foi dito. — Assim também se pode dizer que seu motor é um princípio intrínseco, de modo que o movimento do céu possa ser chamado natural quanto ao princípio ativo, como se diz que o movimento voluntário é natural ao animal enquanto animal, como se diz no livro VIII da *Física*.

QUAESTIO LXXI
DE OPERE QUINTAE DIEI
articulus unicus

Deinde considerandum est de opere quintae diei. Et videtur quod inconvenienter hoc opus describatur.

1. Illud enim aquae producunt, ad cuius productionem sufficit virtus aquae. Sed virtus aquae non sufficit ad productionem omnium piscium et avium: cum videamus plura eorum generari ex semine. Non ergo convenienter dicitur: *Producant aquae reptile animae viventis, et volatile super terram.*

2. PRAETEREA, pisces et aves non tantum producuntur ex aqua, sed in eorum compositione videtur magis terra dominari quam aqua: quia corpora eorum naturaliter moventur ad terram; unde et in terra quiescunt. Non ergo convenienter dicitur pisces et aves ex aqua produci.

3. PRAETEREA, sicut pisces habent motum in aquis, ita et aves in aere. Si ergo pisces ex aquis producuntur, aves non deberent produci ex aquis, sed ex aere.

4. PRAETEREA, non omnes pisces reptant in aquis: cum quidem habeant pedes, quibus gra-

QUESTÃO 71
SOBRE A OBRA DO QUINTO DIA
artigo único

Em seguida, deve-se considerar a obra do quinto dia. Parece que essa obra é descrita de modo inconveniente.

1. Com efeito, as águas produzem aquilo para cuja produção seu poder é suficiente. Ora, o poder da água não é suficiente para produzir todos os peixes e aves, pois vemos que muitos deles são gerados a partir de um sêmen. Logo, não é correto dizer: "Produzam as águas o réptil com vida e o pássaro que voa sobre a terra".

2. ALÉM DISSO, os peixes e as aves não são produzidos somente pela água, pois em sua composição o elemento terra parece predominar, porque seus corpos naturalmente se movem para a terra, e, por isso, nela repousam. Logo, não é correto dizer que peixes e aves são produzidos pela água.

3. ADEMAIS, os peixes se movem na água, as aves no ar. Ora, se os peixes são produzidos pela água, não deveriam ser as aves produzidas pelas águas, mas pelo ar.

4. ADEMAIS, nem todos os peixes se arrastam na água, até porque alguns deles têm patas, com

1

diuntur in terra, sicut vituli marini. Non ergo sufficienter productio piscium designatur in hoc quod dicitur: *Producant aquae reptile animae viventis.*
5. PRAETEREA, animalia terrestria sunt perfectiora avibus et piscibus. Quod patet ex hoc quod habent membra magis distincta, et perfectiorem generationem: generant enim animalia, sed pisces et aves generant ova. Perfectiora autem praecedunt in ordine naturae. Non ergo quinta die debuerunt fieri pisces et aves, ante animalia terrestria.

IN CONTRARIUM sufficit auctoritas Scripturae Gn 1,20 sqq.
RESPONDEO dicendum quod, sicut supra[1] dictum est, opus ornatus per ordinem respondet ordini distinctionis. Unde sicut inter tres dies distinctioni deputatos, media, quae est secunda, deputatur distinctioni medii corporis, scilicet aquae; ita inter tres dies deputatos ad opus ornatus, media, idest quinta, deputatur ad ornatum medii corporis, per productionem avium et piscium. Unde sicut Moyses in quarta die nominat luminaria et lucem, ut designet quod quarta dies respondet primae, in qua dixerat lucem factam; ita in hac quinta die facit mentionem de aquis et de firmamento caeli, ut designet quod quinta dies respondet secundae.

Sed sciendum est quod, sicut in productione plantarum differt Augustinus ab aliis, ita et in productione piscium et avium. Alii enim dicunt pisces et aves quinta die esse productos in actu: Augustinus autem dicit, V *super Gen. ad litt.*[2], quod quinta die aquarum natura produxit pisces et aves potentialiter.
AD PRIMUM ergo dicendum quod Avicenna posuit[3] omnia animalia posse generari ex aliquali elementorum commixtione absque semine, etiam per viam naturae. — Sed hoc videtur inconveniens. Quia natura determinatis mediis procedit ad suos effectus: unde illa quae naturaliter generantur ex semine, non possunt naturaliter sine semine generari.
Et ideo dicendum est aliter, quod in naturali generatione animalium, principium activum est virtus formativa quae est in semine, in iis quae

as quais andam na terra, como os bois marinhos. Por isso, não está bem descrita a produção dos peixes no texto: "Produzam as águas os répteis com vida".
5. ADEMAIS, os animais terrestres são mais perfeitos que as aves e os peixes. Isso fica claro pelo fato de que possuem membros mais distintos e sua geração é também mais perfeita, pois geram animais, e as aves e os peixes geram ovos. Ora, na ordem da natureza, as coisas mais perfeitas têm precedência. Logo, no quinto dia, não poderiam ter sido criados os peixes e as aves antes dos animais terrestres.

CONTRARIAMENTE, é suficiente a autoridade da Escritura no livro do Gênesis.
RESPONDO. Como acima foi dito, a obra da ornamentação, por sua ordem, corresponde à ordem da distinção. Por isso, como entre os três dias consagrados à distinção, o dia intermediário, o segundo, é consagrado à distinção do corpo intermediário que é a água, assim entre os três dias consagrados à obra da ornamentação, o dia intermediário, o quinto, é consagrado à obra da ornamentação do corpo intermediário pela produção das aves e dos peixes. Por isso, Moisés também nomeia no quarto dia os astros luminosos e a luz, para designar que este dia corresponde ao primeiro no qual a luz foi criada. Também no quinto dia são mencionados as águas e o firmamento do céu, para designar que o quinto dia corresponde ao segundo.

Contudo, como Agostinho tem opinião diferente dos outros no tocante à produção das plantas, assim também a tem quanto à produção dos peixes e das aves. Outros dizem que os peixes e as aves foram produzidos em ato no quinto dia. Agostinho, porém, diz que no quinto dia os peixes e as aves foram produzidos só em potência.
QUANTO AO 1º, portanto, deve-se dizer que Avicena afirmou que todos os animais podem ser gerados por uma mistura dos elementos, sem sêmen, mesmo por via natural. — Mas isso não parece correto, porque a natureza alcança os efeitos por determinados meios, razão também por que os seres naturalmente gerados do sêmen não podem ser gerados senão por ele.
Por isso, deve-se dizer que na geração natural dos animais o princípio ativo é o poder gerador que existe no sêmen, nos seres que por ele são

---
1. Q. 70, a. 1.
2. C. 5: ML 34, 326.
3. Vide *de Anima*, part. IV, c. 5; part. V, c. 7; *de Animalibus*, l. XV, c. 1.

ex semine generantur; loco cuius virtutis, in iis quae ex putrefactione generantur, est virtus caelestis corporis. Materiale autem principium in utrorumque animalium generatione, est aliquod elementum vel elementatum. — In prima autem rerum institutione, fuit principium activum Verbum Dei, quod ex materia elementari produxit animalia vel in actu, secundum alios Sanctos; vel virtute, secundum Augustinum[4]. Non quod aqua aut terra habeat in se virtutem producendi omnia animalia, ut Avicenna posuit: sed quia hoc ipsum quod ex materia elementari, virtute seminis vel stellarum, possunt animalia produci, est ex virtute primitus elementis data.

AD SECUNDUM dicendum quod corpora avium et piscium possunt dupliciter considerari. Uno modo, secundum se. Et sic necesse est quod in eis magis terrestre elementum dominetur: quia ad hoc quod fiat contemperatio mixtionis in corpore animalis necesse est quod quantitative abundet in eo elementum quod est minus activum, scilicet terra. — Sed si considerentur secundum quod sunt nata moveri talibus motibus, sic habent affinitatem quandam cum corporibus in quibus moventur. Et sic eorum generatio hic describitur.

AD TERTIUM dicendum quod aer, quia insensibilis est, non per seipsum connumeratur, sed cum aliis: partim quidem cum aqua, quantum ad inferiorem partem, quae exhalationibus aquae ingrossatur; partim etiam cum caelo, quantum ad superiorem partem. Aves autem motum habent in inferiori parte aeris: et ideo *sub firmamento caeli* volare dicuntur, etiam si firmamentum pro nebuloso aere accipiatur. Et ideo productio avium aquae adscribitur.

AD QUARTUM dicendum quod natura de uno extremo ad aliud transit per media. Et ideo inter terrestria et aquatica animalia sunt quaedam media, quae communicant cum utrisque; et computantur cum illis cum quibus magis communicant, secundum id quod cum eis communicant; non secundum id quod communicant cum alio extremo. Tamen, ut includantur omnia huiusmodi quae habent aliquid speciale inter pisces, subiungit, postquam dixerat, "Producant aquae reptile animae viventis": *Creavit Deus cete grandia* etc.

AD QUINTUM dicendum quod productio horum animalium ordinatur secundum ordinem corporum

gerados. Mas nos seres que são gerados da putrefação, este poder é substituído pelo do corpo celeste. O princípio material na geração de um e de outro gênero de animais é algum elemento ou derivado de elemento. — Na primeira instituição das coisas, o princípio ativo foi o Verbo de Deus, que da matéria elementar produziu os animais seja em ato, segundo outros Padres, seja em potência, conforme afirma Agostinho. Não que a água e a terra tenham em si mesmas o poder de produzir todos os animais, como afirmou Avicena, mas que os animais possam ser produzidos a partir da matéria elementar, pela virtude do sêmen ou dos astros, isso é devido ao poder originalmente concedido aos elementos.

QUANTO AO 2º, deve-se dizer que os corpos das aves e dos peixes podem ser considerados de dois modos: em si mesmos, devendo então neles dominar o elemento terra, porque para haver uma mistura equilibrada no corpo animal é necessário que nele predomine o elemento menos ativo, ou seja, a terra. — Mas se estes corpos são considerados enquanto, por natureza, devem ter tais movimentos, então, têm alguma afinidade com os corpos nos quais se movem. É assim que se descreve aqui a geração deles.

QUANTO AO 3º, deve-se dizer que a atmosfera, por não ser perceptível aos sentidos, não está mencionada em si mesma, mas, com outros corpos, em parte com a água, quanto à sua parte inferior, em que se condensa a evaporação das águas, em parte com o céu, quanto à sua parte superior. As aves voam na parte inferior da atmosfera. Por isso se diz que voam *sob o firmamento do céu*, mesmo que por firmamento se entenda a atmosfera das nuvens. Por isso a produção das aves é adscrita à água.

QUANTO AO 4º, deve-se dizer que a natureza vai de um extremo ao outro passando por intermediários. Assim, entre os animais terrestres e os aquáticos, há alguns intermediários que têm em comum esses dois extremos. São mencionados com aqueles com os quais têm mais coisas em comum, tendo em conta estas coisas comuns, e não as outras que têm em comum com o outro extremo. Todavia, para que se incluam todos os intermediários que têm algo de peculiar entre os peixes, depois destas palavras: "Produzam as águas réptil de alma viva" se acrescenta: "Deus criou os grandes cetáceos etc."

QUANTO AO 5º, deve-se dizer que a criação desses animais se ordena segundo a ordem dos

---

4. Loco cit.

quae eis ornantur, magis quam secundum propriam dignitatem. Et tamen, in via generationis, ab imperfectioribus ad perfectiora pervenitur.

corpos que lhes servem de ornamento, mais do que segundo a própria dignidade. Não obstante, no caminho da geração, chega-se aos mais perfeitos partindo dos menos perfeitos.

QUAESTIO LXXII
DE OPERE SEXTAE DIEI
articulus unicus

Deinde quaeritur de opere sextae diei. Et videtur quod inconvenienter describatur.

1. Sicut enim aves et pisces habent viventem animam, ita etiam et animalia terrestria; non autem terrestria animalia sunt ipsa anima vivens. Ergo inconvenienter dicitur: *Producat terra animam viventem*; sed debuit dici: *Producat terra quadrupedia animae viventis*.

2. Praeterea, genus non debet dividi contra speciem. Sed *iumenta* et *bestiae* sub *quadrupedibus* computantur. Inconvenienter ergo quadrupedia connumerantur iumentis et bestiis.

3. Praeterea, sicut alia animalia sunt in determinato genere et specie, ita et homo. Sed in factione hominis non fit mentio de suo genere vel specie. Ergo nec in productione aliorum animalium debuit fieri mentio de genere vel specie, cum dicitur, *in genere suo*, vel *specie sua*.

4. Praeterea, animalia terrestria magis sunt similia homini, qui a Deo dicitur benedici, quam aves et pisces. Cum igitur aves et pisces dicantur benedici, multo fortius hoc dici debuit de aliis animalibus.

5. Praeterea, quaedam animalia generantur ex putrefactione, quae est corruptio quaedam. Corruptio autem non convenit primae institutioni rerum. Nom ergo animalia debuerunt in prima rerum institutione produci.

6. Praeterea, quaedam animalia sunt venenosa et homini noxia. Nihil autem debuit esse homini nocivum ante peccatum. Ergo huiusmodi animalia vel omnino fieri a Deo non debuerunt, qui est bonorum auctor: vel non debuerunt fieri ante peccatum.

In contrarium sufficit auctoritas Scripturae Gn 1,24 sqq.

Respondeo dicendum quod, sicut in die quinto ornatur medium corpus, et respondet secundae diei

QUESTÃO 72
SOBRE A OBRA DO SEXTO DIA
artigo único

Em seguida se pergunta sobre a obra do sexto dia. Parece que é descrita de modo inconveniente.

1. Com efeito, assim como as aves e os peixes têm alma viva, assim também os animais terrestres. Ora, os animais terrestres não são a alma viva. Logo, não convém dizer: "A terra produza a alma viva", pois deveria dizer: "Produza a terra os quadrúpedes com alma viva".

2. Além disso, o gênero não deve se opor à espécie. Ora, os *muares* e as *feras* estão classificados no gênero *quadrúpedes*. Logo, não convém classificar os quadrúpedes com os muares e feras.

3. Ademais, como os outros animais estão em gênero e espécie determinados, também o homem. Ora, na criação do homem, nada se diz de seu gênero nem de sua espécie. Logo, na criação dos outros animais não se deveria mencionar "em seu gênero ou em sua espécie".

4. Ademais, os animais terrestres são mais semelhantes ao homem, abençoado por Deus, do que as aves e os peixes. Ora, como se diz que as aves e os peixes são abençoados, com mais forte razão isso deveria ser dito dos outros animais.

5. Ademais, alguns animais são gerados da putrefação, que é uma corrupção. Ora, a corrupção se deu na primeira criação das coisas. Logo, os animais não deveriam ser produzidos na primeira instituição das coisas.

6. Ademais, alguns animais são venenosos e nocivos ao homem. Ora, antes do pecado, não deveria existir nada de nocivo ao homem. Logo, esses animais ou não deveriam ter sido criados por Deus, que é o Criador do que é bom, ou não deveriam ter sido criados antes do pecado.

Contrariamente, é suficiente a autoridade da Escritura no livro do Gênesis.

Respondo. Assim como no quinto dia é ornado o corpo intermediário, correspondendo ao segundo

ita in sexto die ornatur ultimum corpus, scilicet terra, per productionem animalium terrestrium, et respondet tertiae diei. Unde utrobique fit mentio de terra. — Et hic etiam, secundum Augustinum[1], animalia terrestria producuntur potentialiter: secundum vero alios Sanctos, in actu.

AD PRIMUM ergo dicendum quod, sicut Basilius dicit[2], diversus gradus vitae qui in diversis viventibus invenitur, ex modo loquendi Scripturae colligi potest. Plantae enim habent imperfectissimam vitam et occultam. Unde in earum productione nulla mentio fit de vita, sed solum de generatione: quia secundum hanc solum invenitur actus vitae in eis; nutritiva enim et augmentativa generativae deserviunt, ut infra[3] dicetur. — Inter animalia vero, perfectiora sunt, communiter loquendo, terrestria avibus et piscibus: non quod pisces memoria careant, ut Basilius dicit[4], et Augustinus improbat[5]; sed propter distinctionem membrorum, et perfectionem generationis (quantum autem ad aliquas sagacitates, etiam aliqua animalia imperfecta magis vigent, ut apes et formicae). Et ideo pisces vocat, non *animam viventem*, sed *reptile animae viventis*: sed terrena animalia vocat *animam viventem*, propter perfectionem vitae in eis: ac si pisces sint corpora habentia aliquid animae, terrestria vero animalia, propter perfectionem vitae, sint quasi animae dominantes corporibus. — Perfectissimus autem gradus vitae est in homine. Et ideo vitam hominis non dicit produci a terra vel aqua, sicut ceterorum animalium, sed a Deo.

AD SECUNDUM dicendum quod per *iumenta*, vel *pecora*, intelliguntur animalia domestica, quae homini serviunt qualitercumque. Per *bestias* autem intelliguntur animalia saeva, ut ursi et leones. Per *reptilia* vero, animalia quae vel non habent pedes quibus eleventur a terra, ut serpentes; vel habent breves, quibus parum elevantur, ut lacertae et tortucae et huiusmodi. Sed quia sunt quaedam animalia quae sub nullo horum comprehenduntur, ut cervi et capreae, ut etiam ista comprehenderentur, addidit *quadrupedia*. — Vel *quadrupedia* praemisit quasi genus, et alia subiunxit quasi species:

dia, assim também no sexto dia é ornado o último corpo, a terra, com a produção dos animais terrestres, o que corresponde ao terceiro dia. Por isso, a terra é mencionada em ambos. — Aqui também, segundo Agostinho, os animais terrestres foram criados em potência, porém, segundo outros Santos Padres, foram criados em ato.

QUANTO AO 1º, portanto, deve-se dizer, com Basílio, que os graus diversos de vida que se encontram nos diversos seres vivos podem ser interpretados segundo o modo de falar das Escrituras. Assim, as plantas têm uma vida imperfeitíssima e oculta. Por isso, em sua criação, não se faz menção à vida, mas só à geração, porque é só como geração que a vida se encontra nelas; a nutrição e o crescimento servem à geração, como abaixo se dirá. — Contudo, entre os animais, falando em geral, os mais perfeitos são os terrestres, acima das aves e dos peixes; não porque os peixes careçam de memória, conforme diz Basílio, refutado por Agostinho, mas por causa dos membros diversificados e da geração perfeita. Todavia, quanto a certas habilidades, mais se sobressaem alguns animais menos perfeitos, como as abelhas e as formigas. Por isso, denominam-se os peixes não como *alma vivente*, mas como répteis de *alma vivente*; mas denominam-se os animais terrestres como *alma vivente*, por causa da perfeição de vida que há neles, como se os peixes fossem corpos que têm alguma coisa da alma; e os animais terrestres, pelo contrário, devido à perfeição da vida, fossem almas que dominam sobre os corpos. — O perfeitíssimo grau de vida está no homem. Por isso não está dito que a vida do homem é criada pela terra ou pela água, como se diz dos outros animais, mas por Deus.

QUANTO AO 2º, deve-se dizer que por *muares* ou *rebanhos* entendem-se os animais domésticos que de algum modo servem ao homem. Por *feras*, os animais selvagens, como os ursos e os leões. Por *répteis*, seja os animais sem patas pelas quais se elevam da terra, como as serpentes, seja os que as têm pequenas com as quais se elevam muito pouco do solo, como os lagartos e as tartarugas e outros. Todavia, como há outros animais que não são compreendidos entre estes, como os veados e as cabras, acrescenta *quadrúpedes* para que estes também sejam compreendidos. — Ou, então, faz

---

1. *De Gen. ad litt.*, l. V, c. 5: ML 34, 326.
2. Homil. 8 in *Hexaem.*: MG 29, 165.
3. Q. 78, a. 2.
4. Loco cit.: MG 29, 165 C.
5. *De Gen. ad litt.*, l. III, c. 8: ML 34, 284.

sunt enim etiam quaedam reptilia quadrupedia, ut lacertae et tortucae.

AD TERTIUM dicendum quod in aliis animalibus et plantis mentionem fecit de genere et specie, ut designaret generationes similium ex similibus. In homine autem non fuit necessarium ut hoc diceretur: quia quod praemissum fuit de aliis, etiam de homine intelligi potest. — Vel quia animalia et plantae producuntur secundum genus et speciem suam, quasi longe a similitudine divina remota: homo autem dicitur formatus *ad imaginem et similitudinem Dei*.

AD QUARTUM dicendum quod benedictio Dei dat virtutem multiplicandi per generationem. Et ideo quod positum est in avibus et piscibus, quae primo occurrunt, non fuit necessarium repeti in terrenis animalibus, sed intelligitur. — In hominibus autem iteratur benedictio, quia in eis est quaedam specialis multiplicationis ratio, propter complendum numerum electorum: et *ne quisquam diceret in officio gignendi filios ullum esse peccatum*[6]. — Plantae vero *nullum habent propagandae prolis affectum, ac sine ullo sensu generant: unde indignae iudicatae sunt benedictionis verbis*[7].

AD QUINTUM dicendum quod, cum generatio unius sit corruptio alterius, quod ex corruptione ignobiliorum generentur nobiliora, non repugnat primae rerum institutioni. Unde animalia quae generantur ex corruptione rerum inanimatarum vel plantarum, potuerunt tunc generari. Non autem quae generantur ex corruptione animalium, tunc potuerunt produci nisi potentialiter tantum.

AD SEXTUM dicendum quod, sicut Augustinus dicit in I *super Gen. contra Manichaeos*[8], *si in alicuius opificis officinam imperitus intraverit, videt ibi multa instrumenta quorum causas ignorat: et si multum est insipiens, superflua putat. Iam vero si in fornacem incautus ceciderit, aut ferramento aliquo acuto se vulneraverit, noxia existimat ibi esse multa: quorum usum quia novit artifex, insipientiam eius irridet. Sic in hoc mundo quidam audent multa reprehendere, quorum causas non*

preceder os *quadrúpedes* como se fossem gênero e acrescenta os outros como se fossem espécies; pois há também alguns répteis quadrúpedes, como os lagartos e as tartarugas.

QUANTO AO 3º, deve-se dizer que foi feita menção ao gênero e à espécie dos outros animais e das plantas, para designar as gerações de semelhantes por semelhantes. Mas não foi necessário explicitar isso a respeito do homem, porque o que foi dito dos outros animais pode-se também entender do homem. — Ou porque os animais e as plantas se reproduzem em seu gênero e espécie, muito afastados da semelhança divina. Do homem, pelo contrário, diz-se que foi formado à imagem e semelhança de Deus.

QUANTO AO 4º, deve-se dizer que a bênção de Deus dá poder de multiplicar-se por geração. Por isso, o que foi afirmado das aves e dos peixes, que ocorrem em primeiro lugar, não foi necessário ser repetido nos animais da terra, pois está subentendido. — A bênção, entretanto, foi repetida para o homem, porque nele há uma razão especial de multiplicação: para que se complete o número dos eleitos, e *para que ninguém dissesse que há algum pecado na função de gerar filhos*. — As plantas, todavia, não têm prazer algum em propagar a descendência e geram sem nenhuma sensibilidade, razão por que foram julgadas indignas das palavras de bênção.

QUANTO AO 5º, deve-se dizer que uma vez que a geração de um é a corrupção de outro, não repugna à primeira instituição das coisas que a corrupção de coisas menos nobres possa gerar outras mais nobres. Donde os animais gerados da corrupção de coisas sem vida, ou mesmo das plantas, puderam ter sido assim gerados. Mas não os que são gerados da corrupção de outros animais, pois desse modo poderiam ser produzidos somente em potência.

QUANTO AO 6º, deve-se afirmar que, como disse Agostinho: "Se um imperito entrar na oficina de um artífice, aí encontrará muitos instrumentos, cujas causas ignora. Se ele for muito ignorante, considerá-los-á inúteis. Mas se, por não estar atento, cai no forno ou se fere com uma ferramenta aguda, julgará que ali havia muitas coisas nocivas. Mas o artífice se rirá da ignorância dele, porque conhece o uso do instrumento. Isso também acontece neste mundo, porque alguns ousam criticar

---

6. AUG., *De Gen. ad litt.*, l. III, c. 13: ML 34, 288.
7. Ibid.
8. C. 16: ML 34, 185.

vident: multa enim, etsi domui nostrae non sunt necessaria, eis tamen completur universitatis integritas. Homo autem ante peccatum ordinate fuisset usus rebus mundi. Unde animalia venenosa ei noxia non fuissent.

muitas coisas cujas causas não veem. Existem, sim, muitas coisas que não são necessárias à nossa casa, que, no entanto, completam a integridade do todo". Ora, o homem, antes do pecado, usava das coisas deste mundo de modo ordenado, por isso os animais não lhe eram venenosos ou nocivos.

QUAESTIO LXXIII
DE IIS QUAE PERTINENT AD SEPTIMUM DIEM

in tres articulos divisa
Deinde considerandum est de iis quae pertinent ad septimum diem.
Et circa hoc quaeruntur tria.
Primo: de completione operum.
Secundo: de requie Dei.
Tertio: de benedictione et sanctificatione huius diei.

QUESTÃO 73
SOBRE O QUE PERTENCE AO SÉTIMO DIA

em três artigos
Em seguida, deve-se considerar o que pertence ao sétimo dia.
Sobre isso são três as perguntas:
1. Sobre o acabamento das obras.
2. Sobre o descanso de Deus.
3. Sobre a bênção e a santificação deste dia.

Articulus 1
Utrum completio divinorum operum debeat septimo diei adscribi

Ad primum sic proceditur. Videtur quod completio divinorum operum non debeat septimo diei adscribi.

1. Omnia enim quae in hoc saeculo aguntur, ad divina opera pertinent. Sed *consummatio saeculi* erit in fine mundi, ut habetur Mt 13,37 sqq. Tempus etiam incarnationis Christi est cuiusdam completionis tempus: unde dicitur *tempus plenitudinis*, Gl 4,4. Et ipse Christus moriens dixit: *Consummatum est*, ut dicitur Io 19,30. Non ergo completio divinorum operum competit diei septimo.

2. Praeterea, quicumque complet opus suum, aliquid facit. Sed Deus non legitur septimo die aliquid fecisse: quinimmo ab omni opere quievisse. Ergo completio operum non competit septimo diei.

3. Praeterea, non dicitur aliquid esse completum, cui multa superadduntur, nisi forte sint illa superflua: quia *perfectum* dicitur cui nihil deest eorum quae debet habere. Sed post septimum diem

Artigo 1
Devia-se registrar o acabamento das obras divinas no sétimo dia?

Quanto ao primeiro artigo, assim se procede: parece que o acabamento das obras divinas **não** devia ser registrado no sétimo dia.

1. Com efeito, tudo o que se faz neste mundo pertence às obras divinas. Ora, a *consumação dos séculos* será no fim do mundo, segundo o Evangelho de Mateus. O tempo de encarnação de Cristo é também o tempo de um acabamento e, por isso, na Carta aos Gálatas, se chama: *tempo da plenitude*. Ademais, Cristo, ao morrer, disse: *"Está consumado"*, como consta no Evangelho de João. Logo, o acabamento das obras divinas não cabe ao sétimo dia.

2. Além disso, quem acaba sua obra faz algo. Ora, não se lê nas Escrituras que Deus tenha feito alguma coisa no sétimo dia, até porque descansou de toda obra. Logo, o acabamento das obras não cabe ao sétimo dia.

3. Ademais, uma coisa não se diz acabada, à qual se acrescentam muitas outras, a não ser que estas sejam supérfluas, porque é chamado *perfeito* aquilo ao qual nada falta do que deve ter. Mas

1 Parall.: II *Sent.*, dist. 15, q. 3, a. 1.

multa sunt facta: et productio multorum individuorum; et etiam quarumdam novarum specierum, quae frequenter apparent, praecipue in animalibus ex putrefactione generatis. Quotidie etiam Deus novas animas creat. Novum etiam fuit Incarnationis opus, de quo dicitur Ier 31,22: *Novum faciet Dominus super terram*. Nova etiam sunt miraculosa opera, de quibus dicitur Eccli 36,6: *Innova signa, et immuta mirabilia*. Innovabuntur etiam omnia in glorificatione Sanctorum, secundum illud Ap 21,5: *Et dixit qui sedebat in throno, Ecce nova facio omnia*. Completio ergo divinorum operum non debet attribui septimo diei.

SED CONTRA est quod dicitur Gn 2,2: *Complevit Deus die septimo opus suum quod fecerat*.

RESPONDEO dicendum quod duplex est rei perfectio: prima, et secunda. Prima quidem perfectio est, secundum quod res in sua substantia est perfecta. Quae quidem perfectio est forma totius, quae ex integritate partium consurgit. — Perfectio autem secunda est finis. Finis autem vel est operatio, sicut finis citharistae est citharizare: vel est aliquid ad quod per operationem pervenitur, sicut finis aedificatoris est domus, quam aedificando facit. — Prima autem perfectio est causa secundae: quia forma est principium operationis.

Ultima autem perfectio, quae est finis totius universi, est perfecta beatitudo Sanctorum; quae erit in ultima consummatione saeculi. Prima autem perfectio, quae est in integritate universi, fuit in prima rerum institutione. Et haec deputatur septimo diei.

AD PRIMUM ergo dicendum quod, sicut dictum est[1], perfectio prima est causa secundae. Ad beatitudinem autem consequendam duo requiruntur, natura et gratia. Ipsa ergo beatitudinis perfectio erit in fine mundi, ut dictum est[2]. Sed ista consummatio praecessit causaliter, quantum ad naturam quidem, in prima rerum institutione: quantum ad gratiam vero in incarnatione Christi, quia *gratia et veritas per Iesum Christum facta est*, ut dicitur Io 1,17. Sic igitur in septima die fuit consummatio naturae; in incarnatione Christi, consummatio gratiae; in fine mundi, consummatio gloriae.

depois do sétimo dia muitas coisas foram feitas, como a reprodução de muitos indivíduos e de algumas novas espécies que, aliás, sempre vão aparecendo, principalmente nos animais gerados da putrefação. Ademais, Deus todos os dias cria novas almas. Nova também foi a obra da Encarnação a respeito da qual se diz no livro de Jeremias: "Coisas novas o Senhor fará sobre a terra". Novas obras miraculosas também foram feitas, segundo o livro do Eclesiástico: "Renova os sinais e modifica as maravilhas". Também tudo será renovado na glorificação dos santos, segundo o Apocalipse: "E disse o que se sentava no trono: Eu faço tudo novo". Logo, o acabamento das obras divinas não deve ser atribuído ao sétimo dia.

EM SENTIDO CONTRÁRIO, lê-se no livro do Gênesis: "No sétimo dia o Senhor completou a obra que fizera".

RESPONDO. A perfeição de uma coisa é dupla: primeira e segunda. A perfeição primeira dá-se quando a coisa é perfeita em sua substância. Esta perfeição é a forma do todo e resulta da integridade das partes. — A perfeição segunda é o fim. Ora, o fim ou é uma operação, como o fim de quem toca a cítara é tocá-la, ou é algo a que se chega pela operação, como o fim do construtor é a casa, que ele faz edificando-a. — A perfeição primeira é causa da segunda, porque a forma é o princípio da operação.

A última perfeição, que é o fim de todo o universo, é a perfeita bem-aventurança dos santos, que acontecerá na última consumação dos séculos. A perfeição primeira, que consiste na integridade do universo, se deu na primeira instituição das coisas. E é ela que é atribuída ao sétimo dia.

QUANTO AO 1º, portanto, deve-se dizer que, como foi dito, a perfeição primeira é causa da segunda. Para se alcançar a bem-aventurança são necessárias duas coisas: a natureza e a graça, sendo que a perfeição da bem-aventurança, como também foi dito, acontecerá no fim do mundo. Ora, essa consumação precedeu como causa, no que se refere à natureza, na primeira instituição das coisas; mas, no que se refere à graça, na Encarnação de Jesus Cristo, por que disse João em seu Evangelho: "A graça e a verdade nos vieram por Jesus Cristo". Assim, no sétimo dia completou-se a natureza; na Encarnação de Cristo completou-se a graça; no fim do mundo completar-se-á a glória.

---

1. In corp.
2. Ibid.

AD SECUNDUM dicendum quod septima die Deus aliquid operatus est, non novam creaturam condendo, sed creaturam administrando, et ad propriam operationem eam movendo: quod iam aliqualiter pertinet ad inchoationem quandam secundae perfectionis. Et ideo consummatio operum, secundum nostram translationem, attribuitur diei septimae. Sed secundum aliam translatiorem[3], attribuitur diei sextae. Et utrumque potest stare. Quia consummatio quae est secundum integritatem partium universi, competit sextae diei: consummatio quae est secundum operationem partium, competit septimae.

Vel potest dici quod in motu continuo, quandiu aliquid potest moveri ulterius, non dicitur motus perfectus ante quietem: quies enim demonstrat motum consummatum. Deus autem poterat plures creaturas facere, praeter illas quas fecerat sex diebus. Unde hoc ipso quod cessavit novas creaturas condere in septima die, dicitur opus suum consummasse.

AD TERTIUM dicendum quod nihil postmodum a Deo factum est totaliter novum, quin aliqualiter in operibus sex dierum praecesserit. Quaedam enim praeextiterunt materialiter: sicut quod Deus de costa Adae formavit mulierem. — Quaedam vero praeextiterunt in operibus sex dierum, non solum materialiter, sed etiam causaliter: sicut individua quae nunc generantur, praecesserunt in primis individuis suarum specierum. Species etiam novae, si quae apparent, praeextiterunt in quibusdam activis virtutibus: sicut et animalia ex putrefactione generata producuntur ex virtutibus stellarum et elementorum quas a principio acceperunt, etiam si novae species talium animalium producantur. Animalia etiam quaedam secundum novam speciem aliquando oriuntur ex commixtione animalium diversorum secundum speciem, sicut cum ex asino et equa generatur mulus: et haec etiam praecesserunt causaliter in operibus sex dierum. — Quaedam vero praecesserunt secundum similitudinem; sicut animae quae nunc creantur. Et similiter Incarnationis opus: quia, ut dicitur Philp 2,7, Filius Dei est *in similitudinem hominum factus*. Gloria etiam spiritualis secundum similitudinem praecessit in angelis: corporalis vero in caelo, praecipue empyreo. — Unde dicitur Eccle 1,10: *Nihil sub sole novum; iam enim praecessit in saeculis quae fuerunt ante nos*.

QUANTO AO 2º, deve-se dizer que no sétimo dia Deus fez alguma coisa, não criando uma nova criatura, mas administrando as criaturas e movendo-as para as próprias operações, o que de certo modo pertence a certo início da perfeição segunda. Por isso, a consumação das obras, segundo nossa versão da Bíblia, é atribuída ao sétimo dia. Mas, de acordo com outra versão, é atribuída ao sexto dia. Uma e outra versão poderão ser aceitas, porque a consumação referente à integridade das partes do universo cabe ao sexto dia; mas a consumação referente às operações das partes cabe ao sétimo.

Pode-se também dizer que no movimento contínuo, enquanto uma coisa pode continuar o movimento, este não se diz perfeito antes do repouso, pois o repouso demonstra o movimento acabado. Deus podia fazer muitas criaturas além daquelas feitas nos seis dias. Daí que, tendo cessado de criar novas criaturas no sétimo dia, se diz que acabou sua obra.

QUANTO AO 3º, deve-se dizer que nada do que foi feito ulteriormente por Deus é totalmente novo, porque de certo modo estava antecipado nas obras dos seis dias. Algumas coisas preexistiram materialmente; por exemplo, ter formado a mulher da costela de Adão. — Outras preexistiram nas obras dos seis dias, não só materialmente, mas também como causa; por exemplo, os indivíduos que agora são gerados foram precedidos por indivíduos de sua espécie. Também as espécies novas, quando aparecem, já preexistiram em alguns poderes ativos; por exemplo, os animais gerados da putrefação, que são produzidos pelos poderes das estrelas e dos elementos recebidos no princípio, embora novas espécies daqueles animais sejam produzidas. Alguns animais de novas espécies originam-se, às vezes, da união de animais de espécies diferentes; por exemplo, a mula é gerada da união do asno com a égua. Tudo isso preexistiu em sua causalidade nas obras dos seis dias. — Algumas coisas têm precedência de semelhança; por exemplo, as almas que agora são criadas. Igualmente a obra da Encarnação, pois, como disse o Apóstolo na Carta aos Filipenses: o Filho de Deus foi feito "à semelhança dos homens". A glória espiritual precedeu, por semelhança, nos anjos, e a glória do corpo no céu, preexistiu principalmente no céu empíreo. — Daí o que se diz no livro do Eclesiastes: "Nada novo sob o céu, porque tal já precedeu nos séculos que nos antecederam".

---

3. Iuxta vers. 70 Interpr.

Articulus 2
Utrum Deus septima die requievit ab omni opere suo

AD SECUNDUM SIC PROCEDITUR. Videtur quod Deus septima die non requievit ab omni suo opere.
1. Dicitur enim Io 5,17: *Pater meus usque modo operatur, et ego operor*. Non ergo septima die requievit ab omni opere.

2. PRAETEREA, requies motui opponitur; vel labori qui interdum causatur ex motu. Sed Deus immobiliter, et absque labore sua opera produxit. Non ergo dicendum est septima die a suo opere requievisse.

3. SI dicatur quod Deus requievit die septima quia *fecit hominem requiescere*, contra: Requies contraponitur eius operationi. Sed quod dicitur, *Deus creavit vel fecit hoc vel illud*, non exponitur quod Deus *hominem fecit creare aut facere*. Ergo nec convenienter exponi potest, ut dicatur Deus requievisse, quia fecit hominem requiescere.

SED CONTRA est quod dicitur Gn 2,2: *Requievit Deus die septimo ab omni opere quod patrarat*.

RESPONDEO dicendum quod quies proprie opponitur motui; et per consequens labori, qui ex motu consurgit. Quamvis autem motus proprie acceptus sit corporum, tamen nomen *motus* etiam ad spiritualia derivatur dupliciter. Uno modo, secundum quod omnis operatio motus dicitur: sic enim et divina bonitas quodammodo movetur et procedit in res, secundum quod se eis communicat, ut Dionysius dicit, 2 cap. *de Div. Nom.*[1]. Alio modo, desiderium in aliud tendens quidam motus dicitur. — Unde et requies dupliciter accipitur: uno modo, pro cessatione ab operibus; alio modo, pro implectione desiderii.

Et utroque modo dicitur Deus requievisse die septima. Primo quidem, quia die septima cessavit novas creaturas condere: nihil enim postea fecit, quod non aliquo modo praecesserit in primis operibus, ut dictum est[2]. — Alio modo, secundum

Artigo 2
Deus repousou no sétimo dia de todas as suas obras?

QUANTO AO SEGUNDO, ASSIM SE PROCEDE: parece que Deus, no sétimo dia, **não** repousou de toda a sua obra.
1. Com efeito, diz-se no Evangelho de João: "Meu pai até agora opera e eu também opero". Logo, Deus não repousou no sétimo dia de toda a sua obra.
2. ALÉM DISSO, repouso opõe-se a movimento e a trabalho que, por vezes, é causado pelo movimento. Ora, Deus produziu suas obras sem movimento e sem trabalho. Logo, não se pode dizer que Deus tenha repousado, no sétimo dia, de toda a sua obra.
3. ADEMAIS, se for dito que Deus repousou no sétimo dia porque *mandou o homem repousar*, pode-se objetar: Repouso opõe-se ao operar. Ora, do que se diz: "Deus criou ou fez isto ou aquilo", não se interpreta que Deus fez o homem criar ou fazer. Logo, nem se pode corretamente interpretar que Deus tenha repousado porque mandou o homem repousar.

EM SENTIDO CONTRÁRIO, lê-se no Gênesis: "Deus no sétimo dia repousou de toda a obra que fizera".

RESPONDO. O repouso opõe-se propriamente ao movimento, e consequentemente ao trabalho, porque este resulta do movimento. Embora o movimento, em sua acepção própria, seja dos corpos, entretanto, o termo *movimento* também se aplica às coisas espirituais de duas maneiras. Primeiro, na medida em que toda operação é denominada movimento. Assim é que a bondade divina de algum modo se move em direção às coisas ao se comunicar com elas, como diz Dionísio. Segundo, na medida em que o desejo que tende para outro é chamado um certo movimento. — Donde também o repouso se toma de duas maneiras: primeiro, pela cessação das obras; segundo, pela consecução do que se deseja.

Desses dois modos se diz que Deus repousou no sétimo dia. Primeiro, porque no sétimo dia deixou de criar novos seres, nada fazendo depois que já não estivesse antecipado nas primeiras obras, como foi dito. — Segundo, porque não necessitava das

2 PARALL.: II *Sent.*, dist. 15, q. 3, a. 2; *Heb.*, c. 4, lect. 1.

1. MG 3, 640 D sqq.
2. A. praec. ad 3.

quod rebus conditis ipse non indigebat, sed seipso fruendo beatus est. Unde post conditionem omnium operum, non dicitur quod *in suis operibus requievit*, quasi eis ad suam beatitudinem indigens: sed *ab eis requievit*, utique in seipso, quia ipse sufficit sibi et implet desiderium suum. Et quamvis ab aeterno in seipso requieverit, tamen quod post opera condita in seipso requievit, hoc pertinet ad septimum diem. Et hoc est ab operibus requiescere, ut Augustinus dicit, *super Gen. ad litt.*[3].

AD PRIMUM ergo dicendum quod Deus usque modo operatur, conservando et administrando creaturam conditam: non autem novam creaturam condendo.

AD SECUNDUM dicendum quod requies non opponitur labori sive motui: sed productioni novarum rerum, et desiderio in aliud tendenti, ut dictum est[4].

AD TERTIUM dicendum quod, sicut Deus in solo se requiescit, et se fruendo beatus est; ita et nos per solam Dei fruitionem beati efficimur. Et sic etiam facit nos a suis et nostris operibus in seipso requiescere. Est ergo conveniens expositio, ut dicatur Deus requievisse, quia nos requiescere facit. Sed non est haec sola ponenda: sed alia expositio est principalior et prior.

coisas criadas, visto que Deus é bem-aventurado ao se deleitar em si mesmo. Por isso, depois da realização de todas as obras não está dito: *"repousou em suas obras"*, como se necessitasse delas para sua bem-aventurança, mas *"delas repousou"*, a saber, em si mesmo, porque Deus se basta e preenche seus desejos. Ademais, embora desde a eternidade repouse em si mesmo, pertence ao sétimo dia que tenha repousado em si mesmo depois de realizadas as obras. E nisto consiste Deus repousar de suas obras, segundo Agostinho[a].

QUANTO AO 1º, portanto, deve-se dizer que Deus até agora opera conservando e administrando o que criou, não, porém, criando uma nova criatura.

QUANTO AO 2º, deve-se dizer que o repouso não se opõe ao trabalho ou ao movimento, mas à criação de coisas novas e ao desejo que tende para alguma coisa, como foi dito.

QUANTO AO 3º, deve-se dizer que assim como Deus repousou somente em si, e ao fruir de si é bem-aventurado, também nós somente pela fruição de Deus nos tornamos bem-aventurados. E assim Deus também faz que nós repousemos nele de suas e de nossas obras. Por isso, é interpretação correta dizer que Deus repousou, porque nos faz repousar. Mas esta não é a única a ser afirmada; a outra é a principal e a primeira.

ARTICULUS 3
Utrum benedictio et sanctificatio debeatur diei septimae

AD TERTIUM SIC PROCEDITUR. Videtur quod benedictio et sanctificatio non debeatur diei septimae.

1. Tempus enim aliquod consuevit dici *benedictum* aut *sanctum*, propter aliquod bonum quod in illo tempore evenit; aut propter hoc quod aliquod malum vitatur. Sed Deo nihil accrescit aut deperit, sive operetur, sive ab operando cesset. Non ergo specialis benedictio et sanctificatio debetur diei septimae.

2. PRAETEREA, benedictio a *bonitate* dicitur. Sed bonum est diffusivum et communicativum sui, secundum Dionysium[1]. Ergo magis debuerunt

ARTIGO 3
Devem estar no sétimo dia a bênção e a santificação?

QUANTO AO TERCEIRO, ASSIM SE PROCEDE: parece que a bênção e a santificação **não** devem estar no sétimo dia.

1. Com efeito, um tempo costuma ser chamado de *abençoado* e de *santo*, por causa de algum bem nele acontecido; ou porque algum mal foi nele evitado. Ora, a Deus nada é acrescido ou dele tirado, quer opere, quer deixe de operar. Logo, não cabe ao sétimo dia uma especial bênção e santificação.

2. ALÉM DISSO, bênção deriva de *bondade*. Ora, o bem é difusivo e comunicativo de si, segundo Dionísio. Logo, com mais razão deveriam ser

---
3. L. IV, c. 15: ML 34, 306.
4. In corp.

3 PARALL.: II *Sent.*, dist. 15, q. 3, a. 3.

1. *De Div. Nom.*, c. 4: MG 3, 693 B, 700 A.

---
a. Ver a nota 1 da Q. 66, a 1.

benedici dies in quibus creaturas produxit, quam ille dies in quo a producendis creaturis cessavit.

3. Praeterea, superius in singulis creaturis quaedam benedictio commemorata est, dum in singulis operibus dictum est: *Vidit Deus quod esset bonum*. Non oportuit igitur quod post omnium productionem, dies septima benediceretur.

Sed contra est quod dicitur Gn 2,3: *Benedixit Deus diei septimo, et sanctificavit illum, quia in illo cessaverat ab omni opere suo*.

Respondeo dicendum quod, sicut supra[2] dictum est, requies Dei in die septima dupliciter accipitur. Primo quidem, quantum ad hoc, quod cessavit a novis operibus condendis, ita tamen quod creaturam conditam conservat et administrat. Alio modo, secundum quod post opera requievit in seipso. — Quantum ergo ad primum, competit septimae diei benedictio. Quia, sicut supra[3] dictum est, benedictio ad multiplicationem pertinet: unde dictum est creaturis quas benedixit: *Crescite et multiplicamini*. Multiplicatio autem rerum fit per administrationem creaturae, secundum quam ex similibus similia generantur. — Quantum vero ad secundum, competit septimae diei sanctificatio. Maxime enim sanctificatio cuiuslibet attenditur in hoc quod in Deo requiescit: unde et res Deo dedicatae *sanctae* dicuntur.

Ad primum ergo dicendum quod non propter hoc dies septimus sanctificatur, quia Deo possit aliquid accrescere vel decrescere: sed quia creaturis aliquid accrescit per multiplicationem et quietem in Deo.

Ad secundum dicendum quod in primis sex diebus productae sunt res in suis primis causis. Sed postea ex illis primis causis res multiplicantur et conservantur: quod etiam ad bonitatem divinam pertinet. Cuius etiam perfectio in hoc maxime ostenditur quod in ipsa sola et ipse requiescit, et nos requiescere possumus, ea fruentes.

Ad tertium dicendum quod bonum quod in singulis diebus commemoratur, pertinet ad primam naturae institutionem: benedictio autem diei septimae pertinet ad naturae propagationem.

abençoados os dias em que produziu as criaturas, e não o dia em que cessou de produzir as criaturas.

3. Ademais, acima, para cada uma das criaturas foi mencionada uma bênção ao se dizer, em cada uma das obras, "Deus viu que era boa". Por isso, não era necessário que após a produção de todas, o sétimo dia fosse abençoado.

Em sentido contrário, o livro do Gênesis diz: "Deus abençoou o sétimo dia, santificou-o, porque nele repousou de toda a sua obra".

Respondo. Como acima foi dito, o repouso de Deus no sétimo dia entende-se de duas maneiras. Primeiro, enquanto cessou de realizar novas obras, porém de tal modo que conserva e administra a criatura feita. Segundo, na medida em que depois das obras repousou em si mesmo. — Do ponto de vista do primeiro, cabe ao sétimo dia a bênção. Isso porque, como acima foi dito, a bênção diz respeito à multiplicação, visto Deus ter falado às criaturas que abençoou: "Crescei e multiplicai-vos". Ora, a multiplicação das coisas, pela qual as semelhantes geram as semelhantes, se faz com a intervenção da criatura. — Do ponto de vista do segundo, cabe ao sétimo dia a santificação; pois a santificação de qualquer ser considera-se sobretudo em repousar ele em Deus; por isso as coisas dedicadas a Deus são ditas *santas*.

Quanto ao 1º, portanto, deve-se dizer que não é por esse motivo que o sétimo dia foi santificado, a saber, porque alguma coisa poderia ser acrescentada a Deus ou dele retirada, mas porque Deus acrescentou algo às criaturas pela multiplicação delas e pelo repouso delas em Deus.

Quanto ao 2º, deve-se dizer que nos seis primeiros dias as coisas foram criadas em suas primeiras causas. Mas depois, a partir destas primeiras causas, as coisas se multiplicam e se conservam, o que ainda pertence à bondade divina fazer. E a perfeição divina se manifesta, de modo eminente, em que não só Deus repousa, mas também que somente em sua bondade nós podemos repousar, desfrutando dela.

Quanto ao 3º, deve-se dizer que o bem que foi mencionado em cada dia pertence à primeira instituição da natureza, mas a bênção do sétimo dia pertence à propagação da natureza.

---

2. A. praec.
3. Q. 72, ad 4.

QUAESTIO LXXIV
DE OMNIBUS SEPTEM DIEBUS IN COMMUNI
in tres articulos divisa

Deinde quaeritur de omnibus septem diebus in communi.
Et quaeruntur tria.
Primo: de sufficientia horum dierum.
Secundo: utrum sint unus dies, vel plures.
Tertio: de quibusdam modis loquendi quibus Scriptura utitur, enarrando opera sex dierum.

Articulus 1
Utrum sufficienter isti dies enumerentur

Ad primum sic proceditur. Videtur quod non sufficienter isti dies enumerentur.

1. Non minus enim distinguitur opus creationis ab operibus distinctionis et ornatus, quam haec duo opera ab invicem. Sed alii dies deputantur distinctioni, et alii ornatui. Ergo etiam alii dies debent assignari creationi.

2. Praeterea, aer et ignis sunt nobiliora elementa quam terra et aqua. Sed unus dies deputatur distinctioni aquae, et alius distinctioni terrae. Ergo alii dies debent deputari distinctioni ignis et aeris.

3. Praeterea, non minus distant volucres et pisces, quam volucres et terrestria animalia. Homo etiam plus distat ab aliis animalibus, quam alia quaecumque animalia ab invicem. Sed alius dies deputatur productioni piscium maris, et alius productioni animalium terrae. Ergo et alius dies debet deputari productioni avium caeli, et alius productioni hominis.

Sed contra, videtur quod aliqui dies superflue assignentur. Lumen enim ad luminaria se habet ut accidens ad subiectum. Simul autem producitur subiectum cum proprio accidente. Non ergo alia die debuit produci lux, et alia luminaria.

Praeterea, dies isti deputantur primae institutioni mundi. Sed in septima die nihil primitus est institutum. Ergo septima dies non debet aliis connumerari.

QUESTÃO 74
OS SETE DIAS EM CONJUNTO
em três artigos

Em seguida se pergunta sobre os sete dias em conjunto.
São três as perguntas:
1. Sobre a suficiência desses dias.
2. São um só dia ou muitos?
3. Sobre alguns modos de falar usados pela Escritura ao narrar as obras dos seis dias.

Artigo 1
São suficientes os sete dias mencionados?

Quanto ao primeiro artigo, assim se procede: parece que **não** são suficientes os dias mencionados.

1. Com efeito, a obra da criação não menos se distingue das obras de distinção e de ornamentação, do que essas duas entre si. Ora, alguns dias são destinados à distinção e outros, à ornamentação. Logo, também, outros dias deviam ser dedicados à criação.

2. Além disso, o fogo e o ar são elementos mais nobres do que a terra e a água. Ora, um dia é destinado à distinção da água, e outro à distinção da terra. Logo, outros dias deviam ser destinados à distinção do fogo e do ar.

3. Ademais, não menos se distanciam pássaros e peixes, do que aves e animais da terra. Ademais, o homem também se distancia mais dos outros animais, do que qualquer um deles entre si. Ora, um dia é destinado à criação dos peixes do mar, e outro, à dos animais da terra. Logo, também outro devia ser o dia destinado à criação das aves do céu, e outro à criação do homem.

Em sentido contrário, parece que alguns dias foram indicados de maneira supérflua. Assim, a luz está para os astros luminosos como o acidente para o sujeito. Ora, um sujeito é produzido simultaneamente com seu acidente próprio. Logo, não devia haver um dia para a criação da luz, e outro para a criação dos astros luminosos.

Ademais, esses dias são destinados à primeira instituição do mundo. Ora, no sétimo dia nada original foi instituído. Logo, o sétimo dia não devia ser enumerado com os outros dias.

---

1 Parall.: Supra, q. 70, a. 1; *Heb.*, c. 4, lect. 1.

RESPONDEO dicendum quod ratio distinctionis horum dierum ex praemissis[1] potest esse manifesta. Oportuit enim primo distingui partes mundi; et postmodum singulas partes ornari, per hoc quod quasi suis habitatoribus replentur. Secundum ergo alios Sanctos, in creatura corporali tres partes designantur: prima, quae significatur nomine *caeli*; media, quae significatur nomine *aquae*; et, infima quae significatur nomine *terrae*. Unde et secundum Pythagoricos, perfectio in tribus ponitur, *principio, medio et fine*, ut dicitur in I *de Caelo*[2]. Prima ergo pars distinguitur pri-ma die, et ornatur quarta; media distinguitur secunda die, et ornatur quinta; infima distinguitur tertia die, et ornatur sexta.

Augustinus vero convenit quidem cum eis in ultimis tribus diebus, differt autem in tribus primis[3]. Quia secundum eum, in primo die formatur creatura spiritualis, in duobus aliis creatura corporalis; ita quod in secundo corpora superiora, in tertio corpora inferiora. Et sic perfectio divinorum operum respondet perfectioni senarii numeri, qui consurgit ex suis partibus aliquotis simul iunctis; quae quidem partes sunt *unum, duo, tria*. Una enim dies deputatur formationi creaturae spiritualis, duae formationi creaturae corporalis, et tres ornatui.

AD PRIMUM ergo dicendum quod, secundum Augustinum, opus creationis pertinet ad productionem materiae informis, et naturae spiritualis informis[4]. Quae quidem duo sunt extra tempus, ut ipse dicit in XII *Confess.*[5]: et ideo creatio utriusque ponitur *ante omnem diem*. — Sed secundum alios Sanctos, potest dici quod opus distinctionis et ornatus attenditur secundum aliquam mutationem creaturae, quae tempore mensuratur. Opus autem creationis consistit in sola divina actione in instanti rerum substantiam producentis. Et ideo quodlibet opus distinctionis et ornatus dicitur factum *in die*: creatio autem dicitur facta *in principio*, quod sonat aliquid indivisibile.

AD SECUNDUM dicendum quod ignis et aer, quia non distinguuntur a vulgo, inter partes mundi non sunt expresse nominata a Moyse; sed computantur cum medio, scilicet aqua, maxime quantum ad inferiorem aeris partem; quantum vero ad

RESPONDO. A razão da distinção desses dias pode ser esclarecida pelo que está escrito acima. Convinha, pois, primeiramente distinguir as partes do mundo e, depois, ornamentá-las, enchendo-as de seus habitantes. Por isso, outros Santos Padres distinguiram na criatura corporal três partes: a primeira, chamada *céu*; a intermediária chamada *água*, e a ínfima, chamada *terra*. Daí que os pitagóricos, como se diz no livro I do *Céu*, colocavam a perfeição em três coisas: no *princípio, meio* e *fim*. A primeira parte foi definida no primeiro dia, e ornamentado no quarto; a do meio foi definida no segundo dia, e ornamentada no quinto dia; a parte ínfima foi definida no terceiro dia, e ornamentada no sexto.

Agostinho com eles concorda quanto aos três últimos dias, diferencia-se deles quanto aos três primeiros. Segundo ele, no primeiro dia foi formada a criatura espiritual e nos dois seguintes, a criatura corporal, de tal maneira que no segundo dia, os corpos superiores, e no terceiro dia, os corpos inferiores. Assim, a perfeição das obras divinas corresponde à perfeição do número seis, que resulta da soma das partes alíquotas, que são: *um, dois, três*. Pois um dia foi destinado à formação da criatura espiritual, dois à formação da criatura corporal e três à ornamentação.

QUANTO AO 1º, portanto, deve-se dizer que, segundo Agostinho, a obra da criação refere-se à criação da matéria informe e da natureza espiritual informe. Afirma também, no livro das Confissões, que essas duas obras estão fora do tempo, e por isso foram criadas *antes de qualquer dia*. — Mas segundo outros Santos Padres, pode-se dizer que a obra de distinção e de ornamentação é considerada segundo certa mudança na criatura, que é medida pelo tempo. Ora, a obra da criação consiste na ação só de Deus que produz num instante a substância das coisas. Por isso se diz que qualquer obra de distinção e de ornamentação é feita *no dia:* a criação, no entanto, diz-se que é feita *no princípio*, o que significa algo indivisível.

QUANTO AO 2º, deve-se dizer que o ar e o fogo não foram expressamente nomeados por Moisés, entre as partes do mundo, porque o homem simples não os distingue. Mas foram contados com o elemento intermediário, a água, sobretudo quanto à

---

1. Q. 70, a. 1.
2. C. 1: 268, a, 10-13.
3. Cfr. q. 70, a. 1; q. 71, 72.
4. Cfr. q. 70, a. 1.
5. Cc. 12, 13: ML 32, 831, 831-832.

superiorem, computantur cum caelo, ut Augustinus dicit[6].

AD TERTIUM dicendum quod productio animalium recitatur secundum quod sunt in ornatum partium mundi. Et ideo dies productionis animalium distinguuntur vel uniuntur, secundum hanc convenientiam vel differentiam, qua conveniunt vel differunt in ornando aliquam partem mundi.

AD QUARTUM dicendum quod prima die facta est natura lucis in aliquo subiecto. Sed quarto die facta dicuntur luminaria, non quia eorum substantia sit de novo producta; sed quia sunt aliquo modo formata, quo prius non erant, ut supra[7] dictum est.

AD QUINTUM dicendum quod septimae diei, secundum Augustinum[8], deputatur aliquid post omnia quae sex diebus attribuuntur, scilicet quod Deus a suis operibus in seipso requiescit. Et ideo oportuit post sex dies fieri mentionem de septimo. — Secundum vero alios, potest dici quod in septimo die mundus habuit quendam novum statum, ut scilicet ei nihil adderetur de novo. Et ideo post sex dies ponitur septima, deputata cessationi ab opere.

ARTICULUS 2
Utrum omnes isti dies sint unus dies

AD SECUNDUM SIC PROCEDITUR. Videtur quod omnes isti dies sint unus dies.

1. Dicitur enim Gn 2,4-5: *Istae sunt generationes caeli et terrae, quando creata sunt, in die quo fecit Dominus caelum et terram, et omne virgultum agri, antequam oriretur in terra*. Unus ergo est dies in quo fecit *caelum et terram et omne virgultum agri*. Sed caelum et terram fecit in prima die, vel potius ante omnem diem; virgultum autem agri, tertia die. Ergo unus est primus dies et tertius: et pari ratione, omnes alii.

2. PRAETEREA, Eccli 18,1 dicitur: *Qui vivit in aeternum, creavit omnia simul*. Sed hoc non esset, si dies horum operum essent plures: quia plures

parte inferior da atmosfera; quanto à parte superior, foram contados com o céu, segundo Agostinho.

QUANTO AO 3º, deve-se dizer que a criação dos animais é descrita enquanto eles são ornamentação das partes do mundo. Por isso, os dias de sua criação se distinguem ou se unem de acordo com as semelhanças ou diferenças que os unem ou distinguem quando ornamentam alguma parte do mundo.

QUANTO AO 4º, deve-se dizer que no primeiro dia a natureza da luz foi feita em algum sujeito. Mas no quarto dia foram feitos os astros luminosos, não que sua substância fosse criada de novo, mas porque eles foram formados de um modo segundo o qual antes não existiam, como foi acima dito.

QUANTO AO 5º, deve-se dizer que o sétimo dia, diz ainda Agostinho, foi destinado a algo que aconteceu depois de todas as coisas atribuídas aos seis dias, isto é, que Deus descansou em si mesmo de suas obras. Por isso, foi conveniente ter sido o sétimo mencionado depois dos seis. — Mas, segundo a opinião de outros, pode-se dizer que no sétimo dia o mundo teve um novo estado, isto é, que nada de novo se lhe seria acrescentado. Por isso, depois dos seis dias afirma-se o sétimo, destinado à cessação do trabalho.

ARTIGO 2
Todos estes dias são um só dia?

QUANTO AO SEGUNDO, ASSIM SE PROCEDE: parece que todos estes dias **são** um só dia.

1. Com efeito, diz o livro do Gênesis: "Estas são as origens do céu e da terra, quando foram criados, no dia em que Deus fez o céu e a terra e todos os arbustos do campo, antes que germinassem na terra". Portanto, um só é o dia em que Deus fez o *céu e a terra e todos os arbustos do campo*. Ora, fez o céu e a terra no primeiro dia, ou melhor, antes de todos os dias; e os arbustos do campo, os fez no terceiro dia. Logo, um só foram o primeiro dia e o terceiro, e pela mesma razão, todos os outros dias.

2. ALÉM DISSO, diz o livro do Eclesiástico: "Aquele que vive eternamente criou todas as coisas simultaneamente". Ora, isso não aconteceria se

---

6. *De Gen. ad litt.*, l. II, cc. 3, 13.
7. Q. 70, a. 1, ad 2.
8. *De Gen. ad litt.*, l. IV, c. 15: ML 34, 306.

PARALL.: II *Sent.*, dist. 12, a. 2, 3; *De Verit.*, q. 8, a. 16; *De Pot.*, q. 4, a. 2; *Heb.*, c. 4, lect. 1.

dies non sunt simul. Ergo non sunt plures dies, sed unus tantum.

3. Praeterea, die septimo cessavit Deus a novis operibus condendis. Si ergo septima dies est alia ab aliis diebus, sequitur quod illam diem non fecerit. Quod est inconveniens.

4. Praeterea, totum opus quod uni diei adscribitur, in instanti perfecit: cum in singulis operibus dicatur, *Dixit, et factum est*. Si igitur sequens opus in diem alium reservasset, sequeretur quod in residua parte illius diei cessasset ab opere: quod esset superfluum. Non igitur est alius dies sequentis operis, a die operis praecedentis.

Sed contra est quod Gn 1 dicitur: *Factum est vespere et mane dies secundus*, et *dies tertius*, et sic de aliis. Secundum autem et tertium dici non potest, ubi est unum tantum. Ergo non fuit unus dies tantum.

Respondeo dicendum quod in hac quaestione Augustinus ab aliis expositoribus dissentit. Augustinus enim vult, et *super Gen. ad litt.*[1], et XI *de Civ. Dei*[2], et *ad Orosium*[3], quod omnes qui dicuntur septem dies, sunt unus dies septempliciter rebus praesentatus. — Alii vero expositores sentiunt quod fuerunt septem dies diversi, et non unus tantum.

Haec autem duae opiniones, si referantur ad expositionem litterae *Genesis*, magnam diversitatem habent. Nam secundum Augustinum[4], per *diem* intelligitur cognitio mentis angelicae; ut sic primus dies sit cognitio primi divini operis, secundus dies cognitio secundi operis, et sic de aliis. Et dicitur unumquodque opus esse factum in aliqua die, quia nihil Deus produxit in rerum natura, quod non impresserit menti angelicae. Quae quidem multa simul potest cognoscere, praecipue in Verbo, in quo omnis angelorum cognitio perficitur et terminatur. Et sic distinguitur dies secundum naturalem ordinem rerum cognitarum: non secundum successionem cognitionis, aut secundum successionem productionis rerum. Cognitio autem angelica proprie et vere *dies* nominari potest: cum lux, quae est causa diei, proprie in spiritualibus, secundum Augustinum, inveniatur[5]. — Secundum vero alios, per istos

para aquelas obras houvesse muitos dias, porque muitos dias não existem ao mesmo tempo. Logo, não houve muitos dias, mas um só.

3. Ademais, Deus, no sétimo dia, cessou de produzir novas obras. Portanto, se o sétimo dia é distinto dos outros dias, segue-se que Deus não o fez; mas isso não é correto.

4. Ademais, toda obra que se registra em um dia foi feita num instante, pois para cada obra está dito: *Disse e foi feito*. Se, pois, para a obra seguinte fosse reservado outro dia, seguir-se-ia que na restante parte daquele dia cessou o trabalho das obras, o que seria supérfluo. Portanto, não houve um dia da obra seguinte, distinto do dia da obra precedente.

Em sentido contrário, diz-se no livro do Gênesis: "Fez-se a tarde e a manhã do segundo dia, e do terceiro, e assim dos outros". Ora, não se pode dizer *segundo* e *terceiro* onde só há um. Logo, não houve um só dia.

Respondo. Há divergência nesse assunto entre Agostinho e os outros intérpretes. Agostinho quer que todos esses dias que se dizem sete são um só dia, representado sete vezes por causa das coisas criadas. — Os outros intérpretes pensam que foram sete dias distintos e não apenas um.

Essas duas opiniões, se se referem à interpretação literal do Gênesis, são muito divergentes. Agostinho, pelo termo *dia,* entende o conhecimento angélico, e, assim, o primeiro dia é o conhecimento da primeira obra divina; o segundo dia, o conhecimento da segunda obra, e assim quanto aos outros dias. E se diz que cada obra foi feita em certo dia, porque Deus nada criou na natureza das coisas que não tenha impresso na mente angélica. Esta pode conhecer muitas coisas simultaneamente, sobretudo no Verbo, pois nele todo conhecimento angélico se aperfeiçoa e termina. E assim se distinguem os dias, segundo a ordem natural das coisas conhecidas, mas não segundo a sucessão dos conhecimentos ou segundo a sequência da criação das coisas. O conhecimento angélico própria e verdadeiramente pode ser dito *dia,* porque a luz, ainda segundo Agostinho, que é causa do dia, encontra-se propriamente nas

---

1. L. IV, cc. 26, 33; l. V, cc. 3, 23: ML 34, 314, 317-318, 323, 337-338.
2. C. 9: ML 41, 324-325.
3. *Dialog. Sexaginta Quinque Quaest.*, q. 26: ML 40, 741 (inter spuria August.).
4. Locis cit.
5. *De Gen. ad litt.*, l. IV, c. 28: ML 34, 315.

dies et successio dierum temporalium ostenditur, et successio productionis rerum.

Sed si istae duae opiniones referantur ad modum productionis rerum, non invenitur magna differentia. Et hoc propter duo in quibus, exponendo, diversificatur Augustinus ab aliis, ut ex supra dictis patet. Primo quidem, quia Augustinus per terram et aquam prius creatam, intelligit materiam corporalem totaliter informem: per factionem autem firmamenti, et congregationem aquarum, et apparitionem aridae, intelligit impressionem formarum in materiam corporalem. Alii vero Sancti per terram et aquam primo creatas, intelligunt ipsa elementa mundi, sub propriis formis existentia: per sequentia autem opera, aliquam distinctionem in corporibus prius existentibus, ut supra[6] dictum est. — Secundo autem differunt quantum ad productionem plantarum et animalium, quae alii ponunt in opere sex dierum esse producta in actu; Augustinus vero potentialiter tantum[7].

In hoc ergo quod Augustinus ponit opera sex dierum esse simul facta, sequitur idem modus productionis rerum. Nam secundum utrosque, in prima rerum productione materia erat sub formis substantialibus elementorum: et secundum utrosque, in prima rerum institutione non fuerunt animalia et plantae in actu. — Sed remanet differentia quantum ad quatuor. Quia secundum alios Sanctos, post primam productionem creaturae, fuit aliquod tempus in quo non erat lux; item in quo non erat firmamentum formatum; item in quo non erat terra discooperta aquis; et in quo non erant formata caeli luminaria, quod est quartum. Quae non oportet ponere secundum expositionem Augustini.

Ut igitur neutri sententiae praeiudicetur, utriusque rationibus respondendum est.

AD PRIMUM ergo dicendum quod in die in quo creavit Deus caelum et terram, creavit etiam omne virgultum agri, non in actu, sed *antequam oriretur super terram*, idest potentialiter. Quod Augustinus[8] adscribit tertiae diei: alii vero primae rerum institutioni.

criaturas espirituais. — Na opinião dos outros, esses dias mostram a sucessão dos dias no tempo e também a sucessão da produção das coisas.

Mas se essas duas opiniões se referem ao modo da produção das coisas, não há entre elas grande diferença. E isso por dois motivos, em razão dos quais a interpretação de Agostinho se afasta da dos outros, como foi dito anteriormente. Primeiro, porque Agostinho entende, por terra e por água primeiramente formadas, a matéria corporal totalmente informe, e entende, por produção do firmamento, por reunião das águas e por aparecimento da terra árida, a impressão das formas na matéria corporal. Mas os outros Santos Padres, por terra e água primeiramente criadas, entendem os elementos deste mundo, existindo em suas formas próprias. E pelas obras seguintes, entendem alguma distinção nos corpos antes existentes, como acima foi dito. — Segundo, diferem quanto à criação das plantas e dos animais, que os outros afirmam ter sido produzidos em ato na obra dos seis dias, e Agostinho, só em potência.

Da afirmação de Agostinho: que as obras dos seis dias foram feitas simultaneamente, segue-se que é o mesmo o modo de produção das coisas. Pois, para ele como para os outros, na primeira produção das coisas a matéria estava sob as formas substanciais dos elementos, e também, segundo ambos, na primeira instituição das coisas não havia animais nem plantas em ato. — Todavia entre eles ficam quatro pontos de divergência. Segundo os outros Santos Padres, depois da primeira criação houve um tempo 1) em que não havia luz; 2) em que o firmamento não estava formado; 3) em que a terra não estava descoberta de água; e 4) em que os astros luminosos do céu não estavam formados. Mas isso não se pode afirmar segundo a interpretação de Agostinho.

Para que as duas sentenças não sejam prejudicadas, deve-se responder aos argumentos de cada uma.

QUANTO AO 1º, portanto, deve-se dizer que no dia em que Deus criou o céu e a terra, criou também todos os arbustos dos campos, não em ato, mas *antes que surgissem da terra*, isto é, em potência. Agostinho registra isso no terceiro dia; os outros, na primeira instituição das coisas.

---

6. Q. 69, a. 1.
7. Vide q. 69, a. 2; q. 71, 72.
8. *De Gen. ad litt.*, l. V, c. 5; l. VIII, c. 3: ML 34, 326, 374-375.

AD SECUNDUM dicendum quod Deus creavit omnia simul, quantum ad rerum substantiam quodammodo informem. Sed quantum ad formationem quae facta est per distinctionem et ornatum, non simul. Unde signanter utitur verbo *creationis*.

AD TERTIUM dicendum quod in die septimo cessavit Deus a novis operibus condendis, non autem a propagandis quibusdam ex aliis: ad quam propagationem pertinet quod post primum diem alii succedunt.

AD QUARTUM dicendum quod non est ex impotentia Dei, quasi indigentis tempore ad operandum, quod omnia non sunt simul distincta et ornata: sed ut ordo servaretur in rerum institutione. Et ideo oportuit ut diversis statibus mundi diversi dies deservirent. Semper autem per sequens opus novus perfectionis status mundo est additus.

AD QUINTUM dicendum quod, secundum Augustinum, ille ordo dierum referendus est ad naturalem ordinem operum quae diebus attribuuntur[9].

Quanto ao 2º, deve-se dizer que Deus criou todas as coisas simultaneamente, quanto a suas substâncias, ainda de certo modo informes. Mas quanto à formação feita pela distinção e pela ornamentação, não simultaneamente. Por isso, se usa expressamente o verbo *criar*.

Quanto ao 3º, deve-se dizer que no sétimo dia Deus cessou de produzir novas obras, mas não de propagar umas a partir de outras. A esta propagação se deve que ao primeiro dia sucederam outros.

Quanto ao 4º, deve-se dizer que não foi por impotência de Deus, como se necessitasse de tempo para operar, que todas as coisas não foram simultaneamente distinguidas e ornamentadas, mas para salvar a ordem na instituição delas. Por isso foi preciso que aos diversos estados do mundo correspondessem diversos dias. Assim, cada uma das novas obras acrescentou ao mundo um novo estado de perfeição.

Quanto ao 5º, deve-se dizer que, segundo Agostinho, a ordem dos dias deve ser referida à ordem natural das obras atribuídas aos dias.

Articulus 3
Utrum Scriptura utatur convenientibus verbis ad exprimendum opera sex dierum

AD TERTIUM SIC PROCEDITUR. Videtur quod Scriptura non utatur convenientibus verbis ad exprimendum opera sex dierum.
1. Sicut enim lux et firmamentum et huiusmodi opera per Dei Verbum sunt facta, ita caelum et terra: quia *omnia per ipsum facta sunt*, ut dicitur Io 1,3. Ergo in creatione caeli et terrae debuit fieri mentio de Verbo Dei, sicut in aliis operibus.
2. PRAETEREA, aqua est creata a Deo: quae tamen creata non commemoratur. Insufficienter ergo rerum creatio describitur.
3. PRAETEREA, sicut dicitur Gn 1,31: *Vidit Deus cuncta quae fecerat, et erant valde bona*. In singulis ergo operibus debuit dici: *Vidit Deus quod esset bonum*. Inconvenienter ergo praetermittitur in opere creationis, et in opere secundae diei.
4. PRAETEREA, Spiritus Dei est Deus. Deo autem non competit ferri, nec situm habere. Inconve-

Artigo 3
São convenientes os termos da Escritura que designam as obras dos seis dias?

QUANTO AO TERCEIRO, ASSIM SE PROCEDE: parece que a Escritura **não** usa termos convenientes para designar as obras dos seis dias.
1. Com efeito, assim como a luz, o firmamento e as outras obras foram feitas pelo Verbo de Deus, também o céu e a terra, porque "tudo foi feito por Ele", segundo o Evangelho de João. Logo, na criação do céu e da terra deveria ser mencionado o Verbo de Deus, como nas outras obras.
2. ALÉM DISSO, a água foi criada por Deus, mas sua criação não está lembrada. Logo, a descrição da criação das coisas está incompleta.
3. ADEMAIS, diz o livro do Gênesis: "Viu Deus todas as coisas que fizera e eram muito boas". Por isso, para cada obra em particular devia também ser dito: "Viu Deus que era bom". Não foi, portanto, conveniente omitir a sentença na obra da criação e na obra do segundo dia.
4. ADEMAIS, o Espírito de Deus é Deus. Ora, a Deus não compete ser conduzido, nem ocupar um

---
9. *De Gen. ad litt.*, l. IV, cc. 34, 35; l. V, c. 5: ML 34, 319-320, 320, 326.

nienter ergo dicitur quod *Spiritus Dei ferebatur super aquas*.

5. PRAETEREA, nullus facit quod iam factum est. Inconvenienter ergo, postquam dictum est, *Dixit Deus, Fiat firmamentum, et factum est ita*, subditur: *Et fecit Deus firmamentum*. Et similiter in aliis operibus.

6. PRAETEREA, vespere et mane non sufficienter dividunt diem: cum sint plures partes diei. Ergo inconvenienter dicitur quod *factum est vespere et mane dies secundus*, vel *tertius*.

7. PRAETEREA, *secundo* et *tertio* non convenienter correspondet *unum*, sed *primum*. Debuit ergo dici: *Factum est vespere et mane dies primus*, ubi dicitur *dies unus*.

RESPONDEO dicendum ad primum, quod secundum Augustinum[1], persona Filii commemoratur tam in prima rerum creatione, quam in rerum distinctione et ornatu; aliter tamen et aliter. Distinctio enim et ornatus pertinet ad rerum formationem. Sicut autem formatio artificiatorum est per formam artis quae est in mente artificis, quae potest dici intelligibile verbum ipsius; ita formatio totius creaturae est per Verbum Dei. Et ideo in opere distinctionis et ornatus fit mentio de Verbo. — In creatione autem commemoratur Filius ut principium, cum dicitur: *In principio creavit Deus*: quia per creationem intelligitur productio informis materiae.

Secundum vero alios, qui ponunt primo creata elementa sub propriis formis, oportet aliter dici. Basilius enim dicit[2] quod per hoc quod dicitur, *Dixit Deus*, importatur divinum imperium. Prius autem oportuit produci creaturam quae obediret, quam fieri mentionem de divino imperio.

AD SECUNDUM dicendum quod, secundum Augustinum[3], per *caelum* intelligitur spiritualis natura informis; per *terram* autem materia informis omnium corporum. Et sic nulla creatura est praetermissa. — Secundum Basilium[4] vero, ponuntur caelum et terra tanquam duo extrema, ut ex his intelligantur media; praecipue quia omnium mediorum motus vel est ad caelum ut levium, vel ad terram, ut gravium. — Alii vero dicunt quod sub nomine *terrae* comprehendere solet Scriptura omnia quatuor elementa. Unde

lugar. Logo, não é conveniente dizer que "o Espírito de Deus era conduzido por sobre as águas".

5. ADEMAIS, não se pode fazer o que já está feito. Não é, pois, conveniente depois do que está escrito: "Disse o Senhor, faça-se o firmamento, e assim se fez", acrescentar: "E Deus fez o firmamento". E igualmente em outras obras.

6. ADEMAIS, a tarde e a manhã não dividem o dia suficientemente, pois há outras partes no dia. Logo, não é conveniente dizer: "Fez-se tarde e manhã, segundo dia", ou terceiro.

7. ADEMAIS, aos dias *segundo* e *terceiro* não corresponde corretamente *um* dia, mas o *primeiro* dia. Deveria, pois, ser dito: "Fez-se tarde e manhã, primeiro dia", em vez de se escrever "um dia".

QUANTO AO 1º, portanto, deve-se dizer que, segundo Agostinho, a pessoa do Filho é lembrada tanto na primeira criação das coisas quanto na distinção das coisas e na ornamentação, mas diferentemente. A distinção e a ornamentação dizem respeito à formação das coisas. Assim como a formação dos artefatos é feita segundo a forma da arte que está na mente do artífice, e pode ser considerada seu verbo inteligível, assim também a formação de toda criatura é pelo Verbo de Deus. Por isso, na obra de distinção e de ornamentação faz-se menção do Verbo. — Na criação, o Filho é lembrado como princípio, ao se dizer: "No princípio Deus criou", porque por criação entende-se a produção da matéria informe.

Mas, segundo outros que afirmam que os elementos foram primeiramente criados com suas próprias formas, deve-se dizer de outra maneira. Para Basílio a expressão "Disse Deus" implica o mandato divino. Assim, foi preciso produzir primeiro a criatura que obedecesse, do que mencionar o mandato divino.

QUANTO AO 2º, deve-se dizer que Agostinho entende por *céu* a natureza espiritual informe; por *terra*, a matéria informe de todos os corpos. Assim, nenhuma criatura foi omitida. — Segundo Basílio, céu e terra foram postos como dois extremos, para que se conhecessem os intermediários; sobretudo porque os movimentos de todos os intermediários ou é para o céu, enquanto leves, ou, para a terra, enquanto pesados. — Todavia, outros entendem que sob o nome *terra* a Escritura costuma abranger todos os quatro elementos. Por

---

1. *De Gen. ad litt.*, l. I, c. 4: ML 34, 249.
2. Homil. 2, 3 in *Hexaem.*: MG 29, 45 B, 50 C.
3. *De Gen. ad litt.*, l. I, cc. 1, 3, 4, 9: ML 34, 247, 248-249, 249, 251-252.
4. Homil. 1 in *Hexaem.*: MG 29, 20 AC.

in Ps 148, postquam dictum est [v. 7], *Laudate Dominum de terra*, subditur [v. 8]: *Ignis, grando, nix, glacies*.

AD TERTIUM dicendum quod in opere creationis ponitur aliquid correspondens ei quod dicitur in opere distinctionis et ornatus: *Vidit Deus hoc vel illud esse bonum*. Ad cuius evidentiam, considerandum est quod Spiritus Sanctus amor est. *Duo autem sunt*, ut Augustinus dicit I *super Gen. ad litt.*[5], *propter quae Deus amat creaturam suam: scilicet ut sit, et ut permaneat. Ut ergo esset quod permaneret, dicitur quod Spiritus Dei ferebatur super aquam* (secundum quod per aquam materia informis intelligitur; sicut amor artificis fertur super materiam aliquam, ut ex ea formet opus): *ut autem maneret quod fecerat, dicitur, Vidit Deus quod esset bonum*. In hoc enim significatur quaedam complacentia Dei Opificis in re facta: non quod alio modo cognosceret, aut placeret ei creatura iam facta, quam antequam faceret. — Et sic in utroque opere creationis et formationis, Trinitas Personarum insinuatur. In creatione quidem, persona Patris per Deum creantem; persona Filii, per principium in quo creavit; Spiritus Sancti, qui superfertur aquis. In formatione vero, persona Patris in Deo dicente; persona vero Filii, in verbo quo dicitur; persona Spiritus Sancti, in complacentia qua vidit Deus esse bonum quod factum erat.

In opere vero secundae diei non ponitur, *Vidit Deus quod esset bonum*, quia opus distinctionis aquarum tunc inchoatur, et in tertio die perficitur: unde quod ponitur in tertia die, refertur etiam ad secundam. — Vel, quia distinctio quae ponitur secunda die, est de his quae non sunt manifesta populo, ideo huiusmodi approbatione Scriptura non utitur. — Vel iterum propter hoc, quod per firmamentum intelligitur aer nubilosus, qui non est de partibus permanentibus in universo, seu de partibus principalibus mundi. Et has tres rationes Rabbi Moyses ponit[6]. — Quidam[7] autem assignant rationem mysticam ex parte numeri. Quia binarius ab unitate recedit: unde opus secundae diei non approbatur.

AD QUARTUM dicendum quod Rabbi Moyses[8] per *spiritum Domini* intelligit aerem vel ventum,

isso, no Salmo 148, depois que se diz: "Louvai o Senhor na terra", acrescenta-se: "Fogo, granizo, neve e gelo".

QUANTO AO 3º, deve-se dizer que na obra da criação se afirma algo que corresponde ao que se diz na obra de distinção e de ornamentação: "Deus viu que isto ou aquilo era bom". Para compreender esta expressão é preciso considerar que o Espírito Santo é amor. Diz Agostinho: "Duas são as razões pelas quais Deus ama sua criatura, isto é, para que ela exista e se conserve". Para que existisse o que devia se conservar, diz-se que o Espírito Santo estendia-se sobre as águas (entendendo-se por águas a matéria informe, assim como o amor do artífice estende-se sobre alguma matéria para que dela se forme a obra). "Para que se conservasse o que havia sido feito, também se diz: 'Deus viu que era bom'". Com isso se quer significar a complacência do Deus criador com a coisa feita; não que a conhecesse ou lhe agradasse de outra maneira que antes de tê-la feito. — E assim em ambas as obras da criação e da formação está insinuada a Trindade das Pessoas: na criação, a pessoa do Pai como Deus criador; a pessoa do Filho, como princípio no qual criou; a pessoa do Espírito Santo, que se estende sobre as águas. Quanto à formação, está insinuada a pessoa do Pai como Deus que diz; a pessoa do Filho, no verbo pelo qual se diz; e a pessoa do Espírito Santo, na complacência pela qual Deus viu que era bom o que fizera.

Na obra do segundo dia não está escrito: "Viu Deus que era bom", porque a obra da distinção das águas então começa, e no terceiro dia se completa. Por isso o que está afirmado no terceiro dia refere-se também ao segundo. — Ou porque a distinção que se afirma no segundo dia é daquelas coisas que não eram evidentes ao povo. Por isso a Escritura não faz uso dessa aprovação. — Ou ainda porque entende-se por firmamento a atmosfera com nuvens, que não pertence às partes permanentes do universo ou às partes principais do mundo. Essas três justificativas são afirmadas pelo Rabi Moisés. — Há os que apresentam razões místicas segundo os números: porque o número dois se afasta da unidade, a obra do segundo dia não foi abençoada.

QUANTO AO 4º, deve-se dizer que segundo o Rabi Moisés, como também Platão, por "espírito

---

5. C. 8: ML 34, 251.
6. *Doct. Perplex.*, parte II, c. 30.
7. Vide HIERONYMUM, in *Aggaeum* 1: ML 25, 1389 C.
8. Ibid.

sicut et Plato intellexit[9]. Et dicit quod dicitur *spiritus Domini*, secundum quod Scriptura consuevit ubique flatum ventorum Deo attribuere. — Sed secundum Sanctos, per *Spiritum Domini* intelligitur Spiritus Sanctus. Qui dicitur *superferri aquae*, idest materiae informi secundum Augustinum[10], *ne facienda opera sua propter indigentiae necessitatem putaretur Deus amare: indigentiae enim amor rebus quas diligit subiicitur. Commode autem factum est, ut prius insinuaretur aliquid inchoatum, cui superferri diceretur: non enim superfertur loco, sed praeexcellente potentia*, ut Augustinus dicit I *super Gen. ad litt.*[11]. — Secundum Basilium vero[12], superferebatur elemento aquae; idest, *fovebat et vivificabat aquarum naturam, ad similitudinem gallinae cubantis, vitalem virtutem his quae foventur iniiciens*. Habet enim aqua praecipue vitalem virtutem: quia plurima animalia generantur in aqua, et omnium animalium semina sunt humida. Vita etiam spiritualis datur per aquam baptismi: unde dicitur Io 3,5: *Nisi quis renatus fuerit ex aqua et Spiritu Sancto*.

AD QUINTUM dicendum quod, secundum Augustinum[13], per illa tria designatur triplex esse rerum: primo quidem esse rerum in Verbo, per hoc quod dixit, *fiat*; secundo, esse rerum in mente angelica per hoc quod dixit, *factum est*; tertio, esse rerum in propria natura, per hoc quod dixit, *fecit*. Et quia in primo die describitur formatio angelorum, non fuit necesse ut ibi adderetur, *fecit*. — Secundum alios vero, potest dici quod in hoc quod dicit, *Dixit Deus, Fiat*, importatur imperium Dei de faciendo. Per hoc autem quod dicit, *factum est*, importatur complementum operis. Oportuit autem ut subderetur quomodo factum fuit: praecipue propter illos qui dixerunt omnia visibilia per angelos facta. Et ideo ad hoc removendum, subditur quod ipse *Deus fecit*. Unde in singulis operibus, postquam dicitur. *Et factum est*, aliquis actus Dei subditur; vel *fecit*, vel *distinxit*, vel *vocavit*, vel aliquid huiusmodi.

AD SEXTUM dicendum quod, secundum Augustinum[14], per *vespere et mane* intelligitur vespertina

do Senhor" entende-se o ar ou o vento. E diz que se diz *espírito do Senhor* porque a Escritura costuma atribuir a Deus o soprar dos ventos. — Mas, segundo os Santos Padres, por *Espírito do Senhor* se entende o Espírito Santo, do qual se diz que "se estendia sobre as águas", as quais, segundo Agostinho, são a matéria informe, "para não se pensar que Deus ama por uma necessidade de indigência as obras que ele deve fazer; o amor de indigência é subordinado, com efeito, às coisas que ama. Foi feito, pois, de tal modo bem que se insinua de início que havia algo iniciado sobre o qual se dizia estender: não de maneira local, mas pela superioridade de seu poder". — Basílio, no entanto, entende que o espírito se estendia sobre as águas, isto é: "Aquecia e vivificava a natureza das águas, à semelhança da galinha que incuba, infundindo o poder vital àquilo que é aquecido". A água, sobretudo, tem um poder vivificante, porque muitos animais são gerados na água, e os sêmens de todos os animais são líquidos. Aliás, a vida espiritual também é dada pela água no batismo, segundo o Evangelho de João: "A não ser que seja gerado de novo pela água e pelo Espírito Santo".

QUANTO AO 5º, deve-se dizer que por aquelas três palavras, segundo Agostinho, estão designados os três modos de existência das coisas: primeiro, o ser das coisas no Verbo, quando disse: *faça-se*; segundo, o ser das coisas na mente angélica, quando disse: *foi feito*; terceiro, o ser das coisas na própria natureza, quando disse: *fez*. Como no primeiro dia é descrita a criação dos anjos, não foi necessário que aí se acrescentasse: *fez*. — Contudo, segundo outros, pode-se dizer que a expressão *Disse Deus: faça-se* implica a ordem de Deus para que algo fosse feito. A expressão *foi feito* implica o complemento da obra. Mas foi preciso que se acrescentasse como foi feito, sobretudo por causa dos que disseram que todas as coisas visíveis foram feitas pelos anjos. Por isso, para refutar essa explicação, acrescentou-se: *Deus fez*. Daí que, depois de se dizer em cada obra: *E foi feito*, acrescenta-se um ato de Deus: *fez*, ou *distinguiu*, ou *chamou*, ou algo semelhante.

QUANTO AO 6º, deve-se dizer que, segundo Agostinho, por *tarde* e *manhã* entende-se o co-

---

9. In *Timaeo*, c. 7: 31-33. — Cfr. q. 66, a. 1, ad 2 *in contr.*
10. *De Gen. contra Man.*, l. I, c. 7: ML 34, 251.
11. C. 7: ML 34, 251.
12. Homil. 2 in *Hexaem*.: MG 29, 44 B.
13. *De Gen. ad litt.*, l. II, c. 8: ML 34, 269-270.
14. *De Gen. ad litt.*, l. IV, cc. 22-24: ML 34, 311-313.

et matutina cognitio in angelis: de quibus dictum est supra[15]. — Vel, secundum Basilium[16], totum tempus consuevit denominari a principaliori parte, scilicet a die: secundum quod dixit Iacob Gn 47,9, *dies peregrinationis meae*, nulla mentione facta de nocte. Vespere autem et mane ponuntur ut termini diei; cuius mane est principium, sed vespere finis. — Vel quia per vespere designatur principium noctis, per mane principium diei. Congruum autem fuit, ut ubi commemoratur prima distinctio rerum, sola principia temporum designarentur. Praemittitur autem vespere, quia, cum a luce dies inceperit, prius occurrit terminus lucis, quod est vespere, quam terminus tenebrarum et noctis, quod est mane. Vel, secundum Chrysostomum[17], ut designetur quod dies naturalis non terminatur in vespere, sed in mane.

AD SEPTIMUM dicendum quod dicitur *unus dies* in prima diei institutione, ad designandum quod viginti quatuor horarum spatia pertinent ad unum diem. Unde per hoc quod dicitur unus, praefigitur mensura diei naturalis. — Vel propter hoc, ut significaret diem consummari per reditum solis ad unum et idem punctum. — Vel quia completo septenario dierum, reditur ad primum diem, qui est unus cum octavo. Et has tres rationes Basilius assignat[18].

nhecimento vespertino e matutino nos anjos, do qual já se falou acima. Segundo Basílio, porém, costuma-se designar a totalidade do tempo por sua parte principal, a saber, o dia, conforme as palavras de Jacó no livro do Gênesis: "Os dias de minha peregrinação", sem fazer menção alguma à noite. Tarde e manhã se afirmam como termos do dia, sendo a manhã o princípio, a tarde, o fim. — Ou ainda por tarde designa-se o princípio da noite, por manhã, o princípio do dia. Foi, pois, conveniente que aí onde se lembra a primeira distinção das coisas, fossem designados apenas os princípios dos tempos. Primeiro se menciona a tarde, porque como o dia começa com a luz, antes ocorre o fim do dia que é a tarde, que o fim das trevas e da noite, que é a manhã. Ou, segundo Crisóstomo, para designar que o dia natural não termina na tarde, mas na manhã.

QUANTO AO 7º, deve-se dizer que se diz *um dia* na primeira instituição dos dias, para designar que o espaço de vinte e quatro horas pertence a um dia. Assim, pelo emprego da palavra *um* fixa-se a medida do dia natural. — Ou, também, para significar que o dia termina quando o sol retorna ao único e mesmo ponto. — Ou ainda porque, quando terminam os sete dias, volta-se ao primeiro dia, que é um com o oitavo dia. Essas três razões são propostas por Basílio.

---

15. Q. 58, a. 6, 7.
16. Loco ult. cit.
17. Homil. 5 in *Gen.*: MG 53, 52.
18. Loc. ult. cit.

O HOMEM

Introdução e notas por Marie-Joseph Nicolas

INTRODUÇÃO GERAL

Sto. Tomás introduz seu tratado sobre o "homem" no início da questão 75. "Depois do estudo da criatura espiritual, depois da criatura corporal, é preciso abordar o estudo do homem, que é composto de uma substância espiritual e de uma substância corporal[1]. Tratar-se-á primeiramente de sua natureza, depois de sua produção no ser."

Para melhor compreender esta breve introdução, lembremos a ordem e a sequência das questões da Primeira Parte. Com a questão 44 começava o tratado da Criação, ou seja, precisamente de tudo o que, não sendo Deus, provém de Deus. Esse vasto tratado, que abarca 76 questões, divide-se em três partes. Uma concerne à produção das criaturas, o *ato criador*. A segunda, às próprias *criaturas*, em sua diversidade e distinção. A terceira, sob o título de "conservação e governo das criaturas", trata dessa continuação da criação, pela qual Deus mantém, desenvolve e conduz os seres a seu fim, ou seja, a sua plena realização.

É na segunda parte desse conjunto que se situa o tratado do homem. A multidão de criaturas divide-se em três categorias, que, aliás, concorrem para formar um só universo: os puros espíritos, o mundo puramente material e, indissociavelmente matéria e espírito, o homem. Como se vê, o lugar do homem é central, uma vez que nele se totaliza a criação.

Não esperemos todavia encontrar aqui uma antropologia completa. É como criatura, enquanto saindo das mãos de Deus, que o homem é aqui visado. Não ainda nesse desdobrar de sua liberdade pela qual ele retorna a Deus. Este será o tema da Segunda Parte da *Suma teológica*. Apenas na Terceira Parte veremos Deus fazer-se homem e como tal conduzir o homem a sua perfeição, tomar a frente de seu retorno, reunir o homem a Deus.

Desse modo limitado, o tratado do homem que se irá ler agora divide-se em duas partes. A primeira concerne à natureza humana, e abstrai quase totalmente da graça (qq. 75-89). A segunda reflete sobre a maneira pela qual essa criatura que é o homem foi criada, e é então que surge sua elevação à ordem sobrenatural (qq. 90-102).

Na primeira parte do tratado do homem, portanto, aborda-se aquilo que o homem é em virtude unicamente de sua natureza. Tal coisa parece puramente filosófica e, de fato, Aristóteles é a referência habitual, um Aristóteles constantemente contraposto a Platão, e cristãmente reinterpretado. Contudo, para um teólogo, abstrair da graça, do destino sobrenatural do homem, é analisar o que é o sujeito da graça, aquilo que nem esta nem o pecado poderão destruir, a saber, a natureza, termo próprio da criação. Pois a graça só pode ser dada àquilo que existe segundo uma natureza determinada. Ora, conforme veremos, é na própria criação dessa natureza que ela foi dada (q. 95, a. 1).

De modo que a criatura humana jamais existiu nem foi concebida por Deus senão em vista da graça sobrenatural, divinizante, sua ausência não passando de uma privação.

É enquanto teólogo, todavia, e não como puro filósofo, que Sto. Tomás pretende falar do homem e mesmo de sua natureza. É o motivo, afirma ele, pelo qual ele começa pela alma, "interessando o corpo ao teólogo apenas no que se refere à sua relação com a alma". É pela alma, enquanto espiritual, que o homem é à imagem de Deus e pode a ele unir-se.

Sto. Tomás dá a entender que, em uma antropologia filosófica, ele teria partido do mundo da matéria a fim de chegar, de ascensão em ascensão, a essa espécie de alma que é espiritual, à qual ele chamará de "termo de todo devir da matéria". O partido por ele adotado fez com que se expusesse a uma aparência de dualismo, que uma leitura atenta de seu texto logo dissipou. Não seria possível, efetivamente, atribuir excessiva importância a essa visão do homem, tão rigorosamente unitária quanto espiritualista. Visão aristotélica? Ou visão cristã? Aqui, o filósofo apenas forneceu ao crente o instrumento conceitual do qual este necessitava.

O plano da primeira parte do tratado do homem é claramente anunciado no prólogo da questão 75.

Notemos, contudo, que aqui será estudado apenas como ato da alma, o *pensamento*, reservando tudo o que concerne à atividade afetiva e voluntária à Segunda Parte da *Suma*. A importância e a unidade desta seção sobre o pensamento humano nos convidam a tratá-la à parte. De forma que dividiremos o tratado do homem em três partes: A alma humana; O pensamento humano; A criação do homem.

---

1. Veremos contudo que a alma, embora "subsistente", não é uma substância completa, e que o corpo, separado da alma, não é de todo uma substância, nem aliás um corpo, mas um agregado de substâncias.

QUAESTIO LXXV
DE HOMINE, QUI EX SPIRITUALI ET CORPORALI SUBSTANTIA COMPONITUR. ET PRIMO, QUANTUM AD ESSENTIAM ANIMAE

in septem articulos divisa

Post considerationem creaturae spiritualis et corporalis, considerandum est de homine, qui ex spirituali et corporali substantia componitur. Et primo, de natura ipsius hominis; secundo, de eius productione. Naturam autem hominis considerare pertinet ad theologum ex parte animae, non autem ex parte corporis, nisi secundum habitudinem quam habet corpus ad animam. Et ideo prima consideratio circa animam versabitur. Et quia, secundum Dionysium, 11 cap. *Angel. Hier.*, tria inveniuntur in substantiis spiritualibus, scilicet *essentia, virtus et operatio*; primo considerabimus ea quae pertinent ad essentiam animae; secundo, ea quae pertinent ad virtutem sive potentias eius; tertio, ea quae pertinent ad operationem eius.

Circa primum duplex occurrit consideratio: quarum prima est de ipsa anima secundum se; secunda, de unione eius ad corpus.

Circa primum quaeruntur septem.

Primo: utrum anima sit corpus.
Secundo: utrum anima humana sit aliquid subsistens.
Tertio: utrum animae brutorum sint subsistentes.
Quarto: utrum anima sit homo; vel magis homo sit aliquid compositum ex anima et corpore.
Quinto: utrum sit composita ex materia et forma.
Sexto: utrum anima humana sit incorruptibilis.
Septimo: utrum anima sit eiusdem speciei cum angelo.

Articulus 1
Utrum anima sit corpus

AD PRIMUM SIC PROCEDITUR. Videtur quod anima sit corpus.

1. Anima enim est motor corporis. Non autem est movens non motum. Tum quia videtur quod nihil possit movere nisi moveatur: quia nihil dat alteri quod non habet, sicut quod non est calidum non calefacit. Tum quia, si aliquid est movens non motum, causat motum sempiternum et eodem modo se habentem, ut probatur in VIII

QUESTÃO 75
O HOMEM COMPOSTO DE SUBSTÂNCIA ESPIRITUAL E CORPORAL. A ESSÊNCIA DA ALMA

em sete artigos

Depois da consideração da criatura espiritual e corporal, é preciso considerar o homem, composto de substância espiritual e corporal. Primeiro, sua natureza; depois, sua produção. Ao teólogo compete considerar a natureza do homem no que se refere à alma, e não no que se refere ao corpo, a não ser em sua relação com a alma. Assim, a primeira consideração tratará da alma. Uma vez que nas substâncias espirituais, segundo Dionísio, há três coisas a saber, *essência, potência* e *operação*, primeiro consideraremos o que se refere à essência da alma; depois, o que se refere à sua virtude ou potência; finalmente, o que se refere à sua operação.

Com respeito ao primeiro ocorre uma dupla consideração: uma sobre a alma em si mesma e outra sobre a união da alma com o corpo.

Com respeito ao primeiro, são sete as perguntas:

1. A alma é corpo?
2. A alma humana é algo subsistente?
3. As almas dos animais são subsistentes?
4. A alma é o homem, ou antes, o homem é algo composto de alma e corpo?
5. É composta de matéria e forma?
6. A alma humana é incorruptível?
7. A alma é da mesma espécie que o anjo?

Artigo 1
A alma é corpo?

QUANTO AO PRIMEIRO ARTIGO, ASSIM SE PROCEDE: parece que a alma é corpo.

1. Com efeito, a alma é o motor do corpo. Ora, não há motor que não seja movido, seja porque nenhuma coisa pode mover sem que seja movida, uma vez que nada dá ao outro o que não tem. Por exemplo, não aquece o que não tem calor. Seja porque se alguma coisa é motor não movido, é causa de um movimento eterno e uniforme, con-

---

1 PARALL.: *Cont. Gent.* II, 65; II *de Anima*, lect. 1.

*Physic.*¹: quod non apparet in motu animalis, qui est ab anima. Ergo anima est movens motum. Sed omne movens motum est corpus. Ergo anima est corpus.

2. PRAETEREA, omnis cognitio fit per aliquam similitudinem. Non potest autem esse similitudo corporis ad rem incorpoream. Si igitur anima non esset corpus, non posset cognoscere res corporeas.

3. PRAETEREA, moventis ad motum oportet esse aliquem contactum. Contactus autem non est nisi corporum. Cum igitur anima moveat corpus, videtur quod anima sit corpus.

SED CONTRA est quod Augustinus dicit, VI *de Trin.*², quod anima *simplex dicitur respectu corporis, quia mole non diffunditur per spatium loci.*

RESPONDEO dicendum quod ad inquirendum de natura animae, oportet praesupponere quod anima dicitur esse primum principium vitae in his quae apud nos vivunt: *animata* enim viventia dicimus, res vero *inanimatas* vita carentes. Vita autem maxime manifestatur duplici opere, scilicet cognitionis et motus. Horum autem principium antiqui philosophi, imaginationem transcendere non valentes, aliquod corpus ponebant; sola corpora res esse dicentes, et quod non est corpus, nihil esse. Et secundum hoc, animam aliquod corpus esse dicebant.

Huius autem opinionis falsitas licet multipliciter ostendi possit, tamen uno utemur, quo et communius et certius patet animam corpus non esse. Manifestum est enim quod non quodcumque vitalis operationis principium est anima: sic enim oculus esset anima, cum sit quoddam principium visionis; et idem esset dicendum de aliis animae instrumentis. Sed *primum* principium vitae dicimus esse animam. Quamvis autem aliquod corpus possit esse quoddam principium vitae, sicut cor est principium vitae in animali; tamen non potest esse primum principium vitae aliquod corpus. Manifestum est enim quod esse principium vitae, vel vivens, non convenit corpori ex hoc quod est corpus: alioquin omne corpus esset vivens, aut

forme prova Aristóteles no livro VIII da *Física*, o que não acontece no movimento do animal que é causado pela alma. Portanto, a alma é motor movido. Ora, todo motor movido é corpo. Logo, a alma é corpo.

2. ALÉM DISSO, todo conhecimento se faz por alguma semelhança. Ora, não pode haver semelhança entre o corpo e uma coisa incorpórea. Logo, se a alma não fosse corpo, não poderia conhecer uma coisa corpórea.

3. ADEMAIS, é necessário haver algum contato entre o motor e o que é movido. Ora, não há contato senão entre corpos. Logo, como a alma move o corpo, parece que ela é também corpo.

EM SENTIDO CONTRÁRIO, diz Agostinho: "Disse que a alma é simples em comparação com o corpo, porque por sua massa não se estende no espaço local".

RESPONDO. Para conhecer a natureza da alma, deve-se partir do pressuposto de que ela é o primeiro princípio de vida dos seres vivos que nos cercam, pois aos seres vivos chamamos de *animados*, e aos carentes de vida de *inanimados*. São duas as obras que sobretudo manifestam a vida: o conhecimento e o movimento. Os filósofos antigos, incapazes de ultrapassar a imaginação, afirmavam que o princípio dessas ações era algum corpo. Diziam que somente os corpos eram coisas, e que nada existia que não fosse corpo. Por isso, diziam que a alma é um corpo.

A falsidade dessa opinião poderia ser provada de muitas maneiras, mas iremos aduzir um argumento, o mais universal e mais seguro, que prova que a alma não é corpo. É evidente que a alma não é um princípio qualquer de operação vital. Se assim fosse, os olhos seriam alma, já que são o princípio da visão; e isto se deveria dizer dos demais órgãos da alma. Nós dizemos que o *primeiro* princípio da vida é a alma[a]. Embora algum corpo possa ser um princípio de vida, como o coração é princípio da vida animal, um corpo não pode ser o primeiro princípio da vida. É claro que ser princípio de vida, ou ser vivo, não convém ao corpo enquanto é corpo, do contrário, todo corpo seria vivo ou princípio

---

1. Cc. 6, 10: 259, b, 32 — 260, a, 1; 267, b, 11-17.
2. C. 6: ML 42, 929.

a. Na linguagem de Sto. Tomás, como na de Aristóteles, a palavra "alma" não vale apenas para a alma *humana*. Designa, em primeiro lugar, "o princípio primeiro da vida nos viventes que nos cercam", e dos quais fazemos parte. Não se poderá dizer de nenhuma "alma" (de nenhum "princípio vital") que é uma realidade corporal, mas somente que é "o ato do corpo enquanto vivente".

principium vitae. Convenit igitur alicui corpori quod sit vivens, vel etiam principium vitae, per hoc quod est *tale* corpus. Quod autem est actu tale, habet hoc ab aliquo principio quod dicitur actus eius. Anima igitur, quae est primum principium vitae, non est corpus, sed corporis actus: sicut calor, qui est principium calefactionis, non est corpus, sed quidam corporis actus.

AD PRIMUM ergo dicendum quod, cum omne quod movetur ab alio moveatur, quod non potest in infinitum procedere, necesse est dicere quod non omne movens movetur. Cum enim moveri sit exire de potentia in actum, movens dat id quod habet mobili, inquantum facit ipsum esse in actu. Sed sicut ostenditur in VIII *Physic*.[3], est quoddam movens penitus immobile, quod nec per se nec per accidens movetur: et tale movens potest movere motum semper uniformem. Et autem aliud movens, quod non movetur per se, sed movetur per accidens: et propter hoc non movet motum semper uniformem. Et tale movens est anima. Est autem aliud movens, quod per se movetur, scilicet corpus. Et quia antiqui Naturales nihil esse credebant nisi corpora, posuerunt quod omne movens movetur, et quod anima per se movetur, et est corpus.

AD SECUNDUM dicendum quod non est necessarium quod similitudo rei cognitae sit actu in natura cognoscentis: sed si aliquid sit quod prius est cognoscens in potentia et postea in actu, oportet quod similitudo cogniti non sit actu in natura cognoscentis, sed in potentia tantum; sicut color non est actu in pupilla, sed in potentia tantum. Unde non oportet quod in natura animae sit similitudo rerum corporearum in actu; sed quod sit in potentia ad huiusmodi similitudines. Sed quia antiqui Naturales nesciebant distinguere inter actum et potentiam, ponebant animam esse corpus, ad hoc quod cognosceret corpus; et ad hoc quod cognosceret omnia corpora, quod esset composita ex principiis omnium corporum.

AD TERTIUM dicendum quod est duplex contactus, *quantitatis* et *virtutis*. Primo modo, corpus non tangitur nisi a corpore. Secundo modo, corpus potest tangi a re incorporea quae movet corpus.

de vida. Assim, cabe a um corpo ser vivo, ou princípio de vida, enquanto ele é tal corpo. Mas o que é *tal* em ato, o é em razão de um princípio que é chamado seu ato. Por conseguinte, a alma que é o primeiro princípio da vida não é corpo, mas ato do corpo, assim como o calor, que é o princípio do aquecimento, não é corpo, mas um ato do corpo.

QUANTO AO 1º, portanto, deve-se dizer que como tudo o que se move é movido por outro, e isso não pode ser levado ao infinito, é necessário dizer que nem tudo o que move é movido. Como ser movido é passar de potência a ato, o que move transmite ao movido o que tem, enquanto o reduz a ato. Ora, como se mostra no livro VIII da *Física*, há um motor totalmente imóvel, que não se move nem por si nem acidentalmente, e que pode mover o movido de maneira sempre uniforme. Há outro motor que não é movido por si, mas o é acidentalmente, e assim não move o movido de modo sempre uniforme. Este motor é a alma. Há ainda outro motor que é movido por si: o corpo. E como os antigos naturalistas não admitiam senão a existência dos corpos, afirmaram que todo motor é movido e que a alma se move por si e que é corpo.

QUANTO AO 2º, deve-se dizer que não é necessário que a semelhança da coisa conhecida esteja em ato na natureza do que conhece. Mas se alguém primeiro conhece em potência e, depois, em ato, é necessário que a semelhança da coisa conhecida não esteja em ato na natureza do que conhece, mas apenas em potência, Por exemplo, a cor não está em ato na pupila, mas só em potência. Por isso, não é necessário que a semelhança das coisas corpóreas esteja, em ato, na natureza da alma, mas que ela esteja em potência para tais semelhanças. Como, porém, os antigos naturalistas desconheciam a distinção entre ato e potência, afirmavam que a alma é corpo, para que se conhecesse o corpo. E para que se conhecessem todos os corpos, afirmavam que a alma era composta dos princípios de todos os corpos.

QUANTO AO 3º, deve-se dizer que há um duplo contato: de *quantidade* e de *virtude*. No contato de quantidade o corpo não é tocado senão por um corpo. No contato de virtude, o corpo pode ser tocado por uma coisa incorpórea que move o corpo.

---

3. C. 6: 259, b, 32 — 260, a, 1.

Articulus 2
Utrum anima humana sit aliquid subsistens

AD SECUNDUM SIC PROCEDITUR. Videtur quod anima humana non sit aliquid subsistens.
1. Quod enim est subsistens, dicitur *hoc aliquid*. Anima autem non est *hoc aliquid*, sed compositum ex anima et corpore. Ergo anima non est aliquid subsistens.
2. PRAETEREA, omne quod est subsistens, potest dici operari. Sed anima non dicitur operari: quia, ut dicitur in I *de Anima*[1], *dicere animam sentire aut intelligere, simile est ac si dicat eam aliquis texere vel aedificare*. Ergo anima non est aliquid subsistens.
3. PRAETEREA, si anima esset aliquid subsistens, esset aliqua eius operatio sine corpore. Sed nulla est eius operatio sine corpore, nec etiam intelligere: quia non contingit intelligere sine phantasmate, phantasma autem non est sine corpore. Ergo anima humana non est aliquid subsistens.

SED CONTRA est quod Augustinus dicit, X *de Trin.*[2]. *Quisquis videt mentis naturam et esse substantiam, et non esse corpoream, videt eos qui opinantur eam esse corpoream, ob hoc errare, quod adiungunt ei ea sine quibus nullam possunt cogitare naturam, scilicet corporum phantasias.* Natura ergo mentis humanae non solum est incorporea, sed etiam substantia, scilicet aliquid subsistens.

RESPONDEO dicendum quod necesse est dicere id quod est principium intellectualis operationis, quod dicimus animam hominis, esse quoddam principium incorporeum et subsistens. Manifestum est enim quod homo per intellectum cognoscere potest naturas omnium corporum. Quod autem potest cognoscere aliqua, oportet ut nihil eorum

Artigo 2
A alma humana é algo subsistente?[b]

QUANTO AO SEGUNDO, ASSIM SE PROCEDE: parece que a alma humana **não** é algo subsistente.
1. Com efeito, o que é subsistente é designado como *alguma coisa*. Ora, a alma não é *alguma coisa*, mas sim o composto de alma e corpo. Logo, ela não é algo subsistente.
2. ALÉM DISSO, tudo o que é subsistente pode operar. Ora, não se diz que a alma opera, porque como se diz no livro I da *Alma*: "Dizer que a alma sente ou que tem intelecção é como se dissesse que ela tece ou edifica". Logo, ela não é algo subsistente.
3. ADEMAIS, se a alma fosse algo subsistente, teria alguma operação sem corpo. Ora, nenhuma operação sua é sem corpo, nem a própria intelecção, porque não pode haver intelecção sem as representações imaginárias, as quais não existem sem corpo. Logo, a alma humana não é algo subsistente.

EM SENTIDO CONTRÁRIO, diz Agostinho: "Quem compreende que a natureza da mente é ser substância e não ser corpo, compreende que se equivocam aqueles que opinam ser ela corpo, porque acrescentam a ela as fantasias dos corpos, sem as quais não se pode pensar em uma natureza". Logo, a natureza da alma humana não só é incorpórea, mas também é uma substância, isto é, algo subsistente.

RESPONDO. É necessário dizer que o princípio da operação do intelecto, que é a alma humana, é um princípio incorpóreo e subsistente. É claro que o homem pode conhecer, pelo intelecto, a natureza de todos os corpos. Para que possa conhecer algo, não se deve possuir nada em si de sua natureza[c], porque tudo aquilo que lhe fosse por natureza

---

2 PARALL.: *De Pot.*, q. 3, a. 9, 11; *De Spirit. Creat.*, a. 2; Q. *de Anima*, a. 1, 14; III *de Anima*, lect. 7.
1. C. 4: 408, b, 9-18; S.
2. C. 7: ML 42, 979.

---

b. Neste artigo, desta vez, é da alma humana que se trata. Não basta afirmar que é incorpórea ou imaterial, é preciso acrescentar que é subsistente. O que significa que ela é em si mesma e por si mesma um "sujeito" que existe. Uma "alma" que fosse apenas o ato do corpo vivente não subsistiria em si mesma; seria o vivente do qual ela é o ato que subsistiria. O mesmo ocorre com a alma dos animais. Por que não se pode dizer o mesmo a respeito da alma humana? É que ela é por si mesma, e somente ela, o próprio princípio da operação intelectual, esta se revelando inteiramente incorpórea, imaterial. Uma alma que tem sua operação própria tem necessariamente, de próprio, também, sua existência. Assim, portanto, não apenas a alma humana é "espiritual", é também um "espírito". Ora, esse "espírito", esse "princípio pensante" é ao mesmo tempo e como um todo uma "alma", ou seja, o princípio e o ato de um conjunto material vivo. Note-se que tudo se baseia na intuição do pensamento como transcendendo toda a ordem das realidades materiais.

c. "Para conhecer objetos, não se deve possuir nada em si de sua natureza." Deve-se pensar que o espírito não é de nenhuma natureza determinada, que é pura intencionalidade? Sem dúvida, não é o que tem em mente Sto. Tomás, mas ele se limita aqui a mostrar que o pensamento humano não é de natureza corporal. Seria preciso acrescentar a seu raciocínio, tomado de empréstimo a Aristóteles, que, à diferença do corpo, o espírito pode tomar uma distância em relação ao que ele é, "ser o que ele não é".

habeat in sua natura: quia illud quod inesset ei naturaliter, impediret cognitionem aliorum; sicut videmus quod lingua infirmi quae infecta est cholerico et amaro humore, non potest percipere aliquid dulce, sed omnia videntur ei amara. Si igitur principium intellectuale haberet in se naturam alicuius corporis, non posset omnia corpora cognoscere. Omne autem corpus habet aliquam naturam determinatam. Impossibile est igitur quod principium intellectuale sit corpus.

Et similiter impossibile est quod intelligat per organum corporeum: quia etiam natura determinata illius organi corporei prohiberet cognitionem omnium corporum; sicut si aliquis determinatus color sit non solum in pupilla, sed etiam in vase vitreo, liquor infusus eiusdem coloris videtur.

Ipsum igitur intellectuale principium, quod dicitur mens vel intellectus, habet operationem per se, cui non communicat corpus. Nihil autem potest per se operari, nisi quod per se subsistit. Non enim est operari nisi entis in actu: unde eo modo aliquid operatur, quo est. Propter quod non dicimus quod *calor* calefacit, sed *calidum*. — Relinquitur igitur animam humanam, quae dicitur intellectus vel mens, esse aliquid incorporeum et subsistens.

Ad primum ergo dicendum quod *hoc aliquid* potest accipi dupliciter: uno modo, pro quocumque subsistente: alio modo, pro subsistente completo in natura alicuius speciei. Primo modo, excludit inhaerentiam accidentis et formae materialis: secundo modo, excludit etiam imperfectionem partis. Unde manus posset dici *hoc aliquid* primo modo, sed non secundo modo. Sic igitur, cum anima humana sit pars speciei humanae, potest dici *hoc aliquid* primo modo, quasi subsistens, sed non secundo modo: sic enim compositum ex anima et corpore dicitur *hoc aliquid*.

Ad secundum dicendum quod verba illa Aristoteles dicit non secundum propriam sententiam, sed secundum opinionem illorum qui dicebant quod intelligere est moveri; ut patet ex iis quae ibi[3] praemittit.

inerente o impediria de conhecer outras coisas. Por exemplo, a língua de um enfermo, biliosa e amarga, não pode perceber algo doce, pois tudo lhe parece amargo. Assim, se o princípio intelectual tivesse em si a natureza de algum corpo, não poderia conhecer todos os corpos. Cada corpo tem uma natureza determinada, sendo, por isso, impossível que o princípio intelectual seja corpo.

É igualmente impossível que se o entenda por um órgão corpóreo, porque a natureza própria daquele órgão corpóreo impediria o conhecimento de todos os corpos. Por exemplo, se uma cor determinada estivesse não somente na pupila, como também num vaso de vidro, o líquido contido seria visto da mesma cor.

Portanto, o princípio intelectual, que se chama mente ou intelecto, opera por si sem participação do corpo. Ora, nada pode operar por si, a não ser que subsista por si. Somente o ente em ato pode operar, e por isso uma coisa opera segundo o modo pelo qual é. Por isso não dizemos que o *calor* esquenta, mas o que é *quente*. — Conclui-se, portanto, que a alma humana, que é chamada de mente ou de intelecto, é incorpórea e subsistente.

Quanto ao 1º, portanto, deve-se dizer que *alguma coisa* pode ser entendida de dois modos: primeiro, significando qualquer realidade subsistente; segundo, significando uma realidade subsistente completa numa natureza específica[d]. Pelo primeiro modo, ficam excluídos os acidentes e as formas materiais. Pelo segundo, exclui-se também a imperfeição da parte. Assim é que a mão pode ser chamada de *alguma coisa* no primeiro modo, não no segundo. Por conseguinte, como a alma humana é uma parte da espécie humana, ela pode ser dita *alguma coisa* no primeiro modo, como se fosse subsistente, mas não no segundo modo, pois desse modo o composto de alma e corpo se diz *alguma coisa*.

Quanto ao 2º, deve-se dizer que Aristóteles disse aquelas palavras não de acordo com sua sentença, mas de acordo com a opinião dos que diziam que conhecer é ser movido, o que fica claro pelo que aí precede.

---

3. C. cit.: 408, b, 1-9.

d. A "substância", para Sto. Tomás, não é somente o que subsiste (o ser, enquanto subsistente), é também o que subsiste em certa natureza. Somente então se é *alguma coisa*. O que falta à alma para ser por si só uma substância é realizar em si mesma, e em si somente, a totalidade da "espécie", da "natureza humana". Contudo, ao propiciar ao todo subsistente, do qual é a parte formal (o ato), ser uma substância completa, um "alguma coisa", um "alguém", permanece ela como o primeiro sujeito da existência que ela lhe comunica, e o próprio e único princípio da operação intelectual.

Vel dicendum quod per se agere convenit per se existenti. Sed per se existens quandoque potest dici aliquid, si non sit inhaerens ut accidens vel ut forma materialis, etiam si sit pars. Sed proprie et per se subsistens dicitur quod neque est praedicto modo inhaerens, neque est pars. Secundum quem modum oculus aut manus non posset dici per se subsistens; et per consequens nec per se operans. Unde et operationes partium attribuuntur toti per partes. Dicimus enim quod homo videt per oculum, et palpat per manum, aliter quam calidum calefacit per calorem: quia calor nullo modo calefacit, proprie loquendo. Potest igitur dici quod anima intelligit, sicut oculus videt: sed magis proprie dicitur quod homo intelligat per animam.

AD TERTIUM dicendum quod corpus requiritur ad actionem intellectus, non sicut organum quo talis actio exerceatur, sed ratione obiecti: phantasma enim comparatur ad intellectum sicut color ad visum. Sic autem indigere corpore non removet intellectum esse subsistentem: alioquin animal non esset aliquid subsistens, cum indigeat exterioribus sensibilibus ad sentiendum.

Pode-se também dizer que agir por si é próprio daquilo que existe por si. Mas existir por si, às vezes, pode significar uma coisa que não é inerente como acidente, nem como forma material, mesmo que seja parte. Mas, em sentido próprio, subsistir por si se diz do que nem é inerente segundo o modo citado, nem é parte. Assim, nem os olhos, nem as mãos podem ser ditos subsistentes por si e consequentemente nem operantes por si. Por isso também as operações das partes são atribuídas ao todo pelas partes. Dizemos que o homem vê pelos olhos e apalpa pelas mãos, de modo diferente do que o quente aquece pelo calor, porque o calor não aquece, propriamente falando. Pode-se, por isso, dizer que a alma conhece como os olhos veem, porém é mais próprio dizer que o homem conhece pela alma.

QUANTO AO 3º, deve-se dizer que o corpo é exigido para a operação do intelecto, não como um órgão pelo qual essa operação é exercida, mas em razão do objeto, pois as representações imaginárias estão para o intelecto como a cor para a vista. Pelo fato de necessitar do corpo, o intelecto não deixa de ser subsistente, do contrário, o animal não seria algo subsistente, pois necessita de objetos exteriores sensíveis para sentir[e].

ARTICULUS 3
Utrum animae brutorum animalium sint subsistentes

AD TERTIUM SIC PROCEDITUR. Videtur quod animae brutorum animalium sint subsistentes.

1. Homo enim convenit in genere cum aliis animalibus. Sed anima hominis est aliquid subsistens, ut ostensum est[1]. Ergo et animae aliorum animalium sunt subsistentes.
2. PRAETEREA, similiter se habet sensitivum ad sensibilia, sicut intellectivum et intelligibilia. Sed intellectus intelligit intelligibilia sine corpore. Ergo et sensus apprehendit sensibilia sine corpore.

ARTIGO 3
As almas dos animais irracionais são subsistentes?[f]

QUANTO AO TERCEIRO, ASSIM SE PROCEDE: parece que as almas dos animais irracionais **são** subsistentes.

1. Com efeito, o homem tem o gênero em comum com os outros animais. Ora, a alma humana é algo subsistente, como foi visto acima. Logo, as almas dos outros animais são subsistentes.
2. ALÉM DISSO, os sentidos estão para as coisas sensíveis, como o intelecto para as inteligíveis. Ora, o intelecto conhece os inteligíveis sem o corpo. Logo, o sentido também apreende o sensível

---

3 PARALL.: *Cont. Gent.* II, 82.
  1. A. praec.

e. Para caracterizar a necessidade que tem o pensamento humano do órgão corporal, do qual contudo não procede a título algum, Sto. Tomás sempre sustentará que o pensamento encontra *seu objeto* na *imagem* que, ela sim, é o ato mais elevado, mais apurado de um órgão corporal (os sentidos, o cérebro).

f. A comparação da alma humana com a dos animais irá nos conduzir a afirmar que toda atividade psíquica diversa do pensamento (e da vontade) procede do órgão corporal, ou, antes, do composto, e não apenas da alma. A alma que não pensa não poderia ser subsistente. Entretanto, a alma que pensa não poderia fazê-lo sem utilizar uma atividade psíquica, logo, atividade do composto que ela anima.

Animae autem brutorum animalium sunt sensitivae. Ergo sunt subsistentes, pari ratione qua et anima hominis, quae est intellectiva.

3. PRAETEREA, brutorum animalium anima movet corpus. Corpus autem non movet, sed movetur. Anima ergo bruti animalis habet aliquam operationem sine corpore.

SED CONTRA est quod dicitur in libro *de Eccl. Dogmat.*[2]: *Solum hominem credimus habere animam substantivam; animalium vero animae non sunt substantivae*.

RESPONDEO dicendum quod antiqui philosophi nullam distinctionem ponebant inter sensum et intellectum, et utrumque corporeo principio attribuebant, ut dictum est[3]. — Plato autem distinxit inter intellectum et sensum; utrumque tamen attribuit principio incorporeo, ponens[4] quod, sicut intelligere, ita et sentire convenit animae secundum seipsam. Et ex hoc sequebatur quod etiam animae brutorum animalium sint subsistentes.

Sed Aristoteles posuit[5] quod solum intelligere, inter opera animae, sine organo corporeo exercetur. Sentire vero, et consequentes operationes animae sensitivae, manifeste accidunt cum aliqua corporis immutatione; sicut in videndo immutatur pupilla per speciem coloris; et idem apparet in aliis. Et sic manifestum est quod anima sensitiva non habet aliquam operationem propriam per seipsam, sed omnis operatio sensitivae animae est coniuncti. Ex quo relinquitur quod, cum animae brutorum animalium per se non operentur, non sint subsistentes: similiter enim unumquodque habet esse et operationem.

AD PRIMUM ergo dicendum quod homo, etsi conveniat in genere cum aliis animalibus, specie tamen differt: differentia autem speciei attenditur secundum differentiam formae. Nec oportet quod omnis differentia formae faciat generis diversitatem.

AD SECUNDUM dicendum quod sensitivum quodammodo se habet ad sensibilia sicut intellectivum ad intelligibilia, inquantum scilicet utrumque est in potentia ad sua obiecta. Sed quodammodo dissimiliter se habent, inquantum sensitivum patitur a sensibili cum corporis immutatione: unde excellentia sensibilium corrumpit sensum. Quod in intellectu non contingit: nam intellectus intelligens

sem o corpo. Ora, as almas dos animais brutos são sensitivas. Logo, são subsistentes pelo mesmo motivo que a alma humana, que é intelectiva.

3. ADEMAIS, a alma dos animais irracionais move o corpo. Ora, o corpo não move, mas é movido. Logo, a alma dos animais irracionais tem alguma operação prescindindo do corpo.

EM SENTIDO CONTRÁRIO, diz o livro dos *Dogmas da Igreja*: "Cremos que somente o homem possui alma substantiva, e que as almas dos animais não são substantivas".

RESPONDO. Os antigos filósofos não distinguiam, de modo algum, os sentidos do intelecto, e atribuíam um e outro a princípios corpóreos, como foi dito. — Todavia Platão distinguiu-os, atribuindo um e outro, porém, a princípios incorpóreos, afirmando que era próprio da alma, enquanto tal, conhecer e, também, sentir. Concluía daí que também as almas dos animais brutos eram subsistentes.

Mas Aristóteles afirmou que somente a intelecção entre as operações da alma é exercida independentemente de órgão corpóreo. Mas sentir e as consequentes operações da alma sensitiva acontecem claramente com mudança no corpo. Por exemplo, ao ver, a pupila muda quando recebe a espécie da cor, e assim acontece nos outros sentidos. Fica, pois, claro que a alma sensitiva não tem operação própria por si mesma, mas que toda operação da alma sensitiva é do conjunto. Donde se conclui que as almas dos animais não operam por si mesmas e, por isso, não são subsistentes. Com efeito, cada um tem, de maneira semelhante, o ser e a operação.

QUANTO AO 1º, portanto, deve-se dizer que o homem, embora tenha em comum o gênero com os outros animais, distingue-se deles pela espécie, e a diferença da espécie se deve à diferença da forma. Nem é necessário que toda diferença de forma implique diversidade de gênero.

QUANTO AO 2º, deve-se dizer que o sentido está de certo modo para os objetos sensíveis como o intelecto para os inteligíveis, enquanto cada um está em potência para seu objeto. Todavia, de certo modo se referem diferentemente, na medida em que os sentidos recebem a ação do sensível com uma mudança no corpo, razão por que a excessiva intensidade do que é sensível é nociva

---

2. C. 16, 17: ML 42, 1216 (= ML 58, 984; 83, 1231).
3. A. 1. — Cfr. q. 50, a. 1.
4. In *Theaeteto*, c. 29, 30: 185 D — 186. Cfr. *Timaeum*, c. 15: 43 C, 44 A.
5. *De Anima*, l. III, c. 4: 429, a, 24-27.

maxima intelligibilium, magis potest postmodum intelligere minora. — Si vero in intelligendo fatigetur corpus, hoc est per accidens, in quantum intellectus indiget operatione virium sensitivarum, per quas ei phantasmata praeparantur.

AD TERTIUM dicendum quod vis motiva est duplex. Una quae imperat motum, scilicet appetitiva. Et huius operatio in anima sensitiva non est sine corpore; sed ira et gaudium et omnes huiusmodi passiones sunt cum aliqua corporis immutatione. Alia vis motiva est exequens motum, per quam membra redduntur habilia ad obediendum appetitui: cuius actus non est movere, sed moveri. Unde patet quod movere non est actus animae sensitivae sine corpore.

ao sentido. Tal não acontece com o intelecto, pois ele, conhecendo o que é ao máximo inteligível, pode, depois, e melhor, conhecer o que é menos inteligível. — Quando o corpo se fatiga em conhecer, tal se dá, por acidente, porque o intelecto precisou da operação dos sentidos, pelos quais lhe são apresentadas as representações imaginárias.

QUANTO AO 3º, deve-se dizer que são duas as faculdades motoras. Uma, que comanda o movimento, a saber, o apetite, cuja operação não se exerce na alma sensitiva sem o corpo. Assim é que a ira, a alegria, e as outras paixões existem com alguma mudança do corpo. A outra faculdade motora executa os movimentos; por ela os membros tornam-se aptos para obedecer ao apetite, cujo ato não é mover, mas ser movido. Logo, é evidente que mover não é ato da alma sensitiva sem o corpo.

ARTICULUS 4
Utrum anima sit homo

AD QUARTUM SIC PROCEDITUR. Videtur quod anima sit homo.
1. Dicitur enim 2Cor 4,16: *Licet is qui foris est noster homo corrumpatur, tamen is qui intus est, renovatur de die in diem*. Sed id quod est intus in homine, est anima. Ergo anima est homo interior.
2. PRAETEREA, anima humana est substantia quaedam. Non autem est substantia universalis. Ergo est substantia particularis. Ergo est hypostasis vel persona. Sed non nisi humana. Ergo anima est homo: nam persona humana est homo.
SED CONTRA est quod Augustinus, XIX *de Civ. Dei*[1], commendat Varronem, qui *hominem nec animam solam, nec solum corpus, sed animam simul et corpus esse arbitrabatur*.
RESPONDEO dicendum quod *animam esse hominem* dupliciter potest intelligi.
Uno modo, quod *homo* sit anima, sed *hic homo* non sit anima, sed compositum ex anima et corpore, puta Socrates. Quod ideo dico, quia quidam[2] posuerunt solam formam esse de ratione speciei, materiam vero esse partem individui, et non speciei. — Quod quidem non potest esse verum. Nam ad naturam speciei pertinet id quod significat definitio. Definitio autem in rebus natu-

ARTIGO 4
A alma é o homem?

QUANTO AO QUARTO, ASSIM SE PROCEDE: parece que a alma é o homem.
1. Com efeito, diz a segunda Carta aos Coríntios: "Embora nosso homem exterior se corrompa, o que é interior renova-se dia a dia". Ora, o que é interior no homem é a alma. Logo, a alma é o homem interior.
2. ALÉM DISSO, a alma humana é uma substância, não universal, mas particular. É, pois, uma hipóstase, isto é, uma pessoa, e uma pessoa humana. Portanto, a alma é o homem, uma vez que a pessoa humana é o homem.
EM SENTIDO CONTRÁRIO, escreve Agostinho citando Varrão: "O homem não é só alma, nem só corpo, mas afirmamos que ele é simultaneamente alma e corpo".
RESPONDO. Que *a alma seja o homem* pode-se entender de duas maneiras:
1. Que *o homem* é a alma, mas que *este homem* não o é, pois é composto de alma e de corpo; por exemplo, Sócrates. Digo isso, porque alguns afirmaram que só a forma é da razão da espécie, mas que a matéria é parte do indivíduo, não da espécie. — Mas isso é falso, pois a natureza da espécie é significada pela definição. Contudo, a definição das coisas naturais não significa só a for-

---

4 PARALL.: III *Sent*., dist. 5, q. 3, a. 2; dist. 22, q. 1, a. 1; *Cont. Gent.* II, 57; Opusc. XVI, *de Unit. Intell.*; *De Ent. et Ess.*, c. 2; VII *Metaphys.*, lect. 9.

1. C. 3: ML 41, 626.
2. Vide AVERR., VII *Metaph.*, comm. 34.

ralibus non significat formam tantum, sed formam et materiam. Unde materia est pars speciei in rebus naturalibus: non quidem materia signata, quae est principium individuationis; sed materia communis. Sicut enim de ratione *huius hominis* est quod sit ex hac anima et his carnibus et his ossibus; ita de ratione *hominis* est quod sit ex anima et carnibus et ossibus. Oportet enim de substantia speciei esse quidquid est communiter de substantia omnium individuorum sub specie contentorum.

Alio vero modo potest intelligi sic, quod etiam *haec anima* sit *hic homo*. Et hoc quidem sustineri posset, si poneretur quod animae sensitivae operatio esset eius propria sine corpore: quia omnes operationes quae attribuuntur homini, convenirent soli animae; illud autem est unaquaeque res, quod operatur operationes illius rei. Unde illud est homo, quod operatur operationes hominis. — Ostensum est autem[3] quod sentire non est operatio animae tantum. Cum igitur sentire sit quaedam operatio hominis, licet non propria, manifestum est quod homo non est anima tantum, sed est aliquid compositum ex anima et corpore. — Plato vero, ponens sentire esse proprium animae, ponere potuit[4] quod homo esset *anima utens corpore*.

AD PRIMUM ergo dicendum quod, secundum Philosophum in IX *Ethic.*[5], illud potissime videtur esse unumquodque, quod est principale in ipso: sicut quod facit rector civitatis, dicitur civitas facere. Et hoc modo aliquando quod est principale in homine, dicitur homo: aliquando quidem pars intellectiva, secundum rei veritatem, quae dicitur *homo interior*; aliquando vero pars sensitiva cum corpore, secundum aestimationem quorundam, qui solum circa sensibilia detinentur. Et hic dicitur *homo exterior*.

AD SECUNDUM dicendum quod non quaelibet substantia particularis est hypostasis vel persona: sed quae habet completam naturam speciei. Unde manus vel pes non potest dici hypostasis vel persona. Et similiter nec anima, cum sit pars speciei humanae.

ma, mas a forma e a matéria. Por isso, a matéria é parte específica nas coisas naturais, não a matéria assinalada, que é o princípio da individuação, mas a matéria comum. Assim como é da razão *deste homem* ter esta alma, estas carnes e estes ossos, assim também é da razão de *homem* ter alma, carnes e ossos. Isso porque pertence à substância da espécie ter o que é comum à substância de todos os indivíduos contidos naquela espécie.

2. Que *esta alma* é *este homem*. É possível sustentar isso, se se afirma que a operação da alma sensitiva é própria dela independentemente do corpo, porque, então, todas as operações atribuídas ao homem seriam só da alma, uma vez que cada coisa é aquilo que opera suas próprias operações. Por isso, é homem aquilo que opera as operações próprias do homem. — Mas foi demonstrado acima que sentir não é operação só da alma. Sendo o sentir uma operação do homem, embora não própria, é claro que o homem não é só alma, mas é algo composto de alma e corpo[g]. — Platão, ao afirmar que sentir é próprio da alma, pôde dizer que o homem é uma alma que se serve do corpo.

QUANTO AO 1º, portanto, deve-se dizer que segundo o Filósofo, no livro IX da *Ética*, cada coisa parece ser, sobretudo, o que é nela principal; por exemplo, o que o governante de uma cidade faz diz-se que a cidade faz. Assim, às vezes, se chama homem o que é nele o principal. Umas vezes, é a parte intelectiva, o que corresponde à verdade, que é denominada *homem interior*; outras vezes, é a parte sensitiva nela compreendido o corpo, segundo a opinião de alguns que só se detêm no que é sensível, e é denominada *homem exterior*.

QUANTO AO 2º, deve-se dizer que nem toda substância singular é hipóstase ou pessoa, mas somente aquela que possui a natureza completa da espécie. Consequentemente nem mãos, nem pés podem ser chamados de hipóstase ou pessoa. E nem a alma, pois ela é uma parte da espécie humana.

---

3. A. praec.
4. I *Alcibiad.*, c. 25: 129 E — 130.
5. C. 8: 1168, b, 31-34.

---

g. Mesmo sendo ela mesma subsistente, a alma só tem sua natureza completa, é um homem, uma pessoa (cf. r. 2), um "eu," mediante sua união com o corpo.

Articulus 5
Utrum anima sit composita ex materia et forma

AD QUINTUM SIC PROCEDITUR. Videtur quod anima sit composita ex materia et forma.

1. Potentia enim contra actum dividitur. Sed omnia quaecumque sunt in actu, participant primum actum, qui Deus est; per cuius participationem omnia sunt et bona et entia et viventia, ut patet per doctrinam Dionysii in libro *de Div. Nom.*[1]. Ergo quaecumque sunt in potentia, participant primam potentiam. Sed prima potentia est materia prima. Cum ergo anima humana sit quodammodo in potentia, quod apparet ex hoc quod homo quandoque est intelligens in potentia; videtur quod anima humana participet materiam primam tanquam partem sui.

2. PRAETEREA, in quocumque inveniuntur proprietates materiae, ibi invenitur materia. Sed in anima inveniuntur proprietates materiae, quae sunt subiici et transmutari: subiicitur enim scientiae et virtuti, et mutatur de ignorantia ad scientiam, et de vitio ad virtutem. Ergo in anima est materia.

3. PRAETEREA, illa quae non habent materiam, non habent causam sui esse, ut dicitur in VIII *Metaphys.*[2]. Sed anima habet causam sui esse: quia creatur a Deo. Ergo anima habet materiam.

4. PRAETEREA, quod non habet materiam, sed est forma tantum, est actus purus et infinitus. Hoc autem solius Dei est. Ergo anima habet materiam.

SED CONTRA est quod Augustinus probat, in VII *super Gen. ad litt.*[3], quod anima non est facta nec ex materia corporali, nec ex materia spirituali.

RESPONDEO dicendum quod anima non habet materiam. Et hoc potest considerari dupliciter.

Primo quidem, ex ratione animae in communi. Est enim de ratione animae, quod sit forma alicuius corporis. Aut igitur est forma secundum se totam; aut secundum aliquam partem sui. Si secundum se totam, impossibile est quod pars eius sit materia, si dicatur materia aliquod ens in potentia tantum: quia forma, inquantum forma,

Artigo 5
A alma é composta de matéria e forma?[h]

QUANTO AO QUINTO, ASSIM SE PROCEDE: parece que a alma é composta de matéria e forma.

1. Com efeito, a potência opõe-se ao ato. Ora, tudo o que está em ato participa do ato primeiro, que é Deus, por quem todas as coisas têm a bondade, o ser e a vida, segundo Dionísio. Assim, tudo o que está em potência participa da potência primeira. Ora, a potência primeira é a matéria primeira. Estando, pois, a alma humana de certo modo em potência, o que se comprova pelo fato de o intelecto humano estar às vezes em potência, parece que a alma humana participa da matéria primeira, como parte dela.

2. ALÉM DISSO, onde estão as propriedades da matéria, aí há matéria. Ora, na alma encontram-se propriedades da matéria, quais sejam ser sujeito e sofrer mudanças. Assim, a alma é sujeito da ciência e da virtude, e muda da ignorância para a ciência, do vício para a virtude. Logo, na alma há matéria.

3. ADEMAIS, o que não tem matéria não tem causa de seu ser, como diz o Filósofo. Ora, a alma tem causa de seu ser, porque foi criada por Deus. Logo, a alma tem matéria.

4. ADEMAIS, o que não tem matéria, e é só forma, é ato puro e infinito. Ora, só Deus é assim. Logo, a alma tem matéria.

EM SENTIDO CONTRÁRIO, diz Agostinho: "A alma não foi feita nem de matéria corporal, nem de matéria espiritual".

RESPONDO. A alma não tem matéria. Isso pode ser considerado de dois modos:

1. A partir da razão da alma em geral. É da razão da alma ser forma de um corpo. E assim ou é forma em sua totalidade, ou em alguma parte sua. Se em sua totalidade, é impossível que uma parte sua seja matéria, se se toma como matéria um ente somente em potência, porque a forma, enquanto forma, é ato. Ora, o que está somente

---

5 PARALL.: I *Sent.*, dist. 8, q. 5, a. 2; II, dist. 17, q. 1, a. 2; *Cont. Gent.* II, 50; *Quodlib.* III, q. 8; IX, q. 4, a. 1; *De Spirit. Creat.*, a. 1; a. 9, ad 9; Q. *de Anima*, a. 6; Opusc. XV, *de Angelis*, c. 7.

1. C. 5: MG 3, 816 C.
2. C. 6: 1045, a, 36 — b, 7.
3. Cc. 7-9: ML 34, 359-360.

h. Sto. Tomás responde aqui aos teólogos que pensavam que todo espírito *criado* (mesmo os anjos) seria forçosamente composto de matéria e de forma. Não obstante, para eles, a matéria da qual se tratava era justamente a potencialidade, de onde resultava passividade, mudança, multiplicidade. Sto. Tomás responderá que o único Ato puro (Deus) escapa à potencialidade, à finitude, à mudança, mas também que nem toda potencialidade é matéria. Estritamente falando, merece esse nome apenas a potencialidade pura.

est actus; id autem quod est in potentia tantum, non potest esse pars actus, cum potentia repugnet actui, utpote contra actum divisa. Si autem sit forma secundum aliquam partem sui, illam partem, dicemus esse animam: et illam materiam cuius primo est actus, dicemus esse *primum animatum*[4].

Secundo, specialiter ex ratione humanae animae, inquantum est intellectiva. Manifestum est enim quod omne quod recipitur in aliquo, recipitur in eo per modum recipientis. Sic autem cognoscitur unumquodque, sicut forma eius est in cognoscente. Anima autem intellectiva cognoscit rem aliquam in sua natura absolute, puta lapidem inquantum est lapis absolute. Est igitur forma lapidis absolute, secundum propriam rationem formalem, in anima intellectiva. Anima igitur intellectiva est forma absoluta, non autem aliquid compositum ex materia et forma. — Si enim anima intellectiva esset composita ex materia et forma, formae rerum reciperentur in ea ut individuales: et sic non cognosceret nisi singulare, sicut accidit in potentiis sensitivis, quae recipiunt formas rerum in organo corporali: materia enim est principium individuationis formarum. Relinquitur ergo quod anima intellectiva, et omnis intellectualis substantia cognoscens formas absolute, caret compositione formae et materiae.

AD PRIMUM ergo dicendum quod primus actus est universale principium omnium actuum, quia est infinitum, virtualiter *in se omnia praehabens*, ut dicit Dionysius[5]. Unde participatur a rebus, non sicut pars, sed secundum diffusionem processionis ipsius. Potentia autem, cum sit receptiva actus, oportet quod actui proportionetur. Actus vero recepti, qui procedunt a primo actu infinito et sunt quaedam participationes eius, sunt diversi. Unde non potest esse potentia una quae recipiat omnes actus, sicut est unus actus influens omnes actus participatos: alioquin potentia receptiva adaequaret potentiam activam primi actus. Est autem alia potentia receptiva in anima intellectiva, a potentia receptiva materiae primae, ut patet ex diversitate

em potência não pode ser parte de ato, porque a potência repugna ao ato, uma vez que a ele se opõe. Se, porém, a alma é forma em alguma parte sua, chamamos a essa parte alma, e à matéria, da qual é imediatamente ato, chamamos *o primeiro animado*[i].

2. A partir da razão da alma humana, enquanto intelectiva. É claro que o que é recebido em um outro é recebido de acordo com o modo do recipiente. Assim cada coisa é conhecida pelo fato de sua forma estar naquele que conhece. A alma intelectiva, porém, conhece uma coisa em sua natureza, de maneira absoluta; por exemplo, conhece a pedra enquanto é pedra, de maneira absoluta. A forma da pedra, pois, está na alma intelectiva segundo sua própria razão formal. A alma intelectiva, portanto, é forma absoluta, e não um composto de matéria e forma[j]. — Se a alma intelectiva fosse um composto de matéria e forma, as formas das coisas seriam nela recebidas como individuais. Desse modo não conheceria senão as coisas singulares, como acontece nas faculdades sensitivas, que recebem as formas das coisas em órgãos corporais, porque a matéria é o princípio da individuação das formas. Deve-se concluir, portanto, que a alma intelectiva, e toda substância intelectual, que conhece as formas de maneira absoluta, não é composta de forma e de matéria.

QUANTO AO 1º, portanto, deve-se dizer que o ato primeiro é o princípio universal de todos os atos porque é infinito, *contendo virtualmente em si todas as coisas*, como diz Dionísio. Por isso é participado pelas coisas, não como parte, mas difundindo-se nelas. A potência, porém, por ser receptiva do ato, convém que seja proporcional ao ato. Os atos recebidos, procedentes do primeiro ato infinito, e que são participação dele, são diversos. Logo, não pode haver uma única potência que receba todos os atos, como há um único ato que influi em todos os atos participados. Se assim fosse, a potência receptiva seria igual à potência ativa do primeiro ato. Há outra potência receptiva na alma intelectiva, distinta da potên-

---

4. Cfr. I, q. 76, a. 1 c (fine).
5. *De Div. Nom.*, c. 5: MG 3, 817 C.

i. Sto. Tomás, como se vê, reduz a teoria que ele critica à ideia de um "primeiro animado", espécie de "corpo espiritual", mediador entre a alma e o corpo material. Ideia que ressurgiu com bastante frequência, sob formas diversas, nas especulações sobre a alma, e mesmo sobre a ressurreição.

j. Voltamos a encontrar aqui, de outra maneira, e talvez mais satisfatória, o argumento do artigo 4 sobre a natureza espiritual do ato de pensamento. Se o pensamento tivesse em si qualquer coisa de material, se não fosse "absoluto", ou seja, livre de toda matéria particular, não conheceria nada de "absoluto", universal, nada que pudesse ser separado de sua realização material, mas somente o particular, o individual. É o caso dos sentidos.

receptorum: nam materia prima recipit formas individuales, intellectus autem recipit formas absolutas. Unde talis potentia in anima intellectiva existens, non ostendit quod anima sit composita ex materia et forma.

AD SECUNDUM dicendum quod subiici et transmutari convenit materiae secundum quod est in potentia. Sicut ergo est alia potentia intellectus, et alia potentia materiae primae, ita est alia ratio subiiciendi et transmutandi. Secundum hoc enim intellectus subiicitur scientiae, et transmutatur de ignorantia ad scientiam, secundum quod est in potentia ad species intelligibiles.

AD TERTIUM dicendum quod forma est causa essendi materiae, et agens: unde agens, inquantum reducit materiam in actum formae transmutando, est ei causa essendi. Si quid autem est forma subsistens, non habet esse per aliquod formale principium, nec habet causam transmutantem de potentia in actum. Unde post verba praemissa[6], Philosophus concludit quod in his quae sunt composita ex materia et forma, *nulla est alia causa nisi movens ex potestate ad actum: quaecumque vero non habent materiam, omnia simpliciter sunt quod vere entia aliquid.*

AD QUARTUM dicendum quod omne participatum comparatur ad participans ut actus eius. Quaecumque autem forma creata per se subsistens ponatur, oportet quod participet esse: quia etiam *ipsa vita*, vel quidquid sic diceretur, *participat ipsum esse*, ut dicit Dionysius, 5 cap. *de Div. Nom.*[7]. Esse autem participatum finitur ad capacitatem participantis. Unde solus Deus, qui est ipsum suum esse, est actus purus et infinitus. In substantiis vero intellectualibus est compositio ex actu et potentia; non quidem ex materia et forma, sed ex forma et esse participato. Unde a quibusdam[8] dicuntur componi ex *quo est* et *quod est*: ipsum enim esse est *quo* aliquid est.

ARTICULUS 6
Utrum anima humana sit corruptibilis

AD SEXTUM SIC PROCEDITUR. Videtur quod anima humana sit corruptibilis.

cia receptiva da matéria primeira, o que se manifesta pela recepção de objetos diferentes. A matéria primeira, com efeito, recebe formas individuais; o intelecto, as formas universais. Portanto, o fato de na alma existir tal potência não é prova de que a alma seja composta de matéria e forma.

QUANTO AO 2º, deve-se dizer que ser sujeito e sofrer mudanças convém à matéria enquanto está em potência. Assim como a potência do intelecto não é a potência da matéria primeira, também outras são as razões de ser sujeito e de sofrer mudanças. Assim, o intelecto é sujeito da ciência e sofre mudança da ignorância para ciência, enquanto está em potência para as espécies inteligíveis.

QUANTO AO 3º, deve-se dizer que a forma é causa do ser da matéria, e seu agente. Por isso o agente, enquanto reduz a matéria ao ato da forma, mediante mudança, é sua causa de ser. Todavia, se algo é forma subsistente, não tem o ser por algum princípio formal, nem uma causa que o mude da potência ao ato. Por isso, depois do texto citado, o Filósofo conclui que, nas coisas compostas de matéria e forma, não há outra causa senão a que faz passar da potência ao ato. Pelo contrário, as que não têm matéria, todas são entes em sentido absoluto e verdadeiro.

QUANTO AO 4º, deve-se dizer que tudo o que é participado está para aquilo de que participa como para seu ato. E qualquer que seja a forma criada subsistente por si, deve participar do ser, porque também a *própria vida*, ou o que assim seja chamado, *participa do próprio ser*, como diz Dionísio. O ser participado é limitado pela capacidade daquilo de que participa. Por isso só Deus, que é seu próprio ser, é ato puro e infinito. Mas nas substâncias intelectuais há composição de ato e potência, porém não de matéria e forma, mas de forma e ser participado. Por isso alguns disseram que elas se compõem de *pelo que elas são* e de *o que elas são*, visto que o existir é aquilo *pelo que* uma coisa é.

ARTIGO 6
A alma humana é corruptível?

QUANTO AO SEXTO, ASSIM SE PROCEDE: parece que a alma humana é corruptível.

---

6. *Met.*, l. VII, c. 6: 1045, b, 16-23.
7. MG 3, 820 A.
8. Vide GIBERTUM PORRETANUM in Boet. *De Hebdom.*, super regulam 8: ML 64, 1321 AC.

PARALL.: II *Sent.*, dist. 19, a. 1; IV, dist. 50, q. 1, a. 1; *Cont. Gent.* II, 79 sqq.; *Quodlib.* X, q. 3, a. 2; Q. *de Anima*, a. 14; *Compend. Theol.*, c. 84.

1. Quorum enim est simile principium et similis processus, videtur esse similis finis. Sed simile est principium generationis hominum et iumentorum: quia de terra facta sunt. Similis est etiam vitae processus in utrisque: quia *similiter spirant omnia, et nihil habet homo iumento amplius*, ut dicitur Eccle 3,19. Ergo, ut ibidem concluditur, *unus est interitus hominis et iumentorum, et aequa utriusque conditio*. Sed anima brutorum animalium est corruptibilis. Ergo et anima humana est corruptibilis.

2. Praeterea, omne quod est ex nihilo, vertibile est in nihilum: quia finis debet respondere principio. Sed sicut dicitur Sap 2,2, *ex nihilo nati sumus*: quod verum est non solum quantum ad corpus, sed etiam quantum ad animam. Ergo ut ibidem concluditur, *post hoc erimus tanquam non fuerimus*, etiam secundum animam.

3. Praeterea, nulla res est sine propria operatione. Sed propria operatio animae, quae est intelligere cum phantasmate, non potest esse sine corpore: nihil enim sine phantasmate intelligit anima; phantasma autem non est sine corpore, ut dicitur in libro de Anima[1]. Ergo anima non potest remanere, destructo corpore.

Sed contra est quod Dionysius dicit, 4 cap. de Div. Nom.[2], quod animae humanae habent ex bonitate divina quod sint *intellectuales*, et quod habeant *substantialem vitam inconsumptibilem*.

Respondeo dicendum quod necesse est dicere animam humanam, quam dicimus intellectivum principium, esse incorruptibilem. Dupliciter enim aliquid corrumpitur: uno modo, per se; alio modo, per accidens. Impossibile est autem aliquid subsistens generari aut corrumpi per accidens, idest aliquo generato vel corrupto. Sic enim competit alicui generari et corrumpi, sicut et esse, quod per generationem acquiritur et per corruptionem amittitur. Unde quod per se habet esse, non potest generari vel corrumpi nisi per se: quae vero non subsistunt, ut accidentia et formae materiales, dicuntur fieri et corrumpi per generationem et corruptionem compositorum. — Ostensum est autem supra[3] quod animae brutorum non sunt per se subsistentes, sed sola anima humana. Unde animae brutorum corrumpuntur, corruptis corporibus: anima autem humana non posset corrumpi, nisi per se corrumperetur.

1. L. I, c. 1: 403, a, 5-10.
2. MG 3, 696 C.
3. A. 2, 3.

1. Com efeito, os que têm o mesmo princípio e o mesmo desenvolvimento parece que têm o mesmo fim. Ora, é semelhante a geração do homem à dos animais, porque foram feitos da terra. É semelhante, também, o desenvolvimento da vida de ambos porque, como diz o livro do Eclesiástico: "Todos respiram, de igual modo e o homem nada tem a mais que o animal". Portanto, aí se conclui: "Um só é o fim dos homens e dos animais, como igual é sua condição". Ora, a alma dos animais é corruptível. Logo, a alma humana é corruptível.

2. Além disso, tudo o que saiu do nada ao nada volta, porque o fim deve corresponder ao princípio. Ora, como diz o livro da Sabedoria: "Nascemos do nada", o que se aplica não apenas ao corpo, mas também à alma. Logo, como aí se conclui: "Depois disto seremos como se não tivéssemos sido", o mesmo se conclui quanto à alma.

3. Ademais, não há coisa alguma que não tenha sua própria operação. Ora, a operação da alma, que é conhecer com a ajuda das representações imaginárias, não se pode realizar sem o corpo, uma vez que sem elas a alma nada conhece, e sem o corpo não há representação imaginária, como se diz no livro da *Alma*. Logo, a alma não pode permanecer, destruído o corpo.

Em sentido contrário, diz Dionísio: "As almas humanas receberam da bondade divina a inteligência e a substância da vida incorruptível".

Respondo. É necessário dizer que a alma humana, que chamamos de princípio intelectivo, é incorruptível. Ora, uma coisa se corrompe de duas maneiras: por si ou por acidente. É impossível ao que é subsistente ser gerado ou corromper-se por acidente, isto é, por algo gerado ou corrompido. Assim compete a uma coisa ser gerada ou corrompida, como também o ser, o qual se recebe por geração e se perde por corrupção. Por isso aquilo que tem o ser por si não pode ser gerado ou corrompido senão por si. As coisas que não subsistem, como os acidentes e as formas materiais, são feitas ou se corrompem pela geração e corrupção do composto. — Acima foi demonstrado que as almas dos animais não subsistem por si, mas apenas a alma humana. Portanto, as almas dos animais se corrompem quando o corpo se corrompe, e a alma humana não pode se corromper a não ser que se corrompesse por si.

Quod quidem omnino est impossibile non solum de ipsa, sed de quolibet subsistente quod est forma tantum. Manifestum est enim quod id quod secundum se convenit alicui, est inseparabile ab ipso. Esse autem per se convenit formae, quae est actus. Unde materia secundum hoc acquirit esse in actu, quod acquirit formam: secundum hoc autem accidit in ea corruptio, quod separatur forma ab ea. Impossibile est autem quod forma separetur a seipsa. Unde impossibile est quod forma subsistens desinat esse.

Dato etiam quod anima esset ex materia et forma composita, ut quidam dicunt, adhuc oporteret ponere eam incorruptibilem. Non enim invenitur corruptio nisi ubi invenitur contrarietas: generationes enim et corruptiones ex contrariis et in contraria sunt; unde corpora caelestia, quia non habent materiam contrarietati subiectam, incorruptibilia sunt. In anima autem intellectiva non potest esse aliqua contrarietas. Recipit enim secundum modum sui esse: ea vero quae in ipsa recipiuntur, sunt absque contrarietate; quia etiam rationes contrariorum in intellectu non sunt contrariae, sed est una scientia contrariorum. Impossibile est ergo quod anima intellectiva sit corruptibilis.

Potest etiam huius rei accipi signum ex hoc, quod unumquodque naturaliter suo modo esse desiderat. Desiderium autem in rebus cognoscentibus sequitur cognitionem. Sensus autem non cognoscit esse nisi sub hic et nunc: sed intellectus apprehendit esse absolute, et secundum omne tempus. Unde omne habens intellectum naturaliter desiderat esse semper. Naturale autem desiderium non potest esse inane. Omnis igitur intellectualis substantia est incorruptibilis.

AD PRIMUM ergo dicendum quod Salomon inducit rationem illam ex persona insipientium, ut exprimitur Sap 2,1-21. Quod ergo dicitur quod homo et alia animalia habent simile generationis principium, verum est quantum ad corpus: simili-

Que isso aconteça é absolutamente impossível, não só para alma humana, como também para todo subsistente que é só forma. Com efeito, é claro que aquilo que por si convém a uma coisa é inseparável dela. Ora, ser por si convém à forma, que é ato. Por isso a matéria recebe o ser em ato ao receber a forma, e, assim, acontece que ela se corrompe ao se separar dela a forma. Ademais, é impossível que a forma se separe de si mesma. Por isso é impossível que a forma subsistente cesse de ser[k].

Suposto que a alma fosse composta de matéria e forma, como dizem alguns, ainda seria necessário afirmá-la incorruptível. Não se encontra corrupção a não ser onde se encontra contrariedade, pois a geração e a corrupção existem a partir de contrários e entre contrários. Por isso os corpos celestes, porque não têm matéria sujeita a contrariedade, são incorruptíveis. Não obstante, na alma intelectiva não pode haver contrariedade alguma: pois recebe segundo o modo de seu ser, e as coisas nela recebidas não estão sujeitas a contrariedade. Isso porque as razões dos contrários, no intelecto, não são contrárias, pois é um só o conhecimento que se tem dos contrários. É impossível, portanto, que a alma intelectiva seja corruptível.

Pode-se ainda tomar como sinal disso o fato de que cada coisa naturalmente deseja ser segundo seu modo. O desejo, nas coisas dotadas de conhecimento, corresponde ao conhecimento. O sentido, por sua vez, não conhece o ser, senão referindo ao aqui e agora. O intelecto, porém, apreende o ser de modo absoluto e sempre. Por isso todo ser dotado de intelecto deseja naturalmente existir sempre. Ora, um desejo natural não pode ser vão. Logo, toda substância intelectual é incorruptível[l].

QUANTO AO 1º, portanto, deve-se dizer que Salomão induz aquela razão referindo-se aos ignorantes, como está no livro da Sabedoria. Por conseguinte, quando se diz que o homem e os outros animais têm o mesmo princípio da geração, é verdade com

---

k. Já que a alma humana é o próprio sujeito do ser, a destruição do composto que ela forma com a matéria, em outros termos, a morte, sem dúvida retira o ser ao composto, mas não a ela. Que o ser não possa ser retirado diretamente à forma, isto se deve ao fato de que "o ser convém por si à forma que é ato". Dito de outro modo, a forma poderia desaparecer unicamente por aniquilação, hipótese nem sequer concebida. Sto. Tomás apresentou em outro lugar (II *Contra Gentiles*, 79), de maneira mais direta, a incompatibilidade entre o pensamento e a corruptibilidade: "O que é orientado ao eterno deve ser capaz de uma duração perpétua". Pela eternidade da verdade inteligível pode-se provar, portanto, a perpetuidade da alma humana.

l. Não se trata de psicologia, mas de metafísica, nem imediatamente da necessidade a suprir, mas de tendência reveladora de uma natureza. Todo ser deseja naturalmente existir. Contudo, só deseja naturalmente existir sempre aquele que percebe a existência como independente do tempo. Como o "sempre" não é percebido pelo não-pensante, não pode ser desejado. No entanto, o que é a tendência mais universal e mais fundamental do ser como tal torna-se, no ser pensante, desejo natural de existir sempre. Sto. Tomás não pensou, evidentemente, em um instinto de morte, igualmente natural, e que lutaria contra o instinto de viver sempre.

ter enim de terra facta sunt omnia animalia. Non autem quantum ad animam: nam anima brutorum producitur ex virtute aliqua corporea, anima vero humana a Deo. Et ad hoc significandum dicitur Gn 1,24, quantum ad alia animalia, *Producat terra animam viventem*: quantum vero ad hominem, dicitur Ibid. 2,7 quod *inspiravit in faciem eius spiraculum vitae*. Et ideo concluditur Eccle ult., v. 7: *Revertatur pulvis in terram suam, unde erat, et spiritus redeat ad Deum qui dedit illum*. — Similiter processus vitae est similis quantum ad corpus; ad quod pertinet quod dicitur in Eccle: *Similiter spirant omnia*, et Sap 2,2: *Fumus et flatus est in naribus nostris* etc. Sed non est similis processus quantum ad animam: quia homo intelligit, non autem animalia bruta. Unde falsum est quod dicitur: *Nihil habet homo iumento amplius*. — Et ideo similis est interitus quantum ad corpus, sed non quantum ad animam.

AD SECUNDUM dicendum quod, sicut posse creari dicitur aliquid non per potentiam passivam, sed solum per potentiam activam Creantis, qui ex nihilo potest aliquid producere; ita cum dicitur aliquid vertibile in nihil, non importatur in creatura potentia ad non esse, sed in Creatore potentia ad hoc quod esse non influat. Dicitur autem aliquid corruptibile per hoc, quod inest ei potentia ad non esse.

AD TERTIUM dicendum quod intelligere cum phantasmate est propria operatio animae secundum quod corpori est unita. Separata autem a corpore habebit alium modum intelligendi, similem aliis substantiis a corpore separatis, ut infra[4] melius patebit.

ARTICULUS 7
Utrum anima et angelus sint unius speciei

AD SEPTIMUM SIC PROCEDITUR. Videtur quod anima et angelus sint unius speciei.
1. Unumquodque enim ordinatur ad proprium finem per naturam suae speciei, per quam habet inclinationem ad finem. Sed idem est finis animae et angeli, scilicet beatitudo aeterna. Ergo sunt unius speciei.
2. PRAETEREA, ultima differentia specifica est nobilissima: quia complet rationem speciei. Sed

respeito ao corpo, até porque todos os animais foram feitos da terra. Mas não é verdade com respeito à alma, pois a alma dos animais irracionais é produzida por uma força corpórea, mas a alma humana é criada por Deus. Para declarar isso diz o livro do Gênesis, referindo-se aos outros animais: "Produza a terra a alma vivente". Mas, referindo-se ao homem, diz: "Inspirou-lhe na face um sopro de vida". Donde conclui o livro do Eclesiastes: "Volte o pó à terra de onde era, e o espírito volte a Deus, que o dera". — Igualmente o desenvolvimento da vida é semelhante quanto ao corpo. A isso se refere o que diz o Eclesiastes: "Todos respiram do mesmo modo", e, ainda, o livro da Sabedoria: "É fumaça e sopro nas nossas narinas". Mas o desenvolvimento da alma é diferente, porque o homem conhece e os animais irracionais não conhecem. Por isso, é falsa esta afirmação: nada tem o homem a mais que o animal irracional. — Portanto, o fim do corpo é semelhante, mas não o da alma.

QUANTO AO 2º, deve-se dizer que assim como algo não pode ser criado por uma potência passiva, mas somente pela potência ativa do Criador, que pode criar algo do nada, assim quando se diz que uma coisa pode voltar ao nada, isso não implica na criatura potência para o não-ser, mas implica no Criador potência de não mais sustentar o ser. Alguma coisa, portanto, é corruptível porque nela há a potência a não ser.

QUANTO AO 3º, deve-se dizer que o conhecer com a ajuda das representações imaginárias é uma operação própria da alma enquanto unida ao corpo. Mas quando dele separada, terá outro modo de conhecer, semelhante às outras substâncias separadas do corpo, como adiante se verá melhor.

ARTIGO 7
A alma e o anjo são de uma só espécie?

QUANTO AO SÉTIMO, ASSIM SE PROCEDE: parece que a alma e o anjo **são** da mesma espécie.
1. Com efeito, cada coisa se ordena para o próprio fim segundo sua natureza específica, pela qual tem a inclinação para o fim. Ora, um só é o fim do anjo e da alma, a saber, a bem-aventurança eterna. Logo, são de uma só espécie.
2. ALÉM DISSO, a diferença última específica é a mais nobre, porque realiza plenamente a razão

---

4. Q. 89, a. 1.
7 PARALL.: II *Sent*., dist. 3, q. 1, a. 6; *Cont. Gent*. II, 94; Q. *de Anima*, a. 7.

nihil est nobilius in angelo et anima quam intellectuale esse. Ergo conveniunt anima et angelus in ultima differentia specifica. Ergo sunt unius speciei.

3. PRAETEREA, anima ab angelo differre non videtur nisi per hoc, quod est corpori unita. Corpus autem, cum sit extra essentiam animae, non videtur ad eius speciem pertinere. Ergo anima et angelus sunt unius speciei.

SED CONTRA, quorum sunt diversae operationes naturales, ipsa differunt specie. Sed animae et angeli sunt diversae operationes naturales: quia ut dicit Dionysius, 7 cap. *de Div. Nom.*[1], *mentes angelicae simplices et beatos intellectus habent, non de visibilibus congregantes divinam cognitionem*; cuius contrarium postmodum de anima dicit. Anima igitur et angelus non sunt unius speciei.

RESPONDEO dicendum quod Origenes posuit[2] omnes animas humanas et angelos esse unius speciei. Et hoc ideo, quia posuit diversitatem gradus in huiusmodi substantiis inventam, accidentalem, utpote ex libero arbitrio provenientem, ut supra[3] dictum est.

Quod non potest esse: quia in substantiis incorporeis non potest esse diversitas secundum numerum absque diversitate secundum speciem, et absque naturali inaequalitate. Quia si non sint compositae ex materia et forma, sed sint formae subsistentes, manifestum est quod necesse erit in eis esse diversitatem in specie. Non enim potest intelligi quod aliqua forma separata sit nisi una unius speciei: sicut si esset albedo separata, non posset esse nisi una tantum; haec enim albedo non differt ab illa nisi per hoc, quod est huius vel illius. Diversitas autem secundum speciem semper habet diversitatem naturalem concomitantem: sicut in speciebus colorum unus est perfectior altero, et similiter in aliis. Et hoc ideo, quia differentiae dividentes genus sunt contrariae; contraria autem se habent secundum perfectum et imperfectum, quia *principium contrarietatis est privatio et habitus* ut dicitur in X *Metaphys.*[4].

Idem etiam sequeretur, si huiusmodi substantiae essent compositae ex materia et forma. Si enim materia huius distinguitur a materia illius, necesse

da espécie. Ora, nada é mais nobre na alma e no anjo do que o ser intelectual. Logo, ambos têm em comum a diferença última específica. Logo, são da mesma espécie.

3. ADEMAIS, a alma não parece diferir do anjo, senão porque está unida ao corpo. Ora, o corpo, por estar fora da essência da alma, não parece pertencer à sua espécie. Logo, o anjo e a alma são de uma só espécie.

EM SENTIDO CONTRÁRIO, os que têm operações naturais diferentes são de espécies diferentes. Ora, a alma e o anjo têm operações naturais diferentes, porque, como diz Dionísio: "Os espíritos angélicos possuem intelectos simples e bem-aventurados, e não conhecem as coisas divinas mediante as visíveis". Depois diz o contrário a respeito da alma. Logo, a alma e o anjo não são de uma única espécie.

RESPONDO. Orígenes afirmou que todas as almas humanas e os anjos são de uma única espécie. Afirmou isso por ter admitido que a diversidade de graus que se encontram nessas substâncias é acidental, porque causada pelo livre-arbítrio, como foi dito acima.

Mas isso não pode ser: porque nas substâncias incorpóreas não pode haver diversidade numérica sem diversidade específica, e sem desigualdade natural. Assim, se não são compostas de matéria e forma, mas são formas subsistentes, é claro que haverá nelas, necessariamente, diferença específica. Ademais, não se pode entender uma forma separada que não seja senão de uma só espécie. Por exemplo, se existisse a brancura separada, não poderia existir senão uma só, já que esta brancura não se diferencia de outra, senão porque está nesta ou naquela coisa. A diversidade segundo a espécie sempre implica a diversidade essencial concomitante. Por exemplo, nas espécies das cores em que uma é mais perfeita que a outra. E igualmente em outras espécies. É assim porque são diferenças entre si contrárias que dividem o gênero. Coisas entre si contrárias se referem como o perfeito e o imperfeito, porque "o princípio da contrariedade é a privação ou a posse", como está no livro X da *Metafísica*.

O mesmo, também, se concluiria se essas substâncias fossem compostas de matéria e forma. Se, pois, a matéria de uma coisa se distingue da

---

1. MG 3, 868 B.
2. *Peri Archon*, l. III, c. 5: MG 11, 330 AB.
3. Q. 47, a. 2.
4. C. 4: 1055, a, 33-35.

est quod vel forma sit principium distinctionis materiae, ut scilicet materiae sint diversae propter habitudinem ad diversas formas: et tunc sequitur adhuc diversitas secundum speciem et inaequalitas naturalis. Vel materia erit principium distinctionis formarum; nec poterit dici materia haec alia ab illa, nisi secundum divisionem quantitativam: quae non habent locum in substantiis incorporeis, cuiusmodi sunt angelus et anima. Unde non potest esse quod angelus et anima sint unius speciei. — Quomodo autem sint plures animae unius speciei, infra[5] ostendetur.

AD PRIMUM ergo dicendum quod ratio illa procedit de fine proximo et naturali. Beatitudo autem aeterna est finis ultimus et supernaturalis.

AD SECUNDUM dicendum quod differentia specifica ultima est nobilissima, inquantum est maxime determinata, per modum quo actus est nobilior potentia. Sic autem intellectuale non est nobilissimum: quia est indeterminatum et commune ad multos intellectualitatis gradus, sicut sensibile ad multos gradus in esse sensibili. Unde sicut non omnia sensibilia sunt unius speciei, ita nec omnia intellectualia.

AD TERTIUM dicendum quod corpus non est de essentia animae, sed anima ex natura suae essentiae habet quod sit corpori unibilis. Unde nec proprie anima est in specie; sed compositum. Et hoc ipsum quod anima quodammodo indiget corpore ad suam operationem, ostendit quod anima tenet inferiorem gradum intellectualitatis quam angelus, qui corpori non unitur.

matéria da outra, será necessário que ou a forma seja o princípio da distinção das matérias, isto é, que as matérias sejam diversas por causa da relação com as diversas formas, e em tal caso haveria também diversificação quanto à espécie e desigualdade natural. Ou, então, que a matéria seja o princípio da distinção das formas, e neste caso não se poderia dizer que esta matéria é distinta da outra senão por uma divisão de quantidade. Mas isso não pode haver nas substâncias incorpóreas, isto é, no anjo e na alma. Portanto é impossível que os anjos e as almas humanas sejam de uma única espécie. — Em que sentido existem muitas almas de uma só espécie, adiante se demonstrará.

QUANTO AO 1º, portanto, deve-se dizer que o argumento alegado procede do fim próximo e natural. Mas a bem-aventurança eterna é o fim último e sobrenatural.

QUANTO AO 2º, deve-se dizer que a diferença última específica é a mais nobre por ser a mais determinada, da maneira como o ato é mais nobre que a potência. Assim sendo, o intelectual não é o mais nobre, porque é indeterminado e comum aos diversos graus de intelectualidade, como o sensível para os muitos graus no ser sensível. E como nem tudo o que é sensível é de uma só espécie, também, nem tudo o que é intelectual.

QUANTO AO 3º, deve-se dizer que o corpo não é da essência da alma, mas a alma, pela natureza de sua essência, é capaz de se unir ao corpo. Por isso, a alma propriamente não pertence a uma espécie, mas o composto de alma e corpo. Que a alma necessite de algum modo do corpo para operar prova que a alma está em grau de intelectualidade inferior ao do anjo, pois o anjo não se une a corpo[m].

---

5. Q. 76, a. 2, ad 1.

m. Visto que precisa estar unida à matéria para pensar, a alma humana se situa no último grau na hierarquia das naturezas espirituais. Todavia, isto só é verdade na ordem das "naturezas". A alma humana não é menos elevável que o anjo à participação da natureza divina. Nesse estado supremo e "sobrenatural" de perfeição, a união à matéria corporal glorificada, longe de ser um obstáculo a sua vida espiritual deiforme, permite sua expansão na carne. Não deixa de ser verdade, contudo, que é da própria essência da alma humana informar um corpo, ou pelo menos tender em todo o seu ser a fazê-lo. Substância, sim, mas inteiramente relativa a uma matéria a fazer subsistir. A sequência o mostrará.

QUAESTIO LXXVI
DE UNIONE ANIMAE AD CORPUS
in octo articulos divisa

Deinde considerandum est de unione animae ad corpus.
Et circa hoc quaeruntur octo.
Primo: utrum intellectivum principium uniatur corpori ut forma.
Secundo: utrum intellectivum principium numero multiplicetur secundum multiplicationem corporum; vel sit unus intellectus omnium hominum.
Tertio: utrum in corpore cuius forma est principium intellectivum, sit aliqua alia anima.
Quarto: utrum sit in eo aliqua alia forma substantialis.
Quinto: quale debeat esse corpus cuius intellectivum principium est forma.
Sexto: utrum tali corpori uniatur mediante aliquo alio corpore.
Septimo: utrum mediante aliquo accidente.
Octavo: utrum anima sit tota in qualibet parte corporis.

Articulus 1
Utrum intellectivum principium uniatur corpori ut forma

AD PRIMUM SIC PROCEDITUR. Videtur quod intellectivum principium non uniatur corpori ut forma.

QUESTÃO 76
A UNIÃO DA ALMA COM O CORPO[a]
em oito artigos

Em seguida, deve-se considerar a união da alma com o corpo.
A respeito disso são oito as perguntas:
1. O princípio intelectivo se une ao corpo como forma?
2. O princípio intelectivo se multiplica numericamente com a multiplicação dos corpos, ou há um só intelecto para todos os homens?
3. Em um corpo que tem como forma um princípio intelectivo há alguma outra alma?
4. Há nele outra forma substancial?
5. Qual deve ser o corpo que tem como forma o princípio intelectivo?
6. Esse princípio intelectivo está unido a tal corpo mediante outro corpo?
7. Ou mediante algum acidente?
8. A alma está toda em toda parte do corpo?

Artigo 1
O princípio intelectivo se une ao corpo como forma?[b]

QUANTO AO PRIMEIRO ARTIGO, ASSIM SE PROCEDE: parece que o princípio intelectivo **não** se une ao corpo como forma.

---

1 PARALL.: *Cont. Gent.* II, 56, 57, 59, 68 sqq.; *De Spirit. Creat.*, a. 2; *Q. de Anima*, a. 1, 2; *De Unit. Intell.*; II *de Anima*, lect. 4; III, lect. 7.

a. O fato de ter falado da essência da alma em si mesma conduz Sto. Tomás ao problema de sua "união com o corpo". Vocabulário dualista que toda esta questão desmentirá, ou pelo menos nos obrigará a interpretar de maneira rigorosamente unitária. Este artigo só pode ser compreendido como uma tomada de posição entre dois grandes sistemas. Um, o averroísmo, interpretava Aristóteles como se o intelecto, único princípio pensante, fosse uma substância separada, distinta dos homens individuais, todavia em continuidade com cada um deles mediante as imagens que neles se formam, portadoras da inteligibilidade das coisas, que apenas o intelecto separado perceberá. O outro sistema, de origem platônica, contrapunha-se a Aristóteles, ou interpretava-o fazendo uma distinção no interior de cada homem entre o princípio pensante e o corpo, como duas realidades distintas mas unidas entre si, devido ao fato de que uma agiria sobre a outra e seria o princípio de seu movimento. Nem um nem outro desses sistemas, responde Sto. Tomás, explica a unidade do ser humano.

b. Toda essa questão repousa sobre o sentido da palavra "forma". É preciso entendê-la no plano metafísico. A forma é a determinação do ser, o que faz que ele seja isto ou aquilo. Tal coisa pode ser acidental: uma qualificação ou modalidade do que é de algum modo. Pode ser substancial também: o que faz que seja de determinada natureza, de determinada essência. No ser material, a forma determina a matéria para que exista, e exista de determinado modo. A "matéria" deve ser então concebida como a determinar, como em si mesma indeterminada. À forma substancial corresponde uma matéria inteiramente indeterminada, matéria pura, matéria primeira (*materia prima*).

Nem a forma nem a matéria existem uma sem a outra, sendo uma e outra princípios do mesmo e único ser real: uma, princípio formal ou ato, outra, princípio de indeterminação, potencialidade, divisibilidade e, por conseguinte, quantidade, relaciona-se ao princípio material. No entanto, tanto o princípio formal como o princípio material só possuem realidade mediante a sua união, e nenhum dos dois atua independentemente do outro. O que inspirou tal teoria, denominada hilemorfismo, é a necessidade de explicar ontologicamente o devir do mundo material. As teorias modernas que, para explicar o ser vivo, admitem um "princípio

1. Dicit enim Philosophus, in III *de Anima*[1], quod intellectus est *separatus*, et quod nullius corporis est actus. Non ergo unitur corpori ut forma.

2. Praeterea, omnis forma determinatur secundum naturam materiae cuius est forma: alioquin non requireretur proportio inter materiam et formam. Si ergo intellectus uniretur corpori ut forma, cum omne corpus habeat determinatam naturam, sequeretur quod intellectus haberet determinatam naturam. Et sic non esset omnium cognoscitivus, ut ex superioribus[2] patet: quod est contra rationem intellectus. Non ergo intellectus unitur corpori ut forma.

3. Praeterea, quaecumque potentia receptiva est actus alicuius corporis, recipit formam materialiter et individualiter: quia receptum est in recipiente secundum modum recipientis. Sed forma rei intellectae non recipitur in intellectu materialiter et individualiter, sed magis immaterialiter et universaliter: alioquin intellectus non esset cognoscitivus immaterialium et universalium, sed singularium tantum, sicut et sensus. Intellectus ergo non unitur corpori ut forma.

4. Praeterea, eiusdem est potentia et actio: idem enim est quod potest agere, et quod agit. Sed actio intellectualis non est alicuius corporis, ut ex superioribus[3] patet. Ergo nec potentia intellectiva est alicuius corporis potentia. Sed virtus sive potentia non potest esse abstractior vel simplicior quam essentia a qua virtus vel potentia derivatur. Ergo nec substantia intellectus est corporis forma.

5. Praeterea, id quod per se habet esse, non unitur corpori ut forma: quia forma est quo aliquid est; et sic ipsum esse formae non est ipsius formae secundum se. Sed intellectivum principium habet secundum se esse, et est subsistens, ut supra[4] dictum est. Non ergo unitur corpori ut forma.

6. Praeterea, id quod inest alicui rei secundum se, semper inest ei. Sed formae secundum se inest uniri materiae: non enim per accidens aliquod, sed per essentiam suam est actus materiae; alioquin ex

1. Com efeito, diz o Filósofo no livro III da *Alma*, que o intelecto existe *separado* e não é o ato de nenhum corpo. Logo, não se une ao corpo como forma.

2. Além disso, toda forma é determinada pela natureza da matéria de que é forma; do contrário, não haveria proporção exigida entre a matéria e a forma. Se, portanto, o intelecto se unisse ao corpo como forma, uma vez que todo corpo tem determinada natureza, isso acarretaria determinada natureza para o intelecto. Assim, não poderia mais conhecer todas as coisas, como foi estabelecido anteriormente, o que se opõe à razão do intelecto. Logo, o intelecto não se une ao corpo como forma.

3. Ademais, toda potência receptora que é ato de um corpo recebe a forma sob um modo material e individual, pois o que é recebido está no que recebe segundo o modo daquele que recebe. Ora, a forma da coisa conhecida não é recebida no intelecto de maneira material e individual. Mas de maneira imaterial e universal. Do contrário, o intelecto não conheceria o imaterial e o universal, mas apenas o singular, como os sentidos. Logo, o intelecto não está unido ao corpo como forma.

4. Ademais, a potência e a ação são de um mesmo, pois é o mesmo que pode agir e que age. Mas a ação intelectiva não é de um corpo. Logo, nem a potência intelectiva é a potência de um corpo. Ora, nenhuma virtude ou potência pode ser mais abstrata ou mais simples que a essência da qual ela procede. Logo, nem a substância do intelecto é forma do corpo.

5. Ademais, o que possui o ser por si não se une ao corpo como forma, pois a forma é aquilo pelo qual uma coisa existe. Assim, o ser da forma não é da forma em si mesma. Ora, o princípio intelectivo possui o ser por si e é subsistente, como foi dito. Logo, não se une ao corpo como uma forma.

6. Ademais, o que é inerente a uma coisa por si nela existe sempre. Ora, é inerente à forma estar unida por si à matéria, e não por um acidente. Por sua essência ela é o ato da matéria. Do contrário,

---

1. C. 4: 429, a, 24-27.
2. Q. 75, a. 2.
3. Q. 75, a. 2.
4. Ibid.

---

vital", uma "enteléquia", um princípio de síntese e de unificação, parecem associar-se à antiga intuição hilemórfica. Contudo, só se pode compreendê-la no contexto puramente metafísico do Ato e da potência. É fácil verificar até que ponto, segundo Sto. Tomás, vai a unidade do ser humano, se ela é um composto substancial de matéria e de forma, a alma sendo essa forma. A dificuldade, contudo, será manter o que foi primeiramente estabelecido na questão precedente em nome da transcendência do pensamento humano, a saber, que a alma humana é uma forma subsistente em si mesma, e todavia constitutiva de uma substância da qual é o princípio determinante.

materia et forma non fieret unum substantialiter, sed accidentaliter. Forma ergo non potest esse sine propria materia. Sed intellectivum principium, cum sit incorruptibile, ut supra[5] ostensum est, remanet corpori non unitum, corpore corrupto. Ergo intellectivum principium non unitur corpori ut forma.

SED CONTRA, secundum Philosophum, in VIII *Metaphys*.[6], differentia sumitur a forma rei. Sed differentia constitutiva hominis est *rationale*; quod dicitur de homine ratione intellectivi principii. Intellectivum ergo principium est forma hominis.

RESPONDEO dicendum quod necesse est dicere quod intellectus, qui est intellectualis operationis principium, sit humani corporis forma. Illud enim quo primo aliquid operatur, est forma eius cui operatio attribuitur: sicut quo primo sanatur corpus, est sanitas, et quo primo scit anima, est scientia; unde sanitas est forma corporis, et scientia animae. Et huius ratio est, quia nihil agit nisi secundum quod est actu: unde quo aliquid est actu, eo agit. Manifestum est autem quod primum quo corpus vivit, est anima. Et cum vita manifestetur secundum diversas operationes in diversis gradibus viventium, id quo primo operamur unumquodque horum operum vitae, est anima: anima enim est primum quo nutrimur, et sentimus, et movemur secundum locum; et similiter quo primo intelligimus. Hoc ergo principium quo primo intelligimus, sive dicatur intellectus sive anima intellectiva, est forma corporis. — Et haec est demonstratio Aristotelis in II *de Anima*[7].

Si quis autem velit dicere animam intellectivam non esse corporis formam, oportet quod inveniat modum quo ista actio quae est intelligere, sit huius hominis actio: experitur enim unusquisque seipsum esse qui intelligit. Attribuitur autem aliqua actio alicui tripliciter, ut patet per Phi-

da união da matéria e da forma não se faria um todo substancial, mas um todo acidental. A forma, portanto, não pode existir sem sua matéria própria. Ora, o princípio intelectivo, que é incorruptível, conforme foi mostrado, continua a existir sem estar unido a um corpo, quando o corpo é destruído. Logo, não está unido ao corpo, como forma.

EM SENTIDO CONTRÁRIO, segundo o Filósofo, no livro VIII da *Metafísica*, toma-se a diferença da forma da coisa. Ora, a diferença constitutiva do homem é o *racional*, que se lhe atribui em razão do princípio intelectivo. Logo, este princípio é a forma do homem.

RESPONDO. É necessário dizer que o intelecto, princípio da ação intelectiva, é a forma do corpo humano. Aquilo pelo qual uma coisa, por primeiro, age é sua forma; a ela é atribuída a ação. Por exemplo, aquilo pelo qual, por primeiro, o corpo é curado é a saúde; e aquilo pelo qual, por primeiro, a alma conhece é a ciência. A saúde é, portanto, a forma do corpo, e a ciência forma da alma. Por essa razão: porque nada age senão na medida em que está em ato, por isso, pelo que uma coisa está em ato por ele age. Ora, é claro que o primeiro pelo qual um corpo vive é a alma. E como a vida se revela pelas diversas atividades conforme os diversos graus dos seres vivos, aquilo pelo qual, por primeiro, realizamos cada uma dessas operações vitais é a alma. Ela é, pois, o primeiro pelo qual nos alimentamos e sentimos, pelo qual nos movemos localmente e igualmente pelo qual, por primeiro, conhecemos. Por conseguinte, esse princípio, pelo qual, por primeiro, conhecemos, quer se diga intelecto ou alma intelectiva, é a forma do corpo. — Tal é a demonstração de Aristóteles.

Mas se alguém quiser dizer que a alma intelectiva não é forma do corpo, deverá encontrar a maneira pela qual a ação de conhecer é uma operação deste homem particular[c], pois cada um sabe, por experiência, que ele mesmo é quem conhece. Ora, uma ação é atribuída a alguém de três maneiras,

---

5. Ibid., a. 6.
6. C. 2: 1043, a, 2-12.
7. C. 2: 414, a, 4-19.

c. O raciocínio de Aristóteles prova que existe uma alma no princípio de todas as atividades vitais do homem, e que essa alma, no corpo, desempenha o papel de forma substancial. Contudo, será ela o próprio princípio intelectual? Sim, uma vez que — temos consciência disso — é o mesmo ser que sente (pelo corpo, evidentemente) e que pensa (unicamente pela alma). Um apelo assim à experiência de cada um é bastante notável. A partir daí, Sto. Tomás refuta o platonismo (o princípio pensante, por si só, seria o homem, o "eu", e só se ligaria ao corpo como princípio motor de seus movimentos) e o averroísmo (o princípio pensante seria externo aos homens individuais). Observemos a conclusão bastante surpreendente desse raciocínio: "É portanto o ato intelectual que permite provar que o princípio desse ato é a forma do corpo". O mesmo ato intelectual que revela a alma como transcendendo todo o mundo dos corpos.

losophum, V *Physic.*⁸: dicitur enim movere aliquid aut agere vel secundum se totum, sicut medicus sanat; aut secundum partem, sicut homo videt per oculum; aut per accidens, sicut dicitur quod album aedificat, quia accidit aedificatori esse album. Cum igitur dicimus Socratem aut Platonem intelligere, manifestum est quod non attribuitur ei per accidens: attribuitur enim ei inquantum est homo, quod essentialiter praedicatur de ipso. Aut ergo oportet dicere quod Socrates intelligit secundum se totum, sicut Plato posuit, dicens⁹ hominem esse animam intellectivam: aut oportet dicere quod intellectus sit aliqua pars Socratis. Et primum quidem stare non potest, ut supra¹⁰ ostensum est, propter hoc quod ipse idem homo est qui percipit se et intelligere et sentire: sentire autem non est sine corpore: unde oportet corpus aliquam esse hominis partem. Relinquitur ergo quod intellectus quo Socrates intelligit, est aliqua pars Socratis ita quod intellectus aliquo modo corpori Socratis uniatur.

Hanc autem unionem Commentator, in III *de Anima*¹¹, dicit esse per speciem intelligibilem. Quae quidem habet duplex subiectum: unum scilicet intellectum possibilem; et aliud ipsa phantasmata quae sunt in organis corporeis. Et sic per speciem intelligibilem continuatur intellectus possibilis corpori huius vel illius hominis. — Sed ista continuatio vel unio non sufficit ad hoc quod actio intellectus sit actio Socratis. Et hoc patet per similitudinem in sensu, ex quo Aristoteles procedit ad considerandum ea quae sunt intellectus. Sic enim se habent phantasmata ad intellectum, ut dicitur in III *de Anima*¹², sicut colores ad visum. Sicut ergo species colorum sunt in visu, ita species phantasmatum sunt in intellectu possibili. Patet autem quod ex hoc quod colores sunt in pariete, quorum similitudines sunt in visu, actio visus non attribuitur parieti: non enim dicimus quod paries videat, sed magis quod videatur. Ex hoc ergo quod species phantasmatum sunt in intellectu possibili, non sequitur quod Socrates, in quo sunt phantasmata, intelligat; sed quod ipse, vel eius phantasmata intelligantur.

como esclarece o Filósofo no livro V da *Física*: diz-se que algo se move ou age ou segundo tudo o que ele é, como o médico que cura; ou segundo parte dele mesmo, como o homem que vê com auxílio dos olhos; ou acidentalmente, como dizemos que o branco constrói porque acontece que o construtor é branco. Quando dizemos que Sócrates ou Platão conhecem, é claro que não lhes atribuímos isso acidentalmente, mas enquanto eles são homens, o que lhes é atribuído de maneira essencial. É preciso, portanto, admitir ou que Sócrates conhece segundo tudo o que ele é, como afirmou Platão, dizendo que o homem é alma intelectiva; ou, então, que o intelecto não passa de uma parte de Sócrates. A primeira opinião é insustentável, como acima foi demonstrado, porque é o mesmo homem que percebe a um tempo que conhece e sente. O corpo, sendo indispensável à sensação, deve ser uma parte do homem. Por conseguinte, o intelecto *pelo qual* Sócrates conhece é parte dele. Tanto é assim, que o intelecto está, de certa forma, unido a seu corpo.

O Comentador diz, no livro terceiro da *Alma*, que essa união se realiza por meio da espécie inteligível. Esta tem um duplo sujeito: um, o intelecto possível, e outro, as representações imaginárias que se encontram nos órgãos corporais. Assim, pela espécie inteligível, o intelecto possível é posto em relação com o corpo de tal ou tal homem. — Mas uma relação, uma união desse tipo não pode fazer com que a ação do intelecto seja uma ação de Sócrates. Isso fica claro por uma comparação com os sentidos, ponto de partida das considerações de Aristóteles sobre o intelecto. As representações imaginárias estão para o intelecto, como as cores estão para a vista. Como as imagens das cores estão na vista, assim estão as imagens das representações no intelecto possível. Pelo fato de as cores, cujas semelhanças estão na vista, se encontrarem numa parede, não se segue daí, é claro, que se atribua à parede a ação de ver. Dir-se-á antes que ela é vista. Da mesma maneira, pelo fato de as imagens das representações estarem no intelecto possível, não se segue que Sócrates, em quem estão as representações, conheça, mas que ele ou suas representações são conhecidos pelo intelecto.

---

8. C. 1: 224, a, 21-34.
9. I *Alcibiad.*, c. 25: 129 E — 130.
10. Q. 75, a. 4.
11. Comment. V digressionis partis 5.
12. C. 5: 430, a, 10-17; c. 7: 431, a, 14-17.

Quidam autem[13] dicere voluerunt quod intellectus unitur corpori ut motor; et sic ex intellectu et corpore fit unum, ut actio intellectus toti attribui possit. — Sed hoc est multipliciter vanum. Primo quidem, quia intellectus non movet corpus nisi per appetitum, cuius motus praesupponit operationem intellectus. Non ergo quia movetur Socrates ab intellectu, ideo intelligit: sed potius e converso, quia intelligit, ideo ab intellectu movetur Socrates. — Secundo quia, cum Socrates sit quoddam individuum in natura cuius essentia est una, composita ex materia et forma; si intellectus non sit forma eius, sequitur quod sit praeter essentiam eius; et sic intellectus comparabitur ad totum Socratem sicut motor ad motum. Intelligere autem est actio quiescens in agente, non autem transiens in alterum, sicut calefactio. Non ergo intelligere potest attribui Socrati propter hoc quod est motus ab intellectu. — Tertio, quia actio motoris nunquam attribuitur moto nisi sicut instrumento, sicut actio carpentarii serrae. Si igitur intelligere attribuitur Socrati quia est actio motoris eius, sequitur quod attribuatur ei sicut instrumento. Quod est contra Philosophum, qui vult[14] quod intelligere non sit per instrumentum corporeum. — Quarto quia, licet actio partis attribuatur toti, ut actio oculi homini; nunquam tamen attribuitur alii parti, nisi forte per accidens: non enim dicimus quod manus videat, propter hoc quod oculus videt. Si ergo ex intellectu et Socrate dicto modo fit unum, actio intellectus non potest attribui Socrati. Si vero Socrates est totum quod componitur ex unione intellectus ad reliqua quae sunt Socratis, et tamen intellectus non unitur aliis quae sunt Socratis nisi sicut motor; sequitur quod Socrates non sit unum simpliciter, et per consequens nec ens simpliciter; sic enim aliquid est ens, quomodo et unum.

Relinquitur ergo solus modus quem Aristoteles ponit, quod hic homo intelligit, quia principium intellectivum est forma ipsius. Sic ergo ex ipsa operatione intellectus apparet quod intellectivum principium unitur corpori ut forma.

Outros quiseram dizer que o intelecto está unido ao corpo como um princípio motor. De sorte que o intelecto e o corpo formam uma unidade. O que permite atribuir a ação do intelecto a esse todo. — Mas tal teoria é falsa por vários motivos. Primeiro, porque o intelecto não move o corpo, senão por meio do apetite, cujo movimento pressupõe a operação do intelecto. Não é, portanto, em razão de ser movido pelo intelecto que Sócrates conhece. Mas, ao contrário. É porque Sócrates conhece que ele é movido pelo intelecto. — Segundo, porque sendo Sócrates um ser individual numa natureza cuja essência é una, composta de matéria e forma, se o intelecto não é sua forma, será algo estranho à sua essência. O intelecto, assim, estaria em relação com todo o Sócrates, como o motor com o que é movido. Mas conhecer é uma atividade imanente no agente e não transitiva, como a ação de esquentar. Não se pode, portanto, atribuir o ato de conhecer a Sócrates, por ser ele movido pelo intelecto. — Terceiro, porque a ação de um motor não é atribuída ao que é movido senão como a um instrumento; assim se atribui à serra a ação do marceneiro. Portanto, se o conhecer é atribuído a Sócrates, porque é ação de seu motor, segue-se que é a ele atribuído como a um instrumento. Conclusão contrária ao pensamento de Aristóteles: para ele, conhecer não se realiza por meio de um instrumento corporal. — Quarto, porque, embora a ação da parte seja atribuída ao todo, como a ação do olho ao homem, ela não é entretanto, jamais, atribuída a outra parte, senão de maneira acidental. Não se dirá, pois, que a mão vê porque o olho vê. Se a unidade do intelecto e de Sócrates se realiza do modo acima citado, a ação do intelecto não poderá ser atribuída a Sócrates. Se, porém, Sócrates é um todo composto da união do intelecto com os outros elementos que constituem Sócrates, e se, no entanto, o intelecto não está unido a eles senão como motor, resulta daí que Sócrates não é absolutamente uno. E, consequentemente, ele não é absolutamente um ente, pois uma coisa é ente, da mesma maneira pela qual é una.

Não resta, portanto, senão o modo de Aristóteles: "Esse homem conhece porque o princípio intelectivo é sua forma". É, pois, a operação mesma do intelecto que permite provar que o princípio intelectivo se une ao corpo como forma.

---

13. Vide PLATON., I *Alcibiad*., c. 25: 129 E — 130; *Phaedr*., c. 30: 250 C; *Timaeum*, c. 15; 43-44; *Legum*, l. X, c. 8, 9: 898-899.
14. *De Anima*, l. III, c. 4: 429, a, 24-27.

Potest etiam idem manifestari ex ratione speciei humanae. Natura enim uniuscuiusque rei ex eius operatione ostenditur. Propria autem operatio hominis, inquantum est homo, est intelligere: per hanc enim omnia animalia transcendit. Unde et Aristoteles, in libro *Ethic*.[15], in hac operatione, sicut in propria hominis, ultimam felicitatem constituit. Oportet ergo quod homo secundum illud speciem sortiatur, quod est huius operationis principium. Sortitur autem unumquodque speciem per propriam formam. Relinquitur ergo quod intellectivum principium sit propria hominis forma.

Sed considerandum est quod, quanto forma est nobilior, tanto magis dominatur materiae corporali, et minus ei immergitur, et magis sua operatione vel virtute excedit eam. Unde videmus quod forma mixti corporis habet aliquam operationem quae non causatur ex qualitatibus elementaribus. Et quanto magis proceditur in nobilitate formarum, tanto magis invenitur virtus formae materiam elementarem excedere: sicut anima vegetabilis plus quam forma metalli, et anima sensibilis plus quam anima vegetabilis. Anima autem humana est ultima in nobilitate formarum. Unde intantum sua virtute excedit materiam corporalem, quod habet aliquam operationem et virtutem in qua nullo modo communicat materia corporalis. Et haec virtus dicitur intellectus.

Est autem attendendum quod, si quis poneret animam componi ex materia et forma, nullo modo posset dicere animam esse formam corporis. Cum enim forma sit actus, materia vero sit ens in potentia tantum; nullo modo id quod est ex materia et forma compositum, potest esse alterius forma secundum se totum. Si autem secundum aliquid sui sit forma, id quod est forma dicimus animam, et id cuius est forma dicimus *primum animatum* ut supra[16] dictum est.

AD PRIMUM ergo dicendum quod, sicut Philosophus dicit in II *Physic*.[17], ultima formarum naturalium, ad quam terminatur consideratio philosophi naturalis, scilicet anima humana, est quidem separata, sed tamen in materia; quod

Pode-se ainda demonstrá-lo a partir da razão da espécie humana. A natureza de cada coisa é revelada por sua operação. A operação própria do homem, enquanto homem, é conhecer. E é por aí que ele é superior a todos os animais. Por isso, Aristóteles, no livro da *Ética*, estabeleceu nessa operação, como sendo propriamente humana, a felicidade perfeita. A espécie do homem deve ser, pois, determinada segundo o princípio desta operação. E como a espécie de uma coisa é determinada segundo sua própria forma, segue-se daí que o princípio intelectivo é para o homem sua forma própria.

Deve-se considerar, ainda, que quanto mais nobre a forma, tanto mais domina a matéria corporal e tanto menos nela está imersa; e mais a ultrapassa por sua operação e poder. Assim vemos que a forma de um corpo composto possui alguma operação que não é causada pelas qualidades elementares. E quanto mais se eleva na nobreza das formas, tanto mais o poder da forma vai além da matéria elementar. Por exemplo, a alma vegetativa é superior à forma do metal, e a alma sensitiva, à da alma vegetativa. Ora, a alma humana é entre as formas a mais elevada em nobreza. Por sua potência transcende a matéria corporal na medida em que tem uma operação e potência nas quais a matéria corporal não participa de maneira alguma. Essa potência chama-se intelecto[d].

Ainda se deve notar que se alguém afirmasse que a alma é composta de matéria e de forma, ela não poderia absolutamente ser forma do corpo. Sendo a forma ato, e a matéria um ente somente em potência, um composto de matéria e forma não pode ser, segundo tudo o que é, a forma de um outro. Se esse composto fosse forma por alguma de suas partes, a essa forma chamaríamos: alma; e àquele de que é forma: *primeiro animado*, como foi dito acima.

QUANTO AO 1º, portanto, deve-se dizer que a mais elevada das formas naturais, diz o Filósofo no livro II da *Física*, a alma humana, na qual termina a consideração do filósofo da natureza, certamente existe de maneira separada, mas uni-

---

15. L. X, c. 7: 1177, a, 12-19.
16. Q. 75, a. 5.
17. C. 2: 194, b, 815.

d. O paradoxo de uma alma bastante liberta da matéria para ter seu ato próprio, ao mesmo tempo em que desempenha em relação a si mesma o papel de forma substancial, pode ser bem compreendido se se considera que toda forma tende, como tal, a transcender a matéria e que, quanto mais alto se ascende na hierarquia das formas, mais essa transcendência é manifesta. Ela atinge o ápice na alma humana.

ex hoc probat, quia *homo ex materia generat hominem, et sol*. Separata quidem est secundum virtutem intellectivam, quia virtus intellectiva non est virtus alicuius organi corporalis, sicut virtus visiva est actus oculi; intelligere enim est actus qui non potest exerceri per organum corporale, sicut exercetur visio. Sed in materia est inquantum ipsa anima cuius est haec virtus, est corporis forma, et terminus generationis humanae. Sic ergo Philosophus dicit in III *de Anima* quod intellectus est *separatus*, quia non est virtus alicuius organi corporalis.

Et per hoc patet responsio AD SECUNDUM ET TERTIUM. Sufficit enim ad hoc quod homo possit intelligere omnia per intellectum, et ad hoc quod intellectus intelligat immaterialia et universalia, quod virtus intellectiva non est corporis actus.

AD QUARTUM dicendum quod humana anima non est forma in materia corporali immersa, vel ab ea totaliter comprehensa, propter suam perfectionem. Et ideo nihil prohibet aliquam eius virtutem non esse corporis actum; quamvis anima secundum suam essentiam sit corporis forma.

AD QUINTUM dicendum quod anima illud esse in quo ipsa subsistit, communicat materiae corporali, ex qua et anima intellectiva fit unum, ita quod illud esse quod est totius compositi, est etiam ipsius animae. Quod non accidit in aliis formis, quae non sunt subsistentes. Et propter hoc anima humana remanet in suo esse, destructo corpore: non autem aliae formae.

AD SEXTUM dicendum quod secundum se convenit animae corpori uniri, sicut secundum se convenit corpori levi esse sursum. Et sicut corpus leve manet quidem leve cum a loco proprio fuerit separatum, cum aptitudine tamen et inclinatione ad proprium locum; ita anima humana manet in suo esse cum fuerit a corpore separata, habens aptitudinem et inclinationem naturalem ad corporis unionem.

da à matéria. E a prova está em que o *homem é gerado da matéria pelo homem e pelo sol*. Existe separada em razão de seu poder intelectivo, porque o poder intelectivo não é o poder de algum órgão corporal, como o poder de ver é ato do olho. Conhecer, com efeito, é ato que não pode ser exercido por um órgão corporal, como acontece com a visão. Não obstante, a alma, que possui esse poder, existe unida à matéria, enquanto ela mesma é a forma do corpo e o termo da geração do homem. De onde a afirmação do Filósofo no livro III da *Alma*: que o intelecto existe *separado*, porque ele não é o poder de algum órgão corporal.

QUANTO AO 2º E AO 3º, fica clara a resposta pelo exposto. Para que o homem possa conhecer tudo com seu intelecto e este conheça o imaterial e universal, é suficiente que o poder intelectivo não seja ato de um corpo.

QUANTO AO 4º, deve-se dizer que a alma humana, em razão de sua perfeição, não é forma imersa na matéria corporal, nem totalmente absorvida por ela. Nada impede, portanto, que um de seus poderes não seja ato do corpo, embora a alma, considerada em sua essência, seja forma do corpo.

QUANTO AO 5º, deve-se dizer que a alma comunica à matéria corporal o ser no qual ela subsiste. Assim matéria e alma intelectiva constituem uma unidade, de tal maneira que o ser de todo o composto é também o ser da mesma alma. Isto não acontece com as formas que não são subsistentes. Em consequência, a alma humana, mas não as outras formas, conserva seu ser quando o corpo é destruído[e].

QUANTO AO 6º, deve-se dizer que convém à alma, em si, estar unida ao corpo, como ao corpo leve manter-se suspenso no ar. O corpo leve permanece leve ao separar-se de seu lugar natural, guardando, contudo, a aptidão e a inclinação para voltar a ele. Da mesma forma, a alma humana conserva seu ser quando é separada do corpo, mantendo uma aptidão, inclinação natural a se unir com ele[f].

---

e. A alma só recebe o ser para comunicá-lo à matéria de que ela faz seu corpo, a tal ponto que o ser da alma se torna inteiramente o do homem.

f. Mesmo "separada" pela morte, a alma por si mesma é relativa a esse corpo que desapareceu. Tende a ele com toda a sua força. É o que torna mais inteligível a ideia de ressurreição.

Articulus 2
Utrum intellectivum principium multiplicetur secundum multiplicationem corporum

AD SECUNDUM SIC PROCEDITUR. Videtur quod intellectivum principium non multiplicetur secundum multiplicationem corporum, sed sit unus intellectus in omnibus hominibus.

1. Nulla enim substantia immaterialis multiplicatur secundum numerum in una specie. Anima autem humana est substantia immaterialis: non enim est composita ex materia et forma, ut supra[1] ostensum est. Non ergo sunt multae in una specie. Sed omnes homines sunt unius speciei. Est ergo unus intellectus omnium hominum.

2. PRAETEREA, remota causa, removetur effectus. Si ergo secundum multiplicationem corporum multiplicarentur animae humanae, consequens videretur quod, remotis corporibus, multitudo animarum non remaneret, sed ex omnibus animabus remaneret aliquod unum solum. Quod est haereticum: periret enim differentia praemiorum et poenarum.

3. PRAETEREA, si intellectus meus est alius ab intellecto tuo, intellectus meus est quoddam individuum, et similiter intellectus tuus: particularia enim sunt quae differunt numero et conveniunt in una specie. Sed omne quod recipitur in aliquo, est in eo per modum recipientis. Ergo species rerum in intellecto meo et tuo reciperentur individualiter: quod est contra rationem intellectus, qui est cognoscitivus universalium.

4. PRAETEREA, intellectum est in intellectu intelligente. Si ergo intellectus meus est alius ab intellectu tuo, oportet quod aliud sit intellectum a me, et aliud sit intellectum a te. Et ita erit individualiter numeratum, et intellectum in potentia tantum, et oportebit abstrahere intentionem communem ab utroque: quia a quibuslibet diversis contingit abstrahere aliquod commune intelligibile. Quod est contra rationem intellectus: quia sic non videretur distingui intellectus a virtute imaginativa. Videtur ergo relinqui quod sit unus intellectus omnium hominum.

Artigo 2
O princípio intelectivo se multiplica com a multiplicação dos corpos?[g]

QUANTO AO SEGUNDO, ASSIM SE PROCEDE: parece que o princípio intelectivo **não** se multiplica com a multiplicação dos corpos, mas que é um só o intelecto em todos os homens.

1. Com efeito, nenhuma substância imaterial se multiplica numericamente em uma mesma espécie. Ora, a alma humana é uma substância imaterial, pois não é composta de matéria e de forma, como foi demonstrado acima. Portanto, não há muitas em uma mesma espécie. Ora, todos os homens são de uma mesma espécie. Logo, é um só o intelecto de todos os homens.

2. ALÉM DISSO, suprimindo-se a causa, suprime-se o efeito. Se as almas humanas se multiplicassem com a multiplicação dos corpos, consequentemente, supressos os corpos, não restaria a multidão de almas, mas, de todas elas restaria um único ser. O que é herético, porque isso suprimiria as diferenças das recompensas e das penas.

3. ADEMAIS, se meu intelecto é distinto do teu, meu intelecto é um indivíduo e igualmente o teu. As coisas particulares, com efeito, se distinguem numericamente e coincidem em uma mesma espécie. Ora, o que é recebido em algo, nele está segundo o modo do que recebe. Logo, as espécies das coisas serão recebidas no meu e no teu intelecto, individualmente. Mas isso é contra a razão do intelecto que conhece o universal.

4. ADEMAIS, o que é conhecido está no intelecto que conhece. Se, portanto, meu intelecto se distingue do teu, é preciso que o que é conhecido por mim seja distinto do que é conhecido por ti. Desse modo, o que é conhecido será considerado individualmente e conhecido somente em potência, sendo preciso, ainda, abstrair de um e de outro, um conceito comum, pois de coisas distintas, quaisquer que sejam, pode-se abstrair um inteligível comum. Mas isso é contra a razão do intelecto, que nessa hipótese não se distinguiria

---

2 PARALL.: I *Sent.*, dist. 8, q. 5, a. 2, ad 6; II, dist. 17, q. 2, a. 1; *Cont. Gent.* II, 73, 75; *De Spirit. Creat.*, a. 9; Q. *de Anima*, a. 3. *Compend. Theol.*, c. 85; *De Unit. Intell.*, per tot.

1. Q. 75, a. 5.

g. Ainda que a ideia da unidade de uma Razão impessoal por intermédio da multiplicidade das consciências individuais seja encontrada em mais de uma filosofia, a longa refutação do averroísmo por Sto. Tomás, neste artigo, evidentemente perdeu sua atualidade, que era candente na época. O que aqui é salientado com vigor, e que permanece, é o caráter *individual* que cabe à alma humana em virtude de sua *relação com um corpo* determinado.

5. PRAETEREA, cum discipulus accipit scientiam a magistro, non potest dici quod scientia magistri generet scientiam in discipulo: quia sic etiam scientia esset forma activa, sicut calor; quod patet esse falsum. Videtur ergo quod eadem numero scientia quae est in magistro, communicetur discipulo. Quod esse non potest, nisi sit unus intellectus utriusque. Videtur ergo quod sit unus intellectus discipuli et magistri; et per consequens omnium hominum.

6. PRAETEREA, Augustinus dicit, in libro *de Quantitate Animae*[2]: *Si plures tantum animas humanas dixerim, ipse me ridebo*. Sed maxime videtur anima esse una quantum ad intellectum. Ergo est unus intellectus omnium hominum.

SED CONTRA est quod Philosophus dicit, in II *Physic*.[3], quod sicut se habent causae universales ad universalia, ita se habent causae particulares ad particularia. Sed impossibile est quod una anima secundum speciem, sit diversorum animalium secundum speciem. Ergo impossibile est quod anima intellectiva una numero, sit diversorum secundum numerum.

RESPONDEO dicendum quod intellectum esse unum omnium hominum, omnino est impossibile. Et hoc quidem patet, si, secundum Platonis sententiam[4] homo sit ipse intellectus. Sequeretur enim, si Socratis et Platonis est unus intellectus tantum, quod Socrates et Plato sint unus homo; et quod non distinguantur ab invicem nisi per hoc quod est extra essentiam utriusque. Et erit tunc distinctio Socratis et Platonis non alia quam hominis tunicati et cappati: quod est omnino absurdum.

Similiter etiam patet hoc esse impossibile, si, secundum sententiam Aristotelis[5], intellectus ponatur pars, seu potentia, animae quae est hominis forma. Impossibile est enim plurium numero diversorum esse unam formam, sicut impossibile est quod eorum sit unum esse: nam forma est essendi principium.

Similiter etiam patet hoc esse impossibile, quocumque modo quis ponat unionem intellectus ad hunc et ad illum hominem. Manifestum est enim quod, si sit unum principale agens et duo

da imaginação. Parece, pois, resultar que é um só o intelecto de todos os homens.

5. ADEMAIS, quando o aluno recebe a ciência de seu mestre, não se pode dizer que a ciência do mestre gere a ciência no aluno. Neste caso, a ciência seria uma forma ativa, à maneira do calor, o que é evidentemente falso. A ciência que é transmitida ao aluno parece ser, portanto, numericamente, a mesma ciência que a do mestre. Coisa impossível, a não ser que seja um só intelecto dos dois. Parece, pois, que é um só o intelecto do mestre e do aluno, e consequentemente, de todos os homens.

6. ADEMAIS, Agostinho diz: "Se eu somente afirmasse que há várias almas humanas, então, riria de mim mesmo". Ora, a unidade da alma aparece, sobretudo, no intelecto. Logo, é um só o intelecto de todos os homens.

EM SENTIDO CONTRÁRIO, está o que diz o Filósofo no livro II da *Física*: "Assim como as causas universais estão para as coisas universais, assim, as causas particulares estão para as coisas particulares". Ora, é impossível que uma única alma, em sua espécie, seja de diversos animais, em suas espécies. Logo, é impossível que a alma intelectiva, única numericamente, pertença a seres numericamente diversos.

RESPONDO. Que o intelecto seja um só de todos os homens é de todo impossível. E essa afirmação é evidente se, de acordo com a doutrina de Platão, o homem é seu intelecto. Resultaria daí que se Sócrates e Platão são um só intelecto, seriam também um só homem; e não se distinguiriam um do outro senão por aquilo que é exterior à essência de ambos. Assim, não haveria maior diferença entre Sócrates e Platão do que entre um homem vestido de túnica ou de toga. Isso é totalmente absurdo.

E ainda é evidente a impossibilidade dessa afirmação se, segundo a doutrina de Aristóteles, o intelecto é afirmado como parte, ou potência, da alma que é a forma do corpo. É impossível que haja uma única forma de várias coisas, numericamente distintas. Como é impossível que tenham um só ser, porque o princípio de ser é a forma.

Igualmente é evidente a impossibilidade dessa afirmação, qualquer que seja o modo de união que se afirme entre o intelecto deste e daquele homem. Se é um só o agente principal e dois são os instru-

---
2. C. 32: ML 32, 1075.
3. C. 3: 195, b, 25-28.
4. I *Alcibiad*., c. 25: 129 E — 130.
5. *De Anima*, l. II, cc. 2, 3: 414, a, 4 — 19; 414, a, 29-32.

instrumenta, dici poterit unum agens simpliciter, sed plures actiones: sicut si unus homo tangat diversa duabus manibus, erit unus tangens, sed duo tactus. Si vero e converso instrumentum sit unum et principales agentes diversi, dicentur quidem plures agentes, sed una actio: sicut si multi uno fune trahant navem, erunt multi trahentes, sed unus tractus. Si vero agens principale sit unum et instrumentum unum, dicetur unum agens et una actio: sicut cum faber uno martello percutit, est unus percutiens et una percussio. — Manifestum est autem quod, qualitercumque intellectus seu uniatur seu copuletur huic vel illi homini, intellectus inter cetera quae ad hominem pertinent, principalitatem habet: obediunt enim vires sensitivae intellectui, et ei deserviunt. Si ergo poneretur quod essent plures intellectus et sensus unus duorum hominum, puta si duo homines haberent unum oculum; essent quidem plures videntes, sed una visio. Si vero intellectus est unus, quantumcumque diversificentur alia quibus omnibus intellectus utitur quasi instrumentis, nullo modo Socrates et Plato poterunt dici nisi unus intelligens. — Et si addamus quod ipsum intelligere, quod est actio intellectus, non fit per aliquid aliud organum, nisi per ipsum intellectum; sequetur ulterius quod sit et agens unum et actio una; idest quod omnes homines sint unus intelligens, et unum intelligere; dico autem respectu eiusdem intelligibilis.

Posset autem diversificari actio intellectualis mea et tua per diversitatem phantasmatum, quia scilicet aliud est phantasma lapidis in me et aliud in te, si ipsum phantasma, secundum quod est aliud in me et aliud in te, esset forma intellectus possibilis: quia idem agens secundum diversas formas producit diversas actiones, sicut secundum diversas formas rerum respectu eiusdem oculi sunt diversae visiones. Sed ipsum phantasma non est forma intellectus possibilis: sed species intelligibilis quae a phantasmatibus abstrahitur. In uno autem intellectu a phantasmatibus diversis eiusdem speciei non abstrahitur nisi una species intelligibilis. Sicut in uno homine apparet, in quo possunt esse diversa phantasmata lapidis, et tamen ab omnibus eis abstrahitur una species intelligibilis lapidis, per quam intellectus unius hominis operatione una intelligit naturam lapidis,

mentos, é claro que se pode afirmar que é um só o agente, absolutamente falando, mas que são muitas as ações. Por exemplo, se um homem toca vários objetos com as duas mãos, não haverá senão um só que toca, mas dois toques. Ao contrário, se não há senão um só instrumento e vários agentes principais, teremos vários agentes, mas uma só ação. Exemplo: se vários homens arrastam um barco com uma só corda, haverá vários que arrastam, mas uma única ação de arrastar. Se, enfim, o agente e o instrumento são únicos, haverá um só agente e uma única ação. Exemplo: quando o ferreiro bate com seu martelo, é um só o que bate, e há uma só martelada. — Qualquer que seja o modo de união ou ligação do intelecto a tal ou tal homem, é evidente que o intelecto é, entre as demais coisas que pertencem ao homem, a principal; pois as faculdades sensíveis lhe obedecem e estão a seu serviço. Suponhamos que haja para dois homens vários intelectos e um só sentido; por exemplo, que dois homens tenham apenas um olho, haveria, então, dois que veem, mas uma só visão. Se, pelo contrário, há apenas um intelecto, ainda que se multipliquem, quanto se quiser, todas as coisas de que o intelecto se utiliza como instrumentos, Sócrates e Platão não poderão ser reconhecidos senão como um único que conhece. — Se, porém, acrescentarmos que o conhecer, que é ação do intelecto, não se realiza por nenhum outro órgão, mas só pelo intelecto, teremos, em consequência, que há um só e único que age e uma só e única ação. Isto é: todos os homens são um só que conhece, e um só também é o conhecer; digo isso com respeito ao mesmo inteligível.

Minha ação intelectual poderia distinguir-se da tua, em razão da diversidade de nossas representações imaginárias. Isso, porque a representação da pedra em mim não é a mesma que em ti, se a mesma representação, na medida em que é uma em mim e outra em ti, fosse a forma do intelecto possível. Porque o mesmo agente produz ações diversas por diversas formas, de maneira semelhante, formas diversas das coisas produzem em um mesmo olho diversas visões. Ora, a forma do intelecto possível não é a representação imaginária, mas a espécie inteligível abstraída das representações. Um só intelecto não abstrai de diversas representações da mesma espécie senão uma só espécie inteligível. Por exemplo: em um mesmo homem podem existir várias representações da pedra, no entanto uma só espécie inteligível de pedra é abstraída delas todas. É por ela

non obstante diversitate phantasmatum. Si ergo unus intellectus esset omnium hominum, diversitas phantasmatum quae sunt in hoc et in illo, non posset causare diversitatem intellectualis operationis huius et illius hominis, ut Commentator fingit in III *de Anima*[6]. — Relinquitur ergo quod omnino impossibile et inconveniens est ponere unum intellectum omnium hominum.

AD PRIMUM ergo dicendum quod, licet anima intellectiva non habeat materiam ex qua sit, sicut nec angelus, tamen est forma materiae alicuius; quod angelo non convenit. Et ideo secundum divisionem materiae sunt multae animae unius speciei: multi autem angeli unius speciei omnino esse non possunt.

AD SECUNDUM dicendum quod unumquodque hoc modo habet unitatem, quo habet esse: et per consequens idem est iudicium de multiplicatione rei, et de esse ipsius. Manifestum est autem quod anima intellectualis, secundum suum esse, unitur corpori ut forma; et tamen, destructo corpore, remanet anima intellectualis in suo esse. Et eadem ratione multitudo animarum est secundum multitudinem corporum; et tamen, destructis corporibus, remanent animae in suo esse multiplicatae.

AD TERTIUM dicendum quod individuatio intelligentis, aut speciei per quam intelligit, non excludit intelligentiam universalium: alioquin, cum intellectus separati sint quaedam substantiae subsistentes, et per consequens particulares, non possent universalia intelligere. Sed materialitas cognoscentis et speciei per quam cognoscitur, universalis cognitionem impedit. Sicut enim omnis actio est secundum modum formae qua agens agit, ut calefactio secundum modum caloris; ita cognitio est secundum modum speciei qua cognoscens cognoscit. Manifestum est autem quod natura communis distinguitur et multiplicatur secundum principia individuantia, quae sunt ex parte materiae. Si ergo forma per quam fit cognitio, sit materialis, non abstracta a conditionibus materiae, erit similitudo naturae speciei aut generis, secundum quod est distincta et multiplicata per principia individuantia: et ita non poterit cognosci natura rei in sua communitate. Si vero species sit abstracta a conditionibus materiae individualis, erit similitudo naturae absque iis quae ipsam distinguunt et mul-

que o intelecto de um único homem conhece em uma única operação, a natureza da pedra, apesar da multiplicidade das representações. Portanto, se todos os homens tivessem um só intelecto, a diversidade das representações imaginárias nos vários indivíduos não poderia causar a diversidade de operações intelectuais em cada um deles, como imaginou o Comentador no livro III da *Alma*. — É pois totalmente impossível e inconveniente afirmar um só intelecto de todos os homens.

QUANTO AO 1º, portanto, deve-se dizer que embora a alma intelectiva, como o anjo, não tenha matéria da qual seja feita, contudo, é a forma de determinada matéria; o que não convém ao anjo. Portanto, há muitas almas de uma mesma espécie conforme a divisão da matéria. Mas é totalmente impossível que haja, em uma mesma espécie, muitos anjos.

QUANTO AO 2º, deve-se dizer que cada coisa tem unidade do modo como tem o ser. Por conseguinte, o juízo a respeito da multiplicação das coisas é o mesmo que a respeito do ser delas. Ora, é claro que a alma intelectiva, segundo seu ser, está unida ao corpo enquanto forma; e não obstante ela permanece em seu ser, uma vez o corpo destruído. Do mesmo modo, a multiplicidade das almas é relativa à multiplicidade dos corpos, e no entanto, quando os corpos são destruídos, as almas permanecem multiplicadas em seu ser.

QUANTO AO 3º, deve-se dizer que o fato de serem individuais seja quem conhece, seja a imagem pela qual se conhece não impede o conhecimento dos universais; do contrário, os intelectos separados, que são substâncias subsistentes, e por isso particulares, não poderiam conhecer os universais. Mas a materialidade daquele que conhece e da espécie pela qual conhece impede o conhecimento do universal. A ação, com efeito, corresponde ao modo da forma pela qual o agente age. Por exemplo: a ação de esquentar, ao modo do calor. Assim, o conhecimento corresponde ao modo da espécie pela qual aquele que conhece conhece. Ora, é claro que a natureza universal se distingue e se multiplica pelos princípios individuantes, que provêm da matéria. Se, portanto, a forma pela qual se conhece é material, não abstraída das condições da matéria, será uma semelhança da natureza genérica ou específica, enquanto essa natureza é diversificada e multiplicada pelos princípios individuantes; e, consequentemente, a natureza não será conhecida em sua universalidade. Mas

---

6. Comment. V digressionis partis 5.

tiplicant: et ita cognoscetur universale. Nec refert, quantum ad hoc, utrum sit unus intellectus vel plures: quia si etiam esset unus tantum, oporteret ipsum esse aliquem quendam, et speciem per quam intelligit esse aliquam quandam.

AD QUARTUM dicendum quod, sive intellectus sit unus sive plures, id quod intelligitur est unum. Id enim quod intelligitur non est in intellectu secundum se, sed secundum suam similitudinem: *lapis enim non est in anima, sed species lapidis*, ut dicitur in III *de Anima*[7]. Et tamen lapis est id quod intelligitur, non autem species lapidis, nisi per reflexionem intellectus supra seipsum: alioquin scientiae non essent de rebus, sed de speciebus intelligibilibus. Contingit autem eidem rei diversa secundum diversas formas assimilari. Et quia cognitio fit secundum assimilationem cognoscentis ad rem cognitam, sequitur quod idem a diversis cognoscentibus cognosci contingit, ut patet in sensu: nam plures vident eundem colorem, secundum diversas similitudines. Et similiter plures intellectus intelligunt unam rem intellectam. Sed hoc tantum interest inter sensum et intellectum, secundum sententiam Aristotelis[8], quod res sentitur secundum illam dispositionem quam extra animam habet, in sua particularitate: natura autem rei quae intelligitur, est quidem extra animam, sed non habet illum modum essendi extra animam, secundum quem intelligitur. Intelligitur enim natura communis seclusis principiis individuantibus; non autem hunc modum essendi habet extra animam. — Sed secundum sententiam Platonis, res intellecta eo modo est extra animam quo intelligitur: posuit enim[9] naturas rerum a materia separatas.

AD QUINTUM dicendum quod scientia alia est in discipulo, et alia in magistro. Quomodo autem causetur, in sequentibus[10] ostendetur.

AD SEXTUM dicendum quod Augustinus intelligit animas non esse plures tantum, quin uniantur in una ratione speciei.

se a imagem é abstraída das condições da matéria individual, será uma semelhança da natureza, sem aquilo que a distingue e multiplica; é dessa maneira que se conhece o universal. Importa pouco, quanto a isso, se é um só ou se são vários intelectos: porque mesmo que fosse apenas um só, seria preciso que este intelecto e a imagem pela qual conhece fossem algo determinado.

QUANTO AO 4º, deve-se dizer que haja um ou vários intelectos, o que se conhece é uma só coisa. Pois o que se conhece não está no intelecto por si mesmo, mas segundo sua semelhança: "A pedra não está na alma, mas a imagem da pedra", diz o Filósofo no livro III da *Alma*. E, no entanto, o que se conhece é a pedra e não a imagem da pedra, a menos que o intelecto faça um ato reflexo sobre si mesmo. De outra sorte, não haveria ciências da realidade, mas somente das espécies inteligíveis. Ora, acontece que diversas coisas se assemelham a uma mesma coisa por meio de formas diversas. Pelo fato de que o conhecimento se faz pela assimilação daquele que conhece com a coisa conhecida, resulta que uma mesma coisa pode ser conhecida por vários. Assim, nos sentidos: muitos veem a mesma cor, segundo diversas semelhanças. Do mesmo modo, muitos intelectos conhecem uma só coisa. A diferença entre sentido e intelecto, segundo a doutrina de Aristóteles, consiste em que as coisas são sentidas segundo o modo que possuem fora da alma, isto é, em suas particularidades; as naturezas, porém, das coisas que são conhecidas estão sem dúvida fora da alma, mas o modo de ser, segundo o qual são conhecidas, não existe fora da alma. Com efeito, a natureza universal é conhecida, excluídos os princípios individuantes. Ora, ela não existe desta maneira fora da alma. — Na doutrina de Platão, as coisas que são conhecidas existem fora da alma do mesmo modo como são conhecidas. Afirmava, com efeito, a natureza das coisas separadas da matéria.

QUANTO AO 5º, deve-se dizer que a ciência do discípulo não é a mesma que a do mestre. Será explicado mais adiante como se faz a transmissão do saber.

QUANTO AO 6º, deve-se dizer que Agostinho entende que as almas não são muitas a não ser que estejam reunidas em uma mesma espécie.

---

7. C. 8: 431, b, 28 — 432, a, 3.
8. C. 8: 432, a, 3-14.
9. In *Timaeo*, c. 18: 52 A.
10. Q. 117, a. 1.

Articulus 3
Utrum praeter animam intellectivam sint in homine aliae animae per essentiam differentes

AD TERTIUM SIC PROCEDITUR. Videtur quod praeter animam intellectivam sint in homine aliae animae per essentiam differentes, scilicet sensitiva et nutritiva.

1. Corruptibile enim et incorruptibile non sunt unius substantiae. Sed anima intellectiva est incorruptibilis; aliae vero animae, scilicet sensitiva et nutritiva, sunt corruptibiles, ut ex superioribus[1] patet. Ergo in homine non potest esse una essentia animae intellectivae et sensitivae et nutritivae.

2. Si dicatur quod anima sensitiva in homine est incorruptibilis, contra: *Corruptibile et incorruptibile differunt secundum genus*, ut dicitur in X *Metaphys.*[2]. Sed anima sensitiva in equo et leone et aliis brutis animalibus est corruptibilis. Si igitur in homine sit incorruptibilis, non erit eiusdem generis anima sensitiva in homine et bruto. Animal autem dicitur ex eo quod habet animam sensitivam. Neque ergo animal erit unum genus commune hominis et aliorum animalium. Quod est inconveniens.

3. PRAETEREA, Philosophus dicit, in libro *de Generat. Animal*[3], quod embryo prius est animal quam homo. Sed hoc esse non posset, si esset eadem essentia animae sensitivae et intellectivae: est enim animal per animam sensitivam, homo vero per animam intellectivam. Non ergo in homine est una essentia animae sensitivae et intellectivae.

4. PRAETEREA, Philosophus dicit, in VIII *Metaphys.*[4], quod genus sumitur a materia, differentia vero a forma. Sed *rationale*, quod est differentia constitutiva hominis, sumitur ab anima intellectiva; *animal* vero dicitur ex hoc quod habet corpus animatum anima sensitiva. Anima ergo

Artigo 3
Há no homem, além da alma intelectiva, outras almas essencialmente diferentes?[h]

QUANTO AO TERCEIRO, ASSIM SE PROCEDE: parece que além da alma intelectiva **há** no homem outras almas essencialmente diferentes, a saber, a sensitiva e a nutritiva.

1. Com efeito, uma mesma substância não pode ser corruptível e incorruptível. Ora, a alma intelectiva é incorruptível, enquanto as outras almas, a saber, a sensitiva e a nutritiva, são corruptíveis, como foi dito acima. Logo, as almas intelectiva, sensitiva e nutritiva não podem ter uma mesma essência.

2. SE se afirma que a alma sensitiva no homem é incorruptível, pode-se objetar: segundo Aristóteles, no livro X da *Metafísica*, "*o que é corruptível e o que é incorruptível diferem em gênero*". Ora, a alma sensitiva no cavalo, no leão e nos outros animais é corruptível. Por isso, se a alma sensitiva no homem é incorruptível, não será do mesmo gênero nele e no animal. Define-se o animal, com efeito, por sua alma sensitiva. Portanto, ser animal não constituirá um gênero comum ao homem e aos animais. O que é inconveniente.

3. ADEMAIS, segundo o Filósofo, no livro da *Geração dos Animais*, o embrião é animal antes de ser homem. Ora, isso seria impossível, se a alma sensitiva tivesse uma mesma essência com a alma intelectiva, porque, então, seria animal pela alma sensitiva, e homem pela alma intelectiva. Não há pois no homem uma mesma essência para as duas almas.

4. ADEMAIS, ainda segundo o Filósofo, no livro VIII da *Metafísica*, toma-se o gênero da matéria, e a diferença, da forma. Ora, *racional* que é a diferença constitutiva do homem, toma-se da alma intelectiva; *animal*, porém, se diz porque possui um corpo animado por uma alma sensitiva. Logo,

---

3 PARALL.: *Cont. Gent.* II, 58; *De Pot.*, q. 3, a. 9, ad 9; *De Spirit. Creat.*, a. 3; Q. *de Anima*, a. 2; *Quodlib.* XI, q. 5; *Compend. Theol.*, c. 90 sqq.

1. Q. 75, a. 6.
2. C. 10: 1058, b, 26-29.
3. L. II, c. 3: 736, b, 2-5.
4. C. 2: 1043, a, 2-12.

h. Para explicar o composto humano, Sto. Tomás foi ao extremo da lógica hilemórfica: contra Platão e muitos platônicos de sua época, que condenaram nesse ponto após sua morte, afirma ele que a alma humana é a única alma (e o artigo seguinte dirá: a única forma) do composto humano ao qual ela dá o existir, o existir de um corpo vivo e sensível. Assim, portanto, uma única e mesma alma é simultaneamente espiritual, sensitiva e vegetativa. O que se compreende se se recorda que a forma superior contém a virtude das formas inferiores.

intellectiva comparatur ad corpus animatum anima sensitiva, sicut forma ad materiam. Non ergo anima intellectiva est eadem per essentiam cum anima sensitiva in homine; sed praesupponit eam sicut materiale suppositum.

SED CONTRA est quod dicitur in libro de Eccles. Dogmat.[5]: *Neque duas animas esse dicimus in homine uno, sicut Iacobus et alii Syrorum scribunt, unam animalem, qua animatur corpus, et immixta sit sanguini, et alteram spiritualem, quae rationi ministret: sed dicimus unam et eandem esse animam in homine, quae et corpus sua societate vivificat, et semetipsam sua ratione disponit.*

RESPONDEO dicendum quod Plato[6] posuit diversas animas esse in corpore uno, etiam secundum organa distinctas, quibus diversa opera vitae attribuebat; dicens vim nutritivam esse in hepate, concupiscibilem in corde, cognoscitivam in cerebro.

Quam quidem opinionem Aristoteles reprobat, in libro *de Anima*[7], quantum ad illas animae partes quae corporeis organis in suis operibus utuntur, ex hoc quod in animalibus quae decisa vivunt, in qualibet parte inveniuntur diversae operationes animae, sicut sensus et appetitus. Hoc autem non esset, si diversa principia operationum animae, tanquam per essentiam diversae, diversis partibus corporis distributa essent. Sed de intellectiva sub dubio videtur relinquere[8] utrum sit separata ab aliis partibus animae *solum ratione, an etiam loco.*

Opinio autem Platonis sustineri utique posset, si poneretur quod anima unitur corpori, non ut forma, sed ut motor, ut posuit Plato[9]. Nihil enim inconveniens sequitur, si idem mobile a diversis motoribus moveatur, praecipue secundum diversas partes. — Sed si ponamus animam corpori uniri sicut formam, omnino impossibile videtur plures animas per essentiam differentes in uno corpore esse. Quod quidem triplici ratione manifestari potest.

Primo quidem, quia animal non esset simpliciter unum, cuius essent animae plures. Nihil enim est simpliciter unum nisi per formam unam, per quam habet res esse: ab eodem enim habet res quod sit ens, et quod sit una; et ideo ea quae

a alma intelectiva está para o corpo animado por uma alma sensitiva como a forma está para a matéria. Ela não é, portanto, no homem, idêntica por essência à alma sensitiva, mas a pressupõe como supósito material.

EM SENTIDO CONTRÁRIO, diz o livro dos *Dogmas Eclesiásticos*: "Nós não dizemos que há duas almas em um só e mesmo homem, como Tiago e outros escritores siríacos; uma, animal, que vivifica o corpo e se encontra misturada com sangue, a outra, espiritual, que está a serviço da razão. Pelo contrário, dizemos que há no homem uma só e única alma que vivifica o corpo por sua presença e se regula a si mesma pela razão".

RESPONDO. Platão admitia a existência de várias almas em um só corpo, distinguindo-as segundo os órgãos, aos quais atribuía diferentes funções vitais. Assim, a faculdade nutritiva estava no fígado, a afetiva no coração, e a cognoscitiva no cérebro.

Aristóteles, no livro da *Alma*, rejeita essa opinião no que concerne às partes da alma que usam órgãos corpóreos para sua operação, baseando-se no fato de que os animais, que vivem depois de serem esquartejados, apresentam em cada uma das partes diversas operações da alma, como a sensibilidade e o apetite. Isso não seria possível, se os diferentes princípios das operações da alma, supostos como essencialmente diversos, estivessem distribuídos em diversas partes do corpo. Quanto à alma intelectiva, Aristóteles deixa em dúvida se ela é separada das outras partes da alma *somente pela razão ou também localmente.*

A opinião de Platão poderia ser sustentada, aceitando-se que a alma está unida ao corpo, não como uma forma, mas como um motor, como ele mesmo afirmou. Não há inconveniente algum em que uma só coisa seja movida por vários motores, sobretudo se em diversas partes. — Mas se aceitamos que a alma está unida ao corpo como uma forma, é totalmente impossível que haja em um mesmo corpo várias almas essencialmente diferentes. Isso se pode declarar por três razões.

1. Porque o animal que tivesse várias almas não seria absolutamente uno. Com efeito, nada é absolutamente uno, a não ser por uma única forma pela qual se tem o ser. É do mesmo que uma coisa tem o ser e a unidade; por isso, o que

---

5. C. 15: ML 42, 1216 (= ML 58, 984; 83, 1231).
6. In *Timaeo*, c. 31, 32: 69-72 B.
7. L. II, c. 2: 413, b, 15-24.
8. *De Anima*, l. II, c. 2: 413, b, 24-29.
9. Cfr. a. 1.

denominantur a diversis formis, non sunt unum simpliciter, sicut homo albus. Si igitur homo ab alia forma haberet quod sit vivum, scilicet ab anima vegetabili; et ab alia forma quod sit animal, scilicet ab anima sensibili; et ab alia quod sit homo, scilicet ab anima rationali; sequeretur quod homo non esset unum simpliciter: sicut et Aristoteles argumentatur contra Platonem, in VIII *Metaphys.*[10], quod si alia esset idea animalis, et alia bipedis, non esset unum simpliciter animal bipes. Et propter hoc, in I *de Anima*[11], contra ponentes diversas animas in corpore, inquirit *quid contineat illas*, idest quid faciat ex eis unum. Et non potest dici quod uniantur per corporis unitatem: quia magis anima continet corpus, et facit ipsum esse unum, quam e converso.

Secundo, hoc apparet impossibile ex modo praedicationis. Quae enim sumuntur a diversis formis, praedicantur ad invicem vel per accidens, si formae non sint ad invicem ordinatae, puta cum dicimus quod album est dulce: vel, si formae sint ordinatae ad invicem, erit praedicatio per se, in secundo modo dicendi *per se*, quia subiectum ponitur in definitione praedicati. Sicut superficies praeambula est ad colorem: si ergo dicamus quod corpus superficiatum est coloratum, erit secundus modus praedicationis per se. — Si ergo alia forma sit a qua aliquid dicitur animal, et a qua aliquid dicitur homo, sequeretur quod vel unum horum non possit praedicari de altero nisi per accidens, si istae duae formae ad invicem ordinem non habent; vel quod sit ibi praedicatio in secundo modo dicendi *per se*, si una animarum, sit ad aliam praeambula. Utrumque autem horum est manifeste falsum: quia *animal* per se de homine praedicatur, non per accidens; *homo* autem non ponitur in definitione animalis, sed e converso. Ergo oportet eandem formam esse per quam aliquid est animal, et per quam aliquid est homo: alioquin homo non vere esset id quod est animal, ut sic *animal* per se de homine praedicetur.

Tertio, apparet hoc esse impossibile per hoc, quod una operatio animae, cum fuerit intensa,

é designado por várias formas não é absolutamente uno. Por exemplo: um homem branco. Se, portanto, o homem fosse vivo, em razão de uma forma que seria a alma vegetativa; se ele fosse animal, por outra forma, a alma sensitiva; e enfim se ele fosse homem, por uma outra, a alma racional, resultaria que o homem não seria uno absolutamente. Aristóteles no livro VIII da *Metafísica*, argumenta de modo semelhante contra Platão: se fosse uma a ideia de animal e uma outra ideia a de bípede, não se teria um animal bípede absolutamente uno. Pelo mesmo motivo no livro I da *Alma*, opondo-se aos que admitem várias almas para o corpo, pergunta: *o que é que as contém?*, isto é, o que fará delas uma unidade? Não se pode responder que é a unidade do corpo: porque é antes a alma que contém o corpo e o faz ser uno, do que o contrário.

2. Essa posição é insustentável em razão do modo de atribuição. Pois predicados tomados de diversas formas podem ser atribuídos entre si, ou *per accidens*, quando as formas não estão ordenadas umas às outras; por exemplo, quando dizemos que o branco é doce. Mas, quando as formas estão ordenadas umas à outras, a atribuição será *per se*, conforme o segundo modo dessa atribuição, porque o sujeito entra na definição do predicado; por exemplo: a cor pressupõe a superfície. Portanto, quando dizemos que a superfície de um corpo é colorida, será o segundo modo de atribuição *per se*. — Suponhamos que exista uma forma pela qual algo se diz animal, e outra pela qual se diz homem; resultaria daí que, ou um desses predicados não poderia ser atribuído ao outro, a não ser de modo acidental, se as duas formas não são ordenadas uma à outra. Ou então, uma das almas é pressuposta pela outra, um dos predicados seria atribuído ao outro conforme o segundo modo da atribuição *per se*. Ora as duas hipóteses são evidentemente falsas: *animal* é atribuído *per se* ao homem, e não de uma maneira acidental; e de outro lado, *homem* não entra na definição do animal, mas ao contrário. Portanto, é por uma mesma forma que se é animal e se é homem. De outra sorte, o homem não seria verdadeiramente o que é o animal, de modo que *animal* fosse atribuído *per se* a homem.

3. Finalmente, é impossível porque uma operação da alma, quando intensa, impede a outra. Isto

---

10. C. 6: 1045, a, 15-20.
11. C. 5: 411, b, 6-14.

impedit aliam. Quod nullo modo contingeret, nisi principium actionum esset per essentiam unum.

Sic ergo dicendum quod eadem numero est anima in homine sensitiva et intellectiva et nutritiva. Quomodo autem hoc contingat, de facili considerari potest, si quis differentias specierum et formarum attendat. Inveniuntur enim rerum species et formae differre ab invicem secundum perfectius et minus perfectum: sicut in rerum ordine animata perfectiora sunt inanimatis, et animalia plantis, et homine animalibus brutis; et in singulis horum generum sunt gradus diversi. Et ideo Aristoteles, in VIII *Metaphys*.[12], assimilat species rerum numeris, qui differunt specie secundum additionem vel subtractionem unitatis. Et in II *de Anima*[13], comparat diversas animas speciebus figurarum, quarum una continet aliam; sicut pentagonum continet tetragonum, et excedit. — Sic igitur anima intellectiva continet in sua virtute quidquid habet anima sensitiva brutorum, et nutritiva plantarum. Sicut ergo superficies quae habet figuram pentagonam, non per aliam figuram est tetragona, et per aliam pentagona; quia superflueret figura tetragona, ex quo in pentagona continetur; ita nec per aliam animam Socrates est homo, et per aliam animal, sed per unam et eandem.

AD PRIMUM ergo dicendum quod anima sensitiva non habet incorruptibilitatem ex hoc quod est sensitiva: sed ex hoc quod est intellectiva, ei incorruptibilitas debetur. Quando ergo anima est sensitiva tantum, corruptibilis est: quando vero cum sensitivo intellectivum habet, est incorruptibilis. Licet enim sensitivum incorruptionem non det, tamen incorruptionem intellectivo auferre non potest.

AD SECUNDUM dicendum quod formae non collocantur in genere vel in specie, sed composita. Homo autem corruptibilis est, sicut et alia animalia. Unde differentia secundum corruptibile et incorruptibile, quae est ex parte formarum, non facit hominem secundum genus ab aliis animalibus differre.

AD TERTIUM dicendum quod prius embryo habet animam quae est sensitiva tantum; qua abiecta, advenit perfectior anima, quae est simul sensitiva et intellectiva; ut infra[14] plenius ostendetur.

não aconteceria, a não ser que o princípio dessas operações fosse essencialmente um só.

Portanto, deve-se dizer que, no homem, a alma, sensitiva, intelectiva e vegetativa, é numericamente a mesma. Pode-se considerar facilmente como isso é possível, atendendo às diferenças das espécies e das formas. Elas se distinguem umas das outras por sua maior ou menor perfeição. Assim, na ordem da natureza os seres animados são mais perfeitos que os seres inanimados, os animais mais do que as plantas, os homens mais do que os animais, e em cada um desses gêneros há ainda distintos graus. Eis por que Aristóteles, no livro VIII da *Metafísica*, assemelha as espécies dos seres aos números, que diferem em espécie conforme se adiciona ou se subtrai a unidade. E no livro II da *Alma* ele compara as diferentes almas às espécies das figuras geométricas entre as quais uma contém a outra: por exemplo, o pentágono contém o quadrado e o ultrapassa. — Assim, pois, a alma intelectiva contém virtualmente tudo o que tem a alma sensitiva dos animais e a alma vegetativa das plantas. Assim como uma superfície que tem a figura do pentágono não é quadrado por uma e pentágono por outra, porque a figura do quadrado seria inútil, pois está contida no pentágono. Da mesma forma, Sócrates não é homem por uma alma, e animal por outra, mas por uma só e mesma alma.

QUANTO AO 1º, portanto, deve-se dizer que a alma sensitiva não é incorruptível pelo fato de ser sensitiva, mas por ser intelectiva lhe é devida a incorruptibilidade. Quando a alma é apenas sensitiva, é corruptível, mas quando ela é além disso intelectiva, é incorruptível. O princípio sensitivo não dá a incorruptibilidade, mas não pode tampouco tirá-la do princípio intelectivo.

QUANTO AO 2º, deve-se dizer que as formas não são classificadas em gêneros ou em espécies, mas os compostos. O homem é corruptível como os outros animais. A diferença, pois, segundo o corruptível e o incorruptível, devida às formas, não torna o homem diferente, em gênero, dos outros animais.

QUANTO AO 3º, deve-se dizer que o embrião tem primeiramente uma alma apenas sensitiva. Essa desaparece, e uma alma mais perfeita lhe sucede, que é ao mesmo tempo sensitiva e intelectiva, como se explicará com mais detalhes adiante.

---

12. C. 3: 1043, b, 36 — 1044, a, 2.
13. C. 3: 414, b, 19-32.
14. Q. 118, a. 2, ad 2.

AD QUARTUM dicendum quod non oportet secundum diversas rationes vel intentiones logicas, quae consequuntur modum intelligendi, diversitatem in rebus naturalibus accipere: quia ratio unum et idem secundum diversos modos apprehendere potest. Quia igitur, ut dictum est[15], anima intellectiva virtute continet id quod sensitiva habet, et adhuc amplius; potest seorsum ratio considerare quod pertinet ad virtutem sensitivae, quasi quoddam imperfectum et materiale. Et quia hoc invenit commune homini et aliis animalibus, ex hoc rationem generis format. Id vero in quo anima intellectiva sensitivam excedit, accipit quasi formale et completivum, et ex eo format differentiam hominis.

QUANTO AO 4º, deve-se dizer que não se deve conceber a diversidade nas coisas naturais segundo as diferentes razões ou intenções lógicas que resultam de nosso modo de conhecer, pois a razão pode apreender uma só e mesma coisa segundo diversas maneiras. Portanto, porque a alma intelectiva contém virtualmente tudo o que a alma sensitiva tem, e alguma coisa a mais, como foi dito; por esse motivo, a razão pode considerar separadamente o que é dos sentidos como algo material e imperfeito. E porque isso é comum aos homens e aos animais, a partir disso forma a razão de gênero. Aquilo, porém, no que a alma intelectiva é superior à sensitiva, a razão o considera como elemento formal que complete o homem, e a partir dele forma a diferença do homem.

ARTICULUS 4
Utrum in homine sit alia forma praeter animam intellectivam

AD QUARTUM SIC PROCEDITUR. Videtur quod in homine sit alia forma praeter animam intellectivam.

1. Dicit enim Philosophus, in II *de Anima*[1], quod anima est *actus corporis physici potentia vitam habentis*. Comparatur igitur anima ad corpus, sicut forma ad materiam. Sed corpus habet aliquam formam substantialem per quam est corpus. Ergo ante animam praecedit in corpore aliqua forma substantialis.

2. PRAETEREA, homo et quodlibet animal est movens seipsum. Omne autem movens seipsum dividitur in duas partes, quarum una est movens, et alia est mota, ut probatur in VIII *Physic.*[2]. Pars autem movens est anima. Ergo oportet quod alia pars sit talis quae possit esse mota. Sed materia prima non potest moveri, ut dicitur in V *Physic.*[3], cum sit ens solum in potentia: quinimmo omne quod movetur est corpus. Ergo oportet quod in homine et in quolibet animali sit alia forma substantialis, per quam constituatur corpus.

3. PRAETEREA, ordo in formis attenditur secundum habitudinem ad materiam primam: prius enim

ARTIGO 4
Há no homem outra forma além da alma intelectiva?

QUANTO AO QUARTO, ASSIM SE PROCEDE: parece que **há** no homem outra forma além da alma intelectiva.

1. Com efeito, o Filósofo diz, no livro III da *Alma*, que a alma é "o ato de um corpo natural que tem a vida em potência". Compara-se, portanto, a alma e o corpo como a forma e a matéria. Ora, o corpo tem alguma forma substancial pela qual é um corpo. Logo, uma forma substancial preexiste no corpo, anteriormente à alma.

2. ALÉM DISSO, o homem, como qualquer animal, se move a si mesmo. Ora, tudo o que se move a si mesmo divide-se em duas partes: uma, o que move; e a outra, o que é movido, como prova o livro VIII da *Física*. Ora, sendo a alma o que move, é preciso, portanto, que a outra parte seja tal que possa ser movida. Ora, a matéria primeira não pode sê-lo, como se diz no livro V da *Física*, por ser um ente somente em potência, e, ainda mais, tudo o que é movido é um corpo. Logo, deve haver no homem e em todo animal outra forma substancial que constitui o corpo.

3. ADEMAIS, a ordem das formas é estabelecida com relação à matéria primeira, uma vez que an-

---

15. In corp.

PARALL.: IV *Sent.*, dist. 44, q. 1, a. 1, q.la 1, ad 4; *Cont. Gent.* IV, 81; *De Spirit. Creat.*, a. (*?*); Q. *de Anima*, a. 9; *Quodlib.* I, q. 4, a. 1; XI, q. 5; *Compend. Theol.*, c. 90.

1. C. 1: 412, a, 15 — b, 6.
2. C. 5: 257, b, 6-13.
3. C. 1: 225, a, 20-31.

et posterius dicitur per comparationem ad aliquod principium. Si ergo non esset in homine alia forma substantialis praeter animam rationalem, sed immediate materiae primae inhaereret; sequeretur quod esset in ordine imperfectissimarum formarum, quae immediate inhaerent materiae.

4. PRAETEREA, corpus humanum est corpus mixtum. Mixtio autem non fit secundum materiam tantum: quia tunc esset corruptio sola. Oportet ergo quod remaneant formae elementorum in corpore mixto, quae sunt formae substantiales. Ergo in corpore humano sunt aliae formae substantiales praeter animam intellectivam.

SED CONTRA, unius rei est unum esse substantiale. Sed forma substantialis dat esse substantiale. Ergo unius rei est una tantum forma substantialis. Anima autem est forma substantialis hominis. Ergo impossibile est quod in homine sit aliqua alia forma substantialis quam anima intellectiva.

RESPONDEO dicendum quod, si poneretur anima intellectiva non uniri corpori ut forma, sed solum ut motor, ut Platonici posuerunt[4]; necesse esset dicere quod in homine esset alia forma substantialis, per quam corpus ab anima mobile in suo esse constitueretur. — Sed si anima intellectiva unitur corpori ut forma substantialis, sicut supra[5] iam diximus, impossibile est quod aliqua alia forma substantialis praeter eam inveniatur in homine.

Ad cuius evidentiam, considerandum est quod forma substantialis in hoc a forma accidentali differt quia forma accidentalis non dat esse simpliciter, sed esse tale: sicut calor facit suum subiectum non simpliciter esse, sed esse calidum. Et ideo cum advenit forma accidentalis, non dicitur aliquid fieri vel generari simpliciter, sed fieri tale aut aliquo modo se habens: et similiter cum recedit forma accidentalis, non dicitur aliquid corrumpi simpliciter, sed secundum quid. Forma autem substantialis dat esse simpliciter: et ideo per eius adventum dicitur aliquid simpliciter generari, et per eius recessum simpliciter corrumpi. Et propter hoc antiqui Naturales, qui posuerunt materiam primam esse aliquod ens actu, puta ignem aut aerem aut aliquid huiusmodi, dixerunt quod nihil generatur aut corrumpitur simpliciter, sed *omne fieri statuerunt alterari*, ut dicitur in I *Physic*.[6]

terior e posterior se dizem em comparação com algum princípio. Se, portanto, não houvesse no homem outra forma substancial além da alma racional, e esta fosse imediatamente inerente à matéria primeira, resultaria que pertenceria à ordem das formas mais imperfeitas, as quais inerem imediatamente à matéria.

4. ADEMAIS, o corpo humano é um corpo composto. Ora, essa composição não se faz só segundo a matéria, porque desse modo haveria só corrupção. É necessário, portanto, que as formas dos elementos permaneçam no corpo composto: estas formas são formas substanciais. Logo, no corpo humano há outras formas substanciais além da alma intelectiva.

EM SENTIDO CONTRÁRIO, cada coisa tem um único ser substancial. Ora, é a forma substancial que dá esse ser. Logo, cada coisa tem uma única forma substancial. Ora, no homem, a alma é esta forma. Logo, no homem é impossível que haja outra forma substancial que não seja a alma intelectiva.

RESPONDO. Se se afirmasse que a alma intelectiva não está unida ao corpo como uma forma, mas somente como motor, conforme afirmam os platônicos, dever-se-ia afirmar que no homem haveria outra forma substancial, pela qual o corpo que é movido pela alma fosse constituído em seu ser. — Mas se, como foi dito, a alma intelectiva se une ao corpo como forma substancial, é impossível que se encontre no homem outra forma substancial diferente dessa alma.

Para prová-lo deve-se considerar que uma forma substancial se distingue de uma forma acidental porque essa última não dá o ser de modo absoluto, mas tal ser. Por exemplo, o calor não dá a seu sujeito ser absolutamente, mas ser quente. Com efeito, quando sobrevém uma forma acidental, não se diz que algo foi feito ou gerado de maneira absoluta, mas que foi feito tal ou que se tem de certo modo. De modo semelhante, quando a forma acidental desaparece, não se diz que algo se corrompeu de maneira absoluta, mas sob determinado aspecto. A forma substancial, essa sim, dá o ser de modo absoluto. Em consequência, sua presença é causa de que algo seja gerado de maneira absoluta e seu desaparecimento é causa de que seja igualmente corrompido. Por causa disso os antigos naturalistas que afirmaram ser a matéria primeira um ente em ato, como o fogo,

---
4. Cfr. a. 1.
5. Ibid.
6. C. 4: 187, a, 26-31.

— Si igitur ita esset, quod praeter animam intellectivam praeexisteret quaecumque alia forma substantialis in materia, per quam subiectum animae esset ens actu; sequeretur quod anima non daret esse simpliciter; et per consequens quod non esset forma substantialis; et quod per adventum animae non esset generatio simpliciter, neque per eius abscessum corruptio simpliciter, sed solum secundum quid. Quae sunt manifeste falsa.

Unde dicendum est quod nulla alia forma substantialis est in homine, nisi sola anima intellectiva: et quod ipsa, sicut virtute continet animam sensitivam et nutritivam, ita virtute continet omnes inferiores formas, et facit ipsa sola quidquid imperfectiores formae in aliis faciunt. — Et similiter est dicendum de anima sensitiva in brutis, et de nutritiva in plantis, et universaliter de omnibus formis perfectioribus respectu imperfectiorum.

AD PRIMUM ergo dicendum quod Aristoteles non dicit animam esse *actum corporis* tantum, sed *actum corporis physici organici potentia vitam habentis*, et quod talis potentia *non abiicit animam*[7]. Unde manifestum est quod in eo cuius anima dicitur actus, etiam anima includitur; eo modo loquendi quo dicitur quod calor est actus calidi, et lumen est actus lucidi; non quod seorsum sit lucidum sine luce, sed quia est lucidum per lucem. Et similiter dicitur quod anima est *actus corporis* etc., quia per animam et est corpus, et est organicum, et est potentia vitam habens. Sed actus primus dicitur in potentia respectu actus secundi, qui est operatio. Talis enim potentia est *non abiiciens*, idest non excludens, animam.

o ar ou qualquer outro elemento, não admitiam que houvesse geração ou corrupção de maneira absoluta, mas estabeleceram que todo vir-a-ser era transformação, como se diz no livro I da *Física*. — Portanto, se, além da alma intelectiva, preexistisse na matéria uma forma substancial qualquer, pela qual o sujeito da alma fosse ente em ato, resultaria que a alma não daria o ser de maneira absoluta; e consequentemente não seria uma forma substancial; nem haveria geração de maneira absoluta, por sua presença, tampouco corrupção absoluta, por seu desaparecimento, mas somente segundo determinado aspecto. Tudo isso é evidentemente falso.

Deve-se, pois, dizer que nenhuma outra forma substancial existe no homem, senão a alma intelectiva. E que ela, assim como virtualmente contém a alma sensitiva e a alma vegetativa, assim também contém todas as formas inferiores; e ela realiza por si só tudo o que as formas menos perfeitas realizam nos outros. — Igualmente se deve dizer da alma sensitiva nos animais e da alma vegetativa nas plantas, e de modo geral de todas as formas superiores com respeito às inferiores[i].

QUANTO AO 1º, portanto, deve-se dizer que Aristóteles não diz que a alma é apenas "o ato do corpo", mas "o ato de um corpo natural organizado, que tem a vida em potência", e que essa potência "não exclui a alma". Por isso, é claro que se inclui também a alma naquele do qual se diz que a alma é ato; como se diz que o calor é ato do quente, a luz é ato do luminoso; não que haja um luminoso à parte, sem luz, mas porque é luminoso mediante a luz. Igualmente se diz que a alma é *ato do corpo etc.*, porque pela alma o corpo existe, é organizado, e é potência que tem vida. Mas o ato primeiro se diz estar em potência em relação ao ato segundo, que é propriamente a operação. Com efeito tal potência *não rejeita*, isto é, não exclui, a alma[j].

---

7. Loc. cit. in arg.: 412, b.

i. Ao afirmar, em nome da rigorosa unidade do ser humano, que só a alma espiritual e nenhuma outra forma dá estrutura, propriedades físico-químicas, atividades e outras coisas aos elementos materiais dos quais é feito o corpo humano, e até o que os distingue uns dos outros, Sto. Tomás mostra que tudo o que é corporal no homem inclui a alma como o que fornece atualidade e realidade. Isso pressuposto que as "formas" às quais a alma substitui reaparecem pelo mero fato de que cessa a informação pela alma e também que a alma só informa os elementos na própria medida em que são elementos do todo.

j. É aqui que se mostra em que sentido se pode afirmar que a alma está unida ao corpo. Dizer, com Aristóteles, que a alma é o "ato de um corpo organizado tendo a vida em potência", ou seja, não que a alma se une a um corpo já organizado e já organizado, mas que, ao informar a matéria, ela lhe propicia ser um corpo, ser organizado e ter a vida em potência (ser organizado em função da vida). "A alma está inclusa naquilo que chamo de 'corpo'." A rigor, a alma não é unida ao corpo, uma vez que é sua parte formal, o ato. A menos que eu faça a distinção, na alma, entre sua função animadora, vivificante — a qual de uma porção de matéria determinada faz um corpo —, e sua atividade de princípio que pensa e dirige, o que ela cumpre imediatamente e por si mesma. Enquanto princípio que pensa e dirige, a alma está unida ao corpo que, contudo, enquanto alma, ela informa.

AD SECUNDUM dicendum quod anima non movet corpus per esse suum, secundum quod unitur corpori ut forma; sed per potentiam motivam, cuius actus praesupponit iam corpus effectum in actu per animam; ut sic anima secundum vim motivam sit pars movens, et corpus animatum sit pars mota.

AD TERTIUM dicendum quod in materia considerantur diversi gradus perfectionis, sicut esse, vivere, sentire et intelligere. Semper autem secundum superveniens priori, perfectius est. Forma ergo quae dat solum primum gradum perfectionis materiae, est imperfectissima: sed forma quae dat primum et secundum, et tertium, et sic deinceps, est perfectissima; et tamen materiae immediata.

AD QUARTUM dicendum quod Avicenna possuit[8] formas substantiales elementorum integras remanere in mixto: mixtionem autem fieri secundum quod contrariae qualitates elementorum reducuntur ad medium. — Sed hoc est impossibile. Quia diversae formae elementorum non possunt esse nisi in diversis partibus materiae; ad quarum diversitatem oportet intelligi dimensiones, sine quibus materia divisibilis esse non potest. Materia autem dimensioni subiecta non invenitur nisi in corpore. Diversa autem corpora non possunt esse in eodem loco. Unde sequitur quod elementa sint in mixto distincta secundum situm. Et ita non erit vera mixtio, quae est secundum totum: sed mixtio ad sensum, quae est secundum minima iuxta se posita.

Averroes autem posuit, in III *de Caelo*[9], quod formae elementorum, propter sui imperfectionem, sunt mediae inter formas accidentales et substantiales; et ideo recipiunt magis et minus; et ideo remittuntur in mixtione et ad medium reducuntur, et conflatur ex eis una forma. — Sed hoc est etiam magis impossibile. Nam esse substantiale cuiuslibet rei in indivisibili consistit; et omnis additio et subtractio variat speciem, sicut in numeris, ut dicitur in VIII *Metaphys.*[10]. Unde impossibile est quod forma substantialis quaecumque recipiat magis et minus. — Nec minus est impossibile aliquid esse medium inter substantiam et accidens.

Et ideo dicendum est, secundum Philosophus in I *de Generat.*[11], quod formae elementorum manent in mixto non actu, sed virtute. Manent enim

QUANTO AO 2º, deve-se dizer que a alma não move o corpo por seu ser, enquanto ela lhe está unida como forma, mas pela potência motora cujo ato pressupõe o corpo já realizado em ato pela alma. Assim, por essa força motora, a alma é a parte que move, e o corpo animado é a parte que é movida.

QUANTO AO 3º, deve-se dizer que na matéria se consideram diferentes graus de perfeição: ser, viver, sentir, compreender. Ora, o que sobrevém ao anterior é sempre mais perfeito. A forma, portanto, que dá à matéria o primeiro grau de perfeição é a menos perfeita; mas aquela que dá o primeiro, o segundo, o terceiro e assim por diante, é a mais perfeita; apesar de estar unida imediatamente à matéria.

QUANTO AO 4º, deve-se dizer que para Avicena, as formas substanciais dos elementos permanecem íntegras no composto. A composição se faria pela redução à média das qualidades contrárias dos elementos. — Mas isso é impossível. Porque as diversas formas dos elementos não podem existir senão em diversas partes da matéria. Essa diversidade implica dimensões quantitativas, sem as quais a matéria não é divisível. Tal matéria, sujeita à dimensão, não existe a não ser num corpo. Ora vários corpos não podem estar num mesmo lugar. Em consequência, os elementos se distinguem no corpo composto segundo o lugar. Assim, não haverá uma verdadeira composição, que consiste na totalidade, mas uma composição aparente, que consiste em uma justaposição de partes muito pequenas.

Para Averróis, as formas dos elementos são, em razão de sua imperfeição, intermediárias entre as formas acidentais e as formas substanciais, por isso são suscetíveis de mais e menos. Assim, na composição diminuem e se reduzem a um estado médio, compondo-se a partir delas uma única forma. — Mas isso é ainda menos admissível, pois o ser substancial de qualquer coisa consiste em algo indivisível. E toda adição ou subtração muda a espécie, como acontece com os números, conforme o livro VIII da *Metafísica*. Por isso é impossível que uma forma substancial seja suscetível de mais ou de menos. — Nem é menos impossível que algo seja intermediário entre a substância e o acidente.

Por isso, deve-se dizer, com o Filósofo, no livro I da *Geração*, que as formas dos elementos permanecem num composto, não em ato, mas vir-

---

8. *De Anima*, parte IV, c. 5; *Sufficientia*, l. I, c. 6.
9. Comm. 67.
10. C. 3: 1043, b, 36 — 1044, a, 2.
11. C. 10: 327, b, 29-31.

qualitates propriae elementorum, licet remissae, in quibus est virtus formarum elementarium. Et huiusmodi qualitas mixtionis est propria dispositio ad formam substantialem corporis mixti, puta formam lapidis, vel animae cuiuscumque.

Articulus 5
Utrum anima intellectiva convenienter tali corpori uniatur

Ad quintum sic proceditur. Videtur quod anima intellectiva inconvenienter tali corpori uniatur.

1. Materia enim debet esse proportionata formae. Sed anima intellectiva est forma incorruptibilis. Non ergo convenienter unitur corpori corruptibili.
2. Praeterea, anima intellectiva est forma maxime immaterialis: cuius signum est, quod habet operationem in qua non communicat materia corporalis. Sed quanto corpus est subtilius, tanto minus habet de materia. Ergo anima deberet subtilissimo corpori uniri, puta igni; et non corpori mixto, et terrestri magis.
3. Praeterea, cum forma sit principium speciei, ab una forma non proveniunt diversae species. Sed anima intellectiva est una forma. Ergo non debet uniri corpori quod componitur ex partibus dissimilium specierum.
4. Praeterea, perfectioris formae debet esse perfectius susceptibile. Sed anima intellectiva est perfectissima animarum. Cum igitur aliorum animalium corpora habeant naturaliter insita tegumenta, puta pilorum loco vestium, et unguium loco calceamentorum; habeant etiam arma naturaliter sibi data, sicut ungues, dentes et cornua: ergo videtur quod anima intellectiva non debuerit uniri corpori imperfecto tanquam talibus auxiliis privato.

Sed contra est quod dicit Philosophus, in II de Anima[1], quod anima est *actus corporis physici organici potentia vitam habentis*.

tualmente. Permanecem, as qualidades próprias dos elementos, embora diminuídas; é nelas que reside o poder das formas dos elementos. Esta qualidade da composição constitui a disposição própria para receber a forma substancial do corpo composto, seja a de uma pedra, seja a de uma alma de qualquer ser.

Artigo 5
Une-se a alma intelectiva de modo conveniente a este corpo?[k]

Quanto ao quinto, assim se procede: parece que alma intelectiva **não** se une de modo conveniente a este corpo.

1. Com efeito, a matéria deve ser proporcionada à forma. Ora, a alma intelectiva é uma forma incorruptível. Logo, não se une de modo conveniente a um corpo corruptível.
2. Além disso, a alma intelectiva é uma forma totalmente imaterial. Sinal disso é que possui uma operação independente da matéria corporal. Ora, quanto mais um corpo é sutil, tanto menos tem matéria. Logo, a alma deveria estar unida a um corpo muitíssimo sutil, ao fogo, por exemplo, e não a um corpo composto, e sobretudo terrestre.
3. Ademais, a forma é o princípio da espécie. Por isso, espécies diferentes não provêm de uma única forma. Ora, a alma intelectiva é uma única forma. Logo, não deve estar unida a um corpo composto de partes de espécies dessemelhantes.
4. Ademais, quanto mais perfeita é a forma, tanto mais o que a recebe deve ser perfeito. Ora a alma intelectiva é a mais perfeita das almas. De outro lado, os animais têm o corpo dotado de meios naturais de proteção, por exemplo, pelos como vestimenta, unhas como calçado; e tem também armas naturais, garras, dentes, chifres. Logo, parece que a alma intelectiva não devesse estar unida a um corpo imperfeito, pois que ele é privado de tais auxílios.

Em sentido contrário, o Filósofo, no livro II da Alma, define a alma: "O ato de um corpo natural organizado que tem a vida em potência".

5 Parall.: II *Sent.*, dist. 1, q. 2, a. 5; *De Malo*, q. 5, a. 5; Q. *de Anima*, a. 8.
  1. C. 1: 412, a, 15 — b, 6.

k. A união da forma à matéria supõe que esta tenha sido disposta àquela mediante formas anteriores, que serão substituídas pela forma última — no caso, a alma humana. Esta, uma vez sobrevinda, mantém e perfaz, na matéria de que faz seu próprio corpo, todas as disposições que a preparavam. É nesse sentido bastante profundo que Sto. Tomás se pergunta agora se o corpo humano seria o mais adequado a uma alma espiritual. Suas considerações sobre a delicadeza da compleição corporal humana e sobre a qualidade do "tato" que ela funda não nos deterão. Retenhamos, em vez disso, o que constitui a qualidade humana do corpo é seu ordenamento ao espírito. Se o corpo humano surge como o ápice da ordem dos corpos é porque se ordena inteiramente à vida do espírito.

RESPONDEO dicendum quod, cum forma non sit propter materiam, sed potius materia propter formam; ex forma oportet rationem accipere quare materia sit talis, et non e converso. Anima autem intellectiva, sicut supra[2] habitum est, secundum naturae ordinem, infimum gradum in substantiis intellectualibus tenet; intantum quod non habet naturaliter sibi inditam notitiam veritatis, sicut angeli, sed oportet quod eam colligat ex rebus divisibilibus per viam sensus, ut Dionysius dicit, 7 cap. *de Div. Nom.*[3]. Natura autem nulli deest in necessariis: unde oportuit quod anima intellectiva non solum haberet virtutem intelligendi, sed etiam virtutem sentiendi. Actio autem sensus non fit sine corporeo instrumento. Oportuit igitur animam intellectivam tali corpori uniri, quod possit esse conveniens organum sensus.

Omnes autem alii sensus fundantur supra tactum. Ad organum autem tactus requiritur quod sit medium inter contraria, quae sunt calidum et frigidum, humidum et siccum, et similia, quorum est tactus apprehensivus: sic enim est in potentia ad contraria, et potest ea sentire. Unde quanto organum tactus fuerit magis reductum ad aequalitatem complexionis, tanto perceptibilior erit tactus. Anima autem intellectiva habet completissime virtutem sensitivam: quia quod est inferioris praeexistit perfectius in superiori ut dicit Dionysius in libro *de Div. Nom.*[4]. Unde oportuit corpus cui unitur anima intellectiva, esse corpus mixtum, inter omnia alia magis reductum ad aequalitatem complexionis.

Et propter hoc homo inter omnia animalia melioris est tactus. — Et inter ipsos homines, qui sunt melioris tactus, sunt melioris intellectus. Cuius signum est, quod *molles carne bene aptos mente videmus*, ut dicitur in II *de Anima*[5].

AD PRIMUM ergo dicendum quod hanc obiectionem aliquis forte vellet evadere per hoc, quod diceret corpus hominis ante peccatum incorruptibile fuisse. — Sed haec responsio non videtur sufficiens: quia corpus hominis ante peccatum immortale fuit non per naturam, sed per gratiae divinae donum; alioquin immortalitas eius per peccatum sublata non esset, sicut nec immortalitas daemonis.

RESPONDO. Não é a forma que está ordenada à matéria; é antes o contrário. A partir da forma se deve compreender a razão pela qual a matéria é tal, e não inversamente. Ora, a alma intelectiva está, como foi estabelecido, segundo a ordem da natureza, no ínfimo grau das substâncias espirituais: pois não tem um conhecimento inato da verdade, como os anjos, mas é preciso que, com a ajuda dos sentidos, ela o retire da multiplicidade das coisas, conforme as palavras de Dionísio. A natureza, no que é necessário, não falta a ninguém. Era preciso, portanto, que a alma intelectiva possuísse não só o poder de conhecer, mas ainda o de sentir; e, visto que a ação do sentido não se realiza sem um órgão corporal, era necessário que a alma intelectiva estivesse unida a um corpo apto a servir de órgão para os sentidos.

Todos os sentidos se fundamentam no tato. É necessário, pois, ao órgão do tato que seja intermediário entre os contrários que pode sentir, tais como o quente e o frio, o úmido e o seco etc. Desse modo, ele está em potência aos contrários e pode senti-los. Portanto, na medida em que o órgão do tato se aproximar mais dessa combinação média, nessa mesma medida o tato será mais refinado. Ora a alma intelectiva possui no mais alto grau de perfeição o poder de sentir: porque o que é próprio do inferior preexiste de modo mais perfeito no superior, segundo diz Dionísio. Por isso, o corpo ao qual está unida a alma intelectiva devia ser um corpo composto que, entre todos os outros, mais se aproximasse dessa combinação média.

Por esse motivo, o homem é, entre todos os animais, aquele que tem o melhor tato. — E entre os homens, aqueles que tem o tato melhor são aqueles de melhor intelecto. Sinal disso é que, como se diz no livro II *da Alma*, "percebemos que os que são delicados são bem aptos para a atividade da mente".

QUANTO AO 1º, portanto, deve-se dizer que talvez se procure contornar essa objeção, dizendo que o corpo humano era incorruptível antes do pecado. — Essa resposta parece insuficiente. Pois, antes do pecado, o corpo do homem era imortal não por natureza, mas por um dom da graça divina. Do contrário, não teria perdido a imortalidade pelo pecado, como o demônio não perdeu a sua.

---

2. Q. 55, a. 2.
3. MG 3, 868 B.
4. C. 5: MG 3, 820 D — 821 B.
5. C. 9: 421, a, 16-26.

Et ideo aliter dicendum est, quod in materia duplex conditio invenitur: una quae eligitur ad hoc quod sit conveniens formae; alia quae ex necessitate consequitur prioris dispositionis. Sicut artifex ad formam serrae eligit materiam ferream, aptam ad secandum dura; sed quod dentes serrae hebetari possint et rubiginem contrahere, sequitur ex necessitate materiae. Sic igitur et animae intellectivae debetur corpus quod sit aequalis complexionis: ex hoc autem de necessitate materiae sequitur quod sit corruptibile. — Si quis vero dicat quod Deus potuit hanc necessitatem vitare, dicendum est quod in constitutione rerum naturalium non consideratur quid Deus facere possit, sed quid naturae rerum conveniat, ut Augustinus dicit, II *super Gen. ad litt.*[6]. Providit tamen Deus adhibendo remedium contra mortem per gratiae donum.

AD SECUNDUM dicendum quod animae intellectivae non debetur corpus propter ipsam intellectualem operationem secundum se; sed propter sensitivam virtutem, quae requirit organum aequaliter complexionatum. Et ideo oportuit animam intellectivam tali corpori uniri, et non simplici elemento, vel corpori mixto in quo excederet ignis secundum quantitatem: quia non posset esse aequalitas complexionis, propter excedentem ignis activam virtutem. Habet autem hoc corpus aequaliter complexionatum quandam dignitatem, per hoc quod est remotum a contrariis; in quo quodammodo assimilatur corpori caelesti.

AD TERTIUM dicendum quod partes animalis, ut oculus, manus, caro et os, et huiusmodi, non sunt in specie, sed totum: et ideo non potest dici, proprie loquendo, quod sint diversarum specierum, sed quod sint diversarum dispositionum. Et hoc competit animae intellectivae, quae, quamvis sit una secundum essentiam, tamen propter sui perfectionem est multiplex in virtute; et ideo, ad diversas operationes, indiget diversis dispositionibus in partibus corporis cui unitur. Et propter hoc videmus quod maior est diversitas partium in

Por isso, deve-se dizer de outra maneira: a matéria apresenta duas condições: uma, que é escolhida em vista de adequá-la à forma; outra, que necessariamente resulta de sua disposição anterior. Por exemplo, para dar forma a uma serra, o ferreiro escolhe o ferro, que é uma matéria apta para cortar objetos duros; mas que os dentes da serra possam embotar-se e cobrir-se de ferrugem, isso resulta das condições necessárias dessa matéria. Assim, a alma intelectiva tem necessidade de um corpo que tenha uma combinação média de elementos. De tudo isso se deduz que são as necessidades da matéria que o tornam corruptível. — Se alguém dissesse que Deus teria podido evitar essa necessidade, dever-se-ia responder com Agostinho, que na constituição das coisas naturais não se deve considerar o que Deus poderia ter feito, mas o que convinha à natureza delas. Todavia, Deus providenciou um remédio para a morte com o dom da graça[1].

QUANTO AO 2º, deve-se dizer que a alma intelectiva não tem necessidade de corpo, em razão da operação intelectual, enquanto tal, mas em razão dos sentidos que requerem órgãos cuja composição seja igualitária. Era preciso, portanto, que a alma intelectiva estivesse unida a tal corpo, e não a um simples elemento, nem a um corpo composto em que houvesse uma quantidade muito grande de fogo, porque, então, não haveria equilíbrio na composição, dada a excessiva atividade do fogo. Mas o corpo que possui esse equilíbrio na composição tem certa dignidade, porque está livre dos contrários; tem, assim, certa semelhança com os corpos celestes.

QUANTO AO 3º, deve-se dizer que as partes do animal, tais como o olho, a mão, a carne, os ossos etc. não pertencem a uma espécie, mas são o todo. Por isso não se pode dizer, falando rigorosamente, que são de espécies diferentes, mas que têm diversas disposições. Tal diversidade cabe à alma intelectiva, a qual, embora seja essencialmente una, é, porém, múltipla em suas faculdades, em razão de sua perfeição; e, por isso, suas operações diferentes exigem disposições diferentes nas partes do corpo ao qual ela está unida. Razão por que

---

6. C. 1: ML 34, 263.

1. Essa distinção entre o que, no corpo humano, se ordena à vida do espírito e o que, devido à necessidade da matéria da qual é feito, permanece um obstáculo para ela (trata-se antes de mais nada de sua corruptibilidade) prepara o caminho para a compreensão de que, no estado de ressurreição, só restará da condição carnal aquilo que ordena o corpo ao espírito. A morte, que faz parte todavia da ordem da natureza, é então contrária à intenção que quis o homem, à razão de ser de seu surgimento no universo. Ela é então sofrida mais que desejada, e, depois, finalmente vencida e superada pela graça.

animalibus perfectis quam in imperfectis, et in his quam in plantis.

AD QUARTUM dicendum quod anima intellectiva, quia est universalium comprehensiva, habet vitutem ad infinita. Et ideo non potuerunt sibi determinari a natura vel determinatae existimationes naturales, vel etiam determinata auxilia vel defensionum vel tegumentorum; sicut aliis animalibus, quorum animae habent apprehensionem et virtutem ad aliqua particularia determinata. Sed loco horum omnium, homo habet naturaliter rationem, et manus, quae sunt *organa organorum*[7], quia per eas homo potest sibi praeparare instrumenta infinitorum modorum, et ad infinitos effectus.

ARTICULUS 6
Utrum anima intellectiva uniatur corpori mediantibus dispositionibus accidentalibus

AD SEXTUM SIC PROCEDITUR. Videtur quod anima intellectiva uniatur corpori mediantibus aliquibus dispositionibus accidentalibus.

1. Omnis enim forma est in materia sibi propria et disposita. Sed dispositiones ad formam sunt accidentia quaedam. Ergo oportet praeintelligi accidentia aliqua in materia ante formam substantialem: et ita ante animam, cum anima sit quaedam substantialis forma.

2. PRAETEREA, diversae formae unius speciei requirunt diversas materiae partes. Partes autem materiae diversae non possunt intelligi nisi secundum divisionem dimensivarum quantitatum. Ergo oportet intelligere dimensiones in materia ante formas substantiales, quae sunt multae unius speciei.

3. PRAETEREA, spirituale applicatur corporali per contactum virtutis. Virtus autem animae est eius potentia. Ergo videtur quod anima unitur corpori mediante potentia, quae est quoddam accidens.

SED CONTRA est quod accidens est posterius substantia *et tempore et ratione*, ut dicitur in VII

se observa uma maior diversidade de órgãos nos animais perfeitos do que nos imperfeitos, e nestes mais do que nas plantas.

QUANTO AO 4º, deve-se dizer que a alma intelectiva, pelo fato de poder apreender os universais, é capaz de apreender infinitas coisas. A natureza, por conseguinte, não lhe pôde fixar determinados conhecimentos naturais, ou mesmo meios especiais de defesa ou de proteção, como é o caso dos animais, cujas almas têm capacidade de apreensão e outras faculdades para determinados fins particulares. No lugar de todos esses instrumentos, o homem possui, por natureza, a razão e as mãos, que são os *órgãos dos órgãos*, porque por elas pode preparar para si uma variedade infinita de instrumentos para infinitos efeitos[m].

ARTIGO 6
A alma intelectiva está unida ao corpo por meio de disposições acidentais?

QUANTO AO SEXTO, ASSIM SE PROCEDE: parece que a alma intelectiva **está** unida ao corpo por meio de disposições acidentais.

1. Com efeito, toda forma está em uma matéria que lhe é própria e que possui certas disposições. Ora, as disposições com respeito às formas são acidentes. Logo, devem-se pressupor na matéria alguns acidentes prévios à forma substancial, e, em consequência, prévios à alma, uma vez que a alma é uma forma substancial.

2. ALÉM DISSO, diversas formas de uma mesma espécie exigem diversas partes da matéria. Ora, essas diversas partes da matéria não podem ser conhecidas senão pela divisão quantitativa da extensão. Logo, devem-se aceitar na matéria dimensões prévias às formas substanciais, muitas das quais são de uma mesma espécie.

3. ADEMAIS, o que é espiritual se une ao corporal por contato virtual. Ora, o que é virtual na alma é sua potência. Logo, parece que a alma se une ao corpo por meio de uma potência, que é um acidente.

EM SENTIDO CONTRÁRIO, o acidente é posterior à substância, *tanto no tempo, como na razão*, como

---

7. ARISTOT., III *de Anima*, c. 8: 431, b, 28-432, a, 3.

PARALL.: *Cont. Gent.* II, 71; *De Spirit. Creat.*, a. 3; Q. *de Anima*, a. 9; II *de Anima*, lect. 1; VIII *Metaphys.*, lect. 5.

m. Esse antigo pensamento de Aristóteles associa-se ao que afirmam os naturalistas modernos a respeito do sentido profundo da não-especialização dos órgãos e dos instintos de um ser que, pela razão e pela mão, pode fazer por si mesmo ferramentas de uma infinita diversidade sem ter de incorporá-las a si.

Metaphys.[1]. Non ergo forma accidentalis aliqua potest intelligi in materia ante animam, quae est forma substantialis.

RESPONDEO dicendum quod, si anima uniretur corpori solum ut motor, nihil prohiberet, immo magis necessarium esset esse aliquas dispositiones medias inter animam et corpus: potentiam scilicet ex parte animae, per quam moveret corpus; et aliquam habilitatem ex parte corporis, per quam corpus esset ab anima mobile.

Sed si anima intellectiva unitur corpori ut forma substantialis, sicut iam supra[2] dictum est, impossibile est quod aliqua dispositio accidentalis cadat media inter corpus et animam, vel inter quamcumque formam substantialem et materiam suam. Et huius ratio est quia, cum materia sit in potentia ad omnes actus ordine quodam, oportet quod id quod est primum simpliciter in actibus, primo in materia intelligatur. Primum autem inter omnes actus est esse. Impossibile est ergo intelligere materiam prius esse calidam vel quantam, quam esse in actu. Esse autem in actu habet per formam substantialem, quae facit esse simpliciter, ut iam[3] dictum est. Unde impossibile est quod quaecumque dispositiones accidentales praeexistant in materia ante formam substantialem; et per consequens neque ante animam.

AD PRIMUM ergo dicendum quod, sicut ex praedictis[4] patet, forma perfectior virtute continet quidquid est inferiorum formarum. Et ideo una et eadem existens, perficit materiam secundum diversos perfectionis gradus. Una enim et eadem forma est per essentiam, per quam homo est ens actu, et per quam est corpus, et per quam est vivum, et per quam est animal, et per quam est homo. Manifestum est autem quod unumquodque genus consequuntur propria accidentia. Sicut ergo materia praeintelligitur perfecta secundum esse ante intellectum corporeitatis, et sic de aliis; ita praeintelliguntur accidentia quae sunt propria entis, ante corporeitatem. Et sic praeintelliguntur dispositiones in materia ante formam, non quantum ad omnem eius effectum, sed quantum ad posteriorem.

AD SECUNDUM dicendum quod dimensiones quantitativae sunt accidentia consequentia corporeitatem, quae toti materiae convenit. Unde materia iam intellecta sub corporeitate et dimensionibus,

se diz o livro VII da *Metafísica*. Não pode, portanto, existir alguma forma acidental na matéria, anteriormente à alma, que é forma substancial.

RESPONDO. Se a alma estivesse unida ao corpo apenas como motor, nada impediria, bem ao contrário, seria necessário que houvesse entre a alma e o corpo algumas disposições intermediárias: do lado da alma, uma potência para mover o corpo, e do lado do corpo, certa aptidão pela qual o corpo pudesse ser movido pela alma.

Mas se, como foi dito, a alma intelectiva está unida ao corpo como forma substancial, é impossível que uma disposição acidental seja intermediária entre a alma e o corpo, ou entre qualquer forma substancial e sua matéria. E a razão disso está em que, como a matéria está em potência para todos os atos em certa ordem, é preciso que aquilo que é o primeiro absolutamente entre os atos seja também o primeiro na matéria. O primeiro entre todos os atos é ser. Não se pode, portanto, conceber que a matéria seja quente ou quantificada, antes de ser em ato. Mas ser em ato lhe vem da forma substancial, que dá o ser de maneira absoluta, como já foi explicado. Nenhuma disposição acidental pode, portanto, preexistir na matéria anteriormente à forma substancial, e, em consequência, tampouco anteriormente à alma.

QUANTO AO 1º, portanto, deve-se dizer que como está claro pelo que foi dito acima, a forma mais perfeita contém virtualmente tudo o que é próprio das formas inferiores. Uma só e mesma forma aperfeiçoa, portanto, a matéria segundo diferentes graus de perfeição. E a mesma e única forma é essencialmente, a forma pela qual o homem é um ente em ato, um corpo, um ser vivo, um animal e um homem. É claro, também, que a cada gênero correspondem acidentes próprios. Em consequência, assim como se pressupõe a matéria perfeita em seu ser anteriormente à corporeidade e às demais coisas, assim se pressupõem, também, os acidentes, que são próprios do ente, anteriores à corporeidade. É assim que se podem pressupor na matéria disposições prévias à forma, não quanto a seu efeito total, mas quanto aos efeitos posteriores.

QUANTO AO 2º, deve-se dizer que as dimensões quantitativas são acidentes correspondentes à corporeidade, que convém a toda matéria. Por isso, quando a matéria é conhecida como determinada pela corpo-

---

1. C.: 1028, a, 31 — b, 2.
2. A. 1.
3. A. 4.
4. A. 4.

potest intelligi ut distincta in diversas partes, ut sic accipiat diversas formas secundum ulteriores perfectionis gradus. Quamvis enim eadem forma sit secundum essentiam quae diversos perfectionis gradus materiae attribuit, ut dictum est[5]; tamen secundum considerationem rationis differt.

AD TERTIUM dicendum quod substantia spiritualis quae unitur corpori solum ut motor, unitur ei per potentiam vel virtutem. Sed anima intellectiva corpori unitur ut forma per suum esse. Administrat tamen ipsum et movet per suam potentiam et virtutem.

reidade e pelas dimensões, pode-se conhecê-la como distinta em diversas partes; de tal modo que pode receber diversas formas segundo os diferentes graus de perfeição. Embora seja a mesma forma, segundo a essência, que dá à matéria esses diferentes graus de perfeição, como já se disse, no entanto, distingue-se segundo a consideração da razão.

QUANTO AO 3º, deve-se dizer que uma substância espiritual que está unida a um corpo somente como motor, une-se a ele pela potência. Mas a alma intelectiva está unida ao corpo como forma, por seu ser. Não obstante, ela o governa e o move por sua potência.

ARTICULUS 7
Utrum anima uniatur corpori animalis mediante aliquo corpore

AD SEPTIMUM SIC PROCEDITUR. Videtur quod anima uniatur corpori animalis mediante aliquo corpore.
1. Dicit enim Augustinus, VII *super Gen. ad litt.*[1], quod *anima per lucem*, idest ignem, *et aerem, quae sunt similiora spiritui, corpus administrat*. Ignis autem et aer sunt corpora. Ergo anima unitur corpori humano mediante aliquo corpore.
2. PRAETEREA, id quo subtracto solvitur unio aliquorum unitorum, videtur esse medium inter ea. Sed deficiente spiritu, anima a corpore separatur. Ergo spiritus, qui est quoddam corpus subtile, medium est in unione corporis et animae.
3. PRAETEREA, ea quae sunt multum distantia, non uniuntur nisi per medium. Sed anima intellectiva distat a corpore et quia est incorporea, et quia est incorruptibilis. Ergo videtur quod uniatur ei mediante aliquo quod sit corpus incorruptibile. Et hoc videtur esse aliqua lux caelestis, quae conciliat elementa et redigit in unum.

SED CONTRA est quod Philosophus dicit, in II *de Anima*[2], quod *non oportet quaerere si unum est anima et corpus, sicut neque ceram et figuram*. Sed figura unitur cerae nullo corpore mediante. Ergo et anima corpori.

ARTIGO 7
A alma está unida ao corpo do animal mediante outro corpo?

QUANTO AO SÉTIMO, ASSIM SE PROCEDE: parece que a alma **está** unida ao corpo do animal mediante outro corpo.
1. Com efeito, diz Agostinho: "A alma governa o corpo por meio da luz, isto é, do fogo e do ar, que parecem muito com o espírito". Ora, o fogo e o ar são corpos. Logo, a alma está unida ao corpo humano mediante outro corpo.
2. ALÉM DISSO, aquilo que, uma vez eliminado, dissolve a união de duas coisas, parece ser o elemento intermediário entre elas. Ora, quando falta o espírito, a alma se separa do corpo. Logo, o espírito, que é um corpo sutil, é o intermediário entre o corpo e a alma.
3. ADEMAIS, coisas muito distantes não se unem senão por um intermediário. Ora, a alma intelectiva é muito distante do corpo, seja por que é incorpórea, seja por que é incorruptível. Logo, parece que está unida a ele mediante algo que é um corpo incorruptível. Isso parece ser uma luz celeste capaz de harmonizar os elementos e de uni-los em um todo.

EM SENTIDO CONTRÁRIO, para o Filósofo, no livro II da *Alma*: "Não se deve perguntar se a alma e o corpo são um só, nem se o são a cera e a figura gravada". Ora, a figura se une à cera sem a mediação de um corpo. Acontece o mesmo, portanto, com a alma e o corpo.

---

5. In resp. ad 1.

7 PARALL.: II *Sent.*, dist. 1, q. 2, a. 4, ad 3; *Cont. Gent.* II, 71; *De Spirit. Creat.*, a. 3; Q. *de Anima*, a. 9; II *de Anima*, lect. 1; VIII *Metaphys.*, lect. 5.

1. C. 19: ML 34, 364.
2. C. 1: 412, b, 6-9.

RESPONDO. Se, como querem os platônicos, a alma está unida ao corpo somente como motor, seria preciso admitir corpos intermediários entre a alma e o corpo do homem ou de qualquer outro animal. Convém, de fato, ao motor, mover uma coisa distante dele por intermediários mais próximos.

Se a alma, porém, está unida ao corpo como uma forma, como já foi dito, é impossível que ela se una a ele mediante algum corpo. A razão disso é que uma coisa é una da mesma maneira que é ente. Ora, a forma dá, por si mesma, o ser em ato a uma coisa, uma vez que, por essência, é ato. E ela não dá o ser por algum intermediário. De onde a unidade de um composto de matéria e de forma é causada pela própria forma que, de si mesma, está unida à matéria como seu ato. Não há outra causa de unidade senão o agente que dá à matéria ser em ato, como se diz no livro VIII da *Metafísica*.

Por conseguinte, a opinião daqueles que afirmaram que alguns corpos eram intermediários entre a alma e o corpo do homem é evidentemente falsa. Entre esses, alguns platônicos disseram que a alma intelectiva possui um corpo incorruptível, que lhe é naturalmente unido, de que ela não se separa jamais e, mediante ele está unida ao corpo humano corruptível. — Conforme outros, essa união se faz por um espírito corpóreo. — Outros disseram ainda que a alma está unida ao corpo por meio da luz, que para eles é corpo e da natureza da quintessência: por isso, a alma vegetativa está unida ao corpo pela luz do céu das estrelas; a alma sensitiva pela luz do céu cristalino; e a alma intelectiva pela luz do céu empíreo. Tudo isso é imaginário e derrisório, seja porque a luz não é um corpo, seja porque a quintessência não pode materialmente entrar na formação de um corpo composto, já que ela é inalterável, mas apenas virtualmente; seja porque, enfim, a alma se une imediatamente ao corpo como a forma à matéria.

QUANTO AO 1º, portanto, deve-se dizer que Agostinho fala da alma enquanto move o corpo, razão pela qual emprega a palavra *governo*. É, aliás, verdade que ela move as partes mais grosseiras do corpo por meio das mais sutis. Segundo o Filósofo no livro da *Causa do Movimento dos Animais*, o primeiro instrumento da força motora é o espírito[n].

---

3. Cfr. a. 1.
4. Ibid.
5. C. 6: 1045, b, 16-23.
6. Al. *De Animalium Motione*, c. 10: 703, a. 19-22.

n. É notável como Sto. Tomás compreende que a alma move o corpo: pelas partes superiores (as mais sutis) as partes inferiores (as mais grosseiras). Pressupondo que ela informa, e torna desse modo ativas, umas e outras. A imediatez da união

AD SECUNDUM dicendum quod, subtracto spiritu, deficit unio animae ad corpus, non quia sit medium; sed quia tollitur dispositio per quam corpus est dispositum ad talem unionem. — Est tamen spiritus medium in movendo, sicut primum instrumentum motus.

AD TERTIUM dicendum quod anima distat quidem a corpore plurimum, si utriusque conditiones seorsum considerentur: unde si utrumque ipsorum separatim esse haberet, oporteret quod multa media intervenirent. Sed inquantum anima est forma corporis, non habet esse seorsum ab esse corporis; sed per suum esse corpori unitur immediate. Sic enim et quaelibet forma, si consideretur ut actus, habet magnam distantiam a materia, quae est ens in potentia tantum.

QUANTO AO 2º, deve-se dizer que eliminado o espírito, cessa a união da alma e do corpo, mas não é porque o espírito seja intermediário, e sim, porque desaparece a disposição do corpo favorável à união. — O espírito é, não obstante, intermediário do movimento, como primeiro instrumento do movimento.

QUANTO AO 3º, deve-se dizer que a alma é, com efeito, muito distante do corpo, se se consideram separadamente as condições de um e de outro. Por isso, se um e outro tivessem o ser separadamente, seria preciso a presença de muitos intermediários. Mas, enquanto forma do corpo, a alma não tem o ser separadamente do ser do corpo, mas está unida a ele imediatamente por seu ser. Assim, portanto, toda forma, considerada como ato, está muito distante da matéria, que é somente um ente em potência.

ARTICULUS 8
Utrum anima sit tota in qualibet parte corporis

AD OCTAVUM SIC PROCEDITUR. Videtur quod anima non sit tota in qualibet parte corporis.

1. Dicit enim Philosophus, in libro *de Causa Motus Animalium*[1]: *Non opus est in unaquaque corporis parte esse animam; sed in quodam principio corporis existente, alia vivere; eo quod simul nata sunt facere proprium motum per naturam.*

2. PRAETEREA, anima est in corpore cuius est actus. Sed est actus corporis organici. Ergo non est nisi in corpore organico. Sed non quaelibet pars corporis hominis est corpus organicum. Ergo anima non est in qualibet parte corporis tota.

3. PRAETEREA, in II *de Anima*[2] dicitur quod sicut se habet pars animae ad partem corporis, ut visus ad pupillam, ita anima tota ad totum corpus animalis. Si igitur tota anima est in qualibet parte

ARTIGO 8
A alma está toda em cada parte do corpo?º

QUANTO AO OITAVO, ASSIM SE PROCEDE: parece que a alma **não** está toda em cada parte do corpo.

1. Com efeito, o Filósofo diz no livro da *Causa do Movimento dos Animais*: "Não é necessário que a alma esteja em cada parte do corpo, mas, encontrando-se em algum princípio do corpo, as outras vivem porque cada uma delas é capaz, por natureza, de executar o movimento que lhe é próprio".

2. ALÉM DISSO, a alma está no corpo de que ela é o ato. Ora, é o ato de um corpo organizado. Logo, ela se encontra somente em um corpo organizado. Ora, nem toda parte do corpo humano é um corpo organizado. Logo, a alma não está toda em cada parte do corpo.

3. ADEMAIS, conforme o livro II da *Alma*, a relação existente entre uma parte da alma e uma parte do corpo, por exemplo: a vista em relação à pupila, se encontra, também, entre a alma toda e

---

8 PARALL.: I *Sent.*, dist. 8, q. 5, a. 3; *Cont. Gent.* II, 72; *De Spirit. Creat.*, a. 4; Q. *de Anima*, a. 10.

1. Al. *De Animalium Motione*, c. 10: 703, a, 36, b. 2.
2. C. 1: 412, b, 17-43, a, 10.

da alma à matéria que ela informa não impede Sto. Tomás de conceber entre as faculdades motrizes da alma e os órgãos que elas colocam em movimento uma espécie de fluido intermediário, o qual, com Aristóteles, ele chama de "espírito", ainda que se trate de um fluido material, e ao qual se assemelharão singularmente os "espíritos animais" de Descartes.

o. A presença da forma no que ela informa é uma presença imanente, de modo algum quantitativa. Embora presente primeiramente ao todo, do qual ela constitui a unidade, está ela também, mas secundariamente, em cada uma das partes, enquanto elementos do todo. Isto sem dividir-se, inteira em cada uma, e não todavia em cada uma segundo todas as suas particularidades e virtualidades.

corporis, sequitur quod quaelibet pars corporis sit animal.

4. PRAETEREA, omnes potentiae animae in ipsa essentia animae fundantur. Si igitur anima tota est in qualibet parte corporis, sequitur quod omnes potentiae animae sint in qualibet corporis parte: et ita visus erit in aure, et auditus in oculo. Quod est inconveniens.

5. PRAETEREA, si in qualibet parte corporis esset tota anima, quaelibet pars corporis immediate dependeret ab anima. Non ergo una pars dependeret ab alia, nec una pars esset principalior quam alia: quod est manifeste falsum. Non ergo anima est in qualibet parte corporis tota.

SED CONTRA est quod Augustinus dicit, in VI *de Trin.*[3], quod *anima in quocumque corpore et in toto est tota, et in qualibet eius parte tota est.*

RESPONDEO dicendum quod, sicut in aliis iam dictum est, si anima uniretur corpori solum ut motor, posset dici quod non esset in qualibet parte corporis, sed in una tantum, per quam alias moveret. — Sed quia anima unitur corpori ut forma, necesse est quod sit in toto, et in qualibet parte corporis. Non enim est forma corporis accidentalis, sed substantialis. Substantialis autem forma non solum est perfectio totius, sed cuiuslibet partis. Cum enim totum consistat ex partibus, forma totius quae non dat esse singulis partibus corporis, est forma quae est compositio et ordo, sicut forma domus: et talis forma est accidentalis. Anima vero est forma substantialis: unde oportet quod sit forma et actus non solum totius, sed cuiuslibet partis. Et ideo, recedente anima, sicut non dicitur animal et homo nisi aequivoce, quemadmodum et animal pictum vel lapideum; ita est de manu et oculo, aut carne et osse, ut Philosophus dicit[4]. Cuius signum est, quod nulla pars corporis habet proprium opus, anima recedente: cum tamen omne quod retinet speciem, retineat operationem speciei. — Actus autem est in eo cuius est actus. Unde oportet animam esse in toto corpore, et in qualibet eius parte.

Et quod tota sit in qualibet parte eius, hinc considerari potest, quia, cum totum sit quod di-

todo o corpo do animal. Portanto, se a alma toda está em cada parte do corpo, segue-se que cada parte do corpo é um animal.

4. ADEMAIS, todas as potências da alma fundam-se em sua própria essência. Se, portanto, a alma está toda inteira em cada parte do corpo, segue-se que todas as potências da alma também aí se encontram, por exemplo: a vista na orelha, o ouvido no olho. O que não é correto.

5. ADEMAIS, se toda a alma está em cada parte do corpo, cada uma delas dependeria imediatamente da alma. Nesse caso, não haveria parte dependente de outra parte, nem parte mais importante do que outra, o que é evidentemente falso. Logo, a alma não está toda em cada parte do corpo.

EM SENTIDO CONTRÁRIO, conforme Agostinho: "A alma em qualquer corpo está toda inteira não só na totalidade do corpo, como também em cada parte".

RESPONDO. Como já se tratou alhures, se a alma estivesse unida ao corpo somente como motor, poder-se-ia dizer que ela não está em toda parte do corpo, mas unicamente em uma delas, pela qual moveria as outras. – Mas porque está unida ao corpo como forma, a alma deve encontrar-se no corpo inteiro e em cada uma de suas partes, porque ela não é uma forma acidental mas substancial. Ora, a forma substancial constitui não só a perfeição do todo, mas ainda de cada parte. Sendo o todo composto de partes, quando a forma dele não dá o ser a cada uma de suas partes, essa forma constitui um conjunto, uma ordem de partes, por exemplo: a forma da casa. Nesse caso, essa forma é acidental. A alma, pelo contrário, é forma substancial: deve, portanto, ser a forma e o ato, não somente do todo, mas ainda de cada uma das partes. Em consequência, quando a alma se separa, não se fala mais de animal ou de homem, senão de maneira equívoca, como se fala de um animal pintado ou esculpido; o mesmo acontece igualmente com a mão e o olho, a carne e os ossos, diz o Filósofo. Um sinal disso é que nenhuma parte do corpo tem operação própria quando a alma se separa, embora tudo o que conserva a espécie conserva a operação da espécie. — O ato, com efeito, está naquele de que é o ato. Por isso, é necessário que a alma esteja em todo o corpo e em qualquer parte.

Que a alma deva estar toda em cada uma das partes, pode-se considerar a partir do seguinte: o

---

3. C. 6: ML 42, 929.
4. *De Anima*, l. II, c. 1: 412, b, 9-17. — *Meteorol.*, l. IV, c. 12: 390.

viditur in partes, secundum triplicem divisionem est triplex totalitas. Est enim quoddam totum quod dividitur in partes quantitativas, sicut tota linea vel totum corpus. Est etiam quoddam totum quod dividitur in partes rationis et essentiae; sicut definitum in partes definitionis, et compositum resolvitur in materiam et formam. Tertium autem totum est potentiale, quod dividitur in partes virtutis.

Primus autem totalitatis modus non convenit formis, nisi forte per accidens; et illis solis formis, quae habent indifferentem habitudinem ad totum quantitativum et partes eius. Sicut albedo, quantum est de sui ratione, aequaliter se habet ut sit in tota superficie et in qualibet superficiei parte; et ideo, divisa superficie, dividitur albedo per accidens. Sed forma quae requirit diversitatem in partibus, sicut est anima, et praecipue animalium perfectorum, non aequaliter se habet ad totum et partes: unde non dividitur per accidens per divisionem quantitatis. Sic ergo totalitas quantitativa non potest attribui animae nec per se nec per accidens. — Sed totalitas secunda, quae attenditur secundum rationis et essentiae perfectionem, proprie et per se convenit formis. Similiter autem et totalitas virtutis: quia forma est operationis principium.

Si ergo quaereretur de albedine, utrum esset tota in tota superficie et in qualibet eius parte, distinguere oporteret. Quia si fiat mentio de totalitate quantitativa, quam habet albedo per accidens, non tota esset in qualibet parte superficiei. Et similiter dicendum est de totalitate virtutis: magis enim potest movere visum albedo quae est in tota superficie, quam albedo quae est in aliqua eius particula. Sed si fiat mentio de totalitate speciei et essentiale, tota albedo est in qualibet superficiei parte.

Sed quia anima totalitatem quantitativam non habet, nec per se nec per accidens, ut dictum est; sufficit dicere quod anima tota est in qualibet parte corporis secundum totalitatem perfectionis et essentiae; non autem secundum totalitatem virtutis. Quia non secundum quamlibet suam potentiam est in qualibet parte corporis; sed secundum visum in oculo, secundum auditum in aure, et sic de aliis.

Tamen attendendum est quod, quia anima requirit diversitatem in partibus, non eodem modo comparatur ad totum et ad partes: sed ad totum

todo é o que é divisível em partes, portanto, haverá três modos de totalidade segundo os três modos de divisão: 1. Um todo pode ser divisível em partes quantitativas; por exemplo, o todo de uma linha, de um corpo. 2. Um todo pode ser divisível em partes de razão ou de essência; por exemplo, o que é definido se divide segundo as partes da definição, o composto se divide em matéria e em forma. 3. Há ainda o todo potencial que se divide em partes virtuais.

O primeiro modo de totalidade não convém às formas a não ser talvez de maneira acidental, e somente àquelas formas que se referem indiferentemente ao todo quantitativo e às suas partes. Assim à cor branca, em razão de sua natureza, é igual que esteja sobre toda a superfície, como sobre uma de suas partes. Se a superfície se divide, ela, então, se divide de maneira acidental. Mas uma forma que requer partes diversamente constituídas, como a alma, e sobretudo de animais perfeitos, não se refere igualmente ao todo e às partes. Por isso não se divide, de maneira acidental, ao se dividir a quantidade. Por conseguinte, a totalidade quantitativa não pode ser atribuída à alma, nem por si, nem acidentalmente. — Mas o segundo modo de totalidade, que se considera segundo a perfeição da razão e da essência, convém à forma de modo próprio e por si. Igualmente, a totalidade potencial, porque a forma é princípio das operações.

Se se perguntasse a respeito da cor branca se ela está toda na superfície total e em cada uma de suas partes, seria necessário distinguir. Se se pensa na totalidade quantitativa que a cor branca possui acidentalmente, não se encontra toda ela em cada parte da superfície. E o mesmo se deve dizer da totalidade potencial, pois a brancura que recobre toda a superfície pode mover mais a vista do que aquela que recobre apenas uma de suas partes. Mas se se pensa na totalidade da espécie e da essência, a cor branca se encontra toda ela em cada parte da superfície.

Ora, a alma não possui, nem por si nem acidentalmente, totalidade quantitativa, como já se disse. Basta, portanto, dizer que está toda inteira em cada parte do corpo, pela totalidade de essência e de perfeição, não pela totalidade potencial, visto que não se encontra em cada parte do corpo por qualquer uma de suas potências; mas pela vista está no olho, pela audição está na orelha etc.

É preciso notar, entretanto, que porque a alma exige diversidade de partes, não está na mesma relação com o todo e com as partes. Ela se refe-

quidem primo et per se, sicut ad proprium et proportionatum perfectibile; ad partes autem per posterius, secundum quod habent ordinem ad totum.

AD PRIMUM ergo dicendum quod Philosophus loquitur de potentia motiva animae.

AD SECUNDUM dicendum quod anima est actus corporis organici, sicut primi et proportionati perfectibilis.

AD TERTIUM dicendum quod animal est quod componitur ex anima et corpore toto, quod est primum et proportionatum eius perfectibile. Sic autem anima non est in parte. Unde non oportet quod pars animalis sit animal.

AD QUARTUM dicendum quod potentiarum animae quaedam sunt in ea secundum quod excedit totam corporis capacitatem, scilicet intellectus et voluntas: unde huiusmodi potentiae in nulla parte corporis esse dicuntur. Aliae vero potentiae sunt communes animae et corpori: unde talium potentiarum non oportet quod quaelibet sit in quocumque est anima; sed solum in illa parte corporis quae est proportionata ad talis potentiae operationem.

AD QUINTUM dicendum quod una pars corporis dicitur esse principalior quam alia, propter potentias diversas quarum sunt organa partes corporis. Quae enim est principalioris potentiae organum, est principalior pars corporis: vel quae etiam eidem potentiae principalius deservit.

re ao todo, primeiramente e por si, como a um sujeito próprio e apto a ser aperfeiçoado por ela; refere-se às partes, secundariamente, enquanto são ordenadas ao todo.

QUANTO AO 1º, portanto, deve-se dizer que o Filósofo fala da faculdade motora da alma.

QUANTO AO 2º, deve-se dizer que a alma é ato de um corpo organizado, enquanto o corpo é seu sujeito imediato e apto a ser aperfeiçoado por ela.

QUANTO AO 3º, deve-se dizer que o animal é o composto da alma e do corpo todo inteiro, que é seu sujeito imediato e apto a ser aperfeiçoado por ela. Sob esse aspecto, a alma não se encontra em cada parte. Não é, portanto, necessário que parte do animal seja um animal.

QUANTO AO 4º, deve-se dizer que na alma existem potências que ultrapassam toda capacidade do corpo, isto é, o intelecto e a vontade. Em consequência, essas potências não se encontram em nenhuma parte do corpo. As outras faculdades são comuns à alma e ao corpo. Não é necessário, então, que cada uma delas se encontre onde esteja a alma, mas somente na parte que é adequada à operação dessa potência.

QUANTO AO 5º, deve-se dizer que uma parte do corpo é mais importante do que outra, em razão das diversas potências das quais os órgãos do corpo são partes. A parte que é órgão de uma potência mais importante é também a parte mais importante do corpo, ou aquela que está principalmente a serviço da mesma potência.

QUAESTIO LXXVII

DE HIS QUAE PERTINENT AD POTENTIAS ANIMAE IN GENERALI

in octo articulos divisa

Deinde considerandum est de his quae pertinent ad potentias animae. Et primo, in generali; secundo, in speciali.

Circa primum quaeruntur octo.

Primo: utrum essentia animae sit eius potentia.

QUESTÃO 77

AS POTÊNCIAS DA ALMA EM GERAL[a]

em oito artigos

Em seguida, deve-se considerar o que se refere às potências da alma. Primeiro, em geral e depois, em especial.

A respeito do primeiro são oito as perguntas:

1. A essência da alma é sua potência?

---

a. Na linguagem de Sto. Tomás, as potências da alma correspondem ao que chamamos hoje preferencialmente suas "faculdades". Trata-se aqui de potência no sentido de potência ativa, não da "potência" de *receber* uma forma, ou de *sofrer* uma ação, mas da potência de produzir uma ação ou uma operação. A potência se exprime e se realiza na ação que dela resulta, que ela exerce. Não concebamos porém as potências como meras partes da substância que dela emanariam e se acrescentariam a ela. São realidades, sim, mas acidentais. Isto significa que a única realidade subsistente é o sujeito que, mediante suas próprias potências ou faculdades, é constituído princípio deste ou daquele tipo de operação, na qual encontra sua realização, sua atualidade última. É a alma que é inteligente, voluntária etc., e a inteligência, a vontade etc. é que a tornam assim.

Secundo: utrum sit una tantum potentia animae, vel plures.
Tertio: quomodo potentiae animae distinguantur.
Quarto: de ordine ipsarum ad invicem.
Quinto: utrum anima sit subiectum omnium potentiarum.
Sexto: utrum potentiae fluant ab essentia animae.
Septimo: utrum potentia una oriatur ex alia.
Octavo: utrum omnes potentiae animae remaneant in ea post mortem.

2. É uma só a potência da alma ou são várias?
3. Como as potências da alma se distinguem?
4. Existe uma ordem das potências entre si?
5. A alma é sujeito de todas as potências?
6. As potências emanam da essência da alma?
7. Uma potência procede de outra?
8. Todas as potências da alma permanecem nela após a morte?

Articulus 1
Utrum ipsa essentia animae sit eius potentia

AD PRIMUM SIC PROCEDITUR. Videtur quod ipsa essentia animae sit eius potentia.
1. Dicit enim Augustinus, in IX *de Trin.*[1], quod *mens, notitia et amor sunt substantialiter in anima, vel, ut idem dicam, essentialiter.* — Et in X[2] dicit quod *memoria, intelligentia et voluntas sunt una vita, una mens, una essentia.*
2. PRAETEREA, anima est nobilior quam materia prima. Sed materia prima est sua potentia. Ergo multo magis anima.
3. PRAETEREA, forma substantialis est simplicior quam accidentalis: cuius signum est, quod forma substantialis non intenditur vel remittitur, sed in indivisibili consistit. Forma autem accidentalis est ipsa sua virtus. Ergo multo magis forma substantialis, quae est anima.
4. PRAETEREA, potentia sensitiva est qua sentimus, et potentia intellectiva qua intelligimus. Sed *id quo primo sentimus et intelligimus est anima*, secundum Philosophum, in II *de Anima*[3]. Ergo anima est suae potentiae.
5. PRAETEREA, omne quod non est de essentia rei, est accidens. Si ergo potentia animae est praeter essentiam eius, sequitur quod sit accidens. Quod est contra Augustinum, in IX *de Trin.*[4], ubi dicit quod praedicta *non sunt in anima sicut in subiecto, ut color aut figura in corpore, aut ulla alia qualitas aut quantitas: quidquid enim tale est, non excedit subiectum in quo est; mens autem potest etiam alia amare et cognoscere.*

Artigo 1
A essência da alma é sua potência?

QUANTO AO PRIMEIRO ARTIGO, ASSIM SE PROCEDE: parece que a essência da alma é sua potência.
1. Com efeito, diz Agostinho: "A mente, o conhecimento e o amor estão na alma substancialmente, por assim dizer, essencialmente". — E ainda diz que "a memória, a inteligência e a vontade são uma só vida, um só espírito, uma só essência".
2. ALÉM DISSO, a alma é mais nobre do que a matéria primeira. Ora, a matéria primeira é potência de si mesma. Logo, muito mais a alma.
3. ADEMAIS, a forma substancial é mais simples do que a acidental. Sinal disso é que ela não aumenta ou diminui, mas permanece indivisível. Ora, a forma acidental é sua própria potência. Logo, muito mais a forma substancial que é a alma.
4. ADEMAIS, a potência sensitiva é aquilo pelo qual sentimos e a potência intelectiva é aquilo pelo qual conhecemos. Ora, o princípio primeiro da sensação e da intelecção, para o Filósofo, no livro II da *Alma*, é a alma. Logo, a alma é suas potências.
5. ADEMAIS, tudo o que não é da essência de uma coisa é acidente. Se, portanto, a potência da alma não pertence à sua essência, segue-se que é um acidente. Ora, isso é contrário a Agostinho. Para ele as potências referidas acima "não estão na alma como no sujeito, à maneira como a cor ou a figura estão num corpo ou qualquer outro modo da qualidade e da quantidade. Pois tudo o que é tal não excede o sujeito em que está, enquanto a mente pode ainda conhecer e amar outras coisas".

---

1 PARALL.: Supra, q. 54, a. 3; I *Sent.*, dist. 3, q. 4, a. 2; *De Spirit. Creat.*, a. 11; *Quodlib.* X, q. 3, a. 1; *Q. de Anima*, a. 12.
  1. C. 4: ML 42, 963.
  2. C. 11: ML 42, 983.
  3. C. 2: 414, a, 4-19.
  4. C. 4: ML 42, 963.

6. Praeterea, *forma simplex subiectum esse non potest* [5]. Anima autem est forma simplex: cum non sit composita ex materia et forma, ut supra[6] dictum est. Non ergo potentia animae potest esse in ipsa sicut in subiecto.

7. Praeterea, accidens non est principium substantialis differentiae. Sed *sensibile* et *rationale* sunt substantiales differentiae: et sumuntur a sensu et ratione, quae sunt potentiae animae. Ergo potentiae animae non sunt accidentia. Et ita videtur quod potentia animae sit eius essentia.

Sed contra est quod Dionysius dicit, 11 cap. *Caelest. Hier.*[7], quod *caelestes spiritus dividuntur in essentiam, virtutem et operationem*. Multo igitur magis in anima aliud est essentia, et aliud virtus sive potentia.

Respondeo dicendum quod impossibile est dicere quod essentia animae sit eius potentia; licet hoc quidam posuerint. Et hoc dupliciter ostenditur, quantum ad praesens.

Primo quia, cum potentia et actus dividant ens et quodlibet genus entis, oportet quod ad idem genus referatur potentia et actus. Et ideo, si actus non est in genere substantiae, potentia quae dicitur ad illum actum, non potest esse in genere substantiae. Operatio autem animae non est in genere substantiae; sed in solo Deo, cuius operatio est eius substantia. Unde Dei potentia, quae est operationis principium, est ipsa Dei essentia. Quod non potest esse verum neque in anima, neque in aliqua creatura; ut supra[8] etiam de angelo dictum est.

Secundo, hoc etiam impossibile apparet in anima. Nam anima secundum suam essentiam est actus. Si ergo ipsa essentia animae esset immediatum operationis principium, semper habens animam actu haberet opera vitae; sicut semper habens animam actu est vivum. — Non enim, inquantum est forma, est actus ordinatus ad ulteriorem actum, sed est ultimus terminus generationis. Unde quod sit in potentia adhuc ad alium actum, hoc non competit ei secundum suam essentiam, inquantum est forma; sed secundum suam potentiam. Et sic ipsa anima, secundum quod subest suae potentiae, dicitur[9] *actus primus*, ordinatus ad actum secundum. — Invenitur autem

6. Ademais, uma forma simples não pode ser sujeito. Ora, a alma é uma forma simples, pois ela não é composta de matéria e de forma, como foi dito. Logo, as potências da alma não podem estar nela como em um sujeito.

7. Ademais, um acidente não é o princípio de uma diferença substancial. Ora, *sensível* e *racional* são diferenças substanciais e são tomadas de sentido e de razão que são potências da alma. Logo, as potências da alma não são acidentes, e dessa maneira, parece que a potência da alma é sua essência.

Em sentido contrário, diz Dionísio que os espíritos celestes dividem-se em essência, potência e operação. Com maior razão, portanto, a essência e a potência são distintas na alma.

Respondo. Não se pode dizer que a essência da alma seja sua potência, embora alguns tenham essa posição. E isso pode ser demonstrado de duas maneiras:

1. Como a potência e o ato dividem o ente e qualquer gênero de ente, é preciso que um e outro se refiram ao mesmo gênero. Assim, se o ato não pertence ao gênero substância, a potência que lhe é correlativa não pode pertencer a esse gênero. Ora, a operação da alma não se encontra no gênero substância. Somente em Deus, sua operação é sua substância, de sorte que a potência divina, princípio de operação, é a essência mesma de Deus. Logo, isso não pode ser verdade nem da alma, nem de nenhuma outra criatura, como foi dito precedentemente a respeito do anjo.

2. Que isso seja também impossível, vê-se na alma. Esta, segundo sua essência, é ato. Se, portanto, a essência da alma fosse o princípio imediato da operação, aquilo que sempre tem alma teria as operações vitais em ato, como aquilo que sempre tem alma é vivo em ato. — Pois a alma, enquanto forma, não é um ato ordenado para um ato superior, mas é o termo último da geração. Se, portanto, ela está ainda em potência para outro ato, isso não lhe cabe por sua essência, enquanto é uma forma, mas por sua potência. Por isso, a alma, enquanto sujeito de sua potência, é um *ato primeiro* ordenado para um ato segundo. — Ora, acontece que aquilo que tem alma não está

---

5. Boet., *De Trin.*, l. I, c. 2: ML 64, 1250 D.
6. Q. 75, a. 5.
7. MG 3, 284 D.
8. Q. 54, a. 3.
9. Aristot., *de Anima*, l. II, c. 1: 412, a, 22-28.

habens animam non semper esse in actu operum vitae. Unde etiam in definitione animae dicitur quod est *actus corporis potentia vitam habentis*, quae tamen potentia *non obiicit animam*. — Relinquitur ergo quod essentia animae non est eius potentia. Nihil enim est in potentia secundum actum, inquantum est actus.

AD PRIMUM ergo dicendum quod Augustinus loquitur de mente secundum quod noscit se et amat se. Sic ergo notitia et amor, inquantum referuntur ad ipsam ut cognitam et amatam, substantialiter vel essentialiter sunt in anima, quia ipsa substantia vel essentia animae cognoscitur et amatur.

Et similiter intelligendum est quod alibi dicit, quod sunt *una vita, una mens, una essentia*. — Vel, sicut quidam dicunt, haec locutio verificatur secundum modum quo totum potestativum praedicatur de suis partibus, quod medium est inter totum universale et totum integrale. Totum enim universale adest cuilibet parti secundum totam suam essentiam et virtutem, ut *animal* homini et equo: et ideo proprie de singulis partibus praedicatur. Totum vero integrale non est in qualibet parte, neque secundum totam essentiam, neque secundum totam virtutem. Et ideo nullo modo de singulis partibus praedicatur; sed aliquo modo, licet improprie, praedicatur de omnibus simul, ut si dicamus quod paries, tectum et fundamentum sunt domus. Totum vero potentiale adest singulis partibus secundum totam suam essentiam, sed non secundum totam virtutem. Et ideo quodammodo potest praedicari de qualibet parte; sed non ita proprie sicut totum universale. Et per hunc modum Augustinus dicit quod memoria, intelligentia et voluntas sunt una animae essentia.

AD SECUNDUM dicendum quod actus ad quem est in potentia materia prima, est substantialis forma. Et ideo potentia materiae non est aliud quam eius essentia.

AD TERTIUM dicendum quod actio est compositi, sicut et esse: existentis enim est agere. Compositum autem per formam substantialem habet esse substantialiter; per virtutem autem quae consequitur formam substantialem, operatur. Unde sic se habet forma accidentalis activa ad formam substantialem agentis (ut calor ad formam ignis), sicut se habet potentia animae ad animam.

sempre em ato nas operações vitais. Daí que na definição mesma da alma se diz que é "o ato de um corpo tendo a vida em potência". Tal potência, no entanto, não exclui a alma. — A essência da alma não é, portanto, sua potência. Nada, com efeito, está em potência com relação a um ato, enquanto tal.

QUANTO AO 1º, portanto, deve-se dizer que Agostinho fala aqui da mente, enquanto se conhece e se ama a si mesma. Dessa maneira, o conhecimento e o amor, enquanto se referem a ela como conhecida e amada, estão substancial ou essencialmente na alma, porque a substância ou a essência da alma é conhecida e é amada.

Assim também se deve entender o que diz em outro lugar que são *uma só vida, um só espírito, uma só essência*. — Ou, ainda, como outros dizem, essa maneira de falar é justa de acordo com o modo como o todo potencial é atribuído às suas partes, a saber, intermediário entre o todo universal e o todo integral. O todo universal se encontra em cada uma de suas partes, com toda a sua essência e toda a sua potência, assim *animal* com relação ao homem e ao cavalo. Pode-se, portanto, atribuir esse todo a qualquer uma das partes. O todo integral, pelo contrário, não está em cada uma das partes, nem com toda a sua essência, nem com toda a sua potência. Portanto, não se atribui de maneira alguma a cada uma delas individualmente. Mas atribui-se de algum modo, embora impropriamente, ao conjunto das partes. Diz-se, assim, que as paredes, o teto, os alicerces são a casa. O todo potencial se encontra em cada uma das partes com toda essência, mas não com sua potência inteira. Pode-se, pois, atribuí-lo de algum modo a cada parte, mas não tão propriamente como o todo universal. É assim que Agostinho diz que a memória, a inteligência e a vontade são uma só essência da alma.

QUANTO AO 2º, deve-se dizer que o ato para o qual a matéria primeira está em potência é a forma substancial. Por isso a potência da matéria é exatamente sua essência.

QUANTO AO 3º, deve-se dizer que a ação, como o ser, é do composto. É, com efeito, próprio do que existe agir. Ora, o composto tem o ser substancialmente pela forma substancial e opera pela potência que segue a essa forma. Em consequência, a forma acidental ativa está para a forma substancial do que age — como o calor para a forma do fogo — como a potência da alma está para a alma.

AD QUARTUM dicendum quod hoc ipsum quod forma accidentalis est actionis principium, habet a forma substantiali. Et ideo forma substantialis est primum actionis principium, sed non proximum. Et secundum hoc Philosophus dicit quod id *quo intelligimus et sentimus, est anima*.

AD QUINTUM dicendum quod, si accidens accipiatur secundum quod dividitur contra substantiam, sic nihil potest esse medium inter substantiam et accidens: quia dividuntur secundum affirmationem et negationem, scilicet secundum esse in subiecto et non esse in subiecto. Et hoc modo, cum potentia animae non sit eius essentia, oportet quod sit accidens: et est in secunda specie Qualitatis. — Si vero accipiatur accidens secundum quod ponitur unum quinque Universalium, sic aliquid est medium inter substantiam et accidens. Quia ad substantiam pertinet quidquid est essentiale rei: non autem quidquid est extra essentiam, potest sic dici accidens, sed solum id quod non causatur ex principiis essentialibus speciei. *Proprium* enim non est de essentia rei, sed ex principiis essentialibus speciei causatur: unde medium est inter essentiam et accidens sic dictum. Et hoc modo potentiae animae possunt dici mediae inter substantiam et accidens, quasi proprietates animae naturales.

Quod autem Augustinus dicit, quod notitia et amor non sunt in anima sicut accidentia in subiecto, intelligitur secundum modum praedictum[10], prout comparantur ad animam, non sicut ad amantem et cognoscentem; sed prout comparantur ad eam sicut ad amatam et cognitam. Et hoc modo procedit sua probatio: quia si amor esset in anima amata sicut in subiecto, sequeretur quod accidens transcenderet suum subiectum; cum etiam alia sint amata per animam.

AD SEXTUM dicendum quod anima, licet non sit composita ex materia et forma, habet tamen aliquid de potentialitate admixtum ut supra[11] dictum est. Et ideo potest esse subiectum accidentis. Propositio autem inducta locum habet in Deo, qui est actus purus: in qua materia Boetius eam introducit.

QUANTO AO 4º, deve-se dizer que o fato de a forma acidental ser principio da ação se deve à forma substancial. Esta é, portanto, o primeiro princípio da ação, e não o princípio próximo. É nesse sentido que o Filósofo diz: "Aquilo pelo qual conhecemos e sentimos é a alma".

QUANTO AO 5º, deve-se dizer que se se toma acidente enquanto se opõe à substância, não há, então, um intermediário entre substância e acidente, pois se opõem como a afirmação e a negação, isto é, estar em um sujeito ou não estar em um sujeito. Nesse sentido, como a potência da alma não é sua essência, é preciso que seja um acidente, compreendido na segunda espécie da qualidade. — Mas, se se toma acidente enquanto um dos cinco universais, há, então, um intermediário entre a substância e o acidente. Com efeito, pertence à substância tudo o que é essencial a uma coisa. No entanto, nem tudo o que não lhe é essencial pode ser chamado de acidente, mas só aquilo que não é causado pelos princípios essenciais da espécie. Assim, *o que é próprio* não é da essência da coisa, mas é causado pelos princípios essenciais da espécie; por isso, é intermediário entre a essência e o acidente entendido neste sentido de acidente. É dessa maneira que as potências da alma podem ser ditas intermediárias entre a substância e o acidente, como propriedades naturais da alma[b].

A expressão de Agostinho: o conhecimento e o amor não estão na alma como acidentes de um sujeito, entende-se como foi acima afirmado, isto é, em sua relação com a alma, não enquanto ama e conhece, mas enquanto ela é amada e conhecida. Eis como procede a sua prova: porque se o amor estivesse na alma amada como em um sujeito, resultaria que o acidente transcenderia seu sujeito; uma vez que outras coisas são também amadas pela alma.

QUANTO AO 6º, deve-se dizer que embora a alma não seja composta de matéria e de forma, está, entretanto, em potência sob certos aspectos, como acima foi dito; e por isso pode ser sujeito para o acidente. A proposição alegada se aplica a Deus que é ato puro; foi ao tratar disso que Boécio a introduziu.

---

10. In resp. ad 1.
11. Q. 75, a. 5, ad 4.

b. Divide-se em cinco predicáveis tudo o que se pode atribuir a um sujeito (gênero, espécie, diferença, próprio, acidente). Distingue-se portanto o acidente próprio (quarto predicável) do acidente que não o é (quinto predicável). Um decorre dos princípios da essência, e é necessário. O outro provém de qualquer outra causa exterior. É nesse sentido que, sendo a potência um acidente próprio, se pode negar que seja um acidente no segundo sentido da palavra.

AD SEPTIMUM dicendum quod *rationale* et *sensibile*, prout sunt differentiae, non sumuntur a potentiis sensus et rationis; sed ab ipsa anima sensitiva et rationali. Quia tamen formae substantiales, quae secundum se sunt nobis ignotae, innotescunt per accidentia; nihil prohibet interdum accidentia loco differentiarum substantialium poni.

ARTICULUS 2
Utrum sint plures potentiae animae

AD SECUNDUM SIC PROCEDITUR. Videtur quod non sint plures potentiae animae.
1. Anima enim intellectiva maxime ad divinam similitudinem accedit. Sed in Deo est una et simplex potentia. Ergo et in anima intellectiva.

2. PRAETEREA, quanto virtus est superior, tanto est magis unita. Sed anima intellectiva excedit omnes alias formas in virtute. Ergo maxime debet habere unam virtutem seu potentiam.

3. PRAETEREA, operari est existentis in actu. Sed per eandem essentiam animae homo habet esse secundum diversos gradus perfectionis, ut supra[1] habitum est. Ergo per eandem potentiam animae operatur diversas operationes diversorum graduum.

SED CONTRA est quod Philosophus, in II *de Anima*[2] ponit plures animae potentias.

RESPONDEO dicendum quod necesse est ponere plures animae potentias. Ad cuius evidentiam, considerandum est quod, sicut Philosophus dicit in II *de Caelo*[3], quae sunt in rebus infima, non possunt consequi perfectam bonitatem, sed aliquam imperfectam consequuntur paucis motibus; superiora vero his adipiscuntur perfectam bonitatem motibus multis, his autem superiora sunt quae adipiscuntur perfectam bonitatem motibus paucis; summa vero perfectio invenitur in his quae absque motu perfectam possident bonitatem. Sicut infime est ad sanitatem dispositus qui non potest perfectam consequi sanitatem, sed aliquam

QUANTO AO 7º, deve-se dizer que *racional e sensível*, como diferenças, não se tomam a partir das potências dos sentidos e da razão, mas a partir da alma sensitiva e racional. Todavia, uma vez que as formas substanciais não são conhecíveis para nós em si mesmas, sendo conhecidas pelos acidentes, nada impede que se afirmem, algumas vezes, os acidentes pelas diferenças substanciais.

ARTIGO 2
Há muitas potências na alma?[c]

QUANTO AO SEGUNDO, ASSIM SE PROCEDE: parece que **não** há muitas potências na alma.
1. Com efeito, a alma intelectiva se aproxima ao máximo da semelhança com Deus. Ora, em Deus há uma só e simples potência. Logo, também na alma intelectiva.

2. ALÉM DISSO, quanto mais uma potência é elevada, tanto maior sua unidade. Ora, a alma intelectiva excede em potência todas as outras formas. Logo, deve ter em grau máximo uma só virtude ou potência.

3. ADEMAIS, operar é próprio do que existe em ato. Ora, é pela mesma essência da alma que o homem possui o ser segundo diversos graus de perfeição, como já se disse. Logo, é pela mesma potência da alma que ele opera diversas operações correspondentes a esses diferentes graus.

EM SENTIDO CONTRÁRIO, o Filósofo, no livro II da *Alma*, admite muitas potências da alma.

RESPONDO. É necessário afirmar uma pluralidade de potências na alma. Para estabelecê-lo, deve-se considerar, com o Filósofo no livro II do *Céu*, que as realidades inferiores não podem atingir a perfeição da bondade, mas uma bondade imperfeita, por meio de movimentos limitados. As realidades imediatamente superiores a estas, pelo contrário, alcançam a perfeição da bondade por meio de muitos movimentos. São superiores a estas aquelas que alcançam a perfeição da bondade por meio de um pequeno número de movimentos. O grau supremo de perfeição se encontra naquelas que a possuem sem movimento algum. Exemplo: o homem menos

---

1. Q. 76, a. 3, 4.
2. Cc. 2, 3: 413, b, 9-13; 414, a, 29-32.
3. C. 12: 292, a, 22 — b, 10.

c. Só se pode definir uma potência pelo tipo de atos aos quais ela ordena o sujeito. Os próprios atos "especificam-se", "definem-se" pelo objeto a que eles visam. A dificuldade reside em distinguir o que há de específico e de constitutivo em um objeto do que há de particular no interior de um mesmo objeto essencial.

modicam consequitur paucis remediis; melius autem dispositus est qui potest perfectam consequi sanitatem, sed remediis multis; et adhuc melius, qui remediis paucis; optime autem, qui absque remedio perfectam sanitatem habet.

Dicendum est ergo quod res quae sunt infra hominem, quaedam particularia bona consequuntur: et ideo quasdam paucas et determinatas operationes habent et virtutes. Homo autem potest consequi universalem et perfectam bonitatem: quia potest adipisci beatitudinem. Est tamen in ultimo gradu, secundum naturam, eorum quibus competit beatitudo: et ideo multis et diversis operationibus et virtutibus indiget anima humana. Angelis vero minor diversitas potentiarum competit. In Deo vero non est aliqua potentia vel actio, praeter eius essentiam.

Est et alia ratio quare anima humana abundat diversitate potentiarum: videlicet quia est in confinio spiritualium et corporalium creaturarum, et ideo concurrunt in ipsa virtutes utrarumque creaturarum.

AD PRIMUM ergo dicendum quod in hoc ipso magis ad similitudinem Dei accedit anima intellectiva quam creaturae inferiores, quod perfectam bonitatem consequi potest; licet per multa et diversa; in quo deficit a superioribus.

AD SECUNDUM dicendum quod virtus unita est superior, si ad aequalia se extendat. Sed virtus multiplicata est superior, si plura ei subiiciantur.

AD TERTIUM dicendum quod unius rei est unum esse substantiale, sed possunt esse operationes plures. Et ideo est una essentia animae, sed potentiae plures.

ARTICULUS 3

Utrum potentiae distinguantur per actus et obiecta

AD TERTIUM SIC PROCEDITUR. Videtur quod potentiae non distinguantur per actus et obiecta.

1. Nihil enim determinatur ad speciem per illud quod posterius, vel extrinsecum est. Actus autem est posterior potentia; obiectum autem est extrin-

bem disposto de saúde é aquele que não pode tê-la perfeitamente, mas que a possui de uma maneira precária com a ajuda de alguns poucos medicamentos. Está em melhor disposição aquele que pode obter uma perfeita saúde com numerosos remédios. E melhor ainda está aquele que a obtém com poucos remédios. A disposição excelente será ter, sem nenhum remédio, uma saúde perfeita.

Portanto, deve-se dizer que as coisas inferiores ao homem atingem alguns bens particulares, e por isso têm algumas poucas e determinadas operações e potências. O homem, com efeito, pode chegar à bondade universal e total, porque pode alcançar a bem-aventurança. Ele ocupa, entretanto, por sua natureza, o último degrau entre aqueles a quem cabe a bem-aventurança; por isso a alma humana tem necessidade de numerosas e diferentes operações e potências. Para os anjos requer-se uma menor diversidade de potências. Em Deus não há potência ou ação distintas de sua essência.

Existe, ainda, outra razão pela qual a alma humana está dotada de grande número de potências diferentes. Está ela na fronteira das criaturas espirituais e corporais, por isso, nela se reúnem as potências tanto de umas e outras criaturas.

QUANTO AO 1º, portanto, deve-se dizer que a alma intelectiva se aproxima mais da semelhança com Deus do que as criaturas inferiores, porque pode atingir a bondade perfeita, embora por muitos e diversos meios. Nisso se distancia das superiores.

QUANTO AO 2º, deve-se dizer que a potência unificada é superior às outras, se abrange coisas iguais. Mas uma potência múltipla é superior às outras se muitas coisas lhe estão sujeitas.

QUANTO AO 3º, deve-se dizer que é próprio de uma só coisa ter um só ser substancial, mas pode ter várias operações. Assim, só há uma essência da alma, mas várias potências.

ARTIGO 3

As potências se distinguem pelos atos e objetos?

QUANTO AO TERCEIRO, ASSIM SE PROCEDE: parece que as potências **não** se distinguem pelos atos e objetos.

1. Com efeito, não se determina a espécie de uma coisa por aquilo que lhe é posterior ou extrínseco. Ora, o ato é posterior à potência e o objeto

---

3 PARALL.: Q. *de Anima*, a. 13; l. II *de Anima*, lect. 6.

secum. Ergo per ea potentiae non distinguuntur secundum speciem.

2. Praeterea, contraria sunt quae maxime differunt. Si igitur potentiae distinguerentur penes obiecta, sequeretur quod contrariorum non esset eadem potentia. Quod patet esse falsum fere in omnibus: nam potentia visiva eadem est albi et nigri, et gustus idem est dulcis et amari.

3. Praeterea, remota causa, removetur effectus. Si igitur potentiarum differentia esset ex differentia obiectorum, idem obiectum non pertineret ad diversas potentias. Quod patet esse falsum: nam idem est quod potentia cognoscitiva cognoscit, et appetitiva appetit.

4. Praeterea, id quod per se est causa alicuius, in omnibus causat illud. Sed quaedam obiecta diversa, quae pertinent ad diversas potentias, pertinent etiam ad aliquam unam potentiam: sicut sonus et color pertinent ad visum et auditum, quae sunt diversae potentiae; et tamen pertinent ad unam potentiam sensus communis. Non ergo potentiae distinguuntur secundum differentiam obiectorum.

Sed contra, posteriora distinguuntur secundum priora. Sed Philosophus dicit II *de Anima*[1], quod *priores potentiis actus et operationes secundum rationem sunt; et adhuc his priora sunt opposita*, sive obiecta. Ergo potentiae distinguuntur secundum actus et obiecta.

Respondeo dicendum quod potentia, secundum illud quod est potentia, ordinatur ad actum. Unde oportet rationem potentiae accipi ex actu ad quem ordinatur: et per consequens oportet quod ratio potentiae diversificetur, ut diversificatur ratio actus. Ratio autem actus diversificatur secundum diversam rationem obiecti. Omnis enim actio vel est potentiae activae, vel passivae. Obiectum autem comparatur ad actum potentiae passivae, sicut principium et causa movens: color enim inquantum movet visum, est principium visionis. Ad actum autem potentiae activae comparatur obiectum ut terminus et finis: sicut augmentativae virtutis obiectum est quantum perfectum, quod est finis augmenti. Ex his autem duobus actio speciem recipit, scilicet ex principio, vel ex fine seu termino: differt enim calefactio ab infrigidatione, secundum quod haec quidem a calido, scilicet

lhe é extrínseco. Logo, por eles as potências não se distinguem segundo a espécie.

2. Além disso, coisas contrárias diferem muitíssimo entre si. Se as potências se distinguissem segundo seus objetos, seguir-se-ia que não haveria uma mesma potência para os contrários. Isso é evidentemente falso em quase todos os casos, pois há uma mesma potência de ver para o branco e para o preto, um mesmo gosto para o doce e para o amargo.

3. Ademais, supressa a causa, suprime-se o efeito. Se a diversidade das potências dependesse da diversidade dos objetos, o mesmo objeto não se referiria a diversas potências. Ora, isso é evidentemente falso, pois é o mesmo objeto que a potência cognoscitiva conhece e a apetitiva deseja.

4. Ademais, o que por si é causa de um efeito, o causa em todos os casos. Ora, objetos diversos que se referem a diversas potências referem-se também a uma só potência. Por exemplo: o som e a cor se referem à vista e ao ouvido como a potências diferentes e, no entanto, se referem ainda a uma só potência do senso comum. Logo, as potências não se distinguem segundo a diferença dos objetos.

Em sentido contrário, o que é posterior se distingue pelo que é anterior. Ora, o Filósofo diz no livro II da *Alma*: "Os atos e as operações são, segundo a razão, anteriores às potências, e mais anteriores são os opostos", ou seja, os objetos. As potências se distinguem, portanto, pelos atos e objetos.

Respondo. A potência, enquanto tal, é ordenada para o ato. Deve-se, portanto, tomar a razão da potência pelo ato para o qual ela está ordenada. Consequentemente, é necessário que a razão da potência seja diversificada, para que seja diversificada a razão do ato; mas a razão do ato se diversifica pela diversidade de razões dos objetos, pois toda ação é ou de uma potência ativa ou de uma potência passiva. Ora, o objeto se refere ao ato de uma potência passiva, como princípio ou causa motora; assim, a cor é princípio da visão na medida em que move a vista. Ao ato de uma potência ativa, o objeto se refere como um termo e um fim. Por exemplo, o objeto da potência de crescimento é uma quantidade perfeita, que é o fim do crescimento. São esses dois que especificam a ação, a saber, o princípio ou o fim ou termo. O ato de esquentar difere do ato de esfriar, enquanto

---

[1]. C. 4: 415, a, 16-22.

activo, ad calidum; illa autem a frigido ad frigidum procedit. Unde necesse est quod potentiae diversificentur secundum actus et obiecta.

Sed tamen considerandum est quod ea quae sunt per accidens non diversificant speciem. Quia enim coloratum accidit animali, non diversificantur species animalis per differentiam coloris: sed per differentiam eius quod per se accidit animali, per differentiam scilicet animae sensitivae, quae quandoque invenitur cum ratione, quandoque sine ratione. Unde rationale et irrationale sunt differentiae divisivae animalis, diversas eius species constituentes. — Sic igitur non quaecumque diversitas obiectorum diversificat potentias animae; sed differentia eius ad quod per se potentia respicit. Sicut sensus per se respicit passibilem qualitatem, quae per se dividitur in colorem, sonum et huiusmodi: et ideo alia potentia sensitiva est coloris, scilicet visus, et alia soni, scilicet auditus. Sed passibili qualitati, ut colorato, accidit esse musicum vel grammaticum, vel magnum et parvum, aut hominem vel lapidem. Et ideo penes huiusmodi differentias potentiae animae non distinguuntur.

AD PRIMUM ergo dicendum quod actus, licet sit posterior potentia in esse, est tamen prior in intentione et secundum rationem, sicut finis agente. — Obiectum autem, licet sit extrinsecum, est tamen principium vel finis actionis. Principio autem et fini proportionantur ea quae sunt intrinseca rei.

AD SECUNDUM dicendum quod, si potentia aliqua per se respiceret unum contrariorum sicut obiectum, oporteret quod contrarium ad aliam potentiam pertineret. Sed potentia animae non per se respicit propriam rationem contrarii, sed communem rationem utriusque contrariorum: sicut visus non respicit per se rationem albi, sed rationem coloris. Et hoc ideo, quia unum contrariorum est quodammodo ratio alterius, cum se habeant sicut perfectum et imperfectum.

AD TERTIUM dicendum quod nihil prohibet id quod est subiecto idem, esse diversum secundum rationem. Et ideo potest ad diversas potentias animae pertinere.

AD QUARTUM dicendum quod potentia superior per se respicit universaliorem rationem obiecti, quam potentia inferior: quia quanto potentia est superior, tanto ad plura se extendit. Et ideo multa conveniunt in una ratione obiecti, quam per se

o primeiro procede de um corpo quente, isto é, ativo, para outro quente, e o segundo procede de um corpo frio para outro frio. As potências, portanto, se diversificam necessariamente de acordo com os atos e os objetos.

Entretanto deve-se considerar que o que é acidental não diversifica a espécie. É acidental ao animal ser colorido: por isso as espécies de animais não são diversificadas pela diferença de cor, porém pela diferença daquilo que por si corresponde ao animal, a saber pela diferença da alma sensitiva, que ora está unida à razão, ora não o está. Em consequência racional e irracional são as diferenças que dividem o gênero animal e constituem suas diversas espécies. — Não é, portanto, uma diferença qualquer dos objetos que diversifica as potências da alma, mas a diferença daquilo a que, por si, se refere a potência. Por exemplo: o sentido, por si, se refere à qualidade passível que, se divide, por si, em cor, o som etc. Haverá, pois, uma potência sensitiva para a cor, a vista, outra para o som, audição. Mas uma qualidade passível, tal como a cor, pode acidentalmente ser de um músico ou de um gramático, de um corpo grande ou de um pequeno, de um homem ou de uma pedra; estas diferenças não distinguem as potências da alma.

QUANTO AO 1º, portanto, deve-se dizer que o ato é, sem dúvida, posterior à potência quanto ao ser; contudo, é anterior na intenção e segundo a razão, como o fim naquele que age. — Quanto ao objeto, embora seja extrínseco, é, no entanto, o princípio ou o fim da ação. Ora, o que é intrínseco a uma coisa é proporcionado ao princípio e ao fim.

QUANTO AO 2º, deve-se dizer que se uma potência se referisse, por si, a um dos contrários como a seu objeto, seria preciso outra potência para o outro contrário. Ora, a potência da alma não se refere, por si, à razão própria de um dos contrários, mas à razão comum dos dois. Por exemplo, a vista não se refere, por si, ao branco mas à cor, porque um dos contrários é, de certa maneira, a razão do outro, pois estão entre si como o perfeito e o imperfeito.

QUANTO AO 3º, deve-se dizer que nada impede que aquilo que é idêntico na realidade seja diverso segundo a razão, e, por isso, possa se referir a diferentes potências da alma.

QUANTO AO 4º, deve-se dizer que uma potência superior se refere, por si, a uma razão mais universal do objeto, do que uma potência inferior. Porque quanto mais superior uma potência, tanto mais coisas abrange. Por isso, muitas coisas têm em

respicit superior potentia, quae tamen differunt secundum rationes quas per se respiciunt inferiores potentiae. Et inde est quod diversa obiecta pertinent ad diversas inferiores potentias, quae tamen uni superiori potentiae subduntur.

ARTICULUS 4
Utrum in potentiis animae sit ordo

AD QUARTUM SIC PROCEDITUR. Videtur quod in potentiis animae non sit ordo.

1. In his enim quae cadunt sub una divisione, non est prius et posterius, sed sunt naturaliter simul. Sed potentiae animae contra se invicem dividuntur. Ergo inter eas non est ordo.

2. PRAETEREA, potentiae animae comparantur ad obiecta, et ad ipsam animam. Sed ex parte animae, inter eas non est ordo: quia anima est una. Similiter etiam nec ex parte obiectorum: cum sint diversa et penitus disparata, ut patet de colore et sono. In potentiis ergo animae non est ordo.

3. PRAETEREA, in potentiis ordinatis hoc invenitur, quod operatio unius dependet ab operatione alterius. Sed actus unius potentiae animae non dependet ab actu alterius: potest enim visus exire in actum absque auditu, et e converso. Non ergo inter potentias animae est ordo.

SED CONTRA est quod Philosophus, in II *de Anima*[1], comparat partes sive potentias animae figuris. Sed figurae habent ordinem ad invicem. Ergo et potentiae animae.

RESPONDEO dicendum quod, cum anima sit una, potentiae vero plures; ordine autem quodam ab uno in multitudinem procedatur; necesse est inter potentias animae ordinem esse.

Triplex autem ordo inter eas attenditur. Quorum duo considerantur secundum dependentiam unius potentiae ab altera: tertius autem accipitur secundum ordinem obiectorum. Dependentia autem unius potentiae ab altera dupliciter accipi potest: uno modo, secundum naturae ordinem, prout perfecta sunt naturaliter imperfectis priora; alio modo, secundum ordinem generationis et temporis, prout ex imperfecto ad perfectum venitur.

Secundum igitur primum potentiarum ordinem, potentiae intellectivae sunt priores potentiis

ARTIGO 4
Existe ordem entre as potências da alma?

QUANTO AO QUARTO, ASSIM SE PROCEDE: parece que **não** existe ordem entre as potências da alma.

1. Com efeito, nas coisas que são classificadas sob uma mesma divisão não existe antes e depois, elas são naturalmente simultâneas. Ora, as potências da alma estão divididas entre si. Logo, não existe ordem entre elas.

2. ALÉM DISSO, as potências da alma se referem aos objetos e à própria alma. Ora, da parte da alma não há ordem entre elas, pois a alma é una. Igualmente, da parte do objeto, pois são diversos e disparatados; por exemplo a cor e o som. Logo, entre as potências da alma não existe ordem.

3. ADEMAIS, quando as potências são ordenadas entre si, a operação de uma depende da outra. Ora, o ato de determinada potência da alma não depende do ato de outra. Assim, a vista pode passar ao ato sem o ouvido, e vice-versa. Logo, não existe ordem entre as potências da alma.

EM SENTIDO CONTRÁRIO, o Filósofo, no livro II da *Alma*, compara as partes ou potências da alma a figuras geométricas. Ora, há ordem entre as figuras. Logo, também entre as potências da alma.

RESPONDO. Uma vez que a alma é una e as potências muitas, e que se passa do uno para o múltiplo com certa ordem, é necessário haver ordem entre as potências da alma.

Consideram-se três espécies de ordem entre elas. As duas primeiras são consideradas segundo a dependência de uma potência de outra. A terceira segundo a ordem dos objetos. A dependência de uma potência de outra pode-se entender de duas maneiras: primeiro, segundo a ordem da natureza, enquanto as coisas perfeitas são naturalmente anteriores às imperfeitas. Depois, segundo a ordem da geração e do tempo, enquanto o que é imperfeito evolui para o perfeito.

Conforme a primeira ordem das potências, as potências intelectivas são anteriores às potências

---

4 PARALL.: Q. *de Anima*, a. 13, ad 10.

1. C. 3: 414, b, 19-32.

sensitivis: unde dirigunt eas, et imperant eis. Et similiter potentiae sensitivae hoc ordine sunt priores potentiis animae nutritivae. — Secundum vero ordinem secundum, e converso se habet. Nam potentiae animae nutritivae sunt priores, in via generationis, potentiis animae sensitivae: unde ad earum actiones praeparant corpus. Et similiter est de potentiis sensitivis respectu intellectivarum. — Secundum autem ordinem tertium, ordinantur quaedam vires sensitivae ad invicem, scilicet visus, auditus et olfactus. Nam visibile est prius naturaliter: quia est commune superioribus et inferioribus corporibus. Sonus autem audibilis fit in aere, qui est naturaliter prior commixtione elementorum, quam consequitur odor.

AD PRIMUM ergo dicendum quod alicuius generis species se habent secundum prius et posterius, sicut numeri et figurae, quantum ad esse; licet simul esse dicantur inquantum suscipiunt communis generis praedicationem.

AD SECUNDUM dicendum quod ordo iste potentiarum animae est et ex parte animae, quae secundum ordinem quendam habet aptitudinem ad diversos actus, licet sit una secundum essentiam; et ex parte obiectorum; et etiam ex parte actuum, ut dictum est².

AD TERTIUM dicendum quod ratio illa procedit de illis potentiis in quibus attenditur ordo solum secundum tertium modum. Illae autem potentiae quae ordinantur secundum alios duos modos, ita se habent quod actus unius dependet ab altera.

sensitivas, razão por que elas as governam e as comandam. Da mesma maneira, as potências sensitivas são anteriores às potências da alma vegetativa. — Conforme a segunda ordem, a relação é inversa. As potências vegetativas são anteriores, na ordem da geração, às potências sensitivas. Assim, elas preparam o corpo para que essas possam agir. Mesma relação entre as potências sensitivas e as potências intelectivas. — Conforme a terceira ordem, certas potências sensitivas são ordenadas entre si, como a vista, o ouvido, o olfato. Pois, o que é visível é naturalmente anterior, porque é comum aos corpos superiores e aos corpos inferiores. O som se faz perceptível no ar, que é naturalmente anterior à combinação de elementos, da qual vem o odor.

QUANTO AO 1º, portanto, deve-se dizer que em espécies de algum gênero há relação de antes e depois, quanto ao ser, como os números e as figuras. Diz-se, entretanto, que existem simultaneamente uma vez que recebem a atribuição do gênero comum.

QUANTO AO 2º, deve-se dizer que a ordem das potências da alma é tanto da parte da alma, que, segundo certa ordem, tem aptidão para diversos atos, embora seja una segundo a essência; quanto da parte dos objetos; e ainda da parte dos atos, como foi dito.

QUANTO AO 3º, deve-se dizer que essa objeção procede das potências nas quais se atende à ordem somente segundo o terceiro modo. As potências, porém, que são ordenadas segundo os outros dois modos, de tal maneira se referem que o ato de uma depende da outra.

ARTICULUS 5

Utrum omnes potentiae animae sint in anima sicut in subiecto

AD QUINTUM SIC PROCEDITUR. Videtur quod omnes potentiae animae sint in anima sicut in subiecto.

ARTIGO 5

Todas as potências da alma estão na alma como em seu sujeito?[d]

QUANTO AO QUINTO, ASSIM SE PROCEDE: parece que todas as potências da alma **estão** na alma como em seu sujeito.

---

2. In corp.

5 PARALL.: *De Spirit. Creat.*, a. 4, ad 3; *Compend. Theol.*, c. 89, 92.

d. Fala-se de potências da alma. Ora, há potências que têm por sujeito não a alma, mas o composto, isto é, na verdade, o corpo enquanto animado e, mais precisamente, este ou aquele órgão do corpo. São as potências denominadas "vegetativas" (ou seja, vitais, orgânicas) e as potências "sensitivas". É claro, o cérebro não produz a sensação como o fígado produz a glicose, pois a sensação é de uma ordem diferente das mutações físicas que lhe são subjacentes. No entanto, na sensação (como em toda a vida psíquica sensitiva), a ligação entre o físico e o psíquico permanece substancial, e isto se traduz na própria natureza da sensação: ela só apreende o que afeta e modifica o órgão e, por conseguinte, o particular como tal. Sentir, e também imaginar, não é apenas um ato da alma, mas do órgão animado. É justamente na potência intelectual e em seus atos (o pensamento) que a

1. Sicut enim se habent potentiae corporis ad corpus, ita se habent potentiae animae ad animam. Sed corpus est subiectum corporalium potentiarum. Ergo anima est subiectum potentiarum animae.

2. PRAETEREA, operationes potentiarum animae attribuuntur corpori propter animam: quia, ut dicitur in II *de Anima*[1], *anima est quo sentimus et intelligimus primum*. Sed propria principia operationum animae sunt potentiae. Ergo potentiae per prius sunt in anima.

3. PRAETEREA, Augustinus dicit, XII *super Gen. ad litt.*[2], quod anima quaedam sentit non per corpus, immo sine corpore, ut est timor et huiusmodi; quaedam vero sentit per corpus. Sed si potentia sensitiva non esset in sola anima sicut in subiecto, nihil posset sine corpore sentire. Ergo anima est subiectum potentiae sensitivae; et pari ratione, omnium aliarum potentiarum.

SED CONTRA est quod Philosophus dicit, in libro *de Sommo et Vigilia*[3] quod *sentire non est proprium animae neque corporis, sed coniuncti*. Potentia ergo sensitiva est in coniuncto sicut in subiecto. Non ergo sola anima est subiectum omnium potentiarum suarum.

RESPONDEO dicendum quod illud est subiectum operativae potentiae, quod est potens operari: omne enim accidens denominat proprium subiectum. Idem autem est quod potest operari, et quod operatur. Unde oportet quod *eius sit potentia* sicut subiecti, *cuius est operatio*; ut etiam Philosophus dicit, in principio *de Somno et Vigilia*[4].

Manifestum est autem ex supra dictis[5] quod quaedam operationes sunt animae, quae exercentur sine organo corporali, ut intelligere et velle. Unde potentiae quae sunt harum operationum principia, sunt in anima sicut in subiecto. — Quaedam vero operationes sunt animae, quae exercentur per organa corporalia; sicut visio per oculum, et auditus per aurem. Et simile est de omnibus aliis operationibus nutritivae et sensitivae partis.

1. Com efeito, as potências do corpo estão para o corpo, assim como as potências da alma estão para a alma. Ora, o corpo é sujeito das potências corporais. Logo, a alma é sujeito das potências da alma

2. ALÉM DISSO, as operações das potências da alma são atribuídas ao corpo, por causa da alma, porque como se diz no livro II da *Alma*: " A alma é aquilo pelo que sentimos e entendemos primeiramente". Ora, os princípios próprios das operações da alma são as potências. Logo, as potências estão primeiramente na alma.

3. ADEMAIS, Agostinho diz que a alma sente certas coisas não pelo corpo e até mesmo sem o corpo, como o temor e coisas semelhantes; outras coisas ela sente mediante o corpo. Ora, se a potência sensitiva não estivesse unicamente na alma como em seu sujeito, nada poderia sentir sem o corpo. Logo, a alma é sujeito da potência sensitiva e pela mesma razão de todas as outras potências.

EM SENTIDO CONTRÁRIO, o Filósofo diz: "Sentir não é próprio nem da alma nem do corpo, mas do composto". A potência sensitiva está pois nesse composto como em seu sujeito. A alma não é, portanto, o único sujeito de todas as suas potências.

RESPONDO. Sujeito de uma potência ativa é o que é capaz de agir, pois todo acidente caracteriza seu próprio sujeito. Ora, é o mesmo o que é capaz de agir e o que age. Portanto, é necessário que a *potência seja daquele*, como sujeito, *de que é a operação*, como também diz o Filósofo, no início do livro do *Sono e da Vigília*.

É claro que pelo que já foi exposto que há na alma operações que se realizam sem órgão corporal, como conhecer e querer. Por conseguinte, as potências que são princípios dessas operações estão na alma como em um sujeito. — Mas há algumas operações da alma que se realizam com a ajuda de órgãos corporais; por exemplo: a visão pelo olho, a audição pelo ouvido e de maneira semelhante ocorre com todas as outras operações da

---

1. C. 2: 414, a, 4-19.
2. Cc. 7, 24: ML 34, 459, 474-475.
3. C. 1: 454.
4. Ibid.
5. Q. 75, a. 2, 3; q. 76, a. 1, ad 1.

alma surge em sua independência da matéria a que dá forma e, por conseguinte, do corpo, do qual, contudo, ela é a forma. Independência que, todavia, não é total, pois a inteligência humana tem por objeto natural, especificamente, o que há de universal e de essencial no sensível. De tal modo que a alma não pode entrar em ato de inteligência, pensar, sem que o corpo que ela anima entre em ato de imaginação. Em outros termos, sem exercer ao mesmo tempo e como em uma única intenção sua função animadora dos órgãos da sensibilidade.

Et ideo potentiae quae sunt talium operationum principia, sunt in coniuncto sicut in subiecto, et non in anima sola.

AD PRIMUM ergo dicendum quod omnes potentiae dicuntur esse animae, non sicut subiecti, sed sicut principii: quia per animam coniunctum habet quod tales operationes operari possit.

AD SECUNDUM dicendum quod omnes huiusmodi potentiae per prius sunt in anima quam in coniuncto, non sicut in subiecto, sed sicut in principio.

AD TERTIUM dicendum quod opinio Platonis[6] fuit quod sentire est operatio animae propria, sicut et intelligere. In multis autem quae ad philosophiam pertinent, Augustinus utitur opinionibus Platonis, non asserendo, sed recitando. — Tamen, quantum ad praesens pertinet, hoc quod dicitur anima quaedam sentire cum corpore et quaedam sine corpore, dupliciter potest intelligi. Uno modo, quod hoc quod dico *cum corpore vel sine corpore*, determinet actum sentiendi secundum quod exit a sentiente. Et sic nihil sentit sine corpore: quia actio sentiendi non potest procedere ab anima nisi per organum corporale. Alio modo potest intelligi ita quod praedicta determinent actum sentiendi ex parte obiecti quod sentitur. Et sic quaedam sentit cum corpore, idest in corpore existentia, sicut cum sentit vulnus vel aliquid huiusmodi: quaedam vero sentit sine corpore, idest non existentia in corpore, sed solum in apprehensione animae, sicut cum sentit se tristari vel gaudere de aliquo audito.

parte sensitiva e nutritiva. Por isso, as potências que são princípios de tais operações estão no composto como no sujeito, e não apenas na alma.

QUANTO AO 1º, portanto, deve-se dizer que todas as potências pertencem à alma, não como a seu sujeito, mas como a seu princípio, pois é pela alma que o composto humano tem o poder de operar todas as suas operações.

QUANTO AO 2º, deve-se dizer que todas essas potências estão na alma antes de estar no composto humano, todavia, não como em seu sujeito, mas como em seu princípio.

QUANTO AO 3º, deve-se dizer que, para Platão, sentir é uma operação própria da alma, como também conhecer. Em muitas questões filosóficas, Agostinho utiliza opiniões platônicas, não as afirmando, mas citando-as. — No caso presente, no entanto, quando ele diz que a alma sente, ora com o corpo, ora sem o corpo, isto pode ser interpretado de duas maneiras. Primeiramente, a expressão *Com ou sem corpo* determina o ato de sentir, enquanto procede daquele que sente. Assim, nada sente sem o corpo, pois o ato de sentir não pode proceder da alma senão por meio de um órgão corporal. Em segundo lugar, determina o ato de sentir, da parte do objeto que se sente. Então, a alma sente algumas coisas com o corpo, isto é, existentes no corpo. Uma ferida, por exemplo, ou algo semelhante. Mas outras coisas ela sente sem o corpo, isto é, não existentes no corpo, mas somente na apreensão da alma. Assim, por exemplo, ela se sente triste ou alegre por algo que ouviu.

ARTICULUS 6
Utrum potentiae animae fluant ab eius essentia

AD SEXTUM SIC PROCEDITUR. Videtur quod potentiae animae non fluant ab eius essentia.
1. Ab uno enim simplici non procedunt diversa. Essentia autem animae est una et simplex. Cum ergo potentiae animae sint multae et diversae, non possunt procedere ab eius essentia.

ARTIGO 6
As potências da alma emanam de sua essência?[e]

QUANTO AO SEXTO, ASSIM SE PROCEDE: parece que as potências da alma **não** emanam de sua essência.
1. Com efeito, de algo uno e simples não procedem coisas diversas. Ora, a essência da alma é una e simples. Logo, uma vez que suas potências são numerosas e diversas, não podem proceder de sua essência.

---

6. In *Theaeteto*, c. 29, 30: 185 D — 186; in *Timateo*, c. 15: 43 C, 44 A.
PARALL.: I *Sent.*, dist. 3, q. 4, a. 2.

e. Afirmar que as faculdades "emanam" da alma, ou ainda que a essência da alma é a causa de suas faculdades, não deve ser entendido como se as faculdades ou potências fossem "partes", nas quais se desdobraria uma substância que seria, daí em diante, inteiramente material. Quer-se afirmar, simplesmente, que a essência é pressuposta a suas faculdades e a seus atos. No mesmo sentido se pode afirmar das potências que procedem umas das outras. Afastemos sempre o aspecto material das palavras empregadas: Sto. Tomás as entende em um sentido analógico.

2. Praeterea, illud a quo aliud procedit, est causa eius. Sed essentia animae non potest dici causa potentiarum; ut patet discurrenti per singula causarum genera. Ergo potentiae animae non fluunt ab eius essentia.

3. Praeterea, emanatio quendam motum nominat. Sed nihil movetur a seipso, ut probatur in VII libro *Physic.*[1]; nisi forte ratione partis, sicut animal dicitur moveri a seipso, quia una pars eius est movens et alia mota. Neque etiam anima movetur, ut probatur in I *de Anima*[2]. Non ergo anima causat in se suas potentias.

Sed contra, potentiae animae sunt quaedam proprietates naturales ipsius. Sed subiectum est causa propriorum accidentium: unde et ponitur in definitione accidentis, ut patet in VII *Metaphys.*[3]. Ergo potentiae animae procedunt ab eius essentia sicut a causa.

Respondeo dicendum quod forma substantialis et accidentalis partim conveniunt, et partim differunt. Conveniunt quidem in hoc, quod utraque est actus, et secundum utramque est aliquid quodammodo in actu. — Differunt autem in duobus.

Primo quidem, quia forma substantialis facit esse simpliciter, et eius subiectum est ens in potentia tantum. Forma autem accidentalis non facit esse simpliciter; sed esse tale, aut tantum, aut aliquo modo se habens; subiectum enim eius est ens in actu. Unde patet quod actualitas per prius invenitur in forma substantiali quam in eius subiecto: et quia primum est causa in quolibet genere, forma substantialis causat esse in actu in suo subiecto. Sed e converso, actualitas per prius invenitur in subiecto formae accidentalis, quam in forma accidentali: unde actualitas formae accidentalis causatur ab actualitate subiecti. Ita quod subiectum, inquantum est in potentia, est susceptivum formae accidentalis: inquantum autem est in actu, est eius productivum. Et hoc dico de proprio et per se accidente: nam respectu accidentis extranei, subiectum est susceptivum tantum; productivum vero talis accidentis est agens extrinsecum.

Secundo autem differunt substantialis forma et accidentalis, quia, cum minus principale sit

2. Além disso, aquilo do qual outro procede é a causa deste último. Ora, a essência da alma não pode ser a causa das potências. Isso é evidente ao que examina cada um dos gêneros de causas. Logo, as potências da alma não emanam da essência da alma.

3. Ademais, emanação caracteriza certo movimento. Ora, nada se move por si mesmo, como se prova no livro VII da *Física*, a não ser, talvez, segundo uma parte de si. Diz-se, por exemplo, que o animal se move a si mesmo, porque uma sua parte move e outra é movida. Nem também a alma é movida como prova o livro I da *Alma*. Logo, a alma não causa em si suas potências.

Em sentido contrário, as potências da alma são propriedades que ela possui por natureza. Ora, o sujeito é a causa de seus acidentes, por isso se afirma na definição do acidente, como está claro no livro VII da *Metafísica*. Logo, as potências da alma procedem de sua essência como de uma causa.

Respondo. Entre forma substancial e forma acidental existem semelhanças e diferenças. Têm em comum que ambas são ato e por uma e outra as coisas estão de algum modo em ato. — Mas diferem em duas coisas:

1. A forma substancial dá o ser absolutamente e seu sujeito é o ente somente em potência. A forma acidental, por sua vez, não dá o ser absolutamente, mas dá qualidade ou quantidade, ou qualquer outra modalidade, e seu sujeito é o ente em ato. Por conseguinte, é evidente que a atualidade do ser encontra-se na forma substancial e não em seu sujeito. E porque o que é primeiro em gênero é sempre causa, a forma substancial é a causa de que seu sujeito esteja em ato. Pelo contrário, a atualidade se encontra mais no sujeito da forma acidental que na forma acidental, razão por que a atualidade da forma acidental é causada pela atualidade do sujeito. Assim, o sujeito, enquanto está em potência, é receptivo da forma acidental, mas enquanto está em ato é causa dela. Isto afirmamos do acidente próprio e *per se*; com efeito, tratando-se de acidente de origem externa, o sujeito é apenas receptivo; o que o produz é um agente exterior.

2. A forma acidental e a forma substancial diferem ainda porque a matéria existe por causa

---

1. C. 1: 241, b, 24-33.
2. C. 4: 408, a, 34 — b, 31.
3. C. 4: 1029, b, 28 — 1030, a, 16.

propter principalius, materia est propter formam substantialem; sed e converso, forma accidentalis est propter completionem subiecti.

Manifestum est autem ex dictis[4] quod potentiarum animae subiectum est vel ipsa anima sola, quae potest esse subiectum accidentis secundum quod habet aliquid potentialitatis, ut supra[5] dictum est; vel compositum. Compositum autem est in actu per animam. Unde manifestum est quod omnes potentiae animae, sive subiectum earum sit anima sola, sive compositum, fluunt ab essentia animae sicut a principio: quia iam dictum est quod accidens causatur a subiecto secundum quod est actu, et recipitur in eo inquantum est in potentia.

AD PRIMUM ergo dicendum quod ab uno simplici possunt naturaliter multa procedere ordine quodam. Et iterum propter diversitatem recipientium. Sic igitur ab una essentia animae procedunt multae et diversae potentiae, tum propter ordinem potentiarum: tum etiam secundum diversitatem organorum corporalium.

AD SECUNDUM dicendum quod subiectum est causa proprii accidentis et finalis, et quodammodo activa; et etiam ut materialis, inquantum est susceptivum accidentis. Et ex hoc potest accipi quod essentia animae est causa omnium potentiarum sicut finis et sicut principium activum; quarundam autem sicut susceptivum.

AD TERTIUM dicendum quod emanatio propriorum accidentium a subiecto non est per aliquam transmutationem; sed per aliquam naturalem resultationem, sicut ex uno naturaliter aliud resultat, ut ex luce color.

da forma substancial, uma vez que o menos importante existe por causa do mais importante; ao contrário, a forma acidental existe por causa do aperfeiçoamento do sujeito.

É claro, pois, pelo já dito, que o sujeito das potências da alma é, ou a própria alma somente, a qual pode ser sujeito do acidente na medida em que tem algo da potencialidade, como acima se disse, ou é o composto. O composto, porém, está em ato pela alma. Donde resulta que todas as potências da alma, quer o sujeito delas seja a alma só, quer o composto, emanam da essência da alma como de um princípio: porque já foi dito que o acidente é causado pelo sujeito segundo ele esteja em ato, e é recebido nele enquanto está em potência.

QUANTO AO 1º, portanto, deve-se dizer que de algo uno e simples muitas coisas podem proceder naturalmente segundo uma ordem determinada. Ou, ainda, em razão da diversidade de sujeitos receptores. Assim, pois, de uma só essência da alma procedem numerosas e diversas potências, quer por causa da ordem delas, quer pela diversidade dos órgãos corporais.

QUANTO AO 2º, deve-se dizer que o sujeito é causa do acidente próprio, não só final, mas também, em certo sentido causa eficiente e mesmo causa material enquanto é receptivo do acidente. Daí poder-se admitir que a essência da alma é a causa de todas as potências como fim e como princípio ativo; e de algumas como sujeito receptor.

QUANTO AO 3º, deve-se dizer que os acidentes próprios emanam de seu sujeito não por uma mudança qualquer, mas por um resultado natural, como naturalmente um resulta de outro; por exemplo, a cor da luz

ARTICULUS 7
Utrum una potentia animae oriatur ab alia

AD SEPTIMUM SIC PROCEDITUR. Videtur quod una potentia animae non oriatur ab alia.
1. Eorum enim quae simul esse incipiunt, unum non oritur ab alio. Sed omnes potentiae animae sunt simul animae concreatae. Ergo una earum ab alia non oritur.

2. PRAETEREA, potentia animae oritur ab anima sicut accidens a subiecto. Sed una potentia

ARTIGO 7
Uma potência da alma procede de outra?

QUANTO AO SÉTIMO, ASSIM SE PROCEDE: parece que uma potência da alma **não** procede de outra.
1. Com efeito, as coisas que começam a existir ao mesmo tempo, umas não procedem das outras. Ora, todas as potências da alma são criadas ao mesmo tempo que a alma. Logo, uma delas não pode proceder de outra.

2. ALÉM DISSO, a potência da alma procede da alma como o acidente de seu sujeito. Ora, uma

---
4. A. praec.
5. A. 1, ad 6; q. 75, a. 5, ad 4.

PARALL.: I *Sent.*, dist. 3, q. 4, a. 3; II, dist. 24; q. 1, a. 2; Q. *de Anima*, a. 13, ad. 7, 8.

animae non potest esse subiectum alterius: quia accidentis non est accidens. Ergo una potentia non oritur ab alia.

3. PRAETEREA, oppositum non oritur a suo opposito, sed unumquodque oritur ex simili secundum speciem. Potentiae autem animae ex opposito dividuntur, sicut diversae species. Ergo una earum non procedit ab alia.

SED CONTRA, potentiae cognoscuntur per actus. Sed actus unius potentiae causatur ab alio; sicut actus phantasiae ab actu sensus. Ergo una potentia animae causatur ab alia.

RESPONDEO dicendum quod in his quae secundum ordinem naturalem procedunt ab uno, sicut primum est causa omnium, ita quod est primo propinquius, est quodammodo causa eorum quae sunt magis remota. Ostensum est autem supra[1] quod inter potentias animae est multiplex ordo. Et ideo una potentia animae ab essentia animae procedit mediante alia.

Sed quia essentia animae comparatur ad potentias et sicut principium activum et finale, et sicut principium susceptivum, vel seorsum per se vel simul cum corpore; agens autem et finis est perfectius, susceptivum autem principium, inquantum huiusmodi, est minus perfectum: consequens est quod potentiae animae quae sunt priores secundum ordinem perfectionis et naturae, sint principia aliarum per modum finis et activi principii. Videmus enim quod sensus est propter intellectum, et non e converso. Sensus etiam est quaedam deficiens participatio intellectus: unde secundum naturalem originem quodammodo est ab intellectu, sicut imperfectum a perfecto. — Sed secundum viam susceptivi principii, e converso potentiae imperfectiores inveniuntur principia respectu aliarum: sicut anima, secundum quod habet potentiam sensitivam, consideratur sicut subiectum et materiale quoddam respectu intellectus. Et propter hoc, imperfectiores potentiae sunt priores in via generationis: prius enim animal generatur quam homo.

AD PRIMUM ergo dicendum quod, sicut potentia animae ab essentia fluit, non per transmutationem, sed per naturalem quandam resultationem, et est simul cum anima; ita est etiam de una potentia respectu alterius.

potência da alma não pode ser o sujeito de uma outra, pois não há acidente de acidente. Logo, uma potência não pode proceder de outra.

3. ADEMAIS, o oposto não procede de seu oposto, mas cada coisa procede de um semelhante segundo a espécie. Ora, as potências da alma se distinguem como opostos, como espécies diversas. Logo, uma delas não procede de outra.

EM SENTIDO CONTRÁRIO, conhecemos as potências pelos atos. Ora, o ato de uma potência é causado pelo ato de outra potência. Por exemplo, o ato da imaginação pelo ato do sentido. Em consequência, uma potência da alma é causada por outra.

RESPONDO. Nas coisas que procedem de uma só, segundo a ordem natural, acontece que a primeira é a causa de todas e a mais próxima da primeira é de, certa forma, a causa das mais afastadas. Já foi demonstrado que há múltiplas ordens entre as potências da alma. Por isso uma potência da alma procede da essência da alma por intermédio de outra.

A essência da alma está para suas potências, não somente como um princípio ativo e um fim, como também, como um princípio receptivo, quer seja ela considerada isoladamente *per se*, quer ao mesmo tempo com o corpo. Ora, o princípio ativo e a causa final são mais perfeitos, enquanto o princípio receptivo, como tal, é menos perfeito. Em consequência, as potências da alma, que são primeiras na ordem de perfeição e de natureza, são princípios das outras como fim e princípio ativo. Vemos assim que o sentido existe em razão do intelecto, e não o contrário. O sentido é, com efeito, uma participação incompleta do intelecto, por isso procede naturalmente, de algum modo, do intelecto como o imperfeito do perfeito. — Mas segundo a ordem do princípio receptivo, pelo contrário as potências menos perfeitas são princípios das outras. A alma, por exemplo, enquanto possui a potência sensitiva, é tida como sujeito e algo material com relação ao intelecto. Por isso, as potências menos perfeitas são anteriores às outras na ordem de geração; com efeito, o animal é gerado antes do homem.

QUANTO AO 1º, portanto, deve-se dizer que assim como a potência da alma emana da essência, não por mudança, mas por uma espécie de resultado natural, e coexiste ao mesmo tempo com a alma, assim também acontece com uma potência em relação a outra.

---

1. Art. 4.

AD SECUNDUM dicendum quod accidens per se non potest esse subiectum accidentis; sed unum accidens per prius recipitur in substantia quam aliud, sicut quantitas quam qualitas. Et hoc modo unum accidens dicitur esse subiectum alterius, ut superficies coloris, inquantum substantia uno accidente mediante recipit aliud. Et similiter potest dici de potentiis animae.

AD TERTIUM dicendum quod potentiae animae opponuntur ad invicem oppositione perfecti et imperfecti; sicut etiam species numerorum et figurarum. Haec autem oppositio non impedit originem unius ab alio: quia imperfecta naturaliter a perfectis procedunt.

QUANTO AO 2º, deve-se dizer que um acidente *per se* não pode ser o sujeito de outro acidente, mas um acidente é recebido na substância antes que outro; assim a quantidade é recebida antes da qualidade. Dessa forma se diz que um acidente é o sujeito de outro, como a extensão é da cor, na medida em que a substância recebe tal acidente por intermédio de outro. O mesmo se pode dizer a respeito das potências da alma.

QUANTO AO 3º, deve-se dizer que a oposição entre as potências da alma é a do perfeito para o imperfeito, a mesma oposição que há entre as espécies de números e de figuras. Essa oposição não impede que uma tenha origem na outra, pois é natural que o imperfeito proceda do perfeito.

ARTICULUS 8
Utrum omnes potentiae animae remaneant in anima a corpore separata

AD OCTAVUM SIC PROCEDITUR. Videtur quod omnes potentiae animae remaneant in anima a corpore separata.

1. Dicitur enim in libro *de Spiritu et Anima*[1], quod *anima recedit a corpore, secum trahens sensum et imaginationem, rationem et intellectum et intelligentiam, concupiscibilitatem et irascibilitatem.*

2. PRAETEREA, potentiae animae sunt eius naturales proprietates. Sed proprium semper inest, et nunquam separatur ab eo cuius est proprium. Ergo potentiae animae sunt in ea etiam post mortem.

3. PRAETEREA, potentiae animae, etiam sensitivae, non debilitantur debilitato corpore: quia, ut dicitur in I *de Anima*[2], *si senex accipiat oculum iuvenis, videbit utique sicut et iuvenis*. Sed debilitas est via ad corruptionem. Ergo potentiae animae non corrumpuntur corrupto corpore, sed manent in anima separata.

4. PRAETEREA, memoria est potentia animae sensitivae, ut Philosophus probat[3]. Sed memoria manet in anima separata: dicitur enim, Lc 16,25, diviti epuloni in inferno secundum animam existenti: *Recordare quia recipisti bona in vita tua.*

ARTIGO 8
Todas as potências da alma permanecem na alma separada do corpo?

QUANTO AO OITAVO, ASSIM SE PROCEDE: parece que todas as potências da alma **permanecem** na alma separada do corpo.

1. Com efeito, no livro *Do Espírito e da Alma* se diz: "A alma se afasta do corpo levando consigo o sentido e a imaginação, a razão, o intelecto e a inteligência, o concupiscível e o irascível".

2. ALÉM DISSO, as potências da alma são suas propriedades naturais. Ora, uma propriedade é sempre inerente a seu sujeito e dele jamais se separa. Logo, as potências da alma permanecem nela mesmo depois da morte.

3. ADEMAIS, as potências da alma, mesmo as potências sensitivas, não perdem sua força quando o corpo enfraquece, como está dito no livro I da *Alma*: "Se um ancião pudesse receber o olho de um jovem, veria tão bem quanto ele". Ora, a perda da força é o caminho para a corrupção. Logo, as potências da alma não se corrompem ao mesmo tempo que o corpo, mas permanecem na alma separada.

4. ADEMAIS, a memória é uma potência da alma sensitiva, como prova o Filósofo. Ora, a memória permanece na alma separada, pois, no Evangelho de Lucas, foi dito ao rico Epulão, cuja alma se encontra no inferno: "Lembra-te de que foste cumu-

---

8 PARALL.: IV *Sent.*, dist. 44, q. 3, a. 3, q.la 1, 2; dist. 50, q. 1, a. 1; *Cont. Gent.* II, 81; *De Virtut.*, q. 5, a. 4, ad 13; Q. de Anima, a. 19; *Quodlib.* X, q. 4, a. 2.

1. C. 15: ML 40, 791.
2. C. 4: 408, b, 18-31.
3. *De Mem. et Remin.*, c. 1: 450, a, 9-14.

Ergo memoria manet in anima separata; et per consequens aliae potentiae sensitivae partis.

5. PRAETEREA, gaudium et tristitia sunt in concupiscibili, quae est potentia sensitivae partis. Manifestum est autem animas separatas tristari et gaudere de praemiis vel poenis quas habent. Ergo vis concupiscibilis manet in anima separata.

6. PRAETEREA, Augustinus dicit, XII *super Gen. ad litt*.[4], quod sicut anima, cum corpus iacet sine sensu nondum penitus mortuum, videt quaedam secundum imaginariam visionem; ita cum fuerit a corpore penitus separata per mortem. Sed imaginatio est potentia sensitivae partis. Ergo potentia sensitivae partis manet in anima separata; et per consequens omnes aliae potentiae.

SED CONTRA est quod dicitur in libro *de Eccles. Dogmat*.[5]: *Ex duabus tantum substantiis constat homo, anima cum ratione sua, et carne cum sensibus suis*. Ergo, defuncta carne, potentiae sensitivae non manent.

RESPONDEO dicendum quod, sicut iam[6] dictum est, omnes potentiae animae comparantur ad animam solam sicut ad principium. Sed quaedam potentiae comparantur ad animam solam sicut ad subiectum, ut intellectus et voluntas. Et huiusmodi potentiae necesse est quod maneant in anima, corpore destructo. Quaedam vero potentiae sunt in coniuncto sicut in subiecto: sicut omnes potentiae sensitivae partis et nutritivae. Destructo autem subiecto, non potest accidens remanere. Unde, corrupto coniuncto, non manent huiusmodi potentiae actu; sed virtute tantum manent in anima, sicut in principio vel radice.

Et sic falsum est, quod quidam dicunt huiusmodi potentias in anima remanere etiam corpore corrupto. — Et multo falsius, quod dicunt etiam actus harum potentiarum remanere in anima separata: quia talium potentiarum nulla est actio nisi per organum corporeum.

lado de bens durante tua vida". Logo, a memória permanece na alma separada e por conseguinte as outras potências da parte sensitiva.

5. ADEMAIS, a alegria e a tristeza são estados do concupiscível que é uma potência da parte sensitiva. Ora, é claro que as almas separadas se entristecem e se alegram com as recompensas ou penas que lhes cabem. Logo, a potência concupiscível permanece na alma separada.

6. ADEMAIS, Agostinho diz que assim como a alma, quando o corpo jaz sem sentido, mas não ainda morto, percebe algumas coisas com visões imaginárias, o mesmo ocorre quando ela está efetivamente separada do corpo pela morte. Ora, a imaginação é uma potência da parte sensitiva. Logo, uma potência desse gênero permanece na alma separada. Consequentemente, todas devem permanecer.

EM SENTIDO CONTRÁRIO, está escrito no livro *Dos Dogmas Eclesiásticos*: "O homem é constituído por duas substâncias somente, a alma com sua razão e a carne com seus sentidos". Portanto, destruída a carne, as potências sensitivas não permanecem.

RESPONDO. Como foi dito acima, todas as potências da alma se referem à alma em particular, como a seu princípio. Mas algumas potências se referem à alma, em particular, como a seu sujeito, é o caso da inteligência e da vontade. Essas potências permanecem, pois, necessariamente na alma, uma vez destruído o corpo. Outras têm como sujeito o composto humano, assim todas potências da parte sensitiva e nutritiva. Destruído o sujeito, o acidente não pode permanecer. Por isso quando o composto se destrói, essas potências não permanecem em ato, mas apenas virtualmente, a saber, como em seu princípio e sua raiz.

É, por conseguinte, falso afirmar com alguns que essas potências permanecem na alma, mesmo quando o corpo foi corrompido. — E ainda mais falso que os atos dessas potências permanecem na alma separada, porque essas potências não agem senão por meio de órgãos corporais[f].

---

4. C. 32: ML 34, 480.
5. C. 19: ML 42, 1216 (= ML 58, 985; 83, 1232).
6. A. 5, 6, 7.

f. Destruído o corpo, as faculdades das quais ele é o sujeito desaparecem na morte. Não inteiramente, contudo, se se lembrar que a alma era seu princípio, uma vez que, ao unir-se ao corpo, ela lhe confere ser uma substância ordenada a tal ou tal operação. Já que a alma permanece de acordo com tudo o que ela é, e, logo, enquanto sensitiva e não somente enquanto espiritual, dir-se-á que as potências sensíveis permanecem virtualmente na alma, só esperando para se atualizar novamente o inimaginável, a ressurreição do corpo. Contudo, na alma separada, não há nenhuma vida sensível atual. De onde decorre a tremenda ruptura, em termos naturais, com o mundo no qual nos encontramos.

AD PRIMUM ergo dicendum quod liber ille auctoritatem non habet. Unde quod ibi scriptum est, eadem facilitate contemnitur, qua dicitur. — Tamen potest dici quod trahit secum anima huiusmodi potentias, non actu, sed virtute.

AD SECUNDUM dicendum quod huiusmodi potentiae quas dicimus actu in anima separata non manere, non sunt proprietates solius animae, sed coniuncti.

AD TERTIUM dicendum quod dicuntur non debilitari huiusmodi potentiae debilitato corpore, quia anima manet immutabilis, quae est virtuale principium huiusmodi potentiarum.

AD QUARTUM dicendum quod illa recordatio accipitur eo modo quo Augustinus[7] ponit memoriam in mente; non eo modo quo ponitur pars animae sensitivae.

AD QUINTUM dicendum quod tristitia et gaudium sunt in anima separata, non secundum appetitum sensitivum, sed secundum appetitum intellectivum; sicut etiam in angelis.

AD SEXTUM dicendum quod Augustinus loquitur ibi inquirendo, non asserendo. Unde quaedam ibi dicta retractat[8].

QUANTO AO 1º, portanto, deve-se dizer que esse livro não tem autoridade. Seu conteúdo pode, pois, ser desprezado com a mesma facilidade com a qual o foi escrito. — Pode-se, no entanto, dizer que a alma leva consigo tais potências não em ato, mas potencialmente.

QUANTO AO 2º, deve-se dizer que as potências que dizemos não permanecerem em ato na alma separada não são propriedades somente da alma, mas do composto.

QUANTO AO 3º, deve-se dizer que tais potências não perdem sua força quando o corpo se enfraquece, porque a alma, seu princípio virtual, permanece imutável.

QUANTO AO 4º, deve-se dizer que essa lembrança se entende no sentido em que Agostinho põe a memória na alma, não no sentido em que ela é posta como parte da alma sensitiva.

QUANTO AO 5º, deve-se dizer que tristeza e alegria estão na alma separada, não segundo o apetite sensitivo, mas segundo o intelectivo, como se encontram nos anjos.

QUANTO AO 6º, deve-se dizer que se trata aqui de uma pesquisa e não de uma afirmação de Agostinho. Aliás ele se retratou em alguns desses pontos.

---

7. *De Trin.*, l. X, c. 11; l. XIV, c. 7: ML 42, 983.
8. *Retract.*, l. II, c. 24: ML 32, 640.

QUAESTIO LXXVIII
DE POTENTIIS ANIMAE IN SPECIALI
in quatuor articulos divisa

Deinde considerandum est de potentiis animae in speciali. Ad considerationem autem Theologi pertinet inquirere specialiter solum de potentiis intellectivis et appetitivis, in quibus virtutes inveniuntur. Sed quia cognitio harum potentiarum quodammodo dependet ex aliis, ideo nostra consideratio de potentiis animae in speciali erit tripartita: primo namque considerandum est de his quae sunt praeambula ad intellectum; secundo, de potentiis intellectivis; tertio, de potentiis appetitivis.

Circa primum quaeruntur quatuor.
Primo: de generibus potentiarum animae.
Secundo: de speciebus vegetativae partis.

QUESTÃO 78
AS POTÊNCIAS DA ALMA EM PARTICULAR
em quatro artigos

Serão consideradas a seguir as potências da alma em particular. À consideração do teólogo pertence pesquisar, de modo particular, somente a respeito das potências intelectivas e apetitivas, entre as quais se encontram as virtudes. Mas, como o conhecimento dessas potências depende, de certa forma, das outras, nossa consideração em torno das potências da alma em particular será dividida em três partes: primeiro, sobre as potências que são prévias ao intelecto; segundo, sobre as intelectivas; e finalmente, sobre as apetitivas.

A respeito do primeiro são quatro as questões:
1. Sobre os gêneros das potências da alma.
2. Sobre as espécies da parte vegetativa.

Tertio: de sensibus exterioribus.
Quarto: de sensibus interioribus.

ARTICULUS 1
Utrum quinque genera potentiarum animae sint distinguenda

AD PRIMUM SIC PROCEDITUR. Videtur quod non sint quinque genera potentiarum animae distinguenda, scilicet vegetativum, sensitivum, appetitivum, motivum secundum locum, et intellectivum.

1. Potentiae enim animae dicuntur partes ipsius. Sed tantum tres partes animae communiter ab omnibus assignantur, scilicet anima vegetabilis, anima sensibilis, et anima rationalis. Ergo tantum tria sunt genera potentiarum animae, et non quinque.

2. PRAETEREA, potentiae animae sunt principia operum vitae. Sed quatuor modis dicitur aliquid vivere. Dicit enim Philosophus, in II *de Anima*[1]: *Multipliciter ipso vivere dicto, etsi unum aliquod horum insit solum, aliquid dicimus vivere; ut intellectus, et sensus, motus et status secundum locum, adhuc autem motus secundum alimentum, et decrementum et augmentum.* Ergo tantum quatuor sunt genera potentiarum animae, appetitivo excluso.

3. PRAETEREA, ad illud quod est commune omnibus potentiis, non debet deputari aliquod speciale animae genus. Sed appetere convenit cuilibet potentiae animae. Visus enim appetit visibile conveniens: unde dicitur Eccli 40,22: *Gratiam et speciem desiderabit oculus, et super* hoc *virides stationes.* Et eadem ratione, quaelibet alia potentia desiderat obiectum sibi conveniens. Ergo non debet poni appetitivum unum speciale genus potentiarum animae.

4. PRAETEREA, principium movens in animalibus est sensus, aut intellectus, aut appetitus, ut dicitur in III *de Anima*[2]. Non ergo motivum debet poni speciale genus animae praeter praedicta.

ARTIGO 1
Devem-se distinguir cinco gêneros de potências da alma?[a]

QUANTO AO PRIMEIRO ARTIGO, ASSIM SE PROCEDE: parece que **não** se devem distinguir cinco gêneros de potências da alma, a saber: vegetativo, sensitivo, apetitivo, locomotivo e intelectivo.

1. Com efeito, as potências da alma se dizem partes dela. Ora, comumente somente três partes da alma são assinaladas, a saber: a alma vegetativa, a alma sensitiva e a alma racional. Logo, são somente três os gêneros de potências da alma e não cinco.

2. ALÉM DISSO, as potências da alma são princípios das ações vitais. Ora, de quatro modos se fala da vida de alguma coisa. Com efeito, segundo o Filósofo, no livro II da *Alma*: "Admitindo que haja vários modos de vida, dizemos que algo vive mesmo se possui apenas um desses modos, seja o intelecto, seja o sentido, seja o movimento e o estar em um lugar, seja ainda a mudança devida à nutrição com o emagrecimento ou crescimento". Logo, não há senão quatro gêneros de potência da alma, excluindo-se a apetitiva.

3. ADEMAIS, ao que é comum a todas as potências não se deve julgar como um gênero especial da alma. Ora, o apetite convém a toda e qualquer potência da alma. A visão, por exemplo, tende para o objeto visível adequado, como diz o Eclesiástico "o olho deseja a graça e a beleza, mais do que isso deseja ver a verdura dos campos". Da mesma forma qualquer outra potência deseja um objeto que lhe seja adequado. Logo, não se deve afirmar que o apetite seja um gênero particular de potência da alma.

4. ADEMAIS, o princípio motor dos animais é o sentido, ou o intelecto ou ainda o apetite, segundo está no livro III da *Alma*. O princípio motor não deve, portanto, ser afirmado como um gênero particular da alma, além desses três.

---

1 PARALL.: Supra, q. 18, a. 3; *De Verit.*, q. 10, a. 1, ad 2; *Q. de Anima*, a. 13; l. I *de Anima*, lect. 14; II, lect. 3, 5.
   1. C. 2: 413, a, 20-25.
   2. C. 10: 433, a, 9-13.

a. Sto. Tomás nos advertiu desde o início que o teólogo como tal se interessa pelas potências propriamente espirituais. No entanto, à ação destas últimas pressupõe-se a das potências sensitivas, que só serão estudadas em relação a elas, brevemente, com referência constante e única a Aristóteles. O caráter arcaico dos conhecimentos biológicos e fisiológicos utilizados não impede o enorme interesse de certas observações.

SED CONTRA est quod Philosophus dicit, in II *de Anima*³: *Potentias autem dicimus* vegetativum sensitivum, appetitivum, motivum secundum locum, et intellectivum.

RESPONDEO dicendum quod quinque sunt genera potentiarum animae, quae numerata sunt. Tres vero dicuntur animae. Quatuor vero dicuntur modi vivendi.

Et huius diversitatis ratio est, quia diversae animae distinguuntur secundum quod diversimode operatio animae supergreditur operationem naturae corporalis: tota enim natura corporalis subiacet animae, et comparatur ad ipsam sicut materia et instrumentum. Est ergo quaedam operatio animae, quae intantum excedit naturam corpoream, quod neque etiam exercetur per organum corporale. Et talis est operatio *animae rationalis*. — Est autem alia operatio animae infra istam, quae quidem fit per organum corporale, non tamen per aliquam corpoream qualitatem. Et talis est operatio *animae sensibilis*: quia etsi calidum et frigidum, et humidum et siccum, et aliae huiusmodi qualitates corporeae requirantur ad operationem sensus; non tamen ita quod mediante virtute talium qualitatum operatio animae sensibilis procedat; sed requiruntur solum ad debitam dispositionem organi. — Infima autem operationum animae est, quae fit per organum corporeum, et virtute corporeae qualitatis. Supergreditur tamen operationem naturae corporeae: quia motiones corporum sunt ab exteriori principio, huiusmodi autem operationes sunt a principio intrinseco; hoc enim commune est omnibus operationibus animae; omne enim animatum aliquo modo movet seipsum. Et talis est operatio *animae vegetabilis*: digestio enim, et ea quae consequuntur, fit instrumentaliter per actionem caloris, ut dicitur in II *de Anima*⁴.

Genera vero potentiarum animae distinguuntur secundum obiecta. Quanto enim potentia est altior, tanto respicit universalius obiectum, ut supra⁵ dictum est. Obiectum autem operationis animae in triplici ordine potest considerari. Alicuius enim

3. C. 3: 414, a, 29-32.
4. C. 4: 416, b, 23-31.
5. Q. 77, a. 3, ad 4.

EM SENTIDO CONTRÁRIO, o Filósofo diz, no livro II da *Alma*: "Chamamos potências, a vegetativa, sensitiva, apetitiva, locomotiva e intelectiva".

RESPONDO. Há cinco gêneros de potências da alma, os quais acabamos de enumerar. Três se dizem almas; quatro são modos de viver.

A razão desta variedade é que se distinguem diversas almas segundo as diferentes maneiras com as quais a ação da alma ultrapassa a ação da natureza corporalᵇ. A natureza corporal, toda ela, está com efeito submetida à alma, e se refere a ela como matéria e instrumento. Há, pois, uma operação da alma que de tal modo ultrapassa a natureza corporal que nem mesmo é realizada por um órgão corporal. E essa é a operação da *alma racional*. — Há outra operação inferior à precedente que se realiza por meio de um órgão corporal, mas não por meio de uma qualidade corpórea. E essa é a operação da *alma sensitiva*. Com efeito, o quente e o frio, o úmido e o seco, e outras qualidades corpóreas do mesmo gênero são requeridas para a operação do sentido, mas não se segue daí que essa operação se realize mediante a potência dessas qualidades. Elas são exigidas somente para que o órgão esteja na devida disposição. — Enfim, a operação menos elevada da alma se faz por meio de um órgão corporal e pelo poder de uma qualidade corpórea. Ultrapassa, no entanto, a operação da natureza corpórea, pois os movimentos dos corpos dependem de um princípio exterior, enquanto tais operações procedem de um princípio interno, e esse modo de ação é comum a todas operações da alma. Tudo o que é animado, com efeito, move a si mesmo de alguma maneira. E essa é a operação da *alma vegetativa*: assim a digestão e as ações consequentes se realizam, de modo instrumental, pela ação do calor, como se diz no livro II da *Alma*.

Ora, os gêneros de potências da alma se distinguem segundo os objetos. Quanto mais uma potência é elevada, tanto mais seu objeto é universal, como já ficou explicado. Pode-se considerar o objeto da operação da alma em três graus. Para

---

b. Quando Sto. Tomás fala de várias almas, subentende-se que, na pessoa, a alma espiritual desempenha o papel, e logo possui a virtude, das almas sensitiva ou vegetativa. Fiel a um pensamento que lhe é caro, ele distingue essas almas entre si por meio de sua liberdade mais ou menos completa em relação à matéria corporal. Total na forma espiritual que age só, ela é mais perfeita na alma sensitiva que na alma vegetativa.

potentiae animae obiectum est solum corpus animae unitum. Et hoc genus potentiarum animae dicitur *vegetativum*: non enim vegetativa potentia agit nisi in corpus cui anima unitur. — Est autem aliud genus potentiarum animae, quod respicit universalius obiectum, scilicet omne corpus sensibile; et non solum corpus animae unitum. Est autem aliud genus potentiarum animae, quod respicit adhuc universalius obiectum, scilicet non solum corpus sensibile, sed universaliter omne ens. Ex quo patet quod ista duo secunda genera potentiarum animae habent operationem non solum respectu rei coniunctae, sed etiam respectu rei extrinsecae. — Cum autem operans oporteat aliquo modo coniungi suo obiecto circa quod operatur, necesse est extrinsecam rem, quae est obiectum operationis animae, secundum duplicem rationem ad animam comparari. Uno modo, secundum quod nata est animae coniungi et in anima esse per suam similitudinem. Et quantum ad hoc, sunt duo genera potentiarum: scilicet *sensitivum*, respectu obiecti minus communis, quod est corpus sensibile; et *intellectivum*, respectu obiecti communissimi, quod est ens universale. — Alio vero modo, secundum quod ipsa anima inclinatur et tendit in rem exteriorem. Et secundum hanc etiam comparationem, sunt duo genera potentiarum animae: unum quidem, scilicet *appetitivum*, secundum quod anima comparatur ad rem extrinsecam ut ad finem, qui est primum in intentione; aliud autem *motivum secundum locum*, prout anima comparatur ad rem exteriorem sicut ad terminum operationis et motus; ad consequendum enim aliquod desideratum et intentum, omne animal movetur.

Modi vero vivendi distinguuntur secundum gradus viventium. Quaedam enim viventia sunt, in quibus est tantum vegetativum, sicut in plantis. — Quaedam vero, in quibus cum vegetativo est etiam sensitivum, non tamen motivum secundum locum; sicut sunt immobilia animalia, ut conchilia. — Quaedam vero sunt, quae supra hoc habent motivum secundum locum; ut perfecta animalia, quae multis indigent ad suam vitam, et ideo indigent motu, ut vitae necessaria procul posita quaerere possint. — Quaedam vero viventia sunt, in quibus cum his est intellectivum, scilicet in hominibus. — Appetitivum autem non constituit aliquem gradum viventium: quia in quibuscumque est sensus, est etiam appetitus, ut dicitur in II libro *de Anima*[6].

certa potência da alma, o objeto é somente o corpo unido à alma: tal é a potência *vegetativa*, que não age, com efeito, senão em um corpo ao qual está unida a alma. — Há outro gênero de potência da alma, cujo objeto é mais universal, a saber todo corpo sensível e não somente o corpo unido à alma. Há, enfim, outro gênero de potências da alma, cujo objeto é ainda mais universal, a saber, não é mais somente todo corpo sensível mas todo ente tomado em sentido universal. Assim fica claro que os dois últimos gêneros de potências da alma possuem uma operação que se relaciona não só com o que está unido à alma, mas ainda com o que lhe é exterior. — Como é preciso, no entanto, que o sujeito que opera esteja unido a seu objeto, assim é necessário que o que é exterior, que é objeto da operação da alma, se refira à alma de duas maneiras. Em primeiro lugar, enquanto é apto para se unir à alma e nela estar por sua semelhança. Com respeito a isso há dois gêneros de potências, a saber, as *sensitivas*, relativas ao objeto menos comum que é o corpo sensível, e as *intelectivas*, relativas ao objeto comuníssimo que é o ente universal. — A segunda maneira, conforme a própria alma esteja inclinada e tenda para o que é exterior. E com respeito a isso, existem também dois gêneros de potências da alma, a saber, as *apetitivas*, na medida em que a alma se refere a algo exterior como ao fim, que é primeiro na ordem da intenção. O outro gênero é o das potências *locomotoras*, na medida em que a alma se refere a algo exterior como ao termo da operação e do movimento. Com efeito, é para obter um objeto desejado e intencionado que todo animal se move.

Quanto aos diferentes modos de vida, são distintos segundo os graus dos seres vivos. Há seres vivos, em que não existe senão a potência vegetativa, tais como as plantas. — Há outros que, além da potência vegetativa, possuem a sensitiva, mas não a motriz segundo o lugar: os animais imóveis, como as ostras. – Outros, ainda, têm além disso a potência locomotora, são os animais perfeitos, que têm necessidades de muitas coisas para viver e, portanto, devem-se mover para procurar longe o que lhes é necessário. — Há, enfim, outros seres vivos, que têm além do mais a potência intelectiva, são os homens. — Quanto à potência apetitiva, não constitui um grau dos seres vivos, porque, em todo ser em que haja potência sensitiva, há o apetite, como está dito no livro III da *Alma*.

---

6. C. 3: 414, a, 29-32.

Et per hoc solvuntur duo prima obiecta.

AD TERTIUM dicendum quod *appetitus naturalis* est inclinatio cuiuslibet rei in aliquid, ex natura sua: unde naturali appetitu quaelibet potentia desiderat sibi conveniens. — Sed *appetitus animalis* consequitur formam apprehensam. Et ad huiusmodi appetitum requiritur specialis animae potentia, et non sufficit sola apprehensio. Res enim appetitur prout est in sua natura: non est autem secundum suam naturam in virtute apprehensiva, sed secundum suam similitudinem. Unde patet quod visus appetit naturaliter visibile solum ad suum actum, scilicet ad videndum: animal autem appetit rem visam per vim appetitivam, non solum ad videndum, sed etiam ad alios usus. — Si autem non indigeret anima rebus perceptis a sensu, nisi propter actiones sensuum, scilicet ut eas sentiret; non oporteret appetitivum ponere speciale genus inter potentias animae: quia sufficeret appetitus naturalis potentiarum.

AD QUARTUM dicendum quod, quamvis sensus et appetitus sint principia moventia in animalibus perfectis, non tamen sensus et appetitus, inquantum huiusmodi, sufficiunt ad movendum, nisi superadderetur eis aliqua virtus: nam in immobilibus animalibus est sensus et appetitus, non tamen habent vim motivam. Haec autem vis motiva non solum est in appetitu et sensu ut imperante motum; sed etiam est in ipsis partibus corporis, ut sint habilia ad obediendum appetitui animae moventis. Cuius signum est, quod quando membra removentur a sua dispositione naturali, non obediunt appetitui ad motum.

QUANTO À 1ª E 2ª OBJEÇÃO, estão resolvidas pelo que acaba de ser dito.

QUANTO AO 3º, deve-se dizer que o *apetite natural* é a inclinação natural de uma coisa para um objeto dado. Portanto, pelo apetite natural, toda potência deseja o que lhe convém. — Mas o *apetite animal* depende da apreensão da forma. E para tal apetite é preciso uma potência da alma particular; a apreensão só não basta. Uma coisa é desejada tal como existe em sua natureza, no entanto ela não está na potência apreensiva, segundo sua natureza, mas segundo sua semelhança. Por isso, fica claro que a vista tende, naturalmente, ao objeto visível, para realizar seu ato, isto é, para ver. Mas o animal tende para a coisa que vê por sua potência apetitiva, não só para ver, mas também por outros fins úteis. — Se a alma não tivesse necessidade das coisas percebidas pelo sentido, senão por causa dos atos dos sentidos, isto é, para sentir, não seria necessário afirmar a potência apetitiva como gênero particular entre as potências da alma; o apetite natural das potências bastaria.

QUANTO AO 4º, deve-se dizer que embora o sentido e o apetite sejam princípios motores entre os animais perfeitos, todavia nem um nem outro, por si só, poderiam mover, se uma potência não lhes fosse acrescentada. Com efeito, animais imóveis têm sentido e apetite, entretanto, não têm força motriz. Essa se encontra não só na apetite e no sentido enquanto comandam o movimento, mas também nas diferentes partes do corpo, para torná-las aptas a obedecer ao impulso da alma motora. É sinal disso que quando os membros não estão mais no seu estado normal, não obedecem mais a esse impulso para o movimento.

ARTICULUS 2
Utrum convenienter partes vegetativae assignentur, scilicet nutritivum, augmentativum, et generativum

AD SECUNDUM SIC PROCEDITUR. Videtur quod inconvenienter partes vegetativae assignentur, scilicet nutritivum, augmentativum, et generativum.
1. Huiusmodi enim vires dicuntur *naturales*. Sed potentiae animae sunt supra vires naturales.

ARTIGO 2
Convém distinguir as partes vegetativas como de nutrição, de crescimento e de geração?[c]

QUANTO AO SEGUNDO, ASSIM SE PROCEDE: parece que **não** convém distinguir as partes vegetativas como de nutrição, de crescimento e de geração.
1. Com efeito, tais forças são chamadas *naturais*. Ora, as potências da alma estão acima das

---

2 PARALL.: *Cont. Gent.* IV, 58; Q. *de Anima*, a. 13; l. II *de Anima*, lect. 9.

c. O que Sto. Tomás chama de "partes vegetativas" corresponde aproximadamente ao que os modernos denominavam funções biológicas ou funções do ser vivo. No entanto, às funções de nutrição, de crescimento e reprodução acrescenta-se, por vezes, a de adaptação.

Ergo huiusmodi vires non debent poni potentiae animae.

2. Praeterea, ad id quod est commune viventibus et non viventibus, non debet aliqua potentia animae deputari. Sed generatio est communis omnibus generabilibus et corruptibilibus, tam viventibus quam non viventibus. Ergo vis generativa non debet poni potentia animae.

3. Praeterea, anima potentior est quam natura corporea. Sed natura corporea eadem virtute activa dat speciem et debitam quantitatem. Ergo multo magis anima. Non est ergo alia potentia animae augmentativa a generativa.

4. Praeterea, unaquaeque res conservatur in esse per id per quod esse habet. Sed potentia generativa est per quam acquiritur esse viventis. Ergo per eandem res viva conservatur. Sed ad conservationem rei viventis ordinatur vis nutritiva, ut dicitur in II de Anima[1]: est enim *potentia potens salvare suscipiens ipsam*. Non debet ergo distingui nutritiva potentia a generativa.

Sed contra est quod Philosophus dicit, in II *de Anima*[2], quod opera huius animae sunt *generare, et alimento uti*, et iterum[3] *augmentum facere*.

Respondeo dicendum quod tres sunt potentiae vegetativae partis. Vegetativum enim, ut dictum est[4], habet pro obiecto ipsum corpus vivens per animam: ad quod quidem corpus triplex animae operatio est necessaria. Una quidem, per quam esse acquirat: et ad hoc ordinatur potentia generativa. Alia vero, per quam corpus vivum acquirit debitam quantitatem: et ad hoc ordinatur vis augmentativa. Alia vero, per quam corpus viventis salvatur et in esse, et in quantitate debita: et ad hoc ordinatur vis nutritiva.

Est tamen quaedam differentia attendenda inter has potentias. Nam nutritiva et augmentativa habent suum effectum in eo in quo sunt: quia ipsum corpus unitum animae augetur et conservatur per vim augmentativam et nutritivam in eadem anima existentem. Sed vis generativa habet effectum suum, non in eodem corpore, sed in alio: quia nihil est generativum sui ipsius. — Et ideo vis generativa quodammodo appropinquat ad dignitatem animae sensitivae, quae habet operationem in res

forças naturais. Logo, tais forças não devem ser afirmadas como potências da alma.

2. Além disso, ao que é comum aos seres vivos e não vivos não se deve atribuir uma potência da alma. Ora, a geração é comum a todos os seres que são gerados e corruptíveis, quer se trate de seres vivos e não vivos. Logo, a potência geradora não deve ser afirmada como potência da alma.

3. Ademais, a alma é mais potente do que a natureza corpórea. Ora, a natureza corpórea, pela mesma potência ativa, dá às coisas a espécie e a quantidade devida. Logo, com maior razão, a alma. Portanto, não existe uma potência de crescimento distinta da de geração.

4. Ademais, cada coisa se conserva no ser por aquilo pelo qual tem o ser. Ora, a potência geradora é aquela pela qual uma coisa viva adquire o ser. Logo, é por ela que se conserva o que é vivo. Mas para a conservação de uma coisa viva está ordenada a força nutritiva como se diz no livro II da *Alma*: "é uma potência capaz de salvar o sujeito que a recebe". Não se deve, portanto, distinguir faculdade de nutrição da de geração.

Em sentido contrário, segundo o Filósofo, no livro II da *Alma*, as operações da alma vegetativa são "gerar, alimentar-se" e ainda "possibilitar o crescimento."

Respondo. São três as potências da parte vegetativa. Pois ela tem como objeto, já se disse acima, o corpo que vive pela alma, e tal corpo requer da alma três operações: uma que lhe dá o existir; para isso se ordena a potência de gerar. Outra, pela qual o corpo vivo atinge o devido desenvolvimento; para isso se ordena a potência de crescimento. Uma terceira, enfim, pela qual o corpo vivo se conserva tanto em seu existir como em seu devido tamanho; a isso se ordena a potência de nutrição.

Há, entretanto, diferenças a assinalar entre essas potências. As de nutrição e de crescimento produzem seu efeito naquilo em que se encontram, porque é o corpo unido à alma que cresce e se conserva pela ação das potências de crescimento e de nutrição que existem na mesma alma. Mas a potência de gerar produz seu efeito, não no mesmo corpo, mas em outro corpo, uma vez que nada pode gerar-se a si mesmo. — Por isso, a potência de gerar aproxima-se, de algum modo, da dignidade

---

1. C. 4: 416, b, 23-25.
2. C. 4: 415, a, 22-26.
3. C. 2: 413, a, 25: 31.
4. A. praec.

exteriores, licet excellentiori modo et universaliori: supremum enim inferioris naturae attingit id quod est infimum superioris, ut patet per Dionysium, in 7 cap. *de Div. Nom.*⁵. — Et ideo inter istas tres potentias finalior et principalior et perfectior est generativa, ut dicitur in II *de Anima*⁶: est enim rei iam perfectae *facere alteram qualis ipsa est*⁷. Generativae autem deserviunt et augmentativa et nutritiva: augmentativae vero nutritiva.

AD PRIMUM ergo dicendum quod huiusmodi vires dicuntur naturales, tum quia habent effectum similem naturae, quae etiam dat esse et quantitatem et conservationem (licet hae vires habeant hoc altiori modo): tum quia hae vires exercent suas actiones instrumentaliter per qualitates activas et passivas, quae sunt naturalium actionum principia.

AD SECUNDUM dicendum quod generatio in rebus inanimatis est totaliter ab extrinseco. Sed generatio viventium est quodam altiori modo, per aliquid ipsius viventis, quod est semen, in quo est aliquod principium corporis formativum. Et ideo oportet esse aliquam potentiam rei viventis, per quam semen huiusmodi praeparetur: et haec est vis generativa.

AD TERTIUM dicendum quod, quia generatio viventium est ex aliquo semine, oportet quod in principio animal generetur parvae quantitatis. Et propter hoc necesse est quod habeat potentiam animae, per quam ad debitam quantitatem perducatur. Sed corpus inanimatum generatur ex materia determinata ab agente extrinseco: et ideo simul recipit speciem et quantitatem, secundum materiae conditionem.

AD QUARTUM dicendum quod, sicut iam⁸ dictum est, operatio vegetativi principii completur mediante calore, cuius est humidum consumere. Et ideo, ad restaurationem humidi deperditi, necesse est habere potentiam nutritivam, per quam alimentum convertatur in substantiam corporis. Quod etiam est necessarium ad actum virtutis augmentativae et generativae.

da alma sensitiva, cujas operações se referem a coisas exteriores, embora de um modo mais perfeito e mais universal[d]. Dionísio afirma: "O que há de mais elevado numa natureza inferior alcança o que há de mais baixo na natureza que lhe é superior". Por isso, entre as três potências, a que tem um fim mais nobre, a que é principal e a mais perfeita, é a faculdade de gerar; como se diz no livro II da *Alma*: "É próprio de uma coisa já perfeita produzir outra igual a si mesma". As faculdades de crescimento e de nutrição são subordinadas à faculdade de gerar; a de nutrição, à de crescimento.

QUANTO AO 1º, portanto, deve-se dizer que essas potências são chamadas naturais, ou porque produzem um efeito semelhante ao efeito da natureza, que dá também o existir, o crescimento e a conservação, embora essas potências o façam de um modo mais perfeito; ou porque essas potências realizam suas ações servindo-se instrumentalmente das qualidades ativas e passivas que são princípios das ações naturais.

QUANTO AO 2º, deve-se dizer que a geração entre inanimados é totalmente por algo exterior. Mas a geração dos seres vivos se realiza de modo mais elevado por algo do mesmo ser vivo, o sêmen, que contém o princípio formador do corpo. É necessário, pois, no ser vivo, uma potência para elaborar esse sêmen, e essa é a potência geradora.

QUANTO AO 3º, deve-se dizer que a geração do ser vivo, sendo por um sêmen, é preciso que no começo o animal seja gerado em tamanho pequeno, donde a necessidade de uma faculdade da alma que o faça atingir o tamanho devido. Mas o corpo inanimado é gerado a partir de uma matéria determinada, por uma causa exterior. Por isso, recebe ao mesmo tempo a espécie e o tamanho, segundo as condições da matéria.

QUANTO AO 4º, deve-se dizer que como foi dito, a operação do princípio vegetativo chega ao fim por meio do calor, cujo papel é absorver a umidade. Portanto, para restituir a umidade perdida, é necessária uma potência nutritiva que transforme o alimento na substância do corpo. O que é necessário igualmente para a ação das potências de crescimento e de geração.

---

5. MG 3, 872 B.
6. C. 4: 416, b, 23-25.
7. C. 4: 415, a, 26 — b, 7.
8. A. praec.

---

d. Observe-se que, entre as funções biológicas, a sexualidade surge como a mais elevada e já bem próxima da vida sensorial, uma vez que visa como esta ao exterior, e não apenas ao corpo próprio. Não deveria surpreender que, nos seres sensíveis, esteja ela inteiramente envolvida de afetividade, e que a afetividade sensível tenha nela suas raízes.

Articulus 3
Utrum convenienter distinguantur quinque sensus exteriores

AD TERTIUM SIC PROCEDITUR. Videtur quod inconvenienter distinguantur quinque sensus exteriores.
1. Sensus enim est cognoscitivus accidentium. Sunt autem multa genera accidentium. Cum ergo potentiae distinguantur per obiecta, videtur quod sensus multiplicentur secundum numerum qui est in generibus accidentium.
2. PRAETEREA, magnitudo et figura, et alia quae dicuntur *sensibilia communia*, non sunt *sensibilia per accidens*, sed contra ea dividuntur in II *de Anima*[1]. Diversitas autem per se obiectorum diversificat potentias. Cum ergo plus differant magnitudo et figura a colore quam sonus; videtur quod multo magis debeat esse alia potentia sensitiva cognoscitiva magnitudinis aut figurae, quam coloris et soni.
3. PRAETEREA, unus sensus est unius contrarietatis; sicut visus albi et nigri. Sed tactus est cognoscitivus plurium contrarietatum: scilicet calidi et frigidi, humidi et sicci, et huiusmodi. Ergo non est sensus unus, sed plures. Ergo plures sensus sunt quam quinque.
4. PRAETEREA, species non dividitur contra genus. Sed gustus est tactus quidam. Ergo non debet poni alter sensus praeter tactum.

SED CONTRA est quod Philosophus dicit, in III *de Anima*[2], quod *non est alter sensus praeter quinque*.

RESPONDEO dicendum quod rationem distinctionis et numeri sensuum exteriorum quidam accipere voluerunt ex parte organorum, in quibus aliquod elementorum dominatur, vel aqua, vel aer, vel aliquid huiusmodi. — Quidam autem ex parte medii, quod est vel coniunctum, vel extrinsecum; et hoc vel aer, vel aqua, vel aliquid huiusmodi. — Quidam autem ex diversa natura sensibilium qualitatum, secundum quod est qualitas simplicis corporis, vel sequens complexionem.

Sed nihil istorum conveniens est. Non enim potentiae sunt propter organa, sed organa propter potentias: unde non propter hoc sunt diversae potentiae, quia sunt diversa organa; sed ideo natura instituit diversitatem in organis, ut congruerent diversitati potentiarum. — Et similiter diversa

Artigo 3
Convém distinguir cinco sentidos externos?

QUANTO AO TERCEIRO, ASSIM SE PROCEDE: parece que não convém distinguir cinco sentidos externos.
1. Com efeito, o sentido conhece os acidentes. Ora, são muitos os gêneros de acidentes. Logo, como as potências se distinguem pelos objetos, parece que os sentidos se multiplicam segundo o número dos gêneros de acidentes.
2. ALÉM DISSO, a grandeza, a figura, e outros que são chamados *sensíveis comuns* não são *sensíveis por acidente*, mas a esses se opõem, como está no livro II da *Alma*. Ora, a diversidade dos objetos por si mesma diversifica as potências. Logo, como a grandeza e a figura são mais diferentes da cor do que o som, parece que com muito maior razão deve haver uma potência sensitiva conhecedora da grandeza ou da figura e outra da cor e do som.
3. ADEMAIS, um só sentido percebe um só par de contrários, por exemplo: a vista percebe o branco e o negro. Ora, o tato percebe vários pares de contrários: o quente e o frio, o úmido e o seco, e outros. Logo, não existe um só sentido, mas vários. São, portanto, mais de cinco os sentidos.
4. ADEMAIS, a espécie não se opõe ao gênero. Ora, o gosto é uma espécie de tato. Logo, não se deve afirmar um sentido distinto do tato.

EM SENTIDO CONTRÁRIO, o Filósofo diz, no livro III da *Alma* que "não há mais de cinco sentidos".

RESPONDO. Alguns quiseram entender a razão da distinção e do número dos sentidos externos a partir dos órgãos, conforme neles predomina tal elemento, a água, o ar etc. — Outros, a partir do meio, que é ou anexo ou exterior ao sentido, a saber, o ar, a água etc. — Outros, enfim, a partir da natureza das diversas qualidades sensíveis, quer seja a qualidade de um corpo simples ou a qualidade resultante de uma combinação.

Mas nenhuma dessas soluções é correta. As potências não existem para os órgãos, mas os órgãos para as potências. Por isso, a diversidade das faculdades não provém da diversidade dos órgãos, mas a natureza instituiu órgãos diferentes para corresponder à diversidade das potências.

---

3 PARALL.: II *Sent.*, dist. 2, q. 2, a. 2, ad 5; Q. *de Anima*, a. 13; l. II *de Anima*, lect. 14; III, lect. 1.

1. C. 6: 418, a, 17-25.
2. C. 1: 424, b, 22-24.

media diversis sensibus attribuit, secundum quod erat conveniens ad actus potentiarum. — Naturas autem sensibilium qualitatum cognoscere non est sensus, sed intellectus.

Accipienda est ergo ratio numeri et distinctionis exteriorum sensuum, secundum illud quod proprie et per se ad sensum pertinet. Est autem sensus quaedam potentia passiva, quae nata est immutari ab exteriori sensibili. Exterius ergo immutativum est quod per se a sensu percipitur, et secundum cuius diversitatem sensitivae potentiae distinguuntur.

Est autem duplex immutatio: una naturalis, et alia spiritualis. Naturalis quidem, secundum quod forma immutantis recipitur in immutato secundum esse naturale, sicut calor in calefacto. Spiritualis autem, secundum quod forma immutantis recipitur in immutato secundum esse spirituale; ut forma coloris in pupilla; quae non fit per hoc colorata. Ad operationem autem sensus requiritur immutatio spiritualis, per quam intentio formae sensibilis fiat in organo sensus. Alioquin, si sola immutatio naturalis sufficeret ad sentiendum, omnia corpora naturalia sentirent dum alterantur.

Sed in quibusdam sensibus invenitur immutatio spiritualis tantum, sicut in *visu*. — In quibusdam autem, cum immutatione spirituali, etiam naturalis; vel ex parte obiecti tantum, vel etiam ex parte organi. Ex parte autem obiecti, invenitur transmutatio naturalis, secundum locum quidem, in sono, qui est obiectum *auditus*: nam sonus ex percussione causatur et aeris commotione. Secundum alterationem vero, in odore, qui est obiectum *olfactus*: oportet enim per calidum alterari aliquo modo corpus, ad hoc quod spiret odorem. — Ex parte autem organi, est immutatio naturalis in *tactu* et *gustu*: nam et manus tangens calida calefit, et lingua humectatur per humiditatem saporum. Organum vero olfactus aut auditus nulla naturali immutatione immutatur in sentiendo, nisi per accidens.

Visus autem, quia est absque immutatione naturali et organi et obiecti, est maxime spiritualis, et perfectior inter omnes sensus, et communior.

— Do mesmo modo, ela atribuiu diversos meios aos diversos sentidos para corresponder à diversidade das potências. — Quanto à natureza das qualidades sensíveis não é ao sentido que pertence conhecê-las, mas ao intelecto.

Deve-se, pois, tomar como razão do número e da distinção dos sentidos externos o que pertence propriamente e por si mesmo aos sentidos. Ora, o sentido é uma potência passiva cuja natureza é ser modificada por um objeto sensível exterior. O objeto exterior modificador é o que, por si, o sentido percebe, e o que, por sua diversidade, distingue as potências sensitivas.

Ora, há duas espécies de modificação: uma é natural, outra é espiritual. A modificação é natural quando a forma do que causa a mudança é recebida no que é mudado segundo seu ser natural. Por exemplo, o calor no que é esquentado. Uma modificação é espiritual quando a forma é recebida segundo o ser espiritual. Por exemplo, a forma da cor na pupila, que nem por isso se torna colorida. Para a ação dos sentidos, requer-se uma modificação espiritual pela qual a forma intencional do objeto sensível é produzida no órgão do sentido. De outra sorte, se a modificação natural bastasse por si só para produzir a sensação, todos os corpos naturais, ao se alterarem, sentiriam.

Mas em certos sentidos, há apenas uma modificação espiritual; por exemplo, na vista. — Em outros, há ao mesmo tempo que essa, uma modificação natural, que provém ou apenas do objeto, ou também do órgão. Da parte do objeto, há uma modificação, seja segundo o lugar, no caso do som, objeto do o*uvido*: pois o som é produzido por uma percussão e pela agitação do ar; seja por alteração, no caso do odor, objeto do *olfato*, pois é preciso que um corpo seja alterado de certa maneira pelo calor para exalar um odor. — Da parte do órgão, há modificação natural no *tato* e no *gosto*, pois a mão se esquenta tocando um objeto quente, e a língua umedece da umidade dos sabores. Os órgãos do olfato e da audição, pelo contrário, não sofrem modificação nenhuma natural ao sentir, a não ser por acidente.

A vista, que está livre de modificação natural do órgão e do objeto, é o mais espiritual e, entre os sentidos, o mais perfeito e o mais universal[e].

---

e. O caráter mais espiritual do sentido da visão privilegiará sempre, na linguagem de Sto. Tomás, a utilização do vocabulário da visão para se referir ao conhecimento intelectual: olhar, visão, luz, imagem. É para evocar o conhecimento *experimental* por *ação* do objeto sobre o sujeito que ele se referirá ao tato, ao olfato, ao gosto e, mais globalmente, aos "sentidos". Dito isto, a dedução proposta por Sto. Tomás, da diversidade e da hierarquia dos sentidos a partir da maneira pela qual seus órgãos são modificados por seus objetos, não pode ser mantida hoje.

Et post hoc auditus, et deinde olfactus, qui habent immutationem naturalem ex parte obiecti. Motus tamen localis est perfectior et naturaliter prior quam motus alterationis, ut probatur in VIII *Physic*.³. Tactus autem et gustus sunt maxime materiales: de quorum distinctione post dicetur.
— Et inde est quod alii tres sensus non fiunt per medium coniunctum, ne aliqua naturalis transmutatio pertingat ad organum, ut accidit in his duobus sensibus.

AD PRIMUM ergo dicendum quod non omnia accidentia habent vim immutativam secundum se; sed solae qualitates tertiae speciei, secundum quas contingit alteratio. Et ideo solae huiusmodi qualitates sunt obiecta sensuum: quia, ut dicitur in VII *Physic*.⁴, *secundum eadem alteratur sensus, secundum quae alterantur corpora inanimata*.

AD SECUNDUM dicendum quod magnitudo et figura et huiusmodi, quae dicuntur *communia sensibilia*, sunt media inter *sensibilia per accidens* et *sensibilia propria*, quae sunt obiecta sensuum. Nam sensibilia propria primo et per se immutant sensum; cum sint qualitates alterantes.
— Sensibilia vero communia omnia reducuntur ad quantitatem. Et de magnitudine quidem et numero, patet quod sunt species quantitatis. Figura autem est qualitas circa quantitatem; cum consistat ratio figurae in terminatione magnitudinis. Motus autem et quies sentiuntur, secundum quod subiectum uno modo vel pluribus modis se habet secundum magnitudinem subiecti vel localis distantiae, quantum ad motum augmenti et motum localem; vel etiam secundum sensibiles qualitates, ut in motu alterationis: et sic sentire motum et quietem est quodammodo sentire unum et multa. Quantitas autem est proximum subiectum qualitatis alterativae, ut superficies coloris. Et ideo sensibilia communia non movent sensum primo et per se, sed ratione sensibilis qualitatis; ut superficies ratione coloris.
— Nec tamen sunt sensibilia per accidens: quia huiusmodi sensibilia aliquam diversitatem faciunt in immutatione sensus. Alio enim modo immutatur sensus a magna superficie, et a parva: quia etiam ipsa albedo dicitur magna vel parva et ideo dividitur secundum proprium subiectum.

Depois dela vem a audição, e em seguida o olfato, os quais supõem modificação natural da parte do objeto. O movimento local é mais perfeito e naturalmente anterior ao movimento de alteração, como prova o livro VIII da *Física*. O tato e o gosto são os mais materiais dos sentidos. Falaremos mais abaixo de sua distinção. — Daí que os três primeiros sentidos não operam com um intermediário contíguo, a fim de que nenhuma modificação natural atinja o órgão, como é o caso para os dois últimos.

QUANTO AO 1º, portanto, deve-se dizer que nem todos os acidentes, enquanto tais, têm o poder de causar uma mudança, mas somente as qualidades da terceira espécie, que são suscetíveis de alteração. É por isso que só essas qualidades são objeto dos sentidos. Com efeito, conforme diz o livro VII da *Física*: as mesmas coisas que alteram os sentidos alteram os corpos inanimados.

QUANTO AO 2º, deve-se dizer que a grandeza, a figura etc., que se chamam *sensíveis comuns* são intermediários entre os *sensíveis por acidente* e os *sensíveis próprios*, objetos dos sentidos. Com efeito: os sensíveis próprios modificam o sentido imediatamente e por si mesmos, porque são qualidades que causam uma alteração. — Os sensíveis comuns, porém, todos se reduzem à quantidade. A grandeza e o número, é evidente que são espécies da quantidade. A figura é uma qualidade que tem relação com a quantidade, pois a razão da figura consiste na limitação da grandeza. O movimento e o repouso são sentidos, na medida em que o sujeito se encontre em um só ou vários estados relativamente à sua grandeza e a da distância local, quanto ao movimento de crescimento ou movimento local; ou, ainda, relativamente às qualidades sensíveis, como no movimento de alteração. Assim, sentir o movimento e o repouso é de certa forma sentir o uno e o múltiplo. Ora, a quantidade é o sujeito imediato da qualidade alterativa, como a superfície é da cor. Em consequência, os sensíveis comuns não movem os sentidos imediatamente e por si mesmos, mas em razão da qualidade sensível: como a superfície, em razão da cor. — No entanto, não são sensíveis *por acidente*, porque estes sensíveis são causa de uma diversidade na modificação do sentido. Com efeito, o sentido é modificado diferentemente por uma grande e por uma pequena superfície. Diz-se, até, que a brancura é grande ou pequena, e por isso é dividida segundo o próprio sujeito.

---

3. C. 7: 260, a, 26 — b, 7.
4. C. 2: 244, a, 27 — 245, a, 22.

AD TERTIUM dicendum quod, sicut Philosophus videtur dicere in II *de Anima*[5], sensus tactus est unus genere, sed dividitur in multos sensus secundum speciem; et propter hoc est diversarum contrarietatum. Qui tamen non separantur ab invicem secundum organum, sed per totum corpus se concomitantur; et ideo eorum distinctio non apparet. — Gustus autem, qui est perceptivus dulcis et amari, concomitatur tactum in lingua, non autem per totum corpus; et ideo de facili a tactu distinguitur.

Posset tamen dici quod omnes illae contrarietates, et singulae conveniunt in uno genere proximo, et omnes in uno genere communi, quod est obiectum tactus secundum rationem communem. Sed illud genus commune est innominatum; sicut etiam genus proximum calidi et frigidi est innominatum.

AD QUARTUM dicendum quod sensus gustus, secundum dictum Philosophi[6], est quaedam species tactus quae est in lingua tantum. Non autem distinguitur a tactu in genere: sed a tactu quantum ad illas species quae per totum corpus diffunduntur.

Si vero tactus sit unus sensus tantum, propter unam rationem communem obiecti: dicendum erit quod secundum rationem diversam immutationis, distinguitur gustus a tactu. Nam tactus immutatur naturali immutatione, et non solum spirituali, quantum ad organum suum, secundum qualitatem quae ei proprie obiicitur. Gustus autem organum non immutatur de necessitate naturali immutatione secundum qualitatem quae ei proprie obiicitur, ut scilicet lingua fiat dulcis vel amara; sed secundum praeambulam qualitatem, in qua fundatur sapor, scilicet secundum humorem, qui est obiectum tactus.

QUANTO AO 3º, deve-se dizer que o Filósofo parece dizer no livro II da *Alma*, que o sentido do tato é genericamente um e especificamente múltiplo, e é por isso que se refere a diversos contrários. Entretanto, não se separam entre si pelo órgão, mas se misturam em todo o corpo; por isso, não se nota sua distinção. — Quanto ao gosto, que percebe o doce e o amargo, mistura-se com o tato na língua, mas não em todo o corpo. Pode-se, pois, distingui-lo facilmente do tato.

Pode-se igualmente dizer que em todos esses contrários cada par pertence a um gênero próximo, e todos os pares a um gênero comum, que é o objeto do tato em geral. Mas não há denominação para esse gênero comum, tampouco para o gênero próximo, como o do quente e o do frio.

QUANTO AO 4º, deve-se dizer que o sentido do gosto é, segundo o Filósofo, uma espécie de tato que se encontra apenas na língua. Não se distingue, portanto, do tato em geral, mas somente dessas espécies de tato que estão espalhadas por todo o corpo.

Se, porém, se admite que o tato é um só sentido, por ser uma a razão comum de seu objeto, poder-se-á dizer que o gosto se distingue do tato, por serem diversas as razões da modificação. O tato modifica-se por uma modificação natural e não apenas espiritual, em seu órgão, por uma qualidade que age diretamente sobre ele. Mas o órgão do gosto não se modifica necessariamente dessa maneira, de tal sorte, por exemplo, que a língua se torne doce ou amarga. Mas é modificado por uma qualidade prévia em que se funda o sabor, a saber a umidade, que é objeto do tato.

ARTICULUS 4
Utrum interiores sensus
convenienter distinguantur

AD QUARTUM SIC PROCEDITUR. Videtur quod interiores sensus inconvenienter distinguantur.

ARTIGO 4
Convém distinguir
os sentidos internos?[f]

QUANTO AO QUARTO, ASSIM SE PROCEDE: parece que **não** convém distinguir sentidos internos.

---

5. C. 11: 422, b, 17 — 424, a, 16.
6. *De Anima*, l. II, cc. 9, 11: 421, a, 16-26; 423, a. 17-21.

PARALL.: Q. *de Anima*, a. 13.

---

f. Seguindo Aristóteles, Sto. Tomás atribui às potências sensíveis "internas" e, por conseguinte, aos animais, um poder de conhecimento muitas vezes próximo ao da própria razão. O sentido que ele chama de "comum" opera uma espécie de discernimento e de síntese entre as sensações; por ele o animal vê que está vendo, ou melhor (isto consistiria em ter consciência de si), percebe seu ato de ver. A "estimativa" percebe naquilo que os sentidos lhe mostram o caráter útil e utilizável, uma espécie de juízo de conaturalidade que pode ser atribuído ao instinto da espécie. Mais do que isso, essa mesma faculdade, no homem, no qual ela assume o nome de "cogitativa", sintetiza as observações concretas de onde resultam "raciocínios particulares", encadeamentos de conhecimentos sem qualquer generalização. A memória reconhece o passado como tal (o que não significa que perceba o tempo), assim como a estimativa ou cogitativa "prevê" o futuro. Mais ainda, a memória, que, sob o nome de "reminiscência", busca e atualiza

1. Commune enim non dividitur contra proprium. Ergo sensus communis non debet enumerari inter vires interiores sensitivas, praeter sensus exteriores proprios.

2. Praeterea, ad id ad quod sufficit sensus proprius et exterior, non oportet ponere aliquam vim apprehensivam interiorem. Sed ad iudicandum de sensibilibus, sufficiunt sensus proprii et exteriores: unus quisque enim sensus iudicat de proprio obiecto. Similiter etiam videntur sufficere ad hoc quod percipiant suos actus: quia cum actio sensus sit quodam modo medium inter potentiam et obiectum, videtur quod multo magis visus possit suam visionem, tanquam sibi propinquiorem, percipere, quam colorem; et sic de aliis. Non ergo necessarium fuit ad hoc ponere interiorem potentiam, quae dicatur sensus communis.

3. Praeterea, secundum Philosophum[1], phantasticum et memorativum sunt passiones primi sensitivi. Sed passio non dividitur contra subiectum. Ergo memoria et phantasia non debent poni aliae potentiae praeter sensum.

4. Praeterea, intellectus minus dependet a sensu, quam quaecumque potentia sensitivae partis. Sed intellectus nihil cognoscit nisi accipiendo a sensu: unde dicitur in I *Posteriorum*[2], quod *quibus deest unus sensus, deficit una scientia*. Ergo multo minus debet poni una potentia sensitivae partis ad percipiendum intentiones quas non percipit sensus, quam vocant aestimativam.

5. Praeterea, actus cogitativae, qui est conferre et componere et dividere, et actus reminiscitivae, qui est quodam syllogismo uti ad inquirendum, non minus distant ab actu aestimativae et memorativae, quam actus aestimativae ab actu phantasiae. Debent ergo vel cogitativa et reminiscitiva poni aliae vires praeter aestimativam et memorativam;

1. Com efeito, o que é comum não se opõe ao que é próprio. Portanto, o sentido comum não deve ser enumerado entre as potências interiores sensitivas, além dos sentidos exteriores próprios.

2. Além disso, não convém afirmar uma potência apreensiva interior, quando é suficiente o sentido próprio e exterior. Ora, para julgar os sensíveis são suficientes os sentidos próprios e exteriores, pois, cada sentido julga seu objeto próprio. Da mesma forma, parece que são suficientes para perceber seus atos, porque, como a ação do sentido é, de algum modo, intermediária entre a potência e o objeto, parece que a vista pode perceber melhor seu ato de ver, que lhe está mais próximo, do que perceber a cor. O mesmo se diga dos outros sentidos. Logo, não é necessário afirmar para essa função uma potência interna, que se chamaria senso comum.

3. Ademais, a imaginação e a memória são, segundo o Filósofo, paixões básicas do sentido. Ora, uma paixão não se opõe a seu sujeito. Logo, não é necessário afirmar a memória e a imaginação como potências, além do sentido.

4. Ademais, o intelecto depende menos do sentido, que qualquer potência da parte sensitiva. Ora, o intelecto nada conhece senão com a ajuda dos sentidos. Por isso, se diz nos *Segundos Analíticos*: "Àqueles a quem falta um sentido falta uma ciência". Logo, muito menos se deve afirmar uma potência da parte sensitiva que perceba as intenções que o sentido não percebe, a que chama de estimativa.

5. Ademais, o ato da potência cogitativa que consiste em comparar, compor e distinguir, e o ato da potência de reminiscência, que consiste em usar de silogismos para investigar, não distam menos dos atos da estimativa e da memória do que dista o ato da estimativa do ato da imaginação. É preciso, portanto, ou afirmar as duas primeiras

---

1. *De Mem. et Remin.*, c. 1: 450, a, 9-14.
2. C. 18: 81, a, 38-39.

as percepções esquecidas, é ainda a memória sensível. O homem não pode observar em si mesmo tais faculdades dissociando-as de tudo o que elas recebem da razão. O que seriam a percepção de um objeto sensível e as inferências concretas da estimativa, as reminiscências da memória, sem a "memória" espiritual? O que seria a potência criadora da imaginação sem o pensamento, sem a linguagem? Mais do que isso, o fato de essas potências sensíveis pertencerem ontologicamente a um ser espiritual lhes dá uma modalidade que, sem torná-las em si mesmas espirituais, as eleva a um ápice do sensível que não se poderia realizar em um ser puramente animal. Daí a impossibilidade de interpretar o que se passa no animal a partir de nossa própria vida psíquica. A observação dos animais superiores parece permitir que se reconheça neles, além da estimativa, uma espécie de cogitativa, de "inteligência animal" que, nos hominídeos anteriores ao homem propriamente dito — espécies intermediárias e em transformação em direção ao homem —, pôde chegar a fabricar utensílios extremamente rudimentares, sem ideia geral, sem inteligência propriamente dita, sem alma espiritual. Tal é, pelo menos, a hipótese que os notáveis textos de Sto. Tomás sugerem a mais de um tomista. Eis-nos, com certeza, bem longe de Descartes. Todavia, não se pode compreender o homem se não se concede a ele o lugar para um conhecimento não-intelectual, e que seja verdadeiramente conhecimento, mas *apenas* do singular.

vel aestimativa et memorativa non debent poni aliae vires praeter phantasiam.

6. PRAETEREA, Augustinus, XII *super Gen. ad litt.*[3], ponit tria genera visionum: scilicet corporalem, quae fit per sensum; et spiritualem, quae fit per imaginationem sive phantasiam; et intellectualem, quae fit per intellectum. Non est ergo aliqua vis interior quae sit media inter sensum et intellectum, nisi imaginativa tantum.

SED CONTRA est quod Avicenna, in suo libro *de Anima*[4], ponit quinque potentias sensitivas interiores: scilicet *sensum communem, phantasiam, imaginativam, aestimativam,* et *memorativam.*

RESPONDEO dicendum quod, cum natura non deficiat in necessariis, oportet esse tot actiones animae sensitivae, quot sufficiant ad vitam animalis perfecti. Et quaecumque harum actionum non possunt reduci in unum principium, requirunt diversas potentias: cum potentia animae nihil aliud sit quam proximum principium operationis animae.

Est autem considerandum quod ad vitam animalis perfecti requiritur quod non solum apprehendat rem apud praesentiam sensibilis, sed etiam apud eius absentiam. Alioquin, cum animalis motus et actio sequantur apprehensionem, non moveretur animal ad inquirendum aliquid absens; cuius contrarium apparet maxime in animalibus perfectis, quae moventur motu processivo; moventur enim ad aliquid absens apprehensum. Oportet ergo quod animal per animam sensitivam non solum recipiat species sensibilium, cum praesentialiter immutatur ab eis; sed etiam eas retineat et conservet. Recipere autem et retinere reducuntur in corporalibus ad diversa principia: nam humida bene recipiunt, et male retinent; e contrario autem est de siccis. Unde, cum potentia sensitiva sit actus organi corporalis, oportet esse aliam potentiam quae recipiat species sensibilium, et quae conservet. — Rursus considerandum est quod, si animal moveretur solum propter delectabile et contristabile secundum sensum, non esset necessarium ponere in animali nisi apprehensionem formarum quas percipit sensus, in quibus delectatur aut horret. Sed necessarium est animali ut quaerat aliqua vel fugiat, non solum quia sunt convenientia vel non convenientia ad sentiendum, sed etiam propter aliquas alias commoditates et utilitates, sive nocumenta: sicut ovis videns lupum venientem fugit, non propter

distintas da estimativa e da memória ou então não distingui-las da imaginação.

6. ADEMAIS, segundo Agostinho, há três gêneros de visão: corporal, por meio dos sentidos; espiritual, pela imaginação ou fantasia; e intelectual, pelo intelecto. Não há, portanto, entre o sentido e o intelecto, outra potência interna, a não ser a imaginação.

EM SENTIDO CONTRÁRIO, Avicena afirma cinco potências sensitivas internas: o *sentido comum,* a *fantasia,* a *imaginação,* a *estimativa* e a *memória.*

RESPONDO. Como a natureza não falta no que é necessário, é preciso haver tantas ações da alma sensitiva quantas se requerem para a vida de um animal perfeito. Mas todas essas ações não podem ser reduzidas a um só princípio, exigem potências diversas, uma vez que a potência da alma nada mais é do que o princípio imediato da operação da alma.

Ora, é preciso considerar que a vida de um animal perfeito requer não somente que ele apreenda a coisa quando ela está presente aos sentidos, mas ainda quando está ausente. De outra sorte, como o animal se move e age em sequência à apreensão, ele não se poria em movimento para buscar algo que estivesse ausente. Ora, é o contrário que se observa sobretudo nos animais perfeitos que se movem com movimento progressivo: dirigem-se, com efeito, para um objeto ausente do qual têm conhecimento. O animal deve, portanto, em sua alma sensitiva, não só receber as espécies das coisas sensíveis no momento em que é modificada por elas, mas ainda retê-las e conservá-las. Nos seres corporais, receber e conservar se referem a princípios diversos: os corpos úmidos recebem bem e conservam mal; o contrário se dá com os corpos secos. Por isso, sendo a potência sensitiva o ato de um órgão corporal, deve haver uma potência para receber as espécies dos sensíveis, e outra para conservá-las. – Deve-se considerar, ainda, que se um animal só se põe em movimento por objetos agradáveis ou repugnantes para os sentidos, não haveria necessidade de afirmar no animal senão a apreensão das formas que o sentido percebe e com as quais sente prazer ou repugnância. Mas é necessário que o animal procure umas coisas ou fuja de outras, não só porque convêm

---

3. Cc. 6, 7, 24: ML 34, 458, 459, 474-475.
4. Part. IV, c. 1.

indecentiam coloris vel figurae, sed quasi inimicum naturae; et similiter avis colligit paleam, non quia delectet sensum, sed quia est utilis ad nidificandum. Necessarium est ergo animali quod percipiat huiusmodi intentiones, quas non percipit sensus exterior. Et huius perceptionis oportet esse aliquod aliud principium: cum perceptio formarum sensibilium sit ex immutatione sensibilis, non autem perceptio intentionum praedictarum.

Sic ergo ad receptionem formarum sensibilium ordinatur *sensus proprius* et *communis*: de quorum distinctione post[5] dicetur. — Ad harum autem formarum retentionem aut conservationem ordinatur *phantasia*, sive *imaginatio*, quae idem sunt: est enim phantasia sive imaginatio quasi thesaurus quidam formarum per sensum acceptarum. — Ad apprehendendum autem intentiones quae per sensum non accipiuntur, ordinatur vis *aestimativa*. — Ad conservandum autem eas, vis *memorativa*, quae est thesaurus quidam huiusmodi intentionum. Cuius signum est, quod principium memorandi fit in animalibus ex aliqua huiusmodi intentione, puta quod est nocivum vel conveniens. Et ipsa ratio praeteriti, quam attendit memoria, inter huiusmodi intentiones computatur.

Considerandum est autem quod, quantum ad formas sensibiles, non est differentia inter hominem et alia animalia: similiter enim immutantur a sensibilibus exterioribus. Sed quantum ad intentiones praedictas, differentia est: nam alia animalia percipiunt huiusmodi intentiones solum naturali quodam instinctu, homo autem etiam per quandam collationem. Et ideo quae in aliis animalibus dicitur aestimativa naturalis, in homine dicitur *cogitativa*, quae per collationem quandam huiusmodi intentiones adinvenit. Unde etiam dicitur *ratio particularis*, cui medici assignant determinatum organum, scilicet mediam partem capitis: est enim collativa intentionum individualium, sicut ratio intellectiva intentionum universalium. — Ex parte autem memorativae, non solum habet memoriam, sicut cetera animalia, in subita recordatione praeteritorum; sed etiam *reminiscentiam*, quasi syllogistice inquirendo praeteritorum memoriam, secundum individuales intentiones.

ou não ao sentido, mas também por outras conveniências e utilidades ou nocividades. Por exemplo: a ovelha que vê o lobo chegar foge, não porque sua cor ou sua forma não são belas, mas porque é seu inimigo natural. Igualmente o passarinho recolhe a palha, não pelo prazer sensível, mas porque é útil para construir o ninho. Portanto, é necessário que o animal perceba tais intenções que o sentido externo não percebe. Deve haver, em consequência, um princípio próprio dessa percepção, pois a percepção das formas sensíveis é por uma modificação do objeto sensível, não porém a percepção das intenções referidas.

Assim pois, o *sentido próprio* e o *comum* ordenam-se a receber as formas das coisas sensíveis. Será dito adiante como eles se distinguem. — Para reter ou conservar essas formas, ordena-se a *fantasia* ou *imaginação* que são uma mesma coisa. A fantasia ou imaginação é, com efeito, como um tesouro das formas percebidas pelos sentidos. — Para apreender as intenções que não são percebidas pelo sentido, ordena-se a *estimativa*.— Para conservá-las, a *memória*, que é como um arquivo delas. É sinal disso que o princípio da lembrança nos animais resulta de tal intenção. Por exemplo, que isto é prejudicial ou é conveniente. E a mesma razão de passado, pela qual responde a memória, deve ser contada entre essas intenções.

Ainda se deve considerar que, em relação às formas sensíveis, não há diferença entre o homem e os animais. São modificados da mesma maneira pelos objetos sensíveis exteriores. Mas, quanto a essas intenções, há uma diferença. Os animais as percebem apenas por um instinto natural; o homem também por uma espécie de comparação. Por isso, a potência que se denomina nos animais de *estimativa* natural é chamada no homem de *cogitativa*, porque descobre essas intenções por uma espécie de comparação. Chama-se, ainda, *razão particular*, e os médicos lhe destinam um órgão determinado, a parte mediana do cérebro. Reúne comparando as representações individuais, como a razão intelectiva compara as intenções universais. — Quanto à memorativa, o homem não só possui a memória, como os animais, com a qual se lembra imediatamente dos fatos passados, mas também possui a de reminiscência, com a qual, de uma maneira quase silogística, investiga a memória desses fatos, enquanto são intenções individuais.

---

5. Resp. ad 1, 2.

Avicenna vero ponit quintam potentiam, mediam inter aestimativam et imaginativam, quae componit et dividit formas imaginatas; ut patet cum ex forma imaginata auri et forma imaginata montis componimus unam formam montis aurei, quem nunquam vidimus. Sed ista operatio non apparet in aliis animalibus ab homine, in quo ad hoc sufficit virtus imaginativa. Cui etiam hanc actionem attribuit Averroes, in libro quodam quem fecit *de Sensu et Sensibilibus*[6].

Et sic non est necesse ponere nisi quatuor vires interiores sensitivae partis: scilicet sensum communem et imaginationem, aestimativam et memorativam.

AD PRIMUM ergo dicendum quod sensus interior non dicitur *communis* per praedicationem, sicut genus; sed sicut communis radix et principium exteriorum sensuum.

AD SECUNDUM dicendum quod sensus proprius iudicat de sensibili proprio, discernendo ipsum ab aliis quae cadunt sub eodem sensu, sicut discernendo album a nigro vel a viridi. Sed discernere album a dulci non potest neque visus neque gustus: quia oportet quod qui inter aliqua discernit, utrumque cognoscat. Unde oportet ad sensum communem pertinere discretionis iudicium, ad quem referantur, sicut ad communem terminum, omnes apprehensiones sensuum; a quo etiam percipiantur intentiones sensuum, sicut cum aliquis videt se videre. Hoc enim non potest fieri per sensum proprium, qui non cognoscit nisi formam sensibilis a quo immutatur; in qua immutatione perficitur visio, et ex qua immutatione sequitur alia immutatio in sensu communi, qui visionem percipit.

AD TERTIUM dicendum quod, sicut una potentia oritur ab anima, alia mediante, ut supra[7] dictum est; ita etiam anima subiicitur alii potentiae, mediante alia. Et secundum hunc modum, phantasticum et memorativum dicuntur passiones primi sensitivi.

AD QUARTUM dicendum quod, licet intellectus operatio oriatur a sensu, tamen in re apprehensa per sensum intellectus multa cognoscit quae sensus percipere non potest. Et similiter aestimativa, licet inferiori modo.

AD QUINTUM dicendum quod illam eminentiam habet cogitativa et memorativa in homine, non

Avicena afirma uma quinta potência, intermediária entre a estimativa e a imaginativa, que compõe e divide as formas imaginadas. Assim da forma imaginada do ouro e da forma imaginada de uma montanha, compomos a imagem única de uma montanha de ouro que nunca vimos. Essa operação não se encontra nos animais, mas só no homem, em quem para tal é suficiente a imaginação. É aliás à imaginação que Averróis atribui, em seu livro *Sobre o Sentido e o Sensível*, semelhante atividade.

Não há necessidade, portanto, de afirmar senão quatro faculdades sensitivas internas, a saber: o senso comum e a imaginação, a estimativa e a memória.

QUANTO AO 1º, portanto, deve-se dizer que o sentido interno não é chamado *comum* por atribuição, como se fosse um gênero, mas como a raiz e principio comum dos sentidos externos.

QUANTO AO 2º, deve-se dizer que o sentido próprio julga seu objeto sensível, discernindo-o dos outros que se referem ao mesmo sentido. Por exemplo, discernindo o branco do preto ou do verde. Mas discernir o branco do doce, nem a vista nem o gosto podem fazê-lo: pois para discernir uma coisa de outra, é preciso conhecê-las a ambas. É, portanto, ao senso comum que pertence fazer o discernimento, pois só a ele são referidas, como a um termo comum, todas as apreensões dos sentidos, e é por ele ainda que são percebidas as intenções dos sentidos. Por exemplo, quando alguém vê que está vendo. Isso não pode ser feito pelo sentido próprio que não conhece senão a forma do sensível pela qual é modificado. É nessa modificação que se realiza a visão, e dela resulta uma outra no senso comum, que percebe a própria visão.

QUANTO AO 3º, deve-se dizer que assim como uma potência surge da alma por intermédio de uma outra, como já se disse, assim também a alma pode sujeitar-se a outra potência mediante uma outra. É sob esse aspecto que se diz que a imaginação e a memória são paixões básicas do sentido.

QUANTO AO 4º, deve-se dizer que embora a operação do intelecto tenha sua origem no sentido, o intelecto conhece, entretanto, na coisa apreendida pelos sentidos, muito mais coisas que o sentido não pode perceber. O mesmo acontece na estimativa, embora em grau inferior.

QUANTO AO 5º, deve-se dizer que o grau de excelência que a cogitativa e a memória têm no

---

6. C. 8.
7. Q. 77, a. 7.

per id quod est proprium sensitivae partis; sed per aliquam affinitatem et propinquitatem ad rationem universalem, secundum quandam refluentiam. Et ideo non sunt aliae vires, sed eaedem, perfectiores quam sint in aliis animalibus.

AD SEXTUM dicendum quod Augustinus spiritualem visionem dicit esse, quae fit per similitudines corporum in absentia corporum. Unde patet quod communis est omnibus interioribus apprehensionibus.

homem não se deve ao que é próprio da parte sensitiva, mas à sua afinidade e proximidade com a razão universal, segundo certo transbordamento. Portanto, não são potências diferentes das dos animais; são as mesmas, embora mais perfeitas.

QUANTO AO 6º, deve-se dizer que, para Agostinho, a visão espiritual é aquela que é causada pelas semelhanças dos corpos em ausência dos corpos. Ela é comum, portanto, a todas as apreensões internas.

QUAESTIO LXXIX
DE POTENTIIS INTELLECTIVIS
in tredecim articulos divisa

Deinde quaeritur de potentiis intellectivis. Circa quod quaeruntur tredecim.

Primo: utrum intellectus sit potentia animae, vel eius essentia:
Secundo: si est potentia, utrum sit potentia passiva.
Tertio: si est potentia passiva, utrum sit ponere aliquem intellectum agentem.
Quarto: utrum sit aliquid animae.
Quinto: utrum intellectus agens sit unus omnium.
Sexto: utrum memoria sit in intellectu.
Septimo: utrum sit alia potentia ab intellectu.
Octavo: utrum ratio sit alia potentia ab intellectu.
Nono: utrum ratio superior et inferior sint diversae potentiae.
Decimo: utrum intelligentia sit alia potentia praeter intellectum.
Undecimo: utrum intellectus speculativus et practicus sint diversae potentiae.
Duodecimo: utrum synderesis sit aliqua potentia intellectivae partis.
Tertiodecimo: utrum conscientia sit aliqua potentia intellectivae partis.

QUESTÃO 79
AS POTÊNCIAS INTELECTIVAS
em treze artigos

Em seguida, se pergunta sobre as potências intelectivas. A esse respeito, são treze as perguntas:

1. O intelecto é potência da alma ou sua essência?
2. Se é uma potência, acaso é uma potência passiva?
3. Se é uma potência passiva, é preciso afirmar um intelecto agente?
4. É alguma coisa da alma?
5. O intelecto agente é um só para todos?
6. A memória está no intelecto?
7. Ela é uma potência diferente do intelecto?
8. A razão é uma potência diferente do intelecto?
9. A razão superior e a razão inferior são potências diversas?
10. A inteligência é uma potência diferente do intelecto?
11. O intelecto especulativo e o prático são potências diversas?
12. A sindérese é uma potência da parte intelectiva?
13. A consciência é uma potência da parte intelectiva?

ARTICULUS 1
Utrum intellectus sit aliqua potentia animae

AD PRIMUM SIC PROCEDITUR. Videtur quod intellectus non sit aliqua potentia animae, sed sit ipsa eius essentia.

ARTIGO 1
O intelecto é uma potência da alma?

QUANTO AO PRIMEIRO ARTIGO, ASSIM SE PROCEDE: parece que o intelecto **não** é uma potência da alma, mas é sua própria essência.

1. Intellectus idem enim videtur esse quod mens. Sed mens non est potentia animae, sed essentia: dicit enim Augustinus, IX *de Trin.*[1]: *Mens et spiritus non relative dicuntur, sed essentiam demonstrant*. Ergo intellectus est ipsa essentia animae.

2. PRAETEREA, diversa genera potentiarum animae non uniuntur in aliqua potentia una, sed in sola essentia animae. Appetitivum autem et intellectivum sunt diversa genera potentiarum animae, ut dicitur in II *de Anima*[2]; conveniunt autem in mente, quia Augustinus, X *de Trin.*[3], ponit intelligentiam et voluntatem in mente. Ergo mens et intellectus est ipsa essentia animae, et non aliqua eius potentia.

3. PRAETEREA, secundum Gregorium, in Homilia Ascensionis[4], *homo intelligit cum angelis*. Sed angeli dicuntur *Mentes* et *Intellectus*[5]. Ergo mens et intellectus hominis non est aliqua potentia animae, sed ipsa anima.

4. PRAETEREA, ex hoc convenit alicui substantiae quod sit intellectiva, quia est immaterialis. Sed anima est immaterialis per suam essentiam. Ergo videtur quod anima per suam essentiam sit intellectiva.

SED CONTRA est quod Philosophus ponit *intellectivum* potentiam animae, ut patet in II *de Anima*[6].

RESPONDEO dicendum quod necesse est dicere, secundum praemissa[7], quod intellectus sit aliqua potentia animae, et non ipsa animae essentia. Tunc enim solum immediatum principium operationis est ipsa essentia rei operantis, quando ipsa operatio est eius esse: sicut enim potentia se habet ad operationem ut ad suum actum, ita se habet essentia ad esse. In solo Deo autem idem est intelligere quod suum esse. Unde in solo Deo intellectus est eius essentia: in aliis autem creaturis intellectualibus intellectus est quaedam potentia intelligentis.

AD PRIMUM ergo dicendum quod *sensus* accipitur aliquando pro potentia, aliquando vero pro ipsa anima sensitiva: denominatur enim anima sensitiva nomine principalioris suae potentiae, quae est sensus. Et similiter anima intellectiva

1. Com efeito, o intelecto parece ser o mesmo que a mente. Ora, a mente não é uma potência da alma, mas é sua essência, como diz Agostinho: "A mente e o espírito não são coisas relativas, mas designam a essência". Logo, o intelecto é a própria essência da alma.

2. ALÉM DISSO, os diferentes gêneros de potências da alma não se unem numa potência única, mas somente na essência da alma. Ora, o apetitivo[a] e o intelectivo são gêneros diferentes de potências da alma, como se diz no livro II da *Alma*, mas se encontram na mente, uma vez que Agostinho situa a inteligência e a vontade na mente. Logo, a mente e o intelecto são a própria essência da alma, e não uma sua potência.

3. ADEMAIS, Gregório diz que o homem entende como os anjos. Ora, os anjos são chamados *mentes* e *intelectos*. Logo, a mente e o intelecto do homem não são potências da alma, são a própria alma.

4. ADEMAIS, uma substância é intelectiva pelo fato de ser imaterial. Ora, é por sua essência que a alma é imaterial. Logo, parece que ela seja intelectiva por sua essência.

EM SENTIDO CONTRÁRIO, o Filósofo afirma, no livro II da *Alma*, o *intelectivo* como potência da alma.

RESPONDO. É necessário afirmar, em vista de tudo o que precedeu, que o intelecto é uma potência da alma, e não sua essência. Com efeito, o único princípio imediato da operação é a essência mesma do que opera, quando a própria operação é seu ser. Pois, assim como a potência está para a operação como para seu ato, assim está a essência para o ser. Ora, somente em Deus conhecer é a mesma coisa que seu ser. Portanto, só em Deus o intelecto é sua essência; nas outras criaturas dotadas de intelecto, ele é uma potência do que conhece.

QUANTO AO 1º, portanto, deve-se dizer que o termo *sentido* significa ora a potência de sentir, ora a própria alma sensitiva. Designa-se, assim, a alma sensitiva com o nome de sua potência principal, que é o sentido. Da mesma forma a alma

---

1. C. 2: ML 42, 962.
2. C. 3: 414, a, 29-32.
3. C. 11: ML 42, 983.
4. Homil. 28 in *Evang.*: ML 76, 1214 B.
5. Cfr. supra, q. 54, a. 3, arg. 1.
6. Loco cit. supra.
7. Q. 54, a. 3; q. 77, a. 1.

a. Conservamos o vocabulário de Sto. Tomás, que denomina "apetite" o conjunto das faculdades que se dirigem ao bem, a palavra mais moderna "afetividade" exprimindo apenas um aspecto desse movimento.

quandoque nominatur nomine *intellectus*, quasi a principaliori sua virtute; sicut dicitur in I *de Anima*⁸, quod *intellectus est substantia quaedam*. Et etiam hoc modo Augustinus dicit⁹ quod mens est *spiritus*, vel *essentia*.

AD SECUNDUM dicendum quod appetitivum et intellectivum sunt diversa genera potentiarum animae, secundum diversas rationes obiectorum. Sed appetitivum partim convenit cum intellectivo, et partim cum sensitivo, quantum ad modum operandi per organum corporale, vel sine huiusmodi organo: nam appetitus sequitur apprehensionem. Et secundum hoc Augustinus ponit voluntatem in mente, et Philosophus¹⁰ in ratione.

AD TERTIUM dicendum quod in angelis non est alia vis nisi intellectiva, et voluntas, quae ad intellectum consequitur. Et propter hoc angelus dicitur *Mens* vel *Intellectus*: quia tota virtus sua in hoc consistit. Anima autem habet multas alias vires, sicut sensitivas et nutritivas: et ideo non est simile.

AD QUARTUM dicendum quod ipsa immaterialitas substantiae intelligentis creatae non est eius intellectus; sed ex immaterialitate habet virtutem ad intelligendum. Unde non oportet quod intellectus sit substantia animae, sed eius virtus et potentia.

intelectiva é algumas vezes designada com o nome de *intelecto*, como sendo sua principal potência, como está no livro I da *Alma*, que "o intelecto é uma substância". De modo semelhante, Agostinho disse que a mente é *espírito* ou *essência*.

QUANTO AO 2º, deve-se dizer que o apetitivo e o intelectivo são gêneros diferentes de potências da alma, por serem diversas as razões dos objetos. Ora, o apetitivo corresponde em parte ao intelectivo e em parte ao sensitivo, quanto ao modo de operar, com a ajuda do órgão corporal, ou sem tal órgão. Com efeito, o apetite segue a apreensão. Nesse sentido, Agostinho afirma a vontade na mente, e Aristóteles na razão.

QUANTO AO 3º, deve-se dizer que não há nos anjos outra potência a não ser a intelectiva e a vontade que segue o intelecto. Por isso o anjo é chamado *mente* ou *intelecto*, porque toda a sua potência consiste nisso. A alma humana possui muitas outras potências, como as sensitivas e vegetativas. E por isso não é semelhante.

QUANTO AO 4º, deve-se dizer que a mesma imaterialidade da substância inteligente criada não é seu intelecto; mas é por ser imaterial que ela tem o poder de conhecer. Não é necessário, portanto, que o intelecto seja a substância da alma, mas que seja sua força e potência.

ARTICULUS 2
Utrum intellectus sit potentia passiva

AD SECUNDUM SIC PROCEDITUR. Videtur quod intellectus non sit potentia passiva.

1. Patitur enim unumquodque secundum materiam; sed agit ratione formae. Sed virtus intellectiva consequitur immaterialitatem substantiae intelligentis. Ergo videtur quod intellectus non sit potentia passiva.

2. PRAETEREA, potentia intellectiva est incorruptibilis, ut supra¹ dictum est. Sed *intellectus si est passivus, est corruptibilis*, ut dicitur in III *de Anima*². Ergo potentia intellectiva non est passiva.

3. PRAETEREA, *agens est nobilius patiente*, ut dicit Augustinus XII *super Gen. ad litt.*³, et

ARTIGO 2
O intelecto é uma potência passiva?

QUANTO AO SEGUNDO, ASSIM SE PROCEDE: parece que o intelecto **não** é uma potência passiva.

1. Com efeito, todas as coisas são passivas pela matéria e ativas em razão da forma. Ora a potência intelectiva segue a imaterialidade da substância do que conhece. Logo, parece que o intelecto não é uma potência passiva.

2. ALÉM DISSO, a potência intelectiva é incorruptível, como foi dito. Ora, "o intelecto, se é passivo, é corruptível", segundo o livro III da *Alma*. Logo, a potência intelectiva não é passiva.

3. ADEMAIS, conforme Agostinho e Aristóteles, "o que é ativo é mais nobre do que o que é pas-

---

8. C. 4: 408, b, 18-31.
9. *De Trin.*, loco cit. in arg.; et l. XIV, c. 16: ML 42, 1053.
10. *De Anima*, l. III, c. 9: 432, b, 3-7.

PARALL.: III *Sent.*, dist. 14, a. 1, q.la 2; *De Verit.*, q. 16, a. 1, ad 13; III *de Anima*, lect. 7, 9.

1. Q. 75, a. 6.
2. C. 5: 430, a, 23-25.
3. C. 16: ML 34, 467.

Aristoteles in III *de Anima*[4]. Potentiae autem vegetativae partis omnes sunt activae: quae tamen sunt infimae inter potentias animae. Ergo multo magis potentiae intellectivae, quae sunt supremae, omnes sunt activae.

SED CONTRA est quod Philosophus dicit, in III *de Anima*[5], quod *intelligere est pati quoddam*.

RESPONDEO dicendum quod *pati* tripliciter dicitur.

Uno modo, propriissime, scilicet quando aliquid removetur ab eo quod convenit sibi secundum naturam, aut secundum propriam inclinationem; sicut cum aqua frigiditatem amittit per calefactionem, et cum homo aegrotat aut tristatur.

Secundo modo, minus proprie dicitur aliquis pati ex eo quod aliquid ab ipso abiicitur, sive sit ei conveniens, sive non conveniens. Et secundum hoc dicitur pati non solum qui aegrotat, sed etiam qui sanatur; non solum qui tristatur, sed etiam qui laetatur; vel quocumque modo aliquis alteretur vel moveatur.

Tertio modo, dicitur aliquid pati communiter, ex hoc solo quod id quod est in potentia ad aliquid, recipit illud ad quod erat in potentia, absque hoc quod aliquid abiiciatur. Secundum quem modum, omne quod exit de potentia in actum, potest dici pati, etiam cum perficitur. Et sic intelligere nostrum est pati.

Quod quidem hac ratione apparet. Intellectus enim, sicut supra[6] dictum est, habet operationem circa ens in universali. Considerari ergo potest utrum intellectus sit in actu vel potentia, ex hoc quod consideratur quomodo intellectus se habeat ad ens universale. Invenitur enim aliquis intellectus qui ad ens universale se habet sicut actus totius entis: et talis est intellectus divinus, qui est Dei essentia, in qua originaliter et virtualiter totum ens praeexistit sicut in prima causa. Et ideo intellectus divinus non est in potentia, sed est actus purus. — Nullus autem intellectus creatus potest se habere ut actus respectu totius entis universalis: quia sic oporteret quod esset ens infinitum. Unde omnis

sivo". Ora, todas as potências da parte vegetativa são ativas, e, no entanto, são as mais ínfimas entre as potências da alma. Logo, com muito maior razão, as potências intelectivas que são as mais superiores, são todas ativas.

EM SENTIDO CONTRÁRIO, diz o Filósofo no livro III da *Alma*, que "conhecer é de certo modo ser passivo".

RESPONDO. *Padecer* se entende de três maneiras:

1. No sentido estrito, quando se é privado de alguma coisa que lhe convinha por natureza ou segundo sua própria inclinação. Por exemplo, quando a água perde sua frieza pela ação de esquentar, ou quando o homem cai doente ou se entristece.

2. Em um sentido menos próprio, quando a alguém é tirada alguma coisa, quer esta lhe seja conveniente ou não. Por exemplo, diz-se padecer não só aquele que cai doente, mas aquele que volta à saúde; não só aquele que fica triste, mas aquele que se alegra; ou ainda se trata de todo e qualquer outro movimento ou alteração.

3. Em um sentido mais geral: quando o que está em potência para algo recebe aquilo para o qual estava em potência, sem que nada lhe seja tirado. Desta maneira, pode-se dizer que tudo o que passa da potência ao ato padece, mesmo quando adquire uma perfeição. Assim, nosso ato de conhecer é padecer[b].

Eis a razão disso: o intelecto, como já se disse, tem por objeto o ente em geral. Pode-se, portanto, considerar se o intelecto está em ato ou em potência, observando a relação do intelecto com o ente em geral. Há um intelecto que se refere ao ente em geral como o ato de todo ente: é o intelecto de Deus, que é a essência divina, na qual todo ente preexiste originalmente e virtualmente, como na primeira causa. Por isso, o intelecto divino não está em potência, mas é ato puro. — Ora nenhum intelecto criado pode estar como ato em relação a todo ente em geral, pois seria preciso então que ele fosse um ente infinito. Em consequência, todo intelecto criado, exatamente pelo que é, não é o

---

4. C. 5: 430, a, 17-19.
5. C. 4: 429, b, 22-26.
6. Q. 78, a. 1.

b. A passividade da inteligência em relação a seu objeto é absolutamente característica da inteligência humana, que "pode tornar-se tudo", mas que, por si mesma, é "tábula rasa" (diríamos, "folha em branco"), recebendo somente do exterior a impressão da realidade. Tal passividade, porém, não impede de modo algum, evidentemente, que a intelecção, o pensamento, seja um *ato*, uma *operação vital* da qual a inteligência, "informada pelas espécies inteligíveis", é o princípio supremamente ativo. Veremos que o fruto de tal atividade é o conceito, o verbo interior. Mais que isso, essa atividade da inteligência traduz-se pela busca da verdade e pela utilização de todos os meios para encontrá-la.

intellectus creatus, per hoc ipsum quod est, non est actus omnium intelligibilium, sed comparatur ad ipsa intelligibilia sicut potentia ad actum. Potentia autem dupliciter se habet ad actum. Est enim quaedam potentia quae semper est perfecta per actum; sicut diximus[7] de materia corporum caelestium. Quaedam autem potentia est, quae non semper est in actu, sed de potentia procedit in actum; sicut invenitur in generabilibus et corruptibilibus. — Intellectus igitur angelicus semper est in actu suorum intelligibilium, propter propinquitatem ad primum intellectum, qui est actus purus, ut supra dictum est. Intellectus autem humanus, qui est infimus in ordine intellectuum, et maxime remotus a perfectione divini intellectus, est in potentia respectu intelligibilium, et in principio est *sicut tabula rasa in qua nihil est scriptum*, ut Philosophus dicit in III *de Anima*[8]. Quod manifeste apparet ex hoc, quod in principio sumus intelligentes solum in potentia, postmodum autem efficimur intelligentes in actu. — Sic igitur patet quod intelligere nostrum est quoddam pati, secundum tertium modum passionis. Et per consequens intellectus est potentia passiva.

AD PRIMUM ergo dicendum quod obiectio illa procedit de primo et secundo modo passionis, qui sunt proprii materiae primae. Tertius autem modus passionis est cuiuscumque in potentia existentis quod in actum reducitur.

AD SECUNDUM dicendum quod *intellectus passivus* secundum quosdam dicitur appetitus sensitivus, in quo sunt animae passiones; qui etiam in I *Ethic.*[9] dicitur *rationalis per participationem*, quia *obedit rationi*. Secundum alios autem intellectus passivus dicitur virtus cogitativa, quae nominatur *ratio particularis*. Et utroque modo *passivum* accipi potest secundum primos duos modos passionis, inquantum talis intellectus sic dictus, est actus alicuius organi corporalis. — Sed intellectus qui est in potentia ad intelligibilia, quem Aristoteles[10] ob hoc nominat *intellectum possibilem*, non est passivus nisi tertio modo: quia non est actus organi corporalis. Et ideo est incorruptibilis.

AD TERTIUM dicendum quod agens est nobilius patiente, si ad idem actio et passio referantur: non autem semper, si ad diversa. Intellectus autem est vis passiva respectu totius entis universalis. Vegetativum autem est activum respectu cuiusdam

ato de todos os inteligíveis, mas está com eles na relação da potência ao ato.

A potência está para o ato de duas maneiras. Há uma potência que é sempre aperfeiçoada por um ato: como já dissemos da matéria dos corpos celestes. E há outra potência que não está sempre em ato, mas em que há passagem da potência ao ato, como acontece nos seres em que há geração e corrupção. — Por conseguinte, o intelecto angélico está sempre em ato em relação a seus inteligíveis, devido à proximidade com o intelecto primeiro, que é ato puro, como foi dito. Mas o intelecto humano, o último na ordem dos intelectos e muitíssimo afastado da perfeição do intelecto divino, está em potência em relação aos inteligíveis, e no começo ele é como "uma tábua rasa em que nada está escrito", segundo diz o Filósofo no livro III da *Alma*. Isso fica claro pelo fato de que estamos primeiramente em potência de conhecer, e só depois estamos em ato. — É, portanto, evidente que nosso conhecer é padecer, segundo a terceira maneira. Por conseguinte, o intelecto é uma potência passiva.

QUANTO AO 1º, portanto, deve-se dizer que essa objeção procede dos dois primeiros modos de padecer, que são próprios da matéria primeira. Mas o terceiro modo é de tudo o que está em potência e que passa ao ato.

QUANTO AO 2º, deve-se dizer que o *intelecto passivo*, é, para alguns, o apetite sensitivo, no qual se encontram as paixões da alma, e que no livro I da *Ética* se diz "racional por participação", porque ele "obedece à razão". Para outros, o intelecto passivo é a potência cogitativa, que se chama *razão particular*. Em um e outro sentido, *passivo* pode ser entendido nos dois primeiros modos, enquanto tal intelecto é o ato de um órgão corporal. — Mas o intelecto que está em potência para os inteligíveis, e por essa razão Aristóteles o chama de *intelecto possível*, não é passivo senão no terceiro modo; porque não é o ato de um órgão corporal. E por isso é incorruptível.

QUANTO AO 3º, deve-se dizer que o agente é mais nobre que o paciente, se ação e paixão se referem à mesma coisa, não, porém, sempre, se se referirem a coisas diversas. O intelecto é uma potência passiva em relação a todo ente em geral. Ao

---

7. Q. 58, a. 1.
8. C. 4: 429, b, 29 — 430, a, 2.
9. C. 13: 1102, b, 25 — 1103, a, 3.
10. *De Anima*, l. III, c. 4: 429, a, 13-18.

entis particularis, scilicet corporis coniuncti. Unde nihil prohibet huiusmodi passivum esse nobilius tali activo.

passo que a potência vegetativa é ativa em relação a um ente particular, a saber, o corpo unido à alma. Portanto, nada impede que tal princípio passivo seja mais nobre que outro que é ativo.

ARTICULUS 3
Utrum sit ponere intellectum agentem

AD TERTIUM SIC PROCEDITUR. Videtur quod non sit ponere intellectum agentem.
1. Sicut enim se habet sensus ad sensibilia, ita se habet intellectus noster ad intelligibilia. Sed quia sensus est in potentia ad sensibilia non ponitur sensus agens, sed sensus patiens tantum. Ergo, cum intellectus noster sit in potentia ad intelligibilia, videtur quod non debeat poni intellectus agens, sed possibilis tantum.

2. PRAETEREA, si dicatur quod in sensu etiam est aliquod agens, sicut lumen, contra: Lumen requiritur ad visum inquantum facit medium lucidum in actu: nam color ipse secundum se est motivus lucidi. Sed in operatione intellectus non ponitur aliquod medium quod necesse sit fieri in actu. Ergo non est necessarium ponere intellectum agentem.
3. PRAETEREA, similitudo agentis recipitur in patiente secundum modum patientis. Sed intellectus possibilis est virtus immaterialis. Ergo immaterialitas eius sufficit ad hoc quod recipiantur in eo formae immaterialiter. Sed ex hoc ipso aliqua forma est intelligibilis in actu, quod est immaterialis. Ergo nulla necessitas est ponere intellectum agentem, ad hoc quod faciat species intelligibiles in actu.

SED CONTRA est quod Philosophus dicit, in III de Anima[1], quod *sicut in omni natura ita et in anima est aliquid quo est omnia fieri, et aliquid quo est omnia facere*. Est ergo ponere intellectum agentem.

RESPONDEO dicendum quod, secundum opinionem Platonis, nulla necessitas erat ponere intellectum agentem ad faciendum intelligibilia in actu; sed forte ad praebendum lumen intelligibile intelligenti, ut infra[2] dicetur. Posuit enim Plato[3]

ARTIGO 3
Deve-se afirmar um intelecto agente?

QUANTO AO TERCEIRO, ASSIM SE PROCEDE: parece que **não** se deve afirmar um intelecto agente.
1. Com efeito, como os sentidos se referem às coisas sensíveis, assim nosso intelecto se refere às coisas inteligíveis. Ora, uma vez que o sentido está em potência para com as coisas sensíveis, não se afirma um sentido agente, mas somente paciente. Logo como nosso intelecto está em potência para as coisas inteligíveis, parece que não se deve afirmar um intelecto agente, mas somente possível.
2. ALÉM DISSO, se se diz que no sentido existe algum agente, como a luz, podemos contrapor: a luz é requerida para a visão enquanto torna o meio luminoso em ato, pois é a própria cor enquanto tal que é a causa da luminosidade. Ora, na operação do intelecto não se afirma um meio que deva ser posto em ato. Logo, não é necessário afirmar um intelecto agente.
3. ADEMAIS, a semelhança do agente é recebida no paciente pelo modo de ser desse último. Ora, o intelecto possível é uma potência imaterial. Portanto, basta a sua imaterialidade para que receba imaterialmente as formas das coisas. Ora por ser imaterial, uma forma é inteligível em ato. Logo, não há necessidade alguma de afirmar o intelecto agente, que torne as imagens inteligíveis em ato.

EM SENTIDO CONTRÁRIO, o Filósofo diz no livro III da *Alma*: "Como em toda a natureza, há na alma um princípio que lhe permite tornar-se todas as coisas, e um princípio que lhe permite fazê-las todas". Deve-se, pois, afirmar um intelecto agente.

RESPONDO. Segundo Platão, um intelecto agente não era de nenhum modo necessário para tornar os inteligíveis em ato; mas, talvez, para fornecer a luz inteligível àquele que conhece, como será dito mais adiante. Platão afirmava, com efeito, que as

---

3   PARALL.: Supra, q. 54, a. 4; *Cont. Gent.* II, 77; *De Spirit. Creat.*, a. 9; *Compend. Theol.*, c. 83; *Q. de Anima*, a. 4; III *de Anima*, lect. 10.

1. C. 5: 430, a, 10-17.
2. A. sq.; q. 84, a. 6.
3. In *Timaeo*, c. 18: 49-52; — cfr. *Parmenid.*, c. 6: 132 B — 134 A; *Phaedri*, c. 48, 49; 265-266 B.

formas rerum naturalium sine materia subsistere, et per consequens eas intelligibiles esse: quia ex hoc est aliquid intelligibile actu, quod est immateriale. Et huiusmodi vocabat *species*, sive *ideas*: ex quarum participatione dicebat etiam materiam corporalem formari, ad hoc quod individua naturaliter constituerentur in propriis generibus et speciebus; et intellectus nostros, ad hoc quod de generibus et speciebus rerum scientiam haberent.

Sed quia Aristoteles[4] non posuit formas rerum naturalium subsistere sine materia; formae autem in materia existentes non sunt intelligibiles actu: sequebatur quod naturae seu formae rerum sensibilium, quas intelligimus, non essent intelligibiles actu. Nihil autem reducitur de potentia in actum, nisi per aliquod ens actu: sicut sensus fit in actu per sensibile in actu. Oportebat igitur ponere aliquam virtutem ex parte intellectus, quae faceret intelligibilia in actu, per abstractionem specierum a conditionibus materialibus. Et haec est necessitas ponendi intellectum agentem.

AD PRIMUM ergo dicendum quod sensibilia inveniuntur actu extra animam: et ideo non oportuit ponere sensum agentem. — Et sic patet quod in parte nutritiva omnes potentiae sunt activae; in parte autem sensitiva, omnes passivae; in parte vero intellectiva est aliquid activum, et aliquid passivum.

AD SECUNDUM dicendum quod circa effectum luminis est duplex opinio. Quidam enim dicunt quod lumen requiritur ad visum, ut faciat colores actu visibiles. Et secundum hoc, similiter requiritur, et propter idem, intellectus agens ad intelligendum, propter quod lumen ad videndum. — Secundum alios vero, lumen requiritur ad videndum, non propter colores, ut fiant actu visibiles; sed ut

formas das coisas naturais subsistem sem matéria, e por conseguinte, que elas são inteligíveis, uma vez que, por ser imaterial, uma coisa é inteligível em ato. Essas formas, ele as chamava *espécies* ou *ideias*. E é por uma participação nessas ideias que até mesmo a matéria dos corpos é formada; o que permite aos indivíduos existir em seus gêneros e espécies; e também os nossos intelectos são assim formados, o que nos permite conhecer os gêneros e as espécies das coisas.

Mas, porque Aristóteles não admitia que as formas das coisas naturais pudessem subsistir sem matéria, e porque as formas existentes na matéria não são inteligíveis em ato, resultava que a natureza ou as formas das coisas sensíveis, que conhecemos, não eram inteligíveis em ato. Ora nada passa da potência ao ato senão por meio de um ente em ato; por exemplo, o sentido torna-se em ato pelo sensível em ato. Era preciso, portanto, afirmar, da parte do intelecto uma potência que fizesse inteligíveis em ato, abstraindo as espécies das condições da matéria. Donde a necessidade de se afirmar um intelecto agente[c].

QUANTO AO 1º, portanto, deve-se dizer que os objetos sensíveis estão em ato fora da alma, por isso não foi necessário afirmar um sentido agente. — Assim fica claro que na parte vegetativa todas as potências são ativas; na parte sensitiva, todas são passivas; mas na parte intelectiva, há um princípio ativo e um princípio passivo.

QUANTO AO 2º, deve-se dizer que há duas opiniões sobre a ação da luz. Para uns, a luz é exigida para a visão a fim de tornar as cores visíveis em ato. Nesse sentido e pela mesma razão pela qual se requer a luz para ver, requer-se, de maneira semelhante, o intelecto agente para conhecer. — Para outros, é preciso a luz para a visão, não a fim de tornar visíveis as cores, mas para tornar o

---

4. Vide *Metaph.*, l. III, c.: 4: 999, a, 24 — b, 20; l. VIII, c. 3: 1043, b, 4-32.

c. Conservemos a expressão técnica "intelecto agente", pois nenhuma palavra do vocabulário moderno pode, sem ambiguidade, exprimir o que ela significa. É em relação ao platonismo que se deve compreender a ideia de intelecto agente. Platão emprestava uma existência separada às essências universais, das quais as coisas sensíveis lhe pareciam ser como a projeção multiplicada e movediça. Nada impedia, portanto, que a inteligência, ao unir-se a essas essências separadas, as conhecesse. Se, no entanto, como pensava Aristóteles, estas últimas só possuem existência e realidade em suas realizações particulares e sensíveis, elas só podem ser conhecidas sob condição de serem abstraídas de suas condições particulares. Desse modo, tornar-se-ão inteligíveis em ato. Até então, não existindo em ato como realidades universais, não são tampouco inteligíveis em ato. O que elas serão no espírito, mas sob condição de nele reconhecer o poder de abstrair o geral do particular, e de atualizar em uma representação interior o que está contido de inteligível nas imagens das coisas sensíveis. O papel do intelecto agente pode ser comparado ao da luz. Do mesmo modo que a luz faz surgir as cores e as formas, o intelecto agente faz surgir na imagem sensível a inteligibilidade que ela contém. Que haja uma verdadeira dualidade das faculdades, o intelecto agente e o intelecto possível, Sto. Tomás o pensa devido ao fato de que um é ativo e o outro passivo. Atividade e passividade, porém, só possuem realidade juntas. Não obstante, lembremos aqui que só há passividade do intelecto denominado "possível" em relação aos objetos a conhecer. Pelo contrário, existe atividade no ato do pensamento.

medium fiat actu lucidum, ut Commentator dicit in II *de Anima*⁵. Et secundum hoc, similitudo qua Aristoteles⁶ assimilat intellectum agentem lumini, attenditur quantum ad hoc, quod sicut hoc est necessarium ad videndum, ita illud ad intelligendum; sed non propter idem.

AD TERTIUM dicendum quod, supposito agente, bene contingit diversimode recipi eius similitudinem in diversis propter eorum dispositionem diversam. Sed si agens non praeexistit, nihil ad hoc faciet dispositio recipientis. Intelligibile autem in actu non est aliquid existens in rerum natura, quantum ad naturam rerum sensibilium, quae non subsistunt praeter materiam. Et ideo ad intelligendum non sufficeret immaterialitas intellectus possibilis, nisi adesset intellectus agens, qui faceret intelligibilia in actu per modum abstractionis.

meio iluminado em ato. É a opinião de Averróis. Nesse sentido, a semelhança com que Aristóteles compara o intelecto agente com a luz deve compreender-se assim: como a luz é necessária para ver, assim também o intelecto é necessário para conhecer, mas não pela mesma razão.

QUANTO AO 3º, deve-se dizer que pressuposto o agente, é bem verdade que sua semelhança é recebida sob modos diversos segundo as disposições de cada sujeito. Mas se o agente não preexiste, a disposição do sujeito receptor não tem efeito algum. Ora, o inteligível em ato não é algo existente na natureza, ao menos na natureza das coisas sensíveis que não subsistem fora da matéria. Por isso, para conhecer não bastaria a imaterialidade do intelecto possível, se não houvesse intelecto agente, capaz de tornar os inteligíveis em ato, por meio da abstração.

ARTICULUS 4
Utrum intellectus agens sit aliquid animae

AD QUARTUM SIC PROCEDITUR. Videtur quod intellectus agens non sit aliquid animae nostrae.

1. Intellectus enim agentis effectus est illuminare ad intelligendum. Sed hoc fit per aliquid quod est altius anima; secundum illud Io 1,9: *Erat lux vera, quae illuminat omnem hominem venientem in hunc mundum*. Ergo videtur quod intellectus agens non sit aliquid animae.

2. PRAETEREA, Philosophus, in III *de Anima*¹, attribuit intellectui agenti quod *non aliquando intelligit et aliquando non intelligit*. Sed anima

ARTIGO 4
O intelecto agente é parte da alma?ᵈ

QUANTO AO QUARTO, ASSIM SE PROCEDE: parece que o intelecto agente **não** é parte de nossa alma.

1. Na verdade, o efeito do intelecto agente é iluminar para que possa conhecer. Ora, isso se faz por algo que é superior à alma. Segundo o Evangelho de João: "Havia uma luz verdadeira que ilumina todo homem vindo a esse mundo". Logo, parece que o intelecto agente não é alguma coisa da alma.

2. ALÉM DISSO, o Filósofo, no livro III da *Alma*, diz que não é próprio do intelecto agente às vezes conhecer e às vezes não conhecer. Ora, nossa alma

---

5. Comm. 67.
6. *De Anima*, l. III, c. 5: 430, a, 10-17.

PARALL.: II *Sent*., dist. 17, q. 2, a. 1; *Cont. Gent*. II, 76, 78; *De Spirit. Creat*., a. 10; *Q. de Anima*, a. 5; *Compend. Theol*., c. 86; III *de Anima*, lect. 10.

1. C. 5: 430, a, 19-22.

d. O artigo alude a uma das controvérsias mais importantes da Idade Média. De acordo com o averroísmo latino, o intelecto agente é único, subsistente, separado. Ele ilumina as imagens individuais e particulares que a realidade sensível imprime na alma humana, transformando-as em espécies inteligíveis próprias a cada homem individual. De acordo com os agostinistas, seria a "luz" divina, diretamente, a esclarecer o espírito humano, manifestando-lhe o que contém de eterno seus objetos naturais. Observe-se que, neste artigo, Sto. Tomás está bem longe de negar que todo ato de pensamento humano seja uma participação no Pensamento divino. Ele pensa, contudo, que não se deve atribuir imediatamente à Causa primeira aquilo que esta tem, pelo contrário, o costume de fazer por intermédio das potências de agir que ela concede aos seres, potências que são participações criadas em sua própria potência. A potência iluminadora do intelecto agente participa da potência iluminadora da divindade como a potência geradora da criatura participa da potência criadora de Deus. Reconhecemos aí uma das principais ideias de Sto. Tomás: a realidade e a autonomia das naturezas criadas e de suas potências de ação, jamais alteradas ou diminuídas pela ação da Causa primeira. Compreende-se melhor, aliás, esse poder que se atribui à inteligência humana de atualizar o inteligível, se se pensa que a inteligência divina é a Causa própria do que há de inteligibilidade nas coisas, de modo que o intelecto agente não é mais que a participação criada nesse poder do Intelecto divino.

nostra non semper intelligit; sed aliquando intelligit et aliquando non intelligit. Ergo intellectus agens non est aliquid animae nostrae.

3. Praeterea, agens et patiens sufficiunt ad agendum. Si igitur intellectus possibilis est aliquid animae nostrae, qui est virtus passiva, et similiter intellectus agens, qui est virtus activa; sequitur quod homo semper poterit intelligere cum voluerit: quod patet esse falsum. Non est ergo intellectus agens aliquid animae nostrae.

4. Praeterea, Philosophus dicit, in III *de Anima*², quod intellectus agens est *substantia actu ens*. Nihil autem est respectu eiusdem in actu et in potentia. Si ergo intellectus possibilis, qui est in potentia ad omnia intelligibilia, est aliquid animae nostrae; videtur impossibile quod intellectus agens sit aliquid animae nostrae.

5. Praeterea, si intellectus agens est aliquid animae nostrae, oportet quod sit aliqua potentia. Non est enim nec passio nec habitus: nam habitus et passiones non habent rationem agentis respectu passionum animae; sed magis passio est ipsa actio potentiae passivae, habitus autem est aliquid quod ex actibus consequitur. Omnis autem potentia fluit ab essentia animae. Sequeretur ergo quod intellectus agens ab essentia animae procederet. Et sic non inesset animae per participationem ab aliquo superiori intellectu: quod est inconveniens. Non ergo intellectus agens est aliquid animae nostrae.

Sed contra est quod Philosophus dicit, III *de Anima*³ quod *necesse est in anima has esse differentias*, scilicet intellectum possibilem, et agentem.

Respondeo dicendum quod intellectus agens de quo Philosophus loquitur, est aliquid animae. Ad cuius evidentiam, considerandum est quod supra animam intellectivam humanam necesse est ponere aliquem superiorem intellectum, a quo anima virtutem intelligendi obtineat. Semper enim quod participat aliquid, et quod est mobile, et quod est imperfectum, praeexigit ante se aliquid quod est per essentiam suam tale, et quod est immobile et perfectum. Anima autem humana intellectiva dicitur per participationem intellectualis virtutis: cuius signum est, quod non tota est intellectiva, sed secundum aliquam sui partem. Pertingit etiam ad intelligentiam veritatis cum quodam discursu

nem sempre conhece, mas às vezes conhece e às vezes não conhece. Logo, o intelecto agente não é alguma coisa de nossa alma.

3. Ademais, para agir, bastam um princípio ativo e um princípio passivo. Ora, se o intelecto possível, princípio passivo, e o intelecto agente, princípio ativo, são ambos a parte de nossa alma, o homem sempre poderá conhecer, quando quiser; o que é evidentemente falso. Logo, o intelecto agente não é parte de nossa alma.

4. Ademais, o Filósofo diz, no livro III da *Alma*, que o intelecto agente é uma *substância que existe em ato*. Ora, nada está em ato e em potência com respeito à mesma coisa. Logo, se o intelecto possível, que está em potência para todos os inteligíveis, é parte de nossa alma, não é possível que o intelecto agente o seja também.

5. Ademais, se o intelecto agente é parte de nossa alma, deve ser uma potência. Não é nem uma paixão nem um *habitus*: pois nem uma nem outro têm razão de princípio ativo em relação às paixões da alma. Ao contrário, a paixão é a ação de uma potência passivaᵉ; o *habitus* é resultante dos atos. Ora, toda potência emana da essência da alma. Consequentemente, o intelecto agente emanaria da essência da alma, e assim, não se encontraria na alma mediante a participação de um intelecto superior; o que não é correto. Logo, o intelecto agente não é parte de nossa alma.

Em sentido contrário, o Filósofo diz no livro III da *Alma*, que "essas diferenças devem se encontrar na alma", a saber, intelecto possível e intelecto agente.

Respondo. O intelecto agente, de que fala o Filósofo, é parte da alma. Para prová-lo, deve-se considerar que é necessário afirmar, acima da alma intelectiva do homem, um intelecto superior que lhe dá a potência de conhecer. Tudo o que participa de alguma coisa, e que é móvel e imperfeito, pressupõe a existência de algo que é essencialmente essa coisa, e que é imóvel e perfeito. Ora, a alma humana é intelectiva, porque participa da potência intelectiva. O sinal disso está em que não é intelectiva inteiramente, mas apenas por uma parte de si mesma. Além disso, não chega ao conhecimento da verdade a não ser por movimentos discursivos, raciocinando. Enfim, tem uma

---

2. C. 5: 430, a, 10-17.
3. Ibid.

e. O texto de Sto. Tomás é obscuro. No entanto, deve-se interpretar conforme à teoria geral da ação-paixão: a "paixão" é a ação da causa, enquanto recebida e sofrida pelo sujeito desta.

et motu, arguendo. Habet etiam imperfectam intelligentiam: tum quia non omnia intelligit; tum quia in his quae intelligit, de potentia procedit ad actum. Oportet ergo esse aliquem altiorem intellectum, quo anima iuvetur ad intelligendum.

Posuerunt ergo quidam[4] hunc intellectum secundum substantiam separatum, esse intellectum agentem, qui quasi illustrando phantasmata, facit ea intelligibilia actu. — Sed, dato quod sit aliquis talis intellectus agens separatus, nihilominus tamen oportet ponere in ipsa anima humana aliquam virtutem ab illo intellectu superiori participatam, per quam anima humana facit intelligibilia in actu. Sicut et in aliis rebus naturalibus perfectis, praeter universales causas agentes, sunt propriae virtutes inditae singulis rebus perfectis, ab universalibus agentibus derivatae: non enim solus sol generat hominem, sed est in homine virtus generativa hominis; et similiter in aliis animalibus perfectis. Nihil autem est perfectius in inferioribus rebus anima humana. Unde oportet dicere quod in ipsa sit aliqua virtus derivata a superiori intellectu, per quam possit phantasmata illustrare.

Et hoc experimento cognoscimus, dum percipimus nos abstrahere formas universales a conditionibus particularibus, quod est facere actu intelligibilia. Nulla autem actio convenit alicui rei, nisi per aliquod principium formaliter ei inhaerens; ut supra[5] dictum est, cum de intellectu possibili ageretur. Ergo oportet virtutem quae est principium huius actionis, esse aliquid in anima. — Et ideo Aristoteles[6] comparavit intellectum agentem lumini, quod est aliquid receptum in aere. Plato autem intellectum separatum imprimentem in animas nostras, comparavit soli; ut Themistius dicit in Commentario Tertii de Anima[7].

Sed intellectus separatus, secundum nostrae fidei documenta, est ipse Deus, qui est creator animae, et in quo solo beatificatur, ut infra[8] patebit. Unde ab ipso anima humana lumen intellectuale participat, secundum illud Ps 4,7: *Signatum est super nos lumen vultus tui, Domine.*

AD PRIMUM ergo dicendum quod illa lux vera illuminat sicut causa universalis, a qua anima

inteligência imperfeita, pois não conhece tudo, e mesmo naquilo que conhece, procede da potência ao ato. Deve, portanto, haver um intelecto superior que ajuda a alma a conhecer.

Para certos filósofos, este intelecto, substancialmente distinto, é o intelecto agente que por uma espécie de iluminação das representações imaginárias, as torna inteligíveis em ato. — Mas, mesmo admitindo que tal intelecto agente exista, é preciso não obstante afirmar na alma humana uma potência que participa do intelecto superior, e pelo qual a alma humana torna os inteligíveis em ato. Por exemplo, também nas coisas naturais perfeitas, além das causas agentes universais, há em cada uma delas potências próprias congênitas, derivadas de agentes universais. Com efeito, não é apenas o sol a gerar o homem, mas há no homem também uma potência geradora; e da mesma forma em todos os animais perfeitos. Ora, nada há de mais perfeito entre as coisas inferiores que a alma humana. Deve-se, pois, dizer que ela tem em si mesma uma potência derivada do intelecto superior, por meio do qual pode iluminar as representações imaginárias.

E isso conhecemos experimentalmente, quando observamos que as formas universais nós as abstraímos de suas condições particulares, o que é tornar o inteligível em ato. Ora, nenhuma ação pode ser atribuída a alguma coisa, a não ser por um princípio que lhe seja formalmente inerente, como foi dito a propósito do intelecto possível. É necessário, portanto, que a potência, que é o princípio dessa ação, seja parte da alma. — Por isso, Aristóteles compara o intelecto agente à luz que é algo difundido no ar. Platão, ao contrário, comparou o intelecto separado ao sol que imprime sua luz em nossas almas; isso segundo Temístio.

Mas o intelecto separado, conforme o ensino de nossa fé, é o próprio Deus, criador da alma, e em quem unicamente ela é bem-aventurada, como se dirá adiante. É portanto por ele que a alma humana participa da luz intelectual, segundo o Salmo 4: "Está marcada sobre nós a luz da tua face, Senhor".

QUANTO AO 1º, portanto, deve-se dizer que essa luz verdadeira ilumina como uma causa universal

---

4. AVICENN., *de Anima*, part. V, c. 5; AVERR., III *de Anima*, comm. 18.
5. Q. 76, a. 1.
6. *De Anima*, l. III, c. 5: 430, a, 10-17.
7. C. 32. — Cfr. PLATON., *Civit.*, l. VI, c. 19: 508.
8. Q. 90, a. 3; I-II, q. 3, a. 7.

humana participat quandam particularem virtutem, ut dictum est[9].

AD SECUNDUM dicendum quod Philosophus illa verba non dicit de intellectu agente, sed de intellectu in actu. Unde supra[10] de ipso praemiserat: *idem autem est secundum actum scientia rei*. — Vel, si intelligatur de intellectu agente, hoc dicitur quia non est ex parte intellectus agentis hoc quod quandoque intelligimus et quandoque non intelligimus; sed ex parte intellectus qui est in potentia.

AD TERTIUM dicendum quod, si intellectus agens compararetur ad intellectum possibilem ut obiectum agens ad potentiam, sicut visibile in actu ad visum; sequeretur quod statim omnia intelligeremus, cum intellectus agens sit quo est omnia facere. Nunc autem non se habet ut obiectum, sed ut faciens obiecta in actu: ad quod requiritur, praeter praesentiam intellectus agentis, praesentia phantasmatum, et bona dispositio virium sensitivarum, et exercitium in huiusmodi opere; quia per unum intellectum fiunt etiam alia intellecta, sicut per terminos propositiones, et per prima principia conclusiones. Et quantum ad hoc, non differt utrum intellectus agens sit aliquid animae, vel aliquid separatum.

AD QUARTUM dicendum quod anima intellectiva est quidem actu immaterialis, sed est in potentia ad determinatas species rerum. Phantasmata autem, e converso, sunt quidem actu similitudines specierum quarundam, sed sunt potentia immaterialia. Unde nihil prohibet unam et eandem animam, inquantum est immaterialis in actu, habere aliquam virtutem per quam faciat immaterialia in actu abstrahendo a conditionibus individualis materiae, quae quidem virtus dicitur intellectus agens; et aliam virtutem receptivam huiusmodi specierum, quae dicitur intellectus possibilis, inquantum est in potentia ad huiusmodi species.

AD QUINTUM dicendum quod, cum essentia animae sit immaterialis, a supremo intellectu creata, nihil prohibet virtutem quae a supremo intellectu participatur, per quam abstrahit a materia, ab essentia ipsius procedere, sicut et aliae eius potentias.

da qual a alma humana participa certa potência particular, como dissemos.

QUANTO AO 2º, deve-se dizer que essas palavras do Filósofo não se referem ao intelecto agente, mas ao intelecto em ato. Por isso, antes dissera dele: "Ele é, enquanto ato, o mesmo que a coisa conhecida". — Ou, se entendem do intelecto agente esses dizeres, é porque não depende desse intelecto que ora conheçamos e ora não conheçamos, mas que isso depende do intelecto que está em potência.

QUANTO AO 3º, deve-se dizer que se o intelecto agente estivesse para o intelecto possível como um objeto que age está para a potência — por exemplo, o objeto visível em ato para a faculdade de ver —, a consequência seria que conheceríamos tudo imediatamente, uma vez que o intelecto agente é o princípio que faz tudo inteligível. De fato, ele não se tem como objeto, mas como o que faz os objetos em ato. Para isso, é necessário não só a presença do intelecto agente, mas ainda a das representações imaginárias, e uma boa disposição das potências sensitivas, e ainda a prática em tais operações; com efeito, por meio de uma só ideia, podem-se formar outras ideias, assim como pelas premissas se formam proposições, e conclusões com a ajuda dos primeiros princípios. Todavia, para tal atividade, é indiferente que o intelecto agente seja uma coisa da alma, ou algo separado.

QUANTO AO 4º, deve-se dizer que a alma intelectiva é imaterial em ato, mas está em potência para determinadas imagens das coisas. As representações imaginárias, ao contrário, são antes semelhanças em ato de certas imagens, mas são imateriais em potência. De onde nada impede que uma mesma alma, enquanto é imaterial em ato, possua uma potência que torna os objetos imateriais em ato, por abstração das condições individuais da matéria, e que se chama intelecto agente; e uma outra potência que receba essas mesmas imagens, a qual se chama intelecto possível, enquanto está em potência para tais imagens.

QUANTO AO 5º, deve-se dizer que sendo a essência da alma imaterial e criada pelo intelecto supremo, nada impede que a potência que é uma participação desse intelecto, e pela qual abstrai da matéria, proceda dessa mesma essência, exatamente como as outras potências.

---

9. In corp.
10. Loco cit. in arg.

Articulus 5
Utrum intellectus agens sit unus in omnibus

AD QUINTUM SIC PROCEDITUR. Videtur quod intellectus agens sit unus in omnibus.
1. Nihil enim quod est separatum a corpore, multiplicatur secundum multiplicationem corporum. Sed intellectus agens est *separatus*, ut dicitur in III *de Anima*[1]. Ergo non multiplicatur in multis corporibus hominum, sed est unus in omnibus.
2. PRAETEREA, intellectus agens facit universale, quod est unum in multis. Sed illud quod est causa unitatis, magis est unum. Ergo intellectus agens est unus in omnibus.
3. PRAETEREA, omnes homines conveniunt in primis conceptionibus intellectus. His autem assentiunt per intellectum agentem. Ergo conveniunt omnes in uno intellectu agente.

SED CONTRA est quod Philosophus dicit, in III *de Anima*[2], quod intellectus agens est sicut lumen. Non autem est idem lumen in diversis illuminatis. Ergo non est idem intellectus agens in diversis hominibus.

RESPONDEO dicendum quod veritas huius quaestionis dependet ex praemissis[3]. Si enim intellectus agens non esset aliquid animae, sed esset quaedam substantia separata, unus esset intellectus agens omnium hominum. Et hoc intelligunt qui ponunt unitatem intellectus agentis. — Si autem intellectus agens sit aliquid animae, ut quaedam virtus ipsius, necesse est dicere quod sint plures intellectus agentes, secundum pluralitatem animarum, quae multiplicantur secundum multiplicationem hominum, ut supra[4] dictum est. Non enim potest esse quod una et eadem virtus numero sit diversarum substantiarum.

AD PRIMUM ergo dicendum quod Philosophus probat intellectum agentem esse separatum, per hoc quod possibilis est separatus; quia, ut ipse dicit[5], *agens est honorabilius patiente*. Intellectus autem possibilis dicitur separatus, quia non est actus alicuius organi corporalis. Et secundum hunc modum etiam intellectus agens dicitur *separatus*: non quasi sit aliqua substantia separata.

AD SECUNDUM dicendum quod intellectus agens causat universale abstrahendo a materia. Ad hoc

Artigo 5
O intelecto agente é um só em todos?

QUANTO AO QUINTO, ASSIM SE PROCEDE: parece que o intelecto agente é um só em todos.
1. Com efeito, nada que é separado do corpo é multiplicado segundo a multiplicação dos corpos. Ora, o intelecto agente é *separado*, como está dito no livro III da *Alma*. Logo, não se multiplica em muitos corpos humanos, mas é um só em todos.
2. ALÉM DISSO, o intelecto agente produz o universal, que é um em muitos. Ora, o que é a causa da unidade é com maior razão um só. Logo, o intelecto agente é um só em todos.
3. ADEMAIS, todos os homens coincidem nas primeiras compreensões do intelecto. Ora eles lhes dão assentimento pelo intelecto agente. Logo, coincidem todos em um só intelecto agente.

EM SENTIDO CONTRÁRIO, o Filósofo diz, no livro III da *Alma*, que o intelecto agente é como a luz. Ora, a luz não é a mesma nos diversos objetos iluminados. Portanto, não há um mesmo intelecto agente em todos os homens.

RESPONDO. A verdade desta questão depende das premissas. Se, pois, o intelecto agente não fosse parte da alma, mas fosse uma substância separada, haveria um só em todos os homens. E é assim que compreendem os que afirmam a unidade do intelecto agente. — Mas se o intelecto agente é parte da alma, como uma sua potência, é necessário admitir tantos intelectos agentes, quantas almas, que se multiplicam segundo a multiplicação dos homens. Pois é impossível que uma só e mesma potência seja de várias substâncias.

QUANTO AO 1º, portanto, deve-se dizer que o Filósofo prova que o intelecto agente é separado pelo fato de que o intelecto possível o é também; pois, segundo sua própria expressão, "o ser ativo é mais nobre que o ser passivo". Ora, diz-se que o intelecto possível é separado, porque não é o ato de um órgão corporal qualquer. Neste sentido pode-se falar de intelecto agente *separado*. Mas não que ele seja uma substância separada.

QUANTO AO 2º, deve-se dizer que o intelecto agente é causa do universal abstraindo-o da ma-

---

5 PARALL.: II *Sent*., dist. 17, q. 2, a. 1; *De Spirit. Creat*., a. 10; Q. *de Anima*, a. 5; *Compend. Theol*., c. 86.

1. C. 5: 430, a, 22-23.
2. C. 5: 430, a, 10-17.
3. A. praec.
4. Q. 76, a. 2.
5. *De Anima*, l. III, c. 5: 430, a, 17-19.

autem non requiritur quod sit unus in omnibus habentibus intellectum: sed quod sit unus in omnibus secundum habitudinem ad omnia a quibus abstrahit universale, respectu quorum universale est unum. Et hoc competit intellectui agenti inquantum est immaterialis.

AD TERTIUM dicendum quod omnia quae sunt unius speciei, communicant in actione consequente naturam speciei, et per consequens in virtute, quae est actionis principium: non quod sit eadem numero in omnibus. Cognoscere autem prima intelligibilia est actio consequens speciem humanam. Unde oportet quod omnes homines communicent in virtute quae est principium huius actionis: et haec est virtus intellectus agentis. Non tamen oportet quod sit eadem numero in omnibus. — Oportet tamen quod ab uno principio in omnibus derivetur. Et sic illa communicatio hominum in primis intelligibilibus, demonstrat unitatem intellectus separati, quem Plato comparat soli; non autem unitatem intellectus agentis, quem Aristoteles comparat lumini.

téria. Não é necessário, por isso, que seja único em todos os que têm intelecto, mas sim que seja único em sua relação com as coisas de que abstrai o universal, e relativamente às quais o universal é uno. Isso convém ao intelecto agente enquanto é imaterial.

QUANTO AO 3º, deve-se dizer que todas as coisas de uma só espécie têm em comum a ação que é consequência de sua natureza específica e, por conseguinte, a potência, que é o princípio dessa ação, sem que seja a mesma numericamente em todas. Ora, conhecer as primeiras noções inteligíveis é uma ação própria à espécie humana. Todos os homens devem, pois, ter em comum a potência que é princípio dessa ação, e esta é o intelecto agente. Mas não é necessário que seja ele o mesmo numericamente em todos. — É preciso, contudo, que elas derivem todas de um mesmo princípio. Assim, essa posse em comum das primeiras noções inteligíveis por todos os homens demonstra a unidade do intelecto separado, que Platão compara ao sol; mas não a unidade do intelecto agente que Aristóteles compara à luz.

ARTICULUS 6
Utrum memoria sit in parte intellectiva animae

AD SEXTUM SIC PROCEDITUR. Videtur quod memoria non sit in parte intellectiva animae.

1. Dicit enim Augustinus, XII *de Trin.*[1], quod ad partem superiorem animae pertinent quae non sunt *hominibus pecoribusque communia*. Sed memoria est hominibus pecoribusque communis: dicit enim ibidem[2] quod *possunt pecora sentire per corporis sensus corporalia, et ea mandare memoriae*. Ergo memoria non pertinet ad partem animae intellectivam.

2. PRAETEREA, memoria praeteritorum est. Sed praeteritum dicitur secundum aliquod determinatum tempus. Memoria igitur est cognoscitiva alicuius sub determinato tempore; quod est cognoscere aliquid sub *hic et nunc*. Hoc autem non est

ARTIGO 6
Está a memória na parte intelectiva da alma?[f]

QUANTO AO SEXTO, ASSIM SE PROCEDE: parece que a memória **não** está na parte intelectiva da alma.

1. Com efeito, Agostinho diz que pertence à parte superior da alma "o que não é comum aos homens e aos animais". Ora, a memória é comum aos homens e aos animais. Diz, com efeito, no mesmo lugar: "Podem os animais sentir pelos sentidos corporais e confiar essas coisas à memória". Logo, a memória não pertence à parte intelectiva da alma.

2. ALÉM DISSO, a memória é das coisas passadas. Ora, o passado implica uma referência a um tempo determinado. Logo, a memória conhece as coisas num determinado tempo, o que é conhecê-las *aqui e agora*. Ora, isso não é próprio do intelecto, mas

---

6 PARALL.: I-II, q. 67, a. 2; I *Sent.*, dist. 3, q. 4, a. 1; III, dist. 26, q. 1, a. 5, ad 4; IV, dist. 44, q. 3, a. 3, q.la 2, ad 4; dist. 50, q. 1, a. 2; *Cont. Gent.* II, 74; *De Verit.*, q. 10, a. 2; q. 19, a. 1; *Quodlib.* III, q. 9, a. 1; XII, q. 9, a. 1; 1*Cor.*, c. , lect.; *De Mem. et Remin.*, lect. 2.

1. Cc. 2, 3, 8: ML 42, 999, 1005.
2. C. 2: ML 42, 999.

f. A partir deste artigo, Sto. Tomás irá tratar de diversas funções da inteligência, às quais ele se recusa se referir como faculdades distintas, pois seu objeto está contido no interior do objeto da inteligência. A definição de tais funções apresenta grande interesse.

intellectus, sed sensus. Memoria igitur non est in parte intellectiva, sed solum in parte sensitiva.

3. PRAETEREA, in memoria conservantur species rerum quae actu non cogitantur. Sed hoc non est possibile accidere in intellectu: quia intellectus fit in actu per hoc quod informatur specie intelligibili; intellectum autem esse in actu, est ipsum intelligere in actu; et sic intellectus omnia intelligit in actu, quorum species apud se habet. Non ergo memoria est in parte intellectiva.

SED CONTRA est quod Augustinus dicit, X *de Trin*.[3], quod *memoria, intelligentia et voluntas sunt una mens*.

RESPONDEO dicendum quod, cum de ratione memoriae sit conservare species rerum quae actu non apprehenduntur, hoc primum considerari oportet, utrum species intelligibiles sic in intellectu conservari possint. Posuit enim Avicenna[4] hoc esse impossibile. In parte enim sensitiva dicebat hoc accidere, quantum ad aliquas potentias, inquantum sunt actus organorum corporalium, in quibus conservari possunt aliquae species absque actuali apprehensione. In intellectu autem, qui caret organo corporali, nihil existit nisi intelligibiliter. Unde oportet intelligi in actu illud cuius similitudo in intellectu existit. — Sic ergo, secundum ipsum, quam cito aliquis actu desinit intelligere aliquam rem, desinit esse illius rei species in intellectu: sed oportet, si denuo vult illam rem intelligere, quod convertat se ad intellectum agentem, quem ponit substantiam separatam, ut ab illo effluant species intelligibiles in intellectum possibilem. Et ex exercitio et usu convertendi se ad intellectum agentem, relinquitur, secundum ipsum, quaedam habilitas in intellectu possibili convertendi se ad intellectum agentem, quam dicebat esse habitum scientiae. — Secundum igitur hanc positionem, nihil conservatur in parte intellectiva, quod non actu intelligatur. Unde non poterit poni memoria in parte intellectiva, secundum hunc modum.

Sed haec opinio manifeste repugnat dictis Aristotelis. Dicit enim, in III *de Anima*[5], quod, cum intellectus possibilis *sic fiat singula ut sciens, dicitur qui secundum actum*; et quod *hoc accidit cum possit operari per seipsum*. *Est quidem igitur et tunc potentia quodammodo; non tamen*

do sentido. Portanto, a memória não está na parte intelectiva, mas somente na parte sensitiva.

3. ADEMAIS, a memória conserva as imagens das coisas nas quais não se pensa em ato. Ora, isso não pode suceder no intelecto, pois o intelecto é posto em ato ao ser informado pela espécie inteligível. Ora, dizer que o intelecto está em ato é o mesmo que conhecer em ato. Assim, o intelecto conhece em ato tudo aquilo de que possui uma imagem inteligível. Logo, a memória não está na parte intelectiva.

EM SENTIDO CONTRÁRIO, segundo Agostinho, "a memória, a inteligência e a vontade formam uma só mente".

RESPONDO. Visto que é da razão da memória conservar as imagens das coisas que não são apreendidas em ato, é preciso considerar primeiramente se as imagens inteligíveis podem ser conservadas desse modo no intelecto. Avicena afirmou que isso é impossível. Isso pode acontecer, segundo ele, na parte sensitiva com respeito a algumas potências enquanto são atos de órgãos corporais, capazes de conservar algumas imagens, sem que haja uma apreensão em ato. Ora, no intelecto, que não tem órgão corporal, nada existe senão sob um modo inteligível. Portanto, aquilo cuja semelhança se encontra no intelecto deve ser conhecido em ato. — Em consequência, segundo Avicena, logo que se deixa de conhecer em ato uma coisa, a imagem dessa coisa cessa de existir no intelecto. E se se quer conhecer de novo a mesma coisa, deve-se voltar para o intelecto agente — que para ele é uma substância separada —, a fim de que emanem desse intelecto imagens inteligíveis para o intelecto possível. E pelo exercício habitual de se voltar para o intelecto agente, o intelecto possível adquire, segundo ele, certa facilidade em fazer isso; o que constitui o hábito científico. — Portanto, segundo essa afirmação, nada é conservado na parte intelectiva que não seja conhecido em ato. Dessa maneira, não se pode afirmar que a memória na parte intelectiva.

Mas essa opinião é nitidamente contrária às afirmações de Aristóteles. Ele diz, no livro III da *Alma*: "Quando o intelecto possível se torna cada coisa singular pelo conhecimento, diz-se que está em ato; é o que acontece quando é capaz de operar por si mesmo. Está ainda de certa forma em

---

3. C. 11: ML 42, 983.
4. *De Anima*, part. V, c. 6.
5. C. 4: 429, b, 5-10.

similiter ut ante addiscere aut invenire. Dicitur autem intellectus possibilis fieri singula, secundum quod recipit species singulorum. Ex hoc ergo quod recipit species intelligibilium, habet quod possit operari cum voluerit, non autem quod semper operetur: quia et tunc est quodammodo in potentia, licet aliter quam ante intelligere; eo scilicet modo quo sciens in habitu est in potentia ad considerandum in actu.

Repugnat etiam praedicta positio rationi. Quod enim recipitur in aliquo, recipitur in eo secundum modum recipientis. Intellectus autem est magis stabilis naturae et immobilis, quam materia corporalis. Si ergo materia corporalis formas quas recipit, non solum tenet dum per eas agit in actu, sed etiam postquam agere per eas cessaverit; multo fortius intellectus immobiliter et inamissibiliter recipit species intelligibiles, sive a sensibilibus acceptas, sive etiam ab aliquo superiori intellectu effluxas. — Sic igitur, si memoria accipiatur solum pro vi conservativa specierum, oportet dicere memoriam esse in intellectiva parte.

Si vero de ratione memoriae sit quod eius obiectum sit praeteritum, ut praeteritum; memoria in parte intellectiva non erit, sed sensitiva tantum, quae est apprehensiva particularium. Praeteritum enim, ut praeteritum, cum significet esse sub determinato tempore, ad conditionem particularis pertinet.

AD PRIMUM ergo dicendum quod memoria, secundum quod est conservativa specierum, non est nobis pecoribusque communis. Species enim conservantur non in parte animae sensitiva tantum, sed magis in coniuncto; cum vis memorativa sit actus organi cuiusdam. Sed intellectus secundum seipsum est conservativus specierum, praeter concomitantiam organi corporalis. Unde Philosophus dicit, in III *de Anima*[6], quod *anima est locus specierum, non tota, sed intellectus.*

potência, mas não como antes de aprender ou de descobrir". Ora, diz-se que o intelecto possível se torna cada coisa singular, na medida em que recebe as imagens de cada coisa. Pelo fato de receber as imagens inteligíveis, pode operar quando quiser, mas não opera sempre, pois mesmo então está de certa maneira em potência, embora de uma maneira diferente que antes de conhecer; isto é, do modo pelo qual aquele que tem um conhecimento *in habitu* está em potência para considerar em ato.

A teoria de Avicena é igualmente contrária à razão. Tudo o que é recebido em algo o é à maneira do receptor. Ora, o intelecto é de uma natureza mais estável e permanente do que a matéria corporal. Se, portanto, a matéria corporal conserva as formas que recebe, não só quando é posta em ato por elas, mas ainda quando essa atividade cessou, o intelecto receberá de uma maneira bem mais estável e invariável as imagens inteligíveis, quer provenham dos sentidos, ou mesmo emanem de um intelecto superior. — Portanto, se se toma a memória somente como uma potência de guardar imagens, deve-se admitir que exista na parte intelectiva.

Mas se é da razão da memória que seu objeto seja o passado como tal, não há memória na parte intelectiva, mas somente na parte sensitiva, capaz de apreender os dados particulares. Pois o passado como tal, significando que uma coisa existe em um tempo determinado, participa da condição do particular[g].

QUANTO AO 1º, portanto, deve-se dizer que a memória, enquanto conservadora das imagens, não é comum aos homens e aos animais. As imagens são conservadas não somente na parte da alma sensitiva, mas antes no composto, pois a memória é o ato de um órgão. Mas o intelecto, enquanto tal, conserva as imagens, sem a ajuda de órgão corporal. De onde essa afirmação do Filósofo, no livro III da *Alma*: "A alma é o lugar das imagens, não toda inteira, mas o intelecto".

---

6. C. 4: 429, a, 27-29.

g. A memória intelectual seria portanto unicamente o poder que tem a inteligência de conservar nela o que conheceu. Como o "passado como tal" é uma circunstância individuante, será objeto da memória sensitiva (que, evidentemente, está subjacente à memória intelectual). Na r. 1, Sto. Tomás chega a afirmar que, do ponto de vista do conhecimento, é acidental a uma coisa — e mesmo ao homem — ser passado ou futuro. E diz com frequência que a inteligência está acima do tempo, que dele só depende por seu vínculo com as imagens. Não obstante, se é verdade que o tempo afeta os seres na medida em que são sensíveis, a *ideia* de tempo, a própria realidade do tempo como tal só pode ser percebida pela inteligência; naquilo que passa e é passado, é ela que percebe a duração do tempo, a identidade do eu. Ora, é isto que, da simples memória, faz a lembrança. Na verdade, o artigo seguinte nos faz compreender: o conceito agostinista de memória desempenhou importante papel na teoria que Sto. Tomás esboça aqui da memória intelectual. Para que a memória surgisse como a imagem do "Pai", fonte do Verbo, era preciso que surgisse como a fonte permanente do pensamento, "o tesouro das espécies inteligíveis", a potência de conservar aquilo no qual não se pensa atualmente.

AD SECUNDUM dicendum quod praeteritio potest ad duo referri: scilicet ad obiectum quod cognoscitur; et ad cognitionis actum. Quae quidem duo simul coniunguntur in parte sensitiva, quae est apprehensiva alicuius per hoc quod immutatur a praesenti sensibili: unde simul animal memoratur se prius sensisse in praeterito, et se sensisse quoddam praeteritum sensibile. — Sed quantum ad partem intellectivam pertinet, praeteritio accidit, et non per se convenit, ex parte obiecti intellectus. Intelligit enim intellectus hominem, inquantum est homo: homini autem, inquantum est homo, accidit vel in praesenti vel in praeterito vel in futuro esse. Ex parte vero actus, praeteritio per se accipi potest etiam in intellectu, sicut in sensu. Quia intelligere animae nostrae est quidam particularis actus, in hoc vel in illo tempore existens, secundum quod dicitur homo intelligere nunc vel heri vel cras. Et hoc non repugnat intellectualitati: quia huiusmodi intelligere, quamvis sit quoddam particulare, tamen est immaterialis actus, ut supra[7] de intellectu dictum est; et ideo sicut intelligit seipsum intellectus, quamvis ipse sit quidam singularis intellectus, ita intelligit suum intelligere, quod est singularis actus vel in praeterito vel in praesenti vel in futuro existens. — Sic igitur salvatur ratio memoriae, quantum ad hoc quod est praeteritorum, in intellectu, secundum quod intelligit se prius intellexisse: non autem secundum quod intelligit praeteritum, prout est hic et nunc.

AD TERTIUM dicendum quod species intelligibilis aliquando est in intellectu in potentia tantum: et tunc dicitur intellectus esse in potentia. Aliquando autem secundum ultimam completionem actus: et tunc intelligit actu. Aliquando medio modo se habet inter potentiam et actum: et tunc dicitur esse intellectus in habitu. Et secundum hunc modum intellectus conservat species, etiam quando actu non intelligit.

QUANTO AO 2º, deve-se dizer que a condição de passado pode ser referida quer ao objeto que se conhece, quer ao ato de conhecer. Essas duas condições se reúnem simultaneamente na parte sensitiva que apreende uma coisa, porque é modificada por algo sensível presente. Por isso, o animal se lembra, ao mesmo tempo, de ter sentido no passado, e de ter sentido algo passado sensível. — Mas, com respeito à parte intelectiva, a condição de passado é acidental e não convém por si, no que se refere ao objeto conhecido. O intelecto conhece o homem enquanto tal; mas ao homem enquanto tal é acidental estar no presente, no passado ou no futuro. Todavia, no que se refere ao ato de conhecer, a condição de passado pode encontrar-se por si tanto no intelecto como nos sentidos. Pois o conhecer de nossa alma é um ato particular, que se realiza em tal ou qual momento, e em conformidade com isso se diz que o homem conhece agora, ontem ou amanhã. E isso não vai contra a natureza do intelecto, porque esse ato de conhecer, embora particular, é contudo um ato imaterial, como foi dito acima a respeito do intelecto. Em consequência, como o intelecto se conhece a si mesmo, embora seja um intelecto singular, da mesma forma conhece sua intelecção, que é um ato singular, ou no passado, ou no presente ou no futuro. — Assim fica salva a razão da memória, com relação aos atos passados, no intelecto, enquanto conhece que conheceu anteriormente, mas não enquanto conhece o passado, em determinado tempo, aqui e agora.

QUANTO AO 3º, deve-se dizer que, às vezes, a imagem inteligível está no intelecto somente em potência; diz-se que o intelecto está em potência. Às vezes ela aí se encontra em estado de atualidade perfeita; o intelecto conhece então em ato. E ela ainda pode estar em um estado intermediário entre a potência e o ato: e então o intelecto está no estado de hábito. Dessa forma, o intelecto conserva as imagens, mesmo quando não está em ato de conhecer.

ARTICULUS 7
Utrum alia potentia sit memoria intellectiva, et alia intellectus

AD SEPTIMUM SIC PROCEDITUR. Videtur quod alia potentia sit memoria intellectiva, et alia intellectus.

ARTIGO 7
A memória intelectiva é uma potência distinta do intelecto?

QUANTO AO SÉTIMO, ASSIM SE PROCEDE: parece que a memória intelectiva é uma potência distinta do intelecto.

---

7. Q. 76, a. 1.

7 PARALL.: Infra, q. 93, a. 7, ad 3; I *Sent.*, dist. 3, q. 4, a. 1; *Cont. Gent.* II, 74; *De Verit.*, q. 10, a. 3.

1. Augustinus enim, in X *de Trin.*¹, ponit in mente *memoriam; intelligentiam et voluntatem.* Manifestum est autem quod memoria est alia potentia a voluntate. Ergo similiter est alia ab intellectu.

2. PRAETEREA, eadem ratio distinctionis est potentiarum sensitivae partis et intellectivae. Sed memoria in parte sensitiva est alia potentia a sensu, ut supra² dictum est. Ergo memoria partis intellectivae est alia potentia ab intellectu.

3. PRAETEREA, secundum Augustinum³, memoria, intelligentia et voluntas sunt sibi invicem aequalia, et unum eorum ab alio oritur. Hoc autem esse non posset, si memoria esset eadem potentia cum intellectu. Non est ergo eadem potentia.

SED CONTRA, de ratione memoriae est, quod sit thesaurus vel locus conservativus specierum. Hoc autem Philosophus, in III *de Anima*, attribuit intellectui, ut dictum est⁴. Non ergo in parte intellectiva est alia potentia memoria ab intellectu.

RESPONDEO dicendum quod, sicut supra⁵ dictum est, potentiae animae distinguuntur secundum diversas rationes obiectorum; eo quod ratio cuiuslibet potentiae consistit in ordine ad id ad quod dicitur, quod est eius obiectum. Dictum est etiam supra⁶ quod, si aliqua potentia secundum propriam rationem ordinetur ad aliquod obiectum secundum communem rationem obiecti, non diversificabitur illa potentia secundum diversitates particularium differentiarum: sicut potentia visiva, quae respicit suum obiectum secundum rationem colorati, non diversificatur per diversitatem albi et nigri. Intellectus autem respicit suum obiectum secundum communem rationem entis; eo quod intellectus possibilis est *quo est omnia fieri*⁷. Unde secundum nullam differentiam entium, diversificatur differentia intellectus possibilis.

Diversificatur tamen potentia intellectus agentis, et intellectus possibilis: quia respectu eiusdem obiecti, aliud principium oportet esse potentiam activam, quae facit obiectum esse in actu; et aliud potentiam passivam, quae movetur ab obiecto in actu existente. Et sic potentia activa comparatur ad suum obiectum, ut ens in actu ad ens in potentia:

1. Com efeito, Agostinho situa na mente a *memória*, a *inteligência* e a *vontade*. Ora, é claro que a memória é uma potência distinta da vontade. Logo, do mesmo modo ela é distinta do intelecto.

2. ALÉM DISSO, as potências da parte sensitiva e as da parte intelectiva se distinguem pela mesma razão. Ora, a memória da parte sensitiva é uma potência distinta dos sentidos. Logo, a memória da parte intelectiva é uma potência distinta do intelecto.

3. ADEMAIS, para Agostinho, memória, inteligência e vontade são iguais entre si, e procedem uma da outra. Ora, isso seria impossível se a memória fosse uma mesma potência que o intelecto. Logo, não é a mesma potência.

EM SENTIDO CONTRÁRIO, é da razão da memória ser um arquivo das imagens, um lugar em que elas são conservadas. Ora, no livro III da *Alma*, o Filósofo atribui isso ao intelecto, como já se disse. Logo, na parte intelectiva a memória não é uma potência distinta do intelecto.

RESPONDO. Como foi dito acima, as potências da alma se distinguem segundo as diversas razões dos objetos, pois a razão de cada potência consiste na relação com aquilo a que se refere, isto é, com seu objeto. Foi dito igualmente que se alguma potência, segundo sua própria razão, é ordenada a um objeto segundo sua razão geral, não ocorrerá a diversificação da potência em função das diferenças particulares desse objeto. Por exemplo, a potência de ver que é ordenada a seu objeto segundo a razão de ser colorido não se diversifica segundo o branco e o preto. Ora, o intelecto refere-se a seu objeto segundo a razão geral de ente, pelo fato de o intelecto possível ser o princípio pelo qual a alma *se torna todas as coisas*. Por isso, por nenhuma diferença entre os entes ocorre a distinção do intelecto possível.

Todavia a potência do intelecto agente e do intelecto possível se distinguem, porque, com relação a um mesmo objeto, a potência ativa, que torna o objeto em ato, deve ser um princípio distinto da potência passiva que é movida pelo objeto que já está em ato. Desse modo, a potência ativa está para seu objeto como um ente em ato está

---

1. C. 11: cfr. l. XIV, c. 7: ML 42, 982-984, 1043.
2. Q. 78, a. 4.
3. *De Trin.*, l. X, c. 11; l. XI, c. 7: ML 42, 983-984, 993-994.
4. A. praec. ad 1.
5. Q. 77, a. 3.
6. Q. 59, a. 4.
7. Cfr. ARISTOT., *De Anima*, l. III, c. 5: 430, a, 10-17.

potentia autem passiva comparatur ad suum obiectum e converso, ut ens in potentia ad ens in actu.

Sic igitur nulla alia differentia potentiarum in intellectu esse potest, nisi possibilis et agentis. Unde patet quod memoria non est alia potentia ab intellectu: ad rationem enim potentiae passivae pertinet conservare, sicut et recipere.

AD PRIMUM ergo dicendum quod, quamvis in 3 dist. I *Sent.* dicatur quod memoria, intelligentia et voluntas sint tres *vires*; tamen hoc non est secundum intentionem Augustini, qui expresse dicit in XIV *de Trin.*[8], quod *si accipiatur memoria, intelligentia et voluntas, secundum quod semper praesto sunt animae, sive cogitentur sive non cogitentur, ad solam memoriam pertinere videntur. Intelligentiam autem nunc dico qua intelligimus cogitantes; et eam voluntatem, sive amorem vel dilectionem, quae istam prolem parentemque coniungit.* Ex quo patet quod ista tria non accipit Augustinus pro tribus potentiis; sed memoriam accipit pro habituali animae retentione, intelligentiam autem pro actu intellectus, voluntatem autem pro actu voluntatis.

AD SECUNDUM dicendum quod praeteritum et praesens possunt esse propriae differentiae potentiarum sensitivarum diversificativae; non autem potentiarum intellectivarum, ratione supra[9] dicta.

AD TERTIUM dicendum quod intelligentia oritur ex memoria, sicut actus ex habitu. Et hoc modo etiam aequatur ei; non autem sicut potentia potentiae.

ARTICULUS 8
Utrum ratio sit alia potentia ab intellectu

AD OCTAVUM SIC PROCEDITUR. Videtur quod ratio sit alia potentia ab intellectu.

1. In libro enim *de Spiritu et Anima*[1] dicitur: *Cum ab inferioribus ad superiora ascendere volumus, prius occurrit nobis sensus, deinde imaginatio, deinde ratio, deinde intellectus.* Est ergo alia potentia ratio ab intellectu, sicut imaginatio a ratione.

para um ente em potência; enquanto a potência passiva está para seu objeto, ao contrário, como um ente em potência para um ente em ato.

Não há, pois, outra diferença a introduzir no intelecto senão essa do intelecto possível e do intelecto agente. A memória não é, em consequência, uma potência distinta do intelecto, porque pertence à razão da potência passiva não só conservar, como também receber.

QUANTO AO 1º, portanto, deve-se dizer que embora Agostinho diga que memória, inteligência e vontade são três *potências*, isso não é todavia seu pensamento. Este declara expressamente: "Se se toma memória, inteligência e vontade como sempre presentes à alma, quer se pense nelas ou não, elas parecem pertencer todas à memória. Com efeito, chamo inteligência a potência pela qual conhecemos atualmente, e chamo vontade, o amor ou dileção que une este filho a seu pai". É claro, portanto, que Agostinho não toma esses três termos como três potências, mas toma memória no sentido de retenção habitual da alma, inteligência no sentido de ato do intelecto, e vontade no sentido de ato de querer.

QUANTO AO 2º, deve-se dizer que o passado e o presente podem ser diferenças próprias que acarretam a distinção das potências sensitivas, mas não das potências intelectivas, pela razão já apresentada.

QUANTO AO 3º, deve-se dizer que a inteligência procede da memória, como o ato do *habitus*. E de certa forma elas são iguais entre si, mas não como uma potência é igual a outra.

ARTIGO 8
A razão é uma potência distinta do intelecto?

QUANTO AO OITAVO, ASSIM SE PROCEDE: parece que a razão é uma potência distinta do intelecto.

1. Com efeito, no livro do *Espírito e da Alma* está dito: "Quando queremos subir dos seres inferiores aos superiores, primeiro nos encontramos com os sentidos, depois com a imaginação, em seguida com a razão, e enfim com o intelecto". Portanto, a razão é uma potência distinta do intelecto, como a imaginação é distinta da razão.

---

8. C. 7: ML 42, 1043-1044.
9. In corp. — Cfr. a. praec. ad 2.

PARALL.: III *Sent.*, dist. 35, q. 2, a. 2, q.la 1; *De Verit.*, q. 15, a. 1.

1. C. 11: ML 40, 786.

2. PRAETEREA, Boetius dicit, in libro *de Consol*.², quod intellectus comparatur ad rationem sicut aeternitas ad tempus. Sed non est eiusdem virtutis esse in aeternitate et esse in tempore. Ergo non est eadem potentia ratio et intellectus.

3. PRAETEREA, homo communicat cum angelis in intellectu, cum brutis vero in sensu. Sed ratio, quae est propria hominis, qua animal rationale dicitur, est alia potentia a sensu. Ergo pari ratione est alia potentia ab intellectu, qui proprie convenit angelis: unde et intellectuales dicuntur.

SED CONTRA est quod Augustinus dicit, III *super Gen. ad litt*.³, quod *illud quo homo irrationabilibus animalibus antecellit, est ratio, vel mens, vel intelligentia, vel si quo alio vocabulo commodius appelatur*. Ratio ergo et intellectus et mens sunt una potentia.

RESPONDEO dicendum quod ratio et intellectus in homine non possunt esse diversae potentiae. Quod manifeste cognoscitur, si utriusque actus consideretur. Intelligere enim est simpliciter veritatem intelligibilem apprehendere. Ratiocinari autem est procedere de uno intellecto ad aliud, ad veritatem intelligibilem cognoscendam. Et ideo angeli, qui perfecte possident, secundum modum suae naturae, cognitionem intelligibilis veritatis, non habent necesse procedere de uno ad aliud; sed simpliciter et absque discursu veritatem rerum apprehendunt, ut Dionysius dicit, 7 cap. *de Div. Nom*.⁴. Homines autem ad intelligibilem veritatem cognoscendam perveniunt, procedendo de uno ad aliud, ut ibidem dicitur: et ideo rationales dicuntur. Patet ergo quod ratiocinari comparatur ad intelligere sicut moveri ad quiescere, vel acquirere ad habere: quorum unum est perfecti, aliud autem imperfecti. Et quia motus semper ab immobili procedit, et ad aliquid quietum terminatur; inde est quod ratiocinatio humana, secundum viam inquisitionis vel inventionis, procedit a quibusdam simpliciter intellectis, quae sunt prima principia; et rursus, in via iudicii, resolvendo redit ad prima principia, ad quae inventa examinat.

Manifestum est autem quod quiescere et moveri non reducuntur ad diversas potentias, sed

2. ALÉM DISSO, Boécio diz que o intelecto está para a razão como a eternidade está para o tempo. Ora, não é próprio de uma mesma potência estar na eternidade e no tempo. Logo, a razão é uma potência distinta do intelecto.

3. ADEMAIS, o homem possui em comum com os anjos o intelecto, e em comum com os animais os sentidos. Ora, a razão, que é própria do homem e pela qual ele é chamado de animal racional, é uma potência distinta dos sentidos. Logo, pelo mesmo motivo, a razão é uma potência distinta do intelecto, que convém propriamente aos anjos, e pela qual são chamados seres intelectuais.

EM SENTIDO CONTRÁRIO, Agostinho diz: "Aquilo pelo qual o homem supera os animais irracionais é a razão, ou a mente, ou a inteligência, ou como se quiser chamá-lo". Razão, mente e intelecto são, portanto, uma só potência.

RESPONDO. A razão e o intelecto não podem ser no homem potências diferentes. É o que claramente se vê, se consideramos o ato de uma e da outra. Conhecer é simplesmente apreender a verdade inteligível. Raciocinar é ir de um objeto conhecido a um outro, em vista de conhecer a verdade inteligível. Por isso, os anjos, que, por sua natureza, possuem perfeitamente esse conhecimento, não têm necessidade de ir de um a um outro, mas apreendem simplesmente a verdade das coisas sem discurso algum, como explica Dionísio. Os homens, ao contrário, como ele mesmo diz, chegam ao conhecimento da verdade inteligível, procedendo de um elemento a outro, e por isso são chamados racionais. O raciocínio está, portanto, para a intelecção como o movimento está para o repouso, ou a aquisição para a posse; desses, um é próprio do que é perfeito, outro do imperfeito. Mas pelo fato de sempre um movimento proceder do que é imóvel e terminar no repouso, o raciocínio humano procede, pelo método de pesquisa ou de invenção, de alguns conhecimentos tidos de modo absoluto, os primeiros princípios; depois pelo método de dedução, volta a esses primeiros princípios, à luz dos quais examina o que descobriuʰ.

Ora, é evidente que o repouso e o movimento não se referem a potências diversas, mas a uma

---

2. L. IV, prosa 6: ML 63, 817 A.
3. C. 20: ML 34, 292.
4. MG 3, 868 BC.

---

h. Desse modo, portanto, a intuição intelectual não está somente no princípio do pensamento humano, mas em seu termo. O raciocínio é o caminho, a contemplação é a perfeição última. Não esquecê-lo enquanto se segue o lento caminhar do pensamento lógico.

ad unam et eandem, etiam in naturalibus rebus: quia per eandem naturam aliquid movetur ad locum, et quiescit in loco. Multo ergo magis per eandem potentiam intelligimus et ratiocinamur. Et sic patet quod in homine eadem potentia est ratio et intellectus.

AD PRIMUM ergo dicendum quod illa enumeratio fit secundum ordinem actuum, non secundum distinctionem potentiarum. Quamvis liber ille non sit magnae auctoritatis.

AD SECUNDUM patet responsio ex dictis[5]. Aeternitas enim comparatur ad tempus, sicut immobile ad mobile. Et ideo Boetius comparavit intellectum aeternitati, rationem vero tempori.

AD TERTIUM dicendum quod alia animalia sunt ita infra hominem, quod non possunt attingere ad cognoscendam veritatem, quam ratio inquirit. Homo vero attingit ad cognoscendam intelligibilem veritatem, quam angeli cognoscunt; sed imperfecte. Et ideo vis cognoscitiva angelorum non est alterius generis a vi cognoscitiva rationis, sed comparatur ad ipsam ut perfectum ad imperfectum.

única e mesma potência, mesmo nas coisas naturais, porque é pela mesma natureza que algo se põe em movimento rumo um lugar e aí repousa. Com maior razão conhecemos e raciocinamos pela mesma potência. Fica claro assim que, no homem, razão e intelecto são uma mesma potência.

QUANTO AO 1º, portanto, deve-se dizer que essa enumeração é fundada na ordem dos atos, não na distinção das potências. Todavia, o livro citado não goza de grande autoridade.

QUANTO AO 2º, deve-se dizer que a resposta está dada pelo que dissemos. A eternidade está para o tempo, como o que é imóvel está para o que movido. Por isso, Boécio comparou o intelecto à eternidade, e a razão ao tempo.

QUANTO AO 3º, deve-se dizer que os animais são, em relação ao homem, de uma inferioridade tal que não podem atingir o conhecimento da verdade que a razão procura. O homem, porém, atinge o conhecimento da verdade inteligível que os anjos conhecem, mas de maneira imperfeita. Em consequência, a potência cognoscitiva dos anjos não é de um gênero distinto do da potência cognoscitiva da razão, mas está para ela como o perfeito para o imperfeito.

ARTICULUS 9
Utrum ratio superior et inferior sint diversae potentiae

AD NONUM SIC PROCEDITUR. Videtur quod ratio superior et inferior sint diversae potentiae.

1. Dicit enim Augustinus, XII *de Trin.*[1], quod imago Trinitatis est in superiori parte rationis, non autem in inferiori. Sed partes animae sunt ipsae eius potentiae. Ergo duae potentiae sunt ratio superior et inferior.

2. PRAETEREA, nihil oritur a seipso. Sed ratio inferior oritur a superiori, et ab ea regulatur et dirigitur. Ergo ratio superior est alia potentia ab inferiori.

3. PRAETEREA, Philosophus dicit, in VI *Ethic.*[2], quod *scientificum* animae, quo cognoscit anima necessaria, est aliud principium et alia pars animae ab *opinativo* et *ratiocinativo*, quo cognoscit contingentia. Et hoc probat per hoc, quia *ad ea quae*

ARTIGO 9
A razão superior e a razão inferior são potências diferentes?

QUANTO AO NONO, ASSIM SE PROCEDE: parece que a razão superior e a inferior **são** potências diferentes.

1. Com efeito, assim diz Agostinho: "A imagem da Trindade está na parte superior da razão, e não na inferior". Ora, as partes da alma são suas potências. Logo, a razão superior e a razão inferior são duas potências.

2. ALÉM DISSO, nada nasce de si mesmo. Ora, a razão inferior nasce da razão superior; é regulada e dirigida por ela. Logo, a razão superior é uma potência distinta da razão inferior.

3. ADEMAIS, o Filósofo diz no livro VI da *Ética* que o *princípio* pelo qual a alma conhece o que é necessário, é um princípio distinto e uma parte da alma distinta do *princípio de opinião* e *de raciocínio*, pelo qual conhece o que é contingente.

---

5. In corp.

9 PARALL.: II *Sent.*, dist. 24, q. 2, a. 2; *De Verit.*, q. 15, a. 2.

1. Cc. 4, 7: ML 42, 1000, 1004-1005.
2. C. 2: 1139, a, 5-15.

sunt genere altera, altera genere particula animae ordinatur; contingens autem et necessarium sunt altera genere, sicut corruptibile et incorruptibile. Cum autem idem sit necessarium quod aeternum, et temporale idem quod contingens; videtur quod idem sit quod Philosophus vocat *scientificum*, et superior pars rationis, quae secundum Augustinum[3] *intendit aeternis conspiciendis et consulendis*; et quod idem sit quod Philosophus vocat *ratiocinativum* vel *opinativum*, et inferior ratio, quae secundum Augustinum[4] *intendit temporalibus disponendis*. Est ergo alia potentia animae ratio superior, et ratio inferior.

4. PRAETEREA, Damascenus dicit[5] quod *ex imaginatione fit opinio; deinde mens, diiudicans opinionem sive vera sit sive falsa, diiudicat veritatem; unde et mens dicitur a metiendo. De quibus igitur iudicatum est iam et determinatum vere, dicitur intellectus*. Sic igitur opinativum, quod est ratio inferior, est aliud a mente et intellectu, per quod potest intelligi ratio superior.

SED CONTRA est quod Augustinus dicit, XII *de Trin.*[6], quod ratio superior et inferior non nisi per officia distinguuntur. Non ergo sunt duae potentiae.

RESPONDEO dicendum quod ratio superior et inferior, secundum quod ab Augustino accipiuntur, nullo modo duae potentiae animae esse possunt. Dicit enim[7] quod ratio superior est *quae intendit aeternis conspiciendis aut consulendis*: conspiciendis quidem, secundum quod ea in seipsis speculatur; consulendis vero, secundum quod ex eis accipit regulas agendorum. Ratio vero inferior ab ipso dicitur[8], *quae intendit temporalibus rebus*. Haec autem duo, scilicet temporalia et aeterna, comparantur ad cognitionem nostram hoc modo, quod unum eorum est medium ad cognoscendum alterum. Nam secundum viam inventionis, per res temporales in cognitionem devenimus aeternorum, secundum illud Apostoli, Rm 1,20: *Invisibilia Dei per ea quae facta sunt, intellecta, conspiciuntur*: in via vero iudicii, per aeterna iam cognita de

O que ele prova dessa maneira: às coisas que são genericamente diferentes ordena-se uma parte da alma genericamente diferente; assim, contingente e necessário são genericamente diferentes, como corruptível e incorruptível. Ora, sendo o necessário o mesmo que o eterno, o temporal o mesmo que o contingente, parece que seja o mesmo aquilo que o Filósofo chama de *princípio de ciência* e a parte superior da razão, que segundo Agostinho "está ordenada a considerar e deliberar sobre as coisas eternas"; e igualmente parece que seja o mesmo aquilo que ele chama de *princípio de opinião* e de *raciocínio* e a razão inferior, que, ainda segundo Agostinho, "é ordenada à organização das coisas temporais". Logo, a razão superior e a inferior são potências distintas da alma.

4. ADEMAIS, Damasceno diz que "a partir da imaginação se forma a opinião. Em seguida, a mente, ao julgar se a opinião é verdadeira ou falsa, julga a verdade. Daí que mente vem de medir. O intelecto, por sua vez, tem relação com as coisas que já foram julgadas e verdadeiramente definidas". De onde o princípio de opinião, que é a razão inferior, é distinto da mente e do intelecto, pelo que podem ser considerados como razão superior.

EM SENTIDO CONTRÁRIO, segundo Agostinho, razão superior e razão inferior não se distinguem senão por suas funções. Não são, portanto, duas potências.

RESPONDO. Razão superior e razão inferior, no sentido em que Agostinho as toma, não podem de forma alguma ser duas potências da alma. Diz, com efeito, que a razão superior é aquela que é "ordenada a considerar e a deliberar sobre as coisas eternas": considerar enquanto as contempla em si mesmas; deliberar, enquanto delas tira regra para a ação. A razão inferior, contudo, é aquela que "é ordenada às coisas temporais". Ora, as coisas temporais e eternas estão para o nosso conhecimento como sendo uma delas um meio de conhecer a outra. No método de pesquisa, chegamos ao conhecimento das eternas pelas coisas temporais, como diz o Apóstolo na Carta aos Romanos: "As perfeições invisíveis de Deus se tornaram visíveis à inteligência por meio de suas obras". Mas, no método de dedução, julgamos as

---

3. Loco cit., c. 7: ML 42, 1005.
4. Ibid.
5. *De Fide Orth.*, l. II, c. 22: MG 94, 941 CD.
6. C. 4: ML 42, 1000.
7. Loco cit., c. 7: ML 42, 1005.
8. Ibid.

temporalibus iudicamus, et secundum rationes aeternorum temporalia disponimus.

Potest autem contingere quod medium, et id ad quod per medium pervenitur, ad diversos habitus pertineant: sicut principia prima indemonstrabilia pertinent ad habitum intellectus, conclusiones vero ex his deductae ad habitum scientiae. Et ideo ex principiis geometriae contingit aliquid concludere in alia scientia, puta in perspectiva. — Sed eadem potentia rationis est, ad quam pertinet et medium et ultimum. Est enim actus rationis quasi quidam motus de uno in aliud perveniens: idem autem est mobile quod pertransiens medium pertingit ad terminum. Unde una et eadem potentia rationis est ratio superior et inferior. Sed distinguuntur, secundum Augustinum[9], per officia actuum, et secundum diversos habitus: nam superiori rationi attribuitur sapientia, inferiori vero scientia.

AD PRIMUM ergo dicendum quod secundum quamcumque rationem partitionis potest pars dici. Inquantum ergo ratio dividitur secundum diversa officia, ratio superior et inferior partitiones dicuntur: et non quia sunt diversae potentiae.

AD SECUNDUM dicendum quod ratio inferior dicitur a superiori deduci, vel ab ea regulari, inquantum principia quibus utitur inferior ratio, deducuntur et diriguntur a principiis superioris rationis.

AD TERTIUM dicendum quod *scientificum* de quo Philosophus loquitur, non est idem quod ratio superior: nam necessaria scibilia inveniuntur etiam in rebus temporalibus, de quibus est scientia naturalis et mathematica. *Opinativum* autem et *ratiocinativum* in minus est quam ratio inferior: quia est contingentium tantum.

Nec tamen est simpliciter dicendum quod sit alia potentia qua intellectus cognoscit necessaria, et alia qua cognoscit contingentia: quia utraque cognoscit secundum eandem rationem obiecti, scilicet secundum rationem entis et veri. Unde et necessaria, quae habent perfectum esse in veritate, perfecte cognoscit; utpote ad eorum quidditatem pertingens, per quam propria accidentia de his demonstrat. Contingentia vero imperfecte cognoscit; sicut et habent imperfectum esse et

coisas temporais pelas eternas já conhecidas, e segundo estas, ordenamos as temporais.

Pode acontecer que o meio e o termo ao qual se chega por esse meio pertencem a *habitus* diferentes; por exemplo, os primeiros princípios indemonstráveis pertencem ao *habitus* do intelecto, mas as conclusões deduzidas desses princípios, ao *habitus* da ciência. Assim, dos princípios da geometria, podem ser formadas conclusões em outra ciência, como a perspectiva. — Mas é à mesma potência da razão que pertencem o meio e o termo. O ato da razão é, pois, como o movimento que vai de um para o outro; com efeito, é a mesma coisa a que se move percorrendo o meio e alcança o fim. Por consequência, razão superior e razão inferior são uma só e mesma potência. Mas, conforme Agostinho, elas se distinguem pelas funções dos atos e pelos hábitos diversos; atribui-se, com efeito, à razão superior, a sabedoria, e à razão inferior, a ciência[i].

QUANTO AO 1º, portanto, deve-se dizer que qualquer que seja o critério da divisão, o resultado pode-se chamar de parte. Se, portanto, a razão se divide segundo suas funções, pode-se dizer que a razão superior e a razão inferior são partes; mas não porque são potências distintas.

QUANTO AO 2º, deve-se dizer que a razão inferior procede da razão superior ou é regulada por ela, na medida em que os princípios de que se serve a razão inferior são deduzidos dos princípios da razão superior, e são dirigidos por eles.

QUANTO AO 3º, deve-se dizer que o *princípio de ciência* de que fala o Filósofo não é o mesmo que a razão superior, pois se encontram noções necessárias mesmo nas coisas temporais, objeto da ciência natural e da matemática. O *princípio de opinião e raciocínio* está abaixo da razão inferior, porque diz respeito apenas ao que é contingente.

Nem se deve dizer absolutamente que o intelecto conhece o necessário e o contingente por meio de potências diferentes, pois os conhece segundo a mesma razão do objeto, sob a razão de ente e de verdadeiro. Em consequência, conhece perfeitamente o que é necessário, que é perfeito sob o aspecto do ser e da verdade, já que alcança sua essência e por ela demonstra suas propriedades acidentais. Quanto ao que é contingente, ele o conhece imperfeitamente, porque são imperfeitos

---

9. Loco cit., cc. 4, 14: ML 42, 1000, 1009.

i. Ciência e sabedoria, tal é deveras a tradução tomista da distinção agostinista entre razão inferior e razão superior. Para Sto. Tomás (r. 3), a ciência atinge, no "temporal", razões necessárias, mas não as razões últimas e supremas.

veritatem. Perfectum autem et imperfectum in actu non diversificant potentiam; sed diversificant actus quantum ad modum agendi, et per consequens principia actuum et ipsos habitus. Et ideo Philosophus posuit duas particulas animae, scientificum et ratiocinativum, non quia sunt duae potentiae; sed quia distinguuntur secundum diversam aptitudinem ad recipiendum diversos habitus, quorum diversitatem ibi inquirere intendit. Contingentia enim et necessaria, etsi differant secundum propria genera, conveniunt tamen in communi ratione entis, quam respicit intellectus, ad quam diversimode se habent secundum perfectum et imperfectum.

AD QUARTUM dicendum quod illa distinctio Damasceni est secundum diversitatem actuum, non secundum diversitatem potentiarum. *Opinio* enim significat actum intellectus qui fertur in unam partem contradictionis cum formidine alterius. *Diiudicare* vero, vel *mensurare*, est actus intellectus applicantis principia certa ad examinationem propositorum. Et ex hoc sumitur nomen *mentis*. *Intelligere* autem est cum quadam approbatione diiudicatis inhaerere.

sob o aspecto do ser e da verdade. O perfeito e o imperfeito em ato não diversificam as potências, mas diversificam os atos quanto ao modo de operar e, portanto, os princípios dos atos e os mesmos *habitus*. Por isso, o Filósofo afirmou duas partes na alma, o princípio de ciência e o princípio de opinião, não porque sejam duas potências, mas porque se distinguem por sua diversa aptidão em adquirirem *habitus* diversos, o que procura justamente estabelecer nesse lugar. Embora contingente e necessário sejam diferentes pelo gênero, coincidem sob a razão comum de ente, que é objeto do intelecto, e à qual se referem diversamente como perfeito e imperfeito.

QUANTO AO 4º, deve-se dizer que essa distinção de Damasceno se aplica à diversidade dos atos, e não à das potências. A *opinião* é um ato do intelecto que se inclina para um dos termos da contradição, com o temor do outro. *Julgar* ou *medir* é um ato do intelecto pelo qual aplica princípios certos ao exame de proposições dadas. De onde o nome de *mente*. *Compreender*, enfim, é aderir aprovando àquilo que foi julgado.

ARTICULUS 10

Utrum intelligentia sit
alia potentia ab intellectu

AD DECIMUM SIC PROCEDITUR. Videtur quod intelligentia sit alia potentia ab intellectu.

1. Dicitur enim in libro *de Spiritu et Anima*[1], quod *cum ab inferioribus ad superiora ascendere volumus, prius occurrit nobis sensus, deinde imaginatio, deinde ratio, postea intellectus, et postea intelligentia*. Sed imaginatio et sensus sunt diversae potentiae. Ergo et intellectus et intelligentia.

2. PRAETEREA, Boetius dicit, in V *de Consol.*[2], quod *ipsum hominem aliter sensus, aliter imaginatio, aliter ratio, aliter intelligentia intuetur*. Sed intellectus est eadem potentia cum ratione. Ergo videtur quod intelligentia sit alia potentia quam intellectus; sicut ratio est alia potentia quam imaginatio et sensus.

ARTIGO 10

A inteligência é uma potência
distinta do intelecto?

QUANTO AO DÉCIMO, ASSIM SE PROCEDE: parece que a inteligência é uma potência distinta do intelecto.

1. Com efeito, está dito no livro do *Espírito e da Alma*: "Se queremos ir das potências inferiores às potências superiores, primeiro se nos apresenta o sentido, depois a imaginação, depois a razão, em seguida o intelecto, e em seguida a inteligência". Ora, a imaginação e os sentidos são potências diferentes. Logo, também o intelecto e a inteligência.

2. ALÉM DISSO, Boécio diz que "os sentidos, a imaginação, a razão, a inteligência veem o homem cada um à sua maneira". Ora, o intelecto é a mesma potência com a razão. Logo, parece que a inteligência é uma potência distinta do intelecto, do mesmo modo que a razão é distinta da imaginação e dos sentidos.

10
1. C. 11: ML 40, 786.
2. Prosa 4: ML 63, 849 A.

3. Praeterea, *actus sunt praevii potentiis*, ut dicitur in II *de Anima*³. Sed intelligentia est quidam actus ab aliis actibus qui attribuuntur intellectui divisus. Dicit enim Damascenus⁴ quod *primus motus intelligentia dicitur; quae vero circa aliquid est intelligentia, intentio vocatur; quae permanens et figurans animam ad id quod intelligitur, excogitatio dicitur; excogitatio vero in eodem manens, et seipsam examinans et diiudicans, phronesis dicitur* (idest sapientia); *phronesis autem dilatata facit cogitationem, idest interius dispositum sermonem; ex quo aiunt provenire sermonem per linguam enarratum*. Ergo videtur quod intelligentia sit quaedam specialis potentia.

Sed contra est quod Philosophus dicit, in III *de Anima*⁵, quod *intelligentia indivisibilium est, in quibus non est falsum*. Sed huiusmodi cognoscere pertinet ad intellectum. Ergo intelligentia non est alia potentia praeter intellectum.

Respondeo dicendum quod hoc nomen *intelligentia* proprie significat ipsum actum intellectus qui est intelligere. In quibusdam tamen libris de arabico translatis, substantiae separatae quas nos angelos dicimus, Intelligentiae vocantur; forte propter hoc, quod huiusmodi substantiae semper actu intelligunt. In libris tamen de graeco translatis, dicuntur Intellectus seu Mentes. Sic ergo intelligentia ab intellectu non distinguitur sicut potentia a potentia; sed sicut actus a potentia. Invenitur enim talis divisio etiam a philosophis. Quandoque enim ponunt quatuor intellectus: scilicet intellectum *agentem, possibilem*, et *in habitu*, et *adeptum*⁶. Quorum quatuor intellectus agens et possibilis sunt diversae potentiae; sicut et in omnibus est alia potentia activa, et alia passiva. Alia vero tria distinguuntur secundum tres status intellectus possibilis: qui quandoque est in potentia tantum, et sic dicitur possibilis; quandoque autem in actu primo, qui est scientia, et sic dicitur intellectus in habitu; quandoque autem in actu secundo, qui est considerare, et sic dicitur intellectus in actu, sive intellectus adeptus.

Ad primum ergo dicendum quod, si recipi debet illa auctoritas, intelligentia ponitur pro actu intellectus. Et sic dividitur contra intellectum, sicut actus contra potentiam.

3. Ademais, os atos são anteriores às potências, como se diz no livro II da *Alma*. Ora, a inteligência é um ato distinto dos outros atos atribuídos ao intelecto. Damasceno diz: "O primeiro movimento de conhecimento chama-se inteligência; a qual, aplicada a algo, chama-se intenção; esta, se permanece e configura a alma àquilo que é conhecido, chama-se reflexão; a reflexão, por sua vez, se permanece em algo examinando-se e julgando-se a si mesma, é a *phronesis* ou sabedoria; o exercício da *phronesis* forma o pensamento, isto é, a palavra interior ordenada, donde, dizem, provém a palavra expressa pela língua". Logo, parece que a inteligência é uma potência especial.

Em sentido contrário, segundo Aristóteles, "a inteligência é dos indivisíveis, nos quais não há falsidade". Ora, tal maneira de conhecer pertence ao intelecto. Logo, a inteligência não é uma potência diferente do intelecto.

Respondo. O termo *inteligência* significa propriamente o ato mesmo do intelecto, que é conhecer. Todavia em certas obras traduzidas do árabe, as substâncias separadas que chamamos anjos são chamadas Inteligências, talvez porque estas substâncias sempre estão em ato de conhecer. Mas nas obras traduzidas do grego, são chamadas Intelectos ou Mentes. Portanto, a inteligência não se distingue do intelecto como uma potência de outra potência, mas como o ato se distingue da potência. Divisão semelhante encontra-se também nos filósofos. Às vezes, com efeito, eles afirmam quatro intelectos, a saber, *intelecto agente, possível*, no *estado de hábito*, e intelecto consumado. Entre esses quatro, o intelecto agente e o intelecto possível são potências distintas, pois, em todas as coisas a potência ativa é distinta da potência passiva. Os outros três termos se diferenciam entre si segundo os três estados do intelecto possível, o qual algumas vezes está somente em potência, e se chama possível; algumas vezes está em ato primeiro, o ato de saber, e então se chama intelecto em estado de *habitus*; às vezes por fim, está em ato segundo, que é pensar, considerar e então chamamo-lo intelecto em ato, ou intelecto consumado.

Quanto ao 1º, portanto, deve-se dizer que se deve admitir esse argumento de autoridade, inteligência designa o ato do intelecto. Assim se distingue do intelecto, como o ato da potência.

---

3. C. 4: 415, a, 16-22.
4. *De Fide Orth.*, l. II, c. 22: MG 94, 941 D — 944 A.
5. C. 6: 430, a, 26 — b, 6.
6. Cfr. Alexandri, *De Anima*, l. II. Themist., *De Anima*, l. III; Averrois, in III *De Anima*.

AD SECUNDUM dicendum quod Boetius accipit intelligentiam pro actu intellectus qui transcendit actum rationis. Unde ibidem[7] dicit quod *ratio tantum humani generis est, sicut intelligentia sola divini*: proprium enim Dei est quod absque omni investigatione omnia intelligat.

AD TERTIUM dicendum quod omnes illi actus quos Damascenus enumerat, sunt unius potentiae, scilicet intellectivae. Quae primo quidem simpliciter aliquid apprehendit: et hic actus dicitur *intelligentia*. Secundo vero, id quod apprehendit, ordinat ad aliquid aliud cognoscendum vel operandum: et hic vocatur *intentio*. Dum vero persistit in inquisitione illius quod intendit, vocatur *excogitatio*. Dum vero id quod est excogitatum examinat ad aliqua certa, dicitur scire vel sapere; quod est *phronesis*, vel *sapientiae*; nam *sapientiae est iudicare*, ut dicitur in I Metaphys.[8]. Ex quo autem habet aliquid pro certo, quasi examinatum, cogitat quomodo possit illud aliis manifestare: et haec est dispositio *interioris sermonis*; ex qua procedit *exterior locutio*. Non enim omnis differentia actuum potentias diversificat; sed solum illa quae non potest reduci in idem principium, ut supra[9] dictum est.

QUANTO AO 2º, deve-se dizer que Boécio toma inteligência no sentido de ato do intelecto que está além do ato da razão. Por isso ele acrescenta que "a razão é própria somente do gênero humano, como a inteligência é própria somente de Deus", pois é próprio de Deus conhecer tudo sem nenhuma espécie de pesquisa.

QUANTO AO 3º, deve-se dizer que todos os atos que Damasceno enumera procedem de uma só e mesma potência, a potência intelectiva. Ela, primeiro, apreende de modo absoluto algo e esse ato se chama *inteligência*. Depois, ordena o que ela apreendeu para conhecer ou operar alguma outra coisa, e é a *intenção*. Enquanto persiste na investigação daquilo que intenciona, é a *reflexão*. Quando examina o que refletiu em função de princípios certos, isso se chama conhecer ou saber; é a *phronesis* ou *sabedoria*, porque, diz o livro I da *Metafísica* que é *próprio da sabedoria julgar*. Quando possui alguma coisa de certo, porque foi examinada, pensa na maneira de comunicá-la aos outros: e é a disposição da *palavra interior*, donde procede a *linguagem*. Assim, não é qualquer diferença dos atos que diversifica as potências, mas aquela somente que não pode ser reduzida ao mesmo princípio, como acima ficou dito.

ARTICULUS 11
Utrum intellectus speculativus et practicus sint diversae potentiae

AD UNDECIMUM SIC PROCEDITUR. Videtur quod intellectus speculativus et practicus sint diversae potentiae.
1. Apprehensivum enim et motivum sunt diversa genera potentiarum, ut patet in II *de Anima*[1]. Sed intellectus speculativus est apprehensivus tantum, intellectus autem practicus est motivus. Ergo sunt diversae potentiae.
2. PRAETEREA, diversa ratio obiecti diversificat potentiam. Sed obiectum speculativi intellectus est verum, practici autem bonum; quae differunt ratione. Ergo intellectus speculativus et practicus sunt diversae potentiae.
3. PRAETEREA, in parte intellectiva intellectus practicus comparatur ad speculativum, sicut aes-

ARTIGO 11
O intelecto especulativo e o intelecto prático são potências diferentes?

QUANTO AO DÉCIMO PRIMEIRO, ASSIM SE PROCEDE: parece que o intelecto especulativo e prático **são** potências diferentes.
1. Com efeito, a potência apreensiva e a motora são gêneros diferentes de potências, como está claro no livro II da *Alma*. Ora, o intelecto especulativo é somente apreensivo, e o intelecto prático é motor. Logo, são potências diferentes.
2. ALÉM DISSO, o que diversifica as potências são as diferentes razões do objeto. Ora, o objeto do intelecto especulativo é o verdadeiro; o do intelecto prático, o bem, e estes se diferenciam pela razão. Logo, os dois intelectos são diferentes potências.
3. ADEMAIS, na parte intelectiva, o intelecto prático está para o intelecto especulativo, como

---
7. Prosa 5: ML 63, 854 B.
8. Cfr. c. 2: 982, a, 16-21.
9. Q. 78, a. 4.

10 PARALL.: III *Sent*., dist. 23, q. 2, a. 3, q.la 2; *De Verit*., q. 3, a. 3; VI *Ethic*., lect. 2; III *de Anima*, lect. 15.
1. C. 3: 414, a, 29-32. — Cfr. l. III, c. 9: 432, a, 15-22; 432, b, 26-433, a, 6.

timativa ad imaginativam in parte sensitiva. Sed aestimativa differt ab imaginativa sicut potentia a potentia, ut supra[2] dictum est. Ergo et intellectus practicus a speculativo.

SED CONTRA est quod dicitur in III *de Anima*[3], quod intellectus speculativus per extensionem fit practicus. Una autem potentia non mutatur in aliam. Ergo intellectus speculativus et practicus non sunt diversae potentiae.

RESPONDEO dicendum quod intellectus practicus et speculativus non sunt diversae potentiae. Cuius ratio est quia, ut supra[4] dictum est, id quod accidentaliter se habet ad obiecti rationem quam respicit aliqua potentia, non diversificat potentiam: accidit enim colorato quod sit homo, aut magnum aut parvum; unde omnia huiusmodi eadem visiva potentia apprehenduntur. Accidit autem alicui apprehenso per intellectum, quod ordinetur ad opus, vel non ordinetur. Secundum hoc autem differunt intellectus speculativus et practicus. Nam intellectus speculativus est, qui quod apprehendit, non ordinat ad opus, sed ad solam veritatis considerationem: practicus vero intellectus dicitur, qui hoc quod apprehendit, ordinat ad opus. Et hoc est quod Philosophus dicit in III *de Anima*[5], quod *speculativus differt a practico, fine*. Unde et a fine denominatur uterque: hic quidem speculativus, ille vero practicus, idest operativus.

AD PRIMUM ergo dicendum quod intellectus practicus est motivus, non quasi exequens motum, sed quasi dirigens ad motum. Quod convenit ei secundum modum suae apprehensionis.

AD SECUNDUM dicendum quod verum et bonum se invicem includunt: nam verum est quoddam bonum, alioquin non esset appetibile; et bonum est quoddam verum, alioquin non esset intelligibile. Sicut igitur obiectum appetitus potest esse verum, inquantum habet rationem boni, sicut cum aliquis appetit veritatem cognoscere; ita obiectum intellectus practici est bonum ordinabile ad opus, sub ratione veri[6]. Intellectus enim practicus veritatem cognoscit, sicut et speculativus; sed veritatem cognitam ordinat ad opus.

a estimativa está para a imaginativa na parte sensitiva. Ora, essas duas últimas se distinguem como potências, como foi dito. Logo, também os dois intelectos.

EM SENTIDO CONTRÁRIO, segundo o livro III da *Alma*, o intelecto especulativo torna-se prático por extensão. Ora uma potência não se transforma em outra potência. Portanto, o intelecto especulativo e o intelecto prático não são potências distintas.

RESPONDO. O intelecto prático e o especulativo não são potências diferentes. Eis a razão, já acima exposta: o que é acidental em relação à razão do objeto a que se refere uma potência não a diversifica. É acidental ao objeto colorido ser um homem, que seja grande ou pequeno; pois que tudo isso é apreendido pela mesma potência de ver. Ora é acidental a um objeto apreendido pelo intelecto ser ordenado ou não para a ação. E tal é a diferença entre o intelecto especulativo e o intelecto prático. O intelecto especulativo é aquele que não ordena o que apreende para a ação, mas somente para a consideração da verdade. Ao contrário, o intelecto prático ordena para a ação aquilo que apreende. É isso o que diz o Filósofo no livro III da *Alma*: "O intelecto especulativo é diferente do prático por seu fim". Por isso, um e outro são denominados segundo seu fim, um especulativo, e o outro prático, isto é operativo[j].

QUANTO AO 1º, portanto, deve-se dizer que o intelecto prático é motor, não como executor do movimento, mas enquanto dirige para o movimento. E isso lhe convém por sua maneira de apreender.

QUANTO AO 2º, deve-se dizer que a verdade e o bem se incluem mutuamente. Pois a verdade é um bem, sem o que não seria apetecível; e o bem é uma verdade, sem o que não seria inteligível. Do mesmo modo, portanto, que o objeto do apetite pode ser uma coisa verdadeira, enquanto tem a razão de bem, — por exemplo, quando se deseja conhecer a verdade, — do mesmo modo o objeto do intelecto prático é o bem que pode ser ordenado à ação, sob a razão de verdadeiro. O intelecto prático, com efeito, conhece a verdade, como o intelecto especulativo, mas ordena à ação essa verdade conhecida.

---

2. Q. 78, a. 4.
3. C. 10: 433, a, 14-26.
4. Q. 77, a. 3.
5. Loco cit. in arg. *Sed contra*.
6. Cfr. I, q. 82, a. 4, ad 1.

---

j. O que Sto. Tomás não diz neste texto, mas que volta com frequência em outras passagens, é que o ordenamento do ato de inteligência e do pensamento à ação se deve à vontade e, por conseguinte, à escolha e ao amor pelo fim. A *praxis*, contudo, decorre do pensamento e, logo, da verdade, e não o contrário.

AD TERTIUM dicendum quod multae differentiae diversificant sensitivas potentias, quae non diversificant potentias intellectivas, ut supra[7] dictum est.

ARTICULUS 12
Utrum synderesis sit quaedam specialis potentia ab aliis distincta

AD DUODECIMUM SIC PROCEDITUR. Videtur quod synderesis sit quaedam specialis potentia ab aliis distincta.

1. Ea enim quae cadunt sub una divisione, videntur esse unius generis. Sed in glossa[1] Hieronymi Ez 1,6, dividitur synderesis contra irascibilem et concupiscibilem et rationalem; quae sunt quaedam potentiae. Ergo synderesis est quaedam potentia.

2. PRAETEREA, opposita sunt unius generis. Sed synderesis et sensualitas opponi videntur: quia synderesis semper inclinat ad bonum, sensualitas autem semper ad malum; unde per *serpentem* significatur, ut patet per Augustinum, XII *de Trin.*[2]. Videtur ergo quod synderesis sit potentia, sicut et sensualitas.

3. PRAETEREA, Augustinus dicit, in libro *de Libero Arbitrio*[3], quod in naturali iudicatorio adsunt quaedam *regulae et semina virtutum et vera et incommutabilia*: haec autem dicimus synderesim. Cum ergo regulae incommutabiles quibus iudicamus, pertineant ad rationem secundum sui superiorem partem, ut Augustinus dicit XII *de Trin.*[4]; videtur quod synderesis sit idem quod ratio. Et ita est quaedam potentia.

SED CONTRA, *potentiae rationales se habent ad opposita*, secundum Philosophum[5]. Synderesis autem non se habet ad opposita, sed ad bonum tantum inclinat. Ergo synderesis non est potentia. Si enim esset potentia, oporteret quod esset rationalis potentia: non enim invenitur in brutis.

ARTIGO 12
A sindérese[k] é uma potência especial distinta das outras?

QUANTO AO DÉCIMO SEGUNDO, ASSIM SE PROCEDE: parece que a sindérese é uma potência especial distinta das outras.

1. Com efeito, as partes de uma só divisão parecem ser de um só gênero. Ora, no comentário de Jerônimo, a sindérese se distingue do irascível, concupiscível e racional, que são potências. Logo, a sindérese é igualmente uma potência.

2. ALÉM DISSO, os opostos são do mesmo gênero. Ora, sindérese e sensualidade parecem opor-se, pois a sindérese tende sempre para o bem, e a sensualidade sempre para o mal. Por isso, esta é simbolizada pela *serpente*, como deixa claro Agostinho. Logo, a sindérese parece ser uma potência, como também a sensualidade.

3. ADEMAIS, Agostinho diz que no poder natural de julgar há "algumas regras e sementes de virtudes, verdadeiras e imutáveis". É o que nós chamamos sindérese. Como as regras imutáveis de nosso julgamento pertencem à parte superior da razão, como ensina o próprio Agostinho, a sindérese parece ser a mesma coisa que a razão. E assim é uma potência.

EM SENTIDO CONTRÁRIO, "as potências racionais se referem a coisas opostas", segundo o Filósofo. Ora, a sindérese não se refere a coisas opostas, mas tende somente para o bem. A sindérese, portanto, não é uma potência. Se fosse uma potência, deveria com efeito ser uma potência racional, pois não a encontramos nos animais.

---

7. Cfr. a. 7, ad 2; q. 77, a. 3, ad 4.

12 PARALL.: II *Sent.*, dist. 24, q. 2, a. 3; *De Verit.*, q. 16, a. 1.

1. ML 25, 22 AB.
2. Cc. 12, 13: ML 42, 1007, 1009.
3. L. II, c. 10: ML 32, 1256.
4. C. 2: ML 42, 999.
5. *Metaph.*, l. IX, c. 2: 1046, b, 4-7.

---

k. A sindérese é uma intuição dos primeiros princípios da lei moral. Sto. Tomás a define como constituindo um *habitus*, mas inato. Ele a distingue cuidadosamente da consciência, que é um ato, o ato pelo qual se julga um ato que se realizou ou que será realizado. Tal ato supõe não apenas a sindérese, mas ainda todo o conhecimento moral que se apoia sobre ela. Sto. Tomás não acreditou dever apelar a um *habitus* permanente que nos incitaria a julgar sobre o valor moral de nossos atos. É o que expressaria a expressão: ter uma consciência, ser consciencioso.

RESPONDEO dicendum quod synderesis non est potentia, sed habitus: licet quidam posuerint synderesim esse quandam potentiam ratione altiorem; quidam vero dixerint eam esse ipsam rationem, non ut est ratio, sed ut est natura. — Ad huius autem evidentiam, considerandum est quod, sicut supra[6] dictum est, ratiocinatio hominis, cum sit quidam motus, ab intellectu progreditur aliquorum, scilicet naturaliter notorum absque investigatione rationis, sicut a quodam principio immobili: et ad intellectum etiam terminatur, inquantum iudicamus per principia per se naturaliter nota, de his quae ratiocinando invenimus. Constat autem quod, sicut ratio speculativa ratiocinatur de speculativis, ita ratio practica ratiocinatur de operabilibus. Oportet igitur naturaliter nobis esse indita, sicut principia speculabilium, ita et principia operabilium.

Prima autem principia speculabilium nobis naturaliter indita, non pertinent ad aliquam specialem potentiam; sed ad quendam specialem habitum, qui dicitur *intellectus principiorum*, ut patet in VI *Ethic*.[7] Unde et principia operabilium nobis naturaliter indita, non pertinent ad specialem potentiam; sed ad specialem habitum naturalem, quem dicimus synderesim. Unde et synderesis dicitur instigare ad bonum, et murmurare de malo, inquantum per prima principia procedimus ad inveniendum, et iudicamus inventa. Patet ergo quod synderesis non est potentia, sed habitus naturalis.

AD PRIMUM ergo dicendum quod illa divisio Hieronymi attenditur secundum diversitatem actuum, non secundum diversitatem potentiorum. Diversi autem actus possunt esse unius potentiae.

AD SECUNDUM dicendum quod similiter oppositio sensualitatis et synderesis attenditur secundum oppositionem actuum; non sicut diversarum specierum unius generis.

AD TERTIUM dicendum quod huiusmodi incommutabiles rationes sunt prima principia operabilium, circa quae non contingit errare; et attribuuntur rationi sicut potentiae, et synderesi sicut habitui. Unde et utroque, scilicet ratione et synderesi, naturaliter iudicamus.

RESPONDO. A sindérese não é uma potência, mas um *habitus*, embora alguns afirmassem ser ela uma potência superior à razão, e outros tenham dito que era a própria razão, considerando-a não como razão, mas como natureza. — Para compreendê-la, é preciso considerar que, como acima foi dito, o raciocínio humano, sendo uma espécie de movimento, procede da intelecção de algumas coisas, a saber de coisas naturalmente conhecidas sem pesquisa racional, como de um princípio imóvel, e termina igualmente em uma intelecção, na medida em que, mediante princípios naturalmente conhecidos por si mesmos, julgamos as conclusões que encontramos raciocinando. Com efeito, consta que assim como a razão especulativa raciocina sobre coisas especulativas, a razão prática raciocina sobre coisas que têm relação com a ação. Portanto, uma vez que somos dotados naturalmente de princípios da ordem especulativa, é preciso também que sejamos também dotados de princípios da ordem da ação.

Ora, os primeiros princípios da ordem especulativa, de que somos dotados naturalmente, não pertencem a uma potência especial, mas a um *habitus* especial que é chamado no livro VI da *Ética* de *intelecto dos princípios*. Por conseguinte, os princípios da ordem da ação, de que somos dotados naturalmente, não pertencem a uma potência especial, mas a um hábito natural especial, que chamamos *sindérese*. Por isso se diz que a sindérese incita ao bem, e condena o mal, na medida em que nós, mediante os primeiros princípios, buscamos descobrir e julgamos o que encontramos. A sindérese não é pois uma potência, mas um *habitus* natural.

QUANTO AO 1º, portanto, deve-se dizer que a divisão de Jerônimo corresponde à diversidade dos atos, e não à diversidade das potências. Ora, atos diversos podem ser de uma mesma potência.

QUANTO AO 2º, deve-se dizer que igualmente a oposição da sensualidade e da sindérese corresponde à oposição dos atos, e não à das espécies diferentes de um mesmo gênero.

QUANTO AO 3º, deve-se dizer que essas razões imutáveis são os primeiros princípios da ordem da ação, a respeito dos quais não pode haver erros. São atribuídos à razão, como potência, e à sindérese, como *habitus*. Em consequência, julgamos naturalmente por ambas, isto é pela razão e pela sindérese.

---

6. A. 8.
7. C. 6: 1140, b, 31-1141, a, 8.

ARTICULUS 13
Utrum conscientia sit quaedam potentia

AD TERTIUMDECIMUM SIC PROCEDITUR. Videtur quod conscientia sit quaedam potentia.

1. Dicit enim Origenes[1] quod conscientia est *spiritus corrector et paedagogus animae sociatus, quo separatur a malis et adhaeret bonis*. Sed *spiritus* in anima nominat potentiam aliquam: vel ipsam mentem, secundum illud Eph 4,23: *Renovamini spiritu mentis vestrae*; vel ipsam imaginationem; unde et imaginaria visio *spiritualis* vocatur, ut patet per Augustinum, XII *super Gen. ad litt.*[2]. Est ergo conscientia quaedam potentia.

2. PRAETEREA, nihil est peccati subiectum nisi potentia animae. Sed conscientia est subiectum peccati: dicitur enim Tt 1,15, de quibusdam, quod *inquinatae sunt eorum mens est conscientia*. Ergo videtur quod conscientia sit potentia.

3. PRAETEREA, necesse est quod conscientia sit vel actus, vel habitus, vel potentia. Sed non est actus: quia non semper maneret in homine. Nec est habitus: non enim esset unum quid conscientia, sed multa; per multos enim habitus cognoscitivos dirigimur in agendis. Ergo conscientia est potentia.

SED CONTRA, conscientia deponi potest, non autem potentia. Ergo conscientia non est potentia.

RESPONDEO dicendum quod conscientia, proprie loquendo, non est potentia, sed actus. Et hoc patet tum ex ratione nominis: tum etiam ex his quae secundum communem usum loquendi, conscientiae attribuuntur. Conscientia enim, secundum proprietatem vocabuli, importat ordinem scientiae ad aliquid: nam conscientia dicitur *cum alio scientia*. Applicatio autem scientiae ad aliquid fit per aliquem actum. Unde ex ista ratione nominis patet quod conscientia sit actus.

Idem autem apparet ex his quae conscientiae attribuuntur. Dicitur enim conscientia testificari, ligare vel instigare, et etiam accusare vel remordere sive reprehendere. Et haec omnia consequuntur applicationem alicuius nostrae cognitionis vel scientiae ad ea quae agimus. Quae quidem applicatio fit tripliciter. Uno modo, secundum quod

ARTIGO 13
A consciência é uma potência?

QUANTO AO DÉCIMO TERCEIRO, ASSIM SE PROCEDE: parece que a consciência **é** uma potência.

1. Com efeito, Orígenes diz que a consciência é "um espírito que corrige e ensina associado à alma pela qual se aparta do mal e adere ao bem". Ora, na alma, o *espírito* designa uma potência, ou então a própria mente, segundo a palavra de Paulo aos Efésios: "Renovai o espírito de vossa mente"; ou a imaginação. É assim que em Agostinho, a visão imaginária é chamada *espiritual*. Logo, a consciência é uma potência.

2. ALÉM DISSO, somente uma potência da alma pode ser sujeito do pecado. Ora, a consciência é o sujeito do pecado, pois na Carta a Tito diz-se de alguns que "têm manchados a mente e a consciência. Logo, parece que a consciência é potência.

3. ADEMAIS, é necessário que a consciência seja ou um ato, ou um *habitus*, ou uma potência. Ora, ela não é um ato: porque não seria permanente no homem. Ela tampouco é um *habitus*, se assim o fosse, não seria uma só a consciência, mas muitas, com efeito nós nos orientamos na ação por meio de numerosos hábitos de conhecimento. Logo, a consciência é uma potência.

EM SENTIDO CONTRÁRIO, pode-se prescindir da consciência, mas não de uma potência. A consciência não é, portanto, uma potência.

RESPONDO. Propriamente falando, a consciência não é uma potência, mas um ato. E isso é evidente seja em razão do nome, seja em razão daquilo que lhe é atribuído na linguagem usual. Segundo o sentido próprio da palavra, consciência implica a relação do conhecimento com alguma coisa. De fato, consciência quer dizer *conhecimento com um outro*. Ora a aplicação de um conhecimento a alguma coisa se realiza por meio de um ato. Logo segundo a etimologia, é evidente que a consciência é um ato.

A mesma conclusão se impõe a partir do que se atribui à consciência. Diz-se que a consciência atesta, obriga ou incita, e ainda acusa ou reprova ou repreende. Ora, tudo isso resulta da aplicação de algum conhecimento ou ciência que temos do que fazemos. O que se realiza de três maneiras:
1. Quando reconhecemos que fizemos ou não tal

---

13 PARALL.: II *Sent.*, dist. 24, q. 2, a. 4; *De Verit.*, q. 17, a. 1.
  1. Super Epist. *ad Rom.*, 2, 15: MG 14, 893 B.
  2. Cc. 7, 24: ML 34, 459, 475.

recognoscimus aliquid nos fecisse vel non fecisse, secundum illud Eccle 7,23: *Scit conscientia tua* te *crebro maledixisse aliis*: et secundum hoc, conscientia dicitur *testificari*. Alio modo applicatur secundum quod per nostram conscientiam iudicamus aliquid esse faciendum vel non faciendum: et secundum hoc, dicitur conscientia *instigare* vel *ligare*. Tertio modo applicatur secundum quod per conscientiam iudicamus quod aliquid quod est factum, sit bene factum vel non bene factum: et secundum hoc, conscientia dicitur *excusare* vel *accusare*, seu *remordere*. Patet autem quod omnia haec consequuntur actualem applicationem scientiae ad ea quae agimus. Unde proprie loquendo, conscientia nominat actum.

Quia tamen habitus est principium actus, quandoque nomen conscientiae attribuitur primo habitui naturali, scilicet synderesi: sicut Hieronymus, in glossa Ez 1,6, *synderesim* conscientiam nominat; et Basilius *naturale iudicatorium*[3]; et Damascenus dicit[4] quod est *lex intellectus nostri*. Consuetum enim est quod causae et effectus per invicem nominentur.

AD PRIMUM ergo dicendum quod conscientia dicitur spiritus, secundum quod spiritus pro mente ponitur, quia est quoddam mentis dictamen.

AD SECUNDUM dicendum quod inquinatio dicitur esse in conscientia, non sicut in subiecto, sed sicut cognitum in cognitione: inquantum scilicet aliquis scit se esse inquinatum.

AD TERTIUM dicendum quod actus, etsi non semper maneat in se, semper tamen manet in sua causa, quae est potentia et habitus. Habitus autem ex quibus conscientia informatur, etsi multi sint, omnes tamen efficaciam habent ab uno primo, scilicet ab habitu primorum principiorum, qui dicitur synderesis. Unde specialiter hic habitus interdum conscientia nominatur, ut supra[5] dictum est.

ação. Como diz o Eclesiastes: "Tua consciência sabe que tu maldisseste muitas vezes os outros". E nesse sentido diz-se que a consciência *atesta*. 2. Quando, por nossa consciência, julgamos que é preciso fazer ou não fazer tal ação. Diz-se então que a consciência *incita* ou *obriga*. 3. Quando julgamos, pela consciência, que o que foi feito, foi bem feito ou não. E então se diz que a consciência *escusa, acusa* ou *reprova*. É claro que tudo isso resulta da aplicação atual de nosso conhecimento à nossa ação. Por isso, a falar com propriedade, a consciência designa um ato.

Mas pelo fato de o *habitus* ser o princípio do ato, às vezes se atribui o nome de consciência ao primeiro hábito natural, isto é, à sindérese. Assim faz Jerônimo comentando o texto de Ezequiel. Basílio chama "poder natural de julgar". Damasceno diz que é "a lei do nosso intelecto". Tem-se o costume de fato de tomar a causa e o efeito um pelo outro[1].

QUANTO AO 1º, portanto, deve-se dizer que a consciência é chamada espírito, quando se emprega espírito no sentido de mente, porque ela é uma espécie de ditame da mente.

QUANTO AO 2º, deve-se dizer que a mancha está na consciência, não como em seu sujeito, mas como o conhecido está no conhecimento, isto é, na medida em que alguém sabe que está manchado.

QUANTO AO 3º, deve-se dizer que o ato, se não permanece sempre em si mesmo, permanece, entretanto, sempre em sua causa: a potência ou o *habitus*. Os *habitus*, pelos quais a consciência é informada, ainda que sejam muitos, todos recebem a sua eficácia de um primeiro, a saber, do *habitus* dos primeiros princípios, que se chama sindérese. Por isso, e de modo especial, esse *habitus* é por vezes chamado consciência, como acima se disse.

---

3. Homil. in principium *Prov*.: MG 31, 405 C.
4. *De Fide Orth*., l. IV, c. 22: MG 94, 1200 A.
5. In corp.

---

1. A filosofia moderna chama de "consciência" a faculdade de conhecer com uma conotação bem nítida de subjetividade. A consciência é conhecimento de si e de seus próprios atos. Esse sentido é derivado da ideia de consciência moral. Esta, com efeito, é um julgamento moral efetuado pelo sujeito a respeito de seus próprios atos.

QUAESTIO LXXX
DE POTENTIIS APPETITIVIS IN COMMUNI
in duos articulos divisa

Deinde considerandum est de potentiis appetitivis.

Et circa hoc consideranda sunt quatuor: primo, de appetitivo in communi; secundo, de sensualitate; tertio, de voluntate; quarto, de libero arbitrio.

Circa primum quaeruntur duo.

Primo: utrum debeat poni appetitus aliqua specialis potentia animae.

Secundo: utrum appetitus dividatur in appetitum sensitivum et intellectivum, sicut in potentias diversas.

Articulus 1
Utrum appetitus sit aliqua specialis animae potentia

AD PRIMUM SIC PROCEDITUR. Videtur quod appetitus non sit aliqua specialis animae potentia.

1. Ad ea enim quae sunt communia animatis et inanimatis, non est aliqua potentia animae assignanda. Sed appetere est commune animatis et inanimatis: quia bonum est *quod omnia appetunt*, ut dicitur in I *Ethic.*[1]. Ergo appetitus non est specialis potentia animae.

2. PRAETEREA, potentiae distinguuntur secundum obiecta. Sed idem est quod cognoscimus et appetimus. Ergo vim appetitivam non oportet esse aliam praeter vim apprehensivam.

3. PRAETEREA, commune non distinguitur contra proprium. Sed quaelibet potentia animae appetit quoddam particulare appetibile, scilicet obiectum sibi conveniens. Ergo respectu huius obiecti quod est appetibile in communi, non oportet accipi aliquam potentiam ab aliis distinctam, quae appetitiva dicatur.

SED CONTRA est quod Philosophus, in II *de Anima*[2], distinguit appetitivum ab aliis potentiis.

QUESTÃO 80
AS POTÊNCIAS APETITIVAS EM GERAL
em dois artigos

Em seguida, devem-se considerar as potências apetitivas[a].

E sobre isso, são quatro as considerações: 1. Do apetite em geral. 2. Da sensibilidade. 3. Da vontade. 4. Do livre-arbítrio.

A respeito do primeiro, são duas as perguntas:
 1. Deve-se reconhecer o apetite como alguma potência especial da alma?
 2. Divide-se o apetite em sensitivo e intelectivo, como em diversas potências?

Artigo 1
O apetite é uma potência especial da alma?

QUANTO AO PRIMEIRO ARTIGO, ASSIM SE PROCEDE: parece que o apetite **não** é uma potência especial da alma.

1. Com efeito, não se deve atribuir uma potência especial da alma às coisas que são comuns aos seres animados e inanimados. Ora, desejar é comum aos animados e aos inanimados, porque é bom "o que todos desejam", como se diz no livro I da *Ética*. Logo, o apetite não é uma potência especial da alma.

2. ALÉM DISSO, as potências se distinguem segundo os objetos. Ora, aquilo que conhecemos é o mesmo que desejamos. Logo, não deve haver potência apetitiva distinta da potência apreensiva.

3. ADEMAIS, o que é comum não se distingue por oposição ao que é próprio. Ora, toda potência da alma tende para um bem particular desejável, a saber, o objeto que lhe convém. Logo, com relação a esse objeto que é o desejável em geral, não é preciso admitir uma potência distinta das outras, a faculdade apetitiva.

EM SENTIDO CONTRÁRIO, o Filósofo, no livro II da *Alma*, distingue a potência apetitiva das outras

---

1 PARALL.: III *Sent.*, dist. 27, q. 1, a. 1; *De Verit.*, q. 22, a. 3.

 1. C. 1: 1094, a, 2-3.
 2. C. 3: 414, a, 29-32.

 a. No momento de distinguir entre as potências apetitivas e as potências cognoscitivas das quais se falou nas duas questões precedentes, é preciso recordar que, em um mesmo ser, toda potência ou faculdade deve ser concebida como afetando um mesmo e único sujeito. E é esse mesmo e único sujeito, desse modo determinado por suas potências, que age, ou seja, que percebe, que ama, que quer.

Damascenus etiam, in II libro³ distinguit vires appetitivas a cognitivis.

RESPONDEO dicendum quod necesse est ponere quandam potentiam animae appetitivam. Ad cuius evidentiam, considerandum est quod quamlibet formam sequitur aliqua inclinatio: sicut ignis ex sua forma inclinatur in superiorem locum, et ad hoc quod generet sibi simile. Forma autem in his quae cognitionem participant, altiori modo invenitur quam in his quae cognitione carent. In his enim quae cognitione carent, invenitur tantummodo forma ad unum esse proprium determinans unumquodque, quod etiam naturale uniuscuiusque est. Hanc igitur formam naturalem sequitur naturalis inclinatio, quae *appetitus naturalis* vocatur. In habentibus autem cognitionem, sic determinatur unumquodque ad proprium esse naturale per formam naturalem, quod tamen est receptivum specierum aliarum rerum: sicut sensus recipit species omnium sensibilium, et intellectus omnium intelligibilium, ut sic anima hominis sit omnia quodammodo secundum sensum et intellectum: in quo quodammodo cognitionem habentia ad Dei similitudinem appropinquant, *in quo omnia praeexistunt*, sicut Dionysius dicit⁴.

Sicut igitur formae altiori modo existunt in habentibus cognitionem supra modum formarum naturalium, ita oportet quod in eis sit inclinatio supra modum inclinationis naturalis, quae dicitur appetitus naturalis. Et haec superior inclinatio pertinet ad vim animae appetitivam, per quam animal appetere potest ea quae apprehendit, non solum ea ad quae inclinatur ex forma naturali. Sic igitur necesse est ponere aliquam potentiam animae appetitivam.

AD PRIMUM ergo dicendum quod appetere invenitur in habentibus cognitionem, supra modum communem quo invenitur in omnibus, ut dictum est⁵. Et ideo oportet ad hoc determinari aliquam potentiam animae.

AD SECUNDUM dicendum quod id quod apprehenditur et appetitur, est idem subiecto, sed

potências. Do mesmo modo Damasceno distingue as potências apetitivas das cognoscitivas.

RESPONDO. É necessário afirmar na alma uma potência apetitiva. Para prová-lo, deve-se considerar que a toda forma segue-se uma inclinação. Por exemplo, em virtude de sua forma, o fogo tende a subir e a produzir algo semelhante a si. Ora a forma encontra-se de um modo superior naqueles que participam de conhecimento do que nos que carecem de conhecimento. Nesses últimos, se encontra somente a forma que determina cada um deles a um único ser que lhes é natural. A essa forma natural segue-se uma inclinação natural que se chama *apetite natural*. Nos que têm conhecimento, cada um deles é determinado em seu próprio ser natural por sua forma natural, de tal modo que pode receber as imagens das outras coisas. Por exemplo, os sentidos recebem as espécies de todos os sensíveis, e o intelecto, as de todos os inteligíveis. Dessa maneira, a alma humana torna-se de certo modo todas as coisas pelos sentidos e pelo intelecto. Os que conhecem se parecem nisso, por assim dizer, com Deus, "no qual todas as coisas preexistem", como diz Dionísio.

Portanto, como as formas dos que conhecem existem de um modo superior ao das simples formas naturais, assim é preciso que sua inclinação seja superior à inclinação natural, chamada apetite natural. Essa inclinação superior pertence à potência apetitiva da alma; por ela o animal pode tender para aquilo que conhece, e não somente para as coisas às quais se inclina por sua forma natural. É necessário, portanto, afirmar na alma uma potência apetitiva[b].

QUANTO AO 1º, portanto, deve-se dizer que o apetecer se encontra nos dotados de conhecimento de maneira superior à que se encontra comumente em todos os seres, como foi dito. Portanto, é necessário que para isso se determine uma potência da alma.

QUANTO AO 2º, deve-se dizer que o que é apreendido e o que é desejado é o mesmo quanto

---

3. *De Fide Orth.*, l. II, c. 22: MG 94, 941 C.
4. *De Div. Nom.*, c. 5: MG 3, 817 C.
5. In corp.

b. Sto. Tomás subentende neste ponto que só há inclinação para o bem. O "bem" é exatamente o próprio ser, enquanto apto a provocar uma inclinação para si. Toda forma tende para aquilo que, fornecendo-lhe seu complemento, é seu bem próprio. É portanto para *o que será percebido como um bem*, o bem do sujeito, que tenderá o apetite "animal". Sobre isso se fundará (ver o artigo seguinte) a distinção entre o apetite sensível e o apetite intelectual. Este incide também sobre a realidade singular, que, porém, pode não ser material e, mesmo quando o é, a inteligência a percebe como uma realização do bem universal. É como tal que ela atrai o apetite espiritual, a vontade.

differt ratione: apprehenditur enim ut est ens sensibile vel intelligibile; appetitur vero ut est conveniens aut bonum. Diversitas autem rationum in obiectis requiritur ad diversitatem potentiarum; non autem materialis diversitas.

AD TERTIUM dicendum quod unaquaeque potentia animae est quaedam forma seu natura, et habet naturalem inclinationem in aliquid. Unde unaquaeque appetit obiectum sibi conveniens naturali appetitu. Supra quem est appetitus animalis consequens apprehensionem, quo appetitur aliquid non ea ratione qua est conveniens ad actum huius vel illius potentiae, utpote visio ad videndum et auditio ad audiendum; sed quia est conveniens simpliciter animali.

ao sujeito, mas difere quanto à razão: é apreendido como ente sensível ou inteligível, e é desejado como conveniente ou bom. Para que haja potências diversas é preciso que nos objetos haja uma diversidade de razões, e não uma diversidade material.

QUANTO AO 3º, deve-se dizer que toda potência da alma é uma forma ou natureza, e tem uma inclinação natural para algo. Assim, cada uma tende ao objeto que lhe convém por um apetite natural. Mas acima disso está o apetite animal, que se segue ao conhecimento, mediante o qual deseja algo não porque isso convém ao ato desta ou daquela potência, por exemplo, a visão para a vista, a audição para o ouvido, mas porque isso convém absolutamente ao animal.

ARTICULUS 2
Utrum appetitus sensitivus et intellectivus sint diversae potentiae

AD SECUNDUM SIC PROCEDITUR. Videtur quod appetitus sensitivus et intellectivus non sint diversae potentiae.
1. Potentiae enim non diversificantur per accidentales differentias, ut supra[1] dictum est. Sed accidit appetibili quod sit apprehensum per sensum vel intellectum. Ergo appetitus sensitivus et intellectivus non sunt diversae potentiae.

2. PRAETEREA, cognitio intellectiva est universalium, et secundum hoc distinguitur a sensitiva, quae est singularium. Sed ista distinctio non habet locum ex parte appetitivae: cum enim appetitus sit motus ab anima ad res, quae sunt singulares, omnis appetitus videtur esse rei singularis. Non ergo appetitus intellectivus debet distingui a sensitivo.

3. PRAETEREA, sicut sub apprehensivo ordinatur appetitivum ut inferior potentia, ita et motivum. Sed non est aliud motivum in homine consequens intellectum, quam in aliis animalibus consequens sensum. Ergo, pari ratione, neque est aliud appetitivum.

ARTIGO 2
O apetite sensitivo e o apetite intelectivo são potências diferentes?

QUANTO AO SEGUNDO, ASSIM SE PROCEDE: parece que o apetite sensitivo e o intelectivo **não** são potências diferentes.
1. Com efeito, as potências não se distinguem por diferenças acidentais, como acima foi dito. Ora, é acidental ao que é apetecível que seja apreendido pelo sentido ou pelo intelecto. Logo, o apetite sensitivo e o apetite intelectivo não são potências diferentes.

2. ALÉM DISSO, o conhecimento intelectual tem como objeto o universal, e é o que o distingue do conhecimento sensível, que tem como objeto o singular. Ora, tal distinção não pode encontrar-se no apetite; sendo este um movimento que parte da alma para as coisas, que são singulares. Parece que todo apetite tem o singular por objeto. Logo, o apetite intelectivo não se distingue do apetite sensitivo.

3. ADEMAIS, da mesma forma que a potência apetitiva, enquanto inferior, está subordinada à potência apreensiva, assim também a potência motora. Ora, não há no homem potência motora relativa à inteligência, diferente daquela relativa aos sentidos, comum a todos os animais. Portanto, pelo mesmo motivo, não há outra potência apetitiva.

---

2 PARALL.: *De Verit.*, q. 22, a. 4; q. 25, a. 1; III *de Anima*, lect. 14.
  1. Q. 77, a. 3.

SED CONTRA est quod Philosophus, in III *de Anima*², distinguit duplicem appetitum, et dicit³ quod appetitus superior movet inferiorem.

RESPONDEO dicendum quod necesse est dicere appetitum intellectivum esse aliam potentiam a sensitivo. Potentia enim appetitiva est potentia passiva, quae nata est moveri ab apprehenso: unde appetibile apprehensum est movens non motum, appetitus autem movens motum, ut dicitur in III *de Anima*⁴, et XII *Metaphys*.⁵. Passiva autem et mobilia distinguuntur secundum distinctionem activorum et motivorum: quia oportet motivum esse proportionatum mobili, et activum passivo; et ipsa potentia passiva propriam rationem habet ex ordine ad suum activum. Quia igitur est alterius generis apprehensum per intellectum et apprehensum per sensum, consequens est quod appetitus intellectivus sit alia potentia a sensitivo.

AD PRIMUM ergo dicendum quod appetibili non accidit esse apprehensum per sensum vel intellectum, sed per se ei convenit: nam appetibile non movet appetitum nisi inquantum est apprehensum. Unde differentiae apprehensi sunt per se differentiae appetibilis. Unde potentiae appetitivae distinguuntur secundum differentiam apprehensorum, sicut secundum propria obiecta.

AD SECUNDUM dicendum quod appetitus intellectivus, etsi feratur in res quae sunt extra animam singulares, fertur tamen in eas secundum aliquam rationem universalem; sicut cum appetit aliquid quia est bonum. Unde Philosophus dicit in sua *Rhetorica*⁶, quod odium potest esse de aliquo universali, puta cum *odio habemus omne latronum genus*. — Similiter etiam per appetitum intellectivum appetere possumus immaterialia bona, quae sensus non apprehendit; sicut scientiam, virtutes, et alia huiusmodi.

AD TERTIUM dicendum quod, sicut dicitur in III *de Anima*⁷, opinio universalis non movet nisi mediante particulari: et similiter appetitus superior movet mediante inferiori. Et ideo non est alia vis motiva consequens intellectum et sensum.

EM SENTIDO CONTRÁRIO, o Filósofo, no livro III da *Alma*, distingue duas espécies de apetite, e diz que a mais elevada move a inferior.

RESPONDO. É preciso dizer que o apetite intelectivo é uma potência distinta do sensitivo. Uma potência apetitiva é uma potência passiva, cuja natureza é ser movida pelo objeto apreendido. Em consequência, o objeto desejável apreendido é princípio de movimento sem ser movido, enquanto o apetite move sendo movido, como se diz no livro III da *Alma* e no XII da *Metafísica*. O que é passivo e o que é móvel se distinguem segundo a diversidade dos princípios ativos e motores: pois é preciso que haja uma proporção entre o motor e o móvel, entre o que é ativo e o que é passivo, e a própria potência passiva tem sua razão própria tirada de sua relação com o princípio ativo. Visto que o objeto apreendido pelo intelecto é de gênero diverso do objeto apreendido pelo sentido, segue-se que o apetite intelectivo é uma potência distinta do apetite sensitivo.

QUANTO AO 1º, portanto, deve-se dizer que não é acidental ao objeto desejável ser apreendido pelos sentidos ou pelo intelecto, mas isso lhe convém por si mesmo, pois o objeto desejável não move o apetite a não ser enquanto é apreendido. Em consequência, as diferenças do objeto apreendido são por si mesmas as diferenças do objeto desejável. E, assim, as potências apetitivas se distinguem pela diferença das coisas apreendidas, como por seus objetos próprios.

QUANTO AO 2º, deve-se dizer que o apetite intelectivo, embora se volte para coisas que são particulares fora da alma, volta-se contudo para elas sob uma certa razão universal; por exemplo quando deseja uma coisa porque essa coisa é boa. Daí, o Filósofo dizer em sua *Retórica* que se pode ter ódio a um objeto universal; por exemplo, quando detestamos todo gênero de ladrões. — Podemos igualmente desejar pelo apetite intelectivo os bens imateriais que os sentidos não apreendem, como a ciência, a virtude etc.

QUANTO AO 3º, deve-se dizer que o livro III da *Alma* diz que uma opinião universal não move a não ser mediante uma particular. Da mesma forma, o apetite superior move mediante o inferior. Não há, portanto, potência motora distinta relativa ao intelecto e ao sentido.

---

2. Cc. 9, 10: 432, b, 3-7; 433, b, 5-10.
3. C. 11: 434, a, 12-15.
4. C. 10: 433, a, 13-26.
5. C. 7: 1072, a, 26-30.
6. L. II, c. 4: 1382, a, 5-7.
7. C. 11: 434, a, 16-21.

QUAESTIO LXXXI
DE SENSUALITATE
in tres articulos divisa

Deinde considerandum est de sensualitate. Circa quam quaeruntur tria.
Primo: utrum sensualitas sit vis appetitiva tantum.
Secundo: utrum dividatur sensualitas in irascibilem et concupiscibilem, sicut in diversas potentias.
Tertio: utrum irascibilis et concupiscibilis obediant rationi.

Articulus 1
Utrum sensualitas solum sit appetitiva

AD PRIMUM SIC PROCEDITUR. Videtur quod sensualitas non solum sit appetitiva, sed etiam cognitiva.

1. Dicit enim Augustinus, XII *de Trin.*[1], quod *sensualis animae motus, qui in corporis sensus intenditur, nobis pecoribusque communis est.* Sed corporis sensus sub vi cognitiva continentur. Ergo sensualitas est vis cognitiva.

2. PRAETEREA, quae cadunt sub una divisione, videntur esse unius generis. Sed Augustinus, in XII *de Trin.*[2], dividit sensualitatem contra rationem superiorem et inferiorem; quae ad cognitionem pertinent. Ergo sensualitas etiam est vis cognitiva.

3. PRAETEREA, sensualitas in tentatione hominis tenet locum *serpentis.* Sed serpens in tentatione primorum parentum se habuit ut nuntians et proponens peccatum; quod est vis cognitivae. Ergo sensualitas est vis cognitiva.

SED CONTRA est quod sensualitas definitur[3] esse *appetitus rerum ad corpus pertinentium.*

RESPONDEO dicendum quod nomen sensualitatis sumptum videtur a sensuali motu, de quo Augus-

QUESTÃO 81
A SENSIBILIDADE[a]
em três artigos

Em seguida, deve-se considerar a sensibilidade. A esse respeito são três as perguntas:
1. A sensibilidade é apenas potência apetitiva?
2. Ela se divide em potências distintas, a irascível e a concupiscível?
3. A potência irascível e a concupiscível obedecem à razão?

Artigo 1
A sensibilidade é apenas apetitiva?

QUANTO AO PRIMEIRO ARTIGO, ASSIM SE PROCEDE: parece que a sensibilidade **não** é apenas apetitiva, mas também cognoscitiva.

1. Com efeito, Agostinho diz que "o movimento sensível da alma que se estende aos sentidos do corpo é comum ao homem e aos animais". Ora, os sentidos do corpo estão sob o âmbito da potência cognoscitiva. Logo, a sensibilidade é uma potência cognoscitiva.

2. ALÉM DISSO, as coisas compreendidas em uma só divisão parecem ser do mesmo gênero. Ora, Agostinho opõe sensibilidade à razão superior e à razão inferior, que são parte do conhecimento. Logo, a sensibilidade é também uma potência cognoscitiva.

3. ADEMAIS, a sensibilidade fez o papel de *serpente* na tentação do homem. Ora, a serpente na tentação de Adão e Eva se portou como quem revela e propõe o pecado, o que é próprio da potência cognoscitiva. Logo, a sensibilidade é uma potência cognoscitiva.

EM SENTIDO CONTRÁRIO, a sensibilidade se define como *apetite das coisas que pertencem ao corpo.*

RESPONDO. O termo sensibilidade parece ser tomado do movimento sensível de que fala Agosti-

---

1 PARALL.: II *Sent.,* dist. 24, q. 2, a. 1; *De Verit.,* q. 25, a. 1.
  1. C. 12: ML 42, 1007.
  2. Loc. cit.
  3. Cfr. MAGISTR., II *Sent.,* dist. 24.

a. A realidade sensível é o que é percebido pelos sentidos. Pode-se chamar "sensibilidade" ao conjunto das faculdades que percebem desse modo o sensível, que "sentem". Sto. Tomás, todavia, prefere reservar a palavra ao *apetite* que se volta para as realidades sensíveis. A palavra por ele empregada para caracterizar o "apetite sensível" não corresponde exatamente a "sensibilidade", pela qual ela foi traduzida. Sto. Tomás fala de *sensualitas.* "Sensualidade", porém, só evoca a faculdade de prazer imediatamente ligada ao exercício dos sentidos — sobretudo os táteis —, ao passo que Sto. Tomás, sem excluir esse dado, que está mais próximo da matéria biológica na psicologia humana, pretende se referir sobretudo à sede e ao princípio das emoções, paixões, sentimentos, aos quais chamamos sensibilidade, e que não pode ser separada da afetividade espiritual, que será abordada na próxima questão sob o nome de "vontade", assim como a faculdade imaginativa não pode ser separada da razão que lhe é subjacente, e que a utiliza.

tinus loquitur XII *de Trin.*⁴, sicut ab actu sumitur nomen potentiae, ut a visione visus. Motus autem sensualis est appetitus apprehensionem sensitivam consequens. Actus enim apprehensivae virtutis non ita proprie dicitur motus, sicut actio appetitus: nam operatio virtutis apprehensivae perficitur in hoc, quod res apprehensae sunt in apprehendente; operatio autem virtutis appetitivae perficitur in hoc, quod appetens inclinatur in rem appetibilem. Et ideo operatio apprehensivae virtutis assimilatur quieti: operatio autem virtutis appetitivae magis assimilatur motui. Unde per sensualem motum intelligitur operatio appetitivae virtutis. Et sic sensualitas est nomen appetitus sensitivi.

AD PRIMUM ergo dicendum quod per hoc quod dicit Augustinus quod sensualis animae motus intenditur in corporis sensus, non datur intelligi quod corporis sensus sub sensualitate comprehendantur: sed magis quod motus sensualitatis sit inclinatio quaedam ad sensus corporis, dum scilicet appetimus ea quae per corporis sensus apprehenduntur. Et sic corporis sensus pertinent ad sensualitatem quasi praeambuli.

AD SECUNDUM dicendum quod sensualitas dividitur contra rationem superiorem et inferiorem, in quantum communicant in actu motionis: vis enim cognitiva, ad quam pertinet ratio superior et inferior, est motiva, sicut et appetitiva, ad quam pertinet sensualitas.

AD TERTIUM dicendum quod serpens non solum ostendit et proposuit peccatum, sed etiam inclinavit in effectum peccati. Et quantum ad hoc, sensualitas per serpentem significatur.

ARTICULUS 2
Utrum appetitus sensitivus distinguatur in irascibilem et concupiscibilem, sicut in potentias diversas

AD SECUNDUM SIC PROCEDITUR. Videtur quod appetitus sensitivus non distinguatur in irascibilem et concupiscibilem, sicut in potentias diversas.

nho, do mesmo modo que o nome de uma potência se toma do ato: por exemplo, a visão, do ato de ver. O movimento sensível é o apetite que segue a uma apreensão sensível. Com efeito, o ato de uma potência apreensiva não é movimento em sentido tão próprio quanto o é o ato do apetite, pois a operação da potência apreensiva se completa quando as coisas apreendidas estão no que apreende, enquanto a do apetite se completa quando o que deseja tende para a coisa desejada. Em consequência, a operação da potência apreensiva se assemelha ao repouso, mas a operação da potência apetitiva se assemelha antes ao movimento. Portanto, por movimento sensível se entende a operação da potência apetitiva. Assim a sensibilidade é o nome do apetite sensitivo.

QUANTO AO 1º, portanto, deve-se dizer que quando Agostinho diz que o movimento sensível da alma se estende aos sentidos corporais, não quer significar que os sentidos corporais estejam sob o âmbito da sensibilidade, mas antes que o movimento de sensibilidade é uma espécie de inclinação para os sentidos corporais, quando, por exemplo, desejamos aquilo que é apreendido pelos sentidos corporais. E desse modo os sentidos são como que os preâmbulos da sensibilidade.

QUANTO AO 2º, deve-se dizer que a sensibilidade se opõe à razão superior e à razão inferior, enquanto têm em comum o ato de mover. Com efeito, a potência cognoscitiva à qual pertencem a razão superior e inferior é princípio de movimento, como a apetitiva de que faz parte a sensibilidade.

QUANTO AO 3º, deve-se dizer que a serpente não somente revelou e propôs o pecado, mas inclinou ainda o homem a cometê-lo. E sob esse aspecto, a serpente representa a sensibilidade.

ARTIGO 2
O apetite sensitivo se distingue em irascível e concupiscível como sendo potências diferentes?[b]

QUANTO AO SEGUNDO, ASSIM SE PROCEDE: parece que o apetite sensitivo **não** se distingue em irascível e concupiscível como sendo potências diferentes.

---

4. Cc. 12, 13: ML 42, 1007, 1009.

PARALL.: Infra, q. 82, a. 5; III *Sent.*, dist. 26, q. 1, a. 2; *De Verit.*, q. 25, a. 2; *De Malo*, q. 8, a. 3; III *de Anima*, lect. 14.

b. É difícil substituir tal vocabulário antiquado por palavras mais modernas. Desejo e agressividade não correspondem exatamente a tais palavras. "Cobiça" e "cólera", que traduziriam bem concupiscível e irascível, só designam o duplo apetite da sensibilidade por seus movimentos mais característicos. Contudo, é sempre muito interessante e esclarecedora essa distinção entre os dois apetites, um de amor e de ódio, outro de resistência e de combate, um e outro motivados pelo bem e pelo mal, mas um imediatamente, o outro pelo que se opõe a ele ou os conquista.

1. Eadem enim potentia animae est unius contrarietatis, ut visus albi et nigri, ut dicitur in II *de Anima*[1]. Sed conveniens et nocivum sunt contraria. Cum ergo concupiscibilis respiciat conveniens, irascibilis vero nocivum, videtur quod eadem potentia animae sit irascibilis et concupiscibilis.

2. PRAETEREA, appetitus sensitivus non est nisi convenientium secundum sensum. Sed conveniens secundum sensum est obiectum concupiscibilis. Ergo nullus appetitus sensitivus est a concupiscibili differens.

3. PRAETEREA, odium est in irascibili: dicit enim Hieronymus, super [Mt 13,33]: *Possideamus in irascibili odium vitiorum*. Sed odium, cum contrarietur amori, est in concupiscibili. Ergo eadem vis est concupiscibilis et irascibilis.

SED CONTRA est quod Gregorius Nyssenus[2] et Damascenus[3] ponunt duas vires, irascibilem et concupiscibilem, partes appetitus sensitivi.

RESPONDEO dicendum quod appetitus sensitivus est una vis in genere, quae sensualitas dicitur; sed dividitur in duas potentias, quae sunt species appetitus sensitivi, scilicet in irascibilem et concupiscibilem. Ad cuius evidentiam, considerari oportet quod in rebus naturalibus corruptibilibus, non solum oportet esse inclinationem ad consequendum convenientia et refugiendum nociva; sed etiam ad resistendum corrumpentibus et contrariis, quae convenientibus impedimentum praebent et ingerunt nocumenta. Sicut ignis habet naturalem inclinationem non solum ut recedat ab inferiori loco, qui sibi non convenit, et tendat in locum superiorem sibi convenientem; sed etiam quod resistat corrumpentibus et impedientibus. — Quia igitur appetitus sensitivus est inclinatio consequens apprehensionem sensitivam, sicut appetitus naturalis est inclinatio consequens formam naturalem; necesse est quod in parte sensitiva sint duae appetitivae potentiae. Una, per quam anima simpliciter inclinatur ad prosequendum ea quae sunt convenientia secundum sensum, et ad refugiendum nociva: et haec dicitur concupiscibilis. Alia vero, per quam animal resistit impugnantibus, quae convenientia impugnant et nocumenta inferunt: et haec vis vocatur irascibilis. Unde dicitur quod eius obiectum est *arduum*: quia scilicet tendit ad hoc quod superet contraria, et superemineat eis.

1. Com efeito, uma mesma potência da alma tem como objeto coisas contrárias, como a vista tem como objeto o branco e o preto, como está dito no livro II da *Alma*. Ora, o conveniente e o prejudicial são contrários. Logo, tendo a potência concupiscível como objeto o conveniente, e a irascível, o prejudicial, parece que uma mesma potência da alma é irascível e concupiscível.

2. ALÉM DISSO, o apetite sensitivo não tem como objeto senão aquilo que convém aos sentidos. Ora é isso o objeto da potência concupiscível. Logo, nenhum apetite sensitivo é diferente da potência concupiscível.

3. ADEMAIS, o ódio pertence à potência irascível. Com efeito, Jerônimo diz: "Odiemos os vícios na potência irascível". Ora, o ódio, sendo o contrário do amor, se encontra na potência concupiscível. Logo, uma mesma potência é a concupiscível e a irascível.

EM SENTIDO CONTRÁRIO, Gregório de Nissa e Damasceno afirmam as duas potências, irascível e concupiscível, como partes do apetite sensitivo.

RESPONDO. O apetite sensitivo é uma potência genérica que se chama sensibilidade, mas se divide em duas potências que são suas espécies, a irascível e a concupiscível. Para prová-lo é preciso considerar o seguinte: as coisas corruptíveis da natureza devem ter não só uma inclinação para conseguir o que lhes convém e para fugir do que lhes é nocivo, mas ainda uma inclinação para resistir às causas de corrupção e aos agentes contrários que põem obstáculo à aquisição do que convém, e produzem o que é danoso. Por exemplo, o fogo é inclinado naturalmente não só a se afastar de um lugar inferior, que não lhe convém, mas a se elevar para o alto, o que lhe convém, e ainda a se opor ao que pode destruí-lo ou impedir sua ação. — Sendo o apetite sensitivo uma inclinação que se segue à apreensão dos sentidos, como o apetite natural é uma inclinação que se segue à forma natural, deve portanto haver na parte sensitiva duas potências apetitivas: uma, pela qual a alma é absolutamente inclinada a buscar o que lhe convém na ordem dos sentidos, e a fugir do que pode prejudicar, é *concupiscível*; a outra, pela qual o animal resiste aos atacantes que combatem o que lhes convém e causam dano, é *irascível*. Em consequência, se diz que seu objeto é "aquilo que é *árduo*", pois sua tendência a leva a superar e a prevalecer sobre as adversidades.

---

1. C. 11: 422, b, 23-27.
2. NEMESIUS, *De Natura Hominis*, cc. 16, 17: MG 40, 672 B, 676 B.
3. *De Fide Orth.*, l. II, c. 12: MG 94, 928 C.

Hae autem duae inclinationes non reducuntur in unum principium: quia interdum anima tristibus se ingerit, contra inclinationem concupiscibilis, ut secundum inclinationem irascibilis impugnet contraria. Unde etiam passiones irascibiles repugnare videntur passionibus concupiscibilibus: nam concupiscentia accensa minuit iram, et ira accensa minuit concupiscentiam, ut in pluribus. Patet etiam ex hoc, quod irascibilis est quasi propugnatrix et defensatrix concupiscibilis, dum insurgit contra ea quae impediunt convenientia, quae concupiscibilis appetit, et ingerunt nociva, quae concupiscibilis refugit. Et propter hoc, omnes passiones irascibiles incipiunt a passionibus concupiscibilibus, et in eas terminantur; sicut ira nascitur ex illata tristitia, et vindictam inferens, in laetitiam terminatur. Propter hoc etiam pugnae animalium sunt de concupiscibilibus, scilicet de cibis et venereis, ut dicitur in VIII *de Animalibus*[4].

AD PRIMUM ergo dicendum quod vis concupiscibilis est et convenientis et inconvenientis. Sed irascibilis est ad resistendum inconvenienti quod impugnat.

AD SECUNDUM dicendum quod, sicut in apprehensivis virtutibus in parte sensitiva est aliqua vis aestimativa, scilicet quae est perceptiva eorum quae sensum non immutant, ut supra[5] dictum est; ita etiam in appetitu sensitivo est aliqua vis appetens aliquid quod non est conveniens secundum delectationem sensus, sed secundum quod est utile animali ad suam defensionem. Et haec est vis irascibilis.

AD TERTIUM dicendum quod odium simpliciter pertinet ad concupiscibilem; sed ratione impugnationis quae ex odio causatur, potest ad irascibilem pertinere.

Não se reduzem essas duas inclinações a um mesmo princípio: porque, às vezes a alma, contrariamente à inclinação da potência concupiscível, se ocupa de coisas tristes, a fim de, em conformidade com a potência irascível, lutar contra as adversidades. Daí que as paixões irascíveis parecem se opor às paixões concupiscíveis. Assim, quando a concupiscência se acende, a cólera diminui, e reciprocamente, ao menos na maioria dos casos. Disso fica claro também que a potência irascível é uma espécie de combatente defensor da concupiscível, insurgindo-se contra aquilo que impede o que é conveniente que a concupiscível deseja, e contra aquilo que causa dano do qual essa última foge. Por conseguinte, todas as paixões irascíveis têm origem nas paixões concupiscíveis, e nelas terminam. A cólera, por exemplo, nasce de uma tristeza causada e uma vez vingada, termina na alegria. Pela mesma razão, os animais combatem pelo que desejam, a saber, o alimento e o sexo, como se diz no livro VIII dos *Animais*.

QUANTO AO 1º, portanto, deve-se dizer que a potência concupiscível tem por objeto o conveniente e o não-conveniente. Mas a potência irascível se opõe ao não-conveniente ao qual combate.

QUANTO AO 2º, deve-se dizer que da mesma forma que nas potências cognoscitivas, na parte sensitiva, existe uma potência estimativa que percebe aquilo que não move os sentidos, da mesma forma no apetite sensitivo existe uma potência cujo objeto não é o que convém como deleitável ao sentido, mas como útil ao animal para sua defesa. E essa é a potência irascível.

QUANTO AO 3º, deve-se dizer que o ódio pertence por si mesmo à potência concupiscível; mas em razão da luta que provoca, pode pertencer à irascível.

ARTICULUS 3

Utrum irascibilis et concupiscibilis obediant rationi

AD TERTIUM SIC PROCEDITUR. Videtur quod irascibilis et concupiscibilis non obediant rationi.

ARTIGO 3

A potência irascível e a concupiscível obedecem à razão?

QUANTO AO TERCEIRO, ASSIM SE PROCEDE: parece que a potência irascível e a concupiscível **não** obedecem à razão.

---

4. *De Animal. Histor.*, vide l. cit., c. 1: 589, a, 2-5. — Cfr. l. VI, c. 18: 571, b, 8 sqq.; l. IX, c. 1, part. 2: 608, b, 19-22; 610, a, 33-35.
5. Q. 78, a. 2.

3   PARALL.: I-II, q. 17, a. 7; *De Verit.*, q. 25, a. 4; I *Ethic.*, lect. 20.

1. Irascibilis enim et concupiscibilis sunt partes sensualitatis. Sed sensualitas non obedit rationi: unde per *serpentem* significatur, ut dicit Augustinus, XII *de Trin*.[1]. Ergo irascibilis et concupiscibilis non obediunt rationi.

2. PRAETEREA, quod obedit alicui, non repugnat ei. Sed irascibilis et concupiscibilis repugnant rationi; secundum illud Apostoli, Rm 7,23: *Video aliam legem in membris meis, repugnantem legi mentis meae*. Ergo irascibilis et concupiscibilis non obediunt rationi.

3. PRAETEREA, sicut rationali parte animae inferior est vis appetitiva, ita etiam et vis sensitiva. Sed sensitiva pars animae non obedit rationi; non enim audimus nec videmus quando volumus. Ergo similiter neque vires sensitivi appetitus, scilicet irascibilis et concupiscibilis, obediunt rationi.

SED CONTRA est quod Damascenus dicit[2], quod *obediens et persuasibile rationi dividitur in concupiscentiam et iram*.

RESPONDEO dicendum quod irascibilis et concupiscibilis obediunt superiori parti, in qua est intellectus sive ratio et voluntas, dupliciter: uno modo quidem, quantum ad rationem; alio vero modo, quantum ad voluntatem. — Rationi quidem obediunt quantum ad ipsos suos actus. Cuius ratio est, quia appetitus sensitivus in aliis quidem animalibus natus est moveri ab aestimativa virtute; sicut ovis aestimans lupum inimicum, timet. Loco autem aestimativae virtutis est in homine, sicut supra[3] dictum est, vis cogitativa; quae dicitur a quibusdam *ratio particularis*, eo quod est collativa intentionum individualium. Unde ab ea natus est moveri in homine appetitus sensitivus. Ipsa autem ratio particularis nata est moveri et dirigi secundum rationem universalem: unde in syllogisticis ex universalibus propositionibus concluduntur conclusiones singulares. Et ideo patet quod ratio universalis imperat appetitui sensitivo, qui distinguitur per concupiscibilem et irascibilem, et hic appetitus ei obedit. — Et quia deducere universalia principia in conclusiones singulares, non est opus simplicis intellectus, sed rationis; ideo irascibilis et concupiscibilis magis dicuntur obedire rationi, quam intellectui. — Hoc etiam quilibet experiri potest in seipso: applicando enim aliquas universales considerationes, mitigatur ira aut timor aut aliquid huiusmodi, vel etiam instigatur.

1. Com efeito, a potência irascível e a concupiscível são partes da sensibilidade. Ora, a sensibilidade não obedece à razão; Por isso é simbolizada pela *serpente*, como diz Agostinho. Logo, essas potências não obedecem à razão.

2. ALÉM DISSO, o que obedece a alguém não se opõe a ele. Ora, a potência irascível e a concupiscível se opõem à razão, como diz o Apóstolo aos Romanos: "Eu vejo em meus membros outra lei que se opõe à do meu espírito". Logo, essas potências não obedecem à razão.

3. ADEMAIS, como a potência apetitiva é inferior à parte racional da alma, o mesmo acontece com a potência sensitiva. Ora, a parte sensitiva da alma não obedece à razão; com efeito, não ouvimos, nem vemos quando queremos. Logo, da mesma maneira não obedecem à razão as potências do apetite sensitivo, a saber, a irascível e a concupiscível.

EM SENTIDO CONTRÁRIO, sustenta Damasceno: "o que obedece à razão e se deixa persuadir por ela se divide em concuspiscência e cólera".

RESPONDO. De duas maneiras a potência irascível e a concupiscível obedecem à parte superior da alma, na qual está o intelecto ou a razão e a vontade, a saber, uma, com respeito à razão e a outra, com respeito à vontade. — Obedecem à razão quanto a seus atos. Eis o motivo disso: o apetite sensitivo nos animais move-se naturalmente pela potência estimativa. Por exemplo, a ovelha, julgando o lobo como seu inimigo, o teme. No lugar da estimativa, há no homem, como já se explicou, a cogitativa, que alguns denominam *razão particular*, porque compara entre si as representações individuais. Por isso, o apetite sensitivo do homem é, por natureza, movido por ela. Mas a mesma razão particular é movida e dirigida pela *razão universal*, e é por isso que, no raciocínio silogístico, extraem-se de proposições universais conclusões particulares. Segue-se evidentemente que a razão universal comanda o apetite sensitivo que se distingue em concupiscível e irascível, e que esse apetite lhe obedece. — Mas a dedução que vai de princípios universais às conclusões particulares não é obra do intelecto como tal, mas da razão. Portanto essas duas potências sensitivas obedecem à razão, em vez de ao intelecto. — Cada um pode fazer experiência disso em si mesmo: pode-se acalmar a cólera, o temor etc., ou também excitá-los, com a ajuda de considerações de ordem universal.

---

1. Cc. 12, 13: ML 42, 1007, 1009.
2. *De Fide Orth*., l. II, c. 12: MG 94, 928 C.
3. Q. 78, a. 4.

Voluntati etiam subiacet appetitus sensitivus, quantum ad executionem, quae fit per vim motivam. In aliis enim animalibus statim ad appetitum concupiscibilis et irascibilis sequitur motus, sicut ovis, timens lupum statim fugit: quia non est in eis aliquis superior appetitus qui repugnet. Sed homo non statim movetur secundum appetitum irascibilis et concupiscibilis; sed expectatur imperium voluntatis, quod est appetitus superior. In omnibus enim potentiis motivis ordinatis, secundum movens non movet nisi virtute primi moventis: unde appetitus inferior non sufficit movere, nisi appetitus superior consentiat. Et hoc est quod Philosophus dicit, in II *de Anima*[4], quod *appetitus superior movet appetitum inferiorem, sicut sphaera superior inferiorem*. — Hoc ergo modo irascibilis et concupiscibilis rationi subduntur.

AD PRIMUM ergo dicendum quod sensualitas significatur per *serpentem*, quantum ad id quod est proprium sibi ex parte sensitivae partis. Irascibilis autem et concupiscibilis magis nominant sensitivum appetitum ex parte actus, ad quem inducuntur ex ratione, ut dictum est[5].

AD SECUNDUM dicendum quod, sicut Philosophus dicit in I *Politicorum*[6], *est quidem in animali contemplari et despoticum principatum, et politicum: anima quidem enim corpori dominatur despotico principatu; intellectus autem appetitui, politico et regali*. Dicitur enim despoticus principatus, quo aliquis principatur servis, qui non habent facultatem in aliquo resistendi imperio praecipientis, quia nihil sui habent. Principatus autem politicus et regalis dicitur, quo aliquis principatur liberis, qui, etsi subdantur regimini praesidentis, tamen habent aliquid proprium, ex quo possunt reniti praecipientis imperio. — Sic igitur anima dicitur dominari corpori despotico principatu: quia corporis membra in nullo resistere possunt imperio animae, sed statim ad appetitum animae movetur manus et pes, et quodlibet membrum quod natum

O apetite sensitivo submete-se à vontade, quanto à execução, que se realiza por meio da potência motora. Nos animais, com efeito, o movimento segue-se imediatamente ao apetite concupiscível e irascível. Assim, por exemplo, a ovelha que tem medo do lobo foge imediatamente, pois não há neles apetite superior que se oponha a isso. Mas o homem não se move logo ao apetite irascível ou concupiscível, mas espera a ordem do apetite superior, a vontade. Com efeito, em todas as potências motoras ordenadas, a segunda não move senão em virtude da primeira; por isso, o apetite inferior não pode mover se o apetite superior não consente nisso. É o que quer dizer o Filósofo, no livro II da *Alma*: "O apetite superior move o inferior, como uma esfera celeste superior move a inferior". — É dessa maneira, portanto, que as potências irascível e concupiscível obedecem à razão[c].

QUANTO AO 1º, portanto, deve-se dizer que a sensibilidade é simbolizada pela *serpente* segundo o que lhe é próprio, enquanto parte sensitiva. Irascível e concupiscível designam antes o apetite sensitivo, enquanto ato, ao qual são levados pela razão, como se disse.

QUANTO AO 2º, deve-se dizer que como diz o Filósofo no livro I da *República*: "É preciso considerar no animal, um poder despótico e um poder político: a alma domina o corpo por um poder despótico, o intelecto domina o apetite por um poder político e régio". O poder despótico é aquele pelo qual alguém comanda os escravos, que não têm a capacidade de resistir à ordem do chefe, pois nada têm de próprio. O poder político e régio, por sua vez, é aquele pelo qual se comanda a homens livres que, embora submetidos à autoridade do chefe, têm entretanto algo próprio que lhes permite resistir às suas ordens. — Da mesma forma se diz que a alma domina o corpo com um poder despótico, pois os membros do corpo não podem de nenhuma forma resistir às suas ordens, mas imediatamente se movem ao desejo da alma, a mão,

---

4. C. 11: 434, a, 12-15.
5. In corp.
6. C. 2: 1254.

---

c. Essa obediência natural dos apetites inferiores à razão deve ser entendida à luz da distinção entre o poder "despótico" que possuem a razão e a vontade sobre os membros do corpo e seu poder "político" em relação às potências afetivas e apetitivas (ver r. 2). Estas, com efeito, possuem "um poder próprio", e entram em ação, naturalmente, impulsionadas pela imaginação e pelos sentidos, impulso que, com bastante frequência, precede o da razão. Santo Tomás considera aqui as coisas apenas do ponto de vista da natureza humana, interpretando a experiência que dela temos. Quando, a propósito do pecado original, referir-se à ruptura da harmonia original entre a carne e o espírito, tratar-se-á de uma mera recaída no que é a natureza do homem: obediência combatida, difícil, mas correspondente a uma harmonia, ao mesmo tempo natural e a adquirir, entre o apetite sensível e o apetite espiritual.

est moveri voluntario motu. Intellectus autem, seu ratio, dicitur principari irascibili et concupiscibili politico principatu: quia appetitus sensibilis habet aliquid proprium, unde potest reniti imperio rationis. Natus est enim moveri appetitus sensitivus, non solum ab aestimativa in aliis animalibus, et cogitativa in homine, quam dirigit universalis ratio; sed etiam ab imaginativa et sensu. Unde experimur irascibilem vel concupiscibilem rationi repugnare, per hoc quod sentimus vel imaginamur aliquod delectabile quod ratio vetat, vel triste quod ratio praecipit. Et sic per hoc quod irascibilis et concupiscibilis in aliquo rationi repugnant, non excluditur quin ei obediant.

AD TERTIUM dicendum quod sensus exteriores indigent ad suos actus exterioribus sensibilibus, quibus immutentur, quorum praesentia non est in potestate rationis. Sed vires interiores, tam appetitivae quam apprehensivae, non indigent exterioribus rebus. Et ideo subduntur imperio rationis, quae potest non solum instigare vel mitigare affectus appetitivae virtutis, sed etiam formare imaginativae virtutis phantasmata.

o pé, e todo e qualquer membro que pode receber naturalmente um impulso da vontade. Mas se diz que o intelecto, ou a razão, comanda o irascível e o concupiscível com um poder político, porque o apetite sensível tem algo próprio que lhe permite resistir à ordem da razão. O apetite sensitivo, de fato, pode ser movido naturalmente não somente pela estimativa nos animais e pela cogitativa no homem que a razão universal dirige, mas ainda pela imaginação e pelos sentidos. Sabemos, por experiência, que o irascível e o concupiscível se opõem à razão, quando sentimos ou imaginamos uma coisa agradável que a razão proíbe, ou uma coisa desagradável que a razão prescreve. Assim, o fato de que essas duas potências se oponham em certos casos à razão, não impede que elas lhe obedeçam.

QUANTO AO 3º, deve-se dizer que os sentidos externos, para agir, têm necessidade de objetos sensíveis externos que os impressionem, e cuja presença não está no poder da razão. Mas as potências internas, tanto apetitivas quanto cognoscitivas, não necessitam de objetos externos. Por isso, são submetidas ao império da razão, que pode não só excitar ou acalmar as afeições do apetite, mas também formar representações na imaginação.

QUAESTIO LXXXII
DE VOLUNTATE

in quinque articulos divisa
Deinde considerandum est de voluntate.
Circa quam quaeruntur quinque.
Primo: utrum voluntas aliquid ex necessitate appetat.
Secundo: utrum omnia ex necessitate appetat.

Tertio: utrum sit eminentior potentia quam intellectus.
Quarto: utrum voluntas moveat intellectum.
Quinto: utrum voluntas distinguatur per irascibilem et concupiscibilem.

QUESTÃO 82
A VONTADE

em cinco artigos
Em seguida, deve-se considerar a vontade.
E a respeito dela são cinco as perguntas:
1. A vontade deseja alguma coisa de maneira necessária?
2. A vontade deseja todas as coisas necessariamente?
3. A vontade é uma potência superior ao intelecto?
4. A vontade move o intelecto?
5. A vontade se distingue em irascível e concupiscível?

Articulus 1
Utrum voluntas aliquid ex necessitate appetat

AD PRIMUM SIC PROCEDITUR. Videtur quod voluntas nihil ex necessitate appetat.
1. Dicit enim Augustinus, in V *de Civ. Dei*[1], quod si aliquid est necessarium, non est voluntarium. Sed omne quod voluntas appetit, est voluntarium. Ergo nihil quod voluntas appetit, est necessario desideratum.
2. PRAETEREA, potestates rationales, secundum Philosophum[2], se habent ad opposita. Sed voluntas est potestas rationalis: quia, ut dicitur in III *de Anima*[3], voluntas in ratione est. Ergo voluntas se habet ad opposita. Ad nihil ergo de necessitate determinatur.

3. PRAETEREA, secundum voluntatem sumus domini nostrorum actuum. Sed eius quod ex necessitate est, non sumus domini. Ergo actus voluntatis non potest de necessitate esse.

SED CONTRA est quod Augustinus dicit, in XIII *de Trin.*[4], quod *beatitudinem omnes una voluntate appetunt*. Si autem non esset necessarium sed contingens, deficeret ad minus in paucioribus. Ergo voluntas ex necessitate aliquid vult.

RESPONDEO dicendum quod necessitas dicitur multipliciter. *Necesse* est enim *quod non potest non esse*. Quod quidem convenit alicui, uno modo ex principio intrinseco: sive materiali, sicut cum dicimus quod omne compositum ex contrariis necesse est corrumpi; sive formali, sicut cum dicimus quod necesse est triangulum habere tres angulos aequales duobus rectis. Et haec est *necessitas naturalis et absoluta*. — Alio modo convenit alicui quod non possit non esse, ex aliquo extrinseco, vel fine vel agente. Fine quidem, sicut cum aliquis non potest sine hoc consequi, aut bene consequi finem aliquem: ut cibus dicitur necessarius ad vitam, et equus ad iter. Et haec vocatur *necessitas finis*; quae interdum etiam *utilitas* dicitur. — Ex agente autem hoc alicui convenit, sicut cum aliquis cogitur ab aliquo agente, ita quod non possit contrarium agere. Et haec vocatur *necessitas coactionis*.

Artigo 1
A vontade deseja alguma coisa de maneira necessária?

QUANTO AO PRIMEIRO ARTIGO, ASSIM SE PROCEDE: parece que a vontade **nada** deseja por necessidade.
1. Com efeito, diz Agostinho que se alguma coisa é necessária não é voluntária. Ora, tudo o que a vontade deseja é voluntário. Logo, nada que a vontade deseje é necessariamente desejado.

2. ALÉM DISSO, segundo o Filósofo, as faculdades racionais se referem a objetos contrários. Ora, a vontade é uma faculdade racional, pois está dito no livro III da *Alma*: "a vontade está na razão". Logo, a vontade se refere a objetos contrários, e em consequência não está determinada necessariamente a nada.

3. ADEMAIS, pela vontade somos senhores de nossos atos. Ora, não somos senhores do que é necessário. Logo, o ato da vontade não pode ser necessário.

EM SENTIDO CONTRÁRIO, "todos, com vontade unânime, desejam a felicidade", diz Agostinho. Ora, se esse desejo não fosse necessário, mas contingente, faltaria ao menos em alguns. Portanto, a vontade quer alguma coisa de maneira necessária.

RESPONDO. Necessidade tem vários sentidos. *Necessário* é o que *não pode não ser*. Mas isso pode convir a alguma coisa primeiramente em razão de um princípio intrínseco, seja ele um princípio material; por exemplo, quando dizemos que todo composto de contrários deve necessariamente corromper-se; seja ele um princípio formal; por exemplo, quando dizemos ser necessário que os três ângulos de um triângulo sejam iguais a dois retos. Esta é a *necessidade natural e absoluta*. — Pode também convir a alguma coisa que não pode não ser, em razão de um princípio extrínseco, causa final ou eficiente. Com relação ao fim, por exemplo, quando alguém não pode atingir seu fim, ou atingi-lo convenientemente sem esse princípio; por exemplo, a alimentação é necessária para a vida, o cavalo é necessário para a viagem. Esta se chama *necessidade de fim*, ou algumas vezes ainda *utilidade*. — Com relação à

---

1 PARALL.: I-II, q. 10, a. 1; II *Sent.*, dist. 25, a. 2; *De Verit.*, q. 22, a. 5; *De Malo*, q. 6.

1. C. 10: ML 41, 152.
2. *Metaph.*, l. IX, c. 2: 1046, b, 4-7.
3. C. 9: 432, b, 3-7.
4. C. 4: ML 42, 1018.

Haec igitur coactionis necessitas omnino repugnat voluntati. Nam hoc dicimus esse violentum, quod est contra inclinationem rei. Ipse autem motus voluntatis est inclinatio quaedam in aliquid. Et ideo sicut dicitur aliquid naturale quia est secundum inclinationem naturae, ita dicitur aliquid voluntarium quia est secundum inclinationem voluntatis. Sicut ergo impossibile est quod aliquid simul sit violentum et naturale; ita impossibile est quod aliquid simpliciter sit coactum sive violentum, et voluntarium.

Necessitas autem finis non repugnat voluntati, quando ad finem non potest perveniri nisi uno modo: sicut ex voluntate transeundi mare, fit necessitas in voluntate ut velit navem.

Similiter etiam nec necessitas naturalis repugnat voluntati. Quinimmo necesse est quod, sicut intellectus ex necessitate inhaeret primis principiis, ita voluntas ex necessitate inhaereat ultimo fini, qui est beatitudo: finis enim se habet in operativis sicut principium in speculativis, ut dicitur in II *Physic*.[5]. Oportet enim quod illud quod naturaliter alicui convenit et immobiliter, sit fundamentum et principium omnium aliorum: quia natura rei est primum in unoquoque, et omnis motus procedit ab aliquo immobili.

AD PRIMUM ergo dicendum quod verbum Augustini est intelligendum de necessario necessitate coactionis. Necessitas autem naturalis *non aufert libertatem voluntatis*, ut ipsemet in eodem libro[6] dicit.

AD SECUNDUM dicendum quod voluntas secundum quod aliquid naturaliter vult, magis respondet intellectui naturalium principiorum, quam rationi, quae ad opposita se habet. Unde secundum hoc, magis est intellectualis quam rationalis potestas.

AD TERTIUM dicendum quod sumus domini nostrorum actuum secundum quod possumus hoc

causa eficiente, alguma coisa convém a alguém, por exemplo, quando alguém é constrangido por um agente de tal sorte que não pode fazer o contrário. É a *necessidade de coação*.

Esta última necessidade repugna inteiramente à vontade, pois chamamos violento o que é contrário à inclinação de uma coisa. Ora, o movimento da vontade é certa inclinação para algo. Em consequência, assim como se chama natural o que é segundo a inclinação da natureza, chama-se voluntário o que é segundo a inclinação da vontade. Assim como é impossível que algo seja ao mesmo tempo violento e natural, é igualmente impossível que algo seja absolutamente coercivo ou violento e ao mesmo tempo voluntário.

Mas a necessidade do fim não repugna à vontade, quando ela não pode atingir esse fim senão por um só meio; por exemplo, quando se tem a vontade de atravessar o mar, é necessário à vontade que queira um navio.

Igualmente a necessidade natural não repugna à vontade. Pelo contrário, é necessário que, assim como o intelecto adere necessariamente aos primeiros princípios, a vontade adira necessariamente ao fim último, que é a bem-aventurança[a], pois o fim está para o agir como o princípio está para o conhecer, conforme se diz no livro II da *Física*. É necessário, com efeito, que o que convém natural e imutavelmente a alguma coisa seja o fundamento e o princípio de todas as outras coisas, pois a natureza da coisa é o primeiro em cada uma, e todo movimento procede de alguma coisa imutável.

QUANTO AO 1º, portanto, deve-se dizer que a expressão de Agostinho deve compreender-se do necessário por necessidade de coação. A necessidade natural *não tira a liberdade da vontade*, como disse ele mesmo na mesma obra.

QUANTO AO 2º, deve-se dizer que a vontade, na medida em que quer alguma coisa naturalmente, corresponde antes ao intelecto dos primeiros princípios do que à razão que se refere a objetos contrários. Sob esse aspecto, é mais uma faculdade intelectual do que racional.

QUANTO AO 3º, deve-se dizer que somos senhores de nossos atos enquanto podemos escolher isso ou

---

5. C. 9: 200, a, 15-34.
6. Loc. cit. in arg.

a. A bem-aventurança é a plena satisfação das tendências do sujeito, a posse assegurada de todo o bem de que ele é capaz. Segundo Sto. Tomás, é impossível querer o que quer que seja, a não ser como elemento ou meio ou mesmo realização da felicidade. Porém, que isto ou aquilo, este bem ou aquele outro, seja percebido e, por conseguinte, querido como constituindo a felicidade, tal coisa não é necessária, supõe um juízo e uma escolha, um juízo que pode ser objetivamente errôneo (de fato, não se encontrará aí a felicidade), e a escolha de certa forma de felicidade, de certa maneira de se ser si mesmo.

vel illud eligere. Electio autem non est de fine, sed *de his quae sunt ad finem*, ut dicitur in III *Ethic.*[7]. Unde appetitus ultimi finis non est de his quorum domini sumus.

Articulus 2
Utrum voluntas ex necessitate omnia velit quaecumque vult

AD SECUNDUM SIC PROCEDITUR. Videtur quod voluntas ex necessitate omnia velit quaecumque vult.

1. Dicit enim Dionysius, 4 *de Div. Nom.*[1], quod *malum est praeter voluntatem*. Ex necessitate ergo voluntas tendit in bonum sibi propositum.

2. PRAETEREA, obiectum voluntatis comparatur ad ipsam sicut movens ad mobile. Sed motus mobilis necessario consequitur ex movente. Ergo videtur quod obiectum voluntatis ex necessitate moveat ipsam.

3. PRAETEREA, sicut apprehensum secundum sensum est obiectum appetitus sensitivi, ita apprehensum secundum intellectum est obiectum intellectivi appetitus, qui dicitur voluntas. Sed apprehensum secundum sensum ex necessitate movet appetitum sensitivum: dicit enim Augustinus, *super Gen. ad litt.*[2], quod *animalia moventur visis*. Ergo videtur quod apprehensum secundum intellectum ex necessitate moveat voluntatem.

SED CONTRA est quod Augustinus dicit[3], quod *voluntas est qua peccatur et recte vivitur*: et sic se habet ad opposita. Non ergo ex necessitate vult quaecumque vult.

RESPONDEO dicendum quod voluntas non ex necessitate vult quaecumque vult. Ad cuius evidentiam, considerandum est quod sicut intellectus naturaliter et ex necessitate inhaeret primis principiis, ita voluntas ultimo fini, ut iam[4] dictum est. Sunt autem quaedam intelligibilia quae non habent necessariam connexionem ad prima principia; sicut contingentes propositiones, ad quarum remotionem non sequitur remotio primorum principorum. Et talibus non ex necessitate assentit intellectus. Quaedam autem propositiones sunt ne-

Artigo 2
A vontade quer necessariamente tudo o que ela quer?

QUANTO AO SEGUNDO, ASSIM SE PROCEDE: parece que a vontade **quer** necessariamente tudo o que ela quer.

1. Com efeito, Dionísio diz que "o mal está fora da vontade". Por necessidade, portanto, a vontade tende para o bem que lhe é proposto.

2. ALÉM DISSO, o objeto da vontade se compara com ela como um motor com o que é movido. Ora, o movimento do que é movido segue necessariamente o impulso do motor. Logo, parece que o objeto da vontade a move necessariamente.

3. ADEMAIS, da mesma forma que o que é apreendido pelos sentidos é objeto do apetite sensitivo, assim também o que é apreendido pelo intelecto é objeto do apetite intelectivo, ou vontade. Ora, o que é apreendido pelos sentidos move necessariamente o apetite sensitivo, pois segundo Agostinho, os "animais são movidos pelo que veem". Logo, parece que o que é apreendido pelo intelecto move necessariamente a vontade.

EM SENTIDO CONTRÁRIO, Agostinho diz que é pela vontade que se peca ou se vive retamente. Dessa forma, ela se refere a objetos contrários. Portanto, a vontade não quer por necessidade tudo o que ela quer.

RESPONDO. A vontade não quer por necessidade tudo o que ela quer. Para prová-lo deve-se considerar que assim como o intelecto adere necessária e naturalmente aos primeiros princípios, assim também a vontade adere ao fim último, como já foi dito. Ora, há alguns inteligíveis que não têm relação necessária com os primeiros princípios; por exemplo, as proposições contingentes cuja negação não implica a negação desses princípios. A tais inteligíveis, o intelecto não dá necessariamente seu assentimento. Algumas proposições são

---

7. Cc. 3, 6: 1111, b, 26-29; 1113, a, 15.

2 PARALL.: I-II, q. 10, a. 2; II *Sent.*, dist. 25, a. 2; *De Verit.*, q. 22, a. 6; *De Malo*, q. 3, a. 3; q. 6; I *Periherm.*, lect. 14.
1. MG 3, 732 C.
2. L. IX, c. 14: ML 34, 402.
3. *Retract.*, l. I, c. 9: ML 32, 596. — Cfr. *De Civ. Dei*, l. V, c. 10: ML 41, 152-153.
4. Art. praec.

cessariae, quae habent connexionem necessariam cum primis principiis; sicut conclusiones demonstrabiles, ad quarum remotionem sequitur remotio primorum principiorum. Et his intellectus ex necessitate assentit, cognita connexione necessaria conclusionum ad principia per demonstrationis deductionem: non autem ex necessitate assentit antequam huiusmodi necessitatem connexionis per demonstrationem cognoscat.

Similiter etiam est ex parte voluntatis. Sunt enim quaedam particularia bona, quae non habent necessariam connexionem ad beatitudinem, quia sine his potest aliquis esse beatus: et huiusmodi bonis voluntas non de necessitate inhaeret. Sunt autem quaedam habentia necessariam connexionem ad beatitudinem, quibus scilicet homo Deo inhaeret, in quo solo vera beatitudo consistit. Sed tamen antequam per certitudinem divinae visionis necessitas huiusmodi connexionis demonstretur, voluntas non ex necessitate Deo inhaeret, nec his quae Dei sunt. Sed voluntas videntis Deum per essentiam, de necessitate inhaeret Deo, sicut nunc ex necessitate volumus esse beati. Patet ergo quod voluntas non ex necessitate vult quaecumque vult.

AD PRIMUM ergo dicendum quod voluntas in nihil potest tendere nisi sub ratione boni. Sed quia bonum est multiplex, propter hoc non ex necessitate determinatur ad unum.

AD SECUNDUM dicendum quod movens tunc ex necessitate causat motum in mobili, quando potestas moventis excedit mobile, ita quod tota eius possibilitas moventi subdatur. Cum autem possibilitas voluntatis sit respectu boni universalis et perfecti, non subiicitur eius possibilitas tota alicui particulari bono. Et ideo non ex necessitate movetur ab illo.

AD TERTIUM dicendum quod vis sensitiva non est vis collativa diversorum, sicut ratio, sed simpliciter aliquid unum apprehendit. Et ideo secundum illud unum determinate movet appetitum sensitivum. Sed ratio est collativa plurium: et ideo ex pluribus moveri potest appetitus intellectivus, scilicet voluntas, et non ex uno ex necessitate.

necessárias, a saber, as que têm conexão necessária com os primeiros princípios; por exemplo, as conclusões demonstráveis cuja negação acarreta também a dos primeiros princípios. A essas, o intelecto dá o assentimento necessariamente, quando conhece a conexão necessária das conclusões com os princípios por meio de uma dedução demonstrativa. Mas não necessariamente dá o assentimento antes de conhecer, por dedução, a necessidade de tal conexão.

O mesmo acontece com a vontade. Há bens particulares que não têm relação necessária com a bem-aventurança, porque se pode ser bem-aventurado sem eles. A tais bens a vontade não adere necessariamente. Mas há outros bens que têm uma relação necessária com a bem-aventurança; são aqueles pelos quais o homem adere a Deus, em quem somente se encontra a verdadeira bem-aventurança. Todavia, antes que a necessidade dessa conexão seja demonstrada pela certeza da visão divina, a vontade não adere necessariamente nem a Deus nem às coisas que são de Deus. Mas a vontade daquele que vê Deus em sua essência adere necessariamente a Deus, da mesma maneira que agora queremos necessariamente ser felizes. É evidente, portanto, que a vontade não quer necessariamente tudo o que ela quer[b].

QUANTO AO 1º, portanto, deve-se dizer que a vontade não pode tender a algum objeto, a não ser sob a razão de bem. Mas como o bem é múltiplo, a vontade não está necessariamente determinada a um só e único.

QUANTO AO 2º, deve-se dizer que o motor causa necessariamente o movimento no que é movido, quando sua força ultrapassa de tal forma o que é movido que toda capacidade deste lhe esteja subordinada. Mas como a capacidade da vontade, se refere ao bem universal e perfeito, não está inteiramente subordinada a um bem particular. Por isso, não é necessariamente movida por ele.

QUANTO AO 3º, deve-se dizer que a potência sensitiva, diferentemente da razão, não é uma potência que reúne diversos objetos, mas apreende absolutamente um só objeto. Por consequência, por esse único objeto move, de maneira determinada, o apetite sensitivo. A razão, porém, reúne vários objetos. E por isso, o apetite intelectivo,

---

b. Toda a teoria do livre-arbítrio se funda sobre essa abertura da vontade à totalidade do bem, que só se realiza de fato em Deus. Nenhum bem particular pode atraí-lo com necessidade. A felicidade absoluta só pode encontrar-se para a criatura espiritual na totalidade do bem, na realização concreta e efetiva do Bem universal. Toda realização limitada deixa uma possibilidade de escolha fora de si.

Articulus 3
Utrum voluntas sit altior potentia quam intellectus

Ad tertium sic proceditur. Videtur quod voluntas sit altior potentia quam intellectus.

1. Bonum enim et finis est obiectum voluntatis. Sed finis est prima et altissima causarum. Ergo voluntas est prima et altissima potentiarum.

2. Praeterea, res naturales inveniuntur procedere de imperfectis ad perfecta. Et hoc etiam in potentiis animae apparet: proceditur enim de sensu ad intellectum, qui est nobilior. Sed naturalis processus est de actu intellectus in actum voluntatis. Ergo voluntas est perfectior et nobilior potentia quam intellectus.

3. Praeterea, habitus sunt proportionati potentiis, sicut perfectiones perfectibilibus. Sed habitus quo perficitur voluntas, scilicet caritas, est nobilior habitibus quibus perficitur intellectus: dicitur enim 1Cor 13,2: *Si noverim mysteria omnia, et si habuero omnem fidem, caritatem autem non habeam, nihil sum.* Ergo voluntas est altior potentia quam intellectus.

Sed contra est quod Philosophus, in X *Ethic.*[1], ponit altissimam potentiam animae esse intellectum.

Respondeo dicendum quod eminentia alicuius ad alterum potest attendi dupliciter: uno modo, *simpliciter*; alio modo, *secundum quid*. Consideratur autem aliquid tale simpliciter, prout est secundum seipsum tale: secundum quid autem, prout dicitur tale secundum respectum ad alterum. — Si ergo intellectus et voluntas considerentur secundum se, sic intellectus eminentior invenitur. Et hoc apparet ex comparatione obiectorum ad invicem. Obiectum enim intellectus est simplicius et magis absolutum quam obiectum voluntatis: nam obiectum intellectus est ipsa ratio boni appetibilis; bonum autem appetibile, cuius ratio est in intellectu, est obiectum voluntatis. Quanto autem aliquid est simplicius et abstractius, tanto secundum se est

isto é, a vontade, pode ser movido por diversos objetos, e não necessariamente por um só.

Artigo 3
A vontade é uma potência superior ao intelecto?

Quanto ao terceiro, assim se procede: parece que a vontade é uma potência superior ao intelecto.

1. Com efeito, o bem e o fim são objetos da vontade. Ora, o fim é a primeira e a mais alta das causas. Logo, a vontade é a primeira e a mais alta das potências.

2. Além disso, as coisas naturais procedem do imperfeito para o perfeito. E isso se nota igualmente nas potências da alma. Assim, procede-se do sentido para o intelecto, que é mais nobre. Ora, há um processo natural do ato do intelecto para o ato voluntário. Logo, a vontade é uma potência mais perfeita e mais nobre que o intelecto.

3. Ademais, os *habitus* são proporcionados às potências, como as perfeições às coisas que são perfectíveis. Ora, o *habitus* que aperfeiçoa a vontade, isto é, a caridade, é mais nobre do que aquele que aperfeiçoa o intelecto. São Paulo diz, com efeito: "Se conhecesse todos os mistérios, se tivesse toda a fé, mas se não possuo caridade, nada sou". Logo, a vontade é uma potência superior ao intelecto.

Em sentido contrário, o Filósofo, afirma, no livro X da *Ética*, que o intelecto é a mais elevada das potências da alma.

Respondo. A superioridade de uma coisa sobre outra pode ser considerada de dois modos: quer *absolutamente*, quer *relativamente*. Uma coisa é tal absolutamente, quando ela é isso em si mesma; e é tal relativamente, quando o é em relação a uma outra. — Portanto, se o intelecto e a vontade são consideradas em si mesmos, então o intelecto é superior. O que fica claro se comparamos os objetos dessas duas potências. O objeto do intelecto é mais simples e absoluto que o da vontade. Com efeito, o objeto do intelecto é a própria razão do bem desejável; e o bem desejável, cuja razão está no intelecto, é objeto da vontade. Ora quanto mais uma coisa é simples e abstrata, tanto mais é, em si mesma, mais nobre e superior. Portanto, o obje-

---

3 Parall.: A. seq., ad 1; II-II, q. 23, a. 6, ad 1; II *Sent.*, dist. 25, a. 2, ad 4; III, dist. 27, q. 1, a. 4; *Cont. Gent.* III, 26; *De Verit.*, q. 22, a. 11; *De Virtut.*, q. 2, a. 3, ad 12, 13.

1. C. 7: 1177, a, 12-17.

nobilius et altius. Et ideo obiectum intellectus est altius quam obiectum voluntatis. Cum ergo propria ratio potentiae sit secundum ordinem ad obiectum, sequitur quod secundum se et simpliciter intellectus sit altior et nobilior voluntate.

Secundum quid autem, et per comparationem ad alterum, voluntas invenitur interdum altior intellectu; ex eo scilicet quod obiectum voluntatis in altiori re invenitur quam obiectum intellectus. Sicut si dicerem auditum esse secundum quid nobiliorem visu, inquantum res aliqua cuius est sonus, nobilior est aliqua re cuius est color, quamvis color sit nobilior et simplicior sono. Ut enim supra[2] dictum est, actio intellectus consistit in hoc quod ratio rei intellectae est in intelligente; actus vero voluntatis perficitur in hoc quod voluntas inclinatur ad ipsam rem prout in se est. Et ideo Philosophus dicit, in VI *Metaphys.*[3], quod *bonum et malum*, quae sunt obiecta voluntatis, *sunt in rebus; verum et falsum*, quae sunt obiecta intellectus, *sunt in mente*. Quando igitur res in qua est bonum, est nobilior ipsa anima, in qua est ratio intellecta; per comparationem ad talem rem, voluntas est altior intellectu. Quando vero res in qua est bonum, est infra animam; tunc etiam per comparationem ad talem rem, intellectus est altior voluntate. Unde melior est amor Dei quam cognitio: e contrario autem melior est cognitio rerum corporalium quam amor. Simpliciter tamen intellectus est nobilior quam voluntas.

AD PRIMUM ergo dicendum quod ratio causae accipitur secundum comparationem unius ad alterum, et in tali comparatione ratio boni principalior invenitur: sed verum dicitur magis absolute, et ipsius boni rationem significat. Unde et bonum quoddam verum est. Sed rursus et ipsum verum est quoddam bonum; secundum quod intellectus res quaedam est, et verum finis ipsius. Et inter alios fines iste finis est excellentior; sicut intellectus inter alias potentias.

to do intelecto é superior ao objeto da vontade. Mas, como a razão própria de uma potência está na relação com o objeto, resulta que o intelecto, em si mesmo e absolutamente, é uma potência superior e mais nobre que a vontade.

Relativamente e por comparação, pode acontecer que a vontade seja superior ao intelecto, a saber, no caso em que o objeto da vontade seja uma coisa superior ao objeto do intelecto. Por exemplo, se eu dissesse que o ouvido, relativamente, é mais nobre que a vista, porque aquilo que produz o som é mais nobre do que aquilo que é colorido, embora a cor seja mais nobre e mais simples que o som. Como foi dito acima, a ação do intelecto consiste em que a razão da coisa conhecida esteja em quem conhece; ao contrário, o ato de vontade se perfaz quando a vontade tende para a coisa tal qual ela é em si mesma. Por isso, o Filósofo diz, no livro VI da *Metafísica*, que o *bem e o mal*, objetos da vontade, *estão nas coisas*, e que *a verdade e a falsidade*, objetos do intelecto, *estão na mente*. Quando, pois, a coisa na qual está o bem é mais nobre que a própria alma em que se encontra a razão dessa coisa, então, relativamente a essa coisa, a vontade é superior ao intelecto. Quando, porém, a coisa na qual está o bem é inferior à alma, então relativamente, também, a essa coisa, o intelecto é superior à vontade. Por isso, é melhor amar a Deus do que conhecê-lo, e inversamente vale mais conhecer as coisas materiais do que amá-las. Contudo, de maneira absoluta, o intelecto é mais nobre que a vontade[c].

QUANTO AO 1º, portanto, deve-se dizer que a razão de causa se toma por comparação de uma coisa a outra. E em tal comparação, é a razão de bem que aparece como principal. Mas a verdade se diz de uma maneira mais absoluta, e exprime a razão do próprio bem. O bem é, com efeito, uma espécie de verdade. Mas, por outro lado, a própria verdade é uma espécie de bem, na medida em que o intelecto tem como seu fim a verdade. E, entre os outros fins, esse é o mais excelente, como é o intelecto entre as outras potências.

---

2. Q. 16, a. 1: q. 27, a. 4.
3. C. 4: 1027, b, 25-29.

c. Poder-se-ia discutir indefinidamente essa comparação entre o pensamento e o amor: que o amor atinja a realidade existente e a inteligência apenas sua inteligibilidade poderia sugerir uma conclusão contrária à de Sto. Tomás. No entanto, isto importa menos do que se afirmou, uma vez que, de qualquer modo, amar aqui embaixo o que tem uma existência espiritual (logo, não apenas Deus, mas outrem, a própria Verdade ou a Beleza) é superior unicamente ao pensar. Além disso, em sentido inverso, quando Deus for visto não por uma ideia, mas por si mesmo, ele será conhecido assim como amado em sua realidade existencial. A teoria do conhecimento de Sto. Tomás não se situa nessa comparação, mas em duas verdades essenciais: 1) a posse do que torna o homem feliz, e que é Deus, realiza-se por meio da inteligência, o amor sendo aquilo que nela se oferece e aquilo que o desfruta; 2) o amor só pode ter por objeto aquilo que a inteligência primeiramente percebeu como um bem.

AD SECUNDUM dicendum quod illud quod est prius generatione et tempore, est imperfectius: quia in uno et eodem potentia tempore praecedit actum, et imperfectio perfectionem. Sed illud quod est prius simpliciter et secundum naturae ordinem, est perfectius: sic enim actus est prior potentia. Et hoc modo intellectus est prior voluntate, sicut motivum mobili, et activum passivo: bonum enim intellectum movet voluntatem.

AD TERTIUM dicendum quod illa ratio procedit de voluntate secundum comparationem ad id quod supra animam est. Virtus enim caritatis est qua Deum amamus.

QUANTO AO 2º, deve-se dizer que o que é anterior na ordem da geração e do tempo é mais imperfeito, porque, em uma só e mesma coisa, a potência é anterior ao ato no tempo, e a imperfeição precede a perfeição. Mas o que é anterior absolutamente e por natureza é mais perfeito: dessa maneira o ato é anterior à potência. E sob esse aspecto o intelecto é anterior à vontade, como aquilo que move é anterior ao que é movido, e o princípio ativo ao princípio passivo. Assim, o bem conhecido move a vontade.

QUANTO AO 3º, deve-se dizer que esse argumento procede da vontade com relação ao que é superior à alma. A virtude da caridade é a virtude pela qual amamos a Deus.

ARTICULUS 4
Utrum voluntas moveat intellectum

AD QUARTUM SIC PROCEDITUR. Videtur quod voluntas non moveat intellectum.
1. Movens enim est nobilius et prius moto: quia movens est agens; *agens* autem *est nobilius patiente*, ut Augustinus dicit XII *super Gen. ad litt.*[1], et Philosophus in III *de Anima*[2]. Sed intellectus est prior et nobilior voluntate, ut supra[3] dictum est. Ergo voluntas non movet intellectum.
2. PRAETEREA, movens non movetur a moto, nisi forte per accidens. Sed intellectus movet voluntatem: quia appetibile apprehensum per intellectum est movens non motum; appetitus autem movens motum. Ergo intellectus non movetur a voluntate.
3. PRAETEREA, nihil velle possumus nisi sit intellectum. Si igitur ad intelligendum movet voluntas volendo intelligere, oportebit quod etiam illud velle praecedat aliud intelligere, et illud intelligere aliud velle, et sic in infinitum: quod est impossibile. Non ergo voluntas movet intellectum.

SED CONTRA est quod Damascenus dicit[4], quod *in nobis est percipere quamcumque volumus artem, et non percipere*. In nobis autem est aliquid per voluntatem; percipimus autem artes per intellectum. Voluntas ergo movet intellectum.

RESPONDEO dicendum quod aliquid dicitur movere dupliciter. Uno modo, per modum finis;

ARTIGO 4
A vontade move o intelecto?

QUANTO AO QUARTO, ASSIM SE PROCEDE: parece que a vontade **não** move o intelecto.
1. Com efeito, o que move é mais nobre e é anterior ao que é movido, porque o que move é o agente, e o *agente é mais nobre que o paciente*, como dizem Agostinho e o Filósofo. Ora, o intelecto é anterior e mais nobre do que a vontade, como acima foi dito. Logo, a vontade não move o intelecto.
2. ALÉM DISSO, o que move não se move pelo que é movido, a não ser talvez acidentalmente. Ora, o intelecto move a vontade, porque o apetecível apreendido pelo intelecto é o que move sem ser movido, e o apetite é o que move sendo movido. Logo, o intelecto não é movido pela vontade.
3. ADEMAIS, nada podemos querer que não seja conhecido. Se portanto, para conhecer, a vontade move querendo conhecer, será preciso que o ato de querer preceda o ato de conhecer, e o ato de conhecer preceda a esse querer, e assim ao infinito. O que é impossível. Logo, a vontade não move o intelecto.

EM SENTIDO CONTRÁRIO, Damasceno diz que "está em nós conhecer ou não conhecer qualquer arte que queiramos". É pela vontade que algo está em nós; mas, é pelo intelecto que conhecemos as artes. Portanto, a vontade move o intelecto.

RESPONDO. De duas maneiras se diz que alguma coisa move. A primeira, à maneira de um fim: é

---

4 PARALL.: I-II, q. 9, a. 1; *Cont. Gent.* II, 26; *De Verit.*, q. 22, a. 12; *De Malo*, q. 6.
1. C. 16: ML 34, 467.
2. C. 5: 430, a, 17-19.
3. A. praec.
4. *De Fide Orth.*, l. II, c. 26: MG 94, 960 B.

sicut dicitur quod finis movet efficientem. Et hoc modo intellectus movet voluntatem: quia bonum intellectum est obiectum voluntatis, et movet ipsam ut finis.

Alio modo dicitur aliquid movere per modum agentis; sicut alterans movet alteratum, et impellens movet impulsum. Et hoc modo voluntas movet intellectum, et omnes animae vires; ut Anselmus* dicit in libro *de Similitudinibus*[5]. Cuius ratio est, quia in omnibus potentiis activis ordinatis, illa potentia quae respicit finem universalem, movet potentias quae respiciunt fines particulares. Et hoc apparet tam in naturalibus quam in politicis. Caelum enim, quod agit ad universalem conservationem generabilium et corruptibilium, movet omnia inferiora corpora, quorum unumquodque agit ad conservationem propriae speciei, vel etiam individui. Rex etiam, qui intendit bonum commune totius regni, movet per suum imperium singulos praepositos civitatum, qui singulis civitatibus curam regiminis impendunt. Obiectum autem voluntatis est bonum et finis in communi. Quaelibet autem potentia comparatur ad aliquod bonum proprium sibi conveniens; sicut visus ad perceptionem coloris, intellectus ad cognitionem veri. Et ideo voluntas per modum agentis movet omnes animae potentias ad suos actus, praeter vires naturales vegetativae partis, quae nostro arbitrio non subduntur.

AD PRIMUM ergo dicendum quod intellectus dupliciter considerari potest: uno modo, secundum quod intellectus est apprehensivus entis et veri universalis; alio modo, secundum quod est quaedam res, et particularis potentia habens determinatum actum. Et similiter voluntas dupliciter considerari potest: uno modo, secundum communitatem sui obiecti, prout scilicet est appetitiva boni communis; alio modo, secundum quod est quaedam determinata animae potentia habens determinatum actum. — Si ergo comparentur intellectus et voluntas secundum rationem communitatis obiectorum utriusque, sic dictum est supra[6] quod intellectus est simpliciter altior et nobilior voluntate. — Si autem consideretur intellectus secundum communitatem sui obiecti, et voluntas secundum quod est quaedam determinata potentia, sic iterum intellectus est altior et prior voluntate: quia sub ratione entis et veri, quam apprehendit

assim que a causa final move a causa eficiente. Dessa maneira, o intelecto move a vontade, pois o bem conhecido é o objeto da vontade, e a move enquanto fim.

A segunda, à maneira de agente: o que altera move o que é alterado; o que impele move o que é impelido. E é assim que a vontade move o intelecto, e todas as potências da alma, como diz Anselmo. E o motivo disso é que na ordenação de todas as potências ativas a potência que tende a um fim universal move as potências que têm por objeto os fins particulares. Isso se verifica tanto na natureza como na vida política. O céu, com efeito, cuja ação conserva a universalidade dos seres capazes de gerar e corromper-se, move todos os corpos inferiores, cada um dos quais age em vista da conservação de sua espécie, ou mesmo do indivíduo. Igualmente o rei, que tem por fim o bem comum de todo o reino, move por suas ordens cada um dos governadores de cidades, que se empenham na administração de cada uma delas, em particular. Ora, o objeto da vontade é o bem e o fim universal. E cada uma das potências se refere a um bem próprio que lhe convém; por exemplo, a vista a perceber a cor, o intelecto a conhecer a verdade. Assim, a vontade, como causa eficiente, move todas as potências da alma a seus atos, com exceção das potências da alma vegetativa, que não são submetidas a nosso querer.

QUANTO AO 1º, portanto, deve-se dizer que pode-se considerar o intelecto de duas maneiras. Primeiro, enquanto apreende o ente e a verdade universal. Segundo, enquanto ele é certa coisa, uma potência particular tendo um ato determinado. A vontade também pode ser considerada de duas maneiras. Primeiro, com relação à universalidade de seu objeto, isto é, enquanto deseja o bem universal. Segundo, enquanto é determinada potência da alma tendo um ato determinado. — Se, portanto, se compara intelecto e vontade sob o aspecto da universalidade de seus objetos, nesse caso o intelecto é, como se disse acima, superior e mais nobre absolutamente do que a vontade. — Mas se se considera o intelecto sob o aspecto da universalidade de seu objeto, e a vontade enquanto é determinada potência, o intelecto é ainda superior e anterior à vontade, porque na razão do ente e da verdade, que o intelecto apreende, está

---

* EADMERUS, † 1124.
5. C. 2: ML 159, 605 C.
6. A. praec.

intellectus, continetur voluntas ipsa, et actus eius, et obiectum ipsius. Unde intellectus intelligit voluntatem, et actum eius, et obiectum ipsius, sicut et alia specialia intellecta, ut lapidem aut lignum, quae continentur sub communi ratione entis et veri. — Si vero consideretur voluntas secundum communem rationem sui obiecti, quod est bonum, intellectus autem secundum quod est quaedam res et potentia specialis; sic sub communi ratione boni continetur, velut quoddam speciale, et intellectus ipse, et ipsum intelligere, et obiectum eius, quod est verum, quorum quodlibet est quoddam speciale bonum. Et secundum hoc voluntas est altior intellectu, et potest ipsum movere.

Ex his ergo apparet ratio quare hae potentiae suis actibus invicem se includunt: quia intellectus intelligit voluntatem velle, et voluntas vult intellectum intelligere. Et simili ratione bonum continetur sub vero, inquantum est quoddam verum intellectum; et verum continetur sub bono, inquantum est quoddam bonum desideratum.

AD SECUNDUM dicendum quod intellectus alio modo movet voluntatem, quam voluntas intellectum, ut iam[7] dictum est.

AD TERTIUM dicendum quod non oportet procedere in infinitum, sed statur in intellectu sicut in primo. Omnem enim voluntatis motum necesse est quod praecedat apprehensio: sed non omnem apprehensionem praecedit motus voluntatis; sed principium consiliandi et intelligendi est aliquod intellectivum principium altius intellectu nostro, quod est Deus, ut etiam Aristoteles dicit in VII *Ethicae Eudemicae*[8]: et per hunc modum ostendit quod non est procedere in infinitum.

contida a própria vontade, seu ato e seu objeto. Por conseguinte, o intelecto conhece a vontade, seu ato, seu objeto, tanto quanto as outras coisas particulares conhecidas, como a pedra ou a madeira, que estão contidos na razão universal do ser e da verdade. — Se, de outro lado, se considera a vontade sob o aspecto da universalidade de seu objeto, que é o bem, e o intelecto como certa coisa, uma potência especial; então, estão contidos na razão universal de bem, à maneira de bens particulares, tanto o intelecto, como seu ato e seu objeto, que é a verdade, pois cada um deles é um bem particular. Nesse caso, a vontade é superior ao intelecto e pode movê-lo.

Por aí, se pode ver por que essas duas potências se implicam mutuamente em seus atos: pois o intelecto conhece que a vontade quer, e a vontade quer que o intelecto conheça. Por igual razão, o bem está incluído na verdade, enquanto é uma verdade conhecida, e a verdade está incluída no bem, enquanto é um bem desejado.

QUANTO AO 2º, deve-se dizer que o intelecto move a vontade de maneira diferente de como a vontade move o intelecto, como já foi dito.

QUANTO AO 3º, deve-se dizer que não há necessidade de se proceder ao infinito, mas basta ficar no intelecto, como ponto de partida. Pois, todo movimento da vontade é precedido pela apreensão, mas nem toda apreensão é precedida pelo movimento da vontade. Entretanto, o princípio do conselho e do conhecimento é um princípio intelectivo superior a nosso intelecto, e que é Deus, como diz também Aristóteles no livro VII da *Ética a Eudemon*. E dessa maneira, prova que não há necessidade de proceder ao infinito.

ARTICULUS 5
Utrum irascibilis et concupiscibilis distingui debeant in appetitu superiori

AD QUINTUM SIC PROCEDITUR. Videtur quod irascibilis et concupiscibilis distingui debeant in appetitu superiori, qui est voluntas.
1. Vis enim concupiscibilis dicitur a concupiscendo; et irascibilis ab irascendo. Sed aliqua concupiscentia est quae non potest pertinere ad appetitum sensitivum, sed solum ad intellectivum, qui est voluntas; sicut concupiscentia sapientiae,

ARTIGO 5
Devem-se distinguir a potência irascível e a concupiscível no apetite superior?

QUANTO AO QUINTO, ASSIM SE PROCEDE: parece que **se devem** distinguir a potência irascível e a concupiscível no apetite superior, que é a vontade.
1. Com efeito, a potência concupiscível tem esse nome pelo ato de concupiscência, e a irascível pelo ato de ira. Ora, há uma concupiscência que não pode pertencer ao apetite sensitivo, mas só ao intelectivo que é a vontade; por exemplo, a

---
7. In corp.
8. C. 14: 1248, a, 24-29.

5   PARALL.: Supra, q. 59, a. 4; III *Sent.*, dist. 17, a. 1, q.la 3; *De Verit.*, q. 25, a. 3; III *de Anima*, lect. 14.

de qua dicitur Sap 6,21: *Concupiscentia sapientiae perducit ad regnum perpetuum*. Est etiam quaedam ira quae non potest pertinere ad appetitum sensitivum, sed intellectivum tantum; sicut cum irascimur contra vitia. Unde et Hieronymus, super Mt 13,33, monet ut *odium vitiorum possideamus in irascibili*. Ergo irascibilis et concupiscibilis distingui debent in appetitu intellectivo, sicut et in sensitivo.

2. Praeterea, secundum quod communiter dicitur, caritas est in concupiscibili, spes autem in irascibili. Non autem possunt esse in appetitu sensitivo: quia non sunt sensibilium obiectorum, sed intelligibilium. Ergo concupiscibilis et irascibilis sunt ponenda in parte intellectiva.

3. Praeterea, in libro de *Spiritu* et *Anima*[1] dicitur quod *has potentias* (scilicet irascibilem et concupiscibilem, et rationalem) *habet anima antequam corpori misceatur*. Sed nulla potentia sensitivae partis est animae tantum, sed coniuncti, ut supra[2] dictum est. Ergo irascibilis et concupiscibilis sunt in voluntate, quae est appetitus intellectivus.

Sed contra est quod Gregorius Nyssenus[3], dicit, quod irrationalis pars animae dividitur in desiderativum et irascitivum; et idem dicit Damascenus, in libro II[4]. Et Philosophus dicit, in III *de Anima*[5] quod *voluntas in ratione est: in irrationali autem parte animae concupiscentia et ira*, vel *desiderium et animus*.

Respondeo dicendum quod irascibilis et concupiscibilis non sunt partes intellectivi appetitus, qui dicitur voluntas. Quia, sicut supra[6] dictum est, potentia quae ordinatur ad aliquod obiectum secundum communem rationem, non diversificatur per differentias speciales sub illa ratione communi contentas. Sicut quia visus respicit visibile secundum rationem colorati, non multiplicantur visivae potentiae secundum diversas species colorum: si autem esset aliqua potentia quae esset albi inquantum est album, et non inquantum est coloratum, diversificaretur a potentia quae esset nigri inquantum est nigrum.

Appetitus autem sensitivus non respicit communem rationem boni: quia nec sensus appre-

concupiscência da sabedoria, da qual diz o livro da Sabedoria: "A concupiscência da sabedoria leva ao reino perpétuo". Há, também, uma ira que não pode pertencer ao apetite sensitivo, mas somente ao intelectivo; por exemplo, a ira contra os vícios. Por isso, Jerônimo adverte que devemos "odiar os vícios no irascível". Logo, a potência irascível e a concupiscível devem ser distinguidas no apetite intelectivo como no sensitivo.

2. Além disso, segundo o ensinamento comum, a caridade está na potência concupiscível, a esperança na irascível. Ora, ambas não podem se encontrar no apetite sensitivo, porque não se referem a objetos sensíveis, mas inteligíveis. Logo, deve-se afirmar a concupiscível e a irascível na parte intelectiva.

3. Ademais, no livro do *Espírito* e da *Alma*, está dito que a alma "possui essas potências", isto é, a irascível, a concupiscível, e a razão, "antes de ser unida ao corpo". Ora nenhuma potência da parte sensitiva pertence à alma unicamente, mas ao composto de alma e de corpo, como foi dito acima. Logo, a irascível e a concupiscível estão na vontade, que é apetite intelectivo.

Em sentido contrário, Gregório de Nissa diz que a parte irracional da alma se divide em concupiscível e irascível; do mesmo modo João Damasceno. E o Filósofo diz, no livro III da *Alma*: "A vontade está na razão; na parte irracional da alma, a concupiscência e a cólera, ou o desejo e o ânimo".

Respondo. Irascível e concupiscível não são partes do apetite intelectivo, que se chama vontade. Pois, conforme já foi dito, uma potência que está ordenada a um objeto considerado sob uma razão universal não se diversifica pelas diferenças especiais contidas sob aquela razão universal. Por exemplo, porque a vista se refere ao que é visível sob a razão de cor, não se multiplicam as potências de ver segundo as diversas espécies de cores. Se houvesse uma potência que tivesse por objeto o branco enquanto branco e não enquanto cor, ela seria diferente da potência que teria por objeto o preto enquanto preto.

Ora, o apetite sensitivo não se refere à razão universal de bem, porque o sentido não apreende

---

1. C. 13: ML 40, 789.
2. Q. 77, a. 5, 8.
3. Nemesius, *De Natura Hom.*, cc. 16, 17; al. l. IV *(De Viribus Animae)*, cc. 8, 9: MG 40, 672 B, 676 B.
4. *De Fide Orth.*, l. II, c. 12: MG 94, 928 C.
5. C. 9: 432, b, 3-7.
6. Q. 59, a. 4; q. 79, a. 7.

hendit universale. Et ideo secundum diversas rationes particularium bonorum, diversificantur partes appetitus sensitivi: nam concupiscibilis respicit propriam rationem boni, inquantum est delectabile secundum sensum, et conveniens naturae; irascibilis autem respicit rationem boni, secundum quod est repulsivum et impugnativum eius quod infert nocumentum. — Sed voluntas respicit bonum sub communi ratione boni. Et ideo non diversificantur in ipsa, quae est appetitus intellectivus, aliquae potentiae appetitivae, ut sit in appetitu intellectivo alia potentia irascibilis, et alia concupiscibilis: sicut etiam ex parte intellectus non multiplicantur vires apprehensivae, licet multiplicentur ex parte sensus.

AD PRIMUM ergo dicendum quod amor, concupiscentia, et huiusmodi, dupliciter accipiuntur. Quandoque quidem secundum quod sunt quaedam passiones, cum quadam scilicet concitatione animi provenientes. Et sic communiter accipiuntur: et hoc modo sunt solum in appetitu sensitivo. — Alio modo significant simplicem affectum, absque passione vel animi concitatione. Et sic sunt actus voluntatis. Et hoc etiam modo attribuuntur angelis et Deo. Sed prout sic accipiuntur, non pertinent ad diversas potentias: sed ad unam tantum potentiam, quae dicitur voluntas.

AD SECUNDUM dicendum quod ipsa voluntas potest dici irascibilis, prout vult impugnare malum, non ex impetu passionis, sed ex iudicio rationis. Et eodem modo potest dici concupiscibilis, propter desiderium boni. Et sic in irascibili et concupiscibili sunt caritas et spes; idest in voluntate secundum quod habet ordinem ad huiusmodi actus.

Sic etiam potest intelligi quod dicitur in libro *de Spiritu et Anima*, quod irascibilis et concupiscibilis sunt animae antequam uniatur corpori (ut tamen intelligatur ordo naturae, et non temporis): licet non sit necessarium verbis illius libri fidem adhibere. Unde patet solutio ad TERTIUM.

o universal. Em consequência, o apetite sensitivo se diversifica segundo as diferentes razões de bens particulares. Assim, a concupiscível se refere à própria razão de bem, enquanto é agradável aos sentidos, e conveniente à natureza. A irascível, por sua vez, se refere à razão de bem, enquanto repele e combate o que é prejudicial. — Mas a vontade se refere ao bem sob a razão universal de bem. Eis por que não há que distinguir nela, que é apetite intelectivo, algumas potências apetitivas, de tal modo que haja no apetite intelectivo uma potência irascível e outra concupiscível, da mesma maneira que não se multiplicam no intelecto várias potências apreensivas, embora estas se multipliquem nos sentidos.

QUANTO AO 1º, portanto, deve-se dizer que o amor, a concupiscência e outros semelhantes são compreendidos de duas maneiras. Algumas vezes como paixões, que acontecem com certa comoção do espírito. É o sentido habitual, e desse modo só se encontram no apetite sensitivo. — Outras vezes, significam um simples estado afetivo, sem paixão ou comoção do espírito. Desse modo, são atos da vontade. Então podem ser atribuídos mesmo aos anjos e a Deus. Mas, nesse sentido, não pertencem a potências diversas, mas a uma só, que é a vontade.

QUANTO AO 2º, deve-se dizer que a vontade pode ser chamada irascível, na medida que quer combater o mal não por um impulso passional, mas por um julgamento de razão. Igualmente, pode ser chamada de concupiscível, enquanto deseja o bem. É assim que a caridade e a esperança estão na concupiscível e na irascível, isto é, na vontade na medida que ela tem relação com tais atos.

É ainda desse modo que se pode interpretar a expressão do livro do *Espírito e da Alma*, a saber, que a irascível e a concupiscível se acham na alma antes de sua união com o corpo (contanto que se entenda na ordem natural e não na ordem temporal). Todavia não é necessário dar crédito a esse livro. Fica assim respondida a TERCEIRA OBJEÇÃO.

QUAESTIO LXXXIII
DE LIBERO ARBITRIO
in quatuor articulos divisa
Deinde quaeritur de libero arbitrio
Et circa hoc quaeruntur quatuor.
Primo: utrum homo sit liberi arbitrii.

QUESTÃO 83
O LIVRE-ARBÍTRIO
em quatro artigos
Em seguida, pergunta-se sobre o livre-arbítrio.
E a esse respeito são quatro as perguntas:
1. O homem é dotado de livre-arbítrio?

Secundo: quid sit liberum arbitrium, utrum sit potentia, vel actus, vel habitus.
Tertio: si est potentia, utrum sit appetitiva, vel cognitiva.
Quarto: si est appetitiva, utrum sit eadem potentia cum voluntate, vel alia.

2. O livre-arbítrio é ato, potência ou *habitus*?
3. Se é potência, é apetitiva ou cognoscitiva?
4. Se é apetitiva, será a mesma potência que a vontade, ou é outra?

Articulus 1
Utrum homo sit liberi arbitrii

AD PRIMUM SIC PROCEDITUR. Videtur quod homo non sit liberi arbitrii.

1. Quicumque enim est liberi arbitrii, facit quod vult. Sed homo non facit quod vult: dicitur enim Rm 7,15: *Non enim quod volo bonum, hoc ago; sed quod odi malum, illud facio.* Ergo homo non est liberi arbitrii.

2. PRAETEREA, quicumque est liberi arbitrii, eius est velle et non velle, operari et non operari. Sed hoc non est hominis: dicitur enim *ad* Rm 9,16: *Non est volentis*, scilicet velle, *neque currentis*, scilicet currere. Ergo homo non est liberi arbitrii.

3. PRAETEREA, *liberum est quod sui causa est,* ut dicitur in I *Metaphys.*[1]. Quod ergo movetur ab alio, non est liberum. Sed Deus movet voluntatem: dicitur enim Pr 21,1: *Cor regis in manu* Dei, *et quocumque voluerit vertet illud*; et Philp 2,13: *Deus est qui operatur in nobis velle et perficere.* Ergo homo non est liberi arbitrii.

4. PRAETEREA, quicumque est liberi arbitrii, est dominus suorum actuum. Sed homo non est dominus suorum actuum: quia, ut dicitur Ier 10,23, *Non est* in homine *via eius, nec viri est ut dirigat gressus suos.* Ergo homo non est liberi arbitrii.

5. PRAETEREA, Philosophus dicit, in III *Ethic.*[2]: *Qualis unusquisque est, talis finis videtur ei.* Sed non est in potestate nostra aliquales esse, sed hoc nobis est a natura. Ergo naturale est nobis quod

Artigo 1
O homem é dotado de livre-arbítrio?[a]

QUANTO AO PRIMEIRO ARTIGO, ASSIM SE PROCEDE: parece que o homem **não é** dotado de livre-arbítrio.

1. Com efeito, aquele que é dotado de livre-arbítrio faz o que quer. Ora, o homem não faz o que quer, segundo a Carta aos Romanos: "Não faço o bem que quero, mas pratico o mal que não quero". Logo, o homem não é dotado de livre-arbítrio.

2. ALÉM DISSO, aquele que é dotado de livre-arbítrio pode querer e não querer, agir e não agir. Ora, isso não cabe ao homem, pois segundo a Carta aos Romanos: "Nem o querer cabe àquele que quer, nem a corrida àquele que corre". Logo, o homem não é dotado de livre-arbítrio.

3. ADEMAIS, "É livre o que é causa de si mesmo", diz o livro I da *Metafísica*. Assim, o que é movido por outro não é livre. Ora, Deus move a vontade. "O coração do rei está na mão de Deus", diz o livro dos Provérbios, "e Deus o dirige para onde quiser". E a Carta aos Filipenses: "É Deus que opera em nós o querer e o agir". Logo, o homem não é dotado de livre-arbítrio.

4. ADEMAIS, todo aquele que é dotado de livre-arbítrio é senhor de seus atos. Ora, o homem não o é, conforme está escrito em Jeremias: "Não está no homem o seu caminho, nem cabe ao homem dirigir seus passos". Logo, o homem não é dotado de livre-arbítrio.

5. ADEMAIS, "Como é cada um, assim lhe parece ser o fim", diz o Filósofo no livro III da *Ética*. Ora, não está em nosso poder ser de tal ou tal maneira; isso nos é dado pela natureza. Portanto,

---

1 PARALL.: Supra, q. 59, a. 3; I-II, q. 13, a. 6; *De Verit.*, q. 24, a. 1, 2; *De Malo*, q. 6.
 1. C. 2: 982, b, 25-28.
 2. C. 7: 1114, a, 31 — b, 1.

a. Voltaremos aqui a encontrar o problema da liberdade do ato voluntário, já envolvida na questão precedente (a. 1 e 2). A retomada de Sto. Tomás a respeito desse tema capital será orientada por um problema bem preciso: há, na origem de nossos atos livres, uma potência distinta da inteligência e da vontade? Não, responderá ele. E acrescentará: a liberdade é uma propriedade do ato voluntário, mas enquanto este se exprime em um juízo que incide sobre a conveniência ou não do objeto do querer. É esse julgamento que é livre, ou seja, determinado unicamente pela vontade. Daí o nome de livre-arbítrio atribuído à faculdade humana da qual brotam os atos livres.

aliquem finem sequamur. Non ergo ex libero arbitrio.

SED CONTRA est quod dicitur Eccli 15,14: *Deus ab initio constituit hominem, et reliquit eum in manu consilii sui.* Glossa[3]: *idest in libertate arbitrii.*

RESPONDEO dicendum quod homo est liberi arbitrii: alioquin frustra essent consilia, exhortationes, praecepta, prohibitiones, praemia et poenae. Ad cuius evidentiam, considerandum est quod quaedam agunt absque iudicio: sicut lapis movetur deorsum; et similiter omnia cognitione carentia. — Quaedam autem agunt iudicio, sed non libero; sicut animalia bruta. Iudicat enim ovis videns lupum, eum esse fugiendum, naturali iudicio, et non libero: quia non ex collatione, sed ex naturali instinctu hoc iudicat. Et simile est de quolibet iudicio brutorum animalium. — Sed homo agit iudicio: quia per vim cognoscitivam iudicat aliquid esse fugiendum vel prosequendum. Sed quia iudicium istud non est ex naturali instinctu in particulari operabili, sed ex collatione quadam rationis; ideo agit libero iudicio, potens in diversa ferri. Ratio enim circa contingentia habet viam ad opposita; ut patet in dialecticis syllogismis, et rhetoricis persuasionibus. Particularia autem operabilia sunt quaedam contingentia: et ideo circa ea iudicium rationis ad diversa se habet, et non est determinatum ad unum. Et pro tanto necesse est quod homo sit liberi arbitrii, ex hoc ipso quod rationalis est.

AD PRIMUM ergo dicendum quod, sicut supra[4] dictum est, appetitus sensitivus, etsi obediat rationi, tamen potest in aliquo repugnare, concupiscendo contra illud quod ratio dictat. Hoc ergo est bonum quod homo non facit cum vult, scilicet *non concupiscere contra rationem,* ut glossa Augustini[5] ibidem dicit.

é natural que sigamos um fim determinado. Logo, não o seguimos por livre-arbítrio.

EM SENTIDO CONTRÁRIO, segundo o Eclesiástico: "Deus criou o homem no começo e o deixou na mão de seu conselho", isto é "de seu livre-arbítrio", diz a Glosa.

RESPONDO. O homem é dotado de livre-arbítrio, do contrário os conselhos, as exortações, os preceitos, as proibições, as recompensas e os castigos seriam vãos. Para demonstrá-lo, deve-se considerar que certas coisas agem sem julgamento. Por exemplo, a pedra que se move para baixo, e igualmente todas as coisas que não têm o conhecimento. — Outras coisas agem com julgamento, mas esse não é livre: como os animais. Por exemplo, a ovelha, vendo o lobo, julga que é preciso fugir: é um julgamento natural, mas não livre, pois não julga por comparação, mas por instinto natural. O mesmo acontece com todos os julgamentos dos animais. — O homem, porém, age com julgamento, porque, por sua potência cognoscitiva julga que se deve fugir de alguma coisa ou procurá-la. Mas como esse julgamento não é o efeito de um instinto natural aplicado a uma ação particular, mas de uma certa comparação da razão, por isso, o homem age com julgamento livre, podendo se orientar para diversos objetos. Com efeito, a respeito do contingente, a razão pode seguir direções opostas, como vemos nos silogismos dialéticos e nos argumentos da retórica. Como as ações particulares são contingentes, o julgamento da razão sobre elas se refere a diversas e não é determinado a uma única. Por conseguinte, é necessário que o homem seja dotado de livre-arbítrio, pelo fato mesmo de ser racional[b].

QUANTO AO 1º, portanto, deve-se dizer que, como já foi dito, embora o apetite sensitivo obedeça à razão, pode entretanto em certos casos lhe resistir, desejando alguma coisa contrária ao que a razão prescreve. É esse o bem que o homem não faz quando quer, a saber, "não desejar contra a razão", segundo o comentário de Agostinho a essa passagem[c].

---

3. Interlin.
4. Q. 81, a. 3, ad 2.
5. Sermo ad Popul. serm. 154 c. 3; ML 38, 834.

b. A distinção entre o julgamento instintivo e o julgamento racional é capital. Em ambos os casos, trata-se do julgamento "prático" último: isto deve ser feito por mim agora. Contudo, o livre-arbítrio é senhor desse julgamento, pelo qual faz do objeto percebido seu próprio bem. É que a inclinação fundamental e constitutiva de sua vontade o conduz necessariamente ao "Bem", à "Felicidade", em toda sua universalidade, sem qualquer determinação. Ela poderá portanto parecer-lhe realizar-se, pelo menos parcial e incoativamente, em qualquer bem particular. Cabe a ele escolher seu bem e sua felicidade. E, sem a concretização de sua tendência universal e em si mesma indeterminada, não existe ato de vontade. No limite, há mesmo recusa de querer, escolha de não-querer. Resulta daí que o ser livre é a própria causa de seu movimento (r. 3), uma vez que ele o é do julgamento último que o desencadeia.

c. A escolha da razão não pode impedir sempre o desejo do apetite sensível, mas sim sua realização.

AD SECUNDUM dicendum quod verbum illud Apostoli non sic est intelligendum quasi homo non velit et non currat libero arbitrio: sed quia liberum arbitrium ad hoc non est sufficiens, nisi moveatur et iuvetur a Deo.

AD TERTIUM dicendum quod liberum arbitrium est causa sui motus: quia homo per liberum arbitrium seipsum movet ad agendum. Non tamen hoc est de necessitate libertatis, quod sit prima causa sui id quod liberum est: sicut nec ad hoc quod aliquid sit causa alterius, requiritur quod sit prima causa eius. Deus igitur est prima causa movens et naturales causas et voluntarias. Et sicut naturalibus causis, movendo eas, non aufert quin actus earum sint naturales; ita movendo causas voluntarias, non aufert quin actiones earum sint voluntariae, sed potius hoc in eis facit: operatur enim in unoquoque secundum eius proprietatem.

AD QUARTUM dicendum quod dicitur *non esse in homine via eius*, quantum ad executiones electionum, in quibus homo impediri potest, velit, nolit. Electiones autem ipsae sunt in nobis: supposito tamen divino auxilio.

AD QUINTUM dicendum quod qualitas hominis est duplex: una naturalis, et alia superveniens. Naturalis autem qualitas accipi potest vel circa partem intellectivam; vel circa corpus et virtutes corpori annexas. Ex eo igitur quod homo est aliqualis qualitate naturali quae attenditur secundum intellectivam partem, naturaliter homo appetit ultimum finem, scilicet beatitudinem. Qui quidem appetitus naturalis est, et non subiacet libero arbitrio, ut ex supradictis[6] patet. — Ex parte vero corporis et virtutum corpori annexarum, potest esse homo aliqualis naturali qualitate, secundum quod est talis complexionis, vel talis dispositionis, ex quacumque impressione corporearum causarum: quae non possunt in intellectivam partem imprimere, eo quod non est alicuius corporis actus. Sic igitur qualis unusquisque est secundum corpoream qualitatem, talis finis videtur ei: quia ex huiusmodi dispositione homo inclinatur ad

QUANTO AO 2º, deve-se dizer que não se deve entender esse texto do Apóstolo no sentido de que o homem não poderia querer ou correr livremente, mas no sentido de que o livre-arbítrio não basta para isso se não for movido e ajudado por Deus.

QUANTO AO 3º, deve-se dizer que o livre-arbítrio é causa de seu movimento. Pelo livre-arbítrio, com efeito, o homem se move a si mesmo para a ação. Não é, entretanto, necessário à liberdade que o que é livre seja a causa primeira de si mesmo; nem, tampouco, é requerido para ser a causa de alguma coisa, ser sua causa primeira. É Deus que é a causa primeira, movendo as causas naturais e as causas voluntárias. Assim como, ao mover as causas naturais, ele não impede que seus atos sejam naturais, ao mover as causas voluntárias não impede que seus atos sejam voluntários. Pelo contrário, é isso que ele faz neles, pois Deus opera em cada um segundo a natureza que lhe é própria[d].

QUANTO AO 4º, deve-se dizer que quando se diz que *não está no homem seu caminho*, isso concerne à execução de suas escolhas, execução que pode ser impedida, quer o homem o queira ou não[e]. As escolhas são nossas, sempre supondo o auxílio de Deus.

QUANTO AO 5º, deve-se dizer que há duas qualidades no homem, uma natural, outra acrescida à natureza. A qualidade natural pode ser considerada quer na parte intelectiva, quer no corpo e nas potências que lhe são anexas. Pelo fato de o homem ser tal pela qualidade natural que se refere à parte intelectiva, o homem deseja naturalmente o fim último, isto é a bem-aventuraça. Ora, esse apetite é natural e não está submetido ao livre-arbítrio, como está claro pelo exposto acima. — Com respeito ao corpo e às suas potências: o homem pode ser tal pela qualidade natural, pela qual é de tal compleição ou de tal disposição, por uma influência qualquer de causas corpóreas. Essas causas, contudo, não podem influir na parte intelectiva, pois esta não é ato de um corpo. Em consequência, como é cada um pela qualidade corpórea, assim lhe parece ser o fim, porque em virtude de tal disposição o homem é inclinado a escolher ou a

---

6. Q. 82, a. 1, 2.

d. Sto. Tomás não resolverá jamais de maneira diferente o problema das relações entre a moção divina e a liberdade: o homem é sim, por sua vontade livre, a causa decisiva de sua própria ação. Entretanto, causa segunda, isto é, dependente da Causa primeira, e dela recebendo o ser, e o ser ela mesma a causa de seu ato. É em outro lugar (na parte I-II) que ele se referirá às deficiências da liberdade no que concerne a um fim sobrenatural e em uma natureza pecadora.

e. Ser impedido de realizar sua escolha, seja por coerção, seja por falta de meios, não é deixar de ser livre. A palavra "livre-arbítrio" indica bem onde se situa, em última instância, a liberdade.

eligendum aliquid vel repudiandum. Sed istae inclinationes subiacent iudicio rationis, cui obedit inferior appetitus, ut dictum est[7]. Unde per hoc libertati arbitrii non praeiudicatur.

Qualitates autem supervenientes sunt sicut habitus et passiones, secundum quae aliquis magis inclinatur in unum quam in alterum. Tamen istae etiam inclinationes subiacent iudicio rationis. Et huiusmodi etiam qualitates ei subiacent, inquantum in nobis est tales qualitates acquirere, vel causaliter vel dispositive, vel a nobis excludere. Et sic nihil est quod libertati arbitrii repugnet.

rejeitar alguma coisa. Mas essas inclinações são submetidas ao julgamento da razão à qual obedece o apetite inferior, como foi dito. Portanto, não fica prejudicada por isso a liberdade de arbítrio.

Quanto às qualidades acrescidas à natureza, são como os *habitus* e as paixões, pelas quais alguém se inclina mais a uma coisa que a outra. Todavia, essas mesmas inclinações estão submetidas ao julgamento da razão. Além disso, essas qualidades estão submetidas à razão, uma vez que está em nosso poder adquiri-las, quer causando-as, quer nos dispondo para elas, ou mesmo rejeitá-las. E desta maneira nada há que repugne à liberdade do arbítrio[f].

Articulus 2
Utrum liberum arbitrium sit potentia

AD SECUNDUM SIC PROCEDITUR. Videtur quod liberum arbitrium non sit potentia.

1. Arbitrium enim liberum nihil est aliud quam *liberum iudicium*. Iudicium autem non nominat potentiam, sed actum. Ergo liberum arbitrium non est potentia.

2. PRAETEREA, liberum arbitrium dicitur esse *facultas voluntatis et rationis*. Facultas autem nominat facilitatem potestatis, quae quidem est per habitum. Ergo liberum arbitrium est habitus. — Bernardus etiam dicit[1] quod liberum arbitrium est *habitus animae liber sui*. Non ergo est potentia.

3. PRAETEREA, nulla potentia naturalis tollitur per peccatum. Sed liberum arbitrium tollitur per peccatum: Augustinus enim dicit[2] quod *homo male utens libero arbitrio, et se perdit et ipsum*. Ergo liberum arbitrium non est potentia.

SED CONTRA est quod nihil est subiectum habitus, ut videtur, nisi potentia. Sed liberum arbitrium est subiectum gratiae; qua sibi assistente, bonum eligit. Ergo liberum arbitrium est potentia.

RESPONDEO dicendum quod, quamvis liberum arbitrium nominet quendam actum secundum propriam significationem vocabuli; secundum

Artigo 2
O livre-arbítrio é uma potência?

QUANTO AO SEGUNDO, ASSIM SE PROCEDE: parece que o livre-arbítrio **não é** uma potência.

1. Com efeito, o livre-arbítrio nada mais é do que um *julgamento livre*. Ora, julgamento não significa potência, mas ato. Logo, o livre-arbítrio não é uma potência.

2. ALÉM DISSO, o livre-arbítrio é chamado *faculdade da vontade e da razão*. Ora, faculdade significa facilidade da potência, que é dada por um *habitus*. Logo, o livre-arbítrio é um *habitus*. — Bernardo diz que o livre-arbítrio é um "*habitus* da alma que é livre em si mesma". Logo, não é uma potência.

3. ADEMAIS, nenhuma potência natural é supressa pelo pecado. Ora, o livre-arbítrio foi por ele supresso. Agostinho diz que "o homem, usando mal do livre-arbítrio, o perdeu e a si mesmo". Logo, o livre-arbítrio não é uma potência.

EM SENTIDO CONTRÁRIO, parece que não há outro sujeito do *habitus* que não seja a potência. Ora, o livre-arbítrio é o sujeito da graça, com a ajuda da qual escolhe o bem. Logo, o livre-arbítrio é uma potência.

RESPONDO. Embora o livre-arbítrio, segundo a significação própria desse termo, designe um ato, entretanto, segundo o modo comum de falar,

---

7. Q. 81, a. 3.

2 PARALL.: II *Sent.*, dist. 24, q. 1, a. 1; *De Verit.*, q. 24, a. 4.

1. *Tract. de Gratia et Lib. Arb.*, cc. 1, 2: ML 182, 1002 C, 1004 A.
2. *Enchir.*, c. 30: ML 40, 246.

f. O homem livre não pode resistir ao apetite da felicidade, mas sim a todos os apetites sensíveis e biológicos. Sto. Tomás, com Aristóteles, vê que esses últimos podem influenciar o julgamento da razão. Não obstante, ele tem o otimismo de pensar que este possui, por natureza, a força de prevalecer. É verdade que não visa aqui ao que lhe traz de fraqueza a ferida do pecado.

tamen communem usum loquendi, liberum arbitrium dicimus id quod est huius actus principium, scilicet quo homo libere iudicat. Principium autem actus in nobis est et potentia et habitus: dicimur enim aliquid cognoscere et per scientiam, et per intellectivam potentiam. Oportet ergo quod liberum arbitrium vel sit potentia, vel sit habitus, vel sit potentia cum aliquo habitu.

Quod autem non sit habitus, neque potentia cum habitu, manifeste apparet ex duobus. Primo quidem, quia si est habitus, oportet quod sit habitus naturalis: hoc enim est naturale homini, quod sit liberi arbitrii. Nullus autem habitus naturalis adest nobis ad ea quae subsunt libero arbitrio: quia ad ea respectu quorum habemus habitus naturales, naturaliter inclinamur, sicut ad assentiendum primis principiis; ea autem ad quae naturaliter inclinamur, non subsunt libero arbitrio, sicut dictum est[3] de appetitu beatitudinis. Unde contra propriam rationem liberi arbitrii est, quod sit habitus naturalis. Contra naturalitatem autem eius est, quod sit habitus non naturalis. Et sic relinquitur quod nullo modo sit habitus. — Secundo hoc apparet, quia habitus dicuntur *secundum quos nos habemus ad passiones vel ad actus bene vel male*, ut dicitur in II *Ethic.*[4]: nam per temperantiam bene nos habemus ad concupiscentias, per intemperantiam autem male; per scientiam etiam bene nos habemus ad actum intellectus, dum verum cognoscimus, per habitum autem contrarium male. Liberum autem arbitrium indifferenter se habet ad bene eligendum vel male. Unde impossibile est quod liberum arbitrium sit habitus. — Relinquitur ergo quod sit potentia.

AD PRIMUM ergo dicendum quod consuetum est potentiam significari nomine actus. Et sic per hunc actum qui est liberum iudicium, nominatur potentia quae est huius actus principium. Alioquin, si liberum arbitrium nominaret actum, non semper maneret in homine.

AD SECUNDUM dicendum quod facultas nominat quandoque potestatem expeditam ad operandum. Et sic facultas ponitur in definitione liberi arbitrii. — Bernardus autem accipit habitum non secundum quod dividitur contra potentiam, sed secundum quod significat habitudinem quandam, qua aliquo modo se aliquis habet ad actum. Quod quidem est tam per potentiam quam per habitum:

designamos livre-arbítrio o princípio desse ato, isto é, o princípio pelo qual o homem julga livremente. Ora, o princípio de nossos atos é a potência e o *habitus*, pois conhecemos seja por meio da ciência, seja pela potência intelectiva. O livre-arbítrio deve ser, portanto, ou uma potência, ou um *habitus*, ou uma potência com um *habitus*.

Que ele não é nem um *habitus*, nem uma potência com *habitus*, é evidente por duas razões. Primeira: se fosse um *habitus*, seria precisamente um *habitus* natural, pois é natural ao homem ser dotado de livre-arbítrio. Ora não temos *habitus* naturais para as coisas que estão submetidas ao livre-arbítrio, porque naturalmente nos inclinamos para as coisas a respeito das quais temos *habitus* naturais; por exemplo, para assentir aos primeiros princípios. Mas as coisas para as quais nos inclinamos naturalmente não estão submetidas ao livre-arbítrio, como foi dito quando se tratou sobre o desejo da felicidade. É, portanto, contrário à razão do livre-arbítrio ser um *habitus* natural. Mas, é contrário à sua naturalidade ser um *habitus* adquirido. E assim resulta que não é de modo algum um *habitus*. — Segunda: o livro II da *Ética* diz que os *habitus* são aquilo "pelo que estamos dispostos bem ou mal com relação às paixões e aos atos". Por exemplo, pela temperança estamos bem em relação à concupiscência; e mal, pela intemperança; pela ciência ainda, estamos bem em relação ao ato do intelecto quando conhecemos a verdade; e mal, pelo *habitus* contrário. Ora, o livre-arbítrio é indiferente a escolher bem ou mal. Não pode, portanto, ser um *habitus*. — Resta que seja uma potência.

QUANTO AO 1º, portanto, deve-se dizer que é costume designar a potência pelo nome do ato. Assim, por esse ato que é o julgamento livre, designa-se a potência que lhe serve de princípio. Se, ao contrário, o livre-arbítrio significasse um ato, não permaneceria sempre no homem.

QUANTO AO 2º, deve-se dizer que faculdade designa às vezes a potência prestes a agir. Nesse sentido empregam-la na definição do livre-arbítrio. — Bernardo toma o *habitus* não enquanto se opõe à potência, mas enquanto significa uma disposição pela qual alguém, de algum modo, se refere ao ato. Isso é dado tanto pela potência como pelo *habitus*. Pela potência, o homem se

---

3. Q. 82, a. 1, 2.
4. C. 4: 1105, b, 25-28.

nam per potentiam homo se habet ut potens operari, per habitum autem ut aptus ad operandum bene vel male.

AD TERTIUM dicendum quod homo peccando liberum arbitrium dicitur perdidisse, non quantum ad libertatem naturalem, quae est a coactione; sed quantum ad libertatem quae est a culpa et a miseria. De qua infra in tractatu Moralium dicetur, in secunda parte huius operis[5].

ARTICULUS 3
Utrum liberum arbitrium sit potentia appetitiva

AD TERTIUM SIC PROCEDITUR. Videtur quod liberum arbitrium non sit potentia appetitiva, sed cognitiva.

1. Dicit enim Damascenus[1] quod *cum rationali confestim comitatur liberum arbitrium*. Sed ratio est potentia cognitiva. Ergo liberum arbitrium est potentia cognitiva.

2. PRAETEREA, liberum arbitrium dicitur quasi *liberum iudicium*. Sed iudicare est actus cognitivae virtutis. Ergo liberum arbitrium est cognitiva potentia.

3. PRAETEREA, ad liberum arbitrium praecipue pertinet electio. Sed electio videtur ad cognitionem pertinere: quia electio importat quandam comparationem unius ad alterum, quod est proprium cognitivae virtutis. Ergo liberum arbitrium est potentia cognitiva.

SED CONTRA est quod Philosophus dicit, in III *Ethic*.[2], quod electio est *desiderium eorum quae sunt in nobis*. Sed desiderium est actus appetitivae virtutis. Ergo et electio. Liberum autem arbitrium est secundum quod eligimus. Ergo liberum arbitrium est virtus appetitiva.

RESPONDEO dicendum quod proprium liberi arbitrii est electio: ex hoc enim liberi arbitrii esse dicimus, quod possumus unum recipere, alio recusato, quod est eligere. Et ideo naturam liberi arbitrii ex electione considerare oportet. Ad electionem autem concurrit aliquid ex parte cognitivae virtutis, et aliquid ex parte appetitivae: ex parte quidem cognitivae, requiritur consilium, per quod diiudicatur quid sit alteri praeferendum; ex parte autem appetitivae, requiritur quod appetendo

acha capaz de agir; pelo *habitus*, apto a agir bem ou mal.

QUANTO AO 3º, deve-se dizer que o homem pecando perdeu o livre-arbítrio, não a liberdade natural, que é de coação, mas a liberdade que é a isenção da culpa e do sofrimento. Disso se falará no tratado de Moral, na segunda parte desta obra.

ARTIGO 3
O livre-arbítrio é uma potência apetitiva?

QUANTO AO TERCEIRO, ASSIM SE PROCEDE: parece que o livre-arbítrio **não é** uma potência apetitiva, mas cognoscitiva.

1. Com efeito, diz Damasceno que o "livre-arbítrio acompanha imediatamente a razão". Ora, a razão é uma potência cognoscitiva. Logo, o livre-arbítrio é uma potência cognoscitiva.

2. ALÉM DISSO, dizer livre-arbítrio é como dizer *julgamento livre*. Ora, julgar é um ato da potência cognoscitiva. Logo, o livre-arbítrio é uma potência cognoscitiva.

3. ADEMAIS, o ato eminente do livre-arbítrio é a escolha. Ora, a escolha parece ser da ordem do conhecimento, pois implica a comparação de uma coisa com outra, o que é próprio da potência cognosctiva. Logo, o livre- arbítrio é uma potência cognoscitiva.

EM SENTIDO CONTRÁRIO, segundo o Filósofo, no livro III da *Ética*, a escolha é o "desejo das coisas que estão em nós". Ora, o desejo é um ato da potência apetitiva. Logo, também a escolha. Mas, é pelo livre-arbítrio que escolhemos. O livre-arbítrio é, portanto, uma potência apetitiva.

RESPONDO. A escolha é o ato próprio do livre-arbítrio. Somos livres, enquanto podemos aceitar uma coisa, rejeitada outra: o que é escolher. Deve-se, portanto, considerar a natureza do livre-arbítrio segundo a escolha. Ora, para a escolha concorre algo da parte da potência cognoscitiva e algo da parte da potência apetitiva. Da parte da cognoscitiva requer-se o conselho pelo qual se julga o que deve ser preferido; da parte da apetitiva requer-se que, ao desejar, aceite o que o

---

5. I-II, q. 85 sqq.; q. 109.

3 PARALL.: I-II, q. 13, a. 1.

1. *De Fide Orth.*, l. II, c. 27: MG 94, 960 B.
2. C. 5: 1113, a, 9-12.

acceptetur id quod per consilium diiudicatur. Et ideo Aristoteles in VI *Ethic*.³ sub dubio derelinquit utrum principalius pertineat electio ad vim appetitivam, vel ad vim cognitivam: dicit enim quod electio *vel est intellectus appetitivus, vel appetitus intellectivus*. Sed in III *Ethic*.⁴ in hoc magis declinat quod sit appetitus intellectivus, nominans electionem *desiderium consiliabile*. Et huius ratio est, quia proprium obiectum electionis est illud quod est ad finem: hoc autem, inquantum huiusmodi, habet rationem boni quod dicitur utile: unde cum bonum, inquantum huiusmodi, sit obiectum appetitus, sequitur quod electio sit principaliter actus appetitivae virtutis. Et sic liberum arbitrium est appetitiva potentia.

AD PRIMUM ergo dicendum quod potentiae appetitivae concomitantur apprehensivas. Et secundum hoc dicit Damascenus quod *cum rationali confestim comitatur liberum arbitrium*.

AD SECUNDUM dicendum quod iudicium est quasi conclusio et determinatio consilii. Determinatur autem consilium, primo quidem per sententiam rationis, et secundo per acceptationem appetitus: unde Philosophus dicit, in III *Ethic*.⁵, quod *ex consiliari iudicantes desideramus secundum consilium*. Et hoc modo ipsa electio dicitur quoddam iudicium, a quo nominatur liberum arbitrium.

AD TERTIUM dicendum quod ista collatio quae importatur in nomine electionis, pertinet ad consilium praecedens, quod est rationis. Appetitus enim, quamvis non sit collativus, tamen inquantum a vi cognitiva conferente movetur, habet quandam collationis similitudinem, dum unum alteri praeoptat.

conselho julga. Por isso, Aristóteles, no livro VI da *Ética*, deixa em dúvida se a escolha pertence à potência apetitiva ou à cognoscitiva. Diz, com efeito, que a escolha é "ou um intelecto que deseja, ou um desejo que julga". Mas, no livro III da *Ética*, inclina-se mais para o segundo sentido, quando denomina a escolha "um desejo que tem relação com o conselho". A razão disso é que a escolha tem por objeto próprio o que conduz ao fim. Ora, o meio, enquanto tal, tem a razão do bem que se chama útil. Por conseguinte, sendo o bem, enquanto tal, objeto do apetite, segue-se que a escolha é sobretudo um ato da potência apetitiva. Assim o livre-arbítrio é uma potência apetitiva^g.

QUANTO AO 1º, portanto, deve-se dizer que as potências apetitivas caminham de par com as apreensivas. Donde a expressão de Damasceno: "O livre-arbítrio acompanha imediatamente a razão".

QUANTO AO 2º, deve-se dizer que o julgamento é por assim dizer a conclusão e a determinação do conselho. Ora, o conselho é determinado primeiramente pelo ditame da razão, e em seguida pela aceitação do apetite. Daí dizer o Filósofo, no livro III da *Ética*: "Tendo os conselheiros julgado, desejamos de acordo com eles". Dessa forma a própria escolha é considerada como um certo julgamento, pelo qual se denomina livre-arbítrio.

QUANTO AO 3º, deve-se dizer que esta comparação que está implicada na escolha faz parte do conselho que a precede e que é um ato da razão. O apetite embora não faça comparação; não obstante, na medida em que é movido por uma potência cognoscitiva que compara, ele apresenta uma semelhança com a comparação, ao preferir uma coisa à outra.

ARTICULUS 4
Utrum liberum arbitrium sit alia potentia a voluntate

AD QUARTUM SIC PROCEDITUR. Videtur quod liberum arbitrium sit alia potentia a voluntate.

ARTIGO 4
O livre-arbítrio é uma potência distinta da vontade?

QUANTO AO QUARTO, ASSIM SE PROCEDE: parece que o livre-arbítrio é uma potência distinta da vontade.

---

3. C. 2: 1139, b, 4-5.
4. C. 5: 1113, a, 9-12.
5. Ibid.

PARALL.: P. III, q. 18, a. 3, 4; II *Sent*., dist. 24, q. 1, a. 3; *De Verit*., q. 24, a. 6.

g. Que meu "julgamento" "prático" (isto é, bom agora para mim) seja tal não provém de uma evidência intelectual, mas de minha vontade. Por outro lado, minha vontade só pode incidir sobre o que é considerado bom agora para mim. Há portanto uma interação entre as causas. Inteligência e vontade são inseparáveis no ato do livre-arbítrio.

1. Dicit enim Damascenus, in libro II¹, quod aliud est *thelesis*, aliud vero *bulesis: thelesis* autem est voluntas; *bulesis* autem videtur arbitrium liberum, quia *bulesis*, secundum ipsum², est voluntas quae est circa aliquid quasi unius per comparationem ad alterum. Ergo videtur quod liberum arbitrium sit alia potentia a voluntate.

2. PRAETEREA, potentiae cognoscuntur per actus. Sed electio, quae est actus liberi arbitrii, est aliud a voluntate, ut dicitur in III *Ethic*.³: quia *voluntas est de fine, electio autem de iis quae sunt ad finem*. Ergo liberum arbitrium est alia potentia a voluntate.

3. PRAETEREA, voluntas est appetitus intellectivus. Sed ex parte intellectus sunt duae potentiae, scilicet agens et possibilis. Ergo etiam ex parte appetitus intellectivi debet esse alia potentia praeter voluntatem. Et haec non videtur esse nisi liberum arbitrium. Ergo liberum arbitrium est alia potentia praeter voluntatem.

SED CONTRA est quod Damascenus dicit, in III libro⁴, quod liberum arbitrium nihil aliud est quam voluntas.

RESPONDEO dicendum quod potentias appetitivas oportet esse proportionatas potentiis apprehensivis, ut supra⁵ dictum est. Sicut autem ex parte apprehensionis intellectivae se habent intellectus et ratio, ita ex parte appetitus intellectivi se habent voluntas et liberum arbitrium, quod nihil aliud est quam vis electiva. Et hoc patet ex habitudine obiectorum et actuum. Nam *intelligere* importat simplicem acceptionem alicuius rei: unde intelligi dicuntur proprie principia, quae sine collatione per seipsa cognoscuntur. *Ratiocinari* autem proprie est devenire ex uno in cognitionem alterius: unde proprie de conclusionibus ratiocinamur, quae ex principiis innotescunt. Similiter ex parte appetitus, *velle* importat simplicem appetitum alicuius rei: unde voluntas dicitur esse de fine, qui propter se appetitur. *Eligere* autem est appetere aliquid propter alterum consequendum: unde proprie est eorum quae sunt ad finem. Sicut autem se habet in cognitivis principium ad conclusionem, cui propter principia assentimus; ita in appetitivis

1. Com efeito, diz Damasceno que uma coisa é a *thelesis*, outra é a *boulesis*. Ora, *thelesis* é a vontade; *boulesis,* porém, parece ser o livre-arbítrio, porque *boulesis,* segundo diz, é a vontade que quer alguma coisa, comparando uma coisa com outra. Logo, parece que o livre-arbítrio é uma potência distinta da vontade.

2. ALÉM DISSO, as potências são conhecidas pelos atos. Ora, a escolha, que é o ato do livre-arbítrio, é algo distinto da vontade, pois, como está no livro III da *Ética*, "a vontade tem por objeto o fim, e a escolha o que conduz ao fim". Logo, o livre-arbítrio é uma potência distinta da vontade.

3. ADEMAIS, a vontade é o apetite intelectivo. Ora, no intelecto há duas potências, a saber, o intelecto agente e o intelecto possível. Portanto, também no apetite intelectivo deve haver uma potência distinta da vontade. E esta só pode ser o livre-arbítrio. Logo, o livre-arbítrio é uma potência distinta da vontade.

EM SENTIDO CONTRÁRIO, Damasceno diz que o livre-arbítrio nada mais é do que a vontade.

RESPONDO. As potências apetitivas devem ser proporcionadas às potências cognoscitivas, como foi dito acima. Assim como o intelecto está para a razão tratando-se da apreensão intelectiva, da mesma forma, tratando-se do apetite intelectivo, a vontade está para o livre-arbítrio, que nada mais é do que a potência de escolha. E isso fica claro pela relação dos objetos e dos atos. Com efeito, *conhecer* implica a aceitação simples de alguma coisa. Por isso se diz que os princípios são conhecidos de modo próprio, uma vez que são conhecidos por si mesmos, sem comparação. *Raciocinar* é propriamente passar de um ao conhecimento do outro; de onde raciocinamos propriamente sobre as conclusões que se tornam claras pelos princípios. De maneira semelhante, da parte do apetite, *querer* implica um simples desejo de alguma coisa; de onde se diz que a vontade tem como objeto o fim, que é desejado por si mesmo. *Escolher*, porém, é desejar alguma coisa por causa de outra que se quer conseguir; por isso se refere propriamente aos meios ordenados ao fimʰ. Assim,

---

1. *De Fide Orth.*, l. II, c. 22: MG 94, 944 BC.
2. Ibid.
3. C. 4: 1111, b, 26-29; S. Th. lect. 5, n. 446.
4. *De Fide Orth.*, l. III, c. 14: MG 94, 1037 C.
5. Q. 64, a. 2. – Cfr. q. 80, a. 2.

h. Será verdade que a vontade só é livre em relação aos meios? Sim, mas sob condição de intitular meios os bens particulares nos quais ela escolherá realizar seu fim geral e universal que é o bem e a felicidade. E ela pode atribuir a esses bens particulares valor de fim.

se habent finis ad ea quae sunt ad finem, quae propter finem appetuntur. Unde manifestum est quod sicut se habet intellectus ad rationem, ita se habet voluntas ad vim electivam, idest ad liberum arbitrium. — Ostensum est autem supra[6] quod eiusdem potentiae est intelligere et ratiocinari, sicut eiusdem virtutis est quiescere et moveri. Unde etiam eiusdem potentiae est velle et eligere. Et propter hoc voluntas et liberum arbitrium non sunt duae potentiae, sed una.

AD PRIMUM ergo dicendum quod *bulesis* distinguitur a *thelesi*, non propter diversitatem potentiarum, sed propter differentiam actuum.

AD SECUNDUM dicendum quod electio et voluntas, idest ipsum velle, sunt diversi actus: sed tamen pertinent ad unam potentiam, sicut etiam intelligere et ratiocinari, ut dictum est[7].

Ad tertium dicendum quod intellectus comparatur ad voluntatem ut movens. Et ideo non oportet in voluntate distinguere agens et possibile.

o que é, na ordem do conhecimento, o princípio em relação à conclusão, a que assentimos por causa dos princípios; isso mesmo é, na ordem do apetite, o fim em relação às coisas que são para o fim, as quais são desejadas em razão do fim. Por isso é claro que assim como o intelecto se refere à razão, assim também se refere a vontade à potência de escolha, isto é, ao livre-arbítrio. — Foi demonstrado acima que é próprio da mesma potência conhecer e raciocinar, como é próprio da mesma potência repousar e mover-se. Também querer e escolher é proprio de uma só e mesma potência. Por isso, a vontade e o livre-arbítrio não são duas potências, mas apenas uma.

QUANTO AO 1º, portanto, deve-se dizer que *boulesis* se distingue de *thelesis* em razão não da diversidade das potências, mas da diferença dos atos.

QUANTO AO 2º, deve-se dizer que escolha e vontade, isto é o próprio querer, são atos diversos. Pertencem, contudo, a uma só e mesma potência, como também conhecer e raciocinar, como foi dito.

QUANTO AO 3º, deve-se dizer que em relação à vontade, o intelecto é aquele que move. Por isso, na vontade não se deve distinguir agente e possível.

---

6. Q. 79, a. 8.
7. In corp.

O PENSAMENTO HUMANO

Esta seção é uma pequena obra-prima de arquitetura espiritual. O pensamento humano se exerce primeiramente no estado terrestre, no qual a alma está unida ao corpo. Contudo, a alma humana deve ter uma vida de pensamento no além: a razão, que estabelece a perpetuidade da alma, pode tentar pressentir seus modos de atividade. De onde as duas divisões principais: como a alma conhece, 1) quando está unida ao corpo? (q. 84-88); 2) quando está separada dele? (q. 89).

É a primeira parte que é preferencialmente tratada, e a elegante clareza da estrutura logo se evidencia. Como a alma conhece o que é inferior, os seres materiais (q. 84-86); o que lhe é interior, seu próprio ser e seus atos (q. 87); o que lhe é superior: Deus e os espíritos puros (q. 88). *Infra, intra, supra:* tal enumeração esgota a amplitude dos conhecimentos acessíveis à inteligência humana em sua vida terrestre. A busca caminha de fora para dentro e, daí, passa ao domínio transcendente. A ordem das questões já é significativa. A origem do pensamento humano não é uma intuição do ser infinito; não é sequer o "eu penso"; mais modestamente, é "o que é a realidade sensível". "Deus não é o que é conhecido primeiramente por nós no estado da vida presente, é a quididade da coisa material, que é o objeto de nossa inteligência, *ut multoties supra dictum est,* conforme se afirmou com bastante frequência." Poder-se-ia acrescentar: "como em toda parte resplandece em todas as páginas" (q. 88, a. 3).

Não é uma coisa banal ver um teólogo tão preocupado com a origem experimental de todos os nosso conhecimentos. Ele sabe que encontrará mais tarde o *lumen fidei* e diversos modos de iluminação sobrenatural. Faz questão, no entanto, de rejeitar todas as formas do iluminismo natural, e mostra-se partidário decidido do realismo aristotélico. O que interessa acima de tudo é o contato da inteligência imaterial com o real sensível, questão fundamental em uma teoria do conhecimento. Ainda que Sto. Tomás não tenha lidado com certas formas apuradas do idealismo ou do empirismo modernos, ele compreendeu bem que era entre esses dois extremos que era preciso encontrar uma terceira posição. Esta não daria, talvez, a impressão de simplicidade que produzem por vezes os sistemas extremos, mas conciliaria da melhor maneira os direitos de cada uma das partes em presença: uma inteligência imaterial, que só pode conhecer sob um modo imaterial; um real sensível, que, sendo de uma ordem diferente da inteligência, e, devido a sua materialidade, resistindo à pressão desta, deve, todavia, de alguma maneira ser apreendido por ela para que haja "conhecimento". É a teoria da abstração segundo Aristóteles a solução profunda do problema. Ela explica bem o encontro entre o espírito e a matéria. Sem dúvida, através de intermediários (sensações, imagens, esquemas). Todavia, por contínuos que se suponham ser, há uma "passagem", e é admitir tal passagem que constitui o realismo.

É evidente que o pensamento de Sto. Tomás se enriqueceria com os estudos modernos sobre a sensação, a imaginação, o pensamento simbólico, o inconsciente e tudo o que a fenomenologia nos ensina sobre o conteúdo da consciência. No entanto, no que ele tem de essencial, representa ainda um poderoso esforço do pensamento humano para se compreender a si mesmo. Manteve o equilíbrio entre uma "exterioridade" ingênua e uma "interioridade" que se separaria do real. Colocou em evidência o fato de que o pensamento humano começa mediante conhecimentos confusos, e que o progresso intelectual consiste em passar da confusão à clareza. Permaneceu, de ponta a ponta, fiel à intuição original do espírito humano como espírito encarnado.

QUAESTIO LXXXIV
QUOMODO ANIMA CONIUNCTA INTELLIGAT CORPORALIA, QUAE SUNT INFRA IPSAM
in octo articulos divisa

Consequenter considerandum est de actibus animae, quantum ad potentias intellectivas et appetitivas: aliae enim animae potentiae non pertinent directe ad considerationem theologi. Actus autem appetitivae partis ad considerationem moralis scientiae pertinent: et ideo in secunda parte huius operis de eis tractabitur, in qua considerandum erit de morali materia. Nunc autem de actibus intellectivae partis agetur.

In consideratione vero actuum, hoc modo procedemus: primo namque considerandum est quomodo intelligit anima corpori coniuncta; secundo, quomodo intelligit a corpore separata.

Prima autem consideratio erit tripartita: primo namque considerabitur quomodo anima intelligit corporalia, quae sunt infra ipsam; secundo, quomodo intelligit seipsam, et ea quae in ipsa sunt; tertio, quomodo intelligit substantias immateriales, quae sunt supra ipsam.

Circa cognitionem vero corporalium, tria consideranda occurrunt: primo quidem, per quid ea cognoscit; secundo, quomodo et quo ordine; tertio, quid in eis cognoscit.

Circa primum quaeruntur octo.

Primo: utrum anima cognoscat corpora per intellectum.
Secundo: utrum intelligat ea per essentiam suam, vel per aliquas species.
Tertio: si per aliquas species, utrum species omnium intelligibilium sint ei naturaliter innatae.
Quarto: utrum effluant in ipsam ab aliquibus formis immaterialibus separatis.
Quinto: utrum anima nostra omnia quae intelligit, videat in rationibus aeternis.
Sexto: utrum cognitionem intelligibilem acquirat a sensu.
Septimo: utrum intellectus possit actu intelligere per species intelligibiles quas penes se habet, non convertendo se ad phantasmata.
Octavo: utrum iudicium intellectus impediatur per impedimentum sensitivarum virtutum.

QUESTÃO 84
COMO A ALMA, UNIDA AO CORPO, CONHECE AS COISAS CORPORAIS QUE LHE SÃO INFERIORES?
em oito artigos

Na sequência devem-se considerar os atos da alma quanto às potências intelectivas e apetitivas. As outras potências da alma não pertencem diretamente à consideração do teólogo. Os atos da parte apetitiva pertencem à consideração da ciência moral. Trataremos deles na segunda parte desta obra, na qual consideraremos a matéria moral. Agora, porém, serão tratados os atos da parte intelectiva.

Em sua consideração procederemos assim: 1. Como a alma unida ao corpo conhece? 2. Como conhece separada do corpo?

A primeira consideração tem três partes: na primeira, será considerado como a alma conhece as coisas corporais que lhe são inferiores. Na segunda, como conhece a si mesma e às coisas que estão em si. Na terceira, como conhece as substâncias imateriais que lhe são superiores.

A respeito do conhecimento das coisas corporais, ocorrem três considerações: 1. Por meio de que a alma conhece essas coisas. 2. Como e em que ordem. 3. O que a alma conhece nessas realidades.

A respeito do primeiro são oito as perguntas:

1. A alma conhece os corpos por meio do intelecto?
2. Conhece-os por sua essência ou por algumas espécies?
3. Se por algumas espécies, lhe são naturalmente inatas as espécies de todos os inteligíveis?
4. Chegam as espécies à alma a partir de algumas formas imateriais separadas?
5. Vê nossa alma todas as coisas que conhece nas razões eternas?
6. Adquire conhecimento inteligível a partir dos sentidos?
7. Pode o intelecto conhecer em ato por meio de espécies inteligíveis que a alma tem em si mesma, não se voltando para as representações imaginárias?
8. O julgamento do intelecto é impedido pelo impedimento das potências sensitivas?

Articulus 1
Utrum anima cognoscat corpora per intellectum

AD PRIMUM SIC PROCEDITUR. Videtur quod anima non cognoscat corpora per intellectum.

1. Dicit enim Augustinus, in II *Soliloq.*[1] quod *corpora intellectu comprehendi non possunt; nec aliquod corporeum nisi sensibus videri potest.* Dicit etiam, XII *super Gen. ad litt.*[2], quod visio intellectualis est eorum quae sunt per essentiam suam in anima. Huius modi autem non sunt corpora. Ergo anima per intellectum corpora cognoscere non potest.

2. PRAETEREA, sicut se habet sensus ad intelligibilia, ita se habet intellectus ad sensibilia. Sed anima per sensum nullo modo potest cognoscere spiritualia, quae sunt intelligibilia. Ergo nullo modo per intellectum potest cognoscere corpora, quae sunt sensibilia.

3. PRAETEREA, intellectus est necessariorum et semper eodem modo se habentium. Sed corpora omnia sunt mobilia, et non eodem modo se habentia. Anima ergo per intellectum corpora cognoscere non potest.

SED CONTRA est quod scientia est in intellectu. Si ergo intellectus non cognoscit corpora, sequitur quod nulla scientia sit de corporibus. Et sic peribit scientia naturalis, quae est de corpore mobili.

RESPONDEO dicendum, ad evidentiam huius quaestionis, quod primi philosophi qui de naturis rerum inquisiverunt, putaverunt nihil esse in mundo praeter corpus. Et quia videbant omnia corpora mobilia esse, et putabant ea in continuo fluxu esse, aestimaverunt quod nulla certitudo de rerum veritate haberi posset a nobis. Quod enim est in continuo fluxu, per certitudinem apprehendi non potest, quia prius labitur quam mente diiudicetur: sicut Heraclitus dixit quod *non est possibile aquam fluvii currentis bis tangere*, ut recitat Philosophus in IV *Metaphys.*[3]

His autem superveniens Plato, ut posset salvare certam cognitionem veritatis a nobis per intellectum haberi, posuit[4] praeter ista corporalia

Artigo 1
A alma conhece os corpos pelo intelecto?

QUANTO AO PRIMEIRO ARTIGO, ASSIM SE PROCEDE: parece que a alma **não** conhece as almas pelo intelecto.

1. Com efeito, Agostinho diz que "os corpos não podem ser compreendidos pelo intelecto, nem alguma coisa corpórea a não ser que seja percebido pelos sentidos". Diz ainda que a visão intelectual é daquelas coisas que por sua essência estão na alma. Ora, estas coisas não são corpos. Logo, a alma não pode conhecer os corpos pelo intelecto.

2. ALÉM DISSO, assim como os sentidos se referem aos inteligíveis, o intelecto se refere aos sensíveis. Ora, a alma, pelos sentidos, não pode de forma alguma conhecer as coisas espirituais, que são inteligíveis. Logo, de nenhum modo pode conhecer pelo intelecto os corpos, que são sensíveis.

3. ADEMAIS, o intelecto tem por objeto o que é necessário e o que existe sempre da mesma maneira. Ora, todos os corpos são mutáveis e existem do mesmo modo. Logo, a alma não pode conhecê-los pelo intelecto.

EM SENTIDO CONTRÁRIO, a ciência está no intelecto. Se, portanto, o intelecto não conhece os corpos, não há ciência alguma dos corpos. E assim desaparece a ciência da natureza que tem por objeto o corpo mutável.

RESPONDO. Para esclarecer esta questão, deve-se dizer que os primeiros filósofos que pesquisaram a natureza das coisas pensavam que não havia no mundo senão corpos. Vendo todos os corpos em movimento, e pensando que estavam em contínuo ir e vir, julgaram que não podia haver nenhuma certeza sobre a verdade das coisas. Não se pode, é verdade, compreender com certeza o que está em contínuo ir e vir, pois isso desaparece antes que seja julgado pelo espírito. Esta era, conforme o Filósofo no livro IV da *Metafísica*, a opinião de Heráclito: "É impossível tocar duas vezes a água do rio que corre".

Depois deles, Platão, para poder salvar a certeza do conhecimento da verdade que temos mediante o intelecto, afirmou, além das coisas

---

1 PARALL.: *De Verit.*, q. 10, a. 4.

 1. C. 4: ML 32, 888.
 2. C. 24: ML 34, 474.
 3. C. 5: 1010, a, 7-15.
 4. *Phaedonis*, c. 409: 100 B — 102 A; *Timaei*, c. 5: 27 C — 29 D; c. 18: 51-52 C.

aliud genus entium a materia et motu separatum, quod nominabat *species* sive *ideas*, per quarum participationem unumquodque istorum singularium et sensibilium dicitur vel homo vel equus vel aliquid huiusmodi. Sic ergo dicebat scientias et definitiones et quidquid ad actum intellectus pertinet, non referri ad ista corpora sensibilia, sed ad illa immaterialia et separata; ut sic anima non intelligat ista corporalia, sed intelligat horum corporalium species separatas.

Sed hoc dupliciter apparet falsum. Primo quidem quia, cum illae species sint immateriales et immobiles, excluderetur a scientiis cognitio motus et materiae (quod est proprium scientiae naturalis), et demonstratio per causas moventes et materiales. — Secundo autem, quia derisibile videtur ut, dum rerum quae nobis manifestae sunt notitiam quaerimus, alia entia in medium afferamus, quae non possunt esse earum substantiae, cum ab eis differant secundum esse: et sic, illis substantiis separatis cognitis, non propter hoc de istis sensibilibus iudicare possemus.

Videtur autem in hoc Plato deviasse a veritate, quia, cum aestimaret omnem cognitionem per modum alicuius similitudinis esse[5], credidit quod forma cogniti ex necessitate sit in cognoscente eo modo quo est in cognito. Consideravit autem quod forma rei intellectae est in intellectu universaliter et immaterialiter et immobiliter: quod ex ipsa operatione intellectus apparet, qui intelligit universaliter et per modum necessitatis cuiusdam; modus enim actionis est secundum modum formae agentis. Et ideo existimavit quod oporteret res intellectas hoc modo in seipsis subsistere, scilicet immaterialiter et immobiliter.

Hoc autem necessarium non est. Quia etiam in ipsis sensibilibus videmus quod forma alio modo est in uno sensibilium quam in altero: puta cum in uno est albedo intensior, in alio remissior, et in uno est albedo cum dulcedine, in alio sine dulcedine. Et per hunc etiam modum forma sensibilis alio modo est in re quae est extra animam, et alio modo in sensu, qui suscipit formas sensibilium absque materia, sicut colorem auri sine auro. Et similiter intellectus species corporum, quae sunt materiales et mobiles, recipit immaterialiter et immobiliter, secundum modum suum: nam receptum est in recipiente per modum recipientis. — Dicendum est

corporais, a existência de outro gênero de entes separado da matéria e do movimento, a que chamava *espécies* ou *ideias*. Cada um dos seres particulares e sensíveis é chamado homem, cavalo etc., por sua participação nessas ideias. Em consequência, segundo Platão, as ciências, as definições, tudo o que pertence à atividade intelectual não se refere aos corpos sensíveis mas às realidades imateriais e separadas. Assim, a alma não conhece esses corpos, mas as ideias separadas desses corpos.

Isso é, no entanto, falso por duas razões: 1. Sendo as ideias imateriais e imutáveis, se excluiria das ciências o conhecimento do movimento e da matéria, conhecimento próprio à ciência da natureza, e a demonstração por meio das causas eficientes e materiais. 2. Parece ridículo que quando procuramos a compreensão das coisas que nos são manifestas, ponhamos como intermediários outros entes, que não podem ser a substância das primeiras, pois delas diferem quanto ao ser. Por conseguinte, conhecidas essas substâncias separadas, não é por isso que podemos julgar as coisas sensíveis.

Parece que neste ponto Platão se afastou da verdade, porque julgando que todo conhecimento se alcança por meio de certas semelhanças, ele acreditou que a forma do que é conhecido estaria necessariamente no sujeito que conhece do mesmo modo que está no que é conhecido. Ora, considerou ele que a forma da coisa conhecida está no intelecto de um modo não só universal, mas também imaterial e imóvel. Isso é manifesto na própria operação do intelecto que conhece de maneira universal, e de uma certa necessidade. Com efeito, o modo da ação corresponde ao modo da forma agente. Em consequência, Platão julgou que as coisas conhecidas deviam subsistir sob esse modo imaterial e imutável.

Mas isso não é necessário. Mesmo nas coisas sensíveis vemos que a forma existe sob um modo diferente em uma ou em outra coisa. Por exemplo, quando a brancura é mais intensa nessa e mais fraca naquela, ou quando a brancura se encontra aqui com o doce e ali sem ele. Assim, a forma sensível existe sob um modo na coisa que é exterior à alma e sob outro nos sentidos que recebem as formas das coisas sensíveis sem a matéria, como a cor do ouro sem o ouro. Igualmente o intelecto recebe as imagens dos corpos materiais e mutáveis sob um modo imaterial e imutável, à sua maneira, pois, o que é recebido está naquele que recebe

---

5. Cfr. Aristot., *de Anima*, l. I, c. 2: 404, b, 16-18.

ergo quod anima per intellectum cognoscit corpora cognitione immateriali, universali et necessaria.

AD PRIMUM ergo dicendum quod verbum Augustini est intelligendum quantum ad ea quibus intellectus cognoscit, non autem quantum ad ea quae cognoscit. Cognoscit enim corpora intelligendo, sed non per corpora, neque per similitudines materiales et corporeas; sed per species immateriales et intelligibiles, quae per sui essentiam in anima esse possunt.

AD SECUNDUM dicendum quod, sicut Augustinus dicit XXII *de Civit. Dei* [6], non est dicendum quod, sicut sensus cognoscit sola corporalia, ita intellectus cognoscit sola spiritualia: quia sequeretur quod Deus et angeli corporalia non cognoscerent. Huius autem diversitatis ratio est, quia inferior virtus non se extendit ad ea quae sunt superioris virtutis; sed virtus superior ea quae sunt inferioris virtutis, excellentiori modo operatur.

AD TERTIUM dicendum quod omnis motus supponit aliquid immobile: cum enim transmutatio fit secundum qualitatem, remanet substantia immobilis; et cum transmutatur forma substantialis, remanet materia immobilis. Rerum etiam mutabilium sunt immobiles habitudines: sicut Socrates etsi non semper sedeat, tamen immobiliter est verum quod, quandocumque sedet, in uno loco manet. Et propter hoc nihil prohibet de rebus mobilibus immobilem scientiam habere.

ARTICULUS 2

Utrum anima per essentiam suam corporalia intelligat

AD SECUNDUM SIC PROCEDITUR. Videtur quod anima per essentiam suam corporalia intelligat.

segundo o modo de quem recebe. — Deve-se dizer, portanto, que a alma conhece os corpos por meio do intelecto, por um conhecimento imaterial, universal e necessário[a].

QUANTO AO 1º, portanto, deve-se dizer que o texto de Agostinho deve ser entendido com respeito àquilo pelo que o intelecto conhece, e não ao que conhece. O intelecto conhece os corpos entendendo-os, não por meio de outros corpos, nem por representações materiais e corpóreas, mas por meio das imagens imateriais e inteligíveis que por sua essência podem estar na alma.

QUANTO AO 2º, deve-se dizer que, segundo Agostinho, não se pode afirmar que o intelecto conhece somente as coisas espirituais da mesma forma que os sentidos conhecem somente as coisas corporais, pois a consequência seria que Deus e os anjos não conheceriam as coisas corporais. A razão dessa diferença está em que uma potência inferior não alcança as coisas que são de uma potência superior, mas uma potência imutável realiza de um modo mais elevado as coisas que são próprias de uma potência inferior.

QUANTO AO 3º, deve-se dizer que todo movimento supõe algo inferior. Quando há mudança qualitativa, a substância permanece imutável; e quando há mudança da forma substancial, a matéria permanece imutável. Mesmo as coisas mutáveis têm maneiras de ser que não mudam; por exemplo, embora Sócrates não esteja sempre sentado, é imutavelmente certo que quando está sentado permanece em um só lugar. Por consequência, nada impede que se tenha uma ciência imutável das coisas mutáveis.

ARTIGO 2

A alma conhece as coisas corporais por sua essência?[b]

QUANTO AO SEGUNDO, ASSIM SE PROCEDE: parece que a alma **conhece** os corpos por sua essência.

---

6. C. 29: ML 41, 800.

2 PARALL.: II *Sent.*, dist. 3, p. 2, q. 2, a. 1; III, dist. 14, a. 1, q.la 2; *Cont. Gent.* II, 98; *De Verit.*, q. 8, a. 8.

a. Que uma *mesma* realidade possa *existir* sob um modo diferente na natureza das coisas e no espírito significa em primeiro lugar que ela existe neste de acordo com sua parecença ou semelhança, e não segundo sua realidade existencial. A "semelhança" impressa no espírito participa do modo de existência do espírito. Contudo, não haveria semelhança entre o que existe na realidade exterior sob o modo do contingente, do particular e do múltiplo, e o que existe no espírito sob o modo do necessário, do universal e do Uno, se a realidade exterior não contivesse, embora não em estado separado, esse universal que o espírito dela extrai e isola.

b. Por intermédio unicamente de sua essência, um ser diferente de Deus só pode conhecer a si mesmo. O espírito só conhecerá os corpos por intermédio de "espécies", ou seja, de semelhanças deles emanadas, e nelas contendo aquilo mesmo que eles têm de cognoscível.

1. Dicit enim Augustinus, X *de Trin.*¹, quod anima *imagines corporum convolvit et rapit factas in semetipsa de semetipsa: dat enim eis formandis quiddam substantiae suae.* Sed per similitudines corporum corpora intelligit. Ergo per essentiam suam, quam dat formandis talibus similitudinibus, et de qua eas format, cognoscit corporalia.

2. PRAETEREA, Philosophus dicit, in III *de Anima* ², quod *anima quodammodo est omnia.* Cum ergo simile simili cognoscatur, videtur quod anima per seipsam corporalia cognoscat.

3. PRAETEREA, anima est superior corporalibus creaturis. Inferiora autem sunt in superioribus eminentiori modo quam in seipsis, ut Dionysius dicit³. Ergo omnes creaturae corporeae nobiliori modo existunt in ipsa substantia animae quam in seipsis. Per suam ergo substantiam potest creaturas corporeas cognoscere.

SED CONTRA est quod Augustinus dicit, IX *de Trin.*⁴, quod *mens corporearum rerum notitias per sensus corporis colligit.* Ipsa autem anima non est cognoscibilis per corporis sensus. Non ergo cognoscit corporea per suam substantiam.

RESPONDEO dicendum quod antiqui philosophi posuerunt quod anima per suam essentiam cognoscit corpora. Hoc enim animis omnium communiter inditum fuit, quod *simile simili cognoscitur.* Existimabant autem quod forma cogniti sit in cognoscente eo modo quo est in re cognita. E contrario tamen Platonici posuerunt. Plato enim, quia perspexit intellectualem animam immaterialem esse et immaterialiter cognoscere⁵, posuit formas rerum cognitarum immaterialiter subsistere. Priores vero Naturales, quia considerabant res cognitas esse corporeas et materiales, posuerunt oportere res cognitas etiam in anima cognoscente materialiter esse. Et ideo, ut animae attribuerent omnium cognitionem, posuerunt eam habere naturam communem cum omnibus. Et quia natura principiatorum ex principiis constituitur, attribuerunt animae naturam principii: ita quod qui dixit principium omnium esse ignem, posuit animam esse de natura ignis; et similiter de aere et aqua. Empedocles autem, qui posuit quatuor

1. Com efeito, Agostinho diz que "a alma recolhe as imagens dos corpos e se apodera delas, formadas em si mesma de si mesma, e assim dá a elas, para que se formem, algo de sua substância". Ora, a alma conhece os corpos por suas semelhanças. Logo, por sua essência, que dá para que se formem tais semelhanças e pela qual as forma, a alma conhece as coisas corporais.

2. ALÉM DISSO, segundo o Filósofo, no livro III da *Alma*, "a alma é de certo modo todas as coisas". Uma vez que o que é semelhante é conhecido por seu semelhante, parece que a alma conhece os corpos por si mesma.

3. ADEMAIS, a alma é superior às criaturas corpóreas. Ora, o que é inferior se encontra no que é superior sob um modo mais perfeito do que em si mesmo, segundo Dionísio. Logo, as criaturas corporais existem na substância da alma de um modo mais nobre do que em si mesmas. Em consequência, a alma pode conhecer as criaturas corporais por meio de sua substância.

EM SENTIDO CONTRÁRIO, diz Agostinho que "a mente tem o conhecimento das coisas corporais pelos sentidos do corpo". A alma, entretanto, não é cognoscível pelos sentidos do corpo. Portanto, não conhece os corpos por sua substância.

RESPONDO. Os antigos filósofos afirmavam que a alma conhece os corpos por sua essência. Era, com efeito, convicção unânime que "o que é semelhante é conhecido por seu semelhante". Julgavam que a forma do que é conhecido está em quem conhece do mesmo modo que na coisa conhecida. Os platônicos afirmavam o contrário. Platão, ao ver que a alma intelectual é imaterial e conhece de modo imaterial, afirmou que as formas das coisas conhecidas subsistiam imaterialmente. Os antigos naturalistas, porém, considerando que as coisas conhecidas eram corpóreas e materiais, afirmaram ser necessário que estivessem também materialmente na alma que conhece. Assim, para atribuir à alma o conhecimento de todas as coisas, afirmaram que ela possuía uma natureza comum a todas as outras. Como a natureza das coisas primeiras é constituída pelos princípios, atribuíram à alma a natureza de princípio; assim, quem disse que o princípio de tudo é o fogo afirmou que a alma era de natureza ígnea; a mesma coisa em

---

1. C. 5: ML 42, 977.
2. C. 8: 431, b, 20-28.
3. *Caelest. Hier.*, c. 12: MG 3, 293 A.
4. C. 3: ML 42, 963.
5. Cfr. *Phaedon.*, c. 27, 28: 79 C — 80 B.

elementa materialia et duo moventia, ex his etiam dixit animam esse constitutam. Et ita, cum res materialiter in anima ponerent, posuerunt omnem cognitionem animae materialem esse, non discernentes inter intellectum et sensum.

Sed haec opinio improbatur. Primo quidem, quia in materiali principio, de quo loquebantur, non existunt principiata nisi in potentia. Non autem cognoscitur aliquid secundum quod est in potentia, sed solum secundum quod est actu, ut patet in IX *Metaphys.*[6]: unde nec ipsa potentia cognoscitur nisi per actum. Sic igitur non sufficeret attribuere animae principiorum naturam ad hoc quod omnia cognosceret, nisi inessent ei naturae et formae singulorum effectuum, puta ossis et carnis et aliorum huiusmodi; ut Aristoteles contra Empedoclem argumentatur in I *de Anima*[7]. — Secundo quia, si oporteret rem cognitam materialiter in cognoscente existere, nulla ratio esset quare res quae materialiter extra animam subsistunt, cognitione carerent: puta, si anima igne cognoscit ignem, et ignis etiam qui est extra animam, ignem cognosceret.

Relinquitur ergo quod oportet materialia cognita in cognoscente existere non materialiter, sed magis immaterialiter. Et huius ratio est, quia actus cognitionis se extendit ad ea quae sunt extra cognoscentem: cognoscimus enim etiam ea quae extra nos sunt. Per materiam autem determinatur forma rei ad aliquid unum. Unde manifestum est quod ratio cognitionis ex opposito se habet ad rationem materialitatis. Et ideo quae non recipiunt formas nisi materialiter, nullo modo sunt cognoscitiva, sicut plantae; ut dicitur in II libro *de Anima*[8]. Quanto autem aliquid immaterialius habet formam rei cognitae, tanto perfectius cognoscit. Unde et intellectus, qui abstrahit speciem non solum a materia, sed etiam a materialibus conditionibus individuantibus, perfectius cognoscit quam sen-

relação ao ar e à água. Empédocles, que afirmava quatro elementos materiais e dois em movimento, dizia também que a alma era constituída por eles. Desse modo, ao afirmarem que coisas estavam materialmente na alma, afirmavam que todo conhecimento da alma era material, não distinguindo entre o intelecto e os sentidos.

Mas essa opinião não se sustenta. Primeiramente, porque as coisas primeiras só existem em potência no princípio material de que eles falavam. Ora, segundo o Filósofo, no livro IX da *Metafísica*, uma coisa não pode ser conhecida enquanto está em potência, mas somente enquanto está em ato. Por isso, a própria potência só é conhecida pelo ato. Não bastaria, portanto, atribuir à alma a natureza dos princípios para que ela conhecesse tudo, a não ser que contivesse as naturezas e as formas de cada um dos efeitos; por exemplo, do osso, da carne etc., como argumentou Aristóteles contra Empédocles no livro I da *Alma*. — Em segundo lugar, se é necessário que a coisa conhecida exista materialmente em quem conhece, não há razão para que as coisas que subsistem materialmente fora da alma sejam privadas de conhecimento. Se, por exemplo, a alma conhece o fogo por meio do fogo, o fogo que está fora da alma pode também conhecer o fogo.

Resta concluir que as coisas materiais devem existir em quem conhece não materialmente, mas antes imaterialmente. A razão disso é que o ato de conhecer se estende às coisas que estão fora de quem conhece, pois conhecemos também as coisas que estão fora de nós. Pela matéria, a forma da coisa é determinada a algo único. Por conseguinte, é claro que a razão do conhecimento se contrapõe à razão da materialidade. As coisas, portanto, que só recebem as formas materialmente, de maneira alguma são cognoscitivas, como as plantas: é o que diz o livro II da *Alma*[c]. Ao contrário, quanto mais imaterialmente uma coisa possui a forma da coisa conhecida, tanto mais perfeitamente conhece. Daí que o intelecto que abstrai a espécie, não só da matéria, mas também

---

6. C. 9: 1051, a, 21-33.
7. C. 5: 409, b, 18 — 410, a, 13.
8. C. 12: 424, a, 28 — b, 3.

c. À grosseira teoria dos primeiros filósofos (a alma conheceria porque feita de todos os elementos do corpo), Sto. Tomás concede que, para conhecer, é preciso possuir em si, por uma espécie de identificação, aquilo mesmo que se conhece. Todavia, sob um modo imaterial. Noção que ele expressa em uma fórmula fulgurante: "A razão do conhecimento se contrapõe à razão da materialidade". E por quê? "Porque a matéria determina a forma que recebe para ser com ela uma só coisa." Ora, no conhecimento, a forma recebida de fora deixa o cognoscente inalterado em si mesmo, e apto a tudo conhecer. Não é portanto pelo que ele tem de material que a recebe. O próprio do espírito é poder ser, pelo conhecimento, o que não é em seu ser próprio.

sus, qui accipit formam rei cognitae sine materia quidem, sed cum materialibus conditionibus. Et inter ipsos sensus, visus est magis cognoscitivus, quia est minus materialis, ut supra[9] dictum est. Et inter ipsos intellectus, tanto quilibet est perfectior, quanto immaterialior.

Ex his ergo patet quod, si aliquis intellectus est qui per essentiam suam cognoscit omnia, oportet quod essentia eius habeat in se immaterialiter omnia; sicut antiqui posuerunt essentiam animae actu componi ex principiis omnium materialium, ut cognosceret omnia. Hoc autem est proprium Dei, ut sua essentia sit immaterialiter comprehensiva omnium, prout effectus virtute praeexistunt in causa. Solus igitur Deus per essentiam suam omnia intelligit; non autem anima humana, neque etiam angelus.

AD PRIMUM ergo dicendum quod Augustinus ibi loquitur de visione imaginaria, quae fit per imagines corporum. Quibus imaginibus formandis dat anima aliquid suae substantiae, sicut subiectum datur ut informetur per aliquam formam. Et sic de seipsa facit huiusmodi imagines: non quod anima vel aliquid animae convertatur, ut sit haec vel illa imago; sed sicut dicitur de corpore fieri aliquid coloratum, prout informatur colore. Et hic sensus apparet ex his quae sequuntur. Dicit enim quod *servat aliquid*, scilicet non formatum tali imagine, *quod libere de specie talium imaginum iudicet*: et hoc dicit esse *mentem* vel *intellectum*. Partem autem quae informatur huiusmodi imaginibus, scilicet imaginativam, dicit esse *communem nobis et bestiis*.

AD SECUNDUM dicendum quod Aristoteles non posuit animam esse actu compositam ex omnibus, sicut antiqui Naturales; sed dixit *quodammodo animam esse omnia*, inquantum est in potentia ad omnia; per sensum quidem ad sensibilia, per intellectum vero ad intelligibilia.

das condições singulares e materiais, conhece mais perfeitamente do que os sentidos, que recebem a forma da coisa conhecida sem matéria, é verdade, mas com as condições materiais[d]. E entre os próprios sentidos, a vista é aquele que conhece melhor, porque é o menos material, como acima foi dito. Também entre os intelectos, um é tanto mais perfeito, quanto mais imaterial.

Portanto, do exposto fica claro que se há um intelecto que por sua essência conhece todas as coisas, essa essência deve contê-las todas em si imaterialmente, como os antigos filósofos afirmavam que a essência da alma é composta em ato dos princípios de todas as coisas materiais, a fim de conhecer todas as coisas. Isso é próprio de Deus, a saber, possuir uma essência que contenha imaterialmente todas as coisas, à maneira de como os efeitos preexistem virtualmente na causa. Portanto, só Deus conhece tudo em sua essência, e não a alma humana, nem o anjo[e].

QUANTO AO 1º, portanto, deve-se dizer que Agostinho fala aqui da visão imaginativa, produzida pelas imagens dos corpos. A alma dá alguma coisa de sua substância para formar essas imagens, à maneira como o sujeito se dá para ser informado por uma forma. Assim, ela constrói essas imagens de si mesma; não que a alma ou uma parte dela seja transformada nesta ou naquela imagem. Mas, como se diz que um corpo se torna algo colorido conforme é informado pela cor. É o sentido que aparece na sequência do texto. Agostinho diz que a alma "conserva alguma coisa", isto é, não formada por tal imagem, "para julgar livremente a espécie dessas imagens", e esta coisa ele a chama de "mente" ou "intelecto". Quanto à parte da alma informada por essas imagens, isto é, a imaginação, Agostinho diz que a temos "em comum com os animais".

QUANTO AO 2º, deve-se dizer que Aristóteles não afirmou, como os antigos naturalistas, que a alma fosse atualmente composta de todas as coisas, mas disse: "A alma é de certa maneira todas as coisas, enquanto está em potência para conhecê-las todas". As coisas sensíveis pelos sentidos, as inteligíveis pelo intelecto.

---

9. Q. 78, a. 3.

d. Semelhante imaterialidade do conhecimento é todavia imperfeita no domínio dos sentidos: as "espécies" sensíveis conservam essas condições da existência material que são a quantidade, a multiplicidade e a particularidade. Elas são em igual medida impotentes para fazer conhecer a essência e mesmo o ser das coisas.

e. Que, a despeito de sua transcendência, a essência divina possa ser representativa da menor particularidade do que existe, isso se deve ao fato de que ela é o princípio universal e imediato não somente da existência dos seres, mas de sua essência. Ser isto ou aquilo não passa de uma maneira finita e limitada de participar da Realidade simples e infinita.

Ad tertium dicendum quod quaelibet creatura habet esse finitum et determinatum. Unde essentia superioris creaturae, etsi habeat quandam similitudinem inferioris creaturae prout communicant in aliquo genere, non tamen complete habet similitudinem illius, quia determinatur ad aliquam speciem, praeter quam est species inferioris creaturae. Sed essentia Dei est perfecta similitudo omnium quantum ad omnia quae in rebus inveniuntur, sicut universale principium omnium.

Quanto ao 3º, deve-se dizer que toda criatura tem ser finita e determinada. Por isso, a essência de uma criatura superior, embora possa ter alguma semelhança com uma criatura inferior, conforme têm em comum o mesmo gênero, entretanto não é absolutamente semelhante a ela, pois possui uma determinação específica que não é a da criatura inferior. Ao contrário, a essência de Deus é a semelhança perfeita de todas as coisas com relação a tudo o que se pode encontrar nas coisas, como princípio universal de todas as coisas.

Articulus 3
Utrum anima intelligat omnia per species sibi naturaliter inditas

Ad tertium sic proceditur. Videtur quod anima intelligat omnia per species sibi naturaliter inditas.

1. Dicit enim Gregorius, in Homilia Ascensionis[1] quod *homo habet commune cum angelis intelligere*. Sed angeli intelligunt omnia per formas naturaliter inditas: unde in libro *de Causis*[2] dicitur quod *omnis intelligentia est plena formis*. Ergo et anima habet species rerum naturaliter inditas, quibus corporalia intelligit.

2. Praeterea, anima intellectiva est nobilior quam materia prima corporalis. Sed materia prima est creata a Deo sub formis ad quas est in potentia. Ergo multo magis anima intellectiva est creata a Deo sub speciebus intelligibilibus. Et sic anima intelligit corporalia per species sibi naturaliter inditas.

3. Praeterea, nullus potest verum respondere nisi de eo quod scit. Sed aliquis etiam idiota, non habens scientiam acquisitam, respondet verum de singulis, si tamen ordinate interrogetur, ut narratur in *Menone*[3] Platonis de quodam. Ergo antequam aliquis acquirat scientiam, habet rerum cognitionem. Quod non esset nisi anima haberet species naturaliter inditas. Intelligit igitur anima res corporeas per species naturaliter inditas.

Artigo 3
A alma conhece todas as coisas[f] por meio de espécies naturalmente inatas?

Quanto ao terceiro, assim se procede: parece que a alma **conhece** todas as coisas por meio de espécies naturalmente inatas.

1. Com efeito, diz Gregório: "O homem tem em comum com os anjos o conhecer". Ora, os anjos conhecem tudo por formas naturalmente inatas; daí no livro *De Causis* se dizer que "toda inteligência está cheia de formas". Logo, a alma também tem naturalmente inatas as espécies das coisas, pelas quais conhece as coisas corporais.

2. Além disso, a alma intelectiva é mais nobre que a matéria primeira corporal. Ora, a matéria primeira é criada por Deus com as formas para as quais está em potência. Logo, com mais razão, a alma intelectiva é criada por Deus com as espécies inteligíveis. Desse modo, a alma conhece as coisas corporais por meio de espécies naturalmente inatas.

3. Ademais, ninguém pode dar uma resposta verdadeira a não ser sobre aquilo que sabe. Ora, um homem qualquer, que não tenha estudos, dá respostas justas sobre coisas concretas, contanto que o interroguem adequadamente, como está contado no *Mênon* de Platão. Antes, pois, que um homem adquira ciência, ele tem conhecimento das coisas. Isso seria impossível se a alma não tivesse espécies naturalmente inatas. Portanto, é pelas espécies naturalmente inatas que a alma conhece as coisas corpóreas.

---

3 Parall.: *Cont. Gent.* II, 83; *De Verit.*, q. 10, a. 6; q. 11, a. 1; q. 18, a. 7; q. 19, a. 1; Q. *de Anima*, a. 15.

1. Homil. 29 in *Evang.*: ML 76, 1214 B.
2. Prop. X, § *Omnis intelligentia*.
3. *Menon.*, c. 15 sqq.: 81 C sqq.

---

f. Sto. Tomás concebe os espíritos angélicos como recebendo com sua essência as espécies ou ideias representativas de todas as coisas. O espírito humano, pelo contrário, é, por natureza, pura potência em relação às "espécies" que advirão das coisas. Conhecimento algum é dado de antemão ao homem com sua alma. Ele buscará tudo no Universo sensível, ao qual ele pertence mediante seu ser corporal.

SED CONTRA est quod Philosophus dicit, in III *de Anima*[4], de intellectu loquens, quod est *sicut tabula in qua nihil est scriptum*.

RESPONDEO dicendum quod, cum forma sit principium actionis, oportet ut eo modo se habeat aliquid ad formam quae est actionis principium, quo se habet ad actionem illam: sicut si moveri sursum est ex levitate, oportet quod in potentia tantum sursum fertur, esse leve solum in potentia, quod autem actu sursum fertur, esse leve in actu. Videmus autem quod homo est quandoque cognoscens in potentia tantum, tam secundum sensum quam secundum intellectum. Et de tali potentia in actum reducitur, ut sentiat quidem, per actiones sensibilium in sensum; ut intelligat autem, per disciplinam aut inventionem. Unde oportet dicere quod anima cognoscitiva sit in potentia tam ad similitudines quae sunt principia sentiendi, quam ad similitudines quae sunt principia intelligendi. Et propter hoc Aristoteles posuit[5] quod intellectus, quo anima intelligit, non habet aliquas species naturaliter inditas, sed est in principio in potentia ad huiusmodi species omnes.

Sed quia id quod habet actu formam, interdum non potest agere secundum formam propter aliquod impedimentum, sicut leve si impediatur sursum ferri; propter hoc Plato posuit[6] quod intellectus hominis naturaliter est plenus omnibus speciebus intelligibilibus, sed per unionem corporis impeditur ne possit in actum exire.

Sed hoc non videtur convenienter dictum. Primo quidem quia, si habet anima naturalem notitiam omnium, non videtur esse possibile quod huius naturalis notitiae tantam oblivionem capiat, quod nesciat se huiusmodi scientiam habere: nullus enim homo obliviscitur ea quae naturaliter cognoscit, sicut quod omne totum sit maius sua parte, et alia huiusmodi. Praecipue autem hoc videtur inconveniens, si ponatur esse animae naturale corpori uniri, ut supra[7] habitum est: inconveniens enim est quod naturalis operatio alicuius rei totaliter impediatur per id quod est sibi secundum naturam. — Secundo, manifeste apparet huius positionis falsitas ex hoc quod, deficiente aliquo sensu, deficit scientia eorum, quae apprehenduntur secundum illum sensum; sicut caecus natus nullam potest habere notitiam de coloribus. Quod non

EM SENTIDO CONTRÁRIO, o Filósofo, falando do intelecto, diz no livro III da *Alma* que "ele é como uma tábua em que nada está escrito".

RESPONDO. Sendo a forma o princípio da ação, uma coisa deve ter a mesma relação com a forma que é o princípio de ação e com a ação. Por exemplo, se o movimento para o alto depende da leveza, é preciso que a coisa que só está em potência para se elevar seja leve apenas em potência, e aquela que está em ato de elevar-se seja leve em ato. Ora, vemos que às vezes o homem está apenas em potência para conhecer, tanto pelos sentidos como pelo intelecto, e que dessa potência passa ao ato, para sentir pela ação das qualidades sensíveis sobre o sentido, ou para conhecer pelo ensino e pela descoberta. Deve-se, pois, dizer que a alma está em potência para conhecer tanto com relação às semelhanças que são princípios da sensação, quanto às semelhanças que são princípios do conhecimento. Por isso, Aristóteles afirmou que o intelecto pelo qual a alma conhece não tem espécies naturalmente inatas, mas na origem está em potência para todas as espécies.

Acontece, contudo, que o que possui a forma em ato às vezes não pode agir segundo essa forma por causa de um impedimento. Por exemplo, se o corpo leve está impedido de elevar-se para o alto. Por essa razão, Platão afirmou que o intelecto humano está naturalmente cheio de todas as espécies inteligíveis, mas que a união com o corpo o impedia de poder passar ao ato.

Essa opinião, porém, não parece aceitável. Primeiro, porque se a alma tem um conhecimento natural de todas as coisas, não parece possível que chegasse a esquecer esse conhecimento a ponto de ignorar que tenha tal ciência. Ninguém esquece o que conhece naturalmente; por exemplo, que o todo é maior que a parte, e coisas do mesmo gênero. Isso parece ainda menos aceitável se se afirma que a união da alma com o corpo é natural, como já se tratou. Não é aceitável, com efeito, que a operação natural de uma coisa seja totalmente impedida por aquilo que lhe é natural. — Segundo, a falsidade dessa opinião aparece claramente, porque quando falta algum sentido, falta também o conhecimento das coisas que são apreendidas por aquele sentido. Assim, um cego de nascença não pode ter nenhuma notícia das

---

4. C. 4: 429, b, 29 — 430, a, 2.
5. Ibid.
6. *Phaedon.*, c. 18 sqq.: 72 E sqq.; *Menon.*, loc. cit.; *Phaedr.*, c. 30: 249 D — 250 C.
7. Q. 76, a. 1.

esset, si animae essent naturaliter inditae omnium intelligibilium rationes. — Et ideo dicendum est quod anima non cognoscit corporalia per species naturaliter inditas.

AD PRIMUM ergo dicendum quod homo quidem convenit cum angelis in intelligendo, deficit tamen ab eminentia intellectus eorum: sicut et corpora inferiora, quae tantum existunt secundum Gregorium[8], deficiunt ab existentia superiorum corporum. Nam materia inferiorum corporum non est completa totaliter per formam, sed est in potentia ad formas quas non habet: materia autem caelestium corporum est totaliter completa per formam, ita quod non est in potentia ad aliam formam, ut supra[9] habitum est. Et similiter intellectus angeli est perfectus per species intelligibiles secundum suam naturam: intellectus autem humanus est in potentia ad huiusmodi species.

AD SECUNDUM dicendum quod materia prima habet esse substantiale per formam, et ideo oportuit quod crearetur sub aliqua forma: alioquin non esset in actu. Sub una tamen forma existens, est in potentia ad alias. Intellectus autem non habet esse substantiale per speciem intelligibilem; et ideo non est simile.

AD TERTIUM dicendum quod ordinata interrogatio procedit ex principiis communibus per se notis, ad propria. Per talem autem processum scientia causatur in anima addiscentis. Unde cum verum respondet de his de quibus secundo interrogatur, hoc non est quia prius ea noverit; sed quia tunc ea de novo addiscit. Nihil enim refert utrum ille qui docet, proponendo vel interrogando procedat de principiis communibus ad conclusiones: utrobique enim animus audientis certificatur de posterioribus per priora.

cores, o que não aconteceria se a alma tivesse naturalmente inatas as razões de todos os inteligíveis. — É preciso dizer, portanto, que a alma não conhece as coisas corporais por meio de espécies naturalmente inatas.

QUANTO AO 1º, portanto, deve-se dizer que o homem tem em comum com os anjos o conhecer. Não atinge, entretanto, o grau de excelência do intelecto deles, como os corpos inferiores, que apenas existem, não atingem, segundo Gregório, o grau de existência dos corpos superiores. Com efeito, a matéria dos corpos inferiores não está totalmente completa pela forma, mas está em potência para as formas que não tem. A matéria dos corpos celestes, ao contrário, está totalmente completa pela forma, de sorte que não está em potência para nenhuma outra, como acima se tratou. Do mesmo modo, o intelecto angélico está naturalmente perfeito pelas espécies inteligíveis, enquanto o intelecto humano está em potência para elas.

QUANTO AO 2º, deve-se dizer que a matéria primeira recebe da forma seu ser substancial. Era, portanto, necessário que fosse criada com alguma forma, caso contrário não existiria em ato. Contudo, mesmo existindo com uma única forma, está em potência para outras formas. O intelecto, pelo contrário, não recebe da espécie inteligível seu ser substancial; por isso, não há semelhança.

QUANTO AO 3º, deve-se dizer que uma interrogação adequada procede dos princípios universais conhecidos por si mesmos ao que é particular. Este procedimento causa a ciência na alma do discípulo. Por isso, quando ele dá uma resposta justa ao que lhe é perguntado depois, não é porque soubesse essas coisas antes, mas porque então as aprende como uma coisa nova. Importa pouco que o mestre passe dos princípios universais às conclusões expondo ou interrogando. Nos dois casos, o espírito do ouvinte adquire a certeza a respeito do posterior pelo anterior.

ARTICULUS 4

Utrum species intelligibiles effluant in animam ab aliquibus formis separatis

Ad quartum sic proceditur. Videtur quod species intelligibiles effluant in animam ab aliquibus formis separatis.

ARTIGO 4

As espécies inteligíveis chegam à alma a partir de algumas formas separadas?

QUANTO AO QUARTO, ASSIM SE PROCEDE: parece que as espécies inteligíveis **chegam** à alma a partir de algumas formas separadas.

---

8. Loc. cit. in arg.
9. Q. 66, a. 2.

PARALL.: *De Verit.*, q. 10, a. 6; q. 11, a. 1; Q. *de Anima*, a. 15.

1. Omne enim quod per participationem est tale, causatur ab eo quod est per essentiam tale; sicut quod est ignitum reducitur sicut in causam in ignem. Sed anima intellectiva, secundum quod est actu intelligens, participat ipsa intelligibilia: intellectus enim in actu, quodammodo est intellectum in actu. Ergo ea quae secundum se et per essentiam suam sunt intellecta in actu, sunt causae animae intellectivae quod actu intelligat. Intellecta autem in actu per essentiam suam, sunt formae sine materia existentes. Species igitur intelligibiles quibus anima intelligit, causantur a formis aliquibus separatis.

2. Praeterea, intelligibilia se habent ad intellectum, sicut sensibilia ad sensum. Sed sensibilia quae sunt in actu extra animam, sunt causae specierum sensibilium quae sunt in sensu, quibus sentimus. Ergo species intelligibiles quibus intellectus noster intelligit, causantur ab aliquibus actu intelligibilibus extra animam existentibus. Huiusmodi autem non sunt nisi formae a materia separatae. Formae igitur intelligibiles intellectus nostri effluunt ab aliquibus substantiis separatis.

3. Praeterea, omne quod est in potentia, reducitur in actum per id quod est actu. Si ergo intellectus noster, prius in potentia existens, postmodum actu intelligat, oportet quod hoc causetur ab aliquo intellectu qui semper est in actu. Hic autem est intellectus separatus. Ergo ab aliquibus substantiis separatis causantur species intelligibiles quibus actu intelligimus.

Sed contra est quia secundum hoc sensibus non indigeremus ad intelligendum. Quod patet esse falsum ex hoc praecipue quod qui caret uno sensu, nullo modo potest habere scientiam de sensibilibus illius sensus.

Respondeo dicendum quod quidam posuerunt species intelligibiles nostri intellectus procedere ab aliquibus formis vel substantiis separatis. Et hoc dupliciter. Plato enim, sicut dictum est[1], posuit formas rerum sensibilium per se sine materia subsistentes; sicut formam hominis, quam nominabat *per se hominem*, et formam vel ideam equi, quam nominabat *per se equum*, et sic de aliis. Has ergo formas separatas ponebat participari et ab anima nostra, et a materia corporali; ab anima quidem nostra ad cognoscendum, a materia vero corporali ad essendum; ut sicut materia corporalis per hoc

1. Com efeito, tudo o que é por participação é causado por aquilo que é por essência. Por exemplo, o que é inflamado tem como causa o fogo. Ora, a alma intelectiva, enquanto conhece em ato, participa dos próprios inteligíveis, pois o intelecto em ato é, de certa maneira, o inteligido em ato. Logo, as coisas que por si mesmas e por sua essência são conhecidas em ato são causas de a alma intelectiva compreender em ato. Ora, as coisas conhecidas em ato por sua essência são formas existentes sem matéria. Portanto, as espécies inteligíveis pelas quais a alma conhece são causadas por algumas formas separadas.

2. Além disso, os inteligíveis se referem ao intelecto, como as coisas sensíveis aos sentidos. Ora, as coisas sensíveis que existem em ato fora da alma são causas das espécies sensíveis que estão no sentido pelos quais sentimos. Logo, as espécies inteligíveis pelas quais nosso intelecto conhece são causadas por alguns inteligíveis em ato que existem fora da alma. Esses inteligíveis são formas separadas da matéria. Portanto, as formas inteligíveis do nosso intelecto derivam de algumas substâncias separadas.

3. Ademais, tudo o que está em potência é reduzido a ato por algo que está em ato. Se, portanto, nosso intelecto está primeiro em potência, depois em ato, isso deve ter por causa um intelecto que esteja sempre em ato. Tal intelecto é o intelecto separado. As espécies inteligíveis pelas quais conhecemos em ato são, portanto, causadas por algumas substâncias separadas.

Em sentido contrário, conforme essa maneira de ver, não teríamos necessidade dos sentidos para conhecer; o que é evidentemente falso, sobretudo porque quem está privado de um sentido não pode ter nenhuma ciência das coisas sensíveis relativas a esse sentido.

Respondo. Alguns afirmaram que as espécies inteligíveis de nosso intelecto provêm de algumas formas ou substâncias separadas. E isso de duas maneiras. Platão afirmou, como já foi dito, que as formas das coisas sensíveis subsistiam por si sem matéria. Por exemplo, a forma do homem que ele chamava "o homem em si", e a forma ou a ideia do cavalo que chamava "o cavalo em si" etc. Essas formas separadas eram participadas a um tempo por nossa alma e pela matéria corporal. Por nossa alma, para conhecer; pela matéria corporal, para existir. Assim como a matéria corporal, pelo

---

1. A. 1.

quod participat ideam lapidis, fit hic lapis, ita intellectus noster per hoc quod participat ideam lapidis, fit intelligens lapidem. Participatio autem ideae fit per aliquam similitudinem ipsius ideae in participante ipsam, per modum quo exemplar participatur ab exemplato. Sicut igitur ponebat formas sensibiles quae sunt in materia corporali, effluere ab ideis sicut quasdam earum similitudines; ita ponebat species intelligibiles nostri intellectus esse similitudines quasdam idearum ab eis effluentes. Et propter hoc, ut supra[2] dictum est, scientias et definitiones ad ideas referebat.

Sed quia contra rationem rerum sensibilium est quod earum formae subsistant absque materiis, ut Aristoteles multipliciter probat[3]; ideo Avicenna, hac positione remota, posuit[4] omnium rerum sensibilium intelligibiles species, non quidem per se subsistere absque materia, sed praeexistere immaterialiter in intellectibus separatis; a quorum primo derivantur huiusmodi species in sequentem, et sic de aliis usque ad ultimum intellectum separatum, quem nominat *intellectum agentem*; a quo, ut ipse dicit, effluunt species intelligibiles in animas nostras, et formae sensibiles in materiam corporalem. — Et sic in hoc Avicenna cum Platone concordat, quod species intelligibiles nostri intellectus effluunt a quibusdam formis separatis: quas tamen Plato dicit per se subsistere, Avicenna vero ponit eas in intelligentia agente. Differunt etiam quantum ad hoc, quod Avicenna ponit species intelligibiles non remanere in intellectu nostro postquam desinit actu intelligere; sed indiget ut iterato se convertat ad recipiendum de novo. Unde non ponit scientiam animae naturaliter inditam, sicut Plato, qui ponit participationes idearum immobiliter in anima permanere.

Sed secundum hanc positionem sufficiens ratio assignari non posset quare anima nostra corpori uniretur. Non enim potest dici quod anima intellectiva corpori uniatur propter corpus: quia nec forma est propter materiam, nec motor propter mobile, sed potius e converso. Maxime autem videtur corpus esse necessarium animae intellectivae ad eius propriam operationem, quae est intelligere: quia secundum esse suum a corpore non dependet. Si autem anima species intelligibiles secundum suam

fato de participar da ideia de pedra, torna-se esta pedra, do mesmo modo nosso intelecto, pelo fato de participar da ideia de pedra, conhece a pedra. Em geral, a participação na ideia se faz por certa semelhança dessa ideia no que dela participa, à maneira como o modelo é participado pela cópia. Portanto, assim como afirmava que as formas sensíveis que estão na matéria corporal derivam das ideias como semelhanças dessas ideias; do mesmo modo afirmava que as espécies inteligíveis de nosso intelecto são certas semelhanças das ideias, que delas dimanam. Por isso, como foi dito, referia as ciências e as definições às ideias.

Mas é contra a razão das coisas sensíveis que suas formas subsistam sem matéria. Aristóteles dá numerosas provas a esse respeito. Por esse motivo, Avicena, afastada essa afirmação, afirmou que as espécies inteligíveis de todas as coisas sensíveis não subsistem por si sem matéria, mas que preexistem de um modo imaterial nos intelectos separados. Essas espécies derivam do primeiro intelecto para o seguinte, e assim por diante, até o último intelecto separado, que ele chama de *intelecto agente*. Segundo o pensamento de Avicena, a partir dele chegam as espécies inteligíveis a nossas almas e as formas sensíveis à matéria corporal. — Avicena está assim de acordo com Platão em admitir que as espécies inteligíveis de nosso intelecto derivam de algumas formas separadas. Mas Platão diz que elas subsistem por si; Avicena, que elas estão no intelecto agente. Diferem também quanto a isso: para Avicena, as espécies inteligíveis não permanecem em nosso intelecto quando cessa de conhecer em ato, mas precisa voltar-se outra vez para as receber de novo. Por isso, não afirma uma ciência inata na alma como Platão, para quem as participações nas ideias permanecem na alma de maneira imutável.

Não se pode, todavia, segundo essa posição dar uma razão suficiente para a união da alma com o corpo. Não se pode dizer que a alma intelectiva se una ao corpo por causa do corpo. Nem a forma existe por causa da matéria, nem o motor por causa do que é movido. Mas, antes o contrário: o corpo parece, sobretudo, necessário à alma intelectiva para sua operação própria, que é conhecer, pois para seu existir ela não depende do corpo. Se a alma fosse apta por natureza a receber as espécies

---

2. A. 1.
3. *Metaph.*, l. VII, cc. 14, 15: 1039, a, 24 — b, 19; 1039, b, 20 — 1040, b, 4.
4. *De Anima*, part. V, c. 5; *Metaph.*, tract. VIII, c. 6; tract. IX, cc. 4, 5.

naturam apta nata esset recipere per influentiam aliquorum separatorum principiorum tantum, et non acciperet eas ex sensibus, non indigeret corpore ad intelligendum: unde frustra corpori uniretur.

Si autem dicatur quod indiget anima nostra sensibus ad intelligendum, quibus quodammodo excitetur ad consideranda ea quorum species intelligibiles a principiis separatis recipit; hoc non videtur sufficere. Quia huiusmodi excitatio non videtur necessaria animae nisi inquantum est consopita, secundum Platonicos, quodammodo et obliviosa propter unionem ad corpus: et sic sensus non proficerent animae intellectivae nisi ad tollendum impedimentum quod animae provenit ex corporis unione. Remanet igitur quaerendum quae sit causa unionis animae ad corpus.

Si autem dicatur, secundum Avicennam[5], quod sensus sunt animae necessarii, quia per eos excitatur ut convertat se ad intelligentiam agentem, a qua recipit species; hoc quidem non sufficit. Quia si in natura animae est ut intelligat per species ab intelligentia agente effluxas, sequeretur quod quandoque anima possit se convertere ad intelligentiam agentem ex inclinatione suae naturae, vel etiam excitata per alium sensum, ut convertat se ad intelligentiam agentem ad recipiendum species sensibilium quorum sensum aliquis non habet. Et sic caecus natus posset habere scientiam de coloribus: quod est manifeste falsum. — Unde dicendum est quod species intelligibiles quibus anima nostra intelligit, non effluunt a formis separatis.

AD PRIMUM ergo dicendum quod species intelligibiles quas participat noster intellectus, reducuntur sicut in primam causam in aliquod principium per suam essentiam intelligibile, scilicet in Deum. Sed ab illo principio procedunt mediantibus formis rerum sensibilium et materialium, a quibus scientiam colligimus, ut Dionysius dicit[6].

AD SECUNDUM dicendum quod res materiales, secundum esse quod habent extra animam, possunt esse sensibiles actu; non autem actu intelligibiles. Unde non est simile de sensu et intellectu.

AD TERTIUM dicendum quod intellectus noster possibilis reducitur de potentia ad actum per ali-

inteligíveis somente por influência de alguns princípios separados e não as recebesse dos sentidos, não teria necessidade do corpo para conhecer. Portanto, estaria em vão unida ao corpo[g].

Se se dissesse, por outro lado, que a alma tem necessidade do sentido para conhecer, porque os sentidos a estimulam, de certa forma, a considerar as coisas cujas espécies inteligíveis recebe dos princípios separados, isso ainda seria insuficiente. Pois esse estímulo só seria necessário à alma na medida em que está, segundo os platônicos, adormecida e sem memória, em razão de sua união com o corpo. Nesse caso, os sentidos só seriam úteis à alma intelectiva para suprimir os impedimentos que provêm dessa união. Fica, portanto, por averiguar a causa da união da alma com o corpo.

Mas se se diz, como Avicena, que os sentidos são necessários à alma porque a estimulam a se voltar ao intelecto agente do qual recebe as espécies, isso também não é suficiente. Se fosse da natureza da alma conhecer por espécies derivadas do intelecto agente, daí se seguiria que ela poderia voltar-se para esse intelecto, por inclinação de sua natureza, ou também, estimulada por outro sentido, voltar-se ao mesmo intelecto a fim de receber as espécies de coisas sensíveis das quais o sentido estaria privado. Assim, um cego de nascença teria a ciência das cores, o que é evidentemente falso. — É preciso, portanto, dizer que as espécies inteligíveis pelas quais nossa alma conhece não derivam de formas separadas.

QUANTO AO 1º, portanto, deve-se dizer que as espécies inteligíveis das quais participa nosso intelecto têm como causa primeira um princípio inteligível por essência, que é Deus. Mas procedem desse princípio mediante as formas das coisas sensíveis e materiais, das quais adquirimos a ciência, como diz Dionísio.

QUANTO AO 2º, deve-se dizer que as coisas materiais podem ser sensíveis em ato quanto ao ser que têm fora da alma, mas não inteligíveis em ato. Não é, portanto, o mesmo para o sentido e para o intelecto.

QUANTO AO 3º, deve-se dizer que nosso intelecto possível passa da potência ao ato por um ente

---

5. Ibid., c. 5.
6. *De Div. Nom.*, c. 7: MG 3, 868 BC.

g. Em sua concepção hierárquica do universo, Sto. Tomás teria podido conceber, como Avicena, que os espíritos inferiores recebem suas ideias dos espíritos superiores, o mais elevado deles recebendo-as de Deus. E, de fato, ele admitirá que os espíritos possam iluminar-se uns aos outros, mas por conforto da potência intelectual, não por comunicação de ideias. A razão que fornece é esta: não haveria razão para que a alma fosse unida a um corpo se não tivesse necessidade dele para pensar.

quod ens actu, idest per intellectum agentem, qui est virtus quaedam animae nostrae, ut dictum est[7]: non autem per aliquem intellectum separatum, sicut per causam proximam; sed forte sicut per causam remotam.

em ato, a saber, pelo intelecto agente, que é uma potência de nossa alma, como foi dito; não porém por algum intelecto separado, como se fosse causa próxima, mas talvez como causa remota.

Articulus 5
Utrum anima intellectiva cognoscat res materiales in rationibus aeternis

AD QUINTUM SIC PROCEDITUR. Videtur quod anima intellectiva non cognoscat res materiales in rationibus aeternis.
1. Id enim in quo aliquid cognoscitur, ipsum magis et per prius cognoscitur. Sed anima intellectiva hominis, in statu praesentis vitae, non cognoscit rationes aeternas: quia non cognoscit ipsum Deum, in quo rationes aeternae existunt, sed *ei sicut ignoto coniungitur*, ut Dionysius dicit in 1 cap. *Mysticae Theologiae*[1]. Ergo anima non cognoscit omnia in rationibus aeternis.
2. PRAETEREA, Rm 1,20, dicitur quod *invisibilia Dei per ea quae facta sunt, conspiciuntur*. Sed inter invisibilia Dei numerantur rationes aeternae. Ergo rationes aeternae per creaturas materiales cognoscuntur, et non e converso.

3. Praeterea, rationes aeternae nihil aliud sunt quam ideae: dicit enim Augustinus, in libro *Octoginta trium Quaest.*[2], quod *ideae sunt rationes stabiles rerum in mente divina existentes*. Si ergo dicatur quod anima intellectiva cognoscit omnia in rationibus aeternis, redibit opinio Platonis, qui posuit omnem scientiam ab ideis derivari.

SED CONTRA est quod dicit Augustinus, XII *Confess.*[3]: *Si ambo videmus verum esse quod dicis, et ambo videmus verum esse quod dico, ubi quaeso id videmus? Nec ego utique in te, nec tu in me: sed ambo in ipsa, quae supra mentes nostras est, incommutabili veritate.* Veritas autem incommutabilis in aeternis rationibus continetur. Ergo anima intellectiva omnia vera cognoscit in rationibus aeternis.

RESPONDEO dicendum quod, sicut Augustinus dicit in II *de Doctr. Christ.*[4], *Philosophi qui vo-*

Artigo 5
A alma intelectiva conhece as coisas materiais nas razões eternas?

QUANTO AO QUINTO, ASSIM SE PROCEDE: parece que a alma intelectiva **não** conhece as coisas materiais nas razões eternas.
1. Com efeito, aquilo em que uma coisa é conhecida se conhece melhor e primeiro. Ora, a alma intelectiva do homem, no estado da vida presente, não conhece as razões eternas, porque não conhece o próprio Deus, no qual elas existem, mas "a ele se une como a um desconhecido", segundo Dionísio. Logo, a alma não conhece todas as coisas nas razões eternas.
2. ALÉM DISSO, diz-se na Carta aos Romanos: "As perfeições invisíveis de Deus são vistas por meio das coisas criadas". Ora, as razões eternas estão entre essas perfeições. Logo, as razões eternas se conhecem por meio das criaturas materiais, e não o contrário.

3. ADEMAIS, as razões eternas não são mais que as ideias. Para Agostinho, "as ideias são as razões imutáveis das coisas existentes na mente divina." Se, portanto, se diz que a alma intelectiva conhece tudo nas razões eternas, volta-se à doutrina de Platão, segundo a qual toda ciência deriva das ideias

EM SENTIDO CONTRÁRIO, diz Agostinho: "Se ambos vemos como verdadeiro o que dizes, e ambos vemos ser verdadeiro o que eu digo, onde, pergunto eu, vemos isso? Nem eu certamente em ti, nem tu certamente em mim: mas ambos na verdade incomutável que está acima de nossas mentes". Ora, a verdade incomutável está contida nas razões eternas. Logo, a alma intelectiva conhece toda a verdade nessas razões.

RESPONDO. Agostinho diz: "Se por acaso aqueles que se dizem filósofos disseram alguma verdade

---

7. Q. 79, a. 4.

5 PARALL.: Supra, q. 12, a. 2, ad 3; *De Verit.*, q. 8, a. 7, ad 13; q. 10, a. 6, ad 6; a. 8.

1. MG 3, 1001 A.
2. Q. 46: ML 40, 30.
3. C. 25: ML 32, 840.
4. C. 40: ML 34, 63.

cantur, si qua forte vera et fidei nostrae accomoda dixerunt, ab eis tanquam ab iniustis possessoribus in usum nostrum vindicanda sunt. Habent enim doctrinae gentilium quaedam simulata et superstitiosa figmenta, quae unusquisque nostrum de Societate gentilium exiens, debet evitare. Et ideo Augustinus, qui doctrinis Platonicorum imbutus fuerat, si qua invenit fidei accommoda in eorum dictis, assumpsit; quae vero invenit fidei nostrae adversa, in melius commutavit. Posuit autem Plato, sicut supra[5] dictum est, formas rerum per se subsistere a materia separatas, quas *ideas* vocabat, per quarum participationem dicebat intellectum nostrum omnia cognoscere; ut sicut materia corporalis per participationem ideae lapidis fit lapis, ita intellectus noster per participationem eiusdem ideae cognosceret lapidem. Sed quia videtur esse alienum a fide quod formae rerum extra res per se subsistant absque materia, sicut Platonici posuerunt, dicentes *per se vitam* aut *per se sapientiam* esse quasdam substantias creatrices, ut Dionysius dicit 11 cap. de *Div. Nom.*[6]; ideo Augustinus, in libro *Octoginta trium Quaest.*[7], posuit loco harum idearum quas Plato ponebat, rationes omnium creaturarum in mente divina existere, secundum quas omnia formantur, et secundum quas etiam anima humana omnia cognoscit.

Cum ergo quaeritur utrum anima humana in rationibus aeternis omnia cognoscat, dicendum est quod aliquid in aliquo dicitur cognosci dupliciter. Uno modo, sicut in obiecto cognito; sicut aliquis videt in speculo ea quorum imagines in speculo resultant. Et hoc modo anima, in statu praesentis vitae, non potest videre omnia in rationibus aeternis; sed sic in rationibus aeternis cognoscunt omnia beati, qui Deum vident et omnia in ipso. — Alio modo dicitur aliquid cognosci in aliquo sicut in cognitionis principio; sicut si dicamus quod in sole videntur ea quae videntur per solem. Et sic necesse est dicere quod anima humana omnia cognoscat in rationibus aeternis, per quarum participationem omnia cognoscimus. Ipsum enim lumen intellectuale quod est in nobis, nihil est aliud quam quaedam participata similitudo luminis increati, in quo continentur rationes aeternae. Unde in Ps 4,6-7 dicitur: *Multi dicunt, Quis ostendit nobis*

e em harmonia com nossa fé, é preciso que lhes reclamemos essa verdade para nosso uso, pois são como possuidores ilegítimos. As doutrinas dos pagãos encerram fábulas inventadas e supersticiosas que todos os cristãos, saindo da sociedade pagã, devem evitar". Por isso, Agostinho, que foi impregnado das doutrinas dos platônicos, quando neles achava coisas em acordo com a fé, as recolhia; quando as julgava contrárias, as substituía por coisa melhor. Ora, Platão afirmou, como já vimos, que as formas das coisas subsistiam por si mesmas separadas da matéria, e as chamava *ideias*. Participando delas nosso intelecto, segundo ele, conhece todas as coisas. Dessa maneira, a matéria corporal, por participação na ideia de pedra, torna-se uma pedra; igualmente, nosso intelecto, participando da mesma ideia, conheceria a pedra. Mas, porque parece estranho à fé que as formas das coisas subsistam por si sem matéria fora das coisas, como afirmaram os platônicos, dizendo que *a vida em si*, ou *a sabedoria em si* são substâncias criadoras, como escreve Dionísio; por isso, Agostinho afirmou, no lugar das ideias de Platão, que as razões de todas as criaturas existem na mente divina. Segundo elas todas as coisas são formadas, e a alma humana conhece todas as coisas.

Quando, pois, se pergunta se a alma humana conhece tudo nas razões eternas, é preciso responder que se pode conhecer uma coisa em outra de duas maneiras: Primeiro, conhecendo-a em um objeto conhecido. Por exemplo, alguém vê num espelho coisas cujas imagens estão nele refletidas. Desse modo, a alma no estado da vida presente não pode ver tudo nas razões eternas; pelo contrário, é a maneira com que os bem-aventurados conhecem todas as coisas; eles veem a Deus, e todas as coisas nele. — Segundo, conhece-se uma coisa na outra, como em um princípio de conhecimento. Por exemplo, se disséssemos ver no sol o que vemos por sua luz. Nesse caso, é necessário dizer que a alma humana conhece tudo nas razões eternas, pois é participando nelas que conhecemos todas as coisas. A luz intelectual que temos nada mais é que uma semelhança participada da luz incriada na qual as razões eternas estão contidas[h].

---

5. A. praec.
6. MG 3, 953 BD.
7. Cfr. arg. 3.

---

h. Tendo eliminado o platonismo e o avicenismo, Sto. Tomás afasta aqui o iluminismo agostinista, mas conservando todo o seu alcance religioso e teologal, tão pouco aristotélico. Sto. Agostinho, ao renunciar às Ideias subsistentes de Platão, coloca

bona? cui quaestioni Psalmista respondet, dicens: *Signatum est super nos lumen vultus tui, Domine.* Quasi dicat: Per ipsam sigillationem divini luminis in nobis, omnia nobis demonstrantur.

Quia tamen praeter lumen intellectuale in nobis, exiguntur species intelligibiles a rebus acceptae, ad scientiam de rebus materialibus habendam; ideo non per solam participationem rationum aeternarum de rebus materialibus notitiam habemus, sicut Platonici posuerunt quod sola idearum participatio sufficit ad scientiam habendam. Unde Augustinus dicit, in IV *de Trin.*[8]: *Numquid quia philosophi documentis certissimis persuadent aeternis rationibus omnia temporalia fieri, propterea potuerunt in ipsis rationibus perspicere, vel ex ipsis colligere quot sint animalium genera, quae semina singulorum? Nonne ista omnia per locorum ac temporum historiam quaesierunt?*

Quod autem Augustinus non sic intellexerit omnia cognosci *in rationibus aeternis*, vel in *incommutabili veritate*, quasi ipsae rationes aeternae videantur, patet per hoc quod ipse dicit in libro *Octoginta trium Quaest.*[9], quod *rationalis anima non omnis et quaelibet, sed quae sancta et pura fuerit, asseritur illi visioni*, scilicet rationum aeternarum, *esse idonea*; sicut sunt animae beatorum.

Et per haec patet responsio AD OBIECTA.

Por isso à pergunta: "Muitos homens dizem: quem nos mostrará a felicidade?", o Salmista responde: "Está marcada sobre nós a luz de vossa face, Senhor". Como se dissesse: "Pelo próprio selo da luz divina em nós, tudo nos é mostrado".

Entretanto, além da luz intelectual, ser-nos-ão necessárias espécies inteligíveis recebidas das coisas materiais para se ter ciência dessas coisas. Portanto, não temos notícias das coisas materiais unicamente pela participação nas razões eternas, como os platônicos afirmaram que só a participação das ideias é suficiente para se ter ciência. Daí a pergunta de Agostinho: "Porventura, porque os filósofos ensinam com argumentos muito seguros que todas as coisas temporais são produzidas pelas razões eternas, puderam eles ver nessas mesmas razões, ou deduzir a partir delas, quantas são as espécies de animais, e quais os seus princípios geradores? Não procuraram tudo isso na história dos tempos e dos lugares?"

Que Agostinho não tenha entendido que "todas as coisas são conhecidas *nas razões eternas, ou na verdade imutável*, como se víssemos as mesmas razões eternas, fica claro pelo que ele mesmo escreve: "Nem toda e qualquer alma racional, mas somente aquela que tiver sido santa e pura, é reconhecida apta a esta visão, isto é, das razões eternas". Estas são as almas dos bem-aventurados.

E pelo exposto fica clara a resposta às OBJEÇÕES.

ARTICULUS 6
Utrum intellectiva cognitio accipiatur a rebus sensibilibus

AD SEXTUM SIC PROCEDITUR. Videtur quod intellectiva cognitio non accipiatur a rebus sensibilibus.
1. Dicit enim Augustinus, in libro *Octoginta trium Quaest.*[1], quod *non est expectanda since-*

ARTIGO 6
O conhecimento intelectual é adquirido a partir das coisas sensíveis?

QUANTO AO SEXTO, ASSIM SE PROCEDE: parece que o conhecimento intelectual **não** é adquirido a partir das coisas sensíveis.
1. Com efeito, de acordo com Agostinho, "não se deve esperar uma verdade pura dos sentidos

---
8. ML 42, 902.
9. Loc. cit.

6 PARALL.: *De Verit.*, q. 10, a. 6; q. 19, a. 1; Q. *de Anima*, a. 15; *Quodlib.* VIII, q. 2, a. 1; *Compend. Theol.*, c. 81 sqq.
1. Q. 9: ML 40, 13.

em seu lugar à "Razão eterna", ou seja, a Essência divina enquanto princípio pensante e desejante da multiplicidade diversificada das coisas. E, de fato, aquele que vê Deus vê nele o que não é Deus. Aquele que, daqui debaixo e não sem revelação, elevou-se às "Razões eternas", isto é, ao segredo do Plano divino, pode pensar tudo sob essa luz: visão suprema da sabedoria humana. No entanto, isto é propiciado pela fé ou adquirido pela razão, e sempre a partir das "espécies" (imagens e conceitos) recebidas do mundo externo ao homem. Todavia, o que concederá Sto. Tomás ao iluminismo agostinista é que a inteligência pela qual o homem pensa o mundo a partir das imagens que recebe dele é uma participação na Inteligência divina. É ao participar dela que conhecemos todas as coisas. A luz intelectual em nós não passa de uma semelhança participada da luz incriada, na qual as razões eternas estão contidas.

ritas veritatis a corporis sensibus. Et hoc probat dupliciter. Uno modo, per hoc quod *omne quod corporeus sensus attingit, sine ulla intermissione temporis commutatur: quod autem non manet, percipi non potest.* Alio modo, per hoc quod *omnia quae per corpus sentimus, etiam cum non adsunt sensibus, imagines tamen eorum patimur, ut in somno vel furore; non autem sensibus discernere valemus utrum ipsa sensibilia, vel imagines eorum falsas sentiamus. Nihil autem percipi potest quod a falso non discernitur.* Et sic concludit quod non est expectanda veritas a sensibus. Sed cognitio intellectualis est apprehensiva veritatis. Non ergo cognitio intellectualis est expectanda a sensibus.

2. Praeterea, Augustinus dicit, XII *super Gen. ad litt.*[2]: *Non est putandum facere aliquid corpus in spiritum, tanquam spiritus corpori facienti materiae vice subdatur: omni enim modo praestantior est qui facit, ea re de qua aliquid facit.* Unde concludit quod *imaginem corporis non corpus in spiritu, sed ipse spiritus in seipso facit.* Non ergo intellectualis cognitio a sensibilibus derivatur.

3. Praeterea, effectus non se extendit ultra virtutem suae causae. Sed intellectualis cognitio se extendit ultra sensibilia: intelligimus enim quaedam quae sensu percipi non possunt. Intellectualis ergo cognitio non derivatur a rebus sensibilibus.

Sed contra est quod Philosophus probat, I *Metaphys.*[3], et in fine *Poster.*[4], quod principium nostrae cognitionis est a sensu.

Respondeo dicendum quod circa istam quaestionem triplex fuit philosophorum opinio. Democritus enim posuit quod *nulla est alia causa cuiuslibet nostrae cognitionis, nisi cum ab his corporibus quae cogitamus, veniunt atque intrant imagines in animas nostras*; ut Augustinus dicit in epistola sua *ad Dioscorum*[5]. Et Aristoteles etiam dicit, in libro *de Somn. et Vigil.*[6], quod Democritus posuit cognitionem fieri *per idola et defluxiones.* Et huius positionis ratio fuit, quia tam ipse Democritus quam alii antiqui Naturales non ponebant intellectum differre a sensu, ut Aristoteles dicit in libro *de Anima*[7]. Et ideo, quia sensus immutatur a

corporais". Prova-o de duas maneiras. Primeiro: "Tudo aquilo que os sentidos corporais podem atingir está em mudança contínua; ora, o que não permanece não pode ser percebido." Segundo: "Guardamos uma imagem de todas as coisas que sentimos por meio do corpo, mesmo quando essas coisas não estão presentes aos sentidos, por exemplo, no sono ou na demência. Entretanto, não somos capazes de discernir se o que sentimos são as mesmas coisas sensíveis ou falsas representações dessas coisas. Ora, nada pode ser percebido se não é discernido do falso". E conclui que não há verdade a esperar dos sentidos. Ora, o conhecimento intelectual apreende a verdade. Logo, não deve esperá-la dos sentidos.

2. Além disso, Agostinho diz ainda: "Não se deve crer que um corpo possa agir sobre um espírito como se o espírito estivesse sob a ação do corpo à maneira de uma matéria, pois aquele que age é superior absolutamente àquilo de que se faz alguma coisa". Daí conclui: "Não é o corpo que produz sua imagem no espírito, mas o espírito que a forma em si mesmo". O conhecimento intelectual não deriva, portanto, das coisas sensíveis.

3. Ademais, o efeito não ultrapassa a potência de sua causa. Ora, o conhecimento intelectual ultrapassa as coisas sensíveis; conhecemos, com efeito, algumas coisas que os sentidos não podem perceber. Logo, o conhecimento intelectual não deriva das coisas sensíveis.

Em sentido contrário, o Filósofo prova no livro I da *Metafísica* que o princípio de nosso conhecimento é a partir dos sentidos.

Respondo. Houve a respeito dessa questão três opiniões entre os filósofos. Para Demócrito, "a única causa de cada um de nossos conhecimentos está em que as imagens desses corpos em que pensamos venham e penetrem em nossas almas", assim se exprime Agostinho em uma carta a Dióscuro. Aristóteles também diz que Demócrito afirmava que o conhecimento se fazia por *imagens e emanações.* Eis a razão dessa opinião: Demócrito, como os outros "naturalistas" antigos, não distinguia o intelecto do sentido, conforme Aristóteles diz no livro da *Alma.* Como o sentido é modificado pelo que é sensível, acreditavam

---

2. C. 16: ML 34, 467.
3. C. 1: 980, a, 28 — b, 25; 980, b, 28 — 981, a, 2.
4. L. II, c. 19: 100, a, 3-14.
5. *Epist.* 118 (al. 56), c. 4: ML 33, 445.
6. *De Divinat. per Somn.*, c. 2: 463.
7. L. III, c. 3: 427, a, 17-29.

sensibili, arbitrabantur omnem nostram cognitionem fieri per solam immutationem a sensibilibus. Quam quidem immutationem Democritus asserebat fieri per imaginum defluxiones.

Plato vero e contrario posuit intellectum differre a sensu; et intellectum quidem esse virtutem immaterialem organo corporeo non utentem in suo actu. Et quia incorporeum non potest immutari a corporeo, posuit quod cognitio intellectualis non fit per immutationem intellectus a sensibilibus, sed per participationem formarum intelligibilium separatarum, ut dictum est[8]. Sensum etiam posuit virtutem quandam per se operantem. Unde nec ipse sensus, cum sit quaedam vis spiritualis, immutatur a sensibilibus: sed organa sensuum a sensibilibus immutantur, ex qua immutatione anima quodammodo excitatur ut in se species sensibilium formet. Et hanc opinionem tangere videtur Augustinus, XII *super Gen. ad litt*.[9], ubi dicit quod *corpus non sentit, sed anima per corpus, quo velut nuntio utitur ad formandum in seipsa quod extrinsecus nuntiatur*. Sic igitur secundum Platonis opinionem, neque intellectualis cognitio a sensibili procedit, neque etiam sensibilis totaliter a sensibilibus rebus; sed sensibilia excitant animam sensibilem ad sentiendum, et similiter sensus excitant animam intellectivam ad intelligendum.

Aristoteles autem media via processit. Posuit enim[10] cum Platone intellectum differre a sensu. Sed sensum posuit propriam operationem non habere sine communicatione corporis; ita quod sentire non sit actus animae tantum, sed coniuncti. Et similiter posuit de omnibus operationibus sensitivae partis. Quia igitur non est inconveniens quod sensibilia quae sunt extra animam, causent aliquid in coniunctum, in hoc Aristoteles cum Democrito concordavit, quod operationes sensitivae partis causentur per impressionem sensibilium in sensum: non per modum defluxionis, ut Democritus posuit, sed per quandam operationem. Nam et Democritus omnem actionem fieri posuit per influxionem atomorum, ut patet in I *de Generat*.[11]. — Intellectum vero posuit Aristoteles[12] habere operationem absque communicatione corporis. Nihil autem corporeum imprimere potest in rem

que todo o nosso conhecimento se fazia pela mera modificação das coisas sensíveis. Segundo Demócrito, essa modificação era produzida por emanações das imagens.

Platão, ao contrário, distinguia o intelecto do sentido, sendo o intelecto uma potência imaterial que não se servia de um órgão corporal para agir. Mas, como um princípio imaterial não pode ser modificado por um corpóreo, afirmou que o conhecimento intelectual não se faz por uma modificação do intelecto pelas coisas sensíveis, mas por uma participação nas formas inteligíveis separadas, como já foi dito. Além disso, afirmou que o sentido era uma potência que age por si mesma. Sendo uma potência espiritual, o sentido tampouco era modificado pelas coisas sensíveis, mas, sim, os órgãos dos sentidos. Por esta modificação, a alma era de alguma maneira estimulada a formar em si mesma as espécies das coisas sensíveis. Agostinho parece fazer alusão a essa opinião quando diz que "não é o corpo que sente, mas a alma pelo corpo; ela se serve dele como de um mensageiro para formar em si mesma o que é anunciado de fora". Assim, segundo Platão, nem o conhecimento intelectual procede do sensível, nem mesmo o conhecimento sensível procede inteiramente das coisas sensíveis. São elas que excitam a alma sensível a sentir, e os sentidos, por sua vez, excitam a alma intelectiva para o conhecimento.

Aristóteles tomou uma via intermediária. Afirmou, com Platão, que o intelecto difere dos sentidos, mas que estes não têm operação própria sem comunicar-se com o corpo, de forma que sentir não é somente um ato da alma, mas do composto. Assim, também, para todas as operações da parte sensitiva. Como não é inconveniente que as coisas sensíveis, que estão fora da alma, ajam sobre o composto, nisso Aristóteles está de acordo com Demócrito em que as operações da parte sensitiva são causadas por uma impressão das coisas sensíveis sobre o sentido, não por emanação, como afirmou Demócrito, mas por uma determinada operação. Demócrito afirmava que toda ação se fazia por influência dos átomos. — Aristóteles, contudo, afirmava que o intelecto opera sem comunicar-se com o corpo. Com efeito, nenhuma coisa corpórea pode agir sobre uma in-

---

8. A. 4, 5.
9. C. 24: ML 34, 475.
10. *De Anima*, l. III, c. 3: 427, b, 6-14.
11. C. 8: 324, b, 25 — 325, a, 2; Suppl. ad comm.
12. *De Anima*, l. III, c. 4: 429, a, 18-27.

incorpoream. Et ideo ad causandam intellectualem operationem, secundum Aristotelem, non sufficit sola impressio sensibilium corporum, sed requiritur aliquid nobilius, quia *agens est honorabilius patiente*, ut ipse dicit[13]. Non tamen ita quod intellectualis operatio causetur in nobis ex sola impressione aliquarum rerum superiorum, ut Plato posuit: sed illud superius et nobilius agens quod vocat intellectum agentem, de quo iam supra[14] diximus, facit phantasmata a sensibus accepta intelligibilia in actu, per modum abstractionis cuiusdam.

Secundum hoc ergo, ex parte phantasmatum intellectualis operatio a sensu causatur. Sed quia phantasmata non sufficiunt immutare intellectum possibilem, sed oportet quod fiant intelligibilia actu per intellectum agentem; non potest dici quod sensibilis cognitio sit totalis et perfecta causa intellectualis cognitionis, sed magis quodammodo est materia causae.

AD PRIMUM ergo dicendum quod per verba illa Augustini datur intelligi quod veritas non sit totaliter a sensibus expectanda. Requiritur enim lumen intellectus agentis, per quod immutabiliter veritatem in rebus mutabilibus cognoscamus, et discernamus ipsas res a similitudinibus rerum.

AD SECUNDUM dicendum quod Augustinus ibi non loquitur de intellectuali cognitione, sed de imaginaria. Et quia, secundum Platonis opinionem, vis imaginaria habet operationem quae est animae solius; eadem ratione usus est Augustinus ad ostendendum quod corpora non imprimunt suas similitudines in vim imaginariam, sed hoc facit ipsa anima, qua utitur Aristoteles[15] ad probandum intellectum agentem esse aliquid separatum, quia scilicet *agens est honorabilius patiente*. Et procul dubio oportet, secundum hanc positionem, in vi imaginativa ponere non solum potentiam passivam, sed etiam activam. Sed si ponamus, secundum opinionem Aristotelis[16], quod actio virtutis imaginativae sit coniuncti, nulla sequitur

corpórea. Por isso, para causar um ato do intelecto, segundo Aristóteles, não basta só e unicamente a impressão dos corpos sensíveis, é preciso algo mais elevado, pois o *agente é mais nobre que o paciente*. Entretanto, não no sentido de que o ato intelectual seja causado em nós somente pela impressão de algumas coisas superiores, conforme afirmava Platão. Mas esse agente, superior e mais elevado, a que Aristóteles chama intelecto agente e do qual já falamos, torna as representações imaginárias recebidas pelos sentidos em inteligíveis em ato, por modo de abstração.

Portanto, segundo o que está sendo dito, no que concerne às representações imaginárias, a operação intelectual é causada pelo sentido. Entretanto, as representações imaginárias são incapazes de modificar o intelecto possível, mas devem se tornar inteligíveis em ato pelo intelecto agente. Em consequência, não se pode dizer que o conhecimento sensível seja a causa total e perfeita do conhecimento intelectual, mas antes que é a matéria da causa[i].

QUANTO AO 1º, portanto, deve-se dizer que estas palavras de Agostinho significam que não se deve esperar inteiramente a verdade dos sentidos. Requer-se a luz do intelecto agente, pelo qual conhecemos de um modo imutável as coisas mutáveis, e discernimos as coisas de suas semelhanças.

QUANTO AO 2º, deve-se dizer que Agostinho não fala aqui de conhecimento intelectual, mas de conhecimento imaginativo. Ora, na doutrina de Platão, a imaginação tem uma operação que pertence somente à alma. Por isso Agostinho, para mostrar que os corpos não imprimem sua semelhança na imaginação, mas que é a própria alma que o faz, serviu-se do princípio empregado por Aristóteles para provar que o intelecto agente é algo separado, a saber, que o *agente é mais nobre que o paciente*. Sem dúvida alguma deve-se admitir, segundo essa opinião, que a imaginação, além de uma potência passiva, tem ainda uma potência ativa. Mas se afirmamos, com Aristóteles, que o ato da potência imaginativa pertence ao composto,

---

13. Ibid., c. 5: 430, a, 17-19.
14. Q. 79, a. 3, 4.
15. Loco proxime cit.
16. *De Anima*, l. I, c. 1: 403, a, 5-10.

i. O conhecimento humano mais alto tem sua origem, portanto, nos sentidos, que só podem receber suas percepções da ação exercida sobre eles pelos corpos externos. Contudo, sem a atividade do intelecto, verdadeira causa produtora dos conceitos no espírito, a realidade inteligível não seria conhecida. Voltamos a encontrar nesse artigo, mas de maneira particularmente clara e elegante, a interpretação de um aristotelismo situado entre o platonismo e o empirismo, a atribuição do conhecimento sensível ao composto, a teoria do intelecto agente enquanto dimensão ativa e atualizante da inteligência humana.

difficultas: quia corpus sensibile est nobilius organo animalis, secundum hoc quod comparatur ad ipsum ut ens in actu ad ens in potentia, sicut coloratum in actu ad pupillam, quae colorata est in potentia. — Posset tamen dici quod, quamvis prima immutatio virtutis imaginariae sit per motum sensibilium, quia *phantasia est motus factus secundum sensum*, ut dicitur in libro *de Anima*[17]; tamen est quaedam operatio animae in homine quae dividendo et componendo format diversas rerum imagines, etiam quae non sunt a sensibus acceptae. Et quantum ad hoc possunt accipi verba Augustini.

AD TERTIUM dicendum quod sensitiva cognitio non est tota causa intellectualis cognitionis. Et ideo non est mirum si intellectualis cognitio ultra sensitivam se extendit.

ARTICULUS 7
Utrum intellectus possit actu intelligere per species intelligibiles quas penes se habet, non convertendo se ad phantasmata

AD SEPTIMUM SIC PROCEDITUR. Videtur quod intellectus possit actu intelligere per species intelligibiles quas penes se habet, non convertendo se ad phantasmata.
1. Intellectus enim fit in actu per speciem intelligibilem qua informatur. Sed intellectum esse in actu, est ipsum intelligere. Ergo species intelligibiles sufficiunt ad hoc quod intellectus actu intelligat, absque hoc quod ad phantasmata se convertat.
2. PRAETEREA, magis dependet imaginatio a sensu, quam intellectus ab imaginatione. Sed imaginatio potest imaginari actu, absentibus sensibilibus. Ergo multo magis intellectus potest intelligere actu, non convertendo se ad phantasmata.
3. PRAETEREA, incorporalium non sunt aliqua phantasmata: quia imaginatio tempus et continuum non transcendit. Si ergo intellectus noster non posset aliquid intelligere in actu nisi converteretur ad phantasmata, sequeretur quod non posset intelligere incorporeum aliquid. Quod patet esse

não há dificuldade: pois o corpo sensível é mais elevado que o órgão do animal, na medida em que está em relação com ele como um ente em ato está para um ente em potência. Po exemplo, como está o que é colorido em ato com relação à pupila que é colorida em potência. — Poder-se-ia, no entanto, dizer que a modificação primeira da potência imaginativa provém sim de uma ação das coisas sensíveis, pois "a imaginação é um movimento feito pelo sentido", segundo o livro *de Anima*. Não obstante, há no homem uma certa operação da alma que, dividindo e compondo, forma diversas imagens que não foram recebidas por meio dos sentidos. Nesse sentido, o texto de Agostinho é aceitável.

QUANTO AO 3º, deve-se dizer que o conhecimento sensível não é a causa total do conhecimento intelectual. Não se admira então que este último ultrapassa aquele.

ARTIGO 7
O intelecto pode conhecer em ato pelas espécies inteligíveis que possui em si, não se voltando para as representações imaginárias?

QUANTO AO SÉTIMO, ASSIM SE PROCEDE: parece que o intelecto **pode** conhecer em ato pelas espécies inteligíveis que possui em si, não se voltando para as representações imaginárias.
1. Com efeito, o intelecto se põe em ato pela espécie inteligível que o informa. Ora, estar o intelecto em ato é o próprio conhecer. Logo, as espécies inteligíveis bastam para que o intelecto conheça em ato, sem voltar-se para as representações imaginárias.
2. ALÉM DISSO, a imaginação depende mais do sentido que o intelecto da imaginação. Ora, a imaginação pode estar em ato, ausentes as coisas sensíveis. Logo, com mais razão o intelecto pode conhecer em ato, sem se voltar para as representações imaginárias.
3. ADEMAIS, não há representações imaginárias das coisas imateriais, pois a imaginação não supera o tempo e o contínuo espacial. Se, portanto, nosso intelecto não pode conhecer em ato sem voltar-se para as representações imaginárias, segue-se daí que não pode conhecer nada de imaterial. O que

---

17. L. III, c. 3: 428, b, 10-17.

7   PARALL.: Infra, q. 89, a. 1; II *Sent.*, dist. 20, q. 2, a. 2, ad 3; III, dist. 31, q. 2, a. 4; *Cont. Gent.* II, 73, 81; *De Verit.*, q. 10, a. 2, ad 7; a. 8, ad 1; q. 19, a. 1; 1*Cor.*, c. 13, lect. 3; *De Mem. et Remin.*, lect. 3.

falsum: intelligimus enim veritatem ipsam, et Deum et angelos.

SED CONTRA est quod Philosophus dicit, in III *de Anima*[1], quod *nihil sine phantasmate intelligit anima*.

RESPONDEO dicendum quod impossibile est intellectum nostrum, secundum praesentis vitae statum, quo passibili corpori coniungitur, aliquid intelligere in actu, nisi convertendo se ad phantasmata. Et hoc duobus indiciis apparet. Primo quidem quia, cum intellectus sit vis quaedam non utens corporali organo, nullo modo impediretur in suo actu per laesionem alicuius corporalis organi, si non requireretur ad eius actum actus alicuius potentiae utentis organo corporali. Utuntur autem organo corporali sensus et imaginatio et aliae vires pertinentes ad partem sensitivam. Unde manifestum est quod ad hoc quod intellectus actu intelligat, non solum accipiendo scientiam de novo, sed etiam utendo scientia iam acquisita, requiritur actus imaginationis et ceterarum virtutum. Videmus enim quod, impedito actu virtutis imaginativae per laesionem organi, ut in phreneticis; et similiter impedito actu memorativae virtutis, ut in lethargicis; impeditur homo ab intelligendo in actu etiam ea quorum scientiam praeaccepit. — Secundo, quia hoc quilibet in seipso experiri potest, quod quando aliquis conatur aliquid intelligere, format aliqua phantasmata sibi per modum exemplorum, in quibus quasi inspiciat quod intelligere studet. Et inde est etiam quod quando alium volumus facere aliquid intelligere, proponimus ei exempla, ex quibus sibi phantasmata formare possit ad intelligendum.

Huius autem ratio est, quia potentia cognoscitiva proportionatur cognoscibili. Unde intellectus angelici, qui est totaliter a corpore separatus, obiectum proprium est substantia intelligibilis a corpore separata; et per huiusmodi intelligibilia materialia cognoscit. Intellectus autem humani, qui est coniunctus corpori, proprium obiectum est quidditas sive natura in materia corporali existens; et per huiusmodi naturas visibilium rerum etiam in invisibilium rerum aliqualem cognitionem ascendit. De ratione autem huius naturae est, quod in aliquo individuo existat, quod non est absque materia corporali: sicut de ratione naturae lapidis est quod sit in hoc lapide, et de ratione naturae equi quod sit in hoc equo, et sic de aliis. Unde natura lapidis, vel cuiuscumque materialis rei,

é evidentemente falso, pois conhecemos a própria verdade, Deus, e os anjos.

EM SENTIDO CONTRÁRIO, o Filósofo diz no livro III da *Alma*, que "a alma não conhece nada sem representações imaginárias".

RESPONDO. Nosso intelecto, segundo o estado da vida presente, unido a um corpo corruptível, nada pode conhecer a não ser voltando-se para as representações imaginárias. E isso fica claro por dois sinais. Primeiro: sendo uma faculdade que não se serve de órgão corporal, o intelecto não seria de modo algum impedido em seu ato por uma lesão orgânica, se seu ato não exigisse o ato de uma potência que se utiliza de um órgão corporal. Ora, os sentidos, a imaginação e as demais potências pertencentes à parte sensitiva utilizam-se de um órgão corporal. Portanto, é claro que para que o intelecto conheça em ato, não somente adquirindo uma ciência nova, mas ainda fazendo uso de uma ciência adquirida, o intelecto exige o ato da imaginação e das outras potências. Vemos, pois, quando por uma lesão orgânica se encontra impedido o ato da imaginação, no caso dos dementes, e igualmente impedido o ato da memória, no caso dos letárgicos, que o homem fica impedido de conhecer em ato até mesmo as coisas das quais já tivera notícia. — Segundo: cada um pode observar em si mesmo. Quando alguém procura conhecer alguma coisa, logo forma para si algumas representações imaginárias a modo de exemplos, nos quais pode ver, por assim dizer, o que se procura compreender. Igualmente, quando queremos fazer conhecer uma coisa a alguém, lhe propomos exemplos a partir dos quais possa ele formar representações imaginárias para compreender.

A razão disso é que a potência cognoscitiva é proporcionada ao objeto do conhecimento. Para o intelecto angélico, totalmente separado do corpo, o objeto próprio é a substância inteligível, separada do corpo. E é por meio de tais inteligíveis que conhece as coisas materiais. Para o intelecto humano, que está unido a um corpo, o objeto próprio é a quididade ou natureza que existe em uma matéria corporal. E é pelas naturezas das coisas visíveis que se eleva a um certo conhecimento das realidades invisíveis. Ora, pertence à razão dessas naturezas existir em um indivíduo, que não pode existir sem matéria corporal. Por exemplo, é da razão da natureza da pedra existir em tal pedra, e da razão da natureza do cavalo existir em tal cavalo, e assim por diante. Consequentemente, a natureza da pedra, ou de alguma outra coisa

---

1. C. 7: 431, a, 14-17.

cognosci non potest complete et vere, nisi secundum quod cognoscitur ut in particulari existens. Particulare autem apprehendimus per sensum et imaginationem. Et ideo necesse est ad hoc quod intellectus actu intelligat suum obiectum proprium, quod convertat se ad phantasmata, ut speculetur naturam universalem in particulari existentem. — Si autem proprium obiectum intellectus nostri esset forma separata; vel si naturae rerum sensibilium subsisterent non in particularibus, secundum Platonicos[2]; non oporteret quod intellectus noster semper intelligendo converteret se ad phantasmata.

AD PRIMUM ergo dicendum quod species conservatae in intellectu possibili, in eo existunt habitualiter quando actu non intelligit, sicut supra[3] dictum est. Unde ad hoc quod intelligamus in actu, non sufficit ipsa conservatio specierum; sed oportet quod eis utamur secundum quod convenit rebus quarum sunt species, quae sunt naturae in particularibus existentes.

AD SECUNDUM dicendum quod etiam ipsum phantasma est similitudo rei particularis: unde non indiget imaginatio aliqua alia similitudine particularis, sicut indiget intellectus.

AD TERTIUM dicendum quod incorporea, quorum non sunt phantasmata, cognoscuntur a nobis per comparationem ad corpora sensibilia, quorum sunt phantasmata. Sicut veritatem intelligimus ex consideratione rei circa quam veritatem speculamur; Deum autem, ut Dionysius dicit[4], cognoscimus ut causam, et per excessum, et per remotionem; alias etiam incorporeas substantias, in statu praesentis vitae, cognoscere non possumus nisi per remotionem, vel aliquam comparationem ad corporalia. Et ideo cum de huiusmodi aliquid intelligimus, necesse habemus converti ad phantasmata corporum, licet ipsorum non sint phantasmata.

material, só pode ser perfeita e verdadeiramente conhecida na medida em que a conhecemos como existente no particular[j]. Ora, apreendemos o particular pelos sentidos e pela imaginação. Daí, para que o intelecto conheça em ato seu objeto próprio, é preciso que se volte para as representações imaginárias a fim de considerar a natureza universal existente no particular. — Se o objeto próprio de nosso intelecto fosse uma forma separada; ou se as naturezas das coisas sensíveis subsistissem não em coisas particulares, conforme os platônicos, não seria necessário que nosso intelecto, ao conhecer, se voltasse sempre para as representações imaginárias.

QUANTO AO 1º, portanto, deve-se dizer que as espécies conservadas no intelecto possível, aí se encontram no estado de hábito quando não se está em ato de conhecer, como já se disse. Para que conheçamos em ato, porém, não basta a simples conservação das espécies, é preciso que delas façamos uso segundo convém às coisas das quais elas são as espécies, a saber: as naturezas existentes em coisas particulares.

QUANTO AO 2º, deve-se dizer que a própria representação imaginária é uma semelhança da coisa particular. Por isso, a imaginação não tem necessidade de outra semelhança do particular, como necessita o intelecto.

QUANTO AO 3º, deve-se dizer que conhecemos as coisas incorpóreas, das quais não se tem representações imaginárias, por comparação com os corpos sensíveis, dos quais são as representações imaginárias. Assim, conhecemos a verdade considerando a coisa a respeito da qual procuramos a verdade; assim, segundo Dionísio, conhecemos a Deus como causa, por via de eminência ou por negação. Quanto às outras substâncias imateriais, só podemos conhecê-las, no estado da vida presente, por negação, ou por comparação com as coisas corporais. Em consequência, quando conhecemos algo dessas substâncias, devemos nos voltar às representações imaginárias dos corpos, embora não sejam representações imaginárias deles mesmos[k].

---

2. Cfr. a. 1.
3. Q. 79, a. 6.
4. *De Div. Nom.*, c. 1: MG 3, 593 BD, 597 AB.

---

j. Poder-se-ia pensar que, uma vez elaborada pelo espírito, a espécie inteligível, em outros termos, o conceito, não tem mais necessidade de seu ponto de partida sensível e imaginativo. Nada disso. Pensamento algum é atualizável sem o apoio de uma imagem. A razão profunda de tal coisa é que o objeto próprio e específico do espírito, enquanto humano e, por conseguinte, existente na natureza corpórea, é sem dúvida a essência do que é, mas do que é na natureza corpórea. "Para que a inteligência conheça seu objeto próprio (e ela nada pode conhecer senão mediante ele), é preciso que ela recorra à imagem a fim de considerar a essência universal como existindo no particular".

k. É difícil ir mais longe na necessidade de um retorno ao concreto sensível para a perfeição da atividade intelectual humana.

Articulus 8
Utrum iudicium intellectus impediatur per ligamentum sensus

AD OCTAVUM SIC PROCEDITUR. Videtur quod iudicium intellectus non impediatur per ligamentum sensus.
1. Superius enim non dependet ab inferiori. Sed iudicium intellectus est supra sensum. Ergo iudicium intellectus non impeditur per ligamentum sensus.
2. PRAETEREA, syllogizare est actus intellectus. In somno autem ligatur sensus, ut dicitur in libro *de Somn. et Vig.*[1]; contingit tamen quandoque quod aliquis dormiens syllogizat. Ergo non impeditur iudicium intellectus per ligamentum sensus.

SED CONTRA est quod in dormiendo ea quae contra licitos mores contingunt, non imputantur ad peccatum; ut Augustinus in XII *super Gen. ad litt.*[2] dicit. Hoc autem non esset si homo in dormiendo liberum usum rationis et intellectus haberet. Ergo impeditur rationis usus per ligamentum sensus.

RESPONDEO dicendum quod, sicut dictum est[3], proprium obiectum intellectui nostro proportionatum est natura rei sensibilis. Iudicium autem perfectum de re aliqua dari non potest, nisi ea omnia quae ad rem pertinent cognoscantur; et praecipue si ignoretur id quod est terminus et finis iudicii. Dicit autem Philosophus, in III *de Caelo*[4], quod *sicut finis factivae scientiae est opus, ita naturalis scientiae finis est quod videtur principaliter secundum sensum*: faber enim non quaerit cognitionem cultelli nisi propter opus, ut operetur hunc particularem cultellum; et similiter naturalis non quaerit cognoscere naturam lapidis et equi, nisi ut sciat rationes eorum quae videntur secundum sensum. Manifestum est autem quod non posset esse perfectum iudicium fabri de cultello, si opus ignoraret: et similiter non potest esse perfectum iudicium scientiae naturalis de rebus naturalibus, si sensibilia ignorentur. Omnia autem quae in praesenti statu intelligimus, cognoscuntur a nobis per comparationem ad res sensibiles naturales. Unde impossibile est quod sit in nobis iudicium intellectus perfectum, cum ligamento sensus, per quem res sensibiles cognoscimus.

Artigo 8
O juízo do intelecto é impedido pelo impedimento do sentido?

QUANTO AO OITAVO, ASSIM SE PROCEDE: parece que o juízo do intelecto **não** é impedido pelo impedimento do sentido.
1. Com efeito, o que é superior não depende do inferior. Ora, o juízo do intelecto está acima do sentido. Logo, o juízo do intelecto não é impedido pelo impedimento do sentido.
2. ALÉM DISSO, raciocinar é um ato do intelecto. Ora, no sono o sentido está impedido, como se diz em *Sono e Vigília*. Acontece, entretanto, que, às vezes, se raciocina dormindo. Logo, o juízo do intelecto não é impedido pelo impedimento do sentido.

EM SENTIDO CONTRÁRIO, o que acontece de contrário aos bons costumes, durante o sono, não é imputável como um pecado, diz Agostinho. Não haveria isso se o homem tivesse, dormindo, o livre uso da razão e do intelecto. Portanto, o uso da razão é impedido pelo impedimento do sentido.

RESPONDO. O objeto próprio proporcionado a nosso intelecto é a natureza da coisa sensível, já o dissemos. Ora, não se pode julgar perfeitamente uma coisa, se não se conhece tudo o que a ela se refere, e sobretudo se se ignoram o termo e o fim do julgamento. Segundo o Filósofo, no livro III do *Céu*, "da mesma forma que a obra é o fim da ciência prática, assim o fim da ciência da natureza é principalmente o dado dos sentidos". O ferreiro não se preocupa em conhecer uma faca senão em vista do trabalho que ela faz, para que possa fabricá-la. Igualmente, o cientista da natureza não busca conhecer a natureza da pedra e do cavalo senão para conhecer as razões das coisas que são percebidas pelos sentidos. É evidente que o ferreiro não pode julgar perfeitamente a faca se ignora o trabalho que ela faz, como não pode o cientista da natureza julgar perfeitamente as coisas naturais se ignora as coisas sensíveis. Tudo o que conhecemos na vida presente, conhecemo-lo por comparação com as coisas naturais sensíveis. Não podemos, portanto, ter um juízo do intelecto perfeito pelo qual conhecemos as coisas sensíveis, quando os sentidos estão impedidos.

---

8 PARALL.: II-II, q. 154, a. 5; III *Sent.*, dist. 15; q. 2, a. 3, q.la 2, ad 2; *De Verit.*, q. 12, a. 3, ad 1 sqq.; q. 28, a. 3, ad 6.

1. C. 1: 454.
2. C. 15: ML 34, 466.
3. A. praec.
4. C. 7: 306, a, 16-17.

AD PRIMUM ergo dicendum quod, quamvis intellectus sit superior sensu, accipit tamen aliquo modo a sensu, et eius obiecta prima et principalia in sensibilibus fundantur. Et ideo necesse est quod impediatur iudicium intellectus ex ligamento sensus.

AD SECUNDUM dicendum quod sensus ligatur in dormientibus propter evaporationes quasdam et fumositates resolutas, ut dicitur in libro *de Somn. et Vig.*[5]. Et ideo secundum dispositionem huiusmodi evaporationum, contingit esse ligamentum sensus maius vel minus. Quando enim multus fuerit motus vaporum, ligatur non solum sensus, sed etiam imaginatio, ita ut nulla appareant phantasmata; sicut praecipue accidit cum aliquis incipit dormire post multum cibum et potum. Si vero motus vaporum aliquantulum fuerit remissior, apparent phantasmata, sed distorta et inordinata; sicut accidit in febricitantibus. Si vero adhuc magis motus sedetur, apparent phantasmata ordinata; sicut maxime solet contingere in fine dormitionis, et in hominibus sobriis et habentibus fortem imaginationem. Si autem motus vaporum fuerit modicus, non solum imaginatio remanet libera, sed etiam ipse sensus communis ex parte solvitur; ita quod homo iudicat interdum in dormiendo ea quae videt somnia esse, quasi diiudicans inter res et rerum similitudines. Sed tamen ex aliqua parte remanet sensus communis ligatus; et ideo, licet aliquas similitudines discernat a rebus, tamen semper in aliquibus decipitur. — Sic igitur per modum quo sensus solvitur et imaginatio in dormiendo, liberatur et iudicium intellectus, non tamen ex toto. Unde illi qui dormiendo syllogizant, cum excitantur, semper recognoscunt se in aliquo defecisse.

QUANTO AO 1º, portanto, deve-se dizer que embora o intelecto seja superior aos sentidos, depende, entretanto, deles de certa forma. Seus objetos imediatos e principais fundam-se nas coisas sensíveis. Assim é necessário que o juízo do intelecto seja impedido pelo impedimento do sentido.

QUANTO AO 2º, deve-se dizer que o sentido está impedido durante o sono em razão de certas evaporações e de vapores que se dissolvem, como está dito no livro do *Sono e da Vigília*. Segundo o estado dessas evaporações, os sentidos se encontram mais ou menos ligados. Quando há um grande movimento de vapores, não só os sentidos estão ligados, mas a imaginação também, de tal modo que não aparecem representações imaginárias, sobretudo quando se adormece depois de ter comido e bebido muito. Quando o movimento dos vapores é mais lento, aparecem as representações imaginárias, mas deformadas e sem ordem; por exemplo, nos pacientes febris. Se o movimento é ainda mais calmo, aparecem representações imaginárias ordenadas; isso acontece sobretudo no fim do sono, e nos homens sóbrios e dotados de forte imaginação. Se o movimento dos vapores é fraco, não só a imaginação permanece livre, mas até o senso comum está parcialmente solto, a tal ponto que se julga por vezes dormindo que o que se vê é um sonho, como se discernisse as coisas reais de suas imagens. Entretanto, o senso comum permanece de alguma maneira impedido; por isso, embora distinga algumas imagens de suas realidades, ele se engana sempre em algumas delas. — Portanto, na medida em que o sentido e a imaginação estão livres durante o sono, também está o juízo do intelecto, mas não totalmente. Em consequência, aqueles que raciocinam dormindo reconhecem sempre ao despertar que se enganaram em algo[1].

---

5. C. 3: 457.

1. Essas interessantes observações sobre o papel do pensamento no sono e no sonho precisariam naturalmente ser completadas pela noção de funcionamento do inconsciente no interior do imaginário.

QUAESTIO LXXXV
DE MODO ET ORDINE INTELLIGENDI
in octo articulos divisa

Deinde considerandum est de modo et ordine intelligendi.

Et circa hoc quaeruntur octo.

QUESTÃO 85
O MODO E A ORDEM DE CONHECER
em oito artigos

A seguir devem-se considerar o modo e a ordem do conhecer.

A esse respeito são oito as perguntas:

Primo: utrum intellectus noster intelligat abstrahendo species a phantasmatibus.
Secundo: utrum species intelligibiles abstractae a phantasmatibus, se habeant ad intellectum nostrum ut quod intelligitur, vel sicut id quo intelligitur.
Tertio: utrum intellectus noster naturaliter intelligat prius magis universale.
Quarto: utrum intellectus noster possit multa simul intelligere.
Quinto: utrum intellectus noster intelligat componendo et dividendo.
Sexto: utrum intellectus possit errare.
Septimo: utrum unus possit eandem rem melius intelligere quam alius.
Octavo: utrum intellectus noster per prius cognoscat indivisibile quam divisibile.

1. Nosso intelecto conhece abstraindo as espécies das representações imaginárias?
2. As espécies inteligíveis abstraídas das representações imaginárias se referem a nosso intelecto como algo que se conhece ou algo em que se conhece?
3. Nosso intelecto conhece naturalmente antes o mais universal?
4. Nosso intelecto pode ao mesmo tempo conhecer muitas coisas?
5. Nosso intelecto conhece compondo e dividindo?
6. O intelecto pode errar?
7. Alguém pode conhecer a mesma coisa melhor que outro?
8. Nosso intelecto conhece antes o indivisível do que o divisível?

Articulus 1
Utrum intellectus noster intelligat res corporeas et materiales per abstractionem a phantasmatibus

Ad primum sic proceditur. Videtur quod intellectus noster non intelligat res corporeas et materiales per abstractionem a phantasmatibus.

1. Quicumque enim intellectus intelligit rem aliter quam sit, est falsus. Formae autem rerum materialium non sunt abstractae a particularibus, quorum similitudines sunt phantasmata. Si ergo intelligamus res materiales per abstractionem specierum a phantasmatibus, erit falsitas in intellectu nostro.

2. Praeterea, res materiales sunt res naturales, in quarum definitione cadit materia. Sed nihil potest intelligi sine eo quod cadit in definitione eius. Ergo res materiales non possunt intelligi sine materia. Sed materia est individuationis

Artigo 1
Nosso intelecto conhece as coisas corpóreas e materiais[a] por meio de abstração das representações imaginárias?

Quanto ao primeiro artigo, assim se procede: parece que nosso intelecto **não** conhece as coisas corpóreas e materiais por abstração das representações imaginárias.

1. Com efeito, qualquer intelecto que conhece uma coisa diferentemente do que ela é é falso. Ora, as formas das coisas materiais não são abstraídas das coisas particulares cujas semelhanças são as representações imaginárias. Logo, se conhecemos as coisas materiais, abstraindo as espécies das representações imaginárias, haverá falsidade no intelecto.

2. Além disso, as coisas materiais são coisas naturais em cuja definição entra a matéria. Ora nada se pode conhecer sem aquilo que cai em sua definição. Portanto, as coisas materiais não podem ser conhecidas sem a matéria. Mas a maté-

1 Parall.: Supra, q. 12, a. 4; *Cont. Gent.* II, 77; II *Metaphys.*, lect. 1.

a. Se o conhecimento humano pode começar apenas pelo sensível, o pensamento humano se inicia pela abstração. Ele abstrai, isto é, ele extrai a forma, a essência, aquilo mesmo que é *inteligível*, da matéria sensível individual que as representações imaginárias representam. Todas as respostas às objeções especificam a noção frequentemente tão mal compreendida da abstração:
  1) O espírito que abstrai não pensa a realidade universal como se ela existisse em estado separado.
  2) Existem graus na abstração. O espírito não abstrai de início a essência de *toda* matéria, mas *dessa* matéria individual. É o que ocorre quando ele pensa o homem. Ele pode contudo abstrair certas noções de *toda* matéria: é o que ocorre quando ele pensa o ato e a potência, o bem, o ser. A partir daí pode conhecer os seres imateriais.
  3) Abstrair não é produzir, construir um objeto de pensamento irreal: é revelar ao olhar da inteligência o que está na representação imaginária, na realidade concreta, mas libertando-a do individual (terceira, quarta e quinta objeções). Não se deve contrapor, portanto, a entidade abstrata à realidade concreta, mas distinguir a dimensão do real que atinge a inteligência daquela na qual se detém o sentido.

principium. Ergo res materiales non possunt intelligi per abstractionem universalis a particulari, quod est abstrahere species intelligibiles a phantasmatibus.

3. Praeterea, in III *de Anima*[1] dicitur quod phantasmata se habent ad animam intellectivam sicut colores ad visum. Sed visio non fit per abstractionem aliquarum specierum a coloribus, sed per hoc quod colores imprimunt in visum. Ergo nec intelligere contingit per hoc quod aliquid abstrahatur a phantasmatibus, sed per hoc quod phantasmata imprimunt in intellectum.

4. Praeterea, ut dicitur in III *de Anima*[2], in intellectiva anima sunt duo, scilicet intellectus possibilis, et agens. Sed abstrahere a phantasmatibus species intelligibiles non pertinet ad intellectum possibilem, sed recipere species iam abstractas. Sed nec etiam videtur pertinere ad intellectum agentem, qui se habet ad phantasmata sicut lumen ad colores, quod non abstrahit aliquid a coloribus, sed magis eis influit. Ergo nullo modo intelligimus abstrahendo a phantasmatibus.

5. Praeterea, Philosophus, in III *de Anima*[3], dicit quod *intellectus intelligit species in phantasmatibus*. Non ergo eas abstrahendo.

Sed contra est quod dicitur in III *de Anima*[4], quod *sicut res sunt separabiles a materia, sic circa intellectum sunt*. Ergo oportet quod materialia intelligantur inquantum a materia abstrahuntur, et a similitudinibus materialibus, quae sunt phantasmata.

Respondeo dicendum quod, sicut supra[5] dictum est, obiectum cognoscibile proportionatur virtuti cognoscitivae. Est autem triplex gradus cognoscitivae virtutis. Quaedam enim cognoscitiva virtus est actus organi corporalis, scilicet sensus. Et ideo obiectum cuiuslibet sensitivae potentiae est forma prout in materia corporali existit. Et quia huiusmodi materia est individuationis principium, ideo omnis potentia sensitivae partis est cognoscitiva particularium tantum. — Quaedam autem virtus cognoscitiva est quae neque est actus organi corporalis, neque est aliquo modo corporali materiae coniuncta, sicut intellectus angelicus.

ria é o princípio de individuação. Logo, as coisas materiais não podem ser conhecidas abstraindo o universal do particular, o que é abstrair as espécies inteligíveis das representações imaginárias.

3. Ademais, no livro III da *Alma* se diz que as representações imaginárias estão para a alma intelectual como as cores estão para a vista. Ora, a visão não se obtém por abstração de algumas espécies das cores, mas pelo fato de as cores se imprimirem na vista. Logo, conhecer não resulta de uma abstração das representações imaginárias, mas de uma impressão das representações imaginárias no intelecto.

4. Ademais, como se diz no livro III da *Alma*, há na alma intelectiva duas coisas, o intelecto possível e o intelecto agente. Ora, não pertence ao intelecto possível abstrair as espécies inteligíveis das representações imaginárias, mas receber as espécies já abstraídas. E nem mesmo parece pertencer ao intelecto agente, que está para as representações imaginárias como a luz para as cores, a qual nada abstrai das cores, mas antes as ilumina. Logo, de nenhum modo conhecemos abstraindo das representações imaginárias.

5. Ademais, o Filósofo diz, no livro III da *Alma*, que "o intelecto conhece as espécies nas representações imaginárias". Não é, portanto, abstraindo-as.

Em sentido contrário, diz o livro III da *Alma*: "Na medida em que as coisas são separáveis da matéria, elas dizem respeito ao intelecto". É preciso, pois, que as coisas materiais sejam conhecidas enquanto são abstraídas da matéria e das semelhanças materiais que são as representações imaginárias.

Respondo. O objeto cognoscível é, como foi dito, proporcionado à potência cognoscitiva. Ora há três graus da potência cognoscitiva. Uma é ato de um órgão corporal; é o sentido. Por isso, o objeto de toda potência sensível é a forma conforme existe em uma matéria corporal. Sendo essa matéria princípio da individuação, toda potência sensível só conhece os particulares. — Outra potência cognoscitiva não é ato de um órgão corporal e não está unida de nenhuma maneira à matéria corporal; é o intelecto angélico. Por isso o objeto dessa potência cognoscitiva é a forma subsistente sem a matéria. Embora conheçam as

---

1. C. 7: 431, a, 14-17.
2. C. 5: 430, a, 10-17.
3. C. 7: 431, b, 2-9q.
4. C. 4: 429, b, 18-22.
5. Q. 84, a. 7.

Et ideo huius virtutis cognoscitivae obiectum est forma sine materia subsistens: etsi enim materialia cognoscant, non tamen nisi in immaterialibus ea intuentur, scilicet vel in seipsis vel in Deo. — Intellectus autem humanus medio modo se habet: non enim est actus alicuius organi, sed tamen est quaedam virtus animae, quae est forma corporis, ut ex supra[6] dictis patet. Et ideo proprium eius est cognoscere formam in materia quidem corporali individualiter existentem, non tamen prout est in tali materia. Cognoscere vero id quod est in materia individuali, non prout est in tali materia, est abstrahere formam a materia individuali, quam repraesentant phantasmata. Et ideo necesse est dicere quod intellectus noster intelligit materialia abstrahendo a phantasmatibus; et per materialia sic considerata in immaterialium aliqualem cognitionem devenimus, sicut e contra angeli per immaterialia materialia cognoscunt.

Plato vero, attendens solum ad immaterialitatem intellectus humani, non autem ad hoc quod est corpori quodammodo unitus, posuit obiectum intellectus ideas separatas; et quod intelligimus, non quidem abstrahendo, sed magis abstracta participando, ut supra[7] dictum est.

AD PRIMUM ergo dicendum quod abstrahere contingit dupliciter. Uno modo, per modum compositionis et divisionis; sicut cum intelligimus aliquid non esse in alio, vel esse separatum ab eo. Alio modo, per modum simplicis et absolutae considerationis; sicut cum intelligimus unum, nihil considerando de alio. Abstrahere igitur per intellectum ea quae secundum rem non sunt abstracta, secundum primum modum abstrahendi, non est absque falsitate. Sed secundo modo abstrahere per intellectum quae non sunt abstracta secundum rem, non habet falsitatem; ut in sensibilibus manifeste apparet. Si enim intelligamus vel dicamus colorem non inesse corpori colorato, vel esse separatum ab eo, erit falsitas in opinione vel in oratione. Si vero consideremus colorem et proprietates eius, nihil considerantes de pomo colorato; vel quod sic intelligimus, etiam voce exprimamus; erit absque falsitate opinionis et orationis. Pomum enim non est de ratione coloris; et ideo nihil prohibet colorem intelligi, nihil intelligendo de pomo. — Similiter dico quod ea quae pertinent ad rationem speciei cuiuslibet rei materialis, puta lapidis aut hominis aut equi, possunt considerari

coisas materiais, não as conhecem senão vendo-as nas imateriais, a saber, em si mesmos ou em Deus. — O intelecto humano se põe no meio: não é ato de um órgão, mas é uma potência da alma, que é forma do corpo, como ficou demonstrado. Por isso, é sua propriedade conhecer a forma que existe individualizada em uma matéria corporal, mas não essa forma enquanto está em tal matéria. Ora, conhecer dessa maneira, é abstrair a forma da matéria individual, que as representações imaginárias significam. Pode-se, portanto, dizer que nosso intelecto conhece as coisas materiais abstraindo das representações imaginárias. E mediante as coisas materiais consideradas dessa maneira, chegamos a um conhecimento das coisas imateriais, enquanto os anjos ao contrário, conhecem as coisas materiais pelas imateriais.

Platão atento só à imaterialidade do intelecto humano, e não à sua união com o corpo, afirmou as ideias separadas como objeto do intelecto, que conhecemos não abstraindo, mas antes participando do que se abstraiu, como acima se disse.

QUANTO AO 1º, pois, deve-se dizer que há dois modos de abstração. O primeiro, por composição e divisão: quando conhecemos que uma coisa não está em outra, ou que está separada dela. O segundo, por uma consideração simples e absoluta: quando conhecemos um objeto, nada considerando de um outro. Se o intelecto abstrai, segundo o primeiro modo, separando coisas que na realidade não são separadas, isso implica um erro. Mas se procede segundo o segundo modo, isto não é falso, como vemos claramente nas coisas sensíveis. Se, com efeito, conhecêssemos ou disséssemos que a cor não se encontra no corpo colorido, ou que dele está separada, nossa opinião ou nosso dizer seriam falsos. Mas se considera-mos a cor e suas propriedades, sem dar atenção ao fruto colorido, tanto o que assim conhecemos como o que dizemos serão isentos de falsidade. O fruto não pertence à razão da cor; por isso, nada impede que se conheça a cor, sem que se conheça de alguma forma o fruto. — Do mesmo modo, o que pertence à razão da espécie de uma coisa material qualquer, por exemplo, uma pedra, um homem, um cavalo, pode ser considerado sem os

---

6. Q. 76, a. 1.
7. Q. 84, a. 1.

sine principiis individualibus, quae non sunt de ratione speciei. Et hoc est abstrahere universale a particulari, vel speciem intelligibilem a phantasmatibus, considerare scilicet naturam speciei absque consideratione individualium principiorum, quae per phantasmata repraesentantur.

Cum ergo dicitur quod intellectus est falsus qui intelligit rem aliter quam sit, verum est si ly *aliter* referatur ad rem intellectam. Tunc enim intellectus est falsus, quando intelligit rem esse aliter quam sit. Unde falsus esset intellectus, si sic abstraheret speciem lapidis a materia, ut intelligeret eam non esse in materia, ut Plato posuit[8]. Non est autem verum quod proponitur, si ly *aliter* accipiatur ex parte intelligentis. Est enim absque falsitate ut alius sit modus intelligentis in intelligendo, quam modus rei in existendo: quia intellectum est in intelligente immaterialiter, per modum intellectus; non autem materialiter, per modum rei materialis.

AD SECUNDUM dicendum quod quidam putaverunt quod species rei naturalis sit forma solum, et quod materia non sit pars speciei. Sed secundum hoc, in definitionibus rerum naturalium non poneretur materia. Et ideo aliter dicendum est, quod materia est duplex, scilicet communis, et signata vel individualis: communis quidem, ut caro et os; individualis autem, ut hae carnes et haec ossa. Intellectus igitur abstrahit speciem rei naturalis a materia sensibili individuali, non autem a materia sensibili communi. Sicut speciem hominis abstrahit ab his carnibus et his ossibus, quae non sunt de ratione speciei, sed sunt partes individui, ut dicitur in VII *Metaphys*.[9]; et ideo sine eis considerari potest. Sed species hominis non potest abstrahi per intellectum a carnibus et ossibus.

Species autem mathematicae possunt abstrahi per intellectum a materia sensibili non solum individuali, sed etiam communi; non tamen a materia intelligibili communi, sed solum individuali. Materia enim sensibilis dicitur materia corporalis secundum quod subiacet qualitatibus sensibilibus, scilicet calido et frigido, duro et molli, et huiusmodi. Materia vero intelligibilis dicitur substantia secundum quod subiacet quantitati. Manifestum

princípios individuais, que não pertencem à razão da espécie. Isso é abstrair o universal do particular, ou a espécie inteligível das representações imaginárias, isto é, considerar a natureza da espécie, sem considerar os princípios individuais, significados pelas representações imaginárias.

Por conseguinte, quando se diz que o intelecto está em erro quando conhece uma coisa diferentemente do que é, diz-se uma verdade se o termo *diferentemente* se refere à coisa conhecida. Está em erro, com efeito, o intelecto, quando conhece uma coisa diferentemente do que é. Exemplo: abstrair a espécie da pedra da matéria, de sorte que a conhecesse não existindo na matéria, à maneira de Platão. Mas não se diz a verdade se o termo *diferentemente* se refere àquele que conhece. Não é errôneo admitir que um é o modo de ser daquele que conhece, em seu ato de conhecer, e outro o modo de ser da coisa em seu ato de existir. Pois o inteligido está imaterialmente naquele que conhece, segundo a natureza do intelecto, mas não materialmente, segundo a natureza da coisa material.

QUANTO AO 2º, deve-se dizer que alguns julgaram que a espécie das coisas naturais seria somente a forma, e que a matéria não seria uma parte da espécie. Conforme essa opinião, não caberia a matéria na definição das coisas naturais. Por isso, deve-se dizer diferentemente. Há duas matérias: uma, comum, e outra, designada ou individual. A matéria comum é, por exemplo, a carne e os ossos; a matéria individual, essas carnes e esses ossos. O intelecto abstrai, portanto, a espécie da coisa natural da matéria sensível individual, mas não da matéria sensível comum. Por exemplo, ele abstrai a espécie de homem, dessas carnes e desses ossos que não pertencem à razão da espécie, mas são partes do indivíduo, como se diz no livro VII da *Metafísica*; e por isso a espécie pode ser considerada sem essas partes. Mas a espécie homem não pode ser abstraída pelo intelecto da carne e dos ossos.

As espécies matemáticas podem ser abstraídas da matéria sensível não somente individual, mas também comum; não todavia da matéria inteligível comum, mas somente individual. A matéria sensível é a matéria corporal enquanto é o sujeito das qualidades sensíveis, como o frio e o quente, o duro e o mole etc. A matéria inteligível é a substância enquanto é o sujeito da quantidade. Ora, é evidente que a quantidade está presente na

---

8. Cfr. supra.
9. C. 10: 1035, b, 33 — 1036, a, 13.

est autem quod quantitas prius inest substantiae quam qualitates sensibiles. Unde quantitates, ut numeri et dimensiones et figurae, quae sunt terminationes quantitatum, possunt considerari absque qualitatibus sensibilibus, quod est eas abstrahi a materia sensibili: non tamen possunt considerari sine intellectu substantiae quantitati subiectae, quod esset eas abstrahi a materia intelligibili communi. Possunt tamen considerari sine hac vel illa substantia; quod est eas abstrahi a materia intelligibili individuali.

Quaedam vero sunt quae possunt abstrahi etiam a materia intelligibili communi, sicut ens, unum, potentia et actus, et alia huiusmodi, quae etiam esse possunt absque omni materia, ut patet in substantiis immaterialibus. — Et quia Plato non consideravit quod dictum est[10] de duplici modo abstractionis, omnia quae diximus abstrahi per intellectum, posuit abstracta esse secundum rem.

AD TERTIUM dicendum quod colores habent eundem modum existendi prout sunt in materia corporali individuali, sicut et potentia visiva: et ideo possunt imprimere suam similitudinem in visum. Sed phantasmata, cum sint similitudines individuorum, et existant in organis corporeis, non habent eundem modum existendi quem habet intellectus humanus, ut ex dictis[11] patet: et ideo non possunt sua virtute imprimere in intellectum possibilem. Sed virtute intellectus agentis resultat quaedam similitudo in intellectu possibili ex conversione intellectus agentis supra phantasmata, quae quidem est repraesentativa eorum quorum sunt phantasmata, solum quantum ad naturam speciei. Et per hunc modum dicitur abstrahi species intelligibilis a phantasmatibus: non quod aliqua eadem numero forma, quae prius fuit in phantasmatibus, postmodum fiat in intellectu possibili, ad modum quo corpus accipitur ab uno loco et transfertur ad alterum.

substância antes que as qualidades sensíveis. Daí que os modos da quantidade, como os números, dimensões, figuras, que são seus limites, podem ser considerados sem as qualidades sensíveis, o que é abstrair da matéria sensível; mas não podem ser considerados sem o conhecimento da substância, subjacente à quantidade, o que seria abstrair da matéria inteligível comum. Pode-se, no entanto, considerá-los sem tal ou tal substância, e isto é abstrair da matéria inteligível individual[b].

Algumas coisas podem ser abstraídas mesmo da matéria inteligível comum. Por exemplo, o ente, o uno, a potência e o ato; e outras, ainda, que podem existir sem nenhuma matéria, como é claro nas substâncias imateriais. — Como Platão não considerou o que foi dito dos dois modos de abstração, afirmava que tudo o que, segundo nossa opinião, é abstraído pelo intelecto, existia realmente separado.

QUANTO AO 3º, deve-se dizer que as cores existem da mesma maneira tanto na matéria corporal individual como na potência de ver. Elas podem, por isso, imprimir sua semelhança na vista. Mas as representações imaginárias, que são semelhanças de coisas individuais e existem em órgãos corporais, não têm o mesmo modo de existir que tem o intelecto humano, como fica claro pelo que dissemos. Não podem, pois, por sua própria ação, imprimir-se no intelecto possível. Mas, pela ação do intelecto agente, voltando-se para as representações imaginárias, se produz certa semelhança no intelecto possível; essa semelhança é representativa das coisas de que se têm representações imaginárias, somente quanto à natureza específica. E é nesse sentido que se diz que a espécie inteligível é abstraída das representações imaginárias, mas isso não significa que uma forma, numericamente a mesma, que antes estava nas representações

---

10. In resp. ad 1.
11. In corp.

b. Matéria natural, matéria sensível, matéria individual, matéria comum, matéria inteligível (individual e comum)... como distingui-las? Trata-se de estudar minuciosamente esse texto sutil e penetrante.
   A "matéria natural" é a matéria tal como existe na natureza das coisas: quantificada, individualizada, revestida de qualidades diversas. Ela é o objeto do conhecimento sensível, que só atinge portanto o individual, "esse" ser material, "essa" carne, "esses" ossos: a matéria sensível individual. A matéria comum (que só existe como tal na natureza das coisas) é a matéria livre mediante uma primeira abstração, não pelo fato de ser individual e possuir qualidades sensíveis e propriedades características (isso faz parte de sua essência), mas dessa individualidade, *dessa* individuação. Dessa matéria sensível comum pode-se abstrair, todavia, o fato de que é sensível, e nela considerar apenas a quantidade. A matéria que se tem diante do espírito será intitulada então matéria inteligível. É a abstração matemática. Contudo, não se poderá assim mesmo abstrair (sem o que não restaria nada de material) da substância subjacente a quantidade, e que é, por sua natureza, material. Ao abstrair da matéria inteligível individual não se abstrai portanto da matéria inteligível comum. Tal matéria, reduzida à quantidade, será a de Descartes. No entanto, ela não existe como tal na natureza das coisas.

AD QUARTUM dicendum quod phantasmata et illuminantur ab intellectu agente; et iterum ab eis, per virtutem intellectus agentis, species intelligibiles abstrahuntur. Illuminantur quidem, quia, sicut pars sensitiva ex coniunctione ad intellectivam efficitur virtuosior, ita phantasmata ex virtute intellectus agentis redduntur habilia ut ab eis intentiones intelligibiles abstrahantur. Abstrahit autem intellectus agens species intelligibiles a phantasmatibus, inquantum per virtutem intellectus agentis accipere possumus in nostra consideratione naturas specierum sine individualibus conditionibus, secundum quarum similitudines intellectus possibilis informatur.

AD QUINTUM dicendum quod intellectus noster et abstrahit species intelligibiles a phantasmatibus, inquantum considerat naturas rerum in universali; et tamen intelligit eas in phantasmatibus, quia non potest intelligere etiam ea quorum species abstrahit, nisi convertendo se ad phantasmata, ut supra[12] dictum est.

ARTICULUS 2
Utrum species intelligibiles a phantasmatibus abstractae, se habeant ad intellectum nostrum sicut id quod intelligitur

AD SECUNDUM SIC PROCEDITUR. Videtur quod species intelligibiles a phantasmatibus abstractae, se habeant ad intellectum nostrum sicut id quod intelligitur.
1. Intellectum enim in actu est in intelligente: quia intellectum in actu est ipse intellectus in actu. Sed nihil de re intellecta est in intellectu actu in-

imaginárias se encontre em seguida no intelecto possível, à maneira como um corpo, tirado de um lugar, é transportado para outro.

QUANTO AO 4º, deve-se dizer que as representações imaginárias não somente recebem a luz do intelecto agente, como também é deles que são abstraídas as espécies inteligíveis pela ação desse intelecto. Recebem uma luz: com efeito, do mesmo modo que a parte sensível adquire uma força maior por causa de sua união com a parte intelectiva, assim as representações imaginárias, pela ação do intelecto agente, se tornam mais aptas a que as intenções inteligíveis sejam delas abstraídas. E o intelecto agente abstrai as espécies inteligíveis das representações imaginárias: na medida em que, pela ação do intelecto agente, somos capazes de considerar as naturezas específicas sem as condições individuais, e são as semelhanças dessas naturezas que informam o intelecto possível.

QUANTO AO 5º, deve-se dizer que nosso intelecto não somente abstrai as espécies inteligíveis das representações imaginárias, enquanto considera as naturezas das coisas de modo universal, mas também conhece essas naturezas nas representações imaginárias, porque não pode conhecer, sem se voltar para as representações imaginárias, até mesmo as coisas de que abstrai as espécies inteligíveis, como acima foi dito.

ARTIGO 2
As espécies inteligíveis abstraídas das representações imaginárias se referem a nosso intelecto como aquilo que é conhecido?[c]

QUANTO AO SEGUNDO, ASSIM SE PROCEDE: parece que as espécies inteligíveis abstraídas das representações imaginárias se **referem** a nosso intelecto como aquilo que é conhecido.
1. Com efeito, o inteligido em ato está naquele que conhece, porque o inteligido em ato é o próprio intelecto em ato. Ora, nada da coisa conhecida

---

12. Q. 84, a. 7.

2 PARALL.: *Cont. Gent.* II, 75; IV, 11; *De Verit.*, q. 10, a. 9; *De Spirit. Creat.*, a. 9, ad 6; *Compend. Theol.*, c. 85; III *de Anima*, lect. 8.

c. Atingimos aqui o ponto em que atua o realismo do conhecimento. Sabemos que só se pode conhecer a realidade pela mediação de "espécies", de "semelhanças" (imagens, conceitos). O objeto do pensamento é o conceito ou, por seu intermédio, a própria realidade? Contrariamente ao que dirá Descartes (a ideia é uma "pintura" da realidade, sem qualquer garantia — além da divina, providencial — de semelhança), Sto. Tomás afirma: o que conheço não é a imagem ou o conceito, é a própria realidade representada pela imagem ou pelo conceito.

telligente, nisi species intelligibilis abstracta. Ergo huiusmodi species est ipsum intellectum in actu.

2. PRAETEREA, intellectum in actu oportet in aliquo esse: alioquin nihil esset. Sed non est in re quae est extra animam: quia, cum res extra animam sit materialis, nihil quod est in ea, potest esse intellectum in actu. Relinquitur ergo quod intellectum in actu sit in intellectu. Et ita nihil est aliud quam species intelligibilis praedicta.

3. PRAETEREA, Philosophus dicit, in I *Periherm.*[1], quod *voces sunt notae earum quae sunt in anima passionum.* Sed voces significant res intellectas: id enim voce significamus quod intelligimus. Ergo ipsae passiones animae, scilicet species intelligibiles, sunt ea quae intelliguntur in actu.

SED CONTRA, species intelligibilis se habet ad intellectum, sicut species sensibilis ad sensum. Sed species sensibilis non est illud quod sentitur, sed magis id quo sensus sentit. Ergo species intelligibilis non est quod intelligitur actu, sed id quo intelligit intellectus.

RESPONDEO dicendum quod quidam posuerunt quod vires cognoscitivae quae sunt in nobis, nihil cognoscunt nisi proprias passiones; puta quod sensus non sentit nisi passionem sui organi. Et secundum hoc, intellectus nihil intelligit nisi suam passionem, idest speciem intelligibilem in se receptam. Et secundum hoc, species huiusmodi est ipsum quod intelligitur.

Sed haec opinio manifeste apparet falsa ex duobus. Primo quidem, quia eadem sunt quae intelligimus, et de quibus sunt scientiae. Si igitur ea quae intelligimus essent solum species quae sunt in anima, sequeretur quod scientiae omnes non essent de rebus quae sunt extra animam, sed solum de speciebus intelligibilibus quae sunt in anima; sicut secundum Platonicos omnes scientiae sunt de ideis, quas ponebant esse intellectas in actu[2]. — Secundo, quia sequeretur error antiquorum dicentium quod *omne quod videtur est verum*; et sic quod contradictoriae essent simul verae. Si enim potentia non cognoscit nisi propriam passionem, de ea solum iudicat. Sic autem videtur aliquid, secundum quod potentia cognoscitiva afficitur. Semper ergo iudicium potentiae cognoscitivae erit de eo quod iudicat, scilicet de

está no intelecto em ato de conhecer, a não ser a espécie inteligível abstraída. Logo, essa espécie é o próprio inteligido em ato.

2. ALÉM DISSO, o inteligido em ato deve existir em algo, pois de outra sorte seria nada. Ora, ele não está na coisa que existe fora da alma, porque sendo essa coisa material, nada do que nela está pode ser inteligido em ato. Logo, o inteligido em ato está no intelecto, e é exatamente a espécie inteligível.

3. ADEMAIS, o Filósofo diz no livro *Sobre a interpretação*: "As palavras são sinais das impressões que há na alma". Ora, as palavras significam as coisas conhecidas, pois é pela palavra que exprimimos o que conhecemos. Logo, as impressões da alma, a saber, as espécies inteligíveis, são isso mesmo que nós conhecemos em ato.

EM SENTIDO CONTRÁRIO, a relação entre a espécie inteligível e o intelecto é a mesma que se dá entre a espécie sensível e os sentidos. Ora, a espécie sensível não é o que é sentido, mas aquilo pelo qual o sentido sente. Portanto, a espécie inteligível não é o inteligido em ato, mas aquilo pelo qual o intelecto conhece.

RESPONDO. Alguns afirmaram que nossas potências cognoscitivas não conhecem senão suas próprias impressões; por exemplo, o sentido não sente senão a impressão de seu órgão. E nessa teoria, o intelecto não conhece senão sua impressão, que é a espécie inteligível recebida. E em consequência, a espécie inteligível é o que é conhecido.

Mas essa opinião é evidentemente falsa, por duas razões. Primeira: porque é o mesmo o que conhecemos e aquilo de que trata as ciências. Se, pois, aquilo que conhecemos fosse somente as espécies que estão na alma, todas as ciências não seriam de coisas que estão fora da alma, mas somente das espécies inteligíveis que estão na alma. Por exemplo, para os platônicos, não há ciência senão das ideias, que, segundo eles, são conhecidas em ato. — Segunda razão: porque se chegaria ao erro dos antigos que diziam que *tudo o que parece é verdadeiro*, e assim afirmações contraditórias seriam ao mesmo tempo verdadeiras. Se, com efeito, uma potência não conhece senão sua própria impressão, só dela julga. Ora, uma coisa parece ser de tal maneira, conforme a potência cognoscitiva está afetada desse ou da-

---

1. C. 1: 16, a, 3-4.
2. Q. 84, a. 1.

propria passione, secundum quod est; et ita omne iudicium erit verum. Puta si gustus non sentit nisi propriam passionem, cum aliquis habens sanum gustum iudicat mel esse dulce, vere iudicabit; et similiter si ille qui habet gustum infectum, iudicet mel esse amarum, vere iudicabit: uterque enim iudicat secundum quod gustus eius afficitur. Et sic sequitur quod omnis opinio aequaliter erit vera, et universaliter omnis acceptio.

Et ideo dicendum est quod species intelligibilis se habet ad intellectum ut quo intelligit intellectus. Quod sic patet. Cum enim sit duplex actio, sicut dicitur IX *Metaphys.*[3], una quae manet in agente, ut videre et intelligere, altera quae transit in rem exteriorem, ut calefacere et secare; utraque fit secundum aliquam formam. Et sicut forma secundum quam provenit actio tendens in rem exteriorem, est similitudo obiecti actionis, ut calor calefacientis est similitudo calefacti; similiter forma secundum quam provenit actio manens in agente, est similitudo obiecti. Unde similitudo rei visibilis est secundum quam visus videt; et similitudo rei intellectae, quae est species intelligibilis, est forma secundum quam intellectus intelligit.

Sed quia intellectus supra seipsum reflectitur, secundum eandem reflexionem intelligit et suum intelligere, et speciem qua intelligit. Et sic species intellectiva secundario est id quod intelligitur. Sed id quod intelligitur primo, est res cuius species intelligibilis est similitudo.

Et hoc etiam patet ex antiquorum opinione, qui ponebant *simile simili cognosci.* Ponebant

quele modo. Portanto, o julgamento da potência cognoscitiva terá por objeto aquilo mesmo que ela julga, a saber, sua própria impressão, segundo o que ela é; e assim todo julgamento será verdadeiro. Por exemplo, se o gosto não sente senão sua própria impressão aquele que tem o gosto sadio julga o mel doce, julgará com verdade, e igualmente julgará com verdade aquele que tem o gosto imperfeito e que julga o mel amargo. Um e outro julgam segundo é afetado o próprio gosto. Por conseguinte, toda opinião será igualmente verdadeira, e de modo geral, toda significação.

Deve-se, portanto, dizer que a espécie inteligível está para o intelecto como aquilo pelo qual ele conhece. Isso se prova assim. Há duas espécies de ação, como se diz no livro IX da *Metafísica*. Uma que permanece no agente, como ver e conhecer; outra, a que passa a uma coisa exterior, como esquentar e cortar. Ora uma e outra supõem alguma forma. Assim como a forma pela qual se realiza a ação transitiva é a semelhança do objeto da ação, por exemplo, o calor do que esquenta é a semelhança do que é esquentado; assim também, a forma segundo a qual se realiza a ação imanente no agente é uma semelhança do objeto. De onde, a semelhança da coisa visível é a forma segundo a qual a vista vê, e a semelhança da coisa conhecida, a saber, a espécie inteligível, é a forma segundo a qual o intelecto conhece.

Mas porque o intelecto reflete sobre si mesmo, pela mesma reflexão conhece seu ato de conhecer, e a espécie pela qual conhece. Assim, a espécie inteligível é o que é conhecido em segundo lugar. Mas o que é primeiramente conhecido, é a coisa da qual a espécie inteligível é a semelhança[d].

Podemos prová-lo, ainda, servindo-nos da teoria antiga que afirmava que *o semelhante é co-*

---

3. C. 8: 1050, a, 23 — b, 2.

d. Raciocínio incompreensível se se desconhece o caráter dinâmico do pensamento. Pensar é um ato, o ato do espírito pelo qual ele se apodera da realidade inteligível e a faz sua, ao mesmo tempo em que a pensa diante de si. União e identificação irredutíveis a qualquer outra união e identificação, testemunhadas apenas pela experiência do conhecimento, o qual se dá inexoravelmente como afirmação de um real. Em tal atividade, inteiramente imanente, a "espécie inteligível" desempenha o papel de forma, ou seja, de princípio, e não de termo, princípio que explica que o ato de pensar termina em determinada realidade inteligível e não em outra. Na verdade, na teoria completa do conhecimento, seria preciso dizer que o ato de conhecer se conclui e se exprime na produção de um conceito emanado do próprio sujeito, e que é a réplica, mas ativamente produzida, da espécie inteligível impressa no espírito. No entanto, não mais do que esta, o conceito não é objeto direto do ato de pensamento. Ele é aquilo mediante o qual é apreendida a realidade da qual ele é semelhança.

Na semelhança (imagem, conceito), é o próprio real, portanto, que é atingido. O objeto do pensamento é o real, e não uma construção do espírito. Isso provém do fato de que a semelhança da qual se trata é "intencional": ela é *apenas* semelhança do outro, e *só* se dá como tal. Essa noção de intencionalidade é característica do domínio do conhecimento. A consciência é, em seu ser, voltada para o outro. As chamadas "espécies", "imagens", representações imaginárias, "conceitos" só possuem realidade em relação àquilo do qual são a "semelhança". A "intencionalidade", essa aptidão a ser o que não se é, faz parte da natureza do espírito, contraposto nisso à natureza da matéria ("a matéria determina a forma a ser uma coisa somente").

enim quod anima per terram quae in ipsa erat, cognosceret terram quae extra ipsam erat; et sic de aliis. Si ergo accipiamus speciem terrae loco terrae, secundum doctrinam Aristotelis, qui dicit quod[4] *lapis non est in anima, sed species lapidis*; sequetur quod anima per species intelligibiles cognoscat res quae sunt extra animam.

AD PRIMUM ergo dicendum quod intellectum est in intelligente per suam similitudinem. Et per hunc modum dicitur quod intellectum in actu est intellectus in actu, inquantum similitudo rei intellectae est forma intellectus; sicut similitudo rei sensibilis est forma sensus in actu. Unde non sequitur quod species intelligibilis abstracta sit id quod actu intelligitur, sed quod sit similitudo eius.

AD SECUNDUM dicendum quod, cum dicitur *intellectum in actu*, duo importantur: scilicet res quae intelligitur, et hoc quod est ipsum intelligi. Et similiter cum dicitur *universale abstractum*, duo intelliguntur: scilicet ipsa natura rei, et abstractio seu universalitas. Ipsa igitur natura cui accidit vel intelligi vel abstrahi, vel intentio universalitatis, non est nisi in singularibus; sed hoc ipsum quod est intelligi vel abstrahi, vel intentio universalitatis, est in intellectu. Et hoc possumus videre per simile in sensu. Visus enim videt colorem pomi sine eius odore. Si ergo quaeratur ubi sit color qui videtur sine odore, manifestum est quod color qui videtur, non est nisi in pomo; sed quod sit sine odore perceptus, hoc accidit ei ex parte visus, inquantum in visu est similitudo coloris et non odoris. Similiter humanitas quae intelligitur, non est nisi in hoc vel in illo homine: sed quod humanitas apprehendatur sine individualibus conditionibus, quod est ipsam abstrahi, ad quod sequitur intentio universalitatis, accidit humanitati secundum quod percipitur ab intellectu, in quo est similitudo naturae speciei, et non individualium principiorum.

AD TERTIUM dicendum quod in parte sensitiva invenitur duplex operatio. Una secundum solam immutationem: et sic perficitur operatio sensus per hoc quod immutatur a sensibili. Alia operatio est formatio, secundum quod vis imaginativa format sibi aliquod idolum rei absentis, vel etiam nunquam visae. Et utraque haec operatio coniungitur in intellectu. Nam primo quidem consideratur passio intellectus possibilis secundum quod infor-

nhecido pelo semelhante. Com efeito, afirmavam que a alma conheceria, pela terra que está nela, a terra que está fora, e assim por diante. Se em lugar da terra, tomamos a espécie da terra, segundo a doutrina de Aristóteles que declara: "A pedra não está na alma, mas a espécie da pedra", segue-se que é por meio das espécies inteligíveis que a alma conhece as coisas que estão fora dela.

QUANTO AO 1º, portanto, deve-se dizer que o inteligido está no que conhece por semelhança. É por isso que se diz que o inteligido em ato é o intelecto em ato, enquanto a semelhança da coisa conhecida é a forma do intelecto, como a semelhança da coisa sensível é a forma do sentido em ato. Não se pode, portanto, concluir que a espécie inteligível abstraída é aquilo que se conhece em ato, mas que é sua semelhança.

QUANTO AO 2º, deve-se dizer que quando se diz "o inteligido em ato", duas coisas estão implicadas: a coisa que se conhece, e o ato mesmo de se conhecer. Da mesma forma, quando se diz *universal abstraído*, conhece-se tanto a natureza da coisa, como a abstração ou a universalidade. Pois a mesma natureza, a que acontece ser conhecida, abstraída, ou universalizada, não existe senão nos singulares, mas o ato mesmo de ser conhecida, abstraída, universalizada, está no intelecto. Podemos ver isso por um exemplo tomado dos sentidos. A vista vê a cor da maçã, sem seu odor. Se, portanto, se pergunta onde está a cor que é vista sem o odor, é claro que é somente na maçã, mas que ela seja percebida sem o odor, isso acontece por parte da vista, porque há na vista a semelhança de cor e não do odor. Igualmente, a humanidade conhecida existe só em tal ou tal homem. Mas que a humanidade seja apreendida sem as condições individuais, no que está a abstração, da qual resulta a ideia universal, isso lhe acontece enquanto é percebida pelo intelecto, no qual se encontra a semelhança da natureza específica, e não a dos princípios individuais.

QUANTO AO 3º, deve-se dizer que há na parte sensível duas operações. Uma que é só por mutação. Por exemplo, a operação dos sentidos se realiza quando o sentido é modificado pelo sensível. A outra é a formação, pela qual a imaginação forma para si a imagem de uma coisa ausente ou jamais vista. Uma e outra operação reúnem-se no intelecto. Observa-se primeiro uma impressão do intelecto possível, enquanto recebe a forma

---

4. *De Anima*, l. III, c. 8: 431, b, 28 — 432, a. 3.

matur specie intelligibili. Qua quidem formatus, format secundo vel definitionem vel divisionem vel compositionem, quae per vocem significatur. Unde ratio quam significat nomen, est definitio; et enuntiatio significat compositionem et divisionem intellectus. Non ergo voces significant ipsas species intelligibiles; sed ea quae intellectus sibi format ad iudicandum de rebus exterioribus.

da espécie inteligível. Assim formado, ele forma em segundo lugar uma definição, uma divisão ou uma composição, o que é expresso pela palavra[e]. Portanto, a razão significada pelo nome é a definição, e a proposição exprime o ato intelectual de compor e de dividir. As palavras não designam, pois, as espécies inteligíveis, mas aquilo que o intelecto forma para julgar as coisas exteriores.

Articulus 3
Utrum magis universalia sint priora in nostra cognitione intellectuali

Ad tertium sic proceditur. Videtur quod magis universalia non sint priora in nostra cognitione intellectuali.

1. Quia ea quae sunt priora et notiora secundum naturam, sunt posteriora et minus nota secundum nos. Sed universalia sunt priora secundum naturam: quia *prius est a quo non convertitur subsistendi consequentia*[1]. Ergo universalia sunt posteriora in cognitione nostri intellectus.

2. Praeterea, composita sunt priora quoad nos quam simplicia. Sed universalia sunt simpliciora. Ergo sunt posterius nota quoad nos.

3. Praeterea, Philosophus dicit, in I *Physic*.[2] quod definitum prius cadit in cognitione nostra quam partes definitionis. Sed universaliora sunt partes definitionis minus universalium, sicut *animal* est pars definitionis hominis. Ergo universalia sunt posterius nota quoad nos.

4. Praeterea, per effectus devenimus in causas et principia. Sed universalia sunt quaedam principia. Ergo universalia sunt posterius nota quoad nos.

Sed contra est quod dicitur in I *Physic*.[3], quod *ex universalibus in singularia oportet devenire*.

Respondeo dicendum quod in cognitione nostri intellectus duo oportet considerare. Primo quidem, quod cognitio intellectiva aliquo modo a sensitiva primordium sumit. Et quia sensus est singularium,

Artigo 3
O que é mais universal é anterior em nosso conhecimento intelectual?

Quanto ao terceiro, assim se procede: parece que o que é mais universal é anterior em nosso conhecimento intelectual.

1. Com efeito, as coisas que são anteriores e mais conhecidas segundo a natureza, são posteriores e menos conhecidas em relação a nós. Ora, o que é universal é anterior segundo a natureza: porque "é primeiro o que não implica reciprocidade nas condições de existência". Logo, o que é universal é posterior em nosso conhecimento intelectual.

2. Além disso, as coisas compostas, com relação a nós, são anteriores às simples. Ora, os universais são os mais simples. Logo, com relação a nós, são posteriormente conhecidos.

3. Ademais, o Filósofo diz no livro I da Física que o definido chega a nosso conhecimento antes das partes da definição. Ora, o mais universal faz parte da definição do menos universal, por exemplo: "*animal*" é parte da definição do homem. Logo, os universais, com relação a nós, são posteriormente conhecidos.

4. Ademais, é pelos efeitos que chegamos às causas e aos princípios. Ora os universais são princípios. Logo, com relação a nós, são posteriormente conhecidos.

Em sentido contrário, está dito no livro I da *Física* que se deve proceder do universal para o singular.

Respondo. Há duas coisas a considerar em nosso conhecimento. Primeiro, que esse conhecimento intelectual tem sua origem de algum modo no conhecimento sensível. Porque o sentido tem

---

3 Parall.: I *Poster*., lect. 4; I *Physic*., lect. 1.

1. *Categ*., c. 12: 14, a, 29-35.
2. C. 1: 184, a, 26 — b, 12.
3. C. 1: 184, a, 16-24.

e. O papel "construtivo" do pensamento humano surge aqui em um resumo bastante expressivo. Todavia, só se desenvolve a partir da percepção do real.

intellectus autem universalium; necesse est quod cognitio singularium, quoad nos, prior sit quam universalium cognitio.

Secundo oportet considerare quod intellectus noster de potentia in actum procedit. Omne autem quod procedit de potentia in actum, prius pervenit ad actum incompletum, qui est medius inter potentiam et actum, quam ad actum perfectum. Actus autem perfectus ad quem pervenit intellectus, est scientia completa, per quam distincte et determinate res cognoscuntur. Actus autem incompletus est scientia imperfecta, per quam sciuntur res indistincte sub quadam confusione: quod enim sic cognoscitur, secundum quid cognoscitur in actu, et quodammodo in potentia. Unde Philosophus dicit, in I *Physic*.[4], quod *sunt primo nobis manifesta et certa, confusa magis; posterius autem cognoscimus distinguendo distincte principia et elementa*. Manifestum est autem quod cognoscere aliquid in quo plura continentur, sine hoc quod habeatur propria notitia uniuscuiusque eorum quae continentur in illo, est cognoscere aliquid sub confusione quadam. Sic autem potest cognosci tam totum universale, in quo partes continentur in potentia, quam etiam totum integrale: utrumque enim totum potest cognosci in quadam confusione, sine hoc quod partes distincte cognoscantur. Cognoscere autem distincte id quod continetur in toto universali, est habere cognitionem de re minus communi. Sicut cognoscere animal indistincte, est cognoscere animal inquantum est animal; cognoscere autem animal distincte, est cognoscere animal inquantum est animal rationale vel irrationale, quod est cognoscere hominem vel leonem. Prius igitur occurrit intellectui nostro cognoscere animal quam cognoscere hominem: et eadem ratio est si comparemus quodcumque magis universale ad minus universale.

Et quia sensus exit de potentia in actum sicut et intellectus, idem etiam ordo cognitionis apparet in sensu. Nam prius secundum sensum diiudicamus magis commune quam minus commune, et secundum locum et secundum tempus. Secundum locum quidem, sicut, cum aliquid videtur a remotis, prius deprehenditur esse corpus, quam deprehendatur esse animal; et prius deprehenditur esse animal, quam deprehendatur esse homo; et prius homo, quam Socrates vel Plato. Secundum tempus autem, quia puer a principio prius distinguit hominem a non homine, quam distinguat hunc hominem ab alio homine; et ideo *pueri a principio appellant*

por objeto o singular, e o intelecto, o universal, é necessário que o conhecimento do singular, com relação a nós, seja anterior ao do universal.

Em segundo lugar, nosso intelecto procede da potência para o ato. Tudo o que procede assim, chega primeiramente ao ato incompleto, intermediário entre a potência e o ato, antes de chegar ao ato perfeito. Esse ato perfeito é a ciência acabada, pela qual se conhecem as coisas de maneira distinta e precisa. O ato incompleto, por sua vez, é uma ciência imperfeita pela qual se conhecem as coisas de maneira indistinta e confusa. Pois o que se conhece dessa forma é conhecido sob certo aspecto em ato, e sob outro, em potência. Por isso, diz o Filósofo, no livro I da *Física*: "O que é primeiro conhecido e certo é conhecido de maneira bastante confusa; mas em seguida distinguimos com nitidez os princípios e os elementos". Ora, conhecer uma coisa que encerra vários elementos, sem ter um conhecimento próprio de cada um deles, é conhecê-la confusamente. Podem-se conhecer assim tanto o todo universal no qual as partes são contidas em potência, como o todo integral. Um e outro podem ser conhecidos de maneira confusa, sem que suas partes sejam claramente distinguidas. Ora, quando se conhece distintamente o que é contido em um todo universal, conhece-se alguma coisa menos geral. Por exemplo, conhece-se indistintamente o animal, quando ele é conhecido só como tal; mas conhece-se o animal distintamente, quando se conhece como racional e irracional, o que é conhecer o homem ou o leão. Nosso intelecto, portanto, conhece o animal antes de conhecer o homem. E isso se aplica a cada vez que comparamos um conceito mais universal com o outro que é menos universal.

E visto que o sentido passa da potência ao ato, como o intelecto, também a mesma ordem do conhecimento se encontra no sentido. Julgamos com nossos sentidos o que é mais comum antes do menos comum, tanto no que diz respeito ao espaço, como ao tempo. Com respeito ao lugar: quando se vê alguma coisa de longe, percebe-se antes ser um corpo do que ser um animal; e antes se percebe que é um animal do que se percebe ser um homem; e antes um homem, do que Sócrates ou Platão. Com respeito ao tempo: a criança distingue inicialmente um homem de um não-homem, antes de distinguir este homem de outro

---

4. C. 1: 184, a, 16-24.

omnes viros patres, posterius autem determinant unumquemque, ut dicitur in I *Physic*.⁵.

Et huius ratio manifesta est. Quia qui scit aliquid indistincte, adhuc est in potentia ut sciat distinctionis principium; sicut qui scit genus, est in potentia ut sciat differentiam. Et sic patet quod cognitio indistincta media est inter potentiam et actum.

Est ergo dicendum quod cognitio singularium est prior quoad nos quam cognitio universalium, sicut cognitio sensitiva quam cognitio intellectiva. Sed tam secundum sensum quam secundum intellectum, cognitio magis communis est prior quam cognitio minus communis.

AD PRIMUM ergo dicendum quod universale dupliciter potest considerari. Uno modo, secundum quod natura universalis consideratur simul cum intentione universalitatis. Et cum intentio universalitatis, ut scilicet unum et idem habeat habitudinem ad multa, proveniat ex abstractione intellectus, oportet quod secundum hunc modum universale sit posterius. Unde in I *de Anima*⁶ dicitur quod *animal universale aut nihil est, aut posterius est*. Sed secundum Platonem, qui posuit universalia subsistentia, secundum hanc considerationem universale esset prius quam particularia, quae secundum eum non sunt nisi per participationem universalium subsistentium, quae dicuntur ideae.
— Alio modo potest considerari quantum ad ipsam naturam, scilicet animalitatis vel humanitatis, prout invenitur in particularibus. Et sic dicendum est quod duplex est ordo naturae. Unus secundum viam generationis et temporis: secundum quam viam, ea quae sunt imperfecta et in potentia, sunt priora. Et hoc modo magis commune est prius secundum naturam, quod apparet manifeste in generatione hominis et animalis; nam *prius generatur animal quam homo*, ut dicitur in libro *de Generat. Animal*.⁷. Alius est ordo perfectionis, sive intentionis naturae; sicut actus simpliciter est prius secundum naturam quam potentia, et perfectum

homem. Razão por que, como se diz no livro I da *Física*: "As crianças inicialmente chamam todos os homens de pai, mas posteriormente distinguem cada um deles".

A razão disso é clara. Aquele que conhece uma coisa de maneira confusa está em potência para saber o princípio de distinção. Por exemplo, aquele que conhece o gênero está em potência para saber a diferença. Assim, o conhecimento indistinto é intermediário entre a potência e o ato.

Concluindo, o conhecimento do singular é com relação a nós anterior ao conhecimento do universal, como o conhecimento sensível o é ao conhecimento intelectual. Mas, tanto no sentido como no intelecto, o conhecimento de um objeto mais geral é anterior ao conhecimento de um menos geralᶠ.

QUANTO AO 1º, portanto, deve-se dizer que o universal pode ser considerado sob dois aspectos. Primeiro, considerando-se a natureza universal simultaneamente com a intenção de universalidade. Ora, como essa relação, isto é, que uma só e mesma coisa se refira a muitas, provém da abstração do intelecto, é preciso que sob esse aspecto o universal seja posterior. Por isso, no livro I da *Alma* se diz que "o animal universal ou não é nada, ou é algo posterior". Para Platão, que admitia a subsistência do universal, este é anterior aos particulares, que, segundo esse filósofo, não existem senão por sua participação nos universais subsistentes, que chama de ideias. — Segundo, considerando-se o universal em relação à mesma natureza, isto é, de animalidade ou de humanidade, conforme existem nos seres particulares. E então, deve-se distinguir uma dupla ordem de natureza. A primeira é a ordem da geração e do tempo: nesse caso, as coisas imperfeitas e em potência existem primeiro. O mais universal é, dessa maneira, anterior por natureza, o que é claro para a geração do homem e do animal. "O animal é gerado antes do homem", se diz no livro da *Geração dos animais*. A segunda ordem é a da perfeição ou da finalidade da natureza. Assim, o ato é absolutamente anterior, por natureza, à potência, o perfeito ao imperfeito

---

5. C. 1: 184, b, 12-14.
6. C. 1: 402, a, 10 — b, 8.
7. L. II, c. 3: 736, b, 2-4.

f. O real só se torna objeto de pensamento pelo que tem de universal. Todavia, o pensamento é perfeito apenas quando apreende em seu objeto todos os elementos que compõem um universal, e até atingir os seres particulares nos quais se realiza ou pode realizar-se. É fruto de um longo esforço. Do mesmo modo, o pensamento começa pelo que existe de mais universal, mas em estado confuso. A passagem do confuso ao distinto, do implícito ao explícito, é característica do progresso do pensamento humano.

prius quam imperfectum. Et per hunc modum, minus commune est prius secundum naturam quam magis commune, ut homo quam animal: naturae enim intentio non sistit in generatione animalis, sed intendit generare hominem.

AD SECUNDUM dicendum quod universale magis commune comparatur ad minus commune ut totum et ut pars. Ut totum quidem, secundum quod in magis universali non solum continetur in potentia minus universale, sed etiam alia; ut sub *animali* non solum homo, sed etiam equus. Ut pars autem, secundum quod minus commune continet in sui ratione non solum magis commune, sed etiam alia; ut *homo* non solum animal, sed etiam rationale. Sic igitur animal consideratum in se, prius est in nostra cognitione quam homo; sed homo est prius in nostra cognitione quam quod animal sit pars rationis eius.

AD TERTIUM dicendum quod pars aliqua dupliciter potest cognosci. Uno modo absolute, secundum quod in se est: et sic nihil prohibet prius cognoscere partes quam totum, ut lapides quam domum. Alio modo, secundum quod sunt partes huius totius: et sic necesse est quod prius cognoscamus totum quam partes; prius enim cognoscimus domum quadam confusa cognitione, quam distinguamus singulas partes eius. Sic igitur dicendum est quod definientia, absolute considerata, sunt prius nota quam definitum: alioquin non notificaretur definitum per ea. Sed secundum quod sunt partes definitionis, sic sunt posterius nota: prius enim cognoscimus hominem quadam confusa cognitione, quam sciamus distinguere omnia quae sunt de hominis ratione.

AD QUARTUM dicendum quod universale, secundum quod accipitur cum intentione universalitatis est quidem quodammodo principium cognoscendi, prout intentio universalitatis consequitur modum intelligendi qui est per abstractionem. Non autem est necesse quod omne quod est principium cognoscendi, sit principium essendi, ut Plato existimavit[8]: cum quandoque cognoscamus causam per effectum, et substantiam per accidentia. Unde universale sic acceptum, secundum sententiam Aristotelis, non est principium essendi, neque substantia, ut patet in VII *Metaphys.*[9]. — Si autem consideremus ipsam naturam generis et speciei

Nesse caso, o menos geral é anterior, por natureza, ao mais geral, como o homem é anterior ao animal; o fim da natureza não é parar na geração do animal, mas gerar o homem.

QUANTO AO 2º, deve-se dizer que o mais universal é comparado ao que é menos, quer como todo, quer como parte. Como todo, enquanto no mais universal não somente se encontra em potência o menos universal, mas também outras coisas. Por exemplo: no *animal*, se encontra não somente o homem, mas também o cavalo. Como parte, enquanto na razão do menos universal está contido o mais universal, mas também outras coisas. Por exemplo, o *homem* contém não somente animal, mas também racional. Em conclusão, *o* animal, considerado em si, é conhecido por nós antes do homem; mas conhecemos o *homem* antes de sabermos que o animal é uma parte de sua definição.

QUANTO AO 3º, deve-se dizer que a parte pode ser conhecida de duas maneiras. Primeiro, absolutamente, enquanto existe em si mesma; assim, nada impede que se conheçam as partes antes do todo. Por exemplo, as pedras antes da casa. Segundo, enquanto pertence a esse todo; assim é necessário conhecer o todo antes das partes. Por exemplo, conhecemos a casa com um conhecimento confuso antes de distinguir suas partes uma a uma. Igualmente, os elementos da definição considerados em si mesmos são conhecidos antes da coisa a definir; no caso contrário, o definido não seria conhecido por eles. Todavia, enquanto partes da definição, são conhecidos depois da realidade a definir. Conhecemos primeiramente o homem com o conhecimento confuso, antes de saber distinguir tudo o que pertence à razão de homem.

QUANTO AO 4º, deve-se dizer que o universal, enquanto implica a relação de universalidade, é certo princípio de conhecimento, pelo fato de a relação de universalidade ser consequente ao modo de conhecimento por abstração. Mas não é necessário que todo o princípio de conhecimento seja um princípio do ser, como pensava Platão, pois acontece-nos conhecer a causa pelo efeito, e a substância pelos acidentes. Por isso, o universal, tomado nesse sentido, não é para Aristóteles nem um princípio de existir, nem uma substância, como está no livro VII da *Metafísica*. — Entretanto, se consideramos a natureza genérica e a específica,

---

8. Cfr. loc. cit.
9. C. 13: 1038, b, 8-16.

prout est in singularibus, sic quodammodo habet rationem principii formalis respectu singularium: nam singulare est propter materiam ratio autem speciei sumitur ex forma. Sed natura generis comparatur ad naturam speciei magis per modum materialis principii: quia natura generis sumitur ab eo quod est materiale in re, ratio vero speciei ab eo quod est formale; sicut ratio animalis a sensitivo, ratio vero hominis ab intellectivo. Et inde est quod ultima naturae intentio est ad speciem, non autem ad individuum, neque ad genus: quia forma est finis generationis, materia vero est propter formam. Non autem oportet quod cuiuslibet causae vel principii cognitio sit posterior quoad nos: cum quandoque cognoscamus per causas sensibiles, effectus ignotos; quandoque autem e converso.

tal como existem nas coisas singulares, elas têm de certa forma a razão de princípio formal com relação a estas coisas, pois o singular é tal por causa da matéria, enquanto a razão específica vem da forma. Todavia, comparada com a natureza específica, a genérica é antes um princípio material; determina-se, com efeito, a natureza genérica pelo que é material na coisa, e a específica, pelo que é formal. Por exemplo, o gênero animal pela parte sensível; a espécie homem, pela parte intelectiva. Por conseguinte, a relação última da natureza é a espécie, e não o indivíduo, nem o gênero, porque a forma é o fim da geração, enquanto a matéria é para a forma. Mas não é necessário que o conhecimento de toda causa e de todo princípio seja posterior em relação a nós. Algumas vezes conhecemos os efeitos ocultos com ajuda de causas sensíveis, e por vezes procedemos inversamente.

Articulus 4
Utrum possimus multa simul intelligere

AD QUARTUM SIC PROCEDITUR. Videtur quod possimus multa simul intelligere.

1. Intellectus enim est supra tempus. Sed prius et posterius ad tempus pertinent. Ergo intellectus non intelligit diversa secundum prius et posterius, sed simul.
2. PRAETEREA, nihil prohibet diversas formas non oppositas simul eidem actu inesse, sicut odorem et colorem pomo. Sed species intelligibiles non sunt oppositae. Ergo nihil prohibet intellectum unum simul fieri in actu secundum diversas species intelligibiles. Et sic potest multa simul intelligere.
3. PRAETEREA, intellectus simul intelligit aliquod totum, ut hominem vel domum. Sed in quolibet toto continentur multae partes. Ergo intellectus simul multa intelligit.
4. PRAETEREA, non potest cognosci differentia unius ad alterum, nisi simul utrumque apprehendatur, ut dicitur in libro de Anima[1]: et eadem ratio est de quacumque alia comparatione. Sed intellectus noster cognoscit differentiam et comparationem unius ad alterum. Ergo cognoscit multa simul.

Artigo 4
Podemos conhecer muitas coisas ao mesmo tempo?

QUANTO AO QUARTO, ASSIM SE PROCEDE: parece que **podemos** conhecer muitas coisas ao mesmo tempo.

1. Com efeito, o intelecto está acima do tempo. Ora, antes e depois pertencem ao tempo. Logo, o intelecto não conhece diversas coisas enquanto antes e depois, mas ao mesmo tempo.
2. ALÉM DISSO, diversas formas, que não são contrárias, podem coexistir em ato numa mesma coisa; por exemplo, o odor e a cor numa maçã. Ora, as espécies inteligíveis não são contrárias. Logo, um mesmo intelecto pode passar ao ato simultaneamente por diversas espécies inteligíveis. Assim, pode conhecer muitas coisas ao mesmo tempo.
3. ADEMAIS, o intelecto conhece ao mesmo tempo um todo; por exemplo, o homem ou a casa. Ora, em qualquer todo estão contidas muitas partes. Logo, o intelecto conhece ao mesmo tempo muitas coisas.
4. ADEMAIS, não se podem conhecer as diferenças entre as coisas, a não ser que elas sejam apreendidas simultaneamente, como se diz no livro da *Alma*. E isso é verdade de qualquer outra comparação. Ora, nosso intelecto conhece as diferenças e as relações entre as coisas. Logo, conhece muitas coisas ao mesmo tempo.

---

4 PARALL.: Supra, q. 12, a. 10; q. 58, a. 2; II *Sent.*, dist. 3, q. 3, a. 4; III, dist. 14, a. 2, q.la 4; *Cont. Gent.* I, 55; *De Verit.*, q. 8, a. 14: Q. *de Anima*, a. 18, ad 5; *Quodlib.* VII, q. 1, a. 2.

1. L. III, c. 2: 426, b, 23-29.

EM SENTIDO CONTRÁRIO, segundo uma passagem do livro dos *Tópicos*, "temos conhecimento de uma só coisa, mas ciência de muitas".

RESPONDO. O intelecto pode conhecer muitas coisas como se fossem uma unidade, mas não muitas coisas como uma pluralidade. Quando digo como uma unidade, como uma pluralidade, quero dizer: por meio de uma ou várias espécies inteligíveis. Pois, o modo de uma ação segue a forma que é princípio de tal ação. Portanto, tudo o que o intelecto pode conhecer por meio de uma só espécie, ele o conhece simultaneamente. Assim, Deus vê tudo ao mesmo tempo, porque vê tudo por uma só coisa, que é sua essência. Mas tudo o que o intelecto conhece por meio de várias espécies, ele não conhece ao mesmo tempo. A razão disso é que um mesmo sujeito não pode ser simultaneamente determinado por várias formas de gênero idêntico e de espécies diversas. Por exemplo, é impossível que um mesmo corpo seja, sob o mesmo ponto de vista e ao mesmo tempo, colorido de diversas cores, ou informado por diversas figuras. Todas as espécies inteligíveis são de um mesmo gênero, porque são perfeições de uma só potência intelectiva, embora as coisas de que são espécies pertençam a gêneros diferentes. Não é, pois, possível que o mesmo intelecto seja determinado a um só tempo por várias espécies inteligíveis, para conhecer em ato diversas coisas[g].

QUANTO AO 1º, portanto, deve-se dizer que o intelecto está acima do tempo, que se entende como o número do movimento das coisas corporais. Mas a pluralidade das espécies inteligíveis causa certa sucessão das operações intelectuais, enquanto tal operação é anterior a uma outra. E essa sucessão, Agostinho a chama tempo, quando diz que "Deus move através do tempo a criatura espiritual"[h].

QUANTO AO 2º, deve-se dizer que formas contrárias não somente não podem estar simultaneamente em um mesmo sujeito, mas nem sequer as formas de um mesmo gênero, embora não sejam opostas entre si. Vemo-lo no exemplo dado das cores e das figuras.

---

2. L. II, c. 10: 114, b, 34-35.
3. Cc. 20, 22: ML 34, 388, 389.
4. In corp.

g. Só se pode abarcar em um único ato de pensamento aquilo que se pode representar em um só conceito. Daí a sucessão e a multiplicidade de atos da vida intelectual, daí a carência e a necessidade das grandes ideias sintéticas para completar o conhecimento.

h. A inteligência humana, na medida em que está ligada às imagens e também aos processos físicos e biológicos, depende do tempo. Em si mesma, ela lhe escapa, exceto na medida em que seus atos são necessariamente múltiplos e sucessivos, por serem imperfeitos e parciais. Mas é então de um outro tempo que se trata: um ato de pensamento por si mesmo não se escoa, mas atinge o necessário, o eterno.

AD TERTIUM dicendum quod partes possunt intelligi dupliciter. Uno modo, sub quadam confusione, prout sunt in toto: et sic cognoscuntur per unam formam totius, et sic simul cognoscuntur. Alio modo, cognitione distincta, secundum quod quaelibet cognoscitur per suam speciem: et sic non simul intelliguntur.

AD QUARTUM dicendum quod quando intellectus intelligit differentiam vel comparationem unius ad alterum, cognoscit utrumque differentium vel comparatorum sub ratione ipsius comparationis vel differentiae; sicut dictum est[5] quod cognoscit partes sub ratione totius.

QUANTO AO 3º, deve-se dizer que as partes podem ser conhecidas de duas maneiras. Primeiro, com certa confusão, enquanto as partes estão no todo; nesse caso, são conhecidas pela única forma do todo, e conhecidas simultaneamente. Segundo, com um conhecimento distinto, enquanto cada uma delas é conhecida por sua espécie; nesse caso, não são conhecidas simultaneamente.

QUANTO AO 4º, deve-se dizer que quando o intelecto conhece a diferença ou a relação de uma coisa a outra, ele conhece essas coisas sob a razão mesma da comparação ou da diferença; do modo, como foi dito, que conhece as partes no todo.

ARTICULUS 5
Utrum intellectus noster intelligat componendo et dividendo

AD QUINTUM SIC PROCEDITUR. Videtur quod intellectus noster non intelligat componendo et dividendo.
1. Compositio enim et divisio non est nisi multorum. Sed intellectus non potest simul multa intelligere. Ergo non potest intelligere componendo et dividendo.
2. PRAETEREA, omni compositioni et divisioni adiungitur tempus praesens, praeteritum vel futurum. Sed intellectus abstrahit a tempore, sicut etiam ab aliis particularibus conditionibus. Ergo intellectus non intelligit componendo et dividendo.
3. PRAETEREA, intellectus intelligit per assimilationem ad res. Sed compositio et divisio nihil est in rebus: nihil enim invenitur in rebus nisi res quae significatur per praedicatum et subiectum, quae est una et eadem si compositio est vera; homo enim est vere id quod est animal. Ergo intellectus non componit et dividit.

SED CONTRA, voces significant conceptiones intellectus, ut dicit Philosophus in I *Periherm*.[1] Sed in vocibus est compositio et divisio; ut patet in propositionibus affirmativis et negativis. Ergo intellectus componit et dividit.

ARTIGO 5
Nosso intelecto conhece compondo e dividindo?[i]

QUANTO AO QUINTO, ASSIM SE PROCEDE: parece que nosso intelecto **não** conhece compondo e dividindo.
1. Com efeito, composição e divisão só existem com muitas coisas. Ora, o intelecto não pode conhecer simultaneamente muitas coisas. Logo, não pode conhecer compondo e dividindo.
2. ALÉM DISSO, toda composição ou divisão implica o tempo, presente, passado ou futuro. Ora, o intelecto abstrai do tempo, como de todas as outras condições particulares. Logo, o intelecto não conhece por composição e divisão.
3. ADEMAIS, o intelecto conhece assimilando-se às coisas. Ora, composição e divisão não existem nas coisas. Cada coisa, com efeito, expressa pelo predicado e pelo sujeito, é única e a mesma, se a composição é verdadeira. Assim, o homem é verdadeiramente esse ser que é animal. Logo, o intelecto não compõe nem divide.

EM SENTIDO CONTRÁRIO, as palavras exprimem os conceitos do intelecto, diz o Filósofo no livro I *Da interpretação*. Mas nas palavras, há composição e divisão, como vemos nas proposições afirmativas e negativas. Portanto, o intelecto compõe e divide.

---

5. In resp. ad 3.
5 PARALL.: Supra, q. 58, a. 4.
   1. C. 1: 16, a, 3-4.

i. Compor e dividir é reunir entre eles ou, pelo contrário, separar e opor elementos, separada ou sucessivamente conhecidos. Em outros termos, é julgar, raciocinar, analisar, sintetizar. O pensamento simultaneamente perfeito e completo apreenderá com um só olhar a totalidade de seu objeto e de seus elementos. O pensamento humano, que se elabora de maneira progressiva, atinge a verdade por intermédio de uma multiplicidade ordenada e diferenciada de atos. Ter de julgar e raciocinar para alcançar a verdade é a fraqueza do espírito humano. Poder fazê-lo é sua grandeza.

RESPONDEO dicendum quod intellectus humanus necesse habet intelligere componendo et dividendo. Cum enim intellectus humanus exeat de potentia in actum, similitudinem quandam habet cum rebus generabilibus, quae non statim perfectionem suam habent, sed eam successive acquirunt. Et similiter intellectus humanus non statim in prima apprehensione capit perfectam rei cognitionem; sed primo apprehendit aliquid de ipsa, puta quidditatem ipsius rei, quae est primum et proprium obiectum intellectus; et deinde intelligit proprietates et accidentia et habitudines circumstantes rei essentiam. Et secundum hoc, necesse habet unum apprehensum alii componere vel dividere; et ex una compositione vel divisione ad aliam procedere, quod est ratiocinari.

Intellectus autem angelicus et divinus se habet sicut res incorruptibiles, quae statim a principio habent suam totam perfectionem. Unde intellectus angelicus et divinus statim perfecte totam rei cognitionem habet. Unde in cognoscendo quidditatem rei, cognoscit de re simul quidquid nos cognoscere possumus componendo et dividendo et ratiocinando. — Et ideo intellectus humanus cognoscit componendo et dividendo, sicut et ratiocinando. Intellectus autem divinus et angelicus cognoscunt quidem compositionem et divisionem et ratiocinationem, non componendo et dividendo et ratiocinando, sed per intellectum simplicis quidditatis.

AD PRIMUM ergo dicendum quod compositio et divisio intellectus secundum quandam differentiam vel comparationem fit. Unde sic intellectus cognoscit multa componendo et dividendo, sicut cognoscendo differentiam vel comparationem rerum.

AD SECUNDUM dicendum quod intellectus et abstrahit a phantasmatibus; et tamen non intelligit actu nisi convertendo se ad phantasmata, sicut supra[2] dictum est. Et ex ea parte qua se ad phantasmata convertit, compositioni et divisioni intellectus adiungitur tempus.

AD TERTIUM dicendum quod similitudo rei recipitur in intellectu secundum modum intellectus, et non secundum modum rei. Unde compositioni et divisioni intellectus respondet quidem aliquid ex parte rei; tamen non eodem modo se habet in re, sicut in intellectu. Intellectus enim humani proprium obiectum est quidditas rei materialis, quae sub sensu et imaginatione cadit. Invenitur

RESPONDO. É necessário que o intelecto humano conheça por composição e divisão. Passando da potência ao ato, ele se assemelha às coisas passíveis de geração, que não têm imediatamente toda a sua perfeição, mas a adquirem gradualmente. Igualmente, o intelecto humano não obtém desde a primeira apreensão o conhecimento perfeito de uma coisa; mas conhece primeiramente algo dela, por exemplo, sua quididade, que é o objeto primeiro e próprio do intelecto; depois conhece as propriedades, os acidentes, os modos de ser, que têm relação com a essência da coisa. Desse modo, deve compor os elementos apreendidos ou dividi-los, e em seguida passar de uma composição ou divisão a outra, o que é raciocinar.

O intelecto angélico e o intelecto divino são como as coisas incorruptíveis, que desde o princípio têm toda a sua perfeição. Por isso têm imediatamente o conhecimento total de uma coisa. Conhecendo a quididade da coisa, conhecem, ao mesmo tempo, tudo quanto podemos conhecer acerca da coisa compondo, dividindo e raciocinando. — Portanto, o intelecto humano conhece por meio dessas operações. Os intelectos divino e angélico conhecem essas operações, mas não compondo, dividindo e raciocinando, e sim pela intelecção da simples quididade.

QUANTO AO 1º, portanto, deve-se dizer que a composição e a divisão do intelecto implicam certa diferença ou uma relação. Portanto, o intelecto conhece várias coisas compondo e dividindo, como quando conhece as diferenças e as relações entre as coisas.

QUANTO AO 2º, deve-se dizer que o intelecto abstrai das representações imaginárias e no entanto, não conhece em ato senão voltando-se às representações imaginárias, como já foi tratado. Por causa disso, o ato de compor e dividir acontece no tempo.

QUANTO AO 3º, deve-se dizer que a semelhança da coisa é recebida no intelecto à maneira de ser do intelecto, e não à maneira de ser da coisa. Alguma coisa da parte da coisa corresponde, certamente, ao juízo afirmativo ou negativo do intelecto, mas isso não se encontra da mesma maneira na coisa como no intelecto. O objeto próprio do intelecto é a quididade da coisa material que é percebida tam-

---

2. A. 1, et q. 84, a. 7.

autem duplex compositio in re materiali. Prima quidem, formae ad materiam: et huic respondet compositio intellectus qua totum universale de sua parte praedicatur; nam genus sumitur a materia communi, differentia vero completiva speciei a forma, particulare vero a materia individuali. Secunda vero compositio est accidentis ad subiectum: et huic reali compositioni respondet compositio intellectus secundum quam praedicatur accidens de subiecto, ut cum dicitur, *homo est albus*. — Tamen differt compositio intellectus a compositione rei: nam ea quae componuntur in re, sunt diversa; compositio autem intellectus est signum identitatis eorum quae componuntur. Non enim intellectus sic componit, ut dicat quod homo est albedo; sed dicit quod homo est albus, idest habens albedinem: idem autem est subiecto quod est homo, et quod est habens albedinem. Et simile est de compositione formae et materiae: nam animal significat id quod habet naturam sensitivam, rationale vero quod habet naturam intellectivam, homo vero quod habet utrumque, Socrates vero quod habet omnia haec cum materia individuali; et secundum hanc identitatis rationem, intellectus noster unum componit alteri praedicando.

bém pelo sentido e pela imaginação. Assim, há dois modos de composição na coisa material. Primeiro, o da forma com a matéria: a isso corresponde no intelecto a composição segundo a qual um todo universal é atribuído à sua parte. O gênero, com efeito, se toma da matéria comum; a diferença específica, da forma; o particular, porém, da matéria individual. O segundo modo de composição é o do acidente com a substância: a essa composição nas coisas corresponde no intelecto a atribuição de acidente ao sujeito. Por exemplo, *o homem é branco*. — Todavia, a composição do intelecto difere da composição da coisa, pois as coisas são compostas de elementos diversos, enquanto a composição do intelecto é sinal de identidade dos elementos que se compõem. O intelecto, com efeito, não compõe de tal forma que afirme: "o homem é a brancura", mas diz: "o homem é branco", isto é, o que possui a brancura, pois, aquele que é o homem e o que possui a brancura é um mesmo sujeito. Igualmente, no caso da composição da matéria com a forma: *animal* designa o que tem a natureza sensível; *racional*, o que tem a natureza intelectiva; *homem*, o que tem uma e outra; *Sócrates*, o que tem tudo isso em uma matéria individual. É segundo essa razão de identidade que o nosso intelecto compõe um termo com o outro, pelo ato de atribuição[j].

Articulus 6
Utrum intellectus possit esse falsus

AD SEXTUM SIC PROCEDITUR. Videtur quod intellectus possit esse falsus.

1. Dicit enim Philosophus, in VI *Metaphys.*[1], quod *verum et falsum sunt in mente*. Mens autem et intellectus idem sunt, ut supra[2] dictum est. Ergo falsitas est in intellectu.

2. PRAETEREA, opinio et ratiocinatio ad intellectum pertinent. Sed in utraque istarum invenitur falsitas. Ergo posset esse falsitas in intellectu.

3. PRAETEREA, peccatum in parte intellectiva est. Sed peccatum cum falsitate est: *errant* enim

Artigo 6
O intelecto pode errar?

QUANTO AO SEXTO, ASSIM SE PROCEDE: parece que o intelecto **pode** errar.

1. Com efeito, diz o Filósofo no livro VI da *Metafísica* que "o verdadeiro e o falso estão na mente". Ora, a mente e o intelecto são a mesma coisa, como acima foi afirmado. Logo, a falsidade está no intelecto.

2. ALÉM DISSO, a opinião e o raciocínio são atos do intelecto. Ora, encontramos o erro em uma e em outro. Logo, também no intelecto.

3. ADEMAIS, o pecado está no intelecto. Ora, o pecado implica erro. "Enganam-se aqueles que

---

6 PARALL.: Supra, q. 17, a. 3; q. 58, a. 5; I *Sent.*, dist. 19, q. 5, a. 1, ad 7; *Cont. Gent.* I, 59; III, 108; *De Verit.*, q. 1, a. 12; I *Periherm.*, lect. 3; III *de Anima*, lect. 11; VI *Metaphys.*, lect. 4; IX, lect. 9.

1. C. 4: 1027, b, 25-29.
2. Q. 79.

---

j. O realismo não impede de perceber que a realidade não está inteiramente no espírito assim como está nas coisas. O espírito só pode pensar a realidade mediante seres de razão que só possuem realidade nele. Contudo, há uma correspondência entre esses seres de razão e o ser real. A distinção entre gênero e espécie corresponde à distinção entre matéria e forma. A distinção real entre substância e acidente dá lugar à atribuição pelo espírito de predicados ao sujeito.

qui operantur malum, ut dicitur Prov 14,22. Ergo falsitas potest esse in intellectu.

SED CONTRA est quod dicit Augustinus, in libro *Octoginta trium Quaest*.³, quod *omnis qui fallitur, id in quo fallitur non intelligit*. Et Philosophus dicit, in libro *de Anima*⁴, quod *intellectus semper est rectus*.

RESPONDEO dicendum quod Philosophus, in III *de Anima*⁵, comparat, quantum ad hoc, intellectum sensui. Sensus enim circa proprium obiectum non decipitur, sicut visus circa colorem; nisi forte per accidens, ex impedimento circa organum contingente, sicut cum gustus febrientium dulcia iudicat amara, propter hoc quod lingua malis humoribus est repleta. Circa sensibilia vero communia decipitur sensus, sicut in diiudicando de magnitudine vel figura; ut cum iudicat solem esse pedalem, qui tamen est maior terra. Et multo magis decipitur circa sensibilia per accidens; ut cum iudicat fel esse mel, propter coloris similitudinem. — Et huius ratio est in evidenti. Quia ad proprium obiectum unaquaeque potentia per se ordinatur, secundum quod ipsa. Quae autem sunt huiusmodi, semper eodem modo se habent. Unde manente potentia, non deficit eius iudicium circa proprium obiectum.

Obiectum autem proprium intellectus est quidditas rei. Unde circa quidditatem rei, per se loquendo, intellectus non fallitur. Sed circa ea quae circumstant rei essentiam vel quidditatem, intellectus potest falli, dum unum ordinat ad aliud, vel componendo vel dividendo vel etiam ratiocinando. Et propter hoc etiam circa illas propositiones errare non potest, quae statim cognoscuntur cognita terminorum quidditate, sicut accidit circa prima principia: ex quibus etiam accidit infallibilitas veritatis, secundum certitudinem scientiae, circa conclusiones. — Per accidens tamen contingit intellectum decipi circa quod quid est in rebus compositis; non ex parte organi, quia intellectus non est virtus utens organo; sed ex parte compositionis intervenientis circa definitionem, dum vel definitio unius rei est falsa de alia, sicut definitio circuli de triangulo, vel dum aliqua definitio in seipsa et falsa, implicans compositionem impos-

fazem o mal", diz o livro dos Provérbios. Logo, pode haver erro no intelecto.

EM SENTIDO CONTRÁRIO, "Aquele que erra, diz Agostinho, não conhece aquilo em que está errando". E o Filósofo diz: "O intelecto é sempre verdadeiro".

RESPONDO. O Filósofo, no livro III da *Alma*, faz, a esse respeito, uma comparação entre o intelecto e os sentidos. Os sentidos não se enganam a respeito de seu objeto próprio, assim a vista em relação à cor, a não ser talvez por acidente, em razão de um impedimento proveniente do órgão. Por exemplo, o gosto dos que têm febre acha amargas as coisas doces, porque a língua está carregada de maus humores. Os sentidos, porém, se enganam sobre os sensíveis comuns, por exemplo, quando apreciam tamanho e figura. Assim, julgam que o sol não tem senão um pé de diâmetro, quando é maior do que a Terra. Os sentidos se enganam ainda mais facilmente em relação aos sensíveis conhecidos indiretamente; quando julga que o fel é mel, por causa da semelhança da cor. — A razão dessa retidão dos sentidos é clara. Toda potência, enquanto tal, está por si ordenada a seu objeto próprio. As coisas que são dessa natureza se comportam sempre da mesma maneira. Assim, enquanto a potência permanece, não erra seu julgamento com relação ao objeto próprio.

O objeto próprio do intelecto é a quididade. Por isso, falando de maneira absoluta, o intelecto não erra sobre a quididade da coisa. Mas o intelecto pode enganar-se sobre os elementos que têm relação com a essência ou quididade, quando ele ordena um elemento para o outro, por composição, divisão ou mesmo raciocínio. Por isso, o intelecto tampouco pode se enganar sobre as proposições, que são imediatamente compreendidas desde que se compreende a quididade dos termos, como acontece com os primeiros princípios. São eles que asseguram a verdade das conclusões, no que se refere à certeza da ciência. Pode, entretanto, o intelecto se enganar acidentalmente sobre a quididade nas coisas compostas. Isso não se deve a um órgão, pois o intelecto não é uma faculdade que usa um órgão, mas à composição que é requerida para uma definição; ou porque a definição de uma coisa é falsa a respeito da outra, por exemplo,

---

3. Q. 32: ML 40, 22.
4. C. 10: 433, a, 26-31.
5. C. 6: 430, b, 26-31.

sibilium, ut si accipiatur hoc ut definitio alicuius rei, *animal rationale alatum*. Unde in rebus simplicibus, in quarum definitionibus compositio intervenire non potest, non possumus decipi; sed deficimus in totaliter non attingendo, sicut dicitur in IX *Metaphys*.[6].

AD PRIMUM ergo dicendum quod falsitatem dicit esse Philosophus in mente secundum compositionem et divisionem. Et similiter dicendum est AD SECUNDUM, de opinione et ratiocinatione. Et AD TERTIUM, de errore peccantium, qui consistit in applicatione ad appetibile. — Sed in absoluta consideratione quidditatis rei, et eorum quae per eam cognoscuntur, intellectus nunquam decipitur. Et sic loquuntur auctoritates in contrarium inductae.

a definição do círculo aplicada ao triângulo; ou porque uma definição é em si mesma falsa, implicando uma composição impossível, por exemplo, se se toma como definição de uma coisa: *animal racional alado*. Por conseguinte, não podemos nos enganar quando se trata de coisas simples, em cuja definição não pode haver composição, mas nos enganamos não as apreendendo totalmente[k], como diz o livro IX da *Metafísica*.

QUANTO AO 1º, portanto, deve-se dizer que o Filósofo diz que o falso está na mente que compõe e divide. QUANTO AO 2º, o mesmo se responde à objeção da opinião e do raciocínio. QUANTO AO 3º, e igualmente, quanto ao erro dos pecadores, que consiste em aplicar o juízo a um objeto desejável. — Mas no conhecimento absoluto da quididade, e de tudo o que se conhece por ela, o intelecto não se engana nunca. E é esse o sentido dos autores aduzidos em contrário.

ARTICULUS 7
Utrum unam et eandem rem unus alio melius intelligere possit

AD SEPTIMUM SIC PROCEDITUR. Videtur quod unam et eandem rem unus alio melius intelligere non possit.
1. Dicit enim Augustinus, in libro *Octoginta trium Quaest*.[1]: *Quisquis ullam rem aliter quam est intelligit non eam intelligit. Quare non est dubitandum esse perfectam intelligentiam, qua praestantior esse non possit; et ideo non per infinitum ire quod quaelibet res intelligitur; nec eam posse alium alio plus intelligere.*

2. PRAETEREA, intellectus intelligendo verus est. Veritas autem, cum sit aequalitas quaedam intellectus et rei, non recipit magis et minus: non enim proprie dicitur aliquid magis et minus aequale. Ergo neque magis et minus aliquid intelligi dicitur.

3. PRAETEREA, intellectus est id quod est formalissimum in homine. Sed differentia formae causat

ARTIGO 7
Pode alguém conhecer uma só e mesma coisa melhor do que outro?

QUANTO AO SÉTIMO, ASSIM SE PROCEDE: parece que alguém **não** pode conhecer uma só e mesma coisa melhor do que outro.

1. Com efeito, Agostinho diz: "Se alguém conhece uma coisa diferente do que ela é, não a conhece verdadeiramente. Não há dúvida, portanto, que há uma compreensão tão perfeita que não se pode conceber outra que seja superior. Não se pode, por isso, proceder ao infinito num conhecimento de uma coisa, e não é possível que alguém a conheça mais que um outro".

2. ALÉM DISSO, o intelecto, em sua operação, é verdadeiro. Ora, a verdade sendo certa igualdade entre o intelecto e a coisa, não é suscetível de mais ou de menos. Não se pode dizer, propriamente, que uma coisa é mais ou menos igual a uma outra. Logo, não há mais ou menos no conhecimento de uma coisa.

3. ADEMAIS, o intelecto é o que há de mais formal no homem. Ora, uma diferença de forma

---

6. C. 10: 1051, b, 23-33.

7 PARALL.: Supra, q. 12, a. 6, ad 1; IV *Sent*., dist. 49, q. 2, a. 4, ad 1; *De Verit*., q. 2, a. 2, ad 11.

1. Q. 32: ML 40, 22.

---

k. O papel da composição no desenvolvimento do pensamento humano explica a possibilidade do erro. Uma primeira e imediata intuição não pode enganar. No entanto, sempre que há julgamento, raciocínio e mesmo definição pode haver erro, ou seja, discordância entre a realidade e o pensamento.

differentiam speciei. Si igitur unus homo magis alio intelligit, videtur quod non sint unius speciei.

SED CONTRA est quod per experimentum inveniuntur aliqui aliis profundius intelligentes; sicut profundius intelligit qui conclusionem aliquam potest reducere in prima principia et causas primas, quam qui potest reducere solum in causas proximas.

RESPONDEO dicendum quod aliquem intelligere unam et eandem rem magis quam alium, potest intelligi dupliciter. Uno modo, sic quod ly *magis* determinet actum intelligendi ex parte rei intellectae. Et sic non potest unus eandem rem magis intelligere quam alius: quia si intelligeret eam aliter esse quam sit, vel melius vel peius, falleretur, et non intelligeret, ut arguit Augustinus[2]. — Alio modo potest intelligi ut determinet actum intelligendi ex parte intelligentis. Et sic unus alio potest eandem rem melius intelligere, quia est melioris virtutis in intelligendo; sicut melius videt visione corporali rem aliquam qui est perfectioris virtutis, et in quo virtus visiva est perfectior.

Hoc autem circa intellectum contingit dupliciter. Uno quidem modo, ex parte ipsius intellectus, qui est perfectior. Manifestum est enim quod quanto corpus est melius dispositum, tanto meliorem sortitur animam: quod manifeste apparet in his quae sunt secundum speciem diversa. Cuius ratio est, quia actus et forma recipitur in materia secundum materiae capacitatem. Unde cum etiam in hominibus quidam habeant corpus melius dispositum, sortiuntur animam maioris virtutis in intelligendo: unde dicitur in II *de Anima*[3] quod *molles carne bene aptos mente videmus*. — Alio modo contingit hoc ex parte inferiorum virtutum, quibus intellectus indiget ad sui operationem: illi enim in quibus virtus imaginativa et cogitativa et memorativa est melius disposita, sunt melius dispositi ad intelligendum.

AD PRIMUM ergo patet solutio ex dictis.

causa uma diferença de espécie. Logo, se um homem conhece melhor do que um outro, não pertencerão à mesma espécie.

EM SENTIDO CONTRÁRIO, vê-se por experiência que uns conhecem mais profundamente do que outros. Assim aquele que pode ligar uma conclusão aos primeiros princípios e às causas primeiras conhece mais profundamente do que aquele que a reduz somente às causas imediatas.

RESPONDO. Há duas maneiras de considerar este problema. Primeiro, quando "conhecer melhor" se aplica à coisa compreendida. Nesse sentido, é impossível que alguém conheça uma mesma coisa melhor do que um outro. Se fosse compreendida de maneira diferente do que ela é na realidade, quer para melhor quer para pior, haveria erro, e não conhecimento, como argumenta Agostinho. — Segundo, "conhecer melhor" se aplica àquele que conhece. Nesse caso, alguém pode ter um conhecimento mais perfeito de uma mesma realidade do que um outro, porque tem uma melhor potência de conhecer; do mesmo modo que vê melhor com os olhos aquele que tem uma potência mais perfeita e em quem a vista é mais perfeita.

Essa superioridade do intelecto depende de duas condições. Primeiramente, do próprio intelecto que é mais perfeito. Pois, quanto melhor disposto é o corpo, tanto mais elevada a alma que lhe é atribuída; o que se verifica claramente nos seres de espécies diversas. A razão disso é que o ato e a forma são recebidos na matéria segundo a aptidão desta. E porque, mesmo entre os homens, há alguns cujo corpo é mais bem disposto, cabe-lhes uma alma cujo intelecto é mais vigoroso, razão por que se diz no livro II da *Alma*: "Os de compleição delicada têm a mente mais bem dotada". — A segunda condição está ligada às faculdades inferiores das quais o intelecto tem necessidade para agir: aquelas que têm mais bem dispostas a imaginação, a cogitativa e a memória, são também as mais bem dispostas para a atividade intelectual[1].

QUANTO AO 1º, portanto, deve-se dizer que a primeira dificuldade está resolvida pelo que se acaba de dizer.

---

2. Loc. cit.
3. C. 9: 421, a, 16-26.

1. A grande questão da desigualdade inata das inteligências humanas só é tratada aqui pelos princípios mais gerais e mais essenciais: tudo reside na correspondência necessária entre o espírito e a matéria do qual ele é a forma. Observe-se que essa desigualdade não traduz uma maior ou menor profundidade e totalidade na percepção do real.

Et similiter AD SECUNDUM: veritas enim intellectus in hoc consistit, quod intelligatur res esse sicuti est.

AD TERTIUM dicendum quod differentia formae quae non provenit nisi ex diversa dispositione materiae, non facit diversitatem secundum speciem, sed solum secundum numerum; sunt enim diversorum individuorum diversae formae, secundum materiam diversificatae.

IGUALMENTE QUANTO AO 2º, porque a verdade do intelecto consiste em que ele conhece a coisa tal qual é.

QUANTO AO 3º, deve-se dizer que a diferença de forma que não provém senão de uma disposição diferente da matéria não acarreta uma diferença específica, mas somente uma diversidade numérica. Com efeito, a diversidade de formas dos indivíduos provém da matéria.

ARTICULUS 8
Utrum intellectus per prius intelligat indivisibile quam divisibile

AD OCTAVUM SIC PROCEDITUR. Videtur quod intellectus noster per prius cognoscat indivisibile quam divisibile.

1. Dicit enim Philosophus, in I *Physic.*[1], quod *intelligimus et scimus ex principiorum et elementorum cognitione*. Sed indivisibilia sunt principia et elementa divisibilium. Ergo per prius sunt nobis nota indivisibilia quam divisibilia.

2. PRAETEREA, id quod ponitur in definitione alicuius, per prius cognoscitur a nobis: quia definitio est *ex prioribus et notioribus*, ut dicitur in VI *Topic.*[2]. Sed indivisibile ponitur in definitione divisibilis, sicut punctum in definitione lineae: *linea* enim, ut Euclides dicit[3], *est longitudo sine latitudine, cuius extremitates sunt duo puncta*. Et unitas ponitur in definitione numeri: quia *numerus est multitudo mensurata per unum*, ut dicitur in X *Metaphys.*[4]. Ergo intellectus noster per prius intelligit indivisibile quam divisibile.

3. PRAETEREA, *simile simili cognoscitur*. Sed indivisibile est magis simile intellectui quam divisibile: quia *intellectus est simplex*, ut dicitur in III *de Anima*[5]. Ergo intellectus noster prius cognoscit indivisibile.

SED CONTRA est quod dicitur in III *de Anima*[6], quod *indivisibile monstratur sicut privatio*. Sed privatio per posterius cognoscitur. Ergo et indivisibile.

ARTIGO 8
O intelecto conhece o indivisível antes do divisível?

QUANTO AO OITAVO, ASSIM SE PROCEDE: parece que o intelecto **conhece** o indivisível antes do divisível.

1. Com efeito, afirma o Filósofo no livro I da *Física*: "Entendemos e sabemos mediante o conhecimento dos princípios e dos elementos". Ora, indivisíveis são os princípios e os elementos dos divisíveis. Logo, os indivisíveis são por nós conhecidos antes dos divisíveis.

2. ALÉM DISSO, o que entra na definição de algo, nós o conhecemos em primeiro lugar, porque a definição se forma do que é *anterior e mais conhecido*, como diz o livro dos *Tópicos*. Ora, o indivisível entra na definição do divisível. Por exemplo, o ponto, na definição da linha: "a linha, diz Euclides, é um comprimento sem largura, cujos extremos são dois pontos". A unidade, na definição do número: "O número, diz o livro X da *Metafísica*, é uma multidão medida pela unidade". Logo, nosso intelecto conhece primeiramente o indivisível.

3. ADEMAIS, "o semelhante é conhecido pelo semelhante". Ora, o indivisível se assemelha mais ao intelecto do que o divisível, uma vez que "o *intelecto é simples"*, diz o livro III da *Alma*. Logo, o intelecto conhece primeiramente o indivisível.

EM SENTIDO CONTRÁRIO, está dito no livro III da *Alma*, que o "indivisível é manifestado da mesma maneira que a privação". Ora a privação é conhecida em segundo lugar. Portanto, também o indivisível.

---

8 PARALL.: Supra, q. 11, a. 2, ad 4; III *de Anima*, lect. 11.

1. C. 1: 184, a, 10-16.
2. C. 4: 141, a, 26 — b, 2.
3. *Element.*, l. I.
4. C. 6: 1057, a, 1-7.
5. Cfr. c. 4: 429, a, 18-24; 429, b, 22-26.
6. C. 6: 430, b, 20-26.

RESPONDEO dicendum quod obiectum intellectus nostri, secundum praesentem statum, est quidditas rei materialis, quam a phantasmatibus abstrahit, ut ex praemissis[7] patet. Et quia id quod est primo et per se cognitum a virtute cognoscitiva, est proprium eius obiectum, considerari potest quo ordine indivisibile intelligatur a nobis, ex eius habitudine ad huiusmodi quidditatem. Dicitur autem indivisibile tripliciter, ut dicitur in III *de Anima*[8]. Uno modo, sicut continuum est indivisibile, quia est indivisum in actu, licet sit divisibile in potentia. Et huiusmodi indivisibile prius est intellectum a nobis quam eius divisio, quae est in partes: quia cognitio confusa est prior quam distincta, ut dictum est[9]. — Alio modo dicitur indivisibile secundum speciem, sicut ratio hominis est quoddam indivisibile. Et hoc etiam modo indivisibile est prius intellectum quam divisio eius in partes rationis, ut supra[10] dictum est: et iterum prius quam intellectus componat et dividat, affirmando vel negando. Et huius ratio est, quia huiusmodi duplex indivisibile intellectus secundum se intelligit, sicut proprium obiectum. — Tertio modo dicitur indivisibile quod est omnino indivisibile, ut punctus et unitas, quae nec actu nec potentia dividuntur. Et huiusmodi indivisibile per posterius cognoscitur, per privationem divisibilis. Unde punctum privative definitur, *punctum est cuius pars non est*: et similiter ratio unius est quod sit *indivisibile*, ut dicitur in X *Metaphys*.[11] Et huius ratio est, quia tale indivisibile habet quandam oppositionem ad rem corporalem, cuius quidditatem primo et per se intellectus accipit.

Si autem intellectus noster intelligeret per participationem indivisibilium separatorum, ut Platonici posuerunt[12], sequeretur quod indivisibile huiusmodi esset primo intellectum: quia secundum Platonicos, priora prius participantur a rebus[13].

AD PRIMUM ergo dicendum quod in accipiendo scientiam, non semper principia et elementa sunt priora: quia quamdoque ex effectibus sensibilibus devenimus in cognitionem principiorum et causarum intelligibilium. Sed in complemento scientiae, semper scientia effectuum dependet ex

RESPONDO. O objeto de nosso intelecto, na vida presente, é a quididade da coisa material que é abstraída das representações imaginárias, como fica claro das explicações anteriores. Porque o que é primeira e diretamente conhecido por uma faculdade cognoscitiva é seu objeto próprio, podemos considerar em que ordem conhecemos o indivisível segundo sua relação com essa quididade. Ora, o indivisível se toma de três maneiras, conforme está no livro III da *Alma*. Primeiro, à maneira do contínuo, que não é dividido em ato, embora seja divisível em potência. E este indivisível é conhecido por nós antes de sua divisão, que é a divisão em partes, pois o conhecimento confuso é, como já dissemos, anterior ao conhecimento distinto. — Segundo, à maneira da espécie, por exemplo, a razão de homem é algo indivisível. Nesse caso ainda conhecemos o indivisível antes da divisão em partes de razão, como já foi dito; e mesmo antes que o intelecto componha ou divida, afirmando ou negando. A razão disso é que o intelecto, enquanto tal, conhece estas duas espécies de indivisível, como seu objeto próprio. — Terceiro, à maneira do absolutamente indivisível, por exemplo, o ponto e a unidade, que não se dividem nem em ato, nem em potência. Este indivisível é conhecido em segundo lugar, por privação do que é divisível. O ponto é assim definido de uma maneira privativa: "O que não tem partes"; igualmente, a razão de unidade é que ela é *indivisível*. E isso porque tal indivisível apresenta certa oposição às coisas corporais, cuja quididade o intelecto percebe primeiro e por si.

Se nosso intelecto conhecesse, participando dos indivisíveis separados, segundo a doutrina platônica, daí se seguiria que esses indivisíveis seriam conhecidos por primeiro. Pois, nessa doutrina, as coisas participam por primeiro das coisas primeiras.

QUANTO AO 1º, portanto, deve-se dizer que quando se adquire a ciência, não se começa sempre pelos princípios e pelos elementos. Por vezes, progredimos dos efeitos sensíveis para o conhecimento dos princípios e das causas inteligíveis. Mas, adquirida a ciência, a ciência dos efeitos

---

7. A. 1 et q. 84, a. 7.
8. C. 6: 430, b, 6-14.
9. A. 3.
10. Ibid.
11. C. 1: 1052, a, 34 — b, 1.
12. Cfr. q. 84, a. 1, 6.
13. S. TH., *De substantiis separatis*, c. 1.

cognitione principiorum et elementorum: quia, ut ibidem dicit Philosophus, *tunc opinamur nos scire, cum principiata possumus in causas resolvere.*

AD SECUNDUM dicendum quod punctum non ponitur in definitione lineae communiter sumptae: manifestum est enim quod in linea infinita, et etiam in circulari, non est punctum nisi in potentia. Sed Euclides definit lineam finitam rectam: et ideo posuit punctum in definitione lineae, sicut terminum in definitione terminati. — Unitas vero est mensura numeri: et ideo ponitur in definitione numeri mensurati. Non autem ponitur in definitione divisibilis, sed magis e converso.

AD TERTIUM dicendum quod similitudo per quam intelligimus, est species cogniti in cognoscente. Et ideo non secundum similitudinem naturae ad potentiam cognoscitivam est aliquid prius cognitum, sed per convenientiam ad obiectum: alioquin magis visus cognosceret auditum quam colorem.

depende sempre do conhecimento dos princípios e dos elementos. Pois, segundo a expressão do Filósofo no mesmo lugar, "pensamos saber quando podemos reduzir os efeitos às suas causas".

QUANTO AO 2º, deve-se dizer que não nos servimos do ponto para definir uma linha qualquer, porque é claro que em uma linha infinita, ou mesmo numa linha circular, não há ponto senão em potência. Mas Euclides dá a definição da linha reta acabada: e, por conseguinte, emprega o ponto para definir a linha, como o limite para definir o limitado. — Quanto à unidade, é a medida do número, e é por isso que ela é usada para definir o número mensurado. Não é colocada na definição do divisível; é antes o contrário que ocorre.

QUANTO AO 3º, deve-se dizer que a semelhança pela qual conhecemos é a espécie do objeto conhecido em nós. Se, portanto, algo é conhecido em primeiro lugar, não é em razão de uma semelhança de natureza com a faculdade que conhece, mas de sua conformidade com o objeto; de outra sorte, a vista conheceria melhor o som do que a cor.

QUAESTIO LXXXVI
QUID INTELLECTUS NOSTER IN REBUS MATERIALIBUS COGNOSCAT
in quatuor articulos divisa

Deinde considerandum est quid intellectus noster in rebus materialibus cognoscat. Et circa hoc quaeruntur quatuor.
Primo: utrum cognoscat singularia.
Secundo: utrum cognoscat infinita.
Tertio: utrum cognoscat contingentia.
Quarto: utrum cognoscat futura.

ARTICULUS 1
Utrum intellectus noster cognoscat singularia

AD PRIMUM SIC PROCEDITUR. Videtur quod intellectus noster cognoscat singularia.

QUESTÃO 86
O QUE NOSSO INTELECTO CONHECE NAS REALIDADES MATERIAIS?
em quatro artigos

Em seguida deve-se considerar o que nosso intelecto conhece nas realidades materiais. Sobre isso são quatro as perguntas:
1. Conhece os singulares?
2. Conhece coisas infinitas?
3. Conhece os contingentes?
4. Conhece o futuro?

ARTIGO 1
Nosso intelecto conhece os singulares?[a]

QUANTO AO PRIMEIRO ARTIGO, ASSIM SE PROCEDE: parece que nosso intelecto **conhece** os singulares.

1 PARALL.: II *Sent.*, dist. 3, q. 3, a. 3, ad 1; IV, dist. 50, q. 1, a. 3; *Cont. Gent.* I, 65; *De Verit.*, q. 2, a. 5, 6; q. 10, a. 5; Q. *de Anima*, a. 20; *Quodlib.* VII, q. 8; Opusc. XXIX, *de Princip. Individ.*; III, *de Anima*, lect. 8.

a. Se o pensamento só pode atingir nas realidades materiais aquilo que ele abstrai do singular, a saber, a essência universal, deve-se deduzir que não conhece o singular, que este pertence unicamente ao conhecimento sensível? Admitir-se-á semelhante dicotomia, semelhante paralelismo entre o conhecimento sensível e a percepção intelectual da essência universal que nele se realiza? Não, o pensamento conhece a essência *em* sua realização singular, realização que conhece de maneira indireta, por uma espécie de reflexão sobre seu ato, como aquilo do qual a essência universal foi extraída e em virtude de uma conexão onto-

1. Quicumque enim cognoscit compositionem, cognoscit extrema compositionis. Sed intellectus noster cognoscit hanc compositionem. *Socrates est homo*: eius enim est propositionem formare. Ergo intellectus noster cognoscit hoc singulare quod est Socrates.
2. PRAETEREA, intellectus practicus dirigit ad agendum. Sed actus sunt circa singularia. Ergo cognoscit singularia.
3. PRAETEREA, intellectus noster intelligit seipsum. Ipse autem est quoddam singulare: alioquin non haberet aliquem actum; actus enim singularium sunt. Ergo intellectus noster cognoscit singulare.
4. PRAETEREA, quidquid potest virtus inferior, potest superior. Sed sensus cognoscit singulare. Ergo multo magis intellectus.

SED CONTRA est quod dicit Philosophus, in I *Physic*.[1], quod *universale secundum rationem est notum, singulare autem secundum sensum*.

RESPONDEO dicendum quod singulare in rebus materialibus intellectus noster directe et primo cognoscere non potest. Cuius ratio est, quia principium singularibus in rebus materialibus est materia individualis: intellectus autem noster, sicut supra[2] dictum est, intelligit abstrahendo speciem intelligibilem ab huiusmodi materia. Quod autem a materia individuali abstrahitur, est universale. Unde intellectus noster directe non est cognoscitivus nisi universalium.

Indirecte autem, et quasi per quandam reflexionem, potest cognoscere singulare: quia, sicut supra[3] dictum est, etiam postquam species intelligibiles abstraxit, non potest secundum eas actu intelligere nisi convertendo se ad phantasmata, in quibus species intelligibiles intelligit, ut dicitur in III *de Anima*[4]. Sic igitur ipsum universale per speciem intelligibilem directe intelligit; indirecte autem singularia, quorum sunt phantasmata. — Et hoc modo format hanc propositionem, *Socrates est homo*.

Unde patet solutio AD PRIMUM.

1. Com efeito, todo aquele que conhece a composição conhece os termos da composição. Ora, nosso intelecto conhece essa composição: "Sócrates é homem": pois, é próprio dela formar a proposição. Logo, nosso intelecto conhece o singular que é Sócrates.
2. ALÉM DISSO, o intelecto prático se orienta para a ação. Ora, as ações têm por objeto os singulares. Logo, os conhece.
3. ADEMAIS, nosso intelecto se conhece a si mesmo. Ora ele é uma realidade singular, de outro modo não teria ação, pois as ações são feitas por seres singulares. Logo, conhece o singular.
4. ADEMAIS, tudo aquilo de que é capaz uma potência inferior, pode-o uma superior. Ora o sentido conhece o singular. Logo, com mais razão, o intelecto.

EM SENTIDO CONTRÁRIO, segundo o Filósofo no livro I da *Física*: "O universal é conhecido pelo intelecto, o singular, pelos sentidos".

RESPONDO. Nosso intelecto não pode direta e primordialmente conhecer o singular nas realidades materiais. Eis a razão: o que os torna singulares é a matéria individual; ora nossa inteligência conhece abstraindo a espécie inteligível dessa matéria. O que é conhecido por essa abstração é universal. Nosso intelecto não conhece pois diretamente senão o universal.

Mas indiretamente, e por uma espécie de reflexão, o intelecto pode conhecer o singular. Como foi dito acima, mesmo depois de ter abstraído as espécies inteligíveis, não pode fazer uso delas sem se voltar para as representações imaginárias nas quais conhece as espécies inteligíveis. Assim pois, conhece diretamente o universal por meio da espécie inteligível, e indiretamente os singulares de onde provêm as representações imaginárias. Dessa maneira, forma essa proposição: "Sócrates é homem".

QUANTO AO 1º, a solução está dada pelo acima exposto.

---

1. C. 5: 188, b, 36 — 189, a, 10.
2. Q. 85, a. 1.
3. Q. 84, a. 7.
4. C. 7: 431, b, 2-9.

lógica entre o ato do "sentido" e o do espírito. Poder-se-ia afirmar também que o conhece "abstratamente" (resposta à quarta objeção) como constituindo um singular, o sujeito de tudo o que os sentidos percebem diretamente nele, e que a inteligência atribui a um só ser. Disso derivam os artigos seguintes a respeito do conhecimento que o espírito humano tem do infinito, das realidades contingentes, das realidades futuras. Pressupondo-se claramente que as próprias ideias de finitude e de infinitude, de contingência e de futuro pertencem somente ao espírito.

AD SECUNDUM dicendum quod electio particularis operabilis est quasi conclusio syllogismi intellectus practici, ut dicitur in VII *Ethic*.[5]. Ex universali autem propositione directe non potest concludi singularis, nisi mediante aliqua singulari propositione assumpta. Unde universalis ratio intellectus practici non movet nisi mediante particulari apprehensione sensitivae partis, ut dicitur in III *de Anima*[6].

AD TERTIUM dicendum quod singulare non repugnat intelligibilitati inquantum est singulare, sed inquantum est materiale, quia nihil intelligitur nisi immaterialiter. Et ideo si sit aliquod singulare immateriale, sicut est intellectus, hoc non repugnat intelligibilitati.

AD QUARTUM dicendum quod virtus superior potest illud quod potest virtus inferior, sed eminentiori modo. Unde id quod cognoscit sensus materialiter et concrete, quod est cognoscere singulare directe, hoc cognoscit intellectus immaterialiter et abstracte, quod est cognoscere universale.

QUANTO AO 2º, deve-se dizer que a escolha de um ato particular a executar é como a conclusão de um silogismo do intelecto prático, diz o livro VII da *Ética*. Mas de uma proposição universal não se pode tirar diretamente uma conclusão singular, a não ser mediante uma proposição singular. Por isso, a razão universal do intelecto prático não pode mover a não ser mediante uma apreensão particular da parte sensível, como diz o livro III da *Alma*.

QUANTO AO 3º, deve-se dizer que o singular não apresenta impedimento à intelecção, enquanto singular, mas enquanto material: porque nada compreendemos senão de um modo imaterial. Se, portanto, existe um singular imaterial tal qual o intelecto, nada se opõe a que seja inteligível.

QUANTO AO 4º, deve-se dizer que uma potência superior pode o mesmo que uma potência inferior, mas de uma maneira mais eminente. Pois aquilo que é conhecido pelos sentidos de um modo material e concreto, o que é conhecer diretamente o singular, é conhecido pelo intelecto de uma forma imaterial e abstrata, o que é conhecer o universal.

ARTICULUS 2
Utrum intellectus noster possit cognoscere infinita

AD SECUNDUM SIC PROCEDITUR. Videtur quod intellectus noster possit cognoscere infinita.

1. Deus enim excedit omnia infinita. Sed intellectus noster potest cognoscere Deum, ut supra[1] dictum est. Ergo multo magis potest cognoscere omnia alia infinita.
2. PRAETEREA, intellectus noster natus est cognoscere genera et species. Sed quorundam generum sunt infinitae species, sicut numeri, proportionis et figurae. Ergo intellectus noster potest cognoscere infinita.
3. PRAETEREA, si unum corpus non impediret aliud ab existendo in uno et eodem loco, nihil prohiberet infinita corpora in uno loco esse. Sed una species intelligibilis non prohibet aliam ab existendo simul in eodem intellectu: contingit enim multa scire in habitu. Ergo nihil prohibet

ARTIGO 2
Pode nosso intelecto conhecer coisas infinitas?

QUANTO AO SEGUNDO, ASSIM SE PROCEDE: parece que o nosso intelecto **pode** conhecer coisas infinitas.

1. Com efeito, Deus transcende todos os infinitos. Ora, nosso intelecto pode conhecer a Deus, como foi visto acima. Logo, com mais razão pode conhecer todos os outros infinitos.
2. ALÉM DISSO, nosso intelecto é apto por natureza a conhecer os gêneros e as espécies. Ora, em alguns gêneros há uma infinidade de espécies, como nos números, nas proporções e nas figuras. Logo, nosso intelecto pode conhecer coisas infinitas.
3. ADEMAIS, se fosse possível que um corpo existisse no mesmo lugar que um outro, nada impediria que houvesse aí uma infinidade em um mesmo lugar. Ora, uma espécie inteligível não se opõe à existência simultânea de uma outra espécie no mesmo intelecto. Acontece de fato que conhe-

---

5. C. 5: 1147, a, 24-31.
6. C. 11: 434, a, 16-21.

PARALL.: *De Verit.*, q. 2, a. 9; *Compend. Theol.*, c. 133.

1. Q. 12, a. 1.

intellectum nostrum infinitorum scientiam habere in habitu.

4. PRAETEREA, intellectus, cum non sit virtus materiae corporalis, ut supra[2] dictum est, videtur esse potentia infinita. Sed virtus infinita potest super infinita. Ergo intellectus noster potest cognoscere infinita.

SED CONTRA est quod dicitur in I *Physic*.[3], quod *infinitum, inquantum est infinitum, est ignotum*.

RESPONDEO dicendum quod, cum potentia proportionetur suo obiecto, oportet hoc modo se habere intellectum ad infinitum, sicut se habet eius obiectum, quod est quidditas rei materialis. In rebus autem materialibus non invenitur infinitum in actu, sed solum in potentia, secundum quod unum succedit alteri, ut dicitur in III *Physic*.[4]. Et ideo in intellectu nostro invenitur infinitum in potentia, in accipiendo scilicet unum post aliud: quia nunquam intellectus noster tot intelligit, quin possit plura intelligere.

Actu autem vel habitu non potest cognoscere infinita intellectus noster. Actu quidem non, quia intellectus noster non potest simul actu cognoscere nisi quod per unam speciem cognoscit. Infinitum autem non habet unam speciem: alioquin haberet rationem totius et perfecti. Et ideo non potest intelligi nisi accipiendo partem post partem, ut ex eius definitione patet in III *Physic*.[5]: est enim infinitum *cuius quantitatem accipientibus semper est aliquid extra accipere*. Et sic infinitum cognosci non posset actu, nisi omnes partes eius numerarentur: quod est impossibile.

Et eadem ratione non possumus intelligere infinita in habitu. In nobis enim habitualis cognitio causatur ex actuali consideratione: intelligendo enim efficimur scientes, ut dicitur in II *Ethic*.[6]. Unde non possemus habere habitum infinitorum secundum distinctam cognitionem, nisi considera-vissemus omnia infinita, numerando ea secundum cognitionis successionem: quod est impossibile. Et ita nec actu nec habitu intellectus noster potest cognoscere infinita, sed in potentia tantum, ut dictum est.

ce muitas coisas no estado habitual. Logo, nada impede que nosso intelecto possua dessa maneira a ciência dos infinitos.

4. ADEMAIS, visto que nosso intelecto não é uma potência material, como já dissemos, parece ser infinito como potência. Ora, tal potência é capaz de atingir uma infinidade de objetos. Logo, nosso intelecto pode conhecer infinitas coisas.

EM SENTIDO CONTRÁRIO, está dito no livro I da *Física*: "O infinito como tal não é conhecido".

RESPONDO. Toda potência é proporcionada a seu objeto. É preciso, pois, que o intelecto se ache na mesma relação com o infinito e com seu objeto, a quididade da realidade material. Ora, nas coisas materiais, não há infinito em ato, mas somente em potência, enquanto um sucede ao outro, como se diz no livro III da *Física*. Por conseguinte encontramos em nosso intelecto um infinito em potência, enquanto considera um objeto depois de um outro. Pois nosso intelecto não conhece jamais tantas coisas que não possa conhecer outras mais.

Nosso intelecto não pode conhecer o infinito, nem em ato nem no estado habitual. Não em ato, porque nosso intelecto não pode conhecer em ato ao mesmo tempo, a não ser o que conhece por uma só espécie inteligível. Ora o infinito não pode ser representado por uma espécie única, ou então seria o infinito de totalidade e de perfeição. Por isso, o infinito não pode ser conhecido senão sendo tomado parte por parte, como mostra a definição do livro III da *Física*: "O infinito é aquilo ao qual se pode sempre ajuntar algo". E dessa maneira, o infinito não poderia ser conhecido em ato se não fossem enumeradas todas as suas partes: o que é impossível.

Pela mesma razão, não podemos conhecer de modo habitual o infinito. O conhecimento habitual é, com efeito, causado em nós pelo conhecimento atual; assim, é conhecendo, diz o livro II da *Ética*, que adquirimos a ciência. Não poderíamos, pois, ter um conhecimento habitual distinto de coisas infinitas, a não ser que considerássemos todas elas, enumerando-as conforme conhecimentos sucessivos; o que é impossível. Em conclusão, nosso intelecto não pode conhecer o infinito, nem em ato nem habitualmente, mas somente em potência.

---

2. Q. 76, a. 1.
3. C. 4: 187, b, 7-13.
4. C. 6: 206, a, 18-29.
5. C. 6: 207, a, 2-8.
6. C. 1: 1103, a, 26 — b, 2.

AD PRIMUM ergo dicendum quod, sicut supra[7] dictum est, Deus dicitur infinitus sicut forma quae non est terminata per aliquam materiam: in rebus autem materialibus aliquid dicitur infinitum per privationem formalis terminationis. Et quia forma secundum se nota est, materia autem sine forma ignota, inde est quod infinitum materiale est secundum se ignotum.

Infinitum autem formale, quod est Deus, est secundum se notum, ignotum autem quoad nos, propter defectum intellectus nostri, qui secundum statum praesentis vitae habet naturalem aptitudinem ad materialia cognoscenda. Et ideo in praesenti Deum cognoscere non possumus nisi per materiales effectus. In futuro autem tolletur defectus intellectus nostri per gloriam, et tunc ipsum Deum in sua essentia videre poterimus, tamen absque comprehensione.

AD SECUNDUM dicendum quod intellectus noster natus est cognoscere species per abstractionem a phantasmatibus. Et ideo illas species numerorum et figurarum quas quis non est imaginatus, non potest cognoscere nec actu nec habitu, nisi forte in genere et in principiis universalibus; quod est cognoscere in potentia et confuse.

AD TERTIUM dicendum quod, si duo corpora essent in uno loco, vel plura, non oporteret quod successive subintrarent locum, ut sic per ipsam subintrationis successionem numerarentur locata. Sed species intelligibiles ingrediuntur intellectum nostrum successive: quia non multa simul actu intelliguntur. Et ideo oportet numeratas, et non infinitas species esse in intellectu nostro.

AD QUARTUM dicendum quod sicut intellectus noster est infinitus virtute, ita infinitum cognoscit. Est enim virtus eius infinita, secundum quod non terminatur per materiam corporalem. Et est cognoscitivus universalis, quod est abstractum a materia individuali, et per consequens non finitur ad aliquod individuum, sed, quantum est de se, ad infinita individua se extendit.

QUANTO AO 1º, portanto, deve-se dizer que já foi dito que Deus é infinito, como uma forma que não é limitada por matéria alguma. Nas coisas materiais, fala-se de infinito quando não há limite proveniente de uma forma. Sendo a forma conhecida por si mesma, e a matéria sem a forma sendo desconhecida, segue-se daí que o infinito material é em si mesmo desconhecido.

Pelo contrário, o infinito formal que é Deus é conhecido por si mesmo, mas desconhecido com relação a nós, por causa da fraqueza de nosso intelecto, que no estado da vida presente possui uma aptidão natural para conhecer as coisas materiais. E por isso, não podemos presentemente conhecer a Deus senão pelos efeitos sensíveis. Depois dessa vida, a incapacidade de nosso intelecto será supressa pela glória, e então veremos o próprio Deus em sua essência, sem todavia compreendê-lo perfeitamente.

QUANTO AO 2º, deve-se dizer que nosso intelecto é apto por natureza a conhecer as espécies abstraindo-as das representações imaginárias. E por conseguinte, essas espécies dos números e das figuras de que não se tiveram imagens não podem ser conhecidas nem em ato nem habitualmente, senão talvez em geral e nos princípios universais: mas aí, se trata de conhecer em potência e de maneira confusa.

QUANTO AO 3º, deve-se dizer que se dois ou vários corpos estivessem em um mesmo lugar, não seria necessário que penetrassem sucessivamente nesse lugar, para que pudessem ser enumerados segundo a ordem de sua entrada. Mas as espécies inteligíveis penetram uma após outra em nosso intelecto, uma vez que não conhece em ato muitas coisas simultaneamente. É preciso, por conseguinte, que as espécies aí estejam em número determinado, e não infinito.

QUANTO AO 4º, deve-se dizer que nosso intelecto conhece o infinito, de acordo como ele é infinito em potência. Sua capacidade é deveras infinita na medida em que ela não é limitada por uma matéria corporal. Ora, ele conhece o universal que é abstraído da matéria individual e consequentemente não se limita a indivíduo algum, mas em si mesmo se estende a indivíduos em número infinito.

---

7. Q. 7, a. 1.

ARTICULUS 3
Utrum intellectus sit cognoscitivus contingentium

AD TERTIUM SIC PROCEDITUR. Videtur quod intellectus non sit cognoscitivus contingentium.

1. Quia, ut dicitur in VI *Ethic.*[1], intellectus et sapientia et scientia non sunt contingentium, sed necessariorum.
2. PRAETEREA, sicut dicitur in IV *Physic.*[2], *ea quae quandoque sunt et quandoque non sunt, tempore mensurantur.* Intellectus autem a tempore abstrahit, sicut et ab aliis conditionibus materiae. Cum igitur proprium contingentium sit quandoque esse et quandoque non esse, videtur quod contingentia non cognoscantur ab intellectu.

SED CONTRA, omnis scientia est in intellectu. Sed quaedam scientiae sunt de contingentibus; sicut scientiae morales, quae sunt de actibus humanis subiectis libero arbitrio; et etiam scientiae naturales, quantum ad partem quae tractat de generabilibus et corruptibilibus. Ergo intellectus est cognoscitivus contingentium.

RESPONDEO dicendum quod contingentia dupliciter possunt considerari. Uno modo, secundum quod contingentia sunt. Alio modo, secundum quod in eis aliquid necessitatis invenitur: nihil enim est adeo contingens, quin in se aliquid necessarium habeat. Sicut hoc ipsum quod est Socratem currere, in se quidem contingens est; sed habitudo cursus ad motum est necessaria: necessarium enim est Socrates moveri, si currit.

Est autem unumquodque contingens ex parte materiae: quia contingens est quod potest esse et non esse; potentia autem pertinet ad materiam. Necessitas autem consequitur rationem formae: quia ea quae consequuntur ad formam, ex necessitate insunt. Materia autem est individuationis principium: ratio autem universalis accipitur secundum abstractionem formae a materia particulari. Dictum autem est supra[3] quod per se et directe intellectus est universalium; sensus autem singularium, quorum etiam indirecte quodammodo est intellectus, ut supra[4] dictum est. Sic igitur

ARTIGO 3
Nosso intelecto conhece o que é contingente?

QUANTO AO TERCEIRO, ASSIM SE PROCEDE: parece que nosso intelecto **não** conhece o que é contingente.

1. Com efeito, diz o livro VI da *Ética* que o intelecto e a sabedoria e a ciência não tratam das coisas contingentes, mas das necessárias.
2. ALÉM DISSO, diz o livro IV da *Física*: "As coisas que ora existem e ora não existem são medidas pelo tempo". Ora, o intelecto faz abstração do tempo, como de todas as outras condições da matéria, pois é o próprio das realidades contingentes ora ser e ora não ser. Parece portanto que o intelecto não as pode conhecer.

EM SENTIDO CONTRÁRIO, toda ciência está no intelecto. Ora há ciências que concernem às coisas contingentes: tais são as ciências morais, que têm por objeto os atos humanos submetidos ao livre-arbítrio, e ainda, as ciências naturais no que concerne ao mundo da geração e da corrupção. O intelecto pode, pois, conhecer as coisas contingentes.

RESPONDO. Podem ser consideradas as coisas contingentes de duas maneiras: primeiro, enquanto contingentes. Segundo, enquanto encerram algo de necessário: pois nada é a tal ponto contingente que não implique alguma necessidade. Por exemplo: que Sócrates corra é um fato contingente em si mesmo. Mas a relação da corrida ao movimento é necessário. Pois é necessário que Sócrates se mova, se ele corre.

Ora uma realidade é contingente em razão da matéria: o contingente é com efeito o que pode ser ou não ser, e a potência pertence à matéria. Quanto à necessidade, ela provém da forma. Ora tudo o que procede da forma se encontra em um ser por necessidade. Ora a matéria é princípio de individuação, enquanto a ideia universal é conhecida abstraindo a forma da matéria individual. Dissemo-lo mais acima: o intelecto tem uma relação natural e direta com o universal; o sentido, com o singular, embora o intelecto atinja também esse último indiretamente. Em consequência, as coisas

---

3   PARALL.: *De Verit.*, q. 15, a. 2, ad 3; VI *Ethic.*, lect. 1.

   1. C. 6: 1140, b, 31 — 1141, a, 8.
   2. C. 12: 221, b, 23 — 222, a, 9.
   3. A. 1.
   4. Ibid.

contingentia, prout sunt contingentia, cognoscuntur directe quidem sensu, indirecte autem ab intellectu: rationes autem universales et necessarie contingentium cognoscuntur per intellectum.

Unde si attendantur rationes universales scibilium, omnes scientiae sunt de necessariis. Si autem attendantur ipsae res, sic quaedam scientia est de necessariis, quaedam vero de contingentibus.

Et per hoc patet solutio AD OBIECTA.

ARTICULUS 4
Utrum intellectus noster cognoscat futura

AD QUARTUM SIC PROCEDITUR. Videtur quod intellectus noster cognoscat futura.

1. Intellectus enim noster cognoscit per species intelligibiles, quae abstrahunt ab hic et nunc, et ita se habent indifferenter ad omne tempus. Sed potest cognoscere praesentia. Ergo potest cognoscere futura.

2. PRAETEREA, homo quando alienatur a sensibus, aliqua futura cognoscere potest; ut patet in dormientibus et phreneticis. Sed quando alienatur a sensibus, magis viget intellectu. Ergo intellectus, quantum est de se, est cognoscitivus futurorum.

3. PRAETEREA, cognitio intellectiva hominis efficacior est quam cognitio quaecumque brutorum animalium. Sed quaedam animalia sunt quae cognoscunt quaedam futura; sicut corniculae frequenter crocitantes significant pluviam mox futuram. Ergo multo magis intellectus humanus potest futura cognoscere.

SED CONTRA est quod dicitur Eccle 8,6-7: *Multa hominis afflictio, qui ignorat praeterita, et futura nullo potest scire nuntio.*

RESPONDEO dicendum quod de cognitione futurorum eodem modo distinguendum est, sicut de cognitione contingentium. Nam ipsa futura ut sub tempore cadunt, sunt singularia, quae intellectus humanus non cognoscit nisi per reflexionem, ut supra[1] dictum est. Rationes autem futurorum possunt esse universales, et intellectu perceptibiles: et de eis etiam possunt esse scientiae.

Ut tamen communiter de cognitione futurorum loquamur, sciendum est quod futura dupliciter

contingentes, como tais, são conhecidas diretamente pelo sentido, indiretamente pelo intelecto. Mas as ideias universais e necessárias implicadas no contingente são conhecidas pelo intelecto.

Se por conseguinte se consideram o caráter universal das ciências, todas elas têm por objeto o necessário. Mas se consideramos as próprias coisas conhecidas, haverá ciências do necessário, e ciências do contingente.

QUANTO ÀS OBJEÇÕES, estão claras as respostas.

ARTIGO 4
Nosso intelecto conhece o futuro?

QUANTO AO QUARTO, ASSIM SE PROCEDE: parece que nosso intelecto **conhece** o futuro.

1. De fato, nosso intelecto conhece mediante as espécies inteligíveis, que abstraem do aqui e agora, e dessa maneira se referem indiferentemente a qualquer tempo. Ora, pode conhecer o que é presente. Logo, pode conhecer o que é futuro.

2. ALÉM DISSO, quando o homem não está no uso de seus sentidos, pode conhecer alguns acontecimentos futuros. Vemos isso nos adormecidos e nos amentes. Ora, quando não há uso dos sentidos, o intelecto é mais ativo. Logo, enquanto depende dele, o intelecto pode conhecer coisas futuras.

3. ADEMAIS, o conhecimento intelectual do homem é muito mais penetrante que o conhecimento de um animal qualquer. Ora, há animais que conhecem que certos eventos vão ocorrer. Por exemplo, as gralhas, por seu crocitar repetido, anunciam que vai logo chover. Logo, com mais razão o intelecto humano pode conhecer coisas futuras.

EM SENTIDO CONTRÁRIO, está escrito no Eclesiastes: "É grande a aflição do homem que ignora o passado, e não pode conhecer o futuro por nenhum mensageiro".

RESPONDO. A respeito do conhecimento das coisas futuras é preciso fazer a mesma distinção que a respeito dos contingentes. Com efeito, as coisas futuras, enquanto são sujeitas ao tempo, são singulares que o intelecto humano só conhece por reflexão, como foi dito acima. Mas as razões das coisas futuras podem ser universais e perceptíveis pelo intelecto; e assim podem ser objeto de ciência.

Todavia, se queremos falar do conhecimento das coisas futuras no sentido habitualmente em-

---

4 PARALL.: Supra, q. 57, a. 3; II-II, q. 95, a. 1; q. 172, a. 1; I *Sent.*, dist. 38, a. 5, ad 2; II, dist. 7, q. 2, a. 2; *Cont. Gent.* III, 154; *De Verit.*, q. 8, a. 12; *De Malo*, q. 16, a. 7; *Compend. Theol.*, c. 133, 134; *Isaiam*, c. 3.

1. A. 1.

cognosci possunt: uno modo, in seipsis; alio modo, in suis causis. In seipsis quidem futura cognosci non possunt nisi a Deo; cui etiam sunt praesentia dum in cursu rerum sunt futura, inquantum eius aeternus intuitus simul fertur supra totum temporis cursum, ut supra[2] dictum est cum de Dei scientia ageretur. — Sed prout sunt in suis causis, cognosci possunt etiam a nobis. Et si quidem in suis causis sint ut ex quibus ex necessitate proveniant, cognoscuntur per certitudinem scientiae; sicut astrologus praecognoscit eclipsim futuram. Si autem sic sint in suis causis ut ab eis proveniant ut in pluribus, sic cognosci possunt per quandam coniecturam vel magis vel minus certam, secundum quod causae sunt vel magis vel minus inclinatae ad effectus.

AD PRIMUM ergo dicendum quod ratio illa procedit de cognitione quae fit per rationes universales causarum, ex quibus futura cognosci possunt secundum modum ordinis effectus ad causam.

AD SECUNDUM dicendum quod, sicut Augustinus dicit XII *Confess.*[3], anima habet quandam vim sortis, ut ex sui natura possit futura cognoscere: et ideo quando retrahitur a corporeis sensibus, et quodammodo revertitur ad seipsam, fit particeps notitiae futurorum. — Et haec quidem opinio rationabilis esset, si poneremus quod anima acciperet cognitionem rerum secundum participationem idearum, sicut Platonici posuerunt[4]: quia sic anima ex sui natura cognosceret universales causas omnium effectuum, sed impeditur per corpus; unde quando a corporis sensibus abstrahitur, futura cognoscit.

Sed quia iste modus cognoscendi non est connaturalis intellectui nostro, sed magis ut cognitionem a sensibus accipiat; ideo non est secundum naturam animae quod futura cognoscat cum a sensibus alienatur; sed magis per impressionem aliquarum causarum superiorum spiritualium et corporalium. Spiritualium quidem, sicut cum virtute divina ministerio angelorum intellectus humanus illuminatur, et phantasmata ordinantur ad futura aliqua cognoscenda; vel etiam cum per operationem daemonum fit aliqua commotio in

pregado, haverá duas maneiras de conhecê-los: em si mesmas, e em suas causas. Em si mesmas, só podem ser conhecidas por Deus, diante de quem estão presentes enquanto são ainda futuras com relação à sucessão do tempo, uma vez que seu olhar eterno se volta simultaneamente para todo o curso do tempo, como foi dito ao tratar da ciência de Deus. — Mas, enquanto estão em suas causas, podem ser conhecidos por nós. E se estão nelas como em causas das quais procedem necessariamente, são conhecidas com a certeza da ciência. Assim o astrônomo prevê o eclipse que deve ocorrer. Mas se estão em suas causas como delas procedendo uma vez ou outra, as conhecemos então por uma conjetura mais ou menos acertada, na medida mesma em que as causas são mais ou menos inclinadas a produzir seu efeito.

QUANTO AO 1º, portanto, deve-se dizer que a razão alegada tem procedência a respeito do conhecimento que se tem mediante as razões universais das causas, por meio das quais as coisas futuras podem ser conhecidas segundo a ordem existente entre o efeito e a causa.

QUANTO AO 2º, deve-se dizer que segundo Agostinho, a alma possui certa capacidade de adivinhação, pela qual, naturalmente, pode conhecer o futuro. Razão por que, quando ela se separa dos sentidos corporais, e se volta por assim dizer sobre si mesma, pode participar no conhecimento das coisas futuras. — Essa opinião seria admissível se pensássemos que a alma tem conhecimento das coisas pela participação nas ideias, como afirmaram os platônicos. Nesse caso, a alma conheceria naturalmente as causas universais de todos os efeitos, mas é impedida pelo corpo. Daí que, quando se separa dos sentidos corporais, ela conhece o futuro.

Mas esse modo de conhecer não é conforme com a natureza de nosso intelecto. O que lhe convém, antes, é o conhecer por meio dos sentidos. Não é, portanto, natural à alma conhecer os futuros, quando é separada dos sentidos. Isso aconteceria pela influência de causas superiores, espirituais ou corporais. Causas espirituais primeiramente: quando, por exemplo, o poder divino, pelo ministério dos anjos, ilumina o intelecto, e dispõe as representações imaginárias para conhecer as coisas futuras. Ou ainda, quando pela

---

2. Q. 14, a. 13.
3. *De Gen. ad litt.*, l. XII, c. 13: ML 34, 464.
4. Vide *Civitat.*, l. VI, c. 19: 508.

phantasia ad praesignandum aliqua futura quae daemones cognoscunt, ut supra[5] dictum est. Huiusmodi autem impressiones spiritualium causarum magis nata est anima humana suscipere cum a sensibus alienatur: quia per hoc propinquior fit substantiis spiritualibus, et magis libera ab exterioribus inquietudinibus. — Contingit autem et hoc per impressionem superiorum causarum corporalium. Manifestum est enim quod corpora superiora imprimunt in corpora inferiora. Unde cum vires sensitivae sint actus corporalium organorum, consequens est quod ex impressione caelestium corporum immutetur quodammodo phantasia. Unde cum caelestia corpora sint causa multorum futurorum, fiunt in imaginatione aliqua signa quorundam futurorum. Haec autem signa magis percipiuntur in nocte et a dormientibus, quam de die et a vigilantibus: quia, ut dicitur in libro *de Somn. et Vigil*.[6], *quae deferuntur de die, dissolvuntur magis; plus est enim sine turbatione aer noctis, eo quod silentiores sunt noctes. Et in corpore faciunt sensum propter somnum: quia parvi motus interiores magis sentiuntur a dormientibus quam a vigilantibus. Hi vero motus faciunt phantasmata, ex quibus praevidentur futura.*

AD TERTIUM dicendum quod animalia bruta non habent aliquid supra phantasiam quod ordinet phantasmata, sicut habent homines rationem; et ideo phantasia brutorum animalium totaliter sequitur impressionem caelestem. Et ideo ex motibus huiusmodi animalium magis possunt cognosci quaedam futura, ut pluvia et huiusmodi, quam ex motibus hominum, qui moventur per consilium rationis. Unde Philosophus dicit, in libro *de Somn. et Vigil*.[7], quod *quidam imprudentissimi sunt maxime praevidentes: nam intelligentia horum non est curis affecta, sed tanquam deserta et vacua ab omnibus, et mota secundum movens ducitur.*

ação dos demônios se produz um movimento na imaginação para prenunciar algum acontecimento futuro que os demônios conhecem, como se afirmou acima. A alma humana é mais apta a receber as impressões das causas espirituais, quando está fora do uso dos sentidos. Por isso mesmo está mais próxima dos espíritos, e mais livre das perturbações exteriores. — Isso também acontece por influência das causas superiores corporais. É evidente que os corpos superiores exercem uma ação sobre os corpos inferiores. Dado que as faculdades sensíveis são os atos de órgãos corporais, segue-se que sob influência dos corpos celestes se produz certa mudança na imaginação. E como os corpos celestes são causas de muitos acontecimentos futuros, sinais de alguns dentre eles aparecem na imaginação. Esses sinais são mais percebidos à noite e pelos adormecidos, do que de dia e por aqueles que estão acordados. Pois, segundo o livro do *Sono* e da *Vigília*: "As impressões transmitidas de dia se dissolvem mais facilmente. Mas o ar da noite é menos agitado, pois as noites são mais silenciosas. E as impressões se fazem no corpo, por causa do sono, porque os fracos movimentos interiores são percebidos mais no sono que na vigília. Esses movimentos produzem representações, com cuja ajuda se prevê o futuro"[b].

QUANTO AO 3º, deve-se dizer que os animais não têm, acima da imaginação, algo que ordene as representações imaginárias, como a razão do homem e, por isso, a imaginação dos animais é inteiramente dependente da influência dos corpos celestes. E assim, os movimentos dos animais podem revelar certos acontecimentos futuros, como a chuva, muito melhor do que os movimentos dos homens que se movem por deliberação racional. Por isso, diz o Filósofo: "Alguns homens imprudentíssimos preveem muito bem o futuro, pois seu intelecto não está preocupado com outros cuidados; mas, por assim dizer, deserto e vazio de tudo, é, quando movido, guiado pelo que move".

---

5. Q. 57, a. 3.
6. *De Divinat. per Somn.*, c. 2: 463.
7. *De Divinat. per Somn.*, ibid.: 464.

b. Observe-se a que ponto Sto. Tomás, seguindo Aristóteles, acha-se aberto ao que hoje chamamos conhecimentos parapsíquicos. Contudo, mesmo para tais conhecimentos, não renuncia ele ao papel primordial dos "sentidos". A não ser por influências diretas dos espíritos superiores, tais conhecimentos se devem a uma ação de causas cósmicas sobre a imaginação. Diríamos que imagens, intuições, percepções de futuro nascem da inconsciente percepção das modificações do cosmos. E tanto mais quanto menos governada pela razão é a imaginação.

QUAESTIO LXXXVII
QUOMODO ANIMA INTELLECTIVA SEIPSAM, ET EA QUAE SUNT IN IPSA, COGNOSCAT

in quatuor articulos divisa

Deinde considerandum est quomodo anima intellectiva cognoscat seipsam, et ea quae in se sunt. Et circa hoc quaeruntur quatuor.

Primo: utrum cognoscat seipsam per suam essentiam.
Secundo: quomodo cognoscat habitus in se existentes.
Tertio: quomodo intellectus cognoscat proprium actum.
Quarto: quomodo cognoscat actum voluntatis.

Articulus 1
Utrum anima intellectiva seipsam cognoscat per suam essentiam

AD PRIMUM SIC PROCEDITUR. Videtur quod anima intellectiva seipsam cognoscat per suam essentiam.

1. Dicit enim Augustinus, IX *de Trin.*[1], quod *mens seipsam novit per seipsam, quoniam est incorporea.*
2. PRAETEREA, angelus et anima humana conveniunt in genere intellectualis substantiae. Sed angelus intelligit seipsum per essentiam suam. Ergo et anima humana.
3. PRAETEREA, *in his quae sunt sine materia, idem est intellectus et quod intelligitur,* ut dicitur III *de Anima*[2]. Sed mens humana est sine materia: non enim est actus corporis alicuius, ut supra[3] dictum est. Ergo in mente humana est idem intellectus et quod intelligitur. Ergo intelligit se per essentiam suam.

SED CONTRA est quod dicitur in III *de Anima*[4], quod *intellectus intelligit seipsum sicut et alia.* Sed alia non intelligit per essentias eorum, sed per eorum similitudines. Ergo neque se intelligit per essentiam suam.

RESPONDEO dicendum quod unumquodque cognoscibile est secundum quod est in actu, et

QUESTÃO 87
COMO A ALMA INTELECTIVA CONHECE A SI MESMA E AO QUE NELA SE ENCONTRA?

em quatro artigos

Em seguida deve-se examinar como a alma intelectiva conhece a si mesma e a outras coisas que nela existem. Sobre isso são quatro as perguntas:

1. A alma conhece a si mesma por sua essência?
2. Como conhece os hábitos existentes em si mesma?
3. Como o intelecto conhece seu próprio ato?
4. Como conhece o ato da vontade?

Artigo 1
A alma intelectiva conhece a si mesma por sua essência?

QUANTO AO PRIMEIRO ARTIGO, ASSIM SE PROCEDE: parece que a alma intelectiva **conhece** a si mesma por sua essência.

1. Com efeito, diz Agostinho: "A mente conhece a si por si mesma, pois é incorpórea".
2. ALÉM DISSO, o anjo e alma humana estão ambos no gênero das substâncias intelectuais. Ora, o anjo conhece a si mesmo por sua essência. Logo, a alma humana também.
3. ADEMAIS, nas realidades que não têm matéria, o intelecto e o objeto conhecido são a mesma coisa, diz-se no livro III da *Alma*. Ora, a mente humana não tem matéria. Não é, com efeito, o ato de um corpo, como acima se tratou. Logo, na mente humana, intelecto e objeto conhecido são idênticos. Ele se conhece, portanto, por sua essência.

EM SENTIDO CONTRÁRIO, está no livro III da *Alma*, que o intelecto conhece a si mesmo como conhece as outras coisas. Ora, ele não as conhece por suas essências, mas por semelhanças. Não conhece, pois, tampouco a si mesmo por sua essência.

RESPONDO. Uma coisa é objeto de conhecimento na medida em que está em ato, e não na medida

---

1 PARALL.: Supra, q. 14, a. 2, ad 3; *Cont. Gent.* II, 75; III, 46; *De Verit.*, q. 8, a. 6; q. 10, a. 8; Q. *de Anima*, a. 16, ad 8; II *de Anima*, lect. 6; III, lect. 9.

1. C. 3: ML 42, 963.
2. C. 4: 430, a, 2-5.
3. Q. 76, a. 1.
4. Ibid.

non secundum quod est in potentia, ut dicitur in IX *Metaphys*.[5]: sic enim aliquid est ens et verum, quod sub cognitione cadit, prout actu est. Et hoc quidem manifeste apparet in rebus sensibilibus: non enim visus percipit coloratum in potentia, sed solum coloratum in actu. E similiter intellectus manifestum est quod, inquantum est cognoscitivus rerum materialium, non cognoscit nisi quod est actu: et inde est quod non cognoscit materiam primam nisi secundum proportionem ad formam, ut dicitur in I *Physic*.[6]. Unde et in substantiis immaterialibus, secundum quod unaquaeque earum se habet ad hoc quod sit in actu per essentiam suam, ita se habet ad hoc quod sit per suam essentiam intelligibilis.

Essentia igitur Dei, quae est actus purus et perfectus, est simpliciter et perfecte secundum seipsam intelligibilis. Unde Deus per suam essentiam non solum seipsum, sed etiam omnia intelligit. — Angeli autem essentia est quidem in genere intelligibilium ut actus, non tamen ut actus purus neque completus. Unde eius intelligere non completur per essentiam suam: etsi enim per essentiam suam se intelligat angelus, tamen non omnia potest per essentiam suam cognoscere, sed cognoscit alia a se per eorum similitudines. — Intellectus autem humanus se habet in genere rerum intelligibilium ut ens in potentia tantum, sicut et materia prima se habet in genere rerum sensibilium: unde *possibilis* nominatur. Sic igitur in sua essentia consideratus, se habet ut potentia intelligens. Unde ex seipso habet virtutem ut intelligat, non autem ut intelligatur, nisi secundum id quod fit actu. Sic enim etiam Platonici posuerunt ordinem entium intelligibilium supra ordinem intellectuum: quia intellectus non intelligit nisi per participationem intelligibilis; participans autem est infra participatum, secundum eos.

Si igitur intellectus humanus fieret actu per participationem formarum intelligibilium separatarum, ut Platonici posuerunt per huiusmodi participationem rerum incorporearum intellectus humanus seipsum intelligeret. Sed quia connaturale est intellectui nostro, secundum statum praesentis vitae, quod ad materialia et sensibilia respiciat, sicut supra[7] dictum est; consequens est ut sic seipsum intelligat intellectus noster, secundum

em que está em potência, diz o livro IX da *Metafísica*. Com efeito, algo é ente e verdadeiro, e assim cai sob o conhecimento, na medida em que está em ato. E isso é evidente para o caso das coisas sensíveis; a vista, por exemplo, não percebe o que é colorido em potência, mas o que é colorido em ato. Do mesmo modo para o intelecto, enquanto é apto para conhecer as coisas materiais: só conhece o que está em ato. Eis por que conhece a matéria primeira tão somente em sua relação com a forma, como se diz no livro I da *Física*. Quanto às substâncias imateriais, na medida em que lhes cabe por essência estar em ato, são inteligíveis por sua essência.

Por conseguinte, a essência de Deus, ato puro e perfeito, é absoluta e perfeitamente inteligível em si mesma. É a razão por que Deus conhece por sua essência não somente a si mesmo, mas ainda a todos os outros seres. — A essência do anjo pertence decerto ao gênero dos inteligíveis, como ato, mas não ato puro e completo. Por isso sua atividade intelectual não pode ser completa por sua essência, embora seja por ela que o anjo conhece a si mesmo, mas não pode por ela conhecer todas as coisas, e conhece as outras coisas diferentes dele com a ajuda de semelhanças. — Quanto ao intelecto humano, está no gênero dos inteligíveis apenas como um ser em potência, como a matéria primeira no gênero das coisas sensíveis: daí o nome de intelecto *possível*. Se, portanto, o consideramos em sua essência, ele só conhece em potência. Possui assim por si mesmo a capacidade de conhecer, mas não a de ser conhecido, a não ser somente quando está em ato. Os platônicos admitiam também uma ordem de seres inteligíveis acima da ordem dos intelectos. Para eles, o intelecto só conhece quando participando do inteligível, e o ser participante é inferior ao ser participado.

Se o intelecto humano fosse posto em ato por uma participação nas formas inteligíveis separadas, segundo a doutrina dos platônicos, por essa participação nas coisas incorporais ele compreenderia a si mesmo. Mas porque é conatural a nosso intelecto, no estado da vida presente, conhecer as coisas materiais e sensíveis, como já dissemos, segue-se que nosso intelecto conhece a si mesmo enquanto é posto em ato pelas espécies que a luz

---

5. C. 9: 1051, a, 21-23.
6. C. 7: 191, a, 7-15.
7. Q. 84, a. 7.

quod fit actu per species a sensibilibus abstractas per lumen intellectus agentis, quod est actus ipsorum intelligibilium, et eis mediantibus intellectus possibilis. Non ergo per essentiam suam, sed per actum suum se cognoscit intellectus noster.
 Et hoc dupliciter. Uno quidem modo, particulariter, secundum quod Socrates vel Plato percipit se habere animam intellectivam, ex hoc quod percipit se intelligere. Alio modo, in universali, secundum quod naturam humanae mentis ex actu intellectus consideramus. Sed verum est quod iudicium et efficacia huius cognitionis per quam naturam animae cognoscimus, competit nobis secundum derivationem luminis intellectus nostri a veritate divina, in qua rationes omnium rerum continentur, sicut supra[8] dictum est. Unde et Augustinus dicit, in IX *de Trin.*[9]: *Intuemur inviolabilem veritatem, ex qua perfecte, quantum possumus, definimus non qualis sit uniuscuiusque hominis mens, sed qualis esse sempiternis rationibus debeat.* — Est autem differentia inter has duas cognitiones. Nam ad primam cognitionem de mente habendam, sufficit ipsa mentis praesentia, quae est principium actus ex quo mens percipit seipsam. Et ideo dicitur se cognoscere per suam praesentiam. Sed ad secundam cognitionem de mente habendam, non sufficit eius praesentia, sed requiritur diligens et subtilis inquisitio. Unde et multi naturam animae ignorant, et multi etiam circa naturam animae erraverunt. Propter quod Augustinus dicit, X *de Trin.*[10], de tali inquisitione mentis: *Non velut absentem se quaerat mens cernere; sed praesentem quaerat discernere,* idest cognoscere differentiam suam ab aliis rebus, quod est cognoscere quidditatem et naturam suam.

do intelecto agente abstrai do sensível; essa luz é o ato desses inteligíveis e, por seu intermédio, do intelecto possível. Não é, portanto, por sua essência que nosso intelecto se conhece, mas por seu ato.
 E isso de duas maneiras. Primeiro, de uma maneira particular: quando Sócrates, ou Platão, percebe que possui uma alma intelectual, na medida em que percebe que conhece. Segundo, de um modo universal: quando consideramos a natureza da mente humana segundo o ato do intelecto. É bem verdade que o juízo e o valor do conhecimento pelo qual conhecemos a natureza da alma nos vêm de que a luz de nosso intelecto deriva da verdade divina, em que estão contidas as razões de todas as coisas, como já expusemos. Daí dizer Agostinho: "Contemplamos a incorruptível verdade, pela qual definimos tão perfeitamente quanto podemos não o que é a mente de cada indivíduo humano, mas o que deve ser segundo as razões eternas". — Há, entretanto, uma diferença entre esses dois modos de conhecer. Para o primeiro modo, basta a presença da mente, que é o princípio do ato pelo qual a mente percebe a si mesma. Por isso se diz que se conhece por sua presença. Mas, para o segundo modo, não basta a presença, é preciso ainda uma busca ativa e penetrante. Em consequência, muitos ignoram a natureza da alma, e muitos também se deixam enganar sobre a sua natureza. Razão por que Agostinho diz de tal busca sobre a mente: "A mente não procura conhecer-se como se estivesse ausente, mas procura em sua presença discernir o que é", isto é, procura conhecer o que a difere das outras realidades, o que é conhecer sua quididade e sua natureza[a].

---

8. Q. 84, a. 5.
9. C. 6: ML 42, 966.
10. C. 9: ML 42, 980.

---

a. A questão do conhecimento da alma por si mesma introduz-nos à questão da subjetividade. O espírito, por si mesmo, não apenas conhece, mas pode ser conhecido. De tal modo que se conhece por sua mera presença a si mesmo, pelo mero fato de existir, e sem a mediação de nenhuma semelhança. Contudo, o espírito humano por si mesmo é somente potência de conhecer. É preciso que esteja em ato de pensamento para ser perceptível a si mesmo. Conhece-se então conhecendo o que ele não é. E só se conhece no exercício desse ato de pensamento, como sendo não tanto a causa quanto o sujeito que o exerce, um "eu". O que ele é, qual sua natureza, sua essência, só se saberá mediante uma longa pesquisa, sujeita a erro, e lançando mão de toda uma atividade conceitual. Existem portanto dois modos de conhecimento de si mesmo por si mesmo: um, o modo do particular, que se traduz pela afirmação do "eu". O outro, o modo do universal, que se traduz por uma ciência do homem. Sto. Tomás não fica atrás de Descartes no que se refere à ideia da imediatez da consciência de si. Diferem quanto à prioridade da apreensão do ser como real, em relação à apreensão de sua existência como próprio espírito. Penso, logo sou, sim. Mas isso significa: logo, participo do ser que conheci antes de conhecer a mim mesmo. Poderia causar espanto, em contrapartida, que, nessa aparição do eu a si mesmo, quando ele pensa, aparentemente não figure a experiência toda sensível da atividade sensorial que subjaz a esse pensamento e, mais profundamente ainda, a experiência do corpo próprio, experiência sem dúvida anterior a qualquer outra experiência sensível, e primeiro veículo das noções de ser e de sujeito. Certos comentadores de Sto. Tomás vão ainda mais longe, afirmando que a alma experimenta sua função animadora do corpo, experiência que seria subjacente à de sua atividade pensante, mas que só se tornaria consciente por ocasião do ato de pensamento que tornaria a alma consciente de si mesma.

AD PRIMUM ergo dicendum quod mens seipsam per seipsam novit, quia tandem in sui ipsius cognitionem pervenit, licet per suum actum: ipsa enim est quae cognoscitur, quia ipsa seipsam amat, ut ibidem subditur. Potest enim aliquid dici per se notum dupliciter: vel quia per nihil aliud in eius notitiam devenitur, sicut dicuntur prima principia per se nota; vel quia non sunt cognoscibilia per accidens, sicut color est per se visibilis, substantia autem per accidens.

AD SECUNDUM dicendum quod essentia angeli est sicut actus in genere intelligibilium, et ideo se habet et ut intellectus, et ut intellectum. Unde angelus suam essentiam per seipsum apprehendit. Non autem intellectus humanus, qui vel est omnino in potentia respectu intelligibilium, sicut intellectus possibilis; vel est actus intelligibilium quae abstrahuntur a phantasmatibus, sicut intellectus agens.

AD TERTIUM dicendum quod verbum illud Philosophi universaliter verum est in omni intellectu. Sicut enim sensus in actu est sensibile, propter similitudinem sensibilis, quae est forma sensus in actu; ita intellectus in actu est intellectum in actu, propter similitudinem rei intellectae, quae est forma intellectus in actu. Et ideo intellectus humanus, qui fit in actu per speciem rei intellectae, per eandem speciem intelligitur, sicut per formam suam. Idem autem est dicere quod *in his quae sunt sine materia, idem est intellectus et quod intelligitur*, ac si diceretur quod *in his quae sunt intellectu in actu, idem est intellectus et quod intelligitur*: per hoc enim aliquid est intellectum in actu, quod est sine materia. Sed in hoc est differentia, quia quorundam essentiae sunt sine materia, sicut substantiae separatae quas angelos dicimus, quarum unaquaeque et est intellecta et est intelligens: sed quaedam res sunt quarum essentiae non sunt sine materia, sed solum similitudines ab eis abstractae. Unde et Commentator dicit, in III *de Anima*[11], quod propositio inducta non habet veritatem nisi in substantiis separatis: verificatur enim quodammodo in eis quod non verificatur in aliis, ut dictum est[12].

QUANTO AO 1º, portanto, deve-se dizer que a mente se conhece por si mesma, pois acaba por chegar ao conhecimento de si mesma, embora por seu ato. Ela mesma se conhece porque se ama, como diz Agostinho na mesma obra. Há duas maneiras de ser conhecido por si mesmo. Ou porque se chega a esse conhecimento sem intermediário, assim se diz que os primeiros princípios são conhecidos por si mesmos. Ou então, porque o conhecimento de uma coisa não pode ser indireto; por exemplo, a cor é visível por si mesma, enquanto a substância o é indiretamente.

QUANTO AO 2º, deve-se dizer que a essência do anjo está, como ato, no gênero dos inteligíveis, por isso a um tempo intelecto e objeto conhecido. Razão por que o anjo apreende sua essência por si mesmo. Este não é o caso do intelecto humano, que está ou inteiramente em potência em relação aos inteligíveis, tal o intelecto possível, ou então é o ato dos inteligíveis que são abstraídas das representações imaginárias, como o intelecto agente.

QUANTO AO 3º, deve-se dizer que essa palavra do Filósofo é verdadeira universalmente de todo e qualquer intelecto[b]. O sentido em ato é idêntico ao sensível, em razão da semelhança do objeto sensível, que é a forma do sentido em ato; paralelamente, o intelecto em ato é idêntico ao conhecido em ato, por causa da semelhança da coisa conhecida, que é a forma do intelecto em ato. Por conseguinte, o intelecto humano que é posto em ato pela espécie da coisa conhecida, é conhecido por essa mesma espécie que exerce o papel de forma. Dizer que "nas coisas que não têm matéria o intelecto e o objeto conhecido são uma mesma coisa" é afirmar que "nas coisas conhecidas em ato, o intelecto e o objeto conhecidos são idênticos"; pois um objeto é conhecido em ato pelo fato de não ter matéria. Mas é necessária esta distinção: a essência de algumas coisas existe sem matéria, como as substâncias separadas que chamamos anjos, cada uma das quais é ao mesmo tempo conhecida e conhecedora; mas há outras coisas cuja essência não existe sem matéria, mas somente a semelhança que é delas abstraída. Daí dizer o Comentador, no livro III da *Alma*, que a afirmação referida é verdadeira somente nas substâncias separadas. O que se verifica

---

11. Comment. 15.
12. In resp. ad 2.

---

b. Não é evidentemente em um sentido idealista que se deve interpretar a frase de Aristóteles. Que a inteligência e o objeto conhecido sejam idênticos não significa que a inteligência seja o próprio objeto para si mesma, mas antes que é inteiramente transparência e aparição da realidade.

Articulus 2
Utrum intellectus noster cognoscat habitus animae per essentiam eorum

AD SECUNDUM SIC PROCEDITUR. Videtur quod intellectus noster cognoscat habitus animae per essentiam eorum.
1. Dicit enim Augustinus, XIII *de Trin.*[1]: *Non sic videtur fides in corde in quo est, sicut anima alterius hominis ex motibus corporis videtur; sed eam tenet certissima scientia, clamatque conscientia*. Et eadem ratio est de aliis habitibus animae. Ergo habitus animae non cognoscuntur per actus, sed per seipsos.

2. PRAETEREA, res materiales, quae sunt extra animam, cognoscuntur per hoc quod similitudines earum sunt praesentialiter in anima; et ideo dicuntur per suas similitudines cognosci. Sed habitus animae praesentialiter per suam essentiam sunt in anima. Ergo per suam essentiam cognoscuntur.

3. PRAETEREA, *propter quod unumquodque tale, et illud magis*[2]. Sed res aliae cognoscuntur ab anima propter habitus et species intelligibiles. Ergo ista magis per seipsa ab anima cognoscuntur.

SED CONTRA, habitus sunt principia actuum, sicut et potentiae. Sed sicut dicitur II *de Anima*[3], *priores potentiis, secundum rationem, actus et operationes sunt*. Ergo eadem ratione sunt priores habitibus. Et ita habitus per actus cognoscuntur, sicut et potentiae.

RESPONDEO dicendum quod habitus quodammodo est medium inter potentiam puram et purum actum. Iam autem dictum est[4] quod nihil cognoscitur nisi secundum quod est actu. Sic ergo inquantum habitus deficit ab actu perfecto, deficit ab hoc, ut non sit per seipsum cognoscibilis, sed necesse est quod per actum suum cognoscatur: sive dum aliquis percipit se habere habitum, per hoc quod percipit se producere actum proprium habitus; sive dum aliquis inquirit naturam et ra-

Artigo 2
Nosso intelecto conhece os hábitos da alma pela essência deles?

QUANTO AO SEGUNDO, ASSIM SE PROCEDE: parece que nosso intelecto **conhece** os hábitos da alma pela essência deles.
1. Com efeito, diz Agostinho: "Não se vê a fé no coração de quem a tem, como parece ver-se a alma de outro homem a partir dos movimentos do corpo; mas é uma ciência certíssima que a sustenta, e uma consciência que a proclama". Ora, o mesmo argumento se aplica aos outros hábitos da alma. Logo, não são eles conhecidos pelos atos, mas por si mesmos.

2. ALÉM DISSO, as coisas materiais que estão fora da alma são conhecidas pela presença de suas semelhanças na alma. Por isso se diz que são conhecidas por suas semelhanças. Ora, os hábitos estão presentes na alma por sua essência. Logo, é por ela que os conhecemos.

3. ADEMAIS, o que é próprio do efeito enquanto tal com maior razão é próprio da causa. Ora, as outras coisas são conhecidas pela alma por causa dos hábitos e das espécies inteligíveis. Logo, com mais razão conhece a alma hábitos e espécies por si mesmos.

EM SENTIDO CONTRÁRIO, os hábitos são, como as potências, princípios dos atos. Ora, segundo o livro II da *Alma*, "os atos e operações são, por definição, anteriores às potências". Pela mesma razão, são pois anteriores aos hábitos. E assim os hábitos são conhecidos pelos atos, como as potências.

RESPONDO. O hábito é, de certa forma, intermediário entre a pura potência e o ato puro. Já dissemos que nada é conhecido senão na medida em que está em ato. Portanto, na medida em que o ato se afasta do ato perfeito, nessa mesma medida falta-lhe ser capaz de conhecimento por si mesmo. Entretanto, é preciso que seja conhecido por seu ato, seja quando alguém percebe que possui um hábito porque percebe que produz o ato próprio desse hábito; seja quando alguém busca a natu-

---

2 PARALL.: III *Sent.*, dist. 23, q. 1, a. 2; *De Verit.*, q. 10, a. 9; *Quodlib.* VIII, q. 2, a. 2.

1. C. 1: ML 42, 1014.
2. ARISTOT., *Poster.*, l. I, c. 2: 72, a, 29-32.
3. C. 4: 415, a, 16-22.
4. A. praec.

tionem habitus, ex consideratione actus. Et prima quidem cognitio habitus fit per ipsam praesentiam habitus: quia ex hoc ipso quod est praesens, actum causat, in quo statim percipitur. Secunda autem cognitio habitus fit per studiosam inquisitionem, sicut supra[5] dictum est de mente.

AD PRIMUM ergo dicendum quod, etsi fides non cognoscatur per exteriores corporis motus, percipitur tamen etiam ab eo in quo est, per interiorem actum cordis. Nullus enim fidem se habere scit, nisi per hoc quod se credere percipit.

AD SECUNDUM dicendum quod habitus sunt praesentes in intellectu nostro, non sicut obiecta intellectus (quia obiectum intellectus nostri, secundum statum praesentis vitae, est natura rei materialis, ut supra[6] dictum est); sed sunt praesentes in intellectu ut quibus intellectus intelligit.

AD TERTIUM dicendum quod, cum dicitur, *Propter quod unumquodque, illud magis*, veritatem habet, si intelligatur in his quae sunt unius ordinis, puta in uno genere causae: puta si dicatur quod sanitas est propter vitam, sequitur quod vita sit magis desiderabilis. Si autem accipiantur ea quae sunt diversorum ordinum, non habet veritatem: ut si dicatur quod sanitas est propter medicinam, non ideo sequitur quod medicina sit magis desiderabilis, quia sanitas est in ordine finium, medicina autem in ordine causarum efficientium. Sic igitur si accipiamus duo, quorum utrumque sit per se in ordine obiectorum cognitionis; illud propter quod aliud cognoscitur, erit magis notum, sicut principia conclusionibus. Sed habitus non est de ordine obiectorum, inquantum est habitus; nec propter habitum aliqua cognoscuntur sicut propter obiectum cognitum, sed sicut propter dispositionem vel formam qua cognoscens cognoscit: et ideo ratio non sequitur.

reza e a razão do hábito considerando o ato. O primeiro conhecimento do hábito é obtido pela própria presença do hábito, porque por sua mesma presença causa o ato, no qual é imediatamente percebido. O segundo modo de conhecimento se obtém por uma busca aplicada, como foi dito acima a respeito da mente.

QUANTO AO 1º, portanto, deve-se dizer que embora a fé não seja conhecida pelos movimentos exteriores do corpo, é percebida por aquele que a possui, por meio de um ato interior do coração. Ninguém pode saber que tem a fé senão porque percebe que crê.

QUANTO AO 2º, deve-se dizer que os hábitos estão presentes no intelecto não como objetos: o objeto de nosso intelecto, no estado da vida presente, é a quididade da coisa material, como acima foi dito. Mas eles estão presentes no intelecto como princípios pelos quais ele conhece.

QUANTO AO 3º, deve-se dizer que o *que é próprio do efeito enquanto tal com maior razão é próprio da causa* é verdadeiro se o compreendemos de coisas de uma mesma ordem, por exemplo em um mesmo gênero de causas. Assim, se se diz que o desejo da saúde tem por causa a vida, é que a vida é mais desejável. Mas esse princípio não é verdadeiro se se trata de coisas de ordens diferentes. Se dizemos, por exemplo, que a saúde é por causa da medicina, não se segue daí que a medicina seja mais desejável que a saúde. A saúde está na ordem dos fins, e a medicina, na ordem das causas eficientes. Se, portanto, consideramos duas coisas, uma e outra da ordem dos objetos de conhecimento, aquela coisa pela qual a outra é conhecida será mais conhecida, como os princípios em relação às conclusões. O hábito, porém, enquanto tal, não é da ordem dos objetos de conhecimento. E, se alguma coisa é conhecida, o hábito não é causa desse conhecimento à maneira de um objeto conhecido, mas como uma qualidade ou forma por meio da qual se conhece. Por conseguinte, a objeção não conclui.

ARTICULUS 3
Utrum intellectus cognoscat proprium actum

AD TERTIUM SIC PROCEDITUR. Videtur quod intellectus non cognoscat proprium actum.

ARTIGO 3
O intelecto conhece seu próprio ato?

QUANTO AO TERCEIRO, ASSIM SE PROCEDE: parece que o intelecto **não** conhece seu próprio ato.

---

5. Ibid.
6. Q. 84, a. 7; q. 85, a. 8; q. 86, a. 2.

3 PARALL.: III *Sent.*, dist. 23, q. 1, a. 2, ad 3; *Cont. Gent.* II, 75; *De Verit.*, q. 10, a. 9; II *de Anima*, lect. 6.

1. Illud enim proprie cognoscitur, quod est obiectum cognoscitivae virtutis. Sed actus differt ab obiecto. Ergo intellectus non cognoscit suum actum.
2. PRAETEREA, quidquid cognoscitur, aliquo actu cognoscitur. Si igitur intellectus cognoscit actum suum, aliquo actu cognoscit illum; et iterum illum actum alio actu. Erit ergo procedere in infinitum: quod videtur impossibile.
3. PRAETEREA, sicut se habet sensus ad actum suum, ita et intellectus. Sed sensus proprius non sentit actum suum, sed hoc pertinet ad sensum communem, ut dicitur in libro de Anima[1]. Ergo neque intellectus intelligit actum suum.

SED CONTRA est quod Augustinus dicit, X de Trin.[2]: *Intelligo me intelligere*.

RESPONDEO dicendum quod, sicut iam[3] dictum est, unumquodque cognoscitur secundum quod est actu. Ultima autem perfectio intellectus est eius operatio: non enim est sicut actio tendens in alterum, quae sit perfectio operati, sicut aedificatio aedificati; sed manet in operante ut perfectio et actus eius, ut dicitur in IX *Metaphys.*[4]. Hoc igitur est primum quod de intellectu intelligitur, scilicet ipsum eius intelligere.

Sed circa hoc diversi intellectus diversimode se habent. Est enim aliquis intellectus, scilicet divinus, qui est ipsum suum intelligere. Et sic in Deo idem est quod intelligat se intelligere, et quod intelligat suam essentiam: quia sua essentia est suum intelligere. — Est autem alius intellectus, scilicet angelicus, qui non est suum intelligere, sicut supra[5] dictum est, sed tamen primum obiectum sui intelligere est eius essentia. Unde etsi aliud sit in angelo, secundum rationem, quod intelligat se intelligere, et quod intelligat suam essentiam, tamen simul et uno actu utrumque intelligit: quia hoc quod est intelligere suam essentiam, est propria perfectio suae essentiae; simul autem et uno actu intelligitiur res cum sua perfectione. — Est autem alius intellectus, scilicet humanus, qui nec est suum intelligere, nec sui intelligere est obiectum primum ipsa eius essentia, sed aliquid extrinsecum, scilicet natura materialis rei. Et ideo id quod primo cognoscitur ab intellectu humano, est huiusmodi obiectum; et secundario cognoscitur ipse actus quo cognoscitur obiectum; et per actum cognoscitur ipse intellec-

1. Com efeito, conhece-se com propriedade aquilo que é objeto da potência cognoscitiva. Ora, o ato difere do objeto. Logo, o intelecto não conhece seu ato.
2. ALÉM DISSO, tudo o que é conhecido é conhecido por um ato. Se portanto o intelecto conhece seu ato é por um ato que o conhece. E de novo esse ato por um outro ato. E se processará, portanto, ao infinito, o que parece impossível.
3. ADEMAIS, o intelecto está para seu ato como o sentido para o seu. Ora, o sentido próprio não sente seu ato, isso corresponde ao sentido comum, como diz o livro da *Alma*. Logo, o intelecto tampouco conhece seu ato.

EM SENTIDO CONTRÁRIO, diz Agostinho: "Eu conheço que conheço".

RESPONDO. Já dissemos: toda e qualquer coisa é conhecida na medida em que está em ato. Ora, a última perfeição do intelecto é sua operação. E esta não é uma ação transitiva cuja perfeição é a coisa feita, como o edifício é a perfeição do ato de construir, mas essa operação permanece no intelecto como sua perfeição e seu ato. Assim, o que primeiro o intelecto conhece a respeito de si mesmo é seu ato de conhecer.

Os diversos intelectos procedem nesse ponto de maneira diferente. Há um intelecto, o divino, que é seu próprio conhecer. Assim, para Deus conhecer que conhece é conhecer sua essência. Pois sua essência é seu conhecer. — Há outro intelecto, o do anjo, que não é seu conhecer, como já tratamos, todavia, seu primeiro objeto de conhecimento é sua essência. Por conseguinte, embora se possa distinguir no anjo, racionalmente, entre o conhecimento de seu ato e o de sua essência, conhece ele um e outro ao mesmo tempo e em um só e único ato, pois conhecer sua essência é a perfeição própria dessa essência. Ora, uma coisa é conhecida ao mesmo tempo que sua perfeição, em um só e mesmo ato. — Há, enfim, outro intelecto, o do homem, que nem é seu conhecer, nem tem como objeto primeiro de seu conhecer sua própria essência, mas algo exterior, a saber, a natureza das coisas materiais. Por conseguinte, o que é conhecido primeiramente pelo intelecto humano é este objeto. Em seguida, se conhece o ato pelo qual o objeto é conhecido, e pelo ato se conhece o próprio intelecto cuja perfeição é

---

1. L. III, c. 2: 425, b, 12 — 427, a, 16.
2. C. 11: ML 42, 983.
3. A. 1, 2.
4. C. 8: 1050, a, 23 — b, 2.
5. Q. 79, a. 1.

tus, cuius est perfectio ipsum intelligere. Et ideo Philosophus dicit[6] quod obiecta praecognoscuntur actibus, et actus potentiis.

AD PRIMUM ergo dicendum quod obiectum intellectus est commune quoddam, scilicet ens et verum, sub quo comprehenditur etiam ipse actus intelligendi. Unde intellectus potest suum actum intelligere. Sed non primo: quia nec primum obiectum intellectus nostri, secundum praesentem statum, est quodlibet ens et verum; sed ens et verum consideratum in rebus materialibus, ut dictum est[7]; ex quibus in cognitionem omnium aliorum devenit.

AD SECUNDUM dicendum quod ipsum intelligere humanum non est actus et perfectio naturae intellectae materialis, ut sic possit uno actu intelligi natura rei materialis et ipsum intelligere, sicut uno actu intelligitur res cum sua perfectione. Unde alius est actus quo intellectus intelligit lapidem, et alius est actus quo intelligit se intelligere lapidem, et sic inde. Nec est inconveniens in intellectu esse infinitum in potentia, ut supra[8] dictum est.

AD TERTIUM dicendum quod sensus proprius sentit secundum immutationem materialis organi a sensibili exteriori. Non est autem possibile quod aliquid materiale immutet seipsum; sed unum immutatur ab alio. Et ideo actus sensus proprii percipitur per sensum communem. Sed intellectus non intelligit per materialem immutationem organi: et ideo non est simile.

o próprio conhecer. Eis a razão pela qual diz o Filósofo que os objetos são conhecidos antes dos atos, e os atos antes das potências.

QUANTO AO 1º, portanto, deve-se dizer que o objeto do intelecto é um universal, a saber, o ente e o verdadeiro, no qual está incluído também o ato de conhecer. O intelecto pode, portanto, conhecer seu ato, mas não em primeiro lugar, pois o primeiro objeto de nosso intelecto, na vida presente, não é qualquer ente ou verdadeiro, mas é o ente, o verdadeiro, considerados nas coisas materiais, como já dissemos. A partir daí, o intelecto chega ao conhecimento de todas as outras coisas.

QUANTO AO 2º, deve-se dizer que o conhecer humano não é o ato e a perfeição da natureza da coisa material conhecida, de tal maneira que fosse possível ser conhecidos, por uma só operação, a natureza da coisa material e o próprio conhecer, assim como se conhece por uma só e mesma operação a coisa e sua perfeição. Um, portanto, é o ato pelo qual o intelecto conhece a pedra, e outro o ato pelo qual conhece que conhece a pedra. Nada se opõe, aliás, a que haja no intelecto o infinito em potência, como acima se disse.

QUANTO AO 3º, deve-se dizer que o sentido próprio sente na medida em que o órgão material é modificado por algo sensível exterior. Ora, é impossível que uma coisa material modifique a si mesma, mas uma é modificada pela outra. Em consequência, o ato do sentido próprio é percebido pelo sentido comum, mas o intelecto não conhece por meio de um órgão material modificado. Não se trata portanto do mesmo caso.

ARTICULUS 4
Utrum intellectus intelligat actum voluntatis

AD QUARTUM SIC PROCEDITUR. Videtur quod intellectus non intelligat actum voluntatis.

1. Nihil enim cognoscitur ab intellectu, nisi sit aliquo modo praesens in intellectu. Sed actus voluntatis non est praesens in intellectu: cum sint diversae potentiae. Ergo actus voluntatis non cognoscitur ab intellectu.

2. PRAETEREA, actus habet speciem ab obiecto. Sed obiectum voluntatis differt ab obiecto intellectus. Ergo et actus voluntatis speciem habet

ARTIGO 4
O intelecto conhece o ato da vontade?

QUANTO AO QUARTO, ASSIM SE PROCEDE: parece que o intelecto **não** conhece o ato da vontade.

1. Com efeito, nada realmente é conhecido pelo intelecto a não ser que esteja presente de algum modo no intelecto. Ora, o ato da vontade não está presente no intelecto, uma vez que são potências diversas. Logo, o ato da vontade não é conhecido pelo intelecto.

2. ALÉM DISSO, a espécie do ato é determinada pelo objeto. Ora, o objeto da vontade difere do objeto do intelecto. Logo, o ato da vontade é

6: *De Anima*, l. II, c. 4: 415, a, 16-22.
7. Q. 84, a. 7.
8. Q. 86, a. 2.

4 PARALL.: Supra, q. 82, a. 4, ad 1; III *Sent.*, dist. 23, q. 1, a. 2, ad 3.

diversam ab obiecto intellectus. Non ergo cognoscitur ab intellectu.

3. Praeterea, Augutinus, in libro X *Confess.*[1], attribuit affectionibus animae quod cognoscuntur *neque per imagines, sicut corpora; neque per praesentiam, sicut artes sed per quasdam notiones.* Non videtur autem quod possint esse aliae notiones rerum in anima, nisi vel essentiae rerum cognitarum, vel earum similitudines. Ergo impossibile videtur quod intellectus cognoscat affectiones animae, quae sunt actus voluntatis.

Sed contra est quod Augustinus dicit, X *de Trin.*[2]: *Intelligo me velle.*

Respondeo dicendum quod, sicut supra[3] dictum est, actus voluntatis nihil aliud est quam inclinatio quaedam consequens formam intellectam, sicut appetitus naturalis est inclinatio consequens formam naturalem. Inclinatio autem cuiuslibet rei est in ipsa re per modum eius. Unde inclinatio naturalis est naturaliter in re naturali; et inclinatio quae est appetitus sensibilis, est sensibiliter in sentiente; et similiter inclinatio intelligibilis, quae est actus voluntatis, est intelligibiliter in intelligente, sicut in principio et in proprio subiecto. Unde et Philosophus hoc modo loquendi utitur in III *de Anima*[4], quod *voluntas in ratione est.* Quod autem intelligibiliter est in aliquo intelligente, consequens est ut ab eo intelligatur. Unde actus voluntatis intelligitur ab intellectu, et inquantum aliquis percipit se velle; et in quantum aliquis cognoscit naturam huius actus, et per consequens naturam eius principii, quod est habitus vel potentia.

Ad primum ergo dicendum quod ratio illa procederet, si voluntas et intellectus, sicut sunt diversae potentiae, ita etiam subiecto differrent: sic enim quod est in voluntate, esset absens ab intellectu. Nunc autem, cum utrumque radicetur in una substantia animae, et unum sit quodammodo principium alterius, consequens est ut quod est in voluntate, sit etiam quodammodo in intellectu.

1. C. 17: ML 32, 790.
2. C. 11: ML 42, 983.
3. Q. 59, a. 1.
4. C. 9: 432, b, 3-7.

especificamente diferente do objeto do intelecto. Assim esse ato não é conhecido pelo intelecto.

3. Ademais, Agostinho diz que os sentimentos da alma não são conhecidos "por imagens, como os corpos, nem por sua presença, como as artes; mas por determinadas noções". Ora, ao que parece, não pode haver na alma outros conhecimentos das coisas, a não ser conhecimento da essência das coisas conhecidas, ou de suas semelhanças. Logo, parece impossível que o intelecto conheça os sentimentos da alma, que são os atos da vontade.

Em sentido contrário, Agostinho escreve: "Eu conheço que quero".

Respondo. O ato de vontade não é nada mais que uma inclinação que segue a forma conhecida pelo intelecto, do mesmo modo que o apetite natural é uma inclinação que segue a forma natural. A inclinação de toda e qualquer coisa existe nela segundo o modo de ser desta coisa. Assim, a inclinação natural está de um modo natural nas coisas naturais; a inclinação que é o apetite sensível está de um modo sensível nos seres dotados de sentidos; e igualmente, a inclinação intelectual que é o ato de vontade está de um modo inteligível no ser inteligente, como em seu princípio e sujeito próprio. Razão por que o Filósofo se serve desta expressão no livro III da *Alma*: "A vontade está na razão". Ora, o que está de maneira inteligível em um ser inteligente deve, em consequência, ser por ele conhecido. O intelecto, portanto, conhece o ato de vontade, não só enquanto alguém percebe que quer, mas também enquanto alguém conhece a natureza desse ato, e por conseguinte a natureza de seu princípio, que é um hábito ou uma potência[c].

Quanto ao 1º, portanto, deve-se dizer que esse argumento seria válido se a vontade e o intelecto fossem não apenas potências diversas, mas ainda tivessem sujeito diferente. Nesse caso, o que estaria na vontade não estaria no intelecto. Mas, uma vez que ambos têm sua raiz na única substância da alma, e também que um, de certa forma, é princípio do outro, a consequência é que o que está na vontade, está também de certa maneira no intelecto.

c. Que a inteligência humana conheça seus próprios atos e hábitos é apenas uma consequência do artigo 1 (desenvolvido nos artigos 2 e 3). Nesse ponto, contudo, colocar-se-ia a questão do inconsciente, desse desconhecido que habita e trabalha no homem, e que é no entanto de natureza psíquica, às vezes mesmo espiritual. O mais difícil é compreender como a inteligência conhece seus próprios desejos e sentimentos (a. 4). Em nenhum outro lugar Sto. Tomás mostrou com maior força a imanência mútua entre a inteligência e a vontade, a inseparabilidade ontológica e psicológica dessas duas faculdades. É com base nessa presença do ato de querer e, portanto, de seu objeto na inteligência que se fundamentará a teoria do conhecimento afetivo, intuitivo do objeto amado (cf. r. 1: "O que está na vontade está de certa maneira na inteligência").

AD SECUNDUM dicendum quod bonum et verum, quae sunt obiecta voluntatis et intellectus, differunt quidem ratione, verumtamen unum eorum continetur sub alio, ut supra[5] dictum est: nam verum est quodam bonum, et bonum est quoddam verum. Et ideo quae sunt voluntatis cadunt sub intellectu; et quae sunt intellectus possunt cadere sub voluntate.

AD TERTIUM dicendum quod affectus animae non sunt in intellectu neque per similitudinem tantum, sicut corpora; neque per praesentiam ut in subiecto, sicut artes; sed sicut principiatum in principio, in quo habetur notio principiati. Et ideo Augustinus dicit affectus animae esse in memoria per quasdam notiones.

QUANTO AO 2º, deve-se dizer que o bem e o verdadeiro, objetos da vontade e do intelecto, se distinguem racionalmente. No entanto, um deles está contido no outro, como acima se tratou, pois o verdadeiro é um certo bem, e o bem um certo verdadeiro. Por conseguinte, o que se refere à vontade é acessível ao intelecto, e o que se refere ao intelecto pode ser acessível à vontade.

QUANTO AO 3º, deve-se dizer que os sentimentos da alma não estão no intelecto nem por suas semelhanças, como os corpos, nem por sua presença como em seu sujeito, como as artes; mas estão nele como o efeito está no princípio no qual está contida a noção do efeito. Eis por que diz Agostinho que os sentimentos da alma estão na memória por determinadas noções.

5. Q. 16, a. 4, ad 1; q. 82, a. 4, ad 1.

QUAESTIO LXXXVIII
QUOMODO ANIMA HUMANA COGNOSCAT EA QUAE SUPRA SE SUNT
in tres articulos divisa

Deinde considerandum est quomodo anima humana cognoscat ea quae supra se sunt, scilicet immateriales substantias.
Et circa hoc quaeruntur tria.
Primo: utrum anima humana, secundum statum praesentis vitae, possit intelligere substantias immateriales quas angelos dicimus, per seipsas.
Secundo: utrum possit ad earum notitiam pervenire per cognitionem rerum materialium.
Tertio: utrum Deus sit id quod primo a nobis cognoscitur.

QUESTÃO 88
COMO A ALMA HUMANA CONHECE O QUE ESTÁ ACIMA DE SI?
em três artigos

Em seguida deve-se considerar como a alma humana conhece aquilo que está acima de si, a saber, as substâncias imateriais.
Sobre isso são três as perguntas:
1. A alma humana, segundo o estado da vida presente, pode conhecer as substâncias imateriais, a que chamamos anjos, por elas mesmas?
2. Pode chegar ao conhecimento dessas substâncias imateriais pelo conhecimento das coisas materiais?
3. É Deus o que primeiramente conhecemos?

ARTICULUS 1
Utrum anima humana, secundum statum vitae praesentis, possit intelligere substantias immateriales per seipsas

AD PRIMUM SIC PROCEDITUR. Videtur quod anima humana, secundum statum vitae praesentis,

ARTIGO 1
Pode a alma humana, segundo o estado da vida presente, conhecer as substâncias imateriais[a] por si mesmas?

QUANTO AO PRIMEIRO ARTIGO, ASSIM SE PROCEDE: parece que a alma humana, segundo o estado da

---

1 PARALL.: *Cont. Gent.* II, 60; III, 42 usque ad 46; *De Verit.*, q. 10, a. 11; q. 18, a. 5, ad 7, 8; Q. *de Anima*, a. 16; In Boet. *de Trin.*, q. 6, a. 3; II *Metaphys.*, lect. 1.

a. Que a essência da realidade material seja o objeto primeiro da inteligência humana não impede que ela possa elevar-se daí ao conhecimento das realidades transcendentes, logo, dos anjos, de Deus, e que "a felicidade completa consista em conhecer

possit intelligere substantias immateriales per seipsas.

1. Dicit enim Augustinus, in IX *de Trin.*[1]: *Mens ipsa, sicut corporearum rerum notitias per sensus corporis colligit, sic incorporearum rerum per semetipsam*. Huius modi autem sunt substantiae immateriales. Ergo mens substantias immateriales intelligit.

2. PRAETEREA, simile simili cognoscitur. Sed magis assimilatur mens humana rebus immaterialibus quam materialibus: cum ipsa mens sit immaterialis, ut ex supradictis[2] patet. Cum ergo mens nostra intelligat res materiales, multo magis intelligit res immateriales.

3. PRAETEREA, quod ea quae sunt secundum se maxime sensibilia, non maxime sentiantur a nobis, provenit ex hoc quod excellentiae sensibilium corrumpunt sensum. Sed excellentiae intelligibilium non corrumpunt intellectum, ut dicitur in III *de Anima*[3]. Ergo ea quae sunt secundum se maxime intelligibilia, sunt etiam maxime intelligibilia nobis. Sed cum res materiales non sint intelligibiles nisi quia facimus eas intelligibiles actu, abstrahendo a materia; manifestum est quod magis sint secundum se intelligibiles substantiae quae secundum suam naturam sunt immateriales. Ergo multo magis intelliguntur a nobis quam res materiales.

4. PRAETEREA, Commentator dicit, in II *Metaphys.*[4], quod si substantiae abstractae non possent intelligi a nobis, *tunc natura otiose egisset: quia fecit illud quod est naturaliter in se intellectum, non intellectum ab aliquo*. Sed nihil est otiosum sive frustra in natura. Ergo substantiae immateriales possunt intelligi a nobis.

5. PRAETEREA, sicut se habet sensus ad sensibilia, ita se habet intellectus ad intelligibilia. Sed visus noster potest videre omnia corpora, sive sint superiora et incorruptibilia, sive sint inferiora et corruptibilia. Ergo intellectus noster potest intelligere omnes substantias intelligibiles, et superiores et immateriales.

SED CONTRA est quod dicitur Sap 9,16: *Quae in caelis sunt, quis investigabit?* In caelis autem

vida presente, **pode** conhecer as substâncias imateriais por si mesmas.

1. Com efeito, diz Agostinho: "A mente, como conhece as coisas corpóreas pelos sentidos do corpo, assim também conhece as coisas incorpóreas por si mesmas". Ora, dessa natureza são as substâncias imateriais. Logo, a mente as conhece.

2. ALÉM DISSO, o semelhante é conhecido pelo semelhante. Ora, a mente humana, sendo ela própria imaterial, se parece mais com as realidades imateriais que com as materiais. Logo, uma vez que nossa mente conhece as coisas materiais, conhece com mais razão as imateriais.

3. ADEMAIS, se as coisas que são extremamente sensíveis por natureza não são assim sentidas por nós, é porque a excelência dessas coisas sensíveis corrompe o sentido. Mas a excelência das coisas inteligíveis não corrompe o intelecto, diz o livro III da *Alma*. Portanto, o que é mais perfeitamente inteligível por natureza o é também em relação a nós. Ora, as realidades materiais não são inteligíveis, a não ser quando as tornamos inteligíveis em ato abstraindo da matéria. É, portanto, evidente que são mais inteligíveis por si as substâncias que são por natureza imateriais. Elas são portanto muito melhor conhecidas por nós do que as coisas materiais.

4. ADEMAIS, o Comentador, no livro II da *Metafísica*, diz que se as substâncias separadas não pudessem ser conhecidas por nós, "a natureza teria trabalhado inutilmente: porque teria feito uma coisa naturalmente inteligível, não conhecida de algum intelecto". Ora, nada há de inútil ou em vão na natureza. Logo, as substâncias imateriais podem ser conhecidas por nós.

5. ADEMAIS, como o sentido se refere ao sensível, assim o intelecto se refere ao inteligível. Ora, pela vista podemos ver todos os corpos, os superiores e incorruptíveis e os inferiores e corruptíveis. Logo, pelo intelecto podemos conhecer todas as substâncias inteligíveis, tanto as superiores como as imateriais.

EM SENTIDO CONTRÁRIO, está escrito no livro da Sabedoria: "Quem penetrará as coisas que estão

---

1. C. 3: ML 42, 963.
2. Q. 76, a. 1.
3. C. 4: 429, a, 29 — b, 5.
4. Comment. 1.

---

os objetos inteligíveis mais elevados" (a. 1). Contudo, o tom geral da questão é bastante restritivo. A insistência recai sobre a distância entre tais objetos e o espírito humano. É que, no ponto em que se encontra de sua exposição bastante progressiva, Sto. Tomás abstrai de toda luz sobrenatural.

dicuntur huiusmodi substantiae esse; secundum illud Mt 18,10: *Angeli eorum in caelis* etc. Ergo non possunt substantiae immateriales per investigationem humanam cognosci.

RESPONDEO dicendum quod secundum opinionem Platonis, substantiae immateriales non solum a nobis intelliguntur, sed etiam sunt prima a nobis intellecta. Posuit enim Plato formas immateriales subsistentes, quas *ideas* vocabat, esse propria obiecta nostri intellectus: et ita primo et per se intelliguntur a nobis. Applicatur tamen animae cognitio rebus materialibus, secundum quod intellectui permiscetur phantasia et sensus. Unde quanto magis intellectus fuerit depuratus, tanto magis percipit immaterialium intelligibilem veritatem.

Sed secundum Aristotelis sententiam[5], quam magis experimur, intellectus noster, secundum statum praesentis vitae, naturalem respectum habet ad naturas rerum materialium; unde nihil intelligit nisi convertendo se ad phantasmata, ut ex dictis[6] patet. Et sic manifestum est quod substantias immateriales, quae sub sensu et imaginatione non cadunt, primo et per se, secundum modum cognitionis nobis expertum, intelligere non possumus.

Sed tamen Averroes, in Comment. Tertii *de Anima*[7], ponit quod in fine in hac vita homo pervenire potest ad hoc quod intelligat substantias separatas, per continuationem vel unionem cuiusdam substantiae separatae nobis, quam vocat *intellectum agentem*, qui quidem, cum sit substantia separata, naturaliter substantias separatas intelligit. Unde cum fuerit nobis perfecte unitus, sic ut per eum perfecte intelligere possimus, intelligemus et nos substantias separatas; sicut nunc per intellectum possibilem nobis unitum intelligimus res materiales. — Ponit autem intellectum agentem sic nobis uniri. Cum enim nos intelligamus per intellectum agentem et per intelligibilia speculata, ut patet cum conclusiones intelligimus per principia intellecta; necesse est quod intellectus agens comparetur ad intellecta speculata vel sicut agens principale ad instrumenta, vel sicut forma ad materiam. His enim duobus modis attribuitur actio aliqua duobus principiis: principali quidem agenti et instrumento, sicut sectio artifici et serrae; formae autem et subiecto, sicut calefactio calori et igni.

nos céus?" Ora, dizemos que essas substâncias espirituais estão nos céus, segundo o texto de Mateus: "Seus anjos nos céus" etc. Logo, as substâncias imateriais não podem ser conhecidas por meio de uma pesquisa humana.

RESPONDO. Segundo a doutrina de Platão, não só conhecemos as substâncias imateriais, como também são o primeiro objeto de nosso conhecimento. Para ele, as formas imateriais subsistentes, a que chama *ideias*, são os objetos próprios de nosso intelecto, e por conseguinte conhecidas por nós, primeiramente e em si mesmas. A alma chega, entretanto, ao conhecimento das coisas materiais na medida em que a imaginação e os sentidos se misturam com a inteligência. É a razão por que quanto mais o intelecto está purificado, tanto mais percebe a verdade dos inteligíveis imateriais.

Ora, segundo a doutrina de Aristóteles, que está mais de acordo com a experiência, nosso intelecto possui em seu estado atual uma relação natural com a natureza das coisas materiais. Por isso, nada conhece a não ser voltando-se para as representações imaginárias, como dissemos. Quanto às substâncias imateriais que não caem primeira e diretamente sob os sentidos e a imaginação, é evidente que nosso intelecto não pode conhecê-las, segundo nosso modo de conhecer.

Para Averróis, entretanto, podemos chegar finalmente, ainda nesta vida, a conhecer as substâncias separadas, pelo fato de estarmos em continuidade, ou em união com uma substância separada que ele chama *intelecto agente*, o qual sendo uma substância separada, conhece naturalmente as substâncias separadas. Quando ele se encontrar perfeitamente unido a nós, de tal modo que poderemos por ele conhecer de modo perfeito, então conheceremos também as substâncias separadas, da mesma forma como agora conhecemos as realidades materiais pelo intelecto possível que está unido a nós. — Ele afirma assim nossa união com o intelecto agente: é um fato que conhecemos por meio do intelecto agente e dos inteligíveis contemplados, como vemos em nosso conhecimento das conclusões por meio de princípios conhecidos; é pois necessário que o intelecto agente esteja com os inteligíveis contemplados na mesma relação de uma causa principal com os instrumentos, ou da forma com a matéria. Nos dois casos, atribuímos certa ação aos dois princípios: à causa principal e ao instrumento,

---

5. Cfr. *De Anima*, l. III, c. 7: 431, a, 14-17; b, 2-9.
6. Q. 84, a. 7.
7. Comm. 36 in digressione.

Sed utroque modo intellectus agens comparabitur ad intelligibilia speculata sicut perfectio ad perfectibile, et actus ad potentiam. Simul autem recipitur in aliquo perfectum et perfectio; sicut visibile in actu et lumen in pupilla. Simul igitur in intellectu possibili recipiuntur intellecta speculata et intellectus agens. Et quanto plura intellecta speculata recipimus, tanto magis appropinquamus ad hoc quod intellectus agens perfecte uniatur nobis. Ita quod cum omnia intellecta speculata cognoverimus, intellectus agens perfecte unietur nobis; et poterimus per eum omnia cognoscere materialia et immaterialia. Et in hoc ponit ultimam hominis felicitatem. — Nec refert, quantum ad propositum pertinet, utrum in illo statu felicitatis intellectus possibilis intelligat substantias separatas per intellectum agentem, ut ipse sentit: vel, ut ipse imponit Alexandro[8], intellectus possibilis nunquam intelligat substantias separatas (propter hoc quod ponit intellectum possibilem corruptibilem), sed homo intelligat substantias separatas per intellectum agentem.

Sed praedicta stare non possunt.

Primo quidem, si intellectus agens est substantia separata, impossibile est quod per ipsam formaliter intelligamus: quia id quo formaliter agens agit, est forma et actus agentis; cum omne agens agat inquantum est actu. Sicut enim supra[9] dictum est circa intellectum possibilem.

Secundo quia, secundum modum praedictum, intellectus agens, si est substantia separata, non uniretur nobis secundum suam substantiam; sed solum lumen eius, secundum quod participatur in intellectis speculativis; et non quantum ad alias actiones intellectus agentis, ut possimus per hoc intelligere substantias immateriales. Sicut dum videmus colores illuminatos a sole, non unitur nobis substantia solis, ut possimus actiones solis agere; sed solum nobis unitur lumen solis ad visionem colorum.

Tertio, quia dato quod secundum modum praedictum uniretur nobis substantia intellectus

como a ação de cortar atribuímos ao artesão e à serra; à forma e ao sujeito material, como a ação de esquentar, atribuímos ao calor e ao fogo. Mas nos dois casos o intelecto agente é com relação aos inteligíveis contemplados como uma perfeição em relação ao sujeito perfectível, como o ato em relação à potência. Ora, a perfeição e seu efeito são recebidos simultaneamente em um sujeito: por exemplo, na pupila, a luz e o objeto visível em ato. Portanto, o intelecto agente e os inteligíveis contemplados são recebidos simultaneamente no intelecto possível. E quanto mais inteligíveis contemplados recebemos, tanto mais nos aproximamos da união perfeita com o intelecto agente. Por conseguinte quando conhecermos todos os inteligíveis contemplados, a união será perfeita, e pelo intelecto agente poderemos conhecer todas as realidades materiais e imateriais. É nisso que Averróis põe a felicidade última do homem. — É indiferente, na questão que nos ocupa, se nesse estado de felicidade é o intelecto possível quem conhece as substâncias separadas, mediante o intelecto agente, segundo a opinião de Averróis; ou se é "o homem" quem as conhece mediante o intelecto agente, uma vez que, segundo a opinião que ele empresta a Alexandre de Afrodísia, o intelecto possível não conhece jamais as substâncias separadas em razão de sua natureza corruptível,

Mas essa posição não se sustenta.

1. Porque se o intelecto agente é uma substância separada, é impossível que conheçamos formalmente por ele. Aquilo pelo qual um princípio ativo age formalmente é sua forma e seu ato: todo princípio ativo age enquanto está em ato. Já se disse a mesma coisa tratando do intelecto possível.

2. Porque se o intelecto agente é, conforme foi dito, uma substância separada, não estaria unido conosco por sua substância, mas somente por sua luz, enquanto esta é participada pelos intelectos contemplados, mas não quanto às outras operações do intelecto agente: o que nos daria a possibilidade de conhecer as substâncias imateriais. Assim, quando vemos as cores iluminadas pelo sol, não é a substância desse astro que está unida conosco, de tal modo que possamos realizar suas operações; é apenas sua luz que se une a nós, para nos permitir ver as cores.

3. Porque, mesmo admitindo que a substância do intelecto agente estivesse unida conosco,

---

8. *De Anima*, loc. cit.
9. Q. 76, a. 1.

agentis, tamen ipsi non ponunt quod intellectus agens totaliter uniatur nobis secundum unum intelligibile vel duo, sed secundum omnia intellecta speculata. Sed omnia intellecta speculata deficiunt a virtute intellectus agentis: quia multo plus est intelligere substantias separatas, quam intelligere omnia materialia. Unde manifestum est quod etiam intellecta omnibus materialibus, non sic uniretur intellectus agens nobis, ut possemus intelligere per eum substantias separatas.

Quarto, quia intelligere omnia intellecta materialia vix contingit alicui in hoc mundo; et sic nullus, vel pauci ad felicitatem pervenirent. Quod est contra Philosophum, in I *Ethic*.[10], qui dicit quod felicitas est *quoddam bonum commune, quod potest pervenire omnibus non orbatis ad virtutem*. — Est etiam contra rationem quod finem alicuius speciei ut in paucioribus consequantur ea quae continentur sub specie.

Quinto, quia Philosophus dicit expresse, in I *Ethic*.[11], quod felicitas est *operatio secundum perfectam virtutem*. Et enumeratis multis virtutibus, in Decimo, concludit[12] quod felicitas ultima, consistens in cognitione maximorum intelligibilium, est secundum virtutem sapientiae, quam posuerat in Sexto[13] esse caput scientiarum speculativarum. Unde patet quod Aristoteles posuit ultimam felicitatem hominis in cognitione substantiarum separatarum, qualis potest haberi per scientias speculativas: et non per continuationem intellectus agentis a quibusdam confictam.

Sexto, quia supra[14] ostensum est quod intellectus agens non est substantia separata, sed virtus quaedam animae, ad eadem active se extendens, ad quae se extendit intellectus possibilis receptive: quia, ut dicitur in III *de Anima*[15], intellectus possibilis est *quo est omnia fieri*, intellectus agens *quo est omnia facere*. Uterque ergo intellectus se extendit, secundum statum praesentis vitae, ad materialia sola; quae intellectus agens facit intelli-

conforme foi dito, esses filósofos contudo não admitem que esse intelecto nos seja perfeitamente unido por um ou dois inteligíveis, mas por todos os inteligíveis. Mas todos os inteligíveis não esgotam a capacidade do intelecto agente, porque muito mais é conhecer as substâncias separadas do que todos os seres materiais. É portanto evidente que, mesmo se todos esses seres materiais fossem conhecidos, o intelecto agente não estaria unido conosco de modo que pudéssemos por ele conhecer as substâncias separadas.

4. Porque muitos poucos conheceriam neste mundo todos os inteligíveis materiais. Então ninguém chegaria à felicidade, ou só aconteceria isso a um pequeno número. Ora, isso vai de encontro à opinião de Aristóteles: "A felicidade é um bem comum a todos aqueles que não são privados da virtude". — Além disso, é contrário à razão que o fim da espécie seja atingido somente por um pequeno número dos que a ela[b] pertencem.

5. O Filósofo diz expressamente que "a felicidade é a operação conforme à virtude perfeita". E, depois de ter enumerado numerosas virtudes, conclui que a felicidade última, que consiste em conhecer os objetos inteligíveis mais elevados, procede da virtude da sabedoria, que afirma ser a primeira das ciências especulativas. Por isso, resulta evidente que para Aristóteles a felicidade última consiste no conhecimento das substâncias separadas tal como se pode obter pelas ciências especulativas, e não por uma relação de continuidade com o intelecto agente como certos filósofos imaginaram.

6. Porque, como foi mostrado acima, o intelecto agente não é uma substância separada, mas uma potência da alma que é potência ativa com relação às coisas para as quais o intelecto possível é potência receptiva. Segundo se diz no livro III da *Alma*, o intelecto possível é "um princípio que permite [à alma] tornar-se todas as coisas", e o intelecto agente "um princípio que lhe permite fazê-las todas". Um e outro intelecto têm por objeto, na

---

10. C. 10: 1099, b, 18-20.
11. C. 11: 1101, a, 14-21.
12. C. 8: 1178, b, 24-32.
13. C. 7: 1141, b, 2-3.
14. Q. 79, a. 4.
15. C. 5: 430, a, 10-17.

b. Se é verdadeiramente contrário à razão que o fim de uma espécie só seja atingido por um pequeno número de indivíduos que pertencem a ela, que "desrazão" e que "absurdo", que desordem profunda da natureza testemunha a atual condição humana! Sto. Tomás reserva sua resposta ao que será a grande interrogação pascaliana para o momento em que tratará do pecado original e da redenção. Contudo, ele começa por mostrar em sua pureza todo o poder da natureza humana, poder que não será jamais inteiramente destruído.

gibilia actu, et recipiuntur in intellectu possibili. Unde secundum statum praesentis vitae, neque per intellectum possibilem, neque per intellectum agentem, possumus intelligere substantias immateriales secundum seipsas.

AD PRIMUM ergo dicendum quod ex illa auctoritate Augustini haberi potest quod illud quod mens nostra de cognitione incorporalium rerum accipere potest, per seipsam cognoscere possit. Et hoc adeo verum est, ut etiam apud philosophos dicatur quod scientia de anima est principium quoddam ad cognoscendum substantias separatas. Per hoc enim quod anima nostra cognoscit seipsam, pertingit ad cognitionem aliquam habendam de substantiis incorporeis, qualem eam contingit habere: non quod simpliciter et perfecte eas cognoscat, cognoscendo seipsam.

AD SECUNDUM dicendum quod similitudo naturae non est ratio sufficiens ad cognitionem: alioquin oporteret dicere quod Empedocles dixit, quod anima esset de natura omnium, ad hoc quod omnia cognosceret[16]. Sed requiritur ad cognoscendum, ut sit similitudo rei cognitae in cognoscente quasi quaedam forma ipsius. Intellectus autem noster possibilis, secundum statum praesentis vitae, est natus informari similitudinibus rerum materialium a phantasmatibus abstractis: et ideo cognoscit magis materialia quam substantias immateriales.

AD TERTIUM dicendum quod requiritur aliqua proportio obiecti ad potentiam cognoscitivam, ut activi ad passivum, et perfectionis ad perfectibile. Unde quod excellentia sensibilia non capiantur a sensu, non sola ratio est quia corrumpunt organa sensibilia; sed etiam quia sunt improportionata potentiis sensitivis. Et hoc modo substantiae immateriales sunt improportionatae intellectui nostro, secundum praesentem statum, ut non possint ab eo intelligi.

AD QUARTUM dicendum quod illa ratio Commentatoris multipliciter deficit. Primo quidem, quia non sequitur quod, si substantiae separatae non intelliguntur a nobis, non intelligantur ab aliquo intellectu: intelliguntur enim a seipsis, et a se invicem. — Secundo, quia non est finis substantiarum separatarum ut intelligantur a nobis. Illud autem otiose et frustra esse dicitur, quod non consequitur

vida presente, apenas as realidades materiais: o intelecto agente faz delas objetos inteligíveis em ato, que o intelecto possível recebe. Portanto, na vida presente, não podemos conhecer em si mesmas as substâncias separadas, nem pelo intelecto possível nem pelo intelecto agente.

QUANTO AO 1º, portanto, deve-se dizer que se pode concluir desse texto de Agostinho que aquilo que nossa mente pode conhecer das realidades incorpóreas, pode conhecer por si mesma. É tão verdade que, segundo os filósofos, a ciência da alma é um ponto de partida para o conhecimentos das substâncias separadas. Pois, pelo conhecimento que tem de si, nossa alma chega a algum conhecimento das substâncias incorpóreas. Tal conhecimento a alma é capaz de ter, ainda que, conhecendo-se a si, não as conheça de uma maneira absoluta e perfeita.

QUANTO AO 2º, deve-se dizer que uma semelhança de natureza não é razão suficiente para conhecer, ou então seria estar de acordo com Empédocles, segundo o qual a alma seria da natureza de todas as coisas, para conhecê-las todas. Mas é requerido que a semelhança da coisa conhecida se encontre no sujeito que conhece à maneira de uma forma. Ora, o intelecto possível, na vida presente, é apto a receber as semelhanças das coisas materiais, abstraídas dos fantasmas. Por conseguinte, conhece mais as coisas materiais do que as substâncias imateriais.

QUANTO AO 3º, deve-se dizer que é preciso que haja proporção entre o objeto e a potência cognoscitiva, como entre o que é ativo e passivo, entre a perfeição e o perfectível. Se pois os objetos sensíveis muito intensos não são percebidos pelos sentidos, não é somente porque lesam ou prejudicam os órgãos, mas porque não estão proporcionados com as potências sensíveis. Assim também as substâncias imateriais estão de tal modo desproporcionadas com relação a nosso intelecto na vida presente que não podem ser conhecidas por ele.

QUANTO AO 4º, deve-se dizer que essa opinião do Comentador é falsa por muitos motivos: primeiro, que pelo fato de as substâncias separadas não serem por nós conhecidas não se segue que sejam inacessíveis a todo e qualquer intelecto: elas mesmas se conhecem, e se conhecem umas às outras. — Segundo, as substâncias separadas não têm por fim ser por nós conhecidas. Diz-se que uma coisa existe

---

16. Cfr. ARISTOT., *de Anima*, l. I, c. 2: 404, a, 11-15.

finem ad quem est. Et sic non sequitur substantias immateriales esse frustra, etiam si nullo modo intelligerentur a nobis.

AD QUINTUM dicendum quod eodem modo sensus cognoscit et superiora et inferiora corpora, scilicet per immutationem organi a sensibili. Non autem eodem modo intelliguntur a nobis substantiae materiales, quae intelliguntur per modum abstractionis; et substantiae immateriales, quae non possunt sic a nobis intelligi, quia non sunt earum aliqua phantasmata.

em vão, inutilmente, quando não atinge seu próprio fim. Não se segue daí portanto que as substâncias imateriais existiriam em vão, mesmo se não as conhecemos de nenhuma maneira.

QUANTO AO 5º, deve-se dizer que os sentidos conhecem todos os corpos, superiores ou inferiores, do mesmo modo, isto é, por uma modificação do órgão pelo objeto sensível. Ora, as substâncias materiais, que nosso intelecto conhece por abstração, não são conhecidas por nós da mesma maneira que as substâncias imateriais; a estas não podemos conhecer por abstração, pois delas não se podem formar as representações imaginárias.

ARTICULUS 2
Utrum intellectus noster per cognitionem rerum materialium possit pervenire ad intelligendum substantias immateriales

AD SECUNDUM SIC PROCEDITUR. Videtur quod intellectus noster per cognitionem rerum materialium possit pervenire ad intelligendum substantias immateriales.
1. Dicit enim Dionysius, 1 cap. *Cael. Hier.*[1], quod *non est possibile humanae menti ad immaterialem illam sursum excitari caelestium hierarchiarum contemplationem, nisi secundum se materiali manuductione utatur*. Relinquitur ergo quod per materialia manuduci possumus ad intelligendum substantias immateriales.
2. PRAETEREA, scientia est in intellectu. Sed scientiae et definitiones sunt de substantiis immaterialibus: definit enim Damascenus angelum[2]; et de angelis aliqua documenta traduntur tam in theologicis quam in philosophicis disciplinis. Ergo substantiae immateriales intelligi possunt a nobis.
3. PRAETEREA, anima humana est de genere substantiarum immaterialium. Sed ipsa intelligi potest a nobis per actum suum, quo intelligit materialia. Ergo et aliae substantiae immateriales intelligi possunt a nobis per suos effectus in rebus materialibus.
4. PRAETEREA, illa sola causa per suos effectus comprehendi non potest, quae in infinitum distat a suis effectibus. Hoc autem solius Dei est proprium. Ergo aliae substantiae immateriales creatae intelligi possunt a nobis per res materiales.

ARTIGO 2
Nosso intelecto pode chegar a conhecer as substâncias imateriais pelo conhecimento das coisas materiais?

QUANTO AO SEGUNDO, ASSIM SE PROCEDE: parece que nosso intelecto **pode** chegar a conhecer as substâncias imateriais pelo conhecimento das coisas materiais.
1. Com efeito, diz Dionísio que "não é possível ao espírito humano ser elevado à contemplação imaterial das hierarquias celestes, a não ser utilizando, segundo sua natureza, um auxílio material". Segue-se, portanto, que podemos ser conduzidos por elementos materiais a conhecer substâncias imateriais.
2. ALÉM DISSO, a ciência está no intelecto. Ora, há doutrinas e definições sobre as substâncias imateriais. Assim Damasceno define o anjo, e sobre eles há algumas informações nos tratados de teologia e filosofia. Logo, podemos conhecer as substâncias imateriais.
3. ADEMAIS, a alma humana pertence ao gênero das substâncias imateriais. Ora, podemos conhecer nossa alma por meio do ato pelo qual conhece as coisas materiais. Logo, podemos conhecer as outras substâncias imateriais por seus efeitos sobre as coisas materiais.
4. ADEMAIS, a única causa que não pode ser conhecida por seus efeitos é a que está infinitamente distante deles. Ora, isso só é próprio de Deus. Logo, as outras substâncias imateriais podem ser por nós conhecidas por meio das coisas materiais.

2 PARALL.: IV *Sent.*, dist. 49, q. 2, a. 7, ad 12; *Cont. Gent.* III, 41; *De Verit.*, q. 18, a, 5, ad 6; *Q. de Anima*, a. 16; in Boet. *de Trin.*, q. 6, a. 3, 4; I *Poster.*, lect. 41; *De Causis*, lect. 7.

1. MG 3, 121 C.
2. *De Fide Orth.*, l. II, c. 3: MG 94, 865 AB sqq.

SED CONTRA est quod Dionysius dicit, 1 cap. *de Div. Nom.*[3], quod *sensibilibus intelligibilia, et compositis simplicia, et corporalibus incorporalia apprehendi non possunt.*

RESPONDEO dicendum quod, sicut Averroes narrat in III *de Anima*[4], quidam Avempace nomine, posuit quod per intellectum substantiarum materialium pervenire possumus, secundum vera philosophiae principia, ad intelligendum substantias immateriales. Cum enim intellectus noster natus sit abstrahere quidditatem rei materialis a materia, si iterum in illa quidditate sit aliquid materiae, poterit iterato abstrahere: et cum hoc in infinitum non procedat, tandem pervenire poterit ad intelligendum aliquam quidditatem quae sit omnino sine materia. Et hoc est intelligere substantiam immaterialem.

Quod quidem efficaciter diceretur, si substantiae immateriales essent formae et species horum materialium, ut Platonici posuerunt. Hoc autem non posito, sed supposito quod substantiae immateriales sint omnino alterius rationis a quidditatibus materialium rerum; quantumcumque intellectus noster abstrahat quidditatem rei materialis a materia, nunquam perveniet ad aliquid simile substantiae immateriali. Et ideo per substantias materiales non possumus perfecte substantias immateriales intelligere.

AD PRIMUM ergo dicendum quod ex rebus materialibus ascendere possumus in aliqualem cognitionem immaterialium rerum, non tamen in perfectam: quia non est sufficiens comparatio rerum materialium ad immateriales, sed similitudines si quae a materialibus accipiuntur ad immaterialia intelligenda, sunt multum dissimiles, ut Dionysius dicit, 2 cap. *Cael. Hier.*[5]

AD SECUNDUM dicendum quod de superioribus rebus in scientiis maxime tractatur per viam remotionis: sic enim corpora caelestia notificat Aristoteles[6] per negationem proprietatum inferiorum corporum. Unde multo magis immateriales substantiae a nobis cognosci non possunt, ut earum quidditates apprehendamus: sed de eis nobis in scientiis documenta traduntur per viam remotionis, et alicuius habitudinis ad res materiales.

AD TERTIUM dicendum quod anima humana intelligit seipsam per suum intelligere, quod est

EM SENTIDO CONTRÁRIO, afirma Dionísio que "não se pode compreender nem o inteligível pelo sensível, nem o simples pelo composto, nem o incorpóreo pelo corpóreo".

RESPONDO. No dizer de Averróis, houve um filósofo, de nome Avempace, para quem seria possível, segundo os princípios da verdadeira filosofia, chegar a conhecer as substâncias espirituais pelo conhecimento das substâncias materiais. Sendo nosso intelecto capaz por natureza de abstrair da matéria a quididade da realidade material, poder-se-á, se permanece alguma materialidade nessa quididade, proceder a uma nova abstração. Como não se pode fazer isso indefinidamente, chegar-se-á ao conhecimento de uma quididade que será absolutamente sem matéria. Nisso consiste o conhecimento da substância imaterial.

Esse raciocínio seria válido se as substâncias imateriais fossem as formas e as espécies das coisas materiais, segundo a doutrina platônica. Se não se admite isso, mas se admite que as substâncias imateriais são absolutamente outra coisa que as quididades das coisas materiais, por mais que nosso intelecto abstraísse da matéria as quididades das realidades materiais, não atingiria nunca alguma coisa de semelhante a uma substância imaterial. Não podemos portanto conhecer perfeitamente as substâncias imateriais por meio das substâncias materiais.

QUANTO AO 1º, portanto, deve-se dizer que pode-se ascender, pelas realidades materiais, a certo conhecimento das realidades imateriais, mas não a um conhecimento perfeito. Não há comparação possível entre essas duas realidades; as semelhanças que se podem tomar das coisas materiais para compreender as imateriais são muito remotas, segundo Dionísio.

QUANTO AO 2º, deve-se dizer que as coisas superiores são tratadas nas ciências sobretudo por via de negação. Assim Aristóteles descreve os corpos celestes negando-lhes as propriedades dos corpos inferiores. Com mais razão não podemos conhecer as substâncias imateriais apreendendo sua essência. Contudo, as doutrinas expostas a seu respeito nas ciências são afirmadas por meio de negação ou de alguma relação com as coisas materiais.

QUANTO AO 3º, deve-se dizer que a alma humana conhece a si mesma, por seu ato de conhecer, que

---

3. MG 3, 588 B.
4. Comment. 36 in digressione.
5. MG 3, 137 B.
6. *De Caelo et Mundo*, l. I, c. 3: 269, b, 18 — 270, b, 25.

actus proprius eius, perfecte demonstrans virtutem eius et naturam. Sed neque per hoc, neque per alia quae in rebus materialibus inveniuntur, perfecte cognosci potest immaterialium substantiarum virtus et natura: quia huiusmodi non adaequant earum virtutes.

AD QUARTUM dicendum quod substantiae immateriales creatae in genere quidem naturali non conveniunt cum substantiis materialibus, quia non est in eis eadem ratio potentiae et materiae: conveniunt tamen cum eis in genere logico, quia etiam substantiae immateriales sunt in praedicamento substantiae, cum earum quidditas non sit earum esse. Sed Deus non convenit cum rebus materialibus neque secundum genus naturale, neque secundum genus logicum: quia Deus nullo modo est in genere, ut supra⁷ dictum est. Unde per similitudines rerum materialium aliquid affirmative potest cognosci de angelis secundum rationem communem, licet non secundum rationem speciei; de Deo autem nullo modo.

revela perfeitamente sua potência e sua natureza. Não pode, porém, nem por esse meio nem por outros das coisas materiais, chegar a um conhecimento perfeito da potência e da natureza das substâncias imateriais, pois não há adequação entre as potências delas.

QUANTO AO 4º, deve-se dizer que as substâncias imateriais criadas não pertencem ao mesmo gênero natural que as substâncias materiais, porque potência e matéria não se encontram aí da mesma maneira; pertencem porém ao mesmo gênero lógico, pois estão também no predicamento de substância, já que sua essência é distinta de seu existir. Ora, Deus não pertence nem ao gênero natural nem ao gênero lógico das coisas materiais. Deus não está de forma alguma em um gênero, como já dissemos. Pode-se, portanto, por meio das semelhanças das coisas materiais, conhecer alguma coisa de positivo sobre os anjos, de maneira genérica, mas não de maneira específica; sobre Deus, não é absolutamente possível.

ARTICULUS 3
Utrum Deus sit primum
quod a mente humana cognoscitur

AD TERTIUM SIC PROCEDITUR. Videtur quod Deus sit primum quod a mente humana cognoscitur.

1. Illud enim in quo omnia alia cognoscuntur, et per quod de aliis iudicamus, est primo cognitum a nobis; sicut lux ab oculo, et principia prima ab intellectu. Sed omnia in luce primae veritatis cognoscimus, et per eam de omnibus iudicamus; ut dicit Augustinus in libro *de Trin.*¹, et in libro *de Vera Relig.*². Ergo Deus est id quod primo cognoscitur a nobis.

2. PRAETEREA, *propter quod unumquodque, et illud magis*³. Sed Deus est causa omnis nostrae cognitionis: ipse enim est *lux vera, quae illuminat omnem hominem venientem in hunc mundum*, ut dicitur Io 1,9. Ergo Deus est id quod primo et maxime est cognitum nobis.

3. PRAETEREA, id quod primo cognoscitur in imagine, est exemplar quo imago formatur. Sed

ARTIGO 3
Deus é o primeiro objeto
conhecido pelo espírito humano?

QUANTO AO TERCEIRO, ASSIM SE PROCEDE: parece que Deus é o primeiro objeto conhecido pelo espírito humano.

1. Com efeito, aquilo em que todas as outras coisas são conhecidas e pelo qual julgamos as outras é o que por primeiro conhecemos, como a luz pelo olho e os primeiros princípios pelo intelecto. Ora, conhecemos todas as coisas à luz da primeira verdade, e por ela julgamos todas, como diz Agostinho. Logo, Deus é o que por primeiro conhecemos.

2. ALÉM DISSO, o que é próprio do efeito enquanto tal com maior razão é próprio da causa. Ora, Deus é a causa de todos esses conhecimentos. É com efeito "a verdadeira luz que ilumina todo homem vindo a esse mundo", diz o Evangelho de João. Logo, Deus é para nós o primeiro e principal objeto de conhecimento.

3. ADEMAIS, o que é conhecido antes de tudo em uma imagem é o modelo segundo o qual

---

7. Q. 3, a. 5. Cfr. q. 50, a. 2, ad 1.

3   PARALL.: In Boet. *de Trin.*, q. 1, a. 3.

1. L. XII, c. 2: ML 42, 999.
2. C. 31: ML 34, 147-148: Cfr. *Confess.*, l. XII, c. 25: ML 32, 840.
3. ARISTOT., *Poster.*, l. I, c. 2: 72, a, 29-32.

in mente nostra est Dei imago, ut Augustinus dicit[4]. Ergo id quod primo cognoscitur in mente nostra est Deus.

SED CONTRA est quod dicitur Io 1,18: *Deum nemo vidit unquam.*

RESPONDEO dicendum quod, cum intellectus humanus, secundum statum praesentis vitae, non possit intelligere substantias immateriales creatas, ut dictum est[5]; multo minus potest intelligere essentiam substantiae increatae. Unde simpliciter dicendum est quod Deus non est primum quod a nobis cognoscitur; sed magis per creaturas in Dei cognitionem pervenimus, secundum illud Apostoli Rm 1,20: *Invisibilia Dei per ea quae facta sunt, intellecta, conspiciuntur.* Primum autem quod intelligitur a nobis secundum statum praesentis vitae, est quidditas rei materialis, quae est nostri intellectus obiectum, ut multoties supra[6] dictum est.

AD PRIMUM ergo dicendum quod in luce primae veritatis omnia intelligimus et iudicamus, inquantum ipsum lumen intellectus nostri, sive naturale sive gratuitum, nihil aliud est quam quaedam impressio veritatis primae, ut supra[7] dictum est. Unde cum ipsum lumen intellectus nostri non se habeat ad intellectum nostrum sicut quod intelligitur, sed sicut quo intelligitur, multo minus Deus est id quod primo a nostro intellectu intelligitur.

AD SECUNDUM dicendum quod *Propter quod unumquodque, illud magis*, intelligendum est in his quae sunt unius ordinis, ut supra[8] dictum est. Propter Deum autem alia cognoscuntur, non sicut propter primum cognitum, sed sicut propter primam cognoscitivae virtutis causam.

AD TERTIUM dicendum quod, si in anima nostra esset perfecta imago Dei, sicut Filius est perfecta imago Patris, statim mens nostra intelligeret Deum. Est autem imago imperfecta. Unde ratio non sequitur.

a imagem é formada. Ora, em nossa mente há a imagem de Deus, como diz Agostinho. Logo, o que nossa mente por primeiro conhece é Deus.

EM SENTIDO CONTRÁRIO, diz João em seu Evangelho: "Ninguém jamais viu Deus".

RESPONDO. Visto que o intelecto humano não pode, na vida presente, conhecer as substâncias imateriais criadas, como acima foi dito, muito menos pode conhecer a essência da substância incriada. Portanto, deve-se afirmar absolutamente que Deus não é o que por primeiro conhecemos, mas, antes, que chegamos a conhecê-lo mediante as criaturas, segundo diz o Apóstolo aos Romanos: "As perfeições invisíveis de Deus se tornarão visíveis ao intelecto por meio de suas obras". No entanto, o que nós por primeiro conhecemos, na vida presente, é a quididade das coisas materiais, que é o objeto de nosso intelecto, como já afirmamos várias vezes.

QUANTO AO 1º, portanto, deve-se dizer que conhecemos e julgamos todas as coisas à luz da primeira verdade, na medida em que a própria luz de nosso intelecto, possuída por natureza ou por graça, nada mais é do que um reflexo da verdade primeira, como acima dissemos. Ora, a luz de nosso intelecto não é para si objeto, mas meio de conhecimento. Portanto, Deus é muito menos ainda para nosso intelecto o primeiro objeto conhecido.

QUANTO AO 2º, deve-se dizer que esse princípio, como foi dito, aplica-se apenas às realidades de mesma ordem. Ora, Deus é causa de tudo o que é conhecido, não como primeiro objeto de conhecimento, mas como causa primeira de toda potência cognoscitiva.

QUANTO AO 3º, deve-se dizer que se houvesse em nossa alma uma imagem perfeita de Deus, do mesmo modo que o Filho é imagem perfeita do Pai, nossa mente conheceria Deus imediatamente. Todavia, essa imagem é imperfeita. Portanto, não vale o raciocínio.

---

4. *De Trin.*, l. XII, cc. 4, 7: ML 42, 1000, 1003, 1004-1005.
5. A. 1.
6. Q. 84, a. 7; q. 85, a. 8; 87, a. 2, ad 2.
7. Q. 12, a. 2, ad 3; q. 84, a. 5.
8. Q. 87, a. 2, ad 3.

QUAESTIO LXXXIX
DE COGNITIONE ANIMAE SEPARATAE
in octo articulus divisa

Deinde considerandum est de cognitione animae separatae.
Et circa hoc quaeruntur octo.
Primo: utrum anima separata a corpore possit intelligere.
Secundo: utrum intelligat substantias separatas.
Tertio: utrum intelligat omnia naturalia.
Quarto: utrum cognoscat singularia.
Quinto: utrum habitus scientiae hic acquisitae remaneat in anima separata.
Sexto: utrum possit uti habitu scientiae hic acquisitae.
Septimo: utrum distantia localis impediat cognitionem animae separatae.
Octavo: utrum animae separatae a corporibus cognoscant ea quae hic aguntur.

Articulus 1
Utrum anima separata aliquid intelligere possit

Ad primum sic proceditur. Videtur quod anima separata nihil omnino intelligere possit.
1. Dicit enim Philosophus, in I *de Anima*[1], quod *intelligere corrumpitur, interius quodam corrupto.* Sed omnia interiora hominis corrumpuntur per mortem. Ergo et ispum intelligere corrumpitur.

2. Praeterea, anima humana impeditur ab intelligendo per ligamentum sensus, et perturbata imaginatione, sicut supra[2] dictum est. Sed morte totaliter sensus et imaginatio corrumpuntur, ut ex supra[3] dictis patet. Ergo anima post mortem nihil intelligit.

3. Praeterea, si anima separata intelligit, oportet quod per aliquas species intelligat. Sed non intelligit per species innatas: quia a principio

QUESTÃO 89
DO CONHECIMENTO DA ALMA SEPARADA[a]
em oito artigos

Deve-se considerar agora o conhecimento da alma separada.
Sobre isso, são oito as perguntas:
1. A alma separada do corpo pode conhecer?
2. A alma separada conhece as substâncias separadas?
3. Conhece ela todas as realidades naturais?
4. Conhece as coisas singulares?
5. O hábito de ciência aqui adquirido permanece na alma separada?
6. Pode ela usar do hábito de ciência aqui adquirido?
7. A distância local pode impedir o conhecimento da alma separada?
8. As almas separadas dos corpos conhecem o que aqui se faz?

Artigo 1
A alma separada pode compreender alguma coisa?

Quanto ao primeiro artigo, assim se procede: parece que a alma separada **nada** pode conhecer.
1. Com efeito, diz o Filósofo no livro I da *Alma*: "O ato de conhecer se corrompe quando algo se corrompe interiormente". Ora, tudo o que é interior ao homem se corrompe com a morte. Logo, o próprio conhecer se corrompe também.

2. Além disso, a alma humana fica impossibilitada de conhecer quando o sentido se torna impedido, e quando a imaginação está perturbada como acima foi dito. Ora, pela morte, os sentidos e a imaginação estão totalmente corrompidos. Logo, depois da morte, a alma nada conhece.

3. Ademais, se a alma separada conhece, deve ser por meio de espécies. Ora, não é por meio de espécies inatas: na origem, ela é "como uma tábua em

---

[1] Parall.: III *Sent.*, dist. 31, q. 2, a. 4; IV, dist. 50, q. 1, a. 1; *Cont. Gent.* II, 81; *De Verit.*, q. 19, a. 1; Q. *de Anima*, a. 15; *Quodlib.* III, q. 9, a. 1.

1. C. 4: 408, b, 18-31.
2. Q. 84, a. 7, 8.
3. Q. 77, a. 8.

a. Ao falar do conhecimento da "alma separada", isto é, despojada pela morte de seu ser corporal, Sto. Tomás se situa no ponto de vista das exigências da *natureza* humana. Isto não significa que imagine não importa qual estado de natureza pura, o que teria constituído uma natureza humana não chamada à graça. No entanto, ele coloca entre parênteses o que será dado à alma separada pela graça e pela glória, retendo apenas o que lhe cabe em virtude de sua natureza, e que permanece sob a graça.

est *sicut tabula in qua nihil est scriptum*[4]. Neque per species quas abstrahat a rebus: quia non habet organa sensus et imaginationis, quibus mediantibus species intelligibiles abstrahuntur a rebus. Neque etiam per species prius abstractas, et in anima conservatas: quia sic anima pueri nihil intelligeret post mortem. Neque etiam per species intelligibiles divinitus influxas: haec enim cognitio non esset naturalis, de qua nunc agitur, sed gratiae. Ergo anima separata a corpore nihil intelligit.

SED CONTRA est quod Philosophus dicit, in I *de Anima*[5], quod *si non est aliqua operationum animae propria, non contingit ipsam separari*. Contingit autem ipsam separari. Ergo habet aliquam operationem propriam; et maxime eam quae est intelligere. Intelligit ergo sine corpore existens.

RESPONDEO dicendum quod ista quaestio difficultatem habet ex hoc quod anima, quandiu est corpori coniuncta, non potest aliquid intelligere nisi convertendo se ad phantasmata, ut per experimentum patet. Si autem hoc non est ex natura animae, sed per accidens hoc convenit ei ex eo quod corpori alligatur, sicut Platonici posuerunt[6], de facili quaestio solvi posset. Nam remoto impedimento corporis, rediret anima ad suam naturam, ut intelligeret intelligibilia simpliciter, non convertendo se ad phantasmata, sicut est de aliis substantiis separatis. Sed secundum hoc, non esset anima corpori unita propter melius animae, si peius intelligeret corpori unita quam separata; sed hoc esset solum propter melius corporis: quod est irrationabile, cum materia sit propter formam, et non e converso. — Si autem ponamus quod anima ex sua natura habeat ut intelligat convertendo se ad phantasmata, cum natura animae per mortem corporis non mutetur, videtur quod anima naturaliter nihil possit intelligere, cum non sint ei praesto phantasmata ad quae convertatur.

Et ideo ad hanc difficultatem tollendam, considerandum est quod, cum nihil operetur nisi inquantum est actu, modus operandi uniuscuiusque rei sequitur modum essendi ipsius. Habet autem anima alium modum essendi cum unitur corpori, et cum fuerit a corpore separata, manente tamen

que nada está escrito". Nem tampouco pelas espécies que teria abstraído das coisas: pois ela não tem mais os órgãos dos sentidos e da imaginação, mediante os quais abstrai das coisas as espécies inteligíveis. Não é tampouco por meio de espécies anteriormente abstraídas e nela conservadas: então a alma da criança não conheceria nada depois da morte. Nem ainda por meio de espécies inteligíveis produzidas por um influxo divino: esse conhecimento não seria natural, como aqui consideramos, mas uma graça. Em conclusão, a alma separada do corpo nada conhece.

EM SENTIDO CONTRÁRIO, diz o Filósofo no livro I da *Alma*: "Se não há operação própria à alma, ela não pode existir separada do corpo". Ora, acontece que ela se separa. Por conseguinte, tem alguma operação que lhe é própria, e principalmente o ato de conhecer. A alma, portanto, conhece quando existe sem o corpo.

RESPONDO. A dificuldade dessa questão está em que, a alma enquanto unida ao corpo, não pode conhecer alguma coisa sem se voltar para as representações imaginárias, como mostra a experiência. Se isso não está ligado à natureza da alma, mas lhe convém acidentalmente pelo fato de estar ligada ao corpo, segundo a opinião platônica, o problema seria fácil de resolver. Assim, uma vez tirado o obstáculo do corpo, a alma retornaria à sua natureza e conheceria totalmente o que é inteligível, sem se voltar às representações imaginárias, como fazem as outras substâncias separadas. Nessa hipótese, se a alma compreendesse menos bem unida ao corpo do que dele separada, sua união com o corpo não seria melhor para a alma, mas somente para o corpo. Mas isso é inadmissível racionalmente, pois a matéria é feita para a forma e não inversamente. — Se admitimos, porém, que é natural à alma conhecer voltando-se para as representações imaginárias, parece que a natureza da alma, que não se muda pela morte do corpo, também não possa mais conhecer coisa alguma de maneira natural, uma vez que não tem mais à sua disposição representações imaginárias às quais se voltar.

Para resolver essa dificuldade, consideremos isso: visto que nada opera senão na medida em que está em ato, o modo de agir de toda coisa é uma consequência de seu modo de existir. Ora, a alma tem um modo de existir diferente quando está unida ao corpo, e quando dele separada, embora

---

4. ARISTOT., *De Anima*, l. III, c. 4: 429, b, 29 — 430, a, 2.
5. C. 1: 403, a, 10-16.
6. Vide *Phaedon.*, c. 20, 75 C — 76 A.

eadem animae natura; non ita quod uniri corpori sit ei accidentale, sed per rationem suae naturae corpori unitur; sicut nec levis natura mutatur cum est in loco proprio, quod est ei naturale, et cum est extra proprium locum, quod est ei praeter naturam. Animae igitur secundum illum modum essendi quo corpori est unita, competit modus intelligendi per conversionem ad phantasmata corporum, quae in corporeis organis sunt: cum autem fuerit a corpore separata, competit ei modus intelligendi per conversionem ad ea quae sunt intelligibilia simpliciter, sicut et aliis substantiis separatis. Unde modus intelligendi per conversionem ad phantasmata est animae naturalis, sicut et corpori uniri: sed esse separatum a corpore est praeter rationem suae naturae, et similiter intelligere sine conversione ad phantasmata est ei praeter naturam. Et ideo ad hoc unitur corpori, ut sit et operetur secundum naturam suam.

Sed hoc rursus habet dubitationem. Cum enim natura semper ordinetur ad id quod melius est; est autem melior modus intelligendi per conversionem ad intelligibilia simpliciter, quam per conversionem ad phantasmata: debuit sic a Deo institui animae natura, ut modus intelligendi nobilior ei esset naturalis, et non indigeret corpori propter hoc uniri.

Considerandum est igitur quod, etsi intelligere per conversionem ad superiora sit simpliciter nobilius quam intelligere per conversionem ad phantasmata; tamen ille modus intelligendi, prout erat possibilis animae, erat imperfectior. Quod sic patet. In omnibus enim substantiis intellectualibus invenitur virtus intellectiva per influentiam divini luminis. Quod quidem in primo principio est unum et simplex; et quanto magis creaturae intellectuales distant a primo principio, tanto magis dividitur illud lumen et diversificatur, sicut accidit in lineis a centro egredientibus. Et inde est quod Deus per unam suam essentiam omnia intelligit; superiores autem intellectualium substantiarum, etsi per plures formas intelligant, tamen intelligunt per pauciores, et magis universales, et virtuosiores ad comprehensionem rerum, propter efficaciam virtutis intellectivae quae est in eis; in inferioribus autem sunt formae plures, et minus universales, et minus efficaces ad comprehensionem rerum, inquantum deficiunt a virtute intellectiva superiorum. Si ergo inferiores substantiae haberent formas

sua natureza permaneça a mesma. Isso não quer dizer que sua união ao corpo seja acidental, mas é da razão de sua natureza estar unida a um corpo. Por exemplo: a natureza de um corpo leve não é modificada quando está em seu lugar próprio, que lhe é natural, ou quando está fora dele, o que é estranho à sua natureza. Convém portanto à alma, segundo o modo de ser pelo qual está unida ao corpo, um modo de conhecer pelo qual se volta para as representações imaginárias dos corpos, que estão em órgãos corporais. Quando, contudo, está separada do corpo, convém-lhe o modo de conhecer pelo qual se volta para as coisas que são totalmente inteligíveis, da mesma maneira que as outras substâncias separadas. Por conseguinte, o modo de conhecer voltando-se para as representações imaginárias é natural à alma, assim como estar unida a um corpo. Mas ser separada do corpo está além de sua natureza, e da mesma forma compreender sem se voltar para as representações imaginárias. Se, portanto, está unida a um corpo é para existir e agir conforme a sua natureza.

Há aqui uma nova dificuldade. A natureza está sempre ordenada ao melhor. Ora, é melhor conhecer voltando-se para o que é totalmente inteligível do que voltando-se para as representações imaginárias. Assim, devia Deus constituir a natureza da alma de sorte que lhe fosse natural o modo mais nobre de conhecer e não precisasse por isso estar unida ao corpo.

É necessário, pois, considerar que embora conhecer voltando-se para o que é superior seja melhor do que conhecer voltando-se para as representações imaginárias, entretanto o primeiro modo, na medida em que é acessível à alma, é para ela o menos perfeito. E isso se demonstra assim: em todas as substâncias intelectuais, a potência cognoscitiva provém de um influxo da luz divina. Essa luz é perfeitamente simples no primeiro princípio. À medida que as criaturas intelectuais vão se distanciando do primeiro princípio, nessa mesma medida essa luz se divide e se diversifica, como no caso das linhas que saem de um ponto central. Em consequência, Deus conhece somente em sua essência todas as coisas. As mais elevadas das substâncias intelectuais, ao mesmo tempo que conhecem por meio de várias formas, servem-se entretanto apenas de formas em pequeno número, muito universais, e de uma grande potência para o conhecimento das coisas, em razão da capacidade da potência cognoscitiva nelas presente. Mas nas menos elevadas dessas substâncias há formas mais

in illa universalitate in qua habent superiores, quia non sunt tantae efficaciae in intelligendo, non acciperent per eas perfectam cognitionem de rebus, sed in quadam communitate et confusione. Quod aliqualiter apparet in hominibus: nam qui sunt debilioris intellectus, per universales conceptiones magis intelligentium non accipiunt perfectam cognitionem, nisi eis singula in speciali explicentur. — Manifestum est autem inter substantias intellectuales, secundum naturae ordinem, infimas esse animas humanas. Hoc autem perfectio universi exigebat, ut diversi gradus in rebus essent. Si igitur animae humanae sic essent institutae a Deo ut intelligerent per modum qui competit substantiis separatis, non haberent cognitionem perfectam, sed confusam in communi. Ad hoc ergo quod perfectam et propriam cognitionem de rebus habere possent, sic naturaliter sunt institutae ut corporibus uniantur, et sic ab ipsis rebus sensibilibus propriam de eis cognitionem accipiant; sicut homines rudes ad scientiam induci non possunt nisi per sensibilia exempla.

Sic ergo patet quod propter melius animae est ut corpori uniatur, et intelligat per conversionem ad phantasmata; et tamen esse potest separata, et alium modum intelligendi habere.

AD PRIMUM ergo dicendum quod, si diligenter verba Philosophi discutiantur, Philosophus hoc dixit ex quadam suppositione prius[7] facta, scilicet quod intelligere sit quidam motus coniuncti, sicut et sentire: nondum enim differentiam ostenderat inter intellectum et sensum.

Vel potest dici quod loquitur de illo modo intelligendi qui est per conversionem ad phantasmata.

De quo etiam procedit SECUNDA RATIO.

numerosas, menos universais, e menos eficazes para o conhecimento das coisas, uma vez que lhes falta a potência cognoscitiva das mais elevadas. Se, portanto, as substâncias inferiores possuíssem formas com o mesmo grau de universalidade das substâncias superiores, não tendo, porém, tanta capacidade intelectual, não obteriam por essas formas um conhecimento perfeito das coisas, mas somente um conhecimento geral e confuso. É o que se vê de alguma maneira entre os homens: aqueles que têm o intelecto mais fraco não penetram perfeitamente as concepções universais dos mais inteligentes, a não ser que se lhes explique tudo em detalhe. — Ora, é evidente que, entre as substâncias intelectuais, as almas humanas, na ordem da natureza, estão no grau mais baixo. A perfeição do universo exigia que houvesse diversos graus nas coisas. Se, portanto, as almas humanas tivessem sido constituídas por Deus de sorte que conhecessem à maneira das substâncias separadas, não teriam elas um conhecimento perfeito, mas geral e confuso. Portanto, para que pudessem ter um conhecimento perfeito e direto das coisas, foram constituídas de modo a se unirem naturalmente aos corpos, e dessa forma têm das próprias coisas sensíveis um conhecimento próprio, assim como, por exemplo, homens iletrados só podem ser conduzidos ao saber com a ajuda de exemplos sensíveis.

É evidente, portanto, que é para sua maior perfeição que a alma está unida a um corpo, e que ela conheça voltando-se para as representações imaginárias. No entanto, pode ela estar separada do corpo e possuir outro modo de conhecer[b].

QUANTO AO 1º, deve-se dizer que se examinamos com cuidado o texto do Filósofo, vemos que depende de uma hipótese anteriormente formulada: conhecer seria um movimento do composto, como também o sentir. Não mostrara ainda a diferença entre o intelecto e os sentidos.

Podemos também dizer que Aristóteles fala do modo de conhecer que implica uma volta às representações imaginárias.

QUANTO AO 2º, deve-se dizer que é a respeito disso que procede a segunda objeção.

---

7. Loc. cit. in arg.

b. Devido à veemente afirmação de que a inteligência humana não podia produzir nenhum ato de pensamento sem imagem, a morte destruindo tudo o que há de material e sensível no homem, poder-se-ia pensar que a alma separada é privada de toda atividade. Contudo, se é natural à alma existir mesmo depois da morte, é-lhe forçosamente natural pensar também de qualquer maneira que seja, e, por conseguinte, receber diretamente espécies inteligíveis da luz divina. O que não é um estado melhor para ela que o da união ao corpo. Ela permanece o mais fraco dos espíritos, e as ideias puras recebidas de Deus podem lhe dar a conhecer a realidade apenas de maneira confusa. Considera unicamente sua natureza, a alma separada conhece menos claramente e menos explicitamente do que a alma em seu corpo.

AD TERTIUM dicendum quod anima separata non intelligit per species innatas; nec per species quas tunc abstrahit; nec solum per species conservatas, ut obiectio probat: sed per species ex influentia divini luminis participatas, quarum anima fit particeps sicut et aliae substantiae separatae, quamvis inferiori modo. Unde tam cito cessante conversione ad corpus, ad superiora convertitur. Nec tamen propter hoc cognitio non est naturalis: quia Deus est auctor non solum influentiae gratuiti luminis, sed etiam naturalis.

QUANTO AO 3º, deve-se dizer que a alma separada não conhece mediante espécies inatas, nem por espécies que ocasionalmente abstrai, nem somente mediante espécies conservadas na memória, como prova a objeção, mas por espécies que provêm de um influxo da luz divina. A alma participa delas, como as outras substâncias separadas, embora de modo menos elevado. Por isso, desde que deixa de estar em relação com o corpo, entra ela em relação com as realidades superiores. Daí não se segue que esse conhecimento não seja natural, porque Deus é não somente o autor do influxo da luz da graça, mas também da luz natural[c].

ARTICULUS 2
Utrum anima separata intelligat substantias separatas

AD SECUNDUM SIC PROCEDITUR. Videtur quod anima separata non intelligit substantias separatas.

1. Perfectior enim est anima corpori coniuncta, quam a corpore separata: cum anima sit naturaliter pars humanae naturae, quaelibet autem pars perfectior est in suo toto. Sed anima coniuncta corpori non intelligit substantias separatas, ut supra[1] habitum est. Ergo multo minus cum fuerit a corpore separata.

2. PRAETEREA, omne quod cognoscitur, vel cognoscitur per sui praesentiam, vel per suam speciem. Sed substantiae separatae non possunt cognosci ab anima per suam praesentiam: quia nihil illabitur animae nisi solus Deus. Neque etiam per aliquas species quas anima ab angelo abstrahere possit: quia angelus simplicior est quam anima. Ergo nullo modo anima separata potest cognoscere substantias separatas.

3. PRAETEREA, quidam philosophi posuerunt in cognitione separatarum substantiarum consistere ultimam hominis felicitatem. Si ergo anima separata potest intelligere substantias separatas, ex sola sua separatione consequitur felicitatem. Quod est inconveniens.

ARTIGO 2
A alma separada conhece as substâncias separadas?

QUANTO AO SEGUNDO, ASSIM SE PROCEDE: parece que a alma separada **não** conhece as substâncias separadas.

1. Com efeito, é mais perfeita a alma unida ao corpo do que dele separada, uma vez que é naturalmente parte da natureza humana, e toda e qualquer parte é mais perfeita em seu todo. Ora, a alma unida não conhece as substâncias separadas, como acima foi falado. Logo, muito menos quando estiver separada do corpo.

2. ALÉM DISSO, tudo o que é conhecido é conhecido por sua presença ou por uma sua espécie. Ora, as substâncias separadas não podem ser conhecidas pela alma por sua presença, pois ninguém penetra na alma a não ser unicamente Deus. Não é também por algumas espécies que a alma pode abstrair do anjo, pois o anjo é mais simples do que a alma. Logo, de maneira alguma a alma separada pode conhecer substâncias separadas.

3. ADEMAIS, para alguns filósofos, é no conhecimento das substâncias separadas que consiste a felicidade perfeita do homem. Se, portanto, a alma separada do corpo pode conhecê-las, é pelo único fato da separação que a alma obterá a felicidade, o que é inadmissível.

---

2 PARALL.: *Cont. Gent.* III, 45; Q. *de Anima*, a. 17; *Quodlib.* III, q. 9, a. 1.
   1. Q. 88, a. 1.

c. Sto. Tomás faz abstração, aqui, de tudo o que a alma separada recebe de luz propriamente sobrenatural, em particular da "luz da glória", na qual, se for feliz, vê a Essência divina "face a face". Ele chama de "natural", embora proveniente de Deus, o conhecimento infundido das coisas naturais que, segundo pensa, lhe é dado como aos anjos em seu estado de separação, pois, ao que parece, esse conhecimento é devido a sua natureza de ser espiritual; aliás, mesmo no estado de união ao corpo, é em virtude de sua participação na luz divina que o intelecto humano percebe o inteligível no sensível.

SED CONTRA est quod animae separatae cognoscunt alias animas separatas, sicut dives in inferno positus vidit Lazarum et Abraham, Lc 16,23. Ergo vident etiam et daemones et angelos animae separatae.

RESPONDEO dicendum quod, sicut Augustinus dicit in IX de Trin.[2]: *Mens nostra cognitionem rerum incorporearum per seipsam accipit*, idest cognoscendo seipsam, sicut supra[3] dictum est. Per hoc ergo quod anima separata cognoscit seipsam, accipere possumus qualiter cognoscit alias substantias separatas. Dictum est autem[4] quod quandiu anima corpori est unita, intelligit convertendo se ad phantasmata. Et ideo nec seipsam potest intelligere nisi inquantum fit actu intelligens per speciem a phantasmatibus abstractam: sic enim per actum suum intelligit seipsam, ut supra[5] dictum est. Sed cum fuerit a corpore separata, intelliget non convertendo se ad phantasmata, sed ad ea quae sunt secundum se intelligibilia: unde seipsam per seipsam intelliget. — Est autem commune omni substantiae separatae quod *intelligat id quod est supra se, et id quod est infra se, per modum suae substantiae*[6]: sic enim intelligitur aliquid secundum quod est in intelligente; est autem aliquid in altero per modum eius in quo est. Modus autem substantiae animae separatae est infra modum substantiae angelicae, sed est conformis modo aliarum animarum separatarum. Et ideo de aliis animabus separatis perfectam cognitionem habet; de angelis autem imperfectam et deficientem, loquendo de cognitione naturali animae separatae. De cognitione autem gloriae est alia ratio.

AD PRIMUM ergo dicendum quod anima separata est quidem imperfectior, si consideretur natura qua communicat cum natura corporis: sed tamen quodammodo est liberior ad intelligendum, inquantum per gravedinem et occupationem corporis a puritate in intelligentiae impeditur.

EM SENTIDO CONTRÁRIO, as almas separadas conhecem as outras almas separadas. Por exemplo: o rico, desde o inferno, viu Lázaro e Abraão. As almas separadas, portanto, veem tanto os demônios como os anjos.

RESPONDO. Segundo Agostinho, "nossa mente adquire o conhecimento das coisas incorpóreas por si mesma", isto é, conhecendo a si mesma, como foi dito mais acima. Por conseguinte, pelo fato de a alma separada conhecer a si mesma, podemos entender de que maneira conhece as outras substâncias separadas. Está dito que, enquanto unida ao corpo, a alma conhece voltando-se para as representações imaginárias. Daí que só pode conhecer a si mesma quando conhece em ato por meio de uma espécie abstraída das representações imaginárias. Com efeito, já dissemos, é por seu ato que a alma conhece a si própria. Todavia, quando está separada do corpo, conhece não voltando-se para as representações imaginárias, mas voltando-se para aquilo que é por si mesmo inteligível. Por conseguinte, conhece a si mesma por si mesma. — Ora, convém comumente a toda substância separada "conhecer o que é superior a si e o que é inferior, segundo o modo de sua substância". Assim, uma coisa é conhecida conforme está no sujeito que conhece, pois algo se encontra em um outro segundo o modo daquele no qual ele está. O modo de ser da alma separada é inferior ao do anjo, mas semelhante ao das outras almas separadas. Razão por que tem ela um perfeito conhecimento dessas almas, mas dos anjos só tem um conhecimento imperfeito e inadequado, se falamos do conhecimento natural da alma separada. Quanto ao conhecimento da glória, é outro argumento[d].

QUANTO AO 1º, portanto, deve-se dizer que a alma separada é menos perfeita se se considera a natureza pela qual ela se une à natureza do corpo. Entretanto, ela é de certa maneira mais livre para conhecer, enquanto o peso e as preocupações causadas pelo corpo impedem a pureza do ato intelectual.

---

2. C. 3: ML 42, 963.
3. Q. 88, a. 1, ad 1.
4. A. praec.; q. 84, a. 7.
5. Q. 87, a. 1.
6. *De Causis*, prop. 8, §§ *Omnis, Et intelligentia*.

d. Se o conhecimento pelo qual a alma separada conhece as outras almas separadas é contudo mais perfeito do que aquele que ela podia ter aqui embaixo, é que ela conhece a si mesma mais diretamente e melhor. Não há nessa resposta um afrouxamento do rigor com o qual Sto. Tomás mantém em toda essa questão a imperfeição e a incompletude essencial do conhecimento da alma separada?

AD SECUNDUM dicendum quod anima separata intelligit angelos per similitudines divinitus impressas. Quae tamen deficiunt a perfecta repraesentatione eorum, propter hoc quod animae natura est inferior quam angeli.

AD TERTIUM dicendum quod in cognitione substantiarum separatarum non quarumcumque, consistit ultima hominis felicitas, sed solius Dei, qui non potest videri nisi per gratiam. In cognitione vero aliarum substantiarum separatarum est magna felicitas, etsi non ultima, si tamen perfecte intelligantur. Sed anima separata naturali cognitione non perfecte eas intelligit, ut dictum est[7].

QUANTO AO 2º, deve-se dizer que a alma separada conhece os anjos por semelhanças impressas por Deus, que no entanto não chegam a representá-los perfeitamente, porque a natureza da alma é inferior à do anjo.

QUANTO AO 3º, deve-se dizer que não é no conhecimento de quaisquer substâncias separadas que consiste a felicidade última do homem, mas no de Deus só, que pode ser contemplado apenas pela graça. Entretanto, no conhecimento das outras substâncias separadas, há uma grande felicidade, mesmo se não for a última, contanto que sejam perfeitamente conhecidas. Mas a alma separada não as conhece perfeitamente, com conhecimento natural, como se disse.

ARTICULUS 3
Utrum anima separata omnia naturalia cognoscat

AD TERTIUM SIC PROCEDITUR. Videtur quod anima separata omnia naturalia cognoscat.

1. In substantiis enim separatis sunt rationes omnium rerum naturalium. Sed animae separatae cognoscunt substantias separatas. Ergo cognoscunt omnia naturalia.
2. PRAETEREA, qui intelligit magis intelligibile, multo magis potest intelligere minus intelligibile. Sed anima separata intelligit substantias separatas, quae sunt maxima intelligibilium. Ergo multo magis potest intelligere omnia naturalia, quae sunt minus intelligibilia.

SED CONTRA, in daemonibus magis viget naturalis cognitio quam in anima separata. Sed daemones non omnia naturalia cognoscunt; sed multa addiscunt per longi temporis experientiam, ut Isidorus dicit[1]. Ergo neque animae separatae omnia naturalia cognoscunt.

Praeterea, si anima statim cum est separata, omnia naturalia cognosceret, frustra homines studerent ad rerum scientiam capessendam. Hoc autem est inconveniens. Non ergo anima separata omnia naturalia cognoscit.

RESPONDEO dicendum quod, sicut supra[2] dictum est, anima separata intelligit per species

ARTIGO 3
A alma separada conhece todas as coisas naturais?

QUANTO AO TERCEIRO, ASSIM SE PROCEDE: parece que a alma separada **conhece** todas as coisas naturais.

1. Com efeito, nas substâncias separadas estão as razões de todas as coisas naturais. Ora, as almas separadas conhecem substâncias separadas. Logo, conhecem todas as coisas naturais.
2. ALÉM DISSO, aquele que conhece o que é mais inteligível, com maior razão, pode conhecer o que é menos inteligível. Ora, a alma separada conhece as substâncias separadas, que são totalmente inteligíveis. Logo, com maior razão, pode conhecer todas as coisas naturais que são menos inteligíveis.

EM SENTIDO CONTRÁRIO, os demônios têm um conhecimento natural maior do que as almas separadas. Ora, eles não conhecem todas as coisas naturais. Aprendem muito por uma longa experiência, segundo a opinião de Isidoro. Portanto, as almas separadas não conhecem tampouco todas as coisas naturais.

Ademais, se a alma, logo que é separada, conhece todas as coisas naturais, os homens se aplicariam em vão em conseguir a ciência, o que não é admissível. A alma separada não conhece, pois, todas essas coisas.

RESPONDO. A alma separada conhece, nós o dissemos, mediante espécies que recebe por

---

7. In corp.

3   PARALL.: Q. *de Anima*, a. 18.

1. *Sententiarum* (al. *de Summo Bono*), l. I, c. 10, al. 12: ML 83, 556 C.
2. A. 1, ad 3.

quas recipit ex influentia divini luminis, sicut et angeli: sed tamen, quia natura animae est infra naturam angeli, cui iste modus cognoscendi est connaturalis, anima separata per huiusmodi species non accipit perfectam rerum cognitionem, sed quasi in communi et confusam. Sicut igitur se habent angeli ad perfectam cognitionem rerum naturalium per huiusmodi species, ita animae separatae ad imperfectam et confusam. Angeli autem per huiusmodi species cognoscunt cognitione perfecta omnia naturalia: quia omnia quae Deus fecit in propriis naturis, fecit in intelligentia angelica, ut dicit Augustinus, *super Gen. ad litt.*[3]. Unde et animae separatae de omnibus naturalibus cognitionem habent, non certam et propriam, sed communem et confusam.

AD PRIMUM ergo dicendum quod nec ipse angelus per suam substantiam cognoscit omnia naturalia, sed per species quasdam, ut supra[4] dictum est. Et ideo non propter hoc sequitur quod anima cognoscat omnia naturalia, quia cognoscit quoquo modo substantiam separatam.

AD SECUNDUM dicendum quod, sicut anima separata non perfecte intelligit substantias separatas ita nec omnia naturalia perfecte cognoscit, sed sub quadam confusione, ut dictum est[5].

AD TERTIUM dicendum quod Isidorus loquitur de cognitione futurorum; quae nec angeli nec daemones nec animae separatae cognoscunt, nisi vel in suis causis, vel per revelationem divinam. Nos autem loquimur de cognitione naturalium.

AD QUARTUM dicendum quod cognitio quae acquiritur hic per studium, est propria et perfecta; illa autem est confusa. Unde non sequitur quod studium addiscendi sit frustra.

um influxo de luz divina, do mesmo modo que os anjos. Mas, visto que a natureza da alma é inferior à do anjo, para quem esse modo de conhecer é natural, a alma separada não recebe, por essas espécies, um conhecimento perfeito das coisas, mas uma espécie de conhecimento geral e confuso. Assim, os anjos têm por essas espécies um conhecimento perfeito das coisas naturais, as almas separadas têm delas um conhecimento imperfeito e confuso. Ora, os anjos possuem esse perfeito conhecimento de todas as coisas naturais, mediante as espécies, porque tudo o que Deus fez nas coisas naturais, ele o fez na inteligência angélica. As almas separadas não têm, pois, um conhecimento próprio e certo de todas as coisas naturais, mas geral e confuso.

QUANTO AO 1º, portanto, deve-se dizer que o anjo tampouco conhece, por sua substância, todas as coisas naturais, mas por meio de espécies, como acima se disse. Não se segue daí que a alma conheça todas as coisas naturais porque ela conhece de certa maneira as substâncias separadas.

QUANTO AO 2º, deve-se dizer que a alma separada não conhece perfeitamente nem as substâncias separadas, nem as coisas naturais; mas ela as conhece de modo confuso, como foi dito.

QUANTO AO 3º, deve-se dizer que Isidoro fala aqui do conhecimento de coisas futuras que nem os anjos, nem os demônios, nem as almas separadas conhecem, a menos que seja apenas em suas causas ou por revelação divina. Nós tratamos, porém, do conhecimento das coisas naturais.

QUANTO AO 4º, deve-se dizer que o conhecimento que se adquire nesse mundo pelo estudo é um conhecimento próprio e perfeito. O conhecimento da alma separada é confuso. Não se segue, pois, que a aplicação ao estudo seja vã.

ARTICULUS 4
Utrum anima separata cognoscat singularia

AD QUARTUM SIC PROCEDITUR. Videtur quod anima separata non cognoscat singularia.
1. Nulla enim potentia cognoscitiva remanet in anima separata nisi intellectus, ut ex supra[1]

ARTIGO 4
A alma separada conhece as coisas singulares?

QUANTO AO QUARTO, ASSIM SE PROCEDE: parece que a alma separada **não** conhece as coisas singulares.
1. Com efeito, nenhuma potência cognoscitiva permanece na alma separada, a não ser o inte-

---

3. L. II, c. 8: ML 34, 269.
4. Q. 55, a. 1; q. 87, a. 1.
5. In corp.

PARALL.: IV *Sent.*, dist. 50, q. 1, a. 3; *De Verit.*, q. 19, a. 2; *Q. de Anima*, a. 20.
1. Q. 77, a. 8.

dictis patet. Sed intellectus non est cognoscitivus singularium, ut supra[2] habitum est. Ergo anima separata singularia non cognoscit.

2. Praeterea, magis est determinata cognitio qua cognoscitur aliquid in singulari, quam illa qua cognoscitur aliquid in universali. Sed anima separata non habet determinatam cognitionem de speciebus rerum naturalium. Multo igitur minus cognoscit singularia.

3. Praeterea, si cognoscit singularia, et non per sensum, pari ratione omnia singularia cognosceret. Sed non cognoscit omnia singularia. Ergo nulla cognoscit.

Sed contra est quod dives in inferno positus dixit: *Habeo quinque fratres*, ut habetur Lc 16,28.

Respondeo dicendum quod animae separatae aliqua singularia cognoscunt, sed non omnia, etiam quae sunt praesentia. Ad cuius evidentiam, considerandum est quod duplex est modus intelligendi. Unus per abstractionem a phantasmatibus: et secundum istum modum singularia per intellectum cognosci non possunt directe, sed indirecte, sicut supra[3] dictum est. Alius modus intelligendi est per influentiam specierum a Deo: et per istum modum intellectus potest singularia cognoscere. Sicut enim ipse Deus per suam essentiam, inquantum est causa universalium et individualium principiorum, cognoscit omnia et universalia et singularia, ut supra[4] dictum est; ita substantiae separatae per species, quae sunt quaedam participatae similitudines illius divinae essentiae, possunt singularia cognoscere.

In hoc tamen est differentia inter angelos et animas separatas, quia angeli per huiusmodi species habent perfectam et propriam cognitionem de rebus, animae vero separatae confusam. Unde angeli, propter efficaciam sui intellectus per huiusmodi species non solum naturas rerum in speciali cognoscere possunt, sed etiam singularia sub speciebus contenta. Animae vero separatae non possunt cognoscere per huiusmodi species nisi solum singularia illa ad quae quodammodo determinantur, vel per praecedentem cognitionem, vel per aliquam affectionem, vel per naturalem habitudinem, vel per divinam ordinationem: quia

lecto, como é evidente pelo que foi dito. Ora, o intelecto não é conhecedor das coisas singulares, como afirmado acima. Logo, a alma separada não conhece os singulares.

2. Além disso, o conhecimento é mais determinado quando se conhece uma coisa em sua singularidade do que quando se tem dela uma ideia universal. Ora, a alma separada não tem um conhecimento determinado em relação às espécies das coisas naturais. Logo, com mais razão não conhece os singulares.

3. Ademais, se a alma separada conhecesse os singulares, não pelos sentidos, conheceria igualmente todos os singulares. Ora, não os conhece todos. Logo, não conhece nenhum deles.

Em sentido contrário, o mau rico dizia desde o inferno: "Eu tenho cinco irmãos", como está no Evangelho de Lucas.

Respondo. As almas separadas conhecem alguns singulares, mas não todos, mesmo aqueles que existem no presente. Para o provar, consideremos que são dois os modos de conhecer. Um, por abstração das representações imaginárias, e então os singulares não podem ser conhecidos diretamente pelo intelecto, mas indiretamente, como já se tratou. O outro modo de conhecer resulta de um influxo das espécies por Deus, e então o intelecto pode conhecer os singulares. Assim como Deus, enquanto é causa dos princípios universais e individuais, conhece em sua essência todo universal e todo singular, como acima se disse; do mesmo modo, as substâncias separadas, por meio das espécies que são semelhanças participadas dessa essência divina, podem conhecer os singulares.

Há entretanto uma diferença entre os anjos e as almas separadas: o conhecimento dos anjos por meio dessas espécies é próprio e perfeito, o das almas separadas é confuso. Por isso os anjos, em razão da capacidade de seu intelecto, podem ter por essas espécies não somente um conhecimento específico das naturezas das coisas, mas ainda dos singulares contidos sob essas espécies. Quanto às almas separadas, só podem conhecer por essas espécies os singulares com os quais têm uma certa relação: quer por um conhecimento anterior, quer por qualquer sentimento, quer por uma relação natural, quer por uma disposição divina.

---

2. Q. 86, a. 1.
3. Q. 86, a. 1.
4. Q. 14, a. 11; q. 57, a. 2.

omne quod recipitur in aliquo, determinatur in eo secundum modum recipientis.

AD PRIMUM ergo dicendum quod intellectus per viam abstractionis non est cognoscitivus singularium. Sic autem anima separata non intelligit, sed sicut dictum est[5].

AD SECUNDUM dicendum quod ad illarum rerum species vel individua cognitio animae separatae determinatur, ad quae anima separata habet aliquam determinatam habitudinem, sicut dictum est[6].

AD TERTIUM dicendum quod anima separata non se habet aequaliter ad omnia singularia, sed ad quaedam habet aliquam habitudinem quam non habet ad alia. Et ideo non est aequalis ratio ut omnia singularia cognoscat.

Pois tudo o que é recebido em um sujeito é nele determinado segundo seu modo de ser.

QUANTO AO 1º, portanto, deve-se dizer que pela via da abstração, o intelecto não conhece os singulares. Ora, não é dessa maneira que a alma separada conhece, mas da maneira como foi dito.

QUANTO AO 2º, deve-se dizer que o conhecimento da alma separada é ordenado para as espécies ou para os indivíduos das coisas com as quais tem uma relação precisa, como se disse.

QUANTO AO 3º, deve-se dizer que alma separada não está ordenada igualmente para todos os singulares, mas tem com alguns uma relação que não tem com outros. Portanto, não há nenhum motivo igual pelo qual conheça todos os singulares[e].

ARTICULUS 5
Utrum habitus scientiae hic acquisitae remaneat in anima separata

AD QUINTUM SIC PROCEDITUR. Videtur quod habitus scientiae hic acquisitae non remaneat in anima separata.

1. Dicit enim Apostolus, 1Cor 13,8: *Scientia destruetur*.

2. PRAETEREA, quidam minus boni in hoc mundo scientia pollent, aliis magis bonis carentibus scientia. Si ergo habitus scientiae permaneret etiam post mortem in anima, sequeretur quod aliqui minus boni etiam in futuro statu essent potiores aliquibus magis bonis. Quod videtur inconveniens.

3. PRAETEREA, animae separatae habebunt scientiam per influentiam divini luminis. Si igitur scientia hic acquisita in anima separata remaneat, sequetur quod duae erunt formae unius speciei in eodem subiecto. Quod est impossibile.

4. PRAETEREA, Philosophus dicit, in libro *Praedicament.*[1], quod *habitus est qualitas difficile mobilis; sed ab aegritudine, vel ab aliquo huiusmodi, quandoque corrumpitur scientia*. Sed nulla est ita fortis immutatio in hac vita, sicut immutatio quae est per mortem. Ergo videtur quod habitus scientiae per mortem corrumpatur.

ARTIGO 5
O *habitus* da ciência aqui adquirido permanece na alma separada?

QUANTO AO QUINTO, ASSIM SE PROCEDE: parece que o *habitus* da ciência aqui adquirido **não** permanece na alma separada.

1. Com efeito, diz o apóstolo aos Coríntios: "A ciência será eliminada".

2. ALÉM DISSO, alguns homens menos bons neste mundo possuem a ciência, enquanto outros mais virtuosos são dela privados. Se o *habitus* da ciência permanecesse na alma mesmo depois da morte, resultaria que alguns menos bons seriam na vida futura superiores a outros mais virtuosos, o que parece inadmissível.

3. ADEMAIS, as almas separadas possuirão a ciência por influxo da luz divina. Se a ciência aqui adquirida permanecesse na alma separada, haveria duas formas de uma mesma espécie em um mesmo sujeito, o que é impossível.

4. ADEMAIS, diz o Filósofo: "O *habitus* é uma qualidade que dificilmente muda, mas acontece que a doença ou algo semelhante destroem a ciência". Ora, não há, nessa vida, modificação tão violenta quanto aquela produzida pela morte. Logo, parece que *habitus* da ciência desaparece com a morte.

---

5. In corp.
6. Ibid.

5 PARALL.: I-II, q. 67, a. 2; IV *Sent.*, dist. 50, q. 1, a. 2; *Quodlib.* XII, q. 9, a. 1; 1*Cor.*, c. 13, lect. 3.
1. C. 8: 8, b, 27-32.

e. Como se vê, os únicos singulares que as almas separadas conhecem claramente são aqueles com os quais elas têm ou tiveram certa relação. Isso porque é nelas mesmas e por si mesmas que podem unir-se a eles.

SED CONTRA est quod Hieronymus dicit, in Epistola *ad Paulinum*[2]: *Discamus in terris, quorum scientia nobis perseveret in caelo*.

RESPONDEO dicendum quod quidam[3] posuerunt habitum scientiae non esse in ipso intellectu, sed in viribus sensitivis, scilicet imaginativa, cogitativa et memorativa; et quod species intelligibiles non conservatur in intellectu possibili. Et si haec opinio vera esset, sequeretur quod, destructo corpore, totaliter habitus scientiae hic acquisitae destrueretur.

Sed quia scientia est in intellectu, qui est *locus specierum*, ut dicitur in III *de Anima*[4]; oportet quod habitus scientiae hic acquisitae partim sit in praedictis viribus sensitivis, et partim in ipso intellectu. Et hoc potest considerari ex ipsis actibus ex quibus habitus scientiae acquiritur: nam *habitus sunt similes actibus ex quibus acquiruntur*, ut dicitur in II *Ethic*.[5]. Actus autem intellectus ex quibus in praesenti vita scientia acquiritur, sunt per conversionem intellectus ad phantasmata, quae sunt in praedictis viribus sensitivis. Unde per tales actus et ipsi intellectui possibili acquiritur facultas quaedam ad considerandum per species susceptas; et in praedictis inferioribus viribus acquiritur quaedam habilitas ut facilius per conversionem ad ipsas intellectus possit intelligibilia speculari. Sed sicut actus intellectus principaliter quidem et formaliter est in ipso intellectu, materialiter autem et dispositive in inferioribus viribus, idem etiam dicendum est de habitu.

Quantum ergo ad id quod aliquis praesentis scientiae habet in inferioribus viribus, non remanebit in anima separata: sed quantum ad id quod habet in ipso intellectu, necesse est ut remaneat. Quia, ut dicitur in libro *de Longitudine et Brevitate Vitae*[6], dupliciter corrumpitur aliqua forma: uno modo, per se, quando corrumpitur a suo contrario, ut calidum a frigido; alio modo, per accidens, scilicet per corruptionem subiecti. Manifestum est autem quod per corruptionem subiecti, scientia quae est in intellectu humano, corrumpi non potest: cum intellectus sit incorruptibilis, ut supra[7] ostensum est. Similiter etiam nec per contrarium

EM SENTIDO CONTRÁRIO, escreve Jerônimo: "Aprendamos na terra aquilo cujo conhecimento persevere em nós no céu".

RESPONDO. Conforme certos filósofos, o *habitus* da ciência não está no intelecto, mas nas potências sensíveis, imaginação, cogitativa, memória; e além disso, as espécies inteligíveis não são conservadas no intelecto possível. Se essa teoria fosse verdadeira, resultaria que, destruído o corpo, o *habitus* da ciência aqui adquirida seria totalmente destruído.

Mas porque a ciência está no intelecto que é "o lugar das espécies", como se diz no livro III da *Alma*, é preciso que o *habitus* da ciência aqui adquirido esteja em parte nas potências sensíveis, acima enumeradas, e em parte no próprio intelecto. Podemos constatá-lo nos próprios atos pelos quais se adquire o *habitus* de ciência; pois "os *habitus* são da mesma ordem que os atos pelos quais são adquiridos", diz o livro II da *Ética*. Ora, esses atos do intelecto pelos quais, na presente vida, se adquire a ciência, se realizam voltando-se o intelecto às representações imaginárias que estão nessas potências sensíveis. Em razão deles, o intelecto possível adquire aptidão para considerar por meio das espécies recebidas, e, por seu lado, essas potências inferiores sensíveis adquirem certa flexibilidade, que permite ao intelecto voltando-se, com maior facilidade, a elas considerar os inteligíveis. Mas, como o ato do intelecto está, principal e formalmente, no mesmo intelecto, e material e dispositivamente nas potências inferiores, deve-se dizer outro tanto do *habitus*.

Por conseguinte, a parte da ciência presente que se encontra nas potências inferiores não continuará na alma separada, mas o que está no próprio intelecto permanecerá necessariamente. Com efeito, como está dito no livro da longevidade e brevidade da vida, uma forma é destruída de duas maneiras: ou diretamente, quando é destruída por seu contrário, como o quente pelo frio; ou então indiretamente, quando é destruído seu sujeito. Ora, é claro que a ciência que está no intelecto humano não pode desaparecer por corrupção do sujeito, pois, como já o mostramos, o intelecto é incorruptível. Igualmente, as espécies inteligíveis

---

2. *Epist*. 53, al. 103: ML 22, 549.
3. Cfr. AVICENN., *de Anima*, part. V, c. 6.
4. C. 4: 429, a, 27-29.
5. C. 1: 1103, b, 6-22.
6. C. 2: 465, a, 19-26.
7. Q. 79, a. 2, ad 2; cfr. q. 75, a. 6.

corrumpi possunt species intelligibiles quae sunt in intellectu possibili: quia intentioni intelligibili nihil est contrarium; et praecipue quantum ad simplicem intelligentiam, qua intelligitur *quod quid est*. Sed quantum ad operationem qua intellectus componit et dividit, vel etiam ratiocinatur, sic invenitur contrarietas in intellectu, secundum quod falsum in propositione vel in argumentatione est contrarium vero. Et hoc modo interdum scientia corrumpitur per contrarium, dum scilicet aliquis per falsam argumentationem abducitur a scientia veritatis. Et ideo Philosophus, in libro praedicto[8], ponit duos modos quibus scientia per se corrumpitur: scilicet *oblivionem*, ex parte memorativae, et *deceptionem*, ex parte argumentationis falsae. Sed hoc non habet locum, in anima separata. Unde dicendum est quod habitus scientiae, secundum quod est in intellectu manet in anima separata.

AD PRIMUM ergo dicendum quod Apostolus non loquitur ibi de scientia quantum ad habitum, sed quantum ad cognitionis actum. Unde ad huius probationem inducit. *Nunc cognosco ex parte*.

AD SECUNDUM dicendum quod, sicut secundum staturam corporis aliquis minus bonus erit maior aliquo magis bono; ita nihil prohibet aliquem minus bonum habere aliquem scientiae habitum in futuro, quem non habet aliquis magis bonus. Sed tamen hoc quasi nullius momenti est in comparatione ad alias praerogativas quas meliores habebunt.

AD TERTIUM dicendum quod utraque scientia non est unius rationis. Unde nullum inconveniens sequitur.

AD QUARTUM dicendum quod ratio illa procedit de corruptione scientiae quantum ad id quod habet ex parte sensitivarum virium.

que estão no intelecto possível não podem ser destruídas por seu contrário, porque nada existe contrário à intenção inteligível, sobretudo no que se refere à simples apreensão, pela qual conhecemos a *quididade*. Todavia, quando se trata de uma operação pela qual o intelecto compõe e divide, ou mesmo raciocina, pode-se encontrar nele contrariedade, na medida em que o falso no julgamento ou no raciocínio é o contrário do verdadeiro. Dessa maneira, acontece por vezes que a ciência seja destruída por seu contrário, quando se está desviado por um falso raciocínio da ciência da verdade. Razão por que o Filósofo, no livro já citado, apresenta duas maneiras segundo as quais a ciência é corrompida diretamente, a saber, *o esquecimento*, para a memória, e *o engano*, no caso de um raciocínio falso. Isso, porém, não ocorre na alma separada. Deve-se, portanto, dizer que o *habitus* de ciência, na medida em que está no intelecto, permanece na alma separada.

QUANTO AO 1º, portanto, deve-se dizer que aqui o Apóstolo não fala da ciência como *habitus*, mas como ato de conhecimento. Por isso, para provar a afirmação, prossegue: "Agora eu conheço em parte..."

QUANTO AO 2º, deve-se dizer que da mesma forma que um homem menos bom poderá ser de estatura maior que um homem mais virtuoso, assim nada impede que o menos bom tenha na vida futura um *habitus* da ciência que o mais virtuoso não terá. Mas isso quase não tem importância, em comparação com as outras prerrogativas que os mais virtuosos terão.

QUANTO AO 3º, deve-se dizer que as duas ciências não são da mesma ordem. Por isso, não se segue nenhum inconveniente.

QUANTO AO 4º, deve-se dizer que essa objeção, referente à destruição da ciência, procede quanto ao que ela tem por parte das faculdades sensíveis.

ARTICULUS 6
Utrum actus scientiae hic acquisitae maneat in anima separata

AD SEXTUM SIC PROCEDITUR. Videtur quod actus scientiae hic acquisitae non maneat in anima separata.

ARTIGO 6
O ato de ciência aqui adquirida permanece na alma separada?

QUANTO AO SEXTO, ASSIM SE PROCEDE: parece que o ato da ciência aqui adquirida **não** procede na alma separada.

---

8. Loc. cit.

PARALL.: III *Sent.*, dist. 31, q. 2, a. 4; IV, dist. 50, q. 1, a. 2.

1. Dicit enim Philosophus, in I *de Anima*[1], quod corrupto corpore, anima *neque reminiscitur neque amat*. Sed considerare ea quae prius aliquis novit, est reminisci. Ergo anima separata non potest habere actum scientiae quam hic acquisivit.

2. PRAETEREA, species intelligibiles non erunt potentiores in anima separata quam sint in anima corpori unita. Sed per species intelligibiles non possumus modo intelligere, nisi convertendo nos super phantasmata, sicut supra[2] habitum est. Ergo nec anima separata hoc poterit. Et ita nullo modo per species intelligibiles hic acquisitas anima separata intelligere poterit.

3. PRAETEREA, Philosophus dicit, in II *Ethic.*[3], quod *habitus similes actus reddunt actibus per quos acquiruntur*. Sed habitus scientiae hic acquiritur per actus intellectus convertentis se supra phantasmata. Ergo non potest alios actus reddere. Sed tales actus non competunt animae separatae. Ergo anima separata non habebit aliquem actum scientiae hic acquisitae.

SED CONTRA est quod Lc 16,25 dicitur ad divitem in inferno positum: *Recordare quia recepisti bona in vita tua.*

RESPONDEO dicendum quod in actu est duo considerare: scilicet speciem actus, et modum ispius. Et species quidem actus consideratur ex obiecto in quod actus cognoscitivae virtutis dirigitur per speciem, quae est obiecti similitudo: sed modus actus pensatur ex virtute agentis. Sicut quod aliquis videat lapidem, contingit ex specie lapidis quae est in oculo: sed quod acute videat, contingit ex virtute visiva oculi. — Cum igitur species intelligibiles maneant in anima separata, sicut dictum est[4]; status autem animae separatae non sit idem sicut modo est: sequitur quod secundum species intelligibiles hic acquisitas, anima separata intelligere possit quae prius intellexit; non tamen eodem modo, scilicet per conversionem ad phantasmata, sed per modum convenientem animae separatae. Et ita manet quidem in anima separata actus scientiae hic acquisitae, sed non secundum eundem modum.

1. Com efeito, diz o Filósofo no livro I da *Alma* que quando o corpo é destruído, a alma "nem se lembra nem ama". Ora, considerar conhecimentos anteriores é lembrar-se. Logo, a alma não pode fazer uso da ciência que aqui adquiriu.

2. ALÉM DISSO, as espécies inteligíveis não serão mais eficazes na alma separada do que quando o foram na alma unida ao corpo. Ora, pelas espécies inteligíveis não podemos atualmente compreender sem que nos voltemos para as representações imaginárias, como acima se tratou. Logo, a alma separada tampouco o poderá. Assim, não poderá conhecer, de modo algum, por meio das espécies inteligíveis aqui adquiridas.

3. ADEMAIS, segundo o Filósofo no livro III da *Ética*, "os *habitus* reproduzem atos semelhantes àqueles pelos quais são adquiridos". Ora, o *habitus* da ciência se adquire aqui por um ato do intelecto que se volta para as representações imaginárias. Logo, não pode reproduzir outros atos. Esses atos, porém, não competem à alma separada. Portanto, a alma não poderá exercer ato algum de uma ciência aqui adquirida.

EM SENTIDO CONTRÁRIO, no Evangelho de Lucas foi dito ao mau rico que está no inferno: "Lembra-te de que recebeste bens durante tua vida".

RESPONDO. Em um ato devem ser consideradas duas coisas: sua espécie e seu modo. A espécie do ato é determinada pelo objeto para o qual o ato da potência cognoscitiva é dirigido por meio da espécie, que é uma semelhança do objeto. Mas o modo do ato é determinado pela potência do agente. Por exemplo: se alguém vê uma pedra, isso depende da espécie da pedra que está no olho, mas se alguém vê de modo mais penetrante isso depende da potência visual do olho. — Visto que as espécies inteligíveis permanecem na alma separada, como acabamos de dizer, mas que o estado dessa alma não é o mesmo que o estado atual, a consequência é que a alma separada pode conhecer, por meio das espécies inteligíveis aqui adquiridas as coisas que anteriormente conheceu; não, entretanto, da mesma maneira, isto é, voltando-se para as representações imaginárias, mas de uma forma que convém a uma alma separada. Assim, o ato de ciência aqui adquirida permanece na alma separada, mas não da mesma maneira[f].

---

1. C. 4: 408, b, 18-31.
2. Q. 84, a. 7.
3. C. 1: 1103, b, 6-22.
4. A. praec.

f. Que os conhecimentos adquiridos aqui permaneçam na alma separada, o artigo 5 o afirmou e provou. Porém, Sto. Tomás acrescenta que o uso desses conhecimentos se efetua "segundo um novo modo" (qual?), e não por recurso às imagens.

AD PRIMUM ergo dicendum quod Philosophus loquitur de reminiscentia, secundum quod memoria pertinet ad partem sensitivam: non autem secundum quod memoria est quodammodo in intellectu, ut dictum est[5].

AD SECUNDUM dicendum quod diversus modus intelligendi non provenit ex diversa virtute specierum, sed ex diverso statu animae intelligentis.

AD TERTIUM dicendum quod actus per quos acquiritur habitus, sunt similes actibus quos habitus causant, quantum ad speciem actus: non autem quantum ad modum agendi. Nam operari iusta sed non iuste, idest delectabiliter, causat habitum iustitiae politicae, per quem delectabiliter operamur.

ARTICULUS 7
Utrum distantia localis impediat cognitionem animae separatae

AD SEPTIMUM SIC PROCEDITUR. Videtur quod distantia localis impediat cognitionem animae separatae.
1. Dicit enim Augustinus, in libro de Cura pro Mortuis agenda[1], quod *animae mortuorum ibi sunt, ubi ea quae hic fiunt scire non possunt.* Sciunt autem ea quae apud eos aguntur. Ergo distantia localis impedit cognitionem animae separatae.
2. PRAETEREA, Augustinus dicit, in libro de Divinatione Daemonum[2], quod *daemones, propter celeritatem motus, aliqua nobis ignota denuntiat.* Sed agilitas motus ad hoc nihil faceret, si distantia localis cognitionem daemonis non impediret. Multo igitur magis distantia localis impedit cognitionem animae separatae, quae est inferior secundum naturam quam daemon.

3. PRAETEREA, sicut distat aliquis secundum locum, ita secundum tempus. Sed distantia temporis impedit cognitionem animae separatae: non enim cognoscunt futura. Ergo videtur quod etiam distantia secundum locum animae separatae cognitionem impediat.
SED CONTRA est quod dicitur Lc 16,23, quod dives, *cum esset in tormentis, elevans oculos suos,*

QUANTO AO 1º, portanto, deve-se dizer que o Filósofo se refere a lembranças enquanto a memória pertence à parte sensível, mas não enquanto ela se encontra, de certa forma, no intelecto, como já foi dito.

QUANTO AO 2º, deve-se dizer que a diversidade do modo de conhecer não provém de uma potência diferente das espécies, mas do estado diferente da alma que conhece.

QUANTO AO 3º, deve-se dizer que os atos pelos quais se adquire o *habitus* são semelhantes aos que os *habitus* produzem quanto à espécie do ato, mas não quanto ao modo de agir. Com efeito, fazer obra justas, mas não de maneira justa, isto é, agradavelmente, causa o *habitus* de justiça política, pelo qual agimos com prazer.

ARTIGO 7
A distância local impede o conhecimento da alma separada?

QUANTO AO SÉTIMO, ASSIM SE PROCEDE: parece que a distância local **impede** o conhecimento da alma separada.
1. Com efeito, diz Agostinho: "As almas dos mortos estão em um lugar onde não podem saber o que ocorre aqui no mundo". Ora, conhecem as coisas que entre elas acontecem. Logo, a distância local impede o conhecimento da alma separada.
2. ALÉM DISSO, Agostinho diz no livro do Conhecimento dos demônios que "os demônios, por causa da rapidez de seus movimentos, revelam algumas coisas que nos são desconhecidas". Ora, a agilidade de movimento em nada contribuiria para isso se a distância local não impedisse o conhecimento dos demônios. Logo, com mais razão a distância local impede que a alma separada conheça, pois é inferior ao demônio segundo a natureza.

3. ADEMAIS, está-se distante no lugar como se está no tempo. Ora, a distância no tempo impede que a alma separada conheça; por exemplo, ela ignora os acontecimentos futuros. Logo, parece que a distância local impede também que a alma separada conheça.
EM SENTIDO CONTRÁRIO, está escrito no Evangelho de Lucas que o rico, "quando estava nos suplí-

---
5. Q. 79, a. 6.

7 PARALL.: IV *Sent.*, dist. 50, q. 1, a. 4.

1. C. 13: ML 40, 605.
2. C. 3: ML 40, 584.

vidit Abraham a longe. Ergo distantia localis non impedit animae separatae cognitionem.

RESPONDEO dicendum quod quidam posuerunt quod anima separata cognosceret singularia abstrahendo a sensibilibus. Quod si esset verum, posset dici quod distantia localis impediret animae separatae cognitionem: requireretur enim quod vel sensibilia agerent in animam separatam, vel anima separata in sensibilia; et quantum ad utrumque, requireretur distantia determinata. — Sed praedicta positio est impossibilis: quia abstractio specierum a sensibilibus fit mediantibus sensibus et aliis potentiis sensitivis, quae in anima separata actu non manent. Intelligit autem anima separata singularia per influxum specierum ex divino lumine, quod quidem lumen aequaliter se habet ad propinquum et distans. Unde distantia localis nullo modo impedit animae separatae cognitionem.

AD PRIMUM ergo dicendum quod Augustinus non dicit quod propter hoc quod ibi sunt animae mortuorum, ea quae hic sunt videre non possunt, ut localis distantia huius ignorantiae causa esse credatur: sed hoc potest propter aliquid aliud contingere, ut infra[3] dicetur.

AD SECUNDUM dicendum quod Augustinus ibi loquitur secundum opinionem illam qua aliqui posuerunt quod daemones habent corpora naturaliter sibi unita: secundum quam positionem, etiam potentias sensitivas habere possunt, ad quarum cognitionem requiritur determinata distantia. Et hanc opinionem etiam in eodem libro[4] Augustinus expresse tangit: licet eam magis recitando quam asserendo tangere videatur, ut patet per ea quae dicit XXI libro *de Civ. Dei*[5].

AD TERTIUM dicendum quod futura, quae distant secundum tempus, non sunt entia in actu. Unde in seipsis non sunt cognoscibilia: quia sicut deficit aliquid ab entitate, ita deficit a cognoscibilitate. Sed ea quae sunt distantia secundum locum, sunt entia in actu, et secundum se cognoscibilia. Unde non est eadem ratio de distantia locali, et de distantia temporis.

cios, levantando os olhos, viu de longe Abraão". A distância local não impede, pois, que a alma separada conheça.

RESPONDO. Alguns afirmaram que a alma separada conhecia as coisas singulares por abstração dos sensíveis. Se isso fosse verdade, poder-se-ia dizer que a distância local é um obstáculo para o conhecimento da alma separada. Seria preciso que ou as coisas sensíveis agissem sobre a alma separada, ou então a alma separada sobre as coisas sensíveis. Em um e outro caso, seria exigida uma distância determinada. — Mas tal suposição é impossível. De fato, as espécies são abstraídas das coisas sensíveis por meio dos sentidos e das outras potências sensíveis, que não permanecem em ato na alma separada. Ora, essa última conhece o singular por meio das espécies que provêm de um influxo da luz divina, luz que se refere por igual com o que está perto e com o que está longe. Portanto, a distância local não impede, de modo algum, que a alma separada conheça.

QUANTO AO 1º, portanto, deve-se dizer que Agostinho não diz que seja em razão da situação das almas dos mortos em tal lugar que elas não podem ver o que aqui ocorre, de sorte que a distância local pudesse parecer a causa de sua ignorância. Isso pode acontecer por outro motivo, como se dirá mais adiante.

QUANTO AO 2º, deve-se dizer que Agostinho se exprime aqui de acordo com a opinião daqueles que admitem que os demônios são por natureza unidos a corpos. Nesse caso, podem ter também potências sensíveis, que exigem, para conhecer, uma distância determinada. Agostinho volta expressamente sobre essa opinião na mesma obra, embora pareça mais citá-la do que assumi-la, como se pode ver no que diz no livro XXI da *Cidade de Deus*.

QUANTO AO 3º, deve-se dizer que os acontecimentos futuros, que distam no tempo, não são entes em ato. Por isso, não são inteligíveis em si mesmos, porque carecendo de entidade, carecem igualmente de inteligibilidade. As coisas que distam localmente são entes em ato, e portanto inteligíveis em si mesmos. Daí que a distância local e a distância no tempo não são da mesma ordem.

---

3. A. sq.
4. C. 3 sqq.: ML 40, 584 sqq.
5. C. 10: ML 41, 724-725.

Articulus 8
Utrum animae separatae cognoscant ea quae hic aguntur

AD OCTAVUM SIC PROCEDITUR. Videtur quod animae separatae cognoscant ea quae hic aguntur.

1. Nisi enim ea cognoscerent, de eis curam non haberent. Sed habent curam de his quae hic aguntur; secundum illud Lc 16,28: *Habeo quinque fratres, ut* testificetur *illis, ne et ipsi veniant in hunc locum tormentorum*. Ergo animae separatae cognoscunt ea quae hic aguntur.

2. PRAETEREA, frequenter mortui vivis apparent, vel dormientibus vel vigilantibus, et eos admonent de iis quae hic aguntur; sicut Samuel apparuit Sauli, ut habetur 1Reg 28,11sqq. Sed hoc non esset si ea quae hic sunt non cognoscerent. Ergo ea quae hic aguntur cognoscunt.

3. PRAETEREA, animae separatae cognoscunt ea quae apud eas aguntur. Si ergo quae apud nos aguntur non cognoscerent, impediretur earum cognitio per localem distantiam. Quod supra[1] negatum est.

SED CONTRA est quod dicitur Iob 14,21: *Si et fuerint filii eius nobiles, sive ignobiles, non intelliget*.

RESPONDEO dicendum quod, secundum naturalem cognitionem, de qua nunc hic agitur, animae mortuorum nesciunt quae hic aguntur. Et huius ratio ex dictis[2] accipi potest. Quia anima separata cognoscit singularia per hoc quod quodammodo determinata est ad illa, vel per vestigium alicuius praecedentis cognitionis seu affectionis, vel per ordinationem divinam. Animae autem mortuorum, secundum ordinationem divinam, et secundum modum essendi, segregatae sunt a conversatione viventium, et coniunctae conversationi spiritualium substantiarum quae sunt a corpore separatae. Unde ea quae apud nos aguntur ignorant. — Et hanc rationem assignat Gregorius in XII *Moralium*[3], dicens: *Mortui vita in carne viventium post eos, qualiter disponatur, nesciunt: quia vita spiritus longe est a vita carnis; et sicut corporea*

Artigo 8
As almas separadas conhecem o que se faz aqui no mundo?

QUANTO AO OITAVO, ASSIM SE PROCEDE: parece que as almas separadas **conhecem** o que se faz aqui no mundo.

1. Com efeito, se as almas separadas não conhecessem o que aqui acontece, não se ocupariam com isso. Ora, elas se ocupam, segundo consta no Evangelho de Lucas: "Tenho cinco irmãos, que se lhes transmitam essas coisas, a fim de que não venham também eles a cair neste lugar de suplícios". Logo, as almas separadas conhecem o que aqui acontece.

2. ALÉM DISSO, acontece frequentemente que os mortos aparecem aos vivos, quer no sono quer no estado de vigília, e os advertem a respeito do que aqui acontece. Assim Samuel apareceu a Saul. Ora, isso seria impossível se não conhecessem o que aqui acontece. Logo, conhecem o que aqui acontece.

3. ADEMAIS, as almas separadas conhecem o que acontece entre elas. Se, portanto, não conhecessem o que acontece entre nós, é que a distância local as impediria no conhecimento; ora, isso foi anteriormente negado.

EM SENTIDO CONTRÁRIO, está dito no livro de Jó: "Que seus filhos estejam na honra ou no rebaixamento, ele não tomará conhecimento de nada".

RESPONDO. Por conhecimento natural, do qual agora se trata, as almas dos mortos não sabem o que aqui acontece. E a razão disso pode ser encontrada no que foi dito: a alma separada conhece os singulares ou porque está, de certo modo, determinada em relação a eles, ou por causa de um vestígio deixado por um conhecimento ou uma afeição anterior, ou então por uma disposição divina. Ora, as almas dos mortos, segundo o plano divino, e segundo sua maneira de existir, são separadas da sociedade dos vivos e incorporadas à sociedade das substâncias espirituais que estão separadas do corpo. Por isso ignoram o que acontece entre nós. — Gregório dá uma explicação: "Os mortos não sabem como está organizada a vida daqueles que, depois deles, vivem na carne: a vida do espírito é bem diferente da vida da carne. Assim como

---

8 PARALL.: II-II, q. 83, a. 4, ad 2; IV *Sent.*, dist. 45, q. 3, a. 1, ad 1, 2; dist. 50, q. 1, a. 4, ad 1; *De Verit.*, q. 8, a. 2, ad 12; q. 9, a. 6, ad 5; Q. *de Anima*, a. 20, ad 3.

1. A. praec.
2. A. 4.
3. C. 21, al. 14; in vet. 13: ML 75, 999 B.

atque incorporea diversa sunt genere, ita sunt distincta cognitione. Et hoc etiam Augustinus videtur tangere in libro *de Cura pro Mortuis agenda*[4], dicens quod *animae mortuorum rebus viventium non intersunt*.

Sed quantum ad animas beatorum, videtur esse differentia inter Gregorium et Augustinum. Nam Gregorius ibidem subdit: *Quod tamen de animabus sanctis sentiendum non est: quia quae intus omnipotentis Dei claritatem vident, nullo modo credendum est quod sit foris aliquid quod ignorent*. — Augustinus vero, in libro *de Cura pro Mortuis agenda*[5], expresse dicit quod *nesciunt mortui, etiam sancti, quid agant vivi et eorum filii*, ut habetur in glossa[6], super illud, *Abraham nescivit nos*, Is 63,16. Quod quidem confirmat per hoc quod a matre sua non visitabatur, nec in tristitiis consolabatur, sicut quando vivebat; nec est probabile ut sit facta vita feliciore crudelior. Et per hoc quod Dominus promisit Iosiae regi quod prius moreretur, ne videret mala quae erant populo superventura, ut habetur IVReg 22,20. — Sed Augustinus hoc dubitando dicit: unde praemittit, *ut volet, accipiat quisque quod dicam*. Gregorius autem assertive: quod patet per hoc quod dicit, *nullo modo credendum est*.

Magis tamen videtur, secundum sententiam Gregorii, quod animae sanctorum Deum videntes, omnia praesentia quae hic aguntur cognoscant. Sunt enim angelis aequales: de quibus etiam Augustinus asserit[7] quod ea quae apud vivos aguntur non ignorant. Sed quia sanctorum animae sunt perfectissime iustitiae divinae coniunctae, nec tristantur, nec rebus viventium se ingerunt, nisi secundum quod iustitiae divinae dispositio exigit.

AD PRIMUM ergo dicendum quod animae mortuorum possunt habere curam de rebus viventium, etiam si ignorent eorum statum; sicut nos curam habemus de mortuis, eis suffragia impendendo, quamvis eorum statum ignoremus. — Possunt etiam facta viventium non per seipsos cognos-

as coisas corpóreas e as incorpóreas diferem em gênero, também se distinguem pelo conhecimento". E Agostinho parece exprimir a mesma ideia quando escreve: "As almas dos mortos não estão presentes aos acontecimentos dos vivos".

Se, porém, se fala das almas dos bem-aventurados, parece que Gregório e Agostinho sustentam opiniões diferentes. Gregório acrescenta: "Não se deve no entanto pensar a mesma coisa a respeito das almas dos santos. Para aquelas, com efeito, que veem por dentro a claridade do Deus todo-poderoso, não se deve absolutamente acreditar que reste fora alguma coisa que ignorem". — Agostinho, no entanto, diz expressamente: "Os mortos, mesmo santos, não sabem o que fazem os vivos e seus filhos". Essa passagem se encontra na glosa sobre esse texto de Isaías: "Abraão não nos conhece". E Agostinho confirma sua opinião pelo fato de sua mãe não o visitar, nem o consolar em suas tristezas, como fazia quando estava viva. Não é provável que uma vida mais feliz a tenha tornado mais insensível. E ainda pelo fato de que o Senhor tenha prometido ao rei Josias que morreria antes de ver as desgraças que deviam sobrevir a seu povo, como consta no 4º livro dos Reis. — Agostinho, no entanto, afirma isso duvidando, pois previne: "Que cada um tome o que eu digo como quiser". Enquanto Gregório afirma claramente, como se vê na expressão "não se deve absolutamente acreditar..."

Parece mais provável que, segundo o pensamento de Gregório, as almas dos santos que veem Deus conhecem tudo o que aqui acontece. São de fato iguais aos anjos, dos quais Agostinho assevera que não ignoram o que acontece entre os vivos. Contudo, as almas dos santos, porque estão em união perfeitíssima com a justiça divina, não se entristecem, nem se intrometem nos negócios dos vivos, salvo em casos exigidos por uma disposição dessa justiça[g].

QUANTO AO 1º, portanto, deve-se dizer que as almas dos mortos podem ocupar-se com as coisas dos vivos, mesmo se ignoram o estado deles, como nós nos ocupamos com os mortos, oferecendo por eles sufrágios, embora seu estado nos seja desconhecido. — Elas podem também conhecer

---

4. Cc. 13, 16: ML 40, 604, 607.
5. C. 13: ML 40, 604.
6. Interlin.
7. Loc. cit. c. 15: ML 40, 605-606.

g. Neste artigo 8, Sto. Tomás se livra do rigor com o qual queria se ater unicamente às exigências e convenções da natureza: "Se se fala de conhecimento natural, as almas dos mortos não sabem o que se passa aqui embaixo". O mesmo não vale para as almas dos bem-aventurados, mas se trata então de conhecimento sobrenatural.

cere, sed vel per animas eorum qui hinc ad eos accedunt; vel per angelos seu daemones; vel etiam *Spiritu Dei revelante*, sicut Augustinus in eodem libro dicit.

AD SECUNDUM dicendum quod hoc quod mortui viventibus apparent qualitercumque, vel contingit per specialem Dei dispensationem, ut animae mortuorum rebus viventium intersint: et est inter divina miracula computandum. Vel huiusmodi apparitiones fiunt per operationes angelorum bonorum vel malorum, etiam ignorantibus mortuis: sicut etiam vivi ignorantes aliis viventibus apparent in somnis, ut Augustinus dicit in libro praedicto[8]. — Unde et de Samuele dici potest quod ipse apparuit per revelationem divinam; secundum hoc quod dicitur Eccli 46,23, quod *dormivit, et notum fecit regi finem vitae suae*. Vel illa apparitio fuit procurata per daemones: si tamen *Ecclesiastici* auctoritas non recipiatur, propter hoc quod inter canonicas scripturas apud Hebraeos non habetur.

AD TERTIUM dicendum quod ignorantia huiusmodi non contingit ex locali distantia, sed propter causam praedictam.

as ações dos vivos, não por si mesmas, mas ou pelas almas daqueles que daqui partem para junto delas, ou pelos anjos, ou pelos demônios, ou ainda "por uma revelação do Espírito de Deus", como é afirmado por Agostinho na mesma obra.

QUANTO AO 2º, deve-se dizer: que os mortos apareçam aos vivos dessa ou daquela maneira, isso pode acontecer por uma disposição especial de Deus, que quer que as almas dos mortos intervenham nos negócios dos vivos. E isso deve ser contado entre os milagres divinos. Ou então, essas aparições acontecem pela ação dos anjos bons ou maus, mesmo sem o conhecimento dos mortos; da mesma forma que vivos aparecem sem o saber a outros vivos no sono, como sustenta Agostinho na obra já citada. — Portanto, pode-se dizer a respeito de Samuel que ele apareceu por uma revelação divina, segundo essa passagem do livro do Eclesiástico: "Samuel adormeceu e fez conhecer ao rei o fim da sua vida". Ou que essa aparição tenha sido obtida pelos demônios, caso não se admitisse a autoridade do livro do Eclesiástico, porque não se encontra entre as escrituras canônicas do povo hebreu.

QUANTO AO 3º, deve-se dizer que essa ignorância não provém da distância local, mas da causa acima indicada.

---

8. C. 10: ML 40, 600-601.

AS ORIGENS DO HOMEM

QUAESTIO XC
DE PRIMA HOMINIS PRODUCTIONE QUANTUM AD ANIMAM
in quatuor articulos divisa

Post praemissa considerandum est de prima hominis productione. Et circa hoc consideranda sunt quatuor: primo considerandum est de productione ipsius hominis; secundo, de fine productionis; tertio, de statu et conditione hominis primo producti; quarto, de loco eius.

Circa productionem autem consideranda sunt tria: primo, de productione hominis quantum ad animam; secundo, quantum ad corpus viri; tertio, quantum ad productionem mulieris.

Circa primum quaeruntur quatuor.
Primo: utrum anima humana sit aliquid factum, vel sit de substantia ipsius Dei.
Secundo: supposito quod sit facta, utrum sit creata.
Tertio: utrum sit facta mediantibus angelis.
Quarto: utrum sit facta ante corpus.

Articulus 1
Utrum anima sit facta, vel sit de substantia Dei

AD PRIMUM SIC PROCEDITUR. Videtur quod anima non sit facta, sed sit de substantia Dei.

1. Dicit enim Gn 2,7: *Formavit Deus hominem de limo terrae, et inspiravit in faciem eius spiraculum vitae, et factus est homo in animam viventem.* Sed ille qui spirat, aliquid a se emittit. Ergo anima qua homo vivit, est aliquid de substantia Dei.

2. PRAETEREA, sicut supra[1] habitum est, anima est forma simplex. Sed forma est actus. Ergo anima est actus purus: quod est solius Dei. Ergo anima est de substantia Dei.

3. PRAETEREA, quaecumque sunt, et nullo modo differunt, sunt idem. Sed Deus et mens sunt, et nullo modo differunt: quia oporteret quod aliquibus differentiis differrent, et sic essent composita. Ergo Deus et mens humana idem sunt.

SED CONTRA est quod Augustinus, in libro *de Origine Animae*[2], enumerat quaedam quae dicit

QUESTÃO 90
A PRIMEIRA PRODUÇÃO DA ALMA DO HOMEM
em quatro artigos

Depois do estudo da natureza humana, será considerada a primeira produção do homem. Sobre isso, quatro coisas devem ser consideradas: a produção do próprio homem; o fim da produção; o estado e a condição do homem nessa primeira produção; o lugar em que o homem foi posto.

A respeito da produção, três coisas devem ser consideradas: a produção da alma; a produção do corpo do homem; a produção da mulher.

A respeito da primeira são quatro as perguntas:
1. A alma humana é algo feito ou é da própria substância de Deus?
2. Admitido que seja feita, é criada?
3. Foi feita com a mediação dos anjos?
4. Foi feita antes do corpo?

Artigo 1
A alma humana é feita ou é da substância de Deus?

QUANTO AO PRIMEIRO ARTIGO, ASSIM SE PROCEDE: parece que a alma **não** é feita, mas é da substância de Deus.

1. Com efeito, diz o livro do Gênesis: "Deus formou o homem do lodo da terra e soprou sobre seu rosto o sopro da vida, e o homem foi feito como alma viva". Ora, o que sopra emite algo de si mesmo. Logo, a alma pela qual o homem vive é algo da substância de Deus.

2. ALÉM DISSO, como foi estabelecido acima, a alma é uma forma simples. Ora, a forma é ato puro, o que é próprio só de Deus. Logo, a alma é da substância de Deus.

3. ADEMAIS, todas as coisas que existem e que não diferem de modo algum são idênticas. Ora, Deus e a mente existem e não diferem de nenhuma maneira, porque seria preciso que fossem diferentes em alguns pontos, e assim fossem compostos. Logo, Deus e a mente humana são idênticos.

EM SENTIDO CONTRÁRIO, Agostinho enumera alguns pontos que, segundo ele, "são profunda e

---

1 PARALL.: II *Sent.*, dist. 17, q. 1, a. 1; *Cont. Gent.* II, 85; *Compend. Theol.*, c. 94.
  1. Q. 75, a. 5.
  2. L. III, c. 15: ML 44, 522.

esse *multum aperteque perversa, et fidei catholicae adversa*; inter quae primum est, quod quidam dixerunt *Deum animam non de nihilo, sed de seipso fecisse*.

RESPONDEO dicendum quod dicere animam esse de substantia Dei, manifestam improbabilitatem continet. Ut enim ex dictis[3] patet, anima humana est quandoque intelligens in potentia, et scientiam quodammodo a rebus acquirit, et habet diversas potentias: quae omnia aliena sunt a Dei natura, qui est actus purus, et nihil ab alio accipiens, et nullam in se diversitatem habens, ut supra[4] probatum est.

Sed hic error principium habuisse videtur ex duabus positionibus antiquorum. Primi enim qui naturas rerum considerare incoeperunt, imaginationem transcendere non valentes, nihil praeter corpora esse posuerunt. Et ideo Deum dicebant esse quoddam corpus, quod aliorum corporum iudicabant esse principium. Et quia animam ponebant esse de natura illius corporis quod dicebant esse principium, ut dicitur in I *de Anima*[5], per consequens sequebatur quod anima esset de natura Dei. Iuxta quam positionem etiam Manichaei, Deum esse quandam lucem corpoream existimantes, quandam partem illius lucis animam esse posuerunt corpori alligatam. — Secundo vero processum fuit ad hoc, quod aliqui aliquid incorporeum esse apprehenderunt, non tamen a corpore separatum, sed corporis formam. Unde et Varro dixit quod *Deus est anima mundum motu et ratione gubernans*; ut Augustinus narrat, VII *de Civ. Dei*[6]. Sic igitur illius totalis animae partem aliqui posuerunt animam hominis, sicut homo est pars totius mundi; non valentes intellectu pertingere ad distinguendos spiritualium substantiarum gradus, nisi secundum distinctiones corporum. — Haec autem omnia sunt impossibilia, ut supra[7] probatum est. Unde manifeste falsum est animam esse de substantia Dei.

AD PRIMUM ergo dicendum quod inspirare non est accipiendum corporaliter: sed idem est Deum inspirare, quod *spiritum facere*. Quamvis et homo corporaliter spirans non emittat aliquid de sua substantia, sed de natura extranea.

AD SECUNDUM dicendum quod anima, etsi sit forma simplex secundum suam essentiam, non

abertamente perversos e opostos à fé católica"; ora, o primeiro desses pontos é a afirmação de alguns: "Deus não fez a alma do nada, mas de si mesmo".

RESPONDO. Dizer que a alma é da substância de Deus carece de toda probabilidade. Resulta claro do que foi dito que a alma humana, às vezes, está em potência para conhecer, que adquire sua ciência de alguma maneira a partir das coisas, e que possui diversas potências. Ora, todas essas realidades são estranhas à natureza de Deus, que é ato puro, não recebe nada dos outros e não tem, em si, diversidade alguma. Tudo isso já foi demonstrado.

Esse erro parece ter origem em duas opiniões dos antigos. Os primeiros que começaram a estudar as naturezas das coisas, não podendo ir além da imaginação, afirmaram que nada existe fora dos corpos. Por isso, diziam que Deus é um corpo, que julgavam ser o princípio dos outros. Como sustentavam que a alma era da natureza desse corpo, que diziam ser o princípio, como se diz no livro I da *Alma*, resultava que a alma era da substância de Deus. Foi também a partir dessa concepção que os maniqueus, julgando ser Deus uma luz corpórea, admitiram que a alma fosse uma parte dela ligada ao corpo. — Posteriormente, alguns chegaram a perceber que existia algo incorpóreo, no entanto não separado do corpo, e que era forma do corpo. Nesse sentido, Varrão, por exemplo, disse que Deus é "a alma que governa o mundo por seu movimento e sua razão", como relata Agostinho. E assim alguns sustentaram que a alma humana era parte da alma total, como o homem é parte do universo. Não chegavam a distinguir, por sua inteligência, os graus das substâncias espirituais, a não ser de acordo com as distinções dos corpos. — Todavia, como acima estabelecido, todas essas coisas são impossíveis; por isso é um erro manifesto pensar que a alma é da substância de Deus.

QUANTO AO 1º, portanto, deve-se dizer que inspirar não deve ser entendido corporalmente. Para Deus, inspirar é a mesma coisa que produzir um "espírito". Ainda que o homem ao inspirar corporalmente não emita algo de sua substância, mas de outra natureza.

QUANTO AO 2º, deve-se dizer que a alma, embora seja uma forma simples segundo sua essência,

---

3. Q. 77, a. 2; q. 79, a. 2; q. 84, a. 6.
4. Q. 3, a. 1, 7; q. 9, a. 1.
5. C. 2: 405, b, 10-30.
6. L. IV, c. 31: ML 41, 138; cfr. l. VII, c. 6: ML 41, 199.
7. Q. 3, a. 1, 8; q. 50, a. 2, ad 4; q. 75, a. 1.

tamen est suum esse, sed est ens per participationem; ut ex supra[8] dictis patet. Et ideo non est actus purus, sicut Deus.

AD TERTIUM dicendum quod *differens*, proprie acceptum, aliquo differt: unde ibi quaeritur differentia, ubi est convenientia. Et propter hoc oportet differentia esse composita quodammodo: cum in aliquo differant, et in aliquo conveniant. Sed secundum hoc, licet omne differens sit diversum, non tamen omne *diversum* est differens; ut dicitur in X *Metaphys*.[9] Nam simplicia diversa sunt seipsis: non autem differunt aliquibus differentiis, ex quibus componantur. Sicut homo et asinus differunt rationali et irrationali differentia, de quibus non est dicere quod ulterius aliis differentiis differant.

não é, entretanto, seu próprio existir, mas é um ente por participação; isso resulta do que foi dito. Por isso, ela não é ato puro, como Deus.

QUANTO AO 3º, deve-se dizer que o que é *diferente*, no sentido próprio da palavra, é diferente por alguma coisa. Por isso, só se procura diferença onde há coincidência. E é a razão pela qual as coisas diferentes são, de certo modo, compostas, pois diferem em alguma coisa e em outras coincidem. Nesse sentido, pode-se dizer com o livro X da *Metafísica*, que se todo diferente é diverso, todo *diverso* não é, contudo, diferente, pois os seres simples são diversos por si mesmos, e não diferem entre si por diferenças que entrariam em sua composição. Assim, o homem e o asno são diferentes em virtude das diferenças, racional e irracional, mas em razão dessas diferenças não se pode dizer que sejam diferentes por outras diferenças.

ARTICULUS 2
Utrum anima sit producta in esse per creationem

AD SECUNDUM SIC PROCEDITUR. Videtur quod anima non sit producta in esse per creationem.

1. Quod enim in se habet aliquid materiale, fit ex materia. Sed anima habet in se aliquid materiale: cum non sit actus purus. Ergo anima est facta ex materia. Non ergo est creata.

2. PRAETEREA, omnis actus materiae alicuius videtur educi de potentia materiae: cum enim materia sit in potentia ad actum, actus quilibet praeexistit in materia in potentia. Sed anima est actus materiae corporalis, ut ex eius definitione apparet. Ergo anima educitur de potentia materiae.

3. PRAETEREA, anima est forma quaedam. Si igitur anima fit per creationem, pari ratione omnes aliae formae. Et sic nulla forma exibit in esse per generationem. Quod est inconveniens.

SED CONTRA est quod dicitur Gn 1,27: *Creavit Deus hominem ad imaginem suam*. Est autem homo ad imaginem Dei secundum animam. Ergo anima exivit in esse per creationem.

ARTIGO 2
A alma tem o existir produzido por criação?

QUANTO AO SEGUNDO, ASSIM SE PROCEDE: parece que a alma **não** tem o existir produzido por criação.

1. Com efeito, o que possui em si mesmo algo material é feito da matéria. Ora, a alma tem em si algo material, pois não é ato puro. Logo, a alma é feita da matéria, e não é criada.

2. ALÉM DISSO, todo ato de qualquer matéria parece ser tirado da potência da matéria. Com efeito, dado que a matéria está em potência para o ato, todo ato preexiste em potência na matéria. Ora, a alma é o ato da matéria corporal, como se vê em sua definição. Logo, ela é tirada da potência da matéria.

3. ADEMAIS, a alma é uma forma. Por conseguinte, se a alma é feita por criação, deve acontecer o mesmo com todas as outras formas, e assim nenhuma forma passará a existir por via de geração, o que é inadmissível.

EM SENTIDO CONTRÁRIO, está dito no livro do Gênesis: "Deus criou o homem à sua imagem". Ora, é por sua alma que o homem é à imagem de Deus. Logo, foi pela criação que a alma passou a existir.

---

8. Q. 75, a. 5, ad 4.
9. C. 3: 1054, b, 23-32.

2 PARALL.: Infra, q. 118, a. 2; II *Sent*., dist. 1, q. 1, a. 4; *Cont. Gent*. II, 87; *De Verit*.; q. 27, a. 3, ad 9; *De Pot*., q. 3, a. 9; *De Spirit. Creat*., a. 2, ad 8; *Quodlib*. IX, q. 5, a. 1; *Compend. Theol*., c. 93; Opusc. XXVIII, *de Fato*, c. 5; XXXVII, *de Quatuor Oppos*., c. 4.

RESPONDEO dicendum quod anima rationalis non potest fieri nisi per creationem: quod non est verum de aliis formis. Cuius ratio est quia, cum fieri sit via ad esse, hoc modo alicui competit fieri, sicut ei competit esse. Illud autem proprie dicitur esse, quod ipsum habet esse, quasi in suo esse subsistens: unde solae substantiae proprie et vere dicuntur entia. Accidens vero non habet esse, sed eo aliquid est, et hac ratione ens dicitur; sicut albedo dicitur ens, quia ea aliquid est album. Et propter hoc dicitur in VII *Metaphys.*[1], quod accidens dicitur *magis entis quam ens*. Et eadem ratio est de omnibus aliis formis non subsistentibus. Et ideo nulli formae non subsistenti proprie competit fieri, sed dicuntur fieri per hoc quod composita subsistentia fiunt. — Anima autem rationalis est forma subsistens, ut supra[2] habitum est. Unde sibi proprie competit esse et fieri. Et quia non potest fieri ex materia praeiacente, neque corporali, quia sic esset naturae corporeae; neque spirituali, quia sic substantiae spirituales in invicem transmutarentur: necesse est dicere quod non fiat nisi per creationem.

AD PRIMUM ergo dicendum quod in anima est sicut materiale ipsa simplex essentia, formale autem in ipsa est esse participatum: quod quidem ex necessitate simul est cum essentia animae, quia esse per se consequitur ad formam. — Et eadem ratio esset, si poneretur composita ex quadam materia spirituali, ut quidam dicunt[3]. Quia illa materia non est in potentia ad aliam formam, sicut nec materia caelestis corporis: alioquin anima esset corruptibilis. Unde nullo modo anima potest fieri ex materia praeiacente.

AD SECUNDUM dicendum quod actum extrahi de potentia materiae, nihil aliud est quam aliquid fieri actu, quod prius erat in potentia. Sed quia anima rationalis non habet esse suum dependens a materia corporali, sed habet esse subsistens, et excedit capacitatem materiae corporalis, ut supra[4]

RESPONDO. A alma racional só pode ser produzida pela criação, o que não é verdade para as outras formas. A razão disso está em que o fazer-se é o caminho para o existir e, assim, a cada coisa lhe convirá ser feita segundo lhe cabe existir. Ora, não se diz, propriamente, de uma coisa que ela existe, a não ser quando ela mesma possui o existir, enquanto subsiste em seu próprio ser. Por isso, só as substâncias podem, rigorosamente, ser chamadas entes. O acidente, entretanto, não possui ele o existir, mas por ele alguma coisa existe, e a esse título é chamada ente. Assim a brancura é chamada ente, porque por ela alguma coisa é branca. Por isso, diz o livro VII da *Metafísica* que o "acidente mais do que ente, é dito do ente". A mesma consideração se aplica a todas as formas não-subsistentes. É por isso que ser feito não se atribui, propriamente, a nenhuma forma não-subsistente; se dizemos que são feitas, isso se dá porque são feitos os compostos subsistentes. — A alma racional é, pelo contrário, uma forma subsistente, como declarado acima. Daí que lhe caiba propriamente existir e ser feita. E como não pode ser feita a partir de uma matéria preexistente não corporal, pois então seria de natureza corpórea; ou espiritual, pois nesse caso as substâncias espirituais poderiam mudar-se umas nas outras, é necessário dizer que a alma humana é feita somente por criação.

QUANTO AO 1º, portanto, deve-se dizer que na alma, a essência, que é simples, é tida como elemento material e o elemento formal é o existir que é participado. Ora, esse último necessariamente acompanha a essência da alma, pois o existir por si mesmo segue a forma. — Aliás, o raciocínio seria o mesmo se afirmasse, como fazem alguns, que a alma é composta de uma matéria espiritual. Tal matéria não está em potência para uma outra forma, como tampouco está a matéria do corpo celeste; do contrário, a alma seria corruptível. Assim, a alma não pode, de maneira alguma, ser feita de uma matéria preexistente.

QUANTO AO 2º, deve-se dizer que ato ser tirado da potência da matéria, nada mais é do que tornar-se ato o que estava antes em potência. Dado, porém, que a alma racional não tem seu existir dependente da matéria corporal, mas tem um ser subsistente e transcendendo a capacidade

---

1. C. 1: 1028, a, 15-20.
2. Q. 75, a. 2.
3. Cfr. S. BONAVENTURAM, II *Sent.*, dist. 17, a. 1, q. 2.
4. Q. 75, a. 2.

dictum est; propterea non educitur de potentia materiae.

AD TERTIUM dicendum quod non est simile de anima rationali, et de aliis formis, ut dictum est[5].

ARTICULUS 3
Utrum anima rationalis sit producta a Deo immediate

AD TERTIUM SIC PROCEDITUR. Videtur quod anima rationalis non sit producta a Deo immediate, sed mediantibus angelis.
1. Maior enim ordo est in spiritualibus quam in corporalibus. Sed corpora inferiora producuntur per corpora superiora, ut Dionysius dicit, 4 cap. *de Div. Nom.*[1]. Ergo et inferiores spiritus, qui sunt animae rationales, producuntur per spiritus superiores, qui sunt angeli.
2. PRAETEREA, finis rerum respondet principio: Deus enim est principium et finis rerum. Ergo et exitus rerum a principio respondet reductioni rerum in finem. Sed *infima reducuntur per prima*, ut Dionysius dicit[2]. Ergo et infima procedunt in esse per prima, scilicet animae per angelos.

3. PRAETEREA, *perfectum est quod potest sibi simile facere*, ut dicitur in IV *Meteor*.[3]. Sed spirituales substantiae sunt multo magis perfectae quam corporales. Cum ergo corpora faciant sibi similia secundum speciem, multo magis angeli poterunt facere aliquid infra se secundum speciem naturae, scilicet animam rationalem.

SED CONTRA est quod dicitur Gn 2,7, quod Deus ipse *inspiravit in faciem hominis spiraculum vitae*.

RESPONDEO dicendum quod quidam[4] posuerunt quod angeli, secundum quod operantur in virtute Dei, causant animas rationales. Sed hoc est omnino impossibile, et a fide alienum. Ostensum est enim[5] quod anima rationalis non potest produci da matéria corporal, como foi dito anteriormente, não é ela tirada da potência da matéria.

QUANTO AO 3º, deve-se dizer que a condição da alma racional não é semelhante à condição das outras formas como já foi dito.

ARTIGO 3
A alma racional foi produzida imediatamente por Deus?

QUANTO AO TERCEIRO, ASSIM SE PROCEDE: parece que a alma racional **não** foi produzida imediatamente por Deus, mas mediante anjos.
1. Com efeito, existe mais ordem nas realidades espirituais do que nas corporais. Ora, os corpos inferiores são produzidos pelos corpos superiores, como ensina Dionísio. Logo, também os espíritos inferiores, as almas racionais, são produzidos por espíritos superiores, os anjos.
2. ALÉM DISSO, o fim das coisas corresponde a seu princípio. Com efeito, Deus é ao mesmo tempo princípio e fim das coisas. Por conseguinte, o modo como as coisas saem de seu princípio corresponde à maneira como são conduzidas a seu fim. Ora, como afirma Dionísio, "os últimos são conduzidos pelos primeiros". Logo, os últimos passam também a existir pelos primeiros, isto é, as almas pelos anjos.
3. ADEMAIS, "É perfeito aquilo que pode fazer algo semelhante a si", diz o livro IV da *Metafísica*. Ora, as substâncias espirituais são bem mais perfeitas que as corporais. Logo, dado que os corpos fazem o que lhes são semelhantes segundo a espécie, com mais razão os anjos poderão fazer algo que lhes seja inferior segundo a natureza específica, a saber, a alma racional.

EM SENTIDO CONTRÁRIO, está dito no livro do Gênesis: Deus "insuflou nas narinas do homem um sopro de vida".

RESPONDO. Alguns sustentaram que os anjos são causas das almas racionais, agindo pelo poder de Deus, o que é totalmente impossível e incompatível com a fé. Foi demonstrado que a alma racional só pode ser produzida por criação. Ora, só Deus

---

5. In corp.

PARALL.: II *Sent.*, dist. 18, q. 2, a. 2; *Quodlib.* III, q. 3, a. 1; Opusc. XV, *de Angelis*, c. 10; *De Causis*, lect. 3, 5.

1. MG 3, 700 A.
2. *Eccles. Hier.*, c. 5: MG 3, 504 C.
3. C. 3: 380, a, 11-15. — Cfr. *de Anima*, l. II, c. 4: 415, a, 26 — b, 7.
4. Seleuciani (cfr. AUGUST., *de Haeresibus*, n. 59: ML 42, 41); AVICENNA, *Metaph.*, tract. IX, c. 4.
5. Art. praec.

nisi per creationem. Solus autem Deus potest creare. Quia solius primi agentis est agere, nullo praesupposito: cum semper agens secundum praesupponat aliquid a primo agente, ut supra⁶ habitum est. Quod autem agit aliquid ex aliquo praesupposito, agit transmutando. Et ideo nullum aliud agens agit nisi transmutando; sed solus Deus agit creando. Et quia anima rationalis non potest produci per transmutationem alicuius materiae, ideo non potest produci nisi a Deo immediate.

Et per hoc patet SOLUTIO AD OBIECTA. Nam quod corpora causant vel sibi similia vel inferiora, et quod superiora reducunt inferiora, totum hoc provenit per quandam transmutationem.

pode criar, porque agir sem pressupostos é próprio e exclusivo do agente primeiro. O agente segundo pressupõe sempre alguma coisa proveniente do agente primeiro, como já tratamos. Fazer algo a partir de algo pressuposto é agir transformando, e por isso nenhum outro agente opera a não ser transformando; somente Deus age criando. Como a alma racional não pode ser produzida por transformação de alguma matéria, não pode ser produzida imediatamente senão por Deus.

As respostas ÀS OBJEÇÕES estão dadas pela exposição da questão. De fato, se os corpos causam seres que lhes são semelhantes ou inferiores, se os seres superiores conduzem os inferiores a seus fins, tudo isso ocorre por alguma transmutação.

ARTICULUS 4
Utrum anima humana
fuerit producta ante corpus

AD QUARTUM SIC PROCEDITUR. Videtur quod anima humana fuerit producta ante corpus.

1. Opus enim creationis praecessit opus distinctionis et ornatus, ut supra habitum est. Sed anima producta est in esse per creationem; corpus autem factum est in fine ornatus. Ergo anima hominis producta est ante corpus.

2. PRAETEREA, anima rationalis magis convenit cum angelis quam cum animalibus brutis. Sed angeli creati fuerunt ante corpora, vel statim a principio cum corporali materia; corpus autem hominis formatum est sexto die, quando et bruta animalia sunt producta. Ergo anima hominis fuit creata ante corpus.

3. PRAETEREA, finis proportionatur principio. Sed anima in fine remanet post corpus. Ergo et in principio fuit creata ante corpus.

SED CONTRA est quod actus proprius fit in potentia propria. Cum ergo anima sit proprius actus corporis, anima producta est in corpore.

RESPONDEO dicendum quod Origenes posuit¹ non solum animam primi hominis, sed animas omnium hominum ante corpora simul cum angelis creatas; propter hoc quod credidit omnes spirituales subs-

ARTIGO 4
A alma humana foi produzida
antes do corpo?

QUANTO AO QUARTO, ASSIM SE PROCEDE: parece que a alma humana **foi** produzida antes do corpo.

1. Com efeito, como foi comentado acima, a obra da criação precedeu a obra da distinção e a obra da ornamentação. Ora, a alma foi produzida no existir por criação. O corpo, porém, foi feito no final da obra de ornamentação. Logo, a alma do homem foi produzida antes do corpo.

2. ALÉM DISSO, a alma racional está mais próxima dos anjos do que dos animais privados de razão. Ora, os anjos foram criados antes dos corpos ou desde a origem, ao mesmo tempo que a matéria corporal, enquanto o corpo do homem foi formado no sexto dia, quando foram produzidos os animais privados de razão. Logo, a alma do homem foi criada antes do corpo.

3. ADEMAIS, o fim é proporcional ao começo. Ora, no final a alma permanece depois do corpo. Logo, também no começo foi ela criada antes do corpo.

EM SENTIDO CONTRÁRIO, o ato próprio é feito na potência própria. Portanto, já que a alma é o ato próprio do corpo, é no corpo que a alma é produzida.

RESPONDO. No dizer de Orígenes, não apenas a alma do primeiro homem, mas as almas de todos os homens foram criadas antes dos corpos, ao mesmo tempo que os anjos, e acreditava, por isso,

---

6. Q. 65, a. 3.

4 PARALL.: Infra, q. 91, a. 4, ad 3, 5; q. 118, a. 3; II *Sent.*, dist. 17, q. 2, a. 2; *Cont. Gent.* II, 83, 84; *De Pot.*, q. 3, a. 10.

1. *Peri Archon*, l. I, c. 6 sqq.; l. II, a. 9: MG 11, 165 sqq., 225 sqq.

tantias, tam animas quam angelos, aequales esse secundum suae naturae conditionem, sed solum merito distare; sic ut quaedam earum corporibus alligarentur, quae sunt animae hominum vel caelestium corporum; quaedam vero in sui puritate, secundum diversos ordines, remanerent. De qua opinione supra[2] iam diximus: et ideo relinquatur ad praesens.

Augustinus vero, in VII *super Gen. ad litt.*[3], dicit quod anima primi hominis ante corpus cum angelis est creata, propter aliam rationem. Quia scilicet ponit quod corpus hominis in illis operibus sex dierum non fuit productum in actu, sed solum secundum causales rationes: quod non potest de anima dici; quia nec ex aliqua materia corporali aut spirituali praeexistente facta fuit, nec ex aliqua virtute creata produci potuit. Et ideo videtur quod ipsamet anima in operibus sex dierum, in quibus omnia facta fuerunt, simul cum angelis fuerit creata; et quod postmodum propria voluntate inclinata fuit ad corpus administrandum. — Sed hoc non dicit asserendo, ut eius verba demonstrant[4]. Dicit enim: *Credatur, si nulla Scripturarum auctoritas seu veritatis ratio contradicit, hominem ita factum sexto die, ut corporis quidem humani ratio causalis in elementis mundi, anima vero iam ipsa crearetur.*

Posset autem hoc utique tolerari secundum eos qui ponunt quod anima habet per se speciem et naturam completam, et quod non unitur corpori ut forma, sed solum ad ipsum administrandum[5]. Si autem anima unitur corpori ut forma, et est naturaliter pars humanae naturae, hoc omnino esse non potest. Manifestum est enim quod Deus primas res instituit in perfecto statu suae naturae, secundum quod uniuscuiusque rei species exigebat. Anima autem, cum sit pars humanae naturae, non habet naturalem perfectionem nisi secundum quod est corpori unita. Unde non fuisset conveniens animam sine corpore creari. — Sustinendo ergo opinionem Augustini de operibus sex dierum[6], dici poterit quod anima humana praecessit in operibus sex dierum secundum quandam similitudinem generis, prout convenit cum angelis in intellectuali natura; ipsa vero fuit creata simul

que todas as substâncias espirituais, tanto as almas como os anjos, eram iguais segundo a condição de sua natureza e somente pelos merecimentos se diferenciavam. Assim, algumas estão ligadas a corpos, as almas dos homens e dos corpos celestes, enquanto outras ficam em sua pureza, distribuídas em diversas ordens. Falamos já dessa opinião, por isso a deixamos de lado no momento.

Agostinho, pelo contrário, afirma que a alma do primeiro homem foi criada antes de seu corpo, com os anjos, mas por outra razão. Ele admite que o corpo do homem não foi produzido em ato, entre as obras dos seis dias, mas apenas segundo razões causais. Ora, não se pode dizer o mesmo a propósito da alma, porque não foi ela feita a partir de uma matéria corporal ou espiritual preexistente, e não podia tampouco ser produzida por alguma potência criada. Daí resulta, ao que parece, que a alma foi produzida ao mesmo tempo que os anjos, entre as obras dos seis dias, nos quais foram feitas todas as coisas. Depois, ela se orientou, por vontade própria, ao governo do corpo. — Agostinho diz isso mas não afirmativamente, como revelam suas palavras: "Pode-se crer, se nenhum texto da Escritura ou nenhuma razão verdadeira contradisser, que o homem foi feito no sexto dia, de tal maneira que a razão causal do corpo humano foi criada entre os elementos do mundo, enquanto a alma o foi em si mesma".

De fato, isso poderia ser tolerado na opinião dos que admitem que a alma tem, por si mesma, uma natureza específica completa e não está unida ao corpo como forma, mas somente para governá-lo. Mas, se a alma está unida ao corpo como forma, e se é naturalmente uma parte da natureza, isso não é absolutamente possível. É manifesto que Deus instituiu as primeiras coisas no estado perfeito de sua natureza, conforme exigia a espécie de cada coisa. Ora, sendo a alma uma parte da natureza humana, só possui sua perfeição natural em sua união com o corpo, por isso não seria conveniente que fosse criada sem ele. — Se queremos, porém, sustentar a opinião de Agostinho sobre as obras dos seis dias, podemos dizer que, se a alma humana preexistiu nas obras desses seis dias, foi segundo uma semelhança genérica, na medida em que partilha com os anjos a natureza intelectual;

---

2. Q. 47, a. 2.
3. Cc. 24-28: ML 34, 368-372.
4. Loc. cit. c. 24: ML 34, 368.
5. Platon., I *Alcibiad.*, c. 25: 129 E — 130.
6. Cfr. q. 74, a. 2.

cum corpore. — Secundum alios vero Sanctos[7], tam anima quam corpus primi hominis in operibus sex dierum sunt producta.

Ad primum ergo dicendum quod, si natura animae haberet integram speciem, ita quod secundum se crearetur, ratio illa procederet, ut per se in principio crearetur. Sed quia naturaliter est forma corporis, non fuit seorsum creanda, sed debuit creari in corpore.

Et similiter est dicendum ad secundum. Nam anima si per se speciem haberet, magis conveniret cum angelis. Sed inquantum est forma corporis, pertinet ad genus animalium, ut formale principium.

Ad tertium dicendum quod animam remanere post corpus, accidit per defectum corporis, qui est mors. Qui quidem defectus in principio creationis animae, esse non debuit.

contudo ela mesma foi criada ao mesmo tempo que o corpo. — Segundo outros Santos Padres, pelo contrário, foi entre as obras dos seis dias que tanto a alma como o corpo do primeiro homem foram produzidos.

Quanto ao 1º, portanto, deve-se dizer que se a natureza da alma constituísse uma espécie completa, a ponto de ser criada segundo sua natureza, o argumento provaria de fato que teria sido criada à parte desde o começo. Mas como é, por natureza, a forma do corpo, não haveria por que ser criada separadamente; devia ser criada no corpo.

Quanto ao 2º, deve-se dizer que deve-se responder de igual maneira. Com efeito, se a alma possuísse sua natureza específica, por si mesma, teria mais semelhança com os anjos; mas, enquanto é forma de um corpo, pertence ao gênero animal, na qualidade de princípio formal.

Quanto ao 3º, deve-se dizer que o fato de a alma permanecer depois do corpo acontece em razão da deficiência corporal que é a morte. Semelhante deficiência não podia existir no começo da criação da alma.

---

7. Cfr. ibid.

QUAESTIO XCI
DE PRODUCTIONE CORPORIS PRIMI HOMINIS
in quatuor articulos divisa

Deinde considerandum est de productione corporis primi hominis.
Et circa hoc quaeruntur quatuor.
Primo: de materia ex qua productum est.
Secundo: de auctore a quo productum est.
Tertio: de dispositione quae ei per productionem est attributa.
Quarto: de modo et ordine productionis ipsius.

Articulus 1
Utrum corpus primi hominis sit factum de limo terrae

Ad primum sic proceditur. Videtur quod corpus primi hominis non sit factum de limo terrae.

QUESTÃO 91
A PRODUÇÃO DO CORPO DO PRIMEIRO HOMEM
em quatro artigos

Seguem as considerações a respeito da criação do corpo do primeiro homem.
Sobre isso, são quatro as questões:
1. Sobre a matéria da qual foi produzido.
2. O autor pelo qual foi produzido.
3. Da disposição que lhe foi atribuída pela produção.
4. O modo e a ordem da própria produção.

Artigo 1
O corpo do primeiro homem foi feito do barro da terra?

Quanto ao primeiro artigo, assim se procede: parece que o corpo do primeiro homem **não** foi feito do barro da terra.

1. Maioris enim virtutis est facere aliquid ex nihilo, quam ex aliquo: quia plus distat ab actu non ens, quam ens in potentia. Sed cum homo sit dignissima creaturarum inferiorum, decuit ut virtus Dei maxime ostenderetur in productione corporis eius. Ergo non debuit fieri ex limo terrae, sed ex nihilo.

2. Praeterea, corpora caelestia sunt nobiliora terrenis. Sed corpus humanum habet maximam nobilitatem: cum perficiatur a nobilissima forma, quae est anima rationalis. Ergo non debuit fieri de corpore terrestri, sed magis de corpore caelesti.

3. Praeterea, ignis et aer sunt nobiliora corpora quam terra et aqua: quod ex eorum subtilitate apparet. Cum igitur corpus humanum sit dignissimum, magis debuit fieri ex igne et ex aere quam ex limo terrae.

4. Praeterea, corpus humanum est compositum ex quatuor elementis. Non ergo est factum ex limo terrae, sed ex omnibus elementis.

Sed contra est quod dicitur Gn 2,7: *Formavit Deus hominem de limo terrae*.

Respondeo dicendum quod, cum Deus perfectus sit, operibus suis perfectionem dedit secundum eorum modum; secundum illud Dt 32,4: *Dei perfecta sunt opera*. Ipse autem simpliciter perfectus est, ex hoc quod *omnia in se praehabet*, non per modum compositionis, sed *simpliciter et unite*, ut Dionysius dicit[1], eo modo quo diversi effectus praeexistunt in causa, secundum unam eius essentiam. — Ista autem perfectio ad angelos quidem derivatur, secundum quod omnia sunt in eorum cognitione quae sunt a Deo in natura producta, per formas diversas. — Ad hominem vero derivatur inferiori modo huiusmodi perfectio. Non enim in sua cognitione naturali habet omnium naturalium notitiam; sed est ex rebus omnibus quodammodo compositus, dum de genere spiritualium substantiarum habet in se animam rationalem, de similitudine vero caelestium corporum habet elongationem a contrariis per maximam aequalitatem complexionis, elementa vero secundum substantiam. Ita tamen quod superiora elementa praedominantur in eo secundum virtutem, scilicet ignis et aer: quia vita praecipue consistit in calido, quod est ignis, et humido, quod est aeris. Inferiora vero elementa abundant in eo secundum

1. Com efeito, é necessário maior poder para produzir alguma coisa do nada do que a partir de algo, pois o não-ente está mais distante do ato do que o ente em potência. Ora, como o homem é a mais digna das criaturas inferiores, convinha que o poder de Deus se manifestasse no mais alto grau na criação de seu corpo. Logo, deveria ele ser criado não a partir do barro da terra, mas do nada.

2. Além disso, os corpos celestes são mais nobres do que os terrestres. Ora, o corpo humano goza da mais alta nobreza, pois recebe sua perfeição da forma mais nobre, a alma racional. Logo, não deveria ser formado a partir de um corpo terrestre, mas antes de um corpo celeste.

3. Ademais, o fogo e o ar são corpos mais nobres do que a terra e a água, o que se constata por sua sutileza. Por conseguinte, dado que o corpo humano é o mais digno, deveria ter sido feito de fogo e de ar, e não do barro da terra.

4. Ademais, o corpo humano é composto dos quatro elementos. Não foi, portanto, feito do barro da terra, mas de todos os elementos.

Em sentido contrário, está dito no livro do Gênesis: "Deus formou o homem com o barro da terra".

Respondo. Sendo Deus perfeito, deu a suas obras a perfeição segundo o modo de cada uma. É o que afirma o livro do Deuteronômio: "As obras de Deus são perfeitas". Ele é absolutamente perfeito pelo fato de possuir em si todas as coisas como em sua fonte, e isso não por modo de composição, mas na simplicidade e unidade, como proclama Dionísio, à maneira como os diversos efeitos preexistem na causa, segundo sua única essência. — Tal perfeição se comunica aos anjos na medida em que todas as coisas produzidas por Deus na natureza estão no conhecimento dos anjos, graças a formas diversas. — Ao homem essa perfeição se comunica de maneira inferior. Com efeito, ele não possui em seu conhecimento natural a ideia de todas as coisas da natureza, mas é de certo modo composto de todas elas. Assim, do gênero das substâncias espirituais, tem a alma racional; da semelhança dos corpos celestes, o distanciamento dos contrários por sua compleição muitíssimo equilibrada, e os elementos estão nele segundo sua própria substância. Nele, entretanto, predominam, por seu poder, os elementos superiores: o fogo e o ar, pois a vida consiste principalmente no quente, que é próprio do fogo,

---

1. *De Div. Nom.*, c. 5: MG 3, 825 AB.

substantiam: aliter enim non posset esse mixtionis aequalitas, nisi inferiora elementa, quae sunt minoris virtutis, secundum quantitatem in homine abundarent. Et ideo dicitur corpus hominis de limo terrae formatum: quia limus dicitur terra aquae permixta. — Et propter hoc homo dicitur *minor mundus*, quia omnes creaturae mundi quodammodo inveniuntur in eo.

AD PRIMUM ergo dicendum quod virtus Dei creantis manifestata est in corpore hominis, dum eius materia est per creationem producta. Oportuit autem ut ex materia quatuor elementorum fieret corpus humanum, ut homo haberet convenientiam cum inferioribus corporibus, quasi medium quoddam existens inter spirituales et corporales substantias.

AD SECUNDUM dicendum quod, quamvis corpus caeleste sit simpliciter nobilius terrestri corpore, tamen quantum ad actus animae rationalis, est minus conveniens. Nam anima rationalis accipit notitiam veritatis quodammodo per sensus; quorum organa formari non possunt ex corpore caelesti, cum sit impassibile. — Nec est verum quod quidam dicunt aliquid de quinta essentia materialiter ad compositionem humani corporis advenire, ponentes animam uniri corpori mediante quadam luce. Primo enim, falsum est quod dicunt, lucem esse corpus. Secundo vero, impossibile est aliquid de quinta essentia vel a corpore caelesti dividi, vel elementis permisceri, propter caelestis corporis impassibilitatem. Unde non venit in compositionem mixtorum corporum, nisi secundum suae virtutis effectum.

AD TERTIUM dicendum quod, si ignis et aer, quae sunt maioris virtutis in agendo, etiam secundum quantitatem in compositione humani corporis abundarent, omnino ad se traherent alia, et non posset fieri aequalitas commixtionis, quae est necessaria in compositione hominis ad bonitatem sensus tactus, qui est fundamentum sensuum aliorum. Oportet enim organum cuiuslibet sensus non habere in actu contraria quorum sensus est

e no úmido, que é próprio do ar. Pelo contrário, os elementos inferiores nele abundam segundo sua substância. O equilíbrio da composição não poderia realizar-se se os elementos inferiores, que têm menor poder, não fossem abundantes pela quantidade. Por essa razão se afirma que o corpo do homem foi formado do barro da terra, pois assim se chama a terra misturada de água. — Pela mesma razão também chama-se ao homem um *microcosmo*, pois todas as criaturas do mundo se encontram nele[a] de alguma maneira.

QUANTO AO 1º, portanto, deve-se dizer que o poder do Deus criador se manifesta no corpo do homem pelo fato de sua matéria ser produzida por criação. Foi preciso, porém, que se fizesse o corpo humano da matéria de quatro elementos para que o homem tivesse pontos comuns com os corpos inferiores, tornando-se certa mediação entre substâncias espirituais e corporais.

QUANTO AO 2º, deve-se dizer que o corpo celeste é, em si, mais nobre que o terrestre; no entanto, se consideramos os atos da alma racional, ele não o é. Com efeito, a alma racional recebe o conhecimento da verdade de algum modo pelos sentidos; ora, os órgãos desses últimos não podem ser formados de um corpo celeste, que é impassível. — Nem é verdade, como pretendem alguns, que algo da quintessência entre como parte material na composição do corpo humano, pois sustentam que a alma está unida ao corpo por meio de uma luz. Primeiro, é falso que a luz seja um corpo, como dizem. Em segundo lugar, é impossível que uma porção de quintessência se separe de um corpo celeste, ou se misture com os elementos, pois o corpo celeste é impassível. Dessa maneira, não entra na composição dos corpos mistos, a não ser segundo o efeito de seu poder.

QUANTO AO 3º, deve-se dizer que se o fogo e o ar, cujo poder é maior, abundassem em quantidade na composição do corpo humano, atrairiam todas as outras coisas para si, e isso impediria o equilíbrio da composição que é necessário na constituição do homem, para a perfeição do sentido do tato, que é o fundamento dos outros sentidos. É necessário que o órgão de qualquer sentido não possua em ato os contrários que o senti-

---

a. Essas especulações sobre os quatro elementos não apresentam interesse algum para nós. No entanto, Sto. Tomás encontra o meio de superá-las por meio de um pensamento geral. Tomando ao pé da letra o texto do Gênesis, ele o interpreta como uma aplicação ao homem, mas atenuada, da perfeição angélica. O homem não tem em sua alma, como os anjos, o conhecimento inato de todas as coisas, mas tem em seu corpo os elementos de tudo de que é feito o universo. A intuição de tal ligação com todo o universo, que a alma humana possui mediante seu corpo, inspirará a pensadores modernos, como Teilhard de Chardin, a ideia de que o universo é ou deve ser de certa maneira o "corpo" do homem.

perceptivus, sed in potentia tantum. Vel ita quod omnino careat toto genere contrariorum, sicut pupilla caret colore, ut sit in potentia ad omnes colores: quod in organo tactus non erat possibile, cum sit compositum ex elementis, quorum qualitates percipit tactus. Vel ita quod organum sit medium inter contraria, ut necesse est in tactu accidere: medium enim est quodammodo in potentia ad extrema.

AD QUARTUM dicendum quod in limo terrae est terra, et aqua conglutinans partes terrae. De aliis autem elementis Scriptura mentionem non fecit, tum quia minus abundant secundum quantitatem in corpore hominis, ut dictum est[2]; tum etiam quia in tota rerum productione, de igne et aere, quae sensu non percipiuntur a rudibus, mentionem non fecit Scriptura, quae rudi populo tradebatur.

do percebe, mas os tenha somente em potência. Ou, então, que o órgão careça de todo gênero de contrários, como a pupila carece da cor, de maneira a estar em potência para todas as cores. Mas isso não era possível no órgão do tato, pois é composto dos elementos cujas qualidades o tato percebe. Ou, então, porque é intermediário entre os contrários, como acontece necessariamente no caso do tato. O que é intermediário está de algum modo em potência para os extremos.

QUANTO AO 4º, deve-se dizer que no barro há a terra e a água que aglutina as partes de terra. Quanto aos outros elementos, a Escritura deles não faz menção, ou porque são menos abundantes quantitativamente no corpo do homem, como foi explicado; ou também, porque a Escritura, destinada a um povo pouco instruído, ao descrever o conjunto da criação das coisas, não fez menção do fogo e do ar, que não são percebidos pelos sentidos da gente pouco instruída[b].

ARTICULUS 2
Utrum corpus humanum sit immediate a Deo productum

AD SECUNDUM SIC PROCEDITUR. Videtur quod corpus humanum non sit immediate a Deo productum.
1. Dicit enim Augustinus, in III *de Trin.*[1], quod corporalia disponuntur a Deo per angelicam creaturam. Sed corpus humanum formatum fuit ex materia corporali, ut dictum est[2]. Ergo debuit produci mediantibus angelis, et non immediate a Deo.
2. PRAETEREA, quod fieri potest virtute creata, non est necessarium quod immediate producatur a Deo. Sed corpus humanum produci potest per virtutem creatam caelestis corporis: nam et quaedam animalia ex putrefactione generantur per virtutem activam corporis caelestis; et Albumasar* dicit[3] quod in locis in quibus nimis abundat calor aut frigus, homines non generantur, sed in locis tem-

ARTIGO 2
O corpo humano foi produzido imediatamente por Deus?

QUANTO AO SEGUNDO, ASSIM SE PROCEDE: parece que o corpo humano **não** foi produzido imediatamente por Deus.
1. Com efeito, afirma Agostinho que os elementos corporais são dispostos por Deus pela criatura angélica. Ora, o corpo humano foi formado de matéria corporal, como foi explicado. Logo, teve de ser criado com a mediação dos anjos, e não imediatamente por Deus.
2. ALÉM DISSO, se alguma coisa pode ser feita por uma potência criada, não é necessário que seja produzida imediatamente por Deus. Ora, o corpo humano pode ser produzido pela potência criada de um corpo celeste, pois alguns animais são gerados a partir da putrefação pela potência ativa do corpo celeste, e Albumasar diz que nos lugares onde há excesso de calor ou frio não há geração

---

2. In corp.

2 PARALL.: Infra, q. 92, a. 4.

1. C. 4: ML 42, 873.
2. Art. praec.

* Abu Ma'shar († 886).
3. In lib. introductorio ad artem Astronomiae.

b. Por literal que seja a leitura feita por Sto. Tomás do livro do Gênesis, ele admite que nem tudo foi dito, que esse texto se dirige a um "povo grosseiro", adaptando-se a seus conhecimentos. Sua reinterpretação faz-nos sorrir, mas autoriza nossas próprias tentativas.

peratis tantum. Ergo non oportuit quod immediate corpus humanum formaretur a Deo.

3. Praeterea, nihil fit ex materia corporali nisi per aliquam materiae transmutationem. Sed omnis transmutatio corporalis causatur ex motu caelestis corporis, qui est primus motuum. Cum igitur corpus humanum sit productum ex materia corporali, videtur quod ad eius formationem aliquid operatum fuerit corpus caeleste.

4. Praeterea, Augustinus dicit, *super Gen. ad litt.*[4], quod homo factus est secundum corpus, in operibus sex dierum, secundum causales rationes quas Deus inseruit creaturae corporali; postmodum vero fuit formatum in actu. Sed quod praeexistit in corporali creatura secundum causales rationes, per aliquam virtutem corpoream produci potest. Ergo corpus humanum productum est aliqua virtute creata, et non immediate a Deo.

Sed contra est quod dicitur Eccli 17,1: *Deus de terra creavit hominem.*

Respondeo dicendum quod prima formatio humani corporis non potuit esse per aliquam virtutem creatam, sed immediate a Deo. Posuerunt siquidem aliqui formas quae sunt in materia corporali, a quibusdam formis immaterialibus derivari. Sed hanc opinionem repellit Philosophus, in VII *Metaphys.*[5], per hoc quod formis non competit per se fieri, sed composito, ut supra[6] expositum est; et quia oportet agens esse simile facto, non convenit quod forma pura, quae est sine materia, producat formam quae est in materia, quae non fit nisi per hoc quod compositum fit. Et ideo oportet quod forma quae est in materia, sit causa formae quae est in materia, secundum quod compositum a composito generatur. Deus autem, quamvis omnino sit immaterialis, tamen solus est qui sua virtute materiam producere potest creando. Unde ipsius solius est formam producere in materia absque adminiculo praecedentis formae materialis. Et propter hoc, angeli non possunt transmutare corpora ad formam aliquam, nisi adhibitis seminibus quibusdam, ut Augustinus dicit in III *de Trin.*[7]. — Quia igitur corpus humanum nunquam formatum fuerat, cuius virtute per viam generationis aliud simile in specie formaretur, necesse

humana, mas somente nos lugares temperados. Logo, não era necessário que o corpo humano fosse formado imediatamente por Deus.

3. Ademais, nada se faz a partir de uma matéria corporal a não ser por alguma mudança da matéria. Ora, toda mudança corporal é causada pelo movimento do corpo celeste, o primeiro dos movimentos. Logo, dado que o corpo humano foi produzido a partir de uma matéria corporal, parece que o corpo celeste teve alguma parte nessa formação.

4. Ademais, Agostinho diz que o homem foi criado em seu corpo entre as obras dos seis dias, conforme as razões causais que Deus inseriu na criatura corporal, mas em seguida foi formado em ato. Ora, o que preexiste segundo razões causais na criatura corporal pode ser produzido por uma potência corpórea. Logo, o corpo humano foi produzido por uma potência criada e não imediatamente por Deus.

Em sentido contrário, está afirmado no livro de Sirácida: "Deus criou o homem da terra".

Respondo. Deve-se afirmar que a primeira formação do corpo humano não podia ser realizada por uma potência criada, mas devia sê-lo imediatamente por Deus. Na verdade, alguns sustentaram que as formas contidas na matéria corporal derivam de certas formas imateriais. O Filósofo, no livro VII da *Metafísica*, rejeita essa opinião porque não é às formas por si mesmas que cabe ser feitas, mas ao composto, como foi exposto acima; e, porque o agente deve ser semelhante ao que ele faz, não convém que uma forma pura, que existe sem matéria, produza uma forma que existe na matéria e que só é feita na medida em que o composto é feito. Por isso, é necessariamente uma forma existente na matéria que é causa da forma que existe na matéria, já que um composto é gerado por um composto. Em relação a Deus, embora ele seja absolutamente imaterial, contudo é o único que por seu poder pode produzir a matéria por via de criação. Portanto, somente a ele pertence produzir uma forma na matéria sem o socorro de uma forma material anterior, razão pela qual os anjos não podem mudar os corpos para lhes dar uma forma, a não ser, como sustenta Agostinho, empregando certas sementes. — Dado,

---

4. L. VII, c. 24: ML 34, 368.
5. C. 8: 1033, b, 8-10; c. 9: 1034, b, 7-16.
6. Q. 45, a. 8; q. 65, a. 4; q. 90, a. 2.
7. Cc. 8, 9: ML 42, 875-876, 877-878.

fuit quod primum corpus hominis immediate formaretur a Deo.

AD PRIMUM ergo dicendum quod, etsi angeli aliquod ministerium Deo exhibeant in his quae circa corpora operatur; aliqua tamen Deus in creatura corporea facit, quae nullo modo angeli facere possunt; sicut quod suscitat mortuos, et illuminat caecos. Secundum quam virtutem etiam corpus primi hominis de limo terrae formavit. — Potuit tamen fieri ut aliquod ministerium in formatione corporis primi hominis angeli exhiberent; sicut exhibebunt in ultima resurrectione, pulveres colligendo.

AD SECUNDUM dicendum quod animalia perfecta, quae generantur ex semine, non possunt generari per solam virtutem caelestis corporis, ut Avicenna fingit[8]; licet ad eorum generationem naturalem cooperetur virtus caelestis corporis, prout Philosophus dicit, in II *Physic.*[9], quod *homo generat hominem ex materia, et sol*. Et exinde est quod exigitur locus temperatus ad generationem hominum et aliorum animalium perfectorum. — Sufficit autem virtus caelestium corporum ad generandum quaedam animalia imperfectiora ex materia disposita: manifestum est enim quod plura requiruntur ad productionem rei perfectae, quam ad productionem rei imperfectae.

AD TERTIUM dicendum quod motus caeli est causa transmutationum naturalium: non tamen transmutationum quae fiunt praeter naturae ordinem, et sola virtute divina, sicut quod mortui resuscitantur, quod caeci illuminantur. Quibus est simile quod homo ex limo terrae formatur.

AD QUARTUM dicendum quod secundum rationes causales in creaturis dicitur aliquid praeexistere dupliciter. Uno modo, secundum potentiam activam et passivam: ut non solum ex materia praeexistenti fieri possit, sed etiam ut aliqua praeexistens creatura hoc facere possit. Alio modo, secundum potentiam passivam tantum: ut scilicet de materia praeexistenti fieri possit a Deo. Et hoc modo, secundum Augustinum, corpus hominis praeextitit in operibus productis secundum causales rationes.

portanto, que jamais fora formado o corpo humano por cujo poder outro corpo especificamente semelhante pudesse ser formado por via de geração, era necessário que o primeiro corpo do homem fosse formado imediatamente por Deus.

QUANTO AO 1º, portanto, deve-se dizer que ainda que os anjos prestem certos serviços a Deus nas ações que exercem sobre os corpos, ele, contudo, faz algumas coisas na criatura corpórea que os anjos não podem fazer de maneira alguma, como ressuscitar os mortos ou dar a vista aos cegos. Ora, é por este poder que ele formou do barro o corpo do primeiro homem. — Pôde acontecer, todavia, que os anjos tenham prestado certos serviços na formação do corpo do primeiro homem, como colaborarão na ressurreição final, reunindo as cinzas.

QUANTO AO 2º, deve-se dizer que os animais perfeitos, gerados por sêmen, não podem, como imagina Avicena, ser gerados unicamente pelo poder do corpo celeste, embora, como diz o Filósofo, no livro II da *Física*, esse poder coopere para sua geração natural: "O homem gera um homem a partir da matéria, e também o sol". Aí está o motivo pelo qual um lugar temperado é exigido para a geração humana e para a dos outros animais perfeitos. — Pelo contrário, a virtude dos corpos celeste é suficiente para gerar animais mais imperfeitos a partir de uma matéria bem disposta. É evidente que são necessárias mais condições para produzir uma coisa perfeita do que uma imperfeita.

QUANTO AO 3º, deve-se dizer que o movimento do céu é causa das mudanças naturais, mas não daquelas que ocorrem além da ordem da natureza e unicamente pelo poder divino, como quando os mortos ressuscitam ou os cegos recuperam a visão. A formação do homem do barro da terra se assemelha a essas últimas.

QUANTO AO 4º, deve-se dizer que há duas maneiras de uma coisa preexistir nas criaturas segundo as razões causais. Primeira: segundo a potência ativa e a passiva, de modo que não somente possa ser feita de uma matéria preexistente, mas também que uma criatura preexistente seja capaz de fazê-la. A outra maneira: segundo a potência passiva somente, de modo que ela possa ser feita por Deus de uma matéria preexistente. É dessa segunda maneira, segundo Agostinho, que o corpo do homem preexistiu nas obras produzidas segundo as razões causais.

---

8. Cfr. supra q. 71, ad 1. — De hoc cfr. etiam AVERROEM, VII *Metaph.*, comm. 31.
9. C. 2: 194, b, 9-15.

Articulus 3
Utrum corpus hominis habuerit convenientem dispositionem

AD TERTIUM SIC PROCEDITUR. Videtur quod corpus hominis non habuerit convenientem dispositionem.
1. Cum enim homo sit nobilissimum animalium, corpus hominis debuit esse dispositum optime ad ea quae sunt propria animalis, scilicet ad sensum et motum. Sed quaedam animalia inveniuntur acutioris sensus quam homo, et velocioris motus; sicut canes melius odorant, et aves velocius moventur. Ergo corpus hominis non est convenienter dispositum.

2. PRAETEREA, perfectum est cui nihil deest. Sed plura desunt humano corpori quam corporibus aliorum animalium, quae habent tegumenta et arma naturalia ad sui protectionem, quae homini desunt. Ergo corpus humanum est imperfectissime dispositum.

3. PRAETEREA, homo plus distat a plantis quam ab animalibus brutis. Sed plantae habent staturam rectam; animalia autem bruta pronam. Ergo homo non debuit habere staturam rectam.

SED CONTRA est quod dicitur Eccle 7,30: *Deus fecit hominem rectum.*

RESPONDEO dicendum quod omnes res naturales productae sunt ab arte divina: unde sunt quodammodo artificiata ipsius Dei. Quilibet autem artifex intendit suo operi dispositionem optimam inducere, non simpliciter, sed per comparationem ad finem. Et si talis dispositio habet secum adiunctam aliquem defectum, artifex non curat. Sicut artifex qui facit serram ad secandum, facit eam ex ferro, ut sit idonea ad secandum; nec curat eam facere ex vitro, quae est pulchrior materia, quia talis pulchritudo esset impedimentum finis. — Sic igitur Deus unicuique rei naturali dedit optimam dispositionem, non quidem simpliciter, sed secundum ordinem ad proprium finem. Et hoc est quod Philosophus dicit, in II *Physic*.[1]: *Et quia dignius est sic, non tamen simpliciter, sed ad uniuscuiusque substantiam.*

Finis autem proximus humani corporis est anima rationalis et operationes ipsius: materia enim est propter formam, et instrumenta propter

Artigo 3
O corpo humano teve uma disposição conveniente?

QUANTO AO TERCEIRO, ASSIM SE PROCEDE: parece que o corpo humano **não** teve uma disposição conveniente.
1. Com efeito, como o homem é o mais nobre dos animais, seu corpo devia ser otimamente bem disposto em relação aos elementos próprios do animal: os sentidos e o movimento. Ora, alguns animais são dotados de sentido mais agudo que o homem e de movimento mais veloz; como os cães têm melhor olfato e as aves são mais velozes. Logo, o corpo do homem não está convenientemente disposto.

2. ALÉM DISSO, perfeito é aquilo a que nada falta. Ora, mais coisas faltam ao corpo humano do que aos outros animais que possuem pelo e armas naturais para proteger-se, coisas que o homem não possui. Logo, o corpo do homem é disposto de maneira muito imperfeita.

3. ADEMAIS, o homem está mais afastado das plantas que dos animais. Ora, as plantas têm a estatura reta, enquanto os animais a têm inclinada. Logo, o homem não deveria ter a estatura vertical.

EM SENTIDO CONTRÁRIO, está escrito no livro do Eclesiastes: "Deus fez o homem reto".

RESPONDO. Toda a natureza foi feita pela arte de Deus. Por isso, é de certo modo obra artesanal de Deus. Ora, todo artesão pretende dar à sua obra a melhor disposição, não no sentido absoluto, mas em função do fim. E, se a tal disposição se acha associado algum defeito, o artesão não se preocupa com isso; assim o artesão que faz uma serra, destinada a cortar, a faz de ferro, para que seja apta a cortar, e não procura fazê-la de vidro, matéria mais bela, pois tal beleza seria um obstáculo para o fim. — Dessa forma, Deus deu a cada realidade da natureza a melhor disposição, não absolutamente, mas em ordem a seu próprio fim. É o que afirma o Filósofo no livro II da *Física*: "E porque é melhor dessa maneira, não absolutamente, mas relativamente à substância de cada coisa".

Ora, o fim próximo do corpo humano é a alma racional e suas operações, pois a matéria é para a forma e os instrumentos para as ações do agente.

---

3 PARALL.: II-II, q. 164, a. 2, ad 1; *De Malo*, q. 5, a. 5; Q. *de Anima*, a. 8.
 1. C. 7: 198, b, 8-9.

actiones agentis. Dico ergo quod Deus instituit corpus humanum in optima dispositione secundum convenientiam ad talem formam et ad tales operationes. Et si aliquis defectus in dispositione humani corporis esse videtur, considerandum est quod talis defectus sequitur ex necessitate materiae, ad ea quae requiruntur in corpore ut sit debita proportio ipsius ad animam et ad animae operationes.

AD PRIMUM ergo dicendum quod tactus, qui est fundamentum aliorum sensuum, est perfectior in homine quam in aliquo alio animali: et propter hoc oportuit quod homo haberet temperatissimam complexionem inter omnia animalia. Praecedit etiam homo omnia alia animalia, quantum ad vires sensitivas interiores; sicut ex supra[2] dictis apparet. — Ex quadam autem necessitate contingit quod, quantum ad aliquos exteriores sensus, homo ab aliis animalibus deficiat. Sicut homo, inter omnia animalia, habet pessimum olfactum. Necessarium enim fuit quod homo, inter omnia animalia, respectu sui corporis haberet maximum cerebrum: tum ut liberius in eo perficerentur operationes interiorum virium sensitivarum, quae sunt necessariae ad intellectus operationem, ut supra[3] dictum est; tum etiam ut frigiditas cerebri temperaret calorem cordis, quem necesse est in homine abundare, ad hoc quod homo sit rectae staturae. Magnitudo autem cerebri, propter eius humiditatem, est impedimentum olfactus, qui requirit siccitatem. — Et similiter potest assignari ratio quare quaedam animalia sunt acutioris visus et subtilioris auditus quam homo, propter impedimentum horum sensuum quod necesse est consequi in homine ex perfecta complexionis aequalitate. Et eadem etiam ratio est assignanda de hoc quod quaedam animalia sunt homine velociora, cui excellentiae velocitatis repugnat aequalitas humanae complexionis.

AD SECUNDUM dicendum quod cornua et ungulae, quae sunt quorundam animalium arma, et spissitudo corii, et multitudo pilorum aut plumarum, quae sunt tegumenta animalium, attestantur abundantiae terrestris elementi; quae repugnat aequalitati et teneritudini complexionis humanae. Et ideo haec homini non competebant.

Digo, portanto, que Deus constituiu o corpo humano na melhor disposição para tal forma e tais operações. Se acaso parece haver algum defeito na disposição do corpo humano, deve-se considerar que ele decorre da necessidade da matéria para que, naquelas coisas requeridas pelo corpo, haja a devida proporção entre o corpo e a alma e as suas operações[c].

QUANTO AO 1º, portanto, deve-se dizer que o tato, fundamento dos outros sentidos, é mais perfeito no homem que em qualquer outro animal, e por isso o homem devia ter entre todos os animais a compleição mais equilibrada. O homem é superior também a todos os outros animais, como foi visto acima, em relação aos sentidos internos. — Aliás, é por necessidade que o homem é inferior a outros animais com respeito a alguns sentidos externos. Por exemplo, o homem é de todos os animais aquele que tem o pior olfato, porque era necessário que, entre todos os animais, o homem tivesse o cérebro maior, proporcionalmente ao corpo, seja para que nele fossem cumpridas mais livremente as operações dos sentidos internos necessárias às atividades do intelecto, como acima tratamos; seja para que a temperatura fria do cérebro temperasse o calor do coração, que deve ser abundante no homem para permitir a posição vertical. O grande volume do cérebro, porém, em razão de sua umidade, é um empecilho para o olfato, que exige um estado seco. — Pode-se determinar igualmente a razão pela qual certos animais têm uma visão mais penetrante e uma audição mais sutil que o homem, a saber, o impedimento desses sentidos no homem resulta necessariamente do perfeito equilíbrio de sua compleição. É ainda pela mesma razão que se deve explicar o fato de alguns animais serem mais rápidos que o homem: nele, o equilíbrio da compleição é incompatível com esse grau superior de velocidade.

QUANTO AO 2º, deve-se dizer que os chifres e as garras, que são as armas de certos animais, a espessura da pele, a multidão dos pelos ou das penas, que são seu revestimento, atestam a abundância neles do elemento terrestre; ora, tal abundância repugna à igualdade e à delicadeza da compleição humana, por isso essas coisas não

---

2. Q. 78, a. 4.
3. Q. 84, a. 7.

c. Encontramos aqui o desenvolvimento do que fora dito no a. 5 da q. 76. Princípio bem profundo: o sentido do corpo humano é seu ordenamento à alma e a sua vida espiritual. Bela interpretação, sob tal luz, das particularidades humanas, em particular de tudo o que libera o olhar, o rosto, a mão.

Sed loco horum habet rationem et manus, quibus potest parare sibi arma et tegumenta et alia vitae necessaria, infinitis modis. Unde et manus, in III *de Anima*[4], dicitur *organum organorum*. Et hoc etiam magis competebat rationali naturae, quae est infinitarum conceptionum, ut haberet facultatem infinita instrumenta sibi parandi.

AD TERTIUM dicendum quod habere staturam rectam conveniens fuit homini propter quatuor. Primo quidem, quia sensus sunt dati homini non solum ad vitae necessaria procuranda, sicut aliis animalibus; sed etiam ad cognoscendum. Unde, cum cetera animalia non delectentur in sensibilibus nisi per ordinem ad cibos et venerea, solus homo delectatur in ipsa pulchritudine sensibilium secundum seipsam. Et ideo, quia sensus praecipue viget in facie, alia animalia habent faciem pronam ad terram, quasi ad cibum quaerendum et providendum sibi de victu: homo vero habet faciem erectam, ut per sensus, et praecipue per visum, qui est subtilior et plures differentias rerum ostendit, libere possit ex omni parte sensibilia cognoscere, et caelestia et terrena, ut ex omnibus intelligibilem colligat veritatem. — Secundo, ut interiores vires liberius suas operationes habeant, dum cerebrum, in quo quodammodo perficiuntur, non est depressum, sed super omnes partes corporis elevatum. — Tertio, quia oporteret quod, si homo haberet pronam staturam, uteretur manibus loco anteriorum pedum. Et sic utilitas manuum ad diversa opera perficienda cessaret. — Quarto, quia, si haberet pronam staturam, et uteretur manibus loco anteriorum pedum, oporteret quod cibum caperet ore. Et ita haberet os oblongum, et labia dura et grossa, et linguam etiam duram, ne ab exterioribus laederetur, sicut patet in aliis animalibus. Et talis dispositio omnino impediret locutionem, quae est proprium opus rationis.

Et tamen homo staturam rectam habens, maxime distat a plantis. Nam homo habet superius sui, idest caput, versus superius mundi, et inferius sui versus inferius mundi: et ideo est optime dispositus secundum dispositionem totius. Plantae vero habent superius sui versus inferius mundi (nam

cabiam ao homem. Em seu lugar, porém, o homem possui a razão e as suas mãos, graças às quais pode obter armas, vestimentas e outras coisas necessárias à vida, e isso segundo modalidades infinitas. Por isso a mão é chamada, no livro III da *Alma*: "O órgão dos órgãos". Isso era também mais conveniente a uma natureza dotada de razão, de infinitas concepções e capaz de preparar instrumentos em número infinito.

QUANTO AO 3º, deve-se afirmar que a estatura reta convinha ao homem por quatro motivos. Primeiro: porque os sentidos foram dados ao homem não somente para prover às necessidades da vida, como nos outros animais, mas ainda para o conhecimento. Por isso, enquanto os outros animais só acham prazer nas realidades sensíveis em função dos alimentos ou do sexo, somente o homem encontra prazer na beleza das coisas sensíveis tomadas em si mesmas. Por isso, já que os sentidos se encontram sobretudo na face, os outros animais têm a face inclinada para a terra, como para procurar seu alimento e prover a sua subsistência. O homem tem o rosto levantado, e assim, graça aos sentidos, e principalmente graças à vista, que é mais sutil e mostra mais as diferenças das coisas, pode livremente conhecer de todos os lados as coisas sensíveis, tanto as celestes como as terrestres, para captar em todas a verdade inteligível. — Segundo: para que as faculdades internas operassem mais livremente, pelo fato de que o cérebro, no qual elas têm, de certa maneira, sua perfeição, não é oprimido, mas se acha elevado acima de todas as partes do corpo. — Terceiro: porque, se o homem tivesse a estatura inclinada, deveria servir-se de suas mãos como de pés dianteiros, e assim, a mão perderia a utilidade para a realização de obras variadas. — Quarto: porque, se o homem tivesse a estatura inclinada e se servisse de suas mãos como de pés dianteiros, ser-lhe-ia preciso apanhar o alimento com a boca; teria então uma boca oblonga, lábios duros e espessos, língua igualmente dura, de maneira a não ser ferida pelas coisas exteriores, como vemos nos outros animais. Tais disposições impediriam inteiramente a linguagem, obra própria da razão.

No entanto, o homem, dotado de estatura reta, dista muitíssimo das plantas. Mantém ele sua parte superior, a cabeça, voltada para o que é mais alto no mundo e sua parte interior para o mais baixo, e por isso é melhor disposto de acordo com a disposição do todo. As plantas têm sua parte su-

---

4. C. 8: 431, b, 28 — 432, a. 3.

radices sunt ori proportionales), inferius autem sui versus superius mundi. Animalia vero bruta medio modo: nam superius animalis est pars qua accipit alimentum, inferius autem est pars qua emittit superfluum.

Articulus 4
Utrum convenienter corporis humani productio in Scriptura describatur

AD QUARTUM SIC PROCEDITUR. Videtur quod inconvenienter corporis humani productio in Scriptura describatur [Gn 1,26-27; 2,7].

1. Sicut enim corpus humanum est factum a Deo, ita et alia opera sex dierum. Sed in aliis operibus dicitur: *Dixit Deus, Fiat, et factum est*. Ergo similiter dici debuit de hominis productione.

2. PRAETEREA, corpus humanum a Deo immediate est factum, ut supra[1] dictum est. Ergo inconvenienter dicitur: *Faciamus hominem*.

3. PRAETEREA, forma humani corporis est ipsa anima, quae est spiraculum vitae. Inconvenienter ergo, postquam dixerat: *Formavit Deus hominem de limo terrae*, subiunxit: *et inspiravit in faciem eius spiraculum vitae*.

4. PRAETEREA, anima, quae est spiraculum vitae, est in toto corpore, et principaliter in corde. Non ergo debuit dicere, quod *inspiravit in faciem eius spiraculum vitae*.

5. PRAETEREA, sexus masculinus et femininus pertinent ad corpus, imago vero Dei ad animam. Sed anima, secundum Augustinum[2], fuit facta ante corpus. Inconvenienter ergo cum dixisset: *Ad imaginem suam fecit illum*, addidit: *masculum et feminam creavit eos*.

IN CONTRARIUM est auctoritas Scripturae.

RESPONDEO dicendum AD PRIMUM quod, sicut Augustinus dicit in VI *super Gen. ad litt.*[3], non in hoc praeeminet homo aliis rebus, quod Deus ipse fecit hominem, quasi alia ipse non fecerit; cum scriptum sit Ps 101,26: *Opera manuum tuarum sunt caeli*, et alibi Ps 94,5: *Aridam fundaverunt manus eius:* sed in hoc quod ad imaginem Dei

perior voltada para o que é mais baixo do mundo, pois as raízes correspondem à boca, e a inferior voltada para o mais alto. Os animais, por sua vez, se acham em uma situação intermediária, pois a parte superior do animal é aquela pela qual recebe a comida e a inferior aquela pela qual evacuam o supérfluo.

Artigo 4
A produção do corpo humano está descrita convenientemente na Escritura?

QUANTO AO QUARTO, ASSIM SE PROCEDE: parece que a produção do corpo humano **não** está descrita convenientemente na Escritura.

1. Com efeito, como o corpo humano foi feito por Deus, assim também as outras obras dos seis dias. Ora, nas outras obras está escrito: "Disse Deus, faça-se, e foi feito". Logo, da mesma maneira devia ser dito na criação do homem.

2. ALÉM DISSO, como já se disse acima, o corpo humano foi feito por Deus imediatamente. Portanto, foi inconveniente dizer: "Façamos o homem".

3. ADEMAIS, a forma do corpo humano é a alma, que é o sopro da vida. Por isso, depois de dizer: "Deus formou o homem com o barro da terra", inconvenientemente acrescentou: "E ele insuflou na face um sopro de vida".

4. ADEMAIS, a alma, que é o sopro da vida, se encontra em todo o conjunto do corpo, e principalmente no coração. Portanto, não se devia dizer que "Deus insuflou na face um sopro de vida".

5. ADEMAIS, o sexo masculino e feminino se referem ao corpo, enquanto a imagem de Deus se refere à alma. Ora, segundo Agostinho, a alma foi feita antes do corpo. Logo, depois de ter dito, "à sua imagem ele o fez", inconvenientemente acrescentou: "homem e mulher ele os criou".

EM SENTIDO CONTRÁRIO, temos a autoridade da Escritura.

QUANTO AO 1º, portanto, deve-se dizer que se o homem é superior às outras coisas, isso não depende, como afirma Agostinho, de que Deus tenha feito o homem, como se não tivesse feito as outras coisas, pois está escrito: "Os céus são a obra de tuas mãos"; e em outro lugar: "A terra firme, suas mãos a modelaram", quando se trata

---

4 PARALL.: Supra, q. 72, a. un., ad 1, 3, 4.

1. A. 2.
2. *De Gen. ad litt.*, l. VIII, cc. 24, 28: ML 34, 368, 370-372.
3. C. 12: ML 34, 347-348.

factus est homo. Utitur tamen Scriptura in productione hominis speciali modo loquendi, ad ostendendum quod alia propter hominem facta sunt. Ea enim quae principaliter intendimus, cum maiori deliberatione et studio consuevimus facere.

AD SECUNDUM dicendum quod non est intelligendum Deum angelis dixisse, *Faciamus hominem*; ut quidam perverse intellexerunt. Sed hoc dicitur ad significandum pluralitatem divinarum Personarum, quarum imago expressius invenitur in homine.

AD TERTIUM dicendum quod quidam intellexerunt corpus hominis prius tempore formatum, et postmodum Deum formato iam corpori animam infudisse. — Sed contra rationem perfectionis primae institutionis rerum est, quod Deus vel corpus sine anima, vel animam sine corpore fecerit: cum utrumque sit pars humanae naturae. Et hoc etiam est magis inconveniens de corpore, quod dependet ex anima, et non e converso.

Et ideo ad hoc excludendum, quidam posuerunt quod, cum dicitur, *Formavit Deus hominem*, intelligitur productio corporis simul cum anima; quod autem additur, *et inspiravit in faciem eius spiraculum vitae*, intelligitur de Spiritu Sanctu; sicut et Dominus insufflavit in Apostolos, dicens, *Accipite Spiritum Sanctum*, Io 20. — Sed haec expositio, ut dicit Augustinus in libro *de Civ. Dei*[4], excluditur per verba Scripturae. Nam subditur ad praedicta: *Et factus est homo in animam viventem*: quod Apostolus, 1Cor 15,45, non ad vitam spiritualem, sed ad vitam animalem refert.

Per spiraculum ergo vitae intelligitur anima: ut sic quod dicitur, *Inspiravit in faciem eius spiraculum vitae*, sit quasi expositio eius quod praemiserat; nam anima est corporis forma.

AD QUARTUM dicendum quod, quia operationes vitae magis manifestantur in facie hominis, propter sensus ibi existentes; ideo dicit in faciem hominis inspiratum esse spiraculum vitae.

AD QUINTUM dicendum quod, secundum Augustinum[5], omnia opera sex dierum simul sunt

de o homem ter sido feito à imagem de Deus. A Escritura emprega uma maneira especial de falar quando se trata da produção do homem, a fim de mostrar que é por causa dele que as outras coisas foram criadas. Com efeito, quando se trata das coisas que queremos a título principal, de ordinário as fazemos com maior deliberação e aplicação.

QUANTO AO 2º, deve-se dizer que não se deve pensar, como alguns o fizeram sem razão, que foi aos anjos que Deus disse: "Façamos o homem". Essa maneira de falar tem por fim significar a pluralidade das pessoas divinas, cuja imagem se encontra de forma mais clara no homem.

QUANTO AO 3º, deve-se dizer que alguns entenderam que o corpo do homem teria sido formado primeiro, e depois, a esse corpo já formado, Deus infundira uma alma. — Mas é contra a perfeição da criação inicial das coisas que Deus tivesse feito, quer o corpo sem a alma, quer a alma sem o corpo, pois um e outro são parte da natureza humana. E isso é ainda mais inconveniente dito do corpo, que depende da alma, do que da alma.

Por isso, para excluir essa interpretação, alguns sustentaram que, ao dizer o texto: "Deus formou o homem", deve-se entender a criação do corpo e da alma simultaneamente, e o que está acrescentado: "E ele insuflou na face um sopro de vida", entende-se do Espírito Santo, como quando o Senhor soprou sobre os apóstolos dizendo: "Recebei o Espírito Santo". — Mas, como lembra Agostinho, essa explicação está excluída pelas palavras da Escritura; de fato ela logo acrescenta: "E o homem se tornou uma alma viva", coisa que o Apóstolo, na Carta aos Coríntios, relaciona não à vida espiritual, mas à vida animal.

Assim, por sopro de vida deve-se entender a alma, e as palavras "Ele insuflou na face um sopro de vida" são como uma explicação do que precede, pois a alma é a forma do corpo[d].

QUANTO AO 4º, deve-se dizer que as operações vitais se manifestam mais na face do homem, por causa dos sentidos que aí se encontram; é essa a razão pela qual a Escritura diz que na face do homem foi insuflado o sopro de vida.

QUANTO AO 5º, deve-se dizer que, segundo Agostinho, todas as obras dos seis dias foram

---

4. L. XIII, c. 24: ML 41, 398-399.
5. *De Gen. ad litt.*, l. IV, cc. 33, 34: ML 34, 317-318, 319-320.

d. Ainda nesse ponto a literalidade do texto do Gênesis é formal, mas Sto. Tomás justifica-a filosoficamente. Se a alma é a forma do corpo, o corpo não poderia de modo algum preexistir a ela. Admitir que o primeiro corpo humano tenha saído de um ser animal não impedirá que seja preciso admitir uma ação imediata do Criador, não apenas para criar a alma, mas para dar ao corpo proveniente do animal essa mutação última que faz dele um corpo humano.

facta. Unde animam primi hominis, quam ponit simul factam cum angelis, non ponit factam ante sextum diem; sed in ipso sexto die ponit esse factam et animam primi hominis in actu, et corpus eius secundum rationes causales. — Alii vero Doctores ponunt et animam et corpus hominis factum sexto die in actu.

feitas simultaneamente. Por isso, não diz que a alma do primeiro homem, que afirma ter sido feita ao mesmo tempo que os anjos, tenha sido feita antes do sexto dia; mas que no sexto dia a alma do primeiro homem foi feita em ato, e o seu corpo feito segundo as razões causais. — Outros doutores, porém, afirmam que tanto a alma como o corpo foram feitos em ato no sexto dia.

QUAESTIO XCII
DE PRODUCTIONE MULIERIS
in quatuor articulos divisa

Deinde considerandum est de productione mulieris.
Et circa hoc quaeruntur quatuor.
Primo: utrum in illa rerum productione debuerit mulier produci.
Secundo: utrum debuerit fieri de viro.
Tertio: utrum de costa viri.
Quarto: utrum facta fuerit immediate a Deo.

QUESTÃO 92
A PRODUÇÃO DA MULHER
em quatro artigos

Em seguida, deve-se considerar a produção da mulher.
Sobre isso são quatro as perguntas:
1. Com a produção das coisas deveria ser produzida também a mulher?
2. A mulher deveria ser feita do homem?
3. Seria da costela do homem?
4. Foi feita imediatamente por Deus?

ARTICULUS 1
Utrum mulier debuerit produci in prima rerum productione

AD PRIMUM SIC PROCEDITUR. Videtur quod mulier non debuit produci in prima rerum productione.

1. Dicit enim Philosophus, in libro de Generat Animal.[1], quod femina est mas occasionatus. Sed nihil occasionatum et deficiens debuit esse in prima rerum institutione. Ergo in illa prima rerum institutione mulier producenda non fuit.

2. PRAETEREA, subiectio et minoratio ex peccato est subsecuta: nam, ad mulierem dictum est post peccatum, Gn 3,16. *Sub viri potestate eris*; et Gregorius dicit[2] quod, *ubi non delinquimus, omnes pares sumus.* Sed mulier naturaliter est minoris virtutis et dignitatis quam vir: semper enim honorabilius est agens patiente, ut dicit Augustinus XII super Gen. ad litt.[3]. Ergo non

ARTIGO 1
A mulher deveria ser produzida na primeira produção das coisas?

QUANTO AO PRIMEIRO ARTIGO, ASSIM SE PROCEDE: parece que a mulher **não** deveria ser produzida na primeira produção das coisas.

1. Com efeito, diz o Filósofo no livro da *Geração dos animais*: "A mulher é um macho falho". Ora, na primeira instituição das coisas nada houve de falho e deficiente. Logo, na primeira instituição das coisas a mulher não pôde ter sido produzida.

2. ALÉM DISSO, a sujeição e o estado de minoridade são consequências do pecado. Com efeito, foi dito à mulher depois do pecado: "Sob o poder do homem estarás"; e Gregório ajunta que "onde não pecamos, aí somos todos iguais". Ora, por natureza, a mulher é inferior ao homem em poder e dignidade, pois ensina Agostinho: "É sempre mais honroso ser agente que paciente". Logo, a

---

1. L. II, c. 3: 737.
2. *Moral.*, l. XXI, c. 15: ML 76, 203 BC; *de Regula Pastor.*, part. II, c. 6: ML 77, 34 BC.
3. C. 16: ML 34, 467. — Cfr. ARISTOT., *de Anima*, l. III, c. 5: 430, a, 17-19.

debuit mulier produci in prima rerum productione ante peccatum.

3. Praeterea, occasiones peccatorum sunt amputandae. Sed Deus praescivit quod mulier esset futura viro in occasionem peccati. Ergo non debuit mulierem producere.

Sed contra est quod dicitur Gn 2,18: *Non est bonum hominem esse solum; faciamus ei adiutorium simile sibi.*

Respondeo dicendum quod necessarium fuit feminam fieri, sicut Scriptura dicit, in adiutorium viri: non quidem in adiutorium alicuius alterius operis, ut quidam dixerunt, cum ad quodlibet aliud opus convenientius iuvari possit vir per alium virum quam per mulierem; sed in adiutorium generationis. Quod manifestius videri potest, si in viventibus modus generationis consideretur. Sunt enim quaedam viventia, quae in seipsis non habent virtutem activam generationis, sed ab agente alterius speciei generantur; sicut plantae et animalia quae generantur sine semine ex materia convenienti per virtutem activam caelestium corporum. — Quaedam vero habent virtutem generationis activam et passivam coniunctam; sicut accidit in plantis quae generantur ex semine. Non enim est in plantis aliquod nobilius opus vitae quam generatio: unde convenienter omni tempore in eis virtuti passivae coniungitur virtus activa generationis. — Animalibus vero perfectis competit virtus activa generationis secundum sexum masculinum, virtus vero passiva secundum sexum femininum. Et quia est aliquod opus vitae nobilius in animalibus quam generatio, ad quod eorum vita principaliter ordinatur; ideo non omni tempore sexus masculinus feminino coniungitur in animalibus perfectis, sed solum tempore coitus; ut imaginemur per coitum sic fieri unum ex mare et femina, sicut in planta omni tempore coniunguntur vis masculina et feminina, etsi in quibusdam plus abundet una harum, in quibusdam plus altera. — Homo autem adhuc ordinatur ad nobilius opus vitae, quod est intelligere. Et ideo adhuc in homine debuit esse maiori ratione distinctio utriusque virtutis, ut seorsum produceretur femina a mare, e tamen carnaliter coniungerentur in unum ad generationis opus. Et ideo statim post formationem mulieris, dicitur Gn 2,24: *Erunt duo in carne una.*

mulher não pôde ter sido produzida na primeira produção das coisas antes do pecado.

3. Ademais, é preciso cortar pela raiz as ocasiões de pecado. Ora, Deus sabia de antemão que a mulher seria uma ocasião de pecado para o homem. Logo, não deveria ter produzido a mulher.

Em sentido contrário, diz o livro do Gênesis: "Não é bom que o homem fique só, façamos-lhe uma ajuda que lhe seja semelhante".

Respondo. Como diz a Escritura, era necessário que a mulher fosse feita como ajuda para o homem. Não para ajudá-lo em algum trabalho, como disseram alguns, pois para qualquer trabalho o homem podia ser assistido mais convenientemente por outro homem do que pela mulher, mas para ajudá-lo na obra da geração. Pode-se ver isso com mais clareza considerando o modo da geração entre os vivos. Há seres vivos que não têm em si a potência generativa ativa, mas são gerados por um agente de outra espécie, por exemplo as plantas e os animais que são gerados sem semente, a partir de uma matéria conveniente graças à potência ativa dos corpos celestes. — Outros têm conjuntamente a potência generativa ativa e a passiva, tais como as plantas geradas a partir de uma semente. Não há nas plantas atividade vital mais nobre que a geração; por isso, com muita razão, nelas a potência generativa ativa está sempre unida à passiva. — Entre os animais perfeitos, a potência generativa ativa compete ao sexo masculino e a passiva ao sexo feminino. Como entre esses animais há uma atividade vital mais nobre que a geração, atividade para a qual toda a sua vida está ordenada, segue-se que entre eles o sexo masculino não está sempre unido ao sexo feminino, mas somente no momento da união carnal. Assim, podemos pensar que, pela união carnal, o macho e a fêmea se tornam uma só coisa, como na planta se unem permanentemente o masculino e o feminino, embora em algumas seja predominante um deles, e em outras o outro. — O homem é ordenado à mais nobre atividade vital, o conhecimento intelectual. Por esse motivo, devia haver nele, com maior razão, a distinção entre essas duas potências, de modo que fossem produzidos separadamente o homem e a mulher, e entretanto se unissem carnalmente para a geração. Motivo pelo qual, logo depois da formação da mulher, o livro do Gênesis afirma: "Os dois serão uma só carne"[a].

---

a. Ao conferir à produção da mulher unicamente o sentido de fazer dela a colaboradora do homem na obra da geração (para qualquer outra obra, diz, um outro homem teria sido melhor companheiro do que uma mulher), Sto. Tomás limita singularmente

AD PRIMUM ergo dicendum quod per respectum ad naturam particularem, femina est aliquid deficiens et occasionatum. Quia virtus activa quae est in semine maris, intendit producere sibi simile perfectum, secundum masculinum sexum: sed quod femina generetur, hoc est propter virtutis activae debilitatem, vel propter aliquam materiae indispositionem, vel etiam propter aliquam transmutationem ab extrinseco, puta a ventis australibus, qui sunt humidi, ut dicitur in libro *de Generat. Animal.*[4]. Sed per comparationem ad naturam universalem, femina non est aliquid occasionatum, sed est de intentione naturae ad opus generationis ordinata. Intentio autem naturae universalis dependet ex Deo, qui est universalis auctor naturae. Et ideo instituendo naturam, non solum marem, sed etiam feminam produxit.

AD SECUNDUM dicendum quod duplex est subiectio. Una servilis, secundum quam praesidens utitur subiecto ad sui ipsius utilitatem: et talis subiectio introducta est post peccatum. Est autem alia subiectio oeconomica vel civilis, secundum quam praesidens utitur subiectis ad eorum utilitatem et bonum. Et ista subiectio fuisset etiam ante peccatum: defuisset enim bonum ordinis in humana multitudine, si quidam per alios sapientiores gubernati non fuissent. Et sic ex tali subiectione naturaliter femina subiecta est viro: quia naturaliter in homine magis abundat discretio rationis. — Nec inaequalitas hominum excluditur per innocentiae statum, ut infra[5] dicetur.

AD TERTIUM dicendum quod, si omnia ex quibus homo sumpsit occasionem peccandi, Deus subtraxisset a mundo, remansisset universum imperfectum. Nec debuit bonum commune tolli,

QUANTO AO 1º, portanto, deve-se dizer que considerando a natureza em particular, a mulher é deficiente e falha, pois a potência ativa que se encontra no sêmen do macho visa produzir alguma coisa que lhe seja semelhante em perfeição segundo o sexo masculino; mas, se for gerada uma mulher, isso resulta de uma fraqueza da potência ativa ou de alguma má disposição da matéria, ou ainda de alguma mudança proveniente de fora, por exemplo dos ventos do sul, que são úmidos, como está escrito no livro da *Geração dos animais*. Entretanto, se consideramos a natureza universal, a mulher não é falha, mas pela intenção da natureza está ordenada à geração. A intenção da natureza universal depende de Deus, que é o autor universal da natureza. Por isso, quando instituiu a natureza, produziu ele não só o homem, mas também a mulher.

QUANTO AO 2º, deve-se dizer que há duas espécies de sujeição. A primeira é servil, quando o senhor dispõe do súdito para sua própria utilidade. Essa sujeição foi introduzida depois do pecado. Mas há outra sujeição, a econômica ou civil, quando o senhor dispõe dos súditos para a utilidade e o bem deles. Essa sujeição teria existido antes do pecado; com efeito, faltaria à multidão humana esse bem que é a ordem, se alguns não fossem governados por outros mais sábios. É assim que a mulher é, por natureza, submetida ao homem, pois o homem possui, por natureza, maior discernimento de razão. — Aliás, o estado de inocência, como será dito em seguida, não exclui a desigualdade entre os homens.

QUANTO AO 3º, deve-se dizer que se Deus tivesse suprimido no mundo todas as coisas nas quais o homem encontrou ocasião de pecado, o universo teria ficado incompleto. Nem se podia suprimir o

---

4. L. IV, c. 2: 766, 767. Cfr. I, q. 99, a. 2, ad 1, ad 2.
5. Q. 96, a. 3.

o alcance do admirável texto do Gênesis: "Uma companheira que lhe seria semelhante". Além de tudo, ele segue Aristóteles em sua filosofia da geração: a mulher é o princípio unicamente passivo, e o homem, o princípio ativo. Ele chega a interpretar a produção da mulher como o resultado de uma espécie de deficiência e de "carência" do ato gerador! (Resposta realmente infeliz à primeira objeção.) Ainda que interpretando a "submissão" natural da mulher ao homem como uma submissão "econômica", ou "civil", tendo em vista a obra comum a realizar, e não como uma submissão servil tendo em vista o bem do senhor (r. 2), Sto. Tomás atribui a desigualdade de poder dos dois sexos ao fato de que, no homem, haveria por natureza mais razão que na mulher. Os limites indiscutíveis de sua compreensão da mulher (nenhuma misoginia, mas simplesmente uma espécie de paternalismo masculino em relação à mulher, "fraca", criatura a ser dirigida e protegida) não devem fazer esquecer o que é o argumento e verdadeiro centro do artigo: o homem está ligado acima de tudo à vida espiritual. A sexualidade não deve ocupá-lo nem determiná-lo inteiramente. A dualidade dos sexos, qualquer que seja sua função, deixa a cada um a plenitude da essência humana. A chocante imperfeição, toda aristotélica, imputada à mulher, ocorre somente no plano de seu papel — que não é o *todo dela* — no ato gerador. Sto. Tomás não nos ajuda em nada, é claro, na transposição para o plano espiritual da complementaridade e "conjunção" das quais o corpo é o instrumento. Contudo, ele nos ensinou a indissociabilidade entre o corpo e a alma, e a necessária correspondência entre um e outra, para não nos levar a superar seu texto.

ut vitaretur particulare malum: praesertim cum Deus sit adeo potens, ut quodlibet malum possit ordinare in bonum.

ARTICULUS 2
Utrum mulier debuerit fieri ex viro

AD SECUNDUM SIC PROCEDITUR. Videtur quod mulier non debuit fieri, ex viro.
1. Sexus enim communis est homini et aliis animalibus. Sed in aliis animalibus feminae non sunt factae ex maribus. Ergo nec in homine fieri debuit.
2. PRAETEREA, eorum quae sunt eiusdem speciei, eadem est materia. Sed mas et femina sunt eiusdem speciei. Cum igitur vir fuerit factus ex limo terrae, ex eodem debuit fieri femina, et non ex viro.
3. PRAETEREA, mulier facta est in adiutorium viro ad generationem. Sed nimia propinquitas reddit personam ad hoc ineptam: unde personae propinquae a matrimonio excluduntur, ut patet Lv 18,16,sqq. Ergo mulier non debuit fieri ex viro.

SED CONTRA est quod dicitur Eccli 17,5: *Creavit ex ipso*, scilicet viro, *adiutorium sibi simile*, idest mulierem.

RESPONDEO dicendum quod conveniens fuit mulierem, in prima rerum institutione, ex viro formari, magis quam in aliis animalibus. Primo quidem, ut in hoc quaedam dignitas primo homini servaretur, ut, secundum Dei similitudinem, esset ipse principium totius suae speciei, sicut Deus est principium totius universi. Unde et Paulus dicit, Act 17,26, quod Deus *fecit ex uno omne genus hominum*.

Secundo, ut vir magis diligeret mulierem, et ei inseparabilius inhaereret, dum cognosceret eam ex se esse productam. Unde dicitur Gn 2,23-24: *De viro sumpta est: quamobrem relinquet homo patrem et matrem, et adhaerebit uxori suae*. Et hoc maxime necessarium fuit in specie humana, in qua mas et femina commanent per totam vitam: quod non contingit in aliis animalibus.

Tertio quia, ut Philosophus dicit in VIII *Ethic.*[1], mas et femina coniunguntur in hominibus non

ARTIGO 2
A mulher deveria ter sido feita do homem?

QUANTO AO SEGUNDO, ASSIM SE PROCEDE: parece que a mulher **não** deveria ter sido feita do homem.
1. Com efeito, o sexo é comum ao homem e aos outros animais. Ora, nestes as fêmeas não são feitas dos machos. Logo, tampouco no homem isso deveria ser feito.
2. ALÉM DISSO, entre as coisas da mesma espécie, a matéria é a mesma. Ora, o homem e a mulher são da mesma espécie. Logo, dado que o homem foi feito do barro da terra, assim também deveria ser feita a mulher, e não do homem.
3. ADEMAIS, a mulher foi feita para ajudar o homem em vista da geração. Ora, um parentesco muito próximo torna uma pessoa inapta para gerar; por isso são excluídas do casamento as pessoas próximas, como se vê no livro do Levítico. Logo, a mulher não deveria ser feita do homem.

EM SENTIDO CONTRÁRIO, está escrito no livro do Eclesiástico: "Criou dele", isto é, do homem, "uma ajuda semelhante a ele", a saber, a mulher.

RESPONDO. Foi conveniente para a mulher que, na primeira instituição das coisas, tenha sido formada do homem, diferentemente dos outros animais. 1. Para que assim se assegurasse ao primeiro homem certa dignidade, pois, à semelhança de Deus, ele era assim o princípio de toda a sua espécie, como Deus é o princípio de todo o universo. Por isso diz Paulo, nos Atos dos Apóstolos, que Deus "fez todo o gênero humano a partir de um".

2. Para que o homem amasse mais a mulher e a ela se apegasse de maneira mais inseparável, sabendo que fora produzida dele. Por isso está dito no livro do Gênesis: "Ela foi tirada do homem, eis por que o homem deixará seu pai e sua mãe e se ligará a sua mulher". Isso era particularmente necessário na espécie humana, em que o homem e a mulher permanecem juntos durante toda a vida, o que não acontece com os outros animais.

3. Porque, como disse o Filósofo, no livro VIII da *Ética*, "o homem e a mulher se unem entre os

---

2 PARALL.: II *Sent.*, dist. 18, a. 1, arg. *Sed Contra* 1, 2; resp. ad 1.
   1. C. 14: 1162, a, 19-24.

b. Sto. Tomás, neste ponto, pensa em Eva e em seu papel no primeiro pecado, e não na mulher como tal.

solum propter necessitatem generationis, ut in aliis animalibus; sed etiam propter domesticam vitam, in qua sunt alia opera viri et feminae, et in qua vir est caput mulieris. Unde convenienter ex viro formata est femina, sicut ex suo principio.

Quarto est ratio sacramentalis; figuratur enim per hoc quod Ecclesia a Christo sumit principium. Unde Apostolus dicit, Eph 5,32: *Sacramentum hoc magnum est: ego autem dico in Christo et in Ecclesia.*

Et per hoc patet responsio AD PRIMUM.

AD SECUNDUM dicendum quod materia est ex qua aliquid fit. Natura autem creata habet determinatum principium; et, cum sit determinata ad unum, etiam habet determinatum processum: unde ex determinata materia producit aliquid in determinata specie. Sed virtus divina, cum sit infinita, potest idem secundum speciem ex quacumque materia facere; sicut virum ex limo terrae, et mulierem ex viro.

AD TERTIUM dicendum quod ex naturali generatione contrahitur quaedam propinquitas quae matrimonium impedit. Sed mulier non est producta a viro per naturalem generationem, sed sola virtute divina: unde Eva non dicitur filia Adae. Et propter hoc, ratio non sequitur.

humanos não só para as necessidades da geração, como os outros animais, mas também para a vida doméstica, na qual há outras atividades do homem e da mulher" e na qual o homem é a cabeça da mulher. Portanto, convinha que ela fosse formada do homem como de seu princípio.

4. A quarta razão é sacramental: esta criação é figura da Igreja que tem seu princípio em Cristo. Eis por que o Apóstolo diz na Carta aos Efésios: "Esse sacramento é grande; quero dizer em Cristo e na Igreja"[c].

QUANTO AO 1º, a exposição acima dá a resposta.

QUANTO AO 2º, deve-se dizer que a matéria é aquilo de que se faz alguma coisa. Ora, a natureza criada tem um princípio determinado e, sendo ela determinada a um fim, age também segundo um processo determinado; daí que a partir de uma matéria determinada ela produz alguma coisa de uma espécie determinada. Mas o poder divino, sendo infinito, pode produzir uma coisa da mesma espécie a partir de qualquer matéria; por exemplo, o homem a partir do barro e a mulher a partir do homem.

QUANTO AO 3º, deve-se dizer que a geração natural faz contrair uma proximidade que é um impedimento de casamento. Mas não é por uma geração natural que a mulher foi produzida a partir do homem, e sim unicamente pelo poder divino. Assim Eva não é chamada filha de Adão, e por isso o argumento não tem validade.

ARTICULUS 3
Utrum mulier debuerit formari de costa viri

AD TERTIUM SIC PROCEDITUR. Videtur quod mulier non debuerit formari de costa viri.

1. Costa enim viri fuit multo minor quam corpus mulieris. Sed ex minori non potest fieri maius, nisi vel per additionem: quod si fuisset, magis ex illo addito mulier formata diceretur quam de costa; — vel etiam per rarefactionem, quia, ut dicit Augustinus, *super Gen. ud litt.*[1], non est

ARTIGO 3
A mulher deveria ser formada da costela do homem?

QUANTO AO TERCEIRO, ASSIM SE PROCEDE: parece que a mulher **não** deveria ser formada da costela do homem.

1. Com efeito, a costela do homem era muito menor do que o corpo da mulher. Ora, de algo menor não pode ser feito algo maior, a não ser por adição; mas então se poderia dizer que a mulher teria sido formada do acréscimo e não da costela. — Ou então por rarefação, porque, como

---

3 PARALL.: II *Sent.*, dist. 18, q. 1, a. 1; 1*Cor.*, c. 7, lect. 1.
    1. L. X, c. 26: ML 34, 428.

c. Este artigo compensa ou completa em certa medida o primeiro, devido à ideia do amor perpétuo e exclusivo que deve acompanhar a conjunção entre o homem e a mulher, pela ideia da cooperação na vida "doméstica" (ou seja, na verdade, a vida íntima). Isso corrige de modo singular a "ajuda" trazida pela mulher ao homem, antes limitada à procriação. Sem dúvida, o artigo acentua o papel de "princípio" atribuído ao homem, mas funda-o menos na superioridade de sua natureza do que em um desígnio de Deus, que é um desígnio da *graça*, a qual comporta em correlação um papel próprio da mulher no conjunto da criação, conforme nos mostra, no próprio texto de Sto. Tomás, o simbolismo do Cristo e da Igreja.

possibile ut aliquod corpus crescat, nisi rarescat. Non autem invenitur corpus mulieris rarius quam viri, ad minus in ea proportione quam habet costa ad corpus Evae. Ergo Eva non fuit formata de costa Adae.

2. Praeterea, in operibus primo creatis non fuit aliquid superfluum. Costa ergo Adae fuit de perfectione corporis eius. Ergo, ea subtracta, remansit imperfectum. Quod videtur inconveniens.

3. Praeterea, costa non potest separari ab homine sine dolore. Sed dolor non fuit ante peccatum. Ergo costa non debuit separari a viro, ut ex ea mulier formaretur.

Sed contra est quod dicitur Gn 2,22: *Aedificavit Dominus Deus costam quam tulerat de Adam, in mulierem.*

Respondeo dicendum quod conveniens fuit mulierem formari de costa viri. Primo quidem, ad significandum quod inter virum et mulierem debet esse socialis coniunctio. Neque enim mulier debet *dominari in virum* [1Ti 2,12]: et ideo non est formata de capite. Neque debet a viro despici, tanquam serviliter subiecta: et ideo non est formata de pedibus. — Secundo, propter sacramentum: quia de latere Christi dormientis in cruce fluxerunt sacramenta, idest sanguis et aqua, quibus est Ecclesia instituta.

Ad primum ergo dicendum quod quidam[2] dicunt per multiplicationem materiae absque alterius additione, formatum fuisse corpus mulieris; ad modum quo Dominus quinque panes multiplicavit. — Sed hoc est omnino impossibile. Multiplicatio enim praedicta aut accidit secundum transmutationem substantiae ipsius materiae; aut secundum transmutationem dimensionum eius. Non autem secundum transmutationem substantiae ipsius materiae: tum quia materia in se considerata, est omnino intransmutabilis, utpote existens in potentia, et habens solum rationem subiecti; tum etiam quia multitudo et magnitudo sunt praeter essentiam ipsius materiae. Et ideo nullo modo potest multiplicatio materiae intelligi, eadem materia manente absque additione, nisi per hoc quod maiores dimensiones accipiat. Hoc autem est rarefieri, scilicet materiam eandem accipere

diz Agostinho, "não é possível que algum corpo cresça a não ser que se torne rarefeito". Ora, não se encontra um corpo de mulher menos denso em relação ao do homem, pelo menos na proporção que tem a costela para o corpo de Eva. Logo, Eva não foi formada da costela de Adão.

2. Além disso, nas obras da primeira criação nada havia de supérfluo. Ora, a costela de Adão fazia parte da perfeição de seu corpo. Logo, se fosse retirada, ficaria imperfeito. Isso parece inadmissível.

3. Ademais, uma costela não pode ser retirada do homem sem dor. Ora, não havia dor antes do pecado. Logo, não se retirou a costela do homem para com ela se formar a mulher.

Em sentido contrário, está escrito no livro do Gênesis: "Da costela que foi tirada do homem o Senhor Deus fez a mulher".

Respondo. Era conveniente que a mulher fosse formada da costela do homem. Primeiro, para significar que entre o homem e a mulher deve haver uma união de sociedade, pois nem a mulher deve *dominar o homem*, e por isso não foi formada da cabeça; nem deve ser desprezada pelo homem, como se lhe fosse servilmente submetida, e por isso não foi formada dos pés. — Em segundo lugar, em razão do sacramento. Foi do lado do Cristo adormecido sobre a cruz que jorraram os sacramentos, a saber, o sangue e a água, pelos quais a Igreja foi instituída[d].

Quanto ao 1º, portanto, deve-se dizer que alguns dizem que é pela multiplicação da matéria, sem adição de coisa estranha, que foi formado o corpo da mulher, à maneira como o Senhor multiplicou os cinco pães. — Mas isso é inteiramente impossível. A multiplicação citada aconteceu ou por uma modificação da substância da matéria, ou por uma modificação de suas dimensões. Ora, não aconteceu por uma modificação da substância da matéria, seja porque a matéria considerada como tal não é absolutamente suscetível de modificação, pois está em potência tendo apenas razão de sujeito; seja porque multidão e tamanho estão fora de consideração da essência da matéria. Não se pode, portanto, compreender uma multiplicação de matéria, permanecendo a mesma matéria sem acréscimo, a não ser que receba maiores dimensões. Ora, nisso está a rarefação, isto é,

---

2. Hugo de S. Victore, *De Sacram.*, l. I, p. VI, c. 36: ML 176, 284 D; Magistr., II *Sent.*, dist. 18.

d. Fica-se aliviado por ter de guardar, da formação de Eva da costela de Adão, apenas seu sentido simbólico, muito bem apreendido por Sto. Tomás neste artigo.

maiores dimensiones, ut Philosophus dicit in IV *Physic*.³. Dicere ergo materiam multiplicari absque rarefactione, est ponere contradictoria simul, scilicet definitionem absque definito.

Unde, cum non appareat rarefactio in talibus multiplicationibus, necesse est ponere additionem materiae, vel per creationem; vel, quod probabilius est, per conversionem. Unde Augustinus dicit, *super Ioan*.⁴, quod *hoc modo Christus ex quinque panibus satiavit quinque millia hominum, quomodo ex paucis granis producit multitudinem segetum*: quod fit per conversionem alimenti. — Dicitur tamen vel ex quinque panibus turbas pavisse, vel ex costa mulierem formasse, quia additio facta est ad materiam praeexistentem costae vel panum.

AD SECUNDUM dicendum quod costa illa fuit de perfectione Adae, non prout erat individuum quoddam, sed prout erat principium speciei: sicut semen est de perfectione generantis, quod operatione naturali cum delectatione resolvitur. Unde multo magis virtute divina corpus mulieris potuit de costa viri formari absque dolore.

Et per hoc patet solutio AD TERTIUM.

como diz o Filósofo, no livro IV da *Física*, que uma mesma matéria tome maiores dimensões. Por conseguinte, dizer que a matéria é multiplicada sem ser rarefeita é afirmar os contraditórios simultaneamente: a definição sem o definido.

Uma vez que em tais multiplicações não se constata a rarefação, é necessário admitir uma adição de matéria ou por criação, ou, o que é mais provável, por conversão. Por isso diz Agostinho: "Cristo saciou cinco mil homens com cinco pães do mesmo modo que produz a abundância das messes com poucos grãos", o que se faz pela conversão do alimento. — Afirma-se, pois, que com cinco pães alimentou a multidão, ou que com a costela formou a mulher, porque a adição foi feita à matéria preexistente da costela ou do pão.

QUANTO AO 2º, deve-se dizer que essa costela pertencia à perfeição de Adão, não enquanto um indivíduo, mas enquanto o princípio da espécie; o mesmo acontece com o sêmen que pertence à perfeição daquele que gera e que se libera por uma operação natural acompanhada de prazer. É o motivo pelo qual, com mais razão, o corpo da mulher pôde ser formado sem dor a partir da costela do homem pelo poder divino.

QUANTO AO 3º, pelo exposto, fica clara a resposta.

ARTICULUS 4

Utrum mulier fuerit immediate formata a Deo

AD QUARTUM SIC PROCEDITUR. Videtur quod mulier non fuerit immediate formata a Deo.

1. Nullum enim individuum ex simili secundum speciem productum, fit immediate a Deo. Sed mulier facta est de viro, qui est eiusdem speciei cum ipsa. Ergo non est facta immediate a Deo.

2. PRAETEREA, Augustinus dicit, III *de Trin*.¹, quod corporalia dispensantur a Deo per angelos. Sed corpus mulieris ex materia corporali est formatum. Ergo est factum per ministerium angelorum, et non immediate a Deo.

3. PRAETEREA, ea quae praeextiterunt in creaturis secundum rationes causales, producuntur virtute

ARTIGO 4

A mulher foi imediatamente formada por Deus?

QUANTO AO QUARTO, ASSIM SE PROCEDE: parece que a mulher **não** foi imediatamente formada por Deus.

1. Com efeito, nenhum indivíduo produzido a partir do semelhante, segundo a espécie, é feito imediatamente por Deus. Ora, a mulher foi feita do homem, que é da mesma espécie que ela. Logo, não foi feita imediatamente por Deus.

2. ALÉM DISSO, diz Agostinho que Deus administra as coisas corporais pelos anjos. Ora, o corpo da mulher foi formado de uma matéria corporal. Logo, foi feito pelo ministério dos anjos, e não imediatamente por Deus.

3. ADEMAIS, as coisas que preexistiram nas criaturas, segundo as razões causais, são produzidas

---

3. C. 9: 217, a, 26-33.
4. Tract. 24: ML 35, 1593.

1. C. 4: ML 42, 873.

alicuius creaturae, et non immediate a Deo. Sed secundum causales rationes corpus mulieris in primis operibus productum fuit, ut Augustinus dicit IX *super Gen. ad litt*.[2]. Ergo non fuit producta mulier immediate a Deo.

SED CONTRA est quod Augustinus dicit, in eodem libro[3]: *Formare vel aedificare costam ut mulier esset, non potuit nisi Deus, a quo universa natura subsistit.*

RESPONDEO dicendum quod, sicut supra[4] dictum est, uniuscuiusque speciei generatio naturalis est ex determinata materia. Materia autem ex qua naturaliter generatur homo, est semen humanum viri vel feminae. Unde ex alia quacumque materia individuum humanae speciei generari non potest naturaliter. Solus autem Deus, qui est naturae institutor, potest praeter naturae ordinem res in esse producere. Et ideo solus Deus potuit vel virum de limo terrae, vel mulierem de costa viri formare.

AD PRIMUM ergo dicendum quod ratio illa procedit, quando individuum generatur ex simili secundum speciem, generatione naturali.

AD SECUNDUM dicendum quod, sicut Augustinus dicit IX *super Gen. ad litt*.[5], an ministerium angeli exhibuerint Deo in formatione mulieris, nescimus: certum tamen est quod, sicut corpus viri de limo non fuit formatum per angelos, ita nec corpus mulieris de costa viri.

AD TERTIUM dicendum quod, sicut Augustinus in eodem libro dicit[6]: *Nom habuit prima rerum conditio ut femina omnino sic fieret; sed tantum hoc habuit, ut sic fieri posset.* Et ideo secundum causales rationes praeextitit corpus mulieris in primis operibus, non secundum potentiam activam, sed secundum potentiam passivam tantum, in ordine ad potentiam activam Creatoris.

pelo poder de alguma criatura, e não imediatamente por Deus. Ora, como diz Agostinho, o corpo da mulher foi criado segundo as razões causais nas primeiras obras. Logo, a mulher não foi criada imediatamente por Deus.

EM SENTIDO CONTRÁRIO, diz Agostinho: "Formar ou plasmar uma costela de modo que exista uma mulher, ninguém o poderia fazer, senão Deus, por quem toda a natureza subsiste".

RESPONDO. Como foi dito, a geração natural, em cada espécie, se faz a partir de uma matéria determinada. Ora, a matéria a partir da qual é gerado naturalmente o ser humano é o sêmen humano do homem e da mulher. Eis por que nenhum indivíduo da espécie humana pode ser gerado naturalmente a partir de outra matéria, qualquer que seja. Somente Deus, que instituiu a natureza, pode produzir as coisas no existir fora da ordem da natureza. Por essa razão Deus era o único a poder formar o homem do barro e a mulher da costela do homem.

QUANTO AO 1º, portanto, deve-se dizer que esse argumento procede quando se trata de uma geração natural, em que um indivíduo foi gerado a partir de um semelhante segundo a espécie.

QUANTO AO 2º, deve-se dizer que como disse Agostinho, não sabemos se os anjos prestaram seus serviços a Deus na formação da mulher. O certo é que, como o corpo do homem não foi formado do barro pelos anjos, assim também o corpo da mulher não foi formado por eles da costela do homem.

QUANTO AO 3º, deve-se dizer que como ensina ainda Agostinho: "A primeira condição das coisas não comportava absolutamente que a mulher fosse feita dessa maneira, mas apenas que pudesse ser feita assim". Eis por que não é segundo uma potência ativa que o corpo da mulher preexistiu segundo as razões causais nas primeiras obras, mas somente segundo uma potência passiva, em ordem à potência ativa do Criador.

---

2. C. 15: ML 34, 403-404.
3. Ibid.
4. A. 2, ad 2.
5. Loc. cit.
6. C. 18: ML 34, 407.

QUAESTIO XCIII
DE FINE SIVE TERMINO PRODUCTIONE HOMINIS
in novem articulos divisa

Deinde considerandum est de fine sive termino productionis hominis, prout dicitur factus *ad imaginem et similitudinem Dei*.
Et circa hoc quaeruntur novem.
Primo: utrum in homine sit imago Dei.
Secundo: utrum imago Dei sit in irrationalibus creaturis.
Tertio: utrum imago Dei sit magis in angelo quam in homine.
Quarto: utrum imago Dei sit in omni homine.

Quinto: utrum in homine sit imago Dei per comparationem ad essentiam, vel ad Personas divinas omnes, aut unam earum.

Sexto: utrum imago Dei inveniatur in homine solum secundum mentem.
Septimo: utrum imago Dei sit in homine secundum potentias, aut secundum habitus, aut actus.
Octavo: utrum per comparationem ad omnia obiecta.
Nono: de differentia *imaginis* et *similituinis*.

ARTICULUS 1
Utrum imago Dei sit in homine

AD PRIMUM SIC PROCEDITUR. Videtur quod imago Dei non sit in homine.
1. Dicitur enim Is 40,18: *Cui similem fecistis Deum; aut quam imaginem ponetis ei?*
2. PRAETEREA, esse Dei imaginem est proprium Primogeniti, de quo dicit Apostolus, Cl 1,15: *Qui est imago Dei invisibilis, primogenitus omnis creaturae*. Non ergo in homine invenitur Dei imago.

3. PRAETEREA, Hilarius dicit, in libro *de Synod.*[1], quod *imago est eius rei ad quam imaginatur, species indifferens*; et iterum dicit[2] quod *imago est rei*

QUESTÃO 93
O FIM OU O TERMO DA PRODUÇÃO DO HOMEM[a]
em nove artigos

Em seguida deve-se considerar o fim ou termo da produção do homem, como se diz, feito *à imagem e à semelhança de Deus*.
Sobre isso são nove as perguntas:
1. No homem existe a imagem de Deus?
2. A imagem de Deus existe nas criaturas irracionais?
3. A imagem de Deus existe mais no anjo que no homem?
4. A imagem de Deus existe em todos os homens?
5. No homem existe a imagem de Deus por comparação com a essência, ou por comparação com todas as pessoas divinas, ou somente com uma delas?
6. A imagem de Deus se encontra no homem só segundo a mente?
7. A imagem de Deus está no homem segundo as potências, ou segundo os hábitos, ou segundo os atos?
8. Por comparação com todos os objetos?

9. A diferença de *imagem* e *semelhança*.

ARTIGO 1
Há imagem de Deus no homem?

QUANTO AO PRIMEIRO ARTIGO, ASSIM SE PROCEDE: parece que **não** há imagem de Deus no homem.
1. Com efeito, Isaías diz: "Semelhante a quem fizestes Deus ou que imagem fareis dele?"
2. ALÉM DISSO, ser imagem de Deus é próprio do Primogênito, do qual diz o apóstolo aos Colossenses: "Ele é a imagem do Deus invisível, o primogênito de toda criatura". Por conseguinte, a imagem de Deus não se encontra no homem.
3. ADEMAIS, diz Hilário: "A imagem é a representação sem diferenças daquilo do qual foi feita a imagem". Diz ainda: "A imagem é a semelhança

---

1 PARALL.: Supra, q. 35, a. 2, ad 3; q. 45, a. 7; *Cont. Gent.* IV, 26; II *Sent.*, dist. 16, expos litt., 1*Cor.*, c. 11, lect. 2.

1. Super I can. Syn. Ancyr.: ML 10, 490 B.
2. Ibid.

a. Eis uma das mais belas questões da *Suma teológica*, e o ápice do tratado do homem. O homem, criado imediatamente por Deus, o é *à sua imagem*. E este é o termo e o fim de sua criação. De tal modo que o homem ficará inacabado enquanto a imagem de Deus não se torna perfeita nele. Perfeita, ela só o é pelos atos que têm Deus por objeto. Sto. Tomás, contudo, ao longo de toda a questão, aplicar-se-á a mostrar que, devido a sua própria natureza, o homem já é à imagem de Deus, de modo que a graça e a glória virão perfazer aquilo que é a própria natureza do espírito.

ad rem coaequandam indiscreta et unita similitudo. Sed non est species indifferens Dei et hominis; nec potest esse aequalitas hominis ad Deum. Ergo in homine non potest esse imago Dei.

SED CONTRA est quod dicitur Gn 1,26: *Faciamus hominem ad imaginem et similitudinem nostram.*

RESPONDEO dicendum quod, sicut Augustinus dicit in libro *Octoginta trium Quaest.*[3], *ubi est imago, continuo est et similitudo; sed ubi est similitudo, non continuo est imago.* Ex quo patet quod similitudo est de ratione imaginis, et quod imago aliquid addit supra rationem similitudinis, scilicet quod sit ex alio expressum: *imago* enim dicitur ex eo quod agitur ad imitationem alterius. Unde ovum, quantumcumque sit alteri ovo simile et aequale, quia tamen non est expressum ex illo, non dicitur imago eius. — Aequalitas autem non est de ratione imaginis: quia, ut Augustinus ibidem dicit, *ubi est imago, non continuo est aequalitas*; ut patet in imagine alicuius in speculo relucente. Est tamen de ratione perfectae imaginis: nam in perfecta imagine non deest aliquid imagini, quod insit illi de quo expressa est.

Manifestum est autem quod in homine invenitur aliqua Dei similitudo, quae deducitur a Deo sicut ab exemplari: non tamen est similitudo secundum aequalitatem, quia in infinitum excedit exemplar hoc tale exemplatum. Et ideo in homine dicitur esse imago Dei, non tamen perfecta, sed imperfecta. Et hoc significat Scriptura, cum dicit hominem factum *ad imaginem Dei* : praepositio enim *ad* accessum quendam significat, qui competit rei distanti.

AD PRIMUM ergo dicendum quod propheta loquitur de corporalibus imaginibus ab homine fabricatis: et ideo signanter dicit: *Quam imaginem ponetis ei?* Sed Deus ipse sibi in homine posuit spiritualem imaginem.

AD SECUNDUM dicendum quod *Primogenitus omnis creaturae* est imago Dei perfecta, perfecte

indistinta e unida de alguma coisa que se iguala a outra". Ora, não há representação sem diferenças de Deus e do homem; nem pode haver igualdade do homem com Deus. Logo, não pode haver imagem de Deus no homem.

EM SENTIDO CONTRÁRIO, está dito no livro do Gênesis: "Façamos o homem à nossa imagem e semelhança".

RESPONDO. Como diz Agostinho, "onde existe imagem, há certamente semelhança, mas onde há semelhança, não existe com certeza imagem". Por onde se vê que a semelhança pertence à razão de imagem, e que imagem acrescenta alguma coisa à razão de semelhança, a saber, que é reproduzida de outro: com efeito, chamamos *imagem* pelo fato de se fazer à imitação de outra coisa; por isso, um ovo, por mais semelhante e igual que possa ser com relação a outro ovo, não é chamado sua imagem, porque não é reproduzido dele. — A igualdade, não é da razão de imagem, pois, Agostinho diz no mesmo lugar: "Onde existe imagem, não há necessariamente igualdade"; vemo-lo na imagem de uma pessoa que se reflete em um espelho. Ela é, no entanto, da razão da imagem perfeita, pois na imagem perfeita nada deve faltar do que está naquilo de que é reproduzido.

Ora, é manifesto que se encontra no homem certa semelhança de Deus, semelhança que deriva de Deus como de seu modelo. No entanto, não é uma semelhança de igualdade, pois o modelo ultrapassa infinitamente o modelado. Assim, se diz que há no homem imagem de Deus, não perfeita, mas imperfeita. É o que exprime a Escritura quando diz que o homem foi feito *à imagem* de Deus; a preposição *a*, com efeito, traduz certa aproximação, o que cabe a uma coisa distante[b].

QUANTO AO 1º, portanto, deve-se dizer que é das imagens corporais fabricadas pelo homem que fala o Profeta. Por isso diz ele expressamente: "que imagem fareis dele?" Mas Deus colocou no homem sua imagem espiritual.

QUANTO AO 2º, deve-se dizer que o *Primogênito de toda criatura* é a imagem perfeita de Deus,

---

3. Q. 74: ML 40, 85-86; cfr. q. 51: ML 40, 33-34.

b. Embora não sendo da substância de Deus, a alma dele procede, contudo, como de seu Exemplar. "À" imagem de Deus, mais do que imagem mesma de Deus, e por conseguinte conduzida a uma semelhança cada vez maior pela própria Potência que a suscitou. O Verbo, como mostrou Sto. Tomás na q. 35, é a Imagem do Pai, idêntica a ele em substância, e no entanto sua imagem, já que dele procede e se distingue ao mesmo tempo. Ele é portanto o Exemplar segundo o qual tudo é criado, e singularmente o homem (cf. r. 2). Essa Imagem perfeita e eterna fará da natureza humana na qual ela se encarnará (a de Jesus) a mais perfeita imagem criada da Divindade que se pode conceber, e por isso mesmo o ápice absoluto, o polo de tudo o que tende a Deus, a criatura na qual tudo será recriado. Síntese poderosa entre a economia da Criação e a da salvação, mas que, fiel a seu plano rigoroso, Sto. Tomás só fará surgir na Parte III (Q. 3, a. 8).

implens illud cuius imago est: et ideo dicitur *Imago*, et nunquam *ad imaginem*. Homo vero et propter similitudinem dicitur imago; et propter imperfectionem similitudinis, dicitur *ad imaginem*. Et quia similitudo perfecta Dei non potest esse nisi in identitate naturae, imago Dei est in Filio suo primogenito sicut imago regis in filio sibi connaturali; in homine autem sicut in aliena natura, sicut imago regis in nummo argenteo; ut patet per Augustinum in libro *de Decem Chordis*[4].

AD TERTIUM dicendum quod, cum unum sit ens indivisum, eo modo dicitur species indifferens, quo una. Unum autem dicitur aliquid non solum numero aut specie aut genere, sed etiam secundum analogian vel proportionem quandam: et sic est unitas vel convenientia creaturae ad Deum. Quod autem dicit *rei ad rem coaequandam*, pertinet ad rationem perfectae imaginis.

realizando perfeitamente aquilo de que é a imagem; por isso é chamado imagem, e nunca *à imagem*. Do homem se diz que é imagem, por causa da semelhança, e que é *à imagem*, por causa da imperfeição da semelhança. E como a semelhança perfeita de Deus só pode realizar-se na identidade de natureza, a imagem de Deus se encontra em seu Filho Primogênito como a imagem do rei se encontra no filho que dele recebeu a vida. No homem está como em uma outra natureza, como a imagem do rei se encontra em uma moeda de prata, como explica Agostinho.

QUANTO AO 3º, deve-se dizer que como o uno é um ente indiviso, assim a representação é sem diferenças na medida em que é una. Mas uma coisa pode ser una não só numericamente, ou segundo a espécie ou gênero, mas ainda por analogia ou proporção. Dessa maneira há unidade ou coincidência da criatura com Deus. — Quanto ao inciso de Hilário: "De alguma coisa que se iguala a outra", se aplica à razão de imagem perfeita.

ARTICULUS 2
Utrum imago Dei inveniatur in irrationalibus creaturis

AD SECUNDUM SIC PROCEDITUR. Videtur quod imago Dei inveniatur in irrationalibus creaturis.

1. Dicit enim Dionysius, in libro *de Div. Nom.*[1]: *Habent causata causarum suarum contingentes imagines*. Sed Deus est causa non solum rationalium creaturarum, sed etiam irrationalium. Ergo imago Dei invenitur in irrationalibus creaturis.
2. PRAETEREA, quanto est expressior similitudo in aliquo, tanto magis accedit ad rationem imaginis. Sed Dionysius dicit, 4 cap. *de Div. Nom.*[2], quod radius solaris maxime habet similitudinem divinae bonitatis. Ergo est ad imaginem Dei.
3. PRAETEREA, quanto aliquid est magis perfectum in bonitate, tanto magis est Deo simile. Sed totum universum est perfectius in bonitate quam homo: quia etsi bona sint singula, tamen simul omnia dicuntur *valde bona*, Gn 1,31. Ergo totum universum est ad imaginem Dei, et non solum homo.

ARTIGO 2
A imagem de Deus se encontra nas criaturas irracionais?

QUANTO AO SEGUNDO, ASSIM SE PROCEDE: parece que a imagem de Deus **se encontra** nas criaturas irracionais.

1. Com efeito, diz Dionísio: "As coisas causadas têm imagens contingentes de suas causas". Ora, Deus é causa não só das criaturas racionais, mas também das irracionais. Logo, a imagem de Deus se encontra nas criaturas irracionais.
2. ALÉM DISSO, quanto mais clara é a semelhança em alguma coisa, tanto mais se aproxima da razão de imagem. Ora, Dionísio diz que o raio de sol é muitíssimo semelhante à bondade divina. Logo, ele é à imagem de Deus.
3. ADEMAIS, quanto mais se é perfeito em bondade, mais se é semelhante a Deus. Ora, o universo inteiro é mais perfeito em bondade que o homem, pois, mesmo se cada coisa individual é boa, todas juntas são chamadas *muito boas*. Logo, o universo, todo ele, é à imagem de Deus, e não somente o homem.

---

4. Serm. 9, al. *de Tempore* 96, c. 8: ML 38, 82.

PARALL.: Supra, q. 45, a. 7; I *Sent.*, dist. 3, q. 3; II, dist. 16, a. 2; III, dist. 10, q. 2, a. 2, q.la 2; *Cont. Gent.* IV, 26; *De Verit.*, q. 10, a. 1, ad 5; *De Pot.*, q. 9, ad 9.

1. C. 2: MG 3, 645 C.
2. C. 4: MG 3, 697 C.

4. PRAETEREA, Boetius in libro *de Consol.*³, dicit de Deo: *Mundum mente gerens, similique in imagine formans*. Ergo totus mundus est ad imaginem Dei, et non solum rationalis creatura.

SED CONTRA est quod dicit Augustinus, VI *super Gen. ad litt.*⁴: *Hoc excellit in homine, quia Deus ad imaginem suam hominem fecit, propter hoc quod dedit ei mentem intellectualem, qua praestat pecoribus*. Ea ergo quae non habent intellectum, non sunt ad imaginem Dei.

RESPONDEO dicendum quod non quaelibet similitudo, etiam si sit expressa ex altero, sufficit ad rationem imaginis. Si enim similitudo sit secundum genus tantum, vel secundum aliquod accidens commune, non propter hoc dicetur aliquid esse ad imaginem alterius: non enim posset dici quod vermis qui oritur ex homine, sit imago hominis propter similitudinem generis; neque iterum potest dici quod, si aliquid fiat album ad similitudinem alterius, quod propter hoc sit ad eius imaginem, quia album est accidens commune pluribus speciebus. Requiritur autem ad rationem imaginis quod sit similitudo secundum speciem, sicut imago regis est in filio suo: vel ad minus secundum aliquod accidens proprium speciei, et praecipue secundum figuram, sicut hominis imago dicitur esse in cupro. Unde signanter Hilarius dicit⁵ quod *imago est species indifferens*.

Manifestum est autem quod similitudo speciei attenditur secundum ultimam differentiam. Assimilantur autem aliqua Deo, primo quidem, et maxime communiter, inquantum sunt; secundo vero, inquantum vivunt; tertio vero, inquantum sapiunt vel intelligunt. Quae, ut Augustinus dicit in libro *Octoginta trium Quaest.*⁶, *ita sunt Deo similitudine proxima, ut in creaturis nihil sit propinquius*. Sic ergo patet quod solae intellectuales creaturae, proprie loquendo, sunt ad imaginem Dei.

AD PRIMUM ergo dicendum quod omne imperfectum est quaedam participatio perfecti. Et ideo

4. ADEMAIS, Boécio diz a propósito de Deus: "Gera o mundo em seu espírito e o forma segundo uma imagem semelhante". Portanto, o mundo inteiro é à imagem de Deus, e não somente a criatura racional.

EM SENTIDO CONTRÁRIO, diz Agostinho: "O que faz a excelência do homem é que Deus o fez à sua imagem, pelo fato de lhe ter dado um espírito inteligente que o torna superior aos animais". Portanto, as coisas que não têm intelecto não são à imagem de Deus.

RESPONDO. Não é qualquer semelhança, mesmo reproduzida de outra coisa, que realiza a razão de imagem. Se se trata de uma semelhança apenas genérica ou segundo algum acidente comum, não se dirá por isso que uma coisa é a imagem de outra. Não se poderia dizer que o verme, que tem sua origem do homem, é imagem do homem em razão da semelhança genérica; nem se poderia tampouco dizer, se uma coisa se torna branca à semelhança de outra, que é, por essa razão, à imagem da outra, pois a brancura é um acidente comum a várias espécies. O que é requerido para razão de imagem é uma semelhança específica, como a imagem do rei está em seu filho, ou, pelo menos, uma semelhança segundo um acidente próprio da espécie, sobretudo segundo a figura, como quando se diz que a imagem do homem se encontra na moeda de cobre. Por isso diz expressamente Hilário: "A imagem é uma representação sem diferenças".

É claro que se considera a semelhança específica pela diferença última. Algumas coisas apresentam semelhanças com Deus, primeira e mais comumente, enquanto existem; em segundo lugar, enquanto vivem; terceiro, enquanto têm sabedoria e inteligência. Esses últimos, como diz Agostinho, "são de tal modo próximos de Deus nessa semelhança que nada nas criaturas lhe é mais próximo". Fica claro, portanto, que só as criaturas dotadas de inteligência são, falando propriamente, à imagem de Deusᶜ.

QUANTO AO 1º, portanto, deve-se dizer que o imperfeito é uma participação do perfeito. Por

---

3. L. III, metr. 9: ML 63, 759 A.
4. C. 12: ML 34, 348.
5. *De Syn.*, super I can. Syn. Ancyr.: ML 10, 490 B.
6. Q. 51: ML 40, 32.

c. Sabemos (q. 44, a. 3) que toda criatura (e sobretudo a totalidade unificada do universo) traz em si uma semelhança com a Divindade. Contudo, apenas a natureza espiritual reproduz nela o que se poderia chamar de específico da natureza divina, a intelectualidade (na linguagem de Sto. Tomás, "intelectualidade" implica amor e vontade). Poderia surpreender que não seja reservado à graça sobrenatural o poder de fazer participar da natureza de Deus. Mas a graça não será possível sem essa semelhança fundamental de natureza, que é o próprio do espírito.

etiam ea quae deficiunt a ratione imaginis, inquantum tamen aliqualem Dei similitudinem habent, participant aliquid de ratione imaginis. Et ideo Dionysius dicit quod causata habent causarum *contingentes imagines*, idest quantum contingit ea habere, et non simpliciter.

AD SECUNDUM dicendum quod Dionysius assimilat radium solarem divinae bonitati quantum ad causalitatem; non secundum dignitatem naturae, quae requiritur ad rationem imaginis.

AD TERTIUM dicendum quod universum est perfectius in bonitate quam intellectualis creatura extensive et diffusive. Sed intensive et collective similitudo divinae perfectionis magis invenitur in intellectuali creatura, quae est capax summi boni. — Vel dicendum quod pars non dividitur contra totum, sed contra aliam partem. Unde cum dicitur quod sola natura intellectualis est ad imaginem Dei, non excluditur quin universum, secundum aliquam sui partem, sit ad imaginem Dei, sed excluduntur aliae partes universi.

AD QUARTUM dicendum quod imago accipitur a Boetio secundum rationem similitudinis qua artificiatum imitatur speciem artis quae est in mente artificis: sic autem quaelibet creatura est imago rationis exemplaris quam habet in mente divina. Sic autem non loquimur nunc de imagine: sed secundum quod attenditur secundum similitudinem in natura; prout scilicet primo enti assimilantur omnia, inquantum sunt entia; et primae vitae inquantum sunt viventia; et summae sapientiae, inquantum sunt intelligentia.

isso, as coisas que têm menos a razão de imagem, na medida em que possuem uma semelhança qualquer com Deus, participam algo da razão de imagem. Por isso diz Dionísio que as realidades causadas têm *imagens contingentes* das causas, a saber, enquanto acontece tê-las, mas não de modo absoluto.

QUANTO AO 2º, deve-se dizer que Dionísio assemelha o raio do sol à bondade divina do ponto de vista da causalidade, e não da dignidade da natureza, que é requerida para a razão de imagem.

QUANTO AO 3º, deve-se dizer que o universo é mais perfeito em bondade do que a criatura dotada de inteligência, em extensão e difusão. Mas, intensiva e coletivamente, a semelhança da perfeição divina se encontra mais na criatura dotada de inteligência, capaz do sumo Bem. — Podemos também dizer que a parte não se opõe ao todo, mas à outra parte. Por isso, quando se diz que só a natureza dotada de inteligência é à imagem de Deus, não se exclui que o universo, segundo algumas de suas partes, seja à imagem de Deus. O que se exclui são as outras partes do universo.

QUANTO AO 4º, deve-se dizer que Boécio entende imagem sob a razão de semelhança segundo a qual a obra de arte imita a representação da arte que está na mente do artesão. Ora, nesse sentido toda criatura é imagem da razão exemplar que ela tem na mente divina. Mas não é nesse sentido que falamos aqui de imagem; mas enquanto se considera nela a semelhança de natureza de uma semelhança de natureza, a saber, enquanto todas as coisas se assemelham ao primeiro ente, enquanto são entes; à primeira vida enquanto são entes vivos; à sabedoria suprema enquanto são entes inteligentes.

ARTICULUS 3

Utrum angelus sit magis ad imaginem Dei quam homo

AD TERTIUM SIC PROCEDITUR. Videtur quod angelus non sit magis ad imaginem Dei quam homo.

1. Dicit enim Augustinus, in sermone *de Imagine*[1], quod Deus nulli alii creaturae dedit quod sit ad imaginem suam, nisi homini. Non ergo verum est quod angelus magis dicatur ad imaginem Dei quam homo.

ARTIGO 3

O anjo é mais à imagem de Deus que o homem?

QUANTO AO TERCEIRO, ASSIM SE PROCEDE: parece que o anjo **não** é mais à imagem de Deus que o homem.

1. Com efeito, Agostinho diz que Deus não concedeu a criatura alguma ser à sua imagem, a não ser ao homem. Portanto, não é verdade que o anjo possa ser dito mais à imagem de Deus que o homem.

---

3 PARALL.: I *Sent.*, dist. 3, q. 3, ad 4; II, dist. 16, a. 3, III, dist. 2, q. 1, a. 1, q.la 2; in *Psalm.* 8.

1. Serm. 43, al. *De Verbis Apost*. XXVII, c. 2: ML 38, 255.

2. Praeterea, secundum Augustinum, in libro *Octoginta trium Quaest.*², *Homo ita est ad imaginem Dei, ut, nulla interposita creatura, formetur a Deo. Et ideo nihil est illi coniunctius.* Sed imago Dei dicitur aliqua creatura, inquantum Deo coniungitur. Ergo angelus non est magis ad imaginem Dei quam homo.

3. Praeterea, creatura dicitur ad imaginem Dei, inquantum est intellectualis naturae. Sed intellectualis natura non intenditur nec remittitur: non enim est de genere accidentis, cum sit in genere substantiae. Ergo angelus non est magis ad imaginem Dei quam homo.

Sed contra est quod dicit Gregorius, in quadam Homilia³, quod *angelus dicitur⁴ signaculum similitudinis, quia in eo similitudo divinae imaginis magis insinuatur expressa.*

Respondeo dicendum quod de imagine Dei loqui dupliciter possumus. Uno modo, quantum ad id in quo primo consideratur ratio imaginis, quod est intellectualis natura. Et sic imago Dei est magis in angelis quam sit in hominibus: quia intellectualis natura perfectior est in eis, ut ex supra⁵ dictis patet. — Secundo potest considerari imago Dei in homine, quantum ad id in quo secundario consideratur: prout scilicet in homine invenitur quaedam Dei imitatio, inquantum scilicet homo est de homine, sicut Deus de Deo; et inquantum anima hominis, est tota in toto corpore eius, et iterum tota in qualibet parte ipsius, sicut Deus se habet ad mundum. Et secundum haec et similia, magis invenitur Dei imago in homine quam in angelo. — Sed quantum ad hoc non attenditur per se ratio divinae imaginis in homine, nisi praesupposita prima imitatione, quae est secundum intellectualem naturam: alioquin etiam animalia bruta essent ad imaginem Dei. Et ideo, cum quantum ad intellectualem naturam angelus sit magis ad imaginem Dei quam homo, simpliciter concedendum est angelum magis esse ad imaginem Dei; hominem autem secundum quid.

2. Além disso, de acordo com Agostinho, "o homem é de tal modo feito à imagem de Deus, que é formado por Deus sem intermediação de criatura alguma, e por isso nada existe mais unido a Deus". Ora, uma criatura é chamada imagem de Deus enquanto está unida a Deus. Logo, o anjo não é mais à imagem de Deus que o homem.

3. Ademais, diz-se que a criatura é à imagem de Deus enquanto tem uma natureza dotada de inteligência. Ora, em tal natureza não há mais ou menos, nem é do gênero de acidente, uma vez que é do de substância. Logo, o anjo não é mais à imagem de Deus que o homem.

Em sentido contrário, diz Gregório que "o anjo é chamado selo de semelhança porque nele a semelhança da imagem divina parece melhor reproduzida".

Respondo. Sobre a imagem de Deus, podemos falar de dois modos. Primeiro, a partir daquilo em que principalmente se considera a razão de imagem, a natureza intelectual. Desse modo, a imagem de Deus está mais nos anjos que nos homens, pois a natureza intelectual é neles mais perfeita, como foi dito acima. — Segundo, a partir daquilo em que a título secundário se considera a imagem de Deus no homem, a saber, enquanto se dá no homem certa imitação de Deus, por exemplo, o homem nasce do homem como Deus de Deus; a alma do homem está toda inteira na totalidade de seu corpo, e toda inteira não importa em que parte desse corpo, como Deus está no mundo. Por esses traços e outros semelhantes, a imagem de Deus se encontra mais no homem que no anjo. —Mas a partir disso não se atende propriamente à razão da imagem divina no homem, a não ser pressupondo a primeira imitação, a que se realiza segundo a natureza intelectual; do contrário os animais privados de razão seriam à imagem de Deus. Por conseguinte, como o anjo, tendo em conta a natureza intelectual, é mais à imagem de Deus que o homem é preciso reconhecer que, de modo absoluto, o anjo é mais à imagem de Deus que o homem; e o homem só o é mais de modo relativoᵈ.

---

2. Q. 51: ML 40, 33.
3. Homil. 34 in *Evang.*: ML 76, 1250 B.
4. Cfr. Ezech. 28, 12: *Tu signaculum similitudinis, plenus sapientia et perfectus decore.*
5. Q. 58, a. 3: q. 75, q. 7, ad 3, a. 79, a. 8.

d. Pelo que precede, resulta evidentemente que, quanto mais se é espírito, mais se é à imagem de Deus. Contudo, pela graça, o que está no mais baixo grau da escala natural dos espíritos pode ser elevado ao mais alto grau da semelhança divina. Também a suprema imagem criada de Deus é um homem, Jesus Cristo.

AD PRIMUM ergo dicendum quod Augustinus excludit a Dei imagine alias inferiores creaturas intellectu carentes, non autem angelos.

AD SECUNDUM dicendum quod, sicut ignis dicitur esse subtilissimum corporum secundum suam speciem, cum tamen unus ignis sit alio subtilior; ita dicitur quod nihil est coniunctius Deo quam mens humana, secundum genus intellectualis naturae; quia, sicut ipse supra[6] praemiserat, *quae sapiunt, ita sunt illi similitudine proxima, ut in creaturis nihil sit propinquius*. Unde per hoc non excluditur quin angelus sit magis ad Dei imaginem.

AD TERTIUM dicendum quod, cum dicitur quod *substantia non recipit magis et minus*, non intelligitur quod una species substantiae non sit perfectior quam alia: sed quod unum et idem individuum non participet suam speciem quandoque magis, quandoque minus. Nec etiam a diversis individuis participatur species substantiae secundum magis et minus.

ARTICULUS 4
Utrum imago Dei inveniatur in quolibet homine

AD QUARTUM SIC PROCEDITUR. Videtur quod imago Dei non inveniatur in quolibet homine.

1. Dicit enim Apostolus, 1Cor 11,7, quod *vir est imago Dei, mulier autem est* imago *viri*. Cum ergo mulier sit individuum humanae speciei, non cuilibet individuo convenit esse imaginem Dei.

2. PRAETEREA, Apostolus dicit, Rm 8,29, quod illos *quos Deus praescivit conformes fieri imagini Filii sui, hos praedestinavit*. Sed non omnes homines praedestinati sunt. Ergo non omnes homines habent conformitatem imaginis.

3. PRAETEREA, similitudo est de ratione imaginis, ut supra[1] dictum est. Sed per peccatum fit homo Deo dissimilis. Ergo amittit Dei imaginem.

SED CONTRA est quod dicitur in Ps 38,7: *Veruntamen in imagine pertransit homo*.

QUANTO AO 1º, portanto, deve-se dizer que o que Agostinho exclui da imagem de Deus são as outras criaturas inferiores desprovidas de razão, não os anjos.

QUANTO AO 2º, deve-se dizer que assim como o fogo é chamado o mais sutil dos corpos em sua espécie, e no entanto um fogo é mais sutil que outro, assim se diz que "nada está mais unido a Deus" que a mente humana, considerando o gênero da natureza intelectual. Agostinho já o comentara acima: "Os seres dotados de sabedoria lhe são de tal modo próximos em semelhança que nada nas criaturas lhe é mais próximo". Tais palavras não excluem que o anjo seja mais à imagem de Deus.

QUANTO AO 3º, deve-se dizer que quando se diz que a substância *não é suscetível de mais ou de menos*, não se quer dizer que tal espécie de substância seja mais perfeita que uma outra; mas que um só e mesmo indivíduo não participa ora mais, ora menos de sua espécie. Ou ainda que diversos indivíduos não participam de sua substância específica ora mais, ora menos.

ARTIGO 4
A imagem de Deus se encontra em todo homem?

QUANTO AO QUARTO, ASSIM SE PROCEDE: parece que a imagem de Deus **não** se encontra em todo homem.

1. Com efeito, diz o Apóstolo que "o homem é a imagem de Deus, a mulher porém é a imagem do homem". Portanto, como a mulher é um indivíduo da espécie humana, não convém a todo indivíduo ser imagem de Deus.

2. ALÉM DISSO, diz o Apóstolo na Carta aos Romanos: "Aqueles que Deus previamente discerniu, Ele também os predestinou a serem conformes à imagem de seu Filho". Ora, todos os homens não foram predestinados. Logo, nem todos os homens têm a conformidade da imagem.

3. ADEMAIS, como foi dito acima, a semelhança é da razão de imagem. Ora, pelo pecado o homem perde sua semelhança com Deus. Logo, perde a imagem de Deus.

EM SENTIDO CONTRÁRIO, está escrito no livro dos Salmos: "E no entanto o homem cumpre sua passagem como em uma imagem".

---

6. Loc. cit. in arg.

PARALL.: I *Sent*., dist. 3, expos. part. 2 litt.; *De Pot*., q. 9, a. 9.
1. A. 1.

RESPONDEO dicendum quod, cum homo secundum intellectualem naturam ad imaginem Dei esse dicatur, secundum hoc est maxime ad imaginem Dei, secundum quod intellectualis natura Deum maxime imitari potest. Imitatur autem intellectualis natura maxime Deum quantum ad hoc, quod Deus seipsum intelligit et amat. Unde imago Dei tripliciter potest considerari in homine. Uno quidem modo, secundum quod homo habet aptitudinem naturalem ad intelligendum et amandum Deum: et haec aptitudo consistit in ipsa natura mentis, quae est communis omnibus hominibus. Alio modo, secundum quod homo actu vel habitu Deum cognoscit et amat, sed tamen imperfecte: et haec est imago per conformitatem gratiae. Tertio modo, secundum quod homo Deum actu cognoscit et amat perfecte: et sic attenditur imago secundum similitudinem gloriae. Unde super illud Ps 4,7, *Signatum est super nos lumen vultus tui, Domine*, Glossa[2] distinguit triplicem imaginem: scilicet *creationis, recreationis* et *similitudinis*. — Prima ergo imago invenitur in omnibus hominibus; secunda in iustis tantum; tertia vero solum in beatis.

AD PRIMUM ergo dicendum quod tam in viro quam in muliere invenitur Dei imago quantum ad id in quo principaliter ratio imaginis consistit, scilicet quantum ad intellectualem naturam. Unde Gn 1,27, cum dixisset, *ad imaginem Dei creavit illum*, scilicet hominem, subdidit: *masculum et feminam creavit eos*: et dixit pluraliter *eos*, ut Augustinus dicit[3], ne intelligatur in uno individuo uterque sexus fuisse coniunctus. — Sed quantum ad aliquid secundario imago Dei invenitur in viro, secundum quod non invenitur in muliere: nam vir est principium mulieris et finis, sicut Deus est principium et finis totius creaturae. Unde cum Apostolus dixisset quod *vir imago et gloria est Dei, mulier autem est gloria viri*; ostendit quare hoc dixerit, subdens (8 9): *Nom enim vir est ex muliere, sed mulier ex viro; et vir non est creatus propter mulierem, sed mulier propter virum*.

RESPONDO. Visto que é em virtude de sua natureza intelectual que se diz ser o homem à imagem de Deus, ele o é sobretudo na medida em que a natureza intelectual pode imitá-lo ao máximo. Ora, a natureza intelectual imita Deus ao máximo, naquilo em que Deus se conhece e se ama. Por conseguinte, a imagem de Deus no homem poderá ser vista de três maneiras. Primeiramente, enquanto o homem tem uma aptidão natural para conhecer e amar a Deus, aptidão que reside na natureza da alma espiritual, comum a todos os homens. Segundo, enquanto o homem conhece e ama atual ou habitualmente a Deus, embora de maneira imperfeita. Trata-se então da imagem por conformidade de graça. Terceiro, enquanto o homem conhece e ama a Deus atual e perfeitamente. Tem-se então a imagem segundo a semelhança da glória. Por isso, comentando a palavra do Salmista: "A luz de tua face foi impressa sobre nós, Senhor", a Glosa distingue três espécies de imagens: a da criação, da nova criação e da semelhança. — A primeira dessas imagens se encontra em todos os homens, a segunda nos justos somente, e a terceira somente entre os bem-aventurados[e].

QUANTO AO 1º, portanto, deve-se dizer que quanto àquilo em que consiste principalmente a razão de imagem, a saber, a natureza intelectual, a imagem de Deus se encontra tanto no homem como na mulher. Por isso, depois de ter dito: "À imagem de Deus ele o criou" (a saber, o homem), o livro do Gênesis acrescenta: "Homem e mulher Ele os criou"; e comenta Agostinho: escreveu no plural "Ele os criou" para que não se pense que os dois sexos tenham sido reunidos num só indivíduo. — Não obstante, quanto a certos traços secundários, a imagem de Deus se acha no homem de um modo que não se verifica na mulher; com efeito, o homem é princípio e fim da mulher, como Deus é princípio e fim de toda criatura. Portanto, quando o Apóstolo diz: "O homem é a imagem e a glória de Deus, enquanto a mulher é a glória do homem"; mostra ele a razão pela qual o dissera,

---

2. Ordin.
3. *De Gen. ad litt.*, l. III, c. 22: ML 34, 294.

e. É neste artigo que Sto. Tomás distingue de maneira luminosa o que poderíamos chamar de nível natural e sobrenatural na imagem de Deus. Não basta pensar e amar para trazer em si a imagem de Deus. É preciso conhecer e amar o que Deus conhece e ama, ou seja, ele mesmo. Por natureza, o homem tem aptidão para conhecer e amar a Deus. *Pela graça*, tal aptidão passa ao ato, mas imperfeitamente. *Na glória*, tal aptidão desabrocha perfeitamente. Observe-se que, ao atribuir à graça a passagem da aptidão ao ato, Sto. Tomás parece julgar insuficiente o conhecimento natural e filosófico de Deus para atualizar no homem sua qualidade de imagem de Deus. Todavia, ao atribuir à *própria natureza do espírito a ap*tidão à elevação da graça, Sto. Tomás subentende que o conhecimento natural de Deus implica tal aptidão. O que ele denomina, aliás, de "potência obediencial" do espírito criado como tal a receber a graça de ver e de amar a Deus é constitutivo da imagem de Deus no homem.

AD SECUNDUM ET TERTIUM dicendum quod illae rationes procedunt de imagine quae est secundum conformitatem gratiae et gloriae.

ARTICULUS 5
Utrum in homine sit imago Dei quantum ad Trinitatem Personarum

AD QUINTUM SIC PROCEDITUR. Videtur quod in homine non sit imago Dei quantum ad Trinitatem divinarum Personarum.

1. Dicit enim Augustinus[1], in libro *de Fide ad Petrum*[2]: *Una est sanctae Trinitatis essentialiter divinitas, et imago ad quam factus est homo*. Et Hilarius, in V *de Trin.*[3], dicit quod *homo fit ad communem Trinitatis imaginem*. Est ergo in homine imago Dei quantum ad essentiam, et non quantum ad Trinitatem Personarum.

2. PRAETEREA, in libro *de Eccles. Dogmat.*[4] dicitur quod imago Dei attenditur in homine secundum aeternitatem. Damascenus etiam dicit[5] quod *hominem esse ad imaginem Dei, significat intellectuale, et arbitrio liberum, et per se potestativum*. Gregorius etiam Nyssenus dicit[6] quod, cum Scriptura dixit hominem factum ad imaginem Dei, *aequale est ac si diceret humanam naturam omnis boni factam esse participem, bonitatis enim plenitudo divinitas est*. Haec autem omnia non pertinent ad distinctionem Personarum, sed magis ad essentiae unitatem. Ergo in homine est imago Dei, non secundum Trinitatem Personarum, sed secundum essentiae unitatem.

3. PRAETEREA, imago ducit in cognitionem eius cuius est imago. Si igitur in homine est imago Dei

ajuntando: "Não é o homem com efeito que foi tirado da mulher, mas a mulher do homem, e de outro lado não é o homem que foi criado para a mulher, mas a mulher para o homem"[f].

QUANTO AO 2º E AO 3º, deve-se dizer que esses argumentos concernem à imagem que é pela conformidade da graça e da glória.

ARTIGO 5
Há no homem a imagem de Deus quanto à Trindade das Pessoas?

QUANTO AO QUINTO, ASSIM SE PROCEDE: parece que no homem **não** há a imagem quanto à Trindade das Pessoas divinas.

1. Com efeito, diz Agostinho: "Una, essencialmente, é a divindade da santa Trindade, e a imagem segundo a qual foi feito o homem". Hilário, de seu lado, diz: "O homem se faz segundo a imagem comum da Trindade". Portanto, no homem existe a imagem de Deus quanto à essência, mas não quanto à Trindade das Pessoas.

2. ALÉM DISSO, no livro dos *Dogmas Eclesiásticos* se diz que a imagem de Deus se considera no homem segundo a eternidade. Damasceno afirma que "ser o homem à imagem de Deus significa que é dotado de inteligência, livre em seu julgamento e capaz de dispor de si mesmo". Gregório de Nissa diz que quando a Escritura afirma que o homem foi feito à imagem de Deus "é como se dissesse que a natureza humana tornou-se participante de todo o bem; com efeito a divindade é a plenitude da bondade". Ora, todas essas coisas concernem não à distinção das Pessoas, mas à unidade da essência. Logo, no homem há a imagem de Deus não segundo a Trindade das Pessoas, mas segundo a unidade da essência.

3. ADEMAIS, a imagem leva ao conhecimento daquilo do qual ela é a imagem. Por conseguin-

---

5 PARALL.: A. seq.; *De Verit.*, q. 10, a. 3.
   1. Fulgentius.
   2. C. 1: ML 65, 674 D.
   3. Num. 8: ML 10, 134 B.
   4. C. 55, al. 88: ML 42, 1222 (= ML 58, 1000; 83, 1244).
   5. *De Fide Orth.*, l. II, c. 12: MG 94, 920 B.
   6. *De Hominis Opificio*, c. 16: MG 44, 184 B.

f. Voltamos a encontrar a subordinação da mulher ao homem implicada por um famoso texto de S. Paulo. É mesmo agravada pela espantosa assertiva: "O homem é o princípio e o fim da mulher, assim como Deus o é de toda a criação". Sto. Tomás dissera, todavia, que a subordinação da mulher ao homem não era para o fim do homem, mas para um fim comum a ambos (ver q. 92, a. 1). Não abusemos porém desse texto, que pretende acima de tudo interpretar o S. Paulo sobre a mulher, glória do homem, assim como o homem é a glória de Deus. Sto. Tomás busca nele antes de mais nada mostrar a igualdade entre a mulher e o homem no que constitui o essencial da imagem de Deus: a vida espiritual. A seus olhos, o resto é somente funcional e temporal.

secundum Trinitatem Personarum, cum homo per naturalem rationem seipsum cognoscere possit, sequeretur quod per naturalem cognitionem posset homo cognoscere Trinitatem divinarum Personarum. Quod est falsum, ut supra[7] ostensum est.

4. Praeterea, nomen Imaginis non cuilibet trium Personarum convenit, sed soli Filio: dicit enim Augustinus, in VI *de Trin*.[8], quod *solus Filius est imago Patris*. Si igitur in homine attenderetur Dei imago secundum Personam, non esset in homine imago totius Trinitatis, sed Filii tantum.

Sed contra est quod Hilarius, in IV *de Trin*.[9], per hoc quod homo dicitur ad imaginem Dei factus, ostendit pluralitatem divinarum Personarum.

Respondeo dicendum quod, sicut supra[10] habitum est, distinctio divinarum Personarum non est nisi secundum originem, vel potius secundum relationes originis. Non autem est idem modus originis in omnibus, sed modus originis uniuscuiusque est secundum convenientiam suae naturae: aliter enim producuntur animata, aliter inanimata; aliter animalia, atque aliter plantae. Unde manifestum est quod distinctio divinarum Personarum est secundum quod divinae naturae convenit. Unde esse ad imaginem Dei secundum imitationem divinae naturae, non excludit hoc quod est esse ad imaginem Dei secundum repraesentationem trium Personarum; sed magis unum ad alterum sequitur. — Sic igitur dicendum est in homine esse imaginem Dei et quantum ad naturam divinam, et quantum ad Trinitatem Personarum: nam et in ipso Deo in tribus Personis una existit natura.

Et per hoc patet responsio ad duo prima.

Ad tertium dicendum quod ratio illa procederet, si imago Dei esset in homine perfecte repraesentans Deum. Sed, sicut Augustinus dicit in XV *de Trin*.[11], maxima est differentia huius trinitatis quae est in nobis, ad Trinitatem divinam. Et ideo,

te, se no homem há imagem de Deus segundo a Trindade das Pessoas, dado que o homem pode conhecer a si mesmo pela razão natural, seguir-se-ia que o homem poderia pela razão natural conhecer a Trindade das Pessoas divinas. Ora, isso é falso, como foi mostrado acima.

4. Ademais, o nome imagem não convém a qualquer das três Pessoas divinas, mas só ao Filho. Agostinho diz que "só o Filho é imagem do Pai". Em consequência, se no homem se considera a imagem de Deus segundo a Pessoa, não é a imagem de toda a Trindade que estaria no homem, mas a do Filho.

Em sentido contrário, está o que afirma Hilário: "O fato de se dizer que o homem foi feito à imagem de Deus mostra a pluralidade das Pessoas divinas.

Respondo. Como foi explicado acima, as Pessoas divinas se distinguem somente pela origem, ou antes pelas relações de origem. Ora, o modo pelo qual se originam não é o mesmo em todos. Cada um tem o modo que convém à sua natureza: uma é a produção dos seres animados, outra a dos seres inanimados, outra a dos animais e outra enfim a das plantas. Portanto, é manifesto que a distinção das Pessoas divinas se dá em conformidade com a natureza divina, do que resulta que ser à imagem de Deus por uma imitação da natureza divina não exclui o ser à imagem de Deus por uma representação das três Pessoas; muito ao contrário, uma coisa se segue à outra. — Assim, pois, é preciso dizer que há no homem imagem de Deus, não apenas quanto à natureza divina e mas também quanto à Trindade das Pessoas, uma vez que em Deus existe uma única natureza em três Pessoas[g].

Quanto ao 1º e 2º, fica clara a resposta pelo exposto.

Quanto ao 3º, deve-se dizer que esse argumento procederia se no homem houvesse uma imagem de Deus que o representasse perfeitamente. Mas, como diz Agostinho, infinita é a diferença entre essa trindade que está em nós e a Trindade

---

7. Q. 32, a. 1.
8. C. 2: ML 42, 925.
9. Num. 18, 19: ML 10, 111 A — 112 A.
10. Q. 40, a. 2.
11. Cc. 20, 23: ML 42, 1088, 1090-1091.

g. Tudo o que precede funda-se sobre a natureza espiritual do homem e de Deus. Poder-se-ia ter pensado que o homem é a imagem da natureza de Deus, e não da trindade das Pessoas. Contudo, como seria possível ser à imagem da natureza de Deus a não ser enquanto ela é em três Pessoas? É nesse ponto, contudo, que se deve apelar para o mistério da graça, sem a qual não haveria participação na Natureza de Deus no que ela tem de propriamente divino, que é o fato de ser trinitária.

ut ipse ibidem[12] dicit, *trinitatem quae in nobis est, videmus potius quam credimus: Deum vero esse Trinitatem, credimus potius quam videmus.*

AD QUARTUM dicendum quod quidam dixerunt in homine esse solum imaginem Filii. Sed hoc improbat Augustinus, in XII *de Trin.*[13]. Primo quidem, per hoc quod, cum secundum aequalitatem essentiae Filius sit Patri similis, necesse est, si homo sit factus ad similitudinem Filii, quod sit factus ad similitudinem Patris. — Secundo quia, si homo esset factus solum ad imaginem Filii, non diceret Pater: *Faciamus hominem ad imaginem et similitudinem nostram,* sed *tuam.*

Cum ergo dicitur Gn 1,27, *Ad imaginem Dei fecit illum,* non est intelligendum quod Pater fecerit hominem solum ad imaginem Filii, qui est Deus, ut quidam exposuerunt: sed intelligendum est quod Deus Trinitas fecit hominem ad imaginem suam, idest totius Trinitatis.

Cum autem dicitur (ibid.) quod *Deus fecit hominem ad imaginem suam,* dupliciter potest intelligi. Uno modo, quod haec praepositio *ad* designet terminum factionis: ut sit sensus, *Faciamus hominem taliter, ut sit in eo imago.* — Alio modo, haec praepositio *ad* potest designare causam exemplarem; sicut cum dicitur, *Iste liber est factus ad illum.* Et sic imago Dei est ipsa essentia divina, quae abusive imago dicitur, secundum quod imago ponitur pro exemplari. Vel, secundum quod quidam[14] dicunt, divina essentia dicitur imago, quia secundum eam una Persona aliam imitatur.

divina. Por isso diz no mesmo lugar, "a trindade que está em nós, nós mais a vemos do que nela acreditamos; pelo contrário, que Deus seja Trino, nós mais acreditamos do que vemos".

QUANTO AO 4º, deve-se dizer que alguns disseram que no homem só há imagem do Filho. Agostinho, porém, desaprova essa opinião. Primeiramente, porque se o Filho é semelhante ao Pai, em razão da igualdade da essência e se o homem foi feito à semelhança do Filho, é necessário que o homem tenha sido feito à semelhança do Pai. — Depois, porque se o homem tivesse sido feito somente segundo a imagem do Filho, o Pai não diria: "Façamos o homem à nossa imagem e semelhança", mas à tua[h].

Por conseguinte, quando se lê no livro do Gênesis: "Ele o fez à imagem de Deus", não se deve compreender que o Pai fez o homem unicamente segundo a imagem do "Filho que é Deus", conforme a interpretação de alguns; mas que o Deus Trindade fez o homem à sua imagem, isto é, de toda a Trindade.

E quando aí se lê: "Deus fez o homem à sua imagem", isso pode ser compreendido de duas maneiras. Primeiramente, vendo na preposição *a* o termo da criação. O sentido, então, seria: *Façamos o homem de tal maneira que nele se encontre nossa imagem.* — Em segundo lugar, a preposição *a* pode designar a causa exemplar, como quando se diz: esse livro foi feito ao modelo daquele. Assim a imagem de Deus é a essência divina; nesse caso abusivamente denominada imagem, sendo imagem tomada por modelo. Ou ainda, como dizem alguns, a essência divina é chamada imagem porque é por ela que uma Pessoa imita uma outra.

ARTICULUS 6
Utrum imago Dei sit in homine solum secundum mentem

AD SEXTUM SIC PROCEDITUR. Videtur quod imago Dei non sit in homine solum secundum mentem.
1. Dicit enim Apostolus, 1Cor 11,7, quod *vir est imago Dei.* Sed vir non est solum mens.

ARTIGO 6
A imagem de Deus está no homem somente segundo a mente?

QUANTO AO SEXTO, ASSIM SE PROCEDE: parece que a imagem de Deus **não** está no homem somente segundo a mente.
1. Com efeito, diz o Apóstolo em Carta aos Coríntios que "o homem é a imagem de Deus".

---

12. C. 6: ML 42, 1064.
13. C. 6: ML 42, 1001.
14. Cfr. HILAR., *De Trin.*, l. III, n. 23. ML 10, 92 AB.

6 PARALL.: Supra, q. 3, a. 1, ad 2; q. 45, a. 7; I *Sent.*, dist. 3, q. 3; *Cont. Gent.* IV, 26.

h. Ser à imagem do Filho é, por isso mesmo, ser à imagem do Pai. No entanto, é imitar o próprio fato de ser imagem. Concebamos uma imagem da Trindade na qual se encontra o dinamismo do mistério da processão das Pessoas: pela conformidade ao Filho a assimilação ao Pai; pela comunicação do Espírito Santo, a *comunhão* filial ao Pai.

Ergo imago Dei non attenditur solum secundum mentem.

2. PRAETEREA, Gn 1,27: *Creavit Deus hominem ad imaginem suam, ad imaginem Dei creavit illum, masculum et feminam creavit eos.* Sed distinctio masculi et feminae est secundum corpus. Ergo etiam secundum corpus attenditur Dei imago in homine, et non secundum mentem tantum.

3. PRAETEREA, imago praecipue videtur attendi secundum figuram. Sed figura ad corpus pertinet. Ergo imago Dei attenditur in homine etiam secundum corpus, et non secundum mentem tantum.

4. PRAETEREA, secundum Augustinum, XII *super Gen. ad litt.*[1], triplex visio invenitur in nobis: scilicet *corporalis, spiritualis* sive imaginaria, *et intellectualis.* Si ergo secundum visionem intellectualem, quae ad mentem pertinet, est aliqua trinitas in nobis, secundum quam sumus ad imaginem Dei; pari ratione et in aliis visionibus.

SED CONTRA est quod Apostolus dicit, Eph 4,23-24: *Renovamini spiritu mentis vestrae, et induite novum hominem*: ex quo datur intelligi quod renovatio nostra, quae fit secundum novi hominis indumentum, ad mentem pertinet. Sed ad Col. 3,10 dicit: *Induentes novum hominem, qui renovatur in agnitionem* Dei, *secundum imaginem eius qui creavit eum*: ubi renovationem quae est secundum novi hominis indumentum, attribuit imagini Dei. Esse ergo ad imaginem Dei pertinet solum ad mentem.

RESPONDEO dicendum quod, cum in omnibus creaturis sit aliqualis Dei similitudo, in sola creatura rationali invenitur similitudo Dei per modum imaginis, ut supra[2] dictum est: in aliis autem creaturis per modum vestigii. Id autem in quo creatura rationalis excedit alias creaturas, est intellectus sive mens. Unde relinquitur quod nec in ipsa rationali creatura invenitur Dei imago, nisi secundum mentem. In aliis vero partibus, si quas habet rationalis creatura, invenitur similitudo vestigii; sicut et in ceteris rebus quibus secundum partes huiusmodi assimilatur.

Cuius ratio manifeste cognosci potest, si attendatur modus quo repraesentat vestigium, et quo repraesentat imago. Imago enim repraesentat

Ora, o varão não é apenas mente. Portanto, não se considera a imagem de Deus apenas segundo a mente.

2. ALÉM DISSO, no livro do Gênesis está dito: "Deus criou o homem à sua imagem, segundo a imagem de Deus o criou, homem e mulher os criou". Ora, a distinção do homem e da mulher é segundo o corpo. Logo, a imagem de Deus no homem se considera segundo o corpo, e não apenas segundo a mente.

3. ADEMAIS, a imagem se considera sobretudo, ao que parece, na figura. Ora, a figura é própria do corpo. Logo, a imagem de Deus no homem se verifica também segundo o corpo, e não apenas segundo a mente.

4. ADEMAIS, segundo Agostinho, temos três espécies de visão: a visão corporal, a visão espiritual ou imaginativa e a visão intelectual. Por conseguinte, se conforme a visão intelectual que é própria da mente, há uma trindade em nós segundo a qual somos à imagem de Deus, pelo mesmo motivo também nas outras visões.

EM SENTIDO CONTRÁRIO, afirma o Apóstolo em Carta aos Efésios: "Renovai-vos no espírito de vossa mente e revesti-vos do homem novo". Por aí nos é dado conhecer que nossa renovação, que se faz revestindo-nos do homem novo, concerne à mente. Por outro lado, ele diz aos Colossenses: "Revestindo o homem novo, o qual continuamente se renova para alcançar o conhecimento de Deus, segundo a imagem de seu Criador". Assim, ele atribui à imagem de Deus a renovação que se realiza revestindo-se do homem novo. Portanto, ser à imagem de Deus é próprio apenas da mente.

RESPONDO. Embora em todas as criaturas haja alguma semelhança de Deus, somente na criatura dotada de razão a semelhança de Deus se encontra a modo de imagem; nas outras criaturas ela se encontra a modo de vestígio. Ora, aquilo pelo que a criatura dotada de razão transcende as outras criaturas é o intelecto ou a mente. Donde resulta que, na criatura racional, a imagem de Deus se realiza apenas segundo a mente; nas outras partes, se essa criatura racional as possui, se verifica uma semelhança a modo de vestígio, como também nas outras coisas às quais se assemelha relativamente a essas partes.

A razão disso pode ser conhecida claramente se se atenta ao modo como se representa o vestígio e como a imagem. A imagem, como foi dito,

---

1. Cc. 7, 24: ML 34, 459, 474-475.
2. A. 2.

secundum similitudinem speciei, ut dictum est³. Vestigium autem repraesentat per modum effectus qui sic repraesentat suam causam, quod tamen ad speciei similitudinem non pertingit: impressiones enim quae ex motu animalium relinquuntur, dicuntur vestigia; et similiter cinis dicitur vestigium ignis; et desolatio terrae, vestigium hostilis exercitus.

Potest ergo huiusmodi differentia attendi inter creaturas rationales et alias creaturas, et quantum ad hoc quod in creaturis repraesentatur similitudo divinae naturae, et quantum ad hoc quod in eis repraesentatur similitudo Trinitatis increatae. Nam quantum ad similitudinem divinae naturae pertinet, creaturae rationales videntur quodammodo ad repraesentationem speciei pertingere, inquantum imitantur Deum non solum in hoc quod est et vivit, sed etiam in hoc quod intelligit, ut supra⁴ dictum est. Aliae vero creaturae non intelligunt; sed apparet in eis quoddam vestigium intellectus producentis, si earum dispositio consideretur. — Similiter, cum increata Trinitas distinguatur secundum processionem Verbi a dicente, et Amoris ab utroque, ut supra⁵ habitum est; in creatura rationali, in qua invenitur processio verbi secundum intellectum, et processio amoris secundum voluntatem, potest dici imago Trinitatis increatae per quandam repraesentationem speciei. In aliis autem creaturis non invenitur principium verbi, et verbum, et amor; sed apparet in eis quoddam vestigium quod haec inveniantur in causa producente. Nam hoc ipsum quod creatura habet substantiam modificatam et finitam, demonstrat quod sit a quodam principio; species vero eius demonstrat verbum facientis, sicut forma domus demonstrat conceptionem artificis; ordo vero demonstrat amorem producentis, quo effectus ordinatur ad bonum, sicut usus aedificii demonstrat artificis voluntatem.

Sic igitur in homine invenitur Dei similitudo per modum imaginis secundum mentem; sed secundum alias partes eius, per modum vestigii.

representa segundo uma semelhança específica, enquanto o vestígio representa a modo de um efeito que representa sua causa sem atingir a semelhança específica. Por exemplo, as impressões que são deixadas pelo movimento dos animais e que se chamam vestígios; igualmente a cinza é vestígio do fogo, e a destruição de um país é vestígio do exército inimigo.

É exatamente essa a diferença que se pode observar entre as criaturas dotadas de razão e as outras criaturas, tanto pelo modo como é representada nessas criaturas a semelhança da natureza divina, como nelas é representada a semelhança da Trindade incriada. No que concerne à semelhança da natureza divina, as criaturas dotadas de razão parecem chegar até a representação da natureza específica, pois imitam Deus não somente no que ele é e vive, mas também no que ele conhece, como já foi dito. As outras criaturas não conhecem intelectualmente, mas aparece nelas certo vestígio do intelecto que as produz, se consideramos sua disposição. — Igualmente, no que concerne à semelhança da Trindade incriada, dado que ela se distingue pela processão do Verbo da parte de quem o profere e pela processão do Amor de um e de outro, como acima foi tratado, se consideramos a criatura dotada de razão, na qual se encontra a processão do verbo na inteligência, e a processão do amor na vontade, pode-se falar de uma imagem da Trindade incriada em virtude de uma representação específica. Se consideramos as outras criaturas, nelas não se encontram o princípio do verbo, o verbo e o amor, mas nelas aparece algum vestígio de que esses três termos se encontram na causa que os produz. Com efeito, o próprio fato de a criatura ter uma substância a seu modo e finita demonstra que ela vem de algum princípio; sua pertença a uma espécie demonstra o verbo daquele que a faz, como a forma da casa demonstra a concepção do artista; sua ordem demonstra o amor daquele que a produz, pelo qual o efeito é ordenado para o bem, como o uso de um edifício demonstra a vontade do arquiteto.

Assim pois, no homem se encontra uma semelhança de Deus por modo de imagem segundo a mente, enquanto nas outras partes a encontramos por modo de vestígio¹.

---

3. Ibid.
4. Ibid.
5. Q. 28, a. 3.

---

i. Tudo o que precede tende a mostrar que o homem é à imagem de Deus pelo que, nele, é propriamente espiritual (*mens*). Mas, pelo que, nele, é corporal, traz ele em si, como todo o resto do universo, simples "vestígios" do Deus Criador e Trindade.

AD PRIMUM ergo dicendum quod homo dicitur imago Dei, non quia ipse essentialiter sit imago, sed quia in eo est Dei imago impressa secundum mentem; sicut denarius dicitur imago Caesaris, inquantum habet Caesaris imaginem. Unde non oportet quod secundum quamlibet partem hominis accipiatur Dei imago.

AD SECUNDUM dicendum quod, sicut Augustinus dicit XII *de Trin*.[6], quidam imaginem Trinitatis in homine posuerunt, non secundum unum individuum, sed secundum plura; dicentes quod *vir Patris personam intimat; Filii vero personam, quod de viro ita processit ut de illo nasceretur; atque ita tertiam personam, velut Spiritum Sanctum, dicunt esse mulierem, quae ita de viro processit ut non ipsa esset filius aut filia*. — Quod prima facie absurdum videtur. Primo quidem, quia sequeretur quod Spiritus Sanctus esset principium Filii, sicut mulier est principium prolis quae nascitur de viro. Secundo, quia unus homo non esset nisi ad imaginem unius Personae. Tertio, quia secundum hoc Scriptura de imagine Dei in homine mentionem facere non debuisset, nisi producta iam prole.

Et ideo dicendum est quod Scriptura, postquam dixerat, *Ad imaginem Dei creavit illum*, addidit, *Masculum et feminam creavit eos*, non ut imago Dei secundum distinctiones sexuum attendatur; sed quia imago Dei utrique sexui est communis, cum sit secundum mentem, in qua non est distinctio sexuum. Unde Apostolus, *ad* Col 3, postquam dixerat [10], *secundum imaginem eius qui creavit illum*, subdit: *Ubi non est masculus et femina*.

AD TERTIUM dicendum quod, quamvis imago Dei in homine non accipiatur secundum figuram corpoream, tamen *corpus hominis, quia solum inter terrenorum animalium corpora non pronum in alvum prostratum est, sed tale est ut ad contemplandum caelum sit aptius, magis in hoc*

QUANTO AO 1º, portanto, deve-se dizer que o homem se diz imagem de Deus, não que ele seja, por sua essência, imagem, mas que ele tem em si impressa a imagem de Deus segundo a mente. Assim uma moeda se diz à imagem de César, enquanto traz a imagem de César. Daí que não é necessário encontrar a imagem de Deus não importa em que parte do homem.

QUANTO AO 2º, deve-se dizer que como diz Agostinho, alguns afirmaram a imagem de Deus no homem não em um só e mesmo indivíduo, mas em vários. diziam que "o homem ocupa o lugar do Pai, a criança que dele procede por via de nascimento o lugar do Filho, enfim a terceira pessoa corresponde ao Espírito Santo; segundo eles, é a mulher que procede do homem sem no entanto ser filho nem filha". — Essa teoria, à primeira vista, parece absurda. Primeiro, porque seguir-se-ia que o Espírito Santo seria princípio do Filho, como a mulher é princípio da criança que nasce do homem. Em segundo lugar, porque um homem determinado não seria à imagem senão de uma só Pessoa. Em terceiro, porque então a Escritura só iria fazer menção da imagem de Deus no homem depois da produção da prole.

Por isso se deve dizer que, se depois de haver afirmado: "À imagem de Deus o criou", a Escritura ajunta: "Homem e mulher os criou", não é para considerar a imagem de Deus segundo a distinção dos sexos, mas porque a imagem de Deus é comum a um e outro sexo, pois é segundo a mente, na qual não há distinção dos sexos. Razão por que o Apóstolo na Carta aos Colossenses, depois de ter dito: "segundo a imagem de seu criador", acrescenta: "aqui não se trata mais da questão de homem ou de mulher"[j].

QUANTO AO 3º, deve-se dizer que embora a imagem de Deus no homem não se tome segundo a figura corpórea, no entanto, como afirma Agostinho, "dado que só o corpo do homem entre os corpos dos animais terrestres não é inclinado sobre o ventre, mas está disposto de tal maneira a

---

6. C. 5: ML 42, 1000.

Admiremos aqui o belíssimo desenvolvimento que retoma e completa o que foi dito na q. 45, a. 7: "É necessário que se encontre em tudo o que é criado um vestígio da Trindade". Pode-se lamentar, no entanto, que Sto. Tomás não tenha levado adiante a distinção entre o que é corporal no homem e o que é corporal no resto do universo (ver r. 3). Depois de ter mostrado, de modo tão admirável, que o corpo do homem não tem outro sentido além de seu próprio ordenamento ao espírito, como não ver nele uma verdadeira expressão sensível da imagem de Deus? O que, em todo caso, ele afirma a respeito dos corpos glorificados, na q. 12, a. 3, r. 2.

j. Seria realmente ridículo ver na união dos sexos e na geração carnal uma imagem da Trindade, a mulher sendo a imagem do Espírito Santo, e a criança a do Filho! Já o amor que une duas pessoas é uma imagem verdadeira da Trindade. E aquele que une o homem à mulher, por sua exclusividade, sua totalidade, sua perpetuidade, realiza no mais alto ponto esse valor. Mas também aquele que une em um todos os membros da Igreja: "Que eles sejam um em mim assim como tu e eu somos um". O que Sto. Tomás interpreta em seu comentário a Jo 17,22 como uma imagem da Trindade que se realiza na Igreja.

ad imaginem et similitudinem Dei, quam cetera corpora animalium, factum iure videri potest; ut Augustinus dicit in libro *Octoginta trium Quaest*.[7]. Quod tamen non est sic intelligendum, quasi in corpore hominis sit imago Dei: sed quia ipsa figura humani corporis repraesentat imaginem Dei in anima, per modum vestigii.

AD QUARTUM dicendum quod tam in visione corporali quam in visione imaginaria invenitur quaedam trinitas, ut Augustinus dicit in libro *de Trin*.[8]. In visione enim corporali est quidem primo species exterioris corporis; secundo vero ipsa visio, quae fit per impressionem cuiusdam similitudinis praedictae speciei in visum; tertio est ibi intentio voluntatis applicans visum ad videndum, et eum in re visa detinens. — Similiter etiam in visione imaginaria invenitur primo quidem species in memoria reservata; secundo ipsa imaginaria visio, quae provenit ex hoc quod acies animae, idest ipsa vis imaginaria, informatur secundum praedictam speciem; tertio vero invenitur intentio voluntatis coniungens utrumque. — Sed utraque trinitas deficit a ratione divinae imaginis. Nam ipsa species exterioris corporis est extra naturam animae: species autem quae est in memoria, etsi non sit extra animam, est tamen adventitia animae: et ita utrobique deficit repraesentatio connaturalitatis et coaeternitatis divinarum Personarum. Visio vero corporalis non procedit tantum a specie exterioris corporis, sed simul cum hoc a sensu videntis: et similiter visio imaginaria non solum procedit a specie quae in memoria conservatur, sed etiam a virtute imaginativa: et ita per hoc non repraesentatur convenienter processio Filii a solo Patre. Intentio vero voluntatis, quae coniungit duo praedicta, non ex eis procedit, neque in visione corporea neque in spirituali: unde non convenienter repraesentatur processio Spiritus Sancti a Patre et Filio.

melhor contemplar o céu, pode com razão parecer que tenha sido feito mais à imagem e semelhança de Deus do que o corpo dos outros animais". Não se deve todavia interpretar isso como se houvesse imagem de Deus no corpo do homem; é preciso compreender que a própria figura do corpo humano representa à maneira de vestígio a imagem de Deus na alma.

QUANTO AO 4º, deve-se dizer que como diz Agostinho, encontra-se certa trindade tanto na visão corporal como na visão imaginativa. Na visão corporal, há primeiramente a espécie do corpo exterior; depois, a visão propriamente dita que se faz pela impressão de uma semelhança da espécie referida na vista; terceiro, a intenção da vontade aplicando a vista a ver e guardando-a fixada na coisa vista. — Igualmente, na visão imaginativa encontra-se primeiro a espécie guardada na memória; depois a própria visão imaginativa, que provém daquilo que o olho da alma, isto é, a imaginação, é informada pela referida espécie; e em terceiro lugar a intenção da vontade que une os dois. — Mas uma e outra trindade permanecem aquém da razão de imagem divina, pois a espécie do corpo exterior está fora da natureza da alma, e a espécie que está na memória, embora não se encontre fora da alma, é adventícia, e assim de uma e outra parte a representação da conaturalidade e coeternidade das Pessoas divinas fica deficiente. A visão corporal, por sua vez, não procede somente da espécie do corpo exterior, mas ao mesmo tempo do sentido daquele que vê; igualmente a visão imaginativa não procede somente da espécie guardada na memória, mas também da imaginação, e assim não representa adequadamente a processão do Filho a partir somente do Pai. Enfim, a intenção da vontade que une os dois termos precedentes não procede desses termos nem na visão corpórea, nem na espiritual, e por isso não representa convenientemente a processão do Espírito Santo a partir do Pai e do Filho.

ARTICULUS 7
Utrum imago Dei inveniatur in anima secundum actus

AD SEPTIMUM SIC PROCEDITUR. Videtur quod imago Dei non inveniatur in anima secundum actus.

ARTIGO 7
A imagem de Deus se encontra na alma segundo os atos?

QUANTO AO SÉTIMO, ASSIM SE PROCEDE: parece que a imagem de Deus **não** se encontra na alma segundo os atos.

---

7. Q. 51: ML 40, 33.
8. L. XI, c. 2 sqq.: ML 42, 985 sqq.

7 PARALL.: *De Verit.*, q. 10, a. 3.

1. Dicit enim Augustinus, XI *de Civ. Dei*¹, quod homo factus est ad imaginem Dei, *secundum quod sumus, et nos esse novimus, et id esse ac nosse diligimus*. Sed esse non significat actum. Ergo imago Dei non attenditur in anima secundum actus.

2. PRAETEREA, Augustinus, in IX *de Trin.*², assignat imaginem Dei in anima secundum haec tria, quae sunt *mens, notitia* et *amor*. Mens autem non significat actum; sed magis potentiam, vel etiam essentiam intellectivae animae. Ergo imago Dei non attenditur secundum actus.

3. PRAETEREA, Augustinus, X *de Trin.*³, assignat imaginem Trinitatis in anima secundum *memoriam, intelligentiam* et *voluntatem*. Sed haec tria sunt *vires naturales animae*, ut Magister dicit, 3 distinctione I libri *Sent*. Ergo imago attenditur secundum potentias, et non secundum actus.

4. PRAETEREA, imago Trinitatis semper manet in anima. Sed actus non semper manet. Ergo imago Dei non attenditur in anima secundum actus.

SED CONTRA est quod Augustinus, XI *de Trin.*⁴, assignat trinitatem in inferioribus animae partibus secundum actualem visionem sensibilem et imaginariam. Ergo et trinitas quae est in mente, secundum quam homo est ad imaginem Dei, debet attendi secundum actualem visionem.

RESPONDEO dicendum quod, sicut supra⁵ dictum est, ad rationem imaginis pertinet aliqualis repraesentatio speciei. Si ergo imago Trinitatis divinae debet accipi in anima, oportet quod secundum illud principaliter attendatur, quod maxime accedit, prout possibile est, ad repraesentandum speciem divinarum Personarum. Divinae autem Personae distinguuntur secundum processionem Verbi a dicente, et Amoris connectentis utrumque. Verbum autem in anima nostra *sine actuali cogitatione esse non potest*, ut Augustinus dicit 14 *de Trin.*⁶. Et ideo primo et principaliter attenditur imago Trinitatis in mente secundum actus, prout scilicet ex notitia quam habemus, cogitando interius verbum formamus, et ex hoc in amorem prorumpimus. — Sed quia principia

1. Com efeito, Agostinho diz que o homem foi feito à imagem de Deus na medida em que "somos, e nos conhecemos que somos e amamos esse ser e esse conhecer". Ora, ser não designa um ato. Logo, a imagem de Deus na alma não se toma segundo os atos.

2. ALÉM DISSO, Agostinho situa a imagem de Deus na alma segundo estas três realidades que são "a mente, o conhecimento e o amor". Ora, a mente não designa um ato, designa antes uma potência ou ainda a essência da alma intelectiva. Logo, não é segundo os atos que se considera a imagem de Deus.

3. ADEMAIS, Agostinho situa a imagem da Trindade na alma segundo "a memória, a inteligência e a vontade". Ora, essas três realidades, como diz o Mestre das Sentenças, são "as potências naturais da alma". Logo, é 'segundo as potências e não os atos que se considera a imagem de Deus.

4. ADEMAIS, a imagem da Trindade permanece sempre na alma Ora, o ato não permanece sempre. Logo, não é segundo os atos que se considera a imagem de Deus na alma.

EM SENTIDO CONTRÁRIO, Agostinho situa a trindade nas partes inferiores da alma segundo a visão atual, tanto sensível como imaginativa. Por conseguinte, a imagem que está na mente, segundo a qual o homem é à imagem de Deus, deve, ela também, ser considerada segundo a visão atual.

RESPONDO. Como foi dito acima, pertence à razão de imagem alguma representação específica. Por conseguinte, se se deve aceitar uma imagem da Trindade na alma, é preciso considerá-la principalmente naquilo que se aproxima muito, enquanto é possível, de uma representação específica das Pessoas divinas. Ora, as Pessoas divinas se distinguem segundo a processão do Verbo da parte de quem o profere e segundo a do Amor que une um ao outro. Por outro lado, o verbo, como diz Agostinho, não pode existir em nossa alma "sem um pensamento atual". Razão por que é segundo os atos que se toma em primeiro lugar e a título principal a imagem de Deus na alma, na medida em que a partir do conhecimento que possuímos formamos, pensando, um verbo, e a partir daí prorrompe nosso amorᵏ. — Mas

---

1. C. 26: ML 41, 339.
2. C. 12: ML 42, 972.
3. C. 12: ML 42, 984.
4. C. 2 sqq.: ML 42, 985 sqq.
5. A. 2.
6. C. 7: ML 42, 1043.

k. O artigo 5 se limitara a informar-nos que a alma não podia ser à imagem de Deus sem ser à imagem da Trindade. Este artigo 7 mostra-nos o que, no espírito criado, é à imagem da Trindade: ele afirma que é o verbo interior, no qual se exprime o

actuum sunt habitus et potentiae; unumquodque autem virtualiter est in suo principio: secundario, et quasi ex consequenti, imago Trinitatis potest attendi in anima secundum potentias, et praecipue secundum habitus, prout in eis scilicet actus virtualiter existunt.

AD PRIMUM ergo dicendum quod esse nostrum ad imaginem Dei pertinet, quod est nobis proprium supra alia animalia; quod quidem esse competit nobis inquantum mentem habemus. Et ideo eadem est haec trinitas cum illa quam Augustinus ponit in IX de Trin.[7], quae consistit in mente, notitia et amore.

AD SECUNDUM dicendum quod Augustinus hanc trinitatem primo adinvenit in mente. Sed quia mens, etsi se totam quodammodo cognoscat, etiam quodammodo se ignorat, prout scilicet est ab aliis distincta; et sic etiam se quaerit, ut Augustinus consequenter probat in X de Trin.[8]: ideo, quasi notitia non totaliter menti coaequetur, accipit in anima tria quaedam propria mentis, scilicet memoriam, intelligentiam et voluntatem, quae nullus ignorat se habere, et in istis tribus potius imaginem Trinitatis assignat, quasi prima assignatio sit quodammodo deficiens.

AD TERTIUM dicendum quod, sicut Augustinus probat XIV de Trin.[9], intelligere dicimur et velle seu amare aliqua, et quando de his cogitamus, et quando de his non cogitamus. Sed quando sine cogitatione sunt, ad solam memoriam pertinent; quae nihil est aliud, secundum ipsum, quam habitualis retentio notitiae et amoris. *Sed quia*, ut ipse dicit[10], *verbum ibi esse sine cogitatione non potest (cogitamus enim omne quod dicimus etiam illo interiori verbo quod ad nullius gentis pertinet linguam), in tribus potius illis imago ista cognoscitur, memoria scilicet, intelligentia et voluntate. Hanc autem nunc dico intelligentiam, qua intelligimus cogitantes; et eam voluntatem sive amorem vel dilectionem, quae istam prolem parentemque coniungit.* Ex quo patet quod imaginem divinae Trinitatis potius ponit in intelligentia

como os hábitos e potências são os princípios dos atos e como as coisas se encontram virtualmente em seu princípio, a imagem da Trindade na alma pode ser considerada a título secundário e como por via de consequência segundo as potências e sobretudo segundo os hábitos, uma vez que neles, os atos, existem virtualmente.

QUANTO AO 1º, portanto, deve-se dizer que nosso ser se refere à imagem de Deus. Isso temos de próprio acima dos outros animais; e isso na verdade nos compete enquanto possuímos a mente. Daí ser esta Trindade a mesma da qual fala Agostinho que consiste na mente, no conhecimento e no amor.

QUANTO AO 2º, deve-se dizer que Agostinho descobre primeiramente esta trindade na mente. Mas porque a mente, embora se conheça de certa forma totalmente, também de certa forma se ignora, enquanto é distinta das outras coisas, e assim também procura a si mesma, como consequentemente prova Agostinho. Por isso se o conhecimento não se adequasse totalmente à mente, reconhece na alma três elementos próprios da mente, a saber, a memória, a inteligência e vontade, que ninguém ignora possuir. E a estes três atribui principalmente a imagem da Trindade, como se a primeira atribuição fosse de certa forma deficiente.

QUANTO AO 3º, deve-se dizer que conforme prova Agostinho, dizemos conhecer e querer ou amar algumas coisas, quando nelas cogitamos, e quando não cogitamos. Mas essas coisas quando não estão sendo cogitadas pertencem unicamente à memória, que não é outra coisa, segundo ele, do que a retenção habitual do conhecimento e do amor. "Mas porque", como ele mesmo diz, "o verbo não pode existir sem cogitação (cogitamos de fato em tudo que dizemos, mesmo pelo verbo interior que não pertence a nenhum idioma), naquelas três se conhece principalmente esta imagem, a saber, na memória, na inteligência e na vontade. E agora, a esta eu chamo inteligência pela qual conhecemos aqueles que cogitam; e àquela, vontade ou amor ou dileção que une esta prole e os parentes". Disso se conclui claramente que coloca a imagem da

---

7. Cfr. arg. 2.
8. Cc. 4, 8: ML 42, 976-977, 979.
9. C. 7: ML 42, 1042-1044.
10. Loc. prox. cit.

---

pensamento, e o amor que dele brota. Daí resulta que a alma surge como imagem da Trindade apenas em seus atos. Formulação extremamente precisa da teoria psicológica da Trindade que, nas respostas às objeções, Sto. Tomás reduz, bastante laboriosamente, às formulações agostinistas: ser, saber quem se é, amar seu conhecimento e seu ser; espírito, conhecimento, amor; memória, inteligência e vontade.

et voluntate actuali, quam secundum quod sunt in habituali retentione memoriae: licet etiam quantum ad hoc, aliquo modo sit imago Trinitatis in anima, ut ibidem dicitur. Et sic patet quod memoria, intelligentia et voluntas non sunt tres *vires*, ut in *Sententiis* dicitur.

AD QUARTUM dicendum quod aliquis respondere posset per hoc quod Augustinus dicit XIV *de Trin*.[11], quod *mens semper sui meminit, semper se intelligit et amat*. Quod quidam sic intelligunt, quasi animae adsit actualis intelligentia et amor sui ipsius. Sed hunc intellectum excludit per hoc quod subdit, quod *non semper se cogitat discretam ab his quae non sunt quod ipsa*. Et sic patet quod anima semper intelligit et amat se, non actualiter, sed habitualiter. Quamvis etiam dici possit quod, percipiendo actum suum, seipsam intelligit quandocumque aliquid intelligit. Sed quia non semper est actu intelligens, ut patet in dormiente, ideo oportet dicere quod actus, etsi non semper maneant in seipsis, manent tamen semper in suis principiis, scilicet potentiis et habitibus. Unde Augustinus dicit, XIV *de Trin*.[12]: *Si secundum hoc facta est ad imaginem Dei anima rationalis, quod uti ratione atque intellectu ad intelligendum et conspiciendum Deum potest, ab initio quo esse coepit, fuit in ea Dei imago*.

divina Trindade antes na inteligência e na vontade em ato, do que na retenção habitual da memória, embora, também quanto a isso, haja de certo modo a imagem da Trindade na alma, como no mesmo lugar é afirmado. E assim é evidente que a memória, a inteligência e a vontade não são três *potências*, como diz o Mestre das Sentenças.

QUANTO AO 4º, deve-se dizer que alguém poderia responder, pelo que Agostinho afirma, que "a mente sempre se lembra de si mesma, sempre se conhece e se ama". E alguns entendem isso como se houvesse na alma em ato a inteligência e o amor de si mesmo. Mas ele exclui este entendimento quando acrescenta que "a alma não pensa sempre em si distinta daquelas coisas que não são o que ela é". Assim é patente que a alma conhece e ama a si mesma, não em ato, mas habitualmente. Embora também se possa dizer que, percebendo seu ato, ela conhece a si mesma toda vez que conhece alguma coisa. Mas porque não está sempre conhecendo em ato, como é evidente quando dorme, por isso convém dizer que os atos, embora nem sempre permaneçam em si mesmos, permanecem contudo sempre em seus princípios: nas potências e nos hábitos. Daí dizer Agostinho: "Se a alma racional foi feita à imagem de Deus no sentido de que pode usar da razão e do intelecto para conhecer e contemplar a Deus, desde o dia em que ela começou a existir esteve nela a imagem de Deus".

ARTICULUS 8

Utrum imago divinae Trinitatis sit in anima solum per comparationem ad obiectum quod est Deus

AD OCTAVUM SIC PROCEDITUR. Videtur quod imago divinae Trinitatis sit in anima non solum per comparationem ad obiectum quod est Deus.
1. Imago enim divinae Trinitatis invenitur in anima, sicut dictum est[1], secundum quod verbum in nobis procedit a dicente, et amor ab utroque. Sed hoc invenitur in nobis secundum quodcumque obiectum. Ergo secundum quodcumque obiectum invenitur in mente nostra imago divinae Trinitatis.

ARTIGO 8

A imagem da Trindade divina está na alma somente por comparação com o objeto que é Deus?

QUANTO AO OITAVO, ASSIM SE PROCEDE: parece que a imagem da Trindade divina está na alma **não** só por comparação com o objeto que é Deus.
1. Com efeito, a imagem da Trindade divina se encontra na alma, como foi afirmado, segundo o verbo procede em nós da parte de quem o profere, e o amor de um e de outro. Ora, isto se encontra em nós relativamente a todo e qualquer objeto. Logo, a imagem da Trindade divina se encontra em nossa mente relativamente a todo e qualquer objeto.

---

11. C. 6: ML 42, 1041-1042. — Cfr. l. X, c. 12: ML 42, 984.
12. C. 4: ML 42, 1040.

8 PARALL.: I *Sent*., dist. 3, q. 4, a. 4; *De Verit*., q. 10, a. 7.
1. A. 6, 7.

2. Praeterea, Augustinus dicit, in XII *de Trin.*[2], quod *cum quaerimus in anima trinitatem, in tota quaerimus, non separantes actionem rationalem in temporalibus a contemplatione aeternorum.* Ergo etiam secundum temporalia obiecta invenitur imago Trinitatis in anima.

3. Praeterea, quod Deum intelligamus et amemus, convenit nobis secundum gratiae donum. Sic igitur secundum memoriam, intelligentiam et voluntatem seu dilectionem Dei, attendatur imago Trinitatis in anima, non erit imago Dei in homine secundum naturam, sed secundum gratiam. Et sic non erit omnibus communis.

4. Praeterea, sancti qui sunt in patria, maxime conformantur imagini Dei secundum gloriae visionem: unde dicitur, 2Cor 3,18: *In eandem imaginem transformamur, a claritate in claritatem.* Sed secundum visionem gloriae temporalia cognoscuntur. Ergo etiam per comparationem ad temporalia, Dei imago attenditur in nobis.

Sed contra est quod Augustinus dicit, XIV *de Trin.*[3], quod *non propterea est Dei imago in mente, quia sui meminit, et intelligit et diligit se: sed quia potest etiam meminisse, intelligere et amare Deum, a quo facta est.* Multo igitur minus secundum alia obiecta attenditur imago Dei in mente.

Respondeo dicendum quod, sicut supra[4] dictum est, imago importat similitudinem utcumque pertingentem ad speciei repraesentationem. Unde oportet quod imago divinae Trinitatis attendatur in anima secundum aliquid quod repraesentat divinas Personas repraesentatione speciei, sicut est possibile creaturae. Distinguuntur autem divinae Personae, ut dictum est[5], secundum processionem Verbi a dicente, et Amoris ab utroque. Verbum autem Dei nascitur de Deo secundum notitiam sui ipsius, et Amor procedit a Deo secundum quod seipsum amat. Manifestum est autem quod diversitas obiectorum diversificat speciem verbi et amoris: non enim idem est specie in corde hominis verbum conceptum de lapide et de equo, nec idem specie amor. Attenditur igitur divina imago in homine secundum verbum conceptum de Dei notitia, et amorem exinde derivatum. Et sic imago Dei attenditur in anima secundum quod fertur, vel nata est ferri in Deum.

2. Além disso, Agostinho diz que "quando procuramos na alma a Trindade, procuramo-la em toda ela, não separando a ação racional sobre as coisas temporais da contemplação dos elementos eternos". Portanto, a imagem da Trindade também se encontra na alma relativamente a objetos temporais.

3. Ademais, conhecer e amar a Deus nos convém segundo o dom da graça. Se, portanto, é segundo a memória, inteligência e vontade ou amor de Deus que se toma a imagem da Trindade na alma, não haverá no homem imagem de Deus segundo a natureza, mas segundo a graça. E assim não será comum a todos.

4. Ademais, os santos, que estão na pátria, conformam-se no mais alto grau com a imagem de Deus segundo a visão da glória. Por isso, diz a Carta aos Coríntios: "Somos transformados na mesma imagem, de claridade em claridade". Ora, coisas temporais são conhecidas segundo a visão da glória. Logo, também por comparação com o temporal se considera em nós a imagem de Deus.

Em sentido contrário, Agostinho diz que "a imagem de Deus não está na mente porque esta se lembra de si mesma, se conhece e se ama, mas porque pode também lembrar-se, conhecer e amar a Deus, por quem foi feita". Muito menos ainda se considera a imagem de Deus na mente segundo outros objetos.

Respondo. Conforme dito acima, a imagem implica uma semelhança que constitua de algum modo uma representação da espécie. Por isso convém que a imagem da Trindade divina seja considerada na alma segundo alguma coisa que represente especificamente as Pessoas divinas, na medida em que é possível à criatura. Distinguem-se as Pessoas divinas, como já foi explicado, segundo a processão do Verbo da parte de quem o profere, e segundo a processão do Amor da parte de ambos. O Verbo de Deus nasce de Deus segundo o conhecimento de si mesmo, e o Amor procede de Deus segundo ele se ama. É claro que a diversidade de objetos diversifica a espécie do verbo e do amor. Assim não é especificamente o mesmo no coração do homem o verbo concebido a partir da pedra e do cavalo, nem tampouco é especificamente o mesmo o amor. Considera-se, portanto, a imagem divina no homem segundo o verbo concebido a partir do conhecimento de

---

2. C. 4: ML 42, 1000.
3. C. 12: ML 42, 1048.
4. A. 2, 7.
5. A. 6, 7.

Fertur autem in aliquid mens dupliciter: uno modo, directe et immediate; alio modo, indirecte et mediate, sicut cum aliquis, videndo imaginem hominis in speculo, dicitur ferri in ipsum hominem. Et ideo Augustinus dicit, in XIV *de Trin.*[6], quod *mens meminit sui, intelligit se, et diligit se: hoc si cernimus, cernimus trinitatem; nondum quidem Deum, sed iam imaginem Dei*. Sed hoc est, non quia fertur mens in seipsam absolute, sed prout per hoc ulterius potest ferri in Deum; ut patet per auctoritatem supra[7] inductam.

AD PRIMUM ergo dicendum quod ad rationem imaginis, non solum oportet attendere quod aliquid procedat ab aliquo; sed etiam quid a quo procedat, scilicet quod Verbum Dei procedit a notitia de Deo.

AD SECUNDUM dicendum quod in tota quidem anima invenitur aliqua trinitas, non quidem ita quod praeter actionem temporalium et contemplationem aeternorum, *quaeratur aliquod tertium quo trinitas impleatur*, prout ibidem subditur. Sed in illa parte rationis quae derivatur a parte temporalium, *etsi trinitas inveniri possit, non tamen imago Dei potest inveniri*, ut postea dicitur: quia huiusmodi temporalium notitia adventitia est animae. Et habitus etiam ipsi quibus temporalia cognoscuntur, non semper adsunt; sed quandoque quidem praesentialiter adsunt, quandoque autem secundum memoriam tantum, etiam postquam adesse incipiunt. Sicut patet de fide, quae temporaliter nobis advenit in praesenti: in statu autem futurae beatitudinis iam non erit fides, sed memoria fidei.

Deus, e o amor daí derivado. E assim a imagem de Deus se considera na alma na medida em que se volta ou é capaz de se voltar para Deus.

A mente se volta para alguma coisa de duas maneiras. Primeiro, de modo direto e imediato; depois, de modo indireto e mediato, como quando alguém, ao ver a imagem de um homem no espelho, se diz que se volta para esse homem. Por isso comenta Agostinho que "a mente lembra-se de si mesmo, conhece a si e se ama; se discernimos isso, discernimos a Trindade; não, certamente, Deus, mas já a imagem de Deus". Isso se dá, não porque a mente se volte sobre si mesma de forma absoluta, mas porque por isso pode ulteriormente se voltar para Deus; como está claro na autoridade supracitada[i].

QUANTO AO 1º, portanto, deve-se dizer que a razão de imagem pede que se considere não só que alguma coisa procede de outra, mas também o que procede de quê; por exemplo, que o Verbo de Deus procede do conhecimento de Deus.

QUANTO AO 2º, deve-se dizer que na verdade, em toda a alma se encontra alguma trindade, mas não de tal maneira que, além da ação relativa às coisas temporais e da contemplação das eternas "seja procurado um terceiro termo pelo qual a trindade seja completada", como se acena no mesmo lugar. Naquela parte da razão que se ocupa das coisas temporais, "embora possa ser encontrada a trindade, não é possível encontrar-se contudo a imagem de Deus", como se afirmará posteriormente, porque o conhecimento dessas coisas temporais é adventício à alma. E, também, os hábitos pelos quais são conhecidas as coisas temporais nem sempre estão presentes: algumas vezes estão presentes presencialmente, outras vezes entretanto somente segundo a memória, mesmo depois que começam a estar presentes. Como se vê a respeito da fé, que temporalmente nos chega no presente; no estado porém da bem-aventurança futura já não será fé, mas memória da fé[m].

---

6. C. 8: ML 42, 1044.
7. In arg. *Sed contra*.

l. O artigo precedente poderia levar-nos a pensar que unicamente no conhecimento e amor de si mesmo ou dos objetos temporais se desenvolve uma trindade psicológica pela qual a alma humana se assemelha a Deus, mas não é nada disso. Só existe imagem de Deus no homem segundo o "verbo" que exprime o conhecimento de Deus, e o amor de Deus que dele brota. Duas atenuações a tal asserção, contudo, que poderiam fazer duvidar de que toda alma humana seja à imagem de Deus: 1) "A alma é à imagem de Deus na medida em que se volta para Deus, ou pelo menos na medida em que é feita para tal". 2) É já voltar-se para Deus, embora de maneira indireta, voltar-se para sua imagem (ela mesma ou as coisas temporais).

m. É claro que a fé só subsistirá na visão no estado de lembrança. Ainda que seu objeto, que é Deus, seja eterno, a própria fé é no tempo e para o tempo, e isso nos mostra bem que a imagem da Trindade permanece imperfeita no homem enquanto ele está no tempo e na fé. Por maior razão ela estará ausente dos conhecimentos puramente temporais, se não no sentido indicado no corpo do artigo.

AD TERTIUM dicendum quod meritoria Dei cognitio et dilectio non est nisi per gratiam. Est tamen aliqua Dei cognitio et dilectio naturalis, ut supra[8] habitum est. Et hoc etiam ipsum naturale est, quod mens ad intelligendum Deum ratione uti potest, secundum quod imaginem Dei semper diximus permanere in mente: *sive haec imago Dei ita sit obsoleta*, quasi obumbrata, *ut pene nulla sit*, ut in his qui non habent usum rationis; *sive sit obscura atque deformis*, ut in peccatoribus; *sive sit clara et pulchra*, ut in iustis, sicut Augustinus dicit, XIV *de Trin.*[9].

AD QUARTUM dicendum quod secundum visionem gloriae, temporalia videbuntur in ipso Deo; et ideo huiusmodi temporalium visio ad Dei imaginem pertinebit. Et hoc est quod Augustinus dicit, XIV *de Trin.*[10], quod *in illa natura cui mens feliciter adhaerebit, immutabile videbit omne quod viderit*. Nam et in ipso Verbo increato sunt rationes omnium creaturarum.

QUANTO AO 3º, deve-se dizer que o conhecimento de Deus e o amor não são meritórios a não ser pela graça. Mas existe o conhecimento de Deus e amor natural, como mencionado acima. É também natural que a mente possa usar a razão para conhecer a Deus, segundo dissemos que a imagem de Deus sempre permanece na mente: "quer essa imagem de Deus seja de tal forma ultrapassada", quase obscurecida, "a ponto de quase não existir", como naqueles que não têm o uso da razão; "quer seja obscurecida e disforme", como nos pecadores; "quer seja clara e bela", como nos justos, conforme diz Agostinho.

QUANTO AO 4º, deve-se dizer que segundo a visão da glória, as coisas temporais serão vistas no próprio Deus; por isso a visão de tais coisas pertencerá à imagem de Deus. É isso que afirma Agostinho: "Naquela natureza à qual a mente aderirá felizmente, tudo o que vir, verá de modo imutável". Com efeito, no próprio Verbo incriado estão as razões de todas as criaturas.

ARTICULUS 9
Utrum *similitudo* ab *imagine* convenienter distinguatur

AD NONUM SIC PROCEDITUR. Videtur quod *similitudo* ab *imagine* non convenienter distinguatur.

1. Genus enim non convenienter distinguitur a specie. Sed similitudo comparatur ad imaginem, ut genus ad speciem: quia *ubi est imago, ibi est continuo similitudo, sed non convertitur*, ut dicitur in libro *Octoginta trium Quaest.*[1]. Ergo inconvenienter similitudo ab imagine distinguitur.

2. PRAETEREA, ratio imaginis attenditur non solum secundum repraesentationem divinarum Personarum, sed etiam secundum repraesentationem divinae essentiae: ad quam repraesentationem pertinet immortalitas et indivisibilitas. Non ergo convenienter dicitur[2] quod *similitudo est in essentia, quia est immortalis et indivisibilis; imago autem in aliis*.

ARTIGO 9
A *semelhança* se distingue convenientemente da *imagem*?

QUANTO AO NONO, ASSIM SE PROCEDE: parece que a semelhança **não** se distingue convenientemente da imagem.

1. Com efeito, o gênero não se distingue convenientemente da espécie. Ora, a semelhança se compara com a imagem como o gênero com a espécie: porque "onde está a imagem, aí está em seguida a semelhança, mas não vice-versa", como se diz no livro das *Oitenta e três questões*. Logo, a semelhança distingue-se inconvenientemente da imagem.

2. ALÉM DISSO, considera-se a razão de imagem não só segundo a representação das Pessoas divinas, mas também segundo a representação da essência divina: a essa representação pertencem a imortalidade e a indivisibilidade. Portanto, não se diz convenientemente que "a semelhança está na essência, porque é imortal e indivisível; a imagem, porém, está nos outros elementos".

---

8. Q. 12, a. 12; q. 56, a. 3; q. 60, a. 5.
9. C. 4: ML 42, 1040.
10. C. 14: ML 42, 1051.

PARALL.: II *Sent.*, dist. 16, a. 4.
1. Q. 74: ML 40, 85-86. — Cfr. q. 51: ML 40, 33-34.
2. II *Sent.*, dist. 16.

3. PRAETEREA, imago Dei in homine est triplex, scilicet naturae, gratiae et gloriae, ut supra[3] habitum est. Sed innocentia et iustitia ad gratiam pertinent. Inconvenienter ergo dicitur[4] quod *imago accipitur secundum memoriam, intelligentiam et voluntatem; similitudo autem secundum innocentiam et iustitiam.*

4. PRAETEREA, cognitio veritatis ad intelligentiam pertinet, amor autem virtutis ad voluntatem, quae sunt duae partes imaginis. Non ergo convenienter dicitur[5] quod *imago sit in cognitione veritatis, similitudo in dilectione virtutis.*

SED CONTRA est quod Augustinus dicit, in libro *Octoginta trium Quaest.*[6]: *Sunt qui non frustra intelligunt duo dicta esse ad imaginem et similitudinem; cum, si una res esset, unum nomen sufficere potuisset.*

RESPONDEO dicendum quod similitudo quaedam unitas est: unum enim in qualitate similitudinem causat, ut dicitur in V *Metaphys.*[7]. Unum autem, cum sit de transcendentibus, et commune est omnibus, et ad singula potest aptari; sicut et bonum et verum. Unde, sicut bonum alicui rei particulari potest comparari ut praeambulum ad ipsam, et ut subsequens, prout designat aliquam perfectionem ipsius; ita etiam est de comparatione similitudinis ad imaginem. Est enim bonum praeambulum ad hominem, secundum quod homo est quoddam particulare bonum: et rursus bonum subsequitur ad hominem, inquantum aliquem hominem specialiter dicimus esse bonum, propter perfectionem virtutis. Et similiter similitudo consideratur ut praeambulum ad imaginem, inquantum est communius quam imago, ut supra[8] dictum est: consideratur etiam ut subsequens ad imaginem, inquantum significat quandam imaginis perfectionem; dicimus enim imaginem alicuius esse similem vel non similem ei cuius est imago, inquantum perfecte vel imperfecte repraesentat ipsum.

Sic ergo similitudo potest ab imagine distingui dupliciter. Uno modo, prout est praeambula ad ipsam, et in pluribus existens. Et sic similitudo attenditur secundum ea quae sunt communiora proprietatibus naturae intellectualis, secundum quas proprie attenditur imago. Et secundum hoc

3. ADEMAIS, a imagem de Deus no homem é tríplice: imagem da natureza, da graça e da glória, como declarado acima. Ora, a inocência e a justiça pertencem à graça. Logo, não é conveniente afirmar que "se toma a imagem segundo a memória, a inteligência e a vontade; a semelhança, porém, segundo a inocência e a justiça".

4. ADEMAIS, o conhecimento da verdade pertence à inteligência, o amor da virtude à vontade, que são duas partes da imagem. Logo, não é conveniente afirmar que "a imagem esteja no conhecimento da verdade, a semelhança no amor da virtude".

EM SENTIDO CONTRÁRIO, Agostinho diz: "Há aqueles que conhecem que não são inúteis dois nomes para imagem e semelhança, uma vez que, se fossem uma só coisa, poderia bastar um nome só."

RESPONDO. A semelhança é uma certa unidade, pois o que é uno na qualidade causa semelhança, diz o livro V da *Metafísica*. O uno, como é da categoria dos transcendentes, tanto é comum a todas as coisas como pode se aplicar a cada uma em particular; assim também o bem e o verdadeiro. Daí que, como o bem pode referir-se a alguma coisa particular como antecedente a ela, e como subsequente, enquanto designa alguma perfeição da mesma; assim também quando se trata da comparação da semelhança com a imagem. De fato, o bem é antecedente ao homem, enquanto o homem é um bem particular, e, por sua vez, o bem é subsequente ao homem, enquanto dizemos que certo homem especialmente é bom, por causa da perfeição da virtude. Igualmente a semelhança é considerada como antecedente à imagem, enquanto é mais comum do que a imagem, como afirmado acima; considera-se também como subsequente à imagem enquanto significa uma perfeição da imagem. Dizemos que a imagem de alguma coisa é semelhante ou não àquilo de que é imagem, na medida em que ela o representa perfeita ou imperfeitamente.

Existem, portanto, dois modos de a semelhança se distinguir da imagem. O primeiro, enquanto é antecedente à mesma, e existente em várias coisas. Assim considera-se a semelhança segundo as coisas que são mais comuns às propriedades da natureza intelectual, em relação às quais propria-

---

3. A. 4.
4. II *Sent.*, loc. cit.
5. Ibid.
6. Q. 51: ML 40, 33.
7. C. 15.
8. A. 1.

dicitur in libro *Octoginta trium Quaest.*[9], quod *spiritus*, idest mens, *ad imaginem Dei, nullo dubitante, factus est: cetera autem hominis*, scilicet quae pertinent ad inferiores partes animae, vel etiam ad ipsum corpus, *ad similitudinem facta esse aliqui volunt*. Secundum hoc etiam in libro *de Quantitate Animae*[10] dicitur quod similitudo Dei attenditur in anima, inquantum est incorruptibilis: nam corruptibile et incorruptibile sunt differentiae entis communis.

Alio modo potest considerari similitudo, secundum quod significat imaginis expressionem et perfectionem. Et secundum hoc Damascenus dicit[11] quod *id quod est secundum imaginem, intellectuale significat, et arbitrio liberum per se potestativum: quod autem secundum similitudinem, virtutis, secundum quod homini possibile est inesse, similitudinem*. Et ad idem refertur quod similitudo dicitur ad dilectionem virtutis pertinere: non enim est virtus sine dilectione virtutis.

AD PRIMUM ergo dicendum quod similitudo non distinguitur ab imagine secundum communem rationem similitudinis (sic enim includitur in ratione ipsius imaginis): sed secundum quod aliqua similitudo deficit a ratione imaginis, vel etiam est imaginis perfectiva.

AD SECUNDUM dicendum quod essentia animae pertinet ad imaginem, prout repraesentat divinam essentiam secundum ea quae sunt propria intellectualis naturae: non autem secundum conditiones consequentes ens in communi, ut est esse simplicem et indissolubilem.

AD TERTIUM dicendum quod etiam virtutes quaedam naturaliter insunt animae, ad minus secundum quaedam earum semina: et secundum has posset attendi similitudo naturalis. Quamvis non sit inconveniens ut id quod secundum assignationem unam dicitur imago, secundum aliam dicatur similitudo.

AD QUARTUM dicendum quod dilectio verbi, quod est amata notitia, pertinet ad rationem imaginis: sed dilectio virtutis pertinet ad similitudinem, sicut et virtus.

mente se considera a imagem. Segundo isto está escrito no livro das *Oitenta e três questões* que "o espírito, a saber, a mente, sem nenhuma dúvida foi feito à imagem de Deus. As outras coisas do homem, a saber, as que concernem às partes inferiores da alma, ou até ao próprio corpo, alguns querem que foram feitos à semelhança". Segundo isso também se diz no livro da *Quantidade da alma* que a semelhança de Deus se considera na alma, enquanto é incorruptível, pois corruptível e incorruptível são diferenças do ente em geral.

Pode-se considerar a semelhança de outro modo: conforme significa expressão e perfeição da imagem. De acordo com isso, Damasceno comenta que "aquilo que é à imagem significa algo intelectual, dotado de livre-arbítrio e dono de si mesmo. O que é à semelhança significa a semelhança da virtude, enquanto é possível existir no homem,". É ainda em referência a esse sentido que se diz que a semelhança pertence ao amor da virtude; com efeito, não há virtude sem amor da virtude.

QUANTO AO 1º, portanto, deve-se dizer que a semelhança não se distingue de imagem segundo a razão comum de semelhança (desse modo ela se inclui na razão de imagem), mas segundo alguma semelhança se afasta da razão de imagem ou mesmo é aperfeiçoadora da imagem.

QUANTO AO 2º, deve-se dizer que a essência da alma pertence à imagem enquanto representa a essência divina naquilo que é próprio da natureza intelectual; não porém nas condições que se seguem ao ente em geral, como ser simples e indissolúvel.

QUANTO AO 3º, deve-se dizer que algumas virtudes também são naturalmente inerentes à alma ao menos em algumas de suas sementes, e segundo elas poderia considerar-se a semelhança natural. Embora não seja inconveniente que algo, segundo uma designação, seja chamado imagem, e segundo outra, seja denominado semelhança.

QUANTO AO 4º, deve-se dizer que o amor do verbo, que é o conhecimento amado, pertence à razão de imagem: mas o amor da virtude pertence à semelhança, como também a virtude.

---

9. Q. 51: ML 40, 33.
10. C. 2: ML 32, 1037. Cfr. arg. 2.
11. *De Fide Orth.*, l. II, c. 12: MG 94, 920 B.

QUAESTIO XCIV
DE STATU ET CONDITIONE PRIMI HOMINIS QUANTUM AD INTELLECTUM

in quatuor articulos divisa

Deinde considerandum est de statu vel conditione primi hominis. Et primo, quantum ad animam; secundo, quantum ad corpus.

Circa primum consideranda sunt duo: primo, de conditione hominis quantum ad intellectum; secundo, de conditione hominis quantum ad voluntatem.

Circa primum quaeruntur quatuor.

Primo: utrum primus homo viderit Deum per essentiam.
Secundo: utrum videre potuerit substantias separatas, idest angelos.
Tertio: utrum habuerit omnium scientiam.
Quarto: utrum potuerit errare vel decipi.

ARTICULUS 1
Utrum primus homo per essentiam Deum viderit

AD PRIMUM SIC PROCEDITUR. Videtur quod primus homo per essentiam Deum viderit.

1. Beatitudo enim hominis in visione divinae essentiae consistit. Sed primus homo, *in Paradiso conversans, beatam et omnium divitem habuit vitam*, ut Damascenus dicit in II libro[1]. Et Augustinus dicit, in XIV *de Civ. Dei*[2]: *Si homines habebant affectus suos quales nunc habemus, quomodo erant beati in illo inenarrabili beatitudinis loco, idest Paradiso?* Ergo primus homo in Paradiso vidit Deum per essentiam.

2. PRAETEREA, Augustinus dicit, XIV *de Civ. Dei*[3], quod *primo homini non aberat quidquam quod bona voluntas adipisceretur*. Sed nihil melius bona voluntas adipisci potest quam divinae essentiae visionem. Ergo homo per essentiam Deum videbat.

3. PRAETEREA, visio Dei per essentiam est qua videtur Deus sine medio et sine aenigmate. Sed homo in statu innocentiae *vidit Deum sine medio*; ut Magister dicit in 1 distinctione IV libri *Sent.* Vidit etiam sine aenigmate: quia aenigma obscuri-

QUESTÃO 94
ESTADO E CONDIÇÃO DO PRIMEIRO HOMEM QUANTO AO INTELECTO

em quatro artigos

Na sequência, deve-se considerar o estado ou condição do primeiro homem. Em primeiro lugar quanto à alma; em segundo, quanto ao corpo.

A respeito da primeira, duas coisas devem ser consideradas: a primeira, é a condição do homem quanto ao intelecto; a segunda, a condição do homem quanto à vontade.

A respeito da primeira são quatro as perguntas.

1. O primeiro homem via Deus pela essência?
2. Podia ver substâncias separadas, isto é, os anjos?
3. Tinha a ciência de todas as coisas?
4. Podia errar ou ser enganado?

ARTIGO 1
O primeiro homem via Deus em sua essência?

QUANTO AO PRIMEIRO ARTIGO, ASSIM SE PROCEDE: parece que o primeiro homem **via** Deus em sua essência.

1. Com efeito, a bem-aventurança do homem consiste na visão da essência divina. Ora, o primeiro homem, "quando vivia no paraíso, teve uma vida feliz e rica de todos os bens", segundo Damasceno. E Agostinho diz: "Se os homens tinham os sentimentos que agora temos, como eram felizes nesse lugar de felicidade inenarrável, a saber, o Paraíso?" Logo, o primeiro homem no Paraíso viu a Deus em sua essência.

2. ALÉM DISSO, Agostinho diz que ao primeiro homem "não lhe faltava nenhuma das coisas que uma vontade reta pudesse conseguir". Ora, uma vontade reta nada pode conseguir de melhor que a visão da essência divina. Logo, o homem via a Deus em sua essência.

3. ADEMAIS, a visão de Deus em sua essência é aquela em que se vê Deus sem intermediário e sem enigma. Ora, o homem no estado de inocência via a Deus sem intermediário, como diz o Mestre das Sentenças. Ele o via, também, sem enigma,

---

1 PARALL.: II *Sent.*, dist. 23, q. 2, a. 1; *De Verit.*, q. 18, a. 1, 2.

1. *De Fide Orth.*, l. II, c. 11: MG 94, 912 A.
2. C. 10: ML 41, 417.
3. Ibid.

tatem importat, ut Augustinus dicit, XV *de Trin.*[4]; obscuritas autem introducta est per peccatum. Ergo homo in primo statu vidit Deum per essentiam.

SED CONTRA est quod Apostolus dicit, 1Cor 15,46, quod *non prius quod spirituale est, sed quod animale.* Sed maxime spirituale est videre Deum per essentiam. Ergo primus homo, in primo statu animalis vitae, Deum per essentiam non vidit.

RESPONDEO dicendum quod primus homo Deum per essentiam non vidit, secundum communem statum illius vitae; nisi forte dicatur quod viderit eum in raptu, quando *Deus immisit soporem in Adam*, ut dicitur Gn 2,21. Et huius ratio est quia, cum divina essentia sit ipsa beatitudo, hoc modo se habet intellectus videntis divinam essentiam ad Deum, sicut se habet quilibet homo ad beatitudinem. Manifestum est autem quod nullus homo potest per voluntatem a beatitudine averti: naturaliter enim, et ex necessitate, homo vult beatitudinem, et fugit miseriam. Unde nullus videns Deum per essentiam, potest voluntate averti a Deo, quod est peccare. Et propter hoc, omnes videntes Deum per essentiam, sic in amore Dei stabiliuntur, quod in aeternum peccare non possunt. — Cum ergo Adam peccaverit, manifestum est quod Deum per essentiam non videbat.

Cognoscebat tamen Deum quadam altiori cognitione quam nos cognoscamus: et sic quodammodo eius cognitio media erat inter cognitionem praesentis status, et cognitionem patriae, qua Deus per essentiam videtur. Ad cuius evidentiam, considerandum est quod visio Dei per essentiam dividitur contra visionem Dei per creaturam. Quanto autem aliqua creatura est altior et Deo similior, tanto per eam Deus clarius videtur: sicut homo perfectius videtur per speculum in quo expressius imago eius resultat. Et sic patet quod multo eminentius videtur Deus per intelligibiles effectus, quam per sensibiles et corporeos. A consideratione autem plena et lucida intelligibilium effectuum impeditur homo in statu praesenti, per hoc quod distrahitur a sensibilibus, et circa ea occupatur. Sed, sicut dicitur Eccle 7,30: *Deus fecit hominem rectum.* Haec autem fuit rectitudo hominis divinitus instituti, ut inferiora superioribus

porque o enigma implica obscuridade, como diz Agostinho. E a obscuridade foi introduzida pelo pecado. Logo, o homem, em seu primeiro estado, via a Deus em sua essência.

EM SENTIDO CONTRÁRIO, o Apóstolo observa na primeira Carta aos Coríntios: "Não é o espiritual que vem primeiro, mas o que é animal". Ora, nada é mais espiritual do que ver a Deus em sua essência. Portanto, o primeiro homem, em seu primeiro estado de vida animal, não via a Deus em sua essência.

RESPONDO. O primeiro homem não via a Deus em sua essência, segundo o estado comum daquela vida. A não ser que se diga que o via por arrebatamento no momento em que "Deus infundiu um sono profundo a Adão", conforme se lê no livro do Gênesis. A razão disso é que, como a essência divina é a própria bem-aventurança, o intelecto daquele que a vê está na mesma situação com relação a Deus em que está qualquer homem em relação à bem-aventurança. Ora, é evidente que nenhum homem pode por sua vontade desviar-se da bem-aventurança. É, com efeito, por um movimento natural e de modo necessário que o homem quer a felicidade e foge da miséria. Por conseguinte, ninguém, vendo Deus em sua essência, pode por vontade própria afastar-se de Deus, o que seria pecar. Eis por que todos aqueles que veem Deus em sua essência estão de tal sorte fixados no amor de Deus que jamais podem pecar. — Portanto, dado que Adão pecou, é evidente que não via Deus em sua essência.

Ele, no entanto, conhecia Deus com um conhecimento mais profundo que o nosso e, dessa maneira, seu conhecimento era, por assim dizer, intermediário entre o conhecimento do estado presente e o da pátria, pelo qual se vê Deus em sua essência. Para demonstrá-lo, deve-se considerar que a visão de Deus em sua essência se contrapõe à visão de Deus na criatura. Quanto mais uma criatura é elevada e semelhante a Deus, tanto mais distintamente Deus é visto nela; por exemplo, um homem se vê melhor em um espelho em que sua imagem se reflete de maneira mais nítida. Por aí se percebe que Deus se vê de modo muito superior por meio dos efeitos inteligíveis que por meio dos efeitos sensíveis e corpóreos. Mas a consideração plena e lúcida dos efeitos inteligíveis é no homem impedida, em seu estado presente, pelo fato de ser distraído pelas coisas sensíveis e por elas absorvido. Mas, como diz o livro do Eclesiastes: "Deus

---

4. C. 9: ML 42, 1069.

subderentur, et superiora ab inferioribus non impedirentur. Unde homo primus non impediebatur per res exteriores a clara et firma contemplatione intelligibilium effectuum, quos ex irradiatione primae veritatis percipiebat, sive naturali cognitione sive gratuita. Unde dicit Augustinus, in XI *super Gen. ad litt.*[5], quod *fortassis Deus primis hominibus antea loquebatur, sicut cum angelis loquitur, ipsa incommutabili veritate illustrans mentes eorum; etsi non tanta participatione divinae essentiae, quantam capiunt angeli*. Sic igitur per huiusmodi intelligibiles effectus Dei, Deum clarius cognoscebat quam modo cognoscamus.

AD PRIMUM ergo dicendum quod homo in Paradiso beatus fuit, non illa perfecta beatitudine in quam transferendus erat, quae in divinae essentiae visione consistit: habebat tamen *beatam vitam secundum quendam modum*, ut Augustinus dicit XI *super Gen. ad litt.*[6], inquantum habebat integritatem et perfectionem quandam naturalem.

AD SECUNDUM dicendum quod bona voluntas est ordinata voluntas. Non autem fuisset primi hominis ordinata voluntas, si in statu meriti habere voluisset quod ei promittebatur pro praemio.

AD TERTIUM dicendum quod duplex est medium. Quoddam, in quo simul videtur quod per medium videri dicitur; sicut cum homo videtur per speculum, et simul videtur cum ipso speculo. Aliud medium est, per cuius notitiam in aliquid ignotum devenimus; sicut est medium demonstrationis. Et sine tali medio Deus videbatur: non tamen sine primo medio. Non enim oportebat primum hominem pervenire in Dei cognitionem per demonstrationem sumptam ab aliquo effectu, sicut nobis est necessarium; sed simul in effectibus, praecipue intelligibilibus, suo modo Deum cognoscebat.

fez o homem na retidão", retidão que consistia em que as coisas inferiores estivessem submetidas às superiores, e estas não fossem impedidas por aquelas. Por isso, o primeiro homem não se via impedido pelas coisas exteriores de contemplar, com clareza e estabilidade do olhar, os efeitos inteligíveis que percebia pela irradiação da verdade primeira, ou por via do conhecimento natural, ou por via do conhecimento sobrenatural. Por isso, observa Agostinho: "Talvez Deus falasse antes com os primeiros homens como o faz com os anjos, iluminando-lhes a mente com a verdade imutável... embora não fosse uma participação da essência divina em grau tão elevado como aquela que os anjos recebem". Dessa maneira, por obras inteligíveis de Deus, o primeiro homem conhecia a Deus mais claramente do que nós agora[a].

QUANTO AO 1º, portanto, deve-se dizer que o homem, no Paraíso, era certamente feliz, mas não da bem-aventurança perfeita para a qual devia ser transferido e que consiste na visão da essência divina. Possuía, no entanto, como nota Agostinho, "uma vida feliz em certa medida", enquanto gozava da integridade e de certa perfeição natural.

QUANTO AO 2º, deve-se dizer que a vontade boa é uma vontade ordenada. E a vontade do primeiro homem não teria sido ordenada se tivesse querido manter no estado de merecimento o que lhe fora prometido como prêmio.

QUANTO AO 3º, deve-se dizer que existem duas espécies de intermediários. Em um, se vê ao mesmo tempo o meio e o que se vê graças a ele. Por exemplo, quando se vê um homem em um espelho, vê-se ao mesmo tempo o homem e o espelho. O outro intermediário é aquele por cujo conhecimento chegamos a algo desconhecido. Por exemplo, o meio termo de uma demonstração. Via-se a Deus sem a segunda espécie de intermediários, mas não sem a primeira. Com efeito, o primeiro homem não tinha necessidade de chegar ao conhecimento de Deus por uma demonstração tomada de algum efeito, como é necessário para nós; mas era simultaneamente nos efeitos, sobretudo nos efeitos inteligíveis, que, a seu modo, conhecia Deus.

---

5. C. 33: ML 34, 447.
6. C. 18: ML 34, 438.

a. Era a partir do sensível que o homem, em seu estado original, conhecia a Deus. Contudo, de um sensível por meio do qual lhe aparecia como que imediatamente o inteligível. O que entender por esses "efeitos inteligíveis" a partir dos quais ele se elevava a Deus, seja pela razão natural, seja pela luz da revelação? Sem dúvida alguma, as essências e os valores universais. A resposta 2 especifica mesmo que ele alcançava Deus não por demonstração, mas imediatamente em seus efeitos, e isso em virtude do princípio que domina todas essas questões: no homem criado por Deus havia perfeita submissão da carne ao espírito e dos sentidos à inteligência.

Similiter etiam est considerandum quod obscuritas quae importatur in nomine aenigmatis, dupliciter potest accipi. Uno modo, secundum quod quaelibet creatura est quoddam obscurum, si comparetur ad immensitatem divinae claritatis: et sic Adam videbat Deum in aenigmate, quia videbat Deum per effectum creatum. Alio modo potest accipi obscuritas quae consecuta est ex peccato, prout scilicet impeditur homo a consideratione intelligibilium per sensibilium occupationem: et secundum hoc, non vidit Deum in aenigmate.

Deve-se considerar igualmente que a obscuridade implicada na palavra enigma pode ser entendida de duas maneiras. Uma, segundo a qual toda criatura é algo obscuro, comparada com a imensidão da claridade divina, e, nesse sentido, Adão via a Deus em enigma, pois via a Deus por meio de efeito criado. Outra, que resultou do pecado, na medida em que o homem é privado da consideração das coisas inteligíveis pelo envolvimento das coisas sensíveis, e, nesse sentido, ele não via Deus em enigma.

ARTICULUS 2
Utrum Adam in statu innocentiae angelos per essentiam viderit

AD SECUNDUM SIC PROCEDITUR. Videtur quod Adam in statu innocentiae angelos per essentiam viderit.

1. Dicit enim Gregorius, in IV *Dialog.*[1]: *In Paradiso quippe assueverat homo verbis Dei perfrui, beatorum angelorum spiritibus cordis munditia et celsitudine visionis interesse.*

2. PRAETEREA, anima in statu praesenti impeditur a cognitione substantiarum separatarum, ex hoc quod est unita corpori corruptibili, quod *aggravat animam*, ut dicitur Sap 9,15. Unde et anima separata substantias separatas videre potest, ut supra[2] dictum est. Sed anima primi hominis non aggravabatur a corpore: cum non esset corruptibile. Ergo poterat videre substantias separatas.

3. PRAETEREA, una substantia separata cognoscit aliam cognoscendo seipsam, ut dicitur in libro *de Causis*[3]. Sed anima primi hominis cognoscebat seipsam. Ergo cognoscebat substantias separatas.

SED CONTRA, anima Adae fuit eiusdem naturae cum animabus nostris. Sed animae nostrae non possunt nunc intelligere substantias separatas. Ergo nec anima primi hominis potuit.

RESPONDEO dicendum quod status animae hominis distingui potest dupliciter. Uno modo, secundum diversum modum naturalis esse: et hoc

ARTIGO 2
Adão, no estado de inocência, via os anjos em sua essência?

QUANTO AO SEGUNDO, ASSIM SE PROCEDE: parece que Adão, no estado de inocência, **via** os anjos em sua essência.

1. Com efeito, diz Gregório: "No paraíso, o homem se acostumara a usufruir a palavra de Deus e a estar entre os espíritos dos anjos bem-aventurados, pela pureza de coração e pela agudeza da visão".

2. ALÉM DISSO, a alma, no estado presente, está impedida de conhecer as substâncias separadas, porque está ligada a um corpo corruptível, que "é um peso para a alma", como se lê no livro da Sabedoria. Por isso, a alma separada pode ver as substâncias separadas, como se disse anteriormente. Ora, a alma do primeiro homem, não sendo corruptível, não estava oprimida pelo corpo, que não era corruptível. Logo, podia ver as substâncias separadas.

3. ADEMAIS, uma substância separada conhece a outra conhecendo-se a si mesma, como está escrito no livro das *Causas*. Ora, a alma do primeiro homem conhecia a si mesma. Logo, conhecia as substâncias separadas.

EM SENTIDO CONTRÁRIO, a alma de Adão era da mesma natureza que nossas almas. Ora, nossas almas não podem, no presente, conhecer as substâncias separadas. Portanto, tampouco poderia a alma do primeiro homem.

RESPONDO. Podem-se distinguir os estados da alma de duas maneiras. Primeiro, segundo os diversos modos de ser naturais; desse modo se

---

PARALL.: *De Verit.*, q. 18, a. 5.

1. C. 1: ML 77, 317 C.
2. Q. 89, a. 2.
3. Cfr. prop. XIII, § *Et quando scit.*

modo distinguitur status animae separatae, a statu animae coniunctae corpori. Alio modo distinguitur status animae secundum integritatem et corruptionem, servato eodem modo essendi secundum naturam: et sic status innocentiae distinguitur a statu hominis post peccatum. Anima enim hominis in statu innocentiae erat corpori perficiendo et gubernando accommodata, sicut et nunc: unde dicitur primus homo factus fuisse *in animam viventem* [Gn 2,7], idest corpori vitam dantem, scilicet animalem. Sed huius vitae integritatem habebat, inquantum corpus erat totaliter animae subditum, in nullo ipsam impediens, ut supra[4] dictum est. Manifestum est autem ex praemissis[5] quod ex hoc quod anima est accommodata ad corporis gubernationem et perfectionem secundum animalem vitam, competit animae nostrae talis modus intelligendi, qui est per conversionem ad phantasma. Unde et hic modus intelligendi etiam animae primi hominis competebat.

Secundum autem hunc modum intelligendi, motus quidam invenitur in anima, ut Dionysius dicit 4 cap. *de Div. Nom.*[6], secundum tres gradus. Quorum primus est, secundum quod *a rebus exterioribus congregatur anima ad seipsam*; secundus autem est, prout anima ascendit ad hoc quod *uniatur virtutibus superioribus unitis*, scilicet angelis; tertius autem gradus est, secundum quod ulterius *manuducitur ad bonum quod est supra omnia*, scilicet Deum. — Secundum igitur primum processum animae, qui est a rebus exterioribus ad seipsam, perficitur animae cognitio. Quia scilicet intellectualis operatio animae naturalem ordinem habet ad ea quae sunt extra, ut supra[7] dictum est: et ita per eorum cognitionem perfecte cognosci potest nostra intellectualis operatio, sicut actus per obiectum. Et per ipsam intellectualem operationem perfecte potest cognosci humanus intellectus, sicut potentia per proprium actum. — Sed in secundo processu non invenitur perfecta cognitio. Quia, cum angelus non intelligat per conversionem ad phantasmata, sed longe eminentiori modo, ut supra[8] dictum est; praedictus modus cognoscendi, quo anima cognoscit seipsam, non sufficienter ducit in angeli cognitionem. — Multo autem minus tertius processus ad perfectam notitiam terminatur: quia etiam ipsi angeli, per hoc quod cognoscunt

distingue o estado da alma separada do estado da alma unida ao corpo. A outra maneira, segundo a integridade e a corrupção, conservando o mesmo modo de ser segundo a natureza; desse modo, o estado de inocência se distingue do estado do homem após o pecado. Com efeito, no estado de inocência, a alma humana estava, como agora, habilitada a aperfeiçoar e gerir o corpo. Por isso se diz que o primeiro homem se tornou "uma alma viva", isto é, dando vida ao corpo, a saber, a vida animal. Mas possuía ele a integridade dessa vida, enquanto o corpo era totalmente submetido à alma, não a impedindo em nada, como se afirmou anteriormente. Fica claro, do que foi visto, que, pelo fato de a alma estar habilitada a gerir e a aperfeiçoar o corpo, enquanto vida animal, cabe-lhe ter o modo de conhecer por conversão às representações imaginárias. Por isso esse modo de conhecimento convinha, igualmente, à alma do primeiro homem.

De acordo com esse modo de conhecer, na alma se dá, como observa Dionísio, movimento em três direções. O primeiro, é aquele segundo o qual a alma "a partir das coisas exteriores se concentra em si mesma"; o segundo, aquele segundo o qual a alma se eleva de sorte a unir-se "às potências superiores unificadas, os anjos"; o terceiro, aquele segundo o qual a alma se "deixa conduzir, finalmente, para o bem que está acima de todas as coisas, Deus". — Pois bem, segundo o primeiro processo, que vai das coisas exteriores à própria alma, realiza-se o conhecimento da alma. Como já foi dito, a operação intelectual da alma está naturalmente ordenada para as coisas exteriores. Em consequência, pelo conhecimento de tais coisas, pode-se conhecer perfeitamente nossa operação intelectual, como se conhece o ato pelo objeto. E, por meio dessa operação intelectual, pode-se conhecer perfeitamente o intelecto humano, como se conhece a potência por seu ato próprio. — No segundo processo, ao contrário, não se dá o conhecimento perfeito, porque, como o anjo não conhece por conversão às representações imaginárias, mas de modo muito mais eminente, já o dissemos, a maneira de conhecer de que falamos, segundo a qual a alma se conhece a si mesma, não leva, de forma adequada, ao conhecimento do

---
4. A. praec.
5. Q. 84, a. 7; q. 85, a. 1; q. 89, a. 1.
6. MG 3, 705 A.
7. Q. 87, a. 3.
8. Q. 55, a. 2.

seipsos, non possunt pertingere ad cognitionem divinae substantiae, propter eius excessum.

Sic igitur anima primi hominis non poterat videre angelos per essentiam. Sed tamen excellentiorem modum cognitionis habebat de eis, quam nos habeamus: quia eius cognitio erat magis certa et fixa circa interiora intelligibilia, quam cognitio nostra. Et propter tantam eminentiam dicit Gregorius[9] quod *intererat angelorum spiritibus*.

Unde patet solutio AD PRIMUM.

AD SECUNDUM dicendum quod hoc quod anima primi hominis deficiebat ab intellectu substantiarum separatarum, non erat ex aggravatione corporis; sed ex hoc obiectum ei connaturale erat deficiens ab excellentia substantiarum separatarum. Nos autem deficimus propter utrumque.

AD TERTIUM dicendum quod anima primi hominis non poterat per cognitionem sui ipsius pertingere ad cognoscendas substantias separatas, ut supra[10] dictum est: quia etiam unaquaeque substantia separata cognoscit aliam per modum sui ipsius.

anjo. — O terceiro processo menos ainda resulta em um conhecimento perfeito, porque os anjos, pelo fato de se conhecerem a si mesmos, não podem chegar ao conhecimento da substância de Deus, por causa de sua transcendência.

Assim, a alma do primeiro homem não podia ver os anjos em sua essência. Possuía, no entanto, um modo de conhecê-los mais elevado do que o nosso, porque seu conhecimento era mais certo e estável a respeito das coisas inteligíveis interiores do que nosso conhecimento. Por causa dessa grande superioridade, Gregório afirma que se encontrava "entre os espíritos angélicos"[b].

QUANTO AO 1º, fica clara a resposta pelo exposto.

QUANTO AO 2º, deve-se dizer que se a alma do primeiro homem era deficiente no conhecimento das almas separadas, não era pela opressão do corpo, mas pelo fato de que seu objeto conatural estava aquém da excelência das substâncias separadas. E nós somos deficientes em uma e outra razão.

QUANTO AO 3º, deve-se dizer que a alma do primeiro homem não podia, mediante o conhecimento de si mesma, chegar a conhecer as substâncias separadas, como já se disse, porque cada substância separada conhece a outra a seu modo.

ARTICULUS 3
Utrum primus homo habuerit scientiam omnium

AD TERTIUM SIC PROCEDITUR. Videtur quod primus homo non habuerit scientiam omnium.

1. Aut enim habuit talem scientiam per species acquisitas, aut per species connaturales, aut per

ARTIGO 3
O primeiro homem teve ciência de todas as coisas?[c]

QUANTO AO TERCEIRO, ASSIM SE PROCEDE: parece que o primeiro homem **não** teve ciência de todas as coisas.

1. Com efeito, essa ciência, ele a teve ou por espécies adquiridas, ou por espécies conaturais,

---

9. Loc. cit. in arg. 1.
10. In corp.

3   PARALL.: II *Sent.*, dist. 23, q. 2, a. 2; *De Verit.*, q. 18, a. 4.

---

b. Não parece que Sto. Tomás pense em comunicações com os anjos, mas em um conhecimento teórico, e aliás imperfeito, de sua essência.

c. Trata-se desta vez do privilégio de Adão *enquanto primeiro homem*. O princípio aqui invocado é que o ato precede a potência, e que o "primeiro" já deve ter tudo em ato. Neste ponto surge a ideia de um primeiro homem pai, e ao mesmo tempo educador de todo o gênero humano. Espécie de decalque da doutrina do Cristo Cabeça. Sto. Tomás não se apoiará, contudo, sobre esse papel de cabeça para concluir que seu pecado deve ser-nos imputado. O princípio invocado para justificar tal doutrina é que "as coisas instituídas no início devem ser os princípios das outras". Que o perfeito deve estar no início mais do que o imperfeito é contestável (e Sto. Tomás diz com frequência o contrário). E que isto deva chegar a ponto de atribuir ao primeiro homem o conhecimento de todas as *coisas* como Cristo é mais contestável ainda. Assim mesmo, resta o fato de que não se imagina um primeiro homem, um primeiro casal, que não tenha recebido o auxílio de alguns conhecimentos infundidos a partir dos quais se pudesse desenvolver a vida de suas inteligências e mesmo nascer sua fé, proceda ele de um par animal ou seja diretamente criado por Deus. A primeira alma espiritual não pôde ser criada *tabula rasa*. Certos teólogos, na verdade, não excluem a possibilidade de uma preparação infinitamente lenta do *homo sapiens* por meio de espécies humanas sucessivamente desaparecidas. "Adão" seria a primeira humanidade *sapiens*. Aqui, porém, encontramo-nos, evidentemente, fora da perspectiva de Sto. Tomás.

species infusas. Non autem per species acquisitas: huiusmodi enim cognitio ab experientia causatur, ut dicitur in I *Metaphys.*[1]; ipse autem non tunc fuerat omnia expertus. Similiter etiam nec per species connaturales: quia erat eiusdem naturae nobiscum; anima autem nostra est *sicut tabula in qua nihil est scriptum*, ut dicitur in III *de Anima*[2]. Si autem per species infusas, ergo scientia eius quam habebat de rebus, non erat eiusdem rationis cum scientia nostra, quam a rebus acquirimus.

2. PRAETEREA, in omnibus invididuis eiusdem speciei est idem modus consequendi perfectionem. Sed alii homines non statim in sui principio habent omnium scientiam, sed eam per temporis successionem acquirunt secundum suum modum. Ergo nec Adam, statim formatus, habuit omnium scientiam.

3. PRAETEREA, status praesentis vitae homini conceditur ut in eo proficiat anima et quantum ad cognitionem, et quantum ad meritum; propter hoc enim anima corpori videtur esse unita. Sed homo in statu illo profecisset quantum ad meritum. Ergo etiam profecisset quantum ad cognitionem rerum. Non ergo habuit omnium rerum scientiam.

SED CONTRA est quod ipse imposuit nomina animalibus, ut dicitur Gn 2,20. Nomina autem debent naturis rerum congruere. Ergo Adam scivit naturas omnium animalium: et pari ratione, habuit omnium aliorum scientiam.

RESPONDEO dicendum quod naturali ordine perfectum praecedit imperfectum, sicut et actus potentiam: quia ea quae sunt in potentia, non reducuntur ad actum nisi per aliquod ens actu. Et quia res primitus a Deo institutae sunt, non solum ut in seipsis essent, sed etiam ut essent aliorum principia; ideo productae sunt in statu perfecto, in quo possent esse principia aliorum. Homo autem potest esse principium alterius non solum per generationem corporalem, sed etiam per instructionem et gubernationem. Et ideo, sicut primus homo institutus est in statu perfecto quantum ad corpus, ut statim posset generare; ita etiam institutus est in statu perfecto quantum ad animam, ut statim posset alios instruere et gubernare.

Non potest autem aliquis instruere, nisi habeat scientiam. Et ideo primus homo sic institutus est

ou por espécies infusas. Ora, não por espécies adquiridas, pois tal conhecimento é causado pela experiência, como diz o livro I da *Metafísica*. E ele não tinha, nesse momento, feito a experiência de todas as coisas. Igualmente, nem pelas espécies conaturais, porque tinha a mesma natureza que nós, e nossa alma é "como uma tábua em que nada está escrito", como se diz no livro III da *Alma*. E se fosse pelas espécies infusas, a ciência que tinha das coisas não era da mesma natureza que a nossa, que adquirimos a partir das coisas.

2. ALÉM DISSO, todos os indivíduos da mesma espécie têm o mesmo modo de obter sua perfeição. Ora, os outros homens não têm logo, desde o começo, a ciência de todas as coisas; eles a adquirem no correr do tempo, cada um a sua maneira. Logo, Adão tampouco teve a ciência de todas as coisas desde o momento em que foi formado.

3. ADEMAIS, o estado da vida presente é concedido ao homem para que a alma nele faça progressos tanto no conhecimento como no mérito; por isso parece que a alma está unida ao corpo. Ora, o homem, nesse estado, progrediria no mérito. Logo, também no conhecimento das coisas. Portanto, ele não teve ciência de todas as coisas.

EM SENTIDO CONTRÁRIO, é o fato que o homem impôs nomes aos animais, como está no livro do Gênesis. Ora, os nomes devem ser coerentes com as naturezas das coisas. Logo, Adão conheceu a natureza de todos os animais, e pela mesma razão teve a ciência de todas as outras coisas.

RESPONDO. Pela ordem natural, o perfeito precede o imperfeito, como o ato precede a potência, porque o que está em potência não passa ao ato senão por um ente que está em ato. E, como as coisas foram instituídas por Deus, na origem, não só para que existissem em si, mas também para que fossem princípios de outras, por isso foram criadas no estado perfeito, no qual poderiam ser princípios de outras coisas. Ora, o homem pode ser princípio de outro não somente por geração corporal, mas também por instrução e por governo. Por essa razão, como o primeiro homem foi instituído em um estado perfeito quanto ao corpo, de modo a poder logo gerar, assim também foi instituído em um estado perfeito quanto à alma, de modo a poder logo instruir e governar os outros.

Ninguém pode instruir se não tem a ciência. Por isso o primeiro homem foi instituído por Deus

---

1. C. 1: 980, b, 28 — 981, a, 12.
2. C. 4: 429, b, 29 — 430, a, 2.

a Deo, ut haberet omnium scientiam in quibus homo natus est instrui. Et haec sunt omnia illa quae virtualiter existunt in primis principiis per se notis, quaecumque scilicet naturaliter hominis cognoscere possunt. — Ad gubernationem autem vitae propriae et aliorum, non solum requiritur cognitio eorum quae naturaliter sciri possunt, sed etiam cognitio eorum quae naturalem cognitionem excedunt; eo quod vita hominis ordinatur ad quendam finem supernaturalem; sicut nobis, ad gubernationem vitae nostrae, necessarium est cognoscere quae fidei sunt. Unde et de his supernaturalibus tantam cognitionem primus homo accepit, quanta erat necessaria ad gubernationem vitae humanae secundum statum illum.

Alia vero, quae nec naturali hominis studio cognosci possunt, nec sunt necessaria ad gubernationem vitae humanae, primus homo non cognovit; sicut sunt cogitationes hominum, futura contingentia, et quaedam singularia, puta quot lapilli iaceant in flumine, et alia huiusmodi.

AD PRIMUM ergo dicendum quod primus homo habuit scientiam omnium per species a Deo infusas. Nec tamen scientia illa fuit alterius rationis a scientia nostra; sicut nec oculi quos caeco nato Christus dedit, fuerunt alterius rationis ab oculis quos natura produxit.

AD SECUNDUM dicendum quod Adam debebat aliquid habere perfectionis, inquantum erat primus homo, quod ceteris hominibus non competit; ut ex dictis[3] patet.

AD TERTIUM dicendum quod Adam in scientia naturalium scibilium non profecisset quantum ad numerum scitorum, sed quantum ad modum sciendi: quia quae sciebat intellectualiter, scivisset postmodum per experimentum. Quantum vero ad supernaturalia cognita, profecisset etiam quantum ad numerum, per novas revelationes; sicut et angeli proficiunt per novas illuminationes. — Nec tamen est simile de profectu meriti, et scientiae: quia unus homo non est alteri principium merendi, sicut est sciendi.

de tal maneira que tivesse a ciência de todas as coisas nas quais o homem deveria ser instruído, a saber, tudo o que é virtualmente contido nos primeiros princípios evidentes por si, isto é, tudo o que o homem pode naturalmente conhecer. — Para governar sua vida pessoal e a dos outros, tem necessidade de conhecer não só o que pode ser conhecido naturalmente, mas também as coisas que transcendem o conhecimento natural, uma vez que a vida do homem está ordenada a um fim sobrenatural. Assim para o governo de nossa vida é necessário conhecer as coisas da fé[d]. Por isso em matéria sobrenatural o primeiro homem recebeu todo o conhecimento necessário para governar a vida humana segundo esse estado.

Mas as outras coisas, aquelas que não podem ser conhecidas pela aplicação natural do homem, nem são necessárias para o governo da vida humana, o primeiro homem não as conheceu. Por exemplo, os pensamentos dos homens, os futuros contingentes e alguns dados singulares, como quantas pedras se encontram no rio etc.

QUANTO AO 1º, portanto, deve-se dizer que o primeiro homem teve ciência de todas as coisas mediante as espécies infundidas por Deus. Contudo, essa ciência não foi de natureza diversa da nossa, como os olhos dados por Cristo ao cego de nascença não foram de outra natureza que aqueles que a natureza produz.

QUANTO AO 2º, deve-se dizer que Adão devia possuir alguma perfeição enquanto era o primeiro homem, o que não cabe aos outros homens, como fica claro pelo que foi dito.

QUANTO AO 3º, deve-se dizer que quanto à ciência das coisas naturalmente conhecíveis, Adão não faria progresso com respeito ao número das coisas conhecidas, mas sim, com respeito ao modo de conhecer, porque o que sabia intelectualmente, saberia depois por via de experiência. Quanto aos conhecimentos sobrenaturais, progrediria também com respeito ao número, mediante novas revelações, assim como os anjos progridem mediante novas iluminações. — Não há, entretanto, semelhança entre o progresso do mérito e o da ciência, porque um homem não é para outro princípio de merecimento, como é de ciência.

---

3. In corp.

d. Breve alusão à fé de Adão sobre a qual se discorrerá no tratado da fé (II-II, q. 5, a. 1), para informar-nos "que ela não busca um Deus ausente, como o nosso; pois Deus lhe era bem mais presente do que para nós, mediante a luz da sabedoria". Nada fala, tampouco, a respeito da Revelação interior à qual ele se referira em outro lugar (*De Veritate*, q. 18, a. 3), nem sobre essa primeira aliança entre a humanidade e Deus, contida nessa revelação. Revelação que não exigia tanta ciência infusa nem sabedoria perfeita, mas que inicia toda a história religiosa da humanidade.

Articulus 4
Utrum homo in primo statu decipi potuisset

Ad quartum sic proceditur. Videtur quod homo in primo statu decipi potuisset.

1. Dicit enim Apostolus, 1Ti 2,14, quod *mulier seducta in praevaricatione fuit*.
2. Praeterea, Magister dicit, 21 dist. II *Sent*., quod *ideo mulier non horruit serpentem loquentem; quia officium loquendi eum accepisse a Deo putavit*. Sed hoc falsum erat. Ergo mulier decepta fuit ante peccatum.
3. Praeterea, naturale est quod quanto aliquid remotius videtur, tanto minus videtur. Sed natura oculi non est contracta per peccatum. Ergo hoc idem in statu innocentiae contigisset. Fuisset ergo homo deceptus circa quantitatem rei visae, sicut et modo.

4. Praeterea, Augustinus dicit, XII *super Gen. ad litt*.[1], quod in somno adhaeret anima similitudini tanquam ipsi rei. Sed homo in statu innocentiae comedisset, et per consequens dormivisset et somniasset. Ergo deceptus fuisset, adhaerendo similitudinibus tanquam rebus.
5. Praeterea, primus homo nescivisset cogitationes hominum et futura contingentia, ut dictum est[2]. Si igitur aliquis super his sibi falsum diceret, deceptus fuisset.

Sed contra est quod Augustinus dicit[3]: *Approbare vera pro falsis, non est natura instituti hominis, sed poena damnati*.

Respondeo dicendum quod quidem[4] dixerunt quod in nomine deceptionis duo possunt intelligi: scilicet qualiscumque existimatio levis, qua aliquis adhaeret falso tanquam vero, sine assensu credulitatis; et iterum firma credulitas. Quantum ergo ad ea quorum scientiam Adam habebat, neutro istorum modorum homo decipi poterat ante peccatum. Sed quantum ad ea quorum scientiam non habebat, decipi poterat, large accepta deceptione pro existimatione qualicumque sine assensu credulitatis. Quod ideo dicunt, quia existimare falsum in

Artigo 4
O homem em seu primeiro estado poderia se enganar?

Quanto ao quarto, assim se procede: parece que o homem em seu primeiro estado **não** podia se enganar.

1. Com efeito, diz o Apóstolo que "a mulher, seduzida, se tornou culpada".
2. Além disso, o Mestre das Sentenças diz que "se a mulher não teve horror de ouvir a serpente falar, é que ela pensou que a serpente tinha recebido de Deus o uso da palavra". Ora, isso era falso. Logo, a mulher se enganou antes do pecado.
3. Ademais, é natural que quanto mais uma coisa está afastada, tanto menos se a veja. Ora, a natureza do olho não foi atingida pelo pecado. Logo, isso mesmo aconteceria no estado de inocência. Por conseguinte, teria o homem se enganado sobre as dimensões daquilo que via, como agora acontece.
4. Ademais, Agostinho diz que no sono a alma adere às semelhanças como à própria coisa. Ora, o homem no estado de inocência teria comido, e por consequência dormido e sonhado. Logo, teria se enganado aderindo às semelhanças como às coisas.
5. Ademais, o primeiro homem não teria conhecido o pensamento dos homens e os futuros contingentes, como se disse. Portanto, se alguém lhe dissesse algo falso nessas matérias, ele teria se enganado.

Em sentido contrário, diz Agostinho: "Aprovar como verdadeiras coisas falsas não é da natureza do homem criado, mas a pena do homem condenado".

Respondo. Alguns disseram que se podiam reconhecer dois sentidos na palavra engano. Primeiro, qualquer opinião precipitada que faz aderir àquilo que é falso como se fosse verdadeiro, mas sem assentimento da crença, e, segundo, a crença firme. Com respeito às coisas das quais Adão tinha ciência, o homem, antes do pecado, não poderia ser enganado de nenhum desses dois modos. Mas, com respeito às coisas das quais não tinha ciência, poderia ser enganado, tomando engano em sentido amplo por qualquer opinião sem assentimento

---

4   Parall.: II *Sent*., dist. 23, q. 2, a. 3; *De Verit*., q. 18, a. 6.
  1. C. 2: ML 34, 455.
  2. A. praec.
  3. *De Lib. Arb*., l. III, c. 18: ML 32, 1296.
  4. Alex. Halens., *Summ. theol*., part. II, q. 92, a. 4.

talibus, non est noxium homini; et ex quo temere assensus non adhibetur, non est culpabile.

Sed haec positio non convenit integritati primi status: quia, ut Augustinus dicit XIV *de Civit. Dei* [5], in illo statu *erat devitatio tranquilla peccati, qua manente, nullum malum omnino esse poterat*. Manifestum est autem quod, sicut verum est bonum intellectus, ita falsum est malum eius, ut dicitur in VI *Ethic.*[6]. Unde non poterat esse quod, innocentia manente, intellectus hominis alicui falso acquiesceret quasi vero. Sicut enim in membris corporis primi hominis erat quidem carentia perfectionis alicuius, puta claritatis, non tamen aliquod malum inesse poterat; ita in intellectu poterat esse carentia notitiae alicuius, nulla tamen poterat ibi esse existimatio falsi.

Quod etiam ex ipsa rectitudine primi status apparet, secundum quam, quandiu anima maneret Deo subdita, tandiu in homine inferiora superioribus subderentur, nec superiora per inferiora impedirentur. Manifestum est autem ex praemissis[7] quod intellectus circa proprium obiectum semper verus est. Unde ex seipso nunquam decipitur: sed omnis deceptio accidit in intellectu ex aliquo inferiori, puta phantasia vel aliquo huiusmodi. Unde videmus quod, quando naturale iudicatorium non est ligatum, non decipimur per huiusmodi apparitiones: sed solum quando ligatur, ut patet in dormientibus. Unde manifestum est quod rectitudo primi status non compatiebatur aliquam deceptionem circa intellectum.

AD PRIMUM ergo dicendum quod illa seductio mulieris, etsi praecesserit peccatum operis, subsecuta tamen est peccatum internae elationis. Dicit enim Augustinus, XI *super Gen. ad litt.*[8], quod *mulier verbis serpentis non crederet, nisi iam inesset menti eius amor propriae potestatis, et quaedam de se superba praesumptio*.

da crença. Diziam isso porque julgar falsamente em tais condições não é prejudicial ao homem e, desde que esse assentimento não seja dado temerariamente, não é culpável.

Mas tal opinião não é compatível com a integridade do primeiro estado, pois, como diz Agostinho, nesse estado "evitava-se tranquilamente o pecado, e enquanto durasse isso não poderia haver absolutamente nenhum mal". Ora, é manifesto que como o verdadeiro é o bem do intelecto, o falso é seu mal, como diz o livro VI da *Ética*. Por isso não era possível, enquanto durasse a inocência, que o intelecto do homem desse sua aquiescência a algum erro como se fosse verdade. Como nos membros corporais do primeiro homem havia ausência de alguma perfeição, por exemplo a claridade [dos corpos gloriosos], mas nenhum mal podia aí se encontrar, assim no intelecto podia haver ausência de algum conhecimento, mas não se podia aí encontrar nenhum julgamento falso.

Isso fica claro também considerada a retidão do primeiro estado. Em virtude dessa retidão, enquanto a alma ficasse submetida a Deus, também as forças inferiores no homem ficariam submissas às forças superiores e essas não seriam impedidas por aquelas. Ora, é claro, pelo que foi dito acima, que o intelecto é sempre verdadeiro em relação a seu objeto próprio. Por isso, por si mesmo jamais se engana; todo engano acontece no intelecto a partir de algo inferior, por exemplo, a imaginação ou algo semelhante. Daí vemos que quando o juízo natural não está impedido, não nos enganamos por tais aparências, mas somente quando ele está impedido, como se vê nos que dormem. E assim é claro que a retidão do primeiro estado não era compatível com nenhum engano do intelecto.

QUANTO AO 1º, portanto, deve-se dizer que a sedução da mulher, embora precedesse o pecado de ação, entretanto era subsequente a um pecado de orgulho interior. Com efeito, observa Agostinho: "A mulher não acreditaria nas palavras da serpente, se não tivesse já no espírito o amor de seu próprio poder e uma presunção orgulhosa de si mesma"[e].

---

5. C. 10: ML 41, 417.
6. C. 2: 1139, a, 27-31.
7. Q. 17, a. 3; q. 85, a. 6.
8. C. 30: ML 34, 445.

e. Será a propósito do pecado de orgulho que Sto. Tomás discorrerá diretamente sobre o pecado dos primeiros pais (II-II, q. 163-165). Aborda-o aqui, entretanto, do ponto de vista de sua possibilidade: como puderam eles ser induzidos a erro? A resposta é que o movimento de orgulho precedeu e mesmo comandou o erro.

AD SECUNDUM dicendum quod mulier putavit serpentem hoc accepisse loquendi officium, non per naturam, sed aliqua supernaturali operatione. — Quamvis non sit necessarium auctoritatem Magistri Sententiarum sequi in hac parte.

AD TERTIUM dicendum quod, si aliquid repraesentatum fuisset sensui vel phantasiae primi hominis aliter quam sit in rerum natura, non tamen deciperetur: quia per rationem veritatem diiudicaret.

AD QUARTUM dicendum quod id quod accidit in somno, non imputatur homini: quia non habet usum rationis, qui est proprius hominis actus.

AD QUINTUM dicendum quod alicui dicenti falsum de contingentibus futuris vel cogitationibus cordium, homo in statu innocentiae non credidisset ita esse, sed credidisset quod hoc esset possibile: et hoc non esset existimare falsum.

Vel potest dici quod divinitus ei subventum fuisset, ne deciperetur in his quorum scientiam non habebat. — Nec est instantia, quam quidam afferunt, quod in tentatione non fuit ei subventum ne deciperetur, licet tunc maxime indigeret. Quia iam praecesserat peccatum in animo, et ad divinum auxilium recursum non habuit.

QUANTO AO 2º, deve-se dizer que a mulher pensou que a serpente recebera esse uso da palavra não por via natural, mas por uma operação sobrenatural. — Entretanto, não se é obrigado a seguir nesse ponto a autoridade do Mestre das Sentenças.

QUANTO AO 3º, deve-se dizer que se alguma coisa fosse representada aos sentidos ou à imaginação do primeiro homem, diferentemente do que é na realidade, ele não se enganaria, pois pela razão teria discernido a verdade.

QUANTO AO 4º, deve-se dizer que o que acontece durante o sono não é imputado ao homem, porque ele não tem o uso da razão, que é seu ato próprio.

QUANTO AO 5º, deve-se dizer que se alguém lhe dissesse algumas coisas falsas relativas aos futuros contingentes ou aos pensamentos dos corações, o homem no estado de inocência não acreditaria que elas seriam assim, mas somente que seriam possíveis, e isso não teria sido uma opinião falsa.

Pode-se dizer também que lhe seria dada uma ajuda divina para que não se enganasse nas coisas de que não tinha ciência. — Nem se pode objetar, como alguns o fazem, que, na tentação, não lhe foi dada uma ajuda para que não se enganasse, embora então dela mais necessitasse, porque o pecado já precedera em seu espírito e não recorreu à ajuda divina.

QUAESTIO XCV
DE HIS QUAE ATTINENT AD VOLUNTATEM PRIMI HOMINIS, GRATIA SCILICET ET IUSTITIA
in quatuor articulos divisa

Deinde considerandum est de his quae pertinent ad voluntatem primi hominis. Et circa hoc consideranda sunt duo: primo quidem, de gratia et iustitia primi hominis; secundo, de usu iustitiae quantum ad dominium super alia.

Circa primum quaeruntur quatuor.

Primo: utrum primus homo creatus fuerit in gratia.

QUESTÃO 95
O QUE SE REFERE À VONTADE DO PRIMEIRO HOMEM, A SABER, A GRAÇA E A JUSTIÇA[a]
em quatro artigos

Deve-se considerar agora o que concerne à vontade do primeiro homem. A esse respeito podemos considerar duas coisas: a graça e a justiça do primeiro homem. E o uso dessa justiça no domínio sobre as outras coisas.

Sobre a primeira, são quatro as perguntas:

1. O primeiro homem foi criado na graça?

---

a. Os privilégios do homem em seu estado original são bem mais importantes, mais certos e mais concebíveis no plano da vida moral que no da vida intelectual. Acomodam-se muito bem a um estado de cultura, de civilização e de intelectualidade ainda incoativo.

Secundo: utrum in statu innocentiae habuerit animae passiones.
Tertio: utrum habuit virtutes omnes.
Quarto: utrum opera eius fuissent aeque efficacia ad merendum, sicut modo sunt.

Articulus 1
Utrum primus homo fuerit creatus in gratia

AD PRIMUM SIC PROCEDITUR. Videtur quod primus homo non fuerit creatus in gratia.

1. Apostolus enim, 1Cor 15,45, distinguens Adam a Christo, dicit: *Factus est primus Adam in animam viventem; novissimus* autem *in spiritum vivificantem.* Sed vivificatio spiritus est per gratiam. Ergo hoc est proprium Christi, quod fuerit factus in gratia.

2. PRAETEREA, Augustinus dicit, in libro *de Quaestionibus Veteris et Novi Testamenti*[1], quod *Adam non habuit Spiritum Sanctum.* Sed quicumque habet gratiam, habet Spiritum Sanctum. Ergo Adam non fuit creatus in gratia.

3. PRAETEREA, Augustinus dicit, in libro *de Correptione et Gratia*[2], quod *Deus sic ordinavit angelorum et hominum vitam, ut prius in eis ostenderet quid posset eorum liberum arbitrium, deinde quid posset suae gratiae beneficium, iustitiaeque iudicium.* Primo ergo condidit hominem et angelum in sola naturali arbitrii libertate, et postmodum eis gratiam contulit.

4. PRAETEREA, Magister dicit, in 24 distinctione libri II *Sent.*, quod *homini in creatione datum est auxilium per quod stare poterat, sed non poterat proficere.* Quicumque autem habet gratiam, potest proficere per meritum. Ergo primus homo non fuit creatus in gratia.

5. PRAETEREA, ad hoc quod aliquis accipiat gratiam, requiritur consensus ex parte recipientis: cum per hoc perficiatur matrimonium quoddam spirituale inter Deum et animam. Sed consensus in gratiam esse non potest nisi prius existentis. Ergo homo non accepit gratiam in primo instanti suae creationis.

6. PRAETEREA, natura plus distat a gratia quam gratia a gloria, quae nihil est aliud quam gratia consummata. Sed in homine gratia praecessit

2. O homem tinha paixões no estado da inocência?
3. Tinha todas as virtudes?
4. As ações dele tinham um valor meritório igual às de agora?

Artigo 1
O primeiro homem foi criado na graça?

QUANTO AO PRIMEIRO ARTIGO, ASSIM SE PROCEDE: parece que o primeiro homem **não** foi criado na graça.

1. Com efeito, o Apóstolo, na primeira Carta aos Coríntios faz uma distinção entre Adão e o Cristo e diz: "O primeiro Adão foi feito alma vivente; o último, espírito que vivifica". Ora, a vivificação do espírito é pela graça. Logo, é próprio de Cristo ter sido feito em graça.

2. ALÉM DISSO, Agostinho diz que "Adão não possuiu o Espírito Santo". Ora, todo aquele que tem a graça possui o Espírito Santo. Logo, Adão não foi criado na graça.

3. ADEMAIS, Agostinho diz que "Deus dispôs a vida dos anjos e dos homens de modo a mostrar neles, primeiramente, aquilo de que era capaz o livre-arbítrio e, em seguida, o que podia o benefício de sua graça e o julgamento de sua justiça". Portanto, primeiro criou o homem e o anjo somente na liberdade natural do livre-arbítrio, e em seguida lhes conferiu a graça.

4. ADEMAIS, Pedro Lombardo diz: "O homem recebeu em sua criação uma ajuda graças à qual podia manter-se, mas não progredir". Ora, todo aquele que possui a graça pode progredir pelo merecimento. Logo, o primeiro homem não foi criado em graça.

5. ADEMAIS, para que alguém receba a graça, é requerido que dê seu consentimento, pois se consuma aí uma espécie de matrimônio espiritual entre Deus e a alma. Ora, consentir na graça só pode dar-se em alguém que existe anteriormente. Logo, o homem não recebeu a graça no primeiro instante de sua criação.

6. ADEMAIS, há mais distância entre a natureza e a graça que entre a graça e a glória, esta não sendo outra coisa que a graça em plenitude. Ora,

---

1 PARALL.: II *Sent.*, dist. 20, q. 2, a. 3; dist. 29, a. 2; *De Malo*, q. 4, a. 2, ad 22.

1. Q. 123 (inter supposit. August.): ML 35, 2370.
2. C. 10: ML 44, 932.

gloriam. Ergo multo magis natura praecessit gratiam.

SED CONTRA, homo et angelus aequaliter ordinantur ad gratiam. Sed angelus est creatus in gratia: dicit enim Augustinus, XII *de Civ. Dei*[3], quod *Deus simul erat in eis condens naturam et largiens gratiam*. Ergo et homo creatus fuit in gratia.

RESPONDEO dicendum quod quidam[4] dicunt quod primus homo non fuit quidem creatus in gratia, sed tamen postmodum gratia fuit sibi collata antequam peccasset: plurimae enim Sanctorum auctoritates attestantur hominem in statu innocentiae gratiam habuisse. — Sed quod etiam fuerit conditus in gratia, ut alii dicunt, videtur requirere ipsa rectitudo primi status, in qua Deus hominem fecit, secundum illud Eccle 7,30: *Deus fecit hominem rectum*. Erat enim haec rectitudo secundum hoc, quod ratio subdebatur Deo, rationi vero inferiores vires, et animae corpus. Prima autem subiectio erat causa et secundae et tertiae: quandiu enim ratio manebat Deo subiecta, inferiora ei subdebantur, ut Augustinus dicit[5]. Manifestum est autem quod illa subiectio corporis ad animam, et inferiorum virium ad rationem, non erat naturalis: alioquin post peccatum mansisset, cum etiam in daemonibus data naturalia post peccatum permanserint, ut Dionysius dicit cap. 4 *de Div. Nom.*[6]. Unde manifestum est quod et illa prima subiectio, qua ratio Deo subdebatur, non erat solum secundum naturam, sed secundum supernaturale donum gratiae: non enim potest esse quod effectus sit potior quam causa. Unde Augustinus dicit, XIII *de Civ. Dei*[7], quod *posteaquam praecepti facta transgressio est, confestim, gratia deserente divina, de corporum suorum nuditate confusi sunt: senserunt enim motum inobedientis carnis suae, tanquam reciprocam poenam inobedientiae suae*. Ex quo datur intelligi, si deserente gratia soluta est obedientia carnis ad animam, quod per gratiam in anima existentem inferiora ei subdebantur.

no homem a graça precedeu a glória. Logo, com mais razão a natureza precedeu a graça.

EM SENTIDO CONTRÁRIO, o homem e o anjo de modo igual se ordenam à graça. Ora, o anjo foi criado em graça. Diz Agostinho: "Deus estava neles a um tempo instituindo sua natureza e enriquecendo-os de sua graça". Portanto, também o homem foi criado em graça.

RESPONDO. Alguns dizem que o primeiro homem não foi criado em graça, no entanto a graça lhe foi conferida posteriormente, antes que pecasse. Com efeito, muitos textos dos Santos Padres atestam que o homem teve a graça no estado de inocência. — Mas que tenha sido criado em graça, como outros afirmam, parece exigir a própria retidão desse primeiro estado, no qual Deus fez o homem, segundo o que se lê no livro do Eclesiastes: "Deus fez o homem na retidão". Essa retidão consistia em que a razão estava submetida a Deus, as forças inferiores à razão, e o corpo à alma. A primeira dessas submissões era a causa a um tempo da segunda e da terceira. Pois, enquanto a razão estivesse submetida a Deus, os inferiores lhe permaneciam submissos, como afirma Agostinho. Aliás, é claro que essa submissão do corpo à alma e das forças inferiores à razão não era natural; de outra sorte teria persistido depois do pecado, pois entre os demônios também os elementos naturais permaneceram depois do pecado, como diz Dionísio. Por consequência, é claro que também a primeira submissão, a da razão a Deus, não era somente natural, mas um dom sobrenatural da graça; não é possível que o efeito seja superior à causa. Por isso escreve Agostinho: "Logo que foi realizada a transgressão do preceito, a graça de Deus os abandonou e tiveram vergonha da nudez de seus corpos. Experimentaram, com efeito, o estímulo de sua carne desobediente em represália de sua desobediência". Por onde é dado a entender que, se, com o abandono da graça, foi liberada a obediência da carne à alma, é porque pela graça existente na alma os inferiores[b] estavam a ela submissos.

---

3. C. 9: ML 41, 357.
4. ALEX. HAL., *Summ. theol.*, p. II, q. 91, membr. 1, a. 1; S. BONAV., II *Sent.*, dist. 29, a. 2, q. 2.
5. Cfr. *De Civ. Dei*, l. XIII, c. 13: ML 41, 386; *De Peccat. Merit. et Remiss.*, l. I, c. 16: ML 44, 120.
6. MG 3, 725 C.
7. C. 13: ML 41, 386.

b. Depois de Sto. Agostinho, definia-se o estado do homem a esse respeito como um estado de "justiça" (justiça original) ou de "retidão": "A razão submetida a Deus, as forças inferiores à razão, o corpo à alma". De acordo com muitos teólogos, essa retidão era sem dúvida um dom de Deus, mas de ordem natural. E a *graça* sobrenatural teria sido em seguida oferecida, depois acolhida pelo homem desse modo naturalmente justo e reto. Para Sto. Tomás, na *Suma teológica*, a *graça* como a própria causa da submissão do espírito a Deus e de seu domínio sobre a carne, era necessário que o homem fosse criado na graça, para que estivesse na justiça original. Por isso, aliás, a perda da graça pelo pecado acarretou a da justiça original, não como uma sanção,

AD PRIMUM ergo dicendum quod Apostolus illa verba inducit ad ostendendum esse corpus spirituale, si est corpus animale: quia vita spiritualis corporis incoepit in Christo, qui est *primogenitus ex mortuis* [Col 1,18], sicut vita corporis animalis incoepit in Adam. Non ergo ex verbis Apostoli habetur quod Adam non fuit spiritualis secundum animam; sed quod non fuit spiritualis secundum corpus.

AD SECUNDUM dicendum quod, sicut Augustinus dicit in eodem loco, non negatur quin aliquo modo fuerit in Adam Spiritus Sanctus, sicut et in aliis iustis: sed quod *non sic fuerit in eo, sicut nunc est in fidelibus*, qui admittuntur ad perceptionem haereditatis aeternae statim post mortem.

AD TERTIUM dicendum quod ex illa auctoritate Augustini non habetur quod angelus vel homo prius fuerit creatus in naturali libertate arbitrii, quam habuisset gratiam: sed quod prius ostendit quid in eis posset liberum arbitrium ante confirmationem, et quid postmodum consecuti sunt per auxilium gratiae confirmantis.

AD QUARTUM dicendum quod Magister loquitur secundum opinionem illorum qui posuerunt hominem non esse creatum in gratia, sed in naturalibus tantum. — Vel potest dici quod, etsi homo fuerit creatus in gratia, non tamen habuit ex creatione naturae quod posset proficere per meritum, sed ex superadditione gratiae.

AD QUINTUM dicendum quod, cum motus voluntatis non sit continuus, nihil prohibet etiam in primo instanti suae creationis primum hominem gratiae consensisse.

AD SEXTUM dicendum quod gloriam meremur per actum gratiae, non autem gratiam per actum naturae. Unde non est similis ratio.

QUANTO AO 1º, portanto, deve-se dizer que o apóstolo emprega essas expressões para mostrar que, se existe um corpo animal, existe um corpo espiritual, pois a vida espiritual do corpo começou no Cristo, que é "o primogênito dentre os mortos", como a vida animal do corpo começou em Adão. Por conseguinte, não se conclui das palavras do apóstolo que Adão não fosse espiritual segundo sua alma, mas que não o era segundo seu corpo.

QUANTO AO 2º, deve-se dizer que, como diz Agostinho no mesmo livro, não se nega que, de algum modo, o Espírito Santo estivesse em Adão, como também nos outros justos, mas que ele aí estivesse "como está agora nos fiéis", admitidos a receber a herança eterna logo depois da morte.

QUANTO AO 3º, deve-se dizer que desse texto de Agostinho não se deduz que o anjo ou o homem tenha sido criado na liberdade natural de arbítrio antes de ter a graça, mas que Deus mostrou primeiramente o que neles podia o livre-arbítrio antes da confirmação em graça, e o que em seguida conseguiram com a ajuda da graça confirmante.

QUANTO AO 4º, deve-se dizer que Pedro Lombardo fala de acordo com a opinião daqueles que afirmaram que o homem não fora criado em graça, mas só no estado natural. — Pode-se também dizer que, embora o homem tenha sido criado em graça, não lhe foi possível, por sua criação natural, progredir por via de merecimento, mas por um acréscimo superior de graça.

QUANTO AO 5º, deve-se dizer que uma vez que o movimento da vontade não é um movimento contínuo, nada impedia que o primeiro homem consentisse na graça desde o primeiro instante de sua criação.

QUANTO AO 6º, deve-se dizer que merecemos a glória por um ato da graça, não porém a graça por um ato da natureza. Por isso, não há paridade na argumentação.

ARTICULUS 2
Utrum in primo homine fuerint animae passiones

AD SECUNDUM SIC PROCEDITUR. Videtur quod in primo homine non fuerint animae passiones.

ARTIGO 2
No primeiro homem havia paixões da alma?

QUANTO AO SEGUNDO, ASSIM SE PROCEDE: parece que no primeiro homem **não** havia paixões da alma.

---

2 PARALL.: Art. seq., ad 2; *De Verit.*, q. 26, a. 8.

mas como uma consequência. Caso se pense que a graça é uma realidade, uma superelevação ontológica da natureza, de suas inclinações e de seus fins, afirmar que a natureza é criada na graça é afirmar que é criada na perfeição de sua relação com Deus.

1. Secundum enim passiones animae contingit quod *caro concupiscit adversus spiritum* Gl 5,17. Sed hoc non erat in statu innocentiae. Ergo in statu innocentiae non erant animae passiones.
2. PRAETEREA, anima Adae erat nobilior quam corpus. Sed corpus Adae fuit impassibile. Ergo nec in anima eius fuerunt passiones.
3. PRAETEREA, per virtutem moralem comprimuntur animae passiones. Sed in Adam fuit virtus moralis perfecta. Ergo totaliter passiones excludebantur ab eo.
SED CONTRA est quod dicit Augustinus, XIV *de Civ. Dei*[1], quod erat in eis *amor imperturbatus in Deum*, et quaedam aliae animae passiones.
RESPONDEO dicendum quod passiones animae sunt in appetitu sensuali, cuius obiectum est bonum et malum. Unde omnium passionum animae quaedam ordinantur ad bonum, ut amor et gaudium; quaedam ad malum, ut timor et dolor. Et quia in primo statu nullum malum aderat nec imminebat; nec aliquod bonum aberat, quod cuperet bona voluntas pro tempore illo habendum, ut patet per Augustinum XIV *de Civ. Dei*: omnes illae passiones quae respiciunt malum, in Adam non erant ut timor et dolor et huiusmodi; similiter nec illae passiones quae respiciunt bonum non habitum et nunc habendum, ut cupiditas aestuans. Illae vero passiones quae possunt esse boni praesentis, ut gaudium et amor; vel quae sunt futuri boni ut suo tempore habendi, ut desiderium et spes non affligens; fuerunt in statu innocentiae. Aliter tamen quam in nobis. Nam in nobis appetitus sensualis, in quo sunt passiones, non totaliter subest rationi: unde passiones quandoque sunt in nobis praevenientes iudicium rationis, et impedientes; quandoque vero ex iudicio rationis consequentes, prout sensualis appetitus aliqualiter rationi obedit. In statu vero innocentiae inferior appetitus erat rationi totaliter subiectus: unde non erant in eo passiones animae, nisi ex rationis iudicio consequentes.

1. Com efeito, em virtude das paixões da alma acontece que "a carne deseja contra o espírito". Ora, isso não existia no estado de inocência. Logo, no estado de inocência não havia paixões.
2. ALÉM DISSO, a alma de Adão era mais nobre que o corpo. Ora, o corpo de Adão era impassível. Logo, em sua alma tampouco havia paixões.
3. ADEMAIS, pelas virtudes morais as paixões da alma são reprimidas. Ora, Adão possuía uma virtude moral perfeita. Logo, as paixões estavam totalmente excluídas dele.
EM SENTIDO CONTRÁRIO, Agostinho observa que "havia neles um amor de Deus sem perturbação", e algumas outras paixões da alma.
RESPONDO. As paixões da alma estão no apetite sensitivo, que tem por objeto o bem e o mal. Por isso, algumas entre elas se referem ao bem, como o amor e a alegria; outras ao mal, como o temor e a dor. No primeiro estado não havia nem presença, nem ameaça de mal algum e não faltava nenhum dos bens que uma vontade boa teria desejado então possuir, como escreve Agostinho[c]. Em consequência, nenhuma das paixões que se referem ao mal existia em Adão: nem temor, nem dor, nem outra coisa semelhante; nem igualmente as paixões que se referem a um bem não possuído e a possuir, como o desejo ardente. Pelo contrário, as paixões que podem concernir a um bem presente, como a alegria e o amor, ou as que se referem a um bem futuro a possuir em seu tempo, como o desejo ou a esperança sem inquietude, existiam no estado de inocência. Existiam, entretanto, de modo diferente do que em nós. Em nós o apetite sensitivo, no qual estão as paixões, não é totalmente submetido à razão. Por isso elas ora precedem em nós o julgamento da razão e o impedem, ora o seguem, na medida em que o apetite sensitivo obedece de certa forma à razão. No estado de inocência, ao contrário, o apetite inferior estava totalmente submetido à razão; por isso não havia nele paixões da alma, senão aquelas que eram subsequentes a um julgamento da razão[d].

---

1. C. 10: ML 41, 417.

    c. A ideia de que, no estado de inocência, mal algum ameaçava o homem, e que bem desejável algum lhe faltava, era a tal ponto comum na teologia da Idade Média inspirada em Sto. Agostinho que Sto. Tomás não faz sua demonstração, e não consagra a ela uma questão particular. Que mudança na suposição não apenas na disposição das coisas, mas na Providência divina cotidiana! No entanto, supera em muito a descrição bíblica do Éden, e o que dizem a esse respeito os concílios.

    d. Da mesma maneira Sto. Tomás se referir-se-á às paixões humanas de Cristo (III, q. 15, a. 4) e, em suma, às paixões do homem perfeitamente virtuoso (I-II, q. 25). Contudo, no estado de justiça original, o que está para nós no termo do esforço virtuoso era inato. O artigo seguinte, aliás, afirmará que, em seu estado original, o homem possuía todas as virtudes; na verdade, no estado habitual, mas sem obstáculo para desenvolvê-las e praticá-las.

AD PRIMUM ergo dicendum quod caro concupiscit adversus spiritum, per hoc quod passiones rationi repugnant: quod in statu innocentiae non erat.

AD SECUNDUM dicendum quod corpus humanum in statu innocentiae erat impassibile quantum ad passiones quae removent dispositionem naturalem, ut infra[2] dicetur. Et similiter anima fuit impassibilis quantum ad passiones quae impediunt rationem.

AD TERTIUM dicendum quod perfecta virtus moralis non totaliter tollit passiones, sed ordinat eas: *temperati* enim *est concupiscere sicut oportet, et quae oportet*, ut dicitur in III *Ethic*.[3]

QUANTO AO 1º, portanto, deve-se dizer que a carne deseja contra o espírito pelo fato de que as paixões se rebelam contra a razão, o que não acontecia no estado de inocência.

QUANTO AO 2º, deve-se dizer que o corpo humano, no estado de inocência, era impassível com relação às paixões que suprimem a disposição natural, como abaixo se dirá. Igualmente a alma era impassível com relação às paixões que impedem a razão.

QUANTO AO 3º, deve-se dizer que a virtude moral perfeita não suprime totalmente as paixões, ela as ordena. "É próprio da moderação, com efeito, desejar o que se deve e como se deve", como se diz no livro III da *Ética*.

ARTICULUS 3
Utrum Adam habuerit omnes virtutes

AD TERTIUM SIC PROCEDITUR. Videtur quod Adam non habuerit omnes virtutes.

1. Quaedam enim virtutes ordinantur ad refraenandam immoderantiam passionum; sicut per temperantiam refraenatur immoderata concupiscentia, et per fortitudinem immoderatus timor. Sed immoderantia passionum non erat in statu innocentiae. Ergo nec dictae virtutes.

2. PRAETEREA, quaedam virtutes sunt circa passiones respicientes malum; ut mansuetudo circa iras, et fortitudo circa timores. Sed tales passiones non erant in statu innocentiae, ut dictum est[1]. Ergo nec huiusmodi virtutes.

3. PRAETEREA, poenitentia est quaedam virtus respiciens peccatum prius commissum. Misericordia etiam est quaedam virtus respiciens miseriam. Sed in statu innocentiae non erat peccatum nec miseria. Ergo neque huiusmodi virtutes.

4. PRAETEREA, perseverantia est quaedam virtus. Sed hanc Adam non habuit; ut sequens peccatum ostendit. Ergo non habuit omnes virtutes.

5. PRAETEREA, fides quaedam virtus est. Sed haec in statu innocentiae non fuit: importat enim aenigmaticam cognitionem, quae perfectioni primi status repugnare videtur.

ARTIGO 3
Adão tinha todas as virtudes?

QUANTO AO TERCEIRO, ASSIM SE PROCEDE: parece que Adão **não** tinha todas as virtudes.

1. Com efeito, algumas virtudes são ordenadas a refrear a imoderação das paixões. Por exemplo, pela temperança fica refreado o desejo imoderado, e pela fortaleza, o temor imoderado. Ora, não havia no estado de inocência paixões imoderadas. Logo, nem as virtudes citadas.

2. ALÉM DISSO, algumas virtudes se referem às paixões que se referem ao mal. Por exemplo, a mansidão concerne à ira e a fortaleza, aos temores. Ora, no estado de inocência não havia tais paixões, como dito acima. Logo, nem as virtudes correspondentes.

3. ADEMAIS, a penitência é uma virtude que se refere ao pecado anteriormente cometido. A misericórdia, por sua vez, é uma virtude que se refere à miséria. Ora, no estado de inocência não havia nem pecado, nem miséria. Logo, nem as virtudes correspondentes.

4. ADEMAIS, a perseverança é uma virtude. Ora, Adão não a teve, como mostra o pecado posterior. Logo, não tinha todas as virtudes.

5. ADEMAIS, a fé é uma virtude. Ora, não existia no estado de inocência; ela implica, com efeito, um conhecimento em enigma que repugna à perfeição do primeiro estado.

---

2. Q. 97, a. 2.
3. C. 15: 1119, b, 11-18.

PARALL.: II *Sent.*, dist. 29, a. 3.

1. A. praec.

SED CONTRA est quod Augustinus dicit, in quadam Homilia[2]: *Princeps vitiorum devicit Adam de limo terrae ad imaginem Dei factum, pudicitia armatum, temperantia compositum, claritate splendidum.*

RESPONDEO dicendum quod homo in statu innocentiae aliqualiter habuit omnes virtutes. Et hoc ex dictis potest esse manifestum. Dictum est enim supra[3] quod talis erat rectitudo primi status, quod ratio erat Deo subiecta, inferiores autem vires rationi. Virtutes autem nihil aliud sunt quam perfectiones quaedam, quibus ratio ordinatur in Deum, et inferiores vires disponuntur secundum regulam rationis; ut magis patebit cum de virtutibus agetur. Unde rectitudo primi status exigebat ut homo aliqualiter omnes virtutes haberet.

Sed considerandum est quod virtutum quaedam sunt, quae de sui ratione nullam imperfectionem important, ut caritas et iustitia. Et huiusmodi virtutes fuerunt in statu innocentiae simpliciter, et quantum ad habitum et quantum ad actum. — Quaedam vero sunt, quae de sui ratione imperfectionem important, vel ex parte actus vel ex parte materiae. Et si huiusmodi imperfectio non repugnat perfectioni primi status, nihilominus huiusmodi virtutes poterant esse in primo statu; sicut fides, quae est eorum quae non videntur, et spes, quae est eorum quae non habentur. Perfectio enim primi status non se extendebat ad hoc, ut videret Deum per essentiam, et ut haberet eum cum fruitione finalis beatitudinis: unde fides et spes esse poterant in primo statu, et quantum ad habitum et quantum ad actum. — Si vero imperfectio quae est de ratione virtutis alicuius, repugnat perfectioni primi status, poterat huiusmodi virtus ibi esse secundum habitum, sed non secundum actum: ut patet de poenitentia, quae est dolor de peccato commisso, et de misericordia, quae est dolor de miseria aliena; perfectioni enim primi status repugnat tam dolor, quam culpa et miseria. Unde huiusmodi virtutes erant in primo homine secundum habitum, sed non secundum actum: erat enim primus homo sic dispositus, ut si peccatum praecessisset, doleret et similiter si miseriam in alio videret, eam pro posse repelleret. Sicut Philosophus dicit, in IV *Ethic*.[4], quod *verecundia*, quae est de turpi facto, *contingit studioso solum sub*

EM SENTIDO CONTRÁRIO, diz Agostinho em uma homilia: "O príncipe dos vícios derrotou Adão, feito do barro da terra à imagem de Deus, armado de pureza, munido de temperança, irradiante de claridade".

RESPONDO. O homem no estado de inocência possuía, de uma maneira ou de outra, todas as virtudes. É algo que resulta de tudo o que precede. Foi dito acima que era tal a retidão do primeiro estado que a razão estava submetida a Deus e as potências inferiores à razão. Ora, as virtudes não são mais que perfeições pelas quais a razão se ordena a Deus e as potências inferiores se dispõem segundo a regra da razão. Vê-lo-emos mais claramente quando tratarmos das virtudes. Por conseguinte, a retidão do estado primitivo exigia que o homem tivesse, de uma maneira ou de outra, todas as virtudes.

Deve-se, porém, notar que, entre as virtudes, algumas não implicam em sua razão imperfeição alguma, por exemplo, a caridade e a justiça. Tais virtudes existiam no estado de inocência, de modo total seja como hábito, seja como ato. — Outras virtudes implicam em sua razão uma imperfeição, quer da parte do ato, quer da parte da matéria. Se esta imperfeição não é incompatível com a perfeição do estado primitivo, essas virtudes podiam existir nesse estado; por exemplo, a fé que se refere àquilo que não se vê e a esperança que se refere àquilo que não se possui. Com efeito, a perfeição do estado primitivo não se estendia à visão de Deus em sua essência, e à posse dele com o gozo da bem-aventurança final. A fé e a esperança, portanto, podiam existir nesse estado, seja como hábito, seja como ato. — Se, ao contrário, a imperfeição implicada na razão de alguma virtude é incompatível com a perfeição do estado primitivo, essa virtude podia existir nesse estado como hábito, mas não como ato. Claramente se vê na penitência, que é uma dor do pecado cometido, e na misericórdia, dor da miséria dos outros; com efeito, tanto a dor como a culpa e a miséria repugnam à perfeição do estado primitivo. Por isso estas virtudes existiam no primeiro homem como hábito, mas não como ato. O primeiro homem estava constituído de tal maneira que se um pecado acontecesse antes, se arrependeria, e igualmente se tivesse visto a miséria em um outro a teria repelido segundo suas possibilidades. Diz

---

2. *Serm. contra Iudaeos, Paganos et Arianos*, c. 2 (inter supposit. Aug.): ML 42, 1117-1118.
3. A. 1.
4. C. 15: 1128, b, 26-33.

conditione: est enim sic dispositus, quod verecundaretur si turpe aliquid committeret.

AD PRIMUM ergo dicendum quod accidit temperantiae et fortitudini quod superabundantiam passionum repellat, inquantum invenit passiones superabundantes in subiecto. Sed per se convenit huiusmodi virtutibus passiones moderari.

AD SECUNDUM dicendum quod illae passiones ad malum ordinatae, repugnant perfectioni primi status, quae habent respectum ad malum in ipso qui afficitur passione, ut timor et dolor. Sed passiones quae respiciunt malum in altero, non repugnant perfectioni primi status: poterat enim homo in primo statu habere odio malitiam daemonum, sicut et diligere bonitatem Dei. Unde et virtutes quae circa tales passiones essent, possent esse in primo statu, et quantum ad habitum et quantum ad actum. — Quae vero sunt circa passiones respicientes malum in eodem subiecto, si circa huiusmodi solas passiones sunt, non poterant esse in primo statu secundum actum, sed solum secundum habitum; sicut de poenitentia et misericordia dictum est[5]. Sed sunt quaedam virtutes quae non sunt circa has passiones solum, sed etiam circa alias; sicut temperantia, quae non solum est circa tristitias, sed etiam circa delectationes; et fortitudo, quae non solum est circa timores, sed etiam circa audaciam et spem. Unde poterat esse in primo statu actus temperantiae, secundum quod est moderativa delectationum; et similiter fortitudo, secundum quod est moderativa audaciae sive spei; non autem secundum quod moderantur tristitiam et timorem.

AD TERTIUM patet solutio ex his quae dicta sunt[6].

AD QUARTUM dicendum quod perseverantia dupliciter sumitur. Uno modo, prout est quaedam virtus: et sic significat quendam habitum, quo quis eligit perseverare in bono. Et sic Adam perseverantiam habuit. — Alio modo, prout est circumstantia virtutis: et sic significat continuationem quandam virtutis absque interruptione. Et hoc modo Adam perseverantiam non habuit.

AD QUINTUM patet responsio per ea quae dicta sunt[7].

o Filósofo: a vergonha, que se refere a um ato torpe, existe no virtuoso apenas condicionalmente, pois ele está constituído de tal maneira que teria vergonha se cometesse algo torpe.

QUANTO AO 1º, portanto, deve-se dizer que é acidental à temperança e à fortaleza repelir paixões excessivas, quando encontram tal excesso em um sujeito. Por si o que convém a estas virtudes é moderar as paixões.

QUANTO AO 2º, deve-se dizer que entre as paixões ordenadas ao mal, são incompatíveis com a perfeição do estado primitivo aquelas que se referem ao mal no mesmo sujeito que é por ele afetado. Por exemplo, o temor e a dor. Mas as paixões que se referem ao mal em outrem não são incompatíveis com a perfeição desse estado. No estado primitivo, com efeito, o homem podia odiar a malícia dos demônios, como podia amar a bondade divina. Por isso as virtudes que se referissem a essas paixões teriam podido existir no estado primitivo seja como hábito, seja como ato. — Pelo contrário, as virtudes que se referem às paixões ordenadas ao mal no próprio sujeito, se se referem exclusivamente a essas paixões, não podiam existir no estado primitivo como ato, mas somente como hábito. Assim foi dito a respeito da penitência e da misericórdia. Mas há virtudes que não se referem somente a estas paixões, mas igualmente a outras; por exemplo, a temperança, que concerne não somente à tristeza, mas também ao prazer; e a fortaleza, que se refere não só ao temor, mas ainda à audácia e à esperança. Por isso no estado primitivo podia haver atos de temperança na medida em que ela modera os prazeres. Igualmente a fortaleza, enquanto regra a audácia ou a esperança, mas não enquanto essas virtudes regram a tristeza e o temor.

QUANTO AO 3º, fica clara a resposta pelo que foi dito.

QUANTO AO 4º, deve-se dizer que pode-se tomar perseverança em dois sentidos. Primeiro, enquanto virtude; e assim significa um hábito graças ao qual se escolhe perseverar no bem. Nesse sentido Adão tinha perseverança. — Segundo, enquanto circunstância da virtude; então significa uma ininterrupta persistência da virtude. Nesse sentido Adão não teve a perseverança.

QUANTO AO 5º, fica clara a resposta pelo que foi dito.

---

5. In corp.
6. In corp.
7. In corp.

Articulus 4
Utrum opera primi hominis fuerint minus efficacia ad merendum quam opera nostra

AD QUARTUM SIC PROCEDITUR. Videtur quod opera primi hominis fuerint minus efficacia ad merendum quam opera nostra.
1. Gratia enim ex Dei misericordia datur, quae magis indigentibus subvenit magis. Sed nos indigemus magis gratia quam primus homo in statu innocentiae. Ergo copiosius infunditur nobis gratia. Quae cum sit radix meriti, opera nostra efficaciora ad merendum redduntur.

2. PRAETEREA, ad meritum requiritur pugna quaedam et difficultas. Dicitur enim 1Ti 2,5: *Non coronabitur nisi qui legitime certaverit*. Et Philosophus dicit, in II *Ethic.*[1], quod *virtus est circa difficile et bonum*. Sed nunc est maior pugna et difficultas. Ergo et maior efficacia ad merendum.

3. PRAETEREA, Magister dicit, 24 distinctione II libri *Sent.*, quod *homo non meruisset, tentationi resistendo; nunc autem meretur qui tentationi resistit*. Ergo efficaciora sunt opera nostra ad merendum quam in primo statu.

SED CONTRA est quia secundum hoc, homo esset melioris conditionis post peccatum.

RESPONDEO dicendum quod quantitas meriti ex duobus potest pensari. Uno modo, ex radice caritatis et gratiae. Et talis quantitas meriti respondet praemio essentiali, quod consistit in Dei fruitione: enim ex maiori caritate aliquid facit, perfectius Deo fruetur. — Alio modo pensari potest quantitas meriti ex quantitate operis. Quae quidem est duplex: scilicet absoluta, et proportionalis. Vidua enim quae misit duo aera minuta in gazophylacium [Mc 12,41 sqq.]; [Lc 21,1sqq.], minus opus fecit quantitate absoluta, quam illi qui magna munera posuerunt: sed quantitate proportionali vidua plus fecit, secundum sententiam Domini, quia magis eius facultatem superabat. Utraque tamen quantitas meriti respondet praemio accidentali; quod est gaudium de bono creato.

Sic igitur dicendum quod efficaciora fuissent hominis opera ad merendum in statu innocentiae quam post peccatum, si attendatur quantitas meriti

Artigo 4
As obras do primeiro homem eram menos eficazes para merecer do que as nossas obras?

QUANTO AO QUARTO, ASSIM SE PROCEDE: parece que as obras do primeiro homem **eram** menos eficazes para merecer do que as nossas obras.
1. Com efeito, a graça é dada pela misericórdia de Deus, que aos mais indigentes mais ajuda. Ora, temos mais necessidade da graça que o primeiro homem no estado de inocência. Logo, ela nos é infundida de maneira mais copiosa. E como ela é a raiz do merecimento, torna as nossas obras mais eficazes para merecer.

2. ALÉM DISSO, para que haja merecimento, é preciso que haja luta e dificuldade. Como se diz na segunda Carta a Timóteo: "Não receberá a coroa senão aquele que tiver lutado segundo as regras". E o Filósofo, no livro II da *Ética*: "É no difícil e no bem que se exerce a virtude". Ora, agora a luta e a dificuldade são maiores. Logo, maior também a eficácia para merecer.

3. ADEMAIS, Pedro Lombardo afirma que o homem não teria merecido resistindo à tentação, enquanto agora aquele que resiste a ela merece. Portanto, nossas obras são mais eficazes para merecer do que no estado primitivo.

EM SENTIDO CONTRÁRIO, dessa maneira, o homem estaria em melhor condição depois do pecado.

RESPONDO. A quantidade do mérito pode ser medida por duas coisas. Primeiro, sua raiz, que é a caridade e a graça. Essa quantidade de mérito corresponde à recompensa essencial, que consiste no gozo de Deus. Com efeito, aquele que faz alguma coisa com maior caridade gozará mais perfeitamente de Deus. — Segundo, pela quantidade de obra, que é dupla: absoluta e proporcional. A viúva "que colocou duas pequenas moedas no tesouro" fez uma obra menor em quantidade absoluta do que aqueles que aí depositavam grandes oferendas; mas em quantidade proporcional a viúva fez mais, segundo a sentença do Senhor, porque isso ultrapassava muito os seus recursos. Entretanto, uma e outra quantidade de mérito correspondem à recompensa acidental, que é a alegria do bem feito.

Assim, pois, deve-se dizer que as obras humanas seriam mais eficazes para merecer no estado de inocência que depois do pecado se se toma em

---

4 PARALL.: II *Sent.*, dist. 29, a. 4.

1. C. 2: 1105, a, 7-13.

ex parte gratiae; quae tunc copiosior fuisset, nullo obstaculo in natura humana invento. Similiter etiam, si consideretur absoluta quantitas operis: quia, cum homo esset maioris virtutis, maiora opera fecisset. Sed si consideretur quantitas proportionalis, maior invenitur ratio meriti post peccatum, propter hominis imbecillitatem: magis enim excedit parvum opus potestatem eius qui cum difficultate operatur illud, quam opus magnum potestatem eius qui sine difficultate operatur.

AD PRIMUM ergo dicendum quod homo post peccatum ad plura indiget gratia quam ante peccatum, sed non magis. Quia homo, etiam ante peccatum, indigebat gratia ad vitam aeternam consequendam, quae est principalis necessitas gratiae. Sed homo post peccatum, super hoc, indiget gratia etiam ad peccati remissionem, et infirmitatis sustentationem.

AD SECUNDUM dicendum quod difficultas et pugna pertinent ad quantitatem meriti, secundum quantitatem operis proportionalem, ut dictum est[2]. Et est signum promptitudinis voluntatis, quae conatur ad id quod est sibi difficile: promptitudo autem voluntatis causatur ex magnitudine caritatis. Et tamen potest contingere quod aliquis ita prompta voluntate faciat opus aliquod facile, sicut alius difficile, quia paratus esset facere etiam quod sibi esset difficile. Difficultas tamen actualis, inquantum est poenalis, habet etiam quod sit satisfactoria pro peccato.

AD TERTIUM dicendum quod resistere tentationi primo homini non fuisset meritorium, secundum opinionem ponentium quod gratiam non haberet; sicut nec modo est meritorium non habenti gratiam. Sed in hoc est differentia, quia in primo statu nihil erat interius impellens ad malum, sicut modo est: unde magis tunc poterat homo resistere tentationi sine gratia, quam modo.

conta a quantidade de mérito por parte da graça; essa, com efeito, tinha sido mais abundante, não encontrando obstáculo algum na natureza humana. De igual modo também, se se considera a quantidade absoluta das obras, porque, como o homem era de maior virtude teria feito obras maiores. Mas se se considera a quantidade proporcional, encontra-se maior razão de mérito depois do pecado em razão da fraqueza humana. Com efeito, uma obra pequena vai muito além da capacidade daquele que a realiza com dificuldade, do que uma grande obra daquele que age sem dificuldade[e].

QUANTO AO 1º, portanto, deve-se dizer que depois do pecado, o homem necessita da graça para mais coisas do que antes do pecado, mas não mais, porque o homem, mesmo antes do pecado, necessitava da graça para obter a vida eterna. E essa é a necessidade principal da graça. Além disso, depois do pecado o homem necessita da graça para a remissão do pecado e o apoio de sua fraqueza.

QUANTO AO 2º, deve-se dizer que dificuldade e luta pertencem à quantidade de mérito, segundo a quantidade proporcional de obra, como foi dito. É um sinal da prontidão da vontade que se esforça por aquilo que lhe é mais difícil. Ora, a prontidão da vontade é causada pela grandeza da caridade. Pode porém acontecer que alguém faça uma obra fácil com uma vontade tão pronta como um outro uma obra difícil, pois estaria disposto a fazer também o que lhe seria difícil. Entretanto, a dificuldade atual, enquanto é penal, comporta também que seja satisfatória pelo pecado.

QUANTO AO 3º, deve-se dizer que resistir à tentação não teria sido meritório para o primeiro homem, segundo a opinião daqueles que afirmavam que ele não possuía a graça, como também agora não é meritório para quem não tem a graça. Há entretanto essa diferença que no estado primitivo nada havia no interior do homem para o levar ao mal, como agora. Daí que o homem podia então resistir mais à tentação sem a graça do que agora.

---

2. In corp.

e. Admiremos a fineza dessa análise do mérito, que depende antes de mais nada do amor, e, logo, da intensidade da graça. A dificuldade da tarefa só é considerada porque exige normalmente mais amor para ser realizada.

QUAESTIO XCVI
DE DOMINIO QUOD HOMINI IN STATU INNOCENTIAE COMPETEBAT

in quatuor articulos divisa

Deinde considerandum est de dominio quod competebat homini in statu innocentiae. Et circa hoc quaeruntur quatuor.

Primo: utrum homo in statu innocentiae animalibus dominaretur.
Secundo: utrum dominaretur omni creaturae.
Tertio: utrum in statu innocentiae omnes homines fuissent aequales.
Quarto: utrum in illo statu homo hominibus dominaretur.

Articulus 1
Utrum Adam in statu innocentiae animalibus dominaretur

AD PRIMUM SIC PROCEDITUR. Videtur quod Adam in statu innocentiae animalibus non dominabatur.

1. Dicit enim Augustinus, IX *super Gen. ad litt.*[1], quod ministerio angelorum animalia sunt adducta ad Adam, ut eis nomina imponeret. Non autem fuisset ibi necessarium angelorum ministerium, si homo per seipsum animalibus dominabatur. Non ergo in statu innocentiae habuit dominium homo super alia animalia.

2. PRAETEREA, ea quae ad invicem discordant, non recte sub uno dominio congregantur. Sed multa animalia naturaliter ad invicem discordant, sicut ovis et lupus. Ergo omnia animalia sub hominis dominio non continebantur.

3. PRAETEREA, Hieronymus[2] dicit quod *homini ante peccatum non indigenti, Deus animalium dominationem dedit: praesciebat enim hominem adminiculo animalium adiuvandum fore post lapsum.* Ergo ad minus usus dominii super animalia non competebat homini ante peccatum.

4. PRAETEREA, proprium domini esse videtur praecipere. Sed praeceptum non recte fertur nisi ad habentem rationem. Ergo homo non habebat dominium super animalia irrationalia.

QUESTÃO 96
O DOMÍNIO QUE CABIA AO HOMEM NO ESTADO DE INOCÊNCIA[a]

em quatro artigos

Em seguida, deve-se considerar a respeito do domínio que cabia ao homem no estado de inocência. Sobre isso, são quatro as perguntas:

1. O homem no estado de inocência dominava os animais?
2. Dominava toda criatura?
3. No estado de inocência todos os homens eram iguais?
4. Naquele estado o homem dominava os homens?

Artigo 1
Adão no estado de inocência dominava os animais?

QUANTO AO PRIMEIRO ARTIGO, ASSIM SE PROCEDE: parece que Adão no estado de inocência **não** dominava os animais.

1. Com efeito, diz Agostinho que pelo ministério dos anjos os animais foram levados a Adão para que lhes impusesse nomes. Ora, não teria sido necessário o ministério dos anjos nesse caso, se o homem por si dominasse os animais. Logo, no estado de inocência o homem não tinha domínio sobre os outros animais.

2. ALÉM DISSO, não se reúnem sob uma dominação seres em conflito um com o outro. Ora, há muitos animais por natureza em conflito um com o outro, como a ovelha e o lobo. Logo, todos os animais não estavam contidos sob o domínio do homem.

3. ADEMAIS, segundo Jerônimo, "Deus deu o domínio sobre os animais ao homem, que não necessitava dele antes do pecado, porque sabia de antemão que, depois do pecado, ele deveria ser ajudado pela colaboração dos animais". Portanto, pelo menos o uso do domínio sobre os animais não cabia ao homem antes do pecado.

4. ADEMAIS, dar ordens parece ser próprio do senhor. Ora, não se dá ordens senão a quem goza da razão. Logo, o homem não tinha domínio sobre os animais irracionais.

---

1 PARALL.: II *Sent.*, dist. 44, q. 1, a. 3.

1. C. 14: ML 34, 402-403.
2. Cfr. BEDAM, *Hexaem.*, l. I, super *Gen.* 1,26: ML 91, 31 CD.

---

a. Trata-se, nesta questão, da ação desse homem, tão perfeitamente equilibrado no mundo exterior, sobre um mundo fácil e inteiramente submetido.

SED CONTRA est quod dicitur Gn 1,26, de homine: *Praesit piscibus maris, et volatilibus caeli, et bestiis* terrae.

RESPONDEO dicendum quod, sicut supra[3] dictum est, inobedientia ad hominem eorum quae ei debent esse subiecta, subsecuta est in poenam eius, eo quod ipse fuit inobediens Deo. Et ideo in statu innocentiae, ante inobedientiam praedictam, nihil ei repugnabat quod naturaliter deberet ei esse subiectum. Omnia autem animalia sunt homini naturaliter subiecta. Quod apparet ex tribus. Primo quidem, ex ipso naturae processu. Sicut enim in generatione rerum intelligitur quidam ordo quo proceditur de imperfecto ad perfectum (nam materia est propter formam, et forma imperfectior propter perfectiorem), ita etiam est in usu rerum naturalium: nam imperfectiora cedunt in usum perfectorum; plantae enim utuntur terra ad sui nutrimentum, animalia vero plantis, et homines plantis et animalibus. Unde naturaliter homo dominatur animalibus. Et propter hoc Philosophus dicit, in I *Politic*.[4], quod venatio sylvestrium animalium est iusta et naturalis, quia per eam homo vindicat sibi quod est naturaliter suum.

Secundo apparet hoc ex ordine divinae providentiae, quae semper inferiora per superiora gubernat. Unde, cum homo sit supra cetera animalia, utpote ad imaginem Dei factus, convenienter eius gubernationi alia animalia subduntur.

Tertio apparet idem ex proprietate hominis, et aliorum animalium. In aliis enim animalibus invenitur, secundum aestimationem naturalem, quaedam participatio prudentiae ad aliquos particulares actus: in homine autem invenitur universalis prudentia, quae est ratio omnium agibilium. Omne autem quod est per participationem, subditur ei quod est per essentiam et universaliter. Unde patet quod naturalis est subiectio aliorum animalium ad hominem.

AD PRIMUM ergo dicendum quod in subiectos multa potest facere superior potestas, quae non potest facere inferior. Angelus autem est natu-

EM SENTIDO CONTRÁRIO, o livro do Gênesis diz a propósito do homem: "Que ele domine sobre os peixes do mar, as aves do céu e os animais da terra".

RESPONDO. Como dito acima, o fato de desobedecerem ao homem os que lhe devem ser submissos resultou para ele em pena por ter desobedecido a Deus. Razão por que no estado de inocência, antes da desobediência mencionada, nada daquilo que por natureza lhe devia ser submetido se lhe opunha. Todos os animais, pois, são submissos ao homem. Isso fica claro por três razões. Primeiro, é a ordem da natureza. Como na gênese das coisas se percebe uma ordem segundo a qual se passa do imperfeito ao perfeito (pois é para a forma, e a forma mais imperfeita para a que é mais perfeita), assim também no uso das coisas da natureza, pois os seres mais imperfeitos são postos à disposição dos mais perfeitos; as plantas, com efeito, se servem da terra para seu alimento, os animais das plantas e os homens das plantas e dos animais. Assim o homem exerce naturalmente o domínio sobre os animais. Em razão disso afirma o Filósofo no livro I da *Política*, que "a caça dos animais das florestas é justa e natural", porque por ela o homem reivindica o que lhe pertence por natureza.

Segundo, é a ordem da divina providência, que governa sempre os inferiores pelos superiores. Por isso como o homem está acima dos outros animais, pois foi feito à imagem de Deus, convenientemente estão eles submetidos a seu governo.

Terceiro, são as propriedades do homem e dos outros animais. Nos outros animais encontra-se, segundo uma avaliação natural, uma participação relativa a alguns atos particulares, enquanto no homem encontramos uma prudência universal, que é a razão de todas as atividades. Ora, tudo o que é por participação é submetido àquilo que é por essência e de maneira universal. Assim é claro que a sujeição dos outros animais ao homem é natural[b].

QUANTO AO 1º, portanto, deve-se dizer que um poder superior pode causar no que lhe é submetido muitas coisas que não pode fazer o poder inferior.

---

3. Q. 95, a. 1.
4. C. 3: 1256.

---

b. Seria preciso efetuar uma representação do mundo animal como inteiramente dotado de um instinto natural de submissão ao homem, que, aliás, não lhe teria feito mal algum, não tendo necessidade alguma dele, a não ser para "conhecê-lo" na infinita diversidade das "naturezas" que o compõem. Quanto à dominação humana sobre o mundo inanimado, é utilizando as coisas sem nenhum obstáculo que ela será exercida (a. 2). Nada se diz do que seriam a cultura e a civilização, transformação do mundo, arte e criação. O "paraíso terrestre" surge como uma vida contemplativa e já bem-aventurada, sem outro trabalho além de um pacífico e fácil labor de colheita e de jardinagem.

raliter superior homine. Unde aliquis effectus poterat fieri circa animalia virtute angelica, qui non poterat fieri potestate humana; scilicet quod statim omnia animalia congregarentur.

AD SECUNDUM dicendum quod quidam[5] dicunt quod animalia quae nunc sunt ferocia et occidunt alia animalia, in statu illo fuissent mansueta non solum circa hominem, sed etiam circa alia animalia. — Sed hoc est omnino irrationabile. Non enim per peccatum hominis natura animalium est mutata, ut quibus nunc naturale est comedere aliorum animalium carnes, tunc vixissent de herbis, sicut leones et falcones. Nec Glossa Bedae dicit, Gn 1,30, quod ligna et herbae datae sunt omnibus animalibus et avibus in cibum, sed quibusdam. Fuisset ergo naturalis discordia inter quaedam animalia. — Nec tamen propter hoc subtraherentur dominio hominis; sicut nec nunc propter hoc subtrahuntur dominio Dei, cuius providentia hoc totum dispensatur. Et huius providentiae homo executor fuisset, ut etiam nunc apparet in animalibus domesticis: ministrantur enim falconibus domesticis per homines gallinae in cibum.

AD TERTIUM dicendum quod homines in statu innocentiae non indigebant animalibus ad necessitatem corporalem: neque ad tegumentum, quia nudi erant, et non erubescebant, nullo instante inordinatae concupiscentiae motu; neque ad cibum, quia lignis Paradisi vescebantur; neque ad vehiculum, propter corporis robur. Indigebant tamen eis ad experimentalem cognitionem sumendam de naturis eorum. Quod significatum est per hoc, quod Deus ad eum animalia adduxit, ut eis nomina imponeret Gn 2,19, quae eorum naturas designant.

AD QUARTUM dicendum quod alia animalia habent quandam participationem prudentiae et rationis secundum aestimationem naturalem; ex qua contingit quod grues sequuntur ducem, et apes obediunt regi. Et sic tunc omnia animalia per seipsa homini obedivissent, sicut nunc quaedam domestica ei obediunt.

Ora, o anjo, por natureza, é superior ao homem. Por isso algum efeito podia ser produzido nos animais pelo poder dos anjos, o qual não podia ser realizado pelo poder do homem, a saber, que em um instante todos os animais fossem reunidos.

QUANTO AO 2º, deve-se dizer que alguns dizem que os animais que agora são ferozes e matam outros animais, naquele estado seriam mansos não somente com respeito aos outros animais. — Mas isso é inteiramente desprovido de razão. Com efeito, a natureza dos animais não foi mudada pelo pecado do homem de tal maneira que aqueles aos quais é natural agora comer as carnes dos outros animais, como os leões ou os falcões, vivessem então de ervas. Aliás, a Glosa de Beda não diz, a propósito do livro do Gênesis, que as árvores e as ervas tenham sido dadas em alimento a todos os animais e pássaros, mas a alguns entre eles. Por conseguinte, o conflito seria natural entre certos animais. — Entretanto, nem por isso teriam sido subtraídos ao domínio do homem, como tampouco o sejam agora ao domínio de Deus, por cuja providência tudo se regula. O homem seria o executor dessa providência, como se vê ainda agora tratando-se dos animais domésticos: os homens fornecem aos falcões domésticos galinhas como alimento.

QUANTO AO 3º, deve-se dizer que os homens no estado de inocência não tinham necessidade dos animais para suas necessidades corporais, nem para se cobrirem, pois estavam nus, e não se envergonhavam por não terem nenhum movimento de concupiscência desordenado, e nem para se alimentar porque se alimentavam das árvores do paraíso, e nem para se deslocarem, porque tinham um corpo vigoroso. Tinham necessidade, no entanto, dos animais a fim de tomar conhecimento experimental de suas naturezas. É isso que significa o fato de Deus ter levado ao homem os animais, para que lhes impusesse nomes, que designam suas naturezas.

QUANTO AO 4º, deve-se dizer que os animais participam de algum modo da prudência e da razão segundo o modo de ver natural. Por isso os grous seguem o que os guia e as abelhas obedecem à rainha. Assim, todos os animais teriam obedecido por si mesmos ao homem, como fazem agora alguns animais domésticos.

---

5. ALEX. HALENS., *Summ. theol.*, p. II, q. 93, membr. 2.

Articulus 2
Utrum homo habuisset dominium super omnes alias creaturas

AD SECUNDUM SIC PROCEDITUR. Videtur quod homo non habuisset dominium super omnes alias creaturas.
1. Angelus enim naturaliter est maioris potestatis quam homo. Sed, sicut dicit Augustinus III *De Trin.*[1], *materia corporalis non obedivisset ad nutum etiam sanctis angelis*. Ergo multo minus homini in statu innocentiae.

2. PRAETEREA, in plantis non sunt de viribus animae nisi nutritiva et augmentativa et generativa. Haec autem non sunt natae obedire rationi; ut in uno et eodem homine apparet. Ergo, cum dominium competat homini secundum rationem, videtur quod plantis homo in statu innocentiae non dominaretur.

3. PRAETEREA, quicumque dominatur alicui rei, potest illam rem mutare. Sed homo non potuisset mutare cursum caelestium corporum: hoc enim solius Dei est, ut Dionysius dicit in Epistola *ad Polycarpum*[2]. Ergo non dominabatur eis.

SED CONTRA est quod dicitur Gn 1,26, de homine: *Praesit universae* creaturae.

RESPONDEO dicendum quod in homine quodammodo sunt omnia: et ideo secundum modum quo dominatur his quae in seipso sunt, secundum hunc modum competit ei dominari aliis. Est autem in homine quatuor considerare: scilicet rationem, secundum quam convenit cum angelis; vires sensitivas, secundum quas convenit cum animalibus; vires naturales, secundum quas convenit cum plantis; et ipsum corpus, secundum quod convenit cum rebus inanimatis. Ratio autem in homine habet locum dominantis, et non subiecti dominio. Unde homo angelis non dominabatur in primo statu: et quod dicitur *omni creaturae*, intelligitur *quae non est ad imaginem Dei*. — Viribus autem sensitivis, sicut irascibili et concupiscibili, quae aliqualiter obediunt rationi, dominatur anima imperando. Unde et in statu innocentiae animalibus aliis per imperium dominabatur. — Viribus autem naturalibus, et ipsi corpori, homo dominatur non quidem imperando, sed utendo. Et sic etiam homo

Artigo 2
O homem tinha domínio sobre todas as outras criaturas?

QUANTO AO SEGUNDO, ASSIM SE PROCEDE: parece que o homem **não** tinha domínio sobre todas as outras criaturas.
1. Com efeito, o anjo, por natureza, tem maior poder que o homem. Ora, como diz Agostinho, a matéria corporal não teria obedecido à simples vontade, mesmo dos santos anjos. Logo, muito menos teria obedecido ao homem no estado de inocência.

2. ALÉM DISSO, nas plantas, não existem entre as potências da alma senão as que se referem à nutrição, ao crescimento e à geração. Ora, essas potências não são capazes por natureza de obedecer à razão, como se vê em um e mesmo homem. Logo, dado que o domínio convém ao homem em virtude da razão, parece que ele, no estado de inocência, não teria dominado as plantas.

3. ADEMAIS, todo aquele que domina uma coisa pode mudá-la. Ora, o homem não podia mudar o curso dos corpos celestes; isso é próprio só de Deus, como diz Dionísio. Logo, o homem não os dominava.

EM SENTIDO CONTRÁRIO, diz o livro do Gênesis "Que ele presida a toda criatura".

RESPONDO. No homem se encontram de certo modo todas as coisas. Por isso, ao modo pelo qual domina sobre as coisas que nele estão corresponde o modo pelo qual domina as outras coisas. Ora, no homem há quatro coisas a considerar: a razão, por ela se equipara aos anjos; as potências sensitivas, pelas quais se equipara aos animais; as potências naturais, pelas quais se equipara às plantas; o corpo, enfim, pelo qual se equipara às coisas inanimadas. A razão no homem ocupa o lugar do que domina, e não do que está submetido à dominação. Daí que em seu primeiro estado ele não dominava os anjos. E quando se diz que ele preside *a toda criatura*, entende-se toda criatura que *não é à imagem de Deus*. — Quanto às potências sensitivas, tais como a irascível e a concupiscível, que obedecem em certa medida à razão, a alma as domina dando-lhes ordens. Por isso, no estado de inocência dominava os animais dando-lhes ordens. Quanto às potências naturais

---
1. C. 8: ML 42, 875-876.
2. *Epist.* 7: MG 3, 1080 BC.

in statu innocentiae dominabatur plantis et rebus inanimatis, non per imperium vel immutationem, sed absque impedimento utendo eorum auxilio.

Et per hoc patet RESPONSIO AD OBIECTA.

ARTICULUS 3
Utrum homines in statu innocentiae fuissent aequales

AD TERTIUM SIC PROCEDITUR. Videtur quod homines in statu innocentiae omnes fuissent aequales.

1. Dicit enim Gregorius[1] quod, *ubi non delinquimus, omnes pares sumus*. Sed in statu innocentiae non erat delictum. Ergo omnes erant pares.

2. PRAETEREA, similitudo et aequalitas est ratio mutuae dilectionis; secundum illud Eccli 13,19: *Omne animal diligit sibi simile, sic et omnis homo proximum sibi*. In illo autem statu inter homines abundabat dilectio, quae est vinculum pacis. Ergo omnes fuissent pares in statu innocentiae.

3. PRAETEREA, cessante causa, cessat effectus. Sed causa inaequalitatis inter homines videtur nunc esse, ex parte quidem Dei, quod quosdam pro meritis praemiat, quosdam vero punit: ex parte vero naturae, quia propter naturae defectum quidam nascuntur debiles et orbati, quidam autem fortes et perfecti. Quae in primo statu non fuissent.

SED CONTRA est quod dicitur Rm 13,1: *Quae a Deo sunt, ordinata sunt*. Ordo autem maxime videtur in disparitate consistere: dicit enim Augustinus, XIX *de Civ. Dei*[2]: *Ordo est parium dispariumque rerum sua cuique loca tribuens dispositio*. Ergo in primo statu, qui decentissimus fuisset, disparitas inveniretur.

RESPONDEO dicendum quod necesse est dicere aliquam disparitatem in primo statu fuisse, ad minus quantum ad sexum: quia sine diversitate sexus,

e também ao corpo, o homem não os domina dando-lhes ordens, mas, sim, utilizando-se deles. O homem, no estado de inocência, dominava as plantas e as coisas inanimadas não dando-lhes ordens ou transformando-as, mas utilizando-se livremente de sua ajuda.

QUANTO AO 1º, 2º E 3º, pelo exposto ficam esclarecidas as objeções.

ARTIGO 3
Os homens eram iguais no estado de inocência?

QUANTO AO TERCEIRO, ASSIM SE PROCEDE: parece que os homens **eram** iguais no estado de inocência.

1. Com efeito, Gregório diz: "Onde não pecamos, todos nós somos iguais". Ora, no estado de inocência não havia pecado. Logo, todos eram iguais.

2. ALÉM DISSO, a semelhança e a igualdade são razão do amor mútuo, segundo a palavra do Eclesiástico: "Todo animal ama seu semelhante, assim também todo homem ama seu próximo". Ora, nesse estado havia entre os homens superabundância de amor, que é o vínculo da paz. Logo, todos os homens teriam sido iguais no estado de inocência.

3. ADEMAIS, quando termina a causa, cessa o efeito. Ora, a causa atual da desigualdade entre os homens parece ser, da parte de Deus, que recompensa uns por seus merecimentos e pune outros; da parte da natureza, que, em razão de sua deficiência, alguns nascem fracos e privados de algum membro, e outros fortes e perfeitos. Essas coisas não teriam existido no estado primitivo.

EM SENTIDO CONTRÁRIO, está o que diz a Carta aos Romanos: "As coisas que vêm de Deus são ordenadas". Mas a ordem parece consistir sobretudo na desigualdade. Diz Agostinho: "A ordem é uma disposição de coisas iguais e desiguais, que atribui a cada um seu lugar". Portanto, no primeiro estado, que teria sido perfeitamente harmonioso, encontrar-se-ia a desigualdade[c].

RESPONDO. Deve-se necessariamente dizer que havia no primeiro estado alguma desigualdade, pelo menos quanto ao sexo, pois sem diferença

---

3
1. *Moral.*, l. XXI, c. 15: ML 76, 203 BC; *De Reg. Past.*, part. II, c. 6: ML 77, 34 BC.
2. C. 13: ML 41, 640.

c. A desigualdade não é o resultado do pecado, mas somente o orgulho ou a inveja, ou a separação e a luta por ela inspiradas.

generatio non fuisset. — Similiter etiam quantum ad aetatem: sic enim quidam ex aliis nascebantur; nec illi qui miscebantur, steriles erant.

Sed et secundum animam diversitas fuisset, et quantum ad iustitiam et quantum ad scientiam. Non enim ex necessitate homo operabatur, sed per liberum arbitrium; ex quo homo habet quod possit magis et minus animum applicare ad aliquid faciendum vel volendum vel cognoscendum. Unde quidam magis profecissent in iustitia et scientia quam alii.

Ex parte etiam corporis, poterat esse disparitas. Non enim erat exemptum corpus humanum totaliter a legibus naturae, quin ex exterioribus agentibus aliquod commodum aut auxilium reciperet magis et minus: cum etiam et cibis eorum vita sustentaretur. Et sic nihil prohibet dicere quin secundum diversam dispositionem aeris et diversum situm stellarum, aliqui robustiores corpore generarentur quam alii, et maiores et pulchriores et melius complexionati. Ita tamen quod in illis qui excederentur, nullus esset defectus sive peccatum, sive circa animam sive circa corpus.

AD PRIMUM ergo dicendum quod Gregorius per verba illa intendit excludere disparitatem quae est secundum differentiam iustitiae et peccati; ex qua contingit quod aliqui poenaliter sunt sub aliis coercendi.

AD SECUNDUM dicendum quod aequalitas est causa quod dilectio mutua sit aequalis. Sed tamen inter inaequales potest esse maior dilectio quam inter aequales, licet non aequaliter utrinque respondeat. Pater enim plus diligit filium naturaliter, quam frater fratrem; licet filius non tantundem diligat patrem, sicut ab eo diligitur.

AD TERTIUM dicendum quod causa disparitatis poterat esse et ex parte Dei, non quidem ut puniret quosdam et quosdam praemiaret; sed ut quosdam plus, quosdam minus sublimaret, ut pulchritudo ordinis magis in hominibus reluceret. Et etiam ex parte naturae poterat disparitas causari secundum praedictum[3] modum, absque aliquo defectu naturae.

de sexo não teria havido geração. — Do mesmo modo quanto à idade: nesse estado uns nasciam de outros e aqueles que se uniam carnalmente não eram estéreis.

Contudo, mesmo em se tratando da alma, teria havido diferenças não só quanto à justiça como quanto à ciência. O homem não agia por necessidade, mas por seu livre-arbítrio, em virtude do que poderá aplicar mais ou menos seu espírito a fazer, querer ou conhecer alguma coisa. Por isso alguns teriam feito mais progresso que outros na justiça e na ciência.

Da parte do corpo também podia haver desigualdade. Com efeito, o corpo humano não era totalmente isento das leis da natureza a ponto de não receber mais ou menos vantagens ou socorro de fatores exteriores, pois também era sustentada pelos alimentos. Assim, nada impede dizer que, segundo as diferentes disposições do ar ou as diversas posições das estrelas, uns nasceriam mais vigorosos de corpo que outros, maiores, mais belos, com uma compleição melhor; de tal sorte, todavia, que entre aqueles que se salientassem não teria havido defeito ou pecado, tanto para a alma como para o corpo.

QUANTO AO 1º, portanto, deve-se dizer que as palavras de Gregório visam excluir a disparidade estabelecida pela diferença entre justiça e pecado, da qual resulta que alguns devem ser submetidos a correções penais por parte dos outros.

QUANTO AO 2º, deve-se dizer que igualdade é a causa de que o amor mútuo seja igual. Entretanto, pode haver maior amor entre desiguais que entre iguais, embora a resposta não seja igual de cada lado. Com efeito, o pai ama naturalmente mais seu filho que o irmão seu irmão, embora o filho não ame seu pai tanto quanto por ele é amado.

QUANTO AO 3º, deve-se dizer que a causa da desigualdade podia também provir da parte de Deus, não que ele puna alguns e recompense a outros, mas pelo fato de ter elevado mais aqueles, menos esses, a fim de que entre os homens a beleza da ordem resplandeça mais. Do lado da natureza, igualmente, desigualdades podiam ser causadas da maneira como foi dita, sem nenhuma falha da natureza.

---

3. In corp.

Articulus 4
Utrum homo in statu innocentiae homini dominabatur

AD QUARTUM SIC PROCEDITUR. Videtur quod homo in statu innocentiae homini non dominabatur.

1. Dicit enim Augustinus, XIX *de Civ. Dei*[1]: *Hominem rationalem, ad imaginem suam factum, non voluit Deus nisi irrationabilibus dominari; non hominem homini, sed hominem pecori.*

2. PRAETEREA, illud quod est introductum in poenam peccati, non fuisset in statu innocentiae. Sed hominem subesse homini, introductum est in poenam peccati: dictum est enim mulieri post peccatum, *Sub potestate viri eris*, ut dicitur Gn 3,16: Ergo in statu innocentiae non erat homo homini subiectus.

3. PRAETEREA, subiectio libertati opponitur. Sed libertas est unum de praecipuis bonis, quod in statu innocentiae non defuisset, quando *nihil aberat quod bona voluntas cupere posset*, ut Augustinus dicit XIV *de Civ. Dei*[2]. Ergo homo homini in statu innocentiae non dominabatur.

SED CONTRA, conditio hominum in statu innocentiae non erat dignior quam conditio angelorum. Sed inter angelos quidam aliis dominantur: unde et unus ordo *Dominationum* vocatur. Ergo non est contra dignitatem status innocentiae, quod homo homini dominaretur.

RESPONDEO dicendum quod dominium accipitur dupliciter. Uno modo, secundum quod opponitur servituti: et sic dominus dicitur cui aliquis subditur ut servus. Alio modo accipitur dominium, secundum quod communiter refertur ad subiectum qualitercumque: et sic etiam ille qui habet officium gubernandi et dirigendi liberos, dominus dici potest. Primo ergo modo accepto dominio, in statu innocentiae homo homini non dominaretur: sed secundo modo accepto dominio, in statu innocentiae homo homini dominari potuisset.

Cuius ratio est, quia servus in hoc differt a libero, quod *liber est causa sui*, ut dicitur in principio *Metaphys.*[3]; servus autem ordinatur ad

Artigo 4
O homem dominava, no estado de inocência, outro homem?

QUANTO AO QUARTO, ASSIM SE PROCEDE: parece que o homem no estado de inocência **não** dominava outro homem.

1. Com efeito, diz Agostinho: "Deus não quis que o homem racional, feito segundo sua imagem, dominasse a não ser os irracionais: o homem não domina o homem, mas o homem domina o animal".

2. ALÉM DISSO, o que foi introduzido como pena do pecado não teria existido no estado de inocência. Ora, que o homem seja submetido ao homem foi introduzido como pena do pecado. Foi dito, com efeito, à mulher depois do pecado: "Estarás sob o poder do homem". Logo, no estado de inocência o homem não estava submetido ao homem.

3. ADEMAIS, sujeição se opõe a liberdade. Ora, a liberdade é um dos bens principais, que não teria faltado no estado de inocência, quando "nada faltava daquilo que pode desejar uma vontade reta", segundo diz Agostinho. Logo, o homem não exercia dominação sobre o homem no estado de inocência.

EM SENTIDO CONTRÁRIO, a condição dos homens no estado de inocência não era mais digna do que a dos anjos. Entre os anjos, todavia, alguns dominam os outros, e até existe uma ordem chamada *Dominações*. Portanto, não é contra a dignidade do estado de inocência que o homem domine outro homem.

RESPONDO. Domínio é tomado em dois sentidos. No primeiro, conforme se opõe à servidão; assim é chamado senhor aquele a quem outrem está sujeito como servo. No segundo sentido, toma-se domínio conforme em geral se refere a um sujeito de qualquer modo que seja: nesse caso, até aquele que tem o ofício de governar e dirigir pessoas livres pode ser chamado senhor. Tomando domínio no primeiro sentido, o homem não dominaria o homem no estado de inocência; mas no segundo sentido poderia o homem dominar outro homem.

O motivo disso é que o livre difere do servo porque o *livre é causa de si*, como se diz no início da *Metafísica*; o servo porém é ordenado para

---

4 PARALL.: Supra, q. 92, a. 1, ad 2; II *Sent.*, dist. 44, q. 1, a. 3.

1. C. 15: ML 41, 643.
2. C. 10: ML 41, 417.
3. C. 2: 982, b, 25-28.

alium. Tunc ergo aliquis dominatur alicui ut servo, quando eum cui dominatur ad propriam utilitatem sui, scilicet dominantis, refert. Et quia unicuique est appetibile proprium bonum, et per consequens contristabile est unicuique quod illud bonum quod deberet esse suum, cedat alteri tantum; ideo tale dominium non potest esse sine poena subiectorum. Propter quod, in statu innocentiae non fuisset tale dominium hominis ad hominem.

Tunc vero dominatur aliquis alteri ut libero, quando dirigit ipsum ad proprium bonum eius qui dirigitur, vel ad bonum commune. Et tale dominium hominis, ad hominem in statu innocentiae fuisset, propter duo. Primo quidem, quia homo naturaliter est animal sociale: unde homines in statu innocentiae socialiter vixissent. Socialis autem vita multorum esse non posset, nisi aliquis praesideret, qui ad bonum commune intenderet: multi enim per se intendunt ad multa, unus vero ad unum. Et ideo Philosophus dicit, in principio *Politic.*[4], quod quandocumque multa ordinantur ad unum, semper invenitur unum ut principale et dirigens. — Secundo quia, si unus homo habuisset super alium supereminentiam scientiae et iustitiae, inconveniens fuisset nisi hoc exequeretur in utilitatem aliorum; secundum quod dicitur 1Pe 4,10: *Unusquisque gratiam quam accepit, in alterutrum illam administrantes.* Unde Augustinus dicit, XIX de *Civ. Dei*[5], quod *iusti non dominandi cupiditate imperant, sed officio consulendi: hoc naturalis ordo praescribit, ita Deus hominem condidit.*

Et per hoc patet RESPONSIO AD OMNIA OBIECTA, quae procedunt de primo modo dominii.

outro. Então alguém domina outrem, como servo, quando refere aquele que é dominado à própria utilidade, a saber, do que domina. E, porque o próprio bem é apetecível a cada um, consequentemente é constritador a alguém ceder a outrem o bem que deveria pertencer-lhe; assim, tal domínio não pode existir sem pena dos súditos. Por isso no estado de inocência não haveria domínio de um homem sobre o outro.

Assim alguém domina a outro como livre, quando o dirige para o próprio bem daquele que é dirigido, ou para o bem comum. E haveria tal domínio do homem sobre o homem no estado de inocência por dois motivos. Primeiro, porque o homem é naturalmente um animal social: portanto, os homens viveriam socialmente no estado de inocência. Não poderia haver uma vida social de muitos a não ser que alguém presidisse, tendo a intenção do bem comum. Muitos com efeito por si mesmos se voltam para muitas coisas, um só porém para uma e mesma coisa. Por isso diz o Filósofo, no início do livro da *Política*, que todas as vezes nas quais muitas coisas são ordenadas para uma só, sempre se encontra um só como principal e dirigente. — Segundo, porque se um homem só tivesse sobre o outro a sobreeminência da ciência e da justiça seria isso inconveniente a não ser que fosse exercida na utilidade dos outros. De acordo com o que se diz em na primeira Carta de Pedro: "Cada um recebeu a graça administrando-a para o bem de um e de outro". Por isso, diz Agostinho que "os justos não comandam pela ambição do mando, mas pelo ofício de consultar: isso é o que prescreve a ordem natural, assim Deus criou o homem"[d].

E com isso fica clara a resposta a todas as objeções que procedem do primeiro modo de domínio.

---

4. C. 2: 1254.
5. Cc. 14, 15: ML 41, 643.

d. Temos aí uma preciosa distinção entre a submissão do escravo e a do homem livre, este sendo conduzido unicamente tendo em vista seu próprio bem, ou um bem comum, que é também o seu. Que seja preciso alguém para unificar a ação da multidão, isto se deve à natureza social do homem. Mas também ao fato de que, segundo Sto. Tomás, é o sentido da desigualdade natural: que aqueles que possuem mais sejam úteis aos que possuem menos. O regime ideal seria portanto o governo dos melhores tendo em vista o bem de cada um e de todos.

QUAESTIO XCVII
DE HIS QUAE PERTINENT AD STATUM PRIMI HOMINIS QUANTUM AD INDIVIDUI CONSERVATIONEM

in quatuor articulos divisa

Deinde considerandum est de his quae pertinent ad statum primi hominis secundum corpus. Et primo, quantum ad conservationem individui; secundo, quantum ad conservationem speciei.

Circa primum quaeruntur quatuor.

Primo: utrum homo in statu innocentiae esset immortalis.
Secundo: utrum esset impassibilis.
Tertio: utrum indigeret cibis.
Quarto: utrum per lignum vitae immortalitatem consequeretur.

Articulus 1
Utrum homo in statu innocentiae esset immortalis

Ad primum sic proceditur. Videtur quod homo in statu innocentiae non erat immortalis.

1. *Mortale* enim ponitur in definitione hominis. Sed remota definitione, aufertur definitum. Ergo si homo erat, non poterat esse immortalis.

2. Praeterea, *corruptibile et incorruptibile genere differunt*, ut dicitur in X *Metaphys.*[1]. Sed eorum quae differunt genere, non est transmutatio in invicem. Si ergo primus homo fuit incorruptibilis, non posset homo in statu isto esse corruptibilis.

3. Praeterea, si homo in statu innocentiae fuit immortalis, aut hoc habuit per naturam, aut per gratiam. Sed non per naturam: quia, cum natura eadem maneat secundum speciem, nunc quoque esset immortalis. Similiter nec per gratiam: quia primus homo gratiam per poenitentiam recuperavit, secundum illud Sap 10,2: Eduxit *illum a delicto suo*, ergo immortalitatem recuperasset; quod patet esse falsum. Non ergo homo erat immortalis in statu innocentiae.

4. Praeterea, immortalitas promittitur homini in praemium; secundum illud Ap 21,4: *Mors ul-*

QUESTÃO 97
O QUE PERTENCE AO ESTADO DO PRIMEIRO HOMEM QUANTO À CONSERVAÇÃO DO INDIVÍDUO

em quatro artigos

Em seguida consideramos o que pertence ao estado do primeiro homem segundo o corpo. Em primeiro lugar, quanto à conservação do indivíduo; em segundo, quanto à conservação da espécie.

A respeito do primeiro, são quatro as perguntas:

1. No estado de inocência, o homem seria imortal?
2. Seria impassível?
3. Necessitaria de alimentos?
4. Conseguiria a imortalidade pela árvore da vida?

Artigo 1
O homem no estado de inocência seria imortal?

Quanto ao primeiro artigo, assim se procede: parece que o homem no estado de inocência **não** era imortal.

1. Com efeito, mortal entra na definição do homem. Ora, desfeita a definição, suprime-se o definido. Logo, se existisse homem não poderia ser imortal.

2. Além disso, *corruptível e incorruptível diferem em gênero*, como está no livro X da *Metafísica*. Ora, entre aqueles que diferem em gênero não há mudanças recíprocas. Logo, se o primeiro homem foi incorruptível, não poderia o homem ser corruptível no presente estado.

3. Ademais, se o homem foi imortal no estado de inocência, ou devia isso à natureza ou à graça. Ora, não pela natureza, porque, como ela permanece a mesma segundo a espécie, seria também agora imortal. Igualmente não o era pela graça: porque o primeiro homem recuperou a graça pela penitência, segundo a palavra da Sabedoria: "Tirou-o de seu pecado"; por conseguinte teria recuperado a imortalidade, o que é evidentemente falso. Logo, o homem não era imortal no estado de inocência.

4. Ademais, a imortalidade é prometida ao homem como um prêmio, conforme o Apocalipse:

---

1 Parall.: Supra, q. 76, a. 5, ad 1; II *Sent.*, dist. 19, a. 2, 4; IV, dist. 44, q. 3, a. 1, q.la 2; *De Verit.*, q. 24, a. 9; *De Malo*, q. 5, a. 5; *Compend. Theol.*, c. 152; *ad Rom.*, c. 5, lect. 3.

1. C. 10: 1058, b, 26-29.

tra non erit. Sed homo non fuit conditus in statu praemii, sed ut praemium mereretur. Ergo homo in statu innocentiae non fuit immortalis.

SED CONTRA est quod dicitur *ad* Rm 5,12, quod *per peccatum intravit mors in mundum.* Ergo ante peccatum homo erat immortalis.

RESPONDEO dicendum quod aliquid potest dici incorruptibile tripliciter. Uno modo, ex parte materiae: eo scilicet quod vel non habet materiam, sicut angelus; vel habet materiam quae non est in potentia nisi ad unam formam, sicut corpus caeleste. Et hoc dicitur secundum naturam incorruptibile. — Alio modo dicitur aliquid incorruptibile ex parte formae: quia scilicet rei corruptibili per naturam, inhaeret aliqua dispositio per quam totaliter a corruptione prohibetur. Et hoc dicitur incorruptibile secundum gloriam: quia, ut dicit Augustinus in Epistola *ad Dioscorum*[2], *tam potenti natura Deus fecit animam, ut ex eius beatitudine redundet in corpus plenitudo sanitatis, idest incorruptionis vigor.* — Tertio modo dicitur aliquid incorruptibile ex parte causae efficientis. Et hoc modo homo in statu innocentiae fuisset incorruptibilis et immortalis. Quia, ut Augustinus dicit in libro *de Quaest. Vet. et Nov. Test.*[3], *Deus hominem fecit, qui quandiu non peccaret, immortalitate vigeret, ut ipse sibi auctor esset aut ad vitam aut ad mortem.* Non enim corpus eius erat indissolubile per aliquem immortalitatis vigorem in eo existentem; sed inerat animae vis quaedam supernaturaliter divinitus data, per quam potest corpus ab omni corruptione praeservare, quandiu ipsa Deo subiecta mansisset. Quod rationabiliter factum est. Quia enim anima rationalis excedit proportionem corporalis materiae, ut supra[4] dictum est; conveniens fuit ut in principio ei virtus daretur, per quam corpus conservare posset supra naturam corporalis materiae.

AD PRIMUM ergo et secundum dicendum quod rationes illae procedunt de incorruptibili et immortali per naturam.

"Não haverá mais morte". Ora, o homem não foi criado no estado de prêmio, mas para merecer o prêmio. Logo, o homem no estado de inocência não era imortal.

EM SENTIDO CONTRÁRIO, diz a Carta aos Romanos: "Pelo pecado a morte entrou no mundo". Portanto, antes do pecado o homem era imortal.

RESPONDO. Algo pode ser dito incorruptível de três modos. Primeiro, da parte da matéria, pelo fato de que não tem matéria, como o anjo, ou possui uma matéria que não está em potência para uma única forma, como os corpos celestes; diz-se então que é incorruptível por natureza. Segundo, pode-se dizer que algo é incorruptível da parte da forma, porque à realidade incorruptível por natureza está inerente certa disposição pela qual se salva totalmente da corrupção. E isso se diz ser incorruptível em virtude da glória, porque como diz Agostinho: "Deus fez a alma com uma natureza tão poderosa que de sua felicidade redundasse sobre o corpo uma plenitude de saúde e um vigor de não-corrupção". Terceiro, do lado da causa eficiente. Dessa maneira o homem no estado de inocência teria sido incorruptível e imortal, pois, como diz Agostinho: "Deus fez o homem tal que, enquanto não pecasse, gozasse da imortalidade, para que ele mesmo fosse para si autor da vida ou da morte". Com efeito, seu corpo não estava indissolúvel por uma virtude de imortalidade nele existente, a alma é que possuía uma força dada sobrenaturalmente por Deus, graças à qual podia preservar o corpo de toda corrupção, enquanto permanecesse ela mesma submetida a Deus. Isso foi feito com razão. Dado que a alma racional excede a matéria corporal, como já se disse, convinha que no começo lhe fosse dada uma potência pela qual podia conservar o corpo além da natureza da matéria corporal[a].

QUANTO AO 1º E AO 2º, deve-se dizer que os argumentos procedem da incorruptibilidade e imortalidade de natureza.

---

2. *Epist.* 118 (al. 56), c. 3: ML 33, 439.
3. Q. 19 (inter supposit. Aug.): ML 35, 2227.
4. Q. 76, a. 1.

a. O corpo do homem teria sido idêntico ao que ele é agora, logo, por si, corruptível. A vitória sobre a morte teria vindo de uma força interior de renovação. Veremos, no artigo 4, que Sto. Tomás atribui ao fruto (a nosso ver inteiramente simbólico) da árvore da vida o poder de renovar indefinidamente a vida do homem. Todavia, nesse caso é ao poder sobre a matéria de uma alma unida a Deus que Sto. Tomás apela. Voltamos a encontrar a ideia fundamental da dominação crescente da forma sobre a matéria. "A alma era dotada de uma força sobrenatural, pela qual podia preservar o corpo da corrupção." Essa força, contudo, não era a da graça como tal, uma vez que não foi restituída ao homem pelo batismo. Era um dom que acompanhava a graça para permitir ao homem o pleno e livre exercício de sua vida espiritual. E a repercussão da graça perfeita sobre o corpo ter-se-ia finalmente traduzido por sua glorificação, não por sua manutenção indefinida na condição terrestre.

AD TERTIUM dicendum quod vis illa praeservandi corpus a corruptione, non erat animae humanae naturalis, sed per donum gratiae. Et quamvis gratiam recuperaverit ad remissionem culpae et meritum gloriae, non tamen ad amissae immortalitatis effectum. Hoc enim reservabatur Christo, per quem naturae defectus in melius reparandus erat, ut infra[5] dicetur.

AD QUARTUM dicendum quod differt immortalitas gloriae, quae promittitur in praemium, ab immortalitate quae fuit homini collata in statu innocentiae.

QUANTO AO 3º, deve-se dizer que a força para preservar o corpo da corrupção não era natural à alma humana, mas dom da graça. E embora tenha recuperado a graça para a remissão da culpa e merecimento da glória, entretanto não a recuperou para o efeito da imortalidade perdida. Isto estava reservado ao Cristo, por quem o defeito da natureza devia ser reparado melhor, como se dirá mais abaixo.

QUANTO AO 4º, deve-se dizer que a imortalidade de glória que é prometida em prêmio difere da que foi conferida ao homem no estado de inocência.

ARTICULUS 2
Utrum homo in statu innocentiae fuisset passibilis

AD SECUNDUM SIC PROCEDITUR. Videtur quod homo in statu innocentiae fuisset passibilis.

1. *Sentire* enim *est pati quoddam*[1]. Sed homo in statu innocentiae fuisset sensibilis. Ergo fuisset passibilis.
2. PRAETEREA, somnus passio quaedam est. Sed homo in statu innocentiae dormivisset; secundum illud Gn 2,21: *Immisit Deus soporem in Adam*. Ergo fuisset passibilis.
3. PRAETEREA, ibidem subditur quod *tulit unam de costis eius*. Ergo fuisset passibilis etiam per abscissionem partis.
4. PRAETEREA, corpus hominis molle fuit. Sed molle naturaliter passivum est a duro. Ergo si corpori primi hominis obvium fuisset aliquod corpus durum, ab eo passum fuisset. Et sic primus homo fuit passibilis.

SED CONTRA est quia, si fuit passibilis, fuit etiam corruptibilis: quia *passio, magis facta, abiicit a substantia*[2].

RESPONDEO dicendum quod passio dupliciter dicitur. Uno modo, proprie: et sic pati dicitur quod a sua naturali dispositione removetur. Passio enim est effectus actionis: in rebus autem naturalibus contraria agunt et patiuntur ad invicem, quorum unum removet alterum a sua naturali dispositione. — Alio modo, dicitur passio communiter,

ARTIGO 2
O homem no estado de inocência era passível?

QUANTO AO SEGUNDO, ASSIM SE PROCEDE: parece que o homem no estado de inocência **teria sido** passível.

1. Com efeito, "sentir é um certo sofrer". Ora, o homem no estado de inocência era sensível, logo era passível.
2. ALÉM DISSO, o sono é certa paixão. Ora, o homem no estado de inocência teria dormido, segundo o Gênesis: "Deus fez incidir um profundo sono em Adão". Logo, teria sido passível.
3. ADEMAIS, acrescenta-se aí: "Deus tirou uma de suas costelas". Logo, ele foi passível ainda pela ablação de uma parte.
4. ADEMAIS, o corpo do homem era mole. Ora, o que é mole é por natureza passivo do que é duro. Logo, se o corpo do primeiro homem se tivesse chocado com algum corpo duro, teria sofrido alguma coisa. Assim, o primeiro homem era passível.

EM SENTIDO CONTRÁRIO, se foi passível, foi igualmente corruptível, pois, "tornando-se mais intensa a paixão, desfaz-se a substância da coisa".

RESPONDO. A palavra paixão pode ser empregada em dois sentidos. Primeiro, em sentido próprio, assim se diz que padece o que foi afastado de sua disposição natural. Com efeito, a paixão é um efeito da ação; ora, nas coisas naturais os contrários agem e sofrem um e outro, e um afasta o outro de sua disposição natural. Segundo,

---
5. III, q. 14, a. 4, ad 1.

PARALL.: II *Sent.*, dist. 19, a. 3; IV, dist. 44, q. 2, a. 1, q.la 4, ad 1.

1. ARISTOT., *de Anima*, l. II, c. 11: 423, b, 26 — 424, a, 10.
2. ARISTOT., *Topic.*, l. VI, c. 6: 145, a, 3-4.

secundum quamcumque mutationem, etiam si pertineat ad perfectionem naturae; sicut intelligere vel sentire dicitur *pati quoddam*[3].

Hoc igitur secundo modo, homo in statu innocentiae passibilis erat, et patiebatur, et secundum animam et secundum corpus. Primo autem modo dicta passione, erat impassibilis et secundum animam et secundum corpus, sicut et immortalis: poterat enim passionem prohibere, sicut et mortem, si absque peccato perstitisset.
Et per hoc patet responsio ad duo prima. Nam sentire et dormire non removent hominem a naturali dispositione, sed ad bonum naturae ordinantur.

AD TERTIUM dicendum quod, sicut supra[4] dictum est, costa illa fuit in Adam, inquantum erat principium humani generis; sicut semen est in homine, inquantum est principium per generationem. Sicut igitur decisio seminis non est cum passione quae removeat hominem a naturali dispositione, ita etiam est dicendum de separatione illius costae.

AD QUARTUM dicendum quod corpus hominis in statu innocentiae poterat praeservari ne pateretur laesionem ab aliquo duro, partim quidem per propriam rationem, per quam poterat nociva vitare; partim etiam per divinam providentiam, quae sic ipsum tuebatur, ut nihil ei occurreret ex improviso, a quo laederetur.

emprega-se paixão em um sentido comum para designar qualquer mutação, mesmo quando essa diz respeito à perfeição da natureza; por exemplo, quando se diz que conhecer ou sentir são *um certo padecer*.
Então, nesse segundo sentido, o homem no estado de inocência era passível e padecia em sua alma e em seu corpo. Mas no primeiro sentido era impassível em sua alma e em seu corpo, como era imortal. Poderia, com efeito, impedir a paixão, assim como a morte, se tivesse permanecido sem pecado[b].
Pelo que foi dito fica clara a resposta às duas primeiras objeções. Pois o sentir e o dormir não afastam o homem de sua disposição natural, mas são ordenados para o bem da natureza.

QUANTO AO 3º, deve-se dizer que como foi dito acima, esta costela estava em Adão, enquanto este era princípio do gênero humano, à maneira como o sêmen está no homem em sua qualidade de princípio por via de geração. Em consequência, como a separação do sêmen não é acompanhada de uma paixão que afaste o homem de sua disposição natural, deve-se dizer outro tanto da separação dessa costela.

QUANTO AO 4º, deve-se dizer que o corpo do homem no estado de inocência podia ser preservado para que não sofresse a lesão por algo duro, em parte pela razão pela qual podia evitar as coisas nocivas, em parte igualmente pela providência de Deus, que o protegia de tal sorte que nada se apresentasse de improviso e que pudesse ferir.

ARTICULUS 3
Utrum homo in statu innocentiae indigebat cibis

AD TERTIUM SIC PROCEDITUR. Videtur quod homo in statu innocentiae non indigebat cibis.
1. Cibus enim necessarius est homini ad restaurationem deperditi. Sed in corpore Adae, ut videtur, nulla fiebat deperditio: quia incorruptibile erat. Ergo non erat ei cibus necessarius.

ARTIGO 3
O homem no estado de inocência tinha necessidade de alimentos?

QUANTO AO TERCEIRO, ASSIM SE PROCEDE: parece que o homem no estado de inocência **não** tinha necessidade de alimentos.
1. Com efeito, o alimento é necessário ao homem para a restauração do que foi perdido. Ora, no corpo de Adão, como se vê, não se fazia nenhuma perda, porque era incorruptível. Logo, não lhe era necessário o alimento.

---

3. ARISTOT., *de Anima*, l. III, c. 4: 429, a, 13-18.
4. Q. 92, a. 3, ad 2.

PARALL.: II *Sent.*, dist. 19, a. 2, ad 2, 3; *Cont. Gent.* IV, 83; *De Malo*, q. 5, a. 5, ad 8; *Compend. Theol.*, c. 156.

---

b. O corpo teria sido tão sensível ao que pode fazê-lo sofrer quanto o é hoje. É devido a sua conduta razoável (talvez pelo domínio sobre suas impressões), mas também por uma atenção especial da Providência ao menor de seus passos, que se deveria explicar uma preservação de todo choque doloroso (r. 3).

2. PRAETEREA, cibus est necessarius ad nutriendum. Sed nutritio non est sine passione. Cum ergo corpus hominis esset impassibile, non erat ei cibus necessarius, ut videtur.

3. PRAETEREA, cibus dicitur esse nobis necessarius ad vitae conservationem. Sed Adam aliter vitam poterat conservare: quia si non peccaret, non moreretur. Ergo cibus non erat ei necessarius.

4. PRAETEREA, ad sumptionem cibi sequitur emissio superfluitatum, quae habent quandam turpitudinem non convenientem dignitati primi status. Ergo videtur quod homo in primo statu cibis non uteretur.

SED CONTRA est quod dicitur Gn 3,16: *De omni ligno quod est in Paradiso*, comedetis.

RESPONDEO dicendum quod homo in statu innocentiae habuit vitam animalem cibis indigentem; post resurrectionem vero habebit vitam spiritualem cibis non indigentem. Ad cuius evidentiam, considerandum est quod anima rationalis et anima est et spiritus. Dicitur autem esse anima secundum illud quod est sibi commune et aliis animabus, quod est vitam corpori dare: unde dicitur Gn 2,7: *Factus est homo in animam viventem*, idest vitam corpori dantem. Sed spiritus dicitur secundum illud quod est proprium sibi et non aliis animabus, quod scilicet habeat virtutem intellectivam immaterialem.

In primo igitur statu anima rationalis communicabat corpori id quod competit ei inquantum est anima: et ideo corpus illud dicebatur *animale*, inquantum scilicet habebat vitam ab anima. Primum autem principium vitae in istis inferioribus, ut dicitur in libro *de Anima*[1], est anima vegetabilis, cuius opera sunt alimento uti et generare et augeri. Et ideo haec opera homini in primo statu competebant. — In ultimo vero statu post resurrectionem, anima communicabit quodammodo corpori ea quae sunt sibi propria inquantum est spiritus: immortalitatem quidem, quantum ad omnes; impassibilitatem vero et gloriam et virtutem, quantum ad bonos, quorum corpora *spiritualia* dicentur. Unde post resurrectionem homines cibis non indigebunt: sed in statu innocentiae eis indigebant.

2. ALÉM DISSO, os alimentos são necessários para se nutrir. Ora, a nutrição não se faz sem paixão. Logo, dado que o corpo do homem era impassível, parece não ter tido necessidade de alimentos.

3. ADEMAIS, temos necessidade de alimentos, diz-se, para conservar a vida. Ora, Adão tinha outros modos de conservar a vida, pois se não pecasse não deveria morrer. Logo, não tinha necessidade de alimentos.

4. ADEMAIS, à alimentação segue-se a evacuação do que é supérfluo, que comporta certa vergonha não conveniente à dignidade do primeiro estado. Logo, parece que o homem no primeiro estado não se servia de alimentos.

EM SENTIDO CONTRÁRIO, diz o Gênesis: "Comerás de todas as árvores do paraíso".

RESPONDO. O homem no estado de inocência tinha uma vida animal, necessitada de alimentos. Depois da ressurreição terá uma vida espiritual, que não necessita de alimentos. Para prová-lo, deve-se considerar que a alma racional é, a um tempo, alma e espírito. Chamamo-la alma segundo o que tem de comum com as outras almas, tal como dar vida a um corpo; por isso se diz no Gênesis: "Tornou-se uma alma vivente", isto é, que dá vida a um corpo. Mas chamamo-la espírito segundo o que tem como próprio, com exclusão das outras almas: possuir uma potência intelectiva imaterial.

No primeiro estado, a alma racional comunicava ao corpo o que lhe cabia enquanto alma, razão por que esse corpo era qualificado de *animal*, enquanto tinha a vida de uma alma. Ora, o primeiro princípio vital nas coisas inferiores é, como está dito no livro da *Alma*, a alma vegetativa, cujas atividades são o uso dos alimentos, a geração e o crescimento. Por isso, essas atividades convinham ao homem no estado primitivo. — Pelo contrário, no estado final, depois da ressurreição, a alma comunicará de certo modo ao corpo o que lhe é próprio em sua qualidade de espírito: a imortalidade para todos os homens, a impassibilidade, a glória e a potência para os bons, cujos corpos serão chamados *espirituais*[c]. Por isso, depois da ressurreição, os homens não terão mais a necessidade de alimentos que tinham no estado de inocência.

---

1. L. II, c. 4: 415, a, 22-26; — L. III, c. 9: 432, a, 26-31.

c. Retenhamos aqui essa distinção entre, por um lado, o corpo terrestre de Adão e de sua progenitura e, por outro, o corpo espiritual da ressurreição. No primeiro estado, a alma se comunica enquanto alma não apenas espiritual, mas animal e vegetativa; no estado de ressurreição, a alma comunicará o que lhe é próprio na medida em que é espírito.

AD PRIMUM ergo dicendum quod, sicut dicit Augustinus in libro *de Quaest. Vet. et Nov. Test.*[2]: *Quomodo immortale corpus habebat, quod cibo sustentabatur? immortale enim non eget esca neque potu.* Dictum est enim supra[3] quod immortalitas primi status erat secundum vim quandam supernaturalem in anima residentem; non autem secundum aliquam dispositionem corpori inhaerentem. Unde per actionem caloris aliquid de humido illius corporis poterat deperdi; et ne totaliter consumeretur, necesse erat per assumptionem cibi homini subveniri.

AD SECUNDUM dicendum quod in nutritione est quaedam passio et alteratio, scilicet ex parte alimenti, quod convertitur in substantiam eius quod alitur. Unde ex hoc non potest concludi quod corpus hominis fuerit passibile, sed quod cibus assumptus erat passibilis. Quamvis etiam talis passio esset ad perfectionem naturae.

AD TERTIUM dicendum quod, si homo sibi non subveniret de cibo, peccaret; sicut peccavit sumendo vetitum cibum. Simul enim sibi praeceptum fuit Gn 2,16-17 ut a ligno scientiae boni et mali abstineret, et ut de omni alio ligno Paradisi vesceretur.

AD QUARTUM dicendum quod quidam dicunt quod homo in statu innocentiae non assumpsisset de cibo nisi quantum fuisset ei necessarium: unde non fuisset ibi superfluitatum emissio. — Sed hoc irrationabile videtur, quod in cibo assumpto non esset aliqua faeculentia, quae non esset apta ut converteretur in hominis nutrimentum. Unde oportebat superfluitates emitti. Tamen fuisset divinitus provisum ut nulla ex hoc indecentia esset.

QUANTO AO 1º, portanto, deve-se dizer que segundo Agostinho: "Como um corpo imortal tinha de se sustentar com alimentos? O que é imortal, com efeito, não tem necessidade nem de alimentos, nem de bebida". Foi dito acima que a imortalidade do primeiro estado estava assegurada por uma força sobrenatural residindo na alma e não por uma disposição ligada ao corpo. Por isso, podia perder-se alguma coisa do elemento úmido desse corpo sob a ação do calor, e, para que não se perder totalmente, era necessário ajudar o homem com absorção de alimentos.

QUANTO AO 2º, deve-se dizer que na nutrição há, com efeito, uma paixão e alteração, a saber, do lado do alimento, que é convertido na substância daquele que é alimentado. Por isso não se pode concluir daí que o corpo do homem era passível; passível era o alimento absorvido. Tal paixão era para a perfeição da natureza.

QUANTO AO 3º, deve-se dizer que se o homem não se tivesse provido de alimentação, teria pecado, como pecou tornando o alimento proibido. Fora-lhe ordenado, ao mesmo tempo, abster-se da árvore da ciência do bem e do mal e alimentar-se de toda outra árvore do paraíso.

QUANTO AO 4º, deve-se dizer que alguns dizem que o homem no estado de inocência não teria tomado de alimento senão a quantidade que lhe era necessária, e que assim não teria havia evacuação do que é supérfluo. — Mas isso parece irracional, pois nos alimentos absorvidos não haveria certas porções não aptas a ser convertidas em alimento para o homem. Por isso devia evacuar o que é supérfluo. Deus, entretanto, teria provido para que nada de indecente viesse a resultar disso.

ARTICULUS 4
Utrum homo in statu innocentiae per lignum vitae immortalitatem consecutus fuisset

AD QUARTUM SIC PROCEDITUR. Videtur quod lignum vitae non poterat esse causa immortalitatis.

1. Nihil enim potest agere ultra suam speciem: effectus enim non excedit causam. Sed lignum vitae erat corruptibile: alioquin non potuisset in nutrimentum assumi, quia alimentum convertitur

ARTIGO 4
O homem no estado de inocência teria conseguido a imortalidade pela árvore da vida?

QUANTO AO QUARTO, ASSIM SE PROCEDE: parece que a árvore da vida **não** podia ser causa de imortalidade.

1. Com efeito, nada pode agir além de sua espécie, pois o efeito não excede a causa. Ora, a árvore da vida era corruptível, do contrário não poderia ser assumida em alimentação, pois

---
2. Q. 19 (inter supposit. Aug.): ML 35, 2227-2228.
3. A. 1.

PARALL.: II *Sent.*, dist. 19, a. 4; *De Malo*, q. 5, a. 5, ad 8, 9.

in substantiam nutriti, ut dictum est[1]. Ergo lignum vitae incorruptibilitatem seu immortalitatem conferre non poterat.

2. Praeterea, effectus qui causantur a virtutibus plantarum et aliarum naturalium rerum, sunt naturales. Si ergo lignum vitae immortalitatem causasset, fuisset illa immortalitas naturalis.

3. Praeterea, hoc videtur redire in fabulas antiquorum, qui dixerunt quod dii qui comedebant de quodam cibo, facti sunt immortales: quos irridet Philosophus in III *Metaphys.*[2].

Sed contra est quod dicitur Gn 3,22: *Ne forte mittat manum suam et sumat de ligno vitae, et comedat et vivat in aeternum.*

Praeterea, Augustinus, in libro *de Quaest. Vet. et Nov. Test.*[3], dicit: *Gustus arboris vitae corruptionem corporis inhibebat: denique etiam post peccatum potuit insolubilis manere, si permissum esset illi edere de arbore vitae.*

Respondeo dicendum quod lignum vitae quodammodo immortalitatem causabat, non autem simpliciter. Ad cuius evidentiam, considerandum est quod duo remedia ad conservationem vitae habebat homo in primo statu, contra duos defectus. Primus enim defectus est deperditio humidi per actionem caloris naturalis, qui est animae instrumentum. Et contra hunc defectum subveniebatur homini per esum aliorum lignorum Paradisi, sicut et nunc subvenitur nobis, per cibos quos sumimus.

Secundus autem defectus est quia, ut Philosophus dicit I *de Generat.*[4], illud quod generatur ex aliquo extraneo, adiunctum ei quod prius erat humido praeexistenti, imminuit virtutem activam speciei: sicut aqua adiuncta vino, primo quidem convertitur in saporem vini, sed secundum quod magis et magis additur, diminuit vini fortitudinem, et tandem vinum fit aquosum. Sic igitur videmus quod in principio virtus activa speciei est adeo fortis, quod potest convertere de alimento non solum quod sufficit ad restaurationem deperditi, sed etiam quod sufficit ad augmentum. Postmodum vero quod aggeneratur non sufficit ad augmentum, sed solum ad restaurationem deperditi. Tandem vero, in statu senectutis, nec ad hoc sufficit: unde sequitur decrementum, et finaliter naturalis dissolutio corporis. — Et contra hunc defectum subveniebatur homini per lignum vitae: habebat

o alimento se converte em substância do nutrido, como foi dito. Logo, a árvore da vida não podia conferir incorruptibilidade ou imortalidade.

2. Além disso, os efeitos causados pela virtude das plantas e outras coisas naturais são naturais. Se, portanto, a árvore da vida causava a imortalidade, teria sido a imortalidade natural.

3. Ademais, dizer isso seria recair, parece, nas fábulas dos antigos, segundo as quais os deuses que comiam certa comida se tornaram imortais. O Filósofo no livro III da *Metafísica*, os ridiculariza.

Em sentido contrário, diz o Gênesis: "Que ele não estenda sua mão e colha da árvore da vida e dela comendo viva eternamente".

Santo Agostinho, por sua vez, diz: "O gosto da árvore da vida detinha a corrupção do corpo; enfim, mesmo depois do pecado teria podido permanecer insolúvel, se a ele tivesse sido permitido comer da árvore da vida".

Respondo. A árvore da vida era causa, de certa maneira, da imortalidade, mas não de modo absoluto. Para compreendê-lo, deve-se considerar que o homem, no primeiro estado, tinha para a conservação de sua vida dois remédios para duas deficiências. A primeira delas é a perda da água sob a ação do calor natural, que é um instrumento da alma. Contra essa deficiência, o homem era socorrido pelo alimento das outras árvores do paraíso, como agora também nós somos socorridos pelo alimento que tomamos.

A segunda deficiência vem, como diz o Filósofo, no livro I da *Geração*, do fato de que o que é gerado de algo estranho, ajuntado ao elemento úmido preexistente, diminui a potência ativa da espécie. Por exemplo, a água ajuntada ao vinho, primeiramente se converte no sabor do vinho, mas, se se ajunta cada vez mais, diminui a força do vinho e enfim o vinho se torna aguado. Pois constatamos que no começo a potência ativa da espécie é de tal modo forte que pode assimilar não somente a quantidade de alimento necessário para compensar a perda, mas também a que basta para o crescimento. Depois, o que é assimilado não basta para o crescimento mas somente para compensar a perda. Finalmente, no estado de velhice, nem para isso basta, o que acarreta decrepitude e finalmente dissolução do corpo. — Contra essa deficiência, o homem era socorrido pela árvore da

---

1. A. praec. ad 2.
2. C. 4: 1000, a, 9-19.
3. Q. 19 (inter supposit. Aug.): ML 35, 2227.
4. C. 5: 322, a, 28-33.

enim virtutem fortificandi virtutem speciei contra debilitatem provenientem ex admixtione extranei. Unde Augustinus dicit, in XIV *de Civ. Dei*[5], quod *cibus aderat homini ne esuriret, potus ne sitiret, et lignum vitae ne senectus eum dissolveret*. Et in libro *de Quaest. Vet. de Nov. Test.*, dicit quod *vitae arbor medicinae modo corruptionem hominum prohibebat*.

Non tamen simpliciter immortalitatem causabat. Quia neque virtus quae inerat animae ad conservandum corpus, causabatur ex ligno vitae: neque etiam poterat immortalitatis dispositionem corpori praestare, ut nunquam dissolvi posset. Quod ex hoc patet, quia virtus cuiuscumque corporis est finita. Unde non poterat virtus ligni vitae ad hoc se extendere ut daret corpori virtutem durandi tempore infinito, sed usque ad determinatum tempus. Manifestum est enim quod, quanto aliqua virtus est maior, tanto imprimit durabiliorem effectum. Unde cum virtus ligni vitae esset finita, semel sumptum praeservabat a corruptione usque ad determinatum tempus; quo finito, vel homo translatus fuisset ad spiritualem vitam, vel indiguisset iterum sumere de ligno vitae.

Et per hoc patet responsio AB OBIECTA.

Nam primae rationes concludunt quod non causabat incorruptibilitatem simpliciter. Aliae vero concludunt quod causabat incorruptibilitatem impediendo corruptionem, secundum modum praedictum[6].

vida; essa, com efeito, tinha o poder de fortalecer a potência da espécie contra a fraqueza que resultava da mistura de coisas estranhas. Por isso diz Agostinho: "Os alimentos estavam ao alcance do homem para que ele não padecesse fome, a bebida para que ele não tivesse sede, e a árvore de vida para que a velhice não o aniquilasse"; diz ainda Agostinho: "A árvore da vida impedia a corrupção dos homens a modo de uma medicina".

No entanto, não era pura de modo absoluto a causa dessa imortalidade. Com efeito, nem a potência era causada pela árvore da vida, que possuía a alma para conservar seu corpo, nem podia tampouco dar ao corpo uma disposição de imortalidade tal que esse não pudesse ser aniquilado. Isso fica claro a partir do fato de a potência, não importa que corpo, ser finita. Por isso a potência da árvore da vida não podia estender-se até dar ao corpo a potência para durar um tempo infinito, mas somente por um tempo determinado. É claro que quanto mais uma potência é grande, mais duradouro é o efeito que imprime. Por isso, porque a potência da árvore da vida era limitada, uma vez comido preservava da corrupção por um tempo determinado. Terminado esse tempo, ou o homem seria transferido para a vida espiritual, ou então teria necessidade de comer de novo da árvore da vida[d].

Pelo que foi dito, fica clara a resposta ÀS OBJEÇÕES.

Pois os primeiros argumentos concluem que não causava a incorruptibilidade de modo absoluto. Os outros, pelo contrário, concluem que causava a incorruptibilidade impedindo a corrupção, do modo como foi dito.

---

5. C. 26: ML 41, 434.
6. In corp.

---

d. É com uma grande discrição que Sto. Tomás se refere aqui a essa "transferência à vida espiritual" que substituiria a morte que conhecemos. Isso porque a condição humana teria sido, como é hoje, uma condição de devir, de marcha para a vida eterna e definitiva, de progresso espiritual na fé e na graça. Faltariam apenas o pecado e a dor. A passagem deste mundo ao outro é apenas evocada. Todas as condições foram mudadas pelo pecado. Neste tratado do homem, tudo fica por resolver, condicionado forçosamente ao advento e ao mistério de Jesus Cristo, único no qual o homem se une a Deus.

QUAESTIO XCVIII
DE PERTINENTIBUS AD CONSERVATIONEM SPECIEI
in duos articulos divisa

Deinde considerandum est de his quae pertinent ad conservationem speciei.

QUESTÃO 98
O QUE PERTENCE À CONSERVAÇÃO DA ESPÉCIE
em dois artigos

Devemos considerar agora o que pertence à conservação da espécie.

Et primo, de ipsa generatione; secundo, de conditione prolis genitae.
Circa primum quaeruntur duo.
Primo: utrum in statu innocentiae fuisset generatio.
Secundo: utrum fuisset generatio per coitum.

Articulus 1
Utrum in statu innocentiae fuisset generatio

AD PRIMUM SIC PROCEDITUR. Videtur quod in statu innocentiae non fuisset generatio.

1. *Generationi* enim *corruptio est contraria,* ut dicitur in V *Physic.*[1]. Contraria autem sunt circa idem. In statu autem innocentiae non fuisset corruptio. Ergo neque generatio.

2. PRAETEREA, generatio ordinatur ad hoc quod conservetur in specie quod secundum individuum conservari non potest: unde et in illis individuis quae in perpetuum durant, generatio non invenitur. Sed in statu innocentiae homo in perpetuum absque morte vixisset. Ergo in statu innocentiae generatio, non fuisset.

3. PRAETEREA, per generationem homines multiplicantur. Sed multiplicatis dominis, necesse est fieri possessionum divisionem, ad evitandam confusionem dominii. Ergo, cum homo sit institutus dominus animalium, facta multiplicatione humani generis per generationem, secuta fuisset divisio dominii. Quod videtur esse contrarium iuri naturali, secundum quod omnia sunt communia, ut Isidorus dicit[2]. Non ergo fuisset generatio in statu innocentiae.

SED CONTRA est quod dicitur Gn 1,28: *Crescite et multiplicamini, et replete terram.* Huiusmodi autem multiplicatio absque nova generatione fieri non potuisset: cum duo tantum fuerint primitus instituti. Ergo in primo statu generatio fuisset.

RESPONDEO dicendum quod in statu innocentiae fuisset generatio ad multiplicationem humani generis: alioquin peccatum hominis fuisset valde necessarium, ex quo tantum bonum consecutum est. Est ergo considerandum quod homo, secun-

Primeiro, a própria geração, e depois a condição da prole gerada.
Sobre o primeiro, são duas as perguntas:
1. Haveria geração no estado de inocência?
2. A geração seria feita por união carnal?

Artigo 1
No estado de inocência teria havido geração?

QUANTO AO PRIMEIRO ARTIGO, ASSIM SE PROCEDE: parece que no estado de inocência **não** teria havido geração.

1. Com efeito, "a corrupção é contrária à geração", como se diz no livro V da *Física*. Os contrários são a respeito do mesmo. No estado da inocência não teria havido corrupção. Logo, nem geração.

2. ALÉM DISSO, a geração é feita para que seja conservado na espécie o que não pode ser conservado pelo indivíduo. Por isso, entre os indivíduos que têm uma duração sem fim não há geração. Ora, no estado de inocência o homem teria vivido para sempre ao abrigo da morte. Logo, no estado de inocência não teria havido geração.

3. ADEMAIS, pela geração os homens se multiplicam. Mas, quando os senhores se multiplicam, é necessário proceder a uma divisão das posses para evitar a confusão de domínio. Por conseguinte, dado que o homem foi instituído senhor dos animais, se se tivesse feito uma multiplicação do gênero humano por geração, seguir-se-ia uma repartição do domínio. Ora, isso é contrário ao direito natural, segundo o qual todas as coisas são comuns, como disse Isidoro. Portanto, não teria havido geração no estado de inocência.

EM SENTIDO CONTRÁRIO, diz o Gênesis: "Sede fecundos, multiplicai-vos e enchei a terra". Ora, tal multiplicação não teria podido realizar-se sem novas gerações, pois só dois tinham sido instituídos na origem. Portanto, no primeiro estado teria havido geração.

RESPONDO. No estado de inocência teria havido geração para a multiplicação do gênero humano. De outro modo o pecado do homem teria sido muito necessário, pois dele resultou um tão grande bem. Devemos, portanto, considerar, que

---

1 PARALL.: II *Sent.*, dist. 20, q. 1, a. 1.

1. C. 5: 229, b, 11-14.
2. *Etymol.*, l. V, c. 4: ML 82, 199 B.

dum suam naturam, est constitutus quasi medium quoddam inter creaturas corruptibiles et incorruptibiles: nam anima eius est naturaliter incorruptibilis, corpus vero naturaliter corruptibile. Est autem considerandum quod alio modo intentio naturae fertur ad corruptibiles, et incorruptibiles creaturas. Id enim per se videtur esse de intentione naturae, quod est semper et perpetuum. Quod autem est solum secundum aliquod tempus, non videtur esse principaliter de intentione naturae, sed quasi ad aliud ordinatum: alioquin, eo corrupto, naturae intentio cassaretur. Quia igitur in rebus corruptibilibus nihil est perpetuum et semper manens nisi species, bonum speciei est de principali intentione naturae, ad cuius conservationem naturalis generatio ordinatur. Substantiae vero incorruptibiles manent semper non solum secundum speciem, sed etiam secundum individua: et ideo ipsa individua sunt de principali intentione naturae.

Sic igitur homini ex parte corporis, quod corruptibile est secundum naturam suam, competit generatio. Ex parte vero animae, quae incorruptibilis est, competit ei quod multitudo individuorum sit per se intenta a natura, vel potius a naturae Auctore, qui solus est humanarum animarum creator. Et ideo, ad multiplicationem humani generis, generationem in humano genere statuit, etiam in statu innocentiae.

AD PRIMUM ergo dicendum quod corpus hominis in statu innocentiae, quantum erat de se, corruptibile erat, sed potuit praeservari a corruptione per animam. Et ideo non fuit homini subtrahenda generatio, quae debetur corruptibilibus rebus.

AD SECUNDUM dicendum quod generatio in statu innocentiae, etsi non fuisset propter conservationem speciei, fuisset tamen propter multiplicationem individuorum.

AD TERTIUM dicendum quod in statu isto, multiplicatis dominis, necesse est fieri divisionem possessionum, quia communitas possessionis est occasio discordiae, ut Philosophus dicit in II *Politic*.[3]. Sed in statu innocentiae fuissent voluntates

o homem, segundo sua natureza, foi estabelecido como um intermediário entre as criaturas corruptíveis e as incorruptíveis, pois sua alma é por natureza incorruptível e seu corpo é por natureza corruptível. Ora, deve-se considerar que a intenção da natureza não se volta do mesmo modo para as criaturas corruptíveis e para as incorruptíveis. Parece que o que a natureza visa por si é o que existe sempre e sem fim, enquanto o que existe só por um tempo não parece ser visado por ela a título principal, mas como algo ordenado para outra coisa. De outro modo, uma vez corrompido, acabaria a intenção da natureza. Dado, por conseguinte, que nas coisas corruptíveis nada é eterno e permanecem sempre apenas as espécies, o bem da espécie é principalmente visado pela natureza, e para a conservação da espécie está ordenada a geração natural. Enquanto as substâncias incorruptíveis permanecem não só segundo a espécie, mas também nos indivíduos, razão por que eles são principalmente visados pela natureza.

Assim, a geração convém ao homem por seu corpo, corruptível por natureza. Pela alma, incorruptível, ao contrário, convém que a multidão dos indivíduos seja visada por si pela natureza, ou antes pelo autor da natureza, que é o único criador das almas humanas. Por isso, em vista de multiplicar o gênero humano, estabeleceu a geração desse gênero, mesmo no estado de inocência[a].

QUANTO AO 1º, portanto, deve-se dizer que no estado de inocência o corpo humano era corruptível pelo que dependia dele, mas podia ser preservado da corrupção pela alma. Razão por que não era necessário retirar-lhe a geração, que convém às coisas corruptíveis.

QUANTO AO 2º, deve-se dizer que mesmo se, no estado de inocência, a geração não fosse para a conservação da espécie, teria sido para a multiplicação dos indivíduos.

QUANTO AO 3º, deve-se dizer que no estado atual, a multiplicação dos senhores acarreta necessariamente a divisão das posses, pois a comunidade de posse é uma ocasião de discórdia, como diz o Filósofo no livro II da *Política*.

---

3. C. 2: 1263.

a. Retenhamos a profunda distinção entre o sentido da geração humana e o da geração animal. Esta visa à espécie e à conservação. A geração humana — ou, antes, Deus por meio dela, mas também o casal humano que coopera com Deus — ao indivíduo, à pessoa que vale por si mesma, cuja educação, promoção, plena realização estarão presentes na própria continuidade da obra geradora tal como os homens a realizam. Como a pessoa é o termo visado pela geração, esta deve proceder da união das pessoas, e não somente da cooperação de suas funções.

hominum sic ordinatae, quod absque omni periculo discordiae communiter usi fuissent, secundum quod unicuique eorum competeret, rebus quae eorum dominio subdebantur: cum hoc etiam modo apud multos bonos viros observetur.

Articulus 2
Utrum in statu innocentiae fuisset generatio per coitum

AD SECUNDUM SIC PROCEDITUR. Videtur quod in statu innocentiae non fuisset generatio per coitum.

1. Quia,ut Damascenus dicit[1], primus homo erat in Paradiso terrestri *sicut angelus quidam*. Sed in futuro resurrectionis statu, quando erunt homines angelis similes, *neque nubent neque nubentur*, ut dicitur Mt 22,30. Ergo neque in Paradiso fuisset generatio per coitum.

2. PRAETEREA, primi homines in perfecta aetate conditi fuerunt. Si igitur in eis ante peccatum generatio fuisset per coitum, fuissent etiam in Paradiso carnaliter coniuncti. Quod patet esse falsum, secundum Scripturam Gn 4,1.

3. PRAETEREA, in coniunctione carnali maxime efficitur homo similis bestiis, propter vehementiam delectationis: unde etiam continentia laudatur, per quam homines ab huiusmodi delectationibus abstinent. Sed bestiis homo comparatur propter peccatum, secundum illud Ps 48,21: *Homo cum in honore esset, non intellexit, comparatus est iumentis insipientibus, et similis factus est illis*. Ergo ante peccatum non fuisset maris et feminae carnalis coniunctio.

4. PRAETEREA, in statu innocentiae nulla fuisset corruptio. Sed per coitum corrumpitur integritas virginalis. Ergo coitus in statu innocentiae non fuisset.

SED CONTRA est quod Deus ante peccatum masculum et feminam fecit, ut dicitur Gn 1,27 et 2,22. Nihil autem est frustra in operibus Dei. Ergo etiam si homo non peccasset, fuisset coitus, ad quem distinctio sexuum ordinatur.

Artigo 2
No estado de inocência teria havido geração pela união carnal?

No estado de inocência, todavia, as vontades humanas teriam sido de tal modo ordenadas que os homens teriam usado em comum, sem perigo de discórdia, segundo as atribuições de cada um, as coisas submetidas à sua dominação. É, aliás, uma coisa que se observa hoje em numerosos homens de bem.

QUANTO AO SEGUNDO, ASSIM SE PROCEDE: parece que no estado de inocência **não** teria havido geração pela união carnal.

1. Com efeito, como diz Damasceno, o primeiro homem estava no Paraíso terrestre "como um anjo". Ora, no futuro estado da ressurreição, quando os homens serão semelhantes aos anjos, "nem casam, nem serão casados," como se diz no Evangelho de Mateus. Logo, nem no paraíso teria havido geração pela união carnal.

2. ALÉM DISSO, os primeiros seres humanos foram criados em idade adulta. Por conseguinte, se para eles a geração tivesse ocorrido antes do pecado pela união carnal, teria havido entre eles união carnal mesmo no Paraíso. Ora, a Escritura mostra que isso é falso.

3. ADEMAIS, na união carnal o homem se torna ao máximo semelhante aos animais, por causa da veemência do prazer, razão por que se faz o elogio da continência, pela qual os homens se abstêm de tais prazeres. Ora, o homem é comparado aos animais por causa do pecado, segundo o Salmo 48: "O homem não conheceu qual era sua dignidade, pareceu-se com os animais irracionais e se tornou igual a eles". Logo, não teria havido união carnal do homem e da mulher antes do pecado.

4. ADEMAIS, no estado de inocência não teria havido nenhuma corrupção. Ora, pela união carnal há a corrupção da integridade virginal. Logo, não teria havido a união carnal no estado de inocência.

EM SENTIDO CONTRÁRIO, antes do pecado Deus criou o homem e a mulher, como está dito no Gênesis. Ora, nada existe sem razão nas obras de Deus. Por conseguinte, mesmo se o homem não tivesse pecado, teria havido união carnal, para a qual está ordenada a distinção dos sexos.

---

2 PARALL.: II *Sent*., dist. 20, q. 1, a. 2.
1. *De Fide Orth*., l. II, c. 11: MG 94, 913 B — 916 A.

Praeterea, Gn 2,18-20 dicitur mulier esse facta in adiutorium viri. Sed non ad aliud nisi ad generationem quae fit per coitum: quia ad quodlibet aliud opus, convenientius adiuvari posset vir per virum quam per feminam. Ergo etiam in statu innocentiae fuisset generatio per coitum.

RESPONDEO dicendum quod quidam antiquorum Doctorum, considerantes concupiscentiae foeditatem quae invenitur in coitu in isto statu, posuerunt quod in statu innocentiae non fuisset generatio per coitum. Unde Gregorius Nyssenus dicit in libro quem fecit de Homine[2], quod in Paradiso aliter fuisset multiplicatum genus humanum, sicut multiplicati sunt angeli, absque concubitu, per operationem divinae virtutis. Et dicit quod Deus ante peccatum fecit masculum et feminam, respiciens ad modum generationis qui futurus erat post peccatum, cuius Deus praescius erat.

Sed hoc non dicitur rationabiliter. Ea enim quae sunt naturalia homini, neque subtrahuntur neque dantur homini per peccatum. Manifestum est autem quod homini, secundum animalem vitam, quam etiam ante peccatum habebat, ut supra[3] dictum est, naturale est generare per coitum, sicut et ceteris animalibus perfectis. Et hoc declarant naturalia membra ad hunc usum deputata. Et ideo non est dicendum quod usus horum membrorum naturalium non fuisset ante peccatum, sicut et ceterorum membrorum.

Sunt igitur in coitu duo consideranda, secundum praesentem statum. Unum quod naturae est, scilicet coniunctio maris et feminae ad generandum. In omni enim generatione requiritur virtus activa et passiva. Unde, cum in omnibus in quibus est distinctio sexuum, virtus activa sit in mare, virtus vero passiva in femina; naturae ordo exigit ut ad generandum conveniant per coitum mas et femina. — Aliud autem quod considerari potest, est quaedam deformitas immoderatae concupiscentiae. Quae in statu innocentiae non fuisset, quando inferiores vires omnino rationi subderentur. Unde Augustinus dicit, in XIV *de Civ. Dei*[4]: *Absit ut suspicemur non potuisse prolem seri sine libidinis morbo. Sed eo voluntatis nutu moverentur illa membra quo cetera, et sine ardore et illecebroso stimulo, cum tranquilitate animi et corporis.*

Além disso, no Gênesis está escrito que a mulher foi feita para ajudar o homem. Essa ajuda não é destinada a nada mais que à geração, que se faz pela união carnal, pois para qualquer outra atividade o homem podia encontrar ajuda mais adaptada em outro homem e não na mulher. Por conseguinte, no estado de inocência a geração teria sido pela união carnal.

RESPONDO. Alguns entre os antigos doutores, considerando a fealdade na concupiscência que se constata, em nosso estado atual, na união carnal, afirmaram que no estado de inocência a geração não teria ocorrido pela união dos sexos. Assim Gregório de Nissa diz que no paraíso o gênero humano se teria multiplicado de outra maneira, como se multiplicaram os anjos, sem comércio carnal, por obra da potência divina. Diz que Deus tinha criado o homem e a mulher antes do pecado pensando na maneira de geração que deveria ocorrer depois do pecado, que Deus conhecia de antemão.

Mas isso não se diz de modo razoável. Com efeito, as coisas naturais ao homem não lhe são nem retiradas, nem concedidas pelo pecado. Ora, é claro que era natural ao homem, pela vida animal que tinha mesmo antes do pecado, como dito acima, gerar por união carnal, como é natural aos outros animais perfeitos. Manifestam isso os membros naturais destinados a esse uso. Portanto, não se pode dizer que antes do pecado esses membros naturais não teriam tido seu uso como os outros membros.

Há duas coisas a considerar na união carnal no estado atual. Primeiro, o que depende da natureza: a conjunção do macho e da fêmea para a geração. Com efeito, em toda geração é preciso uma potência ativa e uma passiva. Por consequência, como em todos os seres em que há distinção dos sexos a potência ativa se encontra no macho e a potência passiva na fêmea, a ordem da natureza exige que para a geração haja a conjunção dos dois. — Segundo, pode-se considerar ainda: uma deformidade da concupiscência imoderada. Essa não teria existido no estado de inocência, em que as potências, inferiores estavam totalmente submetidas à razão. Por isso declara Agostinho: "Evitemos pensar que a geração não tivesse ocorrido sem a doença da voluptuosidade. Esses membros teriam obedecido, como os outros, ao sinal da vontade, sem o ardor e estímulos sedutores, com tranquilidade de alma e de corpo".

---

2. *De Hominis Opificio*, c. 17: MG 44, 188 D — 192 A.
3. Q. 97, a. 3.
4. C. 26: ML 41, 434.

AD PRIMUM ergo dicendum quod homo in Paradiso fuisset sicut angelus per spiritualem mentem, cum tamen haberet, vitam animalem quantum ad corpus. Sed post resurrectionem erit homo similis angelo, spiritualis effectus et secundum animam et secundum corpus. Unde non est similis ratio.

AD SECUNDUM dicendum quod, sicut Augustinus dicit IX *super Gen. ad litt.*[5], ideo primi parentes in Paradiso non coierunt, quia, formata muliere, post modicum propter peccatum de Paradiso eiecti sunt: vel quia expectabatur divina auctoritas ad determinatum tempus commixtionis, a qua acceperunt universale mandatum.

AD TERTIUM dicendum quod bestiae carent ratione. Unde secundum hoc homo in coitu bestialis efficitur, quod delectationem coitus et fervorem concupiscentiae ratione moderari non potest. Sed in statu innocentiae nihil huiusmodi fuisset quod ratione non moderaretur: non quia esset minor delectatio secundum sensum, ut quidam dicunt (fuisset enim tanto maior delectatio sensibilis, quanto esset purior natura, et corpus magis sensibile); sed quia vis concupiscibilis non ita inordinate se effudisset super huiusmodi delectatione, regulata per rationem, ad quam non pertinet ut sit minor delectatio in sensu, sed ut vis concupiscibilis non immoderate delectationi inhaereat; et dico *immoderate*, praeter mensuram rationis. Sicut sobrius in cibo moderate assumpto non minorem habet delectationem quam gulosus; sed minus eius concupiscblis super huiusmodi delectatione requiescit. Et hoc sonant verba Augustini, quae a statu innocentiae non excludunt magnitudinem delectationis, sed ardorem libidinis et inquietudinem animi. — Et ideo continentia in statu innocentiae non fuisset laudabilis, quae in tempore isto laudatur non propter defectum fecunditatis, sed propter remotionem inordinatae libidinis. Tunc autem fuisset fecunditas absque libidine.

AD QUARTUM dicendum quod, sicut Augustinus dicit XIV *de Civ. Dei*[6], in illo statu *nulla corruptione integritatis infunderetur gremio maritus*

QUANTO AO 1º, portanto, deve-se dizer que o homem no paraíso teria sido como um anjo no que se trata da alma espiritual, embora tivesse uma vida animal segundo seu corpo. Depois da ressurreição, porém, o homem será semelhante ao anjo, tornando-se espiritual em sua alma e em seu corpo. Por isso, o argumento não é o mesmo.

QUANTO AO 2º, deve-se dizer que, segundo Agostinho, os primeiros pais não tiveram união carnal no paraíso, porque foram expulsos do paraíso por seu pecado pouco depois da formação da mulher. Ou porque esperavam que a autoridade divina, da qual receberam o mandato geral, lhes fixara um tempo para isso.

QUANTO AO 3º, deve-se dizer que os animais são desprovidos de razão. Eis o motivo por que o homem se torna animal na união carnal: porque não é capaz de moderar pela razão o prazer da união carnal e o ardor da concupiscência. Mas no estado de inocência não teria havido nada que não fosse moderado pela razão; não, como dizem alguns, que o prazer sensível aí teria sido menor. O prazer sensível, com efeito, teria sido tanto maior visto que a natureza estava mais pura e o corpo, mais sensível. Mas porque a potência concupiscível não se teria elevado com tal desordem acima do prazer regrado pela razão, à qual não competia fazer que o prazer sensível fosse menor, mas que o apetite sensível não se ligasse de maneira imoderada ao prazer. Digo *imoderada*, fora da medida da razão. Assim, aquele que é sóbrio no alimento que toma com moderação não encontra prazer menor do que o glutão, mas sua potência concupiscível se detém menos nesse gênero de prazer. As palavras de Agostinho significam isso: não excluem do estado de inocência a intensidade do prazer, mas o ardor da libido e a agitação da alma. — Razão por que a continência no estado de inocência não teria sido louvável, e se no tempo atual é louvada não é em razão da ausência de fecundidade, mas porque afasta a libido desordenada. Então, teria havido fecundidade sem libido[b].

QUANTO AO 4º, deve-se dizer que como diz Agostinho, nesse estado, "o marido não teria corrompido de nenhum modo a integridade da

---

5. C. 4: ML 34, 395-396.
6. C. 26: ML 41, 434.

b. Eis um texto de Sto. Tomás que esclarece de maneira singular seu pretenso desconhecimento da carne, da sexualidade. O que conspurca a sexualidade, segundo ele, não é o prazer a ela ligado, é que esse prazer seja autônomo e primeiro, entregue a sua própria lei, e que, assim separado do espírito, tome valor de fim. Na inocência original, "não menos prazer, e sim mais", mas ordenado pela razão, o que significa integrado no movimento mais total de consciência e de amor. E é o motivo pelo qual a "continência não teria sido louvável no estado de inocência".

uxoris. Ita enim potuit utero coniugis, salva integritate feminei genitalis, virile semen immitti, sicut nunc potest, eadem integritate salva, ex utero virginis fluxus menstrui cruoris emitti. Ut enim ad pariendum non doloris gemitus, sed maturitatis impulsus feminea viscera relaxaret; sic ad concipiendum non libidinis appetitus, sed voluntarius usus naturam utramque coniungeret.

mulher. Com efeito, o sêmen podia ser introduzido no útero da mulher salva sua integridade genital, como agora a mulher virgem pode menstruar, salva a mesma integridade. Assim como para o parto não teriam sido os gemidos da dor mas os movimentos da maturidade a dilatar as entranhas da mulher, assim também para a concepção não teria sido o apetite da libido, mas a livre disposição da vontade a unir uma e outra naturezas".

QUAESTIO XCIX
DE CONDITIONE PROLIS GENERANDAE QUANTUM AD CORPUS
in duos articulos divisa

Deinde considerandum est de conditione prolis generandae. Et primo, quantum ad corpus; secundo, quantum ad iustitiam; tertio, quantum ad scientiam.
Circa primum quaeruntur duo.
Primo: utrum in statu innocentiae pueri mox geniti habuissent perfectam virtutem corpoream.

Secundo: utrum omnes fuissent nati in sexu masculino.

ARTICULUS 1
Utrum pueri in statu innocentiae, mox nati, virtutem perfectam habuissent ad motum membrorum

AD PRIMUM SIC PROCEDITUR. Videtur quod pueri in statu innocentiae, mox nati, virtutem perfectam habuissent ad motum membrorum.

1. Dicit enim Augustinus, in libro *de Bapt. Parvul.*[1], quod *infirmitati mentis congruit haec infirmitas corporis*, quae scilicet in pueris apparet. Sed in statu innocentiae nulla fuisset infirmitas mentis. Ergo neque talis infirmitas corporis fuisset in parvulis.
2. PRAETEREA, quaedam animalia statim cum nascuntur, habent virtutem sufficientem ad usum membrorum. Sed homo est nobilior aliis animalibus. Ergo multo magis est naturale homini quod statim natus virtutem habeat ad usum

QUESTÃO 99
A CONDIÇÃO DA GERAÇÃO DA PROLE QUANTO AO CORPO
em dois artigos

Na sequência deve-se considerar a condição da geração da prole. Primeiro, quanto ao corpo; depois, quanto à justiça; e finalmente, quanto à ciência.
Sobre o primeiro, são duas as perguntas:
1. No estado de inocência as crianças recém-nascidas, teriam uma força corpórea perfeita?
2. Nasceriam todos de sexo masculino?

ARTIGO 1
No estado de inocência, as crianças, recém-nascidas, teriam a força perfeita para movimento dos membros?

QUANTO AO PRIMEIRO ARTIGO, ASSIM SE PROCEDE: parece que no estado de inocência, as crianças recém-nascidas **tinham** a força perfeita para o movimento dos membros.

1. Com efeito, diz Agostinho: "Coincidem a fraqueza da mente e a fraqueza do corpo", o que aparece nas crianças. Ora, no estado de inocência não haveria nenhuma fraqueza da mente. Logo, nem tal fraqueza do corpo teria havido nas crianças.
2. ALÉM DISSO, alguns animais, desde seu nascimento, têm força suficiente para fazer uso de seus membros. Ora, o homem é mais nobre que os outros animais. Logo, é a ele mais natural ter desde o nascimento a força de servir-se de seus

---

1 PARALL.: II *Sent.*, dist. 20, q. 2, a. 1; *De Verit.*, q. 18, a. 8.
   1. Al. *De Peccat. Merit. et Remiss.*, l. I, c. 38: ML 44, 150.

membrorum. Et ita videtur esse poena ex peccato consequens.

3. Praeterea, non posse consequi delectabile propositum, afflictionem inducit. Sed si pueri non habuissent virtutem ad movendum membra, frequenter accidisset quod non possent consequi aliquod delectabile eis propositum. Ergo fuisset in eis afflictio; quae non poterat esse ante peccatum. Non ergo in statu innocentiae defuisset pueris virtus ad movendum membra.

4. Praeterea, defectus senectutis videtur correspondere defectui pueritiae. Sed in statu innocentiae non fuisset defectus senectutis. Ergo neque etiam defectus pueritiae.

Sed contra est quod omne generatum prius est imperfectum quam perficiatur. Sed pueri in statu innocentiae fuissent per generationem producti. Ergo a principio imperfecti fuissent et quantitate et virtute corporis.

Respondeo dicendum quod ea quae sunt supra naturam, sola fide tenemus; quod autem credimus, auctoritati debemus. Unde in omnibus asserendis sequi debemus naturam rerum, praeter ea quae auctoritate divina tradantur, quae sunt supra naturam. Manifestum est autem naturale hoc esse, utpote et principiis humanae naturae competens, quod pueri mox nati non habeant sufficientem virtutem ad movendum membra. Quia homo naturaliter habet cerebrum maius in quantitate, secundum proportionem sui corporis, quam cetera animalia. Unde naturale est quod, propter maximam humiditatem cerebri in pueris, nervi, qui sunt instrumenta motus, non sunt idonei ad movendum membra. — Ex alia vero parte nulli catholico dubium est quin divina virtute fieri possit, ut pueri mox nati perfectam virtutem habeant ad motum membrorum.

Constat autem per auctoritatem Scripturae [Eccle 7,30], quod *Deus fecit hominem rectum*: et haec rectitudo consistit, ut Augustinus dicit[2], in perfecta subiectione corporis ad animam. Sicut ergo in primo statu non poterat esse in membris hominis aliquid quod repugnaret ordinatae hominis voluntati, ita membra hominis deficere non poterant humanae voluntati. Voluntas autem hominis ordinata est quae tendit in actus sibi convenientes. Non sunt autem iidem actus convenientes homini secundum quamlibet aetatem. Dicendum est ergo quod pueri mox nati non habuissent sufficientem

membros. Assim, o estado atual parece ser uma pena subsequente ao pecado.

3. Ademais, não poder alcançar algo agradável implica aflição. Ora, se as crianças não tivessem tido forças para mover seus membros, teria frequentemente acontecido que não pudessem alcançar algo agradável a eles proposto. Logo, teriam tido aflição; que não podia haver antes do pecado. Logo, no estado de inocência as crianças não teriam sido privadas da força para mover os membros.

4. Ademais, as deficiências da velhice parecem corresponder às da infância. Ora, no estado de inocência não teria havido deficiências da velhice. Logo, tampouco para os da infância.

Em sentido contrário, todo ser gerado é imperfeito antes de ser perfeito. As crianças no estado de inocência teriam sido produzidas por meio de geração. Por conseguinte, teriam começado por ser imperfeitas em tamanho e em vigor corporal.

Respondo. Só pela fé sustentamos as coisas que estão acima da natureza, e o que cremos, devemo-lo à autoridade. Por isso, em tudo o que afirmamos, devemos seguir a natureza das coisas, salvo para aquelas a nós transmitidas pela autoridade divina e que estão acima da natureza. Ora, é manifesto ser natural, pois está em harmonia com os princípios da natureza humana, que as crianças recém-nascidas não tenham força suficiente para mover seus membros. Com efeito, o homem tem por natureza um cérebro mais volumoso, proporcionalmente ao resto do corpo, que os outros animais. Por isso, é natural que, em razão da extrema umidade do cérebro nas crianças, os nervos, instrumentos do movimento, não estejam aptos a mover os membros. — Aliás, não há dúvida para um católico que possa acontecer pelo poder divino que crianças recém-nascidas tenham a força completa necessária ao movimento dos membros.

Ora, é certo, pelo testemunho da Escritura, que "Deus fez o homem na retidão", e esta retidão consiste, como diz Agostinho, na perfeita submissão do corpo à alma. Portanto, assim como no primeiro estado não podia haver nada nos membros do homem que resistisse a uma vontade bem ordenada, assim os membros do homem não podiam faltar à vontade humana. Ora, uma vontade humana bem ordenada é aquela que tende aos atos a ela convenientes. Mas os mesmos atos não convêm ao homem em qualquer idade. O que é preciso dizer, por conseguinte, é que as crianças

---

2. Cfr. supra 1. 95, a. 1.

virtutem ad movendum membra ad quoslibet actus; sed ad actus pueritiae convenientes, puta ad sugendum ubera, et ad alia huiusmodi.

AD PRIMUM ergo dicendum quod Augustinus loquitur de ista infirmitate quae nunc in pueris apparet etiam quantum ad actus eorum pueritiae convenientes; ut patet per ea quae praemittit, quod, *iuxta se iacentibus mammis, magis possunt esurientes flere quam sugere*.

AD SECUNDUM dicendum quod hoc quod quaedam animalia statim nata habent usum membrorum, non est ex eorum nobilitate, cum quaedam animalia perfectiora hoc non habeant: sed hoc eis contingit ex siccitate cerebri, et quia actus proprii talium animalium sunt imperfecti, ad quos etiam parva virtus sufficere potest.

AD TERTIUM patet solutio per ea quae dicta sunt in corpore. — Vel potest dici quod nihil appetivissent, nisi ordinata voluntate convenisset res secundum statum suum.

AD QUARTUM dicendum quod homo in statu innocentiae generatus fuisset, sed non fuisset corruptus. Et ideo in statu illo potuissent esse aliqui defectus pueriles, qui consequuntur generationem; non autem defectus seniles, qui ordinantur ad corruptionem.

ARTICULUS 2
Utrum in primo statu feminae natae fuissent

AD SECUNDUM SIC PROCEDITUR. Videtur quod in primo statu feminae natae non fuissent.

1. Dicit enim Philosophus, in libro II *de Generat. Animal.*[1], quod *femina est mas occasionatus*, quasi praeter intentionem naturae proveniens. Sed in statu illo nihil evenisset innaturale in hominis generatione. Ergo feminae natae non fuissent.

2. PRAETEREA, omne agens generat sibi simile, nisi impediatur vel propter defectum virtutis, vel propter indispositionem materiae, sicut parvus ignis non potest comburere ligna viridia. In generatione autem vis activa est in mare. Cum

recém-nascidas não teriam tido força suficiente para mover seus membros não importa para que atos, mas sim para aqueles que convinham à infância, como mamar e outros desse gênero.

QUANTO AO 1º, portanto, deve-se dizer que a fraqueza de que fala Agostinho é a que aparece agora nas crianças mesmo nos atos que convêm à sua idade. Fica claro pelas palavras que precedem: "Colocados ao lado do seio, são mais capazes de chorar de fome do que de mamar".

QUANTO AO 2º, deve-se dizer que certos animais possuam desde seu nascimento o uso de seus membros, isso não vem de sua nobreza, pois alguns animais mais perfeitos não têm essa particularidade. Mas isso lhes acontece porque eles têm um cérebro seco e porque os atos próprios de tais animais são imperfeitos, e para eles uma pequena força pode bastar.

QUANTO AO 3º, deve-se dizer que a resposta fica clara pelo que se expôs no corpo do artigo. — Poder-se-ia dizer também que as crianças não teriam desejado nada fora do que lhes seria conveniente, conforme uma vontade bem ordenada e segundo seu estado.

QUANTO AO 4º, deve-se dizer que no estado de inocência, o homem teria sido gerado, mas não destruído. Razão por que certas deficiências infantis subsequentes à geração teriam podido existir nesse estado, mas não deficiências da velhice, que tendem para a corrupção.

ARTIGO 2
No primeiro estado, teriam nascido mulheres?

QUANTO AO SEGUNDO, ASSIM SE PROCEDE: parece que no primeiro estado as mulheres **não** teriam nascido.

1. Com efeito, diz o Filósofo no livro II da *Geração dos animais*, que "a mulher é um macho falho", sobrevindo para além da intenção da natureza. Ora, naquele estado, nada aconteceria contra a natureza na geração humana. Logo, as mulheres não teriam nascido.

2. ALÉM DISSO, todo agente gera um ser a ele semelhante, a menos que seja impedido por uma deficiência de potência ou por uma indisposição da matéria. Por exemplo, um pequeno fogo não pode queimar madeira verde. Ora, na geração a

---

2 PARALL.: II *Sent.*, dist. 20, q. 2, a. 1, ad 1, 2.
1. C. 3: 737.

igitur in statu innocentiae nullus fuisset defectus virtutis ex parte maris, nec indispositio materiae ex parte feminae, videtur quod semper masculi nati fuissent.

3. PRAETEREA, in statu innocentiae generatio ad multiplicationem hominum ordinabatur. Sed sufficienter homines multiplicari potuissent per primum hominem et per primam feminam, ex quo in perpetuum victuri erant. Ergo non fuit necessarium quod in statu innocentiae feminae nascerentur.

SED CONTRA est quod sic natura processisset in generando, sicut eam Deus instituit. Sed Deus instituit marem et feminam in natura humana, ut dicitur Gn 1,27 et 2,22. Ergo etiam in statu illo fuissent mares et feminae generati.

RESPONDEO dicendum quod nihil eorum quae ad complementum humanae naturae pertinent, in statu innocentiae defuisset. Sicut autem ad perfectionem universi pertinent diversi gradus rerum, ita etiam diversitas sexus est ad perfectionem humanae naturae. Et ideo in statu innocentiae uterque sexus per generationem productus fuisset.

AD PRIMUM ergo dicendum quod femina dicitur *mas occasionatus*, quia est praeter intentionem naturae particularis: non autem praeter intentionem naturae universalis, ut supra[2] dictum est.

AD SECUNDUM dicendum quod generatio feminae non solum contingit ex defectu virtutis activae vel indispositione materiae, ut obiectio tangit. Sed quandoque quidem ex aliquo accidenti extrinseco; sicut Philosophus dicit, in libro *de Animalibus*[3], quod *ventus septentrionalis coadiuvat ad generationem masculorum, australis vero ad generationem feminarum*. Quandoque etiam ex conceptione animae, ad quam de facili immutatur corpus. Et praecipue in statu innocentiae hoc esse poterat, quando corpus magis erat animae subiectum; ut scilicet secundum voluntatem generantis, distingueretur sexus in prole.

AD TERTIUM dicendum quod proles fuisset genita vivens vita animali, ad quam sicut pertinet alimento uti, sic etiam generare. Unde conveniebat quod omnes generarent, et non solum primi parentes. Ad quod consequens videtur quod tot fuissent generatae feminae, quot et mares.

potência ativa se encontra no macho. Dado, por conseguinte, que no estado de inocência não teria havido nenhuma deficiência de potência no macho, e nenhuma indisposição da matéria na fêmea, parece que sempre nasceriam todos machos.

3. ADEMAIS, no estado de inocência, a geração estava ordenada à multiplicação dos homens. Ora, essa multiplicação podia fazer-se suficientemente pelo primeiro homem e pela primeira mulher, pelo fato de eles deverem viver perpetuamente. Logo, não teria sido necessário que nascessem mulheres no estado de inocência.

EM SENTIDO CONTRÁRIO, a natureza procederia na geração como Deus a instituira. Contudo, como está dito no Gênesis, Deus instituiu o homem e a mulher na natureza humana. Por conseguinte, também naquele estado teriam sido gerados homens e mulheres.

RESPONDO. Nada faltou no estado de inocência do que pertence à perfeição da natureza humana. Ora, do mesmo modo que diversos graus de coisas pertencem à perfeição do universo, assim a diversidade dos sexos pertence à perfeição da natureza humana. Por isso, no estado de inocência um e outro sexo teriam sido produzidos por geração.

QUANTO AO 1º, portanto, deve-se dizer que quando se diz que a fêmea é um *macho falho*, é porque está ela fora da intenção da natureza particular, não que esteja fora da intenção da natureza universal, como acima se disse.

QUANTO AO 2º, deve-se dizer que a geração da mulher não só acontece pela deficiência da potência ativa ou de uma indisposição da matéria. Mas algumas vezes por causa de um acidente exterior. Por exemplo, diz o Filósofo no livro dos *Animais*: "O vento do norte ajuda a geração dos meninos e o do sul favorece a geração das meninas". Acontece ainda por causa de um pensamento da alma, pela qual facilmente muda-se o corpo. E isso podia acontecer principalmente no estado de inocência, quando o corpo estava mais submisso à alma; assim segundo a vontade do gerador se distinguiria o sexo da criança.

QUANTO AO 3º, deve-se dizer que a prole teria nascido dotada de vida animal; a esta pertence gerar tanto quanto usar dos alimentos. Convinha, portanto, que todos gerassem, e não somente os primeiros pais. Donde parece decorrer que teriam nascido tantas fêmeas quantos machos.

---

2. Q. 92, a. 1, ad 1.
3. *De Animal. Histor.*, l. VI, c. 19: 573, b, 34 — 574, a, 2. Cfr. *De Gen. Animal.*, l. IV, c. 2: 767, a, 8-11.

QUAESTIO C
DE CONDITIONE PROLIS GENERANDAE QUANTUM AD IUSTITIAM
in duos articulos divisa

Deinde considerandum est de conditione prolis generandae quantum ad iustitiam.
Et circa hoc quaeruntur duo.
Primo: utrum homines fuissent nati cum iustitia.
Secundo: utrum nascerentur in iustitia confirmati.

Articulus 1
Utrum homines fuissent nati cum iustitia

AD PRIMUM SIC PROCEDITUR. Videtur quod homines non fuissent cum iustitia nati.

1. Dicit enim Hugo de Sancto Victore[1] quod *primus homo ante peccatum generaret quidem filios sine peccato, sed non paternae iustitiae haeredes.*
2. PRAETEREA, iustitia est per gratiam, ut Apostolus dicit ad Rm 5,16-21. Sed gratia non transfunditur, quia sic esset naturalis; sed a solo Deo infunditur. Ergo pueri cum iustitia nati non fuissent.
3. PRAETEREA, iustitia in anima est. Sed anima non est ex traduce. Ergo nec iustitia traducta fuisset a parentibus in filios.

SED CONTRA est quod Anselmus dicit, in libro *de Conceptu Virg.*[2], quod *simul cum rationalem haberent animam, iusti essent quos generaret homo, si non peccaret.*

RESPONDEO dicendum quod naturaliter homo generat sibi simile secundum speciem. Unde quaecumque accidentia consequuntur naturam speciei, in his necesse est quod filii parentibus similentur, nisi sit error in operatione naturae, qui in statu innocentiae non fuisset. In accidentibus autem individualibus non est necesse quod filii parentibus similentur. — Iustitia autem originalis, in qua primus homo conditus fuit, fuit accidens naturae speciei, non quasi ex principiis speciei causatum, sed sicut quoddam donum divinitus datum toti naturae. Et hoc apparet, quia opposita sunt unius

QUESTÃO 100
A CONDIÇÃO DA GERAÇÃO DA PROLE QUANTO À JUSTIÇA
em dois artigos

Em seguida, deve-se considerar a condição da geração da prole, quanto à justiça.
Sobre isso são duas as perguntas:
1. Os homens teriam nascido com a justiça?
2. Teriam nascido confirmados na justiça?

Artigo 1
Os homens teriam nascido com a justiça?

QUANTO AO PRIMEIRO ARTIGO, ASSIM SE PROCEDE: parece que os homens **não** teriam nascido com a justiça.

1. Com efeito, diz Hugo de São Vítor: "O primeiro homem antes do pecado geraria decerto filhos sem pecado, mas não herdeiros da justiça paterna".
2. ALÉM DISSO, a justiça é pela graça, como diz o apóstolo na Carta aos Romanos. Ora, a graça não se transmite, pois então seria natural; ela é infundida somente por Deus. Logo, as crianças não teriam nascido com a justiça.
3. ADEMAIS, a justiça se encontra na alma. Ora, a alma não se transmite. Logo, nem a justiça seria transmitida aos filhos pelos pais.

EM SENTIDO CONTRÁRIO, diz Anselmo: "Aqueles que o homem tivesse gerado se não tivesse pecado, teriam sido justos logo que tivessem tido uma alma racional".

RESPONDO. O homem gera naturalmente um semelhante segundo sua espécie. Daí que em todos os acidentes ligados à natureza específica os filhos nascem semelhantes aos pais, a menos que ocorra algum erro na operação da natureza, o que não se teria produzido no estado de inocência. Mas, nos acidentes individuais não é necessário que os filhos se assemelhem aos pais. — Ora, a justiça original na qual foi criado o primeiro homem era um acidente da natureza específica, não que fosse causada pelos princípios específicos, mas porque era um dom, concedido por Deus a toda natureza.

---

1 PARALL.: I-II, q. 81, a. 2; II *Sent.*, dist. 20, q. 2, a. 3; *De Verit.*, q. 18, a. 7; *De Malo*, q. 4, a. 8.

1. *De Sacram.*, l. I, part. 6, c. 24: ML 176, 278 A.
2. C. 10: ML 158, 444 B.

generis: peccatum autem originale, quod opponitur illi iustitiae, dicitur esse peccatum naturae; unde traducitur a parente in posteros. Et propter hoc etiam filii parentibus assimilati fuissent quantum ad originalem iustitiam.

AD PRIMUM ergo dicendum quod verbum Hugonis est intelligendum non quantum ad habitum iustitiae, sed quantum ad executionem actus.

AD SECUNDUM dicendum quod quidam[3] dicunt quod pueri non fuissent nati cum iustitia gratuita, quae est merendi principium, sed cum iustitia originali. Sed cum radix originalis iustitiae, in cuius rectitudine factus est homo, consistat in subiectione supernaturali rationis ad Deum, quae est per gratiam gratum facientem, ut supra[4] dictum est; necesse est dicere quod, si pueri nati fuissent in originali iustitia, quod etiam nati fuissent cum gratia; sicut et de primo homine supra[5] diximus quod fuit cum gratia conditus. Non tamen fuisset propter hoc gratia naturalis: quia non fuisset transfusa per virtutem seminis, sed fuisset collata homini statim cum habuisset animam rationalem. Sicut etiam statim cum corpus est dispositum, infunditur a Deo anima rationalis, quae tamen non est ex traduce.

Unde patet solutio AD TERTIUM.

Isso se evidencia, visto que os opostos são de um único gênero: o pecado original, que se opõe àquela justiça é chamado pecado da natureza; daí se transmitir pelos pais a seus descendentes. Por isso, os filhos teriam igualmente sido assimilados a seus pais quanto à justiça original[a].

QUANTO AO 1º, portanto, deve-se dizer que a palavra de Hugo deve ser entendida não do hábito da justiça, mas de seu exercício atual.

QUANTO AO 2º, deve-se dizer que alguns dizem que os filhos teriam nascido não com a justiça gratuita, que é princípio de mérito, mas com a justiça original. Dado que a raiz da justiça original, em cuja retidão o homem foi feito, consiste em uma submissão sobrenatural da razão a Deus, o que se realiza pela graça santificante, deve-se dizer necessariamente que, se os filhos tivessem nascido na justiça original, nasceriam também com a graça; assim como já dissemos que o primeiro homem foi criado com a graça. Essa, todavia, não se tornava natural por esse motivo, pois não teria se transmitido pela força do sêmen, mas concedida ao homem logo que tivesse uma alma racional. É do mesmo modo, aliás, que a alma racional é infundida por Deus, desde que o corpo esteja disposto, e no entanto ela não se transmite.

QUANTO AO 3º, fica clara a resposta pelo exposto.

ARTICULUS 2
Utrum pueri in statu innocentiae nati fuissent in iustitia confirmati

AD SECUNDUM SIC PROCEDITUR. Videtur quod pueri in statu innocentiae nati fuissent in iustitia confirmati.

1. Dicit enim Gregorius, IV *Moralium*[1], super illud Io 3,13, *Somno meo requiescerem* etc.: *Si*

ARTIGO 2
As crianças nascidas no estado de inocência teriam sido confirmadas na justiça?

QUANTO AO SEGUNDO, ASSIM SE PROCEDE: parece que as crianças nascidas no estado de inocência **teriam** sido confirmadas na justiça.

1. Com efeito, comentando Jó, "descansarei no meu sono", Gregório diz: "Se nenhuma podridão

---

3. ALEX. HALENS., *Summa theol.*, part. II, q. 90, membr. 1, a. 1, 2.
4. Q. 95, a. 1.
5. Ibid.

2 PARALL.: II *Sent.*, dist. 20, q. 2, a. 3, ad 5, 7; *De Malo*, q. 5, a. 4, ad 8; *Quodlib.* V, q. 5, a. 1.
1. C. 31, al. 28, in vet. 36: ML 75, 671 A.

a. Esta questão nos faz retornar a verdades essenciais: trata-se da transmissão da justiça original e, portanto, na doutrina de Sto. Tomás, da graça. O próprio ato que transmite a natureza teria transmitido a graça. E isso porque a graça fora concedida, em Adão, à natu*reza humana* como tal, àquilo mesmo que se transmite por geração. A resposta 2 acrescenta que, assim como não transmite a alma espiritual, o ato gerador tampouco transmitiria a graça. Teria transmitido uma disposição a receber, não qualquer alma, mas uma alma criada na graça. Disposição que só pode consistir nessa subordinação total da matéria ao espírito inscrita na criação da natureza humana. Fiel ao partido que assumiu de somente falar da criação do homem, e não ainda de sua queda, Sto. Tomás contenta-se em deixar subentendida a doutrina da transmissão do pecado original. Quando chegar o momento, explicará esta última pela transmissão de uma natureza despojada da graça, natureza que voltou a ser ela mesma, perdida sua ligação ontológica à graça e, por consequência, o que havia de espontâneo e de original na ligação entre a carne e o espírito. É claro que a sexualidade é responsável pela transmissão seja da justiça, seja do pecado original, somente na medida em que é geradora da natureza, não enquanto pecaminosa em si mesma.

parentem primum nulla putredo peccati corrumperet, nequaquam ex se filios gehennae generaret; sed hi qui nunc per Redemptorem salvandi sunt, soli ab illo electi nascerentur. Ergo nascerentur omnes in iustitia confirmati.

2. PRAETEREA, Anselmus dicit, in libro *Cur Deus homo*[2], quod *si primi parentes sic vixissent ut tentati non peccassent, ita confirmarentur cum omni propagine sua, ut ultra peccare non possent.* Ergo pueri nascerentur in iustitia confirmati.

3. PRAETEREA, bonum est potentius quam malum. Sed propter peccatum primi hominis consecuta est necessitas peccandi in his qui nascuntur ex eo. Ergo si primus homo in iustitia perstitisset, derivaretur ad posteros necessitas observandi iustitiam.

4. PRAETEREA, angelus adhaerens Deo aliis peccantibus, statim est in iustitia confirmatus, ut ulterius peccare non posset. Ergo similiter et homo, si tentationi restitisset, confirmatus fuisset. Sed qualis ipse fuit, tales alios generasset. Ergo et eius filii confirmati in iustitia nascerentur.

SED CONTRA est quod Augustinus dicit, XIV de Civ. Dei[3]: *Tam felix universa esset humana societas si nec illi*, scilicet primi parentes, *malum quod in posteros traiicerent, nec quisquam ex stirpe eorum iniquitatem committeret, quae damnationem reciperet.* Ex quo datur intelligi quod, etiam si primi homines non peccassent, aliqui ex eorum stirpe potuissent iniquitatem committere. Non ergo nascerentur in iustitia confirmati.

RESPONDEO dicendum quod non videtur possibile quod pueri in statu innocentiae nascerentur in iustitia confirmati. Manifestum est enim quod pueri in sua nativitate non habuissent plus perfectionis quam eorum parentes in statu generationis. Parentes autem, quandiu generassent, non fuissent confirmati in iustitia. Ex hoc enim creatura rationalis in iustitia confirmatur, quod efficitur beata per apertam Dei visionem, cui viso non potest non inhaerere, cum ipse sit ipsa essentia bonitatis, a qua nullus potest averti, cum nihil desideretur et ametur nisi sub ratione boni. Et hoc dico secundum legem communem: quia ex aliquo privilegio

do pecado corrompesse o primeiro pai, de nenhum modo geraria de si mesmo filhos da geena, mas aqueles que agora pela redenção deverão ser salvos nasceriam escolhidos somente por ele". Portanto nasceriam todos confirmados na justiça.

2. ALÉM DISSO, diz Anselmo: se os primeiros pais "tivessem vivido de tal modo que por ocasião da tentação não tivessem pecado, teriam sido confirmados com toda a sua descendência de maneira a não mais poder pecar". Por conseguinte, as crianças nasceriam confirmadas em justiça.

3. ADEMAIS, o bem é mais poderoso que o mal. Ora, por causa do pecado do primeiro homem seguiu-se a necessidade de pecar naqueles que dele nascem. Logo, se o primeiro homem tivesse permanecido na justiça, teria decorrido daí para seus descendentes uma necessidade de observar a justiça.

4. ADEMAIS, o anjo que aderiu a Deus quando outros pecavam foi logo confirmado em justiça, de modo a não mais poder pecar. Por conseguinte, devia acontecer o mesmo com o homem: se tivesse resistido à tentação, teria sido confirmado. Ora, tal foi ele, tais teriam sido aqueles que teria gerado. Logo, seus filhos também teriam nascido confirmados em justiça.

EM SENTIDO CONTRÁRIO, diz Agostinho: "Então a sociedade humana toda inteira teria sido feliz, se eles (os primeiros pais) não tivessem transmitido o mal a seus descendentes, e se ninguém tampouco de sua posteridade tivesse cometido iniquidade que merecesse condenação". Tal reflexão leva a entender que, mesmo se os primeiros homens não tivessem pecado, alguns de sua posteridade teriam podido cometer a iniquidade. Portanto, não teriam nascido confirmados em justiça.

RESPONDO. Não parece possível que no estado de inocência as crianças nascessem confirmadas em justiça. É manifesto que as crianças em seu nascimento não teriam maior perfeição do que os seus pais em estado de gerar. Ora, os pais, enquanto continuassem a gerar, não teriam sido confirmados em justiça. Se, com efeito, uma criatura racional é confirmada em justiça, isso provém de que ela se torna bem-aventurada pela visão luminosa de Deus. Pois quando se vê a Deus não se pode deixar de fixar-se nele, dado ser ele a essência mesma da bondade, da qual ninguém pode se desviar, pois nada é desejado e amado

---

2. L. I, c. 18: ML 158, 387 A.
3. C. 10: ML 41, 417.

speciali secus accidere potest, sicut creditur de Virgine Matre Dei. Quam cito autem Adam ad illam beatitudinem pervenisset quod Deum per essentiam videret, efficeretur spiritualis et mente et corpore, et animalis vita cessaret, in qua sola generationis usus fuisset. Unde manifestum est quod parvuli non nascerentur in iustitia confirmati.

AD PRIMUM ergo dicendum quod, si Adam non peccasset, non generaret ex se filios gehennae, ita scilicet quod ab ipso peccatum contraherent, quod est causa gehennae. Possent tamen fieri filii gehennae per liberum arbitrium peccando. Vel, si filii gehennae non fierent per peccatum, hoc non esset propter hoc, quia essent in iustitia confirmati; sed propter divinam providentiam, per quam a peccato conservarentur immunes.

AD SECUNDUM dicendum quod Anselmus hoc non dicit asserendo, sed opinando. Quod patet ex ipso modo loquendi, cum dicit: *Videtur quod, si vixissent* etc.

AD TERTIUM secundum quod ratio ista non est efficax, quamvis per eam Anselmus motus fuisse videatur, ut ex eius verbis[4] apparet. Non enim sic per peccatum primi parentis eius posteri necessitatem peccandi incurrunt, ut ad iustitiam redire non possint: quod est tantum in damnatis. Unde nec ita necessitatem non peccandi transmisisset ad posteros, quod omnino peccare non possent: quod est tantum in beatis.

AD QUARTUM dicendum quod non est simile de homine et angelo. Nam homo habet liberum arbitrium vertibile et ante electionem et post: non autem angelus, sicut supra[5] dictum est, cum de angelis ageretur.

senão sob a razão de bem. Digo isso segundo a lei comum, porque pode acontecer de outro modo por privilégio especial, como o cremos a respeito da Virgem, Mãe de Deus. Mas, logo que Adão tivesse chegado a essa bem-aventurança que é realizada pela visão de Deus face a face, ter-se-ia tornado espiritual tanto em seu corpo como em sua alma. E teria cessado a vida animal, que é a única na qual teria realizado obra da geração. Por conseguinte, é manifesto que as crianças não teriam nascido confirmadas em justiça.

QUANTO AO 1º, portanto, deve-se dizer que se Adão não tivesse pecado, não teria gerado de sua carne filhos da geena, isto é, que teriam contraído a partir dele pecado, que é causa da geena. Esses filhos teriam podido entretanto tornar-se filhos da geena, pecando por seu livre-arbítrio, ou, se não se tornassem filhos da geena por seu pecado, não teria sido porque haviam sido confirmados em justiça, mas em virtude da providência de Deus, pela qual teriam sido conservados imunes do pecado.

QUANTO AO 2º, deve-se dizer que Anselmo não apresenta isso como uma afirmação, mas como uma hipótese. Isso se vê em seu modo de falar, pois declara: "Parece que se tivessem vivido..."

QUANTO AO 3º, deve-se dizer que este argumento não é concludente, embora Anselmo pareça ter sido por ele movido, como aparece por suas palavras. Com efeito, se os descendentes contraem pelo pecado do primeiro pai uma necessidade de pecar, não é a ponto de não poderem voltar à justiça, o que só acontece para os condenados. Daí também não teriam transmitido tampouco a seus descendentes a necessidade de não pecar, a ponto de que não pudessem pecar, o que só se realiza entre os bem-aventurados.

QUANTO AO 4º, deve-se dizer que o caso do homem não é semelhante ao do anjo. Possui o homem um livre-arbítrio suscetível de mudança, tanto antes da escolha como depois dela, o que não se dá com o anjo, como se disse acima ao tratar dele.

---

4. Loc. in arg. 2 cit.
5. Q. 64, a. 2.

QUAESTIO CI
DE CONDITIONE PROLIS GENERANDAE QUANTUM AD SCIENTIAM
in duos articulos divisa

Deinde considerandum est de conditione prolis generandae quantum ad scientiam.
Et circa hoc quaeruntur duo.
Primo: utrum pueri nascerentur in scientia perfecti.
Secundo: utrum statim post nativitatem habuissent perfectum usum rationis.

Articulus 1
Utrum in statu innocentiae pueri nati fuissent in scientia perfecti

AD PRIMUM SIC PROCEDITUR. Videtur quod in statu innocentiae pueri nati fuissent in scientia perfecti.
1. Qualis enim fuit Adam, tales filios generasset. Sed Adam fuit in scientia perfectus, ut supra[1] dictum est. Ergo filii nascerentur ab eo in scientia perfecti.
2. PRAETEREA, ignorantia ex peccato causatur, ut Beda dicit[2]. Sed ignorantia est privatio scientiae. Ergo ante peccatum pueri mox nati omnem scientiam habuissent.
3. PRAETEREA, pueri mox nati iustitiam habuissent. Sed ad iustitiam requiritur scientia, quae dirigit in agendis. Ergo etiam scientiam habuissent.

SED CONTRA est quod anima nostra per naturam est *sicut tabula rasa in qua nihil est scriptum*, ut dicitur in III *de Anima*[3]. Sed eadem animae natura est modo, quae tunc fuisset. Ergo animae puerorum in principio scientia caruissent.

RESPONDEO dicendum quod, sicut supra[4] dictum est, de his quae sunt supra naturam, soli auctoritati creditur: unde ubi auctoritas deficit, sequi debemus naturae conditionem. Est autem naturale homini ut scientiam per sensus acquirat, sicut supra[5] dictum est: et ideo anima unitur corpori, quia indiget eo ad suam propriam operationem; quod non esset, si statim a principio scientiam haberet non acquisitam per sensitivas virtutes. Et

QUESTÃO 101
A CONDIÇÃO DA GERAÇÃO DA PROLE QUANTO À CIÊNCIA
em dois artigos

Em seguida, deve-se considerar a condição da geração da prole quanto à ciência.
Sobre isso são duas as perguntas:
1. As crianças teriam nascido perfeitas na ciência?
2. Teriam tido desde seu nascimento o uso perfeito da razão?

Artigo 1
No estado de inocência as crianças teriam nascido perfeitas na ciência?

QUANTO AO PRIMEIRO ARTIGO, ASSIM SE PROCEDE: parece que no estado da inocência as crianças **teriam nascido** perfeitas.
1. Com efeito, Adão teria gerado filhos tais quais ele mesmo. Ora, Adão foi perfeito na ciência, como acima foi dito. Logo, os filhos nasceriam dele perfeitos em ciência.
2. ALÉM DISSO, a ignorância é causada pelo pecado, como diz Beda. Ora, a ignorância é privação da ciência. Logo, antes do pecado as crianças recém-nascidas teriam possuído toda a ciência.
3. ADEMAIS, as crianças recém-nascidas teriam tido a justiça. Ora, a justiça requer a ciência, que dirige o agir. Logo, teriam tido a ciência.

EM SENTIDO CONTRÁRIO, nossa alma, por natureza, é "como uma tábua rasa em que não há nada escrito", como se diz no livro III da *Alma*. A natureza da alma, contudo, é a mesma agora como era então. Portanto, as almas das crianças teriam, no começo, sido privadas de ciência.

RESPONDO. Como dito acima, para as coisas que estão além da natureza só se faz confiança à autoridade. Então, lá onde a autoridade é muda, devemos seguir a condição da natureza. Ora, é natural ao homem adquirir a ciência por via dos sentidos, assim como foi dito, e se a alma está unida a um corpo é que tem dele necessidade para sua operação própria, o que não aconteceria se, desde o começo, tivesse uma ciência não ad-

---

1 PARALL.: II *Sent.*, dist. 23, q. 2, a. 2; *De Verit.*, q. 18, a. 7.

1. Q. 94, a. 3.
2. Cfr. I-II, q. 85, a. 3.
3. C. 4: 429, b, 29 — 430, a, 2.
4. Q. 99, a. 1.
5. Q. 55, a. 2; q. 84, a. 7.

ideo dicendum est quod pueri in statu innocentiae non nascerentur perfecti in scientia; sed eam in processu temporis absque difficultate acquisivissent, inveniendo vel addiscendo.

AD PRIMUM ergo dicendum quod esse perfectum in scientia fuit individuale accidens primi parentis, inquantum scilicet ipse instituebatur ut patet et instructor totius humani generis. Et ideo quantum ad hoc, non generabat filios similes sibi; sed solum quantum ad accidentia naturalia vel gratuita totius naturae.

AD SECUNDUM dicendum quod ignorantia est privatio scientiae quae debet haberi pro tempore illo. Quod in pueris mox natis non fuisset: habuissent enim scientiam quae eis competebat secundum tempus illud. Unde ignorantia in eis non fuisset, sed nescientia respectu aliquorum. Quam etiam Dionysius ponit in angelis sanctis, in 7 *Cael. Hier.*

AD TERTIUM dicendum quod pueri habuissent sufficientem scientiam ad dirigendum eos in operibus iustitiae in quibus homines diriguntur per universalia principia iuris; quam multo plenius tunc habuissent quam nunc naturaliter habemus: et similiter aliorum universalium principiorum.

quirida pelas potências sensíveis. Por isso deve-se dizer que no estado de inocência as crianças não teriam nascido perfeitas em ciência, mas a teriam adquirido sem dificuldade no curso do tempo por meio de descoberta pessoal ou pelo ensino.

QUANTO AO 1º, portanto, deve-se dizer que ser perfeito em ciência foi um acidente individual do primeiro pai, enquanto este era instituído pai e instrutor de todo o gênero humano. Por isso, não geraria filhos semelhantes a si, mas somente quanto aos acidentes naturais ou gratuitos de toda natureza.

QUANTO AO 2º, deve-se dizer que a ignorância é privação da ciência que se deve ter em um tempo dado. O que nas crianças recém-nascidas não haveria, pois teriam tido a ciência que lhes cabia nesse momento. Por essa razão, não teria havido neles ignorância, mas não-saber com relação a certos objetos; não-saber que Dionísio afirma nos próprios santos anjos.

QUANTO AO 3º, deve-se dizer que as crianças teriam tido ciência suficiente para dirigi-los nas obras de justiça nas quais os homens são guiados pelos princípios universais do direito, e essa ciência a teriam tido então com muito mais plenitude que nós agora naturalmente, e da mesma maneira para os outros princípios universais.

ARTICULUS 2
Utrum pueri mox nati habuissent perfectum usum rationis

AD SECUNDUM SIC PROCEDITUR. Videtur quod pueri in statu innocentiae mox nati habuissent perfectum usum rationis.

1. Nunc enim pueri perfectum usum rationis non habent propter hoc, quod anima per corpus aggravatur. Hoc autem tunc non erat: quia, ut dicitur Sap 9,15: *corpus quod corrumpitur, aggravat animam*. Ergo ante peccatum et corruptionem a peccato subsecutam, pueri mox nati perfectum usum rationis habuissent.

2. PRAETEREA, quaedam alia animalia mox nata habent naturalis industriae usum, sicut agnus statim fugit lupum. Multo ergo magis homines in statu innocentiae mox nati habuissent usum perfectum rationis.

SED CONTRA est quod natura procedit ab imperfecto ad perfectum in omnibus generatis. Ergo

ARTIGO 2
As crianças recém-nascidas teriam o uso perfeito da razão?

QUANTO AO SEGUNDO, ASSIM SE PROCEDE: parece que as crianças recém-nascidas no estado de inocência **teriam** o uso perfeito da razão.

1. Com efeito, agora as crianças não têm o perfeito uso da razão, pelo fato de a alma estar oprimida pelo corpo. Ora, isso então não existia, porque, como se diz no livro da Sabedoria: "O corpo que se corrompe oprime a alma". Logo, antes do pecado e da corrupção que se seguiu ao pecado, as crianças recém-nascidas teriam o uso perfeito da razão.

2. ALÉM DISSO, alguns outros animais recém-nascidos têm o uso da astúcia natural; assim o cordeiro logo foge do lobo. Com mais razão, por conseguinte, os homens no estado de inocência teriam tido, desde o nascimento, o perfeito uso da razão.

EM SENTIDO CONTRÁRIO, a natureza procede do imperfeito para o perfeito em todos os gerados.

2 PARALL.: II *Sent.*, dist. 20, q. 2, a. 2; *De Verit.*, q. 18, a. 8.

pueri non statim a principio habuissent perfectum usum rationis.

Respondeo dicendum quod, sicut ex supra[1] dictis patet, usus rationis dependet quodammodo ex usu virium sensitivarum: unde ligato sensu, et impeditis interioribus viribus sensitivis, homo perfectum usum rationis non habet, ut patet in dormientibus et phreneticis. Vires autem sensitivae sunt virtutes quaedam corporalium organorum: et ideo, impeditis earum organis, necesse est quod earum actus impediantur, et per consequens rationis usus. In pueris autem est impedimentum harum virium, propter nimiam humiditatem cerebri. Et ideo in eis non est perfectus usus rationis, sicut nec aliorum membrorum. Et ideo pueri in statu innocentiae non habuissent perfectum usum rationis, sicut habituri erant in perfecta aetate. Habuissent tamen perfectiorem quam nunc, quantum ad ea quae ad eos pertinebant quantum ad statum illum; sicut et de usu membrorum superius[2] est dictum.

Ad primum ergo dicendum quod aggravatio additur ex corruptione corporis in hoc, quod usus rationis impeditur quantum ad ea etiam quae pertinent ad hominem secundum quamcumque aetatem.

Ad secundum dicendum quod etiam alia animalia non habent ita perfectum usum industriae naturalis statim a principio, sicut postea. Quod ex hoc patet, quod aves docent volare pullos suos: et similia in aliis generibus animalium inveniuntur. Et tamen in homine est speciale impedimentum propter abundantiam humiditatis cerebri, ut supra[3] dictum est.

Por conseguinte, as crianças não teriam tido logo desde o começo o uso perfeito da razão.

Respondo. Segundo o que foi dito precedentemente, o uso da razão depende, de certa maneira, do uso das potências sensíveis. Por isso quando os sentidos estão despertos e as potências sensitivas internas impedidas, o homem não tem o uso perfeito de sua razão, como transparece naqueles que dormem ou deliram. Ora, as potências sensíveis são as energias de órgãos corporais; por isso, quando seus órgãos são impedidos, é preciso que sejam impedidos seus atos e, por conseguinte, o uso da razão. Aliás, nas crianças há um impedimento destas potências em razão da excessiva umidade do cérebro. Daí que neles não há um uso perfeito da razão, tampouco dos outros membros. Por isso as crianças no estado de inocência não teriam tido o uso perfeito da razão tal qual deveriam tê-lo na idade adulta. Teriam tido, entretanto, um uso da razão mais perfeito que agora em relação às coisas que dependiam desse estado, como foi dito acima sobre o uso dos membros.

Quanto ao 1º, portanto, deve-se dizer que a opressão da alma que resulta da corrupção do corpo consiste em que o uso da razão é impedido em relação às coisas que concernem ao homem, não importa a idade.

Quanto ao 2º, deve-se dizer que os outros animais tampouco têm desde o começo um uso tão perfeito da astúcia natural como a têm posteriormente. Isso fica claro pelo fato de os passarinhos ensinarem seus filhotes a voar, e se encontram coisas semelhantes em outras espécies animais. No entanto, no homem há um impedimento especial pelo fato da umidade abundante do cérebro, como acima foi dito.

---

1. Q. 84, a. 7.
2. Q. 99, a. 1.
3. Ibid.

QUAESTIO CII
DE LOCO HOMINIS, QUI EST PARADISUS

in quatuor articulos divisa

Deinde considerandum est de loco hominis, qui est Paradisus.
Et circa hoc quaeruntur quatuor.
Primo: utrum Paradisus sit locus corporeus.

QUESTÃO 102
O LUGAR DO HOMEM: O PARAÍSO

em quatro artigos

Em seguida, deve-se considerar o lugar do homem, que é o paraíso.
Sobre isso são quatro as perguntas:
1. O paraíso é um lugar corpóreo?

Secundo: utrum sit conveniens locus habitationis humanae.
Tertio: ad quid homo in Paradiso positus fuit.
Quarto: utrum in Paradiso debuit fieri.

ARTICULUS 1
Utrum Paradisus sit locus corporeus

AD PRIMUM SIC PROCEDITUR. Videtur quod Paradisus non sit locus corporeus.
1. Dicit enim Beda[1] quod *Paradisus pertingit usque ad lunarem circulum.* Sed nullus locus terrenus talis esse potest: tum quia contra naturam terrae esset quod tantum elevaretur; tum etiam quia sub globo lunari est regio ignis, qui terram consumeret. Non est ergo Paradisus locus corporeus.
2. PRAETEREA, Scriptura commemorat quatuor flumina in Paradiso oriri, ut patet Gn 2,10sqq. Illa autem flumina quae ibi nominantur, alibi habent manifestas origines; ut patet etiam per Philosophum in libro *Meteor.*[2]. Ergo Paradisus non est locus corporeus.
3. PRAETEREA, aliqui diligentissime inquisierunt omnia loca terrae habitabilis, qui tamen nullam mentionem faciunt de loco Paradisi. Ergo non videtur esse locus corporeus.
4. PRAETEREA, in Paradiso describitur Gn 2,9 lignum vitae esse. Sed lignum vitae est aliquid spirituale: dicitur enim Pr 3,18, de sapientia, quod *est lignum vitae his qui* apprehendunt *eam.* Ergo et Paradisus non est locus corporeus, sed spiritualis.
5. PRAETEREA, si Paradisus est locus corporalis, oportet quod et ligna Paradisi sint corporalia. Sed hoc non videtur: cum corporalia ligna sint producta tertio die; de plantatione autem lignorum paradisi legitur Gn 2,8-9, post opera sex dierum. Ergo Paradisus non est locus corporeus.

SED CONTRA est quod Augustinus dicit, VIII super Gen. ad litt.[3]: *Tres sunt de Paradiso generales sententiae: una eorum qui tantummodo corporaliter Paradisum intelligi volunt; alia eorum qui spiritualiter tantum; tertia eorum qui utroque modo Paradisum accipiunt, quam mihi fateor placere sententiam.*

2. É um lugar conveniente para a habitação do homem?
3. Para que o homem foi posto no paraíso?
4. O homem devia ser criado no paraíso?

ARTIGO 1
O Paraíso é um lugar corpóreo?

QUANTO AO PRIMEIRO ARTIGO, ASSIM SE PROCEDE: parece que o paraíso **não** é um lugar corpóreo.
1. Com efeito, diz Beda: "O paraíso chega até o círculo lunar". Ora, nenhum lugar terreno pode ser tal, quer porque seria contra a natureza da terra se levantar tanto, quer também porque sob o globo lunar há uma região de fogo que consumiria a terra. Logo, o paraíso não é um lugar corpóreo.
2. ALÉM DISSO, a Escritura menciona no Gênesis quatro rios que nasciam no Paraíso. Ora, os rios ali nomeados têm manifestamente sua origem em outra parte, como o Filósofo deixa claro no livro *Meteorológicos*. Logo, o paraíso não é um lugar corpóreo.
3. ADEMAIS, investigações muito diligentes foram feitas para encontrar todos os lugares habitáveis da terra. Ora, não fazem nenhuma menção do lugar do paraíso. Logo, ao que parece, esse não é um lugar corpóreo.
4. ADEMAIS, a descrição do paraíso terrestre comporta uma árvore de vida. Ora, ela é algo espiritual. Afirma-se, com efeito, no livro dos Provérbios, a propósito da sabedoria, que é "uma árvore de vida para quem a toma". Logo, tampouco é o paraíso um lugar corpóreo, mas espiritual.
5. ADEMAIS, se o paraíso é um lugar corporal, é preciso que as árvores do paraíso também sejam corporais. Ora, não parece, pois as árvores corporais foram produzidas no terceiro dia, mas se fala da plantação das árvores do paraíso depois da obra dos seis dias. Logo, o paraíso não é um lugar corpóreo.

EM SENTIDO CONTRÁRIO, diz Agostinho: "Há três opiniões principais sobre o paraíso: uma quer compreendê-lo de maneira puramente corporal, outra de maneira puramente espiritual, a terceira que a interpreta de uma e outra maneira, e é aquela, confesso, que me agrada".

---

1 PARALL.: II *Sent.*, dist. 17, q. 3, a. 3.

1. STRABUS in *Glossa* super *Gen.* 2, 8: ML 113, 86 C.
2. L. I, c. 13: 350, b, 30 — 351, a, 18.
3. C. 1: ML 34, 371.

RESPONDEO dicendum quod, sicut Augustinus dicit XIII *de Civ. Dei*[4], *quae commode dici possunt de intelligendo spiritualiter Paradiso, nemine prohibente dicantur; dum tamen et illius historiae fidelissima veritas rerum gestarum narratione commendata credatur*. Ea enim quae de Paradiso in Scriptura dicuntur, per modum narrationis historicae proponuntur: in omnibus autem quae sic Scriptura tradit, est pro fundamento tenenda veritas historiae, et desuper spirituales expositiones fabricandae. Est ergo Paradisus, ut Isidorus dicit in libro *Etymol.*[5], *locus in Orientis partibus constitutus, cuius vocabulum a graeco in latinum vertitur Hortus*. — Convenienter autem in parte orientali dicitur situs. Quia credendum est quod in nobilissimo loco totius terrae sit constitutus. Cum autem Oriens sit dextera caeli, ut patet per Philosophum in II *de Caelo*[6]; dextera autem est nobilior quam sinistra; conveniens fuit ut in orientali parte Paradisus terrenus institueretur a Deo.

AD PRIMUM ergo dicendum quod Bedae[*] verbum non est verum, si secundum sensum manifestum intelligatur. Potest tamen exponi quod usque ad locum lunaris globi ascendit, non secundum situs eminentiam, sed secundum similitudinem: quia est ibi *perpetua aeris temperies*, ut Isidorus dicit[7], et in hoc assimilatur corporibus caelestibus, quae sunt absque contrarietate. Magis tamen fit mentio de lunari globo quam de aliis sphaeris, quia lunaris globus est terminus caelestium corporum versus nos; et luna etiam est magis terrae affinis inter omnia corpora caelestia; unde et quasdam tenebras nebulosas habet, quasi accedens ad opacitatem.

Quidam autem dicunt quod Paradisus pertingebat usque ad lunarem globum, idest usque ad medium aeris interstitium, in quo generantur pluviae et venti et huiusmodi: quia dominium super huiusmodi evaporationes maxime attribuitur lunae. — Sed secundum hoc, locus ille non esset conveniens habitationi humanae: tum quia ibi est maxima intemperies; tum quia non est contemperatus complexioni humanae, sicut aer inferior magis terrae vicinus.

AD SECUNDUM dicendum quod, sicut Augustinus dicit VIII *super Gen. ad litt.*[8], *credendum est,*

4. C. 21: ML 41, 395.
5. L. XIV, c. 3: ML 82, 496 C.
6. C. 2: 285, b, 16-23.
* Strabi.
7. Loc. cit. in corp.
8. C. 7: ML 34, 378.

RESPONDO. Como diz Agostinho, "nada nos impede de adotar as interpretações espirituais do paraíso, que podem ser úteis, contanto, todavia, que acreditemos na verdade absolutamente fiel dessa história, tal qual se manifesta na narração dos acontecimentos". O que está dito na Escritura a respeito do paraíso se apresenta à maneira de uma narrativa histórica. Ora, em todas as coisas que a Escritura relata dessa maneira, devemos tomar como fundamento a verdade da história, e sobre isso construir as interpretações espirituais. O paraíso é portanto, como diz Isidoro, "um lugar situado a Oriente cujo nome traduzido do grego em latim é jardim". — É com boas razões que se diz estar situado no Oriente. Deve-se crer, com efeito, que está no lugar mais nobre de toda a terra. Dado que o Oriente é a direita do céu, como atestado pelo Filósofo no livro II do *Céu*, e que a direita é mais nobre que a esquerda, era conveniente que o paraíso terrestre fosse instituído por Deus no Oriente.

QUANTO AO $1^{\underline{o}}$, portanto, deve-se dizer que a expressão de Beda não é verdadeira, se a tomamos em seu sentido óbvio. Podemos, entretanto, interpretá-la: o paraíso "se eleva até o lugar do globo lunar" não pela superioridade do lugar, mas por semelhança, porque há aí um perpétuo equilíbrio de temperatura, como diz Isidoro, e nisso se assemelha aos corpos celestes, que são isentos de contrariedade. Se faz menção do globo lunar de preferência a outras esferas, é porque o globo lunar é o limite dos corpos celestes de nosso lado, e também porque, entre os corpos celestes, é a lua que tem mais afinidades com a terra, e também ela tem certas trevas nebulosas, chegando a ser quase opaca.

Outros dizem que o paraíso chegava até o globo lunar, isto é, até o interstício central do ar, onde são geradas as chuvas, os ventos e coisas dessa sorte, porque o domínio sobre esse gênero de evaporações é atribuído sobretudo à lua. — Mas, conforme isso, aquele lugar não seria conveniente ao hábitat humano, pois nesse lugar estão as maiores intempéries, e não está acomodado à compleição humana, como o ar inferior mais próximo da terra.

QUANTO AO $2^{\underline{o}}$, deve-se dizer que, como diz Agostinho, "é preciso pensar que porque esse

quoniam locus Paradisi a cognitione hominum est remotissimus, flumina, quorum fontes noti esse dicuntur, alicubi isse sub terras, et post tractus prolixarum regionum, locis aliis erupisse. Nam hoc solere nonnullas aquas facere, quis ignorat?

AD TERTIUM dicendum quod locus ille seclusus est a nostra habitatione aliquibus impedimentis vel montium, vel marium, vel alicuius aestuosae regionis, quae pertransiri non potest. Et ideo scriptores locorum de hoc loco mentionem non fecerunt.

AD QUARTUM dicendum quod lignum vitae est quaedam materialis arbor, sic dicta quia eius fructus habebat virtutem conservandi vitam, ut supra[9] dictum est. Et tamen aliquid significabat spiritualiter: sicut et petra in deserto fuit aliquod materiale, et tamen significavit Christum.

Similiter etiam lignum scientiae boni et mali materialis arbor fuit, sic nominata propter eventum futurum: quia post eius esum homo, per experimentum poenae, didicit quid interesset inter obedientiae bonum et inobedientiae malum. Et tamen spiritualiter potuit significare liberum arbitrium, ut quidam dicunt.

AD QUINTUM dicendum quod, secundum Augustinum[10], tertio die productae sunt plantae non in actu, sed secundum quasdam rationes seminales: sed post opera sex dierum productae sunt plantae tam Paradisi quam aliae in actu. — Secundum alios vero Sanctos, oportet dicere quod omnes plantae productae sunt in actu tertio die, et etiam ligna Paradisi: sed quod dicitur de plantatione lignorum Paradisi post opera sex dierum, intelligitur per recapitulationem esse dictum. Unde littera nostra habet [v. 8]: *Plantaverat Dominus Deus Paradisum voluptatis a principio.*

lugar é muito afastado do conhecimento humano, os rios de cujas fontes se fala como conhecidas se perderam em algumas partes nas terras e, depois de percorrerem muitas regiões, brotaram em outros lugares. Com efeito, quem ignora que isso costuma acontecer com algumas águas?"

QUANTO AO 3º, deve-se dizer que esse lugar é separado de nosso hábitat por certos obstáculos quer de montanhas, quer de mares, quer de alguma região vulcânica que não pode ser atravessada. Eis por que os geógrafos não fizeram menção desse lugar.

QUANTO AO 4º, deve-se dizer que a árvore da vida é uma árvore material, assim chamada porque seu fruto tinha a virtude de conservar a vida, como dito mais acima. No entanto tinha uma significação espiritual, como o rochedo do deserto era algo material que no entanto significava o Cristo.

Igualmente, a árvore da ciência do bem e do mal era uma árvore material, assim denominada por causa do acontecimento que ia sobrevir; pois, depois de ter dela comido, o homem aprendeu pela experiência do castigo que diferença havia entre o bem da obediência e o mal da desobediência. Não obstante podia significar o livre-arbítrio, como alguns dizem.

QUANTO AO 5º, deve-se dizer que segundo Agostinho, as plantas não foram produzidas efetivamente no terceiro dia, mas segundo certas razões seminais. Depois das obras dos seis dias, as plantas foram produzidas efetivamente, tanto as do paraíso como as outras. — Segundo os outros Santos Padres, deve-se dizer que todas as plantas foram produzidas efetivamente no terceiro dia, também as árvores do paraíso. Quando se fala de uma plantação das árvores do paraíso depois das obras dos seis dias é preciso entendê-lo como uma recapitulação. Daí o teor de nossa versão: "O Senhor Deus plantara desde o início o paraíso de delícias".

ARTICULUS 2

Utrum Paradisus fuerit locus conveniens habitationi humanae

AD SECUNDUM SIC PROCEDITUR. Videtur quod Paradisus non fuerit locus conveniens habitationi humanae.

ARTIGO 2

O paraíso era um lugar conveniente à habitação humana?

QUANTO AO SEGUNDO, ASSIM SE PROCEDE: parece que o paraíso **não** era um lugar conveniente à habitação humana.

---

9. Q. 97, a. 4.
10. *De Gen. ad litt.*, l. V, c. 4; l. VIII, c. 3: ML 34, 323-325, 374-375.

PARALL.: II *Sent.*, dist. 29, a. 5; *Compend. Theol.*, c. 187.

1. Homo enim et angelus similiter ad beatitudinem ordinantur. Sed angelus statim a principio factus est habitator loci beatorum, scilicet caeli empyrei. Ergo etiam ibi debuit institui habitatio hominis.

2. Praeterea, si locus aliquis debetur homini, aut debetur ei ratione animae, aut ratione corporis. Si ratione animae, debetur ei pro loco caelum, qui videtur esse locus naturalis animae, cum omnibus insitus sit appetitus caeli. Ratione autem corporis, non debetur ei alius locus quam aliis animalibus. Ergo Paradisus nullo modo fuit locus conveniens habitationi humanae.

3. Praeterea, frustra est locus in quo nullum locatum continetur. Sed post peccatum Paradisus non est locus habitationis humanae. Ergo, si est locus habitationi humanae congruus, in vanum videtur a Deo institutus fuisse.

4. Praeterea, homini, cum sit temperatae complexionis congruus est locus temperatus. Sed locus Paradisi non est locus temperatus: dicitur enim esse sub aequinoctiali circulo, qui locus videtur esse calidissimus, cum bis in anno sol pertranseat super summitatem capitum eorum qui ibi habitant. Ergo Paradisus non est locus congruus habitationi humanae.

Sed contra est quod Damascenus dicit[1] de Paradiso, quod est *divina regio, et digna eius qui secundum imaginem Dei erat, conversatio*.

Respondeo dicendum quod, sicut supra[2] dictum est, homo sic erat incorruptibilis et immortalis, non quia corpus eius dispositionem incorruptibilitatis haberet, sed quia inerat animae vis quaedam ad praeservandum corpus a corruptione. Corrumpi autem potest corpus humanum et ab interiori et ab exteriori. Ab interiori quidem corrumpitur per consumptionem humidi, et per senectutem, ut supra[3] dictum est: cui corruptioni occurrere poterat primus homo per esum ciborum. Inter ea vero quae exterius corrumpunt, praecipuum videtur esse distemperatus aer: unde huic corruptioni maxime occurritur per temperiem aeris. In Paradiso autem utrumque invenitur: quia, ut Damascenus dicit[4], est locus *temperato et tenuissimo et purissimo aere circumfulgens, plantis semper floridis comatus*. Unde manifestum est quod Paradisus est

1. Com efeito, o homem e o anjo de igual maneira são ordenados para a bem-aventurança. Ora, o anjo, desde o princípio, foi feito habitante do lugar dos bem-aventurados, do céu empíreo. Logo, devia-se instituir aí a habitação humana.

2. Além disso, se um lugar é devido ao homem, ou se deve em razão da alma, ou em razão do corpo. Se for em razão da alma, o lugar que lhe é devido é o céu, que parece ser o lugar natural da alma, pois todas têm em si o desejo do céu. Em razão do corpo, nenhum outro lugar lhe é devido senão como aos outros animais. Logo, o paraíso não era, de maneira alguma, o lugar conveniente para a habitação do homem.

3. Ademais, é inútil o lugar que nada contém. Ora, depois do pecado, o paraíso não é um lugar da habitação dos homens. Logo, se é um lugar apropriado à habitação do homem, parece ter sido estabelecido por Deus em vão.

4. Ademais, sendo o homem de compleição temperada, era-lhe apropriado um lugar temperado. Ora, o lugar do paraíso não era um lugar temperado; diz-se, com efeito, que está sob o círculo do equador, lugar que parece ser muito quente, pois duas vezes no ano o sol passa por aí sobre os altos das cabeças dos habitantes. Logo, o paraíso não é um lugar apropriado à habitação humana.

Em sentido contrário, Damasceno diz do paraíso que "é uma região divina, digna morada daquele que era segundo a imagem de Deus".

Respondo. Como foi dito acima, o homem era incorruptível e imortal não porque seu corpo tivesse uma disposição para a incorruptibilidade, mas porque a alma tinha uma força para preservar o corpo da corrupção. Ora, o corpo humano pode corromper-se quer de dentro, quer de fora. Corrompe-se de dentro pela perda da água e pela velhice, como acima mencionado. A essa corrupção o primeiro homem podia obviar comendo alimentos. Entre as coisas que corrompem de fora, parece ser a principal a atmosfera não temperada. Por isso a essa corrupção se obvia principalmente pelo temperado da atmosfera. Ora, no paraíso encontramos as duas coisas, pois, como afirma Damasceno, é um lugar "brilhante de uma atmosfera temperada, extremamente sutil e pura, ornada de plantas sempre em flores". Assim é manifesto que

---

1. *De Fide Orth.*, l. II, c. 11: MG 94, 913 A.
2. Q. 97, a. 1.
3. Ibid., a. 4.
4. Loc. cit.

locus conveniens habitationi humanae, secundum primae immortalitatis statum.

AD PRIMUM ergo dicendum quod caelum empyreum est supremum corporalium locorum, et est extra omnem mutabilitatem. Et quantum ad primum horum, est locus congruus naturae angelicae: quia, sicut Augustinus dicit in III *de Trin*.[5], *Deus regit creaturam corporalem per spiritualem*; unde conveniens est quod spiritualis natura sit supra omnem corporalem constituta, sicut ei praesidens. Quantum autem ad secundum, convenit statui beatitudinis, qui est firmatus in summa stabilitate. — Sic igitur locus beatitudinis congruit angelo secundum naturam suam: unde sibi creatus est. Non autem congruit homini secundum suam naturam, cum non praesideat toti corporali creaturae per modum gubernationis: sed competit ei solum ratione beatitudinis. Unde non est positus a principio in caelo empyreo; sed illuc transferendus erat in statu finalis beatitudinis.

AD SECUNDUM dicendum quod ridiculum est dicere quod animae, aut alicui spirituali substantiae, sit aliquis locus naturalis: sed per congruentiam quandam aliquis specialis locus creaturae incorporali attribuitur. Paradisus ergo terrestris erat locus congruens homini et quantum ad animam et quantum ad corpus, inquantum scilicet in anima erat vis praeservandi corpus humanum a corruptione. Quod non competebat aliis animalibus. Et ideo, ut Damascenus dicit[6], *in Paradiso nullum irrationalium habitabat*: licet ex quadam dispensatione animalia fuerint illuc divinitus adducta ad Adam, et serpens illuc accesserit per operationem diaboli.

AD TERTIUM dicendum quod non propter hoc locus est frustra, quia non est ibi hominum habitatio post peccatum: sicut etiam non frustra fuit homini attributa immortalitas quaedam, quam conservaturus non erat. Per huiusmodi enim ostenditur benignitas Dei ad hominem, et quid homo peccando amiserit. — Quamvis, ut dicitur[7], nunc Enoch et Elias in illo Paradiso habitent.

AD QUARTUM dicendum quod illi qui dicunt Paradisum esse sub circulo aequinoctiali, opinantur sub

o paraíso é um lugar conveniente à habitação dos homens em seu primeiro estado de imortalidade.

QUANTO AO 1º, portanto, deve-se dizer que o céu empíreo é o mais elevado dos lugares corporais, e está fora de toda mutabilidade. Pelo primeiro desses traços, é ele o lugar conveniente à natureza angélica, pois, como diz Agostinho: "Deus rege a criação corporal por aquela que é espiritual". Por isso é conveniente que a natureza espiritual esteja colocada acima de toda e qualquer natureza corporal, como que presidindo-a. Pelo segundo traço, ele convém ao estado de bem-aventurança, o qual está fundado na estabilidade suprema. — Assim, pois, o lugar da bem-aventurança é adequado ao anjo segundo sua natureza, razão por que foi criado. Pelo contrário, não convém ao homem, segundo sua natureza, pois ele não preside ao conjunto da criação corporal a modo de governo. Mas lhe convém em razão da bem-aventurança. Por isso, o homem não foi posto no começo no céu empíreo, mas devia para lá ser transferido no estado da bem-aventurança final.

QUANTO AO 2º, deve-se dizer que é ridículo dizer que para a alma ou para uma substância espiritual há algum lugar natural; é em virtude de certa conveniência que se atribui um lugar especial à criatura não corporal. O paraíso terrestre, com efeito, era um lugar que convinha ao homem tão bem para sua alma como para seu corpo, na medida em que sua alma tinha a força de preservar o corpo humano da corrupção. O que não cabia aos outros animais. Por isso, como diz Damasceno, "nenhum irracional habitava no Paraíso", embora, em virtude de uma disposição particular, os animais tenham sido conduzidos para lá a Adão por Deus e a serpente tenha tido acesso a esse lugar por obra do diabo.

QUANTO AO 3º, deve-se dizer que não é porque depois do pecado a habitação do homem não se encontre mais aí que esse lugar seja inútil. Como também não foi inutilmente atribuída ao homem certa imortalidade, que não haveria de conservar. Por coisas desse gênero se manifesta a bondade de Deus para o homem e o que o homem pecando perdeu. Aliás, como se diz, Enoc e Elias habitam agora nesse paraíso.

QUANTO AO 4º, deve-se dizer que aqueles que dizem que o paraíso se encontra sob o círculo do

---

5. C. 4: ML 42, 873.
6. Loc. cit.
7. Cfr. S. IRENAEUM, *Contra Haereses*, l. V, c. 5: MG 7, 1134 B — 1135 B.

circulo illo esse locum temperatissimum, propter aequalitatem dierum et noctium omni tempore; et quia sol nunquam multum ab eis elongatur, ut sit apud eos superabundantia frigoris; nec iterum est apud eos, ut dicunt, superabundantia caloris, quia etsi sol pertranseat super eorum capita, non tamen diu moratur ibi in hac dispositione. — Aristoteles tamen, in libro *Meteor*.[8], expresse dicit quod regio illa est inhabitabilis propter aestum. Quod videtur probabilius: quia terrae per quas nunquam sol pertransit in directum capitis, sunt intemperatae in calore propter solam vicinitatem solis. — Quidquid autem de hoc sit, credendum est Paradisum in loco temperatissimo constitutum esse, vel sub aequinoctiali vel alibi.

equador pensam que sob esse círculo há um lugar extremamente temperado em razão da igualdade dos dias e das noites em todo o tempo; e ainda porque o sol não se afasta muito dali, o que acarretaria um frio excessivo. Enfim não há por lá tampouco, pensam eles, calor excessivo, pois, mesmo que o sol passe por cima da cabeça, não permanece longo tempo nessa posição. — Aristóteles entretanto diz expressamente no livro dos *Meteoros* que essa região é inabitável por causa do calor. Isso parece mais provável, pois mesmo as terras em que o sol não passa jamais a pino, acima da cabeça, são de um calor excessivo por causa da proximidade do sol. — Como quer que seja, é preciso pensar que o paraíso foi constituído em um lugar muito temperado, quer sob o equador, quer alhures.

Articulus 3
Utrum homo sit positus in Paradiso ut operaretur et custodiret illum

Ad tertium sic proceditur. Videtur quod homo non sit positus in Paradiso ut operaretur et custodiret illum.

1. Quod enim introductum est in poenam peccati, non fuisset in Paradiso in statu innocentiae. Sed agricultura introducta est in poenam peccati, ut dicitur Gn 3,17sqq. Ergo homo non fuit positus in Paradiso ut operaretur ipsum.

2. Praeterea, custodia non est necessaria, ubi non timetur violentus invasor. Sed in Paradiso nullus timebatur violentus invasor. Ergo non erat necessarium ut Paradisum custodiret.

3. Praeterea, si homo positus est in Paradiso ut operaretur et custodiret ipsum, videtur sequi quod homo factus sit propter Paradisum, et non e converso: quod videtur esse falsum. Ergo homo non est positus in Paradiso ut operaretur et custodiret illum.

Sed contra est quod dicitur Gn 2,15: *Tulit Dominus Deus hominem, et posuit illum in Paradiso voluptatis, ut operaretur et custodiret illum.*

Respondeo dicendum quod, sicut Augustinus dicit VIII *super Gen. ad litt*.[1], verbum istud Genesis dupliciter potest intelligi. Uno modo sic, quod Deus posuit hominem in Paradiso, ut ipse Deus operaretur et custodiret hominem: operaretur,

Artigo 3
O homem foi posto no paraíso para trabalhar e guardá-lo?

Quanto ao terceiro, assim se procede: parece que o homem **não** foi posto no paraíso para trabalhar e guardá-lo.

1. Com efeito, o que foi introduzido como pena do pecado não teria existido no paraíso em estado de inocência. Ora, a agricultura foi introduzida como pena do pecado, como se diz no Gênesis. Logo, o homem não foi posto no paraíso para nele trabalhar.

2. Além disso, não é necessária uma guarda onde não se teme um invasor violento. Ora, no paraíso não se tinha por que temer nenhum invasor violento. Logo, não era necessário guardá-lo.

3. Ademais, se o homem foi posto no paraíso para aí trabalhar e guardá-lo, parece que o homem foi feito para o paraíso, e não o paraíso para o homem, o que parece falso. Logo, o homem não foi posto no paraíso para aí trabalhar e guardá-lo.

Em sentido contrário, diz o Gênesis: "O Senhor Deus tomou o homem e o pôs no paraíso de delícias para trabalhar e guardá-lo".

Respondo. Como diz Agostinho, a palavra do Gênesis pode ser entendida de duas maneiras. Primeiramente, no sentido de que Deus teria posto o homem no paraíso para que ele, Deus, trabalhasse e guardasse o homem. Trabalhasse,

---

8. L. II, c. 5: 362, a, 32 — b, 12.

1. C. 10: ML 34, 380-382.

inquam, iustificando ipsum, cuius operatio si ab homine cesset, continuo obtenebratur, sicut aer obtenebratur si cesset influentia luminis; ut custodiret vero ab omni corruptione et malo.

Alio modo potest intelligi, ut homo operaretur et custodiret Paradisum. Nec tamen illa operatio esset laboriosa, sicut post peccatum: sed fuisset iucunda, propter experientiam virtutis naturae. Custodia etiam illa non esset contra invasores: sed esset ad hoc quod homo sibi Paradisum custodiret, ne ipsum peccando amitteret. Et hoc totum in bonum hominis cedebat: et sic Paradisus ordinatur ad bonum hominis, et non e converso.

Et per hoc patet responsio AD OBIECTA.

ARTICULUS 4
Utrum homo factus fuerit in Paradiso

AD QUARTUM SIC PROCEDITUR. Videtur quod homo factus fuerit in Paradiso.
1. Angelus enim in loco suae habitationis creatus fuit, scilicet in caelo empyreo. Sed Paradisus fuit locus congruus habitationi humanae ante peccatum. Ergo videtur quod in Paradiso homo debuit fieri.
2. PRAETEREA, alia animalia conservantur in loco suae generationis; sicut pisces in aquis, et animalia gressibilia in terra, unde producta sunt. Homo autem conservatus fuisset in Paradiso, ut dictum est[1]. Ergo in Paradiso fieri debuit.

3. PRAETEREA, mulier in Paradiso facta fuit. Sed vir dignior est muliere. Ergo multo magis vir debuit fieri in Paradiso.

SED CONTRA est quod dicitur Gn 2,15: *Tulit Deus hominem, et posuit eum in Paradiso*.

RESPONDEO dicendum quod Paradisus fuit locus congruus habitationi humanae, quantum ad incorruptionem primi status. Incorruptio autem illa non erat hominis secundum naturam, sed ex supernaturali Dei dono. Ut ergo hoc gratiae Dei imputaretur, non humanae naturae, Deus hominem

digo, justificando o homem, pois se esse trabalho cessasse, o homem logo estaria nas trevas do mesmo modo que o ar quando cessa o fluxo da luz. E o guardasse de toda a corrupção e de todo o mal.

Pode-se entender de outro modo: a fim de que o homem trabalhasse e guardasse o paraíso. Esse trabalho, no entanto, não seria laborioso como depois do pecado, mas prazeroso por causa da experiência de sua força natural. Também a guarda não seria contra um invasor, estava para que o homem guardasse para si mesmo o paraíso, evitando perdê-lo pelo pecado. E tudo isso resultaria em bem para o homem, e assim era o paraíso que se ordenava ao bem do homem e não o inverso.

Assim ficam dadas as respostas às OBJEÇÕES[a].

ARTIGO 4
O homem teria sido feito no paraíso?

QUANTO AO QUARTO, ASSIM SE PROCEDE: parece que o homem **teria sido** feito no paraíso.
1. Com efeito, o anjo foi criado no lugar de sua habitação, o céu empíreo. Ora, o paraíso foi o lugar adequado à habitação humana antes do pecado. Logo, parece que o homem devia ter sido feito no paraíso.
2. ALÉM DISSO, os outros animais se conservam no lugar em que foram gerados. Por exemplo, os peixes nas águas e os animais que andam sobre a terra onde foram produzidos. Ora, o homem se teria conservado no paraíso, como foi dito. Logo, devia ter sido feito no paraíso.
3. ADEMAIS, a mulher foi feita no paraíso. Ora, o homem é mais digno que a mulher. Logo, com maior razão, o homem devia ter sido feito no paraíso.

EM SENTIDO CONTRÁRIO, está afirmado no Gênesis: "Deus tomou o homem e o pôs no paraíso".

RESPONDO. O paraíso era o lugar adequado à habitação do homem, em razão da incorrupção do primeiro estado. Ora, esta incorrupção não pertencia ao homem segundo sua natureza, mas em virtude de um dom sobrenatural de Deus. Por conseguinte, a fim de que isso fosse imputado à

4
1. Q. 97, a. 4.

a. Ao tomar absolutamente ao pé da letra o que afirma o Gênesis sobre o jardim do Éden, Sto. Tomás priva-se e nos priva da visão de uma terra inteiramente habitada pelo homem sem pecado, sem dor e sem corrupção, toda moldada por ele, trazida por ele a sua realização e a sua perfeição, e primeiro esboço do Reino de Deus? Pode-se pensar que, em seu espírito, o jardim do Éden era apenas o ponto de partida do povoamento da terra. Seu pensamento, porém, não se detém no que teria sido se... Limita-se a interpretar e justificar o que lê no Gênesis. Seu empenho será contemplar e explicar o universo da Redenção.

extra Paradisum fecit, et postea ipsum in Paradiso posuit, ut habitaret ibi toto tempore animalis vitae, postmodum, cum spiritualem vitam adeptus esset, transferendus in caelum.

AD PRIMUM ergo dicendum quod caelum empyreum est locus congruus angelis etiam quantum ad eorum naturam: et ideo ibi sunt creati.

Et similiter dicendum AD SECUNDUM Loca enim illa congruunt animalibus secundum suam naturam.

AD TERTIUM dicendum quod mulier facta fuit in Paradiso non propter dignitatem suam, sed propter dignitatem principii ex quo corpus eius formabatur. Quia similiter et filii in Paradiso fuissent nati, in quo parentes iam erant positi.

graça de Deus e não à natureza humana, Deus fez o homem fora do paraíso, e o pôs em seguida no paraíso para que o habitasse durante todo o tempo de sua vida animal, para ser transferido depois disso ao céu, quando tivesse obtido a vida espiritual[b].

QUANTO AO 1º, portanto, deve-se dizer que o céu empíreo é o lugar adequado aos anjos em virtude de sua natureza, por isso é lá que foram criados.

QUANTO AO 2º, deve-se dizer que os lugares são adequados a esses animais segundo sua natureza.

QUANTO AO 3º, deve-se dizer que a mulher foi feita no paraíso, não em razão de sua dignidade, mas da dignidade do princípio a partir do qual seu corpo foi formado. Igualmente, é no paraíso também que nasceriam os filhos, pois os pais já o habitavam.

---

b. Sto. Tomás não especifica nesta passagem se cada homem, individualmente, teria sido transferido ao céu, glorificado, ou se o gênero humano como um todo o teria sido ao mesmo tempo.

O GOVERNO DIVINO

Introdução e notas por Marie-Joseph Nicolas

INTRODUÇÃO

A grande e essencial divisão da primeira Parte da Suma foi indicada no pequeno prólogo que precede a questão 2. Uma vez que essa primeira Parte é consagrada a Deus, trata-se primeiramente da essência divina, depois, da distinção das Pessoas e, enfim, de tudo o que concerne à expansão de Deus em sua criatura: *de processione creaturarum a Deo*. Observemos bem: a divisão não é bipartite (Deus em si mesmo; Deus em sua obra), mas tripartite: o que é Deus em sua essência — a emanação e a distinção das Pessoas que possuem essa única essência — e enfim a emanação e a distinção das criaturas. Bem entendido, a palavra expansão, assim como a de *processio*, de emanação, não deve de modo algum levar a supor que a criatura provém da essência divina, seja uma emanação dela e como que sua realização. O que se deve assinalar aqui, o que domina todo o grande conjunto de questões (q. 44-119), é que se trata ainda de Deus, de Deus em sua obra, de Deus realizando sua obra, e uma obra que tende a se unir a ele, ao menos a assemelhar-se a ele. A "criatura", a "criação" surgem de um extremo a outro em sua relação a Deus.

Não encontramos portanto em toda a sua minúcia aquilo que se esperaria de um tratado das criaturas. Contudo, essa relação entre a criatura como tal a Deus será pressuposto de tudo o que será em seguida afirmado dela na segunda Parte da *Suma teológica* (seu movimento de retorno a Deus), e na terceira (a encarnação de Deus em sua criação para assegurar tal retorno).

Ora, eis-nos chegados ao terceiro momento do conjunto de questões consagradas a Deus Criador. Será considerado, em primeiro lugar, o ato criador como tal. Depois, a partilha das criaturas em três grandes grupos: o anjo, o mundo material e o homem. Ingressamos agora no problema do governo divino: como Deus conduz sua criatura a fim de trazê-la a si mesma, que é seu fim. O detalhe dessas dezesseis questões concerne com frequência a uma visão do mundo criado inteiramente ultrapassada. Independente disso, porém, um grande pensamento atravessa esse tratado. É a afirmação simultânea e indivisível da imediatez e universalidade da ação divina, por um lado, e, por outro, da realidade da criatura, digamos mesmo de sua autonomia, de uma autonomia que chega até a liberdade na ação. A criatura é realmente distinta de Deus ou, dito de outro modo, é plenamente ela mesma, e é em fazê-la ser ela mesma segundo a natureza que ele lhe deu que Deus se empenha. É mediante seus próprios atos de criatura que a fará dirigir-se para seu fim, e por seus próprios atos ela tomará posse do mesmo. A explicação profunda disto é que a razão de ser da criação é comunicar aos seres, ao mesmo tempo, sua identidade própria, e a semelhança, a participação no que ele é, ele, no infinito. No que ele é em seu ser, mas também em sua ação.

Por outro lado, contudo, assim como ela só existe por seu intermédio, e por um influxo permanente, sempre atual, de existência, do mesmo modo a criatura age somente sob sua moção, mesmo que, sendo livre por natureza, ela permaneça tal sob essa moção. De modo que sempre se conjugam a autonomia da criatura e a onipresente causalidade do ser divino. O Criador não impede a criatura de ser ela mesma e de agir segundo ela mesma, e é pelo contrário isto que ele lhe concede. Todavia, a criatura não impede o Criador de manter *tudo* em sua mão, até os fios de cabelos de uma cabeça. E ele sempre retoma tudo para fazê-lo entrar em sua ordem e, se me é permitido afirmar, ter a última palavra. Se é verdade que Deus age pela mediação das causas criadas, o que encontrará sua realização, supereminente mas ainda não anunciada, no Cristo Jesus, mediador, por sua humanidade criada, entre Deus e os homens, e na Igreja da qual ele é cabeça, e pela qual ele age, não é por carência ou por impotência, mas por sua vontade de comunicar seu próprio poder, e de associar a criatura ao que ele é, ao que ele faz.

Indicaremos passo a passo o andamento do pensamento e a ordem dos problemas levantados. Isto começa pelos princípios gerais do governo divino, questão relativamente breve, mas que traz tudo em si (q. 103), e continua, a partir da q. 104, pelos *efeitos do governo divino*, dos quais o primeiro é a conservação imediata das coisas no ser por intermédio daquele que o concedeu (q. 104), e o segundo é a moção desses seres para seu fim, seja imediato (q. 105), seja pela mediação das criaturas. E é aí que volta a surgir a distinção entre as criaturas e, por conseguinte, do papel que elas desempenham no andamento do universo; puros espíritos (q. 106-114); puros corpos (q. 115); homens (q. 117-119).

QUAESTIO CIII
DE GUBERNATIONE RERUM IN COMMUNI

in octo articulos divisa

Postquam praemissum est de creatione rerum et distinctione earum, restat nunc tertio considerandum de rerum gubernatione. Et primo, in communi; secundo, in speciali de effectibus gubernationis.

Circa primum quaeruntur octo.

Primo: utrum mundus ab aliquo gubernetur.
Secundo: quis sit finis gubernationis ipsius.
Tertio: utrum gubernetur ab uno.
Quarto: de effectibus gubernationis.
Quinto: utrum omnia divinae gubernationi subsint.
Sexto: utrum omnia immediate gubernentur a Deo.
Septimo: utrum divina gubernatio cassetur in aliquo.
Octavo: utrum aliquid divinae providentiae contranitatur.

Articulus 1
Utrum mundus gubernetur ab aliquo

Ad primum sic proceditur. Videtur quod mundus non gubernetur ab aliquo.

1. Illorum enim est gubernari, quae moventur vel operantur propter finem. Sed res naturales, quae sunt magna pars mundi, non moventur aut operantur propter finem: quia non cognoscunt finem. Ergo mundus non gubernatur.

2. Praeterea, eorum est proprie gubernari, quae ad aliquid moventur. Sed mundus non videtur ad aliquid moveri, sed in se stabilitatem habet. Ergo non gubernatur.

3. Praeterea, id quod in se habet necessitatem qua determinatur ad unum, non indiget exteriori gubernante. Sed principaliores mundi partes quadam necessitate determinantur ad unum in suis actibus et motibus. Ergo mundus gubernatione non indiget.

Sed contra est quod dicitur Sap 14,3: Tu autem, *Pater,* gubernas omnia providentia. Et Boetius dicit, in libro de *Consol.*[1]: *O qui perpetua mundum ratione gubernas.*

QUESTÃO 103
O GOVERNO DAS COISAS EM GERAL

em oito artigos

Depois de ter estudado a criação das coisas e sua distinção, resta considerar seu governo. Primeiro de maneira geral, e depois em particular, os efeitos do governo.

Sobre o primeiro, são oito as perguntas:

1. O mundo é governado por algo?
2. Qual é o fim deste governo?
3. O mundo é governado por um único?
4. Quais os efeitos do governo?
5. Todas as coisas são submetidas ao governo divino?
6. Todas as coisas são governadas de modo imediato por Deus?
7. O governo divino pode ser deficiente em algo?
8. Alguma coisa poderá se opor à divina providência?

Artigo 1
O mundo é governado por algo?

Quanto ao primeiro artigo, assim se procede: parece que o mundo **não** é governado por algo.

1. Com efeito, ser governado é próprio dos que são movidos ou que agem em função de um fim. Ora, as coisas naturais, que constituem a maior parte do mundo, não são movidas nem operam em função de um fim, porque não o conhecem. Logo, o mundo não é governado.

2. Além disso, ser governado, propriamente, é próprio dos que são movidos a algo. Ora, não parece que o mundo seja movido para algo, mas que possui em si mesmo sua estabilidade. Logo, não é governado.

3. Ademais, o que tem em si mesmo uma necessidade pela qual é determinado a algo único, não precisa de um agente externo para governá-lo. Ora, as principais partes do mundo estão determinadas, por certa necessidade, a algo único, em seus atos e movimentos. Logo, o mundo não precisa de governo.

Em sentido contrário, consta no livro da Sabedoria: "Mas Tu, *Pai,* governas todas as coisas pela providência". E Boécio diz: "Oh! Tu, que governas o mundo de acordo com um plano eterno!"

---

1 Parall.: Supra, q. 2, a. 3; *Cont. Gent.* III, 64; *De Verit.*, q. 5, a. 2.

1. L. III, metr. 9: ML 63, 758 A.

RESPONDEO dicendum quod quidam antiqui philosophi² gubernationem mundo subtraxerunt, dicentes omnia fortuito agi. Sed haec positio ostenditur esse impossibilis ex duobus. Primo quidem, ex eo quod apparet in ipsis rebus. Videmus enim in rebus naturalibus provenire quod melius est, aut semper aut in pluribus: quod non contingeret, nisi per aliquam providentiam res naturales dirigerentur ad finem boni, quod est gubernare. Unde ipse ordo certus rerum manifeste demonstrat gubernationem mundi: sicut si quis intraret domum bene ordinatam, ex ipsa domus ordinatione ordinatoris rationem perpenderet; ut, ab Aristotele dictum, Tullius introducit in libro *de Natura Deorum*³.

Secundo autem apparet idem ex consideratione divinae bonitatis, per quam res in esse productae sunt, ut ex supra⁴ dictis patet. Cum enim *optimi sit optima producere*, non convenit summae Dei bonitati quod res productas ad perfectum non perducat. Ultima autem perfectio uniuscuiusque est in conseccutione finis. Unde ad divinam bonitatem pertinet ut, sicut produxit res in esse, ita etiam eas ad finem perducat. Quod est gubernare.

AD PRIMUM ergo dicendum quod aliquid movetur vel operatur propter finem dupliciter. Uno modo, sicut agens seipsum in finem, ut homo et aliae creaturae rationales: et talium est cognoscere rationem finis, et eorum quae sunt ad finem. — Aliquid autem dicitur moveri vel operari propter finem, quasi ab alio actum vel directum in finem: sicut sagitta movetur ad signum directa a sagittante, qui cognoscit finem, non autem sagitta. Unde sicut motus sagittae ad determinatum finem demonstrat aperte quod sagitta dirigitur ab aliquo cognoscente; ita certus cursus naturalium rerum cognitione carentium, manifeste declarat mundum ratione aliqua gubernari.

AD SECUNDUM dicendum quod in omnibus rebus creatis est aliquid stabile, ad minus prima mate-

RESPONDO. Alguns filósofos antigos negaram que o mundo seja governado, dizendo que todas as coisas agiam ao acaso. Esta posição mostra-se impossível por dois motivos. Primeiro, em razão daquilo que se manifesta nas próprias coisas. Vemos, com efeito, nas coisas naturais suceder o que é melhor, sempre ou na maioria das vezes[a]. Isso não aconteceria, a não ser que as coisas naturais fossem conduzidas, por uma providência a um fim bom. Isto é governar. Daí se vê que a própria ordem exata das coisas demonstra, de maneira clara, que o mundo é governado. Segundo a observação de Cícero, citando Aristóteles, quando se entra numa casa bem arrumada, esta arrumação bem ordenada permite perceber a presença orientadora do senhor da casa.

Em segundo lugar, o mesmo fica claro, pela consideração da bondade divina, pela qual as coisas foram produzidas no existir, como acima mencionado. Dado que *é próprio do excelente produzir coisas excelentes*, não convém à bondade soberana de Deus não conduzir à perfeição as coisas por ele produzidas. Ora, a perfeição última de qualquer coisa consiste na consecução do fim. Logo, cabe à divina bondade, assim como produziu as coisas no existir, também conduzi-las ao fim. Isto é governar.

QUANTO AO 1º, portanto, deve-se dizer que algo é movido, ou opera, em vista de um fim, de duas maneiras: primeiro, como o que se porta a si próprio na direção do fim, como o homem e as outras criaturas racionais. É próprio deles conhecer a razão do fim, e daquilo que é para o fim. Segundo, pode-se dizer que uma coisa é movida ou opera em função de um fim, quando é conduzida ou dirigida ao fim por um outro. Por exemplo, a flecha se move para o alvo dirigida pelo arqueiro, que conhece o fim; a flecha não o conhece. Por isso, assim como o movimento da flecha em direção a um fim determinado evidencia que é dirigida por alguém que conhece, assim também o curso correto das coisas naturais que carecem de conhecimento manifesta claramente que o mundo é governado por uma razão.

QUANTO AO 2º, deve-se dizer que em todas as coisas criadas existe algo de estável, pelo menos

---

2. Cfr. supra q. 22, a. 2.
3. L. II.
4. Q. 44, a. 4; q. 65, a. 2.

a. Trata-se aqui do que é melhor primeiramente para cada um. Mas trata-se, também, pela obtenção desse fim particular, de concorrer à realização de uma ordem universal, ou seja, de um conjunto visando a um fim comum, no qual cada ser ocupa seu lugar e desempenha seu papel.

ria; et aliquid ad motum pertinens, ut sub motu etiam operationem comprehendamus. Et quantum ad utrumque, res indiget gubernatione: quia hoc ipsum quod in rebus est stabile, in nihilum decideret (quia ex nihilo est), nisi manu gubernatoris servaretur, ut infra[5] patebit.

AD TERTIUM dicendum quod necessitas naturalis inhaerens rebus quae determinantur ad unum, est impressio quaedam Dei dirigentis ad finem: sicut necessitas qua sagitta agitur ut ad certum signum tendat, est impressio sagittantis, et non sagittae. Sed in hoc differt, quia id quod creaturae a Deo recipiunt, est earum natura; quod autem ab homine rebus naturalibus imprimitur praeter earum naturam, ad violentiam pertinet. Unde sicut necessitas violentiae in motu sagittae demonstrat sagittantis directionem; ita necessitas naturalis creaturarum demonstrat divinae providentiae gubernationem.

a matéria primeira; e também algo da ordem do movimento, de modo que entendamos no movimento também a operação. Em ambos os casos, a coisa tem necessidade de ser governada, pois isso mesmo que nas coisas é estável, retornaria ao nada (pois veio do nada) se não fosse preservado pela mão de quem governa, como ser verá a seguir.

QUANTO AO 3º, deve-se dizer que a necessidade natural inerente às coisas que estão determinadas a um único fim é uma marca de Deus que as dirige ao fim. Assim como a necessidade pela qual a flecha é atuada para atingir um determinado alvo é uma marca do arqueiro, e não da flecha. Mas há aí uma diferença; porque o que as criaturas recebem de Deus é a natureza delas; mas aquilo que, pela ação do homem, se imprime nas coisas naturais, sem levar em conta a natureza delas, é da ordem da violência. Portanto, assim como a necessidade da violência no movimento da flecha demonstra a atuação diretiva do arqueiro, da mesma forma a necessidade natural das criaturas demonstra o governo da divina providência[b].

ARTICULUS 2
Utrum finis gubernationis mundi sit aliquid extra mundum

AD SECUNDUM SIC PROCEDITUR. Videtur quod finis gubernationis mundi non sit aliquid extra mundum existens.
1. Illud enim est finis gubernationis rei, ad quod res gubernata perducitur. Sed illud ad quod res aliqua perducitur, est aliquod bonum in ipsa re: sicut infirmus perducitur ad sanitatem, quae est aliquod bonum in ipso. Ergo finis gubernationis rerum non est aliquod bonum extrinsecum, sed aliquod bonum in ipsis rebus existens.

2. PRAETEREA, Philosophus dicit, I *Ethic.*[1], quod *finium quidam sunt operationes, quidam opera*, idest operata. Sed nihil extrinsecum a toto universo potest esse operatum: operatio autem est in ipsis operantibus. Ergo nihil extrinsecum potest esse finis gubernationis rerum.

ARTIGO 2
O fim do governo do mundo é algo exterior ao mundo?

QUANTO AO SEGUNDO, ASSIM SE PROCEDE: parece que o fim do governo do mundo **não** é algo exterior ao mundo.
1. Com efeito, o fim do governo de uma coisa é aquilo para o que ela é conduzida pelo que governa. Ora, aquilo para o qual a coisa é conduzida é um bem inerente à própria coisa. Por exemplo, uma pessoa doente é conduzida à saúde, que é um bem inerente à própria pessoa. Logo, o fim do governo das coisas não é um bem extrínseco, mas um bem que se encontra nas próprias coisas.

2. ALÉM DISSO, diz o Filósofo no livro I da *Ética*, que, "entre os fins, alguns são operações, outros são as obras, isto é, as coisas feitas". Ora, não existe nada, fora do conjunto do universo, que possa ser uma coisa feita, pois, a operação está nos que operam. Logo, nada de extrínseco ao mundo pode ser o fim do governo das coisas.

---

5. Q. 104, a. 1.
PARALL.: *Cont. Gent.* III, 17; XII *Metaphys.*, lect. 12.
1. C. 1: 1094, a, 3-5.

b. Desse modo, portanto, Deus não conduz os seres "de fora", mediante um impulso que lhes seria externo, mas "de dentro", por intermédio da inclinação para o fim que faz parte de sua natureza, toda organização desta sendo função da obtenção de tal fim. Cabe, ainda, ao governo divino assegurar a cada ser os auxílios externos a ele e, contudo, postulados pelo que ele é, mediante os quais esse fim, sentido e realização de sua existência, poderá realizar-se.

3. PRAETEREA, bonum multitudinis videtur esse ordo et pax, quae est *tranquillitas ordinis*, ut Augustinus dicit XIX *de Civ. Dei*[2]. Sed mundus in quadam rerum multitudine consistit. Ergo finis gubernationis mundi est pacificus ordo, qui est in ipsis rebus. Non ergo finis gubernationis rerum est quoddam bonum extrinsecum.

SED CONTRA est quod dicitur Pr 16,4: *Universa propter se operatus est Dominus*. Ipse autem est extra totum ordinem universi. Ergo finis rerum est quoddam bonum extrinsecum.

RESPONDEO dicendum quod, cum finis respondeat principio, non potest fieri ut, principio cognito, quid sit rerum finis ignoretur. Cum igitur principium rerum sit aliquid extrinsecum a toto universo, scilicet Deus, ut ex supra[3] dictis patet; necesse est quod etiam finis rerum sit quoddam bonum extrinsecum.

Et hoc ratione apparet. Manifestum est enim quod bonum habet rationem finis. Unde finis particularis alicuius rei est quoddam bonum particulare: finis autem universalis rerum omnium est quoddam bonum universale. Bonum autem universale est quod est per se et per suam essentiam bonum, quod est ipsa essentia bonitatis: bonum autem particulare est quod est participative bonum. Manifestum est autem quod in tota universitate creaturarum nullum est bonum quod non sit participative bonum. Unde illud bonum quod est finis totius universi, oportet quod sit extrinsecum a toto universo.

AD PRIMUM ergo dicendum quod bonum aliquod consequimur multipliciter: uno modo, sicut formam in nobis existentem, ut sanitatem aut scientiam; alio modo, ut aliquid per nos operatum, sicut aedificator consequitur finem faciendo domum; alio modo, sicut aliquod bonum habitum vel possessum, ut ille qui emit, consequitur finem possidendo agrum. Unde nihil prohibet illud ad quod perducitur universum, esse quoddam bonum extrinsecum.

3. ADEMAIS, o bem da multidão parece ser a ordem e paz, que é a "tranquilidade da ordem", segundo Agostinho. Ora, o mundo consiste numa multidão de coisas. Logo, o fim do governo do mundo é a ordem pacífica que está nas próprias coisas. O fim do governo das coisas não é, pois, um bem extrínseco.

EM SENTIDO CONTRÁRIO, está no livro dos Provérbios: "O Senhor fez tudo para si próprio". Ora, Deus é exterior a toda a ordem do universo. Por conseguinte, o fim das coisas é um bem extrínseco.

RESPONDO. Dado que o fim corresponde ao princípio, é impossível que, uma vez conhecido o princípio das coisas, seja seu fim ignorado. Como, por outro lado, o princípio das coisas, ou seja, Deus, é algo de exterior a todo o conjunto do universo, como ficou demonstrado, daí resulta necessariamente que o fim das coisas também é um bem extrínseco.

A razão deixa isso claro. É evidente que o bem tem uma razão de fim. Daí que o fim particular de uma coisa é um bem particular, enquanto o fim universal de todas as coisas é um bem universal. Ora, o bem universal é aquilo que é bom por si mesmo e por sua própria essência; este bem universal é assim a própria essência da bondade, enquanto o bem particular é bem por participação. Todavia, é também evidente que, em todo o conjunto das criaturas, não existe nenhum bem que não seja por participação. Portanto, o bem que é o fim de todo o universo deve ser necessariamente algo de extrínseco a todo o universo[c].

QUANTO AO 1º, portanto, deve-se dizer que há diferentes maneiras de se conseguir um bem; de um modo, como forma existente em nós mesmos; por exemplo, a saúde ou a ciência. De outro modo, como uma obra que nós mesmos fazemos; por exemplo, o arquiteto que consegue seu fim construindo a casa. De outro modo, como um bem que adquirimos ou passamos a possuir; por exemplo, aquele que compra consegue seu fim tomando

---

2. C. 13: ML 41, 640.
3. Q. 44, a. 1.

c. Aqui, devemos entender a palavra "exterior", ou "extrínseco", no sentido de "transcendente", opondo-se a "imanente". Trata-se de um Bem que não é uma obra efetuada pelo sujeito nem a realização subjetiva, mas que já existe fora dele, e do qual ele tem de tomar posse (cf. resposta à segunda objeção). Em outros termos, trata-se do Bem divino, ao qual tende cada ser para assemelhar-se a ele, por sua parte, e, tratando-se das mais altas criaturas, para unir-se a ele pelo conhecimento e pelo amor. Somente o conjunto, a totalidade, realiza plenamente esse objetivo comum de participação no Bem universal. No entanto, quando se fala do objetivo para o qual cada criatura é conduzida, é preciso distinguir seu fim imanente, que é sua própria realização, de seu fim transcendente, que é o Bem divino ao qual, mediante essa realização, ela busca assimilar-se. Do mesmo modo, a ordem de tudo o que existe é imanente ao universo. Porém, o princípio dessa ordem não é outro senão o Bem divino, polo único e unificante de todos os seres.

AD SECUNDUM dicendum quod Philosophus loquitur de finibus artium, quarum quaedam habent pro finibus operationes ipsas, sicut citharistae finis est citharizare; quaedam vero habent pro fine quoddam operatum, sicut aedificatoris finis non est aedificare, sed domus. Contingit autem aliquid extrinsecum esse finem non solum sicut operatum, sed etiam sicut possessum seu habitum, vel etiam sicut repraesentatum: sicut si dicamus quod Hercules est finis imaginis, quae fit ad eum repraesentandum. Sic igitur potest dici quod bonum extrinsecum a toto universo est finis gubernationis rerum sicut habitum et repraesentatum: quia ad hoc unaquaeque res tendit, ut participet ipsum, et assimiletur ei, quantum potest.

AD TERTIUM dicendum quod finis quidem universi est aliquod bonum in ipso existens, scilicet ordo ipsius universi: hoc autem bonum non est ultimus finis, sed ordinatur ad bonum extrinsecum ut ad ultimum finem; sicut etiam ordo exercitus ordinatur ad ducem, ut dicitur in XII *Metaphys*.[4]

Quanto ao 2º, deve-se dizer que o Filósofo está se referindo aos fins das artes. Há algumas cujo fim é a operação em si mesma: por exemplo, o fim do citarista, é tocar cítara. Há outras que têm por fim uma obra: o fim do arquiteto por exemplo, não é construir, mas a casa. Mas ocorre que algo extrínseco é um fim, não apenas como uma obra acabada, mas também como algo de possuído, adquirido, até mesmo como simples representação: por exemplo, Hércules é o fim da imagem que o artista faz para representá-lo. Assim pode-se dizer que um bem exterior a todo o universo é o fim do governo das coisas, como bem possuído, ou representado: porque toda coisa tende a participar do bem, e a ele se assimilar, na medida de sua capacidade.

Quanto ao 3º, deve-se dizer que o fim do universo é um bem existente em si mesmo, ou seja, a ordem do universo. Este bem não é, porém, o fim último, mas se ordena a um bem extrínseco como a seu fim supremo. Da mesma forma, por exemplo, a ordem do exército está subordinada ao comandante, como se diz no livro XII da *Metafísica*.

ARTICULUS 3
Utrum mundus gubernetur ab uno

AD TERTIUM SIC PROCEDITUR. Videtur quod mundus non gubernetur ab uno.
1. De causa enim per effectus iudicamus. Sed in gubernatione rerum apparet quod res non uniformiter moventur et operantur: quaedam enim contingenter, quaedam vero ex necessitate, et secundum alias diversitates. Ergo mundus non gubernatur ab uno.
2. PRAETEREA, ea quae gubernantur ab uno, a se invicem non dissentiunt, nisi propter imperitiam aut impotentiam gubernantis, quae a Deo sunt procul. Sed res creatae a se invicem dissentiunt, et contra se invicem pugnant; ut in contrariis apparet. Non ergo mundus gubernatur ab uno.

3. PRAETEREA, in natura semper invenitur quod melius est. Sed *melius est simul esse duos quam unum*, ut dicitur Eccle 4,9. Ergo mundus non gubernatur ab uno, sed a pluribus.

ARTIGO 3
O mundo é governado por um único?

QUANTO AO TERCEIRO, ASSIM SE PROCEDE: parece que o mundo **não** é governado por um único.
1. Com efeito, nós julgamos uma causa por seus efeitos. Ora, nota-se no governo das coisas que elas não se movem e não operam de maneira uniforme: umas se movem de maneira contingente, outras de modo necessário, outras enfim em diferentes modos. Logo, o mundo não é governado por um único.
2. ALÉM DISSO, as coisas que são governadas por um único não estão em desacordo entre si, a menos que haja imperícia ou impotência no que governa, o que está longe de Deus. Ora, existe desacordo e conflito nas criaturas e a prova é a existência dos contrários. Logo o mundo não é governado por um único.
3. ADEMAIS, na natureza sempre se encontra o que é melhor. Ora, como diz o livro do Eclesiástico: "É sempre melhor estarem dois juntos do que um só". Logo, o mundo não é governado por um único, mas por vários.

---

4. C. 10: 1075, a, 13-15.

PARALL.: Supra, q. 11, a. 3; *Cont. Gent.* III, 64; *De Verit.*, q. 5, a. 3; Opusc. XV, *de Angelis*, c. 16; XII *Metaphys.*, lect. 12.

SED CONTRA est quod unum Deum et unum Dominum confitemur; secundum illud Apostoli 1Cor 8,6: *Nobis est unus Deus, Pater, et Dominus unus*. Quorum utrumque ad gubernationem pertinet: nam ad Dominum pertinet gubernatio subditorum; et Dei nomen ex providentia sumitur, ut supra[1] dictum est. Ergo mundus gubernatur ab uno.

RESPONDEO dicendum quod necesse est dicere quod mundus ab uno gubernetur. Cum enim finis gubernationis mundi sit quod est essentialiter bonum, quod est optimum, necesse est quod mundi gubernatio sit optima. Optima autem gubernatio est quae fit per unum. Cuius ratio est, quia gubernatio nihil aliud est quam directio gubernatorum ad finem, qui est aliquod bonum. Unitas autem pertinet ad rationem bonitatis; ut Boetius probat, in III *de Consol*.[2], per hoc quod, sicut omnia desiderant bonum, ita desiderant unitatem, sine qua esse non possunt. Nam unumquodque intantum est, inquantum unum est: unde videmus quod res repugnant suae divisioni quantum possunt, et quod dissolutio uniuscuiusque rei provenit ex defectu illius rei. Et ideo id ad quod tendit intentio multitudinem gubernantis, est unitas sive pax. — Unitatis autem causa per se est unum. Manifestum est enim quod plures multa unire et concordare non possunt, nisi ipsi aliquo modo uniantur. Illud autem quod est per se unum, potest convenientius et melius esse causa unitatis, quam multi uniti. Unde multitudo melius gubernatur per unum quam per plures. — Relinquitur ergo quod gubernatio mundi, quae est optima, sit ab uno gubernante. Et hoc est quod Philosophus dicit in XII *Metaphys*.[3]: *Entia nolunt disponi male: nec bonum pluralitas principatuum: unus ergo princeps*.

AD PRIMUM ergo dicendum quod motus est *actus mobilis a movente*. Difformitas ergo motuum est ex diversitate mobilium, quam requirit perfectio universi, ut supra[4] dictum est; non ex diversitate gubernantium.

EM SENTIDO CONTRÁRIO, confessamos um só Deus e um só Senhor, segundo a palavra do Apóstolo na primeira Carta aos Coríntios: "Temos somente um Deus, Pai, e um só Senhor". Ora, estes dois nomes se referem ao governo: ao Senhor compete o governo dos súditos; e o nome Deus toma-se de providência, como dissemos acima. Por conseguinte, o mundo é governado por um único.

RESPONDO. Deve-se dizer que o mundo é governado por um único. Dado que o fim do governo do mundo é o bem por essência, o que é o melhor, é necessário que o governo do mundo seja o melhor. Ora, o melhor governo é aquele exercido por meio de um único, e a razão disso reside no fato de que o governo nada mais é do que a condução dos governados para o fim, que é um bem. A unidade pertence à razão da bondade, como Boécio prova ao mostrar que, como todas as coisas desejam o bem, por isso mesmo desejam a unidade, sem a qual não podem existir; pois uma coisa só existe na medida mesma em que é una. Por isso vemos as coisas rejeitarem, enquanto podem, sua própria divisão; e sua dissolução provém de uma deficiência sua. Assim aquilo a que tende a intenção do que governa a multidão é a unidade e a paz. — A causa da unidade por si é algo uno. É evidente que muitos não podem unir e fazer concordarem coisas múltiplas, a não ser que se unam de algum modo. Assim, o que é uno por si pode ser causa de unidade de uma maneira bem mais adequada e melhor do que muitos juntos. Portanto, a multidão é mais bem governada por um só do que por vários. — De onde se conclui que o governo do mundo, que é o melhor, é obra de um único governante. É o que diz o Filósofo no livro XII da *Metafísica*: "Os entes não querem ser mal governados; nem a pluralidade de comando é um bem; logo um único príncipe"[d].

QUANTO AO 1º, portanto, deve-se dizer que o movimento é um ato do que é movido por aquele que move. A diversidade dos movimentos provém da diversidade do que é movido, requerida pela perfeição do universo, como já se disse, e não da diversidade de governantes.

---

1. Q. 13, a. 8.
2. Prosa II: ML 63, 771 B — 772 A.
3. C. 10: 1075, b, 37 — 1076, a, 4.
4. Q. 47, a. 1, 2; q. 48, a. 2.

d. Essa visão de um mundo unificado e, conforme veremos, rigorosamente hierarquizado por referência universal e total a um princípio único poderia transpor-se em uma visão política na organização da sociedade humana. Não deve causar espanto que isto tenha sido feito, e que o tomismo tenha inspirado certas filosofias do poder e da Cidade. No entanto, disso não ocorre sem uma aplicação abusiva ao mundo humano de princípios invocados para ordem e governo do universo.

AD SECUNDUM dicendum quod contraria, etsi dissentiant quantum ad fines proximos, conveniunt tamen quantum ad finem ultimum, prout concluduntur sub uno ordine universi.

AD TERTIUM dicendum quod in particularibus bonis duo sunt meliora quam unum: sed ei quod est essentialiter bonum, non potest fieri aliqua additio bonitatis.

QUANTO AO 2º, deve-se dizer que os contrários, embora estejam em desacordo com relação aos fins próximos, concordam com relação ao fim último, porquanto incluídos numa única ordem do universo[e].

QUANTO AO 3º, deve-se dizer que entre os bens particulares, dois são melhores que um. Mas, ao bem essencial, não se pode fazer nenhuma adição de bondade.

ARTICULUS 4
Utrum effectus gubernationis sit unus tantum, et non plures

ARTIGO 4
O efeito do governo é um só, e não múltiplo?

AD QUARTUM SIC PROCEDITUR. Videtur quod effectus gubernationis mundi sit unus tantum, et non plures.
1. Effectus enim gubernationis esse videtur id quod per gubernationem in rebus gubernatis causatur. Hoc autem est unum, scilicet bonum ordinis; ut in exercitu patet. Ergo gubernationis mundi est unus effectus.
2. PRAETEREA, ab uno natum est unum tantum procedere. Sed mundus gubernatur ab uno, ut ostensum est[1]. Ergo et gubernationis effectus est unus tantum.
3. PRAETEREA, si effectus gubernationis non est unus tantum propter unitatem gubernantis, oportet quod multiplicetur secundum multitudinem gubernatorum. Haec autem sunt nobis innumerabilia. Ergo gubernationis effectus non possunt comprehendi sub aliquo certo numero.

SED CONTRA est quod Dionysius dicit[2], quod *Deitas providentia et bonitate perfecta omnia continet, et seipsa implet.* Gubernatio autem ad providentiam pertinet. Ergo gubernationis divinae sunt aliqui determinati effectus.

RESPONDEO dicendum quod effectus cuiuslibet actionis ex fine eius pensari potest: nam per operationem efficitur ut pertingatur ad finem. Finis autem gubernationis mundi est bonum essentiale, ad cuius participationem et assimilationem omnia tendunt. Effectus igitur gubernationis potest accipi tripliciter. Uno modo, ex parte ipsius finis: et sic

QUANTO AO QUARTO, ASSIM SE PROCEDE: parece que o efeito do governo do mundo é um só e não múltiplo.
1. Com efeito, o efeito de um governo parece ser aquilo que ele causa nos seres governados. Ora, tal efeito é um só, o bem da ordem; como se vê claramente no exército. Logo, o efeito do governo do mundo é um só.
2. ALÉM DISSO, é natural que da unidade proceda a unidade. Ora, o mundo é governado por um único, como foi demonstrado. Logo, o efeito do governo deve ser apenas um.
3. ADEMAIS, se o efeito do governo não é um só por causa da unidade do que governa, é necessário que seja multiplicado segundo a multiplicidade dos governados. Ora, essa multidão é inumerável. Os efeitos do governo não podem ser compreendidos em determinado número.

EM SENTIDO CONTRÁRIO, segundo Dionísio, "Deus, com sua providência e sua bondade perfeita contém todas as coisas, e por si mesmo as preenche". Ora, o governo pertence à ordem da providência. Logo, há alguns efeitos determinados do governo divino.

RESPONDO. O efeito de uma ação pode ser considerado a partir de seu fim, pois pela operação se consegue alcançar o fim. Mas o fim do governo do mundo é o bem essencial, e todas as coisas tendem a assimilá-lo e a dele participar. Na realidade, o efeito do governo pode ser tomado de três maneiras: primeiro, a partir do próprio fim;

---
1. A. praec.
2. *De Div. Nom.*, c. 12: MG 3, 969 C.

---
e. Em poucas palavras nos é explicado como o mundo das naturezas prossegue um fim único ao longo dos conflitos e das lutas. São os fins imediatos, cuja realização é para cada um o meio de visar ao fim universal, que com frequência opõem-se uns aos outros.

est unus effectus gubernationis, scilicet assimilari summo bono. — Alio modo potest considerari effectus gubernationis secundum ea quibus ad Dei assimilationem creatura perducitur. Et sic in generali sunt duo effectus gubernationis. Creatura enim assimilatur Deo quantum ad duo: scilicet quantum ad id quod Deus bonus est, inquantum creatura est bona; et quantum ad hoc quod Deus est aliis causa bonitatis, inquantum una creatura movet aliam ad bonitatem. Unde duo sunt effectus gubernationis: scilicet conservatio rerum in bono, et motio earum ad bonum. — Tertio modo potest considerari effectus gubernationis in particulari: et sic sunt nobis innumerabiles.

AD PRIMUM ergo dicendum quod ordo universi includit in se et conservationem rerum diversarum a Deo institutarum, et motionem earum: quia secundun haec duo invenitur ordo in rebus, secundum scilicet quod una est melior alia, et secundum quod una ab alia movetur.

AD ALIA DUO patet responsio per ea quae dicta sunt[3].

desse modo, só existe um único efeito do governo, a saber, ser assimilado ao sumo Bem. — Segundo, a partir das coisas pelas quais a criatura é levada à assimilação divina. Aqui, de maneira geral, são dois os efeitos do governo, pois a criatura é assimilada a Deus nestes dois planos: no que concerne à bondade de Deus, enquanto a criatura é boa, e no que concerne ao modo como Deus é causa de bondade para os outros, enquanto uma criatura move outra criatura para a bondade. São dois, portanto, os efeitos do governo divino: a conservação das coisas no bem e a moção das coisas para o bem[f]. — Terceiro, os efeitos do governo divino podem ser considerados em particular; e, desse modo, são para nós inumeráveis.

QUANTO AO 1º, portanto, deve-se dizer que a ordem do universo inclui em si mesma a conservação das diversas coisas estabelecidas por Deus, e sua moção. Em razão dessas duas acontece a ordem nas coisas, a saber, na medida em que existe uma coisa melhor que outra, e na medida em que uma coisa é movida por outra.

QUANTO AO 2º E 3º, a resposta está clara no que foi dito.

ARTICULUS 5
Utrum omnia divinae gubernationi subdantur

AD QUINTUM SIC PROCEDITUR. Videtur quod non omnia divinae gubernationi subdantur.

1. Dicitur enim Eccle 9,11: *Vidi sub sole nec velocium esse cursum, nec fortium bellum, nec sapientium panem, nec doctorum divitias, nec artificum gratiam, sed tempus casumque in omnibus.* Quae autem gubernationi alicuius subsunt, non sunt casualia. Ergo ea quae sunt sub sole, non subduntur divinae gubernationi.

2. PRAETEREA, Apostolus, 1Cor 9,9, dicit quod non *est Deo cura de bobus.* Sed unicuique est

ARTIGO 5
Todas as coisas são submetidas ao governo divino?

QUANTO AO QUINTO, ASSIM SE PROCEDE: parece que **nem** todas as coisas estão submetidas ao governo divino.

1. Com efeito, o livro do Eclesiastes diz: "Vi sob o sol que nem a corrida é dos mais velozes, nem a guerra é dos mais fortes, nem o pão é dos mais sábios, nem as riquezas são dos mais espertos, nem a beleza é dos artesãos, mas o tempo e o acaso estão em tudo". Ora, as coisas submetidas ao governo de alguém não são casuais. Logo, o que se encontra sob o sol não está submetido ao governo divino.

2. ALÉM DISSO, o Apóstolo, na primeira Carta aos Coríntios diz que "Deus não se ocupa de bois".

---

3. In corp.

5 PARALL.: Supra, q. 22, a. 2; *Cont. Gent.* III, 64, 94, 113; *Compend. Theol.*, c. 123.

f. Notemos neste ponto uma obscuridade — sem consequência — do texto. Seu propósito é distinguir no governo divino, em primeiro lugar, a "conservação" do bem que ele concedeu à criatura em sua criação e, em segundo lugar, a partir daí, a mutação da criatura, sua entrada em movimento para o bem ulterior, ao qual desde o início está ordenada. Ora, ele já indica o papel que vai desempenhar a criatura nessa mutação, diríamos nessa conquista e propagação do Bem divino. Papel que é uma maneira mais profunda e mais completa de assimilar-se a Deus (ver nossa introdução ao tratado). É nesse ponto, com efeito, que surgem bem distintas as duas maneiras de alcançar um único efeito que caracterizam o governo divino: uma, imediata, outra, mediata.

cura eorum quae gubernantur ab ipso. Non ergo omnia subduntur divinae gubernationi.

3. PRAETEREA, illud quod seipsum gubernare potest, non videtur alterius gubernatione indigere. Sed creatura rationalis seipsam gubernare potest: cum habeat dominium sui actus, et per se agat; et non solum agatur ab alio, quod videtur esse eorum quae gubernantur. Ergo non omnia subsunt divinae gubernationi.

SED CONTRA est quod Augustinus dicit, V *de Civ. Dei*[1], quod *Deus non solum caelum et terram, nec solum hominem et angelum, sed nec exigui et contemptibilis animantis viscera, nec avis pennulam, nec herbae flosculum, nec arboris folium, sine suarum partium convenientia dereliquit.* Omnia ergo eius gubernationi subduntur.

RESPONDEO dicendum quod secundum eandem rationem competit Deo esse gubernatorem rerum, et causam earum: quia eiusdem est rem producere, et ei perfectionem dare, quod ad gubernantem pertinet. Deus autem est causa non quidem particularis unius generis rerum, sed universalis totius entis, ut supra[2] ostensum est. Unde sicut nihil potest esse quod non sit a Deo creatum, ita nihil potest esse quod eius gubernationi non subdatur.

Patet etiam hoc idem ex ratione finis. Intantum enim alicuius gubernatio se extendit, inquantum se extendere potest finis gubernationis. Finis autem divinae gubernationis est ipsa sua bonitas, ut supra[3] ostensum est. Unde cum nihil esse possit quod non ordinetur in divinam bonitatem sicut in finem, ut ex supra[4] dictis patet; impossibile est quod aliquod entium subtrahatur gubernationi divinae. Stulta igitur fuit opinio dicentium quod haec inferiora corruptibilia, vel etiam singularia[5], aut etiam res humanae[6] non gubernantur a Deo. Ex quorum persona dicitur Ez 9,9: *Dereliquit Dominus terram.*

AD PRIMUM ergo dicendum quod sub sole dicuntur esse ea quae secundum motum solis generantur et corrumpuntur. In quibus omnibus casus invenitur; non ita quod omnia quae in eis fiunt,

Ora, cada um tem de cuidar das coisas confiadas a seu governo. Logo, nem todas as coisas estão submetidas ao governo divino.

3. ADEMAIS, o que pode governar a si próprio não parece ter necessidade do governo de outrem. Ora, a criatura racional pode governar a si própria, pois tem o domínio de seus atos e age por si, em vez de ser atuada por um outro, o que parece ser próprio dos governados. Logo, nem tudo está submetido ao governo divino.

EM SENTIDO CONTRÁRIO, diz Agostinho: "Deus não deixou sem harmonia de suas partes não só o céu e a terra, nem só o homem e o anjo; nem as vísceras do menor e do mais vil dos animais, nem a pena do pássaro, nem a humilde flor dos campos, nem a folha da árvore". Portanto, tudo está submetido ao governo de Deus.

RESPONDO. É pela mesma razão que compete a Deus governar as coisas e ser causa delas, porque cabe ao mesmo agente produzir a coisa e lhe dar sua perfeição, e isso diz respeito ao que governa. Ora, como demonstramos acima, Deus é a causa não particular de certo gênero de coisas, mas a causa universal de todo ente. Por isso, assim como nada pode ocorrer que não tenha sido criado por Deus, da mesma forma nada pode existir que não esteja submetido ao governo de Deus.

Isso fica claro ainda pela razão de fim. A tanto se estende o governo de alguém, a quanto pode se estender o fim do governo. Ora, como mostramos acima[g], o fim do governo divino é sua própria bondade. Portanto, como nada pode existir que não seja ordenado para a divina bondade, como a um fim; assim é impossível existir um ente que se subtraia ao governo divino. É estulta, pois, a opinião dos que dizem que as coisas inferiores corruptíveis, ou particulares, ou até mesmo coisas humanas, não são governadas por Deus. São estes que dizem no livro de Ezequiel: "Deus abandonou a terra".

QUANTO AO 1º, portanto, deve-se dizer que sob o sol estão as coisas que, conforme o movimento do sol, são geradas ou se corrompem. Em todas elas se encontra o acaso; o que não significa que

---

1. C. 11: ML 41, 154.
2. Q. 44, a. 1, 2.
3. A. 2.
4. Q. 44, a. 4; q. 65, a. 2.
5. Cfr. AVERR., XII *Metaph.*, comment. 37, 52.
6. Cfr. TULLIUM, *De Divin.*, l. II.

---

g. Quando se afirma que a causa final da ação divina é sua própria Bondade, trata-se, lembremo-lo, de um fim não a conquistar, mas a difundir e comunicar.

sint casualia; sed quia in quolibet eorum aliquid casuale inveniri potest. Et hoc ipsum quod aliquid casuale invenitur in huiusmodi rebus, demonstrat ea alicuius gubernationi esse subiecta. Nisi enim huiusmodi corruptibilia ab aliquo superiori gubernarentur, nihil intenderent, maxime quae non cognoscunt: et sic non eveniret in eis aliquid praeter intentionem, quod facit rationem casus. Unde ad ostendendum quod casualia secundum ordinem alicuius superioris causae proveniunt, non dicit simpliciter quod vidit casum esse in omnibus, sed dicit *tempus et casum*; quia scilicet secundum aliquem ordinem temporis, casuales defectus inveniuntur in his rebus.

AD SECUNDUM dicendum quod gubernatio est quaedam mutatio gubernatorum a gubernante. Omnis autem motus est *actus mobilis a movente*, ut dicitur in III *Physic*.[7]. Omnis autem actus proportionatur ei cuius est actus. Et sic oportet quod diversa mobilia diversimode moveantur, etiam secundum motionem unius motoris. Sic igitur secundum unam artem Dei gubernantis, res diversimode gubernantur, secundum earum diversitatem. Quaedam enim secundum suam naturam sunt per se agentia, tanquam habentia dominium sui actus: et ista gubernantur a Deo non solum per hoc quod moventur ab ipso Deo in eis interius operante, sed etiam per hoc quod ab eo inducuntur ad bonum et retrahuntur a malo per praecepta et prohibitiones, praemia et poenas. Hoc autem modo non gubernantur a Deo creaturae irrationales, quae tantum aguntur, et non agunt. Cum ergo Apostolus dicit quod Deo non est cura de bobus, non totaliter subtrahit boves a cura gubernationis divinae; sed solum quantum ad modum qui proprie competit rationali creaturae.

AD TERTIUM dicendum quod creatura rationalis gubernat seipsam per intellectum et voluntatem, quorum utrumque indiget regi et perfici ab intellectu et voluntate Dei. Et ideo supra gubernationem qua creatura rationalis gubernat seipsam tanquam domina sui actus, indiget gubernari a Deo.

tudo o que nelas acontece seja casual, mas que em cada uma delas pode-se encontrar algo casual. O próprio fato de que se encontre em tais coisas algo casual demonstra que estão sujeitas ao governo de alguém. Se, com efeito, as coisas corruptíveis não fossem governadas por um superior, não tenderiam a nada, principalmente aquelas desprovidas de conhecimento; dessa forma nada lhes poderia acontecer além da intenção, o que constitui a razão do acaso. Por isso, para mostrar que acasos provêm de acordo com a ordenação de uma causa superior, o autor sagrado não diz de modo absoluto que vê o acaso em tudo, mas fala de tempo e de acaso, para dar a entender que, conforme a ordem do tempo, deficiências casuais se encontram nessas coisas.

QUANTO AO 2º, deve-se dizer que o governo supõe nas coisas governadas certa mudança causada pelo que governa. Como se diz no livro III da *Física*: "Todo movimento é um ato do que é movido causado pelo que move". Por outro lado, todo ato é proporcional àquilo do qual ele é o ato. É preciso pois que os diferentes móveis se movam de modos diferentes, mesmo quando a moção provém de um único motor. Daí que, segundo um plano único de Deus governante, as coisas são governadas de diferentes maneiras, de acordo com sua diversidade. Algumas, com efeito, são por natureza agentes por si mesmos, tendo o domínio de seus atos. Estes agentes são governados por Deus não somente no sentido de que ele os move, agindo interiormente neles, mas também no sentido de que por ele são induzidos ao bem e desviados do mal por preceitos e proibições, recompensas e castigos. Não é este o modo como Deus governa as criaturas irracionais, que apenas sofrem a ação e não agem. Quando, por conseguinte, o Apóstolo diz que Deus não cuida de bois, ele não subtrai os bois do governo divino, mas somente quanto ao modo próprio à criatura racional.

QUANTO AO 3º, deve-se dizer que a criatura racional governa a si própria pelo intelecto e pela vontade, que precisam ser regidos e aperfeiçoados pelo intelecto e pela vontade de Deus. Dessa forma, acima deste governo pelo qual a criatura racional governa a si própria, enquanto senhora de seus próprios atos, ela precisa ser governada por Deus.

---

7. C. 3: 202, a, 13-14.

Articulus 6
Utrum omnia immediate gubernentur a Deo

AD SEXTUM SIC PROCEDITUR. Videtur quod omnia immediate gubernentur a Deo.

1. Gregorius enim Nyssenus[1] reprehendit opinionem Platonis, qui divisit providentiam in tria: primam quidem primi dei, qui providet rebus caelestibus, et universalibus omnibus; secundam vero providentiam esse dixit secundorum deorum, qui caelum circumeunt, scilicet respectu eorum quae sunt in generatione et corruptione; tertiam vero providentiam dixit quorundam daemonum, qui sunt custodes circa terram humanarum actionum. Ergo videtur quod omnia immediate a Deo gubernentur.

2. PRAETEREA, melius est aliquid fieri per unum quam per multa, si sit possibile, ut dicitur in VIII *Physic*.[2]. Sed Deus potest per seipsum absque mediis causis omnia gubernare. Ergo videtur quod omnia immediate gubernet.

3. PRAETEREA, nihil in Deo est deficiens et imperfectum. Sed ad defectum gubernatoris pertinere videtur quod mediantibus aliquibus gubernet: sicut rex terrenus, quia non sufficit ad omnia agenda, nec ubique est praesens in suo regno, propter hoc oportet quod habeat suae gubernationis ministros. Ergo Deus immediate omnia gubernat.

SED CONTRA est quod Augustinus dicit, in III *de Trin*.[3]: *Quemadmodum corpora crassiora et inferiora per subtiliora et potentiora quodam ordine reguntur; ita omnia corpora per spiritum vitae rationalem, et spiritus vitae rationalis desertor atque peccator per spiritum vitae rationalem pium et iustum, et ille per ipsum Deum*.

RESPONDEO dicendum quod in gubernatione duo sunt consideranda: scilicet ratio gubernationis, quae est ipsa providentia; et executio. Quantum igitur ad rationem gubernationis pertinet, Deus immediate omnia gubernat: quantum autem pertinet ad executionem gubernationis, Deus gubernat quaedam mediantibus aliis.

Artigo 6
Todas as coisas são governadas imediatamente por Deus?

QUANTO AO SEXTO, ASSIM SE PROCEDE: parece que todas as coisas são imediatamente governadas por Deus.

1. Com efeito, Gregório de Nissa reprova a opinião de Platão que distinguiu três providências: a primeira, de um deus primeiro que provê as realidades celestes e tudo o que é universal; a segunda, dos deuses segundos, que percorrem o céu, a saber, com respeito às coisas que estão na geração e na corrupção; e, a terceira, de alguns demônios que cuidam das ações humanas aqui na terra. Por conseguinte, parece que Deus governa todas as coisas de forma imediata.

2. ALÉM DISSO, segundo se diz no livro VIII da *Física*, é melhor, quando possível, que uma coisa seja feita por um só do que por muitos. Ora, Deus, por si mesmo, pode governar todas as coisas sem causas intermediárias. Logo, parece que governa imediatamente todas as coisas.

3. ADEMAIS, nada em Deus é deficiente e imperfeito. Ora, parece pertencer à deficiência de quem governa governar com intermediário. Por exemplo, o rei terreno, que não podendo fazer tudo, nem estar presente em todos os lugares de seu reino, necessita ter ministros para governar. Logo, Deus governa tudo sem intermediários.

EM SENTIDO CONTRÁRIO, diz Agostinho: "Assim como os corpos mais grosseiros e inferiores são regidos, segundo certa ordem, pelos corpos mais sutis e mais potentes, da mesma forma toda a natureza corporal é regida pelo espírito racional da vida, e o espírito desertor e pecador é regido pelo espírito fiel e justo, e este último, é regido pelo próprio Deus".

RESPONDO. Há duas coisas a considerar em um governo: a razão do governo, ou seja, a providência; e a execução. No que se refere à razão de governo, Deus governa todas as coisas de maneira imediata, mas no que concerne à execução, Deus governa certas coisas mediante outras.

---

6 PARALL.: Supra, q. 22, a. 3; infra, q. 116, a. 2; *Cont. Gent*. III, 76, 77, 83, 94; *Compend. Theol*., c. 130; Opusc. XV, *de Angelis*, c. 14.

1. NEMESIUS, *de nat. hom*., c. 44; al. l. VIII *(de Providentia)*, c. 3: MG 40, 793 A — 796 A.
2. C. 6: 259, a, 8-13.
3. C. 4: ML 42, 873.

Cuius ratio est quia, cum Deus sit ipsa essentia bonitatis, unumquodque attribuendum est Deo secundum sui optimum. Optimum autem in omni genere vel ratione vel cognitione practica, qualis est ratio gubernationis, in hoc consistit, quod particularia cognoscantur, in quibus est actus: sicut optimus medicus est, non qui considerat sola universalia, sed qui potest etiam considerare minima particularium; et idem patet in ceteris. Unde oportet dicere quod Deus omnium etiam minimorum particularium rationem gubernationis habeat.

Sed cum per gubernationem res quae gubernantur sint ad perfectionem perducendae; tanto erit melior gubernatio, quanto maior perfectio a gubernante rebus gubernatis communicatur. Maior autem perfectio est quod aliquid in se sit bonum, et etiam sit aliis causa bonitatis, quam si esset solummodo in se bonum. Et ideo sic Deus gubernat res, ut quasdam aliarum in gubernando causas instituat: sicut si aliquis magister discipulos suos non solum scientes faceret, sed etiam aliorum doctores.

AD PRIMUM ergo dicendum quod opinio Platonis reprehenditur, quia etiam quantum ad rationem gubernationis, posuit Deum non immediate omnia gubernare. Quod patet per hoc, quod divisit in tria providentiam, quae est ratio gubernationis.

AD SECUNDUM dicendum quod, si solus Deus gubernaret, subtraheretur perfectio causalis a rebus. Unde non totum fieret per unum, quod fit per multa.

AD TERTIUM dicendum quod non solum pertinet ad imperfectionem regis terreni quod executores habeat suae gubernationis, sed etiam ad regis dignitatem: quia ex ordine ministrorum potestas regia praeclarior redditur.

A razão disso está em que, como Deus é a própria essência da bondade, tudo o que a ele se atribui deve ser atribuído segundo o melhor de si. Ora, o melhor, em qualquer gênero, ou razão ou conhecimento prático, como é a razão de governo, consiste em conhecer as coisas particulares nas quais está o ato. Por exemplo, o melhor médico não é o que considera só os universais, mas o que pode também considerar as mínimas particularidades. E o mesmo ocorre nas demais coisas. Deus tem a razão do governo de tudo, ainda das menores coisas particulares.

Mas, como o governo deve levar à perfeição as coisas governadas, um governo será tanto melhor quanto maior perfeição o governante comunicar às coisas governadas. A maior perfeição consiste em que algo seja bom em si mesmo e ao mesmo tempo causa de bondade para os outros. Isso é mais do que somente ser bom em si mesmo. É assim que Deus governa as coisas, de modo a instituir algumas delas causas de outras no governo[h]. Por exemplo, se um mestre não só faz seus discípulo sábios, mas ainda doutores de outros.

QUANTO AO 1º, portanto, deve-se dizer que a opinião de Platão é reprovada porque, mesmo no que se refere à razão de governo, ele sustentou que Deus não governa imediatamente todas as coisas. A prova disso é que distinguiu três providências, que são a própria razão de governo.

QUANTO AO 2º, deve-se dizer que se Deus governasse sozinho, subtrairia às coisas a perfeição causal. Por isso, nem tudo se faria por um só, o que se faz por muitos.

QUANTO AO 3º, deve-se dizer que não é apenas uma razão de imperfeição que obriga os reis terrenos a ter ministros, é também uma razão de dignidade, porque a hierarquia dos ministros parece conferir ao poder real mais majestade.

ARTICULUS 7
Utrum aliquid praeter ordinem divinae gubernationis contingere possit

AD SEPTIMUM SIC PROCEDITUR. Videtur quod aliquid praeter ordinem divinae gubernationis contingere possit.

ARTIGO 7
Alguma coisa pode acontecer fora da ordem do governo divino?

QUANTO AO SÉTIMO, ASSIM SE PROCEDE: parece que alguma coisa **pode** acontecer fora da ordem do governo divino.

---

7 PARALL.: Supra, q. 19, a. 6; q. 22, a. 2, ad 1.

---

h. Eis uma das ideias-mestras de Sto. Tomás. Se é verdade que Deus só concede o ser para assimilá-lo a si, ele chega a fazer a sua criatura participar da própria ação pela qual move o mundo. Contudo, a previsão do que deverá ser feito pertence, em primeiro lugar, a Deus, até o menor detalhe, sem que a realização no tempo desse desígnio eterno e imutável perca sua contingência e, com frequência, a liberdade que ela contrai passando pela criatura.

1. Dicit enim Boetius, in III *de Consol*.[1], quod *Deus per bonum cuncta disponit*. Si ergo nihil in rebus contingit praeter ordinem divinae gubernationis, sequeretur quod nihil esset malum in rebus.

2. PRAETEREA, nihil est casuale quod evenit secundum praeordinationem alicuius gubernantis. Si igitur nihil accidit in rebus praeter ordinem gubernationis divinae, sequitur quod nihil in rebus sit fortuitum et casuale.

3. PRAETEREA, ordo divinae gubernationis est certus et immutabilis: quia est secundum rationem aeternam. Si igitur nihil possit contingere in rebus praeter ordinem divinae gubernationis, sequitur quod omnia ex necessitate eveniant, et nihil sit in rebus contingens: quod est inconveniens. Potest igitur in rebus aliquid contingere praeter ordinem gubernationis divinae.

SED CONTRA est quod dicitur Est 13,9: *Domine Deus, rex omnipotens, in ditione tua cuncta sunt posita, et non est qui possit resistere tuae voluntati*.

RESPONDEO dicendum quod praeter ordinem alicuius particularis causae, aliquis effectus evenire potest; non autem praeter ordinem causae universalis. Cuius ratio est, quia praeter ordinem particularis causae nihil provenit nisi ex aliqua alia causa impediente, quam quidem causam necesse est reducere in primam causam universalem: sicut indigestio contingit praeter ordinem virtutis nutritivae, ex aliquo impedimento, puta ex grossitie cibi, quam necesse est reducere in aliquam aliam causam, et sic usque ad causam primam universalem. Cum igitur Deus sit prima causa universalis non unius generis tantum, sed universaliter totius entis; impossibile est quod aliquid contingat praeter ordinem divinae gubernationis: sed ex hoc ipso quod aliquid ex una parte videtur exire ab ordine divinae providentiae qui consideratur secundum aliquam particularem causam, necesse est quod in eundem ordinem relabatur secundum aliam causam.

AD PRIMUM ergo dicendum quod nihil invenitur in mundo quod sit totaliter malum: quia malum semper fundatur in bono, ut supra[2] ostensum est. Et ideo res aliqua dicitur mala, per hoc quod exit ab ordine alicuius particularis boni. Si autem totaliter exiret ab ordine gubernationis divinae, totaliter nihil esset.

1. Com efeito, Boécio diz que "Deus dispõe todas as coisas conforme o bem". Se, pois, nada acontecesse fora da ordem do governo divino, nada haveria de mal nas coisas.

2. ALÉM DISSO, nada que acontece segundo a previsão de quem governa é casual. Se, por conseguinte, nada acontecesse nas coisas fora da ordem do governo divino, não existiria nas coisas nada de fortuito ou casual.

3. ADEMAIS, a ordem do governo divino é certa e imutável, porque é segundo uma razão eterna. Se, por conseguinte, nada pudesse acontecer nas coisas fora da ordem do governo divino, todas as coisas aconteceriam necessariamente e nada de contingente haveria nas coisas, o que não é conveniente. Por conseguinte, pode acontecer nas coisas algo fora da ordem do governo divino.

EM SENTIDO CONTRÁRIO, diz o livro de Ester: "Senhor Deus, rei todo-poderoso, tudo está submetido a teu poder e nada existe que possa resistir à tua vontade".

RESPONDO. Fora da ordem de alguma causa particular, é possível que aconteça algum efeito: não porém fora da ordem de uma causa universal. A razão disso é a seguinte: tudo o que acontece fora da ordem de uma causa particular provém de outra causa impediente; mas essa causa impediente deve-se reduzir à primeira causa universal. Exemplo: uma indigestão ocorre, fora da ordem da potência nutritiva, por algum impedimento como uma comida gordurosa demais; e essa deve-se reduzir a outra causa, e assim até a causa primeira universal. Como Deus é a causa universal primeira, não apenas de um gênero de coisas, mas universalmente causa de todo ente, é impossível acontecer alguma coisa fora da ordem do governo divino. Mas, pelo fato de que algo parece sair da ordem da providência divina, considerando-se uma causa particular, é necessário que seja reconduzido à mesma ordem por outra causa.

QUANTO AO 1º, portanto, deve-se dizer que nada se encontra no mundo que seja totalmente mau, porque o mal tem seu fundamento no bem, como já demonstramos. Assim se diz de uma coisa que é má pelo fato de que ela sai da ordem de algum bem particular. Contudo, se tal coisa saísse totalmente da ordem do governo divino, ela seria totalmente nada.

---

1. Prosa 12: ML 63, 779 A.
2. Q. 48, a. 3.

AD SECUNDUM dicendum quod aliqua dicuntur esse causalia in rebus, per ordinem ad causas particulares, extra quarum ordinem fiunt. Sed quantum ad divinam providentiam pertinet, *nihil fit casu in modo mundo*, ut Augustinus dicit in libro *Octoginta trium Quaest.*[3].

AD TERTIUM dicendum quod dicuntur aliqui effectus contingentes, per comparationem ad proximas causas, quae in suis effectibus deficere possunt: non propter hoc quod aliquid fieri possit extra totum ordinem gubernationis divinae. Quia hoc ipsum quod aliquid contingit praeter ordinem causae proximae, est ex aliqua causa subiecta gubernationi divinae.

QUANTO AO 2º, deve-se dizer que algumas coisas se dizem casuais, tendo em conta as causas particulares, fora das quais acontecem. Contudo, com relação à divina providência, "nada no mundo ocorre por efeito do acaso", como diz Agostinho[i].

QUANTO AO 3º, deve-se dizer que alguns efeitos se dizem contingentes por referência a causas próximas que podem falhar em seus efeitos. Mas não que seja possível se produzir alguma coisa inteiramente fora da ordem do governo divino. Porque até mesmo aquilo que acontece fora da ordem de uma causa próxima está, por alguma causa, sujeito ao governo divino.

ARTICULUS 8
Utrum aliquid possit reniti contra ordinem gubernationis divinae

AD OCTAVUM SIC PROCEDITUR. Videtur quod aliquid possit reniti contra ordinem gubernationis divinae.
1. Dicitur enim Is 3,8: *Lingua eorum et adinventiones eorum contra Dominum*.
2. PRAETEREA, nullus rex iuste punit eos qui eius ordinationi non repugnant. Si igitur nihil contraniteretur divinae ordinationi, nullus iuste puniretur a Deo.
3. PRAETEREA, quaelibet res est subiecta ordini divinae gubernationis. Sed una res ab alia impugnatur. Ergo aliqua sunt quae contranituntur divinae gubernationi.

SED CONTRA est quod dicit Boetius, in III *de Consol.*[1]: *Non est aliquid quod summo huic bono vel velit vel possit obsistere. Est igitur summum bonum quod regit cuncta fortiter, suaviterque disponit*; ut dicitur Sap 8,1, de divina Sapientia.

RESPONDEO dicendum quod ordo divinae providentiae dupliciter potest considerari: uno modo in generali, secundum scilicet quod progreditur a

ARTIGO 8
Alguma coisa pode se opor à ordem do governo divino?

QUANTO AO OITAVO, ASSIM SE PROCEDE: parece que alguma coisa **pode** se opor à ordem do governo divino.
1. Com efeito, diz Isaías: "As palavras deles e seus atos são contra o Senhor".
2. ALÉM DISSO, nenhum rei, em justiça, pune aqueles que não se opõem às suas ordens. Se pois nada se opusesse à ordenação divina, ninguém, em justiça, seria punido por Deus.
3. ADEMAIS, todas as coisas estão submetidas à ordem do governo divino. Ora, uma coisa se opõe à outra. Logo, existem coisas que se opõem ao governo divino.

EM SENTIDO CONTRÁRIO, escreve Boécio: "Nada existe que queira, ou que possa, se opor a este soberano bem. É por conseguinte este soberano bem que rege com energia todas as coisas e as dispõe com suavidade", como se diz a respeito da divina Sabedoria.

RESPONDO. A ordem da divina providência pode ser considerada de dois modos: primeiro, de uma maneira geral, ou seja, enquanto procede da causa

---

3. Q. 24: ML 40, 17.

1. Prosa 12: ML 63, 779 B — 780 A.

i. "Nada neste mundo se faz ao acaso." O que não significa que todo encontro entre linhas de causalidade particular independentes entre si seja desejado por si mesmo por Deus, ainda que isso, sem dúvida, seja possível e seja da ordem da "Providência especial". Basta que ele o seja como consequência do jogo natural das causas que é um bem em si mesmo, embora particular (e isto depende da Providência geral). Todavia, há ainda a Providência especial, quando o efeito eternamente previsto mas natural do encontro é utilizado por Deus para tal bem particular expressamente desejado em si mesmo. É desse modo que "tudo concorre para o bem dos que amam a Deus", e que, de maneira geral, as criaturas espirituais e livres são governadas em vista de si mesmas porque capazes de atingir pessoalmente o Bem universal. É nelas que se realiza o fim da criação.

causa gubernativa totius; alio modo in speciali, secundum scilicet quod progreditur ex aliqua causa particulari, quae est executiva divinae gubernationis. Primo igitur modo, nihil contranititur ordini divinae gubernationis. Quod ex duobus patet. Primo quidem, ex hoc quod ordo divinae gubernationis totaliter in bonum tendit, et unaquaeque res in sua operatione et conatu non tendit nisi ad bonum: *nullus enim respiciens ad malum operatur*, ut Dionysius dicit[2]. — Alio modo apparet idem ex hoc quod, sicut supra[3] dictum est, omnis inclinatio alicuius rei vel naturalis vel voluntaria, nihil est aliud quam quaedam impressio a primo movente: sicut inclinatio sagittae ad signum determinatum, nihil aliud est quam quaedam impressio a sagittante. Unde omnia quae agunt vel naturaliter vel voluntarie, quasi propria sponte perveniunt in id ad quod divinitus ordinantur. Et ideo dicitur Deus *omnia disponere suaviter*.

AD PRIMUM ergo dicendum quod dicuntur aliqui vel cogitare vel loqui vel agere contra Deum, non quia totaliter renitantur ordini divinae gubernationis, quia etiam peccantes intendunt aliquod bonum: sed quia contranituntur cuidam determinato bono, quod est eis conveniens secundum suam naturam aut statum. Et ideo puniuntur iuste a Deo.

Et per hoc patet solutio AD SECUNDUM.

AD TERTIUM dicendum quod ex hoc quod una res alteri contrapugnat, ostenditur quod aliquid reniti potest ordini qui est ex aliqua causa particulari: non autem ordini qui dependet a causa universali totius.

2. *De Div. Nom.*, c. 4: MG 3, 732 B.
3. A. 1, ad 3; a. 5, ad 2.

que governa tudo. Segundo, de maneira particular, ou seja, segundo algo que procede de uma causa particular, a qual é executiva do governo divino. No primeiro modo, nada se opõe à ordem do divino governo. Isso fica patente por duas razões. Primeiro, porque a ordem do governo divino tende totalmente para o bem, e porque todas as coisas, no impulso para seu agir, só tendem para o bem, pois, segundo Dionísio: "ninguém opera tendo em vista o mal". — Em segundo lugar, vê-se o mesmo pelo fato de que, como acima foi dito, toda inclinação, seja natural, seja voluntária, nada mais é do que um impulso dado pelo primeiro motor. Por exemplo, a inclinação da flecha ao alvo determinado não é outra coisa que o impulso dado pelo arqueiro. Todos os que agem, seja naturalmente, seja voluntariamente, conseguem, pois, de modo por assim dizer espontâneo, alcançar aquilo para o qual estão divinamente ordenados. Neste sentido se diz que Deus "dispõe tudo com suavidade".

QUANTO AO 1º, portanto, deve-se dizer que aqueles que pensam, falam, ou agem contra Deus não se opõem totalmente ao governo divino, porque até mesmo os pecadores tendem para algum bem. Mas se opõem a um bem determinado que lhes é conveniente por natureza ou por estado. E por isso são punidos por Deus com justiça.

QUANTO AO 2º, está clara a resposta pelo acima exposto.

QUANTO AO 3º, deve-se dizer que pelo fato de uma coisa se opor a outra, mostra-se que é possível se opor à ordem de uma causa particular, mas não à ordem que depende da causa universal.

QUAESTIO CIV

DE EFFECTIBUS DIVINAE GUBERNATIONIS IN SPECIALI

in quatuor articulos divisa

Deinde considerandum est de effectibus divinae gubernationis in speciali.

Et circa hoc quaeruntur quatuor.

Primo: utrum creaturae indigeant ut conserventur in esse a Deo.

QUESTÃO 104

OS EFEITOS DO GOVERNO DIVINO EM PARTICULAR[a]

em quatro artigos

Em seguida, devem-se considerar os efeitos do governo divino, em particular.

Sobre isso, são quatro as perguntas:

1. As criaturas precisam ser conservadas na existência por Deus?

---

a. A despeito do título, aborda-se aqui apenas a conservação das criaturas em seu ser, primeiro efeito do governo divino pressuposto a todos os outros. O segundo efeito, a "mutação das criaturas por Deus", fica reservado à questão seguinte. A "conservação" é a própria sequência do ato criador, a manutenção ativa do que este deu. Talvez se devesse dizer: é a atualidade

Secundo: utrum conserventur a Deo immediate.

Tertio: utrum Deus possit aliquid redigere in nihilum.

Quarto: utrum aliquid in nihilum redigatur.

Articulus 1
Utrum creaturae indigeant ut a Deo conserventur

AD PRIMUM SIC PROCEDITUR. Videtur quod creaturae non indigeant ut a Deo conserventur in esse.

1. Quod enim non potest non esse, non indiget ut conservetur in esse: sicut quod non potest abscedere, non indiget ut conservetur ne abscedat. sed quaedam creaturae sunt quae secundum sui naturam non possunt non esse. Ergo non omnes creaturae indigent ut a Deo conserventur in esse. — Probatio mediae. Quod per se inest alicui, necesse est ei inesse, et oppositum eius impossibile est ei inesse: sicut necessarium est binarium esse parem, et impossibile est eum esse imparem. Esse autem per se consequitur ad formam: quia unumquodque secundum hoc est ens actu, quod habet formam. Quaedam autem creaturae sunt, quae sunt formae quaedam subsistentes, sicut de angelis dictum est[1]; et sic per se inest eis esse. Et eadem ratio est de illis quorum materia non est in potentia nisi ad unam formam, sicut supra[2] dictum est de corporibus caelestibus. Huiusmodi ergo creaturae secundum suam naturam ex necessitate sunt, et non possunt non esse: potentia enim ad non esse non potest fundari neque in forma, quam per se sequitur esse; neque in materia existente sub forma quam non potest amittere, cum non sit in potentia ad aliam formam.

2. PRAETEREA, Deus est potentior quolibet creato agente. Sed aliquod creatum agens potest communicare suo effectui ut conservetur in esse, etiam eius operatione cessante: sicut cessante actione aedificatoris, remanet domus; et cessante actione ignis, remanet aqua calefacta per aliquod tem-

2. As criaturas são conservadas por Deus de maneira imediata?
3. Deus pode reduzir ao nada alguma coisa?
4. Alguma coisa é reduzida ao nada?

Artigo 1
As criaturas precisam ser conservadas por Deus?

QUANTO AO PRIMEIRO ARTIGO, ASSIM SE PROCEDE: parece que as criaturas **não** precisam que Deus as conserve na existência.

1. Com efeito, o que não pode não existir não tem necessidade de ser conservado na existência. Por exemplo, aquilo que não pode cessar não precisa ser conservado para que não cesse. Ora, existem algumas criaturas, no entanto, que, segundo sua própria natureza, não podem não existir. Logo, nem todas as criaturas precisam ser conservadas na existência por Deus. — Prova-se o meio-termo: o que por si é inerente a uma coisa o é necessariamente. E é impossível que seu contrário seja inerente a esta coisa. Por exemplo, um número binário é necessariamente um número par e é impossível que seja ímpar. Ora, o existir é, por si, consecutivo à forma, porque uma coisa é ente em ato quando tem sua forma. Existem, porém, certas criaturas que são formas subsistentes, como se disse a respeito dos anjos, por isso, o existir é necessariamente inerente a elas. O mesmo argumento vale para as coisas cuja matéria está em potência para apenas uma forma, como acima foi dito a respeito dos corpos celestes. Tais criaturas, segundo sua natureza, existem necessariamente e não podem não ser. Nelas, a potência para o não-ser não se pode fundar nem sobre a forma, que por si mesma segue o existir, nem sobre a matéria existente sob a forma, pois não estando em potência para nenhuma outra forma tal matéria não pode perder a forma que de fato já possui.

2. ALÉM DISSO, Deus é mais poderoso que qualquer agente criado. Ora, um agente criado pode comunicar a seu efeito o poder de se conservar na existência, mesmo depois de terminada a operação. Por exemplo, terminada a ação do que constrói, fica a casa; e terminada a ação do fogo,

---

1 PARALL.: *Cont. Gent.* III, 65; *De Pot.*, q. 5, a. 1; in *Ioan.*, c. 5, lect. 2; *Heb.*, c. 1, lect. 2.

1. Q. 50, a. 2, 5.
2. Q. 66, a. 2.

permanente do ato criador e de seu efeito próprio. Como esse efeito próprio é a existência, trata-se aqui da manutenção dos seres em sua existência.

pus. Ergo multo magis Deus potest suae creaturae conferre quod conservetur in esse, sua operatione cessante.

3. PRAETEREA, nullum violentum potest contingere absque aliqua causa agente. Sed tendere ad non esse est innaturale et violentum cuilibet creaturae: quia quaelibet creatura naturaliter appetit esse. Ergo nulla creatura potest tendere in non esse, nisi aliquo agente ad corruptionem. Sed quaedam sunt ad quorum corruptionem nihil agere potest; sicut spirituales substantiae, et corpora caelestia. Ergo huiusmodi creaturae non possunt tendere in non esse, etiam Dei operatione cessante.

4. PRAETEREA, si Deus conservat res in esse, hoc erit per aliquam actionem. Per quamlibet autem actionem agentis, si sit efficax, aliquid fit in effectu. Oportet igitur quod per actionem Dei conservantis aliquid fiat in creatura. — Sed hoc non videtur. Non enim per huiusmodi actionem fit ipsum esse creaturae: quia quod iam est, non fit. Neque iterum aliquid aliud superadditum: quia vel non continue Deus conservaret creaturam in esse, vel continue aliquid adderetur creaturae, quod est inconveniens. Non igitur creaturae conservantur in esse a Deo.

SED CONTRA est quod dicitur Hb 1,3: *Portans omnia verbo virtutis suae*.

RESPONDEO dicendum quod necesse est dicere, et secundum fidem et secundum rationem, quod creaturae conservantur in esse a Deo. Ad cuius evidentiam, considerandum est quod aliquid conservatur ab altero dupliciter. Uno modo, indirecte et per accidens, sicut ille dicitur rem conservare, qui removet corrumpens; puta si aliquis puerum custodiat ne cadat in ignem, dicitur eum conservare. Et sic etiam Deus dicitur aliqua conservare, sed non omnia: quia quaedam sunt quae non habent corrumpentia, quae necesse sit removere ad rei conservationem. — Alio modo dicitur aliquid rem aliquam conservare per se et directe, inquantum scilicet illud quod conservatur, dependet a conservante, ut sine eo esse non possit. Et hoc modo omnes creaturae indigent divina conservatione. Dependet enim esse cuiuslibet creaturae a Deo, ita quod nec ad momentum subsistere possent, sed in nihilum redigerentur, nisi operatione divinae virtutis conservarentur in esse, sicut Gregorius dicit[3]. Et hoc

a água permanece quente por algum tempo. Logo, com maior razão, Deus pode conferir à sua criatura o poder de se conservar na existência, mesmo depois de terminada a operação.

3. ADEMAIS, nada de violento pode acontecer sem uma causa agente. Ora, não é natural mas violento, que uma criatura tenda para o não-ser, porque toda criatura deseja naturalmente existir. Logo, sem a ação de um agente da corrupção, nenhuma criatura pode tender ao não-ser. Todavia, existem criaturas que nenhum agente pode corromper, como as substâncias espirituais e os corpos celestes. Portanto, tais criaturas não podem tender ao não-ser, mesmo depois de terminada a operação de Deus.

4. ADEMAIS, se Deus conserva as coisas na existência, isso será por alguma ação. Quando a ação de um agente é eficaz, alguma coisa se produz no efeito. É, pois, necessário que pela ação conservadora de Deus alguma coisa se produza na criatura. — Mas isso parece impossível. Porque por tal ação não se produz o existir da criatura, uma vez que o que já existe não se produz. Também não pode produzir nenhum outro efeito superveniente, porque: ou Deus não conserva as coisas na existência de maneira contínua ou estará acrescentando alguma coisa à criatura de maneira continuada, o que não é conveniente. Logo, as criaturas não são conservadas na existência por Deus.

EM SENTIDO CONTRÁRIO, na Carta aos Hebreus se diz: "Deus sustenta todas as coisas pela palavra de seu poder".

RESPONDO. É necessário dizer: pela fé e pela razão, as criaturas são conservadas na existência por Deus. Para prová-lo, deve-se considerar que uma coisa é conservada por outra de duas maneiras. Primeiro, indiretamente, e por acidente, quando se diz que alguém conserva uma coisa porque remove o agente corruptor. Por exemplo: quando alguém guarda uma criança para que não caia no fogo, diz-se que a conserva. Sob esse aspecto pode-se dizer que Deus conserva certas coisas, mas não todas, pois existem algumas que não têm em si nenhum elemento de corrupção, que necessite ser removido para que a coisa seja conservada. — Segundo, diretamente e por si, quando aquilo que é conservado depende do agente conservador de tal modo que sem ele não poderia existir. Desse ponto de vista, todas as criaturas têm necessidade da conservação divina. O existir de qualquer criatura depende a tal ponto de Deus,

---

3. *Moral*., l. XVI, c. 37, al. 16, in vet. 18: ML 75, 1143 C.

sic perspici potest. Omnis enim effectus dependet a sua causa, secundum quod est causa eius. Sed considerandum est quod aliquod agens est causa sui effectus secundum fieri tantum, et non directe secundum esse eius. Quod quidem contingit et in artificialibus, et in rebus naturalibus. Aedificator enim est causa domus quantum ad eius fieri, non autem directe quantum ad esse eius. Manifestum est enim quod esse domus consequitur formam eius: forma autem domus est compositio et ordo, quae quidem forma consequitur naturalem virtutem quarundam rerum. Sicut enim coquus coquit cibum adhibendo aliquam virtutem naturalem activam, scilicet ignis; ita aedificator facit domum adhibendo caementum, lapides et ligna, quae sunt susceptiva et conservativa talis compositionis et ordinis. Unde esse domus dependet ex naturis harum rerum, sicut fieri domus dependet ex actione aedificatoris. — Et simili ratione est considerandum in rebus naturalibus. Quia si aliquod agens non est causa formae inquantum huiusmodi, non erit per se causa esse quod consequitur ad talem formam, sed erit causa effectus secundum fieri tantum.

Manifestum est autem quod, si aliqua duo sunt eiusdem speciei, unum non potest esse per se causa formae alterius, inquantum est talis forma: quia sic esset causa formae propriae, cum sit eadem ratio utriusque. Sed potest esse causa huiusmodi formae secundum quod est in materia, idest quod haec materia acquirat hanc formam. Et hoc est esse causa secundum fieri; sicut cum homo generat hominem, et ignis ignem. Et ideo quandocumque naturalis effectus est natus impressionem agentis recipere secundum eandem rationem secundum quam est in agente, tunc fieri effectus dependet ab agente, non autem esse ipsius. — Sed aliquando effectus non est natus recipere impressionem agentis secundum eandem rationem secundum quam est in agente: sicut patet in omnibus agentibus quae non agunt simile secundum speciem; sicut caelestia corpora sunt causa generationis inferiorum corporum dissimilium secundum speciem. Et tale agens potest esse causa formae secundum rationem talis formae, et non solum secundum quod acquiritur in hac materia: et ideo est causa non solum fiendi, sed essendi.

Sicut igitur fieri rei non potest remanere, cessante actione agentis quod est causa effectus

que ela não poderia subsistir um instante sequer, e seria reduzida ao nada, se não fosse conservada na existência pela operação do poder divino, como diz Gregório. Todo efeito depende de sua causa, na medida em que é causa desse efeito. Mas deve-se considerar que há agentes que são causa apenas do vir-a-ser do efeito, e não diretamente de seu existir. Isso acontece entre as coisas artificiais e as naturais. O construtor, por exemplo, é causa da casa, quanto a seu vir-a-ser, e não diretamente quanto a seu existir. É evidente que a existência da casa é consecutiva à sua forma, e essa forma é a disposição e a ordem, e isso é consequência da potência natural de algumas coisas. Por exemplo, o cozinheiro prepara os alimentos recorrendo a alguma potência natural ativa, a saber, o fogo; assim também o construtor faz a casa servindo-se de cimento, de pedras e madeira, capazes de receber e conservar a disposição e a ordem da casa. Daí que o existir da casa depende da natureza dessas coisas, assim como o vir-a-ser da casa depende da ação do construtor. — O mesmo argumento deve ser considerado nas coisas naturais. Quando um agente não é causa da forma enquanto forma, também não será por si causa da existência que dela resulta, mas causa do efeito.

Ora, é evidente que, quando duas coisas quanto ao vir-a-ser são da mesma espécie, uma não pode ser, por si, causa da forma da outra, enquanto tal forma, pois seria assim causa de sua própria forma, uma vez que as duas são da mesma natureza. Mas pode ser causa de tal forma enquanto esta forma está em uma matéria, isto é, é causa de que esta matéria adquira esta forma. E isto é ser causa do vir-a-ser. Assim o homem gera homem e o fogo gera fogo. Desse modo, todas as vezes que um efeito natural for apto para receber a ação de seu agente, segundo a mesma razão pela qual está no agente, então o vir-a-ser do efeito depende do agente, e não seu existir. — Contudo, às vezes um efeito não é apto para receber a ação do agente segundo a mesma razão pela qual está no agente. Por exemplo, todos os agentes que produzem efeitos não semelhantes segundo a espécie, como os corpos celestes são causa da geração de corpos inferiores especificamente diferentes. Neste caso, o agente pode ser causa da forma segundo a razão de tal forma, e não somente enquanto é adquirida nesta matéria. Por isso, não é apenas causa do vir-a-ser mas do existir.

Assim como o vir-a-ser da coisa não pode permanecer, depois de terminada a ação do agente

secundum fieri; ita nec esse rei potest remanere, cessante actione agentis quod est causa effectus non solum secundum fieri, sed etiam secundum esse. Et haec est ratio quare aqua calefacta retinet calorem, cessante actione ignis; non autem remanet aer illuminatus, nec ad momentum, cessante actione solis. Quia scilicet materia aquae susceptiva est caloris ignis secundum eandem rationem qua est in igne: unde si perfecte perducatur ad formam ignis, retinebit calorem semper; si autem imperfecte participet aliquid de forma ignis secundum quandam inchoationem, calor non semper remanebit, sed ad tempus, propter debilem participationem principii caloris. Aer autem nullo modo natus est recipere lumen secundum eandem rationem secundum quam est in sole, ut scilicet recipiat formam solis, quae est principium luminis: et ideo, quia non habet radicem in aere, statim cessat lumen, cessante actione solis.

Sic autem se habet omnis creatura ad Deum, sicut aer ad solem illuminantem. Sicut enim sol est lucens per suam naturam, aer autem fit luminosus participando lumen a sole, non tamen participando naturam solis; ita solus Deus est ens per essentiam suam, quia eius essentia est suum esse; omnis autem creatura est ens participative, non quod sua essentia sit eius esse. Et ideo, ut Augustinus dicit IV *super Gen. ad litt.*[4], *virtus Dei ab eis quae creata sunt regendis si cessaret aliquando, simul et illorum cessaret species, omnisque natura concideret*. Et in VIII[5] eiusdem libri dicit quod, *sicut aer praesente lumine fit lucidus, sic homo, Deo sibi praesente, illuminatur, absente autem, continuo tenebratur*.

AD PRIMUM ergo dicendum quod esse per se consequitur formam creaturae, supposito tamen influxu Dei: sicut lumen sequitur diaphanum aeris, supposito influxu solis. Unde potentia ad non esse in spiritualibus creaturis et corporibus caelestibus, magis est in Deo, qui potest subtrahere suum

que é a causa do efeito enquanto vir-a-ser, também o existir de uma coisa não pode permanecer depois de terminada a ação do agente que é causa não apenas do efeito, enquanto vir-a-ser, mas também enquanto existir. Razão pela qual a água aquecida retém o calor mesmo depois de terminada a ação do fogo; mas o ar não permanece iluminado, nem por um instante, depois de terminada a ação do sol. Com efeito, a matéria da água é capaz de receber o calor do fogo tal como ele se encontra no fogo, e se fosse levada a assumir com perfeição a forma do fogo reteria o calor para sempre; mas se participa imperfeitamente de algo da forma do fogo, de modo incoativo, o calor nela permanecerá apenas durante certo tempo, por causa da pequena participação no princípio do calor. O ar, pelo contrário, não é de modo algum apto por natureza a receber a luz tal como se encontra no sol, a saber, a ponto de receber a forma do sol, que é o princípio da luz. Assim, por não encontrar nenhuma raiz no ar, terminada a ação do sol, a luz cessa imediatamente.

Ora, todas as criaturas se referem a Deus, assim como o ar ao sol que ilumina. O sol, por sua própria natureza, é luminoso; a atmosfera porém só se torna luminosa participando da luz do sol, mas não participando de sua natureza; da mesma forma, só Deus é ente por sua essência, porque sua essência é seu existir; ao passo que toda criatura é ente por participação, uma vez que sua essência não é seu existir. Como diz Agostinho, "se o poder de Deus cessasse um dia de reger as criaturas, ao mesmo tempo cessaria a espécie delas e toda a criação desmoronaria". E ainda: "Assim como o ar se torna luminoso com a presença da luz, o homem com a presença de Deus se torna iluminado; na ausência dEle, imediatamente se torna turvo"[b].

QUANTO AO 1º, portanto, deve-se dizer que o existir por si é consecutivo à forma da criatura, pressuposta a ação Deus; do mesmo modo a luz é consecutiva à diafaneidade do ar, pressuposta a ação do sol. Daí que, tanto nas criaturas espirituais como nos corpos celestes, a potência para

---

4. C. 12: ML 34, 304.
5. C. 12: ML 34, 383.

b. A existência é o efeito próprio de Deus, e nenhuma causa criada pode dá-la na medida em que ela mesma a recebe de Deus. É que apenas ele existe por essência, tudo o mais existindo por participação, sem que jamais a existência de criatura alguma possa tornar-se propriedade de sua essência. Do mesmo modo, o efeito próprio da causa segunda que age, conforme será especificado na questão seguinte, sob a moção da Causa primeira, não é a existência de seu efeito, mas seu devir e sua limitação própria. E, assim como, cessada sua ação, o devir do efeito se detém, assim se a ação de Deus cessasse, o ser do efeito, sua existência, cessaria.

influxum, quam in forma vel in materia talium creaturarum.

AD SECUNDUM dicendum quod Deus non potest communicare alicui creaturae ut conservetur in esse, sua operatione cessante; sicut non potest ei communicare quod non sit causa esse illius. Intantum enim indiget creatura conservari a Deo, inquantum esse effectus dependet a causa essendi. Unde non est simile de agente quod non est causa essendi, sed fieri tantum.

AD TERTIUM dicendum quod ratio illa procedit de conservatione quae est per remotionem corrumpentis; qua non indigent omnes creaturae, ut dictum est[6].

AD QUARTUM dicendum quod conservatio rerum a Deo non est per aliquam novam actionem; sed per continuationem actionis qua dat esse, quae quidem actio est sine motu et tempore. Sicut etiam conservatio luminis in aere est per continuatum influxum a sole.

o não-ser está muito mais em Deus, que pode subtrair sua ação, do que na forma ou na matéria das criaturas.

QUANTO AO 2º, deve-se dizer que Deus não pode comunicar a uma criatura que se conserve na existência, depois de terminada sua operação. Como não lhe pode comunicar que não é Ele a causa de sua existência. A criatura precisa ser conservada por Deus, na medida em que a existência do efeito depende da causa do existir. O mesmo não ocorre com o agente que não é causa da existência, mas somente do vir-a-ser.

QUANTO AO 3º, deve-se dizer que o argumento procede da conservação que se dá pela remoção de todo elemento de corrupção. Ora, como dissemos, nem todas as criaturas têm necessidade desse modo de conservação.

QUANTO AO 4º, deve-se dizer que a conservação das coisas por Deus não se dá por uma nova ação, mas pela continuação da ação que dá o existir, a qual acontece sem movimento nem tempo. Da mesma maneira, a conservação da luz no ar se faz pela continuação da ação do sol[c].

ARTICULUS 2
Utrum Deus immediate omnem creaturam conservet

AD SECUNDUM SIC PROCEDITUR. Videtur quod Deus immediate omnem creaturam conservet.

1. Eadem enim actione Deus est conservator rerum, qua et creator, ut dictum est[1]. Sed Deus immediate est creator omnium. Ergo immediate est etiam conservator.
2. PRAETEREA, unaquaeque res magis est proxima sibi, quam rei alteri. Sed non potest communicari alicui creaturae quod conservet seipsam. Ergo multo minus potest ei communicari quod conservet aliam. Ergo Deus omnia conservat absque aliqua media causa conservante.

3. PRAETEREA, effectus conservatur in esse ab eo quod est causa eius non solum secundum fieri, sed etiam secundum esse. Sed omnes causae creatae, ut videtur, non sunt causae suorum effectuum

ARTIGO 2
Deus conserva toda criatura de modo imediato?

QUANTO AO SEGUNDO, ASSIM SE PROCEDE: parece que Deus **conserva** toda criatura de modo imediato

1. Com efeito, pela mesma ação Deus cria as coisas e as conserva na existência, como já foi dito. Ora, Deus cria imediatamente todas as coisas. Logo, conserva também de modo imediato.
2. ALÉM DISSO, toda coisa é mais próxima de si mesma que de qualquer outra. Ora, não pode ser comunicado a nenhuma criatura o conservar-se a si mesma. Portanto, muito menos pode ser-lhe comunicado que conserve a outra. Logo, Deus conserva todas as coisas criadas sem nenhuma causa intermediária.
3. ADEMAIS, um efeito é conservado na existência por aquilo que é sua causa não só quanto ao vir-a-ser, mas também quanto ao existir. Ora, todas causas criadas são, ao que parece, causas

---
6. In corp.

1. A. praec. ad 4.

---
c. Não nos representemos, pois, a conservação das coisas na existência como uma criação sempre recomeçada, mas como uma criação continuada, sempre atual, a ação divina estando além do movimento e do tempo.

nisi secundum fieri: non sunt enim causae nisi movendo, ut supra² habitum est. Ergo non sunt causae conservantes suos effectus in esse.

SED CONTRA est quod per idem conservatur res, per quod habet esse. Sed Deus dat esse rebus mediantibus aliquibus causis mediis. Ergo etiam res in esse conservat mediantibus aliquibus causis.

RESPONDEO dicendum quod, sicut dictum est³, dupliciter aliquid rem aliquam in esse conservat: uno modo, indirecte et per accidens, per hoc quod removet vel impedit actionem corrumpentis; alio modo, directe et per se, quia ab eo dependet esse alterius, sicut a causa dependet esse effectus. Utroque autem modo aliqua res creata invenitur esse alterius conservativa. Manifestum est enim quod etiam in rebus corporalibus multa sunt quae impediunt actiones corrumpentium, et per hoc dicuntur rerum conservativa; sicut sal impedit carnes a putrefactione, et simile est in multis aliis. — Invenitur etiam quod ab aliqua creatura dependet aliquis effectus secundum suum esse. Cum enim sunt multae causae ordinatae, necesse est quod effectus dependeat primo quidem et principaliter a causa prima; secundario vero ab omnibus causis mediis. Et ideo principaliter quidem prima causa est effectus conservativa; secundario vero omnes mediae causae, et tanto magis quanto causa fuerit altior et primae causae proximior. Unde superioribus causis, etiam in corporalibus rebus, attribuitur conservatio et permanentia rerum: sicut Philosophus dicit, in XII *Metaphys*.⁴, quod primus motus, scilicet diurnus, est causa continuitatis generationis; secundus autem motus, qui est per zodiacum, est causa diversitatis quae est secundum generationem et corruptionem. Et similiter astrologi, attribuunt Saturno, qui est supremus planetarum, res fixas et permanentes. — Sic igitur dicendum est quod Deus conservat res quasdam in esse, mediantibus aliquibus causis.

apenas do vir-a-ser de seus efeitos, porque causam somente por meio do movimento, como acima se tratou. Logo, não são causas que conservam seus efeitos na existência.

EM SENTIDO CONTRÁRIO, uma coisa é conservada na existência pela mesma causa que lhe deu o existir. Ora, Deus dá o existir às coisas servindo-se de causas intermediárias. Por conseguinte, também por meio de algumas causas conserva as coisas na existência.

RESPONDO. Como já se disse, conserva-se uma coisa na existência de duas maneiras: primeiro, indiretamente e por acidente, removendo ou impedindo a ação do agente corruptor; segundo, diretamente e por si, quando o ser de uma coisa depende de outra, como o ser do efeito depende de sua causa. De um e outro modo uma coisa criada pode conservar uma outra. É claro que, mes-mo entre as coisas materiais, há muitas que impedem a ação de agentes corruptores, por isso mesmo se diz que conservam as coisas. Por exemplo, o sal impede a putrefação da carne. E o mesmo acontece em muitas outras coisas. Encontram-se também certos efeitos que dependem de outra criatura quanto a seu existir. Como são muitas as causas ordenadas, é necessário que o efeito dependa, em primeiro lugar e principalmente, da causa primeira; depois e secundariamente, de todas as causas intermediárias. Portanto, a causa primeira é principalmente o que conserva o efeito, secundariamente todas as causas intermediárias e tanto mais quanto mais elevada for a causa e mais próxima da primeira causa. Por essa razão atribuem-se às causas superiores, mesmo entre as coisas corporais, a conservação e permanência das coisas. O Filósofo diz no livro XII da *Metafísica* que o primeiro movimento, ou seja, o movimento diurno, é causa da continuidade da geração; o segundo movimento, ou seja, o movimento zodiacal, é causa da diversidade quanto à geração e à corrupção. Da mesma forma os astrônomos atribuem a Saturno, o planeta superior, as coisas fixas e permanentes. — Deve-se, pois, dizer que Deus conserva certas coisas na existência, servindo-se de causas intermediárias[d].

2. Q. 45, a. 3.
3. A. praec.
4. Cc. 6, 7: 1072, a, 9-23.

d. Será necessário dizer, uma vez que só Deus é a causa do ser como tal, que ele não se serve de nenhum intermediário para a conservação das coisas no ser? Este artigo 2 mostra bem que não é isso o que pensa Sto. Tomás. Contudo, é preciso reler o artigo precedente para compreender como ele explica as coisas neste artigo. Concebia ele causas superiores — tratava-se dos corpos celestes e de seus movimentos —, cujo efeito próprio era a participação não imediatamente à existência que eles

AD PRIMUM ergo dicendum quod Deus immediate omnia creavit: sed in ipsa rerum creatione ordinem in rebus instituit, ut quaedam ab aliis dependerent, per quas secundario conservarentur in esse; praesupposita tamen principali conservatione, quae est ab ipso.

AD SECUNDUM dicendum quod, cum propria causa sit conservativa effectus ab ea dependentis; sicut nulli effectui praestari potest quod sit causa sui ipsius, potest tamen ei praestari quod sit causa alterius; ita etiam nulli effectui praestari potest quod sit sui ipsius conservativus, potest tamen ei praestari quod sit conservativus alterius.

AD TERTIUM dicendum quod nulla creatura potest esse causa alterius, quantum ad hoc quod acquirat novam formam vel dispositionem, nisi per modum alicuius mutationis: quia semper agit praesupposito aliquo subiecto. Sed postquam formam vel dispositionem induxit in effectu, absque alia immutatione effectus, huiusmodi formam vel dispositionem conservat. Sicut in aere, prout illuminatur de novo, intelligitur quaedam mutatio; sed conservatio luminis est absque aeris immutatione, ex sola praesentia illuminantis.

QUANTO AO 1º, portanto, deve-se dizer que Deus criou todas as coisas imediatamente, mas, ao criá-las, instituiu uma ordem entre elas de tal maneira que umas ficassem dependentes de outras pelas quais, de modo secundário, se conservassem na existência pressupondo-se que a conservação primeira é do próprio Deus.

QUANTO AO 2º, deve-se dizer que como a causa própria conserva o efeito que dela depende, e como é impossível conferir a um efeito ser causa de si próprio, pode-se, no entanto, conferir que seja causa de outro. Desse modo, embora a nenhum efeito se possa conferir o conservar-se a si próprio, contudo pode-se conferir-lhe o conservar a outro.

QUANTO AO 3º, deve-se dizer que nenhuma criatura pode ser causa de outra, de modo que esta outra adquirira uma nova forma ou disposição, a não ser pelo modo de mudança, porque a criatura sempre age pressupondo a existência de outro sujeito. Depois, porém, de causar naquele efeito a forma ou disposição, ela conserva esta forma ou disposição sem nenhuma mutação no efeito. Da mesma forma, quando o ar se ilumina de novo, isso supõe certa mudança; depois, no entanto, a conservação da luz se deve apenas à presença do que ilumina, sem nenhuma mudança do ar.

ARTICULUS 3
Utrum Deus possit aliquid in nihilum redigere

AD TERTIUM SIC PROCEDITUR. Videtur quod Deus non possit aliquid in nihilum redigere.
1. Dicit enim Augustinus, in libro *Octoginta trium Quaest.*[1], quod *Deus non est causa tendendi*

ARTIGO 3
Deus pode reduzir uma coisa ao nada?

QUANTO AO TERCEIRO, ASSIM SE PROCEDE: parece que Deus **não** pode reduzir coisa alguma ao nada.
1. Com efeito, segundo Agostinho, "Deus não é causa da tendência ao não-ser", o que aconteceria

---

3 PARALL.: Supra, q. 9, a. 2; *De Verit.*, q. 5, a. 2, ad 6; *De Pot.*, q. 5, a. 3; *Quodlib.* IV, q. 3, a. 1.
   1. Q. 21: ML 40, 16.

recebiam de Deus, mas a *suas formas*. Eis por que, afirmava no artigo anterior, essas causas superiores, por ele denominadas "equívocas" (porque seus efeitos não lhes são "univocamente semelhantes"), são de uma espécie inferior, podem ter por efeitos próprios não somente o devir desses efeitos, mas sua forma específica, sua natureza. É de tais causas que Sto. Tomás afirma: "Por isso, a título principal, sem dúvida, a causa primeira é conservadora do efeito; porém, a título secundário, todas as causas intermediárias também o são, e tanto mais quanto mais elevadas e mais próximas estiverem da causa primeira. Disto provém que se atribua às causas superiores, mesmo no mundo material, a conservação e a permanência das coisas". No entanto, como conceber hoje, na ordem material, uma hierarquia de naturezas fundadas sobre sua participação analógica de umas às outras? Não se renunciará contudo à ideia de que a ação pela qual Deus conserva as coisas no ser se exerce por intermédio da ação das causas segundas. Não apenas, conforme afirmado no artigo 2, porque, pela ação destas, as causas de destruição são removidas, mas porque elas não deixam de fornecer tudo aquilo de que os seres carecem para perdurar. Ação indireta ou, mais exatamente, dispositiva, que não é a continuação daquela que as fez vir à existência, a qual não mais existe. Ação multiforme, da qual quase se poderia dizer que é de todo o universo, ou pelo menos de um vasto meio cósmico. Voltamos a encontrar agora, nesse conceito de uma totalidade que age, algo da ideia da "causa superior", e contudo criada, verdadeiro intermediário entre Deus e os efeitos naturais, tanto para sua conservação como para sua produção. Contanto que fique bem claro que nenhuma causalidade intermediária, seja para a produção do ser, seja para sua conservação, impede a imediatez da ação e da presença divinas. Deus não é o primeiro de uma série: ele a engloba toda inteira.

in non esse. Hoc autem contingeret, si aliquam creaturam redigeret in nihilum. Ergo Deus non potest aliquid in nihilum redigere.

2. Praeterea, Deus est causa rerum ut sint, per suam bonitatem: quia, ut Augustinus dicit in libro *de Doct. Christ.*², *inquantum Deus bonus est, sumus.* Sed Deus non potest non esse bonus. Ergo non potest facere ut res non sint. Quod faceret, si eas in nihilum redigeret.

3. Praeterea, si Deus in nihilum aliqua redigeret, oporteret quod hoc fieret per aliquam actionem. Sed hoc non potest esse: quia omnis actio terminatur ad aliquod ens; unde etiam actio corrumpentis terminatur ad aliquid generatum, quia generatio unius est corruptio alterius. Ergo Deus non potest aliquid in nihilum redigere.

Sed contra est quod dicitur Ier 10,24: *Corripe me, Domine, verumtamen in iudicio, et non in furore tuo, ne forte ad nihilum redigas me.*

Respondeo dicendum quod quidam posuerunt quod Deus res in esse produxit agendo de necessitate naturae. Quod si esset verum, Deus non posset rem aliquam in nihilum redigere; sicut non potest a sua natura mutari. Sed, sicut supra³ est habitum, haec positio est falsa, et a fide catholica penitus aliena, quae confitetur Deum res libera voluntate produxisse in esse, secundum illud Ps 134,6: *Omnia quaecumque voluit Dominus, fecit.* Hoc igitur quod Deus creaturae esse communicat, ex Dei voluntate dependet. Nec aliter res in esse conservat, nisi inquantum eis continue influit esse, ut dictum est⁴. Sicut ergo antequam res essent, potuit eis non communicare esse, et sic eas non facere; ita postquam iam factae sunt, potest eis non influere esse, et sic esse desisterent. Quod est eas in nihilum redigere.

Ad primum ergo dicendum quod non esse non habet causam per se: quia nihil potest esse causa nisi inquantum est ens; ens autem, per se loquendo, est causa essendi. Sic igitur Deus non potest esse causa tendendi in non esse; sed hoc habet creatura ex seipsa, inquantum est de nihilo. Sed per accidens Deus potest esse causa quod res in nihilum redigantur, subtrahendo scilicet suam actionem a rebus.

se Deus reduzisse alguma criatura ao nada. Logo, Deus não pode reduzir uma coisa ao nada.

2. Além disso, por sua bondade Deus é a causa de que as coisas existam. Segundo Agostinho, "porque Deus é bom nós existimos". Ora, Deus não pode não ser bom. Logo, não pode fazer que as coisas não existam; o que faria, e as reduzisse ao nada.

3. Ademais, se Deus reduzisse alguma coisa ao nada, seria necessário fazê-lo por alguma ação. Ora, isso é impossível, porque toda ação tem sempre por termo algum ente. Daí que até mesmo a ação do que corrompe termina em algo gerado, porque a geração de um é a corrupção de outro. Logo, Deus não pode reduzir uma coisa ao nada.

Em sentido contrário, diz o livro de Jeremias: "Corrige-me, Senhor, mas na medida justa, e não em teu furor, para que não me reduzas ao nada".

Respondo. Alguns afirmaram que Deus produziu as coisas no existir agindo por necessidade de natureza. Se isso fosse verdade, Deus não poderia reduzir uma coisa ao nada; como não pode ser mudada sua natureza. Como acima se tratou, esta afirmação é falsa e inteiramente alheia à fé católica, que professa que Deus produziu as coisas no existir por sua livre vontade, como diz o Salmo 174: "Tudo o que Senhor quis, Ele o fez". Portanto, que Deus comunique a uma criatura o existir, depende da vontade Deus. E o modo pelo qual conserva as coisas na existência é causando continuamente o existir, como se disse. Antes que as coisas existissem, Deus podia não lhes comunicar o existir, e assim não fazê-las. Da mesma maneira, depois de feitas as coisas, pode deixar de causar sua ação sobre elas, e assim deixariam de existir. Isso seria reduzir as coisas ao nada.

Quanto ao 1º, portanto, deve-se dizer que o não-ser não tem causa por si, porque uma coisa só pode ser causa na medida em que é ente, e um ente, no sentido próprio do termo, é causa de existir. Assim, Deus não pode ser causa de uma tendência ao não-ser. Tal tendência, a criatura a possui dentro de si mesma, porque provém do nada[e]. No entanto, Deus pode ser causa, por acidente, da redução das coisas ao nada: a saber, suspendendo sua ação.

---

2. L. I, c. 32: ML 34, 32.
3. Q. 19, a. 4.
4. A. 1, ad 4.

---

e. Como falar de uma tendência ao não-ser? O ser criado recebe do Criador, com a existência, a tendência a ser, a ser cada vez mais. Mas, por si mesmo, segundo o que, nele, o distingue de Deus, ele é apenas princípio de limitação, de ser menor, de não-ser.

AD SECUNDUM dicendum quod bonitas Dei est causa rerum, non quasi ex necessitate naturae, quia divina bonitas non dependet ex rebus creatis; sed per liberam voluntatem. Unde sicut potuit sine praeiudicio bonitatis suae, res non producere in esse; ita absque detrimento suae bonitatis, potest res in esse non conservare.

AD TERTIUM dicendum quod, si Deus rem aliquam redigeret in nihilum, hoc non esset per aliquam actionem; sed per hoc quod ab agendo cessaret.

QUANTO AO 2º, deve-se dizer que a bondade de Deus é causa das coisas não por necessidade de natureza, uma vez que a divina bondade não depende das coisas criadas, mas por vontade livre. Deus poderia, portanto, sem nenhum prejuízo de sua bondade, não dar o existir às coisas. Da mesma forma pode ele cessar de conservá-las na existência sem nenhum prejuízo de sua bondade.

QUANTO AO 3º, deve-se dizer que se Deus reduzisse alguma coisa ao nada, não o faria por intermédio de alguma ação, mas por uma cessação de ação.

ARTICULUS 4
Utrum aliquid in nihilum redigatur

AD QUARTUM SIC PROCEDITUR. Videtur quod aliquid in nihilum redigatur.
1. Finis enim respondet principio. Sed a principio nihil erat nisi Deus. Ergo ad hunc finem res perducentur, ut nihil sit nisi Deus. Et ita creaturae in nihilum redigentur.

2. PRAETEREA, omnis creatura habet potentiam finitam. Sed nulla potentia finita se extendit ad infinitum: unde in VIII *Physic*.[1] probatur quod potentia finita non potest movere tempore infinito. Ergo nulla creatura potest durare in infinitum. Et ita quandoque in nihilum redigetur.

3. PRAETEREA, forma et accidentia non habent materiam partem sui. Sed quandoque desinunt esse. Ergo in nihilum rediguntur.

SED CONTRA est quod dicitur, Eccle 3,14: *Didici quod omnia opera quae fecit Deus, perseverant in aeternum.*

RESPONDEO dicendum quod eorum quae a Deo fiunt circa creaturam, quaedam proveniunt secundum naturalem cursum rerum; quaedam vero miraculose operatur praeter ordinem naturalem creaturis inditum, ut infra[2] dicetur. Quae autem facturus est Deus secundum ordinem naturalem rebus inditum, considerari possunt ex ipsis rerum naturis: quae vero miraculose fiunt, ordinantur ad

ARTIGO 4
Alguma coisa é reduzida ao nada?

QUANTO AO QUARTO, ASSIM SE PROCEDE: parece que alguma coisa é reduzida ao nada.
1. Com efeito, o fim corresponde ao princípio. Ora, no princípio só existia Deus. Logo, as coisas serão conduzidas a este fim, de tal maneira que nada exista a não ser Deus. As criaturas serão, assim, reduzidas ao nada.

2. ALÉM DISSO, toda criatura tem uma potência finita. Ora, nenhuma potência finita pode se estender ao infinito. Por isso no livro VIII da *Física* se prova que uma potência finita não pode mover durante um tempo infinito. Logo, nenhuma criatura pode durar infinitamente. Assim, num determinado momento, será reduzida ao nada.

3. ADEMAIS, a forma e os acidentes não têm a matéria como parte de si. Ora, eles por vezes deixam de existir. Logo, são reduzidos ao nada.

EM SENTIDO CONTRÁRIO, diz o livro do Eclesiastes: "Aprendi que todas as obras que Deus fez perseveram eternamente".

RESPONDO. Quanto às intervenções de Deus em relação à criatura, algumas procedem segundo o curso natural das coisas; outras ele opera milagrosamente, fora da ordem natural impressas nas criaturas, como depois se dirá. O que há de fazer segundo a ordem natural impressa nas coisas pode ser considerado de acordo com a própria natureza das coisas. As que são feitas milagrosamente

---

4   PARALL.: Supra, q. 65, a. 1, ad 1; *De Pot*., q. 5, a. 4; a. 9, ad 1.

   1. C. 10: 266, a, 12-24.
   2. Q. 105, a. 6.

É nesse sentido que ele "tende" ao nada. Não se trata de uma inclinação positiva a não ser. Isto significa, simplesmente, que, subtraído a Deus e entregue a si mesmo, ele deixaria de ser e de existir, que ele só é o que é, e só existe, por Deus. Tudo o que, em sua ação, provém de si enquanto subtraindo-se a Deus (e isto somente pode ser negação, privação) é na verdade não-ser introduzido no ser: o mal.

gratiae manifestationem, secundum illud Apostoli 1Cor 12,7: *Unicuique datur manifestatio Spiritus ad utilitatem*; et postmodum, inter cetera, subdit de miraculorum operatione.

Creaturarum autem naturae hoc demonstrant, ut nulla earum in nihilum redigatur: quia vel sunt immateriales, et sic in eis non est potentia ad non esse; vel sunt materiales, et sic saltem remanent semper secundum materiam, quae incorruptibilis est, utpote subiectum existens generationis et corruptionis. Redigere etiam aliquid in nihilum, non pertinet ad gratiae manifestationem: cum magis per hoc divina potentia et bonitas ostendatur, quod res in esse conservat. Unde simpliciter dicendum est quod nihil omnino in nihilum redigetur.

AD PRIMUM ergo dicendum quod hoc quod res in esse productae sunt, postquam non fuerunt, declarat potentiam producentis. Sed quod in nihilum redigerentur, huiusmodi manifestationem impediret: cum Dei potentia in hoc maxime ostendatur, quod res in esse conservat, secundum illud Apostoli Hb 1,3: *Portans omnia verbo virtutis suae*.

AD SECUNDUM dicendum quod potentia creaturae ad essendum est receptiva tantum; sed potentia activa est ipsius Dei, a quo est influxus essendi. Unde quod res in infinitum durent, sequitur infinitatem divinae virtutis. Determinatur tamen quibusdam rebus virtus ad manendum tempore determinato, inquantum impediri possunt ne percipiant influxum essendi qui est ab eo, ex ali-

ordenam-se à manifestação da graça, segundo a palavra do Apóstolo: "A cada um foi dada a manifestação do Espírito para a utilidade de todos". E a seguir, entre outras coisas, trata da operação dos milagres.

As naturezas das criaturas demonstram que nenhuma delas é reduzida ao nada: porque, ou são imateriais, e nesse caso não existe nelas potência para o não-ser, ou são materiais, e assim permanecem sempre, pelo menos quanto à matéria, que, existindo enquanto sujeito da corrupção e da geração, é incorruptível. Por outro lado, a redução de uma coisa ao nada não pertence à manifestação da graça, uma vez que o poder e a bondade de Deus se manifestam mais pela conservação das coisas na existência. Portanto deve-se dizer de modo absoluto que nenhuma coisa será reduzida ao nada[f].

QUANTO AO 1º, portanto, deve-se dizer que as coisas terem sido produzidas no existir, depois de não terem existido, manifesta o poder do que produz. Sua redução ao nada, no entanto, impediria essa manifestação, uma vez que o poder de Deus se exprime ao máximo na conservação das coisas na existência, como diz o Apóstolo: "Ele sustenta todas as coisas pela palavra de seu poder".

QUANTO AO 2º, deve-se dizer que a potência da criatura para o existir é somente receptiva; a potência ativa é do próprio Deus, de quem é o impulso para existir. Daí por que a duração infinita das coisas é consecutiva ao poder divino. A algumas coisas, no entanto, se determina uma potência que lhes permite durar somente por certo tempo, na medida em que o impulso que recebem

---

f. O que precede mostra que a aniquilação de um ser só pode provir de um ato da potência divina, ou, antes, de uma retirada voluntária que Deus faria de sua potência criadora. Semelhante ato é em si possível, uma vez que Deus cria livremente, mas não faria sentido. Nem o espírito nem a matéria apresentam potência de não-ser, e seria contra suas naturezas aniquilá-los. Deus pode agir contra a natureza, e é o milagre, mas é então tendo em vista a manifestação da ordem superior da graça, algo a que o aniquilamento das coisas não pode servir. Os seres materiais, contudo, desaparecem e se sucedem incessantemente. Sua matéria, porém, afirma Sto. Tomás no corpo do artigo, "subsiste não sujeito da geração e da corrupção". Mas e suas formas? Discorrerá a respeito na resposta à terceira objeção. Elas deixam de existir, de informar a matéria. Não se dirá contudo que são aniquiladas. Antes de existir em ato, eram em potência na matéria, e agora elas retornam à matéria pela força da aparição de outra forma. Não mediante uma subtração do influxo criador, mas, pelo contrário, pela ação contínua deste último por meio das causas que dispõem a matéria a outras formas até existir em potência. Poder-se-ia responder, no entanto: mas os seres individuais, feitos de informação dessa matéria por *essa* forma, como se pode dizer que não desaparecem, que sua "morte" não é uma aniquilação? Eles eram sujeitos de um ato de existência único e que cessou com eles. Sim, mas eles só tinham sentido e só recebiam o ser como momentos de um imenso e multiforme movimento que continua sempre. Já o homem não é um ser puramente material, ainda que sua alma também informe uma matéria. É que ela é em si mesma o próprio sujeito da existência que comunica ao composto. E "as coisas que não possuem contrário em si mesmas podem durar sempre", conforme se afirma na resposta à terceira objeção. Nada poderia retirar-lhe a existência, a não ser a retração do Deus Criador. O caráter por natureza indestrutível da criatura humana, a necessidade para ela de existir sempre, qualquer que seja a orientação que, por sua liberdade, ela dê à sua existência, e, por conseguinte, o caráter prodigioso de que se reveste o dom do ser, isto fornece à existência do menor ser humano uma seriedade incomparável. Aplique-se tal ideia ao próprio universo material, considerado em sua totalidade, e isto impede de imaginar sua aniquilação; isso faz necessariamente do mundo a vir uma transformação, um arremate do antigo.

quo contrario agente, cui finita virtus non potest resistere tempore infinito, sed solum tempore determinato. Et ideo ea quae non habent contrarium, quamvis habeant finitam virtutem, perseverant in aeternum.

AD TERTIUM dicendum quod formae et accidentia non sunt entia completa, cum non subsistant, sed quodlibet eorum est aliquid entis: sic enim ens dicitur, quia eo aliquid est. Et tamen eo modo quo sunt, non omnino in nihilum rediguntur; non quia aliqua pars eorum remaneat, sed remanent in potentia materiae vel subiecti.

de Deus para existir pode ser impedido por um agente ao qual um poder finito não poderia resistir indefinidamente, mas apenas por um tempo determinado. Por essa razão as coisas que não têm contrários duram para sempre, embora tendo um poder finito.

QUANTO AO 3º, deve-se dizer que as formas e os acidentes não são entes completos, uma vez que não subsistem, mas umas e outros são algo do ente, e são chamados de ente porque, por eles, alguma coisa é. No entanto, segundo seu modo de ser, não se reduzem de modo algum ao nada, não porque alguma parte deles permaneça, mas porque permanecem em potência da matéria ou do sujeito.

QUAESTIO CV
DE MUTATIONE CREATURARUM A DEO
in octo articulos divisa

Deinde considerandum est de secundo effectu gubernationis divinae, qui est mutatio creaturarum. Et primo, de mutatione creaturarum a Deo; secundo, de mutatione unius creaturae ab alia.
Circa primum quaeruntur octo.

Primo: utrum Deus immediate possit movere materiam ad formam.
Secundo: utrum immediate possit movere aliquod corpus.
Tertio: utrum possit movere intellectum.
Quarto: utrum possit movere voluntatem.
Quinto: utrum Deus operetur in omni operante.
Sexto: utrum possit aliquid facere praeter ordinem rebus inditum.
Septimo: utrum omnia quae sic Deus facit, sint miracula.
Octavo: de diversitate miraculorum.

ARTICULUS 1
Utrum Deus possit immediate movere materiam ad formam

AD PRIMUM SIC PROCEDITUR. Videtur quod Deus non possit immediate movere materiam ad formam.

QUESTÃO 105
A MUTAÇÃO DAS CRIATURAS POR DEUS
em oito artigos

Deve-se considerar agora o segundo efeito do governo divino, que é a mutação das criaturas. Primeiro, a mutação das criaturas por Deus; segundo, a mutação de uma criatura por outra.
No que se refere ao primeiro, são oito as perguntas:

1. Deus pode mover de maneira imediata a matéria para a forma?
2. Pode mover um corpo de maneira imediata?
3. Pode mover o intelecto?
4. Pode mover a vontade?
5. Deus age em tudo o que age?
6. Deus pode fazer alguma coisa fora da ordem estabelecida nas coisas?
7. Tudo o que Deus faz dessa maneira é milagre?
8. Há diversidade de milagres?

ARTIGO 1
Deus pode mover de maneira imediata a matéria para a forma?

QUANTO AO PRIMEIRO ARTIGO, ASSIM SE PROCEDE: parece que Deus **pode** mover de maneira imediata a matéria para a forma.

1

1. Sicut enim probat Philosophus in VII *Metaphys.*[1], formam in hac materia nihil facere potest nisi forma quae est in materia: quia simile facit sibi simile. Sed Deus non est forma in materia. Ergo non potest causare formam in materia.

2. PRAETEREA, si aliquod agens se habeat ad multa, nullum eorum producet, nisi determinetur ad ipsum per aliquid aliud: ut enim in III *de Anima*[2] dicitur, universalis opinio non movet nisi mediante aliqua particulari apprehensione. Sed virtus divina est universalis causa omnium. Ergo non potest producere aliquam particularem formam, nisi mediante aliquo particulari agente.

3. PRAETEREA, sicut esse commune dependet a prima causa universali, ita esse determinatum dependet a determinatis causis particularibus, ut supra[3] habitum est. Sed determinatum esse alicuius rei est per propriam eius formam. Ergo propriae rerum formae non producuntur a Deo, nisi mediantibus causis particularibus.

SED CONTRA est quod dicitur Gn 2,7: *Formavit Deus hominem de limo terrae.*

RESPONDEO dicendum quod Deus immediate potest movere materiam ad formam. Quia ens in potentia passiva reduci potest in actum, a potentia activa quae eam sub sua potestate continet. Cum igitur materia contineatur sub potestate divina, utpote a Deo producta, potest reduci in actum per divinam potentiam. Et hoc est moveri materiam ad formam: quia forma nihil aliud est quam actus materiae.

AD PRIMUM ergo dicendum quod effectus aliquis invenitur assimilari causae agenti dupliciter. Uno modo, secundum eandem speciem; ut homo generatur ab homine, et ignis ab igne. Alio modo, secundum virtualem continentiam, prout scilicet forma effectus virtualiter continetur in causa: et sic animalia ex putrefactione generata, et plantae et corpora mineralia assimilantur soli et stellis, quorum virtute generantur. Sic igitur effectus causae agenti similatur secundum totum illud ad quod se extendit virtus agentis. Virtus autem Dei se extendit ad formam et materiam, ut supra[4] habitum est. Unde compositum quod generatur, similatur Deo secundum virtualem

1. Com efeito, como prova o Filósofo, no livro VII da *Metafísica*, só a forma que está na matéria pode fazer uma forma numa determinada matéria, porque o semelhante faz seu semelhante. Ora, Deus não é forma em uma matéria. Logo, não pode causar uma forma na matéria.

2. ALÉM DISSO, quando um agente se refere a muitas coisas, não produzirá nenhum deles, a não ser que seja determinado a um por um outro. No livro III da *Alma* se diz que uma opinião universal não move a não ser por intermédio de uma apreensão particular. Ora, o poder divino é a causa universal de todas as coisas. Logo, não poderá produzir uma forma particular, a não ser por meio de um agente particular.

3. ADEMAIS, assim como o existir, em geral, depende da primeira causa universal, assim o existir determinado depende das causas particulares determinadas, como já foi tratado. Ora, é a forma própria de uma coisa que determina seu existir. Logo, as formas próprias das coisas não são produzidas por Deus a não ser pela mediação de causas particulares.

EM SENTIDO CONTRÁRIO, está escrito no Gênesis: "Deus formou o homem do limo da terra".

RESPONDO. Deus pode imediatamente mover a matéria para a forma, porque o ente em potência passiva pode ser reduzido ao ato pela potência ativa que contém a passiva sob seu poder. Como a matéria está submetida ao poder divino, uma vez que é produzida por Deus, pode ser reduzida ao ato pelo poder divino. Isso é mover a matéria para a forma, porque a forma nada mais é que o ato da matéria.

QUANTO AO 1º, portanto, deve-se dizer que um efeito pode ser assimilado de duas maneiras ao agente que o causa. Primeiro, em razão da mesma espécie: assim o homem é gerado pelo homem, o fogo pelo fogo. Segundo, em razão da compreensão virtual, no sentido de que a forma do efeito está virtualmente contida na causa; assim os animais produzidos pela putrefação são assimilados ao sol e às estrelas, por cuja força teriam sido gerados, assim como as plantas e os minerais. O efeito fica assim assimilado à sua causa segundo toda a extensão da potência do agente. Ora, o poder de Deus se estende sobre a forma e a matéria, como foi dito. Por isso o composto gerado

---

1. C. 8: 1033, b, 19-29.
2. C. 11: 434, a, 16-21.
3. Q. 104, a. 2.
4. Q. 14, a. 11; q. 44, a. 2.

continentiam, sicut similatur composito generanti per similitudinem speciei. Unde sicut compositum generans potest movere materiam ad formam generando compositum sibi simile, ita et Deus. Non autem aliqua alia forma non in materia existens: quia materia non continetur in virtute alterius substantiae separatae. Et ideo daemones et angeli operantur circa haec visibilia, non quidem imprimendo formas, sed adhibendo corporalia semina.

AD SECUNDUM dicendum quod ratio illa procederet, si Deus ageret, ex necessitate naturae. Sed quia agit per voluntatem et intellectum, qui cognoscit rationes proprias omnium formarum, et non solum universales; inde est quod potest determinate hanc vel illam formam materiae imprimere.

AD TERTIUM dicendum quod hoc ipsum quod causae secundae ordinantur ad determinatos effectus est illis a Deo. Unde Deus, quia alias causas ordinat ad determinatos effectus, potest etiam determinatos effectus producere per seipsum.

ARTICULUS 2
Utrum Deus possit immediate movere aliquod corpus

AD SECUNDUM SIC PROCEDITUR. Videtur quod Deus non possit immediate movere aliquod corpus.
1. Cum enim movens et motum oporteat esse simul, ut probatur in VII *Physic.*[1], oportet esse contactum quendam moventis et moti. Sed non potest esse contactus Dei, et corporis alicuius: dicit enim Dionysius, in 1 cap. *de Div. Nom.*[2], quod *Dei non est aliquis tactus*. Ergo Deus non potest immediate movere aliquod corpus.
2. PRAETEREA, Deus est movens non motum. Tale autem est appetibile apprehensum. Movet igitur Deus sicut desideratum et apprehensum. Sed non apprehenditur nisi ab intellectu, qui non est corpus, nec virtus corporis. Ergo Deus non potest movere aliquod corpus immediate.
3. PRAETEREA, Philosophus probat in VIII *Physic.*[3], quod potentia infinita movet in instanti. Sed

é assimilado a Deus por uma compreensão virtual, e assimilado ao composto gerador por uma semelhança de espécie. Assim, da mesma forma que o composto gerador pode mover a matéria para a forma, gerando um composto semelhante a si próprio, o mesmo ocorre com Deus. Não, porém, uma outra forma imaterial, porque a matéria não está compreendida na potência de outra substância separada. De fato, os demônios e anjos agem sobre as coisas visíveis, não imprimindo formas, mas recorrendo a elementos corporais.

QUANTO AO 2º, deve-se dizer que o argumento teria alguma procedência se Deus agisse por necessidade de sua natureza. Age Deus, no entanto, por sua vontade e seu intelecto, que conhece as razões próprias de todas as formas, e não apenas as universais. Segue-se que Deus pode, de modo determinado, imprimir à matéria esta ou aquela forma.

QUANTO AO 3º, deve-se dizer que as causas segundas estejam ordenadas para determinados efeitos, elas o devem a Deus. Portanto, Deus que ordena as outras causas para produzir esses efeitos, pode também produzi-los por si mesmo.

ARTIGO 2
Deus pode mover um corpo de maneira imediata?

QUANTO AO SEGUNDO, ASSIM SE PROCEDE: parece que Deus **pode** mover um corpo de maneira imediata.
1. Com efeito, como se prova no livro VII da *Física*, é preciso que o que move e o que é movido sejam simultâneos e que haja um contato entre os dois. Ora, não pode haver contato entre Deus e um corpo, porque, como diz Dionísio, "em Deus não existe nenhum contato". Logo, Deus não pode mover um corpo de maneira imediata.
2. ALÉM DISSO, Deus é um motor imóvel. Ora, este é objeto do apetite quando apreendido. Portanto, Deus move enquanto desejado e apreendido. Ora, só pode ser apreendido pelo intelecto, que não é corpo, nem potência. Logo, Deus não pode mover nenhum corpo de maneira imediata.
3. ADEMAIS, no livro VIII da *Física*, prova o Filósofo que o movimento produzido por uma

---

2 PARALL.: Opusc. XI, *Resp. de 36 art.*, a. 13.

1. C. 2: 243, a, 3 — 245, b, 2.
2. MG 3, 593 A.
3. C. 10: 266, a, 24 — b, 5.

impossibile est aliquod corpus in instanti moveri: quia, cum omnis motus sit inter opposita, sequeretur quod duo opposita simul inessent eidem; quod est impossibile. Ergo corpus non potest immediate moveri a potentia infinita. Potentia autem Dei est infinita, ut supra[4] habitum est. Ergo Deus non potest immediate movere aliquod corpus.

SED CONTRA, opera sex dierum Deus fecit immediate; in quibus continetur motus corporum, ut patet per hoc quod dicitur Gn 1,9: *Congregentur aquae in locum unum*. Ergo Deus immediate potest movere corpus.

RESPONDEO dicendum quod erroneum est dicere Deum non posse facere per seipsum omnes determinatos effectus qui fiunt per quamcumque causam creatam. Unde cum corpora moveantur immediate a causis creatis, nulli debet venire in dubium quin Deus possit movere immediate quodcumque corpus.

Et hoc quidem consequens est ad ea quae supra[5] dicta sunt. Nam omnis motus corporis cuiuscumque vel consequitur ad aliquam formam, sicut motus localis gravium et levium consequitur formam quae datur a generante, ratione cuius generans dicitur movens: vel est via ad formam aliquam, sicut calefactio est via ad formam ignis. Eiusdem autem est imprimere formam, et disponere ad formam, et dare motum consequentem formam: ignis enim non solum generat alium ignem, sed etiam calefacit, et sursum movet. Cum igitur Deus possit immediate formam materiae imprimere, consequens est ut possit, secundum quemcumque motum, corpus quodcumque movere.

AD PRIMUM ergo dicendum quod duplex est tactus: scilicet corporalis, sicut duo corpora se tangunt; et virtualis, sicut dicitur quod contristans tangit contristatum. Secundum igitur primum con-

potência infinita é instantâneo. Ora, é impossível que um corpo seja movido de modo instantâneo: como o movimento se produz entre dois opostos, seguir-se-ia que os dois opostos estariam simultaneamente no mesmo sujeito, o que é impossível. Logo, um corpo não pode ser movido de maneira imediata por uma potência infinita. Ora, a potência de Deus é infinita, como acima se tratou. Logo, Deus não pode mover um corpo de maneira imediata.

EM SENTIDO CONTRÁRIO, Deus fez de maneira imediata as obras dos seis dias da criação. Nessas obras estão compreendidos os movimentos dos corpos, como se vê pela descrição do Gênesis: "Que as águas se reúnam num único lugar". Por conseguinte, Deus pode mover de maneira imediata um corpo.

RESPONDO. É um erro dizer que Deus não pode fazer por si mesmo todos os efeitos particulares que são feitos por qualquer[a] causa criada. Dado que os corpos são movidos de maneira imediata pelas causas criadas, ninguém pode duvidar que Deus possa mover de maneira imediata qualquer corpo.

Esta é aliás a consequência do que foi dito acima. Pois todo movimento de um corpo qualquer, ou resulta de uma determinada forma: por exemplo, o movimento local dos corpos pesados e leves resulta da forma que lhes foi dada pelo que as gerou, o qual em razão disso, se diz motor. Ou então é um encaminhamento a uma forma, assim como a calefação é um caminho para a forma do fogo. Cabe ao mesmo agente imprimir a forma, dispor para a forma, e dar a ela o movimento consecutivo. Por exemplo, o fogo não apenas gera outro fogo, mas ainda aquece e se move para cima. Dado, pois, que Deus pode imprimir de modo imediato uma forma numa matéria, segue-se que ele pode mover qualquer corpo por qualquer movimento.

QUANTO AO 1º, portanto, deve-se dizer que há dois modos de contato: o corporal, quando dois corpos se tocam, e o contato virtual, por exemplo quando se diz que o que entristece toca o

---

4. Q. 25, a. 2.
5. A. 1.

---

a. O que há a reter neste artigo e no precedente é que a Causa primeira pode sempre fazer imediatamente o que ela faz ordinariamente por intermédio de uma causa segunda. Desse modo, portanto, ela pode causar imediatamente não apenas o ser do efeito, mas seu devir. Do mesmo modo (ver a. 1, r. 3), embora a determinação do ser em tal natureza ou particularidade se deva propriamente à causa segunda, a Causa primeira pode produzir por si mesma e imediatamente efeitos determinados, uma vez que é ela que, de qualquer modo, fornece às causas segundas o seu ordenamento a produzi-los.

tactum, Deus, cum sit incorporeus, nec tangit nec tangitur. Secundum autem virtualem contactum, tangit quidem movendo creaturas, sed non tangitur: quia nullius creaturae virtus naturalis potest ad ipsum pertingere. Et sic intellexit Dionysius quod *non est tactus Dei*, ut scilicet tangatur.

AD SECUNDUM dicendum quod movet Deus sicut desideratum et intellectum. Sed non oportet quod semper moveat sicut desideratum et intellectum ab eo quod movetur; sed sicut desideratum et notum a seipso; quia omnia operatur propter suam bonitatem.

AD TERTIUM dicendum quod Philosophus in VIII *Physic*.[6] intendit probare quod virtus primi motoris non sit virtus in magnitudine, tali ratione: Virtus primi motoris est infinita (quod probat per hoc quod potest movere tempore infinito); virtus autem infinita, si esset in aliqua magnitudine, moveret in non tempore, quod est impossibile; ergo oportet quod infinita virtus primi motoris sit non in magnitudine. Ex quo patet quod corpus moveri in non tempore, non consequitur nisi virtutem infinitam in magnitudine. Cuius ratio est, quia omnis virtus quae est in magnitudine, movet secundum se totam: cum moveat per necessitatem naturae. Potentia autem infinita improportionabiliter excedit quamlibet potentiam finitam. Quanto autem maior est potentia moventis, tanto est maior velocitas motus. Cum igitur potentia finita moveat tempore determinato, sequitur quod potentia infinita non moveat in aliquo tempore: quia cuiuscumque temporis ad aliud tempus est aliqua proportio. — Sed virtus quae non est in magnitudine, est virtus alicuius intelligentis, qui operatur in effectibus secundum quod eis convenit. Et ideo, cum corpori non possit esse conveniens moveri in non tempore, non sequitur quod moveat in non tempore.

entristecido. Segundo o primeiro contato, Deus, incorpóreo, não toca nem é tocado, mas segundo o contato virtual ele toca as criaturas, movendo-as, mas não é tocado, porque nenhuma criatura tem potência natural suficiente para alcançá-lo. E assim entendeu Dionísio ao dizer: "Não existe contato em Deus".

QUANTO AO 2º, deve-se dizer que Deus move enquanto é desejado e conhecido. Ora, não é preciso que mova sempre, enquanto desejado e compreendido por aquele que é movido, mas, enquanto desejado e conhecido por si próprio, porque produz ele todas as coisas por causa de sua bondade.

QUANTO AO 3º, deve-se dizer que o Filósofo no livro VIII da *Física* pretende provar que a potência do primeiro motor não é uma potência de grandeza quantitativa, com este motivo: a potência do primeiro motor é infinita (ele o prova pelo fato de que pode mover durante um tempo infinito). Ora, uma potência infinita, se existisse numa grandeza quantitativa, moveria em um não-tempo, o que é impossível. É preciso pois que a potência infinita do primeiro motor não exista numa grandeza quantitativa. Fica assim patente que o mover-se de um corpo em um não-tempo só poderia resultar de uma potência infinita de grandeza quantitativa. E a razão disso está em que toda potência de grandeza quantitativa move segundo a totalidade de si mesma, porque move por uma necessidade de natureza. Por outro lado, uma potência infinita ultrapassa sem proporção qualquer potência finita. Ora, quanto maior é a potência de um motor, maior será também a velocidade do movimento. Por isso, dado que uma potência finita move segundo um tempo determinado, segue-se que uma potência infinita não move no tempo, porque entre um tempo qualquer e um outro tempo há uma proporção. — Uma potência, porém, que não existe numa grandeza quantitativa é potência de alguém que conhece, que age sobre seus efeitos de acordo com o que a eles convém. Assim, como não pode convir a um corpo ser movido em um não-tempo, não se segue que aquela potência mova no não-tempo.

---

6. C. 10: 266, a, 10 sqq.

Articulus 3
Utrum Deus moveat immediato intellectum creatum

AD TERTIUM SIC PROCEDITUR. Videtur quod Deus non moveat immediate intellectum creatum.

1. Actio enim intellectus est ab eo in quo est: non enim transit in exteriorem materiam, ut dicitur in IX *Metaphys*.[1]. Actio autem eius quod movetur ab alio, non est ab eo in quo est, sed a movente. Non ergo intellectus movetur ab alio. Et ita videtur quod Deus non possit movere intellectum.

2. PRAETEREA, id quod habet in se principium sufficiens sui motus, non movetur ab alio. Sed motus intellectus est ipsum intelligere eius, sicut dicitur quod intelligere vel sentire est motus quidam, secundum Philosophum, in III *de Anima*[2]. Sufficiens autem principium intelligendi est lumen intelligibile inditum intellectui. Ergo non movetur ab alio.

3. PRAETEREA, sicut sensus movetur a sensibili, ita intellectus ab intelligibili. Sed Deus non est intelligibilis nobis, sed nostrum intellectum excedit. Ergo Deus non potest movere nostrum intellectum.

SED CONTRA, docens movet intellectum addiscentis. Sed Deus *docet hominem scientiam*, sicut dicitur in Ps 93,10. Ergo Deus movet intellectum hominis.

RESPONDEO dicendum quod, sicut in motibus corporalibus movens dicitur quod dat formam quae est principium motus; ita dicitur movere intellectum, quod causat formam quae est principium intellectualis operationis, quae dicitur motus intellectus. Operationis autem intellectus est duplex principium in intelligente: unum scilicet quod est ipsa virtus intellectualis, quod quidem principium est etiam in intelligente in potentia; aliud autem est principium intelligendi in actu, scilicet similitudo rei intellectae in intelligente. Dicitur ergo aliquid movere intellectum, sive det intelligenti virtutem ad intelligendum, sive imprimat ei similitudinem rei intellectae.

Utroque autem modo Deus movet intellectum creatum. Ipse enim est primum ens immateriale.

Artigo 3
Deus move o intelecto criado de maneira imediata?

QUANTO AO TERCEIRO, ASSIM SE PROCEDE: parece que Deus **não** move o intelecto criado de maneira imediata.

1. Com efeito, a ação do intelecto é daquele em que ele se encontra; não passa a uma matéria exterior, como se diz no livro IX da *Metafísica*. Ora, a ação daquele que é movido por outro não é daquele em que se encontra, mas do que move. Logo, o intelecto, não é movido por outro. E assim, parece que Deus não pode mover o intelecto.

2. ALÉM DISSO, aquilo que tem em si o princípio suficiente de seu movimento não é movido por outro. Ora, o movimento do intelecto é sua própria intelecção, como diz o Filósofo no livro III da *Alma* que intelecção e sensação são, de certa maneira, movimentos. Ora, o princípio suficiente da intelecção é a luz inteligível, impressa no intelecto. Logo, o intelecto não é movido por outro.

3. ADEMAIS, assim como o sentido é movido pelo sensível, o intelecto é movido pelo inteligível. Ora, para nós, Deus não é inteligível, porque ultrapassa nosso intelecto. Logo, Deus não pode mover nosso intelecto.

EM SENTIDO CONTRÁRIO, o que ensina move o intelecto do que aprende. Ora, diz o Salmo 93: "Deus ensina ao homem a ciência". Portanto, Deus move o intelecto do homem.

RESPONDO. Nos movimentos corporais, chama-se motor aquele que dá a forma, que é princípio do movimento. Da mesma maneira, diz-se mover o intelecto o que causa a forma que é o princípio da operação intelectual, também chamada movimento do intelecto. Ora, no que conhece existem dois princípios da operação do intelecto: um, que é a própria potência intelectual. Esse princípio existe no que conhece mesmo quando em potência. O outro é o princípio da intelecção em ato, a saber, a semelhança da coisa conhecida no que conhece. Pode-se pois dizer que algo move o intelecto, seja quando dá ao que conhece a potência para conhecer, seja quando imprime nele a semelhança da coisa conhecida.

Deus move pois o intelecto criado dessas duas maneiras. Ele é o primeiro ente imaterial. Como

---

3 PARALL.: I-II, q. 109, a. 1; *Compend. Theol.*, c. 129.

1. C. 8: 1050, a, 23 — b, 2.
2. C. 7: 431, a, 4-7.

Et quia intellectualitas consequitur immaterialitatem, sequitur quod ipse sit primum intelligens. Unde cum primum in quolibet ordine sit causa eorum quae consequuntur, sequitur quod ab ipso sit omnis virtus intelligendi. — Similiter cum ipse sit primum ens, et omnia entia praeexistant in ipso sicut in prima causa, oportet quod sint in eo intelligibiliter secundum modum eius. Sicut enim omnes rationes rerum intelligibiles primo existunt in Deo, et ab eo derivantur in alios intellectus, ut actu intelligant; sic etiam derivantur in creaturas, ut subsistant. Sic igitur Deus movet intellectum creatum, inquantum dat ei virtutem ad intelligendum, vel naturalem vel superadditam; et inquantum imprimit ei species intelligibiles; et utrumque tenet et conservat in esse.

AD PRIMUM ergo dicendum quod operatio intellectualis est quidem ab intellectu in quo est, sicut a causa secunda: sed a Deo sicut a causa prima. Ab ipso enim datur intelligenti quod intelligere possit.

AD SECUNDUM dicendum quod lumen intellectuale, simul cum similitudine rei intellectae, est sufficiens principium intelligendi; secundarium tamen, et a primo principio dependens.

AD TERTIUM dicendum quod intelligibile movet intellectum nostrum, inquantum quodammodo imprimit ei suam similitudinem, per quam intelligi potest. Sed similitudines quas Deus imprimit intellectui creato, non sufficiunt ad ipsum Deum intelligendum per essentiam, ut supra[3] habitum est. Unde movet intellectum creatum, cum tamen non sit ei intelligibilis, ut dictum est[4].

a intelectualidade é consecutiva à imaterialidade, segue-se que ele é também o primeiro na ordem da inteligência. Por isso, como o primeiro em qualquer ordem é causa daqueles que vêm depois, conclui-se que de Deus deriva toda potência de conhecer. — Da mesma forma, dado que Deus é o primeiro ente e que todos os outros nele preexistem como em sua causa primeira, é necessário que estejam nele de forma inteligível segundo o modo próprio dele. Com efeito, assim como todas as razões inteligíveis das coisas existem primeiro em Deus, e dele derivam para os outros intelectos a fim de que conheçam em ato, assim também derivam de Deus para as criaturas a fim de que subsistam. Deus move pois o intelecto criado enquanto lhe concede a potência de conhecer, quer natural ou acrescentada; e enquanto imprime nele as espécies inteligíveis. Uma e outra coisa ele sustenta e conserva na existência[b].

QUANTO AO 1º, portanto, deve-se dizer que a operação intelectual procede do intelecto em que está como de uma causa segunda, mas de Deus como de sua causa primeira. É Deus quem dá ao que conhece que possa conhecer.

QUANTO AO 2º, deve-se dizer que a luz intelectual, junto com a semelhança da coisa conhecida, é um princípio suficiente de intelecção, mas um princípio segundo, dependente do princípio primeiro.

QUANTO AO 3º, deve-se dizer que o inteligível move nosso intelecto imprimindo nele de alguma maneira sua semelhança, graças à qual pode conhecer. Todavia, as semelhanças que Deus imprime no intelecto criado não são suficientes para fazer conhecer a Deus em sua essência, como já se tratou. Deus move pois o intelecto criado, mas sem por isso tornar-se para ele inteligível, como foi dito.

---

3. Q. 12, a. 2; q. 56, a. 3.
4. Q. 12, a. 4.

b. Para compreender como todo ato de intelecção criado se encontra na dependência atual da intelecção divina, é preciso primeiramente compreender que ele procede imediatamente da faculdade intelectual informada pelas espécies inteligíveis. Que a faculdade intelectual criada seja participação imediata na Inteligência primeira, como o ser criado é participação no Ser incriado, é evidente. Que as espécies inteligíveis sejam participação nas razões inteligíveis das coisas que estão em Deus, Sto. Tomás só parece mostrá-lo no texto no que concerne aos anjos: "Assim como todas as razões inteligíveis das coisas existem em primeiro lugar em Deus, depois dele derivam nas outras inteligências para fazê-las exercer a intelecção em ato, do mesmo modo essas razões inteligíveis derivam sobre as criaturas para fazê-las subsistir". No entanto, também é verdade para o homem, embora de outra maneira. É por intermédio das coisas sensíveis, e não diretamente por intermédio do Intelecto divino, que o intelecto humano recebe as espécies inteligíveis. Melhor dizendo, recebem espécies sensíveis das quais sua inteligência, enquanto intelecto agente, descobre a inteligibilidade, o que ela pode fazer por ser participação no intelecto divino, na "luz" divina. Ao que se deve evidentemente acrescentar que a passagem ao ato de intelecção dessa inteligibilidade assim informada só se efetua sob a moção divina. Na verdade, a comunicação divina de atualidade, da qual se trata aqui, pode ser intitulada moção apenas em sentido amplo, no qual o próprio ato de intelecção pode ser chamado de movimento. Tudo isso vale no domínio da inteligência natural, mas também no da graça, como o mostra aqui uma discreta alusão ("Assim, portanto, Deus move a inteligência na medida em que lhe concede a virtude de conhecer, quer se trate da virtude natural, quer de uma virtude de acréscimo"), e conforme será amplamente desenvolvido em um belo artigo do tratado da graça (I-II, Q. 109, a. 1).

Articulus 4
Utrum Deus possit movere voluntatem creatam

AD QUARTUM SIC PROCEDITUR. Videtur quod Deus non possit movere voluntatem creatam.
1. Omne enim quod movetur ab extrinseco, cogitur. Sed voluntas non potest cogi. Ergo non movetur ab aliquo extrinseco. Et ita non potest moveri a Deo.
2. PRAETEREA, Deus non potest facere quod contradictoria sint simul vera. Hoc autem sequeretur, si voluntatem moveret: nam voluntarie moveri est ex se moveri, et non ab alio. Ergo Deus non potest voluntatem movere.

3. PRAETEREA, motus magis attribuitur moventi quam mobili: unde homicidium non attribuitur lapidi, sed proiicienti. Si igitur Deus moveat voluntatem, sequitur quod opera voluntaria non imputentur homini ad meritum vel demeritum. Hoc autem est falsum. Non igitur Deus movet voluntatem.

SED CONTRA est quod dicitur ad Philp 2,13: *Deus est qui operatur in nobis velle et perficere*.

RESPONDEO dicendum quod, sicut intellectus, ut dictum est[1], movetur ab obiecto, et ab eo qui dedit virtutem intelligendi; ita voluntas movetur ab obiecto, quod est bonum, et ab eo qui creat virtutem volendi. Potest autem voluntas moveri sicut ab obiecto, a quocumque bono; non tamen sufficienter et efficaciter nisi a Deo. Non enim sufficienter aliquid potest movere aliquod mobile, nisi virtus activa moventis excedat, vel saltem adaequet virtutem passivam mobilis. Virtus autem passiva voluntatis se extendit ad bonum in universali: est enim eius obiectum bonum universale, sicut et intellectus obiectum est ens universale. Quodlibet autem bonum creatum est quoddam particulare bonum: solus autem Deus est bonum universale. Unde ipse solus implet voluntatem, et sufficienter eam movet ut obiectum.
Similiter autem et virtus volendi a solo Deo causatur. Velle enim nihil aliud est quam inclinatio quaedam in obiectum voluntatis, quod est bonum universale. Inclinare autem in bonum universale

Artigo 4
Deus pode mover a vontade criada?

QUANTO AO QUARTO, ASSIM SE PROCEDE: parece que Deus **não** pode mover a vontade criada.
1. Com efeito, tudo o que é movido de fora é coagido. Ora, a vontade não pode ser coagida. Logo, não pode ser movida de fora. Desse modo, Deus não pode movê-la.
2. ALÉM DISSO, Deus não pode fazer com que as contraditórias sejam verdadeiras ao mesmo tempo. Ora, isso resultaria se ele movesse a vontade, pois, ser movido voluntariamente é ser movido por si próprio e não por outro. Logo, Deus não pode mover uma vontade.
3. ADEMAIS, o movimento é atribuído ao motor muito mais que ao que é movido, razão pela qual não se atribui o homicídio à pedra, mas àquele que a atira. Se pois Deus move a vontade, segue-se que as obras voluntárias do homem não lhe serão imputadas nem para o mérito nem para o demérito, o que é falso. Por conseguinte, Deus não move a vontade.

EM SENTIDO CONTRÁRIO, diz-se na Carta aos Filipenses: "É Deus quem opera em nós o querer e o fazer".

RESPONDO. Assim como o intelecto é movido pelo objeto e por aquele que deu a potência intelectiva como foi dito, assim também a vontade é movida pelo objeto, que é o bem, e por aquele que cria a potência volitiva. Ora, a vontade pode ser movida por um bem qualquer, como por um objeto, mas só Deus é capaz de movê-la de maneira suficiente e eficaz. Algo, na verdade só pode mover de maneira suficiente se sua potência ativa exceder, ou pelo menos igualar, a potência passiva do que é movido. A potência passiva da vontade abrange o bem em sua universalidade, porque seu objeto é o bem universal, assim como o objeto do intelecto é o ente universal. Ora, todo bem criado é um bem particular, só Deus é o bem universal. Daí que somente Deus preenche a vontade e a move suficientemente, como objeto.
Da mesma forma, só Deus é causa da potência volitiva. O querer, na realidade, nada mais é que certa inclinação para o objeto da vontade, ou seja, o bem universal. Ora, inclinar para o bem universal

---

4 PARALL.: Infra, q. 106, a. 2; q. 111, a. 2; I-II, q. 9, a. 6; *Cont. Gent.* III, 88, 89, 91; *De Verit.*, q. 22, a. 8; *De Malo*, q. 3, a. 3; *Compend. Theol.*, c. 129.

1. A. praec.

est primi moventis, cui proportionatur ultimus finis: sicut in rebus humanis dirigere ad bonum commune est eius qui praeest multitudini. Unde utroque modo proprium est Dei movere voluntatem: sed maxime secundo modo, interius eam inclinando.

AD PRIMUM ergo dicendum quod illud quod movetur ab altero dicitur cogi, si moveatur contra inclinationem propriam: sed si moveatur ab alio quod sibi dat propriam inclinationem, non dicitur cogi; sicut grave, cum movetur deorsum a generante, non cogitur. Sic igitur Deus, movendo voluntatem, non cogit ipsam: quia dat ei eius propriam inclinationem.

AD SECUNDUM dicendum quod moveri voluntarie est moveri ex se, idest a principio intrinseco: sed illud principium intrinsecum potest esse ab alio principio extrinseco. Et sic moveri ex se non repugnat ei quod movetur ab alio.

AD TERTIUM dicendum quod, si voluntas ita moveretur ab alio quod ex se nullatenus moveretur, opera voluntatis non imputarentur ad meritum vel demeritum. Sed quia per hoc quod movetur ab alio, non excluditur quin moveatur ex se, ut dictum est[2]; ideo per consequens non tollitur ratio meriti vel demeriti.

é próprio do primeiro motor, pois a ele corresponde o fim último. Assim, nos negócios humanos, é próprio daquele que preside à multidão dirigir para o bem comum. Portanto, de um e outro modo é próprio de Deus, mover a vontade, mas principalmente do segundo modo inclinando[c] interiormente.

QUANTO AO 1º, portanto, deve-se dizer que se diz que é coagido o que é movido por outro contra sua inclinação própria; mas, se for movido por outro que lhe dá sua inclinação própria, não se fala de coação. Por exemplo, o corpo pesado movido para baixo pelo que o empurra não é coagido. Dessa maneira, Deus, movendo a vontade, não a coage, porque dá a ela sua inclinação própria.

QUANTO AO 2º, deve-se dizer que ser movido voluntariamente é ser movido por si mesmo, ou seja, por um princípio intrínseco: mas este princípio intrínseco pode provir de outro princípio extrínseco. Assim, mover a si próprio não repugna àquilo que é movido por outro[d].

QUANTO AO 3º, deve-se dizer que se a vontade fosse movida por outro de tal maneira que não movesse a si própria de nenhuma maneira, suas obras não seriam imputadas nem para o mérito nem para o demérito. Contudo, como o fato de ser movida por outro não exclui que possa se mover por si própria, como se disse, isso não tira a razão de mérito ou de demérito.

ARTICULUS 5
Utrum Deus operetur in omni operante

AD QUINTUM SIC PROCEDITUR. Videtur quod Deus non operetur in omni operante.

ARTIGO 5
Deus opera em tudo o que opera?[e]

QUANTO AO QUINTO, ASSIM SE PROCEDE: parece que Deus **não** opera em tudo o que opera.

---

2. In resp. ad 2.

5 PARALL.: II *Sent*., dist. 1 part. 1, q. 1, a. 4; *Cont. Gent*. III, 67; *De Pot*., q. 3, a. 7; *Compend. Theol*., c. 135.

---

c. O que pode mover a vontade? Antes de mais nada, o objeto, na medida em que é percebido e julgado bom pelo sujeito e para ele. Mas também a própria vontade, que é o próprio princípio de seu movimento para o objeto (cf. r. 2: "ser movido voluntariamente é o ser por si mesmo, por um princípio interior"). Do ponto de vista do objeto, é por ser o Bem universal que Deus dá a um bem particular seu poder de atração. Poder que não é suficiente para forçar a se voltar para esse objetivo particular uma vontade especificada pelo Bem universal. Do ponto de vista da inclinação que a vontade se dá a si mesma para um objeto particular, ela é uma aplicação (não necessária) a esse objeto da inclinação ao Bem universal que é a própria natureza da vontade. Ora, Deus é o criador dessa inclinação, ele a faz passar ao ato e a coloca em prática mediante as escolhas particulares do livre-arbítrio.

d. A objeção a que se responde aqui suscita toda a questão da compatibilidade entre moção divina e liberdade humana. A resposta é extremamente breve e será bem mais desenvolvida em outras passagens: seja a propósito do ato humano (I-II, Q. 10: da maneira pela qual a vontade é movida), seja a propósito da graça (I-II, Q. 109). Aqui, Sto. Tomás se limita a afirmar que não existe contradição entre mover-se a si mesmo (o que é ser a própria causa de seu ato, ser livre) e ser movido por um outro, quando esse outro é Deus, autor da inclinação atual para o bem universal, ou seja, finalmente, para Ele mesmo através de todos os bens particulares. O que é o efeito próprio da vontade livre sob a moção divina é a "particularização" dessa inclinação a determinado bem finito mais que a outro, é a "escolha". Mas Sto. Tomás não expõe aqui de que maneira essa particularização depende também da moção divina.

e. Poder-se-ia perguntar por que este artigo não precede aqueles que dizem respeito à ação de Deus sobre a inteligência e sobre a vontade. Tratar-se-á, com efeito, do papel próprio de Deus em toda operação, em toda atividade. É que pensar e querer são

1. Nulla enim insufficientia est Deo attribuenda. Si igitur Deus operatur in omni operante, sufficienter in quolibet operatur. Superfluum igitur esset quod agens creatum aliquid operaretur.

2. Praeterea, una operatio non est simul a duobus operantibus: sicut nec unus numero motus potest esse duorum mobilium. Si igitur operatio creaturae est a Deo in creatura operante, non potest esse simul a creatura. Et ita nulla creatura aliquid operatur.

3. Praeterea, faciens dicitur esse causa operationis facti, inquantum dat ei formam qua operatur. Si igitur Deus est causa operationis rerum factarum ab ipso, hoc erit inquantum dat eis virtutem operandi. Sed hoc est a principio, quando rem facit. Ergo videtur quod ulterius non operetur in creatura operante.

Sed contra est quod dicitur Is 26,12: *Omnia opera nostra operatus es* in *nobis, Domine*.

Respondeo dicendum quod Deum operari in quolibet operante aliqui[1] sic intellexerunt, quod nulla virtus creata aliquid operaretur in rebus, sed solus Deus immediate omnia operaretur; puta quod ignis non calefaceret, sed Deus in igne, et similiter de omnibus aliis. — Hoc autem est impossibile. Primo quidem, quia sic subtraheretur ordo causae et causati a rebus creatis. Quod pertinet ad impotentiam creantis: ex virtute enim agentis est, quod suo effectui det virtutem agendi. — Secundo, quia virtutes operativae quae in rebus inveniuntur, frustra essent rebus attributae, si per eas nihil operarentur. Quinimmo omnes res creatae viderentur quodammodo esse frustra, si propria operatione destituerentur: cum omnis res sit propter suam operationem. Semper enim imperfectum est propter perfectius: sicut igitur materia est propter formam, ita forma, quae est

1. Com efeito, não se pode atribuir a Deus nenhuma insuficiência. Por isso, se Deus opera em tudo o que opera, ele o faz de modo suficiente em cada um. Por conseguinte, seria inútil que o agente criado operasse.

2. Além disso, uma única operação não pode ser ao mesmo tempo de dois agentes, como um movimento numericamente único não pode ser de dois que são movidos. Se a operação da criatura é de Deus operando nela, não pode ser ao mesmo tempo da criatura. Assim, nenhuma criatura opera coisa alguma.

3. Ademais, diz-se que o que faz é causa da operação de seu efeito no sentido de que dá ao efeito a forma por meio da qual opera. Por conseguinte, se Deus é causa da operação das criaturas feitas por ele, isto será no sentido de que dá a elas a potência operativa. Ora, isso é no princípio, no momento em que faz a coisa. Logo, parece que a partir daí não opera na criatura que opera.

Em sentido contrário, se diz em Isaías: "Tu operaste em nós todas as nossas obras, Senhor!"

Respondo. Que Deus opera em tudo o que opera, alguns assim compreenderam: Deus, sozinho, opera imediatamente tudo, enquanto as potências criadas nada operam nas coisas. Por exemplo, o fogo não aqueceria, mas seria Deus no fogo e assim por diante. — Ora, isso é impossível. Em primeiro lugar, porque dessa forma se estaria retirando da criação a ordem da causa e do causado, o que seria atribuído a uma impotência do criador, porquanto é a potência do agente que dá a seu efeito a potência de agir. — Em segundo lugar, porque as virtudes operativas que se encontram nas coisas lhes teriam sido atribuídas em vão, se por elas nada seria produzido. Mais ainda: todas as coisas criadas pareceriam existir de certa maneira em vão, caso fossem destituídas de sua própria operação, uma vez que toda coisa existe por causa de sua operação. O imperfeito é sempre por causa do mais perfeito:

---

1. Saraceni. — Cfr. Averr., IX *Metaph*., comment. 7; XII, comment. 18.

operações, atividades, e as mais altas, mas cujo termo permanece no interior do sujeito e que são sua própria perfeição, mais do que a das coisas externas. Ora, é claro que a atividade de que se trata neste artigo 5 é aquela propriamente exterior, o exercício da causalidade de um ser sobre outro, quer se trate da causalidade da natureza, quer do homem. Porém, a do homem é desencadeada pela vontade, da qual já foi afirmado que Deus a move a mover-se a si mesma, a palavra "mover" entendida aqui no sentido amplo de fazer passar ao ato. A passagem do amor e da escolha — que se exercem no próprio interior do querer — à realização da escolha, à ação, passagem que, para o homem, é um desencadeamento de energia física e corporal, em outros termos, a passagem da imanência ao transitivo, do intencional ao efetivo, não se faz tampouco sem moção da Causa primeira. "Deus dá o querer e o fazer." Essa citação de S. Paulo, que Sto. Tomás destaca no início do artigo precedente, mostra perfeitamente a sequência de suas ideias. E a de Isaías, que preside ao artigo 5, concerne, evidentemente, ao "fazer": "Todas as nossas, obras tu as realizas em nós, Senhor". Mas o "fazer", cuja fonte é vontade, obedece aos princípios gerais que comandam todo exercício da causalidade criada.

actus primus, est propter suam operationem, quae est actus secundus; et sic operatio est finis rei creatae. Sic igitur intelligendum est Deum operari in rebus, quod tamen ipsae res propriam habeant operationem.

Ad cuius evidentiam, considerandum est quod, cum sint causarum quatuor genera, materia quidem non est principium actionis, sed se habet ut subiectum recipiens actionis effectum. Finis vero et agens et forma se habent ut actionis principium, sed ordine quodam. Nam primo quidem, principium actionis est finis, qui movet agentem; secundo vero, agens; tertio autem, forma eius quod ab agente applicatur ad agendum (quamvis et ipsum agens per formam suam agat); ut patet in artificialibus. Artifex enim movetur ad agendum a fine, qui est ipsum operatum, puta arca vel lectus; et applicat ad actionem securim quae incidit per suum acumen.

Sic igitur secundum haec tria Deus in quolibet operante operatur. Primo quidem, secundum rationem finis. Cum enim omnis operatio sit propter aliquod bonum verum vel apparens; nihil autem est vel apparet bonum, nisi secundum quod participat aliquam similitudinem summi boni, quod est Deus; sequitur quod ipse Deus sit cuiuslibet operationis causa ut finis. — Similiter etiam considerandum est quod, si sint multa agentia ordinata, semper secundum agens agit in virtute primi: nam primum agens movet secundum ad agendum. Et secundum hoc, omnia agunt in virtute ipsius Dei; et ita ipse est causa actionum omnium agentium. — Tertio, considerandum est quod Deus movet non solum res ad operandum, quasi applicando formas et virtutes rerum ad operationem, sicut etiam artifex applicat securim ad scindendum, qui tamen interdum formam securi non tribuit; sed etiam dat formam creaturis agentibus, et eas tendet in esse. Unde non solum est causa actionum inquantum dat formam quae est principium actionis, sicut generans dicitur esse causa motus gravium et levium; sed etiam sicut conservans formas et virtutes rerum; prout sol dicitur esse causa manifestationis colorum, inquantum dat et conservat lumen, quo manifestantur colores. Et quia forma rei est intra rem, et tanto magis quanto

assim também a matéria é por causa da forma, e assim a forma, ato primeiro, é por causa de sua operação, ato segundo; assim, a operação é o fim da coisa criada. É necessário pois entender que Deus age nas coisas de tal maneira que elas tenham sua própria[f] operação.

Para provar isso, é necessário considerar que existem quatro gêneros de causas: a matéria não é princípio de ação, mas se apresenta como sujeito receptor do efeito da ação. O fim, o agente e a forma se comportam como princípios de ação, mas segundo certa ordem. Em primeiro lugar, o fim é princípio de ação porque move o agente. O agente vem em segundo lugar. Em terceiro, a forma daquilo que é levado à ação pelo agente (embora o próprio agente aja por meio de sua forma), como fica claro nas atividades artesanais. O artesão é movido à ação pelo fim, isto é, pela obra, seja uma arca ou uma cama; e aplica a ação do machado, que corta por seu gume.

Segundo esses três princípios, Deus opera em tudo o que opera. Em primeiro lugar, segundo a razão de fim. Toda operação é por causa de um bem verdadeiro ou aparente, mas nada é bom, ou parece bom, a não ser porque participa de alguma semelhança do bem supremo, Deus. Por conseguinte, o próprio Deus, enquanto fim, é causa de toda operação. — Igualmente deve-se considerar que, quando diferentes agentes estão ordenados entre si, é sempre em virtude do primeiro agente que o segundo age; pois o primeiro agente move o segundo para a ação. De acordo com isso todas as coisas agem em virtude do próprio Deus, que é assim a causa das ações de todos os agentes criados. — Em terceiro lugar, é preciso considerar que Deus não somente move as coisas para a ação aplicando as formas e potências delas à operação, assim como o artesão aplica o machado a cortar a madeira sem no entanto dar ao machado sua forma, como também dá às criaturas agentes suas formas próprias e ainda as conserva na existência. Assim, Deus não apenas é causa das ações enquanto dá a forma, princípio de ação, como se diz que o que impulsiona é causa do movimento dos corpos pesados e leves, mas também como quem conserva as formas e as potências na existência. Assim, se diz que o sol é causa da manifestação

---

f. Sto. Tomás se opõe aqui a filósofos árabes, no caso, a Avicebron, cuja doutrina, sob o nome de ocasionalismo, seria retomada em uma forma inteiramente diferente por Malebranche. A razão que ele lhes contrapõe leva-o a colocar em realce um de seus temas essenciais: o Criador dá a sua criatura "ser" verdadeiramente, e ser o que ela é (ser o que ela se faz se é livre). Porém, é para agir realmente, pois o ser é para a operação, de modo que, se Deus age nas coisas, é dando-lhes terem sua operação própria; não é contudo em seu lugar nem a seu lado, mas nelas e por elas.

consideratur ut prior et universalior; et ipse Deus est proprie causa ipsius esse universalis in rebus omnibus, quod inter omnia est magis intimum rebus; sequitur quod Deus in omnibus intime operetur. Et propter hoc in sacra Scriptura operationes naturae Deo attribuuntur quasi operanti in natura; secundum illud Io 10,11: *Pelle et carnibus vestisti me, ossibus et nervis compegisti me.*

AD PRIMUM ergo dicendum quod Deus sufficienter operatur in rebus ad modum primi agentis: nec propter hoc superfluit operatio secundorum agentium.

AD SECUNDUM dicendum quod una actio non procedit a duobus agentibus unius ordinis: sed nihil prohibet quin una et eadem actio procedat a primo et secundo agente.

AD TERTIUM dicendum quod Deus non solum dat formas rebus, sed etiam conservat eas in esse, et applicat eas ad agendum, et est finis omnium actionum, ut dictum est[2].

das cores, na medida em que dá e conserva a luz que as manifesta. Porque a forma de uma coisa é o que está no mais íntimo dela, e tanto mais no intimo está quanto mais se apresenta como primeira e universal e porque Deus é propriamente a causa do ser universal em todas as coisas e este ser é o que há de mais íntimo nelas, segue-se que Deus age intimamente em todas as coisas. Por isso, nas Escrituras, as operações da natureza são atribuídas a Deus como nela agindo; de acordo com a palavra de Jó: "Tu me vestiste de pele e carne; tu me teceste em ossos e nervos"[g].

QUANTO AO 1º, portanto, deve-se dizer que Deus opera nas coisas de maneira suficiente, na qualidade de primeiro agente, mas nem por isso se torna supérflua a operação dos agentes segundos.

QUANTO AO 2º, deve-se dizer que uma única ação não procede de dois agentes de uma mesma ordem, mas nada proíbe que proceda ao mesmo tempo do agente primeiro e de um agente segundo.

QUANTO AO 3º, deve-se dizer que Deus não apenas dá às coisas suas formas, mas ainda conserva essas formas na existência, leva-as à ação, e é o fim de todas as ações, como acabamos de dizer[h].

ARTICULUS 6

Utrum Deus possit facere
aliquid praeter ordinem rebus inditum

AD SEXTUM SIC PROCEDITUR. Videtur quod Deus non possit facere aliquid praeter ordinem rebus inditum.

ARTIGO 6

Deus pode fazer algo fora da
ordem impressa nas coisas?

QUANTO AO SEXTO, ASSIM SE PROCEDE: parece que Deus **não** pode fazer algo fora da ordem impressa nas coisas.

---

2. In corp.

6 PARALL.: Infra, q. 106, a. 3; *Cont. Gent.* III, 98, 99; *De Pot.*, q. 6, a. 1; *Compend. Theol.*, c. 136.

---

g. Eis uma dessas sínteses luminosas nas quais Sto. Tomás atinge a excelência. Ele acaba de afirmar que a Causa primeira, longe de suplantar as causas segundas, leva-as a agir. E agora ele especifica. Tudo age tendo em vista um fim, logo, um bem. No entanto, o que é bom só o é pela participação no Bem infinito que é Deus, o que tem valor de fim só o tem como uma forma de assimilação a Deus. A própria ação pode muito bem proceder do agente, ser mesmo sua atualidade, mas ela só procede dele sob a moção do agente superior e, finalmente, de Deus, "que aplica as formas e as virtudes das coisas em agir como o artesão que aplica o machado para talhar". Mas, e eis o que obriga a ultrapassar totalmente esse exemplo, Deus dá enquanto Criador, ao ser que age, a forma segundo a qual ele age, a "natureza" que é o princípio intrínseco dessa ação. Ele a dá e a conserva em seu ser. E porque criar é dar o ser no que ele tem ao mesmo tempo de mais universal e de mais íntimo, porque somente Deus é fonte última da operação criada na medida em que é fonte de seu ser, pode-se dizer que Deus age intimamente, assim como ele existe intimamente em toda realidade. Chega ao ponto que se pode atribuir a Deus as operações da natureza. O que faz a Escritura. E o que permite, acrescentemos, estender, sem temor de subtraí-los a Deus, os poderes e as autonomias da natureza, uma vez que, no centro de tudo o que se faz está Deus, que opera e que "o faz fazer-se".

h. Sto. Tomás retoma aqui, de maneira resumida, a síntese do artigo, mas em sentido inverso: dar às coisas a forma segundo a qual elas agem, aplicá-las à ação, finalizar toda ação, tal é o processo mediante o qual a operação divina se desenrola por meio da operação criada. Essa noção de "aplicação à ação", que ele desenvolveu mais em outras ocasiões, foi traduzida pela escola tomista na noção de "premoção física". Na verdade, o que Sto. Tomás parece sugerir é bem mais uma participação imediata da ação criada na ação divina do que a criação ou "impressão", no agente criado, de um impulso, "ser de passagem", puro movimento, mas de qualquer modo entidade criada mediadora entre a ação de Deus e a da criatura. Todavia, não entremos na célebre querela. No que toca ao texto que lemos neste momento, é claro que não se deve aplicar aqui a premoção física, se premoção há, ao ato voluntário enquanto ele é amor e escolha, mas enquanto desencadeador da ação. É aliás por isso que

1. Dicit enim Augustinus, XXVI *Contra Faustum*[1]: *Deus, conditor et creator omnium naturarum, nihil contra naturam facit.* Sed hoc videtur esse contra naturam, quod est praeter ordinem naturaliter rebus inditum. Ergo Deus non potest facere aliquid praeter ordinem rebus inditum.

2. PRAETEREA, sicut ordo iustitiae est a Deo, ita et ordo naturae. Sed Deus non potest facere aliquid praeter ordinem iustitiae: faceret enim tunc aliquid iniustum. Ergo non potest facere aliquid praeter ordinem naturae.

3. PRAETEREA, ordinem naturae Deus instituit. Si igitur praeter ordinem naturae Deus aliquid faciat, videtur quod ipse sit mutabilis. Quod est inconveniens.

SED CONTRA est quod Augustinus dicit, XXVI *Contra Faustum*, quod *Deus aliquando aliquid facit contra solitum cursum naturae.*

RESPONDEO dicendum quod a qualibet causa derivatur aliquis ordo in suos effectus: cum quaelibet causa habeat rationem principii. Et ideo secundum multiplicationem causarum, multiplicantur et ordines: eorum unus continetur sub altero, sicut et causa continetur sub causa. Unde causa superior non continetur sub ordine causae inferioris, sed e converso. Cuius exemplum apparet in rebus humanis: nam ex patrefamilias dependet ordo domus, qui continetur sub ordine civitatis, qui procedit a civitatis rectore, cum et hic contineatur sub ordine regis, a quo totum regnum ordinatur.

Si ergo ordo rerum consideretur prout dependet a prima causa, sic contra rerum ordinem Deus facere non potest: sic enim si faceret, faceret contra suam praescientiam aut voluntatem aut bonitatem. — Si vero consideretur rerum ordo prout dependet a qualibet secundarum causarum, sic Deus potest facere praeter ordinem rerum. Quia ordini secundarum causarum ipse non est subiectus, sed talis ordo ei subiicitur, quasi ab eo procedens non per necessitatem naturae, sed per arbitrium voluntatis: potuisset enim et alium ordinem rerum instituere. Unde et potest praeter hunc ordinem institutum agere, cum voluerit; puta agendo effectus secundarum causarum sine ipsis, vel producendo aliquos effectus ad quos causae

1. Com efeito, como Agostinho diz: "Deus, autor e criador de todas as naturezas, nada faz contra a natureza". Ora, parece ser contra a natureza o que se encontra fora da ordem naturalmente impressa nas coisas. Logo, Deus não pode fazer algo fora da ordem impressa nas coisas.

2. ALÉM DISSO, assim como a ordem da justiça procede de Deus, assim também a ordem da natureza. Ora, Deus não pode fazer nada fora da ordem da justiça, porque neste caso estaria fazendo algo injusto. Logo, não pode fazer algo fora da ordem da natureza.

3. ADEMAIS, Deus instituiu a ordem da natureza. Portanto, se Deus fizesse algo fora da ordem da natureza, pareceria ser mutável, e isso é inconveniente.

EM SENTIDO CONTRÁRIO, Agostinho diz que "por vezes, Deus faz algo contra o curso ordinário da natureza".

RESPONDO. De qualquer causa, pelo fato de ser razão de princípio, deriva certa ordem em seus efeitos. Por isso, na medida em que se multiplicam as causas, multiplicam-se também as ordens. Assim como uma ordem se encontra contida sob outra, assim também uma causa está contida sob outra. Por isso, a causa superior não pode estar contida sob a ordem da causa inferior, mas o contrário. Um exemplo disto se vê nas coisas humanas: a ordem da casa depende do pai de família, mas está contida sob a ordem da cidade, que depende do dirigente da cidade, e esta está contida sob a ordem do rei, que organiza todo o reino.

Se, portanto, se considera a ordem das coisas enquanto depende da causa primeira, neste caso Deus não pode agir contra a ordem das coisas; se o fizesse, agiria contra sua presciência ou vontade ou bondade. — Se, pelo contrário, se considera a ordem das coisas enquanto dependente de alguma das causas segundas, neste caso Deus pode agir fora da ordem das coisas. Porque não está sujeito à ordem das causas segundas, mas tal ordem é que está a ele submetida, porquanto dele procede não por necessidade de natureza, mas pelo arbítrio de sua vontade. Deus teria podido instituir uma ordem de coisas diferente. Pode ele, por conseguinte, agir fora da ordem instituída quando quiser. Pode, por exemplo, produzir os efeitos das causas se-

---

1. C. 3: ML 42, 480.

Sto. Tomás não põe de maneira alguma, nesse texto, o problema da liberdade. Já foi feito. A liberdade se situa essencial e originariamente lá onde está em jogo a decisão, a escolha, na imanência da vontade. E é uma vontade que deu a si mesma sua escolha, seu objetivo, sob a moção divina, que comanda a ação, a obra.

secundae non se extendunt. Unde et Augustinus dicit, XXVI *Contra Faustum*, quod *Deus contra solitum cursum naturae facit; sed contra summam legem tam nullo modo facit, quam contra seipsum non facit.*

AD PRIMUM ergo dicendum quod, cum aliquid contingit in rebus naturalibus praeter naturam inditam, hoc potest dupliciter contingere. Uno modo, per actionem agentis qui inclinationem naturalem non dedit, sicut cum homo movet corpus grave sursum, quod non habet ab eo ut moveatur deorsum: et hoc est contra naturam. Alio modo, per actionem illius agentis a quo dependet actio naturalis. Et hoc non est contra naturam: ut patet in fluxu et refluxu maris, qui non est contra naturam, quamvis sit praeter motum naturalem aquae, quae movetur deorsum; est enim ex impressione caelestis corporis, a quo dependet naturalis inclinatio inferiorum corporum. — Cum igitur naturae ordo sit a Deo rebus inditus, si quid praeter hunc ordinem faciat, non est contra naturam. Unde Augustinus dicit, XXVI *Contra Faustum*, quod *id est cuique rei naturale, quod ille fecerit a quo est omnis modus, numerus et ordo naturae.*

AD SECUNDUM dicendum quod ordo iustitiae est secundum relationem ad causam primam, quae est regula omnis iustitiae. Et ideo praeter hunc ordinem, Deus nihil facere potest.

AD TERTIUM dicendum quod Deus sic rebus certum ordinem indidit, ut tamen sibi reservaret quid ipse aliquando aliter ex causa esset facturus. Unde cum praeter hunc ordinem agit, non mutatur.

gundas sem o concurso delas, ou produzir certos efeitos que ultrapassam as causas segundas. Daí esta palavra de Agostinho: "Deus age contra o curso habitual da natureza, mas nada faz contra a lei suprema, porque não age contra si mesmo".

QUANTO AO 1º, portanto, deve-se dizer que quando acontece alguma coisa nas coisas criadas fora da natureza estabelecida, isso pode acontecer de duas maneiras: primeiro, pela ação de um agente que não deu a inclinação natural. Por exemplo, quando um homem move um corpo pesado para cima, o qual não recebeu dele a inclinação para baixo, age contra a natureza. Em segundo lugar, pela ação de um agente do qual depende a ação natural. Nesse caso não é contra a natureza: como fica claro no fluxo e refluxo do mar, que não vai contra a natureza, se bem que esteja fora do movimento natural da água, que é mover-se para baixo. O movimento de fluxo e refluxo é provocado pela influência de um corpo celeste do qual depende a inclinação natural dos corpos inferiores. — Dado que a ordem da natureza foi impressa por Deus nas coisas, quando Deus age fora dessa ordem não age contra a natureza. Por isso, Agostinho diz: "O que Deus faz é natural a cada coisa, porque dele depende todo modo, número e ordem da natureza".

QUANTO AO 2º, deve-se dizer que a ordem da justiça se refere à causa primeira, regra de toda justiça. Por isso Deus nada pode fazer fora dela.

QUANTO AO 3º, deve-se dizer que Deus estabeleceu certa ordem nas coisas, mas de modo a se reservar que alguma vez aja de maneira diferente, por alguma razão. Assim, quando age fora dessa ordem, Deus não muda.

ARTICULUS 7
Utrum omnia quae Deus facit praeter ordinem naturalem rerum, sint miracula

AD SEPTIMUM SIC PROCEDITUR. Videtur quod non omnia quae Deus facit praeter ordinem naturalem rerum, sint miracula.
1. Creatio enim mundi, et etiam animarum, et iustificatio impii fiunt a Deo praeter ordinem naturalem: non enim fiunt per actionem alicuius causae naturalis. Et tamen haec miracula non dicuntur. Ergo non omnia quae facit Deus praeter ordinem naturalem rerum, sunt miracula.

ARTIGO 7
Tudo o que Deus faz fora da ordem natural das coisas é milagre?

QUANTO AO SÉTIMO, ASSIM SE PROCEDE: parece que **nem** tudo o que Deus faz fora da ordem natural das coisas é milagre.
1. Com efeito, a criação do mundo, das almas e a justificação dos ímpios, Deus as faz fora da ordem natural, porque não são feitas pela ação de uma causa natural. No entanto, não se diz que são milagres. Logo, nem tudo o que faz fora da ordem natural das coisas é milagre.

7 PARALL.: II *Sent.*, dist. 18, q. 1, a. 3; *Cont. Gent.* III, 101; *De Pot.*, q. 6, a. 2; II *Thessal.*, c. 2, lect. 2.

2. PRAETEREA, miraculum dicitur *aliquid arduum et insolitum supra facultatem naturae et spem admirantis proveniens*. Sed quaedam fiunt praeter naturae ordinem, quae tamen non sunt ardua: sunt enim in minimis rebus, sicut in restauratione gemmarum, vel sanatione aegrorum. — Nec etiam sunt insolita: cum frequenter eveniant, sicut cum infirmi in plateis ponebantur ut ad umbram Petri sanarentur At 5,15. — Nec etiam sunt supra facultatem naturae: ut cum aliqui sanantur a febribus. — Nec etiam supra spem: sicut resurrectionem mortuorum omnes speramus, quae tamen fiet praeter ordinem naturae. Ergo non omnia quae fiunt praeter naturae ordinem, sunt miracula.

3. PRAETEREA, miraculi nomen ab admiratione sumitur. Sed admiratio est de rebus sensui manifestis. Sed quandoque aliqua accidunt praeter ordinem naturalem in rebus sensui non manifestis: sicut cum Apostoli facti sunt scientes, neque invenientes neque discentes At 2,4. Ergo non omnia quae fiunt praeter ordinem naturae, sunt miracula.

SED CONTRA est quod Augustinus dicit, XXVI *Contra Faustum*[1], quod *cum Deus aliquid facit contra cognitum nobis cursum solitumque naturae, magnalia, vel mirabilia nominantur*.

RESPONDEO dicendum quod nomen miraculi ab admiratione sumitur. Admiratio autem consurgit, cum effectus sunt manifesti et causa occulta; sicut aliquis admiratur cum videt eclipsim solis et ignorat causam, ut dicitur in principio *Metaphys*.[2]. Potest autem causa effectus alicuius apparentis alicui esse nota, quae tamen est aliis incognita. Unde aliquid est mirum uni, quod non est mirum aliis; sicut eclipsim solis miratur rusticus, non autem astrologus. Miraculum autem dicitur quasi admiratione plenum, quod scilicet habet causam simpliciter et omnibus occultam. Haec autem est Deus. Unde illa quae a Deo fiunt praeter causas nobis notas, miracula dicuntur.

2. ALÉM DISSO, considera-se milagre *algo difícil e insólito*, *que ultrapassa os poderes da natureza e a esperança de quem o admira*. Ora, há coisas que se fazem fora da ordem natural e que não são difíceis. Acontecem nas mínimas coisas como na restauração de joias, ou na cura dos doentes. — Outras coisas não são insólitas porquanto acontecem com certa frequência: por exemplo, os doentes que eram deixados nas praças para serem curados pela sombra de Pedro. — Há ainda outras que não estão acima dos poderes da natureza, como a cura das febres. — Outras que não estão acima da esperança: todos nós esperamos a ressurreição dos mortos, que no entanto acontecerá fora da ordem natural. Logo, nem tudo o que se faz fora da ordem da natureza é milagre.

3. ADEMAIS, a palavra milagre toma-se de admiração. Ora, a admiração se refere a coisas que se manifestam aos sentidos. Ocorrem, porém, às vezes, fora da ordem natural, algumas coisas não perceptíveis aos sentidos. Por exemplo, quando os apóstolos ficaram repletos de ciência sem a terem procurado nem aprendido. Por conseguinte, nem tudo o que se faz fora da ordem natural é milagre.

EM SENTIDO CONTRÁRIO, diz Agostinho: "Quando Deus faz alguma coisa fora do curso conhecido e habitual da natureza, nós dizemos que é grandioso e admirável".

RESPONDO. A palavra milagre toma-se de admiração. A admiração se dá quando os efeitos são manifestos e a causa, oculta. Por exemplo, uma pessoa admira quando vê um eclipse do sol, mas ignora a causa, como se diz no início do livro da *Metafísica*. Ora, a causa de um efeito aparente pode ser conhecida de alguns e ignorada por outros; portanto, isso pode parecer admirável para uns e para outros não: o rude admira o eclipse do sol; o astrônomo, não. Chama-se, pois, milagre o que é cheio de admiração, no sentido de que a causa fica absolutamente oculta para todos. Esta causa é Deus. Portanto, as coisas feitas por Deus fora das causas por nós conhecidas são chamadas de milagres[i].

---

1. C. 3: ML 42, 481.
2. C. 2: 982, b, 11-21.

---

i. Criar naturezas e uma ordem das naturezas implica — tudo o que precede o mostra — que elas sejam conservadas em seu ser, e desenvolvidas segundo o que são, em um conjunto e segundo leis que são o pensamento e a vontade criadoras. Agir fora das causas naturais e de seu modo próprio de agir está evidentemente em poder d'Aquele que as fez. Porém, isto só tem sentido em vista de uma ordem superior, a ordem sobrenatural, a ordem da graça. No entanto, no pensamento de Sto. Tomás, essa ordem sobrenatural supõe a ordem da natureza e só a supera realizando-a primeiramente no que ela tem de mais profundo, e que a dispõe de modo mais próximo ao que irá perfazê-la. Daí o caráter acidental do "maravilhoso", do "miraculoso", daí a distinção muito pouco compreendida entre o sobrenatural propriamente dito e o miraculoso. O miraculoso, o maravilhoso é

AD PRIMUM ergo dicendum quod creatio, et iustificatio impii, etsi a solo Deo fiant, non tamen, proprie loquendo, miracula dicuntur. Quia non sunt nata fieri per alias causas, et ita non contingunt praeter ordinem naturae: cum haec ad ordinem naturae non pertineant.

AD SECUNDUM dicendum quod arduum dicitur miraculum, non propter dignitatem rei in qua fit; sed quia excedit facultatem naturae. — Similiter etiam insolitum dicitur, non quia frequenter non eveniat; sed quia est praeter naturalem consuetudinem. — Supra facultatem autem naturae dicitur aliquid, non solum propter substantiam facti; sed etiam propter modum et ordinem faciendi. — Supra spem etiam naturae miraculum esse dicitur; non supra spem gratiae, quae est ex fide, per quam credimus resurrectionem futuram.

AD TERTIUM dicendum quod scientia Apostolorum, quamvis secundum se non fuerit manifesta, manifestabatur tamen in effectibus, ex quibus mirabilis apparebat.

QUANTO AO 1º, portanto, deve-se dizer que a criação e a justificação do ímpio, embora só Deus as possa fazer, não são no entanto chamadas propriamente de milagres. Porque, por sua natureza, não são feitas por outras causas, e assim não acontecem fora da ordem natural. Na realidade, não pertencem a essa ordem.

QUANTO AO 2º, deve-se dizer que o milagre é difícil, não em razão da dignidade da coisa em que se faz, mas porque ultrapassa o poder da natureza. — Igualmente se diz insólito não em razão de sua raridade, mas porque é fora do curso habitual da natureza. — Acima do poder da natureza se diz, não somente pela substância do fato, mas também por causa da maneira e da ordem de se fazer. — Diz-se também o milagre acima da esperança da natureza, mas não da esperança da graça que vem da fé e pela qual acreditamos na ressurreição futura.

QUANTO AO 3º, deve-se dizer que a ciência dos apóstolos, se não era manifesta em si mesma, o era entretanto nos efeitos, pelos quais aparecia admirável.

ARTICULUS 8
Utrum unum miraculum sit maius alio

AD OCTAVUM SIC PROCEDITUR. Videtur quod unum miraculum non sit maius alio.
1. Dicit enim Augustinus, in Epistola *ad Volusianum*[1]: *In rebus mirabiliter factis tota ratio facti est potentia facientis*. Sed eadem potentia, scilicet Dei fiunt omnia miracula. Ergo unum non est maius alio.
2. PRAETEREA, potentia Dei est infinita. Sed infinitum improportionabiliter excedit omne finitum. Ergo non magis est mirandum quod faciat hunc effectum, quam illum. Ergo unum miraculum non est maius altero.
SED CONTRA est quod Dominus dicit, Io 14,12, de operibus miraculosis loquens: *Opera quae ego facio, et ipse faciet, et maiora horum faciet*.

ARTIGO 8
Um milagre é maior que outro?

QUANTO AO OITAVO, ASSIM SE PROCEDE: parece que um milagre **não** é maior que outro.
1. Com efeito, diz Agostinho: "Nas coisas feitas de modo admirável, toda a razão do feito está na potência daquele que faz". Ora, a mesma potência, a saber, Deus, faz todos os milagres. Logo, um não é maior que outro.
2. ALÉM DISSO, a potência de Deus é infinita. Ora, o infinito ultrapassa sem proporção tudo o que é finito. Logo, um efeito desse poder não pode ser mais admirável que outro. Logo, um milagre não é maior que outro.
EM SENTIDO CONTRÁRIO, o Senhor diz no Evangelho de João, a propósito das obras milagrosas: "As obras que faço, aquele que crê em mim as fará também, e ainda maiores".

---

8 PARALL.: I-II, q. 113, a. 10; *Cont. Gent.* III, 101.
   1. Ep. 137, al. 3, c. 2: ML 33, 519.

ainda da ordem da natureza, mesmo que nada de natural possa fazê-lo, apenas Deus enquanto Autor da natureza. O verdadeiro sobrenatural é participação na natureza própria de Deus: é a graça e toda a ordem da graça. Se se chama, no entanto, sobrenatural o milagre, é que sua causa é propriamente sobrenatural, só podendo ser Deus. Mas o verdadeiro sobrenatural é em si mesmo divino por participação, e isto não é perceptível na condição carnal. O sentido do milagre, do "maravilhoso", é ser o sinal visível da presença invisível do sobrenatural. Enquanto ruptura da ordem natural, o que não é o sobrenatural, só pode ser excepcional, o sobrenatural de que ele é sinal sendo oferecido à fé, adesão que ultrapassa os sinais.

RESPONDEO dicendum quod nihil potest dici miraculum ex comparatione potentiae divinae: quia quodcumque factum, divinae potentiae comparatum, est minimum; secundum illud Is 40,15: *Ecce gentes quasi stilla situlae, et quasi momentum staterae reputatae sunt.* Sed dicitur aliquid miraculum per comparationem ad facultatem naturae, quam excedit. Et ideo secundum quod magis excedit facultatem naturae, secundum hoc maius miraculum dicitur.

Excedit autem aliquid facultatem naturae tripliciter. Uno modo, quantum ad substantiam facti: sicut quod duo corpora sint simul, vel quod sol retrocedat, aut quod corpus humanum glorificetur; quod nullo modo natura facere potest. Et ista tenent summum gradum in miraculis. — Secundo aliquid excedit facultatem naturae, non quantum ad id quod fit, sed quantum ad id in quo fit: sicut resuscitatio mortuorum, et illuminatio caecorum, et similia. Potest enim natura causare vitam, sed non in mortuo: et potest praestare visum, sed non caeco. Et haec tenent secundum locum in miraculis. — Tertio modo excedit aliquid facultatem naturae, quantum ad modum et ordinem faciendi: sicut cum aliquis subito per virtutem divinam a febre curatur absque curatione et consueto processu naturae in talibus, et cum statim aer divina virtute in pluvias densatur absque naturalibus causis, sicut factum est ad preces Samuelis [1Reg 12,18] et Eliae [3Reg 18,44-45]. Et huiusmodi tenent infimum locum in miraculis. — Quaelibet tamen horum habent diversos gradus, secundum quod diversimode excedunt facultatem naturae.

Et per hoc patet solutio AD OBIECTA, quae procedunt ex parte divinae potentiae.

RESPONDO. Nada pode ser chamado de milagre em referência à potência divina, porque tudo o que é feito, comparado à potência de Deus, é mínimo, como diz Isaías: "As nações são como gota de água num balde, como um grão de poeira na balança". Uma coisa, porém, se diz milagre por comparação com o poder da natureza, que é ultrapassado. Portanto, nada medida em que mais ultrapassa o poder da natureza, nessa mesma medida se diz que o milagre é maior.

Uma coisa ultrapassa o poder da natureza de três maneiras. Primeiro, quanto à substância do fato: como quando dois corpos se encontram ao mesmo tempo num mesmo lugar, ou quando o sol retrocede, ou quando um corpo humano é glorificado; pois a natureza não pode fazer isso de modo algum. Estes são os milagres de primeiro grau. — Em segundo lugar, uma coisa ultrapassa o poder da natureza não quanto àquilo que se faz, mas quanto àquilo em que se faz: como a ressurreição dos mortos, ou a cura dos cegos, ou outros casos semelhantes. A natureza pode causar a vida, mas não em um cadáver; ela pode dar a visão, mas não a um cego. Milagres desse tipo pertencem ao segundo grau. — Em terceiro lugar, uma coisa ultrapassa o poder da natureza quanto ao modo e à ordem em que se faz. Por exemplo, quando, pelo poder divino alguém se cura de uma febre sem remédios e fora do processo habitual de cura; ou quando, pelo poder divino, o ar subitamente se condensa em chuvas sem nenhuma causa natural, como o que aconteceu depois da oração de Samuel e de Elias. Tais acontecimentos constituem milagres do grau menos elevado. — Em cada uma dessas maneiras há diversos graus, na medida em que ultrapassam o poder da natureza.

Pelo que acabamos de dizer, se responde às objeções que procedem do ponto de vista do poder divino.

QUAESTIO CVI
QUOMODO UNA CREATURA MOVEAT ALIAM
in quatuor articulos divisa

Deinde considerandum est quomodo una creatura moveat aliam. Erit autem haec consideratio tripartita: ut primo consideremus quomodo angeli moveant, qui sunt creaturae pure spirituales; se-

QUESTÃO 106
COMO UMA CRIATURA MOVE A OUTRA
em quatro artigos

Em seguida, deve-se considerar como uma criatura move a outra. Esta consideração terá três partes: primeiro, consideraremos como os anjos, criaturas puramente espirituais, movem; depois,

cundo, quomodo corpora moveant; tertio, quomodo homines, qui sunt ex spirituali et corporali natura compositi.

Circa primum tria consideranda occurrunt: primo, quomodo angelus agat in angelum; secundo, quomodo in creaturam corporalem; tertio, quomodo in homines.

Circa primum, considerare oportet de illuminatione, et locutione angelorum, et ordinatione eorum ad invicem, tam bonorum, quam malorum.

Circa illuminationem quaeruntur quatuor.

Primo: utrum unus angelus moveat intellectum alterius illuminando.
Secundo: utrum unus moveat voluntatem alterius.
Tertio: utrum inferior angelus possit illuminare superiorem.
Quarto: utrum superior angelus illuminet inferiorem de omnibus quae cognoscit.

Articulus 1
Utrum unus angelus illuminet alium

Ad primum sic proceditur. Videtur quod unus angelus non illuminet alium.

1. Angeli enim eandem beatitudinem possident nunc, quam nos in futuro expectamus. Sed tunc unus homo non illuminabit alium; secundum illud Ier 31,34: *Non docebit ultra vir proximum suum, et vir fratrem suum.* Ergo etiam neque nunc unus angelus illuminat alium.

2. Praeterea, triplex est lumen in angelis: naturae, gratiae et gloriae. Sed angelus illuminatur lumine naturae, a creante; lumine gratiae, a iustificante; lumine gloriae, a beatificante; quod totum Dei est. Ergo unus angelus non illuminat alium.

como os corpos movem; finalmente, como movem os homens, compostos de natureza espiritual e corporal.

No que concerne à primeira parte, ocorre considerar três coisas: 1. Como um anjo age sobre outro anjo. 2. Como age sobre uma criatura corporal. 3. Como age sobre os homens.

Quanto à primeira, é preciso considerar a iluminação e a linguagem dos anjos e a ordem deles entre si, tanto dos anjos bons como dos maus.

A respeito da iluminação são quatro as perguntas:
1. Um anjo move o intelecto de um outro anjo, iluminando-o?
2. Um anjo move a vontade de outro anjo?
3. O anjo inferior pode iluminar um anjo superior?
4. O anjo superior ilumina o inferior a respeito de tudo o que ele conhece?

Artigo 1
Um anjo ilumina[a] outro anjo?

Quanto ao primeiro artigo, assim se procede: parece que um anjo **não** ilumina outro anjo.

1. Com efeito, os anjos possuem atualmente a mesma bem-aventurança que esperamos no futuro. Ora, então, um homem não iluminará um outro, como diz Jeremias: "Um homem não ensinará daí em diante seu próximo; nem um homem seu irmão". Logo, nem agora um homem ilumina outro anjo.

2. Além disso, há três tipos de luz nos anjos: a da natureza, a luz da graça e a da glória. Ora, o anjo é iluminado pela luz da natureza por aquele que o criou; pela luz da graça, por aquele que o justifica, e pela luz da glória por aquele que o beatifica. E isso tudo procede de Deus. Logo, um anjo não ilumina outro anjo.

---

1 Parall.: Infra, q. 111, a. 1; II *Sent.*, dist. 9, a. 2; dist. 11, part. 2, q. 1, a. 2; *De Verit.*, q. 9, a. 1, 5; *Compend. Theol.*, c. 126.

a. Vimos no tratado dos anjos que cada anjo representa um grau da perfeição do ser e do espírito. E, por outro lado, que a visão da essência divina, comum a todos os anjos, a todos os bem-aventurados, comporta uma maior ou menor compreensão do que é Deus, e também de sua intenção e de seu desígnio. O que um anjo tem a mais que um outro, seja como conhecimento dos segredos da natureza, seja como conhecimento de Deus em si mesmo, pode ele comunicá-lo a esse outro, sob forma de ideias adaptadas a sua menor potência de compreender. A influência de Dionísio, a quem Sto. Tomás, tomando-o por um discípulo direto de S. Paulo, atribuía imensa importância, é constante na visão hierárquica do universo que decorre desse princípio. Contudo, o que é mais dominante ainda é a ideia de comunhão de todos os espíritos, não somente no mesmo objetivo a atingir, mas na mesma beatitude e na mesma vida. Desse modo a iluminação direta imediata de todo anjo, assim como de todo bem-aventurado, por Deus, propicia essa cascata de iluminações complementares, vindo comunicar aos graus menos elevados o que os mais elevados só receberam a mais para dar.

3. PRAETEREA, lumen est forma quaedam mentis. Sed mens rationalis *a solo Deo formatur, nulla interposita creatura*, ut Augustinus dicit in libro *Octoginta trium Quaest.*[1]. Ergo unus angelus non illuminat mentem alterius.

SED CONTRA est quod dicit Dionysius, 8 cap. *Cael. Hier.*[2], quod *angeli secundae hierarchiae purgantur et illuminantur et perficiuntur per angelos primae hierarchiae.*

RESPONDEO dicendum quod unus angelus illuminat alium. Ad cuius evidentiam, considerandum est quod lumen, secundum quod ad intellectum pertinet, nihil est aliud quam quaedam manifestatio veritatis; secundum illud ad Eph 5,13: *Omne quod manifestatur, lumen est*. Unde illuminare nihil aliud est quam manifestationem cognitae veritatis alteri tradere; secundum quem modum Apostolus dicit, ad Eph 3,8-9: *Mihi, omnium sanctorum minimo, data est gratia haec, illuminare omnes quae sit dispensatio sacramenti absconditi a saeculis in Deo*. Sic igitur unus angelus dicitur illuminare alium, inquantum ei manifestat veritatem quam ipse cognoscit. Unde Dionysius dicit, 7 cap. *Cael. Hier.*[3], quod *theologi plane monstrant caelestium substantiarum ornatus a supremis mentibus doceri deificas scientias.*

Cum autem ad intelligendum duo concurrant, ut supra[4] diximus, scilicet virtus intellectiva, et similitudo rei intellectae; secundum haec duo unus angelus alteri veritatem notam notificare potest. Primo quidem, fortificando virtutem intellectivam eius. Sicut enim virtus imperfectioris corporis confortatur ex situali propinquitate perfectioris corporis, ut minus calidum crescit in calore ex praesentia magis calidi; ita virtus intellectiva inferioris angeli confortatur ex conversione superioris angeli ad ipsum. Hoc enim facit in spiritualibus ordo conversionis, quod facit in corporalibus ordo localis propinquitatis. — Secundo autem unus angelus alteri manifestat veritatem, ex parte similitudinis intellectae. Superior enim angelus notitiam veritatis accipit in universali quadam conceptione, ad quam capiendam inferioris angeli intellectus non esset sufficiens, sed est ei connaturale ut ma-

3. ADEMAIS, a luz é uma forma do espírito. Ora, como diz Agostinho, "a mente racional é formada somente por Deus, sem o intermédio de nenhuma criatura". Logo, um anjo não ilumina a mente de outro anjo.

EM SENTIDO CONTRÁRIO, diz Dionísio: "Os anjos da segunda hierarquia são purificados, iluminados e aperfeiçoados pelos anjos da primeira hierarquia".

RESPONDO. Um anjo ilumina outro anjo. Para prová-lo deve-se considerar que a luz, que se refere ao intelecto, nada mais é que uma manifestação da verdade, de acordo com esta palavra da Carta aos Efésios: "Tudo o que é manifestado é luz". Iluminar, portanto, nada mais é que transmitir a outra pessoa a manifestação da verdade conhecida, segundo diz o Apóstolo no mesmo texto: "A mim, o menor dentre os santos, foi dada a graça de iluminar a todos a respeito da economia do mistério que estava escondido em Deus desde o início dos séculos". É desse modo que se diz que um anjo ilumina outro, enquanto lhe manifesta uma verdade que ele próprio conhece. Por isso Dionísio diz que "os teólogos ensinam abertamente que as ordens dos espíritos celestes recebem das mentes mais elevadas o conhecimento das coisas divinas".

Contudo, como já dissemos, duas coisas concorrem para o conhecimento, a potência intelectiva e a semelhança da coisa conhecida. É em razão dessas duas que um anjo pode mostrar a outro uma verdade que já conhece. Primeiro, fortificando a potência intelectiva do outro anjo. Assim como também a potência de um corpo menos perfeito é fortalecida pela proximidade espacial com um corpo mais perfeito, como o calor de um corpo morno é aumentado pela presença de um mais quente, assim também a potência intelectual de um anjo inferior é fortalecida pelo fato de um anjo superior se voltar para ele. A ordem da conversão faz entre os espirituais o que faz a ordem da proximidade local entre os corporais[b]. — Em segundo lugar, um anjo manifesta uma verdade a outro a partir da semelhança conhecida. O anjo superior toma conhecimento da verdade segundo

---

1. Q. 51: ML 40, 33.
2. MG 3, 240 B.
3. MG 3, 209 A.
4. Q. 105, a. 3.

---

b. Desse modo, portanto, uma inteligência superior exerceria sobre outra influência como que física, comunicando-lhe alguma coisa de sua própria força. Sto. Tomás transpõe aqui a ideia que ele se fazia da ação do mestre sobre o discípulo. Mas o que significa essa "conversão" de um espírito para um outro que cria o "contato" e a comunicação? O que está em causa aqui é a potência de ação do espírito só por seu pensamento e vontade, só pela orientação de sua intenção.

gis particulariter veritatem accipiat. Superior ergo angelus veritatem quam universaliter concipit, quodammodo distinguit, ut ab inferiori capi possit; et sic eam cognoscendam illi proponit. Sicut etiam apud nos, doctores, quod in summa capiunt, multipliciter distinguunt, providentes capacitati aliorum. Et hoc est quod Dionysius dicit, 15 cap. *Cael. Hier.*[5]: *Unaquaeque substantia intellectualis datam sibi a diviniore uniformem intelligentiam, provida virtute dividit et multiplicat, ad inferioris sursum ductricem analogiam.*

AD PRIMUM ergo dicendum quod omnes angeli, tam superiores quam inferiores, immediate vident Dei essentiam; et quantum ad hoc, unus non docet alium. De hac enim doctrina Propheta loquitur: unde dicit: *Non docebit vir fratrem suum, dicens, Cognosce Dominum. Omnes enim cognoscent me, a minimo eorum usque ad maximum.* Sed rationes divinorum operum, quae in Deo cognoscuntur sicut in causa, omnes quidem Deus in seipso cognoscit, quia seipsum comprehendit: aliorum vero Deum videntium tanto unusquisque in Deo plures rationes cognoscit, quanto eum perfectius videt. Unde superior angelus plura in Deo de rationibus divinorum operum cognoscit quam inferior; et de his eum illuminat. Et hoc est quod dicit Dionysius, 4 cap. *de Div. Nom.*[6], quod angeli *existentium illuminantur rationibus.*

AD SECUNDUM dicendum quod unus angelus non illuminat alium tradendo ei lumen naturae vel gratiae vel gloriae; sed confortando lumen naturale ipsius, et manifestando ei veritatem de his quae pertinent ad statum naturae, gratiae et gloriae, ut dictum est[7].

AD TERTIUM dicendum quod rationalis mens formatur immediate a Deo, vel sicut imago ab exemplari, quia non est facta ad alterius imaginem quam Dei: vel sicut subiectum ab ultima forma completiva, quia semper mens creata reputatur informis, nisi ipsi primae veritati inhaereat. Aliae vero illuminationes, quae sunt ab homine vel angelo, sunt quasi dispositiones ad ultimam formam.

uma concepção universal, para cuja compreensão o intelecto do anjo inferior não seria suficiente, mas a ele é conatural aprender a verdade sob aspectos mais particulares. Portanto, a verdade que o anjo superior concebe de modo universal, de certo modo a distingue, para que possa ser captada pelo anjo inferior. E assim a propõe para que seja conhecida entre nós: os doutores que concebem sinteticamente dividem em muitas partes acomodando-se à capacidade dos outros. É isso que Dionísio diz: "Cada substância intelectual divide e multiplica, com sabedoria previdente, a ciência que recebeu de Deus, a fim de elevar até essa ciência os espíritos de uma ordem inferior".

QUANTO AO 1º, portanto, deve-se dizer que todos os anjos, os inferiores como os superiores, veem imediatamente a essência de Deus. Quanto a esta visão, um não ensina ao outro. Jeremias estava se referindo a essa doutrina quando disse que "o homem não instruirá seu irmão, dizendo: conhece o Senhor. Todos eles me conhecerão, desde o menor de todos, até o maior". Entretanto, no que concerne às razões das obras divinas, elas são conhecidas em Deus como em sua causa, e em si mesmo, Deus as conhece todas, porque Deus compreende a si próprio. Quanto aos outros que veem Deus, aqueles que têm uma visão mais perfeita dele terão um conhecimento maior das razões divinas. Um anjo de uma ordem superior terá pois, em Deus, um conhecimento muito maior das razões das obras divinas do que um anjo de ordem inferior, e por conseguinte ilumina-o a respeito delas. É o que diz Dionísio: "Os anjos são iluminados pelas razões do que existe".

QUANTO AO 2º, deve-se dizer que um anjo não ilumina outro transmitindo-lhe a luz da natureza, da graça ou da glória, mas fortalecendo nele sua luz natural e lhe manifestando a verdade sobre as coisas que dizem respeito ao estado de natureza, de graça e de glória, como foi dito.

QUANTO AO 3º, deve-se dizer que a mente racional é formada por Deus imediatamente: ou como imagem, por seu modelo, porque não foi criada à imagem de outro, mas de Deus. Ou como um sujeito que só se completa por sua forma última, porquanto a mente criada é sempre considerada informe enquanto não estiver unida à verdade primeira. As outras iluminações que procedem do homem ou do anjo são como disposições para a última forma.

---

5. MG 3, 332 B.
6. MG 3, 693 C.
7. In corp.

Articulus 2
Utrum unus angelus possit movere voluntatem alterius

AD SECUNDUM SIC PROCEDITUR. Videtur quod unus angelus possit movere voluntatem alterius.
1. Quia secundum Dionysium, sicut unus angelus illuminat alium, ita purgat et perficit; ut patet ex auctoritate supra[1] inducta. Sed purgatio et perfectio videntur pertinere ad voluntatem: nam purgatio videtur esse a sordibus culpae, quae pertinent ad voluntatem; perfectio autem videtur esse per consecutionem finis, qui est obiectum voluntatis. Ergo unus angelus potest movere voluntatem alterius.
2. PRAETEREA, sicut Dionysius dicit 7 cap. *Cael. Hier.*[2], *nomina angelorum designant eorum proprietates*. Seraphim autem *incendentes* dicuntur, aut *calefacientes*: quod est per amorem, qui ad voluntatem pertinet. Unus ergo angelus movet voluntatem alterius.
3. PRAETEREA, Philosophus dicit, in III *de Anima*[3], quod appetitus superior movet appetitum inferiorem. Sed sicut intellectus angeli superioris superior est, ita etiam appetitus. Ergo videtur quod superior angelus possit immutare voluntatem alterius.

SED CONTRA, eius est immutare voluntatem, cuius est iustificare: cum iustitia sit rectitudo voluntatis. Sed solus Deus est qui iustificat. Ergo unus angelus non potest mutare voluntatem alterius.

RESPONDEO dicendum quod, sicut supra[4] dictum est, voluntas immutatur dupliciter: uno modo, ex parte obiecti; alio modo, ex parte ipsius potentiae. Ex parte quidem obiecti, movet voluntatem et ipsum bonum quod est voluntatis obiectum, sicut appetibile movet appetitum; et ille qui demonstrat obiectum, puta qui demonstrat aliquid esse bonum. Sed sicut supra[5] dictum est, alia quidem bona aliqualiter inclinant voluntatem; sed nihil sufficienter movet voluntatem, nisi bonum universale, quod est Deus. Et hoc bonum solus ipse ostendit, ut per essentiam videatur a beatis, qui dicenti Moysi, *Ostende mihi gloriam tuam*, respondit, *Ego ostendam tibi omne bonum*, ut habetur Ex 33,18-19. Angelus

Artigo 2
Um anjo pode mover a vontade de outro anjo?

QUANTO AO SEGUNDO, ASSIM SE PROCEDE: parece que um anjo **pode** mover a vontade de outro anjo.
1. Com efeito, segundo Dionísio, assim como um anjo ilumina outro, da mesma maneira ele o purifica e o aperfeiçoa. Ora, purificação e perfeição parecem pertencer à vontade, porque a purificação parece se referir à sordidez do pecado, domínio da vontade e a perfeição parece se realizar pela consecução do fim, objeto da vontade. Logo, um anjo pode mover a vontade de outro.
2. ALÉM DISSO, Dionísio diz que "os nomes dos anjos designam suas propriedades". Serafim significa aquele *que está incandescente* ou *que aquece*. Isso se refere ao amor, que é da ordem da vontade. Por conseguinte, um anjo move a vontade de outro.
3. ADEMAIS, o Filósofo diz no livro III da *Alma*, que o apetite superior move o inferior. Ora, como o intelecto de um anjo superior é superior, assim também o apetite. Logo, parece que o anjo superior pode modificar a vontade de um outro.

EM SENTIDO CONTRÁRIO, só pode agir sobre uma vontade quem pode justificar, uma vez que a justiça é a retidão da vontade. Ora, somente Deus justifica. Logo, um anjo não pode agir sobre a vontade de outro anjo.

RESPONDO. Como se disse acima, age-se sobre a vontade de dois modos: primeiro, por parte do objeto; segundo, por parte da própria potência. Por parte do objeto, a vontade é movida pelo próprio bem, que constitui seu objeto, como o apetite é movido pelo que é desejável; e também por quem revela o objeto, ou seja, por quem demonstra que algo é bom. Mas, como acima foi dito, há outros bens que inclinam a vontade de alguma maneira; mas nada a move de modo suficiente, a não ser o bem universal, Deus. E é somente Deus que mostra esse bem para ser visto em sua essência pelos bem-aventurados. Assim, a Moisés que dizia: "Mostra-me a tua glória". Ele respondeu:

---

2 PARALL.: Infra, q. 111, a. 2; I-II, q. 9, a. 6; *Cont. Gent.* III, 88; *De Verit.*, q. 22, a. 9; *De Malo*, q. 3, a. 3.

1. A. praec. in arg. *Sed contra*.
2. MG 3, 205 B.
3. C. 11: 434, a, 12-15.
4. Q. 105, a. 4.
5. Ibid.

ergo non sufficienter movet voluntatem, neque ut obiectum; neque ut ostendens obiectum. Sed inclinat eam, ut amabile quoddam, et ut manifestans aliqua bona creata ordinata in Dei bonitatem. Et per hoc inclinare potest ad amorem creaturae vel Dei, per modum suadentis.

Ex parte vero ipsius potentiae, voluntas nullo modo potest moveri nisi a Deo. Operatio enim voluntatis est inclinatio quaedam volentis in volitum. Hanc autem inclinationem solus ille immutare potest, qui virtutem volendi creaturae contulit: sicut et naturalem inclinationem solum illud agens potest mutare, quod potest dare virtutem quam consequitur inclinatio naturalis. Solus autem Deus est qui potentiam volendi tribuit creaturae: quia ipse solus est auctor intellectualis naturae. Unde unus angelus voluntatem alterius movere non potest.

AD PRIMUM ergo dicendum quod secundum modum illuminationis, est accipienda et purgatio et perfectio. Et quia Deus illuminat immutando intellectum et voluntatem, purgat a defectibus intellectus et voluntatis, et perficit in finem intellectus et voluntatis. Angeli autem illuminatio refertur ad intellectum, ut dictum est[6]. Et ideo etiam purgatio angeli intelligitur a defectu intellectus, qui est nescientia; perfectio autem est consummatio in finem intellectus, qui est veritas cognita. Et hoc est quod dicit Dionysius, 6 cap. *Eccl. Hier.*[7], quod *in caelesti hierarchia purgatio est in subiectis essentiis tanquam ignotorum illuminatio in perfectiorem eas scientiam ducens*. Sicut si dicamus visum corporalem purgari, inquantum removentur tenebrae; illuminari vero, inquantum perfunditur lumine; perfici vero, secundum quod perducitur ad cognitionem colorati.

AD SECUNDUM dicendum quod unus angelus potest inducere alium ad amorem Dei per modum persuadentis, ut supra[8] dictum est.

AD TERTIUM dicendum quod Philosophus loquitur de appetitu inferiori sensitivo, qui potest

"Eu te mostrarei todo o meu bem". Portanto, o anjo não move suficientemente a vontade, nem como objeto, nem como revelador de objeto. Ele, porém, a inclina, seja enquanto é amável, seja lhe mostrando a relação entre alguns bens criados e a bondade de Deus. Assim, a modo de persuasão, ele pode inclinar ao amor da criatura ou de Deus.

Por parte da própria potência, a vontade não pode ser movida a não ser por Deus. A operação da vontade é uma inclinação daquele que quer para o objeto desejado. Ora, só pode agir sobre essa inclinação quem conferiu à criatura a potência de querer. Assim, só o agente que dá a potência de onde procede essa inclinação natural pode agir sobre uma inclinação natural. Ora, somente Deus dá à criatura a potência de querer, porque só ele é o autor da natureza intelectual. Por conseguinte, um anjo não pode mover a vontade de outro[c] anjo.

QUANTO AO 1º, portanto, deve-se dizer que a purificação e o aperfeiçoamento devem ser compreendidos segundo o modo da iluminação. Dado que Deus ilumina mudando o intelecto e a vontade, purifica ele as deficiências da inteligência e da vontade e aperfeiçoa essas duas faculdades levando-as à consecução de seu fim. A iluminação do anjo se refere ao intelecto, como foi dito. Por isso a purificação do anjo entende-se como de uma deficiência do intelecto que é a ignorância; e a perfeição é a consecução do fim do intelecto, que é o conhecimento da verdade. É o que declara Dionísio: "Nas hierarquias celestes, a purificação se dá nas essências que são os sujeitos dessa iluminação, como uma iluminação que lhes é desconhecida, conduzindo-as a uma ciência mais perfeita". É como se disséssemos que a visão corporal é purificada quando se afastam as trevas; iluminada, quando se acende a luz; e finalmente aperfeiçoada quando conduzida ao conhecimentos dos objetos coloridos.

QUANTO AO 2º, pode-se dizer que um anjo pode levar outro ao amor de Deus por modo de persuasão, como já foi dito.

QUANTO AO 3º, deve-se dizer que o Filósofo fala do apetite inferior sensitivo que pode ser movido

---

6. A. praec.
7. MG 3, 537 B.
8. In corp.

---

c. A inacessibilidade da vontade a toda moção diversa da de Deus é uma constante do pensamento de Sto. Tomás. Somente aquele que a criou pode agir sobre a inclinação fundamental da vontade para o bem. Ele nem sequer transpõe para a vontade o que afirmou, a propósito da iluminação, do "fortalecimento" de uma potência inferior de conhecer por uma potência mais elevada. Um espírito só pode agir sobre a vontade de um outro por persuasão.

moveri a superiori intellectivo, quia pertinet ad eandem naturam animae, et quia inferior appetitus est virtus in organo corporali. Quod in angelis locum non habet.

ARTICULUS 3
Utrum angelus inferior superiorem illuminare possit

AD TERTIUM SIC PROCEDITUR. Videtur quod angelus inferior superiorem illuminare possit.

1. Ecclesiastica enim hierarchia derivata est a caelesti, et eam repraesentat: unde et superna Ierusalem dicitur *mater nostra*, Gl 4,26. Sed in Ecclesia etiam superiores illuminantur ab inferioribus et docentur; secundum illud Apostoli, 1ad Cor 14,31: *Potestis omnes per singulos prophetare, ut omnes discant, et omnes exhortentur.* Ergo et in caelesti hierarchia superiores ab inferioribus possunt illuminari.

2. PRAETEREA, sicut ordo corporalium substantiarum dependet ex Dei voluntate, ita et ordo substantiarum spiritualium. Sed sicut dictum est[1], Deus quandoque praeter ordinem substantiarum corporalium operatur. Ergo quandoque etiam operatur praeter ordinem spiritualium substantiarum, illuminando inferiores non per medios superiores. Sic ergo inferiores illuminati a Deo, possunt superiores illuminare.

3. PRAETEREA, unus angelus alium illuminat, ad quem se convertit, ut supra[2] dictum est. Sed cum ista conversio sit voluntaria, potest supremus angelus ad infimum se convertere, mediis praetermissis. Ergo potest eum immediate illuminare: et ita potest illuminare superiores.

SED CONTRA est quod Dionysius dicit[3] *hanc legem esse divinitatis immobiliter firmatam, ut inferiora reducantur in Deum per superiora.*

RESPONDEO dicendum quod inferiores angeli nunquam illuminant superiores, sed semper ab eis illuminantur. Cuius ratio est quia, sicut supra[4] dictum est, ordo continetur sub ordine, sicut causa continetur sub causa. Unde sicut ordinatur

pelo apetite superior intelectivo, porque os dois pertencem à mesma natureza da alma e porque o apetite inferior é uma potência de um órgão do corpo. Isso não tem lugar entre os anjos.

ARTIGO 3
Um anjo inferior pode iluminar um anjo superior?

QUANTO AO TERCEIRO, ASSIM SE PROCEDE: parece que um anjo inferior **pode** iluminar um anjo superior.

1. Com efeito, a hierarquia eclesiástica deriva da celeste e a representa; por isso se chama a Jerusalém celestial de *nossa mãe*. Ora, na Igreja, mesmo os superiores são iluminados pelos inferiores e deles aprendem alguma coisa, de acordo com a palavra do Apóstolo: "Podeis todos vós profetizar, um de cada vez, a fim de que todos sejam instruídos e encorajados". Logo, também nas hierarquias celestes os superiores podem ser iluminados pelos inferiores.

2. ALÉM DISSO, assim como a ordem das substâncias corporais depende da vontade de Deus, assim também a ordem das substâncias espirituais. Ora, como foi dito, por vezes Deus opera fora da ordem das substâncias corporais. Logo, por vezes opera também fora da ordem das substâncias espirituais, iluminando os inferiores, sem o intermédio dos superiores. Logo, os inferiores, iluminados por Deus, podem iluminar os superiores.

3. ADEMAIS, um anjo ilumina outro voltando-se para ele, como acima foi dito. Ora, como esse voltar-se é voluntário, pode um anjo superior se voltar para um anjo de ordem mais baixa sem passar pelas ordens intermediárias. Logo pode iluminá-lo imediatamente; e desse modo pode iluminar os superiores.

EM SENTIDO CONTRÁRIO, diz Dionísio: "É uma lei divina, estabelecida de forma imutável, que os inferiores sejam reconduzidos a Deus pelos superiores".

RESPONDO. O anjos inferiores jamais iluminam os superiores, mas são sempre por eles iluminados. A razão disso está em que, como dito acima, as ordens se subordinam umas às outras, como as causas se subordinam entre si. Assim como

---

3 PARALL.: Infra, q. 107, a. 2; *De Verit.*, q. 9, a. 2.

1. Q. 105, a. 6.
2. A. 1.
3. *Cael. Hier.*, c. 4; *Eccl. Hier.*, c. 5: MG 3, 209 A, 504 C.
4. Q. 105, a. 6.

causa ad causam, ita ordo ad ordinem. Et ideo non est inconveniens, si aliquando aliquid fiat praeter ordinem inferioris causae, ad ordinandum in superiorem causam: sicut in rebus humanis praetermittitur mandatum praesidis, ut obediatur principi. Et ita contingit ut praeter ordinem naturae corporalis, aliquid Deus miraculose operetur, ad ordinandum homines in eius cognitionem. Sed praetermissio ordinis qui debetur spiritualibus substantiis, in nullo pertinet ad ordinationem hominum in Deum: cum operationes angelorum non sint nobis manifestae, sicut operationes visibilium corporum. Et ideo ordo qui convenit spiritualibus substantiis, nunquam a Deo praetermittitur, quin semper inferiora moveantur per superiora, et non e converso.

AD PRIMUM ergo dicendum quod ecclesiastica hierarchia imitatur caelestem aliqualiter, sed non perfecte consequitur eius similitudinem. In caelesti enim hierachia tota ratio ordinis est ex propinquitate ad Deum. Et ideo illi qui sunt Deo propinquiores, sunt et gradu sublimiores, et scientia clariores: et propter hoc superiores nunquam ab inferioribus illuminantur. Sed in ecclesiastica hierarchia, interdum qui sunt Deo per sanctitatem propinquiores, sunt gradu infimi, et scientia non eminentes: et quidam in uno etiam secundum scientiam eminent, et in alio deficiunt. Et propter hoc superiores ab inferioribus doceri possunt.

AD SECUNDUM dicendum quod non est similis ratio de hoc quod Deus agat praeter ordinem naturae corporalis, et naturae spiritualis, ut dictum est[5]. Unde ratio non sequitur.

AD TERTIUM dicendum quod angelus voluntate convertitur ad alium angelum illuminandum; sed voluntas angeli semper regulatur lege divina, quae ordinem in angelis instituit.

as causas são ordenadas umas às outras, assim também as ordens. Por isso, não há inconveniência em que uma coisa se faça fora da ordem de uma causa inferior, para que seja ordenada a uma causa superior. Por exemplo, nas coisas humanas, é possível prescindir de uma ordem de um chefe para se obedecer ao príncipe. Eis por que pode ocorrer que, fora da ordem da natureza corporal, Deus opera milagrosamente, com o fim de ordenar os homens ao conhecimento dele próprio. Contudo, prescindir da ordem natural das substâncias espirituais não tem nada a ver com a ordenação dos homens para Deus, uma vez que as operações angélicas não nos são manifestadas como o são as dos corpos visíveis. Por isso, Deus não prescinde nunca da ordem que convém às substâncias espirituais, segundo a qual os inferiores são movidos pelos superiores, e não o contrário[d].

QUANTO AO 1º, portanto, deve-se dizer que a hierarquia eclesiástica imita de alguma maneira a celeste, mas não tem com ela uma semelhança perfeita. Na hierarquia celeste, toda a razão de ordem vem da proximidade com Deus. Por isso, os que estão mais próximos de Deus são os mais elevados em dignidade e os mais esclarecidos no saber: o que faz que os anjos superiores nunca sejam iluminados pelos inferiores. Na hierarquia eclesiástica, pelo contrário, é possível que aqueles mais próximos de Deus pela santidade estejam num grau ínfimo, sejam não eminentes no saber, e que alguns sejam eminentes em uma coisa, mesmo quanto ao saber, e deficientes em outra. Por isso, os superiores podem ser instruídos pelos inferiores.

QUANTO AO 2º, deve-se dizer que não é igual a razão pela qual Deus age fora da ordem da natureza corporal e da natureza espiritual, como já dissemos. Por conseguinte, a razão não procede.

QUANTO AO 3º, deve-se dizer que é pela vontade que um anjo se volta para outro, para iluminá-lo; mas a vontade do anjo é sempre regulada pela lei divina, que instituiu a ordem entre os anjos.

---

5. In corp.

---

d. Não se trata aqui de uma disposição de fato da Providência, mas de uma impotência natural do espírito inferior em iluminar o espírito superior. Impotência que ressalta com evidência da própria natureza da iluminação. Transgredir essa "ordem", essa "hierarquia", seria transgredir a ordem da natureza, e portanto agir "milagrosamente", o que Deus pode sempre fazer, mas que não teria sentido algum.

Articulus 4
Utrum angelus superior illuminet inferiorem de omnibus sibi notis

AD QUARTUM SIC PROCEDITUR. Videtur quod angelus superior non illuminet inferiorem de omnibus quae ipse novit.

1. Dicit enim Dionysius, 12 cap. *Cael. Hier.*[1], quod angeli superiores habent scientiam magis universalem, inferiores vero magis particularem et subiectam. Sed plura continentur sub scientia universali quam sub particulari. Ergo non omnia quae sciunt superiores angeli, cognoscunt inferiores per superiorum illuminationem.

2. PRAETEREA, Magister dicit, in 11 distinctione[2] II *Sent.*, quod superiores angeli cognoverunt a saeculis mysterium Incarnationis, inferioribus vero ignotum fuit usquequo completum est. Quod videtur per hoc quod, quibusdam angelis quaerentibus, *Quis est iste rex gloriae?* quasi ignorantibus, alii respondent, quasi scientes, *Dominus virtutum ipse est rex gloriae* Ps 23,10, ut Dionysius exponit 7 cap. *Cael. Hier.*[3]. Hoc autem non esset, si superiores angeli illuminarent inferiores de omnibus quae ipsi cognoscunt. Non ergo eos illuminant de omnibus sibi notis.

3. PRAETEREA, si omnia superiores angeli inferioribus annuntiant quae cognoscunt, nihil inferioribus ignotum remanet, quod superiores cognoscant. Non ergo de cetero superiores poterunt illuminare inferiores. Quod videtur inconveniens. Non ergo superiores de omnibus inferiores illuminant.

SED CONTRA est quod Gregorius[4] dicit, quod *in illa caelesti patria, licet quaedam data sint excellenter, nihil tamen possidetur singulariter*. Et Dionysius dicit, 15 cap. *Cael. Hier.*[5], quod *unaquaeque caelestis essentia intelligentiam sibi a superiori datam, inferiori communicat*; ut patet ex auctoritate supra[6] inducta.

RESPONDEO dicendum quod omnes creaturae ex divina bonitate participant ut bonum quod habent, in alia diffundant; nam de ratione boni est quod se aliis communicet. Et inde est etiam quod agentia corporalia similitudinem suam aliis

Artigo 4
O anjo superior ilumina o inferior sobre tudo aquilo que ele próprio conhece?

QUANTO AO QUARTO, ASSIM SE PROCEDE: parece que o anjo superior **não** ilumina o inferior sobre tudo aquilo que ele próprio conhece.

1. Com efeito, segundo Dionísio, os anjos superiores têm uma ciência mais universal, enquanto os inferiores a têm mais particular e subordinada. Ora, mais coisas estão contidas em uma ciência universal que em uma particular. Logo, os anjos inferiores não conhecem, pela iluminação dos superiores, tudo aquilo que estes últimos conhecem.

2. ALÉM DISSO, segundo o Mestre das Sentenças, desde séculos os anjos superiores tiveram conhecimento do mistério da Encarnação. Os inferiores, pelo contrário, o desconheceram até que ele se consumou. Segundo a interpretação de Dionísio, isso parece se depreender da pergunta de alguns anjos: "Quem é este rei da glória?", como se ignorassem, ao que outros respondem como se conhecessem: "Este rei da glória é o Senhor dos exércitos". Ora, não haveria isso se os anjos superiores iluminassem os inferiores de tudo o que conhecem.

3. ADEMAIS, se os anjos superiores transmitem aos inferiores tudo aquilo que conhecem, nada daquilo que os superiores conhecem permanece desconhecido dos inferiores. Portanto, os superiores não poderiam mais iluminar os inferiores. Isso parece não convir. Portanto, os inferiores não iluminam os inferiores a respeito de tudo.

EM SENTIDO CONTRÁRIO, diz Gregório: "Na pátria celeste, embora algumas coisas sejam dadas de maneira excelente, nada é possuído de forma singular". E Dionísio diz que "toda essência celeste comunica àquela que lhe é inferior o conhecimento que recebeu daquela que lhe é superior", como se vê pelos textos supracitados.

RESPONDO. Todas as criaturas participam da bondade divina, para que difundam para outros o bem que possuem, pois é da razão do bem se comunicar. Decorre daí que os agentes corporais transmitem sua semelhança aos outros, na medi-

---

1. MG 3, 292 D — 293 A.
2. Part. 2.
3. MG 3, 209 AB.
4. MAGISTR., II *Sent.*, dist. 9. — Cfr. GREGORIUM, Homil. 34 in *Evang.*: ML 76, 1255 BD.
5. MG 3, 332 B.
6. A. 1 c (in fine).

tradunt, quantum possibile est. Quanto igitur aliqua agentia magis in participatione divinae bonitatis constituuntur, tanto magis perfectiones suas nituntur in alios transfundere, quantum possibile est. Unde beatus Petrus monet eos qui divinam bonitatem per gratiam participant, dicens, 1Pe 4,10: *Unusquisque, sicut accepit gratiam, in alterutrum illam administrantes, sicut boni dispensatores multiformis gratiae Dei*. Multo igitur magis sancti angeli, qui sunt in plenissima participatione divinae bonitatis, quidquid a Deo percipiunt, subiectis impartiuntur. — Non tamen recipitur ab inferioribus ita excellenter sicut est in superioribus. Et ideo superiores semper remanent in altiori ordine, et perfectiorem scientiam habentes. Sicut unam et eandem rem plenius intelligit magister, quam discipulus qui ab eo addiscit.

AD PRIMUM ergo dicendum quod superiorum angelorum scientia dicitur esse universalior, quantum ad eminentiorem modum intelligendi.

AD SECUNDUM dicendum quod verbum Magistri non sic est intelligendum, quod inferiores angeli penitus ignoraverint mysterium Incarnationis; sed quia non ita plene cognoverunt sicut superiores, et in eius cognitione postmodum profecerunt, dum illud mysterium impleretur.

AD TERTIUM dicendum quod, usque ad diem iudicii, semper nova aliqua supremis angelis revelantur divinitus de his quae pertinent ad dispositionem mundi, et praecipue ad salutem electorum. Unde semper remanet unde superiores angeli inferiores illuminent.

da do possível. Por isso, quanto mais um agente participa da bondade divina, tanto mais tende a difundir para outros sua própria perfeição. Daí a advertência de São Pedro àqueles que, por meio da graça, participam da bondade divina: "Que cada um de vós ponha a serviço dos outros a graça que recebeu, como convém a bons administradores da graça divina que é tão diversa". Muito mais, os santos anjos, que participam em plenitude distribuem aos inferiores o que de Deus recebem. — Mas este conhecimento não é recebido pelos inferiores no mesmo grau de excelência que possui nos superiores. Daí que os superiores permaneçam sempre numa ordem mais elevada possuindo uma ciência mais perfeita. Assim como, uma e mesma coisa é mais plenamente conhecida pelo mestre do que pelo discípulo que dele apreende[e].

QUANTO AO 1º, portanto, deve-se dizer que a ciência dos anjos superiores é qualificada de universal porque seu modo de conhecer é mais eminente.

QUANTO AO 2º, deve-se dizer que a palavra do Mestre das Sentenças não deve ser entendida no sentido de que os anjos inferiores ignorassem completamente o mistério da Encarnação, mas que os inferiores não tiveram dele um conhecimento tão pleno quanto os superiores, e que depois progrediram nesse conhecimento na medida em que o mistério ia se cumprindo.

QUANTO AO 3º, deve-se dizer que até o dia do juízo, Deus sempre dará aos anjos superiores novas revelações sobre a disposição do mundo e especialmente sobre o que se refere à salvação dos eleitos. Dessa forma, haverá sempre, para os superiores, o que iluminar os inferiores.

---

e. Uma vez mais, observa-se que o que Sto. Tomás afirma sobre os anjos é uma transposição do que vale também para os homens. Lei admirável, quaisquer que sejam suas modalidades de aplicação: "Quanto mais um agente participa da bondade divina, mais ele tende de todo o seu poder a comunicar aos outros sua própria perfeição". É a lei, efetivamente dominante na visão do mundo de Sto. Tomás, do *Bonum diffusivum sui*, ou seja, do bem cuja natureza mesma é se dar.

QUAESTIO CVII
DE LOCUTIONIBUS ANGELORUM
in quinque articulos divisa

Deinde considerandum est de locutionibus angelorum.
Et circa hoc quaeruntur quinque.
Primo: utrum unus angelus loquatur alii.
Secundo: utrum inferior superiori.

QUESTÃO 107
A LINGUAGEM DOS ANJOS
em cinco artigos

Em seguida, deve-se considerar a linguagem dos anjos.
Sobre isso são cinco as questões:
1. Um anjo fala a outro?
2. O inferior ao superior?

Tertio: utrum angelus Deo.
Quarto: utrum in locutione angeli aliquid distantia localis operetur.
Quinto: utrum locutionem unius angeli ad alterum omnes cognoscant.

3. O anjo fala a Deus?
4. A distância local intervém na fala angélica?
5. A conversa entre dois anjos é conhecida por todos os outros?

Articulus 1
Utrum unus angelus alteri loquatur

AD PRIMUM SIC PROCEDITUR. Videtur quod unus angelus alteri non loquatur.
1. Dicit enim Gregorius, XVIII *Moral.*[1], quod in statu resurrectionis *uniuscuiusque mentem ab alterius oculis membrorum corpulentia non abscondit.* Multo igitur minus mens unius angeli absconditur ab altero. Sed locutio est ad manifestandum alteri quod latet in mente. Non igitur oportet quod unus angelus alteri loquatur.
2. PRAETEREA, duplex est locutio: interior, per quam aliquis sibi ipsi loquitur; et exterior, per quam aliquis loquitur alteri. Exterior autem locutio fit per aliquod sensibile signum, puta voce vel nutu vel aliquo corporis membro, puta lingua vel digito: quae angelis competere non possunt. Ergo unus angelus alteri non loquitur.

3. PRAETEREA, loquens excitat audientem ut attendat suae locutioni. Sed non videtur per quid unus angelus excitet alium ad attendendum: hoc enim fit apud nos aliquo sensibili signo. Ergo unus angelus non loquitur alteri.

SED CONTRA est quod dicitur 1Cor 13,1: *Si linguis hominum loquar et angelorum.*

RESPONDEO dicendum quod in angelis est aliqua locutio: sed, sicut dicit Gregorius II *Moral.*[2], *dignum est ut mens nostra, qualitatem corporae locutionis excedens, ad sublimes atque incognitos modos locutionis intimae suspendatur.* Ad intelligendum igitur qualiter unus angelus alii loquatur, considerandum est quod, sicut supra[3] diximus cum de actibus et potentiis animae ageretur, voluntas movet intellectum ad suam operationem. Intelligibile autem est in intellectu tripliciter: primo quidem, habitualiter, vel secundum memoriam, ut Augustinus dicit[4]; secundo autem, ut in actu

Artigo 1
Um anjo fala a outro?

QUANTO AO PRIMEIRO ARTIGO, ASSIM SE PROCEDE: parece que um anjo **não** fala a outro.
1. Com efeito, Gregório Magno diz que após a ressurreição "a corporeidade não ocultará a mente dos olhos do outro". Com maior razão a mente de um anjo não permanece oculta a outro anjo. Ora, a linguagem nada mais é que a manifestação a outrem do que está oculto na mente. Logo, não é necessário que um anjo fale a outro.
2. ALÉM DISSO, há duas espécies de linguagem: a interior, pela qual cada um se dirige a si mesmo, e a exterior, pela qual alguém fala a outro. Ora, a linguagem exterior se dá por meio de um sinal sensível, como pela palavra, pelo gesto, e por um membro do corpo, como a língua ou o dedo; nada disso cabe num anjo. Logo, um anjo não fala a outro.

3. ADEMAIS, quem fala incita o que ouve a que atenda à sua fala. Ora, não se vê como um anjo possa incitar outro a que atenda: pois isso fazemos por meio de um sinal sensível. Logo, um anjo não fala a outro.

EM SENTIDO CONTRÁRIO, se diz na primeira Carta aos Coríntios: "Mesmo que eu fale em línguas, a dos homens e a dos anjos...".

RESPONDO. Os anjos possuem uma linguagem. Mas, como diz Gregório: "Convém que nossa mente, ultrapassando a qualidade da linguagem corporal, seja elevada aos modos sublimes e desconhecidos da linguagem interior". Assim, para conhecer de que maneira um anjo fala a outro, é preciso considerar que, como se disse acima, quando se tratou dos atos e das potências da alma, a vontade move o intelecto à sua operação. Ora, o inteligível encontra-se no intelecto de três maneiras: primeiro, de modo habitual ou, como diz Agostinho, na memória. Segundo, o

---

1 PARALL.: II *Sent.*, dist. 11, part. 2, a. 3; *De Verit.*, q. 9, a. 4; 1*Cor.*, c. 13, lect. 1.

1. C. 48, al. 27; in vet. 31: ML 76, 84 B.
2. C. 7, al. 4; in vet. 5: ML 75, 559 A.
3. Q. 82, a. 4.
4. *De Trin.*, l. XII, c. 6, 7: ML 42, 1041-1042, 1042-1044.

consideratum vel conceptum; tertio, ut ad aliud relatum. Manifestum est autem quod de primo gradu in secundum transfertur intelligibile per imperium voluntatis: unde in definitione habitus[5] dicitur, *quo quis utitur cum voluerit*. Similiter autem et de secundo gradu transfertur in tertium per voluntatem: nam per voluntatem conceptus mentis ordinatur ad alterum, puta vel ad agendum aliquid, vel ad manifestandum alteri. — Quando autem mens convertit se ad actum considerandum quod habet in habitu, loquitur aliquis sibi ipsi: nam ipse conceptus mentis *interius verbum* vocatur. Ex hoc vero quod conceptus mentis angelicae ordinatur ad manifestandum alteri, per voluntatem ipsius angeli, conceptus mentis unius angeli innotescit alteri: et sic loquitur unus angelus alteri. Nihil est enim aliud loqui ad alterum, quam conceptum mentis alteri manifestare.

AD PRIMUM ergo dicendum quod in nobis interior mentis conceptus quasi duplici obstaculo clauditur. Primo quidem, ipsa voluntate, quae conceptum intellectus potest retinere interius, vel ad extra ordinare. Et quantum ad hoc, mentem unius nullus alius potest videre nisi solus Deus; secundum illud 1Cor 2,11: *Quae sunt hominis, nemo novit nisi spiritus hominis, qui in ipso est*. — Secundo autem clauditur mens hominis ab alio homine per grossitiem corporis. Unde cum etiam voluntas ordinat conceptum mentis ad manifestandum alteri, non statim cognoscitur ab alio, sed oportet aliquod signum sensibile adhibere. Et hoc est quod Gregorius dicit, II *Moral*.[6]: *Alienis oculis intra secretum mentis, quasi post parietem corporis stamus: sed cum manifestare nosmetipos cupimus, quasi per linguae ianuam egredimur, ut quales sumus intrinsecus, ostendamus*. Hoc autem obstaculum non habet angelus. Et ideo quam cito vult manifestare suum conceptum, statim alius cognoscit.

inteligível é considerado ou concebido em ato. Terceiro, enquanto é referido a outra coisa. É claro que a passagem do primeiro ao segundo modo acontece por uma ordem da vontade. Por isso na definição de *habitus* se diz *aquilo de que alguém se serve quando quer*. De forma parecida, a passagem do segundo ao terceiro modo se dá por meio da vontade, pois é por ela que o pensamento é referido a outra coisa, quer se trate de realizar algo, que se trate de manifestar a outrem. — Ou quando a mente se volta a considerar atualmente o que possui sob a forma de hábito, diz-se que fala consigo mesma, pois o pensamento se denomina *verbo interior*. Se o anjo, por meio da vontade, ordena seu conceito mental a fim de manifestá-lo a outro anjo, o conceito mental de um anjo se manifesta a outro: desse modo um anjo fala a outro. De fato, falar a alguém nada mais é que lhe manifestar seu pensamento[a].

QUANTO AO 1º, portanto, deve-se dizer que o conceito interior da mente encontra-se contido dentro de nós como que por duas barreiras. Primeiro pela vontade, que pode reter o pensamento dentro de nós ou ainda dirigi-lo ao exterior. Quanto a isso, ninguém pode ver a mente do outro, a não ser Deus, segundo o dito do Apóstolo: "Quem dentre os homens conhece o que há no homem, senão o espírito do homem que está nele?" — Segundo, a mente de um homem está oculta a outro homem por causa da opacidade do corpo. Por isso, quando a vontade dirige o conceito mental para manifestá-lo a outrem, não é imediatamente que é conhecido pelo outro, pois é necessário que essa manifestação use um sinal sensível. Nesse sentido diz Gregório: "Nós nos mantemos, em relação aos outros, no segredo de nosso pensamento, como que atrás da parede do corpo. Quando desejamos nos manifestar, saímos pela porta da linguagem para nos mostrar tais quais somos no íntimo". Ora, para o anjo não existe esse obstáculo. Assim, tão logo quer manifestar seu pensamento, o outro o capta imediatamente[b].

---

5. AVERR., III *de Anima*, comm. 18.
6. Loc. cit. supra.

---

a. Ainda aí, o grande interesse desse problema da "linguagem" entre os puros espíritos reside no fato de que ele conduz a uma definição da linguagem válida universalmente, e mesmo para os homens. É a manifestação a outrem do conceito que cada um forma em si mesmo, pois "falar a outro é justamente manifestar-lhe seu próprio pensamento". Esse conceito é aliás uma manifestação a si mesmo do que se pensa, uma espécie de "linguagem interior", o que lhe vale o nome de "verbo". Quando se trata do anjo, afirma Sto. Tomás, é só "ordenar" a outrem por sua vontade o que um pensa em si mesmo, e é o bastante para transmitir-lhe a informação.

b. Também na linguagem humana essa ligação a outrem constitui o essencial, o que hoje se denominaria de "projeto" da linguagem. Contudo, ela só pode realizar-se pela mediação de sinais sensíveis.

AD SECUNDUM dicendum quod locutio exterior quae fit per vocem, est nobis necessaria propter obstaculum corporis. Unde non convenit angelo, sed sola locutio interior; ad quam pertinet non solum quod loquatur sibi interius concipiendo, sed etiam quod ordinet per voluntatem ad alterius manifestationem. Et sic lingua angelorum metaphorice dicitur ipsa virtus angeli, qua conceptum suum manifestat.

AD TERTIUM dicendum quod, quantum ad angelos bonos, qui semper se invicem vident in Verbo, non esset necessarium ponere aliquid excitativum: quia sicut unus semper videt alium, ita semper videt quidquid in eo est ad se ordinatum. Sed quia etiam in statu naturae conditae sibi invicem loqui poterant, et mali angeli etiam nunc sibi invicem loquuntur; dicendum est quod, sicut sensus movetur a sensibili, ita intellectus movetur ab intelligibili. Sicut ergo per signum sensibile excitatur sensus, ita per aliquam virtutem intelligibilem potest excitari mens angeli ad attendendum.

QUANTO AO 2º, deve-se dizer que a linguagem exterior que se faz por meio da voz nos é necessária por causa do obstáculo do corpo. Por isso não convém aos anjos, mas apenas a linguagem interior. A essa linguagem cabe não somente falar consigo mesmo interiormente formando conceitos, mas também dirigi-los, por meio da vontade, à comunicação com outros. É, pois, por uma metáfora que a língua dos anjos se diz a potência do anjo pela qual manifesta seu pensamento.

QUANTO AO 3º, deve-se dizer que quanto aos anjos bons que sempre se veem no Verbo, não seria necessário afirmar algo incitador, porque, assim como um sempre vê o outro, também sempre vê no outro o que diz respeito a si mesmo. Mas, porque também no estado de natureza criada podiam falar entre si, como acontece ainda agora com os anjos maus, deve-se dizer que, assim como os sentidos são movidos pelo que é sensível, também o intelecto é movido pelo que é inteligível. Se, pois, os sentidos são excitados pelos sinais sensíveis, a atenção mental do anjo pode igualmente ser excitada por alguma virtude inteligível[c].

ARTICULUS 2
Utrum inferior angelus superiori loquatur

AD SECUNDUM SIC PROCEDITUR. Videtur quod inferior angelus superiori non loquatur.

1. Quia super illud 1Cor 13,1, *Si linguis hominum loquar et angelorum*, dicit Glossa[1] quod locutiones angelorum sunt illuminationes, quibus superiores illuminant inferiores. Sed inferiores nunquam illuminant superiores, ut supra[2] dictum est. Ergo nec inferiores superioribus loquuntur.

2. PRAETEREA, supra[3] dictum est quod illuminare nihil est aliud quam illud quod est alicui manifestum, alteri manifestare. Sed hoc idem est loqui. Ergo idem est loqui, et illuminare: et sic idem quod prius.

ARTIGO 2
Um anjo inferior fala a um superior?

QUANTO AO SEGUNDO, ASSIM SE PROCEDE: parece que um anjo inferior **não** fala a um superior.

1. Com efeito, a propósito da passagem: "Mesmo que eu fale em línguas, a dos homens e a dos anjos", a *Glosa* diz que as linguagens angélicas são iluminações pelas quais os anjos superiores iluminam os inferiores. Ora, como já foi dito, os anjos inferiores jamais iluminam os superiores. Logo, nem falam os inferiores aos superiores.

2. ALÉM DISSO, acima foi dito que iluminar nada mais é que manifestar a outrem o que é manifesto a alguém. Ora, falar é a mesma coisa. Logo, falar e iluminar são a mesma coisa. Desse modo a conclusão é a mesma que a precedente.

---

2 PARALL.: *De Verit.*, q. 9, a. 5; 1*Cor.*, c. 13, lect. 1.

1. Ordin.
2. Q. 106, a. 3.
3. Ibid., a. 1.

c. Conversão de uma inteligência para outra para iluminá-la, "ordenamento" de um conceito interior para outra inteligência, a fim de "dizer-lho", tudo isto é bastante revelador sobre a potência de comunicação que existe entre os espíritos, a qual depende contudo de sua livre vontade. Mas o que quer dizer Sto. Tomás quando se refere a alguma "virtude inteligível" que a vontade de comunicar imprimiria ao conceito interior, e que excitaria "a atenção mental" do outro para que ele "escute", como o sinal sensível desperta a atenção mental do homem?

3. PRAETEREA, Gregorius dicit, II *Moral.*⁴, quod *Deus ad angelos loquitur, eo ipso quod eorum cordibus occulta sua invisibilia ostendit.* Sed hoc ipsum est illuminare. Ergo omnis Dei locutio est illuminatio. Pari ergo ratione, omnis angeli locutio est illuminatio. Nullo ergo modo angelus inferior superiori loqui potest.

SED CONTRA est quod, sicut Dionysius exponit 7 *Cael. Hier.*⁵, inferiores angeli superioribus dixerunt: *Quis est iste rex gloriae?* Ps 23,10.

RESPONDEO dicendum quod angeli inferiores superioribus loqui possunt. Ad cuius evidentiam, considerandum est quod omnis illuminatio est locutio in angelis, sed non omnis locutio est illuminatio. Quia sicut dictum est⁶, angelum loqui angelo nihil aliud est quam conceptum suum ordinare ad hoc ut ei innotescat, per propriam voluntatem. Ea vero quae mente concipiuntur, ad duplex principium referri possunt: scilicet ad ipsum Deum, qui est prima veritas; et ad voluntatem intelligentis, per quam aliquid actu consideramus. Quia vero veritas est lumen intellectus, et regula omnis veritatis est ipse Deus; manifestatio eius quod mente concipitur, secundum quod dependet a prima veritate, et locutio est et illuminatio; puta si unus homo dicat alii, *Caelum est a Deo creatum*, vel, *Homo est animal*. Sed manifestatio eorum quae dependent ex voluntate intelligentis, non potest dici illuminatio, sed locutio tantum; puta si aliquis alteri dicat, *Volo hoc addiscere, Volo hoc vel illud facere*. Cuius ratio est, quia voluntas creata non est lux, nec regula veritatis, sed participans lucem: unde communicare ea quae sunt a voluntate creata, inquantum huiusmodi, non est illuminare. Non enim pertinet ad perfectionem intellectus mei, quid tu velis, vel quid tu intelligas, cognoscere: sed solum quid rei veritas habeat.

Manifestum est autem quod angeli dicuntur superiores vel inferiores per comparationem ad hoc principium quod est Deus. Et ideo illuminatio, quae dependet a principio quod est Deus, solum per superiores angelos ad inferiores deducitur.

3. ADEMAIS, Gregório disse que "Deus fala aos anjos pelo fato mesmo de revelar aos corações deles seus segredos escondidos e invisíveis". Ora, isso é iluminar. Portanto, toda linguagem divina é uma iluminação. Por motivo semelhante, toda linguagem angélica é uma iluminação. Logo, de forma alguma um anjo inferior poderá falar a um superior.

EM SENTIDO CONTRÁRIO, Dionísio explica que são os anjos inferiores que dizem aos anjos superiores: "Quem é este rei da glória?".

RESPONDO. Os anjos inferiores podem falar aos superiores. Para prová-lo, deve-se considerar que, entre eles, toda iluminação é uma linguagem, mas nem toda fala é uma iluminação. De fato, como já foi dito, um anjo falar a outro anjo nada mais é que dirigir voluntariamente o pensamento ao outro com o fim de dá-lo a conhecer. Ora, as coisas concebidas pela mente podem se referir a um duplo princípio: ao próprio Deus, que é verdade primeira, e à vontade do que conhece, pela qual consideramos de fato uma coisa. Uma vez que a verdade é luz do intelecto, e Deus é regra de toda verdade, a manifestação daquilo que a mente concebe, na medida em que depende da verdade primeira, é ao mesmo tempo linguagem e iluminação. Assim é quando, alguém diz a outro: "O céu foi criado por Deus", ou então: "O homem é um animal". No entanto, a manifestação das coisas que dependem da vontade daquele que conhece não pode ser considerada uma iluminação, mas apenas uma linguagem. Assim quando um diz a outro: "Quero aprender tal coisa", ou ainda: "Quero fazer isto ou aquilo". O motivo disso é que a vontade criada não é luz nem regra da verdade, mas participante da luz. Daí que comunicar as coisas que dependem da vontade criada, enquanto tais, não é iluminar. Com efeito, não pertence à perfeição de meu intelecto saber o que tu queres ou conheces; mas somente qual é a verdade da coisaᵈ.

É claro que os anjos são chamados superiores ou inferiores por comparação ao princípio que é Deus. Por isso, a iluminação que tem a Deus por princípio desce somente dos anjos superiores aos inferiores. Todavia, na ordem do princípio que

---

4. C. 7, al. 4; in vet. 5: ML 75, 559 B.
5. MG 3, 209 AB.
6. A. praec. et q. 106, a. 1.

d. Eis uma das ideias caras a Sto. Tomás. Porém, compreendamo-lo! O que eu penso não importa à inteligência das essências eternas e necessárias das quais se trata quando se fala de hierarquia e de iluminação das inteligências. No entanto, importa bastante ao conhecimento dos seres particulares e individuais, e muito mais ao das "pessoas".

Sed in ordine ad principium quod est voluntas, ipse volens es primus et supremus. Et ideo manifestatio eorum quae ad voluntatem pertinent, per ipsum volentem deducitur ad alios quoscumque. Et quantum ad hoc, et superiores inferioribus, et inferiores superioribus loquuntur.

Et per hoc patet solutio ad primum, et ad secundum.

AD TERTIUM dicendum quod omnis Dei locutio ad angelos est illuminatio: quia cum voluntas Dei sit regula veritatis, etiam scire quid Deus velit, pertinet ad perfectionem et illuminationem mentis creatae. Sed non est eadem ratio de voluntate angeli, ut dictum est[7].

ARTICULUS 3
Utrum angelus Deo loquatur

AD TERTIUM SIC PROCEDITUR. Videtur quod angelus Deo non loquatur.

1. Locutio enim est ad manifestandum aliquid alteri. Sed angelus nihil potest manifestare Deo, qui omnia novit. Ergo angelus non loquitur Deo.

2. PRAETEREA, loqui est ordinare conceptum intellectus ad alterum, ut dictum est[1]. Sed angelus semper conceptum suae mentis ordinat in Deum. Si ergo aliquando Deo loquitur, semper Deo loquitur: quod potest videri alicui inconveniens, cum aliquando angelus angelo loquatur. Videtur ergo quod angelus nunquam loquatur Deo.

SED CONTRA est quod dicitur Zc 1,12: *Respondit angelus Domini, et dixit: Domine exercituum, usquequo non misereberis Ierusalem?* Loquitur ergo angelus Deo.

RESPONDEO dicendum quod, sicut dictum est[2], locutio angeli est per hoc, quod conceptus mentis ordinatur ad alterum. Sed aliquid ordinatur ad alterum dupliciter. Uno modo, ad hoc quod communicet alteri; sicut in rebus naturalibus agens ordinatur ad patiens et in locutione humana doctor ordinatur ad discipulum. Et quantum ad hoc, nullo modo angelus loquitur Deo, neque de his quae ad rerum veritatem pertinent, neque de his quae dependent a voluntate creata: quia Deus est omnis veritatis et omnis voluntatis principium

é a vontade, o que quer é ele mesmo primeiro e superior. Por isso, a manifestação das coisas que pertencem à vontade desce do que quer aos outros. Sob esse aspecto, os anjos superiores falam aos inferiores como também os inferiores aos superiores.

QUANTO AO 1º E AO 2º, fica clara a resposta pelo exposto.

QUANTO AO 3º, deve-se dizer que toda linguagem divina dirigida aos anjos é iluminação. De fato, a vontade de Deus é regra da verdade, e saber o que Deus quer pertence à perfeição e à iluminação da mente criada. Mas não é a mesma razão com respeito à vontade angélica, como acabamos de expor.

ARTIGO 3
O anjo fala a Deus?

QUANTO AO TERCEIRO, ASSIM SE PROCEDE: parece que o anjo **não** fala a Deus.

1. Com efeito, a linguagem tem por fim manifestar alguma coisa a outro. Ora, o anjo nada pode manifestar a Deus que conhece tudo. Logo, o anjo não fala a Deus.

2. ALÉM DISSO, falar é dirigir o conceito do intelecto a um outro, como foi dito. Ora, o anjo tem o conceito de sua mente constantemente dirigido a Deus. Se, pois, o anjo fala a Deus, está sempre lhe falando. Mas isso pode parecer inconveniente a alguém, pois às vezes um anjo fala com outro anjo. Parece, portanto, que o anjo jamais fala a Deus.

EM SENTIDO CONTRÁRIO, diz-se no livro de Zacarias: "Respondeu o anjo do Senhor: 'Até quando, Senhor dos exércitos, não terás piedade de Jerusalém e das cidades de Judá?'". Logo, o anjo fala a Deus.

RESPONDO. Como já foi dito, a linguagem do anjo consiste em dirigir o pensamento para um outro. Ora, algo se dirige a outro de duas maneiras. Primeiro, para se comunicar com o outro. Dessa maneira, na natureza, o agente se dirige ao paciente e na fala humana, o mestre se dirige ao discípulo. Sob esse aspecto, o anjo não fala com Deus de modo algum, nem quanto ao que se refere à verdade das coisas, nem quanto ao que depende da vontade criada, posto que Deus é o princípio e o autor de toda verdade e de toda

---

7. In corp.

3 PARALL.: In *Iob*, c. 1, lect. 2.
   1. A. 1.
   2. A. 1, 2.

et conditor. — Alio modo ordinatur aliquid ad alterum, ut ab eo aliquid accipiat: sicut in rebus naturalibus passivum ad agens, et in locutione humana discipulus ad magistrum. Et hoc modo angelus loquitur Deo, vel consultando divinam voluntatem de agendis; vel eius excellentiam, quam nunquam comprehendit, admirando; sicut Gregorius dicit, II *Moral*.[3] quod *angeli loquuntur Deo, cum per hoc quod super semetipsos respiciunt, in motum admirationis surgunt.*

AD PRIMUM ergo dicendum quod locutio non semper est ad manifestandum alteri; sed quandoque ad hoc ordinatur finaliter, ut loquenti aliquid manifestetur; sicut cum discipulus quaerit aliquid a magistro.

AD SECUNDUM dicendum quod locutione qua angeli loquuntur Deo laudantes ipsum et admirantes, semper angeli Deo loquuntur. Sed locutione qua eius sapientiam consulunt super agendis, tunc ei loquuntur, quando aliquod novum per eos agendum occurrit, super quo desiderant illuminari.

ARTICULUS 4
Utrum localis distantia operetur aliquid in locutione angelica

AD QUARTUM SIC PROCEDITUR. Videtur quod localis distantia operetur aliquid in locutione angelica.

1. Sicut enim dicit Damascenus[1], *Angelus ubi est, ibi operatur*. Locutio autem est quaedam operatio angeli. Cum ergo angelus sit in determinato loco, videtur quod usque ad determinatam loci distantiam angelus loqui possit.
2. PRAETEREA, clamor loquentis fit propter distantiam audientis. Sed Is 6,3 dicitur de Seraphim, quod *clamabat alter ad alterum*. Ergo videtur quod in locutione angelorum aliquid operetur localis distantia.

SED CONTRA est quod, sicut dicitur Lc 16,24, dives in inferno positus loquebatur Abrahae, non impediente locali distantia. Multo igitur minus localis distantia potest impedire locutionem unius angeli ad alterum.

RESPONDEO dicendum quod locutio angeli in intellectuali operatione consistit, ut ex dictis[2]

vontade. — Segundo, para receber algo de outro. Dessa maneira, na natureza, o paciente se dirige ao agente; e na linguagem humana, o discípulo ao mestre. Desse modo o anjo fala a Deus, seja consultando a divina vontade a respeito do que deve ser feito, seja admirando a excelência divina que nunca compreende a fundo. Nesse sentido, diz Gregório: "Os anjos falam a Deus quando, tendo considerado o que está acima deles, levantam-se em um movimento de admiração".

QUANTO AO 1º, portanto, deve-se dizer que a linguagem não é sempre para manifestar a outro. Às vezes para isso se dirige com o fim de que alguma coisa se manifesta ao que fala; assim, o discípulo pergunta alguma coisa ao mestre.

QUANTO AO 2º, deve-se dizer que pela linguagem pela qual os anjos louvam e admiram a Deus, os anjos falam continuamente a Deus. Mas, pela linguagem pela qual consultam a sabedoria divina sobre o que há de ser feito, então os anjos falam a Deus quando há algo de novo a fazer, e eles desejam ser iluminados sobre isso.

ARTIGO 4
A distância local intervém na linguagem angélica?

QUANTO AO QUARTO, ASSIM SE PROCEDE: parece que a distância local **intervém** na linguagem angélica.

1. Com efeito, diz Damasceno: "O anjo, onde está, aí opera". Ora, a linguagem é uma operação angélica. Logo, quando está num lugar determinado, parece que até certa distância o anjo pode falar.

2. ALÉM DISSO, fala-se em alta voz quando o ouvinte está distante. Ora, diz Isaías a propósito dos serafins: "Eles clamavam um para o outro". Logo, a distância local parece intervir na linguagem angélica.

EM SENTIDO CONTRÁRIO, no Evangelho de Lucas se diz que o rico, estando no inferno, falava a Abraão, apesar da distância local. Com muito mais razão, essa distância não pode impedir um anjo de falar a outro.

RESPONDO. A linguagem angélica consiste numa operação intelectual, como está claro pelo já dito.

---

3 C. 7, al. 4; in vet. 5: ML 75, 560 A.
PARALL.: II *Sent*., dist. 11, part. 2, a. 3, ad 3; *De Verit*., q. 9, a. 6.
1. *De Fide Orth*., l. I, c. 13, al. 17. — Cfr. l. II, c. 3: MG 94, 853 A, 869 B.
2. Articulis praec.

patet. Intellectualis autem operatio angeli omnino abstracta est a loco et tempore: nam etiam nostra intellectualis operatio est per abstractionem ab hic et nunc, nisi per accidens ex parte phantasmatum, quae in angelis nulla sunt. In eo autem quod est omnino abstractum a loco et tempore, nihil operatur neque temporis diversitas, neque loci distantia. Unde in locutione angeli nullum impedimentum facit distantia loci.

AD PRIMUM ergo dicendum quod locutio angeli, sicut dictum est[3] est locutio interior, quae tamen ab alio percipitur: et ideo est in angelo loquente, et per consequens ubi est angelus loquens. Sed sicut distantia localis non impedit quin unus angelus alium videre possit; ita etiam non impedit quin percipiat quod in eo ad se ordinatur, quod est eius locutionem percipere.

AD SECUNDUM dicendum quod clamor ille non est vocis corporeae, qui fit propter distantiam loci; sed significat magnitudinem rei quae dicebatur, vel magnitudinem affectus, secundum quod dicit Gregorius, II *Moral.*[4]: *Tanto quisque minus clamat, quanto minus desiderat.*

Ora, a operação intelectual do anjo prescinde de tempo e lugar. Aliás, nossa operação intelectual também é por abstração do aqui e do agora, exceto acidentalmente pelas representações imaginárias, que não se encontram nos anjos. Por isso a diversidade de tempo ou a distância de lugar não intervêm naquilo que prescinde totalmente do tempo e lugar. Logo, a distância de lugar em nada impede a linguagem angélica.

QUANTO AO 1º, portanto, deve-se dizer que como já foi dito, a linguagem angélica é uma linguagem interior, que é, no entanto, percebida por um outro. Ela está no anjo que fala, e consequentemente está onde o anjo se encontra. Mas assim como a distância local não impede que um anjo veja outro, assim também não impede que perceba nesse outro o que lhe é dirigido, e isso é perceber a linguagem dele.

QUANTO AO 2º, deve-se dizer que o clamor angélico mencionado não é voz corpórea que se faz pela distância do lugar. Significa antes a grandeza do que se dizia ou ainda do afeto, como comenta Gregório: "Quanto menos alguém clama, menos deseja".

ARTICULUS 5
Utrum locutionem unius angeli ad alterum omnes cognoscant

AD QUINTUM SIC PROCEDITUR. Videtur quod locutionem unius angeli ad alterum omnes cognoscant.

1. Quod enim unius hominis locutionem non omnes audiant, facit inaequalis loci distantia. Sed in locutione angeli nihil operatur localis distantia, ut dictum est[1]. Ergo uno angelo loquente ad alterum, omnes percipiunt.

2. PRAETEREA, omnes angeli communicant in virtute intelligendi. Si ergo conceptus mentis unius ordinatus ad alterum cognoscitur ab uno, pari ratione cognoscitur ab aliis.

3. PRAETEREA, illuminatio est quaedam species locutionis. Sed illuminatio unius angeli ab altero, pervenit ad omnes angelos: quia, ut Dionysius dicit 15 cap. *Cael. Hier.*[2], *unaquaeque caelestis*

ARTIGO 5
A linguagem entre dois anjos é conhecida de todos?

QUANTO AO QUINTO, ASSIM SE PROCEDE: parece que a linguagem entre dois anjos **é** conhecida de todos.

1. Com efeito, é a desigualdade da distância que impede que a linguagem de um homem seja ouvida por todos. Ora, a distância local não intervém na linguagem angélica, como acabamos de ver. Logo, o que um anjo diz a outro é percebido por todos.

2. ALÉM DISSO, todos os anjos possuem em comum a potência intelectual. Se, pois, o pensamento de um deles dirigido a um outro é conhecido por um, pela mesma razão é conhecido pelos outros.

3. ADEMAIS, a iluminação é uma espécie de fala. Ora, a iluminação de um anjo a outro atinge a todos, como explica Dionísio: "Cada essência celeste comunica às demais o conhecimento que

---

3. A. 1, ad 2.
4. C. 7, al. 4; in vet. 6: ML 75, 560 B.

5 PARALL.: *De Verit.*, q. 9, a. 7.

1. A. praec.
2. MG 3, 332 B.

essentia intelligentiam sibi traditam aliis communicat. Ergo et locutio unius angeli ad alterum, ad omnes perducitur.

SED CONTRA est quod unus homo potest alteri soli loqui. Multo igitur magis hoc in angelis esse potest.

RESPONDEO dicendum quod, sicut supra[3] dictum est, conceptus mentis unius angeli percipi potest ab altero, per hoc quod ille cuius est conceptus, sua voluntate ordinat ipsum ad alterum. Potest autem ex aliqua causa ordinari aliquid ad unum, et non ad alterum. Et ideo potest conceptus unius ab aliquo uno cognosci, et non ab aliis. Et sic locutionem unius angeli ad alterum potest percipere unus absque aliis, non quidem impediente distantia locali, sed hoc faciente voluntaria ordinatione, ut dictum est.

Unde patet responsio AD PRIMUM et SECUNDUM.

AD TERTIUM dicendum quod illuminatio est de his quae emanant a prima regula veritatis, quae est principium commune omnium angelorum: et ideo illuminationes sunt omnibus communes. Sed locutio potest esse de his quae ordinantur ad principium voluntatis creatae, quod est proprium unicuique angelo: et ideo non oportet quod huiusmodi locutiones sint omnibus communes.

recebeu". Logo, a linguagem de um anjo para outro chega a todos.

EM SENTIDO CONTRÁRIO, um homem pode falar só a um outro. Com maior razão deve ser assim entre os anjos.

RESPONDO. Como acima foi dito, o pensamento de um anjo pode ser percebido por outro, pelo fato de que aquele de quem é o pensamento, o dirige voluntariamente para outro. Ora, o anjo pode ter razões para dirigir seu pensamento a um e não a outro. Por isso o pensamento de um pode ser conhecido por um só e não pelos demais. Portanto, a linguagem de um corpo pode ser conhecida por um único anjo, e não por impedimento da distância local, mas pela determinação voluntária de quem a fez.

QUANTO AO 1º E AO 2º, está clara a resposta.

QUANTO AO 3º, deve-se dizer que a iluminação é sobre aquilo que emana da regra primeira da verdade, princípio comum a todos os anjos. Por isso, as iluminações são comuns a todos. Mas a fala pode ter, por ser sobre o que se refere ao princípio da vontade criada, o que é próprio de cada anjo. Portanto, não é necessário que essas falas sejam comuns a todos.

---

3. A. 1, 2.

QUAESTIO CVIII
DE ORDINATIONE ANGELORUM SECUNDUM HIERARCHIAS ET ORDINES

in octo articulos divisa

Deinde considerandum est de ordinatione angelorum secundum hierarchias et ordines: dictum est enim quod superiores inferiores illuminant, et non e converso.

Et circa hoc quaeruntur octo.

Primo: utrum omnes angeli sint unius hierarchiae.

Secundo: utrum in una hierarchia sit unus tantum ordo.

Tertio: utrum in uno ordine sint plures angeli.

QUESTÃO 108
A ORGANIZAÇÃO DOS ANJOS EM HIERARQUIAS E ORDENS[a]

em oito artigos

Em seguida, deve-se considerar a organização dos anjos em hierarquias e ordens, posto que, como foi dito, os superiores iluminam os inferiores, não vice-versa.

Sobre isso, são oito as perguntas:

1. Todos os anjos pertencem a uma única hierarquia?
2. A cada hierarquia corresponde uma única ordem?
3. Em uma ordem há muitos anjos?

---

a. Sto. Tomás é neste ponto discípulo de Dionísio Areopagita, e se esforça em justificar e esclarecer uma doutrina bastante confusa, cuja base nas Escrituras é frágil, e cuja inspiração neoplatônica é evidente. Se ele se reconhece nessa doutrina, a ponto de expô-la em toda a sua amplitude, é que volta a encontrar nela sua ideia fundamental da necessária hierarquia do ser participado, e da ordem impressa por Deus ao universo das criaturas.

Quarto: utrum distinctio hierarchiarum et ordinum sit a natura.
Quinto: de nominibus et proprietatibus singulorum ordinum.
Sexto: de comparatione ordinum ad invicem.
Septimo: utrum ordines durent post diem iudicii.
Octavo: utrum homines assumantur ad ordines angelorum.

4. A distinção entre hierarquias e ordens é natural?
5. Quais os nomes e propriedades de cada ordem?
6. Quais as relações das ordens entre si?
7. As ordens permanecerão após o dia do juízo?
8. Os homens são elevados às ordens angélicas?

Articulus 1
Utrum omnes angeli sint unius hierarchiae

AD PRIMUM SIC PROCEDITUR. Videtur quod omnes angeli sint unius hierarchiae.

1. Cum enim angeli sint supremi inter creaturas, oportet dicere quod sint optime dispositi. Sed optima dispositio est multitudinis secundum quod continetur sub uno principatu; ut patet per Philosophum, XII *Metaphys.*[1], et in III *Politic.*[2]. Cum ergo hierarchia nihil sit aliud quam sacer principatus, videtur quod omnes angeli sint unius hierarchiae.

2. PRAETEREA, Dionysius dicit, in 3 cap. *Cael. Hier.*[3], quod *hierarchia est ordo, scientia et actio*. Sed omnes angeli conveniunt in uno ordine ad Deum, quem cognoscunt, et a quo in suis actionibus regulantur. Ergo omnes angeli sunt unius hierarchiae.

3. PRAETEREA, sacer principatus, qui dicitur hierarchia, invenitur in hominibus et angelis. Sed omnes homines sunt unius hierarchiae. Ergo etiam omnes angeli sunt unius hierarchiae.

SED CONTRA est quod Dionysius, 6 cap. *Cael. Hier.*[4], distinguit tres hierarchias angelorum.

RESPONDEO dicendum quod hierarchia est *sacer principatus*, ut dictum est[5]. In nomine autem principatus duo intelliguntur: scilicet ipse princeps, et multitudo ordinata sub principe. Quia igitur unus est Deus princeps non solum omnium angelorum, sed etiam hominum, et totius creaturae; ideo non solum omnium angelorum, sed etiam totius rationalis creaturae, quae sacrorum parti-

Artigo 1
Todos os anjos pertencem a uma única hierarquia?

QUANTO AO PRIMEIRO ARTIGO, ASSIM SE PROCEDE: parece que todos os anjos **pertencem** a uma única hierarquia.

1. Com efeito, como os anjos são os mais elevados entre as criaturas, deve-se dizer que também são otimamente distribuídos. Ora, a melhor distribuição de uma multidão é quando está sob um único governo, como deixa claro o Filósofo no livro III da *Política*. Como a hierarquia nada mais é do que um governo sagrado, parece que todos os anjos pertencem a uma só hierarquia.

2. ALÉM DISSO, Dionísio disse que "a hierarquia é ordem, ciência e ação". Ora, todos os anjos estão na mesma ordem de relações com Deus, a quem conhecem e por quem são regulados em suas ações. Logo, pertencem todos a uma só hierarquia.

3. ADEMAIS, o governo sagrado que se chama hierarquia encontra-se tanto entre os homens como entre os anjos. Ora, todos os homens pertencem a uma só hierarquia. Logo, também todos os anjos pertencem a uma só hierarquia.

EM SENTIDO CONTRÁRIO, Dionísio distingue três hierarquias angélicas.

RESPONDO. Como foi dito, hierarquia é *governo sagrado*. Ora, a palavra governo compreende duas coisas: o próprio chefe do governo e a multidão organizada sob o chefe. Portanto, porque somente Deus é o chefe não somente de todos os anjos, como também dos homens e de toda criatura, não somente os anjos, mas também toda criatura racional, que pode participar do sagrado, formam uma

---

1 PARALL.: Part. III, q. 8, a. 4; II *Sent.*, dist. 9, a. 3; IV, dist. 24, q. 2, a. 1, q.la 2, ad 4; *Ephes.*, c. 1, lect. 7.

1. C. 10: 1075, b, 37 — 1076, a, 4.
2. Cfr. l. IV, c. 2: 1289.
3. MG 3, 164 D.
4. MG 3, 200 D.
5. Arg. 1.

ceps esse potest, una est hierarchia: secundum quod Augustinus dicit, in XII *de Civ. Dei*[6], duas esse civitates, hoc est societates, unam in bonis angelis et hominibus, alteram in malis. — Sed si consideretur principatus ex parte multitudinis ordinatae sub principe, sic unus principatus dicitur secundum quod multitudo uno et eodem modo potest gubernationem principis recipere. Quae vero non possunt secundum eundem modum gubernari a principe, ad diversos principatus pertinent: sicut sub uno rege sunt diversae civitates, quae diversis reguntur legibus et ministris.

Manifestum est autem quod homines alio modo divinas illuminationes percipiunt quam angeli: nam angeli percipiunt eas in intelligibili puritate, homines vero percipiunt eas sub sensibilium similitudinibus, ut Dionysius dicit 1 cap. *Cael. Hier.*[7]. Et ideo oportuit distingui humanam hierarchiam ab angelica.

Et per eundem modum in angelis tres hierarchiae distinguuntur. Dictum est enim supra[8], dum de cognitione angelorum ageretur, quod superiores angeli habent universaliorem cognitionem veritatis quam inferiores. Huiusmodi autem univer-salis aceptio cognitionis secundum tres gradus in angelis distingui potest. Possunt enim rationes rerum de quibus angeli illuminantur, considerari tripliciter. Primo quidem, secundum quod procedunt a primo principio universali, quod est Deus: et iste modus convenit primae hierarchiae, quae immediate ad Deum extenditur, *et quasi in vestibulis Dei collocatur*, ut Dionysius dicit 7 cap. *Cael. Hier.*[9]. Secundo vero, prout huiusmodi rationes dependent ab universalibus causis creatis, quae iam aliquo modo multiplicantur: et hic modus convenit secundae hierarchiae. Tertio autem modo, secundum quod huiusmodi rationes applicantur singulis rebus, et prout dependent a propriis causis: et hic modus convenit infimae hierarchiae. Quod plenius patebit, cum de singulis ordinibus agetur[10]. Sic igitur distinguuntur hierarchiae ex parte multitudinis subiectae.

Unde manifestum est eos errare, et contra intentionem Dionysii loqui, qui ponunt in divinis Personis hierarchiam quam vocant *supercaelestem*. In divinis enim Personis est quidam ordo naturae, sed non hierarchiae. Nam, ut Dionysius dicit 3

única e mesma hierarquia, segundo esta palavra de Agostinho: "Há duas cidades ou sociedades: uma formada pelos homens e pelos anjos bons, a outra pelos maus". — Todavia, se se considera, o governo da parte da multidão organizada sob um chefe, então o governo será único quando a multidão aceitar ser governada de uma única e mesma maneira. Pelo contrário, os que não podem ser governados da mesma maneira pertencem a governos diferentes. Por exemplo, sob um só rei, há as diferentes cidades que se regem por leis e ministros diferentes.

É evidente que os homens recebem as iluminações divinas de um modo diferente do que os anjos. Estes as recebem em sua pureza inteligível, enquanto os homens as recebem por semelhanças sensíveis, como diz Dionísio. É necessário, pois, distinguir uma hierarquia humana e outra angélica.

Quanto aos anjos, distinguem-se três hierarquias. Já foi dito quando se tratou do conhecimento angélico que os anjos superiores têm da verdade um conhecimento mais universal que os anjos inferiores. Ora, podem-se distinguir três graus nesse conhecimento universal próprio dos anjos. Pois as razões das coisas a respeito das quais os anjos são iluminados podem ser consideradas de três maneiras. Primeiro, pelo fato de procederem do primeiro princípio, que é Deus. E essa maneira convém à primeira hierarquia, pois está em relação imediata com Deus, quase no vestíbulo da divindade, como diz Dionísio. Segundo, enquanto tais razões dependem das causas criadas universais, que de alguma maneira se multiplicam. Essa maneira convém à segunda hierarquia. Terceiro, enquanto tais razões se aplicam às coisas individuais e enquanto dependem de causas próprias. E esse modo convém à terceira hierarquia. Isso resultará mais claro quando se tratar de cada uma das ordens. Assim, portanto, se distinguem hierarquias da parte da multidão governada.

Aqueles, porém, que afirmam nas Pessoas divinas uma hierarquia por eles denominada *supraceleste* claramente erram e contrariam a intenção de Dionísio. Com efeito, há nas Pessoas divinas uma ordem de natureza, não porém uma

---

6. C. 1: ML 41, 349.
7. MG 3, 124 A.
8. Q. 55, a. 3.
9. MG 3, 208 A.
10. A. 6.

cap. *Cael. Hier.*¹¹, *ordo hierarchiae est alios quidem purgari et illuminari et perfici, alios autem purgare et illuminare et perficere.* Quod absit ut in divinis Personis ponamus.

AD PRIMUM ergo dicendum quod ratio illa procedit de principatu ex parte principis: quia optimum est quod multitudo regatur ab uno principe, ut Philosophus in praedictis locis intendit.

AD SECUNDUM dicendum quod, quantum ad cognitionem ipsius Dei, quem omnes uno modo, scilicet per essentiam, vident, non distinguuntur in angelis hierarchiae: sed quantum ad rationes rerum creatarum, ut dictum est¹².

AD TERTIUM dicendum quod omnes homines sunt unius speciei, et unus modus intelligendi est eis connaturalis: non sic autem est in angelis. Unde non est similis ratio.

ordem hierárquica. Assim diz Dionísio: "A ordem hierárquica consiste em que alguns são purificados, iluminados e aperfeiçoados, enquanto outros purificam, iluminam e aperfeiçoam". Longe de nós afirmar isso nas Pessoas divinas.

QUANTO AO 1º, portanto, deve-se dizer que o argumento procede do governo da parte do chefe. Com efeito, o melhor é que a multidão seja governada por um único chefe, como propõe o Filósofo na passagem citada.

QUANTO AO 2º, deve-se dizer que quanto ao conhecimento de Deus, que todos veem da mesma maneira, a saber, em sua essência, não se distinguem hierarquias angélicas, mas sim quanto às razões das coisas criadas, como foi dito.

QUANTO AO 3º, deve-se dizer que todos os homens pertencem à mesma espécie e possuem um único modo de conhecer, que lhes é conatural. Diferentemente acontece entre os anjos, e portanto a razão não é a mesma.

ARTICULUS 2
Utrum in una hierarchia sint plures ordines

AD SECUNDUM SIC PROCEDITUR. Videtur quod in una hierarchia non sint plures ordines.
1. Multiplicata enim definitione, multiplicatur et definitum. Sed hierarchia, ut Dionysius dicit¹, est ordo. Si ergo sunt multi ordines, non erit una hierarchia, sed multae.

2. PRAETEREA, diversi ordines sunt diversi gradus. Sed gradus in spiritualibus constituuntur secundum diversa dona spiritualia. Sed in angelis omnia dona spiritualia sunt communia: quia *nihil ibi singulariter possidetur*². Ergo non sunt diversi ordines angelorum.

3. PRAETEREA, in ecclesiastica hierarchia distinguuntur ordines secundum purgare, illuminare et perficere: nam ordo Diaconorum est *purgativus*, Sacerdotum *illuminativus*, Episcoporum *perfectivus*, ut Dionysius dicit 5 cap. *Eccles. Hier.*³. Sed quilibet angelus purgat, illuminat et perficit. Non ergo est distinctio ordinum in angelis.

ARTIGO 2
Em uma hierarquia há várias ordens?

QUANTO AO SEGUNDO, ASSIM SE PROCEDE: parece que em uma hierarquia **não** há várias ordens.
1. Com efeito, multiplicar a definição leva a multiplicar o que é definido. Ora, segundo Dionísio, a hierarquia é uma ordem. Logo, se houver várias ordens, não haverá uma só hierarquia, mas várias.

2. ALÉM DISSO, a ordens diferentes pertencem graus diferentes. Ora, os graus entre os espíritos são constituídos segundo a diversidade dos dons espirituais. Ora, entre os anjos todos os dons espirituais são comuns, pois, *eles nada possuem em particular*. Logo, não há diversas ordens de anjos.

3. ADEMAIS, distinguem-se as ordens na hierarquia eclesiástica de acordo com a função de purificar, iluminar e aperfeiçoar. Assim diz Dionísio que à ordem dos diáconos compete *purificar*, à dos presbíteros *iluminar* e à dos bispos *aperfeiçoar*, como explica Dionísio. Ora, todo anjo purifica, ilumina e aperfeiçoa. Logo, não há distinção de ordens entre os anjos.

---

11. MG 3, 165 BC.
12. In corp.

PARALL.: II *Sent.*, dist. 9, a. 3; IV, dist. 24, q. 2, a. 1, q.la 2, ad 4.
1. *Cael. Hier.*, c. 3: MG 3, 164 D.
2. MAGISTR., II *Sent.*, dist. 9.
3. MG 3, 508 C. — Cfr. III, q. 64, a. 1, ad 1; q. 82, a. 3, ad 3.

SED CONTRA est quod Apostolus dicit Eph 1,21, quod Deus constituit Christum hominem *supra omnem Principatum et Potestatem et Virtutem et Dominationem*: qui sunt diversi ordines angelorum, et quidam eorum ad unam hierarchiam pertinent, ut infra[4] patebit.

RESPONDEO dicendum quod, sicut dictum est[5], una hierarchia est unus principatus, idest una multitudo ordinata uno modo sub principis gubernatione. Non autem esset multitudo ordinata, sed confusa, si in multitudine diversi ordines non essent. Ipsa ergo ratio hierarchiae requirit ordinum diversitatem. Quae quidem diversitas ordinum secundum diversa officia et actus consideratur. Sicut patet quod in una civitate sunt diversi ordines secundum diversos actus: nam alius est ordo iudicantium, alius pugnantium, alius laborantium in agris, et sic de aliis.

Sed quamvis multi sint unius civitatis ordines, omnes tamen ad tres possunt reduci, secundum quod quaelibet multitudo perfecta habet principium, medium et finem. Unde et in civitatibus triplex ordo hominum invenitur: quidam enim sunt supremi, ut optimates; quidam autem sunt infimi, ut vilis populus; quidam autem sunt medii, ut populus honorabilis. — Sic igitur et in qualibet hierarchia angelica ordines distinguuntur secundum diversos actus et officia: et omnis ista diversitas ad tria reducitur, scilicet ad summum, medium et infimum. Et propter hoc in qualibet hierarchia Dionysius[6] ponit tres ordines.

AD PRIMUM ergo dicendum quod ordo dupliciter dicitur. Uno modo, ipsa ordinatio comprehendens sub se diversos gradus: et hoc modo hierarchia dicitur ordo. Alio modo dicitur ordo gradus unus: et sic dicuntur plures ordines unius hierarchiae.

AD SECUNDUM dicendum quod in societate angelorum omnia possidentur communiter; sed tamen quaedam excellentius habentur a quibusdam quam ab aliis. Unumquodque autem perfectius habetur ab eo qui potest illud communicare, quam ab eo qui non potest: sicut perfectius est calidum quod potest calefacere, quam quod non potest; et perfectius scit qui potest docere, quam qui non potest. Et quanto perfectius donum aliquis communicare potest, tanto in perfectiori gradus est: sicut in perfectiori gradu magisterii est qui

EM SENTIDO CONTRÁRIO, diz o Apóstolo na Carta aos Efésios: Deus estabeleceu o Cristo homem "acima de todo Principado, Poder, Virtude e Dominação" que são diferentes ordens angélicas, sendo que algumas dentre elas pertencem à mesma hierarquia, como depois ficará claro.

RESPONDO. Como foi dito, uma hierarquia é um governo único, ou seja, uma multidão organizada de um único modo sob a autoridade de um chefe. Ora, não haveria uma multidão organizada, mas antes confusa, se nela não houvesse diferentes ordens. Por isso a própria razão de hierarquia requer a diversidade das ordens, de acordo com os diferentes ofícios e atividades. Assim, numa única cidade há diferentes ordens de acordo com as diversas atividades: uma é a ordem dos magistrados, outra a dos militares, a dos agricultores e assim por diante.

Embora haja em uma mesma cidade várias ordens, podem elas ser reduzidas a três na medida em que toda multidão perfeita tem um princípio, um meio e um fim. Por isso nas cidades encontram-se três ordens de homens: os mais elevados, ou seja, os nobres; os que ocupam o último lugar, o povo simples; enfim, os que se situam entre ambos, o povo honrado. — Assim, pois, em cada hierarquia angélica se distinguem as ordens de acordo com as diversas funções e atividades, sendo que toda essa diversidade pode ser reduzida a três: o superior, o médio e o inferior. Por isso para cada hierarquia Dionísio atribui três ordens.

QUANTO AO 1º, portanto, deve-se dizer que ordem tem duas acepções: a própria organização, que compreende dentro dela vários graus: nesse sentido a hierarquia é uma ordem. Segundo, assim se diz um dos graus: uma hierarquia compreende várias ordens.

QUANTO AO 2º, deve-se dizer que na sociedade dos anjos tudo é possuído em comum. Todavia, algumas coisas são possuídas por alguns de modo mais excelente do que por outros. Assim, uma coisa é possuída mais perfeitamente por aquele que a pode comunicar do que por aquele que não pode. Por exemplo, é mais perfeitamente quente o que pode aquecer do que o que não pode. E mais perfeitamente sabe o que pode ensinar do que o que não pode. E quem mais perfeitamente pode comunicar um dom está em um grau mais perfei-

---

4. A. 6.
5. A. praec.
6. *Cael. Hier.*, c. 6: MG 3, 200 D — 201 A.

potest docere altiorem scientiam. Et secundum hanc similitudinem consideranda est diversitas graduum vel ordinum in angelis, secundum diversa officia et actus.

AD TERTIUM dicendum quod inferior angelus est superior supremo homine nostrae hierarchiae; secundum illud Mt 11,11: *Qui minor est in regno caelorum, maior est illo*, scilicet Ioanne Baptista, quo *nullus maior inter natos mulierum surrexit*. Unde minor angelus caelestis hierarchiae potest non solum purgare, sed illuminare et perficere, et altiori modo quam ordines nostrae hierarchiae. Et sic secundum distinctionem harum actionum non distinguuntur caelestes ordines; sed secundum alias differentias actionum.

to. Por exemplo, quem pode ensinar uma ciência mais elevada está em um grau mais eminente do magistério. De acordo com essa semelhança é preciso considerar a diversidade de graus ou ordens segundo as diferentes funções e atividades.

QUANTO AO 3º, deve-se dizer que o anjo inferior é superior ao homem mais elevado de nossa hierarquia, segundo o Evangelho de Mateus: "O menor no reino dos céus é maior do que ele", referindo-se a João Batista, sendo que "dentre os que nasceram de mulher, não surgiu ninguém maior". Por isso, o menor anjo da hierarquia celeste pode purificar, iluminar e aperfeiçoar, e isso de um modo mais perfeito do que as ordens de nossa hierarquia. Não é, pois, segundo a diversidade dessas ações que se distinguem as ordens celestes, mas segundo outras diferenças de ações.

ARTICULUS 3

Utrum in uno ordine sint plures angeli

AD TERTIUM SIC PROCEDITUR. Videtur quod in uno ordine non sint plures angeli.

1. Dictum est enim supra[1] omnes angelos inaequales esse ad invicem. Sed unius ordinis esse dicuntur quae sunt aequalia. Ergo plures angeli non sunt unius ordinis.
2. PRAETEREA, quod potest sufficienter fieri per unum, superfluum est quod fiat per multa. Sed illud quod pertinet ad unum officium angelicum, sufficienter potest fieri per unum angelum; multo magis quam per unum solem sufficienter fit quod pertinet ad officium solis, quanto perfectior est angelus caelesti corpore. Si ergo ordines distinguuntur secundum officia, ut dictum est[2], superfluum est quod sint plures angeli unius ordinis.
3. PRAETEREA, supra[3] dictum est quod omnes angeli sunt inaequales. Si ergo plures angeli sint unius ordinis, puta tres vel quatuor, infimus superioris ordinis magis conveniet cum supremo inferioris, quam cum supremo sui ordinis. Et sic non videtur quod magis sit unius ordinis cum hoc, quam cum illo. Non igitur sunt plures angeli unius ordinis.

SED CONTRA est quod Is 6,3 dicitur, quod Seraphim *clamabant alter ad alterum*. Sunt ergo plures angeli in uno ordine Seraphim.

ARTIGO 3

Em uma ordem há muitos anjos?

QUANTO AO TERCEIRO, ASSIM SE PROCEDE: parece que em uma ordem **não** há muitos anjos.

1. Com efeito, foi dito acima que os anjos são desiguais entre si. Ora, os que são iguais são de uma só ordem. Logo, muitos anjos não são de uma mesma ordem.
2. ALÉM DISSO, é inútil que seja realizado por muitos aquilo que pode ser feito por um só. Ora, o que pertence a uma função angélica pode ser feito suficientemente por um anjo. Se um único sol é suficiente para fazer a função do sol, muito mais um anjo, bem mais perfeito que um corpo celeste. Se, portanto, as ordens se distinguem pelas funções, como foi dito, é inútil que haja muitos anjos de uma só ordem.
3. ADEMAIS, acima foi dito que todos os anjos são desiguais. Se, pois, vários anjos, suponhamos, três ou quatro, pertencessem à mesma ordem, o último da ordem superior teria mais afinidade com o primeiro da inferior do que com o mais elevado de sua ordem. Não se vê, então, por que pertenceria mais a uma ordem do que a outra. Portanto, não há vários anjos em uma mesma ordem.

EM SENTIDO CONTRÁRIO, está o que diz Isaías dos serafins, que "clamavam um para o outro". Portanto, a ordem dos serafins se compõe de vários anjos.

---

3 PARALL.: II *Sent.*, dist. 9, a. 3, 5.

1. Q. 50, a. 4.
2. A. praec.
3. Cfr. arg. 1.

RESPONDEO dicendum quod ille qui perfecte cognoscit res aliquas, potest usque ad minima et actus et virtutes et naturas earum distinguere. Qui autem cognoscit eas imperfecte, non potest distinguere nisi in universali, quae quidem distinctio fit per pauciora. Sicut qui imperfecte cognoscit res naturales, distinguit earum ordines in universali, ponens in uno ordine caelestia corpora, in alio corpora inferiora inanimata, in alio plantas, in alio animalia: qui autem perfectius cognosceret res naturales, posset distinguere et in ipsis corporibus caelestibus diversos ordines, et in singulis aliorum.

Nos autem imperfecte angelos cognoscimus, et eorum officia, ut Dionysius dicit 6 cap. *Cael. Hier.*[4]. Unde non possumus distinguere officia et ordines angelorum, nisi in communi; secundum quem modum, multi angeli sub uno ordine continentur. Si autem perfecte cognosceremus officia angelorum, et eorum distinctiones, perfecte sciremus quod quilibet angelus habet suum proprium officium et suum proprium ordinem in rebus, multo magis quam quaelibet stella, etsi nos lateat.

AD PRIMUM ergo dicendum quod omnes angeli unius ordinis sunt aliquo modo aequales, quantum ad communem similitudinem secundum quam constituuntur in uno ordine: sed simpliciter non sunt aequales. Unde Dionysius dicit, 10 cap. *Cael. Hier.*,[5]. quod in uno et eodem ordine angelorum, est accipere primos, medios et ultimos.

AD SECUNDUM dicendum quod illa specialis distinctio ordinum et officiorum secundum quam quilibet angelus habet proprium officium et ordinem, est nobis ignota.

AD TERTIUM dicendum quod, sicut in superficie quae partim est alba et partim nigra, duae partes quae sunt in confinio albi et nigri, magis conveniunt secundum situm quam aliquae duae partes albae, minus tamen secundum qualitatem; ita duo angeli qui sunt in terminis duorum ordinum, magis secum conveniunt secundum propinquitatem naturae, quam unus eorum cum aliquibus aliis sui ordinis; minus autem secundum idoneitatem ad similia officia, quae quidem idoneitas usque ad aliquem certum terminum protenditur.

RESPONDO. Aquele que conhece perfeitamente algumas coisas pode nelas distinguir os menores detalhes de suas atividades, propriedades e naturezas. Aquele que as conhece imperfeitamente não pode distinguir senão em geral; esta distinção se faz por poucas coisas. Assim, aquele que conhece de modo imperfeito as coisas da natureza distingue suas ordens em geral: afirmando em uma ordem os corpos celestes, em outra os corpos inferiores inanimados, em outra as plantas e em outra os animais. Se conhecesse de modo mais perfeito as coisas naturais, poderia distinguir não só nos corpos celestes diferentes ordens, mas também em cada uma das outras.

Ora, como diz Dionísio, conhecemos só imperfeitamente os anjos e suas funções. Daí que não podemos distinguir as funções e ordens angélicas a não ser em geral. Segundo esse modo, muitos anjos estão contidos em uma ordem. Se, ao contrário, conhecêssemos perfeitamente as funções dos anjos e suas distinções, saberíamos muito bem que cada anjo tem a função própria e sua ordem particular entre as coisas, bem mais do que qualquer estrela, embora escape a nosso conhecimento[b].

QUANTO AO 1º, portanto, deve-se dizer que todos os anjos de uma mesma ordem são de algum modo iguais, com respeito à semelhança comum pela qual se constituem em uma ordem. Todavia, em sentido absoluto, não são iguais. Por isso Dionísio diz que em uma única e mesma ordem devem-se admitir os primeiros anjos, os intermédios e os últimos.

QUANTO AO 2º, deve-se dizer que essa distinção especial, segundo a qual cada anjo tem uma função e uma ordem que lhe são próprios, nos é desconhecida.

QUANTO AO 3º, deve-se dizer que em uma superfície metade branca e metade preta, as duas partes que estão no limite do branco e do preto têm entre si maior afinidade pelo lugar do que outras partes brancas; mas têm menos afinidade quanto à qualidade. De modo semelhante, dois anjos que estão no limite de duas ordens têm entre si mais afinidades de natureza que em relação aos demais anjos de sua ordem; mas menos afinidade quanto à idoneidade para funções semelhantes, pois essa idoneidade entende-se até certo limite.

---

4. MG 3, 200 C.
5. MG 3, 273 C.

b. Retenhamos cuidadosamente essa ignorância em que nos encontramos nesse mundo superior. Ignorância que não impede a segurança que podemos ter de que cada anjo, sendo individual e especificamente ele mesmo, e não um outro e, como tal, uma imagem única de Deus, não pode deixar de ter seu raio próprio de ação.

Articulus 4
Utrum distinctio hierarchiarum et ordinum sit a natura in angelis

AD QUARTUM SIC PROCEDITUR. Videtur quod distinctio hierarchiarum et ordinum non sit a natura in angelis.

1. Hierarchia enim dicitur sacer principatus: et in definitione eius Dionysius[1] ponit quod *deiforme, quantum possibile est, similat*. Sed sanctitas et deiformitas est in angelis per gratiam, non per naturam. Ergo distinctio hierarchiam et ordinum in angelis est per gratiam, non per naturam.

2. PRAETEREA, Seraphim dicuntur *ardentes*, vel *incendentes*, ut Dionysius dicit 7 cap. *Cael. Hier.*[2]. Hoc autem videtur ad caritatem pertinere, quae non est a natura, sed a gratia: *diffunditur enim in cordibus nostris per Spiritum Sanctum, qui datus est nobis*, ut dicitur Rm 5,5. *Quod non solum ad sanctos homines pertinet, sed etiam de sanctis angelis dici potest*, ut Augustinus dicit XII *de Civ. Dei*[3]. Ergo ordines in angelis non sunt a natura, sed a gratia.

3. PRAETEREA, hierarchia ecclesiastica exemplatur a caelesti. Sed ordines in hominibus non sunt per naturam, sed per donum gratiae: non enim est a natura quod unus est episcopus, et alius est sacerdos, et alius diaconus. Ergo neque in angelis sunt ordines a natura, sed a gratia tantum.

SED CONTRA est quod Magister dicit, 9 dist. II *Sent.*, quod *ordo angelorum dicitur multitudo caelestium spirituum, qui inter se aliquo munere gratiae similantur, sicut et naturalium datorum participatione conveniunt*. Distinctio ergo ordinum in angelis est non solum secundum dona gratuita, sed etiam secundum dona naturalia.

RESPONDEO dicendum quod ordo gubernationis, qui est ordo multitudinis sub principatu existentis, attenditur per respectum ad finem. Finis autem angelorum potest accipi dupliciter. Uno modo, secundum facultatem suae naturae, ut scilicet cognoscant et ament Deum naturali cognitione et amore. Et secundum respectum ad hunc finem, distinguuntur ordines angelorum secundum naturalia dona. — Alio modo potest accipi finis angelicae multitudinis supra naturalem facultatem

Artigo 4
A distinção entre hierarquias e ordens é natural nos anjos?

QUANTO AO QUARTO, ASSIM SE PROCEDE: parece que a distinção entre hierarquias e ordens **não** é natural nos anjos.

1. Com efeito, hierarquia significa governo sagrado. Em sua definição Dionísio afirma que "é uma imagem de Deus tão perfeita quanto possível". Ora, a santidade e a semelhança com Deus própria dos anjos é obra da graça e não da natureza. Logo, a distinção de hierarquias e ordens é pela graça e não pela natureza.

2. ALÉM DISSO, segundo Dionísio, os serafins chamam-se ardentes e incandescentes. Ora, ao que parece, isso é próprio da caridade, cuja origem é a graça e não a natureza: "O amor de Deus foi derramado em nossos corações pelo Espírito Santo que nos foi dado", diz a Carta aos Romanos. Segundo Agostinho, "isso não só cabe aos homens santos, mas também pode ser dito dos santos anjos". Logo, as ordens angélicas não resultam da natureza, mas da graça.

3. ADEMAIS, a hierarquia eclesiástica se espelha na celeste. Ora, entre os homens as ordens provêm da graça e não da natureza. Com efeito, não é pela natureza que um é bispo, outro é presbítero e outro ainda é diácono. Logo, nem entre os anjos há ordens pela natureza, mas só pela graça.

EM SENTIDO CONTRÁRIO, diz o Mestre das Sentenças: "Uma ordem angélica é uma multidão de espíritos celestes que se assemelham em virtude de algum dom da graça, assim como têm em comum a participação nos dons naturais". A distinção de ordens angélicas é, portanto, não só pelos dons da graça, mas também pelos dons naturais.

RESPONDO. A ordem de um governo, que é a ordem de uma multidão estabelecida sob uma autoridade, é determinada pelo fim. Ora, o fim dos anjos pode ser entendido de duas maneiras: primeiro, segundo a capacidade de sua natureza, ou seja, que conheçam e amem a Deus com um conhecimento e um amor naturais. Sob esse aspecto, as ordens angélicas distinguem-se conforme seus dons naturais. — Segundo, pode ser entendido o fim da multidão angélica enquanto supera sua capacidade

---

4 PARALL.: II *Sent.*, dist. 9, a. 7; IV, dist. 24, q. 1, a. 1, q.la 1, ad 3.

1. *Cael. Hier.*, c. 3. Cfr. *Eccl. Hier.*, c. 1: MG 3, 164 D, 373 C, 376 A.
2. MG 3, 205 B.
3. C. 9: ML 41, 357.

eorum, qui consistit in visione divinae essentiae, et in immobili fruitione bonitatis ipsius; ad quem finem pertingere non possunt nisi per gratiam. Unde secundum respectum ad hunc finem, ordines distinguuntur in angelis, completive quidem secundum dona gratuita, dispositive autem secundum dona naturalia: quia angelis data sunt dona gratuita secundum capacitatem naturalium, quod non est in hominibus, ut supra[4] dictum est. Unde in hominibus distinguuntur ordines secundum dona gratuita tantum, et non secundum naturam.

Et per hoc patet responsio AD OBIECTA.

natural, que consiste na visão da divina essência e fruição permanente da divina bondade. Esse fim só pode ser alcançado por meio da graça. Sob esse aspecto, as ordens angélicas se distinguem, de forma acabada, de acordo com os dons da graça, mas de forma dispositiva conforme os dons naturais. Com efeito, os primeiros foram outorgados aos anjos em proporção a seus dons naturais, diferentemente do que acontece com os homens. De fato, as ordens humanas se distinguem somente segundo os dons gratuitos e não segundo a natureza.

Com isso, fica clara a resposta ÀS OBJEÇÕES.

ARTICULUS 5
Utrum ordines angelorum convenienter nominentur

AD QUINTUM SIC PROCEDITUR. Videtur quod ordines angelorum non convenienter nominentur.

1. Omnes enim caelestes spiritus dicuntur et Angeli et Virtutes caelestes. Sed nomina communia inconvenienter aliquibus approprientur. Ergo inconvenienter nominatur unus ordo *Angelorum*, et alius *Virtutum*.
2. PRAETEREA, esse Dominum est proprium Dei; secundum illud Ps 99,3: *Scitote quoniam Dominus ipse est Deus*. Ergo inconvenienter unus ordo caelestium spirituum *Dominationes* vocatur.
3. PRAETEREA, nomen *Dominationis* ad gubernationem pertinere videtur. Similiter autem et nomen *Principatuum*, et *Potestatum*. Inconvenienter ergo tribus ordinibus haec tria nomina imponuntur.
4. PRAETEREA, *Archangeli* dicuntur quasi *Principes Angeli*. Non ergo hoc nomen debet imponi alii ordini quam ordini *Principatuum*.
5. PRAETEREA, nomen *Seraphim* imponitur ab ardore qui ad caritatem pertinet: nomen autem *Cherubim* imponitur a scientia. Caritas autem et scientia sunt dona communia omnibus angelis. Non ergo debent esse nomina specialium ordinum.
6. PRAETEREA, throni dicuntur sedes. Sed ex hoc ipso Deus in creatura rationali sedere dicitur, quod

ARTIGO 5
As ordens angélicas são convenientemente denominadas?[c]

QUANTO AO QUINTO, ASSIM SE PROCEDE: parece que as ordens angélicas **não** são convenientemente denominadas.

1. Com efeito, todos os espíritos celestes são chamados ou anjos ou virtudes. Ora, não convém apropriar nomes comuns a alguns. Logo, não é conveniente denominar uma ordem de *Anjos* e outra de *Virtudes*.
2. ALÉM DISSO, ser Senhor é próprio de Deus, segundo o salmo 100: "Reconhecei que o Senhor é Deus". Logo, não convém que uma ordem dos espíritos celestes se chame *Dominações*.
3. ADEMAIS, o nome *Dominações* parece referir-se ao governo. Igualmente, os nomes *Principados* e *Potestades*. Logo, não convém impor esses três nomes a três ordens.
4. ADEMAIS, os Arcanjos são, por assim dizer, os príncipes dos anjos. Daí esse nome só ser adequado à ordem dos Principados.
5. ADEMAIS, dá-se o nome *Serafim* pelo ardor que é próprio da caridade, enquanto *Querubim* é dado pela ciência. Ora, caridade e ciência são dons comuns a todos os anjos. Logo, esses nomes não devem ser nomes de duas ordens especiais.
6. ADEMAIS, um trono é uma sede. Ora, diz-se que Deus tem sua sede na criatura racional, pois

---

4. Q. 62, a. 6 c.

5   PARALL.: II *Sent.*, dist. 9, a. 3, 4; *Cont. Gent.* III, 80; *Compend. Theol.*, c. 126; *Coloss.*, c. 1, lect. 4.

c. É portanto unindo diversas passagens da Escritura que se fixou o nome das diversas hierarquias e ordens angélicas, e por meio disso seu número. Sto. Tomás via nesse reagrupamento a explicitação, a evidência de uma verdadeira revelação. Interpretação literal do vocabulário angelológico do Antigo Testamento, que a teologia de hoje não pode manter, mas que deu lugar a uma engenhosa e bela construção. Resta inteiramente válida a ideia de uma intensa e multiforme atividade dos espíritos puros e, por conseguinte, de uma "ordem" mais vasta e mais grandiosa que a do universo material e humano, porém mais desconhecida e inconcebível do que os antigos pensavam.

ipsum cognoscit et amat. Non ergo debet esse alius ordo *Thronorum* ab ordine *Cherubim* et *Seraphim*.
— Sic igitur videtur quod inconvenienter ordines angelorum nominentur.

SED CONTRA est auctoritas sacrae Scripturae, quae sic eos nominat. Nomen enim *Seraphim* ponitur Is 6,2; nomen *Cherubim*, Ez 1; nomen *Thronorum*, Cl 1,16; *Dominationes* autem et *Virtutes* et *Potestates* et *Principatus* ponuntur Eph 1,21; nomen autem *Archangeli* ponitur in Canonica Iudae v. 9; nomina autem *Angelorum* in pluribus Scripturae locis.

RESPONDEO dicendum quod in nominatione angelicorum ordinum, considerare oportet quod *propria nomina singulorum ordinum proprietates eorum designant*, ut Dionysius dicit 7 cap. *Cael. Hier.*[1]. Ad videndum autem quae sit proprietas cuiuslibet ordinis, considerare oportet quod in rebus ordinatis tripliciter aliquid esse contingit: scilicet per proprietatem, per excessum, et per participationem. Per proprietatem autem dicitur esse aliquid in re aliqua, quod adaequatur et proportionatur naturae ipsius. Per excessum autem, quando illud quod attribuitur alicui, est minus quam res cui attribuitur, sed tamen convenit illi rei per quendam excessum; sicut dictum est[2] de omnibus nominibus quae attribuuntur Deo. Per participationem autem, quando illud quod attribuitur alicui, non plenarie invenitur in eo, sed deficienter; sicut sancti homines participative dicuntur *dii*. — Si ergo aliquid nominari debeat nomine designante proprietatem ipsius, non debet nominari ab eo quod imperfecte participat, neque ab eo quod excedenter habet; sed ab eo quod est sibi quasi coaequatum. Sicut si quis velit proprie nominare hominem, dicet eum *substantiam rationalem*: non autem *substantiam intellectualem*, quod est proprium nomen angeli, quia simplex intelligentia convenit angelo per proprietatem, homini vero per participationem; neque *substantiam sensibilem*, quod est nomen bruti proprium, quia sensus est minus quam id quod est proprium homini, et convenit homini excedenter prae aliis animalibus.

Sic igitur considerandum est in ordinibus angelorum, quod omnes spirituales perfectiones sunt omnibus angelis communes, et quod omnes abundantius existunt in superioribus quam in inferioribus. Sed cum in ipsis etiam perfectionibus

esta o conhece e o ama. Logo, não deve haver uma ordem dos *Tronos* distinta da ordem dos *Querubins* e *Serafins*. Em conclusão, parece que as ordens angélicas não são convenientemente denominadas.

EM SENTIDO CONTRÁRIO, há a autoridade das Sagradas Escrituras, que assim as denominam. Isaías fala dos *Serafins*; Ezequiel, dos *Querubins*; Paulo, dos *Tronos*, das *Dominações*, das *Virtudes*, das *Potestades*, *Principados*; Judas fala dos *Arcanjos*, enquanto o nome dos *Anjos* está em muitos lugares das Escrituras.

RESPONDO. Na nomeação das ordens angélicas é preciso considerar, com Dionísio, que: "Os nomes próprios de cada uma das ordens designam suas propriedades". Por sua vez, para se ver qual é a propriedade de uma ordem, é preciso considerar que algo pode se encontrar de três maneiras nas coisas organizadas: por propriedade, excesso ou participação. Por propriedade algo se encontra em uma coisa, quando aí está de maneira adequada e proporcionada a sua natureza. Por excesso, quando o que é atribuído é inferior àquilo a que se atribui, embora lhe convenha com algum excesso: assim se diz de todos os nomes atribuídos a Deus. Por participação, quando o que é atribuído a algo não está plenamente nele, mas de maneira deficiente: assim dizemos que os santos são "deuses" por participação. — Portanto, se algo deve ser nomeado por um nome que designa uma propriedade sua, não deve ser nomeado por aquilo de que participa de modo imperfeito, nem por aquilo que possui por excesso, mas por aquilo que lhe é quase igual. Se, por exemplo, alguém quer dar ao homem um nome apropriado, dirá que é uma *substância racional*, não porém uma *substância intelectual*, o que é apropriado ao anjo porque a inteligência pura é própria do anjo, convém ao homem por participação. Nem se dirá que é uma *substância sensível*, o que é apropriado aos animais, pois o sentido é inferior ao que é próprio do homem e lhe convém de modo excedente em relação aos animais.

Portanto, deve-se considerar que, nas ordens angélicas, todas as perfeições espirituais são comuns a todos os anjos, e que todas existem mais abundantemente nos superiores do que nos inferiores. Entretanto, como também nessas perfeições

---

1. MG 3, 205 B.
2. Q. 13, a. 2.

sit quidam gradus, superior perfectio attribuitur superiori ordini per proprietatem, inferiori vero per participationem: e converso autem inferior attribuitur inferiori per proprietatem, superiori autem per excessum. Et ita superior ordo a superiori perfectione nominatur.

Sic igitur Dionysius[3] exponit ordinum nomina secundum convenientiam ad spirituales perfectiones eorum. — Gregorius vero, in expositione horum nominum, magis attendere videtur exteriora ministeria. Dictum enim[4], quod *Angeli dicuntur qui minima nuntiant; Archangeli, qui summa; Virtutes, per quas miracula fiunt; Potestates quibus adversae potestates repelluntur; Principatus, qui ipsis bonis spiritibus praesunt.*

AD PRIMUM ergo dicendum quod angelus *nuntius* dicitur. Omnes ergo caelestes spiritus, inquantum sunt manifestatores divinorum, angeli vocantur. Sed superiores angeli habent quandam excellentiam in hac manifestatione, a qua superiores ordines nominantur. Infimus autem angelorum ordo nullam excellentiam supra communem manifestationem addit: et ideo a simplici manifestatione nominatur. Et sic nomen commune remanet infirmo ordini quasi proprium, ut dicit Dionysius 5 cap. *Cael. Hier.*[5]. — Vel potest dici quod infimus ordo specialiter dicitur ordo Angelorum, quia immediate nobis annuntiant.

Virtus autem dupliciter accipi potest. Uno modo, communiter, secundum quod est media inter essentiam et operationem: et sic omnes caelestes spiritus nominantur caelestes virtutes, sicut et *caelestes essentiae.* — Alio modo, secundum quod importat quendam excessum fortitudinis: et sic est proprium nomen ordinis. Unde Dionysius dicit, 8 cap. *Cael. Hier.*[6], quod *nomen Virtutum significat quandam virilem et inconcussam fortitudinem,* primo quidem ad omnes operationes divinas eis convenientes; secundo, ad suscipiendum

há alguns graus, atribui-se a perfeição superior à ordem superior por propriedade, e à inferior por participação. Inversamente, uma perfeição inferior é atribuída a uma ordem inferior por propriedade, mas à superior por excesso. Assim a ordem superior recebe seu nome da perfeição superior[d].

É assim que Dionísio expõe os nomes das ordens segundo suas perfeições espirituais. — Gregório, por sua vez, na exposição desses nomes parece levar mais em consideração os ministérios exteriores. Segundo ele, "os Anjos são aqueles que anunciam as coisas menos importantes; os Arcanjos, os que anunciam as mais importantes; as Virtudes, por elas se realizam os milagres; as Potestades pelas quais se reprimem os maus poderes; os Principados, que presidem os próprios espíritos bons"[e].

QUANTO AO 1º, portanto, deve-se dizer que anjo significa *mensageiro*. Por isso todos os espíritos celestes, enquanto manifestam as coisas de Deus, são chamados anjos. Mas os anjos superiores têm certa excelência nessa manifestação, pela qual são nomeados ordens superiores. A ordem menos elevada não acrescenta nenhuma excelência à manifestação comum, e por isso são nomeados pela simples manifestação. E assim o nome comum torna-se o nome próprio da ordem menos elevada, como diz Dionísio. — Poder-se-ia também afirmar que essa ordem é chamada especialmente de ordem dos Anjos porque eles nos anunciam de modo imediato.

Virtude, por sua vez, pode-se entender de duas maneiras. Primeiro, de modo comum, no sentido de que a virtude é intermediária entre essência e operação; e assim, todos os espíritos celestes são chamados virtudes celestes, assim como *essências celestes*. — Segundo, no sentido de que implica certo excesso de força; e assim é nome próprio de uma ordem. É o que levou Dionísio a dizer que "o nome Virtude significa certa força viril e inquebrantável", primeiro, em relação a todas as operações divinas que lhes sejam condizentes;

---

3. *Cael. Hier.*, c. 7 sqq.: MG 3, 205 sqq.
4. Homil. 34 in *Evang.*: ML 76, 1250 D, 1251 CD.
5. MG 3, 196 B.
6. MG 3, 237 D.

---

d. Não é somente a existência das ordens, mas suas propriedades que Sto. Tomás pretende deduzir de seus nomes bíblicos. Sua arte, para não dizer seu virtuosismo, consistirá em atribuir o significado desses nomes às realidades que eles designam, seja propriamente, seja por participação, seja de modo mais excelente. Que isso ocorra de maneira coerente e mesmo mediante uma bela visão, ao passo que o ponto de partida poderia parecer inconsistente, é bastante surpreendente.

e. O empenho de Sto. Tomás em explicar Dionísio não impede que ele pareça mostrar-se efetivamente pronto a adotar a interpretação mais simples e mais clara de S. Gregório.

divina. Et ita significat quod sine aliquo timore aggrediuntur divina quae ad eos pertinent: quod videtur ad fortitudinem animi pertinere.

AD SECUNDUM dicendum quod, sicut dicit Dionysius 12 cap. *de Div. Nom.*[7], *Dominatio laudatur in Deo singulariter per quendam excessum: sed per participationem, divina eloquia vocant Dominos principaliores ornatus, per quos inferiores ex donis eius accipiunt.* Unde et Dionysius dicit in 8 cap. *Cael. Hier.*[8], quod nomen *Dominationum* primo quidem significat *quandam libertatem, quae est a servili conditione et pedestri subiectione*, sicut plebs subiicitur, *et a tyrannica opressione*, quam interdum etiam maiores patiuntur. Secundo significat *quandam rigidam et inflexibilem gubernationem, quae ad nullum servilem actum inclinatur, neque ad aliquem actum subiectorum vel oppressorum a tyrannis.* Tertio significat *appetitum et participationem veri dominii, quod est in Deo.* — Et similiter nomen cuiuslibet ordinis significat participationem eius quod est in Deo; sicut nomen *Virtutum* significat participationem divinae virtutis; et sic de aliis.

AD TERTIUM dicendum quod nomen *Dominationis*, et *Potestatis*, et *Principatus*, diversimode ad gubernationem pertinet. Nam domini est solummodo praecipere de agendis. Et ideo Gregorius dicit[9] quod *quaedam angelorum agmina, pro eo quod eis cetera ad obediendum subiecta sunt, Dominationes vocantur.* — Nomen vero potestatis ordinationem quandam designat; secundum illud Apostoli Rm 13,2: *Qui potestati resistit, Dei ordinationi resistit.* Et ideo Dionysius dicit[10] quod nomen *Potestatis* significat quandam ordinationem et circa susceptionem divinorum, et circa actiones divinas quas superiores in inferiores agunt, eas sursum ducendo. Ad ordinem ergo Potestatum pertinet ordinare quae a subditis sint agenda. — Principari vero, ut Gregorius dicit[11], est *inter reliquos priorem existere*, quasi primi sint in executione eorum quae imperantur. Et ideo Dionysius dicit, 9 cap. *Cael. Hier.*[12], quod nomen *Principatuum* significat *ductivum cum ordine sacro.* Illi enim qui alios ducunt, primi inter eos existentes, principes proprie vocantur; secundum

segundo, para receber as coisas divinas. E assim significa que se achegam sem temor algum às coisas divinas que lhes dizem respeito, o que parece pertencer à força do âmbito.

QUANTO AO 2º, deve-se dizer, com Dionísio, que "louva-se de modo singular em Deus a Dominação por excesso. Mas os textos sagrados chamam Senhores, por participação, às ordens principais pelas quais as inferiores recebem os dons de Deus. E por isso, Dionísio diz que o nome *Dominação* significa primeiro a "liberdade da condição servil e da sujeição comum", como a do povo, "e da opressão da tirania", que às vezes também os grandes sofrem. Dominação significa, em segundo lugar, "um governo rígido e inflexível que não se rebaixa a nenhum ato servil e nem a nenhum daqueles atos dos que estão sujeitos ou oprimidos pelos tiranos". Em terceiro lugar, significa "o desejo e a participação do verdadeiro domínio que está em Deus". — Assim, de modo semelhante, o nome de cada ordem significa uma participação ao que é próprio de Deus. Por exemplo, Virtude designa uma participação no poder divino, e assim por diante para os demais nomes.

QUANTO AO 3º, deve-se dizer que os nomes *Dominação, Potestade, Principado* têm a ver com o governo de diferentes maneiras. Prescrever o que deve ser feito é próprio somente do senhor. Foi o que levou Gregório a dizer que "certas milícias angélicas são chamadas de Dominações porque as outras estão submetidas a sua obediência". — O nome Potestade designa certa organização, segundo se diz o Apóstolo na Carta aos Romanos: "Aquele que se opõe ao poder resiste à ordem de Deus". Por isso, diz Dionísio: o nome *Potestade* significa certa organização concernente tanto à recepção das coisas divinas como às ações divinas que os espíritos superiores exercem sobre os inferiores para elevá-los a Deus. Compete, pois, à ordem das Potestades organizar o que deve ser feito pelos súditos. — Exercer um Principado, segundo Gregório, é "ser o primeiro no meio dos outros", e primeiro, dir-se-ia, na execução daquelas coisas que são prescritas. Por isso Dionísio diz que o nome *Principado* significa "o conduzir os outros com ordem sagrada". Com efeito, os

---

7. MG 3, 972 B.
8. MG 3, 237 C.
9. Loc. cit. supra.
10. *Cael. Hier.*, c. 8: MG 3, 240 A.
11. Loc. cit.
12. MG 3, 257 B.

illud Ps 67,26: *Praevenerunt principes coniuncti psallentibus*.

AD QUARTUM dicendum quod *Archangeli*, secundum Dionysium[13], medii sunt inter Principatus et Angelos. Medium autem comparatum uni extremo, videtur alterum, inquantum participat naturam utriusque: sicut tepidum respectu calidi est frigidum, respectu vero frigidi est calidum. Sic et Archangeli dicuntur quasi *Principes Angeli*: quia respectu Angelorum sunt principes, respectu vero Principatuum sunt angeli. — Secundum Gregorium autem[14], dicuntur Archangeli ex eo quod principantur soli ordini Angelorum, quasi magna nuntiantes. Principatus autem dicuntur ex eo quod principantur omnibus caelestibus virtutibus divinas iussiones explentibus.

AD QUINTUM dicendum quod nomen *Seraphim* non imponitur tantum a caritate, sed a caritatis excessu, quem importat nomen *ardoris* vel *incendii*. Unde Dionysius, 7 cap. *Cael. Hier.*[15], exponit nomen Seraphim secundum proprietates ignis, in quo est excessus caliditatis. In igne autem tria possumus considerare. Primo quidem, motum, qui est sursum, et qui est continuus. Per quod significatur quod indeclinabiliter moventur in Deum. — Secundo vero, virtutem activam eius, quae est calidum. Quod quidem non simpliciter invenitur in igne, sed cum quadam acuitate, quia maxime est penetrativus in agendo, et pertingit usque ad minima; et iterum cum quodam superexcedenti fervore. Et per hoc significatur actio huiusmodi angelorum, quam in subditos potenter exercent, eos in similem fervorem excitantes, et totaliter eos per incendium purgantes. — Tertio consideratur in igne claritas eius. Et hoc significat quod huiusmodi angeli in seipsis habent inextinguibilem lucem, et quod alios perfecte illuminant.

Similiter etiam nomen *Cherubim* imponitur a quodam excessu scientiae: unde interpretatur *plenitudo scientiae*. Quod Dionysius exponit[16] quantum ad quatuor: primo quidem, quantum ad perfectam Dei visionem; secundo, quantum ad plenam susceptionem divini luminis; tertio,

que conduzem outros, sendo os primeiros, são chamados propriamente príncipes, segundo diz o salmo 67: "Precediam os príncipes seguidos pelos músicos".

QUANTO AO 4º, deve-se dizer que segundo Dionísio, os *Arcanjos* são intermediários entre os Principados e os Anjos. Ora, o que está no meio, se comparado a um dos extremos, parece semelhante ao outro extremo, dado que participa da natureza dos dois. Por exemplo, o que é morno é frio quando comparado ao quente, mas é quente quando comparado ao frio. Assim, os Arcanjos são chamados de *Príncipes dos Anjos* porque, comparados a eles, são príncipes, mas comparados aos Principados são anjos. — Todavia, Gregório é do parecer que os Arcanjos têm esse nome porque estão à frente somente da ordem dos Anjos, pois anunciam coisas importantes. Os Principados, por sua vez, têm esse nome porque estão à frente de todas as forças celestes incumbidas de executar as ordens divinas.

QUANTO AO 5º, deve-se dizer que o nome *Serafim* não é dado tanto pela caridade quanto pelo excesso de caridade expresso pelos termos *ardor* e *incêndio*. Por isso Dionísio explica esse nome a partir das propriedades do fogo, que comporta um excesso de calor. No fogo, aliás, podemos considerar três coisas. Primeiro, o movimento para o alto, que é contínuo. Por ele se significa que se movem de modo indeclinável. Segundo, sua força ativa, o calor. Este não se encontra no fogo de maneira absoluta, mas com certa intensidade, porque é ao máximo penetrante em sua ação e atinge até as mínimas coisas, e sempre com um ardor extraordinário. Por essas coisas é significada a ação de tais anjos que de modo poderoso as exercem sobre os que lhes estão sujeitos, incitando-os a um fervor semelhante ao seu e purificando-os totalmente no incêndio da caridade. — Terceiro, sua claridade. E isso significa que esses anjos têm em si mesmos uma luz inextinguível, com a qual iluminam perfeitamente os outros.

De modo parecido, *Querubim* é dado em razão de certo excesso de ciência. Por isso se traduz *plenitude de ciência*, o que Dionísio expõe em relação a quatro coisas: primeiro, em relação à perfeita visão de Deus; segundo, em relação à plena recepção da divina luz; terceiro, em relação a que

---

13. *Cael. Hier.*, c. 9: MG 3, 257 C.
14. Loc. cit.
15. *Cael. Hier.*, c. 7: MG 3, 205 B.
16. Ibid.: MG 3, 205 BC.

quantum ad hoc, quod in ipso Deo contemplantur pulchritudinem ordinis rerum a Deo derivatam; quarto, quantum ad hoc, quod ipsi pleni existentes huiusmodi cognitione, eam copiose in alios effundunt.

AD SEXTUM dicendum quod ordo *Thronorum* habet excellentiam prae inferioribus ordinibus in hoc, quod immediate in Deo rationes divinorum operum cognoscere possunt. Sed Cherubim habent excellentiam scientiae; Seraphim vero excellentiam ardoris. Et licet in his duabus excellentis includatur tertia, non tamen in illa quae est Thronorum, includuntur aliae duae. Et ideo ordo Thronorum distinguitur ab ordine Cherubim et Seraphim. Hoc enim est commune in omnibus, quod excellentia inferioris continetur in excellentia superioris, et non e converso.

Exponit autem Dionysius[17] nomen Thronorum, per convenientiam ad materiales sedes. In quibus est quatuor considerare. Primo quidem, situm: quia sedes supra terram elevantur. Et sic ipsi angeli qui Throni dicuntur, elevantur usque ad hoc, quod in Deo immediate rationes rerum cognoscant. — Secundo in materialibus sedibus consideratur firmitas: quia in ipsis aliquis firmiter sedet. Hic autem est e converso: nam ipsi angeli firmantur per Deum. — Tertio, quia sedes suscipit sedentem, et in ea deferri potest. Sic et isti angeli suscipiunt Deum in seipsis, et eum quodammodo ad inferiores ferunt. — Quarto, ex figura: quia sedes ex una parte est aperta ad suscipiendum sedentem. Ita et isti angeli sunt per promptitudinem aperti ad suscipiendum Deum, et famulandum ipsi.

contemplam no próprio Deus a beleza da ordem das coisas derivadas de Deus; quarto, em relação a que comunicam abundantemente aos outros o conhecimento de que estão repletos.

QUANTO AO 6º, deve-se dizer que a superioridade da ordem dos *Tronos* em relação às ordens inferiores consiste em que podem conhecer imediatamente em Deus as razões das obras divinas. Entretanto, os Querubins são superiores em ciência e os Serafins no ardor da caridade. Se, de um lado, essas duas últimas superioridades incluem a terceira, entretanto na superioridade dos Tronos não estão incluídas as outras duas. Por isso a ordem dos Tronos distingue-se da dos Querubins e da dos Serafins. É, pois, comum a todos que a superioridade de uma ordem inferior está contida na ordem superior, e não o contrário.

Dionísio, por sua vez, explica o nome Tronos pela semelhança com os assentos materiais. Neles quatro coisas podem ser consideradas. Primeiro, porque os assentos se elevam acima do chão. Assim também os anjos que se chamam Tronos são elevados até o conhecimento imediato das razões das coisas em Deus. — Segundo, nos assentos materiais considera-se a solidez, pois neles assenta-se com segurança. Nos anjos, porém, acontece o contrário, pois recebem sua segurança de Deus. Terceiro, o assento recebe quem nele se assenta e nele pode ser transportado. Assim também os Tronos recebem Deus em si mesmos e o levam de alguma forma às ordens inferiores — Quarto, por sua configuração: porque é aberta de um lado para receber o que se assenta. Assim os Tronos, por sua prontidão, estão abertos para receber a Deus e servi-lo.

ARTICULUS 6

Utrum convenienter
gradus ordinum assignentur

AD SEXTUM SIC PROCEDITUR. Videtur quod inconvenienter gradus ordinum assignentur.

1. Ordo enim praelatorum videtur esse supremus. Sed Dominationes, Principatus et Potestates ex ipsis nominibus praelationem quandam habent. Ergo isti ordines debent esse inter omnes supremi.

ARTIGO 6

Os graus das ordens são de
modo conveniente classificadas?

QUANTO AO SEXTO, ASSIM SE PROCEDE: parece que os graus das ordens **não** são classificados de modo conveniente.

1. Com efeito, a ordem dos que precedem parece ser a mais elevada. Ora, as Dominações, os Principados e as Potestades pelos próprios nomes têm certa precedência. Logo, essas ordens devem ser entre todas as mais elevadas.

---

17. Ibid.: MG 3, 205 CD.

6 PARALL.: II *Sent.*, dist. 9, a. 3; *Cont. Gent.* III, 80; *Compend. Theol.*, c. 126; *Ephes.*, c. 1, lect. 7; *Coloss.*, c. 1, lect. 4.

2. Praeterea, quanto aliquis ordo est Deo propinquior, tanto est superior. Sed ordo Thronorum videtur esse Deo propinquissimus: nihil enim coniungitur propinquius sedenti, quam sua sedes. Ergo ordo Thronorum est altissimus.

3. Praeterea, scientia est prior quam amor; et intellectus videtur esse altior quam voluntas. Ergo et ordo Cherubim videtur esse altior quam ordo Seraphim.

4. Praeterea, Gregorius[1] ponit Principatus supra Potestates. Non ergo collocantur immediate supra Archangelos, ut Dionysius dicit[2].

Sed contra est quod Dionysius ponit[3], in prima quidem hierarchia, Seraphim ut primos, Cherubim ut medios, Thronos ut ultimos; in media vero, Dominationes ut primos, Virtutes ut medios, Potestates ut ultimos; in ultima, Principatus ut primos, Archangelos ut medios, Angelos ut ultimos.

Respondeo dicendum quod gradus angelicorum ordinum assignant et Gregorius et Dionysius, quantum ad alia quidem convenienter, sed quantum ad Principatus et Virtutes differenter. Nam Dionysius collocat Virtutes sub Dominationibus et supra Potestates, Principatus autem sub Potestatibus et supra Archangelos: Gregorius autem ponit Principatus in medio Dominationum et Potestatum, Virtutes vero in medio Potestatum et Archangelorum. Et utraque assignatio fulcimentum habere potest ex auctoritate Apostoli. Qui, medios ordines ascendendo enumerans, dicit, Eph 1,20-21, quod Deus constituit illum, scilicet Christum, *ad dexteram suam in caelestibus, supra omnem Principatum et Potestatem et Virtutem et Dominationem*: ubi Virtutem ponit inter Potestatem et Dominationem, secundum assignationem Dionysii. Sed Cl 1,16, enumerans eosdem ordines descendendo, dicit: *Sive Throni, sive Dominationes, sive Principatus, sive Potestates, omnia per ipsum et in ipso creata sunt*: ubi Principatus ponit medios inter Dominationes et Potestates, secundum assignationem Gregorii.

Primo igitur videamus rationem assignationis Dionysii. In qua considerandum est quod, sicut supra[4] dictum est, prima hierarchia accipit rationes

2. Além disso, quanto mais uma ordem está próxima de Deus, tanto mais é elevada. Ora, a ordem dos Tronos parece ser a mais próxima de Deus, pois nada se une mais proximamente ao que se assenta do que o seu assento. Logo, a ordem dos Tronos é a mais elevada de todas.

3. Ademais, a ciência tem prioridade sobre o amor, assim como o intelecto está acima da vontade. Portanto, a ordem dos Querubins está acima da ordem dos Serafins.

4. Ademais, Gregório afirma que os Principados estão acima das Potestades. Portanto, não estão imediatamente acima dos Arcanjos, como diz Dionísio.

Em sentido contrário, está o que Dionísio afirma na primeira hierarquia: os Serafins, como primeiros; os Querubins no meio e os Tronos como últimos. Na segunda hierarquia, as Dominações, como primeiras; as Virtudes, no meio e as Potestades como últimos. Na terceira hierarquia: Principados, como primeiro; os Arcanjos no meio; e os Anjos como último.

Respondo. Tanto Gregório como Dionísio assinalam os graus das ordens angélicas, coincidem quanto a algumas, mas não quanto aos Principados e as Virtudes. Dionísio situa as Virtudes abaixo das Dominações e acima das Potestades; e os Principados abaixo das Potestades e acima dos Arcanjos. Gregório, por sua vez, situa os Principados entre as Dominações e as Potestades, enquanto as Virtudes, entre as Potestades e os Arcanjos. Ambas as classificações podem se apoiar na autoridade do Apóstolo. Enumera ele as ordens intermediárias, começando da última: Deus o constituiu, o Cristo, "a sua direita nos céus, acima de todo Principado, Potestade, Virtude e Dominação". As Virtudes estão aí entre as Dominações e as Potestades, segundo a classificação de Dionísio. Entretanto, na Carta aos Colossenses, enumerando as mesmas ordens, começando de cima diz: "Tronos e Dominações, Principados e Potestades. Tudo foi criado por ele e nele". Nesse texto os Principados estão entre as Dominações e as Potestades, conforme a classificação de Gregório.

Vejamos primeiro as razões da classificação de Dionísio. Deve-se considerar nela, como acima foi dito, que a primeira hierarquia apreende as

---

1. Homil. 34 in *Evang.*: ML 76, 1249 D.
2. *Cael. Hier.*, c. 9: MG 3, 257 B.
3. Ibid., c. 7 sqq.: MG 3, 205 sqq.
4. A. 1.

rerum in ipso Deo; secunda vero in causis universalibus; tertia vero secundum determinationem ad speciales effectus. Et quia Deus est finis non solum angelicorum ministeriorum, sed etiam totius creaturae, ad primam hierarchiam pertinet consideratio finis; ad mediam vero dispositio universalis de agendis; ad ultimam autem applicatio dispositionis ad effectum, quae est operis executio; haec enim tria manifestum est in qualibet operatione inveniri. Et ideo Dionysius, ex nominibus ordinum proprietates illorum considerans, illos ordines in prima hierarchia posuit, quorum nomina imponuntur per respectum ad Deum: scilicet Seraphim et Cherubim et Thronos. Illos vero ordines possuit in media hierarchia, quorum nomina designant communem quandam gubernationem sive dispositionem: scilicet Dominationes, Virtutes et Potestates. Illos vero ordines posuit in tertia hierarchia, quorum nomina designant operis executionem: scilicet Principatus, Angelos et Archangelos.

In respectu autem ad finem, tria considerari possunt: nam primo, aliquis considerat finem; secundo vero, perfectam finis cognitionem accipit; tertio vero, intentionem suam in ipso defigit; quorum secundum ex additione se habet ad primum, et tertium ad utrumque. Et quia Deus est finis creaturarum sicut dux est finis exercitus, ut dicitur in XII *Metaphys*.[5], potest aliquid simile huius ordinis considerari in rebus humanis: nam quidam sunt qui hoc habent dignitatis, ut per seipsos familiariter accedere possunt ad regem vel ducem; quidam vero super hoc habent, ut etiam secreta eius cognoscant; alii vero insuper circa ipsum semper inhaerent, quasi ei coniuncti. Et secundum hanc similitudinem accipere possumus dispositionem ordinum primae hierarchiae. Nam Throni elevantur ad hoc, quod Deum familiariter in seipsis recipiant, secundum quod rationes rerum in ipso immediate cognoscere possunt: quod est proprium totius primae hierarchiae. Cherubim vero supereminenter divina secreta cognoscunt. Seraphim vero excellunt in hoc quod est omnium supremum, scilicet Deo ipsi uniri. Ut sic ab eo quod est commune toti hierarchiae, denominetur ordo Thronorum; sicut ab eo quod est commune omnibus caelestibus spiritibus, denominatur ordo Angelorum.

razões das coisas no próprio Deus; a segunda, nas causas universais; a terceira, em sua determinação a efeitos particulares. Porque Deus é o fim não só dos serviços angélicos, mas também de toda a criação, pertence à primeira hierarquia a consideração do fim; à intermediária, a disposição geral das ações a serem realizadas; à última, a aplicação dessa disposição ao efeito, isto é, a execução da obra. Ora, essas três coisas encontram-se em qualquer operação. Por isso Dionísio, considerando as propriedades das ordens angélicas a partir do nome de cada uma, afirmou na primeira hierarquia as ordens cujos nomes são dados pela relação a Deus: os Serafins, Querubins e Tronos. Afirmou na hierarquia intermediária as ordens cujos nomes significam um certo governo ou direção: as Dominações, Virtudes e Potestades. Enfim, as ordens cujos nomes significam a execução da obra, afirmou-as na terceira hierarquia: os Principados, Arcanjos e Anjos.

Por outro lado, com respeito ao fim, três coisas podem ser consideradas: primeiro, considera se o fim; em seguida, adquire-se um perfeito conhecimento do fim; por último, fixa-se nele sua intenção. A segunda dessas três coisas por acréscimo se refere à primeira e a terceira a uma e outra. E porque Deus é o fim das criaturas assim como o comandante é o fim do exército, segundo se diz no livro XII da *Metafísica*, pode-se considerar nas coisas humanas algo semelhante destas ordens: alguns, de fato, têm tal dignidade que podem por si mesmos acercar-se familiarmente ao rei ou ao chefe; outros há que, além disso, conhecem os segredos do soberano; outros ademais fazem parte de sua constante companhia, estando sempre junto a ele. Por essa semelhança, podemos entender a maneira como são dispostas as ordens na primeira hierarquia: os Tronos, de fato, são elevados até receberem a Deus familiarmente em si mesmos, na medida em que podem conhecer imediatamente em Deus as razões das coisas, o que é próprio de toda a primeira hierarquia. Os Querubins, pelo contrário, conhecem de modo supereminente os segredos divinos. Quanto aos Serafins, sobressaem em algo que é o mais elevado, a saber, a união ao próprio Deus. Assim, a ordem dos Tronos é denominada pelo que é comum a toda a hierarquia; o que é comum à primeira hierarquia inteira serve para designar a ordem dos Tronos; igualmente, a ordem dos Anjos é denominada pelo que é comum a todos os espíritos celestes.

---

5. C. 10: 1075, a, 13-15.

Ad gubernationis autem rationem tria pertinent. Quorum primum est definitio eorum quae agenda sunt: quod est proprium Dominationum. Secundum autem est praebere facultatem ad implendum: quod pertinet ad Virtutes. Tertium autem est ordinare qualiter ea quae praecepta vel definita sunt, impleri possint, ut aliqui exequantur: et hoc pertinet ad Potestates.

Executio autem angelicorum ministeriorum consistit in annuntiando divina. In executione autem cuiuslibet actus, sunt quidam quasi incipientes actionem et alios ducentes, sicut in cantu praecentores, et in bello illi qui alios ducunt et dirigunt: et hoc pertinet ad Principatus. Alii vero sunt qui simpliciter exequuntur: et hoc pertinet ad Angelos. Alii vero medio modo se habent: quod ad Archangelos pertinet, ut supra[6] dictum est.

Invenitur autem congrua haec ordinum assignatio. Nam semper summum inferioris ordinis affinitatem habet cum ultimo superioris; sicut infima animalia parum distant a plantis. Primus autem ordo est divinarum Personarum, qui terminatur ad Spiritum Sanctum, qui est amor procedens: cum quo affinitatem habet supremus ordo primae hierarchiae, ab incendio amoris denominatus. Infimus autem ordo primae hierarchiae est Thronorum, qui ex suo nomine habent quandam affinitatem cum Dominationibus: nam Throni dicuntur, secundum Gregorium[7], *per quos Deus sua iudicia exercet*; accipiunt enim divinas illuminationes per convenientiam ad immediate illuminandum secundam hierarchiam, ad quam pertinet dispositio divinorum ministeriorum. Ordo vero Potestatum affinitatem habet cum ordine Principatuum: nam cum Potestatum sit ordinationem subiectis imponere, haec ordinatio statim in nomine Principatuum designatur, qui sunt primi in executione divinorum ministeriorum, utpote praesidentes gubernationi gentium et regnorum, quod est primum et praecipuum in divinis ministeriis; nam *bonum gentis est divinius quam bonum unius hominis*[8]. Unde dicitur Dn 10,13: *Princeps regni Persarum restitit mihi*.

Por sua vez, à razão de governo cabem três coisas. A primeira é a definição das coisas a serem feitas: o que é próprio das Dominações. A segunda é dar as condições para implementar: o que cabe às Virtudes. A terceira é regular de que maneira as prescrições de definições poderão ser implementadas para que alguns as executem: o que cabe às Potestades.

Por fim, a execução dos serviços angélicos consiste em anunciar as coisas divinas. Ora, na execução de qualquer ato, há aqueles que começam a ação e guiam os outros. Por exemplo, nos coros os que dão o tom, e na guerra, os que conduzem e dirigem os outros: e isso cabe aos Principados. Mas há outros que simplesmente executam: e isso cabe aos Anjos. Outros há, enfim, que ocupam posição intermédia: isso cabe aos Arcanjos, como já foi dito.

Essa classificação das ordens parece adequada. De fato, o que é mais elevado de uma ordem: inferior tem afinidade com o último da superior. Por exemplo, os animais mais inferiores pouco distam das plantas. A primeira ordem é a das divinas Pessoas, que termina no Espírito Santo qual Amor procedente. Com ele tem afinidade a ordem mais elevada da primeira hierarquia, denominada pelo amor incendido. A última ordem da primeira hierarquia é a dos Tronos, que tem, pelo nome, certa afinidade com as Dominações. Com efeito, segundo Gregório, os Tronos são aqueles "por meio dos quais Deus exerce seus juízos": eles recebem as iluminações divinas com vistas a poder iluminar imediatamente a segunda hierarquia, à qual cabe a disposição dos divinos ministérios. Por sua vez, a ordem das Potestades possui afinidade com a dos Principados, pois é próprio das Potestades impor a ordem aos que lhes estão sujeitos. Ora, essa ordenação é imediatamente designada pelo nome dos Principados que são os primeiros na execução dos divinos ministérios, uma vez que presidem ao governo das nações e dos reinos, sendo esse o primeiro e o principal entre os ministérios divinos, pois o bem de uma nação é mais divino que o bem de um único homem. Por isso se diz no livro de Daniel: "O príncipe do reino da Pérsia se opôs a mim"[f].

---

6. A. praec., ad 4.
7. Loc. cit.: ML 76, 1252 D.
8. Aristot., *Ethic.*, l. I, c. 1: 1094, b, 7-11.

---

f. Deve-se convir que a grande diversidade e especialização das atribuições no mundo angélico são pouco convincentes quando se busca defini-las, em vez de deixá-las no desconhecido ao qual Sto. Tomás se referia em um artigo anterior. Todavia,

Dispositio etiam ordinum quam Gregorius ponit, congruitatem habet. Nam cum Dominationes sint definientes et praecipientes ea quae ad divina ministeria pertinent, ordines eis subiecti disponuntur secundum dispositionem eorum in quos divina ministeria exercentur. Ut autem Augustinus dicit in III *de Trin.*[9], *corpora quodam ordine reguntur, inferiora per superiora, et omnia per spiritualem creaturam; et spiritus malus per spiritum bonum.* Primus ergo ordo post Dominationes dicitur Principatuum, qui etiam bonis spiritibus principantur. Deinde Potestates, per quas arcentur mali spiritus: sicut per potestates terrenas arcentur malefactores, ut habetur Rm 13,3-4. Post quas sunt Virtutes, quae habent potestatem super corporalem naturam in operatione miraculorum. Post quas sunt Archangeli et Angeli, qui nuntiant hominibus vel magna, quae sunt supra rationem; vel parva, ad quae ratio se extendere potest.

AD PRIMUM ergo dicendum quod in angelis potius est quod subiiciuntur Deo, quam quod inferioribus praesident: et hoc derivatur ex illo. Et ideo ordines nominati a praelatione non sunt supremi, sed magis ordines nominati a conversione ad Deum.

AD SECUNDUM dicendum quod illa propinquitas ad Deum quae designatur nomine Thronorum, convenit etiam Cherubim et Seraphim, et excellentius, ut dictum est[10].

AD TERTIUM dicendum quod, sicut supra[11] dictum est, cognitio est secundum quod cognita sunt in cognoscente; amor autem, secundum quod amans unitur rei amatae. Superiora autem nobiliori modo sunt in seipsis quam in inferioribus: inferiora vero nobiliori modo in superioribus quam in seipsis. Et ideo inferiorum quidem cognitio

A classificação das ordens angélicas afirmadas por Gregório é também adequada. Como as Dominações definem e prescrevem o que se refere aos divinos serviços, as ordens angélicas a elas submetidas são classificadas de acordo com a classificação daqueles a favor dos quais os serviços divinos se exercem. Ora, no dizer de Agostinho, "os corpos são regidos conforme certa ordem, os inferiores pelos superiores, e todos pela criatura espiritual; e o espírito mau pelo espírito bom". Por isso, a primeira ordem após as Dominações é a dos Principados, que comandam mesmo os bons espíritos. Em seguida vêm as Potestades, pelos quais são afastados os maus espíritos assim como os poderes terrestres afastam os malfeitores, como se diz na Carta aos Romanos. Depois deles vêm as Virtudes, que têm poder sobre a natureza corporal na realização de milagres. Enfim, vêm os Arcanjos e Anjos, que anunciam aos homens ou coisas grandes que ultrapassam a razão, ou coisas pequenas que a razão pode alcançar.

QUANTO AO 1º, portanto, deve-se dizer que para os anjos é mais importante o fato de estarem sujeitos a Deus do que o de presidir às criaturas inferiores, sendo que este segundo aspecto deriva do primeiro. Por isso as ordens que são denominadas pela precedência não são as mais elevadas, mas antes as ordens denominadas pelo voltar-se para Deus.

QUANTO AO 2º, deve-se dizer que a proximidade de Deus significada pelo nome dos Tronos convém também aos Querubins e Serafins, mas de maneira mais excelente, como foi dito.

QUANTO AO 3º, deve-se dizer que, como acima foi dito, há conhecimento quando o objeto conhecido está no que conhece; já o amor quando o amante está unido à coisa amada. Ora, as coisas superiores existem nelas mesmas de modo mais nobre que nas inferiores. Ao contrário, as coisas inferiores existem de modo mais nobre na supe-

---

9. C. 4: ML 42, 873.
10. In corp. — Cfr. a. praec. ad 6.
11. Q. 16, a. 1; q. 27, a. 3.

é-se seduzido por esse parágrafo no qual ele mostra o quanto a hierarquia das ordens é satisfatória quando fundada no famoso princípio de Dionísio, invocado com frequência por ele: o que há de mais elevado na ordem inferior toca o que está mais baixo na ordem superior, por uma espécie de afinidade. Desse modo coloca ele no ápice a ordem dos Serafins, "uma vez que seu nome evoca o incêndio do amor", que dessa forma toca a ordem suprema que é a das Pessoas divinas, a qual se completa pela Processão do Espírito Santo, processão de amor. O amor está portanto acima do conhecimento? Sim, parece ele afirmar na resposta à terceira objeção, lembrando sua doutrina das Q. 14, a. 1; Q. 27, a. 3; Q. 82, a. 3, a saber, que "o conhecimento das realidades inferiores prevalece sobre o amor que se tem por elas, ao passo que o amor das realidades superiores, e sobretudo de Deus, prevalece sobre o conhecimento que se tem delas". Todavia, nas passagens às quais ele remete, parece que lá onde o conhecimento de Deus é imediato, como o é na visão, ele prevalece sobre o amor. Ora, aqui trata-se de anjos que veem a Deus.

praeeminet dilectioni: superiorum autem dilectio, et praecipue Dei, praeeminet cognitioni.

AD QUARTUM dicendum quod, si quis diligenter consideret dispositiones ordinum secundum Dionysium et Gregorium, parum vel nihil differunt, si ad rem referantur. Exponit enim Gregorius[12] Principatum nomen ex hoc, quod *bonis spiritibus praesunt*: et hoc convenit Virtutibus, secundum quod in nomine Virtutum intelligitur quaedam fortitudo dans efficaciam inferioribus spiritibus ad exequenda divina ministeria. Rursus Virtutes, secundum Gregorium, videntur esse idem quod Principatus secundum Dionysium. Nam hoc est primum in divinis ministeriis, miracula facere: per hoc enim paratur via annuntiationi Archangelorum et Angelorum.

riores que em si mesmas. Por isso o conhecimento das coisas inferiores prevalece sobre o amor, mas o amor das coisas superiores, especialmente de Deus, prevalece sobre o conhecimento.

QUANTO AO 4º, deve-se dizer que, se consideradas atentamente, as classificações das ordens propostas por Gregório e Dionísio realmente pouco, ou em nada diferem. De fato, para Gregório, o nome dos Principados lhes convém por *presidirem eles aos bons espíritos*. Ora, isso convém às Virtudes, se se entende esse nome no sentido de certa força capaz de dar eficácia aos espíritos inferiores para que exerçam os divinos ministérios. Além disso, as Virtudes, segundo Gregório, parecem ser o mesmo que os Principados para Dionísio. Com efeito, o mais importante nos ministérios divinos é operar milagres, e é por meio deles que se abre o caminho à mensagem dos Arcanjos e Anjos.

ARTICULUS 7

Utrum ordines remanebunt post diem iudicii

AD SEPTIMUM SIC PROCEDITUR. Videtur quod ordines non remanebunt post diem iudicii.
1. Dicit enim Apostolus, 1Cor 15,24, quod Christus evacuabit omnem Principatum et Potestatem, cum tradiderit regnum Deo et Patri: quod erit in ultima consummatione. Pari ergo ratione, in illo statu omnes alii ordines evacuabuntur.
2. PRAETEREA, ad officium angelicorum ordinum pertinet purgare, illuminare et perficere. Sed post diem iudicii unus angelus non purgabit aut illuminabit aut perficiet alium: quia non proficient amplius in scientia. Ergo frustra ordines angelici remanerent.
3. PRAETEREA, Apostolus dicit, Hb 1,14, de angelis, quod *omnes sunt administratorii spiritus, in ministerium missi propter eos qui haereditatem capiunt salutis*: ex quo patet quod officia angelorum ordinantur ad hoc, quod homines ad salutem adducantur. Sed omnes electi usque ad diem iudicii salutem consequuntur. Non ergo post diem iudicii remanebunt officia et ordines angelorum.

SED CONTRA est quod dicitur Idc 5,20: *Stellae manentes in ordine et cursu suo*: quod exponitur de angelis. Ergo angeli semper in suis ordinibus remanebunt.

ARTIGO 7

As ordens permanecerão após o dia do juízo?

QUANTO AO SÉTIMO, ASSIM SE PROCEDE: parece que as ordens **não** permanecerão após o dia do juízo.
1. Com efeito, diz que Cristo destruirá todo Principado e Potestade, quando tiver entregue o reino a Deus Pai. Isso se dará na consumação dos tempos. Logo, pela mesma razão todas as demais ordens serão destruídas.
2. ALÉM DISSO, a função das ordens angélicas é purificar, iluminar e aperfeiçoar. Ora, após o dia do juízo, um anjo não purificará, ou iluminará, ou aperfeiçoará a outro, que não mais progredirão no conhecimento. Logo, as ordens angélicas permaneceriam inutilmente.
3. ADEMAIS, o Apóstolo diz na Carta aos Hebreus a propósito dos anjos: "Todos eles são espíritos administradores enviados a serviço, em proveito daqueles que recebem a herança da salvação". A função dos anjos, portanto, se ordena a conduzir os homens à salvação. Ora, todos os eleitos alcançam a salvação até o dia do juízo. Logo, após esse dia não permanecerão as funções e as ordens angélicas.

EM SENTIDO CONTRÁRIO, diz o livro dos Juízes: "As estrelas permanecem em sua ordem e em sua órbita". Isso se entende dos anjos. Portanto, os anjos sempre permanecerão em suas ordens.

---

12. Loc. cit.: ML 76, 1251 CD.

7 PARALL.: II *Sent.*, dist. 11, part. 2, a. 6; IV, dist. 47, q. 1, a. 2, q.la 4; 1*Cor.*, c. 15, lect. 3.

RESPONDEO dicendum quod in ordinibus angelicis duo possunt considerari: scilicet distinctio graduum, et executio officiorum. Distinctio autem graduum est in angelis secundum differentiam gratiae et naturae, ut supra[1] dictum est. Et utraque differentia semper in angelis remanebit. Non enim posset naturarum differentia ab eis auferri, nisi eis corruptis: differentia etiam gloriae erit in eis semper, secundum differentiam meriti praecedentis.

Executio autem officiorum angelicorum aliquo modo remanebit post diem iudicii, et aliquo modo cessabit. Cessabit quidem secundum quod eorum officia ordinantur ad perducendum aliquos ad finem: remanebit autem, secundum quod convenit in ultima finis consecutione. Sicut etiam alia sunt officia militarium ordinum in pugna, et in triumpho.

AD PRIMUM ergo dicendum quod Principatus et Potestates evacuabuntur in illa finali consummatione quantum ad hoc, quod alios ad finem perducant: quia consecuto iam fine, non est necessarium tendere in finem. Et haec ratio intelligitur ex verbis Apostoli, dicentis, *Cum tradiderit regnum Deo et Patri*, idest, cum perduxerit fideles ad fruendum ipso Deo.

AD SECUNDUM dicendum quod actiones angelorum super alios angelos considerandae sunt secundum similitudinem actionum intelligibilium quae sunt in nobis. Inveniuntur autem in nobis multae intelligibiles actiones quae sunt ordinatae secundum ordinem causae et causati; sicut cum per multa media gradatim in unam conclusionem devenimus. Manifestum est autem quod cognitio conclusionis dependet ex omnibus mediis praecedentibus, non solum quantum ad novam acquisitionem scientiae, sed etiam quantum ad scientiae conservationem. Cuius signum est quod, si quis oblivisceretur aliquod praecedentium mediorum, opinionem quidem vel fidem de conclusione posset habere, sed non scientiam, ordine causarum ignorato. — Sic igitur, cum inferiores angeli rationes divinorum operum cognoscant per lumen superiorum angelorum, dependet eorum cognitio ex lumine superiorum, non solum quantum ad novam acquisitionem scientiae, sed etiam quantum ad cognitionis conservationem. Licet ergo post iudicium non proficiant inferiores angeli in cognitione aliquarum rerum, non tamen propter hoc excluditur quin a superioribus illuminentur.

RESPONDO. Podem-se considerar nas ordens angélicas duas coisas: a diversidade dos graus e o exercício das funções. A diversidade dos graus entre os anjos é de acordo com as diferenças da graça e da natureza, como acima foi dito. Essas diferenças permanecerão sempre entre os anjos, pois as diferenças de natureza só poderiam ser eliminadas com a destruição dos anjos. Por sua vez, a diferença da glória existirá sempre neles, de acordo com a diferença dos méritos antecedentes.

O exercício das funções angélicas permanecerá de algum modo após o dia do juízo, e de outro cessará. Assim, cessará enquanto essas funções são ordenadas a conduzir os homens à salvação, mas permanecerá enquanto são úteis para a última consecução do fim. Por exemplo, são distintas as funções das ordens militares em tempo de guerra ou de vitória.

QUANTO AO 1º, portanto, deve-se dizer que os Principados e Potestades serão destruídos na consumação final quanto ao conduzir os outros a seu fim, pois uma vez alcançado o fim não é mais necessário tender a ele. E essa razão se deduz das palavras do Apóstolo: "Quando tiver entregue o reino a Deus Pai", a saber: quando tiver conduzido os fiéis à fruição do próprio Deus.

QUANTO AO 2º, deve-se dizer que as ações de uns anjos sobre outros devem ser consideradas, segundo são semelhantes a nossos atos inteligíveis. Há em nós muitas ações inteligíveis que se ordenam segundo uma relação de causa e efeito. Por exemplo, quando por muitos meios-termos chegamos gradualmente a uma única conclusão. É evidente que o conhecimento da conclusão depende de todos esses meios-termos, não somente quanto a uma nova aquisição da ciência, mas também quanto a sua conservação. Sinal disso é que, se se esquecesse um ou outro meio-termo, poder-se-ia ter da conclusão uma opinião ou ato de fé, mas não uma ciência, uma vez ignorada a ordem das causas. — Destarte, quando os anjos inferiores conhecem as razões das obras divinas pela luz dos anjos superiores, seu conhecimento depende dessa luz, não somente quanto a uma nova aquisição da ciência, mas também quanto à conservação do conhecimento. Portanto, embora os anjos inferiores não progridam no conhecimento de algumas coisas após o juízo final, não se exclui por isso que sejam iluminados pelos superiores.

---

1. A. 4.

AD TERTIUM dicendum quod, etsi post diem iudicii homines non sint ulterius ad salutem adducendi per ministerium angelorum; tamen illi qui iam salutem erunt consecuti, aliquam illustrationem habebunt per angelorum officia.

QUANTO AO 3º, deve-se dizer que, embora, após o juízo, os homens não mais sejam conduzidos à salvação pelo ministério dos anjos, os que já alcançaram a salvação terão alguma iluminação mediante as funções angélicas.

ARTICULUS 8
Utrum homines assumantur ad ordines angelorum

AD OCTAVUM SIC PROCEDITUR. Videtur quod homines non assumantur ad ordines angelorum.

1. Hierarchia enim humana continetur sub infima hierarchiarum caelestium, sicut infima sub media, et media sub prima. Sed angeli infimae hierarchiae nunquam transferentur in mediam aut in primam. Ergo neque homines transferentur ad ordines angelorum.

2. PRAETEREA, ordinibus angelorum aliqua officia competunt, utpote custodire, miracula facere, daemones arcere, et huiusmodi, quae non videntur convenire animabus sanctorum. Ergo non transferentur ad ordines angelorum.

3. PRAETEREA, sicut boni angeli inducunt ad bonum, ita daemones inducunt ad malum. Sed erroneum est dicere quod animae hominum malorum convertantur in daemones: hoc enim Chrysostomus reprobat, *super Matth.*[1]. Ergo non videtur quod animae sanctorum transferantur ad ordines angelorum.

SED CONTRA est quod Dominus dicit, Mt 22,30, de sanctis, quod *erunt sicut angeli Dei in caelo*.

RESPONDEO dicendum quod, sicut supra[2] dictum est, ordines angelorum distinguuntur et secundum conditionem naturae, et secundum dona gratiae. Si ergo considerentur angelorum ordines solum quantum ad gradum naturae, sic homines nullo modo assumi possunt ad ordines angelorum: quia semper remanebit naturarum distinctio. Quam quidem[3] considerantes, posuerunt quod nullo modo homines transferri possunt ad aequalitatem angelorum. Quod est erroneum: repugnat enim promissioni Christi, dicentis, Lc 20,36, quod filii resurrectionis erunt aequales angelis in caelis. Illud enim quod est ex parte naturae, se habet ut

ARTIGO 8
Os homens são elevados às ordens angélicas?

QUANTO AO OITAVO, ASSIM SE PROCEDE: parece que os homens **não** são elevados às ordens angélicas.

1. Com efeito, a hierarquia humana situa-se abaixo da última das hierarquias angélicas, assim como essa última situa-se abaixo da segunda e esta abaixo da primeira. Ora, os anjos da última hierarquia nunca são transferidos para a segunda ou para a primeira. Logo, tampouco os homens serão transferidos para as ordens angélicas.

2. ALÉM DISSO, algumas funções cabem às ordens angélicas como guardar, fazer milagres, rechaçar os demônios e outras semelhantes que não parecem convir às almas dos santos. Logo, os homens não serão transferidos às ordens angélicas.

3. ADEMAIS, assim como os anjos bons induzem ao bem, os demônios induzem ao mal. Ora, é um erro dizer que as almas dos homens maus se convertem em demônios. João Crisóstomo condena isso no comentário ao Evangelho de Mateus. Logo, não parece que as almas dos santos se transfiram para as ordens angélicas.

EM SENTIDO CONTRÁRIO, o Senhor afirma no Evangelho de Mateus, a respeito dos santos, que "serão como anjos no céu".

RESPONDO. Como acima foi dito, as ordens angélicas se distinguem pela condição natural e pelos dons da graça. Se, pois, se consideram as ordens angélicas quanto aos graus da natureza, os homens jamais poderão ser elevados às ordens angélicas, porque sempre permanecerá a distinção das naturezas. Considerando isso, alguns julgaram que os homens de nenhum modo podem ser transferidos à igualdade com os anjos. Entretanto, essa opinião é falsa, por contradizer a promessa de Cristo, que disse no Evangelho de Lucas que os filhos da ressurreição serão iguais aos anjos nos céus. Efetivamente, o que provém da natureza

---

8 PARALL.: II *Sent.*, dist. 9, a. 8.

1. Homil. 28, al. 29: MG 57, 353.
2. A. 4, 7.
3. EUSTRATIUS, † 1120. — Cfr. S. TH., II *Sent.*, dist. 9, a. 8.

materiale in ratione ordinis: completivum vero est quod est ex dono gratiae, quae dependet ex liberalitate Dei, non ex ordine naturae. Et ideo per donum gratiae homines mereri possunt tantam gloriam, ut angelis aequentur secundum singulos angelorum gradus. Quod est homines ad ordines angelorum assumi.

Quidam tamen dicunt quod ad ordines angelorum non assumuntur omnes qui salvantur, sed soli virgines vel perfecti; alii vero suum ordinem constituent, quasi condivisum toti societati angelorum. — Sed hoc est contra Augustinum, qui dicit XII *de Civ. Dei*[4], quod non erunt duae societates hominum et angelorum, sed una: *quia omnium beatitudo est adhaerere uni Deo.*

AD PRIMUM ergo dicendum quod gratia angelis datur secundum proportionem naturalium; non autem sic est de hominibus, ut supra[5] dictum est. Et ideo sicut inferiores angeli non possunt transferri ad naturalem gradum superiorum, ita nec ad gratuitum. Homines vero possunt ad gratuitum conscendere, sed non ad naturalem.

AD SECUNDUM dicendum quod angeli, secundum naturae ordinem, medii sunt inter nos et Deum. Et ideo, secundum legem communem, per eos administrantur non solum res humanae, sed etiam omnia corporalia. Homines autem sancti, etiam post hanc vitam, sunt eiusdem naturae nobiscum. Unde secundum legem communem, non administrant humana, *nec rebus vivorum intersunt*, ut Augustinus dicit in libro *de Cura pro Mortuis agenda*[6]. Ex quadam tamen speciali dispensatione interdum aliquibus sanctis conceditur, vel vivis vel mortuis, huiusmodi officia exercere, vel miracula faciendo, vel daemones arcendo, vel aliquid huiusmodi; sicut Augustinus in eodem libro dicit[7].

AD TERTIUM dicendum quod homines ad poenam daemonum transferri, non est erroneum: sed quidam erronee posuerunt daemones nihil aliud esse quam animas defunctorum. Et hoc Chrysostomus reprobat.

está como elemento material na razão das ordens, enquanto o que é perfectivo provém do dom da graça, que depende da liberalidade divina e não da ordem da natureza. Sendo assim, pelo dom da graça os homens podem merecer uma glória tal que se igualem aos anjos, de acordo com cada uma de suas ordens. Ora, isso significa que os homens são elevados às ordens angélicas.

Alguns, entretanto, dizem que nem todos os que se salvam são elevados às ordens angélicas, mas só as virgens ou os perfeitos, sendo que os demais constituem uma ordem própria, separada de toda sociedade com os anjos. — Mas isso é contrário a Agostinho, pois para ele "não haverá duas sociedades, uma dos anjos e outra dos homens, mas somente uma única, porque a bem-aventurança de todos consiste na adesão ao Deus único".

QUANTO AO 1º, portanto, deve-se dizer que a graça é concedida aos anjos proporcionalmente aos dons naturais. Ora, não se dá assim com os homens, como acima foi dito. Consequentemente, assim como os anjos inferiores não podem ser transferidos ao grau da natureza dos superiores, também não a seu grau de graça. Os homens, porém, podem ascender a um grau de graça, mas não ao grau da natureza.

QUANTO AO 2º, deve-se dizer que os anjos, de acordo com a ordem da natureza, situam-se num grau intermédio entre nós e Deus. Por isso, conforme à lei comum, administram não somente as coisas humanas, mas também tudo o que é corporal. Quanto aos homens santos, mantêm a nossa mesma natureza também após a vida presente. Por isso, pela lei comum, não administram as coisas humanas, "nem interferem nas coisas dos vivos", como diz Agostinho. Contudo, por uma disposição divina especial, às vezes concede-se a alguns santos, vivos ou mortos, exercer tais funções, como realizar milagres, expulsar demônios e outras do gênero, como diz Agostinho no mesmo livro[g].

QUANTO AO 3º, deve-se dizer que não é errado que os homens sofram as penas dos demônios. Mas alguns afirmaram erroneamente que os demônios nada mais são que as almas dos defuntos. Isso Crisóstomo rejeita.

---

4. C. 9: ML 41, 357.
5. A. 4; q. 62, a. 6.
6. Cc. 13, 16: ML 40, 604-605, 605-607.
7. C. 16: ML 40, 606-607. — Cfr. I, q. 89, a. 8.

g. Sto. Tomás não nega, sem dúvida, que as almas dos defuntos conheçam em sua visão de Deus as necessidades e as preces dos seres vivos (III, q. 10, a. 11). No entanto, "de lei comum", é por sua intercessão que eles intervêm, e não por sua ação direta, como fazem os anjos.

QUAESTIO CIX
DE ORDINATIONE MALORUM ANGELORUM

in quatuor articulos divisa

Deinde considerandum est de ordinatione malorum angelorum.

Et circa hoc quaeruntur quatuor.
Primo: utrum ordines sint in daemonibus.
Secundo: utrum in eis sit praelatio.
Tertio: utrum unus illuminet alium.
Quarto: utrum subiiciantur praelationi bonorum angelorum.

Articulus 1
Utrum ordines sint in daemonibus

Ad primum sic proceditur. Videtur quod ordines non sint in daemonibus.

1. Ordo enim pertinet ad rationem boni, sicut et modus et species, ut Augustinus dicit in libro *de Natura Boni*[1]; e contrario inordinatio pertinet ad rationem mali. Sed in bonis angelis nihil est inordinatum. Ergo in malis angelis non sunt aliqui ordines.

2. Praeterea, ordines angelici sub aliqua hierarchia continentur. Sed daemones non sunt sub aliqua hierarchia, quae est sacer principatus: cum ab omni sanctitate sint vacui. Ergo in daemonibus non sunt ordines.

3. Praeterea, daemones de singulis ordinibus angelorum ceciderunt, ut communiter dicitur. Si ergo aliqui daemones dicuntur esse alicuius ordinis, quia de illo ordine ceciderunt; videtur quod deberent eis attribui nomina singulorum ordinum. Nunquam autem invenitur quod dicantur Seraphim, vel Throni, vel Dominationes. Ergo, pari ratione, non sunt in aliquibus ordinibus.

Sed contra est quod Apostolus dicit, Eph ult. 12, quod *est nobis colluctatio adversus Principes et Potestates, adversus mundi rectores tenebrarum harum*.

QUESTÃO 109
A CLASSIFICAÇÃO DOS ANJOS MAUS[a]

em quatro artigos

Em seguida, deve-se considerar a classificação dos anjos maus.

Sobre isso, são quatro as perguntas:
1. Há ordens entre os demônios?
2. Há precedência entre eles?
3. Um demônio pode iluminar outro?
4. Os demônios estão submetidos à precedência dos anjos bons?

Artigo 1
Há ordens entre os demônios?

Quanto ao primeiro artigo, assim se procede: parece que **não** há ordens entre os demônios.

1. Com efeito, ordem pertence à razão de bem, como também medida e beleza, como diz Agostinho. Inversamente, a desordem pertence à razão de mal. Ora, nos anjos bons nada há de desordenado. Logo, entre anjos maus, não há ordens.

2. Além disso, as ordens angélicas estão contidas sob alguma hierarquia. Ora, os demônios não estão sob nenhuma hierarquia, que é um governo sagrado, uma vez que os demônios estão privados de qualquer santidade. Logo, entre os demônios não há ordens.

3. Ademais, conforme a opinião comum, os demônios são anjos decaídos de cada uma das ordens angélicas. Portanto, se se diz que alguns demônios estão em certa ordem porque decaíram dessa tal ordem, parece que se deveria atribuir-lhes o nome de cada uma das ordens. Ora, em lugar nenhum os demônios recebem os nomes de Serafins, Tronos ou Dominações. Logo, pelo mesmo motivo, não estão em algumas ordens.

Em sentido contrário, diz o Apóstolo na Carta aos Efésios: "A nossa luta é contra os Principados e Potestades, contra os dominadores do mundo das trevas".

---

[1] Parall.: II *Sent.*, dist. 6, q. 1, a. 4; IV, dist. 47, q. 1, a. 2, q.la 4; *Ephes.*, c. 6, lect. 3.
1. C. 3: ML 42, 553. Cfr. I, q. 5, a. 5.

[a]. Nesta questão, a preocupação gira principalmente em torno da manutenção das hierarquias angélicas na falta e na pena. A ideia de um primeiro entre os anjos pecadores, de um iniciador da falta para todos, de um verdadeiro "chefe" dos demônios e dos maus acha-se bem mais desenvolvida na questão consagrada à queda dos anjos (I, q. 63, em especial nos artigos 7, 8 e 9), e também na questão consagrada ao Cristo chefe (III, q. 8, a. 7).

RESPONDEO dicendum quod, sicut iam[2] dictum est, ordo angelicus consideratur et secundum gradum naturae, et secundum gradum gratiae. Gratia vero habet duplicem statum: scilicet imperfectum, qui est status merendi; et perfectum, qui est status gloriae consummatae. Si ergo considerentur ordines angelici quantum ad perfectionem gloriae, sic daemones neque sunt in ordinibus angelicis, neque unquam fuerunt. Si autem considerentur quantum ad id quod est gratiae imperfectae, sic daemones fuerunt quidem aliquando in ordinibus angelorum, sed ab eis ceciderunt; secundum illud quod supra[3] posuimus, omnes angelos in gratia creatos fuisse. Si autem considerentur quantum ad id quod est naturae, sic adhuc sunt in ordinibus: quia data naturalia non amiserunt, ut Dionysius dicit[4].

AD PRIMUM ergo dicendum quod bonum potest inveniri sine malo; sed malum non potest inveniri sine bono, ut supra[5] habitum est. Et ideo daemones, inquantum habent naturam bonam, ordinati sunt.

AD SECUNDUM dicendum quod ordinatio daemonum, si consideretur ex parte Dei ordinantis, est sacra: utitur enim daemonibus propter seipsum. Sed ex parte voluntatis daemonum, non est sacra: quia abutuntur sua natura ad malum.

AD TERTIUM dicendum quod nomen Seraphim imponitur ab ardore caritatis, nomen autem Thronorum ab inhabitatione divina, nomen autem Dominationum importat libertatem quandam: quae omnia opponuntur peccato. Et ideo peccantibus angelis huiusmodi nomina non attribuuntur.

RESPONDO. Como já foi dito, considera-se a ordem angélica tanto segundo o grau da natureza como segundo o grau da graça. Por sua vez, a graça tem dois estados: um imperfeito, que é o estado de merecer; outro perfeito, que é o estado da consumação da glória. Se se consideram as ordens angélicas em relação à perfeição da glória, então os demônios não estão nem jamais estiveram em ordem alguma. Se se consideram em relação à graça imperfeita, então os demônios estiveram, em certo momento, nas ordens angélicas, porém delas decaíram. Conforme aquilo que acima afirmamos, todos os anjos foram criados na graça. Se, enfim, se consideram em relação ao que têm da natureza, então ainda estão nas ordens, porque não perderam os dons naturais, conforme diz Dionísio.

QUANTO AO 1º, portanto, deve-se dizer que o bem pode existir sem o mal, mas o mal não pode existir sem o bem, como acima foi tratado. Por esse motivo os demônios, na medida em que possuem uma natureza boa, estão organizados.

QUANTO AO 2º, deve-se dizer que a organização dos demônios, vista a partir de Deus, criador da ordem, é sagrada, pois Deus usa os demônios para seus fins. Contudo, vista a partir da vontade dos demônios, não é sagrada, pois eles abusam de sua natureza para o mal.

QUANTO AO 3º, deve-se dizer que o nome de Serafins é dado por causa do ardor da caridade; é dado o de Tronos, porque Deus neles habita; o de Dominações implica certa liberdade. Ora, todos se opõem ao pecado. Portanto, tais nomes não são atribuídos aos anjos pecadores.

ARTICULUS 2
Utrum in daemonibus sit praelatio

AD SECUNDUM SIC PROCEDITUR. Videtur quod in daemonibus non sit praelatio.
1. Omnis enim praelatio est secundum aliquem ordinem iustitiae. Sed daemones totaliter a iustitia ceciderunt. Ergo in eis non est praelatio.

2. PRAETEREA, ubi non est obedientia et subiectio, non est praelatio. Haec autem sine concordia esse non possunt; quae in daemonibus nulla est,

ARTIGO 2
Há precedência entre os demônios?

QUANTO AO SEGUNDO, ASSIM SE PROCEDE: parece que **não** há precedência entre os demônios.
1. Com efeito, toda precedência fundamenta-se na ordem da justiça. Ora, os demônios decaíram totalmente da justiça. Logo, entre eles não há precedência.

2. ALÉM DISSO, onde não há obediência e sujeição não há precedência. Ora, essas coisas não podem existir sem concórdia, que entre os demônios

2. Q. 108, a. 4, 7, 8.
3. Q. 62, a. 3.
4. *De Div. Nom.*, c. 4: MG 3, 725 C.
5. Q. 49, a. 3.

PARALL.: Supra, q. 63, a. 8; II *Sent.*, dist. 6, q. 1, a. 4; IV, dist. 47, a. 2, q.la 4.

secundum illud Pr 13,10: *Inter superbos semper sunt iurgia*. Ergo in daemonibus non est praelatio.

3. PRAETEREA, si in eis est aliqua praelatio, aut hoc pertinet ad eorum naturam, aut ad eorum culpam vel poenam. Sed non ad eorum naturam: quia subiectio et servitus non est ex natura, sed est ex peccato subsecuta. Nec pertinet ad culpam vel poenam: quia sic superiores daemones, qui magis peccaverunt, inferioribus subderentur. Non ergo est praelatio in daemonibus.

SED CONTRA est quod dicit Glossa[1], 1Cor 15: *Quandiu durat mundus, angeli angelis, homines hominibus, et daemones daemonibus praesunt*.

RESPONDEO dicendum quod, cum actio sequatur naturam rei, quorumcumque naturae sunt ordinatae, oportet quod etiam actiones sub invicem ordinentur. Sicut patet in rebus corporalibus: quia enim inferiora corpora naturali ordine sunt infra corpora caelestia actiones et motus eorum subduntur actionibus et motibus caelestium corporum. Manifestum est autem ex praemissis[2] quod daemonum quidam naturali ordine sub aliis constituuntur. Unde et actiones eorum sub actionibus superiorum sunt. Et hoc est quod rationem praelationis facit, ut scilicet actio subditi subdatur actioni praelati. Sic igitur ipsa naturalis dispositio daemonum requirit quod sit in eis praelatio. — Convenit etiam hoc divinae sapientiae, quae nihil in universo inordinatum relinquit, quae *attingit a fine usque ad finem fortiter, et disponit omnia suaviter*, ut dicitur Sap 8,1.

AD PRIMUM ergo dicendum quod praelatio daemonum non fundatur super eorum iustitia, sed super iustitia Dei cuncta ordinantis.

AD SECUNDUM dicendum quod concordia daemonum, qua quidem aliis obediunt, non est ex amicitia quam inter se habeant; sed ex communi nequitia, qua homines odiunt, et Dei iustitiae repugnant. Est enim proprium hominum impiorum, ut eis se adiungant et subiiciant, ad propriam nequitiam exequendam, quos potiores viribus vident.

AD TERTIUM dicendum quod daemones non sunt aequales secundum naturam: unde in eis est natu-

não existe, conforme diz o livro dos Provérbios: "Entre os soberbos sempre há contendas". Logo, não há precedência entre eles.

3. ADEMAIS, se houvesse alguma precedência entre os demônios, isso pertenceria ou à sua natureza, ou ainda à sua culpa ou pena. Ora, não à natureza, pois a sujeição e a servidão não vêm da natureza, sendo consequência do pecado. Nem tampouco à culpa ou pena, pois se assim fosse os demônios superiores, que mais pecaram, estariam sujeitos aos inferiores. Não há, pois, precedência entre os demônios.

EM SENTIDO CONTRÁRIO, diz a Glosa a respeito da primeira Carta aos Coríntios: "Enquanto dura o mundo, os anjos prendem os anjos, os homens os homens, e os demônios os demônios".

RESPONDO. Como a ação de uma coisa é segundo sua natureza, é preciso que as ações das coisas cujas naturezas são organizadas seja também entre si organizadas. Assim acontece claramente com as coisas corporais: dado que a ordem natural posiciona os corpos inferiores abaixo dos celestes, as ações e os movimentos dos inferiores estão sujeitos aos dos celestes. Ora, pelo que foi dito, é claro que alguns demônios pela ordem natural estão constituídos abaixo de outros. Portanto, as ações de alguns estão sujeitas às ações dos superiores. Ora, é isso que faz a razão de precedência: isto é, que a ação do súdito esteja sujeita à ação do superior. Portanto, a própria disposição natural dos demônios requer que haja entre eles precedência. — Aliás, com a divina sabedoria, que nada deixa desordenado no universo, pois "ela se estende com força de uma extremidade à outra, e tudo governa suavemente".

QUANTO AO 1º, portanto, deve-se dizer que a precedência dos demônios não se fundamenta sobre sua justiça, mas sobre a justiça de Deus, que organiza todas as coisas.

QUANTO AO 2º, deve-se dizer que a concórdia dos demônios pela qual alguns obedecem a outros não é pela amizade que têm entre si, mas pela maldade comum a todos eles, pela qual odeiam os homens e rejeitam a justiça de Deus. De fato, é próprio dos homens ímpios se unirem e se sujeitarem aos que lhes parecem mais capazes, para assim realizarem a própria maldade.

QUANTO AO 3º, deve-se dizer que os demônios não são iguais por natureza, por isso há entre

---

1. Ordin. ad v. 24.
2. A. praec.

ralis praelatio. Quod in hominibus non contingit, qui natura sunt pares. Quod autem superioribus inferiores subdantur, non est ad bonum superiorum, sed magis ad malum eorum; quia cum mala facere maxime ad miseriam pertineat, praeesse in malis est esse magis miserum.

eles uma precedência natural. Isso não acontece entre os homens, pois todos são iguais quanto à natureza. Além do mais, se os demônios inferiores estão sujeitos aos superiores, isso não é para o bem destes últimos, mas para seu mal. De fato, se praticar o mal é a máxima miséria, presidir aos maus é ser ainda mais miserável.

Articulus 3
Utrum in daemonibus sit illuminatio

Ad tertium sic proceditur. Videtur quod in daemonibus sit illuminatio.

1. Illuminatio enim consistit in manifestatione veritatis. Sed unus daemon potest alteri veritatem manifestare: quia superiores magis acumine naturalis scientiae vigent. Ergo superiores daemones possunt inferiores illuminare.

2. Praeterea, corpus quod superabundat in lumine, potest illuminare corpus quod in lumine deficit; sicut sol lunam. Sed superiores daemones magis abundant in participatione luminis naturalis. Ergo videtur quod superiores daemones possunt inferiores illuminare.

Sed contra, illuminatio cum purgatione est et perfectione, ut supra[1] dictum est. Sed purgare non convenit daemonibus; secundum illud Eccli 34,4: *Ab immundo quid mundabitur?* Ergo etiam neque illuminare.

Respondeo dicendum quod in daemonibus non potest esse illuminatio proprie. Dictum est enim supra[2] quod illuminatio proprie est manifestatio veritatis, secundum quod habet ordinem ad Deum, qui illuminat omnem intellectum. Alia autem manifestatio veritatis potest esse locutio; sicut cum unus angelus alteri suum conceptum manifestat. Perversitas autem daemonum hoc habet, quod unus alium non intendit ordinare ad Deum, sed magis ab ordine divino abducere. Et ideo unus daemon alium non illuminat; sed unus alii suum conceptum per modum locutionis intimare potest.

Ad primum ergo dicendum quod non quaelibet veritatis manifestatio habet rationem illuminationis, sed solum quae dicta est[3].

Ad secundum dicendum quod secundum ea quae ad naturalem cognitionem pertinent, non est necessaria manifestatio veritatis neque in angelis

Artigo 3
Um demônio ilumina o outro?

Quanto ao terceiro, assim se procede: parece que um demônio **ilumina** o outro.

1. Com efeito, a iluminação consiste na manifestação da verdade. Ora, um demônio pode manifestar a outro a verdade, pois os demônios superiores são dotados de um conhecimento natural mais penetrante. Logo, podem iluminar os demônios inferiores.

2. Além disso, um corpo muito luminoso pode iluminar um que não tem luz própria; por exemplo, o sol ilumina a lua. Ora, os demônios superiores têm uma participação maior na luz natural. Logo, parece que podem iluminar os inferiores.

Em sentido contrário, como acima foi dito, a iluminação vai junto com a purificação e perfeição. Ora, aos demônios não convém purificar, segundo o livro do Eclesiástico: "Do impuro, que pode sair de puro?". Portanto, tampouco iluminar.

Respondo. Propriamente falando, não pode haver iluminação entre os demônios. Foi dito acima que, a iluminação é propriamente a manifestação da verdade em ordem a Deus, luz de todo intelecto. Outra manifestação da verdade é a palavra; quando um anjo manifesta seu pensamento a outro. Ora, a perversidade dos demônios está em que um não procura ordenar o outro para Deus, mas pelo contrário, desviar da ordem divina. Portanto, um demônio não ilumina outro, contudo, pode dar a conhecer seu pensamento por meio da palavra.

Quanto ao 1º, portanto, deve-se dizer que nem toda manifestação da verdade tem a razão de iluminação, mas só a que foi exposta.

Quanto ao 2º, deve-se dizer que considerando o que diz respeito ao conhecimento natural, a manifestação da verdade não é necessária nem para

---
1. Q. 106, a. 1, arg. *Sed contra*; a. 2, ad 1.
2. Q. 107, a. 2.
3. In corp.

neque in daemonibus: quia, sicut supra[4] dictum est, statim a principio suae conditionis omnia cognoverunt quae ad naturalem cognitionem pertinent. Et ideo maior plenitudo naturalis luminis quae est in superioribus daemonibus, non potest esse ratio illuminationis.

Articulus 4
Utrum boni angeli habeant praelationem super malos

Ad quartum sic proceditur. Videtur quod boni angeli non habeant praelationem super malos.

1. Praelatio enim angelorum praecipue attenditur secundum illuminationes. Sed mali angeli, cum sint tenebrae, non illuminantur a bonis. Ergo boni angeli non habent praelationem super malos.

2. Praeterea, ad negligentiam praesidentis pertinere videntur ea quae per subditos male fiunt. Sed daemones multa mala faciunt. Si igitur subsunt praelationi bonorum angelorum, videtur in angelis bonis esse aliqua negligentia. Quod est inconveniens.

3. Praeterea, praelatio angelorum sequitur naturae ordinem, ut supra[1] dictum est. Sed si daemones de singulis ordinibus ceciderunt, ut communiter dicitur, multi daemones multis bonis angelis sunt superiores ordine naturae. Non ergo boni angeli praelationem habent super omnes malos.

Sed contra est quod Augustinus dicit, III *de Trin.*[2], quod *spiritus vitae desertor atque peccator regitur per spiritum vitae rationalem, pium et iustum.* — Et Gregorius dicit[3] quod *Potestates dicuntur angeli quorum ditioni virtutes adversae subiectae sunt.*

Respondeo dicendum quod totus ordo praelationis primo et originaliter est in Deo, et participatur a creaturis secundum quod Deo magis appropinquant: illae enim creaturae super alias influentiam habent, quae sunt perfectiores et Deo propinquiores. Maxima autem perfectio, et per quam maxime Deo appropinquatur, est creaturarum fruentium Deo, sicut sunt sancti angeli: qua perfectione

Artigo 4
Os anjos bons têm precedência sobre os anjos maus?

Quanto ao quarto, assim se procede: parece que os anjos bons **não** têm precedência sobre os anjos maus.

1. Com efeito, a precedência dos anjos diz respeito sobretudo às iluminações. Ora, os anjos maus, sendo trevas, não são iluminados pelos bons. Logo, os anjos bons não têm precedência sobre os maus.

2. Além disso, o que os súditos fazem de mal parece que é devido à negligência dos superiores. Ora, os demônios praticam o mal de muitas maneiras. Em consequência, se estão sujeitos à precedência dos anjos bons, parece que entre os anjos houve alguma negligência. Isso é inconveniente.

3. Ademais, a precedência dos anjos fundamenta-se na ordem natural, como acima foi dito. Ora, se os demônios decaíram de cada uma das ordens angélicas, como comumente se diz, há muitos demônios superiores em natureza a muitos anjos bons. Logo, os anjos bons não têm precedência sobre todos os anjos maus.

Em sentido contrário, Agostinho diz: "O espírito desertor da vida e pecador é governado pelo espírito de vida que é racional, piedoso e justo". — Por sua vez, Gregório diz: "As Potestades são anjos a cujo poder se sujeitam as forças adversas".

Respondo. Toda ordem de precedência está primeira e originariamente em Deus, e as criaturas dela participam na medida de sua proximidade com Ele. Por conseguinte, as criaturas que têm influência sobre as outras são as mais perfeitas e mais próximas de Deus. Ora, a mais alta perfeição, aquela que mais se aproxima de Deus, é a das criaturas que fruem de Deus, como os santos anjos.

---

4. Q. 55, a. 2; q. 58, a. 2; q. 79, a. 2.

1. A. 2.
2. C. 4: ML 42, 873.
3. Homil. 34 in *Evang.*: ML 76, 1251 C.

daemones privantur. Et ideo boni angeli super malos praelationem habent, et per eos reguntur.

AD PRIMUM ergo dicendum quod per sanctos angelos multa de divinis mysteriis daemonibus revelantur, cum divina iustitia exigit ut per daemones aliqua fiant vel ad punitionem malorum, vel ad exercitationem bonorum: sicut in rebus humanis assessores iudicis revelant tortoribus eius sententiam. Huiusmodi autem revelationes, si ad angelos revelantes comparentur, illuminationes sunt: quia ordinant eas ad Deum. Ex parte vero daemonum, non sunt illuminationes: quia eas in Deum non ordinant, sed ad expletionem propriae iniquitatis.

AD SECUNDUM dicendum quod sancti angeli sunt ministri divinae sapientiae. Unde sicut divina sapientia permittit aliqua mala fieri per malos angelos vel homines, propter bona quae ex eis elicit[4]; ita et boni angeli non totaliter cohibent malos a nocendo.

AD TERTIUM dicendum quod angelus qui est inferior ordine naturae, praeest daemonibus, quamvis superioribus ordine naturae; quia virtus divinae iustitiae, cui inhaerent boni angeli, potior est quam virtus naturalis angelorum. Unde et apud homines, *spiritualis iudicat omnia*, ut dicitur 1Cor 2,15. Et Philosophus dicit, in libro *Ethic*.[5], quod *virtuosus est regula et mensura omnium humanorum actuum*.

Dessa perfeição, os demônios estão privados. Por isso, os anjos bons têm superioridade sobre eles e os governam.

QUANTO AO 1º, portanto, deve-se dizer que os santos anjos revelam aos demônios muitas coisas referentes aos divinos mistérios, pois a justiça divina exige que pelos demônios se façam muitas coisas para a punição dos maus, ou para a provação dos bons. Por exemplo, nos processos humanos, os assessores do juiz revelam a sentença aos carrascos. Essas revelações, consideradas da parte dos anjos, são iluminações, pois os anjos as referem a Deus. Todavia, da parte dos demônios, não são iluminações, posto que os demônios não as referem a Deus, mas à realização da própria maldade.

QUANTO AO 2º, deve-se dizer que os santos anjos são ministros da divina sabedoria. Portanto, assim como a divina sabedoria permite que certos males aconteçam por intermédio dos anjos maus ou dos homens, tendo em vista o bem a ser retirado deles, assim também os anjos bons não impedem totalmente os maus de serem nocivos.

QUANTO AO 3º, deve-se dizer que o anjo que é inferior pela ordem da natureza preside aos demônios que lhe são superiores pela mesma ordem, porque a virtude da divina Justiça, à qual os bons anjos aderem, é mais poderosa que a potência natural dos anjos. Daí que também entre os homens "O homem espiritual julga de tudo", se diz na primeira Carta aos Coríntios. O Filósofo diz no livro da *Ética* que "o homem virtuoso é a regra e a medida de todas as ações humanas".

---

4. Cfr. I, q. 2, a. 3, ad 1.
5. L. III, c. 4: 1113, a, 29-33. — L. X, c. 5: 1176, a, 15-24.

QUAESTIO CX
DE PRAESIDENTIA ANGELORUM SUPER CREATURAM CORPORALEM
in quatuor articulos divisa

Deinde considerandum est de praesidentia angelorum super creaturam corporalem.
Et circa hoc quaeruntur quatuor.
Primo: utrum creatura corporalis administretur per angelos.

QUESTÃO 110
O PODER DOS ANJOS SOBRE A CRIATURA CORPORAL[a]
em quatro artigos

Em seguida, é preciso considerar o poder dos anjos sobre a criatura corporal.
Sobre isso são quatro as perguntas:
1. A criatura corporal é governada pelos anjos?

---

a. Como tratou da ordem dos anjos entre si e, por isso mesmo, de sua ação uns sobre os outros, Sto. Tomás aborda sua ação sobre as criaturas corporais, diríamos, sobre o Cosmos. A unidade e a ordem do universo parecem-lhe implicar esse governo da

Secundo: utrum creatura corporalis obediat angelis ad nutum.
Tertio: utrum angeli sua virtute possint immediate movere corpora localiter.
Quarto: utrum angeli boni vel mali possint facere miracula.

Articulus 1
Utrum creatura corporalis administretur per angelos

AD PRIMUM SIC PROCEDITUR. Videtur quod creatura corporalis non administretur per angelos.

1. Res enim quae habent determinatum modum operandi, non indigent gubernari ab aliquo praesidente: ideo enim indigemus gubernari, ne aliter operemur quam oporteat. Sed res corporales habent determinatas actiones ex naturis sibi divinitus datis. Non ergo indigent gubernatione angelorum.

2. PRAETEREA, inferiora in entibus gubernantur per superiora. Sed in corporibus quaedam dicuntur inferiora, quaedam superiora. Inferiora igitur gubernantur per superiora. Non ergo est necessarium quod gubernentur per angelos.

2. A criatura corporal obedece à vontade dos anjos?
3. Os anjos podem por si mesmos mover os corpos localmente?
4. Os anjos bons ou maus podem fazer milagres?

Artigo 1
A criatura corporal é governada pelos anjos?

QUANTO AO PRIMEIRO ARTIGO, ASSIM SE PROCEDE: parece que a criatura corporal **não** é governada pelos anjos.

1. Com efeito, as coisas que têm um modo determinado de agir não precisam ser governadas por ninguém. Por isso, precisamos ser governados para que não façamos o que não se deve. Ora, as ações das coisas corporais são determinadas pela natureza que receberam de Deus. Logo, não têm necessidade do governo dos anjos.

2. ALÉM DISSO, entre os entes, os inferiores são governados pelos superiores. Ora, entre os corpos há os superiores e os inferiores. E os inferiores são governados pelos superiores[b]. Logo, não necessitam do governo dos anjos.

1 PARALL.: *Cont. Gent.*, III, 78, 83; *De Verit.*, q. 5, a. 8.

matéria pelos espíritos, sendo eles evidentemente aqui justamente os ministros do Espírito transcendente e criador. Mostrava-se um discípulo de Sto. Agostinho, escrevendo que todos os corpos são regidos por um espírito racional de vida, ou de um São Gregório, afirmando "que neste mundo visível tudo é disposto pelas criaturas invisíveis". Contudo, como dirá no fim do artigo 1: "Não se trata aí somente de uma afirmação dos Padres, é o pensamento de todos os filósofos que admitem substâncias incorpóreas". Da mesma forma, nós o veremos conduzir toda essa questão discutindo as diversas opiniões filosóficas sobre o assunto. Ele empregará amplamente a teoria aristotélica dessas "formas puras", às quais seria preciso ligar o movimento dos astros e das esferas celestes e, a partir daí, todo o movimento e toda a vida da matéria corruptível. Sua preocupação evidente, também a de Aristóteles, será manter, em tudo o que fazem e sofrem os seres corporais, o papel próprio e imediato de suas naturezas. Mas pode a ideia de uma mediação dos anjos entre o Deus criador e os fenômenos naturais do Cosmos sobreviver ao amálgama astronômico e físico que Sto. Tomás, dócil discípulo de uma tradição "científica" prestigiosa, tentou desvendar e racionalizar? Não era a tradição patrística que ele seguia, ou, antes, assumia, orientada pela preocupação em reinterpretar um politeísmo ainda profundamente presente na cultura de então? Ou, pelo contrário, não conserva tal ideia uma significação efetivamente independente das representações que se fizeram a esse respeito por meio dos diversos sistemas do mundo? Ao que parece, Sto. Tomás, ao estabelecer essencialmente o papel cósmico dos anjos com base naquele que ele atribuía aos corpos celestes, veria dissipar-se com eles a razão de ser do que nos aparece como uma sobrecarga, e se limitaria a seu papel no mundo "psíquico". No entanto, outros teólogos e filósofos cristãos, substituindo a antiga hierarquia descendente das causas pela potência evolutiva da matéria, são tentados a situar aí, no centro desse movimento incompreensível, uma ação que explicaria, de maneira mais imediata do que pela Providência divina, a inteligência aparentemente imanente à natureza. O que é certo, em todo caso, é que nada, no dado da fé, pode fornecer uma luz a essas especulações das quais S. Paulo nos ensina a desconfiar.

b. Na concepção antiga, tal como a interpretava Aristóteles, os "corpos celestes" seriam de uma natureza superior à de todos os corpos terrestres, seriam "incorruptíveis". O único movimento, a única "mutação" de que seriam suscetíveis seria o movimento local (hoje diríamos "mecânico"), e os anjos, mediante seu pensamento, seriam os princípios desses movimentos, do mesmo modo que a alma humana, por seu pensamento e vontade, coloca em movimento os membros de seu próprio corpo. A influência universal e multiforme dos corpos celestes assim dirigidos pelas formas puras parecem bastar-lhe para explicar todas as mutações e transformações terrestres. Tal concepção da natureza e do papel dos astros permitia-lhe interpretar filosoficamente o caráter "divino" que lhes atribuía o paganismo antigo. Para ele, os "deuses" não seriam os astros, mas as formas espirituais a eles ligadas. Seu Deus, contudo, estaria absolutamente além disso, e a verdadeira vida dessas "formas puras", fonte de sua atividade cósmica, seria contemplá-lo, como o fazem também os "sábios" de nosso mundo, mesmo que eles dirijam a Cidade. Sto. Tomás

3. PRAETEREA, diversi ordines angelorum distinguuntur secundum diversa officia. Sed si creaturae corporales administrantur per angelos, tot erunt officia angelorum, quot sunt species rerum. Ergo etiam tot erunt ordines angelorum, quot sunt species rerum. Quod est contra supra[1] dicta. Non ergo corporalis creatura administratur per angelos.

SED CONTRA est quod Augustinus dicit, III *de Trin.*[2], quod *omnia corpora reguntur per spiritum vitae rationalem.* — Et Gregorius dicit, in IV *Dial.*[3], quod *in hoc mundo visibili nihil nisi per creaturam invisibilem disponi potest.*

RESPONDEO dicendum quod tam in rebus humanis quam in rebus naturalibus, hoc communiter invenitur, quod potestas particularis gubernatur et regitur a potestate universali; sicut potestas ballivi gubernatur per potestatem regis. Et in angelis etiam est dictum[4] quod superiores angeli, qui praesunt inferioribus, habent scientiam magis universalem. Manifestum est autem quod virtus cuiuslibet corporis est magis particularis quam virtus spiritualis substantiae: nam omnis forma corporalis est forma individuata per materiam, et determinata ad hic et nunc; formae autem immateriales sunt absolutae et intelligibiles. Et ideo sicut inferiores angeli, qui habent formas minus universales, reguntur per superiores; ita omnia corporalia reguntur per angelos. — Et hoc non solum a sanctis Doctoribus ponitur, sed etiam ab omnibus philosophis qui incorporeas substantias posuerunt[5].

AD PRIMUM ergo dicendum quod res corporales habent determinatas actiones, sed has actiones non exercent nisi secundum quod moventur: quia proprium corporis est quod non agat nisi motum. Et ideo oportet quod creatura corporalis a spirituali moveatur.

AD SECUNDUM dicendum quod ratio ista procedit secundum opinionem Aristotelis, qui posuit quod corpora caelestia moventur a substantiis

3. ADEMAIS, as diversas ordens angélicas distinguem-se pelas diferentes funções. Ora, se as criaturas corporais fossem governada pelos anjos, haveria tantas funções angélicas quantas são as espécies das coisas, o que implicaria um igual número de ordens angélicas. Ora, isso contradiz o que foi antes dito. Logo, a criatura corporal não é governada pelos anjos.

EM SENTIDO CONTRÁRIO, diz Agostinho: "Todos os corpos são regidos por um espírito vital racional". — Por sua vez, Gregório diz: "Neste mundo visível nada se dispõe a não ser pela criatura invisível".

RESPONDO. Tanto nas coisas humanas como nas naturais, encontra-se comumente que um poder particular esteja sob a direção e o governo de um poder universal; por exemplo, o poder de um ministro é governado pelo poder do rei. Entre os anjos também foi dito que superiores que presidem aos inferiores possuem uma ciência mais universal. É claro que a potência de um corpo é mais limitada que a potência de uma substância espiritual. Com efeito, toda forma corporal está individualizada pela matéria, determinada a um tempo e a um lugar, enquanto as formas imateriais são livres de matéria e inteligíveis. Por conseguinte, assim como os anjos inferiores com suas formas menos universais são regidos pelos superiores, todas as coisas corporais também são regidas pelos anjos. — Este é o ensinamento não só dos santos Doutores, mas de todos os filósofos que admitem substâncias incorpóreas.

QUANTO AO 1º, portanto, deve-se dizer que as coisas corporais têm determinadas ações, porém, só podem exercê-las na medida em que são movidas. Porque é próprio do corpo não agir a não ser quando movido. Por isso, é preciso que a criatura corporal seja movida pelo espiritual.

QUANTO AO 2º, deve-se dizer que este argumento procede segundo a opinião de Aristóteles segundo a qual os corpos celestes são movidos pelas

---

1. Q. 108, a. 2.
2. C. 4: ML 42, 873.
3. C. 6: ML 77, 329 B.
4. Q. 55, a. 3; q. 106, a. 1; q. 108, a. 1.
5. *Metaph.*, l. XII, c. 8: 1073, a, 28 — b, 17.

não seguiu inteiramente Aristóteles nesse ponto. Ele pensa que a influência dos astros não explica todos os movimentos, todas as atividades terrestres, e que o papel dos anjos é por conseguinte bem mais imediato, bem mais dependente de seu querer, de sua liberdade. Veremos que extensão isto lhe possibilita dar ao cotidiano da vida terrestre e humana. Todavia, é em ligação com o que a fé cristã nos ensina a respeito de sua missão. Mesmo citando Sto. Agostinho (r. 3), para quem "cada coisa visível é confiada a um poder angélico", ele não leva isso em conta, salientando, pelo contrário, a influência platônica de semelhante pensamento. Os Padres teriam substituído as "ideias" platônicas, às quais participaria cada ser sensível, por esses "poderes" superiores que presidem a sua vida e ação.

spiritualibus; quarum numerum conatus fuit assignare secundum numerum motuum qui apparent in corporibus caelestibus. Sed non posuit quod essent aliquae substantiae spirituales quae haberent immediatam praesidentiam supra inferiora corpora; nisi forte animas humanas. Et hoc ideo, quia non consideravit aliquas operationes in inferioribus corporibus exerceri nisi naturales, ad quas sufficiebat motus corporum caelestium. — Sed quia nos ponimus multa in corporibus inferioribus fieri praeter naturales actiones corporum, ad quae non sufficiunt virtutes caelestium corporum; ideo secundum nos, necesse est ponere quod angeli habeant immediatam praesidentiam non solum supra caelestia corpora, sed etiam supra corpora inferiora.

AD TERTIUM dicendum quod de substantiis immaterialibus diversimode philosophi sunt locuti. Plato enim posuit substantias immateriales esse rationes et species sensibilium corporum, et quasdam aliis universaliores: et ideo posuit substantias immateriales habere praesidentiam immediatam circa omnia sensibilia corpora, et diversas circa diversa. — Aristoteles autem posuit[6] quod substantiae immateriales non sunt species corporum sensibilium, sed aliquid altius et universalius: et ideo non attribuit eis immediatam praesidentiam supra singula corpora, sed solum supra universalia agentia, quae sunt corpora caelestia. — Avicenna vero mediam viam secutus est. Posuit enim[7] cum Platone, aliquam substantiam spiritualem praesidentem immediate sphaerae activorum et passivorum; eo quod, sicut Plato ponebat quod formae horum sensibilium derivantur a substantiis immaterialibus, ita etiam Avicenna hoc posuit. Sed in hoc a Platone differt, quod posuit unam tantum substantiam immaterialem praesidentem omnibus corporibus inferioribus, quam vocavit *Intelligentiam agentem*[8].

Doctores autem sancti posuerunt, sicut et Platonici, diversis rebus corporeis diversas substantias spirituales esse praepositas. Dicit enim Augustinus, in libro *Octoginta trium Quaest.*[9]: *Unaquaeque res visibilis in hoc mundo habet angelicam potestatem sibi praepositam*. — Et Damascenus dicit[10]: *Diabolus erat ex iis angelicis*

substâncias espirituais, cujo número ele tentou determinar baseando-se no número de movimentos que aparecem em tais corpos. Todavia, não afirmou que houvesse substâncias espirituais que tivesse poder imediato sobre os corpos inferiores, a não ser talvez sobre as almas humanas. E isso, porque considerou nos corpos inferiores apenas as operações naturais, para as quais era suficiente o movimento dos corpos celestes. — Contudo, como sabemos que nos corpos inferiores se realizam muitas ações além das naturais para as quais não são suficientes as potências dos corpos celestes, somos, por isso, obrigados a afirmar que os anjos bons têm um poder imediato não somente sobre os corpos celestes, mas também sobre os corpos inferiores.

QUANTO AO 3º, deve-se dizer que de diversas maneiras os filósofos falaram a propósito das substâncias imateriais. Assim, Platão afirmou que eram elas as formas e espécie dos corpos sensíveis, sendo umas mais universais que outras. Em decorrência disso afirmou que tais substâncias tinham o poder imediato sobre todos os corpos sensíveis, variável segundo a diversidade dos corpos. — Aristóteles, por sua vez, afirmou que as substâncias imateriais não são as espécies dos corpos sensíveis, mas algo mais nobre e universal e, consoante isso, não lhes atribuiu o poder imediato sobre cada um dos corpos, mas somente sobre os agentes universais, que são os corpos celestes. — Avicena, ao contrário, seguiu uma via média. Afirmou com Platão que "há uma substância espiritual que preside imediatamente à esfera das atividades e das passividades". De fato, como Platão afirmou que as formas desses corpos sensíveis provêm das substâncias imateriais, assim também Avicena afirmou a mesma suposição. Mas nisso, diferencia-se de Platão ao afirmar somente uma substância imaterial à frente de todos os corpos inferiores, que chamou de "inteligência".

Os santos Padres, por sua vez, afirmaram, como os platônicos, que cada uma das diversas coisas corpóreas está sob a presidência de correspondentes substâncias espirituais. Assim, por exemplo, Agostinho afirma: "Cada uma das coisas visíveis deste mundo é confiada a um poder angélico". — E Damasceno diz: "O diabo fazia parte

---

6. Cfr. q. 50, a. 3.
7. *Metaph.*, tract. IX, cc. 4, 5.
8. Ibid., c. 3.
9. Q. 79: ML 40, 90.
10. *De Fide Orth.*, l. II, c. 4: MG 94, 873 C.

virtutibus quae praeerant terrestri ordini. — Et Origenes dicit[11], super illud Nm 22,23, *Cum vidisset asina angelum,* quod *opus est mundo angelis, qui praesunt super bestias, et praesunt animalium nativitati, et virgultorum et plantationum et ceterarum rerum incrementis.* Sed hoc non est ponendum propter hoc, quod secundum suam naturam unus angelus magis se habeat ad praesidendum animalibus quam plantis: quia quilibet angelus, etiam minimus, habet altiorem virtutem et universationem quam aliquod genus corporalium. Sed est ex ordine divinae sapientiae, quae diversis rebus diversos rectores praeposuit.

Nec tamen propter hoc sequitur quod sint plures ordines angelorum quam novem: quia, sicut supra[12] dictum est, ordines distinguuntur secundum generalia officia. Unde sicut, secundum Gregorium[13], ad ordinem Potestatum pertinent omnes angeli qui habent proprie praesidentiam super daemones; ita ad ordinem Virtutum pertinere videntur omnes angeli qui habent praesidentiam super res pure corporeas; horum enim ministerio interdum etiam miracula fiunt.

dessas potências angélicas que presidiam à ordem terrestre". — Orígenes, ao comentar a passagem do livro dos Números que diz "a jumenta viu o anjo", diz que "o mundo precisa de anjos que governem os animais, dirijam o nascimento dos animais, o crescimento dos arbustos e plantações e de todas as outras coisas". Contudo, isso não deve ser afirmado, porque alguns anjos estão habilitados por sua natureza a presidir os animais e outros as plantas, posto que qualquer anjo, mesmo o menor, tem uma potência mais elevada e mais universal que um gênero de coisas corporais. Mas é por ordem da divina sabedoria, a qual prepôs diferentes dirigentes a diferentes coisas.

Não se deve concluir daí que haja mais que nove ordens angélicas, porque, como acima foi dito, as ordens se distinguem de acordo com suas funções gerais. Por isso Gregório diz que assim como à ordem das Potestades pertencem todos os anjos que têm propriamente poder sobre os demônios, assim à ordem das Virtudes parecem pertencer todos os anjos que têm o poder sobre as coisas puramente corporais, pois até milagres se realizam por vezes por meio de ministério deles.

Articulus 2
Utrum materia corporalis obediat angelis ad nutum

Ad secundum sic proceditur. Videtur quod materia corporalis obediat angelis ad nutum.

1. Maior est enim virtus angeli quam virtus animae. Sed conceptioni animae obedit materia corporalis: immutatur enim corpus hominis ex conceptione animae, ad calorem et frigus, et quandoque usque ad sanitatem et aegritudinem. Ergo multo magis secundum conceptionem angeli, materia corporalis transmutatur.

2. Praeterea, quidquid potest virtus inferior, potest virtus superior. Sed virtus angeli est superior quam virtus corporalis. Corpus autem sua virtute potest transmutare materiam corporalem ad formam aliquam; sicut cum ignis generat ignem. Ergo multo fortius virtute sua angeli possunt materiam corporalem transmutare ad aliquam formam.

Artigo 2
A matéria corporal obedece à vontade dos anjos?

Quanto ao segundo, assim se procede: parece que a matéria corporal **obedece** à vontade dos anjos.

1. Com efeito, a potência dos anjos é maior que a da alma. Ora, a matéria corporal obedece ao pensamento da alma, pois pelo pensamento da alma o corpo muda do frio para o calor, e em alguns casos até da saúde para a enfermidade. Logo, com bem mais razão o pensamento do anjo poderá modificar a matéria corporal.

2. Além disso, tudo o que pode uma potência inferior é possível a uma superior. Ora, a potência do anjo é superior à potência corporal. Por outro lado, o corpo com sua potência pode mudar a matéria corporal para uma forma, como um fogo gera outro fogo. Logo, com mais razão os anjos podem mudar uma matéria corporal em alguma forma.

---

11. Homil. 14 in *Num.*: MG 12, 680 B.
12. Loc. cit. in arg.
13. Homil. 34 in *Evang.*: ML 76, 1251 C.

Parall.: Supra, q. 65, a. 4; q. 91, a. 2; *Cont. Gent.* III, 103; *De Pot.*, q. 6, a. 3; *De Malo*, q. 16, a. 9; *Quodlib.* IX, q. 4, a. 5; *Galat.*, c. 3, lect. 1.

3. PRAETEREA, tota natura corporalis administratur per angelos, ut dicutm est[1]: et sic videtur quod corpora se habent ad angelos sicut instrumenta; nam ratio instrumenti est quod sit movens motum. Sed in effectibus aliquid invenitur ex virtute principalium agentium, quod non potest esse per virtutem instrumenti; et hoc est id quod est principalius in effectu. Sicut digestio nutrimenti est per virtutem caloris naturalis, qui est instrumentum animae nutritivae; sed quod generetur caro viva, est ex virtute animae. Similiter quod secetur lignum, pertinet ad serram; sed quod perveniatur ad formam lecti, est ex ratione artis. Ergo forma substantialis, quae est principalius in effectibus corporalibus, est ex virtute angelorum. Materia ergo obedit, ad sui informationem, angelis.

SED CONTRA est quod Augustinus dicit, III *de Trin.*[2]: *Non est putandum istis transgressoribus angelis ad nutum servire hanc visibilium rerum materiam, sed soli Deo*.

RESPONDEO dicendum quod Platonici posuerunt[3] formas quae sunt in materia, causari ex immaterialibus formis: quia formas materiales ponebant esse participationes quasdam immaterialium formarum. Et hos, quantum ad aliquid, secutus est Avicenna, qui posuit[4] omnes formas quae sunt in materia, procedere a conceptione Intelligentiae, et quod agentia corporalia sunt solum disponentia ad formas. — Qui in hoc videntur fuisse decepti, quia existimaverunt formam quasi aliquid per se factum, ut sic ab aliquo formali principio procederet. Sed sicut Philosophus probat in VII *Metaphys.*[5], hoc quod proprie fit, est compositum: hoc enim proprie est quasi subsistens. Forma autem non dicitur ens quasi ipsa sit, sed sicut quo aliquid est: et sic per consequens nec forma proprie fit; eius enim est fieri, cuius est esse, cum fieri nihil aliud sit quam via in esse.

Manifestum est autem quod factum est simile facienti: quia omne agens agit sibi simile. Et ideo id quod facit res naturales, habet similitudinem cum composito: vel quia est compositum, sicut ignis generat ignem; vel quia totum compositum, et quantum ad materiam et quantum ad formam,

3. ADEMAIS, toda natureza corporal é governada pelos anjos, como ficou dito. Desse modo, os corpos se referem aos anjos como instrumentos. Pois, a razão de instrumento é que seja motor e movido. Contudo, nos efeitos há algo que procede do agentes principais e que não pode ser pela potência do instrumento, e é precisamente isso que é mais importante no efeito. Por exemplo, a digestão do alimento acontece pela potência do calor natural, que é instrumento da alma nutritiva; mas que seja gerada carne viva provém da potência da alma. Igualmente que se corte a madeira, cabe à serra, mas que se chegue à forma de leito, vem da razão da arte. Por conseguinte, a forma substancial, efeito mais importante entre os efeitos corporais, provém da potência dos anjos. Portanto, a matéria obedece aos anjos para receber a sua forma.

EM SENTIDO CONTRÁRIO, diz Agostinho: "Não se deve acreditar que a matéria das coisas visíveis obedeça à vontade dos anjos decaídos, pois obedece só a Deus".

RESPONDO. Segundo os platônicos, as formas que estão na matéria são causadas por formas imateriais; eles afirmavam que as formas materiais eram participações das formas imateriais. Avicena seguiu-os em parte afirmando que todas as formas que estão na matéria procedem de uma ideia da inteligência, e que os agentes corporais dispõem a matéria para as formas. — Parece que quanto a isso foram enganados porque consideram a forma como algo feito por si, tendo assim de provir de um princípio formal. Mas, como demonstra o Filósofo, no livro VIII da *Metafísica*, o que propriamente se faz é o composto, pois este é propriamente quase subsistente. A forma, ao contrário, não se diz ente, como se ela mesma fosse, pois ela é aquilo pelo qual alguma coisa existe. Por isso, nem a forma propriamente se faz, pois o fazer-se é próprio daquele do qual é o existir, sendo o vir-a-ser uma via para o ser.

Ora, é claro que o que é feito se assemelha ao que o fez, porque todo agente produz um semelhante a si mesmo. Por isso o que faz as coisas naturais é semelhante ao composto, seja por ser ele mesmo um composto, como o fogo que gera o fogo, seja porque contém em sua potência

---

1. A. praec.
2. C. 8: ML 42, 875.
3. Cfr. *Phaedon.*, c. 49: 100 B — 102 A; *Timaeum*, c. 18: 49 E — 50 E.
4. *Metaph.*, tract. IX, c. 5.
5. Cc. 8, 9: 1033, a, 24 — b, 19; 1034, b, 7-16.

est in virtute ipsius; quod est proprium Dei. Si igitur omnis informatio materiae vel est a Deo immediate, vel ab aliquo agente corporali; non autem immediate ab angelo.

AD PRIMUM ergo dicendum quod anima nostra unitur corpori ut forma: et sic non est mirum, si formaliter transmutatur ex conceptione ipsius; praesertim cum motus sensitivi appetitus, qui fit cum quadam transmutatione corporali, subdatur imperio rationis. Angelus autem non sic se habet ad corpora naturalia. Unde ratio non sequitur.

AD SECUNDUM dicendum quod id quod potest virtus inferior, potest superior non eodem, sed excellentiori modo: sicut intellectus cognoscit sensibilia excellentiori modo quam sensus. Et sic angelus excellentiori modo transmutat materiam corporalem quam agentia corporalia, scilicet movendo ipsa agentia corporalia, tanquam causa superior.

AD TERTIUM dicendum quod nihil prohibet ex virtute angelorum aliquos effectus sequi in rebus naturalibus, ad quae agentia corporalia non sufficerent. Sed hoc non est obedire materiam angelis ad nutum; sicut nec coquis obedit materia ad nutum, quia aliquem modum decostionis operantur per ignem secundum aliquam artis moderationem, quam ignis per se non faceret: cum reducere materiam in actum formae substantialis, non excedat virtutem corporalis agentis, quia simile natum est sibi simile facere.

o composto inteiro, matéria e forma, e isso é próprio de Deus. Em conclusão, todo ato de dar forma à matéria ou é imediatamente por Deus, ou por um agente corporal, mas não imediatamente por um anjo[c].

QUANTO AO 1º, portanto, deve-se dizer que nossa alma está unida ao corpo como sua forma. Assim não é de admirar que o corpo se mude formalmente pelo pensamento da alma, especialmente porque os movimentos do apetite sensível, que acontecem acompanhados de alguma alteração corporal, estão sujeitos ao império da razão. Ora, os anjos não se referem assim aos corpos naturais. Por isso, o argumento é improcedente[d].

QUANTO AO 2º, deve-se dizer que o que é possível a uma potência inferior é possível a uma superior, não do mesmo modo, mas de modo mais excelente. Por exemplo, o intelecto conhece as coisas sensíveis, de modo mais perfeito do que os sentidos. Assim, o anjo muda a matéria corporal de modo mais perfeito do que os agentes corporais, pois move os agentes corporais como causa superior.

QUANTO AO 3º, deve-se dizer que nada impede que a potência dos anjos realize nas coisas naturais efeitos para os quais os agentes corporais não são suficientes. Mas isso não significa que a matéria obedeça à vontade do anjo, assim como a matéria não obedece à vontade dos cozinheiros, quando guiados pela arte, cozinham de um modo que o fogo jamais faria. De fato, levar a matéria ao ato não excede a potência de um agente corporal, porque é natural ao semelhante fazer um seu semelhante.

ARTICULUS 3
Utrum corpora obediant angelis ad motum localem

AD TERTIUM SIC PROCEDITUR. Videtur quod corpora non obediant angelis ad motum localem.

ARTIGO 3
Os corpos obedecem aos anjos quanto ao movimento local?

QUANTO AO QUARTO, ASSIM SE PROCEDE: parece que os corpos **não** obedecem aos anjos quanto ao movimento local.

---

3 PARALL.: *De Pot.*, q. 6, a. 3; *De Malo*, q. 16, a. 1, ad 14; a. 10; *Quodl.* IX, q. 4, a. 5; in *Iob*, c. 1, lect. 3.

c. Este artigo é motivado pela preocupação em limitar a potência dos anjos e, por conseguinte, dos demônios sobre o mundo físico. Ele se limita a subtrair-lhes o papel de causas próprias e imediatas das formas que lhes conferia Avicena. Toda modificação de um ser corporal, diz portanto Sto. Tomás, e de forma ainda mais justificada o advento de uma forma substancial, é o efeito próprio de um ser corporal, e de modo algum de um anjo. Daí a ação dos anjos sobre os corpos ser limitada não apenas pelas disposições materiais destes, mas pelo poder próprio da causa corporal imediata.

d. Essa modificação do corpo humano pela alma, mais exatamente pela "concepção", e mais imediatamente pelo "psiquismo", que, conforme nos informa Sto. Tomás, chega a ponto de, no enunciado da objeção, determinar a saúde e a doença (psicossomatismo!), é aqui interpretada pela teoria da alma forma do corpo. Nessa recusa de atribuir ao espírito angélico esse mesmo poder sobre o corpo (do qual ele não é a forma substancial), há o germe de um questionamento da origem imediatamente "diabólica" das doenças.

1. Motus enim localis corporum naturalium sequitur formas eorum. Sed angeli non causant formas corporum naturalium, ut dictum est[1]. Ergo neque possunt causare in eis motum localem.

2. PRAETEREA, in VIII *Physic.*[2] probatur quod motus localis est primus motuum. Sed angeli non possunt causare alios motus, transmutando materiam formaliter. Ergo neque etiam possunt causare motum localem.

3. PRAETEREA, membra corporalia obediunt conceptioni animae ad motum localem, inquantum habent in seipsis aliquod principium vitae. In corporibus autem naturalibus non est aliquod principium vitae. Ergo non obediunt angelis ad motum localem.

SED CONTRA est quod Augustinus dicit, III *de Trin.*[3], quod angeli adhibent semina corporalia ad aliquos effectus producendos. Sed hoc non possunt facere nisi localiter movendo. Ergo corpora obediunt eis ad motum localem.

RESPONDEO dicendum quod, sicut Dionysius dicit 7 cap. *de Div. Nom.*[4], *divina sapientia coniungit fines primorum principiis secundorum*: ex quo patet quod natura inferior in sui supremo attingitur a natura superiori. Natura autem corporalis est infra naturam spiritualem. Inter omnes autem motus corporeos perfectior est motus localis, ut probatur in VIII *Physic.*[5]: cuius ratio est, quia mobile secundum locum non est in potentia ad aliquid intrinsecum, inquantum huiusmodi, sed solum ad aliquid extrinsecum, scilicet ad locum. Et ideo natura corporalis nata est moveri immediate a natura spirituali secundum locum. Unde et philosophi posuerunt suprema corpora moveri localiter a spiritualibus substantiis. Unde videmus quod anima movet corpus primo et principaliter locali motu.

AD PRIMUM ergo dicendum quod in corporibus sunt alii motus locales praeter eos qui consequuntur formas: sicut fluxus et refluxus maris non consequitur formam substantialem aquae, sed virtutem lunae. Et multo magis aliqui motus locales consequi possunt virtutem spiritualium substantiarum.

1. Com efeito, o movimento local dos corpos naturais resulta de suas formas. Ora, os anjos não causam as formas dos corpos naturais, como foi dito. Logo, nem podem causar neles o movimento local.

2. ALÉM DISSO, no livro VIII da *Física* se prova que o movimento local é o primeiro dos movimentos. Ora, os anjos não podem causar os demais movimentos, mudando a forma da matéria. Logo, não podem causar o movimento local.

3. ADEMAIS, os membros dos corpos obedecem ao pensamento em seu movimento local, na medida em que são dotados de algum princípio vital. Ora, nos corpos naturais não há princípio vital. Logo, não obedecem aos anjos em seu movimento local.

EM SENTIDO CONTRÁRIO, diz Agostinho que os anjos se servem de sementes corporais para produzir certos efeitos. Ora, isso não é possível a não ser por movimentos locais. Portanto, os corpos obedecem aos anjos em seu movimento local.

RESPONDO. Dionísio diz: "A divina sabedoria une os términos dos que são primeiros aos começos do que são segundos". Portanto, a natureza inferior está em contato, pelo que tem de mais elevado, com a natureza superior. Ora, a natureza corporal está abaixo da espiritual. E entre todos os movimentos corpóreos o mais perfeito é o movimento local, como se prova no livro VIII da *Física*. E a razão é que o que é movido localmente não está, como tal, em potência a algo intrínseco, mas somente a algo extrínseco, isto é, ao lugar. Consequentemente, a natureza corporal é feita para ser movida imediatamente pela natureza espiritual no movimento local. Por isso, os filósofos afirmaram que os corpos mais elevados são movidos localmente por substâncias espirituais. Por isso vemos que a alma move o corpo primeiro e principalmente com o movimento local.

QUANTO AO 1º, portanto, deve-se dizer que nos corpos há outros movimentos locais além daqueles que resultam de suas formas. Por exemplo, o fluxo e o refluxo do mar não resultam da forma substancial da água, mas da influência da lua. Com maior razão alguns movimentos locais podem resultar da potência de substâncias espirituais.

---

1. A. praec.
2. C. 7: 260, a, 20 — 261, a. 28.
3. Cc. 8, 9: ML 42, 875-879.
4. MG 3, 872 B.
5. C. 7: 261, a, 13-23.

AD SECUNDUM dicendum quod angeli, causando motum localem tanquam priorem, per eum causare possunt alios motus, adhibendo scilicet agentia corporalia ad huiusmodi effectus producendos; sicut faber adhibet ignem ad emollitionem ferri.

AD TERTIUM dicendum quod angeli habent virtutem minus contractam quam animae. Unde virtus motiva animae contrahitur ad corpus unitum, quod per eam vivificatur, quo mediante alia potest movere. Sed virtus angeli non est contracta ad aliquod corpus. Unde potest corpora non coniuncta localiter movere.

QUANTO AO 2º, deve-se dizer que os anjos, causando primeiro o movimento local, podem por meio dele causar outros movimentos, servindo-se para tanto de agentes corporais para produzir tais efeitos, como o ferreiro que usa o fogo para tornar o ferro maleável.

QUANTO AO 3º, deve-se dizer que a potência dos anjos é menos limitada que a das almas. Por isso, a potência motora da alma limita-se ao corpo a ela unido, que ela vivifica, e mediante o qual pode mover outros corpos. No entanto, a potência do anjo não é limitada a um corpo, podendo assim mover localmente corpos aos quais não está unida.

ARTICULUS 4
Utrum angeli possint facere miracula

AD QUARTUM SIC PROCEDITUR. Videtur quod angeli possunt facere miracula.

1. Dicit enim Gregorius[1]: *Virtutes vocantur illi spiritus, per quos signa et miracula frequentius fiunt.*

2. PRAETEREA, Augustinus dicit, in libro *Octoginta trium Quaestionum* [2], quod *magi faciunt miracula per privatos contractus, boni Christiani per publicam iustitiam, mali Christiani per signa publicae iustitiae.* Sed magi faciunt miracula per hoc quod *exaudiuntur a daemonibus,* ut ipse alibi in eodem libro[3] dicit. Ergo daemones miracula possunt facere. Ergo multo magis angeli boni.

3. PRAETEREA, Augustinus in eodem libro[4] dicit quod *omnia quae visibiliter fiunt, etiam per inferiores potestates aeris huius non absurde fieri posse creduntur.* Sed quando effectus aliquis naturalium causarum producitur absque ordine naturalis causae, hoc dicimus esse miraculum; puta cum aliquis sanatur a febre, non per operationem naturae. Ergo angeli et daemones possunt facere miracula.

4. PRAETEREA, virtus superior non subditur ordini inferioris causae. Sed natura corporalis est inferior angelo. Ergo angelus potest operari praeter ordinem corporalium agentium. Quod est miracula facere.

SED CONTRA est quod de Deo dicitur in Ps 135,4: *Qui facit mirabilia magna solus.*

ARTIGO 4
Os anjos podem fazer milagres?

QUANTO AO QUARTO, ASSIM SE PROCEDE: parece que os anjos **podem** fazer milagres.

1. Com efeito, Gregório diz: "Chamam-se Virtudes os espíritos por meio dos quais acontecem prodígios e milagres com mais frequência".

2. ALÉM DISSO, Agostinho diz: "Os magos fazem milagres por meio de contratos particulares; os bons cristãos os fazem por sua pública justiça; os maus cristãos pelas aparências dela". Mais adiante diz que os magos fazem milagres porque "são atendidos pelos demônios". Portanto, os demônios podem fazer milagres. Logo, com mais razão os anjos bons.

3. ADEMAIS, no mesmo livro Agostinho diz: "Não é absurdo acreditar que as potências inferiores do ar possam realizar tudo o que acontece no mundo visível". Ora, dizemos ser milagre o efeito das causas naturais produzido fora da ordem natural de sua causa. Por exemplo, quando alguém sara de uma febre sem ser por operação de natureza. Logo, anjos e demônios podem fazer milagres.

4. ADEMAIS, a potência superior não está sujeita às regras de uma causa inferior. Ora, a natureza corporal é inferior ao anjo. Logo, o anjo pode agir além da ordem dos agentes corporais. E isso é fazer milagres.

EM SENTIDO CONTRÁRIO, diz o salmo 135 a respeito de Deus: "Só Ele faz grandes maravilhas".

---

4 PARALL.: Infra, q. 114, a. 4; *Cont. Gent.* III, 102, 103; *De Pot.*, q. 6, a. 3, 4; *Compend. Theol.*, c. 136; Opusc. XI, *Resp. de 36 art.*, a. 15, 16, 18; in *Ioan.*, c. 10, lect. 5.

1. Homil. 34 in *Evang.*: ML 76, 1251 C.
2. Q. 79: ML 40, 92.
3. L. XXXI *Sent.*, sent. 4: ML 40, 726.
4. L. XXI *Sent.*, loc. cit.: ML 40, 726.

RESPONDEO dicendum quod miraculum proprie dicitur, cum aliquid fit praeter ordinem naturae. Sed non sufficit ad rationem miraculi, si aliquid fiat praeter ordinem naturae alicuius particularis: quia sic, cum aliquis proiicit lapidem sursum, miraculum faceret, cum hoc sit praeter ordinem naturae lapidis. Ex hoc ergo aliquid dicitur esse miraculum, quod fit praeter ordinem totius naturae creatae. Hoc autem non potest facere nisi Deus: quia quidquid facit angelus, vel quaecumque alia creatura, propria virtute, hoc fit secundum ordinem naturae creatae; et sic non est miraculum. Unde relinquitur quod solus Deus miracula facere possit.

AD PRIMUM ergo dicendum quod angeli aliqui dicuntur miracula facere, vel quia ad eorum desiderium Deus miracula facit: sicut et sancti homines dicuntur miracula facere. Vel quia aliquod ministerium exhibent in miraculis quae fiunt; sicut colligendo pulveres in resurrectione communi, vel huiusmodi aliquid agendo.

AD SECUNDUM dicendum quod miracula simpliciter loquendo, dicuntur, ut dictum est[5], cum aliqua fiunt praeter ordinem totius naturae creatae. Sed quia non omnis virtus naturae creatae est nota nobis, ideo cum aliquid fit praeter ordinem naturae creatae nobis notae, per virtutem creatam nobis ignotam, est miraculum quoad nos. Sic igitur cum daemones aliquid faciunt sua virtute naturali, miracula dicuntur non simpliciter, sed quoad nos. Et hoc modo magi per daemones miracula faciunt. Et dicuntur fieri *per privatos contractus*: quia quaelibet virtus creaturae in universo se habet ut virtus alicuius privatae personae in civitate; unde cum magus aliquid facit per pactum initum cum daemone, hoc fit quasi per quendam privatum contractum. Sed iustitia divina est in toto universo sicut lex publica in civitate. Et ideo boni Christiani, inquantum per iustitiam divinam miracula faciunt, dicuntur facere miracula *per publicam iustitiam*. Mali autem Christiani *per signa publi-*

RESPONDO. Há propriamente milagre quando algo se faz além da ordem da natureza. Todavia, para tanto não basta que algo se faça além da ordem da natureza de algo particular, porque então quando alguém lança uma pedra para o alto já faria um milagre, uma vez que isso estaria além da ordem da natureza da pedra. Portanto, considera-se milagre o que se faz para além da ordem da natureza criada inteira. Ora, isso só pode ser feito por Deus. Tudo o que um anjo realiza ou ainda outra criatura qualquer com sua potência própria acontece dentro da ordem da natureza criada, não sendo portanto milagre. Resulta daí que só Deus pode fazer milagres[e].

QUANTO AO 1º, portanto, deve-se dizer que os anjos fazem milagres, seja porque Deus os faz atendendo a seus desejos, do mesmo modo que se diz que homens santos os fazem, seja porque desempenham alguma função na realização dos milagres; por exemplo, reunindo as cinzas na ressurreição geral, ou fazendo outras coisas parecidas[f].

QUANTO AO 2º, deve-se dizer que, propriamente falando, há milagres quando algo se faz para além da ordem de toda a natureza criada. Mas, uma vez que não conhecemos toda a potência da natureza criada, quando algo se produz fora da natureza tal como a conhecemos, é um milagre em relação a nós. Assim, quando os demônios realizam algo por sua potência natural, nós o chamamos de milagre, não de modo absoluto mas relativamente a nós. Assim os magos realizam milagres graças aos demônios. Dizemos que o fazem *por um contrato particular*, porque toda potência de uma criatura no universo é comparável à de um indivíduo na cidade. Daí que, quando o mago faz alguma coisa em virtude de um pacto com o demônio, isso se faz como que por um contrato particular. Mas a justiça divina está no universo inteiro como a lei pública em uma cidade. Por isso os bons cristãos que realizam milagres em virtude da justiça divina se diz que o fazem *pela justiça pública*, enquanto

---

5. In corp.

e. O presente artigo supera em muito o problema do poder dos anjos (ou dos demônios) sobre o mundo corporal, e completa de maneira admirável aquele que se lê acima sobre o milagre. Retenhamos estas duas fórmulas: "Um fato é um milagre se ele se produz fora de toda a natureza criada. Isto, somente Deus pode fazê-lo: tudo o que faz um anjo ou qualquer outra criatura por sua própria potência, o faz segundo a ordem da natureza criada: não é um milagre..."; "Mas, uma vez que não conhecemos toda a potência da natureza criada, quando algo se produz fora da natureza tal como a conhecemos, é um milagre em relação a nós." (r. 2).

f. Os santos e anjos não concorrem portanto para os milagres divinos unicamente pela oração, mas ainda por atos que estão em seu poder e que dispõem a matéria a receber a ação propriamente divina. Parece que, nos milagres do Cristo, pelo contrário, sua humanidade é o instrumento propriamente dito de sua divindade: é por ela que o milagre é efetuado (cf. III, Q. 13, a. 2).

cae iustitiae, sicut invocando nomen Christi, vel exhibendo aliqua sacramenta.

AD TERTIUM dicendum quod spirituales potestates possunt facere ea quae visibiliter fiunt in hoc mundo, adhibendo corporalia semina per motum localem.

AD QUARTUM dicendum quod, licet angeli possint aliquid facere praeter ordinem naturae corporalis, non tamen possunt aliquid facere praeter ordinem totius creaturae: quod exigitur ad rationem miraculi, ut dictum est[6].

6. In corp.

os maus cristãos *pelas aparências da justiça pública*; por exemplo, invocando o nome de Cristo ou fazendo exibição de coisas sagradas.

QUANTO AO 3º, deve-se dizer que as potências espirituais podem fazer o que acontece no mundo visível servindo-se das sementes corporais por meio do movimento local.

QUANTO AO 4º, deve-se dizer que embora os anjos possam fazer alguma coisa fora da ordem da natureza corporal, não podem eles contudo fazer fora da ordem de toda criatura, como se requer para a razão de milagre, conforme foi dito.

QUAESTIO CXI
DE ACTIONE ANGELORUM IN HOMINES
in quatuor articulos divisa

Deinde considerandum est de actione angelorum in homines. Et primo, quantum possint eos immutare sua virtute naturali; secundo, quomodo mittantur a Deo ad ministerium hominum; tertio, quomodo custodiant homines.

Circa primum quaeruntur quatuor.

Primo: utrum angelus possit illuminare intellectum hominis.
Secundo: utrum possit immutare affectum eius.
Tertio: utrum possit immutare imaginationem eius.
Quarto: utrum possit immutare sensum eius.

ARTICULUS 1
Utrum angelus possit illuminare hominem

AD PRIMUM SIC PROCEDITUR. Videtur quod angelus non possit illuminare hominem.

QUESTÃO 111
A AÇÃO DOS ANJOS SOBRE OS HOMENS[a]
em quatro artigos

Em seguida, deve-se considerar a ação dos anjos sobre os homens. Primeiro, se podem agir sobre eles por sua potência natural. Em seguida, como são enviados por Deus para o serviço dos homens. Enfim, como protegem os homens.

A respeito do primeiro, são quatro as perguntas:

1. O anjo pode iluminar o intelecto humano?
2. Pode mudar a vontade do homem?
3. Pode agir sobre sua imaginação?
4. Pode agir sobre seus sentidos?

ARTIGO 1
O anjo pode iluminar o homem?[b]

QUANTO AO PRIMEIRO ARTIGO, ASSIM SE PROCEDE: parece que o anjo **não** pode iluminar o homem.

1 PARALL.: *Cont. Gent.* III, 81; *De Verit.*, q. 11, a. 3; *De Malo*, q. 16, a. 12; *Quodlib.* IX, q. 4, a. 5.

a. De importância inteiramente diferente do papel cósmico dos anjos é sua ação sobre os homens. Aliás, o próprio sentido do Cosmos material e o seu objetivo é o homem. De modo que se pode supor que a ação que nele exercem os anjos é sempre finalizada pelo destino dos homens. Não mais intervirão aqui as considerações tiradas das ciências da natureza, que tantos embaraços causam à leitura do texto de Sto. Tomás. O imenso mundo do psiquismo humano comporta muitos espaços desconhecidos e sem dúvida cientificamente incognoscíveis para deixar um lugar para a inapreensível ação dos anjos. De maneira mais justificada ainda, isso se dá com a esfera propriamente espiritual da alma humana. Mas, sobretudo, será impossível aqui abstrair do que é a verdadeira e integral finalidade do homem, que é ver a Deus, nem de sua história, que é elevar-se do pecado e da morte à graça e à vida eterna. Não se falará portanto somente do papel "natural" dos anjos, mas de sua "missão". Missão inseparável daquela do Cristo, do Verbo feito carne. Apenas as exigências — tão caras a Sto. Tomás — de uma ordem em sua exposição impedem-no de situar, ou pelo menos desenvolver aqui, o papel dos anjos em relação à Encarnação e à redenção dos homens, a não ser pelas antecipações esboçadas, que serão retomadas, desenvolvidas, no tratado da encarnação. É o que ocorre aliás em todo o tratado do governo divino e da criação.

b. Em seu estado presente, o homem não tem com os anjos esse estado de familiaridade e de comunicação que Sto. Tomás lhe empresta no estado de inocência (Q. 94, a. 2). Porém, trata-se aqui do papel dos anjos na revelação das coisas divinas.

1. Homo enim illuminatur per fidem: unde Dionysius, in *Eccles. Hier.*[1], illuminationem attribuit baptismo, qui est fidei sacramentum. Sed fides immediate est a Deo; secundum illud Eph 2,8: *Gratia estis salvati per fidem, et non ex vobis; Dei enim donum est.* Ergo homo non illuminatur ab angelo, sed immediate a Deo.

2. Praeterea, super Rm 1,19, *Deus illis manifestavit*, dicit Glossa[2] quod *non solum ratio naturalis ad hoc profuit ut divina hominibus manifestarentur, sed etiam Deus illis revelavit per opus suum*, scilicet per creaturam. Sed utrumque est a Deo immediate, scilicet ratio naturalis, et creatura. Ergo Deus immediate illuminat hominem.

3. Praeterea, quicumque illuminatur, cognoscit suam illuminationem. Sed homines non percipiunt se ab angelis illuminari. Ergo non illuminantur ab eis.

Sed contra est quod Dionysius probat, in 4 cap. *Cael. Hier.*[3], quod revelationes divinorum perveniunt ad homines mediantibus angelis. Huiusmodi autem revelationes sunt illuminationes, ut supra[4] dictum est. Ergo homines illuminantur per angelos.

Respondeo dicendum quod, cum divinae providentiae ordo habeat ut actionibus superiorem inferiora subdantur, ut supra[5] dictum est; sicut inferiores angeli illuminantur per superiores, ita homines qui sunt angelis inferiores, per eos illuminantur.

Sed modus utriusque illuminationis quodammodo est similis, et quodammodo diversus. Dictum est enim supra[6] quod illuminatio, quae est manifestatio divinae veritatis, secundum duo attenditur: scilicet secundum quod intellectus inferior confortatur per actionem intellectus superioris; et secundum quod proponuntur intellectui inferiori species intelligibiles quae sunt in superiori, ut capi possint ab inferiori. Et hoc quidem in angelis fit, secundum quod superior angelus veritatem universalem conceptam dividit secundum capacitatem inferioris angeli, ut supra[7] dictum est. Sed intel-

1. Com efeito, o homem é iluminado pela fé, tanto que Dionísio atribui a iluminação ao batismo, o sacramento da fé. Ora, a fé vem diretamente de Deus, como se diz na Carta aos Efésios: "É pela graça que vós sois salvos por meio da fé; e isso não depende de vós, é dom de Deus". Logo, o homem não é iluminado pelo anjo, mas imediatamente por Deus.

2. Além disso, a passagem da Carta aos Romanos que diz: "Deus lhes manifestou", a *Glosa* diz: "Não somente a razão natural foi útil manifestando aos homens as coisas divinas, mas ainda o próprio Deus lhes revelou por meio de sua obra", ou seja, por meio das criaturas. Ora, tanto a razão natural como as criaturas, vêm imediatamente de Deus. Logo, Deus ilumina o homem de modo imediato.

3. Ademais, o que é iluminado conhece sua iluminação. Ora, os homens não percebem que são iluminados pelos anjos. Logo, não o são.

Em sentido contrário, Dionísio prova que as revelações das coisas divinas chegam aos homens mediante os anjos. Essas revelações são iluminações, como acima foi dito. Portanto, os homens são iluminados pelos anjos.

Respondo. Pela ordem da divina providência os inferiores se submetem às ações dos superiores, como acima foi dito. Assim como os anjos inferiores são iluminados pelos superiores, assim os homens, inferiores aos anjos, são por eles iluminados.

Contudo, o modo de uma e outra iluminação às vezes é semelhante e às vezes diferente. Acima se disse que a iluminação que é a manifestação da verdade divina pode ser considerada segundo dois aspectos: enquanto o intelecto inferior é reforçado pela ação do intelecto superior, e enquanto o superior propõe ao inferior as espécies inteligíveis que possui, a fim de que ele possa captá-las. Assim se passa com os anjos, quando um anjo superior partilha uma verdade universal concebida segundo a capacidade de um anjo inferior, como acima foi dito. Todavia, o intelecto humano não

---

1. C. 2: MG 3, 392 sqq.
2. Ordin. ex Aug. et Interl.: ML 114, 472 C.
3. C. 4: MG 3, 180 B.
4. Q. 106, a. 1; q. 107, a. 2.
5. Q. 109, a. 2; q. 110, a. 1.
6. Q. 106, a. 1.
7. Ibid.

Sem chegar ao ponto de afirmar que os anjos são sempre e necessariamente os intermediários da Revelação (o contrário é claramente afirmado na Q. 112, a. 2), eles aparecem normalmente como seus ministros. De maneira plenamente consciente (cf. a. 2, r. 1), Sto. Tomás subentende constantemente a analogia entre o papel iluminador dos doutores e apóstolos e o dos anjos.

lectus humanus non potest ipsam intelligibilem veritatem nudam capere: quia connaturale est ei ut intelligat per conversionem ad phantasmata, ut supra[8] dictum est. Et ideo intelligibilem veritatem proponunt angeli hominibus sub similitudinibus sensibilium; secundum illud quod dicit Dionysius, 1 cap. *Cael. Hier.*[9], quod *impossibile est aliter nobis lucere divinum radium, nisi varietate sacrorum velaminum circumvelatum*. — Ex alia vero parte, intellectus humanus, tanquam inferior, fortificatur per actionem intellectus angelici. Et secundum haec duo attenditur illuminatio qua homo illuminatur ab angelo.

AD PRIMUM ergo dicendum quod ad fidem duo concurrunt. Primo quidem, habitus intellectus, quo disponitur ad obediendum voluntati tendenti in divinam veritatem: intellectus enim assentit veritati fidei, non quasi convictus ratione, sed quasi imperatus a voluntate; *nullus* enim *credit nisi volens*, ut Augustinus dicit[10]. Et quantum ad hoc, fides est a solo Deo. — Secundo requiritur ad fidem, quod credibilia proponantur credenti. Et hoc quidem fit per hominem, secundum quod *fides est ex auditu*, ut dicitur Rm 10,17; sed per angelos principaliter, per quos hominibus revelantur divina. Unde angeli operantur aliquid ad illuminationem fidei. — Et tamen homines illuminantur ab angelis non solum de credendis, sed etiam de agendis.

AD SECUNDUM dicendum quod ratio naturalis, quae est immediate a Deo, potest per angelum confortari, ut dictum est[11]. — Et similiter ex speciebus a creaturis acceptis, tanto altior elicitur intelligibilis veritas, quanto intellectus humanus fuerit fortior. Et sic per angelum adiuvatur homo, ut ex creaturis perfectius in divinam cognitionem deveniat.

AD TERTIUM dicendum quod operatio intellectualis, et illuminatio, dupliciter possunt considerari. Uno modo, ex parte rei intellectae: et sic quicumque intelligit vel illuminatur, cognoscit se intelligere vel illuminari; quia cognoscit rem sibi esse manifestam. Alio modo, ex parte principii: et sic non quicumque intelligit aliquam veritatem, cognoscit quid sit intellectus, qui est principium

8. Q. 84, a. 7.
9. C. 1: MG 3, 121 B.
10. In *Ioan.*, tract. XXVI: ML 35, 1607.
11. In corp.

pode receber uma verdade inteligível pura, posto que sua natureza exige que conheça voltando-se para as representações imaginárias, como acima foi dito. Por isso os anjos comunicam aos homens a verdade inteligível por intermédio das imagens sensíveis. Como diz Dionísio: "É impossível que brilhe para nós um raio divino a não ser envolto por diversos véus sagrados". — Por outro lado, o intelecto humano, enquanto inferior, é fortalecido pela ação do intelecto angélico. Portanto, por essas duas maneiras se considera a iluminação pela qual o homem é iluminado pelo anjo.

QUANTO AO 1º, portanto, deve-se dizer que são dois os requisitos para a fé. Primeiro, um *habitus* do intelecto pelo qual se dispõe a obedecer à vontade que se inclina para a verdade divina. Com efeito, o intelecto dá seu assentimento à verdade da fé não por ser convencido pela razão, mas por ser obrigado pela vontade. Como diz Agostinho: "Ninguém crê a não ser porque quer". Com respeito a isso, a fé vem exclusivamente de Deus. — Segundo, que as verdades a serem cridas sejam propostas ao crente. E isso se faz pelo homem, pois "a fé vem pelo ouvido", como diz a Carta aos Romanos, mas principalmente pelos anjos, por meio de quem são reveladas aos homens as coisas de Deus. Portanto, os anjos realizam algo na iluminação da fé. — Ademais, os homens são iluminados pelos anjos não somente a respeito do que crer, mas também do que agir.

QUANTO AO 2º, deve-se dizer que a razão natural, que vem imediatamente de Deus, pode ser fortalecida pelo anjo, como foi dito. — E igualmente, a verdade inteligível que resulta das espécies recebidas das criaturas é tanto mais elevada quanto mais forte for o intelecto humano. Desse modo o homem é ajudado pelo anjo para alcançar um conhecimento mais perfeito de Deus por meio das criaturas.

QUANTO AO 3º, deve-se dizer que a operação intelectual e a iluminação podem ser consideradas de duas maneiras. Primeiro, da parte da coisa conhecida. Sob esse aspecto, aquele que conhece ou é iluminado, conhece que conhece ou que é iluminado, porque conhece que a coisa lhe é manifestada. Segundo, da parte do princípio: neste caso, nem todo o que conhece alguma verdade

intellectualis operationis. Et similiter non quicumque illuminatur ab angelo, cognoscit se ab angelo illuminari.

Articulus 2
Utrum angeli possint immutare voluntatem hominis

Ad secundum sic proceditur. Videtur quod angeli possint immutare voluntatem hominis.

1. Quia super illud Hb 1,7, *Qui facit angelos suos spiritus, et ministros suos flammam ignis*, dicit Glossa[1] quod *ignis sunt, dum spiritu fervent, et vitia nostra urunt*. Sed hoc non esset, nisi voluntatem immutarent. Ergo angeli possunt immutare voluntatem.

2. Praeterea, Beda dicit[2] quod *diabolus non est immissor malarum cogitationum, sed incensor*. Damascenus autem ulterius dicit quod etiam est immissor: dicit enim in II libro[3], quod *omnis malitia et immundae passiones ex daemonibus excogitatae sunt, et immittere homini sunt concessi*. Et pari ratione, angeli boni immittunt et incendunt bonas cogitationes. Sed hoc non possent facere, nisi immutarent voluntatem. Ergo immutant voluntatem.

3. Praeterea, angelus, sicut est dictum[4], illuminant intellectum hominis mediantibus phantasmatibus. Sed sicut phantasia, quae deservit intellectui, potest immutari ab angelo; ita et appetitus sensitivus, qui deservit voluntati: quia et ipse etiam est vis utens organo corporali. Ergo sicut illuminat intellectum, ita potest immutare voluntatem.

Sed contra est quod immutare voluntatem est proprium Dei; secundum illud Pr 21,1: *Cor regis in manu Domini; quocumque voluerit*, vertet *illud*.

Respondeo dicendum quod volutas potest immutari dupliciter. Uno modo, ab interiori. Et sic

Artigo 2
Os anjos podem agir sobre a vontade do homem?

Quanto ao segundo, assim se procede: parece que os anjos **podem** agir sobre a vontade do homem.

1. Com efeito, a propósito da passagem da Carta aos Hebreus: "Aquele que faz de seus anjos espíritos e de seus ministros chama de fogo", diz a *Glosa*: "São fogo porque têm o espírito ardente e queimam nossos vícios". Ora, isso só é possível se podem agir sobre a vontade. Logo, os anjos podem agir sobre a vontade.

2. Além disso, Beda diz que "o diabo não inspira os maus pensamentos, mas os excita". Já Damasceno vai mais longe, dizendo que também eles os inspiram, e acrescenta: toda malícia e as paixões imundas foram imaginadas pelos demônios e lhes foi concedido inspirá-las aos homens. Pela mesma razão, os anjos bons também inspiram bons pensamentos e os excitam. Ora, isso é possível se agirem sobre a vontade. Logo, agem sobre a vontade.

3. Ademais, já foi dito que o anjo ilumina o intelecto do homem por meio de representações imaginárias. Ora, assim como o anjo pode agir sobre a imaginação, que está a serviço do intelecto, semelhantemente sobre o apetite sensível que está a serviço da vontade, pois é ele mesmo uma potência ligada a um órgão corporal. Logo, se o anjo ilumina o intelecto, pode também agir sobre a vontade.

Em sentido contrário, é próprio de Deus agir sobre a vontade, conforme diz o livro dos Provérbios: "O coração do rei nas mãos do Senhor; ele o dirige para tudo o que quer".

Respondo. Pode-se agir sobre a vontade de duas maneiras. Primeiro, desde o interior. Como

---

2 Parall.: Supra, q. 106, a. 2; I-II, q. 80, a. 1; II *Sent.*, dist. 8, a. 5; *Cont. Gent.* III, 88, 92; *De Verit.*, q. 22, a. 9; *De Malo*, q. 3, a. 3, 4; in *Ioan.*, c. 13, lect. 1.

1. Ordin.
2. *Super Matth.*, c. 15, 11: ML 92, 75 B.
3. C. 4: MG 94, 877 B.
4. A. praec.

---

c. Explicação que não vale apenas para o papel dos anjos na Revelação, mas para todas as "iluminações" que podem deles provir, sem que o saibamos de modo algum.

cum motus voluntatis non sit aliud quam inclinatio voluntatis in rem volitam, solius Dei est sic immutare voluntatem, qui dat naturae intellectuali virtutem talis inclinationis. Sicut enim inclinatio naturalis non est nisi a Deo, qui dat naturam; ita inclinatio voluntaria non est nisi a Deo, qui causat voluntatem.

Alio modo movetur voluntas ab exteriori. Et hoc in angelo est quidem uno modo tantum, scilicet a bono apprehenso per intellectum. Unde secundum quod aliquis est causa quod aliquid apprehendatur ut bonum ad appetendum, secundum hoc movet voluntatem. Et sic etiam solus Deus efficaciter potest movere voluntatem; angelus autem et homo per modum suadentis, ut supra[5] dictum est. — Sed praeter hunc modum, etiam aliter movetur in hominibus voluntas ab exteriori, scilicet ex passione existente circa appetitum sensitivum; sicut ex concupiscentia vel ira inclinatur voluntas ad aliquid volendum. Et sic etiam angeli, inquantum possunt concitare huiusmodi passiones, possunt voluntatem movere. Non tamen ex necessitate: quia voluntas semper remanet libera ad consentiendum vel resistendum passioni.

AD PRIMUM ergo dicendum quod ministri Dei, vel homines vel angeli, dicuntur urere vitia, et inflammare ad virtutes, per modum persuasionis.

AD SECUNDUM dicendum quod daemones non possunt immittere cogitationes, interius eas causando: cum usus cogitative virtutis subiaceat voluntati. Dicitur tamen diabolus incensor cogitationem, inquantum incitat ad cogitandum, vel ad appetendum cogitata, per modum persuadentis, vel passionem concitantis. Et hoc ipsum incendere Damascenus vocat *immittere*, quia talis operatio interius fit. — Sed bonae cogitationes attribuuntur altiori principio, scilicet Deo; licet angelorum ministerio procurentur.

AD TERTIUM dicendum quod intellectus humanus, secundum praesentem statum, non potest intelligere nisi convertendo se ad phantasmata; sed voluntas humana potest aliquid velle ex iudicio rationis, non sequendo passionem appetitus sensitivi. Unde non est simile.

o movimento da vontade nada mais é que sua inclinação à coisa querida, pertence só a Deus agir sobre a vontade, ele que dá à natureza intelectual a potência de tal inclinação. Assim como a inclinação natural só pode provir de Deus como criador da natureza, assim também a inclinação da vontade só pode provir de Deus, que é causa da vontade.

Segundo, desde o exterior. No anjo isso acontece apenas de um modo, a saber pelo bem que o intelecto apreende. Ora, na medida em que alguém é causa de que algo é apreendido como um bem desejável, nessa medida move a vontade. Somente Deus pode mover assim eficazmente uma vontade; o homem e o anjo, pela persuasão, como acima foi dito. Mas há ainda outro modo de mover a vontade humana desde o exterior, ou seja, por uma paixão existente no apetite sensível. Por exemplo, pela concupiscência ou ira, a vontade é inclinada a querer alguma coisa. Os anjos, na medida em que são capazes de excitar tais paixões, podem mover a vontade. Entretanto, não necessariamente, pois a vontade sempre permanece livre para consentir ou resistir à paixão[d].

QUANTO AO 1º, portanto, deve-se dizer que os ministros de Deus, homens ou anjos, consomem os vícios e inflamam para a virtude por meio da persuasão.

QUANTO AO 2º, deve-se dizer que os demônios não podem insinuar pensamentos causando-os no interior, uma vez que o uso da potência cogitativa depende da vontade. Entretanto, diz-se que o diabo excita os pensamentos porque incita a pensar ou a desejar o que foi pensado, mediante persuasão, ou despertando uma paixão. E essa maneira de excitar, Damasceno chama *inspirar*, dado que essa ação se dá no interior. — Contudo, os bons pensamentos são atribuídos a um princípio mais elevado, a Deus, embora se sirva do serviço dos anjos.

QUANTO AO 3º, deve-se dizer que o intelecto humano, no presente estado, não pode conhecer a não ser voltando-se para as representações imaginárias, mas a vontade humana pode querer alguma coisa segundo o juízo da razão e sem seguir uma paixão do apetite sensível. Portanto, não há semelhança entre eles.

---

5. Q. 106, a. 2.

d. Sto. Tomás pensa aqui na ação dos anjos maus, que não é iluminação, mas incitação jamais absolutamente coercitiva.

ARTICULUS 3
Utrum angelus possit immutare imaginationem hominis

AD TERTIUM SIC PROCEDITUR. Videtur quod angelus non possit immutare imaginationem hominis.

1. Phantasia enim, ut dicitur in libro *de Anima*[1], est *motus factus a sensu secundum actum*. Sed si fieret per immutationem angeli, non fieret a sensu secundum actum. Ergo est contra rationem phantasiae, quae est actus imaginativae virtutis, ut sit per immutationem angeli.

2. PRAETEREA, formae quae sunt in imaginatione, cum sint spirituales, sunt nobiliores formis quae sunt in materia sensibili. Sed angelus non potest imprimere formas in materia sensibili, ut dictum est[2]. Ergo non potest imprimere formas in imaginatione. Et ita non potest eam immutare.

3. PRAETEREA, secundum Augustinum, XII *super Gen. ad litt.*[3], *commixtione alterius spiritus fieri potest ut ea quae ipse scit, per huiusmodi imagines ei cui miscetur ostendat, sive intelligenti, sive ut ab alio intellecta pandantur*. Sed non videtur quod angelus possit misceri imaginationi humanae; neque quod imaginatio possit capere intelligibilia, quae angelus cognoscit. Ergo videtur quod angelus non possit mutare imaginationem.

4. PRAETEREA, in visione imaginaria homo adhaeret similitudinibus rerum quasi ipsis rebus. Sed in hoc est quaedam deceptio. Cum ergo angelus bonus non possit esse causa deceptionis, videtur quod non possit causare imaginariam visionem, imaginationem immutando.

SED CONTRA est quod ea quae apparent in somnis, videntur imaginaria visione. Sed angeli revelant aliqua in somnis; ut patet Mt 1,20 et 2,13-19, de angelo qui Ioseph in somnis apparuit. Ergo angelus potest imaginationem movere.

RESPONDEO dicendum quod angelus, tam bonus quam malus, virtute naturae suae potest movere imaginationem hominis. Quod quidem sic considerari potest. Dictum est enim supra[4] quod natura corporalis obedit angelo ad motum localem. Illa ergo quae ex motu locali aliquorum corporum possunt causari, subsunt virtuti naturali angelorum.

ARTIGO 3
O anjo pode agir sobre a imaginação do homem?

QUANTO AO TERCEIRO, ASSIM SE PROCEDE: parece que o anjo **não** pode agir sobre a imaginação do homem.

1. Com efeito, segundo o livro da *Alma*, a fantasia é "um movimento realizado pelo sentido em ato". Ora, se fosse feito por uma ação causada pelo anjo, não teria sido feito pelo sentido em ato.

2. ALÉM DISSO, as formas que estão na imaginação, por serem espirituais, são mais nobres que aquelas que estão na matéria sensível. Ora, os anjos não podem imprimir formas na matéria sensível, como ficou dito. Logo, não podem imprimir formas na imaginação; e assim não podem sequer agir sobre ela.

3. ADEMAIS, conforme Agostinho, "quando um espírito se une a outro, é possível que comunique a ele o que sabe, graças às imagens que possui, seja levando-o a entendê-las, seja a aceitá-las como quem aprende". Ora, não parece que um anjo possa se unir à imaginação de um homem e nem que esta possa apreender os inteligíveis que o anjo conhece. Logo, parece que o anjo não pode agir sobre a imaginação.

4. ADEMAIS, na visão imaginária, o homem adere às representações das coisas como se fossem as próprias coisas. Ora, nisso há algum engano. Logo, como é impossível que um anjo bom seja causa de engano, parece que não pode causar uma visão imaginária agindo sobre a imaginação.

EM SENTIDO CONTRÁRIO, o que aparece em sonhos é visto por uma visão imaginária. Ora, há coisas que os anjos revelam em sonhos, como aconteceu com José a quem o anjo apareceu em sonhos. Portanto, os anjos podem mover a imaginação.

RESPONDO. O anjo, bom ou mau, pode, em virtude de sua natureza, mover a imaginação do homem. Isso pode ser assim considerado. Acima foi dito que a natureza corporal obedece ao anjo quanto ao movimento local. Logo, tudo o que pode ser causado pelo movimento local de alguns corpos está sujeito à potência natural dos

---

3 PARALL.: II *Sent.*, dist. 8, a. 5; *De Malo*, q. 3, a. 4; q. 16, a. 11.

1. L. III, c. 3: 428, b, 18 — 429, a, 2.
2. Q. 110, a. 2.
3. C. 12: ML 34, 464.
4. Q. 110, a. 3.

Manifestum est autem quod apparitiones imaginariae causantur interdum in nobis ex locali mutatione corporalium spirituum et humorum. Unde Aristoteles, in lib. *de Somn. et Vig.*[5], assignans causam apparitionis somniorum, dicit quod, *cum animal dormit, descendente plurimo sanguine ad principium sensitivum, simul descendunt motus*, idest impressiones relictae ex sensibilium motionibus, quae in spiritibus sensualibus conservantur, *et movent principium sensitivum*, ita quod fit quaedam apparitio, ac si tunc principium sensitivum a rebus ipsis exterioribus mutaretur. Et tanta potest esse commotio spirituum et humorum, quod huiusmodi apparitiones etiam vigilantibus fiant; sicut patet in phreneticis, et in aliis huiusmodi. Sicut igitur hoc fit per naturalem commotionem humorum; et quandoque etiam per voluntatem hominis, qui voluntarie imaginatur quod prius senserat: ita etiam hoc potest fieri virtute angeli boni vel mali, quandoque quidem cum alienatione a corporeis sensibus, quandoque autem absque tali alienatione.

AD PRIMUM ergo dicendum quod primum principium phantasiae est a sensu secundum actum: non enim possumus imaginari quae nullo modo sensimus, vel secundum totum vel secundum partem; sicut caecus natus non potest imaginari colorem. Sed aliquando imaginatio informatur, ut actus phantastici motus consurgat, ab impressionibus interius conservatis, ut dictum est[6].

AD SECUNDUM dicendum quod angelus transmutat imaginationem, non quidem imprimendo aliquam formam imaginariam nullo modo per sensum prius acceptam (non enim posset facere quod caecus imaginaretur colores): sed hoc facit per motum localem spirituum et humorum, ut dictum est[7].

AD TERTIUM dicendum quod commixtio illa spiritus angelici ad imaginationem humanam, non est per essentiam, sed per effectum quem praedicto modo in imaginatione facit; cui demonstrat quae ipse novit, non tamen eo modo quo ipse novit.

anjos. É evidente que as aparições imaginárias são causadas às vezes em nós pela ação local de espíritos e humores corporais. Por isso Aristóteles, no livro do *Sono e da Vigília*, assinalando a causa dos sonhos, diz que "quando o animal dorme, pelo fato de descer muito sangue ao princípio sensitivo, ao mesmo tempo descem os movimentos", isto é, as impressões deixadas pelas sensações, que se conservam nos espíritos sensíveis, "e que movem o princípio sensitivo": de tal modo se dá uma aparição, como se as próprias coisas exteriores agissem sobre o princípio sensitivo. A comoção dos espíritos e humores pode ser tão forte que tais aparições ocorram até em pessoas acordadas, como acontece nos que padecem de delírios e em outros semelhantes. Portanto, assim como isso é o efeito de uma comoção natural dos humores, e mesmo por vezes da vontade do homem que voluntariamente imagina o que antes sentira, assim também isso pode ser o efeito da potência de um anjo bom ou mau, às vezes com suspensão dos sentidos ou mesmo sem ela[e].

QUANTO AO 1º, portanto, deve-se dizer que o primeiro princípio da fantasia tem sua origem no sentido em ato. De fato, não podemos imaginar aquilo que não sentimos de forma alguma, total ou parcialmente que seja. Por exemplo, o cego de nascença não pode imaginar a cor. Todavia, às vezes a imaginação é informada, como foi dito, pelas impressões interiormente conservadas, de modo que surja o ato da fantasia.

QUANTO AO 2º, deve-se dizer que o anjo age sobre a imaginação, não certamente imprimindo nela alguma forma imaginária que de modo algum teria antes sido recebida pelos sentidos, pois não pode fazer que um cego imagine as cores; mas faz isso mediante o movimento local dos espíritos e humores, conforme foi dito.

QUANTO AO 3º, deve-se dizer que a união do espírito do anjo com a imaginação humana não é pela essência, mas, pelo efeito que faz na imaginação pelo modo dito, à qual manifesta o que conhece, mas não do modo pelo qual conhece.

---

5. *De Insomniis*, c. 3: 461, b, 11-13.
6. In corp.
7. Ibid.

e. Se a verdade divina só pode ser proposta mediante uma representação sensível, o poder do anjo sobre a imaginação e sobre a formação de imagens é pressuposto em seu papel iluminador. Esse poder chega a dar às visões ou palavras interiores que ele provoca toda a força e objetividade que tem a percepção da realidade exterior, seja ou não em um estado de alienação dos sentidos. Como se vê, Sto. Tomás atribui aos anjos tão somente o papel de utilizar e colocar em operação e em movimento as imagens já presentes no espírito daquele que vê, e isso ativando a função natural da imaginação. É o que as respostas às objeções detalham de maneira extremamente interessante e fácil de atualizar.

AD QUARTUM dicendum quod angelus causans aliquam imaginariam visionem, quandoque quidem simul intellectum illuminat, ut cognoscat quid per huiusmodi similitudines significetur: et tunc nulla est deceptio. Quandoque vero per operationem angeli solummodo similitudines rerum apparent in imaginatione: nec tamen tunc causatur deceptio ab angelo, sed ex defectu intellectus eius cui talia apparent. Sicut nec Christus fuit causa deceptionis in hoc quod multa turbis in parabolis proposuit, quae non exposuit eis.

QUANTO AO 4º, deve-se dizer que o anjo que causa a visão imaginária às vezes ilumina ao mesmo tempo o intelecto, para que conheça o que é significado por essas imagens, e então não há engano algum. Outras vezes o anjo faz aparecer na imaginação somente semelhanças das coisas. Nem mesmo então o engano é devido ao anjo, mas a uma deficiência do intelecto daquele a quem tais coisas aparecem. Assim nem Cristo foi causa de engano em ter proposto em parábolas muitas coisas às multidões, sem lhes explicar.

ARTICULUS 4
Utrum angelus possit immutare sensum humanum

AD QUARTUM SIC PROCEDITUR. Videtur quod angelus non possit immutare sensum humanum.

1. Operatio enim sensitiva est operatio vitae. Huiusmodi autem operatio non est a principio extrinseco. Non ergo operatio sensitiva potest causari ab angelo.
2. PRAETEREA, virtus sensitiva est nobilior quam nutritiva. Sed angelus, ut videtur, non potest mutare virtutem nutritivam; sicut nec alias formas naturales. Ergo neque virtutem sensitivam immutare potest.
3. PRAETEREA, sensus naturaliter movetur a sensibili. Sed angelus non potest immutare naturae ordinem, ut supra[1] dictum est. Ergo angelus non potest immutare sensum, sed semper sensus a sensibili immutatur.

SED CONTRA est quod angeli qui subverterunt Sodomam, *percusserunt Sodomitas caecitate* (vel *aorasia*), *ut ostium domus invenire non possent*, ut dicitur Gn 19,11. Et simile legitur 4Reg 6,18sqq., de Syris quos Elisaeus duxit in Samariam.

RESPONDEO dicendum quod sensus immutatur dupliciter. Uno modo, ab exteriori; sicut cum mutatur a sensibili. Alio modo, ab interiori: videmus enim quod, perturbatis spiritibus et humoribus immutatur sensus; lingua enim infirmi, quia plena cholerico humore, omnia sentit ut amara; et simile contingit in aliis sensibus. Utroque autem modo angelus potest immutare sensum hominis sua naturali virtute. Potest enim angelus opponere exterius sensui sensibile aliquod, vel a natura

ARTIGO 4
O anjo pode agir sobre os sentidos humanos?

QUANTO AO QUARTO, ASSIM SE PROCEDE: parece que o anjo **não** pode agir sobre os sentidos humanos.

1. Com efeito, a operação dos sentidos é vital, e tal operação não provém de um princípio extrínseco. Logo, não pode ser causada por um anjo.
2. ALÉM DISSO, a potência sensitiva é mais nobre que a nutritiva. Ora, parece que o anjo não pode agir sobre a potência nutritiva, nem sobre outras formas naturais. Logo, nem pode agir sobre a potência sensitiva.
3. ADEMAIS, os sentidos movem-se naturalmente pelas coisas sensíveis. Ora, o anjo não pode agir sobre a ordem da natureza, como acima foi dito. Logo, não pode agir sobre os sentidos, pois é o sensível que sempre age sobre os sentidos.

EM SENTIDO CONTRÁRIO, os anjos que destruíram Sodoma "infligiram cegueira aos sodomitas (ou trevas) de modo que não pudessem achar a entrada da casa". Algo parecido se lê no livro dos Reis a respeito dos sírios conduzidos por Eliseu a Samaria.

RESPONDO. De duas maneiras se age sobre os sentidos: ou pelo exterior, como quando as coisas sensíveis agem sobre eles; ou pelo interior. Vemos de fato neste último caso que, espíritos e humores perturbados agem sobre os sentidos. Assim a língua do doente, cheia de bílis, tudo sente como amargo, e o mesmo acontece com os outros sentidos. O anjo pode agir sobre os sentidos do homem dessas duas maneiras, por sua potência natural. Com efeito, pode ele apresentar aos sentidos

4 PARALL.: II *Sent.*, dist. 8, a. 5; *De Malo*, q. 3, a. 4; q. 16, a. 11.

1. Q. 110, a. 4.

formatum, vel aliquod de novo formando; sicut facit dum corpus assumit, ut supra² dictum est. Similiter etiam potest interius commovere spiritus et humores, ut supra³ dictum est, ex quibus sensus diversimode immutentur.

AD PRIMUM ergo dicendum quod principium sensitivae operationis non potest esse absque principio interiori, quod est potentia sensitiva: sed illud interius principium potest multipliciter ab exteriori principio commoveri, ut dictum est⁴.

AD SECUNDUM dicendum quod etiam per commotionem interiorem spirituum et humorum, potest angelus aliquid operari ad immutandum actum potentiae nutritivae. Et similiter potentiae appetitivae, et sensitivae, et cuiuscumque potentiae corporali organo utentis.

AD TERTIUM dicendum quod praeter ordinem totius creaturae angelus facere non potest: sed praeter ordinem alicuius particularis naturae facere potest, cum tali ordini non subdatur. Et sic quodam singulari modo potest sensum immutare, praeter modum communem.

desde o exterior um objeto sensível já constituído pela natureza ou formando-o de novo, como quando assume um corpo, como acima foi dito. Pode também mover interiormente os espíritos e humores, como acima foi dito, provocando assim de diferentes maneiras alterações nos sentidos[f].

QUANTO AO 1º, portanto, deve-se dizer que o princípio da operação dos sentidos não pode ser sem o princípio interior que é a potência sensitiva. Contudo, esse princípio interior pode ser movido de diferentes maneiras pelo exterior, como se disse.

QUANTO AO 2º, deve-se dizer que movendo interiormente os espíritos e humores, o anjo pode operar alguma coisa para agir sobre o ato da potência nutritiva e, igualmente, da potência apetitiva e sensitiva, e de qualquer outra potência corporal que se serve de um órgão.

QUANTO AO 3º, deve-se dizer que o anjo nada pode fazer fora da ordem total das criaturas, mas pode fazer fora da ordem de uma natureza particular, pois não está sujeito a essa ordem. E assim, pode ele, de maneira peculiar, agir sobre os sentidos fora do modo ordinário.

2. Q. 51, a. 2.
3. A. praec.
4. In corp.

f. O artigo precedente afirmava que as imagens suscitadas pelo anjo podiam ter toda a força da percepção do real exterior. No entanto, Sto. Tomás tem em vista também a produção pelo anjo de uma percepção sensível (cf. r. 3) no plano dos sentidos, mesmo a produção de um objeto exterior real capaz de atingir os sentidos, como "quando reveste um corpo". Tudo isto visa apenas a explicar as visões dos profetas, assim como os fenômenos de visões e aparições dos quais está recheada a hagiografia.

QUAESTIO CXII
DE MISSIONE ANGELORUM
in quatuor articulos divisa

Deinde considerandum est de missione angelorum.
Et circa hoc quaeruntur quatuor.
Primo: utrum aliqui angeli mittantur in ministerium.
Secundo: utrum omnes mittantur.
Tertio: utrum illi qui mittuntur, assistant.
Quarto: de quibus ordinibus mittantur.

QUESTÃO 112
A MISSÃO DOS ANJOS[a]
em quatro artigos

Em seguida, deve-se considerar a missão dos anjos.
E sobre isso são quatro as perguntas:
1. Alguns anjos são enviados a serviço?
2. Todos são enviados?
3. Os enviados mantêm-se na presença de Deus?
4. De que ordem são enviados?

a. Embora fundado no poder natural e modo de ação natural, o papel iluminador dos anjos, conforme vimos, só foi estudado em sua relação com a Revelação e a história da Revelação. O que irá surgir nesta questão é o caráter de *enviados de Deus* que lhes cabe em *toda* sua ação sobre os homens, e a natureza ministerial dessa ação: em outros termos, seu papel na história da salvação, coisa que nos é mais claramente e com maior certeza revelada.

Articulus 1
Utrum angeli in ministerium mittantur

Ad primum sic proceditur. Videtur quod angeli in ministerium non mittantur.
1. Omnis enim missio est ad aliquem determinatum locum. Sed actiones intellectuales non determinant aliquem locum: quia intellectus abstrahit ab hic et nunc. Cum igitur actiones angelicae sint intellectuales, videtur quod angeli ad suas actiones agendas non mittantur.
2. Praeterea, caelum empyreum est locus pertinens ad dignitatem angelorum. Si igitur ad nos mittantur in ministerium, videtur quod eorum dignitati aliquid depereat. Quod est inconveniens.
3. Praeterea, exterior occupatio impedit sapientiae contemplationem: unde dicitur Eccli 38,25: *Qui minoratur actu, percipiet sapientiam*. Si igitur angeli aliqui mittuntur ad exteriora ministeria, videtur quod retardentur a contemplatione. Sed tota eorum beatitudo in contemplatione Dei consistit. Si ergo mitterentur, eorum beatitudo minueretur. Quod est inconveniens.
4. Praeterea, ministrare est inferioris: unde dicitur Lc 22,27: *Quis maior est, qui recumbit, an* ille *qui ministrat? Nonne qui recumbit?* Sed angeli sunt maiores nobis ordine naturae. Ergo non mittuntur in ministerium nostrum.

Sed contra est quod dicitur Ex 23,20: *Ecce ego mittam angelum meum, qui praecedat te*.

Respondeo dicendum quo ex supra dictis manifestum esse potest quod aliqui angeli in ministerium mittuntur a Deo. Ut enim supra[1] dictum est, cum de missione divinarum Personarum ageretur, ille mitti dicitur, qui aliquo modo ab alio procedit, ut incipiat esse ubi prius non erat, vel ubi prius erat, per alium modum. Filius enim aut Spiritus Sanctus mitti dicitur, ut a Patre procedens per originem; et incipit esse novo modo, idest per gratiam vel per naturam assumptam, ubi prius erat per Deitatis praesentiam. Dei enim proprium est ubique esse: quia cum sit universale agens, eius virtus attingit omnia entia: unde est in omnibus rebus, ut supra[2] dictum est.

Artigo 1
Há anjos que são enviados a serviço?

Quanto ao primeiro artigo, assim se procede: parece que os anjos **não** são enviados a serviço.
1. Com efeito, toda missão é para um lugar determinado. Ora, as ações intelectuais não determinam um lugar, porque o intelecto abstrai de tempo e lugar. Sendo, pois, intelectuais as ações angélicas, parece que os anjos não são enviados a realizar suas ações.
2. Além disso, o céu empíreo é o lugar apropriado para a dignidade angélica. Se, pois, nos fossem enviados a serviço, parece que a dignidade deles diminuiria em algo. O que é inconveniente.
3. Ademais, as ocupações exteriores impedem a contemplação da sabedoria. Por isso, se diz no livro do Eclesiástico: "Quem tem poucos negócios tornar-se-á sábio". Portanto, se alguns anjos são enviados a serviços exteriores, parece que se afastariam da contemplação. Ora, toda a sua bem-aventurança consiste na contemplação de Deus. Logo, se fossem enviados, diminuiria sua bem-aventurança. O que é inconveniente.
4. Ademais, servir é próprio do inferior. Por isso, diz o Evangelho de Lucas: "Quem é o maior, aquele que está à mesa ou aquele que serve? Não é acaso o que está à mesa?". Ora, os anjos nos são superiores por natureza. Logo, não nos podem ser enviados a serviço.

Em sentido contrário, diz o livro do Êxodo: "Enviarei um anjo diante de ti".

Respondo. Do que foi dito anteriormente, é claro que alguns anjos são enviados por Deus a serviço. Quando se tratou das missões das Pessoas divinas, foi dito que se diz ser enviado aquele que procede de algum modo de outro, para começar a estar presente onde antes não estava, ou estar de outro modo onde estava. Diz-se que o Filho ou o Espírito Santo são enviados, pelo fato de procederem do Pai em sua origem, e cada um começa a estar de uma nova maneira, a saber, pela graça ou pela natureza assumida, lá onde estava anteriormente pela presença da divindade. Efetivamente, é próprio de Deus estar em toda parte, pois sendo agente universal sua potência alcança todos os entes, motivo pelo qual está em todas as coisas, como acima foi dito.

---

1. Q. 43, a. 1.
2. Q. 8, a. 1.

Virtus autem angeli, cum sit particulare agens, non attingit totum universum; sed sic attingit unum, quod non attingit aliud. Et ideo ita est hic, quod non alibi. Manifestum est autem per supra[3] dicta, quod creatura corporalis per angelos administratur. Cum igitur aliquid est fiendum per aliquem angelum circa aliquam creaturam corpoream, de novo applicatur angelus illi corpori sua virtute; et sic angelus de novo incipit ibi esse. Et hoc totum procedit ex imperio divino. Unde sequitur, secundum praemissa, quod angelus a Deo mittatur.

Sed actio quam angelus missus exercet, procedit a Deo sicut a primo principio, cuius nutu et auctoritate angeli operantur; et in Deum reducitur sicut in ultimum finem. Et hoc facit rationem ministri: nam minister est sicut instrumentum intelligens; instrumentum autem ab alio movetur, et eius actio ad aliud ordinatur. Unde actiones angelorum ministeria vocantur; et propter hoc dicuntur in ministerium mitti.

AD PRIMUM ergo dicendum quod aliqua operatio dupliciter dicitur intellectualis. Uno modo, quasi in ipso intellectu consistens, ut contemplatio. Et talis operatio non determinat sibi locum: immo, ut Augustinus dicit IV *de Trin.*[4], *etiam nos, secundum quod aliquid aeternum mente sapimus, non in hoc mundo sumus*. — Alio modo dicitur aliqua actio intellectualis, quia est ab aliquo intellectu regulata et imperata. Et sic manifestum est quod operationes intellectuales interdum determinant sibi loca.

AD SECUNDUM dicendum quod caelum empyreum pertinet ad dignitatem angeli secundum congruentiam quandam: quia congruum est ut supremum corporum naturae quae est supra omnia corpora, attribuatur. Non tamen angelus aliquid dignitatis accipit a caelo empyreo. Et ideo quando actu non est in caelo empyreo, nihil eius dignitati

Ora, a potência do anjo, que é um agente particular, não alcança todo o universo, mas alcançando um lugar não alcança outro. Por isso está aqui e não em outro lugar. Ora, é claro pelo que acima foi dito que a criatura corporal é regida pelos anjos. Portanto, quando é preciso que algum anjo faça alguma coisa para determinada criatura corpórea, então o anjo aplica novamente a esse corpo sua potência ativa, e desse modo o anjo começa novamente a aí estar. Ora, tudo isso procede do governo divino, motivo pelo qual se conclui que o anjo é enviado por Deus conforme o que foi dito antes.

Ademais, a ação que o anjo enviado executa procede de Deus como primeiro princípio, por cuja ordem e autoridade os anjos agem, e a Deus volta como a seu fim último. Ora, isso constitui a razão do que serve. Porque o que serve é como um instrumento inteligente. O instrumento, na verdade, é movido por outro e sua ação ordena-se a outro. Por isso, chamamos de serviços as ações dos anjos e dizemos que são enviados a serviço[b].

QUANTO AO 1º, portanto, deve-se dizer que uma ação é considerada intelectual sob dois aspectos. Primeiro, na medida em que existe no próprio intelecto, como a contemplação. Ora, tal operação não determina para si um lugar; aliás, como diz Agostinho, "até mesmo nós, quando saboreamos na mente algo de eterno, não estamos neste mundo". — Segundo, porque é regulada e ordenada por algum intelecto. Nesse sentido, é claro que as operações intelectuais às vezes determinam para si alguns lugares.

QUANTO AO 2º, deve-se dizer que o céu empíreo se refere à dignidade dos anjos segundo certa congruência, pois é conveniente que o mais elevado dos corpos seja atribuído à natureza que está acima de todos os corpos[c]. Todavia, o anjo não recebe alguma dignidade do céu empíreo. Portanto, quando lá não se encontra, em ato, nada

---

3. Q. 110, a. 1.
4. C. 20: ML 42, 907-908.

b. A analogia com a Missão das Pessoas divinas, tal como explicada na q. 43, é extremamente esclarecedora. Antes de mais nada, porque manifesta a ligação entre a ideia de presença e a de missão. Contudo, a presença do anjo não é assegurada nem pelo ato criador nem pela graça, mas por uma aplicação voluntária de sua potência de ação a um ser situado no espaço e no tempo, e não pode portanto ter nem a interioridade nem a universalidade da presença que cabe às Pessoas divinas. Em seguida, porque a finalidade de seu serviço mostra-se como a de conduzir aqueles aos quais foram enviados Àquele que os enviou. Assim ocorre com Cristo, enviado do Pai. Do mesmo modo, "apóstolos" e "anjos" significam igualmente enviados.

c. Está claro que o puro espírito não está por si mesmo em lugar algum e não carece de lugar algum para existir. Fora do momento no qual ele age, seria dispensável conceber para ele um "lugar" que lhe "conviria" devido a sua posição eminente no Universo material. Todavia, a letra da Escritura e a tradição atribuíam demasiada importância, mesmo para Deus, ao "céu", aos "céus", para que Sto. Tomás não buscasse dar a esse lugar supremo uma significação teológica.

subtrahitur: sicut nec regi, quando non actu sedet in regali solio, quod congruit eius dignitati.

AD TERTIUM dicendum quod in nobis exterior occupatio puritatem contemplationis impedit, quia actioni insistimus secundum sensitivas vires, quarum actiones cum intenduntur, restardantur actiones intellectivae virtutis. Sed angelus per solam intellectualem operationem regulat suas actiones exteriores. Unde actiones exteriores in nullo impediunt eius contemplationem: quia duarum actionum quarum una est regula et ratio alterius, una non impedit, sed iuvat aliam. Unde Gregorius dicit, in II *Moral.*[5], quod *angeli non sic foris exeunt, ut internae contemplationis gaudiis priventur.*

AD QUARTUM dicendum quod angeli in suis actionibus exterioribus ministrant principaliter Deo, et secundario nobis. Non quia nos sumus superiores eis, simpliciter loquendo: sed quilibet homo vel angelus, inquantum adhaerendo Deo fit unus spiritus cum Deo, est superior omni creaturae. Unde Apostolus, Philp 2,3, dicit: *superiores sibi invicem arbitrantes.*

se subtrai à sua dignidade, como não se subtrai ao rei quando não está sentado no trono o que convém à sua dignidade.

QUANTO AO 3º, deve-se dizer que com respeito a nós, as ocupações exteriores impedem a pureza da contemplação porque nos damos à ação com nossas faculdades sensitivas, cujas ações quando prendem nossa atenção retardam as ações da potência intelectiva. O anjo, ao contrário, regula suas ações exteriores exclusivamente pela operação intelectual, daí não constituírem nenhum impedimento para a contemplação, pois se uma ação regula a outra e é sua razão, não há impedimento entre elas, mas ajuda mútua. É o que declara Gregório: "Os anjos não saem para fora de modo a se privarem das alegrias da contemplação interior"[d].

QUANTO AO 4º, deve-se dizer que os anjos, em suas ações exteriores, servem principalmente a Deus e em segundo lugar a nós, não porque sejamos superiores a eles em termos absolutos, mas porque todo aquele que adere a Deus, homem ou anjo, torna-se um só espírito com Ele e, por isso, é superior a toda criatura. Por isso, o apóstolo na Carta aos Filipenses diz: "Julgando uns aos outros como superiores"[e].

ARTICULUS 2
Utrum omnes angeli in ministerium mittantur

AD SECUNDUM SIC PROCEDITUR. Videtur quod omnes angeli in ministerium mittantur.

1. Dicit enim Apostolus, Hb 1,14: *Omnes sunt administratorii spiritus, in ministerium missi.*

2. PRAETEREA, inter ordines supremus est ordo Seraphim, ut ex supra[1] dictis patet. Sed Seraphim est missus ad purgandum labia prophetae, ut habetur Is 6,6-7. Ergo multo magis inferiores angeli mittuntur.

ARTIGO 2
Todos os anjos são enviados a serviço?

QUANTO AO SEGUNDO, ASSIM SE PROCEDE: parece que todos os anjos **são** enviados a serviço.

1. Com efeito, diz o Apóstolo na Carta aos Hebreus: "Todos são espíritos administradores enviados a serviço".

2. ALÉM DISSO, a mais elevada entre todas as ordens é a dos Serafins, como está claro pelo dito acima. Ora, um Serafim foi enviado para purificar os lábios do Profeta, como está no livro de Isaías. Logo, com maior razão os anjos inferiores são enviados.

---

5. C. 3, al. 2: ML 75, 556 C.

2 PARALL.: II *Sent.*, dist. 10, a. 2; *Heb.*, c. 1, lect. 6.

1. Q. 108, a. 6.

d. Desta vez, Sto. Tomás compara explicitamente a missão iluminadora dada aos homens à dos anjos. Isso para mostrar sua imperfeição, uma vez que a ação nos distrai da contemplação. Não obstante, a perfeição da ação iluminadora, mesmo humana, é tender a essa íntima conexão com a contemplação permanente das coisas divinas.

e. Ainda aí, uma solução do problema suscitado pelo ministério dos anjos que vale explicitamente para o ministério exercido pelos homens. Admirável justificação da consagração de si mesmo a outrem. "Todo homem ou todo anjo, na medida em que adere a Deus, torna-se espiritualmente uno com Deus e, como tal, superior a toda criatura."

3. PRAETEREA, divinae Personae in infinitum excedunt omnes ordines angelorum. Sed divinae Personae mittuntur, ut supra[2] dictum est. Ergo multo magis quicumque supremi angeli.

4. PRAETEREA, si superiores angeli non mittuntur ad exterius ministerium, hoc non est nisi quia superiores angeli exequuntur divina ministeria per inferiores. Sed cum omnes angeli sint inaequales, ut supra[3] dictum est, quilibet angelus habet inferiorem angelum, praeter ultimum. Ergo unus angelus solus ministraret in ministerium missus. Quod est contra id quod dicitur Dn 7,10: *Millia millium ministrabant ei*.

SED CONTRA est quod Gregorius dicit[4], referens sententiam Dionysii[5]: *Superiora agmina usum exterioris ministerii nequaquam habent*.

RESPONDEO dicendum quod, sicut ex supra[6] dictis patet, hoc habet ordo divinae providentiae, non solum in angelis, sed etiam in toto universo, quod inferiora per superiora administrantur: sed ab hoc ordine in rebus corporalibus aliquando ex divina dispensatione receditur, propter altiorem ordinem, secundum scilicet quod expedit ad gratiae manifestationem. Quod enim caecus natus fuit illuminatus Io 9,1sqq., quod Lazarus fuit suscitatus [Ibid. 11,43-44], immediate a Deo factum est, absque aliqua actione caelestium corporum. Sed et angeli boni et mali possunt aliquid in istis corporibus operari praeter actionem caelestium corporum, condensando nubes in pluvias, et aliqua huiusmodi faciendo. Neque alicui debet esse dubium quin Deus immediate hominibus aliqua revelare posset, non mediantibus angelis; et superiores angeli, non mediantibus inferioribus. Et secundum hanc considerationem, quidam dixerunt quod, secundum communem legem, superiores non mittuntur, sed inferiores tantum; sed ex aliqua dispensatione divina, interdum etiam superiores mittuntur.

Sed hoc non videtur rationabile. Quia ordo angelicus attenditur secundum dona gratiarum. Ordo autem gratiae non habet alium superiorem ordinem, propter quem praetermitti debeat, sicut

3. ADEMAIS, as Pessoas divinas transcendem infinitamente todas as ordens angélicas. Ora, elas são enviadas em missão, como acima foi dito. Logo, com maior razão são enviados os anjos mais elevados.

4. ADEMAIS, se os anjos superiores não são enviados a serviço externo, tal não é senão porque realizam os serviços divinos pelos anjos inferiores. Ora, como todos os anjos são desiguais como acima foi dito, todo anjo, exceto o último, tem um outro a ele inferior. Logo, só um único anjo serviria enviado a serviço. Isso contrasta com o que se lê em Daniel: "Mil milhares o serviam".

EM SENTIDO CONTRÁRIO, diz Gregório comentando sentença de Dionísio: "As milícias superiores não exercem de forma alguma um serviço exterior"[f].

RESPONDO. Segundo consta do que acima foi exposto, é conforme à ordem da divina providência, não só para os anjos, mas também para todo o universo, que os inferiores sejam governados pelos superiores. Todavia, nas coisas corporais por vezes, por uma disposição divina, se afasta dessa ordem, em virtude de uma ordem superior: conforme isso seja conveniente para a manifestação da graça. Assim, o cego de nascença recuperou a vista e Lázaro foi ressuscitado por intervenção imediata de Deus, sem qualquer ação dos corpos celestes. Por sua vez, os anjos, bons ou maus, podem operar certas coisas nestes corpos sem que interfiram os corpos celestes, por exemplo condensando as nuvens para que chova e outras coisas do gênero. Nem se deve duvidar que Deus possa revelar certas coisas aos homens sem a mediação dos anjos, assim como, os anjos superiores sem a medição dos inferiores. Segundo essa consideração alguns disseram que pela lei comum os anjos superiores não são enviados, mas somente os inferiores. Mas por uma disposição divina, os anjos superiores às vezes são enviados.

Todavia, isso não parece razoável, porque considera-se a ordem dos anjos segundo os dons da graça. Ora, a ordem da graça não tem outra ordem superior pela qual deva ser preterida, as-

---

2. Q. 43, a. 1.
3. Q. 50, a. 4; q. 108, a. 3, ad 1.
4. Homil. 34 in *Evang.*: ML 76, 1254 B.
5. MG 3, 300 B.
6. Q. 106, a. 3; q. 110, a. 1.

f. Sto. Tomás segue aqui a tradição teológica particularmente representada por S. Gregório. Todavia, a ideia de que os anjos superiores são puramente contemplativos parece esquecer que a ação não atrapalha de modo algum sua contemplação.

praetermittitur ordo naturae propter ordinem gratiae. — Considerandum est etiam quod ordo naturae in operationibus miraculorum praetermittitur, propter fidei confirmationem. Ad quam nihil valeret, si praetermitteretur ordo angelicus: quia hoc a nobis percipi non posset. — Nihil etiam est ita magnum in ministeriis divinis, quod per inferiores ordines exerceri non possit. Unde Gregorius dicit[7] quod *qui summa annuntiant, Archangeli vocantur. Hinc est quod ad virginem Mariam Gabriel Archangelus mittitur.* Quod tamen fuit summum inter omnia divina ministeria, ut ibidem subditur. — Et ideo simpliciter dicendum est, cum Dionysio[8], quod superiores angeli nunquam ad exterius ministerium mittuntur.

AD PRIMUM ergo dicendum quod, sicut in missionibus divinarum Personarum aliqua est visibilis, quae attenditur secundum creaturam corpoream; aliqua invisibilis, quae fit secundum spiritualem effectum: ita in missionibus angelorum aliqua dicitur exterior, quae scilicet est ad aliquod ministerium circa corporalia exhibendum, et secundum hanc missionem non omnes mittuntur; alia est interior, secundum intellectuales effectus, prout scilicet unus angelus illuminat alium, et sic omnes angeli mittuntur.

Vel aliter dicendum quod Apostolus inducit illud ad probandum quod Christus sit maior angelis per quos data est lex; ut sic ostendat excellentiam novae legis ad veterem. Unde non oportet quod intelligatur nisi de angelis ministerii, per quos data est lex.

AD SECUNDUM dicendum, secundum Dionysium[9], quod ille angelus qui missus est ad purgandum labia prophetae, fuit de inferioribus angelis; sed dictus est Seraphim, idest *incendens*, aequivoce, propter hoc quod venerat ad incendendum labia prophetae.
Vel dicendum quod superiores angeli communicant propria dona, a quibus denominantur, mediantibus inferioribus angelis. Sic igitur unus de Seraphim dictus est purgasse incendio labia

sim como a ordem da natureza é preterida pela ordem da graça. — Deve-se considerar ainda que a ordem da natureza é preterida na realização de milagres, tendo em vista a confirmação da fé. Para isso, nada valeria preterir a ordem angélica, porque não poderíamos perceber isso. — Aliás, nada há de tão grande nos serviços divinos que não possa ser exercido por ordens inferiores. Por isso Gregório diz que "aqueles que anunciam as coisas mais elevadas chamam-se Arcanjos, assim à Virgem Maria foi enviado o arcanjo Gabriel". Este foi o mais elevado entre todos os serviços divinos, como aí se acrescenta. Em conclusão, deve-se dizer de modo absoluto, com Dionísio, que "os anjos superiores nunca são enviados a serviço ao exterior".

QUANTO AO 1º, portanto, deve-se dizer que assim como nas missões das Pessoas divinas alguma é visível, e essa se realiza à maneira da criatura corpórea, e outra é invisível, e essa acontece à maneira de um efeito espiritual. Assim também nas missões dos anjos alguma se diz exterior, e essa é para exercer um serviço referente às coisas corporais. De acordo com esta missão nem todos são enviados. A outra é interior, à maneira de efeitos espirituais; por exemplo, quando um anjo ilumina outro. Sob esse aspecto, todos os anjos são enviados[g].

Ou se deve dizer de outra maneira: o Apóstolo introduz aquele texto para provar que o Cristo é superior aos anjos mediante os quais foi dada a lei, e assim manifesta a superioridade da nova lei sobre a antiga. Portanto, não se deve entender senão do serviço dos anjos a serviço pelos quais foi dada a lei.

QUANTO AO 2º, deve-se dizer que segundo Dionísio, o anjo enviado para purificar os lábios do profeta foi um dos anjos inferiores. Contudo, de modo equívoco, foi denominado Serafim no sentido de *inflamante*, pelo fato de que veio para inflamar os lábios do profeta.
Ou deve-se dizer que os anjos superiores comunicam os próprios dons significados por seus nomes, por meio dos anjos inferiores. Se, pois, é dito que um Serafim purificou com fogo os lábios

---

7. Loc. cit. supra: ML 76, 1250 D.
8. Loc. cit. supra.
9. Ibid.

---

g. Esta resposta esclarece singularmente o pensamento de Sto. Tomás. É o ministério em relação às coisas temporais que seria reservado aos anjos inferiores. Em contrapartida, os ministérios puramente espirituais, "iluminadores", convêm a todos os anjos. O artigo seguinte especificará, no entanto, que seria por intermédio dos anjos inferiores que a iluminação proveniente dos mais elevados chegaria aos homens.

prophetae, non quia hoc ipse immediate fecerit, sed quia inferior angelus virtute eius hoc fecit. Sicut Papa dicitur absolvere aliquem, etiam si per alium officium absolutionis impendat.

AD TERTIUM dicendum quod divinae Personae non mittuntur in ministerium, sed aequivoce mitti dicuntur; ut ex praedictis[10] patet.

AD QUARTUM dicendum quod in divinis ministeriis est multiplex gradus. Unde nihil prohibet etiam inaequales angelos immediate ad ministeria mitti; ita tamen quod superiores mittantur ad altiora ministeria, inferiores vero ad inferiora.

do profeta, não que o tenha feito pessoalmente, mas que um anjo inferior o tenha feito pelo poder dele recebido. Assim se diz que o papa absolve alguém, mesmo se dá absolvição por intermédio de outro.

QUANTO AO 3º, deve-se dizer que as Pessoas divinas não são enviadas a serviço, pois é de modo equívoco que se diz que são enviadas, como está claro pelo exposto acima.

QUANTO AO 4º, deve-se dizer que muitos são os graus dos serviços divinos. Portanto, nada impede que também anjos desiguais sejam enviados imediatamente para os serviços: de modo, porém, que os anjos superiores sejam enviados para os mais elevados, e os inferiores para os inferiores.

ARTICULUS 3
Utrum angeli qui mittuntur, assistant

AD TERTIUM SIC PROCEDITUR. Videtur quod etiam angeli qui mittuntur, assistant.

1. Dicit enim Gregorius, in Homilia[1]: *Et mittuntur igitur angeli, et assistunt: quia etsi circumscriptus est angelicus spiritus, summus tamen Spiritus ipse, qui Deus est, circumscriptus non est.*

2. PRAETEREA, angelus Tobiae in ministerium missus fuit. Sed tamen ipse dixit: *Ego sum Raphael angelus, unus ex septem qui adstamus ante Deum*, ut habetur Tb 12,15. Ergo angeli qui mittuntur, assistunt.

3. PRAETEREA, quilibet angelus beatus propinquior est Deo quam Satan. Sed Satan assistit Deo; secundum quod dicitur Io 1,6: *Cum assisterent filii Dei coram Domino, affuit inter eos et Satan.* Ergo multo magis angeli qui mittuntur in ministerium, assistunt.

4. PRAETEREA, si inferiores angeli non assistunt, hoc non est nisi quia non immediate, sed per superiores angelos divinas illuminationes recipiunt. Sed quilibet angelus per superiorem divinas illuminationes suscipit, excepto eo qui est inter omnes supremus. Ergo solus supremus angelus assisteret. Quod est contra illud quod habetur Dn

ARTIGO 3
Os anjos que são enviados mantêm-se na presença de Deus?

QUANTO AO TERCEIRO, ASSIM SE PROCEDE: parece que também os anjos que são enviados **mantêm-se** na presença de Deus.

1. Com efeito, diz Gregório: "Os anjos são enviados e mantêm-se na presença de Deus, pois, embora o espírito angélico esteja circunscrito, o supremo Espírito que é Deus não está circunscrito".

2. ALÉM DISSO, o anjo de Tobias foi enviado a serviço. Ora, ele disse: "Eu sou o anjo Rafael, um dos sete anjos que estamos na presença de Deus", como diz o livro de Tobias. Logo, os anjos enviados mantêm-se na presença de Deus.

3. ADEMAIS, todo anjo bem-aventurado está mais próximo de Deus do que Satanás. Ora, segundo o livro de Jó, Satanás mantém-se na presença de Deus: "Estando os filhos de Deus na presença de Deus, estava entre eles também Satanás". Logo, com maior razão os anjos que são enviados a serviço mantêm-se na presença de Deus.

4. ADEMAIS, se os anjos inferiores não se mantêm na presença de Deus, é porque não recebem diretamente as iluminações divinas, mas por intermédio dos anjos superiores. Ora, qualquer anjo recebe as iluminações divinas por um anjo superior, com exceção do anjo, que é o mais elevado entre todos. Logo, somente esse anjo supremo se

---

10. Loc. cit. in arg.

3 PARALL.: II *Sent.*, dist. 10, a. 1; *Heb.*, c. 1, lect. 6; in *Iob*, c. 1, lect. 2.

1. Homil. 34 in *Evang.*: ML 76, 1255 AB.

7,10: *Decies millies centena millia assistebant ei.* Ergo etiam illi qui ministrant, assistunt.

SED CONTRA est quod Gregorius dicit, XVII *Moral.*[2], super illud Io 25,3, *Numquid est numerus militum eius? Assistunt,* inquit, *illae potestates, quae ad quaedam hominibus nuntianda non exeunt.* Ergo illi qui in ministerium mittuntur, non assistunt.

RESPONDEO dicendum quod angeli introducuntur assistentes et administrantes, ad similitudinem eorum qui alicui regi famulantur. Quorum aliqui semper ei assistunt, et eius praecepta immediate audiunt. Alii vero sunt, ad quos praecepta regalia per assistentes nuntiantur, sicut illi qui administrationi civitatum praeficiuntur: et hi dicuntur ministrantes, sed non assistentes.

Considerandum est ergo quod omnes angeli divinam essentiam immediate vident: et quantum ad hoc, omnes etiam qui ministrant, assistere dicuntur. Unde Gregorius dicit in II *Moral.*[3], quod *semper assistere, aut videre faciem Patris possunt, qui ad ministerium exterius mittuntur pro nostra salute.* Sed non omnes angeli secreta divinorum mysteriorum in ipsa claritate divinae essentiae percipere possunt; sed soli superiores, per quos inferioribus denuntiantur. Et secundum hoc, soli superiores, qui sunt primae hierarchiae, assistere dicuntur, cuius proprium dicit esse Dionysius[4] immediate a Deo illuminari.

Et per hoc patet solutio AD PRIMUM ET SECUNDUM, quae procedunt de primo modo assistendi.

AD TERTIUM dicendum quod Satan non dicitur astitisse, sed inter assistentes affuisse describitur: quia, ut Gregorius dicit II *Moral.*[5], *etsi beatitu-*

manteria na presença de Deus. Isso contradiz o que lemos em Daniel: "Dezenas de milhares, centenas de milhares mantinham-se na presença dele". Logo, mesmo os que estão a serviço mantêm-se na presença de Deus.

EM SENTIDO CONTRÁRIO, diz Gregório, a propósito da passagem do livro de Jó: "Podem-se enumerar seus soldados?": "Mantêm-se na presença de Deus aquelas potestades que não saem para anunciar coisas aos homens". Logo, os que são enviados a serviço não se mantêm na presença de Deus.

RESPONDO. A distinção entre anjos que se mantêm na presença de Deus e que são enviados a serviço foi introduzida à semelhança daqueles que servem a um rei. Entre eles há alguns que sempre se mantêm em sua presença e escutam diretamente as prescrições do rei. Há outros aos quais os preceitos régios são anunciados pelos que se mantêm na presença do rei, como aqueles que presidem à administração das cidades. Estes últimos não se chamam assistentes, mas ministros.

Deve-se considerar, portanto, que todos os anjos veem imediatamente a essência divina; desse ponto de vista todos, mesmo os que estão a serviço, se mantêm na presença de Deus. Nesse sentido diz Gregório: "Aqueles enviados a serviço externo em prol de nossa salvação podem sempre estar na presença de Deus e ver a face do Pai". Contudo, nem todos os anjos podem perceber os segredos dos mistérios divinos na claridade da própria essência divina, mas somente os anjos superiores, por intermédio dos quais são anunciados aos inferiores. Sob esse outro aspecto, somente os anjos superiores que estão na primeira hierarquia se mantêm na presença de Deus, sendo próprio deles, como diz Dionísio, serem iluminados imediatamente por Deus[h].

QUANTO AO 1º E AO 2º, o que acaba de ser dito esclarece as duas primeiras objeções que procedem do primeiro modo de estar na presença de Deus.

QUANTO AO 3º, deve-se dizer que não se diz que Satanás estava na presença de Deus, mas que estava entre os que se mantêm na presença de

---

2. C. 13, al. 9; in vet. 7: ML 76, 20 C.
3. C. 2, in vet. 3: ML 75, 556 C.
4. *Cael. Hier.*, c. 6, 7: MG 3, 201 A, 209 A.
5. C. 4, al. 2; in vet. 3: ML 75, 557 B.

h. Que todos os anjos vejam a Deus e, nesse sentido, "situem-se diante dele", é evidente. Contudo, ver a Deus não implica o conhecimento de todos os segredos dos mistérios divinos. É sobre a comunicação desses segredos que incide a "iluminação". Os anjos iluminadores dos homens seriam eles próprios iluminados. Deve-se convir que seria mais simples não manter um escalonamento tão rígido, uma "via hierárquica" tão rigorosa. Uma vez que, sem dúvida alguma, é pela autoridade imediata de Deus que os anjos são enviados, porque não seriam eles iluminados diretamente por ele?

dinem perdidit, naturam tamen angelis similem non amisit.

AD QUARTUM dicendum quod omnes assistentes aliqua immediate vident in claritate divinae essentiae et ideo totius primae hierarchiae proprium esse dicitur immediate illuminari a Deo. Sed superiores eorum plura percipiunt quam inferiores, de quibus illuminant alios: sicut etiam inter eos qui assistunt regi, plura scit de secretis regis unus quam alius.

Deus. Com efeito, Gregório diz que "embora tenha perdido a bem-aventurança, não perdeu contudo sua natureza semelhante à dos anjos".

QUANTO AO 4º, deve-se dizer que todos os que se mantêm na presença de Deus veem certas coisas imediatamente na claridade da divina essência, motivo pelo qual se diz que é próprio de toda a primeira hierarquia que seja iluminada imediatamente por Deus. Todavia, os mais elevados entre eles percebem mais que os inferiores, sobre isso iluminam os outros. Assim também entre aqueles que estão na presença do rei, alguns conhecem mais segredos do que outros.

ARTICULUS 4
Utrum angeli secundae hierarchiae omnes mittantur

AD QUARTUM SIC PROCEDITUR. Videtur quod angeli secundae hierarchiae omnes mittantur.

1. Angeli enim omnes vel assistunt vel ministrant; secundum quod habetur Dn 7,10. Sed angeli secundae hierarchiae non assistunt: illuminantur enim per angelos primae hierarchiae, sicut dicit Dionysius 8 cap. *Cael. Hier.*[1]. Omnes ergo angeli secundae hierarchiae in ministerium mittuntur.

2. PRAETEREA, Gregorius dicit, XVII *Moral.*[2], quod *plures sunt qui ministrant, quam qui assistunt.* Sed hoc non esset, si angeli secundae hierarchiae in ministerium non mitterentur. Ergo omnes angeli secundae hierarchiae in ministerium mittuntur.

SED CONTRA est quod Dionysius dicit[3], quod *Dominationes sunt maiores omni subiectione*. Sed mitti in ministerium, ad subiectionem pertinet. Ergo Dominationes in ministerium non mittuntur.

RESPONDEO dicendum quod, sicut supra[4] dictum est, mitti ad exterius ministerium proprie convenit angelo, secundum quod ex divino imperio operatur circa aliquam creaturam corporalem; quod quidem pertinet ad executionem divini ministerii. Proprietates autem angelorum ex eorum nominibus manifestantur, ut Dionysius dicit 7 cap. *Cael. Hier.*[5]. Et ideo angeli illorum ordinum ad exterius

ARTIGO 4
Todos os anjos da segunda hierarquia são enviados?

QUANTO AO QUARTO, ASSIM SE PROCEDE: parece que todos os anjos da segunda hierarquia **são** enviados.

1. Com efeito, segundo o livro de Daniel, todos os anjos ou se mantêm na presença de Deus ou são enviados a serviço. Ora, os anjos da segunda hierarquia não se mantêm na presença de Deus, pois são iluminados pelos anjos da primeira hierarquia, como diz Dionísio. Logo, todos os anjos da segunda hierarquia são enviados a serviço.

2. ALÉM DISSO, Gregório diz que "são mais numerosos os que estão a serviço do que os que se mantêm na presença de Deus". Ora, tal não seria se os anjos da segunda hierarquia não fossem enviados a serviço. Logo, todos os anjos da segunda hierarquia são enviados a serviço.

EM SENTIDO CONTRÁRIO, diz Dionísio: "As Dominações estão acima de qualquer subordinação". Ora, ser enviado a serviço é uma subordinação. Logo, as Dominações não são enviadas a serviço.

RESPONDO. Como já ficou dito, ser enviado a serviço externo convém propriamente ao anjo, dado que por disposição divina ele se ocupa de alguma criatura corporal, e isso se refere à execução do serviço divino. Ora, as propriedades dos anjos se manifestam por meio de seus nomes, como disse Dionísio. Por isso os anjos das ordens enviadas em missão externa são aqueles em cujos

---

4 PARALL.: II *Sent.*, dist. 10, a. 3; *Hebr.*, c. 1, lect 6.

1. MG 3, 240 B.
2. C. 13, al. 9; in vet. 7: ML 76, 20 C.
3. *Cael. Hier.*, c. 8: MG 3, 237 C.
4. A. 1.
5. MG 3, 205 B. — Cfr. I, q. 108, a. 5.

ministerium mittuntur, ex quorum nominibus aliqua executio datur intelligi. In nomine autem Dominationum non importatur aliqua executio, sed sola dispositio et imperium de exequendis. Sed in nominibus inferiorum ordinum intelligitur aliqua executio: nam Angeli et Archangeli denominantur a denuntiando; Virtutes et Potestates dicuntur per respectum ad aliquem actum; *Principis* etiam *est*, ut Gregorius dicit[6], *inter alios operantes priorem existere*. Unde ad hos quinque ordines pertinet in exterius ministerium mitti, non autem ad quatuor superiores.

AD PRIMUM ergo dicendum quod Dominationes computantur quidem inter angelos ministrantes, non sicut exequentes ministerium, sed sicut disponentes et mandantes quid per alios fieri debeat. Sicut architectores in artificiis nihil manu operantur, sed solum disponunt et praecipiunt quid alii debeant operari.

AD SECUNDUM dicendum quod de numero assistentium et ministrantium duplex ratio haberi potest. Gregorius enim dicit plures esse ministrantes quam assistentes. Intelligit enim quod dicitur Dn 7,10, *Millia millium ministrabant ei*, non esse dictum multiplicative, sed partitive; ac si diceretur, *millia de numero millium*. Et sic ministrantium numerus ponitur indefinitus, ad significandum excessum; assistentium vero finitus, cum subditur, *Et decies millies centena millia assistebant ei*. Et hoc procedit secundum rationem Platonicorum, qui dicebant quod quanto aliqua sunt uni primo principio propinquiora, tanto sunt minoris multitudinis: sicut quanto numerus est propinquior unitati, tanto est multitudine minor. Et haec opinio salvatur quantum ad numerum ordinum, dum sex ministrant, et tres assistunt.

Sed Dionysius ponit, 14 cap. *Cael. Hier.*[7], quod multitudo angelorum transcendit omnem materialem multitudinem; ut scilicet, sicut corpora superiora transcendunt corpora inferiora magnitudine quasi in immensum, ita superiores naturae incorporeae transcendunt multitudine omnes na-

nomes se compreende alguma execução. Ora, o nome Dominações não implica execução, somente disposição e ordem sobre o que se deve executar. Mas os nomes das ordens inferiores compreendem alguma execução. Assim Anjos e Arcanjos têm o nome derivado de anúncio, enquanto Virtudes e Potestades assim se dizem em relação a alguma ação. Finalmente, como diz Gregório, "é próprio do príncipe ser o primeiro entre outros executores". Portanto, o envio a um serviço externo compete a essas cinco ordens e não às outras quatro ordens superiores.

QUANTO AO 1º, portanto, deve-se dizer que as Dominações são contadas entre os anjos que servem, não porém pelo fato de os exercerem, mas porque dispõem e ordenam o que deve ser feito por outros. Agem assim os arquitetos, que não trabalham com suas mãos nas construções, pois somente dispõem e dirigem o que outros devem fazer.

QUANTO AO 2º, deve-se dizer que para se enumerar os anjos que se mantêm na presença de Deus e os que são enviados a serviço pode-se ter duas razões. Para Gregório, são mais os que são enviados a serviço do que os que se mantêm na presença de Deus. Ele interpreta a expressão bíblica "milhares de milhares o serviam" não em sentido multiplicativo, mas partitivo, como se dissesse: "milhares de número mil"; nesse caso o número dos que são enviados a serviço fica indefinido, para significar excesso. Enquanto o número dos que se mantêm na presença de Deus é finito, pois o mesmo texto continua: "Dez mil centenas de milhares se mantinham na presença de Deus". E isso está de acordo com a razão dos platônicos, para os quais quanto mais as coisas estão próximas do único primeiro princípio, tanto mais seu número é reduzido; assim quanto mais um número se aproxima da unidade, tanto menos é em quantidade. Esta opinião vale para o número das ordens, posto que seis são as que são enviadas a serviço e três os que se mantêm na presença de Deus.

Para Dionísio, contudo, a multidão dos anjos ultrapassa qualquer multidão material. Da mesma forma que os corpos superiores transcendem os inferiores pelo tamanho, quase que imensamente, assim também as naturezas incorpóreas superiores transcendem em número todas as naturezas

---

6. Homil. 34 in *Evang.*: ML 76, 1251 D.
7. MG 3, 321 A.

turas corporeas; quia quod est melius, est magis a Deo intentum et multiplicatum. Et secundum hoc, cum assistentes sint superiores ministrantibus, plures erunt assistentes quam ministrantes. Unde secundum hoc, *millia millium* legitur multiplicativae, ac si diceretur, *millies millia*. Et quia decies centum sunt mille, si diceretur, *decies centena millia*, daretur intelligi quod tot essent assistentes, quot ministrantes: sed quia dicitur, *decies millies centena millia*, multo plures dicuntur esse assistentes quam ministrantes. — Nec tamen hoc pro tanto dicitur, quia tantus solum sit angelorum numerus: sed multo maior, quia omnem materialem multitudinem excedit. Quod significatur per multiplicationem maximorum numerorum supra seipsos, scilicet denarii, centenarii et millenarii; ut Dionysius ibidem dicit.

corpóreas, porque o que é melhor, Deus deseja e multiplica mais. Segundo esse critério, deve haver mais anjos que se mantêm na presença de Deus que os enviados a serviço, uma vez que aqueles são superiores a estes. Por isso, *milhares de milhares* se lê de maneira multiplicativa, como se dissesse: *mil vezes mil*. Como dez vezes cem são mil, se se dissesse dez vezes centenas de mil, dar-se-ia a entender que são tantos os enviados quantos os em serviço. Como porém se diz: *Dezenas de milhares de centenas de mil*, então o número dos que se mantêm na presença de Deus é muito maior do que os enviados a serviço. — Nem se diz com isso que o número dos anjos é somente esse, porque ultrapassa toda multidão material. O que é expresso pela multiplicação dos números mais altos, por si mesmos, a saber, as dezenas, as centenas e os milhares, como diz Dionísio no mesmo lugar.

QUAESTIO XCIII
DE CUSTODIA BONORUM ANGELORUM
in octo articulos divisa

Deinde considerandum est de custodia bonorum angelorum, et de impugnatione malorum.
Et circa primum quaeruntur octo.
Primo: utrum homines ab angelis custodiantur.
Secundo: utrum singulis hominibus singuli angeli ad custodiam deputentur.
Tertio: utrum custodia pertineat solum ad ultimum ordinem angelorum.
Quarto: utrum omni homini conveniat habere angelum custodem.
Quinto: quando incipiat custodia angeli circa hominem.
Sexto: utrum angelus semper custodiat hominem.
Septimo: utrum doleat de perditione custoditi.

Octavo: utrum inter angelos sit pugna ratione custodiae.

QUESTÃO 113
A GUARDA DOS ANJOS BONS[a]
em oito artigos

Em seguida deve-se considerar a guarda dos anjos bons e o combate dos maus.
A esse respeito são oito as perguntas:
1. Os homens são guardados por anjos?
2. A cada homem é delegado um anjo da guarda?
3. A guarda se refere somente à última ordem dos anjos?
4. É conveniente que todo homem tenha um anjo de guarda?
5. Quando o anjo começa a guardar o homem?
6. O anjo guarda sempre o homem?
7. Sofre pela perdição daquele a quem guardou?
8. Entre os anjos existem rivalidades em razão da guarda?

---

a. Aqui, não se trata mais de missão, pelo menos de missão particular, pontual, de revelação ou de incitação, mas do papel de proteção constante da vida de cada homem por um anjo particular. A palavra "proteção", ou "guarda", o nome de anjos da guarda implica um mundo hostil e grandes perigos na vida dos homens, mas sobretudo em sua marcha para a salvação. A crença nos anjos da guarda remonta a uma tradição antiga, mas não deixa de ter fundamento nas Escrituras. O texto que mais chama a atenção é o de Mateus 18,10, citado por Sto. Tomás no artigo 2: "Os seus anjos se mantêm sem cessar na presença do meu Pai". Nesta questão, bastante detalhada, Sto. Tomás tentará responder a todas as questões que a ideia geral de um anjo protetor pode sugerir.

Articulus 1
Utrum homines custodiantur ab angelis

AD PRIMUM SIC PROCEDITUR. Videtur quod homines non custodiantur ab angelis.
1. Custodes enim deputantur aliquibus vel quia nesciunt, vel quia non possunt custodire seipsos; sicut pueris et infirmis. Sed homo potest custodire seipsum per liberum arbitrium; et scit, per naturalem cognitionem legis naturalis. Ergo homo non custoditur ab angelo.
2. PRAETEREA, ubi adest fortior custodia, infirmior superfluere videtur. Sed homines custodiuntur a Deo; secundum illud Ps 120,4: *Non dormitabit neque dormiet qui custodit Israel.* Ergo non est necessarium quod homo custodiatur ab angelo.
3. PRAETEREA, perditio custoditi redundat in negligentiam custodis: unde dicitur cuidam, 3Reg 20,39: *Custodi virum istum, qui si lapsus fuerit, erit anima tua pro anima eius.* Sed multi homines quotidie pereunt, in peccatum cadentes, quibus angeli subvenire possent vel visibiliter apparendo, vel miracula faciendo, vel aliquo simili modo. Essent ergo negligentes angeli, si eorum custodiae homines essent commissi: quod patet esse falsum. Non igitur angeli sunt hominum custodes.

SED CONTRA est quod dicitur in Ps 90,11: *Angelis suis mandavit de te, ut custodiant te in omnibus viis tuis.*

RESPONDEO dicendum quod, secundum rationem divinae providentiae, hoc in rebus omnibus invenitur, quod mobilia et variabilia per immobilia et invariabilia moventur et regulantur; sicut omnia corporalia per substantias spirituales immobiles, et corpora inferiora per corpora superiora, quae sunt invariabilia secundum substantiam. Sed et nos ipsi regulamur circa conclusiones, in quibus possumus diversimode opinari, per principia quae invariabiliter tenemus. — Manifestum est autem quod in rebus agendis cognitio et affectus hominis multipliciter variari et deficere possunt a bono. Et ideo necessarium fuit quod hominibus angeli ad custodiam deputarentur, per quos regularentur et moverentur ad bonum.

AD PRIMUM ergo dicendum quod per liberum arbitrium potest homo aliqualiter malum vitare, sed non sufficienter: quia infirmatur circa affec-

Artigo 1
Os homens são guardados por anjos?

QUANTO AO PRIMEIRO ARTIGO, ASSIM SE PROCEDE: parece que os homens **não** são guardados por anjos.
1. Com efeito, delegam-se guardas àqueles que não sabem ou não podem guardar a si mesmos, como às crianças e doentes. Ora, o homem, tendo o livre-arbítrio, pode guardar a si mesmo, e sabe, graças ao conhecimento natural da lei natural. Logo, o homem não é guardado pelo anjo.
2. ALÉM DISSO, parece inútil uma guarda mais fraca onde existe uma mais forte. Ora, os homens são guardados por Deus, conforme o Salmo 121: "Ele não cochilará nem dormirá, o que guarda Israel". Logo, não é necessário que o homem seja guardado pelo anjo.
3. ADEMAIS, a perda do que é guardado redunda em negligência do guarda. Por isso se diz no livro dos Reis: "Guarda este homem! Se ele vier a faltar, tua alma responderá pela dele". Ora, muitos homens perecem todos os dias caindo em pecado, sem que os anjos possam socorrê-los por meio de aparições, milagres ou coisas semelhantes. Logo, os anjos seriam negligentes, se de fato os homens fossem confiados à sua guarda. Logo, os anjos não são guardas dos homens.

EM SENTIDO CONTRÁRIO, diz o Salmo 91: "Ele ordenou a seus anjos guardar-te em todos os teus caminhos".

RESPONDO. Conforme a razão da divina providência, isso se encontra em todas as coisas, a saber, que as coisas móveis e variáveis são movidas e regidas pelas móveis e invariáveis. Assim, todos os seres corporais o são pelas substâncias espirituais imóveis; e os corpos inferiores pelos superiores, substancialmente invariáveis. Nós mesmos nos regulamos por princípios que julgamos invariáveis a respeito de conclusões nas quais podemos opinar diversamente. — Quando se trata do agir é claro que o conhecimento e o sentimento do homem podem variar de muitos modos e assim se afastar do bem. Daí a necessidade de se delegarem anjos para a guarda dos homens, para dirigi-los e movê-los ao bem[b].

QUANTO AO 1º, portanto, deve-se dizer que graças ao livre-arbítrio, o homem pode de algum modo evitar o mal, mas não suficientemente, pois

---

1 PARALL.: II *Sent.*, dist. 11, part. 1, a. 1.

b. É portanto a extrema falibilidade e variabilidade da natureza humana, entretanto chamada à mesma vida divina que os anjos, que apela para o socorro destes, sobretudo para a realização do bem.

tum boni, propter multiplices animae passiones. Similiter etiam universalis cognitio naturalis legis, quae homini naturaliter adest, aliqualiter dirigit nominem ad bonum, sed non sufficienter: quia in applicando universalia principia iuris ad particularia opera, contingit hominem multipliciter deficere. Unde dicitur Sap 9,14: *Cogitationes mortalium timidae, et incertae providentiae nostrae.* Et ideo necessaria fuit homini custodia angelorum.

AD SECUNDUM dicendum quod ad bene operandum duo requiruntur. Primo quidem, quod affectus inclinetur ad bonum: quod quidem fit in nobis per habitum virtutis moralis. Secundo autem, quod ratio inveniat congruas vias ad perficiendum bonum virtutis: quod quidem Philosophus[1] attribuit prudentiae. Quantum ergo ad primum, Deus immediate custodit hominem, infundendo ei gratiam et virtutes. Quantum autem ad secundum, Deus custodit hominem sicut universalis instructor, cuius instructio ad hominem provenit mediantibus angelis, ut supra[2] habitum est.

AD TERTIUM dicendum quod, sicut homines a naturali instinctu boni discedunt propter passionem peccati; ita etiam discedunt ab instigatione bonorum angelorum, quae fit invisibiliter per hoc quod homines illuminant ad bene agendum. Unde quod homines pereunt, non est imputandum negligentiae angelorum, sed malitiae hominum. — Quod autem aliquando, praeter legem communem, hominibus visibiliter apparent, ex speciali Dei gratia est: sicut etiam quod praeter ordinem naturae miracula fiunt.

sua afeição para o bem é enfraquecida por causa das muitas paixões da alma. Assim também o conhecimento universal da lei natural que o homem tem naturalmente, de certo modo o orienta para o bem, mas não suficientemente. De fato, ao aplicar os princípios universais do direito aos casos particulares, engana-se de muitas maneiras. Por isso diz o livro da Sabedoria: "Os pensamentos dos mortais são tímidos, incertas nossas providências". Portanto, o homem necessita da guarda dos anjos.

QUANTO AO 2º, deve-se dizer que duas são as condições para se agir bem: primeiro, que o afeto se incline ao fim; isso faz em nós o hábito da virtude moral. Segundo, que a razão encontra os caminhos convenientes para realizar o bem da virtude; e isso o Filósofo atribui à prudência. Ora, quanto à primeira, Deus guarda imediatamente o homem infundindo a graça e as virtudes. Mas, quanto à segunda, Deus guarda o homem como mestre universal, cuja instrução chega ao homem pelo serviço dos anjos, como acima foi dito.

QUANTO AO 3º, deve-se dizer que assim como os homens se desviam da natural inclinação para o bem por causa da paixão do pecado, assim também se desviam das sugestões dos anjos bons, dadas invisivelmente ao iluminá-los para agir bem[c]. Se, pois, os homens se perdem, isso não deve ser imputado à negligência dos anjos, mas à maldade humana. — Que alguma vez apareçam visivelmente aos homens fora da lei comum, isso é por especial graça de Deus; como também que se façam milagres fora da lei da natureza.

ARTICULUS 2
Utrum singuli homines a singulis angelis custodiantur

AD SECUNDUM SIC PROCEDITUR. Videtur quod non singuli homines a singulis angelis custodiantur.
1. Angelus enim est virtuosior quam homo. Sed unus homo sufficit ad custodiam multorum hominum. Ergo multo magis unus angelus multos homines potest custodire.

ARTIGO 2
Cada homem é guardado por um anjo?

QUANTO AO SEGUNDO, ASSIM SE PROCEDE: parece que cada homem **não** é guardado por um anjo.
1. Com efeito, o anjo é mais poderoso do que o homem. Ora, um só homem basta para a guarda de muitos outros. Logo, com maior razão um anjo pode guardar muitos homens.

---

1. *Ethic.*, l. VI, c. 13: 1144, a, 6-11.
2. Q. 111, a. 1.

c. Notemos o caráter normalmente invisível e inconsciente das "iluminações" de nossa "prudência" (cf. r. 1) pelo anjo da guarda.

2. Praeterea, inferiora reducuntur in Deum a superioribus per media, ut Dionysius dicit[1]. Sed cum omnes angeli sint inaequales, ut supra[2] dictum est, solus unus angelus est inter quem et homines non est aliquis medius. Ergo unus angelus solus est qui immediate custodit homines.

3. Praeterea, maiores angeli maioribus officiis deputantur. Sed non est maius officium custodire unum hominem quam alium: cum omnes homines natura sint pares. Cum ergo omnium angelorum sit unus maior alio, secundum Dionysium[3], videtur quod diversi homines non custodiantur a diversis angelis.

Sed contra est quod Hieronymus[4], exponens illud Mt 18,10, *Angeli eorum in caelis*, dicit: *Magna est dignitas animarum, ut unaquaeque habeat, ab ortu nativitatis, in custodiam sui angelum delegatum*.

Respondeo dicendum quod singulis hominibus singuli angeli ad custodiam deputantur. Cuius ratio est, quia angelorum custodia est quaedam executio divinae providentiae circa homines. Providentia autem Dei aliter se habet ad homines, et ad alias corruptibiles creaturas: quia aliter se habent ad incorruptibilitatem. Homines enim non solum sunt incorruptibiles quantum ad communem speciem, sed etiam quantum ad proprias formas singulorum, quae sunt animae rationales: quod de aliis rebus corruptibilibus dici non potest. Manifestum est autem quod providentia Dei principaliter est circa illa quae perpetuo manent: circa ea vero quae transeunt, providentia Dei est inquantum ordinat ipsa ad res perpetuas. Sic igitur providentia Dei comparatur ad singulos homines, sicut comparatur ad singula genera vel species corruptibilium rerum. Sed secundum Gregorium[5], diversi ordines deputantur diversi rerum generibus; puta Potestates ad arcendos daemones, Virtutes ad miracula facienda in rebus corporeis. Et probabile est quod diversi speciebus rerum diversi angeli eiusdem ordinis praeficiantur. Unde etiam rationabile est ut diversis hominibus diversi angeli ad custodiam deputentur.

2. Além disso, os inferiores são conduzidos a Deus pelos superiores, que se servem de intermediários, como diz Dionísio. Ora, como todos os anjos não são iguais entre si, só há um anjo que não tem intermediário entre si e os homens. Logo, só há um anjo que guarda imediatamente os homens.

3. Ademais, os anjos mais elevados são delegados a funções maiores. Ora, sendo os homens todos iguais por natureza, não é maior função guardar um ou outro. Logo, como entre todos os anjos há apenas um que é maior segundo diz Dionísio, parece que homens diversos não são guardados por anjos diversos.

Em sentido contrário, temos o comentário de Jerônimo a respeito de Mateus: "Os seus anjos nos céus". Ele diz: "Grande é a dignidade das almas, pois ao nascer cada uma tem um anjo delegado a sua guarda".

Respondo. A cada homem é delegado um anjo para sua guarda. E a razão disso é que a guarda dos anjos é obra da providência divina para com os homens. Esta não se refere do mesmo modo aos homens e às demais criaturas corruptíveis, porque de diverso modo se referem à incorruptibilidade. Os homens são incorruptíveis não só quanto à espécie comum, mas também quanto às formas próprias de cada um, as almas racionais. Não se pode afirmar o mesmo das demais coisas corruptíveis. Ora, é claro que a providência de Deus é principalmente a respeito das coisas que permanecem para sempre. A respeito das coisas que passam, a providência de Deus as ordena para o que é para sempre. Assim a providência de Deus se refere a cada homem como se refere a cada um dos gêneros e espécies das coisas corruptíveis. Ora, segundo Gregório, as diferentes ordens são delegadas a diferentes gêneros de coisas. Assim, por exemplo, as Potestades afastam demônios, as Virtudes realizam milagres nas coisas corpóreas. Ademais, é provável que diversos anjos da mesma ordem presidam as diversas espécies das coisas. É pois razoável que a homens diferentes sejam delegados anjos diferentes[d].

---

1. Cfr. *Cael. Hier.*, c. 4, 13: MG 3, 181 A, 300 sqq.
2. Q. 50, a. 4.
3. Cfr. *Cael. Hier.*, c. 10: MG 3, 272-273.
4. ML 26, 130 B.
5. Homil. 34 in *Evang.*: ML 76, 1251 C.

---

d. A razão pela qual um anjo é dado a cada homem, ao passo que, ao que parece, nos seres corruptíveis apenas a espécie tem o seu, é que cada pessoa humana é um fim em si, possui uma destinação eterna. Conforme mostra a resposta 1, o anjo de cada homem toma cuidado é das "coisas invisíveis e ocultas que dizem respeito à salvação de cada homem".

AD PRIMUM ergo dicendum quod alicui homini adhibetur custos dupliciter. Uno modo, inquantum est homo singularis: et sic uni homini debetur unus custos, et interdum plures deputantur ad custodiam unius. Alio modo, inquantum est pars alicuius collegii: et sic toti collegio unus homo ad custodiam praeponitur, ad quem pertinet providere ea quae pertinent ad unum hominem in ordine ad totum collegium; sicut sunt ea quae exterius aguntur, de quibus alii aedificantur vel scandalizantur. Angelorum autem custodia deputatur hominibus etiam quantum ad invisibilia et occulta, quae pertinent ad singulorum salutem secundum seipsos. Unde singulis hominibus singuli angeli deputantur ad custodiam.

AD SECUNDUM dicendum quod, sicut dictum est[6], angeli primae hierarchiae omnes quantum ad aliqua illuminantur immediate a Deo: sed quaedam sunt de quibus illuminantur superiores tantum immediate a Deo, quae inferioribus revelant. Et idem etiam in inferioribus ordinibus considerandum est: nam aliquis infimus angelus illuminatur quantum ad quaedam ab aliquo supremo, et quantum ad aliqua ab eo qui immediate sibi praefertur. Et sic etiam possibile est quod aliquis angelus immediate illuminet hominem, qui tamen habet aliquos angelos sub se, quos illuminat.

AD TERTIUM dicendum quod, quamvis homines natura sint pares, tamen inaequalitas in eis invenitur, secundum quod ex divina providentia quidam ordinantur ad maius, et quidam ad minus; secundum illud quod dicitur Eccli 33,11-12: *In multitudine disciplinae* Domini *separavit eos, ex ipsis benedixit et exaltavit, ex ipsis maledixit et humiliavit.* Et sic maius officium est custodire unum hominem quam alium.

QUANTO AO 1º, portanto, deve-se dizer que de duas maneiras um homem tem alguém como guarda. Primeiro, enquanto é um homem singular. Assim, a cada homem cabe um guarda e às vezes vários são delegados à guarda de um só. Segundo, enquanto é parte de um grupo: nesse caso um só homem é preposto à guarda de todo o grupo. A ele cabe prover as coisas que se referem a um homem em relação a todo o grupo. Por exemplo, o que se faz exteriormente, a respeito do que alguns se edificam ou se escandalizam. Mas os anjos são delegados para a guarda dos homens, também quanto às coisas invisíveis e escondidas que interessam à salvação de cada homem como tal. Por isso, a cada homem é delegado um anjo como guarda.

QUANTO AO 2º, deve-se dizer que como se disse, os anjos da primeira hierarquia são todos iluminados imediatamente por Deus em relação a algumas coisas. Mas há algumas coisas a respeito das quais só os superiores são iluminados imediatamente por Deus, e estes comunicam aos inferiores. Nas ordens inferiores deve-se considerar o mesmo. Com efeito, um anjo do último grau é iluminado a respeito de algumas coisas pelo anjo mais elevado, mas a respeito de outras por um anjo que lhe está imediatamente acima. Daí ser bem possível que um anjo ilumine imediatamente o homem, mesmo tendo outros anjos inferiores aos quais também ilumina.

QUANTO AO 3º, deve-se dizer que embora os homens sejam iguais por natureza, há desigualdades entre eles, na medida em que pela providência divina a alguns se ordenam grandes coisas, e a outros pequenas, conforme o que se diz no livro do Eclesiástico: "O Senhor, porém, em sua grande sabedoria, os distinguiu. Abençoou e exaltou alguns, e a outros amaldiçoou e humilhou". Assim é maior função guardar a um homem do que a outro.

ARTICULUS 3

Utrum custodire homines pertineat solum ad infimum ordinem angelorum

AD TERTIUM SIC PROCEDITUR. Videtur quod custodire homines non pertineat solum ad infimum ordinem angelorum.

1. Dicit enim Chrysostomus[1] quod hoc quod dicitur Mt 18,10, *Angeli eorum in caelo* etc., *intelligitur non de quibuscumque angelis, sed de*

ARTIGO 3

A guarda dos homens cabe somente à ordem inferior dos anjos?

QUANTO AO TERCEIRO, ASSIM SE PROCEDE: parece que a guarda dos homens **não** cabe somente à ordem inferior dos anjos.

1. Com efeito, Crisóstomo explica a respeito da passagem do Evangelho de Mateus: "Os seus anjos no céu etc." dizendo: "Entende-se não de

---

6. Q. 112, a. 3, ad 4.

PARALL.: II *Sent.*, dist. 11, part. 1, a. 2; *Cont. Gent.* III, 80.

1. Homil. 59, al. 60, in *Matth.*: MG 58, 579.

supereminentibus. Ergo supereminentes angeli custodiunt homines.

2. PRAETEREA, Apostolus, Hb 1,14, dicit quod angeli sunt *in ministerium missi propter eos qui haereditatem* capiunt *salutis*: et sic videtur quod missio angelorum ad custodiam hominum ordinetur. Sed quinque ordines in exterius ministerium mittuntur, ut supra[2] dictum est. Ergo omnes angeli quinque ordinum custodiae hominum deputantur.

3. PRAETEREA, ad custodiam hominum maxime videtur esse necessarium arcere daemones, quod pertinet ad Potestates, secundum Gregorium[3]; et miracula facere, quod pertinet ad Virtutes. Ergo illi etiam ordines deputantur ad custodiam, et non solum infimus.

SED CONTRA est quod in Ps 90,11 custodia hominum attribuitur Angelis; quorum ordo est infimus, secundum Dionysium[4].

RESPONDEO dicendum quod, sicut supra[5] dictum est, homini custodia dupliciter adhibetur. Uno modo custodia particularia, secundum quod singulis hominibus singuli angeli ad custodiam deputantur. Et talis custodia pertinet ad infimum ordinem angelorum, quorum, secundum Gregorium[6], est *minima nuntiare*; hoc autem videtur esse minimum in officiis angelorum, procurare ea quae ad unius hominis tantum salutem pertinent. — Alia vero est custodia universale. Et haec multiplicatur secundum diversos ordines: nam quanto agens fuerit universalius, tanto est superius. Sic igitur custodia humanae multitudinis pertinet ad ordinem Principatuum: vel forte ad Archangelos, qui dicuntur *Principes Angeli*, unde et Michael, quem Archangelum dicimus, *unus de principibus* dicitur Dn 10,13. Ulterius autem super omnes naturas corporeas habent custodiam Virtutes. Et ulterius etiam super daemones habent custodiam Potestates. Et ulterius etiam super bonos spiritus habent custodiam Principatus, secundum Gregorium[7].

AD PRIMUM ergo dicendum quod verbum Chrysostomi potest intelligi, ut loquatur de supremis in ordine infimo angelorum: quia, ut Dionysius dicit[8], in quolibet ordine sunt *primi, medii et ultimi*. Est

alguns anjos, mas dos mais eminentes". Logo, os anjos mais eminentes guardam os homens.

2. ALÉM DISSO, o Apóstolo, na Carta aos Hebreus, diz que os anjos são "enviados a serviço em proveito daqueles que recebem a salvação como herança". Assim, parece que a missão dos anjos diz respeito à guarda dos homens. Ora, são cinco as ordens angélicas enviadas a serviço ao exterior, como acima foi dito. Logo, todos os anjos dessas ordens são delegados à guarda dos homens.

3. ADEMAIS, para guardar os homens parece ser necessário afastar os demônios ao máximo, o que é próprio das Potestades, como diz Gregório, e também realizar milagres, o que é próprio das Virtudes. Portanto, essas duas ordens são delegadas também à guarda dos homens, e não somente a última.

EM SENTIDO CONTRÁRIO, o Salmo 91 atribui a guarda dos homens aos anjos, e segundo Dionísio, da última ordem.

RESPONDO. Acima foi dito que se entende a guarda dos homens de duas maneiras. Primeiro, como guarda particular, sendo que para a guarda de cada homem é delegado um anjo. Essa guarda cabe à última ordem dos anjos, a quem compete, segundo Gregório, *anunciar as coisas menores*. Ora, parece que a última coisa nas funções dos anjos é cuidar das coisas que dizem respeito à salvação de um só homem. — Segundo, como guarda universal. Essa se multiplica segundo as diversas ordens, pois quanto mais universal é o enviado, mais elevado é. É assim que a guarda da multidão humana compete à ordem dos Principados, ou mesmo aos Arcanjos, chamados Príncipes dos anjos. Daí que Miguel, a quem consideramos arcanjo, é chamado de "um dos príncipes" no livro de Daniel. Em seguida vêm as Virtudes, que têm a guarda de todas as naturezas corpóreas, e depois ainda as Potestades, que a têm sobre os demônios. Finalmente, segundo Gregório, os Principados têm a guarda dos bons espíritos.

QUANTO AO 1º, portanto, deve-se dizer que se pode entender a palavra de Crisóstomo em referência aos anjos mais elevados dentro da última ordem, pois segundo Dionísio, em cada ordem há

---

2. Q. 112, a. 4.
3. Homil. 34 in *Evang.*: ML 76, 1251 C.
4. *Cael. Hier.*, c. 9: MG 3, 260 B.
5. A. praec. ad 1.
6. Loc. cit. supra: ML 76, 1250 D.
7. Loc. cit. supra: ML 76, 1251 CD.
8. *Cael. Hier.*, c. 10: ML 3, 273 C.

autem probabile quod maiores angeli deputentur ad custodiam eorum qui sunt ad maiorem gradum gloriae a Deo electi.

AD SECUNDUM dicendum quod non omnes angeli qui mittuntur, habent particularem custodiam super singulos homines; sed quidam ordines habent universalem custodiam, magis vel minus, ut dictum est[9].

AD TERTIUM dicendum quod etiam inferiores angeli exercent officia superiorum, inquantum aliquid de dono eorum participant, et se habent ad superiores sicut executores virtutis eorum. Et per hunc modum etiam angeli infimi ordinis possunt et arcere daemones, et miracula facere.

anjos primeiros, intermediários e últimos. Mas é provável que os anjos superiores sejam delegados para a guarda daqueles que são eleitos por Deus a um grau superior de glória.

QUANTO AO 2º, deve-se dizer que nem todos os anjos enviados têm a guarda particular de um único homem, mas algumas ordens têm uma guarda mais ou menos universal, como foi dito.

QUANTO AO 3º, deve-se dizer que mesmo os anjos inferiores desempenham funções dos superiores, pelo fato de participarem em algo de seus dons como executores de seu poder. Assim, mesmo os anjos da última ordem podem afastar os demônios e fazer milagres.

ARTICULUS 4
Utrum omnibus hominibus
angeli ad custodiam deputentur

AD QUARTUM SIC PROCEDITUR. Videtur quod non omnibus hominibus angeli ad custodiam deputentur.
1. Dicitur enim de Christo, Philp 2,7, quod est *in similitudinem hominum factus, et habitu inventus ut homo*. Si igitur omnibus hominibus angeli ad custodiam deputantur, etiam Christus angelum custodem habuisset. Sed hoc videtur inconveniens: cum Christus sit maior omnibus angelis. Non ergo omnibus hominibus angeli ad custodiam deputantur.
2. PRAETEREA, omnium hominum primus fuit Adam. Sed sibi non competebat habere angelum custodem, ad minus in statu innocentiae: quia tunc nullis periculis angustiabatur. Ergo angeli non praeficiuntur ad custodiam omnibus hominibus.
3. PRAETEREA, hominibus angeli ad custodiam deputantur, ut per eos manuducantur ad vitam aeternam, et incitentur ad bene operandum, et muniantur contra insultos daemonum. Sed homines praesciti ad damnationem, nunquam perveniunt ad vitam aeternam. Infideles etiam, etsi interdum bona opera faciant, non tamen bene faciunt, quia non recta intentione faciunt: *fides* enim *intentionem dirigit*, ut Augustinus dicit[1]. Antichristi etiam adventus erit *secundum operationem Satanae*, ut dicitur 2Thess 2,9. Non ergo omnibus hominibus angeli ad custodiam deputantur.

ARTIGO 4
A todos os homens são
delegados anjos para guardá-los?

QUANTO AO QUARTO, ASSIM SE PROCEDE: parece que a todos os homens **não** são delegados anjos para guardá-los.
1. Com efeito, diz-se de Cristo na Carta aos Filipenses: que se "fez semelhante aos homens, e por seu aspecto foi reconhecido como homem". Se, pois, a todos os homens são delegados anjos para guardá-los, também o Cristo deveria ter o seu. Ora, isso seria pouco conveniente, pois Cristo é maior do que todos os anjos. Logo, os anjos não são delegados a todos os homens.
2. ALÉM DISSO, Adão foi o primeiro entre os homens. Ora, não lhe cabia ter um anjo da guarda, pelo menos no estado de inocência, pois não era ameaçado por nenhum perigo. Logo, os anjos não são dados a todos como guardas.
3. ADEMAIS, os anjos são delegados à guarda dos homens para conduzi-los à vida eterna, incitá-los à prática do bem e defendê-los contra os ataques dos demônios. Ora, aqueles que são predestinados à condenação jamais chegarão à vida eterna. Os infiéis, por sua vez, mesmo que por vezes façam boas obras, não as fazem devidamente, por falta de reta intenção, pois no dizer de Agostinho "a fé dirige a intenção". Enfim, a vinda do Anticristo será por operação de Satanás como diz a segunda Carta aos Tessalonicenses. Logo, não é a todos os homens que os anjos são delegados para guardá-los.

---

9. In corp.

PARALL.: II *Sent.*, dist. 11, part. 1, a. 3.

1. *Enarrat.* 2 *in Ps.* 31: ML 36, 259.

SED CONTRA est auctoritas Hieronymi supra[2] inducta, qui dicit quod *unaquaeque anima ad sui custodiam habet angelum deputatum*.

RESPONDEO dicendum quod homo in statu vitae istius constitutus, est quasi in quadam via, qua debet tendere ad patriam. In qua quidem via multa pericula homini imminent, tum ab interiori, tum ab exteriori; secundum illud Ps 141,4: *In via hac qua ambulabam, absconderunt laqueum mihi*. Et ideo sicut hominibus per viam non tutam ambulantibus dantur custodes, ita et cuilibet homini, quandiu viator est, custos angelus deputatur. Quando autem iam ad terminum viae pervenerit, iam non habebit angelum custodem; sed habebit in regno angelum conregnantem, in inferno daemonem punientem.

AD PRIMUM ergo dicendum quod Christus, secundum quod homo, immediate regulabatur a Verbo Dei: unde non indigebat custodia angelorum. Et iterum secundum animam erat comprehensor; sed ratione passibilitatis corporis, erat viator. Et secundum hoc, non debebatur ei angelus custos, tanquam superior; sed angelus minister, tanquam inferior. Unde dicitur Mt 4,11, quod *accesserunt angeli et ministrabant ei*.

AD SECUNDUM dicendum quod homo in statu innocentiae non patiebatur aliquod periculum ab interiori: quia interius erant omnia ordinata, ut supra[3] dictum est. Sed imminebat ei periculum ab exteriori, propter insidias daemonum; ut rei probavit eventus. Et ideo indigebat custodia angelorum.

AD TERTIUM dicendum quod, sicut praesciti et infideles, et etiam Antichristus, non privantur interiori auxilio naturalis rationis; ita etiam non privantur exteriori auxilio toti naturae humanae divinitus concesso, scilicet custodia angelorum. Per quam etsi non iuventur quantum ad hoc quod vitam aeternam bonis operibus mereantur, iuvantur tamen quantum ad hoc, quod ab aliquibus malis retrahuntur, quibus et sibi ipsis et aliis nocere possunt. Nam et ipsi daemones arcentur per bonos angelos, ne noceant quantum volunt. Et similiter Antichristus non tantum nocebit, quantum vellet.

EM SENTIDO CONTRÁRIO, está o texto de Jerônimo acima aduzido que diz: "Cada alma tem um anjo delegado para sua guarda".

RESPONDO. O homem, na vida presente, encontra-se em uma espécie de caminho que deve tender para a pátria. Nesse caminho são muitos os perigos que o ameaçam, dentro e fora: "No caminho pelo qual eu ando, armaram-me uma cilada", diz o Salmo 142. Por isso, aos homens que andam por caminhos não seguros são dados guardas. Assim também a cada homem em sua peregrinação terrestre é delegado um anjo para sua guarda. Quando chegar ao termo da vida, já não terá tal anjo; mas no céu terá um anjo reinando com ele, e no inferno terá um demônio para puni-lo.

QUANTO AO 1º, portanto, deve-se dizer que o Cristo como homem era dirigido imediatamente pelo Verbo de Deus, não precisando por isso da guarda dos anjos. Em sua alma era bem-aventurado, mas em razão de seu corpo ainda passível estava na vida presente. Mesmo assim, não era de um anjo da guarda que necessitava, mas de um anjo que o servisse como inferior. Daí o que se diz no Evangelho de Mateus: "Aproximaram-se anjos e o serviam".

QUANTO AO 2º, deve-se dizer que o homem no estado de inocência não corria nenhum perigo vindo de dentro, pois tudo estava ordenado em seu interior. Mas havia a ameaça de um perigo vindo de fora, devido às ciladas dos demônios, como os fatos provaram. Necessitava, portanto, da guarda dos anjos.

QUANTO AO 3º, deve-se dizer que assim como os predestinados à condenação, os infiéis e o Anticristo não estão privados do auxílio interior da razão natural, assim também não estão privados do auxílio exterior concedido por Deus a toda natureza humana, a saber, a guarda dos anjos. Mesmo que por ela não sejam ajudados a que, por meio das boas obras, mereçam a vida eterna, a guarda dos anjos ajuda ao menos a que evitem certos atos maus que poderiam ser prejudiciais a si e a outros. Com efeito, os demônios são afastados pelos anjos bons de fazer o mal tanto quanto gostariam. Assim também o Anticristo não poderá fazer todo o mal que quiser.

---

2. A. 2 in arg. *Sed Contra*.
3. Q. 95, a. 1, 3.

Articulus 5
Utrum angelus deputetur homini ad custodiam a sua nativitate

AD QUINTUM SIC PROCEDITUR. Videtur quod angelus non deputetur homini ad custodiam a sua nativitate.

1. Angeli enim mittuntur *in ministerium, propter eos qui haereditatem* capiunt *salutis*, ut Apostolus, Hb 1,14, dicit. Sed homines incipiunt haereditatem capere salutis, quando baptizantur. Ergo angelus deputatur homini ad custodiam a tempore baptismi, et non a tempore nativitatis.

2. PRAETEREA, homines ab angelis custodiuntur, inquantum ab eis illuminantur per modum doctrinae. Sed pueri mox nati non sunt capaces doctrinae: quia non habent usum rationis. Ergo pueris mox natis non deputantur angeli custodes.

3. PRAETEREA, pueri in materno utero existentes habent animam rationalem aliquo tempore, sicut et post nativitatem ex utero. Sed cum sunt in materno utero, non deputantur eis angeli ad custodiam, ut videtur; quia neque etiam ministri Ecclesiae eos sacramentis imbuunt. Non ergo statim a nativitate hominibus angeli ad custodiam deputantur.

SED CONTRA est quod Hieronymus dicit[1], quod *unaquaeque anima, ab ortu nativitatis, habet in custodiam sui angelum deputatum*.

RESPONDEO dicendum quod, sicut Origenes dicit *super Matthaeum*[2], super hoc est duplex opinio. Quidam enim dixerunt quod angelus ad custodiam homini deputantur a tempore baptismi: alii vero quod a tempore nativitatis. Et hanc opinionem Hieronymus approbat; et rationabiliter. Beneficia enim quae dantur homini divinitus ex eo quod est Christianus, incipiunt a tempore baptismi; sicut perceptio Eucharistiae, et alia huiusmodi. Sed ea quae providentur homini a Deo, inquantum habet naturam rationalem, ex tunc ei exhibentur, ex quo nascendo talem naturam accipit. Et tale beneficium est custodia angelorum, ut ex praemissis[3] patet. Unde statim a nativitae habet homo angelum ad sui custodiam deputatum.

Artigo 5
O anjo é delegado à guarda do homem desde o seu nascimento?

QUANTO AO QUINTO, ASSIM SE PROCEDE: parece que o anjo **não** é delegado à guarda do homem desde o seu nascimento.

1. Com efeito, os anjos são enviados "a serviço em proveito daqueles que recebem a salvação como herança", diz o Apóstolo na Carta aos Hebreus. Ora, os homens começam a receber essa herança quando são batizados. Logo, o anjo é delegado a guardar o homem desde o momento do batismo, e não desde o nascimento.

2. ALÉM DISSO, os anjos guardam os homens iluminando-os pelo ensinamento da doutrina. Ora, os recém-nascidos não são capazes de doutrina, pois não têm o uso da razão. Logo, aos recém-nascidos não são delegados anjos da guarda.

3. ADEMAIS, a criança no seio materno possui em certo momento a alma racional, como a tem após o nascimento. Ora, ainda no seio materno não lhes são delegados anjos da guarda, pois nem sequer os ministros da Igreja lhes conferem os sacramentos. Portanto, não é logo após o nascimento que os anjos são delegados à guarda dos homens.

EM SENTIDO CONTRÁRIO, diz Jerônimo: "Cada alma, desde o nascimento, tem um anjo delegado à sua guarda".

RESPONDO. Ao comentar o Evangelho de Mateus, Orígenes diz que, a esse respeito, há duas opiniões. Alguns disseram que o anjo é delegado à guarda do homem desde o batismo; outros já desde o nascimento. É esta opinião que Jerônimo aprova e com razão. Os benefícios que o homem recebe de Deus pelo fato de ser cristão começam com o batismo; por exemplo, a recepção da Eucaristia e outros semelhantes. Todavia, os benefícios que Deus dispõe para o homem pelo fato de ele ter uma natureza racional lhe são concedidos desde o momento em que, pelo nascimento, adquire tal natureza. Ora, esse benefício é a guarda dos anjos como está claro pelo que foi dito anteriormente. Portanto, tão logo nasce, o homem tem um anjo delegado para sua guarda[e].

---

5 PARALL.: II *Sent.*, dist. 11, part. 1, a. 3, corp. et ad 3.
 1. Loc. cit. in a. 2, arg. *Sed contra*.
 2. *Comm. in Matth.*, tom. 13: MG 13, 1165 BC.
 3. A. 1, 4.

---

e. A natureza humana que recebemos pelo nascimento segundo a carne está ferida e lançada em um mundo hostil. Assim mesmo, é chamada à vida divina. Todas as razões para atribuir um anjo a cada homem valem portanto desde seu nascimento. Antes mesmo de qualquer possibilidade de batismo, será a sua marcha para a salvação que ele protegerá.

AD PRIMUM ergo dicendum quod angeli mittuntur in ministerium, efficaciter quidem propter eos solos qui haereditatem capiunt salutis, si consideretur ultimus effectus custodiae, qui est perceptio haereditatis. Nihilominus tamen et aliis ministerium angelorum non subtrahitur, quamvis in eis hanc efficaciam non habeat, quod perducantur ad salutem. Efficax tamen est circa eos angelorum ministerium, inquantum a multis malis retrahuntur.

AD SECUNDUM dicendum quod officium custodiae ordinatur quidem ad illuminationem doctrinae sicut ad ultimum et principalem effectum. Nihilominus tamen multos alios effectus habet, qui pueris competunt: scilicet arcere daemones, et alia nocumenta tam corporalia quam spiritualia prohibere.

AD TERTIUM dicendum quod puer quandiu est in materno utero, non totaliter est a matre separatus, sed per quandam colligationem est quodammodo adhuc aliquid eius: sicut et fructus pendens in arbore, est aliquid arboris. Et ideo probabiliter dici potest quod angelus qui est in custodia matris, custodiat prolem in matris utero existentem. Sed in nativitate, quando separatur a matre, angelus ei ad custodiam deputatur, ut Hieronymus dicit.

QUANTO AO 1º, portanto, deve-se dizer que os anjos são enviados a serviço eficazmente só para aqueles que recebem a salvação como herança se considerarmos o último efeito de sua guarda, que é o recebimento da herança. Todavia, aos demais homens não é negado o serviço dos anjos, embora não seja eficaz em conduzi-los à salvação. Entretanto, é eficaz na medida em que os preserva de muitos males.

QUANTO AO 2º, deve-se dizer que a guarda dos anjos tem como efeito último e principal a iluminação doutrinal. Todavia, tem muitos outros efeitos que interessam às crianças, como afastar demônios e evitar outros danos tanto espirituais como corporais.

QUANTO AO 3º, deve-se dizer que a criança, enquanto se encontra no seio materno, não está totalmente separada da mãe, pois, em virtude de uma ligação especial, é ainda de alguma maneira parte dela, como o fruto que pende da árvore faz parte da árvore. Por isso se pode dizer como provável que o anjo da guarda da mãe guarda a prole que está em seu seio. Mas, ao nascer, ao separar-se da mãe, lhe é delegado o anjo da guarda, como diz Jerônimo.

ARTICULUS 6
Utrum angelus custos quandoque deserat hominem

AD SEXTUM SIC PROCEDITUR. Videtur quod angelus custos quandoque deserat hominem cuius custodiae deputatur.

1. Dicitur enim Ier 51,9, ex persona angelorum: *Curavimus Babylonem, et non est curata: derelinquamus* ergo *eam*. Et Is 5,5: *Auferam sepem eius, et erit in* conculcationem; Glossa[1]: *idest angelorum custodiam*.

2. PRAETEREA, principalius custodit Deus quam angelus. Sed Deus aliquando hominem derelinquit; secundum illud Ps 21,2: *Deus, Deus meus, respice in me, quare me dereliquisti?* Ergo multo magis angelus custos hominem derelinquit.

3. PRAETEREA, sicut dicit Damascenus[2], *angeli, cum sint hic nobiscum, non sunt in caelo*. Sed aliquando sunt in caelo. Ergo aliquando nos derelinquunt.

ARTIGO 6
O anjo da guarda abandona às vezes o homem?

QUANTO AO SEXTO, ASSIM SE PROCEDE: parece que o anjo da guarda às vezes **abandona** o homem a cuja guarda foi delegado.

1. Com efeito, dizem os anjos, segundo Jeremias: "Curamos Babilônia, mas ela é incurável. Então, deixemo-la". Lê-se ainda em Isaías: "Tirarei sua cerca, para que seja pisoteada"; o que a Glosa interpreta: "Isto é, a guarda dos anjos".

2. ALÉM DISSO, a proteção de Deus é mais importante que a dos anjos. Ora, por vezes Deus abandona o homem, segundo o Salmo 21: "Meu Deus, meu Deus, por que me abandonastes?". Portanto, com mais razão o anjo da guarda abandona o homem.

3. ADEMAIS, como diz Damasceno: "Os anjos, quando estão aqui conosco, não estão no céu". Ora, às vezes estão no céu. Logo, às vezes nos abandonam

---

6 PARALL.: II *Sent.*, dist. 11, part. 1, a. 4.
   1. Interlin.
   2. *De Fide Orth.*, l. II, c. 3: MG 94, 869 A.

SED CONTRA, daemones nos semper impugnant; secundum illud 1Pe 5,8: *Adversarius vester diabolus tanquam leo rugiens circuit, quaerens quem devoret*. Ergo multo magis boni angeli semper nos custodiunt.

RESPONDEO dicendum quod custodia angelorum, ut ex supra[3] dictis patet, est quaedam executio divinae providentiae circa homines facta. Manifestum est autem quod nec homo, nec res aliqua, totaliter divinae providentiae subtrahitur: inquantum enim aliquid participat de esse, intantum subditur universali providentiae entium. Sed intantum Deus, secundum ordinem suae providentiae, dicitur hominem derelinquere, inquantum permittit hominem pati aliquem defectum vel poenae vel culpae. — Similiter etiam dicendum est quod angelus custos nunquam totaliter dimittit hominem, sed ad aliquid interdum eum dimittit; prout scilicet non impedit quin subdatur alicui tribulationi, vel etiam quin cadat in peccatum, secundum ordinem divinorum iudiciorum. Et secundum hoc Babylon et domus Israel ab angelis derelictae dicuntur, quia angeli earum custodes non impediverunt quin tribulationibus subderentur.

Et per hoc patet solutio ad primum et secundum.

AD TERTIUM dicendum quod angelus, etsi interdum derelinquat hominem loco, non tamen derelinquit eum quantum ad effectum custodiae: quia etiam cum est in caelo, cognoscit quid circa hominem agatur; nec indiget mora temporis ad motum localem, sed statim potest adesse.

EM SENTIDO CONTRÁRIO, os demônios nos atacam sem cessar, segundo a primeira Carta de Pedro: "Vosso adversário, o diabo, como um leão que ruge, ronda, procurando a quem devorar". Logo, com mais razão os anjos bons sempre nos guardam.

RESPONDO. A guarda dos anjos, como está claro pelo que foi exposto, é um dos modos pelos quais Deus exerce sua providência para com os homens. Ora, é claro que nem o homem, nem coisa alguma subtrai-se totalmente à divina Providência, pois na medida em que participa do existir está sujeito à providência universal sobre todos os entes. Diz-se que Deus, conforme a ordem de sua providência, abandona o homem no sentido de que permite que ele sofra alguma deficiência, como pena ou culpa. — De modo parecido, é preciso dizer que o anjo da guarda nunca abandona totalmente o homem, mas de maneira ocasional, ao não impedir, por exemplo, que padeça alguma tribulação, ou até mesmo que caia em pecado, segundo a ordem dos juízos divinos. Assim se diz que Babilônia ou a casa de Israel foram abandonadas pelos anjos, porque os seus anjos da guarda não impediram que fossem submetidas a tribulações.

QUANTO AO 1º E AO 2º, está clara a resposta pelo que foi exposto.

QUANTO AO 3º, deve-se dizer que o anjo, embora às vezes abandone localmente o homem, não o abandona quanto aos efeitos de sua guarda, pois mesmo quando está no céu sabe o que se passa com o homem, não precisa de intervalo de tempo para deslocar-se, pois pode estar presente imediatamente.

ARTICULUS 7
Utrum angeli doleant de malis eorum quos custodiunt

AD SEPTIMUM SIC PROCEDITUR. Videtur quod angeli doleant de malis eorum quos custodiunt.

1. Dicitur enim Is 33,7: *Angeli pacis amare fiebunt. Sed fletus est signum doloris et tristitiae*. Ergo angeli tristantur de malis hominum quos custodiunt.

2. PRAETEREA, tristitia est, ut Augustinus dicit[1], *de his quae nobis nolentibus accidunt*. Sed perditio hominis custoditi est contra voluntatem

ARTIGO 7
Os anjos sofrem pelos males dos que guardam?

QUANTO AO SÉTIMO, ASSIM SE PROCEDE: parece que os anjos **sofrem** pelos males dos que guardam.

1. Com efeito, diz Isaías: "Os anjos de paz chorarão amargamente". Ora, o choro é sinal de dor e tristeza. Logo, os anjos se entristecem pelos males dos homens que guardam.

2. ALÉM DISSO, Agostinho diz que a tristeza nasce "das coisas que acontecem contra a nossa vontade". Ora, é contra a vontade do anjo que o

---

3. A. 2.

7 PARALL.: II *Sent.*, dist. 11, part. 1, a. 5.

1. *De Civ. Dei*, l. XIV, c. 15: ML 41, 424.

angeli custodis. Ergo tristantur angeli de perditione hominum.

3. Praeterea, sicut gaudio contrariatur tristitia, ita poenitentiae contrariatur peccatum. Sed angeli gaudent de peccatore poenitentiam agente, ut habetur Lc 15,7. Ergo tristantur de iusto in peccatum cadente.

4. Praeterea, super illud Nm 18,12; *Quidquid offerunt primitiarum* etc., dicit Glossa Origenis[2]: *Trahuntur angeli in iudicium, utrum ex ipsorum negligentia, an hominum ignavia lapsi sint*. Sed quilibet rationabiliter dolet de malis propter quae in iudicium tractus est. Ergo angeli dolent de peccatis hominum.

Sed contra, ubi est tristitia et dolor, non est perfecta felicitas: unde dicitur Ap 21,4: *Mors ultra non erit, neque luctus, neque clamor, neque ullus dolor*. Sed angeli sunt perfecte beati. Ergo de nullo dolent.

Respondeo dicendum quod angeli non dolent neque de peccatis, neque de poenis hominum. Tristitia enim et dolor, secundum Augustinum[3], non est nisi de his quae contrariantur voluntati. Nihil autem accidit in mundo quod sit contrarium voluntati angelorum et aliorum beatorum: quia voluntas eorum totaliter inhaeret ordini divinae iustitiae; nihil autem fit in mundo, nisi quod per divinam iustitiam fit aut permittitur. Et ideo, simpliciter loquendo, nihil fit in mundo contra voluntatem beatorum. Ut enim Philosophus dicit in III *Ethic*.[4] illud dicitur simpliciter voluntarium, quod aliquis vult in particulari, secundum quod agitur, consideratis scilicet omnibus quae circumstant, quamvis in universali consideratum non esset voluntarium: sicut nauta non vult proiectionem mercium in mare, absolute et universaliter considerando, sed imminente periculo salutis hoc vult. Unde magis est hoc voluntarium quam involuntarium, ut ibidem dicitur. Sic igitur angeli peccata et poenas hominum, universaliter et absolute loquendo, non volunt: volunt tamen quod circa hoc ordo divinae iustitiae servetur, secundum quem quidam poenis subduntur, et peccare permittuntur.

homem se perca. Logo, os anjos se entristecem pela perda dos homens.

3. Ademais, do mesmo modo que a tristeza é contrária à alegria, assim também o pecado é contrário à penitência. Ora, os anjos se alegram pelo pecador que faz penitência, segundo o Evangelho de Lucas. Logo, se entristecem pelo justo que cai em pecado.

4. Ademais, a Glosa de Orígenes ao comentar a passagem do livro dos Números: "As primícias oferecidas ao Senhor...", diz: "Os anjos são levados a juízo, para se saber se foi por sua negligência ou pela indolência dos homens que estes caíram". Ora, é com razão que alguém sofre, pelos males que o levaram a julgamento. Logo, os anjos sofrem pelos pecados dos homens.

Em sentido contrário, onde há tristeza e dor não há felicidade plena, como diz o livro do Apocalipse: "Não haverá nem luto, nem clamor, nem sofrimento". Ora, os anjos são perfeitamente bem-aventurados. Logo, nada sofrem.

Respondo. Os anjos não sofrem nem pelos pecados, nem pelas penas dos homens. No dizer de Agostinho, tristeza e dor resultam do que contraria a vontade. Ora, nada acontece no mundo que contrarie a vontade dos anjos e dos demais bem-aventurados, porque, suas vontades aderem perfeitamente à ordem da divina justiça. Com efeito, nada acontece no mundo que não seja feito ou permitido pela justiça divina. Portanto, absolutamente falando, nada acontece no mundo que contrarie a vontade dos bem-aventurados. Todavia, o Filósofo diz no livro III da *Ética*, que se diz voluntário de modo absoluto aquilo que alguém quer em particular quando age, isto é, consideradas todas as circunstâncias, embora considerado em geral fosse voluntário. Por exemplo, o navegante que não quer de modo absoluto e em geral atirar as mercadorias ao mar, mas que, na iminência de um perigo de vida, o quer. Um gesto assim é mais voluntário que involuntário como aí mesmo se diz. Assim os anjos, falando de modo geral e absoluto, não querem que os homens pequem e sofram. Mas querem que a respeito disso seja guardada a ordem da justiça divina segundo a qual alguns são sujeitos a penas, sendo-lhes permitido pecar[f].

---

2. MG 12, 647 BC.
3. Loc. cit. supra.
4. C. 1: 1110, a, 11-19.

---

f. A questão se coloca de modo similar para todos os bem-aventurados e mesmo para Cristo. E para Deus. Ao colocá-la para o anjo da guarda em relação àquele do qual ele é protetor e amigo, Sto. Tomás faz dela uma questão particularmente sensível. O presente artigo é precioso para o debate atual sobre o "sofrimento de Deus". O exemplo da mercadoria jogada a contragosto ao

AD PRIMUM ergo dicendum quod verbum illud Isaiae potest intelligi de angelis, idest nuntiis, Ezechiae, qui fleverunt propter verba Rabsacis; de quibus habetur Is 37,2sqq. Et hoc secundum litteralem sensum. — Secundum vero allegoricum, angeli pacis sunt apostoli et alii praedicatores, qui flent pro peccatis hominum. — Si vero secundum sensum anagogicum exponatur de angelis beatis, tunc metaphorica erit locutio, ad designandum quod angeli volunt in universali hominum salutem. Sic enim Deo et angelis huiusmodi passiones attribuuntur.

AD SECUNDUM patet solutio per ea quae dicta sunt[5].

AD TERTIUM dicendum quod tam in poenitentia hominum, quam in peccato, manet una ratio gaudii angelis, scilicet impletio ordinis divinae providentiae.

AD QUARTUM dicendum quod angeli ducuntur in iudicium pro peccatis hominum, non quasi rei, sed quasi testes, ad convincendum homines de eorum ignavia.

QUANTO AO 1º, portanto, deve-se dizer que a palavra de Isaías pode se entender dos anjos, isto é, dos mensageiros de Ezequias que choraram por causa das palavras do ajudante de campo de Senaquerib. — Em sentido alegórico, os anjos de paz são os apóstolos e os outros pregadores, que choram por causa dos pecados dos homens. — Se porém se toma o texto em sentido anagógico, aplicando-o aos anjos bem-aventurados, então a expressão será metafórica, para significar que os anjos querem em geral a salvação dos homens. Assim atribuímos a Deus e aos anjos esses sentimentos.

QUANTO AO 2º, está clara a resposta pelo que foi dito.

QUANTO AO 3º, deve-se dizer: quer os homens façam penitência, quer pequem, os anjos conservam um motivo de alegria, a saber, o cumprimento da ordem da providência divina.

QUANTO AO 4º, deve-se dizer que os anjos são levados a juízo por causa dos pecados dos homens, não como réus, mas como testemunhas, para convencer os homens de sua negligência.

ARTICULUS 8
Utrum inter angelos possit esse pugna seu discordia

AD OCTAVUM SIC PROCEDITUR. Videtur quod inter angelos non possit esse pugna seu discordia.

1. Dicitur enim Io 25,2: *Qui facit concordiam in sublimibus*. Sed pugna opponitur concordiae. Ergo in sublimibus angelis non est pugna.

2. PRAETEREA, ubi est perfecta caritas et iusta praelatio, non potest esse pugna. Sed hoc totum est in angelis. Ergo in angelis non est pugna.

3. PRAETEREA, si angeli dicuntur pugnare pro eis quos custodiunt, necesse est quod unus angelus foveat unam partem, et alius aliam. Sed si una pars habet iustitiam, et contra alia pars habet iniustitiam. Ergo sequitur quod angelus bonus sit fautor iniustitiae: quod est inconveniens. Ergo inter bonos angelos non est pugna.

SED CONTRA est quod dicitur Dn 10,13, ex persona Gabrielis: *Princeps regni Persarum restitit mihi viginti et uno diebus*. Hic autem princeps

ARTIGO 8
Pode haver entre os anjos lutas e discórdias?

QUANTO AO OITAVO, ASSIM SE PROCEDE: parece que entre os anjos **não** pode haver lutas e discórdias.

1. Com efeito, diz o livro de Jó: "Ele estabelece a paz nas alturas". Ora, a luta é contrária à paz. Logo, entre os anjos nas alturas não há luta.

2. ALÉM DISSO, onde há a caridade perfeita e o governo justo não pode haver luta. Ora, tudo isso há entre os anjos. Logo, não há luta entre os anjos.

3. ADEMAIS, se os anjos lutam por causa daqueles que guardam, é porque há anjos que favorecem uma parte e outros, outra. Ora, se uma parte tem a justiça, a outra pelo contrário tem a injustiça. Logo, segue-se que um anjo é causa de injustiça, o que é inconveniente. Portanto, não há luta entre os anjos bons.

EM SENTIDO CONTRÁRIO, estão as palavras de Gabriel referidas no livro de Daniel: "O Príncipe do reino da Pérsia se opôs a mim durante vinte

---

5. In corp.

8 PARALL.: II *Sent.*, dist. 11, part. 2, a. 5; IV, dist. 45, q. 3, a. 3, ad 3.

---

mar indica bem em que sentido o mal — seja ele pecado ou sofrimento — e a rejeição do pecador vão de encontro à vontade dos bem-aventurados e, não obstante, se conformam a ela. Contudo, enquanto esse "contra a vontade" é sofrimento no homem que contudo consente, não é sofrimento no bem-aventurado. Que equivalente transcendente do sofrimento pode ser concebido na eterna serenidade divina? Todo o problema reside nisso.

Persarum erat angelus regno Persarum in custodiam deputatus. Ergo unus bonus angelus resistit alii: et sic inter eos est pugna.

RESPONDEO dicendum quod ista quaestio movetur occasione horum verborum Danielis. Quae quidem Hieronymus exponit[1], dicens principem regni Persarum esse angelum qui se opposuit liberationi populi Israelitici, pro quo Daniel orabat, Gabriele preces eius Deo praesentante. Haec autem resistentia potuit fieri, quia princeps aliquis daemonum Iudaeos in Persidem ductos ad peccatum induxerat, per quod impedimentum praestabatur orationi Danielis, pro eodem populo deprecantis.

Sed secundum Gregorium, XVII *Moral.*[2], princeps regni Persarum bonus angelus fuit, custodiae regni illius deputatus. Ad videndum igitur qualiter unus angelus alteri resistere dicitur, considerandum est quod divina iudicia circa diversa regna et diversos homines, per angelos exercentur. In suis autem actionibus angeli secundum divinam sententiam regulantur. Contingit autem quandoque quod in diversis regnis, vel in diversis hominibus, contraria merita vel demerita inveniuntur, ut unus alteri subdatur aut praesit. Quid autem super hoc ordo divinae sapientiae habeat, cognoscere non possunt nisi Deo revelante: unde necesse habent super his sapientiam Dei consulere. Sic igitur inquantum de contrariis meritis et sibi repugnantibus, divinam consulunt voluntatem, resistere sibi invicem dicuntur: non quia sint eorum contrariae voluntates, cum in hoc omnes concordent, quod Dei sententia impleatur; sed quia ea de quibus consulunt, sunt repugnantia.

Et per hoc patet solutio AD OBIECTA.

e um dias". Esse Príncipe era o anjo delegado à guarda do reino da Pérsia. Portanto, um anjo bom opôs resistência a outro: há pois luta entre eles.

RESPONDO. Esta questão foi levantada por ocasião dessa passagem de Daniel. Na interpretação de Jerônimo, o Príncipe do reino da Pérsia era o anjo que se opunha à libertação do povo de Israel, pelo qual Daniel rezava, enquanto Gabriel apresentava suas preces a Deus. Essa resistência foi possível porque um príncipe dos demônios induzira ao pecado os judeus levados à Pérsia, constituindo assim um impedimento à oração de Daniel, que rezava pelo mesmo povo.

Mas segundo Gregório, o Príncipe do reino da Pérsia era um anjo bom delegado à guarda desse reino. Para entender, pois, como se diz que um anjo se opõe ao outro, é preciso considerar que os juízos divinos a respeito de diferentes reinos e homens são executados por intermédio dos anjos. Em suas ações, regulam-se eles pelo parecer divino. Ora, acontece por vezes que nesses diversos reinos e homens encontrem-se merecimentos e desmerecimentos opostos, de modo que um está ora acima ora abaixo do outro. E os anjos não podem conhecer a respeito disso qual seja a ordem da divina sabedoria, a não ser que Deus lhes revele. Portanto, a respeito disso devem necessariamente consultar a sabedoria de Deus. Assim, enquanto consultam a divina vontade a respeito dos méritos contrários e que se lhes opõem, diz-se que resistem um ao outro. Não é porque tenham vontades contrárias, pois estão todos de acordo em cumprir a vontade de Deus, mas porque são opostas as coisas a respeito das quais consultam a Deus[g].

E assim, pelo exposto, fica clara a resposta ÀS OBJEÇÕES.

---

1. In *Danielem*, ad loc. cit.: ML 25, 555 C — 556 A.
2. C. 12, al. 8; in vet. 7: ML 76, 19 BC.

g. Essa "luta" entre os anjos guardiães de reinos diferentes — poder-se-ia dizer também: das diferentes classes sociais ou dos diferentes partidos — pode fazer sorrir se nos detivermos no antropomorfismo dos exemplos bíblicos citados por Sto. Tomás. O apelo aos méritos e deméritos de uns e de outros e à ignorância dos anjos rivais a seu respeito pode igualmente parecer um pouco sumário. Todavia, há profundidade na frase conclusiva: "Não que eles tenham vontades contrárias, mas as coisas em questão são contrárias entre si".

Essa contrariedade interna entre os elementos de que são feitos o homem e a sociedade humana não se dá forçosamente entre o bem e o mal, entre o mérito e o demérito. Pode estar inscrita na natureza das coisas, e ser geradora de conflitos, cuja solução não é de antemão conhecida, nem mesmo pelos anjos.

QUAESTIO CXIV
DE DAEMONUM IMPUGNATIONE
in quinque articulos divisa

Deinde considerandum est de impugnatione daemonum.
Et circa hoc quaeruntur quinque.
Primo: utrum homines a daemonibus impugnentur.
Secundo: utrum tentare sit proprium diaboli.
Tertio: utrum omnia peccata hominum ex impugnatione sive tentatione daemonum proveniant.
Quarto: utrum possint vera miracula facere ad seducendum.
Quinto: utrum daemones qui ab hominibus superantur, ab impugnatione hominum arceantur.

Articulus 1
Utrum homines impugnentur a daemonibus

Ad primum sic proceditur. Videtur quod homines non impugnentur a daemonibus.

1. Angeli enim deputantur ad hominum custodiam, missi a Deo. Sed daemones non mittuntur a Deo: cum daemonum intentio sit perdere animas, Dei autem salvare. Ergo daemones non deputantur ad hominum impugnationem.

2. Praeterea, non est aequa conditio pugnae, ut infirmus contra fortem, ignarus contra astutum exponatur ad bellum. Sed homines sunt infirmi et ignari; daemones autem potentes et astuti. Non est ergo permittendum a Deo, qui est omnis iustitiae auctor, ut homines a daemonibus impugnentur.

3. Praeterea, ad exercitium hominum sufficit impugnatio carnis et mundi. Sed Deus permittit electos suos impugnari propter eorum exercitium. Ergo non videtur necessarium quod a daemonibus impugnentur.

QUESTÃO 114
OS COMBATES DOS DEMÔNIOS[a]
em cinco artigos

Em seguida, devem-se considerar os combates dos demônios.
E sobre isso são cinco as perguntas:
1. Os homens são combatidos pelos demônios?
2. Tentar é próprio do diabo?
3. Todos os pecados dos homens provêm do combate e das tentações dos demônios?
4. Os demônios podem realizar milagres verdadeiros para seduzir?
5. Os demônios, que são vencidos pelos homens, desistem de combater os homens?

Artigo 1
Os homens são combatidos pelos demônios?

Quanto ao primeiro artigo, assim se procede: parece que os homens **não** são combatidos pelos demônios.

1. Com efeito, os anjos, enviados por Deus, são delegados à guarda dos homens. Ora, os demônios não são enviados por Deus, pois sua intenção é perder as almas, enquanto a de Deus é salvá-las. Logo, os demônios não são delegados para combater os homens.

2. Além disso, não é justa a condição de luta em que o fraco é exposto à guerra contra o forte, o incauto contra o astuto. Ora, os homens são fracos e incautos, enquanto os demônios são fortes e astutos. Logo, Deus, autor de toda justiça, não pode permitir que os homens sejam combatidos pelos demônios.

3. Ademais, para o exercício dos homens, basta a luta da carne e do mundo. Ora, Deus permite que seus eleitos sejam combatidos para que se exercitem. Logo, não parece necessário que sejam combatidos pelos demônios.

1   Parall.: Supra, q. 64, a. 4.

a. A contrapartida da proteção dos anjos da guarda é o ataque dos demônios visando à perdição do homem. Observe-se que Sto. Tomás apenas aludiu à ação dos demônios sobre o universo: conservam eles aí seu papel natural? Se o exercem livremente, não se pode imputar-lhes desordens excessivas? Observe-se que, nesta questão, Sto. Tomás se refere ora a demônios, ora ao Diabo. Aquele que tentou o Senhor (assim como Adão) é o *Diabo, caput malorum* (chefe dos maus). É que, no espírito de Sto. Tomás, há um primeiro pecador, instigador da queda de todos os outros, e que permanece sendo o primeiro da ordem do Mal. Parece mesmo que o acusa de querer imitar Deus, enviando *seus* anjos em missão de tentação. Observe-se o apoio bastante sólido que encontra Sto. Tomás no texto de S. Paulo citado por ele desde o artigo 1: "Não é contra a carne e o sangue, é contra os espíritos do mal que tendes de lutar". A importância extraordinária, e muitas vezes nefasta, que a crença comum ligou muitas vezes ao papel dos demônios empresta grande interesse a essa questão tão notavelmente moderada. Deve-se relacioná-la, evidentemente, com o que foi dito, no tratado dos anjos, sobre a queda, o castigo e a condição dos demônios (I, q. 63 e 64).

SED CONTRA est quod Apostolus dicit, Eph 6,12, quod *non est nobis colluctatio adversus carnem et sanguinem, sed adversus Principes et Potestates, adversus mundi rectores tenebrarum harum, contra spiritualia nequitiae in caelestibus.*

RESPONDEO dicendum quod circa impugnationem daemonum duo est considerare: scilicet ipsam impugnationem, et impugnationis ordinem. Impugnatio quidem ipsa ex daemonum malitia procedit, qui propter invidiam profectum hominum impedire nituntur; et propter superbiam divinae potestatis similitudinem usurpant, deputando sibi ministros determinatos ad hominum impugnationem, sicut et angeli Deo ministrant in determinatis officiis ad hominum salutem. Sed ordo impugnationis ipsius est a Deo, qui ordinate novit malis uti, ad bona ea ordinando. — Sed ex parte angelorum, tam ipsa custodia quam ordo custodiae reducitur ad Deum, sicut ad primum auctorem.

AD PRIMUM ergo dicendum quod mali angeli impugnant homines dupliciter. Uno modo, instigando ad peccatum. Et sic non mittuntur a Deo ad impugnandum, sed aliquando permittuntur, secundum Dei iusta iudicia. Aliquando autem impugnant homines puniendo. Et sic mittuntur a Deo; sicut missus est Spiritus mendax ad puniendum Achab regem Israel, ut dicitur 3Reg ult., 20sqq. Poena enim refertur in Deum, sicut in primum auctorem. Et tamen daemones ad puniendum missi, alia intentione puniunt, quam mittantur: nam ipsi puniunt ex odio vel invidia; mittuntur autem a Deo propter eius iustitiam.

AD SECUNDUM dicendum quod ad hoc quod non sit inaequalis pugnae conditio, fit ex parte hominis recompensatio, principaliter quidem per auxilium divinae gratiae; secundario autem per custodiam angelorum. Unde 4Reg 6,16. Elisaeus dixit ad ministrum suum: *Noli timere, plures enim nobiscum sunt, quam cum illis.*

AD TERTIUM dicendum quod infirmitati humanae sufficeret ad exercitium impugnatio quae est a carne et mundo: sed malitiae daemonum non sufficit, quae utroque utitur ad hominum impugnationem.

EM SENTIDO CONTRÁRIO, diz o Apóstolo na Carta aos Efésios: "Não é contra a carne e o sangue que lutamos, mas contra os Principados e Potestades, contra os dominadores deste mundo de trevas, os espíritos do mal que estão nos céus".

RESPONDO. A respeito dos combates dos demônios é preciso considerar duas coisas: o combate em si mesmo e sua ordem. O combate em si mesmo procede da maldade dos demônios, que por inveja se esforçam para impedir o progresso dos homens e por soberba usurpam a semelhança do poder divino, delegando determinados ministros para combater os homens, assim como os anjos servem a Deus em determinadas funções em prol da salvação dos homens. Todavia, a ordem desses combates é de Deus, que sabe usar com ordem dos males, ordenando-os para o bem. — Quanto aos anjos, provêm de Deus, como de seu primeiro autor, tanto a guarda em si mesma como a ordem da guarda[b].

QUANTO AO 1º, portanto, deve-se dizer que os anjos maus combatem os homens de duas maneiras. Primeiro instigando-os ao pecado. Neste caso, não são enviados por Deus, pois têm às vezes sua permissão para combater, segundo os justos juízos de Deus. Segundo, combatendo-os para puni-los. Neste caso, são enviados por Deus; por exemplo, quando foi enviado um espírito de mentira para punir Acab, rei de Israel, conforme está no terceiro livro dos Reis. O castigo provém de Deus como de seu primeiro autor. Entretanto, os demônios enviados para punir punem com intenção distinta daquela pela qual são enviados, pois punem por ódio e inveja, enquanto Deus os envia por causa de sua justiça[c].

QUANTO AO 2º, deve-se dizer que para que a condição da luta não seja desigual, o homem recebe em compensação principalmente o auxílio da graça divina, e em segundo lugar a guarda dos anjos. Por isso Eliseu disse a seu ajudante: "Não tenhas medo! Os que estão conosco são mais numerosos do que os que estão com eles", como está no segundo livro dos Reis.

QUANTO AO 3º, deve-se dizer que para a fraqueza humana bastaria, como exercício, o combate da carne e do mundo. Ora, isso não é o bastante para a maldade dos demônios, que aliás se servem

---

b. A iniciativa e responsabilidade do mal provêm do pecador, e principalmente desse pecador por excelência que é o demônio. Contudo, a utilização do mal para suscitar um bem maior em réplica e redenção cabe a Deus.

c. É difícil ver nos demônios os instrumentos pelos quais Deus exerceria, enquanto justiceiro, o castigo. A iconografia medieval mostra a que ponto essa ideia foi difundida. Contudo, preferem-se os textos nos quais Sto. Tomás, seguindo S. Paulo, mostra no sofrimento e na morte a consequência e o fruto por assim dizer naturais do pecado.

Sed tamen ex divina ordinatione hoc provenit in gloriam electorum.

Articulus 2
Utrum tentare sit proprium diaboli

Ad secundum sic proceditur. Videtur quod tentare non sit proprium diaboli.

1. Dicitur enim Deus tentare; secundum illud Gn 22,1: *Tentavit Deus Abraham*. Tentat etiam caro, et mundus. Et etiam homo dicitur tentare Deum, et hominem. Ergo non est proprium daemonis tentare.

2. Praeterea, tentare est ignorantis. Sed daemones sciunt quid circa homines agatur. Ergo daemones non tentant.

3. Praeterea, tentatio est via in peccatum. Peccatum autem in voluntate consistit. Cum ergo daemones non possint voluntatem hominis immutare, ut per supra[1] dicta patet; videtur quod ad eos non pertineat tentare.

Sed contra est quod dicitur 1Thess 3,5: *Ne forte tentaverit vos is qui tentat*; Glossa[2]: *idest diabolus, cuius officium est tentare*.

Respondeo dicendum quod tentare est proprie experimentum sumere de aliquo. Experimentum autem sumitur de aliquo, ut sciatur aliquid circa ipsum: et ideo proximus finis cuiuslibet tentantis est scientia. Sed quandoque ulterius ex scientia quaeritur aliquis alius finis, vel bonus vel malus: bonus quidem, sicut cum aliquis vult scire qualis aliquis sit, vel quantum ad scientiam vel quantum ad virtutem, ut eum promoveat; malus autem, quando hoc scire vult, ut eum decipiat vel subvertat.

Et per hunc modum potest accipi quomodo tentare diversis diversimode attribuatur. Homo enim tentare dicitur, quandoque quidem ut sciat tantum: et propter hoc, tentare Deum dicitur esse peccatum; quia homo, quasi incertus, experiri praesumit Dei virtutem. Quandoque vero tentat ut iuvet: quandoque vero, ut noceat. — Diabolus autem semper tentat ut noceat, in peccatum praecipitando. Et secundum hoc, dicitur proprium officium eius tentare: nam etsi homo aliquando sic tentet, hoc agit inquantum est minister diaboli.

de ambos para combater o homem. Todavia, por ordem divina, isso redunda em glória dos eleitos.

Artigo 2
Tentar é próprio do diabo?[d]

Quanto ao segundo, assim se procede: parece que tentar **não** é próprio do diabo.

1. Com efeito, diz-se que Deus tenta, segundo a passagem do Gênesis: "Deus tentou Abraão". A carne e o mundo também tentam. Diz-se até mesmo que o homem tenta Deus, e os homens. Logo, tentar não é próprio do demônio.

2. Além disso, tentar é próprio de quem não sabe. Ora, os demônios sabem o que acontece. Logo, os demônios não tentam.

3. Ademais, a tentação é caminho para o pecado. Ora, o pecado consiste num ato da vontade. Logo, como os demônios não podem agir sobre a vontade do homem, como já foi visto, parece que não lhes cabe tentar.

Em sentido contrário, está na primeira Carta aos Tessalonicenses: "Não vos tenha tentado o que tenta". E a Glosa: "Isto é, o diabo, cuja função é tentar".

Respondo. Tentar, propriamente, é experimentar alguma coisa. Experimenta-se para aprender algo a seu respeito. Por isso, o fim próximo do que tenta é a ciência. Às vezes, porém, procura-se um outro fim, além da ciência, bom ou mau. O fim é bom quando se quer saber como alguém está na ciência ou na virtude, para ajudá-lo. O fim é mau quando se quer saber disso para enganá-lo ou fazê-lo decair.

Desse modo, pode-se entender como tentar é atribuído a diversos de muitas maneiras. Com efeito, diz-se que o homem tenta, às vezes somente para saber. Diz-se que tentar Deus é um pecado, porque o homem, na dúvida, presume experimentar o poder de Deus. Outras vezes o homem tenta para ajudar, outras ainda para prejudicar. — Quanto ao diabo, sempre tenta para prejudicar, impelindo ao pecado. Sob esse aspecto, diz-se que sua função própria é tentar. Com efeito, se o homem, por vezes, tenta da mesma forma, ele

---

2 Parall.: II *Sent.*, dist. 21, q. 1, a. 1; Opusc. VII, *Exposit. Orat. Dom.*, petit. 6; in *Matth.*, c. 4; 1*Thessal.*, c. 1, lect. unic.; *Heb.*, c. 11, lect. 4.

1. Q. 111, a. 2.
2. Interlin.

d. A ação do demônio sobre o homem é aqui resumida na tentação, na incitação ao mal. É bastante notável que em nenhum lugar dessa questão haja referência a possessões diabólicas, que tomaram tanto espaço em certos momentos da demonologia.

— Deus autem tentare dicitur ut sciat, eo modo loquendi quo dicitur scire quod facit alios scire. Unde dicitur Dt 13,3: *Tentat vos Dominus Deus vester, ut palam fiat utrum diligatis eum.* — Caro autem et mundus dicuntur tentare instrumentaliter, seu materialiter: inquantum scilicet potest cognosci qualis sit homo, ex hoc quod sequitur vel repugnat concupiscentiis carnis, et ex hoc quod contemnit prospera mundi et adversa; quibus etiam diabolus utitur ad tentandum.

Et sic patet solutio AD PRIMUM.

AD SECUNDUM dicendum quod daemones sciunt ea quae exterius aguntur circa homines: sed interiorem hominis conditionem solus Deus novit, qui est *spirituum ponderator* Pr 16,2, ex qua aliqui sunt magis proni ad unum vitium quam ad aliud. Et ideo diabolus tentat explorando interiorem conditionem hominis, ut de illo vitio tentet, ad quod homo magis pronus est.

AD TERTIUM dicendum quod daemon, etsi non possit immutare voluntatem, potest tamen, ut supra[3] dictum est, aliqualiter immutare inferiores hominis vires; ex quibus etsi non cogitur voluntas, tamen inclinatur.

o faz como servo do diabo. — Quanto a Deus, diz-se que tenta para saber, no sentido de que se diz saber o que faz que os outros saibam. Por isso, diz o livro do Deuteronômio: "O Senhor, vosso Deus, vos tenta, para que se manifeste se o amais". — A carne e o mundo se diz que tentam, de modo instrumental ou material, no sentido de que se pode conhecer quem seja o homem pelo modo como cede às concupiscências da carne ou a elas resiste, ou ainda pelo modo como despreza os sucessos ou mesmo as adversidades do mundo. De tudo isso se serve também o demônio para tentar[e].

QUANTO AO 1º, está clara a resposta pelo que foi dito.

QUANTO AO 2º, deve-se dizer que os demônios sabem o que acontece no exterior dos homens. A condição interior, porém, só é conhecida por Deus, pois *ele é quem pesa os corações*, segundo o livro dos Provérbios. É o interior que torna os homens mais inclinados a um vício que a outro. Por isso o diabo tenta explorando a condição interior do homem para tentá-lo no vício para o qual está mais inclinado.

QUANTO AO 3º, deve-se dizer que embora o demônio não possa agir sobre a vontade, pode contudo, como já foi dito, agir de algum modo sobre as forças inferiores do homem. Estas, embora não forcem a vontade, podem incliná-la.

ARTICULUS 3
Utrum omnia peccata procedant ex tentatione diaboli

AD TERTIUM SIC PROCEDITUR. Videtur quod omnia peccata procedant ex tentatione diaboli.

1. Dicit enim Dionysius, 4 cap. *de Div. Nom.*[1], quod *multitudo daemonum est causa omnium malorum et sibi et aliis.* Et Damascenus dicit[2] quod *omnis malitia et omnis immunditia a diabolo excogitatae sunt.*

2. PRAETEREA, de quolibet peccatore dici posset quod Dominus de Iudaeis dicit, Io 8,44: *Vos ex*

ARTIGO 3
Todos os pecados procedem da tentação do diabo?

QUANTO AO TERCEIRO, ASSIM SE PROCEDE: parece que todos os pecados **procedem** da tentação do diabo.

1. Com efeito, diz Dionísio que "a multidão dos demônios é causa de todos os males para si mesmos e para os outros". E Damasceno diz que "toda malícia e toda impureza foram concebidas pelo diabo".

2. ALÉM DISSO, pode-se dizer de todo pecador o que o Senhor disse dos judeus: "O vosso pai

---

3. Q. 111, a. 3, 4.

3 PARALL.: I-II, q. 80, a. 4; *De Malo*, q. 3, a. 5.

1. MG 3, 716 A.
2. *De Fide Orth.*, l. II, c. 4: MG 94, 877 B.

e. Definir a tentação como "por à prova" permite explicar não apenas a palavra ("tentar" significa, em suma: "testar"), mas o uso que dela é feito na Escritura (Deus nos tenta, nós tentamos a Deus). No entanto, o que o diabo experimenta no homem é tudo o que, nele, é mau ou voltado para o mal. Não para sabê-lo, mas sabendo-o, para fazê-lo sucumbir atacando-o ali onde reside sua fraqueza ou seu vício. De modo que, finalmente, a "tentação", quando é diabólica, torna-se incitação ao mal, por todos os meios de que dispõe a criatura angélica para agir sobre o homem. O sentido original de "tentação" se dissolve, portanto — e é o que ocorreu com a linguagem cristã usual —, para dar lugar ao da incitação ao mal ou sedução.

patre diabolo estis. Hoc autem est inquantum ipsi ex diaboli suggestione peccabant. Omne ergo peccatum est ex suggestione diaboli.

3. PRAETEREA, sicut angeli deputantur ad custodiam hominum, ita daemones ad impugnationem. Sed omnia bona quae facimus, ex suggestione bonorum angelorum procedunt: quia divina ad nos mediantibus angelis perferuntur. Ergo et omnia mala quae facimus, proveniunt ex suggestione diaboli.

SED CONTRA est quod dicitur in libro *de Eccles. Dogmat.*[3]: *Non omnes cogitationes nostrae malae a diabolo excitantur, sed aliquoties ex nostri arbitrii motu emergunt.*

RESPONDEO dicendum quod causa alicuius potest dici aliquid dupliciter: uno modo, directe: alio modo, indirecte. Indirecte quidem, sicut cum aliquod agens causans aliquam dispositionem ad aliquem effectum, dicitur esse occasionaliter et indirecte causa illius effectus; sicut si dicatur quod ille qui siccat ligna, est causa combustionis eorum. Et hoc modo dicendum est quod diabolus est causa omnium peccatorum nostrorum: quia ipse instigavit primum hominem ad peccandum, ex cuius peccato consecuta est in toto genere humano quaedam pronitas ad omnia peccata. Et per hunc modum intelligenda sunt verba Damasceni et Dionysii[4].

Directe autem dicitur esse aliquid causa alicuius, quod operatur directe ad illud. Et hoc modo diabolus non est causa omnis peccati: non enim omnia peccata committuntur diabolo instigante, sed quaedam ex libertate arbitrii et carnis corruptione. Quia, ut Origenes dicit[5], etiam si diabolus non esset, homines haberent appetitum ciborum et venereorum et huiusmodi; circa quae multa inordinatio contingit, nisi per rationem talis appetitus refraenetur; et maxime, supposita corruptione naturae. Refraenare autem et ordinare huiusmodi appetitum, subiacet libero arbitrio. Sic ergo non est necessarium omnia peccata ex instinctu diaboli provenire. Si qua tamen ex instinctu eius proveniunt, ad ea complenda *eo blandimento decipiuntur homines nunc, quo primi parentes*, ut Isidorus dicit[6].

é o diabo". Ora, disse isso porque pecavam por sugestão do diabo. Logo, todo pecado provém da sugestão do diabo.

3. ADEMAIS, assim como os anjos são delegados para a guarda dos homens, assim os demônios, para combatê-los. Ora, tudo o que fazemos de bom é sugerido por anjos bons, pois os dons de Deus nos chegam por seu intermédio. Logo, assim também, tudo o que fazemos de mal é sugerido pelo diabo.

EM SENTIDO CONTRÁRIO, está no livro dos *Dogmas Eclesiásticos*: "Nem todos os nossos maus pensamentos são excitados pelo diabo, pois surgem algumas vezes do movimento de nosso arbítrio".

RESPONDO. Uma coisa pode ser causa de outra de duas maneiras: direta e indiretamente. Indiretamente, quando um agente, ao causar certa disposição em relação a algum efeito, é reconhecido como sua causa ocasional e indireta. Por exemplo, se se diz que quem põe a madeira para secar é causa de ela pegar fogo. Desse modo deve-se dizer que o demônio é causa de todos os nossos pecados, porque foi ele que instigou o primeiro homem ao pecado, e desse pecado resultou em toda a humanidade certa inclinação para com todos os pecados. As palavras de Dionísio e Damasceno devem ser entendidas desse modo.

Diz-se que alguma coisa é diretamente causa de algo quando age diretamente para produzir o efeito. Desse modo, o diabo não é causa de todo pecado. Com efeito, nem todos os pecados são cometidos por incitação do demônio, mas alguns pela liberdade de nosso arbítrio e pela corrupção da carne. Como diz Orígenes, "mesmo se o demônio não existisse, os homens teriam desejo dos alimentos, dos prazeres sexuais e de outras coisas parecidas". A respeito dessas coisas acontece muita desordem, a não ser que a razão refreie tais desejos, especialmente se se levar em conta a corrupção da natureza. Ora, refrear e ordenar esses desejos depende do livre-arbítrio. Não é pois necessário que todos os pecados provenham da instigação do demônio. Se todavia alguns provêm da instigação dele, para cometê-los "os homens são enganados agora pela sedução como o foram nossos primeiros pais", como diz Isidoro[f].

---

3. C. 69, al. 82: ML 42, 1221 (= ML 58, 999; 83, 1243).
4. Cfr. arg. 1.
5. *Peri Archon.*, l. III, c. 2: MG 11, 305 CD.
6. *Sentent.* (al. *de Summo Bono*), l. III, c. 5: ML 83, 664 A.

f. A moderação de Sto. Tomás em sua demonologia surge claramente nesta resposta. Mesmo sem o diabo, o homem, ser livre, é capaz de pecar, como o próprio diabo pecou, e é mesmo naturalmente levado ao pecado pela queda original. Com

Et per hoc patet responsio AD PRIMUM.

AD SECUNDUM dicendum quod, si qua peccata absque instinctu diaboli perpetrantur, per ea tamen fiunt homines filii diaboli, inquantum ipsum primo peccantem imitantur.

AD TERTIUM dicendum quod homo potest per seipsum ruere in peccatum: sed ad meritum proficere non potest nisi auxilio divino, quod homini exhibetur mediante ministerio angelorum. Et ideo ad omnia bona nostra cooperantur angeli: non tamen omnia nostra peccata procedunt ex daemonum suggestione. Quamvis nullum genus peccati sit, quod non interdum ex daemonum suggestione proveniat.

QUANTO AO 1º, está clara a resposta pelo que foi exposto.

QUANTO AO 2º, deve-se dizer que se alguns pecados são cometidos sem a instigação do diabo, contudo por meio deles os homens se tornam filhos do diabo, pelo fato de imitarem aquele que por primeiro pecou.

QUANTO AO 3º, deve-se dizer que o homem pode por si mesmo cair em pecado, mas não pode chegar a ter merecimento sem o auxílio divino, a ele proporcionado pela mediação dos anjos. Por isso, os anjos colaboram em tudo o que fazemos de bom, enquanto todos os nossos pecados não procedem da sugestão do demônio. Todavia, não há gênero de pecado que não provenha às vezes da sugestão do diabo.

ARTICULUS 4
Utrum daemones possint homines seducere per aliqua miracula vera

AD QUARTUM SIC PROCEDITUR. Videtur quod daemones non possint homines seducere per aliqua miracula vera.
1. Operatio enim daemonum maxime vigebit in operibus Antichristi. Sed sicut Apostolus dicit 2Thess 2,9, eius *adventus est secundum operationem Satanae, in omni virtute et signis et prodigiis mendacibus*. Ergo multo magis alio tempore per daemones non fiunt nisi signa mendacia.

2. PRAETEREA, vera miracula per aliquam corporum immutationem fiunt. Sed daemones non possunt immutare corpus in aliam naturam: dicit enim Augustinus, XVIII *de Civ. Dei*[1]: *Nec corpus quidem humanum ulla ratione crediderim daemonum arte vel potestate in membra bestialia posse converti*. Ergo daemones vera miracula facere non possunt.

3. PRAETEREA, argumentum efficaciam non habet, quod se habet ad opposita. Si ergo miracula vera possunt fieri a daemonibus ad falsitatem persuadendam, non erunt efficacia ad veritatem fidei confirmandam. Quod est inconveniens: cum

ARTIGO 4
Os demônios podem seduzir os homens por meio de milagres verdadeiros?

QUANTO AO QUARTO, ASSIM SE PROCEDE: parece que os demônios **não** podem seduzir os homens por meio de milagres verdadeiros.
1. Com efeito, a ação diabólica terá sua máxima expressão nas obras do Anticristo. Ora, como diz o Apóstolo na segunda Carta aos Tessalonicenses: "Sua vinda é por obra de Satanás, com todo poder, milagres e prodígios enganosos". Logo, com maior razão, em outros tempos, os milagres feitos pelos demônios não foram senão mentiras.

2. ALÉM DISSO, os verdadeiros milagres acontecem por uma ação sobre os corpos. Ora, os demônios não podem agir sobre a natureza de um corpo, como diz Agostinho: "Não acredito que o corpo humano possa, por nenhuma razão, ser transformado em corpo de animais devido à arte ou ao poder demoníaco". Logo, os demônios não podem fazer verdadeiros milagres.

3. ADEMAIS, um argumento não tem valor se vale para os contrários. Portanto, se os demônios podem fazer milagres verdadeiros para induzir ao erro, outros milagres não terão valor para confirmar a verdade da fé. Ora, isso é inconveniente,

---

4 PARALL.: Supra, q. 110, a. 4, ad 2; II-II, q. 178, a. 1, ad 2; a. 2; II *Sent.*, dist. 7, q. 3, a. 1; *De Pot.*, q. 6, a. 5; in *Matth.*, c. 24; 2*Thessal.*, c. 2, lect. 2.

1. C. 18: ML 41, 575.

---

frequência, os tentadores são os homens, ou o mundo, sem qualquer necessidade do diabo. No entanto, na história do pecado, nessa queda original da qual resulta a propensão natural do homem a pecar, o diabo desempenhou o papel ao qual se refere não apenas o Gênesis, mas, seguindo-o, S. João: "Desde o princípio, ele era homicida" (Jo 8,44), ele "o sedutor do mundo inteiro" (Ap 12,9).

dicatur Marci ult., [20]: *Domino cooperante, et sermonem confirmante sequentibus signis.*

SED CONTRA est quod Augustinus dicit, libro *Octoginta trium Quaest.*[2], quod *magicis artibus fiunt miracula plerumque similia illis miraculis quae fiunt per servos Dei.*

RESPONDEO dicendum quod, sicut ex supra[3] dictis patet, si miraculum proprie accipiatur, daemones miracula facere non possunt, nec aliqua creatura, sed solus Deus: quia miraculum proprie dicitur quod fit praeter ordinem totius naturae creatae, sub quo ordine continetur omnis virtus creaturae. Dicitur tamen quandoque miraculum large, quod excedit humanam facultatem et considerationem. Et sic daemones possunt facere miracula, quae scilicet homines mirantur, inquantum eorum facultatem et cognitionem excedunt. Nam et unus homo, inquantum facit aliquid quod est supra facultatem et cognitionem alterius, ducit alium in admirationem sui operis, ut quodammodo miraculum videatur operari.

Sciendum est tamen quod, quamvis huiusmodi opera daemonum, quae nobis miracula videntur, ad veram rationem miraculi non pertingant; sunt tamen quandoque verae res. Sicut magi Pharaonis per virtutem daemonum veros serpentes et ranas fecerunt Ex 7,12; 8,7. Et *quando ignis de caelo cecidit et familiam Iob cum gregibus pecorum uno impetu consumpsit, et turbo domum deiiciens filios eius occidit, quae fuerunt opera Satanae, phantasmata non fuerunt,* ut Augustinus dicit, XX *de Civ. Dei*[4].

AD PRIMUM ergo dicendum quod, sicut Augustinus dicit ibidem, Antichristi opera possunt dici esse signa mendacii, *vel quia mortales sensus per phantasmata decepturus est, ut quod non facit, videatur facere: vel quia, si sint vera prodigia, ad mendacium tamen pertrahent credituros.*

AD SECUNDUM dicendum quod, sicut supra[5] dictum est, materia corporalis non obedit angelis bonis seu malis ad nutum, ut daemones sua virtute possint transmutare materiam de forma in formam: sed possunt adhibere quaedam semina quae in ele-

pois como se diz no Evangelho de Marcos, "cooperou com eles o Senhor e confirmou a palavra deles com milagres que a acompanhavam".

EM SENTIDO CONTRÁRIO, diz Agostinho: "Por meio das artes dos magos, realizam-se milagres que são em geral semelhantes àqueles operados pelos servos de Deus".

RESPONDO. Como está claro pelo exposto acima, um milagre propriamente dito não pode ser obra dos demônios, nem de alguma outra criatura, mas só de Deus, porque o milagre propriamente dito é o que se faz para além da ordem de toda a natureza criada, dentro da qual está contido todo poder criado. Todavia, às vezes, diz-se milagre de uma maneira mais ampla, como o que ultrapassa a capacidade e o conhecimento humanos. Nesse sentido os demônios podem fazer milagres que enchem os homens de admiração, na medida em que ultrapassa a capacidade e o conhecimento deles. Até mesmo quando um homem faz algo que vai além da capacidade e do conhecimento do outro, leva-o a admirar sua obra, a ponto de parecer ter operado um milagre.

Deve-se, no entanto, saber que embora essas obras dos demônios que nos parecem milagres não possuam a verdadeira razão de milagres, são, às vezes, coisas verdadeiras. Por exemplo, os magos do Faraó fizeram, pelo poder dos demônios, verdadeiras serpentes e verdadeiras rãs. E Agostinho diz: "Quando o fogo desceu do céu e consumiu de uma vez a família de Jó com seus rebanhos, e um turbilhão destruiu a casa e matou seus filhos, essas coisas foram obras de Satanás e não fantasias".

QUANTO AO 1º, portanto, deve-se dizer que como diz Agostinho na passagem supracitada, as obras do Anticristo podem ser chamadas de milagres enganosos, seja porque os sentidos mortais serão enganados pelas representações imaginárias, de tal forma que parecerá fazer o que não faz, seja ainda porque, mesmo sendo verdadeiros prodígios, tais obras levarão para a mentira os que nelas acreditarem.

QUANTO AO 2º, deve-se dizer que como já dissemos, a matéria corporal não obedece em si mesma às ordens dos anjos, bons ou maus, de tal maneira que os demônios pudessem mudar a matéria de uma forma para outra. Contudo, podem

---

2. L. XXI *Sentent.*, Sent. 4 (inter supposit. Aug.): ML 40, 726.
3. Q. 110, a. 4.
4. C. 19: ML 41, 687.
5. Q. 110, a. 2.

mentis mundi inveniuntur, ad huiusmodi effectus complendos, ut Augustinus dicit III *de Trin*.[6]. Et ideo dicendum est quod omnes transmutationes corporalium rerum quae possunt fieri per aliquas virtutes naturales, ad quas pertinent praedicta semina, possunt fieri per operationem daemonum, huiusmodi seminibus adhibitis; sicut cum aliquae res transmutantur in serpentes vel ranas, quae per putrefactionem generari possunt. Illae vero transmutationes corporalium rerum quae non possunt virtute naturae fieri, nullo modo operatione daemonum, secundum rei veritatem, perfici possunt; sicut quod corpus humanum mutetur in corpus bestiale, aut quod corpus hominis mortuum reviviscat. Et si aliquando aliquid tale operatione daemonum fieri videatur, hoc non est secundum rei veritatem, sed secundum apparentiam tantum.

Quod quidem potest dupliciter contingere. Uno modo, ab interiori; secundum quod daemon potest mutare phantasiam hominis, et etiam sensus corporeos, ut aliquid videatur aliter quam sit, sicut supra[7] dictum est. Et hoc etiam interdum fieri dicitur virtute aliquarum rerum corporalium. — Alio modo, ab exteriori. Cum enim ipse possit formare corpus ex aere cuiuscumque formae et figurae, ut illud assumens in eo visibiliter appareat; potest eadem ratione circumponere cuicumque rei corporeae quamcumque formam corpoream, ut in eius specie videatur. Et hoc est quod Augustinus dicit XVIII *de Civ. Dei*[8], quod *phantasticum hominis, quod etiam cogitando sive somniando per rerum innumerabilium genera variatur, velut corporatum in alicuius animalis effigie, sensibus apparet alienis*. Quod non est sic intelligendum, quod ipsa vis phantastica hominis, aut species eius, eadem numero incorporata alterius sensibus ostendatur: sed quia daemon qui in phantasia unius hominis format aliquam speciem, ipse etiam potest similem speciem alterius sensibus offerre.

empregar alguns do gérmens que se encontram nos elementos do mundo, a fim de obter tais efeitos, como diz Agostinho. Deve-se, pois, dizer que todas as transformações das coisas corporais passíveis de ser operadas pelas forças naturais às quais pertencem esses gérmens podem também ser operadas pelos demônios, se recorrerem a tais gérmens. Assim, por exemplo, certas coisas são transformadas em serpentes ou rãs, dado que estes podem ser gerados pela putrefação. Ao contrário, as transformações das coisas corporais, que não podem ser feitas pela força da natureza, não podem ser realizadas de nenhum modo pela ação dos demônios de forma verdadeira. Por exemplo, transformar um corpo humano num de animal ou ainda ressuscitar um corpo morto. Se às vezes tal obra parece ser feita pela ação de demônios, isso não é verdadeiro, mas só aparente.

Isso pode acontecer de duas maneiras. Primeiro, pelo interior, na medida em que o demônio pode agir sobre a imaginação do homem ou mesmo sobre os sentidos corpóreos, levando-o a ver uma coisa de modo diferente do que é, como já foi dito. Em verdade, isso pode acontecer às vezes pela ação de algumas coisas corporais. — Segundo, pelo exterior. Com efeito, o demônio pode formar, com o ar, um corpo de qualquer forma ou figura, de modo que, assumindo-o, apareça de maneira visível. Pela mesma razão, pode envolver qualquer coisa corpórea de uma forma corpórea qualquer, para que apareça em sua imagem. É o que diz Agostinho: "O produto da imaginação humana, que, fantasiando ou sonhando, percorre inumeráveis gêneros de coisas, aparece aos sentidos alheios como algo que toma corpo sob a forma de algum animal". Isso não deve ser entendido no sentido de que a potência imaginativa do homem ou uma sua imagem apareceriam numericamente como que corporificadas nos sentidos de um outro homem. O sentido é que o demônio, capaz de formar uma imagem na imaginação de um homem, é capaz também de mostrar uma imagem semelhante aos sentidos de outro homem[g].

---

6. Cc. 8, 9: ML 42, 875-879.
7. Q. 111, a. 3, 4.
8. Loc. cit. in arg.

---

g. Para mostrar até que ponto pode chegar o poder demoníaco de efetuar prodígios — que não são verdadeiros milagres —, Sto. Tomás limita-se a utilizar o que já afirmara a respeito do poder dos anjos sobre as forças da natureza e sobre o psiquismo humano. Sabemos o suficiente sobre o poder que tem a imaginação de produzir símbolos daquilo que o homem sente ou deseja para poder nos estender amplamente sobre este parágrafo. É certo que basta a uma potência espiritual maléfica agir sobre os recônditos profundos do psiquismo para provocar fenômenos perfeitamente naturais. Certas "substâncias", afirma Sto. Tomás, dispensam o diabo de agir, são suficientes para suscitar todos os monstros na imaginação humana.

AD TERTIUM dicendum quod, sicut Augustinus dicit in libro *Octoginta trium Quaest*.⁹, *cum talia faciunt magi qualia sancti, diverso fine et diverso iure fiunt. Illi enim faciunt, quaerentes gloriam suam: isti, quaerentes gloriam Dei. Et illi faciunt per quaedam privata commercia; isti autem publica administratione, et iussu Dei, cui cuncta creatura subiecta est*.

QUANTO AO 3º, deve-se dizer que segundo Agostinho: "Quando os magos fazem milagres semelhantes aos dos santos, eles o fazem com um fim diferente e por um direito diferente. O que os magos fazem é em vista da própria glória, o que os santos buscam é a glória de Deus. Os magos agem em vista de proveitos pessoais, os santos em vista do bem comum e por ordem de Deus, ao qual todas as criaturas estão sujeitas".

ARTICULUS 5
Utrum daemon qui superatur ab aliquo, propter hoc ab impugnatione arceatur

AD QUINTUM SIC PROCEDITUR. Videtur quod daemon qui superatur ab aliquo, non propter hoc ad impugnatione arceatur.
1. Christus enim efficacissime suum tentatorem vicit. Sed tamen postea eum impugnavit, ad occisionem eius Iudaeos incitando. Ergo non est verum quod diabolus victus ab impugnatione cesset.

2. PRAETEREA, infligere poenam ei qui in pugna succumbit, est incitare ad acrius impugnandum. Hoc autem non pertinet ad Dei misericordiam. Ergo daemones superati non arcentur.

SED CONTRA est quod dicitur Mt 4,11: *Tunc reliquit eum diabolus*, scilicet Christum superantem.

RESPONDEO dicendum quod quidam dicunt quod daemon superatus nullum hominum potest de cetero tentare, nec de eodem nec de alio peccato. — Quidam autem dicunt quod potest alios tentare, sed non eundem. Et hoc probabilius dicitur, si tamen intelligatur usque ad aliquod tempus: unde et Lc 4,13 dicitur quod, *consummata omni tentatione, diabolus recessit a Christo usque ad tempus*. Et huius ratio est duplex. Una est ex parte divinae clementiae: quia, ut Chrysostomus dicit, *super Matth*.¹, *non tandiu homines diabolus tentat, quandiu vult, sed quandiu Deus permittit; quia etsi permittat pauliser tentare, tamen repellit, propter infirmam naturam*. Alia ratio sumitur ex astutia diaboli: unde Ambrosius² dicit, *super* Lc 4,13, quod *diabolus instare formidat, quia frequentius refugit triumphari*. — Quod tamen aliquando

ARTIGO 5
O demônio, vencido por alguém, desiste de combatê-lo por isso?

QUANTO AO QUINTO, ASSIM SE PROCEDE: parece que o demônio, vencido por alguém, **não** desiste de combatê-lo por isso.
1. Com efeito, Cristo venceu seu tentador de modo muitíssimo eficaz. Ora, depois o combateu, incitando os judeus a que o matassem. Logo, não é verdade que, uma vez vencido, o demônio cesse de combater.

2. ALÉM DISSO, infligir uma pena a quem sucumbe no combate é incitá-lo para que lute mais fortemente. Ora, isso não condiz com a misericórdia de Deus. Logo, os demônios vencidos não desistem de combater.

EM SENTIDO CONTRÁRIO, diz o Evangelho de Mateus: "Então o diabo o deixou", isto é, a Cristo que o vencera.

RESPONDO. Alguns dizem que o demônio vencido não pode mais em seguida tentar homem algum, nem para o mesmo pecado, nem para outro. — Outros dizem que pode tentar outros homens, mas não o mesmo. Essa opinião parece mais provável, se se entende que não pode até um certo tempo. Por isso se diz no Evangelho de Lucas: "Acabada toda tentação, o diabo afastou-se dele até certo tempo". São duas as razões disso: primeiro, a clemência de Deus, porque, como diz Crisóstomo ao comentar Mateus, "o diabo não tenta o homem tanto quanto ele quer, mas quanto Deus lho permite. Se, portanto, Deus lhe permite tentar por um pouco, ele em seguida o afasta, por causa da fraqueza de nossa natureza". Segundo, a astúcia do diabo. Por isso, Ambrósio, ao comentar Lucas, diz: "O diabo tem receio de insistir, por-

---

9. Q. 79: ML 40, 92.

PARALL.: II *Sent*., dist. 6, a. 6.

1. *Op. Imperf*., homil. 5, ad c. 4, 10 (inter supposit. Chrys.): MG 56, 668.
2. C. 4, 13: ML 15, 1623 A.

diabolus redeat ad eum quem dimisit, patet per illud quod dicitur Mt 12,44: *Revertar in domum meam, unde exivi.*

Et per hoc patet solutio AD OBIECTA.

que evita ser vencido com frequência". — Que ele volte às vezes ao mesmo de quem se afastou resulta claramente do que diz o Evangelho de Mateus: "Vou tornar à minha morada de onde saí".

Pelo que foi dito, está clara a resposta ÀS OBJEÇÕES.

QUAESTIO CXV
DE ACTIONE CORPORALIS CREATURAE
in sex articulos divisa

Consequenter considerandum est de actione corporalis creaturae; et fato, quod aliquibus corporibus attribuitur.

Circa actiones corporales quaeruntur sex.

Primo: utrum aliquod corpus sit activum.
Secundo: utrum in corporibus sint aliquae seminales rationes.
Tertio: utrum corpora caelestia sint causa eorum quae hic per inferiora corpora fiunt.
Quarto: utrum sint causa humanorum actuum.
Quinto: utrum eorum actionibus daemones subdantur.
Sexto: utrum caelestia corpora imponant necessitatem his quae eorum actionibus subduntur.

QUESTÃO 115
A AÇÃO DA CRIATURA CORPORAL[a]
em seis artigos

Em seguida, deve-se considerar a ação da criatura corporal e o destino que se atribui a alguns corpos.

A respeito das ações corporais são seis as perguntas:
1. Algum corpo é ativo?
2. Há nos corpos razões seminais?
3. Os corpos celestes são a causa do que os corpos inferiores fazem aqui?
4. São causa dos atos humanos?
5. Os demônios estão sob sua ação?
6. Os corpos celestes impõem necessidade ao que está sob sua ação?

ARTICULUS 1
Utrum aliquod corpus sit activum

AD PRIMUM SIC PROCEDITUR. Videtur quod nullum corpus sit activum.

1. Dicit enim Augustinus[1] quod *in rebus invenitur aliquid actum et non agens, sicut sunt corpora; aliquid agens et non actum, sicut Deus; aliquid agens et actum, sicut substantiae spirituales.*

2. PRAETEREA, omne agens, excepto primo agente, in suo opere indiget subiecto quod sit susceptibile suae actionis. Sed infra substantiam corporalem non est substantia quae sit susceptibilis suae actionis: quia haec substantia tenet infimum gradum in entibus. Ergo substantia corporalis non est activa.

ARTIGO 1
Algum corpo é ativo?

QUANTO AO PRIMEIRO ARTIGO, ASSIM SE PROCEDE: parece que **nenhum** corpo é ativo.

1. Com efeito, Agostinho diz: "Entre as coisas, encontra-se o que é feito e não age, como os corpos; o que age e não é feito, como Deus; e o que age e é feito, como as substâncias espirituais".

2. ALÉM DISSO, tudo o que age, com exceção do primeiro agente, precisa de um sujeito que receba sua ação. Ora, abaixo da substância corporal não há nenhuma substância que receba sua ação, porque esta substância ocupa o último lugar entre os entes. Logo, a substância corporal não é ativa.

---

1 PARALL.: *Cont. Gent.* III, 69; *De Verit.*, q. 5, a. 9, ad 4; *De Pot.*, q. 3, a. 7.
 1. *De Civ. Dei*, l. V, c. 9: ML 41, 151.

---

a. Fiel a seu plano, depois de se ter estendido tanto sobre o papel das criaturas espirituais no universo e sobre os homens, Sto. Tomás chega ao papel dos corpos. Sua extrema dependência de uma filosofia da natureza imperfeitamente destacada da ciência antiga não deve nos impedir de ler com interesse estes poucos artigos bastante estudados. Aliás, enquanto teólogo, o que o interessa, sobretudo, é a repercussão da atividade dos corpos, qualquer que seja ela, sobre a atividade dos homens e seu destino.

3. Praeterea, omnis substantia corporalis concluditur quantitate. Sed quantitas impedit substantiam a motu et actione, quia comprehendit eam, et mergitur in ea: sicut impeditur aer nubilosus a perceptione luminis. Et huius signum est, quod quanto magis accreverit quantitas corporis, tanto est ponderosius et gravius ad hoc quod moveatur. Ergo nullo substantia corporalis est activa.

4. Praeterea, omne agens habet virtutem agendi ex propinquitate ad primum activum. Sed a primo activo, quod est simplicissimum, remotissima sunt corpora, quae sunt maxime composita. Ergo nullum corpus est agens.

5. Praeterea, si aliquod corpus est agens, aut agit ad formam substantialem; aut ad formam accidentalem. Sed non ad formam substantialem: quia non invenitur in corporibus principium actionis nisi aliqua qualitas activa, quae est accidens; accidens autem non potest esse causa formae substantialis, cum causa sit potior quam effectus. Similiter etiam neque ad formam accidentalem: quia *accidens non se extendit ultra suum subiectum*, ut Augustinus dicit IX *de Trin*.[2]. Ergo nullum corpus est activum.

Sed contra est quod Dionysius, 15 cap. *Cael. Hier*.[3], inter ceteras proprietates corporei ignis, dicit quod *ad susceptas materias manifestat sui ipsius magnitudinem activus et potens*.

Respondeo dicendum quod sensibiliter apparet aliqua corpora esse activa. Sed circa corporum actiones tripliciter aliqui erraverunt. Fuerunt enim aliqui qui totaliter corporibus actiones subtraxerunt. Et haec est opinio Avicebron in libro *Fontis Vitae*[4], ubi per rationes quae tactae sunt, probare nititur quod nullum corpus agit, sed omnes actiones quae videntur esse corporum, sunt actiones cuiusdam virtutis spiritualis quae penetrat per omnia corpora; ita quod ignis, secundum eum, non calefacit, sed virtus spiritualis penetrans per ipsum. Et videtur haec opinio derivata esse ab opinione Platonis. Nam Plato posuit omnes formas quae sunt in materia corporali, esse participatas et determinatas et contractas ad hanc materiam; formas vero separatas esse absolutas et quasi universales; et ideo illas formas separatas dicebat esse causas formarum quae sunt in materia. Secundum hoc ergo quod forma quae est in materia corporali, determinata est ad hanc materiam individuatam per quantitatem, ponebat Avicebron quod a

3. Ademais, toda substância corporal é contida numa quantidade. Ora, a quantidade impede a substância de se mover e agir, dado que a envolve e compenetra. Por exemplo, o ar com nuvens é impedido de receber a luz. E prova disso é que, quanto mais aumenta a quantidade de um corpo, tanto mais ele se torna pesado e volumoso para ser movido. Logo, nenhuma substância corporal é ativa.

4. Ademais, todo agente tem o poder de agir pelo contato com o primeiro agente. Ora, os corpos, por serem extremamente complexos, estão muito distantes do primeiro agente, simplicíssimo. Logo, nenhum corpo é agente.

5. Ademais, se um corpo é agente, sua ação produz ou uma forma substancial ou uma acidental. Ora, não uma forma substancial, porque não se encontra nos corpos princípio de ação a não ser certa qualidade ativa que é acidente. Ora, um acidente não pode ser causa de uma forma substancial, pois a causa é superior ao efeito. Igualmente nem uma forma acidental pode ser, posto que o acidente não se estende para além de seu sujeito, como diz Agostinho. Logo, nenhum corpo é ativo.

Em sentido contrário, Dionísio, entre as demais propriedades do fogo corporal, diz que ele, "ativo e poderoso, manifesta sua própria grandeza nas matérias que ele consome".

Respondo. Aparece de maneira sensível que alguns corpos são ativos. Todavia, a respeito das ações dos corpos alguns erraram de três maneiras. Houve alguns que negaram totalmente a ação dos corpos. Tal é a opinião de Avicebron em seu livro *A fonte da vida*. Procura ele provar por argumentos acima expostos que todas as ações que parecem ser dos corpos são ações de uma potência espiritual que penetra em todos os corpos. Segundo ele, não é o fogo que esquenta, mas a potência espiritual que penetra por meio dele. Essa opinião parece derivar de Platão. Este filósofo afirmava que todas as formas que estão na matéria corporal são participadas, determinadas e limitadas a essa matéria, e que as formas separadas são absolutas e quase universais. Dizia pois que essas formas separadas eram as causas das formas que estão na matéria. Pelo fato, portanto, de a forma que está na matéria corporal ser determinada para essa matéria individuada pela quantidade, Avicebron afirmava que a forma corporal é retida e impedida pela

---

2. C. 4: ML 42, 963.
3. MG 3, 329 B.
4. Tract. II, 9; III, 44, 45.

quantitate, prout est individuationis principium, retinetur et arcetur forma corporalis, ne possit se extendere per actionem in aliam materiam; sed solum forma spiritualis et immaterialis, quae non est coarctata per quantitatem, potest effluere per actionem in aliud.

Sed ista ratio non concludit quod forma corporalis non sit agens, sed quod non sit agens universale. Secundum enim quod participatur aliquid, secundum hoc est necessarium quod participetur id quod est proprium ei: sicut quantum participatur de lumine, tantum participatur de ratione visibilis. Agere autem, quod nihil est aliud quam facere aliquid actu, est per se proprium actus, inquantum est actus: unde et omne agens agit sibi simile. Sic ergo ex hoc quod aliquid est forma non determinata per materiam quantitati subiectam, habet quod sit agens indeterminatum et universale: ex hoc vero quod est determinata ad hanc materiam, habet quod sit agens contractum et particulare. Unde si esset forma ignis separata, ut Platonici posuerunt[5], esset aliquo modo causa omnis ignitionis. Sed haec forma ignis quae est in hac materia corporali, est causa huius ignitionis quae est ab hoc corpore in hoc corpus. Unde et fit talis actio per contactum duorum corporum.

Sed tamen haec opinio Avicebron superexcedit opinionem Platonis. Nam Plato ponebat solum formas substantiales separatas; accidentia vero reducebat ad principia materialia quae sunt *magnum* et *parvum*, quae ponebat esse prima contraria, sicut et alii rarum et densum[6]. Et ideo tam Plato quam Avicenna, in aliquo ipsum sequens, ponebant quod agentia corporalia agunt secundum formas accidentales, disponendo materiam ad formam substantialem; sed ultima perfectio, quae est per introductionem formae substantialis, est a principio immateriali[7]. Et haec est secunda opinio de actione corporum: de qua supra[8] dictum est, cum de Creatione ageretur.

Tertia vero opinio fuit Democriti, qui ponebat actionem esse per effluxionem atomorum a corpore agente, et passionem esse per receptionem eorundem in poris corporis patientis. Quam opinionem improbat Aristoteles in I *de Generat.*[9]. Sequeretur enim quod corpus non pateretur per

quantidade enquanto princípio de individuação, de tal forma que não pode se estender, por sua ação, a outra matéria. Só a forma espiritual e imaterial, que não é limitada pela quantidade, pode influir sobre outro por sua ação.

Todavia, essa argumentação não conclui que a forma corporal não é agente, mas que não é agente universal. Na medida em que participa de algo, é necessário que participe também do que é próprio a tal coisa, como, ao participar da luz, participa também da visibilidade. Agir nada mais é que fazer algo em ato, e é por si próprio do ato, enquanto é ato. Por isso, todo agente produz um semelhante a si. Se portanto alguma coisa é uma forma não determinada pela matéria sujeita à quantidade, será um agente indeterminado e universal. Mas se, ao contrário, algo é determinado por uma matéria particular, será um agente restrito e particular. Se a forma do fogo existisse separada, como afirmaram os platônicos, então seria causa de toda combustão. Mas esta forma do fogo que está nesta matéria corporal é causa desta combustão produzida por este corpo neste outro corpo. Portanto, tal ação acontece por contato de dois corpos.

Entretanto, essa opinião de Avicebrão vai além da opinião de Platão, que só reconhecia formas substanciais separadas e reduzia os acidentes a princípios materiais, *o grande e o pequeno*, que afirmava ser os primeiros princípios contrários, assim como outros diziam ser o rarefeito e o denso. Por isso, tanto Platão como Avicena, que de algum modo o seguia, afirmavam que os agentes corporais agem consoante as formas acidentais, dispondo a matéria a receber a forma substancial. A perfeição última, contudo, que consiste na introdução da forma substancial, provém de um princípio imaterial. Esta é pois a segunda opinião a respeito da ação dos corpos, da qual aliás já se disse ao tratar da criação.

A terceira opinião foi a de Demócrito. Ele afirmava que a ação acontece pela emissão de átomos a partir do corpo do agente, e a paixão na recepção desses átomos nos poros do corpo do paciente. Aristóteles no livro I da *Geração e Corrupção* condena essa opinião. Consequente-

---
5. Cfr. q. 79, a. 3; q. 84, a. 1.
6. Cfr. Aristot., *Phys.*, l. I, c. 4: 187, a, 12-26.
7. Cfr. supra q. 65, a. 4; q. 79, a. 3.
8. Q. 45, a. 8.
9. C. 8: 324, b, 25 — 326, b, 28; *Suppl. ad Comm.*

totum, et quod quantitas corporis agentis diminueretur ex hoc quod agit: quae sunt manifeste falsa.

Dicendum est ergo quod corpus agit secundum quod est actu, in aliud corpus secundum quod est in potentia.

AD PRIMUM ergo dicendum quod dictum Augustini est intelligendum de tota natura corporali simul accepta, quae non habet aliquam inferiorem naturam infra se, in quam agat, sicut natura spiritualis, in corporalem, et natura increata in creatam. Sed tamen unum corpus est infra alterum, inquantum est in potentia ad id quod habet aliud in actu.

Et per hoc patet solutio AD SECUNDUM. — Sciendum est tamen quod, cum Avicebron sic argumentatur, "Est aliquid quod est movens non motum, scilicet primus Factor rerum: ergo, ex opposito, est aliquid quod est motum et patiens tantum", quod concedendum est. Sed hoc est materia prima, quae est potentia pura, sicut Deus est actus purus. Corpus autem componitur ex potentia et actu: et ideo est agens et patiens.

AD TERTIUM dicendum quod quantitas non impedit formam corporalem omnino ab actione, sicut dictum est[10]: sed impedit eam ne sit agens universale, inquantum forma individuatur prout est in materia quantitati subiecta. — Signum tamen quod inducitur de ponderositate corporum, non est ad propositum. Primo quidem, quia additio quantitatis non est causa gravitatis; ut probatur in IV *de Caelo et Mundo*[11]. Secundo, quia falsum est quod ponderositas facit tardiorem motum: immo quanto aliquid est gravius, tanto magis movetur motu proprio. Tertio, quia actio non fit per motum localem, ut Democritus posuit; sed per hoc quod aliquid reducitur de potentia in actum.

AD QUARTUM dicendum quod corpus non est id quod maxime distat a Deo: participat enim aliquid de similitudine divini esse, secundum formam quam habet. Sed id quod maxime distat a Deo, est materia prima; quae nullo modo est agens, cum sit in potentia tantum.

mente, o corpo não sofreria a ação por inteiro, e a quantidade do corpo do agente diminuiria pelo fato de agir. Ora, isso é claramente falso.

Deve-se dizer, portanto, que o corpo age, enquanto está em ato, sobre outro corpo enquanto este está em potência[b].

QUANTO AO 1º, portanto, deve-se dizer que a frase de Agostinho deve ser entendida de toda a natureza corporal considerada em seu conjunto. Como tal, não tem abaixo de si outra natureza inferior, sobre a qual agiria como age a natureza espiritual sobre a corporal e a incriada sobre a criada. Na verdade, um corpo é inferior a outro na medida em que está em potência com respeito ao que o outro tem em ato.

QUANTO AO 2º, está clara a resposta pelo que foi exposto. É preciso contudo saber que quando Avicebrão argumenta: "Há algo que move sem ser movido, o primeiro Produtor das coisas. Logo, por oposição, há algo que é movido e somente paciente", isso deve ser aceito. Porque isso é a matéria primeira, pura potência, como Deus é ato puro. Mas os corpos são compostos de potência e ato, sendo portanto agentes e pacientes.

QUANTO AO 3º, deve-se dizer que a quantidade não impede totalmente a forma corporal de agir, como foi dito. Mas impede que seja agente universal, pois a forma torna-se indivídua por estar em uma matéria sujeita à quantidade. — A prova aduzida a respeito do peso dos corpos é fora de propósito. Primeiro, porque a adição de quantidade não é causa de aumento de peso, como se prova no livro do *Céu e do Mundo*. Segundo, porque é falso que o peso torna o movimento mais lento. Terceiro, porque a ação não se faz por movimento local, como afirmava Demócrito, mas pelo fato de alguma coisa ser levada da potência ao ato.

QUANTO AO 4º, deve-se dizer que o corpo não é o que é mais distante de Deus. Com efeito, participa em algo da semelhança do ser divino pela forma que têm. O que há de mais distante de Deus é a matéria primeira, que de nenhum modo é agente, por estar somente em potência.

---

10. In corp.
11. C. 2: 309, b, 29-33.

b. Esta penetrante e sutilíssima análise das diversas filosofias da natureza e da causalidade se conclui por uma breve recordação da metafísica do ato e da potência: "Um corpo age, enquanto está em ato, sobre outro corpo enquanto este está em potência". É preciso reconhecer que tal asserção só possui sentido metafísico, e que tal interpretação da causalidade, aplicando-se aos seres corporais como a tudo o que é e se torna, deixa intacto o problema da maneira pela qual um corpo age sobre outro.

AD QUINTUM dicendum quod corpus agit et ad formam accidentalem, et ad formam substantialem. Qualitas enim activa, ut calor, etsi sit accidens, agit tamen in virtute formae substantialis, sicut eius instrumentum; et ideo potest agere ad formam substantialem; sicut et calor naturalis, inquantum est instrumentum animae, agit ad generationem carnis. Ad accidens vero agit propria virtute. — Nec est contra rationem accidentis, quod excedat suum subiectum in agendo, sed quod excedat in essendo: nisi forsan quis imaginetur idem accidens numero defluere ab agente in patiens, sicut Democritus ponebat fieri actionem per defluxum atomorum.

QUANTO AO 5º, deve-se dizer que o corpo que age produz formas acidentais e substanciais. Uma qualidade ativa, como o calor, apesar de acidental, age porém pelo poder da forma substancial, como seu instrumento. Portanto, pode produzir uma forma substancial, como o calor natural age na geração da carne enquanto instrumento da alma. Ela produz, pelo contrário, um acidente por seu próprio poder. — Enfim, não é contrário à razão de acidente que ele ultrapasse seu sujeito no agir, mas sim que o ultrapasse no ser, a não ser que alguém imaginasse que um mesmo acidente, numericamente único, passe do agente ao paciente, como afirmava Demócrito que a ação se realiza por um fluxo de átomos.

ARTICULUS 2
Utrum in materia corporali sint aliquae rationes seminales

AD SECUNDUM SIC PROCEDITUR. Videtur quod in materia corporali non sint aliquae rationes seminales.

1. *Ratio* enim importat aliquid secundum esse spirituale. Sed in materia corporali non est aliquid spiritualiter, sed materialiter tantum, secundum scilicet modum eius in quo est. Ergo in materia corporali non sunt seminales rationes.

2. PRAETEREA, Augustinus dicit, III *de Trin.*[1], quod daemones quaedam opera faciunt adhibendo occultis motibus quaedam semina, quae in elementis cognoscunt. Sed ea quae per motum localem adhibentur, sunt corpora, non rationes. Ergo inconvenienter dicitur quod sunt in corporali materia seminales rationes.

3. PRAETEREA, semen est principium activum. Sed in materia corporali non est aliquod principium activum: cum materiae non competat agere, ut dictum est[2]. Ergo in materia corporali non sunt seminales rationes.

4. PRAETEREA, in materia corporali dicuntur esse quaedam *causales rationes*[3] quae videntur sufficere ad rerum productionem. Sed seminales rationes sunt aliae a causalibus: quia praeter seminales rationes fiunt miracula, non autem praeter causales. Ergo inconvenienter dicitur quod seminales rationes sunt in materia corporali.

ARTIGO 2
Na matéria corporal existem razões seminais?

QUANTO AO SEGUNDO, ASSIM SE PROCEDE: parece que na matéria corporal **não** existem razões seminais.

1. Com efeito, *razão* implica algo segundo o ser espiritual. Ora, a matéria nada possui espiritualmente, mas só materialmente, segundo o modo daquilo em que está. Logo, na matéria corporal não há razões seminais.

2. ALÉM DISSO, Agostinho diz que "os demônios realizam certas obras utilizando com movimentos ocultos certas sementes que eles conhecem nos elementos". Ora, o que se utiliza com movimento local são corpos e não razões. Logo, é inconveniente dizer que na matéria corporal há razões seminais.

3. ADEMAIS, a semente é um princípio ativo. Ora, na matéria corporal não há princípio ativo, uma vez que não cabe à matéria agir, como foi dito. Logo, não há razões seminais na matéria corporal.

4. ADEMAIS, diz-se que na matéria corporal há algumas *razões causais*, suficientes, ao que consta, para explicar a produção das coisas. Ora, as razões seminais são algo distinto das razões causais, porque os milagres são realizados sem as razões seminais, mas não sem as causais. Logo, é inconveniente dizer que há razões seminais na matéria corporal.

---

2 PARALL.: II *Sent.*, dist. 18, q. 1, a. 2; *De Verit.*, q. 5, a. 9, ad 8.

1. Cc. 8, 9: ML 42, 875-879.
2. A. praec., ad 2, 4.
3. Cfr. AUGUST., *De Gen. ad litt.*, l. V, c. 4: ML 34, 323-325.

SED CONTRA est quod Augustinus dicit, III *de Trin.*[4]: *Omnium rerum quae corporaliter visibiliterque nascuntur, occulta quaedam semina in istis corporeis mundi huius elementis latent*.

RESPONDEO dicendum quod denominationes consueverunt fieri a perfectiori, ut dicitur in II *de Anima*[5]. In tota autem natura corporea perfectiora sunt corpora viva: unde et ipsum nomen *naturae* translatum est a rebus viventibus ad omnes res naturales. Nam ipsum nomen naturae, ut Philosophus dicit in V *Metaphys.*[6], primo impositum fuit ad significandum generationem viventium, quae *nativitas* dicitur: et quia viventia generantur ex principio coniuncto, sicut fructus ex arbore, et foetus ex matre, cui colligatur, consequenter tractum est nomen naturae ad omne principium motus quod est in eo quod movetur. — Manifestum est autem quod principium activum et passivum generationis rerum viventium sunt semina ex quibus viventia generantur. Et ideo convenienter Augustinus[7] omnes virtutes activas et passivas quae sunt principia generationum et motum naturalium, seminales rationes vocat.

Huiusmodi autem virtutes activae et passivae in multiplici ordine considerari possunt. Nam primo quidem, ut Augustinus dicit VI *super Gen. ad litt*.[8], sunt principaliter et originaliter in ipso Verbo Dei, secundum rationes ideales. Secundo vero, sunt in elementis mundi, ubi simul a principio productae sunt, sicut in universalibus causis. Tertio vero modo, sunt in iis quae ex universalibus causis secundum successiones temporum producuntur, sicut in hac planta et in hoc animali, tanquam in particularibus causis. Quarto modo, sunt in seminibus quae ex animalibus et plantis producuntur. Quae iterum comparantur ad alios effectus particulares, sicut primordiales causae universales ad primos effectus productos.

EM SENTIDO CONTRÁRIO, diz Agostinho: "Existem sementes ocultas, escondidas nos elementos corpóreos deste nosso mundo, das quais nascem todas as coisas corporais e visíveis".

RESPONDO. Denominamos as coisas habitualmente a partir das mais perfeitas, como diz o livro II da *Alma*. Ora, em toda a natureza corpórea, os mais perfeitos são os corpos vivos. Daí que o mesmo termo *natureza* foi estendido das coisas vivas a todas as coisas naturais. Com efeito, como diz o Filósofo no livro V da *Metafísica*, o termo *natureza* foi dado inicialmente para indicar a geração dos viventes, que se diz *nascimento*. Como os vivos são gerados por um princípio ao qual estão unidos, como o fruto pela árvore e o feto pela mãe, em seguida o termo natureza foi aplicado a todo princípio de movimento existente naquele que se move. — Ora, é claro que o princípio ativo e o passivo da geração das coisas vivas são as sementes, por meio das quais os viventes são gerados. Portanto, Agostinho convenientemente chama de "razões seminais" a todas as potências ativas e passivas que são os princípios das gerações e dos movimentos naturais.

Essas potências ativas e passivas podem ser consideradas segundo múltiplas ordens. Primeiro, segundo Agostinho, elas estão antes de tudo e originariamente no próprio Verbo de Deus, enquanto razões ideais. Segundo, estão nos elementos do mundo, em que foram produzidas juntas desde o princípio, em suas causas universais. Terceiro, estão nas coisas produzidas pelas causas universais, ao longo do tempo; por exemplo, nesta planta e naquele animal, enquanto causas particulares. Enfim, em quarto lugar, estão nas sementes produzidas pelos animais e plantas, que podem ser comparados aos outros efeitos particulares, como as causas universais primordiais se comparam aos primeiros efeitos[c].

---

4. C. 8: ML 42, 875.
5. C. 4: 416, b, 23-25.
6. C. 4: 1014, b, 16 — 1015, a, 7.
7. Loc. cit. in arg. *Sed contra*.
8. C. 10: ML 34, 346.

c. É a Sto. Agostinho que Sto. Tomás deve essa noção de "razões seminais". Como o mundo, segundo ele, foi criado de uma só vez, ele concebia que, no primeiro e único Dia da criação, Deus provera os primeiros seres de virtualidades, dos quais deviam originar-se ao longo do tempo novos seres. Não contudo sem a operação divina. Todavia, esta se devia mais ao governo divino que à criação propriamente dita. Já Sto. Tomás não pensava que o mundo tivesse sido criado de uma vez, mas em seis grandes atos distintos e ordenados entre si, para terminar enfim na criação do homem. Isso não o impedia, contudo, de admitir, nas naturezas que vêm progressivamente à existência, "potências ativas e passivas", cuja atualização e colocação em prática se efetuam ao longo do tempo, estas últimas (nas quais nos incluímos) todas reunidas no "sétimo dia" (I, Q. 73).

Por que chamar de "razões seminais" essas potências ativas e passivas? "Razões", porque estão contidas nas naturezas, nas essências enquanto eternamente pensadas por Deus, ou, se se quiser, na lei de seu ser. "Seminais", porque nas "sementes" dos

AD PRIMUM ergo dicendum quod huiusmodi virtutes activae et passivae rerum naturalium, etsi non possint dici *rationes* secundum quod sunt in materia corporali; possunt tamen dici rationes per comparationem ad suam originem, secundum quod deducuntur a rationibus idealibus.

AD SECUNDUM dicendum quod huiusmodi virtutes activae vel passivae sunt in aliquibus partibus corporalibus; quae dum adhibentur per motum localem ad aliquos effectus complendos, dicuntur semina adhiberi per daemones.

AD TERTIUM dicendum quod semen maris est principium activum in generatione animalis. Sed potest etiam dici semen id quod est ex parte feminae, quod est principium passivum. Et sic sub semine comprehendi possunt vires activae et passivae.

AD QUARTUM dicendum quod ex verbis Augustini de huiusmodi rationibus seminalibus loquentis, satis accipi potest quod ipsae rationes seminales sunt etiam rationes causales, sicut et semen est quaedam causa: dicit enim in III *de Trin.*,[9] quod *sicut matres gravidae sunt foetibus, sic ipse mundus est gravidus causis nascentium*. Sed tamen rationes ideales possunt dici causales, non autem proprie loquendo seminales, quia semen non est principium separatum: et praeter huiusmodi rationes non fiunt miracula. Similiter etiam neque praeter virtutes passivas creaturae inditas, ut ex ea fieri possit quidquid Deus mandaverit. Sed praeter virtutes activas naturales, et potentias passivas quae ordinatur ad huiusmodi virtutes activas, dicuntur fieri miracula, dum dicitur quod fiunt praeter rationes seminales.

QUANTO AO 1º, portanto, deve-se dizer que essas potências ativas e passivas das coisas naturais, embora não possam ser chamadas *razões* por estarem na matéria corporal, podem assim mesmo ser denominadas razões em relação à sua origem, pelo fato de procederem de razões ideais.

QUANTO AO 2º, deve-se dizer que essas potências ativas e passivas estão em certas partes corporais. Quando usadas por meio do movimento local para conseguir determinados efeitos, diz-se que as sementes são usadas pelo demônio.

QUANTO AO 3º, deve-se dizer que o sêmen masculino é o princípio ativo na geração animal. Ora, pode ser chamado também de sêmen o que é parte da mulher, sendo ela o princípio passivo. Assim o termo sêmen pode compreender tanto as potências ativas como as passivas.

QUANTO AO 4º, deve-se dizer que pelas palavras de Agostinho a respeito dessas razões seminais pode-se suficientemente entender que as mesmas razões seminais são também razões causais, como a semente é uma espécie de causa. Assim ele diz: "Como as mães são grávidas de fetos, assim o mundo está grávido das causas dos que nascem". Todavia, as razões ideais podem ser ditas causais, mas não propriamente seminais, porque a semente não é um princípio separado e porque não há milagres além dessas razões. Igualmente não os há além das potências passivas inseridas na criatura, de modo que desta possa ser feito tudo o que Deus mandar. Mas os milagres são possíveis além das potências ativas naturais e das potências passivas que lhes são ordenadas, pois se diz que acontecem além das razões seminais.

ARTICULUS 3

Utrum corpora caelestia sint causa eorum quae hic in inferioribus corporibus fiunt

AD TERTIUM SIC PROCEDITUR. Videtur quod corpora caelestia non sint causa eorum quae hic in inferioribus corporibus fiunt.

ARTIGO 3

Os corpos celestes são a causa do que acontece nos corpos inferiores?

QUANTO AO TERCEIRO, ASSIM SE PROCEDE: parece que os corpos celestes **não** são a causa do que acontece nos corpos inferiores.

---

9. C. 9: ML 42, 878.

3 PARALL.: II *Sent.*, dist. 15, q. 1, a. 2; *Cont. Gent.* III, 82; *De Verit.*, q. 5, a. 9; *Compend. Theol.*, c. 127.

seres vivos se realiza com maior perfeição essa virtualidade primeiramente oculta, e depois em desenvolvimento. Semelhantes concepções são "transformistas"? Não, na medida em que, para Sto. Tomás, toda "semente" que trouxesse mais em si do que a natureza com a qual ela fora criada, ou melhor, da qual ela emanaria, não seria concebível. Contudo, muitos de seus discípulos, evitando identificar "natureza" e "espécie", depois indo ao extremo do que há de "dinamismo" na ideia da forma substancial, enfim, concebendo uma operação divina que, sem ser propriamente criadora, sobrelevaria as forças da natureza, suas virtualidades, suas potências ativas para fazê-las atingir efeitos que a superam, encontram-se hoje bastante à vontade com as concepções evolucionistas, no domínio da vida biológica.

1. Dicit enim Damascenus[1]: *Nos autem dicimus quoniam ipsa*, scilicet corpora caelestia, *non sunt causa alicuius eorum quae fiunt, neque corruptionis eorum quae corrumpuntur: signa autem sunt magis imbrium et aeris transmutationis.*

2. PRAETEREA, ad faciendum aliquid, sufficit agens et materia. Sed in istis inferioribus invenitur materia patiens: inveniuntur etiam contraria agentia, scilicet calidum et frigidum et huiusmodi. Ergo non est necessarium, ad causandum ea quae hic inferius fiunt, causalitatem caelestibus corporibus attribuere.

3. PRAETEREA, agens agit sibi simile. Sed videmus quod omnia quae fiunt hic inferius, fiunt per hoc quod calefiunt et frigidantur, et humectantur et desiccantur, et aliis huiusmodi qualitatibus alterantur, quae non inveniuntur in corporibus caelestibus. Ergo corpora caelestia non sunt causa eorum quae hic fiunt.

4. PRAETEREA, sicut Augustinus dicit V *de Civ. Dei*[2], *nihil est magis corporeum quam corporis sexus.* Sed corporis sexus non causatur ex corporibus caelestibus: cuius signum esse videtur, quod duorum geminorum sub una constellatione natorum, unus est masculus et alter est femina. Ergo corpora caelestia non sunt causa rerum corporalium quae hic fiunt.

SED CONTRA est quod Augustinus dicit, III *de Trin.*[3], quod *corpora crassiora et inferiora per subtiliora et potentiora quodam ordine reguntur.* — Et Dionysius dicit, 4 cap. *de Div. Nom.*[4], quod *lumen solis ad generationem sensibilium corporum confert, et ad vitam ipsa movet, et nutrit et auget et perficit.*

RESPONDEO dicendum quod, cum omnis multitudo ab unitate procedat; quod autem immobile est, uno modo se habet, quod vero movetur, multiformiter: considerandum est, in tota natura, quod omnis motus ab immobili procedit. Et ideo quanto aliqua sunt immobiliora, tanto sunt magis causa eorum quae sunt magis mobilia. Corpora autem caelestia sunt inter alia corpora magis immobilia: non enim moventur nisi motu locali. Et ideo motus horum inferiorum corporum, qui sunt varii et multiformes, reducuntur in motum corporis caelestis, sicut in causam.

1. Com efeito, diz Damasceno: "Dizemos que eles, isto é, os corpos celestes, não são causa de nenhuma coisa que se faz e nem causa da corrupção das coisas que se corrompem. São sinais das chuvas e da mudança da atmosfera".

2. ALÉM DISSO, para fazer alguma coisa, bastam o agente e a matéria. Ora, nos corpos inferiores encontramos a matéria passiva e também os agentes contrários, como o calor e o frio, e outras coisas assim. Logo, não é necessário atribuir causalidade aos corpos celestes para causar as coisas que se fazem neste mundo inferior.

3. ADEMAIS, todo agente produz o que lhe é semelhante. Ora, vemos que tudo o que se faz neste mundo inferior acontece porque as coisas são aquecidas ou esfriadas, umedecidas ou ressecadas, além de outras modificações parecidas. Nada disso encontramos nos corpos celestes. Portanto, os corpos celestes não são causa do que aqui é feito.

4. ADEMAIS, como disse Agostinho: "Nada há de mais corpóreo que o sexo do corpo". Ora, o sexo não é causado pelos corpos celestes: prova disso parece ser que de dois gêmeos nascidos sob a mesma constelação um é masculino e outro feminino. Logo, os corpos celestes não são a causa das coisas corporais que aqui se fazem.

EM SENTIDO CONTRÁRIO, diz Agostinho: "Os corpos pesados e inferiores são regulados pelos corpos mais leves e mais potentes dentro de certa ordem". — E Dionísio diz: "A luz do sol contribui para a geração dos corpos sensíveis, e para a vida os impulsiona, nutre, aumenta e aperfeiçoa".

RESPONDO. Toda multiplicidade procede da unidade. Mas o que é imóvel tem um único modo de ser, enquanto que o que se move tem muitos. Considere-se então que na natureza inteira todo movimento procede do que é imóvel. Por isso, quanto mais algumas coisas são imóveis, tanto mais são a causa das que são mais móveis. Ora, entre os outros corpos, os celestes são os mais imóveis, não tendo outro movimento a não ser o local. Por isso os movimentos dos corpos inferiores, numerosos e multiformes, reduzem-se ao movimento dos corpos celestes como à sua causa[d].

---

1. *De Fide Orth.*, l. II, c. 7: MG 94, 893 B.
2. C. 6: ML 41, 146.
3. C. 4: ML 42, 873.
4. MG 3, 700 A.

---

d. Com os "corpos celestes", ou seja, com os astros, voltamos a encontrar uma das peças do mundo antigo mais utilizadas por Sto. Tomás, e das mais inúteis para nós. Que sua "matéria" — embora verdadeiramente matéria — fosse de natureza diferente da

AD PRIMUM ergo dicendum quod dictum Damasceni intelligendum est, quod corpora caelestia non sunt prima causa generationis et corruptionis eorum quae hic fiunt; sicut dicebant illi qui ponebant corpora caelestia esse deos.

AD SECUNDUM dicendum quod principia activa in istis inferioribus corporibus non inveniuntur nisi qualitates activae elementorum, quae sunt calidum et frigidum et huiusmodi. Et si sic esset quod formae substantiales inferiorum corporum non diversificarentur nisi secundum huiusmodi accidentia, quorum principia *rarum* et *densum* antiqui Naturales posuerunt; non oporteret super haec inferiora corpora aliquod principium activum ponere, sed ipsa sufficeret ad agendum. Sed recte considerantibus apparet quod huiusmodi accidentia se habent sicut materiales dispositiones ad formas substantiales naturalium corporum. Materia autem non sufficit ad agendum. Et ideo oportet super has materiales dispositiones ponere aliquod principium activum.

Unde Platonici posuerunt species separatas, secundum quarum participationem inferiora corpora substantiales formas consequuntur. — Sed hoc non videtur sufficere. Quia species separatae semper eodem modo se haberent, cum ponantur immobiles: et sic sequeretur quod non esset aliqua variatio circa generationem et corruptionem inferiorum corporum; quod patet esse falsum.

Unde secundum Philosophum, in II *de Gen.*[5], necesse est ponere aliquod principium activum mobile, quod per sui praesentiam et absentiam causet varietatem circa generationem et corrup-

QUANTO AO 1º, portanto, deve-se dizer que o dito do Damasceno deve ser entendido no sentido de que os corpos celestes não são a causa primeira da geração e da corrupção das coisas que aqui se fazem, como diziam aqueles que consideravam deuses os corpos celestes.

QUANTO AO 2º, deve-se dizer que não se encontram princípios ativos nos corpos inferiores a não ser as qualidades ativas dos elementos, como o calor e o frio e assim por diante. Se acontecesse que as formas substanciais dos corpos inferiores não se diversificassem a não ser segundo estes acidentes, cujos princípios seriam o *rarefeito e o denso*, como afirmavam os antigos naturalistas, então não seria necessário afirmar nenhum princípio ativo acima dos corpos inferiores, pois bastariam para agir. Todavia, observando melhor, fica evidente que esses acidentes se comportam como disposições materiais para as formas substanciais dos corpos naturais. Ora, a matéria não é suficiente para agir: portanto, é preciso afirmar um outro princípio ativo acima dessas disposições materiais.

Por isso os platônicos afirmaram a existência de espécies separadas, por meio de cuja participação os corpos inferiores alcançam suas formas substanciais. — Mas, isso não parece ser suficiente, porque as espécies separadas se comportariam sempre da mesma maneira, uma vez que são afirmadas imóveis. E assim, consequentemente, não haveria nenhuma variação quanto à geração e corrupção dos corpos inferiores, o que é claramente falso.

Portanto, segundo Aristóteles no livro II da *Geração e da Corrupção*, é necessário admitir um princípio ativo móvel, que com sua presença e sua ausência causa as variações dos corpos in-

---

5. C. 10: 336, a, 23 — b, 24; *Suppl. ad Comment.*

nossa, isto lhe parecia evidente. Daí a ideia de uma hierarquia de ordem metafísica no próprio interior do mundo dos corpos. A incorruptibilidade dos corpos celestes lhes adviria do fato de que sua matéria, inteiramente repleta pela forma, não estaria em potência em relação a nada mais. Mas, sobretudo, é deles, da irradiação própria a cada um, que dependeria todo o movimento sobre a terra, todo o devir de uma matéria (a nossa), sempre aberta a alguma forma. De sua influência, de sua causalidade dependeria especialmente a geração dos seres vivos. "O homem e o sol geram o homem", dizia Aristóteles. A tal ponto que toda a Idade Média e Sto. Tomás à frente (na verdade enganados por observações malfeitas, que precisaram esperar por Pasteur para anulá-las), admitia não a geração espontânea, mas uma "geração" sem genitor "unívoco", pela mera ação do sol sobre uma matéria bem disposta. Quando Sto. Tomás nos informa, no artigo que lemos, que do movimento dos astros depende todo movimento, isso não significa que o movimento local cause todos os outros — e se os astros influenciam é por sua irradiação própria —, mas que ele causa a diversificação dos efeitos produzidos segundo a posição sempre variável dos astros. Daí o fato de toda a astrologia fundar-se na posição dos astros "sob os quais" se nasceu. Não é somente a vida de um ser que se liga aos astros, mas o conjunto dos traços individuais que lhe pertencem, e que, unidos às circunstâncias por meio das quais ele irá viver (elas mesmas submetidas aos astros), determinariam seu destino. Quando se pensa em tudo o que essas concepções deviam à antiga idolatria, a despeito da reinterpretação filosófica de Aristóteles, é de admirar a inocência com a qual Sto. Tomás encontra um lugar para elas em um universo acima de tudo criado e inteiramente dependente de Deus. É que, para ele, as causas segundas, corpos celestes ou outras, cooperam com a ação onipresente e primeira de Deus, e isso porque o próprio sentido de sua existência e de sua ação é assimilar-se ao Criador. Iremos ver que é sem qualquer embaraço que ele fará escapar o homem, devido a seu livre-arbítrio, desse universo da matéria, ao qual, contudo, ele pertence por seu corpo.

tionem inferiorum corporum. Et huiusmodi sunt corpora caelestia. Et ideo quidquid in istis inferioribus generat, movet ad speciem sicut instrumentum caelestis corporis; secundum quod dicitur in II *Physic.*[6], quod *homo generat hominem, et sol*.

AD TERTIUM dicendum quod corpora caelestia inferioribus corporibus non sunt similia similitudine speciei; sed inquantum sua universali virtute continent in se quidquid in inferioribus corporibus generatur; secundum quem modum dicimus etiam omnia esse Deo similia.

AD QUARTUM dicendum quod actiones corporum caelestium diversimode recipiuntur in inferioribus corporibus secundum diversam materiae dispositionem. Contingit autem quandoque quod materia conceptus humani non est disposita totaliter ad masculinum sexum; unde partim formatur in masculum, partim in feminam. Unde ad hoc introducitur ab Augustino[7], ad repellendum scilicet divinationem quae fit per astra: quia effectus astrorum variantur etiam in rebus corporeis, secundum diversam materiae dispositionem.

feriores quanto à geração e corrupção. Ora, esses são os corpos celestes. Portanto, qualquer coisa que, nos corpos inferiores, gera, move para uma espécie como instrumento de um corpo celeste, conforme diz o livro II da *Física*: "O homem e o sol geram o homem".

QUANTO AO 3º, deve-se dizer que os corpos celestes não são semelhantes aos corpos inferiores por uma semelhança de espécie, mas sim pelo fato de que, em sua potência universal, contêm neles tudo o que é gerado nos corpos inferiores. Desse modo dizemos que todas as coisas são semelhantes a Deus.

QUANTO AO 4º, deve-se dizer que as ações dos corpos celestes são recebidas nos corpos inferiores de diversas maneiras, conforme a diferente disposição da matéria. Acontece às vezes que a matéria da concepção humana não está totalmente disposta para o sexo masculino, indo então formar em parte um corpo masculino, em parte um feminino. Agostinho introduz esse argumento para refutar a adivinhação feita por meio dos astros: porque os efeitos dos astros variam também nas coisas corporais, segundo a diferente disposição da matéria.

ARTICULUS 4

Utrum corpora caelestia sint causa humanorum actuum

AD QUARTUM SIC PROCEDITUR. Videtur quod corpora caelestia sint causa humanorum actuum.

1. Corpora enim caelestia, cum moveantur a spiritualibus substantiis, sicut supra[1] dictum est, agunt in virtute earum quasi instrumenta. Sed illae substantiae spirituales sunt superiores animabus nostris. Ergo videtur quod possint imprimere in animas nostras, et sic causare actus humanos.
2. PRAETEREA, omne multiforme reducitur in aliquod uniforme principium. Sed actus humani sunt varii et multiformes. Ergo videtur quod reducantur in uniformes motus caelestium corporum, sicut in sua principia.
3. PRAETEREA, astrologi frequenter vera annuntiant de eventibus bellorum, et aliis humanis acti-

ARTIGO 4

Os corpos celestes são causa dos atos humanos?

QUANTO AO QUARTO, ASSIM SE PROCEDE: parece que os corpos celestes **são** causa dos atos humanos.

1. Com efeito, os corpos celestes, quando movidos pelas substâncias espirituais, como foi dito acima, agem pelo poder delas como instrumentos. Ora, essas substâncias espirituais são superiores às nossas almas. Logo, parece que podem agir sobre nossas almas e, assim, ser causa dos atos humanos.
2. ALÉM DISSO, o que é multiforme reduz-se a um princípio uniforme. Ora, os atos humanos são variados e multiformes. Logo, parece que se reduzem aos movimentos uniformes dos corpos celestes como a seus princípios.
3. ADEMAIS, os astrólogos frequentemente fazem previsões verdadeiras a respeito de guerras e de

---

6. C. 2: 194, b, 9-16; S. Th. lect. 4, n. 10.
7. Loc. cit. in arg.

PARALL.: II-II, q. 95, a. 5; II *Sent.*, dist. 15, q. 1, a. 3; dist. 25, a. 2, ad 5; *Cont. Gent.* III, 84, 85, 87; *De Verit.*, q. 5, a. 10; *Compend. Theol.*, c. 127, 128; I *Perikerm.*, lect. 14; III *de Anima*, lect. 4; VI *Metaphys.*, lect. 3; in *Matth.*, c. 2.

1. Q. 110, a. 3.

bus, quorum principia sunt intellectus et voluntas. Quod facere non possent secundum caelestia corpora, nisi essent humanorum actuum causa. Sunt ergo corpora caelestia humanorum actuum causa.

SED CONTRA est quod Damascenus dicit[2], quod *corpora caelestia humanorum actuum nequaquam sunt causa.*

RESPONDEO dicendum quod corpora caelestia in corpora quidem imprimunt directe et per se, sicut iam[3] dictum est. In vires autem animae quae sunt actus organorum corporeorum, directe quidem, sed per accidens: quia necesse est huiusmodi actus harum potentiarum impediri secundum impedimenta organorum, sicut oculus turbatus non bene videt. Unde si intellectus et voluntas essent vires corporeis organis alligatae, sicut posuerunt aliqui, dicentes quod intellectus non differt a sensu[4]; ex necessitate sequeretur quod corpora caelestia essent causa electionum et actuum humanorum. Et ex hoc sequeretur quod homo naturali instinctu ageretur ad suas actiones, sicut cetera animalia, in quibus non sunt nisi vires animae corporeis organis alligatae: nam illud quod fit in istis inferioribus ex impressione corporum caelestium, naturaliter agitur. Et ita sequeretur quod homo non esset liberi arbitrii, sed haberet actiones determinatas, sicut et ceterae res naturales. Quae manifeste sunt falsa, et conversationi humanae contraria.

Sciendum est tamen quod indirecte et per accidens impressiones corporum caelestium ad intellectum et voluntatem pertingere possunt; inquantum scilicet tam intellectus quam voluntas aliquo modo ab inferioribus viribus accipiunt, quae organis corporeis alligantur. Sed circa hoc diversimode se habent intellectus et voluntas. Nam intellectus ex necessitate accipit ab inferioribus viribus apprehensivis: unde turbata vi imaginativa vel cogitativa vel memorativa, ex necessitate turbatur actio intellectus. Sed voluntas non ex necessitate sequitur inclinationem appetitus inferioris: licet enim passiones quae sunt in irascibili et concupiscibili, habeant quandam vim ad incli-

outros atos humanos que dependem da inteligência e da vontade. Ora, não poderiam fazer isso se os corpos celestes não fossem causa dos atos humanos. Logo, os corpos celestes são causa dos atos humanos.

EM SENTIDO CONTRÁRIO, diz Damasceno que "os corpos celestes de forma alguma são causa dos atos humanos".

RESPONDO. Os corpos celestes agem diretamente e por si mesmos sobre os corpos, como já foi dito. Mas sobre as potências da alma que são atos dos órgãos corpóreos agem diretamente, mas acidentalmente. Porque necessariamente, os atos dessas potências são impedidos por aquilo que impede os órgãos; por exemplo, a vista turva não enxerga bem. Se pois o intelecto e a vontade fossem potências ligadas a órgãos corpóreos, como afirmaram alguns dizendo que o intelecto não se diferencia do sentido, resultaria necessariamente que os corpos celeste seriam causa das escolhas e dos atos humanos. E disso resultaria que o homem agiria em suas ações por um instinto natural, como os outros animais, nos quais só se encontram potências da alma ligadas a órgãos corpóreos. O que acontece nesses inferiores pelas ações dos corpos celestes acontece naturalmente. Se fosse assim, o homem não teria o livre-arbítrio, pois suas ações seriam determinadas como o são as das demais coisas naturais. Tudo isso é claramente falso e contrário ao modo de ser humano[e].

Contudo, deve-se saber que as ações dos corpos celestes podem alcançar o intelecto e a vontade, na medida em que tanto o intelecto como a vontade indireta e acidentalmente recebem de algum modo algo das potências inferiores que estão ligadas a órgãos corpóreos. Quanto a isso, porém, intelecto e vontade têm comportamentos diferentes. De fato, o intelecto recebe necessariamente por meio das potências apreensivas inferiores; por isso, uma vez perturbada a imaginação ou a cogitativa ou a memória, necessariamente perturba-se a ação do intelecto. A vontade, porém, não segue necessariamente a inclinação do apetite inferior, embora as paixões do apetite irascível e do concupiscível tenham certa

---

2. *De Fide Orth.*, l. II, c. 7: MG 94, 893 A.
3. A. praec.
4. Cfr. ARISTOT., *de Anima*, l. III, c. 3: 427, a, 17-29.

---

e. As razões fornecidas por Sto. Tomás para fazer escapar o livre-arbítrio à ação direta dos astros valem em qualquer hipótese científica sobre a atividade dos corpos. Todo corpo só pode agir diretamente sobre o que, em nós, é corporal, sensibilidade e imaginação. Mas, em nós, a inteligência e a vontade não se ligam aos órgãos corporais, pelo menos no que se refere à substância do que se passa nelas. Elas são a própria causa de seus atos. "Afirmar que os corpos celestes são a causa dos atos humanos caracteriza aqueles que dizem que a inteligência não difere do sentido".

nandam voluntatem; tamen in potestate voluntatis remanet sequi passiones, vel eas refutare. Et ideo impressio caelestium corporum, secundum quam immutari possunt inferiores vires, minus pertingit ad voluntatem, quae est proxima causa humanorum actuum, quam ad intellectum.

Ponere igitur caelestia corpora esse causam humanorum actuum, est proprium illorum qui dicunt intellectum non differre a sensu. Unde quidam eorum dicebant quod *talis est voluntas in hominibus, qualem in diem inducit pater virorum deorumque*[5]. Quia ergo constat intellectum et voluntatem non esse actus organorum corporeorum, impossibile est quod corpora caelestia sint causa humanorum actuum.

AD PRIMUM ergo dicendum quod spirituales substantiae quae caelestia corpora movent, in corporalia quidem agunt mediantibus caelestibus corporibus: sed in intellectum humanum agunt immediate, illuminando. Voluntatem autem immutare non possunt, ut supra[6] habitum est.

AD SECUNDUM dicendum quod, sicut multiformitas corporalium motuum reducitur sicut in causam in uniformitatem motuum caelestium; ita multiformitas actuum qui sunt ab intellectu et voluntate, reducitur in principium uniforme quod est intellectus et voluntas divina.

AD TERTIUM dicendum quod plures hominum sequuntur passiones, quae sunt motus sensitivi appetitus, ad quas cooperari possunt corpora caelestia: pauci autem sunt sapientes, qui huiusmodi passionibus resistant. Et ideo astrologi ut in pluribus vera possunt praedicere, et maxime in communi. Non autem in speciali: quia nihil prohibet aliquem hominem per liberum arbitrium passionibus resistere. Unde et ipsi astrologi dicunt quod *sapiens homo dominatur astris*, inquantum scilicet dominatur suis passionibus.

força para inclinar a vontade. Permanece, porém, no poder da vontade seguir as paixões ou resistir. Daí que a ação dos corpos celestes, na medida em que podem agir sobre as potências inferiores, tem menos influência sobre a vontade, causa imediata dos atos humanos, que sobre o intelecto[f].

Portanto, afirmar que os corpos celestes são causa dos atos humanos é próprio dos que dizem que o intelecto não se diferencia do sentido. Por isso alguns diziam que: "A vontade entre os homens é tal qual a deu à luz o pai dos homens e dos deuses". Uma vez que o intelecto e a vontade não são atos dos órgãos corpóreos, é impossível que os corpos celestes sejam causa dos atos humanos.

QUANTO AO 1º, portanto, deve-se dizer que as substâncias espirituais que movem os corpos celestes agem sobre as coisas mediante os corpos celestes. Mas sobre o intelecto agem iluminando-o sem intermediários. Entretanto, não podem agir sobre a vontade, como acima se estabeleceu.

QUANTO AO 2º, deve-se dizer que assim como a multiplicidade de formas dos movimentos corporais reduz-se à uniformidade dos movimentos celestes como à sua causa, assim também a multiplicidade das formas dos atos procedentes da inteligência e da vontade reduz-se ao princípio uniforme que é o intelecto e a vontade divina[g].

QUANTO AO 3º, deve-se dizer que muitos homens seguem as paixões, movimentos do apetite sensível, com os quais podem cooperar os corpos celestes. Mas poucos são os sábios que resistem a tais paixões. Por isso os astrólogos podem predizer a verdade em muitos casos, sobretudo em geral. Mas não em particular, porque nada impede que alguém resista às paixões pelo livre-arbítrio. Entre os próprios astrólogos se diz que o *sábio domina os astros*, na medida em que domina as paixões[h].

---

5. HOMERI., *Odyss.*, l. XVIII, v. 135 sq.
6. Q. 111, a. 2.

---

f. Entretanto, a inteligência e a vontade humanas não podem atingir seu objeto próprio e exercer seus atos, a não ser em conexão íntima com a atividade dos sentidos, da imaginação, das paixões e instintos. Os corpos celestes exercem sobre eles influência indireta, cuja importância Sto. Tomás não minimiza, mas nega-lhe a força de coação. Observação à primeira vista bastante surpreendente: é a inteligência a mais atingida pelas perturbações das representações imaginárias. A vontade (mas será que a perturbação da inteligência não repercute sobre ela?) teria, por si mesma, mais poder sobre as paixões que a assaltam. Permanece verdadeiro, contudo, que a plena posse da verdade essencial libera o espírito das aparências.

g. Que não se deduza dessa analogia que os espíritos dependem de Deus com a mesma necessidade que o mundo corpóreo depende do sol. Deus age sobre os espíritos unicamente exercendo em ato e em obra a própria liberdade deles, que é a natureza que lhes é inerente. O que causa alguma pode fazer.

h. Como se vê, Sto. Tomás não nega a aptidão da astrologia (e diríamos hoje, aliás, das técnicas modernas de previsão) em prever muitas coisas. O livre-arbítrio é comum a todos, mas só é exercido de fato por um pequeno número, pouco representativo para os cálculos.

Articulus 5
Utrum corpora caelestia possint imprimere in ipsos daemones

AD QUINTUM SIC PROCEDITUR. Videtur quod corpora caelestia possint imprimere in ipsos daemones.

1. Daemones enim secundum certa augmenta lunae aliquos homines vexant, qui et propter hoc *lunatici* dicuntur; ut patet Mt 4,24 et 17,14. Sed hoc non esset, nisi corporibus caelestibus subiacerent. Ergo daemones subiacent actionibus caelestium corporum.

2. PRAETEREA, necromantici observant certas constellationes ad invocandos daemones. Non autem per corpora caelestia invocarentur, si non eis subiacerent. Ergo daemones subiacent actionibus caelestium corporum.

3. PRAETEREA, corpora calestia virtuosiora sunt quam corpora inferiora. Sed quibusdam inferioribus corporibus daemones arcentur: scilicet *herbis et lapidibus et animantibus, et quibusdam sonis certis ac vocibus, et figurationibus atque figmentis*, ut a Porphyrio dictum Augustinus introducit in X *de Civ. Dei*[1]. Ergo multo magis daemones subduntur actioni caelestium corporum.

SED CONTRA est quod daemones sunt superiores ordine naturae quam corpora caelestia. *Agens autem est superius patiente*, ut Augustinus dicit XII *super Gen. ad litt.*[2]. Ergo daemones non subiiciuntur actioni corporum caelestium.

RESPONDEO dicendum quod circa daemones fuit triplex opinio. Prima Peripateticorum, qui posuerunt daemones non esse; sed ea quae attribuuntur daemonibus, secundum artem necromanticam, fiunt virtute caelestium corporum. Et hoc est quod Augustinus, X *de Civ. Dei*[3], introducit dictum a Porphyrio, quod *fabricantur in terra ab hominibus potestates idoneae siderum variis effectibus exequendis*. — Sed haec positio est manifeste falsa. Experimento enim scitur multa per daemones fieri, ad quae nullo modo virtus caelestium corporum sufficeret; puta quod arreptitii loquuntur lingua ignota, quod recitant versus et auctoritates quas nunquam sciverunt, quod necromantici faciunt statuas loqui et moveri, et similia.

Ex quibus Platonici moti fuerunt ut ponerent daemones esse *animalia corpore aerea, animo*

Artigo 5
Os corpos celestes podem influir sobre os demônios?

QUANTO AO QUINTO, ASSIM SE PROCEDE: parece que os corpos celestes **podem** influir sobre os demônios.

1. Com efeito, os demônios podem atormentar em certas fases da lua alguns homens chamados por isso *lunáticos*, como está no Evangelho de Mateus. Ora, isso não se daria se não estivessem sujeitos às ações dos corpos celestes.

2. ALÉM DISSO, os necromantes observam determinadas constelações para invocar os demônios. Ora, não seriam invocados pelos corpos celestes, se não lhes estivessem sujeitos. Logo, os demônios estão sujeitos às ações dos corpos celestes.

3. ADEMAIS, os corpos celestes são mais poderosos que os inferiores. Ora, os demônios são afastados por certos corpos celestes, tais como *ervas, pedras, animais, determinados sons e palavras, figuras e imagens*, como diz Porfírio citado por Agostinho. — Com mais razão os demônios estão sob a ação dos corpos celestes.

EM SENTIDO CONTRÁRIO, os demônios, segundo a ordem da natureza, são superiores aos corpos celestes. Ora, Agostinho diz que "o agente é superior ao paciente". Portanto, os demônios não estão sujeitos à ação dos corpos celestes.

RESPONDO. A propósito dos demônios houve três opiniões. A primeira, dos peripatéticos: eles negaram a existência dos demônios. E o que é atribuído aos demônios, como a necromancia, é feito pelo poder dos corpos celestes. Nesse sentido Agostinho cita Porfírio: "As potestades capazes de produzir os efeitos atribuídos aos astros são produzidas na terra pelos homens". — Mas essa afirmação é totalmente falsa. Sabe-se pela experiência que muitas coisas são feitas pelos demônios, para as quais não é suficiente o poder dos corpos celestes. Por exemplo, os possessos falam em língua desconhecida, recitam versos e fazem citações de autores que jamais conheceram, os necromantes fazem estátuas falar e se mexer, e outras coisas desse tipo.

Isso levou os platônicos a afirmar que os demônios são "animais de corpo aéreo e de espírito

---

5 PARALL.: *De Pot.*, q. 6, a. 10.

1. C. 11: ML 41, 290.
2. C. 16: ML 34, 467.
3. C. 11: ML 41, 290.

passiva; ut ab Apuleio dictum Augustinus introducit VIII *de Civ. Dei*[4]. Et haec est secunda opinio: secundum quam dici posset quod daemones hoc modo subduntur corporibus caelestibus, sicut et de hominibus dictum est[5]. — Sed haec opinio ex superioribus[6] patet esse falsa: dicimus enim daemones esse substantias intellectuales corporibus non unitas. Unde patet quod non subduntur actioni caelestium corporum, nec per se nec per accidens, nec directe nec indirecte.

AD PRIMUM ergo dicendum quod hoc quod daemones secundum certa augmenta lunae homines vexant, contingit propter duo. Primo quidem, ad hoc quod *infament creaturam Dei*, scilicet lunam: ut Hieronymus[7] et Chrysostomus[8] dicunt. — Secundo quia, cum non possint operari nisi mediantibus naturalibus virtutibus, ut supra[9] dictum est; in suis operibus considerant corporum aptitudines ad effectus intentos. Manifestum est autem quod *cerebrum humidissimum est omnium partium corporis*, ut Aristoteles dicit[10]: et ideo maxime subiicitur operationi lunae, quae ex sua proprietate habet movere humorem. In cerebro autem perficiuntur vires animales: et ideo daemones secundum certa augmenta lunae perturbant hominis phantasiam, quando considerant cerebrum ad hoc esse dispositum.

AD SECUNDUM dicendum quod daemones advocati in certis constellationibus, propter duo veniunt. Primo quidem, ut homines in hunc errorem inducant, quod credant aliquod numen esse in stellis. — Secundo, quia considerant secundum aliquas certas constellationes materiam corporalem magis esse dispositam ad effectus pro quibus advocantur.

AD TERTIUM dicendum quod, sicut Augustinus dicit XXI *de Civ. Dei*[11], *daemones alliciuntur per varia genera lapidum, herbarum, lignorum, animalium, carminum, rituum, non ut animalia cibis, sed ut spiritus signis*; inquantum scilicet haec eis exhibentur in signum divini honoris, cuius ipsi sunt cupidi.

passivo", como disse Apuleio citado por Agostinho. Esta é pois a segunda opinião, segundo a qual se poderia dizer que os demônios estão sob os corpos celestes, como foi dito a propósito dos homens. — Mas essa opinião é claramente falsa pelo que foi exposto. Afirmamos, com efeito, que os demônios são substâncias intelectuais não unidas a corpos. É pois claro que não estão sob a ação dos corpos celestes, nem por si, nem por acidente, nem direta e nem indiretamente.

QUANTO AO 1º, portanto, deve-se dizer que os demônios atormentam os homens segundo certas fases da lua, isso acontece por duas coisas. Primeiro, para infamar uma criatura de Deus, a lua, como dizem Jerônimo e Crisóstomo. Segundo, como não podem agir a não ser com a ajuda das forças da natureza, como já se disse, consideram as aptidões dos corpos para realizarem os efeitos. Ora, é claro como diz Aristóteles que "o cérebro é a parte mais úmida do corpo". Por isso, está ao máximo sujeito à ação da lua, cuja propriedade é mover os humores. Ora, é no cérebro que as forças animais atingem sua perfeição. Daí que os demônios atormentam a imaginação do homem em certas fases da lua, quando consideram que o cérebro está disposto para isso.

QUANTO AO 2º, deve-se dizer que os demônios invocados em certas constelações vêm por duas razões. Primeiro, para induzir os homens no erro de pensar que alguma divindade existe nas estrelas. — Segundo, porque consideram que em determinadas constelações a matéria corporal está mais disposta para os efeitos para os quais foram invocados.

QUANTO AO 3º, deve-se dizer que como diz Agostinho: "Os demônios são atraídos por certos gêneros de ervas, pedras, madeiras, animais, cantos, ritos, não como os animais são atraídos pelo alimento, mas como os espíritos são atraídos pelos sinais". De fato, essas coisas lhes são oferecidas em sinal da honra divina da qual são ávidos.

---

4. C. 16: ML 41, 241.
5. A. praec.
6. Q. 51, a. 1.
7. In *Matth.* 4, 24: ML 26, 33 C.
8. Homil. 57, al. 58, in *Matth.*: MG 58, 562.
9. Q. 114, a. 4, ad 2.
10. *De Part. Animal.*, l. II, c. 7: 652, a, 27-28; *De Sensu et Sensato*, c. 2: 439, a, 1-5.
11. C. 6: ML 41, 717.

Articulus 6
Utrum corpora caelestia imponant necessitatem his quae eorum actioni subduntur

AD SEXTUM SIC PROCEDITUR. Videtur quod corpora caelestia imponant necessitatem ilis quae eorum actioni subduntur.
1. Causa enim sufficienti posita, necesse est effectum poni. Sed corpora caelestia sunt sufficiens causa suorum effectuum. Cum igitur corpora caelestia, cum suis motibus et dispositionibus, ponantur sicut ex necessitate entia; videtur quod effectus eorum ex necessitate consequantur.
2. PRAETEREA, effectus agentis ex necessitate sequitur in materia, quando virtus agentis tanta fuerit quod possit sibi subiicere totaliter materiam. Sed tota materia inferiorum corporum subiicitur virtuti caelestium corporum, tanquam excellentiori. Ergo ex necessitate effectus caelestium corporum recipitur in materia corporali.
3. PRAETEREA, si effectus caelestis corporis non ex necessitate proveniat, hoc est propter aliquam causam impedientem. Sed quamlibet causam corpoream quae impedire posset effectum caelestis corporis, necesse est reduci in aliquod caeleste principium: cum caelestia corpora sint causa omnium quae hic fiunt. Ergo, cum et illud caeleste principium sit necessarium, sequitur quod necesse sit impediri effectum alterius corporis caelestis. Et sic omnia quae hic contingunt, ex necessitate eveniunt.

SED CONTRA est quod Philosophus dicit, in libro *de Somn. et Vigil.*[1], quod *neque eorum quae in corporibus sunt signorum caelestium, velut aquarum et ventorum, inconveniens est multa non evenire.* Sic ergo non omnes effectus caelestium corporum ex necessitate eveniunt.

RESPONDEO dicendum quod ista quaestio partim quidem absoluta est, secundum praemissa; partim autem difficultatem habet. Ostensum enim est[2] quod, quamvis ex impressione corporum caelestium fiant aliquae inclinationes in natura corporali, voluntas tamen non ex necessitate sequitur has inclinationes. Et ideo nihil prohibet per voluntariam actionem impediri effectum caelestium corporum, non solum in ipso homine, sed etiam in aliis rebus ad quas hominum operatio se extendit.

Artigo 6
Os corpos celestes impõem necessidade àqueles que estão sob sua ação?

QUANTO AO SEXTO, ASSIM SE PROCEDE: parece que os corpos celestes **impõem** necessidade àqueles que estão sob sua ação.
1. Com efeito, afirmada a causa suficiente, afirma-se o efeito necessariamente. Ora, os corpos celestes são causa suficiente de seus efeitos. Logo, como os corpos celestes, com seus movimentos e disposições, se afirmam como entes necessários, parece que seus efeitos seguem necessariamente.
2. ALÉM DISSO, o efeito de um agente resulta necessariamente na matéria, quando o poder do agente é tão grande que pode submeter a si toda a matéria. Ora, toda a matéria dos corpos inferiores está sujeita à potência dos corpos celestes, como mais excelente. Logo, o efeito dos corpos celestes é recebido necessariamente na matéria corporal.
3. ADEMAIS, se o efeito do corpo celeste não provém necessariamente, é porque uma causa o está impedindo. Ora, toda causa corpórea capaz de impedir o efeito de um corpo celeste reduz-se necessariamente a um princípio celeste, uma vez que os corpos celestes são causa de tudo o que é aqui produzido. Logo, como esse princípio celeste é ele mesmo necessário, segue-se que o efeito do outro corpo seria impedido necessariamente. Assim, tudo o que aqui acontece acontece por necessidade.

EM SENTIDO CONTRÁRIO, diz o Filósofo: "Não é inconveniente que muitos daqueles sinais celestes que existem nos corpos, como as águas e os ventos não venham a acontecer".

RESPONDO. Esta questão já está em parte resolvida, por quanto foi exposto, mas em parte tem ainda alguma dificuldade. Já foi demonstrado que, embora certas inclinações sejam produzidas na natureza corporal por influência dos corpos celestes, a vontade não as segue necessariamente. Não é pois impossível que a ação voluntária impeça o efeito dos corpos celestes, não somente no homem, mas também nas demais coisas às quais se estende a ação.

---

6 PARALL.: II *Sent.*, dist. 15, q. 1, a. 2, ad 3; a. 3, ad 4; *Cont. Gent.* III, 86; *De Verit.*, q. 5, a. 9, ad 1, 2; *De Malo*, q. 6, ad 21; q. 16, a. 7, ad 14, 16; I *Periherm.*, lect. 14; VI *Metaphys.*, lect. 3.

1. *De Divin. per Somn.*, c. 2: 463.
2. A. 4.

Sed nullum tale principium invenitur in rebus naturalibus, quod habeat libertatem sequendi vel non sequendi impressiones caelestes. Unde videtur quod in talibus, ad minus, omnia ex necessitate proveniant: secundum antiquam quorundam rationem, qui, supponentes omne quod est causam habere, et quod, posita causa, ex necessitate ponitur effectus, concludebant, quod omnia ex necessitate contingant. Quam quidem opinionem repellit Aristoteles in VI *Metaphys.*³, secundum duo quae ipsi supponunt.

Primo enim, non est verum quod, posita quacumque causa, necesse sit effectum poni. Sunt enim quaedam causae quae ordinantur ad suos effectus non ex necessitate, sed ut in pluribus, quae quandoque deficiunt in minori parte. — Sed quia huiusmodi causae non deficiunt in minori parte, nisi propter aliquam causam impedientem, videtur adhuc praedictum inconveniens non vitari: quia et ipsum impedimentum talis causae ex necessitate contingit.

Et ideo, secundo, oportet dicere quod omne quod est per se, habet causam: quod autem est per accidens, non habet causam, quia non est vere ens, cum non sit vere unum. *Album* enim causam habet, similiter et *musicum*; sed *album musicum* non habet causam, quia non est vere ens, neque vere unum. Manifestum est autem quod causa impediens actionem alicuius causae ordinatae ad suum effectum ut in pluribus, concurrit ei interdum per accidens: unde talis concursus non habet causam, inquantum est per accidens. Et propter hoc, id quod ex tali concursu sequitur, non reducitur in aliquam causam praeexistentem, ex qua ex necessitate sequatur. Sicut quod aliquod corpus terrestre ignitum in superiori parte aeris generetur et deorsum cadat, habet causam aliquam virtutem caelestem: et similiter etiam quod in superficie terrae sit aliqua materia combustibilis, potest reduci in aliquod caeleste principium. Sed quod ignis cadens huic materiae occurrat et comburat eam, non habet causam aliquod caeleste corpus, sed est per accidens. — Et sic patet quod non omnes effectus caelestium corporum sunt ex necessitate.

AD PRIMUM ergo dicendum quod corpora caelestia sunt causa inferiorum effectuum mediantibus causis particularibus inferioribus, quae deficere possunt in minori parte.

Nas coisas naturais, não se encontra nenhum princípio semelhante, que dê liberdade de seguir ou não os influxos celestes. Parece, pois, que, pelo menos nesses, tudo acontece por necessidade, segundo a opinião de alguns antigos, que supondo que tudo o que existe tem uma causa, e que afirmada a causa o efeito segue necessariamente, concluíam que tudo acontece de modo necessário. Aristóteles no livro VI da *Metafísica*, refutou essa opinião em seus dois pressupostos.

Em primeiro lugar, não é verdade que, afirmada uma causa qualquer, o efeito deva ser afirmado necessariamente. De fato, há causas que são ordenadas a seus efeitos não necessariamente, mas o mais das vezes, e que excepcionalmente falham. — Mas, como essas causas falham excepcionalmente devido a uma causa impediente, parece que o inconveniente supramencionado não é evitado, porque também o impedimento ocorre por necessidade.

É pois preciso lembrar, em segundo lugar, que tudo o que existe por si tem uma causa, e o que é por acidente não tem causa, porque não é verdadeiramente ente, não sendo verdadeiramente uno. Assim, ser *branco* tem causa, e, semelhantemente, ser *músico*; mas ser *músico branco* não tem causa porque não é verdadeiramente ente, nem verdadeiramente uno. Ora, é claro que a causa que impede a ação de outra causa que é ordenada a seu efeito o mais das vezes concorre com ela às vezes acidentalmente. Esse concurso não tem, pois, causa por ser acidental. Daí que o resultado desse concurso não se reduz a uma causa preexistente, da qual procederia necessariamente. Por exemplo, se um corpo terrestre inflamável é produzido na parte superior do ar e cai, a causa disso é uma potência celeste. Igualmente, pode reduzir-se a um princípio celeste se sobre a superfície da terra há uma matéria combustível. Se porém o fogo que cai encontrar a matéria combustível e a queimar, a causa do fato não será um corpo celeste, mas isso terá acontecido acidentalmente. — Fica assim claro que nem todos os efeitos dos corpos celestes são por necessidade[i].

QUANTO AO 1º, portanto, deve-se dizer que os corpos celestes são causa dos efeitos inferiores por intermédio de causas inferiores particulares, as quais podem falhar excepcionalmente.

---

3. C. 3: 1027, a, 29 — b, 11.

i. Poder-se-ia dizer que surge neste artigo, para corrigir o determinismo da natureza no mundo puramente material, o acaso, que não possui causa e somente é previsível por Deus.

AD SECUNDUM dicendum quod virtus corporis caelestis non est infinita. Unde requirit determinatam dispositionem in materia ad inducendum suum effectum, et quantum ad distantiam loci, et quantum ad alias conditiones. Et ideo sicut distantia loci impedit effectum caelestis corporis (non enim sol eundem caloris effectum habet in Dacia, quem habet in Aethiopia); ita et grossities materiae, vel frigiditas aut caliditas, aut alia huiusmodi dispositio, impedire potest effectum corporis caelestis.

AD TERTIUM dicendum quod licet causa impediens effectum alterius causae, reducatur in aliquod caeleste corpus sicut in causam; tamen concursus duarum causarum, cum sit per accidens, non reducitur in causam caelestem, ut dictum est[4].

4. In corp.

QUANTO AO 2º, deve-se dizer que a potência do corpo celeste não é infinita. Por isso, para realizar seu efeito requer determinada disposição na matéria, quanto à distância local e a outras condições. Pois como a distância local impede o efeito da ação do corpo celeste (de fato, o sol não tem o mesmo efeito calorífico na Dácia e na Etiópia), assim também a matéria densa ou quente ou fria, ou com outras disposições, pode impedir o efeito do corpo celeste.

QUANTO AO 3º, deve-se dizer que embora a causa que impede o efeito de outra se reduza a algum corpo celeste como sua origem, a coincidência dessas duas causas, sendo acidental, não se reduz a uma causa celeste, como já foi dito.

QUAESTIO CXVI
DE FATO
in quatuor articulos divisa
Deinde considerandum est de fato.
Et circa hoc quaeruntur quatuor.
Primo: an fatum sit.
Secundo: in quo sit.
Tertio: utrum sit immobile.
Quarto: utrum omnia subsint fato.

ARTICULUS 1
Utrum fatum sit aliquid

AD PRIMUM SIC PROCEDITUR. Videtur quod fatum nihil sit.
1. Dicit enim Gregorius, in Homilia Epiphaniae[1]: *Absit a fidelium cordibus ut fatum esse aliquid dicant.*

QUESTÃO 116
O DESTINO[a]
em quatro artigos
Em seguida, deve-se considerar o destino.
E a respeito dele são quatro as perguntas:
1. Existe destino?
2. Em que está?
3. É imutável?
4. Todas as coisas estão sob o destino?

ARTIGO 1
Existe destino?

QUANTO AO PRIMEIRO ARTIGO, ASSIM SE PROCEDE: parece que o destino **nada** é.
1. Com efeito, Gregório diz: "Longe dos corações dos fiéis afirmar que o destino é algo existente".

1 PARALL.: *Cont. Gent.* III, 93; *Compend. Theol.*, c. 138; *Quodlib.* XII, q. 3, a. 2; *Opusc.* XXVIII, *de Fato*, c. 1; in *Matth.*, c. 2; I *Periherm.*, lect. 14; VI *Metaphys.*, lect. 3.

1. Homil. 10 in *Evang.*: ML 76, 1112 A.

a. Nesta reinterpretação cristã da noção de destino, Sto. Tomás desenvolve o que era afirmado nos princípios gerais do governo divino (q. 103, a. 5 e 7): "Tudo está submetido ao governo divino", e "nada pode acontecer fora dele". Se, porém, o que acontece aos homens já está fixado não "de antemão", mas desde toda a eternidade, no Pensamento divino, isto não ocorre de modo algum nas causas criadas, exceto para o que depende necessariamente delas e de seu encadeamento natural. Pode-se chamar de "destino" o que está necessária e inelutavelmente contido no encadeamento das causas, na medida em que isto está submetido à Providência divina e por ela ordenado ao fim último da criação. Entretanto, o que depende da livre decisão do homem não se inscreve de antemão em nenhuma causa ou série de causas. Isso vale ainda mais para o que Deus faz imediatamente, como a graça. Na medida em que o homem se depara com eventos inscritos de antemão na ordem das causas criadas, ele se depara com o "destino", mas pode modificá-lo ou ordená-lo a seus fins sob o impulso da graça divina. Todavia, isso nos remete ao que foi afirmado a respeito da questão 23, no que concerne à predestinação.

2. Praeterea, ea quae fato aguntur, non sunt improvisa: quia, ut Augustinus dicit V *de Civ. Dei*[2], *fatum a fando dictum intelligimus, idest a loquendo*; ut ea fato fieri dicantur, quae ab aliquo determinante sunt ante praelocuta. Quae autem sunt provisa, non sunt fortuita neque casualia. Si igitur res fato aguntur, excludetur casus et fortuna a rebus.

Sed contra quod non est, non definitur. Sed Boetius, in IV *de Consol*.[3], definit fatum, dicens quod *fatum est inhaerens rebus mobilibus dispositio, per quam providentia suis quaeque nectit ordinibus*. Ergo fatum aliquid est.

Respondeo dicendum quod in rebus inferioribus videntur quaedam a fortuna vel casu provenire. Contingit autem quandoque quod aliquid, ad inferiores causas relatum, est fortuitum vel casuale, quod tamen, relatum ad causam aliquam superiorem, invenitur esse per se intentum. Sicut si duo servi alicuius domini mittantur ab eo ad eundem locum, uno de altero ignorante; concursus duorum servorum, si ad ipsos servos referatur, casualis est, quia accidit praeter utriusque intentionem; si autem referatur ad dominum, qui hoc praeordinavit, non est casuale, sed per se intentum.

Fuerunt igitur aliqui qui huiusmodi casualia et fortuita, quae in his inferioribus accidunt, in nullam superiorem causam reducere voluerunt. Et hi fatum et providentiam negaverunt; ut de Tulio Augustinus recitat in V *de Civ. Dei*[4]. — Quod est contra ea quae superius[5] de providentia dicta sunt.

Quidam vero omnia fortuita et casualia quae in istis inferioribus accidunt, sive in rebus naturalibus sive in rebus humanis, reducere voluerunt in superiorem causam, idest in caelestia corpora. Et secundum hos, fatum nihil aliud est quam *dispositio siderum in qua quisque conceptus est vel natus*. — Sed hoc stare non potest, propter duo. Primo quidem, quantum ad res humanas. Quia iam[6] ostensum est quod humani actus non subduntur actioni caelestium corporum, nisi per accidens et indirecte. Causa autem fatalis, cum habeat ordinationem super ea quae fato aguntur, necesse est quod sit directe et per se causa eius quod agitur. — Secundo, quantum ad omnia quae

2. Além disso, o que acontece pelo destino não é imprevisto. Porque, como diz Agostinho: "Entendemos que fado vem de *fando*, isto é, de falar". É assim que se diz que as coisas realizadas pelo destino foram preditas anteriormente por alguém que as determina. Ora, as coisas previstas não são fortuitas nem casuais. Logo, se as coisas acontecessem pelo destino não haveria nem acaso nem sorte.

Em sentido contrário, o que não existe não tem definição. Ora, Boécio dá esta definição para o destino: "O destino é uma disposição inerente às coisas mutáveis, por meio da qual a providência liga cada coisa às suas ordens". Portanto, o destino é algo existente.

Respondo. Parece que entre as coisas inferiores algumas provêm da sorte ou do acaso. Mas acontece também que uma coisa, referida a suas causas inferiores, seja fortuita, fruto do acaso, mas referida a uma causa superior, seja querida por si. Por exemplo, se dois servos de um senhor são enviados a um mesmo lugar sem que eles o saibam. Essa coincidência, em referência aos servos, é casual, dado que aconteceu fora da intenção de um e outro. Mas em referência ao senhor que a preparou não é casual, mas intencionada por si.

Houve alguns que não quiseram reduzir a nenhuma causa superior as coisas que acontecem nos inferiores. São os que negaram o destino e a providência, como Cícero, citado por Agostinho. — Ora, isso é contrário ao que foi dito mais acima a respeito da providência.

Outros preferiram reduzir a uma causa superior, identificada com os corpos celestes, todas as coisas fortuitas e casuais que acontecem nas inferiores, tanto na natureza como nas coisas humanas. Segundo eles, o destino nada mais é do que uma "disposição dos astros, sob cuja influência cada um foi concebido ou nasceu". — Ora, tal opinião é insustentável por duas razões. A primeira é relativa às coisas humanas. Já foi demonstrado que os atos humanos não estão sob a ação dos corpos celestes, a não ser de modo acidental e indireto. Ora, uma causa fatal, já que determina o que acontece por destino, tem de ser diretamente e por si a causa do que acontece. — A segunda é relativa ao que

---
2. C. 9: ML 41, 150.
3. Prosa 6: ML 63, 815 A.
4. C. 9: ML 41, 148-152. — Cfr. Tullium, *De Divinat.*, l. II.
5. Q. 22, a. 2.
6. Q. 115, a. 4.

per accidens aguntur. Dictum est enim supra[7] quod id quod est per accidens, non est proprie ens neque unum. Omnis autem naturae actio terminatur ad aliquid unum. Unde impossibile est quod id quod est per accidens, sit effectus per se alicuius naturalis principii agentis. Nulla ergo natura per se hoc facere potest, quod intendens fodere sepulcrum, inveniat thesaurum. Manifestum est autem quod corpus caeleste agit per modum naturalis principii: unde et effectus eius in hoc mundo sunt naturales. Impossibile est ergo quod aliqua virtus activa caelestis corporis sit causa eorum quae hic aguntur per accidens, sive a casu sive a fortuna.

Et ideo dicendum est quod ea quae hic per accidens aguntur, sive in rebus naturalibus sive in rebus humanis, reducuntur in aliquam causam praeordinantem, quae est providentia divina. Quia nihil prohibet id quod est per accidens, accipi ut unum ab aliquo intellectu: alioquin intellectus formare non posset hanc propositionem, *Fodiens sepulcrum invenit thesaurum*. Et sicut hoc potest intellectus apprehendere, ita potest efficere: sicut si aliquis sciens in quo loco sit thesaurus absconditus, instiget aliquem rusticum hoc ignorantem, ut ibi fodiat sepulcrum. Et sic nihil prohibet ea quae hic per accidens aguntur, ut fortuita vel casualia, reduci in aliquam causam ordinantem, quae per intellectum agat; et praecipue intellectum divinum. Nam solus Deus potest voluntatem immutare, ut supra[8] habitum est. Et per consequens ordinatio humanorum actuum, quorum principium est voluntas, soli Deo attribui debet.

Sic igitur inquantum omnia quae hic aguntur, divinae providentiae subduntur, tanquam per eam praeordinata et quasi praelocuta, fatum ponere possumus: licet hoc nomine sancti Doctores uti recusaverint, propter eos qui ad vim positionis siderum hoc nomen retorquebant. Unde Augustinus dicit, in V *de Civ. Dei* [9]: *Si propterea quisquam res humanas fato tribuit, quia ipsam Dei voluntatem vel potestatem fati nomine appellat, sententiam teneat, linguam corrigat*. Et sic etiam Gregorius fatum esse negat[10].

Unde patet solutio AD PRIMUM.

existe acidentalmente. Acima foi dito que o que existe acidentalmente não é propriamente um ente nem é algo uno. Ora, toda ação da natureza termina em algo uno. É pois impossível que o que existe acidentalmente seja, por si, o efeito de algum princípio natural ativo. Não existe nenhuma natureza que, por si, possa fazer com que alguém que pretende escavar uma cova descubra um tesouro. Ora, é claro que o corpo celeste age à maneira de um princípio natural, sendo seus efeitos no mundo também naturais. Portanto, é impossível que uma potência ativa de um corpo celeste seja a causa das coisas que aqui acontecem acidentalmente, por acaso ou por sorte.

Portanto, deve-se dizer que as coisas que aqui acontecem acidentalmente, tanto na natureza como entre os homens, reduzem-se a uma causa preordenante, a providência divina. Assim, nada impede que o que existe acidentalmente seja entendido como uno por algum intelecto. Do contrário, o intelecto não poderia formar esta frase: "Aquele que escava uma cova encontra um tesouro". Assim como o intelecto pode apreender isso, pode também realizar. Por exemplo, se alguém sabe em que lugar está escondido um tesouro instiga um camponês que desconhece isso a abrir a cova. Nada impede, portanto, que as coisas que aqui acontecem acidentalmente, frutos do acaso e da sorte, sejam reduzidas a uma causa que as organizou e que age pelo intelecto, especialmente pelo intelecto divino. Com efeito, só Deus pode agir sobre a vontade, como já se tratou. Portanto, a ordenação dos atos humanos cujo princípio é a vontade deve ser atribuída só a Deus.

Assim pois, enquanto as coisas que aqui acontecem estão sob a divina providência, que as preordena e como que as prediz, podemos admitir o destino. Contudo, os santos Doutores recusaram o uso desse termo, por causa dos que o empregavam de modo abusivo, para designar a força atribuída à posição dos astros. Daí a frase de Agostinho: "Se alguém atribui ao destino as coisas humanas, porque com esse nome entende a vontade e o poder de Deus, mantenha o conceito, mas corrija a expressão". É nesse sentido que Gregório nega a existência do destino.

QUANTO AO 1º, está clara a resposta.

---

7. Ibid., a. 6.
8. Q. 105, a. 4; q. 106, a. 2; q. 111, a. 2.
9. C. 1: ML 41, 141.
10. Loc. cit. in arg. 1.

AD SECUNDUM dicendum quod nihil prohibet aliqua esse fortuita vel casualia per comparationem ad causas proximas, non tamen per comparationem ad divinam providentiam: sic enim *nihil temere fit in mundo*, ut Augustinus dicit in libro *Octoginta trium Quaest.*[11].

ARTICULUS 2
Utrum fatum sit in rebus creatis

AD SECUNDUM SIC PROCEDITUR. Videtur quod fatum non sit in rebus creatis.
1. Dicit enim Augustinus, V *de Civ. Dei*[1], quod *ipsa Dei voluntas vel potestas fati nomine appellantur*. Sed voluntas et potestas Dei non est in creaturis, sed in Deo. Ergo fatum non est in rebus creatis, sed in Deo.
2. PRAETEREA, fatum comparatur ad ea quae ex fato aguntur, ut causa; ut ipse modus loquendi ostendit. Sed causa universalis per se eorum quae hic per accidens aguntur, est solus Deus, ut supra[2] dictum est. Ergo fatum est in Deo, et non in rebus creatis.

3. PRAETEREA, si fatum est in creaturis, aut est substantia, aut accidens: et quodcumque horum detur, oportet quod multiplicetur secundum creaturarum multitudinem. Cum ergo fatum videatur esse unum tantum, videtur quod fatum non sit in creaturis, sed in Deo.
SED CONTRA est quod Boetius dicit, in IV *de Consol.*[3] quod *fatum est dispositio rebus mobilibus inhaerens.*
RESPONDEO dicendum quod, sicut ex praedictis[4] patet, divina providentia per causas medias suos effectus exequitur. Potest ergo ipsa ordinatio effectuum dupliciter considerari. Uno modo, secundum quod est in ipso Deo: et sic ipsa ordinatio effectuum vocatur providentia. — Secundum vero quod praedicta ordinatio consideratur in mediis causis a Deo ordinatis ad aliquos effectus producendos, sic habet rationem fati. Et hoc est quod Boetius dicit, IV *de Consol.*[5]: *Sive famulantibus quibusdam providentiae divinae spiritibus fatum*

QUANTO AO 2º, deve-se dizer que nada impede que certas coisas sejam fortuitas ou fruto do acaso em relação às causas próximas, e não em relação à providência. Assim, *nada no mundo acontece por acaso*, como diz Agostinho.

ARTIGO 2
O destino está nas coisas criadas?

QUANTO AO SEGUNDO, ASSIM SE PROCEDE: parece que o destino **não** está nas coisas criadas.
1. Com efeito, diz Agostinho que se "designa com o nome de destino a própria vontade e poder de Deus". Ora, a vontade e o poder de Deus não estão nas criaturas, mas em Deus. Logo, o destino não está nas coisas criadas, mas em Deus.
2. ALÉM DISSO, como a própria maneira de falar demonstra, o destino se refere às coisas que por meio dele acontecem, como causa. Ora, a causa universal, por si, das coisas que acontecem aqui acidentalmente é Deus somente, como acima foi dito. Logo, o destino está em Deus e não nas coisas criadas.

3. ADEMAIS, se o destino está nas criaturas, ou é substância ou acidente. Em qualquer caso, deve ser multiplicado segundo o grande número das criaturas. Portanto, como o destino, parece ser um só, parece que ele não está nas criaturas, mas em Deus.
EM SENTIDO CONTRÁRIO, Boécio diz que o destino é uma disposição inerente às coisas móveis.

RESPONDO. Como está claro pelo que foi dito, a divina providência realiza seus efeitos por meio de causas intermediárias. A disposição desses efeitos pode ser considerada de duas maneiras. Primeiro, enquanto está em Deus, e então a disposição dos efeitos tem o nome de providência. — Mas, considerada a partir das causas intermediárias, dispostas por Deus em vista de alguns efeitos, a disposição tem a razão de destino. É isso que Boécio diz: "Ou o destino é realizado por alguns espíritos que estão a serviço da providência divina, ou pela alma, ou

---

11. Q. 24: ML 40, 17.

2 PARALL.: I *Sent.*, dist. 39, q. 2, a. 1, ad 5; *Cont. Gent.* III, 93; *De Verit.*, q. 5, a. 1, ad 1; *Quodlib.* XII, q. 3, a. 2; *Compend. Theol.*, c. 138; Opusc. XXVIII, *de Fato*, c. 2.

1. C. 1: ML 41, 141.
2. A. praec.
3. Prosa 6: ML 63, 815 A.
4. Q. 22, a. 3; q. 103, a. 6.
5. Loc. cit.: ML 63, 815 B — 816 A.

exercetur; seu anima, seu tota inserviente natura, sive caelestibus siderum motibus, seu angelica virtute, seu daemonum varia solertia, seu aliquibus eorum, seu omnibus, fatalis series texitur: de quibus omnibus per singula in praecedentibus[6] dictum est. Sic ergo est manifestum quod fatum est in ipsis causis creatis, inquantum sunt ordinatae a Deo ad effectus producendos.

AD PRIMUM ergo dicendum quod ipsa ordinatio causarum secundarum, quam Augustinus[7] *seriem causarum* nominat, non habet rationem fati, nisi secundum quod dependet a Deo. Et ideo causaliter Dei potestas vel voluntas dici potest fatum. Essentialiter vero fatum est ipsa dispositio seu series, idest ordo, causarum secundarum.

AD SECUNDUM dicendum quod intantum fatum habet rationem causae, inquantum et ipsae causae secundae, quarum ordinatio fatum vocatur.

AD TERTIUM dicendum quod fatum dicitur dispositio, non quae est in genere qualitatis; sed secundum quod dispositio designat ordinem, qui non est substantia, sed relatio. Qui quidem ordo, si consideretur per comparationem ad suum principium, est unus: et sic dicitur unum fatum. Si autem consideretur per comparationem ad effectus, vel ad ipsas causas medias, sic multiplicatur: per quem modum Poeta dixit: Te tua *fata trahunt*[8].

pela natureza inteiramente a serviço de Deus, ou então a série de fatalidades é entretecida ou pelos movimentos celestes dos astros, ou pela potência angélica, ou pelas muitas astúcias dos demônios, ou por alguns deles ou por todos". Já se tratou disso tudo precedentemente. É, pois, claro que o destino está nas próprias causas criadas, enquanto são ordenadas por Deus para produzir os efeitos.

QUANTO AO 1º, portanto, deve-se dizer que a disposição das causas segundas, que Agostinho chama *série de causas*, não tem a razão de destino, a não ser enquanto depende de Deus. Donde se pode dizer que o poder e a vontade de Deus são destino em sentido causal. Em sentido essencial, porém, o destino é a própria disposição ou série, que é a ordem das causas segundas.

QUANTO AO 2º, deve-se dizer que o destino tem a razão de causa tanto quanto as causas segundas, cuja disposição se chama destino.

QUANTO AO 3º, deve-se dizer que a disposição denominada destino não é a que pertence ao gênero da qualidade, mas enquanto disposição designa uma ordem que é relação e não substância. Essa ordem, referida a seu princípio, é uma só, e assim se diz um só destino. Mas, se a considerarmos em relação a seus efeitos ou a suas causas intermediárias, então é múltipla. É desse modo que o Poeta disse: "Teus destinos te arrastam".

ARTICULUS 3
Utrum fatum sit immobile

AD TERTIUM SIC PROCEDITUR. Videtur quod fatum non sit immobile.
1. Dicit enim Boetius, in IV *de Consol.*[1]: *Uti est ad intellectum ratiocinatio, ad id quod est id quod gignitur, ad aeternitatem tempus, ad punctum medium circulus; ita est fati series mobilis ad providentiae stabilem simplicitatem*.

2. PRAETEREA, sicut Philosophus dicit in II *Topic.*[2]: *motis nobis, moventur ea quae in nobis sunt*. Sed fatum est *dispositio inhaerens rebus mobilibus*, ut Boetius dicit[3]. Ergo fatum est mobile.

ARTIGO 3
O destino é imutável?

QUANTO AO TERCEIRO, ASSIM SE PROCEDE: parece que o destino **não** é imutável.
1. Com efeito, diz Boécio: "Assim como o raciocínio está para o intelecto, o que nasce para o que existe, o tempo para a eternidade, o círculo para o ponto central, assim também a série variável do destino está para a simplicidade estável da providência".

2. ALÉM DISSO, como diz o Filósofo no livro II dos *Tópicos*: "Se mudamos, as coisas que estão em nós mudam também". Ora, como diz Boécio, "o destino é uma disposição inerente às coisas mutáveis." Logo, o destino é mutável.

---

6. A. praec.; q. 104, a. 2; q. 110, a. 1; q. 113, 114.
7. Loc. cit. c. 8: ML 41, 148.
8. *Quo fata trahunt retrahuntque sequamur*. VIRG., *Aeneid.*, l. V, v. 509.

3 PARALL.: Opusc. XXVIII, *de Fato*, c. 2, 3.

1. Prosa 6: ML 63, 817 A.
2. C. 7: 113, a, 29-30.
3. Loc. cit.: ML 63, 815 A.

3. PRAETEREA, si fatum est immobile, ea quae subduntur fato, immobiliter et ex necessitate eveniunt. Sed talia maxime videntur esse contingentia, quae fato attribuuntur. Ergo nihil erit contingens in rebus, sed omnia ex necessitate evenient.

SED CONTRA est quod Boetius dicit[4], quod fatum est immobilis dispositio.

RESPONDEO dicendum quod dispositio secundarum causarum, quam fatum dicimus, potest dupliciter considerari: uno modo, secundum ipsas causas secundas, quae sic disponuntur seu ordinantur; alio modo, per relationem ad primum principium a quo ordinantur, scilicet Deum. Quidam ergo posuerunt ipsam seriem seu dispositionem causarum esse secundum se necessariam, ita quod omnia ex necessitate contingerent; propter hoc, quod quilibet effectus habet causam, et causa posita necesse est effectum poni. — Sed hoc patet esse falsum, per ea quae supra[5] dicta sunt.

Alii vero e contrario posuerunt fatum esse mobile, etiam secundum quod a divina providentia dependet. Unde Aegyptii dicebant quibusdam sacrificiis fatum posse mutari, ut Gregorius Nyssenus[6] dicit. — Sed hoc supra[7] exclusum est, quia immobilitati divinae providentiae repugnat.

Et ideo dicendum est quod fatum, secundum considerationem secundarum causarum, mobile est: sed secundum quod subest divinae providentiae, immobilitatem sortitur, non quidem absolutae necessitatis, sed conditionatae; secundum quod dicimus hanc conditionalem esse veram vel necessariam, *Si Deus praescivit hoc futurum, erit*. Unde cum Boetius dixisset[8] fati *seriem esse mobilem*, post pauca subdit: *quae cum ab immobilis providentiae proficiscatur exordiis, ipsam quoque immutabilem esse necesse est*.

Et per hoc patet responsio AD OBIECTA.

3. ADEMAIS, se o destino é imutável, as coisas que estão sob o destino acontecem invariável e necessariamente. Ora, parece que são sobretudo contingentes as coisas atribuídas ao destino. Logo, nada haveria de contingente nas coisas, mas tudo aconteceria necessariamente.

EM SENTIDO CONTRÁRIO, Boécio diz: "O destino é uma disposição imutável".

RESPONDO. A disposição das causas segundas que denominamos destino pode ser considerada de duas maneiras: primeiro, nas próprias causas segundas que assim se dispõem ou se ordenam. Segundo, em sua relação com o primeiro princípio que as dispõe, Deus. Alguns afirmaram que a própria série ou disposição das causas seria em si mesma necessária, de tal forma que todas as coisas aconteceriam necessariamente, porque todo efeito tem uma causa e, uma vez afirmada a causa, necessariamente afirma-se o efeito. — Mas é claro que isso é falso, pelo que acima foi dito.

Outros, ao contrário, afirmaram que o destino é mutável, mesmo enquanto depende da divina providência. Daí os egípcios acreditarem que seria possível mudar o destino por meio de certos sacrifícios, como diz Gregório de Nissa. — Mas isso já foi rejeitado, porque repugna à imutabilidade da divina providência.

Deve-se pois dizer que o destino, considerado nas causas segundas, é mutável, mas enquanto está sob a providência divina, goza de imutabilidade, não por uma necessidade absoluta, mas condicionada. É nesse sentido que dizemos que esta condicional é verdadeira ou necessária: *Se Deus previu tal coisa, ela acontecerá*. Por isso Boécio, após ter afirmado que a série do destino era mutável, um pouco mais adiante acrescentou: "Como ela procede dos inícios da divina providência, é necessário que seja imutável".

Pelo que foi exposto está clara a resposta ÀS OBJEÇÕES.

ARTICULUS 4
Utrum omnia fato subdantur

AD QUARTUM SIC PROCEDITUR. Videtur quod omnia fato subdantur.

ARTIGO 4
Todas as coisas estão sob o destino?

QUANTO AO QUARTO, ASSIM SE PROCEDE: parece que todas as coisas **estão** sob o destino.

---

4. Ibid.: ML 63, 815 A.
5. Q. 115, a. 6.
6. NEMESIUS, *De Homine*, c. 36; al. l. VI (*de Fato*), c. 2: MG 40, 745 B — 748 A.
7. Q. 2, a. 8.
8. Loc. cit.: ML 63, 817 A.
PARALL.: Supra, a. 1.

1. Dicit enim Boetius, in IV *de Consol.*¹: *Series fati caelum et sidera movet, elementa in se invicem temperat, et alterna format transmutatione; eadem nascentia occidentiaque omnia per similes foetuum seminumque renovat progressus; haec actus fortunasque hominum indissolubili causarum connexione constringit.* Nihil ergo excipi videtur, quod sub fati serie non contineatur.

2. PRAETEREA, Augustinus dicit, in V *de Civ. Dei* ², quod fatum aliquid est, secundum quod ad voluntatem et potestatem Dei refertur. Sed voluntas Dei est causa omnium quae fiunt, ut Augustinus dicit in III *de Trin.*³. Ergo omnia subduntur fato.

3. PRAETEREA, fatum, secundum Boetium⁴, est *dispositio rebus mobilibus inhaerens.* Sed omnes creaturae sunt mutabiles, et solus Deus vere immutabilis, ut supra⁵ habitum est. Ergo in omnibus creaturis est fatum.

SED CONTRA est quod Boetius dicit, in IV *de Consol.*⁶, quod *quaedam quae sub providentia locata sunt, fati seriem superant.*

RESPONDEO dicendum quod, sicut supra⁷ dictum est, fatum est ordinatio secundarum causarum ad effectus divinitus provisos. Quaecumque igitur causis secundis subduntur, ea subduntur et fato. Si qua vero sunt quae immediate a Deo fiunt, cum non subdantur secundis causis, non subduntur fato; sicut creatio rerum, glorificatio spiritualium substantiarum, et alia huiusmodi. Et hoc est quod Boetius dicit⁸, quod *ea quae sunt primae divinitati propinqua, stabiliter fixa, fatalis ordinem mobilitatis excedunt.* Ex quo etiam patet quod *quanto aliquid longius a prima mente discedit, nexibus fati maioribus implicatur*; quia magis subiicitur necessitati secundarum causarum.

AD PRIMUM ergo dicendum quod omnia illa quae ibi tanguntur, fiunt a Deo mediantibus causis secundis; et ideo sub fati serie continentur. Sed non est eadem ratio de omnibus aliis, ut supra⁹ dictum est.

1. Prosa 6: ML 63, 817 A.
2. C. 1: ML 41, 141.
3. C. 1 sqq.: ML 42, 870 sqq.
4. Loc. cit.: ML 63, 815 A.
5. Q. 9, a. 2.
6. Loc. cit.: ML 63, 816 A.
7. A. 2.
8. Loc. cit.
9. In corp.

1. Com efeito, Boécio diz: "A série do destino move o céu e a terra, equilibra os elementos entre si, transforma-os por modificações sucessivas, renova todas as coisas que nascem e morrem pelo crescimento semelhante dos embriões e sementes, estreita os atos e sucessos humanos num encadeamento indissolúvel de causas". Portanto, nada parece se excluir do que está contido sob a série do destino.

2. ALÉM DISSO, Agostinho diz que "o destino é alguma coisa na medida em que se refere à vontade e ao poder de Deus". Ora, a vontade de Deus é a causa de tudo o que acontece, como diz o próprio Agostinho. Logo, todas as coisas estão sob o destino.

3. ADEMAIS, para Boécio o destino é "uma disposição inerente às coisas mutáveis". Ora, todas as criaturas são mutáveis, sendo Deus o único verdadeiramente imutável, como acima se estabeleceu. Logo, o destino está em todas as criaturas.

EM SENTIDO CONTRÁRIO, Boécio diz: "Certas coisas, que estão sob a ação da Providência, estão acima da série do destino".

RESPONDO. Como acima foi dito, o destino é a disposição das causas segundas em relação aos efeitos previstos por Deus. Portanto, tudo o que está sob as causas segundas, está também sob o destino. Todavia, se há coisas feitas por Deus sem intermediários, não estarão sob o destino, uma vez que não estão sob as causas segundas. Por exemplo, a criação das coisas, a glorificação das substâncias espirituais e outras semelhantes. Nesse sentido, Boécio disse que "as coisas mais próximas da divindade e por ela fixadas estavelmente estão acima da ordem da mutabilidade do destino". Consequentemente, quanto mais uma coisa se afasta da primeira mente, tanto mais se acha intricada pelos liames do destino, porque mais se sujeita à necessidade das causas segundas.

QUANTO AO 1º, portanto, deve-se dizer que tudo o que aí se menciona é feito por Deus mediante as causas segundas. Por isso estão contidas sob a série do destino. Mas para todas as demais coisas, a razão não é a mesma, como acima foi dito.

AD SECUNDUM dicendum quod fatum refertur ad voluntatem et potestatem Dei, sicut ad primum principium. Unde non oportet quod quidquid subiicitur voluntati divinae vel potestati, subiiciatur fato, ut dictum est.

AD TERTIUM dicendum quod, quamvis omnes creaturae sint aliquo modo mutabiles, tamen aliquae earum non procedunt a causis creatis mutabilibus. Et ideo non subiiciuntur fato, ut dictum est.

QUANTO AO 2º, deve-se dizer que o destino se refere à vontade e ao poder divino como a seu primeiro princípio. Não é necessário, portanto, que tudo o que está sujeito à vontade e ao poder de Deus esteja sujeito ao destino, como foi dito.

QUANTO AO 3º, deve-se dizer que embora todas as criaturas sejam de algum modo mutáveis, contudo algumas não procedem de causas criadas mutáveis. Portanto, não estão sujeitas ao destino, como foi dito.

QUAESTIO CXVII
DE HIS QUAE PERTINENT AD ACTIONEM HOMINIS

in quatuor articulos divisa

Postea considerandum est de his quae pertinent ad actionem hominis, qui est compositus ex spirituali et corporali creatura. Et primo considerandum est de actione hominis; secundo, de propagatione hominis ex homine.

Circa primum quaeruntur quatuor.

Primo: utrum unus homo possit docere alium, causando in ipso scientiam.

Secundo: utrum homo possit docere angelum.

Tertio: utrum homo per virtutem suae animae possit immutare materiam corporalem.

Quarto: utrum anima hominis separata possit movere corpora motu locali.

QUESTÃO 117
O QUE SE REFERE À AÇÃO DO HOMEM

em quatro artigos

Deve-se considerar, depois, o que se refere à ação do homem[a], composto de alma e corpo. Primeiro, deve-se considerar a ação do homem, e em seguida, a geração do homem pelo homem.

A respeito do primeiro, são quatro as perguntas:
1. Um homem pode ensinar a outro, causando nele a ciência?
2. O homem pode ensinar ao anjo?
3. O homem pode, pela potência de sua alma, agir sobre a matéria corporal?
4. A alma humana separada pode mover o corpo localmente?

ARTICULUS 1
Utrum unus homo possit alium docere

AD PRIMUM SIC PROCEDITUR. Videtur quod homo non possit alium docere.

ARTIGO 1
Um homem pode ensinar a outro?[b]

QUANTO AO PRIMEIRO ARTIGO, ASSIM SE PROCEDE: parece que um homem **não** pode ensinar a outro.

---

1 PARALL.: II *Sent.*, dist. 9, a. 2, ad 4; dist. 28, a. 5, ad 3; *Cont. Gent.* II, 75; *De Verit.*, q. 11, a. 1; Opusc. XVI, *de Unit. Intell.*, c. 5.

a. As três últimas questões da Primeira Parte da *Suma teológica* são consagradas à ação do homem. São apresentadas como o haviam sido todas aquelas que concerniam à natureza e origem do homem. Composto de espírito e de matéria, "horizonte" de dois mundos e reunindo-os nele, era após o anjo e o mundo corpóreo que ele podia ser compreendido. Do mesmo modo, fala-se de sua ação depois de ter sido amplamente desenvolvida a questão da ação dos anjos e dos corpos. Isso, porém, é feito com extrema brevidade. Sem dúvida, Sto. Tomás reservou tudo o que concerne à ação humana ao imenso conjunto da Segunda Parte da *Suma*, que lhe é inteiramente consagrada. Não obstante, na perspectiva do tratado da criação e do governo divino, teria sido possível dar toda sua amplitude às grandes questões concernentes ao papel do homem no mundo no qual ele foi criado. O esboço que aqui encontramos evidencia em particular dois aspectos fundamentais dessa atividade: a transmissão do conhecimento e do pensamento (q. 117, a. 1), e a transmissão da vida (q. 118).

b. Neste artigo, a ação que o homem pode exercer sobre o homem é essencialmente o ensino da verdade. Esperar-se-ia outro artigo no qual surgisse essa outra ação, dirigir, governar, construir e organizar a sociedade humana, em suma, sua ação política. Mas, conforme dissemos, Sto. Tomás tratou da ação humana mais na Segunda Parte.

1. Dicit enim Dominus, Mt 23,8: *Nolite vocari Rabbi*; ubi dicit Glossa[1] Hieronymi: *Ne divinum honorem hominibus tribuatis*. Esse ergo magistrum pertinet proprie ad divinum honorem. Sed docere est proprium magistri. Homo ergo non potest docere, sed hoc est proprium Dei.

2. PRAETEREA, si homo alium docet, hoc non est nisi inquantum agit per scientiam suam ad causandum scientiam in alio. Sed qualitas per quam aliquis agit ad faciendum sibi simile, est qualitas activa. Ergo sequitur quod scientia sit qualitas activa, sicut et calor.

3. PRAETEREA, ad scientiam requiritur lumen intelligibile, et species rei intellectae. Sed neutrum istorum potest causare unus homo in alio. Ergo unus homo non potest docendo causare scientiam in alio.

4. PRAETEREA, doctor nihil agit ad discipulum nisi quod proponit ei quaedam signa, vel vocibus aliquid significando, vel nutibus. Sed proponendo signa non potest aliquis alium docere, causando in eo scientiam. Quia aut proponit signa rerum notarum; aut rerum ignotarum. Si rerum notarum, ille ergo cui signa proponuntur, iam habet scientiam, et eam non acquirit a magistro. Si autem rerum ignotarum, per huiusmodi signa nihil addiscit: sicut si aliquis proponeret alicui Latino verba graeca, quorum significationem ignoraret, per hoc eum docere non posset. Nullo ergo modo unus homo potest, alium docendo, scientiam in eo causare.

SED CONTRA est quod Apostolus dicit, 1Ti 2,7: *In quo positus sum ego praedicator et Apostolus. Doctor gentium in fide et veritate*.

RESPONDEO dicendum quod circa hoc diversae fuerunt opiniones. Averroes enim, in Comment. III *de Anima*[2], posuit unum intellectus possibilem esse omnium hominum, ut supra[3] dictum est. Et ex hoc sequebatur quod eaedem species intelligibiles sint omnium hominum. Et secundum hoc, ponit quod unus homo per doctrinam non causat aliam scientiam in altero ab ea quam ipse habet; sed communicat ei eandem scientiam quam ipse habet, per hoc quod movet eum ad ordinandum phantasmata in anima sua, ad hoc quod sint disposita convenienter ad intelligibilem apprehensionem. — Quae quidem opinio quantum ad hoc vera est,

1. Com efeito, diz o Senhor no Evangelho de Mateus: "Não queirais ser chamados de mestre". Em seu comentário, Jerônimo diz: "Não atribuais aos homens uma honra divina". Ser mestre, portanto, se refere propriamente à honra divina. Ora, ensinar é próprio do mestre. Logo, o homem não pode ensinar, pois isso é próprio de Deus.

2. ALÉM DISSO, se um homem ensina a outro, é porque com sua ciência causa a ciência no outro. Ora, a qualidade pela qual se age para produzir algo semelhante a si é uma qualidade ativa. Logo, a ciência é uma qualidade ativa, assim como o calor.

3. ADEMAIS, para a ciência se requer a luz inteligível e a espécie da coisa conhecida. Ora, nenhuma delas pode um homem causar em outro. Logo, um homem não pode, ensinando, causar a ciência em outro.

4. ADEMAIS, o que um mestre faz pelo discípulo é propor-lhe certos sinais, exprimindo algo por meio de palavras ou gestos. Mas, ao propor sinais, não pode alguém ensinar a um outro causando nele a ciência, porque ou propõe sinais de coisas conhecidas, ou de coisas não conhecidas. Se de coisas conhecidas, aquele a quem são propostos os sinais já possui a ciência, e não a adquire do mestre. Se de coisas desconhecidas, nada aprende por meio desses sinais. Por exemplo, se alguém propusesse a um de língua latina palavras gregas, cuja significação ignorasse, não poderia desse modo ensiná-lo. Portanto, de forma alguma um homem pode pelo ensino causar a ciência em outro.

EM SENTIDO CONTRÁRIO, diz o Apóstolo na primeira Carta a Timóteo: "Fui constituído pregador e apóstolo, doutor das nações na fé e na verdade".

RESPONDO. Houve várias opiniões a respeito desse assunto. Averróis afirmou a existência de um único intelecto possível em todos os homens, como foi dito acima. Consequentemente as mesmas espécies inteligíveis estão em todos os homens. Daí afirmava que um homem, ensinando, só causa em outro a ciência que ele próprio possui. Comunica assim ao outro a ciência que ele mesmo tem movendo-o a dispor as representações imaginárias em sua alma, a fim de que estejam dispostas convenientemente para a apreensão inteligível. — Quanto a isso, essa opinião é verdadeira, porquanto é a mesma ciên-

---

1. Ex auctore *Operis Imperf. in Matth.*, Hom. 43: MG 56, 880.
2. Comm. 5, digressionis part. 5.
3. Q. 76, a. 2.

quod est eadem scientia in discipulo et magistro, si consideretur identitas secundum unitatem rei scitae: eadem enim rei veritas est quam cognoscit et discipulis et magister. Sed quantum ad hoc quod ponit esse unum intellectum possibilem omnium hominum, et easdem species intelligibiles, differentes solum secundum diversa phantasmata; falsa est eius opinio, ut supra[4] habitum est.

Alia est opinio Platonicorum, qui posuerunt quod scientia inest a principio animabus nostris per participationem formarum separatarum, sicut supra[5] habitum est; sed anima ex unione corporis impeditur ne possit considerare libere ea quorum scientiam habet. Et secundum hoc, discipulus a magistro non acquirit scientiam de novo, sed ab eo excitatur ad considerandum ea quorum scientiam habet; ut sic addiscere nihil aliud sit quam reminisci. Sicut etiam ponebant quod agentia naturalia solummodo disponunt ad susceptionem formarum, quas acquirit materia corporalis per participationem specierum separatarum. — Sed contra hoc supra[6] ostensum est quod intellectus possibilis animae humanae est in potentia pura ad intelligibilia, secundum quod Aristoteles dicit in III de Anima[7].

Et ideo aliter dicendum est, quod docens causat scientiam in addiscente, reducendo ipsum de potentia in actum, sicut dicitur in VIII *Physic.*[8]. Ad cuius evidentiam, considerandum est quod effectuum qui sunt ab exteriori principio, aliquis est ab exteriori principio tantum; sicut forma domus causatur in materia solum ab arte. Aliquis autem effectus est quandoque quidem ab exteriori principio, quandoque autem ab interiori; sicut sanitas causatur in infirmo quandoque ab exteriori principio, scilicet ab arte medicinae; quandoque autem ab interiori principio, ut cum aliquis sanatur per virtutem naturae. Et in talibus effectibus sunt duo attendenda. Primo quidem, quod ars imitatur naturam in sua operatione: sicut enim natura sanat infirmum alterando, digerendo, et expellendo materiam quae causat morbum, ita et ars. Secundo attendendum est, quod principium exterius, scilicet ars, non operatur sicut principale agens, sed sicut coadiuvans agens principale, quod est principium interius, confortando ipsum, et ministrando ei instrumenta et auxilia, quibus utatur ad effectum

cia no discípulo e no mestre, se se considera a identidade segundo a unidade da coisa conhecida. De fato, a mesma verdade da coisa conhecem o discípulo e o mestre. Mas quanto à afirmação de que existe um único intelecto possível em todos os homens, e que as espécies inteligíveis são as mesmas, diferindo apenas pela diversidade das representações imaginárias, é falsa a sua opinião, como acima se tratou.

A opinião dos platônicos é diferente. Afirmavam que desde o princípio a ciência está em nossas almas por participação nas formas separadas, como já dito. Mas a alma, pela união com o corpo, está impedida de considerar livremente as coisas das quais tem a ciência. Desse modo o discípulo não adquire uma ciência nova do mestre, pois este o desperta para considerar aquilo cuja ciência já tem. Assim, aprender nada mais seria do que lembrar. Afirmavam, outrossim, que os agentes naturais só dispõem para receber as formas que a matéria corporal adquire por participar das formas separadas. — Mas, contra isso acima foi demonstrado que o intelecto possível da alma humana está em pura potência com relação aos inteligíveis, como disse Aristóteles no livro III da *Alma*.

Deve-se, portanto, dizer de outra maneira, a saber, que quem ensina causa a ciência no que aprende, levando-o da potência ao ato, como se diz no livro VIII da *Física*. Para prová-lo, deve-se considerar que dos efeitos que são causados por um princípio exterior algum é causado somente por um princípio exterior. Por exemplo, a forma de uma casa é produzida na matéria unicamente por obra do arquiteto. Mas há efeitos que são causados tanto por um princípio exterior como por um interior. Por exemplo, a saúde é causada no doente ora por um princípio exterior, como a medicina, ora por um princípio interior, quando a cura acontece pela força da natureza. Nesses efeitos é preciso levar em conta duas coisas. Primeiro, que a arte imita a natureza no modo de agir. Por exemplo, a natureza cura o doente, alterando, digerindo ou expelindo a matéria que causa a doença, assim também a arte médica. Segundo, é preciso observar que o princípio exterior, isto é, a arte, não age da mesma forma que o agente principal, mas como coadjuvante do agente principal que é

---

4. Loc. cit.
5. Q. 84, a. 3, 4.
6. Q. 79, a. 2; q. 84, a. 3.
7. C. 4: 429, b, 29 — 430, a, 2.
8. C. 4: 255, a, 33 — b, 5.

producendum: sicut medicus confortat naturam, et adhibet ei cibos et medicinas, quibus natura utatur ad finem intentum.

Scientia autem acquiritur in homine et ab interiori principio, ut patet in eo qui per inventionem propriam scientiam acquirit; et a principio exteriori, ut patet in eo qui addiscit. Inest enim unicuique homini quoddam principium scientiae, scilicet lumen intellectus agentis, per quod cognoscuntur statim a principio naturaliter quaedam universalia principia omnium scientiarum. Cum autem aliquis huiusmodi universalia principia applicat ad aliqua particularia, quorum memoriam et experimentum per sensum accipit; per inventionem propriam acquirit scientiam eorum quae nesciebat, ex notis ad ignota procedens. Unde et quilibet docens, ex his quae discipulus novit, ducit eum in cognitionem eorum quae ignorabat; secundum quod dicitur in I *Poster.*[9], quod *omnis doctrina et omnis disciplina ex praeexistenti fit cognitione*.

Ducit autem magister discipulum ex praecognitis in cognitionem ignotorum, dupliciter. Primo quidem proponendo ei aliqua auxilia vel instrumenta, quibus intellectus eius utatur ad scientiam acquirendam: puta cum proponit ei aliquas propositiones minus universales, quas tamen ex praecognitis discipulus diiudicare potest; vel cum proponit ei aliqua sensibilia exempla, vel similia, vel opposita, vel aliqua huiusmodi ex quibus intellectus addiscentis manuducitur in cognitionem veritatis ignotae. — Alio modo, cum confortat intellectum addiscentis; non quidem aliqua virtute activa quasi superioris naturae, sicut supra[10] dictum est de angelis illuminantibus, quia omnes humani intellectus sunt unius gradus in ordine naturae; sed inquantum proponit discipulo ordinem principiorum ad conclusiones, qui forte per seipsum non haberet tantam virtutem collativam, ut ex principiis posset conclusiones deducere. Et ideo dicitur in I *Poster.*[11], quod *demonstratio est syllogismus faciens scire*. Et per hunc modum ille qui demonstrat, auditorem scientem facit.

o princípio interior, fortalecendo-o, ministrando-lhe instrumentos e recursos, para produzir seus efeitos. Assim o médico fortifica a natureza e lhe procura alimentos e medicamentos, que a natureza usa para conseguir seus fins.

O homem adquire a ciência tanto por um princípio interior, como acontece com quem adquire a ciência por uma descoberta pessoal; como por um princípio exterior, como é claro em quem aprende de outro. Em todo homem há um certo princípio de ciência, a luz do intelecto agente. Por ele conhece desde o princípio, naturalmente, alguns princípios universais de todas as ciências. Mas quando alguém aplica esses princípios universais a coisas particulares, das quais recebe a memória e a experiência por meio dos sentidos, ele adquire por própria descoberta a ciência das coisas que ignorava, procedendo das coisas conhecidas para as desconhecidas. É por isso que todo mestre, partindo do que seu discípulo conhece, o conduz ao conhecimento das coisas que ignorava. É o que se diz no livro I dos *Segundos Analíticos*: "Todo ensinamento e toda disciplina se forma a partir de um conhecimento preexistente".

O mestre conduz o discípulo do previamente conhecido ao desconhecido de duas maneiras. Primeiro, propondo-lhe alguma ajuda ou instrumento, a fim de que seu intelecto se sirva deles para adquirir a ciência. Por exemplo, quando lhe propõe algumas proposições menos universais, que o discípulo pode julgar de acordo com o que já sabe, ou quando lhe propõe alguns exemplos sensíveis, semelhantes ou opostos, ou outras coisas parecidas, pelas quais o intelecto de quem aprende é conduzido ao conhecimento da verdade desconhecida. — Segundo, fortalecendo o intelecto do discípulo, não porém por uma força ativa, de natureza como que superior, como acima foi dito a respeito da iluminação pelos anjos, porque todos os intelectos humanos ocupam o mesmo grau na ordem da natureza, mas enquanto propõe ao discípulo a relação dos princípios com as conclusões, o qual talvez não teria por si mesmo suficiente poder de síntese para deduzir as conclusões de seus princípios. Nesse sentido se diz no livro I dos *Segundos Analíticos*: "A demonstração é um silogismo que faz saber". Dessa maneira, o que demonstra leva o ouvinte a saber[c].

---

9. C. 1: 71, a, 1-2.
10. Q. 106, a. 1; q. 111, a. 1.
11. C. 2: 71, b, 17-18.

---

c. Temos aí todo o pensamento de Sto. Tomás sobre a natureza e o significado do ensino. Funda-se sobre a natureza da inteligência humana. Por esse motivo começa ele pela crítica de Averróis, depois de Platão. Para Sto. Tomás, o ato de conhecer e

AD PRIMUM ergo dicendum quod, sicut iam[12] dictum est, homo docens solummodo exterius ministerium adhibet, sicut medicus sanans: sed sicut natura interior est principalis causa sanationis, ita et interius lumen intellectus est principalis causa scientiae. Utrumque autem horum est a Deo. E ideo sicut de Deo dicitur Ps 102,3, *Qui sanat omnes infirmitates tuas*; ita de eo dicitur Ps 93,10, *Qui docet hominem scientiam*, inquantum *lumen vultus eius super nos signatur* Ps 4,7, per quod nobis omnia ostenduntur.

AD SECUNDUM dicendum quod doctor non causat scientiam in discipulo per modum agentis naturalis, ut Averroes obiicit[13]. Unde non oportet quod scientia sit qualitas activa: sed est principium quo aliquis dirigitur in docendo, sicut ars est principium quo aliquis dirigitur in operando.

AD TERTIUM dicendum quod magister non causat lumen intelligibile in discipulo, nec directe species intelligibiles: sed movet discipulum per suam doctrinam ad hoc, quod ipse ver virtutem sui intellectus formet intelligibiles conceptiones, quarum signa sibi proponit exterius.

AD QUARTUM dicendum quod signa quae magister discipulo proponit, sunt rerum notarum in universali, et sub quadam confusione; sed ignotarum in particulari, et sub quadam distinctione. Et ideo cum quisque per seipsum scientiam acquirit, non potest dici docere seipsum, vel esse sui ipsius magister: quia non praeexistit in eo scientia completa, qualis requiritur in magistro.

QUANTO AO 1º, portanto, deve-se dizer que, como já se disse, o homem que ensina presta um serviço somente exterior, como o médico que cura. Mas, assim como a natureza interior é a causa principal da cura, assim também a luz do intelecto é a causa principal da ciência. Ambas vêm de Deus. Portanto, assim como se diz de Deus no Salmo 102 que "cura todas as tuas enfermidades", igualmente se diz no Salmo 93: "Ele ensina ao homem a ciência", porquanto "a luz de sua face está gravada sobre nós", por meio da qual todas as coisas nos são manifestas.

QUANTO AO 2º, deve-se dizer que o mestre não causa a ciência no discípulo à maneira de um agente natural, segundo a objeção de Averróis. Portanto, não é preciso que a ciência seja uma qualidade ativa, pois é o princípio pelo qual alguém se dirige no ensinar, assim como a arte é o princípio pelo qual alguém se dirige no operar.

QUANTO AO 3º, deve-se dizer que o mestre não produz a luz inteligível em seu discípulo, nem lhe comunica diretamente as formas inteligíveis; mediante seu ensino, ele leva seu discípulo a *formar por si mesmo, pela força de seu espírito, as concepções inteligíveis*, das quais o mestre lhe propõe os sinais externos.

QUANTO AO 4º, deve-se dizer que os sinais que o mestre propõe ao discípulo são de coisas conhecidas em geral e com certa confusão, mas os sinais das coisas desconhecidas são propostas de maneira particular e distinta. Por isso, quando alguém por si mesmo adquire a ciência, não se pode dizer que ensina a si mesmo, ou que é seu próprio mestre. De fato, não preexiste nele uma ciência completa, como se requer de um mestre.

---

12. In corp.
13. Loc. cit. supra.

compreender é essencialmente pessoal a cada um. Atribui a aquisição do que ele chama de "ciência" (isto é, de conhecimento perfeito pelas causas, pela redução aos princípios e à própria essência da realidade) à atividade própria do sujeito. É mediante um ato pessoal que o homem toma posse do mundo compreendendo-o, explicando-o. O papel do mestre será, por um lado, comunicar seu conhecimento dos fatos, das coisas concretas, daquilo que já foi pensado e dito. Mas, por outro, será também "confortar" a inteligência do discípulo por meio de uma ação verdadeira de sua própria inteligência sobre a dele, e isso menos pelo império de sua vontade ou pelo contágio de seu próprio esforço que pela manifestação objetiva de uma ordem, a qual o discípulo não teria a força de descobrir por si mesmo na massa do que é dado. O mestre, essencialmente, não é aquele que informa, mas aquele que faz compreender, mostrando a ordem. Mas, seja em seu papel de transmissor de conhecimentos positivos, seja em seu papel de mestre propriamente falando, trata-se somente de provocar uma ação pessoal do sujeito, e isso como "a arte que ajuda a natureza". Conforme é dito na resposta 3, "o mestre não produz a luz inteligível em seu discípulo, nem lhe comunica diretamente as espécies inteligíveis; mediante seu ensino, ele leva seu discípulo a *formar por si mesmo, pela força de seu espírito, as concepções inteligíveis*, das quais o mestre lhe propõe os sinais externos". A comparação com o papel dos remédios na cura, cujo verdadeiro princípio, o princípio interior, é a própria natureza, é extremamente sugestiva. Guardadas as devidas proporções, a aplicação que se faz ao mestre humano da doutrina da iluminação angélica liga-se à ideia mais geral do que pode ser a ação de um espírito sobre outro. Temos aí toda a ambição, todo o projeto da *Suma teológica* e, sem dúvida, a melhor justificação do título de "doutor angélico" atribuído a Sto. Tomás. Mas isso vai ainda mais longe. É um princípio de explicação de toda a história do pensamento humano, de seus progressos de geração a geração, como da necessidade, para cada época, para cada espírito, de refazer vitalmente, e como de novo, o percurso espiritual de aceitação e compreensão da verdade.

ARTICULUS 2
Utrum homines possint docere angelos

AD SECUNDUM SIC PROCEDITUR. Videtur quod homines possint docere angelos.

1. Dicit enim Apostolus, Eph 3,10: *Ut innotescat Principibus et Potestatibus in caelestibus per ecclesiam multiformis sapientia Dei.* Sed ecclesia est congregatio hominum fidelium. Ergo angelis per homines aliqua innotescunt.

2. PRAETEREA, angeli superiores, qui immediate de divinis a Deo illuminantur, inferiores angelos instruere possunt, ut supra[1] dictum est. Sed aliqui homines immediate de divinis per Dei Verbum sunt instructi; sicut maxime patet de Apostolis, secundum illud Hb 1,2: *Novissime, diebus istis, locutus est nobis in Filio.* Ergo aliqui homines aliquos angelos docere potuerunt.

3. PRAETEREA, inferiores angeli a superioribus instruuntur. Sed quidem homines superiores sunt aliquibus angelis: cum ad supremos ordines angelorum aliqui homines assumantur, ut Gregorius dicit in quadam homilia[2]. Ergo aliqui inferiores angeli per aliquos homines de divinis instrui possunt.

SED CONTRA est quod Dionysius dicit, 4 cap. *de Div. Nom.*[3], quod omnes divinae illuminationes perferuntur ad homines mediantibus angelis. Non ergo angeli instruuntur per homines de divinis.

RESPONDEO dicendum quod, sicut supra[4] habitum est, inferiores angeli loqui quidem possunt superioribus angelis, manifestando eis suas cogitationes; sed de rebus divinis superiores ab inferioribus nunquam illuminantur. Manifestum est autem quod eo modo quo inferiores angeli superioribus subduntur, supremi homines subduntur etiam infimis angelorum. Quod patet per id quod Dominus dicit, Mt 11,11: *Inter natos mulierum non surrexit maior Ioanne Baptista; sed qui minor est in regno caelorum, maior est illo.* Sic igitur de rebus divinis ab hominibus angeli nunquam illuminantur. Cogitationes tamen suorum cordium homines angelis per modum locutionis manifestare possunt: quia secreta cordium scire solius Dei est.

ARTIGO 2
Os homens podem ensinar aos anjos?

QUANTO AO SEGUNDO, ASSIM SE PROCEDE: parece que os homens **podem** ensinar aos anjos.

1. Com efeito, o Apóstolo diz na Carta aos Efésios: "Para que a multiforme sabedoria de Deus seja manifestada por meio da Igreja aos Principados e Potestades". Ora, a Igreja é a comunidade dos fiéis. Logo, algumas coisas são manifestadas aos anjos pelos homens.

2. ALÉM DISSO, os anjos superiores, iluminados por Deus, podem instruir os anjos inferiores, sem intermediários, a respeito das coisas divinas, como já vimos. Ora, alguns homens foram instruídos a respeito das coisas divinas imediatamente pelo próprio Verbo, como está claríssimo com os apóstolos, segundo a Carta aos Hebreus: "Ultimamente, nestes dias, falou-nos a nós no Filho". Logo, alguns homens puderam ensinar a alguns anjos.

3. ADEMAIS, os anjos inferiores são instruídos pelos superiores. Ora, há homens superiores a certos anjos, como diz Gregório ao referir-se àqueles elevados às ordens superiores dos anjos. Logo, anjos inferiores podem ser instruídos por alguns homens a respeito das coisas de Deus.

EM SENTIDO CONTRÁRIO, Dionísio diz que todas as iluminações divinas chegam aos homens por intermédio dos anjos.

RESPONDO. Como acima foi estabelecido, os anjos inferiores podem falar com os anjos superiores, manifestando-lhes seus pensamentos. Mas os anjos superiores jamais são iluminados pelos inferiores a respeito das coisas divinas. Ora, é claro que os homens mais elevados estão abaixo dos anjos, inclusive dos inferiores, assim como os anjos inferiores estão abaixo dos superiores. É o que está claro pela palavra do Senhor no Evangelho de Mateus: "Dentre os que nasceram de mulher, não surgiu ninguém maior que João Batista; e todavia o menor no reino dos céus é maior do que ele". Assim, pois, os anjos não são jamais iluminados pelos homens a respeito das coisas divinas. Contudo, os homens podem manifestar aos anjos os pensamentos de seus corações

---

2 PARALL.: II *Sent.*, dist. 11, part. 2, a. 4; Opusc. I, *Contra Err. Graec.*, c. 26; *ad Ephes.*, c. 3, lect. 3.

1. Q. 106, a. 1; q. 112, a. 3.
2. Homil. 34 in *Evang.*: ML 76, 1252-1253.
3. Cfr. *Cael. Hier.*, c. 4: MG 3, 180 B.
4. Q. 107, a. 2.

AD PRIMUM ergo dicendum quod Augustinus, V *super Gen. ad litt.*[5], sic exponit illam Apostoli auctoritatem. Praemiserat enim Apostolus [v. 89]: *Mihi, omnium sanctorum minimo, data est gratia haec, illuminare omnes quae sit dispensatio sacramenti absconditi a saeculis in Deo.* "Ita dico *absconditi*, ut tamen innotesceret Principibus et Potestatibus in caelestibus, per ecclesiam scilicet, multiformis sapientia Dei". Quasi dicat: Ita hoc sacramentum erat absconditum hominibus, ut tamen ecclesiae caelesti, quae continetur in Principibus et Potestatibus, hoc sacramentum notum esset *a saeculis, non ante saecula: quia ibi primitus ecclesia fuit, quo post resurrectionem et ista ecclesia hominum congreganda est.*

Potest tamen et aliter dici, quod *illud quod absconditum est, non tantum in Deo innotescit angelis, verum etiam hic eis apparet, cum efficitur atque propalatur,* ut Augustinus ibidem subdit. Et sic dum per Apostolus impleta sunt Christi et ecclesiae mysteria, angelis aliqua apparuerunt de huiusmodi mysteriis, quae ante erant eis occulta. — Et per hunc modum potest intelligi quod Hieronymus dicit[6], quod, Apostolis praedicantibus, angeli aliqua mysteria cognoverunt: quia scilicet per praedicationem Apostolorum huiusmodi mysteria explebantur in rebus ipsis, sicut praedicante Paulo convertebantur gentes; de quo Apostolus ibi loquitur.

AD SECUNDUM dicendum quod Apostoli instruebantur immediate a Verbo Dei, non secundum eius divinitatem, sed inquantum eius humanitas loquebatur. Unde ratio non sequitur.

AD TERTIUM dicendum quod aliqui homines, etiam in statu viae, sunt maiores aliquibus angelis, non quidem actu, sed virtute; inquantum scilicet habent caritatem tantae virtutis, ut possint mereri maiorem beatitudinis gradum quam quidam angeli habeant. Sicut si dicamus semen alicuius magnae

por meio da linguagem, pois só Deus conhece os segredos dos corações[d].

QUANTO AO 1º, portanto, deve-se dizer que Agostinho comenta desse modo a palavra do Apóstolo: este dissera antes: "A mim, que sou o último de todos os santos, foi dada a graça de iluminar a todos como Deus realiza o mistério mantido oculto desde sempre nele". "Digo *escondido*, mas de tal forma que a multiforme sabedoria de Deus se manifestasse aos Principados e às Potestades nos céus graças à Igreja". É como se dissesse que esse mistério estava escondido aos homens, mas de tal forma que a Igreja celeste, presente nos Principados e Potestades, conhecesse esse mistério "desde sempre, mas não antes, porque a Igreja se encontrava primitivamente aí onde após a ressurreição será reunida a Igreja dos homens".

Pode-se dizer também de outro modo, como acrescenta aí mesmo Agostinho: "O que está escondido não somente é manifestado, em Deus, aos anjos, mas também lhes aparece aqui, quando se realiza e se difunde". Assim, pois, enquanto os apóstolos realizavam os mistérios de Cristo e da Igreja, certos elementos desses mistérios, antes ocultos, apareciam então aos anjos. — Com isso pode-se entender o que Jerônimo diz: "Os anjos conheceram alguns mistérios pela pregação dos Apóstolos". De fato, graças à pregação dos apóstolos, esses mistérios se cumpriam na própria realidade, assim como as nações se convertiam pela pregação de Paulo. É disso que fala o Apóstolo na passagem da Carta aos Efésios[e].

QUANTO AO 2º, deve-se dizer que os Apóstolos eram instruídos imediatamente pelo Verbo de Deus, não por sua divindade, mas enquanto sua humanidade lhes falava. Logo, o argumento não procede[f].

QUANTO AO 3º, deve-se dizer que alguns homens, mesmo na vida presente, são maiores que alguns anjos, não em ato, mas em potência, isto é, enquanto têm uma caridade tão ardente, que poderiam merecer um grau de bem-aventurança superior ao que possuem certos anjos. Por exemplo,

---
5. C. 19: ML 34, 335-336.
6. *Comm. super epist. ad Eph.*, ad loc. cit. in arg.: ML 26, 483 D.

---
d. Ainda nesse caso, Sto. Tomás aplica aos homens o que ele afirma a respeito dos anjos. Assim como um anjo inferior não pode iluminar um superior, um homem não pode "instruir" um anjo. Pode, todavia, "falar-lhe", ou seja, abrir-se com ele e dirigir a ele pensamentos concretos e pessoais de seu íntimo. Um conceito diferente do de ensino, tanto para os homens como para os anjos.

e. Na lógica de Sto. Tomás, está claro que os Apóstolos não ensinam aos anjos o sentido dos mistérios do plano divino. Contudo, eles são o teatro e os agentes desse mistério. Portanto, é "por eles" sim que os anjos são instruídos a esse respeito.

f. O ensinamento de Jesus aos Apóstolos era de homem a homens, a sua própria humanidade sendo esclarecida pelo Verbo. É sobre esse ensino do homem Jesus aos Apóstolos que repousa toda a fé da Igreja.

arboris esse maius virtute quam aliquam parvam arborem, cum tamen multo minus sit in actu.

Articulus 3
Utrum homo per virtutem animae possit corporalem materiam immutare

AD TERTIUM SIC PROCEDITUR. Videtur quod homo per virtutem animae possit corporalem materiam immutare.

1. Dicit enim Gregorius, II *Dialog.*[1], quod *sancti miracula aliquando ex prece faciunt, aliquando ex potestate: sicut Petrus, qui Tabitham mortuam orando suscitavit, Ananiam et Saphiram mentientes morti increpando tradidit*. Sed in operatione miraculorum fit aliqua immutatio materiae corporalis. Ergo homines virtute suae animae possunt materiam corporalem immutare.

2. PRAETEREA, super illud Gl 3,1, *Quis vos fascinavit veritati non obedire?* dicit Glossa[2] quod *quidam habent oculos urentes, qui solo aspectu inficiunt alios, et maxime pueros*. Sed hoc non esset, nisi virtus animae posset materiam corporalem immutare. Ergo homo per virtutem suae animae potest materiam corporalem immutare.

3. PRAETEREA, corpus humanum est nobilius quam alia inferiora corpora. Sed per apprehensionem animae humanae immutatur corpus humanum ad calorem et frigus, ut patet in irascentibus et timentibus; et quandoque etiam haec immutatio pervenit usque ad aegritudinem et mortem. Ergo multo magis anima hominis potest sua virtute materiam corporalem immutare.

SED CONTRA est quod dicit Augustinus, in III *de Trin.*[3], quod *materia corporalis soli Deo obedit ad nutum*.

RESPONDEO dicendum quod, sicut supra[4] dictum est materia corporalis non immutatur ad formam, nisi vel ab agente aliquo composito ex materia et forma; vel ab ipso Deo, in quo virtualiter et materia et forma praeexistit, sicut in primordiali causa

Artigo 3
O homem pode, pelo poder da alma, agir sobre a matéria corporal?

QUANTO AO TERCEIRO, ASSIM SE PROCEDE: parece que o homem **pode** agir sobre a matéria corporal pelo poder da alma.

1. Com efeito, diz Gregório: "Os santos fazem milagres, ora por suas orações, ora por seu poder. Assim Pedro, orando, ressuscitou a falecida Tabita, e increpando, entregou à morte Ananias e Safira, que haviam mentido". Ora, na operação dos milagres acontece uma transformação da matéria corporal. Logo, os homens podem agir sobre a matéria corporal pelo poder de sua alma.

2. ALÉM DISSO, a propósito da passagem da Carta aos Gálatas: "Quem vos fascinou para não obedecerdes à verdade", diz a Glosa: "Alguns têm olhos tão ardentes, que só com o olhar influenciam os outros, sobretudo as crianças". Ora, isso não aconteceria se o poder da alma não pudesse agir sobre a matéria corporal. Logo, o homem pode agir sobre a matéria corporal pelo poder de sua alma.

3. ADEMAIS, o corpo humano é mais nobre que os outros corpos inferiores. Ora, pela apreensão da alma humana, o corpo humano torna-se quente ou frio, como é claro nos coléricos e medrosos. Às vezes essa alteração é tal que leva à doença e à morte. Portanto, com muito mais razão a alma humana pode por seu poder agir sobre a matéria corporal.

EM SENTIDO CONTRÁRIO, diz Agostinho: "A matéria corporal obedece somente à vontade de Deus".

RESPONDO. Como acima foi dito, a matéria corporal não é modificada em sua forma a não ser por um agente composto de matéria e forma, ou ainda pelo próprio Deus, em quem matéria e forma preexistem em potência, como em sua causa

---

3 PARALL.: *Ad Galat.*, c. 3, lect. 1.

1. C. 30: ML 76, 138 C.
2. Ordin.: ML 114, 574 D.
3. C. 8: ML 42, 875.
4. Q. 110, a. 2.

---

g. Tomás volta a dizer aqui, em uma objeção, mas com força notável, que, pela intensidade e perfeição de sua caridade, um homem pode ser maior que um anjo, mas não pela perfeição de seu conhecimento. Contudo, mesmo aí, pode trazer em si o germe de um conhecimento mais perfeito, uma vez que sua caridade está na medida do que será a visão de Deus na bem-aventurança.

utriusque. Unde et de angelis supra[5] dictum est quod materiam corporalem immutare non possunt naturali virtute, nisi applicando corporalia agentia ad effectus aliquos producendos. Multo igitur minus anima sua virtute naturali potest immutare materiam corporalem, nisi mediantibus aliquibus corporibus.

AD PRIMUM ergo dicendum quod sancti dicuntur miracula facere ex potestate gratiae, non naturae. Quod patet per illud quod Gregorius ibidem dicit: *Qui filii Dei ex potestate sunt, ut dicit Ioannes, quid mirum si signa facere ex potestate valeant?*

AD SECUNDUM dicendum quod fascinationis causam assignavit Avicenna[6] ex hoc, quod materia corporalis nata est obedire spirituali substantiae magis quam contrariis agentibus in natura. Et ideo quando anima fuerit fortis in sua imaginatione, corporalis materia immutatur secundum eam. Et hanc dicit esse causam oculi fascinantis. — Sed supra[7] ostensum est quod materia corporalis non obedit substantiae spirituali ad nutum, nisi soli Creatori. Et ideo melius dicendum est, quod ex forti imaginatione animae immutantur spiritus corporis coniuncti. Quae quidem immutatio spirituum maxime fit in oculis, ad quos subtiliores spiritus perveniunt. Oculi autem inficiunt aerem continuum usque ad determinatum spatium: per quem modum specula, si fuerint nova et pura, contrahunt quandam impuritatem ex aspectu mulieris menstruatae, ut Aristoteles dicit in libro de *Somn. et Vig.*[8].

Sic igitur cum aliqua anima fuerit vehementer commota ad malitiam, sicut maxime in vetulabus contingit, efficitur secundum modum praedictum aspectus eius venenosus et noxius: et maxime pueris, qui habent corpus tenerum, et de facili receptivum impressionis. — Possibile est etiam quod ex Dei permissione, vel etiam ex aliquo pacto occulto, cooperetur ad hoc malignitas daemonum, cum quibus vetulae sortilegae aliquod foedus habent.

primeira. A respeito dos anjos foi dito acima que não podem modificar a matéria corporal por seu poder natural, a não ser que se sirvam de agentes corporais para produzir certos efeitos. Portanto, muito menos ainda pode a alma, por seu poder natural, modificar a matéria corporal, a não ser por intermédio de alguns corpos[h].

QUANTO AO 1º, portanto, deve-se dizer que os santos fazem milagres pelo poder da graça, não da natureza. Isso fica claro pelo que Gregório aí mesmo diz: "Os que pelo poder de Deus são filhos, conforme diz João, o que têm de admirável que pelo mesmo poder façam milagres?"

QUANTO AO 2º, deve-se dizer que a causa dessa fascinação, segundo Avicena, está em que é natural à matéria corporal obedecer mais à substância espiritual que aos agentes contrários da natureza. Por isso, quando a alma tem uma forte imaginação, a matéria corporal muda para a ela se conformar. Diz ainda que essa é a causa do fascínio do olho. — Entretanto, acima já foi demonstrado que a matéria corporal não obedece à vontade da substância espiritual, mas somente ao Criador. Portanto, é preferível dizer que a alma, pela imaginação, altera os espíritos unidos ao corpo. Essa alteração acontece sobretudo nos olhos, para onde convergem os espíritos mais sutis. Ora, os olhos contaminam o ar em determinado espaço. Desse modo, os espelhos, quando novos e limpos, se turvam pelo olhar de uma mulher menstruada, como diz Aristóteles no livro do *Sono e da Vigília*.

Assim, pois, quando uma alma é intensamente inclinada à malícia, como acontece especialmente entre as velhas feiticeiras, o seu olhar se torna, desse modo, venenoso e pernicioso, especialmente para as crianças, cujo corpo é delicado e mais receptivo em relação a qualquer impressão. — É também possível que, por permissão divina ou por algum pacto oculto, tenha sua parte nisso a maldade dos demônios, com quem as velhas feiticeiras têm alguma aliança.

---

5. Ibid.
6. *De Anima*, part. IV, c. 4.
7. Q. 110, a. 2.
8. *De Insomniis*, c. 2: 459.

---

h. Entende-se que a alma humana não pode modificar o mundo corporal, assim como só pode encontrar nele a realidade por intermédio de seu corpo, sobre o qual, já que é sua forma, pode agir mediante seus próprios pensamentos e vontades (cf. a resposta à terceira objeção). O que nos interessaria agora seria todo o imenso capítulo dessa atividade "transformadora" do homem, da significação de sua ação sobre o mundo: seu trabalho, sua arte. Haveria aí um desenvolvimento da teologia do homem imagem e colaborador de Deus, do próprio sentido de sua presença sobre a Terra, e mesmo do instrumento e depois da máquina como prolongamentos e instrumentos dos órgãos naturais do homem. Temas que estão a todo instante implicados no que será afirmado sobre o valor moral da ação humana, mas que têm também de ser desenvolvidos por si mesmos.

AD TERTIUM dicendum quod anima corpori humano unitur ut forma: et appetitus sensitivus, qui obedit aliqualiter rationi, ut supra[9] dictum est, est actus alicuius organi corporalis. Et ideo oportet quod ad apprehensionem animae humanae, commoveatur appetitus sensitivus cum aliqua operatione corporali. Ad exteriora vero corpora immutanda apprehensio animae humanae non sufficit, nisi mediante immutatione proprii corporis, ut dictum est[10].

QUANTO AO 3º, deve-se dizer que a alma se une ao corpo humano como sua forma, e o apetite sensitivo, que obedece de algum modo à razão, é ato de algum órgão corporal. Por isso é preciso que a uma apreensão da alma humana se mova o apetite sensitivo com alguma operação corporal. Mas a apreensão da alma não é suficiente para alterar corpos exteriores, a não ser mediante alguma alteração do próprio corpo, como já foi dito.

ARTICULUS 4
Utrum anima hominis separata possit corpora saltem localiter movere

ARTIGO 4
A alma humana separada pode mover os corpos ao menos localmente?

AD QUARTUM SIC PROCEDITUR. Videtur quod anima hominis separata possit corpora saltem localiter movere.

1. Substantiae enim spirituali naturaliter obedit corpus ad motum localem, ut supra[1] dictum est. Sed anima separata est substantia spiritualis. Ergo suo imperio potest exteriora corpora movere.

2. PRAETEREA, in *Itinerario* Clementis[2] dicitur, narrante Niceta ad Petrum, quod Simon Magus per magicas artes pueri a se interfecti animam retinebat, per quam magicas operationes efficiebat. Sed hoc esse non potuisset sine aliqua corporum transmutatione, ad minus locali. Ergo anima separata habet virtutem localiter movendi corpora.

SED CONTRA est quod Philosophus dicit, in libro de Anima[3] quod anima non potest movere quodcumque corpus, sed solummodo proprium.

RESPONDEO dicendum quod anima separata sua naturali virtute non potest movere aliquod corpus. Manifestum est enim quod, cum anima est corpori unita, non movet corpus nisi vivificatum: unde si aliquod membrum corporis mortificetur, non obedit animae ad motum localem. Manifestum est autem quod ab anima separata nullum corpus vivificatur. Unde nullum corpus obedit ei ad motum localem, quantum est ex virtute suae naturae: supra quam potest aliquid ei conferri virtute divina.

QUANTO AO QUARTO, ASSIM SE PROCEDE: parece que a alma humana separada **pode** mover os corpos ao menos localmente.

1. Com efeito, o corpo obedece naturalmente à substância espiritual quanto ao movimento local, como já foi dito. Ora, a alma separada é substância espiritual. Logo, pode com seu comando mover os corpos exteriores.

2. ALÉM DISSO, diz o *Itinerário* de Clemente, na narração de Nicetas a Pedro, que Simão Mago mantinha, pela magia, a alma de uma criança morta por ele, por meio da qual realizava as práticas mágicas. Ora, tal não poderia acontecer sem alguma transmutação dos corpos, pelo menos local. Logo, a alma separada tem o poder de mover os corpos localmente.

EM SENTIDO CONTRÁRIO, diz o Filósofo no livro da *Alma*: "A alma não pode mover nenhum corpo, só o seu próprio".

RESPONDO. A alma separada não pode mover um corpo por sua potência. Portanto, é claro que quando a alma está unida ao corpo, não o move a não ser enquanto vivo. Por isso, se um membro do corpo está num processo de morte, não obedece à alma quanto ao movimento local. Ora, é claro que nenhum corpo pode ser vivificado por uma alma separada. Portanto, nenhum corpo lhe obedece em relação ao movimento local, tendo em conta a potência de sua natureza. No entanto, o poder divino pode conferir-lhe algo a mais.

---

9. Q. 81, a. 3.
10. Resp. ad 2.

PARALL.: *De Malo*, q. 16, a. 10, ad 2.

1. Q. 110, a. 3.
2. Al. *Epitome de Gestis S. Petri*, c. 27 (inter opp. S. Clementis): MG 2, 492 D — 493 A.
3. L. I, c. 3: 407, b, 13-26.

AD PRIMUM ergo dicendum quod substantiae quaedam spirituales sunt, quarum virtutes non determinantur ad aliqua corpora, sicut sunt angeli, qui sunt naturaliter a corporibus absoluti: et ideo diversa corpora eis possunt obedire ad motum. Si tamen alicuius substantiae separatae virtus motiva determinetur naturaliter ad movendum aliquod corpus, non poterit illa substantia movere aliquod corpus maius, sed minus: sicut, secundum philosophos[4], motor inferioris caeli non posset movere caelum superius. Unde cum anima secundum suam naturam determinetur ad movendum corpus cuius est forma, nullum aliud corpus sua naturali virtute movere potest.

AD SECUNDUM dicendum quod, sicut dicit Augustinus X *de Civ. Dei*[5], et Chrysostomus *super Matth.*[6], frequenter daemones simulant se esse animas mortuorum, ad confirmandum Gentilium erronem, qui hoc credebant. Et ideo credibile est quod Simon Magus illudebatur ab aliquo daemone, qui simulabat se esse animam pueri quem ipse occiderat.

QUANTO AO 1º, portanto, deve-se dizer que existem substâncias espirituais cujas potências não são determinadas a alguns corpos. Por exemplo, os anjos, que são naturalmente livres de corpos. Daí que diferentes corpos podem lhes obedecer quanto ao movimento. Se porém a potência motriz de uma substância separada for naturalmente determinada a mover um corpo, tal substância não poderá mover outro maior, mas um menor. Por exemplo, segundo os filósofos, o motor do céu inferior não poderia mover o céu superior. Portanto, como a alma, por sua natureza, é determinada a mover o corpo do qual é a forma, não pode ela mover nenhum outro corpo por sua potência natural.

QUANTO AO 2º, deve-se dizer que como dizem Agostinho e Crisóstomo, muitas vezes os demônios se fizeram passar por almas de mortos, para assim encorajar o erro dos pagãos que acreditam nessas coisas. Portanto, pode-se acreditar que Simão Mago tenha sido enganado por algum demônio que fingia ser a alma da criança que ele matara.

---

4. ARISTOT., *De Caelo et Mundo*, l. II, c. 12: 293. — AVERR., ibid. et comm. 38.
5. C. 11: ML 41, 290.
6. Hom. 28, al. 29: MG 57, 353.

QUAESTIO CXVIII
DE TRADUCTIONE HOMINIS EX HOMINE QUANTUM AD ANIMAM
in tres articulos divisa

Deinde considerandum est de traductione hominis ex homine. Et primo, quantum ad animam; secundo, quantum ad corpus.

Circa primum quaeruntur tria.

Primo: utrum anima sensitiva traducatur cum semine.
Secundo: utrum anima intellectiva.
Tertio: utrum omnes animae fuerint simul creatae.

QUESTÃO 118
A GERAÇÃO DO HOMEM PELO HOMEM, QUANTO À ALMA[a]
em três artigos

Em seguida, deve-se considerar a geração do homem pelo homem. Primeiro, quanto à alma; segundo, quanto ao corpo.

A respeito do primeiro são três as perguntas:
1. A alma sensitiva é transmitida com o sêmen?
2. E a alma intelectual?
3. Todas as almas foram criadas ao mesmo tempo?

---

a. Trata-se sempre da ação humana e, aqui, da ação pela qual o homem gera o homem. Qual seu papel e a significação desse papel? Tudo o que significa o casal humano e sua ação educadora que conduz a criança até a idade adulta poderia desenvolver-se a partir daí. Algo um pouco surpreendente e, aliás, raro em Sto. Tomás, retoma ele aqui o tema que já aborda, e de maneira extremamemte satisfatória, na q. 90, a propósito da criação do primeiro homem, e deveria ser retomado nas questões consagradas ao casamento, ou seja, no tratado dos sacramentos, que ficou inacabado.

ARTICULUS 1
Utrum anima sensitiva traducatur cum semine

AD PRIMUM SIC PROCEDITUR. Videtur quod anima sensitiva non traducatur cum semine, sed sit per creationem a Deo.

1. Omnis enim substantia perfecta quae non est composita ex materia et forma, si esse incipiat, hoc non est per generationem, sed per creationem: quia nihil generatur nisi ex materia. Sed anima sensitiva est substantia perfecta, alioquin non posset movere corpus: et cum sit forma corporis, non est ex materia et forma composita. Ergo non incipit esse per generationem, sed per creationem.

2. PRAETEREA, principium generationis in rebus viventibus est per potentiam generativam; quae, cum numeretur inter vires animae vegetabilis, est infra animam sensitivam. Nihil autem agit ultra suam speciem. Ergo anima sensitiva non potest causari per vim generativam animalis.

3. PRAETEREA, generans generat sibi simile: et sic oportet quod forma generati sit actu in causa generationis. Sed anima sensitiva non est actu in semine, nec ipsa nec aliqua pars eius: quia nulla pars animae sensitivae est nisi in aliqua parte corporis; in semine autem non est aliqua corporis particula, quia nulla particula corporis est quae non fiat ex semine, et per virtutem seminis. Ergo anima sensitiva non causatur ex semine.

4. PRAETEREA, si in semine est aliquod principium activum animae sensitivae, aut illud principium manet, generato iam animali; aut non manet. Sed manere non potest. Quia vel esset idem cum anima sensitiva animalis generati: et hoc est impossibile, quia sic esset idem generans et generatum, faciens et factum. Vel esset aliquid aliud: et hoc etiam est impossibile, quia supra[1] ostensum est quod in uno animali non est nisi unum principium formale, quod est una anima. — Si autem non manet, hoc etiam videtur impossibile: quia sic aliquod agens ageret ad corruptionem sui ipsius, quod est impossibile. Non ergo anima sensitiva potest generari ex semine.

ARTIGO 1
A alma sensitiva é transmitida com o sêmen?

QUANTO AO PRIMEIRO ARTIGO, ASSIM SE PROCEDE: parece a alma sensitiva **não** foi transmitida com o sêmen, mas criada por Deus.

1. Com efeito, toda substância perfeita que não é composta de matéria e forma, se começa a existir, não é por geração, mas por criação, pois nada é gerado senão a partir da matéria. Ora, a alma sensitiva é uma substância perfeita, pois de outra forma não poderia mover o corpo e ela não é composta de matéria e forma, porque é a forma do corpo. Logo, não começa a existir por geração, mas por criação.

2. ALÉM DISSO, o princípio da geração nos vivos é a potência generativa, que, quando enumerada entre as potências da alma vegetativa, fica abaixo da alma sensitiva. Ora, nada age acima de sua espécie. Logo, a alma sensitiva não pode ser causada pela potência generativa do animal.

3. ADEMAIS, todo o que gera gera um semelhante a si. É preciso, pois, que a forma do que é gerado esteja em ato no que é a causa de sua geração. Ora, a alma sensitiva não está em ato no sêmen, nem ela, nem alguma parte sua, pois nenhuma parte da alma sensitiva existe, a não ser em alguma parte do corpo. Ora, no sêmen não há parcela alguma do corpo, dado que não há qualquer parcela do corpo que não provenha do sêmen e pela potência do sêmen. Logo, a alma sensitiva não é causada pelo sêmen.

4. ADEMAIS, se no sêmen se encontra algum princípio ativo da alma sensitiva, ou esse princípio permanece quando o animal é gerado ou desaparece. Ora, não é possível que permaneça, porque, ou seria uma mesma coisa com a alma sensitiva do animal gerado, e isso é impossível, porque então seriam a mesma coisa o que gera e o gerado, o que faz e o que é feito. Ou então seria uma coisa distinta, e isso também é impossível, porque já foi demonstrado que num único animal não pode haver mais de um único princípio formal que é a alma. — Se enfim esse princípio desaparece, isso também parece impossível, porque nesse caso um agente agiria para sua própria destruição, o que não é possível. Logo, a alma sensitiva não pode ser gerada a partir do sêmen[b].

---

1 PARALL.: II *Sent.*, dist. 18, q. 2, a. 3; *Cont. Gent.* II, 86; *De Pot.*, q. 3, a. 2; *Quodlib.* IX, q. 5, a. 1.
   1. Q. 76, a. 4.

b. Trata-se da alma dos animais, mas também dessa alma sensitiva que, conforme veremos, Sto. Tomás pensa preceder no feto o advento da alma espiritual.

SED CONTRA, ita se habet virtus quae est in semine, ad animalia quae ex semine generantur, sicut se habet virtus quae est in elementis mundi, ad animalia quae ex elementis mundi producuntur, sicut quae ex putrefactione generantur. Sed in huiusmodi animalibus animae producuntur ex virtute quae est in elementis; secundum illud Gn 1,20: *Producant aquae reptile animae viventis*. Ergo et animalium quae generantur ex semine, animae producuntur ex virtute quae est in semine.

RESPONDEO dicendum quod quidam[2] posuerunt animas sensitivas animalium a Deo creari. Quae quidem positio conveniens esset, si anima sensitiva esset res subsistens, habens per se esse et operationem. Sic enim, sicut per se haberet esse et operationem, ita per se deberetur ei fieri. Et cum res simplex et subsistens non possit fieri nisi per creationem, sequeretur quod anima sensitiva procederet in esse per creationem.

Sed ista radix est falsa, scilicet quod anima sensitiva per se habeat esse et operationem, ut ex superioribus[3] patet: non enim corrumperetur, corrupto corpore. Et ideo, cum non sit forma subsistens, habet se in essendo ad modum aliarum formarum corporalium, quibus per se non debetur esse, sed esse dicuntur inquantum composita subsistentia per eas sunt. Unde et ipsis compositis debetur fieri. Et quia generans est simile generato, necesse est quod naturaliter tam anima sensitiva, quam aliae huiusmodi formae, producantur in esse ab aliquibus corporalibus agentibus transmutantibus materiam de potentia in actum, per aliquam virtutem corpoream quae est in eis.

Quanto autem aliquod agens est potentius, tanto potest suam actionem diffundere ad magis distans: sicut quanto aliquod corpus est magis calidum, tanto ad remotius calefactionem producit. Corpora igitur non viventia, quae sunt inferiora naturae ordine, generant quidem sibi simile, non per aliquod medium, sed per seipsa; sicut ignis per seipsum generat ignem. Sed corpora viventia, tanquam potentiora, agunt ad generandum sibi simile et sine medio, et per medium. Sine medio quidem, in opere nutritionis, in quo caro generat carnem:

EM SENTIDO CONTRÁRIO, o poder do sêmen está para os animais por ele gerados, do mesmo modo que está o poder dos elementos do mundo para os animais produzidos por esses elementos, por exemplo, aqueles que são gerados pela putrefação. Ora, nesses animais, as almas são produzidas pelo poder que existe nesses elementos, como está no livro do Gênesis: "Que as águas produzam o réptil com alma vivente". Logo, as almas dos animais gerados pelo sêmen são produzidas pelo poder que o sêmen tem.

RESPONDO. Alguns afirmaram que as almas sensitivas dos animais seriam criadas por Deus. Essa opinião seria apropriada se a alma sensitiva fosse uma coisa subsistente, possuindo por si o existir e a operação. Desse modo, assim como por si possuiria o existir e a operação, assim também lhe seria devido por si o ser feito. E como uma coisa simples e subsistente não pode ser feita a não ser por criação, consequentemente a alma sensitiva chegaria a existir pela criação.

Entretanto, a raiz desse argumento é falsa, a saber, que a alma sensitiva possuiria por si o existir e a operação, como está claro pelo exposto acima, porque então não seria destruída uma vez destruído o corpo. Não sendo, pois, uma forma subsistente, ela está para o existir como as demais formas corporais às quais não é devido por si o existir, mas se diz que existem enquanto existem os compostos que por meio delas subsistem. É, pois, a esses mesmos compostos que é devido o ser feito. E como o que gera é semelhante ao gerado, é necessário que, naturalmente, tanto a alma sensitiva como as outras formas do mesmo gênero sejam levadas a existir por meio de agentes corporais que fazem passar a matéria da potência ao ato por alguma potência corpórea neles presente.

Quanto mais um agente é poderoso, maior é a distância que sua ação consegue alcançar. Por exemplo, quanto mais um corpo é quente, tanto mais longe produz o aquecimento. Os corpos não vivos, inferiores na ordem da natureza, geram o semelhante a si, sem intermediário, mas por si. É assim que o fogo gera o fogo por si. Mas os corpos vivos, por serem mais poderosos, geram seu semelhante tanto com intermediário como sem intermediário. Sem intermediário, na obra da nutrição, na qual a carne gera a carne. Com

---

2. Cfr. supra, q. 65, a. 4.
3. Q. 75, a. 3.

cum medio vero, in actu generationis, quia ex anima generantis derivatur quaedam virtus activa ad ipsum semen animalis vel plantae, sicut et a principali agente derivatur quaedam vis motiva ad instrumentum. Et sicut non refert dicere quod aliquid moveatur ab instrumento, vel a principali agente; ita non refert dicere quod anima generati causetur ab anima generantis, vel a virtute derivata ab ipsa, quae est in semine.

AD PRIMUM ergo dicendum quod anima sensitiva non est substantia perfecta per se subsistens. Et de hoc supra[4] dictum est, nec oportet hic iterare.

AD SECUNDUM dicendum quod virtus generativa non generat solum in virtute propria, sed in virtute totius animae, cuius est potentia. Et ideo virtus generativa plantae generat plantam; virtus vero generativa animalis generat animal. Quanto enim anima fuerit perfectior, tanto virtus eius generativa ordinatur ad perfectiorem effectum.

AD TERTIUM dicendum quod illa vis activa quae est in semine, ex anima generantis derivata, est quasi quaedam motio ipsius animae generantis: nec est anima, aut pars animae, nisi in virtute; sicut in serra vel securi non est forma lecti, sed motio quaedam ad talem formam. Et ideo non oportet quod ista vis activa habeat aliquod organum in actu; sed fundatur in ipso spiritu incluso in semine, quod est spumosum, ut attestatur eius albedo. In quo etiam spiritu est quidam calor ex virtute caelestium corporum, quorum etiam virtute agentia inferiora agunt ad speciem, ut supra[5] dictum est. Et quia in huiusmodi spiritu concurrit virtus animae cum virtute caelesti, dicitur quod *homo generat hominem, et sol*[6]. Calidum autem elementare se habet instrumentaliter ad virtutem animae, sicut etiam ad virtutem nutritivam, ut dicitur in II *de Anima*[7].

AD QUARTUM dicendum quod in animalibus perfectis, quae generantur ex coitu, virtus activa est in semine maris, secundum Philosophum in libro *de Generat. Animal.*[8]; materia autem foetus est illud

intermediário, porém, no ato da geração, porque da alma do que gera deriva certa potência ativa para o sêmen do animal ou para a semente da planta, assim como do agente principal deriva certa potência motriz para o instrumento. Assim como é indiferente dizer que alguma coisa é movida por um instrumento ou pelo agente principal, assim é indiferente dizer que a alma do que é gerado é causada pela alma do que gera ou por uma potência derivada dele, que está no sêmen[c].

QUANTO AO 1º, portanto, deve-se dizer que a alma sensitiva não é substância perfeita, por si subsistente. Não é preciso repetir aqui o que já foi dito acima.

QUANTO AO 2º, deve-se dizer que a potência geradora não gera somente por seu poder próprio, mas pelo de toda a alma da qual é uma potência. Daí que a potência geradora da planta gera uma planta, a do animal gera um animal. Pois, quanto mais a alma é perfeita, tanto mais sua potência geradora é disposta a um efeito mais perfeito.

QUANTO AO 3º, deve-se dizer que a potência ativa que está no sêmen, derivada da alma do que gera, é uma espécie de moção dessa mesma alma. Não é a alma nem uma parte dela, a não ser em potência. Por exemplo, na serra ou no machado, não existe a forma de um leito, mas certo movimento para essa forma. Por isso essa potência ativa não precisa ter algum órgão em ato, porquanto se funda no próprio espírito incluído no sêmen, que é espumoso, como sua brancura atesta. E nesse espírito há também um calor que provém da potência dos corpos celestes, por cujo poder os agentes inferiores tendem a sua espécie, como acima foi dito. E porque nesse espírito coincidem a potência da alma com a potência celeste, diz-se que quem gera o homem é o homem e o sol. Mas o elemento calor está para a potência da alma de modo instrumental, como também para a potência nutritiva, segundo o livro II da *Alma*.

QUANTO AO 4º, deve-se dizer que nos animais perfeitos, gerados por conjunção carnal, a potência ativa está no sêmen do macho, conforme o Filósofo no livro da *Geração dos animais*, mas a matéria

---

4. Q. 75, a. 3.
5. Q. 115, a. 3, ad 2.
6. ARISTOT., *Phys.*, l. II, c. 2: 194, b, 9-15.
7. C. 4: 416, a, 9-18; 416, b, 25-31.
8. L. II, cc. 3, 4: 736, a, 24 sqq.

c. Desse modo, portanto, o que é transmitido pela semente não é propriamente a alma, mas todo o composto no estado virtual. Mais precisamente, segundo Sto. Tomás, é a virtude da ação geradora que é transmitida à semente, e age por ela como por meio de um instrumento, essa ação geradora sendo a expressão da natureza como tal em sua especificidade (cf. resposta à segunda objeção).

quod ministratur a femina. In qua quidem materia statim a principio est anima vegetabilis, non quidem secundum actum secundum, sed secundum actum primum, sicut anima sensitiva est in dormientibus. Cum autem incipit attrahere alimentum, tunc iam actu operatur. Huiusmodi igitur materia transmutatur a virtute quae est in semine maris, quousque perducatur in actum animae sensitivae: non ita quod ipsamet vis quae erat in semine, fiat anima sensitiva; quia sic idem esset generans et generatum; et hoc magis esset simile nutritioni et augmento, quam generationi, ut Philosophus dicit[9]. Postquam autem per virtutem principii activi quod erat in semine, producta est anima sensitiva in generato quantum ad aliquam partem eius principalem, tunc iam illa anima sensitiva prolis incipit operari ad complementum proprii corporis, per modum nutritionis et augmenti. — Virtus autem activa quae erat in semine, esse desinit, dissoluto semine, et evanescente spiritu qui inerat. Nec hoc est inconveniens: quia vis ista non est principale agens, sed instrumentale; motio autem instrumenti cessat, effectu iam producto in esse.

do feto é fornecida pela fêmea. Nessa matéria está presente a alma vegetativa desde o começo, não porém em ato segundo, mas em ato primeiro, da maneira como a alma sensitiva está nos que dormem. Quando, porém, essa alma começa a tomar alimento, então já opera em ato. Essa matéria é ainda alterada pela potência presente no sêmen do macho, até que chegue a ser alma sensitiva em ato. Mas, não de tal modo que a mesma potência presente no sêmen se torne alma sensitiva, porque então o que gera e o gerado seriam uma mesma coisa. Isso seria mais semelhante à nutrição e ao crescimento do que à geração, como diz o Filósofo. Depois que pela potência do princípio ativo que estava no sêmen a alma sensitiva foi produzida no gerado quanto à sua parte principal, então essa alma sensitiva da prole começa a realizar o acabamento de seu próprio corpo pela nutrição e crescimento. — Mas a potência ativa presente no sêmen deixa de existir devido à dissolução do sêmen e ao desaparecimento do espírito nele contido. Isso nada tem de inconveniente, porque essa potência ativa não é o agente principal, mas o instrumento. Ora, o movimento do instrumento cessa ao dar existência a seu efeito[d].

Articulus 2
Utrum anima intellectiva causetur ex semine

Ad secundum sic proceditur. Videtur quod anima intellectiva causetur ex semine.

1. Dicitur enim Gn 46,26: *Cunctae animae quae egressae sunt de femore Iacob, sexaginta sex*. Sed nihil egreditur de femore hominis, nisi inquantum causatur ex semine. Ergo anima intellectiva causatur ex semine.

2. Praeterea, sicut supra[1] ostensum est, in homine est una et eadem anima secundum substantiam, intellectiva, sensitiva et nutritiva. Sed anima sensitiva in homine generatur ex semine,

Artigo 2
A alma intelectiva é causada pelo sêmen?[e]

Quanto ao segundo, assim se procede: parece que a alma intelectiva é causada pelo sêmen.

1. Com efeito, diz o livro do Gênesis: "O total das almas geradas de Jacó eram sessenta e seis". Ora, o que é gerado de um homem é causado por seu sêmen. Logo, a alma intelectiva é causada pelo sêmen.

2. Além disso, como já foi demonstrado, no homem há somente uma única e mesma alma substancial, que é intelectiva, sensitiva e nutritiva. Ora, a alma sensitiva é gerada no homem por

---

9. Cfr. *De Gen. et Corr.*, l. I, c. 5: 321, a, 9-29.

Parall.: Supra, q. 90, a. 2; II *Sent.*, dist. 18, q. 2, a. 1; *Cont. Gent.* II, 86, 88, 89; *De Pot.*, q. 3, a. 9; *Quodlib.* XI, q. 5, ad 1, 4; XII, q. 7, a. 2; *Compend. Theol.*, c. 93; *ad Rom.*, c. 5, lect. 3.

1. Q. 76, a. 3.

d. Como se vê, as teorias fisiológicas de Sto. Tomás (ele as recebeu de Aristóteles) estão bem distantes do que sabemos hoje sobre a genética. Segundo ele, essa potência geradora de que o sêmen masculino é o instrumento age sobre a "matéria" não informe, mas vitalmente elaborada no organismo feminino. O ser que vem a existir, então, só possui, por enquanto, alma vegetativa (simples princípio vital), mas se desenvolve em direção ao ser humano, passando aliás pelo estágio animal. A partir do momento em que surge essa alma sensitiva, "ela começa a realizar o acabamento de seu próprio corpo pela nutrição e crescimento".

e. O artigo precedente nos possibilita compreender que a própria ideia de transmissão da alma, ou da forma, é incorreta. Trata-se somente de saber se, na geração humana, a potência ativa que está no sêmen estende sua ação até produzir a alma espiritual.

sicut in aliis animalibus: unde et Philosophus dicit in libro *de Generat. Animal*.[2], quod non simul fit animal et homo, sed prius fit animal habens animam sensitivam. Ergo et anima intellectiva causatur ex semine.

3. PRAETEREA, unum et idem agens, est cuius actio terminatur ad formam, et materiam: alioquin ex forma et materia non fieret unum simpliciter. Sed anima intellectiva est forma corporis humani, quod formatur per virtutem seminis. Ergo et anima intellectiva per virtutem seminis causatur.

4. PRAETEREA, homo generat sibi simile secundum speciem. Sed species humana constituitur per animam rationalem. Ergo anima rationalis est a generante.

5. PRAETEREA, inconveniens est dicere quod Deus cooperetur peccantibus. Sed si animae rationales crearentur a Deo, Deus interdum cooperaretur adulteris, de quorum illicito coitu proles interdum generatur. Non ergo animae rationales creantur a Deo.

SED CONTRA est quod dicitur in libro *de Eccles. Dogmat.*[3], quod *animae rationales non seminantur per coitum*.

RESPONDEO dicendum quod impossibile est virtutem activam quae est in materia, extendere suam actionem ad producendum immaterialem effectum. Manifestum est autem quod principium intellectivum in homine est principium transcendens materiam: habet enim operationem in qua non communicat corpus. Et ideo impossibile est quod virtus quae est in semine, sit productiva intellectivi principii.

Similiter etiam quia virtus quae est in semine agit in virtute animae generantis, secundum quod anima generantis est actus corporis, utens ipso corpore in sua operatione. In operatione autem intellectus non communicat corpus. Unde virtus intellectivi principii, prout intellectivum est, non potest ad semen pervenire. Et ideo Philosophus, in libro *de Generat. Animal.*[4], dicit: *Relinquitur intellectus solus de foris advenire*.

Similiter etiam anima intellectiva, cum habeat operationem sine corpore, est subsistens, ut supra[5] habitum est: et ita sibi debetur esse et fieri. Et cum

sêmen, como nos outros animais, o que levou o Filósofo, no livro da *Geração dos animais*, a dizer que "o homem e o animal não se fazem ao mesmo tempo, porque primeiro se faz o animal dotado de uma alma sensitiva". Logo, também a alma intelectiva é causada pelo sêmen.

3. ADEMAIS, há somente um único e mesmo agente cuja ação termina na forma e na matéria, pois, do contrário, da matéria e da forma não se faria o que é uno absolutamente. Ora, a alma intelectiva é a forma do corpo humano que é formado pelo poder do sêmen. Logo, também a alma intelectiva é causada pelo poder do sêmen.

4. ADEMAIS, o homem gera o semelhante a si quanto à espécie. Ora, a espécie humana é constituída pela alma racional. Logo, a alma racional procede do que gera.

5. ADEMAIS, não é conveniente dizer que Deus colabora com os pecadores. Ora, se as almas racionais fossem criadas por Deus, este estaria por vezes cooperando com os adúlteros, pois acontece que dessa união ilícita às vezes é gerada uma prole. Logo, as almas racionais não são criadas por Deus.

EM SENTIDO CONTRÁRIO, se diz no livro dos *Dogmas eclesiásticos*: "As almas racionais não se propagam pela união carnal".

RESPONDO. Não é possível que a potência ativa presente na matéria estenda sua ação até produzir um efeito imaterial. Ora, é claro que o princípio intelectivo no homem é um princípio que transcende a matéria, pois tem operações nas quais o corpo não toma parte. Portanto, é impossível que a potência presente no sêmen humano produza um princípio intelectual.

Igualmente, a potência que está no sêmen age pela potência da alma do que gera, na medida em que sua alma é ato do corpo, servindo-se do próprio corpo em sua operação. Portanto, a potência do princípio intelectivo como tal não pode atingir o sêmen. Por isso disse o Filósofo no livro da *Geração dos animais*: "Conclui-se que só o intelecto vem de fora".

Igualmente, a alma intelectiva, como tem uma operação que prescinde do corpo, é subsistente, como foi explicado acima. Assim, a ela é devido

---

2. L. II, c. 3: 736, b, 2-4.
3. C. 14: ML 42, 1216 (= ML 58, 984; 83, 1231).
4. Loc. cit.
5. Q. 75, a. 2.

sit immaterialis substantia, non potest causari per generationem, sed solum per creationem a Deo. Ponere ergo animam intellectivam a generante causari, nihil est aliud quam ponere eam non subsistentem; et per consequens corrumpi eam cum corpore. Et ideo haereticum est dicere quod anima intellectiva traducatur cum semine.

AD PRIMUM ergo dicendum quod in auctoritate illa ponitur per synecdochen pars pro toto, idest *anima* pro toto homine.

AD SECUNDUM dicendum quod aliqui dixerunt quod operationes vitae quae apparent in embryone, non sunt ab anima eius, sed ab anima matris; vel a virtute formativa quae est in semine. — Quorum utrumque falsum est: opera enim vitae non possunt esse a principio extrinseco, sicut sentire, nutriri et augeri. Et ideo dicendum est quod anima praeexistit in embryone a principio quidem nutritiva, postmodum autem sensitiva, et tandem intellectiva.

Dicunt ergo quidam quod supra animam vegetabilem quae primo inerat, supervenit alia anima, quae est sensitiva; et supra illam iterum alia, quae est intellectiva. Et sic sunt in homine tres animae, quarum una est in potentia ad aliam. — Quod supra[6] improbatum est.

Et ideo alii dicunt quod illa eadem anima quae primo fuit vegetativa tantum, postmodum, per actionem virtutis quae est in semine, perducitur ad hoc quod fiat etiam sensitiva; et tandem perducitur ad hoc ut ipsa eadem fiat intellectiva, non quidem per virtutem activam seminis, sed per virtutem superioris agentis, scilicet Dei deforis illustrantis. Et propter hoc dicit Philosophus[7] quod intellectus venit ab extrinseco. — Sed hoc stare non potest. Primo quidem, quia nulla forma substantialis recipit magis et minus; sed superadditio maioris perfectionis facit aliam speciem, sicut additio unitatis facit aliam speciem in numeris. Non est autem possibile ut una et eadem forma numero sit diversarum specierum. — Secundo, quia sequeretur quod generatio animalis esset motus continuus, paulatim procedens de imperfecto ad perfectum;

o existir e o ser feito. E, como é uma substância imaterial, não pode ser causada por geração, mas somente por criação divina. Afirmar, portanto, que a alma intelectiva é causada pelo que gera nada mais é do que afirmá-la não subsistente e que, consequentemente, se corrompe com o corpo[f]. Portanto, é uma heresia dizer que a alma intelectiva é transmitida com o sêmen[g].

QUANTO AO 1º, portanto, deve-se dizer que naquela citação afirma-se, por sinédoque, a parte pelo todo, isto é, a *alma* pelo homem inteiro.

QUANTO AO 2º, deve-se dizer que alguns disseram que as operações vitais que se manifestam no embrião não provêm de sua alma, mas da alma da mãe, ou ainda de uma potência formativa presente no sêmen. — Ambas as opiniões são falsas. De fato, as operações vitais, como sentir, alimentar-se, crescer, não podem provir de um princípio exterior. Portanto, é preciso dizer que a alma preexiste no embrião, primeiro a nutritiva, depois a sensitiva, enfim a intelectiva.

Alguns, pois, dizem que à alma vegetativa presente inicialmente no embrião sobreveio uma outra alma, a sensitiva, e por fim outra ainda, a intelectiva. Assim existem no homem três almas, estando uma em potência em relação à outra. — Isso já foi acima rejeitado.

Por isso outros dizem que essa mesma alma, que primeiramente foi vegetativa, em seguida, pela ação do sêmen, é levada a se tornar sensitiva; enfim, ela mesma é levada a se tornar intelectiva, não pela potência ativa do sêmen, mas pelo poder de um agente superior, isto é, Deus, que a ilumina de fora. Por isso diz o Filósofo que o intelecto tem origem extrínseca. — Mas isso não se pode sustentar. Primeiro, porque nenhuma forma substancial comporta o mais e o menos: a adição de uma perfeição maior estabelece uma outra espécie, assim como a adição de uma unidade muda a espécie do número. E não é possível que uma única e mesma forma seja de espécies diferentes. — Segundo, porque daí se seguiria que a geração do animal seria um movimento contínuo, procedendo pouco a pouco do imperfeito ao perfeito,

---

6. Q. 76, a. 3.
7. Loc. cit.

---

f. Há portanto duas etapas nesse raciocínio luminoso: 1) enquanto princípio e sujeito do ato intelectual, a alma não pode ser produzida pela semente; 2) e, uma vez que, como tal, ela é subsistente em si mesma, só pode ser produzida por criação direta de Deus. Daí sua não-destruição na morte do composto.

g. Todavia, Sto. Agostinho apresentara o "traducianismo" (teoria da transmissão da alma pelo ato gerador) como uma hipótese possível, e que ajudaria a compreender a transmissão do pecado original. Sto. Tomás interpreta o traducianismo agostinista como uma transmissão não da alma, mas de uma disposição corporal a receber a alma.

sicut accidit in alteratione. — Tertio, quia sequeretur quod generatio hominis aut animalis non sit generatio simpliciter: quia subiectum eius esset ens actu. Si enim a principio in materia prolis est anima vegetabilis, et postmodum usque ad perfectum paulatim perducitur; erit semper additio perfectionis sequentis sine corruptione perfectionis praecedentis. Quod est contra rationem generationis simpliciter. — Quarto, quia aut id quod causatur ex actione Dei, est aliquid subsistens: et ita oportet quod sit aliud per essentiam a forma praeexistente, quae non erat subsistens; et sic redibit opinio ponentium plures animas in corpore. Aut non est aliquid subsistens, sed quaedam perfectio animae praeexistentis: et sic ex necessitate sequitur quod anima intellectiva corrumpatur, corrupto corpore; quod est impossibile.

Est autem et alius modus dicendi, secundum eos qui ponunt unum intellectum in omnibus. Quod supra[8] improbatum est.

Et ideo dicendum est quod, cum generatio unius semper sit corruptio alterius, necesse est dicere quod tam in homine quam in animalibus aliis, quando perfectior forma advenit, fit corruptio prioris: ita tamen quod sequens forma habet quidquid habebat prima, et adhuc amplius. Et sic per multas generationes et corruptiones pervenitur ad ultimam formam substantialem, tam in homine quam in aliis animalibus. Et hoc ad sensum apparet in animalibus ex putrefactione generatis. Sic igitur dicendum est quod anima intellectiva creatur a Deo in fine generationis humanae, quae simul est et sensitiva et nutritiva, corruptis formis praeexistentibus.

AD TERTIUM dicendum quod ratio illa locum habet in diversis agentibus non ordinatis ad invicem. Sed si sint multa agentia ordinata, nihil prohibet

como acontece numa alteração. — Terceiro, daí se seguiria que a geração do homem ou do animal não é uma geração propriamente dita, uma vez que seu sujeito seria um ente em ato. Com efeito, se na matéria da prole há desde o começo uma alma vegetal, que em seguida, pouco a pouco, é conduzida à perfeição, haverá sempre a adição de uma nova perfeição sem a destruição da perfeição anterior. Ora, isso contraria a noção da geração propriamente dita. — Quarto, porque ou o que é produzido pela ação de Deus é algo subsistente: e assim é preciso que seja distinto essencialmente da forma preexistente, que não era subsistente. Desse modo se volta à opinião dos que afirmavam a pluralidade de almas no corpo. Ou então não é algo subsistente, mas uma perfeição de alma preexistente: daí se segue necessariamente que a alma intelectiva é destruída com a decomposição do corpo, o que é impossível.

Há ainda outro modo de dizer, proposto por aqueles que afirmam que existe um só intelecto em todos. Isso já foi acima reprovado.

Por isso, deve-se dizer que como a geração de um é sempre a corrupção de outro, é necessário dizer que, tanto nos homens como nos outros animais, quando uma forma mais perfeita é produzida, a precedente se corrompe, de tal forma que a nova forma tem tudo o que continha a anterior e ainda algo mais. Assim, ao longo de muitas gerações e corrupções, chega-se à última forma substancial, no homem como nos outros animais. Isso dá-se a conhecer sensivelmente nos animais gerados da putrefação. Deve-se, pois, dizer que a alma intelectiva é criada por Deus no término da geração humana e que essa alma é ao mesmo tempo sensitiva e nutritiva, desfeitas as formas precedentes[h].

QUANTO AO 3º, deve-se dizer que esse argumento vale para os diversos agentes que não são ordenados um ao outro. Mas, se os agentes são

---

8. Q. 76, a. 2.

h. O resumo do corpo do artigo é aqui desenvolvido, primeiramente, por uma evocação da teoria da unicidade da alma em cada indivíduo humano. Em seguida, pela iluminação do papel do ato gerador humano no advento da alma humana. Quanto ao primeiro ponto, a tese tão caracteristicamente tomasiana da unicidade da alma humana, mas de uma alma que em si contém de maneira eminente todo o poder das almas inferiores, assume todo seu valor dinâmico na perspectiva dessa gênese das almas umas a partir das outras, cada uma tendo por efeito último dispor a matéria à alma superior. Quanto ao segundo ponto, mostra-se claramente que é em virtude do ato gerador que a matéria se acha disposta a receber do ato criador divino a alma espiritual. Trata-se de uma disposição que implica uma exigência. É impossível que, sendo posta, ela não acarrete o surgimento da alma humana. Esta só se deve a um ato criador, que só cria tal alma por apelo de tal corpo. A alma humana é portanto o termo de todo o movimento da natureza. E, finalmente, é necessário colocar essa sucessão de almas? O que hoje sabemos da "semente", ou melhor, do óvulo inicial, começo do novo ser autônomo e distinto, possibilita-nos afirmar que todo ser humano está nele contido virtualmente. Por que sua "forma" não seria desde o princípio a alma espiritual criada por Deus, incapaz sem dúvida, em primeiro lugar, de desempenhar outro papel exceto o de alma vegetativa, depois de alma sensitiva, mas sobretudo, e desde o primeiro instante, de princípio interno da evolução da matéria para o estado de suporte e instrumento de vida espiritual?

virtutem superioris agentis pertingere ad ultimam formam; virtutes autem inferiorum agentium pertingere solum ad aliquam materiae dispositionem; sicut virtus seminis disponit materiam, virtus autem animae dat formam, in generatione animalis. Manifestum est autem ex praemissis[9] quod tota natura corporalis agit ut instrumentum spiritualis virtutis; et praecipue Dei. Et ideo nihil prohibet quin formatio corporis sit ab aliqua virtute corporali, anima autem intellectiva sit a solo Deo.

AD QUARTUM dicendum quod homo generat sibi simile, inquantum per virtutem seminis eius disponitur materia ad susceptionem talis formae.

AD QUINTUM dicendum quod in actione adulterorum, illud quod est naturae, bonum est: et huic cooperatur Deus. Quod vero est inordinatae voluptatis, malum est: et huic Deus non cooperatur.

ARTICULUS 3
Utrum animae humanae fuerint creatae simul a principio mundi

AD TERTIUM SIC PROCEDITUR. Videtur quod animae humanae fuerint creatae simul a principio mundi.

1. Dicitur enim Gn 2,2: *Requievit Deus ab omni opere quod patrarat.* Hoc autem non esset, si quotidie novas animas crearet. Ergo omnes animae sunt simul creatae.

2. PRAETEREA, ad perfectionem universi maxime pertinent substantiae spirituales. Si igitur animae simul crearentur cum corporibus, quotidie innumerabiles spirituales substantiae perfectioni universi adderentur: et sic universum a principio fuisset imperfectum. Quod est contra illud quod dicitur Gn 2,2, *Deum omne opus suum complesse.*

3. PRAETEREA, finis rei respondet eius principio. Sed anima intellectiva remanet, destructo corpore. Ergo incoepit esse ante corpus.

SED CONTRA est quod dicitur in libro *de Eccles. Dogmat.*[1], quod *simul anima creatur cum corpore.*

muitos e ordenados, nada impede que o poder do agente superior atinja a forma última, enquanto o poder dos agentes inferiores atinge somente certa disposição da matéria. Assim o poder do sêmen dispõe a matéria, ao passo que o poder da alma dá a forma na geração do animal. É claro do que já foi exposto que a natureza corporal inteira age como instrumento do poder espiritual, e especialmente de Deus. Por isso, nada impede que a formação do corpo provenha de uma potência corporal, enquanto a alma intelectiva provém só de Deus.

QUANTO AO 4º, deve-se dizer que o homem gera um semelhante a si na medida em que, pelo poder de seu sêmen, a matéria é disposta para receber tal forma.

QUANTO AO 5º, deve-se dizer que na ação dos adúlteros o que é próprio da natureza é bom, e nisso Deus colabora. Mas o que é próprio do prazer desordenado, nisso Deus não colabora.

ARTIGO 3
As almas humanas foram criadas simultaneamente desde o começo do mundo?

QUANTO AO TERCEIRO, ASSIM SE PROCEDE: parece que as almas humanas **foram** criadas simultaneamente desde o começo do mundo.

1. Com efeito, diz o livro do Gênesis: "Deus descansou de toda a obra que fizera". Ora, isso não seria assim se Deus a cada dia criasse novas almas. Logo, todas as almas foram criadas simultaneamente.

2. ALÉM DISSO, as substâncias espirituais são as que mais concorrem para a perfeição do universo. Portanto, se as almas fossem criadas simultaneamente com os corpos, a cada dia inumeráveis substâncias espirituais seriam acrescentadas à perfeição do universo. Desse modo, o universo teria sido imperfeito no começo. Ora, isso contraria a afirmação do Gênesis: "Deus terminou toda a sua obra".

3. ADEMAIS, o fim de uma coisa corresponde a seu começo. Ora, a alma intelectiva permanece após a decomposição do corpo. Logo, começou a existir antes dele.

EM SENTIDO CONTRÁRIO, diz-se no livro dos *Dogmas Eclesiásticos*: "A alma é criada simultaneamente com o corpo".

---

9. Q. 105, a. 5; q. 110, a. 1.

3 PARALL.: Supra, q. 90, a. 4; I *Sent.*, dist. 8, q. 5, a. 2, ad 6; II, dist. 3, q. 1, a. 4, ad 1; dist. 17, q. 2, a. 2; *Cont. Gent.* II, 83, 84; *De Pot.*, q. 3, a. 10; *De Malo*, q. 5, a. 4; *ad Heb.*, c. 1, lect. 4.

1. C. 14, 18: ML 42, 1216 (= ML 58, 984-985; 83, 1231-1232).

RESPONDEO dicendum quod quidam posuerunt quod animae intellectivae accidat uniri corpori, ponentes eam esse eiusdem conditionis cum substantiis spiritualibus quae corpori non uniuntur. Et ideo posuerunt animas hominum simul a principio cum angelis creatas.

Sed haec opinio falsa est. Primo quidem, quantum ad radicem. Si enim accidentaliter conveniret animae corpori uniri, sequeretur quod homo, qui ex ista unione constituitur, esset ens per accidens; vel quod anima esset homo, quod falsum est, ut supra[2] ostensum est. — Quod etiam anima humana non sit eiusdem naturae cum angelis, ipse diversus modus intelligendi ostendit, ut supra[3] ostensum est: homo enim intelligit a sensibus accipiendo, et convertendo se ad phantasmata, ut supra[4] ostensum est. Et ideo indiget uniri corpori, quo indiget ad operationem sensitivae partis. Quod de angelo dici non potest.

Secundo apparet falsitas in ipsa positione. Si enim animae naturale est corpori uniri, esse sine corpore est sibi contra naturam, et sine corpore existens non habet suae naturae perfectionem. Non fuit autem conveniens ut Deus ab imperfectis suum opus inchoaret, et ab his quae sunt praeter naturam: non enim fecit hominem sine manu aut sine pede, quae sunt partes naturales hominis. Multo igitur minus fecit animam sine corpore.

Si vero aliquis dicat quod non est naturale animae corpori uniri, oportet inquirere causam quare sint corporibus unitae. Oportet autem dicere quod aut hoc sit factum ex eius voluntate; aut ex alia causa. Si ex eius voluntate, videtur hoc esse inconveniens. Primo quidem, quia haec voluntas irrationabilis esset, si non indigeret corpore, et vellet ei uniri: si enim eo indigeret, naturale esset ei quod corpori uniretur, quia *natura non deficit in necessariis*[5]. Secundo, quia nulla ratio esset quare animae a principio mundi creatae, post tot tempora voluntas accesserit ut nunc corpori uniatur. Est enim substantia spiritualis supra tempus, utpote revolutiones caeli excedens. Tertio quia videretur a casu esse quod haec anima huic corpori uniretur: cum ad hoc requiratur concursus duarum voluntatum, scilicet animae advenientis, et

RESPONDO. Alguns afirmaram que a alma intelectual está unida ao corpo de modo acidental, julgando que é da mesma condição que as substâncias espirituais que não se unem a um corpo. Por isso afirmaram que as almas dos homens foram criadas desde o começo, simultaneamente com os anjos.

Essa opinião é falsa. Primeiro, quanto ao fundamento. Se, de fato, fosse somente acidental para a alma estar unida ao corpo, a consequência seria que o homem, constituído por tal união, seria um ente por acidente, ou então que a alma seria o homem. Ora, tudo isso é falso, como já foi provado. — Ficou também provado que a alma humana não é da mesma natureza que os anjos, por causa da diferente maneira de conhecer. O homem, com efeito, conhece por meio dos sentidos e voltando-se para as representações imaginárias. Portanto, sua alma precisa estar unida ao corpo que é necessário para a operação da parte sensitiva. O que não se pode dizer dos anjos.

Segundo, a falsidade aparece no próprio enunciado. Se para a alma é natural estar unida ao corpo, estar sem o corpo seria contrário a sua natureza, sendo que uma alma sem corpo não possuiria a perfeição de sua natureza. Não era conveniente que Deus começasse sua obra pelas criaturas imperfeitas ou por coisas que estão fora da ordem natural. Assim, não criou um homem sem pé ou sem mão, que são partes naturais suas. Portanto, muito menos fez uma alma sem corpo.

Se alguém ainda disser que não é natural para a alma estar unida a um corpo, é preciso indagar a causa porque estão unidas aos corpos. É preciso, pois, dizer que ou isso assim foi feito por sua vontade, ou por outra causa. Ora, não parece conveniente que seja por sua vontade. Primeiro, porque seria uma vontade irracional: se não precisa do corpo, para que lhe estar unida? Se, em vez disso, precisasse do corpo, lhe seria natural estar unida ao corpo, posto que a natureza não falha no que é necessário. Segundo, porque não haveria razão para que almas criadas desde o princípio do mundo, após longo tempo, tivessem vontade de se unir a um corpo agora. De fato, a substância espiritual está acima do tempo, dado que escapa às evoluções do céu. Terceiro, porque pareceria ser por acaso que tal alma esteja unida a tal corpo. De

---

2. Q. 75, a. 4.
3. Q. 55, a. 2; q. 85, a. 1.
4. Q. 84, a. 6, 7; q. 85, a. 1.
5. ARISTOT., *de Anima*, l. III, c. 9: 432, b, 19-26.

hominis generantis. — Si autem praeter voluntatem ipsius corpori unitur, et praeter eius naturam; oportet quod hoc sit ex causa violentiam inferente, et sic erit ei poenale et triste. Quod est secundum errorem Origenis, qui posuit animas incorporari propter poenam peccati[6].

Unde cum haec omnia sint inconvenientia, simpliciter confitendum est quod animae non sunt creatae ante corpora, sed simul creantur cum corporibus infunduntur.

AD PRIMUM ergo dicendum quod Deus dicitur cessasse die septimo, non quidem ab omni opere, cum dicatur Io 5,17, *Pater meus usque modo operatur*; sed a novis rerum generibus et speciebus condendis, quae in operibus primis non aliquo modo praeextiterint. Sic enim animae quae nunc creantur, praeextiterunt secundum similitudinem speciei in primis operibus, in quibus anima Adae creata fuit.

AD SECUNDUM dicendum quod perfectioni universi, quantum ad numerum individuorum, quotidie potest addi aliquid: non autem quantum ad numerum specierum.

AD TERTIUM dicendum quod hoc quod anima remanet sine corpore, contingit per corporis corruptionem, quae consecuta est ex peccato. Unde non fuit conveniens quod ab hoc inciperent Dei opera: quia, sicut scriptum est Sap 1,13-16: *Deus mortem non fecit*, sed *impii manibus et verbis accersierunt* eam.

fato, para que tal coisa se desse, seria necessário o concurso de duas vontades, a da alma que desce no corpo e a do homem que gera. — Se a alma está unida ao corpo independentemente da vontade e da natureza, é porque lhe foi imposto por uma causa que lhe faz violência, e então ser-lhe-á algo penoso e triste, o que é conforme com erro de Orígenes, que afirmou que as almas se encarnam como pena do pecado.

Portanto, como tudo isso é inconveniente, é preciso admitir absolutamente que as almas não são criadas antes dos corpos, mas simultaneamente quando são infundidas nos corpos[i].

QUANTO AO 1º, portanto, deve-se dizer que Deus cessou no sétimo dia, mas não de toda obra: "O meu Pai até agora está trabalhando", mas de fazer novos gêneros e novas espécies de coisas, que de alguma maneira não preexistiam nas primeiras obras. Assim as almas que agora são criadas preexistiam segundo a semelhança da espécie nas primeiras obras, entre as quais a alma de Adão foi criada.

QUANTO AO 2º, deve-se dizer que à perfeição do universo, quanto ao número dos indivíduos, pode-se cada dia acrescentar algo, mas não quanto ao número de espécies.

QUANTO AO 3º, deve-se dizer que a alma permaneça sem o corpo acontece pela decomposição do corpo, consequência do pecado. Não era conveniente, portanto, que Deus começasse suas obras por isso, Porque, como está escrito no livro da Sabedoria: "Deus não fez a morte; mas os ímpios, por gestos e palavras, a introduziram".

---

6. Cfr. supra, q. 65, a. 2.

i. Como se vê, ainda que a alma não seja destruída pela destruição do corpo, não pode ser criada sem ele. Só pode receber a existência enquanto alma de uma matéria determinada, pois faz parte de sua natureza estar unida a um corpo. Somente daí lhe advém sua individualidade. Mesmo separada, ela só conserva sua especificidade e individualidade em referência a esse corpo determinado, no qual e para o qual foi criada. Raciocínio puramente aristotélico, mas conclusão fortemente ancorada na fé cristã, que sempre rejeitou a ideia de uma preexistência das almas, ou ainda toda forma de reencarnação.

QUAESTIO CXIX
DE PROPAGATIONE HOMINIS QUANTUM AD CORPUS
in duos articulos divisa

Deinde considerandum est de propagatione hominis quantum ad corpus.

QUESTÃO 119
O DESENVOLVIMENTO DO HOMEM QUANTO AO CORPO [a]
em dois artigos

Em seguida, deve-se considerar o desenvolvimento do homem quanto ao corpo.

---

a. Nesta questão não se trata mais de geração, mas de alimentação e de assimilação. "Desenvolvimento corporal" deve ser entendido aqui, portanto, como autoconstrução e restauração do corpo humano por si mesmo. E, do mesmo modo, quando, no

Et circa hoc quaeruntur duo.
Primo: utrum aliquid de alimento convertatur in veritatem humanae naturae.
Secundo: utrum semen, quod est humanae generationis principium, sit de superfluo alimenti.

Sobre isso, são duas as perguntas:
1. Uma parte dos alimentos se transforma verdadeiramente na natureza humana?
2. O sêmen que é princípio da geração humana provém do supérfluo dos alimentos?

Articulus 1
Utrum aliquid de alimento convertatur in veritatem humanae naturae

Ad primum sic proceditur. Videtur quod nihil de alimento transeat in veritatem humanae naturae.

1. Dicitur enim Mt 15,17: *Omne quod in os intrat, in ventrem vadit, et per secessum emittitur.* Sed quod emittitur, non transit in veritatem humanae naturae. Ergo nihil de alimento in veritatem humanae naturae transit.

2. Praeterea, Philosophus in I *de Generat.*[1], distinguit carnem secundum *speciem*, et secundum *materiam*; et dicit quod caro secundum materiam *advenit et recedit*. Quod autem ex alimento generatur, advenit et recedit. Ergo id in quod alimentum convertitur, est caro secundum materiam, non autem caro secundum speciem. Sed hoc pertinet ad veritatem humanae naturae, quod pertinet ad speciem eius. Ergo alimentum non transit in veritatem humanae naturae.

3. Praeterea, ad veritatem humanae naturae pertinere videtur *humidum radicale*; quod si deperdatur, restitui non potest, ut medici dicunt. Posset autem restitui, si alimentum converteretur in ipsum humidum. Ergo nutrimentum non convertitur in veritatem humanae naturae.

4. Praeterea, si alimentum transiret in veritatem humanae naturae, quidquid in homine deperditur, restaurari posset. Sed mors hominis non accidit nisi per desperditionem alicuius. Posset igitur homo per sumptionem alimenti in perpetuum se contra mortem tueri.

Artigo 1
Uma parte dos alimentos se transforma verdadeiramente na natureza humana?

Quanto ao primeiro artigo, assim se procede: parece que **nenhuma** parte dos alimentos se transforma verdadeiramente na natureza humana.

1. Com efeito, diz-se no Evangelho de Mateus: "Tudo o que entra na boca vai para o ventre, depois é evacuado". Ora, o que é evacuado não passa verdadeiramente para a natureza humana. Logo, nenhuma parte dos alimentos passa para a natureza humana.

2. Além disso, o Filósofo, no livro da *Geração e Corrupção*, distingue na carne a *espécie* e a *matéria*, e diz que a carne, segundo a *matéria*, vem e desaparece. Assim, o que é gerado pelo alimento vem e desaparece. Portanto, aquilo em que se transforma o alimento é a carne segundo a matéria, não segundo a espécie. Ora, pertence verdadeiramente à natureza humana o que pertence à sua espécie. Logo, os alimentos não se transformam verdadeiramente na natureza humana.

3. Ademais, à natureza humana parece pertencer verdadeiramente a umidade radical[b], que, uma vez perdida, não pode mais ser restituída, segundo dizem os médicos. Ora, poderia ser restituída se os alimentos se transformassem na umidade. Logo, os alimentos não se transformam verdadeiramente na natureza humana.

4. Ademais, se o alimento passasse verdadeiramente para a natureza humana, tudo o que o homem perde poderia ser restaurado. Ora, a morte do homem não acontece senão pela perda de alguma coisa. Logo, o homem poderia por meio da alimentação preservar-se para sempre da morte.

---

1 Parall.: II *Sent.*, dist. 30, q. 2, a. 1; IV, dist. 44, q. 1, a. 2, q.la 4; *Quodlib.* VIII, q. 3, a. 1.
  1. C. 5: 321, b, 10-34.

---

artigo 1, Sto. Tomás se referir à "multiplicação" do corpo, não se tratará de explicar a multiplicidade dos seres humanos (isto concerne à geração, já estudada), mas o crescimento de cada corpo humano, a multiplicação nele da matéria. Esses dois artigos só apresentam interesse para quem quiser saber o que podia compreender um pensador da Idade Média da função de nutrição, e de sua relação com a elaboração do que hoje chamamos de *germe*. Ligam-se à questão mais geral da ação do homem sobre as coisas, pois a tese desenvolvida por Sto. Tomás é de que se alimentar é um ato do ser vivo pelo qual ele transforma o que come em sua própria substância.

b. Termo médico usado para significar o líquido linfático que se supunha dava aos músculos flexibilidade e elasticidade.

5. Praeterea, si alimentum in veritatem humanae naturae transiret, nihil esset in homine quod non posset recedere et reparari: quia id quod in homine generatur ex alimento, et recedere et reparari potest. Si ergo homo diu viveret, sequeretur quod nihil quod in eo fuit materialiter in principio suae generationis, finaliter remaneret in ipso. Et sic non esset idem homo numero per totam vitam suam: cum ad hoc quod aliquid sit idem numero, requiratur identitas materiae. Hoc autem est inconveniens. Non ergo alimentum transit in veritatem humanae naturae.

Sed contra est quod dicit Augustinus, in libro de Vera Relig.[2]: *Alimenta carnis corrupta, idest amittentia formam suam, in membrorum fabricam migrant*. Sed fabrica membrorum pertinet ad veritatem humanae naturae. Ergo alimenta transeunt in veritatem humanae naturae.

Respondeo dicendum quod, secundum Philosophum, II *Metaphys*.[3], *hoc modo se habet unumquodque ad veritatem, sicut se habet ad esse*. Illud ergo pertinet ad veritatem naturae alicuius, quod est de constitutione naturae ipsius. Sed natura dupliciter considerari potest: uno modo, in communi, secundum rationem speciei; alio modo, secundum quod est in hoc individuo. Ad veritatem igitur naturae alicuius in communi consideratae, pertinet forma et materia eius in communi accepta: ad veritatem autem naturae in hoc particulari consideratae, pertinet materia individualis signata, et forma per huiusmodi materiam individuata. Sicut de veritate humanae naturae in communi, est anima humana et corpus: sed de veritate humanae naturae in Petro et Marino, est haec anima et hoc corpus.

Sunt autem quaedam, quorum formae non possunt salvari nisi in una materia signata: sicut forma solis non potest salvari nisi in materia quae actu sub ea continetur. Et secundum hunc modum, aliqui[4] posuerunt quod forma humana non potest salvari nisi in materia quadam signata, quae scilicet a principio fuit tali forma formata in primo homine. Ita quod quidquid aliud praeter illud quod ex primo parente in posteros derivatur, additum fuerit, non pertinet ad veritatem humanae naturae, quasi non vere accipiat formam humanae naturae. Sed illa materia quae in primo homine formae humanae fuit subiecta, in seipsa multiplicatur:

5. Ademais, se os alimentos passassem verdadeiramente para a natureza humana não haveria nada no homem que não pudesse desaparecer e ser recuperado, porque o que no homem é gerado pelos alimentos pode desaparecer e ser recuperado. Se, pois, o homem vivesse muito tempo, seguir-se-ia que nada do que nele existia no início de sua geração permaneceria nele até o fim. E então ele não seria o mesmo homem numericamente ao longo de sua vida, faltando-lhe a identidade material para ser considerado numericamente o mesmo. E isso é inconveniente. Portanto, os alimentos não passam verdadeiramente para a natureza humana.

Em sentido contrário, diz Agostinho: "Dissolvidos os alimentos da carne, isto é, perdendo sua forma, passam a formar os membros". Ora, a formação dos membros pertence verdadeiramente à natureza humana. Logo, os alimentos passam verdadeiramente para a natureza humana.

Respondo. Segundo o Filósofo no livro II da *Metafísica*, "cada coisa está para a verdade, como está para o ser". Portanto, pertence verdadeiramente à natureza de alguma coisa o que é da constituição dessa natureza. Ora, a natureza pode ser considerada de dois modos: primeiro, em geral, segundo a razão da espécie; segundo, conforme existe neste indivíduo. Considerada em geral, pertencem verdadeiramente à natureza de qualquer coisa a forma e a matéria tomadas em geral. Mas, considerada neste indivíduo, pertence verdadeiramente à natureza a matéria determinada individual e a forma individualizada por essa matéria. Assim, a alma e o corpo pertencem verdadeiramente à natureza humana em geral, mas à natureza humana em Pedro e Marino pertencem verdadeiramente esta alma e este corpo.

Ora, há coisas cujas formas não podem ser mantidas a não ser em uma só matéria determinada. Por exemplo, a forma do sol não pode ser mantida a não ser na matéria que é contida em ato por essa forma. Tendo em vista isso, alguns afirmaram que a forma humana não pode ser mantida a não ser em determinada matéria, a saber, aquela que desde a origem foi informada por tal forma no primeiro homem. Portanto, tudo o que além disso deriva do primeiro progenitor a seus descendentes não pertence verdadeiramente à natureza humana, e, por assim dizer, não recebe verdadeiramente a forma da natureza humana. Mas a matéria que

---

2. C. 40: ML 34, 155.
3. C. 1: 993, b, 19-31.
4. Cfr. Magistr., II *Sent*., dist. 20.

et hoc modo multitudo humanorum corporum a corpore primi hominis derivatur. Et secundum hos, alimentum non convertitur in veritatem humanae naturae: sed dicunt quod alimentum accipitur ut quoddam fomentum naturae, idest ut resistat actioni caloris naturalis, ne consumat humidum radicale; sicut plumbum vel stannum adiungitur argento, ne consumatur per ignem.

Sed haec positio est multipliciter irrationabilis. Primo quidem, quia eiusdem rationis est quod aliqua forma possit fieri in alia materia, et quod possit propriam materiam deserere: et ideo omnia generabilia sunt corruptibilia, et e converso. Manifestum est autem quod forma humana potest deficere ab hac materia quae ei subiicitur: alioquin corpus humanum corruptibile non esset. Unde relinquitur quod et alii materiae advenire possit, aliquo alio in veritatem humanae naturae transeunte. — Secundo, quia in omnibus quorum materia invenitur tota sub uno individuo, non est nisi unum individuum in una specie: sicut patet in sole et luna, et huiusmodi. Sic igitur non esset nisi unum individuum humanae speciei. — Tertio, quia non est possibile quod multiplicatio materiae attendatur nisi vel secundum quantitatem tantum, sicut accidit in rarefactis, quorum materia suscipit maiores dimensiones; vel etiam secundum substantiam materiae. Sola autem eadem substantia materiae manente, non potest dici quod sit multiplicata: quia idem ad seipsum non constituit multitudinem, cum necesse sit omnem multitudinem ex aliqua divisione causari. Unde oportet quod aliqua alia substantia materiae adveniat, vel per creationem, vel per conversionem alterius in ipsam. Unde relinquitur quod non potest aliqua materia multiplicari, nisi vel per rarefactionem, sicut cum ex aqua fit aer; vel per conversionem alterius rei, sicut multiplicatur ignis per additionem lignorum; vel per creationem materiae. Sed manifestum est multiplicationem materiae in humanis corporibus non accidere per rarefactionem: quia sic corpora hominum perfectae aetatis essent imperfectiora quam corpora puerorum. Nec iterum per creationem novae materiae: quia secundum Gregorium[5], *omnia sunt simul creata secundum substantiam materiae, licet non secundum speciem formae.* Unde relinquitur quod

recebeu a forma humana no primeiro homem se multiplica sob essa forma. Assim, a multidão dos corpos humanos deriva do corpo do primeiro homem. De acordo com esses pensadores, os alimentos não se transformam verdadeiramente na natureza humana. Eles dizem que se tomam os alimentos como um remédio de nossa natureza, isto é, para que ela resista à ação do calor natural, e não se consuma a umidade radical, assim como se acrescentam chumbo ou estanho à prata para evitar que esta seja consumida pelo fogo.

Todavia, essa afirmação é irracional sob muitos aspectos. Primeiro, porque é pela mesma razão que uma forma pode realizar-se em outra matéria e que ela pode deixar a matéria própria. Por isso tudo o que é gerado é corruptível e vice-versa. Ora, é claro que a forma humana pode faltar à matéria que lhe é sujeita, pois de outro modo o corpo humano não seria corruptível. Consequentemente ela pode sobrevir a outra matéria, se alguma outra coisa passa verdadeiramente à natureza humana. — Segundo, porque em todas as coisas nas quais a matéria se encontra inteiramente num único indivíduo, não há mais do que um indivíduo dessa espécie, como é claro no sol e na lua, e em outras coisas. Não haveria então mais do que um indivíduo da espécie humana. — Terceiro, porque não é possível que a multiplicação da matéria aconteça a não ser ou segundo a quantidade somente, como acontece no que é rarefeito, cuja matéria assume maiores dimensões; ou então segundo a substância da matéria. Ora, permanecendo única a mesma substância da matéria, não se pode dizer que é multiplicada, pois o mesmo em relação a si mesmo não constitui uma multidão, uma vez que toda multidão é causada necessariamente por alguma divisão. É, pois, necessário que por uma outra substância sobrevenha à matéria, ou por criação ou por transformação de outra coisa nela. Consequentemente uma matéria não pode se multiplicar a não ser por rarefação, como quando a água se torna vapor, ou ainda por transformação de outra coisa, como o fogo se multiplica pela adição de pedaços de madeira, ou enfim por criação da matéria. Ora, é claro que a multiplicação da matéria nos corpos humanos não acontece por rarefação, porque desse modo os corpos dos adultos seriam mais imperfeitos do que os das crianças. Igualmente, ela não se dá por criação de uma matéria nova, pois, segundo Gregório, "todas

---

5. *Moral.*, l. XXXII, c. 12, al. 9; in vet. 10: ML 76, 644 D — 645 A.

multiplicatio corporis humani non fit nisi per hoc, quod alimentum convertitur in veritatem humani corporis. — Quarto, quia cum homo non differat ab animalibus et plantis secundum animam vegetabilem, sequeretur quod etiam corpora animalium et plantarum non multiplicarentur per conversionem alimenti in corpus nutritum, sed per quandam multiplicationem. Quae non potest esse naturalis: cum materia secundum naturam non extendatur nisi usque ad certam quantitatem; nec iterum inveniatur aliquid naturaliter crescere, nisi per rarefactionem, vel conversionem alterius in ipsum. Et sic totum opus generativae et nutritivae, quae dicuntur *vires naturales*, esset miraculosum. Quod est omnino inconveniens.

Unde alii[6] dixerunt quod forma humana potest quidem fieri de novo in aliqua alia materia, si consideretur natura humana in communi: non autem si accipiatur prout est in hoc individuo, in quo forma humana fixa manet in quadam materia determinata, cui primo imprimitur in generatione huius individui, ita quod illam materiam nunquam deserit usque ad ultimam individui corruptionem. Et hanc materiam dicunt principaliter pertinere ad veritatem humanae naturae. Sed quia huiusmodi materia non sufficit ad quantitatem debitam, requiritur ut adveniat alia materia per conversionem alimenti in substantiam nutriti, quantum sufficiat ad debitum augmentum. Et hanc materiam dicunt secundario pertinere ad veritatem humanae naturae: quia non requiritur ad primum esse individui, sed ad quantitatem eius. Iam vero si quid aliud advenit ex alimento, non pertinet ad veritatem humanae naturae, proprie loquendo.

Sed hoc etiam est inconveniens. Primo quidem, quia haec opinio iudicat de materia corporum viventium, ad modum corporum inanimatorum; in quibus etsi sit virtus ad generandum simile in specie, non tamen est virtus in eis ad generandum aliquid sibi simile secundum individuum; quae quidem virtus in corporibus viventibus est virtus nutritiva. Nihil ergo per virtutem nutritivam adderetur corporibus viventibus, si alimentum in veritatem naturae ipsorum non converteretur. —

as coisas foram criadas ao mesmo tempo quanto à substância da matéria, mas não quanto à espécie de sua forma". Consequentemente a multiplicação dos corpos humanos só acontece pelo fato de que o alimento se transforma verdadeiramente no corpo humano. — Quarto, porque como o homem não é diferente dos animais e das plantas quanto à alma vegetativa, consequentemente também os corpos dos animais e das plantas não se multiplicariam pela transformação dos alimentos no corpo nutrido, mas por um outro modo que não poderia ser natural porque a matéria, segundo a natureza, não se estende além de uma quantidade determinada, nem igualmente se vê como alguma coisa possa crescer naturalmente a não ser por rarefação ou por transformação de alguma outra coisa nela mesma. Desse modo, toda a ação da potência generativa e nutritiva, que são chamadas *potências naturais*, seria milagrosa, o que absolutamente não convém.

Por isso, outros disseram que a forma humana pode se realizar novamente em alguma outra matéria, se se considera a natureza humana em geral, mas não se ela é tomada neste indivíduo, no qual a forma humana permanece fixada em determinada matéria, aquela que lhe foi impressa por primeiro na geração deste indivíduo, e de tal forma que não abandona nunca essa matéria até a dissolução final desse indivíduo. Eles dizem que essa matéria pertence principal e verdadeiramente à natureza humana. Mas como essa matéria não é suficiente para a quantidade exigida, é necessário que outra matéria sobrevenha pela transformação do alimento na substância do sujeito, quanto seja suficiente para o crescimento necessário. Dizem ainda que essa matéria pertence secundária e verdadeiramente à natureza humana, porque ela não é exigida para a existência primeira do indivíduo, mas para sua quantidade. Mas se alguma outra coisa sobrevém, vindo dos alimentos, isso não pertence, propriamente falando, à natureza humana.

Também isso é inconveniente. Primeiro, porque esta opinião julga a matéria dos corpos vivos da mesma maneira que a dos corpos inanimados. Embora haja nestes um poder de gerar um semelhante a si mesmos especificamente, não há neles todavia um poder de gerar algo semelhante enquanto indivíduo. Ora, esse poder nos vivos é a potência nutritiva. Portanto, nada se acrescentaria aos corpos vivos por meio da potência nutritiva, se os alimentos não fossem verdadeiramente trans-

---

6. Alexander. — Cfr. Averr., I *De Gen. et Corr.*, comm. 38.

Secundo quia virtus activa quae est in semine, est quaedam impressio derivata ab anima generantis, sicut supra[7] dictum est. Unde non potest esse maioris virtutis in agendo, quam ipsa anima a qua derivatur. Si ergo ex virtute seminis vere assumit aliqua materia formam naturae humanae, multo magis anima in nutrimentum coniunctum poterit veram formam naturae humanae imprimere per potentiam nutritivam. — Tertio, quia nutrimento indigetur non solum ad augmentum, alioquin terminato augmento necessarium non esset: sed etiam ad restaurandum illud quod deperditur per actionem caloris naturalis. Non autem esset restauratio, nisi id quod ex alimento generatur, succederet in locum desperditi. Unde sicut id quod primo inerat, est de veritate humanae naturae, ita et id quod ex alimento generatur.

Et ideo, secundum alios[8], dicendum est quod alimentum vere convertitur in veritatem humanae naturae, inquantum vere accipit speciem carnis et ossis et huiusmodi partium. Et hoc est quod dicit Philosophus in II *de Anima*[9], quod *alimentum nutrit inquantum est potentia caro*.

AD PRIMUM ergo dicendum quod Dominus non dicit quod *totum* quod in os intrat, per secessum emittatur, sed *omne*, quia de quolibet cibo aliquid impurum per secessum emittitur. — Vel potest dici quod quidquid ex alimento generatur, potest etiam per calorem naturalem resolvi, et per poros quosdam occultos emitti, ut Hieronymus exponit[10].

AD SECUNDUM dicendum quod aliqui per carnem secundum speciem intellexerunt id quod primo accipit speciem humanam, quod sumitur a generante: et hoc dicunt semper manere, quousque individuum durat. Carnem vero secundum materiam dicunt esse quae generatur ex alimento: et hanc dicunt non semper permanere, sed quod sicut advenit, ita abscedit. — Sed hoc est contra intentionem Aristotelis. Dicit enim ibi quod, *sicut in unoquoque habentium speciem in materia*, puta in ligno et lapide, *ita et in carne hoc est secundum speciem, et illud secundum materiam*. Manifestum est autem quod praedicta distinctio locum non habet in rebus inanimatis, quae non

formados na natureza deles. — Segundo, porque a potência ativa que está no sêmen é um impulso que deriva da alma que gera, como acima foi dito. Esse impulso não pode ser mais potente em sua ação do que a alma da qual emana. Se, pois, pela força do sêmen uma matéria pode receber a forma da natureza humana, com bem mais razão a alma poderá, mediante a potência nutritiva, imprimir no alimento que lhe está unido a verdadeira forma da natureza humana. — Terceiro, porque a nutrição é indispensável não somente para o crescimento, senão deixaria de ser necessário uma vez completado o crescimento, mas também para a restauração do que se perde por causa da ação do calor natural. Não haveria restauração se o que é gerado pelos alimentos não tomasse o lugar do que se perde. Portanto, assim como o que existia antes é verdadeiramente da natureza humana, assim também o que é gerado pelos alimentos.

Por isso, com outros autores, se deve dizer que os alimentos se transformam verdadeiramente na natureza humana, na medida em que tomam realmente a espécie da carne, dos ossos e das outras partes do corpo. É o que diz o Filósofo no livro II da *Alma*: "O alimento nutre pelo fato de ser carne em potência".

QUANTO AO 1º, portanto, deve-se dizer que o Senhor não diz que *tudo* o que entra na boca é evacuado, mas que *todo*, porque de qualquer alimento é evacuado o que é impuro. — Poder-se-ia outrossim dizer que tudo o que é gerado pelos alimentos pode ser consumido pelo calor natural, e eliminado por meio de poros internos, segundo a exposição de Jerônimo.

QUANTO AO 2º, deve-se dizer que alguns entenderam por carne, segundo a espécie, aquilo que por primeiro recebe a espécie humana transmitido pelo que gera, e dizem que isso permanece enquanto dura o indivíduo. E a carne, segundo a matéria, dizem que é a gerada pelo alimento, que não permanece sempre, pois assim como vem vai embora. — Mas isso é contra o pensamento de Aristóteles, que assim se exprime no mesmo lugar: "Assim como qualquer coisa tem a espécie na matéria", como na madeira e na pedra, "também na carne uma coisa é relativa à espécie, outra é relativa à matéria". É claro que essa distinção não tem lugar nas coisas inanimadas, que

---

7. Q. 118, a. 1.
8. AVERR., I *De Gen. et Corr.*, comment. 38.
9. C. 4: 416, b, 9-11.
10. *Comment. super Matth.*, ad loc. cit. in arg.: ML 26, 108 C — 109 A.

generantur ex semine, nec nutriuntur. Et iterum, cum id quod ex alimento generatur, adiungatur corpori nutrito per modum mixtionis, sicut aqua miscetur vino, ut ponit exemplum ibidem[11] Philosophus; non potest alia esse natura eius quod advenit, et eius cui advenit, cum iam sit factum unum per veram mixtionem. Unde nulla ratio est quod unum consumatur per calorem naturalem, et alterum maneat.

Et ideo aliter dicendum est, quod haec distinctio Philosophi non est secundum diversas carnes, sed est eiusdem carnis secundum diversam considerationem. Si enim consideretur caro secundum speciem, idest secundum id quod est formale in ipsa, sic semper manet: quia semper manet natura carnis, et dispositio naturalis ipsius. Sed si consideretur caro secundum materiam, sic non manet, sed paulatim consumitur et restauratur: sicut patet in igne fornacis, cuius forma manet, sed materia paulatim consumitur, et alia in locum eius substituitur.

AD TERTIUM dicendum quod ad humidum radicale intelligitur pertinere totum id in quo fundatur virtus speciei. Quod si subtrahatur, restitui non potest: sicut si amputetur manus aut pes, vel aliquid huiusmodi. Sed humidum nutrimentale est quod nondum pervenit ad suscipiendum perfecte naturam speciei, sed est in via ad hoc; sicut est sanguis, et alia huiusmodi. Unde si talia subtrahantur, remanet adhuc virtus speciei in radice, quae non tollitur.

AD QUARTUM dicendum quod omnis virtus in corpore passibili per continuam actionem debilitatur, quia huiusmodi agentia etiam patiuntur. Et ideo virtus conversiva in principio quidem tam fortis est, ut possit convertere non solum quod sufficit ad restaurationem deperditi, sed etiam ad augmentum. Postea vero non potest convertere nisi quantum sufficit ad restaurationem deperditi: et tunc cessat augmentum. Demum nec hoc potest: et tunc fit diminutio. Deinde, deficiente huiusmodi virtute totaliter, animal moritur. Sicut virtus vini convertentis aquam admixtam, paulatim per admixtionem aquae debilitatur, ut tandem totum fiat aquosum, ut Philosophus exemplificat in I *de Generat*.[12]

não são geradas por sêmen e não se alimentam. Além disso, como o que é gerado pelo alimento se acrescenta ao corpo que dele se nutre, à maneira de uma mistura, como a água se mistura ao vinho, para dar o exemplo do Filósofo, não pode ser distinta a natureza do que sobrevém daquele ao qual sobrevém, uma vez que mediante uma verdadeira mistura se faz uma coisa só. Não há, pois, nenhuma razão para que um seja consumido pelo calor natural e o outro permaneça.

É por isso que se deve dizer de outro modo: essa distinção do Filósofo não se refere a carnes diferentes, mas à mesma carne considerada de diferentes maneiras. Com efeito, se se considera a carne segundo a espécie, isto é, segundo o que é formal nela, então ela permanece sempre, sempre permanecem a natureza da carne e sua disposição natural. Mas, se se considera a carne segundo a matéria, então ela não permanece, mas pouco a pouco se consome e é restaurada. É o que vemos no fogo da fornalha, cuja forma permanece, mas a matéria pouco a pouco se consome, e outra matéria toma o seu lugar.

QUANTO AO 3º, deve-se dizer que se entende pertencer ao úmido radical tudo aquilo em que se funda a potência da espécie. Se isso desaparece, não pode ser recuperado. Por exemplo, se uma mão ou um pé é amputado, ou algo semelhante. Mas o úmido nutricional é o que ainda não chegou à aquisição perfeita da natureza da espécie, embora a ela se dirija. Por exemplo, o sangue, e outros. Se esses desaparecem, a potência da espécie permanece ainda em sua raiz e não é supressa.

QUANTO AO 4º, deve-se dizer que todo poder de um corpo passível se enfraquece por efeito da ação contínua, uma vez que esses agentes são também pacientes. Por isso o poder de transformação no começo é tão forte que pode transformar não somente quanto basta para a restauração das perdas, mas até o que basta para o crescimento. Depois, pelo contrário, ele não pode transformar senão quanto basta para a restauração das perdas, e então cessa o crescimento. Depois nem isso pode, iniciando então a sua diminuição. Enfim, faltando esse poder totalmente, o animal morre. Assim como o poder do vinho de transformar a água nele misturada pouco a pouco se enfraquece pela mistura da água, de modo que finalmente se torna aguado por inteiro, como exemplifica o Filósofo no livro da *Geração e da Corrupção*.

---

11. *De Gen. et Corr.*, l. I, c. 5: 322, a, 7-16.
12. C. 5: 322, a, 28-33.

AD QUINTUM dicendum quod, sicut Philosophus dicit in I *de Generat*.[13], quando aliqua materia per se convertitur in ignem, tunc dicitur ignis de novo generari: quando vero aliqua materia convertitur in ignem praeexistentem, dicitur ignis nutriri. Unde si tota materia simul amittat speciem ignis, et alia materia convertatur in ignem, erit alius ignis numero. Si vero, paulatim combusto uno ligno, aliud substituatur, et sic deinceps quousque omnia prima consumantur, semper remanet idem ignis numero: quia semper quod additur, transit in praeexistens. Et similiter est intelligendum in corporibus viventibus, in quibus ex nutrimento restauratur id quod per calorem naturalem consumitur.

QUANTO AO 5º, deve-se dizer que como diz o Filósofo no livro I da *Geração e da Corrupção*, quando uma matéria se transforma por si em fogo, diz-se que o fogo é gerado de novo. Mas quando uma matéria é transformada em um fogo que já existe, diz-se que ele é alimentado. Por isso se toda matéria perde ao mesmo tempo a espécie de fogo, enquanto outra matéria se transforma em fogo, diz-se que haverá numericamente outro fogo. Mas se pouco a pouco, enquanto uma madeira se queima, outra é colocada em seu lugar, e assim por diante, até que as primeiras madeiras sejam queimadas, permanece sempre o mesmo fogo, numericamente uno, porque sempre o que se acrescenta passa ao que preexiste. De modo parecido devem-se entender os corpos vivos, nos quais o que é consumido pelo calor natural é restaurado pela nutrição.

ARTICULUS 2
Utrum semen sit de superfluo alimenti

AD SECUNDUM SIC PROCEDITUR. Videtur quod semen non sit de superfluo alimenti, sed de substantia generantis.

1. Dicit enim Damascenus[1] quod generatio est *opus naturae ex substantia generantis producens quod generatur*. Sed id quod generatur, generatur ex semine. Ergo semen est de substantia generantis.
2. PRAETEREA, secundum hoc filius assimilatur patri, quod ab eo aliquid accipit. Sed si tamen ex quo aliquid generatur, sit de superfluo alimenti; nihil acciperet aliquis ab avo et praecedentibus, in quibus hoc alimentum nullo modo fuit. Ergo non assimilaretur aliquis avo et praecedentibus, magis quam aliis hominibus.

3. PRAETEREA, alimentum hominis generantis quandoque est ex carnibus bovis, vel porci, et aliorum huiusmodi. Si igitur semen esset de superfluo alimenti, homo generatus ex semine maiorem affinitatem haberet cum bove et porco, quam cum patre et aliis consanguineis.

4. PRAETEREA, Augustinus dicit, X *super Gen. ad litt*.[2], quod nos fuimus in Adam *non solum se-*

ARTIGO 2
O sêmen provém do supérfluo dos alimentos?

QUANTO AO SEGUNDO, ASSIM SE PROCEDE: parece que o sêmen **não** provém do supérfluo dos alimentos, mas da substância dos alimentos.

1. Com efeito, Damasceno diz que a geração é "obra da natureza, que produz o que é gerado a partir da substância do que gera". Ora, o que é gerado é gerado pelo sêmen. Logo, o sêmen provém da substância do que gera.
2. ALÉM DISSO, o filho, de acordo com isso, se parece com o pai, porque recebe alguma coisa dele. Ora, se aquilo pelo qual é gerado fosse proveniente do supérfluo dos alimentos, o filho nada receberia dos avós e dos antepassados, os quais tiveram outros alimentos. Logo, não se assemelharia ao avô e aos antepassados mais do que a outros homens.

3. ADEMAIS, os alimentos do homem que gera provêm às vezes da carne do boi, do porco ou de outros animais. Portanto, se o sêmen proviesse do supérfluo dos alimentos, o homem gerado pelo sêmen teria mais afinidade com o boi ou porco do que com o pai e os demais consanguíneos.

4. ADEMAIS, Agostinho diz que nós estivemos em Adão "não somente quanto à razão seminal,

---

13. C. 5: 322, a, 7-16.

PARALL.: II *Sent*., dist. 30, q. 2, a. 2.

1. *De Fide Orth*., l. I, c. 8: MG 94, 812 C.
2. C. 20: ML 34, 424.

cundum seminalem rationem, sed etiam secundum corpulentam substantiam. Hoc autem non esset, si semen esset ex superfluo alimenti. Ergo semen non est ex superfluo alimenti.

SED CONTRA est quod Philosophus probat multipliciter, in libro *de Generat. Animal.*[3], quod *semen est superfluum alimenti.*

RESPONDEO dicendum quod ista quaestio aliqualiter dependet ex praemissis[4]. Si enim in natura humana est virtus ad communicandum suam formam materiae alienae non solum in alio, sed etiam in ipso; manifestum est quod alimentum, quod est in principio dissimile, in fine fit simile per formam communicatam. Est autem naturalis ordo ut aliquid gradatim de potentia reducatur in actum: et ideo in his quae generantur, invenimus quod primo unumquodque est imperfectum, et postea perficitur. Manifestum est autem quod commune se habet ad proprium et determinatum, ut imperfectum ad perfectum: et ideo videmus quod in generatione animalis prius generatur animal, quam homo vel equus. Sic igitur et ipsum alimentum primo quidem accipit quandam virtutem communem respectu omnium partium corporis, et in fine determinatur ad hanc partem vel ad illam.

Non autem est possibile quod accipiatur pro semine id quod iam conversum est in substantiam membrorum, per quandam resolutionem. Quia illud resolutum, si non retineret naturam eius a quo resolvitur, tunc iam esset recedens a natura generantis, quasi in via corruptionis existens; et sic non haberet virtutem convertendi aliud in similem naturam. — Si vero retineret naturam eius a quo resolvitur, tunc, cum esset contractum ad determinatam partem, non haberet virtutem movendi ad naturam totius, sed solum ad naturam partis. — Nisi forte quis dicat quod esset resolutum ab omnibus partibus corporis, et quod retineat naturam omnium partium. Et sic semen esset quasi quoddam parvum animal in actu; et generatio animalis ex animali non esset nisi per divisionem, sicut lutum generatur ex luto, et sicut accidit in animalibus quae decisa vivunt. Hoc autem est inconveniens.

Relinquitur ergo quod semen non sit decisum ab eo quod erat actu totum; sed magis sit in potentia totum, habens virtutem ad productionem

mas também quanto à substância do corpo". Ora, assim não poderia ter sido se o sêmen proviesse do supérfluo dos alimentos. Logo, o sêmen não provém do supérfluo dos alimentos.

EM SENTIDO CONTRÁRIO, o Filósofo prova de muitas maneiras no livro da *Geração e da Corrupção*, que "o sêmen é o supérfluo dos alimentos".

RESPONDO. Essa questão depende de algum modo de outras anteriores. Se existe na natureza humana o poder de comunicar sua forma a uma matéria estranha, não só em outro, mas também em si mesma, é claro que os alimentos, dessemelhantes no início, no término tornam-se semelhantes pela forma comunicada. É conforme à ordem natural que uma coisa seja levada gradualmente da potência ao ato. Por isso constatamos que, nos seres gerados, encontramos que cada um é inicialmente imperfeito, mas depois se aperfeiçoa. É também claro que o que é comum se refere ao que é próprio e determinado como o imperfeito se refere ao perfeito. Por isso vemos que na geração do animal gera-se primeiro um animal e depois um homem ou um cavalo. Da mesma forma, os alimentos recebem primeiro uma potência comum a todas as partes do corpo, e finalmente são determinados para esta ou aquela parte.

Entretanto, não é possível que se tome por sêmen o que já foi transformado na substância dos membros por uma espécie de dissolução. De fato, essa coisa dissolvida, se não guardasse a natureza daquilo pelo qual se dissolveu, se afastaria da natureza do que gera, achando-se já como que em via de desaparecimento. Não teria então o poder de transformar outra coisa numa natureza semelhante. Se, ao contrário, guardasse a natureza daquilo pelo qual se dissolveu, então seria reduzida a essa parte determinada do corpo, e não teria mais o poder de produzir a natureza do corpo inteiro, mas somente a natureza de uma parte. — A não ser que alguém diga que se dissolvera por todas as partes do corpo, conservando, pois, a natureza de todas as partes. Dessa forma o sêmen seria uma espécie de pequeno animal em ato, e a geração do animal pelo animal só haveria por divisão, como barro gera barro, e como acontece com os animais que vivem mesmo após serem cortados. Isso é inconveniente.

Consequentemente o sêmen não é cortado do que era o todo em ato, mas é o todo em potência, tendo o poder de produzir o corpo todo, poder

---

3. L. I, c. 18: 725, a, 11 sqq.
4. A. praec.; et q. 118, a. 1.

totius corporis, derivatam an anima generantis, ut supra⁵ dictum est. Hoc autem quod est in potentia ad totum, est illud quod generatur ex alimento, antequam convertatur in substantiam membrorum. Et ideo ex hoc semen accipitur. — Et secundum hoc, virtus nutritiva dicitur deservire generativae: quia id quod est conversum per virtutem nutritivam, accipitur a virtute generativa ut semen. Et huius signum ponit Philosophus⁶, quod animalia magni corporis, quae indigent multo nutrimento, sunt pauci seminis secundum quantitatem sui corporis, et paucae generationis; et similiter homines pingues sunt pauci seminis, propter eandem causam.

AD PRIMUM ergo dicendum quod generatio est de substantia generantis in animalibus et plantis, inquantum semen habet virtutem ex forma generantis, et inquantum est in potentia ad substantiam ipsius.

AD SECUNDUM dicendum quod assimilatio generantis ad genitum non fit propter materiam, sed propter formam agentis, quod generat sibi simile. Unde non oportet ad hoc quod aliquis assimiletur avo: quod materia corporalis seminis fuerit in avo; sed quod sit in semine aliqua virtus derivata ab anima avi, mediante patre.

Et similiter dicendum est AD TERTIUM. Nam affinitas non attenditur secundum materiam, sed magis secundum derivationem formae.

AD QUARTUM dicendum quod verbum Augustini non est sic intelligendum, quasi in Adam actu fuerit aut seminalis ratio huius hominis propinqua, aut corpulenta eius substantia: sed utrumque fuit in Adam secundum originem. Nam et materia corporalis, quae ministrata est a matre, quam vocat corpulentam substantiam, derivatur originaliter ab Adam: et similiter virtus activa existens in semine patris, quae est huius hominis propinqua ratio seminalis.

Sed Christus dicitur fuisse in Adam secundum corpulentam substantiam, sed non secundum seminalem rationem. Quia materia corporis eius, quae ministrata est a matre Virgine, derivata est ab Adam: sed virtus activa non est derivata ab Adam, quia corpus eius non est formatum per virtutem virilis seminis, sed operatione Spiritus Sancti. *Talis enim partus decebat eum*, qui est super omnia benedictus Deus in saecula. Amen.

derivado da alma do que gera, como acima foi dito. O que está em potência em relação ao todo é o que é gerado pelos alimentos antes que seja transformado na substância dos membros: daí provém o sêmen. — De acordo com isso, dizemos que a potência nutritiva serve à potência generativa, porque o que foi transformado pela potência nutritiva é tomado como sêmen pela potência generativa. Segundo o Filósofo, vê-se um sinal disso no fato de que os animais de maior tamanho e necessitados de alimentação abundante têm uma quantidade de sêmen pequena, em comparação à massa de seus corpos, como também têm pouca prole. Assim também os homens gordos têm pouca quantidade de sêmen, pelo mesmo motivo.

QUANTO AO 1º, portanto, deve-se dizer que a geração provém da substância daquele que gera, nos animais e nas plantas, uma vez que o sêmen recebe sua força da forma do que gera e se encontra em potência em relação à substância dele.

QUANTO AO 2º, deve-se dizer que a semelhança entre pai e filho não se deve à matéria, mas à forma do agente que gera um semelhante a si. Não é, pois, necessário, para que haja semelhança com o avô, que a matéria do sêmen se encontre de antemão no avô. Basta que haja no sêmen alguma força derivada da alma do avô por intermédio do pai.

QUANTO AO 3º, deve-se dizer o mesmo, pois não se considera a afinidade segundo a matéria, mas segundo deriva da forma.

QUANTO AO 4º, deve-se dizer que a palavra de Agostinho não há de ser entendida como se em Adão tivesse havido em ato ou uma razão seminal próxima de tal homem ou a substância de seu corpo. De fato, uma e outra estavam em Adão pela origem. Pois tanto a matéria corporal que é dada pela mãe e que ele chama substância do corpo, deriva originalmente de Adão, como também a potência ativa existente no sêmen do pai, que é a razão seminal próxima deste homem.

Diz-se que Cristo estava em Adão segundo a substância do corpo, mas não segundo a razão seminal. Porque a matéria de seu corpo que foi dada pela Virgem mãe derivava de Adão, mas a potência ativa não derivou de Adão e porque seu corpo não se formou por um sêmen de homem, mas por obra do Espírito Santo. Pois tal era o nascimento que convinha àquele que é Deus bendito sobre todas as coisas nos séculos. Amém.

---

5. A. praec.; et q. 118, a. 1.
6. Loc. cit. in arg. *Sed contra*.

ÍNDICE DO VOLUME 2 DA SUMA TEOLÓGICA
I Parte – Questões 44 a 119

Siglas e Abreviaturas	9
Autores e obras citados por Sto. Tomás na I parte – Questões 44 a 119	11
Fontes usadas por Sto. Tomás na I parte – Questões 44 a 119	27

O DEUS CRIADOR

INTRODUÇÃO E NOTAS POR JEAN-MICHEL MALDAMÉ		33
Introdução		35
Questão 44	**A processão das criaturas a partir de Deus e a causa primeira de todos os entes**	37
Artigo 1	É necessário que todo ente seja criado por Deus?	37
Artigo 2	A matéria primeira é criada por Deus?	40
Artigo 3	É a causa exemplar algo além de Deus?	42
Artigo 4	Deus é a causa final de tudo?	44
Questão 45	**O modo como as coisas emanam do primeiro princípio**	45
Artigo 1	Criar é fazer alguma coisa do nada?	46
Artigo 2	Deus pode criar alguma coisa?	48
Artigo 3	A criação é alguma coisa nas criaturas?	50
Artigo 4	Ser criado é próprio do que é composto e subsistente?	52
Artigo 5	Criar é próprio só de Deus?	54
Artigo 6	Criar é próprio de uma das Pessoas?	57
Artigo 7	É necessário encontrar algum vestígio da Trindade nas criaturas?	60
Artigo 8	A criação se mescla às obras da natureza e da arte?	62
Questão 46	**O princípio de duração das criaturas**	64
Artigo 1	O universo criado existiu sempre?	64
Artigo 2	Que o mundo tenha começado, é artigo de fé?	70
Artigo 3	A criação das coisas teve lugar no princípio do tempo?	75
Questão 47	**A diferença entre as coisas em geral**	77
Artigo 1	A multiplicidade das coisas e a distinção entre elas provêm de Deus?	77
Artigo 2	A desigualdade das coisas vem de Deus?	80
Artigo 3	Há um único mundo?	82
Questão 48	**A distinção das coisas em particular**	84
Artigo 1	O mal é uma natureza?	85
Artigo 2	O mal se encontra nas coisas?	88
Artigo 3	O mal está no bem como em seu sujeito?	90
Artigo 4	O mal destrói totalmente o bem?	92
Artigo 5	Divide-se o mal suficientemente em pena e culpa?	94
Artigo 6	Tem mais razão de mal a pena ou a culpa?	96
Questão 49	**A causa do mal**	98
Artigo 1	O bem pode ser a causa do mal?	98
Artigo 2	O supremo bem, que é Deus, é causa do mal?	101
Artigo 3	Há um supremo mal que seja a causa primeira de todos os males?	102

O ANJO

INTRODUÇÃO E NOTAS POR JEAN-HERVÉ NICOLAS		107
Introdução		109
Questão 50	**A natureza dos anjos de modo absoluto**	113
Artigo 1	O anjo é totalmente incorpóreo?	113
Artigo 2	O anjo é composto de matéria e forma?	115

Artigo 3	Os anjos são em grande número?...................................	119
Artigo 4	Os anjos diferem pela espécie?.......................................	122
Artigo 5	Os anjos são incorruptíveis?...	124
Questão 51	**A comparação dos anjos com os corpos**	126
Artigo 1	Os anjos têm corpos unidos a eles naturalmente?........	126
Artigo 2	Os anjos assumem os corpos?..	128
Artigo 3	Os anjos exercem as operações vitais nos corpos que assumem?....	130
Questão 52	**A comparação dos anjos com o lugar**	134
Artigo 1	O anjo está em um lugar?...	134
Artigo 2	O anjo pode estar em muitos lugares ao mesmo tempo?....	135
Artigo 3	Muitos anjos podem estar simultaneamente no mesmo lugar?....	137
Questão 53	**O movimento local dos anjos**	138
Artigo 1	O anjo pode mover-se localmente?................................	138
Artigo 2	O anjo atravessa o espaço intermediário?.....................	141
Artigo 3	O movimento do anjo é instantâneo?............................	143
Questão 54	**O conhecimento dos anjos**	147
Artigo 1	É a intelecção do anjo sua substância?.........................	147
Artigo 2	A intelecção do anjo é seu existir?................................	149
Artigo 3	A potência intelectiva do anjo é sua essência?.............	151
Artigo 4	Há no anjo intelecto agente e intelecto possível?.........	152
Artigo 5	Há nos anjos somente conhecimento intelectivo?........	154
Questão 55	**O meio do conhecimento angélico**	156
Artigo 1	Os anjos conhecem todas as coisas por sua substância?....	156
Artigo 2	Os anjos conhecem mediante as espécies recebidas das coisas?....	158
Artigo 3	Conhecem os anjos superiores por espécies mais universais que os inferiores?....	161
Questão 56	**O conhecimento dos anjos quanto às coisas imateriais**	163
Artigo 1	O anjo conhece a si mesmo?...	163
Artigo 2	Um anjo conhece outro anjo?..	165
Artigo 3	Podem os anjos por suas faculdades naturais conhecer Deus?....	168
Questão 57	**O conhecimento que os anjos têm das coisas materiais**	170
Artigo 1	Os anjos conhecem as coisas materiais?.......................	170
Artigo 2	Os anjos conhecem as coisas singulares?.....................	172
Artigo 3	Os anjos conhecem o futuro?..	175
Artigo 4	Os anjos conhecem os pensamentos dos corações?......	177
Artigo 5	Os anjos conhecem os mistérios da graça?...................	180
Questão 58	**O modo do conhecimento angélico**	182
Artigo 1	O intelecto dos anjos está às vezes em potência, às vezes em ato?....	183
Artigo 2	O anjo pode conhecer simultaneamente muitas coisas?....	184
Artigo 3	O anjo conhece por discurso?.......................................	186
Artigo 4	Os anjos conhecem por composição e divisão?...........	188
Artigo 5	Poderá haver falsidade no intelecto dos anjos?............	190
Artigo 6	Há no anjo conhecimento matutino e vespertino?........	192
Artigo 7	É um só o conhecimento matutino e o vespertino?......	194
Questão 59	**A vontade dos anjos**	196
Artigo 1	Os anjos têm vontade?...	197
Artigo 2	Diferencia-se nos anjos a vontade do intelecto e da natureza?....	199
Artigo 3	Os anjos têm livre-arbítrio?..	201
Artigo 4	Têm os anjos o irascível e o concupiscível?................	203
Questão 60	**O amor ou dileção dos anjos**	205
Artigo 1	Tem o anjo o amor natural?..	205
Artigo 2	Têm os anjos amor eletivo?..	207
Artigo 3	O anjo ama a si mesmo com amor natural e eletivo?...	209

Artigo 4	Ama um anjo a outro como a si mesmo com amor natural?	210
Artigo 5	O anjo ama a Deus com amor natural mais do que a si mesmo?	212
Questão 61	**A produção dos anjos em seu ser natural**	**215**
Artigo 1	Têm os anjos uma causa de seu existir?	216
Artigo 2	Foi o anjo criado por Deus desde toda a eternidade?	217
Artigo 3	Foram os anjos criados antes do mundo corpóreo?	218
Artigo 4	Foram os anjos criados no céu empíreo?	220
Questão 62	**A perfeição dos anjos no estado de graça e de glória**	**222**
Artigo 1	Foram os anjos bem-aventurados em sua criação?	222
Artigo 2	Necessitou o anjo da graça para converter-se para Deus?	224
Artigo 3	Foram os anjos criados em estado de graça?	227
Artigo 4	O anjo bem-aventurado mereceu sua bem-aventurança?	228
Artigo 5	O anjo, após um só ato meritório, teve de imediato a bem-aventurança?	230
Artigo 6	Conseguiram os anjos a graça e a glória segundo a quantidade de seus dotes naturais?	232
Artigo 7	Permanecem nos anjos bem-aventurados o conhecimento e o amor naturais?	234
Artigo 8	Pode pecar o anjo bem-aventurado?	235
Artigo 9	Podem progredir em bem-aventurança os anjos bem-aventurados?	237
Questão 63	**O mal dos anjos quanto à culpa**	**240**
Artigo 1	Nos anjos pode haver o mal da culpa?	240
Artigo 2	Há nos anjos só pecado de soberba e de inveja?	243
Artigo 3	O diabo desejou ser como Deus?	245
Artigo 4	Alguns demônios são naturalmente maus?	247
Artigo 5	Tornou-se mau, o diabo, no instante de sua criação, por culpa de sua vontade?	249
Artigo 6	Houve um espaço de tempo entre a criação e a queda do anjo?	252
Artigo 7	O anjo maior entre os que pecaram era o maior entre todos os anjos?	254
Artigo 8	O pecado do primeiro anjo foi causa de pecar para os outros?	256
Artigo 9	Foram tantos os que pecaram quanto os que permaneceram?	258
Questão 64	**A pena dos demônios**	**259**
Artigo 1	Está o intelecto do demônio obscurecido pela privação do conhecimento de toda a verdade?	260
Artigo 2	A vontade do demônio está obstinada no mal?	263
Artigo 3	Há dor nos demônios?	266
Artigo 4	Nossa atmosfera é o lugar da pena dos demônios?	268

A OBRA DOS SEIS DIAS

INTRODUÇÃO E NOTAS POR ANDRÉ-MARIE DUBARLE		**271**
Introdução		273
Questão 65	**A obra da criação da criatura corporal**	**277**
Artigo 1	A criatura corporal foi criada por Deus?	277
Artigo 2	A criatura corporal foi criada por causa da bondade de Deus?	279
Artigo 3	Criou Deus a criatura corporal mediante os anjos?	281
Artigo 4	Procedem dos anjos as formas dos corpos?	283
Questão 66	**A ordem da criação quanto à distinção**	**286**
Artigo 1	O estado informe da matéria precedeu no tempo à sua formação?	286
Artigo 2	É uma só a matéria informe de todos os corpos?	291
Artigo 3	O céu empíreo foi concriado com a matéria informe?	294
Artigo 4	O tempo foi concriado com a matéria informe?	297
Questão 67	**A obra da distinção em si mesma**	**299**
Artigo 1	Atribui-se a luz, em sentido próprio, às coisas espirituais?	299
Artigo 2	A luz é corpo?	300
Artigo 3	A luz é qualidade?	302
Artigo 4	Foi conveniente afirmar a produção da luz no primeiro dia?	304

Questão 68	**A obra do segundo dia**	307
Artigo 1	O firmamento foi feito no segundo dia?	308
Artigo 2	Estavam as águas acima do firmamento?	311
Artigo 3	O firmamento divide as águas das águas?	314
Artigo 4	Há um único céu?	316
Questão 69	**A obra do terceiro dia**	318
Artigo 1	É correto dizer que a reunião das águas foi feita no terceiro dia?	318
Artigo 2	É correto ler que a produção das plantas aconteceu no terceiro dia?	322
Questão 70	**A obra de ornamentação do quarto dia**	324
Artigo 1	Deveriam os astros luminosos ser produzidos no quarto dia?	325
Artigo 2	A causa da produção dos astros luminosos está convenientemente descrita?	328
Artigo 3	São animados os astros luminosos do céu?	330
Questão 71	**Sobre a obra do quinto dia**	334
Questão 72	**Sobre a obra do sexto dia**	337
Questão 73	**Sobre o que pertence ao sétimo dia**	340
Artigo 1	Devia-se registrar o acabamento das obras divinas no sétimo dia?	340
Artigo 2	Deus repousou no sétimo dia de todas as suas obras?	343
Artigo 3	Devem estar no sétimo dia a bênção e a santificação?	344
Questão 74	**Os sete dias em conjunto**	346
Artigo 1	São suficientes os sete dias mencionados?	346
Artigo 2	Todos estes dias são um só dia?	348
Artigo 3	São convenientes os termos da Escritura que designam as obras dos seis dias?	351

O HOMEM

INTRODUÇÃO E NOTAS POR MARIE-JOSEPH NICOLAS		357
Introdução geral		359
Questão 75	**O homem composto de substância espiritual e corporal. A essência da alma**	361
Artigo 1	A alma é corpo?	361
Artigo 2	A alma humana é algo subsistente?	364
Artigo 3	As almas dos animais irracionais são subsistentes?	366
Artigo 4	A alma é o homem?	368
Artigo 5	A alma é composta de matéria e forma?	370
Artigo 6	A alma humana é corruptível?	372
Artigo 7	A alma e o anjo são de uma só espécie?	375
Questão 76	**A união da alma com o corpo**	378
Artigo 1	O princípio intelectivo se une ao corpo como forma?	378
Artigo 2	O princípio intelectivo se multiplica com a multiplicação dos corpos?	385
Artigo 3	Há no homem, além da alma intelectiva, outras almas essencialmente diferentes?	390
Artigo 4	Há no homem outra forma além da alma intelectiva?	394
Artigo 5	Une-se a alma intelectiva de modo conveniente a este corpo?	398
Artigo 6	A alma intelectiva está unida ao corpo por meio de disposições acidentais?	401
Artigo 7	A alma está unida ao corpo do animal mediante outro corpo?	403
Artigo 8	A alma está toda em cada parte do corpo?	405
Questão 77	**As potências da alma em geral**	408
Artigo 1	A essência da alma é sua potência?	409
Artigo 2	Há muitas potências na alma?	413
Artigo 3	As potências se distinguem pelos atos e objetos?	414
Artigo 4	Existe ordem entre as potências da alma?	417
Artigo 5	Todas as potências da alma estão na alma como em seu sujeito?	418
Artigo 6	As potências da alma emanam de sua essência?	420
Artigo 7	Uma potência da alma procede de outra?	422
Artigo 8	Todas as potências da alma permanecem na alma separada do corpo?	424

Questão 78	**As potências da alma em particular**	426
Artigo 1	Devem-se distinguir cinco gêneros de potências da alma?........................	427
Artigo 2	Convém distinguir as partes vegetativas como de nutrição, de crescimento e de geração?...	430
Artigo 3	Convém distinguir cinco sentidos externos?..	433
Artigo 4	Convém distinguir os sentidos internos?...	436
Questão 79	**As potências intelectivas**	441
Artigo 1	O intelecto é uma potência da alma?...	441
Artigo 2	O intelecto é uma potência passiva?..	443
Artigo 3	Deve-se afirmar um intelecto agente?..	446
Artigo 4	O intelecto agente é parte da alma?...	448
Artigo 5	O intelecto agente é um só em todos?...	452
Artigo 6	Está a memória na parte intelectiva da alma?...	453
Artigo 7	A memória intelectiva é uma potência distinta do intelecto?...................	456
Artigo 8	A razão é uma potência distinta do intelecto?...	458
Artigo 9	A razão superior e a razão inferior são potências diferentes?..................	460
Artigo 10	A inteligência é uma potência distinta do intelecto?...............................	463
Artigo 11	O intelecto especulativo e o intelecto prático são potências diferentes?.........	465
Artigo 12	A sindérese é uma potência especial distinta das outras?........................	467
Artigo 13	A consciência é uma potência?..	469
Questão 80	**As potências apetitivas em geral**	471
Artigo 1	O apetite é uma potência especial da alma?...	471
Artigo 2	O apetite sensitivo e o apetite intelectivo são potências diferentes?........	473
Questão 81	**A sensibilidade**	475
Artigo 1	A sensibilidade é apenas apetitiva?...	475
Artigo 2	O apetite sensitivo se distingue em irascível e concupiscível como sendo potências diferentes?..	476
Artigo 3	A potência irascível e a concupiscível obedecem à razão?......................	478
Questão 82	**A vontade**	481
Artigo 1	A vontade deseja alguma coisa de maneira necessária?..........................	482
Artigo 2	A vontade quer necessariamente tudo o que ela quer?............................	484
Artigo 3	A vontade é uma potência superior ao intelecto?.....................................	486
Artigo 4	A vontade move o intelecto?..	488
Artigo 5	Devem-se distinguir a potência irascível e a concupiscível no apetite superior?........	490
Questão 83	**O livre-arbítrio**	492
Artigo 1	O homem é dotado de livre-arbítrio?..	493
Artigo 2	O livre-arbítrio é uma potência?..	496
Artigo 3	O livre-arbítrio é uma potência apetitiva?...	498
Artigo 4	O livre-arbítrio é uma potência distinta da vontade?...............................	499
O PENSAMENTO HUMANO		503
Questão 84	**Como a alma, unida ao corpo, conhece as coisas corporais que lhe são inferiores?**	505
Artigo 1	A alma conhece os corpos pelo intelecto?...	506
Artigo 2	A alma conhece as coisas corporais por sua essência?............................	508
Artigo 3	A alma conhece todas as coisas por meio de espécies naturalmente inatas?.........	512
Artigo 4	As espécies inteligíveis chegam à alma a partir de algumas formas separadas?........	514
Artigo 5	A alma intelectiva conhece as coisas materiais nas razões eternas?........	518
Artigo 6	O conhecimento intelectual é adquirido a partir das coisas sensíveis?.........	520
Artigo 7	O intelecto pode conhecer em ato pelas espécies inteligíveis que possui em si, não se voltando para as representações imaginárias?................	524
Artigo 8	O juízo do intelecto é impedido pelo impedimento do sentido?...............	527
Questão 85	**O modo e a ordem de conhecer**	528

Artigo 1	Nosso intelecto conhece as coisas corpóreas e materiais por meio de abstração das representações imaginárias?................................	529
Artigo 2	As espécies inteligíveis abstraídas das representações imaginárias se referem a nosso intelecto como aquilo que é conhecido?................	534
Artigo 3	O que é mais universal é anterior em nosso conhecimento intelectual?.....	538
Artigo 4	Podemos conhecer muitas coisas ao mesmo tempo?........................	542
Artigo 5	Nosso intelecto conhece compondo e dividindo?..........................	544
Artigo 6	O intelecto pode errar?..	546
Artigo 7	Pode alguém conhecer uma só e mesma coisa melhor do que outro?.........	548
Artigo 8	O intelecto conhece o indivisível antes do divisível?.....................	550
Questão 86	**O que nosso intelecto conhece nas realidades materiais?**...............	552
Artigo 1	Nosso intelecto conhece os singulares?................................	552
Artigo 2	Pode nosso intelecto conhecer coisas infinitas?..........................	554
Artigo 3	Nosso intelecto conhece o que é contingente?..........................	557
Artigo 4	Nosso intelecto conhece o futuro?....................................	558
Questão 87	**Como a alma intelectiva conhece a si mesma e ao que nela se encontra?**	561
Artigo 1	A alma intelectiva conhece a si mesma por sua essência?.................	561
Artigo 2	Nosso intelecto conhece os hábitos da alma pela essência deles?...........	565
Artigo 3	O intelecto conhece seu próprio ato?..................................	566
Artigo 4	O intelecto conhece o ato da vontade?................................	568
Questão 88	**Como a alma humana conhece o que está acima de si?**	570
Artigo 1	Pode a alma humana, segundo o estado da vida presente, conhecer as substâncias imateriais por si mesmas?.................................	570
Artigo 2	Nosso intelecto pode chegar a conhecer as substâncias imateriais pelo conhecimento das coisas materiais?...................................	576
Artigo 3	Deus é o primeiro objeto conhecido pelo espírito humano?...............	578
Questão 89	**Do conhecimento da alma separada**	580
Artigo 1	A alma separada pode compreender alguma coisa?......................	580
Artigo 2	A alma separada conhece as substâncias separadas?.....................	584
Artigo 3	A alma separada conhece todas as coisas naturais?......................	586
Artigo 4	A alma separada conhece as coisas singulares?..........................	587
Artigo 5	O *habitus* da ciência aqui adquirido permanece na alma separada?........	589
Artigo 6	O ato de ciência aqui adquirida permanece na alma separada?............	591
Artigo 7	A distância local impede o conhecimento da alma separada?..............	593
Artigo 8	As almas separadas conhecem o que se faz aqui no mundo?..............	595

AS ORIGENS DO HOMEM

Questão 90	**A primeira produção da alma do homem**	601
Artigo 1	A alma humana é feita ou é da substância de Deus?.....................	601
Artigo 2	A alma tem o existir produzido por criação?............................	603
Artigo 3	A alma racional foi produzida imediatamente por Deus?..................	605
Artigo 4	A alma humana foi produzida antes do corpo?..........................	606
Questão 91	**A produção do corpo do primeiro homem**	608
Artigo 1	O corpo do primeiro homem foi feito do barro da terra?..................	608
Artigo 2	O corpo humano foi produzido imediatamente por Deus?.................	611
Artigo 3	O corpo humano teve uma disposição conveniente?.....................	614
Artigo 4	A produção do corpo humano está descrita convenientemente na Escritura?.....	617
Questão 92	**A produção da mulher**	619
Artigo 1	A mulher deveria ser produzida na primeira produção das coisas?.........	619
Artigo 2	A mulher deveria ter sido feita do homem?.............................	622
Artigo 3	A mulher deveria ser formada da costela do homem?....................	623
Artigo 4	A mulher foi imediatamente formada por Deus?........................	625

Questão 93	**O fim ou o termo da produção do homem**	627
Artigo 1	Há imagem de Deus no homem?	627
Artigo 2	A imagem de Deus se encontra nas criaturas irracionais?	629
Artigo 3	O anjo é mais à imagem de Deus que o homem?	631
Artigo 4	A imagem de Deus se encontra em todo homem?	633
Artigo 5	Há no homem a imagem de Deus quanto à Trindade das Pessoas?	635
Artigo 6	A imagem de Deus está no homem somente segundo a mente?	637
Artigo 7	A imagem de Deus se encontra na alma segundo os atos?	641
Artigo 8	A imagem da Trindade divina está na alma somente por comparação com o objeto que é Deus?	644
Artigo 9	A *semelhança* se distingue convenientemente da *imagem*?	647
Questão 94	**Estado e condição do primeiro homem quanto ao intelecto**	650
Artigo 1	O primeiro homem via Deus em sua essência?	650
Artigo 2	Adão, no estado de inocência, via os anjos em sua essência?	653
Artigo 3	O primeiro homem teve ciência de todas as coisas?	655
Artigo 4	O homem em seu primeiro estado poderia se enganar?	658
Questão 95	**O que se refere à vontade do primeiro homem, a saber, a graça e a justiça**	660
Artigo 1	O primeiro homem foi criado na graça?	661
Artigo 2	No primeiro homem havia paixões da alma?	663
Artigo 3	Adão tinha todas as virtudes?	665
Artigo 4	As obras do primeiro homem eram menos eficazes para merecer do que as nossas obras?	668
Questão 96	**O domínio que cabia ao homem no estado de inocência**	670
Artigo 1	Adão no estado de inocência dominava os animais?	670
Artigo 2	O homem tinha domínio sobre todas as outras criaturas?	673
Artigo 3	Os homens eram iguais no estado de inocência?	674
Artigo 4	O homem dominava, no estado de inocência, outro homem?	676
Questão 97	**O que pertence ao estado do primeiro homem quanto à conservação do indivíduo**	678
Artigo 1	O homem no estado de inocência seria imortal?	678
Artigo 2	O homem no estado de inocência era passível?	680
Artigo 3	O homem no estado de inocência tinha necessidade de alimentos?	681
Artigo 4	O homem no estado de inocência teria conseguido a imortalidade pela árvore da vida?	683
Questão 98	**O que pertence à conservação da espécie**	685
Artigo 1	No estado de inocência teria havido geração?	686
Artigo 2	No estado de inocência teria havido geração pela união carnal?	688
Questão 99	**A condição da geração da prole quanto ao corpo**	691
Artigo 1	No estado de inocência, as crianças, recém-nascidas, teriam a força perfeita para movimento dos membros?	691
Artigo 2	No primeiro estado, teriam nascido mulheres?	693
Questão 100	**A condição da geração da prole quanto à justiça**	695
Artigo 1	Os homens teriam nascido com a justiça?	695
Artigo 2	As crianças nascidas no estado de inocência teriam sido confirmadas na justiça?	696
Questão 101	**A condição da geração da prole quanto à ciência**	699
Artigo 1	No estado de inocência as crianças teriam nascido perfeitas na ciência?	699
Artigo 2	As crianças recém-nascidas teriam o uso perfeito da razão?	700
Questão 102	**O lugar do homem: o paraíso**	701
Artigo 1	O Paraíso é um lugar corpóreo?	702
Artigo 2	O paraíso era um lugar conveniente à habitação humana?	704
Artigo 3	O homem foi posto no paraíso para trabalhar e guardá-lo?	707
Artigo 4	O homem teria sido feito no paraíso?	708

O GOVERNO DIVINO

INTRODUÇÃO E NOTAS POR MARIE-JOSEPH NICOLAS 711
Introdução 713

Questão 103   **O governo das coisas em geral** 715
     Artigo 1   O mundo é governado por algo? 715
     Artigo 2   O fim do governo do mundo é algo exterior ao mundo? 717
     Artigo 3   O mundo é governado por um único? 719
     Artigo 4   O efeito do governo é um só, e não múltiplo? 721
     Artigo 5   Todas as coisas são submetidas ao governo divino? 722
     Artigo 6   Todas as coisas são governadas imediatamente por Deus? 725
     Artigo 7   Alguma coisa pode acontecer fora da ordem do governo divino? 726
     Artigo 8   Alguma coisa pode se opor à ordem do governo divino? 728

Questão 104   **Os efeitos do governo divino em particular** 729
     Artigo 1   As criaturas precisam ser conservadas por Deus? 730
     Artigo 2   Deus conserva toda criatura de modo imediato? 734
     Artigo 3   Deus pode reduzir uma coisa ao nada? 736
     Artigo 4   Alguma coisa é reduzida ao nada? 738

Questão 105   **A mutação das criaturas por Deus** 740
     Artigo 1   Deus pode mover de maneira imediata a matéria para a forma? 740
     Artigo 2   Deus pode mover um corpo de maneira imediata? 742
     Artigo 3   Deus move o intelecto criado de maneira imediata? 745
     Artigo 4   Deus pode mover a vontade criada? 746
     Artigo 5   Deus opera em tudo o que opera? 748
     Artigo 6   Deus pode fazer algo fora da ordem impressa nas coisas? 751
     Artigo 7   Tudo o que Deus faz fora da ordem natural das coisas é milagre? 753
     Artigo 8   Um milagre é maior que outro? 755

Questão 106   **Como uma criatura move a outra** 756
     Artigo 1   Um anjo ilumina outro anjo? 757
     Artigo 2   Um anjo pode mover a vontade de outro anjo? 760
     Artigo 3   Um anjo inferior pode iluminar um anjo superior? 762
     Artigo 4   O anjo superior ilumina o inferior sobre tudo aquilo que ele próprio conhece? 764

Questão 107   **A linguagem dos anjos** 765
     Artigo 1   Um anjo fala a outro? 766
     Artigo 2   Um anjo inferior fala a um superior? 768
     Artigo 3   O anjo fala a Deus? 770
     Artigo 4   A distância local intervém na linguagem angélica? 771
     Artigo 5   A linguagem entre dois anjos é conhecida de todos? 772

Questão 108   **A organização dos anjos em hierarquias e ordens** 773
     Artigo 1   Todos os anjos pertencem a uma única hierarquia? 774
     Artigo 2   Em uma hierarquia há várias ordens? 776
     Artigo 3   Em uma ordem há muitos anjos? 778
     Artigo 4   A distinção entre hierarquias e ordens é natural nos anjos? 780
     Artigo 5   As ordens angélicas são convenientemente denominadas? 781
     Artigo 6   Os graus das ordens são de modo conveniente classificadas? 786
     Artigo 7   As ordens permanecerão após o dia do juízo? 791
     Artigo 8   Os homens são elevados às ordens angélicas? 793

Questão 109   **A classificação dos anjos maus** 795
     Artigo 1   Há ordens entre os demônios? 795
     Artigo 2   Há precedência entre os demônios? 796
     Artigo 3   Um demônio ilumina o outro? 798
     Artigo 4   Os anjos bons têm precedência sobre os anjos maus? 799

Questão 110   **O poder dos anjos sobre a criatura corporal** 800
     Artigo 1   A criatura corporal é governada pelos anjos? 801

Artigo 2	A matéria corporal obedece à vontade dos anjos?	804
Artigo 3	Os corpos obedecem aos anjos quanto ao movimento local?	806
Artigo 4	Os anjos podem fazer milagres?	808
Questão 111	**A ação dos anjos sobre os homens**	**810**
Artigo 1	O anjo pode iluminar o homem?	810
Artigo 2	Os anjos podem agir sobre a vontade do homem?	813
Artigo 3	O anjo pode agir sobre a imaginação do homem?	815
Artigo 4	O anjo pode agir sobre os sentidos humanos?	817
Questão 112	**A missão dos anjos**	**818**
Artigo 1	Há anjos que são enviados a serviço?	819
Artigo 2	Todos os anjos são enviados a serviço?	821
Artigo 3	Os anjos que são enviados mantêm-se na presença de Deus?	824
Artigo 4	Todos os anjos da segunda hierarquia são enviados?	826
Questão 113	**A guarda dos anjos bons**	**828**
Artigo 1	Os homens são guardados por anjos?	829
Artigo 2	Cada homem é guardado por um anjo?	830
Artigo 3	A guarda dos homens cabe somente à ordem inferior dos anjos?	832
Artigo 4	A todos os homens são delegados anjos para guardá-los?	834
Artigo 5	O anjo é delegado à guarda do homem desde o seu nascimento?	836
Artigo 6	O anjo da guarda abandona às vezes o homem?	837
Artigo 7	Os anjos sofrem pelos males dos que guardam?	838
Artigo 8	Pode haver entre os anjos lutas e discórdias?	840
Questão 114	**Os combates dos demônios**	**842**
Artigo 1	Os homens são combatidos pelos demônios?	842
Artigo 2	Tentar é próprio do diabo?	844
Artigo 3	Todos os pecados procedem da tentação do diabo?	845
Artigo 4	Os demônios podem seduzir os homens por meio de milagres verdadeiros?	847
Artigo 5	O demônio, vencido por alguém, desiste de combatê-lo por isso?	850
Questão 115	**A ação da criatura corporal**	**851**
Artigo 1	Algum corpo é ativo?	851
Artigo 2	Na matéria corporal existem razões seminais?	855
Artigo 3	Os corpos celestes são a causa do que acontece nos corpos inferiores?	857
Artigo 4	Os corpos celestes são causa dos atos humanos?	860
Artigo 5	Os corpos celestes podem influir sobre os demônios?	863
Artigo 6	Os corpos celestes impõem necessidade àqueles que estão sob sua ação?	865
Questão 116	**O destino**	**867**
Artigo 1	Existe destino?	867
Artigo 2	O destino está nas coisas criadas?	870
Artigo 3	O destino é imutável?	871
Artigo 4	Todas as coisas estão sob o destino?	872
Questão 117	**O que se refere à ação do homem**	**874**
Artigo 1	Um homem pode ensinar a outro?	874
Artigo 2	Os homens podem ensinar aos anjos?	879
Artigo 3	O homem pode, pelo poder da alma, agir sobre a matéria corporal?	881
Artigo 4	A alma humana separada pode mover os corpos ao menos localmente?	883
Questão 118	**A geração do homem pelo homem, quanto à alma**	**884**
Artigo 1	A alma sensitiva é transmitida com o sêmen?	885
Artigo 2	A alma intelectiva é causada pelo sêmen?	888
Artigo 3	As almas humanas foram criadas simultaneamente desde o começo do mundo?	892
Questão 119	**O desenvolvimento do homem quanto ao corpo**	**894**
Artigo 1	Uma parte dos alimentos se transforma verdadeiramente na natureza humana?	895
Artigo 2	O sêmen provém do supérfluo dos alimentos?	901

Edições Loyola é uma obra da Companhia de Jesus do Brasil e foi fundada em 1958. De inspiração cristã, tem como maior objetivo o desenvolvimento integral do ser humano. Atua como editora de livros e revistas e também como gráfica, que atende às demandas internas e externas. Por meio de suas publicações, promove fé, justiça e cultura.

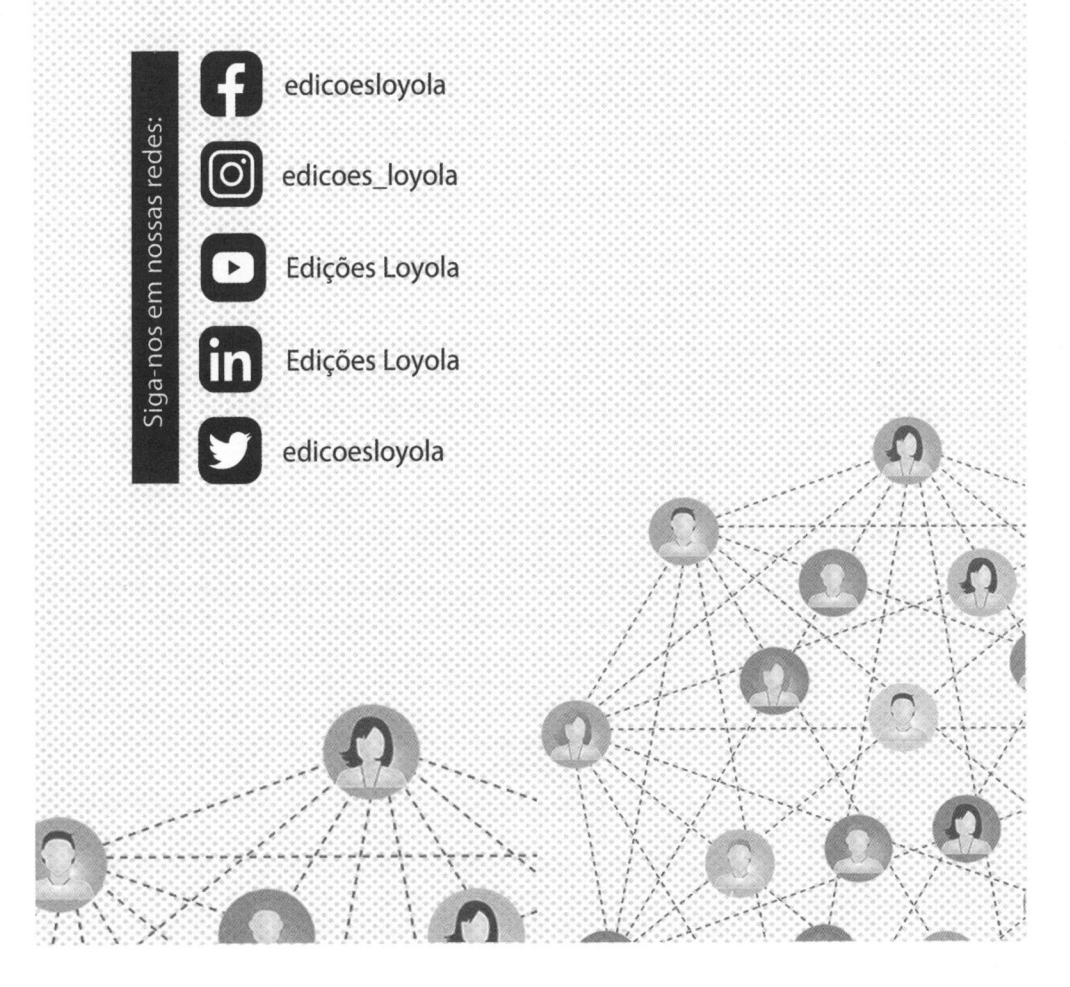

Siga-nos em nossas redes:

- edicoesloyola
- edicoes_loyola
- Edições Loyola
- Edições Loyola
- edicoesloyola

Edições Loyola

editoração impressão acabamento
rua 1822 nº 341
04216-000 são paulo sp
T 55 11 3385 8500/8501 · 2063 4275
www.loyola.com.br